Münch
Ehebezogene Rechtsgeschäfte
5. Auflage

Carl Heymanns Verlag 2020

Ehebezogene Rechtsgeschäfte

Handbuch der Vertragsgestaltung

von

Notar Dr. Christof Münch, Kitzingen

5. Auflage

Carl Heymanns Verlag 2020

Zitiervorschlag:

Münch, Ehebezogene Rechtsgeschäfte, Kapitel …, Rn. …

Bibliografische Information der Deutschen Nationalbibliothek

Die Deutsche Nationalbibliothek verzeichnet diese Publikation in der Deutschen Nationalbibliografie; detaillierte bibliografische Daten sind im Internet über http://dnb.d-nb.de abrufbar.

ISBN 978-3-452-29190-5

Downloaden Sie die Formulare des Werkes zur weiteren Bearbeitung in Ihrem Textprogramm. Rufen Sie dazu die Website

http://download.wolterskluwer.de

auf und registrieren Sie sich mit dem folgenden Zugangscode:

WKR5EPL1M

Eine genaue Anleitung finden Sie unter der oben genannten Website.

---

www.wolterskluwer.de

Alle Rechte vorbehalten.

© 2020 Wolters Kluwer Deutschland GmbH, Wolters-Kluwer-Straße 1, 50354 Hürth.

Das Werk einschließlich aller seiner Teile ist urheberrechtlich geschützt. Jede Verwertung außerhalb der engen Grenzen des Urheberrechtsgesetzes ist ohne Zustimmung des Verlages unzulässig und strafbar. Das gilt insbesondere für Vervielfältigungen, Übersetzungen, Mikroverfilmungen und die Einspeicherung und Verarbeitung in elektronischen Systemen.

Verlag und Autor übernehmen keine Haftung für inhaltliche oder drucktechnische Fehler.

Umschlagkonzeption: Martina Busch, Grafikdesign, Homburg-Kirrberg

Satz: Datagroup-Int SRL, Timisoara, Romania

Druck und Weiterverarbeitung: Williams Lea & Tag GmbH, München

Gedruckt auf säurefreiem, alterungsbeständigem und chlorfreiem Papier.

Vorwort

Seit der letzten vierten Auflage sind nunmehr fünf Jahre vergangen. Die Rechtsprechung hat sich weiterhin intensiv des Familienrechts angenommen. Schwerpunkte sind insoweit
- erneut die Inhaltskontrolle mit dem Schwerpunkt auf Unternehmereheverträgen, aber auch
- der Versorgungsausgleich, wo inzwischen zahlreiche offene Fragen geklärt werden konnten, etwa zum Wertverzehr, zu Verrechnungsbareden oder zu Fondsanteilen,
- das Unterhaltsrecht mit einer neuen Quotenrechtsprechung, der geänderten Auffassung des BGH zum Erwerbsanreiz oder dem Wechselmodell,
- die Rechtsprechung zur schenkungsteuerlichen Privilegierung des Familienheims.

Aber auch der Gesetzgeber hat mit der neuen EUGüVO ein ganzes Rechtsgebiet umgekrempelt. Das IDW hat nach Jahrzehnten mit dem Standard IDW S 13 der Bewertung im Familien- und Erbrecht ein neues Regelwerk gewidmet.

Bei den Eheverträgen verschiedener Ehekonstellation wurden neue Gesamtvorschläge für einen Ehevertrag der Patchworkehe und einen Ehevertrag für »Globale Vagabunden« aufgenommen.

Rechtsprechung und Literatur sind auf dem Stand Mai 2020 eingearbeitet, so dass die Neuauflage mit zahlreichen Erweiterungen und Aktualisierungen aufwarten kann, die das familienrechtliche Wissen wieder auf den Stand der Zeit bringen und Anregungen aus der Praxis aufgreifen.

Der seit der ersten Auflage verfolgte breite Ansatz des Buches, alle ehebezogenen Rechtsgeschäfte zusammenhängend darzustellen und die Querbezüge zum Steuer- und Erbrecht aufzunehmen, hat sich bewährt und wird gut angenommen. Er ist mit der weiten Auslegung der güterrechtlichen Angelegenheiten in der EUGüVO auch nachgerade notwendig geworden.

Neben der Darstellung der rechtlichen Grundlagen bilden Praxishinweise und Formulierungsvorschläge – auch zum Download – den Hauptschwerpunkt des Buches, sodass der Anwender in der Lage sein sollte, zügig erforderliche Vereinbarungen zu gestalten. Mein Dank gilt zuerst den Lesern, welche alle bisherigen Auflagen so wohlwollend aufgenommen haben. Zahlreiche Anregungen und Hinweise haben mir bewiesen, dass mit dem Buch in der Praxis gerne gearbeitet wird. Mit Freude habe ich daher ergänzt und zusätzlich erklärt, wo Ausführungen vermisst wurden. Die Lösung von Einzelfällen überfordert den nur nebenberuflich schreibenden Autor freilich. Bitte lassen Sie mich ansonsten weiterhin an Ihren Gedanken teilhaben!

Dank gebührt ferner meiner Familie, die mich zunehmend mehr nolens als volens so manche Stunde entbehren musste.

Wie bei allen Vertrags- und Formularbüchern gilt auch hier, dass die vorliegenden Muster nur – wie bezeichnet – als Formulierungsvorschläge gedacht sind, die als Anregung für den Transfer auf den konkreten Lebenssachverhalt dienen. Ihre Verwendung obliegt dem Anwender in eigener Verantwortung.

Kitzingen, im Mai 2020   Dr. Christof Münch

Inhaltsübersicht

Vorwort	V
Inhaltsübersicht	VII
Inhaltsverzeichnis	IX
Verzeichnis der Formulierungsvorschläge	XXXI
Abkürzungsverzeichnis	XXXIX
Literaturverzeichnis	XLV

Kapitel 1	Die Güterstände	1
A.	Zugewinngemeinschaft	4
B.	Gütertrennung	100
C.	Gütergemeinschaft	104
D.	Eigentums- und Vermögensgemeinschaft	116
E.	Die deutsch-französische Wahl-Zugewinngemeinschaft	120
F.	Steuerliche Auswirkung der Güterstände	134
Kapitel 2	Vertragliche Regelungen im Ehegüterrecht	165
A.	Form des Ehevertrages	167
B.	Vertragsfreiheit und Inhaltskontrolle	183
C.	Gütertrennungsverträge	276
D.	Gütergemeinschaft	289
E.	Modifikationen der Zugewinngemeinschaft	298
F.	Der Ehevertrag der deutsch-französischen Wahl-Zugewinngemeinschaft	342
Kapitel 3	Ehegattenzuwendungen	347
A.	Unbenannte Zuwendung	347
B.	Probleme rund um das Familienheim	352
C.	Wertungen im Rahmen der §§ 1374 Abs. 2, 1380 BGB	363
D.	Drittwirkung von Ehegattenzuwendungen	371
E.	Vertragliche Regelungen bei der Zuwendung	377
F.	Erwerb durch nicht haftenden Ehegatten mit Erwerbsrecht	403
G.	Schenkung	403
Kapitel 4	Zuwendungen Dritter mit Scheidungsvorsorge – vertragliche Rückerwerbsklauseln	406
A.	Grundsätzliches	406
B.	Elternzuwendungen mit Rückübertragungsklausel	408
C.	Zuwendung von Schwiegereltern	417
Kapitel 5	Vermögensrechtliche Ansprüche und Regelungen unter Ehegatten	431
A.	Durchbrechung des Ausschließlichkeitsprinzips	433
B.	Gesellschaftsverträge	508
C.	Darlehensverträge	536
D.	Arbeitsverträge	546
E.	Vermietung und Verpachtung (das sog. »Wiesbadener Modell«) und sonstige Verträge	557
F.	Vollmachten und Verfügungen für Krankheitsfälle	563

Inhaltsübersicht

Kapitel 6 Ehegattenunterhaltsrecht	602
A. Unterhaltsrechtsreform	606
B. Unterhaltsformen	615
C. Nachehelicher Unterhalt	625
D. Vereinbarungen zum nachehelichen Unterhalt	779
Kapitel 7 Versorgungsausgleich	853
A. Die Reform des Versorgungsausgleichs	855
B. Grundprinzipien und Aufbau des Versorgungsausgleichs	858
C. Neuregelung der Vereinbarungen zum Versorgungsausgleich, § 6 f. VersAusglG	918
D. Vereinbarungsmöglichkeiten	935
E. Steuerliche Auswirkungen des Versorgungsausgleichs und der Vereinbarungen	996
Kapitel 8 Trennungs- und Scheidungsvereinbarungen	1001
A. Trennungsvereinbarungen	1003
B. Scheidungsvereinbarungen	1076
C. Steuerliche Probleme bei der Vermögensauseinandersetzung in der Ehescheidung	1133
Kapitel 9 Verträge verschiedener Ehekonstellationen	1175
A. »Ehe ohne alles«	1176
B. »Ehe mit Probezeit«	1190
C. Ehe mit Dynastie	1206
D. Ehe mit Unternehmen	1213
E. Diskrepanzehen	1223
F. Unterhaltsverstärkung	1229
G. Patchworkehe	1237
H. »Globale Vagabunden«	1247
Kapitel 10 Ehen mit Auslandsberührung	1257
A. Allgemeines Ehewirkungsstatut, Art. 14 EGBGB	1260
B. Ehegüterrechtsstatut, EU-GüterrechtsVO – Art. 15 EGBGB	1266
C. Unterhalt	1283
D. Versorgungsausgleich	1287
E. Scheidungsstatut	1291
F. Sonstige Scheidungsfolgen	1292
G. Ehevertrag oder Scheidungsvereinbarung mit Auslandsbezug	1293
H. Der deutsch-französische Wahlgüterstand	1298
Stichwortverzeichnis	1299

Inhaltsverzeichnis

Vorwort	V
Inhaltsübersicht	VII
Inhaltsverzeichnis	IX
Verzeichnis der Formulierungsvorschläge	XXXI
Abkürzungsverzeichnis	XXXIX
Literaturverzeichnis	XLV

Kapitel 1   Die Güterstände 1

A. Zugewinngemeinschaft 4
   I. Grundsätze der Zugewinngemeinschaft 5
      1. Vermögenstrennung 5
      2. Haftung nur für eigene Verbindlichkeiten 6
      3. Ausgleich des Zugewinns bei Beendigung des Güterstandes 8
   II. Ausgleich des Zugewinns im Todesfall, § 1371 BGB 8
   III. Güterrechtlicher Zugewinnausgleich, §§ 1372 ff. BGB 10
      1. Vermögensgegenstände, die nicht dem Zugewinn unterfallen ... 10
         a) Haushaltsgegenstände 10
         b) Versorgungsausgleich 12
         c) Unterhalt – Verbot der Doppelverwertung 16
      2. Berechnung des Anfangsvermögens 20
         a) Stichtag 20
         b) Negatives Anfangsvermögen, § 1374 Abs. 3 BGB 21
         c) Privilegierter Erwerb, § 1374 Abs. 2 BGB 22
            aa) Übertragungstatbestände des privilegierten Erwerbs, § 1374 Abs. 2 BGB ... 22
            bb) Zeitpunkt der Wertfeststellung 23
            cc) Vorbehaltsrechte 23
            dd) Rückübertragungsrechte bei der Wertermittlung 26
            ee) Der Tatbestand des § 1374 Abs. 2 BGB 27
         d) Indexierung 30
         e) Vermutung des § 1377 Abs. 3 BGB 30
         f) Bewertung des Anfangsvermögens 32
            aa) Bewertung von Unternehmen und Praxen 33
            bb) Bewertung von Grundstücken und Gebäuden 33
            cc) Bewertung in der Land- und Forstwirtschaft 35
            dd) Bewertung von Lebensversicherungen 37
      3. Berechnung des Endvermögens 38
         a) Stichtag 38
         b) Hinzurechnungen nach § 1375 BGB 40
         c) Ansprüche des Ausgleichsberechtigten gegen Dritte 43
         d) Latente Ertragsteuer 43
      4. Bewertung von Unternehmen und Praxen 48
         a) Bewertungsmethoden für Unternehmen 48
            aa) Ertragswertverfahren 49
            bb) IDW-Standard S 1 53
            cc) Substanzwertmethode 55
            dd) Liquidationswert 56
            ee) Geschäftswert (Goodwill) 57
            ff) Verkaufswert 58
            gg) Mittelwert 58
            hh) Stuttgarter Verfahren 58
            ii) Die Bewertung von KMU 58

Inhaltsverzeichnis

		b) Unternehmensbewertung im Zugewinnausgleich	59
		aa) Zugewinnausgleich als spezifischer Bewertungszweck	59
		bb) Verbot der Doppelverwertung in Zugewinnausgleich und Unterhalt	60
		cc) Liquidation und nachwirkende eheliche Solidarität	62
		dd) Ausgleichs- und Auseinandersetzungswert	62
		c) Bewertung von Freiberuflerpraxen im Zugewinnausgleich	65
		aa) Grundsätze der Bewertung von Freiberuflerpraxen	65
		bb) Anwaltskanzlei	68
		cc) Notarkanzlei	68
		dd) Steuerberaterkanzlei	69
		ee) Arztpraxis	69
		ff) Anwendung auf weitere inhabergeprägte Unternehmen und KMU	70
		d) Besonderheiten bei der Bewertung von Unternehmensbeteiligungen	71
		aa) Direkte und indirekte Bewertung	71
		bb) Objektivierter Wert und Subjektiver Wert	72
		cc) Einfluss gesellschaftsvertraglicher Abfindungsklauseln	72
		dd) Abschreibungsgesellschaften	75
		ee) Einheitlicher Unternehmensbegriff	75
	5.	Der Ausgleichsanspruch	75
		a) Durchführung des Zugewinnausgleichs	75
		b) Vermögenswertbegrenzung des Ausgleichsanspruchs	76
		c) Entstehen und Verjährung der Ausgleichsforderung	78
		d) Vereinbarungen über die Ausgleichsforderung	79
	6.	Besonderheiten im Rahmen des Zugewinnausgleichs	81
		a) Grobe Unbilligkeit	82
		b) Stundung	84
		c) Übertragung von Vermögensgegenständen	85
IV.	Güterrechtliche Verfügungsbeschränkungen		86
	1.	Gesamtvermögensgeschäfte	86
	2.	Gegenstände des ehelichen Haushalts	91
V.	Vorzeitiger Zugewinnausgleich		91
	1.	Gründe für einen vorzeitigen Zugewinnausgleich	92
	2.	Ehevertragliche Regelung	93
	3.	Geltendmachung	94
VI.	Sicherung der Zugewinnausgleichsforderung		94
	1.	Sicherung vor Rechtshängigkeit eines Scheidungsantrags	94
	2.	Sicherung nach rechtskräftiger Scheidung	94
	3.	Sicherung während des Scheidungsverfahrens	95
VII.	Auskunftsanspruch		95
	1.	Gegenstand des Auskunftsanspruchs	95
	2.	Form der Auskunft	97
		a) Verzeichnis	97
		b) Angaben zum Wert	98
		c) Belege	98
	3.	Wertermittlungsanspruch	99
	4.	Geltendmachung des Auskunftsanspruchs	99
B. Gütertrennung			100
I.	Grundsätze der Gütertrennung		100
II.	Entstehung der Gütertrennung		101
III.	Richterliche Korrektur		102
C. Gütergemeinschaft			104
I.	Grundsätze der Gütergemeinschaft		104
	1.	Bedeutung der Gütergemeinschaft	104
	2.	Nachteile der Gütergemeinschaft	104
	3.	Etwaige Vorteile der Gütergemeinschaft	105
II.	Die verschiedenen Vermögensmassen		107
	1.	Gesamtgut	107

			2.	Vorbehaltsgut.	110
			3.	Sondergut	111
		III.	Auseinandersetzung		112
			1.	Beendigung der Gütergemeinschaft	112
			2.	Auseinandersetzung des Gesamtgutes.	112
		IV.	Vertragliche Gestaltungsmöglichkeiten		114
			1.	Vertragliche Regelung der Vermögensmassen	114
			2.	Vertragliche Regelung der Verwaltung	115
			3.	Vorsorgende vertragliche Regelung der Auseinandersetzung.	115
D.	Eigentums- und Vermögensgemeinschaft.				116
	I.	Der Güterstand der Eigentums- und Vermögensgemeinschaft			116
			1.	Gesetzlicher Güterstand nach dem FGB-DDR	116
			2.	Überleitung in die Zugewinngemeinschaft.	118
	II.	Rückübertragene Vermögensgüter im Zugewinn			119
E.	Die deutsch-französische Wahl-Zugewinngemeinschaft				120
	I.	Gesetzgebungsgeschichte			120
	II.	Anwendungsbereich			121
			1.	Persönlicher Anwendungsbereich, Art. 1 WZGA.	121
			2.	Zeitlicher Anwendungsbereich, Art. 19 WZGA.	122
			3.	Sachlicher Anwendungsbereich	122
	III.	Vereinbarung des Güterstandes der Wahl-Zugewinngemeinschaft			122
			1.	Form des Ehevertrages	122
			2.	Modifikationen des Güterstandes der Wahl-Zugewinngemeinschaft	123
			3.	Regelung zum Versorgungsausgleich	123
			4.	Rechtswahl im Zusammenhang mit der Vereinbarung der Wahl-Zugewinngemeinschaft	124
	IV.	Die Verfügungsbeschränkung nach Art. 5 WZGA und die Verpflichtungsbefugnis zur Führung des Haushalts.			124
			1.	Begriff der Familienwohnung.	125
			2.	Verfügungsverbot.	125
			3.	Zustimmung	125
			4.	Absolutes Verfügungsverbot	126
			5.	Nichtanwendung des § 1412 BGB	126
			6.	Folgerungen für die notarielle Praxis	128
			7.	Verpflichtungsbefugnis zur Führung des Haushalts	129
	V.	Besonderheiten des Zugewinnausgleichs im Güterstand der Wahl-Zugewinngemeinschaft.			129
			1.	Anfangsvermögen	129
			2.	Endvermögen.	130
			3.	Zugewinnausgleich	130
	VI.	Wahl-Zugewinngemeinschaft und Erbrecht			130
			1.	Kein erbrechtliches Viertel	130
			2.	Zugewinnausgleichsanspruch als Nachlassverbindlichkeit	130
			3.	Zugewinnausgleichsanspruch gegen den überlebenden Ehegatten	131
			4.	Erbschaftsteuerrechtliche Gleichstellung, § 5 Abs. 3 ErbStG	132
	VII.	»Neneneffekte« als Grund für die Vereinbarung der Wahl-Zugewinngemeinschaft			132
			1.	Art. 5 WZGA als Schutz bei haftungsgünstiger Zuordnung der Familienwohnung	132
			2.	Zugewinnschaukel.	132
			3.	Pflichtteilsreduzierung	133
			4.	Erbschaftsteuerersparnis.	133
			5.	Ausschluss des Zugewinns auf Bodenwertsteigerungen	133
	VIII.	Fazit – Wahl-Zugewinngemeinschaft			134
F.	Steuerliche Auswirkung der Güterstände.				134
	I.	Einkommensteuerliche Folgen der Ehe.			134
			1.	Veranlagungsformen und Ehegattensplitting	134
			2.	Freibeträge	137
			3.	Lohnsteuerklassen	138
			4.	Sonderausgaben	138

Inhaltsverzeichnis

	5.	Begünstigung bei der Altersversorgungszulage	138
	6.	Versagung bei Anschaffung vom Ehegatten	138
	7.	Doppelte Haushaltsführung ohne zeitliche Begrenzung	138
	8.	Rechtsverhältnisse zwischen nahen Angehörigen	139
II.	Zugewinnausgleich und Schenkungsteuer, § 5 ErbStG		141
	1.	Steuerfreiheit der fiktiven Zugewinnausgleichsforderung	142
	2.	Steuerfreiheit der realen Zugewinnausgleichsforderung	147
		a) Anwendungsbereich des § 5 Abs. 2 ErbStG	147
		b) Auf § 5 Abs. 2 ErbStG abzielende vorsorgende Eheverträge	148
		c) Ausgleich des Zugewinns i.S.d. § 5 Abs. 2 ErbStG	151
		aa) Unbenannte Zuwendung	152
		bb) Sog. fliegender Zugewinnausgleich	156
		cc) Gütertrennung mit Zugewinnausgleich	157
	3.	Die Wahl-Zugewinngemeinschaft und § 5 Abs. 3 ErbStG	161
	4.	Verzicht auf Zugewinn und Schenkungsteuer	162
III.	Schenkungsteuerprobleme der Gütergemeinschaft		162
IV.	Ehegatten als Mitunternehmer bei Gütergemeinschaft		163

Kapitel 2 Vertragliche Regelungen im Ehegüterrecht 165

A. Form des Ehevertrages 167
  I. Ehevertragsbegriff 167
  II. Formerfordernisse 168
  III. Umfang der Formbedürftigkeit 173
  IV. Salvatorische Klauseln 174
  V. Abgeltungsklauseln 176
  VI. Schiedsklauseln 177
  VII. Vereinbarungen über Namen, eheliche Rollenverteilung und sonstige allgemeine Ehevereinbarungen 181
  VIII. Checkliste Ehevertrag 182
B. Vertragsfreiheit und Inhaltskontrolle 183
  I. Entscheidungen des BVerfG 184
  II. Grundsatzurteil und Folgeentscheidungen des BGH 189
   1. Entscheidung des BGH vom 11.02.2004 (XII ZR 265/02) als Grundsatzurteil 189
   2. Entscheidungen vom 06.10.2004 (XII ZB 110/99 und XII ZB 57/03) 190
   3. Urteil vom 12.01.2005 (XII ZR 238/03) 190
   4. Urteile vom 25.05.2005 (XII ZR 296/01 und XII ZR 221/02) 191
   5. Beschluss vom 17.05.2006 (XII ZB 250/03) 192
   6. Urteil vom 05.07.2006 (XII ZR 25/04) 192
   7. Urteil vom 25.10.2006 (XII ZR 144/04) 193
   8. Urteil vom 22.11.2006 (XII ZR 119/04) 194
   9. Urteil vom 28.02.2007 (XII ZR 165/04) 194
   10. Urteil vom 28.03.2007 (XII ZR 130/04) 195
   11. Urteil vom 17.10.2007 (XII ZR 96/05) 195
   12. Urteil vom 28.11.2007 (XII ZR 132/05) 195
   13. Urteil vom 09.07.2008 (XII ZR 6/07) 195
   14. Urteil vom 05.11.2008 (XII ZR 157/06) 196
   15. Urteil vom 18.03.2009 (XII ZB 94/06) 196
   16. Urteil vom 02.02.2011 (XII ZR 11/09) 197
   17. Urteil vom 31.10.2012 (XII ZR 129/10) 197
   18. Urteil vom 21.11.2012 (XII ZR 48/11) 198
   19. Beschluss vom 27.02.2013 (XII ZB 90/11) 199
   20. Beschluss vom 17.07.2013 (XII ZB 143/12) 199
   21. Beschluss vom 29.01.2014 (XII ZB 303/13) 200
   22. Beschluss vom 08.10.2014 (XII ZB 318/11) 201
   23. Beschluss vom 15.03.2017 (XII ZB 109/16) 201

		24. Beschluss vom 17.01.2018 (XII ZB 20/17)	204
		25. Beschluss vom 20.06.2018 (XII ZB 84/17)	205
		26. Beschluss vom 20.03.2019 (XII ZB 310/18)	205
III.	Umsetzung in die Praxis der Obergerichte		205
	1.	Gesamtschau und Teilnichtigkeit	206
	2.	Imparität/Schwangerschaft/Verträge kurz vor der Hochzeit	206
	3.	Prüfungsmethode und Urteile mit Ausübungskontrolle	209
	4.	Güterrechtsregelung weitgehend möglich	211
	5.	Unterhaltsbegrenzung und Totalverzicht	212
	6.	Doppelverdienerehe	213
	7.	Bleiberechtsfälle	214
	8.	Pflichtteilsverzicht	215
	9.	Scheidungsvereinbarung	216
	10.	Zeitpunkt	216
	11.	Prozessuales	217
IV.	Inhaltskontrolle nach der Rechtsprechung des BGH		218
	1.	Dispositionsfreiheit der Ehegatten	218
	2.	Keine zwingende Halbteilung	220
	3.	Kernbereichslehre	221
		a) Kindesbetreuungsunterhalt	222
		b) Krankheitsunterhalt, Unterhalt wegen Alters, Versorgungsausgleich	223
		c) Sonstige Unterhaltstatbestände	223
		d) Zugewinnausgleich	223
	4.	Ehebedingte Nachteile	224
	5.	Imparität	225
	6.	Verfahren der Inhaltskontrolle	227
		a) Wirksamkeitskontrolle – § 138 BGB	227
		b) Ausübungskontrolle – Störung der Geschäftsgrundlage	230
V.	Konsequenzen der Inhaltskontrolle für die Vertragsgestaltung		232
	1.	Beurkundungsverfahren	233
		a) Vertragsvorlauf	233
		b) Übersetzung	235
		c) Persönliche Anwesenheit	235
		d) Dokumentation	236
	2.	Allgemeine Urkundsbestandteile	236
		a) Präambel	236
		b) Teilunwirksamkeit, Auffanglinie und Salvatorische Klausel	239
		c) Allgemeine Auffangklausel zur Vermeidung ehebedingter Nachteile	240
		d) Belehrung	240
	3.	Berücksichtigung verschiedener Ehekonstellationen	242
	4.	Güterrechtliche Regelungen	243
	5.	Unterhaltsregelung	246
		a) Totalverzicht	246
		b) Unterhalt wegen Kindesbetreuung	248
		aa) Neuaufbau des § 1570 BGB	248
		bb) Basisunterhalt	248
		cc) Kindbezogene Verlängerung	249
		dd) Ehebezogene Verlängerung	249
		ee) Unterhaltshöchstgrenze	250
		ff) Zeitliche Modifikation	254
		gg) Sonderqualifikation der Anschlusstatbestände des § 1570 BGB	255
		hh) Behandlung des Aufstockungsunterhalts bei Kindesbetreuung	256
		ii) Kompensation	257
		jj) Kindeswohl und Unterlegenheit	259
		c) Unterhalt wegen Alters und Krankheit	259
		d) Sonstige Unterhaltstatbestände	260
	6.	Versorgungsausgleich	261
	7.	Pflichtteilsverzicht	263

Inhaltsverzeichnis

	8. Gesamtabwägung	265
	9. Scheidungsvereinbarungen	267
	10. Anwaltliche Strategien	268
	11. Rechtswahl	269
	12. Reparatur möglicherweise nichtiger Eheverträge	269
	a) Beratungs- oder Prozesssituation	269
	b) Nichtigkeit wegen Klausel ohne Auswirkung	270
	c) »Heilung« durch nachträgliche Kompensation	271
	d) »Heilung« durch neue Gesetzeslage	272
	e) Bestätigung eines Ehevertrages	273
	13. Weitere Folgerungen aus der Sittenwidrigkeit eines Ehevertrages	276
C.	Gütertrennungsverträge	276
I.	Vereinbarung der Gütertrennung	276
	1. Gütertrennung mit Zugewinnausgleichsverzicht	278
	2. Gütertrennung mit Ausgleich des Zugewinns (Güterstandsschaukel)	281
	3. Gütertrennung mit Bedingungen oder Befristungen	285
II.	Aufhebung der Gütertrennung mit Vereinbarung der Zugewinngemeinschaft	285
	1. Vorteile der modifizierten Zugewinngemeinschaft	285
	2. Problematik der Rückwirkung	286
	3. Zugewinngemeinschaft ab Ehevertragsschluss	288
D.	Gütergemeinschaft	289
I.	Vereinbarung der Gütergemeinschaft	289
	1. Vertrag der Gütergemeinschaft	289
	2. Gestaltung einer Errungenschaftsgemeinschaft	290
	3. Elterngut als Vorbehaltsgut	291
	4. Betrieb als Vorbehaltsgut	291
	5. Fahrnisgemeinschaft	291
	6. Ausschluss oder Modifikation von Übernahme- und Werterstattungsrechten	291
II.	Aufhebung der Gütergemeinschaft mit Auseinandersetzungsvereinbarung	293
E.	Modifikationen der Zugewinngemeinschaft	298
I.	Ausschluss des Zugewinns im Scheidungsfall	298
II.	Ausschluss des betrieblichen Vermögens vom Zugewinn	302
	1. Wert des unternehmerischen Vermögens im Zugewinn	303
	2. Herausnahme von unternehmerischem Vermögen aus dem Zugewinn	304
	a) Begriff des unternehmerischen Vermögens	304
	b) Manipulationsgefahren	307
	c) Notwendige Regelungsbereiche im Zivilrecht	308
	3. Formulierungsvorschlag	310
	4. Alternative Gestaltungen	317
	a) Kompletter Ausschluss des Zugewinns für den Scheidungsfall mit festen Kompensationsleistungen	317
	b) Kompletter Ausschluss des Zugewinns für den Scheidungsfall mit Ausgleichsquote	318
	c) Beibehaltung des Betriebsvermögens im Zugewinn unter Einbeziehung der Abfindungsklauseln im Gesellschaftsvertrag	318
	d) Beibehaltung des Betriebsvermögens im Zugewinn mit modifizierter Ausgleichsforderung	318
	e) Beibehaltung des Betriebsvermögens im Zugewinn mit eigener Bewertungsgrundlage	319
III.	Ausschluss von Wertsteigerungen des Anfangsvermögens	319
IV.	Verschiebung von zeitlichen Grenzen sowie Befristungen und Bedingungen	321
	1. Veränderung der gesetzlichen Stichtage	321
	2. Vereinbarung von Bedingungen, Befristungen und Rücktrittsrechten	321
	3. Versorgungssicherheit durch Dritte als Bedingung	322
	4. Zugewinn abhängig von der Ehedauer	323
V.	Festlegungen zum Anfangs- und Endvermögen sowie Bewertungsvereinbarungen	323
	1. Festlegung des Anfangsvermögens	323
	2. Heirat mit verschuldetem Partner	324

		3.	Vorzeitiger Hausbau.	326

3. Vorzeitiger Hausbau. 326
4. Festlegung des Endvermögens 327
5. Bewertungsvereinbarungen 327
   a) Betriebsvermögen 327
   b) Landwirtschaft 328
   c) Kapitallebensversicherungen 329
   d) Grundbesitz 330
VI. Ausgestaltung der Zugewinnausgleichsforderung 331
   1. Abweichende Quote. 331
   2. Vereinbarung von Höchstgrenzen 331
   3. Änderung der Fälligkeit 333
   4. Alternativen zum Ausgleich des Zugewinns in Geld. 334
VII. Kompensationsvereinbarungen 338
VIII. Sonstige Regelungsmöglichkeiten 340
   1. Zugewinn vom Scheidungsverschulden abhängig. 340
   2. Periodischer Zugewinn 341
   3. Vertrag zugunsten Dritter über den Ausgleichsanspruch 342
F. Der Ehevertrag der deutsch-französischen Wahl-Zugewinngemeinschaft. 342

Kapitel 3   Ehegattenzuwendungen 347

A. Unbenannte Zuwendung. 347
   I. Fallgruppen unbenannter Zuwendungen 347
   II. Rechtsprechung im Wandel 350
   III. Regelungsnotwendigkeiten 350
B. Probleme rund um das Familienheim 352
   I. Verschiebungen im Zugewinn bei vorzeitigem Baubeginn 352
   II. Darlehenslösung 353
   III. Gesellschaftsvertragslösung 355
   IV. Zugewinnlösung. 355
      1. Vorverlegung des Stichtages für die Berechnung des Anfangsvermögens 356
      2. Wertmäßige Festlegung des Anfangsvermögens 356
   V. Aufgeschobene Miteigentumslösung. 357
   VI. Konkrete Lösung 358
   VII. Steuerfreie Übertragung des Familienheims 358
      1. Vorteile bei einer Schenkung des Familienheims unter Lebenden ... 358
      2. Voraussetzungen der Privilegierung des Familienheims 359
      3. Verschärfte Anforderungen beim Erwerb des Familienheims von Todes wegen 361
C. Wertungen im Rahmen der §§ 1374 Abs. 2, 1380 BGB 363
   I. Keine Anwendung des § 1374 Abs. 2 BGB 363
   II. Anrechnung nach § 1380 BGB 364
   III. Gestaltungsempfehlungen. 366
   IV. Anordnung, dass Anrechnung nicht erfolgen soll 368
   V. Schenkungs- und ertragsteuerliche Aspekte der Anrechnung 369
D. Drittwirkung von Ehegattenzuwendungen 371
   I. Erbrecht. 372
   II. Anfechtungsrecht 373
   III. Schenkungsteuerrecht 374
   IV. Vermögensübertragungen als Zugewinnausgleich bei Beendigung des Güterstandes. .. 375
E. Vertragliche Regelungen bei der Zuwendung. 377
   I. Rückforderungsrecht und Zugewinnregelungen 377
   II. Unbenannte Zuwendung mit Erwerbsrecht der Kinder im Scheidungsfall . 382
   III. Zuwendungen zur Haftungsvermeidung. 383
      1. Heirat eines verschuldeten Ehegatten. 383
      2. Zuwendungen an den anderen Ehegatten aus Haftungsgründen 383

Inhaltsverzeichnis

		a)	Zuwendung mit Rückforderungsrecht	383
		b)	Anfechtbarkeit	384
		c)	Pfändbarkeit – früherer Meinungsstand	386
		d)	Urteil des BGH vom 20.02.2003	387
		e)	Folgen für die reinen Scheidungsklauseln	388
		f)	Bedeutung der beschränkten Pfändbarkeit	391
		g)	Belehrung und Ausweichgestaltung	393
	3.	Vermögensverlagerung auf den nicht haftenden Ehegatten		401
F.	Erwerb durch nicht haftenden Ehegatten mit Erwerbsrecht			403
G.	Schenkung			403

Kapitel 4 Zuwendungen Dritter mit Scheidungsvorsorge – vertragliche Rückerwerbsklauseln ... 406

A.	Grundsätzliches	406
	I. Motive der Übergeber für Rückübertragungsklauseln	406
	II. Vermögensübergabe gegen Versorgungsleistungen	406
B.	Elternzuwendungen mit Rückübertragungsklausel	408
	I. Elterliche Zuwendungen und Ehescheidung der Empfänger	408
	II. Rückübertragungsklauseln	409
	III. Elterliche Geldzuwendung mit Ehevertrag des Empfängers	414
C.	Zuwendung von Schwiegereltern	417
	I. Probleme der direkten Zuwendung an Schwiegerkinder	417
	1. Zuwendung zu Lebzeiten	417
	2. Zuwendungen von Todes wegen	424
	3. Schenkungssteuerliche Folgen der Zuwendungen an Schwiegerkinder	424
	II. Gestaltungsempfehlungen	427
	III. Zuwendungen an die Schwiegereltern	430

Kapitel 5 Vermögensrechtliche Ansprüche und Regelungen unter Ehegatten ... 431

A.	Durchbrechung des Ausschließlichkeitsprinzips	433
	I. Störung der Geschäftsgrundlage	434
	1. Zuwendungen, Mitarbeit, Verzichte	434
	2. Abgrenzung	435
	3. Grundsatz: Vorrang des Güterrechts	436
	4. Anwendungsfälle	439
	a) Im gesetzlichen Güterstand	439
	b) Bei Gütertrennung oder Modifikationen des gesetzlichen Güterstandes	440
	5. Anspruchsinhalt	441
	6. Störung der Geschäftsgrundlage in sonstigen Fällen	444
	II. Ehegatteninnengesellschaft	444
	1. Ehegatteninnengesellschaft in der Rechtsprechung	444
	2. Abgrenzung	446
	a) Vorrang vor der unbenannten Zuwendung bzw. dem familienrechtlichen Vertrag sui generis	446
	b) Unabhängigkeit gegenüber dem Güterrecht	447
	c) Ausschlusskriterien	449
	3. Voraussetzungen	449
	a) Grundsätzliches	449
	b) Indizien	450
	4. Ausgleichsanspruch bei Scheitern der Ehe	451
	5. Offene Fragen nach der Rechtsprechungswende	453
	6. Folgerungen für die Beratungs- und Vertragspraxis	455

		a)	Hinweis und Regelung von Ausgleichsansprüchen	455
		b)	Regelungsnotwendigkeit bei Mitarbeit	455
		c)	Vertragliche Ausgestaltung der Ehegatteninnengesellschaft	456
		d)	Anwaltliche Strategie	456
		e)	Erbschaft- bzw. schenkungsteuerliche Argumentation	456
III.	Gesamtschuldnerausgleich			456
	1.	Gemeinsame Verbindlichkeiten von Ehegatten		456
	2.	Gesamtschuldnerausgleich im System familien- und schuldrechtlicher Ansprüche		458
		a)	Vorrang vor der Zugewinnberechnung	458
		b)	Nachrang zur Ehegatteninnengesellschaft	460
		c)	Abgrenzung zur unbenannten Zuwendung	460
		d)	Gesamtschuldnerausgleich und Unterhalt	460
	3.	Gesamtschuldnerausgleich unter Ehegatten		461
		a)	Ausgleich während funktionierender Ehe	461
		b)	Ausgleich nach dem Scheitern der Ehe	463
		c)	Anspruchsinhalt	466
	4.	Besonderheiten bei der Einkommensteuerveranlagung		467
		a)	Zusammenveranlagung – Zustimmungspflicht	467
		b)	Das Innenverhältnis der Gesamtschuldner	470
		c)	Steuererstattungen	472
		d)	Sonstiges	474
	5.	Verfahrensrecht		475
	6.	Folgerungen für die Beratungs- und Vertragspraxis		475
IV.	Bruchteilsgemeinschaft			476
	1.	Wesen der Bruchteilsgemeinschaft		476
	2.	Miteigentum bei funktionierender Ehe		477
	3.	Miteigentum nach der Trennung		478
	4.	Bankkonten von Ehegatten		480
		a)	Einzelkonten	480
			aa) Berechtigung am Konto	480
			bb) Aufteilungsansprüche	481
		b)	Gemeinschaftskonten	482
			aa) Berechtigung am Konto – Außenverhältnis	482
			bb) Innenverhältnis	482
			cc) Ausgleichsansprüche nach § 430 BGB	482
			dd) Steuerliche Folgen einseitiger Einzahlung	483
		c)	Kontovollmacht	484
			aa) Abhebungen während funktionierender Ehe	484
			bb) Abhebungen nach Trennung	484
			cc) Ansprüche bei Vollmachtsüberschreitung	485
		d)	Wertpapiere und Wertpapierdepots	485
		e)	Einzeldepot	486
		f)	Gemeinschaftsdepot	486
		g)	Zugewinn, Beweislast und Prozessstrategie	486
			aa) Verhältnis zum Zugewinn	486
			bb) Beweislast	487
			cc) Prozessstrategie	488
	5.	Teilungsversteigerung des Familienheims		488
		a)	Vertragliche Vereinbarung	489
		b)	Gerichtliches Verbot	490
		c)	Einstweilige Einstellung aus den Gründen des § 180 ZVG	490
			aa) Einstweilige Einstellung nach § 180 Abs. 2 ZVG	491
			bb) Einstweilige Einstellung nach § 180 Abs. 3 ZVG	492
		d)	Einstweilige Einstellung durch den Antragsteller nach § 30 ZVG	493
		e)	Vollstreckungsschutz nach § 765a ZPO	493
		f)	Berufung auf § 1353 Abs. 1 Satz 2 BGB	494
		g)	Rechtsmissbrauch, § 242 BGB	495

Inhaltsverzeichnis

	h) Gesamtvermögensgeschäft, § 1365 BGB.	496
	i) Verfahren zur Geltendmachung der Hinderungsgründe	498
	6. Anwaltliche Strategien bei der Teilungsversteigerung	498
	7. Verteilung des Versteigerungserlöses	499
V.	Auftragsrecht und Treuhandverhältnisse	500
	1. Auftragsrecht bei treuhänderischer Übertragung	501
	2. Auftragsrecht bei der Gestellung von Sicherheiten	502
	3. Auftragsrecht bei treuhänderischer Haftungsübertragung	503
	4. Überlassung der Vermögensverwaltung als Auftrag	504
	5. Treuhandabreden	504
VI.	Weitere Anspruchsgrundlagen	507
B.	**Gesellschaftsverträge**	**508**
I.	Ehegatteninnengesellschaft bürgerlichen Rechts	508
II.	Ehegattenaußengesellschaft bürgerlichen Rechts	514
III.	Aufnahme des Ehegatten in ein Einzelunternehmen	524
IV.	Güterstandsbezogene Ausschlussklauseln in Gesellschaftsverträgen	532
C.	**Darlehensverträge**	**536**
I.	Zivil- und steuerrechtliche Grundlagen	536
	1. Zivilrecht	536
	2. Schenkungsteuerrecht	537
	3. Einkommensteuerrecht	540
	a) Einkommensteuer auf Zinsen	540
	b) Abzug von Zinsen	540
II.	Einfaches Ehegattendarlehen	542
III.	Ehegattendarlehen mit Hypothekenbestellung	544
D.	**Arbeitsverträge**	**546**
I.	Zivil- und steuerrechtliche Grundlagen	546
II.	Ehegattenarbeitsvertrag	550
III.	Ehegattenarbeitsverhältnis mit geringfügiger Beschäftigung	554
E.	**Vermietung und Verpachtung (das sog. »Wiesbadener Modell«) und sonstige Verträge**	**557**
I.	Vermietung und Verpachtung unter Ehegatten	557
II.	Betriebsaufspaltung und »Wiesbadener Modell«	559
	1. Betriebsaufspaltung	559
	2. »Wiesbadener Modell«	560
	3. Zivilrechtliche Gestaltung beim »Wiesbadener Modell«	561
	a) Scheidungsklauseln	561
	b) Weitere Vereinbarungen	562
	c) Erwerbsrecht der Kinder	562
	d) Testamentarische Anordnungen	562
III.	Sonstige Verträge	563
F.	**Vollmachten und Verfügungen für Krankheitsfälle**	**563**
I.	Vorsorgevollmacht	564
	1. Form	564
	2. Hinterlegung/Registrierung der Vollmacht	567
	3. Geschäftsfähigkeit des Vollmachtgebers	567
II.	Sicherung des Vollmachtgebers	568
III.	Inhalt der Vollmacht	572
	1. Vermögenssorge	572
	2. Vorsorgevollmachten im Unternehmensbereich	573
	a) Betreuungsszenario	573
	b) Vorsorgevollmachten bei Personengesellschaften	574
	c) Vorsorgevollmachten bei Kapitalgesellschaften	575
	d) Inhalt einer unternehmerischen Vorsorgevollmacht	576
	3. Gesundheit und Aufenthalt	576
	4. Nachlassvollmacht	577
	5. Allgemeine Bestimmungen	581
IV.	Person des Bevollmächtigten	581

V.	Auftragsverhältnis		582
	1.	Regelung des Innenverhältnisses	582
	2.	Weisungsgebundenheit	583
	3.	Haftung	583
	4.	Rechnungslegung	584
	5.	Vergütung	585
VI.	Betreuungsverfügung		585
VII.	Patientenverfügung		586
VIII.	Formulierungsvorschläge		590

Kapitel 6   Ehegattenunterhaltsrecht   602

A. Unterhaltsrechtsreform   606
    I. Ziele der Unterhaltsrechtsreform   606
        1. Förderung des Kindeswohls   606
        2. Stärkung der Eigenverantwortung nach der Ehe   607
        3. Vereinfachung des Unterhaltsrechts und Justizentlastung   607
        4. Auswirkungen für die Praxis   607
    II. Wichtigste Gesetzesänderungen   608
        1. § 1569 BGB   609
        2. § 1570 BGB   609
        3. § 1574 BGB   610
        4. § 1578b BGB   610
            a) Arten der Unterhaltsbeschränkung   611
            b) Ehebedingte Nachteile   611
            c) Ersatzmaßstab   612
            d) Kinderschutzklausel   613
        5. § 1609 BGB   613
        6. § 1585c BGB   614
        7. »Nachbesserung« der Unterhaltsrechtsreform   615
        8. Änderung des § 1612a BGB   615
        9. Initiativstellungnahme des DAV zu einer erneuten Unterhaltsreform   615
B. Unterhaltsformen   615
    I. Familienunterhalt   615
    II. Trennungsunterhalt   616
        1. Grundsätze   616
        2. Vereinbarungen zum Trennungsunterhalt   620
    III. Nachehelicher Unterhalt   625
C. Nachehelicher Unterhalt   625
    I. Unterhaltstatbestände   625
        1. Kindesbetreuungsunterhalt, § 1570 BGB   626
            a) Die Struktur des neuen § 1570 BGB   626
            b) Allgemeine Voraussetzungen des § 1570 BGB   627
            c) Kindbezogene Verlängerung   628
                aa) Kindesbetreuung ist auf andere Weise gesichert oder könnte gesichert werden   629
                bb) Familiär anderweitige Ermöglichung einer Erwerbstätigkeit   631
                cc) Keine überzogenen Anforderungen an die Darlegung kindbezogener Gründe   632
                dd) Vereinbarkeit mit konkreter Erwerbstätigkeit   633
                ee) Kein abrupter Wechsel zumutbar   633
                ff) Reduzierung der Erwerbsobliegenheit bei überobligationsmäßiger Belastung des kindesbetreuenden Elternteils   636
            d) Elternbezogene Verlängerung   637
            e) Unterhaltstitel und Befristung   638
            f) Bewertung der Rechtsprechung   639

Inhaltsverzeichnis

		2.	Altersunterhalt, § 1571 BGB	641
		3.	Unterhalt wegen Krankheit, § 1572 BGB	642
		4.	Unterhalt bis zur Erlangung angemessener Erwerbstätigkeit, § 1573 Abs. 1 und 3 bis 5 BGB	643
		5.	Aufstockungsunterhalt, § 1573 Abs. 2 BGB	645
		6.	Ausbildungsunterhalt, § 1575 BGB	647
		7.	Billigkeitsunterhalt, § 1576 BGB	647

- II. Maß des Unterhalts (Bedarf) 648
  - 1. Eheliche Lebensverhältnisse 648
    - a) Unterhaltsrechtlich relevantes Einkommen 649
    - b) Unterhaltsrechtlich relevantes Einkommen von Selbstständigen ... 649
      - aa) Ermittlung des Einkommens von Selbstständigen 649
      - bb) Bedeutsame unterhaltsrechtliche Abweichungen 652
      - cc) Abzug von Steuern und Vorsorgeaufwendungen 658
    - c) Prägendes Einkommen 660
    - d) Wohnvorteil 663
      - aa) Gebrauchsvorteil 663
      - bb) Abzugsposten 666
      - cc) Altersvorsorge 670
      - dd) Verwertungspflicht 670
      - ee) Verkaufserlös als Surrogat 671
      - ff) Mitbewohner 673
      - gg) Mietzins im Unterhalt 674
  - 2. Gesamter Lebensbedarf 674
    - a) Elementarunterhalt 674
    - b) Kranken- und Pflegevorsorgebedarf 675
    - c) Altersvorsorgebedarf 677
    - d) Mehrbedarf 679
    - e) Sonderbedarf 680
  - 3. Die ehelichen Lebensverhältnisse i.S.d. § 1578 Abs. 1 Satz 1 BGB ... 680
    - a) Historische Reminiszenz: wandelbare eheliche Lebensverhältnisse ... 681
    - b) BVerfG: Grenzen zulässiger Rechtsfortbildung überschritten ... 682
    - c) Reaktion des BGH: Rechtsprechungsänderung 684
      - aa) Bedarf 684
      - bb) Leistungsfähigkeit 685
  - 4. Bedarfsberechnung 688
    - a) Unterhaltsquote oder konkrete Berechnung 688
    - b) Halbteilung, nicht Dreiteilung 691
- III. Bedürftigkeit des Berechtigten 693
  - 1. Tatsächliche Einkünfte 693
    - a) Einkommen aus zumutbarer Erwerbstätigkeit 693
    - b) Einkommen aus überobligationsmäßiger Tätigkeit 698
    - c) Einkommen aus der Aufnahme neuer Erwerbstätigkeit 701
    - d) Zusammenleben mit einem neuen Partner 703
    - e) Zuwendungen Dritter 704
  - 2. Hypothetische Einkünfte 705
  - 3. Vermögen 707
    - a) Reale Erträge 707
    - b) Hypothetische Erträge 707
    - c) Verwertung des Vermögensstamms 708
- IV. Leistungsfähigkeit des Verpflichteten 709
  - 1. Einkommensverhältnisse 709
    - a) Reale Einkünfte 709
    - b) Bereinigtes Nettoeinkommen 710
    - c) Hypothetisches Einkommen 712
  - 2. Verpflichtungen 716
    - a) Ehebedingte Schulden 718
    - b) Sonstige Unterhaltsverpflichtungen 719

	3.	Selbstbehalt		719
	4.	Unterhaltsberechnung in Mangelfällen		721
		a)	Unterhalt nach Billigkeit, § 1581 Satz 1 BGB.	721
		b)	Mangelfälle	722
		c)	Rangverhältnisse – »Revolution« der Unterhaltsreform	722
		d)	Berechnung im Mangelfall	724
			aa) Mangelberechnung Unterhaltspflichtiger – Kinder	725
			bb) Mangelberechnung Unterhaltspflichtiger – Kinder – mehrere geschiedene Ehegatten	726
	5.	Auskunftsansprüche im Hinblick auf die Leistungsfähigkeit		728
V.	Erlöschen, Ausschluss und Beschränkung des Unterhalts			729
	1.	Erlöschen des Unterhaltsanspruchs		729
		a)	Tod des Berechtigten	729
		b)	Wiederverheiratung des Berechtigten	729
		c)	Unterhaltsverzicht	729
		d)	Sonstige Gründe	733
		e)	Tod des Verpflichteten – kein Erlöschen	733
	2.	Ausschluss des Unterhalts wegen grober Unbilligkeit, § 1579 BGB		735
		a)	Kurze Ehedauer, § 1579 Nr. 1 BGB	735
		b)	Verfestigte Lebensgemeinschaft, § 1579 Nr. 2 BGB	736
		c)	Verbrechen/schweres vorsätzliches Vergehen, § 1579 Nr. 3 BGB	738
		d)	Mutwillige Herbeiführung der Bedürftigkeit, § 1579 Nr. 4 BGB	738
		e)	Mutwilliges Hinwegsetzen über Vermögensinteressen, § 1579 Nr. 5 BGB	738
		f)	Verletzung der Familienunterhaltspflicht, § 1579 Nr. 6 BGB	739
		g)	Offensichtlich schwerwiegendes Fehlverhalten, § 1579 Nr. 7 BGB	739
		h)	Anderer Grund ebensolcher Schwere, § 1579 Nr. 8 BGB	740
	3.	Beschränkungen des Unterhalts nach § 1578b BGB		740
		a)	Arten der Unterhaltsbeschränkung	742
		b)	Ehebedingte Nachteile	742
		c)	Ersatzmaßstab	747
		d)	Kinderschutzklausel	748
		e)	Präklusion	749
		f)	Weitere Gesichtspunkte zu Herabsetzung und Befristung	750
		g)	Einzelfallentscheidungen	751
	4.	Verwirkung und Verjährung		758
		a)	Verwirkung	758
		b)	Verjährung	759
VI.	Unterhalt und Einkommensteuer			759
	1.	Außergewöhnliche Belastung nach § 33a EStG		759
	2.	Begrenztes Realsplitting nach §§ 10 Abs. 1a Nr. 1, 22 Nr. 1a EStG		760
		a)	Steuerliche Voraussetzungen für das begrenzte Realsplitting	761
			aa) Unterhaltsleistung	761
			bb) An den (Ex-) Ehegatten	762
			cc) Unbeschränkte Einkommensteuerpflicht oder § 1a EStG	762
			dd) Dauernd getrennt lebend oder geschieden	762
			ee) Antrag des Unterhaltsschuldners	762
			ff) Zustimmung des Unterhaltsgläubigers	763
			gg) Höchstbetrag von 13.805,00 €	764
			hh) Keine Geltendmachung als außergewöhnliche Belastung	764
			ii) Unabhängig von Einkommen und Vermögen des Berechtigten	764
		b)	Anspruch auf Zustimmung zum Realsplitting	764
		c)	Nachteilsausgleich	766
			aa) Steuernachteile	766
			bb) Steuerberatungskosten	767
			cc) Sonstige Nachteile	767
			dd) Rückerstattung	768
		d)	Erhöhte Leistungsfähigkeit	768
		e)	Obliegenheit und Auskunft	769

		f)	Gestaltungsempfehlungen..	769
			aa) Steueroptimale Begrenzung...............................	769
			bb) Verteilte Unterhaltszahlungen.............................	769
			cc) Ehevertragliche Vereinbarung zum Realsplitting.............	769
	VII.	Abänderung von Unterhaltstiteln..		771
		1.	Abänderung von gerichtlichen Entscheidungen....................	771
		2.	Abänderung von vollstreckbaren Urkunden........................	773
D.	Vereinbarungen zum nachehelichen Unterhalt...................................			779
	I.	Allgemeines – Zahlungsvereinbarungen.................................		779
		1.	Sachverhaltsaufklärung und Gestaltung einer Unterhaltsvereinbarung....	780
			a) Sachverhaltsaufklärung....................................	780
			b) Gestaltung der Unterhaltsvereinbarung.....................	781
		2.	Zahlungsvereinbarungen......................................	783
	II.	Verzichte und tatbestandliche Teilverzichte.............................		791
		1.	Vollständiger Unterhaltsverzicht................................	791
		2.	Verzicht mit Ausnahme der Not................................	793
		3.	Verzicht mit Ausnahme Kindesbetreuung........................	795
		4.	Verzicht auf einzelne Unterhaltstatbestände, z.B. Aufstockungsunterhalt..........	799
	III.	Verzicht unter Bedingungen und Befristungen..........................		799
		1.	Auflösend bedingter Verzicht...................................	799
		2.	Verzicht mit Rücktrittsrecht....................................	800
		3.	Verzicht abhängig von der Ehedauer............................	801
		4.	Unterhaltsausschluss abhängig vom Scheidungsverschulden.........	802
		5.	Vereinbarung des »alten Unterhaltsrechts«, das vor dem 01.01.2008 gültig war......	803
	IV.	Vereinbarungen zur Dauer der Unterhaltspflicht.......................		803
		1.	Vereinbarung einer Höchstdauer der Unterhaltspflicht.............	803
		2.	Vereinbarung einer Höchstdauer der Unterhaltspflicht abhängig von der Ehedauer...	805
		3.	Abweichende Vereinbarungen zu §§ 1586, 1586a, 1586b BGB.......	805
		4.	Unterhaltsvereinbarung mit Rücksicht auf § 33 VersAusglG........	806
		5.	Unterhaltsvereinbarung zur Erweiterung des § 1579 Nr. 2 BGB.....	807
	V.	Vereinbarung von Beschränkungen der Unterhaltshöhe.................		807
		1.	Höchstbetrag des Unterhalts, wertgesichert.......................	807
		2.	Höchstbetrag des Unterhalts, angelehnt an Besoldungsgruppen.....	813
		3.	Festlegung einer Höchstquote des Unterhalts.....................	814
		4.	Vereinbarungen zur Abänderbarkeit.............................	815
	VI.	Vereinbarungen zum Maß des Unterhalts..............................		817
		1.	Vereinbarung zu den ehelichen Lebensverhältnissen...............	817
		2.	Vereinbarung zur Verwertung des Vermögensstamms beim Unterhaltspflichtigen....	818
		3.	Verzicht auf Kranken- und Vorsorgeunterhalt.....................	818
		4.	Sicherung der Verwendung von Vorsorgeunterhalt................	819
		5.	Ausklammerung verschiedener Einkommensarten.................	819
		6.	Surrogatsgleichstellungsvereinbarung Wohnvorteil/Mietzins........	820
		7.	Nichtanrechnung überobligatorischer Tätigkeit...................	820
		8.	Behandlung des Einkommens des Berechtigten...................	821
		9.	Festschreibung des notwendigen Eigenbedarfes...................	821
	VII.	Vereinbarung von Ersatzleistungen.....................................		822
		1.	Unterhaltsverzicht gegen Abfindung.............................	822
		2.	Unterhaltsgewährung durch Naturalleistung.....................	828
		3.	Novation...	830
		4.	Berücksichtigung der Leistung Dritter...........................	835
	VIII.	Unterhaltsverstärkende Vereinbarungen...............................		835
		1.	Ausgangssituation...	835
		2.	Benachteiligung Dritter oder Gefährdung der eigenen Existenz als Grenzen der Vereinbarung..	838
			a) Vereinbarung über den Rang................................	838
			b) Anerkennung des verstärkten Unterhalts in der Zweitehe?.....	838
			aa) Vertrag zulasten Dritter...............................	838

			bb)	Sittenwidrigkeit nach § 138 BGB?	839
			cc)	Verstärkte Unterhaltsschuld als prägende Verbindlichkeit	840
		3.	Unterhaltsmodifikationen zur Verstärkung von Unterhalt		842
			a)	Verlängerung des Zahlungszeitraums	842
				aa) Bedarf	842
				bb) Leistungsfähigkeit – Rang	842
				cc) Wertung	843
			b)	Vereinbarung eines individuellen Altersphasenmodells	844
			c)	Vereinbarung des vor dem 01.01.2008 geltenden Unterhaltsrechts	844
			d)	Vereinbarung einer festen Unterhaltsrente	844
		4.	Gestaltungsempfehlungen		845
			a)	Verlängerter Basisunterhalt	845
			b)	Individuelles Altersphasenmodell	847
			c)	Vereinbarung einer indexierten Unterhaltsrente	848
			d)	Vereinbarung eines bestimmten Ehemodells	848
		5.	Ausweichgestaltungen		848
	IX.	Vereinbarung mit steuerlichem Bezug			850
		1.	Vereinbarungen zum Realsplitting		850
		2.	Vereinbarungen zur Zuordnung steuerlicher Kinderentlastungen		851

Kapitel 7 Versorgungsausgleich 853

A.	Die Reform des Versorgungsausgleichs			855
	I.	Ziele des Versorgungsausgleichs		855
	II.	Der Versorgungsausgleich vor der Reform		856
	III.	Der Reformprozess		857
B.	Grundprinzipien und Aufbau des Versorgungsausgleichs			858
	I.	Hin- und Herausgleich durch Realteilung		858
	II.	Ehezeitanteile		858
	III.	Auszugleichende Anrechte		859
		1.	Allgemeine Voraussetzungen des § 2 VersAusglG	859
			a) Betroffene Versorgungsanrechte	859
			b) Zweckbestimmung	860
			c) In der Ehezeit begründet oder aufrechterhalten	861
			d) Nur Anrechte durch Vermögen oder Arbeit	861
			e) Auf Rente gerichtet	863
			f) Nicht auszugleichende Versorgungen	864
			g) Regelsicherungssysteme	864
		2.	Kapitalrechte im Versorgungsausgleich	865
		3.	Abgrenzung zum Güterrecht bei Lebensversicherungen	866
		4.	Verhältnis zum Unterhaltsrecht	868
		5.	Abgetretene und verpfändete Anrechte	869
		6.	Fondsanteile	871
	IV.	Bewertung der Anrechte		875
		1.	Bewertungsvorschriften des VersAusglG	875
			a) Unmittelbare Bewertung	875
			b) Zeitratierliche Bewertung	875
			c) Sondervorschriften	876
		2.	Verzinsungsproblematik	878
			a) Abzinsung insb. betrieblicher Anrechte	878
			b) Verzinsung nach Ehezeitende	880
		3.	§ 5 Abs. 2 Satz 2 VersAusglG, insb. Problematik des Wertverzehrs	882
		4.	Der korrespondierende Kapitalwert	885
	V.	Ausgleichsarten		886
		1.	Der Wertausgleich bei Scheidung	886
			a) Interne Teilung	887

			aa)	Definition	887
			bb)	Betriebsrenten – fehlende Anwartschaftsdynamik beim Berechtigten	887
			cc)	Voraussetzungen interner Teilung	888
			dd)	Verrechnung	890
			ee)	Teilungskosten	890
			ff)	Rechtsgestaltende Entscheidung des FamG	891
			gg)	Tenorierung	892
		b)	Externe Teilung		893
			aa)	Vereinbarung Ausgleichsberechtigter mit Versorgungsträger	893
			bb)	Einseitiges Verlangen des Versorgungsträgers	893
			cc)	Öffentlich-rechtliches Dienst- oder Amtsverhältnis	895
			dd)	Ehevertragliche Vereinbarung	896
			ee)	Zielversorgung	896
			ff)	Rechtsgestaltende Entscheidung des FamG	897
			gg)	Tenorierung	898
	2.	Ausgleichsansprüche nach Scheidung			899
VI.	Ausnahmen				902
	1.	Unbilligkeit			902
	2.	Kurze Ehe			907
	3.	Geringfügigkeit			907
VII.	Abänderung und Anpassung				912
	1.	Abänderung nach §§ 225 ff. FamFG			912
	2.	Anpassung			915
	3.	Anpassung im Todesfall			917

C. Neuregelung der Vereinbarungen zum Versorgungsausgleich, § 6 f. VersAusglG ... 918
   I. Neue Rolle der Vereinbarungen ... 918
      1. Aufgabe von Vereinbarungen ... 918
      2. Regelungsbefugnisse, § 6 VersAusglG ... 919
   II. Inhaltskontrolle kraft Gesetzes ... 920
      1. Von der Rechtsprechungs- zur Gesetzesschranke ... 920
      2. Versorgungsausgleich und Inhaltskontrolle ... 921
      3. Regelungen zulasten der Grundsicherung ... 923
      4. Anlassprüfung ... 924
   III. Der korrespondierende Kapitalwert – das Maß aller Anrechte? ... 926
      1. Wertberechnung nach dem VersAusglG ... 926
      2. Korrespondierender Kapitalwert ... 927
   IV. Folgeänderungen außerhalb des VersAusglG ... 929
      1. Unterscheidung § 1408 BGB und § 1587o BGB a.F. obsolet ... 929
      2. Jahresfrist nicht mehr gültig ... 929
      3. Rechtsfolge Gütertrennung, § 1414 Satz 2 BGB aufgehoben ... 930
      4. Genehmigungspflicht nach § 1587o BGB a.F. abgeschafft ... 930
      5. Verbot des Supersplittings nach § 1587o I, 2 BGB a.F. abgeschafft ... 930
      6. Kein Rentner- oder Pensionärsprivileg mehr ... 930
      7. Keine Höchstgrenze mehr ... 932
   V. Anforderungen an Vereinbarungen nach neuem Recht ... 932
      1. Die Form der Vereinbarung ... 932
      2. Verbleibende Verbote ... 934

D. Vereinbarungsmöglichkeiten ... 935
   I. Totalausschluss ... 935
   II. Partieller Ausschluss ... 940
      1. Einseitiger Ausschluss ... 940
         a) Korrespondierender Kapitalwert für Gesamtsaldo ... 940
         b) Einseitiges Rücktrittsrecht ... 943
         c) Ausschluss nur der Anrechte eines Ehegatten ... 944
      2. Ausschluss für bestimmte Ehezeiten ... 945
         a) Für Zeiten der Berufsaufgabe ... 945
         b) Für Zeiten der Trennung ... 947
      3. Ausschluss bestimmter Versorgungsanrechte ... 949

	III.	Ausschluss mit Bedingungen oder Rücktrittsrecht	952
		1. Ausschluss mit auflösender Bedingung	952
		a) Berufsaufgabe	952
		b) Gegenleistung nicht erbracht	953
		2. Aufschiebende Bedingung	954
		3. Rücktrittsrechte	955
	IV.	Begrenzungsvereinbarungen	956
		1. Geringere Quote	957
		2. Gewährung einer bestimmten Mindestversorgung	957
	V.	Ausschluss mit Gegenleistung	961
		1. Vermögensübertragung	962
		2. Nutzungsrecht	964
		3. Lebensversicherung	967
		4. Einzahlung in die gesetzliche Rentenversicherung	972
	VI.	Vereinbarung zum Ausgleichsanspruch nach Scheidung	975
	VII.	Vereinbarungen im Zusammenhang mit der Scheidung	978
		1. Barer Spitzenausgleich	978
		2. Verrechnung nach korrespondierendem Kapitalwert	980
		3. Verrechnung aufgrund von Rentenwerten	982
		4. Verrechnung bei externer Teilung	984
		5. Versorgungsausgleich bei Landesbeamten	986
		6. Verrechnung des Versorgungsausgleichs mit dem Zugewinn	990
		7. Vereinbarung unter Einbeziehung der Versorgungsträger	992
	VIII.	Sonstige Vereinbarungen	993
		1. Vereinbarungen zur Geringfügigkeit	993
		2. Ausschluss bei kurzer Ehe	994
		3. Verzicht auf Abänderbarkeit	994
		4. Ausschluss von Härtegründen, § 27 VersAusglG	995
E.		Steuerliche Auswirkungen des Versorgungsausgleichs und der Vereinbarungen	996
	I.	Neuregelung steuerlicher Auswirkungen	996
	II.	Interne Teilung	996
		1. Besteuerung des Wertausgleichs	996
		2. Besteuerung des Leistungszuflusses	996
	III.	Externe Teilung	997
		1. Einfluss der Besteuerung auf das materielle Recht	997
		2. Besteuerung des Wertausgleichs	997
		3. Besteuerung des Leistungszuflusses	998
	IV.	Schädliche Verwendung geförderten Altersvorsorgevermögens	998
	V.	Ausgleich nach Scheidung	998
	VI.	Zahlungen zur Vermeidung eines Versorgungsausgleichs, § 10 Abs. 1 a Nr. 3 EStG und § 22 Nr. 1a EStG	999

Kapitel 8 Trennungs- und Scheidungsvereinbarungen 1001

A.		Trennungsvereinbarungen	1003
	I.	Ehewohnung	1003
		1. Gesetzliche Regelung über die Ehewohnung bei Trennung	1003
		a) Ehewohnung	1004
		b) Trennung	1005
		c) Unbillige Härte	1006
		aa) Gewaltanwendung	1007
		bb) Wohl der Kinder	1007
		2. Folgen der Wohnungsüberlassung	1008
		a) Regelmäßige alleinige Überlassung	1008
		b) Vorläufige Nutzung zu eigenen Wohnzwecken	1008
		c) Nutzungsentschädigung	1009

Inhaltsverzeichnis

		3. Vertragliche Vereinbarungen zum Familienwohnheim	1012
		a) Miteigentum, Nutzungsregelung, Teilungsausschluss	1012
		b) Übernahme des Eigentums mit Lastentragung	1015
		c) Verkauf und Erlösverteilung	1019
		d) Abschluss eines Mietvertrages	1021
		4. Vertragliche Vereinbarungen zur Mietwohnung	1021
		a) Übernahme des Mietvertrages mit Freistellungsverpflichtung	1022
		b) Auszugsvereinbarung	1024
	II.	Haushaltsgegenstände	1024
		1. Begriff und Abgrenzung	1024
		2. Zuweisung bei Trennung	1027
		a) Herausgabe von eigenem Alleineigentum	1027
		b) Gebrauchsüberlassung bei Alleineigentum des anderen Ehegatten	1027
		c) Verteilung bei Miteigentum	1028
		d) Nutzungsvergütung	1028
		3. Vereinbarungen	1028
	III.	Vermögens- und güterrechtliche Regelung	1030
		1. Vermögensaufteilung und Regelung von Schuldverhältnissen	1030
		2. Güterrechtliche Vereinbarungen	1033
		a) Verfügungsbeschränkungen	1033
		b) Stichtag der Endvermögensberechnung	1033
		c) Güterstandswechsel	1033
		3. Steuerrechtliche Fragen	1035
	IV.	Trennungsunterhalt	1035
	V.	Versorgungsausgleich	1037
	VI.	Kindesunterhalt	1038
		1. Regelung bei Trennung und Scheidung	1038
		2. Unterhaltsbestimmung	1040
		3. Sonderfall: Wechselmodell	1041
		4. Barunterhaltspflicht des betreuenden Elternteiles	1041
		5. Verwandtenunterhalt	1042
		6. Mindestunterhalt und Düsseldorfer Tabelle	1044
		a) Mindestunterhalt	1044
		b) Düsseldorfer Tabelle	1045
		7. Kindergeld	1048
		8. Rang und Mangelfall	1049
		9. Unterhalt volljähriger Kinder	1050
		10. Vereinbarungen über den Kindesunterhalt	1052
		a) Alttitel	1052
		b) Statischer Unterhalt	1053
		c) Dynamisierter Unterhalt	1054
		d) Freistellungsvereinbarung	1056
		e) Volljährigenunterhalt	1057
	VII.	Erbverzicht	1058
		1. Auswirkung der Scheidung bzw. Antragstellung auf das gesetzliche Erbrecht	1059
		2. Auswirkungen des Pflichtteilsverzichts auf den Unterhalt	1061
		3. Aufhebung letztwilliger Verfügungen	1061
		4. Formfragen	1063
	VIII.	Geltungsbereich	1064
	IX.	Formulierungsvorschläge	1064
		1. Anwaltliche Regelung bei noch vorläufiger Trennung	1064
		2. Notarielle Beurkundung mit Güterstandswechsel und Vollstreckungsunterwerfung	1069
B.	Scheidungsvereinbarungen		1076
	I.	Ehewohnung und Haushaltsgegenstände	1076
		1. Gesetzliche Regelung über die Ehewohnung bei Scheidung	1076
		a) Grundsätze und Voraussetzungen richterlicher Entscheidung	1077
		b) Wohnung im Alleineigentum oder Miteigentum mit Dritten	1078
		c) Familienwohnheim in Miteigentum	1079

		d)	Regelung des Mietverhältnisses	1080
			aa) Ausscheiden aus dem Mietverhältnis	1080
			bb) Neubegründung eines Mietverhältnisses	1083
			cc) Inhalt eines neu begründeten Mietvertrages	1083
			dd) Nutzungsverhältnis	1084
			ee) Frist	1084
		e)	Nutzungsentschädigung	1085
	2.	Vertragliche Vereinbarungen zur Ehewohnung		1086
		a)	Feststellung geklärter Verhältnisse	1086
		b)	Räumungsverpflichtung	1087
		c)	Antrag auf Wohnungszuweisung mit Umgestaltung des gemeinschaftlichen Mietvertrages	1087
		d)	Nutzungsverhältnisse am Familienwohnheim	1089
	3.	Gesetzliche Regelung über Haushaltsgegenstände bei der Scheidung		1092
		a)	Begriff und Abgrenzung	1092
		b)	Zuweisung bei Scheidung	1092
			aa) Miteigentum und Vermutung	1092
			bb) Kriterien der Überlassung und Übereignung	1093
			cc) Ausgleichszahlung	1093
	4.	Vereinbarungen		1094
II.	Güter- und Vermögensrecht			1095
	1.	Güterstandsänderung		1095
	2.	Zugewinnausgleich		1096
	3.	Gesamtschuldnerausgleich		1098
	4.	Bankkonten und sonstiges Miteigentum		1099
	5.	Ansprüche aus Ehegattenzuwendungen		1099
	6.	Ehegatteninnengesellschaft		1103
III.	Ehegattenunterhalt			1103
	1.	Trennungsunterhalt		1103
	2.	Nachehelicher Unterhalt		1103
IV.	Kindesunterhalt			1103
V.	Versorgungsausgleich			1104
VI.	Elterliche Sorge und Umgangsrecht			1105
	1.	Grundzüge des elterlichen Sorgerechts		1105
	2.	Obhutsmodelle – insbesondere das Wechselmodell		1106
	3.	Kindesunterhalt im Wechselmodell		1109
	4.	Vereinbarungen zur Ausübung elterlicher Sorge		1111
	5.	Das Umgangsrecht		1113
VII.	Erbverzicht			1115
VIII.	Abgeltungsklausel			1115
IX.	Form und Inhaltskontrolle			1116
X.	Formulierungsvorschläge			1116
C. Steuerliche Probleme bei der Vermögensauseinandersetzung in der Ehescheidung				1133
I.	Veranlagungswahlrecht			1133
	1.	Veranlagungsarten		1133
		a)	Zusammenveranlagung	1134
		b)	Einzelveranlagung	1136
	2.	Zustimmungspflicht zu gemeinsamer Veranlagung		1136
II.	Realsplitting			1139
III.	Entgeltliche Veräußerung bei Vermögensauseinandersetzung und -verwertung i.R.d. Ehescheidung			1139
	1.	Einführung		1139
	2.	Realteilung bei »Mischvermögen«		1139
	3.	Grundproblem des entgeltlichen Erwerbs		1142
	4.	Ehescheidung und § 23 EStG		1144
		a)	Anwendungsbereich des § 23 EStG	1144
		b)	Allgemeine Voraussetzungen für eine Steuerpflicht privater Veräußerungsgewinne nach § 23 EStG	1147

Inhaltsverzeichnis

		c)	Fallgestaltungen i.R.d. Scheidung	1151
		d)	Ausnahme bei Eigennutzung	1157
		e)	Auswirkungen der vom BFH neuerdings vertretenen modifizierten Trennungstheorie	1161
	5.	Vermeidungsstrategien		1161
IV.	Scheidung und gewerblicher Grundstückshandel			1164
V.	Scheidung und Gewinnerzielungsabsicht			1166
VI.	Scheidung und Grunderwerbsteuer			1168
VII.	Scheidung und Schenkungsteuer			1169
	1.	Scheidung und Schenkung		1169
	2.	Das Schenkungssteuerprivileg der eigengenutzten Immobilie		1170
	3.	Steuerfreiheit des Zugewinnausgleichs		1170
	4.	Vorsicht bei vorsorgenden Vereinbarungen		1171
VIII.	Steuerliche Berücksichtigung von Aufwendungen im Zusammenhang mit der Scheidung			1171
	1.	Entwicklung bis VZ 2012		1171
	2.	Rechtslage ab VZ 2013		1173
	3.	Außergerichtliche Kosten		1173

Kapitel 9   Verträge verschiedener Ehekonstellationen 1175

A. »Ehe ohne alles« 1176
    I. »Double income no kids« 1176
    II. »Zweiter Frühling« 1183
B. »Ehe mit Probezeit« 1190
    I. »Kommt Zeit kommt Rat« 1191
    II. »Kind ändert alles« 1196
    III. »Lange gewartet, doch noch geheiratet« 1202
C. Ehe mit Dynastie 1206
D. Ehe mit Unternehmen 1213
E. Diskrepanzehen 1223
F. Unterhaltsverstärkung 1229
G. Patchworkehe 1237
H. »Globale Vagabunden« 1247

Kapitel 10   Ehen mit Auslandsberührung 1257

A. Allgemeines Ehewirkungsstatut, Art. 14 EGBGB 1260
    I. Anknüpfungspunkte im deutschen IPR 1260
        1. Staatsangehörigkeit 1260
        2. Gewöhnlicher Aufenthalt 1261
        3. Engste Verbindung 1261
    II. Verweisung auf ausländisches Recht 1262
    III. Korrektur durch den ordre public 1262
    IV. Darstellung des Allgemeinen Ehewirkungsstatuts 1263
        1. Rechtswahl, Art. 14 Abs. 1 EGBGB 1263
        2. Gesetzliche Anknüpfungsleiter, Art. 14 Abs. 2 EGBGB 1264
    V. Anwendungsbereich 1265
B. Ehegüterrechtsstatut, EU-GüterrechtsVO – Art. 15 EGBGB 1266
    I. Die EU-GüVO 1266
        1. Grundprinzipien 1266
        2. Anwendungsbereich 1267
            a) Räumlicher Anwendungsbereich 1267
            b) Zeitlicher Anwendungsbereich 1267

		c)	Sachlicher Anwendungsbereich	1267
		d)	Gleichgeschlechtliche Ehen/Drittes Geschlecht	1268
	3.	Anwendbares Recht		1268
		a)	Erster gemeinsamer gewöhnlicher Aufenthalt der Eheleute	1269
		b)	Gemeinsame Staatsangehörigkeit der Eheleute	1270
		c)	Engste Verbindung	1270
	4.	Ausweichklausel, Art. 26 Abs. 3 EU-GüVO		1270
	5.	Rechtswahl		1271
	6.	Kaufvertrag mit Einwirkung ausländischen Rechts		1272
	7.	Formfragen		1275
		a)	Mindestform, Art. 23 Abs. 1 EU-GüVO	1275
		b)	Recht des gewöhnlichen Aufenthaltes in einem Mitgliedsstaat, Art. 23 Abs. 2 EU-GüVO	1275
		c)	Einigung und materielle Wirksamkeit, Art. 24 EU-GüVO	1276
	8.	Form bei Vereinbarungen über den ehelichen Güterstand, Art. 25 EU-GüVO		1276
II.	Das Güterrechtsstatut nach Art. 15 EGBGB a.F.			1277
	1.	»Altehen«		1277
	2.	Sonderfälle		1279
	3.	Behandlung von Ehen, geschlossen vor dem 01.09.1986		1279
		a)	Eheschließung vor 01.04.1953	1280
		b)	Eheschließung vom 01.04.1953 bis 08.04.1983	1280
		c)	Eheschließung vom 09.04.1983 bis 31.08.1986	1281
		d)	Eheschließung seit 01.09.1986	1281
	4.	Rechtswahl		1281
	5.	Anwendungsbereich		1282

C. Unterhalt ... 1283
   I. Anwendbare Rechtsvorschriften ... 1283
   II. Unterhaltsstatut ... 1283
   III. Rechtswahl ... 1284
      1. Möglichkeiten der Rechtswahl, Art. 7, 8 HUP ... 1284
      2. Grenzen der Rechtswahl ... 1285
      3. Form ... 1286
   IV. Gerichtsstand ... 1286
   V. Unterhaltsberechtigte im Ausland ... 1286

D. Versorgungsausgleich ... 1287
   I. Versorgungsausgleichsstatut ... 1287
      1. Gesetzliche Regelung ... 1287
      2. Art. 8 Rom III VO ... 1288
   II. Indirekte Rechtswahl ... 1288
   III. Heimatstaatenklausel ... 1289
   IV. Regelwidriger Versorgungsausgleich, Art. 17 Abs. 4 Satz 2 EGBGB ... 1289
   V. Ausländische Anrechte im deutschen Versorgungsausgleich ... 1290
   VI. Gerichtliche Zuständigkeit ... 1290

E. Scheidungsstatut ... 1291
F. Sonstige Scheidungsfolgen ... 1292
G. Ehevertrag oder Scheidungsvereinbarung mit Auslandsbezug ... 1293
H. Der deutsch-französische Wahlgüterstand ... 1298

Stichwortverzeichnis ... 1299

Verzeichnis der Formulierungsvorschläge

	Rdn.
Kapitel 1 Die Güterstände	
Ausschluss § 1357 BGB	16
Definition Haushaltsgegenstände	37
Nachträgliche Ausübung des Kapitalwahlrechts	42
Definition Anfangsvermögen bei Kauf von Eltern	97
Belehrung zu einer Vereinbarung nach § 1378 Abs. 3 BGB	326
genereller Ausschluss	370
Ausschluss für alle Gesellschaftsbeteiligungen	371
Ausschluss für den gesamten Grundbesitz	372
Ausschluss für eine einzelne Firmenbeteiligung	373
Gütertrennung mit Kompensation	427
Begleitende Abreden zur Gütertrennung	432
Hinweis auf Rückforderungsrecht bei Gütertrennung	434
Erwerb zum Gesamtgut durch einen Ehegatten bei gemeinsamer Verwaltung	447
Erwerb zum Gesamtgut durch beide Ehegatten bei gemeinsamer Verwaltung	448
Vollmacht bei Gütergemeinschaft	452
Belehrung § 5 ErbStG bei Gütertrennung	576
rückwirkende Vereinbarung der Zugewinngemeinschaft	591
Ausschluss Zugewinn außer bei Tod	614
Ausschluss Zugewinn außer bei Tod oder Ehevertrag	617
Ausschluss Zugewinn nur bei Eheende außer bei Tod	619
Kapitel 2 Vertragliche Regelungen im Ehegüterrecht	
Salvatorische Klausel	43
Versicherung – kein verschwiegenes Vermögen	47
Abgeltungsklausel	50
Schiedsklausel	57
notwendige Informationen für Eheverträge	64
Präambel (I)	335
Präambel (II)	336
Nachteilsausgleich	344
Belehrung zur Inhaltskontrolle	350
Unterhaltsverzicht mit Ausnahme der Kindesbetreuung sowie §§ 1571 Nr. 2 und 1572 Nr. 2 BGB	372
Unterhaltsbeschränkung und -verzicht	395
Unterhaltsbeschränkung und -verzicht	401
Bestätigung eines möglicherweise sittenwidrigen Ehevertrages	489
Ehevertrag mit Gütertrennung	502
Wechsel in die Gütertrennung mit Zugewinnausgleich – Übereignung einer Wohnung als Leistung an Erfüllungs statt	508
Wechsel in die Gütertrennung mit Zugewinnausgleich und Rückkehr zur Zugewinngemeinschaft in einer Urkunde – »Güterstandsschaukel«	510
Gütertrennung mit auflösender Bedingung	512
Abgeltungsklausel bei Übergang von Gütertrennung in den Zugewinnausgleich	515
rückwirkende Vereinbarung der Zugewinngemeinschaft	522
Rückkehr zur Zugewinngemeinschaft und Festlegung von Anfangsvermögen	524
Gütergemeinschaft	526
Errungenschaftsgemeinschaft	528

Verzeichnis der Formulierungsvorschläge

»Anfangsvermögen« als Vorbehaltsgut	530
Betrieb als Vorbehaltsgut	532
Fahrnisgemeinschaft	534
Ausschluss des Übernahmerechts nach § 1477 Abs. 2 BGB	537
Aufhebung und Auseinandersetzung der Gütergemeinschaft	547
Ausschluss des Zugewinns im Scheidungsfall (I)	557
Ausschluss des Zugewinns im Scheidungsfall (II)	561
einseitiger Ausschluss des Zugewinns im Scheidungsfall	562
Ausschluss des Zugewinns bei Scheidung	566
modifizierte Zugewinngemeinschaft durch Herausnahme des Betriebsvermögens aus dem Zugewinn	607
Gesellschaftsanteile im Privatvermögen	610
Hinzurechnung eines kalkulatorischen Unternehmerlohnes	612
Surrogate im Privatvermögen ausgleichungspflichtig	614
Surrogate im Privatvermögen teilweise ausgleichspflichtig	615
Herausnahme von Erträgen nur entsprechend den Grundsätzen ordnungsgemäßer Unternehmensführung	617
Erträge, die zum Unterhalt zu verwenden sind	618
gesonderte Behandlung von Geschäftsführervergütung und Tantieme	619
Mindestzugewinn bei Ausschluss Betriebsvermögen	620
Ausschluss von Wertsteigerungen des Anfangsvermögens	635
Verwendung von Erträgen	637
Kinder als auflösende Bedingung	643
Rücktrittsrecht	645
Enttäuschte Erbschaft als auflösende Bedingung	648
kein Zugewinn bei kurzer Ehe	651
Bewertungsvereinbarung	656
Vermögensverzeichnis	657
Vermögensverteilung bei Haftung	667
Bewertung nach Fachgutachten IDW	675
keine Anwendung des § 1376 Abs. 4 BGB	679
Zeitwert Kapitallebensversicherungen	681
Bewertung Grundbesitz	684
Änderung Ausgleichsquote	689
Höchstbetrag Zugewinn wertgesichert	696
Höchstbetrag gestuft nach Ehedauer	697
Ehedauer mal Jahresbetrag	698
abweichende Fälligkeit	701
Zugewinnausgleich durch Grundstücksübertragung	712
Zugewinnausgleich durch Einräumung einer stillen Beteiligung	713
Kompensation für Verzicht	719
periodischer Zugewinnausgleich	722
Wahl-Zugewinngemeinschaft	725

Kapitel 3   Ehegattenzuwendungen

Darlehenslösung	34
Darlehenserlass beim Tod des Gläubigers	38
Vorverlegung Anfangstermin	43
Wertfestlegung Anfangsvermögen	46
aufschiebende bedingte Miteigentumsübertragung	51
keine Rückforderung – Anrechnung	103
ergänzende Ausführung zu § 1374 Abs. 2 BGB	104
Mindestrecht auf Ersatz von Anfangsvermögen	105

Verzeichnis der Formulierungsvorschläge

keine Anrechnung im Zugewinn	112
Zuwendung mit Rückforderungsrecht und Zugewinnausgleich nach Rückforderung	150
keine Rückforderung – kein Ausgleich	152
Gütertrennung – keine Rückforderung	154
Gütertrennung – gesetzliche Lage	155
Erwerbsrecht der Kinder	158
Angebot auf Rückübertragung	229
Rückforderungsklausel im Haftungsfall	230
Rückerwerb mit wahlweiser Übertragung auf Kinder	231
Erwerbsrecht	237
Schenkung	240

Kapitel 4 Zuwendungen Dritter mit Scheidungsvorsorge

Rückübertragungsklausel bei Elternzuwendung	13
Recht, Übertragung auf Kinder des Erwerbers verlangen zu können	16
Geldschenkung an das eigene Kind	26
Ehevertrag – Rückerstattung der Elternschenkung mit Alternative Beibehaltung des Anfangsvermögens	28
Ehevertrag – Endvermögen als Zugewinn	32
Regelung einer Schwiegerelternzuwendung	83

Kapitel 5 Vermögensrechtliche Ansprüche und Regelungen unter Ehegatten

Ausschluss von Ansprüchen bei Gütertrennung	41
Regelung des Innenverhältnisses von Gesamtschuldnern	124
tilgungsbedingte Unterhaltsreduzierung als anderweitige Bestimmung beim Gesamtschuldnerausgleich	156
Zustimmung zu gemeinsamer Veranlagung mit Ausgleichspflicht	181
Ausschluss der Aufhebung der Gemeinschaft	276
treuhänderische Übertragung mit Ausgestaltung des Rückübertragungsrechts	367
Ehegatteninnengesellschaft	390
Ehegattenaußengesellschaft bürgerlichen Rechts	405
Errichtung einer Kommanditgesellschaft unter Aufnahme des Ehegatten in ein Einzelunternehmen	412
Ausschlussklausel bei Nichtabschluss Ehevertrag	423
Ehegattendarlehen ohne gesonderte Sicherheiten	447
Darlehen mit Hypothekenbestellung	448
Ehegattenarbeitsvertrag – sozialversicherungspflichtig	466
Ehegattenarbeitsvertrag – geringfügige Beschäftigung	468
Wirksamwerden der Vollmacht durch Besitz der Ausfertigung	529
Vollmacht zur Vorsorge und Nachlassvollmacht	623
Patientenverfügung	626

Kapitel 6 Ehegattenunterhaltsrecht

Trennungsunterhalt – Betrag – Angemessenheitsgrenze	86
Verpflichtung zur Zahlung des Trennungsunterhalts	88
Trennungsunterhalt auch als nachehelicher Unterhalt	89
Trennungsunterhalt mit Wohnungsanrechnung	91
Realsplitting	93
für den Ehevertrag (begrenztes Realsplitting)	742
Verpflichtung zur Zahlung nachehelichen Unterhalts mit gesondertem Vorsorge- und Krankenversicherungsunterhalt einer privaten Krankenversicherung	803
Verpflichtung zur Zahlung nachehelichen Unterhalts mit einem pauschalen Unterhaltsbetrag	805

Verzeichnis der Formulierungsvorschläge

Verpflichtung zur Zahlung nachehelichen Unterhalts mit gesondertem Krankenversicherungs- und Altersvorsorgeunterhalt	807
Verpflichtung zur Zahlung nachehelichen Unterhalts nach konkreter Berechnung	809
kompletter Unterhaltsverzicht	816
Unterhaltsverzicht mit Ausnahme der Not	819
Unterhaltsverzicht mit Ausnahme der Kindesbetreuung	827
Verzicht auf Aufstockungsunterhalt	829
Unterhaltsverzicht mit auflösender Bedingung	832
Unterhaltsverzicht mit Rücktrittsrecht	834
Unterhaltsverzicht und -dauer nach Ehedauer	836
verschuldensabhängiger Unterhaltsausschluss	838
Höchstdauer der Unterhaltspflicht	847
Höchstdauer der Unterhaltspflicht nach Ehedauer	849
kein Erlöschen des Unterhalts bei Wiederheirat	851
kein Wiederaufleben des Unterhalts	853
Unterhaltsanspruch erlischt mit Tod des Pflichtigen	855
Unterhaltsanspruch erlischt nicht wegen eines Pflichtteilsverzichtes	857
Unterhaltsverzicht mit Einschränkung § 33 VersAusglG	859
Klarstellung der Voraussetzungen des § 1579 Nr. 2 BGB	861
wertgesicherte Höchstgrenze des Unterhalts mit Ausnahme des Basisunterhalts	869
Höchstbeträge gestaffelt nach Einkommen	871
Höchstbeträge gestaffelt nach Ehedauer	873
Abschmelzende Höchstbeträge	877
Höchstgrenze des Unterhalts als Vielfaches des Selbstbehaltes	879
Unterhaltshöchstgrenze – dynamisiert nach dem Bundesbesoldungsgesetz	887
Unterhaltshöchstquote	890
Umfassender Ausschluss der Abänderbarkeit	892
Modifizierung der Abänderbarkeit – später Neufestsetzung [I]	893
Modifizierung der Abänderbarkeit	894
Verweis auf § 238 FamFG	895
Modifizierung der Abänderbarkeit – später Neufestsetzung [II]	896
Keine Abänderbarkeit wegen Erwerbsobliegenheit	898
Festlegung der ehelichen Lebensverhältnisse anhand des Bruttoeinkommens	901
Festlegung der ehelichen Lebensverhältnisse anhand der vorehelichen Lebensverhältnisse des Unterhaltsberechtigten	903
Übergang vom eheangemessenen zum angemessenen Unterhalt	906
Ausschluss bestimmter Vermögensteile von der Verwertung	908
Verzicht auf Kranken- und Vorsorgeunterhalt	910
Anrechnung Ertrag aus Vorsorgekapital	912
Direktzahlung Altersvorsorgeunterhalt	914
Ausklammerung von Einkommensarten	916
Ausklammerung von Erträgen aus privilegiertem Anfangsvermögen	918
Surrogatsgleichstellungsvereinbarung	920
Nichtanrechnung überobligationsmäßigen Einkommens	923
Behandlung des Einkommens des Unterhaltsberechtigten	925
notwendiger Eigenbedarf des Pflichtigen	927
Unterhaltsverzicht gegen Zahlung einer Abfindung	935
Unterhaltsverzicht gegen Abfindung im vorsorgenden Vertrag der Diskrepanzehe	937
Verpflichtung zur Zahlung nachehelichen Kindesbetreuungsunterhalts bis zu einem bestimmten Lebensalter des jüngsten Kindes mit Wohnwertanrechnung	940
Novation – Leibrente	954
Novation – Übergangsregelung	956
freiwillige Leistungen Dritter	961
Notklausel	991

Verzeichnis der Formulierungsvorschläge

Verlängerung des Basisunterhalts 1022
Abschmelzende Zahlungspflicht mit steigender Erwerbsobliegenheit ohne Verzicht 1024
Ehemodell der Eigenbetreuung 1027
begrenztes Realsplitting 1036
Zuordnung von steuerlichen Kinderentlastungen 1040

Kapitel 7   Versorgungsausgleich

nachträgliche Kapitalwahl bei Lebensversicherungen 64
kompletter Verzicht auf Versorgungsausgleich 381
kompletter Verzicht – Auffangklausel Ausübungskontrolle 382
einseitiger Verzicht auf Versorgungsausgleich – Vorsorgevermögensbilanz nach § 47 VersAusglG 396
kompletter Verzicht auf Versorgungsausgleich mit einseitigem Rücktrittsrecht 398
einseitiger Verzicht bezüglich der Anrechte eines Ehegatten 404
Verzicht auf Versorgungsausgleich mit Ausnahme familienbedingter Erwerbseinschränkung 408
Verzicht auf Versorgungsausgleich für die Zeit ab Trennung 411
Verzicht auf Randversorgungen 413
Herausnahme aller Anrechte mit Ausnahme der gesetzlichen Rentenversicherung bzw. Beamtenpension 415
Herausnahme eines aus Anfangsvermögen finanzierten Anrechts aus dem Versorgungsausgleich 418
kompletter Verzicht auf Versorgungsausgleich – auflösend bedingt durch Berufsaufgabe wegen gemeinsamer Kinder 422
kompletter Verzicht auf Versorgungsausgleich – auflösend bedingt durch Nichterfüllung der Gegenleistung 425
kompletter Verzicht auf Versorgungsausgleich – aufschiebend bedingt durch Erbschaft ... 428
kompletter Verzicht auf Versorgungsausgleich mit Rücktrittsrecht 430
Rücktrittsrecht bei Beendigung des Ehegattenarbeitsvertrages 432
Verringerung der Ausgleichsquote 436
Verzicht auf Versorgungsausgleich – auflösend bedingt bei Nichterreichen einer definierten Mindestversorgung 438
Versorgungsausgleich bis maximal zur eigenen Versorgung 443
Versorgungsausgleich höhenbegrenzt nach Entgeltpunkten 447
Billigkeitsausgleich durch Gericht 449
Verzicht auf Versorgungsausgleich gegen Vermögensübertragung 456
Verzicht auf Versorgungsausgleich in der gesetzlichen Rentenversicherung und Bestellung eines lebenslangen Wohnungsrechts 460
Verzicht auf Versorgungsausgleich gegen Zahlung der Beiträge für eine Lebensversicherung 470
Verzicht auf Versorgungsausgleich gegen Abschluss einer Lebensversicherung mit sofortiger Anlage eines Beitragsdepots 472
Verzicht auf Versorgungsausgleich gegen Zahlung der Beiträge für die gesetzliche Rentenversicherung im vorsorgenden Ehevertrag 477
Verzicht auf Versorgungsausgleich gegen Zahlung eines Einmalbeitrages für die gesetzliche Rentenversicherung in der Scheidungsvereinbarung 479
Ersetzung Wertausgleich bei Scheidung durch den Ausgleich nach der Scheidung 482
Verzicht auf Ausgleich nach der Scheidung 484
Begrenzung schuldrechtlicher Ausgleichsrente auf Unterhalt 486
interne Verrechnung von Ausgleichswerten und Auszahlung der Differenz 491
interne Verrechnung von Ausgleichswerten und in der Folge nur eingeschränkter Versorgungsausgleich 496

Verzeichnis der Formulierungsvorschläge

Verrechnung einer ausländischen Versorgung mit Anrechten aus der gesetzlichen Rentenversicherung nach Werten in monatlicher Rente – Einmalausgleich – Vermeidung von § 19 Abs. 3 VersAusglG	500
Verrechnung von Ausgleichswerten beim externen Ausgleich	503
Verpflichtung zum Abschluss einer Verrechnungsvereinbarung	508
Verrechnung von Ausgleichswerten beim externen Ausgleich von Landesbeamten	518
Verrechnung von Ansprüchen nach dem VersAusglG gegen Zugewinnansprüche	520
Vereinbarung zum externen Ausgleich einer Betriebsrente	524
Vereinbarung zur Geringfügigkeit	527
Vereinbarung zur kurzen Ehe	529
Ausschluss der Abänderbarkeit nach § 227 Abs. 2 FamFG	535
Erhöhung der Schwelle für die Abänderbarkeit nach § 227 Abs. 2 FamFG	536
Versorgungsausgleich unter Verzicht auf § 27 VersAusglG	538

Kapitel 8 Trennungs- und Scheidungsvereinbarungen

Nutzung der Ehewohnung bei Miteigentum – vorläufige Regelung bei Trennung	51
Übertragung Familienwohnheim auf einen Ehegatten	54
Veräußerungsabrede	57
Übernahme Mietvertrag mit Freistellungsverpflichtung	63
Weiternutzung der gemieteten Wohnung durch einen Ehegatten – bereits geklärte Verhältnisse	64
Aufgabe der angemieteten Ehewohnung	66
Definition Haushaltsgegenstände	84
Verteilung der Haushaltsgegenstände bereits erfolgt	93
Vereinbarung über die Verteilung der Haushaltsgegenstände bei Scheidung	95
Vermögensaufteilung	102
Ausschluss der Verfügungsbeschränkungen	106
Trennung als Endvermögensstichtag	108
Wechsel zur Gütertrennung – Zugewinnausgleich bleibt vorbehalten	111
Vermögensversicherung	113
Verpflichtung zur Zahlung des Trennungsunterhalts	125
statischer Kindesunterhalt	204
dynamisierter Kindesunterhalt – ausführliche Regelung	206
dynamisierter Unterhalt – Kurzfassung	207
dynamisierter Kindesunterhalt – Krankenversicherung zusätzlich	209
zusätzliche Kosten der Ganztagsbetreuung	211
Freistellungsvereinbarung Kindesunterhalt	213
Volljährigenunterhalt dynamisiert, Freistellung, Rangbestimmung	217
Erbverzicht – Aufhebung Erbvertrag	254
Trennungsvereinbarung nicht beurkundet für Trennung ohne Güterstandsregelung und ohne Grundeigentum	262
Trennungsvereinbarung für länger andauerndes Getrenntleben mit Übertragung Familienwohnheim und Regelung von Unterhalt	265
einvernehmliches Schreiben an den Vermieter zur Umgestaltung des Mietverhältnisses	302
Ehewohnung – Aufgabe	326
Familienwohnheim – Aufgabe	327
Familienwohnheim – Übernahme durch Eigentümer	328
Ehewohnung – Weiternutzung durch einen Ehegatten – Regelung gegenseitiger Ansprüche	329
Familienwohnheim – Räumung durch Nutzer	330
Antrag auf Zuweisung der Ehewohnung für die Zeit ab Rechtskraft der Ehescheidung im Scheidungsverbund mit Umgestaltung des gemeinschaftlichen Mietvertrages	331
Ehemann Alleineigentümer – Ehefrau auf Dauer Nutzungsberechtigte mit Wohnrecht	334

Verzeichnis der Formulierungsvorschläge

Vereinbarung über die Verteilung der Haushaltsgegenstände bei Scheidung	352
Belehrung bei bloßer Zugewinnausgleichsregelung	356
Gütertrennung in Scheidungsvereinbarung	357
Zugewinnausgleich in Scheidungsvereinbarung – Stundung mit Sicherheiten	360
Zugewinnausgleich in Scheidungsvereinbarung – Erfüllung durch Übertragung von Grundbesitz	361
Keine Geltendmachung von Unterhalt – aber auch kein späterer Innenausgleich	369
Keine Ansprüche aus Gesamtschuldnerausgleich	371
Rückabwicklung ehebezogener Zuwendung	377
Freistellungsvereinbarung Kindesunterhalt	384
Nachträgliche Kapitalwahl	388
Keine Anträge zur elterlichen Sorge	393
Antrag auf alleinige elterliche Sorge mit Zustimmung	394
Ausführliche Regelung gemeinsamer elterlicher Sorge und Umgang	413
Elternvereinbarung zum Wechselmodell	415
Antrag auf alleinige elterliche Sorge mit Zustimmung und Umgangsregelung	421
Abgeltungsklausel	427
umfassende notarielle Scheidungsvereinbarung mit Grundstücksübertragung	435

Kapitel 9 Verträge verschiedener Ehekonstellationen

Ehevertrag mit Ausschluss Zugewinn im Scheidungsfall – Unterhaltsverzicht und Verzicht auf Versorgungsausgleich sowie gegenseitiger Erbeinsetzung	14
Ehevertrag mit Gütertrennung – Unterhaltsverzicht und Verzicht auf Versorgungsausgleich – Pflichtteilsverzicht und Vermächtnis	20
Ehevertrag mit Ausschluss des Zugewinns – Unterhaltsverzicht und Verzicht auf Versorgungsausgleich jeweils bei kurzer Ehedauer	25
Ehevertrag mit Ausschluss des Zugewinns – Unterhaltsverzicht und Verzicht auf Versorgungsausgleich sowie Rücktrittsrecht bei Elternschaft	30
Ehevertrag mit Einbeziehung von Zeiten des nichtehelichen Zusammenlebens	40
Maß des Unterhalts ohne Familienerbe	51
Ehevertrag mit Herausnahme des Anfangsvermögens aus dem Zugewinn – Pflichtteilsverzicht und Vermächtnis	52
Ehevertrag mit Herausnahme des Betriebsvermögens aus dem Zugewinn, Modifikation des Unterhalts, einseitigem Ausschluss des Versorgungsausgleichs und Pflichtteilsverzicht	58
Ehevertrag mit Höchstbetrag des Zugewinns – Modifikation des Unterhalts und Ausschluss des Versorgungsausgleichs mit Rücktrittsrecht	65
Ehevertrag mit Höchstbetrag des Zugewinns – novierender Unterhaltsvereinbarung und Ausschluss des Versorgungsausgleichs mit Rücktrittsrecht	70
»Globale Vagabunden«	80

Kapitel 10 Ehen mit Auslandsberührung

Erwerb durch zwei ausländische Erwerber	88
Rechtswahl	199
Vereinbarungen über Versorgungsausgleich und Unterhalt mit Bezugnahme auf ausländische Rechtsinstitute	202

Abkürzungsverzeichnis

A

a.A.	anderer Auffassung
ABl.	Amtsblatt
Abs.	Absatz
Abschn.	Abschnitt
abzgl.	Abzüglich
AcP	Archiv für die civilistische Praxis (Zs.)
AEUV	Vertrag über die Arbeitsweise der Europäischen Union
a.F.	alte Fassung
AfA	Abschreibung für Abnutzung
AG	Amtsgericht/Aktiengesellschaft
AgrB	Agrarbetrieb - Zeitschrift für das gesamte Recht der Land- und Forstwirtschaft, die Wirtschafts- und Steuerberatung sowie das Sachverständigenwesen im ländlichen Raum
ALG	Gesetz über die Alterssicherung der Landwirte
Alt.	Alternative
AltZertG	Gesetz über die Zertifizierung von Altersvorsorge- und Basisrentenverträgen
Anm.	Anmerkung
AO	Abgabenordnung
Art.	Artikel
Aufl.	Auflage
Az.	Aktenzeichen

B

BAFA	Bundesamt für Wirtschaft und Ausfuhrkontrolle
BAnZ	Bundesanzeiger
BauGB	Baugesetzbuch
BayAGGVG	Bayerisches Ausführungsgesetz zum Gerichtsverfassungsgesetz
BayObLG	Bayerisches Oberstes Landesgericht
BB	Betriebs-Berater (Zs.)
BBesG	Bundesbesoldungsgesetz
BeamtVG	Beamtenversorgungsgesetz
Bearb.	Bearbeiter
BeckRS	Beck'sche Rechtssammlung
BEEG	Bundeselterngeld- und Elternzeitgesetz
BelWV	Beleihungswertverordnung
Beschl.	Beschluss
BetrAV	Betriebliche Altersversorgung (Zs.)
BetrAVG	Gesetz zur Verbesserung der betrieblichen Altersversorgung
BeurkG	Beurkundungsgesetz
BewG	Bewertungsgesetz
BfF	Bundesamt für Finanzen
BFH	Bundesfinanzhof
BFH/NV	Bundesfinanzhof – nicht veröffentlichte Entscheidungen
BGB	Bürgerliches Gesetzbuch
BGBl.	Bundesgesetzblatt
BGH	Bundesgerichtshof
BGHZ	Entscheidungen des Bundesgerichtshofs in Zivilsachen
BMF	Bundesministerium der Finanzen
BNotK	Bundesnotarkammer
BNotO	Bundesnotarordnung
BRAK-Mitt.	Mitteilungen der Bundesrechtsanwaltskammer
BR-Drucks.	Bundesratsdrucksache
BSG	Bundessozialgericht
BStBl.	Bundessteuerblatt

Abkürzungsverzeichnis

BStBK	Bundessteuerberaterkammer
BT-Drucks.	Bundestagsdrucksache
Buchst.	Buchstabe
BVerfG	Bundesverfassungsgericht
BWNotZ	Zeitschrift für das Notariat in Baden-Württemberg (Zs.)
bzgl.	bezüglich
bzw.	beziehungsweise

C

ca.	Circa
CC	Code Civil

D

DAI	Deutsches Anwaltsinstitut
DB	Der Betrieb (Zs.)
DCF	Discounted Cash Flow
DDR	Deutsche Demokratische Republik
DepotG	Depotgesetz
ders.	Derselbe
DFGT	Deutscher Familiengerichtstag e.V.
d.h.	das heißt
DNotI-Report	Informationsdienst des Deutschen Notarinstituts (Zs.)
DNotV	Deutscher Notarverein
DNotZ	Deutsche Notar-Zeitschrift
DS	Der Sachverständige (Zs.)
DStJG	Deutsche Steuerjuristische Gesellschaft
DStR	Deutsches Steuerrecht (Zs.)
DStRE	Deutsches Steuerrecht – Entscheidungsdienst (Zs.)
dzt.	derzeit

E

EFG	Entscheidungen der Finanzgerichte
EGBGB	Einführungsgesetz zum Bürgerlichen Gesetzbuch
EigzulG	Eigenheimzulagengesetz
ENZ	Europäisches Nachlasszeugnis
EP	Entgeltpunkt
ErbStG	Erbschaftsteuer- und Schenkungsteuergesetz
ErbStR	Erbschaftsteuer-Richtlinien
Erl.	Erlass
EStDV	Einkommensteuer-Durchführungsverordnung
EStG	Einkommensteuergesetz
EStH	Einkommensteuer-Richtlinien, Amtliche Hinweise
EStR	Einkommensteuer-Richtlinien
Etc.	et cetera
EU-GüVO	Europäische Verordnung zur Durchführung einer verstärkten Zusammenarbeit im Bereich der Zuständigkeit, des anzuwendenden Rechts und der Anerkennung und Vollstreckung von Entscheidungen im Bereich des ehelichen Güterrechts
EuUntVO	Europäische Unterhaltsverordnung

F

f.	Folgende
FamFR	Familienrecht und Familienverfahrensrecht (Zs.)
FamG	Familiengericht
FamRB	Der Familien-Rechts-Berater (Zs.)
FamRBInt	Der Familienrechtsberater International (Zs.)
FamRZ	Zeitschrift für das gesamte Familienrecht
FF	Forum Familien- und Erbrecht (Zs.)

ff.	Fortfolgende
FG	Finanzgericht
FGB	Familiengesetzbuch (der DDR)
FGG	Gesetz über die freiwillige Gerichtsbarkeit
FGG-RG	Entwurf eines Gesetzes zur Reform des Verfahrens in Familiensachen und in den Angelegenheiten der freiwilligen Gerichtsbarkeit
FinMin	Finanzministerium
Fn.	Fußnote
Form.	Formular
FPR	Familie Partnerschaft Recht (Zs.)
FS	Festschrift
FuR	Familie und Recht (Zs.)
FuS	Zeitschrift für Familienunternehmen und Strategie (Zs.)

G

GBl.	Gesetzblatt
gem.	Gemeinsam
ges.	Gesetzlich
GewStR	Gewerbesteuer-Richtlinien
ggf.	Gegebenenfalls
ggü.	Gegenüber
gleichl.	Gleichlautend
GMBl	Gemeinsames Ministerialblatt
grds.	Grundsätzlich
GrEStG	Grunderwerbsteuergesetz
GWR	Gesellschafts- und Wirtschaftsrecht (Zs.)

H

Halbs.	Halbsatz
HausratsVO	Verordnung über die Behandlung der Ehewohnung und des Hausrats
Hdb.	Handbuch
HEÜ	Haager Übereinkommen über das auf eheliche Güterstände anwendbare Recht vom 14. März 1978
HFA	Hauptfachausschuss des Instituts der Wirtschaftsprüfer
HGB	Handelsgesetzbuch
h.M.	herrschende Meinung
Holst.	Holsteinisches
HRR	Höchstrichterliche Rechtsprechung (Entscheidungssammlung)
Hrsg.	Herausgeber
HUP	Haager Unterhaltsprotokoll

I

i.d.R.	in der Regel
IDW	Institut der Wirtschaftsprüfer
i.H.d.	in Höhe des
i.H.e.	in Höhe eines
i.H.v.	in Höhe von
ImmoWertV	Immobilienwertermittlungsverordnung
INF	Die Information über Steuer und Wirtschaft (Zs.)
insbes.	Insbesondere
InsO	Insolvenzordnung
IPrax	Praxis des Internationalen Privat- und Verfahrensrechts (Zs.)
i.R.d.	im Rahmen des/der
i.S.d.	im Sinne des/der
i.S.v.	im Sinne von
i.Ü.	im Übrigen
i.V.m.	in Verbindung mit

Abkürzungsverzeichnis

J
JA	Juristische Arbeitsblätter (Zs.)
JR	Juristische Rundschau (Zs.)
JurBüro	Das juristische Büro (Zs.)
JZ	Juristenzeitung (Zs.)

K
KAGB	Kapitalanalgegesetzbuch
Kap.	Kapitel
KG	Kammergericht
KGJ	Jahrbuch der Entscheidungen des Kammergerichts
KÖSDI	Kölner Steuerdialog (Zs.)
KommGRV	Kommentar zum Recht der gesetzlichen Rentenversicherung
KostO	Kostenordnung
krit.	Kritisch
KV	Kostenverzeichnis

L
LfSt	Landesamt für Steuern
LG	Landgericht
LMK	Kommentierte BGH- Rechtsprechung Lindenmaier-Möhring (jetzt Beck Fachdienst)
LPartG	Gesetz über eingetragene Lebenspartnerschaften
LS	Leitsatz
LStR	Lohnsteuer-Richtlinien

M
m.	Mit
max.	Maximal
MBP	Mandant im Blickpunkt (Zeitschrift)
MDR	Monatsschrift für Deutsches Recht (Zs.)
m.E.	meines Erachtens
Mio.	Million
MittBayNot	Mitteilungen des Bayerischen Notarvereins, der Notarkasse und der Landesnotarkammer (Zs.)
MittRhNotK	Mitteilung der Rheinischen Notarkammer (Zs.)
m.w.N.	mit weiteren Nachweisen

N
n.F.	neue Fassung
NJOZ	Neue Juristische Online Zeitschrift
NJW	Neue Juristische Wochenschrift (Zs.)
NJW-RR	Neue Juristische Wochenschrift Rechtsprechungs-Report (Zs.)
NotBZ	Zeitschrift für die notarielle Beratungs- und Beurkundungspraxis (Zs.)
Nr.	Nummer
nrkr.	nicht rechtskräftig
n.v.	nicht veröffentlicht
NWB	Neue Wirtschafts-Briefe (Zs.)
NZFam	Neue Zeitschrift für Familienrecht (Zs.)

O
o.Ä.	oder Ähnliches
OFD	Oberfinanzdirektion
o.g.	oben genannt
OHG	Offene Handelsgesellschaft
OLG	Oberlandesgericht
OLGR	Schnelldienst zur Zivilrechtsprechung der Oberlandesgerichte und des BayObLG

Abkürzungsverzeichnis

P
PaPkG	Preisangaben- und Preisklauselgesetz
Pkw	Personenkraftwagen

R
RefE	Referentenentwurf
RegE	Regierungsentwurf
RFH	Reichsfinanzhof
RG	Reichsgericht
Rn.	Randnummer
RNotZ	Rheinische Notarzeitschrift (vormals: MittRhNotK) (Zs.)
RPfleger	Der Rechtspfleger (Zs.)
Rspr.	Rechtsprechung

S
s.	Siehe
S.	Seite
s.a.	siehe auch
SchiedsVZ	Zeitschrift für Schiedsverfahren (Zs.)
SGB	Sozialgesetzbuch
Sog.	Sogenannt
StA.Nr.	Standesamtsnummer
StB	Der Steuerberater (Zs.)
SteuK	Steuerrecht kurzgefasst (Zs.)
StMBG	Missbrauchsbekämpfungs- und Steuerbereinigungsgesetz
StMinFin	Staatsministerium der Finanzen
str.	Streitig
StuW	Steuer und Wirtschaft (Zs.)

T
TÖD	Tarifvertrag für den öffentlichen Dienst
Tz	Textziffer

U
u.a.	unter anderem
UmwStG	Umwandlungsteuergesetz
u.U.	unter Umständen
Urt.	Urteil
UVR	Umsatz- und Verkehrssteuerrecht

V
v.	von/vom
v.a.	vor allem
VAG	Versicherungsaufsichtsgesetz
VAHRG	Gesetz zur Regelung von Härten im Versorgungsausgleich
Var.	Variante
VAÜG	Versorgungsausgleichs-Überleitungsgesetz
VersAuslG	Gesetz über den Versorgungsausgleich
Vgl.	Vergleiche
VO	Verordnung
Vorbem.	Vorbemerkung
VZ	Veranlagungszeitraum

W
WertR	Wertermittlungsrichtlinie
WertV	Wertermittlungsverordnung
WKRS	Wolters Kluwer Rechtssammlung

Abkürzungsverzeichnis

WM	Wertpapiermitteilungen (Zs.)
WPg	Die Wirtschaftsprüfung (Zs.)
WZGA	Abkommen zwischen Deutschland und Frankreich über die Wahl-Zugewinngemeinschaft
Z	
ZAP	Zeitschrift für die Anwaltspraxis (Zs.)
z.B.	zum Beispiel
ZBR	Zeitschrift für Beamtenrecht
ZErb	Zeitschrift für die Erbrechtspraxis (Zs.)
ZEV	Zeitschrift für Erbrecht und Vermögensnachfolge (Zs.)
ZFE	Zeitschrift für Familien- und Erbrecht (Zs.)
ZfIR	Zeitschrift für Immobilienrecht (Zs.)
ZGB	Zivilgesetzbuch der DDR
Ziff.	Ziffer
ZIP	Zeitschrift für Wirtschaftsrecht und Insolvenzpraxis (Zs.)
ZKJ	Zeitschrift für Kindschaftsrecht und Jugendhilfe (Zs.)
ZNotP	Zeitschrift für die Notarpraxis (Zs.)
ZPO	Zivilprozessordnung
Zs.	Zeitschrift
z.T.	zum Teil
Zutr.	zutreffend
ZVG	Gesetz über die Zwangsversteigerung und Zwangsverwaltung
ZZP	Zeitschrift für Zivilprozess (Zs.)

Literaturverzeichnis

Dieses Literaturverzeichnis enthält nur die nachfolgend abgekürzt zitierte Literatur. Die Zitierweise ist *kursiv* dargestellt.

Albrecht/Albrecht/Böhm/ Böhm-Rößler (zit. *Albrecht*)	Die Patientenverfügung, 2. Aufl., 2018;
Althammer	Brüssel IIa Rom III, Kommentar, 2014;
Amend-Traut (Hrsg.)	Familie und Recht, Tagungsband 18, 2018;
Andrae	Internationales Familienrecht, 4. Aufl., 2019;
Arens/Daumke/Spieker	Steuerfragen zum Ehe- und Scheidungsrecht, 4. Aufl., 2016;
Bamberger/Roth/Hau/Poseck/ Bearbeiter (zit. *BRHP*)	Kommentar zum Bürgerlichen Gesetzbuch, 4. Aufl., 2019;
Battes	Eherecht, 2018;
Bauer/Schaub/Bearbeiter	Grundbuchordnung, 4. Aufl., 2018;
Baumbach/Lauterbach/ Albers/Hartmann	Zivilprozessordnung, 77. Aufl., 2019;
Bayer/Koch	*Scheidungsfolgenvereinbarungen*, 2016;
Bayer/Koch	Schranken der Vertragsfreiheit, 2007;
Becker/Kingreen	*SGB V*, Gesetzliche Krankenversicherung, 6. Aufl., 2018;
Beckervordersandfort	Gestaltungen zum Erhalt des *Familienvermögens*, 2016;
BeckOGK/Bearbeiter	beck-online.GROSSKOMMENTAR zum Zivilrecht, Hrsg. Gsell/Krüger/ Lorenz/Reymann;
BeckOK-GBO/Bearbeiter	Beck OnlineKommentar Grundbuchordnung, Hrsg. Hügel, Stand 01.06.2019;
BeckOK KostenR/Bearbeiter	Beck OnlineKommentar Kostenrecht, Hrsg. Dörndorfer, Neie, Wendtland, Gerlach, Stand 2019;
Bergner	Kommentar zum reformierten Versorgungsausgleich, 2009;
Bergschneider	Richterliche *Inhaltskontrolle* von Eheverträgen und Scheidungsvereinbarungen, 2008;
Bergschneider	Verträge in Familiensachen, 6. Aufl., 2018;
Bergschneider/Bearbeiter	Familienvermögensrecht, 3. Aufl., 2016;
Berscheid/Kunz/Brand/ Nebeling	Praxis des Arbeitsrechts, 4. Aufl., 2013;
Birle/Fey/Haas u. a.	Beck'sches Steuer- und Bilanzrechtslexikon, 2013;
Blümich/Bearbeiter	EStG, Loseblatt, 145. Aufl., 2018;
Börger/Bosch/Heuschmid	Anwaltformulare Familienrecht, 5. Aufl., 2012;
Borth	Praxis des *Unterhaltsrecht*s, 3. Aufl., 2016;
Borth	*Versorgungsausgleich*, 8. Aufl., 2017;
Boruttau	Grunderwerbsteuergesetz, 19. Aufl., 2018;
Braeuer	Der Zugewinnausgleich, 2. Aufl., 2015;
Brambring	Ehevertrag und Vermögenszuordnung unter Ehegatten, 7. Aufl., 2012;
Brandmüller	Betriebsaufspaltung, Loseblatt, Stand 1/2019;
Braunhofer	Unternehmens- und Anteilsbewertung, 1995;
Brudermüller	Geschieden und doch gebunden?, 2008;
Büte	Zugewinnausgleich bei Ehescheidung, 5. Aufl., 2017;
Coeppicus	Sterbehilfe, Patientenverfügung und Vorsorgevollmacht, 2. Aufl., 2016;
Coester-Waltjen	Familienrecht, 6. Aufl., 2010;
Dauner-Lieb	Brennpunkte des Familienrechts, 2003;
Dauner-Lieb/Grziwotz/ Hohmann-Dennhardt/ Bearbeiter	Pflichtteilsrecht, 2. Aufl., 2016;
Dethloff	Familienrecht, 32. Aufl., 2018;
Deutscher Familiengerichtstag	*Brühler Schriften zum Familienrecht, Band 19*, 21. Deutscher Familiengerichtstag 2016;
Deutscher Familiengerichtstag	*Brühler Schriften zum Familienrecht, Band 20*, 22. Deutscher Familiengerichtstag 2017;

Literaturverzeichnis

Dickhuth-Harach	Handbuch der *Erbfolge-Gestaltung*, 2011;
Diehn	Notarkostenberechnungen, 5. Aufl., 2017;
Dobereiner/Frank	Internationales Güterrecht für die Praxis – Die neuen EU-Güterrechtsverordnungen –, 2019;
DRV	Deutsche Rentenversicherung Bund, Versorgungsausgleich (Kompaktkommentar), 13. Aufl., 2016;
Duderstadt	Zugewinnausgleich, 2. Aufl., 2002;
Dutta/Weber	Die Europäischen Güterrechtsverordnungen, 2017;
DWS-Institut (Hrsg.)	Handbuch der Familienunternehmen, 57. Akt., 2018;
Eggert	Die Inhaltskontrolle von Eheverträgen, 2007;
Ehinger/Rasch/Schwonberg/ Siede	Handbuch Unterhaltsrecht, 8. Aufl., 2018;
Engels	Steuerrecht für die familienrechtliche Praxis, 3. Aufl., 2017;
Erb/Regierer/Vosseler	Bewertung bei Erbschaft und Schenkung, 2018;
Erman/Bearbeiter	Bürgerliches Gesetzbuch, 15. Aufl., 2017;
FamRMandat-Eheverträge	Herr, Das familienrechtliche Mandat Eheverträge und Scheidungsfolgenvereinbarungen, 2016;
FamRMandat-Unterhaltsrecht/Bearbeiter	Eder/Horndasch/Kubik/Kuckenburg/Perleberg-Kölbel/Roßmann/Viefhues, Das familienrechtliche Mandat Unterhaltsrecht, 2. Aufl., 2017
Firsching/Graf/Bearbeiter	Nachlassrecht, 11. Aufl., 2019;
Fischer/Jüptner/Pahlke/ Wachter	ErbStG Kommentar, 5. Aufl., 2014;
Fleischer/Hüttemann/ Bearbeiter	Rechtshandbuch *Unternehmensbewertung*, 2015;
Formularbuch/Bearbeiter	Beck'sches Formularbuch, Bürgerliches, Handels- und Wirtschaftsrecht, 13. Aufl., 2019;
Formularbuch-Familienrecht/Bearbeiter	Beck'sches Formularbuch Familienrecht, 5. Aufl., 2017;
Formularbuch-Immobilien/ Bearbeiter	Beck'sches Formularbuch Immobilienrecht, 3. Aufl., 2018;
FS Binz	Familienunternehmen im Fokus von Wirtschaft und Wissenschaft, 2014;
FS Brudermüller	Familie – Recht – Ethik, Hrsg: Götz, Schwenzer, Seelmann, Taupitz, 2014;
FS Canaris	Claus-Wilhelm, 2007;
FS Coester-Waltjen	Zwischenbilanz – Festschrift für Dagmar Coester-Waltjen zum 70. Geburtstag, Hrsg. Hilbig-Lugani, Jakob, Mäsch, Reuß, Schmid, 2015;
FS Geimer	Fairness Justice Equity, Festschrift für Reinhold Geimer zum 80. Geburtstag, Hrsg.: Schütze, 2017;
FS Hahne	Familienrecht in Theorie und Praxis, 2012;
FS Henrich	Festschrift für Dieter Henrich zum 70. Geburtstag, Hrsg.: Gottwald/ Jayme/Schwab, 2007;
FS Kanzleiter	Hrsg.: Bengel/Limmer/Reimann, 2010;
FS Koch	Familienrecht zwischen Tradition und Innovation, Festschrift für Elisabeth Koch zum 70. Geburtstag, 2019;
FS Reimann und Bengel	Erbrecht und Vermögensnachfolge, System, Struktur, Vertrag, Damrau, Muscheler (Hrsg), 2012;
FS Schwab	Festschrift für Dieter Schwab, Hrsg.: Hofer/Klippel/Walter, 2005;
FS Spiegelberger	Festschrift für Sebastian Spiegelberger, 2009;
Gerhardt/Bearbeiter	Gerhardt/von Heintschel-Heinegg/Klein, Handbuch des Fachanwalts Familienrecht, 11. Aufl., 2018;
Gernhuber/Coester-Waltjen	Lehrbuch des Familienrechts, 7. Aufl., 2020;
Gilfrich	Schiedsverfahren im Scheidungsrecht, 2007;
Glockner/Hoenes/Weil	Der Versorgungsausgleich, 2. Aufl., 2013;
Göppinger/Rakete-Dombek/ Bearbeiter	Vereinbarungen anlässlich der Ehescheidung, 11. Aufl., 2018;
Göppinger/Wax/Bearbeiter	Unterhaltsrecht, 9. Aufl., 2009;
Götsche/Rehbein/Breuers	Versorgungsausgleichsrecht, 3. Aufl., 2018;
Götz/Brudermüller/Giers	Die Wohnung in der familienrechtlichen Praxis, 2. Aufl., 2018;

Götz/Schnitzler	Festschrift 40 Jahre *Familienrechtsreform*, 2017;
Graba	Familiensachen, 6. Aufl., 1998;
Grobshäuser/Herrmann	Steuerliche Gestaltungsmöglichkeiten bei Trennung und Ehescheidung, 2004;
Großfeld/Egger/Tönnes	Recht der Unternehmensbewertung, 8. Aufl., 2016;
Grziwotz	Eheverträge in der Landwirtschaft, 2. Aufl., 2014;
Grziwotz	Nichteheliche Lebensgemeinschaft, 5. Aufl., 2014;
Gutdeutsch	System der Unterhaltsberechnung, 2018;
Hager (Hrsg.)	Vertragsfreiheit im Ehevertrag, 2007;
Hamme	Die Teilungsversteigerung, 5. Aufl., 2015;
Hammer	Elternvereinbarungen im Sorge- und Umgangsrecht, 2004;
Hausmann	Internationales und Europäisches Familienrecht, 2. Aufl. 2018;
Hausmann/Odersky	Internationales Privatrecht in der Notar- und Gestaltungspraxis, 3. Aufl., 2017 (vormals Schotten, Das internationale Privatrecht);
Hauß/Bührer	Versorgungsausgleich und Verfahren in der Praxis, 2. Aufl., 2014;
Heidel/Schall	Handelsgesetzbuch, 3. Aufl., 2019;
Herr	Kritik der konkludenten Ehegatteninnengesellschaft, 2008;
Herr	Nebengüterrecht, 2013;
Herrler	*Gesellschaftsrecht* in der Notar- und Gestaltungspraxis, 2017;
Herrmann/Heuer/Raupach/Bearbeiter	Kommentar zur Einkommensteuer und Körperschaftsteuer (Loseblatt), 295. Akt., 2019;
Hess (Hrsg.)	Kölner Kommentar zum Insolvenzrecht, 2016 ff.;
Hofer/Schwab/Henrich	From status to contract? – Die Bedeutung des Vertrags im europäischen Familienrecht, 2005;
Hofmann	Grunderwerbsteuergesetz, 11. Aufl., 2016;
Höland/Sethe	Eheverträge und Scheidungsfolgevereinbarungen, 2006;
Hoppenz (Hrsg).	Familiensachen, 9. Aufl., 2009;
Horndasch	Anwaltformulare Familienrecht, 7. Aufl., 2018 (ehemals Börger/Bosch/Heuschmid);
Horndasch	Notarformulare *Unterhaltsrecht*, 2016;
Horndasch/Viefhues	FamFG Kommentar zum Familienverfahrensrecht, 3. Aufl., 2014;
Huber	Anfechtungsgesetz, 11. Aufl., 2016;
IDW S 1	IDW Standard, Grundsätze zur Durchführung von Unternehmensbewertungen, Stand 2.4.2008, in: IDW Prüfungsstandards IDW Stellungnahmen zur Rechnungslegung, IDK Standards, Loseblatt, 69. Erg. Lief. 2019;
IDW S 13	IDW Standard, Besonderheiten bei der Unternehmensbewertung zur Bestimmung von Ansprüchen im Familien- und Erbrecht, Stand 6.4.2019, in: IDW Prüfungsstandards IDW Stellungnahmen zur Rechnungslegung, IDK Standards, Loseblatt, 69. Erg. Lief. 2019;
Jaeger	Insolvenzordnung (Hrsg.: Henckel/Gerhardt), 1. Aufl., 2004 ff.;
Johannsen/Henrich/Bearbeiter	Familienrecht, 6. Aufl., 2015;
Kaiser/Bearbeiter	*BGB*; Kaiser/Schnitzler/Friederici/Schilling, BGB, Band 4 Familienrecht, 3. Aufl., 2014;
Kaligin	Die Betriebsaufspaltung, 10. Aufl., 2017;
Kanzleiter/Wegmann	Vereinbarungen unter Ehegatten, 6. Aufl., 2001;
Kappler	Die richterliche Kontrolle von Ehevereinbarungen nicht materieller Natur, 2009;
Kayser/Thole (Hrsg.)	Heidelberger Kommentar zur Insolvenzordnung, 9. Aufl., 2018;
Kemper	Das familienrechtliche Mandat - Versorgungsausgleich, 2. Aufl., 2017;
Kersten/Bühling/Bearbeiter	Formularbuch und Praxis der Freiwilligen Gerichtsbarkeit, 26. Aufl., 2019;
Kirchhof/Bearbeiter	Einkommensteuergesetz, 18. Aufl., 2019;
Klein	*AO*, Abgabenordnung, 14. Aufl., 2018;
Klein/Bearbeiter	Handbuch Familienvermögensrecht, Vorsorgende Gestaltung und Auseinandersetzung, 2. Aufl., 2015;
Klingelhöffer	Pflichtteilsrecht, 4. Aufl., 2014;

Literaturverzeichnis

Koch	Handbuch des Unterhaltsrechts, 13. Aufl., 2017;
Kogel	Strategien bei der *Teilungsversteigerung* des Familienheims, FamRZ-Buch, 4. Aufl., 2019;
Kogel	*Strategien* beim Zugewinnausgleich, 6. Aufl., 2019;
Kölner Kommentar/ Bearbeiter	Hess (Hrsg.) Kölner Kommentar zur Insolvenzordnung, 2017;
Korintenberg/Bearbeiter	GNotKG, 20. Aufl. 2017;
Korn/Bearbeiter	Einkommensteuergesetz, Loseblatt, 112. Akt. 2018;
Krause	Das Familienheim bei Trennung und Scheidung, 2007;
Krauß	Immobilienkaufverträge in der Praxis, 8. Aufl., 2017;
Krauß	*Vermögensnachfolge* in der Praxis, 5. Aufl., 2018;
Kübler/Prütting/Bork	Insolvenzordnung, Loseblatt, 77. Akt., Stand 2018;
Kuckenburg	Der Selbständige im familienrechtlichen Verfahren, 2001;
Kuckenburg/Perleberg-Kölbel	Unterhaltseinkommen, 2009;
Kuckenburg/Perleberg-Kölbel	Unternehmen und Unternehmer im Familienrecht, 2017;
Kunz/Henssler/Brand/ Nebeling	Praxis des Arbeitsrechts, 64. Aufl., 2018;
Ländernotarkasse	*Leipziger Kostenspiegel*, 2. Aufl., 2017;
Langenfeld	*GbR*, Gesellschaft bürgerlichen Rechts, 7. Aufl., 2009;
Langenfeld	Vertragsgestaltung, 3. Aufl., 2004;
Langenfeld A.	Vorsorgevollmacht, Betreuungsverfügung und Patiententestament nach dem neuen Betreuungsrecht, 1994;
Langenfeld/Gail	Handbuch der Familienunternehmen, Stand 11/2013;
Langenfeld/Milzer	Handbuch Eheverträge und Scheidungsvereinbarungen, 8. Aufl., 2019;
Laws	Steuerliche Unterlagen im Unternehmensrecht, 2004;
Leszczenski	*Rückforderung schwiegerelterlicher Zuwendungen,* Zugleich ein Beitrag zur dogmatischen Einordnung und Fortentwicklung des familienrechtlichen Vertrages sui generis, 2016;
Limmer	*Scheidung-, Trennung* – Scheidungs- und Trennungsvereinbarungen, 2008;
Luhmann	*Soziologische Aufklärung 5,* 3. Aufl., 2009;
Mayer J./Geck	Der Übergabevertrag, 3. Aufl., 2013;
Meincke/Hannes/Holtz	Erbschaftsteuer- und Schenkungsteuergesetz – ErbStG, 17. Aufl., 2018;
Menne/Grundmann	Das neue Unterhaltsrecht, 2008;
Meyer-Scharenberg/ Bearbeiter	Meyer-Scharenberg/Müller/Ohland/Brandmüller, Gestaltung der Erb- und Unternehmensnachfolge in der Praxis, Loseblatt, Stand 10/2013;
MüHdbFamR/Bearbeiter	Münchener Anwaltshandbuch Familienrecht, Hrsg. Klaus Schnitzler, 5. Aufl., 2020;
MüHdbGesR/Bearbeiter	Münchener Handbuch des Gesellschaftsrechts, Band 1, Band 2, 5. Aufl., 2019;
Müller	Beratung und Vertragsgestaltung im Familienrecht, 3. Aufl., 2011;
Müller/Renner	Betreuungsrecht und Vorsorgeverfügungen in der Praxis, 5. Aufl., 2017;
Münch C.	*Die Unternehmerehe,* 2. Aufl., 2019;
Münch C.	*Familiensteuerrecht,* 2015;
Münch C.	*Scheidungsimmobilie,* Die Scheidungsimmobilie, 3. Aufl. 2019;
Münch C.	*Unterhaltsvereinbarungen* nach der Reform, 2009;
Münch C.	Vereinbarungen zum reformierten *Versorgungsausgleich,* 2. Aufl., 2015;
Münch C. (Hrsg.)	*Familienrecht* in der Notar- und Gestaltungspraxis, 3. Aufl., 2019;
MünchKomm-BGB/ Bearbeiter	Münchener Kommentar zum Bürgerlichen Gesetzbuch, Band 1, Allgemeiner Teil, 8. Aufl., 2018; Band 4, Schuldrecht Besonderer Teil I, 7. Aufl., 2016; Band 6, Schuldrecht Besonderer Teil IV, 7. Aufl., 2017; Band 9, Familienrecht I, 8. Aufl., 2019; Band 10, Familienrecht II, 8. Aufl., 2020; Band 11 Internationales Privatrecht I, Europäisches Kollisionsrecht, Einführungsgesetz zum BGB, 7. Aufl., 2018; Band 12 Internationales Privatrecht II, Internationales Wirtschaftsrecht, Einführungsgesetz zum BGB, 7. Aufl., 2018;
MünchKomm-InsO/ Bearbeiter	Münchener Kommentar zur Insolvenzordnung, Bände 1 und 2, 3. Aufl., 2013;

Literaturverzeichnis

MünchKomm-ZPO/ Bearbeiter	Münchener Kommentar zur Zivilprozessordnung, Band 3, 5. Aufl., 2017;
MüProFam/Bearbeiter	Münchener Prozessformularbuch, Band 3, Familienrecht, 5. Aufl., 2017;
Musielak/Voit/Bearbeiter	Zivilprozessordnung, 16. Aufl., 2019;
MüVertHdb/Bearbeiter	Münchener Vertragshandbuch, Band 6, 7. Aufl., 2016;
Nieder/Kössinger	Handbuch der Testamentsgestaltung, 5. Aufl., 2015;
Notar-Handbuch/Bearbeiter	Beck'sches Notar-Handbuch, 7. Aufl., 2019;
Notarkasse	*Streifzug* durch das GNotKG, 12. Aufl., 2017;
Palandt/Bearbeiter	Bürgerliches Gesetzbuch, 79. Aufl., 2020;
Papenbreer	Vermögensmanipulationen und Zugewinnausgleich – eine Analyse im Lichte der Güterrechtsreform, 2012;
Prütting/Helms	FamFG, 4. Aufl., 2018;
Raub	*Vorsorgevollmachten* im Personengesellschaftsrecht, 2013;
Reetz	NotarFormulare Versorgungsausgleich, 2013;
Reimann/Bengel/Dietz/ Bearbeiter	Testament und Erbvertrag, 7. Aufl., 2020;
Reithmann/Martiny/ Bearbeiter	Internationales Vertragsrecht, 8. Aufl., 2015;
Renner/Otto/Heinze	*Leipziger* Gerichts- & Notar*kosten-Kommentar*, 2. Aufl., 2016;
Reul/Heckschen/Wienberg	*Insolvenzrecht* in der Gestaltungspraxis, 2. Aufl., 2018;
Riedel	Die Bewertung von Gesellschaftsanteilen im Pflichtteilsrecht, 2005;
Röthel	Verträge in der Unternehmerfamilie – Privatautonomie in Nähebeziehungen, 2014;
Rudolf/Bittler/Roth	Vorsorgevollmacht, Betreuungsverfügung und Patientenverfügung, 4. Aufl., 2015;
Ruland	Versorgungsausgleich, 4. Aufl., 2015;
Sanders	Statischer Vertrag und dynamische Vertragsbeziehung, 2008;
Schaub/Formularsammlung	Arbeitsrechtliches Formular- und Verfahrenshandbuch, 13. Aufl., 2019;
Schlitt/Müller	Handbuch Pflichtteilsrecht, 2. Aufl., 2017;
Schmidt K.	Gesellschaftsrecht, 4. Aufl., 2002;
Schmidt/Bearbeiter	Ludwig Schmidt, Einkommensteuergesetz, 39. Aufl., 2020;
Scholz/Kleffmann/ Doering-Striening	*Praxishandbuch* Familienrecht, 37. Erg. 2019;
Schöner/Stöber	Grundbuchrecht, 15. Aufl., 2012;
Schotten	Das internationale Privatrecht in der notariellen Praxis, 2. Aufl., 2007;
Schröder	*Bewertungen im Zugewinnausgleich*, 5. Aufl., 2011;
Schulte-Bunert/Weinreich	FamFG, 6. Aufl., 2019;
Schulz/Hauß	*Familienrecht*, Handkommentar, 3. Aufl., 2018;
Schulz/Hauß	Vermögensauseinandersetzung bei Trennung und Scheidung, 6. Aufl., 2015;
Schwab/Ernst/Bearbeiter	Handbuch des Scheidungsrechts, 8. Aufl., 2019;
Schwab/Hahne	Brennpunkte des Familienrechts, 2004;
Soergel/Bearbeiter	Bürgerliches Gesetzbuch mit Einführungsgesetz und Nebengesetzen, Band 17/1, Familienrecht 1/1, §§ 1297–1588, 13. Aufl., 2012; Band 18, §§ 1587/1588, VAHRG, 13. Aufl., 2000; Band 18a, VersAusglG, 2013;
Söffing/Micker	Die Betriebsaufspaltung, 7. Aufl., 2018;
Sontheimer/Kollmar	Vertragsgestaltung und Steuerrecht, 3. Aufl., 2017;
Soyka	Die Berechnung des Ehegattenunterhalts, 3. Aufl., 2012;
Staudinger/Bearbeiter	J. von Staudingers Kommentar zum Bürgerliches Gesetzbuch, §§ 134–138 (Neubearbeitung 2017); §§ 241–243 (Neubearbeitung 2014), §§ 362-396 (Neubearbeitung 2016), §§ 741-764 (Neubearbeitung 2015), §§ 1363–1407 (Neubearbeitung 2017); §§ 1408-1563 (Neubearbeitung 2018); §§ 1564-1568b (Neubearbeitung 2018), §§ 1569–1586b (Neubearbeitung 2014), §§ 1587/1588 (Neubearbeitung 2004);
SteuerFB/Bearbeiter	Formularbuch Recht und Steuern, 9. Aufl., 2018;
Stöber	Forderungspfändung, 16. Aufl., 2013;

Literaturverzeichnis

Stöber/Bearbeiter	Zwangsversteigerungsgesetz, 22. Aufl., 2019;
Storz/Kiderlen	Praxis der Teilungsversteigerung, 6. Aufl., 2016;
Stresow	Die richterliche Inhaltskontrolle von Eheverträgen, 2006;
Strohal	Unterhaltsrechtlich relevantes Einkommen bei Selbständigen, 5. Aufl., 2017;
Süß/Ring	Eherecht in Europa, 3. Aufl., 2016;
Triebs	Versorgungsausgleich aktuell, 2009;
Troll/Gebel/Jülicher/ Gottschalk/Bearbeiter	Erbschaftsteuer- und Schenkungsteuergesetz, 57. Erg., Stand Oktober 2019;
Uhlenbruck/Bearbeiter	Insolvenzordnung, 15. Aufl., 2019;
Viefhues	Fehlerquellen im familiengerichtlichen Verfahren, 3. Aufl., 2011;
Viefhues/Mleczko	Das neue Unterhaltsrecht 2008, 2. Aufl., 2008;
Viskorf/Schuck/Wälzholz/ Bearbeiter	Erbschaftsteuer- und Schenkungsteuergesetz, Bewertungsgesetz, 5. Aufl., 2017;
Vogt/Hannes	Verträge mit Familienangehörigen, 2. Aufl., 2004;
Von Oertzen/Loose/ Bearbeiter	Erbschaftsteuer- und Schenkungsteuergesetz – ErbStG, 2017;
Von Oertzen/Ponnath	Asset protection im deutschen Recht, 3. Aufl., 2019;
Wachter (Hrsg.)	Praxis des Handels- und Gesellschaftsrecht, 4. Aufl., 2018;
Wegmann	Eheverträge, 2. Aufl., 2002;
Wendl/Dose/Bearbeiter	Das Unterhaltsrecht in der familienrichterlichen Praxis, 10. Aufl., 2019;
Wever	Vermögensauseinandersetzung der Ehegatten außerhalb des Güterrechts, 7. Aufl., 2018;
Wick	Der Versorgungsausgleich, 4. Aufl., 2017;
Winkler	Vorsorgeverfügungen, 5. Aufl., 2016;
Würzburger Notarhandbuch/Bearbeiter	Limmer/Hertel/Frenz/Mayer, 5. Aufl., 2017;
Zimmermann	Zimmermann/Hottmann/Kiebele/Schaeberle/Scheel/Schustek/Szczesny, Die Personengesellschaft im Steuerrecht, 12. Aufl., 2017;
Zimmermann/Dorsel	Eheverträge, Scheidungs- und Unterhaltsvereinbarungen, 5. Aufl., 2009;
Zöller/Bearbeiter	Zivilprozessordnung, 32. Aufl., 2018.

Kapitel 1 Die Güterstände

Übersicht

		Rdn.
A.	**Zugewinngemeinschaft**	3
I.	Grundsätze der Zugewinngemeinschaft	5
	1. Vermögenstrennung	5
	2. Haftung nur für eigene Verbindlichkeiten	9
	3. Ausgleich des Zugewinns bei Beendigung des Güterstandes	17
II.	Ausgleich des Zugewinns im Todesfall, § 1371 BGB	18
III.	Güterrechtlicher Zugewinnausgleich, §§ 1372 ff. BGB	26
	1. Vermögensgegenstände, die nicht dem Zugewinn unterfallen	28
	a) Haushaltsgegenstände	28
	b) Versorgungsausgleich	38
	c) Unterhalt – Verbot der Doppelverwertung	51
	2. Berechnung des Anfangsvermögens	66
	a) Stichtag	67
	b) Negatives Anfangsvermögen, § 1374 Abs. 3 BGB	70
	c) Privilegierter Erwerb, § 1374 Abs. 2 BGB	76
	aa) Übertragungstatbestände des privilegierten Erwerbs, § 1374 Abs. 2 BGB	76
	bb) Zeitpunkt der Wertfeststellung	78
	cc) Vorbehaltsrechte	79
	dd) Rückübertragungsrechte bei der Wertermittlung	88
	ee) Der Tatbestand des § 1374 Abs. 2 BGB	94
	d) Indexierung	107
	e) Vermutung des § 1377 Abs. 3 BGB	109
	f) Bewertung des Anfangsvermögens	115
	aa) Bewertung von Unternehmen und Praxen	119
	bb) Bewertung von Grundstücken und Gebäuden	121
	cc) Bewertung in der Land- und Forstwirtschaft	132
	dd) Bewertung von Lebensversicherungen	138
	3. Berechnung des Endvermögens	145
	a) Stichtag	146
	b) Hinzurechnungen nach § 1375 BGB	153
	c) Ansprüche des Ausgleichsberechtigten gegen Dritte	162
	d) Latente Ertragsteuer	167

		Rdn.
	4. Bewertung von Unternehmen und Praxen	185
	a) Bewertungsmethoden für Unternehmen	185
	aa) Ertragswertverfahren	188
	(1) Zukunftserfolgswert	189
	(2) Prognose aus vergangenen Erträgen	194
	(3) Nicht betriebsnotwendiges Vermögen	198
	(4) Unternehmerlohn	203
	(5) Latente Ertragsteuer	204
	(6) Markt	206
	bb) IDW-Standard S 1	207
	(1) Ertragswertmethode	212
	(2) Discounted-Cash-Flow-Verfahren (DCF)	213
	cc) Substanzwertmethode	217
	(1) Reproduktions- oder Wiederbeschaffungswert	218
	(2) Gesonderte Bewertung des Goodwills	219
	dd) Liquidationswert	220
	ee) Geschäftswert (Goodwill)	221
	ff) Verkaufswert	222
	gg) Mittelwert	223
	hh) Stuttgarter Verfahren	224
	ii) Die Bewertung von KMU	225
	b) Unternehmensbewertung im Zugewinnausgleich	226
	aa) Zugewinnausgleich als spezifischer Bewertungszweck	227
	bb) Verbot der Doppelverwertung in Zugewinnausgleich und Unterhalt	232
	cc) Liquidation und nachwirkende eheliche Solidarität	236
	dd) Ausgleichs- und Auseinandersetzungswert	239
	c) Bewertung von Freiberuflerpraxen im Zugewinnausgleich	248
	aa) Grundsätze der Bewertung von Freiberuflerpraxen	248
	(1) Früher: Modifiziertes Umsatzverfahren	248
	(2) Heute: Modifiziertes Ertragswertverfahren	257
	(3) Korrekturkriterien	260
	bb) Anwaltskanzlei	261
	cc) Notarkanzlei	262
	dd) Steuerberaterkanzlei	263
	ee) Arztpraxis	264

		Rdn.
ff)	Anwendung auf weitere inhabergeprägte Unternehmen und KMU	267
d)	Besonderheiten bei der Bewertung von Unternehmensbeteiligungen	274
aa)	Direkte und indirekte Bewertung	275
	(1) Direkte Bewertung	275
	(2) Indirekte Bewertung	276
bb)	Objektivierter Wert und Subjektiver Wert	277
	(1) Objektivierter Wert	277
	(2) Subjektiver Wert	278
cc)	Einfluss gesellschaftsvertraglicher Abfindungsklauseln	279
dd)	Abschreibungsgesellschaften	291
ee)	Einheitlicher Unternehmensbegriff	292
5. Der Ausgleichsanspruch		293
a) Durchführung des Zugewinnausgleichs		293
b) Vermögenswertbegrenzung des Ausgleichsanspruchs		296
c) Entstehen und Verjährung der Ausgleichsforderung		305
d) Vereinbarungen über die Ausgleichsforderung		317
6. Besonderheiten im Rahmen des Zugewinnausgleichs		327
a) Grobe Unbilligkeit		328
b) Stundung		342
c) Übertragung von Vermögensgegenständen		349
IV. Güterrechtliche Verfügungsbeschränkungen		353
1. Gesamtvermögensgeschäfte		354
2. Gegenstände des ehelichen Haushalts		375
V. Vorzeitiger Zugewinnausgleich		376
1. Gründe für einen vorzeitigen Zugewinnausgleich		377
2. Ehevertragliche Regelung		382
3. Geltendmachung		383
VI. Sicherung der Zugewinnausgleichsforderung		388
1. Sicherung vor Rechtshängigkeit eines Scheidungsantrags		388
2. Sicherung nach rechtskräftiger Scheidung		389
3. Sicherung während des Scheidungsverfahrens		390
VII. Auskunftsanspruch		392
1. Gegenstand des Auskunftsanspruchs		393

		Rdn.
2. Form der Auskunft		403
a) Verzeichnis		403
b) Angaben zum Wert		405
c) Belege		406
3. Wertermittlungsanspruch		409
4. Geltendmachung des Auskunftsanspruchs		410
B. Gütertrennung		413
I. Grundsätze der Gütertrennung		413
II. Entstehung der Gütertrennung		422
III. Richterliche Korrektur		428
C. Gütergemeinschaft		435
I. Grundsätze der Gütergemeinschaft		435
1. Bedeutung der Gütergemeinschaft		435
2. Nachteile der Gütergemeinschaft		439
3. Etwaige Vorteile der Gütergemeinschaft		440
II. Die verschiedenen Vermögensmassen		444
1. Gesamtgut		444
2. Vorbehaltsgut		457
3. Sondergut		464
III. Auseinandersetzung		468
1. Beendigung der Gütergemeinschaft		468
2. Auseinandersetzung des Gesamtgutes		470
IV. Vertragliche Gestaltungsmöglichkeiten		477
1. Vertragliche Regelung der Vermögensmassen		479
2. Vertragliche Regelung der Verwaltung		480
3. Vorsorgende vertragliche Regelung der Auseinandersetzung		481
D. Eigentums- und Vermögensgemeinschaft		485
I. Der Güterstand der Eigentums- und Vermögensgemeinschaft		485
1. Gesetzlicher Güterstand nach dem FGB-DDR		485
2. Überleitung in die Zugewinngemeinschaft		490
II. Rückübertragene Vermögensgüter im Zugewinn		496
E. Die deutsch-französische Wahl-Zugewinngemeinschaft		499
I. Gesetzgebungsgeschichte		500
II. Anwendungsbereich		501
1. Persönlicher Anwendungsbereich, Art. 1 WZGA		502
2. Zeitlicher Anwendungsbereich, Art. 19 WZGA		506
3. Sachlicher Anwendungsbereich		507
III. Vereinbarung des Güterstandes der Wahl-Zugewinngemeinschaft		508
1. Form des Ehevertrages		509
2. Modifikationen des Güterstandes der Wahl-Zugewinngemeinschaft		511

	Rdn.		Rdn.
3. Regelung zum Versorgungsausgleich	512	VIII. Fazit – Wahl-Zugewinngemeinschaft	544
4. Rechtswahl im Zusammenhang mit der Vereinbarung der Wahl-Zugewinngemeinschaft	514	F. Steuerliche Auswirkung der Güterstände	545
		I. Einkommensteuerliche Folgen der Ehe	545
IV. Die Verfügungsbeschränkung nach Art. 5 WZGA und die Verpflichtungsbefugnis zur Führung des Haushalts	517	1. Veranlagungsformen und Ehegattensplitting	548
1. Begriff der Familienwohnung	518	2. Freibeträge	559
2. Verfügungsverbot	519	3. Lohnsteuerklassen	560
3. Zustimmung	520	4. Sonderausgaben	561
4. Absolutes Verfügungsverbot	521	5. Begünstigung bei der Altersversorgungszulage	562
5. Nichtanwendung des § 1412 BGB	522	6. Versagung bei Anschaffung vom Ehegatten	563
6. Folgerungen für die notarielle Praxis	524	7. Doppelte Haushaltsführung ohne zeitliche Begrenzung	564
7. Verpflichtungsbefugnis zur Führung des Haushalts	526	8. Rechtsverhältnisse zwischen nahen Angehörigen	565
V. Besonderheiten des Zugewinnausgleichs im Güterstand der Wahl-Zugewinngemeinschaft	527	II. Zugewinnausgleich und Schenkungsteuer, § 5 ErbStG	573
1. Anfangsvermögen	528	1. Steuerfreiheit der fiktiven Zugewinnausgleichsforderung	577
2. Endvermögen	529	2. Steuerfreiheit der realen Zugewinnausgleichsforderung	604
3. Zugewinnausgleich	530	a) Anwendungsbereich des § 5 Abs. 2 ErbStG	604
VI. Wahl-Zugewinngemeinschaft und Erbrecht	531	b) Auf § 5 Abs. 2 ErbStG abzielende vorsorgende Eheverträge	611
1. Kein erbrechtliches Viertel	532	c) Ausgleich des Zugewinns i.S.d. § 5 Abs. 2 ErbStG	626
2. Zugewinnausgleichsanspruch als Nachlassverbindlichkeit	533	aa) Unbenannte Zuwendung	628
3. Zugewinnausgleichsanspruch gegen den überlebenden Ehegatten	535	bb) Sog. fliegender Zugewinnausgleich	650
4. Erbschaftsteuerrechtliche Gleichstellung, § 5 Abs. 3 ErbStG	537	cc) Gütertrennung mit Zugewinnausgleich	658
VII. »Nebeneffekte« als Grund für die Vereinbarung der Wahl-Zugewinngemeinschaft	538	3. Die Wahl-Zugewinngemeinschaft und § 5 Abs. 3 ErbStG	674
1. Art. 5 WZGA als Schutz bei haftungsgünstiger Zuordnung der Familienwohnung	539	4. Verzicht auf Zugewinn und Schenkungsteuer	675
2. Zugewinnschaukel	540	III. Schenkungsteuerprobleme der Gütergemeinschaft	678
3. Pflichtteilsreduzierung	541	IV. Ehegatten als Mitunternehmer bei Gütergemeinschaft	682
4. Erbschaftsteuerersparnis	542		
5. Ausschluss des Zugewinns auf Bodenwertsteigerungen	543		

Die Einführung in das Recht der Güterstände dient gleichsam als Basis für alle weiteren Rechtsbereiche und als Ausgangspunkt für viele Fallgestaltungen im Bereich der ehebezogenen Rechtsgeschäfte, deren Lösung im **Richterrecht** zu suchen ist. Neu hinzugetreten ist nunmehr der deutsch-französische Güterstand der Wahl-Zugewinngemeinschaft.[1] Ferner hat die Ausgleichsforderung, ihre Entstehung, Verjährung, Sicherung und vorzeitige Geltendmachung eine vertiefte Erläuterung gefunden, um auch der anwaltlichen Bearbeitung von Zugewinnmandaten eine gute Grundlage zu geben.

1

---

1 Vgl. Rdn. 499 ff.

Im Rahmen der Bewertung von Unternehmen im Zugewinnausgleich war der neue IDW-Standard S 13[2] einzubeziehen, der die immerhin von 1995 stammende Vorgängerstellungnahme abgelöst hat.

2 Das Eherecht insgesamt wurde mit der Einführung der gleichgeschlechtlichen Ehe in § 1353 BGB im Jahr 2017 neu justiert.[3] Lebenspartnerschaften können seitdem nicht mehr neu begründet werden (§ 1 LPartG). Eine Lebenspartnerschaft kann nach § 20a LPartG in eine gleichgeschlechtliche Ehe umgewandelt werden.[4] Irritationen über die Behandlung von Lebenspartnerschaftsverträgen in diesen Fällen[5] sind inzwischen durch den Gesetzgeber mit Einführung des § 20a Abs. 3 LPartG zugunsten deren Fortgeltung entschieden worden.[6]

A. Zugewinngemeinschaft

3 Die Zugewinngemeinschaft ist **gesetzlicher Güterstand** seit dem **01.07.1958** (Stichtag des Anfangsvermögens für Altehen).[7] Ihr liegt der Gedanke zugrunde, dass unabhängig von der ehelichen Rollenverteilung eine hälftige Teilhabe jedes Ehegatten an dem von beiden erworbenen Vermögen besteht. Insb. wird dadurch derjenige Ehegatte, der den Haushalt versorgt, in gleicher Weise am Gesamterwerb beteiligt wie der erwerbstätige Ehegatte (**Einverdienerehe**). Dies bedingt zugleich, dass die Zugewinngemeinschaft für viele andere Ehetypen unpassende Regelungen enthält,[8] die erst durch eine ehevertragliche Anpassung an den Ehetyp zu einer gerechten ehelichen Vermögensordnung führen.[9] Nachdem § 1356 BGB aber – ebenso wie Art. 6 GG –[10] bewusst auf ein gesetzliches Leitbild der Ehe verzichtet,[11] was sich durch Einführung der »Ehe für alle« noch verstärkt hat, sieht die Rechtsprechung inzwischen den gesetzlichen Güterstand als **subsidiär** an. Vorrangig sei die ehevertragliche Vereinbarung der Ehegatten.[12] Dies bringt der Wortlaut des § 1363 Abs. 1 BGB zum Ausdruck. Insofern ist die Ehevertragsfreiheit geradezu ein notwendiges Korrektiv zur Anpassung

---

2 IDW Prüfungsstandards IDW Stellungnahmen zur Rechnungslegung, IDW Standards, Loseblatt, 69. Erg. Lfg. 2019 und IDW-Life, 2016, 548 ff.
3 Hierzu eingehend Kaiser, FamRZ 2017, 1889 ff.; Schwab, FamRZ 2017, 1284 ff.
4 Vgl. eingehend Grziwotz, FF 2019, 139 ff.
5 Hierzu etwa Kaiser, FamRZ 2017, 1985, 1991 f.
6 Dazu Löhnig, NZFam 2019, 166.
7 Eingeführt durch das Gesetz über die Gleichberechtigung von Mann und Frau auf dem Gebiet des bürgerlichen Rechts, BGBl. 1957 I, S. 609. Vorher galt bis 1953 der Güterstand der ehemännlichen Verwaltung und Nutznießung und v. 01.04.1953 an der außerordentliche gesetzliche Güterstand der Gütertrennung. Mit Wirkung zum 01.10.1969 wurde auch der Güterstand für Vertriebene und Flüchtlinge in den gesetzlichen Güterstand übergeleitet (BGBl. 1969 I, S. 1067). Dieses Gesetz gilt nicht für Spätaussiedler, OLG Hamm, DNotI-Report 2009, 194. Zum Ganzen: Staudinger/Thiele (2017), Einl. zu §§ 1363 ff. Rn. 1 ff.; Kurzübersicht bei Frank, AcP 200 (2000), 401 ff.
8 Zur Kritik an der Zugewinngemeinschaft etwa Battes, FuR 1990, 311 ff.; Gernhuber, NJW 1991, 2238: »verbuckelte Gestalt«, nicht integrierbare »Bonner Quart«; Henrich, FamRZ 2002, 1521, 1523; Schröder, FamRZ 1997, 2 ff.; Schwab, in: FS für Alfred Söllner, S. 1079 ff.; neuerdings auch Brudermüller, FF 2012, 280 ff. mit einem Plädoyer für eine Errungenschaftsgemeinschaft statt der »angestaubten Gütergemeinschaft«; Wever in Götz/Schnitzler, Familienrechtsreform, 187 ff. sieht die Zugewinngemeinschaft mit noch behebbaren Mängeln behaftet und fordert eine voreheliche Beratung zum gesetzlichen Güterstand und den Alternativen als Ausfluss staatlicher Fürsorge.
9 Umso mehr verwundert, dass der Gesetzgeber diesen Güterstand in Form der zunächst als Ausgleichsgemeinschaft und später als Zugewinngemeinschaft bezeichneten Güterstandsregelung für die Lebenspartnerschaft erneut als Regelvermögensstand vorgesehen hat, obwohl hier regelmäßig eine völlig andere Lebensgestaltung zugrunde liegt. Im Hinblick auf die in § 1353 BGB nunmehr eingeführte Ehe für alle wird die nicht mehr neu begründbare eingetragene Lebenspartnerschaft (§ 1 LPArtG) ihre Bedeutung verlieren.
10 Hierzu C. Münch, KritV 2005, 208 ff.
11 BT-Drucks. 7/4361, S. 7.
12 BGH, FamRZ 1997, 800, 802; Müller, Kap. 3 Rn. 7.

A. Zugewinngemeinschaft

der gesetzlichen Vorgaben an den jeweiligen Ehetyp,[13] zumal sie im Bereich des Güterrechts weniger durch richterliche Inhaltskontrolle eingeschränkt ist als etwa im Bereich des Unterhaltsrechts.[14]

Das **Zugewinnausgleichsrecht** wurde mit Wirkung zum **01.09.2009 geändert**.[15] Die Änderungen sind begrüßenswert,[16] lassen jedoch die tragenden Grundsätze des gesetzlichen Güterstandes unberührt. Es handelt sich vielmehr um »*technische Details mit dem Ziel des Abbaus von Gerechtigkeitsdefiziten und einer Eindämmung der Manipulationsmöglichkeiten*«.[17] Die Reform hat die Möglichkeit negativen Anfangs- und Endvermögens geschaffen. Weitere Änderungen betreffen den Schutz vor Manipulationen durch Änderung der Stichtage nach §§ 1384 Abs. 2, 1378 Abs. 2 BGB und damit im Zusammenhang eine neue Manipulationsvermutung bei Vermögensminderung nach Trennung (§ 1375 Abs. 2 Satz 2 BGB). Ferner wurden die Vorschriften des vorzeitigen Zugewinns und die Auskunftsansprüche geändert. Die Änderungen werden im jeweiligen Kontext dargestellt. Die Gesamtbilanz nach 10 Jahren wird eher als ernüchternd bezeichnet.[18] Mit dem Gesetz zur Bekämpfung von Kinderehen[19] wurde § 1303 BGB geändert und im Gefolge auch einige güterrechtliche Vorschriften wie etwa § 1411 BGB, die sich mit der Vertretung von beschränkt Geschäftsfähigen befassen.[20]

I. Grundsätze der Zugewinngemeinschaft

1. Vermögenstrennung

Entgegen dem Wortlaut »Zugewinngemeinschaft« bleibt das **Vermögen** der Ehegatten – auch das während der Ehe erworbene – **getrennt**, § 1363 Abs. 2 Satz 1 BGB. Es findet also **keine dingliche Beteiligung am Vermögen des jeweils anderen Ehegatten** statt. Vielmehr beschränkt sich die Auswirkung des gesetzlichen Güterstandes auf den Ausgleich von Zugewinn bei Beendigung des Güterstandes.

Das bedeutet zugleich, dass der Zugewinnausgleichsanspruch des berechtigten Ehegatten während des Bestehens der Ehe latent und ungesichert ist.[21] Hat der **verpflichtete Ehegatte** z.B. einen **haftungsträchtigen Beruf**, so kann sich empfehlen, bereits bei bestehender Ehe einen einvernehmlichen Zugewinnausgleich vertraglich durchzuführen, um eine angemessene dingliche Beteiligung des

---

13 Langenfeld, 6. Aufl., Rn. 79; BGH, NJW 2004, 930 f.
14 BGH, NJW 2004, 930 f. = FamRZ 2004, 601 f. = ZNotP 2004, 157 f. m. Anm. C. Münch, ZNotP 2004, 122 ff.; Kanzleiter in FS Bengel und Reimann, 191 ff.; hierzu eingehend Kap. 2 Rdn. 66; a.A. Rakete-Dombek, NJW 2004, 1273, 1277; Dauner-Lieb, FF 2004, 65 f.; Brudermüller, NJW 2010, 401, 407; Meder, FPR 2012, 113 ff.; Bergschneider, FS Hahne, 113 ff.; gegen die Kritiker nunmehr aber unter Bestätigung seiner Auffassung BGH, NJW 2013, 457 = FamRZ 2013, 269; hierzu C. Münch, FamRB 2013, 160 ff. Zwar hat der BGH auch bei Versorgungslücken in Fällen der Funktionsäquivalenz in eng begrenzten Ausnahmefällen erwogen, im Wege der Ausübungskontrolle auch in das Güterrecht in Höhe des Nachteilsausgleichs einzugreifen (BGH NJW 2015, 52; hierzu C. Münch, NJW 2015, 288), insgesamt ist der BGH jedoch bei seiner Haltung geblieben, auch gegenüber weiterem Vortrag der Gleichwertigkeit von Familienarbeit, hierzu C. Münch, FamRB 2018, 247 f.
15 Gesetz zur Änderung des Zugewinnausgleichs- und Vormundschaftsrechts vom 06.07.2009, BGBl. 2009 I, S. 1696. Nach OLG Stuttgart, FamRZ 2010, 1734 ist neues Recht anwendbar, wenn der Zugewinn erstmals nach dem 01.09.2009 geltend gemacht wird, auch wenn das Scheidungsverfahren schon zuvor anhängig war.
16 Eingehend hierzu Brudermüller, FamRZ 2009, 1185 ff.; Büte, NJW 2009, 2726 ff.; Grziwotz, NotBZ 2009, 343 f.; C. Münch, MittBayNot 2009, 261 ff.; Schwab, FamRZ 2009, 1961 f.; Weinreich, FuR 2009, 497 ff.
17 Brudermüller, NJW 2010, 401.
18 Kogel, NZFam 2019, 701 ff.
19 Das der BGH für verfassungswidrig hält, BGH, NZFam 2019, 65 m. Anm. Löhnig.
20 Eine zusammenfassende Bewertung gibt Kogel, FF 2017, 3 ff.
21 Die Mechanismen des vorzeitigen Zugewinnausgleichs nach §§ 1385 ff. BGB greifen nur bei Vermögensgefährdung durch ein Fehlverhalten des Ehegatten ein; vgl. Rdn. 376 ff.

berechtigten Ehegatten frühzeitig herzustellen; dies gilt gerade mit Blick auf die durch die Neuregelung des Anfechtungsgesetzes **erweiterten Anfechtungsfristen**.

Zugleich können sich aus einer solchen Maßnahme schenkungsteuerliche Vorteile ergeben.[22]

▶ **Gestaltungsempfehlung:**

6 Vertraglicher Zugewinnausgleich bei bestehender Ehe sichert gegen Haftungsgefahren beim vermögenderen Ehegatten.

7 Konsequenz aus der Vermögenstrennung ist die Befugnis jedes Ehegatten, sein Vermögen **selbst zu verwalten**, § 1364 BGB.[23]

8 Zum Schutz des anderen Ehegatten bestehen lediglich **Verfügungsbeschränkungen** für Haushaltsgegenstände (§ 1369 BGB) und für Verfügungen über das Vermögen im Ganzen (§ 1365 BGB).[24] Hierzu benötigt der verfügende Ehegatte auch bei Alleineigentum die Zustimmung seines Ehepartners.

2. Haftung nur für eigene Verbindlichkeiten

9 Weitere Folge aus der Vermögenstrennung ist die **Haftung jedes Ehegatten nur für eigene Verbindlichkeiten**.[25] In der Gestaltungsberatung gilt es diesen Grundsatz besonders zu betonen, damit die Vermögensorganisation der Ehegatten entsprechend ausgerichtet werden kann. Für Verbindlichkeiten des anderen Ehegatten haftet man nur dann, wenn hierfür ein besonderer Schuldgrund vorliegt.

10 Häufig wird gerade im gesetzlichen Güterstand von **Kreditgebern** unabhängig von der Verwendung eines Darlehens die **Mitunterzeichnung** durch den anderen Ehegatten verlangt. Dem liegt die Befürchtung der Gläubiger vor Vermögensverschiebungen auf den nicht haftenden Ehegatten zugrunde. Die Rechtsprechung hat allerdings die Wirksamkeit solcher Mithaftungen eingeschränkt. Zunächst ist **Mitschuldner** nur, wer ein eigenes Interesse an der Kreditgewährung hat und über Auszahlung und Verwendung der Darlehensvaluta mitentscheiden darf.[26] Entscheidend ist hierfür der Vertragswille bei Vertragsabschluss, nicht die spätere tatsächliche Verwendung der Darlehensvaluta.[27] Die Ersetzung einer Bürgschaft durch die Primärhaftung als Mitdarlehensnehmer liegt gerade nicht im eigenen Interesse des Ehegatten.[28] Gewährt die Bank den Kredit, ohne sich um die Verwendung weiter zu kümmern, so ist sie für das Eigeninteresse darlegungspflichtig. Allein die Renovierung des gemeinsam bewohnten Hauses soll noch nicht zu einem eigenen Interesse führen.[29] Anders hingegen beim Kauf eines angemessenen Familien-Pkw auf Kredit, und zwar auch dann, wenn die Ehefrau keine Fahrerlaubnis hat und der Ehemann den Pkw nur auf seinen Namen erwirbt.[30] Mitschuldner ist ein Ehegatte, der vorherige Kreditverpflichtungen umschuldet, die zur Bestreitung der ehelichen Lebensverhältnisse eingegangen worden sind.[31] Mitschuldner sind Ehegatten, die einen Kredit zur gemeinsamen Anschaffung einer Eigentumswohnung aufnehmen, auch wenn die Ehefrau vermögenslos ist und wegen der Kindererziehung keiner anderen Arbeit nachgeht. Hierbei kann der Darlehensbetrag auch in mehrere Tranchen aufgespalten werden, für die zumindest

---

22 Vgl. Rdn. 573 ff.
23 Möglich ist auch im gesetzlichen Güterstand, dem anderen Ehegatten die Vermögensverwaltung zu übertragen. Dies hat jedoch in der Praxis einen geringen Anwendungsbereich. Wird die Widerruflichkeit der Übertragung ausgeschlossen, so erfordert dies die Form des Ehevertrages, § 1413 BGB.
24 Hierzu näher unter Rdn. 353 ff.
25 Palandt/Brudermüller, vor § 1363 Rn. 2 f.
26 BGH, ZNotP 2001, 166 f. = DNotZ 2001, 684 ff. m. Anm. Volmer; BGH, ZNotP 2002, 112 f.
27 OLG Saarbrücken, OLGR 2005, 793.
28 BGH, WM 2005, 418.
29 OLG Celle, NJW 2004, 2598 f.
30 BGH, BB 2004, 1414.
31 OLG Frankfurt am Main, FamRZ 2006, 334.

A. Zugewinngemeinschaft

Mitschuldnerschaft vorliegt.[32] Mitschuldnerschaft lehnt das OLG Düsseldorf bei der Finanzierung des gemeinsam bewohnten Hauses ab, wenn dieses der Ehemann alleine erworben hat und seine Grundschuld eine weite Zweckerklärung enthält.[33] Zu missbilligen ist die Tendenz der Förderbanken bei der Eigenheimförderung, ohne Rücksicht auf sonstige zivilrechtliche Gegebenheiten (wie etwa einseitige Pflichtteilsbelastungen oder besondere Haftungsgefahren) Miteigentum der Ehegatten zu verlangen, um beide als Mitschuldner zu gewinnen. Hier ist der rechtliche Berater gehalten, auf eine sachgerechte Vermögensverteilung hinzuwirken.

Liegen die Voraussetzungen einer Mitschuldnerschaft nicht vor, ist der Ehepartner unabhängig von der Bezeichnung durch den Gläubiger lediglich **Mithaftender** mit der Folge, dass die Mithaftung bei **krasser finanzieller Überforderung sittenwidrig** ist. Eine solche Überforderung liegt jedenfalls dann vor, wenn der Mithaftende voraussichtlich nicht einmal die laufenden Zinsen aufzubringen vermag.[34] Nach dem BGH spricht bei Vorliegen dieser Voraussetzungen eine tatsächliche Vermutung für die Sittenwidrigkeit.[35] Das Interesse eines Gläubigers, sich durch solche Mithaftung vor Vermögensverschiebungen zwischen Ehegatten zu schützen, vermag die Sittenwidrigkeit in aller Regel nur zu vermeiden, wenn dieser beschränkte Zweck durch eine eindeutige Erklärung zum Inhalt der Mithaftungsabrede gemacht wird.[36] Anders zu beurteilen soll jedoch der Fall lediglich dinglicher Haftung des eigengenutzten Familienwohnheims sein.[37]

Wichtig ist es bei allen Vermögensübertragungen und Gestaltungsplanungen mit Ehepartnern – unabhängig vom Güterstand – genau zu eruieren, welche Unterschriften unter Darlehen und Bürgschaften die jeweiligen Ehegatten geleistet haben. 11

▶ **Gestaltungsempfehlung:**

Bei Darlehensverträgen und Grundschulden von Ehegatten ist genau festzustellen, ob die Ehepartner Mitschuldner sind oder nur Mithaftende. Bei krasser finanzieller Überforderung sollte die Mithaftung abgelehnt oder der Sicherungszweck auf Vermögensverschiebungen eingeschränkt werden. 12

Eine Ausnahme von den o.g. Grundsätzen ordnet § 1357 BGB unabhängig vom Güterstand mit der Verpflichtungsbefugnis bei **Geschäften zur Deckung des Lebensbedarfes** an.[38] Diese Verpflichtungsbefugnis kann nach überwiegender Auffassung nicht ehevertraglich ausgeschlossen werden,[39] jedoch ist die Ausschließung nach § 1357 Abs. 2 BGB einseitig möglich, die zur Erlangung von Außenwirkung im Güterrechtsregister einzutragen ist.[40] Keineswegs ist eine solche Regelung aber regelmäßiger Bestandteil eines Ehevertrages.[41] Bei Getrenntleben endet die Schlüsselgewalt, § 1357 Abs. 3 BGB. Für Kraftfahrzeuge soll die Anwendung am entgegenstehenden Händlerwillen scheitern.[42] 13

---

32 OLG Bremen, OLGR 2006, 389.
33 OLG Düsseldorf, FamRZ 2007, 818.
34 BGH, DNotZ 2000, 459 f.
35 BGH, FamRZ 2017, 362.
36 BGH, DStR 1998, 1925; BGH, MittBayNot 2002, 387 f.
37 BGH, FamRZ 2002, 1466, Duderstadt, FPR 2003, 173, 175.
38 Ein Plädoyer für die Streichung des § 1357 BGB findet sich bei Struck, FF 2004, 107; zu Gestaltungsrechten und Prozessführung bei Schlüsselgewaltgeschäften vgl. Berger, FamRZ 2005, 1129 ff.; § 1357 BGB greift nicht ein bei Telefonkosten, die den üblichen Rahmen der Familie exorbitant überschreiten, BGH, FamRZ 2004, 778; § 1357 BGB gilt auch nicht für das Kündigen oder Anmieten einer Wohnung, OLG Brandenburg, FamRZ 2007, 558.
39 Bergschneider, Rn. 204 f.
40 Zur Aufhebung von Beschränkungen der Schlüsselgewalt Pabst, FPR 2011, 82 f.; zum Güterrechtsregister als einem Register mit Zukunft: Heinemann, FamRB 2011, 194 ff.
41 Daher zu weitgehend Joosten, ZFE 2002, 125, 127 – erst recht für die beiderseits unabhängigen berufstätigen Eheleute, die kaum eine Güterrechtsregisterveröffentlichung wollen.
42 Herr, FuR 2019, 690 f.

Kapitel 1   Die Güterstände

14   Nachdem es hierzu jahrelang sehr wenige Entscheidungen gab, ist die Vorschrift in der Rechtsprechung nun wieder aktuell geworden.[43] So hat etwa das OLG Düsseldorf[44] entschieden, dass die Beauftragung eines Rechtsanwaltes zur Abwehr einer Räumungsklage betreffend die eheliche Wohnung von der Schlüsselgewalt umfasst wird. Der BGH[45] hat geurteilt, dass der Abschluss eines Versorgungsvertrages unter § 1357 BGB fällt und dass die Trennung trotz § 1357 Abs. 3 BGB nicht automatisch zu einer Enthaftung führt.[46]

▶ **Rechtsprechung:**

15   Nachdem § 1357 BGB lange in der Rechtsprechung keine Rolle mehr gespielt hatte, bekräftigt eine neue BGH-Entscheidung[47] die Geltung für Stromlieferverträge. Die Ehefrau, die nach Trennung auszog, haftete aufgrund des § 1357 BGB für die Stromlieferungen nach Auszug weiterhin aus dem Stromliefervertrag, den der in der Wohnung verbliebene Ehemann abgeschlossen hatte.[48]

Ebenso hat der BGH den Abschluss einer Vollkaskoversicherung und deren Kündigung für ein Familienfahrzeug (hier das einzige Fahrzeug einer fünfköpfigen Familie) als ein Geschäft des § 1357 BGB eingestuft.[49]

▶ **Formulierungsvorschlag: Ausschluss § 1357 BGB**

16   Hiermit schließe ich, der Ehemann, die Befugnis meiner Ehefrau aus, Geschäfte zur angemessenen Deckung des Lebensbedarfes nach § 1357 Abs. 1 BGB für mich zu besorgen.

In gleicher Weise schließe ich, die Ehefrau, die entsprechende Befugnis meines Ehemannes aus.

Wir beantragen jeweils die Eintragung des Ausschlusses in das Güterrechtsregister gemäß § 1561 Abs. 2 Nr. 4 BGB.

(notarielle Beglaubigung erforderlich, § 1560 Satz 2 BGB)

3. Ausgleich des Zugewinns bei Beendigung des Güterstandes

17   Nachdem eine dingliche Beteiligung am Vermögen des anderen Ehegatten nicht eintritt, ist die eigentliche Rechtswirkung der Zugewinngemeinschaft der Zugewinnausgleich bei Beendigung der Ehe bzw. des Güterstandes. Auch im Rahmen dieses Zugewinnausgleichs wird der andere Ehegatte nicht dinglich an den Vermögensgütern des Ehepartners beteiligt, sondern er erhält nur eine **Ausgleichsforderung nach § 1378 BGB**. Allerdings tritt, soweit der Zugewinn im Todesfall durch eine Erhöhung der Erbquote des Ehegatten ausgeglichen wird, eine unmittelbare (höhere) Mitberechtigung am **Nachlass** ein.

II. Ausgleich des Zugewinns im Todesfall, § 1371 BGB

18   Im Todesfall **erhöht sich das gesetzliche Erbteil** des überlebenden Ehegatten **um ein Viertel**.[50] Damit ist der Zugewinn pauschal abgegolten, unabhängig von der Entstehung eines tatsächlichen Zugewinns. Die Erhöhung tritt also auch dann ein, wenn nur der überlebende Ehegatte Zugewinn erzielt

---

43 Zusammenfassend dargestellt von Sarres, FamRB 2012, 288 f.
44 OLG Düsseldorf, FamRZ 2011, 35 f.
45 BGH, FamRZ 2013, 1199.
46 Dagegen Lange, FamRZ 2016, 354 ff.; ebenso Luther, FamRZ 2016, 271, der die Trennung als Umstand ansieht, durch den sich i.S.d. § 1357 Abs. 1 Satz 2 BGB etwas anderes ergibt.
47 BGH, FamRZ 2013, 1199 = NJW-RR 2013, 897.
48 Zu diesem Urteil Stalinski, FamRZ 2013, 1933 ff.
49 BGH, FamRZ 2018, 673.
50 Zum Einfluss des Güterstandes auf das Ehegattenerbrecht Becker, JA 2019, 94 ff.

hat.⁵¹ Neuerdings werden gegen diese Konsequenz verfassungsrechtliche Bedenken erhoben.⁵² Die Erhöhung führt zu einer entsprechenden **Reduzierung der Kinderpflichtteile**. Zuwendungen, die der überlebende Ehegatte erhalten hat, werden anders als bei § 1380 BGB auf das erhöhte Erbteil nicht angerechnet.⁵³

Diese Erhöhung kommt aber nur in Betracht, wenn der überlebende Ehegatte gesetzlicher oder durch Verfügung von Todes wegen berufener **Erbe oder Vermächtnisnehmer** ist.⁵⁴ In diesem Fall kann er, sofern noch Pflichtteilsansprüche oder Pflichtteilsergänzungsansprüche bestehen, den großen Pflichtteil aus dem erhöhten gesetzlichen Erbteil verlangen,⁵⁵ jedoch keinen weiteren Zugewinn. Der Erblasser kann somit, indem er dem Ehegatten wenigstens ein Vermächtnis zuwendet, diesem immer den großen Pflichtteil verschaffen und damit zugleich die **Pflichtteilsansprüche anderer Pflichtteilsberechtigter** vermindern. Bei einer modifizierten Zugewinngemeinschaft etwa durch Herausnahme von Betriebsvermögen sieht das Schrifttum zum Pflichtteilsrecht hier Berechnungsprobleme.⁵⁶ Eine vertragliche Regelung wäre in solchen Fällen möglich.

▶ **Gestaltungsempfehlung:**

Der Pflichtteil der Kinder lässt sich vermindern, indem der überlebende Ehegatte bedacht wird, sodass er Anspruch auf den großen Pflichtteil hat.

Die Vorschrift des § 1371 Abs. 1 BGB ist rechtspolitisch,⁵⁷ aber insbesondere auch bei Bezügen zu ausländischem Recht umstritten. Während der BGH⁵⁸ die Vorschrift güterrechtlich qualifiziert hat, hat der EuGH⁵⁹ die Vorschrift nun erbrechtlich qualifiziert und dies nicht zuletzt mit der Funktionsfähigkeit des ENZ begründet. Die Vorschrift setzt danach voraus, dass deutsches Erbrecht Anwendung findet und die Vorschriften des deutschen gesetzlichen Güterstandes anwendbar sind. Über die Folgerungen wird gestritten, insbesondere ob bei einem Ausfall des Abs. 1 auf Abs. 2 zurückgegriffen werden kann.⁶⁰

Ist der überlebende Ehegatte weder Erbe noch Vermächtnisnehmer, so greift die **güterrechtliche Lösung** nach § 1371 Abs. 2 BGB. Er erhält in diesem Fall neben dem Zugewinn nur den kleinen, d.h. aus dem nicht erhöhten Erbteil berechneten Pflichtteil.

Der überlebende Ehegatte hat im gesetzlichen Güterstand immer das Recht, das **Erbteil auszuschlagen** und stattdessen – entgegen den sonstigen Regelungen zum Pflichtteil, die aber nun in § 2306 BGB eine weitere Ausnahme zulassen,⁶¹ – den Pflichtteil und den tatsächlichen Zugewinn, § 1371 Abs. 2, Abs. 3 BGB,⁶² zu verlangen. Hierbei erhält er aber ebenfalls nur den **kleinen Pflichtteil**,⁶³ der sich aus dem nicht erhöhten Ehegattenerbteil berechnet.⁶⁴

---

51 So ausdrücklich OLG Bamberg, OLGR 1999, 265.
52 Leipold, NJW 2011, 1179 f.
53 Palandt/Brudermüller, § 1371 Rn. 5.
54 Reimann/Bengel, A. 125.
55 Reimann/Bengel, A.125; Palandt/Weidlich, § 2303 Rn. 16.
56 Klingelhöffer, Rn. 155.
57 Eingehend zum Sinn des Anspruchs Battes, S. 427 f.
58 BGH, NJW 2015, 2185.
59 EuGH, NJW 2018, 1377.
60 Vgl. etwa Weber, NJW 2018, 1356; Dörner, ZEV 2018, 305; vgl. Kap. 10 Rdn. 132.
61 Hierzu Palandt/Weidlich, § 2303 Rn. 3.
62 Zur Einstufung als Nachlassverbindlichkeit mit ihrem Nennwert: BFH, DStRE 2008, 1382.
63 BGH, DNotZ 1983, 187 m. Anm. Wolfsteiner.
64 Zur rechnerischen Ermittlung, welche Lösung für den überlebenden Ehegatten die vorteilhafteste ist, vgl. Nieder/Kössinger, § 1 Rn. 38 ff.

▶ Gestaltungsempfehlung:

24 Beim Mandat für den überlebenden Ehegatten sollte immer geprüft werden, ob durch Ausschlagung und güterrechtliche Lösung die Ansprüche des überlebenden Ehegatten höher sind! Hierdurch lassen sich ggf. bei Gesamtbetrachtung für alle Erben auch erbschaftsteuerliche Vorteile[65] erzielen.

Allerdings dürfen die Risiken einer solchen Ausschlagung nicht übersehen werden, die darin liegen, dass eine dingliche Beteiligung am Nachlass verloren geht und der Zugewinn durchaus streitanfällig ist, insb. zur Frage der Anrechnung von Vorschenkungen erheblicher Aufklärungsbedarf besteht.[66]

25 § 1371 Abs. 2 BGB kommt auch unmittelbar dann zum Zuge, wenn aufgrund eines Scheidungsverfahrens nach §§ 1933, 2077 BGB gesetzliches Erbrecht und Pflichtteil wegfallen bzw. letztwillige Verfügungen unwirksam werden. Anders als nach § 1371 Abs. 1 BGB löst hier der Tod des Ausgleichsberechtigten keinen Zugewinn aus. Bei gleichzeitigem Tod sollen Ansprüche nach § 1371 Abs. 2 BGB ausscheiden.[67]

III. Güterrechtlicher Zugewinnausgleich, §§ 1372 ff. BGB

26 Bei Ehescheidung, Aufhebung der Ehe nach den §§ 1313 ff. BGB, bei Klage auf vorzeitigen Zugewinn nach §§ 1385 ff. BGB, bei Eingreifen der güterrechtlichen Lösung im Todesfall und bei Beendigung der Zugewinngemeinschaft durch Güterstandswechsel erfolgt der güterrechtliche Zugewinnausgleich nach §§ 1372 ff. BGB. Danach gilt: Wer im Vergleich der Zugewinne beider Ehegatten den geringeren Zugewinn erzielt hat, kann vom anderen die **Hälfte des Überschusses** verlangen, § 1378 Abs. 1 BGB.

27 Zugewinn ist der Betrag, um den das Endvermögen eines Ehegatten dessen Anfangsvermögen übersteigt, § 1373 BGB. Sowohl Anfangs- wie auch Endvermögen können negativ sein, §§ 1374 Abs. 3, 1375 Abs. 1 Satz 2 BGB, nicht jedoch der Zugewinn selbst,[68] denn es soll vermieden werden, dass ein Ehegatte über den Zugewinn für die Verbindlichkeiten des anderen Ehegatten mit haftet und dessen Gläubiger begünstigt werden.[69]

Für die Berechnung des Zugewinns ist es zunächst notwendig zu wissen, welche Vermögenswerte dem Bereich des güterrechtlichen Zugewinns unterfallen.

1. Vermögensgegenstände, die nicht dem Zugewinn unterfallen

a) Haushaltsgegenstände

28 Unter **Haushaltsgegenständen** werden alle beweglichen Gegenstände verstanden, die nach den Vermögens- und Lebensverhältnissen der Ehegatten für die Wohnung, die Hauswirtschaft und das Zusammenleben der Familie bestimmt sind.[70]

29 Haushaltsgegenstände, die nach § **1568b BGB** verteilt werden, unterliegen nicht dem Zugewinnausgleich; sie sind also weder im Anfangs- noch im Endvermögen zu erfassen.[71] Damit sind aber nur die-

---

65 Dazu Dorn, DStR 2019, 2622 ff.
66 J. Mayer, FPR 2006, 129, 132.
67 BGH, NJW 1978, 1855; Palandt/Brudermüller, § 1371 Rn. 13; BRHP/Siede, § 1371, Rn. 20; a.A. Leipold, NJW 2011, 1179 ff.
68 BGH, NJW-RR 2011, 73 f. Rn. 34 = FamRZ 2011, 25; Büte, FuR 2008, 105, 108; Krause, ZFE 2009, 55, 57; Hoppenz, FamRZ 2008, 1889, 1890; Finger, FamFR 2011, 145, 147.
69 BT-Drucks. 16/10798, S. 14.
70 BGH, FamRZ 1984, 144 = NJW 1984, 484.
71 Büte, Rn. 143; Gernhuber, FamRZ 1984, 1053, 1054; a.A. für Erfassung im Anfangsvermögen: Koch, FamRZ 2003, 197, 199; OLG Celle, FamRZ 2000, 226.

jenigen Haushaltsgegenstände ausgenommen, die nach § 1568b BGB gemeinsames Eigentum sind oder als solches vermutet werden. Die nach § 9 HausratsVO a.F. ausnahmsweise mögliche Verteilung von Haushaltsgegenständen im Alleineigentum sieht § 1568b BGB nicht mehr vor. Somit unterfallen Haushaltsgegenstände **im Alleineigentum eines Ehegatten** immer dem Zugewinnausgleich.[72]

Zu weitgehend ist die Ansicht des Regierungsentwurfes zur Neuregelung des § 1568b BGB, soweit man dort die Auffassung vertritt, diese Bestimmung enthalte eine Sonderregelung nur, soweit von ihr auch Gebrauch gemacht werde. Geschehe dies nicht, soll das Ehegüterrecht zur Anwendung kommen.[73] Dies führt zu einem wesentlichen Verlust an Praktikabilität. Macht ein Ehegatte Ansprüche nach § 1568b BGB nicht geltend, sollte es damit sein Bewenden haben.[74] Dies entspricht auch der früheren Rechtsprechung.[75] Somit sind **alle Haushaltsgegenstände vom Zugewinn ausgeschlossen**, die in den **Geltungsbereich des § 1568b BGB** fallen.

Wegen der darin liegenden zugewinnausgleichsrechtlichen Regelung ist es problematisch, wenn Ehegatten vor Stellung eines Scheidungsantrags bereits außerhalb einer notariellen Urkunde Haushaltsgegenstände verteilt haben, die einem Ehegatten zu Alleineigentum zustehen. Diese Verteilung beeinflusst nach OLG Düsseldorf den Zugewinnausgleich dennoch nicht, denn sie ist wegen Verstoßes gegen § 1378 Abs. 3 Satz 2 BGB nichtig. Daher sind die Gegenstände weiterhin im Endvermögen des Eigentümers zu erfassen.[76]

▶ **Gestaltungsempfehlung:**

Vorsicht bei der Verteilung von Haushaltsgegenständen vor der notariellen Scheidungsvereinbarung! Hier droht Formnichtigkeit, sodass der abschließende Regelungszweck verfehlt wird.

Häufig entstehen **Abgrenzungsschwierigkeiten zwischen Haushaltsgegenständen und Zugewinn**, da Gegenstände,
- die lediglich dem persönlichen Interesse eines Ehegatten dienen[77] oder
- die als Kapitalanlage oder Objektsammlung anzusehen sind,

nicht als Haushaltsgegenstände gelten können.[78]

Gegenstände von höherem Wert – gemessen am Lebenszuschnitt der Ehegatten – sind dann als Haushaltsgegenstände anzusehen, wenn sie in der Ehewohnung tatsächlich genutzt wurden, nicht hingegen, wenn sie der reinen Kapitalanlage dienten.[79]

Problematisch ist mitunter die Einordnung von **Kfz** unter den Begriff des Haushaltsgegenstandes.[80] Werden sie ausschließlich für berufliche oder persönliche Zwecke genutzt, unterfallen sie dem Zugewinnausgleich.[81] Werden sie aber ausschließlich für unmittelbar familienbezogene Zwecke verwendet,

---

72 BGH, FamRZ 1991, 1166, 1168; zum neuen Recht: C. Münch, MittBayNot 2009, 261, 266; Brudermüller, NJW 2010, 401, 405; Neumann, FamRB 2009, 368; BGH, FamRB 2011, 233 = FamRZ 2011, 1135 m. Anm. Kogel; zusammenfassend Kogel, FF 2011, 445 ff.
73 BT-Drucks. 16/10798, S. 24.
74 Götz/Brudermüller, FamRZ 2008, 3025, 3031; C. Münch, MittBayNot 2009, 261, 266.
75 Brudermüller, NJW 2010, 401, 405.
76 OLG Düsseldorf, FamRZ 2005, 273 f.; hierzu auch Kogel, FamRZ 2011, 1135, 1136.
77 Vgl. AG München, FamRZ 2012, 1304, für die Zuordnung zum Zugewinn für einen wertvollen Weinkeller, der einem Ehegatten gehört, welcher die Bewirtschaftung und Pflege der Weinvorräte als Liebhaberei betreibt.
78 Nur am Rande sei darauf hingewiesen, dass diese Unterscheidung auch weiterhin verfahrensrechtliche Bedeutung besitzt, weil ein Streit um Haushaltsgegenstände FamFG-Verfahren im engen Sinne nach §§ 200 ff. FamFG ist, während über den Zugewinn als Familienstreitsache nach § 112 Nr. 2 FamFG weitgehend nach zivilprozessualen Vorschriften gestritten wird, vgl. Anm. Finke, FamFR 2009, 96.
79 BGH, FamRZ 1984, 575; OLG Bamberg, FamRZ 1997, 378; Schulz/Hauß, Rn. 1242; Grziwotz, FamRZ 2002, 1669, 1671; zur Abgrenzung im Detail Brudermüller, FamRZ 1999, 129, 136 f.
80 Ausführlich zu der Vermögensauseinandersetzung des Familien-Pkws: Kogel, FamRB 2007, 215 f.
81 OLG Koblenz, FamRB 2006, 102.

können sie Haushaltsgegenstand sein.[82] Nach der Rechtsprechung einiger OLG ist der einzige in der Familie vorhandene Pkw als Haushaltsgegenstand anzusehen.[83] Eine **Motorjacht** kann Haushaltsgegenstand sein, wenn sie der Freizeit- und Urlaubsgestaltung der Familie gewidmet ist.[84] Ein auf einer gepachteten Kleingartenparzelle stehendes Gartenhaus soll hingegen kein Haushaltsgegenstand sein.[85] Diese zivilrechtliche Einordnung dürfte auch für das Steuerrecht übernommen werden, wo § 13 Abs. 1 Nr. 1 a) ErbStG einen Freibetrag von 41.000,- € für Hausrat in der Steuerklasse I vorsieht.[86]

35 **Haustiere**[87] sind keine Sachen (§ 90a BGB), auf sie wird aber § 1568b BGB entsprechend angewandt.[88] Dabei ist es allerdings nicht Sinn dieser Vorschrift, den anderen Ehegatten von der Nutzung eines Tieres auszuschließen, etwa wegen Bedenken gegen dessen Kompetenz zur artgerechten Haltung.[89] Der Streit um das Haustier ist Familiensache, wenn die Eigenschaft als »Haushaltsgegenstand« in Betracht kommt.[90]

36 Eine dem § 10 HausratsVO a.F. entsprechende Regelung für **Verbindlichkeiten**, die sich auf Haushaltsgegenstände beziehen, ist in § 1568b BGB nicht mehr enthalten.

Bei Zweifelsfragen ist eine **ehevertragliche Regelung** darüber zulässig, welche Gegenstände als Haushaltsgegenstände zu gelten haben oder nicht.[91]

▶ Formulierungsvorschlag: Definition Haushaltsgegenstände

37 Wir sind uns einig, dass der Orientteppich im Salon sowie die Sammlung der Bilder von Max Ackermann nicht als Haushaltsgegenstände im Sinne des § 1568b BGB gelten, sondern dem Zugewinnausgleich unterliegen. Dies gilt auch für alle weiteren Bilder dieses Künstlers, die etwa noch erworben werden.

Der Pkw-Kombi der Marke Audi hingegen sowie ein an seine Stelle tretendes Ersatzfahrzeug soll Haushaltsgegenstand sein.

b) Versorgungsausgleich

38 Anrechte, die im Versorgungsausgleich behandelt werden, unterliegen nicht dem Zugewinnausgleich, § 2 Abs. 4 VersAusglG. Damit fallen **Lebensversicherungen auf Rentenbasis** nicht in den Zugewinnausgleich. Allerdings gilt dies nur für Rentenversicherungen, die speziell für das Alter bestimmt sind und im Anschluss an die Beendigung des aktiven Berufslebens gewährt werden.[92] Kapitallebensversicherungen mit Rentenwahlrecht, für welche das Wahlrecht bis zur Rechtshängigkeit[93] ausgeübt wurde, unterliegen ebenfalls nicht dem Zugewinnausgleich. **Rentenlebensversicherungen mit Kapitalwahlrecht** unterfallen grds. dem Versorgungsausgleich, es sei denn, das Wahlrecht wäre bereits vor Rechtshängigkeit des Scheidungsantrags ausgeübt worden, dann nämlich liegt eine Kapitalfor-

---

82 OLG Oldenburg, FamRZ 1997, 942; OLG Saarbrücken, FamFR 2009, 96.
83 KG, FamRZ 2003, 1927; OLG Düsseldorf, FamRB 2007, 97 = FamRZ 2007, 1325; so insb. Schulz/Hauß, Rn. 1244; vgl. Norpoth, FamFR 2009, 118.
84 OLG Dresden, FamRZ 2004, 273 (Wert 42.000,00 €).
85 OLG Hamm, MDR 2009, 92.
86 Eingehend zum Pkw in diesem Zusammenhang Erle, ZEV 2016, 240.
87 Ausführlicher zu Haustieren Kap. 8 Rdn. 77 f.
88 OLG Zweibrücken, FamRZ 1998, 1432; OLG Celle, NJW-RR 2009, 1306; OLG Bamberg, FamRB 2004, 73: ausführliche Entscheidung nach tierpsychologischem Gutachten; AG Bad Mergentheim, FamRZ 1998, 1432 bejaht sogar Umgangsrecht, ist insoweit aber vereinzelt geblieben (s. zu einem Vergleich insoweit FamRZ 1990, 951). Vgl. auch AG Walsrode, FamRZ 2004, 1724: Auflösung der Miteigentümergemeinschaft an einem Haustier durch Eigentumszuweisung und Geldausgleich bei der nichtehelichen Partnerschaft.
89 OLG Celle, NJW-RR 2009, 1306.
90 OLG Celle, FamRB 2010, 103.
91 Langenfeld/Milzer, Rn. 899.
92 BGH, FamRB 2007, 889 = DNotZ 2007, 722; zur Abgrenzung Büte, FuR 2014, 11 ff.
93 Hier ist nicht auf das Eheteilende nach § 3 Abs. 1 VersAusglG abzustellen, BGH, FamRZ 1984, 156, 158.

A. Zugewinngemeinschaft   Kapitel 1

derung vor, die in den Zugewinn fällt. Der BGH hat jedoch erweiternd entschieden, dass auch dann, wenn das Kapitalwahlrecht **erst nach Rechtshängigkeit** des Scheidungsantrags ausgeübt wird, die Versicherung im Zugewinn zu berücksichtigen ist, da der Versorgungsausgleich keine Ausgleichsmechanismen zum Ausgleich von Kapitalforderungen habe.[94] Obwohl der BGH klarstellt, dass die **Ausübung des Wahlrechts** erst nach dem Stichtag für die Endvermögensberechnung nach § 1384 BGB eine Berücksichtigung im Zugewinn nicht hindere, da der wirtschaftliche Wert im Endvermögen bei Rechtshängigkeit bereits vorhanden war, entstehen **Rechtsschutzlücken** dann, wenn entweder das Zugewinnausgleichsverfahren bereits rechtswirksam abgeschlossen ist,[95] aber auch dann, wenn über den Zugewinn eine abschließende notarielle Vereinbarung geschlossen worden war. Für den Anwalt birgt diese Situation Haftungsrisiken. Er sollte daher zu einem Gleichlauf tendieren, wenn beides gerichtlich entschieden wird.[96]

Der BGH dürfte diese nachträgliche Kapitalwahl auch dann anerkennen, wenn die Ehegatten den Zugewinn ehevertraglich ausgeschlossen hatten, denn dieser Nachteil beruht nach Ansicht des BGH auf einer freien Willensentscheidung der Beteiligten.[97] Noch weitergehend hat das OLG Hamm entschieden, dass ein Versorgungsanrecht, das über 30 Jahre nach ehevertraglicher Gütertrennung durch Einmalzahlung aus Mitteln erbracht wurde, die durch die Gütertrennung von einem Ausgleich ausgenommen worden waren, auch im Versorgungsausgleich nicht zu berücksichtigen sei.[98] Diese Entscheidung ist auf erhebliche Kritik gestoßen.[99] Will man diese Folge sicher erreichen, so bietet sich eine ehevertragliche Regelung an, wonach Versorgungsrechte, welche mit Mitteln aus dem Zugewinnausgleich erlangt sind oder aus Privatvermögen gebildet werden, das wegen der Gütertrennung nicht ausgleichspflichtig ist, auch im Versorgungsausgleich nicht ausgleichspflichtig sein sollen.[100] 39

Nach der Rechtsprechung des BGH dürfte daher auch ein manipulatives Verhalten eines Ehegatten nicht die Gütertrennung oder den Zugewinnverzicht als solches infrage stellen.[101] 40

▶ **Gestaltungsempfehlung:**

Wenn eine abschließende vertragliche Regelung des Zugewinns erfolgt, der Versorgungsausgleich aber vorbehalten wird, so sollte nunmehr nachgefragt werden, ob eine Rentenlebensversicherung mit Kapitalwahlrecht besteht und ggf. sollte eine Regelung aufgenommen werden, dass für den Fall, dass das Kapitalwahlrecht noch ausgeübt wird, das Kapital im Zugewinnausgleich zusätzlich zu berücksichtigen ist. Ebenso ist bei Regelung des Zugewinns die Versorgungssituation mit zu berücksichtigen, damit das Regelungsziel der Ehegatten vollständig erreicht ist. 41

▶ **Formulierungsvorschlag: Nachträgliche Ausübung des Kapitalwahlrechts**

... Ferner vereinbaren wir: Soweit heute der Versorgungsausgleich nicht endgültig geregelt wird und Lebensversicherungen aus dem Versorgungsausgleich nachträglich durch Kapitalwahl ausscheiden oder gekündigt werden,[102] dann sind solche Rechte nachträglich nach dem Zugewinn zu unterwerfen. Dies gilt auch dann, wenn dieser ansonsten bereits geregelt ist. Hierfür wird die Verjährung des Zugewinnausgleichsanspruchs auf zehn Jahre seit rechtskräftiger Ehescheidung verlängert. 42

---

94 BGH, DNotZ 2003, 542 m. Anm. Zimmermann = JZ 2003, 900 f. m. Anm. Lipp = FamRZ 2003, 664 m. abl. Anm. Deisenhofer, FamRZ 2003, 745.
95 Lipp, JZ 2003, 902.
96 Kaiser/Götsche, § 2 VersAusglG Rn. 69; eine gute tabellarische Übersicht findet sich bei Kemper, § 4 Rn. 56.
97 BGH, FamRZ 2005, 1463.
98 OLG Hamm, FamRZ 2006, 795.
99 Brudermüller, NJW 2006, 3184, 3185.
100 Götsche, FuR 2014, 202, 209.
101 Everts, ZFE 2005, 44, 45.
102 Kemper, FamRB 2018, 19.

43 Allerdings kann eine solche Kapitalwahl mit Herausfallen des Anrechtes aus dem Versorgungsausgleich zu einer groben Unbilligkeit führen, wenn der andere Ehegatte an diesem Recht nicht auf andere Weise teilhat und nicht ausnahmsweise billigenswerte Gründe für die Kapitalwahl bestehen. Dann kann im gleichen Umfang der Ausgleich von Anrechten des anderen Ehegatten beschränkt werden.[103]

44 **Kapitallebensversicherungen** hingegen unterfallen dem Zugewinnausgleich, auch wenn sie mit einem Rentenwahlrecht versehen sind.[104] Ist ein Ehegatte Versicherungsnehmer und besteht eine unwiderrufliche Bezugsberechtigung des anderen Ehegatten, so ist die Versicherung im Endvermögen des Begünstigten zu erfassen,[105] anders hingegen bei einem bloß widerruflichen Bezugsrecht. Hier ist die Versicherung beim Versicherungsnehmer zu erfassen.[106] Diese Einordnung bleibt auch nach der Neuregelung des Versorgungsausgleichs bestehen, da Kapitallebensversicherungen häufig keinen reinen Versorgungscharakter haben, sondern z.B. zur Kreditfinanzierung dienen.[107]

45 Auch im neuen Versorgungsausgleichsrecht werden **grds.** nur **Anrechte** erfasst, die **auf Rente gerichtet** sind. Hiervon macht jedoch § 2 Abs. 2 Nr. 3 Halbs. 2 VersAusglG eine wichtige Ausnahme. Nach dieser Vorschrift sind unabhängig von ihrer Leistungsform **Anrechte i.S.d. Betriebsrentengesetzes oder des Altersvorsorgeverträge-Zertifizierungsgesetzes**[108] im **Versorgungsausgleich** auszugleichen. Damit unterfallen nunmehr erstmals auch Anrechte, die auf **Kapitalzahlung** gerichtet sind, dem Versorgungsausgleich.[109] Der Grund liegt darin, dass zunehmend mehr Verträge der betrieblichen Altersvorsorge dem Arbeitgeber ein Wahlrecht belassen, ob er die Leistung im Leistungszeitpunkt als Kapitalzahlung, Rente oder Mischform erbringt.[110] Hinzukommt, dass diese Versorgungsformen regelmäßig nicht beliehen oder zurückgekauft werden dürfen, sodass ihre Einbeziehung in den Zugewinnausgleich dort einen Ausgleichsanspruch schafft, der mangels Liquidität nicht bedient werden kann.[111]

▶ **Gestaltungsempfehlung:**

46 Wenn ein **abgeschlossener Ehevertrag** solche Kapitalrechte im Zugewinn behandelt hat, dann besteht nunmehr **Änderungsbedarf**. Dies gilt ganz besonders, wenn man einen Ausschluss der Ausgleichung hatte erreichen wollen und diesen zugewinnrechtlich vereinbart hatte.

47 Trotz der Schutzlücken, welche die **Auffassung des BGH** hinterlässt, und obwohl die Neuregelung des Versorgungsausgleichs auch betriebliche Kapitalanrechte einbezieht, ist der BGH auch für das neue Recht bei seiner Ansicht geblieben.[112] Er sieht die Regelung des VersAusglG als abschließend an.

48 Eine **Lebensversicherungsrente** soll dann dem Zugewinnausgleich unterfallen, wenn sie in vollem Umfang finanziert ist und das am Stichtag noch bestehende Darlehen im Zugewinn zu berücksichtigen wäre, da sonst eine Vermischung von Versorgungsausgleich und Zugewinn einträte.[113] Die Rechtsprechung hat dies jedenfalls für Fälle bestätigt, in denen die Versicherung an den Darlehensgeber abgetreten ist.[114]

---

103 BGH, NZFam 2015, 635; BGH, NJW 2016, 3722 m. Anm. Götsche. Hoppenz, FamRZ 2015, 1000 will grobe Unbilligkeit ohne Rücksicht auf die Gründe der Entziehung annehmen.
104 Näher Büte, Rn. 157 ff.
105 BGH, FamRZ 1992, 1155, 1158; Büte, FuR 2014, 11, 14.
106 Büte, FuR 2014, 11, 14.
107 Glockner/Hoenes/Weil, § 2 Rn. 20.
108 BGBl. 2000 I, S. 1322.
109 Hierzu näher Kap. 7 Rdn. 1 ff.
110 Hauß/Bührer, Rn. 201.
111 Glockner/Hoenes/Weil, § 2 Rn. 20.
112 BGH, FamRB 2011, 367 = NJW-RR 2011, 1633 f.; BGH, FamFR 2012, 299.
113 Weinreich, FuR 2003, 385.
114 OLG Nürnberg, OLGR 2007, 165.

A. Zugewinngemeinschaft

Eine **Leibrente** aus einer Übertragung im Wege der vorweggenommenen Erbfolge soll nach einer Auffassung dem Versorgungsausgleich unterfallen.[115] Der BGH hat dies jüngst bestätigt[116] – obwohl er sich zuvor explizit mit der Bewertung im Zugewinn befasst hatte[117] –, hat das Recht jedoch, da nach Übergabevertrag gem. § 323a ZPO auch ein Absenken möglich war, noch nicht für ausgleichsreif gehalten und somit in den schuldrechtlichen Versorgungsausgleich verwiesen.

Haben die Parteien fälschlicherweise ein Anrecht im Zugewinnausgleich berücksichtigt, das in den Versorgungsausgleich gehört, so können sie später das Anrecht aus dem Versorgungsausgleich herausnehmen. Ein Verbot des Supersplittings, das dem entgegenstehen könnte, gibt es nicht mehr.

Noch wenig diskutiert ist die Einstufung von sog. **Zeitwertkonten**, auf denen ein Arbeitnehmer »Zeitguthaben« anspart. Das bedeutet, er hat Arbeitszeit erbracht, bekommt aber den Lohn nicht ausbezahlt, sondern spart ein Wertguthaben an, um daraus in Zeiten späterer Arbeitsfreistellung (sabbatical, vorzeitiger Ruhestand etc.) Arbeitslohn zu entnehmen. Seit 01.01.2009 ist ein **Insolvenzschutz** angesparter Wertguthaben und eine steuerliche Regelung dieser flexiblen Arbeitszeit erfolgt,[118] die bei Erfüllung der Voraussetzungen bewirkt, dass eine Versteuerung der Wertguthaben erst im Zeitpunkt des Zuflusses erfolgt.[119] Auch Beiträge zur Rentenversicherung sind erst bei Abrufung der sog. Wertguthaben fällig, §§ 7b ff., 23b SGB IV. Steuerlich erkennt der BFH die Vereinbarung eines Zweitwertkontos nur für einen Fremdgeschäftsführer oder einen Minderheits-Gesellschafter-Geschäftsführer an und geht ansonsten von einer verdeckten Gewinnausschüttung aus.[120] Der BMF folgt dem.[121] Auch bei Ehegatten-Arbeitnehmern sollen Zeitwertkonten in erheblichem Umfang anerkannt werden können.[122]

Eine höchstrichterlich gesicherte familienrechtliche Einordnung hingegen steht noch aus. Das AG Braunschweig[123] hat für entsprechende Gestaltungen bei der Volkswagen-AG entschieden, dass die Wertguthaben jedenfalls keinen Zugewinn darstellen. Das OLG Oldenburg[124] stuft VW-Zeitwertpapiere als Verwendung eines Teils des Einkommens an. Das hat zur Folge, dass bei der Unterhaltsberechnung die Gehaltsbestandteile, die hierfür verwendet werden, nicht abgezogen werden dürfen, sondern sich der Unterhalt nach dem (fiktiven) Gesamteinkommen richtet. Das OLG Celle[125] hat entschieden, dass es sich bei Zeitwertkonten um Arbeitsentgelt handelt, das im Zugewinnausgleich keine Berücksichtigung findet. Auch im Versorgungsausgleich seien Zeitwertkonten erst zu berücksichtigen, wenn aus ihnen in der Freistellungsphase Arbeitsentgelt ausgezahlt und Sozialversicherung abgeführt werde.

Die Begründung dafür war, dass sie bei Auszahlung nicht als Kapitalbetrag zur Verfügung stehen, sondern nur zeitratierlich. Das Gericht ließ offen, ob die Wertguthaben dann im Versorgungsausgleich oder im Unterhalt erfasst werden. Eine solche Sicht ist durchaus problematisch, denn es ist keinesfalls gewiss, dass im Zeitpunkt der Auszahlung Unterhaltsansprüche bestehen. Im Versorgungsausgleich wird eine Einordnung schwierig, wenn der Betrag nicht zur Altersvorsorge dient, sondern

---

115 BGH, FamRZ 1988, 936 ff.; Palandt/Brudermüller, § 2 VersAusglG Rn. 6; Johannsen/Henrich/Holzwarth, vor § 1 VersAusglG Rn. 33.
116 BGH, NJW-RR 2014, 129.
117 BGH, FamRZ 2005, 1974 f.
118 Gesetz zur Verbesserung der Rahmenbedingungen für die Absicherung flexibler Arbeitszeitregelungen und zur Änderung anderer Gesetze vom 21.12.2008, BGBl. 2008 I, S. 2940.
119 Hierzu Portner, DStR 2009, 1838.
120 BFH, DStR 2016, 737; BFH, DStR 2018, 1159.
121 BMF, DStR 2019, 1750.
122 FG Baden-Württemberg, EFG 2019, 1179.
123 AG Braunschweig, NJOZ 2007, 3551; vgl. auch Frank, DB 2007, 1640; Gutachten DNotI v. 17.09.2010, 105386.
124 OLG Oldenburg, NJW 2004, 1051; Viefhues, NZFam 2015, 433, 434; a.A. Uckermann, RdA 2011, 236, 239.
125 OLG Celle, FamRZ 2014, 1699; zustimmend Koch, FamRZ 2015, 1073, 1074; Teslau/May/Andersen, FamRZ 2014, 1831 f.; im Hinblick auf den Versorgungsausgleich Ruland, Kap. 3 Rn. 163.

nur zu einer »Auszeit«. Daher bleibt eine Zurechnung zum Zugewinnausgleich überlegenswert, zumal der Anspruch auf spätere Auszahlung gerichtet ist; ggf. ist eine entsprechende Abzinsung vorzunehmen.

c) Unterhalt – Verbot der Doppelverwertung

51 Auch zum Unterhalt hin bestehen Abgrenzungsschwierigkeiten, so etwa bei Abfindungen, die an Arbeitnehmer geleistet werden.

52 Nach mehreren Urteilen[126] und Beiträgen[127] wurde das Thema der Doppelberücksichtigung insb. für **Abfindungen und Schulden bei Unterhalt und Zugewinn** sehr intensiv diskutiert.

Der BGH hat entschieden, dass eine **Mitarbeiterbeteiligung**, welche die Parteien bei einem Unterhaltsvergleich bereits einbezogen hatten, nicht noch zusätzlich mit dem Beteiligungswert im Zugewinnausgleich berücksichtigt werden kann.[128] Er hat dazu aus **§ 1587 Abs. 3 BGB a.F. – jetzt § 2 Abs. 4 VersAusglG –**, der eine Doppelberücksichtigung von Anrechten bei Versorgungsausgleich und Zugewinnausgleich ausschließt, einen **allgemeinen Grundsatz** abgeleitet, dass eine Doppelberücksichtigung auch ggü. dem Unterhalt nicht erfolgen kann (sog. **Doppelverwertungsverbot**).[129] In einer späteren Entscheidung hat der BGH ausgeführt, dass Parteien, welche eine **Arbeitnehmerabfindung** als unterhaltsrelevant ihrer Unterhaltsverpflichtung zugrunde legen, damit **ehevertraglich** diese Abfindung aus dem Zugewinn ausschließen.[130] Zumeist war früher bei bloßen Unterhaltsvereinbarungen die notarielle **Form** für die güterrechtlichen Eheverträge nicht gewahrt. Gleichwohl steht nach BGH eine solche Abrede **nach Treu und Glauben** einer Einstellung des Abfindungsbetrages in den Zugewinn entgegen, da die Vertragsparteien sich sonst in Widerspruch zu ihrem früheren Verhalten setzen.[131] Die Rechtsprechung des BGH[132] und des OLG Karlsruhe[133] differenziert wie folgt: Soweit die Abfindung zum Ausgleich für weggefallenes Arbeitsentgelt dient, ist sie dem Unterhalt zuzuordnen, der darüber hinausgehende Betrag fällt in den Zugewinnausgleich. Für Aktienoptionen bezeichnet das OLG Oldenburg die Einordnung in Zugewinn oder Unterhalt noch als ungeklärt.[134]

53 Problematisch unter dem Aspekt der Doppelberücksichtigung sind ferner **Unterhaltsrückstände**. Nach der Rechtsprechung mindern Unterhaltsrückstände beim Zugewinnausgleich das Endvermögen des Unterhaltspflichtigen und Unterhaltsforderungen erhöhen das Endvermögen des Unterhaltsberechtigten.[135] Der sich daraus errechnende Zugewinn neutralisiert somit die Unterhaltsfor-

---

126 BGH, FamRZ 2003, 432; BGH, FamRZ 2004, 1352 = NJW 2004, 2675; OLG München, FPR 2004, 505; BGH, NJW 2008, 1221.
127 Anm. Schröder, FamRZ 2003, 434; Anm. Bergschneider, FamRZ 2004, 1353; Anm. Kogel, FamRZ 2004, 1866; Kogel, FamRZ 2004, 1614 ff.; Kogel, NJW 2007, 556; Schröder, FamRZ 2005, 89 mit Replik Kogel; Gerhardt/Schulz, FamRZ 2005, 145 f., 317 ff.; Schmitz, FamRZ 2005, 1520; Schmitz, FamRZ 2006, 1811; Rehme, FuR 2006, 389 ff.; C. Münch, FamRZ 2006, 1164 ff.; C. Münch, NJW 2008, 1201; Hoppenz, FamRZ 2006, 1242 ff.; Schulz, FamRZ 2006, 1237 ff.; Wohlgemuth, FamRZ 2007, 187 f.; Hermes, FamRZ 2007, 184 ff.
128 Die Rspr. des BGH zur Mitarbeiterbeteiligung wurde v.a. von Brudermüller (NJW 2003, 3166) kritisiert, da hier eine Doppelberücksichtigung gerade nicht vorliege, weil der Unterhalt nur auf die Erträge dieser Beteiligung zugreife, der Zugewinnausgleich hingegen auf die Substanz, sodass der BGH nach dieser Ansicht die Frage der Bewertung einer solchen Beteiligung nicht hätte offenlassen dürfen.
129 BGH, FamRZ 2003, 432; krit. v.a. aus prozessökonomischen Gründen gegen das Doppelverwertungsverbot und unter Verweis auf die allgemeinen Mechanismen des Zugewinnausgleichs: Maier, FamRZ 2006, 897 ff.
130 Krit. hierzu Gerhardt/Schulz, FamRZ 2005, 145, 146.
131 BGH, FamRZ 2004, 1352 = NJW 2004, 2765.
132 BGH, NJW 2001, 439 zbd BGH, FamRZ 2003, 431.
133 OLG Karlsruhe, NZFam 2014, 32 = NJW 2014, 1311.
134 OLG Oldenburg, OLGR 2009, 893.
135 OLG Celle, FamRZ 1991, 944; OLG Hamm, FamRZ 1992, 679; OLG Hamm, FamRZ 2007, 1243.

derung. Hier will die Literatur korrigierend eingreifen, entweder über § 242 BGB[136] oder aber über die Einstufung der Nichtzahlung als illoyale Vermögensminderung und die Anwendung des § 1375 Abs. 2 Satz 3 BGB.[137] Der BGH hingegen hat entschieden, dass Unterhaltsrückstände als Passivposten das Endvermögen des Unterhaltspflichtigen mindern.[138] Auch **Steuererstattungen oder -nachzahlungen** werden unter dem Aspekt des Doppelverwertungsverbotes problematisiert. So hat das OLG Dresden entschieden, Steuererstattungsansprüche für Veranlagungszeiträume vor dem Endvermögensstichtag seien nur zugewinnrechtlich, nicht hingegen unterhaltsrechtlich zu erfassen.[139]

▶ Hinweis:
Zuletzt hat der BGH entschieden, dass zur Vermeidung einer Doppelberücksichtigung bei der Bewertung einer freiberuflichen Praxis im Zugewinn nicht nur ein pauschaler Unternehmerlohn rein kalkulatorisch, sondern der konkret gerechtfertigte Unternehmerlohn abzuziehen ist.[140]

54

Eine ähnliche Problematik ergibt sich bei der Berücksichtigung von **Schulden**. Dieses Feld ist für die Bewertung von Immobilien in Zugewinn oder Unterhalt besonders interessant. Wenn die Schuld beim **Zugewinnausgleich** vom Endvermögen desjenigen Ehegatten abgezogen worden ist, der die Schuldentilgung übernimmt, so würde mit einer zusätzlichen Berücksichtigung der Schuldentilgung bei der **Unterhaltsberechnung** gleichfalls eine Doppelbelastung eintreten.

55

Der unterhaltsberechtigte Ehegatte würde je nach Konstellation[141] letztendlich den gesamten Kredit tilgen.

Daher haben die OLG München[142] und Saarbrücken[143] m.E. zu Recht entschieden, dass dann, wenn die Schuld bereits beim Zugewinn als Passivposten eingestellt war, die Tilgungen nicht nochmals als Abzugsposten beim Unterhalt berücksichtigt werden dürfen.[144] Anders hingegen für die Zinszahlungen, diese haben beim Zugewinnausgleich keine Berücksichtigung gefunden. In der Literatur hat diese Auffassung Unterstützung gefunden,[145] aber auch Kritik geerntet.[146] Es wird abzuwarten sein, ob sich der BGH dem anschließt. Verwunderlich ist, dass die zitierten OLGe eine Revision zum BGH nicht zuließen, obwohl der BGH divergierender Ansicht ist.[147] Dem BGH hat sich das OLG Koblenz angeschlossen.[148]

56

---

136 Kogel, FamRZ 2004, 1614, 1617.
137 Schröder, FamRZ 2005, 89.
138 BGH, FamRZ 2011, 25 f. m. Anm. Koch; hierzu a.A. Kogel, FamRZ 2011, 779 f.
139 OLG Dresden, FamRZ 2011, 113; hierzu Elden, FamFR 2010, 365 f.
140 BGH, NJW 2008, 1221; zustimmend Weinreich, FuR 2008, 321 f.; hierzu C. Münch, NJW 2008, 1201.
141 Vgl. insoweit die Liquiditätszusammenstellungen bei Kogel, FamRB 2005, 207 f. Verallgemeinernde Aussagen lassen sich hier kaum treffen, vgl. etwa die Beispiele bei Hermes, FamRZ 2007, 184 ff. mit der Gegenrechnung des Wohnwertes.
142 OLG München, FamRZ 2005, 459 und OLG München, FamRZ 2005, 713; a.A. OLG Karlsruhe, FamRZ 2005, 909; zustimmend Kleffmann, FuR 2006, 97, 104.
143 OLG Saarbrücken, FamRZ 2006, 1038 m. Anm. Kogel.
144 Eine solche Konkurrenz leugnet Schmitz, FamRZ 2006, 1811 f.; zusammenfassende Darstellung von Viefhues, ZFE 2009, 84 ff.
145 Gerhardt/Schulz, FamRZ 2005, 145 f., 317 f. mit getrennter Darstellung der Schuldarten; Niepmann, FF 2005, 131 ff., die danach entscheiden will, ob sich die Schuld tatsächlich auf den Zugewinn ausgewirkt hat; Kogel, FamRZ 2004, 1614, 1617 und Kogel, FamRZ 2006, 1038 f.; Grziwotz, MittBayNot 2005, 284 ff.; Hoppenz, FamRZ 2006, 1242, 1244.
146 Schmitz, FamRZ 2005, 1520; Schulin, FamRZ 2005, 1521; Wohlgemuth, FamRZ 2007, 187 f.; Hermes, FamRZ 2007, 184 ff.; gegen ein Doppelverwertungsverbot im Bereich der Verbindlichkeiten: Balzer/Gutdeutsch, FamRZ 2010, 341, 344.
147 So auch Kogel, FamRB 2006, 167.
148 OLG Koblenz, FuR 2007, 542 = FamRB 2007, 260.

57 Umstritten ist, in welchem **Rechtsbereich** die Position zu berücksichtigen ist, die dem Doppelverwertungsverbot unterfällt. Die Auswirkung der Zuordnung wird sogleich betrachtet. Gerhardt/Schulz[149] und das OLG München[150] wollen beim Aktivvermögen einen **Vorrang des Unterhaltsrechts**, bei Schulden hingegen einen **Vorrang des Güterrechts annehmen**. Dies wird im Hinblick auf die Verbindlichkeiten insb. mit der Vorschrift des § 1375 Abs. 1 BGB begründet.[151] Andere treten für einen generellen Vorrang des Zugewinnausgleichs ein.[152] Bedenkenswert ist der Ansatz, auf die Interdependenz der Ausgleichsformen hinzuweisen und den Widerspruch ggf. dadurch aufzulösen, dass die Auswirkungen etwa des Zugewinnausgleichs auf den Unterhalt betrachtet werden.[153] Hierbei ist noch zusätzlich eine zeitliche Komponente der Entscheidungsabfolge zu bedenken und auch den Auswirkungen auf Dritte ggf. Rechnung zu tragen.[154] Tendenziell spricht aufgrund der vom BGH i.R.d. Inhaltskontrolle aufgestellten Kernbereichsthese einiges dafür, die Berücksichtigung zunächst beim Unterhaltsrecht vorzunehmen.

58 Das sog. Doppelverwertungsverbot von **Vermögenspositionen und Schulden bei Unterhalt und Zugewinn** wird auch Konsequenzen für die Bewertung im Zugewinn haben müssen.[155] Dies wird auch für die Unternehmensbewertung diskutiert. Aus diesem Verbot der Doppelverwertung wurde sogar teilweise die Konsequenz entwickelt, das Ertragswertverfahren sei für die **Bewertung von Unternehmen** oder Unternehmensbeteiligungen im Zugewinn nicht mehr geeignet[156] bzw. eine Unternehmensbewertung sei im Zugewinn gar nicht mehr erforderlich, wenn die Parteien nicht die Herausnahme aus dem Unterhalt vereinbart hätten.[157] Dieser Ansicht ist nunmehr das OLG Oldenburg beigetreten;[158] das Urteil wurde jedoch vom BGH aufgehoben.[159]

59 Beide Schlussfolgerungen sind wohl zu weitgehend, jedenfalls noch nicht aus dem einen besprochenen Urteil des BGH zu folgern.[160] Einen **generellen Vorrang** des Einstellens von Unternehmen oder Unternehmensbeteiligungen in das Unterhaltsrecht sollte es **nicht** geben.[161] Die Tendenz, auch **Unternehmen** im Zugewinn hoch zu bewerten, **die in dritter Hand nichts wert sind**, weil sie allein auf der persönlichen Leistung des Inhabers beruhen,[162] muss sich wieder abschwächen. Jedenfalls aber muss die **persönliche Leistung** eines solchen Inhabers für die **Unterhaltsbemessung** vorbehalten bleiben und nicht werterhöhend im Zugewinn wirken. Dieser Ansicht des Autors[163] sind zunächst der 17. Deutsche Familiengerichtstag[164] und sodann der BGH nunmehr gefolgt.[165] Das Urteil des BGH wurde positiv aufgenommen.[166] Die Praxis der Bewertung versucht im Gefolge des Urteils Kriterien aufzustellen, um diesen konkreten Unternehmerlohn für die persönliche Leistung zu

---

149 FamRZ 2005, 145 ff.
150 OLG München, FamRZ 2005, 714.
151 Grziwotz, FPR 2006, 485, 487.
152 Hoppenz, FamRZ 2006, 1242, 1247.
153 Hoppenz, FamRZ 2006, 1242, 1245.
154 Balzer/Gutdeutsch, FamRZ 2010, 341 ff.
155 Vgl. näher C. Münch, FamRZ 2006, 1164 ff.; ders. NJW 2008, 1201; Kogel, NJW 2007, 556 ff.
156 Brudermüller, NJW 2003, 3166; hiergegen Kogel, FamRZ 2004, 1614, 1619.
157 Fischer-Winckelmann, FuR 2004, 433 ff.
158 OLG Oldenburg, FamRZ 2006, 1031 m. abl. Anm. Hoppenz = FamRB 2006, 262; a.A. hingegen OLG Köln, FamRZ 2006, 704; gegen die Ansicht des OLG Oldenburg: Kleinmichel, FPR 2007, 329.
159 BGH, NJW 2008, 1221.
160 Eingehend hierzu C. Münch, FamRZ 2006, 1164 ff.; zustimmend Kogel, NJW 2007, 556, 561; gegen die Argumentation des OLG Oldenburg auch Koch, FamRZ 2007, 509, 511.
161 So aber Fischer-Winckelmann, FuR 2004, 433 ff.
162 BRHP/Cziupka, § 1376 Rn. 24.
163 C. Münch, FamRZ 2006, 1164, 1170; ders. FamRB 2007, 375, 378.
164 Empfehlungen in FamRZ 2007, 2040, 2041 B.II.2. (AK 7).
165 BGH, NJW 2008, 1221; zu diesem Urteil C. Münch, NJW 2008, 1201 f.
166 Vgl. etwa Dauner-Lieb, FuR 2008, 209, die allerdings dafür plädiert, die Lösung des Konfliktes im Unterhaltsrecht zu suchen.

ermitteln[167] und hat die Gedanken des BGH auch in die Bewertungsgrundsätze IDW S 13 einfließen lassen.[168]

Die gleiche Abgrenzungsfrage stellt sich bei der **Immobilienbewertung**, wenn hier auf den **Ertrags-** **60** **wert** abzustellen ist, wie dies insb. bei vermieteten Immobilien nach §§ 17 ff. ImmoWertV[169] – ergänzt um zahlreiche Richtlinien, so z.B. die Ertragswertrichtlinie von 2015[170] – vorgesehen ist und nunmehr auch bei der Ermittlung des gemeinen Wertes i.R.d. Erbschaftsteuer maßgeblich ist.[171] Denn auch hier fließt der zukünftige Mietertrag in die Wertermittlung der Immobilie ein und die Mieteinkünfte sind andererseits Grundlage der Unterhaltsbemessung. Soweit ersichtlich, wird diese Problematik bisher nicht durch obergerichtliche Rechtsprechung behandelt.

Auch wenn man akzeptiert, dass etwa eine Darlehensverbindlichkeit beim Hausbau nur entweder dem Unterhalt oder dem Zugewinn zugeordnet werden kann, so stellen sich die nächsten Fragen nach den **Unterschieden** bei der Einberechnung in den **Unterhalt** oder dem Abzug i.R.d. **Zugewinns**.

▶ Gestaltungsempfehlung:

Daher ist am besten, mit dem jeweils vertretenen Mandanten über die Vornahme der Ein- **61** ordnung zu sprechen.[172] Sie kann erheblich unterschiedliche wirtschaftliche Auswirkungen haben, etwa in folgenden Fällen:
– Der Unterhalt entfällt bei Wiederheirat oder Tod des Berechtigten, während der Zugewinn mit der Scheidung abgerechnet und ausgeglichen wird. Die gezahlten Summen sind vererblich. Die Berechnung ändert sich durch Wiederheirat oder Tod nicht.
– Möglicherweise wirkt sich die Schuld im Unterhaltsrecht aufgrund der finanziellen Situation der Beteiligten gar nicht aus, wenn die Einkünfte des Verpflichteten ohnehin niedrig sind und die Ehefrau erst im Rang nach den Kindern Unterhalt erhält (§ 1609 BGB).
– Der Anspruch auf Zugewinnausgleich kann schon verjährt sein, während laufende Unterhaltsansprüche noch bestehen.[173]
– Außerdem werden beim Zugewinn 50 % berücksichtigt, beim Unterhalt hingegen nur die Unterhaltsquote, ggf. noch unter Abzug eines Erwerbstätigenbonusses.[174]
– Unterhaltszahlungen können im Wege des begrenzten Realsplittings in bestimmten Grenzen steuerlich abgesetzt werden.[175]
– Bei sehr hohem Einkommen wird der Unterhalt konkret berechnet nach dem in der Ehe gepflegten Lebensstand. Hier werden weitergehende Erträge unterhaltsrechtlich nicht berücksichtigt, während der Zugewinn stets in voller Höhe durchgeführt wird.
– Haben die Parteien einen Ehevertrag geschlossen und hierbei nur für einen der beiden Bereiche Verzichte ausgesprochen, so ist ganz entscheidend, ob die entsprechenden Vorgänge dann im anderen Bereich zu berücksichtigen sind.

Noch nicht ausdiskutiert ist die Frage, ob der Ansatz eines **Wohnvorteils** am Verbot der **Doppel-** **62** **verwertung** scheitert, wenn die Wohnung bzw. das Haus mit dem sachlichen Wert bereits im Zuge-

---

167 Kuckenburg, FuR 2008, 270, 272; ausführlich Knief, DStR 2008, 1805 ff. zur Ermittlung des Unternehmerlohns für Steuerberater; Knief, DB 2009, 366 zur Bewertung medizinischer Praxen.
168 Hierzu im Detail Rdn. 181 ff.
169 Immobilienwertermittlungsverordnung v. 19.05.2010, BGBl. 2010 I, 639 ff.
170 BAnz AT 04.12.2015 B4.
171 § 182 BewG.
172 Gegen Wahlrecht und für Vorrangigkeit der Unterhaltsberücksichtigung Gerhardt/Schulz, FamRZ 2005, 145, 146.
173 Eingehend Kogel, FamRZ 2004, 1614, 1615 f.
174 Darauf weist Viefhues, FuR 2013, 610, 613 hin.
175 Hierauf weist Viefhues, ZFE 2007, 84, 86 hin.

winnausgleich berücksichtigt wurde.[176] Denn im Wert der Wohnung bzw. des Hauses drückt sich gerade der Nutzungsvorteil aus.

Hier stellt sich die Sachlage ähnlich dar wie beim Ertrag vermieteter Immobilien.

63 Klar dürfte sein, dass bei einer unterhaltsrechtlichen Berücksichtigung des Wohnwertes[177] Ansprüche aus Gesamtschuldnerausgleich oder auf Nutzungsentgelt nicht mehr in Betracht kommen.[178]

64 Sofern im Wohnvorteil auch die Tilgung zu berücksichtigen ist, sollte der Stichtag, ab dem die Tilgungen nicht mehr berücksichtigt werden, nicht erst mit der Scheidung angenommen werden, sondern schon mit der Rechtshängigkeit des Scheidungsantrages, denn ab diesem Zeitpunkt wird die Tilgung beim Zugewinn nicht mehr berücksichtigt, sodass sie dem anderen Teil nicht mehr zugutekommt. Dies hat der BGH[179] nunmehr so entschieden. Nach dem BGH gilt Gleiches auch ab dem Abschluss einer umfassenden Regelung in einer Scheidungsvereinbarung. Die Rechtsprechung zur Tilgung beim Wohnvorteil unterliegt aber möglicherweise einer grundlegenden Änderung, die im Bereich des Elternunterhaltes vom BGH[180] schon ausgesprochen wurde und zum bleibenden Abzug der Tilgung vom Wohnvorteil und darüber hinausführt, und von der Literatur[181] auch auf den Ehegattenunterhalt übertragen wird.

65 Insgesamt hat sich das Verbot der Doppelverwertung als ein das Scheidungsfolgenrecht prägendes Prinzip erwiesen,[182] das die Abgrenzung zwischen Zugewinn, Unterhalt und Versorgungsausgleich prägt.

2. Berechnung des Anfangsvermögens

66 Anfangsvermögen ist nach § 1374 Abs. 1 BGB dasjenige Vermögen, das einem Ehegatten nach Abzug der Verbindlichkeiten beim Eintritt des Güterstandes gehört.

a) Stichtag

67 Stichtag für die Berechnung des Anfangsvermögens ist der **Eintritt des Güterstandes der Zugewinngemeinschaft**, § 1374 Abs. 1 BGB. Das ist das Datum der Eheschließung oder auch der Abschluss eines Ehevertrages, mit dem Zugewinngemeinschaft vereinbart wird. Für **Altehen** ist maßgeblicher Stichtag der 01.07.1958, zu dem die Zugewinngemeinschaft eingeführt wurde, für Ehegatten in den neuen Bundesländern der 03.10.1990, zu dem der Güterstand der Eigentums- und Vermögensgemeinschaft der DDR in den gesetzlichen Güterstand des BGB übergeleitet wurde.[183] Der Stichtag kann durch Ehevertrag von den Ehegatten einvernehmlich anders festgelegt werden.[184]

68 Trotz der Stichtagsbezogenheit gehört ein **Bereicherungsanspruch** zum Anfangsvermögen, der erst während der Ehe entsteht, aber an die Stelle eines vertraglichen Anspruchs tritt, der bei Eheschließung bestand.[185] Eine Forderung, die während der Ehe verjährt, bleibt gleichwohl mit vollem Nennwert im Anfangsvermögen.[186] Forderungen, deren Einbringbarkeit unsicher ist, müssen mit einem

---

176 So Graba, FamRZ 2006, 821, 828; vgl. OLG Brandenburg, OLGR 2008, 239, wo dies für künftige Tilgungsleistungen verneint wird.
177 Nicht ausreichend ist eine Berücksichtigung beim Kindesunterhalt. Dies schließt ein Nutzungsentgelt unter Ehegatten noch nicht aus, OLG Karlsruhe, NJW-RR 2005, 1240; ebenso wenig den Gesamtschuldnerausgleich, BGH, NJW 2008, 849.
178 BGH, FamRZ 1994, 1100 1102.
179 BGH, NJW 2008, 1946.
180 BGH, FamRZ 2017, 519.
181 Vgl. etwa Borth, FamRZ 2017, 682.
182 Hierzu Götsche, FuR 2014, 202 ff.
183 Hierzu Rdn. 485 ff.
184 MünchKomm-BGB/Koch, § 1374 Rn. 5; Gestaltungsvorschläge in Kap. 2 Rdn. 668 ff.
185 BGH, FamRZ 2002, 88 gegen OLG München, FamRZ 2000, 613 (LS).
186 OLG Hamm, FamRZ 1992, 679.

Abschlag bewertet werden.¹⁸⁷ Umstritten ist, ob Verbindlichkeiten, die aufgrund eines **Restschuldbefreiungsverfahrens** in engem zeitlichen Zusammenhang mit der Eheschließung entfallen, abweichend vom Nominalwert berücksichtigt werden können.¹⁸⁸ *Kogel* will hier eine latente Chance berücksichtigen, die Verbindlichkeiten durch Restschuldbefreiung auf 0 zu drücken und dementsprechend bewerten.¹⁸⁹ Das OLG Stuttgart zeigt sich dem nicht abgeneigt.¹⁹⁰

Das Stichtagsprinzip gerät in Gefahr, wenn der BGH etwa bei der **Schwiegerelternzuwendung** den um den Rückforderungsanspruch der Schwiegereltern geminderten Wert der Zuwendung in das Anfangsvermögen einstellt, obwohl dieser erst zum Zeitpunkt der Endvermögensberechnung bestimmt werden kann.¹⁹¹ Gleiches gilt für die von der Rechtsprechung der OLGe entwickelte **Theorie der sog. »retrospektiven Betrachtung«**.¹⁹² 69

Soweit vertreten wird, auch Zuwendungen während der Verlobungszeit im Hinblick auf die (spätere) Ehe bereits im Zugewinn zu erfassen,¹⁹³ ist dem eine Absage zu erteilen. Das Stichtagsprinzip würde hierdurch vollends aufgelöst. Stattdessen müssen die Ehegatten eine Regelung solcher Zuwendungen veranlassen.¹⁹⁴

b) Negatives Anfangsvermögen, § 1374 Abs. 3 BGB

Während nach früherem Recht das Anfangsvermögen nicht negativ sein konnte (§ 1374 Abs. 1 Halbs. 2 BGB a.F.), sagt § 1374 Abs. 3 BGB nun, dass bei der Berechnung des Anfangsvermögens Verbindlichkeiten auch über die Höhe des Vermögens hinaus abgezogen werden können. Das Anfangsvermögen kann mit anderen Worten nunmehr auch negativ sein. 70

Die frühere Regelung des Gesetzes, welche den verschuldeten Partner davor bewahren sollte, für den Ausgleich des Zugewinns erneut Verbindlichkeiten eingehen zu müssen, wurde als ungerecht empfunden, da die Schuldentilgung durch den verschuldeten Ehepartner nicht zu einem Zugewinnausgleichsanspruch des anderen Ehegatten führte. Daher wurde in der Praxis häufig ehevertraglich ein negatives Anfangsvermögen vereinbart. Mit der Neuregelung, die einer Forderung der Praxis entspricht,¹⁹⁵ ist nunmehr die **Schuldentilgung als Zugewinn** anzusehen.¹⁹⁶ Neben der Schuldentilgung soll nach der Gesetzesbegründung auch der **Schuldenabbau im Wege der Privatinsolvenz** als Zugewinn anzusehen sein.¹⁹⁷ Dem hat sich das OLG Naumburg angeschlossen.¹⁹⁸ Dem wird jedoch entgegengehalten, dass Verbindlichkeiten, deren Wegfall im Rahmen einer Privatinsolvenz bevorsteht, erst gar nicht als negatives Anfangsvermögen erfasst werden dürfen.¹⁹⁹ 71

Aus dem Umstand, dass die Regelung des negativen Anfangsvermögens nicht in Abs. 1 erfolgte, sondern in einem **eigenständigen Abs. 3** muss man schließen, dass auch privilegierte Erwerbe nach § 1374 Abs. 2 BGB negativ sein können.²⁰⁰ Möglicherweise führt dies zu Gestaltungsversuchen, den Zugewinn im Vorfeld einer Scheidung durch negative Elternzuwendungen zu beeinflussen.²⁰¹ 72

---

187 OLG Köln, FamFR 2009, 119.
188 OLG Stuttgart, NJW 2014, 2885.
189 Kogel, Strategien, Rn. 175 f. mit Berechnungsbeispielen. Vgl. Rdn. 71.
190 OLG Stuttgart, NJW 2014, 2885.
191 Vgl. hierzu Kap. 4 Rdn. 46.
192 OLG Bamberg, FamRZ 2013, 1129; OLG Karlsruhe, FamRZ 2018, 1737; hierzu kritisch Kogel, FamRZ 2018, 1722.
193 So Jüdt, FuR 2017, 118 ff.
194 Vgl. hierzu Kap. 3 Rdn. 24 ff.
195 15. DFGT, C.III., FamRZ 2003, 1906, 1908.
196 Beispiele zu den Auswirkungen gibt Kogel, FamRB 2009, 280, 281 f.
197 BR-Drucks. 635/080, S. 32/33.
198 OLG Naumburg, FamRZ 2015, 748; ebenso BRHP/Cziupka, § 1374 Rn. 15.
199 Kogel, FamRZ 2013, 1352 f.
200 BT-Drucks. 16/10798, S. 14; Büte, FPR 2012, 73 f.; a.A. Braeuer, Zugewinnausgleich, Rn. 352 ff.
201 Vgl. Rdn. 105.

73 Aus der Klammer, die Abs. 3 nun um die beiden ersten Absätze des § 1374 BGB bildet, muss man ferner schließen, dass künftig einer nach altem Recht abgelehnten **Saldierung**[202] des Anfangsvermögens nach § 1374 Abs. 1 und Abs. 2 BGB nichts mehr im Wege steht.[203]

74 Die **Vermutung des § 1377 Abs. 3 BGB** wird nicht geändert,[204] obwohl sie gedanklich von einem Anfangsvermögen von null ausgeht. Daher ist es bei negativem Anfangsvermögen zwar nicht mehr erforderlich, ehevertraglich auch die Verringerung dieses Negativsaldos als Zugewinn zu definieren, es sollte jedoch gerade angesichts der komplizierten Beweislastfragen ein Vermögensverzeichnis erstellt werden, um später die Vermutung erschüttern zu können. Über die Darlegungs- und Beweislast nach neuem Recht wird zurzeit noch gestritten.[205] Es dürfte jedoch sachgemäß sein, angesichts der Vermutung des § 1377 Abs. 3 BGB demjenigen Ehegatten, der ein negatives Anfangsvermögen des anderen Ehegatten behauptet, dafür die Beweislast aufzubürden.[206] Bei einer Mischung von Aktiv- und Passivposten wäre dann der eine Ehegatte für sein eigenes Aktivvermögen und der andere Ehegatte, der negatives Anfangsvermögen behauptet, für die Verbindlichkeiten seines Partners beweisbelastet.[207]

Die Schlussfolgerung, dass das Endvermögen gleich dem Zugewinn sei, stimmt jedenfalls nicht mehr, da es zwar negatives Endvermögen gibt, aber **keinen negativen Zugewinn**.[208] Dies hat auch der BGH inzwischen ausgesprochen.[209]

▶ **Gestaltungsempfehlung:**

75 Sofern bei Heirat Verbindlichkeiten bestehen, wäre es klug, ein Vermögensverzeichnis zu erstellen, sonst kann die Vermutung des § 1377 Abs. 3 BGB nach Jahren nicht widerlegt werden. Ein solches Verzeichnis verhindert auch, dass später Streit um die Beweislastverteilung hinsichtlich des negativen Anfangsvermögens entsteht. Für die Schaffung negativen Anfangsvermögens bedarf es keiner ehevertraglichen Festlegung mehr. Wohl aber zur Vermeidung negativen Anfangsvermögens, wenn man etwa damit rechnet, dass diese bei Restschuldbefreiung entfällt.

c) Privilegierter Erwerb, § 1374 Abs. 2 BGB

aa) Übertragungstatbestände des privilegierten Erwerbs, § 1374 Abs. 2 BGB

76 Der Zugewinnausgleich soll dazu dienen, den anderen Ehegatten an der gemeinsamen Lebensleistung zu beteiligen. Das Gesetz sieht daher den Erwerb von Vermögensgegenständen, der nur auf eine besondere Nähebeziehung zum Veräußerer gegründet ist, als **privilegiert** an und nimmt solche Vermögensgegenstände vom Zugewinn aus. Das BGB ordnet folglich in § 1374 Abs. 2 BGB an, dass Erwerbe
– von Todes wegen,[210]
– mit Rücksicht auf ein künftiges Erbrecht,
– durch Schenkung oder
– als Ausstattung

---

202 BGH, DNotZ 1996, 458 ff. = MittBayNot 1995, 301.
203 Stellungnahme des Deutschen Notarvereins, notar 2008, 15, 16; Krause, ZEV 2009, 55, 56.
204 Krit. hierzu Stellungnahme des Deutschen Notarvereins, notar 2008, 15, 17.
205 Nachweise bei Krause, ZFE 2009, 55, 56; Hoppenz, FamRZ 2008, 1889, 1891.
206 So auch OLG Hamburg, NZFam 2015, 219.
207 Hoppenz, FamRZ 2008, 1889, 1891; Brudermüller, NJW 2010, 401, 404; Kogel, Strategien, Rn. 186.
208 BT-Drucks. 16/19798, S. 14; Finger, FamFR 2011, 145, 147.
209 BGH, NJW-RR 2011, 73 Rn. 34 = FamRZ 2011, 25; Blusz, ZEV 2016, 626, 628 hält es für möglich, einen negativen Zugewinn vertraglich zu vereinbaren.
210 Pflichtteilserwerbe zählen hierzu, soweit aufgrund des Pflichtteiles tatsächlich Vermögen erworben wurde, FG München, ZEV 2019, 102.

dem Anfangsvermögen des erwerbenden Ehegatten hinzuzurechnen sind.[211] Ist streitig, ob ein nach § 1374 Abs. 2 BGB privilegiertes Anfangsvermögen einem Ehegatten allein oder beiden zuzurechnen ist, so ist derjenige darlegungs- und beweispflichtig, der die Hinzurechnung für sich alleine erstrebt.[212] Zuwendungen von Eltern an das eigene verheiratete Kind werden i.d.R. für dieses Kind eine privilegierte Zuwendung i.S.d. § 1374 Abs. 2 BGB sein. Die Ansicht des OLG Nürnberg,[213] dass auch im Verhältnis zum eigenen Kind eine nicht privilegierte ehebezogene Zuwendung vorliege, überzeugt nicht[214] und ist nunmehr jedenfalls durch die geänderte Rechtsprechung des BGH[215] zur Schwiegerelternzuwendung[216] überholt.

Die Hinzurechnung gilt entgegen einer anderslautenden Literaturmeinung auch dann, wenn die privilegierte Zuwendung für ein Surrogat verwendet wird, das auch dem anderen Ehegatten zugutekommt.[217]

Das OLG Celle hat hohe Anforderungen an die Substanziierung des Vortrages zum Erhalt von Anfangsvermögen gestellt. Neben den konkreten Summen und dem Erwerbszeitpunkt sollen auch die Modalitäten der Zuwendung und die Verwendung des zugewendeten Gutes darzulegen sein.[218]

bb) Zeitpunkt der Wertfeststellung

Für **privilegierte Grundstückserwerbe** gilt: Entscheidend ist der **Wert zum Zeitpunkt der Grundbucheintragung**.[219] Im Gefolge eines Urteils des OLG München[220] hat der BGH[221] entschieden, dass Investitionen des Erwerbers, welche vor einer Übertragung eines Anwesens, aber im Hinblick auf die anstehende Übertragung getätigt wurden, nicht dem Anfangsvermögen des »investierenden« Ehegatten zuzurechnen sind. Diese Investitionen wären nämlich auch bei einem Umbau nach Übertragung nicht absetzbar gewesen. Das OLG Schleswig hat geurteilt, dass Investitionen, die der andere Ehegatte zuvor in ein später ererbtes Hausanwesen des anderen getätigt hat, vom Hauswert abgezogen werden müssen, also nicht zum Anfangsvermögen gezählt werden. Dies soll allerdings nur für Geldmittel gelten, nicht für Arbeitsleistung.[222] Das OLG Brandenburg war der Auffassung, dass eine vertragliche Formulierung, wonach die Eltern als Veräußerer anerkennen, dass die Tochter als Erwerber eigene Investitionen in den Vertragsgrundbesitz getätigt hat, nicht zu einer Entgeltlichkeit führt, weil die Tochter keine Ansprüche gegen die Eltern hatte, die mit dieser Formulierung hätten erlassen werden können.[223]

cc) Vorbehaltsrechte

Besonderheiten bestehen hinsichtlich solcher **Rechte, die bei einer Übergabe** des Grundvermögens oder der Land- und Forstwirtschaft für den Übergeber **vorbehalten wurden**. Solche Übergabeverträge sind dadurch geprägt, dass typischerweise an den Veräußerer Gegenleistungen erbracht werden bzw. dieser sich Nutzungen vorbehält, so in der Gestalt des Nießbrauchs oder eines Wohnrechtes, der Zahlung von dauernden Lasten oder dem Versprechen von Wart- und Pflegeleistungen, aber

---

211 DNotI-Gutachten DNotI-Report 2019, 161 über Zuwendungen zur Objektverbesserung und Instandhaltung.
212 BGH, FamRZ 2005, 1660 f. m. Anm. Koch, FF 2005, 320 f.
213 OLG Nürnberg, MittBayNot 2006, 336 = FuR 2006, 429.
214 Anm. C. Münch, MittBayNot 2006, 338.
215 BGH, FamRZ 2010, 958 f.; BGH, FamRZ 2010, 1626; BGH, FamRZ 2012, 273.
216 Hierzu Kap. 4 Rdn. 37 f.
217 Gegen Kurbjuhn, MDR 2005, 963.
218 OLG Celle, FamRZ 2011, 1671; dagegen Büte, FamRZ 2012, 371 f.
219 OLG Bamberg, FamRZ 1990, 408.
220 Vgl. OLG München, FamRZ 2003, 312 m. zutreffender Anm. Schröder.
221 BGH, FamRB 2006, 1.
222 OLG Schleswig, OLGR 2006, 308.
223 OLG Brandenburg, FamRZ 2009, 231.

auch der Übernahme bestehender Verbindlichkeiten oder der Hinauszahlung an Geschwister des Erwerbers.

80 In vielen Fällen wird zusätzlich dem Veräußerer für bestimmte Fälle ein **Rückübertragungsrecht** eingeräumt. Die Praxis sieht dies insb. vor für den Fall einer vertraglich untersagten Veräußerung oder Belastung, des Vorversterbens oder der Insolvenz des Erwerbers. Mit der Zunahme der Scheidungsrate wird aber mehr und mehr auch der Fall der Ehescheidung des Erwerbers als Rückübertragungsgrund vereinbart mit jeweils unterschiedlichen Formulierungen.[224] Auch diese Klauseln können Einfluss haben auf die Bewertung des Anfangsvermögens.

81 Im Güterstand der Zugewinngemeinschaft ist fraglich, wie diese Rechte zu behandeln sind, denn die vorbehaltenen Nutzungsrechte bzw. die versprochenen Gegenleistungen müssen zum einen beim Zeitpunkt der Übergabe und zum anderen im Zeitpunkt der Feststellung des Endvermögens bewertet werden. **Rechte, die auf Lebenszeit des Berechtigten** gewährt sind, nehmen jedoch mit zunehmendem Lebensalter **im Wert** ab bzw. **erlöschen mit dem Tode**, sodass die Belastung im Anfangsvermögen zunächst mehr wert und damit höher ist als später im Endvermögen. Dennoch ist fraglich, ob hierin ein Zugewinn zu erblicken ist, denn das Abnehmen der Belastung ist in der Übergabe an den Erwerber begründet (gleitende Vermögensübergabe) und ist daher gleichfalls als nach § 1374 Abs. 2 BGB begünstigt anzusehen.[225] Zum anderen wird die Abnahme der Belastung kompensiert durch ein Ansteigen des Grundstückswertes wegen eben dieser Abnahme der Belastung.

82 Der **BGH** hatte aus diesem Grunde in seiner **früheren Rechtsprechung einen vereinfachten Weg**[226] vertreten. Er hat den Nießbrauch,[227] aber auch sonstige Leibgedingsleistungen[228] sowohl beim Anfangsvermögen als auch beim Endvermögen unberücksichtigt gelassen, da dies zum gleichen Ergebnis führe. Abzuziehen vom übernommenen Vermögen waren danach nur Verpflichtungen zur Leistung von Ausgleichsbeträgen an Geschwister, bei späterer Fälligkeit ggf. abgezinst.[229]

83 Diese Rechtsprechung war vielfach kritisiert worden[230] und so hatte der BGH seine Rechtsprechung in zwei grundlegenden Urteilen abgeändert. Zunächst hat der BGH entschieden,[231] dass eine **Leibrente**, die im Rahmen einer vorweggenommenen Erbfolge zugesagt wurde, **beim Anfangs- und Endvermögen mit** ihrem jeweils **unterschiedlichen Wert** zu berücksichtigen ist. Die Verringerung der Lebenserwartung des Berechtigten führt somit zu ausgleichungspflichtigem Zugewinn. Dieses Urteil des BGH ist wohl auch auf Pflegeleistungen als Teil eines Leibgedings anzuwenden, die durch Arbeitsleistung erbracht werden, denn diese verhindern, dass der Verpflichtete auf andere Weise Zugewinn erwirtschaftet.[232]

84 In einer zweiten Entscheidung[233] hatte der **BGH** diese Rechtsprechung auch auf **Nutzungsvorbehalte** in Gestalt eines Wohnrechtes – Gleiches wird dann auch für den Nießbrauch gelten müssen – ausgedehnt. Der BGH lässt es nunmehr auch nicht genügen, eine unterschiedliche Bewertung und Berechnung zu den Stichtagen des Anfangs- und Endvermögens durchzuführen, sondern er fordert unter Berufung auf *Jaeger*[234] eine **Bewertung des gleitenden Vermögenserwerbs in der Zeitschie-

---

224 Näher zu diesem Punkt Kap. 4 Rdn. 10.
225 Soergel/Czeguhn BGB, § 1374 Rn. 13.
226 So Kogel, FamRZ 2006, 451, 452.
227 BGH, FamRZ 1990, 603 ff.
228 BGH, FamRZ 1990, 1217 ff.; dem folgend OLG Schleswig, FamRZ 1991, 943 f.
229 BGH, FamRZ 1990, 1217, 1218; Kogel, FamRB 2007, 194, 195 will als Mindestsumme des privilegierten Erwerbs die Summe der Hinauszahlungen an die Geschwister annehmen.
230 OLG Bamberg, FamRZ 1995, 607 ff.; Jaeger in Henrich, Eherecht, § 1374 Rn. 24 f.
231 BGH, FamRZ 2005, 1974 ff. = DNotZ 2006, 127 ff.; hierzu Boden, FF 2007, 325; Hauß, FPR 2009, 286; Kuckenburg, FuR 2008, 316 f.
232 So Kogel, FamRB 2006, 1 ff.
233 BGH, DNotZ 2007, 849.
234 Johannsen/Henrich/Jaeger, § 1374 Rn. 27.

ne,²³⁵ die nicht linear verläuft. Nach *Jaeger* kommt hinzu, dass die Wertminderung des vorbehaltenen Nutzungsrechts auch nicht immer deckungsgleich mit der korrespondierenden Wertsteigerung des Grundstücks sein soll, weil diese Wertsteigerung aufgrund des vorbehaltenen Nutzungsrechts gar nicht komplett beim Grundstückseigentümer ankomme. Je länger das Nutzungsrecht noch besteht, desto weniger Wertsteigerung kann der Eigentümer schon für sich verbuchen. Nach dieser Ansicht geht somit das bisherige »Nullsummenspiel« (Minderung des Nießbrauchs = Wertsteigerung des Grundstücks) nicht mehr auf. Dieser komplexe gleitende Vermögenserwerb wird auch nach Ansicht des BGH²³⁶ künftig nur noch sachverständig bewertet werden können, sofern sich die Gerichte nicht eine eigene Interpolation zutrauen.²³⁷

Dieser Rechtsprechungswandel war durchaus kritisch zu sehen. Die damit entwickelte Lösung führt zu einer Hinzuziehung von Gutachtern im Zugewinnrechtsstreit und erreicht dennoch nur eine teuer bezahlte Scheingenauigkeit.²³⁸ Diese Kritik erwies sich in der Praxis nur allzu schnell als berechtigt. Teure Gutachten als Regelfall zogen die Zugewinnausgleichsstreitigkeiten in die Länge. Es wurden daher verschiedene Modelle und Formeln erörtert, wie der gleitende Vermögenserwerb auch ohne sachverständige Hilfe bewertet werden könne.²³⁹ *Gutdeutsch*²⁴⁰ konnte schließlich mit einem mathematischen Nachweis, dass bei korrekter Indexierung der vereinfachte Weg und derjenige der BGH-Rechtsprechung zum gleichen Ergebnis führen müssen, den BGH überzeugen.²⁴¹ Dieser kehrte mit einer Entscheidung aus dem Jahr 2015²⁴² wieder auf den Pfad der Tugend zurück und hielt es für richtig, den Nießbrauch künftig sowohl im Anfangs- wie auch im Endvermögen nicht zu erfassen.

Allerdings blieb die Sache nicht so einfach, denn der BGH sah eine weitere Komplikation. Im entschiedenen Fall – und dies dürfte inzwischen aufgrund der konjunkturellen Entwicklung für die meisten Fälle zumindest in größeren Städten gelten – war der Grundstückswert ganz erheblich gestiegen, was im Zugewinnausgleich zu erfassen war. Diese reale marktbedingte Wertsteigerung wirkte sich auch auf den Nießbrauch aus, denn dessen Wert stieg damit jedenfalls bei Ertragswertbemessung ebenfalls erheblich. Der Nießbrauch unterlag somit zwei gegenläufigen Tendenzen: einer fallenden aufgrund der sinkenden Lebenserwartung und einer steigenden aufgrund der marktbedingten Ertragswertsteigerung. Der Grundstückswert hingegen unterlag zwei steigenden Tendenzen, der Marktwertsteigerung und der Abnahme des Wertes der Nießbrauchsbelastung bei fortschreitender Lebensdauer des Berechtigten. Hier kann nach Ansicht des BGH der Nießbrauch nicht ausgeblendet werden, sonst wäre die Steigerung des Grundstückswertes im Zugewinn zu hoch erfasst. Für die Praxis steht zu befürchten, dass dies künftig den Regelfall darstellt.²⁴³

Für die Vertragsgestaltung kann der Rat daher nach wie vor nur lauten, dieses zu vermeiden und stattdessen noch mehr als bisher das Anfangsvermögen nach § 1374 Abs. 2 BGB mit seinen Wertentwicklungen vom Zugewinnausgleich ehevertraglich auszunehmen. Diese gesetzliche Regelung

---

235 Dies ist ein eher theoretisches Konstrukt, welches auch Jaeger nicht näher erläutert. Es wären wohl viele einzelne Bewertungen im jeweiligen Hinzurechnungszeitpunkt vorzunehmen, die am Ende dann zu interpolieren wären, so OLG Bamberg, FamRZ 1995, 607.
236 Zur Kritik an dieser Rspr. C. Münch, DNotZ 2007, 795; künftig wird man bei den Übergaben eine ehevertragliche Vorsorge treffen müssen und diese Wertentwicklung aus dem Zugewinn herausnehmen.
237 So z.B. OLG Bamberg, FamRZ 1995, 607 ff.; vgl. zu einer pauschalen Berechnungsweise Kogel, Strategien, Rn. 1069; zur Indexierung in diesem Zusammenhang Südt, FuR 2014, 459 f.
238 Näher C. Münch, DNotZ 2007, 795 ff.
239 Kogel, Strategien, 4. Aufl., Rn. 929 ff.; Südt, FuR 2014, 391 ff., 459 ff.; Schulz, FamRZ 2015, 460 ff.; Hauß, FamRZ 2015, 1086 f.; Hoppenz, FamRZ 2015, 1089 f.
240 Gutdeutsch, FamRZ 2015, 1083 f.
241 Die gesamte Diskussion wird in kontroverser Weise fortgesetzt, vgl. etwa Kogel, FamRZ 2016, 1129 und 1916; Gutdeutsch, FamRZ 2016, 1914; Kogel, FF 2017, 3, 14 mit Forderung nach einer Gesetzesänderung; Hauß, FamRB 2016, 66; Schulz, FF 2018, 99; Kogel, FamRB 2020, 114.
242 BGH, FamRZ 2015, 1268 m. Anm. C. Münch; dem folgend etwa OLG Köln, ZEV 2018, 355.
243 So auch Kogel, FamRZ 2016, 1916.

ist insoweit auch nach der Reform des Zugewinnausgleichsrechts noch unzureichend und die anhaltende Tendenz zur Einbeziehung durch die Gerichte erfordert eine vertragliche Anpassung.[244] Da bei der Übergabe der Übergeber diese ehevertragliche Gestaltung nicht in der Hand hat, wird er sich vermehrt ein Rückübertragungsrecht im Scheidungsfall vorbehalten.

Ein Vorbehaltsrecht kann möglicherweise dann keinen eigenen Wert darstellen, wenn es lediglich eine Sicherungsfunktion hat, z.B. ein Sicherungswohnrecht in Verbindung mit einem Mietvertrag.[245]

▶ **Gestaltungsempfehlung:**

86 Bei jeder Vermögensübertragung gegen Vorbehaltsrechte muss künftig überlegt werden, das Objekt und die Wertänderung der Vorbehaltsrechte aus dem Zugewinn herauszunehmen. War dies nicht geschehen, so kann sich ein Zugewinn aus den im Wert geminderten Vorbehaltsrechten ergeben.

87 Der **Rechtsprechungswandel** wurde wesentlich dadurch ausgelöst, dass es **bisher kein negatives Anfangs- und Endvermögen** gab, sodass in den Fällen, wo es eigentlich zu solchen negativen Werten gekommen wäre, die bisherige vereinfachte Handhabung des BGH und der »umständliche Weg« zu unterschiedlichen Ergebnissen geführt hätten.[246] **Mit der Reform des Zugewinnausgleichsrechts, die nunmehr negatives Anfangs- und Endvermögen zulässt, ist daher der Grund für den Rechtsprechungswandel eigentlich wieder entfallen** und es sollte überlegt werden, ob man nicht zum simpleren und sachgerechteren Ursprung des einfachen Weges zurückkehren kann.

dd) Rückübertragungsrechte bei der Wertermittlung

88 Zu den häufig bei Vermögensübergaben vereinbarten Rückforderungsrechten[247] hat sich der BGH in den soeben besprochenen Urteilen nicht geäußert. Das OLG München[248] hatte einen Fall mit einer auflösend bedingten Rückfallvereinbarung zu entscheiden. Das Gericht hält angesichts dieser Vereinbarung das Eigentum am übertragenen Grundstück für eine bedingte und unsichere Rechtsposition, sodass das Grundstück beim Anfangs- und Endvermögen jeweils nur mit einer Quote von einem Drittel seines Verkehrswertes anzusetzen sei.[249]

89 Der **BGH** hatte hingegen bereits früher den Fall eines **Wiederkaufsrechtes** der öffentlichen Hand für dreißig Jahre zu entscheiden. Auch wenn dieses Recht den Nutzwert der Immobilie nicht einschränkte, so sah der BGH doch eine Wertminderung des Grundbesitzes, denn die wirtschaftliche Verwertbarkeit als Handelsobjekt sei erheblich eingeschränkt.[250] Diese Einschränkung kann zu einer Korrektur des Wertes nach unten führen. Ist der Wert i.R.d. Zugewinnausgleichs zu ermitteln und kann der Zugewinn nur aufgebracht werden, wenn das übertragene Vermögensgut veräußert wird, weil der Ausgleichspflichtige ansonsten nicht liquide ist, so wird damit der Rückkaufsfall sicher ausgelöst. Dann ist der Wert des Gegenstandes nur noch mit dem beim Wiederkauf zu erzielenden Erlös als Liquidationswert anzusetzen.

90 Für die **konkrete** Betrachtung bei der Zugewinnausgleichsberechnung wird somit die **vertragliche Ausgestaltung** des Rückübertragungsanspruches und auch die Vermögenssituation des Ausgleichsverpflichteten berücksichtigt werden müssen. Danach ist die Höhe des Wertabschlages zu bestim-

---

244 Für eine gerichtliche Schätzung und gegen eine vertragliche Lösung: Jost, JR 2008, 329, 330; insoweit skeptisch, weil ein Gutachterstreit vorprogrammiert sei: Kogel, FamRB 2007, 195, ebenso Schröder, FamRZ 2007, 982, 983: »verkompliziert vielmehr die Zugewinnausgleichsmathematik«.
245 Langheim, FF 2011, 481, 482.
246 OLG Bamberg, FamRZ 1995, 607 ff.
247 Grziwotz, FamRB 2009, 387 zu den Rückforderungsrechten und der Neuregelung des Zugewinnausgleichs.
248 OLG München, MittBayNot 2001, 85.
249 Missverständlich daher Tremel, ZEV 2007, 365, 369, dass Verkaufsverbote unbeachtlich seien.
250 BGH, FamRZ 1993, 1183 f.

A. Zugewinngemeinschaft

men, die Herabsetzung auf ein Drittel des Wertes erscheint allerdings relativ hoch. Eine weitere Reduzierung wird stattfinden müssen, wenn wegen des Zugewinnausgleichs ein Verkauf des übertragenen Grundstücks erfolgen müsste und dieser den Rückübertragungsanspruch auslösen würde.

Gesonderte Erwägungen sind in dem Fall anzustellen, dass der **Rückübertragungsanspruch** des Veräußerers durch die **Scheidung** des Erwerbers ausgelöst wird. Die Vereinbarung einer solchen Klausel kommt in der Praxis immer häufiger vor. Eine Pflicht des Notars, die Klausel anzuraten, besteht aber nicht.[251] Zuweilen setzen die vertraglichen Regelungen sogar noch früher an und sehen eine Rückübertragung schon für den Fall vor, dass der Erwerber heiratet, ohne das übertragene Vermögen vom Zugewinn auszunehmen. 91

Hierzu vertreten *Schulz/Hauß*, dass dann der **Wert des übertragenen Grundbesitzes mit null sowohl im Anfangs- wie auch im Endvermögen anzusetzen** sei, denn durch die Scheidung entstehe der Rückgewähranspruch immer. Die Frage, ob die Eltern den Anspruch später auch geltend machen, soll dabei wegen des Stichtagsprinzips keine Rolle spielen.[252] 92

Hier wird zur genauen Einschätzung die **Formulierung der Rückgewährverpflichtung** geprüft werden müssen. Sind diese Klauseln so formuliert, dass nicht automatisch ein Rückübertragungsrecht entsteht, sondern nur durch eine Gestaltungserklärung der Eltern, dann könnte man den Rückgewähranspruch durchaus noch als unsicher ansehen. Ferner muss beachtet werden, welche Ersatzansprüche im Fall einer Rückgabe an die Eltern bestehen. Ersatzansprüche werden zumeist im Hinblick auf wertsteigernde Investitionen vereinbart sein. Hinsichtlich einer reinen Wertsteigerung wird aber i.d.R. keine Ersatzpflicht bestehen. Die Ersatzansprüche sind dann jedenfalls im Zugewinn zu berücksichtigen. Eine Lösung, die zu einer hohen Bewertung des Rückübertragungsanspruchs im Endvermögen und einer niedrigen im Anfangsvermögen führt und so den Zugewinn erheblich mindert, würde jedoch eine Verzerrung darstellen.[253] 93

ee) Der Tatbestand des § 1374 Abs. 2 BGB

§ 1374 Abs. 2 BGB ist **nicht analogiefähig**.[254] So lehnt etwa der BGH die Einstufung des Schmerzensgeldes als privilegiertes Vermögen ab.[255] Ebenso ist der BGH der Auffassung, dass ein zwischen Trennung und Zustellung des Scheidungsantrages angefallener Lottogewinn nicht nach § 1374 Abs. 2 BGB zu behandeln ist.[256] Daher ist **Vorsicht** geboten, wenn aus steuerlichen Gründen ein Entgelt vereinbart und die Übertragung als **vollentgeltlich** dargestellt wird, denn bei Vollentgeltlichkeit greift § 1374 Abs. 2 BGB nicht ein,[257] wohl aber dann, wenn zwar das Rechtskleid des Kaufes gewählt war, aber der Verkauf zu einem Vorzugspreis erfolgte mit Rücksicht auf ein künftiges Erbrecht.[258] Der BGH hat zwar eine privilegierte Zuwendung anerkannt, obwohl aus steuerlichen Gründen die Rechtsform des Kaufes gewählt worden war, aber in einem Fall, in dem nie Kaufpreisraten flossen.[259] In einem anderen Urteil legte er jedoch ganz klar dar, dass dann, wenn der 94

---

251 OLG Bamberg, NotBZ 2004, 238.
252 Schulz/Hauß, Vermögensauseinandersetzung, Rn. 257.; vgl. auch Schulz, FamRZ 2018, 82 ff.; abweichend Kogel, Strategien, Rn. 888 für die Bewertung im Anfangsvermögen.
253 Vgl. Gutachten DNotI vom 12.12.2019, 175035.
254 BGH, FamRZ 1988, 593, 594; vgl. aber auch BGH, MittBayNot 1995, 474 f., wo dennoch die Anwendung des § 1374 Abs. 2 BGB auf eine Lebensversicherung bejaht wird, wenn der Ehegatte Bezugsberechtigter aus der Versicherung eines ihm nahestehenden verstorbenen Dritten ist; hierzu Anm. Gernhuber, JZ 1996, 205 f.
255 BGH, NJW 1981, 1836 = FamRZ 1981, 755; hierzu Herr, NJW 2008, 262.
256 BGH, FamRZ 2014, 24 m. Anm. Dauner-Lieb, die bezweifelt, dass der BGH noch mit der vorherrschenden Literaturansicht übereinstimmt; zur Lottoentscheidung Herr, NZFam 2014, 1 ff.
257 Palandt/Brudermüller, § 1376 Rn. 15.
258 DNotI-Report 1999, 193 ff. (Gutachten); Schulz/Hauß, Rn. 30.
259 BGH, FamRZ 1978, 334; Büte, Rn. 24.

Vertrag aus steuerlichen Gründen als Kauf wirksam sein müsse, keine privilegierte Zuwendung nach § 1374 Abs. 2 BGB mehr vorliege.[260]

95 In einem solchen Fall sollte zur Sicherheit nach Rücksprache mit dem steuerlichen Berater ehevertraglich klargestellt werden, inwieweit trotz eines Kaufvertrages ein privilegierter Erwerb vorliegt.

▶ **Gestaltungsempfehlung:**

96 Bei steuerlich entgeltlicher Übertragung ohne vollwertige Gegenleistung sollte ggf. ehevertraglich die Einstufung als Anfangsvermögen klargestellt werden.

▶ **Formulierungsvorschlag: Definition Anfangsvermögen bei Kauf von Eltern**

97 Der Ehemann hat von seinen Eltern das Hausanwesen in ....., ... str. ....., vorgetragen im Grundbuch des Amtsgerichts ..... für ..... Blatt ..... gekauft.

Wir vereinbaren hiermit ehevertraglich, dass dieses Anwesen mit einem Betrag von 250.000,00 € zum Anfangsvermögen des Ehemannes gehört.

In diesem Betrag enthalten ist der vom Ehemann aus seinem Anfangsvermögen aufgebrachte Kaufpreisteil in Höhe von 150.000,00 €, der somit dem Anfangsvermögen nicht nochmals hinzugerechnet wird.

In Höhe von 50.000,00 € wurden Verbindlichkeiten aufgenommen. Die Tilgung dieser Verbindlichkeiten unterfällt dem Zugewinn.[261]

98 Schenkungen i.S.d. § 1374 Abs. 2 BGB sind nur Schenkungen von Dritter Seite, nicht aber Schenkungen unter Ehegatten selbst, sodass diese nicht in das Anfangsvermögen fallen,[262] sondern Zugewinn darstellen.

99 § 1374 Abs. 2 BGB greift nicht ein bei **unbenannten Zuwendungen**[263] **unter Ehegatten. Bei Zuwendungen von Schwiegereltern** um der Ehe willen zu deren dauerhafter wirtschaftlicher Sicherung war der BGH auch zunächst der Meinung, dass es sich um ein der unbenannten Zuwendung unter Ehegatten vergleichbares Rechtsinstitut eigener Art handelt.[264] Demnach fiel sie ebenfalls nicht unter § 1374 Abs. 2 BGB, war allerdings nur schwer rückabzuwickeln. Nach einer Rechtsprechungsänderung geht der BGH jetzt[265] davon aus, dass es sich bei Zuwendungen von Schwiegereltern regelmäßig um Schenkungen handelt, die mit Rücksicht auf die Ehe geleistet wurden. Sie sind damit wegen eines Wegfalls der Geschäftsgrundlage künftig leichter rückforderbar. Die Rückforderung findet zudem ausschließlich zwischen Schwiegereltern und Schwiegerkind statt. Im Zugewinn der Ehegatten neutralisiert der BGH die Zuwendung, indem er einen um den Rückforderungswert geminderten Schenkungswert in das Anfangsvermögen einstellt. Dieses Vorgehen wird sehr kritisch gesehen, wird dadurch doch das Anfangsvermögen nachträglich verändert, wenn die Höhe des Rückforderungswertes feststeht.[266]

100 Häufig wird im Rahmen einer Schenkung oder Zuwendung aber von den Beteiligten eine andere Regelung gewünscht. Daher ist dies i.R.d. Zuwendung zu berücksichtigen. Bei Grundstückszuwen-

---

260 BGH, FamRZ 1986, 565, 566; bei Teilentgeltlichkeit teilprivilegierter Erwerb: OLG Bamberg, FamRZ 1990, 408 f.
261 Laut Sachverhalt soll das Anwesen einen Wert von 300.000,00 € haben. Der Ehemann zahlt 200.000,00 €, davon erbringt er 150.000,00 € aus seinem Anfangsvermögen.
262 BGH, NJW 1982, 1093.
263 BGHZ 101, 65 ff.
264 BGH, FamRZ 1995, 1060 = DNotZ 1995, 937.
265 BGH, FamRZ 2010, 958 m. Anm. Wever, FamRZ 2010, 1047; BGH, FamRZ 2010, 1626; BGH, FamRZ 2012, 273; detailliert Kap. 4 Rdn. 33 ff.
266 Kogel, Strategien, Rn. 1299.

A. Zugewinngemeinschaft

dungen geschieht das regelmäßig in der notariellen Urkunde, bei Zuwendung von Geldvermögen werden entsprechende Anordnungen hingegen häufig übersehen.

▶ Gestaltungsempfehlung:

Bei Schenkungen oder unbenannten Zuwendungen zwischen Ehegatten oder von Schwiegereltern sollte angegeben werden, wie die Berücksichtigung i.R.d. Zugewinns stattfinden soll.[267]   101

Nicht in das Anfangsvermögen fallen Zuwendungen Dritter, die als **Einkünfte** zu betrachten sind, § 1374 Abs. 2 letzter Halbs. BGB. Dies gilt insb. für Zuwendungen, die dem laufenden Lebensbedarf dienen sollen. Das ist nach Anlass der Schenkung, Willen des Schenkers und den wirtschaftlichen Verhältnissen zu beurteilen.[268] Werden sie angespart, so bleiben sie gleichwohl Einkünfte, ohne dem Zugewinnausgleich zu unterliegen.[269]   102

Die **Ausstattung** ist in § 1374 Abs. 2 BGB ausdrücklich als **privilegierter Erwerb** aufgeführt. Als Ausstattung gilt, was einem Kind mit Rücksicht auf seine Verheiratung oder auf die Erlangung einer selbstständigen Lebensstellung zur Begründung oder zur Erhaltung der Wirtschaft oder der Lebensstellung von Vater oder Mutter zugewendet wird, § 1624 BGB. Für eine Ausstattung gelten nach der ausdrücklichen gesetzlichen Anordnung des § 1624 Abs. 1 BGB die Vorschriften der Schenkung nicht, sofern die Ausstattung das den Umständen, insb. den elterlichen Vermögensverhältnissen entsprechende Maß nicht übersteigt. Daraus wird geschlussfolgert, dass bei einer Ausstattung kein Pflichtteilsergänzungsanspruch nach § 2325 BGB entsteht.[270] Dies spricht für eine stärkere Verwendung der Ausstattung bei Übertragungen auf Kinder, denn allein die Verwendung des Begriffes »vorweggenommene Erbfolge« vermag nicht, einen Pflichtteilsergänzungsanspruch auszuschließen. Allerdings muss auch beachtet werden, dass nach § 2316 Abs. 3 BGB eine Ausstattung nicht zum Nachteil von Pflichtteilsberechtigten von der Ausgleichung nach § 2050 Abs. 1 BGB ausgeschlossen werden kann.[271]   103

Wirkliche Wertsteigerungen des privilegierten Erwerbes zählen zum Zugewinn und sind nicht ihrerseits privilegiert.[272] Dies empfinden Ehegatten vielfach als ungerechtfertigt, wenn die Wertsteigerung nicht auf eigener Leistung beruht (z.B. aus Ackerland wird Bauland). Aus diesem Grund nehmen viele Eheverträge einer modifizierten Zugewinngemeinschaft diese Wertsteigerungen des Anfangsvermögens aus dem Zugewinn aus.[273]   104

Nach der Zugewinnausgleichsreform können auch privilegierte Erwerbe i.S.d. § 1374 Abs. 2 BGB negativ sein, wenn also z.B. ein Erbe die Erbschaft aus Pietät nicht ausschlägt, obwohl sie negativ ist, oder wenn bei lebzeitigen Übertragungen die Gegenleistungen den erhaltenen Vermögenswert übersteigen.[274] Damit sinkt das Anfangsvermögen ab. Es gehört nicht viel Fantasie dazu, sich vorzustellen, dass in der Vertragspraxis versucht werden könnte, über negative vorweggenommene Erbfolgen im Vorfeld einer Trennung, unterhalb der Grenze der Illoyalität des § 1375 BGB wegen des Eingreifens der Vermögenswertbegrenzung des § 1378 Abs. 2 BGB, den Zugewinnausgleich zu verringern.[275]   105

---

267 Formulierungsvorschläge hierzu finden sich in Kap. 4 Rdn. 83.
268 OLG Brandenburg, FamRB 2015, 124.
269 Büte, Rn. 78.
270 Langenfeld, 5. Aufl., Rn. 1196; ganz h.M., vgl. die Nachweise bei Jakob, AcP 207 (2007), 198, 206, Fn. 32. Ob die Rspr. diese Ansicht teilt, bleibt abzuwarten.
271 Detailliert zur Verwendung der Ausstattung: Jakob, AcP 207 (2007), 198 ff.
272 Vgl. näher BRHP/Cziupka, § 1374 Rn. 38; Muscheler, FamRZ 1998, 266 ff.; eingehend mit einem Vorschlag gesetzlicher Korrektur Battes, FamRZ 2007, 313 ff.
273 Formulierungsvorschlag unter Kap. 2 Rdn. 635.
274 Zu einem solchen negativen Erwerb mit Rücksicht auf ein künftiges Erbrecht: Höhler-Heun, FamFR 2011, 507 f.; Büte, FPR 2012, 73 f.; a.A. Braeuer, Zugewinnausgleich, Rn. 352 f.
275 Noch deutlicher prophezeit strategische Negativschenkungen Grziwotz, NotBZ 2009, 343, 346.

106 **Privilegierte Erwerbe** konnten nach der Rechtsprechung des BGH **nicht** mit überschuldetem Anfangsvermögen **verrechnet** werden.[276] Mit der Reform des Zugewinnausgleichs und der Einführung des neuen § 1374 Abs. 3 BGB, der die Abs. 1 und 2 umklammert, dürfte jedoch einer Saldierung künftig nichts mehr im Weg stehen.[277] Das Gleiche gilt für eine Saldierung des überschuldeten privilegierten Erwerbs mit dem sonstigen Anfangsvermögen.

d) Indexierung

107 Um unechte Wertsteigerungen auszugleichen, ist der Kaufkraftschwund herauszurechnen. Dazu ist das Anfangsvermögen mittels des allgemeinen Lebenshaltungskostenindexes des Statistischen Bundesamts auf die Kaufkraftverhältnisse umzurechnen, die bei Beendigung des Güterstandes vorliegen.[278] Für privilegierten Zuerwerb ist der **Kaufkraftschwund** seit dem Zeitpunkt des Erwerbes zu berücksichtigen.[279] Bisher bediente sich die Rechtsprechung hierzu des Preisindexes für die Lebenshaltung aller privaten Haushalte, künftig wird einheitlich nur noch der **Verbraucherpreisindex für Deutschland** veröffentlicht,[280] sodass dieser Maßstab dann auch für die Indexierung des Anfangsvermögens maßgeblich werden dürfte.[281] Der BGH legt auch Indexvereinbarungen inzwischen so aus, dass sich diese im Wege ergänzender Vertragsauslegung nunmehr auf den verbleibenden Verbraucherpreisindex beziehen.[282]

Nach Ansicht des OLG Jena ist für die Indexierung des Anfangsvermögens von Vertragsparteien, die in den neuen Bundesländern leben, eine Hochrechnung auf der Basis eines Lebenshaltungskostenindexes für die neuen Bundesländer vorzunehmen.[283]

108 Die **Umrechnung des Anfangsvermögens** geschieht dann nach folgender **Formel**:[284]

$$\frac{\text{Wert des Anfangsvermögens} \times \text{Index am Endstichtag}}{\text{Index am Anfangsstichtag}}$$

Ist das Anfangsvermögen überschuldet, so findet nunmehr eine Indexierung des negativen Anfangsvermögens statt.[285]

e) Vermutung des § 1377 Abs. 3 BGB

109 Nach § 1377 Abs. 3 BGB wird vermutet, dass das Endvermögen der Zugewinn ist, wenn kein Vermögensverzeichnis vorliegt. Diese Vorschrift wurde nicht geändert, obwohl sie gedanklich von einem Anfangsvermögen von null ausgeht.[286] In Fällen negativen Anfangsvermögens ist es demnach noch mehr als bei positivem Anfangsvermögen erforderlich, dieses negative Anfangsvermögen in einem Vermögensverzeichnis festzuhalten, sonst wird später ein Anfangsvermögen von null vermutet. Angesichts der fortbestehenden Vermutung dürfte die Beweislast für ein negatives Anfangsvermögen eines

---

276 BGH, DNotZ 1996, 458 ff. = MittBayNot 1995, 301 = JZ 1996, 45 ff. m. Anm. Gernhuber.
277 Brudermüller, FamRZ 2009, 1185, 1186; Krause, ZFE 2009, 55, 56; Weinreich, FuR 2009, 497, 500; Stellungnahme des Deutschen Notarvereins, notar 2008, 15, 16.
278 St. Rspr. seit BGH, FamRZ 1974, 83 ff.
279 BGH, FamRZ 1987, 791.
280 Zur Umstellung der Indexierung: Reul, DNotZ 2003, 92 ff.; Gutdeutsch, FamRZ 2003, 1061 mit verketteten Indextabellen; derzeit aktuell ist seit Februar 2019 das Basisjahr 2015.
281 Krit. zur einheitlichen Verwendung dieses Indexes mit einem Plädoyer für die Verwendung des Baukostenindexes bei Immobilien: Kogel, FamRZ 2003, 278; kritisch auch Keidel, FuR 2016, 260.
282 BGH, NZM 2009, 398.
283 OLG Jena, FamRB 2005, 222.
284 Vgl. Büte, Rn. 29.
285 Gutdeutsch, FPR 2009, 277; Kogel, NJW 2010, 2025 f.; Reetz, DNotZ 2009, 826, 828; Götsche, ZFE 2009, 404 mit Berechnungsbeispielen; Finger, FamFR 2011, 145, 147; Büte, FPR 2012, 73, 75; a.A. Klein, FuR 2010, 122.
286 Krit. deswegen Deutscher Notarverein, notar 2008, 15, 17.

A. Zugewinngemeinschaft

Ehegatten bei dem anderen Ehegatten liegen, wenn dieser ein solches behauptet. Bei einer Mischung von Aktiv- und Passivposten wäre dann jeder Ehegatten für sein Aktivvermögen und der andere Ehegatte für die Passivposten in der Beweispflicht.[287] Ist von vorneherein offen, ob eine streitige komplexe Position einen positiven oder negativen Wert hat, soll es bei dem allgemeinen Grundsatz bleiben, dass der Anspruchsteller die Darlegungs- und ggf. Beweislast trägt.[288]

Es empfiehlt sich also, das Anfangsvermögen insgesamt festzuhalten, um die Vermutung entkräften zu können, dass kein Anfangsvermögen vorgelegen habe.[289] Die praktische Erfahrung zeigt, dass nach mehr als zehn Jahren i.d.R. die Ehegatten ihre Unterlagen vernichtet haben und auch Banken keine Kontoauszüge mehr erstellen können, sodass das Anfangsvermögen nicht bewiesen werden kann, was zum Eingreifen der Vermutung des § 1377 Abs. 3 BGB führt.

Ein weiterer Grund für das Erstellen eines Vermögensverzeichnisses liegt in § 5 Abs. 1 Satz 3 ErbStG begründet. § 5 Abs. 1 ErbStG stellt für den Fall, dass der Zugewinn im Todesfall durch das erbrechtliche Viertel ausgeglichen wird, eine fiktive Zugewinnausgleichsforderung von der Erbschaftsteuer frei. § 5 Abs. 1 Satz 3 ErbStG bestimmt jedoch ausdrücklich, dass für die Berechnung dieser fiktiven Zugewinnausgleichsforderung die Vermutung des § 1377 Abs. 3 BGB nicht gilt. Das bedeutet, dass i.R.d. Erbschaftsteuererklärung ein Nachweis über das Anfangsvermögen erbracht werden muss. Diesen Nachweis sollte man durch die Erstellung eines Vermögensverzeichnisses möglich machen, das zumindest die wesentlichen Vermögensgegenstände umfasst. 110

Neu hinzugekommen ist nunmehr die Vermutung des § 1375 Abs. 2 Satz 2 BGB, für die es auf das Vermögen zum Trennungszeitpunkt ankommt. Daher kann auch zu diesem Zeitpunkt die Erstellung eines Vermögensverzeichnisses sinnvoll sein. Mit Rücksicht auf die daran geknüpften Rechtsfolgen wäre auch eine beweiskräftige Dokumentation des Trennungszeitpunktes an sich ratsam.[290] 111

▶ **Gestaltungsempfehlung:**

Die Möglichkeit zur Erstellung eines Vermögensverzeichnisses über das Anfangsvermögen sollte verstärkt genutzt werden. Die Berechnung des Zugewinns im Scheidungs- oder Todesfall wird damit ganz erheblich erleichtert. 112

Das **Verzeichnis** kann gem. § 1377 Abs. 2 i.V.m. § 1035 BGB durch den **Notar aufgenommen** werden, § 20 Abs. 1 Satz 2 BNotO. 113

▶ **Kostenanmerkung:**

Die bisherige Privilegierung der Erstellung eines Vermögensverzeichnisses in § 52 Abs. 1 Satz 1 KostO ist weggefallen. Stattdessen ist für ein separates Vermögensverzeichnis eine 1,0 Gebühr nach KV 21200 zu erheben.[291] Diese Gebühr entsteht jedoch nicht, wenn das Vermögensverzeichnis Bestandteil eines beurkundeten Vertrages ist. Dies spricht dafür, statt des reinen Vermögensverzeichnisses sogleich entsprechende ehevertragliche Abreden zu treffen. 114

Ohnehin ist die Form des Ehevertrages notwendig, wenn die Ehegatten das Anfangsvermögen nicht lediglich in einem Verzeichnis aufgenommen haben möchten, sondern Vereinbarungen über das Anfangsvermögen treffen, etwa eine Wertfestlegung vereinbaren wollen. Letzteres ist i.d.R. empfeh-

---

287 Brudermüller, NJW 2010, 401, 404 m.w.N.
288 Brudermüller, NJW 2010, 401, 404.
289 Zur Beweislastverteilung nach sehr langer Trennung: BGH, FamRZ 2002, 606. Dort auch zu grober Unbilligkeit in solchen Fällen, wenn das während sehr langer Trennung erwirtschaftete Endvermögen keinen Bezug mehr zur ehelichen Lebensgemeinschaft hat.
290 C. Münch, MittBayNot 2009, 261, 267; Brudermüller, NJW 2010, 401, 404.
291 Nur in Ausnahmefällen wird KV 23500 einschlägig sein, wenn der Notar das Vermögensverzeichnis selbst aufnimmt, so wie etwa beim Nachlassverzeichnis, BeckOK KostR/Neie, GNotKG KV 23500, Rn. 3 f., 8.

lenswert, denn das Anfangsvermögen ist lediglich eine Rechengröße, sodass es vielmehr auf die Werte ankommt als auf die Auflistung der Einzelgegenstände.

Somit hat die Reform des Zugewinnausgleichs nicht die Notwendigkeit beseitigt, Feststellungen und Regelungen hinsichtlich des Anfangsvermögens zu treffen.[292]

f) Bewertung des Anfangsvermögens

115 Zur Berechnung eines Zugewinnausgleichsanspruchs ist es von ganz erheblicher Bedeutung, wie die einzelnen Vermögensgegenstände im Anfangs- und Endvermögen bewertet werden. Außer einer Sonderregelung für die Land- und Forstwirtschaft in § 1376 Abs. 4 BGB enthält jedoch das BGB keine Vorschriften, wie die Bewertung im Einzelnen vorzunehmen ist.

116 Es gilt der Grundsatz, dass für die Bewertung des Anfangs- und auch des Endvermögens nach § 1376 Abs. 1 und Abs. 2 BGB der **wirkliche Wert der Vermögensgegenstände zu den entsprechenden Stichtagen** maßgebend ist, sodass steuerliche oder handelsrechtliche Bewertungsgrundsätze keine Anwendung finden können.[293] Dieser wirkliche Wert wird regelmäßig dem objektiven Verkehrswert entsprechen. Allerdings kann in Fällen, in denen für die Veräußerung kein Markt existiert oder die Veräußerung nur zu einem vorgeschriebenen niedrigeren Wert erfolgen darf, der wirkliche Wert auch höher liegen.[294]

117 Das OLG Karlsruhe will bei einer vor Eheschließung von (künftigen) Ehegatten als Gesamtschuldner eingegangenen Kreditverbindlichkeit zur Finanzierung des Familienheims im Eigentum nur eines Ehegatten einen **Freistellungsanspruch des Nichteigentümers in das Anfangsvermögen mit einstellen** und die Verbindlichkeiten im Anfangsvermögen nur in der Höhe berücksichtigt wissen, in der sie auch im Endvermögen eingestellt sind.[295] Das würde zu einer »retrospektiven« Bewertung im Anfangsvermögen führen, die bereits bei der Schwiegerelternzuwendung zu Diskussionen geführt hat und auch im Fall der vorehelichen Gesamtschuld abgelehnt wird.[296] Der BGH[297] hat sich dieser Kritik nun angeschlossen und entschieden, dass die **Wertung im Innenverhältnis, dass die Gesamtschuld allein vom Eigentümer zu tragen** ist, nicht nur beim **Endvermögen** zu berücksichtigen ist, sondern auch im **Anfangsvermögen**. Es sind daher beim Anfangs- und Endvermögen zum jeweiligen Stichtag einheitlich der Grundstückswert als Aktivposten und die volle noch offene Darlehensvaluta als Passivposten einzustellen. Bei den Tilgungsleistungen hingegen handelt es sich nach Ansicht des BGH zweifelsfrei um Zugewinn.

118 Einen **absoluten**, immer richtigen **Wert** wird es hierbei **nicht** geben, denn ein solcher lässt sich auch bei Anwendung anerkannter betriebswirtschaftlicher Methoden nicht punktgenau ermitteln.[298] Außerdem hängt der Wert auch von **subjektiven Beziehungen** der betroffenen Personen zum Bewertungsgegenstand ab. In diesem Zusammenhang ist schließlich noch der **Bewertungszweck** mit in die Betrachtung einzubeziehen, denn viele betriebswirtschaftliche Bewertungsmethoden sind für den Güteraustausch entwickelt worden und bei der Bewertung für den Zugewinnausgleich daher anpassungsbedürftig.[299]

Der Wert ist also ein **relativer, funktioneller Begriff**[300] und als solcher stets sachverhaltsspezifisch zu ermitteln.

---

292 Reetz, DNotZ 2008, 826, 831.
293 BVerfG, FamRZ 1985, 256, 260; BGH, FamRZ 1986, 37, 39; Büte, Rn. 58; Schwab/Schwab, VII Rn. 63; Staudinger/Thiele (2017), § 1376 Rn. 10; zusammenfassend zu den Bewertungsmethoden: Bergschneider/Wolf, Rn. 4.240 f.
294 Büte, Rn. 58.
295 OLG Karlsruhe, FamRZ 2018, 1737; hierzu Kogel, FamRZ 2018, 1722.
296 Schulz, FamRZ 2019, 1761.
297 BGH, FamRZ 2020, 231 m. Anm. Arnd/Budzikiewicz.
298 OLG Stuttgart, DB 2003, 2429.
299 Schröder, Bewertungen im Zugewinnausgleich, Rn. 90.
300 Johannsen/Henrich/Jaeger, § 1376 Rn. 6.

A. Zugewinngemeinschaft **Kapitel 1**

Neben der Maßgeblichkeit des vollen Wertes lassen sich aus § 1376 BGB noch die Anwendung anerkannter Bewertungsgrundsätze zur Feststellung dieses Wertes[301] und die Stichtagsbezogenheit der Bewertung[302] als Grundsätze ableiten.

aa) Bewertung von Unternehmen und Praxen

Dies bedeutet für ein **gewerbliches Unternehmen**, dass nicht nur der **Substanz- oder Liquidationswert** zu berücksichtigen ist, sondern auch der **Geschäftswert**,[303] und zwar einschließlich **Goodwill**.[304] Es ist also letztendlich der wirkliche am Markt bei Veräußerung oder Verwertung erzielbare Unternehmenswert einschließlich aller stillen Reserven zu ermitteln. Die Einzelheiten der Unternehmensbewertung sind nachfolgend detailliert dargestellt.[305] Die Betrachtung der Unternehmensbewertung wird zeigen, dass es hier **erhebliches Streitpotenzial um die richtige Bewertung** gibt und die Liquidität durch Zugewinnausgleichsansprüche sehr stark gefährdet sein kann. Aus diesem Grund empfehlen sich hier gesonderte eheverträgliche Regelungen für die Behandlung unternehmerischen Vermögens und seien es nur Festlegungen bzgl. der Bewertungsmethoden oder hinsichtlich der Stundung der Ausgleichszahlung.[306]

119

▶ **Gestaltungsempfehlung:**

Bei unternehmerischem Vermögen sind Modifikationen des gesetzlichen Güterstandes zumeist empfehlenswert, da der Zugewinnausgleichsanspruch ansonsten die Liquidität des Unternehmens erheblich gefährdet.

120

bb) Bewertung von Grundstücken und Gebäuden

Bei der Bewertung von **Grundstücken und Gebäuden**[307] ist auf den Verkehrswert als den vollen wirklichen Wert[308] abzustellen. Dieser entspricht nach § 194 BauGB dem Preis, der zum Stichtag im gewöhnlichen Geschäftsverkehr nach den rechtlichen Gegebenheiten und tatsächlichen Eigenschaften, der sonstigen Beschaffenheit und der Lage des Grundstücks oder des sonstigen Gegenstandes der Wertermittlung ohne Rücksicht auf ungewöhnliche oder persönliche Verhältnisse zu erzielen wäre. Bei einer Veräußerung wenige Monate nach dem relevanten Stichtag kann der tatsächlich erzielte Kaufpreis herangezogen werden.[309]

121

Auf der Grundlage des § 199 Abs. 1 BauGB hat die Bundesregierung im Jahr 2010 die Verordnung über die Grundsätze der Ermittlung der Verkehrswerte von Grundstücken (**Immobilienwertermittlungsverordnung** – ImmoWertV).[310] erlassen, welche die frühere **Wertermittlungsverordnung**[311] ablöst. Die ImmoWertV wird ergänzt durch eine Richtlinie zur Ermittlung von Bodenrichtwerten

---

301 Schröder, Bewertungen, Rn. 87.
302 Piltz/Wissmann, NJW 1985, 2673, 2676.
303 BGHZ 75, 195, 199; vgl. auch Reimann, FamRZ 1989, 1248 ff.
304 Zur Behandlung des »Goodwill« in der Rspr. zum Zugewinnausgleich s. Diederichsen, in: FS für Großfeld, S. 143 ff.
305 S. Rdn. 185 ff.
306 Formulierungsvorschläge in Kap. 2 Rdn. 671 f.
307 Hierzu Kleiber, Marktwertermittlung nach der ImmoWertV, 7. Aufl., 2012; Überblick bei Kuckenburg, FuR 2008, 381 ff.; Büte, FuR 2020, 32 f., 89 f.
308 BGH, FamRZ 1986, 37 ff.
309 KG, DStR 2015, 2027 zur Bewertung beim Ausscheiden aus einer GmbH.
310 ImmoWertV v. 19.05.2010, BGBl. 2010 I, S. 639 ff.; kommentiert bei Ernst/Zinkahn, Baugesetzbuch unter G; hierzu Bischoff, DS 2010, 215 f., 268 f.; Kuckenburg, FUR 2010, 593; Zimmermann, NZM 2012, 599 f.; kritisch wegen fehlender Kriterien zur Nachhaltigkeit von Bauwerken Kühnberger, DStR 2012, 426.
311 V. 06.12.1988 (BGBl. I, S. 2209; geändert 1997, BGBl. 1997 I, S. 2110; Sartorius 310).

nach § 10 ImmoWertV,[312] die Sachwertrichtlinie von 2012,[313] die Vergleichswertrichtlinie von 2014[314] und die Ertragswertrichtlinie von 2015.[315]

122 Danach kommen als Wertermittlungsverfahren das **Vergleichswertverfahren** (§ 15 ImmoWertV), **das Ertragswertverfahren** (§§ 17 bis 20 ImmoWertV) oder das **Sachwertverfahren** (§§ 21 bis 23 ImmoWertV) in Betracht. § 8 ImmoWertV ordnet an, dass eines oder mehrere dieser Verfahren zur Wertermittlung heranzuziehen sind. Die Wahl hat nach Art und Gegenstand der Wertermittlung unter Berücksichtigung der im Geschäftsverkehr bestehenden Gepflogenheiten zu erfolgen. Dem Charakter des Objektes kommt also entscheidende Bedeutung zu.[316]

123 Hiernach werden **unbebaute Grundstücke** i.d.R. nach dem **Vergleichswertverfahren** unter Heranziehung der **Bodenrichtwerte** nach § 196 BauGB bewertet. Allerdings müssen aus der Kaufpreissammlung[317] Verkaufsfälle ausgesondert werden, wenn Zweifel an der Vergleichbarkeit bestehen.[318] Dies wird umso mehr gelten, je geringer die Datenbasis der jeweiligen Gutachterausschüsse ist. Bodenrichtwerte beruhen manchmal auf einigen wenigen Verkäufen, deren Aussagekraft dann zweifelhaft sein kann, wenn darin noch **Verwandtenverkäufe** eingeschlossen sind. In Innenstadtlagen etwa können schon wenige hundert Meter Entfernung einen enormen Einfluss auf die Wertigkeit haben.[319]

Die Bodenrichtwerte sind – so schon der Name – nur Richtwerte,[320] d.h. es muss **individuell hinterfragt** werden, ob für das konkrete Grundstück besondere Gegebenheiten (Lage, Größe, Zuschnitt, Bebaubarkeit) vorliegen, die eine abweichende Bewertung rechtfertigen. Hierbei sind auch Baugrenzen, Baulinien oder die Nachbarbebauung in eine Einzelbewertung einzubeziehen.[321]

▶ **Gestaltungsempfehlung:**

124 Bodenrichtwerte sollten immer hinterfragt werden! Nach Möglichkeit ist die zugrunde liegende Datenbasis zu ergründen. Häufig entsprechen die Bodenrichtwerte nicht den Verkehrswerten, wenn im untersuchten Gebiet nur wenige Verkäufe zu registrieren waren!

125 Bei **eigengenutzten Ein- und Zweifamilienhäusern** wird zumeist das **Sachwertverfahren** angewandt.[322] Der Sachwert setzt sich aus dem Bodenwert sowie dem Gebäudewert und dem Wert der Außenanlagen nach Herstellungswerten zusammen (§ 21 ImmoWertV). Hierbei ist ein **Altersabschlag** entsprechend dem Verhältnis der Restnutzungsdauer zur Gesamtnutzungsdauer vorzunehmen (§ 23 ImmoWertV).

126 Bei **Renditeobjekten** wird das **Ertragswertverfahren** sachgerecht sein.[323] Hierbei ist der Wert der Gebäude getrennt vom Bodenwert auf der Grundlage des Ertrages zu ermitteln (§ 17 ImmoWertV). Basis der Wertermittlung nach dem Ertragswert (§§ 17, 18 ImmoWertV) ist der nachhaltig erzielbare Reinertrag (= Rohertrag abzgl. Bewirtschaftungskosten), hierzu wird ein vereinfachtes Ertragswertverfahren eingeführt. Dieser Wert ist um eine angemessene Bodenwertverzinsung zu vermindern

---

312 Richtlinie vom 11.01.2011, BAnz 2011, 597; abgedruckt bei Simon/Busse, Bayerische Bauordnung, 107. Erg., 2012, Anhang Nr. 137a.
313 BAnz AT 18.10.2012 B 1; hierzu Weglage, DS 2013, 51.
314 BAnz AT 11.04.2014 B 3; hierzu Bischoff, DS 2014, 263 f., 299 f.
315 BAnz AT 04.12.2015 B 4.
316 OLG Saarbrücken, FamRZ 1998, 235 (nur LS).
317 Weglage, DS 2012, 144, beklagt die unterschiedliche Auskunftspraxis der einzelnen Bundesländer.
318 BGH, FamRZ 1992, 918, 920.
319 FG Berlin-Brandenburg, ZEV 2018, 236.
320 Zur Verbindlichkeit der von den Gutachterausschüssen mitgeteilten Werte im Steuerrechtsverhältnis FG Niedersachsen, Urt. v. 14.12.2017 – 1 K 210/14, BeckRS 2017, 143790.
321 Tremel, ZEV 2007, 365, 366.
322 BGH, FamRZ 1992, 918, 919; OLG Düsseldorf, FamRZ 1989, 280 ff.
323 BGHZ 17, 236, 240; OLG Frankfurt am Main, FamRZ 1980, 576; Büte, Rn. 134.

und mit einem Vervielfältiger zu multiplizieren. Der Bodenwert ist nach der Vergleichswertmethode zu ermitteln und hinzuzuzählen.[324] Dabei sind die marktüblichen Erträge auch dann heranzuziehen, wenn die tatsächlichen Nutzungsentgelte darüber liegen.[325]

Anlehnen kann sich eine Wertermittlung auch an die **Verordnung über die Ermittlung der Beleihungswerte** von Grundstücken nach § 16 Abs. 1 und Abs. 2 des Pfandbriefgesetzes (**BelWertV**).[326] Diese Verordnung ist bestrebt, den Beleihungswert unabhängig von konjunkturell bedingten Schwankungen und spekulativen Elementen für die gesamte Beleihungsdauer festzustellen v.a. mit Blick auf die Vermarktungsmöglichkeiten und unter Zugrundelegung einer vorsichtigen Bewertung (§ 3 BelWertV).[327]

§§ 157 ff. des Bewertungsgesetzes regeln eine detaillierte Bewertung des Grundbesitzes zu Verkehrswerten. So bestimmen etwa §§ 183 ff. BewG, dass bebaute Grundstücke im Vergleichswertverfahren zu bewerten sind, Mietwohngrundstücke und Geschäftsgrundstücke jedoch im Ertragswertverfahren und Grundstücke, für die kein Vergleichswert vorliegt, im Sachwertverfahren.

Die zunächst geplante Verordnung zur Ausfüllung des neuen Bewertungsgesetzes ist mit Rücksicht auf den Parlamentsvorbehalt nunmehr in die Neufassung des Bewertungsgesetzes integriert worden. Die Anlagen 21 ff. Bewertungsgesetz enthalten detaillierte Angaben zur Berechnung des Gebäudereinertrags, der Berechnung der Restnutzungsdauer, zur Ermittlung der pauschalierten Bewirtschaftungskosten und zur Berechnung des Gebäuderegelherstellungswertes sowie weiterer notwendiger Angaben. Konkretisiert worden ist das ErbStG nunmehr durch Verwaltungsanweisungen, welche die Bewertung detailliert beschreiben.[328]

Zwischen den Bewertungen nach dem Bewertungsgesetz und nach der ImmoWertV bestehen z.T. erhebliche Unterschiede, so ordnet etwa § 183 Abs. 3 BewG die Nichtberücksichtigung von privaten und öffentlichen Belastungen im Vergleichswertverfahren an,[329] während §§ 4 Abs. 2 und 6 Abs. 2 ImmoWertV solche Berücksichtigung vorsieht. Ehevertraglich können die jeweils passenden Bewertungsmethoden festgeschrieben werden.

Bestehen **Rückfallklauseln** etwa zugunsten von Übergebern im Fall einer Veräußerung, so mindert sich der Wert des Grundstücks.[330] Dieser wird jedoch nicht gemindert durch eine zwar eingetragene, aber nicht valutierte Grundschuld.[331] Grundschulden, welche eine fremde Verbindlichkeit sichern, sind nach Auffassung des BGH jedenfalls bei der Pflichtteilsberechnung nicht als wertmindernd zu berücksichtigen. Sie könnten erst mit Eintritt des Sicherungsfalles zu einer Wertminderung führen und seien einer aufschiebend bedingten Belastung gleichzustellen.[332]

cc) Bewertung in der Land- und Forstwirtschaft

Für land- und forstwirtschaftliche Betriebe[333] ordnet § 1376 Abs. 4 BGB an, dass der landwirtschaftliche Ertragswert für die Wertberechnung maßgeblich ist, wenn:
- der Inhaber in Anspruch genommen wird (also nicht, wenn der Inhaber selbst Zugewinn verlangt),

---

324 Berechnungsbeispiel bei Büte, Rn. 137.
325 OLG Köln, Urt. v. 28.12.2017 – 10 UF 8/15, WKRS 2017, 38029.
326 BGBl. 2006 I, S. 1175 ff.
327 Ausführlicher zur Grundstücksbewertung: C. Münch, Scheidungsimmobilie, Rn. 1 ff.
328 Gleichl. Ländererlass vom 05.05.2009, BStBl. 2009 I, S. 590; hierzu Drosdzol, DStR 2009, 1405; vgl. auch ErbStR (2019) mit Hinweisen R B 183 und H B 183; hierzu Drosdzol, ZEV 2012, 17 ff.
329 FG Berlin-Brandenburg, DStRE 2016, 227: keine Verminderung durch Belastung mit Wegerecht.
330 OLG München, FamRZ 2000, 1152 (LS); hierzu Rdn. 88 f.
331 OLG Koblenz, FamRZ 2005, 624.
332 BGH, DNotZ 2011, 771.
333 Zusammenfassende Darstellung bei Kuckenburg, FuR 2016, 495 f.

- der Betrieb sowohl im Anfangs- wie im Endvermögen zu berücksichtigen ist (nicht mit in die Ertragswertberechnung einbezogen werden also Grundstücke, die während der Ehe hinzuerworben wurden, wenn durch ihr Herauslösen die Leistungsfähigkeit des Hofes nicht gefährdet ist),[334]
- die Weiterführung durch den Inhaber oder einen Abkömmling erwartet werden kann[335] (Grundstücke, die praktisch baureif sind und deren Herauslösen die Leistungsfähigkeit des Hofes nicht gefährden würde, werden nicht nach dem Ertragswert bewertet.[336] Ebenso werden Grundstücke, die während der Ehe verkauft wurden, im Anfangsvermögen mit dem Verkehrswert angesetzt und zugekaufte Grundstücke im Endvermögen, wenn der Ankauf nicht dringenden betrieblichen Interessen diente).[337]

▶ **Rechtsprechung:**

133 In einem neuen Grundsatzurteil hat sich der BGH[338] zur **Bewertung landwirtschaftlicher Betriebe** geäußert. Er hat dabei hervorgehoben, dass die Ertragsbewertung den Grundsatz darstellt, dass es sich dabei aber um eine Privilegierung handeln soll. Daher sei eine **Kontrollberechnung des Verkehrswertes** durchzuführen. Sei dieser niedriger, so habe die Bewertung nach diesem niedrigeren Verkehrswert stattzufinden. Bedeutung gewinnt dieses Diktum zusätzlich durch die **unterschiedliche Berücksichtigung von Verbindlichkeiten**. Während bei der Ertragswertmethode nur die Zinsbelastung einzubeziehen ist, muss bei der Verkehrswertkontrollrechnung die volle nominale Höhe der Verbindlichkeit berücksichtigt werden. Damit kann es durchaus öfter vorkommen, dass bei Betrieben mit hohen Verbindlichkeiten der Verkehrswert unter den Ertragswert sinkt und damit maßgeblich wird. Der Ansatz muss im Anfangs- und Endvermögen methodenidentisch sein.

134 Als **landwirtschaftlichen Ertragswert** legen die nach Art. 137 EGBGB maßgeblichen landesrechtlichen Vorschriften zumeist das 18- bis 25-fache des jährlichen Reinertrages fest.[339]

135 Diese Vorschrift, welche die Landwirtschaft vor der Zerschlagung durch nach dem Verkehrswert bemessene Zugewinnansprüche schützen sollte, führt in der Praxis sehr häufig dazu, dass ein Zugewinn i.R.d. landwirtschaftlichen Betriebes nicht anfällt, da die Ertragswerte unverändert oder sogar niedriger sind. Man wird zugleich feststellen müssen, dass dies denjenigen **Ehegatten schutzlos** stellt, der nicht Hofinhaber ist, aber über lange Jahre auf dem Hof mitgearbeitet und so zur Erhaltung und ggf. Wertsteigerung des Hofes beigetragen hat. Aus diesem Grund werden hier zunehmend abweichende Vereinbarungen getroffen.[340]

▶ **Gestaltungsempfehlung:**

136 Bei Mitarbeit des anderen Ehegatten in einem landwirtschaftlichen Betrieb sollte entweder eine konkrete Entlohnung durch Arbeitsvertrag sichergestellt oder die Regelung des § 1376 Abs. 4 BGB für die Wertberechnung des Betriebes nach dem landwirtschaftlichen Ertragswert modifiziert werden.

137 Die Vorschrift findet auf Bewertungen i.R.d. Gütergemeinschaft keine entsprechende Anwendung.[341]

---

334 BGH, FamRZ 1991, 1166, 1167.
335 Zur Notwendigkeit dieser Einschränkung BVerfG, NJW 1985, 1329.
336 BGHZ 98, 382, 388 für Pflichtteilsansprüche; Büte, Rn. 154.
337 Schulz/Hauß, Rn. 577.
338 BGH NJW-RR 2016, 1217 = FamRZ 2016, 1044 m. Anm. Koch.
339 Für Bayern nach Art. 68 AGBGB z.B. das 18-Fache; Zusammenstellung der landesrechtlichen Vorschriften in MünchKomm-BGB/Säcker, Art. 137 EGBGB Rn. 4.
340 Hierzu Grziwotz, Eheverträge in der Landwirtschaft; Formulierungsvorschläge in Kap. 2 Rdn. 676.
341 BGH, FamRZ 1986, 776 f.

dd) Bewertung von Lebensversicherungen

Kapitallebensversicherungen, die dem Zugewinnausgleich unterfallen,[342] sind nach der neueren Rechtsprechung mit dem Rückkaufswert zu bewerten, wenn am Stichtag die Fortführung nicht zu erwarten ist und auch durch eine Stundung der Ausgleichsforderung nicht sichergestellt werden kann.[343] Seit 2008 gilt der neue § 169 Abs. 7 VVG, der vorsieht, dass zu dem reinen Rückkaufswert (jetzt definiert in § 169 Abs. 3 Satz 1 VVG) die bereits zugeteilten Überschussanteile (soweit nicht schon einberechnet) und ein für den Fall der Kündigung in den Allgemeinen Geschäftsbedingungen vorgesehener Schlussüberschussanteil hinzuzurechnen und im Fall einer Kündigung von der Versicherung zu erstatten sind. Der BGH hat entschieden, dass diese Neuregelung nur für die ab dem Jahre 2008 abgeschlossenen Verträge gilt. Für zuvor abgeschlossene Verträge gilt insbesondere im Fall der verbreiteten Unwirksamkeit der AGB-Klauseln über die Rückkaufswerte,[344] dass dem Versicherungsnehmer ein Mindestbetrag zusteht, der die Hälfte des mit den Rechnungsgrundlagen der Prämienkalkulation berechneten ungezillmerten Deckungskapitals nicht unterschreiten darf.[345]   138

Bei positiver Fortführungsprognose hingegen ist ein nach wirtschaftlichen Gesichtspunkten zu bemessender **Zeitwert** festzustellen, da der Rückkaufswert lediglich einen ungünstigen Liquidationswert darstellt, dessen Ansatz nicht gerechtfertigt ist, wenn die Kündigung des Versicherungsverhältnisses weder tatsächlich erfolgt noch zwangsläufige Folge des Zugewinnausgleichs ist.[346]   139

Zur **Feststellung des Zeitwertes** legt sich die **Rechtsprechung** nicht auf eine bestimmte Wertermittlungsmethode fest.[347] Gebilligt hat sie z.B. die Heranziehung des kurze Zeit später tatsächlich ausgezahlten Betrages mit einem Wertabschlag. Überwiegend wird zu dem Rückkaufswert der individuell gutgeschriebenen Versicherungsleistung ohne Stornoabschläge die am Stichtag erreichte Anwartschaft auf Schlussgewinnanteile addiert. Dies folgt einem Vorschlag der Deutschen Aktuarvereinigung.[348] Dieser Wert soll nach einer Faustformel überschlägig zu berechnen sein mit Rückkaufswert + 8 %.[349]   140

Im Zusammenhang mit der neuen Rechtsprechung des BGH zur latenten Ertragsteuer auch bei Lebensversicherungen[350] wird erörtert, ob es angesichts der dort unterstellten fiktiven Veräußerung/Auszahlung überhaupt noch einen Fortführungswert geben könne.[351]   141

Diese Rechtsprechung erging zumeist zu Bewertungen im Endvermögen, da hier die Problematik der Nichtfortführung auftritt. Die Grundsätze sind jedoch auch bei der Bewertung im Anfangsvermögen maßgeblich. In besonderen Fällen kann der Wert danach im Anfangsvermögen höher sein als im Endvermögen, wenn bei der Berechnung des Letzteren nur der Rückkaufswert zu Buche schlägt. Dies wird in den seltensten Fällen so gewünscht sein.   142

▶ Gestaltungsempfehlung:

Bei bedeutsamen Lebensversicherungen kann eine Vereinbarung empfehlenswert sein, dass diese Versicherungen jedenfalls im Endvermögen nicht niedriger bewertet werden sollen als im Anfangsvermögen.[352]   143

---

342 S. hierzu Rdn. 38.
343 BGH, MittBayNot 1995, 472 f. = FamRZ 1995, 1270 f.; Duderstadt, FPR 2003, 173 ff.
344 Hierzu BGH, NJW 2013, 3023 f.
345 BGH, NJW 2013, 3240 m. Anm. Armbrüster.
346 Büte, Rn. 162.
347 Vgl. etwa BGH, NJW 2010, 3232, Rn. 44, wo für die Pflichtteilsberechnung auf den Zeitwert verwiesen wird, der höher sein kann als der Rückkaufswert, wenn für die Versicherung ein Zweitmarkt existiert.
348 Johannsen/Henrich/Jaeger, § 1376 Rn. 13; Büte, FuR 2014, 11, 15.
349 Büte, FuR 2014, 11, 15.
350 BGH, NJW 2011, 2572.
351 Ablehnend Büte, FuR 2014, 11, 16; weiterhin befürwortend Klein, FPR 2012, 324, 328.
352 Formulierungsvorschlag in Kap. 2 Rdn. 681.

144 Nach OLG Zweibrücken ist eine Lebensversicherung, die zur gemeinsamen Kreditfinanzierung eingesetzt ist, nicht im Endvermögen des versicherungsnehmenden Ehegatten als Aktivposten einzusetzen, sondern ihr Zeitwert ist vielmehr bei der Ermittlung der gesamtschuldnerisch zu tragenden Verbindlichkeit in Abzug zu bringen.[353]

Der Wert einer in das Endvermögen fallenden Lebensversicherung hat bei der Berechnung des Zugewinns außer Betracht zu bleiben, wenn die **Versicherungssumme** nach dem späteren Tod der Ehefrau an den bezugsberechtigten Ehemann **tatsächlich ausgezahlt** wurde, sonst würde sie doppelt berücksichtigt.[354]

3. Berechnung des Endvermögens

145 Für die Bewertung der Endvermögensgegenstände kann auf die Ausführungen zum Anfangsvermögen verwiesen werden. Wie dieses, so kann auch das Endvermögen nach dem neu eingefügten § 1375 Abs. 1 Satz 2 BGB nunmehr negativ sein. Der Zugewinn selbst hingegen kann nach wie vor nicht negativ sein.

Für die Bewertung einer Pflegeverpflichtung hat das OLG Schleswig[355] ausgesprochen, dass eine Bewertung mit den Stundensätzen eines beauftragten Pflegedienstes nicht in Betracht komme. Es seien die individuellen Verhältnisse zu prüfen. Im konkreten Fall kam das Gericht zu einem Mittelwert aus Pflegemindestlohn und allgemeinem Mindestlohn in Höhe von 9,70 €/Stunde.

Für die Berechnung des **Endvermögens** ist darüber hinaus noch Folgendes zu beachten:

a) Stichtag

146 Stichtag für die Feststellung und Bewertung des Endvermögens ist die **Beendigung des Güterstandes**, § 1375 Abs. 1 Satz 1 BGB. Bei Scheidung wird jedoch der Stichtag gem. **§ 1384 BGB auf die Rechtshängigkeit des Scheidungsantrags**[356] vorverlegt (§§ 124, 133 Abs. 1 FamFG, 253 Abs. 1, 261 Abs. 1 ZPO), d.h. die Ausgleichsforderung entsteht auch hier erst mit Beendigung des Güterstandes,[357] das entscheidende Datum für die Berechnung des Endvermögens aber ist bereits die Rechtshängigkeit.[358] Dies bietet zugleich Möglichkeiten für beide Seiten durch Stellung und Rücknahme von Anträgen oder durch Wideranträge einen jeweils günstigen Stichtag zu erreichen.[359] So kann etwa dadurch, dass sich der Antragsgegner dem Scheidungsantrag anschließt, dessen spätere Rücknahme verhindert und damit der Stichtag gesichert werden.[360] Wird der **Scheidungsantrag verfrüht gestellt**, führt dies nur in Ausnahmefällen zu einer Korrektur, nämlich bei einer ganz erheblichen zeitlichen Verschiebung oder sonst, wenn eine eklatante Schlechterstellung des anderen Ehegatten gerade bezweckt wird, etwa weil ein außergewöhnlicher Vermögenszufluss erwartet werde.[361]

147 Mit der Reform des Zugewinnausgleichsrechts wurde § 1384 BGB insoweit geändert, als die Rechtshängigkeit des Scheidungsantrags nicht mehr nur für die Berechnung des Zugewinns maßgeblich ist, sondern auch für die Höhe der Ausgleichsforderung. Damit wird nunmehr auch der **Stichtag**

---

353 OLG Zweibrücken, OLGR 2008, 547.
354 OLG Hamburg, NZFam 2015, 219 = FamRZ 2015, 749.
355 OLG Schleswig, NJW-RR 2019, 390.
356 Vgl. OLG Düsseldorf, FuR 2001, 523: Folgt einem unberechtigten Eheaufhebungsantrag ein materiell gerechtfertigter Scheidungsantrag, dann ist Letzterer maßgeblich.
357 BGH, NJW 1995, 1832 – bei Tod des ausgleichsberechtigten Ehegatten nach Rechtshängigkeit, aber vor Scheidung wird daher kein Ausgleichsanspruch vererbt.
358 Detailliert zu diesem Stichtag: Schröder, FamRZ 2003, 277; zur Bedeutung des Stichtages ferner Bergschneider/Bergschneider, Rn. 4.439 ff.
359 Hierzu Kogel, FamRB 2003, 124 f.
360 Schulz/Hauß, Rn. 89.
361 OLG Düsseldorf, NZFam 2017, 763.

für die Berechnung der nachfolgend geschilderten[362] **Vermögenswertbegrenzung nach vorne verlegt**, sodass eine Vermögensminderung zwischen Rechtshängigkeit und Rechtskraft der Scheidung nicht mehr zu einer Reduzierung der Ausgleichsforderung führt.[363] Damit ist der Gesetzgeber einer bisher berechtigten Kritik nachgekommen und hat Vermögensmanipulationen nach Rechtshängigkeit sehr erschwert. Allerdings ist es dem Ausgleichspflichtigen auch kaum noch möglich, sich auf wirtschaftlich unumgängliche Vermögensminderungen zu berufen, wie sie in Zeiten einer Wirtschafts- und Finanzkrise durchaus vorkommen.[364] Über Abhilfe wird insoweit nachgesonnen, als z.B. bei volatilen Wertpapieren nicht mehr der Kurswert am Stichtag des § 1384 BGB als maßgeblich angesehen wird, sondern ein Durchschnittswert aus der Zeit vor dem Stichtag.[365] Zu dieser Problematik hat der BGH mittlerweile eingehend Stellung genommen:

▶ Rechtsprechung:

Der BGH[366] lehnt eine teleologische Reduktion des § 1384 BGB für den Fall des unverschuldeten Vermögensverfalls des Ausgleichspflichtigen zwischen Rechtshängigkeit des Scheidungsantrags und Rechtskraft der Scheidung ausdrücklich ab. Es bleibt dabei, dass das Datum der Rechtshängigkeit auch für die Höhe der Zugewinnausgleichsforderung entscheidend ist. Eine Korrektur ist nur über § 1381 BGB in extremen Ausnahmefällen möglich, wenn der Pflichtige etwa selbst durch Kreditaufnahme den Zugewinnausgleich nicht aufbringen kann und ihm sonst die Privatinsolvenz droht.[367] 148

Der Stichtag des § 1384 BGB – Rechtshängigkeit des Scheidungsantrags – ist auch dann maßgeblich, wenn nach Rechtshängigkeit des Scheidungsverfahrens, aber vor Scheidung ein Ehegatte verstirbt und der andere durch Testament von der Erbfolge ausgeschlossene Ehegatte den güterrechtlichen Zugewinn nach § 1371 Abs. 2 BGB verlangt. Zwar ist hier die Beendigung des Güterstandes durch den Tod eingetreten, der BGH sieht jedoch eine Regelungslücke, die er durch die Anwendung des § 1384 BGB schließt.[368] Nach dem BGH soll es hierfür nicht darauf ankommen, ob die Wirkung des § 1933 BGB schon eingetreten ist. Der Stichtag soll sogar bei einem noch verfrüht gestellten Scheidungsantrag maßgeblich sein.[369] 149

Unterhaltsforderungen, die am Stichtag fällig waren, aber noch nicht bezahlt sind, gehören beim Verpflichteten zum Passiv- und beim Berechtigten zum Aktivvermögen.[370] Von Bar- oder Bankguthaben dürfen umgekehrt keine Beträge abgezogen werden, weil diese demnächst für den Unterhalt benötigt werden.[371] Auch andere durch Titulierung gesicherte Forderungen eines Ehegatten ggü. dem anderen sind im Endvermögen des Gläubigers als Aktivvermögen und im Endvermögen des Schuldners als Passivposten zu erfassen.[372] Damit wird die Forderung häufig im Zugewinnausgleich neutralisiert.[373] 150

Wird nachträglich eine Einzelforderung gegen einen geschiedenen Ehegatten geltend gemacht, die in einem durch Vergleich beendeten Zugewinnausgleichsverfahren nicht berücksichtigt worden war, so soll sich der Gläubiger auf diese Forderung dasjenige anrechnen lassen müssen, was er im Zuge- 151

---

362 Rdn. 296.
363 Das gilt nicht, wenn die Ehe vor dem 01.09.2009 rechtskräftig geschieden worden ist, BGH, FamRZ 2014, 1610.
364 Schwab, FamRZ 2009, 1445 ff.
365 Hoppenz, FamRZ 2010, 16 ff.
366 BGH, DNotZ 2012, 851 f.
367 Kogel, FamRB 2012, 298; Fischinger, NJW 2012, 3611.
368 BGH, FamRZ 2004, 527 ff.
369 Börger, FF 2004, 258 ff.
370 OLG Celle, FamRZ 1991, 944.
371 BGH, FF 2003, 47 m. Anm. Kogel.
372 OLG Düsseldorf, FF 2009, 32.
373 Hierzu Kogel m. Anm. zu OLG Düsseldorf, FF 2009, 33, 34.

winnausgleich infolge Nichtberücksichtigung dieser Forderung mehr erhalten oder weniger gezahlt hat.[374]

152 **Steuern** sind in der Stichtagsberechnung folgendermaßen einzuordnen: Die Einkommensteuervorauszahlung entsteht jeweils am Ersten des Quartals, für das sie zu entrichten ist.[375] Die Jahressteuerschuld entsteht erst mit Ablauf des Veranlagungszeitraums, ebenso ein Erstattungsanspruch. Bevor Steuerschulden oder -ansprüche jedoch im Endvermögen eingerechnet werden, ist noch zu prüfen, ob eine innere Aufteilung bzw. interne Freistellungsansprüche bestehen,[376] denn diese sind ebenfalls mit einzustellen.[377]

b) Hinzurechnungen nach § 1375 BGB

153 § 1375 Abs. 2 Satz 1 BGB zählt abschließend[378] drei Tatbestände auf, bei denen **illoyale Vermögensminderungen**[379] dem Endvermögen wieder hinzugerechnet werden. Eine solche Hinzurechnung ordnet § 1375 Abs. 2 Satz 1 BGB in folgenden Fällen an:
- **Unentgeltliche Zuwendung**: Als Zuwendung ist bereits das Verpflichtungsgeschäft mit dem Versprechen einer Leistung anzusehen. Unentgeltlichkeit liegt vor, wenn der Verminderung des Vermögens des Zuwendenden keine Gegenleistung gegenübersteht.[380] Hierbei handelt es sich v.a. um Schenkungen, Ausstattungen, vorweggenommene Erbfolgen, Spenden und Stiftungen.[381] Umstritten ist, ob Abfindungsausschlussklauseln eines Gesellschaftsvertrages als unentgeltliche Zuwendungen gewertet werden können. Die vorherrschende Ansicht bejaht einen Fall des § 1375 Abs. 2 BGB, wenn nur einzelne Gesellschafter ohne rechtfertigenden Grund Verzicht leisten.[382] Nicht zu einer Hinzurechnung führen Pflicht- oder Anstandszuwendungen, wie z.B. eine nicht im Übermaß erfolgte Ausstattung.[383] Nach § 517 BGB ist nicht als Schenkung anzusehen, wenn jemand einen Vermögenserwerb unterlässt, etwa eine Erbschaft ausschlägt.[384]
- **Verschwendung**: Unter Verschwendung versteht man unnütze oder ziellose Ausgaben, die in keinem Verhältnis zu den Einkommens- und Vermögensverhältnissen der Ehegatten stehen.[385] Ein großzügiger Lebensstil oder Ausgaben, welche die Lebensverhältnisse übersteigen, reichen hierzu nicht aus.[386] Streitig ist, ob das Unterlassen von Erwerbschancen – etwa durch die unwirtschaftliche Wahl der Einzelveranlagung – verschwenderisch ist.[387]
- **Benachteiligungsabsicht**: Eine solche liegt vor, wenn die Benachteiligung des anderen Ehegatten das leitende Motiv des Handelns ist. Es muss sich nicht um das einzige Motiv handeln.[388]

---

374 BGH, NJW 2009, 1343 f.
375 OLG Brandenburg v. 31.07.2014 – 10 UF 20/14, BeckRS 2015, 7129.
376 OLG Köln, FuR 1998, 368; vgl. BFH, DB 2003, 644 f.
377 Zu diesem Thema: Arens, FamRZ 1999, 257 ff.
378 OLG Karlsruhe, FamRZ 1986, 167, 168; Palandt/Brudermüller, § 1376 Rn. 24; OLG Karlsruhe, FamRZ 2004, 461: Verbindlichkeiten aus einer Straftat mindern das Endvermögen.
379 Zu diesem Thema ausführlich: Papenbreer; vgl. ferner Plettenberg, NZFam 2016, 492.
380 BGH, FamRZ 1986, 565, 567.
381 MüHdbFamR/Boden/Cremer, § 18 Rn. 108.
382 MünchKomm-BGB/Koch, § 1375 Rn. 49; Staudinger/Thiele (2017), § 1375 Rn. 24.
383 MünchKomm-BGB/Koch, § 1375 Rn. 50; MüHdbFamR/Boden/Cremer, § 18 Rn. 231 f.
384 Hierzu Langheim, FamRZ 2018, 1804, 1805; Dorn, DStR 2019, 2622, 2624.
385 MünchKomm-BGB/Koch, § 1375 Rn. 52; Palandt/Brudermüller, § 1376 Rn. 27; OLG Rostock, FamRZ 2000, 228.
386 BGH, FamRZ 2000, 948, 950.
387 Langheim, FamRZ 2018, 1804, 1806 m.w.N.
388 BGH, FamRZ 2000, 948, 950.

A. Zugewinngemeinschaft Kapitel 1

▶ Beispiel:

Ein Ehemann hebt alle gemeinsamen Ersparnisse von einem Festgeldkonto ab und verbrennt aus Wut und Enttäuschung über das Scheitern der Ehe das Bargeld im Ofen. Hier liegt sowohl Verschwendung als auch Benachteiligungsabsicht vor.[389]

Ein Ehemann gibt aus Enttäuschung, Wut und Verärgerung darüber, dass er die Ehefrau mit einem anderen Mann im ehelichen Schlafzimmer überrascht hat, einen Betrag von ca. 8.000,00 € aus. Das OLG Schleswig urteilt, dass dies zwar nicht zu billigen, aber dennoch verständlich und auf einen kurzen Zeitraum beschränkt gewesen sei und sieht die Voraussetzungen des § 1375 Abs. 2 BGB nicht als gegeben an.[390]

Hinzuzurechnen sind auch Mittel für die Errichtung einer Stiftung oder für eine Zustiftung, und zwar auch bei Gemeinnützigkeit der Stiftung.[391] Allerdings sind von der Stiftungssumme die ersparten Steuern abzuziehen, sodass nur noch die Differenz hinzugerechnet werden muss.[392] 154

Erst mit der **Neufassung der Vermögenswertbegrenzung**[393] in der Reform des Zugewinnausgleichsrechts wird die Hinzurechnung illoyaler Vermögensminderungen tatsächliche Bedeutung erlangen. War es nämlich bisher so, dass wegen der Begrenzung auf das tatsächlich vorhandene Vermögen ein Zugewinn dennoch nicht auszugleichen war, so **ordnet § 1378 Abs. 2 Satz 1 BGB jetzt** an, dass **dem positiven Endvermögen** – das nun gem. § 1384 BGB zum Stichtag der Rechtshängigkeit des Scheidungsantrags festzustellen ist – der **volle Betrag der illoyalen Vermögensminderung hinzugerechnet wird**. Dieser neue Hinzurechnungsbetrag erhöht also die Ausgleichsforderung in vollem Umfang. Es kann daher nun geschehen, dass der illoyal handelnde Ehegatte sein gesamtes Vermögen zum Zugewinnausgleich verwenden oder sich sogar für diesen verschulden muss.[394] Auf diese Konsequenz weist die Begründung des Rechtsausschusses ausdrücklich hin.[395] 155

▶ Gestaltungsempfehlung:

Im Hinblick auf die Neugestaltung der Vermögenswertbegrenzung versprechen künftig gerichtliche Schritte wegen illoyaler Vermögensminderung häufiger Erfolg. 156

Eingefügt wurde mit der Reform des Zugewinnausgleichsrechts ferner ein **neuer Satz 2 in § 1375 Abs. 2 BGB**. Danach hat derjenige Ehegatte, dessen Endvermögen geringer ist als dasjenige Vermögen, das er in der Auskunft zum Trennungszeitpunkt angegeben hat, darzulegen und zu beweisen, dass die Vermögensminderung nicht eine nach § 1375 Abs. 2 Satz 1 BGB illoyale ist. Damit hat der Gesetzgeber eine **neue Beweislastregel** geschaffen, denn schon wenn der Nachweis nicht gelingt, wird die **Verminderung dem Endvermögen hinzugerechnet**.[396] Der BGH hat hierzu ergänzt, dass der Ausgleichsschuldner eine schlüssig dargelegte illoyale Vermögensminderung substanziiert zu bestreiten habe, sonst gelte sie als zugestanden.[397] Nur wenn der Ausgleichsschuldner den Verbleib nachvollziehbar erklärt hat, muss der die illoyale Vermögensminderung behauptende Ehegatte dem substanziiert entgegentreten.[398] Diese verbesserte Stellung des Ehegatten geht – wenn sie denn durchsetzbar ist, denn eine Verschuldung zur Durchführung des Zugewinns nach Aufbrauchen aller posi- 157

---

389 OLG Rostock, FamRZ 2000, 228.
390 OLG Schleswig, FamRZ 1986, 1208, 1209.
391 Werner, in: FS für Schwab, S. 581, 590.
392 Werner, in: FS für Schwab, S. 581, 592.
393 Hierzu Rdn. 296.
394 BR-Drucks. 635/08, S. 33.
395 BT-Drucks. 16/3027, S. 10, 11.
396 So ausdrücklich die Begründung des Rechtsausschusses, auf den die Vorschrift zurückgeht: BT-Drucks. 16/13027, S. 10.
397 BGH, FamRZ 2015, 232 m. Anm. Braeuer.
398 OLG Brandenburg, FamRB 2015, 124.

tiven Werte muss erst einmal jemand finanzieren – letztlich zulasten der anderen Gläubiger, sodass § 1378 Abs. 2 BGB seine zentrale Funktion des Gläubigerschutzes verliert.[399] Die Vorschrift korrespondiert mit dem ebenfalls neu geschaffenen § 1379 Abs. 2 BGB, nach dem jeder Ehegatte vom anderen Auskunft über die im Trennungszeitpunkt vorhandenen Vermögenswerte verlangen kann.

158 Nach **§ 1375 Abs. 3 BGB unterbleibt eine Hinzurechnung**, wenn von der illoyalen Vermögensminderung (Verpflichtungsgeschäft) bis zur Beendigung des Güterstandes bzw. der Rechtshängigkeit eines Scheidungsantrags[400] zehn Jahre vergangen sind. Die Hinzurechnung unterbleibt ferner, wenn der andere Ehegatte die Vermögensminderung gebilligt hatte. Solches mag insb. dann in Betracht kommen, wenn ein Vermögensgegenstand mit Zustimmung des Ehegatten im Wege der **vorweggenommenen Erbfolge** bereits an Kinder übertragen wird. Hierbei ist zu beachten, dass dies insb. dann, wenn dieser Vermögensgegenstand aus dem Anfangsvermögen des übertragenden Ehegatten stammt, weil dieser ihn z.B. dynastisch schon von seinen Eltern erhalten hat, den Zugewinn beträchtlich reduzieren kann, denn der *»privilegierte Erwerb versinkt in die Anonymität des dem Güterstand unterworfenen Gesamtvermögens. Chancen und Risiken des privilegierten Erwerbes sind nach dem Berechnungsstichtag (Zeitpunkt des Erwerbes) ausgleichsrelevant«*.[401] Ohne Ehegattenzustimmung wird auch eine vorweggenommene Übertragung auf Kinder dem Endvermögen hinzugerechnet[402] – abgesehen von einer nicht im Übermaß getätigten Ausstattung.[403] Daher kann es sich empfehlen, in der Urkunde klarzustellen, ob die Zustimmung nur nach § 1365 BGB erfolgt oder auch nach § 1375 Abs. 3 BGB. Schon die Auslegung wird aber regelmäßig ergeben, dass für denjenigen Ehegatten, der nach § 1365 BGB zugestimmt hat, auch die Konsequenz klar war, dass dieser Vermögensgegenstand beim Ehepartner nicht mehr vorhanden ist und daher aus dem Zugewinn ausscheidet.

▶ Rechtsprechung:

159 Ein Beispiel für diese Thematik hatte der BGH[404] zu entscheiden. Ein Vater übertrug an seinen Sohn Grundbesitz, damit dieser bei der Scheidung keine Rolle spielen solle. Einige Tage später wurde der Notar von beiden angewiesen, den Vertrag vorerst nicht zu vollziehen. Nun verlangte der Sohn Übertragung, der Vater hingegen verweigerte sie. Im Gegensatz zum Berufungsgericht hielt der BGH die Übertragung nicht für sittenwidrig nach § 138 BGB, da sie sich wegen der aufgezeigten Hinzurechnung nicht zum Nachteil der Ehefrau habe auswirken können. Es könnte aber Formnichtigkeit vorliegen, weil eine eigentlich gewollte Treuhandabrede – der Sohn muss das Grundstück nach Abschluss des Scheidungsverfahrens wieder zurückübertragen – nicht mitbeurkundet war.[405]

160 **Umstritten** ist die Frage, ob die **Ehegatten** durch Ehevertrag die Bestimmung des § 1375 Abs. 2 BGB abbedingen können. Dafür spricht[406] einerseits, dass die Ehegatten durch Ehevertrag bestimmte Gegenstände aus dem Endvermögen ausnehmen können. Andererseits sieht § 1375 Abs. 3 BGB selbst vor, dass bei Billigung des anderen Ehegatten eine Hinzurechnung unterbleibt.

161 Die **künftige hypothetische Entwicklung** des durch Vermögensminderung ausgeschiedenen Vermögensgegenstandes ist **unbeachtlich**, sodass z.B. bei der Schenkung eines Geldbetrages nicht auch die künftigen Zinsen dem Endvermögen zugerechnet werden dürfen.[407] Der hinzuzurechnende Vermögensgegenstand unterliegt jedoch einer Indexierung nach den allgemeinen Regelungen.

---

399 Koch, FamRZ 2008, 1124, 1127.
400 Palandt/Brudermüller, § 1376 Rn. 29.
401 So Muscheler, FamRZ 1998, 265, 266 zu diesem ansonsten wenig besprochenen Punkt.
402 Vgl. etwa Erman/Budzikiewicz, BGB, § 1375 Rn. 12; einschränkender Jakob, AcP 207 (2007), 198, 205.
403 MünchKomm-BGB/Koch, § 1375 Rn. 50.
404 BGH, FamRZ 2012, 114 m. Anm. Bergschneider.
405 Bergschneider, FamRZ 2012, 116: »Wer anderen eine Grube gräbt, fällt selbst hinein.«
406 MünchKomm-BGB/Koch, § 1375 Rn. 61; Staudinger/Thiele (2017), § 1375 Rn. 43; a.A. (nicht abdingbar) Gernhuber/Coester-Waltjen, Familienrecht, § 35 IV 3. Rn. 36.
407 MünchKomm-BGB/Koch, § 1375 Rn. 56.

A. Zugewinngemeinschaft

c) Ansprüche des Ausgleichsberechtigten gegen Dritte

162 Korrespondierend wurde auch § 1390 BGB geändert, der die Ansprüche gegen diejenigen regelt, die Empfänger einer illoyalen Vermögensminderung waren. Zunächst wird der Anspruch von einem Herausgabeanspruch in einen Anspruch auf eine Zahlung umgewandelt, der dann besteht, wenn die Zugewinnausgleichsforderung das gesamte noch vorhandene Endvermögen des illoyalen Ausgleichsverpflichteten übersteigt, weil dann die Durchsetzung gefährdet ist. Der Anspruch soll aber auch bei nur geringfügigem Übersteigen in voller Höhe bestehen.[408] Der illoyale Ehegatte und der Zuwendungsempfänger haften als Gesamtschuldner. Einen Nachrang gibt es nicht mehr. In einer der eher seltenen Entscheidungen hierzu hat das OLG Brandenburg[409] klargestellt, dass die Neufassung auch für unentgeltliche Zuwendungen vor dem 01.09.2009 gilt und alle illoyalen Zuwendungen zwischen Rechtshängigkeit des Scheidungsantrags und Rechtskraft der Entscheidung über die Beendigung der Zugewinngemeinschaft erfasst.

163 Diese Vorschrift hat ihren Anwendungsbereich nach **Abs. 1**, wenn der Verpflichtete dem Dritten eine unentgeltliche Zuwendung gemacht hat, um den Berechtigten zu benachteiligen, also in den Fällen des § 1375 Abs. 2 BGB, in denen zwar eine Hinzurechnung erfolgt, die aber mangels positiven Endvermögens des Verpflichteten nicht zu Ansprüchen führt. I.R.d. Abs. 1 ist die Kenntnis des Dritten unerheblich.[410]

164 Nach **Abs. 2** besteht der Anspruch auch bei anderen Rechtshandlungen, wenn dem Dritten die Benachteiligungsabsicht positiv bekannt war. Umstritten ist, ob es hierfür genügt, eine Sache entgeltlich zu veräußern in der dem Erwerber bekannten Absicht, den Erlös in Geld leichter zu verschleudern.[411]

165 Es muss sich um eine Rechtshandlung während der Ehe handeln. § 1390 BGB nimmt in seiner Neuformulierung nicht mehr auf § 1378 Abs. 2 BGB Bezug, sondern formuliert eigenständig und verweist auf »*das bei Beendigung des Güterstandes vorhandene Vermögen*«. Damit dürfte er auch greifen, wenn illoyale Vermögensminderungen nach der Rechtshängigkeit des Scheidungsantrages, auf die es nach dem neuen § 1384 BGB für die Vermögenswertbegrenzung nach § 1378 Abs. 2 BGB ankommt, noch getätigt wurden. Der Anspruch entsteht erst mit Entstehen der Ausgleichsforderung, also nach Beendigung des Güterstandes. Vorher über den Anspruch abgeschlossene Verpflichtungsgeschäfte sollen analog § 1378 Abs. 3 Satz 3 BGB unwirksam sein.[412]

Es handelt sich nach § 1390 Abs. 1 Satz 2 BGB um eine Rechtsfolgenverweisung in das **Bereicherungsrecht**. Der Dritte kann die Zahlung durch Herausgabe des Erlangten **abwenden**, § 1390 Abs. 1 Satz 3 BGB. Den Dritten trifft nach Treu und Glauben eine Auskunftspflicht.[413]

166 § 1390 BGB ist **vertraglich nicht abdingbar**, die Haftung ist aber auch nicht erweiterbar zulasten des Dritten.[414]

d) Latente Ertragsteuer

167 Nachdem die Literatur gegen die Berücksichtigung der latenten Ertragsteuer nur bei der Firmenbewertung Bedenken im Hinblick auf die Ungleichbehandlung gegenüber anderen Vermögensgütern bei der Zugewinnberechnung erhoben hatte,[415] hat der BGH in einer Entscheidung nunmehr in einem Nebensatz festgestellt, dass die **latente Ertragsteuer** bei der Bewertung **aller Vermögensgegen-**

---

408 Kogel, FF 2008, 185, 192.
409 OLG Brandenburg, FamRB 2019, 88.
410 BRHP/Siede, § 1390 Rn. 3.
411 BRHP/Siede, § 1390 Rn. 5 m.w.N.
412 Palandt/Brudermüller, § 1390 Rn. 4.
413 Schwab/Schwab, VII Rn. 315.
414 MünchKomm-BGB/Koch, § 1390 Rn. 27; Bergschneider/Bergschneider, Rn. 4.516.
415 Kogel, NJW 2007, 556, 559.

stände – somit auch insbesondere bei Grundstücken, Wertpapieren und Lebensversicherungen – abgezogen werden müsse.[416] Die Brisanz dieser beiläufig geäußerten Rechtsansicht wurde erst später erkannt.[417] Es ist nun von einer Katastrophe für die Rechtspraxis die Rede,[418] nachdem bewusst geworden ist, wie kompliziert solche Berechnungen geworden sind und dass sie in der Regel nur unter Hinzuziehung steuerlicher Berater zu bewältigen sind. Die Ansicht, dass die Ermittlung nicht so kompliziert sei und nur einige wenige Grundnormen des Steuerrechts beherrscht werden müssten, die zudem leicht verständlich seien,[419] ist angesichts der sogleich geschilderten Komplikationen ziemlich mutig und bisher vereinzelt.[420]

168 Die Steuern sollen ungeachtet einer etwaigen Veräußerungsabsicht – ja sogar unabhängig von einer etwa durch Gesellschaftsvertrag vereinbarten Unveräußerlichkeit – auf die Verhältnisse am Stichtag bezogen sein.[421]. Der BGH stellt somit nicht darauf ab, welche Steuern etwa bei einer späteren Veräußerung entstehen könnten, sondern er unterstellt eine **fiktive Veräußerung zum Stichtag**. Aufgrund dieser ohnehin gegebenen Fiktion befasst sich der BGH nicht mehr mit der Frage, wann denn dann die latente Ertragsteuer entsteht.[422] Man wird die Rechtsprechung so verstehen müssen, dass sie **Veräußerung und Steuerentstehung zu diesem Zeitpunkt fingiert**. Gegen die Rechtsprechung wird eingewandt, dass der BGH eine Abgrenzung zu sonstigen ungewissen Forderungen schuldig geblieben sei.[423]

169 Das Gericht will dann – entgegen seiner früheren Rechtsprechung[424] – auch keinen pauschalen Steuersatz angesetzt wissen, sondern den **individuellen Steuersatz**, der bei einer Veräußerung am Stichtag anfallen würde.[425] Im konkreten Fall war deshalb der volle Steuersatz anzusetzen, weil der Inhaber das 55. Lebensjahr noch nicht vollendet hatte und daher keinen ermäßigten Steuersatz geltend machen konnte (vgl. §§ 34 Abs. 3, 16 Abs. 4 EStG). Ansonsten wird zu prüfen sein, ob eine Steuerermäßigung nach § 34 Abs. 1 EStG in Betracht kommt.[426]

▶ **Rechtsprechung:**

170 Nach BGH[427] ist bei allen Vermögensgegenständen in der Bewertung eine latente Steuerbelastung zu berücksichtigen. Wegen einer unterstellten Veräußerung zum Bewertungsstichtag ist diese individuell zu bemessen.

171 Diese Rechtsprechung wirft für die familienrechtliche Praxis mannigfache Probleme auf. Im Kern geht es dem BGH darum, zu einem **Nettowert des betroffenen Vermögens** zu kommen und damit die Vermögensgegenstände, die mit latenter Steuer belastet sind, mit den anderen vergleichbar zu machen.[428] Es sind somit diejenigen latenten Steuern gemeint, die bei Realisierung des zu bewer-

---

416 Eine tabellarische Zusammenstellung gibt Spieker, NZFam 2015, 394.
417 Nach Borth, FamRZ 2014, 1687, 1688 war die Rechtslage aber bereits vor der Entscheidung des BGH so zu verstehen.
418 Hoppenz, FamRZ 2012, 1618; Piltz NJW 2012, 1111; Klein FPR 2012, 324 f.; Stabenow/Czubayko, FamRZ 2012, 682 f; schon früh warnte Kogel, NJW 2011, 3337 f.; kritisch auch Koch, FamRZ 2018, 1469, 1471; Fleischer/Hüttemann/Born, § 23 Rn. 31.
419 So Meyer/Kern, NZFam 2018, 926.
420 Auch Schlünder, FamRZ 2015, 372 f. meint, der Leidensdruck der Anwaltschaft habe sich nicht erhöht.
421 BGH, NJW 2011, 2572.
422 Dazu etwa Kogel, FamRB 2015, 156, 157 f.; Schlünder, FamRZ 2015, 372, 374; Schulz, FamRZ 2014, 1684 f.
423 Koch, FamRZ 2011, 627, 628.
424 BGH, DStRE 1999, 363 f.; BGH, NJW 2011, 601.
425 Kuckenburg, FuR 2012, 71, 72.
426 BeckOGK/Siede, § 1376 BGB, Rn. 257.
427 BGH, NJW 2011, 2572.
428 Der Begriff wird in der Bewertungspraxis momentan vor allem auch für die unterschiedlichen Wertansätze in der Handels- und Steuerbilanz verwendet, wenn solche Differenzen sich in späteren Jahren abbauen

A. Zugewinngemeinschaft

tenden Vermögensgegenstandes, also etwa der Veräußerung einer Immobilie oder eines Unternehmens oder der Auszahlung einer Lebensversicherung anfallen.

Gemeint sein dürften latente **Ertragsteuern**. Allerdings hat der BGH in einem früheren Urteil betont, dass latente Steuern bei der Bewertung mindernd zu berücksichtigen seien, *»jedenfalls soweit es sich um Ertragsteuern handelt«*.[429] Das lässt offen, ob nicht auch andere Steuern wie Gewerbe- oder Umsatzsteuern zu berücksichtigen sind. Bei Familienunternehmen, die eher durch Übertragung als durch Verkauf verwertet werden, könnte man sogar auf die Idee einer »latenten Erbschaftsteuerbelastung« kommen. Für diese Fragen gibt es noch keine Antwort. **172**

Zu beachten ist, dass es **nicht** zu einer **Doppelberücksichtigung** der Steuer kommt. Solches kann geschehen, wenn die entsprechende Steuer bereits bei der Bewertung etwa einer Firmenbeteiligung berücksichtigt war,[430] weil diese auf der Nachsteuermethode beruht. Auf diese Weise würde dann zweimal eine steuerliche Belastung abgezogen. Hier ist zu prüfen, ob dies nicht zu einer zu niedrigen Bewertung führt.[431] **173**

Nicht zu einer zweifachen Belastung führt hingegen der Abzug der realen Ertragsteuer in einem ersten Schritt.[432] *Schlünder* verdeutlicht dies und schlägt für eine Praxisbewertung folgende Schritte vor:[433]

Ermittlung durchschnittlicher Praxisrohgewinn (mehrjähriger Durchschnitt)

abzgl. reale Ertragsteuer

abzgl. individueller Unternehmerlohn

= Ertragswert

multipliziert mit Rentenbarwertfaktor

Addition good will (nach mod. Ertragswertmethode) und Substanzwert

= Praxiswert

Abzug der latenten Ertragsteuer

Neben der Firmenbewertung[434] spielt die latente Ertragsteuer bei der **Immobilienbewertung** eine Rolle, denn Immobilien unterliegen einer 10-jährigen Veräußerungsgewinnbesteuerung, die beim Thema Scheidungsvereinbarung näher dargestellt ist.[435] Die neue Rechtsprechung des BGH wird dahin verstanden, dass eine latente Steuer immer abgezogen werden müsse, wenn sie bei einer Veräußerung zum Stichtag angefallen wäre, unabhängig davon, dass das Objekt ggf. durch reinen Zeitablauf später aus der Steuerverhaftung herausfällt.[436] Hierzu gibt es jedoch beachtliche Gegenstimmen, die in diesen Fällen entweder eine latente Steuer gar nicht abziehen möchten[437] oder nur im Verhältnis des verbleibenden 10-Jahreszeitraums zum abgelaufenen.[438] **174**

---

und sich daraus eine Steuer ergibt, vgl. § 274 HGB. Insoweit ist aber ggf. bereits eine Rückstellung gebildet, vgl. BStBK, DStR 2012, 2296 einerseits und IDW RS HFA 7 Stellungnahme, FN-IDW 2012, 189 ff.
429 BGH, NJW 2011, 601.
430 Vgl. etwa IDW S 1, Rn. 43.
431 Ausführlich hierzu Mayer-Klenk/Borth, FamRZ 2012, 1823, 1929 mit Berechnungsbeispiel, die zum Ergebnis kommen, der BGH habe die steuerrechtlichen Bezüge wohl unzutreffend bewertet.
432 Vgl. auch Petersen/Zwirner/Zimny, DB 2015, 1609, wonach latente Steuer *»vordergründig keine Auswirkungen«* auf den Unternehmenswert nach Steuern haben; Friedlingsdorf, NZFam 2016, 1090, 1092.
433 Schlünder, FamRZ 2015, 372, 373.
434 Hierzu Rdn. 204.
435 Vgl. Kap. 8 Rdn. 493 ff.
436 Kogel, Strategien, Rn. 1190; Klein, FPR 2012, 324 f.
437 Palandt/Brudermüller, § 1376, Rn. 3 (73. Aufl.; mittlerweile nur berichtend ohne abweichende Meinung); Hoppenz, FamRZ 2012, 1618 f.; Fassnacht, FamRZ 2014, 1681 f. nennt das Hinwegsetzen über das Stichtagsprinzip einen Irrweg.
438 Piltz, NJW 2012, 1111, 1115.

Kapitel 1 — Die Güterstände

▶ **Gestaltungsempfehlung:**

Der Zeitpunkt der Scheidungsantragstellung kann insofern entscheidend sein, als nach Ablauf einer steuerlichen Veräußerungsfrist (z.B. der des § 23 EStG) eine fiktive latente Ertragsteuer nicht mehr entstehen kann.

175 Bei **Wertpapieren** war bei Anschaffung vor dem 01.01.2009 der halbe Kursgewinn bei einer Haltedauer von unter einem Jahr nach § 23 Abs. 1 Satz 1 Nr. 2 EStG a.F. steuerpflichtig. Solche Wertpapiere sind daher nicht mehr steuerverhaftet. Bei Erwerb nach dem 31.12.2008[439] unterfallen Veräußerungsgewinne ohne Rücksicht auf die Haltedauer einer Veräußerungsgewinnbesteuerung nach § 20 Abs. 2 EStG, die nach §§ 43 Abs. 1 Satz 1 Nr. 1, 43a Abs. 1 EStG mit einer 25 %igen Abgeltungssteuer (zzgl. Solidaritätszuschlag und Kirchensteuer) erhoben wird. Ein niedrigerer persönlicher Steuersatz kann in der Einkommensteuererklärung geltend gemacht werden.

176 Für **Lebensversicherungen**[440], die vor dem 01.01.2005 abgeschlossen wurden, sind die Erträge nach § 20 Abs. 1 Nr. 6 EStG a.F. steuerfrei, wenn die Versicherung zum Stichtag der Vermögenswertberechnung 12 Jahre bestanden hat. Bestand sie noch keine 12 Jahre, wird nach der neuen Rechtsprechung, die eine Veräußerung zum Stichtag unterstellt, eine latente Steuerlast anzunehmen sein. Für Verträge, welche nach vom 01.01.2005 an abgeschlossen wurden, sind die Erträge (Zinsen und Gewinnanteile) nach § 20 Abs. 1 Nr. 6 EStG mit dem persönlichen Steuersatz zu versteuern. Es fällt jedoch nur der halbe Steuersatz an, wenn die Versicherung erst zwölf Jahre nach Abschluss ausgezahlt wird und die Auszahlung nicht vor dem 60. Lebensjahr – seit 31.12.2011 dem 62. Lebensjahr[441] – erfolgt. Auch hier dürfte nach der neuen Rechtsprechung des BGH der Stichtag der Vermögensbewertung dem Auszahlungstag gleichzusetzen sein.

177 Die familienrechtliche Literatur versteht die neue Rechtsprechung des BGH so, dass bei der Berechnung der latenten Ertragsteuer auf die **individuellen steuerlich relevanten tatsächlichen und rechtlichen Verhältnisse** zum Stichtag abzustellen ist.[442] Der Steuersatz wäre dann unter Einschluss des Gesamteinkommens zu bestimmen. Bisher nicht entschieden ist, ob die Splittingtabelle noch zum Einsatz kommen kann oder – da das Trennungsjahr zum Stichtag der Rechtshängigkeit des Scheidungsantrags abgelaufen ist – die **Grundtabelle**.[443]

178 Wenn auf diese Weise die latente Ertragsteuer beim **Endvermögen** berücksichtigt wird, dann müssen auch die Gegenstände des **Anfangsvermögens** in gleicher Weise bewertet werden. Dabei muss dann der teilweise sehr lange zurückliegende Stichtag des Eingehens der Ehe für Zuwendungen im Rahmen des § 1374 Abs. 2 BGB der Tag der Zuwendung sein. Dazu müssen die rechtlichen und persönlichen steuerlichen Verhältnisse zu diesen verschiedenen Stichtagen aufgeklärt werden, was angesichts zahlreicher Steueränderungen gerade bei der Veräußerungsgewinnbesteuerung keine leichte Aufgabe darstellt. Für das Anfangsvermögen ist dabei auf die anwendbare Splittingtabelle abzustellen, was zu einem niedrigeren Abzug und damit zu einer Minderung des Zugewinns führen kann.

179 Diese Rechtsprechung ist jedenfalls **im Hinblick auf die Individualisierung der latenten Steuer kritisch** zu sehen. Gerade wenn man wie der BGH die latente Steuer als Element der Bewertung von Vermögensgegenständen sieht, dann muss sie vom Gegenstand her gedacht sein und nicht vom Inhaber mit der Konsequenz, dass je nach persönlichen Verhältnissen der Gegenstand für jeden Inhaber einen anderen Wert hat. Hier zeigt das IDW S 1[444] mit einem **pauschalen Steuersatz**

---

439 Zum Stichtag § 52a Abs. 10 EStG.
440 Zur Bewertung Rdn. 138 ff., zur Abgrenzung zum Versorgungsausgleich Rdn. 38 ff.
441 § 52 Abs. 36 Satz 9 EStG.
442 Kuckenburg, FuR 2012, 71, 72; Schlünder, FamRZ 2015, 372, 375; BeckOGK/Siede, § 1376 BGB, Rn. 467.
443 Kogel, Strategien, Rn. 1183; für Letzteres BeckOGK/Siede, § 1376 BGB, Rn. 469.
444 IDW S 1, Rn. 43 f.

von 35 % den richtigen Weg auf. Damit sind zugleich alle Bewertungsunsicherheiten abgegolten. Auch das vereinfachte Bewertungsverfahren geht nach § 202 Abs. 3 BewG von einer pauschalierenden Betrachtung des Ertragsteueraufwandes aus.

Nachdem der BGH nun im Rahmen der Schwiegerelternzuwendungen eine nachträgliche Neuberechnung des Anfangsvermögens zulässt, sollte man überlegen unter Anwendung dieser Methode für Anfangs- und Endvermögen den gleichen Betrag an latenter Steuer anzusetzen. Zudem ergeht der berechtigte Hinweis, dass dann auch die am Stichtag bereits verwirklichte Einkommensteuer trotz ihres Charakters als Jahressteuer mit in die Berechnung des Endvermögens einbezogen werden müsse.[445] 180

Zu den Fragen der **Abstimmung der Bewertung auf die Rechtsgebiete des Familien- oder Erbrechts** ist nunmehr ein **neuer Standard IDW S 13** erlassen worden. Der neue IDW S 13[446] befasst sich mit der **Unternehmensbewertung im Familien- und Erbrecht** und löst die bisherige Stellungnahme von 1995 ab. Auch die **Rechtsprechung zur latenten Ertragsteuer** findet sich in **IDW S 13** wieder.[447] So wird die fiktive Veräußerung am Stichtag unterstellt und die dadurch ausgelöste persönliche Ertragsteuerbelastung abgezogen und zwar zu allen Stichtagen.[448] Der Standard setzt aber die Fiktion des BGH konsequent um und berücksichtigt auch, dass der latenten Steuer als Nachteil auch ein **tax amortisation benefit** (sog. »tab«) gegenüberzustellen ist.[449] Damit berücksichtigt IDW S 13 werterhöhend einen **abschreibungsbedingten Steuervorteil**, den der Erwerber erlangt und der diesen in die Lage versetzt, einen höheren Kaufpreis zu kalkulieren. Somit handelt es sich um einen **betriebswirtschaftlich notwendigerweise zu berücksichtigenden Werteffekt.**[450] 181

Dies ist hingegen **im Familienrecht noch zu diskutieren**. Dieser Gesichtspunkt ist somit in die zivilrechtliche Dogmatik noch einzuarbeiten.[451] Hier wird aber zunehmend Kritik an der Berücksichtigung des tab geäußert,[452] weil die rechtsformübergreifende Annahme eines solchen Vorteils nicht gerechtfertigt sei. Der BGH hat in seinem jüngsten Urteil zur Unternehmensbewertung zwar die Grundsätze IDW S 13 in Bezug genommen, aber leider die Gelegenheit nicht genutzt, zum »tab« Stellung zu nehmen.[453] 182

In anderem Zusammenhang hat der **BFH**[454] inzwischen entschieden, dass bei der Anteilsbewertung zum Zwecke der Erbschaftsteuer die **künftige ertragsteuerliche Belastung** aufgrund einer im Bewertungszeitpunkt lediglich beabsichtigten, aber noch nicht beschlossenen Liquidation der Kapitalgesellschaft bei der Ermittlung des Substanzwertes als Mindestwert **nicht wertmindernd** zu berücksichtigen ist.[455] Die wirtschaftlich wesentlichen Tatbestandselemente für das Entstehen von Ertragsteuern auf einen etwaigen künftigen Liquidationsgewinn seien noch nicht erfüllt. Die Entscheidung wird all jene bestärken, welche die extensive Anwendung der latenten Ertragsteuer im Zugewinn nicht für richtig halten. 183

---

445 Piltz, NJW 2012, 1111 mit vielen Beispielen.
446 IDW S 13 in der Loseblattsammlung, 58. Erg.Lfg. Stand August 2016 und IDW-Life 2016, 548 ff.; hierzu Ihlau/Kohl, WPG 2016, 163 ff.; abgelöst wird damit die Stellungnahme HFA 2/1995. Zur Unternehmensbewertung im Familien- und Erbrecht, WPg 1995, 522 ff.
447 IDW S 13, Rn. 38 f.
448 Kritisch zur latenten Ertragsteuer bei Berechnung eines Fortführungswertes: Ballhorn/König, FuR 2016, 383 ff.
449 IDW S 13, Rn. 39; hierzu Ballhorn/König, FamRB 2017 33 f.
450 Ballhorn/König, FamRZ 2018, 161, 165; Fleischer/Hüttemann/Jonas/Wieland-Blöse, § 15 Rn. 84, 89; dagegen Borth, FamRZ 2017, 1739, 1744: keine gesicherte Rechtsposition.
451 Ballhorn/König, BB 2015, 1899, 1902.
452 Vgl. etwa Kuckenburg, FuR 2018, 78 aufbauend auf Borth, FamRZ 2017, 1739; Schlimpert/Siewert, FamRZ 2019, 586 »Der Wahnsinn mit dem »tab« bei den latenten Steuern«.
453 BGH, NJW 2018, 61 f. m. Anm. C. Münch.
454 BFH, ZEV 2018, 217.
455 A.A. Popp/Schwind, DStR 2015, 2565 f.

184 Nach der ausführlichen Rechtsprechung des BGH zum Abzug latenter Ertragsteuern bei der Zugewinnberechnung **wird sich die Frage erheben**, ob dies auch für die **Pflichtteilsberechnung** gelten muss. Hierzu nimmt IDW S 13[456] insoweit Stellung, als auf die Rechtsprechung des BGH verwiesen wird, wonach solches dann der Fall sei, wenn von einer Verwertung oder Liquidation und nicht von einer Fortführung ausgegangen werde. Dann müsse aber auch im Einzelfall die Berücksichtigung eines tab geprüft werden. Auch andere Stimmen sprechen sich gegen eine Berücksichtigung latenter Ertragsteuern bei der Pflichtteilsberechnung aus.[457] Zuweilen wird auch der Abzug latenter Ertragsteuern beim Pflichtteil befürwortet[458] oder abwartend auf die künftige Rechtsprechung des BGH verwiesen.[459]

4. Bewertung von Unternehmen und Praxen

a) Bewertungsmethoden für Unternehmen[460]

185 Entgegen einiger Ansichten in der Literatur, welche die betriebswirtschaftlich anerkannte Bewertungsmethode als zwingend auch für die Unternehmensbewertung im Zugewinn ansehen,[461] legt sich die **Rechtsprechung grundsätzlich nicht auf eine bestimmte Bewertungsmethode fest**, sondern ist der Ansicht, dass es Aufgabe des sachverständig beratenen Tatrichters ist, die im Einzelfall zutreffende Bewertungsmethode auszuwählen und anzuwenden.[462] Folge dieser Einschätzung ist auch, dass die Bewertung von der Revisionsinstanz nur daraufhin überprüft werden kann, ob sie gegen Denkgesetze und Erfahrungssätze verstößt[463] oder sonst auf rechtsfehlerhaften Erwägungen beruht.[464] Das bedeutet, dass das Gericht aus den betriebswirtschaftlich und juristisch entwickelten Methoden die geeignete auswählt und auch mehrere aufgrund verschiedener Methoden ermittelte Werte zur endgültigen Bewertung heranzieht,[465] etwa durch die Bildung eines Mittelwertes.[466] Es darf jedoch keine Vermischung verschiedener Methoden vorgenommen werden.[467] Im Hinblick auf die Bewertungsmethoden ist vieles umstritten. Nachfolgend werden die wichtigsten Bewertungsmethoden vorgestellt, die in der Rechtsprechung zur Unternehmensbewertung eine Rolle gespielt haben.[468] In letzter Zeit hat der BGH jedoch die besondere Geeignetheit des Ertragswertverfahrens[469] und für freiberufliche Praxen die Vorzugswürdigkeit der modifizierten Ertragswertmethode betont.[470]

---

456 IDW S 13 Tz. 42.
457 Ballhorn/König, BB 2015, 1899, 1902.
458 Lorz, ZErb 2003, 302 ff.; Winkler, ZEV 2009, 89, 90; Fleischer/Hüttemann/Lange, § 24 Rn. 23.
459 So etwa Ihlau/Kohl, Wpg 2016, 163, 167.
460 Zusammenfassende Darstellung bei C. Münch, DStR 2014, 806 ff.
461 Piltz/Wissmann, NJW 1985, 2673, 2677.
462 BGH, FamRZ 2005, 99; BGH, FamRZ 2003, 1186, 1187; BGH, FamRZ 1991, 43; MünchKomm-BGB/Koch, § 1376 Rn. 40; zusammenfassend zu den Bewertungsmethoden: Kuckenburg, FuR 2009, 316 ff. ders., FPR 2009, 290 f. mit dem Hinweis, der Richter habe dem Sachverständigen die konkrete Bewertungsmethode vorzugeben.
463 So Schröder, FamRZ 2005, 101 zum Ansatz des Ertragswertes anstelle des Liquidationswertes beim überschuldeten Unternehmen; dagegen Kuckenburg, FuR 2005, 401.
464 BGH, FamRZ 2005, 99; hierzu krit. Piltz/Wissmann, NJW 1985, 2673, 2676, die die Auswahl und Anwendung der Methode als voll überprüfbare Rechtsfrage verstehen wollen.
465 Auf das vereinfachte Ertragswertverfahren nach dem BewG wird hier nicht näher eingegangen, da dies als typisches Massenbewertungsverfahren nicht die Möglichkeit bietet, individuelle Gesichtspunkte zu erfassen, vgl. hierzu Bruckmeier/Zwirner/Vodermeier, DStR 2017, 678 ff.
466 OLG Bamberg, FamRZ 1995, 607 ff.; Johannsen/Henrich/Jaeger, § 1376 Rn. 21.
467 BGH, FamRZ 2005, 99.
468 Zur Möglichkeit eines selbstständigen Beweisverfahrens zur Feststellung: Kogel, FF 2009, 195 ff.; eine Grundlegung der Unternehmensbewertung für Juristen geben Großfeld/Merkelbach, NZG 2008, 241 ff.; eine Übersicht der Bewertungsmethoden findet sich bei Kuckenburg, FuR 2012, 222 sowie bei Richard, kösdi 2020, 21652 ff.
469 BGH, NJW 2018, 61 m. Anm. C. Münch, Rn. 17.
470 BGH, NJW 2011, 999; BGH, NJW 2011, 2572 f.; BGH, NJW 2018, 61 m. Anm. C. Münch, Rn. 19.

Für die Unternehmensbewertung bedeutet das Stichtagsprinzip, dass die Bewertung immer zum maßgeblichen Stichtag für das Anfangs- bzw. Endvermögen zu erfolgen hat und hierbei so zu bewerten ist, als wäre die Zeit danach nicht bekannt, d.h. es dürfen nur die zum Stichtag vorhandenen Erkenntnisse mit in die Bewertung einfließen.[471] Der BGH hat hierzu eine »**Wurzeltheorie**«[472] entwickelt. Danach sind all diejenigen späteren Entwicklungen mit einzubeziehen, deren Wurzeln in der Zeit vor dem Bewertungsstichtag liegen.[473]

186

Ein stichtagsnaher Verkauf wird bei der Wertfestsetzung zu berücksichtigen sein, allerdings ist der Gesamtverkauf des Unternehmens nicht unverändert maßgeblich für den Wert eines einzelnen Anteils, denn die Gegenleistung wird hier maßgeblich dadurch geprägt, dass der Erwerber das Gesamtunternehmen kaufen konnte.[474]

187

aa) Ertragswertverfahren

Die zentrale Bewertungsmethode – sie wird teilweise als die allein gültige angesehen, da sie von der Betriebswirtschaft als die zutreffende Bewertungsmethode verstanden werde –[475] ist die Ertragswertmethode. Sie ermittelt den **künftigen Ertrag eines Unternehmens**. Dem liegt die Annahme zugrunde, dass der Wert des Unternehmens sich danach richtet, was ein Dritter am Markt für ein Unternehmen zahlen würde. Dieser aber vergleicht die Rendite aus dem Unternehmen mit der Alternative einer anderen rentablen Geldanlage. Demnach ist der Ertrag des Unternehmens entscheidend für seinen Wert. Die Rechtsprechung hat diese Methode zur Unternehmensbewertung gebilligt,[476] neuerdings bezeichnet sie sogar die Anwendung einer modifizierten Ertragswertmethode für die Bewertung einer freiberuflichen Praxis als vorzugswürdig.[477] Sie ist aber nach BGH dann nicht anwendbar, wenn der Liquidationswert eines Unternehmens den Ertragswert erheblich übersteigt.[478]

188

(1) Zukunftserfolgswert

Unter dem Ertragswert versteht man die **Summe aller zukünftigen Erträge** des fortgeführten Unternehmens[479] **vermehrt um den Veräußerungswert des nicht betriebsnotwendigen** Vermögens zu Einzelveräußerungspreisen.[480] Unterste Grenze des Unternehmenswertes[481] ist hierbei der Liquidationswert.[482]

189

Die zukünftigen Erträge werden auf den Bewertungsstichtag abgezinst (kapitalisiert), um zu einem Barwert des Unternehmens am **Bewertungsstichtag** zu kommen.[483]

190

Sofern die künftige Ertragsperiode unbefristet ist, geschieht die Kapitalisierung der zukünftigen Erträge nach der **Formel für die immerwährende Rente**.[484]

191

---

471 Braunhofer, 109; Piltz/Wissmann, NJW 1985, 2673, 2676.
472 So OLG Düsseldorf, DB 2000, 81.
473 BGH, NJW 1973, 509, 511.
474 OLG Dresden, FamRZ 2008, 1857.
475 Piltz/Wissmann, NJW 1985, 2673, 2677.
476 BGH, FamRZ 1982, 54 f.; BGH, FamRZ 2005, 99 f.
477 BGH, NJW 2011, 2572 f.
478 BGH, INF 2006, 412 f. = DStR 2006, 1005 f.
479 Piltz/Wissmann, NJW 1985, 2673, 2674.
480 Borth, FamRB 2002, 339, 341; Burg/Gimnich, NotBZ 2005, 279, 286; Großfeld/Egger/Tönnes, Rn. 332 ff.; OLG Düsseldorf, DB 2000, 81.
481 Zum zusätzlichen Abzug negativen Eigenkapitals und zum Verbot der nochmaligen Berücksichtigung dieser Verbindlichkeiten im Endvermögen: BGH, FamRZ 2005, 99, 100.
482 Kuckenburg, FuR 2005, 401; Piltz/Wissmann, NJW 1985, 2673, 2674; BRHP/Cziupka, § 1376 Rn. 21.
483 Großfeld/Egger/Tönnes, Rn. 378.
484 BGH, FamRZ 1982, 54, 55.

192 Der hierbei verwendete Abzinsungsfaktor heißt **Kapitalisierungszinssatz**.[485] Er setzt sich zusammen aus dem **Basiszinssatz**, der sich üblicherweise nach der durchschnittlichen Effektivverzinsung inländischer öffentlicher Anleihen bemisst,[486] und verschiedenen Zuschlägen (die den Barwert vermindern) und Abschlägen (die den Barwert erhöhen). Erörtert wird insb. ein **Unternehmensrisikozuschlag**,[487] der zum Ausdruck bringt, dass die Anlage in Unternehmenswerten immer risikoreicher ist als diejenige in öffentlichen Anleihen. Ein solcher Zuschlag wird nach höheren Werten in der Vergangenheit nunmehr mit 0 %-2 % in Ansatz gebracht.[488] Er kann entfallen, wenn der Sachverständige bereits durch eine vorsichtige Bewertung die unternehmerischen Risiken berücksichtigt hat.[489] Z.T. wird auch für den Ansatz eines **Immobilitätszuschlags** plädiert, weil das Unternehmen nicht in gleicher Weise schnell in Liquidität verwandelt werden kann wie andere Geldanlagen.[490] Allgemein hat sich ein solcher Zuschlag jedoch noch nicht durchgesetzt. Sofern die Gewinne aus dem Unternehmen die laufende Geldentwertung auffangen können (etwa durch Weitergabe in Form von Preiserhöhungen an Kunden), haben sie der reinen Kapitalanlage etwas voraus, was durch den **Geldentwertungsabschlag** vom Kapitalisierungszinssatz berücksichtigt wird.[491] Die Höhe dieses Geldentwertungsabschlags wird angenommen mit 1 %-3 %.[492]

Um die Wirkungsweise der Zu- und Abschläge sowie die Berechnung des Barwertes zu demonstrieren, daher folgendes Rechenbeispiel:[493]

▶ Beispiel:

Der durchschnittliche Jahresgewinn sei 40.000,00 €. Der Basiszins betrage 8 %. Damit errechnet sich der Barwert wie folgt:

$$Barwert = \frac{Durchschnittsgewinn}{Kapitalisierungszinsfuß\ (\%)}$$

Dies ergibt: 40.000,00 €: 8/100 = 500.000,00 €. Der Barwert beträgt also 500.000,00 €.

Ist ein Risikozuschlag von 2 % hinzuzuzählen, ergibt sich: 40.000,00 €: 10/100 = 400.000,00 €. Ein Zuschlag vermindert also den Barwert.

Soll noch ein Geldentwertungsabschlag von 2,5 % gemacht werden, so ist zu rechnen: 40.000,00 €: 7,5/100, ergibt einen Barwert von 533.333,33 €. Der Abschlag erhöht also den Barwert.

193 Neben dem Ertragswert kann nicht noch gesondert ein »Goodwill« ausgerechnet werden, da dieser im Ertragswert bereits enthalten ist.[494]

---

485 Zum Abzug von persönlichen Steuern beim Kapitalisierungszinssatz: Ballhorn/König, FamRB 2019, 368, 372.
486 BGH, FamRZ 1982, 54, 55; OLG Düsseldorf, DB 2000, 81.
487 BGH, FamRZ 1982, 54, 55; OLG Düsseldorf, DB 2000, 81, 83; Kuckenburg, FuR 2012, 278; Ballhorn/König, FamRB 2019, 368, 370; gegen den Ansatz eines solchen Zuschlags: OLG Celle, NZG 1998, 987, 989.
488 BayObLG, AG 1995, 127, 129; OLG Hamm, FamRZ 1998, 235, 236; Büte, Rn. 60.
489 OLG Stuttgart, NZG 2000, 744, 747.
490 Schröder, Bewertungen, Rn. 104.
491 OLG Düsseldorf, DB 2000, 81, 83.
492 Piltz/Wissmann, NJW 1985, 2673, 2679. Nach OLG Stuttgart, NZG 2000, 744, 747 kann der Abschlag entfallen, wenn auch der etwa gleich hohe Risikozuschlag weggelassen wird.
493 Nach Schulz//Hauß, Kap. 1 Rn. 135 ff.
494 Johannsen/Henrich/Jaeger, § 1376 Rn. 18.

A. Zugewinngemeinschaft

(2) Prognose aus vergangenen Erträgen

Die Summe künftiger Erträge wird durch **eine Prognose auf der Grundlage der vergangenen Erträge** ermittelt unter der Annahme, dass die Entwicklung in der Zukunft in gleicher Weise verläuft.[495]

194

Bei dieser Zukunftsprognose sind die Erträge aus der Vergangenheit als Grundlage zu nehmen. Diese sind **um einmalige nicht periodengerechte Entwicklungen zu bereinigen** und um betriebliche Eigenleistungen zu erhöhen.[496]

Bei der Bewertung der Erträge in der Vergangenheit können die jüngeren Jahre stärker gewichtet werden,[497] wenn sich in der Entwicklung eine Tendenz zeigt.

195

Die Annahme, dass die Entwicklung in der Zukunft genauso verlaufe, enthält nicht unwesentlich ein spekulatives Element, das umso größer wird, je instabiler die wertbeeinflussenden Faktoren sind. So ist insb. bei einer kleinen Betriebsgröße, einem kleinen Kundenstamm und einer spezialisierten Leistung sowie einer hohen Abhängigkeit vom persönlichen Einsatz und den persönlichen Beziehungen des Inhabers, die Prognose sehr erschwert, sodass bei Vorliegen solcher Voraussetzungen ggf. auch ein Mittelwert aus mehreren Methoden zu bilden ist.[498] Bleibt man »methodenrein«, sind die besonderen Verhältnisse wachstumsstarker oder ertragsschwacher oder stark inhabergeprägter Unternehmen i.R.d. Ertragswertmethode besonders zu berücksichtigen.[499] Ebenso sind Exklusivverträge zu würdigen, von denen ein wesentlicher Teil des Firmenumsatzes abhängt.[500] Insgesamt ist zu beachten, dass eine Trendbeobachtung und eine Analyse zukünftiger Erfolgschancen notwendig ist, weil die unbesehene Übernahme von Vergangenheitswerten kein realistisches Abbild liefert.[501]

196

War die **Berücksichtigung von Steuern bei der Unternehmensbewertung** lange Zeit umstritten,[502] so geht die moderne betriebswirtschaftliche Theorie in Deutschland nunmehr von einem Abzug sowohl der Ertragsteuern auf Ebene des Unternehmens wie auch der Ertragsteuern der Unternehmenseigner aus, die mit einem typisierten Ertragsteuersatz unter Zugrundelegung sachgerechter Annahmen angesetzt werden.[503] Korrespondierend sind die Steuern auch im Kapitalisierungszinsfuß abzubilden.[504]

197

Ein steuerlicher Verlustvortrag kann ein werterhöhender Faktor sein.[505]

(3) Nicht betriebsnotwendiges Vermögen

Dass zu dem Zukunftsüberschusswert der **Veräußerungswert des nicht betriebsnotwendigen** Vermögens zu Einzelveräußerungspreisen hinzuzuzählen ist, wird allgemein angenommen.[506] Die Rechtsprechung hat formuliert, dass – gleich bei welcher Bewertungsmethode – nicht betriebsnotwendiges Vermögen von der Gesamtbewertung ausgenommen und mit dem Liquidationswert zu bewerten sei.[507] Die **Abgrenzung** des nicht betriebsnotwendigen Vermögens soll **funktional** zu tref-

198

---

495 OLG Bamberg, FamRZ 1995, 607, 610.
496 Schröder, Bewertungen, Rn. 100 f.
497 Kogel, Strategien, Rn. 1223; BGH, NJW-RR 2016, 1217, Rn. 42 unter Berufung auf Münch, DStR 2014, 806, 808.
498 OLG Bamberg, FamRZ 1995, 607, 610.
499 IDW S 1, Rn. 145 ff. (Gliederungspunkt 8).
500 OLG Frankfurt am Main, FamRZ 2009, 2006.
501 Ballhorn/König, FamRB 2019, 368.
502 So Großfeld/Stöver/Tönnes, BB-Spezial 7/2005, 2, 10.
503 IDW S 1 Rn. 28 f., 43 f., insb. 31; Großfeld/Egger/Tönnes, Rn. 336; Großfeld/Stöver/Tönnes, BB-Spezial 7/2005, 2, 10; Reimann, DNotZ 1992, 472, 475; Schröder, Bewertungen, Rn. 98.
504 IDW S 1 Rn. 93; Großfeld/Stöver/Tönnes, BB-Spezial 7/2005, 2, 10.
505 OLG München, AG 2008, 28.
506 Borth, FamRB 2002, 339, 341; Burg/Gimnich, NotBZ 2005, 279, 286; Großfeld/Egger/Tönnes, Rn. 335; Piltz/Wissmann, NJW 1985, 2673, 2674; BayObLG, AG 1995, 127 ff.; OLG Düsseldorf, DB 2000, 81; zu negativem nicht betriebsnotwendigen Vermögen: Buck, DStR 2016, 1178.
507 BGH, FamRZ 2005, 99.

fen sein, d.h. danach, ob das entsprechende Vermögensgut veräußert werden kann, ohne dass die Unternehmensaufgabe berührt wird.[508] Damit soll die tatsächliche Nutzung entscheidend sein, nicht hingegen eine hypothetische.[509] So hat z.B. das BayObLG brauereieigene Gaststätten dem nicht betriebsnotwendigen Vermögen zugeordnet, nachdem nur noch 5 % des Biervertriebes über solche Gaststätten erfolgt.[510]

199　Bei der Bewertung des nicht betriebsnotwendigen Vermögens nach Einzelveräußerungswerten will die Rechtsprechung eine **latente Ertragsteuer** abziehen. Dies wird durch die Bewertungsmethode gerechtfertigt, die auf einen Verkauf abstellt,[511] sodass die üblichen Verkaufskosten, aber auch eine latente Ertragsteuer abzuziehen sind.[512] Der BGH hat sich aber nun eindeutig zur latenten Ertragsteuer bekannt und deren Berücksichtigung im Zugewinn nicht auf Betriebsvermögen beschränkt, sondern für alle Vermögensgüter gefordert.[513]

200　Auch ein **Verlustvortrag**, der durch eigene Gewinne des Unternehmens nicht mehr hätte ausgeglichen werden können, soll als nicht betriebsnotwendiges oder neutrales Vermögen anzusetzen sein.

201　Im sogleich zu besprechenden **IDW-Standard** hat das nicht betriebsnotwendige Vermögen eine eigene Regelung erfahren. Danach ist die gesonderte Bewertung unter Abzug der Veräußerungskosten und einer Berücksichtigung der Steuern, allerdings unter Differenzierung nach konkreter Erlösverwendung, vorzunehmen. Ferner ist zu berücksichtigen, ob solches Vermögen der Kreditsicherung dient und seine Veräußerung daher die Finanzierungskosten erhöht.[514]

▶ Hinweis:

202　Beachtet werden muss, dass bei der Unternehmensbewertung das nicht betriebsnotwendige Vermögen separat zu bewerten ist!

(4) Unternehmerlohn

203　Bei der Ermittlung des Unternehmenswertes ist ein **kalkulatorischer Unternehmerlohn** abzuziehen,[515] da die unternehmerische Tätigkeit des Veräußerers sich nicht oder jedenfalls nicht ohne gesondertes Entgelt fortsetzt. Dieser ist bei **Einzelunternehmen und Personengesellschaften** noch nicht in den Ergebnisrechnungen enthalten, sodass hier eine Korrektur erfolgen muss.[516] Der Abzug hat sich zu bemessen nach dem, was ein nicht am Unternehmen Beteiligter für die Geschäftsführungsleistung erhalten würde,[517] zuzüglich eines Zuschlags von 20 % für den Arbeitgeberanteil zur Sozialversicherung.[518] In gleicher Weise sind Korrekturpositionen einzustellen, wenn Angehörige des Unternehmers bisher unentgeltlich im Unternehmen mitgearbeitet haben.[519] Bei inhaberbezogenen Unternehmen und freiberuflichen Praxen ist jedoch stets der individuelle, konkret gerechtfertigte Unternehmerlohn abzuziehen.[520]

508　Großfeld/Egger/Tönnes, Rn. 383.
509　Umstritten, vgl. BayObLG, AG 1995, 127 ff.; OLG Düsseldorf, AG 1999, 321, 324.
510　BayObLG, AG 1995, 127 ff.
511　BGH, FamRZ 2005, 99, 101; OLG Düsseldorf, FamRZ 2008, 516 f.; Manderscheid, ZFE 2005, 341, 343.
512　OLG Düsseldorf, DB 2000, 81; allerdings war im dort vorliegenden Fall ein späterer Verkauf geplant und hat dann auch tatsächlich stattgefunden.
513　BGH, NJW 2011, 2572.
514　IDW S 1, Rn. 59 ff.
515　BGH, FamRZ 1999, 361, 364; Borth, FamRB 2002, 339, 340; Fischer-Winckelmann, FuR 2004, 433, 436; Manderscheid, ZFE 2005, 341, 344.
516　IDW S 1, Rn. 40.
517　Riedel, Rn. 167; IDW S 1, Rn. 40.
518　Schulz/Hauß, Kap. 1 Rn. 133.
519　IDW S 1, Rn. 40.
520　BGH, NJW 2008, 1221; BGH, NJW 2011, 2572; gegen diesen Ansatz Dorsel, DNotZ 2011, 863 ff., der nur abziehen will, was sich im Unterhaltsbereich auch tatsächlich auswirkt. Dies verkennt, dass das

A. Zugewinngemeinschaft Kapitel 1

(5) Latente Ertragsteuer

Nachdem die Literatur gegen die Berücksichtigung der latenten Ertragsteuer nur bei der Firmenbewertung Bedenken im Hinblick auf die Ungleichbehandlung gegenüber anderen Vermögensgütern bei der Zugewinnberechnung erhoben hatte,[521] hat der BGH in einer Entscheidung nunmehr in einem Nebensatz festgestellt, dass die **latente Ertragsteuer** bei der Bewertung **aller Vermögensgegenstände** – somit auch insbesondere bei Grundstücken, Wertpapieren und Lebensversicherungen – abgezogen werden müsse.[522] Die Steuern sollen ungeachtet einer etwaigen Veräußerungsabsicht auf die Verhältnisse am Stichtag bezogen sein.[523] **Bemessungsgrundlage** ist nicht der Unternehmenswert an sich, sondern lediglich die **stillen Reserven**.[524]

204

Dabei stellt der BGH nicht darauf ab, welche Steuern etwa bei einer späteren Veräußerung entstehen könnten, sondern er unterstellt eine **fiktive Veräußerung zum Stichtag**. Das Gericht will dann – entgegen seiner früheren Rechtsprechung[525] – auch keinen pauschalen Steuersatz angesetzt wissen, sondern den **individuellen Steuersatz**, der bei einer Veräußerung am Stichtag anfallen würde.[526] Im konkreten Fall war deshalb der volle Steuersatz anzusetzen, weil der Inhaber das 55. Lebensjahr noch nicht vollendet hatte und daher keinen ermäßigten Steuersatz geltend machen konnte.

205

(6) Markt

Neben der Berechnung des Ertragswertes ist immer auch zu überprüfen, ob es für das Unternehmen einen Markt gibt; nur dann ist der Ansatz des Ertragswertes als Wert für das fortgeführte Unternehmen möglich.[527] Der BGH[528] hat dies verneint für eine **Versicherungsagentur eines Handelsvertreters**. Gleichwohl will das OLG Koblenz den Substanzwert im Zugewinnausgleich berücksichtigen.[529]

206

bb) IDW-Standard S 1

Ließ sich schon bei der Schilderung des Ertragswertverfahrens zeigen, dass über die Bewertungsgrundsätze ganz unterschiedliche Meinungen sowohl hinsichtlich der anzuwendenden Methode als auch innerhalb einer Methode hinsichtlich der durchzuführenden Bewertungsschritte bestehen, so ist es umso wichtiger, dass sich allgemeine Standards entwickeln, an die man sich bei der Unternehmensbewertung halten kann und die auch bei der ehevertraglichen Gestaltung als allgemein zugänglich vernünftig in Bezug genommen werden können. Als ein solcher Standard haben sich die vom Hauptfachausschuss des Instituts der Wirtschaftsprüfer verabschiedeten »**Grundsätze zur Durchführung von Unternehmensbewertungen (IDW S 1)**« etabliert. Diese werden periodisch überprüft und verändert und sind zuletzt am 02.04.2008 wieder neu beschlossen worden.[530] Dieser Standard

207

Doppelverwertungsverbot zwar Anlass dieser Rechtsprechung war, dass aber der Abzug des individuellen Unternehmerlohnes von der Bewertung her gedacht ist, denn in dieser Höhe wird ein Bewertungsabschlag erfolgen müssen. Vgl. hierzu die Darstellung in Rdn. 241 ff.
521 Kogel, NJW 2007, 556, 559.
522 Die ausführlichere Darstellung der latenten Ertragsteuer findet sich daher in Rdn. 167 ff.
523 BGH, NJW 2011, 2572.
524 Ballhorn/König, FamRB 2019, 368, 373.
525 BGH, DStRE 1999, 363 f.; BGH, NJW 2011, 601 – hier wird auf den späteren Zeitpunkt der Auszahlung abgestellt, nicht auf eine fiktive Rechnung zum Stichtag.
526 Kuckenburg, FuR 2012, 71, 72.
527 Schulz/Hauß, Kap. 1 Rn. 143.
528 BGH, NJW 2014, 625.
529 OLG Koblenz, FamRZ 2017, 277.
530 IDW S 1; zum Standard (2008): WPg 2007, 633; Dörschell, Franken, Schulte, WPg 2008, 444; Jonas, WPg 2008, 826 ff., 835 ff.; Wagner, WPg 2008, 834 f.; Wiese, WPg 2007, 368 f.; Meinert, DB 2011, 2455 f.; zu den Besonderheiten bei Familienunternehmen, die einen verstärkten Vergleich mit der Marktüblichkeit erfordern: Schoberth/Ihlau, BB 2008, 2114; ausführlich zu diesem Bewertungsstandard Erb/Regierer/Vosseler, S. 143 ff.

ist zur Bewertung von Unternehmen durch Wirtschaftsprüfer gebildet worden. Er wird ergänzt durch **den neuen IDW Standard S 13: Besonderheiten bei der Unternehmensbewertung zur Bestimmung von Ansprüchen im Familien- und Erbrecht**[531]. Ferner gibt es gesonderte Hinweise zur Bewertung von **KMU** aus dem Jahr 2014.[532]

Für das Handwerk wurde ein eigener branchenspezifischer Bewertungsstandard der sog. »AWH-Standard« entwickelt.[533]

Bei Unternehmen mit internationaler Ausrichtung sind ggf. weitere Überlegungen anzustellen. Hier gibt es z.B. einen Bewertungsstandard des IVSC (International Valuation Standards Council), das einen zur internationalen Anwendung vorgesehenen IVS (International Valuation Standard) periodisch überprüft und veröffentlicht.[534]

208 Wichtige Neuerungen im Standard IDW S 1 (2008) sind die Bewertung **nach Abzug von Steuern**, der Verweis auf die **Aktienrendite,**[535] die Abkehr von der **Vollausschüttungshypothese** und die Unterscheidung von **Kursgewinnen und Dividendenrenditen**.[536] Branchenspezifische Bewertungskriterien waren in einem Schreiben des Bayerischen Staatsministeriums der Finanzen aus 2013 zusammengestellt[537], das inzwischen aufgehoben wurde.[538]

209 Dieser IDW-Standard ermittelt den **Zukunftserfolgswert** des Unternehmens mit der Untergrenze des Liquidationswertes und stellt hierfür mit dem Ertragswertverfahren und dem Discounted-Cash-Flow-Verfahren zwei Methoden zur Verfügung. Der Substanzwert hat nach diesem Standard keine eigenständige Bedeutung mehr.[539] In einem allgemeinen Teil erläutert der Standard zunächst Grundsätze für beide Bewertungsmethoden.[540]

210 Wie bereits bei der Ertragswertmethode als der in der Rechtsprechung gebräuchlichsten dargelegt, basiert die Unternehmensbewertung nach Auffassung des IDW zunächst auf einer **Vergangenheitsanalyse.**[541] Daraus ist eine **Zukunftsprognose** zu entwickeln, die häufig nach einem **Zweiphasenmodell** verläuft. In einer näheren ersten Phase können auf der Grundlage der ermittelten Datenbasis die verschiedenen Einflussfaktoren einzeln veranschlagt werden. Diese Phase dauert zumeist bis etwa fünf Jahre nach dem Stichtag. In der zweiten Phase werden die Daten dann – ausgehend von den Ergebnissen der ersten Phase – als konstant oder konstant wachsend angesehen. Diese Ergebnisse werden dann einer zusätzlichen Plausibilitätsprüfung unterzogen.[542]

211 Der IDW-Standard sieht als gleichartige Alternativinvestition, mit der zu vergleichen ist, die Renditen eines Bündels von am Kapitalmarkt notierten Unternehmensanteilen an (Aktienportfolio) und nimmt Korrekturen hinsichtlich unterschiedlicher Steuerbelastungen vor.[543]

---

531 IDW S 13 in der Loseblattsammlung, 59. Erg.Lfg. Stand August 2019 und IDW-Life 2016, 548 ff.; hierzu Ihlau/Kohl, WPG 2016, 163 ff. Abgelöst wird damit die Stellungnahme HFA 2/1995, zur Unternehmensbewertung im Familien- und Erbrecht, WPg 1995, 522 ff.
532 IDW-Fachnachrichten 4/2014, 82 ff.; KMU sind kleine und mittlere Unternehmen (vgl. die Empfehlungen der Europäischen Kommission ABl.EU 2003 Nr. L124, 36). Zu den neuralgischen Punkten bei deren Bewertung vgl. Wehmeier, DS 2013, 131 ff.
533 Hierzu Buchner/Friedl/Hinterdobler, DStR 2017, 1341.
534 Hierzu *www.ivsc.org*; vgl. Barthel, DStR 2010, 2003 f.
535 Baetge/Lienau, WPg 2005, 805 ff.; Großfeld/Stöver/Tönnes, BB-Spezial 7/2005, 2, 12 f.; Laas, WPg 2006, 290 f.; Wegener, DStR 2008, 935 f.
536 Laas, WPg 2006, 290, 292.
537 BayStMinFin 04.01.2013 – 34/31/33-S 3102–0006–333/13, BeckVerw 267920; vgl. auch Drukarczyk/Ernst, Branchenorientierte Unternehmensbewertung, 3. Aufl., 2010.
538 BeckVerw 351153.
539 IDW S 1, Rn. 6.
540 VersAusglG. etwa Konold/Schweizer zu praktischen Fragen, DStR 2017, 511 ff. und 558 ff.
541 IDW S 1, Rn. 72 f.
542 IDW S 1, Rn. 75 f.
543 IDW S 1, Rn. 93, 114 f.

Ertragswertmethode und Discounted-Cash-Flow-Verfahren sind zwei gleichrangige Bewertungsmethoden, die zu gleichen Unternehmenswerten führen müssten.[544]

(1) Ertragswertmethode

Die Ertragswertmethode nach IDW S 1 ermittelt den Unternehmenswert durch Diskontierung der den Unternehmenseignern zukünftig zufließenden finanziellen Überschüsse, die aus den künftigen handelsrechtlichen Erfolgen (Ertragsüberschussrechnung) abgeleitet werden. Die Ertragswertmethode wurde insoweit bereits vorgestellt. Der IDW-Standard trifft Detailaussagen zur periodengerechten Korrektur einzelner Bilanzansätze, zu den Auswirkungen der künftigen Finanzplanung im Hinblick auf Zinskosten und zur Ermittlung des richtigen Kapitalisierungszinssatzes.   212

(2) Discounted-Cash-Flow-Verfahren (DCF)

Das **DCF-Verfahren** bestimmt den Unternehmenswert durch Diskontierung von Cashflows, d.h. es wird anstelle des Ertragsüberschusses auf die zukünftigen **Einnahmeüberschüsse** abgestellt, die auf den Barwert abzuzinsen sind. Zu bewerten ist letztendlich der Free-Cash-Flow, d.h. die entnehmbaren Überschüsse unter gleichzeitiger Irrelevanz der Kapitalstruktur.[545]   213

Diese Methode, welche nicht zuletzt auf dem Einfluss des Shareholder-Value-Ansatzes beruht, entspricht **internationalen Tendenzen** und gewinnt daher auch in Deutschland immer mehr an Boden. Sie hat erste gesetzliche Anerkennung gefunden, indem § 297 Abs. 1 Satz 2 HGB im Konzernanhang börsennotierter Mutterunternehmen eine Kapitalflussrechnung fordert. Bei den Gerichten ist das DCF-Verfahren aber wohl der Ertragswertmethode noch nicht gleichgestellt.[546]

Der Vorteil des DCF-Verfahrens ist, dass nach Ermittlung der zu erwartenden Zahlungsströme eine Bewertung vorliegt, die nicht beeinflusst ist von periodenfremden Bilanzierungsverfahren, Bilanzwahlrechten und anderen sonst zu korrigierenden außerordentlichen Faktoren.   214

Da der **freie Cash-Flow** diejenige Summe ist, die allen Kapitalgebern zur Verfügung steht, muss für die Unternehmensbewertung eine Methode gefunden werden, mit der die für das Eigenkapital zur Verfügung stehenden Zahlungsströme bestimmt werden können. Hierzu stellt IDW S 1 drei Methoden zur Verfügung: das Konzept der gewogenen Kapitalkosten (**WACC-Ansatz**), das Konzept des angepassten Barwertes (**APV-Ansatz**) und das Konzept der direkten Ermittlung des Eigenkapitals (**Equity-Ansatz**).[547] Diese Methoden unterscheiden sich in der Art und Weise, wie die auf das Eigenkapital entfallenden Zahlungsströme ermittelt werden, sind aber nach IDW S 1 gleichwertig und müssten auch zu jeweils gleichen Ergebnissen führen.[548]   215

▶ Hinweis:

Das DCF-Verfahren ist betriebswirtschaftlich auf dem Vormarsch, durch die Rechtsprechung der Zivilgerichte aber noch nicht abgesichert. Ehevertraglich könnte das Verfahren gleichwohl vereinbart werden.   216

cc) Substanzwertmethode

Neben der Ertragswertmethode hat in der Rechtsprechung noch die Substanzwertmethode eine gewisse Rolle gespielt, die jedoch auf dem **Rückzug** begriffen ist und im Wesentlichen noch dort zur Anwendung gelangt, wo die Ertragswertmethode ungeeignet ist, etwa weil für das Unternehmen kein Markt besteht oder das Unternehmen derart inhabergeprägt ist, dass mit der Ertragswertme-   217

---

544 IDW S 1, Rn. 101.
545 Knoll in Heidel/Schall, Anhang nach § 342e, Rn. 33.
546 BRHP/Müller-Engels, § 2311, Rn. 37.
547 IDW S 1, Rn. 124 ff.; vgl. auch Knoll in Heidel/Schall, Anhang nach § 342e, Rn. 33 ff.
548 Näher zu diesen Verfahren: IDW S 1, Rn. 125 ff.; MünchKomm-BGB/Schäfer, § 738, Rn. 36.

thode kein realistischer Wert festgestellt werden kann. Die **Betriebswirtschaft** ist **skeptisch**, was die Eignung der Substanzwertmethode zur Bestimmung des Unternehmenswertes anbelangt.[549] Es fehlt schon an der Bewertung des Zusammenspiels der Gegenstände und Rechte, die in ihrer Sachgesamtheit den Wert der einzelnen Gegenstände und Rechte übersteigen. Die Substanzwertmethode gilt daher als »ausgestorben«.[550]

(1) Reproduktions- oder Wiederbeschaffungswert

218 Bei der Ermittlung des Substanzwertes wird der Wert gesucht, der erforderlich wäre, um das Unternehmen »nachzubauen«.[551] Es ist daher die **Summe der Zeitwerte zu Wiederbeschaffungspreisen** aller selbstständig veräußerbaren Gegenstände des Unternehmens **abzgl. aller Verbindlichkeiten** zu bilden.[552] Der Substanzwert heißt aus diesem Grund auch Reproduktions- oder Rekonstruktionswert.[553] Dafür ist jeder Gegenstand einzeln zu bewerten. Es kann nicht auf vorhandene Bilanzansätze zurückgegriffen werden; die stillen Reserven sind aufzulösen.[554]

(2) Gesonderte Bewertung des Goodwills

219 In der so geschilderten Berechnung des **Substanzwertes** ist der »**Goodwill**« eines Unternehmens **nicht enthalten.** Dieser ist zusätzlich gesondert zu bewerten.[555] Der BGH hat es i.R.d. Berechnung eines Mittelwertes nicht beanstandet, wenn dieser aus Substanzwert ohne »Goodwill« und Ertragswert gebildet wird.[556]

dd) Liquidationswert

220 Als Liquidationswert kann man den **Veräußerungswert der einzelnen Gegenstände** des Unternehmensvermögens abzgl. Schulden, Kosten und Steuern ansehen. Der Liquidationswert liegt regelmäßig ca. 20 %-25 % unter dem Wiederbeschaffungswert.[557] Je nach Verständnis ist der Liquidationswert auch noch niedriger als der Verkaufswert, da er den bei sofortiger Veräußerung erzielbaren Erlös abbildet. Die Gerichte erlauben insoweit nicht die schonende, sich über mehrere Jahre hinziehende Abwicklung, sondern fordern eine Bewertung zum Stichtag.[558] Insoweit stellt der Liquidationswert, der von einer Zerschlagung des Unternehmens ausgeht, jedenfalls betriebswirtschaftlich die **Untergrenze des Firmenwertes** dar. So jedenfalls sieht es IDW S 1 vor und weitgehend das Schrifttum,[559] jedenfalls soweit kein rechtlicher Zwang zur Fortführung besteht.[560] Der BGH schließt sich dem an.[561] Da die Bewertungsmethode von einer Veräußerung ausgeht, sind auch bei nur fiktiver Veräußerung latente Ertragsteuern und Veräußerungskosten abzuziehen.[562]

---

549 IDW S 1, Rn. 6; Burg/Gimnich, NotBZ 2005, 279, 281.
550 Kuckenburg, NZFam 2019, 175, 177; Büte, FuR 2019, 500.
551 Piltz/Wissmann, NJW 1985, 2673, 2674.
552 Johannsen/Henrich/Jaeger, § 1376 Rn. 18; Manderscheid, ZFE 2005, 341, 342.
553 Großfeld/Egger/Tönnes, Rn. 318; Schröder, Bewertungen, 93.
554 Schulz/Hauß, Rn. 164.
555 Vgl. zum Kundenstamm und Know-How als selbstständig übertragbares Wirtschaftsgut: BFH, DB 2010, 367.
556 BGH, FamRZ 1982, 54.
557 Schulz/Hauß, Rn. 169.
558 BayObLG, WM 1995, 1580, 1583.
559 IDW S 1, Rn. 150; Johannsen/Henrich/Jaeger, § 1376 Rn. 19; Kogel, Strategien, Rn. 1219; Riedel, Rn. 133; eingehend Fleischer/Schneider, DStR 2013, 1736; vgl. BGH, DB 2006, 999: Abfindungsklausel zum Ertragswert unwirksam, wenn Liquidationswert des Unternehmens den Ertragswert erheblich übersteigt.
560 Fleischer/Schneider, DStR 2013, 1736 f.
561 BGH, FamRZ 2019, 429 m. Anm. Siede.
562 Schulz/Hauß, Rn. 144 f. i.V.m. Rn. 1954 f.; Schröder, Bewertungen, Rn. 99, 107; BGH, FamRZ 1991, 43, 48; anders jedoch BGH, ZIP 1998, 1161, 1166 für den Fall, dass eine Veräußerung gar nicht ansteht, da sonst Benachteiligung der im Unternehmen verbleibenden Gesellschafter.

Der Liquidationswert ist der wahre Wert, wenn die Auflösung tatsächlich stattfindet. Er kommt insbesondere dann in Betracht, wenn das Unternehmen »versilbert« werden muss, um den Zugewinnausgleich zahlen zu können.[563] Problematisch sind **ertragsschwache Unternehmen**, die fortgeführt werden. So wird vertreten, dass sich die **Methodenwahl** beim überschuldeten Einzelunternehmen auf den Ansatz des Liquidationswertes **reduziert**.[564] Nach a.A. soll das nicht gelten, wenn die Überschuldung etwa auf Überentnahmen beruht, das Unternehmen hingegen nicht ertragsschwach ist.[565]

Güterrechtlich problematisch ist, ob bei einem ertragsschwachen Unternehmen dessen Liquidation verlangt werden kann. Dies soll nur dann der Fall sein, wenn ein unrentables, liquidationsreifes Unternehmen aus wirtschaftlich nicht vertretbaren Gründen weitergeführt wird,[566] **nicht** hingegen bei einem ertragsschwachen Unternehmen, das aber **jedenfalls den kalkulatorischen Unternehmerlohn** sichert und damit den Unterhalt des Unternehmers und ggf. seines Ehegatten.[567]

ee) Geschäftswert (Goodwill)

Als »Goodwill« bezeichnet man den **über den Substanzwert hinausgehenden Wert** eines Unternehmens, den ein Käufer zu entrichten bereit ist. In diesem sog. inneren Wert oder Geschäftswert ist materiell der sog. Übergewinn repräsentiert.[568]

221

Ein »Goodwill« ist insb. bei inhabergeprägten kleineren Unternehmen und Freiberuflerpraxen in der Gerichtspraxis festgestellt worden. Er setzt voraus, dass sich mit dem Unternehmen **auch für Dritte Erträge erzielen lassen**, ansonsten ist ein »Goodwill« nicht feststellbar.[569] So hat der BGH jüngst für einen Handelsvertreter einer Versicherungsagentur entschieden, dass hier kein Goodwill bestehe, da der Handelsvertreteranspruch nach § 89b HGB als ein noch ungewisses Recht anzusehen sei, solange der Vertrag noch nicht beendet ist.[570] Der BGH spricht hier von »**ausschließlicher Subjektbezogenheit**«.

Ein Goodwill kann nur vorliegen, wenn Unternehmen der entsprechenden Art in nennenswertem Umfang veräußert werden oder der »Goodwill« durch Aufnahme weiterer Eigner realisiert wird.[571] Dies ist in jedem Fall im Rahmen einer Einzelfallprüfung festzustellen. Der BFH unterscheidet in einen rein subjektgebundenen Goodwill, der an die Person des Inhabers gebunden ist und keinen verkäuflichen Geschäftswert darstellt und einen unternehmensgebundenen Goodwill, der Bestandteil des Geschäftswertes ist.[572]

Der »Goodwill« begründet sich v.a. auf Ruf und Ansehen des Inhabers, günstigem Standort, Art und Verweildauer der Kunden, Konkurrenzsituation, Mitarbeiterstamm, Umsatzvolumen, Geschäftsbeziehungen etc.[573]

---

563 BGH, FamRZ 2019, 429 m. Anm. Siede; hierzu auch Kuckenburg, NZFam 2019, 175 f.
564 Schröder, FamRZ 2005, 101.
565 Kuckenburg, FuR 2005, 401.
566 Mayer-Klenk/Borth, FamRZ 2012, 1923 f.; auf diesen Fall begrenzt auch die Rechtsprechung etwa des OLG Stuttgart, AG 2011, 49 f. die Pflicht zur Liquidation und damit zum Ansatz des Liquidationswertes.
567 BGH, FamRZ 1986, 776 f.; Borth, FamRB 2002, 340, 371, 372; Schulz/Hauß, Rn. 157.
568 Piltz/Wissmann, NJW 1985, 2673, 2674.
569 Schulz/Hauß, Rn. 570 m.w.N.; Schröder, Bewertungen, Rn. 177; so OLG München, FamRZ 1984, 1096 für einen Architekten; MünchKomm-BGB/Koch, § 1376 Rn. 32; weitergehend BRHP/Cziupka, § 1376 Rn. 24.
570 BGH, FamRZ 2014, 368 m. Anm. Koch = NJW 2014, 625 m. Anm. Hoppenz.
571 BGH, FamRZ 1977, 38, 40; BGH, FamRZ 1980, 37, 38; BGH, FamRZ 1999, 361, 362.
572 BFH, DStR 2010, 371 f.; hierzu Schulze zur Wiesche, DB 2010, 1261 f.
573 BGH, FamRZ 1999, 361, 362.

Der »Goodwill« hat folglich einen **eigenen Marktwert** und kann auch **bilanziert** werden, § 255 Abs. 4 HGB, § 7 Abs. 1 Satz 3 EStG.

Er ist nach Auffassung des BGH von der **persönlichen Arbeitskraft** des Inhabers zu unterscheiden.[574]

Im Ertragswert eines Unternehmens ist der »Goodwill« bereits enthalten.

ff) Verkaufswert

222 Veräußerungswert ist derjenige Wert, der bei einer Veräußerung der Gegenstände erzielbar ist. Er liegt um die **Handelsspanne unter dem Substanz- oder Wiederbeschaffungswert**. Er soll nur für solche Gegenstände gelten, die zum Verkauf bestimmt sind oder deren wirtschaftlicher Wert typischerweise durch Verkauf realisiert wird.[575] Sofern ein Verkauf nicht aktuell beabsichtigt ist, kann ein vorübergehender Preisrückgang nicht wertmindernd berücksichtigt werden.[576] Der Verkaufswert spielt in der Unternehmensbewertung eine geringe Rolle.

gg) Mittelwert

223 Aufgrund der Schwierigkeiten der Wertermittlung hat der BGH mehrfach auch die Bildung eines **Mittelwertes aus Ertrags- und Substanzwert** gebilligt, wobei der Substanzwert ohne »Goodwill« zu rechnen ist, da dieser bereits im Ertragswert enthalten ist.[577] Beim Mittelwertverfahren wird der Wert nach verschiedenen Verfahren festgestellt und dann ein Endwert bestimmt, der die Mitte der festgestellten Werte bildet. Nicht zulässig ist die Vermischung verschiedener Bewertungsmethoden im Rahmen einer einheitlichen Wertfeststellung.[578]

hh) Stuttgarter Verfahren

224 Erwähnt sei noch das sog. »Stuttgarter Verfahren«, weil dieses in vielen Satzungen zur Abfindungswertbestimmung herangezogen wurde. Das Stuttgarter Verfahren diente der **Finanzverwaltung** zur Bestimmung von Anteilswerten bei nicht börsennotierten Kapitalgesellschaften. War es früher v.a.i.R.d. Vermögensteuer von Bedeutung, so fand es später nur noch für Zwecke der **Erbschaftsteuer** Anwendung.[579] Seit der Erbschaftsteuerreform 2008[580] ist es endgültig **nicht mehr Bestandteil gesetzlicher Wertfeststellungsregelungen**. Damit wird es in der Praxis bei neuen Gesellschaftsverträgen auch **nicht mehr für die Bewertung** herangezogen. Derzeit wird diskutiert, wie Bewertungen vorzunehmen sind, wenn der Gesellschaftsvertrag die Anwendung des Stuttgarter Verfahrens vorsieht.[581]

ii) Die Bewertung von KMU

225 IDW und Bundessteuerberaterkammer haben inzwischen umfangreiche Hinweise zur **Bewertung von sog. KMU** erarbeitet und veröffentlicht.[582] Diese Stellungnahme nennt folgende Problempunkte bei den KMUs (kleine und mittlere Unternehmen):

---

574 BGH, FamRZ 1999, 361, 362.
575 Schulz/Hauß, Rn. 165; Schwab/Schwab, VII Rn. 64, 66.
576 BGH, FamRZ 1986, 37, 40.
577 BGH, FamRZ 1982, 54; BGH, FamRZ 1986, 37, 39; OLG Bamberg, FamRZ 1995, 607 ff.; Büte, Rn. 20; Johannsen/Henrich/Jaeger, § 1376 Rn. 21; Schröder, Bewertungen, Rn. 178; a.A. Großfeld, 7. Aufl., Rn. 278: überholte Methode.
578 BGH, FamRZ 2005, 99 f.
579 R 97 ff. ErbStR 2003.
580 BGBl. 2008 I, S. 3018.
581 DNotI-Report 2009, 121 ff.; vgl. auch Casper/Altgen, DStR 2008, 2319; Krumm, NJW 2010, 187.
582 IDW-Fachnachrichten Heft 4/2014, 282 ff; abrufbar auf den Internetseiten der Bundessteuerberaterkammer.

- ein unabhängiges Management liegt in der Regel nicht vor, entscheidend ist vielmehr die Leistung des Inhabers,
- Familienmitglieder arbeiten zu Preisen mit, die nicht marktgerecht sind,
- eine mittelfristige Unternehmensplanung existiert i.d.R. nicht und die Rechnungslegung ist wenig aussagekräftig,
- betrieblicher und privater Bereich überschneiden sich vielfach,
- geringe Diversifikation,
- kaum Zugang zum Kapitalmarkt.

Die Übertragung der Ertragskraft gelingt daher häufig nur partiell, sodass Modifikationen der Ertragswertbehandlung erforderlich sind. Dazu wird insbesondere ein **zeitlich begrenzter Abrechnungszeitraum** angenommen.[583] Die Hinweise begründen keine abweichende Bewertungsmethode, sondern sind als Konkretisierung der Grundsätze des IDW S 1 zu verstehen.[584]

b) Unternehmensbewertung im Zugewinnausgleich

Wie bereits festgestellt wurde, hängt die Bewertung ganz entscheidend von ihrem Zweck ab. Auch die betriebswirtschaftliche Unternehmensbewertung stellt den Bewertungsauftrag und die daraus zu ziehenden Schlussfolgerungen in die Vorüberlegungen ein.[585] Das IDW hat daher ein eigenes, nun aktualisiertes Ergänzungsgutachten zur Unternehmensbewertung zur Bestimmung von Ansprüchen im Familien- und Erbrecht entwickelt.[586] Nach diesen Regelungen soll zunächst in einem ersten Schritt ein objektivierter Wert festgestellt werden, der dann in einem zweiten Schritt zu einem **Ausgleichs- und Auseinandersetzungswert** übergeleitet werden soll.[587]

226

aa) Zugewinnausgleich als spezifischer Bewertungszweck

Folgende **Besonderheiten** sind bei der Bewertung von Unternehmen i.R.d. Zugewinnausgleichs zu nennen:

227

Zunächst soll nicht ein Wert zwischen Veräußerer und Erwerber ermittelt werden, den der Erwerber mit einer alternativen Geldanlage vergleicht, sondern es soll entsprechend den Prinzipien des gesetzlichen Güterstandes der **in der Ehe erwirtschaftete Unternehmenswert** zwischen den Ehegatten hälftig aufgeteilt werden, sodass jeder Ehegatte nach Durchführung des Zugewinnausgleichs gleich viel hat.[588]

Sodann enthält der Zugewinnausgleich **spezifische Reaktionsmechanismen** wie etwa die Stundung nach § 1382 BGB, welche ein Ausweichen auf eine andere Bewertungsmethode ggf. überflüssig machen. Ferner steht mit § 1377 Abs. 3 BGB eine Auffangvorschrift zur Verfügung, die zulasten des Unternehmer-Ehegatten den Unternehmenswert als Zugewinn ansieht, wenn der Wert beim Anfangsvermögen nicht nachgewiesen werden kann. Dies gilt trotz der neu geschaffenen Möglichkeiten negativen Anfangs- oder Endvermögens fort.

Während bei der Wertberechnung zwischen Verkäufer und Erwerber jeder Teil eine Bewertung vornimmt und ein in Aussicht genommenes Geschäft nur zustande kommt, wenn die Beteiligten eine Annäherung bei der Bewertung erzielen, ist die Bewertung im Zugewinnausgleich eine »**Mussbewertung**«, die notfalls durch das Gericht entschieden wird.[589]

228

---

583 Kuckenburg/Perleberg-Kölbel, Teil D Rn. 362.
584 Ballhorn/König, FamRZ 2018, 161, 162.
585 IDW S 1, Rn. 2.
586 IDW S 13.
587 IDW S 13, Rn. 34 f.
588 Braunhofer, 118.
589 Piltz/Wissmann, NJW 1985, 2673, 2675.

229 Bei der Bewertung im Zugewinnausgleich ist zu beachten, dass im Zusammenhang mit der Scheidung i.R.d. Zugewinns das vorhandene Vermögen aufgeteilt wird, dass aber i.R.d. Unterhalts das künftige Einkommen des ausgleichsverpflichteten Ehegatten eine Rolle spielt und eine **Doppelverwertung** vermieden werden muss, sodass nicht derselbe Wert oder seine konstituierenden Faktoren zum einen im Zugewinn und zum anderen bei der Unterhaltsberechnung herangezogen werden können.[590]

Wegen der endgültigen vermögensrechtlichen Abrechnung im Zugewinn ist eine **abschließende Stichtagsbewertung** vorzunehmen. Eine vorläufige Bewertung mit späterer Korrektur – so wie in § 2313 BGB – kommt nicht in Betracht.

230 I.R.d. Zugewinnausgleichs gilt die **strenge Stichtagsregelung**, sodass das Unternehmen, auch wenn es sowohl zum Anfangs- wie auch zum Endvermögen gehört, zu beiden Stichtagen getrennt zu bewerten ist, und zwar mit den zum jeweiligen Stichtag vorhandenen Erkenntniskriterien.[591] Allerdings hat die Bewertung für beide Stichtage nach derselben Bewertungsmethode zu erfolgen und nicht nach der zum jeweiligen Stichtag vorherrschenden Methode.[592]

Die **Informationen über den Bewertungsgegenstand** sind häufig sehr eingeschränkt, weil ältere Aufzeichnungen über den Stichtag des Anfangsvermögens häufig nicht mehr vorhanden sind oder weil die wesentlichen **Auskunftspersonen selbst betroffen** und daher weniger glaubwürdig sind.[593]

231 Ein sog. »**Realisierungsprinzip**«, wonach ein Wert im Zugewinnausgleich nur angesetzt werden dürfe, wenn er sich auch am Markt erzielen lässt,[594] lässt sich nach überwiegender Ansicht hingegen nicht aus den Vorschriften über den Zugewinn herleiten.[595]

▶ Hinweis:
Der spezifische Bewertungszweck »Zugewinnausgleich« muss bei der Bewertung von Unternehmen Beachtung finden!

bb) Verbot der Doppelverwertung in Zugewinnausgleich und Unterhalt

232 Das sog. Doppelverwertungsverbot von **Vermögenspositionen und Schulden bei Unterhalt und Zugewinn** wurde bereits behandelt.[596] Dieses Verbot hat Konsequenzen für die Unternehmensbewertung im Zugewinn:[597]

Einen **generellen Vorrang** des Einstellens von Unternehmen oder Unternehmensbeteiligungen in das **Unterhaltsrecht** sollte es **nicht** geben,[598] schon weil bei der konkreten Unterhaltsberechnung, die im Unternehmensbereich häufig Anwendung findet, nur ein Teil des Unternehmens unterhaltsrechtlich berücksichtigt wird.

Die Tendenz, auch **Unternehmen** im Zugewinn hoch zu bewerten, **die in dritter Hand nichts wert sind**, weil sie allein auf der persönlichen Leistung des Inhabers beruhen,[599] muss sich wieder abschwächen. Jedenfalls aber muss die **persönliche Leistung** eines solchen Inhabers für die **Unterhaltsbemessung** vorbehalten bleiben und nicht werterhöhend im Zugewinn wirken. Das kann so weit gehen, dass ein im Zugewinn zu bewertender good will sogar völlig verneint werden kann, wenn

---

590 Johannsen/Henrich/Jaeger, § 1376 Rn. 20, 23; C. Münch, FamRZ 2006, 1164; Kogel, NJW 2007, 556.
591 IDW S 13, Rn. 16 f.
592 IDW S 13, Rn. 22 f.
593 IDW S 13, Rn. 24 f.
594 So aber Michalski/Zeidler, FamRZ 1997, 397, 398.
595 Kleinle, FamRZ 1997, 1133; BRHP/Cziupka, § 1376 Rn. 6 f.
596 Rdn. 51 ff.
597 Vgl. näher C. Münch, FamRZ 2006, 1164 ff.; Kogel, NJW 2007, 556 ff.
598 So aber Fischer-Winckelmann, FuR 2004, 433 ff.
599 BRHP/Cziupka, § 1376 Rn. 24.

A. Zugewinngemeinschaft

das Unternehmen ganz und gar von nicht übertragbarem Spezialwissen oder singulären Spezialfähigkeiten des Inhabers geprägt wird.[600]

Solches kann v.a. dadurch geschehen, dass dort, wo bisher ein **kalkulatorischer Unternehmerlohn** abgezogen wurde, wie etwa bei der Verwendung der Ertragswertmethode, nicht nur auf den durchschnittlichen Lohn nach einer vergleichbaren Position abgestellt wird, sondern i.R.d. Zugewinns mit Blick auf die Einstellung des »Unternehmerlohnes« in den Unterhalt der **konkrete Unternehmerlohn** berücksichtigt – d.h. im Zugewinn abgezogen – wird. 233

– In gleicher Weise ist dann bei der Bewertung einer **Freiberuflerpraxis** bei Errechnung des »Goodwill« jeder personenbezogene Anteil aus diesem »Goodwill« zu eliminieren. Es ist daher mit Blick auf die unterhaltsrechtliche Erfassung gerade **nicht der höhere »subjektgebundene Goodwill«** in die Bewertung beim Zugewinn einzustellen, sondern nur der niedrigere »objektgebundene Goodwill«.[601]
– Bei dieser auf die Besonderheiten des Zugewinns abstellenden Bewertung sollte es auch dann verbleiben, wenn im Einzelfall etwa Unterhalt nicht geltend gemacht wird oder wegen Verzichts oder Wiederheirat des Berechtigten entfällt.

Dieser Auffassung, die schon in der zweiten Auflage dieses Buches vertreten und an anderer Stelle[602] näher dargelegt wurde, haben sich inzwischen der 17. Deutsche Familiengerichtstag[603] und der BGH angeschlossen und entschieden, dass zur Vermeidung einer Doppelberücksichtigung bei der Bewertung einer freiberuflichen Praxis im Zugewinn nicht nur ein pauschaler Unternehmerlohn rein kalkulatorisch, sondern der **konkret gerechtfertigte Unternehmerlohn** abzuziehen ist.[604] Das Urteil des BGH wurde positiv aufgenommen.[605] Die Praxis der Bewertung versucht im Gefolge des Urteils Kriterien aufzustellen, um diesen konkreten Unternehmerlohn zu ermitteln.[606] Der BGH hat seine Rechtsprechung inzwischen erneut bekräftigt, sodass von einer **gefestigten Rechtsprechung** gesprochen werden kann.[607] In einer Checkliste[608] zur Ermittlung des individuellen kalkulatorischen Unternehmerlohnes werden Kriterien wie Fachkenntnisse und Branchenerfahrung, kaufmännische Kenntnisse, kommunikative Fähigkeiten, Kreativität, Leistungsbereitschaft und Arbeitsvermögen genannt. Vor allem aber wird auf den herausgehobenen Ruf auf der Grundlage besonderer Fähigkeiten und Fachkenntnisse abzustellen sein.[609] Der BGH hat zudem zugelassen, bis zu 24 % des Unternehmerlohnes für die private Altersvorsorge zusätzlich abzuziehen.[610] Er hat in seinem Urteil unter Hinweis auf § 202 Abs. 1 Nr. 2d BewG die Methodik gebilligt, von der Vergütung für einen erfahrenen Berufsträger auszugehen und Zuschläge für Spezialkenntnisse, eine längere Arbeitszeit und ein unternehmerisches Risiko aufzuschlagen und eine Individualisierung nach dem konkreten Anforderungsprofil vorzunehmen.

---

600 Johannsen/Henrich/Jaeger, § 1376 Rn. 23 a.E.
601 A.A. BRHP/Cziupka, § 1376 Rn. 24; keinen Konflikt sieht OLG Köln, OLGR Köln 2005, 679: Der im Zugewinn eingerechnete »Goodwill« habe auf die konkrete Bedarfsberechnung keinerlei Einfluss.
602 C. Münch, FamRZ 2006, 1164, 1170; ders. FamRB 2007, 375, 378.
603 Empfehlungen in FamRZ 2007, 2040, 2041 B.II.2. (AK 7).
604 BGH, NJW 2008, 1221; zustimmend Weinreich, FuR 2008, 321 f.
605 Vgl. etwa Olbrich/Olbrich, DB 2008, 1483; Dauner-Lieb, FuR 2008, 209, die allerdings dafür plädiert, die Lösung des Konfliktes im Unterhaltsrecht zu suchen.
606 Kuckenburg, FuR 2008, 270, 272; ausführlich Knief, DStR 2008, 1805 ff. zur Ermittlung des Unternehmerlohns für Steuerberater.
607 BGH, NJW 2011, 2572.
608 Kuckenburg, FuR 2012, 278, 280.
609 Über genaue Verfahren zur Ermittlung des individuellen Unternehmerlohnes wird noch eine umfassende Diskussion geführt. Vorgeschlagen wird zum Beispiel, die Relation durchschnittlicher Gewinn zu Gewinn der zu bewertenden Praxis in eine Relation durchschnittlicher Arztlohn zu individuellem Arztlohn zu überführen, Frielingsdorf, FamRZ 2011, 1911 f.; dagegen Stabenow/Czubayko, FamRZ 2012, 682 f.
610 BGH, NJW 2011, 2572 = FamRZ 2011, 1367; hierzu Borth, FamRZ 2011, 1373, 1375.

234 Die Bewertungspraxis hat nun in dem neuen Standard **IDW S 13**[611] diese **Rechtsprechung des BGH zugrunde gelegt**[612] und sieht ausdrücklich vor, dass der **individuelle Unternehmerlohn** nicht zu den übertragbaren Bestandteilen gehört und daher bei der **Bewertung in Abzug** zu bringen ist. Das Herausrechnen des individuellen Unternehmerlohnes erfolgt daher **schon auf der ersten Stufe**[613] **der Feststellung des objektiven Unternehmenswertes**. Für die Berechnung ist dabei eine Zu- und Abschlagsmethode vorgesehen.

▶ Hinweis:

235 Das Verbot der Doppelverwertung hat Konsequenzen für die Unternehmensbewertung im Zugewinn. Es ist bei inhabergeprägten Unternehmen nicht mehr ein kalkulatorischer, sondern der konkrete Unternehmerlohn abzuziehen, sodass der Wert im Zugewinn sinken kann. Der konkrete Unternehmerlohn ist dann zugleich die Grundlage für die Unterhaltsberechnung.

cc) Liquidation und nachwirkende eheliche Solidarität

236 Schließlich ist die Aussage, dass der **Liquidationswert als Mindestwert** anzusetzen ist, d.h. bei niedrigerem Ertragswert die betriebswirtschaftliche Unternehmensbewertung gleichwohl den höheren Liquidationswert annimmt, **güterrechtlich zu relativieren**.

237 Der Liquidationswert ist als der wahre Wert immer dann anzunehmen, wenn das **Unternehmen wegen des Zugewinnausgleichs in engem zeitlichen Zusammenhang tatsächlich liquidiert** werden muss und Abhilfe auch nicht durch eine Stundung nach § 1382 BGB erreicht werden kann.[614]

238 Ansonsten ist die Rechtsprechung für die Bewertung im Zugewinn der Auffassung, es sei eine Entscheidung des Zugewinnausgleichsverpflichteten, ob er den Betrieb liquidiert oder weiterführt. **Führt er das Unternehmen fort**, obwohl der Ertragswert unter dem Liquidationswert liegt, so kommt **nicht** etwa der Ansatz des **Liquidationswertes** schon deshalb in Betracht, weil dieser betriebswirtschaftlich die unterste Wertgrenze bildet. Vielmehr kommt es zum Ansatz des Liquidationswertes nur dann, wenn ein unrentables, liquidationsreifes Unternehmen aus wirtschaftlich nicht vertretbaren Gründen weitergeführt wird.[615] Liegt bei einer Fortführung des Unternehmens der **Ertragswert unter dem Liquidationswert** – regelmäßig in der Landwirtschaft – so besteht aber **güterrechtlich noch keine Pflicht zur Liquidation**.[616] Aus diesem Grund setzt die Rechtsprechung auch nicht den Liquidationswert an. Schon aus verfassungsrechtlichen Gründen soll eine Pflicht zur Liquidation ausscheiden, wenn der Unternehmer wenigstens seinen kalkulatorischen Unternehmerlohn aus dem Unternehmen erwirtschaften kann.[617] Hier spricht eine nachwirkende eheliche Solidarität dafür, nicht die Liquidation durch Ansetzen von Liquidationswerten zu erzwingen.

dd) Ausgleichs- und Auseinandersetzungswert

239 Wenn auf erster Stufe der Wert des Unternehmens festgestellt wurde, so muss nun auf zweiter Stufe diese Bewertung noch auf die Gebiete des Familien- und Erbrechts abgestimmt werden, um den geschilderten Besonderheiten Rechnung zu tragen. Ausgehend von der Prämisse des Zugewinnausgleichs, dass der Zugewinn zwischen den Ehegatten hälftig geteilt wird, kann die Berechnung so

---

611 IDW S 13, Rn. 28 f.
612 Daher die erstaunte Feststellung: »*Die Gralshüter der Deutschen Bewertungslehre folgen den betriebswirtschaftlichen Überlegungen des XII. Zivilsenates des BGH*«, Kuckenburg, FuR 2015, 557.
613 So Ballhorn/König, BB 2015, 1899, 1900.
614 BGH, FamRZ 1986, 776, 779 f.; BGH, FamRZ 1986, 1196, 1197; BGH, FamRZ 1993, 1183, 1185; BGH, FamRZ 1995, 1270, 1271.
615 BGH, FamRZ 1986, 776, 779.
616 Strenger BRHP/CZiupka, § 1376 Rn. 21: kein unökonomisches Verhalten zulasten des anderen Ehegatten.
617 Borth, FamRB 2002, 340, 371, 372.

A. Zugewinngemeinschaft   Kapitel 1

erfolgen, dass letztlich beiden Ehegatten ein gleich hohes Nettovermögen verbleibt. Um die **Bewertung um** diese **zweite Stufe** zu **ergänzen**, ist als Grundlage der neue Standard IDW S 13[618] entwickelt worden. Der Standard spricht nicht mehr wie noch 1995 von einem fairen Einigungswert, sondern von einem **Ausgleichs- und Auseinandersetzungswert**, auf den **überzuleiten** sei. Er stellt klar, dass hierdurch nicht die Bewertung nach IDW S 1 geändert wird, sondern eine zusätzliche Stufe angehängt wird.[619] Das **literarische Echo** auf diesen neuen Standard ist im Familien- und Bewertungsrecht außerordentlich groß,[620] setzt doch das IDW mit diesen Regelungen die geschilderte **Rechtsprechung des BGH zur Unternehmensbewertung im Familienrecht** um.[621]

Inhaltlich regelt IDW S 13 unter anderem etwa das Verhältnis der **Bewertungen zu unterschiedlichen Stichtagen**, nämlich Eheschließung (Anfangsvermögen), Vermögen im Zeitpunkt der Trennung (§ 1375 Abs. 2 Satz 2 BGB) sowie Stichtag für das Endvermögen, welcher bei Scheidungen mit der Rechtshängigkeit des Scheidungsantrages gegeben ist (§ 1384 BGB). Der Standard geht hier von der **Methodenstetigkeit** der Bewertung aus unter Bezugnahme auf die hier bereits dargelegte »Wurzeltheorie«.[622] Es sollen also für alle Bewertungszeitpunkte einheitliche Bewertungsgrundsätze Anwendung finden. Allerdings sind auch damit **nicht alle Fragen geklärt**, etwa bei unterschiedlichen Steuerregimen, bei der Frage des Umgangs mit zum Stichtag bereits vorhandenen Bewertungen[623] oder der Frage nach der Rückwirkung von Methodenanpassungen und Methodenverbesserungen.[624]   240

Vor allem aber nimmt IDW S 13 den BGH auch insoweit auf, als es für die Unternehmensbewertung nur auf die **übertragbare Ertragskraft** ankommt. Diese ist dann bei personengebundenen Unternehmen eingeschränkt. Für die Berücksichtigung des Unternehmerlohnes folgt IDW S 13 dem BGH, dass **nicht ein kalkulatorischer, sondern der konkret gerechtfertigte individuelle Unternehmerlohn berücksichtigt** werden muss.[625]   241

Ferner enthält IDW S 13 längere Ausführungen zur **latenten Ertragsteuer**,[626] die nach der Rechtsprechung des BGH bei der Bewertung zu berücksichtigen ist. So wird die fiktive Veräußerung zum Stichtag unterstellt und die dadurch entstehende persönliche Ertragsteuerbelastung abgezogen. Dies muss **zu allen Stichtagen** erfolgen und wirft ganz erhebliche Bewertungsprobleme auf, weil dann dasselbe Unternehmen in der Hand unterschiedlicher Inhaber auch unterschiedliche Werte haben kann. Zusätzlich sieht IDW S 13 aber vor, dass auch ein sog. »**tax amortisation benefit**« (sog. tab) gegenüberzustellen ist. Damit berücksichtigt IDW S 13 werterhöhend einen **abschreibungsbedingten Steuervorteil**, den der Erwerber erlangt und der diesen in die Lage versetzt, einen höheren Kaufpreis zu kalkulieren. Somit handelt es sich um einen **betriebswirtschaftlich notwendigerweise zu**   242

---

618 IDW S 13 in der Loseblattsammlung, 59. Erg.Lfg. Stand 2019 und IDW-Life 2016, 548 ff.; hierzu Ihlau/Kohl, WPG 2016, 163 ff.; abgelöst wird damit die Stellungnahme HFA 2/1995, Zur Unternehmensbewertung im Familien- und Erbrecht, WPg 1995, 522 ff.
619 IDW S 13, Rn. 2.
620 Ballhorn/König, BB 2015, 1899; Ihlau/Kohl, WPg 2016, 163 f.; Kuckenburg, FuR 2015, 557; Zwirner/Zimny, DB 2016, 241 f.; Borth, FamRZ 2017, 1739; Ballhorn/König, NZFam 2016, 1085; Ballhorn/König, FamRZ 2018, 161.
621 Inwieweit diese Umsetzung wirklich auf die Rechtsprechung des BGH passt, wird allerdings infrage gestellt: Borth, FamRZ 2017, 1739 f.
622 IDW S 13, Rn. 16 ff., 22.
623 Zwirner/Zimny, DB 2016, 241, 243.
624 Ihlau/Kohl, WPg 2016, 163, 165.
625 BGH NJW 2008, 1221; BGH, NJW 2011, 2572 ff. unter Berufung auf C. Münch, FamRZ 2006, 1164, 1170 und C. Münch, NJW 1208, 1201; Fleischer/Hüttemann/Born, § 23 Rn. 50.
626 IDW S 13, Rn. 38 ff.

berücksichtigenden Werteffekt.[627] Familienrechtlich ist hierzu noch wenig gesagt, hier wäre diese Thematik noch zu diskutieren.[628]

243 Schließlich trifft IDW S 13 noch die Aussage, dass **Abfindungsklauseln**, die bei Ausscheiden aus einer Gesellschaft eine Abfindung nur **unterhalb des Verkehrswertes** vorsehen, **nicht zu berücksichtigen** sind, es sei denn, die Gesellschaft ist bereits gekündigt.[629]

244 Ist es aus familienrechtlicher Sicht grundsätzlich erfreulich, dass die Bewertungspraxis mit IDW S 13 die Rechtsprechung des BGH **umsetzt**, so ist doch nicht zu übersehen, dass die **aus betriebswirtschaftlicher Sicht in anderer Weise bzw. mit geänderter Methodik** erfolgt.[630] So soll z.B. die mangelnde **Übertragbarkeit der Ertragskraft** schon auf der **ersten Stufe** der Bewertung berücksichtigt werden, indem der Ersatz der bisherigen Unternehmer durch eine marktüblich entlohnte Fremdgeschäftsführung unterstellt und in der Planungsrechnung das Abschmelzen des künftigen Ertragspotentials vorgesehen wird.[631] Das Thema des **Abzugs des Unternehmerlohnes** hingegen wird erst auf der **zweiten Stufe** angegangen.[632] Hierfür soll aber nur auf marktübliche, messbare Qualifikationen abgestellt werden, nicht jedoch auf individuelle Fähigkeiten und Kenntnisse, weil diese schon bei der Abschmelzung berücksichtigt und zudem kaum objektivierbar seien. Dem Begriff des individuellen Unternehmerlohnes steht man hier aufgrund einer **mangelnden »Skalierbarkeit«** der Fähigkeiten skeptisch gegenüber.[633] Generell betont die Bewertungspraxis, beim Begriff der »modifizierten Ertragswertmethode« handele es sich um einen bewertungsrechtlich nicht festgelegten Begriff, der dem damit betrauten Sachverständigen »Narrenfreiheit« gebe.[634] Dies spräche dafür, entsprechende Beweisbeschlüsse noch genauer zu fassen. Andererseits lässt dies auch Raum für die im Familienrecht durchaus zu berücksichtigenden individuellen Faktoren.

245 Das **entspricht nicht der familienrechtlichen Rechtsprechung** und bedenkt insbesondere das Verbot der Doppelverwertung nicht ausreichend mit. Die betriebswirtschaftliche Praxis bleibt insofern **aufgerufen, Kriterien der Bemessung** des individuellen Unternehmerlohnes **zu entwickeln**. **Konsequenzen** hat dies insbesondere im Bereich der **Unterhaltsberechnung**. Hier muss man nach den Abzügen auf beiden Stufen suchen und diese aufaddieren, um zur unterhaltsrechtlich relevanten Differenz zu kommen, die dem Betrag entspricht, der auf der individuellen Leistung des Unternehmers beruht. Dies betont IDW S 13 auch ausdrücklich.[635]

246 In **ersten familienrechtlichen Stellungnahmen** werden folgende **Unterschiede** zwischen der Rechtsprechung des BGH und dem IDW S 13 **hervorgehoben**:[636]
– Gegen die Berücksichtigung des TAB spreche familienrechtlich, dass ein solcher etwa bei Beteiligungen an Kapitalgesellschaften nicht vorkomme und dass dieser durch die Ansammlung stiller Reserven und deren späterer Besteuerung wieder egalisiert werde.
– Der IDW S 13 fordere eine Zukunftsprognose, während der BGH sich mit der Übernahme von Vergangenheitswerten begnüge.

---

627 Ballhorn/König, FamRZ 2018, 161, 165; Fleischer/Hüttemann/Jonas/Wieland-Blöse, § 15 Rn. 84, 89; dagegen Borth, FamRZ 2017, 1739, 1744: keine gesicherte Rechtsposition.
628 Ballhorn/König, BB 2015, 1899, 1902.
629 IDW S 13, Rn. 45 f.
630 Ballhorn/König, FamRZ 2018, 161 f.
631 Vgl. Hinweise zu KMU, Tz. 23 ff. in IDW-Fachnachrichten Heft 4/2014, 282 ff; abrufbar auf den Internetseiten der Bundessteuerberaterkammer; Ballhorn/König, FamRZ 2018, 161, 162.
632 IDW S 13, Rn. 31.
633 Vgl. etwa Ballhorn/König, NZFam 2016, 1084, 1086.
634 So Ballhorn/König, NJW 2018, 1911 ff.; allerdings gibt es auch aus der Bewertungspraxis Ausarbeitungen zu dieser Methode, vgl. Boos/Siewert, DS 2018, 265 ff.
635 IDW S 13, Tz. 31.
636 Kuckenburg, FuR 2018, /8 aufbauend auf Borth, FamRZ 2017, 1739.

- Nach IDW S 13 könnten auch Informationen nach dem Bewertungsstichtag Berücksichtigung finden.[637] Dies widerspreche der Wurzeltheorie des BGH.
- Bei der Regelung der latenten Ertragsteuer in IDW S 13 ist die Kritik, welche annimmt, eine latente Ertragsteuer werde bei einem Anfangsvermögen von 0 abgelehnt[638] aber nicht berechtigt, denn die Tz. 37 ist wohl so zu lesen, dass die latente Ertragsteuer immer bei End- und Anfangsvermögen abzuziehen ist (bei 0 gibt es eben dann keinen Abzug).
- Auch gebe es unterschiedliche Ansichten, ob sich beim modifizierten Ertragswert die personenbezogenen Erträge linear oder degressiv abbauen.

Insgesamt bleibt der Eindruck, IDW S 13 und Rechtsprechung des BGH sind nicht deckungsgleich, aber angenähert. Die hier genannten Differenzen scheinen überbrückbar. Im Hinblick auf den individuellen Unternehmerlohn aber hat die Bewertungspraxis das familienrechtliche Doppelverwertungsverbot nicht verinnerlicht, wie zuvor dargelegt. Hier sollte der BGH bei seiner Linie bleiben.

Wenn im Rahmen der Zugewinnberechnung ein Auftrag an einen Sachverständigen vergeben wird, so sind diesem genaue Vorgaben hinsichtlich der Berücksichtigung der in diesem Abschnitt aufgezeigten Punkte zu machen. So wird angeregt, die Klärung folgender Punkte aufzugeben:[639]
- Substanzwert
- Ertragswert
- Frage, welcher Wertbegriff für das konkrete Unternehmen zum »richtigen, wahren Wert« führt
- Befristung der Ertragserwartung bei inhabergeprägten und Freiberuflerunternehmen
- Individueller Unternehmerlohn bei inhabergeprägten und Freiberuflerunternehmen.
- Latente Steuer und Tax Amortisation Benefit

c) Bewertung von Freiberuflerpraxen im Zugewinnausgleich

aa) Grundsätze der Bewertung von Freiberuflerpraxen

(1) Früher: Modifiziertes Umsatzverfahren

Aufgrund der starken Prägung freiberuflicher Praxen durch den Inhaber hatte die Rechtsprechung hier im Gegensatz zur betriebswirtschaftlichen Theorie zunächst ein modifiziertes Umsatzverfahren gebilligt.[640] Nach diesem Verfahren, dem die Bewertungskriterien der freiberuflichen Standesorganisationen zugrunde liegen, setzt sich der Wert einer freiberuflichen Praxis zusammen aus dem Substanzwert und dem Geschäfts- oder Praxiswert (»**Goodwill**«). Letzterer wiederum wird **aus dem Umsatz in einem bestimmten Zeitabschnitt multipliziert mit einem individuell bestimmten Faktor** abgeleitet.[641]

Der Sach- oder Substanzwert setzt sich zusammen aus dem reinen Substanzwert der **Praxiseinrichtung** (Einrichtungsgegenstände, Arbeitsgeräte, Warenvorräte und sonstige Hilfsmittel).[642] Maßgeblich ist der **Wiederbeschaffungswert** der jeweiligen Gegenstände. Hinzuzuzählen sind Guthaben auf Bankkonten, abzuziehen sind Verbindlichkeiten. Zum Substanzwert zählen auch die **noch offenen Honorarforderungen** mit ihrem Nennwert und ohne Steuerkürzung.[643]

I.d.R. wird bei einer eingeführten Freiberuflerpraxis ein Erwerber neben dem reinen Sachwert auch einen darüber hinausgehenden **Geschäftswert** entgelten. Ein solcher »**Goodwill**«[644] setzt sich zusam-

---

637 IDW S 13, TZ. 26.
638 Bezug genommen wird von Kuckenburg, FuR 2018, 78 die Tz. 37.
639 Mayer-Klenk/Borth, FamRZ 2012, 1923 f.
640 BGH, FamRZ 1991, 43, 44.
641 OLG Düsseldorf, FamRZ 2004, 1106.
642 Büte, 3. Aufl., Rn. 75.
643 BGH, FamRZ 1991, 43, 45; hierzu eingehend BeckOGK/Siede, § 1376 BGB Rn. 262 ff.
644 Zum »Goodwill« bei Freiberuflerpraxen Horn, FPR 2006, 317 f.

men aus Ruf und Ansehen des Praxisinhabers, Standort, Art und Zusammensetzung der Kunden, Mitarbeiterstamm, Umsatzvolumen etc. Der »Goodwill« hat einen eigenen **Marktwert**. Die damit gegebene Nutzungsmöglichkeit der Freiberuflerpraxis bestimmt somit maßgeblich den Wert.[645] Der BGH sieht in dieser **Nutzungsmöglichkeit** den Wert zum Stichtag verkörpert und will diese unterscheiden von der Kapitalisierung zukünftiger Gewinne des Freiberuflers.[646] Anknüpfend an die Ausführungen zum Einfluss des Doppelverwertungsverbotes auf die Bewertung wird auch hier dafür plädiert, bei der Bemessung des »Goodwill« die subjektbezogenen Kriterien außer Betracht zu lassen, da diese im Unterhaltsrecht Beachtung finden. Wenn schon der Verkauf als zur Wertbemessung entscheidender Maßstab herangezogen wird, so ist zu beachten, dass die subjektbezogenen Kriterien des »Goodwill« nicht mitverkauft werden können. Hier ist auf die Rechtsprechung des BGH zum konkreten Unternehmerlohn zu verweisen.[647]

251 Für die Ermittlung des »Goodwill« greift die Rechtsprechung auf Bewertungsregeln zurück, die von den **Standesorganisationen** aufgestellt wurden. Diese ermitteln den Wert der Freiberuflerpraxis i.d.R. nach der Umsatzmethode, wonach der Bruttoumsatz der letzten fünf Jahre festzustellen und zu gewichten ist. Nicht maßgeblich ist hingegen der Gewinn und damit die Kostenstruktur. Daraus ist der **durchschnittliche Jahresbruttoumsatz** zu errechnen. Zur Berechnung des »Goodwill« ist dieser Jahreswert mit einem **Berechnungsfaktor zu multiplizieren**, der von den Standesvertretungen i.d.R. mit einem Korridor angegeben ist. Auf diesen Faktor wirken sich verschiedene Umstände aus, wie z.B. langer Praxisbetrieb, gemischte Kundschaft, Konkurrenzdichte, Lebensalter und Spezialisierung des ausscheidenden Freiberuflers.[648]

252 Ob tatsächlich ein »Goodwill« vorhanden ist, bedarf **in jedem Einzelfall** der Prüfung. Voraussetzung ist stets, dass es in nennenswertem Umfang einen Markt zur Veräußerung der Freiberuflerpraxis oder zur entgeltlichen Aufnahme eines weiteren Freiberuflers gibt.[649] Ein »Goodwill« kann auch dann völlig fehlen, wenn die Praxis erst kürzlich eingerichtet worden ist[650] oder es sich um eine der künstlerischen Tätigkeit verwandte Tätigkeit handelt[651] oder die Prägung völlig durch das individuelle Können des Inhabers erfolgt.[652] Gesondert zu prüfen ist, ob sich das Verbot, Mandantendaten zu übertragen, auf den »Goodwill« auswirkt, ob es also zu einem »Veräußerungsschwund« kommt.[653]

253 Die Praxis zog nach Ermittlung des Zwischenergebnisses nach vorstehenden Absätzen einen **fiktiven kalkulatorischen Unternehmerlohn** ab, da insoweit die Arbeitskraft des Inhabers nicht mit übergeben wird.[654]

254 Im Zuge des Problems der **Doppelverwertung** wurde bereits kritisch angemerkt, dass nicht nur ein kalkulatorischer Unternehmerlohn, der sich zudem meist nach einer Tätigkeit im Angestelltenverhältnis bemisst, abzuziehen ist, sondern der »Goodwill« um seine **subjektive Komponente zu bereinigen** ist.

---

645 BGH, FamRZ 1999, 361, 362.
646 BGH, FamRZ 1999, 361, 363.
647 BGH, NJW 2008, 1221.
648 Vgl. die Zusammenstellung bei Büte, 3. Aufl., Rn. 75.
649 So der BGH in seinem Grundsatzurteil FamRZ 1977, 38, 40; Johannsen/Henrich/Jaeger, § 1376 Rn. 23.
650 Büte, 3. Aufl., Rn. 75.
651 OLG München, FamRZ 1984, 1096 f. für einen Architekten.
652 MünchKomm-BGB/Koch, § 1376 Rn. 32.
653 Borth, FamRB 2002, 340, 371, 374; Michalski/Zeidler, FamRZ 1997, 397, 401; nach OLG Hamm NJW 2012, 1743 ist ein Praxisübertragungsvertrag nichtig wegen Verstoßes gegen die Verschwiegenheitspflicht, wenn Mandantenakten vor Zustimmung übergeben werden.
654 BGH, FamRZ 1991, 43 ff.; BGH, FamRZ 1999, 361, 364 ff.; Borth, FamRB 2002, 340, 341; Heid, DStR 1998, 1565, 1570. Gegen einen Abzug beim Umsatzverfahren Schröder, FamRZ 2004, 1108; wohl aber nur terminologische Frage, ob gesonderter Abzug oder Wahl eines niedrigeren Bewertungsfaktors.

Nunmehr hat der BGH[655] entschieden, dass bei inhabergeprägten Unternehmen und insb. Freiberuflerpraxen der konkrete Unternehmerlohn abzuziehen ist. Die Bewertungsgrundsätze der Kammern haben dem bisher in unterschiedlicher Weise Rechnung getragen, werden sich aber insgesamt der neuen Rechtsprechung anpassen müssen,[656] nachdem ihre Weitergeltung ansonsten angesichts der Aussagen des BGH in Zweifel gezogen wird.[657]

Die Rechtsprechung bringt von dem so ermittelten Wert die latenten Ertragsteuern in Abzug, und zwar nicht nur in den Fällen, wo eine Veräußerung tatsächlich beabsichtigt ist, sondern generell als Konsequenz der Bewertungsmethode. Die Steuern seien wie unvermeidbare Veräußerungskosten anzusehen.[658] Dabei hat die Rechtsprechung zwar früher den Abzug pauschal des halben Steuersatzes auch angesichts der Abschaffung entsprechender Privilegierung gebilligt,[659] der BGH rückt davon jedoch ab. Er verlangt nunmehr den Abzug latenter Steuern für alle Vermögenswerte, nicht nur für das Betriebsvermögen, und er stellt auf die individuelle Steuerfolge bei einer fiktiven Veräußerung zum Stichtag ab.[660]

(2) Heute: Modifiziertes Ertragswertverfahren

Inzwischen hat sich der BGH ausführlicher mit der Bewertung von Freiberuflerpraxen befasst und konnte dabei auch die Reaktion der Freiberuflerkammern auf seine Rechtsprechung aus dem Jahr 2008 zum Abzug des individuellen Unternehmerlohnes würdigen. Der BGH hat sowohl die reine Umsatz- als auch die reine Ertragswertmethode für die Bewertung einer Freiberuflerpraxis verworfen und ausgesprochen, es sei »*das **modifizierte Ertragswertverfahren**[661] für die Bewertung freiberuflicher Praxen im Zugewinnausgleich generell vorzugswürdig.*«[662] Das Gericht betont, dass die Umsatzmethode für die Ermittlung eines Kaufpreises im Verhandlungswege tauglich sein mag, dass aber im Zugewinn ein objektiver Praxiswert zu ermitteln sei. Hierfür sei das modifizierte Ertragswertverfahren besser geeignet. Zudem lasse die reine Umsatzmethode wegen der Nichtberücksichtigung der Kostenseite keine Rückschlüsse auf die Gewinnerwartung zu.[663]

Das **Ertragswertverfahren** geht von einem substituierbaren Management aus und kalkuliert den Fortführungswert auf der Basis der ewigen Rente. Demgegenüber berücksichtigt das **modifizierte Ertragswertverfahren**, dass die Ertragsnachhaltigkeit durch den Inhaber geprägt ist. Es wird insoweit auf Vergangenheitswerte zurückgegriffen – und zwar nach der Rechtsprechung des BGH auf die letzten drei bis fünf Jahre ohne Zwischenbilanz zum Stichtag[664] – und daraus ein Zukunftserfolgswert hochgerechnet, wobei sich der **Prognosezeitraum** – schon mangels integrierter Finanzplanung – **auf wenige Jahre beschränkt**. Es berücksichtigt insbesondere den **Abzug des individuellen Unternehmerlohnes**.[665]

---

655 BGH, NJW 2008, 1221.
656 Soweit das OLG Hamm, DS 2010, 188 = ZFE 2009, 349, dem BGH widerspricht, geht das Gericht von einem falschen – nämlich unterhaltsrechtlich geprägten – Begriff des individuellen Unternehmerlohnes aus.
657 Mayer-Klenk/Borth, FamRZ 2012, 1923, 1928.
658 BGH, FamRZ 1991, 43, 48; BGH, FamRZ 2005, 99; Borth, FamRB 2002, 340, 371, 373; Johannsen/Henrich/Jaeger, § 1376 Rn. 23; Manderscheid, ZFE 2005, 341, 343; einschränkend Hoppenz, FamRZ 2006, 449.
659 BGH, FamRZ 1999, 361, 365.
660 BGH, NJW 2011, 999; BGH, NJW 2011, 2572.
661 Missverständliches Begriffsverständnis bei BeckOGK/Siede, § 1375 BGB Rn. 260: Kombination aus Substanz- und Ertragswertmethode.
662 BGH, NJW 2011, 2572, Tz. 28.
663 BGH, NJW 2011, 999 = FamRZ 2011, 622.
664 BGH, FamRZ 2018, 184.
665 BGH, NJW 2011, 999, Tz. 19 f.

259 Somit wird wohl in Zukunft die Bewertung von Freiberuflerpraxen mit dieser Methode erfolgen, wie sie zuvor für inhabergeführte[666] Unternehmen vorgestellt wurde. Der konkret individuelle Unternehmerlohn wird abgezogen und steht für den Unterhalt zur Verfügung. Die latenten Steuern sind immer zu berücksichtigen, unabhängig von einer konkreten Veräußerungsabsicht.

(3) Korrekturkriterien

260 Eine Korrektur des so gefundenen Ergebnisses kann aufgrund des Bewertungsziels, einen **Ausgleichs- und Auseinandersetzungswert** zu finden,[667] erforderlich sein, insb. wenn der Unternehmer-Ehegatte durch Mitarbeit in der Praxis seinen Lebensunterhalt und den des geschiedenen Ehegatten bestreitet. Hier kann auch eine Rolle spielen, welche steuerlichen Folgen der Zugewinn für jeden Ehegatten hat.

bb) Anwaltskanzlei

261 Die **Bundesrechtsanwaltskammer** hat **Empfehlungen** zur Bewertung von Anwaltskanzleien herausgegeben, die fortlaufend aktualisiert werden.[668] Danach wird der Praxiswert – wie vorstehend geschildert – aus Substanzwert und »Goodwill« nach der **Umsatzmethode** bemessen. Es sind die Ist-Umsätze[669] – ohne USt[670] – der letzten drei Jahre zu betrachten, wobei das letzte Jahr doppelt gewichtet ist. Die Umsätze sind um außerordentliche Einnahmen zu bereinigen. Als **Berechnungsfaktor** gehen die Empfehlungen von einer Zahl zwischen 0,3 und 1 aus. Nur ganz ausnahmsweise – und in jüngerer Zeit angesichts geringerer Mandantentreue noch seltener[671] – kann dieser Faktor bis 1,3 steigen. Die Empfehlungen enthalten einen Katalog von Faktoren, die bei der Berechnung des sog. **Fortführungswertes** i.R.d. Zugewinns für die Bemessung des Bewertungsfaktors von Bedeutung sind. Ein Abzug eines sog. kalkulatorischen Anwaltslohnes ist dagegen nach Ansicht der BRAK nicht erforderlich, da dieser Faktor im Rahmen der zuvor benannten Bewertungskriterien bereits berücksichtigt sei.[672] Die **BRAK** stellt eingangs und in einem eigenen Abschnitt klar, dass sie Bewertungsgrundsätze veröffentlicht, die im Einzelfall und insbesondere bei **spezifischen Bewertungszwecken** wie etwa dem **Zugewinnausgleich** einer **Ergänzung** bedürfen. Hierzu wird dann auf die Rechtsprechung des BGH verwiesen. Ob dies die neuere Rechtsprechung des BGH[673] zum Abzug des konkreten Unternehmerlohns ausreichend widerspiegelt, mag bezweifelt werden. So wird denn auch die Richtlinie für die Wertberechnung im Zugewinnausgleich schlicht nicht für geeignet gehalten.[674]

cc) Notarkanzlei

262 Für die Bewertung einer Notarkanzlei kommt es derzeit auf den reinen Substanzwert an, da **ein »Goodwill« nicht existiert**, weil die Praxis nicht veräußert werden kann, sondern die Notare staatlich ernannt werden.[675]

---

666 Zum Unterschied zwischen inhabergeführt und inhaberabhängig: Kohl/König, DStR 2019, 1502, 1504.
667 IDW S 13; zur Bedeutung des Bewertungsziels Hüttemann, WPg 2007, 812 ff.
668 Aktuelle Fassung BRAK-Mitteilungen 2018, 6 ff.
669 Zum Festhalten am Umsatzverfahren Römermann, NJW 2012, 1694 f.; befürwortend auch Braeuer, FF 2012, 273 f., da die Umsatzmethode eine Bewertung darstelle, die der spezifische Markt annehme. Sie bilde daher den Marktwert ab.
670 So die Empfehlungen der BRAK, BRAK-Mitteilungen 2018, 6 f.; a.A. Büte, Rn. 189: Bruttoumsatz.
671 BRAK-Mitteilungen 2018, 6 ff., 8; Römermann/Schröder, NJW 2003, 2709, 2711.
672 Gegen den Abzug eines solchen kalkulatorischen Unternehmerlohnes auch: Römermann/Schröder, NJW 2003, 2709, 2711.
673 BGH, NJW 2008, 1221.
674 BeckOGK/Siede, § 1376 BGB Rn. 108; Kuckenburg, FF 2018, 359; a.A. OLG Hamm, FamRZ 2016, 1931.
675 BGH, FamRZ 1999, 361, 363; Büte, Rn. 178; Schulz/Hauß, Rn. 601; a.A. Braeuer, FF 2012, 273, 278.

dd) Steuerberaterkanzlei

Für die Steuerberaterpraxis hat der BGH gebilligt,[676] die Bewertung entsprechend den **Empfehlungen der Bundessteuerberaterkammer** vorzunehmen. Danach ist der um Sondereinflüsse verminderte durchschnittliche Umsatz der letzten drei Jahre heranzuziehen und mit einem Faktor von 0,8 bis 1,4 zu multiplizieren. Der konkrete Unternehmerlohn und latente Ertragsteuern sind in Abzug zu bringen.[677] Die Bundessteuerberaterkammer hat im Jahr 2010 neue Hinweise für die Bewertung von Steuerberaterpraxen erarbeitet und diese im Jahr 2017 aktualisiert[678], die auf ein geteiltes Echo stoßen.[679] Die Rechtsprechung zum Abzug des konkreten Steuerberaterlohnes ist darin umgesetzt. An der Umsatzmethode wird festgehalten. Allerdings wird auch eine Ertragswertmethode zur betriebswirtschaftlichen Bewertung vorgestellt. Nach der Präambel soll die Wahl zwischen den Methoden nach der genauen Zielsetzung des Anwenders und dem konkreten Anlass für die Bewertung getroffen werden. Auch dies wird angesichts des Diktums des BGH[680] zur Vorzugswürdigkeit der modifizierten Ertragswertmethode infrage zu stellen sein.[681]

263

ee) Arztpraxis

Die früheren **Richtlinien der Ärztekammern** wurden im Jahr 2008 überarbeitet und nunmehr als bloße Hinweise zur Bewertung von Arztpraxen veröffentlicht, um die fehlende rechtliche Verbindlichkeit auszudrücken.[682] Danach setzt sich der Praxiswert aus dem Substanzwert und dem ideellen Wert zusammen. Bei der Berechnung des ideellen Wertes wird die reine Umsatzmethode aufgegeben und stattdessen ein ertragswertorientierter Ansatz unter Berücksichtigung auch der Kostenseite gewählt. Von diesem Durchschnittsertrag der letzten drei Jahre wird ein **kalkulatorischer Arztlohn** abgezogen, der mit 76.000,00 € angesetzt wird und ab einem übertragbaren Umsatz von 240.000,00 € voll abgezogen wird. Liegen die Beträge darunter, so wird er nur anteilig abgezogen. Der Prognosemultiplikator beträgt in der Regel 2, da der ideelle Wert sehr stark personengebunden ist. Das Ergebnis wird noch auf wertbeeinflussende Faktoren abgeglichen. Kann die Patientenkartei nicht übergeben werden, mindert dies den Wert. Das Verbot wird in der Praxis aber meist durch eine vorherige Anstellung des Erwerbers umgangen und hat dann keinen Einfluss mehr auf die Wertbestimmung.

264

Auch die **Rechtsprechung des BSG**[683] sieht die **modifizierte Ertragswertmethode als grundsätzlich geeignet** zur Ermittlung des Verkehrswertes an. Die Entscheidung beleuchtet das Zusammenspiel zwischen öffentlich-rechtlicher Zulassung und privatem Praxisverkauf nach **§ 103 Abs. 4 SGB V** und legt dar, dass der Verkehrswert für den Zulassungsausschuss nur insoweit eine Rolle spielt, als der Kaufpreis den Verkehrswert nicht übersteigt. Bei einer Mehrheit von Bewerbern soll nicht derjenige ausgewählt werden müssen, der den höchsten Kaufpreis zahlt. Der Zulassungsausschuss muss also über den Verkehrswert befinden, wenn keine Einigung zwischen dem geeignetsten Bewerber und dem Arzt vorliegt.

265

An die **Beschränkung der Arztzulassung** schließt sich die Frage an, ob für manche Praxen in ländlichen Regionen überhaupt noch ein **Markt** im Sinne einer »Goodwill«-Bewertung vorhanden ist. Jedenfalls wird eine von mangelnder Nachfrage geprägte örtliche Marktsituation zu einem gesunkenen Wert führen müssen.[684]

---

676 BGH, FamRZ 1999, 361 ff.
677 Büte, Rn. 683; Schulz/Hauß, Rn. 649.
678 Abrufbar auf der Webseite der Bundessteuerberaterkammer unter der folgenden Adresse: *http://www.bstbk.de/export/sites/standard/de/ressourcen/Dokumente/04_presse/publikationen/03_berufsrecht/18–4.2.1_Hinweise_Praxiswertermittlung.pdf*.
679 Vgl. Fischer/Wanagas, DStR 2010, 1853 f. und sehr kritisch Knief, DStR 2010, 2000 f.
680 BGH, NJW 2011, 2572.
681 Eine Anpassungsnotwendigkeit der Richtlinien der Kammerberufe sieht Borth, FamRZ 2011, 1373, 1374.
682 Bekanntgabe im Deutschen Ärzteblatt 2008, Heft 51/52, A 2778.
683 BSG, Urt. v. 14.12.2011 – B 6 KA 39/10 – BSGE 110, 34.
684 BeckOGK/Siede, § 1376 BGB Rn. 139; Frielingsdorf/Laukamp, NZFam 2017, 241, 243.

266 Nach der neueren Rechtsprechung des BFH[685] stellt beim Erwerb einer Vertragsarztpraxis die Zulassung als Vertragsarzt[686] entgegen einiger OFD-Verfügungen[687] kein gesondertes immaterielles Wirtschaftsgut dar, sondern ist untrennbar im Praxiswert enthalten, sodass die Gesamtkaufsumme nach den Grundsätzen des derivativen Erwerbs einer freiberuflichen Praxis abgeschrieben werden kann. Lediglich in Ausnahmefällen, wenn die Vertragsarztzulassung zum Gegenstand eines gesonderten Veräußerungsvorganges gemacht wird, kann sie dadurch zum selbstständigen Wirtschaftsgut konkretisiert werden.[688]

ff) Anwendung auf weitere inhabergeprägte Unternehmen und KMU

267 Die Besonderheiten, welche bei der Bewertung von Freiberuflerpraxen betont wurden, bestehen auch bei kleineren Unternehmen, deren Erfolg wesentlich durch das Geschick ihres Inhabers bestimmt wird. Für kleine und mittelgroße Unternehmen hat sich inzwischen der Begriff KMU eingebürgert. Auch dort kann daher eine entsprechende Bewertung sachgerecht sein, so insb. bei kleineren Handwerksbetrieben. Zuweilen wurde hier auch eine Mittelwertmethode angewendet,[689] das dürfte jedoch überholt sein.

268 Die Prägung durch den Inhaber kann sogar so weit gehen, dass ein Goodwill gänzlich abgelehnt wird und die Bewertung sich auf den reinen Substanzwert reduziert.[690]

269 So hat der BGH[691] insbesondere für einen **Mieterbetrieb** erörtert, ob auf einen solchen Betrieb eine Modifizierung des Ertragswertverfahrens durch einen begrenzten Ertragszeitraum anzuwenden sei. Dabei kommt es nach Ansicht des BGH darauf an, ob der Betrieb an seinem Standort eine **langfristige Mietvertragsbindung** erreicht hat und ob der **Standort** für den Betrieb **von herausragender Bedeutung** ist. Trifft Letzteres zu, so ist bei einem nicht langfristigen Mietvertrag nur von einem begrenzten Ertragshorizont auszugehen.

270 Der BGH[692] hat für den Betrieb des **Handelsvertreters** geurteilt, dass hier eine **ausschließliche Subjektgebundenheit** vorliegt, weil der Betrieb auf einem höchstpersönlichen, nur dem Inhaber verliehenen Recht beruht und somit nicht veräußerlich ist. Als Folge ist im Zugewinn hierfür kein Wert anzusetzen.

In seinem neuesten Urteil zu diesem Bereich hat der BGH entschieden, dass auch eine **nicht unternehmensleitende Tätigkeit der Inhaber** bei der Berechnung des Unternehmenswertes im Zugewinn berücksichtigt werden muss und dass der **Abzug für alle Inhaber** erfolgt, nicht nur für denjenigen, der nun auf Zugewinn in Anspruch genommen wird. Hinsichtlich der konkreten Tätigkeiten trifft einen **Unternehmer eine sekundäre Darlegungslast, wenn** gutachtlich ein bestimmter Wert angesetzt ist und er diesen für zu hoch hält. Der ansonsten darlegungspflichtige Ausgleichsgläubiger steht hier außerhalb des Geschehensablaufs.[693]

271 Die **Bundessteuerberaterkammer** hat sich inzwischen zusammen mit dem **IDW** der **Bewertung von KMU** angenommen und hierzu umfangreiche **Hinweise** veröffentlicht,[694] insbesondere um der auftretenden Fehlbewertung durch das vereinfachte Ertragswertverfahren nach § 199 ff. BewG eine

---

685 BFH, DStR 2011, 1799 f.; BFH, DStR 2017, 1083; BFH, DStR 2017, 1087.
686 Zur Einbringung der Zulassung in ein MVZ: Plagemann/Bergmann, DStR 2017, 1392.
687 OFD Koblenz, DStR 2006, 610; OFD Frankfurt, EStB 2008, 60; OFD Münster, DB 2009, 875.
688 Hierzu OFD Münster, DStR 2012, 1511.
689 Vgl. OLG Bamberg, FamRZ 1995, 607, 609; Schulz/Hauß, Rn. 532.
690 OLG Hamm, FamRB 2011, 266.
691 BGH, NJW 2014, 294 = FamRZ 2014, 98 m. Anm. Koch.
692 BGH, NJW 2014, 625 mit abl. Anm. Hoppenz.
693 BGH, NJW 2018, 61, Tz. 29 ff. m. Anm. C. Münch.
694 Abrufbar unter *www.bstbk.de/de/presse/publikationen/* im Bereich Steuerrecht und Rechnungslegung unter Fachinfos; gleichlautend vom IDW in IDW-Fachnachrichten 4/2014, 282 ff.

Handreichung entgegenzusetzen.⁶⁹⁵ Die Bewertung wird auf der Grundlage von IDW-S1 durchgeführt. Beispiele sollen später noch veröffentlicht werden.

Hierbei werden folgende Besonderheiten und Probleme bei der Bewertung von KMU geschildert: 272
– kein unabhängiges Management, sondern Angewiesensein auf die Leistung des Eigentümers,
– Überschneidung von betrieblichem und privatem Bereich,
– Mitarbeit von Familienmitgliedern zu nicht marktgerechten Konditionen,
– fehlender Zugang zum Kapitalmarkt,
– nur eingeschränkt aussagefähige Rechnungslegung (stärkere steuerliche Motivation) und fehlende Unternehmensplanung,
– geringe Diversifikation.

Als Folge ist häufig festzustellen und bei der Bewertung zu berücksichtigen, dass die Übertragung 273
der Ertragskraft nur partiell oder temporär gelingt, sodass es zu einer Modifizierung des Ertragswertverfahrens kommt.⁶⁹⁶

d) Besonderheiten bei der Bewertung von Unternehmensbeteiligungen

Neben der Bewertung ganzer Unternehmen sind im Zugewinn auch Unternehmensbeteiligungen 274
zu bewerten. Hierzu gibt es verschiedene Methoden.

aa) Direkte und indirekte Bewertung

(1) Direkte Bewertung

Bei der direkten Bewertung von Unternehmensanteilen wird der Anteilswert direkt aus den **Zah-** 275
lungsströmen zwischen dem Unternehmen und dem einzelnen **Anteilsinhaber** abgeleitet.⁶⁹⁷ Der Wert des Gesamtunternehmens ist hier für den Anteilseigner von untergeordneter Bedeutung. Die Summe aller Anteilswerte kann anders ausfallen als der Unternehmenswert. Die direkte Methode findet v.a. in der Beteiligungsakquisition Anwendung.⁶⁹⁸

(2) Indirekte Bewertung

Bei der indirekten Bewertung wird der Wert des Anteils **quotal aus dem Wert des Gesamtunter-** 276
nehmens abgeleitet. Daher ist zunächst der Gesamtwert gemäß den soeben aufgezeigten Grundsätzen festzustellen. Aus der **Höhe der Gewinnbeteiligung**⁶⁹⁹ ergibt sich dann der Anteilswert. Diese Methode steht heute traditionell im Vordergrund.⁷⁰⁰ Juristisch mag sich die indirekte Methode auf § 738 Abs. 2 BGB stützen, nach dem für die Bewertung bei der Auseinandersetzung einer GbR der Wert des Gesellschaftsvermögens festzustellen ist. Der **BGH** hat diese Methode für die Anteilsbewertung **gebilligt**.⁷⁰¹

---

695 Allerdings ist das FG Düsseldorf, DStRE 2019, 429 der Auffassung, dass die Bewertung von Anteilen an Kapitalgesellschaften nach dem vereinfachten Ertragswertverfahren nicht zu offensichtlich unzutreffenden Ergebnissen führt; dazu Kohl/König, DStR 2019, 1502.
696 Zu diesen Bewertungshinweisen: Stein/Fischer, DStR 2014, 1019 f.; Hachmeister/Ruthard, DStR 2014, 1299 ff.
697 IDW S 1, Rn. 13.
698 Riedel, Rn. 408 f.
699 Riedel, Rn. 406.
700 Großfeld/Egger/Tönnes, 278 f.
701 BGH, FamRZ 1980, 37, 38; BGH, DNotZ 1992, 526 = NJW 1992, 892.

bb) Objektivierter Wert und Subjektiver Wert

(1) Objektivierter Wert

277 Der objektivierte Wert des Unternehmensanteils entspricht dem **quotalen Wertanteil** am objektiven Gesamtwert des Unternehmens.

(2) Subjektiver Wert

278 Der subjektive Wert beinhaltet die Einschätzung des Wertes der Beteiligung an einem Unternehmen **unter besonderer Berücksichtigung der individuellen persönlichen Verhältnisse** des jeweiligen Anteilseigners. Hier werden der Einfluss des Anteilseigners auf die Unternehmenspolitik (**Sperrminorität, Mehrheitsbeteiligung oder Sondergewinnbezugsrechte**[702]) und erwartete Synergieeffekte mit in die Betrachtung einbezogen.[703] Während die betriebswirtschaftliche Bewertung und die Praxis solche Effekte durch Zu- und Abschläge berücksichtigen (»Paketzuschlag«), soll ihre Einbeziehung in die Bewertung bei der Errechnung einer gesellschaftsrechtlichen Abfindung wegen des Gleichbehandlungsgebotes der Gesellschafter nicht zulässig sein; demnach scheidet insb. ein Minderheitsabschlag aus.[704] Bei der Bewertung i.R.d. **Zugewinnausgleichs** steht dieses Gebot hingegen nicht im Raum, sodass die Bewertung solche **Herrschaftsmöglichkeiten durchaus berücksichtigen** kann.[705] Gleiches gilt für unterschiedliche Kapitalkonten.[706]

cc) Einfluss gesellschaftsvertraglicher Abfindungsklauseln

279 Bei den Unternehmensbeteiligungen stellt sich schließlich für die Bewertung die Frage, wie i.R.d. Wertfeststellung mit einer laut Gesellschaftsvertrag **unveräußerlichen Beteiligung** oder einer solchen **mit einem niedrigeren Abfindungswert** umzugehen ist.

Nach § 717 BGB, § 105 Abs. 3 HGB ist der Anteil an einer **Personengesellschaft** im Grundsatz **nicht übertragbar**. Eine Übertragung ist jedoch mit Zustimmung der Mitgesellschafter im Einzelfall oder bei Zulassung im Gesellschaftsvertrag möglich.[707] Solches wird in den Gesellschaftsverträgen zwar zumeist vereinbart, ist aber an die Zustimmung der Mitglieder im Einzelfall gebunden, ggf. mit Ausnahmen etwa für die Übertragung auf Abkömmlinge. **GmbH-Anteile** sind zwar nach § 15 GmbHG veräußerlich, nach der Satzung jedoch häufig vinkuliert, sodass auch hier keine freie Verfügbarkeit besteht.

280 Zudem sehen die Gesellschaftsverträge und Satzungen für den Fall des Ausscheidens eines Gesellschafters sehr häufig **Abfindungsbeträge** vor, die weit **unter dem Verkehrswert** liegen,[708] damit die Gesellschaft auch nach dem Ausscheiden eines Gesellschafters ohne Liquiditätsprobleme fortgeführt werden kann.[709] Seit der Erbschaftsteuerreform muss bei solchen Klauseln zusätzlich die schenkungssteuerliche Folge bedacht werden.[710]

281 Hierzu hat die **Rechtsprechung** inzwischen entschieden, dass auch bei der unveräußerlichen Beteiligung oder einer geminderten Abfindung keine grds. abweichende Bewertung in Betracht kommt, da die fortbestehende Nutzungsmöglichkeit durch den Inhaber – jedenfalls im Bereich des Zuge-

---

702 FG Düsseldorf, EFG 2019, 406.
703 IDW S 1, Rn. 13; vgl. auch IDW Stellungnahme zur Rechnungslegung: Anwendung der Grundsätze des IDW S 1 bei der Bewertung von Beteiligungen und sonstigen Unternehmensanteilen für die Zwecke eines handelsrechtlichen Jahresabschlusses, WPg 2005, 1322 f.
704 Großfeld/Egger/Tönnes, 973; OLG Düsseldorf, WM 1973, 1085, 1087; KG, AG 1964, 219.
705 Piltz/Wissmann, NJW 1985, 2673, 2680; Riedel, Rn. 445 ff. für die Pflichtteilsberechnung.
706 Hierzu Frielingsdorf/Laukamp, NZFam 2016, 241 f.
707 K. Schmidt, § 45 Abs. 3 Satz 2b); Palandt/Sprau, § 719 Rn. 6 m.w.N.
708 Zu den Grenzen der Zulässigkeit: BGHZ 116, 359 ff.
709 MünchKomm-BGB/Schäfer, § 738 Rn. 39 ff.
710 Vgl. etwa Leitzen, RNotZ 2009, 315; Krumm, NJW 2010, 187.

winns – maßgeblich für den wahren Wert ist.⁷¹¹ Es sei nicht sachgerecht, den ausgleichungsberechtigten Ehegatten mit Verweis auf eine fiktive Kündigung oder einen fiktiven Erbfall nicht an diesem in der Ehe geschaffenen Wert teilhaben zu lassen. Außerdem könne die entsprechende Klausel auch zum Vorteil des Ausgleichsverpflichteten bei Ausscheiden eines anderen Gesellschafters Anwendung finden. Der BGH will also auch in diesen Fällen vom **Vollwert des Gesellschaftsanteils** ausgehen und die beschränkte Veräußerbarkeit allenfalls durch einen Wertabschlag berücksichtigen.⁷¹² Dieser muss nicht einmal sehr hoch sein,⁷¹³ er richtet sich nach der Wahrscheinlichkeit, mit welcher der betroffene Gesellschafter mit einer Kündigung rechnen muss.⁷¹⁴ Der Vollwert ist nach den dargestellten allgemeinen Grundsätzen der Unternehmensbewertung zu bemessen, also auch unter Abzug der latenten Ertragsteuer.

Damit hat sich die Rechtsprechung auch gegen eine Lösung in Analogie zu § 2313 BGB mit einer zunächst nur **vorläufigen Bewertung** ausgesprochen.⁷¹⁵ Ein solches Verfahren stünde mit der im Scheidungsverfahren gewünschten und gesetzlich vorgesehenen endgültigen Regelung der Vermögensverhältnisse zum Stichtag in Widerspruch. 282

Anderes soll nur dann gelten, wenn die Beteiligung entweder schon **zum Stichtag gekündigt** war, sodass sich der niedrigere Abfindungswert aktualisiert hat⁷¹⁶ oder wenn die Beteiligung **wegen des Zugewinnausgleichs veräußert** werden muss und auch § 1382 BGB nicht zu einer anderen Einschätzung führt.⁷¹⁷ Vorgeschlagen wird auch eine Schätzung, die ausgehend vom Vollwert das Risiko der geringeren Abfindung wertmindernd berücksichtigt.⁷¹⁸ Die Literatur unterbreitet diverse Vorschläge für die Wahrscheinlichkeit des Ausscheidens. Das Erreichen der allgemeinen Altersgrenze⁷¹⁹ dürfte demgegenüber hinsichtlich der Gesellschafterstellung wenig geeignet sein. Allgemeiner wird formuliert, der Ertragswert sei für die Dauer der voraussichtlichen Beteiligung zugrunde zu legen.⁷²⁰ 283

Demgegenüber wird in der Literatur vertreten, dass sich trotz dieser Rechtsprechung des BGH Beteiligungen an Großkanzleien so konstruieren lassen (»ohne Ein- und Austrittsgeld«), dass diese zugewinnrechtlich kein Endvermögen und keinen Vermögenswert darstellen.⁷²¹ 284

▶ Rechtsprechung:

Dies hat inzwischen das **OLG Düsseldorf**⁷²² für eine **Wirtschaftsprüfer- bzw. Steuerberatersozietät** bestätigt, wenn es sich letztlich um eine **gesellschaftsvertraglich ausgestaltete Mitarbeiterbeteiligung** handelt, bei welcher auch nicht die Chance besteht, dass sich der Wert der Beteiligung bei Ausscheiden eines anderen Gesellschafters erhöht. Die Gewinnausschüttung erfolgte nicht nach Anteilshöhe, sondern nach bestimmten Bemessungsgrundlagen der 285

---

711 BGH, FamRZ 1980, 37, 38; BGH, FamRZ 1986, 1196, 1197; BGH, FamRZ 1999, 361 f.; offengelassen in BGH, FamRZ 2003, 432 f., ob dies auch dann gilt, wenn die Beteiligung unmittelbar mit dem Arbeitsverhältnis verknüpft ist; OLG Hamm, FamRZ 1998, 235.
712 Gegen diese Rspr. des BGH: Michalski/Zeidler, FamRZ 1997, 397 ff., deren Herleitung eines »Realisierungsprinzips« aus den Vorschriften des Zugewinnausgleichs aber keine Gefolgschaft gefunden hat. Daher gegen diesen Ansatz: Kleinle, FamRZ 1997, 1133 f.; Schröder, FamRZ 1997, 1135.
713 So Johannsen/Henrich/Jaeger, § 1376 Rn. 22. Gänzlich gegen einen Abschlag Piltz/Wissmann, NJW 1985, 2673, 2683.
714 BGH, FamRZ 1986, 1196; Schulz/Hauß, Rn. 345.
715 So auch Piltz/Wissmann, NJW 1985, 2673, 2681; Schröder, Bewertungen, Rn. 88.
716 BGH, FamRZ 1980, 37, 38; BGH, FamRZ 1999, 361; Schulz/Hauß, Rn. 346.
717 Büte, Rn. 104; Schulz/Hauß, Rn. 346; Johannsen/Henrich/Jaeger, § 1376 Rn. 22; MünchKomm-BGB/Koch, § 1376 Rn. 514; teilweise a.A. Reimann, FamRZ 1989, 1248, 1253 f.
718 MünchKomm-BGB/Koch, § 1376 Rn. 53.
719 BeckOGK/Siede, § 1376 BGB Rn. 328.1.
720 BeckOGK/Siede, § 1376 BGB Rn. 649.
721 Piltz, ZEV 2007, 301 ff.
722 OLG Düsseldorf, DStR 2016, 1043.

Mitarbeit, Gewinne wurden stets voll ausgeschüttet und eine Herrschaftsmacht in der Gesellschaft bestand nicht.

286 Bei solchen »**naked in- naked out**« Klauseln soll auch **keine schenkungsteuerliche Bereicherung** i.S.d. § 7 Abs. 7 ErbStG für die verbleibenden Gesellschafter bestehen.[723]

287 Eine größere Diskussion erhebt sich über die Frage, wie **Abfindungsbeschränkungen für den Fall des Todes eines Gesellschafters sich auf Zugewinnansprüche auswirken**, eine Diskussion, die von der Auswirkung auf Pflichtteilsberechtigte ihren Anfang nahm.[724] So soll der **Gesellschaftsanteil** etwa bei Vorliegen einer **Fortsetzungsklausel nicht zum Nachlass** gehören und damit auch **nicht zum Endvermögen** nach § 1375 BGB.[725] Man wird auch kaum das Endvermögen im Rahmen der güterrechtlichen und der erbrechtlichen Lösung unterschiedlich definieren können und auch kaum die güterrechtliche Lösung und die Scheidung verschieden handhaben können. Dann wird diskutiert, ob Abfindungsklauseln, die eine **niedrigere Abfindung** vorsehen, nach § **1375 Abs. 2 Satz 1 Nr. 1 BGB** als unentgeltliche Zuwendung behandelt werden können, sodass eine wertentsprechende Abfindung über diese Vorschrift dem **Endvermögen hinzugerechnet** werden kann. Solches wird man jedoch dann kaum annehmen können, wenn sie für alle Gesellschafter in gleichem Maße gelten.[726] Denn die Rechtsprechung lehnt für diese Fälle eine Schenkung ab (von Ausnahmefällen wie krassen Altersunterschieden abgesehen).[727]

288 Bliebe man dabei stehen, dass der Beteiligung kein Vermögenswert mehr zukommt,[728] wären aber **grobe Verwerfungen** zu befürchten, wenn der Gesellschaftsanteil zum **Anfangsvermögen** gehört. Definiert man ihn nun aber ohne Ausgleich aus dem Endvermögen heraus, so findet eine Vernichtung von Zugewinn in erheblichem Umfang statt. **Ohne Korrektur ist also nicht auszukommen.**

289 Man kann diese auf dreierlei Weise vertreten:[729]
- entweder über das **Anfangsvermögen**. Dies ist nach der Rechtsprechungswende des BGH bei der Schwiegerelternzuwendung[730] nicht mehr ausgeschlossen. Der Anteil dürfte dann im Anfangsvermögen jedenfalls nicht höher eingestellt werden als der Abfindungsanspruch im Endvermögen (von echten Wertverlusten abgesehen).
- oder über eine **Zurechnung zum Endvermögen** über § 1375 Abs. 2 BGB analog, die allerdings schwierig zu begründen ist, zumal bei einer Klausel, die bereits vor Eheschließung vereinbart war.[731]
- oder über eine **Einbeziehung in das Endvermögen** und einen entsprechenden **Wertabschlag** im Rahmen des § 1376 BGB.

All dies **spricht** deutlich **für eine ehevertragliche Regelung**, die hier Eindeutigkeit zu schaffen vermag.

290 Das neue Bewertungsrecht hat in § 11 BewG eine Vorschrift für die Bewertung von Anteilen geschaffen, der zufolge die Anteile, wenn sie sich nicht durch Drittverkäufe bemessen lassen, unter Berücksichtigung der Ertragsaussichten oder einer anderen anerkannten, auch im gewöhnlichen Geschäftsverkehr für nichtsteuerliche Zwecke verwendeten Methode zu bewerten sind. Hieraus werden bis

---

723 Esskandari, DStR 2016, 1251.
724 Kohl, MDR 1995, 865; eingehend Pogorzelski, RNotZ 2017, 489 ff., 577 ff.
725 So etwa Pogorzelski, RNotZ 2017, 577 f.
726 Fleischer/Hüttemann/Born, § 23 Rn. 42; Staudinger/Thiele (2017), § 1375 Rn. 24.
727 Etwa BGH, DNotZ 1966, 620.
728 So ausdrücklich Soergel/Kappler/Kappler, § 1376 Rn. 68.
729 Rechtsprechung hierzu ist soweit ersichtlich nicht bekannt, literarische Äußerungen sind spärlich.
730 Hierzu Kap. 4 Rdn. 33 ff.
731 Hierzu Pogorzelski, RNotZ 2017, 577, 582 f.

zu sieben mögliche Bewertungsverfahren abgeleitet,[732] ferner wird noch die Berücksichtigung des vereinfachten Bewertungsverfahren nach §§ 199 bis 203 BewG angeordnet (§ 11 Abs. 2 Satz 4 BewG). Auf eine Ausnahme für ertragsteuerliche Zwecke ist verzichtet, sodass diese Bewertung auch im Bereich der Ertragsteuern Anwendung finden kann.[733]

dd) Abschreibungsgesellschaften

Auch Abschreibungsgesellschaften, bei denen durch Ausnutzen von Steuervergünstigungen Verluste erwirtschaftet werden, haben die Rechtsprechung beschäftigt. Der BGH ist der Auffassung, dass die dabei entstehenden negativen Kapitalkonten keine Verbindlichkeiten i.S.d. § 1375 Abs. 1 Satz 1 BGB sind und daher im Zugewinnausgleich nicht in Abzug zu bringen sind.[734] Eine solche Gesellschaft hat zwar keinen Aktivwert, ihr kann aber dennoch i.R.d. Vermögensbewertung nach allgemeinen Grundsätzen ein Vermögenswert zukommen.[735] Der BGH hat insoweit inzwischen anerkannt, dass auf den zu erwartenden Veräußerungserlös bei Beendigung der Beteiligung abgestellt werden kann, was in der Sache einer Liquidationswertermittlung entspreche.[736]

291

ee) Einheitlicher Unternehmensbegriff

Die Unternehmensbewertung hat zum Ziel, das Unternehmen als wirtschaftliche Unternehmenseinheit zu erfassen. Insoweit sind die Grenzen der betriebswirtschaftlichen Unternehmensbewertung nicht immer identisch mit den zivilrechtlichen Grenzen des Unternehmens. Hier soll – jedenfalls aus betriebswirtschaftlicher Sicht – der wirtschaftlichen Einheit der Vorrang zukommen.[737] So müssen insb. solche betriebsnotwendigen Vermögensgüter, die im Privatbereich gehalten werden, berücksichtigt werden. Der Standard IDW S 1 schlägt hierzu entweder deren Einbringung oder die anderweitige Berücksichtigung durch Miet-, Pacht- oder Lizenzzahlungen vor.[738] Hierzu gibt es nur wenige Entscheidungen. So hat das OLG Bamberg bei einer Betriebsaufspaltung entschieden, dass eine Veränderung des Pachtzinses nur zu einer Verschiebung zwischen den Firmen führen würde. Die Unternehmensbewertung müsse dann beide Firmen, Besitz- und Betriebsgesellschaft, als eine Einheit betrachten.[739]

292

5. Der Ausgleichsanspruch

a) Durchführung des Zugewinnausgleichs

Wenn die Zugewinngemeinschaft auf andere Weise als durch den Tod endet (§ 1372 BGB) oder wenn im Todesfall nicht die erbrechtliche Lösung des § 1371 Abs. 1 BGB, sondern die güterrechtliche Lösung des **§ 1371 Abs. 2 und Abs. 3 BGB** Platz greift, so ist der Zugewinn konkret zu berechnen.

293

Nach **§ 1378 Abs. 1 BGB** erfolgt der Ausgleich dergestalt, dass die Hälfte der Zugewinndifferenz in Geld ausgeglichen wird. Eine dingliche Beteiligung am Vermögen des Verpflichteten findet nicht statt.

294

Damit sind verschiedene **Rechenschritte** durchzuführen.[740]

295

---

732 Riedel, ZErb 2013, 161 f.
733 Hierzu Drosdzol, DStR 2011, 1258 f.
734 BGH, FamRZ 1986, 37 ff.
735 Schulz/Hauß, Rn. 424 f.; Büte, Rn. 78.
736 BGH, NJW 2011, 601 m. Anm. Hauß = FamRZ 2011, 183 m. Anm. Schröder in FamRZ 2011, 360 f.
737 IDW S 1, Rn. 19.
738 IDW S 1, Rn. 157.
739 OLG Bamberg, FamRZ 1995, 607, 610.
740 Schulz/Hauß, Rn. 324.

Zunächst wird der Zugewinn eines jeden Ehegatten getrennt durch Abzug des Anfangsvermögens vom Endvermögen des betreffenden Ehegatten festgestellt. Hierzu sind nach den dargestellten Regeln Anfangs- und Endvermögen jedes Ehegatten zu bestimmen. Auch wenn Anfangs- und Endvermögen nach der Reform des Zugewinnausgleichs negativ sein können, so gibt es doch auch weiterhin **keinen negativen Zugewinn**.[741] Anschließend wird der geringere Zugewinn vom höheren Zugewinn des anderen Ehegatten abgezogen. Die Hälfte dieses Überschusses ergibt die **Ausgleichsforderung** des § 1378 Abs. 1 BGB.

b) Vermögenswertbegrenzung des Ausgleichsanspruchs

296 Durch die Möglichkeit negativen Anfangs- und Endvermögens nach neuem Recht kann es vorkommen, dass ein Ehegatte einer Zugewinnausgleichsforderung ausgesetzt ist, die sein gesamtes Vermögen aufzehrt. Ein solcher Ehegatte soll nach der Gesetzesbegründung[742] geschützt werden, indem weiterhin eine Vermögenswertbegrenzung beibehalten wird.

297 **Zunächst** war im Gesetzgebungsverfahren vorgesehen, dass **Grenze des Ausgleichsanspruchs die Hälfte** des nach Abzug der Verbindlichkeiten noch vorhandenen Vermögens sein solle. Damit sollte sichergestellt sein, dass es gemäß dem Grundgedanken des Zugewinnausgleichs zu einer höchstens hälftigen Teilung des vorhandenen positiven Vermögens kommt. Zumindest die Hälfte seines Endvermögens hätte also der ausgleichspflichtige Ehegatte behalten können. An dieser zunächst beabsichtigten Regelung wurde jedoch Kritik geäußert. Sie führe dazu, dass für einen Ausgleichsberechtigten, der selbst keinen oder kaum Zugewinn erzielt habe, eine Partizipation an der Schuldentilgung des ausgleichspflichtigen Ehegatten wieder ausgeschlossen werde – eine Auswirkung gerade zulasten der nicht oder nur gering verdienenden Ehefrauen.[743]

Auf die Beschlussempfehlung des Rechtsausschusses hin[744] ist diese Regelung jedoch nicht Gesetz geworden. Es bleibt **vielmehr bei der bisherigen Vermögenswertbegrenzung des § 1378 Abs. 2 BGB auf das gesamte vorhandene Vermögen**, das nach Abzug aller Verbindlichkeiten bei Beendigung des Güterstands (mitzulesen ist der neue § 1384 BGB: bei Rechtshängigkeit des Scheidungsantrages) vorhanden ist.

298 Damit kann es in Fällen negativen Anfangsvermögens dazu kommen, dass ein ausgleichspflichtiger Ehegatte sein gesamtes Endvermögen für den Zugewinnausgleich einsetzen muss, ohne dass ihm positives Vermögen verbleibt. In den Fällen negativen Anfangsvermögens wird dies nicht immer gewünscht sein. Hier wäre dann ggf. ehevertraglich Abhilfe zu schaffen.

Die Zugewinnausgleichsforderung entsteht also nur insoweit, als bei Beendigung der Zugewinngemeinschaft bzw. am vorverlegten Stichtag Nettovermögen tatsächlich oder auch fiktiv hinzugerechnet noch vorhanden ist. Unterhaltsrückstände sind hierbei zu berücksichtigen.[745]

299 Andererseits ist der Ausgleichsberechtigte durch die geschilderte **Vorverlegung des Stichtages der Endvermögensberechnung i.R.d. Neufassung des § 1384 BGB** insoweit geschützt, als der Kappungswert nach Rechtshängigkeit eines Scheidungsantrags nicht mehr durch illoyale Vermögensminderungen sinken kann, weil dieser Wert mit der Rechtshängigkeit eines Scheidungsantrags festgeschrieben wird – im Gegensatz zum bisherigen Recht, das auf die Beendigung des Güterstandes und damit auf die Scheidung abstellte.

---

741 BT-Drucks. 16/19798, S. 14; so nunmehr ausdrücklich BGH, FamRZ 2011, 25 f.; Kogel, FamRZ 2010, 2036 ff.; a.A. Braeuer, FamRZ 2010, 1614.
742 BR-Drucks. 635/08, S. 30.
743 Koch, FamRZ 2008, 1124, 1127.
744 BT-Drucks. 16/13027 – dieser folgte insoweit inhaltlich der Stellungnahme des Bundesrates in BR-Drucks. 635/08 (Beschluss).
745 OLG Hamm, ZFE 2008, 32.

A. Zugewinngemeinschaft　　　　　　　　　　　　　　　　　　　　　　　　　　Kapitel 1

Problematisch kann für einen Ausgleichsverpflichteten ein **unverschuldeter Vermögensverfall** nach Rechtshängigkeit werden – man denke nur an die Volatilität von Börsenwerten. Hier würde bei Fälligkeit der Zugewinnausgleichsforderung, die nach wie vor gem. § 1378 Abs. 3 Satz 1 BGB erst bei Rechtskraft der Scheidung gegeben ist, u.U. eine völlig andere Vermögenslage bestehen, die allein zulasten des Ausgleichspflichtigen geht.[746] Der BGH hat dies hingenommen und geurteilt, dass auch bei einem unverschuldeten Vermögensverlust der Zeitpunkt der Begrenzung die Rechtshängigkeit des Scheidungsantrages ist, allenfalls über § 1381 BGB (»nicht generell unanwendbar«) sei eine Korrektur möglich, die allerdings im konkreten Fall abgelehnt wurde.[747]　　300

Die vor der Reform des Zugewinnausgleichs bestehende **Rechtsschutzlücke**, dass § 1375 Abs. 2 BGB a.F. über die illoyalen Vermögensminderungen nur für solche Vermögensminderungen **vor Rechtshängigkeit** des Scheidungsantrags galt und so Manipulationen des verpflichteten Ehegatten breiten Raum ließ, da Vermögensminderungen zwischen der Rechtshängigkeit des Scheidungsantrags und der Rechtskraft des Scheidungsbeschlusses nach herrschender Auffassung nicht hinzugerechnet wurden,[748] **hat der Gesetzgeber nunmehr geschlossen** und den Schutzbereich sogar noch auf den Zeitpunkt der Trennung vorverlegt.　　301

Zum einen wird die in § 1378 Abs. 2 Satz 1 BGB gegebene Begrenzung der Ausgleichsforderung erhöht. War zunächst beabsichtigt, den Kappungswert nur um die Hälfte des nach § 1375 Abs. 2 BGB dem Endvermögen hinzurechnenden Betrages zu erhöhen, so ist nach der Empfehlung des Rechtsausschusses nunmehr der **volle Betrag der illoyalen Vermögensminderung dem positiven Endvermögen hinzuzurechnen.** Dieser Betrag, der nach § 1375 Abs. 2 BGB dem Endvermögen hinzuzurechnen ist, erhöht also die tatsächliche Ausgleichsforderung in vollem Umfang. Das kann bedeuten, dass der illoyale Ehegatte sein gesamtes vorhandenes Vermögen zum Zugewinnausgleich verwenden oder sich sogar wegen dieser Hinzurechnung verschulden muss.[749] Auf diese Konsequenz weist die Begründung des Rechtsausschusses ausdrücklich hin.[750]　　302

Zusätzlich wird der **Schutz** vor illoyalen Vermögensverminderungen auch **effektiv** gestaltet. § 1379 BGB n.F., wie er durch den Rechtsausschuss empfohlen wurde, sieht nunmehr auch einen Auskunftsanspruch für den Zeitpunkt der Trennung vor. Damit korrespondiert eine **neue Beweislastregel in § 1375 Abs. 2 Satz 2 BGB**, die ebenfalls auf Anraten des Rechtsausschusses eingeführt wurde. Ist das Endvermögen eines Ehegatten geringer als das Vermögen, das nach der Auskunft zum **Trennungszeitpunkt** vorhanden war, so muss dieser Ehegatte nachweisen, dass die Verminderung nicht auf Handlungen des Satzes 1 zurückzuführen ist. Anderenfalls wird schon die Verminderung dem Endvermögen hinzugerechnet.[751]　　303

Diese verbesserte Stellung des ausgleichsberechtigten Ehegatten geht letztlich zulasten der anderen Gläubiger, sodass § 1378 Abs. 2 BGB seine zentrale Funktion des Gläubigerschutzes verliert.[752]

Dennoch steht die herrschende Meinung bisher auf dem Standpunkt, § 1378 Abs. 2 BGB sei als Gläubigerschutzvorschrift nicht disponibel.[753] Daher sind Vorschläge, die Kappungsgrenze analog zum RegE auf die Hälfte zu reduzieren, mit Skepsis zu betrachten. Hierzu müsste die Rechtsprechung zunächst einen Betrachtungswandel im Hinblick auf § 1378 Abs. 2 BGB vollziehen. Allenfalls kommt eine Begrenzung der Höhe des Zugewinnausgleichs in Betracht.　　304

746　Kogel, FF 2008, 185, 191; ders., FamRB 2010, 247 ff.; Schwab, FamRZ 2009, 1445, 1446: »und wenn die Welt unterginge«.
747　BGH, FamRZ 2012, 1479 f. m. Anm. Hoppenz; zum Problem schon Schwab, FamRZ 2009, 1445 f.
748　BGH, FamRZ 1988, 925.
749　BR-Drucks. 635/08, S. 33.
750　BT-Drucks. 16/13027, S. 10/11.
751　Diese Konsequenz wird ausdrücklich in der Begründung des Rechtsausschusses, BT-Drucks. 16/13027, S. 10 betont. Gelinge keine »nachvollziehbare Darlegung« der Vermögensminderung, wird die Differenz dem Endvermögen zugerechnet.
752　Koch, FamRZ 2008, 1124, 1127.
753　BGH, FamRZ 1988, 925; Erman/Budzikiewicz, BGB, § 1378 Rn. 22.

Zum vorhandenen Vermögen i.S.d. § 1378 BGB zählt auch das Vermögen i.S.d. § 1374 Abs. 2 BGB.

c) Entstehen und Verjährung der Ausgleichsforderung

305 Die Ausgleichsforderung entsteht nach § 1378 Abs. 3 Satz 1 BGB erst **mit Beendigung des Güterstandes** und ist von diesem Zeitpunkt an vererblich und übertragbar. Die Beendigung des Güterstandes in diesem Sinne tritt ein:
- mit Rechtskraft des Scheidungsbeschlusses, § 1564 Satz 2 BGB;
- mit Rechtskraft der Entscheidung, die die Zugewinngemeinschaft vorzeitig aufhebt, § 1388 BGB;
- mit Abschluss eines Ehevertrages, der einen anderen Güterstand wählt, oder
- mit dem Tod eines Ehegatten.

306 Damit entsteht die Ausgleichsforderung insb. auch im **Scheidungsfall**, in dem nach § 1384 BGB für die Berechnung der Forderung und für die Vermögenswertbegrenzung der Zeitpunkt der Rechtshängigkeit des Scheidungsantrags entscheidend ist, erst mit der Rechtskraft des Scheidungsbeschlusses.[754]

307 Die Forderung wird mit ihrem Entstehen **fällig**, § 271 Abs. 1 BGB. Allerdings ist sie in den Fällen, in denen die Zugewinnausgleichsforderung mit Rechtskraft der Scheidung noch nicht spezifiziert ist, noch nicht **erfüllungsfähig**,[755] sodass Verzugszinsen mangels Verschuldens noch nicht anfallen, sondern allenfalls ab Rechtskraft der Scheidung Prozesszinsen nach § 291 BGB.[756]

308 Vom Zeitpunkt der Güterstandsbeendigung an ist die Forderung auch erst **vererblich und übertragbar**, sodass insb. bei Tod des Ausgleichsberechtigten nach Rechtshängigkeit und vor Rechtskraft einer Scheidung keine Zugewinnausgleichsforderung vererbt wird.[757]

309 Der **Pfändung** unterliegt die Zugewinnausgleichsforderung darüber hinaus nach § 852 Abs. 2 ZPO nur, wenn sie durch Vertrag anerkannt oder rechtshängig geworden ist. § 400 BGB steht jedoch einer Übertragbarkeit deswegen nicht entgegen.[758] Allerdings erlaubt § 852 Abs. 2 ZPO die Pfändung der dort genannten Ansprüche als in ihrer zwangsweisen Verwertbarkeit aufschiebend bedingte Ansprüche ab Rechtskraft der Scheidung.[759] Vor diesem Zeitpunkt soll eine Pfändung auch in dieser Weise noch ausgeschlossen sein.[760]

310 Die Behandlung in der Insolvenz des Zugewinnausgleichsgläubigers ist nicht unumstritten. Eine Insolvenz vor Rechtshängigkeit des Scheidungsverfahrens erfasst nur etwa durch Ehevertrag begründete, aber noch nicht erfüllte Zugewinnausgleichsforderungen.[761] Das vor Rechtskraft eine Pfändbarkeit abgelehnt wird, würde bei Insolvenz vor Rechtskraft der Scheidung bei anhängigem Verfahren noch nicht zu einem Insolvenzbeschlag führen. Macht der Ehegatte seinen Anspruch nach Rechtskraft des Scheidungsverfahrens während der Insolvenz geltend, so wird dieser Teil der Masse nach § 35 InsO und das Verfügungsrecht geht nach § 80 InsO auf den Insolvenzverwalter über. Macht der Zugewinnausgleichsgläubiger den Anspruch während des Restschuldbefreiungszeitraums geltend, so soll dies eine Nachtragsverteilung zur Folge haben, welche diesen Anspruch erfasst.[762] Eine Obliegenheit zur Geltendmachung des Zugewinnausgleichsanspruchs wird man während des

---

754 BGH, FamRZ 1995, 597; Schulz/Hauß, Rn. 706; MünchKomm-BGB/Koch, § 1378 Rn. 13; Schwab/Schwab, VII Rn. 258.
755 MünchKomm-BGB/Koch, § 1378 Rn. 14 f.
756 BRHP/Cziupka, § 1378 Rn. 10.
757 BGH, FamRZ 1995, 597.
758 MünchKomm-BGB/Koch, § 1378 Rn. 25 m.w.N.
759 BGH, FamRZ 1993, 1307; Greve, ZIP 1996, 699 f.; Weber, FamRZ 2019, 420, 421.
760 Stöber, Forderungspfändung, Rn. 432; Weber, FamRZ 2019, 420.
761 Weber, FamRZ 2019, 420.
762 Jeweils Weber, FamRZ 2019, 420 f. m.w.N.

A. Zugewinngemeinschaft   **Kapitel 1**

Insolvenzverfahrens, aber auch während der Wohlverhaltensperiode verneinen müssen.[763] Das Zustimmungserfordernis des § 1365 BGB gilt nicht für den Insolvenzverwalter des anderen Ehegatten.[764]

Bei der Verjährung familienrechtlicher Ansprüche ist die Streichung der Sondervorschrift des § 1378 Abs. 4 BGB durch das Gesetz zur Reform des Erb- und Verjährungsrechts[765] zu beachten. Außerdem wurde auch § 197 Abs. 1 Nr. 2 BGB aufgehoben, sodass sich die Verjährung nach den allgemeinen Vorschriften richtet. Die Frist beginnt mit dem Ende des Jahres (§ 199 Abs. 1 Halbs. 1 BGB), in dem der Ehegatte Kenntnis von der Beendigung des Güterstandes erhält.[766] Nunmehr soll aber auch grob fahrlässige Unkenntnis genügen, § 199 Abs. 1 Nr. 2 BGB. Dies erfordert im Scheidungsfall **positive Kenntnis oder grob fahrlässige Unkenntnis von der Rechtskraft des Scheidungsbeschlusses.** Die absolute Verjährung tritt ohne Rücksicht auf diese Kenntnis in 10 Jahren ein, § 199 Abs. 4 BGB.   **311**

Nachdem die Sondervorschrift des § 2332 BGB gestrichen wurde, kommt es auch im Todesfall auf die Regelverjährung des § 195 BGB an. Die Verjährungshöchstfrist beträgt allerdings bei mangelnder Kenntnis vom Tod nach § 199 Abs. 3a BGB dreißig Jahre.   **312**

Die Verjährung wird durch die Erhebung der Klage **gehemmt**, § 204 BGB, nicht jedoch durch die Erhebung einer bloßen Auskunftsklage, wohl aber durch eine Stufenklage nach § 254 ZPO.[767] Bereits der Antrag auf PKH führt nach § 204 Abs. 1 Nr. 14 BGB zur Hemmung.[768] Eine Hemmung tritt nach § 203 BGB auch ein, wenn zwischen den Ehegatten Verhandlungen über den Zugewinnausgleich schweben, insb. wenn gemeinsam ein Sachverständiger mit der Vermögensbewertung beauftragt wird.[769]   **313**

▶ **Gestaltungsempfehlung:**

Eine bloße Auskunftsklage hemmt die Verjährung der Zugewinnausgleichsforderung nicht, daher ist in entsprechenden Fällen eine Stufenklage empfehlenswert.   **314**

Das **Schuldrechtsmodernisierungsgesetz** hat zahlreiche Änderungen i.R.d. Verjährung gebracht, die Berücksichtigung finden müssen, so z.B. die Möglichkeit rechtsgeschäftlicher Verlängerung der Verjährungsfristen nach § 202 BGB.[770]   **315**

Die Ansicht des OLG Schleswig, dass eine Abschlagszahlung auf den Zugewinn auch dann zum Neubeginn der Verjährung nach § 212 Abs. 1 Nr. 1 BGB führe, wenn der Schuldner im Übrigen nicht klar und unzweideutig zum Ausdruck gebracht habe, dass er sich des Bestehens der Schuld bewusst sei, überzeugt die Literatur nicht.[771]   **316**

d) Vereinbarungen über die Ausgleichsforderung

Nach **§ 1378 Abs. 3 Satz 2 BGB** bedürfen Vereinbarungen unter Ehegatten, die in einem Verfahren auf Auflösung der Ehe für diesen Fall über die Zugewinnausgleichsforderung getroffen werden, vor Beendigung des Güterstandes der notariellen Beurkundung oder der Aufnahme in einen gerichtlichen Vergleich nach § 127a BGB. **Nach § 1378 Abs. 3 Satz 3 BGB** kann sich »im Übrigen« kein   **317**

---

[763] Perleberg-Kölbel, FuR 2017, 432 f.
[764] OLG Naumburg, MittBayNot 2018, 188.
[765] BGBl. 2009 I, S. 3142 ff.
[766] MünchKomm-BGB/Koch, § 1378, Rn. 38; a.A. Gernhuber/Coester-Waltjen, § 35 Rn. 93: mit Beendigung des Güterstandes.
[767] Schwab/Schwab, VII Rn. 267; OLG Jena, FuR 2005, 527.
[768] OLG Brandenburg, OLGR 2005, 547.
[769] Schulz/Hauß, Rn. 747.
[770] Detailliert BRHP/Cziupka, § 1378 Rn. 29; Büttner, FamRZ 2002, 631 f.
[771] OLG Schleswig, FamFR 2013, 177 m. Anm. Poppen.

Kapitel 1 Die Güterstände

Ehegatte vor Beendigung des Güterstandes verpflichten, über die Ausgleichsforderung zu verfügen. Die Bedeutung dieser Vorschriften ist umstritten.

318 Jedenfalls warnt die Praxis zu Recht davor, dass **formlose Vereinbarungen** der Parteien über die Bewertung von Vermögensgegenständen i.R.d. Zugewinnausgleichs oder Einigungen über eine Vorabverteilung auch unter anwaltlicher Mitwirkung **unwirksam** sind.[772] Erst wenn die Scheidung rechtskräftig ist oder durch Ehevertrag die Zugewinngemeinschaft beendet wurde, kann über die Ausgleichsforderung formlos verfügt werden.[773] In Scheidungsvereinbarungen kann daher über den bloßen Hinweis hinaus, dass die Vermögensgegenstände verteilt sind, eine Einigung über den Eigentumsübergang aufgenommen werden.

▶ Gestaltungsempfehlung:

319 Vorsicht vor formlosen Abreden über den Zugewinnausgleichsanspruch. Auch bei anwaltlicher Beteiligung sind formlose Einigungen über die Bewertung einzelner Vermögenswerte oder über eine Vorabverteilung nicht wirksam.

320 Die **Abgrenzung** zwischen § 1378 Abs. 3 BGB und § 1410 BGB, also zwischen Vereinbarungen über die Zugewinnforderung im Scheidungsfall und den Eheverträgen, ist äußerst umstritten[774] und noch immer nicht gelungen.[775] Da der BGH Vereinbarungen unter Ehegatten nach § 1378 Abs. 3 BGB auch schon vor Rechtshängigkeit eines Scheidungsantrags zulässt,[776] verliert die Abgrenzung jedoch an Bedeutung. Überzeugend ist hingegen die Darlegung von Brix.[777] Nach dortiger Ansicht erfasst § 1378 Abs. 3 Satz 2 BGB auch die Eheverträge und erleichtert die notwendige Form für das Scheidungsverfahren durch Verweis auf § 127a BGB. § 1378 Abs. 3 Satz 3 BGB und Eheverträge aber schließen sich danach gegenseitig aus, da § 1378 Abs. 3 Satz 3 BGB nur Regelungen zum Schicksal der Ausgleichsforderung erfasst, die aber deren Entstehen gerade voraussetzen. Vereinbarungen über Entstehen und Inhalt der Ausgleichsforderung sind danach von § 1378 Abs. 3 Satz 3 BGB nicht erfasst.[778]

321 Wichtig ist und insofern spielt die Vorschrift immer wieder in der Rechtsprechung eine Rolle,[779] dass nach § 1378 Abs. 3 Satz 3 BGB alle Vereinbarungen unwirksam sind, die **dritte Personen** außer den Eheleuten einbinden, denn nur für die Ehegatten enthält § 1378 Abs. 3 Satz 2 BGB eine Ausnahme vom Vereinbarungsverbot mit Formzwang. Hier besteht die Gefahr der **Unwirksamkeit**, wenn unter Einbeziehung der Dritten Abreden über die Zugewinnausgleichsforderung getroffen werden. Im Beispielsfall des BGH handelte es sich um eine Abrede, nach welcher der Schwiegervater unter Anrechnung auf die Zugewinnausgleichsforderung der Tochter Geld an den Schwiegersohn leisten sollte. Gleiches gilt für die Abtretung von Zugewinnausgleichsansprüchen an Anwälte zur Sicherung der Honorarforderung.[780] Derart gefährdet sind also v.a. Vereinbarungen, mit denen zugleich Ansprüche Dritter wegen ehebezogener Zuwendungen abgegolten werden sollen.

Eine Direktzuwendung von Schwiegereltern ist ohnehin besser zu vermeiden; der BFH sieht inzwischen in der Zuwendung an das eigene Kind und der Weiterschenkung eines Anteils von diesem an

---

772 Schulz/Hauß, 719 f.; Kogel, Strategien, Rn. 375; Kogel, FamRB 2005, 301 ff.
773 OLG Düsseldorf, FamRZ 1989, 181; Palandt/Brudermüller, § 1378 Rn. 13; Schwab/Schwab, VII Rn. 387.
774 BGH, NJW 1997, 2239 ff.; Büte, Rn. 189; Weber, FS Koch, 271 f.
775 BRHP/Cziupka, § 1378 Rn. 18 f.
776 BGHZ 86, 143 ff. = DNotZ 1983, 491 m. Anm. Brambring, der Scheidungsvereinbarung so definiert, dass sie nur wirksam wird, wenn es zu der konkret beabsichtigten Scheidung kommt.
777 Brix, FamRZ 1993, 12 ff.
778 Vgl. auch Finger, FuR 1997, 68.
779 BGH, FamRZ 2004, 1353 m. Anm. Koch.
780 BGH, FamRZ 2008, 1435.

den Ehegatten keine Schenkung der Schwiegereltern an das Schwiegerkind mehr, wenn keine Weiterschenkungsauflage enthalten war.[781]

▶ **Gestaltungsempfehlung:**

Vereinbarungen über die Zugewinnausgleichsforderungen unter Beteiligung Dritter sollten vermieden werden! 322

In einem weiteren Fall hat die Bestimmung des § 1378 Abs. 3 BGB eine Rolle gespielt, in dem Ehegatten zur Gütertrennung übergehen und die Zugewinnausgleichsforderung regeln wollten. Dabei vereinbarten sie ein **Verbot der Abtretung** der Zugewinnausgleichsforderung durch die Berechtigte. Diese Vereinbarung hielt das FG Köln[782] wegen Verstoßes gegen § 1378 Abs. 3 Satz 1 BGB für **nichtig**, da nach dieser Vorschrift die Zugewinnausgleichsforderung zwingend vererblich und übertragbar sei. 323

Nach der Kostenrechtsreform häufen sich anwaltliche Ansinnen, in der Scheidungsvereinbarung **aus Kostengründen nur** eine Regelung nach § 1378 Abs. 3 BGB aufzunehmen und die Vereinbarung der Gütertrennung wegzulassen. Hier sollte man nochmals die Unterschiede betonen: Vereinbarungen nach § 1378 Abs. 3 Satz 2 BGB gelten **nur für die konkret beabsichtigte Scheidung**. D.h. sie verlieren ihre Wirksamkeit, wenn es nicht zu der konkret beabsichtigten Scheidung kommt.[783] Wenn also Ehegatten mit der Scheidungsvereinbarung eine Regelung beabsichtigten, die unabhängig von der konkret beabsichtigten Scheidung gelten soll, dann ist die Vereinbarung der Gütertrennung nach wie vor die richtige Lösung. Ansonsten ist nämlich die Erklärung, dass weiter Zugewinn nicht verlangt wird **hinfällig**, wenn z.B. ein Ehegatte den **Scheidungsantrag**, den er allein gestellt hatte, **zurücknimmt** oder wenn ein Ehegatte **verstirbt**, bevor es zur Scheidung kommt. 324

Problematisch ist zudem, dass ohne einen Güterstandswechsel Eigentumsübertragungen oder Zahlungen unangenehme schenkungsteuerliche Folgen nach sich ziehen können, weil nach der Rechtsprechung des BFH der sog. **fliegende Zugewinnausgleich** nicht nach § 5 ErbStG privilegiert ist.[784] 325

Das wird nur selten gewollt sein. Wenn anwaltlicherseits auf eine solche Regelung bestanden wird, so ist eine entsprechende Belehrung angebracht:

▶ **Formulierungsvorschlag: Belehrung zu einer Vereinbarung nach § 1378 Abs. 3 BGB**

Der Notar hat die Erschienenen eingehend belehrt, dass die vorstehenden Regelungen, die anwaltlich empfohlen wurden, nicht zu einer Änderung des Güterstandes führen und nur für die konkret beabsichtigte Scheidung Geltung beanspruchen. Kommt es zu dieser nicht, weil der Antrag zurückgenommen wird oder ein Beteiligter verstirbt, so entfalten die Regelungen keine Wirkung, die Übertragungen aber schon. Er hat zudem geraten, sich über die schenkungsteuerlichen Konsequenzen beraten zu lassen. 326

6. Besonderheiten im Rahmen des Zugewinnausgleichs

Das Gesetz sieht Korrekturen des schematischen Zugewinnausgleichs bei grober Unbilligkeit vor, um in diesen Fällen die Belastung des Ausgleichspflichtigen zu mindern.[785] 327

---

781 BFH, NJW 2014, 174; hierzu C. Münch, FamRB 2006, 283 f.; BGH, FamRZ 2007, 877.
782 FG Köln, DStRE 2002, 1248.
783 So ausdrücklich DNotI-Gutachten, DNotI-Report 2017, 113, 114.
784 Hierzu Rdn. 650 ff.
785 Zusammenfassend hierzu Reinken, FamFR 2013, 412 f.

a) Grobe Unbilligkeit

328 Nach § **1381 BGB** kann im Wege einer **Einrede**[786] die grobe Unbilligkeit[787] des Zugewinnausgleichs geltend gemacht und damit ein Wegfall oder eine Herabsetzung der Zugewinnausgleichsforderung erreicht werden.[788]

Soweit durch **Stundung** (§ 1382 BGB) schon die grobe Unbilligkeit vermieden werden kann, ist diese **vorrangig**.[789]

329 Die Voraussetzungen der **groben Unbilligkeit** werden von der Rechtsprechung sehr streng gesehen. Demnach soll eine solche grobe Unbilligkeit nur dann vorliegen, wenn nach den Umständen des Einzelfalles der Ausgleich des Zugewinns dem **Gerechtigkeitsempfinden in unerträglicher Weise widersprechen** würde.[790] Zudem soll ein Fehlverhalten im wirtschaftlichen Bereich nur bei Verschulden des Ausgleichsberechtigten grob unbillig sein.[791] Damit sind die Anforderungen wesentlich strenger als im Bereich des § 1579 BGB.[792]

330 Dementsprechend ist der **Anwendungsbereich** des § 1381 BGB bisher eher gering. Dies wiegt umso schwerer als gleichzeitig im Anwendungsbereich des § 1381 BGB eine **Korrektur** nach § 242 BGB **ausgeschlossen** sein soll.[793] Ob dies angesichts der anhaltenden Tendenz zu noch mehr Einzelfallgerechtigkeit im Eherecht auf Dauer so bleiben muss, sollte überprüft werden.[794] Anforderungen, die man an die ehevertragliche Gestaltung stellt, sollten auch für die richterliche Interpretation gesetzlicher Korrekturvorschriften gelten.

331 Angesichts einer schwierigen definitorischen Erfassung der Voraussetzungen kann man sich nur durch **Fallgruppenbildung** einer Lösung der vorgetragenen Sachverhalte nähern.[795]

332 Das Gesetz zeigt in § 1381 Abs. 2 BGB die erste Fallgruppe auf. Die schuldhafte **Nichterfüllung ehelicher wirtschaftlicher Pflichten** über längere Zeit hinweg soll die grobe Unbilligkeit begründen. Hierunter sind v.a. Unterhaltspflichtverletzungen zu verstehen, aber auch Verletzung güterrechtlicher Pflichten. Die bloße **grobe Misswirtschaft** soll hierzu noch nicht ausreichen, da die Grenze für die zugewinnrechtliche Auswirkung in § 1375 Abs. 2 BGB vorgegeben sei und nicht unterschritten werden dürfe.[796] Eine **Unterschlagung** führt noch nicht zu § 1381 BGB, mit den Schadensersatzansprüchen kann aber gegen den Zugewinn aufgerechnet werden.[797]

333 Allein eine **systemimmanente Ungerechtigkeit** soll noch nicht zu einer groben Unbilligkeit führen.[798] Auch der BGH geht wohl neuerdings von seiner strengen Auffassung ab und sieht die Funktion des § 1381 BGB auch darin, Ungerechtigkeiten zu beseitigen, »*die sich in besonders gelagerten Fällen aus der schematischen Anwendung der Vorschriften zur Berechnung des Ausgleichsanspruchs erge-*

---

786 Schwab/Schwab, VII Rn. 234.
787 Allgemein zur Billigkeit im Familienrecht: Borth, FPR 2005, 313 f.
788 Dazu, dass § 1381 BGB ausreicht, um unangemessene Ergebnisse zu korrigieren: Jaeger, FPR 2005, 352 f.
789 BGH, FamRZ 1970, 483; Palandt/Brudermüller, § 1382 Rn. 1.
790 BGH, FamRZ 1980, 768, 769; BGH, FamRZ 1992, 787.
791 BGH, FamRZ 1992, 787 f.
792 Bergschneider/Bergschneider, Rn. 4.330.
793 BGH, FamRZ 1989, 1276, 1279; BRHP/Cziupka, § 1381 Rn. 4; krit. hierzu Kogel, Rn. 1370.
794 Krit. Schwab/Schwab, VII Rn. 238 f.; Schröder, FamRZ 1997, 1, 6.
795 Vgl. etwa die Aufzählung bei Schulz/Hauß, Rn. 846 ff.; Rechtsprechungsbeispiele bei Bergschneider/Bergschneider, Rn. 4.324 ff.; Knoop, NZFam 2016, 54 f.
796 Schwab/Schwab, VII Rn. 242; Palandt/Brudermüller, § 1381 Rn. 16; a.A. Schulz/Hauß, Rn. 874; MünchKomm-BGB/Koch, § 1381 Rn. 17: grobe Unbilligkeit bei sehr unterschiedlichem Fleiß der Ehegatten; Staudinger/Thiele (2017), § 1381 Rn. 13.
797 OLG Zweibrücken, FamRZ 2019, 520.
798 H.M., a.A. Schwab/Schwab, VII Rn. 238.

ben können, ohne dass Abs. 1 dieser Vorschrift stets und ausnahmslos ein Verschulden des den Ausgleich verlangenden Ehegatten voraussetzt«.[799]

Eheliche Untreue rechtfertigt die Anwendung des § 1381 BGB für sich genommen nicht, auch wenn sie zur Beendigung der Ehe führt. Grobe Unbilligkeit liegt hier nur dann vor, wenn das ehezerstörende Verhalten *»ganz erheblich ins Gewicht fällt«*,[800] da § 1381 BGB nicht Sanktionsnorm für eheliche Untreue ist.[801] Die Einrede kann daher nur durch länger andauernde Verfehlungen begründet werden oder solche von außerordentlicher Schwere,[802] insb. aber durch solche, die sich auch wirtschaftlich auf den Zugewinn auswirken (wie z.B. Verschweigen einer anderen Abstammung des Kindes und Leistung von Kindesunterhalt, welcher das dem Zugewinn unterliegende Vermögen vermindert).[803] Selbst wenn ehebrecherisches Verhalten i.V.m. körperlicher Misshandlung an und für sich zur Anwendung des § 1381 BGB ausreichen würde, greift die Bestimmung dann nicht ein, wenn das ausgleichungspflichtige Vermögen im Wesentlichen vom Berechtigten erwirtschaftet wurde.[804] In der **Vergewaltigung der im gemeinsamen Haushalt lebenden Tochter der Ehefrau** sieht das OLG Zweibrücken[805] eine so schwere Verfehlung, die zu einer Absenkung der Forderung auf 1/3 führt.

334

Erbunwürdigkeit hingegen führt zur Anwendung des § 1381 BGB, so etwa bei Tötung des Ausgleichspflichtigen durch den Berechtigten.[806] Die Gerichte stellen hier auf die Erwägungen im strafrechtlichen Verfahren ab.[807]

335

Existenzgefährdung kann in besonderen Fällen zu grober Unbilligkeit führen.[808]

336

Bei ungewöhnlich **langer Trennung** und Erarbeitung des Endvermögens erst in der Trennungsphase kann über § 1381 BGB eine Korrektur erfolgen,[809] allerdings darf dies nicht zu einer generellen Verlegung des Stichtages nach § 1384 BGB führen. In einer neueren Entscheidung **lehnte der BGH**[810] eine Anwendung des § 1381 BGB trotz längerer Trennungsdauer **ab**, weil es im Wesentlichen um die **Wertsteigerung von Grundstücken** ging, die der Ehemann nach § 1374 Abs. 2 BGB zugewendet bekommen hatte. Ein Hausanwesen sei auch noch während der Ehe renoviert und erweitert worden. Auch wenn der eigentliche Zugewinn durch Wertsteigerung in der Trennungszeit eingetreten sei, so fehle doch in diesem Fall nicht der innere Bezug zur ehelichen Lebensgemeinschaft. Zudem weist der BGH auf eine fortbestehende Verflechtung durch gemeinsame Veranlagung und Zahlung von Unterhalt hin.

337

In gleicher Weise hat der BGH[811] für einen **Lottogewinn** nach immerhin achtjähriger Trennungszeit (nach 29 Jahren ehelicher Lebensgemeinschaft) entschieden. Dieser Vermögenszuwachs beruhe nicht auf einer besonderen Anstrengung eines Ehegatten während der Trennungszeit. § 1381 BGB sei daher angesichts der Gesamtumstände nicht anwendbar. Es handele sich auch nicht um Anfangsvermögen nach § 1374 Abs. 2 BGB, da diese Vorschrift nicht analogiefähig sei.[812]

---

799 BGH, FamRZ 2002, 606, 608.
800 BGH, FamRZ 1966, 560, 563; BGH, FamRZ 1970, 483; BGH, FamRZ 1973, 254, 256.
801 Palandt/Brudermüller, § 1381 Rn. 17.
802 Vgl. etwa OLG Hamm, FamRZ 1976, 633 – Leugnen des Mehrverkehrs, Meineid des wirklichen Kindsvaters; Klage gegen den Ehemann auf Unterhalt.
803 BRHP/Cziupka, § 1381 Rn. 15.
804 OLG Düsseldorf, FamRZ 2009, 1068.
805 OLG Zweibrücken, FamRZ 2019, 518.
806 OLG Karlsruhe, FamRZ 1987, 823 will dies auf verwerfliche Gesinnung beschränken.
807 LG Nürnberg-Fürth, FamRZ 2012, 1940 f.; vgl. hierzu Wedel, ZErb 2012, 176.
808 BGH, FamRZ 1973, 254 f. – Frau verlässt den nach einem Unfall gelähmten und pflegebedürftigen Mann.
809 BGH, FamRZ 2002, 606, 608.
810 BGH, FamRZ 2013, 1954 m. Anm. Finke; so schon die Vorinstanz OLG München, FamRZ 2013, 879.
811 BGH, FamRZ 2014, 24 m. Anm. Dauner-Lieb.
812 Insoweit ablehnend Dauner-Lieb, FamRZ 2014, 26.

Zu Recht erfolgt für den Regelfall länger andauernder Trennung ein Verweis auf die Möglichkeit des vorzeitigen Zugewinnausgleichs nach § 1385 BGB.[813]

▶ Hinweis:

338   Der BGH wendet § 1381 BGB auch bei längerer Trennung nur sehr zurückhaltend an. Will man nicht später anfallende Vermögenswerte mit dem getrennt lebenden Ehegatten teilen, so empfiehlt sich daher eine Trennungsvereinbarung mit Gütertrennung. Lässt sich eine solche nicht einvernehmlich erreichen, so sollte der vorzeitige Zugewinn nach § 1385 Nr. 1 BGB angestrebt werden, der eine dreijährige Trennung voraussetzt.

339   Keine Bedeutung dürfen **ungleiche Beiträge** zum Vermögenserwerb haben. Wer die hälftige Teilung nicht möchte, der kann eine eheverträgliche Regelung treffen. Tut er dies nicht, muss er sich am gesetzlichen Ausgleichssystem festhalten lassen.

340   Ein **unverschuldeter Vermögensverfall** nach Rechtshängigkeit, der das Endvermögen nach dem Stichtag des § 1384 BGB nicht mehr ändert, kann nur ganz ausnahmsweise über § 1381 BGB ausgeglichen werden (»nicht generell unanwendbar«).[814] *Kogel*[815] wendet ein, man spreche nie über eine Bonuszahlung bei unverschuldetem Vermögensanstieg.

341   Zur Feststellung der groben Unbilligkeit hat eine **umfassende Abwägung** der Interessen beider Ehegatten zu erfolgen.[816] § 1381 BGB kann immer **nur** zu einer **Reduzierung**, nicht aber zu einer Erhöhung der Ausgleichsforderung führen.[817]

b) Stundung

342   Nach § **1382 BGB** kann der Ausgleichsverpflichtete einen Antrag auf Stundung der Ausgleichsforderung stellen, wenn die sofortige Zahlung **zur Unzeit** erfolgen würde.[818]

Die Stundung als Ausnahmefall greift insb. dann ein, wenn der Verpflichtete ansonsten gezwungen wäre, Gegenstände, die seine wirtschaftliche **Existenzgrundlage** bilden, unter Wert veräußern zu müssen.[819] Dies kann v.a. bei betrieblichem Vermögen der Fall sein.

Stundung kann in solchen Fällen nur dann gewährt werden, wenn durch Zeitablauf eine Besserung der Situation zu erwarten ist.[820]

343   Der Begriff »Unzeit« ist in Anlehnung an die zu § 2331a BGB gewonnenen Erkenntnisse zu bestimmen.[821]

344   Die Stundung erfordert eine umfassende **Interessenabwägung** auch der Belange des Gläubigers. Sie kann daher nicht gewährt werden, wenn dieser auf den Ausgleich angewiesen ist.[822]

Im Fall des § 1382 Abs. 1 Satz 2 BGB, wenn sich also die **Wohnverhältnisse** oder sonstige Lebensverhältnisse **gemeinschaftlicher Kinder nachhaltig verschlechtern** würden, ist jedoch keine Abwä-

---

813 Schulz/Hauß, Rn. 872.
814 BGH, DNotZ 2012, 851; OLG Düsseldorf, FamRZ 2015, 1497; Schulz/Hauß, Kap. 1 Rn. 885; detailliert Fischinger, NJW 2012, 3611; grds. Schwab, FamRZ 2009, 1445; für Eröffnung des Bereichs von § 242 BGB Büte, FuR 2013, 618.
815 Kogel, Strategien, Rn. 1572.
816 BRHP/Cziupka, § 1381 Rn. 24 f.
817 OLG Stuttgart, FamRZ 1994, 1326, 1329; Schwab/Schwab, VII Rn. 234.
818 Zusammenfassend hierzu Schwolow, FuR 2012, 398 ff.
819 BRHP/Cziupka, § 1382 Rn. 4; MünchKomm-BGB/Koch, § 1382 Rn. 7.
820 Palandt/Brudermüller, § 1382 Rn. 2.
821 Bergschneider/Bergschneider, Rn. 4.365.
822 Beispiele: Bergschneider/Bergschneider, Rn. 4.370 ff.

gung durchzuführen.⁸²³ Hauptanwendungsfall ist die Veräußerung des Familienwohnheims ohne gesicherte anderweitige Wohnmöglichkeit.

Das Gericht kann eine Stundung der gesamten Forderung aussprechen oder Ratenzahlung anordnen. Die **Verzinsung** der Ausgleichsforderung ist nach § 1382 Abs. 2 BGB zwingend. Lediglich über die Höhe der Zinsen oder eine Sicherheitsleistung entscheidet das Gericht nach billigem Ermessen.⁸²⁴ 345

Der Stundungsantrag nach § 1382 Abs. 1 BGB kann als selbstständiger Antrag gestellt werden, wenn die Ausgleichsforderung unbestritten ist. Soweit jedoch über sie ein Rechtsstreit anhängig ist, kann der Antrag nur noch in diesem Verfahren gestellt werden, § 1382 Abs. 5 BGB. Nach rechtskräftigem Abschluss kann ein Stundungsantrag nur noch auf eine wesentliche Änderung der Verhältnisse gestützt werden, § 1382 Abs. 6 BGB. Gleiches gilt für eine Abänderung der Stundungsentscheidung. 346

Die Ansicht, dass § 1382 BGB **zwingendes**, durch Ehevertrag nicht abdingbares **Recht** sei, weil sich kein Ehegatte dieses Schutzes entäußern dürfe,⁸²⁵ muss nicht in Widerspruch stehen zur Ansicht, ehevertraglich sei eine weitgehend autonome Vereinbarung der Fälligkeit der Zugewinnforderung möglich,⁸²⁶ denn die Ehegatten können stets weitergehende Stundungen und Fälligkeitsanordnungen treffen, sie können nur die Stundung nicht entgegen § 1382 BGB ausschließen. 347

Eine vereinbarte zinslose Stundung sieht der BFH als Schenkung an, sodass es nicht zur einkommensteuerlichen Erfassung eines Zinsanteils kommt,⁸²⁷ möglicherweise aber zu schenkungssteuerrechtlichen Folgen.⁸²⁸ 348

c) Übertragung von Vermögensgegenständen

Nach § **1383 BGB** kann das Gericht auf **Antrag** des Berechtigten anordnen, dass der Verpflichtete bestimmte **Gegenstände** seines Vermögens auf den Berechtigten **unter Anrechnung** auf die Zugewinnausgleichsforderung übertragen muss.⁸²⁹ Voraussetzung hierfür ist, dass ansonsten eine grobe Unbilligkeit für den Gläubiger eintritt und die Übertragung dem Schuldner zumutbar ist. Die Entscheidung muss den Gegenstand und den Anrechnungswert genau bezeichnen. Ist der Zugewinn streitbefangen, so muss der Antrag in diesem Verfahren gestellt werden, §§ 1383 Abs. 3, 1382 Abs. 5 BGB. Ob dieser Antrag auch noch nach Abschluss eines solchen Verfahrens gestellt werden kann, ist umstritten.⁸³⁰ Dass auf § 1382 Abs. 5 BGB, nicht aber auf § 1382 Abs. 6 BGB verwiesen wird, spricht gegen diese Möglichkeit. 349

Das Gericht kann den Schuldner zur Übertragung verpflichten. Hat es darüber hinaus den Schuldner zu **Abgabe der** für den Eigentumsübergang erforderlichen **Willenserklärung verurteilt**, so gilt diese mit Rechtskraft als abgegeben (§ 95 Abs. 1, Nr. 5 FamFG, § 894 Abs. 1 Satz 1 ZPO). Das bedeutet, dass bei Grundstücken die einseitige Auflassungserklärung des Gläubigers unter Vorlage der rechtskräftigen Entscheidung genügt.⁸³¹ 350

Ob diese Vorschrift wirklich einen Ausweg bietet, der **Veräußerungsgewinnbesteuerung** bei Hingabe von Immobilien an Erfüllungs statt zu entkommen,⁸³² ist eher zweifelhaft. 351

---

823 Palandt/Brudermüller, § 1382 Rn. 3; BRHP/Cziupka, § 1382 Rn. 9.
824 Zur Stundung des Zugewinnausgleichsanspruchs aus richterlicher Sicht: Krumm, NZFam 2016, 776 f.
825 MünchKomm-BGB/Koch, § 1382 Rn. 46.
826 Bergschneider/Bergschneider, Rn. 4.407.
827 BFH, DStRE 2012, 154.
828 BFH, ZEV 2019, 98 m. Anm. C. Münch.
829 Hierzu Schwolow, FuR 2012, 460.
830 Bejahend: Johannsen/Henrich/Jaeger, § 1383 Rn. 8 bei nachträglichen Antragsgründen; Staudinger/Thiele (2017), § 1383 Rn. 16, 19, 28; verneinend: Schwab/Schwab, VII Rn. 276.
831 Palandt/Herrler, § 925 Rn. 6; Schulz/Hauß, Rn. 909.
832 Diese Ansicht wird beibehalten, auch wenn die Meinung, es entstehe keine Spekulationssteuer mehr Befürworter bekommt; Schröder, FamRZ 2002, 1010; nun auch Schulz/Hauß, entgegen den Vorauflagen Rn. 912.

Kapitel 1   Die Güterstände

352 Dementsprechende Gestaltungsvorschläge sollten mit Vorsicht betrachtet werden, da das Steuerrecht für die Begriffe Anschaffung und Veräußerung eben gerade nicht die enge zivilrechtliche Terminologie verwendet.[833] Nachdem schon die Abgabe des Meistgebotes in der Zwangsversteigerung als Anschaffung gewertet wird,[834] kann man den Antrag auf Eigentumsübertragung nach § 1383 BGB kaum anders verstehen.

IV. Güterrechtliche Verfügungsbeschränkungen

353 Die Schilderung der Grundsätze der Zugewinngemeinschaft hat ergeben, dass grds. jeder Ehegatte sein Vermögen allein verwaltet, § 1364 BGB. Von diesem Grundsatz macht das Gesetz zwei Ausnahmen:

1. Gesamtvermögensgeschäfte

354 Nach § **1365 BGB** kann sich ein Ehegatte nur mit Einwilligung des anderen Ehegatten verpflichten, über sein Vermögen im Ganzen zu verfügen. Hat er sich ohne Zustimmung verpflichtet, kann er die Verpflichtung nur erfüllen, wenn der andere Ehegatte einwilligt.[835]

Mit dieser Einschränkung will der Gesetzgeber die wirtschaftliche Grundlage der Familie ebenso schützen wie die Anwartschaft des anderen Ehegatten auf Zugewinnausgleich[836] (güterstandsspezifische Regelung).

355 Dieser Schutz wird mit § 1365 BGB durch ein **absolutes Veräußerungsverbot**[837] verwirklicht. Demnach ist ein gutgläubiger Erwerb ausgeschlossen.

▶ **Gestaltungsempfehlung:**

356 Beim Erwerb von einem Ehegatten, der im gesetzlichen Güterstand lebt, ist auf die Verfügungsbeschränkung des § 1365 BGB zu achten! In Zweifelsfällen sollte der verfügende Ehegatte eine Versicherung abgeben, dass die Verfügung nicht sein gesamtes Vermögen betrifft oder der andere Ehepartner sollte zustimmen. Verfügungen unter Verstoß gegen § 1365 BGB werden nicht durch Grundbucheintragung geheilt!

357 Die Rechtsprechung legt § 1365 BGB so aus, dass die Vorschrift bereits dann eingreift, wenn ein Ehegatte sich zu einer Verfügung über **im Wesentlichen das ganze Vermögen** verpflichtet. Die Voraussetzungen des § 1365 BGB liegen damit dann nicht mehr vor, wenn dem verfügenden Ehegatten noch 15 % seines Gesamtvermögens verbleiben.[838] Bei größeren Vermögen[839] genügen bereits 10 %[840] verbleibendes Vermögen. Hierzu zählen auch unpfändbare Vermögensgegenstände,[841] nicht jedoch laufendes Einkommen oder künftige Renten- oder Versorgungsberechtigungen.[842] Ein Gesamtvermögensgeschäft liegt auch dann vor, wenn ein Ehegatte sein Vermögen aufgrund eines Gesamtpla-

---

833 Schmidt/Weber-Grellet, § 23 Rn. 32.
834 BFH, BStBl. 1989 II, S. 652.
835 Zu den Verfügungsbeschränkungen: Fuge, ZFE 2004, 47 ff.; Graba, 6. Abschn., C.I. 4.; Löhnig, JA 2006, 753 ff.; zur Vertretung eines geschäftsunfähigen Ehegatten bei der Zustimmung: Müller, ZNotP 2005, 419 f.
836 Müller, Kap. 3, Rn. 167.
837 BGHZ 40, 218, 219.
838 BGH, FamRZ 1980, 765; hierzu Dörr, NJW 1989, 810, 814 ff.
839 Nach Müller, Kap. 3, Rn. 171 soll ein großes Vermögen ab 500.000,00 € vorliegen; Koch, FamRZ 2012, 118 geht von 250.000,00 € aus, plädiert aber für eine einheitlich 10 %-Grenze.
840 BGH, FamRZ 1991, 669, 670.
841 Langenfeld, 5. Aufl., Rn. 199; die Ansicht, eine Arztpraxis als verbleibendes Vermögen zähle nicht (Sachs, FamRZ 2015, 1444), ist vereinzelt geblieben.
842 BGH, NJW 1987, 2673; BGH, FamRZ 1996, 792; Langenfeld/Milzer, Rn. 510; Palandt/Brudermüller, § 1365 Rn. 5; Staudinger/Thiele (2017), § 1365 Rn. 30.

A. Zugewinngemeinschaft

nes in mehreren Einzelakten veräußert.[843] Die Darlegungs- und Beweislast trägt derjenige, der sich auf die Unwirksamkeit beruft.[844]

Nach nahezu einhelliger Auffassung greift die Verfügungsbeschränkung des § 1365 BGB auch bei Verfügung nur über einen **Einzelgegenstand** ein, wenn dieser im Wesentlichen das gesamte Vermögen darstellt. Allerdings verlangt die vorherrschende subjektive Theorie, dass der Vertragspartner des sich zur Verfügung verpflichtenden Ehegatten zum Zeitpunkt des Verpflichtungsgeschäftes[845] zumindest die Umstände kennt, aus denen sich ergibt, dass es sich bei dem Einzelgegenstand um das wesentliche Vermögen handelt.[846]

358

▶ Hinweis:
Auch die Verfügung über einen Einzelgegenstand kann nach §§ 1365 ff. BGB unwirksam sein.

359

Dieses Erfassen einzelner Gegenstände macht die Vorschrift des § 1365 BGB für den Rechtsverkehr so problematisch. Wichtige Anwendungsbereiche für die **Verfügungsbeschränkung** bestehen daher:
– bei **Grundstücksverfügungen** – hier sind zur Prüfung, ob über das gesamte Vermögen verfügt wird, die dinglichen Grundstücksbelastungen abzuziehen,[847] jedenfalls soweit sie valutiert sind;[848] dies soll auch für ein im Zuge der Veräußerung vorbehaltenes dingliches Wohnungsrecht gelten.[849] Diese bisher umstrittene Aussage hat der BGH nunmehr bestätigt.[850] Der **BGH** sieht in dem **vorbehaltenen Wohnrecht** ein aufseiten des Veräußerers und Berechtigten **bewertungsfähiges Vermögensgut**. Dass dieses durch den anderen Ehegatten zur Durchsetzung des Zugewinns nicht gepfändet werden kann, ist nach Ansicht des BGH nicht maßgeblich, da § 1365 BGB eine solche Unterscheidung nach Pfändbarkeit nicht kenne. Auch der Antrag auf Teilungsversteigerung ist daher nach § 1365 BGB zustimmungspflichtig,[851] nicht jedoch eine Vollstreckungsmaßnahme durch einen Gläubiger.[852] Beim Familienheim wird vertreten, dass durch dessen Zweckbestimmung ein Aufhebungsverbot nach § 749 Abs. 2 BGB vorliegt.[853] Die Eintragung des Ausschlusses der Aufhebung der Gemeinschaft lässt einen verbleibenden Grundstücksteil nahezu unveräußerlich und damit wertlos werden;[854] bei einer Aufteilung nach WEG soll dies nach § 8 WEG zustimmungsfrei möglich sein, bei einer Aufteilung nach § 3 WEG wird aber ein Zustimmungserfordernis für möglich gehalten.[855]

360

---

843 OLG Köln, BeckRS 2012, 14533; Koch, FamRZ 2013, 831.
844 OLG Saarbrücken, NZFam 2019, 453.
845 Kennt er sie hier nicht, so bleibt auch das Verfügungsgeschäft zustimmungsfrei, Bergschneider/Bergschneider, Rn. 4.20.
846 BGHZ 35, 135, 143; BGHZ 43, 174, 175 ff.; BGH, FamRZ 1969, 322; BGH, FamRZ 1990, 970; OLG München, FamRZ 2000, 1152 (nur LS).
847 BGHZ 77, 293, 296; OLG Celle, FamRZ 2010, 562.
848 BGH, FamRZ 1996, 792, 794; OLG Schleswig, OLGR 2005, 265; Bergschneider/Bergschneider, Rn. 4.16; a.A. Unabhängig vom Valutastand: OLG München, FamRZ 1989, 396; wohl für Beachtlichkeit der Valutierung OLG München, FamRZ 2005, 272; offen Kogel, FamRB 2005, 52.
849 OLG Koblenz, FamRZ 2008, 1078; str. a.A. OLG Celle, FamRZ 1987, 942.
850 BGH, NJW 2013, 1156 = FamRZ 2013, 607.
851 BGH, FamRZ 1985, 803; OLG Düsseldorf, FamRZ 1995, 309; OLG Köln, FamRB 2005, 1 f.; Koch, FamRZ 2003, 197, 199: analoge Anwendung. Nicht jedoch bei Antrag eines Gläubigers nach Pfändung, OLG Karlsruhe, FamRZ 2004, 629; auch nicht, wenn keine Folgesache Zugewinn im Verbundverfahren anhängig gemacht wurde, OLG Hamm, FamRB 2006, 293 m. abl. Anm. Kogel. Zur Teilungsversteigerung vgl. näher Kap. 5 Rdn. 271 ff.
852 BGH, FamRZ 2006, 856.
853 Grziwotz, FamRZ 2002, 1669, 1678.
854 OLG Hamm, FamRZ 2004, 1648.
855 DNotI-Gutachten, DNotI-Report 2017, 61.

- bei **Grundstücksbelastungen**, soweit diese den gesamten Grundstückswert ausschöpfen; anderes[856] soll hingegen bei bloßer Erwerbsmodalität gelten.[857] Bei der Belastung eines Grundstückes durch eine Grundschuld[858] sind neben dem **Nominalbetrag** der Grundschuld auch die bei einer künftigen Vollstreckung in die Rangklasse 4 des § 10 Abs. 1 ZVG fallenden **dinglichen Grundschuldzinsen** einzubeziehen und regelmäßig mit dem **zweieinhalbfachen Jahresbetrag** zu berücksichtigen.[859]
- im Bereich des **Gesellschaftsrechts** unterfallen wichtige Bereiche den Beschränkungen des § 1365 BGB, manchmal, ohne dass dies den Beteiligten bewusst ist. Dies sind zum einen Grundstücksverfügungen des Gesellschafters zur Gesellschaft hin, insb. in Gestalt der Einbringung. Dies gilt für die Einbringung in Kapitalgesellschaften, aber auch für die Einbringung in Personengesellschaften, die zu einer gesamthänderischen Bindung des Grundstücks führt.[860] Diese nicht gänzlich unbestrittene Auffassung[861] dürfte durch die Rechtsprechung des BGH zur Rechtsfähigkeit der GbR[862] bekräftigt worden sein.

361 Die Änderung von Gesellschaftsverträgen ist dann zustimmungspflichtig, wenn sie sofort (z.B. Änderung der Beteiligungsverhältnisse) oder im späteren Vollzug (z.B. Verzicht auf Abfindung) zur Preisgabe des nahezu gesamten Vermögens führt oder führen kann.[863] Dies ist auch in Umwandlungsfällen zu bejahen.[864] Insgesamt ist **im Gesellschaftsrecht große Vorsicht** bei Geltung des § 1365 BGB **geboten**, zumal die Grenzen kaum durch Rechtsprechung ausgelotet sind.[865]

362 Der Tatbestand des § 1365 BGB ist nicht deshalb ausgeschlossen, weil die Verfügung gegen **Entgelt** erfolgt, denn das Gesetz stellt auf die Verfügung als solche, nicht auf eine wirtschaftliche Einbuße ab.[866]

363 **Zahlungspflichten, Bürgschaften** oder **Schuldübernahmen** fallen nicht unter § 1365 BGB, selbst wenn sie das gesamte Vermögen erfassen.[867] Gleiches gilt für eine Zwangsvollstreckungsunterwerfung.[868]

364 Für Verfügungen im **Zusammenhang mit einer Scheidung** gilt: Verfügungen nach rechtskräftiger Scheidung bedürfen keiner Zustimmung,[869] es sei denn, der Zugewinn ist als abgetrennte Folgesache noch rechtshängig.[870] Dies gilt nicht, wenn der Zugewinn erstmals nach Scheidung rechtshängig wird[871] oder sonst selbstständig geltend gemacht wird.[872] Rechtsgeschäfte vor diesem Zeitpunkt bleiben auch nach rechtskräftiger Scheidung zustimmungsbedürftig,[873] es sei denn, Zugewinnansprüche können wegen Eintritts der Verjährung nicht mehr durchgesetzt werden.[874] **Stirbt der zustimmungspflichtige Ehegatte** vor Erteilung, so wird das Rechtsgeschäft ex nunc wirksam (Konvaleszenz).[875]

---

856 Str. ist, ob Vorbelastungen abzuziehen sind; ablehnend Bergschneider/Bergschneider, Rn. 4.30.
857 Bergschneider/Bergschneider, Rn. 4.32.
858 Zu § 1365 BGB bei der Bestellung von Grundpfandrechten: Bernauer, DNotZ 2019, 12 ff.
859 BGH, FamRZ 2012, 116 m. Anm. Koch; a.A. OLG Hamm, FamFR 2011, 308 als Vorinstanz.
860 MünchKomm-BGB/Koch, § 1365 Rn. 73 ff.
861 Nachweise der Gegenmeinung bei MünchKomm-BGB/Koch, § 1365 Rn. 74.
862 BGH, NJW 2001, 1056; vgl. nunmehr § 899a BGB.
863 MünchKomm-BGB/Koch, § 1365 Rn. 76; Soergel/Czeguhn, § 1365 Rn. 22.
864 Langenfeld/Milzer, Rn. 518.
865 Bergschneider/Bergschneider, Rn. 4.41.
866 Palandt/Brudermüller, § 1365 Rn. 5; Bergschneider/Bergschneider, Rn. 4.8.; BGHZ 35, 135.
867 Palandt/Brudermüller, § 1365 Rn. 5; BGH, FamRZ 1983, 455.
868 BGH, ZNotP 2008, 461; Langenfeld/Milzer, Rn. 506.
869 OLG Hamm, FamRZ 1987, 591.
870 OLG Köln, FamRZ 2001, 176; OLG Celle, DNotI-Report 2004, 16 = FamRZ 2004, 625; zum Hausverkauf nach Wiederheirat (»Die doppelte Ehefrau«), Grziwotz, FamRB 2010, 389 f.
871 OLG Hamm, NJW-Spezial 2006, 491.
872 OLG München, Rpfl. 2006, 556.
873 BGH, FamRZ 1978, 396.
874 OLG Celle, NJW-RR 2001, 866.
875 BGH, NJW 1982, 1099.

Dies soll jedoch dann nicht gelten, wenn er erst nach Scheidung der Ehe verstirbt.[876] **Stirbt der vertragsschließende Ehegatte**, so wird allgemein angenommen,[877] dass das Zustimmungserfordernis auch dann bestehen bleibt, wenn der Zugewinn erbrechtlich ausgeglichen wird. Offen bleibt bisher in der Rechtsprechung, ob dies auch dann gilt, wenn der andere Ehegatte Alleinerbe des vertragsschließenden Ehegatten ist.[878]

Rechtsfolge fehlender Zustimmung ist nach § 1366 BGB eine schwebende Unwirksamkeit bei Verträgen, und zwar sowohl des Verpflichtungs- wie des Verfügungsgeschäftes sowie nach § 1367 BGB die Unwirksamkeit bei einseitigen Rechtsgeschäften. Die **fehlende Zustimmung** kann nach § 1365 Abs. 2 BGB durch das **Familiengericht** ersetzt werden, wenn das Rechtsgeschäft den Grundsätzen ordnungsgemäßer Verwaltung entspricht und der Ehegatte die Zustimmung ohne ausreichenden Grund verweigert. Der nicht zustimmende Ehegatte kann die Rechte aus der Unwirksamkeit der Verfügung nach § 1368 BGB direkt dem Dritten ggü. geltend machen.[879] Ist der Ehegatte, dessen Zustimmung benötigt wird, insolvent, so ist die Zustimmung gleichwohl durch den Ehegatten persönlich zu erklären, nicht durch den Insolvenzverwalter.[880] 365

Das **Grundbuchamt** darf einen Antrag nur zurückweisen, wenn es **positive Kenntnis** von der Zustimmungsbedürftigkeit hat oder bei Zweifeln die Vermutung für das Vorliegen der Voraussetzungen des § 1365 BGB durch konkrete Anhaltspunkte belegt ist.[881] Ein solcher konkreter Anhaltspunkt ist nicht schon lediglich der Wert des betroffenen Grundbesitzes.[882] Zudem müssen auch konkrete Anhaltspunkte dafür vorliegen, dass der Erwerber weiß, dass es sich um das nahezu gesamte Vermögen handelt.[883] Diese Rechtsprechung der Oberlandesgerichte hat der BGH jüngst bestätigt.[884] Die bloße pauschale Behauptung eines Beteiligten ohne nachvollziehbare Bewertungsgrundlagen führt nach Ansicht des BGH noch nicht zu einer Kenntnis des Grundbuchamtes. Ist durch das Grundbuchamt ein **Widerspruch** eingetragen worden, so soll dieser aufgrund eines **Unrichtigkeitsnachweises** gelöscht werden können, wenn Veräußerung und Auflassung nach rechtskräftiger Scheidung nochmals wiederholt werden.[885] 366

Der BGH betonte in diesem Zusammenhang noch, dass es bei vorheriger Erteilung einer Vollmacht nicht auf diese ankomme, da die Vollmacht nicht das in § 1365 BGB angesprochene Verpflichtungs- oder Verfügungsgeschäft darstelle. Es komme daher auf die Vermögensverhältnisse und Kenntnisse zum Zeitpunkt dieses Geschäftes an. Die **Vollmacht** an sich **bedarf** auch bei Unwiderruflichkeit **nicht der Einwilligung**.[886]

Der **Notar** soll über § 1365 BGB aufklären, ist jedoch **nicht zu Nachforschungen verpflichtet**.[887] Dies wird insb. angesichts der subjektiven Theorie zu gelten haben, wenn der Notar erst durch seine weiteren Nachforschungen beim Erwerber die subjektive Kenntnis vom Gesamtvermögensgeschäft schafft. Etwas anderes kann nur dann gelten, wenn für den Notar konkrete Anhaltspunkte vorliegen, dass es sich um ein Gesamtvermögensgeschäft handelt.[888] Solche werden ins-

---

876 DNotI-Gutachten 119223.
877 OLG Karlsruhe, Beschl. v. 06.02.1978 – 4 W 119/77, WKRS 1978, 11788; Brambring, FamFR 2012, 460, 461; BGH, NJW 1980, 2350 f.; DNotI-Gutachten 119223.
878 BayObLG, DNotZ 1963, 732, 734; BGH, NJW 1980, 2350, 2351.
879 Zu Einzelheiten der Revokation Bergschneider/Bergschneider, Rn. 4.107 f.
880 DNotI-Gutachten, § 1365 BGB 79639 und 82709; OLG Naumburg, MittBayNot 2018, 188.
881 OLG Zweibrücken, NotBZ 2004, 73; OLG Schleswig, OLGR 2005, 265 = MittBayNot 2005, 38 ff. m. Anm. Bauer; OLG Frankfurt am Main, MittBayNot 2017, 591; Koch, FamRZ 2003, 197, 198 m.w.N.; Bergschneider/Bergschneider, Rn. 4.36.
882 OLG München, DNotZ 2007, 381.
883 OLG München, OLGR 2009, 836 = DNotI-Report 2009, 169.
884 BGH, FamRZ 2013, 948 m. Anm. Koch = ZNotP 2013, 104.
885 DNotI-Gutachten, AbrufNr. 145599 v. 29.02.2016.
886 Brudermüller, NJW 2013, 3218.
887 Fuge, ZFE 2004, 47, 50; Brambring, FamFR 2012, 460, 464.
888 BGH, NJW 1975, 1270.

besondere bei eingetragenen Zwangssicherungshypotheken oder Zwangsversteigerungsvermerken bejaht.[889]

Es gibt nach OLG Koblenz keinen generellen Erfahrungssatz, dass **Kinder** über die **Vermögenssituation ihrer Eltern** informiert sind.[890] Andere Gerichte sehen dies strenger. So geht das OLG Düsseldorf aufgrund des engen Verhältnisses von Vater und Sohn davon aus, dass der Sohn die Unrichtigkeit der Versicherung des Vaters, er veräußere nicht sein wesentliches Vermögen, kannte.[891]

367 § 1365 BGB ist durch **Ehevertrag abdingbar**, der den Formvorschriften des § 1410 BGB unterliegt. Hierbei können die §§ 1365 ff. BGB insgesamt oder auch nur für einzelne Vermögensgegenstände oder auch zeitlich begrenzt ausgeschlossen werden.[892] Allein in der Herausnahme aus dem Zugewinn liegt aber noch kein Abbedingen des § 1365 BGB für die herausgenommenen Gegenstände.[893] Insb. im Gesellschaftsrecht ist solches Vorgehen angesichts der Unsicherheit bzgl. des Vorliegens der Voraussetzungen des § 1365 BGB einerseits und der einschneidenden Rechtswirkungen bei einem Verstoß andererseits empfehlenswert und gebräuchlich. Daher verlangen die Gesellschaftsverträge vermögender Gesellschaften regelmäßig den Ausschluss der Verfügungsbeschränkungen durch die Gesellschafter, soweit sie nicht weitergehend einen Ausschluss des Zugewinns fordern. Der Vertragsgestalter sollte daher bei jeder Modifikation des gesetzlichen Güterstandes im Hinblick auf Betriebsvermögen an den Ausschluss der Verfügungsbeschränkungen denken. Eine Erweiterung des § 1365 BGB – etwa durch Begründung einer Zustimmungspflicht schon bei einer niedrigeren Quote – soll hingegen ausgeschlossen sein.[894]

368 Wird die Zustimmung zu einem Verkauf nur unter der Bedingung erteilt, dass der Kaufpreis an eine Treuhänderin bezahlt wird, so kann Herausgabe von der Treuhänderin nicht verlangt werden, bevor der Zugewinn geklärt ist.[895]

▶ **Gestaltungsempfehlung:**

369 Bei der Gestaltung von Gesellschaftsverträgen und der Betreuung gesellschaftsrechtlicher Mandate ist dem Erfordernis von Ehegattenzustimmungen besondere Beachtung zu schenken. Aus Sicht der Gesellschaft ist es wünschenswert, die Bestimmung des § 1365 BGB jedenfalls im Hinblick auf die Gesellschaftsbeteiligung ehevertraglich abzubedingen.

Für diesen Ausschluss der Verfügungsbeschränkungen können die nachfolgenden Formulierungen verwendet werden:

▶ **Formulierungsvorschlag: genereller Ausschluss**

370 Für unsere Ehe schließen wir die Verfügungsbeschränkungen der §§ 1365 ff. BGB
Alternative:
..... der §§ 1365 bis 1368 BGB .....
hiermit gegenseitig aus. Den gesetzlichen Güterstand behalten wir im Übrigen bei.

▶ **Formulierungsvorschlag: Ausschluss für alle Gesellschaftsbeteiligungen**

371 Für unsere Ehe schließen wir die Verfügungsbeschränkungen der §§ 1365 ff. BGB hiermit insoweit gegenseitig aus, als Beteiligungen an Personen- oder Kapitalgesellschaften betroffen sind.

---

889 Brambring, FamFR 2012, 460, 464.
890 OLG Koblenz, FamRZ 2008, 1078.
891 OLG Düsseldorf, Urt. v. 11.11.2014 – I-24 U 90/14, WKRS 2014, 37601.
892 MünchKomm-BGB/Koch, § 1365 Rn. 106 f.
893 DNotI-Gutachten 12454.
894 Fuge, ZFE 2004, 47.
895 OLG Karlsruhe, OLGR 2006, 826.

Im Übrigen bleiben die Verfügungsbeschränkungen und die Bestimmungen des gesetzlichen Güterstandes für unsere Ehe gültig.

▶ **Formulierungsvorschlag: Ausschluss für den gesamten Grundbesitz**

372 Für unsere Ehe schließen wir die Verfügungsbeschränkungen der §§ 1365 ff. BGB hiermit insoweit gegenseitig aus, als Grundstücke, grundstücksgleiche Rechte oder deren Belastungen betroffen sind. Im Übrigen bleiben die Verfügungsbeschränkungen und die Bestimmungen des gesetzlichen Güterstandes für unsere Ehe gültig.

▶ **Formulierungsvorschlag: Ausschluss für eine einzelne Firmenbeteiligung**

373 Für unsere Ehe schließen wir die Verfügungsbeschränkungen der §§ 1365 ff. BGB hiermit insoweit gegenseitig aus, als die Beteiligung des Ehemannes an der ..... OHG betroffen ist. Dies gilt in gleicher Weise für jedes Nachfolgeunternehmen oder jede Nachfolgebeteiligung oder für Tochterunternehmen. Im Übrigen bleiben die Verfügungsbeschränkungen und die Bestimmungen des gesetzlichen Güterstandes für unsere Ehe gültig.

▶ **Kostenanmerkung:**

374 Vereinbarungen, die lediglich den Ausschluss der Verfügungsbeschränkungen der §§ 1365, 1369 BGB betreffen, sind mit einem Ansatz von 30 % des Aktivvermögens bzw. bei einzelnen Gegenständen 30 % des Verkehrswertes des betroffenen Gegenstandes,[896] höchstens jedoch mit dem modifizierten Reinwert zu bewerten, § 51 Abs. 2 GNotKG.

2. Gegenstände des ehelichen Haushalts

375 In gleicher Weise[897] besteht eine Verfügungsbeschränkung für Gegenstände des ehelichen Haushalts nach § 1369 BGB. Auch sie kann ehevertraglich ausgeschlossen oder beschränkt werden.[898] Einer erweiternden Auslegung des § 1369 BGB im Lichte des Art. 5 WZGA, sodass dieser auch das eigenbewohnte Hausgrundstück erfasst,[899] ist zu widersprechen.[900]

V. Vorzeitiger Zugewinnausgleich

376 Angesichts der Vorteile, die dem vorzeitigen Zugewinnausgleich zugeschrieben werden,[901] ist es verwunderlich, dass er in der Praxis bisher eine so geringe Rolle spielte, woran voraussichtlich auch die Reform nichts ändert.[902] Zugewinnausgleich und vorzeitiger Zugewinnausgleich sind verschiedene Streitgegenstände; die gerichtliche Antragserhebung zu einem Gegenstand führt nicht zur Hemmung der Verjährung für den anderen.[903]

---

896 Leipziger Kommentar, § 51 GNotKG, Rn. 29.
897 Formulierungsunterschiede im Hinblick auf die Zustimmung zu Verpflichtungs- und Verfügungsgeschäft sind nicht beachtlich, MünchKomm-BGB/Koch, § 1369 Rn. 6.
898 Für eine analoge Anwendung des § 1369 BGB auf die Ehewohnung plädiert angesichts des Art. 5 WZGA Jacobs, FamRZ 2014, 1750 f.
899 So Jacobs, FamRZ 2014, 1750 und FamRZ 2015, 466.
900 Weber, FamRZ 2015, 464 f.
901 Kogel, Strategien, Rn. 337 ff.
902 Schulz/Hauß, Rn. 914; Kohlenberg, NZFam 2018, 356 f.
903 BGH, NZFam 2019, 737.

Kapitel 1

1. Gründe für einen vorzeitigen Zugewinnausgleich

377 Mit der Reform des Zugewinnausgleichsrechts wurden die Gründe für die Möglichkeit, den **vorzeitigen Ausgleich des Zugewinns** herbeizuführen, erheblich erweitert. Sie sind in § 1385 BGB für vier abschließende Fälle[904] niedergelegt:[905]
- Getrenntleben seit mindestens drei Jahren, § 1385 Nr. 1 BGB; weitere Voraussetzungen bestehen nicht; eine einschränkende Auslegung bzw. das Erfordernis eines zusätzlichen berechtigten Interesses wird – auch im Hinblick auf § 1365 BGB – von den Gerichten abgelehnt;[906]
- Handlungen der in § 1365 oder § 1375 Abs. 2 BGB bezeichneten Art sind zu befürchten und dadurch ist eine erhebliche Gefährdung der künftigen Ausgleichsforderung zu besorgen, § 1385 Nr. 2 BGB;[907]
- schuldhafte Nichterfüllung wirtschaftlicher ehelicher Verpflichtungen über längere Zeit mit schlechter Zukunftsprognose, § 1385 Nr. 3 BGB;
- beharrliche Weigerung der Unterrichtung über den Vermögensstand, § 1385 Nr. 4 BGB. Gemeint ist nur die Unterrichtungspflicht nach § 1353 BGB, nicht die Auskunft nach § 1379 BGB nach Scheitern der Ehe.[908] Ein Auskunftsersuchen nach § 1379 BGB kann auch nicht in ein Ersuchen auf Unterrichtung umgedeutet werden.[909]

378 Die Anforderungen an das Vorliegen dieser Voraussetzungen wurden bisher sehr streng gehandhabt. So genügte es nach altem Recht nicht für einen Anspruch auf vorzeitigen Zugewinn wegen Gefährdung der künftigen Ausgleichsforderung, wenn der Schuldner erklärt, er werde sein Vermögen »abräumen« und der Bedürftige »bekomme kein Geld«.[910] Der neue § 1385 BGB erweitert in diesem Bereich die Voraussetzungen für den vorzeitigen Zugewinnausgleich, um auch hier effektiveren Rechtsschutz zu schaffen. Besonders bedeutsam ist, dass es nunmehr **genügt**, dass Handlungen nach § 1365 BGB oder § 1375 Abs. 2 BGB **zu befürchten** sind. Hier erlaubt die Neufassung, bereits im Vorfeld eines Verstoßes gegen § 1365 BGB oder einer illoyalen Vermögensminderung die Klage auf vorzeitigen Zugewinnausgleich. Damit verschiebt sich zugleich der Berechnungszeitpunkt für die Höhe des Endvermögens und der Ausgleichsforderung (also auch für die Vermögenswertbegrenzung) auf die Erhebung der Klage auf vorzeitigen Zugewinnausgleich, § 1387 BGB. Damit kann die Auswirkung einer illoyalen Vermögensminderung auf den Zugewinn verhindert werden. Für die Praxis wird entscheidend sein, wann die Gerichte von einer solchen »Befürchtung« einer Handlung nach §§ 1365, 1375 Abs. 2 BGB ausgehen. Möglicherweise wird hierzu schon die Fertigung eines Vertragsentwurfes ohne Zustimmung genügen. Umstritten ist, ob den vorzeitigen Zugewinnausgleich auch derjenige Ehegatte verlangen kann, der eine solch gefährdende Handlung vorgenommen hat.[911] Nach OLG München genügt die erhebliche Verminderung der Bankguthaben noch nicht, wenn noch genügend andere Vermögenswerte, insbesondere Immobilien vorhanden sind.[912]

---

904 MünchKomm-BGB/Koch, §§ 1385 Rn. 8.
905 Eine zusammenfassende Darstellung gibt Büte, FuR 2018, 114 ff., 172 ff.; Fischinger, FF 2019, 285 ff.
906 BGH, FamRZ 2019, 1045; OLG München, NJW 2012, 1373 = FamRZ 2013, 132; zur Wahrung des Schutzzweckes des § 1365 BGB in diesem Zusammenhang Schöfer-Liebl, FamRZ 2011, 1628 und FamRZ 2012, 87; Kogel, FamRZ 2012, 85; Gomille, NJW 2012, 1545 f.
907 Hierzu Finger, FuR 2015, 704 f.
908 OLG Bamberg, FamRZ 2009, 1906 m. Anm. Götz, die darlegt, dass die Entscheidung auch für die Neuregelung des vorzeitigen Zugewinns gilt; BGH, NZFam 2014, 1088.
909 OLG Frankfurt am Main, FamRZ 2010, 563.
910 OLG Hamm, FamRZ 2000, 228; zur Anwaltshaftung, wenn der Anwalt Sicherungsmaßnahmen unterlässt OLG Hamm, FamRZ 2003, 758.
911 So Büte, FuR 2012, 516, 518; a.A. AK 16, Achtzehnter Deutscher Familiengerichtstag 2009, Brühler Schriften zum Familienrecht 16, S. 128.
912 OLG München, FamRZ 2014, 1295.

▶ Hinweis:

Wegen der Vorverlagerung des Vermögensschutzes im Rahmen des vorzeitigen Zugewinnausgleichs kann schon die Versendung eines Vertragsentwurfes, bei dessen Durchführung ein Gesamtvermögensgeschäft getätigt würde, den Grund für einen vorzeitigen Zugewinnausgleich nach § 1385 Nr. 2 BGB liefern.

Auch dem Ausgleichsschuldner muss dann dieses Instrument zur Verfügung stehen.[913]

Einen vorzeitigen Zugewinnausgleich kann am ehesten gezielt herbeiführen, wer eine beharrliche Verweigerung der Unterrichtung[914] »provoziert«.[915] Der BGH[916] hat entschieden, dass allein die Nichterfüllung der Auskunftspflicht nach § 1379 Abs. 2 BGB (Vermögen zum Zeitpunkt der Trennung) den Anspruch auf vorzeitigen Zugewinn noch nicht auslöst. Aber § 1385 Nr. 4 BGB setzt eine weniger weitgehende allgemeine Unterrichtungspflicht voraus. Deren Nichterfüllung kann dann zum vorzeitigen Zugewinnausgleich führen. Dabei sollte beim dritten Ersuchen darauf hingewiesen sein, dass man bei erneuter Nichtbeantwortung von einer endgültigen Verweigerung der Unterrichtung ausgehe.

▶ Hinweis:

Ein vorzeitiger Zugewinnausgleich kann am ehesten herbeigeführt werden durch die Aufforderung zur Unterrichtung über die Vermögenslage, wenn die Gegenseite mehrmals die Auskunft verweigert.

Es darf also nicht nur Auskunft nach § 1379 Abs. 2 BGB verlangt werden, sondern es müssen ausdrücklich die Informationsrechte aus § 1351 Abs. 1 Satz 2 BGB hinsichtlich der allgemeinen Unterrichtungspflicht zusätzlich geltend gemacht werden.[917]

2. Ehevertragliche Regelung

Zwar wird vertreten, dass die Regelung der **§§ 1385, 1386 BGB zwingendes Recht** sei, von dem ehevertraglich nicht abgewichen werden könne.[918] Dies kann jedoch nur für den isolierten Verzicht auf dieses Institut unter Beibehaltung des Zugewinns i.Ü. gelten. Wenn auf den Zugewinnausgleich ansonsten generell verzichtet werden kann, dann muss dies in diesem Zusammenhang auch für das Institut des vorzeitigen Zugewinns gelten. Allein der isolierte Verzicht ist also nicht zulässig,[919] weil er den Ehegatten zur Einreichung der Scheidung zwingen würde, um den Zugewinn zu realisieren.[920] Man wird weitergehend einen generellen Zugewinnausgleichsverzicht so auslegen müssen, dass er immer auch den Verzicht auf vorzeitigen Zugewinn meint.[921]

Möglich wäre es aber auch, ehevertraglich die Gründe für einen vorzeitigen Zugewinnausgleich zu erweitern oder die Drei-Jahres-Frist des § 1385 BGB zu verkürzen.[922]

---

913 Bergschneider/Bergschneider, Rn. 4.473 und 4.474.
914 Zur Differenzierung zwischen einer Verweigerung der Auskunft und der allgemeinen Unterrichtung vgl. OLG Frankfurt am Main, FF 2010, 161 f. m. Anm. Kogel.
915 Schulz/Hauß, Rn. 917; Kogel, Strategien, Rn. 383 ff.
916 BGH, FamRZ 2015, 32 m. Anm. Koch; hierzu Cremer, FF 2015, 121 f.; ablehnend: Löhnig/Plettenberg, NZFam 2015, 49 f.
917 Löhnig/Plettenberg, NZFam 2015, 49, 51.
918 MünchKomm-BGB/Koch, §§ 1385, 1386 Rn. 41 (Vorauflage); Bergschneider/Bergschneider, Rn. 4.496.
919 So jetzt auch MünchKomm-BGB/Koch, § 1385 Rn. 40.
920 Müller, Kap. 3 Rn. 282.
921 MünchKomm-BGB/Koch, § 1385 Rn. 41.
922 Staudinger/Thiele (2017), § 1386 Rn. 58; MünchKomm-BGB/Koch, §§ 1385, 1386 Rn. 42.

3. Geltendmachung

383 Nach bisherigem Recht musste zunächst ein Gestaltungsantrag auf vorzeitigen Zugewinnausgleich erhoben werden, mit dessen Rechtskraft Gütertrennung eintrat. Zwar konnte ein Leistungsantrag hiermit verbunden werden, aber eine Entscheidung über diesen konnte erst nach rechtskräftigem Gestaltungsbeschluss fallen. Erst mit Eintritt der Gütertrennung bestanden zudem die für den Leistungsantrag erforderlichen Auskunftsansprüche.

384 Nach dem neuen § 1385 BGB[923] hat der Ehegatte nunmehr bei Vorliegen der Voraussetzungen einen Anspruch auf Zahlung des Zugewinnausgleichs, den er zusammen mit dem Anspruch auf Aufhebung der Zugewinngemeinschaft geltend machen kann, sodass es künftig möglich sein wird, sofort Leistungsantrag zu stellen. Dieser Anspruch kann dann nach § 119 FamFG bzw. § 916 ZPO durch Arrest gesichert werden, sodass als Folge der umstrittene § 1389 BGB aufgehoben wurde.

385 Nach § 1386 BGB bleibt aber auch die Möglichkeit, sich allein auf einen Gestaltungsantrag zu beschränken[924]. Auch dies hat die Vorverlegung des Berechnungszeitpunkts nach § 1387 BGB zur Folge. Bedeutsam ist dies insb. für den ausgleichspflichtigen Ehegatten, der keinen Zahlungsanspruch hat oder wenn es ungewiss ist, welcher Ehegatte den Zahlungsanspruch hat.[925] Auch der Pflichtige mag im Einzelfall illoyale Vermögensminderungen seines Ehegatten befürchten.

386 Nach § 1388 BGB tritt Gütertrennung ein mit der Rechtskraft der Entscheidung, welche die Zugewinngemeinschaft vorzeitig aufhebt.

387 Der Antrag auf vorzeitigen Zugewinn kann auch dann noch gestellt werden, wenn bereits ein Ehescheidungsverfahren anhängig ist, selbst wenn in diesem der Zugewinn anhängig gemacht wurde.[926]

VI. Sicherung der Zugewinnausgleichsforderung

1. Sicherung vor Rechtshängigkeit eines Scheidungsantrags

388 Vor Rechtshängigkeit eines Scheidungsantrags oder eines Antrags auf vorzeitigen Zugewinnausgleich ist nach allgemeiner Ansicht eine **Sicherung** der Zugewinnausgleichsforderung noch **nicht möglich**.[927] Schutz wird lediglich mittelbar über § 1365 BGB gewährt. Der anwaltliche Vertreter sollte bei Sicherungsbedürfnis alsbald den Scheidungsantrag stellen oder auf vorzeitigen Zugewinn klagen.

2. Sicherung nach rechtskräftiger Scheidung

389 Mit Rechtskraft des Scheidungsbeschlusses ist die Zugewinnausgleichsforderung nach § 1378 Abs. 3 Satz 1 BGB entstanden und kann als bestehende **Geldforderung** nach den **allgemeinen Zwangsvollstreckungsmechanismen** gesichert werden. Möglich ist insb. der Arrest nach §§ 916 ff. ZPO.[928]

---

923 Zum neuen Recht: von Eichel, ZFE 2008, 206 ff.; Krause, ZFE 2008, 406 ff.
924 Hierzu Musterantrag mit Erläuterungen bei Schröder, FuR 2010, 86 ff.; zur Verbindung mit einem Auskunftsantrag OLG Oldenburg, FamRZ 2016, 723.
925 Kogel, FamRB 2009, 280, 284.
926 Bergschneider/Bergschneider, Rn. 4.489; OLG Dresden, FamRZ 2017, 1563; dazu Herr, FamRB 2018, 368 f.
927 OLG Karlsruhe, FamRZ 1999, 663; Schulz/Hauß, 735.
928 Vgl. z.B. OLG Koblenz, FuR 2001, 469 f. zur Möglichkeit einstweiliger Verfügung im Zusammenhang mit einer Anfechtung.

3. Sicherung während des Scheidungsverfahrens

Die Reform des Zugewinnausgleichsrechts hat den § 1389 BGB abgeschafft. Damit hat sich die Streitfrage erledigt, ob die Zugewinnausgleichsforderung auch schon vor rechtskräftiger Scheidung durch Arrest nach §§ 916 ZPO, 119 Abs. 2 Satz 1 FamFG gesichert werden kann.[929]   390

Ein Arrest nach § 916 ZPO hängt nach allgemeinen Regeln nicht von der Entstehung des Anspruchs (= Beendigung des Güterstandes) ab, sondern von der Einklagbarkeit eines Anspruchs, die im Verbundverfahren bereits ab Rechtshängigkeit des Scheidungsverfahrens gegeben ist.[930] Im Fall vorzeitiger Aufhebung der Zugewinngemeinschaft entsteht der Leistungsanspruch nach dem neuen § 1385 BGB unmittelbar mit Verfahrenseinleitung und kann daher ab diesem Zeitpunkt durch Arrest gesichert werden. Der vermeintliche Zugewinnausgleichsanspruch muss dazu im Einzelnen vorgetragen, die Höhe jedenfalls annähernd rechnerisch dargestellt und dies zudem glaubhaft gemacht werden.[931]   391

VII. Auskunftsanspruch

Da der Gläubiger des Zugewinnausgleichsanspruchs für Bestehen und Höhe desselben die Beweislast zu tragen hat, gewährt das Gesetz den Ehegatten Auskunftsansprüche, um zu einer entsprechenden Darlegung in der Lage zu sein.   392

1. Gegenstand des Auskunftsanspruchs

Bisher gab es i.R.d. Zugewinnausgleichs weder einen Auskunftsanspruch hinsichtlich des Anfangsvermögens noch einen generellen Anspruch auf Vorlage von Belegen, sondern nur einen Anspruch auf Auskunft über den **Bestand des Endvermögens**. Die Neuregelung des § 1379 BGB[932] gewährt nun diese Ansprüche.[933]   393

Die Formulierung, dass Auskunft über das **Vermögen** verlangt werden kann, **soweit dies für die Berechnung des Anfangs- und Endvermögens maßgeblich ist**, bedeutet, dass aufgrund der neuen Möglichkeit negativen Anfangsvermögens eine Auskunftspflicht auch über das negative Anfangsvermögen besteht. Dies ist gerade im Lichte der bereits geschilderten fehlenden Anpassung der Vermutung des § 1377 Abs. 3 BGB wichtig.[934] Außerdem bezieht sich die Auskunftspflicht auch auf das nach § 1375 Abs. 2 BGB dem Endvermögen und nach § 1378 Abs. 2 BGB der Ausgleichsforderung **hinzuzurechnende Vermögen**[935] **aus illoyaler Vermögensminderung**. Ein solcher Auskunftsanspruch war bisher nur recht schwierig über § 242 BGB herleitbar.[936] Insoweit muss der Antragsteller aber konkrete Anhaltspunkte für ein solches Handeln vortragen und Auskunft über einzelne diesbezügliche Vorgänge verlangen.[937] An die Substanziierung dürfen keine übertriebenen Anforderungen gestellt werden.[938] Es genügt z.B. der Umstand, dass kurz vor Scheidungsantrag ein Grund-   394

---

929 Vgl. etwa OLG München, FamRZ 2007, 1101; OLG Brandenburg, MDR 2009, 33; OLG Naumburg, FamRZ 2008, 2202; Bergschneider/Bergschneider, Rn. 4.498 f.; ausführlich zum Arrest im Zugewinnausgleichsverfahren mit Musteranträgen: Kogel, FamRB 2013, 365 ff.
930 OLG Düsseldorf, FamRZ 1994, 112, 115 zu § 1585a BGB; OLG Hamburg, FamRZ 2003, 238; OLG Hamm, FamRZ 1997, 181; OLG Karlsruhe, FamRZ 1997, 622 ff.; Zöller/Vollkommer, § 916 Rn. 8.
931 OLG Brandenburg, NZFam 2015, 373.
932 Hierzu: Braeuer, FamRZ 2010, 773 ff.; Finger, FamFR 2010, 289 f.
933 Nach OLG Thüringen, FamRZ 2017, 21 nicht anwendbar bei Scheidung mit Rechtskraft vor dem 01.09.2009; a.A. OLG Hamm, FamRZ 2011, 566.
934 Auf Probleme einer geänderten Beweislast weist Kogel, FF 2008, 185, 186 hin.
935 Braeuer, FamRZ 2010, 773, 779 bezieht § 1375 Abs. 2 Satz 2 BGB nicht nur auf verbrauchtes Vermögen, sondern auch auf den Verbrauch von Einkommen.
936 Vgl. Palandt/Brudermüller, § 1379 Rn. 2.
937 BGH, FamRZ 2005, 689; OLG Köln, FamRB 2004, 346; OLG Bremen, FamRZ 1999, 94; OLG Zweibrücken, NZFam 2014, 1052.
938 BGH, NJW 2012, 3635; Koch, FamRZ 2013, 831.

stück veräußert wurde und über die Verwendung des Erlöses keine Angaben gemacht werden.[939] Ebenso ist der Umstand ausreichend, dass bei einem Ehegatten erhebliche Vermögenszuflüsse in der gemeinsamen Zeit erfolgten, die er dem anderen Ehegatten verschwiegen hat und über deren Verbleib er keine Angaben macht.[940] Nicht ausreichend soll hingegen der Hinweis auf ein hohes monatliches Erwerbseinkommen sein.[941] Die Negativerklärung, über keine weiteren relevanten Vermögenswerte zu verfügen, ist nicht zu belegen.[942]

395 Neu hinzugekommen ist durch den Rechtsausschuss ein Auskunftsanspruch auch hinsichtlich des **Vermögens**, das **bei Trennung** vorhanden ist. Damit will der Gesetzgeber einer illoyalen Vermögensminderung vorbeugen. Dieser Auskunftsanspruch ist insb. von Bedeutung für die neue Beweislastregel des § 1375 Abs. 2 Satz 2 BGB: Danach wird die Vermögensminderung zwischen Trennungszeitpunkt und Stichtag der Endvermögensberechnung dem Endvermögen wieder hinzugerechnet, wenn nicht nachvollziehbar dargelegt werden kann, dass es sich nicht um eine illoyale Vermögensminderung handelt. Hier wird der Anwalt seinem Mandanten raten, Vermögensverluste in diesem Zeitraum genau zu belegen.[943]

▶ Hinweis:

396 Bedeutung erlangt in diesem Zusammenhang vor allem auch der Nachweis der Trennung. Ohne diesen Nachweis wird ein Anspruch auf Auskunft zum angegebenen Trennungszeitpunkt nicht durchgesetzt werden können.[944] Die Darlegungs- und Beweislast für den Trennungszeitpunkt obliegt dem auskunftsbegehrenden Ehegatten.[945] Dies gilt auch, wenn die Trennung *»nicht in einem spektakulären, singulären Akt vollzogen wurde, sondern schleichend eingetreten ist und die Ehegatten sich immer mehr voneinander entfernt haben.«*[946]

397 Verfahrensmäßig muss bei einem streitigen Trennungszeitpunkt mit dem Stufenantrag auf Erteilung von Auskunft zu einem bestimmten (behaupteten) Trennungszeitpunkt ein Zwischenfeststellungsantrag zum Trennungszeitpunkt verbunden werden.[947] Dessen Zulässigkeit ist allerdings umstritten, weil einige Gerichte den Trennungszeitpunkt nicht für ein Rechtsverhältnis i.S.d. § 256 ZPO halten.[948]

398 Die Pflicht zur Vorlage von Belegen führt zu einer Harmonisierung mit dem Auskunftsanspruch des § 1605 BGB im Unterhaltsrecht und soll die Rechtsverfolgung erleichtern.

399 Zudem wird der **Zeitpunkt des Auskunftsrechts** vorverlegt. Ein Auskunftsanspruch besteht nunmehr schon bei vorzeitigem Zugewinnausgleich oder vorzeitiger Aufhebung der Zugewinngemeinschaft. Dies ist v.a. deshalb notwendig, weil künftig mit dem Ansinnen auf vorzeitige Aufhebung der Zugewinngemeinschaft zugleich ein Leistungsantrag auf vorzeitigen Zugewinnausgleich nach § 1385 BGB verbunden werden kann. Im Fall des § 1379 Abs. 2 BGB entsteht die Auskunftspflicht schon mit der Trennung und nicht erst mit prozessualen Maßnahmen.

---

939 OLG Köln, FamRZ 1999, 1071.
940 OLG Brandenburg, FamRZ 2012, 1714 = FamFR 2012, 62.
941 OLG Zweibrücken, FamRZ 2015, 579.
942 OLG Köln, FamRZ 2019, 1046.
943 Krause, ZFE 2009, 284, 287.
944 Vgl. Kogel, FamRB 2013, 33.
945 KG, NZFam 2019, 86.
946 KG, FamRZ 2019, 524 m. Anm. Kogel – eine lesenswerte Entscheidung, um festzustellen, dass der Zeitpunkt des § 1379 BGB meist eine theoretische Annahme ist; zur Kritik insoweit schon Kogel, NZFam 2018, 1119.
947 OLG Celle, FamFR 2013, 417 m. abl. Anm. Hoppenz; OLG Brandenburg, NZFam 2014, 86; OLG Jena, Beschl. v. 04.09.2017 – 1 UF 432/16, WKRS 2017, 24438.
948 So z.B. OLG Koblenz, FamRB 2017, 407.

Die Auskunft ist **stichtagsbezogen** zu erteilen. Dieser Stichtag muss im Auskunftsantrag wegen des Bestimmtheitserfordernisses genannt sein.[949] Auch bei einem verfrüht gestellten Scheidungsantrag lässt der BGH eine Abweichung vom Stichtag des § 1384 BGB nur in ganz besonderen Ausnahmefällen zu.[950]

400

Ansonsten gewährt § 1377 Abs. 2 BGB einen klagbaren Anspruch[951] auf **Mitwirkung an einem gemeinsamen Verzeichnis** bis zur Beendigung des Güterstandes.[952] Das Gesetz sanktioniert das Fehlen eines Verzeichnisses durch die **Vermutung**, dass das **Endvermögen den Zugewinn** darstellt, § 1377 Abs. 3 BGB. Die Vermutung kann widerlegt werden. Wenn dies geschieht, so beschränkt sie sich darauf, dass kein weiteres Anfangsvermögen vorliegt.[953]

401

Während bestehender Ehe greift nicht der Auskunftsanspruch des § 1379 BGB. Hier gewährt jedoch die Rechtsprechung unter Berufung auf die Pflicht zur ehelichen Lebensgemeinschaft nach **§ 1353 Abs. 1 Satz 2 BGB** einen allgemeinen Unterrichtungsanspruch. Danach müssen sich die Ehegatten wenigstens in »groben Zügen« über den Bestand des Vermögens und wesentliche Vermögensänderungen unterrichten.[954] Eine beharrliche Verweigerung dieser Unterrichtung berechtigt zum vorzeitigen Zugewinnausgleich nach § 1385 Nr. 4 BGB.

402

2. Form der Auskunft

a) Verzeichnis

Die Auskunft muss in der Form eines **Vermögensverzeichnisses nach § 260 Abs. 1 BGB** erstellt sein. Das bedeutet, dass **in einem Schriftstück** eine Übersicht sämtlicher Aktiva und Passiva in geordneter und nachprüfbarer Weise erfolgen muss.[955] Nicht ausreichend ist eine Mehrzahl einzelner Schreiben und Schriftstücke.[956] Bei Nachträgen muss insgesamt die Übersichtlichkeit noch gewahrt bleiben. Umstritten war, ob das Verzeichnis vom Auskunftspflichtigen persönlich unterzeichnet sein muss.[957] Der BGH hat hierzu entschieden,[958] dass das Verzeichnis nach § 260 BGB zwar eine schriftlich verkörperte Erklärung verlange, nicht jedoch die Einhaltung der gesetzlichen Schriftform nach § 126 BGB, sodass das Verzeichnis nicht vom Auskunftspflichtigen selbst unterzeichnet sein müsse, sondern auch durch einen Boten, z.B. einen Rechtsanwalt unterzeichnet werden könne. Nichtsdestotrotz ist es aus anwaltlicher Sicht ratsam, den Mandanten durch Unterzeichnung die Verantwortung für die Zusammenstellung übernehmen zu lassen.[959]

403

Über § 260 Abs. 2 BGB besteht mit der Abgabe der eidesstattlichen Versicherung ein Druckmittel zur Herbeiführung eines vollständigen und richtigen Bestandsverzeichnisses. Wertangaben sind nicht Gegenstand der Versicherung.[960]

404

---

949 Kogel, Strategien, Rn. 438.
950 BGH, FamRZ 2018, 331 m. Anm. Koch.
951 Bergschneider/Wolf, Rn. 4.228.
952 Palandt/Brudermüller, § 1377 Rn. 3; Bergschneider/Wolf, Rn. 4.231; Staudinger/Thiele (2017), § 1377 Rn. 4.
953 Schwab/Schwab, VII Rn. 330.
954 BGH, FamRZ 1976, 516, 517; BGH, FamRZ 2001, 23, 24; OLG Hamm, FamRZ 2000, 228, 229; OLG Karlsruhe, FamRZ 1990, 161.
955 Schwab/Schwab, VII Rn. 335; OLG Brandenburg, FamRZ 2007, 285; OLG Koblenz, NZFam 2015, 37; OLG Brandenburg, FuR 2019, 277.
956 OLG Düsseldorf, FamRZ 1979, 808; OLG Brandenburg, NJW-RR 2007, 943.
957 Schulz/Hauß, Rn. 775 mit Nachweisen von Rspr. und Lit.; vgl. aus der aktuellen Rspr. OLG Hamm, FamRZ 2005, 1194 und OLG Dresden, FamRZ 2005, 1195 je zu § 1605 BGB; OLG Nürnberg, FamRB 2005, 236; OLG Naumburg, FamRZ 2007, 1814.
958 BGH, NJW 2008, 917; OLG Naumburg, FamFR 2012, 570.
959 Kogel, Strategien, Rn. 450.
960 Büte, FuR 2004, 342, 343.

b) Angaben zum Wert

405 Der reine **Auskunftsanspruch nach § 1379 Abs. 1 Satz 1 BGB** beinhaltet noch nicht eine Verpflichtung zur Ermittlung des Wertes der in das Vermögensverzeichnis aufzunehmenden Vermögensgegenstände. Diese kann vielmehr nur zusätzlich nach § 1379 Abs. 1 Satz 2 BGB verlangt werden. Der Auskunftsanspruch verlangt jedoch vom Verpflichteten, die zu seinem Endvermögen gehörenden **Gegenstände nach Anzahl Art und wertbildenden Faktoren** in dem Vermögensverzeichnis anzugeben,[961] sodass dem Ehegatten die Wertermittlung möglich ist.[962] Umfang und Art der Einzelangaben richten sich nach den Besonderheiten der verschiedenen Vermögensgegenstände.[963] Auch wenn es danach keine allgemeine Regelung für alle Fälle gibt, so können regelmäßig folgende Angaben gefordert werden:[964]
– für **Grundstücke**: Lage, Größe, Art und Bebauung; nicht jedoch die sog. Stammversicherungssumme 1914;[965]
– für **Kfz**: Fabrikat, Typ, Baujahr, Kilometerstand, Ausstattung, Unfälle;[966]
– bei **ärztlicher Praxis**: Einrichtung, Umsatz, Zahl der Krankenscheine und Privatpatienten;[967] nach Abrücken von der Umsatzbewertung auch die Kosten.
– für **sonstige Sachen**: äußeres Erscheinungsbild, Herstellungsjahr und Erhaltungszustand;
– für **Forderungen und Verbindlichkeiten**: Höhe, Gläubiger/Schuldner, Kreditzweck,[968] Laufzeit;
– für **Lebensversicherungen**: Abschlussjahr, Prämienhöhe, Fälligkeit, Leistungszusage;[969]
– für **Unternehmen**: Vorlage der Bilanzen sowie der Gewinn-und-Verlust-Rechnung der letzten fünf Kalenderjahre vor dem Stichtag.[970]

Soweit der Wert des Endvermögens sachverständig festgestellt werden muss, hat die Kosten dieser Ermittlung der auskunftsberechtigte Ehegatte zu tragen.[971]

c) Belege

406 Ein Anspruch auf Vorlage von **Belegen** ist nunmehr ebenfalls in § 1379 BGB vorgesehen. Damit wird die Auskunft im Zugewinn mit derjenigen im Unterhaltsrecht nach § 1605 BGB harmonisiert. Schon bisher hatte man angenommen, dass eine Pflicht zur Vorlage von Belegen bestehe,[972] wenn der Zweck der Auskunft, dem anderen Ehegatten die Berechnung des Zugewinnausgleichs zu ermöglichen, anders nicht erreicht werden kann.[973] Aus diesem Grund wurde bereits bisher in nachfolgenden Fällen die Vorlage von Belegen verlangt:
– für **Unternehmen und Unternehmensbeteiligungen** die Vorlage der Bilanzen sowie Gewinn- und Verlustrechnungen für die letzten fünf Jahre vor dem Stichtag unter Berufung auf § 2314 BGB[974] und der Geschäftsunterlagen, sodass der Auskunftsberechtigte die Werte selbst berechnen kann;[975]

---

961 BGH, FamRZ 2003, 597.
962 OLG Naumburg, FamRZ 2001, 1303.
963 BGH, FamRZ 1989, 157, 159.
964 Vgl. Büte, FuR 2004, 289, 293 f.
965 OLG Frankfurt am Main, FamRB 2018, 133.
966 OLG Brandenburg, NZFam 2019, 452.
967 BGH, FamRZ 1989, 157, 159.
968 OLG Düsseldorf, FamRZ 1986, 168, 170.
969 Ablehnend für Zeitwert Schulz/Hauß, Rn. 777; OLG Köln, FamRZ 1998, 1515 und FamRZ 2002, 1406: Angabe Rückkaufswert und Überschussanteile genügt.
970 Büte, FuR 2004, 294.
971 OLG Karlsruhe, NJW 2010, 451.
972 Zur Vollstreckbarkeit OLG Brandenburg, FamRZ 2007, 285.
973 BGHZ 75, 195; OLG Naumburg, FamRZ 2001, 1303.
974 OLG Naumburg, FamRZ 2001, 1303; OLG Zweibrücken, FamRZ 2001, 763; OLG Düsseldorf, FamRZ 1999, 1070; BGH, BB 1975, 1083 zu § 2314 BGB; Kogel, Strategien, Rn. 502.
975 BGH, FamRZ 1980, 37, 38.

- für **Freiberufler** die Einnahme-/Überschussrechnungen der letzten drei bis fünf Jahre, außerdem Sozietätsvertrag und Unterlagen der Sozietät;[976]
- für **landwirtschaftliche Grundstücke**: Bezeichnung nach Lage, Größe, Bonität und Nutzungsart sowie Eigentum und Zupacht, die betriebswirtschaftlichen Jahresabschlüsse, Unternehmensaufwand und -ertrag, Fremdlöhne und Lohnansprüche von Familienangehörigen.[977]

Schutzwürdige Interessen Dritter – insb. von Mitgesellschaftern – schließen die **Pflicht zur Vorlage von Belegen** nicht aus.[978] Dies gilt auch für vertraglich eingegangene Schweigepflichten, denn § 1379 BGB ist zwingendes Recht.[979] Allerdings geht die Auskunftspflicht nicht weiter, als nach Gesellschaftsrecht die **Kontrollrechte des Gesellschafters selbst reichen würden**.[980] 407

Auf die Interessen Dritter ist jedoch in größtmöglichem Umfang **Rücksicht** zu nehmen. Das kann dazu führen, dass in den Unterlagen Daten über andere Personen geschwärzt werden[981] oder dass die Unterlagen nur unter einem sog. **Wirtschaftsprüfervorbehalt** herausgegeben werden, d.h. sie werden von einem vom Auskunft Begehrenden ausgesuchten, zur Verschwiegenheit verpflichteten Wirtschaftsprüfen erst zur Begutachtung vorgelegt.[982] 408

3. Wertermittlungsanspruch

Ferner gibt § 1379 Abs. 1 Satz 2 BGB einen **zusätzlichen** neben dem Auskunftsanspruch bestehenden[983] Anspruch auf Wertermittlung, der eigens geltend gemacht werden muss.[984] Der Auskunftspflichtige muss danach den Wert der Aktiva und Passiva des Endvermögens ermitteln und angeben. Auch die Einschaltung von Hilfspersonen kann verlangt werden, grds. jedoch nicht die Vorlage eines Sachverständigengutachtens.[985] In Ausnahmefällen hat jedoch der BGH die Hinzuziehung eines **Sachverständigen** gefordert, wenn anders eine zuverlässige Bewertung nicht möglich ist. Die Kosten hat der BGH dem Auskunftsberechtigten auferlegt.[986] 409

4. Geltendmachung des Auskunftsanspruchs

Der Auskunftsanspruch kann mit separatem Auskunftsantrag oder aber – so die Regel – als **Stufenantrag** geltend gemacht werden. Der Stufenantrag ist vorzugswürdig, weil er die **Verjährung** unterbricht[987] und im **Scheidungsverbund** geltend gemacht werden kann (nicht hingegen der reine Auskunftsantrag). Bei dem Antrag auf Auskunft ist ein bestimmter Antrag zu stellen, in dem die begehrte Auskunft genau bezeichnet wird. Anderenfalls wäre der Antrag bereits unzulässig.[988] 410

Wurde das Verzeichnis nicht mit der erforderlichen Sorgfalt erstellt, so kann die Abgabe einer eidesstattlichen Versicherung nach § 260 Abs. 2 BGB verlangt werden.

Ein **Zurückbehaltungsrecht** wegen der vom anderen Teil bisher noch nicht erteilten Auskunft besteht nicht, da der Zweck des § 273 BGB bei bloß vorbereitenden Ansprüchen nicht erreicht werden 411

---

976 OLG Hamm, FamRZ 1983, 812.
977 OLG Düsseldorf, FamRZ 1986, 168, 169.
978 BRHP/Cziupka, BGB, § 1379 Rn. 23; BGH, FamRZ 1983, 680 zum Unterhaltsrecht und für die Zusammenveranlagung mit dem neuen Ehegatten.
979 OLG Hamm, FamRZ 1983, 812; Schulz/Hauß, Rn. 780.
980 OLG Naumburg, FamRZ 2001, 1303 ff.
981 MünchKomm-BGB/Koch, § 1379 Rn. 35.
982 Johannsen/Henrich/Jaeger, § 1379 Rn. 9; BRHP/Cziupka, BGB, § 1379 Rn. 23; Schulz/Hauß, Rn. 780.
983 BGH, FamRZ 2003, 597.
984 Kogel, Strategien, Rn. 491.
985 BGH, FamRZ 1991, 316, 317.
986 BGH, FamRZ 1982, 682, 683; OLG Karlsruhe, FamRZ 2009, 1909.
987 Schulz/Hauß, Rn. 799.
988 Viefhues, ZFE 2005, 147, 148.

kann.[989] Der Auskunftsanspruch besteht auch dann, wenn der Anspruchsteller seinerseits Vermögen verschwiegen hat.[990]

Ein Rechtsschutzinteresse besteht auch, wenn durch die Auskunft nur eine Umkehr der Darlegungs- und Beweislast nach § 1375 Abs. 2 Satz 2 BGB erreicht werden soll.[991]

Der Auskunftsanspruch wird nicht durch die Einrede des § 1381 BGB ausgeschlossen.[992]

Ein Geheimhaltungsinteresse kann gegenüber einem Auskunftsanspruch nicht entgegengesetzt werden.[993]

412 Hat ein Ehegatte zunächst keinen Zugewinn geltend gemacht und auch keinen Auskunftsanspruch, so ist sein Auskunftsanspruch gleichwohl nicht verjährt, wenn der andere Ehegatte Zugewinn geltend macht. Der Auskunftsanspruch kann dann **auch zur Abwehr** erhoben werden (also nicht mehr nur, wenn ein eigener Anspruch geltend gemacht wird). Die **Verjährung** beginnt gleichzeitig mit derjenigen des Zahlungsanspruchs auf Zugewinn und wird durch die Stellung eines Leistungsantrags gehemmt.[994]

B. Gütertrennung

I. Grundsätze der Gütertrennung

413 Im Güterstand der Gütertrennung bestehen **keinerlei güterrechtliche Beziehungen** der Ehegatten untereinander. Abgesehen von den allgemeinen Ehewirkungen stehen sich die Ehegatten vermögensrechtlich wie Unverheiratete ggü.[995] Es gibt beim Ende der Ehe also keinen Ausgleichsanspruch bzgl. des Vermögenszuwachses des anderen Ehegatten. Jeder Ehegatte kann über sein Vermögen frei verfügen und haftet mit seinem Vermögen nur für seine Verbindlichkeiten. Die Verfügungsbeschränkungen der §§ 1365, 1369 BGB gelten nicht. Die Gütertrennung hat erbrechtlich die Wirkung einer **Erbteilserhöhung** des überlebenden Ehegatten neben einem oder zwei Kindern, § 1931 Abs. 4 BGB.

414 Bei Gütertrennung **entfällt** die nach § 5 ErbStG für den Zugewinnausgleich vorgesehene Steuerfreistellung der Zugewinnforderung.

415 Über die Angemessenheit der Gütertrennung gehen die Meinungen auseinander. In der Praxis ist die Gütertrennung wohl eher im Rückzug begriffen ggü. den vielfältigen Möglichkeiten der Modifikation des gesetzlichen Güterstandes.

416 Die **Vorteile** der Gütertrennung liegen in ihrer **Klarheit** und **Einfachheit**.[996] Als solcher ist der Güterstand daher weit verbreitet v.a. bei Unternehmern;[997] dies mag nicht zuletzt daraus resultieren, dass viele Gesellschaftsverträge von den Gesellschaftern den Ausschluss des Zugewinns – neuerdings zunehmend häufiger alternativ dessen Modifikation – verlangen. Er ist aber auch bei der Wiederverheiratung älterer Eheleute, deren Erben die jeweiligen Kinder sein sollen, ein angemessener

---

989 OLG Jena, FamRZ 1997, 1335; Schwab/Schwab, VII Rn. 346.
990 OLG Düsseldorf, FamRZ 2007, 830.
991 BGH, FamRZ 2013, 103.
992 OLG Brandenburg, OLGR 2009, 335 f.
993 OLG Köln, FamRZ 2010, 29; Schwab/Schwab, VII Rn. 346a.
994 So BGH, NJW 2018, 950.
995 BayObLG, FamRZ 1961, 220 f.; sie bilden allerdings sozialhilferechtlich eine Bedarfsgemeinschaft ohne Rücksicht auf den Güterstand, LSG Hessen, Urt. v. 30.09.2016 – L 6 AS 373/13, WKRS 2016, 27464.
996 MünchKomm-BGB/Münch, vor § 1414 Rn. 6.
997 Ausdrücklich als passend für den Unternehmensbereich bewertet durch OLG München, FamRZ 2003, 376 m. Anm. Bergschneider.

Güterstand[998] oder bei beiderseits vermögenden und berufstätigen Ehegatten, die zu individualistischer Vermögenstrennung neigen.[999]

Die eine Einschätzung bezeichnet die Gütertrennung als den Güterstand für aufgeklärte und wache Eheleute[1000] bzw. für geschäftsgewandte Angehörige der gehobenen Mittel- oder Oberschicht.[1001] Es handelt sich dabei um eine sehr optimistische Einschätzung, denn der oftmals zuvor geplante Ausgleich durch Zuwendungen während der Ehe[1002] geschieht aus mancherlei Gründen später durchaus nicht immer. 417

Ein nicht rechtlicher, aber tatsächlicher Vorteil der Gütertrennung liegt darin, dass Kreditinstitute häufig bei Gütertrennung auf eine **Mithaftung des Ehegatten** verzichten, während sie diese bei modifizierter Zugewinngemeinschaft verlangen.[1003] In gleicher Weise scheint in der Praxis, wenn auch nicht rechtlich begründet, die Eigentumsvermutung des § 1362 BGB leichter widerlegbar zu sein. 418

Die **Nachteile** der Gütertrennung bestehen zum einen in der mangelnden Flexibilität bei einer Änderung der Ehekonstellation. Häufig werden auch durch die Gütertrennung wesentlich mehr Ansprüche ausgeschlossen als nach der Vorstellung der Eheleute notwendig wäre, um ihr Regelungsziel zu erreichen. 419

Erhebliche Nachteile ergeben sich v.a. im Erbfall durch den Wegfall der Steuerfreiheit des Zugewinns gem. § 5 ErbStG.[1004] Auch die sog. Güterstandsschaukel lässt sich so nicht durchführen. Dies führt in der Praxis dazu, dass in den meisten Fällen, in denen von den Beteiligten eine Gütertrennung angestrebt war, lediglich eine modifizierte Zugewinngemeinschaft mit Ausschluss des Zugewinns im Scheidungsfall vereinbart wird. 420

▶ Gestaltungsempfehlung:

Es sollte immer genau überprüft werden, ob zur Erreichung des von den Ehegatten erstrebten Zieles die Gütertrennung wirklich notwendig ist. Modifizierungen des gesetzlichen Güterstandes bieten häufig gleichwertige Vorteile ohne die Nachteile der Gütertrennung. 421

II. Entstehung der Gütertrennung

Gütertrennung **entsteht**: 422
– durch **Ausschluss** oder Aufhebung **des gesetzlichen Güterstandes**, § 1414 Satz 1 BGB, in der notariellen Urkunde regelmäßig verbunden mit der Wahl des Güterstandes der Gütertrennung;
– durch **Ausschluss des Zugewinns**, § 1414 Satz 2 BGB;

Der **Ausschluss des Versorgungsausgleichs** führt nach der Reform des Zugewinnausgleichrechts nicht mehr zum Eintritt von Gütertrennung, sodass hierzu eine Regelungsnotwendigkeit nicht mehr besteht. 423

Die Gütertrennung kann aber im Hinblick auf **Versorgungsansprüche** zu ganz **erheblichen Ungleichbehandlungen** führen, wenn etwa die Altersversorgung des einen Ehegatten, die der güterrechtlichen Beurteilung unterliegt, durch die Gütertrennung von einem Ausgleich ausgenommen ist, während die Altersversorgung des anderen Ehegatten dem Versorgungsausgleich unterfällt. 424

---

998 Langenfeld/Milzer, Rn. 1081.
999 MünchKomm-BGB/Münch, vor § 1414 Rn. 7.
1000 Langenfeld/Milzer, Rn. 359.
1001 MünchKomm-BGB/Münch, vor § 1414 Rn. 11.
1002 Hierzu MünchKomm-BGB/Kanzleiter, 7. Aufl., vor § 1414 Rn. 9.
1003 Langenfeld, 4. Aufl., Rn. 410 nennt dies zu Recht merkwürdig und unlogisch.
1004 Hierzu MünchKomm-BGB/Münch, Vor § 1414 Rn. 13 f.

425 **Gütertrennung entsteht** ferner:
- durch rechtskräftige Entscheidung auf vorzeitige Aufhebung der Zugewinngemeinschaft, § 1388 BGB;
- durch Aufhebung der Gütergemeinschaft, § 1414 Satz 2 BGB;
- mit Rechtskraft der Entscheidung, die die Gütergemeinschaft aufhebt, §§ 1449, 1470 BGB.

426 Die Gütertrennung lässt nach vorherrschender Meinung **keine Modifizierungen** zu.[1005] Es können allerdings insb. als **Kompensation** für den Verzicht auf Zugewinnansprüche im Scheidungsfall oder auch beim Todesfall Leistungen versprochen werden.[1006] Den Beteiligten muss klar sein, dass diese dann unabhängig von der Vermögensentwicklung während der Ehe sind.

▶ Formulierungsvorschlag: Gütertrennung mit Kompensation

427 Als Ausgleich für die Vereinbarung der Gütertrennung und den damit verbundenen Verzicht auf Zugewinn verpflichtet sich der Ehemann hiermit für den Fall der Beendigung der Ehe

Alternative:

..... *aus anderen Gründen als dem Tod* .....

zu folgenden Zahlungen:

.....

(Höhe ggf. gestaffelt nach Ehezeit, Fälligkeit, Wertsicherung, Zwangsvollstreckungsunterwerfung, Sicherheiten, ggf. auflösende Bedingung).

Zuwendungen des Ehemannes an die Ehefrau während der Ehe werden auf diese Zahlungsverpflichtung angerechnet, wenn dies – einschließlich des Wertes, mit dem die Anrechnung zu erfolgen hat – bei der Zuwendung bestimmt wurde. Überschreitet die Zuwendung die Zahlungsverpflichtung, hat die Ehefrau dies nicht auszugleichen, es sei denn, ein solcher Ausgleich wird vorbehalten.

III. Richterliche Korrektur

428 War die Klarheit der gesetzlichen Regelung zuvor noch hervorgehoben worden, hat die **richterliche Korrektur der Vermögensverteilung** im Scheidungsfall diese gesetzlich vorgegebene Klarheit aus Gründen der Einzelfallgerechtigkeit in ganz erhebliche **Rechtsunsicherheit** gestürzt.[1007] Die Einzelheiten sollen im Kapitel 3 besprochen werden. Nur so viel sei bereits gesagt: Ggü. der Zugewinngemeinschaft, deren Regelung in weitem Umfang als Spezialität ggü. konkurrierenden Ansprüchen begriffen wird, besteht in der Rechtsprechung bei der Gütertrennung eine ganz erhebliche Bereitschaft, Vermögenszuwendungen oder Mitarbeit im Scheidungsfall unter Berufung auf eine Störung der Geschäftsgrundlage, § 313 BGB oder neuerdings wieder verstärkt unter Verweis auf eine Ehegatteninnengesellschaft zu korrigieren.

429 Die **Kautelarjurisprudenz** ist hier gut beraten, solche Streitigkeiten von vornherein dadurch auszuschließen, dass sie die **Rückforderung von Zuwendungen oder Ansprüche aus Ehegatteninnengesellschaften ausdrücklich ausschließt**, es sei denn, dass die Ehegatten entsprechende vertragliche Absprachen getroffen hätten. Dass die Ehegatten bei Ausgleichswunsch dann Vereinbarungen benötigen, ist i.R.d. Beratung deutlich zu machen.[1008]

1005 MünchKomm-BGB/Münch, § 1408 Rn. 15; OLG Schleswig, NJW-RR 1996, 134; DNotI-Report 2000, 191 ff.
1006 DNotI-Report 2000, 191, 192 mit Hinweis auf die Grenze des § 138 BGB, wenn durch versprochene Zahlungen die Scheidung selbst übermäßig erschwert würde.
1007 Blumenröhr, in: FS für Odersky, S. 517, 525.
1008 Z.T. wird ein solcher Ausschluss krit. gesehen: MüHdbFamR/Kogel, § 21 Rn. 57 ff.; Grziwotz, ZIP 2006, 9, 10; vgl. Kap. 2 Rdn. 497 ff.

B. Gütertrennung

▶ **Gestaltungsempfehlung:**

Bei der Vereinbarung von Gütertrennung sollten Ansprüche auf Rückgewähr von Zuwendungen, aus Störung der Geschäftsgrundlage oder aus Innengesellschaft ausdrücklich ausgeschlossen werden, soweit sie nicht im Einzelfall vertraglich vorbehalten waren.

430

Die entsprechende Formulierung sollte bei der Wahl der Gütertrennung mit beurkundet werden. Die Kritik an solch vorbeugendem Ausschluss weitergehender Ansprüche nimmt zu, wenn der Ausschluss bewirkt, dass eine gemeinsame Wertschöpfung nur einem Ehegatten zugutekommt und verbleibt.[1009] Solcher einseitigen Bereicherung war freilich auch hier nie das Wort geredet worden, vielmehr einer vertraglichen Grundlegung der Ansprüche. Die Rechtsprechung wird daher in diesem Bereich genau zu beobachten sein. Wer die präventive Abdingbarkeit für gefährdet hält, sollte ggf. wenigstens die Ansprüche auf einen reinen vom Anspruchsteller zu beweisenden Aufwendungsersatz beschränken. Sonst kann es etwa im Rahmen der Innengesellschaft sogar zu einer hälftigen Teilung kommen, wenn sich Beiträge nicht sicher feststellen lassen.

431

▶ **Formulierungsvorschlag: Begleitende Abreden zur Gütertrennung**

..... Vereinbarungen zur Gütertrennung .....

432

Zuwendungen eines Ehegatten an den anderen können bei Scheidung der Ehe nicht zurückgefordert werden, auch nicht wegen Störung der Geschäftsgrundlage, es sei denn, die Rückforderung ist auf gesonderter vertraglicher Grundlage vorbehalten. Dies gilt unabhängig vom Verschulden am Scheitern der Ehe.

Wir stellen ferner klar, dass andere Ausgleichsansprüche nicht bestehen sollen; insbesondere entsteht nicht etwa durch Mitarbeit im Betrieb eines Ehegatten oder durch das gemeinsame Halten von Vermögensgegenständen eine Ehegatteninnengesellschaft, wenn wir dies nicht ausdrücklich vereinbaren.

Wir verpflichten uns, bei etwaigen Gesamthaftungen das Innenverhältnis des Gesamtschuldnerausgleichs ausdrücklich zu regeln.

Der Verzicht auf Zugewinn stellt nicht selbst eine ehebedingte Zuwendung dar.

Andere Vorschläge sehen vor, den Ausschluss weitergehender Ansprüche erst bei der Zuwendung selbst zu erklären und nicht schon bei der Vereinbarung der Gütertrennung.[1010] Will man dem folgen, so sollte bei der Gütertrennungsvereinbarung zumindest auf das Rückforderungsrecht hingewiesen werden:

433

▶ **Formulierungsvorschlag: Hinweis auf Rückforderungsrecht bei Gütertrennung**

..... Vereinbarungen zur Gütertrennung .....

434

Der Notar hat darauf hingewiesen, dass bei Zuwendungen eines Ehegatten an den anderen Ansprüche aus Störung der Geschäftsgrundlage bzw. Rückforderungsansprüche im Scheidungsfall bestehen können. Der Notar hat ferner über die Ehegatteninnengesellschaft belehrt. Ein Ausschluss solcher Ansprüche soll heute nicht erfolgen. Dies bleibt einer Regelung bei der Übertragung oder dem Eingehen einer Ehegatteninnengesellschaft vorbehalten.

1009 Vgl. eingehend Dauner-Lieb, FuR 2009, 361, 370. Aus diesen Ausführungen ergibt sich aber zugleich, dass die Vereinbarung der Gütertrennung allein noch nicht als Ausschluss von Ansprüchen der sog. »Zweiten Spur« angesehen werden kann. Es ist daher notwendig, neben der Gütertrennung dazu Stellung zu nehmen.
1010 Würzburger Notarhandbuch/Reetz, Teil 3, Kap. 1 Rn. 128.

C. Gütergemeinschaft

I. Grundsätze der Gütergemeinschaft

1. Bedeutung der Gütergemeinschaft

435 Die Gütergemeinschaft war verbreiteter, als das eheliche Zusammenleben im Blickpunkt des Interesses stand, das im Recht der Gütergemeinschaft ausführlich behandelt wird. Heute hingegen ist die Abwicklung des Güterstandes in den Vordergrund getreten, welche in der Zugewinngemeinschaft detaillierte Regelung erfahren hat.[1011] In der Praxis hat die Gütergemeinschaft heute eine stets **geringer werdende Bedeutung** und findet sich v.a. noch im landwirtschaftlichen Bereich und regional in Süddeutschland. Selbst im landwirtschaftlichen Bereich, in dem die Gütergemeinschaft früher weit verbreitet war, wird die Gütergemeinschaft heute eher selten neu vereinbart.[1012]

436 Dabei zeigt der Blick auf die modernen Errungenschaftsgemeinschaften in Europa, dass ein reformierter Güterstand der Gütergemeinschaft mit einer selbstständigen Verwaltungsbefugnis und einer vernünftigen Haftungsbegrenzung[1013] durchaus interessant sein könnte. Die Chance, mit der Reform des Zugewinnausgleichs auch diesen Güterstand zu modernisieren, wurde jedoch leider nicht genutzt.

437 Im Gegensatz zu den zuvor behandelten Güterständen existiert bei der Gütergemeinschaft ein **gesamthänderisch gebundenes gemeinsames Vermögen** der Ehegatten. Daher regelt das Gesetz intensiv die Verwaltung, aber auch die Auseinandersetzung dieses Gesamtgutes sowie die Abgrenzung zu den anderen Vermögensmassen der Ehegatten.

▶ Gestaltungsempfehlung:

438 Die Vereinbarung von Gütergemeinschaft bedarf heute einer besonderen Rechtfertigung. Die von den Mandanten vorgetragenen Gründe sind daher anhand der nachstehenden Kriterien zu überprüfen.

2. Nachteile der Gütergemeinschaft

439 Die Nachteile der Gütergemeinschaft liegen in Folgendem:
- Es entstehen bis zu **fünf Vermögensmassen** mit dem Gesamtgut und dem jeweiligen Vorbehalts- und Sondergut. Dies schafft **Abgrenzungs- und Verwaltungsprobleme**.
- Es besteht eine **komplizierte Auseinandersetzungsregelung** mit grds. Halbteilungsgrundsatz, aber einem Entnahmerecht für eingebrachtes »Anfangsvermögen« gegen Wertersatz (§ 1477 Abs. 2 Satz 2 BGB) bzw. einem Wertersatzanspruch für eingebrachtes »Anfangsvermögen«, § 1478 BGB.[1014]
- Problematisch ist insb. die **Haftung** des Gesamtgutes und der Ehegatten persönlich für Verbindlichkeiten vor Eintritt in den Güterstand und für gesetzlich begründete Verbindlichkeiten, § 1459 BGB.[1015] Für rechtsgeschäftliche Verbindlichkeiten besteht eine Haftung dagegen nur nach Zustimmung, § 1460 BGB.[1016] Beachtenswert ist, dass nach § 1456 BGB bei Einwilligung in

---

1011 Hierzu eingehend Bergschneider, Rn. 731 f.
1012 Eine Gesamtdarstellung findet der Interessierte etwa bei Wittich, Die Gütergemeinschaft 2000; Bergschneider, Rn. 731 ff.; Langenfeld/Milzer, Rn. 395 ff. oder Mai, BWNotZ 2003, 55 ff.
1013 Henrich, FamRZ 2002, 1521, 1525; vgl. Brudermüller/Dauner-Lieb/Meder, Hrsg., Wer hat Angst vor der Errungenschaftsgemeinschaft?, 2013.
1014 S. Rdn. 470 ff. Zum unterschiedlichen Anwendungsbereich bei Scheidung und ehevertraglicher Aufhebung: Wegmann, ZEV 1996, 201, 203.
1015 Hierzu ausführlich Everts in Münch, Familienrecht, § 2 Rn. 122 ff.
1016 Als Hauptnachteil hervorgehoben bei Langenfeld/Milzer, Rn. 446; Wegmann, Rn. 89.

die Aufnahme einer selbstständigen Erwerbstätigkeit die Verbindlichkeiten hieraus das Gesamtgut auch ohne weitere Einzelzustimmung treffen.[1017]
Gem. § 1459 Abs. 2 BGB haftet dann der andere Ehegatte für die Gesamtgutsverbindlichkeit auch persönlich. Gefürchtet ist in der Praxis insb. die Haftung des einen Ehegatten für Unterhaltsansprüche, die den anderen Ehegatten treffen, sei es beim Vorhandensein einseitiger Kinder, v.a. aber auch ggü. pflegebedürftigen Eltern des anderen Ehegatten. Ob die Eingrenzung, welche der BGH[1018] und das BVerfG[1019] für Unterhaltsansprüche von Eltern gegen ihre Kinder vorgenommen haben, hier zu einer Entspannung führt bleibt abzuwarten.

- Beachtenswert ist ferner, dass der **Ehegattenpflichtteil** in der Gütergemeinschaft niedrig und dementsprechend der Pflichtteil der Kinder hoch ist, da keine gesetzliche Erbteilserhöhung eintritt.
- Die Eingehung der Gütergemeinschaft kann schließlich zu **schenkungssteuerlichen Problemen** führen, da § 7 Abs. 1 Nr. 4 ErbStG diesen Vorgang der Schenkungsteuer unterwirft.
- Einkommensteuerlich liegt beim Betrieb eines Gewerbes durch Ehegatten, die in Gütergemeinschaft verheiratet sind, regelmäßig eine **Mitunternehmerschaft** i.S.d. § 15 Abs. 1 Nr. 2 EStG vor, sodass Vergütungen an den Ehegatten zu den Einkünften aus Gewerbebetrieb rechnen. Für den Bereich der Land- und Forstwirtschaft, der nach § 13a EStG einer Besteuerung nach Durchschnittssätzen unterliegt, ist diese Einschränkung allerdings irrelevant.
- **Unternehmensrechte** in der Gütergemeinschaft führen neben gemeinschaftlichen Stimmrechten zu ganz erheblichen Abwicklungsproblemen,[1020] sodass eine solche Konstruktion besser vermieden wird.

3. Etwaige Vorteile der Gütergemeinschaft

Als etwaige Vorteile der Gütergemeinschaft werden genannt: 440
- Das »**Wirtschaften aus einem Topf**« entspreche für viele Ehen dem Lebensgefühl der Beteiligten.[1021] Die juristische Umsetzung dieses Verlangens kann jedoch auch in anderen Güterständen erreicht werden.
- Die **gesamthänderische Bindung** schütze den Ehegatten bei gemeinsamer Verwaltung vor einer Verfügung des anderen Ehegatten[1022] und vor einer Pfändung durch Gläubiger des anderen Ehegatten gem. § 860 Abs. 1 ZPO.[1023] Dieser Schutz lässt sich jedoch auch bei anderen Güterständen erreichen und kann für die betroffenen Vermögenswerte etwa durch die Gründung einer GbR flexibel und ohne die Nachteile der Gütergemeinschaft begründet werden.
- Die Gütergemeinschaft erreiche eine **angemessene Beteiligung** des mitarbeitenden Ehegatten gerade in der **Landwirtschaft**. Dem großen Nachteil der in eine Landwirtschaft Einheiratenden, dass nach dem gesetzlichen Güterstand – nicht hingegen bei der Gütergemeinschaft –[1024] die Bewertung der Landwirtschaft gem. § 1376 Abs. 4 BGB nur nach dem sehr niedrigen Ertragswert erfolgt, der sich zudem im Lauf der Ehe kaum steigert, lässt sich jedoch auch durch eine

---

1017 Nach DNotI-Gutachten 12109 kann somit für rechtsgeschäftliche Verbindlichkeiten außerhalb der selbstständigen Erwerbstätigkeit die Gütergemeinschaft sogar zur Schaffung eines abgeschirmten Vermögens dienen.
1018 BGH, FamRZ 2004, 366; BGH, FamRZ 2004, 370; BGH, FamRZ 2004, 1097; BGH, FamRZ 2004, 1184; BGH, DNotZ 2011, 209; BGH, FamRZ 2013, 207; BGH, FamRZ 2013, 363; BGH, FamRZ 2013, 1554; BGH, NJW 2016, 1511; BGH, NJW 2017, 1169; BGH, NJW 2019, 1439.
1019 BVerfG, FamRZ 2005, 1051; hierzu Hauß, FamRB 2005, 268 ff.
1020 Hierzu instruktiv OLG Saarbrücken, FamRZ 2002, 1034 m. Anm. Bergschneider; Apfelbaum, MittBayNot 2006, 185.
1021 MünchKomm-BGB/Münch, vor § 1415 Rn. 16; krit. zu diesem Motiv Bergschneider, Rn. 742.
1022 Bergschneider, Rn. 743.
1023 OLG München, FamRZ 2013, 1404.
1024 BGH, FamRZ 1986, 776.

Modifikation des gesetzlichen Güterstandes abhelfen.[1025] Dennoch behält die Gütergemeinschaft hier einen wichtigen Anwendungsbereich.

– Bedenkenswert erscheint der Einsatz der Gütergemeinschaft noch in den Fällen, in denen sie für **bewusste Vermögensverschiebungen** eingesetzt werden kann. Als Anwendungsfall hierfür wird das Interesse der Eheleute, dass keine unterschiedlichen Pflichtteilsansprüche nach dem Tod des jeweiligen Ehegatten bestehen,[1026] genannt. Ferner wird die Gütergemeinschaft vorgeschlagen für einen Ehegatten, der nach dem Tod seines ersten Ehepartners erneut heiratet, aber durch einen Erbvertrag oder ein gemeinschaftliches Testament gebunden ist und nur an die Abkömmlinge vererben kann. Die Gütergemeinschaft soll hier genutzt werden, um den zweiten Ehepartner bedenken zu können.[1027]

441 An dieser Stelle sei auf einen Fall hingewiesen, bei dem der BGH einer Gestaltung unter Ausnutzung der Gütergemeinschaft die Pflichtteilsfestigkeit bescheinigt hat:[1028]

▶ Beispiel:

Der Sachverhalt war so, dass ein begüterter Ehegatte mit seiner zweiten Ehefrau nach 9-jähriger Ehe Gütergemeinschaft vereinbarte, wodurch von seiner Seite aus größeres Vermögen in das Gesamtgut einfloss. Sechs Jahre später vereinbarten die Parteien dann Gütertrennung und teilten der Ehefrau mehr Vermögenswerte zu als es ihrer hälftigen Auseinandersetzungsquote entsprach. Die Kinder aus erster Ehe sahen hierin ergänzungspflichtige Schenkungen und machten Pflichtteilsergänzungsansprüche geltend.

Der BGH sah in der Eingehung der Gütergemeinschaft in diesem Fall keine Schenkung i.S.d. §§ 516, 2325 ff. BGB. Der BGH betont, dass die Ehevertragsfreiheit die Güterstandsänderung jederzeit ermögliche. Dies müssten Gläubiger und Pflichtteilsberechtigte grds. hinnehmen. Der BGH stellt für die Annahme einer Schenkung das zusätzliche Erfordernis auf, dass »*die Geschäftsabsichten der Eheleute – soweit es sich um die Bereicherung des weniger begüterten Teiles handelt – nicht zwecks Verwirklichung der Ehe auf eine Ordnung der beiderseitigen Vermögen gerichtet waren.*« Er grenzt dann den vorliegenden Fall gegen Missbrauchsfälle ab, z.B. bei einem Handeln nach einheitlichem Plan oder bei Vereinbarung der Gütergemeinschaft kurz vor dem Tod.

Wegen der Auseinandersetzung hingegen sah der BGH eine Schenkung als möglich an und verwies zurück.

442 **Steuerlich** wird dagegen eine Schenkung aufgrund von § 7 Abs. 1 Nr. 4 ErbStG nicht zu vermeiden sein. Immerhin mag beim eigenbewohnten Objekt § 13 Abs. 1 Nr. 4a) ErbStG helfen.

443 Man kann sicher nicht so weit gehen, hier von einer **Gestaltungsempfehlung** zu sprechen. Man kann aber zeigen, dass die Gütergemeinschaft bei passendem Lebenssachverhalt dazu dienen kann, den überlebenden Ehegatten abzusichern, ohne dass Pflichtteilsergänzungsansprüche eingreifen – dies insb. auch deshalb, weil bei einem **Güterstandswechsel durch Ehevertrag nach § 1478 BGB ein Werterstattungsanspruch** hinsichtlich des eingebrachten Gutes **nicht entsteht**. Nach dieser Vorschrift besteht ein solcher Anspruch nur im Scheidungsfall. Daher dürfte in einer hälftigen Auseinandersetzung zivilrechtlich ebenfalls keine Schenkung zu erblicken sein, weil dies die gesetzliche Folge des Güterstandswechsels ist.

1025 Positiver eingestellt zur Verwendung der Gütergemeinschaft im landwirtschaftlichen Bereich etwa Behmer, MittBayNot 1994, 377 ff. und Bergschneider/Klüber, Rn. 4.586 ff.; ders., in: Formularbuch-Familienrecht, Kap. I, I.
1026 Kanzleiter/Wegmann, Rn. 36.
1027 Wegmann, Rn. 298.
1028 BGH, NJW 1992, 558 ff. = DNotZ 1992, 503; hierzu Wegmann, ZEV 1996, 201 ff.

C. Gütergemeinschaft

II. Die verschiedenen Vermögensmassen

1. Gesamtgut

Nach § 1416 Abs. 1 BGB wird das Vermögen der Ehegatten **mit Eingehung** der Gütergemeinschaft **Gesamtgut**, und zwar im Wege der **Universalsukzession**[1029] (§ 1416 Abs. 2 BGB). Im Grundbuch erfolgt daher die Eintragung der Eheleute in Gütergemeinschaft im Wege der Grundbuchberichtigung.[1030] Auch das während der Ehe **hinzuerworbene Vermögen** wird Gesamtgut. Hier bestehen allerdings unterschiedliche Rechtsauffassungen, auf welchem Wege dies geschieht. Während die »**Durchgangstheorie**« den Erwerb zunächst für eine logische Sekunde beim Ehegatten eintreten lässt und dann auf das Gesamtgut überleitet,[1031] nimmt die mittlerweile wohl herrschende »**Unmittelbarkeitstheorie**« einen unmittelbaren Erwerb durch das Gesamtgut an.[1032] Der BGH konnte in seiner Grundsatzentscheidung den Theorienstreit dahingestellt sein lassen. Er hat entschieden, dass dann, wenn die Auflassung eines Grundstücks irrtümlich an die Ehegatten zum Miteigentum erklärt wurde, das Gesamtgut dennoch erwirbt. Das Grundbuch kann auf einfachen Antrag hin berichtigt werden. Die Auflassung muss nicht wiederholt werden.[1033] Umgekehrt scheidet bei Auflassung an Ehegatten in Gütergemeinschaft eine Umdeutung auf den Erwerb eines Ehegatten aus, wenn sich herausstellt, dass die Gütergemeinschaft nicht bestand. Möglich wäre jedoch die Umdeutung in einen Erwerb je zur Hälfte.[1034] Hierfür genügen der Berichtigungsantrag und die Glaubhaftmachung der Ehegatten, da es einen weiteren Beweis für die negative Tatsache »keine Vereinbarung von Gütergemeinschaft« nicht geben wird.[1035] Bei Eintragung von Miteigentumsanteilen ist die zusätzliche Angabe »Eheleute« möglich, kann aber nicht erzwungen werden.[1036]

Für die Rechtspraxis ist wichtig, dass es für den **Erwerb eines Grundstücks** zum Gesamtgut der Gütergemeinschaft zur Eintragung und zum Eigentumsübergang auf die Gütergemeinschaft ausreicht, dass ein Ehegatte handelt. Wenn es der nicht (allein) Verwaltende ist, so wird zwar das Gesamtgut nicht verpflichtet, die Eintragung kann aber zum Gesamtgut der Gütergemeinschaft erfolgen,[1037] auch wenn der Erschienene »für sich« erwirbt.[1038] Bei der **Veräußerung eines Grundstücks** hingegen müssen beide Ehegatten mitwirken, wenn sie gemeinsam verwalten.[1039]

▶ Gestaltungsempfehlung:

Bei gemeinsamer Verwaltung genügt zum Erwerb in das Gesamtgut der Gütergemeinschaft ein Ehegatte (es wird dann aber das Gesamtgut nicht verpflichtet), bei der Veräußerung müssen beide Ehegatten mitwirken.

1029 Bergschneider, Rn. 777; MünchKomm-BGB/Münch, § 1416 Rn. 17.
1030 Schöner/Stöber, Rn. 760; zum Nachweis des Güterstandes durch eidesstattliche Versicherung: BayObLG, ZEV 2003, 335.
1031 Tiedtke, FamRZ 1979, 370; Staudinger/Thiele (2018), § 1416 Rn. 24.
1032 Bergschneider, Rn. 778; Hofmann, FamRZ 1972, 117 ff.; MünchKomm-BGB/Münch, § 1416 Rn. 22; Soergel/Gaul/Althammer, § 1416 Rn. 4.
1033 BGH, DNotZ 1982, 692; Schöner/Stöber, Rn. 761; Langenfeld/Milzer, Rn. 399; zum Bewilligungsgrundsatz bei familienrechtlichen Gesamthandsgemeinschaften: Britz, RNotZ 2008, 333 ff.
1034 OLG München, MittBayNot 2010, 207.
1035 DNotI-Gutachten 27.06.2016.
1036 OLG Düsseldorf, FamRZ 2016, 724.
1037 BayObLGZ 54, 12 ff.; BayObLG, DNotZ 1976, 174; Bengel, MittBayNot 1975, 209 ff.; Schöner/Stöber, Rn. 3378; Langenfeld/Milzer, Rn. 399.
1038 Bauer/von Oefele/Schaub, § 33 Rn. 20.
1039 Langenfeld/Milzer, Rn. 398; schon die Beschwerdeberechtigung soll nur beiden Ehegatten zustehen, OLG München, FamRZ 2011, 1058.

▶ Formulierungsvorschlag: Erwerb zum Gesamtgut durch einen Ehegatten bei gemeinsamer Verwaltung[1040]

447 ..... (Verkäufer) verkauft hiermit den Vertragsgegenstand nach Ziffer I.1. dieser Urkunde an Herrn ..... als Käufer zum Alleineigentum.

Die Vertragsteile sind über den Eigentumsübergang im oben angegebenen Erwerbsverhältnis einig und bewilligen und beantragen die Eintragung der Eigentumsumschreibung im Grundbuch.

Herr ..... beantragt hiermit unter Nachweis des Bestehens der Gütergemeinschaft durch Vorlage einer beglaubigten Abschrift des Ehevertrages des beurkundenden Notars vom ....., gemäß § 1416 Abs. 2 BGB, sogleich die Ehegatten ..... und ..... als Eigentümer in Gütergemeinschaft im Grundbuch einzutragen.[1041]

Der Notar hat den Verkäufer darauf hingewiesen, dass durch dieses Rechtsgeschäft nicht das Gesamtgut verpflichtet wird.

Handeln hingegen beide Ehegatten, kann der Erwerb sogleich zum Gesamtgut der Gütergemeinschaft erfolgen.

▶ Formulierungsvorschlag: Erwerb zum Gesamtgut durch beide Ehegatten bei gemeinsamer Verwaltung

448 ..... (Verkäufer) verkauft hiermit den Vertragsgegenstand nach Ziffer I.1. dieser Urkunde an die Ehegatten ..... und ..... als Käufer zum Gesamtgut der Gütergemeinschaft.

Die Vertragsteile sind über den Eigentumsübergang im oben angegebenen Erwerbsverhältnis einig und bewilligen und beantragen die Eintragung der Eigentumsumschreibung im Grundbuch.

449 Soll ein Grundstück vom Vorbehaltsgut zum Gesamtgut wechseln oder umgekehrt, ist eine rechtsgeschäftliche Einzelübertragung mit Auflassung erforderlich.[1042]

450 Die **Gesamthandsgemeinschaft** wirkt sich so aus, dass kein Ehegatte Teilung verlangen und kein Ehegatte über seinen Anteil am Gesamtgut oder über einen Anteil an Gegenständen, die zum Gesamtgut gehören, verfügen kann, § 1419 BGB. Der Gesamtgutanteil ist nicht pfändbar (§ 860 Abs. 1 ZPO) und gehört im Fall einer Insolvenz nicht zur Masse (§ 36 Abs. 1 InsO).

451 Für die **Verwaltung** des Gesamtgutes ist die gemeinschaftliche Verwaltung heute der Regelfall, § 1421 Satz 2 BGB, auch wenn im Ehevertrag zur Verwaltung nichts gesagt wird.[1043] Sie führt dazu, dass die Ehegatten nach § 1450 BGB auch nur gemeinsam über das Gesamtgut verfügen dürfen. Sofern hier eine Erleichterung gewünscht ist, kommt die Erteilung einer gegenseitigen Vollmacht in Betracht.

▶ Formulierungsvorschlag: Vollmacht bei Gütergemeinschaft

452 Wir, die Unterzeichnenden, sind im Güterstand der Gütergemeinschaft verheiratet und verwalten das Gesamtgut gemeinschaftlich.

1040 Die ehevertraglichen Formulierungsvorschläge finden sich in Kap. 2 Rdn. 526.
1041 In diesem Fall wäre auch unerheblich, wenn für den Ehegatten im Urkundseingang der gesetzliche Güterstand angegeben war. Er kann allein ohne Mitwirkung des Verkäufers, den Antrag auf Eintragung in Gütergemeinschaft stellen, BayObLG, DNotZ 1976, 174.
1042 BayObLG, MittBayNot 1993, 84 m.w.N.; Schöner/Stöber, Rn. 764; Palandt/Brudermüller, § 1416 Rn. 3; Soergel/Gaul/Althammer, § 1416 Rn. 7; MünchKomm-BGB/Münch, § 1416 Rn. 18 und § 1418 Rn. 3; Langenfeld/Milzer, Rn. 405; a.A. MünchKomm-BGB/Kanzleiter (7. Auflage), § 1416 Rn. 18.
1043 Anders bei einer vor dem 01.04.1953 vereinbarten allgemeinen Gütergemeinschaft, für die weiterhin die Verwaltung durch den Ehemann alleine gilt, Schöner/Stöber, Rn. 3375. Für den Fall der Alleinverwaltung hat der BGH entschieden, dass in der Insolvenz des nicht verwaltenden Ehegatten dessen Anteil am Gesamtgut nicht zur Insolvenzmasse gehört und der verwaltende Ehegatte daher die Gegenstände des Gesamtgutes aussondern kann, BGH, ZIP 2006, 1145.

C. Gütergemeinschaft

Wir erteilen uns hiermit gegenseitig umfassend Vollmacht zur Vertretung im Rahmen der Verwaltung des Gesamtgutes. Die Vollmacht umfasst die Befugnis zur Vornahme von Verpflichtungs- und Verfügungsgeschäften über Grundstücke.

Sie schließt jedoch diejenigen Geschäfte ausdrücklich aus, welche in § 1423 BGB (Geschäfte über das Gesamtgut im Ganzen) und § 1425 BGB (Schenkungen) für den Fall der Einzelverwaltung an die Zustimmung des anderen Ehegatten gebunden sind.

Alternative 1:

(ohne den vorstehenden Absatz)

Alternative 2:

(Gesamtgut im Ganzen), § 1424 BGB (Grundstücksgeschäfte) und § 1425 BGB .....

Die Vollmacht ist widerruflich und unter Befreiung von den Beschränkungen des § 181 BGB erteilt.

Sie berechtigt zur Erteilung einer Untervollmacht.

Der Notar hat auf den besonderen Vertrauenscharakter der Vollmacht und auf die Notwendigkeit der Rückforderung der Vollmachtsausfertigung bei Widerruf hingewiesen.

Eine Alleinverwaltung wird heute eher selten vereinbart.[1044] Sie gibt dem Verwalter eine umfassende Verpflichtungs- und Verfügungsbefugnis über das Gesamthandsvermögen.[1045] Grenzen hat der Gesetzgeber der Verfügungsbefugnis lediglich in folgenden Fällen gesetzt: **453**
– bei Geschäften über das Gesamtgut im Ganzen, § 1423 BGB;
– bei Verpflichtungen/Verfügungen über Grundstücke und Schiffe, § 1424 BGB;
– bei Schenkungen, § 1425 BGB.

Bei der Verfügungsbeschränkung des § 1424 BGB handelt es sich im Gegensatz zu § 1365 BGB um ein relatives Veräußerungsverbot, sodass gutgläubiger Erwerb nach § 892 BGB möglich ist.[1046]

Problematisch ist das Betreiben eines **selbstständigen Erwerbsgeschäftes**, das zum Gesamtgut gehört. § 1431 BGB für die Alleinverwaltung und § 1456 BGB für die gemeinschaftliche Verwaltung enthalten hierzu Regeln, die denjenigen Ehegatten, der das Erwerbsgeschäft betreibt, von Einwilligungen des anderen Ehegatten für einzelne Rechtsgeschäfte i.R.d. Erwerbsgeschäftes freistellen, wenn der andere Ehegatte einmal in die Aufnahme des Erwerbsgeschäftes eingewilligt oder diese geduldet hat. Allerdings hat dies dann auch die Haftung des Gesamtgutes für rechtsgeschäftliche Verbindlichkeiten aus diesem Bereich nach § 1460 BGB zur Folge.[1047] Die Einwilligung kann jedoch widerrufen werden, mit Wirkung ggü. Dritten allerdings nur bei Eintragung in das Güterrechtsregister. **454**

▶ **Gestaltungsempfehlung:**

Sofern Ehegatten in Gütergemeinschaft leben und einer von ihnen ein Erwerbsgeschäft betreiben will, sollte dieses Erwerbsgeschäft nach Möglichkeit zum Vorbehaltsgut erklärt werden.[1048] **455**

1044 Bei Alleinverwaltung ist der Gesamtgutsanteil des nicht verwaltenden Ehegatten kein Bestandteil seiner Insolvenzmasse, BGH, WM 2006, 1343.
1045 Zum Übergang dieser Befugnis auf den Insolvenzverwalter im Fall einer Insolvenz: Grziwotz, RPfleger 2009, 289 f.
1046 Schöner/Stöber, Rn. 3376, Fn. 4.
1047 Palandt/Brudermüller, § 1460 Rn. 1.
1048 Bergschneider, Rn. 795.

456 Nachdem der BGH die **Rechtsfähigkeit** der GbR anerkannt[1049] und die Möglichkeit der Mitgliedschaft in einer KG bejaht hat,[1050] sah sich das BayObLG[1051] veranlasst, hervorzuheben, dass diese Erwägungen **nicht** auf die **Gütergemeinschaft** übertragen werden können. Grund ist, dass die eheliche Gütergemeinschaft nach außen hin nicht als geschlossene Einheit auftritt. Diese Auffassung hat Widerspruch erfahren; die Gütergemeinschaft könne sehr wohl eine Kommanditbeteiligung im Gesamtgut halten.[1052] Das OLG Nürnberg hat gleichwohl aktuell entschieden, eine eheliche Gütergemeinschaft könne nicht Kommanditistin sein, ein **Kommanditanteil** könne nicht im Gesamtgut gehalten werden. Erwerbe ein in Gütergemeinschaft lebender Ehegatte einen Kommanditanteil, so falle dieser **ohne Weiteres in das Sondergut**.[1053] Diese Ansicht lässt sich inzwischen als die vorherrschende bezeichnen.[1054]

2. Vorbehaltsgut

457 Nach § 1418 BGB ist **Vorbehaltsgut** dasjenige Vermögen eines Ehegatten,
- das durch Ehevertrag hierzu erklärt wurde,
- durch Dritte unentgeltlich – ausreichend ist eine gemischte Schenkung, sofern nur keine gleichwertige Gegenleistung vorliegt[1055] – oder von Todes wegen zugewendet wurde mit der Bestimmung des Dritten, es solle Vorbehaltsgut sein,
- als Frucht und Surrogat von Vorbehaltsgut anzusehen ist. Das Gesetz lässt auch ein rein rechtsgeschäftliches Surrogat bei einem objektiven Zusammenhang mit dem Vorbehaltsgut zu, wenn der Ehegatte das Rechtsgeschäft subjektiv auf das Vorbehaltsgut bezieht, auch wenn der Erwerb nicht aus Mitteln des Vorbehaltsgutes erfolgt.[1056]

458 § 1418 BGB enthält eine abschließende Aufzählung des Vorbehaltsgutes. Jeder Ehegatte verwaltet sein Vorbehaltsgut selbst und auf eigene Rechnung.

Dritten ggü. kann die Eigenschaft als Vorbehaltsgut nur geltend gemacht werden, wenn das Vorbehaltsgut im **Güterrechtsregister**[1057] eingetragen ist, § 1418 Abs. 4 BGB. Im **Grundbuch** ist der Ehegatte als Alleineigentümer einzutragen, die Eigenschaft als Vorbehaltsgut kann dort jedoch nicht vermerkt werden.[1058]

▶ Gestaltungsempfehlung:

459 Die Gegenstände des Vorbehaltsgutes sollten im Ehevertrag klar und eindeutig bezeichnet sein. Sie sollten im Güterrechtsregister eingetragen sein. Gleiches gilt für Vorbehaltsgut, das durch Erwerb von Dritten diese Eigenschaft erhalten hat.[1059]

1049 BGH, DNotZ 2001, 234 ff. = NJW 2001, 1056; vgl. nunmehr § 899a BGB und § 47 GBO n.F.
1050 BGH, DB 2001, 1983.
1051 BayObLG, DB 2003, 715 = DNotZ 2003, 454 f.
1052 Kanzleiter, DNotZ 2003, 422 f.; zum Vorrang des Gesellschaftsrechts vor dem Güterrecht: Schotten, DNotZ 2007, 729 ff.
1053 OLG Nürnberg, FamRZ 2017, 2011 m.abl. Anm. Kanzleiter; zustimmend MünchKomm-BGB/Münch, § 1416 Rn. 9.
1054 Staudinger/Thiele (2018), § 1408 Rn. 24; Soergel/Gaul/Althammer, § 1416 Rn. 6; Schotten/Schmellenkamp, DNotZ 2007, 729 f.; Schulz/Hauß/Everts, Familienrecht, § 1421 Rn. 22 f.
1055 MünchKomm-BGB/Münch, § 1418 Rn. 7; Staudinger/Thiele (2018), § 1418 Rn. 25.
1056 Langenfeld/Milzer, Rn. 408.
1057 Heinemann, FamRB 2011, 194 ff. sieht in dem Güterrechtsregister ein Register mit Zukunft und empfiehlt dringend die Eintragung von Vorbehaltsgut.
1058 Bauer/von Oefele/Schaub, § 33 Rn. 12; Schöner/Stöber, Rn. 764; MünchKomm-BGB/Münch, § 1418 Rn. 15.
1059 Vgl. Langenfeld, 5. Aufl., Rn. 546: »Zur Vermeidung von Schaden und Haftung des Notars und des Registergerichts […]«.

Durch die ehevertragliche Ausgestaltung des Vorbehaltsgutes kann die Gütergemeinschaft einer **Errungenschaftsgemeinschaft** oder einer **Fahrnisgemeinschaft** angenähert werden.[1060] 460

Nach OLG München[1061] ist ein während der Ehe allein aus steuerlichen Gründen in das Vorbehaltsgut einer Gütergemeinschaft überlassener Gesellschaftsanteil mit deren Scheitern nach § 313 BGB in das Gesamtgut zurückzuübertragen. Das OLG entscheidet den Fall nach den Grundsätzen der Störung der Geschäftsgrundlage, die sonst bei Gütertrennung zur Anwendung gelangen und weist ausdrücklich einen Vorrang gesellschaftsrechtlicher Ansprüche zurück. 461

Nach dem RG kann zwar eine Sachgesamtheit zu Vorbehaltsgut erklärt werden[1062], es bleibt jedoch eine ausreichende Bestimmbarkeit des Vorbehaltsgutes erforderlich. Dazu soll es nicht ausreichen, wenn allgemein das »Betriebsvermögen« zum Vorbehaltsgut erklärt wird.[1063] Allerdings kennt das Rechte der Gütergemeinschaft in §§ 1431 und 1456 BGB selbst den Begriff des selbstständigen Erwerbsgeschäftes. Dieses müsste also verwendet werden können. 462

Auch die künftigen Erträge eines zum Gesamtgut gehörenden Gegenstandes sollen bei genügender Bestimmbarkeit zum Vorbehaltsgut erklärt werden können.[1064] Eine solche Auffassung würde es insbesondere erlauben, das Eigentum an Grundbesitz im Gesamtgut zu halten und nur die Erträge dem Vorbehaltsgut zuzurechnen, eine Konstruktion, die insbesondere im Hinblick auf Krankenversicherungspflichten von Vorteil sein könnte. 463

3. Sondergut

§ 1417 Abs. 2 BGB definiert als Sondergut solche Gegenstände, die durch Rechtsgeschäft **nicht übertragen werden können**, z.B. Nießbrauchsrechte. Da sie höchstpersönlich und unübertragbar sind, scheiden sie als Gesamthandsvermögen rechtslogisch aus.[1065] Sofern die Nichtübertragbarkeit nur auf rechtsgeschäftlicher Abrede beruht (§ 399 Halbs. 2 BGB), soll dies nicht zur Entstehung von Sondergut führen.[1066] 464

Gem. § 1417 Abs. 3 BGB verwaltet jeder Ehegatte sein Sondergut selbst, aber **für Rechnung des Gesamtgutes**, sodass das Sondergut wirtschaftlich zum Gesamtgut gehört.

Nach der Rechtsprechung kann sich ein in Gütergemeinschaft verheirateter Ehegatte mit Dritten zu einer Gesellschaft bürgerlichen Rechts zusammenschließen.[1067] Dieser Anteil soll nach h.M. – hier ist vieles umstritten – zum Sondergut des Ehegatten gehören, und zwar auch dann, wenn er nach dem Gesellschaftsvertrag übertragbar gestaltet wurde.[1068] Diese Ansicht befindet sich immer weiter im Vordringen. Auch das OLG Nürnberg hat nun entschieden, dass ein von einem in Gütergemeinschaft verheirateten Ehegatten erworbener Anteil an einer KG ohne Weiteres zum Sondergut gehört.[1069] Nach a.A. gehört der Anteil im Fall der Übertragbarkeit zum Gesamtgut.[1070] Bei Zuge- 465

1060 Bergschneider, Rn. 770 ff.
1061 OLG München, FamRZ 2006, 204 f.
1062 RG, JW 1916, 834.
1063 DNotI-Gutachten 96719 v. 03.09.2009.
1064 Es wird dies nicht positiv ausgesprochen, aber es wird verschiedentlich ausgeführt, dass Erträge des Gesamtgutes in dieses fallen, sofern ehevertraglich nichts anderes vereinbart war, so OLG Bamberg, FamRZ 1987, 703, 704; OLG Zweibrücken, FamRZ 1996, 227; MünchKomm-BGB/Münch, § 1420 Rn. 3.
1065 Langenfeld/Milzer, Rn. 404.
1066 Soergel/Gaul/Althammer, § 1417 Rn. 3; Palandt/Brudermüller, § 1417 Rn. 3; a.A. MünchKomm-BGB/Münch, § 1417 Rn. 3; Staudinger/Thiele (2018), § 1417 Rn. 9.
1067 BGH, NJW 1972, 48 (Stellung des persönlich haftenden Gesellschafters einer KG); BGH, NJW 1975, 1774 (OHG).
1068 MünchKomm-BGB/Schäfer, § 705 Rn. 74; Gutachten DNotI 29.07.2009 (95790) m.w.N.
1069 OLG Nürnberg, FamRZ 2017, 2011 m. abl.Anm. Kanzleiter; ausführlich dazu MünchKomm-BGB/Münch, § 1416 Rn. 9 f.
1070 MünchKomm-BGB/Kanzleiter, 7. Aufl., § 1416 Rn. 9.

hörigkeit zum Sondergut folgt daraus nach §§ 1456, 1459 Abs. 2 Satz 1 BGB eine Haftung beider Ehegatten, wenn der andere Ehegatte zumindest von der Beteiligung weiß. Insoweit ist dringend zu raten, Vorbehaltsgut zu vereinbaren.

466 Dass zwei in Gütergemeinschaft verheiratete Ehegatten eine Gesellschaft bürgerlichen Rechts gründen, die nur aus Ihnen beiden besteht, soll nach Ansicht des BGH rechtlich nicht möglich sein, da Sondergut nicht vertraglich begründet werden könne und bei Zugehörigkeit zum Gesamtgut die beiden Anteile in sich zusammenfallen.[1071] Das BayObLG sagt es auf andere Weise, dass die Gütergemeinschaft nicht Mitglied einer Personengesellschaft sein könne.[1072] Gegen diese Ansichten formiert sich Widerstand.[1073] Die weitere Entwicklung wird abzuwarten sein. Der BGH hat immerhin die Möglichkeit aufgezeigt, eine solche Gründung durch eheverträgliche Vereinbarung der Anteile zum Vorbehaltsgut zu ermöglichen. Auch die Vertreter der Ansicht, dass von vornherein Sondergut entstehen kann,[1074] müssten eine solche Vereinbarung anerkennen, da Sondergut jedenfalls in Vorbehaltsgut umgewandelt werden kann. Der BGH wird für dieses Urteil aber auch kritisiert.[1075]

467 **Ehevertragliche Modifikationen** sind insoweit zulässig, als Sondergut in Vorbehaltsgut umgewandelt und somit auf eigene Rechnung verwaltet werden kann.[1076] Es kann aber auch lediglich ehevertraglich vereinbart werden, dass die Ehegatten das Sondergut, das diese Eigenschaft behält, auf eigene Rechnung verwalten.[1077]

III. Auseinandersetzung

1. Beendigung der Gütergemeinschaft

468 Die §§ 1447, 1448 und 1469 BGB führen die Gründe abschließend auf, aus denen ein Ehegatte die **Aufhebung** der Gütergemeinschaft verlangen kann. Die Aufzählung ist erschöpfend und unabdingbar.[1078] Die Voraussetzungen sind nur sehr schwer zu erfüllen, da sie von der Rechtsprechung restriktiv gehandhabt werden.[1079] Ob eine eheverträgliche Regelung die Aufhebungsgründe erweitern kann, ist umstritten.[1080] Mit der Rechtskraft eines Aufhebungsbeschlusses ist die Gütergemeinschaft aufgehoben, es gilt dann Gütertrennung, §§ 1449 Abs. 1, 1470 Abs. 1 BGB.

469 Die Gütergemeinschaft **endet** ferner mit einem aufhebenden Ehevertrag, mit der Scheidung oder mit dem Tod.

2. Auseinandersetzung des Gesamtgutes

470 Auch nach der Beendigung der Gütergemeinschaft **dauert** das **Gesamthandsverhältnis** fort, **bis** die Gütergemeinschaft **auseinandergesetzt** ist.[1081] Es gilt solange der Grundsatz des Verbotes der Einzelverfügung nach § 1419 BGB. Während dieser Zeit wird das Gesamtgut gemeinschaftlich verwaltet,

---

1071 BGH, NJW 1975, 1774.
1072 BayObLG, DNotZ 2003, 454.
1073 MünchKomm-BGB/Schäfer, § 705 Rn. 75; Tiedtke, FamRZ 1975, 675, 677; Gernhuber/Coester-Waltjen, § 38, Rn. 10, 14 f.
1074 Etwa Staudinger/Thiele (2018), § 1416 Rn. 15.
1075 MünchKomm-HGB/K. Schmidt § 105 Rn. 143: »*außer formalen Gesichtspunkten spricht nichts für diesen bedenklichen Standpunkt.*«.
1076 Bergschneider, Rn. 764; MünchKomm-BGB/Münch, § 1417 Rn. 5.
1077 MünchKomm-BGB/Münch, § 1417 Rn. 7.
1078 Bergschneider, Rn. 799.
1079 Kanzleiter/Wegmann, Rn. 58.
1080 Dafür: MünchKomm-BGB/Münch, § 1447 Rn. 21; Staudinger/Thiele (2018), § 1447 Rn. 29; dagegen: Langenfeld, 5. Aufl., Rn. 592; Soergel/Gaul/Althammer, § 1447 Rn. 2.
1081 Detailliert zur Ermittlung der Auseinandersetzungsbilanz und der Erstellung eines Teilungsplanes: Formularbuch-Familienrecht/Klüber, Kap. I II.3. und II.4 mit ausführlichen Checklisten.

§ 1472 BGB. Seine Surrogate fallen erneut in das Gesamtgut. Bei Verwaltungsmaßnahmen besteht eine Mitwirkungspflicht der geschiedenen Ehegatten.[1082]

Die **Auseinandersetzung** erfolgt gem. §§ 1474 ff. BGB in folgender Weise:[1083] Zunächst werden die Verbindlichkeiten berichtigt. Sofern dies nicht sofort möglich ist, ordnet § 1475 Abs. 1 Satz 2 BGB die Bildung von Rückstellungen an. Ggf. muss hierzu Gesamtgut veräußert werden, § 1475 BGB. 471

Sodann können Ehegatten persönliche Gebrauchsgegenstände oder solche Gegenstände, die sie in die Ehe eingebracht oder während der Ehe durch Erbfolge,[1084] Vermächtnis oder mit Rücksicht auf ein künftiges Erbrecht, durch Schenkung oder Ausstattung erworben haben, **gegen Wertersatz übernehmen** (Gestaltungsrecht nach § 1477 BGB). Ein solches Übernahmerecht besteht nicht für **Surrogate**.[1085] Zwar hat die Tilgung der Verbindlichkeiten Vorrang vor dem Übernahmerecht, damit dieses aber realisiert werden kann, kommt auch in Betracht, dass der übernehmende Ehegatte die Verbindlichkeiten nicht tilgt, sondern nur die Lastenfreistellungserklärung für den anderen Ehegatten herbeiführt.[1086] Das Übernahmerecht kann auch schon dann ausgeübt werden, wenn das überschüssige Gesamtgut noch nicht verteilt ist. Dem anderen Ehegatten steht jedoch in einem solchen Fall ein Anspruch auf Sicherheitsleistung i.H.d. hälftigen Wertes der übernommenen Vermögensgegenstände zu.[1087] 472

Der danach verbleibende **Überschuss** wird **hälftig geteilt**. Der Wertersatz muss nicht eingezahlt werden, sondern er kann mit dem Anspruch auf hälftigen Überschuss verrechnet werden, nachdem er zuvor dem Gesamtgutsvermögen hinzugerechnet wurde.[1088] Ist bei der Ausübung des Übernahmerechts nach § 1477 Abs. 2 BGB Wertersatz zu leisten und dieser noch nicht fällig, so besteht für den Herausgabepflichtigen ein **Zurückbehaltungsrecht**. Ist die Ausübung des Zurückbehaltungsrechts nicht möglich, so ist Sicherheit i.H.d. Hälfte des Wertes des übernommenen Gegenstandes zu erbringen.[1089] 473

Der Grundsatz der hälftigen Teilung nach § 1476 Abs. 1 BGB gilt, wenn sich die Ehegatten nicht scheiden lassen, unabhängig von eingebrachtem oder ererbtem Vermögen und Dauer der Ehe; daher ist eine Aufhebung der Gütergemeinschaft ohne gleichzeitige Regelung der Auseinandersetzung nicht empfehlenswert.[1090] Problematisch ist insb., dass es bei der Gütergemeinschaft keinen einheitlichen Bewertungsstichtag gibt.[1091] So ist z.B. beim Gestaltungsrecht auf Rückübernahme eingebrachten Grundbesitzes die Grundbucheintragung entscheidend.[1092]

Im Fall der **Ehescheidung** vor Auseinandersetzung der Gütergemeinschaft ordnet § **1478 BGB** an, dass auf Verlangen eines Ehepartners jedem Ehegatten der **Wert dessen zu erstatten** ist, was er in die Gütergemeinschaft eingebracht hat. § 1478 Abs. 2 BGB legt fest, was als eingebracht anzusehen ist: bei Eintritt der Gütergemeinschaft vorhandenes Vermögen,[1093] »Anfangsvermögen« wie bei 474

1082 BayObLG, FamRZ 2005, 109.
1083 Eingehend hierzu Kappler, FamRZ 2010, 1294 ff.
1084 BGH, FamRZ 1998, 817, 818: auch bei anschließender Auseinandersetzung mit Abfindungszahlung bei Geschwistern.
1085 BGH, FamRZ 1998, 817, 818.
1086 Bergschneider/Klüber, Rn. 4.754 ff.
1087 BGH, FamRZ 2008, 1323.
1088 BGH, FamRZ 1988, 926 ff.
1089 OLG Zweibrücken, FamRB 2004, 384; BGH, FamRZ 2007, 625 f.
1090 Schulz/Hauß, Rn. 989.
1091 Bergschneider/Klüber, Rn. 4.640.
1092 BGH, FamRZ 1986, 40, 41/42.
1093 Hierzu zählen auch Zugewinnansprüche beim Übergang vom gesetzlichen Güterstand zur Gütergemeinschaft, BGHZ 109, 89, 92; Palandt/Brudermüller, § 1478 Rn. 4; Dörr/Hansen, NJW 2002, 3140, 3141. Das OLG Bamberg entschied, dass eine eheliche Klausel, wonach der Zugewinnausgleichsanspruch zusätzlich zum Wertersatz auszugleichen sei, diesen Anspruch ungeschmälert von Verlusten erhalten wolle; Zahlung des Zugewinns könnte in einem solchen Fall schon

§ 1374 Abs. 2 BGB und Rechte, die mit dem Tod eines Ehegatten erlöschen oder durch den Tod eines Ehegatten bedingt sind. Das **Wahlrecht** nach § 1478 BGB besteht neben dem Übernahmerecht nach § 1477 Abs. 2 BGB.[1094] Allerdings ist bei § 1477 Abs. 2 BGB der Wert zum Zeitpunkt der Übernahme maßgeblich, bei § 1478 BGB aber nach dessen Abs. 3 der Wert zum Zeitpunkt der Einbringung, korrigiert um einen Inflationsausgleich wie beim Zugewinn.[1095] Erreicht wird somit durch die Kombination beider Vorschriften, dass die Ehegatten die Einlagen zurückerhalten, die Wertsteigerung aber geteilt wird.[1096] Für § 1478 BGB kommt es nicht darauf an, ob der einmal eingebrachte Vermögensgegenstand noch im Gesamtgut vorhanden ist.[1097]

475 Für den Fall der **Aufhebung** der Gütergemeinschaft gibt § 1479 BGB ein **Wahlrecht**, nach welchem der Ehegatte, der die Aufhebung herbeigeführt hat, verlangen kann, die Auseinandersetzung unter Zugrundelegung des Zeitpunktes der Antragstellung auf Aufhebung der Gütergemeinschaft durchzuführen und nicht nach dem sonst maßgeblichen Zeitpunkt der Rechtskraft des Aufhebungsurteils.

476 Einigen sich die Parteien nicht über die Auseinandersetzung, so bleibt nur ein Antrag auf Zustimmung zu einem vorgelegten **Auseinandersetzungsplan**. Diesen kann der Richter nur bestätigen oder verwerfen, nicht jedoch abändern.[1098] **Empfehlenswert** ist es daher, **Alternativen durch Hilfsanträge** einzubringen.[1099] Bevor jedoch ein Auseinandersetzungsplan vorgelegt wird, müssen die Gesamtgutsverbindlichkeiten beglichen sein. Sind solche Verbindlichkeiten streitig, muss zuvor der Ehepartner in einem gesonderten Verfahren auf Mitwirkung an einer Verwaltungshandlung in Anspruch genommen werden.[1100] Ein anschauliches Beispiel für die Schwierigkeiten eines Auseinandersetzungsantrages bietet ein Urteil des OLG Koblenz,[1101] das klar herausstellt, dass die Auseinandersetzung nur auf der Basis einer vom Willen zum Konsens getragenen gemeinsamen Lösung Erfolg versprechend ist.

IV. Vertragliche Gestaltungsmöglichkeiten

477 Die vertragliche Vereinbarung der Gütergemeinschaft selbst könnte sich auf die Wahl dieses Güterstandes beschränken, wenn keine weiteren Regelungen über Vorbehaltsgut oder eine von der Regel der gemeinschaftlichen Verwaltung nach § 1421 Satz 2 BGB abweichende Verwaltungsbestimmung getroffen werden sollen. I.d.R. wird jedoch der Notar eine **Regelung zur Einordnung der bisherigen Vermögensgüter** vorsehen und die **Verwaltung** wenigstens bestätigend aufnehmen.

478 Neben dieser schlichten Wahl des Güterstandes sind viele Bestimmungen der Gütergemeinschaft eheverträglich disponibel und können je nach Wunsch der Vertragspartner abweichend geregelt werden.[1102]

1. Vertragliche Regelung der Vermögensmassen

479 So sind etwa im Bereich der Einordnung von Vermögensgütern in die fünf dargestellten Vermögensmassen der Gütergemeinschaft u.a. folgende Regelungen denkbar:

---

vor Auseinandersetzung der Gütergemeinschaft verlangt werden (OLG Bamberg, FamRZ 2001, 1215, 1216).
1094 BGH, NJW-RR 1986, 1132 f.
1095 MünchKomm-BGB/Münch, § 1478 Rn. 8.
1096 Schulz/Hauß, Rn. 1033.
1097 BGH, FamRZ 1990, 256, 257.
1098 BGH, FamRZ 1988, 813 ff.; OLG Oldenburg, FamRZ 2011, 1059; Bergschneider, Rn. 806; Bergschneider/Klüber, Rn. 4.807 f.; Muster bei Bergschneider/Klüber, Rn. 4.813 ff.; Kappler, Die Beendigung der Gütergemeinschaft 2006; ders., FamRZ 2007, 696 f.
1099 Bergschneider/Klüber, Rn. 4.811.
1100 OLG Oldenburg, FamRZ 2011, 1059.
1101 OLG Koblenz, FamRZ 2006, 40 f. m. Anm. Bergschneider.
1102 Formulierungsvorschläge hierzu finden sich in Kap. 2 Rdn. 526 ff.

C. Gütergemeinschaft   Kapitel 1

– genaue **Definition des Vorbehaltsgutes** mit Listen der Vermögensgüter für die entsprechende Eintragung im Güterrechtsregister; über die Schaffung von Vorbehaltsgut kann etwa unternehmerisches Vermögen aus der Gütergemeinschaft herausgehalten werden;
– modifizierende Einordnung des **Sondergutes als Vorbehaltsgut**;[1103]
– Regelung, dass das Sondergut zwar **Sondergut** bleibt, aber **auf eigene Rechnung** verwaltet wird;[1104]
– Schaffung einer **Errungenschaftsgemeinschaft**, indem alles bei Vertragsschluss vorhandene Vermögen zum Vorbehaltsgut erklärt wird;[1105]
– Schaffung einer **Fahrnisgemeinschaft**, indem alles unbewegliche Vermögen zum Vorbehaltsgut erklärt wird.[1106]

2. Vertragliche Regelung der Verwaltung

Im Bereich der Gesamtgutsverwaltung sind folgende **Modifikationen** oder Regelungen zulässig bzw. gebräuchlich: 480
– Ein **Abbedingen** der Beschränkungen des § 1424 BGB bei Verpflichtungen oder Verfügungen über Grundstücke ist nach überwiegender Ansicht zulässig.[1107] Dafür spricht, dass sogar beim absoluten Verfügungsverbot des § 1365 BGB eine weitgehende ehevertragliche Dispositionsfreiheit anerkannt ist. Für die anderen Einschränkungen der §§ 1423 ff. BGB ist umstritten, ob von ihnen ehevertraglich Befreiung erteilt werden kann.[1108]
– Für die gemeinschaftliche Verwaltung haben sich in der Praxis umfassende **Vollmachten** herausgebildet, die einem Ehegatten in dem in der Vollmacht bezeichneten Umfang eine Alleinverwaltung ermöglichen, die dieser ausüben kann, ohne den Beschränkungen der §§ 1423 ff. BGB bei der Alleinverwaltung zu unterliegen. Sofern eine solche Vollmacht umfassend erteilt wird und damit gleichsam in die güterrechtlichen Verhältnisse eingreift, bedarf sie nach überwiegender Auffassung zumindest bei Unwiderruflichkeit der ehevertraglichen Form des § 1410 BGB.[1109] Eine auf Sicherheit bedachte Vertragsgestaltung wird dies berücksichtigen.
– Eine abweichende Vereinbarung über die Heranziehung von Einkünften aus dem Vorbehaltsgut für den Unterhalt.[1110]

3. Vorsorgende vertragliche Regelung der Auseinandersetzung

Nach der Grundnorm des § 1474 BGB erfolgt die Auseinandersetzung gemäß den folgenden Bestimmungen, soweit die Ehegatten nichts anderes vereinbart haben. Die Ehegatten sind also frei, im Wege des vorsorgenden Ehevertrages anderweitige Auseinandersetzungsbestimmungen zu treffen. Lediglich § 1480 BGB ist als Gläubigerschutzvorschrift nicht abdingbar.[1111]   481

Im Bereich der Auseinandersetzung des Gesamtgutes werden die folgenden **Möglichkeiten abweichender Vereinbarungen** diskutiert: 482

1103 Bergschneider, Rn. 764.
1104 MünchKomm-BGB/Münch, § 1417 Rn. 7.
1105 Langenfeld/Milzer, Rn. 419.
1106 Kanzleiter/Wegmann, Rn. 54 f.
1107 RGZ 159, 363 ff.; MünchKomm-BGB/Münch, § 1424 Rn. 10; Staudinger/Thiele (2018), § 1424 Rn. 20; a.A. Soergel/Gaul/Althammer, § 1424 Rn. 2.
1108 Für Abdingbarkeit sprechen sich aus: MünchKomm-BGB/Münch, § 1423 Rn. 6; Staudinger/Thiele (2018), § 1423 Rn. 13; a.A. Soergel/Gaul/Althammer, § 1423 Rn. 2; Abdingbarkeit nur für entgeltliche Geschäfte: Gernhuber/Coester-Waltjen, § 38 VII, Fn. 80.
1109 MünchKomm-BGB/Kanzleiter, § 1450 Rn. 10; Palandt/Brudermüller, § 1450 Rn. 2; RG, JW 1938, 3112, 3113; vgl. Rn. 343.
1110 Bergschneider, Rn. 775.
1111 MünchKomm-BGB/Münch, § 1474 Rn. 2.

- Umstritten ist, ob ein **Aufschub der Auseinandersetzung** für eine bestimmte Zeit zulässig ist.[1112] Sofern die Zulässigkeit befürwortet wird, soll jedoch immer das Recht vorbehalten bleiben, die Auseinandersetzung aus wichtigem Grund verlangen zu können.
- Hinsichtlich der §§ 1477 und 1478 BGB und überhaupt über die **Art der Auseinandersetzung** können abweichende Vereinbarungen getroffen werden, z.B. Vereinbarungen hinsichtlich der Gegenstände, für die ein Übernahmerecht besteht und Festlegung der Werte für den Wertersatz.[1113] Es müsste damit etwa auch eine abweichende Aufteilungsquote i.R.d. § 1476 BGB vereinbar sein, soweit sich dies als zweckmäßig erweist.

   Solche Vereinbarungen bedürfen der Form des Ehevertrages nach § 1410 BGB, wenn sie vorsorgend, etwa bei Eingehung der Gütergemeinschaft, getroffen werden. Sofern sich die Beteiligten im Rahmen einer konkreten Auseinandersetzung auf eine abweichende Handhabung einigen, ist eine besondere Form nicht vorgeschrieben, soweit i.R.d. Auseinandersetzung keine anderen formbedürftigen Rechtsgeschäfte vorgenommen werden.[1114]
- Sehr umstritten und daher für die sichere Vertragsgestaltung nicht empfehlenswert ist die ehevertragliche Erweiterung der Gründe für einen Aufhebungsantrag.[1115] Ein möglicher Anwendungsfall wäre etwa, als Aufhebungsgrund den Rücktritt von einem mit dem Ehevertrag verbundenen Erbvertrag zu vereinbaren,[1116] da in diesem Fall eine Berufung auf eine Störung (damals: Wegfall) der Geschäftsgrundlage von der Rechtsprechung abgelehnt wurde.[1117]

▶ **Gestaltungsempfehlung:**

483 Wenn Gütergemeinschaft vereinbart werden soll, können individuelle Besonderheiten durch ehevertragliche Abweichung von den gesetzlichen Bestimmungen weitgehend berücksichtigt werden.

484 Sofern es lediglich um die Gestaltung der Auseinandersetzung geht und weder der Güterstand selbst betroffen ist noch Verpflichtungen zur Veräußerung oder zum Erwerb von Grundbesitz eingegangen werden sollen, soll die Abrede sogar formfrei getroffen werden können. Allerdings ist die **Abgrenzung** schwierig[1118] und damit **haftungsträchtig**.

D. Eigentums- und Vermögensgemeinschaft

I. Der Güterstand der Eigentums- und Vermögensgemeinschaft

1. Gesetzlicher Güterstand nach dem FGB-DDR

485 Der **gesetzliche Güterstand** nach §§ 13 bis 16 FGB-DDR lässt sich zusammenfassend mit den Worten des BGH so beschreiben:[1119]

> »Der alleinige gesetzliche Güterstand der ehemaligen DDR, die Eigentums- und Vermögensgemeinschaft, war eine **Errungenschaftsgemeinschaft**. Nach § 13 Abs. 1 FGB-DDR fielen kraft Gesetzes alle von einem oder beiden Ehegatten während der Ehe durch Arbeit oder aus Arbeitseinkünften bzw. diesen gleichge-

---

1112 Befürwortend: RGZ 89, 292; Langenfeld, 5. Aufl., Rn. 593; MünchKomm-BGB/Münch, § 1471 Rn. 13; Soergel/Gaul/Althammer, § 1471 Rn. 6; ablehnend: Staudinger/Thiele (2018), § 1471 Rn. 3.
1113 Bergschneider, Rn. 803. Vgl. zur Bewertung landwirtschaftlicher Betriebe mit dem »Betriebsfortsetzungswert«, der auch unter dem Liquidationswert liegen kann, und zum Abzug latenter Ertragsteuern Bergschneider/Klüber, Rn. 4.711 ff.
1114 MünchKomm-BGB/Münch, § 1478 Rn. 14.
1115 Vgl. Staudinger/Thiele (2018), § 1447 Rn. 29; für eine Erweiterung MünchKomm-BGB/Münch, § 1447 Rn. 21.
1116 Bergschneider, Rn. 740.
1117 BGHZ 29, 129, 135.
1118 Bergschneider/Klüber, Rn. 4.637.
1119 BGH, FamRZ 1999, 1197.

stellten Einkünften erworbenen Sachen und Rechte in das **gemeinsame Eigentum** der Ehegatten, und zwar in Form eines **Gesamthandseigentums**. Bei Beendigung der Ehe wurde dieses gemeinschaftliche Eigentum entweder durch Einigung der Ehegatten oder durch Richterspruch grundsätzlich **real geteilt**, wobei im Fall der Zuweisung von Alleineigentum an einen Ehegatten zum **Ausgleich** für den anderen Ehegatten eine Werterstattung in Geld in Betracht kam (§ 39 Abs. 1 FGB-DDR).

Neben dem gemeinsamen Vermögen der Ehegatten kannte der gesetzliche Güterstand auch das **Alleinvermögen** eines jeden Ehegatten, zu dem insb. die vor der Heirat oder während der Ehe etwa durch Geschenk oder Erbschaft erworbenen Gegenstände gehörten (§ 13 Abs. 2 FGB-DDR sog. Sondergut). Hatte ein Ehegatte zur Vergrößerung oder Erhaltung dieses Alleinvermögens des anderen Ehegatten wesentlich beigetragen, so konnte ihm das Gericht nach seinem Ermessen bei Beendigung der Ehe einen **Anteil hieran zusprechen**, der bis zur Hälfte des bei Eheende vorhandenen Alleinvermögens reichen konnte (§ 40 Abs. 1, Abs. 2 FGB). Dabei handelte es sich um einen Geldanspruch. [...] Dieser schuldrechtliche Anspruch setzte zwar einen besonderen **Beitrag zur Mehrung oder Erhaltung des Vermögens** voraus, jedoch war anerkannt, dass dieser Beitrag auch in Gestalt der Haushaltsführung und Kindererziehung erfolgen konnte. Der Anspruch ähnelte in gewisser Hinsicht dem Zugewinnausgleichsanspruch, unterschied sich davon allerdings vor allem darin, dass nicht nur der in der Ehe erzielte Wertzuwachs auszugleichen war, sondern ein Anspruch auch dann in Betracht kam, wenn der Ehegatte nur zur Werterhaltung beigetragen hatte [...]«

Das OLG Brandenburg hat bekräftigt, dass die Übernahme häuslicher und familiärer Verpflichtungen indirekt zur Vermögenserhaltung i.S.d. § 40 FGB-DDR beiträgt. Allerdings begründen solche Erhaltungsbeiträge vor Eheschließung keine Ansprüche nach § 40 FGB-DDR.[1120] **486**

Zu ergänzen ist, dass zum gemeinsamen Eigentum auch **Grundbesitz** gehört, der mit persönlichem Eigentum eines Ehegatten während der Ehe entgeltlich erworben wurde (§ 299 Abs. 1 ZGB-DDR; Ausnahmen in § 299 Abs. 2 ZGB-DDR). Es galt das **Surrogationsprinzip**.[1121] Vertragsfreiheit bestand in der DDR erst seit dem 1. Familienrechtsänderungsgesetz v. 20.07.1990 (§ 14 FGB-DDR n.F.).

Dieses bisherige Recht bleibt für alle Ehen maßgeblich, die **vor dem 03.10.1990** geschieden wurden. Hierbei kommt es nach ganz herrschender Auffassung auf die Rechtskraft der Scheidung an.[1122] **487**

Das gemeinschaftliche Eigentum und Vermögen solcher noch vor dem Beitritt geschiedener Ehegatten ist nach Maßgabe des Art. 234 § 4 Abs. 5 EGBGB i.V.m. § 39 Abs. 1 FGB auseinander zu setzen. Der Anspruch der Ehegatten auf Auseinandersetzung unterliegt nicht der Verjährung.[1123] **488**

Für Ehegatten, die beide **vor dem 03.10.1990** in die BRD **übergesiedelt** waren, findet die Überleitung in die Zugewinngemeinschaft nach dem Gesetz über den ehelichen Güterstand von Vertriebenen und Flüchtlingen[1124] bereits früher statt, nämlich zum Anfang des vierten Monats, der auf die Aufenthaltsbegründung beider Ehegatten in der BRD folgt, § 3 Satz 1. Dieser Zeitpunkt ist gleichzeitig auch Stichtag für die Berechnung des Anfangsvermögens, § 3 Satz 2 i.V.m. § 1 Abs. 3 Satz 2.[1125] **489**

Die Ausgleichsansprüche nach §§ 39, 40 Abs. 1 FGB-DDR verjähren innerhalb von drei Jahren.[1126]

1120 OLG Brandenburg, FamRB 2006, 197.
1121 BGH, FamRZ 1994, 504, 506.
1122 BGH, FamRZ 1992, 414, 415; BGH, FamRZ 1993, 1048, 1049; BezG Erfurt, FamRZ 1994, 703; Bamberger/Roth/Thurn, 1. Aufl., Art. 234 § 4 EGBGB Rn. 8; Palandt/Brudermüller, Art. 234 § 4 EGBGB Rn. 9 (Archiv – *www.palandt.beck.de*); Schwab/Schwab, VII 409; a.A. Staudinger/Rauscher, Art. 234 § 4 EGBGB Rn. 27.
1123 BGH, JR 2009, 195 m. Anm. Rauscher = FamRB 2008, 357.
1124 BGBl. 1969 I, S. 1067.
1125 Detailliert Wassermann, FamRZ 1990, 333 ff.
1126 OLG Rostock, OLGR 2007, 7.

2. Überleitung in die Zugewinngemeinschaft

490 Der gesetzliche Güterstand der Eigentums- und Vermögensgemeinschaft nach §§ 13 bis 16 FGB-DDR wurde mit **Art. 234 § 4 EGBGB zum 03.10.1990** in die **Zugewinngemeinschaft übergeleitet**.[1127] Somit ist für das **Anfangsvermögen** der Ehen im Beitrittsgebiet der 03.10.1990 maßgeblich.[1128] Eine rückwirkende Ausdehnung auf den Ehebeginn ist nicht zulässig.[1129]

Die Ehegatten hatten nach Art. 234 § 4 Abs. 2 EGBGB die Möglichkeit, binnen zwei Jahren nach Wirksamwerden des Beitritts für den Fortbestand der **Eigentums- und Vermögensgemeinschaft zu optieren**. Die Option bedurfte der notariellen Beurkundung, Art. 234 § 4 Abs. 3 Satz 2 EGBGB. Diese Möglichkeit soll von weniger als 4.000 Ehepaaren genutzt worden sein.[1130] Mit der Ausübung der Option blieb der Güterstand der Eigentums- und Vermögensgemeinschaft rückwirkend bestehen.[1131]

491 Mit der Überleitung in die Zugewinngemeinschaft wurde das **alleinige Vermögen** eines Ehegatten i.S.d. § 13 Abs. 2 FGB-DDR zum 03.10.1990 sein Anfangsvermögen. Aus Art. 234 § 4 Abs. 4 EGBGB ergibt sich, dass für das **gemeinschaftliche Vermögen** nach § 13 Abs. 1 FGB-DDR noch eine Auseinandersetzung erforderlich ist. Die überwiegende Meinung ging davon aus, dass bis zu dieser Auseinandersetzung ein Gesamthandsvermögen (beendete und nicht auseinandergesetzte Eigentums- und Vermögensgemeinschaft) fortbestand.[1132]

492 Aus diesem Grund fügte der Gesetzgeber mit dem Registerverfahrensbeschleunigungsgesetz[1133] die Regelung des **Art. 234 § 4a EGBGB** ein. Danach wird das gemeinsame Eigentum der Ehegatten Eigentum zu gleichen Bruchteilen. Nach Art. 234 § 4a Abs. 1 EGBGB bestand bis zum Ablauf des 24.06.1994 die Möglichkeit, bei unbeweglichen Sachen die Bruchteile anders zu bestimmen. Die Eintragung dieser anderen Miteigentümerverhältnisse geschah auf einfachen Antrag hin, der nicht der Form des § 29 GBO bedurfte (Art. 234 § 4a Abs. 1 Satz 3 EGBGB).

493 Das OLG Naumburg vertritt die Ansicht, dass trotz dieser gesetzlichen Anordnung weiterhin eine Auseinandersetzung nach § 39 FGB-DDR durch reale Teilung bzw. richterliche Vermögensverteilung möglich sei.[1134] Der **BGH** ist der Ansicht, dass daneben auch noch **§ 40 FGB-DDR**[1135] Anwendung findet, dass es also in Bezug auf das Alleineigentum eines Ehegatten einen Ausgleichsanspruch des anderen Ehegatten geben kann, wenn dieser zur Erhaltung oder Vergrößerung dieses Alleineigentums beigetragen hatte.[1136] Dieser Ausgleichsanspruch wäre dann ebenso wie die Ausgleichsverpflichtung beim Zugewinnausgleich in das Anfangs- und Endvermögen einzustellen[1137] und zwar mit seinem Wert zum Stichtag 03.10.1990.[1138] Das OLG Brandenburg will die Indexierung dann nach dem Index für Gesamtdeutschland vornehmen.[1139] Art. 234 § 4a EGBGB bewirkt somit eine

---

1127 Ausführlich hierzu Götsche, FamRB 2003, 189 f., 221 f., 256 f., 339 f.
1128 OLG Jena, FamRZ 1997, 1014; OLG Jena, FamRZ 1998, 1028; BGH, FamRZ 1999, 1197.
1129 BGH, FamRZ 1999, 1197, 1198; Maslaton, FamRZ 2000, 204, 205.
1130 Peters, FamRZ 1994, 673.
1131 Scheidungsbedingte Auseinandersetzung erfolgt dann nach § 39 FGB-DDR, DNotI-Gutachten 1645 v. 05.01.2007.
1132 MünchKomm-BGB/Gernhuber, 3. Aufl., Art. 234 § 4 EGBGB Rn. 15; KG, FamRZ 1991, 1442; a.A. BezG Frankfurt (Oder), FamRZ 1993, 1205; zu den steuerrechtlichen Folgen: Broudré, DB 1992, 447.
1133 BGBl. 1993 I, S. 2215.
1134 OLG Naumburg, FamRZ 2001, 1301; dem wäre nicht zu folgen, wenn man von einer Aufteilung ipso iure ausginge, so etwa Münch/Everts, Familienrecht, § 2 Rn. 90.
1135 Zu diesem Anspruch Lang, FF 2006, 29 ff.
1136 BGH, ZNotP 1999, 293 = FamRZ 1999, 1197 ff.
1137 OLG Naumburg, FamRZ 2001, 1303; zur Frage der Gerechtigkeit im Vergleich zur reinen Zugewinnregelung: Maslaton, FamRZ 2000, 204 f.
1138 BGH, FamRZ 1999, 1197, 1198; BGH, FamRZ 2002, 1097.
1139 OLG Brandenburg, FamRZ 2006, 624.

D. Eigentums- und Vermögensgemeinschaft

dingliche, aber keine güterrechtliche Auseinandersetzung.[1140] Dabei ist zu beachten, dass § 39 FGB-DDR nur sinngemäß Anwendung findet. Korrekturen sind insb. im Hinblick auf **Art. 14 GG** dort erforderlich, wo Gegenstände des gemeinschaftlichen Eigentums von erheblichem Vermögenswert einem Ehegatten allein zugewiesen werden sollen. Dies soll nur noch beim Vorliegen triftiger Gründe und gegen gleichzeitige Festlegung eines Erstattungsbetrages erfolgen dürfen.[1141] Der Ausgleichsanspruch nach § 40 FGB-DDR ist eigenständig. Seine Verjährung wird durch einen Auskunftsantrag bzgl. des Zugewinns nach § 1378 BGB nicht unterbrochen. Nach OLG Brandenburg besteht ein Ausgleichsanspruch bei annähernd gleichwertigen Beiträgen der Ehegatten regelmäßig i.H.e. Viertels des Vermögenswertes.[1142] Das OLG Brandenburg hat ferner ausgesprochen, dass nach § 40 FGB-DDR nicht nur der in der Ehe erzielte Wertzuwachs auszugleichen ist, sondern dass der Ausgleichsanspruch sich am Wert des Alleinvermögens orientiert, zu dessen Werterhaltung der Ehegatte beigetragen hat.[1143]

Umstritten ist, ob Art. 234 § 4a EGBGB zurückwirkt auf den 03.10.1990 oder ob trotz dieser Vorschrift noch bis 25.12.1993 gesamthänderisches Vermögen bestand.[1144] Nach der Gesetzesbegründung sollte die Vorschrift Klarheit für den Übergang schaffen.[1145] Für den **Grundbuchverkehr** enthält Art. 234 § 4a EGBGB eine **widerlegliche Vermutungsregelung**, mittels derer jeder Ehegatte, der im Grundbuch in ehelicher Vermögensgemeinschaft eingetragen ist, auf einseitigen schriftlichen Antrag hin die Eintragung der Miteigentümergemeinschaft je zur Hälfte erreichen kann.[1146]

▶ Gestaltungsempfehlung:
Soweit eine Fallgestaltung mit übergeleitetem Güterstand vorliegt, sind die Auseinandersetzungsregelungen des FamGB-DDR weiterhin zu beachten!

II. Rückübertragene Vermögensgüter im Zugewinn

Grundbesitz, der **zurückübertragen** wurde, unterliegt dem Zugewinnausgleich. Umstritten war, mit welchem Wert er beim Anfangsvermögen anzusetzen ist. Setzt man hier den Wert bei Beginn des Güterstandes an, so ist die durch die Wiedervereinigung bedingte Wertsteigerung voll auszugleichen.[1147] Stellt man auf das Inkrafttreten des Vermögensgesetzes v. 29.09.1990[1148] oder die Bestandskraft des Rückübertragungsbescheides für enteignete Grundstücke ab,[1149] so unterliegt die vereinigungsbedingte Wertsteigerung insoweit nicht dem Zugewinnausgleich.

Gibt es bei Überleitungsfällen Rückübertragungsansprüche, so ist der durch das inzwischen in Kraft getretene Vermögensgesetz geschaffene Rückübertragungsanspruch am 03.10.1990 im Anfangsvermögen des Rückübertragungsberechtigten zu berücksichtigen, sodass der andere Ehegatte nur an den Wertsteigerungen seit diesem Datum teilnähme.[1150]

1140 Bamberger/Roth/Thurn, 1. Aufl., Art. 234 § 4 EGBGB Rn. 22 und § 4a Rn. 3.
1141 BGH, FamRZ 1992, 414, 418.
1142 OLG Brandenburg, FamRZ 2008, 518.
1143 OLG Brandenburg, FamRZ 2011, 114 f.
1144 Schöner/Stöber, Rn. 3402 m.w.N.; für Letzteres Schwab/Schwab, VII Rn. 433.
1145 BT-Drucks. 12/5553, S. 135.
1146 Schöner/Stöber, Rn. 3402b.
1147 So OLG Düsseldorf, FamRZ 1999, 225 m. Anm. Schröder und Kogel, FamRZ 1998, 596 f. und FamRZ 1999, 917; Koch, FamRZ 2003, 197, 200 ff. mit Verweis darauf, dass eben keine analoge Anwendung des § 1374 Abs. 2 BGB möglich sei.
1148 So Holtfester/Neuhaus-Piper, FamRZ 2002, 1526, 1531, die ab dann jedenfalls ein gegenwärtiges vermögenswertes Recht annehmen.
1149 Bergschneider, FamRZ 1999, 1068.
1150 Holtfester, FamRZ 2002, 1680, 1681; Kogel, FF 2004, 221.

497 Der BGH hat diesen Meinungsstreit entschieden und sich der Auffassung angeschlossen, dass solche vereinigungsbedingten Wertsteigerungen im Zugewinn auszugleichen sind.[1151] Mit dieser Entscheidung hatte der BGH zum einen über die Fallgestaltung zu befinden, dass ein Grundstück ohne Enteignung zu DDR-Zeiten geerbt wurde und nun durch die Wiedervereinigung eine ganz erhebliche Wertsteigerung eintrat. Zum anderen hatte der BGH auch den Fall zu entscheiden, dass ein Grundstück während der DDR-Zeit enteignet worden war und später an die Erben zurückübertragen wurde.

Im letzteren Fall bestand hinsichtlich des enteigneten Grundstücks vor Inkrafttreten des Vermögensgesetzes (29.09.1990, BGBl. 1990 II, S. 885) keine rechtlich geschützte Vermögensposition, die dem Anfangsvermögen hätte hinzugerechnet werden können. § 1374 Abs. 2 BGB ist nicht anwendbar, da das Grundstück zwar nach Beginn des Güterstandes erlangt wurde, aber nicht durch Erbfall. § 1374 Abs. 2 BGB ist insoweit nicht analogiefähig.[1152] Der BGH hat diese Ansicht nochmals bekräftigt, sodass insoweit von einer gefestigten Rechtsprechung auszugehen ist. Der Restitutionsanspruch führe zu einer Neubegründung des Eigentums ex nunc und falle daher nicht unter § 1374 Abs. 2 BGB.[1153]

498 Das Vermögensgesetz wirkte nur ex nunc und führte nicht zu einer rückwirkenden Beseitigung der Enteignung. Daher war auch keine bereits bestehende rechtlich geschützte Keimzelle zuvor vorhanden. Im Anfangsvermögen ist daher der Restitutionsanspruch oder das Grundstück nicht zu erfassen. Allerdings ist nach BGH im Anfangsvermögen die Anwartschaft auf Zahlung von Lastenausgleich zu berücksichtigen.

Im Fall des Erbes zu DDR-Zeiten ohne Enteignung ist das Grundstück zwar im Anfangsvermögen anzusetzen, jedoch zu dem niedrigen Wert, den dieses im Zeitpunkt des Erbfalles hatte, denn zu diesem Zeitpunkt war der Erwerb abgeschlossen. Die weitere Entwicklung war in keiner Weise absehbar. Die vereinigungsbedingte Wertsteigerung fällt also nach BGH in vollem Umfang in den Zugewinn.

E. Die deutsch-französische Wahl-Zugewinngemeinschaft

499 Die nachfolgenden Abschnitte erläutern die Grundzüge des neuen – vierten – Güterstandes. Ferner soll der Frage nach sinnvollen Anwendungsbereichen und den Auswirkungen des neuen Güterstandes auf die notarielle Praxis nachgegangen werden.

I. Gesetzgebungsgeschichte

500 Anlässlich des 40-jährigen Jubiläums des Elysee-Vertrages vom 22.01.1963 unterzeichneten Deutschland und Frankreich eine gemeinsame Erklärung, die eine Initiative zur Rechtsangleichung im Familienrecht ankündigte.[1154] Am **04.02.2010** wurde schließlich das Abkommen über den Güterstand der **Wahl-Zugewinngemeinschaft (WZGA)** zwischen beiden Ländern unterzeichnet. Der Bundestag hat dazu mit einem Gesetz das Abkommen in nationales Recht umgesetzt.[1155] Hierbei wurde der dritte Wahlgüterstand in **§ 1519 BGB** als nationales Recht niedergelegt. Diese Vorschrift verweist inhaltlich nur auf das WZGA und erklärt § 1368 BGB für anwendbar, **§ 1412 BGB hingegen für nicht anwendbar**. In diesem Zusammenhang wurde auch ein neuer § 5 Abs. 3 ErbStG erlassen, der auch den Zugewinnausgleichsanspruch aus dem Güterstand der Wahl-Zugewinngemeinschaft von der Schenkungsteuer ausnimmt. Nach dem Austausch der Ratifikationsurkunden

---

1151 BGH, FamRZ 2004, 781 f. = FPR 2004, 384.
1152 A.A. in Abgrenzung zum genannten BGH-Urteil: OLG Düsseldorf, FamRZ 2005, 1835: Vermögensposition beruht auf der Stellung als Erbe, das genügt für § 1374 Abs. 2 BGB; hiergegen Koch, FamRZ 2006, 585, 586.
1153 BGH, FamRZ 2007, 1307 m. abl. Anm. Schröder = NJW-RR 2007, 1371; hierzu Börger, FF 2008, 32 f.
1154 Klippstein, FPR 2010, 510 f.
1155 BGBl. 2012 II, 178 ff.; Abkommen ab 180 ff.

E. Die deutsch-französische Wahl-Zugewinngemeinschaft

am 18.04.2013 in Berlin ist das Abkommen am **01.05.2013 in Kraft** getreten, Art. 20 Abs. 2 WZGA.[1156]

II. Anwendungsbereich

Es wird sogleich deutlich, dass die Wahl-Zugewinngemeinschaft einen großen Anwendungsbereich hat. Eine weite Verbreitung wird ihr jedoch kaum beschieden sein.

1. Persönlicher Anwendungsbereich, Art. 1 WZGA

Die Wahl-Zugewinngemeinschaft steht nach Art. 1 WZGA allen Ehegatten zur Verfügung, deren **Güterstand dem Sachrecht eines Vertragsstaates unterliegt**. Da das Abkommen selbst keine kollisionsrechtlichen Vorschriften enthält, bestimmt das jeweilige IPR, welches Sachrecht zur Anwendung gelangt.[1157] In Deutschland richtete sich dies nach Art. 15 EGBGB, in Frankreich nach Art. 4 und 5 des Haager Übereinkommens über das auf eheliche Güterstände anwendbare Recht vom 14. März 1978 (HEÜ). Inzwischen ist die EU-GüVO[1158] in Kraft getreten, die – soweit anwendbar[1159] – die früheren Vorschriften ablöst. Es kann auch das Recht eines Drittstaates die Rechtsgrundlage für die Anwendung deutschen oder französischen Ehegüterrechts bieten. Dieses Recht kann aufgrund primärer Anknüpfung, Rück- oder Weiterverweisung oder auch aufgrund einer Rechtswahl zur Anwendung gelangen.[1160]

Damit ist **keinerlei internationale Anknüpfung Voraussetzung**.[1161] Der Güterstand kann also z.B. gewählt werden:

– von **zwei deutschen Ehegatten** (unabhängig davon, ob diese in Deutschland, in Frankreich oder einem Drittstaat mit Staatsangehörigkeitsanknüpfung ihren gewöhnlichen Aufenthalt haben);
– von **zwei französischen Ehegatten** (unabhängig davon, ob diese in Frankreich, in Deutschland oder einem Drittstaat mit Staatsangehörigkeitsanknüpfung ihren gewöhnlichen Aufenthalt haben);
– von einem Ehepaar mit einem **deutschen und einem französischen Ehegatten**;
– von Ehegatten, von denen einer seinen ersten Wohnsitz in Frankreich hat;
– von **Ehegatten eines Drittstaates**, von denen einer seinen gewöhnlichen Aufenthalt in Deutschland oder Frankreich hat;
– von Ehegatten, von denen einer seinen ersten gewöhnlichen Aufenthalt in Frankreich begründet.[1162]

Entscheidender **Zeitpunkt** für das Vorliegen dieser Voraussetzungen ist die Eheschließung bzw. das Wirksamwerden des Ehevertrages.[1163] Ändert sich das Güterrechtsstatut durch Änderung der tatsächlichen Voraussetzungen, soll die Wahl-Zugewinngemeinschaft nach Art. 7 Nr. 2 WZGA enden.[1164]

Fraglich ist die Rechtsfolge, wenn die **Voraussetzung nur nach der kollisionsrechtlichen Sichtweise eines Vertragsstaates vorliegt**. Nach dem Sinn des Vertrages sollte dies für die Wahl der Wahl-Zu-

---

1156 Vgl. die Bekanntmachung v. 22.04.2013, BGBl. 2013 II, 431.
1157 Zu diesem Güterstand vor dem Hintergrund der Entwicklung des internationalen Familienrechts: Rolland in FS Brudermüller, 571 ff.
1158 EU-GüVO vom 24.06.2016, ABl. EU L 183/1.
1159 Hierzu ausführlich Kap. 10 Rdn. 129 ff.
1160 Keller/von Schrenck, JA 2014, 87, 89.
1161 Denkschrift, BT-Drucks. 17/5126, S. 19.
1162 Vgl. hierzu Anlage zur Denkschrift, BT-Drucks. 17/5126, S. 23; Jünemann, ZEV 2013, 353 ff.; Beispiele bei Schaal, ZNotP 2010, 162 f.
1163 Schaal, ZNotP 2010, 162; Palandt/Brudermüller, Palandt Archiv I C 6 WZGA (Stand 75. Aufl., 2016), Art. 1, Rn. 2.
1164 Schaal, ZNotP 2010, 162, 164; Palandt/Brudermüller, § 1519, Art. 7, Rn. 2.(73. Aufl.).

gewinngemeinschaft ausreichen.[1165] Sicher ist es aber nicht, sodass zur Sicherheit zu empfehlen ist, durch eine zusätzliche Rechtswahl die Voraussetzungen zu schaffen, dass beide Vertragsstaaten einheitlich das deutsche oder französische Sachrecht für anwendbar halten.[1166]

▶ **Hinweis:**

504   Ist nur aus der Sicht eines Staates das Sachrecht eines der Vertragsstaaten berufen, dann sollte durch Rechtswahl eine einheitliche Sicht hergestellt werden.

505   Die Wahl-Zugewinngemeinschaft kann auch **beschränkt auf** das in einem der Vertragsstaaten gelegene **unbewegliche Vermögen** vereinbart werden, wenn nur für dieses das entsprechende Güterrechtsstatut gilt.[1167]

2. Zeitlicher Anwendungsbereich, Art. 19 WZGA

506   Nach Art. 19 WZGA findet der Güterstand der Wahl-Zugewinngemeinschaft nur auf **Eheverträge** Anwendung, welche die Ehegatten **nach** seinem **Inkrafttreten** geschlossen haben.

So wie aber beim gesetzlichen Güterstand der Zugewinngemeinschaft der **Stichtag** zur Berechnung des **Anfangsvermögens** mit **Rückwirkung** auf eine Zeit vor Vertragsschluss vorverlegt werden kann, wird dies auch für die Wahl-Zugewinngemeinschaft im Rahmen der Modifikationsfreiheit nach Art. 3 Abs. 3 zulässig sein.[1168] Allerdings wird damit nur die Berechnung der Ausgleichsforderung verändert, der Güterstand kann hingegen nicht mit »dinglicher Wirkung« zurückbezogen werden, sodass z.B. das Verfügungsverbot des Art. 5 WZGA nicht rückwirkend greift. Ein anderer Vorschlag geht dahin, die gewünschten Regelungen im Rahmen des deutschen gesetzlichen Güterstandes als Modifikation zu vereinbaren.[1169]

3. Sachlicher Anwendungsbereich

507   Das WZGA enthält nur die güterstandsrechtlichen Vorschriften. Es sieht jedoch **keine Kollisionsnormen, kein Verfahrensrecht und keine Formvorschriften** für Eheverträge vor.

III. Vereinbarung des Güterstandes der Wahl-Zugewinngemeinschaft

508   Nach § 1519 BGB wird die Wahl-Zugewinngemeinschaft in einem **Ehevertrag** vereinbart. Dies entspricht der Regelung in Art. 3 Abs. 1 WZGA.

1. Form des Ehevertrages

509   Da das WZGA **keine eigene Formvorschrift** für den Ehevertrag enthält, richtet sich diese nach dem **Güterrechtsstatut**. Hier verlangt sowohl § 1408 BGB für das deutsche Recht als auch Art. 1394 CC für das französische Recht die notarielle Beurkundung bei gleichzeitiger Anwesenheit beider Vertragsteile.[1170]

Der Ehevertrag kann vor Eingehung der Ehe oder auch **während der Ehe** abgeschlossen werden. Im letzteren Falle handelt es sich um die **Änderung des bis dahin bestehenden Güterstandes**, für welche das **französische Recht weitere Voraussetzungen** aufstellt, die nach Art. 3 Abs. 2 Satz 2 WZGA zu beachten sind. So fordert Art. 1397 CC die zweijährige Geltung des bisherigen Güter-

---

1165   So Schaal, ZNotP 2010, 162.
1166   Süß ZErb 2010, 281, 283; Jäger, DNotZ 2010, 804, 806.
1167   Anlage zur Denkschrift, BT-Drucks. 17/5126, S. 23; Schaal, ZNotP 2010, 162, 164.
1168   Palandt/Brudermüller, Palandt Archiv I C 6 WZGA (Stand 75. Aufl., 2016), Art. 19, Rn. 1.
1169   Heinemann, FamRB 2012, 129, 132; problematisch bei einer Verweisung ist die spätere Kündigung des Abkommens, da auf nicht mehr geltendes Recht nach § 1409 BGB nicht verwiesen werden kann, Lerch, FuR 2012, 639.
1170   Delerue, FamRBInt 2010, 70, 71; Klippstein, FPR 2010, 510, 512.

standes. Ferner ist der Vertrag zur Änderung des Güterrechts in bestimmten Fällen nach französischem Recht genehmigungsbedürftig (sog. Homologation z.B. bei Vorhandensein mdj. Kinder oder eines zulässigen Widerspruchs volljähriger Kinder gegen die Änderung). Außerdem ist die Änderung in der Heiratsurkunde zu vermerken, um Wirkung gegen Dritte zu erlangen. Es ist in dieser festzuhalten, dass ein Ehevertrag geschlossen wurde und ggf. bei welchem Notar. Der Güterstand selbst wird jedoch nicht aufgeführt.[1171]

Da diese weiteren Voraussetzungen des französischen Rechts nur schwer zu erfüllen sind und ihre Erfüllung nicht immer sicher nachweisbar ist, kann man diesen Voraussetzungen durch die **Rechtswahl in das deutsche Güterrecht** entkommen. Die Rechtswahl selbst nach Art. 6 HEÜ bedarf keiner besonderen Genehmigung.[1172]

▶ Hinweis:
Aufgrund der besonderen Erfordernisse des französischen Rechts für eine Güterstandsänderung während bestehender Ehe empfiehlt sich eine Rechtswahl hin zum deutschen Güterrecht mit anschließender Vereinbarung der Wahl-Zugewinngemeinschaft.

510

2. Modifikationen des Güterstandes der Wahl-Zugewinngemeinschaft

Nach **Art. 3 Abs. 3 WZGA** ist eine ehevertragliche **Modifikation des Güterstandes** der Wahl-Zugewinngemeinschaft **zulässig**, allerdings nur hinsichtlich der **Bestimmungen im Kapitel V** des WZGA. Nicht modifizierbar und **zwingend** sind daher die Verfügungsbeschränkungen nach **Art. 5 WZGA** und die Befugnis zur Führung von Geschäften des Haushalts nach Art. 6 WZGA. Hinsichtlich des Kapitels VI, das Verjährung, Stundung, Auskunft und vorzeitigen Zugewinn regelt, besteht nach dem Wortlaut des Art. 3 Abs. 3 WZGA keine Abdingbarkeit.[1173] Dies wird in der Literatur teilweise anders gesehen.[1174] Mit der Möglichkeit, privatautonom von den Art. 7 bis 14 abzuweichen, sind zahlreiche modifizierende Vereinbarungen denkbar, so wie im gesetzlichen Güterstand nach deutschen Recht auch.

511

3. Regelung zum Versorgungsausgleich

Der **Versorgungsausgleich** und seine Abgrenzung sind in dem Abkommen **nicht geregelt**. Nach § 2 Abs. 4 VersAusglG werden diejenigen Anrechte, welche der Versorgungsausgleich umfasst, nicht noch zusätzlich güterrechtlich ausgeglichen. Angesichts dieses Wortlautes gilt die Vorschrift auch gegenüber der Wahl-Zugewinngemeinschaft. Schon die Abgrenzung der verschiedenen Scheidungsfolgeregelungen im deutschen Recht ist schwierig, wie sich an den Lebensversicherungen zeigt.[1175] Französische Anrechte werden zwar im deutschen Versorgungsausgleich nach Maßgabe des § 19 Abs. 2 Nr. 4, Abs. 3 VersAusglG berücksichtigt, in **Frankreich** jedoch gibt es einen **Versorgungsausgleich nicht**. Unterschiede in den Altersversorgungsanrechten sind vielmehr im Rahmen der **Scheidungsabfindung** (prestation compensatoire, Art. 270 CC) zu berücksichtigen. Um hier Klarheit zu schaffen, ergeht allgemein der **Ratschlag**, zusammen mit der Vereinbarung der Wahl-Zugewinngemeinschaft auch **den Versorgungsausgleich zu regeln**, d.h. seine Durchführung zu klären und ggf. die Zuordnung von Versorgungsanrechten vorzunehmen.[1176]

512

1171 Gresser in FS Reimann und Bengel, 136, 147.
1172 Süß, ZErb 2010, 281, 283; Palandt/Brudermüller, Palandt Archiv I C 6 WZGA (Stand 75. Aufl., 2016), Art. 3, Rn. 3; Jäger, DNotZ 2010, 804, 807; Schaal, ZNotP 2010, 162, 165, der aber Zweifel äußert.
1173 Schaal, ZNotP 2010, 162, 172; Palandt/Brudermüller, Palandt Archiv I C 6 WZGA (Stand 75. Aufl., 2016), Art. 15, Rn. 1.
1174 Heinemann, FamRB 2012, 129, 134.
1175 Hierzu näher Rdn. 38 f.
1176 Begründung zum Gesetzentwurf, BT-Drucks. 17/5126, S. 8; Jäger, DNotZ 2010, 804, 823; Braun, MittBayNot 2012, 89, 90; Heinemann, FamRB 2012, 129, 131.

▶ Praxistipp:

513 Neben der Vereinbarung der Wahl-Zugewinngemeinschaft sollte der Ehevertrag auch Anordnungen zum Versorgungsausgleich treffen.

4. Rechtswahl im Zusammenhang mit der Vereinbarung der Wahl-Zugewinngemeinschaft

514 Zwar ist eine **Rechtswahl nicht Voraussetzung** für die Wahl des Güterstandes der Wahl-Zugewinngemeinschaft, da diese sowohl auf der Basis des französischen wie des deutschen Güterrechts vereinbart werden kann. **Nur für Drittstaatler**, die erst durch Rechtswahl ein vertraglich vorausgesetztes Güterrechtsstatut herstellen können, ist die Rechtswahl zwingende Voraussetzung. Wie schon anhand der formalen Fragen beim Abschluss des Ehevertrages gezeigt werden konnte, ist eine Rechtswahl jedoch empfehlenswert. Sie führt zu einer klareren Anwendung des Güterstandes auch für die Bereiche, welche das WZGA nicht regelt, wie etwa den Verfahrensvorschriften zur Durchsetzung von Ansprüchen. Ferner kann eine unterschiedliche Sichtweise beider Vertragsstaaten zu hinkenden Vertragsverhältnissen führen. Dem kann durch eine Rechtswahl vorgebeugt werden;[1177] die Literatur sieht z.T. sogar eine rechtssichere Vereinbarung der Wahl-Zugewinngemeinschaft nur in Kombination mit einer kollisionsrechtlichen Vereinbarung als gegeben an.[1178]

▶ Praxistipp:

515 Die zusätzliche Rechtswahl ist zur Schaffung einer klaren Rechtsgrundlage empfehlenswert.

▶ Kostenanmerkung:

516 Nach § 104 Abs. 1 GNotKG ist für die Rechtswahl in Bezug auf das Güterrechtsstatut ein Geschäftswert anzusetzen, der 30 % des für die Wahl des Güterstandes heranzuziehenden Wertes nach § 100 GNotKG[1179] beträgt. Nach § 111 Nr. 4 GNotKG ist die Rechtswahl stets gegenstandsverschieden von den übrigen Urkundsinhalten, sodass bei Verbindung mit der Wahl des Güterstandes der Wahl-Zugewinngemeinschaft eine Wertzusammenrechnung nach §§ 35 Abs. 1, 94 Abs. 1 GNotKG erfolgt. Aus dem Wert von dann 130 % des Wertes nach § 100 GNotKG ist sodann eine 2,0 Gebühr nach Nr. 21100 KV zu erheben, mindestens 120,00 €.

IV. Die Verfügungsbeschränkung nach Art. 5 WZGA und die Verpflichtungsbefugnis zur Führung des Haushalts

517 Für den meisten Diskussionsstoff im Rahmen der Wahl-Zugewinngemeinschaft sorgt die **Verfügungsbeschränkung** des Art. 5 WZGA,[1180] zumal diese **nach Art. 3 Abs. 3 WZGA nicht dispositiv** ist, also im Gegensatz zu § 1365 BGB nicht ehevertraglich abbedungen werden kann. Sie soll daher gesondert vorab dargestellt sein. Eine Beschränkung im Hinblick auf Gesamtvermögensgeschäfte enthält die Wahl-Zugewinngemeinschaft hingegen nicht.

1177 Heinemann, FamRB 2012, 129, 132; Jünemann, ZEV 2013, 353, 357.
1178 Süß, ZErb 2010, 281, 283.
1179 Zur Bewertung eines güterrechtlichen Ehevertrages Kap. 2 Rdn. 501.
1180 Vgl. hierzu etwa die ausführliche Stellungnahme von Amann, DNotZ 2013, 252 ff.; Everts in Münch, Familienrecht, § 2 Rn. 180 f.

E. Die deutsch-französische Wahl-Zugewinngemeinschaft

1. Begriff der Familienwohnung

Da der Schutzgegenstand dem französischen Recht entlehnt ist, sollte die Auslegung in Bezug auf die Voraussetzungen des Verfügungsverbotes sich weitgehend nach diesem Recht richten.[1181] Als Familienwohnung ist diejenige Wohnung anzusehen, welche die **Ehegatten durch gemeinsame Entscheidung auf Dauer zu ihrem Lebensmittelpunkt bestimmt** haben. Dies gilt selbst dann, wenn es nicht zu einer entsprechenden Nutzung gekommen sein sollte.[1182] Der melderechtliche Wohnsitz ist nicht Voraussetzung.[1183] Nebenräume wie Garagen und Keller gehören mit zur Familienwohnung.[1184] Die bloße Trennung führt noch nicht zum Verlust der Eigenschaft als Familienwohnung, wohl aber der endgültige Auszug ohne Begründung einer neuen Familienwohnung, die Scheidung oder der Tod.[1185]

518

2. Verfügungsverbot

Bei der Frage, welche Rechte der Verfügungsbeschränkung unterliegen, ist in erster Linie auf den **Schutz der Nutzung als Familienwohnung** abzustellen.[1186] Neben dem Allein- oder Miteigentum an der Familienwohnung sind auch grundstücksgleiche Rechte wie das Erbbaurecht oder ein Dauerwohnrecht an der Familienwohnung oder dingliche Rechte wie Nießbrauch, Wohnungsrecht, Dienstbarkeit oder sogar Vorkaufsrechte geschützt. Zweifelhaft ist dies für Grundpfandrechte; für deren Einbeziehung spricht allenfalls die Blockadefunktion.

519

Ungeklärt ist, wie die Beteiligung an einer Gesellschaft als Eigentümerin der Familienwohnung zu werten ist. *Amann* will danach unterscheiden, ob diese **Gesellschaft** nur aus Familienangehörigen besteht. Sind Dritte Gesellschafter, soll das Verfügungsverbot jedenfalls dann nicht gelten, wenn die Gesellschaft noch weiteren Grundbesitz hat, sodass ihr Zweck über das Halten und Verwalten der Familienwohnung hinausgeht.[1187]

Daneben sind auch **schuldrechtliche Rechtsverhältnisse** wie etwa Miet- oder Versicherungsverhältnisse geschützt.

Trotz der Überschrift »Verfügungsbeschränkungen« bedürfen nach Art. 5 Abs. 1 WZGA **Rechtsgeschäfte** über Haushaltsgegenstände oder über Rechte, durch die die Familienwohnung sichergestellt wird, der Zustimmung. Demgemäß sind auch die entsprechenden **Verpflichtungsgeschäfte** bereits zustimmungsbedürftig. Neben der Veräußerung betrifft dies auch die Belastung der Familienwohnung, die Aufgabe eines Rechtes zur Nutzung der Familienwohnung, aber auch die **Kündigung** des Miet- oder Versicherungsvertrages. Ob es Einschränkungen hinsichtlich solcher Rechtsgeschäfte gibt, welche die Nutzung nicht beeinträchtigen – z.B. eine Veräußerung gegen Nießbrauchsvorbehalt –[1188] mag erwägenswert sein, ist aber rechtlich viel zu wenig gesichert, als dass man auf die Zustimmung verzichten könnte.[1189]

3. Zustimmung

Die Zustimmung des Ehegatten kann **vor** oder **bei** Abschluss des Rechtsgeschäftes erklärt werden, aber auch als **Genehmigung** im Nachhinein (Art. 5 Abs. 1 Satz 2 WZGA). Damit können – anders

520

1181 Amann, DNotZ 2013, 252, 256.
1182 Anlage zur Denkschrift, BT-Drucks. 17/5126, S. 26.
1183 Anlage zur Denkschrift, BT-Drucks. 17/5126, S. 26; Erman/Heinemann, Anh. § 1519, Rn. 9.
1184 Anlage zur Denkschrift, BT-Drucks. 17/5126, S. 26.
1185 Amann, DNotZ 2013, 252, 256.
1186 Hierzu und zum Folgenden eingehend Amann, DNotZ 2013, 252, 257 f.
1187 Amann, DNotZ 2013, 252, 259.
1188 So Amann, DNotZ 2013, 252, 261 unter Berufung auf die französische Rechtslage.
1189 Nach Süß, ZErb 2010, 281, 184 unterliegt das Verfügungsverbot nicht dem Güterrechtsstatut, sondern dem allgemeinen Ehewirkungsstatut, was insb. bei einer nur güterrechtlichen Rechtswahl zu einem Auseinanderfallen der anwendbaren Rechtsordnung führen kann.

als nach § 1367 BGB – auch einseitige Rechtshandlungen wie eine Kündigung genehmigt werden.[1190] Auch wenn Art. 5 WZGA die Zustimmung nicht höchstpersönlich verlangt, so ist doch **zweifelhaft**, inwieweit die Zustimmung mittels **Vollmacht** erteilt werden kann. Gegen die Möglichkeit einer unwiderruflichen Vollmacht spricht die Unabdingbarkeit des Art. 5 WZGA. Eine Generalvollmacht soll nach *Amann* nur bei Ausübung in Deutschland, nicht jedoch in Frankreich möglich sein.[1191] Das wird praxisrelevant, wenn etwa mittels **Vorsorgevollmacht** gehandelt werden soll. Soweit bei deren Erteilung die Ehegatten bereits im Güterstand der Wahl-Zugewinngemeinschaft leben, sollte die **Verfügung über die Familienwohnung ausdrücklich benannt** werden, um jeden Zweifel an einer generellen Vollmacht auszuschließen. Die Zustimmung soll formfrei sein, bedarf aber für das deutsche Grundbuchamt der Form des § 29 GBO.

Ähnlich der Regelung in § 1365 BGB kann die Zustimmung nach Art. 5 Abs. 2 WZGA durch eine gerichtliche Ermächtigung ersetzt werden.

4. Absolutes Verfügungsverbot

521   Ist die Zustimmung nicht erteilt, so ist das Rechtsgeschäft **absolut unwirksam**. Soweit eine Genehmigung oder eine gerichtliche Ermächtigung noch aussteht, ist das Rechtsgeschäft schwebend unwirksam. So ist jedenfalls die Sicht des deutschen Rechts.[1192] Damit kann der andere Ehegatte die Unwirksamkeit **unmittelbar geltend machen**, wie § 1519 BGB durch den Verweis auf **§ 1368 BGB** klarstellt. Was das **französische Recht** anbelangt, so gehen die Begründung des Abkommens[1193] und die herrschende Ansicht[1194] davon aus, dass in Frankreich die Unwirksamkeit zunächst durch **Annullierungsklage** nach Art. 215 Abs. 3 CC geltend gemacht werden muss und nicht ex lege eintritt. Lediglich *Amann* will die Rechtsfolge auch für Frankreich unmittelbar aus Art. 5 WZGA ablesen und spricht sich gegen die kritiklose Akzeptanz der Gesetzesbegründung aus.[1195] Aus der im französischen Text bezeichneten Rechtsfolge »sont nuls« liest er auch im Sinne einer einheitlichen Anwendung des Abkommens die Rechtsfolge der unmittelbaren Unwirksamkeit auch bei Geltung französischen Rechts.

5. Nichtanwendung des § 1412 BGB

522   Die Kombination des absoluten Verfügungsverbotes mit der Anordnung der Nichtanwendung des § 1412 BGB in § 1519 BGB ist **für den Rechtsverkehr mit Grundstücken nur schwer erträglich**. Der sonst für die Übertragung von Grundstücken durch die notarielle und grundbuchliche Abwicklung gewährleistete **Schutz des Erwerbers** wird hier – man kann es nach Lektüre der Gesetzesbegründung kaum anders sagen – aufgrund mangelnden Verständnisses für die Wirkungsweise des § 1412 BGB[1196] an einer Stelle **ausgehöhlt**, mit der Folge, dass das Gesamtsystem der Rechtsunsicherheit ausgesetzt wird. Bei Geltung des § 1412 BGB könnte nämlich ein Käufer geschützt werden und es wäre Sache der Ehegatten, welche die Wahl-Zugewinngemeinschaft vereinbaren, für die Eintragung im Güterrechtsregister zu sorgen. Die Bedeutung des **§ 1412 BGB** ließe sich zudem in Zeiten fortschreitenden elektronischen Rechtsverkehrs durchaus steigern, wenn die Möglichkeit entsprechender **elektronischer Abfragen** geschaffen[1197] oder gar eine **Zentralisierung des Registers** ähnlich dem Testamentsregister erwogen wird. Das WZGA würde die Anwendung des § 1412 BGB

1190 Anlage zur Denkschrift, BT-Drucks. 17/5126, S. 26; Erman/Heinemann, Anh. § 1519, Rn. 11; Palandt/Brudermüller, Palandt Archiv I C 6 WZGA (Stand 75. Aufl., 2016), Art. 5, Rn. 4.
1191 Amann, DNotZ 2013, 252, 265.
1192 Anlage zur Denkschrift, BT-Drucks. 17/5126, S. 27; Erman/Heinemann, Anh. § 1519, Rn. 10.
1193 Anlage zur Denkschrift, BT-Drucks. 17/5126, S. 27.
1194 Erman/Heinemann, Anh. § 1519, Rn. 10; Palandt/Brudermüller, Palandt Archiv I C 6 WZGA (Stand 75. Aufl., 2016), Art. 5, Rn. 7; Schaal, ZNotP 2010, 162, 167; Braun, MittBayNot 2012, 90, 91.
1195 Amann, DNotZ 2013, 252, 267.
1196 So auch Heinemann, FamRB 2012, 129, 130.
1197 Heinemann, FamRB 2011, 194 ff. plädiert für eine verstärkte Nutzung des Güterrechtsregisters.

nicht verbieten, denn nach der Begründung regelt jede Rechtsordnung die Folgen der Nichtigkeit selbstständig.[1198]

Wäre § 1412 BGB anwendbar, so könnte der Güterstand der Wahl-Zugewinngemeinschaft im Güterrechtsregister so eingetragen werden, dass seine Nichteintragung die Folge hätte, dass ein Dritter sich darauf berufen könnte. Es gilt dann dem Dritten gegenüber die Regelung des gesetzlichen Güterstandes mit der Folge der Wirksamkeit des Rechtsgeschäftes, sofern dieses nicht an § 1365 BGB scheitert, wo aber die subjektive Theorie wirtschaftlich einen gutgläubigen Erwerb ermöglicht. So aber **scheidet jeglicher gutgläubige Erwerb aus**, wenn der Veräußerer in Wahl-Zugewinngemeinschaft verheiratet ist und das Kaufobjekt die Familienwohnung darstellt. Es entfällt somit jeglicher Schutz des Rechtsverkehrs.[1199] Der Käufer ist letztlich auf die Buchersitzung des § 900 BGB angewiesen. Die **Eintragung eines Verfügungsverbotes** im Grundbuch ist nach allgemeiner Ansicht nur bei relativen Veräußerungsverboten **zulässig**, **nicht** jedoch bei absoluten Veräußerungsverboten, gegenüber denen ein gutgläubiger Erwerb ohnehin nicht möglich ist.[1200] Mit einer Grundbucheintragung kann daher nicht geholfen werden.[1201]

Umstritten ist, ob § 1412 BGB dann anwendbar ist, wenn die Wahl-Zugewinngemeinschaft auf der Grundlage des französischen Rechts vereinbart wird. Danach ist angeordnet, dass § 1412 BGB entsprechend gilt, wenn bei Inlandsbezug die güterrechtlichen Wirkungen einer Ehe dem Recht eines anderen Staates unterliegen. Während einige Stimmen diese Voraussetzungen bei der Wahl-Zugewinngemeinschaft als erfüllt ansehen,[1202] argumentieren andere, dass die Wahl-Zugewinngemeinschaft letztlich durch die Aufnahme in § 1519 BGB ein deutscher Güterstand sei, für den **Art. 16 EGBGB nicht gelte**.[1203] Für Letzteres spricht die Aufnahme der Wahl-Zugewinngemeinschaft in den Kanon der möglichen deutschen Güterstände. Zudem müsste der Ausschluss des § 1412 BGB nach § 1519 BGB für die Wahl-Zugewinngemeinschaft im Sinne einer Einheit der Rechtsordnung den Vorrang vor der Anordnung des Art. 16 EGBGB haben, der ohnehin nur eine entsprechende Anwendung des § 1412 BGB vorsieht. Art. 16 EGBGB (a.F.) gilt für viele Ehen nach Art. 229, § 47 Abs. 2 EGBGB weiter, nämlich für die »Altehen« vor dem 29.01.2019, die keine Rechtswahl ab diesem Zeitpunkt erklärt haben. Bei Geltung des **Art. 28 Abs. 2 EU-GüVO** wird vertreten, dass Dritte sich Art. 5 WZGA nur entgegenhalten lassen müssen, wenn sie den gewählten Güterstand kannten oder hätten kennen müssen oder wenn dieser im Güterrechtsregister eingetragen war.[1204] Andere äußern eher zurückhaltend den Wunsch, diese Vorschrift möge Abhilfe schaffen. Das aber sei abzuwarten.[1205]

▶ Hinweis:

Der Ausschluss des § 1412 BGB für die Wahl-Zugewinngemeinschaft gefährdet die Rechtssicherheit und sollte überdacht werden. Im Gegenteil sollte ein zentrales elektronisches Güterrechtsregister eingeführt werden.

523

1198 Braun, MittBayNot 2012, 89, 91; Jäger, DNotZ 2010, 804, 821.
1199 Palandt/Brudermüller, Palandt Archiv I C 6 WZGA (Stand 75. Aufl., 2016), Art. 5, Rn. 6.
1200 Erman/Heinemann, Anh. § 1519 Rn. 10; Jäger, DNotZ 2010, 804, 821; Schaal, ZNotP 2010, 162, 167; Bauer/von Oefele/Kohler, AT VIII, 39, 40.
1201 Z.T. wird die Gesetzesbegründung BT-Drucks. 17/5126, S. 8 so verstanden, als solle der Notar die Eintragung eines Verfügungsverbotes in Betracht ziehen (so wohl Erman/Heinemann, Anh. § 1519, Rn. 10, 14. Aufl.). Der Text sagt aber nur, der Notar solle die Möglichkeit eines Verfügungsverbotes in Betracht ziehen, das kann auch heißen, das Bestehen eines solchen Verbotes.
1202 Erman/Heinemann, Anh., § 1519 Rn. 10; Jäger, DNotZ 2010, 804, 821; BeckOGK/Jäger, Art. 5 WZGA Rn. 87.
1203 Palandt/Brudermüller, Palandt Archiv I C 6 WZGA (Stand 75. Aufl., 2016), Art. 5, Rn. 6; Schaal, ZNotP 2010, 162, 167; Amann, DNotZ 2013, 252, 273; BeckOGK/Reetz, § 1412 BGB Rn. 23.
1204 Erman/Heinemann, Anhang zu § 1519 Rn. 47.
1205 BeckOGK/Jäger, Art. 5 WZGA Rn. 96.

6. Folgerungen für die notarielle Praxis

524 Fraglich ist, wie die notarielle Praxis nun mit dieser neuen Rechtslage umgeht, um den Käufer einer Immobilie vor der Unwirksamkeitsfolge des Art. 5 WZGA zu schützen.

Vorgeschlagen wird, künftig **stets beide Ehegatten auf der Verkäuferseite** auftreten zu lassen, auch wenn § 1365 BGB nicht einschlägig ist.[1206] Dies ist sicher eine wirksame Methode, um eine fehlende Zustimmung i.S.d. Art. 5 WZGA auszuschließen, es wird sich aber nicht jeder Fall so behandeln lassen, weil dies dem Verkäufer kaum vermittelbar ist.[1207] Zudem fehlt es in Deutschland an einer Rechtstradition für diesen absoluten Schutz der Ehewohnung.[1208]

Demgegenüber ist festzuhalten, dass eine **Nachforschungspflicht des Notars nicht besteht**. Er wird bei jedem Kaufvertrag ohnehin den **Güterstand erfragen**. Auch wenn hier bei Laien nicht immer sofort der richtige Güterstand parat ist, so weiß man doch zumeist, ob man bei einem Notar den gesetzlichen Güterstand abgeändert hat. Wenn der Notar auf diese Weise die Begriffe für einen Laien verständlich abgefragt hat[1209] und wenn er belehrt hat, warum es auf bestimmte Tatsachen ankommt,[1210] dann darf er sich mit der Auskunft, dass dies nicht der Fall sei und gesetzlicher Güterstand vorliege, dann aber zufrieden geben.[1211] Er darf sich auf die **Angaben der Beteiligten verlassen**, zumal beim Güterstand der Wahl-Zugewinngemeinschaft die Besonderheit des gemeinsamen deutsch-französischen Güterstandes besteht, für den es Gründe gegeben haben müsste, die den Beteiligten auch noch präsent geblieben sein werden. Bleibt der Güterstand unklar und kommt der Abschluss eines Ehevertrages nach Inkrafttreten des WZGA in Betracht und handelt es sich außerdem um eine Familienwohnung, dann besteht Anlass, eine weitere Aufklärung durch **Vorlage des Ehevertrages** zu unternehmen und ggf. den Ehegatten zur Beurkundung hinzuziehen. Ansonsten mag in unklaren Fällen eine **Belehrung** angebracht sein, ohne dass sie verpflichtend wäre. Diskutiert wird auch eine Einsicht in das zentrale Testamentsregister, zu dem jedenfalls eine Beurkundung der Wahl-Zugewinngemeinschaft im Inland einzureichen wäre.[1212] Eine generelle in alle Kaufverträge aufzunehmende Belehrung ist jedoch nicht angebracht. Die **bewusste gesetzgeberische Entscheidung einer Schutzlücke** kann der Notar eben nur begrenzt wiedergutmachen, denn gegen eine »Güterstandslüge« kann er nichts tun.

Das **Grundbuchamt** ist ohne entsprechende Hinweise nicht verpflichtet und nicht berechtigt, weitere Prüfungen hinsichtlich des Güterstandes der Wahl-Zugewinngemeinschaft anzustellen.[1213]

▶ Hinweis:

525 Die Aufklärung des Güterstandes ist sorgfältig zu betreiben. Wird ein Ehevertrag in der Zeit nach dem 01.05.2013 bejaht, ohne dass sein Inhalt aufgeklärt werden kann, sollte dieser beigezogen werden.

1206 Heinemann, FamRB 2012, 129, 130; Hoischen, RNotZ 2015, 317, 336.
1207 Man nehme nur den Fall eines in Gütertrennung verheirateten Arztes, der eines seiner zahlreichen Anlageobjekte nach Ablauf von Abschreibungs- und Spekulationsfrist verkauft, in dem er nie selbst gewohnt hat.
1208 So zu Recht Amann, DNotZ 2013, 252, 274, der auf den Unterschied zu Frankreich hinweist, wo die Mitwirkung beider Ehegatten zum Alltag gehört und mit der Verlautbarung von Eheverträgen in der Heiratsurkunde eine Publizität erreicht wird.
1209 BGH, NJW 1996, 520 Ziff. I.1.
1210 BGH, NJW 1987, 1266.
1211 BGH, NJW-RR 1999, 1214, Ziffer III. 2.; Amann, DNotZ 2013, 252, 274 f. m.w.N.; Schöner/Stöber, Rn. 3385e.
1212 Schöner/Stöber, Rn. 3385e; freilich ohne dass der Nicht-Registrierung dort irgendeine Gutglaubenswirkung zukäme.
1213 Amann, DNotZ 2013, 252, 277; Sengl, RPfl. 2011, 125, 128.

7. Verpflichtungsbefugnis zur Führung des Haushalts

Nach **Art. 6 WZGA** kann jeder Ehegatte Verträge zur Führung des Haushalts und für den Bedarf der Kinder allein schließen und damit den anderen Ehegatten gesamtschuldnerisch mit verpflichten. Dies gilt nicht für Verträge, die nach der Lebensführung offensichtlich unangemessen sind, wenn der Vertragspartner dies wusste oder hätte wissen müssen. Dies lehnt sich an die Schlüsselgewalt des § 1357 BGB an, es **fehlt** aber eine dem **§ 1357 Abs. 3 BGB** entsprechende Bestimmung, sodass auch Verpflichtungen nach Trennung noch zur Haftung führen.[1214] Ebenso fehlt die Möglichkeit des **§ 1357 Abs. 2 BGB**, die Haftung auch mit Wirkung gegenüber Dritten zu beschränken.

V. Besonderheiten des Zugewinnausgleichs im Güterstand der Wahl-Zugewinngemeinschaft

Anschließend seien noch die wichtigsten Besonderheiten des Zugewinnausgleichs beim deutsch-französischen Güterstand betrachtet, wobei vorwiegend die Abweichungen zum deutschen gesetzlichen Güterstand herausgestellt werden.

1. Anfangsvermögen

Das Anfangsvermögen kann wie im gesetzlichen deutschen Güterstand **negativ** sein (Art. 8 Abs. 1 WZGA).

Dem Anfangsvermögen werden hinzugerechnet: Schenkung, Erbschaft und **Schmerzensgeld** (Art. 8 Abs. 2 WZGA). Die Auslegung der Begriffe wird zu einem dem § 1374 Abs. 2 BGB ähnlichen Ergebnis für die Begriffe Schenkung und Erbschaft führen,[1215] Schmerzensgeld hingegen zählt im deutschen gesetzlichen Güterstand nicht zu den privilegierten Vermögensgütern.

Zweifelhaft ist die Behandlung von **Schenkungen der Ehegatten untereinander**.[1216] Die Frage bedarf dringend einer Klärung, zumal es bei der Wahl-Zugewinngemeinschaft an einer **dem § 1380 BGB vergleichbaren Anrechnungsvorschrift fehlt**. Eine solche Bestimmung kennt die französische Zugewinngemeinschaft nicht, was damit begründet wird, dass Ehegattenschenkungen – auch unbenannte Zuwendungen – frei widerruflich sind.[1217]

Nach Art. 8 Abs. 3 Nr. 2 WZGA werden **Gegenstände des Anfangsvermögens, die an Verwandte in gerader Linie weiterverschenkt werden, vom Anfangsvermögen abgezogen**. Sie zählen ferner nicht als illoyal verwendet nach der ausdrücklichen Anordnung des Art. 10 Abs. 2 Satz 1 Nr. 1b) WZGA. Dies ist gerecht, denn nach deutschem Recht erreicht man nur mühsam den Abzug vom Endvermögen bzw. die Nichthinzurechnung nach § 1375 Abs. 2 BGB über § 1375 Abs. 3 BGB. Stammte der Gegenstand hingegen aus dem Anfangsvermögen, so gibt es keine Rechtsgrundlage für einen Abzug auch dort.[1218]

Bei der Bewertung der Vermögensgüter ist zur Inflationsbereinigung der **gemittelte Preisindex der Vertragsstaaten** zugrunde zu legen (Art. 9 Abs. 3 WZGA). Ein Landwirtschaftsprivileg wie in § 1376 Abs. 4 BGB enthält die Wahl-Zugewinngemeinschaft nicht.

Eine Besonderheit besteht bei der **Grundstücksbewertung**. Hier sollen Wertsteigerungen während der Ehe aus dem Zugewinn herausgehalten werden. Aus diesem Grunde ordnet Art. 9 Abs. 2 WZGA an, dass die Einstellung in das **Anfangsvermögen mit den Werten des Endvermögens** erfolgt. Wertsteigerungen jedoch, die auf einer Leistung der Ehegatten beruhen, etwa aufgrund von Renovierun-

---

1214 Mecke, AcP 211 (2011), 886, 904 f.
1215 Schaal, ZNotP 2012, 162, 169; Erman/Heinemann, Anh. § 1519, Rn. 15; zur Auslegung der unterschiedlichen Sprachfassungen: Eger/Koesling, NZFam 2014, 531 f.
1216 Nach Schaal, ZNotP 2010, 162, 169 zählen sie nicht zum Anfangsvermögen, nach Erman/Heinemann, Anh. § 1519, Rn. 15 doch.
1217 Mecke, AcP 211 (2011), 886, 915.
1218 Vgl. näher Rdn. 158.

Kapitel 1

gen, werden beim Anfangsvermögen abgezogen, sodass sie Zugewinn darstellen. Man wird abwarten müssen, wie solche Steigerungen und ihre Ursache nachgewiesen werden können.[1219]

2. Endvermögen

529 Wie bereits ausgeführt werden Gegenstände, die an Verwandte in gerader Linie geschenkt wurden, vom Endvermögen abgezogen (Art. 10 Abs. 2 Satz 1 Nr. 1b WZGA) und – soweit sie aus dem Anfangsvermögen stammen – auch vom Anfangsvermögen (Art. 8 Abs. 3 Nr. 2 WZGA). Wertsteigerungen aufgrund von Leistungen der Ehegatten während der Ehe, die nicht aus dem Anfangsvermögen stammen, werden jedoch gleichwohl hinzugerechnet.

Jegliche Hinzurechnung unterbleibt, wenn die illoyale Verwendung länger als zehn Jahre her ist oder der andere Ehegatte damit einverstanden war (Art. 10 Abs. 2 Satz 2 WZGA).

3. Zugewinnausgleich

530 Wie im deutschen § 1378 Abs. 2 BGB gibt es eine **Kappungsgrenze**. Allerdings ist die Regelung so, wie sie zuerst bei der Reform des deutschen gesetzlichen Güterstandes auch vorgesehen war. Die Ausgleichsforderung ist nach Art. 14 WZGA **begrenzt auf die Hälfte** des um die Verbindlichkeiten bereinigten **Vermögens** bei Beendigung des Güterstandes, ggf. erhöht um die Hälfte der Hinzurechnungen. Daraus resultiert ein stärkerer Schutz des Ehegatten mit negativem Anfangsvermögen.[1220]

Regelungen zur Verjährung (Art. 15 WZGA: drei Jahre), zur Auskunft (Art. 16 WZGA; kein Auskunftsanspruch bei Trennung bzw. über das Vermögen bei Trennung), zur Stundung (Art. 17 WZGA) und zum vorzeitigen Zugewinnausgleich (Art. 18 WZGA) komplettieren die Wahl-Zugewinngemeinschaft.

VI. Wahl-Zugewinngemeinschaft und Erbrecht

531 Die Betrachtung der Wahl-Zugewinngemeinschaft wäre nicht komplett ohne einen Blick auf die erbrechtlichen Konsequenzen dieses Güterstandes insbesondere im Unterschied zum deutschen gesetzlichen Güterstand der Zugewinngemeinschaft.

1. Kein erbrechtliches Viertel

532 Nach Art. 7 Nr. 1 WZGA endet der Güterstand durch Tod. Eine dem § 1371 Abs. 1 BGB entsprechende Vorschrift kennt die Wahl-Zugewinngemeinschaft nicht, sodass **nur ein güterrechtlicher Ausgleich** nach Art. 12 WZGA in Betracht kommt und **keine pauschalierte Berechnung des Zugewinnausgleichs**.[1221] Das Erbrecht – sofern deutsches Recht anwendbar ist – richtet sich daher nach § 1931 Abs. 1 BGB. Weder § 1931 Abs. 3 BGB noch § 1931 Abs. 4 BGB sind anwendbar. Welches Erbrecht zur Anwendung gelangt, ist durch den Güterstand der Wahl-Zugewinngemeinschaft nicht vorbestimmt, sondern richtet sich nach dem jeweils gültigen **Erbstatut**.

2. Zugewinnausgleichsanspruch als Nachlassverbindlichkeit

533 Der **Zugewinnanspruch** bildet dann güterrechtlich errechnet eine **Nachlassverbindlichkeit** in Form einer Erblasserschuld, da sie aus einem Rechtsverhältnis herrührt, in dem der Erblasser noch zu Lebzeiten stand.[1222] Damit ist die Zugewinnausgleichsforderung noch vor der Berechnung von Pflichtteilen, Quotenvermächtnissen oder dem der Erbschaftsteuer unterliegenden Erwerb vom Nachlass abzuziehen. Sie genießt also quasi **Vorrang**.[1223]

1219 Skeptisch insoweit Schaal, ZNotP 2010, 162, 170 der die Vorschrift für streitanfällig hält.
1220 Jünemann, ZEV 2013, 353, 356.
1221 Gesetzesbegründung BR-Drucks. 17/5126, S. 10.
1222 Coester-Waltjen, § 36 IV. 4., Rn. 31.
1223 BRHP/Siede, § 1371, Rn. 26 f.; MünchKomm-BGB/Koch, § 1371, Rn. 48.

Während im deutschen gesetzlichen Güterstand der güterrechtliche Zugewinnausgleichsanspruch im Todesfall nach § 1371 Abs. 2 BGB nur dann anfällt, wenn der überlebende Ehegatte nicht Erbe oder Vermächtnisnehmer wird, sodass der überlebende Ehegatte maximal den güterrechtlichen Zugewinnausgleichsanspruch und den kleinen Pflichtteil nach § 1371 Abs. 3 BGB erhalten kann, besteht eine solche Einschränkung bei der Wahl-Zugewinngemeinschaft nicht. **Der überlebende Ehegatte kann** also vorab den güterrechtlichen **Zugewinn erhalten und** dann sodann den gesetzlichen Erbteil oder gar bei entsprechender testamentarischer Anordnung die **Alleinerbschaft** beanspruchen.

Diese vom deutschen Recht abweichende Rechtslage lässt sich in einschlägigen Fällen **zur Pflichtteilsreduzierung der Abkömmlinge nutzen**, insbesondere wenn der überlebende Ehegatte einen hohen Zugewinnausgleichsanspruch hat.[1224] Für den Fall des umgekehrten Versterbens kann dann ggf. zusätzlich eine abweichende vertragliche Regelung getroffen werden.

▶ Hinweis:
Im Güterstand der Wahl-Zugewinngemeinschaft kann der überlebende Ehegatte den vollen Zugewinnausgleich neben einer Alleinerbenstellung beanspruchen. Da der Zugewinnausgleich vor der Berechnung der Pflichtteile vom Nachlass abzuziehen ist, kann der Güterstand zur Pflichtteilsreduzierung genutzt werden.

534

3. Zugewinnausgleichsanspruch gegen den überlebenden Ehegatten

Der güterrechtliche Zugewinnausgleich nach dem deutschen gesetzlichen Güterstand steht ausweislich des Wortlautes des § 1371 Abs. 2 BGB nur dem überlebenden Ehegatten zu. Anders als nach § 1371 Abs. 1 BGB löst hier der Tod des Ausgleichsberechtigten keinen Zugewinn aus. Bei gleichzeitigem Tod sollen Ansprüche nach § 1371 Abs. 2 BGB ausscheiden.[1225]

535

Demgegenüber sind Art. 7 Nr. 1 und 12 WZGA neutral formuliert, sodass beim Tod ein Zugewinnausgleichsanspruch entsteht und auszugleichen ist. Danach kann auch dann, wenn der vorverstorbene Ehegatte ausgleichsberechtigt ist, die Zugewinnausgleichsforderung durch dessen Erben geltend gemacht werden;[1226] eine für das deutsche Rechtsverständnis völlig neue Rechtsfolge.[1227] Einerseits wird argumentiert, dass Art. 12 Abs. 1 WZGA voraussetze, dass der berechtigte Ehegatte den Ausgleich verlangen könne, andererseits ordnet doch Art. 12 Abs. 3 WZGA die sofortige Vererblichkeit mit Beendigung des Güterstandes an. Hier wird man abzuwarten haben, wie sich die Rechtsprechung und die weitere Einschätzung der Literatur zu dieser Frage verhalten.

Gewollt sein wird eine solche Ausgleichszahlung durch den überlebenden Ehegatten in den Nachlass des Erstversterbenden im Zweifel nicht. Aus diesem Grund empfiehlt es sich, bei Vereinbarung der Wahl-Zugewinngemeinschaft einen solchen Anspruch abzubedingen, denn Art. 12 WZGA unterliegt nach Art. 3 Abs. 3 WZGA der Parteidisposition. Die Interessenlage kann dann anders sein, wenn durch die Zahlung des Zugewinns an gemeinsame Kinder ein Pflichtteilsanspruch einseitiger Kinder des überlebenden Ehegatten verkürzt werden kann.

▶ Praxistipp:
Jeder Ehevertrag, mit dem die Wahl-Zugewinngemeinschaft vereinbart wird, sollte einen Zugewinnausgleichsanspruch des erstversterbenden Ehegatten ausschließen, sofern er nicht zur Pflichtteilsreduzierung gewollt ist.

536

1224 Vgl. die Berechnungsbeispiele bei Süß, ZErb 2010, 281, 285 und Jünemann, ZEV 2013, 353, 359 f.
1225 BGH, NJW 1978, 1855; Palandt/Brudermüller, § 1371 Rn. 13; BRHP/Siede, § 1371 Rn. 20; a.A. Leipold, NJW 2011, 1179 ff.
1226 So ausdrücklich Süß, ZErb 2010, 281, 285 und BeckOGK/Jäger, § 1519 BGB Rn. 68.
1227 Daher die ungläubige Formulierung »womöglich« bei Jünemann, ZEV 2013, 353, 359 oder »wohl« Firsching/Graf/Krätzschel, § 4 Rn. 18.

4. Erbschaftsteuerrechtliche Gleichstellung, § 5 Abs. 3 ErbStG

537 Zusammen mit der Änderung des § 1519 BGB wurde ein **neuer § 5 Abs. 3 ErbStG** eingeführt, der klarstellt, dass der Ausgleich des Zugewinns nach der Wahl-Zugewinngemeinschaft weder im Scheidungs- noch im Todesfalle zum erbschaftsteuerpflichtigen Erwerb gehört. Damit wurde der Güterstand der **Wahl-Zugewinngemeinschaft** dem deutschen gesetzlichen Güterstand erbschaftsteuerrechtlich **gleichgestellt**.

Einer dem § 5 Abs. 1 ErbStG entsprechende Freistellung des fiktiven Zugewinns hatte es nicht bedurft, da die Wahl-Zugewinngemeinschaft kein pauschales erbrechtliches Viertel vorsieht. In gleicher Weise hatte es keiner Anpassung des § 29 Nr. 2 ErbStG bedurft, da die Wahl-Zugewinngemeinschaft keine Anrechnung wie bei § 1380 BGB kennt.[1228]

VII. »Nebeneffekte« als Grund für die Vereinbarung der Wahl-Zugewinngemeinschaft

538 Für die Beratungspraxis ist die Vereinbarung der Wahl-Zugewinngemeinschaft angesichts der aufgezeigten Rechtsunsicherheiten zurzeit noch immer eher als Wagnis zu sehen.[1229] Trotz der politischen Ziele eines einheitlichen Güterstandes im internationalen Rechtsverkehr wird die Wahl-Zugewinngemeinschaft wohl eher wegen ihrer im Einzelfall willkommenen Nebeneffekte vereinbart werden, zumal etwaige güterrechtliche Vorteile zwanglos durch Modifikation des gesetzlichen deutschen Güterstandes nachgebildet werden können.

1. Art. 5 WZGA als Schutz bei haftungsgünstiger Zuordnung der Familienwohnung

539 Auf einen solchen Nebeneffekt hat *Amann* aufmerksam gemacht.[1230] Wenn Ehegatten zur haftungsgünstigen Vermögensverteilung das Wohnhaus im Eigentum des nicht haftenden Ehegatten halten, so möchte der Ehegatte, welcher Haftungsgefahren ausgesetzt ist, der aber häufig das Familienwohnhaus allein finanziert, sich häufig durch ein **Veräußerungsverbot** davor sichern lassen, dass der andere Ehegatte aufgrund seiner Eigentümerstellung das Haus veräußert. Hierzu werden nicht selten **Rückübertragungsansprüche** für den Veräußerungsfall begründet und mit einer Vormerkung grundbuchlich abgesichert.[1231] Diesen Rückübertragungsansprüchen aber droht eine **Pfändung** durch Gläubiger des haftungsgefährdeten Ehegatten, weshalb statt eines Rückübertragungsrechtes die Abgabe eines Angebotes erwogen wird.[1232] Mit dem Verfügungsverbot nach Art. 5 WZGA steht nun eine **effektive Methode zur Verhinderung einer abredewidrigen Verfügung** zur Verfügung, **ohne dass ein Rückübertragungsanspruch begründet werden muss**. Nach Ablauf der Anfechtungsfristen im Hinblick auf eine Zuwendung der Familienwohnung besteht daher ein effektiver Schutz. Man wird darüber hinaus die Wahl-Zugewinngemeinschaft so modifizieren, dass auch für den Scheidungsfall ein passender Zugewinnausgleichsanspruch besteht, der auch bei der Wahl-Zugewinngemeinschaft vor Pfändung gem. § 852 Abs. 2 ZPO geschützt sein soll.[1233]

2. Zugewinnschaukel

540 Die sog. Güterstandsschaukel, ein Instrument zum steuerfreien Ausgleich des Zugewinns während bestehender Ehe durch Wechsel in die Gütertrennung, wird noch eingehend vorgestellt.[1234] Mit der Wahl-Zugewinngemeinschaft steht nun ein weiterer Güterstand zur Verfügung, zu dem hin »geschaukelt« werden kann. Mit dem Wechsel vom deutschen gesetzlichen Güterstand in die Wahl-Zugewinngemeinschaft wird der gesetzliche Güterstand beendet und die Zugewinnausgleichsforderung

---

1228 So die Gesetzesbegründung BT-Drucks. 17/5126, S. 10.
1229 Süß, ZErb 2010, 281, 284.
1230 Amann, DNotZ 2013, 252, 280 f.
1231 Zum Ganzen Kap. 3 Rdn. 159 ff.
1232 Kap. 3 Rdn. 177 f.; 1278 f.
1233 Amann, DNotZ 2013, 252, 281.
1234 Rdn. 658 ff.

entsteht. In der Wahl-Zugewinngemeinschaft läuft nun der Zugewinnausgleich weiter. Ggf. kann später erneut unter Ausgleich des Zugewinns zurück in den deutschen gesetzlichen Güterstand gewechselt werden. Man kann sich aber die Aufhebung der Gütertrennung mit Rückkehr in den gesetzlichen Güterstand »sparen« und hat auch keine Ehezeit ohne Zugewinn.[1235]

3. Pflichtteilsreduzierung

Wie bereits dargelegt wurde, lassen sich je nach Konstellation durch die Vereinbarung der Wahl-Zugewinngemeinschaft **Pflichtteile von Kindern absenken**, weil die Zugewinnausgleichsforderung als Nachlassverbindlichkeit vorweg abgezogen wird. Gleichzeitig kann der überlebende Ehegatte **die Erbschaft ansonsten antreten**, während er im gesetzlichen deutschen Güterstand ausschlagen müsste, um in den Genuss der güterrechtlichen Zugewinnausgleichsforderung zu kommen. Allerdings ist die Pflichtteilsquote von Abkömmlingen höher, weil es an der pauschalen Erhöhung der Erbquote des überlebenden Ehegatten fehlt. Daraus errechnet die Literatur einen »break even point« und hält die Wahl des Deutsch-Französischen Güterstandes dann für vorteilhaft, wenn »*der ausschließlich aus erzieltem Zugewinn bestehende Nachlass des Erstversterbenden mindestens dreimal höher ist als der Zugewinn des überlebenden Ehegatten.*«[1236] Eine Formel, die man nur leider zu Beginn eines Güterstandes kaum wird ausfüllen können. Wählt man aus diesem Grunde den neu zur Verfügung stehenden Güterstand, so wird man zugleich vertraglich dafür Vorsorge treffen müssen, dass die Ehegatten nicht in der erwarteten, sondern in anderer Reihenfolge versterben. 541

4. Erbschaftsteuerersparnis

Schließlich sei noch auf eine mögliche Erbschaftsteuerersparnis aufmerksam gemacht, die sich aus der nicht vorhandenen Anrechnungsbestimmung in § 1380 BGB ergibt. Aktuell wird diskutiert, dass bei **vorweggenommenen Zuwendungen**, welche später auf den Zugewinn **angerechnet** werden, sich das Volumen des im Todesfall noch vorhandenen **Zugewinns** im deutschen gesetzlichen Güterstand **drastisch reduziert**.[1237] Leider ist die Auswirkung von Zuwendungen unter Ehegatten bei der Wahl-Zugewinngemeinschaft noch ungeklärt.[1238] Zählen sie in das Anfangsvermögen, so führen sie beim Empfänger nicht zu einem Zugewinn. Da auch keine Anrechnung erfolgt, bleibt ein ungekürzter Zugewinnausgleichsanspruch beim Tode des Schenkers nochmals zur Verfügung. Die rechtssichere Ausnutzung dieser Gestaltung setzt freilich eine Klärung der Behandlung von Ehegattenzuwendungen voraus. 542

5. Ausschluss des Zugewinns auf Bodenwertsteigerungen

Insbesondere **im Bereich der Landwirtschaft** sieht *Grziwotz*[1239] eine **Empfehlung** für die Verwendung des neuen Güterstandes, da hier die Bodenwertsteigerung schon kraft Gesetzes nicht in den Zugewinn fällt. Zudem spreche für die Wahl dieses Güterstandes auch die fehlende pauschale Erhöhung der Erbquote und die Möglichkeit – ohne die Einschränkung des § 1365 BGB – im Vorfeld einer Scheidung eine Betriebsübergabe zu gestalten, die den Betrieb auf Abkömmlinge überträgt, ohne dass es grds. zu Zugewinnausgleichsansprüchen kommt. Ob dies die Unsicherheiten der Rechtsanwendung aufwiegt, muss jeder Vertragsgestalter selbst entscheiden, zumal es auch hier eines Ehevertrages bedarf, mit dem auch im gesetzlichen Güterstand entsprechende Modifizierungen vereinbart werden können. 543

1235 Jünemann, ZEV 2013, 353, 361.
1236 Knoop, NotBZ 2017, 202, 208; BRHP/Müller-Engels, § 2303 Rn. 44.
1237 Götz, ZEV 2013, 74 mit ausführlichen Berechnungsbeispielen.
1238 Nach Schaal, ZNotP 2010, 162, 169 zählen sie nicht zum Anfangsvermögen, nach Erman/Heinemann, Anh. § 1519, Rn. 15 doch.
1239 Grziwotz, AgrB 2016, 40 ff.

Kapitel 1

VIII. Fazit – Wahl-Zugewinngemeinschaft

544 Als Ergebnis lässt sich festhalten, dass die Wahl-Zugewinngemeinschaft **kaum Vorteile** gegenüber der gesetzlichen Zugewinngemeinschaft deutschen Rechts verspricht, soweit es den **güterrechtlichen Kern** betrifft.[1240] Sie mag zum Vermögensschutz aufgrund des Verfügungsverbotes nach Art. 5 WZGA taugen und kann in bestimmten Konstellationen zur Pflichtteilsreduzierung dienen. Vertraglich muss die Vereinbarung gut ausgearbeitet sein,[1241] um die Interdependenz mit dem Versorgungsausgleich zu regeln und den Anfall von Zugewinn zugunsten des erstversterbenden Ehegatten zu verhindern. Sie sollte zudem von einer **Rechtswahl** begleitet sein. Aufgrund der vielen aufgezeigten Rechtsunsicherheiten kann die Empfehlung einer breiten Anwendung aber derzeit noch immer nicht erteilt werden. Dabei ist noch nicht mit einbezogen, zu welchen Kalamitäten es bei einer Kündigung des Abkommens kommen kann, die möglich ist, deren Rechtsfolgen aber nicht geregelt sind.[1242]

F. Steuerliche Auswirkung der Güterstände

I. Einkommensteuerliche Folgen der Ehe

545 Vielfach knüpfen Steuergesetze besondere Rechtsfolgen an das Vorliegen der Ehe. Diese sind zumeist begünstigend, gelegentlich ergeben sich aber auch Nachteile. Nachfolgend sei auf die wichtigsten Folgen im Bereich der Einkommensteuer hingewiesen.

546 Nachdem das BVerfG ein »Machtwort« gesprochen hat,[1243] musste der Gesetzgeber die eingetragene Lebenspartnerschaft gleichstellen, was mit Erlass des § 2 Abs. 8 EStG geschehen ist, nach dem die Regelungen des EStG zu Ehegatten und Ehen auch auf Lebenspartner und Lebenspartnerschaften anzuwenden sind,[1244] und zwar nach § 52 Abs. 2a EStG für alle Fälle, in denen die Einkommensteuer noch nicht bestandskräftig festgesetzt ist.

547 Nachdem der Gesetzgeber nunmehr die Ehe auch für gleichgeschlechtliche Ehegatten geöffnet hat, können **Lebenspartnerschaften nicht mehr begründet** werden (§ 1 LPartG). Bestehende Lebenspartnerschaften können nach § 20a LPartG **in eine Ehe umgewandelt** werden. Das FG Hamburg[1245] hat Art. 3 Abs. 2 EheöffnungsG[1246] (für Rechte und Pflichten bleibt der Tag der Begründung der Lebenspartnerschaft maßgeblich) als ein rückwirkendes Ereignis i.S.d. § 175 Abs. 1 Satz 1 Nr. 2 AO angesehen, sodass damit denjenigen Ehegatten, die ihre Lebenspartnerschaft in eine Ehe umgewandelt haben, die **Zusammenveranlagung** zur Einkommensteuer **auch für bereits bestandskräftig einzelveranlagte Jahre verlangen können**, und zwar vom Beginn ihrer Lebenspartnerschaft an.

1. Veranlagungsformen und Ehegattensplitting

548 Wichtigste Vorschrift ist § 26 EStG. Diese erlaubt
- Ehegatten,[1247]
- die beide unbeschränkt einkommensteuerpflichtig sind und
- nicht dauernd getrennt leben,[1248]

1240 Skeptisch auch Keller/von Schrenck, JA 2014, 87, 94; Hoischen, RNotZ 2015, 317, 320; optimistischer Langenfeld/Milzer, Rn. 393.
1241 Vgl. hierzu die Formulierungsvorschläge in Kap. 2 Rdn. 724.
1242 Hoischen, RNotZ 2015, 317, 320.
1243 BVerfG, DStR 2013, 1228.
1244 Hierzu Merkt, DStR 2013, 2312 f.
1245 FG Hamburg, DStRK 2018, 311.
1246 BGBl. 2017 I, S. 2787 f.
1247 Bekräftigt aktuell durch FG Bremen, DStRE 2015, 1099.
1248 Näher hierzu: R 26 Abs. 1 EStR (2012) und H 26 EStH (2012): Feststellungen im Scheidungsverfahren steuerlich nicht verbindlich; ein gescheiterter Versöhnungsversuch unterbricht das dauernde Getrenntleben im Steuerrecht: Bergschneider/Engels, Rn. 9.8.; Beck'sches Steuer- und Bilanzrechts-

die Wahl zwischen Einzelveranlagung (§ 26a EStG) oder Zusammenveranlagung (§ 26b EStG), wenn diese Voraussetzungen zu Beginn des Veranlagungszeitraums vorliegen oder im Lauf des Veranlagungszeitraums eingetreten sind.[1249] Die Möglichkeit der Zusammenveranlagung bei grenzüberschreitenden Sacherhalten ist nach der Rechtsprechung des EuGH[1250] gesetzgeberisch erweitert worden (§ 1 Abs. 3 Satz 4 EStG), gilt aber gleichwohl nicht generell, sondern nur, soweit vom ausländischen Staat entsprechende Vergünstigungen nicht gewährt werden können, etwa weil dort kein Einkommen anfällt.[1251]

Bei der **Zusammenveranlagung**[1252] nach § 26b EStG werden die Einkünfte der Ehegatten zusammengerechnet und die Ehegatten gemeinsam als Steuerpflichtige behandelt. Es sind aber für jeden Ehegatten die von ihm bezogenen Einkünfte gesondert zu ermitteln.[1253] Die Ehegatten haben eine gemeinsame Steuererklärung abzugeben, § 25 EStG. Insb. ist für die Ehegatten dann der **Splittingtarif**[1254] nach § 32a Abs. 5 EStG anzuwenden, wonach die Steuer das 2-fache derjenigen Steuer beträgt, die sich für die Hälfte des gemeinsam zu versteuernden Einkommens ergibt. Hierdurch entstehen ganz erhebliche **Progressionsvorteile**, insb. bei Einverdiener- oder Diskrepanzehen.[1255]

549

Bei Zusammenveranlagung wirkt die Auszahlung einer **Steuerrückerstattung** an einen Ehegatten auch für und gegen den anderen Ehegatten, § 36 Abs. 4 Satz 3 EStG. Trotzdem kann es für das FA erforderlich werden, Feststellungen zur Erstattungsberechtigung zu treffen und ggf. die Höhe des auf jeden Ehegatten entfallenden Erstattungsbetrages zu ermitteln. Dies ist immer dann erforderlich, wenn das FA erkennt, dass die Ehe nicht mehr intakt ist. Erstattungsberechtigt ist dann derjenige Ehegatte, für dessen Rechnung der zu erstattende Betrag gezahlt worden war.[1256] Im Regelfall zusammenveranlagter Eheleute darf das FA jedoch aufgrund der Lebens- und Wirtschaftsgemeinschaft annehmen, dass der zahlende Ehegatte auch die Steuerschuld des anderen begleichen will; zunächst ist jede Zahlung allerdings auf die festgesetzte Steuer beider Ehegatten anzurechnen.[1257] In diesem Fall sind bei einer Überzahlung beide Ehegatten erstattungsberechtigt. Der Erstattungsbetrag ist dann zwischen ihnen hälftig aufzuteilen.[1258] Der BFH weist in seiner Entscheidung ausdrücklich

550

---

lexikon, Ehegattenbesteuerung, A II.; Klein/Perleberg-Kölbel, Kap. 2, Rn. 967 f.; findet ein drei- bis vierwöchiger Versöhnungsversuch über den Jahreswechsel statt, so soll für beide Jahre die Möglichkeit der Zusammenveranlagung bestehen, Perleberg-Kölbel, NZFam 2015, 904, 907; noch ungeklärt ist, ob besondere Umstände das Vorliegen zweier Lebens- und Wirtschaftsgemeinschaften rechtfertigen können, FG Köln, DStRE 2012, 280 zu einer Ehefrau, die schon längere Zeit im Koma lag. Das FG Münster (WKRS 2017, 11437) will die Zusammenveranlagung von der inneren Einstellung abhängig machen und auch bei einer Form räumlich getrennten Zusammenlebens (»living apart together«) anerkennen.

1249 Zur Auswirkung der verschiedenen Güterstände auf die Besteuerung: Fleischmann, NWB Fach 10, 1357.
1250 EuGH, DStR 2007, 232 f.
1251 BFH, DStR 2008, 2255 = NJW 2009, 1165.
1252 Zur Pflicht zur Zusammenveranlagung vgl. Kap. 5 Rdn. 164 ff. und Kap. 8 Rdn. 436 ff.; Tiedtke, FPR 2003, 400; Arens, FamRB 2004, 124 ff.; Quernheim, ZFE 2006, 7 ff.; BGH, DStR 2003, 1805.
1253 BFH, BStBl. 1988 II, S. 827.
1254 Zum verfassungsrechtlichen Schutz des Ehegattensplittings angesichts der Reformdiskussion: Kirchhof, FPR 2003, 387 ff., der i.Ü. darauf hinweist, dass Ehegatten ein gleiches Ergebnis auch durch den Zusammenschluss zu einer Gesellschaft erreichen könnten. Mit verfassungsrechtlichen Argumenten gegen das Ehegattensplitting: Zuleeg, DÖV 2005, 687 ff.; für das Ehegattensplitting: BFH, BFH/NV 2005, 46; vgl. hierzu Papier, DStR 2007, 973 ff.; Broer, BB 2013, 2208 f.; Bareis, DStR 2015, 456; Becker/Englisch, DStR 2016, 1005; Spangenberg, ZRP 2018, 23.
1255 Für ein Familiensplitting plädieren Kanzler, FamRZ 2004, 70 f.; Pfab, ZRP 2006, 212; Jachmann/Liebl, DStR 2010, 2009; Haupt/Becker, DStR 2013, 734 f.; dagegen von Renesse, ZRP 2013, 87 ff.; eine Standortbestimmung findet sich bei Benedict, JZ 2013, 477 f. Die Bundesregierung hat auf eine Kleine Anfrage mitgeteilt, am Ehegattensplitting derzeit nichts ändern zu wollen (BT-Drucks. 19/7611 vom 11.02.2019).
1256 So BMF, DStR 2012, 132, 133; FG Saarland, EFG 2005, 13.
1257 BFH, DStR 2011, 1070.
1258 BFH, DStRE 2006, 380 = NJW 2006, 942.

darauf hin, dass unerwünschte Folgen vermieden werden können, indem der Zahlende dem FA ggü. erklärt, nur auf die eigene Steuerschuld zahlen zu wollen. Solches ist also immer dann anzuraten, wenn die Ehe nicht mehr intakt ist. Entscheidend ist, dass dieser Wille bereits im Zeitpunkt der Zahlung deutlich gemacht wird. Die Rückerstattung richtet sich allein nach diesem formalen Punkt, nicht danach, wer den Tatbestand verwirklicht hat, aufgrund dessen es nun zu einer Rückerstattung kommt.[1259] Nicht entscheidend soll demgegenüber sein, von wem und aus wessen Mitteln die Steuern gezahlt wurden.[1260]

▶ **Gestaltungsempfehlung:**

551   In einer Ehekrise sollte bei Steuerzahlungen stets angegeben werden, für wessen Rechnung die Steuerzahlung erfolgt.

552   Allerdings kann jeder zusammenveranlagte Ehegatte nach Maßgabe der §§ 268 ff. AO eine **Aufteilung rückständiger Steuern** beantragen. Die Steuer ist alsdann nach dem Verhältnis der Beträge aufzuteilen, die sich bei getrennter Veranlagung ergeben würden (§ 270 AO).[1261]

Werden Ehegatten anders als im Verlustrücktragsjahr nicht mehr zusammenveranlagt, so wird ein bleibender **Verlustvortrag** in dem Verhältnis aufgeteilt, in dem die Verluste im Verlustentstehungsjahr auf die einzelnen Ehegatten entfallen, § 62d Abs. 2 EStDV.

553   Mit dem VZ 2013 wurde die **getrennte Veranlagung und auch die besondere Veranlagung nach § 26c EStG a.F. abgeschafft**.[1262] Seither besteht nur noch die Möglichkeit der **Einzelveranlagung**, die nur auf Antrag durchgeführt wird (§ 26 Abs. 3 EStG). Hierbei sind jedem Ehegatten seine Einkünfte zuzurechnen und jeder Ehegatte versteuert seine eigenen Einkünfte entsprechend seinem Steuersatz. Sonderausgaben, außergewöhnliche Belastungen etc. werden demjenigen Ehegatten zugerechnet, der sie getragen hat, soweit nicht übereinstimmend eine hälftige Zurechnung beantragt wird.[1263] Eine Einzelveranlagung wird regelmäßig nur in Ausnahmefällen für Ehegatten vorteilhaft sein, so etwa bei Vorsorgeaufwendungen im Hinblick auf die Ausschöpfung des Vorwegabzugs;[1264] ebenso mag eine Einzelveranlagung sinnvoll sein bei steuerfreien Auslandseinkünften mit Progressionsvorbehalt[1265] oder wenn bei einer Verrechnung von Verlusten in der Zusammenveranlagung bei Geringverdienern gar keine Steuerersparnis eintritt.[1266] Der Antrag auf Einzelveranlagung ist steuerlich auch dann beachtlich, wenn sich aus dem Zivilrecht eine Pflicht zur Zustimmung zur Zusammenveranlagung[1267] ergibt, solange diese Pflicht nicht festgestellt ist.[1268] Er führt zwingend dazu, dass auch der andere Ehegatte einzeln veranlagt wird.[1269] Dies gilt selbst dann, wenn dem anderen Ehegatten ggü. der Zusammenveranlagungsbescheid bereits bestandskräftig geworden ist, denn der Antrag auf Einzelveranlagung stellt insoweit ein rückwirkendes Ereignis dar.[1270] Sind beide Ehegatten getrennt (nun einzeln) veranlagt worden und ist diese Veranlagung jeweils bestandskräftig, so kann eine Zusammenveranlagung nicht mehr beansprucht werden.[1271]

554   Allerdings wollen die Folgen einer abredewidrigen Einzelveranlagung gut bedacht sein. Eine solche Veranlagung kann nämlich, wenn gemäß der getroffenen Absprachen die Unterhaltszahlung auf-

---

1259 BMF, DStR 2012, 132, 133.
1260 BMF, DStR 2012, 132, 133 f., Tz. 3.1.
1261 Hierzu Hagen, NWB Fach 2, 8761 ff.
1262 Zur Neuordnung der Veranlagungsarten: OFD Frankfurt, DB 2012, 2193 f.
1263 Zur Neuregelung Gerz, SteuK 2013, 5.
1264 Weitere Beispiele und Nachweise bei Bergschneider/Engels, Rn. 9.32.
1265 Arens, FamRB 2004, 124, 127.
1266 Christ, FamRB 2007, 54, 57.
1267 Hierzu näher Kap. 8 Rdn. 436 ff.
1268 FG Köln, EFG 2005, 703.
1269 FG Berlin, EFG 2004, 1458 f.; BFH, FamRZ 2006, 1754.
1270 BFH, DStR 2005, 1359.
1271 BFH, FamRB 2015, 223.

grund einer Zusammenveranlagung bemessen worden war, zu einem Anspruch auf Rückzahlung überzahlten Unterhalts führen.[1272] Sie kann zudem Schadensersatz und Freistellungsansprüche auslösen.[1273]

Verfahrensrechtlich wird das Veranlagungswahlrecht nun durch Angabe in der Steuererklärung ausgeübt, § 26 Abs. 2 Satz 3 EStG. Ob diese Wahl bindend ist, darüber bestehen unterschiedliche Auffassungen.[1274] Der BFH erkennt einen Widerruf bis zur Unanfechtbarkeit an.[1275] Für den Fall einer Bindung wird die vorherige Ankündigung von Schadensersatzforderungen im Fall unberechtigter Einzelveranlagung empfohlen.[1276] Wenn eine Bindung anzunehmen ist, dann kann nämlich nicht mehr auf Zustimmung geklagt werden. Daher ergeht z.T. der vorsichtige Ratschlag, nur noch auf Zustimmung zur Zusammenveranlagung zu klagen, wenn noch keine Einzelveranlagung beantragt war.[1277]

555

§ 26 Abs. 2 Satz 4 EStG hat die Möglichkeit, die Veranlagungsart zu ändern, gegenüber Änderungs- oder Berichtigungsbescheiden eingeschränkt und an die dort genannten Voraussetzungen gebunden.

556

▶ **Hinweis:**
Da derzeit die Möglichkeit der Änderung der Veranlagungswahl umstritten ist, sollte bis zu einer Klärung bei Klagen auf Zustimmung zur Zusammenveranlagung Vorsicht walten.

557

Die Wahl der Einzelveranlagung kann auch nach der Eröffnung eines Insolvenzverfahrens über das Vermögen des anderen Ehegatten noch getroffen werden.[1278] Der Insolvenzverwalter kann eine Zustimmung zur Zusammenveranlagung nicht verlangen, um dadurch auf den Verlustvortrag des nicht insolventen Ehegatten zugreifen zu können.[1279] Nach Ansicht des BFH kann der **Insolvenzverwalter** aber **für den Gemeinschuldner** einen Antrag auf getrennte Veranlagung im Rahmen eines Einspruchsverfahrens gegen den noch nicht bestandskräftigen Bescheid auf der Basis einer Zusammenveranlagung stellen.[1280]

558

2. Freibeträge

In vielen Fällen ordnet das Gesetz an, dass sich bei zusammenveranlagten Ehegatten bzw. Ehegatten, die nicht dauernd getrennt leben, Freibeträge oder sonstige Grenzbeträge, an die das Steuergesetz bestimmte Konsequenzen knüpft, verdoppeln. Dies ist etwa der Fall bei:
– § 10 Abs. 3 EStG (Höchstbeträge für Vorsorgeaufwendungen);
– § 10b Abs. 2 EStG (Zuwendungen an politische Parteien);
– § 10c EStG (Sonderausgaben-Pauschbetrag);
– § 13 Abs. 3 Satz 3 EStG (Einkünfte aus Land- und Forstwirtschaft);
– § 14a Abs. 1 Satz 1 Nr. 2 EStG (Freibetrag bei Veräußerung land- und forstwirtschaftlicher Betriebe);
– § 14a Abs. 4 EStG (Freibetrag für Abfindung weichender Erben);
– § 14a Abs. 5 Satz 2 EStG (Freibetrag zur Altschuldentilgung);
– § 20 Abs. 9 EStG (Sparer-Pauschbetrag);

559

1272 OLG Hamm, FamRB 2013, 314.
1273 OLG Celle, NZFam 2019, 557; OLG Koblenz, FuR 2019, 357.
1274 Gegen eine Bindung Ettlich in Blümich EStG, § 26 Rn. 110, soweit nicht ab VZ 2013 § 26 Abs. 2 Satz 4 EStG greift.
1275 BFH, DStR 2018, 2269.
1276 Schlünder/Geißler, FamRZ 2013, 348.
1277 Engels, FF 2013, 393.
1278 FG Münster, DStRE 2014, 348.
1279 OLG Schleswig, NJW 2014, 3523; hierzu Schöler, DStR 2014, 2349; Perleberg-Kölbel NZFam 2014 1080 f.
1280 BFH, DStRE 2018, 2.

- § 32 Abs. 6 EStG (Kinderfreibetrag);
- § 34g Satz 2 EStG (Höchstbetrag der Steuerermäßigung bei Zuwendungen an politische Parteien);
- § 39a Abs. 3 EStG (Freibeträge auf der Lohnsteuerkarte).

3. Lohnsteuerklassen

560 Die Einstufung in eine Lohnsteuerklasse hängt nach der Bestimmung des § 38b EStG von der Verehelichung ab. Neben der herkömmlichen Kombination der Lohnsteuerklassen IV/IV oder III/V lässt § 39f EStG ab dem VZ 2010 die Möglichkeit zu, ein sog. Faktorverfahren unter Zugrundelegung jeweils der Steuerklasse IV zu wählen, ab VZ 2015 sogar mit zweijähriger Gültigkeit.[1281] Das Faktorverfahren soll zu einer genaueren Berechnung der Steuern führen und die Abzüge jedes Ehegatten im Verhältnis zum anderen zutreffender abbilden. Durch Eintragung eines Faktors (Multiplikators) in der Lohnsteuerkarte wird die steuermindernde Wirkung des Splittings bereits beim Lohnsteuerabzug berücksichtigt. Den höchsten Gesamtnettolohn dürften die Ehegatten jedoch voraussichtlich eher mit der traditionellen Steuerklassenkombination III/V erzielen.[1282] Mit dem VZ 2018 wurde in **§ 38b Abs. 3 Satz 2 EStG** die Möglichkeit eingeführt, dass der Wechsel von der Steuerklasse III oder V in die **Steuerklasse IV** auch auf nur **einseitigen Antrag** eines Ehegatten vollzogen wird und der andere Ehegatte dann zwingend ebenfalls in Steuerklasse IV eingruppiert wird.[1283]

4. Sonderausgaben

561 Nach § 10 Abs. 1a Nr. 1 EStG sind Unterhaltszahlungen an den geschiedenen oder dauernd getrennt lebenden unbeschränkt einkommensteuerpflichtigen Ehegatten bis zu 13.805,00 € kalenderjährlich als Sonderausgabe abzugsfähig.[1284]

5. Begünstigung bei der Altersversorgungszulage

562 Es besteht eine gesonderte **Zulageberechtigung** nach § 79 Satz 2 EStG. Sofern das Altersvorsorgevermögen dem Ehegatten zugutekommt, ist eine schädliche Verwendung i.d.R. ausgeschlossen, §§ 92a Abs. 2a, 3 Nr. 3 und 93 Abs. 1c) EStG.

6. Versagung bei Anschaffung vom Ehegatten

563 Um zu verhindern, dass Ehegatten durch Weiterveräußerung untereinander Abschreibungsmöglichkeiten generieren, ordnen manche Vorschriften an, dass solche steuerlichen Vergünstigungen nicht für eine Anschaffung vom Ehegatten gewährt werden (z.B. § 7b Abs. 1 Satz 4 Nr. 1 EStG a.F. bis VZ 2014). Unschädlich soll eine Anschaffung – entscheidend also der Übergang von Besitz, Nutzen und Lasten – vom anderen Ehegatten nach der Trennung sein, da dann die Voraussetzungen der Zusammenveranlagung zu diesem Zeitpunkt nicht mehr vorliegen.[1285]

7. Doppelte Haushaltsführung ohne zeitliche Begrenzung

564 Das BVerfG[1286] hat die Regelung des § 9 Abs. 1 Satz 3 Nr. 5 EStG, welche die Abzugsfähigkeit von Aufwendungen im Fall der doppelten Haushaltsführung auf zwei Jahre begrenzt, insoweit für verfassungswidrig erklärt, als beiderseits berufstätige Ehegatten betroffen sind, da sie dann gegen

---

1281 FinBeh Hamburg, DStR 2016, 537.
1282 Ausführlich hierzu Schaffhausen/Plenker, DB 2009, 2178; Christ, FamRB 2009, 390 und Beyer-Petz/Ende, DStR 2009, 2583 je mit Berechnungsbeispielen; ferner Merkblatt des BMF zur Steuerklassenwahl bei Arbeitnehmer-Ehegatten für das Jahr 2019 vom 09.11.2018, BeckVerw 442349.
1283 Hierzu Christ, FamRB 2017, 322 f.
1284 Hierzu Kap. 6 Rdn. 688.
1285 Wälzholz, FamRB 2003, 68, 29.
1286 BVerfG, DStR 2003, 633, 635 = FamRZ 2003, 826 f.

F. Steuerliche Auswirkung der Güterstände **Kapitel 1**

Art. 6 GG verstoße. Inzwischen wurde § 9 Abs. 1 Satz 3 Nr. 5 EStG geändert und § 4 Abs. 5 Satz 1 Nr. 6a EStG aufgehoben[1287] und die Finanzverwaltung hat zur Thematik Stellung genommen.[1288] Über andere Fallgruppen, insb. die Frage einer zeitlichen Begrenzung bei Alleinverdienern, hat das BVerfG damit noch nicht entschieden.[1289] Wird i.R.d. doppelten Haushaltsführung eine Wohnung vom anderen Ehegatten angemietet, soll es sich nicht um einen Gestaltungsmissbrauch handeln.[1290] Nach neuerer Rechtsprechung kann die doppelte Haushaltsführung auch in Fällen sog. Wegverlegung, also nach einer Verlegung des Wohnsitzes weg vom Beschäftigungsort und unter Beibehaltung der früheren Familienwohnung als Erwerbswohnung, berücksichtigt werden.[1291]

8. Rechtsverhältnisse zwischen nahen Angehörigen

Die steuerliche Anerkennung von Verträgen, die zwischen Ehegatten geschlossen werden, unterliegt z.T. strengeren Anforderungen als dies bei Verträgen zwischen Dritten der Fall ist.[1292] Diese Grundsätze können nicht auf Verträge zwischen **Partnern einer nichtehelichen Lebensgemeinschaft** übertragen werden, sodass diese insofern besserstehen.[1293]   **565**

So ordnen z.B. die Einkommensteuerrichtlinien an, dass **Arbeitsverhältnisse** zwischen Ehegatten nur anerkannt werden, wenn sie ernsthaft vereinbart und entsprechend der Vereinbarung tatsächlich durchgeführt werden sowie einem Fremdvergleich standhalten.[1294] Nach Ansicht des BFH hindert etwa die Auszahlung des Arbeitslohnes nur einmal im Jahr anstelle der vereinbarten monatlichen Zahlung die Anerkennung,[1295] selbst wenn zuvor über mehrere Jahre eine geordnete Zahlung stattfand und im streitigen Jahr Lohnsteuer und Sozialversicherung abgeführt wurden.[1296] Nicht anerkannt wurde auch ein Arbeitsverhältnis, bei dem die Lohnzahlung auf ein Konto des Arbeitgeber-Ehegatten erfolgte,[1297] ausreichend hingegen ist die Zahlung auf ein Oder-Konto beider Ehegatten.[1298]   **566**

Auch für **Miet- und Pachtverträge** bestehen dementsprechende Einschränkungen.[1299] Sie müssen, insb. in Bezug auf die Höhe der Miete,[1300] einem Fremdvergleich standhalten und buchstabengetreu erfüllt werden. Selbst geringe Abweichungen wurden als steuerschädlich betrachtet.[1301] Hier scheint sich ein Wandel anzudeuten, nachdem der BFH nunmehr auf die Gesamtheit der objektiven Gegebenheiten abstellen will und einzelne Abweichungen vom Üblichen nicht notwendig die Anerkennung gefährden.[1302] Zudem hat der BFH entschieden, dass die zivilrechtliche Unwirksamkeit nur   **567**

1287 Steueränderungsgesetz 2003, BStBl. 2003 I, S. 710; vgl. auch Odenthal/Seifert, DStR 2003, 1282 f.
1288 BfF, DStR 2004, 913.
1289 KÖSDI 2003, 13702; krit. zu dieser Unterscheidung: Kamm, FamRZ 2003, 1081.
1290 BFH, BStBl. 2003 II, S. 627; hierzu Heuermann, BB 2003, 1465 f.
1291 BFH, BStBl. 2009 II, 2012; BMF, BStBl. 2009 I, 1599.
1292 Vgl. zusammenfassend Kulosa, DB 2014, 972 ff.
1293 BFH, BStBl. 1988 II, S. 670; BGH, ZInsO 2011, 784.
1294 R 4.8 Abs. 1 EStR (2012); H 4.8. EStH (2011); vgl. eingehend Kap. 5 Rdn. 456 ff. zur steuerlichen Anerkennung von Ehegattenarbeitsverhältnissen: Ballof, EStB 2005, 230 ff.; Seier/Seier, ZFE 2005, 164 ff., 180 ff.
1295 BFH, BStBl. 1982 II, S. 119.
1296 BFH, BStBl. 1991 II, S. 842.
1297 BFH, BStBl. 1983 II, S. 663.
1298 BVerfG, BStBl. 1996 II, S. 34.
1299 Vgl. etwa Paus, NWB Fach 3, 11227; Spindler, DB 1997, 643 ff.; H 21.4. EStH (2011) mit Rechtsprechungsnachweisen; näher Kap. 5 Rdn. 469.
1300 Beträgt die Miete weniger als 66 % der ortsüblichen Miete, ist nach § 21 Abs. 2 EStG eine Aufteilung in einen entgeltlichen und einen unentgeltlichen Teil vorzunehmen. Beträgt die Miete zwischen 66 und 75 % der ortsüblichen Miete, so ist die Einkunftserzielungsabsicht anhand einer Überschussprognose zu prüfen (BFH/NV 2003, 253).
1301 BFH, BStBl. 1993 II, S. 834.
1302 BFH, NV 2001, 305 und BFH, NV 2001, 594.

noch indizielle Bedeutung hat.[1303] Dem folgt die Finanzverwaltung nicht.[1304] Eine Anerkennung scheidet aus, wenn die Mietzahlungen nicht regelmäßig erfolgen[1305] oder der Mieter die Miete nicht selbst aufbringen kann; anerkannt wird jedoch die Zahlung der Miete durch das minderjährige Kind aus dem Unterhalt.[1306]

Diese Einschränkungen sind nicht auf Partner einer nichtehelichen Lebensgemeinschaft übertragbar, es sei denn, der Vertrag betrifft die gemeinsam genutzte Wohnung.[1307]

568 Schließlich sind auch bei **Darlehensverträgen** zwischen Ehegatten die Voraussetzungen zu beachten,[1308] wonach die Verträge bürgerlich-rechtlich wirksam abgeschlossen sein müssen, tatsächlich durchgeführt werden sowie einem Fremdvergleich standhalten müssen. Hierbei setzt der Fremdvergleich voraus, dass Vereinbarungen über die Laufzeit und Rückzahlungsweise getroffen sind, die Zinsen zu den Fälligkeitszeitpunkten entrichtet werden und der Rückzahlungsanspruch ausreichend besichert ist, wobei hinsichtlich der Besicherung bei wirtschaftlich voneinander unabhängigen Angehörigen eine Abweichung möglich ist.[1309] Restriktiv ist die Finanzverwaltung bei der Anerkennung von Darlehen, wenn die Darlehensbeträge nach einer vorausgegangen Schenkung gewährt wurden und die Schenkung von der Rückgewähr als Darlehen abhängig war.[1310] Allerdings wird die Abhängigkeit nicht mehr aufgrund naher zeitlicher Abfolge vermutet, sondern es ist eine Beurteilung der Gesamtumstände vorzunehmen.[1311] Dabei stellt der BFH bei der Intensität der Prüfung des Fremdvergleichs neuerdings auf den Anlass der Darlehensaufnahme ab. Eine besonders strikte Prüfung habe zu erfolgen, wenn die Darlehensmittel zuvor vom Darlehensnehmer geschenkt worden sind oder wenn in einem Rechtsverhältnis für das laufende Auszahlungen charakteristisch sind, die tatsächliche Auszahlung durch eine Darlehensvereinbarung ersetzt wird. In anderen Fällen, in denen auch das Interesse des Darlehensgläubigers an einer gut verzinslichen Geldanlage zu berücksichtigen sind, können ergänzend beim Fremdvergleich auch Vereinbarungen aus dem Bereich der Geldanlage herangezogen werden.[1312] Dies ist inzwischen auch vom BMF anerkannt.[1313]

569 **Kaufverträge** zwischen nahen Angehörigen unterliegen gleichfalls einer Prüfung, ob sie hinsichtlich ihrer Hauptpflichten einem **Fremdvergleich** standhalten.[1314] Von dieser Prüfung hängt es ab, ob dann Mietverträge des Käufers anerkannt werden können. Einen solchen Fremdvergleich hat der BFH anerkannt, auch wenn der Verkäufer zugleich Sicherungsgeber für die Bank ist, die dem Käufer den Kaufvertrag finanziert hat.[1315] Der Darlehensvertrag wurde insofern nicht in die Prüfung der Fremdüblichkeit des Kaufvertrages einbezogen. Anders hat das FG Baden-Württemberg[1316] entschieden für den Fall, dass der Verkäufer nicht nur Sicherungsgeber, sondern zugleich Gesamtschuldner des Bankdarlehens ist. Es hat in einem solchen Fall den Kaufvertrag steuerlich nicht anerkannt.

570 Besonders attraktiv geworden sind steuerliche Gestaltungen unter Ehegatten, seit der BFH in diesem Zusammenhang die Schuldübernahme eines bisher privaten Darlehens durch den Käufer-Ehe-

---

1303 BFH, DStRE 2006, 1372.
1304 BMF, DStR 2007, 805.
1305 FG München, DStRE 2012, 826.
1306 Kulosa, DB 2014, 972, 973.
1307 R 21.4 EStR (2012).
1308 Aktuell BMF, DStR 2011, 75 f.; näher Kap. 5 Rdn. 469.
1309 BFH, DStR 2000, 1049.
1310 Vgl. BMF, DStR 2011, 75 f.
1311 BMF, BStBl. 2001 I, S. 348 im Anschluss an BFH, DStR 2001, 479.
1312 BFH, DStR 2013, 2677 f.
1313 BMF v. 29.04.2014, DStR 2014, 953.
1314 Hierzu Kiesow, DStR 2013, 2252 f.
1315 BFH, DB 2002, 2689 = BStBl. 2003 II, S. 243.
1316 FG Baden-Württemberg, DStRE 2006, 595 f.

gatten und die Umwidmung der zuvor privaten Schuldzinsen in Werbungskosten aus Vermietung und Verpachtung anerkannt hat.[1317]

Unbeachtlich soll beim Fremdvergleich eines Kaufvertrages ein unter dem gemeinen Wert liegender Kaufpreis sein. Der BFH will dann den Vorgang aufspalten in einen unentgeltlichen und einen entgeltlichen Teil.[1318]

▸ Gestaltungsempfehlung:

Es empfiehlt sich zunehmend wirtschaftliche Beziehungen zwischen Ehegatten auf gesonderter vertraglicher Grundlage zu regeln. Hierbei sind die strengen Anforderungen der Finanzverwaltung für die Anerkennung von Vertragsverhältnissen zwischen nahen Angehörigen zu beachten!   571

Manche dieser steuerrechtlichen Wertungen sind angesichts des Grundrechtes des Art. 6 GG bedenklich, denn aus diesem Grundrecht leitet das BVerfG ein Benachteiligungsverbot ab, das es verbietet, Ehegatten im Verhältnis zu Ledigen allein deshalb schlechter zu stellen, weil sie verheiratet sind.[1319] Aus diesem Grund ist durchaus zweifelhaft, ob es gerechtfertigt ist, etwa im Bereich der Betriebsaufspaltung von der Vermutung auszugehen, Ehegatten verfolgten gleichgerichtete Interessen oder in der Führung eines Oder-Kontos ein nicht widerlegbares Indiz für einen fehlenden Leistungsaustausch zu sehen.[1320]   572

II. Zugewinnausgleich und Schenkungsteuer, § 5 ErbStG

Untersucht man über die Steuerfolgen der Ehe hinaus die Folgen des jeweiligen ehelichen Güterstandes für die Besteuerung, so ist der Güterstand einkommensteuerrechtlich kaum mehr von Belang, seit die Zusammenveranlagung den Ehegatten die Möglichkeit gibt, sich die steuergünstigste Veranlagung auszuwählen.   573

Eine wichtige und sogar die Güterstandswahl häufig beeinflussende Vorschrift ist jedoch § 5 ErbStG. Diese Vorschrift stellt in noch darzustellendem Umfang den Zugewinn von der Schenkung- bzw. Erbschaftsteuer frei. Es ist außerordentlich wichtig, schon beim Abschluss des Ehevertrages darauf zu achten, sich spätere Schenkungsteuervergünstigungen zu erhalten.[1321] Daher sollten jedenfalls Eheverträge vermögender Beteiligter nicht ohne Abstimmung mit der steuerlichen Beratung geschlossen werden.   574

In der Praxis werden aus diesem Grund eher selten Gütertrennungen vereinbart, sondern vorzugsweise der Ausschluss des Zugewinns im Scheidungsfall, denn das Ausnutzen der Möglichkeiten des § 5 ErbStG kann bei großen Vermögen und hohem Zugewinn beträchtliche Ersparnisse bewirken.[1322] Zudem hat nunmehr auch die höchstrichterliche Rechtsprechung die sog. Güterstandsschaukel gebilligt, sodass ein entsprechendes Vorgehen rechtlich gesichert ist.[1323] Wenn dennoch Gütertrennung gewünscht wird, mag ein entsprechender Belehrungsvermerk angebracht sein, ohne dass er verpflichtend wäre: 575

▸ Formulierungsvorschlag: Belehrung § 5 ErbStG bei Gütertrennung

Der Notar hat darüber belehrt, dass bei Gütertrennung ein eventueller Steuervorteil durch die Steuerfreistellung der Zugewinnausgleichsforderung nach § 5 ErbStG verloren geht.   576

1317 BFH, DB 2011, 2752; hierzu Kiesow, DStR 2013, 2252.
1318 BFH, DStR 2005, 733.
1319 BVerfGE 69, 188, 205.
1320 Zu Recht insofern krit. Mellinghoff, DStR 2003, Beihefter 3, 3, 12.
1321 Jülicher, ZEV 2006, 338; vgl. zu § 5 ErbStG Schlünder, FuR 2009, 61 ff.
1322 Gegenläufig aber Kanzleiter, in: Bayer/Koch, 65, 70.
1323 BFH, ZEV 2005, 490 m. Anm. C. Münch.

1. Steuerfreiheit der fiktiven Zugewinnausgleichsforderung

577 § 5 Abs. 1 ErbStG stellt im Todesfall, wenn der Zugewinn über das erbrechtliche Viertel des § 1371 Abs. 1 BGB ausgeglichen wird, eine **fiktive Zugewinnausgleichsforderung**, wie sie sich nach § 1371 Abs. 2 BGB errechnet, steuerfrei.[1324] Dabei ist auch eine Indexierung vorzunehmen.[1325] Anrechte, die dem Versorgungsausgleich unterliegen, sind nicht zu berücksichtigen.[1326]

578 Im Todesfall **erhöht sich der gesetzliche Erbteil** des überlebenden Ehegatten nach § 1371 Abs. 1 BGB **um ein Viertel**.[1327] Diese Erhöhung kommt aber nur in Betracht, wenn der überlebende Ehegatte gesetzlicher oder durch Verfügung von Todes wegen berufener Erbe oder Vermächtnisnehmer ist.[1328] Ist der überlebende Ehegatte hingegen weder **Erbe noch Vermächtnisnehmer**, so greift die güterrechtliche Lösung nach § 1371 Abs. 2 BGB ein. Er erhält in diesem Fall neben dem Zugewinn nur den kleinen, d.h. aus dem nicht erhöhten Erbteil berechneten Pflichtteil. Der überlebende Ehegatte hat im gesetzlichen Güterstand immer das Recht, den **Erbteil auszuschlagen** und stattdessen – entgegen den sonstigen Regelungen zum Pflichtteil – den Pflichtteil und den tatsächlichen Zugewinn zu verlangen § 1371 Abs. 2, Abs. 3 BGB.

579 Nur dann, wenn es zur erbrechtlichen Lösung nach § 1371 Abs. 1 BGB kommt, greift die Vorschrift des § 5 Abs. 1 ErbStG ein.

580 Danach ist zwar eine fiktive Zugewinnausgleichsforderung zu berechnen, wie sie sich bei Durchführung der güterrechtlichen Lösung ergäbe, jedoch enthält § 5 Abs. 1 ErbStG zahlreiche Anordnungen zur **steuerlich abweichenden Berechnung dieser fiktiven Zugewinnausgleichsforderungen**:[1329]

581 Abweichende **vertragliche Regelungen** des Güterstandes werden **nicht berücksichtigt**. Danach ist zum einen durch Ehevertrag eine Erhöhung der Zugewinnausgleichsforderung steuerwirksam nicht möglich.

582 Zum anderen bleiben aber auch nach den Kommentierungen in der Literatur diejenigen güterrechtlichen Verträge unberücksichtigt, welche den Zugewinn verringern. So kann z.B. die Herausnahme des Betriebsvermögens aus dem Zugewinn dazu führen, dass zivilrechtlich nur noch ein geringer Zugewinn ausgleichungspflichtig bleibt. Erbschaftsteuerlich wird aber nach § 5 Abs. 1 ErbStG der Zugewinn unter Einbeziehung der herausgenommenen Vermögenswerte berechnet.[1330] Dies kann ganz erhebliche **Steuervorteile** zur Folge haben.

1324 Diese Bestimmung hat nunmehr durch ausdrückliche Verweisung auf § 6 LPartG auch Geltung für Lebenspartnerschaften.
1325 BFH, DStRE 2007, 1386.
1326 BFH, FamRZ 2010, 1662.
1327 Näher hierzu: Rdn. 18 ff.
1328 Reimann/Bengel, A.125.
1329 Ergänzend R E 5.1. ErbStR (2019); danach wird der Kaufkraftschwund nunmehr – entsprechend der zivilrechtlichen Handhabung – aus dem Zugewinn herausgerechnet, was eine erhebliche Steuerverschärfung darstellt. Hierzu Meincke, in: FS für Wacke, S. 2001, 267 ff.; Piltz, ZEV 1999, 98 f.; FG Düsseldorf, DStRE 2006, 539.
1330 Götz, INF 2001, 417 ff., 460, 461; Troll/Gebel/Jülicher, § 5 Rn. 236; Meincke/Hannes/Holtz, § 5 Rn. 28; Scherer, BB-Spezial 5/04 m.w.N.; Hamdan/Quernheim, ZFE 2005, 228, 232; Jülicher, ZEV 2006, 338, 341; Schlünder/Geißler, FamRZ 2006, 1655 f.; Weckerle, in: Höland/Sethe, 70; Grund, MittBayNot 2008, 19, 20; Schlünder/Geißler in Münch, Familienrecht, § 18, Rn. 6 ff.; dem folgend nun auch Langenfeld/Milzer, Rn. 246. Ob man so weit gehen kann, den Freibetrag nach § 5 Abs. 1 ErbStG auch dann zu bejahen, wenn ein Zugewinn gänzlich ausgeschlossen ist (so Grund, MittBayNot 2008, 19, 20 m.w.N. auch zur Gegenmeinung), darüber bestehen unterschiedliche Ansichten, sodass der Vertragsgestalter wohl beraten ist, einen Zugewinn bestehen zu lassen.

F. Steuerliche Auswirkung der Güterstände

▶ **Gestaltungsempfehlung:**

Die Herausnahme von Vermögensteilen aus dem Zugewinn kombiniert mit der erbrechtlichen Lösung beim Zugewinn führt zu ungeminderter Erbschaftsteuerersparnis nach § 5 Abs. 1 ErbStG. 583

Die **Vermutung des § 1377 Abs. 3 BGB**, wonach das Endvermögen dem Zugewinn entspricht, **gilt nicht**. Das bedeutet, dass dem **Finanzamt** ggü. zur Geltendmachung der Erbschaftsteuerfreistellung des fiktiven Zugewinnausgleichsbetrages der **Zugewinn nachgewiesen werden muss**. »*Wird quasi ›falsch herum‹ gestorben, indem der ausgleichsverpflichtete Ehegatte überlebt, findet § 5 Abs. 1 ErbStG keine Anwendung.*«[1331] 584

Wenn dies nach langer Ehe beim Tod eines Ehepartners gefordert wird, so sind die Nachweise über das Anfangsvermögen zumeist nur noch spärlich vorhanden. So werden viele Unterlagen auch der Kreditinstitute nach Ablauf von zehn Jahren vernichtet und sind daher nur schwer wiederzubeschaffen. Aus diesem Grund sollten Ehegatten bereits bei Eingehen der Ehe das Anfangsvermögen aufnehmen. Die Aufnahme eines Verzeichnisses über das Anfangsvermögen ist also in mehr Fällen ratsam als sie bisher in der Praxis vorkommt.

Dies gilt nunmehr auch aus zivilrechtlichen Gründen verstärkt. Nach der Reform gibt es zwar negatives Anfangsvermögen, die Vermutung des § 1377 Abs. 3 BGB, dass das Anfangsvermögen null sei, gilt aber weiter.

▶ **Gestaltungsempfehlung:**

Im Hinblick auf die Nachweisschwierigkeiten ggü. dem FA sollte das Anfangsvermögen jedes Ehegatten beweiskräftig festgehalten sein, um später die Voraussetzungen des § 5 ErbStG nachweisen zu können. 585

Bei der Berechnung der Zugewinnausgleichsforderung, die nach dem Gesetz erfolgt, ist **§ 1380 BGB** zu beachten. Dies kann dazu führen, dass durch eine **Anrechnung von Zuwendungen** während der Ehe die **steuerfreie Zugewinnausgleichsforderung** sinkt. Dies kann dann ungerecht erscheinen, wenn es sich um nicht steuerpflichtige Gegenstände handelt, die vorab geschenkt wurden und daher keine Steuerpflicht auslösten, so etwa beim Familienheim.[1332] 586

Hiergegen vermag auch die Vereinbarung der Nichtanrechnung nicht zu helfen, wenn der geschenkte Gegenstand noch im Endvermögen des Beschenkten vorhanden ist.[1333] Wollte man vertraglich dies ausschließen, so müsste man die Nichteinbeziehung des vorab geschenkten Gegenstandes im Endvermögen eines jeden Ehegatten (und ggf. im Anfangsvermögen) anordnen. Jedoch ist bei § 5 Abs. 1 ErbStG – wie bereits ausgeführt wurde – diese ehevertragliche Vereinbarung (m.E. also auch die Nichtanrechnungsbestimmung) ohne Bedeutung. 587

Was kann nun **vertragsgestalterisch** dagegen unternommen werden? Zum einen könnte man überlegen, den Zugewinn nicht erst im Todesfalle, sondern schon unter Lebenden mit Anwendung des § 5 Abs. 2 ErbStG auszugleichen. Dann wären ehevertragliche Vereinbarungen zu berücksichtigen, zumal die Bestimmungen um § 1380 BGB nicht in erster Linie erbrechtliche Wirkung haben werden, nachdem diese Vorschrift ohnehin so umstritten ist. Zum andern könnte man in den deutsch-französischen Güterstand der Wahl-Zugewinngemeinschaft wechseln. Dieser kennt eine dem § 1380 BGB entsprechende Vorschrift nicht. 588

1331 So trefflich Geck, KÖSDI 2017, 20242, 20246.
1332 So Götz, ErbStB 2013, 355 mit zahlreichen Berechnungsbeispielen, ebenso in ZEV 2013, 74; vgl. aber schon Netzer, FamRZ 1988, 678 ff.
1333 Götz, ErbStB 2013, 355 f.; ders. ZEV 2013, 74 f.

Kapitel 1

589 Eine »rückwirkende Vereinbarung« der Zugewinngemeinschaft wirkt erbschaftsteuerlich **nicht**. Diese Vorschrift zeigt die wechselvolle Geschichte einer Vertragsgestaltung auf, wonach Eheleute, die in Gütertrennung verheiratet waren, ehevertraglich erklärten, künftig in Zugewinngemeinschaft leben zu wollen und dazu bestimmten, dass der Zugewinnausgleich für die gesamte Ehezeit durchgeführt werden soll.

590 Die genaue zivilrechtliche Terminologie für diesen Vorgang wäre jedoch nicht die rückwirkende Vereinbarung der Zugewinngemeinschaft, da diese insb. wegen der in der Vergangenheit nicht beachteten Verfügungsbeschränkungen so nicht zulässig wäre, sondern die **Festlegung des Anfangsvermögens auf den Zeitpunkt der standesamtlichen Eheschließung**.[1334]

▶ Formulierungsvorschlag: rückwirkende Vereinbarung der Zugewinngemeinschaft

591 Wir vereinbaren hiermit für unsere Ehe den Güterstand der Zugewinngemeinschaft. Dabei soll das Anfangsvermögen eines jeden Ehegatten jedoch so berechnet werden, als hätten wir seit unserer Eheschließung im gesetzlichen Güterstand der Zugewinngemeinschaft gelebt, sodass die Vereinbarung der Zugewinngemeinschaft in dieser Weise zurückwirkt.

592 So klar zivilrechtlich die Zulässigkeit dieser Gestaltung inzwischen beurteilt wird, so wechselvoll ist die steuerrechtliche Geschichte der Auffassungen und Regelungen i.R.d. § 5 ErbStG.

593 Nachdem der BFH in mehreren Urteilen die – auch erbschaftsteuerliche – Zulässigkeit einer solchen Rückbeziehung anerkannt hatte,[1335] konnte die Finanzverwaltung ihren Nichtanwendungserlass[1336] nicht mehr aufrechterhalten.[1337] Die Finanzverwaltung konnte schließlich den Gesetzgeber veranlassen, durch das Missbrauchsbekämpfungs- und Steuerbereinigungsgesetz[1338] gesetzlich der Auffassung der Finanzverwaltung zum Durchbruch zu verhelfen.[1339] Eine Übergangsregelung für die vor der Gesetzesänderung geschlossenen Eheverträge lehnte die Finanzverwaltung ab.[1340] Auch die Rechtsprechung des BFH[1341] hat inzwischen gebilligt, dass der Gesetzgeber mit der zum 01.01.1994 in Kraft getretenen Neuregelung des § 5 Abs. 1 Satz 4 ErbStG auch vor Inkrafttreten dieser Vorschrift abgeschlossene Eheverträge steuerlich nicht anerkennt (§ 37 Abs. 10 ErbStG[1342]). Einen verfassungswidrigen Eingriff in das Grundrecht auf den Schutz der Ehe verneint der BFH, weil die Rückwirkung zivilrechtlich möglich sei und auch steuerlich i.R.d. § 5 Abs. 2 ErbStG Berücksichtigung finden könne. Der BFH sieht insoweit lediglich eine unechte Rückwirkung und hält das Vertrauen der Ehegatten nicht für schutzwürdig.

Die Festlegung des Anfangsvermögens auf den Zeitpunkt der Eheschließung behält allerdings weiterhin auch erbschaftsteuerliche Bedeutung für § 5 Abs. 2 ErbStG, der eine entsprechende Einschränkung wie § 5 Abs. 1 Satz 4 ErbStG nicht enthält, so etwa wenn es aufgrund Ausschlagung zur güterrechtlichen Lösung kommt. Der BFH weist in diesem Zusammenhang ausdrücklich auf die von ihm anerkannte Möglichkeit der Güterstandsschaukel hin und billigt damit ausdrücklich

---

1334 DNotI-Report 1996, 133; vgl. BGH, FamRZ 1998, 303 = NJW 1998, 1857; Büte, Rn. 14; Sontheimer, NJW 2001, 1315, 1316. Dem wird entgegengehalten, dass insb. bei Zuwendungen während der Gütertrennung mehr gewollt sei, nämlich die Geltung der Anrechnungsbestimmung des § 1380 BGB (Reich, ZEV 2011, 59, 60). Auch wenn dies rechtlich möglich sein sollte, so wird doch zumeist durch die Anrechnung der erwünschte Schenkungsteuervorteil vermindert, vgl. Götz, ErbStB 2013, 355 f.
1335 BFH, BStBl. 1989 II, S. 897; BFH, BStBl. 1993 II, S. 739.
1336 BStBl. 1989 I, S. 429.
1337 BStBl. 1993 I, S. 804.
1338 BGBl. 1993 I, S. 2310.
1339 Meincke/Hannes/Holtz, § 5 Rn. 31.
1340 OFD München/Nürnberg, UVR 1994, 349. An der Verfassungsmäßigkeit dieser Einschränkung zweifelt Barth, Beilage 1/2004 zu NWB Heft 4/2004.
1341 BFH, ZEV 2006, 85 (II R 46/03 v. 13.04.2005) und BFH, NV 2006, 948 = DStRE 2006, 541 (II R 64/04 v. 18.01.2006); so schon die Vorinstanz FG Münster, ZEV 2005, 408 unter Hinweis auf die damaligen Nichtanwendungserlasse.
1342 I.d.F. des StMBG, BGBl. 1993 I, S. 2310.

eine zunächst getroffene rückwirkende Vereinbarung von Zugewinngemeinschaft und einen anschließenden vertraglichen Ausgleich von Zugewinn.[1343] Die Literatur folgt denn auch »mit der natürlich gebotenen Vorsicht«,[1344] dass abweichende ehevertragliche Gestaltungen i.R.d. § 5 Abs. 2 ErbStG anzuerkennen sind.[1345] Allerdings wird im Rahmen dieser Vorsicht bis zu einer ausdrücklichen Bestätigung durch die Rechtsprechung der Vortrag außersteuerlicher Gründe oder eine mehrjährige Wartezeit angeraten.[1346]

▶ **Gestaltungsempfehlung:**

Die rückwirkende Vereinbarung der Zugewinngemeinschaft hilft erbschaftsteuerlich nicht mehr i.R.d. § 5 Abs. 1 ErbStG beim Zugewinnausgleich durch erbrechtliche Lösung, kann aber sehr wohl i.R.d. § 5 Abs. 2 ErbStG beim vertraglichen Zugewinnausgleich noch eine Rolle spielen. Der BFH hat die Kombination von Vereinbarung rückwirkender Zugewinngemeinschaft und vertraglichem Güterstandswechsel mit Zugewinnausgleich ausdrücklich gebilligt.

594

Zu überlegen ist auch, wenn die Ehegatten zwar bei Vertragsschluss den Zugewinnausgleich auch im Todesfall ausschließen wollen, aber der Auffassung sind, dass nach einer bestimmten Anzahl an Ehejahren dieser Ausschluss wieder aufgehoben werden soll und der Ausschluss nur für den Scheidungsfall bestehen bleiben soll, ob nicht hier der Ausschluss des Zugewinns im Todesfall **sogleich nur für den Fall vereinbart** wird, dass die Ehe **nicht eine bestimmte Zahl von Jahren dauert**. Ein solch bedingter Ausschluss dürfte nicht mehr unter den Terminus der **Rückwirkung** zu fassen sein.

595

Nachfolgend wird näher erläutert, dass die Finanzverwaltung in den Erbschaftsteuerrichtlinien dieser Interpretation entgegenzuwirken sucht, indem sie alle Erhöhungen der güterrechtlichen Ausgleichsforderung als Schenkung ansieht, wenn sie nicht in erster Linie güterrechtliche, sondern erbrechtliche Wirkungen haben.[1347] Hier ist ein Widerspruch zu der eben geschilderten Rechtsprechung des BFH nicht zu verkennen. Die Ansicht des BFH ist vorzugswürdig, weil der Gesetzgeber § 5 Abs. 2 ErbStG eben gerade nicht mit den Einschränkungen des Abs. 1 versehen hat.

596

Die Rechtsprechung folgt denn auch dem BFH. So hat das FG Düsseldorf entschieden, dass bei der Vereinbarung von Zugewinngemeinschaft »*rückwirkend vom Beginn der Ehe an*« die Zugewinnausgleichsforderung von Todes wegen vollkommen steuerfrei bleibt, wenn der Ehegatte anschließend nicht Erbe oder Vermächtnisnehmer wird.[1348] Das FG ist der Auffassung, die genannte Rechtsprechung des BFH gebiete die Anerkennung der zivilrechtlichen Vertragsfreiheit auch im Erbschaftsteuerrecht. Das Gericht sagt ausdrücklich, dass in der rückwirkenden Vereinbarung von Zugewinngemeinschaft von Beginn der Ehe an nicht die Schaffung einer erhöhten Ausgleichsforderung zu erblicken sei.[1349]

Wenn dies insoweit für den Zugewinnausgleich von Todes wegen bereits gerichtlich anerkannt ist, so kann bei dem Zugewinnausgleich aufgrund Vereinbarung von Gütertrennung nichts anderes gelten,[1350] zumal die Gerichte betonen, § 5 Abs. 2 ErbStG sei nur deklaratorisch. Allerdings wird hier alles zu vermeiden sein, was einen Gesamtplan erkennen lässt.

1343 BFH, NV 2006, 948 f., letzter Absatz.; hierzu auch Anm. Wefers, ErbStB 2006, 117; das hierzu beim BVerfG anhängige Verfahren 1 BvR 887/06 wurde mit Entscheidung vom 09.10.2007 nicht zur Entscheidung angenommen.
1344 Geck, ZEV 2006, 62, 63; J. Mayer, FPR 2006, 129, 135; Schlünder/Geißler, NJW 2007, 482 ff.; von Oertzen, FPR 2012, 103, 106.
1345 Gestaltungsvorschlag Kap. 2 Rdn. 513 ff.
1346 Geck, KÖSDI 2017, 20242, 20250.
1347 R E 5.2. Abs. 2 Satz 2 ErbStR (2019).
1348 FG Düsseldorf, EFG 2006, 1447 (die unter II R 51/06 anhängige Revision wurde zurückgenommen).
1349 Anders – so die Andeutung des Gerichts – könnte dies sein, wenn auch Zeiten vor der Ehe noch einbezogen würden.
1350 So auch Geck/Messner, ZEV 2007, 73.

597 Dies hat auch die **Finanzverwaltung** anerkannt. Das Bayerische Landesamt für Steuern hat mit Verfügung v. 05.10.2006 die Rückwirkung anerkannt und eine Überarbeitung von R 12 Abs. 2 Satz 3 ErbStR a.F. angekündigt.[1351] Ebenso die OFD Rheinland und Münster.[1352]

598 Inzwischen wurden zwar die Erbschaftsteuerrichtlinien geändert, R E 5.2. ErbStR (2011) haben das genannte Änderungsversprechen aber nur sehr unvollkommen umgesetzt. Gleiches gilt für leicht geänderte Formulierung in R E 5.2. Abs. 2 Satz 4 ErbstR (2019) Zwar betonen die Richtlinien nun, dass die Nichtsteuerbarkeit des Zugewinns auch die durch Ehevertrag oder Scheidungsvereinbarung modifizierte Zugewinnausgleichsforderung erfasst, weil dies Ausdruck der **bürgerlich-rechtlichen Gestaltungsfreiheit** der Ehegatten bei der Ausgestaltung des Zugewinns ist.

599 Sodann aber heißt es **unverändert**, dass eine **Schenkung** in der Verschaffung einer erhöhten güterrechtlichen Ausgleichsforderung zu sehen ist, wenn dadurch »*nicht in erster Linie güterrechtliche, sondern erbrechtliche Wirkungen herbeigeführt werden sollen*«.[1353]

600 Sofern ein Beginn des Güterstandes vereinbart wurde, der zeitlich vor dem Vertragsschluss lag, nahmen die bisherigen Erbschaftsteuerrichtlinien zwingend eine überhöhte Zugewinnausgleichsforderung an. Die Neufassung dagegen sagt, dass darin eine überhöhte Zugewinnausgleichsforderung zu sehen sein kann. Aus der rückwirkenden Vereinbarung allein ergibt sich aber noch nicht, dass die Ausgleichsforderung überhöht ist.

601 Damit besteht der bisherige **Automatismus**, dass eine **rückwirkende Vereinbarung** stets zu einer überhöhten Zugewinnausgleichsforderung führt, **nicht mehr**. Die Finanzverwaltung behält sich aber wohl in jedem einzelnen Fall weiterhin eine Einzelfallprüfung vor. Damit wird eine Rechtsunsicherheit geschaffen, die den eindeutigen Äußerungen der Rechtsprechung nicht entspricht.[1354]

▶ Hinweis:

602 I.R.d. § 5 Abs. 2 ErbStG wird von den Gerichten die rückwirkende Vereinbarung der Zugewinngemeinschaft anerkannt! Hier besteht großes Erbschaftsteuersparpotenzial. Bei vielen »Altehen« mit Gütertrennung besteht insoweit Handlungsbedarf.[1355]

603 Soweit das Endvermögen[1356] mit einem höheren als dem steuerlichen Wert angesetzt wurde, bleibt **höchstens der dem Steuerwert des Endvermögens entsprechende Betrag** steuerfrei, § 5 Abs. 1 Satz 5 ErbStG.[1357] Durch die Verwendung des Ausdruckes »**Endvermögen**« seit dem Jahre 2009 soll auch auf die Hinzurechnungen des § 1375 BGB verwiesen sein,[1358] sodass die ältere Rechtsprechung des BFH dazu nicht mehr einschlägig wäre.[1359] Die Finanzverwaltung geht davon aus, dass es zu einer Umrechnung der fiktiven Ausgleichsforderung in den steuerfreien Betrag kommen soll, wobei die Ausgleichsforderung entsprechend dem Verhältnis von Steuerwert und Verkehrswert des dem Erb-

---

1351 BayLAfSt, DStZ 2006, 782 im Gefolge des FG Düsseldorf.
1352 ErbStB 2007, 73.
1353 Eine überhöhte Ausgleichsforderung sieht Kieser, ZErb 2013, 49, 50 in folgendem: Vorverlegung des Anfangsvermögenszeitpunktes vor die Eheschließung; keine Einbeziehung privilegierten Erwerbs in das Anfangsvermögen; Wertermittlung im Widerspruch zu § 1376 BGB.
1354 Tiedtke, FPR 2012, 107, 112/113; für hinreichend klar sehen die Änderung an Viskorf/Haag, DStR 2012, 219, 221.
1355 Ein Gestaltungsmodell findet sich z.B. bei N. Mayer in FS Spiegelberger, 1064 ff.
1356 Der Text des § 5 Abs. 1 Satz 5 ErbStG wurde mit der Reform der Erbschaftsteuer geändert. Nunmehr wird auf das Endvermögen abgestellt und nicht mehr auf den Nachlass; hierzu FinMin BW, ZEV 2009, 154.
1357 Krit. hierzu Meincke/Hannes/Holtz, § 5 Rn. 32 ff.; dort auch zur Begrifflichkeit Nachlass – Endvermögen. Der Änderungsvorschlag, auch die Befreiungsvorschriften einzubeziehen (BR-Drucks. 353/1/15), wurde nicht Gesetz.
1358 Geck, KÖSDI 2017, 20242, 20246.
1359 BFH, BStBl. 2005 II, S. 873 f.

lasser zuzurechnenden Endvermögens auf den steuerfreien Betrag zu begrenzen ist.[1360] Hierbei ist das nach § 13a ErbStG begünstigte Vermögen mit seinem Steuerwert vor Abzug des Freibetrages und des Bewertungsabschlags (Bruttowert) einzubeziehen.[1361] Kritisiert wird, dass damit dem Ehegatten auch solche Abweichungen zuzurechnen sind, die ihm gar nicht zugutekommen, weil sie etwa Vermächtnisnehmer begünstigen.[1362]

Die Finanzverwaltung stellt klar, dass die fiktive Zugewinnausgleichsforderung nach § 5 Abs. 1 ErbStG nur eine Steuerbefreiung begründet, aber keine Schuld des Erben, die dieser nach § 10 Abs. 5 ErbStG abziehen könnte.[1363] Anderes sollte aber für den Zugewinnausgleichsanspruch nach § 5 Abs. 2 ErbStG gelten. Dieser sollte **Nachlassverbindlichkeit** sein, stehe aber nach Ansicht der Finanzverwaltung wie die Pflichtteilslast **im Zusammenhang mit dem gesamten Nachlass**, sodass er auf die einzelnen Nachlassgegenstände **zu verteilen** und der auf **steuerbefreit** erworbene Vermögensgegenstände entfallende Anteil der Schuld entsprechend **zu kürzen** sei.[1364] Der **BFH**[1365] hat nun aber das **Gegenteil** entschieden, sodass die Finanzverwaltung gezwungen war, ihren Erlass aufzuheben.[1366]

2. Steuerfreiheit der realen Zugewinnausgleichsforderung

a) Anwendungsbereich des § 5 Abs. 2 ErbStG

Im Gegensatz zur Steuerfreiheit des fiktiven Zugewinns nach § 5 Abs. 1 ErbStG, der Anwendung findet, wenn der Zugewinn erbrechtlich über § 1371 Abs. 1 BGB ausgeglichen wird, stellt § 5 Abs. 2 ErbStG die **reale Zugewinnausgleichsforderung** steuerfrei; etwa dann, wenn durch Ehevertrag vom gesetzlichen Güterstand zur Gütertrennung oder auch zum Güterstand der Wahl-Zugewinngemeinschaft übergegangen wird, aber auch im Todesfall, wenn die güterrechtliche Lösung zum Tragen kommt. 604

▶ Gestaltungsempfehlung:

Im Zusammenhang mit der erbrechtlichen Beratung eines überlebenden Ehegatten ist bei der Überlegung, ob durch Ausschlagung die güterrechtliche Lösung mit der Geltendmachung des kleinen Pflichtteiles und des realen Zugewinns gewählt werden soll,[1367] die erbschaftsteuerliche Folge mit einzubeziehen, dass dann nicht § 5 Abs. 1 ErbStG, sondern § 5 Abs. 2 ErbStG mit durchaus unterschiedlichen Erbschaftsteuerfolgen zum Tragen kommt.[1368] 605

§ 5 Abs. 2 ErbStG hat nach überwiegender Meinung keinen eigenständigen Regelungsgehalt, sondern wiederholt **nur klarstellend**, dass dann, wenn auf den Zugewinn ein Rechtsanspruch nach Familienrecht besteht, keine freigiebige Zuwendung nach den §§ 3, 7 ErbStG vorliegt.[1369] Dies ist bei der Auslegung der Vorschrift zu beachten. 606

1360 R E 5.1 Abs. 5 Satz 4 ErbStR (2019).
1361 R E 5.1 Abs. 5 Satz 3 ErbStR (2019).
1362 Kesseler, in: FS für Spiegelberger, 258, 265.
1363 OFD Nordrhein-Westfalen, DStR 2014, 2571.
1364 OFD Nordrhein-Westfalen, DStR 2014, 2571; FinMin Bayern, ZEV 2015, 67.
1365 BFH, ZEV 2015, 661.
1366 FinMin Bayern, ZEV 2016, 352.
1367 Zur rechnerischen Ermittlung, welche Lösung für den überlebenden Ehegatten die vorteilhafteste ist: Nieder/Kössinger, § 1 Rn. 38 ff.; Tischler, BB 1999, 557.
1368 Eingehend dazu: Keim, MittBayNOt 2014, 303 ff.
1369 BFH, BStBl. 1993 II, S. 510 f. = BB 1993, 1422 ff.; Götz, INF 2001, 417, 421; Kruse, StuW 1993, 3; Meincke/Hannes/Holtz, § 5 Rn. 40; Viskorf, NWB Fach 10, 1243, 1252.

607 Für die Anwendung des § 5 Abs. 2 ErbStG ist bedeutsam, dass die beiden Absätze des § 5 ErbStG getrennt zu betrachten sind, sodass die **Einschränkungen des ersten Absatzes den zweiten nicht treffen**, denn der Gesetzgeber hat solches zwar erwogen, aber bewusst nicht umgesetzt.[1370] D.h.:
- Die Vermutung des § 1377 Abs. 3 BGB gilt i.R.d. § 5 Abs. 2 ErbStG. Allerdings kann die Wirkung abgeschwächt sein, da im Steuerrecht der Steuerpflichtige eine gesonderte Mitwirkungspflicht hat.[1371]
- Abweichende eheverträgliche Vereinbarungen werden der Bemessung des Zugewinnausgleichsanspruchs nach § 5 Abs. 2 ErbStG zugrunde gelegt.[1372] Dies gilt auch – und darauf sei besonders hingewiesen – für **Vereinbarungen**, welche die **Zugewinnausgleichsforderung reduzieren oder ausschließen**. Solche Verträge **vermindern** also auch **die steuerfreien Zugewinnausgleichsforderungen** nach § 5 Abs. 2 ErbStG.[1373] Hierauf ist beim Abschluss von Eheverträgen zu achten.

▶ **Gestaltungsempfehlung:**

608 Es sollte darauf geachtet werden, dass eheverträgliche Reduzierungen der Zugewinnausgleichsforderung im Fall des § 5 Abs. 2 ErbStG steuerlich nachteilig sind. Bei einer eheverträglichen Rückbeziehung des Anfangsvermögens auf den Tag der Eheschließung[1374] ist diese zu beachten.

- Der Zugewinnausgleich aus dem wahren Wert der Vermögensgüter ohne verhältnismäßige Begrenzung auf den Steuerwert bleibt steuerfrei.[1375]

In der Nichtanwendung dieser Einschränkungen können ganz erhebliche **Steuervorteile** liegen.

609 Die **Erbschaftsteuerrichtlinien**[1376] interpretieren die Vorschrift des § 5 Abs. 2 ErbStG in folgender Weise:
- Soweit durch Ehevertrag einem Ehegatten eine erhöhte güterrechtliche Ausgleichsforderung verschafft wird, liegt hierin eine Schenkung, wenn »nicht in erster Linie güterrechtliche, sondern erbrechtliche Wirkungen herbeigeführt werden sollen«. In einer rückwirkenden Vereinbarung liegt eine solche Schenkung nicht automatisch.
- Die Vorschrift ist nicht anwendbar, wenn zwar durch Ehevertrag der bisherige Zugewinn ausgeglichen, aber dieser Güterstand nicht beendet wird.
- Beim Verzicht auf Zugewinn gegen Abfindung ist diese ebenfalls steuerfrei.
- Beim Verzicht auf eine geltend gemachte Ausgleichsforderung kann eine Schenkung unter Lebenden vorliegen.

610 *Viskorf*, der die Rechtsprechung des BFH authentisch interpretiert stellt klar, dass die Rechtsprechung des BFH nicht das gemeint hat, was die **Verwaltung** ihr unterstellt (»**Missverständnis**«). Der BFH habe die rückwirkende Vereinbarung des gesetzlichen Güterstandes nicht als »überhöhte Ausgleichsforderung« angesehen.[1377]

b) Auf § 5 Abs. 2 ErbStG abzielende vorsorgende Eheverträge

611 Die Bestimmung des § 5 ErbStG mit ihrer erbschaftsteuerlichen Privilegierung ist ein Hauptgrund, dass gegenwärtig die Vereinbarung der Gütertrennung ggü. der modifizierten Zugewinngemeinschaft in den Hintergrund tritt.

1370 Götz, FamRB 2005, 245, 246; Geck, ZEV 2006, 62, 65; Schlünder/Geißler, FamRZ 2005, 149, 156.
1371 Jülicher, ZEV 2006, 338, 340.
1372 Schlünder/Geißler in Münch, Familienrecht, § 18, Rn. 22, 26.
1373 Jülicher, ZEV 2006, 338, 340.
1374 Hierzu: DNotI-Report 1996, 133; vgl. BGH, FamRZ 1998, 303 = NJW 1998, 1857; Büte, Rn. 14; Sontheimer, NJW 2001, 1315, 1316.
1375 Meincke/Hannes/Holtz, § 5 Rn. 51; eine Gestaltungsempfehlung für diesen Weg zur Vermeidung der Kürzung der Ausgleichsforderung gibt Noll, DStR 2002, 842.
1376 R E 5.2 ErbStR (2019).
1377 Viskorf, NWB Fach 10, 1243, 1253 (2001).

F. Steuerliche Auswirkung der Güterstände   Kapitel 1

Die **Modifizierung** kann einmal dergestalt geschehen, dass der Zugewinnausgleich ausgeschlossen wird für den Fall, dass der Güterstand auf andere Weise als durch den Tod beendet wird. 612

▸ Kostenanmerkung:

Wegen der Bewertung von Güterstandsmodifizierungen vgl. Grundlagenanmerkung Kap. 2 Rdn. 556. 613

▸ Formulierungsvorschlag: Ausschluss Zugewinn außer bei Tod

Ehevertraglich vereinbaren wir, was folgt: 614

1)

Für den Fall der Beendigung des Güterstandes durch den Tod eines Ehegatten soll es beim Zugewinnausgleich durch Erbteilserhöhung oder güterrechtliche Lösung verbleiben.

2)

Wird jedoch der Güterstand auf andere Weise als durch den Tod eines Ehegatten beendet, so findet kein Zugewinnausgleich statt.

Dies gilt auch für den vorzeitigen Zugewinnausgleich.[1378]

Auf den Ausgleich eines Zugewinns wird insoweit gegenseitig verzichtet. Den Verzicht nehmen wir hiermit gegenseitig an.

Dies gilt auch für einen etwa bisher bereits entstandenen Zugewinn.

Diese Formulierung erlaubt – im Gegensatz zur Gütertrennung – im Todesfall die Inanspruchnahme der Steuerfreistellung des § 5 Abs. 1 ErbStG oder bei der güterrechtlichen Lösung die des § 5 Abs. 2 ErbStG. Sie schließt jedoch im Scheidungsfall einen Zugewinnausgleichsanspruch aus. 615

Ist dagegen **gezielt geplant** in Zugewinngemeinschaft zu leben, um zwischenzeitlich den **Zugewinn durch Güterstandswechsel bei fortbestehender Ehe unter Lebenden** schenkungsteuerfrei **ausgleichen** zu können – nach Billigung der Güterstandsschaukel durch den BFH eine nunmehr sehr praxisrelevante Gestaltung –, so muss die **Formulierung so erweitert** werden, dass auch der Zugewinnausgleich für diesen Fall des Güterstandswechsels durch Ehevertrag erhalten bleibt.[1379] 616

▸ Formulierungsvorschlag: Ausschluss Zugewinn außer bei Tod oder Ehevertrag

Ehevertraglich vereinbaren wir, was folgt: 617

1)

Für den Fall der Beendigung des Güterstandes durch Scheidung oder Aufhebung der Ehe[1380] sowie in den Fällen der §§ 1385, 1386 BGB[1381] findet kein Zugewinnausgleich statt. Gleiches gilt

---

1378 In dieser Fassung bedeutet der Satz nur eine Klarstellung, da der Zugewinn in allen Fällen außer dem Tod ausgeschlossen ist (Müller, Kap. 3 Rn. 282). Zwar wird weithin vertreten, dass ein Verzicht auf den vorzeitigen Zugewinn nicht zulässig sei (Schröder/Bergschneider/Bergschneider, Rn. 4.496 m.w.N.), dies ist jedoch dahin zu relativieren, dass bei einem Verzicht auf Zugewinn auch der vorzeitige Zugewinnausgleich ausgeschlossen werden kann. Demnach wäre allein der isolierte Verzicht auf den vorzeitigen Zugewinnausgleich unzulässig, weil dies den berechtigten Ehegatten zur Einreichung der Scheidung zwingen würde (Müller, Kap. 3 Rn. 284).
1379 Zustimmend Langenfeld, Rn. 267; Würzburger Notarhandbuch/Reetz, Teil 3, Kap. 1, Rn. 82; wurde dieses versäumt, muss versucht werden die Vereinbarung später mit Wirkung von der Heirat an zu ändern.
1380 Zur Aufhebung nach § 1313 BGB: Finger, FamRB 2003, 361 ff.
1381 Da hier wegen des Vorbehalts des Zugewinns auch beim ehevertraglichen Ende der Zugewinngemeinschaft die Fälle, in denen ein Zugewinnausgleich nicht stattfindet, positiv genannt sind, empfiehlt sich hier in jedem Fall die Nennung auch des vorzeitigen Zugewinnausgleichs.

für etwaige künftige gesetzliche Formen der hoheitlichen Aufhebung der Ehe, auf welche ein Zugewinnausgleich folgen würde.

2)

Für den Fall des Todes bleibt es jedoch beim Zugewinnausgleich durch Erbteilserhöhung oder güterrechtliche Lösung. Auch im Fall einer Beendigung des Güterstandes durch Ehevertrag verbleibt es beim Zugewinnausgleich.[1382]

3)

Auf den Ausgleich eines Zugewinns wird insoweit gegenseitig verzichtet. Den Verzicht nehmen wir hiermit gegenseitig an.

Dies gilt auch für einen etwa bisher bereits entstandenen Zugewinn.

618 **Alternativ** hierzu kann nicht auf die Beendigung des Güterstandes abgestellt werden, sondern auf das **Ende der Ehe**. Wenn der Zugewinn nur beim Ende der Ehe aus anderen Gründen außer dem Tod ausgeschlossen wird, so bleibt er bei einer Güterstandsänderung unter Fortbestand der Ehe bestehen.[1383] Diese Variante wird in den weiteren Formulierungsvorschlägen dieses Buches bevorzugt. Hier wäre zu formulieren:

▶ Formulierungsvorschlag: Ausschluss Zugewinn nur bei Eheende außer bei Tod

619 Ehevertraglich vereinbaren wir, was folgt:

1)

Für den Fall der Beendigung unserer Ehe durch den Tod eines Ehegatten soll es beim Zugewinnausgleich durch Erbteilserhöhung oder güterrechtliche Lösung verbleiben.

2)

Wird jedoch die Ehe auf andere Weise als durch den Tod eines Ehegatten beendet, so findet kein Zugewinnausgleich statt.

Dies gilt auch für den vorzeitigen Zugewinnausgleich.

Auf den Ausgleich eines Zugewinns wird insoweit gegenseitig verzichtet. Den Verzicht nehmen wir hiermit gegenseitig an.

620 Wie bereits dargelegt, kann i.R.d. § 5 Abs. 2 ErbStG auch die **rückwirkende Vereinbarung von Zugewinngemeinschaft** steuerliche Anerkennung finden. Allerdings darf dies nicht als unbegrenzte Gestaltungsempfehlung missverstanden werden, denn die Vereinbarung einer erhöhten Zugewinnausgleichsforderung stellt nach E R 5.2. Abs. 2 ErbStR (2011 und 2019 mit leichter sprachlicher Änderung) nach wie vor selbst eine steuerpflichtige Schenkung dar, »*wenn mit den Vereinbarungen in erster Linie nicht güterrechtliche, sondern erbrechtliche Wirkungen herbeigeführt werden sollen*«. Der Hinweis des BFH auf die Möglichkeit, Schenkungsteuerfreiheit auch für einen vertraglich ausgeglichenen Zugewinn nach Vereinbarung rückwirkender Zugewinngemeinschaft zu erreichen[1384] geht

---

1382 Ein solcher Vorbehalt ehevertraglichen Zugewinnausgleichs kann auch im Rahmen anderer Modifikationen des Zugewinnausgleichs sinnvoll sein, etwa beim Ausschluss betrieblichen Vermögens vom Zugewinn. Da hier der Zugewinn im Scheidungsfall nicht komplett ausgeschlossen ist, kann es vorkommen, dass bei einer Scheidung gleichwohl ein Ehevertrag geschlossen wird, der die Zugewinngemeinschaft beendet. In solchen Fällen soll der Ehevertrag keinen Zugewinn auslösen, daher ist einzuschränken: »[...] verbleibt es beim Zugewinn, außer ein solcher Vertrag wird im Zusammenhang mit der Trennung oder Scheidung geschlossen.« Insoweit bestehen gegen eine Formulierung »einverständlich von beiden Ehegatten durch einen im notariellen Ehevertrag erklärten Wechsel zu einem anderen Güterstand beendet wird« (so Jülicher, ZEV 2006, 338, 342) Bedenken, denn auch die Scheidungsvereinbarung ist letztlich einvernehmlich abgeschlossen.
1383 Vgl. hierzu Wachter, FR 2006, 43.
1384 BFH, NV 2006, 948 ff.

auch über die Verwaltungsauffassung nach der Neufassung der ErbStR hinaus. Dies gilt auch für die Entscheidung des FG Düsseldorf,[1385] welche die Rückwirkung i.R.d. § 5 Abs. 2 ErbStG beim güterrechtlichen Zugewinnausgleich von Todes wegen anerkannt. Die Finanzverwaltung wendet das Urteil des FG Düsseldorf an.[1386]

Die Literatur warnt jedenfalls auf der Grundlage der Neufassung der ErbStR davor, neben der Rückwirkung noch weitere Modifikationen zu vereinbaren,[1387] sieht aber im Übrigen eine Unschädlichkeit der Rückwirkung hinreichend klargestellt.[1388] Zugleich ergeht aber aktuell die Mahnung zur Vorsicht, dass für dieses Vorgehen entweder außersteuerliche Gründe vorgetragen werden oder zwischen der rückwirkenden Vereinbarung der Zugewinngemeinschaft und dem erneuten Güterstandswechsel »einige Jahre« vergehen zu lassen.[1389]

621

▶ Hinweis:

Gestaltungen mit der Vereinbarung des Zugewinnausgleichs für die gesamte Ehezeit und anschließender Güterstandsschaukel werden nunmehr als möglich angesehen.[1390]

622

Güterrechtliche Wirkungen werden anzunehmen sein bei Vereinbarung in relativ frühem Stadium der Ehe und im Fall der Regelungen bei Getrenntleben. Erbrechtliche Wirkungen stehen hingegen meist im Vordergrund, wenn nach langer Ehe und ggf. kurz vor dem Ableben »rückwirkend« Zugewinngemeinschaft vereinbart wird.[1391]

623

Möglicherweise kann hier die Einbettung in ein ehevertragliches Gesamtkonzept helfen, den güterrechtlichen Hintergrund zu betonen.

Die Schenkungsteuer entsteht in solchen Fällen erst, wenn die überhöhte Ausgleichsforderung geltend gemacht wird.[1392] Nach der Formulierung der ErbStR dürfte allein die Nichtgeltendmachung das Entstehen der Steuer ausschließen.

624

▶ Hinweis:

Die ehevertragliche Erhöhung der Zugewinnausgleichsforderung ist selbst Schenkung, wenn mit ihr erbrechtliche Wirkungen herbeigeführt werden.

625

c) Ausgleich des Zugewinns i.S.d. § 5 Abs. 2 ErbStG

Auf welche Weise der Zugewinnausgleich erfolgen muss, um in den Genuss der Privilegierung des § 5 Abs. 2 ErbStG zu kommen, soll im Folgenden untersucht werden. Hierzu sind zwei prägende Entscheidungen des BFH ergangen,[1393] denen jeweils eine Entscheidung des FG Köln zugrunde lag.

626

1385 FG Düsseldorf, EFG 2006, 1447.
1386 BayLAfSt, DStZ 2006, 782.; hierzu oben Rdn. 591; auch die OFD Rheinland und OFD Münster haben auf das Urteil entsprechend reagiert und die Finanzämter angewiesen, die Entscheidung des FG Düsseldorf abweichend von R 12 Abs. 2 und Abs. 3 ErbStR 2003 anzuwenden, ErbStB 2007, 37.
1387 Fuhrmann/Urbach, KÖSDI 2012, 17846, 17847.
1388 Viskorf/Haag, DStR 2012, 219, 221.
1389 Geck, KÖSDI 2017, 20242, 20250.
1390 Vgl. zusammenfassend: Jebens, DStZ 2009, 519 ff.
1391 Sontheimer, NJW 2001, 1315, 1318.
1392 R E 5.2. Abs. 2 Satz 5 ErbStR (2019); Sontheimer, NJW 2001, 1315, 1319; Müller, Kap. 3 Rn. 338.
1393 Einerseits BFH, ZEV 2005, 490 m. Anm. C. Münch – Vorinstanz: FG Köln, DStRE 2002, 1248 ff. = EFG 2002, 1258 ff.: keine Schenkungsteuer bei folgender Konstellation: Güterstand beendet, Zugewinn ausgeglichen, ab morgigem Tag erneut Zugewinngemeinschaft vereinbart, alles in einem Vertrag. FG: Totalbeendigung des Güterstandes ist nicht erforderlich. Außervertraglich ausreichender Grund zur Vermeidung des § 42 AO: Zugewinn sollte real ausgeglichen werden, um ihn so vor später möglicher Haftungsinanspruchnahme zu sichern; andererseits BFH, ZEV 2006, 41 m. Anm. C. Münch – Vorinstanz: FG Köln, EFG 2002, 1254: Der ehevertraglich vereinbarte vorzeitige Zugewinnausgleich

627 Wenn Ehegatten wünschen, im Hinblick auf eine zurückliegende Ehezeit und einen in dieser Zeit bei einem Ehegatten entstandenen Zugewinn, **bei fortbestehender Ehe** dem anderen Ehegatten einen Ausgleich zu schaffen, etwa auch, um dessen Ansprüche vor möglichen künftigen Gläubigern zu sichern, so kann dies auf dreierlei Weise geschehen.

aa) Unbenannte Zuwendung

628 Erstens kann der vermögende Ehegatte Vermögensgegenstände auf den anderen Ehegatten im Wege der unbenannten Zuwendung übertragen und anordnen, dass der Zuwendungsempfänger sich diese Zuwendung auf einen künftigen Zugewinnausgleichsanspruch nach **§ 1380 BGB** anrechnen lassen muss.

629 Die **Rechtsprechung** zum Zivil- und Steuerrecht der unbenannten Zuwendungen ist mittlerweile gefestigt.[1394] Während die unbenannte Zuwendung im Eherecht vom BGH gerade ggü. der Schenkung abgegrenzt wurde, sah der BGH die unbenannte Zuwendung im Erbrecht als unentgeltlich an, sodass sie die Rechte von Vertragserben und Pflichtteilsberechtigten nicht zu schmälern vermag.[1395]

630 Schenkungsteuerrechtlich ist der **BFH** nach zwischenzeitlich abweichender Ansicht[1396] nun dem BGH gefolgt und geht von einer **Unentgeltlichkeit** der unbenannten Zuwendung aus,[1397] sodass die unbenannte Zuwendung zu Schenkungsteuer führt, sofern sie sich nicht i.R.d. Freibeträge hält.[1398]

Kommt es später zum Zugewinnausgleich, auf den die Zuwendung angerechnet wird, so mutiert diese Zuwendung von einer unentgeltlichen zu einer entgeltlichen, nämlich einer antizipierten Leistung an Erfüllungs statt auf die Zugewinnforderung.[1399] Die Schenkungsteuer zieht daraus die Konsequenz, dass gem. **§ 29 Abs. 1 Nr. 3 ErbStG** im Fall der Anrechnung die Schenkungsteuer **mit Wirkung für die Vergangenheit** wegfällt. Das Erlöschen der Schenkungsteuer nach dieser Vorschrift setzt den Nachweis voraus, dass die Anrechnung der Zuwendung zur Wirkung gekommen ist.[1400]

631 Eine solche **Anrechnung erfolgt** zivilrechtlich später **nicht, wenn** der Zugewinn im Todesfalle durch das **erbrechtliche Viertel** ausgeglichen wird. Dieser Ausgleich unterliegt einer Pauschalierung und setzt nicht einmal voraus, dass überhaupt Zugewinn erzielt wurde oder der Überlebende ausgleichsberechtigt ist. Daher gelangt auch § 1380 BGB hier zivilrechtlich nicht zur Anwendung.[1401] Gleichwohl ist § 29 Abs. 1 Nr. 3 ErbStG nach dessen **Satz 2** anwendbar, sodass also eine etwaige Schenkungsteuer wegfällt, wenn die unentgeltliche Zuwendung im Rahmen des nach § 5 Abs. 1 ErbStG fiktiv zu berechnenden Zugewinns berücksichtigt wird. Dort nämlich soll die Anrechnung mitberechnet werden.[1402]

---

unter gleichzeitiger Beibehaltung des gesetzlichen Güterstandes ist nicht steuerbegünstigt nach § 5 Abs. 2 ErbStG – hierzu Anm. Fumi, EFG 2002, 1261 f.; zu den Entscheidungen des FG Köln ausführlich: C. Münch, StB 2003, 130 ff.; »Gütertrennung für einen Abend«.

1394 Eine Zusammenstellung der steuerlichen Behandlung gibt Götz, FamRB 2006, 126.
1395 BGH, NJW 1992, 564; a.A. unter Verweis auf die Möglichkeit des doppelten Güterstandswechsels: Hayler, FuR 2000, 4, 9.
1396 BFH, BStBl. 1985 II, S. 159.
1397 BFH, DStR 1994, 615 = BB 1994, 1342; für Pflichtteilsergänzungsansprüche BFH, ZEV 2018, 274 m. Anm. Horn.
1398 Oder etwa nach § 13 Abs. 1 Nr. 4a ErbStG eine Steuerbefreiung für das Familienwohnheim eingreift.
1399 Hollender/Schlütter, DStR 2002, 1932, 1933.
1400 FG Nürnberg, INF 2005, 247.
1401 Palandt/Brudermüller, § 1371 Rn. 3; MünchKomm-BGB/Koch, § 1371 Rn. 16.
1402 FG Köln, ZEV 2018, 610.

F. Steuerliche Auswirkung der Güterstände   **Kapitel 1**

Zu einer **Anrechnung** kommt es auch **nicht**, wenn der **beschenkte Ehegatte zuerst verstirbt**[1403] **632**
oder – davor wird in letzter Zeit verstärkt gewarnt[1404] – in den Fällen der Schenkung über den
Zugewinnausgleichsanspruch hinaus, also einer sog. **überhöhten Vorwegleistung**. Allerdings wird
in letzteren Fällen zu Recht vertreten, dass § 29 Abs. 1 Nr. 3 ErbStG gleichwohl anwendbar ist,[1405]
zumal die h.M. zivilrechtlich eine zweite Zugewinnberechnung folgen lässt und letztendlich die
Vorwegleistung in der Gesamtzugewinnrechnung doch berücksichtigt.[1406] Gleichwohl ergeht derzeit zuweilen der Ratschlag, zur Vermeidung steuerlicher Risiken Anrechnungsbestimmen wegzulassen.[1407]

▶ Hinweis:
Derzeit ist umstritten, ob bei erhöhter Vorwegleistung ein Fall des § 29 ErbStG vorliegt.   **633**

Mit seiner Bezugnahme auf § 5 Abs. 2 ErbStG zeigt § 29 ErbStG noch einen weiteren Grund neben **634**
der bereits geschilderten Mutation für das rückwirkende Erlöschen der Schenkungsteuer. Durch die
Anrechnung entsteht eine geringere steuerfreie Ausgleichsforderung i.S.d. § 5 Abs. 2 ErbStG. Die
frühere Zuwendung soll sich aber nicht als Nachteil für den Zuwendungsempfänger erweisen.[1408]

Gestalterisch ist in anderen Fällen des § 29 Abs. 1 Nr. 1 ErbStG ein Rückforderungsrecht vorzusehen, damit nicht die Rückgewähr etwa an Eltern zu einer besonders hohen Schenkungsteuer
führt.[1409]

▶ Gestaltungsempfehlung:
Eine unbenannte Zuwendung unter Ehegatten mit der Anordnung späterer Anrechnung auf **635**
den Zugewinnanspruch stellt keinen schenkungsteuerbefreiten Zugewinnausgleich i.S.d. § 5
Abs. 2 ErbStG dar.

Die Vorschrift des § 29 Abs. 1 Nr. 3 ErbStG erlangte Bedeutung vor allem in Fällen der »Reparatur« **636**
einer verunglückten Ehegattenschenkung. Die Fälle, welche momentan die Gerichte befassen, sind
zumeist **Oder-Konto Einzahlungen** durch den alleinverdienenden Ehegatten **über eine lange Ehezeit hinweg**.

Hier hatte vor allem eine Entscheidung des FG Nürnberg für Verunsicherung gesorgt. Dieses sah **637**
unter Berufung auf frühere BFH-Rechtsprechung[1410] die Inhaber eines Oder-Kontos nach § 430
BGB als Gesamtgläubiger zu gleichen Teilen berechtigt, soweit nichts anderes bestimmt sei. Den
Nachweis dieser anderweitigen Bestimmung legte es den Ehegatten auf und sah ihn nicht als geführt
an.

Der BFH[1411] hingegen sah in seiner Revisionsentscheidung die Beweislast anders verteilt. Das **Finanz-** **638**
amt trage die Feststellungslast dafür, dass der nicht einzahlende Ehegatte im Verhältnis zum ein-

---

1403 Von Oertzen/Loose/Reich, § 29 Rn. 34.
1404 Mack/Stenert, DStR 2017, 2645 f., wo Ansichten der Finanzverwaltung kolportiert, aber leider nicht
zitiert werden (Tz. 2), wo aber zu Recht betont wird, nach Sinn und Zweck des § 29 Abs. 1 Nr. 3 ErbStG
müsse die Zuwendung in Höhe des eigentlichen Zugewinnausgleichsbetrag steuerfrei bleiben; so wohl
auch Troll/Gebel/Jülicher/Jülicher, § 29 Rn. 93; auch Lindenau, ZEV 2018, 636 zitiert die Finanzverwaltung, greift aber letztlich auch nur auf den Sachverhalt eines Urteils des FG Köln (nachlesbar
unter Rn. 12 BeckRS 2018, 16760, WKRS 2018, 26460 = ZEV 2018, 610, aber ohne diese Stelle)
zurück und pflichtet dieser Auffassung nicht bei.
1405 Meincke/Hannes/Holtz, § 29, Rn. 13; Mack/Stenert, DStR 2017, 2645 f.
1406 MünchKomm-BGB/Koch, § 1380 Rn. 2 m.w.N.
1407 Lindenau, ZEV 2018, 636, 638.
1408 Troll/Gebel/Jülicher/Jülicher, § 29 Rn. 87.
1409 Geck, KÖSDI 2014, 18725.
1410 BFH, DStR 2007, 2108.
1411 BFH, DStR 2012, 796; hierzu Bönig, DStR 2012, 2050 und Wefers/Carlé, ErbStB 2013, 48 ff.

zahlenden Ehegatten tatsächlich und rechtlich frei zur Hälfte über das eingezahlte Guthaben verfügen kann. Der BFH anerkennt in diesem Urteil zwar grundsätzlich, dass durch die Zahlung auf ein Oder-Konto eine Schenkung vorliegen kann. Eine solche liegt jedoch nur vor, wenn der **nicht einzahlende Ehegatte** im Verhältnis zum Einzahler tatsächlich und rechtlich **frei über die eingezahlten Guthaben verfügen kann**, wofür das Finanzamt die Feststellungslast trifft. Das Gericht spricht sich dabei dafür aus, übereinstimmenden Darstellungen der Ehegatten zu ihrem Innenverhältnis regelmäßig zu folgen, wenn nicht objektive Anhaltspunkte vorliegen, die Zweifel an dieser Darstellung begründen. Sofern keine nachweislichen Vereinbarungen vorliegen, ist auf das tatsächliche Verhalten abzustellen, insbesondere darauf, ob der nicht einzahlende Ehegatte tatsächlich zur Bildung eigenen Vermögens auf dieses Konto zugegriffen hat. Konnte das Finanzamt deutliche Anhaltspunkte für eine gemeinsame Berechtigung vortragen, dann müssen diese wiederum durch die Ehegatten widerlegt werden.

639 Aus dem Urteil wird zu Recht gefolgert, dass allein aus der Bestreitung des gemeinsamen Lebensunterhaltes vom Oder-Konto noch nicht auf eine Schenkung geschlossen werden kann.[1412] Gleiches soll für die Verwendung der Erträge des Oder-Kontos gelten.[1413]

▶ Hinweis:

640 Auch wenn die jüngste Rechtsprechung des BFH die Problematik entschärft, sollten Oder-Konten mit einseitigen Einzahlungen nach Möglichkeit vermieden werden. Ggf. kann ein Einzelkonto mit einer Kontovollmacht errichtet werden. Sofern Oder-Konten unvermeidlich sind, muss eine Absprache im Innenverhältnis dokumentiert werden, nach welcher dem nicht einzahlenden Ehegatten keine Verfügungsbefugnis für eigene Vermögensanlage zusteht, widrigenfalls eine Ausgleichspflicht besteht.

641 Es ist freilich als Konsequenz dann zu beachten, dass das Oder-Konto steuerlich nur dem einzahlenden Ehegatten zugerechnet wird, sodass es in voller Höhe bei ihm in die Erbmasse fallen wird.

642 Wenn die Schenkung schon geschehen ist, dann kommt als »Reparaturmaßnahme« die **Beendigung der Zugewinngemeinschaft** und die Anrechnung der bisherigen Zuwendungen auf die entstehende Zugewinnausgleichsforderung in Betracht. Diese Anrechnung führt zur Steuerfreiheit nach § 29 Abs. 1 Nr. 3 ErbStG.[1414] Nach Durchführung des Zugewinnausgleichs auf diese Weise kommt es nicht mehr darauf an, ob im Zusammenhang mit dem Oder-Konto tatsächlich eine Schenkung vorlag.[1415] Allerdings wird diese Vorgehensweise einer »simulierten Scheidung« nicht jedem Ehepaar gerecht und ist oft nur schwer zu vermitteln.[1416] Die Literatur bezeichnet es als nicht geklärt, ob damit auch strafrechtliche Risiken erledigt sind[1417] und rät z.T. zu einer zusätzlichen Selbstanzeige.[1418]

643 Dogmatisch ist umstritten, wie die **nachträgliche Anrechnung** sich auf die frühere Zuwendung auswirkt. Während nach **einer Auffassung** die Zuwendung auch nach Wirksamwerden der Anrechnung eine **unentgeltliche bleibt**,[1419] sind **andere der Ansicht**, dass mit dem Eingreifen der Anrechnung der Rechtsgrund für die Zuwendung mutiert. Die **Zuwendung** wird danach quasi **in eine entgeltliche umqualifiziert**. Sie trägt gleichsam latent einen weiteren Rechtsgrund in sich, der nun zur Wirkung kommt, sie wird zur entgeltlichen Leistung. Man spricht auch von einer antizipierten

---

1412 Schienke-Ohletz, DStR 2012, 1265, 1266.
1413 Schlünder/Geißler in Münch, Familienrecht, § 18, Rn. 201 mit ausführlicher Darstellung der Problematik.
1414 Götz, DStR 2001, 417 f.; von Oertzen/Straub, BB 2007, 1473 ff.; Reich, ZEV 2011, 59; Schienke-Ohletz, DStR 2012, 1265, 1266.
1415 Von Oertzen, FPR 2012, 103, 106.
1416 So zu Recht von Oertzen, FamRZ 2010, 1785, 1787.
1417 Demuth, ZEV 2012, 405, 409.
1418 Blusz, ZEV 2016, 626, 629.
1419 So etwa Hermanns, DStR 2002, 1065 ff.

F. Steuerliche Auswirkung der Güterstände   Kapitel 1

Leistung an Erfüllungs Statt.[1420] Dafür wird vor allem § 29 Abs. 1 Nr. 3 ErbStG ins Feld geführt, der anordnet, dass eine Schenkungsteuer mit Wirkung für die Vergangenheit erlischt, wenn eine besteuerte unentgeltliche Zuwendung auf den Zugewinnausgleich später angerechnet worden ist. Das wäre freilich ein **Danaergeschenk**, wenn die **Entgeltlichkeit** dann auch **ertragsteuerrechtlich** anzuwenden wäre und die Übertragung zu einer Veräußerung mit einem entsprechenden Veräußerungsgewinn mutierte.

Auswertbare Rechtsprechung zum Problemkreis gibt es noch wenig. Zwar werden zwei Entscheidungen des FG Münster[1421] und des BFH[1422] zu Fällen des § 17 EStG für die Ansicht einer fortdauernden Unentgeltlichkeit zitiert[1423]. Die Urteile beschäftigen sich aber nicht ausdrücklich mit dem Problemkreis, sodass sie allein nur mit Einschränkung herangezogen werden können, zumal der BFH[1424] bei der Leistung an Erfüllungs Statt ganz apodiktisch von einer Entgeltlichkeit ausgeht, völlig unabhängig von der zivilrechtlichen Einstufung.   644

> **Hinweis:**
>
> Derzeit ist nicht gewiss, ob sich unentgeltliche Zuwendungen im Rahmen einer Anrechnung nach § 1380 BGB in entgeltliche verwandeln, was fatale ertragsteuerliche Folgen nach sich ziehen kann.   645
>
> Die Gestaltungspraxis sollte daher genau prüfen, ob bei der Übertragung steuerverhafteter Objekte eine Anrechnung benötigt wird.

Gegen eine Umqualifizierung spricht Folgendes: 646

Die **Anrechnungsbestimmung** nach § 1380 BGB ist eine **einseitige empfangsbedürftige Erklärung**, die mindestens zeitgleich mit der Zuwendung abgegeben werden muss[1425] und auch konkludent erklärt sein kann.[1426] Eine solche einseitige Erklärung ist nicht in der Lage einen vertraglichen Rechtsgrund zu begründen. Ja, die Anrechnung erfolgt nach § 1380 Abs. 1 Satz 2 BGB sogar im Zweifel ohne Bestimmung, wenn die Zuwendung Gelegenheitsgeschenke überschreitet. Das **unterscheidet die Anrechnung deutlich von der »Austauschabrede« einer Leistung an Erfüllungs Statt**.

Ferner ist die Anrechnung nach § 1380 BGB ein reines Rechenkorrektiv.

Für die **Praxis** ist neben den oben genannten Entscheidungen von Bedeutung, dass sich die **Kommentare** zum Erbschafts- und Schenkungsteuergesetz eindeutig gegen die Umwandlung in ein ertragsteuerlich entgeltliches Rechtsgeschäft aussprechen.[1427] Demnach würden die Fälle einer Übertragung mit Anrechnung nach § 1380 BGB und der nachherigen Aufhebung des Güterstandes anders behandelt als die Aufhebung des Güterstandes mit anschließender Übertragung an Erfüllungs Statt.[1428]   647

Als weitere Möglichkeit wird die Geltendmachung von Rückforderungsansprüchen wegen Wegfalls der Geschäftsgrundlage genannt, für die allerdings eine verbindliche Auskunft angeraten wird, um nicht eine erneut steuerbare Schenkung durch die Rückübertragung zu produzieren.[1429] Ebenso   648

1420 Hollender/Schlütter, DStR 2002, 1932 f.; wohl auch Weidlich, ZEV 2014, 345, 350.
1421 FG Münster, Urt. v. 13.11.2009 – 14 K 2210/06 E, WKRS 2009, 30825 = EFG 2010, 646.
1422 BFH, DStR 2012, 1172.
1423 Stein, DStR 2012, 1734 f.; Troll/Gebel/Jülicher/Jülicher, § 29 Rn. 93.
1424 BFH, DStRE 2005, 449.
1425 MünchKomm-BGB/Koch, § 1380 Rn. 3.
1426 BGH, MittBayNot 2001, 324.
1427 Troll/Gebel/Jülicher/Jülicher, § 29 Rn. 93; Viskorf/Wälzholz, § 29 Rn. 41; von Oertzen/Loose/Reich, § 29 Rn. 36; Meincke/Hannes/Holtz, § 29 Rn. 14.
1428 Hierzu Rdn. 673; darauf weisen ausdrücklich hin Troll/Gebel/Jülicher/Jülicher, § 29 Rn. 93 und von Oertzen/Loose/Reich, § 29 Rn. 36.
1429 Milatz/Herbst, DStR 2011, 706 f.

könnte der Nachweis eines Treuhandverhältnisses oder einer Ehegatteninnengesellschaft dazu beitragen, von einem Schenkungstatbestand abzurücken.[1430]

649 Zu all diesen zivilrechtlichen Reparaturmaßnahmen wird freilich angemerkt, dass sie eine verwirklichte **Straftat** nicht ungeschehen machen,[1431] sodass vorsichtige Autoren – auch wenn wegen Nichtfestsetzung von Schenkungsteuer selten die Strafsachenstelle befasst wird – zu einer **Selbstanzeige** raten.[1432] Ein weiterer Streit ist darüber entbrannt, ob zivilrechtliche Reparaturmaßnahmen den Anfall von Hinterziehungszinsen, die z.T. eine beträchtliche Höhe erlangen, vermeiden können.[1433] Nach Ansicht des **FG Hessen**[1434] schließt die Akzessorietät des Anspruchs auf **Hinterziehungszinsen** die Festsetzung derselben für einen Schenkungssteueranspruch nicht aus, wenn dieser **Steueranspruch im Rahmen des Zugewinnausgleichs rückwirkend weggefallen** ist. Dagegen soll nach Ansicht des Gerichts auch die Selbstanzeige nicht helfen.

bb) Sog. fliegender Zugewinnausgleich

650 Zweitens besteht für die Ehegatten die Möglichkeit, **bei fortbestehender Zugewinngemeinschaft** oder im Zusammenhang mit einer Modifikation der Zugewinngemeinschaft den **Zugewinn hinsichtlich der Vergangenheit auszugleichen** und dann den Stand nach Ausgleichung als Anfangsvermögen für den fortbestehenden Zugewinn zu definieren. Diese Abwicklung geschieht regelmäßig durch einen **notariellen Ehevertrag**.[1435]

651 **Zivilrechtlich** ist dieses Vorgehen der vertraglichen Definition des Anfangsvermögens für den späteren Zugewinnausgleich ohne Weiteres **zulässig**.[1436] Dies gilt in gleicher Weise für die Durchführung eines vorweggenommenen Zugewinnausgleichs.[1437]

652 **Schenkungsteuerrechtlich** war dieser Sachverhalt umstritten. In der Literatur wurde vereinzelt die Schenkungsteuerfreiheit vertreten.[1438] Dem war das **FG Nürnberg** gefolgt.[1439]

653 Anders hingegen das **FG Köln**:[1440] Für das FG Köln war entscheidend, dass dann, wenn die Zugewinngemeinschaft nicht beendet wurde, der andere Ehepartner keinen Anspruch auf eine Ausgleichsforderung hatte, sondern diese ihm zu diesem Zeitpunkt **freigiebig und damit unentgeltlich** eingeräumt wurde. Der Wahl der Gütertrennung hingegen folgt gesetzlich zwingend das Entstehen der Ausgleichsforderung.[1441] Die Vereinbarung der Gütertrennung aber ist als Ausdruck der Ehevertragsfreiheit zu verstehen, nicht als freigiebige Zuwendung. Damit folgt das FG Köln der Ansicht der Finanzverwaltung.

654 Der **BFH** hat sich nunmehr – und dies ist **für die Rechtspraxis entscheidend** – der Ansicht des FG Köln angeschlossen. Nach Auffassung des BFH,[1442] der zunächst begründete, warum in der ihm

---

1430 Milatz/Herbst, DStR 2011, 646 f.
1431 Für den Wegfall des Strafvorwurfs Lindenau, ZEV 2018, 636; Blusz, ZEV 2016, 626, 629.
1432 Geck, KÖSDI 2014, 18725, Tz. 19; Blusz, ZEV 2016, 626, 629.
1433 Für die Ansicht, dass Hinterziehungszinsen durch die Reparatur nicht mehr anfallen, Blusz, ZEV 2016, 626, 629.
1434 FG Hessen, EFG 2018, 1253 = WKRS 2018, 22886.
1435 Ein ähnlicher Vorschlag stammte von Felix, BB 1994, 1342, 1344: Ermäßigung der Ausgleichsquote des Zugewinns um eine Prozentzahl, welche der Vorabübertragung entspricht. Auch hier aber liegt lediglich ein sog. fliegender Zugewinnausgleich vor.
1436 Bergschneider, Rn. 635 ff. und 644 ff.; Kersten/Bühling/Zimmermann/Winnen, § 83 Rn. 19 f. mit Gestaltungsvorschlägen zur Abänderung des Anfangsvermögens.
1437 Staudinger/Thiele (2017), § 1378 Rn. 52.
1438 So etwa Meincke/Hannes/Holtz, § 5 Rn. 41 mit detaillierter Begründung; Hüttemann, DB 1999, 248 ff.
1439 DStRE 2005, 1154 = EFG 2005, 1711. Der Fall des FG Nürnberg war aber gemischt, er beinhaltete auch einen Verzicht auf Zugewinn für die Zukunft.
1440 EFG 2002, 1254.
1441 Viskorf, NWB Fach 10, 1243, 1257.
1442 ZEV 2006, 41 m. Anm. C. Münch.

vorgelegten Sachverhaltsgestaltung nur eine Modifizierung, aber keine Aufhebung der Zugewinngemeinschaft vorlag, ist die Leistung beim sog. »fliegenden Zugewinnausgleich« objektiv unentgeltlich; auf sie habe weder ein Rechtsanspruch bestanden noch sei sie synallagmatisch, konditional oder kausal mit einer Gegenleistung[1443] verknüpft.[1444] Der BFH betont, dass im Gegensatz zum 2-stufigen Ausgleich bei Gütertrennung (erste Stufe: Ehevertrag mit Gütertrennung – zweite Stufe: Erfüllung des aus der ersten Stufe resultierenden gesetzlichen Anspruchs auf Zugewinnausgleich) der fliegende Zugewinnausgleich überhaupt erst eheverträglich und somit auf einer Stufe begründet wurde. Mangels Güterstandsbeendigung sei eben gerade kein gesetzlicher Anspruch entstanden und die Befreiung von einer erst künftigen Zugewinnausgleichsforderung sei nur eine Erwerbschance, die nach § 7 Abs. 3 ErbStG nicht zu berücksichtigen sei.

Damit ist für die Rechtspraxis entschieden, dass der sog. »fliegende Zugewinnausgleich« zu Schenkungsteuererfolgen führt.[1445]

Die Revision gegen das Urteil des FG Nürnberg hat eine Gegenleistung für den Verzicht auf Zugewinn für steuerbar gehalten, weil der Verzicht nur im Hinblick auf eine Erwerbschance abgegeben werde.[1446] An anderer Stelle[1447] wurde bereits ausführlich dargestellt, dass die zivilrechtliche Notwendigkeit von Kompensationsleistungen zur Vermeidung einer Sittenwidrigkeit i.R.d. Inhaltskontrolle sehr gegen die Rechtsprechung des BFH spricht.[1448] Die Praxis wird gleichwohl von dieser Rechtsprechung ausgehen müssen. Sie wird versuchen die Schenkungsteuerpflicht etwa durch aufschiebende Bedingungen für die Kompensationsleistung zu vermeiden. 655

▶ Hinweis:

Der Ausgleich des Zugewinns bei fortbestehender Zugewinngemeinschaft unterliegt auch bei einer Modifikation des Zugewinns, die etwa das Anfangsvermögen auf den Tag des Ausgleichs bestimmt, als sog. fliegender Zugewinnausgleich der Schenkungsteuerpflicht. § 5 Abs. 2 ErbStG ist hier nicht anwendbar, so übereinstimmend die Finanzverwaltung und der BFH. Von einer solchen Gestaltung ist daher aus Sicht der Schenkungsteuer abzuraten. 656

In der Abwehrberatung mag überlegt werden, solche Fälle mit einer späteren Gütertrennung unter »Anrechnung« der erfolgten Zugewinnausgleichsleistung in den Rahmen des § 29 Abs. 1 Nr. 3 ErbStG zu bekommen, wenn man für diese Vorschrift den fliegenden Zugewinnausgleich einer unbenannten Zuwendung mit Anrechnungsanordnung gleichstellt.[1449] 657

cc) Gütertrennung mit Zugewinnausgleich

Drittens können die Ehegatten schließlich den gesetzlichen Güterstand durch Übergang auf den Güterstand der Gütertrennung eheverträglich beenden und damit die **gesetzlichen Zugewinnausgleichsansprüche** nach § 1378 Abs. 3 Satz 1 BGB **zwingend auslösen**. Nach § 1408 BGB ist dies jederzeit möglich. Damit haben die Ehegatten die Voraussetzungen des § 5 Abs. 2 ErbStG geschaffen, sodass die Erfüllung der Zugewinnausgleichsforderung schenkungsteuerfrei möglich ist. Dies ist somit eine anerkannte und sichere Möglichkeit, Vermögen schenkungsteuerfrei auf den anderen Ehegatten zu verlagern.[1450] Die Gütertrennung mit Zugewinnausgleich wird in der Abwehrberatung 658

1443 Vgl. auch R E 7.1. Abs. 2 Satz 3 ErbStR (2019).
1444 A.A. FG Nürnberg, DStRE 2005, 1154.
1445 Gegen den BFH Tiedtke, FPR 2012, 107, 112; krit. C. Münch, ZEV 2006, 41; Kirnberger/Werz, ErbStB 2003, 86 ff.; Winkler, FPR 2006, 217, 220; Meincke/Hannes/Holtz, § 5 Rn. 41.
1446 BFH, DStRE 2007, 1516 = ZEV 2007, 500 m. Anm. C. Münch.
1447 C. Münch, DStR 2008, 26 ff.; C. Münch, FPR 2012, 302 f.; zustimmend Geck, DNotZ 2008, 347, 355; von Oertzen, FamRZ 2010, 1785, 1786 und Jeep, NZFam 2014, 293, 2979.
1448 Ablehnend auch Heinrichshofen, ErbStB 2007, 328 f.
1449 Vgl. FG Köln, EFG 2002, 1254, 1257.
1450 Vorgeschlagen v.a. von Brambring, ZEV 1996, 248, 252 f.

auch als Mittel aufgezeigt, verunglückte Einräumungen von Miteigentum an Konten durch Güterstandswechsel und Ausgleich des Zugewinns zu »heilen«.[1451]

659 Fraglich wird die Beurteilung allenfalls dann, wenn die Ehegatten sofort anschließend wieder in den Güterstand der Zugewinngemeinschaft zurückkehren, indem sie entweder in einer zweiten Urkunde erneut Zugewinngemeinschaft vereinbaren (**Vertragsgestaltung durch doppelten Güterstandswechsel**)[1452] oder indem sie in der gleichen Urkunde bereits festlegen, dass sie zu einem bestimmten Termin die Gütertrennung wieder aufheben und zum gesetzlichen Güterstand zurückkehren.[1453]

660 Hier stellt sich einmal die Frage, ob dieses Vorgehen schenkungssteuerlich anzuerkennen ist, zum anderen stellt sich im Zivilrecht das Problem, ob Pflichtteilsberechtigte und Vertragserben dieses Verhalten gegen sich gelten lassen müssen oder ob diese Gestaltung Pflichtteilsergänzungsansprüche nach § 2325 BGB und Ansprüche der Vertragserben nach §§ 2287 ff. BGB auslöst, zumal die **Pflichtteilsrechte** hier gleich **doppelt verkürzt** werden.[1454]

661 Der BFH[1455] hat in der Revisionsentscheidung zum o.g. Urteil des FG Köln die sog. **Güterstandsschaukel** sogar bei Aufnahme in eine Urkunde gebilligt. Er hat der Vereinbarung der Gütertrennung mit Zugewinnausgleich und anschließender in einer Urkunde vereinbarter Rückkehr zum gesetzlichen Güterstand die Schenkungsteuerfreiheit nach § 5 Abs. 2 ErbStG zugebilligt. Die Gründe liegen für den BGH darin, dass dem begünstigten Ehegatten die Ausgleichsforderung nicht vertraglich zugewendet werde, sondern kraft Gesetzes mit der Gütertrennung entstehe. Das Schenkungsteuerrecht müsse die ehevertragliche Gestaltungsfreiheit insoweit anerkennen, wenn es tatsächlich zu einer güterrechtlichen Abwicklung,[1456] d.h. mindestens zur Ermittlung der Ausgleichsforderung komme.

662 Die sich hieran anschließende Interpretation, die **Ermittlung der Ausgleichsforderung** müsse aus dem **Text der Urkunde** über den Güterstandswechsel ersichtlich sein,[1457] ist dem BGH-Urteil so nicht zu entnehmen. Sie **überspannt die Anforderungen** an die tatsächliche Durchführung. Die Mandanten wollen oft ihre komplette Zugewinnrechnung nicht in der Urkunde sehen.[1458] Entscheidend ist, dass die Ehegatten ihre Zugewinnausgleichsbilanz gezogen haben und die Zugewinnausgleichsforderung errechnet haben. Diese Rechnung ist ohnehin zuweilen mit Unsicherheitsfaktoren belastet (z.B. im Bereich der Hinzurechnungen nach § 1375 Abs. 2 BGB, wenn bereits Vorabübertragungen auf Kinder stattgefunden haben). Sie kann daher nach meinem Dafürhalten auch durchaus vergleichsweise getroffen werden, wie dies im Scheidungsfall auch häufig geschieht. Es muss aber eine plausible »Endabrechnung« auf den Zeitpunkt des Güterstandswechsels vorliegen, aus der dann die Konsequenz der Aufstellung durch die – mindestens spätere – Erfüllung des Zugewinnausgleichsanspruchs gezogen wird.

Nach BFH ist für § 5 Abs. 2 ErbStG eine irgendwie geartete Einschränkung, dass der Übertritt in die Gütertrennung endgültig sein müsse nicht zu fordern, sodass die Rückkehr in den gesetzlichen Güterstand unschädlich sei.

663 Auf Argumente, es sei **rechtsmissbräuchlich**, wenn **in der gleichen Urkunde** und – im entschiedenen Fall – sogar ohne Verbleib einer juristischen Sekunde, für welche die Gütertrennung hätte gel-

---

1451 Siehe ausführlich Rdn. 630 ff.
1452 Vgl. hierzu Schotten, NJW 1990, 2481, 2486; Hayler, DNotZ 2000, 681 ff.; Hayler, FuR 2000, 4, 8; Kruse, StuW 1993, 3, 6; skeptisch Doetsch, DStR 1994, 638, 642; Sasse, BB 1995, 1613.
1453 So der Fall des FG Köln, DStRE 2002, 1248 ff.
1454 Eingehend hierzu Brambring, ZEV 1996, 248 ff.
1455 BFH, ZEV 2005, 490 m. Anm. C. Münch.
1456 Diese Voraussetzung leitet der BGH aus BT-Drucks. VI/3418, S. 63 her. Hier dürfte freilich nur der Gegensatz zur Freistellung des fiktiven Zugewinns nach § 5 Abs. 1 ErbStG gemeint gewesen sein.
1457 So ausdrücklich Schlünder/Geißler, NJW 2007, 482, 484.
1458 Interessant wäre, ob sie im zugrunde liegenden Fall in der Urkunde enthalten war. Dies ergibt sich aus den Veröffentlichungen leider nicht.

F. Steuerliche Auswirkung der Güterstände   **Kapitel 1**

ten können, Gütertrennung und Rückkehr zur Zugewinngemeinschaft vereinbart werde, ging der BFH nicht ein. In seiner mit Spannung erwarteten Entscheidung[1459] billigte der BFH somit die Güterstandsschaukel ausgerechnet in einem Fall, bei dem kein Zeitraum für die Gütertrennung verbleibt. Außerdem wird die sehr hohe Zugewinnausgleichsforderung nicht erfüllt, sondern niedrig verzinslich bis zum Tode gestundet. Ferner zeichnet sich der Fall sogar noch durch eine zumindest teilnichtige Abrede mit dem Ausschluss der Abtretung der Zugewinnausgleichsforderung aus.

Damit wird die Güterstandsschaukel künftig rechtssicherer vereinbart werden können.[1460] Allerdings wird der vorsichtige Berater gut daran tun, die **Gütertrennung wirklich** für einen bestimmten Zeitraum **eintreten zu lassen** und die Rückkehr in den gesetzlichen Güterstand erst nach Ablauf dieser dann befristeten Gütertrennung zu vereinbaren.[1461] Außerdem bleibt die Vereinbarung in **zwei Urkunden** in jedem Fall **sicherer als eine Gesamtvereinbarung in einer Urkunde**, denn der BFH hat insoweit den Fall nicht selbst entschieden, sondern nur darauf verwiesen, das FG Köln habe den Vertrag für den BFH bindend so ausgelegt, dass der gesetzliche Güterstand beendet worden sei.[1462] Ein anderes FG könnte also bei der Gestaltung in einer Urkunde durchaus noch zu einem anderen Ergebnis kommen.[1463] Allerdings wird auch darauf hingewiesen, dass bei einem festen Gesamtplan beide Güterstandswechsel zu beurkunden seien, sonst sei die erste Urkunde nicht wirksam.[1464] Hier wird der Sachverhalt genau zu ermitteln sein.   664

Da das Steuerrecht hier dem Zivilrecht folgt, sollte nicht der rein steuerliche Anlass im Vordergrund stehen, sondern auch ein zivilrechtlich begründetes, außersteuerliches Anliegen, wie etwa die Absicherung des Ehepartners.[1465]

▶ Hinweis:

In der Beratung ist zu empfehlen, die Beteiligten auf das Restrisiko hinzuweisen und diese unter Einbeziehung der entstehenden Mehrkosten über die Vertragsgestaltung entscheiden zu lassen.[1466]   665

Hinzuweisen ist ferner darauf, dass der Ausgleich des Zugewinns auch als **pflichtteilsfest** angesehen wird.[1467] Allerdings hat der BGH hier zum Wechsel in die Gütergemeinschaft entschieden, dass bei einem 2-maligen Wechsel des Güterstandes nach einheitlichem Plan ein Missbrauch gegeben sein könne.[1468] Soweit es den Beteiligten also auch auf Pflichtteilsfestigkeit ankommt, ist die Vereinbarung in zwei Urkunden zu empfehlen. Da hier die zweite Urkunde immer eines neuen Entschlusses bedarf, dürfte kein Gesamtplan vorliegen.[1469] Der BGH hat über die Pflichtteilsfestigkeit einer solchen Gestaltung noch nicht entschieden.[1470] Daher wird empfohlen, neben der Zeitdauer zwischen   666

1459 Schlünder/Geißler, FamRZ 2005, 149, 156.
1460 Zum Güterstandswechsel als Gestaltungsmittel Bisle, DStR 2011, 2359 f.
1461 Einer Schamfrist bedarf es nicht nach von Oertzen, FPR 2012, 103, 105 und Friedrich-Büttner/Herbst, ErbStB 2011, 45, 47.
1462 Eine Empfehlung für die Gestaltung in zwei Urkunden mit einem gewissen zeitlichen Abstand geben Wachter, FR 2006, 42, 44; Viskorf/Haag, DStR 2012, 219, 221. Fuhrmann/Urbach, KÖSDI 2012, 17846, 17847 warnen davor, rückwirkend Zugewinngemeinschaft zu vereinbaren und diese sogleich wieder aufzuheben.
1463 Vgl. dazu etwa Hertzberg, RNotZ 2019, 245, 250.
1464 Hertzberg, RNotZ 2019, 245, 252.
1465 Holler/Schmidt, in: FS für Spiegelberger, 2009, 239 ff.; Bedenken hinsichtlich einer Güterstandsschaukel mit mehrfachem Güterstandswechsel: DNotI-Gutachten, DNotI-Report 2007, 149 ff.
1466 Beurkundung in einem Vertrag halten für ausreichend: Pluskat/Pluskat, ZFE 2006, 124, 125.
1467 Brambring, ZEV 1996, 248, 252; von Oertzen, ErbStB 2005, 71, 72; Klingelhöffer, Pflichtteilsrecht, Rn. 560 f.
1468 BGH, NJW 1992, 558 ff.
1469 Hierzu die eingehende Untersuchung von Apelt, Güterstandswechsel. Schenkung im Sinne des Pflichtteilsergänzungsrechtes?, 2011.
1470 Daher skeptisch Wachter, FR 2006, 43.

den Vereinbarungen auch eine Motivation aufzunehmen, dass der Güterstandswechsel zur Neuordnung der güterrechtlichen Verhältnisse diene.[1471]

> **Hinweis:**
> In gleicher Weise ist der Abschluss getrennter Urkunden zu empfehlen, wenn es um die **Anfechtbarkeit** von Übertragungen i.R.d. Güterstandsschaukel geht. Hat doch der BGH ausdrücklich entschieden, dass es hinsichtlich der Anfechtbarkeit kein Sonderrecht für güterrechtliche Verträge gibt.[1472]

667 Werden Vermögenswerte als Zugewinnausgleich übertragen, so ist alles zu vermeiden, was den Vorgang dennoch in die Nähe einer unentgeltlichen Zuwendung rückt.[1473] So passen insb. Rückforderungsrechte hinsichtlich der übertragenen Vermögenswerte für den Scheidungsfall nicht zu einem Ausgleich des Zugewinns,[1474] da auf diesen gerade ein Rechtsanspruch besteht.[1475]

> **Gestaltungsempfehlung:**[1476]

668 Der Ausgleich des Zugewinns kann steuerfrei durch zwei Eheverträge gestaltet werden, mit denen zunächst Gütertrennung und später erneut Zugewinngemeinschaft vereinbart wird. Die Zusammenfassung dieser Vereinbarungen in einem Vertrag ist vom BFH nicht beanstandet worden, allerdings hat er sich an die Vorentscheidung des FG Köln gebunden gesehen.

Auf jeden Fall sollte die Gütertrennung für eine gewisse Zeit bestehen[1477] und es sollten alle zusätzlichen Erschwernisse vermieden werden, die dazu führen, dass die Wirkungen der Gütertrennung letztlich nicht eintreten.

669 Wird die **Zugewinnausgleichsforderung** nicht bei Entstehen bezahlt, sondern erst später, so ging der BFH[1478] zunächst bei summarischer Prüfung im Aussetzungsverfahren davon aus, dass die **Stundung als freigiebige Zuwendung** anzusehen sei, die es ausschließe, die entsprechenden Zinsen auch noch einkommensteuerlich zu erfassen. Nun hat der BFH aktuell ausgesprochen, dass die unverzinsliche lebenslängliche Stundung einer Zugewinnausgleichsforderung im Hinblick auf den gewährten Nutzungsvorteil eine der **Schenkungsteuer** unterliegende freigiebige Zuwendung darstellt.[1479] Ob freilich der BFH die Unverzinslichkeit zu Recht annahm, sei dahingestellt. Rekurrierte er doch auf das zinslose Darlehen, das aber in § 488 Abs. 1 Satz 2 BGB eine Neuregelung erfahren hat, wonach ein Darlehen im Zweifel entgeltlich gewährt wird, auch wenn Zinsen nicht ausdrücklich vereinbart sind.

1471 Kleffmann, FuR 2017, 532 ff.
1472 Ponath, ZEV 2006, 49, 51, 53, der eine Rückkehr in den gesetzlichen Güterstand innerhalb eines Zeitraums von zwei Jahren als schädlich ansieht; zum Vorrang der Ehevertragsfreiheit ggü. dem Gläubigerschutz vgl. auch Scherer/Kirchhain, ZErb 2006, 106 ff.; zur asset protection Wälzholz, FamRB 2006, 380, 383, der meint, dass bei der Anfechtung eines entgeltlichen Rechtsgeschäftes hier ggf. die unmittelbare Gläubigerbenachteiligung verneint werden könne, was freilich nicht gegen die Vorsatzanfechtung schütze. Vgl. dazu BGH NZI 2010, 738; Herrler in Münch, Familienrecht, § 19 Rn. 48 ff.; näher hierzu Kap. 3 Rdn. 164 ff.
1473 Dass die Güterstandsschaukel sich nun als Alternative zur Kettenschenkung etabliert, vertreten Lehnen/Hanau, ZErb 2006, 149 ff.
1474 Pluskat/Pluskat, ZFE 2006, 124, 125.
1475 Geck, ZEV 2006, 62, 65 auch für Widerrufs- oder Rückfallklauseln im Todesfall.
1476 Vgl. Musterformulierungen unter Kap. 2 Rdn. 513.
1477 Zustimmend Zugmaier/Wälzholz, NWB Fach 10, 1521, 1522.
1478 BFH, ZEV 2012, 58.
1479 BFH, ZEV 2019, 98 m. Anm. C. Münch.

F. Steuerliche Auswirkung der Güterstände

> **Gestaltungsempfehlung:**
> Die Vertragsgestaltung sollte die Rechtsprechung des BFH einkalkulieren und entweder die spätere Zahlung bereits rechnerisch in einen vereinbarten Zugewinn einbeziehen oder aber den Zugewinn in seiner Fälligkeit abweichend regeln, was jedenfalls bei § 5 Abs. 2 ErbStG anerkannt wird, jedenfalls dann, wenn in erster Linie güterrechtliche Wirkungen erzielt werden sollen.

670

Wird **nicht die vertraglich errechnete Zugewinnausgleichsforderung bezahlt, sondern weniger**, so liegt in gleicher Weise eine **unentgeltliche Zuwendung** vor. man sollte also keinesfalls zunächst den Zugewinn berechnen und dann weniger zahlen, sondern man **muss ehevertragliche Vereinbarungen treffen, die den Zugewinn von vornherein ändern**.[1480] Diese Vereinbarung an sich unterliegt der privatautonomen Gestaltung des dispositiven Zivilrechts.[1481]

671

Wichtig ist der Hinweis, dass auf diese Weise nicht nur Ehegatten Zugewinn ausgleichen können, sondern auch **Partner einer eingetragenen Lebenspartnerschaft**, für die der erhöhte Freibetrag von 500.000,00 € nach § 16 Abs. 1 Nr. 6 ErbStG und der Versorgungsfreibetrag nach § 17 Abs. 1 ErbStG bestehen[1482] und nach der Gleichstellung durch das Jahressteuergesetz 2010 auch die Steuerklasse 1 wie bei Ehegatten nach § 15 Abs. 1 Nr. 1 ErbStG. Dies hat der Gesetzgeber erst im Gefolge des Urteils des BVerfG vom 21.07.2010[1483] geregelt. Die ErbStR wurden entsprechend angepasst. Mit der Einführung der Ehe für alle sind künftig auch Ehen von gleichgeschlechtlichen Personen möglich, sodass für diese die Regeln für Ehegatten ohnehin gelten.

672

Zu beachten ist ferner, dass die Rechtsprechung bei Übertragung von Sachwerten zum Ausgleich des Zugewinns von einer Leistung an Erfüllungs statt ausgeht und eine solche Übertragung **einkommensteuerlich als entgeltlich** einstuft.[1484] Bei der Übertragung von Betriebsvermögen oder von Privatvermögen innerhalb der Spekulationsfrist sind daher die einkommensteuerrechtlichen Konsequenzen sorgfältig zu prüfen.[1485] Auch im Hinblick auf nachlaufende Überwachungsfristen bei bestimmten Behaltensregelungen kann eine entsprechende Übertragung schädlich sein, wenn sie als entgeltlich eingestuft wird.[1486]

673

3. Die Wahl-Zugewinngemeinschaft und § 5 Abs. 3 ErbStG

Mit dem bereits besprochenen neuen Güterstand der Wahl-Zugewinngemeinschaft[1487] hat sich die Notwendigkeit ergeben, § 5 ErbStG zu erweitern, sodass auch der Zugewinnausgleich nach diesem Gütertand steuerfrei gestellt wird. Hierzu hat der Gesetzgeber einen neuen § 5 Abs. 3 ErbStG eingeführt, der auch diesen Zugewinnausgleich steuerfrei stellt. Auf einen fiktiven Zugewinnausgleich musste der Gesetzgeber nicht eingehen, da die Wahl-Zugewinngemeinschaft keine pauschale Erhöhung des erbrechtlichen Viertels kennt. Ebenso musste § 29 ErbStG nicht geändert werden, da die Wahl-Zugewinngemeinschaft keine dem § 1380 BGB entsprechende Vorschrift vorsieht. Inhaltlich werden von diesen Punkten abgesehen die zu § 5 Abs. 2 ErbStG gewonnenen Erkenntnisse sonst auch auf § 5 Abs. 3 ErbStG anzuwenden sein.

674

1480 FG Hessen, EFG 2017, 871; im Beispielsfall war wegen der Steuerverhaftung des Betriebsvermögens weniger Zugewinn gezahlt worden. Das hätte man zwanglos zuvor bei der Zugewinnberechnung unterbringen können.
1481 Eingehend hierzu Schlünder/Geißler in Münch C., Familienrecht, § 18 Rn. 30.
1482 Zugmaier/Wälzholz, NWB Fach 10, 1521.
1483 BVerfG, DStR 2010, 1721.
1484 BFH, DStRE 2005, 449; hierzu Wälzholz, FamRB 2006, 27, 29; Kensbock/Menhorn, DStR 2006, 1073; a.A. Binnewies, GmbH-StB 2005, 274, 276.
1485 Kensbock/Menhorn, DStR 2006, 1073 ff.
1486 Wälzholz, DStR 2007, 1605 f.
1487 Hierzu Rdn. 499 ff.

4. Verzicht auf Zugewinn und Schenkungsteuer

675 Der spätere **Verzicht** auf eine zunächst **geltend gemachte Zugewinnausgleichsforderung** soll Schenkung sein, sofern er nicht entgeltlich etwa im Rahmen von Kompensationen geschieht.[1488] Dies kann insb. infrage kommen, wenn nach der Beendigung des Güterstandes noch Regelungen getroffen werden.

▶ Hinweis:

676 Der Verzicht auf eine geltend gemachte Zugewinnausgleichsforderung kann Schenkung sein!

677 Ein vorheriger Verzicht wird nach § 517 BGB nicht als Schenkung angesehen,[1489] zumal es sich um ein familienrechtliches Geschäft eigener Art handelt, das einen Bereicherungswillen ausschließt.

Der **Verzicht auf künftigen Zugewinn**, für den eine **Gegenleistung** erbracht wird, ist nach der neuesten Rechtsprechung des BFH ebenso der Schenkungsteuer unterworfen, wie der Verzicht auf einen etwaigen künftigen Unterhaltsanspruch gegen Gegenleistung, weil der Verzicht nur im Hinblick auf eine Erwerbschance abgegeben werde.[1490] An anderer Stelle[1491] wurde bereits ausführlich dargestellt, dass die zivilrechtliche Notwendigkeit von Kompensationsleistungen zur Vermeidung einer Sittenwidrigkeit i.R.d. Inhaltskontrolle sehr gegen die Rechtsprechung des BFH spricht. Ehegatten schenken sich bei vorsorgenden Eheverträgen i.d.R. nichts, sondern verhandeln hart um entsprechende Kompensationen für Verzichte.[1492] Zudem leistet die Kompensation ehevertraglich die inzwischen in der Literatur vehement geforderte **Wertschätzung der Familienarbeit**[1493] und gleicht hierdurch entstehende Nachteile aus. Die Praxis wird gleichwohl von dieser Rechtsprechung ausgehen müssen. Mehr und mehr bezweifeln familienrechtliche Stimmen, dass solche vertraglichen Abreden oder überhaupt Zuwendungen unter Ehegatten als schenkungsteuerlich relevante Zuwendungen qualifiziert werden dürfen und sprechen sich für eine Harmonisierung zwischen Familienrecht und Steuerrecht aus und gegen eine Disprivilegierung von Zuwendungen, die während der Ehe erfolgen, gegenüber den bei Scheidung zu leistenden Zahlungen.[1494] Auch der BGH hat sich für eine Zuwendung bei gleichzeitigem Erbverzicht für eine Entgeltlichkeit ausgesprochen.[1495]

III. Schenkungsteuerprobleme der Gütergemeinschaft

678 Als Anschauungsbeispiel soll der geschilderte[1496] BGH-Fall dienen, in dem dieser der Gestaltung unter Ausnutzung der Gütergemeinschaft die Pflichtteilsfestigkeit bescheinigt hat.[1497]

679 **Zivilrechtlich** sah der BGH in der Eingehung der Gütergemeinschaft in diesem Fall keine Schenkung i.S.d. §§ 516, 2325 ff. BGB. Der BGH betont, dass die Ehevertragsfreiheit die Güterstandsänderung jederzeit ermögliche. Dies müssten Gläubiger und Pflichtteilsberechtigte grds. hinnehmen. Der BGH stellt für die Annahme einer **Schenkung** das **zusätzliche Erfordernis** auf, dass »*die Geschäftsabsichten der Eheleute – soweit es sich um die Bereicherung des weniger begüterten Teiles handelt – nicht zwecks Verwirklichung der Ehe auf eine Ordnung der beiderseitigen Vermögen gerichtet waren*«. Er

---

1488 R E 5.2. Abs. 1 Satz 2 ErbStR.
1489 Sontheimer/Kollmar, E Rn. 43; Viskorf, NWB Fach 10, 1243, 1252 (2001). Z.T. wird aber auch geraten, hier in wichtigen Fällen verbindliche Auskünfte einzuholen, Sontheimer, NJW 2001, 1315, 1319.
1490 BFH, DStRE 2007, 1516; BFH, DStR 2008, 348 ff.
1491 C. Münch, DStR 2008, 26 ff.; C. Münch, FPR 2012, 302 ff.; zustimmend Geck, DNotZ 2008, 347, 355; C. Münch in Amend-Traut, Familie und Recht, S. 153 ff.
1492 Vgl. C. Münch, ZEV 2007, 501; Wälzholz, FR 2007, 638, 644; Geck, DNotZ 2008, 355.
1493 Hierzu C. Münch, FamRB 2018, 247 ff.
1494 So eindrücklich Brudermüller, FF 2012, 280, 283; in ähnliche Richtung Grziwotz in FS Hahne, 153 ff.
1495 BGH, NJW 2016, 324.
1496 Rdn. 441.
1497 BGH, NJW 1992, 558 ff. = DNotZ 1992, 503; hierzu Wegmann, ZEV 1996, 201 ff.

grenzt dann den vorliegenden Fall gegen Missbrauchsfälle ab, z.B. bei einem Handeln nach einheitlichem Plan oder bei Vereinbarung der Gütergemeinschaft kurz vor dem Tod.

Steuerlich wird dagegen eine **Schenkung** aufgrund von § 7 Abs. 1 Nr. 4 ErbStG nicht zu vermeiden sein. Das Steuerrecht hat die Steuerpflicht durch einen eigenen Tatbestand im ErbStG sichergestellt, da ansonsten die Güterstandswahl Ausfluss der Ehevertragsfreiheit ist und nicht zu einer schenkungssteuerlichen Erfassung führt. Die frühere Einschränkung der Rechtsprechung, dass die Eingehung der Gütergemeinschaft nur dann schenkungssteuerbar war, wenn mit ihr in erster Linie erbrechtliche Wirkungen herbeigeführt werden sollten,[1498] wollte der Gesetzgeber aufheben.[1499] Beim eigenbewohnten Objekt hilft § 13 Abs. 1 Nr. 4a ErbStG.

680

Als **Gestaltungsempfehlung zur Steuerersparnis** wird in der Literatur Folgendes genannt, wobei jeweils mit dem zivilrechtlich gewollten Ziel abzuwägen ist, auf den Ehegatten Vermögen übergehen zu lassen etwa zur Verringerung von Pflichtteilsansprüchen:

▶ **Gestaltungsempfehlung:**

Führt die Vereinbarung der Gütergemeinschaft zur Schenkungsteuer, so kann ggf. das die Freibeträge überschreitende Vermögen zunächst Vorbehaltsgut bleiben und später – nach Ablauf der Zehn-Jahres-Frist des § 14 ErbStG – übertragen werden.

681

Die Schenkungsteuer lässt sich ferner verringern, wenn der minderbegüterte Ehegatte seine Zugewinnausgleichsforderung, die er aus bisheriger Ehe bis zur Vereinbarung der Gütergemeinschaft steuerfrei nach § 5 Abs. 2 ErbStG erlangt hat, in die Gütergemeinschaft einbringt.[1500]

IV. Ehegatten als Mitunternehmer bei Gütergemeinschaft

Während die Eheschließung erhebliche Auswirkungen auf die einkommensteuerliche Veranlagung hat, wirken sich die Güterstände mit Ausnahme der Gütergemeinschaft im Einzelnen nicht aus.

682

Bei der Zurechnung der Einkünfte ist zunächst davon auszugehen, dass Ehegatten, denen zur Einkommenserzielung verwendete Wirtschaftsgüter in Gütergemeinschaft gehören, die entsprechenden Einkünfte je zur Hälfte erzielen, so insb. bei Einkünften aus Vermietung und Verpachtung oder aus Kapitalvermögen.[1501]

683

Gehört ein **Gewerbebetrieb** zum **Gesamtgut**, sind die **Ehegatten** i.d.R. **Mitunternehmer**, auch wenn ein Ehegatte nach außen nicht in Erscheinung tritt, denn beide Ehegatten haben an den Erträgen teil, sind dinglich mitberechtigt am Gesamtgut und nehmen auf diese Weise an den stillen Reserven teil; ferner haftet das Gesamtgut auch für die betrieblichen Verbindlichkeiten.[1502] I.d.R. soll auch bei mehreren Betrieben nur eine Mitunternehmerschaft vorliegen.[1503]

684

In der **Land- und Forstwirtschaft** können Ehegatten nach Ansicht des BFH[1504] auch ohne ausdrücklichen Gesellschaftsvertrag eine **Mitunternehmerschaft** bilden, wenn jeder der Ehegatten einen erheblichen Teil der selbst bewirtschafteten land- und forstwirtschaftlichen Grundstücke zur Verfügung stellt, d.h. auch ohne Gütergemeinschaft. Der BFH will danach unterscheiden, ob die Ehe-

---

1498 BFH, BStBl. 1964 III, S. 202.
1499 BT-Drucks. VI/3418, S. 64.
1500 Davon geht R E 7.6. Abs. 2 ErbStR (2019) aus, dass dies regelmäßig vereinbart sein wird.
1501 Schmidt/Weber-Grellet, § 2 Rn. 30.
1502 BFH, BStBl. 1993 II, S. 574; BFH, DStRE 2006, 4; Schmidt/Wacker, § 15 Rn. 376 ff.; H 15.9 (1) EStH (2012).
1503 FG Saarland, NWB 2004, Eilnachrichten, 214.
1504 BFH, DStR 2018, 2012.

gatten je einen eigenen Betrieb bewirtschaften oder die Grundstücke gemeinsam in einem Betrieb bewirtschaften, sodass von einer gemeinsamen Zweckverfolgung auszugehen ist.

Überlassen in Gütergemeinschaft lebende Ehegatten zum Gesamtgut gehörende wesentliche Betriebsgrundlagen an eine GmbH, deren alleiniger Gesellschafter einer der Ehegatten ist, so liegen die Voraussetzungen einer Betriebsaufspaltung vor, wenn die Gesellschaftsbeteiligung ebenfalls zum Gesamtgut gehört. Dabei soll die Beteiligung dann nicht zum Sondergut gehören, wenn nach Gesellschaftsvertrag die Übertragung auf Ehegatten keiner Beschränkung unterliegt.[1505]

685 Mitunternehmer sind die Ehegatten jedoch dann **nicht**, wenn der Betrieb zum **Vorbehalts- oder Sondergut** eines Ehegatten gehört, auch wenn die Erträge in die Gütergemeinschaft fallen.[1506] Mitunternehmer sind die Ehegatten ferner nicht, wenn die **persönliche Arbeitsleistung eines Ehegatten ganz im Vordergrund** steht – wie z.B. bei freiberuflicher Tätigkeit –, ohne dass ein nennenswerter Kapitaleinsatz aus dem Gesamtgut erfolgt.[1507]

686 Bei Bestehen einer Mitunternehmerschaft führt **Arbeitsentgelt** an den mitarbeitenden Ehegatten, der nicht nach außen als Betriebsinhaber in Erscheinung tritt, gem. § 15 Abs. 1 Nr. 2 EStG zu **gewerblichen Einkünften** und ist daher auch bei der Ermittlung des Gewerbeertrages i.R.d. Gewerbesteuer zu berücksichtigen.[1508]

▶ Gestaltungsempfehlung:

687 Sollen die steuerlichen Vorteile eines Ehegattenarbeitsverhältnisses genutzt und der Ehegatte nicht Mitunternehmer werden, so muss der Gewerbebetrieb im Vorbehalts- oder Sondergut eines Ehegatten verbleiben.

688 In der Landwirtschaft nehmen Rechtsprechung[1509] und Finanzverwaltung[1510] auch ohne Gesellschaftsvertrag und unabhängig vom Güterstand eine Mitunternehmerschaft an, wenn jeder der Ehegatten einen erheblichen Teil (mehr als 10 % der insgesamt genutzten Flächen) seiner Eigentumsflächen zur Verfügung stellt.[1511]

1505 BFH, INF 2007, 83 = BB 2006, 2726 f.
1506 Schmidt/Wacker, § 15 Rn. 377; Mai, BWNotZ 2003, 55, 68.
1507 BFH, DStR 1998, 843.
1508 BFH, BStBl. 1993 II, S. 616; H 7.1. (3) GewStR.
1509 BFH, BStBl. 2009 II, S. 989.
1510 BMF, BStBl. 2009 I, S. 1593.
1511 Hierzu von Twickel, DStR 2009, 411.

Kapitel 2 Vertragliche Regelungen im Ehegüterrecht

Übersicht	Rdn.
A. Form des Ehevertrages	1
I. Ehevertragsbegriff	1
II. Formerfordernisse	4
III. Umfang der Formbedürftigkeit	26
IV. Salvatorische Klauseln	34
V. Abgeltungsklauseln	44
VI. Schiedsklauseln	51
VII. Vereinbarungen über Namen, eheliche Rollenverteilung und sonstige allgemeine Ehevereinbarungen	58
VIII. Checkliste Ehevertrag	64
B. Vertragsfreiheit und Inhaltskontrolle	65
I. Entscheidungen des BVerfG	66
II. Grundsatzurteil und Folgeentscheidungen des BGH	77
1. Entscheidung des BGH vom 11.02.2004 (XII ZR 265/02) als Grundsatzurteil	78
2. Entscheidungen vom 06.10.2004 (XII ZB 110/99 und XII ZB 57/03)	83
3. Urteil vom 12.01.2005 (XII ZR 238/03)	88
4. Urteile vom 25.05.2005 (XII ZR 296/01 und XII ZR 221/02)	90
5. Beschluss vom 17.05.2006 (XII ZB 250/03)	95
6. Urteil vom 05.07.2006 (XII ZR 25/04)	96
7. Urteil vom 25.10.2006 (XII ZR 144/04)	101
8. Urteil vom 22.11.2006 (XII ZR 119/04)	104
9. Urteil vom 28.02.2007 (XII ZR 165/04)	108
10. Urteil vom 28.03.2007 (XII ZR 130/04)	109
11. Urteil vom 17.10.2007 (XII ZR 96/05)	110
12. Urteil vom 28.11.2007 (XII ZR 132/05)	111
13. Urteil vom 09.07.2008 (XII ZR 6/07)	112
14. Urteil vom 05.11.2008 (XII ZR 157/06)	113
15. Urteil vom 18.03.2009 (XII ZB 94/06)	115
16. Urteil vom 02.02.2011 (XII ZR 11/09)	116
17. Urteil vom 31.10.2012 (XII ZR 129/10)	119

	Rdn.
18. Urteil vom 21.11.2012 (XII ZR 48/11)	122
19. Beschluss vom 27.02.2013 (XII ZB 90/11)	125
20. Beschluss vom 17.07.2013 (XII ZB 143/12)	127
21. Beschluss vom 29.01.2014 (XII ZB 303/13)	130
22. Beschluss vom 08.10.2014 (XII ZB 318/11)	136
23. Beschluss vom 15.03.2017 (XII ZB 109/16)	140
24. Beschluss vom 17.01.2018 (XII ZB 20/17)	154
25. Beschluss vom 20.06.2018 (XII ZB 84/17)	159
26. Beschluss vom 20.03.2019 (XII ZB 310/18)	160
III. Umsetzung in die Praxis der Obergerichte	162
1. Gesamtschau und Teilnichtigkeit	163
2. Imparität/Schwangerschaft/Verträge kurz vor der Hochzeit	170
3. Prüfungsmethode und Urteile mit Ausübungskontrolle	191
4. Güterrechtsregelung weitgehend möglich	200
5. Unterhaltbegrenzung und Totalverzicht	210
6. Doppelverdienerehe	219
7. Bleiberechtsfälle	225
8. Pflichtteilsverzicht	231
9. Scheidungsvereinbarung	235
10. Zeitpunkt	240
11. Prozessuales	243
IV. Inhaltskontrolle nach der Rechtsprechung des BGH	252
1. Dispositionsfreiheit der Ehegatten	252
2. Keine zwingende Halbteilung	257
3. Kernbereichslehre	262
a) Kindesbetreuungsunterhalt	267
b) Krankheitsunterhalt, Unterhalt wegen Alters, Versorgungsausgleich	268
c) Sonstige Unterhaltstatbestände	269
d) Zugewinnausgleich	273
4. Ehebedingte Nachteile	274
5. Imparität	280
6. Verfahren der Inhaltskontrolle	288
a) Wirksamkeitskontrolle – § 138 BGB	290

	Rdn.
b) Ausübungskontrolle – Störung der Geschäftsgrundlage	299
V. Konsequenzen der Inhaltskontrolle für die Vertragsgestaltung	308
1. Beurkundungsverfahren	312
a) Vertragsvorlauf	314
b) Übersetzung	317
c) Persönliche Anwesenheit	318
d) Dokumentation	321
2. Allgemeine Urkundsbestandteile	326
a) Präambel	327
b) Teilunwirksamkeit, Auffanglinie und Salvatorische Klausel	337
c) Allgemeine Auffangklausel zur Vermeidung ehebedingter Nachteile	341
d) Belehrung	345
3. Berücksichtigung verschiedener Ehekonstellationen	351
4. Güterrechtliche Regelungen	354
5. Unterhaltsregelung	366
a) Totalverzicht	367
b) Unterhalt wegen Kindesbetreuung	373
aa) Neuaufbau des § 1570 BGB	373
bb) Basisunterhalt	377
cc) Kindbezogene Verlängerung	379
dd) Ehebezogene Verlängerung	381
ee) Unterhaltshöchstgrenze	383
ff) Zeitliche Modifikation	397
gg) Sonderqualifikation der Anschlusstatbestände des § 1570 BGB	403
hh) Behandlung des Aufstockungsunterhalts bei Kindesbetreuung	408
ii) Kompensation	413
jj) Kindeswohl und Unterlegenheit	419
c) Unterhalt wegen Alters und Krankheit	420
d) Sonstige Unterhaltstatbestände	424
6. Versorgungsausgleich	428
7. Pflichtteilsverzicht	440
8. Gesamtabwägung	450
9. Scheidungsvereinbarungen	461
10. Anwaltliche Strategien	466
11. Rechtswahl	467
12. Reparatur möglicherweise nichtiger Eheverträge	469
a) Beratungs- oder Prozesssituation	469
b) Nichtigkeit wegen Klausel ohne Auswirkung	475

	Rdn.
c) »Heilung« durch nachträgliche Kompensation	479
d) »Heilung« durch neue Gesetzeslage	482
e) Bestätigung eines Ehevertrages	485
13. Weitere Folgerungen aus der Sittenwidrigkeit eines Ehevertrages	490
C. Gütertrennungsverträge	492
I. Vereinbarung der Gütertrennung	492
1. Gütertrennung mit Zugewinnausgleichsverzicht	502
2. Gütertrennung mit Ausgleich des Zugewinns (Güterstandsschaukel)	503
3. Gütertrennung mit Bedingungen oder Befristungen	511
II. Aufhebung der Gütertrennung mit Vereinbarung der Zugewinngemeinschaft	513
1. Vorteile der modifizierten Zugewinngemeinschaft	513
2. Problematik der Rückwirkung	516
3. Zugewinngemeinschaft ab Ehevertragsschluss	523
D. Gütergemeinschaft	525
I. Vereinbarung der Gütergemeinschaft	526
1. Vertrag der Gütergemeinschaft	526
2. Gestaltung einer Errungenschaftsgemeinschaft	527
3. Elterngut als Vorbehaltsgut	529
4. Betrieb als Vorbehaltsgut	531
5. Fahrnisgemeinschaft	533
6. Ausschluss oder Modifikation von Übernahme- und Werterstattungsrechten	535
II. Aufhebung der Gütergemeinschaft mit Auseinandersetzungsvereinbarung	543
E. Modifikationen der Zugewinngemeinschaft	548
I. Ausschluss des Zugewinns im Scheidungsfall	550
II. Ausschluss des betrieblichen Vermögens vom Zugewinn	567
1. Wert des unternehmerischen Vermögens im Zugewinn	571
2. Herausnahme von unternehmerischem Vermögen aus dem Zugewinn	574
a) Begriff des unternehmerischen Vermögens	577
b) Manipulationsgefahren	588
c) Notwendige Regelungsbereiche im Zivilrecht	593
3. Formulierungsvorschlag	604
4. Alternative Gestaltungen	621
a) Kompletter Ausschluss des Zugewinns für den Scheidungs-	

	Rdn.		Rdn.
fall mit festen Kompensationsleistungen.	622	V. Festlegungen zum Anfangs- und Endvermögen sowie Bewertungsvereinbarungen	652
b) Kompletter Ausschluss des Zugewinns für den Scheidungsfall mit Ausgleichsquote	624	1. Festlegung des Anfangsvermögens	653
		2. Heirat mit verschuldetem Partner	660
c) Beibehaltung des Betriebsvermögens im Zugewinn unter Einziehung der Abfindungsklauseln im Gesellschaftsvertrag	626	3. Vorzeitiger Hausbau	668
		4. Festlegung des Endvermögens	670
		5. Bewertungsvereinbarungen	671
		a) Betriebsvermögen	671
d) Beibehaltung des Betriebsvermögens im Zugewinn mit modifizierter Ausgleichsforderung	628	b) Landwirtschaft	676
		c) Kapitallebensversicherungen	680
		d) Grundbesitz	683
e) Beibehaltung des Betriebsvermögens im Zugewinn mit eigener Bewertungsgrundlage	629	VI. Ausgestaltung der Zugewinnausgleichsforderung	685
		1. Abweichende Quote	686
III. Ausschluss von Wertsteigerungen des Anfangsvermögens	631	2. Vereinbarung von Höchstgrenzen	691
		3. Änderung der Fälligkeit	700
IV. Verschiebung von zeitlichen Grenzen sowie Befristungen und Bedingungen	638	4. Alternativen zum Ausgleich des Zugewinns in Geld	703
		VII. Kompensationsvereinbarungen	714
1. Veränderung der gesetzlichen Stichtage	638	VIII. Sonstige Regelungsmöglichkeiten	720
		1. Zugewinn vom Scheidungsverschulden abhängig	720
2. Vereinbarung von Bedingungen, Befristungen und Rücktrittsrechten	642	2. Periodischer Zugewinn	721
3. Versorgungssicherheit durch Dritte als Bedingung	647	3. Vertrag zugunsten Dritter über den Ausgleichsanspruch	723
4. Zugewinn abhängig von der Ehedauer	650	F. Der Ehevertrag der deutsch-französischen Wahl-Zugewinngemeinschaft	724

A. Form des Ehevertrages

I. Ehevertragsbegriff

Der **Ehevertrag im engen Sinn** ist nach § 1408 Abs. 1 BGB ein Vertrag, in welchem die Ehegatten ihre güterrechtlichen Verhältnisse regeln.[1] **1**

Die Praxis verwendet jedoch einen **funktional erweiterten Ehevertragsbegriff**[2] i.S.e. vorsorgenden ehebezogenen familienrechtlichen Vereinbarung von Verlobten und Ehegatten zur Regelung der allgemeinen Ehewirkungen, des ehelichen Güterrechts und etwaiger Scheidungsfolgen und unterscheidet davon die **Scheidungsvereinbarung** als übereinstimmende Regelung einer konkreten Scheidung und ihrer Folgen. **2**

Zu Recht ergeht hiergegen der Einwand, dass auch diese Definition dem heutigen Anwendungsbereich des Ehevertrages noch nicht gerecht wird.[3] So erlangt die sog. »zweite Spur« immer größere Bedeutung, d.h. neben die rein **ehegüterrechtlichen Beziehungen** treten **schuldrechtliche und sachenrechtliche Rechtsbeziehungen**, die i.R.d. Ehe und insb. bei ihrer Auflösung im Wege der Ehescheidung neben den güterrechtlichen Fragen behandelt werden müssen.[4] Gerade im Licht der

---

1 Soergel/Gaul/Althammer, § 1408 Rn. 2; Staudinger/Thiele (2018), § 1408 Rn. 3.
2 Brambring, Rn. 2; Grziwotz, MDR 1998, 1075, 1076; Langenfeld/Milzer, Rn. 3; Müller, Kap. 3, Rn. 4.
3 Bergschneider, Rn. 7 ff.; Bergschneider, Inhaltskontrolle, 34 ff.
4 Vgl. etwa die ausführliche Darstellung von Wever, Vermögensauseinandersetzung der Ehegatten außerhalb des Güterrechts.

Rechtsprechung zur Inhaltskontrolle von Eheverträgen nehmen weitere Regelungen zur ehelichen Rollenverteilung wieder eine stärkere Bedeutung ein.[5]

Ferner sind auch i.R.d. nichtehelichen Lebenspartnerschaft ehevertragliche Regelungen durchaus gebräuchlich, welche die Partner für den Fall einer Eheschließung treffen, ohne dass diese sich bereits als Verlobte bezeichnen würden.[6]

Von den Eheverträgen definitorisch die anlässlich einer konkreten Scheidung getroffenen Scheidungsvereinbarungen zu trennen, bleibt aber nach wie vor sinnvoll.[7]

In diesem Sinne kann man den **Ehevertrag** kurz als **vorsorgende ehebezogene Vereinbarung** bezeichnen. Unter diesen Begriff passen dann auch die »**Krisen-Eheverträge**«, welche die familienrechtlichen Beziehungen der Krisensituation anpassen und Vorsorge für den Scheidungsfall treffen.[8]

3 Unter diesen Begriff lassen sich auch **neuere Formen** des Ehevertrages wie unterhaltsverstärkende Verträge,[9] Verträge zur Versorgung oder steuerlich bedeutsame Eheverträge fassen.[10] Überhaupt werden vertragliche Individuallösungen[11] den pauschalierten gesetzlichen Ex-Ante Regelungen fast immer vorzuziehen sein.[12] Im Rahmen der Inhaltskontrolle wird den Eheverträgen nunmehr noch die Funktion zugeschrieben, Defizite an Rechtssicherheit der gesetzlichen Regelungen auszugleichen.[13]

II. Formerfordernisse

4 Für den **Ehevertrag im engen Sinn** (Regelung güterrechtlicher Verhältnisse) sowie die Regelung des Versorgungsausgleichs nach § 7 Abs. 3 VersAusglG[14] schreibt das Gesetz in § 1410 BGB vor:
– notarielle Beurkundung und
– gleichzeitige Anwesenheit beider Teile.

5 Der **Formzwang** gilt auch bei Rechtsgeschäften mit äquivalenter Bindung; hiervon betroffen sind insb. Verpflichtungen ggü. Dritten zum Abschluss eines Ehevertrages. Umstritten ist dies insbesondere für **Gesellschaftsverträge**, die eine sog. **Güterstandsklausel** enthalten, nach der sich der Gesellschafter verpflichtet, die Gesellschaftsbeteiligung ehevertraglich aus dem Zugewinn auszunehmen oder – häufig in älteren Gesellschaftsverträgen – Gütertrennung zu vereinbaren. Eine Ansicht nimmt hier eine unmittelbare Bindung Dritten gegenüber an und spricht sich aus diesem Grunde für die Formbedürftigkeit aus,[15] wichtig insbesondere bei sonst nicht beurkundeten KG- oder GbR-Verträgen. Andere sind der Ansicht, ein Übereilungsschutz sei bei der bloßen Aufforderung zum Abschluss eines vorteilhaften Ehevertrages nicht notwendig und zudem könnten die Mitgesellschafter auf der

---

5 Zu den vielfältigen Regelungsmöglichkeiten: Formularbuch-Familienrecht/Schmitt, Kap. D.; Kappler, 195 ff.
6 Vgl. etwa die Vertragsgestaltungen bei Grziwotz, S. 99 ff.; Bergschneider, Rn. 21.
7 Langenfeld/Milzer, Rn. 8; a.A. Bergschneider, Rn. 7.
8 Krisen- und Scheidungsverträge sind aus Sicht der Anwaltschaft durchaus häufiger als rein vorsorgende Verträge vor oder zu Beginn der Ehe, Bergschneider, Rn. 10; Müller, Kap. 3, Rn. 33.
9 Hierzu Kap. 6 Rdn. 962 f.
10 Vgl. die Gedanken von Langenfeld zu Wandlungen des Ehevertrags in NJW 2011, 966 ff.
11 Hierfür auch Ivo in Röthel, 104, 106.
12 So die eingehende Untersuchung von Schröder in FS Kanzleiter, 347 ff., der die Veränderungen des Familienbildes in Deutschland als Chance für das Notariat begreift, dessen Vorschlag zum Erlass gesetzlicher »Muster-Eheverträge« wie bei den UG-Satzungen allerdings fehlgeht. Solche Muster vermögen den Individualfall nicht zu erfassen und bewähren sich auch im Gesellschaftsrecht nicht.
13 Grandel in Götz/Schnitzler, Familienrechtsreform, 217, 228.
14 § 7 Abs. 3 VersAusglG verweist auf § 1410 BGB nur für Vereinbarungen über den Versorgungsausgleich im Rahmen von Eheverträgen. Für andere Vereinbarungen ist in § 7 Abs. 1 VersAusglG »nur« die notarielle Beurkundung vorgesehen.
15 Wachter, GmbH-StB 2006, 234, 238; Brambring, DNotZ 2008, 724, 734.

A. Form des Ehevertrages Kapitel 2

Grundlage der Klausel den **Abschluss des Ehevertrages nicht erzwingen**, sondern nur eine Sanktion im Sinne eines Ausschlusses verhängen.[16] Letzterer Ansicht ist zuzustimmen.

▶ Hinweis:

Da die Rechtslage bezüglich der Beurkundungsbedürftigkeit von Gesellschaftsverträgen mit Güterstandsklausel nicht gesichert ist, bleibt der Rat bestehen, aus Sicherheitsgründen eine Beurkundung vorzunehmen.

6

Zudem kann bei der Formulierung darauf geachtet werden, dass nicht die Pflicht zum Abschluss eines Ehevertrages ausdrücklich statuiert wird, sondern nur die Ausschlussmöglichkeit bei Nichtabschluss.[17]

7

Zu beachten ist, dass nach der Rechtsprechung bereits eine Regelung über Aufwendungen, welche ein Ehegatte beim Umbau eines Wohnhauses des anderen Ehegatten tätigt (im konkreten Fall: Ersatz der Aufwendungen und Ausschluss aller weitergehenden Ansprüche), als Modifikation des gesetzlichen Güterstandes angesehen wird und daher der Beurkundung unterliegt.[18]

8

Die notarielle Beurkundung wird der Regelfall sein, sie kann aber durch einen gerichtlichen Vergleich nach § 127a BGB[19] ersetzt werden, der auch über den Streitgegenstand hinausgehen kann, wenn die Parteien davon die vergleichsweise Regelung des Streitgegenstandes abhängig machen.[20] Allerdings besteht ein Anspruch der Parteien nur im Umfang des Streitgegenstandes. Soweit die Einigung **darüber hinaus**geht, aber noch inneren Zusammenhang mit dem Streitgegenstand hat, liegt es im **Ermessen des Gerichtes**, ob es die Einigung als gerichtlichen Vergleich nach § 127a BGB protokolliert.[21] Für einen solchen gerichtlich protokollierten Vergleich ist die beiderseitige anwaltliche Vertretung erforderlich.[22]

Umstritten ist, ob ein sog. **Beschlussvergleich nach § 278 Abs. 6 ZPO** ebenfalls die Voraussetzungen für den Ersatz der notariellen Beurkundung nach § 127a BGB erfüllt. Während einerseits eine weitgehende Gleichstellung des Beschlussvergleichs nach § 278 Abs. 6 ZPO befürwortet wird,[23] betont die Gegenansicht, der Beschlussvergleich erfülle nicht die Voraussetzungen des § 127a BGB, weil schon gar kein »Vergleich durch die Aufnahme der Erklärungen in ein nach den Vorschriften der ZPO errichtetes Protokoll« im Sinne dieser Vorschrift vorliege.[24] Die **Rechtsprechung** war **uneinheitlich**. Der **BGH** hat nunmehr für die Praxis entschieden, die Vorschrift des § **127a analog** auf den sog. **Beschlussvergleich** nach § 36 Abs. 3 FamFG, § 278 Abs. 6 ZPO anzuwenden.[25] Auch wenn der BGH hierzu ausführlich Stellung nimmt, so **bleibt es doch dabei**, dass der **Schutzzweck** der notariellen Beurkundung oder auch der gerichtlichen Verhandlung durch einen nur schriftlichen Beschlussvergleich **nicht ersetzt** werden kann.[26] Die Entscheidung erging zu einem Scheidungsfolgenvergleich nach § 1378 BGB.

9

---

16 Scherer, BB 2010, 323, 326; Munzig in Münch, FamR § 12 Rn. 88; Wenckstern, NJW 2014, 1335, 1340; Staudinger/Thiele (2018), § 1408 Rn. 4; Hölscher NJW 2016, 3057, 3058 f.
17 A.A. BeckOGK/Reetz, § 1410 BGB Rn. 38.4: Ein Unterschied in der Intensität der Bindung sei nicht erkennbar.
18 OLG Karlsruhe, FamRZ 2009, 1670 = DNotZ 2010, 140 m. Anm. Bruch.
19 Probleme dieses Rechtsinstituts zeigt auf Bergschneider in FS Brudermüller, 13 ff.
20 Bergschneider, Rn. 122 und 128.
21 BGH, DNotZ 2012, 202 ff. – das Gericht hatte die Protokollierung der Auflassung abgelehnt; OLG Koblenz, NZFam 2015, 470.
22 Göppinger/Rakete-Dombek, 1. Teil Rn. 5, 115 ff., 123 f.
23 Z.B. Bergschneider, FamRZ 2013, 260 f. mit Ausnahme für den Ehevertrag nach § 1410 BGB; Palandt/Brudermüller, § 1585c Rn. 5.
24 Zimmer, NJW 2013, 3280 f.
25 BGH, FamRZ 2017, 603, Rn. 27 ff.
26 Ausführlich hierzu Reetz, RNotZ 2017, 645 ff.; MünchKomm-BGB/Einsele, § 127a Rn. 4.

10 Maßgebliche Stimmen sind zu Recht der Auffassung, dass durch den Beschlussvergleich nach der Argumentation des BGH nur die notarielle Urkundsform ersetzt wird, **nicht aber die nach § 1410 BGB erforderliche gleichzeitige Anwesenheit** der Ehegatten, sodass die **Ehevertragsform nicht eingehalten** ist.[27] Andernfalls würden die herausgehobenen Anforderungen des § 1410 BGB ihren Sinn verlieren. So hat nunmehr das OLG Hamm für die **Auflassung** geurteilt, bei der ebenfalls **gleichzeitige Anwesenheit** vorgeschrieben ist.[28] Dieser Ansicht war früher schon das OLG Düsseldorf.[29]

▶ Hinweis:

11 Ein Beschlussvergleich nach § 278 Abs. 6 ZPO soll nach der Rechtsprechung des BGH die notarielle Beurkundung ersetzen. Aber Vorsicht! Eine verbreitete Meinung und Rechtsprechung nimmt an, dass die Voraussetzungen der gleichzeitigen Anwesenheit nicht erfüllt sind, sodass die Ehevertragsform des § 1410 BGB nicht gewahrt ist und ebenso wenig die der Auflassung nach § 925 BGB.

12 Bei der **Beurkundung** ist nach neuerer Rechtsprechung des BGH[30] darauf zu achten, dass die Beteiligten mit dem Nachnamen unterzeichnen. Bei **Unterschrift** allein mit dem Vornamen soll die Urkunde unwirksam sein. Das Urteil stellt zu strenge Anforderungen. Wer bei Beurkundung anwesend ist, ausgewiesen war und durch Unterschrift zu erkennen gibt, dass er die Urkunde billigt, der sollte sich an seiner Erklärung festhalten lassen müssen.[31]

▶ Gestaltungsempfehlung:

13 Es sollte darauf geachtet werden, dass die Unterschrift unter dem Ehevertrag vom Familiennamen abgeleitet ist!

14 **Gleichzeitige Anwesenheit** verbietet den sukzessiven Abschluss durch Angebot und Annahme, verlangt aber nicht persönliche Anwesenheit, sodass **Bevollmächtigung** und **Genehmigung** zulässig sind. Problematisch ist die Verbindung mit einem Erbverzicht in einer Urkunde, der mit Angebot und Annahme abgegeben werden soll, da möglicherweise die Voraussetzungen des § 1410 BGB auch bei dem verbundenen Erb- und Pflichtteilsverzicht eingehalten sein müssen.[32] Beim Beschlussvergleich ist diese Voraussetzung nicht erfüllt.[33]

Der BGH hat geklärt, dass eine **Vollmacht**, die nicht unwiderruflich ist, formlos erteilt werden kann.[34] Eine Befreiung von den Beschränkungen des § 181 BGB und damit eine Bevollmächtigung des anderen Ehepartners soll gleichfalls zulässig sein.[35]

15 Allerdings wird dies nunmehr im Hinblick auf die Entscheidungen des BVerfG und des BGH zur Inhaltskontrolle von Eheverträgen[36] kritischer betrachtet werden. Da das BVerfG eine **Inhaltskontrolle** gerade auf die ungleiche Verhandlungsposition und die Dominanz eines Ehepartners stützt, muss man davon ausgehen, dass bei Verträgen mit formloser Vollmacht oder gar mit Vollmacht für

---

27 Staudinger/Thiele (2018), § 1410 Rn. 13; BeckOGK/Reetz, § 1410 BGB Rn. 77; Schneider, NZFam 2019, 426, 427; a.A. Bergschneider, FamRZ 2017, 607, 608; Maurer, LMK 2017, 388794.
28 OLG Hamm, NZFam 2018, 569; vgl. auch Schneider, NZFam 2017, 279.
29 OLG Düsseldorf, NJW-RR 2006, 1609.
30 BGH, MittBayNot 2003, 233.
31 Daher zu Recht krit. Kanzleiter, MittBayNot 2003, 197.
32 Hierzu eingehend Gutachten des DNotI v. 22.09.2006 (§ 1408 BGB – 70731).
33 Eingehend hierzu Rdn. 9.
34 BGH, DNotZ 1999, 46 = DNotI-Report 1998, 120. Dazu, dass dies wenig sachgerecht ist, s. Wegmann, Rn. 74.
35 BRHP/Siede, § 1408 Rn. 4; Bergschneider, Rn. 121; MünchKomm-BGB/Münch, § 1410 Rn. 6, der aber darauf hinweist, dass in diesem Fall häufig bereits eine Bindung des Vollmachtgebers vorliegen wird, die zur Beurkundungsbedürftigkeit der Vollmacht führt.
36 Rdn. 65 ff. und 78 ff.

den anderen Vertragsteil unter Befreiung von den Beschränkungen des § 181 BGB eine solche Situation später besonders leicht vorgetragen werden kann und sich daher die **Maßstäbe für die Inhaltskontrolle** verschieben.

Daher gilt im Interesse des **sichersten Weges** Folgendes: 16

▶ Hinweis:
Bei Eheverträgen auf die persönliche Anwesenheit bestehen!

Für den Notar wird aufgrund des § 17 Abs. 2a BeurkG sogar die Verpflichtung gesehen, auf persönliche Anwesenheit zu bestehen, weil er nur so sachgerecht seiner Pflicht zur Sachverhaltsaufklärung nach § 17 Abs. 1 BeurkG nachkommen könne.[37] 17

Soll aufgrund eines Ehevertrages eine **Eintragung in das Güterrechtsregister** erfolgen, so ist die Vollmacht oder Zustimmung desjenigen Ehegatten, der bei Abschluss des Ehevertrages vertreten wurde, in öffentlich beglaubigter Form nachzuweisen, denn der Antrag auf Eintragung in das Güterrechtsregister ist grds. von beiden Ehegatten in öffentlich beglaubigter Form zu stellen, §§ 1560 Satz 2, 1561 Abs. 1 BGB. Die Ausnahme des § 1561 Abs. 2 Nr. 1 BGB, wonach der Antrag eines Ehegatten genügt, wenn der Ehevertrag vorgelegt wird, greift gerade dann nicht, wenn hierbei ein Ehegatte vertreten war, ohne dass die Vollmacht mindestens öffentlich beglaubigt ist.[38] 18

Für die Regelung des Versorgungsausgleichs i.R.d. Scheidungsvereinbarung nach § 7 **Abs. 1 VersAusglG** ist die gleichzeitige Anwesenheit hingegen nicht vorgeschrieben. 19

Nach § 1585c BGB ist seit 01.01.2008 auch für Unterhaltsvereinbarungen, die vor Rechtskraft der Scheidung abgeschlossen werden, die notarielle Beurkundung vorgeschrieben. Dies kann ersetzt werden durch einen **gerichtlichen Vergleich**, aber nur, wenn er in einem **Verfahren in Ehesachen** vor dem Prozessgericht protokolliert wurde, nicht also in einem bloßen Trennungsunterhaltsverfahren.[39] Allerdings wird dies z.T. anders gesehen und die Form des § 1585c BGB auch bei einem gerichtlichen Vergleich über nachehelichen Unterhalt als gewahrt angesehen, wenn dieser Vergleich in einem Trennungsunterhaltsverfahren protokolliert wurde.[40] Dieser Ansicht hat sich der **BGH** angeschlossen und entschieden, dass die Form des § 127a BGB bei einer vor Rechtskraft der Ehescheidung geschlossenen **Vereinbarung** zum nachehelichen Unterhalt auch dann die notarielle Beurkundung ersetzt, wenn die Vereinbarung in einem anderen Verfahren als der Ehesache protokolliert wird. Eine Vereinbarung kann daher insbesondere im Verfahren über den **Trennungsunterhalt formwirksam** abgeschlossen werden.[41] 20

Es gilt in diesem Zusammenhang darauf hinzuweisen, dass auch gerichtliche Vergleiche der **Inhaltskontrolle** unterliegen müssen und dass bei Ihnen die in notariellen Verträgen im Hinblick auf diese Kontrolle einzuhaltenden Standards ebenfalls Beachtung verlangen. Darauf hinzuweisen gibt gerade der Urteilssachverhalt hinreichend Anlass.[42] Trotz anwaltlicher Vertretung stünde bei einem Vergleich, der zudem noch über die eigentlich rechtshängige Sachfrage hinausgeht, eine **Bedenkzeit** auch der gerichtlichen Erledigung gut zu Gesicht.

Aufgrund mangelnden Schutzes nach Rechtskraft der Scheidung wird schon vorgeschlagen, bei erstmaliger Vereinbarung für Abänderungen nach Scheidung auch die notarielle Form zu vereinbaren.[43]

---

37 Formularbuch/Bernauer, V. 6, Anm. 1.
38 KG, FPR 2002, 186.
39 Bergschneider, FamRZ 2008, 17, 18; Büte FuR 2008, 178.
40 OLG Oldenburg, FamRZ 2013, 385.
41 BGH, NJW 2014, 1231.
42 Hierzu Keßler, NZFam 2014, 554 f.
43 Bergschneider, DNotZ 2008, 95, 104.

Kapitel 2 Vertragliche Regelungen im Ehegüterrecht

21 **§ 1378 Abs. 3 Satz 2 BGB** fordert für eine Vereinbarung über den Ausgleich des Zugewinns, gemeint ist hier die Vereinbarung über die konkrete Zugewinnausgleichsforderung,[44] gleichfalls die notarielle Beurkundung, wenn diese Vereinbarung vor der Beendigung des Güterstandes getroffen wird. Die Abgrenzung zwischen § 1378 Abs. 3 BGB und § 1410 BGB ist äußerst umstritten. Jedenfalls gilt es, auch bei anwaltlichen Vereinbarungen zur Vorabverteilung des Zugewinns sich vor der Nichtigkeit aufgrund Formmangels zu hüten.[45]

Insbesondere bei Scheidungsvereinbarungen wird von anwaltlicher Seite aus häufig gewünscht, aus Kostengründen auf die Gütertrennung zu verzichten. Dabei muss allerdings klar sein, dass eine Regelung im Fall des § 1378 BGB nur für dieses Scheidungsverfahren und die konkrete Zugewinnausgleichsforderung besteht. Bei Rücknahme des Antrages oder Tod eines Beteiligten vor Scheidung ist wieder alles offen. Zudem bestehen schenkungsteuerliche Risiken, da es sich aus der Sicht der Finanzverwaltung ohne die Gütertrennung bei einer Vereinbarung vor Rechtshängigkeit eines Scheidungsantrags um einen sog. »fliegenden Zugewinnausgleich« handelt, der nicht nach § 5 ErbStG freigestellt ist. Eher selten wollen anwaltliche Vertreter dieses Risiko wirklich eingehen.

Die Formunwirksamkeit nach dieser Vorschrift umfasst auch ein konstitutives oder deklaratorisches Schuldanerkenntnis, so entschied das OLG Hamm.[46] Damit war ein schriftliches Schuldanerkenntnis über 1,5 Mio. € nichtig, dass gut zwei Jahre vor Zustellung des Scheidungsantrages im Hinblick auf bevorstehende Zugewinnausgleichsansprüche abgegeben worden war.

22 Weitere Formvorschriften können sich ergeben, wenn Erwerb oder Veräußerung von Grundbesitz Gegenstand des Vertrages sind. Dann ist gem. **§ 311b Abs. 1 BGB** die notarielle Beurkundung erforderlich.

23 Gleiches gilt nach **§ 794 Abs. 1 Nr. 5 ZPO** für den Fall einer **Vollstreckungsunterwerfung**, die nicht mehr nur für Geldforderungen, sondern für alle Ansprüche zulässig ist, die einer vergleichsweisen Regelung zugänglich sind, nicht auf Abgabe einer Willenserklärung gerichtet sind und nicht den Bestand eines Mietverhältnisses über Wohnraum betreffen. Damit kann etwa wegen der Räumung der Ehewohnung oder der Herausgabe von Hausratsgegenständen eine Vollstreckungsunterwerfung erklärt werden.

24 Darauf, dass nach der **Schuldrechtsreform** nunmehr sogar die Anwendung des Rechts der **Verbraucherverträge** auf Vereinbarungen im Umfeld des Familienrechts diskutiert wird,[47] sei an dieser Stelle nur hingewiesen. Ob sich daraus wirklich ein Recht der »Verbraucherehegattenzuwendung«[48] entwickeln wird, muss abgewartet werden. Sofern Zweifel bestehen, mag es einstweilen helfen, den privaten Charakter des entsprechenden Rechtsgeschäftes deutlich werden zu lassen.[49]

25 Schließlich ist noch darauf hinzuweisen, dass der **kostenrechtliche Vorteil** der Verbindung des Ehevertrages mit einer **erbvertraglichen Regelung** (§ 46 Abs. 3 KostO a.F.) mit dem GNotKG weggefallen ist. Nunmehr sind bei einem Ehe- und Erbvertrag die Gegenstandswerte zu addieren, da der Ehevertrag nach § 111 Nr. 2 GNotKG stets als besonderer Beurkundungsgegenstand gilt. Im Fall einer Verbindung in einer Urkunde genügt für den Erbvertrag nach § 2276 Abs. 2 BGB die für den Ehevertrag vorgeschriebene Form. Die §§ 2274 und 2275 BGB sind davon nicht betroffen, die Erleichterung betrifft vielmehr die §§ 28 ff. BeurkG.[50]

---

44 Zur umstrittenen Abgrenzung zwischen § 1410 BGB und § 1378 Abs. 3 BGB vgl. BGH, MittBayNot 1997, 231 ff. = NJW 197, 2239 ff. und Büte, Rn. 243.
45 Nähere Darlegung unter Kap. 1 Rdn. 317.
46 OLG Hamm, FamFR 2013, 511.
47 Grziwotz, FamRZ 2002, 1004.
48 Grziwotz, FamRZ 2002, 1004, 1005 diskutiert dies für Verträge, mit denen etwa ein Bauträger-Ehegatte seinem haushaltsführenden Ehepartner eine Immobilie überträgt.
49 Für den Notar sei darauf hingewiesen, dass er dann auch die besondere Bestimmung des § 17 Abs. 2a BeurkG einzuhalten hätte, vgl. hierzu etwa Rieger, MittBayNot 2002, 325 ff.; Sorge, DNotZ 2002, 593 ff.
50 BRHP/Litzenburger, § 2276 Rn. 9; Palandt/Weidlich, § 2276 Rn. 6.

III. Umfang der Formbedürftigkeit

Was den **Umfang der Formbedürftigkeit** anbelangt, so wird zwar vertreten, dass der Schutzzweck des § 1410 BGB nur die Beurkundungsbedürftigkeit der güterrechtlichen Vereinbarung umfasst, nicht jedoch weitere Vereinbarungen des Vertrages.[51] Ebenso gewichtige Stimmen jedoch lassen sich für die Gegenansicht zitieren,[52] der inzwischen auch der BGH beigetreten ist,[53] sodass schon aus der Sicht des § 1410 BGB nur eine umfassende Beurkundung empfohlen werden kann. Für eine Beurkundungsbedürftigkeit des Gesamtvertrages spricht auch der Zusammenhang der verschiedenen Regelungsgebiete wie er etwa im Doppelverwertungsverbot zum Ausdruck kommt.[54] Mit der Neuregelung des § 1585c BGB hat diese Streitfrage an Bedeutung verloren. 26

▶ **Gestaltungsempfehlung:**

Nachdem sich inzwischen auch der BGH für die Formbedürftigkeit der Unterhaltsvereinbarung ausgesprochen hat, wenn diese mit Abreden über Güterrecht und Versorgungsausgleich zu einer Einheit verflochten ist, ist es dringend geboten, keine isolierten ehevertraglichen oder Scheidungsfolgevereinbarungen mehr neben anderen notariell beurkundeten Vereinbarungen zu schließen! 27

Sofern i.R.d. Ehevertrages Grundstücksübertragungen stattfinden, führt schon § **311b Abs. 1 BGB** regelmäßig zur Beurkundungsbedürftigkeit des Gesamtvertrages. Ohne in diesem Zusammenhang auf die Einzelheiten der Rechtsprechung eingehen zu können, wann bei vertraglichen Vereinbarungen mit Bezug zueinander die Beurkundungsbedürftigkeit der einen Vereinbarung auch die andere erfasst,[55] lässt sich jedoch festhalten, dass die Abgrenzung häufig so schwierig ist, dass es bei Eingreifen des § 311b Abs. 1 BGB dringend ratsam ist, den Gesamtvertrag zu beurkunden. 28

Bei einer Scheidungsvereinbarung spricht zusätzlich § **6 Abs. 1 Satz 2 Nr. 1 VersAusglG** – Einbeziehung der Regelung ehelicher Vermögensverhältnisse in die Vereinbarung zum Versorgungsausgleich – für die Beurkundungsbedürftigkeit des gesamten Vertrages.[56] 29

Auch die **Aufhebung** eines Ehevertrages, durch den der Güterstand geändert worden war, bedarf der Form des § 1410 BGB.[57] Sogar die Änderung einer in eine notarielle Urkunde aufgenommenen – ansonsten zum damaligen Zeitpunkt nicht formbedürftigen – Unterhaltsvereinbarung soll formbedürftig sein.[58] Nach OLG Bremen lässt eine private Zusatzvereinbarung hinsichtlich eines nicht beurkundungsbedürftigen Punktes (Unterhaltsvereinbarung vor Änderung des § 1585c BGB) vor Eheschließung auch den beurkundeten Ehevertrag nichtig werden.[59] 30

Nicht formgerecht getroffene Kompensationsabreden können folglich auch, da sie nicht zu vertraglichen Ansprüchen führen, die Sittenwidrigkeit einer Regelung nicht ausschließen.[60] Die nachträg-

---

51 Kanzleiter, NJW 1997, 217 ff.
52 Langenfeld, DNotZ 1983, 139, 160; Palandt/Brudermüller, § 1410 Rn. 3; Schwab/Borth, IV Rn. 1531; MünchKomm-BGB/Münch, § 1410 Rn. 6.
53 BGH, FamRZ 2002, 1179, 1180.
54 Grziwotz, FamRB 2006, 23, 26.
55 Hierzu im Detail Seeger, MittBayNot 2003, 11 ff.
56 Hierauf weist Langenfeld, 5. Aufl., Rn. 35 und Rn. 938 zur alten Fassung des § 1587o BGB hin.
57 OLG Frankfurt am Main, NJWE-FER 2001, 228; dieser Entscheidung folgend AG Seligenstadt, FPR 2002, 451.
58 OLG Frankfurt am Main, DNotZ 2004, 939 ff.
59 OLG Bremen, FamRZ 2011, 304 = MittBayNot 2010, 480 m. Anm. Bergschneider, der darauf hinweist, dass nach rechtskräftiger Scheidung generell eine formfreie Änderung möglich sei. Allerdings ist Vorsicht geboten bei dennoch anhängigem Versorgungsausgleich, denn das Formgebot für Vereinbarungen in diesem Bereich entfällt dann erst mit Rechtskraft der Entscheidung über den Wertausgleich.
60 Gegen OLG Zweibrücken, FamRB 2006, 363.

liche Reduzierung einer Kompensation wird man ebenfalls den Formvorschriften unterstellen müssen.[61]

31 Hat man in der Scheidungssituation beim Verkauf des gemeinsamen Hauses eine Erlösverteilung im Hinblick auf das mitgebrachte Anfangsvermögen vorgenommen, ohne den Zugewinn zu regeln, so kann dies dazu führen, dass später ein Zugewinnausgleichsanspruch entfällt, das Anfangsvermögen also doppelt gewertet wird; eine Falle, vor der gewarnt wird.[62]

▶ **Hinweis:**

32 Insgesamt gilt daher die Empfehlung, umfassend zu beurkunden und keine Trennung von beurkundetem Grundstücksgeschäft und anderweitigen Regelungen vorzunehmen,[63] denn der Schaden bei einer Nichtigkeit der Gesamtvereinbarung steht in keinem Verhältnis zur Kostenersparnis.

▶ **Gestaltungsempfehlung:**

33 Es sollte alles beurkundet werden, was nach dem Willen einer Vertragspartei Bestandteil der Gesamtvereinbarung sein soll!

IV. Salvatorische Klauseln

34 In Eheverträgen finden sich sehr oft sog. »**salvatorische Klauseln**«, die bei Unwirksamkeit einer oder mehrerer Vertragsklauseln – sei es aus formalen, sei es aus anderen Gründen – den Vertrag i.Ü. aufrechterhalten und die Parteien zu einer Vertragsanpassung durch eine neue, gerade noch zulässige Klausel verpflichten.

35 Die Kritik, dass solche **Formulierungen** manchmal »**gedankenlos verwendet**«[64] werden, sollte zur Vorsicht mahnen. Wie berechtigt sie ist, mögen die nachfolgenden Überlegungen zeigen.

36 Häufig sollen verschiedene ehevertragliche Vereinbarungen, die als Kompensation gedacht sind, miteinander stehen und fallen. Die Vertragsparteien sehen hier gerade den Gesamtvertrag als Kompromiss an, der ein Nachgeben in einem Punkt mit einem Gewinn in einem anderen Punkt verbindet. In diesem Fall entspricht die salvatorische Klausel gerade **nicht dem Willen der Vertragsparteien**. Denn diese wollen eben nicht, dass bei Nichtigkeit eines essenziellen Punktes, der auch nicht durch eine sich inhaltlich annähernde Ersatzklausel abgeholfen werden kann, die übrigen Punkte unverändert wirksam bleiben.

37 Mit der Neuregelung des Versorgungsausgleichs und der Abschaffung des § 1408 Abs. 2 BGB hat sich eine Fallgestaltung erledigt, bei der die Verwendung einer salvatorischen Klausel kritisch zu sehen war. I.d.R. wollten die Beteiligten nicht, dass bei Stellung des Scheidungsantrages innerhalb der Jahresfrist und somit Wegfall des Verzichts auf Versorgungsausgleich nach altem Recht, der Rest des Vertrages Bestand behielt.

38 Zudem hat der **BGH** seine **Rechtsprechung** zu salvatorischen Klauseln **geändert**. Hatte er zuvor schon eingeräumt, die Aufrechterhaltung des Gesamtvertrages sei u.U. nicht mehr vom Parteiwillen gedeckt, wenn Bestimmungen von grundlegender Bedeutung nichtig seien,[65] so hat er nun unter Aufgabe seiner früheren Ansicht[66] entschieden, dass die standardmäßig verwendete salvatorische Klausel nicht von der nach § 139 BGB vorzunehmenden Prüfung entbindet, ob die Parteien das

---

61 DNotI-Gutachten 92420.
62 Weinreich, FuR 2018, 568 bei der Besprechung von OLG Oldenburg 14 UF 31/17.
63 Wie hier Bergschneider, FamRZ 2001, 1337, 1338; Wegmann, Rn. 79.
64 Bergschneider, Rn. 186.
65 BGH, NJW 1996, 773, 774.
66 BGH, NJW 1994, 1651.

teilnichtige Geschäft als Ganzes verworfen hätten oder aber den Rest hätten gelten lassen. Bedeutsam ist die **salvatorische Klausel** damit nur noch für die von § 139 BGB abweichende Zuweisung der **Darlegungs- und Beweislast**; diese trifft denjenigen, der entgegen der salvatorischen Klausel den Vertrag als Ganzes für unwirksam hält.[67] Somit hat der Vertragsgestalter den wirklichen Willen der Parteien im Hinblick auf eine Teilnichtigkeit ausdrücklich zu erforschen und sollte diesen bei Verwendung einer salvatorischen Klausel im Ehevertrag auch in der Urkunde festhalten. Die **reine Standardklausel** hat sonst nur eine **verringerte Wirkung**.

Hilfreich für die spätere Inhaltskontrolle wäre insb. die individuelle Angabe, warum etwa ein Vertragsbestandteil besonders wichtig ist, sodass er ohne Rücksicht auf die anderen bestehen bleiben sollte. So könnte z.B. vermerkt sein, dass die güterrechtlichen Regelungen für die Bewahrung des Familienbetriebes und den Erhalt der dort vorhandenen Arbeitsplätze von überragender Bedeutung sind, sodass diese von etwaiger Unwirksamkeit bei unterhaltsrechtlichen Regelungen nicht berührt sein soll.[68]

Die Anordnung der im Zweifel vorliegenden Gesamtnichtigkeit nach § 139 BGB wurde zudem schon bisher stets dann eingeschränkt, wenn eine Vertragsklausel deshalb nichtig war, weil sie gegen ein Gesetz verstieß, das dem **Schutz einer Vertragspartei** diente. Der Zweck der Verbotsnorm bedingt hier die Aufrechterhaltung des Vertrags i.Ü.[69]

Außerdem wird man künftig gerade im ehevertraglichen Bereich davon ausgehen müssen, dass sogar die **salvatorische Klausel** einer **Inhaltskontrolle** unterliegen kann,[70] wenn sich in der Vereinbarung der Erhaltungsklausel selbst gerade die auf ungleicher Verhandlungsposition beruhende Störung der Vertragsparität zwischen den Ehegatten widerspiegelt.[71] Man kann also keineswegs von einer Art geltungserhaltenden Reduktion auf den Rest des Vertragsinhalts ausgehen. Dies gebietet es, ggf. gesonderte Regelungen für den Fall der Unwirksamkeit einzelner Klauseln zu finden.

▶ Gestaltungsempfehlung:

Die Abhängigkeit einzelner Vertragsklauseln voneinander sollte sehr genau geprüft werden und entsprechende vertragliche Festlegungen sollten getroffen werden.

Die salvatorische Klausel führt nur zu einer Beweislastumkehr, rettet den Vertrag aber nicht unabhängig vom Parteiwillen!

▶ Formulierungsvorschlag: Salvatorische Klausel

Sollten einzelne Bestimmungen dieses Vertrages unwirksam sein oder werden oder sollte sich im Vertrag eine Regelungslücke zeigen, so wird die Wirksamkeit der übrigen Bestimmungen hierdurch nicht berührt. Gleiches gilt bei nicht beurkundeten Nebenabreden.

Die Beteiligten sind dann verpflichtet, eine ersetzende Bestimmung zu vereinbaren, die dem wirtschaftlichen Sinn der unwirksamen Bestimmung im Gesamtzusammenhang der getroffenen Regelung in rechtlich zulässiger Weise am nächsten kommt oder eine neue Bestimmung zu treffen, welche die Regelungslücke des Vertrages so schließt, als hätten sie diesen Punkt von vornherein bedacht.

---

67 BGH, DNotI-Report 2003, 37; BGH, DStR 2010, 1037.
68 Dies nur als Empfehlung zur salvatorischen Klausel, wenn die Vertragsteile sich die vom Vertragsgestalter als bedenklich eingestufte Unterhaltsklausel nicht ausreden lassen. Sinnvoller ist freilich eine Vertragsgestaltung, die sich dann mit der notwendigen Regelung begnügt und im Unterhaltsbereich nur völlig bedenkenfreie Klauseln verwendet, da die Gefahr einer Gesamtnichtigkeit sonst nicht auszuschließen ist.
69 Vgl. etwa BGH, NJW 1977, 1058 f.; Palandt/Ellenberger, § 139 Rn. 18.
70 So ausdrücklich Schubert, FamRZ 2001, 733, 737; nunmehr auch BGH, FamRZ 2013, 269 Tz. 31.
71 So BGH, NJW 2018, 1015, Tz. 23.

Der Notar hat die Beteiligten über die Auswirkungen der Klausel eingehend belehrt und darauf hingewiesen, dass die Klausel nur zu einer Beweislastveränderung führt. Er hat die Vertragsteile befragt, ob Vertragsbestimmungen für sie so miteinander verbunden sind, dass die Unwirksamkeit der einen auch die der anderen zur Folge haben soll.

Alternative:

Wir wünschen keine von der salvatorischen Klausel abweichende Festlegung für bestimmte Vertragsklauseln.

Hierauf erklären die Vertragsteile:

Sollte die Modifikation des Zugewinnausgleichs in § ..... dieses Vertrages unwirksam sein oder werden, so wird entgegen vorstehender Vereinbarung, die jedoch im Übrigen gültig bleibt, auch die Verpflichtung zur Übertragung der Eigentumswohnung gem. § ..... dieses Vertrages unwirksam.

V. Abgeltungsklauseln

44 Schließlich sei noch die Bedeutung einer sog. **Abgeltungsklausel** betont, die häufig in Scheidungsvereinbarungen Verwendung findet und weitergehende Ansprüche ausschließt, um so dem Vertrag eine abschließende Wirkung zu verleihen. Die Verwendung einer solchen Klausel erfordert eine sorgfältige Tatbestandsaufklärung und eine Abwägung aller möglichen Anspruchsgrundlagen, insb. auch derjenigen schuld- und sachenrechtlichen Ansprüche, die neben den familienrechtlichen Ansprüchen bestehen können.

45 Die Wirkung der Klausel belegt ein Urteil des **OLG Koblenz**.[72] Das OLG versagte in einem solchen Fall einer Anfechtung wegen arglistiger Täuschung den Erfolg, weil die getäuschte Partei vermutet hatte, dass der andere Ehepartner erhebliche Vermögenswerte verschwiegen hatte (hier: Guthaben auf Konten in Luxemburg aus nicht versteuerten Betriebseinnahmen), den Vertrag aber gleichwohl mit Abgeltungsklausel schloss.

46 Hat also ein Ehegatte keine Übersicht über die Vermögensverhältnisse des anderen Ehegatten, so sollte er entweder die Unterzeichnung der Abgeltungsklausel verweigern oder der Vertrag sollte eine Versicherung des »verdächtigten« Ehegatten über bestimmte Vermögenswerte enthalten. Diese Versicherung kann mit der Sanktion versehen sein, dass der Vertrag seine Wirksamkeit verliert, wenn sie nicht korrekt ist. Ggf. kann dem betroffenen Ehegatten dann aber die Möglichkeit gegeben werden, dies dadurch abzuwenden, dass er die verschwiegenen Vermögenswerte an den anderen Ehegatten herausgibt.[73]

Eine solche Klausel könnte lauten:

▶ Formulierungsvorschlag: Versicherung – kein verschwiegenes Vermögen

47 Der Ehemann versichert hiermit, dass er nicht über Bargeld, Sparguthaben, sonstige Guthaben auf Bankkonten und Depots aller Art, Aktien, festverzinsliche Wertpapiere aller Art, Ansparsummen aus Bausparverträgen und Versicherungen sowie Edelmetalle und Depots mit einem Wert von mehr als 100.000,00 € verfügt.

Sollten diese Angaben nicht der Wahrheit entsprechen, so wird dieser Vertrag seinem gesamten Inhalt nach unwirksam, es sei denn, der Ehemann gibt binnen vier Wochen, nachdem beiden Ehegatten die Unwahrheit bekannt wird, alle den o.g. Betrag übersteigenden Vermögenswerte an die Ehefrau heraus.

---

72 OLGR KSZ 2001, 39.
73 Eine Teilung allein genügt als Sanktion nicht, denn dann wäre die Situation nur so, als hätte man die Angaben korrekt gemacht, sodass das Verschweigen kein Risiko bietet.

A. Form des Ehevertrages　　　　　　　　　　　　　　　　　　　　　　　　　　　**Kapitel 2**

Im Gegensatz dazu versagte das **OLG Hamm**[74] bei einer Abgeltungsklausel, die sich auf »**alle Ansprüche aus der Ehe**« bezog, die Anerkennung der Abgeltungsklausel für im notariellen Vertrag nicht erörterte gesellschafts- und gemeinschaftsrechtliche Ansprüche, auch wenn die Parteien eine umfassende Gesamtauseinandersetzung gewollt haben. Zwar überzeugt das Urteil nicht, aber es zeigt, wie wichtig die korrekte Formulierung der Abgeltungsklausel ist. In ähnlicher Weise ist das Urteil des BGH zur Ehegatteninnengesellschaft zu verstehen,[75] das trotz einer vertraglichen Vereinbarung der Ehegatten über den Vermögensausgleich i.R.d. Zugewinns Ansprüche aus Ehegatteninnengesellschaft sah. Die Abgeltungsklausel darf daher nicht die Formulierung »Ansprüche aus der Ehe« oder »eheliche Ansprüche« gebrauchen, sondern muss feststellen, dass keinerlei Ansprüche mehr bestehen. 48

▶ Gestaltungsempfehlung:

Vor der Verwendung einer Abgeltungsklausel sollten alle rechtlich relevanten Beziehungen der Vertragsteile aufgeklärt werden! Die Klausel sollte nicht auf familienrechtliche Ansprüche eingeengt werden, wenn auch alle anderen Ansprüche, insb. solche aus der »zweiten Spur«, abgegolten sein sollen! 49

▶ Formulierungsvorschlag: Abgeltungsklausel

Wir sind uns darüber einig, dass mit Abschluss und Durchführung dieses Vertrages keinerlei Ansprüche der Vertragsbeteiligten gegeneinander mehr bestehen, unabhängig davon, aus welchem Rechtsgrund sie hergeleitet werden mögen. Dabei ist es unerheblich, ob sie bei Abschluss dieses Vertrages bekannt sind oder nicht. 50

Alternative:

... gegeneinander mehr bestehen, den Versorgungsausgleich jedoch ausgenommen, welcher im Scheidungsverfahren durchgeführt werden soll.

Alternative:

... sofern einer von uns sich Ansprüchen seiner Schwiegereltern ausgesetzt sieht, verpflichtet sich der andere, ihn von solchen Ansprüchen freizustellen und die eigenen Eltern zu befriedigen.[76]

VI. Schiedsklauseln

Die Tendenz zu außergerichtlicher Streiterledigung und der Wunsch nach diskreter Auseinandersetzung im Scheidungsfall[77] können zur Aufnahme einer Schiedsklausel nach § 1029 Abs. 2 ZPO[78] auch in den Ehevertrag führen. Inwieweit Familiensachen schiedsfähig i.S.d. § 1030 Abs. 1 ZPO sind, ist noch nicht vollständig geklärt. Ehesachen (§§ 111 Nr. 1, 121 ff. FamFG)[79] und Kindschafts- 51

74　FamRZ 1997, 1210.
75　BGH, FamRZ 2006, 607.
76　Seit der neuen Rechtsprechung des BGH zur Schwiegerelternzuwendung (Kap. 4 Rdn. 33 ff.), ist die Aufnahme einer solchen Klausel empfehlenswert, denn die Ehegatten haben i.d.R. alle Ansprüche abgewogen und wollen nicht, dass dieses Gleichgewicht später nochmals gestört wird. Da der BGH aber nun eigene Ansprüche der Schwiegereltern begründet, kann durch die Geltendmachung solcher Ansprüche die Vermögensverteilung wieder teilweise rückgängig gemacht werden. Dem beugt die Freistellungsverpflichtung vor.
77　Bergschneider, Rn. 65.
78　Von der Schiedsklausel ist die Schiedsabrede als selbstständige Vereinbarung zu unterscheiden. Der Oberbegriff ist Schiedsvereinbarung. Monographisch hierzu Gilfrich, Schiedsverfahren im Scheidungsrecht, 2007.
79　MünchKomm-ZPO/Münch, § 1030 Rn. 17; Huber, SchiedsVZ 2004, 280, 281; DNotI-Report 2005, 169 f.

sachen⁸⁰ nach §§ 151 ff. FamFG⁸¹ sind nicht schiedsfähig. Gleiches gilt wohl für den öffentlich-rechtlichen Versorgungsausgleich (VersAusglG, §§ 217 ff. FamFG).[82] Der Scheidungsverbund soll jedenfalls bei antragsabhängigen – und damit der Parteidisposition unterliegenden –[83] Folgesachen der Schiedsfähigkeit nicht entgegenstehen;[84] ebenso wenig die Einrichtung der FamG als besonders sachkundige Gerichte.[85]

Somit ist die **Schiedsklausel** insb. im Bereich des **Zugewinns** und des **nachehelichen Unterhalts** interessant. Beide Materien gelten als schiedsfähig,[86] für Unterhaltsansprüche hat dies das OLG München bestätigt.[87] Neben dem Zugewinn sind auch die **nebengüterrechtlichen Ansprüche** als vermögensrechtliche Ansprüche schiedsfähig.[88] Damit könnten die Hauptstreitpunkte einem Schiedsgericht überantwortet werden. Der Schiedsspruch kann durch das zuständige OLG für vollstreckbar erklärt werden, §§ 1060 f., 1062 Abs. 1 Nr. 4 ZPO.[89]

52 Bei **Mitbeurkundung im Ehevertrag** muss die Schiedsklausel nach § 1031 Abs. 5 Satz 3 ZPO nicht in eine gesonderte Urkunde ausgelagert werden.[90] Umstritten ist, ob die als Anlage beigefügte und im Rahmen der Beurkundung verlesene Schiedsvereinbarung mit einer gesonderten Unterschrift zu versehen ist.[91]

Sofern neben der Schiedsklausel im engen Sinn auch eine **Verfahrens- und eine Vergütungsvereinbarung**[92] geschlossen werden sollen, wird hierfür das Vorhalten einer **Grundlagenurkunde** empfohlen,[93] die bei Wahl einer administrierten Schiedsgerichtsbarkeit – z.B. durch den Schlichtungs- und Schiedsgerichtshof Deutscher Notare[94] oder auch durch das neu etablierte süddeutsche Familien-

---

80 § 151 FamFG fasst unter dem Begriff »Kindschaftssachen« sowohl die früher in § 640 Abs. 2 ZPO a.F. genannten Verfahren des Abstammungsrechts als auch die Familiensachen nach § 621 Abs. 1, Nr. 1 bis 3 ZPO a.F. (Elterliche Sorge, Umgangsrecht, Kindesherausgabe) zusammen.
81 Zöller/Geimer, § 1030 Rn. 6; Huber, SchiedsVZ 2004, 280, 282; Schumacher, FamRZ 2004, 1677, 1680.
82 Bergschneider, Rn. 66; DNotI-Report 2005, 169 f.; Huber, SchiedsVZ 2004, 280, 282; für die Schiedsfähigkeit des schuldrechtlichen Versorgungsausgleichs Friederici, FuR 2006, 506, 507.
83 Allerdings hat der BGH, FamRZ 1991, 687, 688 entschieden, dass bei einem einmal begründeten Verbundverfahren keine Parteidisposition zur Aufhebung des Verbundes und einer Vorabentscheidung über die Scheidung bestehe.
84 Formularbuch-Familienrecht/Schmitt, P II.1, Anm. 4; Schmitz, RNotZ 2003, 591, 612; Huber, SchiedsVZ 2004, 280, 283; unentschieden DNotI-Report 2005, 169 f.; MünchKomm-ZPO/Münch, § 1030 Rn. 18: Verbund zwingend, wenn Folgesachen anhängig gemacht.
85 Friederici, FuR 2006, 400, 448, 449.
86 Vgl. etwa Friederici, FF 2008, 69 ff.; Musielak/Voit, § 1030 Rn. 2; Huber, SchiedsVZ 2004, 280, 281.
87 OLG München, BeckRS 2012, 17368 = FamRZ 2012, 1962; schiedsfähig danach auch Unterhaltsansprüche auf Kindesunterhalt, die ein Elternteil im eigenen Namen geltend macht, ohne dass das Kind Partei ist.
88 Huber, SchiedsVZ 2004, 280, 281.
89 OLG München, BeckRS 2012, 17368 = FamRZ 2012, 1962.
90 Formularbuch-Familienrecht/Schmitt, P II.1., Anm. 3; Zöller/Geimer, § 1031 Rn. 38, der zugleich (Rn. 47 f.) darauf hinweist, eine Schiedsvereinbarung in Bezug auf einen notariell beurkundeten Vertrag bedürfe im Fall der Auslagerung nicht ihrerseits der notariellen Form, a.A. Schiffer/Reinke, ZFE 2005, 420, 422. Das wird aber sogleich wieder eingeschränkt, dass anderes gelte, wenn die Abrede mit Verknüpfungswillen Bestandteil der Gesamtvereinbarung ist. Dies zeigt, dass sicherheitshalber auch die Schiedsvereinbarung beurkundet werden sollte.
91 Nicht erforderlich nach Musielak/Voit, ZPO, § 1031 Rn. 11; Tröder, MittRhNotK 2000, 379, 380; erforderlich nach Baumbach/Lauterbach/Hartmann, ZPO, § 1031 Rn. 4, 7.
92 Umfangreicher Formulierungsvorschlag auf der Basis der Empfehlungen der BNotK, DNotZ 2000, 401 ff. in Formularbuch-Familienrecht/Schmitt, P II.1.
93 Formularbuch-Familienrecht/Schmitt, P II.1., Anm. 1.
94 Postadresse: c/o DNotV-GmbH, Kronenstr. 73/74, 10119 Berlin. Dokumente können heruntergeladen werden von der Homepage des Schiedsgerichtshofes (*www.sgh.dnotv.de*).

schiedsgericht[95] – auch für dessen Verfahren bereitgestellt wird. **Umstritten** war, ob die **Schiedsordnung einer administrierten Schiedsgerichtsbarkeit**[96] ebenfalls mit **beurkundet** werden muss.

Das **OLG München** hat hierzu entschieden, dass auch bei Beurkundungsbedürftigkeit der Schiedsvereinbarung als Teil eines formbedürftigen Rechtsgeschäftes die maßgebliche Schiedsgerichtsordnung – im entschiedenen Falle die der DIS – regelmäßig nicht der Mitbeurkundung bedarf.[97] Das Gericht argumentiert, dass es den Parteien beurkundungsrechtlich unbenommen bleibt, die Bestimmung von Leistung, Gegenleistung oder gar der Vertragspartei (wer erwirbt), Dritten zu überlassen. Dann könne erst recht die **Festlegung der Schiedsgerichtsordnung dem institutionalisierten Schiedsgericht (ähnlich § 317 BGB) überlassen** werden. Dies habe den Vorteil, dass das Schiedsgericht seine **jeweils aktuelle Schiedsgerichtsordnung** anwenden könne. Nur wenn es den Parteien darauf ankomme, eine bestimmte Schiedsgerichtsordnung zu vereinbaren (etwa die derzeit gültige), dann müsse diese mit beurkundet werden. Die Argumente des OLG München sind nachvollziehbar. Der BGH hat sich daher dieser Argumentation angeschlossen,[98] sodass künftig rechtssicher auch auf die **Verweisung nach § 13a BeurkG**, die ja **nur statisch** sein kann, verzichtet werden kann. Damit sind literarische Vorarbeiten,[99] die eine entsprechende These vertreten, gerichtlich anerkannt worden. Das Leistungsbestimmungsrecht sollte nicht dem Spruchkörper selbst, der sich schon nach der Schiedsgerichtsordnung konstituieren muss, sondern der Geschäftsstelle zugewiesen werden.[100] Wird dennoch eine Mitbeurkundung gewünscht, so kann i.d.R. bei der Schiedsinstitution eine beglaubigte Fassung der Schiedsgerichtsordnung angefordert werden, auf die dann nach § 13a BeurkG verwiesen werden kann.

Zwar bestehen noch mannigfaltige Unsicherheiten hinsichtlich der Schiedsfähigkeit sowie praktische Probleme bei der Durchführung[101] des Schiedsgerichtsverfahrens, dennoch kann eine **Schiedsgerichtsklausel gerade bei prominenten und begüterten Ehegatten** durchaus erwogen werden. Weit verbreitet ist sie freilich noch nicht.[102] Eine Kompetenz-Kompetenz des Schiedsgerichts zur Entscheidung über seine Zuständigkeit besteht nach der Neuregelung des § 1040 ZPO nicht mehr.[103]

Zudem kann es wohl nicht gelingen, durch eine Schiedsklausel die Inhaltskontrolle des Vertrages völlig auszuschließen.[104] Das Schiedsgericht wird den zugrunde liegenden Vertrag ebenfalls im Lichte der Rechtsprechung zur **Inhaltskontrolle** zu prüfen haben. Hier könnte jedenfalls bei Extremfällen eines sittenwidrigen Vertrages ohne eine Prüfung durch das Schiedsgericht im Hinblick auf die Inhaltskontrolle die ordre public Klausel des § 1059 Abs. 2 Nr. 2b) ZPO eingreifen und zu einem Antrag auf gerichtliche Aufhebung führen.[105] Diese Klausel dürfte aber nicht dazu führen, bei einem lediglich anzupassenden Vertrag den Grad der Anpassung zu ändern.

Anders als die umfassende Schiedsklausel werden auch **Schiedsgutachterklauseln** speziell für die Frage vorgeschlagen, ob sich durch Änderung der bei Vertragsschluss zugrunde gelegten Umstände

---

95 Vgl. FamRB 2006, 290 f.; Informationen unter gs@familienschiedsgericht.de; Schiedsordnung zum download unter www.familienschiedsgericht.de.
96 Zu diesen Schiedsordnungen vgl. nunmehr Nedden/Herzberg, Praxiskommentar ICC-SchO/DIS-Scho, 2014.
97 OLG München, RNotZ 2013, 639 f. = DNotI-Report 2013, 183.
98 BGH, DNotZ 2014, 912 f.
99 Heskamp, RNotZ 2012, 415, 427; Schmitz, notar 2013, 205, 207; Borris, SchiedsVZ 2009, 299, 310; Böttcher/Fischer, NZG 2011, 601, 604.
100 Schmitz, notar 2013, 205, 207.
101 Bergschneider, Rn. 67.
102 Wachter, ZNotP 2003, 408, 423; Schiffer/Reinke, ZFE 2005, 420; skeptisch auch Schmitz, RNotZ 2003, 591, 611.
103 BGH, DNotZ 2005, 666 = NJW 2005, 1125; Ebbing, Private Zivilgerichte, 2003, 226.
104 Hier m.E. zu optimistisch Wachter, ZNotP 2003, 408, 423; vgl. auch Schmitz, RNotZ 2003, 591, 612 mit der Mahnung zur Vorsicht, damit nicht durch eine Unausgewogenheit der Schiedsgerichtsregeln materiell-rechtliche Fernwirkung droht; Schiffer/Reinke, ZFE 2005, 420, 423.
105 Schumacher, FamRZ 2005, 1677, 1683.

eine Unzumutbarkeit für eine Vertragspartei ergibt, die zu einer Anpassung führen muss.[106] Der Schiedsgutachter könnte quasi eine richterliche Inhaltskontrolle vorwegnehmen.

Wer nach dem Gesagten eine Schiedsklausel verwenden möchte, der kann formulieren:

▶ Formulierungsvorschlag: Schiedsklausel[107]

57 Über alle Streitigkeiten, die sich aus diesem Ehevertrag ergeben, entscheidet unter Ausschluss der staatlichen Gerichtsbarkeit ein Schiedsgericht. Dies gilt auch für nicht-vermögensrechtliche Streitigkeiten, soweit sie schiedsfähig sind und für Streitigkeiten über die Wirksamkeit dieser Vereinbarung oder der übrigen Vertragsbestimmungen. Das Schiedsgericht ist insbesondere zuständig für die Auslegung dieses Vertrages sowie die verbindliche Bewertung einzelner Vermögenswerte und die Berechnung und Entscheidung über den Zugewinnausgleichsanspruch, nebengüterrechtliche Ansprüche sowie den nachehelichen Unterhalt.

Alternative:

..... Auslegung dieses Vertrages sowie die Bestimmung des vom Zugewinn ausgenommenen Betriebsvermögens und die verbindliche Bewertung der dem Zugewinn unterliegenden Vermögensgegenstände .....

Alternative:

Über Streitigkeiten, die sich aus diesem Ehevertrag ergeben, entscheidet für die Bereiche Zugewinn, Nebengüterrecht, nachehelicher Unterhalt und Haushaltsgegenstände unter Ausschluss der staatlichen Gerichtsbarkeit ein Schiedsgericht. Dies gilt auch für Streitigkeiten über die Wirksamkeit .....

Ort des schiedsgerichtlichen Verfahrens ist ......

Das Schiedsverfahren ist ein Schiedsverfahren deutschen Rechts nach dem Zehnten Buch der deutschen Zivilprozessordnung. Das Schiedsgericht besteht aus drei Schiedsrichtern. Jede Partei benennt einen Schiedsrichter. Die beiden Schiedsrichter benennen einen weiteren Schiedsrichter als Vorsitzenden des Schiedsgerichts, der die Befähigung zum Richteramt haben muss.

Ernennt eine Partei binnen vier Wochen nach Aufforderung keinen Schiedsrichter, so soll der Direktor des zuständigen Amtsgerichts einen Schiedsrichter ernennen.

Das Schiedsgericht bestimmt sein Verfahren, das nicht öffentlich zu sein hat, selbst. Der Schiedsspruch ist schriftlich abzusetzen und zuzustellen. Das Schiedsgericht wird nach § 1051 Abs. 3 ZPO zu einer Entscheidung nach Billigkeit ermächtigt.[108] Es hat aber in diesem Rahmen die in der Präambel zu diesem Vertrag niedergelegten gemeinsamen Vorstellungen zu verwirklichen.

Die Vergütung der Schiedsrichter soll folgendermaßen erfolgen ......

Alternative:

Das Verfahren des Schiedsgerichts richtet sich nach den folgenden Verfahrens- und Vergütungsvereinbarungen. Sie sind Bestandteil dieser Schiedsvereinbarung und wurden vom Notar mit verlesen.

Alternative:

Schiedsgericht ist der Schlichtungs- und Schiedsgerichtshof Deutscher Notare – SGH – nach Maßgabe des Status und der zugehörigen Kostenordnung, welche in der Urkunde des Notars

---

106 Langenfeld, 6. Aufl., Rn. 93 mit Formulierungsvorschlag; eher ablehnend Langenfeld/Milzer, Rn. 116.
107 Auf der Grundlage der von Langenfeld, Vertragsgestaltung, Rn. 320 und Schmitt, Formularbuch-Familienrecht, P II.1 (dort auch komplette Vereinbarung mit Schiedsklausel, Verfahrensvereinbarung und Vergütungsvereinbarung sowie Wachter, ZNotP 2003, 408, 423 und Schmitz, notar 2013, 205 ff. unterbreiteten Vorschläge.
108 Wird empfohlen, da im Familienrecht Normen häufig die Billigkeit als Kriterium benennen. Nach a.A. bedarf es einer solchen Verweisung nicht zur Anwendung der familienrechtlichen Normen, die auf Billigkeit abstellen, sondern nur bei Ermächtigung des Schiedsgerichts zur Entscheidung unter Abweichung vom normierten Recht, Friederici, FuR 2006, 400, 448, 452 f.

A. Form des Ehevertrages

.... vom ..... URNr. .... niedergelegt sind. Diese Urkunde liegt in beglaubigter Abschrift vor. Auf sie wird verwiesen. Der Inhalt ist den Beteiligten bekannt. Diese verzichten auf das Verlesen und Beifügen zu dieser Niederschrift.

Alternative:

Schiedsgericht ist der Schlichtungs- und Schiedsgerichtshof Deutscher Notare – SGH -. Der Sekretär des SGH bestimmt entsprechend § 317 BGB das auf das Schiedsverfahren anwendbare Verfahrens-Statut einschließlich der Kostenordnung auf der Grundlage des bei Einleitung des Schiedsverfahrens geltenden Statuts nebst Kostenordnung. Die Beteiligten verzichten auf den Zugang der Bestimmungserklärung.[109]

VII. Vereinbarungen über Namen, eheliche Rollenverteilung und sonstige allgemeine Ehevereinbarungen

Abreden zur **ehelichen Rollenverteilung** oder sonstige vertragliche Abreden über persönliche Verhältnisse i.R.d. Ehe erfreuen sich einer verstärkten Nachfrage. Zu ihnen lassen sich kaum Formulierungsvorschläge finden. Es sei insoweit aber berichtet, welche literarischen Vorschläge oder gerichtliche Entscheidungen beachtenswert sind.[110]

Die **eheliche Rollenverteilung** wird selten zu einklagbarem Tun verpflichten. Sie hat klare Wirksamkeitsgrenzen, wo sie geschlossen wird, um Dritte zu schädigen. Sie kann aber i.R.d. Wirksamkeitskontrolle eines Ehevertrages wertvoll sein, um die Grundlagen der vereinbarten Scheidungsfolgenregelungen zu beleuchten. Das einseitige Ausbrechen aus einer solchen Rollenverteilung kann zudem bewirken, dass die Schutzbedürftigkeit des entsprechenden Ehegatten entfällt. Insb. werden Einwendungen gegen eine Vereinbarung ab einem bestimmten Alter des Kindes wieder berufstätig zu sein, mit dem neuen Unterhaltsrecht an Gewicht verlieren, da hier die Fremdbetreuung des Kindes gesetzlicher Regelfall ist. Anderseits vermag die gemeinsame Entscheidung längerer persönlicher Kindesbetreuung eine unterhaltsverstärkende Vereinbarung zu tragen.

So werden – auch vom BGH[111] – Vereinbarungen zum **Ehenamen** als zulässig angesehen. Insb. kann es zulässig sein, in einer **Scheidungsvereinbarung** festzulegen, dass ein Ehegatte seinen **Ehenamen wieder ablegen** und seinen Geburtsnamen annehmen muss.[112] Dies soll trotz der Judikate des BVerfG gelten, welche den Namen als Teil der Persönlichkeit qualifizieren.[113] Sittenwidrig wird die Vereinbarung allerdings dann, wenn diese Verpflichtung kommerzialisiert wird, d.h. wenn für die Aufgabe des Ehenamens ein Entgelt entrichtet wird.[114] Dies soll noch nicht vorliegen, wenn die Einwilligung zur Ablegung des Namens nur im Rahmen einer Gesamtscheidungsvereinbarung zu erlangen war.[115]

Ein geschiedener Ehegatte handelt sittenwidrig, wenn er trotz dieser Vereinbarung bei laufendem namensrechtlichen Verfahren für eine neue Ehe seinen eigentlich abzulegenden Ehenamen zum Familiennamen bestimmt.[116]

Nicht wirksam sind dagegen **Vereinbarungen über die religiöse Erziehung oder die Glaubenszugehörigkeit der Kinder**, da § 4 des Gesetzes über die religiöse Kindererziehung solchen Abreden die bürgerlich-rechtliche Wirksamkeit abspricht.[117]

---

109 So der Vorschlag von Schmitz, notar 2013, 205, 207 und die Musterklausel auf *www.sgh.dnotv.de*.
110 Ausführlich Kappler, 195 ff.
111 BGH, NJW 2008, 1528.
112 BRHP/Hahn, § 1355 Rn. 17; MünchKomm-BGB/v. Sachsen Gessaphe, § 1355 Rn. 63; LG Bonn, MittBayNot 2008, 134; Gernhuber/Coester-Waltjen, § 16 Rn. 27; von Oertzen/Engelmeier, FamRZ 2008, 1133, 1135.
113 BVerfG, FamRZ 2004, 515.
114 Palandt/Ellenberger, § 138 Rn. 56.
115 LG Bonn, MittBayNot 2008, 134.
116 AG Hamburg, NJW 2010, 1890; hierzu Kasenbacher, NJW-Spezial 2010, 388.
117 Vgl. DNotI-Gutachten, § 1408 BGB 76724.

Kapitel 2   Vertragliche Regelungen im Ehegüterrecht

62 Die Zulässigkeit der ehevertraglichen **Erschwerung der Scheidung** ist umstritten. Sie wird überwiegend abgelehnt. *Grziwotz* hingegen befürwortet solche Klauseln entgegen der vorherrschenden Literaturansicht, wenn sie dem **Schutz der Kinder** dienen und gibt hierzu eine Musterformulierung, nach welcher die Scheidung von einem bestimmten Mindestalter der Kinder abhängt und zuvor nur unter bestimmten Wartezeiten und nach Absolvierung von Paarberatungen zulässig ist. Die eheliche Lebensgemeinschaft wird derweil auf die Funktion der gemeinsamen Kindererziehung reduziert.[118]

63 **Vereinbarungen über Kinderlosigkeit oder die Empfängnis von Kindern** werden von der Rechtsprechung kritisch beurteilt. So hat insb. der BGH dies dem persönlichen Freiheitsbereich zugeordnet, der einer rechtsgeschäftlichen Vereinbarung nicht zugänglich sei,[119] die Literatur hält demgegenüber in Teilen solche Vereinbarungen für möglich.[120]

VIII. Checkliste Ehevertrag

64 Zum Abschluss der Ausführungen zur Ehevertragsform soll noch eine Checkliste der nötigen Informationen für die Erstellung eines Ehevertrages zusammengestellt werden. Die sogleich zu behandelnde Inhaltskontrolle erhöht den Informationsbedarf des Vertragsgestalters erheblich.

▶ Checkliste: notwendige Informationen[121] für Eheverträge
- ☐ Regelungsziel (»Warum kommen Sie?«)
- ☐ Eheschließung
    - ☐ Datum
    - ☐ Ort
    - ☐ Berührungspunkte mit ausländischem Recht
        - ☐ jetzt
        - ☐ bei Eheschließung
        - ☐ am 09.04.1983 (§ 220 Abs. 3 EGBGB)
        - ☐ am 29.01.2019 (EU-GüVO)
- ☐ Persönliche Verhältnisse
    - ☐ Name
    - ☐ Adresse
    - ☐ Gewöhnlicher Aufenthalt
    - ☐ Geburtsdatum
    - ☐ Standesamtsnummer
    - ☐ Geburtsort
    - ☐ Name der Eltern
    - ☐ Staatsangehörigkeit
    - ☐ besondere persönliche Eigenschaften, z.B. Krankheiten
    - ☐ Vorehen und Unterhaltspflichten hieraus
- ☐ Kinder
    - ☐ Name und Geburtsdatum
    - ☐ Kinder vor oder außerhalb der Ehe
    - ☐ adoptierte Kinder
    - ☐ Schwangerschaft
    - ☐ Pflichtteilsprobleme (auch Eltern, wenn keine Kinder)
    - ☐ Besonderheiten bei einem Kind (z.B. schwere Erkrankung)
- ☐ Ehekonstellation
    - ☐ Berufstätigkeit gelebt/geplant

---

118 Grziwotz, FamRZ 2008, 2237 f. m.w.N.
119 BGH, NJW 1986, 2043.
120 Hierzu Kappler, 197 ff. m.w.N.
121 Vgl. Bergschneider, Rn. 22; Notar-Handbuch/Grziwotz, B I Rn. 1 ff.

- ☐ Ausbildung
- ☐ Kindererziehung gelebt/geplant
- ☐ Einkommenssituation (mit Abzügen, Werbungskosten etc.)
- ☐ Vermögenssituation (bei größerem Vermögen eigener Punkt)
- ☐ Wohnsituation
- ☐ Altersversorgungen
- ☐ besondere Probleme und Anliegen
- ☐ Lebensplanung
- ☐ Rollenverteilung in der Ehe
☐ Vertragskonstellation
- ☐ Ehevertrag
- ☐ Erbvertrag
- ☐ Testamente (auch handschriftlich)
- ☐ wichtige Verträge der Ehegatten miteinander (z.B. Gesellschafts- oder Arbeitsverträge)
- ☐ wichtige Verträge mit Dritten
- ☐ Drucksituation
☐ Vermögenssituation
- ☐ Betrieb
  - ☐ Generationennachfolge
  - ☐ Risiko
  - ☐ Verbindlichkeiten
  - ☐ Mitarbeit
  - ☐ Entnahmen/Gehälter
- ☐ Wohnhaus
  - ☐ Eigentümer
  - ☐ Verbindlichkeiten
  - ☐ Elternzuwendungen
  - ☐ sonstiges Vermögen
  - ☐ Verbindlichkeiten
  - ☐ davon Anfangsvermögen
  - ☐ künftig zu erwartendes Anfangsvermögen
  - ☐ besondere steuerliche Gestaltungen (z.B. Zweikontenmodell)
  - ☐ Gesamthaftungen und andere Gemeinschaftsansprüche bzw. -verbindlichkeiten
☐ Zuwendungen unter Ehegatten
☐ Vermögensplanung
- ☐ Güterstandsschaukel
- ☐ Haftungsfragen
- ☐ Pflichtteilsfragen
- ☐ Erwerbsrecht bei Scheidung

B. Vertragsfreiheit und Inhaltskontrolle

Die gerichtliche Inhaltskontrolle von Eheverträgen beschäftigt die Vertragsgestaltung sehr. Daher soll sie an dieser Stelle ausführlich behandelt sein. Den in den Vorauflagen schon besprochenen Grundlagenentscheidungen des BGH sind weitere gefolgt, allerdings in den letzten Jahren wieder mit der Tendenz zur Gesamtnichtigkeit, sodass der Kautelarjurist, der schon wähnte, wieder auf sichererem Boden zu wandeln, durch manche neue Entscheidung in diesem Glauben schwankt. Jeder abzuschließende Ehevertrag muss individuell daraufhin überprüft werden, ob er den Kriterien standhält. Es gibt nicht das eine richtige Vertragsmuster für alle Fälle. Die folgenden Ausführungen sind in allen weiteren Kapiteln dieses Buches mit zu berücksichtigen. Mit der Strukturreform des Versorgungsausgleichs wurde die Inhaltskontrolle von Eheverträgen nunmehr auch vom Gesetzgeber in § 8 Abs. 1 VersAusglG festgeschrieben. Bei näherer Betrachtung[122] erweist sich dies aber als bloßer Verweis auf die bisherige Rechtsprechung.

I. Entscheidungen des BVerfG

66 Das BVerfG hat die in den letzten Jahrzehnten entwickelte These von der Schutzgebotsfunktion der Grundrechte[123] auch auf das Vertragsrecht angewandt und ist der Auffassung, dass die Grundrechte den Staat verpflichten, sich schützend vor Grundrechteingriffe im Wege vertraglicher Regelung zu stellen. Nach zwei Entscheidungen zum Handelsvertreterrecht[124] und zu ruinösen Familienbürgschaften[125] hat das BVerfG mit einem Paukenschlag durch **zwei Urteile** der **Vertragsfreiheit** auch **im Bereich der Eheverträge** Grenzen aufgezeigt,[126] sich damit einer bis dahin gesicherten Rechtsprechung des BGH[127] entgegengestellt und Argumenten der Literatur[128] zum Durchbruch verholfen.[129] In einem weiteren Judikat hat das BVerfG entschieden, dass die **Familienarbeit der Erwerbsarbeit gleichzustellen** sei.[130] Diese Linie der Rechtsprechung des BVerfG zur Privatautonomie setzt sich fort mit einem Urteil zur Sittenwidrigkeit eines Künstlervertrages.[131]

67 Deutete sich beim ersten Urteil des BVerfG noch an, dass nicht notariell beurkundete Verträge (hier: Unterhaltsverzicht mit Kindesunterhaltsfreistellung einer schwangeren Frau zur Erreichung der Eheschließung) einer gesteigerten **Inhaltskontrolle** ggü. beurkundeten Verträgen unterliegen könnten,[132] so bezieht sich der zweite Beschluss[133] auf einen beurkundeten Vertrag, ohne dass auf die Unterschiede nochmals eingegangen wird. Die Wertung,[134] der Rechtsprechungswandel führe nur in wenigen Ausnahmefällen zu einer Ausübungskontrolle, war jedenfalls aus jetziger Sicht zu optimistisch.[135] Zutreffend ist hingegen die Auffassung, die Entscheidungen des BVerfG seien nicht Schlusspunkt, sondern **Beginn einer neuen Diskussion um die Ehevertragsfreiheit**.[136] Diese Diskussion mündete sogar in Vorschläge zur Ersetzung des geltenden Güterrechts, weil es der Rechtsprechung des BVerfG widerspreche.[137] Eine Gegenansicht befürchtet in § 138 BGB ein Mittel zur Durchset-

---

122 C. Münch, FamRB 2010, 51 ff.
123 BVerfGE 39, 1 ff. (Reform § 218 StGB), Canaris, AcP 184 (1984), 201 ff.; hierzu C. Münch, Schutzauftrag der Grundrechte und richterliche Inhaltskontrolle von Verträgen in: Festgabe für Hugo J. Hahn zum 80. Geburtstag 2007, 89 ff., Hrsg. Gramlich/Häde/Weber/Zehetner.
124 BVerfGE 81, 242 ff. = NJW 1990, 1469 f.
125 BVerfGE 89, 214 ff. = NJW 1994, 36 f.; vgl. BGH, DB 2005, 771 – trotz Mitarbeit als leitende Angestellte.
126 BVerfG, ZNotP 2001, 161 = FamRZ 2001, 343 = MittBayNot 2001, 207 = DNotZ 2001, 222 und BVerfG, ZNotP 2001, 241 = FamRZ 2001, 985 = MittBayNot 2001, 485 = DNotZ 2001, 708.
127 Etwa BGH, FamRZ 1996, 1536; BGH, FamRZ 1997, 156 ff. = DNotZ 1997, 410 = MittBayNot 1997, 40; BGH, FamRZ 1997, 800; BGH, MittBayNot 1996, 441; zu dieser Rspr. Gerber, DNotZ-Sonderheft 1998, 290.
128 Schwenzer, AcP 196 (1996), 88 ff., die allerdings generell von einer strukturellen Unterlegenheit der Frau ausgeht – hiergegen Grziwotz, FamRZ 1997, 586, 589; Büttner, FamRZ 1998, 1 ff.; Frank, AcP 200 (2000), 401, 408 ff.
129 Die Entscheidungen werden vielfältig kommentiert. Hier nur einige Stimmen: Bergschneider, FamRZ 2001, 1337 ff.; Dauner-Lieb, AcP 201 (2001), 295 ff.; Grziwotz, MDR 2001, 393 ff.; Grziwotz, FF 2001, 41 ff.; Langenfeld, DNotZ 2001, 272 ff.; Rauscher, DNotZ 2002, 751 ff.; Schervier, MittBayNot 2001, 213 ff. und 486 ff.; Schubert, FamRZ 2001, 733 ff.; Schwab, DNotZ-Sonderheft 2001, 9 ff.
130 BVerfG, FamRZ 2002, 527.
131 BVerfG, NJW 2006, 596 ff. = JuS 2006, 648 f.
132 So BVerfG, FamRZ 2001, 343, 346 = MittBayNot 2001, 207, 211.
133 BVerfG, MittBayNot 2001, 485 = DNotZ 2001, 708.
134 Langenfeld, DNotZ 2001, 272; Langenfeld, FPR 2003, 155.
135 Nachreiner, MittBayNot 2001, 356, 359 meint, dass konkrete und ausführliche Belehrungen das strukturelle Ungleichgewicht jedenfalls beseitigen können.
136 So Dauner-Lieb, AcP 201 (2001), 295, 311.
137 Scholz, FamRZ 2002, 733; Maier, NJW 2002, 3359, 3364; Dauner-Lieb, FF 2002, 151, 153.

B. Vertragsfreiheit und Inhaltskontrolle

zung eines »ehevertraglichen ordre public«.[138] Die vertiefte Diskussion der neueren Rechtsprechung des BVerfG weist darauf hin, dass die Urteile des BVerfG auf neuen rechtsphilosophischen Strömungen basieren, nämlich der These der Verfahrensrationalität von Habermas und den Ideen von John Rawls.[139]

Inzwischen aber wird diese Rechtsprechung, die von zwei Eheverträgen aus den Jahren 1976 und 1985 ausging, wegen einer »**veränderten juristischen Großwetterlage**« durch die Reformen von Unterhalt und Versorgungsausgleich sowie gewandelten gesellschaftlichen Einstellungen als überholt kritisiert.[140]

Das BVerfG führt allgemein aus, dass bei einer besonders **einseitigen** Aufbürdung von vertraglichen **Lasten** und einer erheblich **ungleichen Verhandlungsposition** der Vertragspartner der Vertrag einer Inhaltskontrolle bedarf.[141] Damit setzt das BVerfG der Ehevertragsfreiheit Grenzen und führt eine Inhaltskontrolle ein, ohne die Zivilgerichte darauf festzulegen, ob es sich hierbei um eine **Wirksamkeitskontrolle** anhand des § 138 BGB[142] oder um eine **Ausübungskontrolle** nach § 242 BGB handelt.[143]

Beide Voraussetzungen – ungleiche Verhandlungsposition und einseitige Aufbürdung vertraglicher Lasten – müssen also nach Ansicht des BVerfG **kumulativ** vorliegen.[144] Offen bleibt im Urteil des BVerfG, ob von einer objektiv krassen Benachteiligung eines Ehegatten auf das Vorliegen einer ungleichen Verhandlungsposition geschlossen werden kann. Dies begründen gewichtige Stimmen in der Literatur[145] unter Berufung auf die allgemeinen Grundsätze des § 138 BGB, bei dem auch bei einer besonders krassen Benachteiligung eine Vermutung für die Verwerflichkeit spricht.[146] Der BGH hat sich nunmehr jedoch eindeutig dagegen ausgesprochen, dass aus einem groben Missverhältnis von Leistung und Gegenleistung im Verhältnis der Ehegatten zueinander auf eine verwerfliche Gesinnung geschlossen werden kann.[147] Diese Schlussfolgerung sei im Familienrecht nicht angebracht, sondern nur im Wirtschaftsverkehr.[148]

In den beiden vom BVerfG entschiedenen Fällen war jeweils die **Schwangerschaft der Ehefrau** im Zusammenhang mit dem Abschluss eines Ehevertrages vor Eheschließung Grund für die ungleiche

---

138 Würzburger Notarhandbuch/J. Mayer/Reetz, Teil 3, Kap. 1 Rn. 6.
139 Bergschneider, FF 2003, 118; hierzu Grziwotz/Hagengruber, DNotZ 2006, 32 ff.; Dauner-Lieb in Schmoeckel/Kanzleiter, Vertragsschluss-Vertragstreue-Vertragskontrolle 2010, 49 ff.
140 Bergschneider, FS Hahne, 113 f.
141 BVerfG, MittBayNot 2001, 207, 210 ff.
142 Krit. gegen eine über § 138 BGB ausgedehnte Inhaltskontrolle: Koch, FamRZ 2003, 198; vgl. zum Maßstab des § 138 BGB auch BGH, ZNotP 2003, 273 f. Danach wird § 138 Abs. 2 BGB (Wucher) regelmäßig nicht anwendbar sein, da diese Bestimmung voraussetzt, dass dem bewucherten Ehegatten ein Vermögensgegenstand entzogen wird, auf den er zur Behebung seiner Zwangslage angewiesen ist. Der BGH bestätigt aber in diesem Urteil, dass bei § 138 Abs. 1 BGB von einem besonders krassen Missverhältnis auf die verwerfliche Gesinnung geschlossen werden kann.
143 Langenfeld, DNotZ 2001, 272, 273; vgl. ferner Langenfeld, in: FS für Schippel, S. 251 ff.
144 Bergschneider, FamRZ 2001, 1337, 1339; Langenfeld, DNotZ 2001, 272, 276; Schwab, DNotZ-Sonderheft 2001, 9, 15; Schwab, FamRZ 2001, 349; a.A. offensichtlich Schubert, FamRZ 2001, 733, 735 (»oder«). Auf das Erfordernis der Ungleichgewichtslage gänzlich verzichten möchte Dauner-Lieb, ZFE 2003, 300, 303.
145 Schwab, DNotZ Sonderheft 2001, 9, 15 gegen Langenfeld, DNotZ 2001, 272, 279; ebenso Bergschneider, FamRZ 2001, 1337, 1339.
146 Hierzu etwa BGH, ZNotP 2002, 394 f., wo der BGH ausführt, dass zwar bei einem besonders groben Missverhältnis zwischen Leistung und Gegenleistung eine tatsächliche Vermutung für eine verwerfliche Gesinnung spreche, diese Vermutung aber erschüttert sei, wenn sich die Vertragsparteien in sachgerechter, eine Übervorteilung regelmäßig ausschließender Weise um die Ermittlung eines den Umständen nach angemessenen Leistungsverhältnisses bemüht haben.
147 BGH, FamRB 2009, 66 = FamRZ 2009, 198 f. m. Anm. Bergschneider.
148 Vgl. etwa zur tatsächlichen Vermutung der Sittenwidrigkeit bei der Mithaftungserklärung eines finanziell krass überforderten Ehegatten aus emotionaler Verbundenheit BGH, NJW-RR 2017, 241.

Verhandlungsposition. Das BVerfG hat jedoch klargestellt, dass die Schwangerschaft nur ein **Indiz** für die mögliche vertragliche Disparität ist, dass aber andere maßgebliche Faktoren wie die Vermögenslage der Schwangeren, ihre berufliche Qualifikation und Perspektive und die von den Ehepartnern ins Auge gefasste Aufteilung von Erwerbs- und Familienarbeit in der Ehe eine Unterlegenheit wieder ausgleichen können. Aus diesen Ausführungen wird man zweierlei folgern können:
– Zum einen, dass die Schwangerschaft keineswegs die einzige Ursache für eine ungleiche Verhandlungsposition sein muss,[149]
– zum anderen, dass, wenn eine Vermutung von der krassen Benachteiligung auf die Unterlegenheit schließen lässt, diese Vermutung jedenfalls widerleglich ist.

72 Schließlich hat das BVerfG in einem »revolutionären Judikat des Unterhaltsrechts«[150] die bisherige Rechtsprechung des BGH, die dieser freilich selbst schon zuvor geändert hatte,[151] über die Anrechnung nachehelicher Erwerbseinkünfte solcher Ehegatten, die während der Ehe nicht berufstätig waren, verworfen. Das BVerfG hat darüber hinaus betont, dass aufgrund der **Gleichstellung von Erwerbs- und Familienarbeit** die Leistungen unabhängig von ihrer ökonomischen Bewertung als gleichwertig anzusehen seien.[152] Dies bedinge einen **Anspruch auf gleiche Teilhabe** am gemeinsam Erwirtschafteten, und zwar dergestalt, dass dieser Anspruch auch nach Trennung und Scheidung Wirkung entfalte auf die Beziehung der Ehegatten **hinsichtlich Unterhalt, Versorgung und Aufteilung des gemeinsamen Vermögens**.[153] Diese Linie hat das BVerfG bestätigt mit einer Entscheidung zur Härteklausel des Versorgungsausgleichs.[154] Danach gewährt das Recht des Versorgungsausgleichs den Ehegatten ein Recht auf gleiche Teilhabe am in der Ehe erworbenen Versorgungsvermögen. Dies muss bei der Auslegung des § 27 VersAusglG als **Gerechtigkeitskorrektiv** berücksichtigt werden. Das OLG Brandenburg spricht insoweit sogar von einem gesetzlichen Leitbild des Versorgungsausgleichs.[155]

73 Da diese Ausführungen allgemein gehalten und nicht allein auf das Unterhaltsrecht bezogen sind, wird ihnen **Auswirkung auch auf den Bereich des Güterrechts** zugeschrieben.[156] Andererseits rechnen selbst ausgewiesene Befürworter des Rechtsprechungswandels den Zugewinnausgleich nicht zum Kernbereich des gesetzlichen Scheidungsfolgensystems, bei dessen Veränderung eine einseitige Lastenverteilung vorliegen könnte.[157] Diese Einschätzung der Zugewinngemeinschaft beruht v.a. auch auf dem Umstand, dass die Zugewinngemeinschaft seit ihrer Einführung in das BGB nie unumstritten war.[158] Bezogen auf das zitierte Urteil des BVerfG, das Familien- und Erwerbsarbeit im Unterhaltsrecht den gleichen Stellenwert einräumt, wird aber nunmehr auch eine Ausstrahlung auf den Bereich des Ehegüterrechts vertreten, die zu einer verstärkten Überprüfung auch güterrecht-

---

149 Zweifelnd insoweit Adam, BWNotZ 2006, 29, 32.
150 Maier, NJW 2002, 3359, 3360.
151 BGH, MittBayNot 2001, 397 ff. m. Anm. Bergschneider = NJW 2001, 2254; zuvor war bereits das OLG München abgewichen, NJW-RR 2000, 449; zu Folgeproblemen dieser geänderten Rspr.: Scholz, FamRZ 2003, 265 ff.
152 Dazu, dass in einem solchen Fall Quantität und Qualität der Haushaltsführung keine Rolle spielen, s. Graba, FPR 2002, 48, 51.
153 BVerfG, FamRZ 2002, 527, 529 (unter I 1b, c).
154 BVerfG, FamRZ 2003, 1173 ff. = FPR 2003, 465 f.
155 OLG Brandenburg, FamRZ 2003, 1289.
156 Bergschneider, FamRZ 2001, 1337, 1338; Dauner-Lieb, ZFE 2003, 300, 302.
157 Dauner-Lieb, AcP 201 (2001), 295, 320.
158 Zur Kritik an der Zugewinngemeinschaft etwa Battes, FuR 1990, 311 ff.; Gernhuber, NJW 1991, 2238: »verbuckelte Gestalt«, nicht integrierbares »Bonner Quart«; Schröder, FamRZ 1997, 2 ff.; Schwab, in: FS für Alfred Söllner, S. 1079 ff.

B. Vertragsfreiheit und Inhaltskontrolle Kapitel 2

licher Verträge führen müsse.[159] Der BGH hat dem erneut eine Absage erteilt.[160] Jedenfalls bedarf der Stellenwert des Prinzips der Teilhabe noch der Verdeutlichung.[161]

▶ **Gestaltungsempfehlung:**

Das BVerfG hat eine Inhaltskontrolle von Eheverträgen implementiert, die bei der Gestaltung von Eheverträgen berücksichtigt werden muss. Sie hat Auswirkungen auch auf den Bereich des Güterrechts. 74

Die Vertragspraxis wird mit der Inhaltskontrolle von Eheverträgen leben müssen. Der richterlichen Praxis sei in Erinnerung gerufen, dass die Inhaltskontrolle nur in Extremfällen eine Abänderung rechtfertigt, denn sonst trifft die folgende Befürchtung *Di Fabios*[162] zu: 75

»Die **nachträgliche Inhaltskontrolle** kann zu einem **negativen Anreizsystem** werden, wenn man sich auf sie mehr verlässt als auf die Warnsignale der Form und auf die Vorstellung von selbstverantworteter Bindung.«

So sind Formgebote und präventive Beratungspflichten die milderen Mittel ggü. einer inhaltlichen Beschränkung im Kern der Vertragsfreiheit und einer nachträglichen Wirksamkeitskontrolle auf der Grundlage einer materiellen Gerechtigkeitsidee.[163]

Die überspitzt formulierte Frage, ob wir auf dem **Weg zurück** »**from contract to status**« seien, lässt anklingen, dass es eine Grenze dafür geben muss die grundgesetzlich geschützte Privatautonomie durch schützende Bevormundung zu ersetzen.[164] Es darf nicht die Privatautonomie unter den Generalverdacht einer Fehlfunktion infolge ungleicher Verhandlungsmacht gestellt werden,[165] das Thema der gestörten Vertragsparität wurde schon früh als »Trugbild« eingestuft.[166] Die Grenze haben die Gerichte herauszuarbeiten. Sonst droht die Wirkung der Grundrechte ins Gegenteil zu verkehren und nicht mehr der Eingriff in ein grundrechtlich geschütztes Freiheitsrecht bedarf der Rechtfertigung, sondern die Ausübung dieses Freiheitsrechts.[167] Es wird damit das Problem der Herstellung praktischer Konkordanz bei widerstreitenden Grundrechten zu einem Thema des Zivilrechts.[168] Es ist eine im Lichte des Art. 6 Abs. 1 GG durchaus problematische Folgewirkung, wenn aufgrund abnehmender Erwartungssicherheit in den Bestand von Eheverträgen die wirtschaftlich stärkeren Partner auf eine Eheschließung ganz verzichten.[169]

Es wird sich sogleich zeigen, dass dies der BGH mit einem eigenen, vom BVerfG abweichenden Konzept[170] unternimmt, dessen Ansatz zu befürworten ist. Da aber, wo Gerichte eine **allgemeine** »**nachträgliche Billigkeitskontrolle** als das Mittel der Wahl (ansehen) – und zwar auch dort, wo die Parteien einseitige Problemlösungen oder Risikozuweisungen bewusst in ihren Vertragswillen aufgenommen haben«,[171] wird nicht genug gewürdigt, dass aufseiten der Eheleute die **Vertragsfreiheit** ebenfalls **grundgesetzlich geschützt** ist und auch der Abschluss von Eheverträgen unter den Schutz 76

---

159 Dauner-Lieb, FF 2002, 151 ff.; Dauner-Lieb, FF 2011, 382 f.; Brudermüller, NJW 2010, 401, 407; Meder, FPR 2012, 113 f.
160 BGH, BGH, FamRZ 2013, 195 f.; BGH, FamRZ 2013, 269 f.
161 Schwab, AnwBl. 2009, 557, 561.
162 Di Fabio, DNotZ 2006, 342, 347.
163 Di Fabio, DNotZ 2006, 342, 349, 350; sehr krit. Grziwotz/Hagenruber, DNotZ 2006, 32 41: »Einzelne Richter versuchen im Namen des Volkes ihre persönliche Gerechtigkeitsvorstellung in Rechtskraft erwachsen zu lassen.«; zur Form als »Schwester der Freiheit«, Hagen, DNotZ 2010, 645 ff.
164 Hofer, in: Hofer/Schwab/Henrich, 1, 16.
165 Reul, DNotZ 2007, 184, 195.
166 Adomeit, NJW 1994, 2467.
167 Davor warnt Reul, DNotZ 2007, 184, 195 f.; vgl. auch Grandel, FF 2019, 346 ff.
168 Maunz/Dürig/Di Fabio, Grundgesetz-Kommentar, 2017, Art. 2 GG, Rn. 111.
169 So ausdrücklich Maunz/Dürig/Di Fabio, Grundgesetz-Kommentar, 2017, Art. 2 GG, Rn. 112.
170 Ganz deutlich bei Wagenitz, in: Höland/Sethe, 1 ff.
171 Wagenitz, in: Höland/Sethe, 11.

des Art. 6 Abs. 1 GG fällt,[172] ja die Anordnung gesetzlicher Scheidungsfolgen geradezu die Freiheit der Ehegatten zur Abweichung voraussetzt, um verfassungsgemäß zu sein,[173] sodass in diese Freiheit eben nicht in Form einer allgemeinen Billigkeitskontrolle eingegriffen werden darf, die es sich erspart, nach der vom BVerfG vorausgesetzten Imparität zu fragen und sich stattdessen mit einer allgemeinen »Befangenheit«[174] eines Ehegatten begnügt, ein Argument, dass sich gegen den Abschluss jeder Art von Verträgen verwenden ließe. Wenn die Ehegatten ihre Entscheidung frei und ohne Zwang treffen können, dann haben sie auch das Recht, unvernünftige Entscheidungen zu treffen.[175] Diese grundgesetzlich geschützte Autonomie der Ehegatten ist insoweit gerade nicht auf eine »nachprüfbar sachgerechte ökonomische Bewertung ihrer Beiträge zum gemeinsamen Wirtschaften« beschränkt.[176] Die Inhaltskontrolle ist mangels Eheleitbild in BGB und Grundgesetz gerade nicht Leitbildabweichungskontrolle, sondern nur **Missbrauchskontrolle**.[177] Daher auch die Mahnung von Richtern des BVerfG an den BGH, die Ungleichgewichtslage wieder als Kernpunkt der Inhaltskontrolle herauszuarbeiten.[178] Dies ist inzwischen geschehen.[179] Aus verschiedener Richtung wird die Rechtsprechung zur **Inhaltskontrolle kritisiert**. So ist insbesondere *Bergschneider* der Ansicht, diese Rechtsprechung, die auf Eheverträgen der Jahre 1976 und 1985 basiere, sei durch eine **Änderung der »juristischen Großwetterlage«** bereits wieder überholt,[180] da zum einen das Stigma der nichtehelichen Mutter angesichts der gesellschaftlichen Wirklichkeit nicht mehr existiere und da andererseits die familienrechtlichen Reformen der Jahre 2008 und 2009 die Dispositionsmöglichkeiten der Ehegatten sehr stark vergrößert und den indisponiblen Kern der Scheidungsfolgen verkleinert haben.[181] Die daraus zutreffend gezogene Schlussfolgerung ist, dass es von krassen Ausnahmefällen abgesehen nicht mehr zu einer Sittenwidrigkeit im Zeitpunkt des Vertragsschlusses kommen könne.[182] Teilweise wird auch angenommen, dass der BGH die Kernbereichslehre durch die jüngste Folge seiner Urteile bereits angepasst habe.[183]

---

172 BVerfGE 87, 234, 258: Art. 3 Abs. 2 GG verbietet die Festschreibung überkommener Rollenverteilung; Coester-Waltjen, in: v. Münch/Kunig, Art. 6 Rn. 27; Friauf, NJW 1986, 2595, 2598; Loschelder, FamRZ 1988, 333, 336; Rauscher, FamRZ 1997, 1121, 1123; detailliert C. Münch, KritV 2005, 208 ff. und C. Münch, Juristische Wechselreden, Festgabe für Hugo J. Hahn, (Hrsg. Gramlich/Häde/Weber/Zehetner), 2007, 89 ff.; gegen die Vorgabe gerechter Vertragsinhalte Koch, FamRZ 2007, 509.
173 Stresow, 143.
174 So Sethe in Höland/Sethe, 34 über die Rspr. des BGH.
175 Detailliert C. Münch, KritV 2005, 208, 221; Diederichsen, FPR 2007, 221 ff.; Wiedemann/Wank, JZ 2013, 340, 344; ausführlich C, Münch, FamRB 2014, 71.
176 So aber Wagenitz, in: Höland/Sethe, 18; a.A. Stresow, 146: Wo volle Vertragsfreiheit herrscht, sind auch unangemessene Ergebnisse zu akzeptieren; a.A. auch Isensee, in: Bayer/Koch, 9, 28: Der fair zustande gekommene Vertragsinhalt ist grundrechtlich legitim, nicht weil er einem Konzept materieller Gerechtigkeit entspricht, sondern weil die Parteien ihn so gewollt haben.
177 Dieser Ansicht folgend Staudinger/Thiele (2018), Vorbem. zu §§ 1408 ff. Rn. 23; BeckOGK/Reetz, § 1408 BGB Rn. 229.
178 Hohmann-Dennhardt, FF 2004, 233, 235 fordert den BGH auf, dies noch deutlicher auszusprechen. Dies arbeiten auch diejenigen heraus, die sich allgemein mit der richterlichen Inhaltskontrolle befassen, z.B. Stresow, 218 ff.; krit. v.a. Koch, in: Bayer/Koch, 79, 87: Ein Vertragsergebnis als Ausdruck privatautonomer Gestaltung ist zu respektieren. Die Schwierigkeit, einen gerechten Vertragsinhalt zu bestimmen, zeigt sich schon daran, dass die Judikative sehr viel strenger ist als der Unterhaltsreformgesetzgeber.
179 BGH, FamRZ 2013, 195 = BGH, NJW 2013, 380.
180 Bergschneider, FS Hahne, 113 ff.
181 Das Infragestellen der Kernbereichslehre durch Milzer, NZFam 2014, 773 mit Blick auf die stärkere Betonung des BGH auf die Disparität vermag hingegen nicht zu überzeugen. Diesen Gesichtspunkt hatte der BGH von vornherein in seiner Rechtsprechung angelegt.
182 So auch Sanders, FF 2013, 239 ff.
183 Schlünder, FF 2017, 339 ff.

B. Vertragsfreiheit und Inhaltskontrolle **Kapitel 2**

II. Grundsatzurteil und Folgeentscheidungen des BGH

Nachfolgend werden zuerst die einzelnen Entscheidungen des BGH aufgezeigt, bevor anschließend das Gesamtkonzept des BGH dargestellt und kommentiert wird. Die Judikate sind nach wie vor einzeln von Interesse, sodass auch die nunmehr schon ältere Rechtsprechung festgehalten werden soll. **77**

1. Entscheidung des BGH vom 11.02.2004 (XII ZR 265/02) als Grundsatzurteil[184]

Nach der Entscheidung des OLG München,[185] an deren Maßstäben sehr viele bereits abgeschlossene Eheverträge gescheitert wären,[186] weil das OLG München mit seiner umfassenden Berufung auf den Halbteilungsgrundsatz die Maßstäbe der Inhaltskontrolle quasi vom Rand in die Mitte verschoben hatte, warteten sowohl das rechtsuchende Publikum, aber auch die Notare und Anwälte mit Spannung auf die Revisionsentscheidung des BGH um zu sehen, in welcher Weise künftig ehevertragliche Vereinbarungen getroffen werden können. **78**

Dieses **Grundsatzurteil** v. 11.02.2004[187] geht mit den Vorgaben des BVerfG wesentlich behutsamer und **ausgewogener** um als die Vorinstanz. Allerdings macht der BGH auch deutlich, dass es ein **Zurück zur vollen Vertragsfreiheit nicht mehr** gibt und daher auch keine allgemeine und für alle Fälle abschließende Antwort auf die Frage, unter welchen Voraussetzungen ein Ehevertrag unwirksam ist oder die Berufung auf eine vertragliche Regelung unzulässig ist. **79**

Wer also gehofft hatte, dass sich mit dem Urteil des BGH ein »Ehevertragsmodell« als das haltbare und statthafte herauskristallisiert, der wird enttäuscht sein. Aber: Wichtige Maßstäbe waren gesetzt und sind mittlerweile in einer ganzen Reihe von Folgeentscheidungen ausdifferenziert. **80**

▶ Hinweis:

Das BGH-Urt. v. 11.02.2004 setzt wichtige Maßstäbe. Eine allgemeingültige Aussage zur Wirksamkeit von Eheverträgen enthält es jedoch nicht. **81**

Der BGH betont, es gelte **grds.** die **Ehevertragsfreiheit** und damit die Disponibilität der Rechtsfolgen,[188] die ihre **Grenze** erst dort finde, wo die Vereinbarung den **Schutzzweck der gesetzlichen Regelung** unterlaufe. **82**

Die Belastung wird durch eine **Kernbereichslehre** abgestuft, sie wiegt also umso schwerer, je mehr sie in den Kernbereich eingreift. Auf der ersten Stufe des Kernbereichs steht der Unterhalt wegen Kindesbetreuung, dann auf der zweiten Stufe der Unterhalt wegen Alters oder Krankheit sowie der Versorgungsausgleich. Danach rangieren der Unterhalt wegen Erwerbslosigkeit, wegen Alters- oder Krankenvorsorge sowie der Aufstockungs- und Ausbildungsunterhalt. An letzter Stelle steht sodann der Zugewinnausgleich. Der Vertrag ist im Rahmen einer Inhaltskontrolle zunächst einer **Wirksamkeitskontrolle** nach § 138 BGB[189] und sodann einer **Ausübungskontrolle** nach § 242 BGB zu unterziehen.

---

184 BGH, NJW 2004, 930 f. = ZNotP 2004, 157 f. m. Anm. C. Münch, ZNotP 2004, 122 f.: hierzu Wachter, ZFE 2004, 132 ff.; Koch, NotBZ 2004, 147 f.; Rakete-Dombek, NJW 2004, 1273 ff.; Borth, FamRZ 2004, 609 ff.
185 OLG München, FamRZ 2003, 35.
186 Goebel, FamRZ 2003, 1513, 1514.
187 NJW 2004, 930 f. = FamRZ 2004, 601 = ZNotP 2004, 157 ff.
188 Schon dies wird grds. infrage gestellt von Dethloff, § 5 Rn. 27 ff.
189 Zur Gefahr, dass über diese Generalklausel ein »ehevertraglicher ordre public« durchgesetzt werden soll: Würzburger Notarhandbuch/J. Mayer/Reetz, Teil 3, Kap. 1 Rn. 32 f.

2. Entscheidungen vom 06.10.2004 (XII ZB 110/99 und XII ZB 57/03)

83 Die Entscheidungen v. 06.10.2004,[190] die zum Versorgungsausgleich ergingen, verschieben den Schwerpunkt der Inhaltskontrolle auf die Ausübungskontrolle und enthalten hierzu wichtige Leitlinien.

Die bedeutsamste Aussage liegt darin, dass es i.R.d. **Vertragsanpassung** bei ehevertraglichem Verzicht auf Versorgungsausgleich regelmäßig **sachgerecht** sei, den Versorgungsausgleich nicht in vollem Umfang durchzuführen, sondern **nur die ehebedingten Versorgungsnachteile des Ehegatten auszugleichen.**

84 **Damit bleibt die vertragliche Regelung** des Verzichts auf den Versorgungsausgleich trotz der abweichenden Lebensgestaltung **bedeutsam.** Denn der BGH liest aus dieser Regelung zu Recht den Willen der Vertragsteile, nicht an der Versorgung des höherwertig versorgten Ehegatten teilhaben zu wollen, sondern sich auch im Scheidungsfall mit der eigenen Versorgung zu begnügen.

85 Wenn nun die eigene Versorgung wegen der Berufsaufgabe i.R.d. Kindererziehung nicht mehr sichergestellt werden kann, dann will der BGH die Vertragsanpassung so vornehmen, dass dem **benachteiligten Ehegatten** eine **Versorgung** in der Höhe zugesprochen wird, **wie er sie selbst** bei Weiterführung seiner beruflichen Tätigkeit – also durchaus unter Einschluss üblicher Karriereschritte – **hätte erzielen können.** Obergrenze bleibt aber die gesetzliche Höhe des Versorgungsausgleichsanspruchs.

86 Mit dieser Aussage betritt der **BGH** Neuland. Er rückt die **Ehebedingtheit des Nachteiles ins Zentrum seiner Überlegungen,** auch wenn diese nicht gesetzliche Voraussetzung der Durchführung des Versorgungsausgleichs ist. Dies macht Sinn, denn Grund für die Ausübungskontrolle war die von der Lebensplanung bei Vertragsschluss abweichende tatsächliche Lebensführung. Wenn nun der benachteiligte Ehegatte **so gestellt** wird, **als habe er die bei Vertragsschluss beabsichtigte Lebensplanung** – beide Vertragsteile bleiben berufstätig – **verwirklicht,** so ist der die Ausübungskontrolle auslösende Nachteil beseitigt. Mehr muss die Vertragsanpassung nicht leisten. Zudem bleibt berücksichtigt, dass die Ehegatten mit dem Ehevertrag in eine vom Gesetz abweichende Regelung in wirksamer Weise eingewilligt hatten. Das mit dem **Ehevertrag** von den Ehegatten **verfolgte Ziel** bleibt somit auch für die Vertragsanpassung i.R.d. Ausübungskontrolle **maßgeblich.** Die Vertragsfreiheit, die grundgesetzlich geschützt ist, wird insoweit im größtmöglichen Umfang aufrechterhalten.[191]

▶ Hinweis:

87 Der BGH stellt mit seinen Entscheidungen vom 06.10.2004 erstmals die ehebedingten Nachteile in das Zentrum seiner Überlegungen. Deren Ausgleich verhindert die Sittenwidrigkeit. Dies führt die Vertragsgestaltung zu der Überlegung, bei Eheverträgen jedenfalls immer solche Regelungen vorzusehen, welche die ehebedingten Nachteile ausgleichen, und diese ggf. noch um eine allgemeine Auffangklausel zu ergänzen.

3. Urteil vom 12.01.2005 (XII ZR 238/03)

88 Im Fall einer **Heirat in fortgeschrittenem Alter mit ausgeschlossenem Kinderwunsch und grundgelegter Altersversorgung** hat der BGH[192] bei einem Verzicht auf Zugewinn, Versorgungsausgleich und Unterhalt gegen Zahlung einer Unterhaltsabfindung und der Entrichtung von Beiträgen zur gesetzlichen Altersversorgung entschieden, dass auch auf Kindesbetreuungsunterhalt sowie auf Unterhalt wegen Alters und Krankheit verzichtet werden könne, wenn keine Kinder erwartet würden. Wichtig war dem BGH, dass der Ehemann aufgrund der vereinbarten Unterhaltsabfindung seine

---

190 BGH, FamRZ 2005, 26 und BGH, FamRZ 2005, 185 je m. Anm. Bergschneider.
191 So das OLG Düsseldorf, FamRZ 2008, 519 unter Berufung auf C. Münch, FamRZ 2005, 570 f.
192 BGH, FamRZ 2005, 691 = DNotZ 2005, 703 = ZFE 2005, 169.

nacheheliche Verantwortung nicht schlechthin abbedungen hat.[193] Außerdem verneint der BGH das Vorliegen einer Zwangslage.

▶ Hinweis:

In bestimmten Ehekonstellationen kann auch auf Kindesbetreuungsunterhalt verzichtet werden. Ein Ehepartner sollte jedoch seine nacheheliche Verantwortung nicht schlechthin abbedingen. 89

4. Urteile vom 25.05.2005 (XII ZR 296/01 und XII ZR 221/02)

In zwei weiteren Entscheidungen hat der BGH[194] die **Argumente der Literatur aufgenommen** und seine Rechtsprechung gefestigt. Zugleich hat er einige über den konkreten Fall hinausreichende Anmerkungen und Stellungnahmen abgegeben. Der BGH nimmt Stellung zur Frage der **Teilnichtigkeit** und zum **Wegfall (jetzt Störung) der Geschäftsgrundlage**. Er lehnt eine zwingende **Halbteilung** ab und stellt erneut den **Ausgleich ehebedingter Nachteile** in den Mittelpunkt der Überlegungen. 90

Aus dem Urteil des BGH lässt sich nunmehr schlussfolgern, dass auch im Bereich des **Kindesbetreuungsunterhalts** eine **Unterhaltshöchstgrenze vereinbart werden kann**.[195] Im entschiedenen Fall ging es um eine sehr ausdifferenzierte Unterhaltsregelung, bei welcher aber die Unterhaltshöchstgrenze mit 2.000,00 DM keinesfalls sehr hoch angelegt war. Es bleibt der Ratschlag des »weniger ist mehr«,[196] d.h. trotz dieser Aussage des BGH sollte eine Unterhaltshöchstgrenze erst bei sehr hohem Einkommen insb. in der Diskrepanzehe vereinbart werden und nicht schon bei beiderseits mittlerem, aber geringfügig unterschiedlichem Einkommen. 91

Die Vorverlegung der Erwerbsobliegenheit hat den BGH nicht dazu bewogen, die Vereinbarung für sittenwidrig zu halten. Er betont ausdrücklich, dass eine Vereinbarung der Parteien, welche die **Betreuungsbedürftigkeit** des erwarteten Kindes an **niedrigere Altersgrenzen** bindet als sie von der Rechtsprechung bisher als angemessen erachtet wurden, nicht schon deshalb als sittenwidrig zu missbilligen ist.[197] Gleichwohl wird man bei solchen Regelungen **Vorsicht** walten lassen, da sie unmittelbar das Kindeswohl betreffen. Sie sind daher eher für solche Ausnahmefälle denkbar, bei denen nach der Art der Arbeit oder unter Zuhilfenahme von Drittbetreuung die Betreuung des Kindes trotz Erwerbstätigkeit sichergestellt werden kann.[198] Vorgeschlagen wird bei Vereinbarung einer vorverlegten Erwerbsobliegenheit einen Erstattungsanspruch gegen den anderen Ehegatten für die Kosten der Kindesbetreuung zu begründen.[199] 92

Den kompletten Ausschluss des Kindesbetreuungsunterhalts nach § 1570 BGB hält der BGH dann nicht für sittenwidrig, wenn entweder aufgrund des Alters der eheschließenden Vertragsparteien keine Kinder mehr erwartet werden[200] oder wenn die Ehegatten keine Kinder wollen.[201] Damit ist ausgesprochen, dass in der »double income no kids«-Ehe ein **vollständiger Verzicht auf die gesetzlichen Scheidungsfolgenregelungen** weiterhin **möglich** sein kann, ohne dass diese Regelung sitten- 93

---

193 Dauner-Lieb, FPR 2005, 141 prägte dafür die Bezeichnung: »abdingbare Teilhabe – unabdingbare Verantwortung«.
194 BGH, FamRZ 2005, 1444 = NJW 2005, 2386 und BGH, FamRZ 2005, 1449 = NJW 2005, 2391.
195 Bisher offen; vgl. Grziwotz, FamRB 2004, 199, 205; für eine Unterhaltshöchstgrenze auch bei § 1570 BGB: Dorsel, RNotZ 2004, 496, 500; Langenfeld, ZEV 2004, 311, 314; Rauscher, DNotZ 2004, 524, 537; OLG Düsseldorf, FamRZ 2005, 216; gegen eine solche Beschränkbarkeit etwa Gageik, RNotZ 2004, 295, 301.
196 C. Münch, NotBZ 2004, 467 f.; zustimmend Langenfeld, Rn. 5. Aufl., 69.
197 BGH, FamRZ 2005, 1444.
198 Bergschneider, FamRZ 2004, 1757, 1761.
199 Borth, FamRB 2005, 177 ff.
200 BGH, FamRB 2005, 126.
201 BGH, FamRZ 2005, 1449.

widrig ist. Freilich werden, wenn später doch Kinder geboren werden und ein Vertragsteil seinen Beruf aufgibt, Anpassungen im Wege der Ausübungskontrolle zu erfolgen haben. Allerdings ist mittlerweile die **Vorhersehbarkeit**, dass Kinder geboren werden, von der Rechtsprechung weit nach vorne verlegt worden und wird teilweise am **Alter der Ehegatten** festgemacht, sodass ein entsprechender Verzicht eher von der Nichtigkeit als von der Anpassung bedroht wird.[202]

Nach der Ausdifferenzierung der Unterhaltstatbestände der Kindesbetreuung in § 1570 BGB durch die Unterhaltsreform 2008 geht die Empfehlung an die Vertragsgestaltung aber dahin, auf den Kindesbetreuungsunterhalt nach § 1570 Abs. 1 Satz 1 BGB jedenfalls in den Fällen, in denen Kinder nach dem Alter der Eheleute nicht ausgeschlossen sind, nach Möglichkeit nicht zu verzichten, da dieser Basisunterhalt quasi den gesetzlich geschützten Kern des Kindesbetreuungsunterhalts darstellt.

94 Ein **Ausschluss des Unterhalts wegen Alters oder Krankheit** ist nach Ansicht des BGH schon dann nicht sittenwidrig, wenn bei Vertragsabschluss noch gar nicht absehbar ist, wann und unter welchen wirtschaftlichen Gegebenheiten ein Ehegatte wegen Alters oder Krankheit unterhaltsbedürftig werden könnte. Dies gilt besonders dann, wenn solcher Unterhalt im Anschluss an eine Kindesbetreuung nicht in Betracht kommt.[203] Letzterer Satz soll wohl nicht eine Sonderrolle des Alters- und Krankheitsunterhalts im Anschluss an den Kindesbetreuungsunterhalt (§§ 1571 Nr. 2, 1572 Nr. 2 BGB) begründen, sondern erläutern, dass in den Fällen langjähriger Kindesbetreuung eher die Möglichkeit absehbar ist, Unterhalt etwa wegen Alters verlangen zu können.

5. Beschluss vom 17.05.2006 (XII ZB 250/03)

95 Mit Beschluss v. 17.05.2006[204] hat der BGH entschieden, dass für eine Teilnichtigkeit kein Platz ist, wenn bereits die Gesamtwürdigung des Ehevertrages die Sittenwidrigkeit ergibt, weil eine Partei ausnahmslos benachteiligt ist und die Einzelregelungen durch keine berechtigten Belange der anderen Partei gerechtfertigt sind. Der BGH arbeitet ferner heraus, dass bei einer sog. Bleiberechtsehe eine Disparität der Verhandlungsposition vorliegt. Im konkreten Fall war die Ehefrau 23 Jahre alt, fremd in Deutschland, der deutschen Sprache nicht mächtig und hätte ohne die Ehe weder Aufenthalts- noch Arbeitserlaubnis erhalten. Der Ehemann war elf Jahre älter, in Deutschland beheimatet und als Beamter wirtschaftlich abgesichert.

6. Urteil vom 05.07.2006 (XII ZR 25/04)

96 Mit Urt. v. 07.05.2006[205] hat der BGH eine **Unterhaltsvereinbarung für den Betreuungsunterhalt** für **sittenwidrig** gehalten. Da offensichtlich nur über diese Frage gestritten wurde, hat er zum Schicksal der in gleicher Urkunde vereinbarten **Gütertrennung und des Pflichtteilsverzichts** leider **nichts ausgesagt**.[206] Dass er die noch vor dem Grundsatzurteil ergangene Entscheidung der Vorinstanz[207] bestätigt, lässt vielleicht darauf schließen, dass auch der BGH insoweit die Wirksamkeit nicht anzweifeln will.

97 Im konkreten Fall war die **Ehefrau schwanger** gewesen und wollte die Ehe unbedingt. Der Ehemann war jedoch nur gegen Abschluss des Ehevertrages bereit, sie zu heiraten. Daraus und aus den weiteren näher dargelegten Umständen leitet der BGH die Indizien für die schwächere Verhandlungsposition der Ehefrau her. Vom Sachverhalt her wird noch berichtet, dass der Ehemann später die elterliche Firma übertragen bekam und offensichtlich ein hohes Einkommen erzielte; außerdem kam es im Zusammenhang mit der Trennung zu einer tätlichen Auseinandersetzung, bei welcher die Ehefrau verletzt wurde. In der Berufungsinstanz hatte der Ehemann sich eingelassen, er zahle

---

202 Vgl. Rdn. 154 ff.
203 BGH, FamRB 2005, 126.
204 BGH, FamRZ 2006, 1097 m. Anm. Bergschneider = FF 2006, 200.
205 BGH, FamRZ 2006, 1359 m. Anm. Bergschneider, 1437; BGH, ZNotP 2006, 428 ff.
206 Borth, FamRB 2006, 325.
207 OLG Koblenz, FamRZ 2004, 805.

B. Vertragsfreiheit und Inhaltskontrolle   Kapitel 2

»keinen Cent mehr« als ehevertraglich festgelegt und wollte eine vollständige Abweisung des Unterhaltsbegehrens wegen Anrechnung eigener Einkünfte der Ehefrau erreichen.

Der Ehevertrag enthielt ein **gestuftes System von Unterhaltshöchstgrenzen** abhängig von der Ehezeitdauer, wobei der Höchstbetrag bei einem Scheidungsantrag innerhalb der ersten acht Jahre mit **770,00 €** festgelegt wurde. Die Dauer der Unterhaltszahlung war bis zur Vollendung des 16. Lebensjahres des Kindes vorgesehen und damit über die in der Rechtsprechung geforderte Zeit hinaus. Zu den Einkommensverhältnissen wird angegeben, dass die Ehefrau ca. 4.300,00 € brutto monatlich verdiente und der Ehemann ca. 7.800,00 € brutto monatlich. 98

Entscheidend war für den BGH, dass die Unterhaltshöchstgrenze wegen der **fehlenden Indexierung** nicht einmal das Existenzminimum abdeckte und auch **nicht annähernd die ehebedingten Nachteile ausglich**. Dass der BGH hier bei einem Ehevertrag, der sich doch immerhin um eine gestufte Lösung bemühte, zur Sittenwidrigkeit kam und es nicht bei einer Anpassung i.R.d. § 242 BGB belassen hat, muss schon als eine strengere Durchführung der Inhaltskontrolle gegenüber den bisherigen Urteilen gewertet werden, soweit diese Beurteilung nicht auf Besonderheiten des Einzelfalles beruht, die sich allenfalls zwischen den Zeilen ahnen lassen. 99

▶ Hinweis:

Beachtenswert ist, dass der Terminus der »ehebedingten Nachteile«, der als zentraler Begriff in den letzten Urteilen des BGH verwendet wurde, ggü. einem Ehepartner, der selbst sehr viel verdient, eine niedrig bemessene Unterhaltshöchstgrenze nicht zulässt. 100

7. Urteil vom 25.10.2006 (XII ZR 144/04)

Mit dem Urt. v. 25.10.2006[208] hatte der BGH einen Fall zu entscheiden, in dem **beide Ehegatten mittellos** waren und in dieser Situation einen **Totalverzicht für die Scheidungsfolgen** erklärten. Der BGH sah hier eine einseitige Lastenverteilung im Sinn seiner Rechtsprechung zur Inhaltskontrolle nicht als gegeben an. Die Wechselseitigkeit sei hier echt und nicht nur formal vereinbart. Sodann ging der BGH auf seine »alte Sittenwidrigkeitsrechtsprechung« bei Belastung eines Sozialhilfeträgers ein und sagt zunächst, diese sei durch die Inhaltskontrolle nicht obsolet geworden. Eine solche Sittenwidrigkeit liegt nach BGH aber nur vor, wenn ohne den Unterhaltsverzicht eine Unterhaltspflicht des anderen Ehegatten bestünde und erst der Ausschluss zur Belastung des Sozialhilfeträgers führe. Dies war hier bei beiderseitiger Mittellosigkeit zu verneinen, sodass der Ehevertrag wirksam war. 101

Klar bringt der BGH zum Ausdruck, dass Lebensrisiken des Partners, die in einer bereits vor der Ehe zutage getretenen Krankheit oder in einer Ausbildung begründet sind, die offenkundig keine Erwerbsgrundlage verspricht, von vornherein aus der gemeinsamen Verantwortung der Ehegatten füreinander herausgenommen werden können. 102

Deutlich sagt der BGH auch, dass es **keine Pflicht der Ehegatten zur Begünstigung des Sozialhilfeträgers** gibt. Sind also die Parteien bei Vertragsschluss noch nicht verheiratet und heiraten sie nur unter der Voraussetzung des Unterhaltsverzichts, so hätte die Sozialbehörde nie eine andere Möglichkeit auf Erlangung von Ehegattenunterhalt gehabt. Selbst wenn die Ehegatten schon verheiratet waren oder die Ehe nicht vom Abschluss eines Unterhaltsverzichts abhängig machen, sieht der BGH die Grenze noch nicht als überschritten an. Wird hingegen bei auf der Ehe beruhenden Familienlasten eine Inanspruchnahme ausgeschlossen, so kann ein Vertrag zulasten der Sozialbehörde vorliegen. Dieser kann auch dann sittenwidrig sein, wenn er im Verhältnis der Ehegatten zueinander der Inhaltskontrolle standhält. 103

---

208 BGH, FamRZ 2007, 197 f. m. Anm. Bergschneider = DNotZ 2007, 128 m. Anm. Grziwotz.

8. Urteil vom 22.11.2006 (XII ZR 119/04)

104 Mit der Entscheidung v. 22.11.2006[209] hat der BGH höchstrichterlich erneut einen **Bleiberechtsfall** entschieden. Er hat dabei betont, dass die bisher von ihm entwickelten Grundsätze »**nicht** bedeuteten, dass sich ein Ehegatte über einen ehevertraglichen Verzicht **von jeder Verantwortung für seinen aus dem Ausland eingereisten Ehegatten** in Fällen **freizeichnen kann**, in denen dieser seine bisherige Heimat endgültig verlassen hat, in Deutschland (jedenfalls auch) im Hinblick auf die Eheschließung ansässig geworden ist und schon bei Vertragsschluss die Möglichkeit nicht fern lag, dass er sich – etwa aufgrund mangelnder Sprachkenntnisse, aufgrund seiner Ausbildung oder auch infolge einer Krankheit – im Fall des Scheiterns der Ehe nicht selbst werde unterhalten können.«

105 Der BGH kam zu einer Sittenwidrigkeit aufgrund seiner neuen Rechtsprechung zur Inhaltskontrolle und ließ dahingestellt, ob auch eine Sittenwidrigkeit wegen der Benachteiligung des Sozialhilfeträgers vorliege.

Die Ehefrau sah der BGH in einer **schwächeren Verhandlungsposition**, da sie ohne die Eheschließung weder eine unbefristete **Aufenthalts-** noch eine **Arbeitserlaubnis** erhalten hätte.

Es blieb jedoch noch die Hürde, dass die **Nachteile** der Ehefrau wie Krankheit, mangelnde Sprachkenntnisse und in Deutschland nicht verwertbare berufliche Ausbildung **sämtlich nicht ehebedingt** waren. Der BGH knüpfte hier an die »konkrete Bedarfssituation« an. Diese sei erst mittelbare Folge der Eheschließung und erst im Hinblick auf diese sei die Ehefrau in Deutschland ansässig geworden und deshalb sei die Bedürftigkeit hier in Deutschland eingetreten, was auch bei Eheschließung absehbar gewesen wäre.

106 Damit beurteilt der BGH die Bleiberechtsfälle deutlich strenger als die OLGe, die den ausländischen Ehepartner auch mit Ehevertrag deutlich besser versorgt sahen als im Heimatland.[210]

107 Die **Argumentation** des BGH mit der »**konkreten Bedarfssituation**« ist indes **wenig überzeugend**.[211] Gerade im zu entscheidenden Fall wäre die Situation der Ehefrau aufgrund der Krankheit auch im Ausland keine bessere gewesen, sodass sich für sie durch die Ehe nur Vorteile ergeben haben. Auch die Übersiedlung in die Bundesrepublik lässt sich schwer als ehebedingter Nachteil begreifen, da sie wohl überwiegend auf Wunsch der Ehefrau geschah.

Die **Praxis** wird sich somit darauf einzustellen haben, in Bleiberechtsfällen **keine völligen Verzichte** zu regeln, sondern ggf. nur Ansprüche zu verkürzen, jedoch ein Anspruchsniveau aufrechtzuerhalten, das – bei entsprechender Leistungsfähigkeit des Schuldners – ein Leben in Deutschland ohne Inanspruchnahme sozialer Hilfen ermöglicht.

9. Urteil vom 28.02.2007 (XII ZR 165/04)

108 Mit einer weiteren Entscheidung[212] hob der BGH eine Entscheidung des OLG Karlsruhe[213] auf, mit welcher das OLG im Bereich des Unterhalts wegen Erwerbslosigkeit die Unterhaltshöchstgrenze von A 3 verdoppelt hat. Der BGH führte hierzu Folgendes aus:

Ein Ehevertrag kann **wirksam den nachehelichen Unterhalt von der späteren Einkommensentwicklung der Parteien abkoppeln**. Eine außergewöhnliche Einkommenssteigerung des Unterhaltspflichtigen führt dann nicht zu einer erheblichen Abweichung der Lebensverhältnisse, die eine Vertragsanpassung rechtfertigt. Hatten sich die Ehegatten eine (teilweise) Erwerbstätigkeit des Unterhaltsberechtigten vorgestellt, kommt eine Vertragsanpassung nur in Betracht, wenn die vor-

---

209 BGH, DNotI-Report 2007, 47 = FamRZ 2007, 450 m. Anm. Bergschneider.
210 Vgl. OLG Koblenz, FamRZ 2004, 200; OLG Schleswig, FamRB 2005, 221.
211 Krit. auch Bergschneider, FamRZ 2007, 453, Grziwotz, DNotZ 2007, 304 f. und Kanzleiter, notar 2008, 354, 357.
212 BGH, NJW 2007, 2848 m. Anm. Kessler = FamRZ 2007, 974 m. Anm. Bergschneider.
213 OLG Karlsruhe, FamRZ 2004, 1789 m. Anm. Bergschneider.

gestellte, aber nicht verwirklichte Erwerbsfähigkeit dieses Ehegatten erheblich sein sollte und ihm ein unverändertes Festhalten am Ehevertrag deshalb nicht zumutbar ist. Die Anpassung ist ferner auf einen Betrag beschränkt, welcher der Entlohnung der geplanten Teilerwerbstätigkeit entspricht. Zusätzlich darf der Unterhaltsberechtigte nicht bessergestellt werden, als er ohne die Ehe und seinen mit dieser einhergehenden Erwerbsverzicht stünde. Insb. dürfen Erwerbsnachteile, die sich bereits aus einer ersten Ehe ergeben hatten, aus der ein Kind hervorgegangen war, nicht dem zweiten Ehegatten entgegengehalten werden.[214]

10. Urteil vom 28.03.2007 (XII ZR 130/04)

Der BGH[215] hat die **Begrenzung des Kindesbetreuungsunterhalts auf das sechste Lebensjahr des jüngsten Kindes gebilligt**, obwohl dies nach der alten Fassung des § 1570 BGB einer Vorverlegung der Erwerbsobliegenheit gleichkam. Er hat dies damit begründet, dass aufgrund räumlicher Nähe von Arbeitsplatz und Wohnung sowie der Betreuungsmöglichkeiten in der Familie eine Erwerbstätigkeit möglich gewesen sei. 109

11. Urteil vom 17.10.2007 (XII ZR 96/05)

In einem **Unternehmerfall**, bei dem keiner der Ehegatten nennenswerte Anrechte für den Versorgungsausgleich erworben hatte, war **Gütertrennung** vereinbart worden. Zu Unterhalt und Versorgungsausgleich waren keine Regelungen getroffen worden. Das Vermögen des Unternehmer-Ehemannes, das dieser zur seiner **Altersvorsorge** bestimmt hatte, war **damit vom Zugewinnausgleich ausgenommen**. Der BGH[216] ließ dies unbeanstandet und betonte, es gebe **keine Pflicht zur Bildung von Anrechten, die in den Versorgungsausgleich fallen**. Sei **von vorneherein klar** gewesen, dass eine Altersvorsorge auf diese Weise nicht aufgebaut würde, so könne kein Ehegatte erwarten, dass diese Lücke durch den Zugewinn ausgeglichen werde.[217] In späteren Entscheidungen spricht der BGH das Problem unter dem Stichwort Funktionsäquivalenz an.[218] 110

12. Urteil vom 28.11.2007 (XII ZR 132/05)

Der BGH hat es für grds. möglich angesehen, dass **eine spätere Erkrankung** einen zunächst wirksam vereinbarten **Ausschluss** des Krankheitsunterhalts **später** als **rechtsmissbräuchlich** erscheinen lassen kann. Allerdings würden auch in einem solchen Fall nur die ehebedingten Nachteile ausgeglichen.[219] Für den BGH ist hierbei nicht die Ehebedingtheit der Krankheit entscheidend, die kaum jemals erweislich sein wird, sondern vielmehr dass die sich aufgrund der Krankheit nun darstellende wirtschaftliche Situation ihrerseits einen ehebedingten Nachteil darstellt. 111

13. Urteil vom 09.07.2008 (XII ZR 6/07)

Zu einer folgenschweren **Gesamtnichtigkeit** eines Ehevertrages kam der BGH[220] in einem Fall, bei dem die güterrechtlichen und unterhaltsrechtlichen Verzichte nicht beanstandet wurden. Dass im Ehevertrag jedoch die **Mutterrolle der Verlobten** und die **Aufgabe ihrer Berufstätigkeit** hervorgehoben und gleichzeitig der Versorgungsausgleich ausgeschlossen wurde, war dem BGH zu viel, zumal die Verlobte aufgrund des **Verfahrensablaufes** keine Chance gehabt hatte, sich mit dem Ehevertrag vor Beurkundung auseinanderzusetzen. Angesichts der schlimmen Folgen der Gesamtnichtigkeit etwa im güterrechtlichen Bereich darf man allerdings schon fragen, ob bei einem Vertrag, der sich 112

---

214 Zusammenfassend zur BGH-Rechtsprechung: Hahne, in: Hager (Hrsg.), Vertragsfreiheit im Ehevertrag, 2007; Weber-Monecke/Schnitzler, FF 2007, 135 ff.
215 BGH, NJW 2007, 2851 = FamRZ 2007, 1315.
216 BGH, NJW 2008, 1076 f. = FamRZ 2008, 386.
217 Zum »eingesperrten« Versorgungsausgleich: C. Münch, FamRB 2008, 350 f.
218 Vgl. etwa BGH, NJW 2015, 52; hierzu C. Münch, NJW 2015, 288; Näheres in Rdn. 137.
219 BGH, NJW 2008, 1080.
220 BGH, NJW 2008, 3426 = FamRZ 2008, 2011 f. m. Anm. Bergschneider.

immerhin um eine ausdifferenzierte Unterhaltsregelung bemüht hatte, nicht auch eine Ausübungskontrolle im Bereich des Versorgungsausgleichs oder eine hierauf beschränkte Teilnichtigkeit ausreichend gewesen wäre.[221] Es wird aber hier auch zwischen den Zeilen gelesen werden müssen. So sieht *Bergschneider* die Begründung für das Urteil v.a. in dem in subjektiver Hinsicht »eklatanten Sachverhalt«, der von besonderer Rücksichtslosigkeit geprägt gewesen sei. Diese Besonderheit müsse man berücksichtigen, die Gütertrennung sei nicht generell in Gefahr. Auch *Sanders* erblickt in dem Urteil eine Bestätigung, dass der Ausschluss des Zugewinns regelmäßig vereinbart werden kann.[222]

14. Urteil vom 05.11.2008 (XII ZR 157/06)

113 Der BGH[223] hat entschieden, dass eine **Inhaltskontrolle** von Eheverträgen auch **zugunsten des Unterhaltspflichtigen** stattfindet, wenn dieser Leistungen über den gesetzlichen Unterhalt hinaus vertraglich zusagt. Zwar ist nach BGH der Halbteilungsgrundsatz nicht Maßstab der Inhaltskontrolle,[224] aber das **Existenzminimum**[225] müsse dem Unterhaltspflichtigen nach Verfassungsrecht **verbleiben**. Im konkreten Fall war v.a. die Wirkung der Vereinbarung zulasten des Sozialhilfeträgers ausschlaggebend. Der **Feststellung, dass die Halbteilung nicht Maßstab der Inhaltskontrolle ist**, kommt eine große Bedeutung für die gesamte Inhaltskontrolle zu. In diesem Urteil findet sich ferner die wichtige Aussage, dass in familienrechtlichen Verträgen auch bei einem **groben Missverhältnis zwischen Leistung und Gegenleistung der Schluss auf eine unterlegene Verhandlungsposition nicht zulässig** ist.[226] Anders kann dies im Verhältnis zum Sozialhilfeträger sein.[227]

114 Die vielfältigen Anmerkungen zu diesem Urteil stellen v.a. die Auswirkungen auf unterhaltsverstärkende Vereinbarungen[228] heraus.[229] Hier geht die Empfehlung künftig dahin, eine »Notklausel« zu vereinbaren, also die Leistungspflicht zu begrenzen für den Fall, dass der Unterhaltsverpflichtete selbst in Not gerät.[230] Grziwotz merkt an, das deutsche Recht kenne keinen allgemeinen Grundsatz, dass Verträge sittenwidrig sind, die bei Vertragsabschluss die Leistungsfähigkeit des Schuldners übersteigen.[231] Reetz fragt,[232] warum der BGH seine Rechtsprechung zur Inhaltskontrolle ohne weitere Begründung auch auf novierende Unterhaltsvereinbarungen anwendet bzw. die Abgrenzung zwischen Modifizierung und Novation nicht vertieft.

15. Urteil vom 18.03.2009 (XII ZB 94/06)

115 Seine **Rechtsprechung** zur Sittenwidrigkeit eines Verzichts auf **Versorgungsausgleich**[233] hat der BGH in einem zweiten Fall **bestätigt**,[234] in dem er v.a. die subjektive Seite der Prüfung betonte. Die Ehefrau war durch die bevorstehende Geburt des Kindes in einer Drucksituation, der Vater äußerte Zweifel an seiner biologischen Vaterschaft und machte die Eheschließung vom Abschluss des Ehevertrages abhängig, der ohne Mitwirkung der Ehefrau von ihm dem Notar vorgegeben worden war.

---

221 So etwa Kesseler, FPR 2008, 577, 578.
222 Sanders, FF 2009, 111, 112.
223 BGH, NJW 2009, 842 m. Anm. Grziwotz = FamRZ 2009, 198 m. Anm. Bergschneider = FamRB 2009, 66 m. Anm. Grziwotz = FF 2009, 72 m. Anm. Büttner.
224 So schon C. Münch, MittBayNot 2003, 107, 109.
225 Eine Schmerzgrenze, die unterhalb des notwendigen Selbstbehalts anzusiedeln ist, so Reetz, FamRB 2009, 186, 188.
226 BGH, NJW 2009, 842, Rn. 32; a.A. Büttner, FF 2009, 79 unter Berufung auf die Einheit der Rechtsordnung.
227 Grziwotz, FamRB 2009, 66.
228 Vgl. C. Münch, notar 2009, 286 ff.; Herrler, FPR 2009, 506 ff.; hierzu Kap. 6 Rdn. 962 f.
229 Grziwotz, NJW 2009, 846; Bergschneider, FamRZ 2009, 202, 203.
230 C. Münch, notar 2009, 286 f., 291.
231 Grziwotz, NJW 2009, 846.
232 Reetz, FamRB 2009, 186, 191.
233 BGH, NJW 2008, 3426.
234 BGH, FamRZ 2009, 1041 m. Anm. Bergschneider.

Schließlich sah die Ehefrau als ungelernte Kraft und ledige Mutter einer unsicheren Zukunft entgegen. Der Beschluss arbeitet mustergültig die Voraussetzungen der **subjektiven Unterlegenheit** heraus, deren Bedeutung für die Inhaltskontrolle damit nochmals deutlich betont wird.

16. Urteil vom 02.02.2011 (XII ZR 11/09)

Laut Sachverhalt hatten Ehegatten in einem Ehevertrag einen Tag vor der Hochzeit eine **Totalverzichtsvereinbarung** getroffen. Der Ehemann hatte als **Kompensationsleistung** für den Fall einer Scheidung die Übertragung eines Mehrfamilienhauses versprochen, wenn die Ehe mindestens vier Jahre gedauert hat oder gemeinsame Kinder vorhanden sind, sonst die Zahlung von 60.000,00 DM. Der BGH hat diesen Ehevertrag trotz vorhandenem Kinderwunsch für wirksam erachtet und nur die Ausübungskontrolle wegen ehebedingter Nachteile aufseiten der Ehefrau durchgreifen lassen. Zwei Dinge sind an dem Urteil bemerkenswert:

116

Zum einen stellt der BGH[235] erneut Ausübungskontrolle nach § 242 BGB und Störung der Geschäftsgrundlage nach § 313 BGB nebeneinander. Eine Ausübungskontrolle führt dann zu einer Änderung, wenn im Zeitpunkt des Scheiterns der Ehe wegen der vertraglichen Modifikation eine evident einseitige, unzumutbare Lastenverteilung vorliegt. Eine Störung der Geschäftsgrundlage kann dann geltend gemacht werden, wenn die tatsächliche Gestaltung der ehelichen Lebensverhältnisse von der ursprünglichen Lebensplanung der Ehegatten, die dem Ehevertrag zugrunde liegt, abweicht. Dies wird so aufgefasst, dass die Eingriffsschwelle für die Störung der Geschäftsgrundlage niedriger ist.[236]

117

Zum anderen sprach der BGH aus, dass die **Rechtsfolge**, welche der Richter im Wege der **Vertragsanpassung** im Rahmen der Ausübungskontrolle anzuordnen hat, nun **im Lichte der Unterhaltsreform von 2008** zu sehen ist. Diese Rechtsfolge darf nicht über die §§ 1570 ff. BGB n.F. hinausgehen, sodass insbesondere eine Herabsetzung und Befristung des Unterhaltsanspruchs zu prüfen ist. *J. Mayer*[237] stellt hierzu fest, dass die Unterhaltsreform nunmehr die Kernbereichslehre eingeholt habe, dass dies aber noch nicht zu der von *Schwab*[238] befürchteten »juristischen Kernschmelze« geführt habe.

118

17. Urteil vom 31.10.2012 (XII ZR 129/10)

In diesem Urteil geht der BGH[239] vertieft auf die **subjektive Imparität** ein. Der BGH betont, dass das Verdikt der Sittenwidrigkeit nur gerechtfertigt ist, wenn bei Vertragsschluss auch die subjektiven Voraussetzungen des § 138 BGB vorliegen. Dazu gehört nach Ansicht des BGH ausdrücklich auch die **verwerfliche Gesinnung** (Tz. 24). Der BGH wiederholt, dass ein unausgewogener **Vertragsinhalt** in familienrechtlichen Verträgen noch **keine Vermutung** für die subjektive Seite der Sittenwidrigkeit begründet[240] und fordert daher **verstärkende Umstände außerhalb der Urkunde**, die eine subjektive Imparität erkennen lassen.[241] Für diese Umstände trägt der benachteiligte Ehegatte, der sich auf die Unterlegenheit beruft, die Beweislast.[242] Der BGH spezifiziert diese Gründe sodann wie folgt:

119

- **Ausnutzung einer Zwangslage** (Überrumpelung, Drohung etc.),
- **soziale oder wirtschaftliche Abhängigkeit** (Angewiesenheit auf Eheschließung ohne ökonomischen Rückhalt),

---

235 BGH, FamRZ 2011, 1377.
236 Grziwotz, FamRB 2011, 268.
237 J. Mayer, NJW 2011, 2972.
238 Schwab in Limmer, Scheidung, Trennung, 70 f.
239 BGH, FamRZ 2013, 195 = NJW 2013, 380; hierzu C. Münch, FamRB 2013, 160 f.
240 So schon BGH, FamRZ 2009, 198.
241 Unter anderem unter Berufung auf C. Münch, DNotZ 2005, 819, 825 f.
242 Bergschneider FamRZ 2013, 201, 202 plädiert in diesem Zusammenhang dafür, die Rechtsprechung zur primären und sekundären Beweislast heranzuziehen (BGH, FamRZ 2008, 1325 f.).

– **intellektuelle Unterlegenheit** (Lebenserfahrung, Bildungsniveau; deutlich verstehbare Urkunde).[243]

120 Das Urteil wird so gewertet, dass die Sittenwidrigkeit nach **§ 138 BGB nur noch für »ganz miese Fälle«** bleibt.[244] Zudem ist festzustellen, dass der vom Richter angeordnete Ausgleich ehebedingter Nachteile nicht unbedingt innerhalb der gleichen Anspruchskategorie erfolgen muss,[245] wurden doch hier versorgungsrechtliche Nachteile unterhaltsrechtlich ausgeglichen. Aus dem Urteil wird eine ganz besondere Wertschätzung der Privatautonomie abgeleitet. Nach dieser Entscheidung sei eine Sittenwidrigkeit kaum noch anzunehmen, wenn noch nicht geplant sei, dass sich die Ehefrau bei Geburt eines Kindes aus dem Erwerbsleben zurückziehen solle;[246] eine Einschätzung, die nach der neueren Rechtsprechung des BGH zu hinterfragen ist.

▶ **Hinweis:**

121 Die Planung bzw. ihr Fehlen sollte in der Urkunde festgehalten werden, etwa indem in der **Diskrepanzehe Lösungen** für eine **alsbaldige Wiederaufnahme der Erwerbstätigkeit** durch die Ehefrau aufgezeigt werden, wie etwa die Organisation und Zahlung einer Fremdbetreuung.[247]

18. Urteil vom 21.11.2012 (XII ZR 48/11)

122 In diesem Urteil nutzt der BGH[248] die Gelegenheit, um auf die weit verbreitete Kritik[249] gegen seine Einstufung des Zugewinnausgleichs als weitgehend disponibel auf der letzten Stufe der Kernbereichsleiter zu antworten. Der **BGH sieht sich auf dem Boden der Rechtsprechung des BVerfG zur Teilhabegerechtigkeit.** Der formal ausgestaltete **Zugewinn** aber sei **überschießend** und greife über diese Teilhabe hinaus. Die eheverträgliche **Freiheit zur Abweichung** sei daher **notwendiges Korrektiv** dieser Pauschalierung. Auch das BVerfG hat schließlich geäußert, Modifikationen des Grundsatzes gleicher Teilhabe seien nicht ausgeschlossen.[250] Damit dürfte aus Sicht des BGH auch weitergehenden Forderungen des 20. Deutschen Familiengerichtstages[251] nach einer verstärkten Inhaltskontrolle im Bereich des Zugewinns unter dem Gesichtspunkt der Teilhabegerechtigkeit der Boden entzogen sein.

123 Der BGH betont, dass das **Güterrecht auch weiterhin nur nachrangige Bedeutung** habe und dass **selbst** eine **Anpassung** aufgrund **Ausübungskontrolle nur unter ganz engen Voraussetzungen** stattfinden könne. Ausdrücklich gilt dies auch für die Fälle, in denen etwa ein Unternehmer keine Altersversorgung im Versorgungsausgleich hat, sondern mit Vermögen, das dem Zugewinn unterliegt, für sein Alter vorgesorgt hat (Funktionenäquivalenz). Eine Entscheidung über den sog. »eingesperrten Versorgungsausgleich«[252] war jedoch hier noch entbehrlich, da der Unternehmer hier zugleich Beamter war, sodass ein Versorgungsausgleich stattfand. Nachdem es in einem weiteren Beschluss einen

---

243 Aus diesem Grunde verwirft etwa das OLG Hamm, BeckRS 2014, 11227 einen Ehevertrag als unwirksam.
244 Sanders, FF 2013, 239 ff.
245 Sanders, FF 2013, 239, 242 f.
246 Bergschneider, FamRZ 2013, 201 ff.
247 Skeptisch Löhnig/Preißner, NJW 2012, 1479, 1480, da Zahlung des Basisunterhalts rein im Kindesinteresse.
248 BGH, FamRZ 2013, 269 = DNotZ 2013, 376.
249 Dauner-Lieb, FF 2011, 382: Begrenzung auf Unternehmensverschonung mit Erfolgsbeteiligung bei Mitwirkung; Meder, FPR 2012, 113 f.: Unverzichtbarkeit in Höhe der erlittenen ehebedingten Nachteile; Brudermüller, FS Hahne, 121 ff.; Bergschneider, FS Hahne, 113 ff.; veränderte juristische Großwetterlage überholt die Rechtsprechung zur Inhaltskontrolle.
250 BVerfG, NJW 2011, 836.
251 FamRZ 2013, 1948, A.II.1.
252 C. Münch, FamRB 2008, 350, 353 f.

Prüfauftrag an die Vorinstanz erlassen hatte,[253] sprach sich das Gericht später[254] jedoch für die Zulässigkeit des Hinübergreifens in den Güterstand bei versorgungsausgleichsrechtlichen Mängeln im Ausnahmefall aus.

Die **Gütertrennung** kann somit rechtssicher vereinbart werden. Gleichwohl ergeht der **Ratschlag**, gerade bei mehreren Verzichten in einer Urkunde oder bei sehr großer Vermögensdifferenz oder der Übernahme der Familienarbeit durch einen Ehegatten eine **Kompensation** für den Verzicht zu vereinbaren, damit keine komplette Entsolidarisierung vorliegt.[255] Dieser Ratschlag ist nochmals zu betonen, da **ansonsten** die **Gütertrennung über** die **Gesamtnichtigkeit fallen** kann, die der BGH gerade in Unternehmerfällen doch mehrfach angenommen hat.[256]

124

19. Beschluss vom 27.02.2013 (XII ZB 90/11)

Eine neuere Entscheidung des BGH[257] aus dem Jahr 2013 verdeutlicht die **Grundsätze der Ausübungskontrolle**. Der Ehemann hatte nach Gründung einer Zweitfamilie seinen Betrieb auf die Ehefrau übertragen und arbeitete dort als freier Mitarbeiter. Mit der Übertragung wurden Gütertrennung und ein Ausschluss des Versorgungsausgleichs vereinbart. Nach zehn Jahren jedoch wurde der Betrieb geschlossen und der Ehemann arbeitete abhängig beschäftigt und erwarb Rentenansprüche. Die Inhaltskontrolle war für den BGH schnell beendet, da der Vertrag im Zeitpunkt seines Abschlusses für die Ehefrau nicht einmal objektiv nachteilig gewesen war. Im Gegenteil war der Ehevertrag hinsichtlich des Versorgungsausgleichs zum Vorteil der Ehefrau, die ihrerseits Anwartschaften aufbaute, während der Ehemann dies nicht tat.

125

Die Änderung der tatsächlichen Lebensverhältnisse nach 10 Jahren führte nun im Rahmen der **Ausübungskontrolle** zu einer Anpassung der ehevertraglichen Folgen. Allerdings schränkt der BGH diese Anpassung ein. **Keineswegs** sei einfach die **gesetzliche Rechtsfolge** – kompletter Versorgungsausgleich – in Vollzug zu setzen, vielmehr seien nur die ehebedingten Nachteile auszugleichen.[258] Ein Versorgungsausgleich sei daher **erst ab dem Zeitpunkt der Planänderung** zu gewähren, da vorher der einvernehmlich geregelte Sachverhalt vorgelegen habe. Für die darauffolgende Zeit seien **nicht mehr Anwartschaften** zu übertragen, als die Ehefrau **ohne Ehe und ehebedingte Nachteile** hätte erwerben können. Dabei sind bereits vor der Ehe getroffene Dispositionen (hier Berufseinschränkung wegen Geburt eines gemeinsamen Kindes) zu berücksichtigen und gelten nicht als ehebedingter Nachteil.

126

20. Beschluss vom 17.07.2013 (XII ZB 143/12)

Schließlich beschäftigt sich der BGH[259] mit einer **modifizierten Zugewinngemeinschaft**, mit der Ehegatten, die als Busfahrer und Krankenschwester ein etwa vergleichbares Gehalt erzielten, das Haus, welches die Ehefrau von den Eltern erhielt, anlässlich der Übertragung des Anwesens vom Zugewinn ausnahmen und einen Verzicht auf Aufwendungsersatz vereinbarten. Bei Scheidung hatte der Ehemann nicht nur seine Investitionen verloren, sondern musste noch 17.000,00 € Zugewinn an die Ehefrau bezahlen. Damit war die **Ausgleichsrichtung** – verglichen mit dem Gesamtzugewinn ohne Herausnahme des Hauses und der Aufwendungen – **umgekippt**. Gleichwohl hielt der BGH diesen Vertrag für wirksam und lehnte eine Anpassung im Rahmen der Ausübungskontrolle ab, weil

127

---

253 BGH, NJW 2013, 2662, Rn. 110.
254 BGH, NJW 2015, 52 hierzu C. Münch, NJW 2015, 288 f.; vgl. Rdn. 136 f.
255 Vgl. dazu etwa Dauner-Lieb in Röthel, 181, 195.
256 BGH, NJW 2017, 1883 m. Anm. Born = FamRZ 2017, 884 m. Anm. Bergschneider; Näheres hierzu Rdn. 140 ff. und 160.
257 BGH, FamRZ 2013, 770 = NJW 2013, 1359 f.
258 Dagegen Hoppenz, FamRZ 2013, 758, der die ehebedingten Nachteile als Fremdkörper bei der Ausübungskontrolle ansieht.
259 BGH, FamRZ 2013, 1543 f. m. Anm. Bergschneider.

der Ehemann im Vertrag ausführlich über diese Rechtsfolge belehrt worden war und es daher schon an einer unerwarteten Entwicklung fehle.

128 Der zugrunde liegende **Vertrag** enthielt zwar eine klare Belehrung, aber nichtsdestotrotz eine **wenig sachgemäße Regelung**.[260] Es fehlt die Anordnung, dass ein Ehegatte dann nicht zum Ausgleich verpflichtet ist, wenn er unter Berücksichtigung des vom Zugewinn ausgenommenen Vermögens des anderen Ehegatten nicht zum Ausgleich verpflichtet wäre.[261] Wenn dagegen empfohlen wird, stattdessen Gütertrennung zu vereinbaren,[262] so schießt das über das Ziel hinaus.

129 Das Urteil des BGH zeigt, dass der **BGH nun nicht mehr eine allgemeine Billigkeitskontrolle** des geschlossenen Vertrages trotz ausdrücklich übernommener Risikozuweisung vornimmt,[263] sondern eine unerwartete Entwicklung für eine Anpassung fordert.[264]

21. Beschluss vom 29.01.2014 (XII ZB 303/13)

130 Mit diesem Beschluss hat sich der BGH[265] mit einem Krisen-Ehevertrag, der die umfassende Regelung einer **Scheidungsvereinbarung** enthält, im Rahmen der Inhaltskontrolle befasst. Er hat dabei erneut festgestellt, dass die Inhaltskontrolle **keine Halbteilungskontrolle** ist. Aus diesem Grund hat der BGH die Wirksamkeit des vollständigen **Versorgungsausgleichsverzichts** in der **Alleinverdienerehe** gebilligt und ausdrücklich die Ansicht des Autors[266] bestätigt, dass der Versorgungsausgleich auf den Ausgleich der Nachteile für den wirtschaftlich schwächeren Ehegatten beschränkt werden kann. Der Fall wies allerdings folgende Besonderheiten auf:
(1) Es war als Kompensation die Finanzierung einer privaten Kapitalversicherung mit allerdings wesentlich geringeren Auszahlungsbeträgen vereinbart;
(2) es wäre mangels Ausgleichsreife nur ein schuldrechtlicher Versorgungsausgleich möglich gewesen;
(3) dieser wäre erst weit nach dem 70. Lebensjahr der Berechtigten fällig geworden und
(4) die Ehefrau hatte in diesem Bereich keine ehebedingten Nachteile, da sie auch die Jahre vor der Ehe nicht versicherungspflichtig tätig gewesen war.

131 Erfreulich ist die **Klarstellung**, dass bei einem **Verzicht auf Versorgungsausgleich** trotz § 26 FamFG **nicht** etwa die Anwartschaften zunächst **von Amts wegen zu ermitteln** sind, um die Wirksamkeit zu prüfen. Dies werde der neuen Dispositionsfreiheit des § 6 VersAusglG nicht gerecht.

132 Die **subjektive Imparität** wurde trotz des Indizes aus dem objektiven Vertragsinhalt verneint, weil über den Vertrag über **mehrere Monate** hin unter Einschaltung von Anwälten mit Entwurf und Gegenentwurf **verhandelt** worden war.

133 Problematisch war noch die Teilnichtigkeit, denn der Vertrag enthielt ein nichtiges pactum de non petendo bezüglich des Getrenntlebendenunterhaltes.[267]

134 Aus dem Hinweis des BGH, man müsse bei Abschluss eines »Krisen-Ehevertrags« eher damit rechnen, dass dessen belastende Regelungen in dem nunmehr tatsächlich drohenden Fall des Scheiterns der Ehe zum Tragen kommen können,[268] folgert *Bergschneider*,[269] dass **Scheidungsvereinbarungen schwerer anzugreifen** seien und eine höhere Bestandskraft hätten. *Braeuer*[270] hingegen warnt, dass

---

260 Vgl. Reetz, DNotZ 2014, 85, 92.
261 Vgl. den Formulierungsvorschlag in diesem Buch in Rdn. 607 unter B.I.4).
262 So Pfeil, FamFR 2013, 409 f.
263 So aber Wagenitz in: Höland/Sethe, 1 ff.
264 Zu diesem Urteil: C. Münch, FamRB 2014, 71 f.
265 BGH, NJW 2014, 1101.
266 Münch, FPR 2011, 504, 508.
267 Hierzu Kap. 6 Rdn. 78.
268 BGH, NJW 2014, 1101, Rz. 35.
269 Bergschneider, FamRZ 2014, 727.
270 Braeuer, NZFam 2014, 457.

gegen Ende der Ehe ein Verzicht auf entstandenen Zugewinn nicht mehr uneingeschränkt möglich sei.[271]

Insgesamt wird durch diese Urteile die Linie des BGH beibehalten und bestätigt. Es gibt keine unabdingbare Halbteilung und keine allgemeine Teilhabe an ehebedingten Vorteilen.[272] Auch in Scheidungsvereinbarungen als Bilanzierungsverträgen können Verzichte gegen **Kompensation** vereinbart werden. Längere **Verhandlungen** über den Vertrag und anwaltliche Begleitung vermögen eine etwa vorhandene **Imparität** zu **beseitigen**. 135

22. Beschluss vom 08.10.2014 (XII ZB 318/11)

Bei einer **einvernehmlichen Änderung der Lebensplanung** im Verhältnis zum Zeitpunkt des Ehevertragsschlusses greift der BGH zur **Ausübungskontrolle**, um damit zusätzlich auftretende ehebedingte Nachteile auszugleichen, freilich erst ab dem Zeitpunkt der Planänderung.[273] Als Voraussetzung der Abänderung einer Scheidungsfolge fordert der BGH[274] nunmehr einen **bereichsspezifischen ehebedingten Nachteil** gerade im Hinblick auf diese Scheidungsfolge. Wer also gar keinen versorgungsausgleichsrechtlichen Nachteil erleidet, weil er selbst, z.B. als Freiberufler mit reiner Vermögensaltersvorsorge, nie Anrechte erworben hätte, für den wird der Ausschluss des Versorgungsausgleichs nicht korrigiert. Dem liegt die Ansicht einer strengen Trennung der Scheidungsfolgen zugrunde. 136

In engen **Ausnahmefällen** lässt der BGH nun ein »Hinübergreifen« in den **Zugewinn** zu in Fällen der Funktionsäquivalenz von Versorgungsausgleich und Zugewinn.[275] Es findet dann allerdings nur ein richterlich modifizierter Zugewinnausgleich statt zum Ausgleich der ehebedingten Versorgungsnachteile. **Umgekehrt** gilt dies jedoch **nicht**. Da man beim Zugewinn nicht von einer festen Erwartung in bestimmte Ausleichskonstellationen ausgehen dürfe, gibt es kein Hinübergreifen in den Versorgungsausgleich. Das wird z.T. als zu eng gesehen und ein »Hinübergreifen« zwischen den Ausgleichssystemen generell befürwortet.[276] 137

Ansichten, die daraus für die Inhaltskontrolle herleiten wollen, dass hier ein »**Upgrading**«[277] des **Zugewinnausgleichs** auf die Stufe des Versorgungsausgleichs vorliegt[278] und damit den Zugewinnausgleich auf der Kernbereichsstufung höher ansiedeln wollen, sind jedoch **zu weitgehend**, denn Prüfungsobjekt ist der Versorgungsausgleich, der Zugewinnausgleich ist nur quasi »Zugriffsobjekt«. 138

Solchem »Hinübergreifen« sollte **rechtzeitig durch vertragliche Kompensationsregelungen vorgebeugt** werden, die ihrerseits nicht bereichsgebunden sind, **ggf.** auch in einer **gestuften Lösung** für den Fall, dass im Bereich der Versorgung ehebedingte Nachteile eintreten. Im Bereich der Diskrepanzehe ist eine gut darstellbare Kompensation durch Übertragung einer Einkunftsquelle ratsam. 139

23. Beschluss vom 15.03.2017 (XII ZB 109/16)

Eine **Gesamtnichtigkeit eines Unternehmereehevertrages** hat der BGH[279] in einem Fall ausgesprochen, in dem ein Ehevertrag zwei Jahre nach der Hochzeit und einen Monat nach der Geburt des ersten Kindes anlässlich der Übertragung von Gesellschaftsanteilen auf den Ehemann geschlossen 140

---

271 Zu diesem Beschluss auch Born, NJW 2014, 1484 f.
272 Dazu C. Münch, FamRZ 2014, 805 f.
273 BGH, NJW 2013, 1359.
274 BGH, NJW 2015, 52, hierzu C. Münch, NJW 2015, 288 f.; ablehnend gegenüber der Begründung Kanzleiter, DNotZ 2015, 131.
275 Hierzu schon C. Münch, FamRB 2008, 350 ff. unter dem Titel »eingesperrter Versorgungsausgleich«.
276 Hoffmann in Götz/Schnitzler, Familienrechtsreform, 231, 241 f.; Brudermüller in FS Coester-Waltjen, 17, 27: offen; wie hier hingegen Milzer, NZFam 2016, 433, 435.
277 So Hoppenz, FamRZ 2015, 630, 631.
278 So auch Hoffmann in Götz/Schnitzler, Familienrechtsreform, 231, 236.
279 BGH, NJW 2017, 1883 m. Anm. Born = FamRZ 2017, 884 m. Anm. Bergschneider.

Kapitel 2 Vertragliche Regelungen im Ehegüterrecht

worden war, in dem **Zugewinn und Versorgungsausgleich vollständig ausgeschlossen** und der **Unterhalt** auf den Fall der **Kindesbetreuung und** einen **Höchstbetrag von 1.500,- €** begrenzt wurde. Die Ehefrau wurde später schwerbehindert (Multiple Sklerose) und lebte zum Entscheidungszeitpunkt von einer Erwerbminderungsrente von 777,- €.

141 Jede einzelne Regelung für sich hielt der BGH **nicht für sittenwidrig**. Er betonte für **Unternehmereheverträge** ausdrücklich, dass die **Gütertrennung auch dann nicht an der Wirksamkeitskontrolle scheitere, wenn eine nicht kompensierbare Lücke in der Altersvorsorge vorhersehbar sei**. Hier gewichtet der BGH das Interesse an der Erhaltung des Unternehmens sehr stark.[280] Das ist für den Unternehmerehevertrag wichtig, freilich – wie die weitere Argumentation des Beschlusses zeigt – kein Allheilmittel. Die Gütertrennung wird aber dann sicher sein, wenn mittels Kompensationen dem Interesse des anderen Ehegatten Genüge getan wurde.

142 Der BGH erachtet den Vertrag dann aber im Rahmen einer **Gesamtabwägung** für **sittenwidrig**, weil das Zusammenwirken der verschiedenen Regelungen erkennbar auf die **einseitige Benachteiligung der Ehefrau** abziele. Objektiv erleide nur sie Vermögensnachteile, insbesondere Versorgungsnachteile, gerade weil sie die Familienarbeit übernommen habe. Der Ehemann hingegen hatte seine Altersvorsorge ausschließlich auf private Vermögensbildung gestützt. *Reetz*[281] spricht in diesem Fall von einer Kombinationswirkung: kein Unterhalt wegen Krankheit, keine Vermögenspartizipation, kein Aufbau eigener Altersvorsorge, kein eigenes Vermögen.

143 Der BGH betonte, dass hier aufgrund des Vertragsschlusses zwei Jahre nach Eheschließung sogar auf **erworbene Ansprüche verzichtet** wurde.

144 Hinsichtlich der **subjektiven Seite** sah der BGH eine Ausnutzung **der sozialen und wirtschaftlichen Abhängigkeit der Ehefrau**, die **nicht in die Verhandlungen eingebunden** gewesen war, keinerlei Einfluss auf die Vertragsgestaltung hatte und keinen Vertragsentwurf erhalten hatte. Die **Anwesenheit des Kleinkindes** war für den BGH eine zusätzliche Schwächung der Position der Mutter, die angesichts dessen den Termin, der sich als Anhängsel der umfangreicheren Firmenbeurkundung darstellte, nur möglichst schnell hinter sich bringen wollte.

145 **Interpretationen**, dass die Rechtsprechung sich so verschärft habe, dass die eindeutig berechtigte Interessenverfolgung zum Unternehmensschutz nicht mehr geeignet ist, sich über eine Imparitätslage hinwegzusetzen,[282] oder dass es keine herabgesetzte Kontrolldichte mehr für Unternehmereheverträge gebe[283] sind wohl zu weitgehend, zumal der BGH betont, die Gütertrennung scheitere grds. nicht an der Wirksamkeitskontrolle. Es ist nicht ganz einfach allgemeine **Schlussfolgerungen** aus diesem einzelnen Beschluss zu ziehen.[284]

146 (1) Auffällig ist aber, dass der BGH in seinen Schlusserwägungen die Übernahme der **Familienarbeit** durch die Ehefrau hervorhebt.[285] Damit käme die Rechtsprechung in der Literatur erhobenen Forderungen nach **stärkerer Gewichtung** der Familienarbeit[286] entgegen. Es wäre dann zu befürchten, dass solche Eheverträge beanstandet werden, die bei demjenigen Ehegatten, der die Familienarbeit übernimmt, eine **Versorgungslücke** hinterlassen, die **nicht durch den Ehevertrag kompensiert** wird.

---

280 BGH, NJW 2017, 1883, Tz. 36.
281 Reetz, DNotZ 2017, 809, 815.
282 So Reetz, DNotZ 2017, 809, 821.
283 Soweit davon bisher überhaupt die Rede war, so aber jetzt Milzer, NZFam 2018, 10.
284 Aus der Sachverhaltsdarstellung der Vorinstanz lässt sich z.B. entnehmen, dass es sich um eine Zwillingsschwangerschaft gehandelt hat und ein Kind verstorben war sowie dass zusätzlich ein Pflichtteilsverzicht erklärt worden war.
285 BGH, NJW 2017, 1883, Tz. 41.
286 Dauner-Lieb, Brühler Schriften zum Familienrecht, Bd. 19, 21. Deutscher Familiengerichtstag 2016, 25 ff.

▶ Hinweis:

Die Rechtsprechung des BGH lässt den Schluss zu, dass die Gütertrennung oder die Herausnahme des Betriebsvermögens aus dem Zugewinn dann rechtssicher vereinbart werden können, wenn Versorgungsnachteile für den die Familienarbeit übernehmenden Ehegatten ausreichend kompensiert werden. Insofern mag man zu Recht vom »Ende des Macho-Ehevertrages«[287] sprechen. Der Hinweis auf notwendige Kompensationen erfolge daher in diesem Buch zu Recht schon durch alle Auflagen hindurch. Sie ist in der Diskrepanzehe immer ratsam, auch dann, wenn konkrete Versorgungsnachteile noch nicht absehbar sind.[288]

147

(2) Aber Unternehmen ist nicht gleich Unternehmen. Vor allem **Jungunternehmer** haben häufig nicht die Möglichkeit, Kompensationen zu Ehebeginn darzustellen. Sie arbeiten selbst sehr viel und müssen alles wieder in das Unternehmen reinvestieren. Hier muss auf andere Weise ein **fairer Ausgleich** gesucht werden, etwa indem nicht nur Gütertrennung vereinbart wird, sondern ein Zugewinnausgleich bleibt, der dann von der Unternehmensentwicklung abhängt, der aber so geregelt werden kann, dass er ggf. in Raten und mit Begrenzung erbracht werden kann oder für den eine Abgeltung, etwa durch Übertragung einer Immobilie vorgesehen werden kann.

148

(3) Wenn auf diese Weise die **Kompensationen** mehr und mehr in den Mittelpunkt rücken, muss aber auch die **Steuerrechtsprechung** diese anerkennen und nicht als unentgeltlich der **Schenkungsteuer** unterwerfen.[289] *Grziwotz*[290] spricht in diesem Zusammenhang von einer verfassungswidrigen Verhöhnung des die Familienarbeit leistenden Ehegatten.

149

(4) Schließlich ist an den Ratschlag des »**Weniger ist mehr**«[291] zu erinnern. Wem es vor allem um das Firmenvermögen geht, der sollte sich ggf. auf die güterrechtlichen Regelungen beschränken. Für das Güterrecht hat das OLG Celle Folgendes ausgesprochen:

150

»…bei Vertragsschluss erwarteten die Eheleute, dass der Ehemann in der betriebenen Firma ein erhebliches Einkommen erwirtschaften würde, ohne dass dies auf gemeinsamer Leistung der Eheleute beruhen würde. Es erscheint nicht sittenwidrig, die Ehefrau von einem Vermögenserwerb auszuschließen, der auch ohne die Ehe in gleicher Weise eingetreten wäre, und dessen Eintritt die Eheleute ohne Rücksicht auf die Lebensgestaltung innerhalb der Ehe erwarten.«[292]

151

(5) **Vorsicht** wird künftig bei **Verträgen während bestehender Ehe** angebracht sein. Der BGH hat betont, dass hier bestehende Ansprüche zum Wegfall gebracht werden und hierfür eine **Kompensation angemahnt**. Dieser Gedanke sollte aber nur zurückhaltend da gelten, wo man für den Vertragsschluss im Hinblick auf die Rechtsprechung von der subjektiven Imparität gerade die Geburt eines Kindes abwarten möchte. Im konkreten Fall hätte sich die Kompensation wohl nicht auf das betriebliche Vermögen beziehen müssen, denn das wurde erst übertragen.

152

(6) Als Notar[293] kann man für die Anmerkungen des BGH im Hinblick auf die **Anwesenheit des Kindes bei der Beurkundung** im Rahmen der subjektiven Imparität jedenfalls in dieser allgemein gehaltenen Form **wenig Verständnis** aufbringen, zumal im zugrundliegenden Fall allein die abstrakte Gefahr, das Kind könne schreien, für die angebliche Unruhe sorgte.[294] Kinder sind in der Praxis bei Beurkundungen oft anwesend. Dies zu kritisieren ruft den Unmut der betroffenen Eltern hervor, für welche die Mitnahme von Kindern eine Selbstverständlichkeit darstellt. Bisher unterlagen bereits Eheverträge mit **schwangeren Ehefrauen** einer besonderen Kontrolle, wobei die Schwangerschaft

153

---

287 Grziwotz, FamRB 2017, 205.
288 Vgl. die Anm. Born, NJW 2017, 1886, 1887.
289 Hierzu näher Rn. 1310 und C. Münch, DStR 2008, 26 f. und C. Münch, FPR 2012, 302 f.
290 Grziwotz, FamRB 2017, 205.
291 C. Münch, NotBZ 2004, 467 f.
292 OLG Celle, NZFam 2018, 945, 949.
293 Reetz, DNotZ 2017, 809, 817: »praxisfremd«.
294 Zu Recht kritisch insoweit Herr, FuR 2017, 362, 363.

nur Indiz für eine Imparität sein sollte.²⁹⁵ Dann wurde diskutiert, ob **Eheverträgen kurz nach der Geburt** im Hinblick auf eine **postnatale Depression** besonderer Überprüfung unterliegen.²⁹⁶ Nun sind also **Eheverträge im Beisein kleiner Kinder im Fokus**, weil diese naturgemäß ein erhebliches Ablenkungspotential bilden. Wo soll das enden? Was ist bei einer attraktiv aussehenden Notarin, welche dem Ehemann jede Konzentration auf den Vertragstext raubt?²⁹⁷ Da sollte man sich doch wieder auf den Grundsatz besinnen, dass jeder einzelne Teilnehmer am Rechtsverkehr mit bestimmten Ressourcen ausgestattet ist²⁹⁸ und bestimmte intellektuelle und persönliche Talente und Fähigkeiten mit sich bringt, ohne dass dies den Abschluss von Verträgen hindert. Vielmehr muss von jedem erwachsenen und geschäftsfähigen Menschen verlangt werden, dass er sich für bedeutende Termine, und als solche sind Notartermine im Voraus erkennbar, entsprechend im Rahmen seiner Eigenverantwortung organisiert oder dass beide Eltern mit den Belastungen im Termin umgehen können. Die Sorge um das Kind bei Nichtmitnahme wäre vielleicht eine noch größere Ablenkung gewesen.²⁹⁹ Hier sollte die Ansicht des OLG Karlsruhe³⁰⁰ mit bedacht werden, dass der bewusste Verzicht darauf, die eigenen Interessen bei den Vertragsverhandlungen und im Beurkundungstermin zu wahren, obwohl die Bedeutung und Tragweite eines Ehevertrages im Grundsatz erkannt wird, noch nicht die Bejahung des subjektiven Sittenwidrigkeitselementes rechtfertigt.

24. Beschluss vom 17.01.2018 (XII ZB 20/17)

154 Eine **Gesamtnichtigkeit** nahm der BGH³⁰¹ in einem weiteren **Bleiberechtsfall** an. Ohne die Einzelvereinbarungen getrennt zu untersuchen, sei die Abrede zum Güterrecht »*jedenfalls im Rahmen der Gesamtwürdigung aller zu den Scheidungsfolgen getroffenen Einzelregelungen*« unwirksam und damit der gesamte Vertrag.

155 Der umstrittenen Frage, ob ein **konkreter Kinderwunsch** bestand und deshalb eine Alleinverdienerehe schon vorgezeichnet war, ging das Gericht nicht nach, sondern begnügte sich mit der Aussage, dass die **Geburt gemeinsamer Kinder bei Vertragsschluss aufgrund des Alters der Parteien zumindest für möglich gehalten** worden sei,³⁰² sodass sich der Globalverzicht einseitig zulasten der Ehefrau ausgewirkt habe.

156 Mit diesem Vorgehen vergibt das Gericht die Möglichkeit, das Thema **Vorhersehbarkeit und Unvorhersehbarkeit** auch als **Trennlinie** für die Fragen der **Wirksamkeitskontrolle** (entscheidend der Zeitpunkt des Vertragsschlusses) und der **Ausübungskontrolle** (spätere Entwicklungen) zu nutzen.³⁰³ Gerade bei umstrittener Vorhersehbarkeit könnte die Ausübungskontrolle einen besseren Dienst tun.³⁰⁴

157 Im subjektiven Bereich sind die Ausführungen erwartbar. Die Ehefrau war erst seit drei Jahren in Deutschland, sprach schlecht Deutsch und war von der Ausweisung bedroht. Dies führte zu einer deutlichen Unterlegenheit. Die Situation führt *Grziwotz* zu der etwas resignierenden Aussage, der sicherste Ehevertrag sei immer noch die Nichtheirat.³⁰⁵

---

295 BGH, NJW 2007, 2851, Tz. 9.
296 Vgl. etwa BayObLG, FamRZ 2001, 46 = WKRS 1999, 27739, wo eine postnatale, die Geschäftsfähigkeit der Mutter einschränkende Depression vorgetragen war.
297 Der umgekehrte Fall ist mitgemeint.
298 Vgl. Paulus/Zenker, JuS 2001, 1.
299 So zu Recht Grziwotz, FamRB 2017, 205.
300 OLG Karlsruhe, FF 2015, 253 ff. m. Anm. Sanders = NZFam 2015, 126.
301 BGH, NJW 2018, 1015 m. Anm. Grziwotz = DNotZ 2018, 620 m. Anm. Reetz = FamRZ 2018, 577 m. Anm. Bergschneider.
302 Vgl. auch OLG Celle, NZFam 2018, 945, 947: »… es ist davon auszugehen, … dass … konkreten und zeitnah umzusetzenden Kinderwunsch gehegt…« allein aufgrund des Alters.
303 So auch Reetz, DNotZ 2018, 629 f.
304 Hierzu näher C. Münch in FS Koch, 389 ff.
305 Grziwotz, NJW 2018, 1019.

B. Vertragsfreiheit und Inhaltskontrolle   Kapitel 2

Im Rahmen der **Gesamtschau** wird in der Literatur unterschiedlich beurteilt, ob es eine **einheitliche** 158
Gesamtschau der objektiven und subjektiven Umstände[306] oder **zwei getrennte Gesamtwürdigungen** auf der objektiven und subjektiven Ebene gibt.[307]

25. Beschluss vom 20.06.2018 (XII ZB 84/17)

Im Rahmen der **Ausübungskontrolle**, so stellt es der BGH[308] klar, sollen ehebedingte Nachteile ausgeglichen werden. Die Ausübungskontrolle dient aber **nicht dazu, zusätzlich noch entgangene ehebedingte Vorteile zu gewähren**. Der BGH bekräftigt in dieser Entscheidung zunächst seine Rechtsprechung zur **Funktionsäquivalenz**.[309] Im konkreten Fall sah er aber alle Nachteile als kompensiert an, da die Ehefrau über den Versorgungsausgleich und einen Anspruch auf teilweisen Zugewinn so viel erhalten hatte, wie sie ohne die Heirat an eigener Versorgung hätte aufbauen können. Weitere Vorteile, die durch die Eheschließung eingetreten wären, aber vertraglich abbedungen waren, müssen dann nicht mehr ausgeglichen werden.[310] 159

Die Kernbereichsferne des Zugewinnausgleichs wird durch diese Entscheidung nochmals ausdrücklich bestätigt.

26. Beschluss vom 20.03.2019 (XII ZB 310/18)

Zwar enthält der Beschluss im Rahmen einer Zurückweisung an das Berufungsgericht nur eine sog. 160
»Segelanweisung«, gleichwohl aber gibt der BGH[311] zu erkennen, dass hier erneut ein **Unternehmerehevertrag** im objektiven Bereich für nach der **Gesamtwürdigung sittenwidrig** gehalten wird. Der BGH betont, dass bei einem bereits vorhandenen Kleinkind und einem weiteren Kinderwunsch durch die Übernahme der Familienarbeit vorhersehbare Versorgungsnachteile zu erwarten waren, denen keine Teilhabe am Altersvorsorgevermögen des Ehemannes gegenüberstand, das im Vermögensbereich gebildet und daher bei Gütertrennung einem Ausgleich versperrt sei. Subjektiv habe die Frau mit dem Kind vor einer ungesicherten wirtschaftlichen Zukunft gestanden, die Rückübersiedlungsmöglichkeit in das Heimatland sei unsicher und die Ehefrau sei sprachlich unterlegen gewesen.[312]

Erneut eine Entscheidung in Richtung einer Gesamtsittenwidrigkeit beim Unternehmerehevertrag, 161
die zur Vereinbarung von **Kompensationen gerade bei Übernahme der Familienarbeit** mahnt, die aber zugleich überzogen erscheint. *Bergschneider*[313] ist darin beizupflichten, dass der Fall **am ehesten über die Ausübungskontrolle** zu lösen wäre und dass eine Änderung in der Tendenz der Rechtsprechung zu einem Verlust an Rechtssicherheit führen würde.

III. Umsetzung in die Praxis der Obergerichte

Das Urteil des BVerfG löste eine Lawine von Urteilen der Obergerichte aus, die sich nun der Inhaltskontrolle von Eheverträgen widmeten. Wie aufgrund der verfassungsrechtlichen Vorgaben nicht anders zu erwarten, bot sich hier das Bild eines vielstimmigen Chores. Dennoch seien die wichtigsten Entscheidungen an dieser Stelle aufgeführt, da ggf. eine Leitentscheidung für den konkret zu bearbeitenden Fall gefunden werden kann. 162

---

306 So Bergschneider, FamRZ 2017, 888.
307 So Milzer, NZFam 2018, 271.
308 BGH, NJW 2018, 2871 m. Anm. Braeuer = FamRZ 2018, 1415 m. Anm. Bergschneider.
309 BGH, NJW 2015, 52; hierzu C. Münch, NJW 2015, 288 f.
310 Hierzu kritisch Milzer, NZFam 2018, 898: In der Lebenswirklichkeit eher unwahrscheinlicher Dauerzölibat sollte nicht als zulässiger Maßstab angesehen werden.
311 BGH, NJW 2019, 2020 m. Anm. Braeuer = FamRZ 2019, 953 m. Anm. Bergschneider.
312 Die Art der Übersetzung durch den Notar aufgrund einer zweifelhaften schriftlichen Übersetzung ist Hauptgegenstand der Entscheidung.
313 Bergschneider, FamRZ 2019, 958 f.

1. Gesamtschau und Teilnichtigkeit

163   Das **OLG München**[314] etwa hat – als Vorinstanz zum Grundlagenurteil des BGH – nach einer Gesamtschau der Rechtsprechung des BVerfG einen umfassenden Anspruch auf gleiche Teilhabe befürwortet und jede Abweichung davon bereits als Benachteiligung i.S.d. Inhaltskontrolle verstanden.[315]

164   Das anderweitig noch zitierte **OLG Düsseldorf**[316] sah wegen der Unwirksamkeit des Unterhaltsverzichts auch die Gütertrennung als unwirksam an und lehnte eine Teilnichtigkeit ab. Die notarielle Belehrung solle die Disparität nicht beseitigen können. Andererseits will das **OLG Koblenz**[317] die Disparität sogar durch Erläuterungen des Vertragsentwurfes seitens des Bruders des Ehepartners beseitigt sehen.

165   Das **OLG Zweibrücken**[318] ist der Ansicht, dass auch bei einem Ehevertrag, der im Hinblick auf sein Gesamtgepräge nichtig ist, die salvatorische Klausel die Wirksamkeit der Gütertrennung erhalten kann. Der BGH sieht dies anders.

166   Das **OLG Frankfurt am Main**[319] hat sich bei einem Ehevertrag, in dem der völlige Unterhaltsverzicht sittenwidrig sein sollte, für die Aufrechterhaltung der Gütertrennung ausgesprochen, wenn der Vertrag nicht durch Ausnutzung einer unterlegenen Stellung zustande gekommen sei. Der Vertrag war nach der Geburt eines Kindes geschlossen worden und die Ehefrau hatte sich zum Beleg ihrer Unterlegenheit auf die mit der Geburt verbundene Hormonumstellung und die psychische Belastungssituation berufen. Dies wollte das Gericht zwei Monate nach der Geburt nicht mehr anerkennen.

167   Eine salvatorische Klausel kann nach **OLG Zweibrücken**[320] Teilregelungen eines Vertrages – insb. die Gütertrennung – wirksam halten. Das OLG Zweibrücken will ferner durch eine Einigung im Zuge der Scheidungsvereinbarung die Anstößigkeit des Ehevertrages beseitigt sehen.[321]

168   Das **OLG Frankfurt am Main** hält einen Vertrag, in dem, entgegen dem gesetzlichen Verbot, auf Trennungsunterhalt verzichtet wurde, nur insoweit für nichtig, i.Ü. aber für wirksam.[322] *Bergschneider* mahnt zu Recht,[323] solche Formulierungen nicht entgegen dem gesetzlichen Verbot aufzunehmen, da sie auch i.R.d. Gesamtschau für die anderen Bereiche Bedeutung erlangen könnten.

169   Das **OLG Köln** hat bei einem Totalverzicht auch die vereinbarte Gütertrennung für unwirksam erklärt.[324]

2. Imparität/Schwangerschaft/Verträge kurz vor der Hochzeit

170   Das **OLG Brandenburg**[325] lehnte eine Zwangslage wegen einer bevorstehenden Operation ab und sah keine einseitige Benachteiligung bei jeweils gegenseitigen Verzichten.

---

314   OLG München, FamRZ 2003, 35 m. Anm. Bergschneider.
315   Langenfeld, 5. Aufl., Rn. 41 bezeichnet diese Entscheidung als geprägt vom Überschuss an Ideologie bei gleichzeitigem Mangel an Dogmatik.
316   OLG Düsseldorf, FamRZ 2005, 282.
317   OLG Koblenz, FamRZ 2006, 1447 f.
318   OLG Zweibrücken, FamRB 2005, 317.
319   OLG Frankfurt am Main, FamRZ 2006, 339 = MittBayNot 2006, 151.
320   OLG Zweibrücken, FamRB 2005, 317.
321   Hiergegen zu Recht Grziwotz, FamRB 2005, 317 f., da allein der Zeitpunkt des Vertragsabschlusses über die Sittenwidrigkeit entscheidet.
322   OLG Frankfurt am Main, FamRZ 2007, 2082.
323   Bergschneider, FamRZ 2007, 2083.
324   OLG Köln, FamRZ 2010, 29 ff.
325   OLG Brandenburg, FamRZ 2003, 764 f.

B. Vertragsfreiheit und Inhaltskontrolle — Kapitel 2

Bei zwei Verträgen zur Beilegung einer Ehekrise hat das **OLG Hamm**[326] das Vorliegen einer Ungleichgewichtslage verneint, wenn sich beide Parteien in einer Ehekrise einig waren, die Ehe fortzusetzen, aber im Scheidungsfall keine Ansprüche gegeneinander bestehen sollten. Auch der Umstand, dass der Ehemann die Fortsetzung der Ehe vom Abschluss des Vertrages abhängig machte, führt nach OLG Hamm nicht zur Sittenwidrigkeit. — 171

Das **OLG Koblenz**[327] hält einen Ehevertrag für sittenwidrig, mit dem der Ehemann eine Zwangslage und erhebliche Drucksituation der wohl alkoholkranken Ehefrau ausgenutzt habe. Die Ehefrau war einige Tage später erneut stationär in eine Klinik eingeliefert worden. Das Gericht folgerte daraus, dass in der Originalurkunde ein handschriftlicher Passus des Notars verblieben sei, die Beurkundung müsse in großer Eile stattgefunden haben. Diese Schlussfolgerung ist nicht immer gerechtfertigt. Ein handschriftlicher Einschub kann auch den Sinn haben zu zeigen, dass in der Beurkundungsverhandlung über diesen Punkt diskutiert und er neu eingefügt wurde. — 172

In einer weiteren Entscheidung – ergangen vor dem Grundsatzurteil des BGH – hält das **OLG Koblenz**[328] eine Unterhaltsregelung jedenfalls für anpassungsbedürftig, mit welcher der Unterhalt bei einem Nettoeinkommen des Ehemannes von ca. 5.200,00 € auf einen Betrag von 750,00 € jeweils monatlich begrenzt wurde. Die Ehefrau war hochschwanger und wollte die Ehe unbedingt, der Ehemann nur bei Abschluss des besagten Ehevertrages. Die Gütertrennung und der Pflichtteilsverzicht wurden vom OLG nicht infrage gestellt.

Ein Beschluss des **OLG Braunschweig**[329] zeigt auf, dass die Gerichte auch im Fall der Schwangerschaft nicht immer zu einer subjektiven Unterlegenheit gelangen müssen. Im konkreten Fall waren die Vermögensverhältnisse der Parteien gesichert und es war nicht vorgetragen worden, dass die Frau vor die Alternative gestellt war, den Vertrag zu unterzeichnen oder das Kind ohne Heirat als uneheliches zur Welt zu bringen. Obwohl der Versorgungsausgleichsverzicht nicht gehalten wurde, bleibt die Gütertrennung nach Ansicht des Gerichts wirksam. Das Einbringen von Immobilien als Anfangsvermögen rechtfertige die Gütertrennung zur Vermeidung von Zugewinn an Wertsteigerungen. — 173

Sehr streng sieht das **OLG Dresden**[330] einen Ehevertrag mit einer schwangeren Ehefrau als sittenwidrig an, der den Versorgungsausgleich ausschließt. Neben der Schwangerschaft wird maßgeblich als Argument herangezogen, dass der Ehevertrag der Ehefrau zuvor als Entwurf nicht vorgelegen habe. Allein aus unterschiedlicher Ausbildung und Verdienstmöglichkeit auf die Nichtigkeit zu schließen, geht aber zu weit. — 174

Das **OLG Köln**[331] sah einen Ehevertrag, auf dem der Ehemann bestanden hatte, als wirksam an, der einen umfassenden Verzicht enthielt und von der schwangeren Ehefrau einige Tage vor der Hochzeit unterzeichnet wurde. — 175

Das **OLG Koblenz**[332] erachtete den Ausschluss des Versorgungsausgleichs für unwirksam, weil die Verlobte schwanger war und der Vertrag am Tag vor der standesamtlichen Hochzeit geschlossen wurde (»besonders merkwürdige Umstände«). In einer weiteren Entscheidung betont das **OLG Koblenz**, der Ehevertrag könne trotz seines Abschlusses kurz vor dem Hochzeitstermin wirksam sein.[333] — 176

Das **OLG Hamm** betont, dass eine Nichtigkeit des Ehevertrages nur bei subjektiver Unterlegenheit vorliegen könne, die aber weder vorgetragen noch ersichtlich sei. Auch eine Überrumpelung liege — 177

---

326 OLG Hamm, FamRZ 2005, 1181; OLG Hamm, FamRZ 2005, 1567.
327 OLG Koblenz, FamRZ 2006, 428 m. zust. Anm. Bergschneider.
328 OLG Koblenz, FamRZ 2004, 805 m. Anm. Bergschneider.
329 OLG Braunschweig, FamRZ 2005, 2071 m. Anm. Bergschneider.
330 OLG Dresden, ZFE 2006, 275.
331 OLG Köln, FamRZ 2002, 828 f.
332 OLG Koblenz, DNotI-Report 2003, 101 = FF 2003, 138.
333 OLG Koblenz, FamRB 2006, 230.

nicht vor. Damit ist der Vertrag zunächst einmal wirksam.[334] Auch bei einem Globalverzicht und einem offensichtlichen Ungleichgewicht der Einkommensverhältnisse muss nach **OLG Hamm** die subjektive Imparität positiv festgestellt werden.[335] Eine solche Feststellung konnte das Gericht nicht treffen in einem Fall, bei dem der Ehemann vorgetragen hatte, bei dem Ehevertrag sei es nur um Geld gegangen, das ihm aber nicht wichtig sei. Das Gericht führte dazu aus, dass der Ehemann die Folgen seines Handelns wirtschaftlich überblicke, sodass seine Haltung hinzunehmen sei.[336]

178 Das **OLG Schleswig**[337] hält einen Versorgungsausgleichsverzicht der schwangeren Ehefrau für wirksam, wenn dieser nach mehreren Jahren Ehe abgegeben wird und mit einem Rollentausch in Bezug auf die Tätigkeit für die Familie zusammenhängt. Allerdings passt das Gericht den Vertrag im Rahmen der Ausübungskontrolle an.

179 Das **OLG Zweibrücken**[338] hält einen Versorgungsausgleichsverzicht dann nicht für unwirksam, wenn er durch Abschluss der Ausbildung im elterlichen Betrieb des Partners und eine spätere versicherungspflichtige Beschäftigung kompensiert wird.

180 Nach **OLG Oldenburg**[339] ist ein Verzicht auf Zugewinn, der zusammen mit anderen Verzichten abgegeben worden war, unwirksam, wenn die schwangere Ehefrau erst kurz vor der Hochzeit mit dem Ehevertrag konfrontiert worden war.

181 Das **OLG Düsseldorf**[340] hält die Berufung auf einen Versorgungsausgleichsverzicht für einen Verstoß gegen Treu und Glauben, wenn während der Ehe ein Kind geboren wurde und die Ehefrau danach einverständlich die Erwerbstätigkeit längere Zeit unterbrochen hat. Nach Sachverhalt bestand bei Vertragsschluss kein konkreter Kinderwunsch. Das Vorliegen einer Drucksituation lehnt das Gericht auch bei einem Vertragsschluss zwei Tage vor der Hochzeit ausdrücklich ab. Das **OLG Saarbrücken**[341] hält einen zwei Tage vor der Hochzeit und weitere zehn Tage vor Geburt unterzeichneten Globalverzicht für sittenwidrig.

182 Das **OLG Celle** betont,[342] dass Schwangerschaft zwar eine ungleiche Verhandlungsposition indiziere, nicht aber schon für sich allein die Sittenwidrigkeit begründe. Im konkreten Fall hielt der Vertrag der Wirksamkeits- und Ausübungskontrolle stand, weil Unterhalt und Versorgungsausgleich nicht komplett abbedungen waren und die Ehefrau ihr Arbeitsverhältnis selbst gekündigt hatte.

183 Aus dem Abschluss des Ehevertrages einen Tag vor der Hochzeit lässt sich nach Auffassung des **OLG Celle** kein Schluss auf eine besondere Zwangslage eines Ehegatten und eine dadurch herbeigeführte Unterlegenheit ziehen.[343]

184 Gerichte schließen auch aus dem Verhalten bei der mündlichen Verhandlung auf die Unterlegenheit bei Vertragsschluss![344]

---

334 OLG Hamm, WKRS 2012, 37487 = FF 2013, 315 = FamFR 2013, 310.
335 OLG Hamm, FamRZ 2012, 232.
336 OLG Hamm, NJW 2013, 3253, 3255.
337 OLG Schleswig, NJW-RR 2007, 1012.
338 OLG Zweibrücken, FamRZ 2006, 1683 = NJW-RR 2007, 73.
339 OLG Oldenburg, FamRZ 2004, 545.
340 OLG Düsseldorf, FamRZ 2006, 347 = NJW 2006, 2049.
341 OLG Saarbrücken, OLGR 2007, 165.
342 OLG Celle, FamRZ 2008, 1191.
343 OLG Celle, FPR 2009, 425.
344 AG Hamburg, FamRZ 2008, 2033: »Schließlich hat die Ehefrau in der Verhandlung auch den Eindruck vermittelt, sehr intelligent zu sein, eine schnelle Auffassungsgabe zu haben und ohne Weiteres in der Lage zu sein, ihre eigenen Interessen darzustellen und zu vertreten.« Aus solchen Äußerungen werden anwaltliche Vertreter gezielte Verhaltensmaßregeln zu entwickeln wissen.

Mit einem neuen Einfall wurde die Imparität begründet wegen des Abschlusses einer Scheidungsvereinbarung kurz nach der Trennung. Dem mochte das **OLG Köln** aber doch nicht folgen, zumal seit Trennung bereits drei Monate vergangen waren.[345]

185

Auch bei einem Ehevertag, dessen Hauptmotiv war, Immobilienbesitz auf die volljährigen Kinder zu übertragen, prüft das **OLG Koblenz**[346] die subjektive Unterlegenheit bei einem nachher erhobenen Unwirksamkeitseinwand und lehnt sie ab, weil weder eine Überrumpelung noch eine gänzliche Geschäftsunerfahrenheit vorlagen.

186

Im Gefolge der Rechtsprechung des BGH[347] spricht nun auch das **OLG Düsseldorf** eindeutig aus, dass ein Ehevertrag in seiner Gesamtwürdigung nur dann als sittenwidrig eingestuft werden könne, wenn konkrete Feststellungen zu einer subjektiven Unterlegenheit getroffen worden sind.[348] Ebenso entscheidet das **OLG Brandenburg**.[349]

187

Ist die Ehefrau zwar objektiv schwanger, weiß dies aber keiner der Ehegatten, dann fehlt es nach **OLG Hamm**[350] an einer einseitigen Dominanz des Ehemannes, welche eine Imparität begründen könnte.

Einem »gebrannten Kind« gesteht das **OLG Bremen**[351] zu, dass es sich durch Abschluss eines Ehevertrages gegen ein erneutes Abfließen des Versorgungsausgleichs – wie es bereits nach erster Scheidung geschah – sichere. In dem Zusammenhang wurde ein Totalverzicht mit einer polnischen Ehefrau gebilligt, auch wenn diese zur Heirat im Hinblick auf das Bleiberecht motiviert, aber wirtschaftlich doch vollständig unabhängig und in Polen berufstätig war.

188

Das **OLG Oldenburg**[352] kommt zu einer Imparitätslage bei einer **schwangeren** (künftigen) **Ehefrau**, die als **Auszubildende mit ihrem Arbeitgeber** einen Ehevertrag schloss und diesem aufgrund des Altersunterschiedes an Lebenserfahrung unterlegen war.

189

Eine Disparitätslage wird nach Ansicht des **OLG Brandenburg**[353] noch nicht allein dadurch begründet, dass ein Ehegatte die **Eheschließung vom Abschluss eines Ehevertrages abhängig** macht.

190

3. Prüfungsmethode und Urteile mit Ausübungskontrolle

Das **OLG Koblenz**[354] hat dahinstehen lassen, ob ein Versorgungsausgleichsverzicht der schwangeren Ehefrau sittenwidrig sei, da sich der Ehemann jedenfalls nicht darauf berufen dürfe. Dies wird zu Recht kritisiert, da bei Verneinung der Sittenwidrigkeit ggf. nur eine Anpassung in Betracht gekommen wäre.

191

Das **OLG Karlsruhe**[355] hat in einer Entscheidung i.R.d. Ausübungskontrolle eines Ehevertrages beim Unterhalt wegen Arbeitslosigkeit und Aufstockungsunterhalt, also Tatbeständen am Rande des Kernbereichs, die vereinbarte Unterhaltshöchstgrenze (Grundgehalt A 3) aufgrund der sehr guten Einkommenssituation des Ehemannes verdoppelt. Die Entscheidung ist auf sehr scharfe Kritik gestoßen, da die Rechtssicherheit komplett beseitigt sei, wenn man nicht einmal mehr bei einem

192

---

345 OLG Köln, ZFE 2010, 111.
346 OLG Koblenz, FamRZ 2010, 1735.
347 BGH, FamRZ 2013, 195 = NJW 2013, 380.
348 OLG Düsseldorf, NJW-RR 2013, 966.
349 OLG Brandenburg, FamFR 2013, 191.
350 OLG Hamm, NJW 2014, 2880.
351 OLG Bremen, FamRZ 2017, 1571.
352 OLG Oldenburg, NZFam 2017, 1112.
353 OLG Brandenburg, NZFam 2019, 224.
354 OLG Koblenz, NJW Spezial 2004, 346.
355 OLG Karlsruhe, FamRZ 2004, 1789 m. Anm. Bergschneider.

Teilverzicht für Unterhaltstatbestände am Rande des Kernbereichs von einer Kontrollfestigkeit ausgehen könne.[356] Der BGH hat inzwischen die Entscheidung aufgehoben.[357]

193 Das **OLG Koblenz**[358] hält einen Ehevertrag, durch welchen der Versorgungsausgleich ausgeschlossen wurde, nicht für sittenwidrig, da es für diese Beurteilung gerade nicht auf die spätere Entwicklung (Geburt von Kindern) ankomme. Aber auch nach § 242 BGB soll danach eine Korrektur nicht erfolgen, da die Geburt von Kindern bei Abschluss des Vertrages gerade berücksichtigt worden war.

194 Auch die Vereinbarung der Gütertrennung will das **OLG Hamm**[359] einer Ausübungskontrolle unterziehen, wenn die Ehegatten bei ihrer vertraglichen Abrede von beiderseitiger Berufstätigkeit ausgegangen waren, dann aber die Ehefrau sechs Kinder erzogen hatte und der Ehemann als Augenarzt selbstständig war.

195 Das **OLG Koblenz**[360] sprach im Wege der Ausübungskontrolle Unterhalt i.H.d. Differenz der Erwerbsunfähigkeitsrente der Berechtigten zum Mindestbedarf (730,00 €) zu, obwohl der Ehevertragsabschluss nicht zu beanstanden gewesen war und die Ehepartner keine wirtschaftliche Verflechtung eingegangen waren. Eine Entscheidung, die nach zutreffender Ansicht von Bergschneider[361] zu weit geht, zumal ohnehin nur die Sozialhilfe durch die Unterhaltszahlung entlastet wird.

196 Das **OLG Naumburg** geht bei der Prüfung eines Ehevertrages in der falschen Reihenfolge vor und gewinnt im Wege der Ausübungskontrolle zunächst den Inhalt einer Unterhaltsverpflichtung, um dann die Wirksamkeitskontrolle dahinstehen zu lassen. Bei einer Nichtigkeit i.R.d. Wirksamkeitskontrolle wäre aber die untersuchte Klausel unwirksam.[362]

197 Das **OLG Koblenz** hält den Verzicht auf **Versorgungsausgleich in der Doppelverdienerehe**, in der beide Ehegatten davon ausgehen, dass die Ehe kinderlos bleiben wird, nicht für sittenwidrig.[363] Werden dann später doch Kinder geboren und verzichtet ein Vertragsteil – jedenfalls zweitweise – auf die Berufstätigkeit, kann der Vertrag im Wege der Ausübungskontrolle anpassungsbedürftig sein. Eine strukturelle Unterlegenheit der MTA ggü. dem Arzt lehnt das Gericht ab und betont, auf eine wirtschaftliche Unterlegenheit sei nicht abzustellen, da Ehen oder Eheverträge keine Austauschverträge über handelbare Güter seien.

198 Das **OLG Düsseldorf** weist[364] – insofern einer Ansicht des Autors folgend[365] – darauf hin, dass das Ziel des abgeschlossenen, **wirksamen Ehevertrages bei der Ausübungskontrolle Berücksichtigung** finden müsse. Dies ist zum Schutz der Vertragsfreiheit erforderlich. Nach dieser Entscheidung spricht eine vertragliche Bestimmung, nach welcher derjenige Ehegatte, der eine Unterhaltshöchstgrenze akzeptiert hat, **unbegrenzt hinzuverdienen** darf, sowohl gegen eine Einseitigkeit des Vertrages wie auch gegen eine Festlegung auf eine rein häusliche Tätigkeit der Mutter. Eine solche Bestimmung kann daher vermehrt in Erwägung gezogen werden. Das Gericht bezeichnet einen vor der Rechtsprechung zur Inhaltskontrolle abgeschlossenen Unterhaltsverzicht mit Unterhaltshöchstgrenze deutlich über dem notwendigen Selbstbehalt als »honorig«.

---

356 Bergschneider, FamRZ 2004, 1791.
357 BGH, FamRZ 2007, 974.
358 OLG Koblenz, FamRZ 2005, 40.
359 OLG Hamm, FuR 2006, 136 = MittBayNot 2006, 511.
360 OLG Koblenz, FamRZ 2006, 420 m. abl. Anm. Bergschneider.
361 Bergschneider, FamRZ 2006, 421.
362 OLG Naumburg, OLGR 2007, 134. Die Entscheidung macht durch die Vielzahl der Bekräftigungsworte ohnehin keinen guten Eindruck (»eo ipso« »prima vista« »schon bei einer an Treu und Glauben gem. § 157 BGB orientierten Vertragsauslegung gerechtfertigt wie auch erst recht bei einer gleicherweise nach § 242 BGB notwendigen Ausübungskontrolle«, »gleichermaßen ungeeignet wie unangemessen und damit unwirksam« »kein Zweifel daran bestehen«).
363 OLG Koblenz, RNotZ 2009, 487 = NJW-RR 2009, 939.
364 OLG Düsseldorf, FamRZ 2008, 519.
365 C. Münch, FamRZ 2005, 570 ff.

Das **OLG Hamm**[366] prüft nach Bestehen einer Inhalts- und Ausübungskontrolle zusätzlich die **Störung der Geschäftsgrundlage** und will eine solche annehmen, wenn die **Strukturreform des Versorgungsausgleichs** zu einer gänzlich anderen Regelung führt, als sie vertraglich vorgesehen war. Folge ist eine umfassende Interessenabwägung und eine daraus resultierende Vertragsanpassung. 199

4. Güterrechtsregelung weitgehend möglich

Nach **OLG München** ist der Grundsatz der Ehevertragsfreiheit durch die Rechtsprechung des BVerfG nicht aufgehoben. Vielmehr ist nach Ansicht des Gerichts die Gütertrennung für Gewerbetreibende vielfach interessengerecht.[367] 200

Das **OLG Frankfurt am Main**[368] sah die Güterstände als wertneutral vom Gesetz zur Verfügung gestellt an. 201

Nach **OLG Naumburg**[369] hat die Rechtsprechung des BVerfG Bedeutung auch für die Modifikation des Zugewinnausgleichs im Rahmen einer Scheidungsvereinbarung. 202

Das **OLG Frankfurt am Main**[370] verneint ein zwingendes Gebot wechselseitiger Vermögensbeteiligung, da das Ehegüterrecht die Möglichkeit der Gütertrennung ausdrücklich vorsehe. Deren Vereinbarung führe daher im Regelfall nicht zur Nichtigkeit des Ehevertrages. Eine Vermutung, dass die Nichtigkeit eines Regelungsbereichs zur Gesamtnichtigkeit führt, gilt nur im Fall einer Ungleichheit der Verhandlungsposition bei Vertragsschluss. 203

Das **OLG Hamm**[371] hält einen mit einer schwangeren Frau geschlossenen Ehevertrag, mit dem Gütertrennung vereinbart worden war, für wirksam, da der Zugewinn nicht in den Kernbereich der Scheidungsfolgen falle und die Gütertrennung hier zum Schutz des von den Eltern des Ehemannes übernommenen Hofes angemessen sei. I.R.d. Privatautonomie müsse sich der Hofübernehmer nicht auf eine gegenständliche Herausnahme des Hofes aus dem Zugewinn verweisen lassen. Subjektiv untersucht das OLG die vorsätzliche Ausnutzung einer Zwangslage i.S.d. § 138 BGB und verneint dies aufgrund der Lebenserfahrung der 30-jährigen Braut und ihrer verantwortlichen Stellung als Direktionsassistentin. 204

In einer weiteren Entscheidung hält das **OLG Hamm** auch die Gütertrennung für unkritisch,[372] zumal auf die Ehefrau ein Hausanwesen übertragen wurde. Dass der Ehemann später ein entschädigungsloses Rückfallrecht für das Haus bekam, berühre die Wirksamkeit des Ehevertrages nicht. Letzteres ist fraglich, da es mit dem zweiten Ehevertrag zu einem Systembruch kam, durch den die Übertragung quasi rückgängig gemacht wurde. Dies wäre jedenfalls bei einem Gesamtplan als schädlich anzusehen. 205

Die Vereinbarung, dass Betriebsvermögen vom Zugewinnausgleich ausgeschlossen werden solle, hält das **OLG Hamm**[373] auch bei bestehender Schwangerschaft für wirksam, selbst wenn sie von einer differenzierten Unterhaltshöchstbegrenzung begleitet wird. Das OLG stellt heraus, dass bei selbstständigen Gewerbetreibenden geradezu ein Bedürfnis besteht, das Betriebsvermögen zu seinem Erhalt aus dem Zugewinn herauszunehmen. Diese Ansicht bekräftigt das Gericht später.[374] 206

---

366 OLG Hamm, NZFam 2016, 139.
367 OLG München, FamRZ 2003, 376 m. Anm. Bergschneider.
368 OLG Frankfurt am Main, ZFE 2002, 349 ff.
369 OLG Naumburg, FamRZ 2002, 456.
370 OLG Frankfurt am Main, FamRB 2005, 318.
371 OLG Hamm, FamRZ 2006, 268 m. Anm. Bergschneider.
372 OLG Hamm, FamRZ 2006, 337 = MittBayNot 2006, 509.
373 OLG Hamm, FuR 2006, 217 = FamRZ 2006, 1034 m. Anm. Bergschneider.
374 OLG Hamm, WKRS 2012, 37487 = FF 2013, 315 = FamFR 2013, 310.

207 Ebenso hat das **OLG Köln** geurteilt:[375] Die Vereinbarung von Gütertrennung durch den Unternehmer ist auch bei bestehender Schwangerschaft an sich nicht sittenwidrig. Im entschiedenen Fall war freilich auch Unterhalt und Versorgungsausgleich ausgeschlossen worden, sodass das OLG Köln bei der Gesamtbetrachtung zur Nichtigkeit und damit auch zur Unwirksamkeit der Gütertrennung kam.

208 Das **OLG Celle** – insoweit im Gegensatz zur Rechtsprechung des BGH[376] – urteilt,[377] dass i.R.d. Ausübungskontrolle ein Verzicht auf Versorgungsausgleich beanstandet werden könne und als Folge – die Durchführung des Versorgungsausgleichs wäre noch zum Nachteil der Verzichtenden gewesen –, trotz vereinbarter Gütertrennung, der Zugewinnausgleichsverzicht durchzuführen sei. Die Rechtsfolge greift zu weit. Es müsste nicht der komplette Zugewinnausgleich durchgeführt werden, sondern es genügte ein richterlich modifizierter Zugewinn, der nur die Versorgungsnachteile ausgleicht.[378] So nunmehr ausdrücklich auch der BGH.[379]

209 Eine Modifikation der Zugewinngemeinschaft ist nach Ansicht des **OLG Nürnberg** nicht deshalb unwirksam, weil durch sie später die Ausgleichsrichtung umkippt.[380] Diese Entscheidung wurde inzwischen vom BGH bestätigt.[381]

5. Unterhaltsbegrenzung und Totalverzicht

210 Das **OLG Nürnberg**[382] beanstandete einen Ehevertrag zwischen einer Ausländerin und einem Deutschen nicht, der einen Totalverzicht und einen Pflichtteilsverzicht enthielt, sondern wertete ihn als Ausdruck gleichberechtigter Lebensführung, da beide in bescheidenen Einkommensverhältnissen lebten und ein Kinderwunsch nicht bestand.

211 Das **OLG Düsseldorf**[383] hat einen Ehevertrag nicht für sittenwidrig gehalten, der eine monatliche Unterhaltszahlung von 5.000,00 DM, monatliche Beiträge für die Altersversorgung, den vollen Kindesunterhalt und eine einmalige Abfindungssumme von 1.000.000,00 DM (für die Aufgabe der Facharztausbildung) vorsah, die zu weiteren Zinseinnahmen von 4.000,00–5.000,00 DM monatlich führte. Dies gelte auch dann, wenn der betreffende Ehemann »Multimillionär« sei. Das Urteil billigt auch einen völligen Unterhaltsverzicht ab Vollendung des 18. Lebensjahres des jüngsten Kindes. Das OLG Düsseldorf arbeitet sehr genau die subjektive Seite heraus und sieht es als ausschlaggebend an, dass beide Ehegatten anwaltlich vertreten waren und über mehr als sieben Monate bzgl. des Vertrages verhandelt haben. Aus einer Stelle der Urteilsgründe kann man ersehen, dass die Ehefrau bei Abschluss des Vertrages schwanger gewesen war.

212 Das **OLG München**[384] hält einen Ehevertrag für nichtig, mit dem ein Wegfall jeglicher Unterhaltsverpflichtung für den Fall der Aufnahme einer eheähnlichen Beziehung vereinbart wurde. Das Gericht stellte darauf ab, dass der Ehegatte schlechter gestellt werde als bei § 1579 BGB, da es an jeglicher Abwägung fehle. Außerdem entfalle auch der Kindesbetreuungsunterhalt in vollem Umfang. Es kann daher nur empfohlen werden, solchen Regelungsverlangen nunmehr durch Verweis auf die Vorschrift des § 1579 BGB gerecht zu werden.

---

375 OLG Köln, FamRZ 2010, 29.
376 BGH, NJW 2008, 1076.
377 OLG Celle, FamRZ 2008, 2115.
378 Hierzu detailliert C. Münch, FamRB 2008, 350 f.
379 BGH, FamRZ 2013, 770 = NJW 2013, 1359.
380 OLG Nürnberg, MittBayNot 2012, 390.
381 BGH, FamRZ 2013, 1543 f.
382 OLG Nürnberg, RNotZ 2003, 187.
383 OLG Düsseldorf, MittBayNot 2004, 445 = FamRZ 2005, 216 m. Anm. Bergschneider.
384 OLG München, FamRZ 2006, 1449.

Das **OLG Hamm**[385] hält in einem sehr strengen Urteil eine Begrenzung auf 3.000,00 DM bei einem 213
Nettoverdienst des Berechtigten von 3.900,00 DM sowie die Herabsetzung der damals ab dem 16.
Lebensjahr bestehenden Erwerbsobliegenheit auf das 14. Lebensjahr für erheblich nachteilig und
den Vertrag deshalb für nichtig. Diese Einschätzung ist zu streng. Der Gesetzgeber des neuen Unterhaltsrechts hält eine ganz andere Einschätzung für angemessen.

Das **OLG Bremen** urteilt,[386] dass ein völliger Verzicht auf nachehelichen Unterhalt ohne Vorbehalt 214
des Kindesbetreuungsunterhalts sittenwidrig sei, wenn es der Lebensplanung entspricht, Kinder zu
haben und den Beruf zumindest teilweise oder zeitweise aufzugeben. Die subjektive Unterlegenheit
folgert das Gericht daraus, dass der Ehemann als Begründung für den Ehevertrag vorgetragen hatte,
sein ihm vorehelich geschenktes Haus aus dem Zugewinn heraushalten zu wollen und die Ehefrau
sich daraufhin auf einen vollständigen Unterhaltsverzicht eingelassen hatte. Daraus spreche deutlich
ihre Unerfahrenheit.

Nach **OLG Hamm** ist ein Globalverzicht nichtig, wenn die Ehefrau bei Abschluss des Vertrages ein 215
gemeinsames Kind betreut und die Vertragsteile bewusst in Kauf nehmen, dass sie wegen der Kindesbetreuung auf unbestimmte Zeit aus dem Berufsleben ausscheidet und keine eigenen Versorgungsanrechte erwerben kann.[387] Die subjektive Unterlegenheit leitet das Gericht aus dem Umstand
ab, dass die Ehefrau arbeitslos war und erstmals beim Notar mit dem Vertrag konfrontiert wurde.
Der Ehemann hatte eine intellektuell überlegene Position der Ehefrau behauptet, nachdem diese
einen Realschulabschluss und eine abgeschlossene Lehre zur Bürokauffrau hatte, während er selbst
nach der Hauptschule eine Schlosserlehre absolviert hatte. Dem mochte das Gericht nicht folgen.

Nach Ansicht des **OLG Karlsruhe** ist ein Globalverzicht, der nur den Kindesbetreuungsunterhalt 216
und Altersunterhalt nach Kindesbetreuung ausnimmt, wirksam, wenn keine subjektive Unterlegenheit nachgewiesen ist.[388]

Das **OLG Saarbrücken** verwirft einen Ehevertrag mit Globalverzicht, der zwei Tage vor der Hochzeit und weitere zehn Tage vor der Geburt des gemeinsamen Kindes geschlossen wurde.[389] 217

Das **OLG Hamm**[390] hat einen **Totalverzicht** im Ehemodell »**Zweiter Frühling**« ausdrücklich **gebilligt**, da eine Doppelverdienerehe ohne Kinder vorgesehen gewesen sei. 218

6. Doppelverdienerehe

Das **OLG Bamberg**[391] will die Rechtsprechung des BVerfG begrenzt sehen auf besondere Konfliktlagen und hält einen Totalverzicht in der Doppelverdienerehe für zulässig. 219

Das **OLG Saarbrücken**[392] hielt einen Unterhaltsverzicht für unwirksam, der in der Schwangerschaft 220
abgegeben wurde und u.a. einen vollständigen Unterhaltsverzicht enthielt. Dies soll selbst dann
gelten, wenn verabredet gewesen wäre, dass beide Ehegatten in Vollzeit erwerbstätig sind, denn es
sei nicht vereinbart gewesen, dass sie sich Haus- und Familienarbeit teilen.

> ▶ Gestaltungsempfehlung:
> Wenn der Vertragsgestalter in der Präambel auf die geplante Doppelverdienerehe verweist, so 221
> kann dies noch ergänzt werden um den Hinweis, dass Haus- und Familienarbeit geteilt werden.

---

385 OLG Hamm, FuR 2007, 177.
386 OLG Bremen, FuR 2007, 573.
387 OLG Hamm, FamRZ 2009, 1678.
388 OLG Karlsruhe, FamRZ 2008, 522.
389 OLG Saarbrücken, NJW-RR 2007, 654.
390 OLG Hamm, FamRZ 2017, 1568.
391 OLG Bamberg, OLGR-Süd 2005, 205 – Entscheidung v. 04.09.2003.
392 OLG Saarbrücken, DNotI-Report 2004, 138 = MittBayNot 2004, 448.

222 Das **OLG Hamm**[393] hält einen Unterhaltsverzicht für wirksam, wenn im Zeitpunkt des Vertragsschlusses beide Vertragsparteien erwerbstätig waren und das gemeinsame Kind bereits ein Jahr alt war. Der existenzielle Umbruch der Lebensbeziehungen der schwangeren Frau, der für das BVerfG Grund der Inhaltskontrolle gewesen sei, liege hier bereits weit zurück.

223 Das **OLG Saarbrücken** hält bei geplanter Doppelverdienerehe einen Unterhaltsverzicht und einen Verzicht auf Versorgungsausgleich für wirksam.[394]

224 Das **KG**[395] hatte in einem schon sehr lange dauernden Rechtsstreit über die Anpassung eines Unterhaltsverzichtes im Wege der Ausübungskontrolle zu entscheiden. Dabei hob es im Zusammenhang mit der Erwerbsobliegenheit der Mutter hervor, dass die Kinder des gutsituierten Vaters einen Anspruch darauf haben, »nicht wie Schlüsselkinder« behandelt zu werden, was eine erhebliche Reduzierung der Erwerbsobliegenheit zur Folge hatte. Der Anspruch aus § 1570 BGB wurde nicht auf einen bestimmten Zeitraum begrenzt, da die weitere schulische Entwicklung der Kinder nicht absehbar war. Dies bleibt dann einem späteren Abänderungsantrag vorbehalten. Damit entspricht das KG einer Forderung des 20. Deutschen Familiengerichtstages, die Rechtsprechung möge den Willen des Gesetzgebers, der auf einen stufenweisen Übergang bei der Erwerbsobliegenheit gerichtet ist, stärker beachten.[396]

7. Bleiberechtsfälle

225 Das **OLG Koblenz**[397] hält den Ausschluss von Zugewinn und Versorgungsausgleich für wirksam, weil bei beiderseits geringem Vermögen eine jeweilige Fortsetzung der Berufstätigkeit geplant war und lediglich ein allgemeiner Kinderwunsch bestand, kein aktueller. Dass das Visum der ausländischen Ehefrau kurze Zeit später ablief, hatte darauf keinen Einfluss. Sprachschwierigkeiten ließ das OLG nicht gelten, denn beide Ehegatten waren 14 Tage vor dem Beurkundungstermin mit Dolmetscherin beim beurkundenden Notar zur Vorbesprechung gewesen und die Ehefrau erhielt einen Tag vor Beurkundung eine schriftliche Übersetzung, die sie mit Anmerkungen versah, welche sie bei Beurkundung dann auch fragend vorbrachte.

▶ **Gestaltungsempfehlung:**

226 Bei der Beteiligung von Ausländern an der Beurkundung eines Ehevertrages sollte mit besonderer Sorgfalt auf vorherige Information und die Übersetzung geachtet werden. Ein Verzicht auf schriftliche Übersetzung nach § 16 Abs. 2 BeurkG ist hier nicht ratsam, auch wenn die Beteiligten die Kosten der Übersetzung häufig scheuen. Der spätere Einwand sprachlicher Schwierigkeiten lässt sich so am besten widerlegen.[398]

227 Das **OLG Schleswig**[399] hat in einer »Ausreißer-Entscheidung«[400] einen Ehevertrag für wirksam gehalten, in dem eine Frau, die sich unberechtigt in der Bundesrepublik aufhielt und illegalen Tätigkeiten nachging, kurz vor der Hochzeit einen Totalverzicht erklärte.[401] Das OLG hat das Interesse des bereits einmal geschiedenen Ehemannes, durch die neue Ehe kein finanzielles Risiko auf sich zu nehmen, mitgewichtet[402] und die Frau mit Ehevertrag für besser versorgt gehalten als ohne Heirat –

---

393 OLG Hamm, FamRZ 2005, 201 m. Anm. Bergschneider.
394 OLG Saarbrücken, FamRZ 2008, 1189.
395 KG, FamRZ 2012, 1947 f.
396 FamRZ 2013, 1948 A.I.2.a).
397 OLG Koblenz, FamRZ 2004, 200 m. Anm. Bergschneider.
398 Vgl. insb. Wachter, ZNotP 2003, 408, 418.
399 OLG Schleswig, FamRB 2005, 221 = MittBayNot 2006, 54.
400 Grziwotz, FamRB 2005, 221.
401 Zur Imparität in solchen Fällen: Schwab/Borth, Kap. IV Rn. 1571 f.
402 A.A. OLG Saarbrücken, MittBayNot 2004, 448.

ein Argument, das BVerfG und BGH nicht mehr zulassen.⁴⁰³ Betrachtet man die wirtschaftliche Situation der Frau unter dem Aspekt »ehebedingte Nachteile«, so dürfte sie allerdings solche trotz des Ehevertrages nicht erlitten haben. Das zeigt, dass hier der Korrekturgedanke bei extrem niedrigen vorehelichen Einkommen angebracht ist. Das OLG hat lediglich im Wege der Ausübungskontrolle einen Kindesbetreuungsunterhalt zugesprochen, der sich am kleinen Selbstbehalt orientiert.

In ähnlicher Weise hat das **OLG Koblenz**⁴⁰⁴ bei der Entscheidung über einen Ehevertrag mit einer Ausländerin, die kurz nach der Hochzeit pflegebedürftig wurde, entschieden, dass es nicht sittenwidrig ist, wenn sich eine Ausländerin angesichts drohender Ausreisepflicht in den sozialen Schutz der Ehe begeben und einen Ehevertrag mit Totalverzicht geschlossen hat. Eher könne man von einem durch die Eheschließung erlangten Vorteil sprechen. Das OLG hat dann im Wege der Ausübungskontrolle Krankheitsunterhalt zugesprochen. 228

Das **OLG München**⁴⁰⁵ hält einen Ehevertrag mit einer Ausländerin, der zur Erlangung einer Aufenthaltsgenehmigung führte, für sittenwidrig, weil der Kindesbetreuungsunterhalt höchstens so lange gewährt werden sollte, wie die Ehe gedauert hatte. Ansonsten war Gütertrennung, ein Ausschluss des Versorgungsausgleichs und eine Zuweisung der Ehewohnung an den Eigentümer vereinbart worden. Angesichts des drohenden Ablaufs der Aufenthaltserlaubnis war die Drucksituation so stark, dass auch die Vereinbarung beiderseitiger Berufstätigkeit die Einschränkungen nach Auffassung des Gerichts nicht mehr rechtfertigen konnte. 229

Das **KG**⁴⁰⁶ sieht eine Kompensation für den Ausschluss des Versorgungsausgleichs nicht nur in über Jahre erbrachten finanziellen Leistungen, sondern auch in dem mit der Eheschließung eröffneten **Weg zum Erwerb der deutschen Staatsangehörigkeit**. 230

8. Pflichtteilsverzicht

Das **OLG Koblenz**⁴⁰⁷ bejahte Vertragsfreiheit für einen mit dem Ehevertrag verbundenen Pflichtteilsverzicht. 231

Das **LG Ravensburg**⁴⁰⁸ wertet die Vereinbarung eines Erb- und Pflichtteilsverzichts als zusätzliche einseitige Lastenverteilung i.R.d. Gesamtwürdigung eines Ehe- und Erbvertrages. Hierzu wurde an anderer Stelle bereits ausführlich Stellung genommen⁴⁰⁹ mit dem Ergebnis, dass ein Pflichtteilsverzicht nicht zur Unwirksamkeit führt, sondern allenfalls, wenn man der Auffassung ist, er lasse unverzichtbare Unterhaltsansprüche entfallen, diese im Wege der Ausübungskontrolle zuzusprechen sind. 232

Das **OLG Düsseldorf** hat diese Frage nur angesprochen, konnte sie aber offenlassen.⁴¹⁰ Aus dem Urteil spricht aber die Tendenz, die strengen Maßstäbe des Ehevertrages nicht auf den Erbverzichtsvertrag zu übertragen.⁴¹¹ Wurden die Vermögensverhältnisse nicht thematisiert, so kann auch aus dem Verschweigen von Vermögensbestandteilen keine negative Folge gezogen werden. 233

Das **OLG Köln**⁴¹² hat in anderem Zusammenhang ausgesprochen, dass der von einem behinderten Kind mit seinen Eltern lebzeitig abgeschlossene Pflichtteilsverzichtsvertrag auch im Fall des Bezuges von Sozialleistungen nicht sittenwidrig sei. *Dutta* betont in seiner Anmerkung hierzu die Funktions- 234

---

403 Zustimmend hingegen Anm. FuR 2005, 473: Ehemann hat lediglich den vor der Ehe bereits vorhandenen Lebensrisiken seiner künftigen Frau Rechnung getragen.
404 OLG Koblenz, OLGR-West 2005, 355; hierzu nunmehr die Revisionsentscheidung des BGH, FamRZ 2007, 450 = ZFE 2007, 122, der den Vertrag für sittenwidrig hält.
405 OLG München, FamRZ 2007, 1244.
406 KG, FamRB 2017, 13.
407 OLG Koblenz, FamRZ 2004, 805.
408 LG Ravensburg, ZEV 2008, 598 f.
409 C. Münch, ZEV 2008, 571 f.
410 OLG Düsseldorf, NJW-RR 2013, 966.
411 So Keim, MittBayNot, 2014, 173, 174.
412 OLG Köln, FamRZ 2010, 838 m. Anm. Dutta.

äquivalenz – eine Begrifflichkeit, die nunmehr auch der BGH im Verhältnis Güterrecht zu Versorgungsausgleich eingeführt hat[413] – im Hinblick auf das Unterhaltsrecht und will daher den Pflichtteilsverzicht den gleichen Grenzen unterwerfen. Der BGH[414] hat das Urteil des OLG Köln gehalten und ausgeführt, seine Rechtsprechung zur Unwirksamkeit von Unterhaltsverzichten in Eheverträgen und Scheidungsfolgevereinbarungen, die den Sozialhilfeträger benachteiligen, sei auf Pflichtteilsverzichtsverträge nicht übertragbar, daher könne eine Funktionsäquivalenz dahinstehen.

9. Scheidungsvereinbarung

235 Das **OLG Celle**[415] wendet die Grundsätze der vorstehend geschilderten BGH-Rechtsprechung auch auf Scheidungsvereinbarungen an. Erwähnt sei im Zusammenhang mit den Scheidungsvereinbarungen noch ein Urteil des **BGH**,[416] in dem der BGH einen Auseinandersetzungsvertrag im Vorfeld einer Scheidung nicht für sittenwidrig hielt, mit dem Gütertrennung unter Verzicht auf Zugewinn gegen Abfindung und Verzicht auf Versorgungsausgleich sowie Abgeltung des Unterhalts für Ehefrau und Kinder durch Wohnungsüberlassung vereinbart war. Der BGH sah die Unausgewogenheit der Regelungen nicht als ausreichend dargelegt.

Das **OLG Celle**[417] dreht in einer weiteren Entscheidung den Spieß um und erklärt die Scheidungsvereinbarung mit einer von Bedarf und Leistungsfähigkeit unabhängigen Mindestunterhaltspflicht des Verpflichteten für sittenwidrig, wenn diesem weniger als das Existenzminimum verbleibt. Ebenso entschied das **OLG Karlsruhe**.[418]

236 Das **OLG München**[419] unterwirft auch die Unterhaltsvereinbarungen nach der Scheidung der Inhaltskontrolle entsprechend den Grundsätzen, die der BGH entwickelt hat.

237 Das **OLG Jena**[420] lehnt bei Scheidungsvereinbarungen eine Ausübungskontrolle ab, da Vereinbarung und Scheitern zusammenfallen. Diese Ansicht ist vereinzelt geblieben. *Bergschneider* stellt dagegen etwa das Beispiel vor Augen, dass ein Kind nach Eintritt eines Unterhaltsverzichtes pflegebedürftig wird.[421] Auch nach der Scheidung ist also mit Ausübungskontrolle zu rechnen. Dies gilt insbesondere für das Unterhaltsrechtsverhältnis, das erst mit Rechtskraft der Scheidung beginnt.[422]

238 Das **OLG Köln** hielt eine umfassende Scheidungsvereinbarung mit Ausschluss des Versorgungsausgleichs, Gütertrennung und einer novierenden Unterhaltsregelung mit Wertsicherungsklausel für wirksam, wenn keine Zwangs- oder Notlage herrschte und kein zeitlicher Druck ausgeübt wurde.[423]

239 Das **OLG Hamm**[424] wendet die gesetzlich verankerte Inhaltskontrolle der §§ 6, 8 VersAusglG auch auf eine Scheidungsvereinbarung an.

10. Zeitpunkt

240 Das **OLG Hamm** hat geurteilt, dass ein Ehevertrag, der auf der Grundlage des früheren Altersphasenmodells vor der Unterhaltsrechtsreform 2008 für nichtig erklärt wurde, auch nach der Unterhaltsreform nichtig bleibt. Es komme für die Nichtigkeit auf die Rechtslage, die Vorstellungen und Absichten der Parteien zum Zeitpunkt des Vertragsschlusses an, sodass ein nichtiger Vertrag nicht

---

413 BGH, FamRZ 2013, 269 = DNotZ 2013, 376.
414 BGH, NJW 2011, 1586.
415 OLG Celle, DNotI-Report 2004, 81.
416 BGH, FPR 2002, 441.
417 OLG Celle, FamRZ 2004, 1969 m. Anm. Bergschneider.
418 OLG Karlsruhe, FamRB 2007, 1 = FamRZ 2007, 477.
419 OLG München, FamRZ 2005, 215.
420 OLG Jena, FamRB 2008, 66 = FamRZ 2008, 2079 m. Anm. Bergschneider.
421 Bergschneider, FamRZ 2008, 2082.
422 Reetz, FuS 2013, 11, 14.
423 OLG Köln, FamFR 2010, 23 m. Anm. Langenfeld.
424 OLG Hamm, NJW 2013, 3253.

durch einen Wertewandel ipso iure wirksam werden könne. Daher sei insoweit kein Raum für ein Abänderungsbegehren. Es bedürfe vielmehr einer Bestätigung nach § 141 BGB.[425]

Das **KG** hält auch die Bestätigung in einem neuen Ehevertrag zur Heilung für ungeeignet, wenn die zur Sittenwidrigkeit führenden Umstände bei Abschluss des neuen Ehevertrages nicht entfallen sind.[426]

241

Nach **OLG Jena** ist ein weitgehender Ausschluss des Betreuungsunterhaltes dann nicht sittenwidrig, wenn bei Vertragsabschluss keine ehebedingten Nachteile erwartet werden konnten und tatsächlich dem verzichtenden Teil auch ohne den Ehevertrag im Zeitpunkt der Scheidung keine Unterhaltsansprüche zustünden.[427] Im Rahmen der Ausübungskontrolle berücksichtigt das Gericht dann die Rechtslage nach der Unterhaltsreform 2008.

242

11. Prozessuales

Das **OLG Celle**[428] hat in einem Fall, in dem über Unterhalt und Versorgungsausgleich aus der prozessualen Situation heraus nicht mehr zu entscheiden war, i.R.d. Entscheidung über den Zugewinnausgleich dennoch den Gesamtehevertrag geprüft und angesichts der Abhängigkeit der Ehefrau vom Ehemann (schwanger, beim Ehemann angestellt, im Haus der Schwiegereltern wohnend) den Gesamtehevertrag für unwirksam gehalten und aus diesem Grund Zugewinn zugesprochen. Hier kam es also nach Ansicht des Gerichts zu einer »Infektion« der für sich unbedenklichen güterrechtlichen Teile des Vertrages durch den – eigentlich nicht mehr zur Beurteilung anstehenden – Rest des Vertrages.

243

Das **OLG Düsseldorf**[429] hält eine Feststellungsklage über die Frage der Nichtigkeit eines Ehevertrages für zulässig, auch wenn die Möglichkeit bestünde, sogleich ein Zugewinnausgleichs- oder Nachscheidungsunterhaltsverfahren als Folgesache im Ehescheidungsverbund anhängig zu machen. Das OLG stuft den Vertrag, in dem auf Unterhalt und Zugewinn verzichtet wurde, als sittenwidrig ein. Besonderheit war, dass der Ehevertrag eine **eheliche Rollenverteilung** verpflichtend vorsah, aus der sich die deutlich schwächere Position der bei Vertragsabschluss schwangeren Ehefrau ergab. Das OLG sah wegen der Unwirksamkeit des Unterhaltsverzichts auch die Gütertrennung als unwirksam an und lehnte eine Teilnichtigkeit ab. Die notarielle Belehrung solle die Disparität nicht beseitigen können. Das **OLG Naumburg** lehnt ein Feststellungsinteresse ab, wenn die Ehe geschieden ist oder das Scheidungsverfahren noch rechtshängig ist, weil hier ohne Weiteres die Leistungsklage zulässig sei.[430]

244

Das **OLG Frankfurt am Main**[431] hält eine Feststellungsklage zur Wirksamkeit eines Ehevertrages nicht für zulässig, solange ein Scheidungsantrag noch nicht gestellt ist.

245

Das **OLG Köln**[432] hält auch nach Stellung eines Scheidungsantrages eine Zwischenfeststellungsklage zur Nichtigkeit eines Ehevertrages nicht für zulässig, wenn die im Ehevertrag geregelten Folgesachen Unterhalt und Zugewinn bisher nicht im Scheidungsverbund rechtshängig gemacht wurden.

246

Nach **OLG Düsseldorf**[433] kommt der deklaratorischen Feststellung eines Verbundurteils, der Versorgungsausgleich finde aufgrund ehevertraglichen Ausschlusses nicht statt, keine Rechtskraftwirkung zu. Stellt sich nachträglich die Unwirksamkeit des Ausschlusses heraus, so ist der Versorgungsausgleich durchzuführen. Dies ist auch sechs Jahre nach dem Verbundurteil nicht illoyal. Ebenso urtei-

247

---

425 OLG Hamm, FamRZ 2009, 2093.
426 KG, FamRZ 2010, 212 (LS) = NJW-RR 2010, 730.
427 OLG Jena, NJW-RR 2010, 649.
428 OLG Celle, FamRZ 2004, 1489; hierzu C. Münch, NotBZ 2004, 467 f.
429 OLG Düsseldorf, FamRZ 2005, 282.
430 OLG Naumburg, NJW-RR 2008, 385.
431 OLG Frankfurt am Main, FamRZ 2005, 457; OLG Frankfurt am Main, FamRZ 2006, 713 = ZFE 2006, 153 m. abl. Anm. Viefhues.
432 OLG Köln, FamRZ 2006, 1768.
433 OLG Düsseldorf, NJW 2006, 234 = FamRZ 2006, 794 f.

len das **OLG Hamm**[434] und das **OLG Bremen**,[435] Letzteres verneint aber ein Feststellungsinteresse, wenn es nur um die Geltendmachung einer einzigen Folgesache geht. Anderer Auffassung ist das **OLG Celle**, wenn in der Entscheidung im Scheidungsverbund eine materiell-rechtliche Prüfung der Wirksamkeit des Ehevertrages erfolgt ist, auch wenn diese nicht der neuen Rechtsprechung des BGH zur Inhaltskontrolle entsprechen konnte.[436]

Nach dem seit 01.09.2009 geltenden **neuen Versorgungsausgleichsrecht** hat das Gericht in seiner **Beschlussformel** nach § 224 Abs. 3 FamFG festzustellen, inwieweit ein Versorgungsausgleich etwa aufgrund Vereinbarung **nicht stattfindet**. Es kommt daher **immer zu einer Entscheidung des Gerichts**, auch wenn kein Versorgungsausgleich stattfindet. Im Rahmen dieser Entscheidung sind die abgeschlossenen Vereinbarungen gerichtlich **materiell zu prüfen**. Der Ausspruch, dass ein Versorgungsausgleich nicht stattfindet, erwächst sodann mit seinen tragenden Gründen in **Rechtskraft**.[437]

Das **KG**[438] ist der Auffassung, dass der (inzidenten) Feststellung in einem **Unterhaltsverfahren**, der **Ehevertrag sei wirksam**, eine **Präklusionswirkung** auch für das Abänderungsverfahren zukomme.

248 Das **OLG Brandenburg**[439] betont zum alten Recht die Amtsermittlungspflicht im Hinblick auf die Wirksamkeit eines vertraglichen Ausschlusses des Versorgungsausgleichs unter Berufung auf den von Amts wegen eintretenden Verbund. Zum neuen Recht bestehe jedoch keine generelle Amtsermittlungspflicht im Hinblick auf § 8 VersAusglG Auskünfte einzuholen.[440]

249 Nach **OLG Naumburg**[441] ist bei einem Stufenverfahren auf Zugewinnausgleich bereits in der Auskunftsstufe und nicht erst in der Leistungsstufe festzustellen, ob der Zugewinn im Ehevertrag abschließend wirksam geregelt wurde. Ist dies festgestellt, besteht schon kein Auskunftsanspruch.

250 Im **Grundbuchverfahren** ist dem Grundbuchamt die Prüfung der **Sittenwidrigkeit von Eheverträgen** (im konkreten Fall wegen Widerrufsgründen für eine unwiderrufliche Vollmacht) **nicht möglich**, so das **OLG München**.[442]

▶ Hinweis:

251 Die Zusammenstellung obergerichtlicher Entscheidungen zeigt eine reiche Kasuistik verschiedener Urteile. Eine einheitliche Sicht wird sich möglicherweise nach den Folgeurteilen des BGH eher ergeben. Bei der Vertragsgestaltung kann die bisherige Ansicht des örtlichen OLG Berücksichtigung finden.

IV. Inhaltskontrolle nach der Rechtsprechung des BGH

1. Dispositionsfreiheit der Ehegatten

252 Seinem Urt. v. 11.02.2004[443] stellt der BGH den folgenden Satz voran, an dem sich die Interpretation der Entscheidung auszurichten haben wird. Damit legt der BGH ebenso wie das BVerfG die Messlatte hoch:[444]

---

434 OLG Hamm, FamRZ 2007, 1257.
435 OLG Bremen, NJW-RR 2007, 725.
436 OLG Celle, NJW-RR 2009, 74.
437 Horndasch/Viefhues/Kemper, § 224 Rn. 11; Zöller/Lorenz, § 224 FamFG Rn. 11.
438 KG, FamRZ 2019, 1785.
439 OLG Brandenburg, FamRZ 2006, 129.
440 OLG Brandenburg, NZFam 2019, 592.
441 OLG Naumburg, FamFR 2013, 444 = FamRZ 2014, 944.
442 OLG München, DNotZ 2019, 197.
443 BGH, NJW 2004, 930 f.
444 Hahne, DNotZ 2004, 84, 89.

»Die gesetzlichen Regelungen über nachehelichen Unterhalt, Zugewinn und Versorgungsausgleich unterliegen grundsätzlich der vertraglichen Disposition der Ehegatten; einen **unverzichtbaren Mindestgehalt an Scheidungsfolgen** zugunsten des berechtigten Ehegatten **kennt das geltende Recht nicht.**«[445]

Damit legt der BGH seine ursprüngliche Rechtsprechung zugrunde und erteilt Vorschlägen in der Literatur eine Absage, die das geltende Eherecht aufgrund des Widerspruchs zur Rechtsprechung des BVerfG ersetzen wollten.[446] Die Begründung hierzu erfolgt ausführlich.

▶ **Hinweis:**

Die Ehevertragsfreiheit hat weiterhin Bestand, wenn auch mit bestimmten Schranken, die sich insb. auf den Kernbereich der Scheidungsfolgenregelungen beziehen.

253

Das BGB **verzichtet** in §§ 1353, 1356 BGB nunmehr bewusst auf ein **gesetzliches Leitbild** der Ehe.[447] Gleiches gilt für das Grundgesetz.[448] Damit können die Ehegatten in eigener Verantwortung über die Gestaltung ihrer ehelichen Lebensgemeinschaft und damit insb. über die **Rollenverteilung** hinsichtlich Erwerbsarbeit, Familienarbeit und Kindererziehung entscheiden.[449] Die Ehe ist damit ein »Gefäß ohne Inhalt«, das von den Ehegatten beliebig und individuell gefüllt werden kann.[450] Daher sind Urteile verfehlt, welche die gesetzliche Unterhaltsregelung zum Leitbild erheben.[451] Dies zeigt sich schon unmittelbar anhand der nach der Unterhaltsreform 2008 völlig veränderten gesetzlichen Wertungen.[452]

254

Das Scheidungsfolgenrecht hingegen bezieht sich nach wie vor auf einen bestimmten Ehetyp, vorwiegend die Hausfrauenehe. Es bedarf daher nach Ansicht des BGH[453] zwingend der Vertragsfreiheit, damit die Ehegatten diese Scheidungsfolgen ihrem gelebten Ehetyp[454] anpassen können. Ansonsten nähme man den Ehegatten die Freiheit der Ehegestaltung. Das Verlangen nach **Abänderung** der Scheidungsfolgen **im Hinblick** auf eine Anpassung an die **gelebte Ehekonstellation** – vorzugswürdiger Begriff angesichts verstärkter Wandelbarkeit – ist daher **legitim**.

255

Die im BGB ausdrücklich gegebenen Möglichkeiten zur ehevertraglichen Abänderung der gesetzlichen Scheidungsfolgen in § 1585c BGB für das Unterhaltsrecht, § 1408 Abs. 1 BGB für das Güterrecht und §§ 1408 Abs. 2 BGB i.V.m. §§ 6 ff. VersAusglG, für den Versorgungsausgleich zeigen, dass das Scheidungsfolgenrecht gerade kein zwingendes, der Parteidisposition entzogenes Recht darstellt.[455] Diese Position hat der BGH erneut betont und dabei festgestellt, dass etwa die formale und pauschale Regelung der Zugewinngemeinschaft überschießend sei, sodass sie dringend des Korrektivs ehevertraglicher Abbedingungsmöglichkeiten bedürfe.[456] Daran ändert auch § 8

256

---

445 Für die Einführung gesetzlicher Typisierungsmodelle verschiedener Ehetypen spricht sich aus: Hohmann-Dennhardt, ZRP 2005, 173, 174. Sie fordert auch eine Emanzipation des Familienrechts in den Bereichen des Sozialrechts, der Finanzen und der Steuern, um die im Grundgesetz angelegte und im Familienrecht zu beachtende Gleichberechtigung der Frauen zu einer echten Chancengleichheit auch mit Kindern werden zu lassen, Hohmann-Dennhardt, FF 2006, 15 ff.
446 Scholz, FamRZ 2002, 733; Maier, NJW 2002, 3359, 3364; Dauner-Lieb, FF 2002, 151, 153.
447 Palandt/Brudermüller, § 1356 Rn. 1; krit. zum Leitbildcharakter des Scheidungsfolgenrechts Grziwotz/Hagengruber, DNotZ 2006, 32, 38.
448 Ausführlich hierzu C. Münch, KritV 2005, 208, 217 f.; zustimmend Sethe, in: Höland/Sethe, 40.
449 Hahne, DNotZ 2004, 84, 88.
450 Schwab, in: Staatslexikon, Bd. 2, Sp. 120; Grziwotz, DNotZ-Sonderheft 1998, 228, 249 ff.; zustimmend zitiert von Hahne, DNotZ 2004, 84, 88.
451 So aber OLG Karlsruhe, FamRB 2007, 1.
452 Gegen eine verfassungsrechtliche Überhöhung einfachrechtlichen Unterhaltsrechts Grziwotz, DNotZ 2007, 131.
453 BGH, NJW 2004, 930 f.
454 Grundlegend zu den Ehetypen: Langenfeld, Sonderheft DNotZ 1985, 167, 170 f.; Langenfeld, FamRZ 1987, 9 ff.
455 BGH, NJW 2004, 930 f.
456 BGH, FamRZ 2013, 269 = DNotZ 2013, 376.

Kapitel 2 — Vertragliche Regelungen im Ehegüterrecht

Abs. 1 VersAusglG nichts, mit dem im Versorgungsausgleichsrecht nach der Strukturreform erstmals die gerichtliche Inhaltskontrolle gesetzlich festgeschrieben wurde. Die Vorschrift verweist nur auf die richterliche Inhaltskontrolle.[457]

2. Keine zwingende Halbteilung

257 Der Grundsatz, dass Ehegatten auch nach der Scheidung Anspruch auf gleiche Teilhabe am gemeinsam Erwirtschafteten haben,[458] schließt schon nach BGH v. 11.02.2004[459] entgegen der Vorinstanz die Möglichkeit der Ehegatten nicht aus, ehevertraglich durch einvernehmliche und angemessene Regelung etwas anderes zu vereinbaren.[460] Die dort vom BVerfG ausgesprochene Halbteilung beziehe sich ohnehin **nur** auf die **Unterhaltsbeiträge**, welche die Ehegatten aus Erwerbseinkommen bzw. Familienarbeit erbringen. Pointiert spricht sich Schwab[461] auch gegen das BVerfG gegen den Begriff der Teilhabe im Unterhaltsrecht aus und sieht darin eine unzulässige potenzielle Verlängerung des Güterausgleichs in die Zeit nach der Scheidung hinein.

258 Noch deutlicher wird der BGH in seinem Urt. v. 25.05.2005[462] So nimmt der BGH klar Stellung gegen diejenigen Ansichten,[463] die aus der Rechtsprechung des BVerfG einen **zwingenden Halbteilungsgrundsatz** ablesen wollen. Bereits die Entscheidung v. 06.10.2004 entsprach dem Anliegen des Ehevertrages, eine Nivellierung des Versorgungsgefälles auszuschließen,[464] und ließ den Ehevertrag somit nicht an einer angeblich zwingenden Halbteilung scheitern.[465]

259 Nunmehr betont der BGH, dass **Erwerbstätigkeit und Familienarbeit** grds. nur dann als **gleichwertig** behandelt werden, »**wenn die Ehegatten nichts anderes vereinbart haben**«.[466] Damit erkennt der BGH an, dass sich die Rechtsprechung des BVerfG nur auf die gesetzliche Rechtslage bezieht, die Parteien aber vertraglich davon abweichen können.

Zusätzlich erkennt der BGH die **Autonomie der Ehegatten** bei der Gestaltung ihrer Ehe an und zwar in zweierlei Hinsicht. Zum einen können die Ehegatten die **eheliche Rollenverteilung** abweichend vom Gesetz gestalten;[467] daraus folgt dann zwingend die Abänderungsbefugnis für die gesetzlich angeordneten Scheidungsfolgen. Zum anderen hat der BGH aber auf die Frage, warum denn auch diejenigen Ehegatten abweichende Regelungen treffen können, die eine Rollenverteilung gewählt haben, von der schon das Gesetz bei der Bestimmung der Scheidungsfolgen ausgeht,[468] eine deutliche Antwort gegeben: »*Die Ehegatten können, auch wenn die Ehe dem gesetzlichen Leitbild entspricht, den wirtschaftlichen Wert von Erwerbseinkünften und Familienarbeit unterschiedlich gewichten.*«

Diese Behandlung der **Familienarbeit** wird verschiedentlich kritisiert. So ist etwa *Grziwotz* (unter dem provokanten Titel: »Familienarbeit, Erwerbsarbeit und Liebe – Tauschgerechtigkeit in der

---

457 Hierzu näher C. Münch, FamRB 2010, 51 ff.
458 BVerfG, FamRZ 2002, 527 ff.
459 BGH, NJW 2004, 930 f.
460 C. Münch, MittBayNot 2003, 107, 109; C. Münch, FamRZ 2005, 570, 573.
461 Schwab, FF Sonderheft 2/2004, 164, 171.
462 BGH, FamRZ 2005, 1444.
463 Dauner-Lieb/Sanders, FF 2003, 117, 118; Dauner-Lieb, FF 2004, 65, 66; Rakete-Dombek, NJW 2004, 1273, 1277; a.A. Grziwotz, MDR 2005, 73, 76; Rauscher, DNotZ 2004, 524 f.; Volmer, ZNotP 2005, 242, 246; für zwingende Halbteilung auch OLG München, FamRZ 2003, 35 m. Anm. Bergschneider; hiergegen C. Münch, MittBayNot 2003, 107; Grziwotz, MDR 2005, 73: Halbteilung verfassungsrechtlich nicht vorgegeben.
464 BGH, FamRZ 2005, 185.
465 Befürwortend Hauß, FPR 2005, 135, 138.
466 BGH, FamRZ 2005, 1444.
467 Ausführlich: C. Münch, KritV 2005, 208 ff.
468 Dauner-Lieb, JZ 2004, 1027; daher auch gegen diese Rspr. Dauner-Lieb, FPR 2005, 141, 143.

Ehe«)⁴⁶⁹ der Ansicht, der Rechtsprechung fehlten die Gerechtigkeitsmaßstäbe zur Beurteilung des Austauschverhältnisses.⁴⁷⁰ *Dauner-Lieb*⁴⁷¹ **fordert vehement eine neue Gewichtung** und Berücksichtigung der Familienarbeit im Rahmen der Inhaltskontrolle. Solche Forderungen werden vor allem mit Blick auf das Diktum des BVerfG⁴⁷² zur **Gleichwertigkeit** von Erwerbs- und Familienarbeit erhoben, das aber bei näherer Betrachtung eine Gleichstellung **nur unterhaltsrechtlich** versteht, sodass sie maximal bis zur Höhe des Erwerbseinkommens gehen kann, bei dem die quotale in die konkrete Unterhaltsberechnung umschlägt. Diese an anderer Stelle ausführlicher begründete Auffassung⁴⁷³ verbreitet sich zusehends.⁴⁷⁴ Ja es wird sogar vertreten, dass ein ungebremster Zugewinn bei Betriebsvermögen ohne Ehevertrag mit Art. 14 GG nicht zu vereinbaren sei.⁴⁷⁵ Aus der Entscheidung des **BGH** zum Unternehmereehevertrag⁴⁷⁶ wird man jedenfalls entnehmen müssen, dass der BGH **im Rahmen der Gesamtabwägung** die Familienarbeit in diesem Rahmen künftig **stärker berücksichtigen** wird.

Diesen Grundsatz, dass die Halbteilung nicht Maßstab der Inhaltskontrolle ist, arbeitet der BGH später erneut als zentrale These heraus.⁴⁷⁷ Diese Wertung wird durchaus auch kritisch betrachtet.⁴⁷⁸ Der BGH hat aber jüngst erneut bekräftigt unter Berufung auf den Autor,⁴⁷⁹ dass die richterliche Inhaltskontrolle selbst im Kernbereich keine Halbteilungskontrolle ist.⁴⁸⁰

Brudermüller fasst seine Überlegungen so zusammen: »*Der Ausgleich ehebedingter Nachteile lässt sich ... als Schranke der Ehevertragsfreiheit legitimieren. Dabei ist der Anspruch auf das negative Interesse – Ausgleich ehebedingter Nachteile – durch das positive Interesse – Halbteilung – begrenzt.*«⁴⁸¹ 260

Damit können auch in der sog. Einverdienerehe bei Diskrepanzfällen Mittelwege beschritten werden, die fern von einer völligen Entsolidarisierung sind, aber nicht den nach dem Gesetz eheangemessenen Unterhalt erreichen. Für die Privatautonomie ist damit ein Stück Terrain zurückgewonnen. Die Ehegatten erhalten eine »Definitionskompetenz« hinsichtlich ihres Eheverständnisses.⁴⁸² 261

3. Kernbereichslehre

Die Dispositionsfreiheit ist der Grundsatz. Sie gilt aber nicht schrankenlos. Vielmehr wird die **Vertragsfreiheit begrenzt durch den Schutzzweck der gesetzlichen Regelung**.⁴⁸³ 262

Die Verletzung dieses Schutzzwecks prüft der BGH sodann dreigliedrig: 263
- **evident einseitige Lastenverteilung**,
- **nicht** durch individuelle Gestaltung ehelicher Lebensverhältnisse **gerechtfertigt**,
- für den belasteten Ehegatten **unzumutbar**.

Ob diese Voraussetzungen bei ehevertraglicher Abweichung vom gesetzlichen Scheidungsfolgenrecht vorliegen, hat der Richter zu prüfen. Nach Auffassung des BGH entfällt diese Prüfung nicht von 264

---

469 Grziwotz in FS Brudermüller, 253 ff.
470 So auch BRHP/Siede, § 1408, Rn. 16.
471 Dauner-Lieb, Brühler Schriften zum Familienrecht, Bd. 19, 21. Deutscher Familiengerichtstag 2016, 25 ff.
472 BVerfG, FamRZ 2002, 257.
473 Hierzu näher C. Münch, FamRB 2018, 247, 249.
474 Vgl. etwa Borth in FS Koch, 227 ff.
475 Borth, FS Koch, 227, 233.
476 BGH, FamRZ 2017, 884.
477 BGH, NJW 2009, 842 f. = FamRZ 2009, 198.
478 So etwa Brudermüller, FS Hahne, 121, 131.
479 Münch, FPR 2011, 504, 508.
480 BGH, NJW 2014, 1101; KG, MittBayNot 2018, 42, 44; Born, NJW 2014, 1484, 1485; völlig anders Graba, NZFam 2018, 145: Jedes Abweichen von gesetzlichen Ansprüchen im Ehevertrag sollte eine unangemessene Benachteiligung indizieren.
481 Brudermüller in FS Coester-Waltjen, 17, 27.
482 Grziwotz, FamRB 2005, 251.
483 BGH, NJW 2004, 930 f.

vornherein deshalb, weil der beurkundende Notar über Inhalt und Konsequenz des Vertrages ordnungsgemäß belehrt hat.[484] Dies heißt nur, dass die Mitwirkung des Notars eine Prüfung nicht von vornherein entbehrlich macht. Diese Passage des Urteils besagt aber nicht, dass die Mitwirkung des Notars und das Bewusstwerden der Ehegatten über Inhalt und Folgen des Vertrages in der sogleich zu schildernden Gesamtabwägung keine Berücksichtigung finden könnten. Im Gegenteil sollte dies auch nach der neuen Rechtsprechung ein gewichtiger Punkt sein.[485] So hat der BGH einen zwar ungerechten, aber deutlich erklärten Ehevertrag ausdrücklich gehalten mit dem Hinweis, dass aufgrund des Inhaltes des Ehevertrages keine unerwartete Entwicklung eingetreten sei.[486]

▶ **Hinweis:**

265 Die ordnungsgemäße Belehrung des Notars macht die Inhaltskontrolle nicht überflüssig, kann aber den Ehegatten den Regelungsgehalt und seine Folgen bewusst machen und so die Imparität eines Vertragsteiles beseitigen, der dann in eigener Verantwortlichkeit der Regelung zustimmt.

266 Im Anschluss an Dauner-Lieb[487] entwickelt der BGH sodann eine familienrechtliche **Kernbereichslehre** mit einer **Stufenfolge der Scheidungsfolgeansprüche**. Je unmittelbarer die vertragliche Abweichung in den Kernbereich des Scheidungsfolgenrechts eingreift, desto schwerer wiegt die Belastung. Eine ähnliche Einschätzung gab es lange Zeit im Gesellschaftsrecht.[488] Allerdings hat der BGH nun mit dieser mehrere Jahrzehnte vertretenen Lehre im Gesellschaftsrecht gebrochen und ausdrücklich festgestellt, es sei nicht mehr darauf abzustellen, ob ein Eingriff in den sog. »Kernbereich« gegeben sei.[489] Diese Rechtsprechung wird vehement kritisiert.[490]

Im **Familienrecht** aber beruft sich der BGH auch entgegen anderslautender Ansichten[491] nach wie vor auf die Kernbereichslehre.[492]

Der BGH bildet die nachfolgenden Stufen einer **Rangfolge der Disponibilität** der Scheidungsfolgen (Ranking der Scheidungsfolgen):[493]

a) Kindesbetreuungsunterhalt

267 Auf erster Stufe steht der Betreuungsunterhalt nach **§ 1570 BGB**. Er ist schon durch das betroffene Kindesinteresse **nicht frei disponibel**. Allerdings ist er auch nicht zwingend und jeder Disposition entzogen. Der BGH nennt als Beispiel ein von den Ehegatten abweichend vereinbartes Betreuungsmodell.[494] Damit manifestieren sich bereits seit längerer Zeit gegebene Hinweise zur Vorsicht bei Abbedingen des Betreuungsunterhalts.[495] Nunmehr ist die Vorschrift des § 1570 BGB durch die Unterhaltsreform 2008 völlig neu gefasst. Man wird daher künftig zwischen den einzelnen Tatbeständen auch hinsichtlich ihrer Disponibilität zu unterscheiden haben.[496]

---

484 Insoweit entgegen der Auffassung von Langenfeld, DNotZ 2001, 272, 279.
485 Vgl. C. Münch, DNotZ 2004, 901 ff.; Büttner/Niepmann, NJW 2005, 2352, 2356: Bei korrekter notarieller Belehrung wird der Vertrag seltener der Inhaltskontrolle zum Opfer fallen.
486 BGH, FamRZ 2013, 1543.
487 Dauner-Lieb, AcP 201 (2001), 295 ff., 319 f.
488 K. Schmidt, § 16 Abs. 3.
489 BGH, NZG 2014, 1296 f.
490 Priester, NZG 2015, 529 f.
491 Milzer, NZFam 2014, 773 ff.; ders., NZFam 2016, 433, 434.
492 Etwa BGH, NJW 2017, 1833, Rn. 31.
493 Wagenitz, in: Höland/Sethe, 13.
494 Für nicht mehr anwendbar halten dies Löhnig/Preißner, NJW 2012, 1479, 1480, die den Basisunterhalt als rein im Kindesinteresse geschuldet ansehen und daher nicht wie eine Scheidungsfolge behandeln möchten.
495 Bergschneider, FamRZ 2003, 39.
496 Hierzu näher Rdn. 373 ff.

b) Krankheitsunterhalt, Unterhalt wegen Alters, Versorgungsausgleich

Gemeinsam auf der zweiten Stufe der Disponibilitätsrangfolge werden der Krankheitsunterhalt, der Unterhalt wegen Alters und der Versorgungsausgleich eingestuft. Diese Tatbestände gehören **noch mit zum Kernbereich**. Ein Verzicht ist jedoch eher möglich als beim Betreuungsunterhalt. Insb. kann ein solcher angemessen sein, wenn die Ehe erst im Alter oder nach einer bereits ausgebrochenen Krankheit geschlossen wird.[497] Ein Verzicht auf Versorgungsausgleich ist insbesondere dann zulässig, wenn die Vertragsteile nicht von einer längeren Berufspause ausgehen.[498] 268

c) Sonstige Unterhaltstatbestände

Der **Unterhalt wegen Erwerbslosigkeit** ist weniger schutzwürdig, weil nach einer nachhaltigen Sicherung des Erwerbseinkommens das Risiko ohnehin auf den Unterhaltsberechtigten übergeht. 269

Krankenvorsorge- und Altersvorsorgeunterhalt hatte der BGH[499] zunächst auf der folgenden Stufe eingeordnet. Später hat er dann präzisiert[500] und diesen Unterhalt auf die gleiche Stufe gestellt wie den jeweiligen Elementarunterhalt. Dem ist zuzustimmen, da der Vorsorgeunterhalt nach § 1578 BGB keinen eigenen Unterhaltstatbestand bildet, sondern nur die Höhe des Unterhalts beeinflusst.[501] 270

Aufstockungsunterhalt (§ 1573 Abs. 2 BGB) und **Ausbildungsunterhalt** (§ 1575 BGB) schließen sich an. Diese Unterhaltsansprüche sind am wenigsten schützenswert, weil das Gesetz hier schon bisher Begrenzungsmöglichkeiten nach Zeit und Höhe vorsah. Der Aufstockungsunterhalt als ohnehin am meisten kritisierter Unterhaltstatbestand[502] hat durch die Abschaffung der Lebensstandargarantie schon durch die Rechtsprechung des BGH und dann die Unterhaltsreform 2008 eine entscheidende Schwächung erlitten, was seine Disponibilität stark erhöht hat. 271

Die Neuregelung des § 1578b BGB schafft jedenfalls mehr Möglichkeiten, auf Unterhalt nach einer bestimmten Übergangszeit und ggf. gestaffelt in der Höhe zu verzichten. Sie spielt daher nunmehr auch bei der Ausübungskontrolle in der Rechtsprechung des BGH eine Rolle,[503] da diese die Situation nicht zur Zeit des Vertragsabschlusses, sondern aus der jetzigen Sicht unter Geltung der Unterhaltsreform betrachtet. 272

d) Zugewinnausgleich

Der **Zugewinnausgleich** nimmt **die letzte Stufe** ein und ist somit am ehesten verzichtbar, da er nicht an eine konkrete Bedarfslage anknüpft. Die Vermögensgemeinschaft sei zudem nicht notwendiger Bestandteil der ehelichen Gemeinschaft. Somit wird die Wahl des Güterstandes insb. nicht durch den Halbteilungsgrundsatz eingeschränkt.[504] Sofern durch Ausschluss des Zugewinnausgleichs der geschiedene Ehegatte später nicht über eigenes Vermögen verfügt und deshalb eine Versorgungslücke auftritt, ist dies in erster Linie unterhaltsrechtlich zu kompensieren. Die grundsätzliche Kritik[505] an dieser Einstufung des Zugewinnausgleichs hat den BGH nicht bewogen, von seiner Ansicht abzurücken. Er hat im Gegenteil bekräftigt,[506] dass er auf dem Boden der Rechtsprechung des BVerfG stehend dem **Güterrecht auch weiterhin nur nachrangige Bedeutung** zumesse und dass selbst eine Anpassung aufgrund Ausübungskontrolle nur unter ganz engen Voraussetzungen stattfinden könne. 273

---

497 BGH, NJW 2004, 930.
498 OLG Hamm, RNotZ 2014, 438, 441.
499 BGH, NJW 2004, 930.
500 BGH, FamRZ 2005, 1449.
501 Schwab, in: FS für Holzhauer, S. 411, 424; Bergschneider, FamRZ 2005, 1452.
502 Holzhauer, JZ 1977, 729, 735 ff.; Langenfeld/Milzer, Rn. 575 »Nerzklausel«.
503 BGH, FamRZ 2011, 1377 m. Anm. Bergschneider.
504 Dies ergibt sich insb. aus BGH, NJW 2008, 3426; vgl. Sanders, FF 2009, 111, 112.
505 Dauner-Lieb, FF 2011, 382; Meder, FPR 2012, 113 f.; Brudermüller, FS Hahne, 121 ff.; Bergschneider, FS Hahne, 113 ff.
506 BGH, FamRZ 2013, 269 = DNotZ 2013, 376.

4. Ehebedingte Nachteile

274 Ausgehend von diesen Vorgaben gilt es nun zu ergründen, wo die **Grenze der privatautonomen Regelungsmöglichkeit** verläuft. Für den Kindesbetreuungsunterhalt hat der BGH ausgesprochen, dass eine Regelung nicht schon bei Erreichen des Existenzminimums akzeptabel sei (und schon gar nicht unterhalb dieses Wertes).[507] Eine Grenze nach unten ist vielmehr nach der Rechtsprechung des BGH dann erreicht, wenn die Unterhaltshöhe **nicht annähernd geeignet ist, die ehebedingten Nachteile auszugleichen.**[508]

275 Damit setzt sich eine schon mit den Urt. v. 06.10.2004 begonnene Tendenz der Rechtsprechung fort, die den **Ausgleich ehebedingter Nachteile in den Mittelpunkt** stellt. Solches war schon bei der literarischen Entwicklung der Kernbereichslehre vorgeschlagen worden.[509] Nach dem neuen Unterhaltsrecht ist in § 1578b Abs. 1 Sätze 2 und 3 BGB nunmehr die Berücksichtigung ehebedingter Nachteile für die Frage der Herabsetzung oder zeitlichen Begrenzung von Unterhalt positivrechtlich vorgesehen. Seit der Änderung des § 1578b BGB[510] ist die Dauer der Ehe als gleichberechtigtes Abwägungskriterium textlich noch herausgestellt worden.

276 Damit findet die **Ehebedingtheit der Bedürftigkeit** auch einen positivrechtlichen Ausdruck.[511] Für sie war schon bisher eine gesteigerte Bedeutung gefordert worden.[512] Sie galt zudem als tauglicher Ansatzpunkt für die Reichweite ehevertraglicher Gestaltungsfreiheit.[513]

277 Im Urt. v. 25.05.2005[514] und v. 05.07.2006[515] hat nunmehr der BGH das Kriterium der ehebedingten Nachteile nicht nur bei der Ausübungskontrolle, sondern bereits bei der Prüfung der Sittenwidrigkeit angewandt. Damit dürfte bestätigt sein, dass **Eheverträge**, welche alle **ehebedingten Nachteile ausgleichen**, jedenfalls **nicht sittenwidrig** sind.[516] Ausnahmen mögen allenfalls da gerechtfertigt sein, wo das voreheliche Einkommen des kindesbetreuenden Ehepartners so niedrig ist, dass den betreuten Kindern bei einer Unterhaltszahlung auf diesem Niveau evident Nachteile drohen.

Hat der Ehepartner ein sehr **hohes voreheliches Einkommen**, greift eine Unterhaltshöchstgrenze, die deutlich darunter liegt, zu niedrig. Allerdings wird hierbei zu berücksichtigen sein, dass bei gemeinsamer Entscheidung beider Ehegatten zur Aufgabe der Berufstätigkeit der Ehefrau, dieser unterhaltsrechtlich bei nur einem Einkommen ggf. nicht ihr voreheliches Einkommen als Unterhalt zustehen kann. In den Diskrepanzfällen jedoch sollte sich der Unterhalt der Ehefrau von dem vorehelichen Einkommen des verzichtenden Teiles nicht allzu weit wegbegeben und die Indexierung oder sonstige Anpassung sollte nicht übersehen werden.[517]

278 Zu klären wäre schließlich noch, ob die **Berufsaufgabe** wirklich **ehebedingt** erfolgt ist. Insb. wenn die Schwangerschaft schon bei Vertragsabschluss vorliegt, hätte es auch ohne die Ehe möglicherweise eine berufliche Unterbrechung gegeben. Hier interpretiert der BGH den Ehevertrag, ob dieser eine entsprechende Rollenverteilung der Kindesbetreuung durch die Mutter vorsieht.[518] Berufliche Nach-

---

507 BGH, ZNotP 2006, 428 f.
508 BGH, FamRZ 2005, 1444.
509 Dauner-Lieb, Brennpunkte, 1, 12.
510 BGBl. 2013 I, 273.
511 Dieser bleibt freilich insofern inkonsequent, als noch immer Unterhaltstatbestände bestehen, die nicht von ehebedingten Nachteilen abhängen. Zu den Konsequenzen für das Unterhaltsrecht im Konflikt zwischen der geforderten Eigenverantwortung und der beibehaltenen nachehelichen Solidarität: Brudermüller, Geschieden und doch gebunden?, 2008.
512 Brudermüller, FamRZ 1998, 649 ff. m.w.N.
513 Dauner-Lieb, Brennpunkte, 13.
514 BGH, FamRZ 2005, 1444.
515 BGH, ZNotP 2006, 428 f.
516 So C. Münch, ZNotP 2004, 122, 130.
517 Ein positives Beispiel für eine gelungene Kompensation ehebedingter Nachteile gibt OLG Karlsruhe, FamRZ 2010, 34.
518 BGH, ZNotP 2006, 428.

teile, die zwar aufgrund der Geburt gemeinsamer Kinder, aber schon vor der Eheschließung eingetreten sind, sieht der BGH nicht als ehebedingt an.[519]

Indem die ehebedingten Nachteile die **Grenze privatautonomer Gestaltung** darstellen, haben sie auch von vorneherein Einfluss auf die Einstufung in die Kernbereichstheorie. Dies hat der BGH bei der Neubestimmung der Rangfolge für den Kranken- und Altersvorsorgeunterhalt ausgesprochen.[520]

5. Imparität

Das Vorliegen von Imparität wird vom BGH auf der Grundlage der verfassungsrechtlichen Bedeutung der Vertragsfreiheit[521] **überprüft**. Der BGH[522] spricht sogar ausdrücklich von einer »Zwangslage« – hieraus kann man schließen, dass die allgemeinen Voraussetzungen des § 138 BGB zu untersuchen sind, und zwar ohne eine ehevertragsspezifische Änderung[523] – und prüft den Sachverhalt auf eine gravierende Störung der Vertragsparität als Voraussetzung einer Wirksamkeitskontrolle. Der BGH prüft daher bei der Wirksamkeitskontrolle die subjektive Unterlegenheit.[524] Diese Bedeutung der Imparität hat der BGH später erneut betont und herausgearbeitet, dass die Drucksituation der Ehefrau von der bevorstehenden Geburt, der vom Mann geäußerten Zweifel an der biologischen Vaterschaft, der Abhängigkeit der Eheschließung vom Ehevertrag – welcher nur vom Mann mit dem Notar vorbereitet worden war – und der aussichtslosen Situation als ledige Mutter und ungelernte Kraft herrührte.[525]

Weiter geht der BGH[526] vertieft auf die **subjektive Imparität** ein und betont, dass das Verdikt der Sittenwidrigkeit subjektiv eine **verwerfliche Gesinnung** voraussetzt (Tz. 24). Da aus einem unausgewogenen **Vertragsinhalt** in familienrechtlichen Verträgen noch **keine Vermutung** für die subjektive Seite der Sittenwidrigkeit spricht[527], fordert der BGH **verstärkende Umstände außerhalb der Urkunde**, die eine subjektive Imparität erkennen lassen.[528] Für diese Umstände trägt der benachteiligte Ehegatte, der sich auf die Unterlegenheit beruft, die Beweislast.[529] Der BGH sieht eine subjektive Unterlegenheit bei **Ausnutzung einer Zwangslage** (Überrumpelung, Drohung etc.), **sozialer oder wirtschaftlicher Abhängigkeit** (Angewiesenheit auf Eheschließung ohne ökonomischen Rückhalt) oder **intellektueller Unterlegenheit** (Lebenserfahrung, Bildungsniveau, deutlich verstehbare Urkunde).[530] Ob eine vom BGH gesehene einseitige Dominanz beim Unternehmerehevertrag dann

---

519 BGH, FamRZ 2013, 770 = NJW 2013, 1359 f.
520 BGH, FamRZ 2005, 1449; so schon Dauner-Lieb, Brennpunkte, 1, 13.
521 Hohmann-Dennhardt, FF 2004, 233, 235 fordert den BGH auf dies noch deutlicher auszusprechen.
522 BGH, FamRZ 2005, 1444 und 1449.
523 So auch Würzburger Notarhandbuch/J. Mayer, 4. Aufl., Teil 3, Kap. 1 Rn. 33, in der 5. Aufl. unentschieden Mayer/Reetz.
524 Vgl. auch AG Rheine, FamRZ 2005, 451: soziale Unterlegenheit durch Suchterkrankung; OLG Celle, FamRZ 2004, 1202 mit strengen Anforderungen an die Verwerflichkeit; OLG Braunschweig, FamRZ 2005, 2071 »unter Ausnutzung der schwächeren Lage«; OLG Hamm, FamRZ 2006, 268; nach Löhning, JA 2005, 344 f. muss die Imparität vom bevorteilten Ehegatten erkannt und ausgenutzt sein; relativierend Wagenitz, in: Höland/Sethe, 1, 5; das OLG Celle, FPR 2009, 425 hat entschieden, dass ein Ehevertrag nicht sittenwidrig ist, wenn zwar eine Imparität besteht, diese aber nicht ausgenutzt wurde.
525 BGH, FamRZ 2009, 1041.
526 BGH, FamRZ 2013, 195 = NJW 2013, 380; hierzu C. Münch, FamRB 2013, 160 f.
527 So schon BGH, FamRZ 2009, 198; Brudermüller, NJW 2013, 1282, 1283; a.A. Wellenhofer, NZFam 2020, 229 f.
528 Unter anderem unter Berufung auf C. Münch, DNotZ 2005, 819, 825 f.
529 Bergschneider FamRZ 2013, 201, 202 plädiert in diesem Zusammenhang dafür, die Rechtsprechung zur primären und sekundären Beweislast heranzuziehen (BGH, FamRZ 2008, 1325 f.).
530 Aus diesem Grunde verwirft das OLG Hamm, BeckRS 2014, 22337 einen Ehevertrag wegen intellektueller Unterlegenheit. Auch mit dem zuvor übersandten Vertragsentwurf habe die Ehefrau nichts anfangen können.

wegfällt, wenn der Unternehmer durch eine Güterstandsklausel zum Abschluss des Ehevertrages veranlasst wird,[531] erscheint zweifelhaft.

Verhandeln und vereinbaren die Vertragsschließenden den Ehevertrag als wirtschaftlich Selbstständige und nicht voneinander Abhängige, so spricht dies deutlich gegen eine subjektive Imparität.[532]

282 Den Abschluss des Ehevertrages **kurze Zeit vor der Hochzeit**[533] oder gar am Tag der Hochzeit[534] diskutiert der BGH nicht weiter, geht also davon aus, dass dies allein keine subjektive Unterlegenheit begründet. Allerdings nimmt der BGH bei Abschluss des Vertrages am Hochzeitstag die Argumentation des OLG auf, die Ehefrau habe den Entwurf einige Tage vor der Hochzeit erhalten und auch überflogen. Daher sei sie nicht in einer Zwangslage gewesen. Auf die gelegentlich vorgetragene Argumentation der Zwangslage aufgrund getätigter Hochzeitsvorbereitungen[535] geht der BGH hingegen nicht ein. Das OLG Celle verneint Imparität bei Vertragsschluss einige Tage vor der Hochzeit.[536]

283 Die Bedeutung der **Schwangerschaft** der Ehefrau bei Abschluss des Ehevertrages fasst der BGH nunmehr so zusammen, dass die Schwangerschaft der Ehefrau für sich allein zwar noch nicht die Sittenwidrigkeit zu begründen vermag, sie **indiziere** aber eine **ungleiche Verhandlungsposition** und damit eine Disparität bei Vertragsabschluss. Hierbei war der vom BGH angenommene Geschehensablauf so, dass die Ehefrau wegen der Schwangerschaft die Ehe schließen wollte, der Hochzeitstermin jedoch wegen des Ansinnens des Ehemannes, einen Ehevertrag zu schließen, mehrmals verschoben worden war.

284 Diese Ansicht wird in einer Urteilsanmerkung[537] als zu weitgehend kritisiert, da sie an die Grenze vertraglicher Gestaltungsmöglichkeiten bis in die Nähe der Geschäftsunfähigkeit der schwangeren Frau führe und über die Vorgaben des BVerfG hinausgehe.[538] Das **OLG Hamm** hat deutlich gemacht, dass die Schwangerschaft zu einer psychisch veränderten Situation führe, nicht aber zu einer Verminderung der geistigen Leistungsfähigkeit oder einer Beeinträchtigung der Geschäftsfähigkeit.[539] Das **OLG Celle** betont,[540] dass Schwangerschaft zwar eine ungleiche Verhandlungsposition indiziere, nicht aber schon für sich allein die Sittenwidrigkeit begründe. Im konkreten Fall hielt der Vertrag der Wirksamkeits- und Ausübungskontrolle stand, weil Unterhalt und Versorgungsausgleich nicht komplett abbedungen waren und die Ehefrau ihr Arbeitsverhältnis selbst gekündigt hatte. Das **OLG Brandenburg**[541] hielt einen Vertrag für wirksam, obwohl er mit der schwangeren Ehefrau nur zwei Tage vor der Hochzeit geschlossen wurde. Dabei stellt es vor allem auf die Üblichkeit derartiger Vereinbarungen bei Ehen mit einem selbstständigen Partner ab und auf den Vertragsvorlauf, denn es fand ein gesonderter Vorbesprechungstermin und ein ausführlicher Beurkundungstermin in den Räumen des Notars statt, bei dem sich die Ehefrau allerdings passiv verhielt. Zudem war sie nicht unter Druck gesetzt worden, indem die Hochzeit von der Vertragsunterzeichnung abhängig gemacht worden war.

285 Man sollte bei der Frage der Imparität aufgrund Schwangerschaft berücksichtigen, dass es nicht die Schwangerschaft allein ist, welche das ungleiche Verhandlungsgewicht herbeiführt, sondern der damit verbundene Wunsch, das Kind als eheliches auf die Welt zu bringen oder eine Lebensgemein-

---

531 So etwa Werner, ZErb 2017, 182, 188.
532 OLG Köln, FamRZ 2019, 1689.
533 BGH, FamRZ 2005, 1444 – zwei Tage vor der Hochzeit; BGH, FamRZ 2011, 1377 – ein Tag vor der Hochzeit.
534 BGH, FamRZ 2005, 1449.
535 Gageik, FPR 2005, 122, 124 unter Hinweis auf OLG Koblenz, NJW-RR 2004, 1445.
536 OLG Celle, FPR 2009, 425.
537 Bergschneider, FamRZ 2005, 1449.
538 Krit. zu einer kaum zu widerlegenden Indizwirkung der Schwangerschaft: Langenfeld, 5. Aufl., Rn. 72.
539 OLG Hamm, FuR 2006, 217.
540 OLG Celle, FamRZ 2008, 1191.
541 OLG Brandenburg, NotBZ 2011, 127 = NJOZ 2010, 2596 = BeckRS 2010, 21096.

B. Vertragsfreiheit und Inhaltskontrolle   **Kapitel 2**

schaft mit dem Vater des Kindes zu begründen.[542] Bei Abschluss eines Ehevertrages nach Heirat fällt diese »Zwangslage« daher wohl weg. Allerdings wird dann vom BGH der Verzicht auf bereits erworbene Ansprüche bei einem Ehevertrag nach Eheschließung kritisch betrachtet.[543]

▶ Hinweis:

Die Imparität der Vertragsteile bei Vertragsschluss ist Voraussetzung einer Nichtigkeit oder Anpassung des Ehevertrages. 286

Betont wird allerdings, dass bei Inhaltskontrolle unter dem Aspekt des Kindeswohls nur die objektive Seite entscheide, sodass, wenn das Kindeswohl tangiert sei, auch ein fair zustande gekommener Vertrag beanstandet werden könne.[544] 287

6. Verfahren der Inhaltskontrolle

Das BVerfG hatte den Zivilgerichten nicht vorgegeben, wie sie die Inhaltskontrolle durchführen sollen, sondern nur auf die §§ 138 und 242 BGB verwiesen. Der BGH unterscheidet nun unter dem Oberbegriff der Inhaltskontrolle von Eheverträgen[545] zwischen der **Wirksamkeitskontrolle** zur Überprüfung, ob der Ehevertrag nach den Umständen bei seinem Zustandekommen sittenwidrig i.S.d. § 138 BGB ist, und der **Ausübungskontrolle** nach § 242 BGB, welche prüft, ob sich der Ehepartner insb. aufgrund veränderter Umstände auf den Ehevertrag berufen darf. Hierzu hat der BGH im Urt. v. 25.05.2005[546] die Prüfungsgrundsätze ausführlich dargelegt, auf die er dann immer wieder Bezug nimmt. 288

Die strenge Trennung der Zeitpunkte wird in der Literatur kritisch diskutiert, v.a. für die Fälle, in denen nicht der Vertragsabschluss zur Sittenwidrigkeit führt, sondern die später unterbliebene Anpassung des Vertrages zu beanstanden ist.[547] Hierzu wird als Lösung eine entwicklungsorientierte Vertragskontrolle vorgeschlagen, die dann nicht mit der strengen Nichtigkeitsfolge ahndet, sondern ähnlich wie die Ausübungskontrolle zu einer Anpassung führt.[548] Ferner wird die Sittenwidrigkeitsprüfung für **Altverträge** mit der **zum Zeitpunkt des Ehevertragsschlusses gültigen Rechtsprechung** konfrontiert, sodass von einer Sittenwidrigkeit zum damaligen Zeitpunkt nicht auszugehen sei.[549] Diese Ansicht ist in der Rechtsprechung bisher noch nicht auf Widerhall gestoßen, ist aber berechtigt und sollte zur Anwendung der Ausübungskontrolle auf die Altverträge führen. 289

a) Wirksamkeitskontrolle – § 138 BGB

I.R.d. Wirksamkeitskontrolle prüft der BGH zunächst **jeden einzelnen Verzicht** bzw. Teilverzicht daraufhin, ob er sittenwidrig ist.[550] Hierbei geht der BGH entsprechend seiner Kernbereichslehre von den am wenigsten disponiblen zu den eher verzichtbaren Ansprüchen über. 290

Anschließend – in manchen Urteilen allerdings auch vorab mit der Wertung, schon in der Gesamtschau habe sich die Sittenwidrigkeit gezeigt – unternimmt der BGH eine abschließende **Gesamtschau** aller bereits einzeln überprüften Klauseln um festzustellen, ob sich die Sittenwidrigkeit etwa 291

---

542 So nunmehr ausdrücklich und m.E. zutreffend OLG Braunschweig, FamRZ 2005, 2071 m. zust. Anm. Bergschneider und OLG Schleswig, NJW-RR 2007, 1012.
543 BGH, NJW 2017, 1883, Rn. 41.
544 Bergschneider, FF 2015, 470, 472; vgl. hierzu Rdn. 419.
545 Hahne, DNotZ 2004, 84, 94.
546 BGH, FamRZ 2005, 1444 und 1449.
547 Sanders; Grziwotz, FamRB 2009, 19, 21.
548 Sanders, 307 ff.
549 Bosch, FamRZ 2016, 1026 ff.
550 Zur Ausdifferenzierung der Wirksamkeitskontrolle, bei der dann die Sittenwidrigkeitskontrolle nur noch einen Teil darstellt, vgl. Kappler, 191 ff. (Zusammenfassung).

aus dem Zusammenwirken der ehevertraglichen Regelungen ergibt.[551] In diesem Rahmen ist eine Gesamtabwägung vorzunehmen, die insb. folgende Kriterien berücksichtigen sollte:

– **Gründe des Vertragsabschlusses**, und zwar Veranlassung für den begünstigten Ehegatten zum Vertragsschluss, aber auch Gründe für den belasteten Ehegatten, die Belastungen anzunehmen und den Vertrag zu akzeptieren. Dies ist wohl die Stelle, an welcher auch die ungleiche Verhandlungsposition zum Tragen kommt.

– **Umstände des Zustandekommens des Ehevertrages**; unter diesem Punkt bleibt der **Ablauf einer ordnungsgemäßen notariellen Beurkundung** mit ausführlicher Belehrung und Hinweis auf die Folgen des Vertrages weiterhin zu berücksichtigen.[552] Die Beurkundung kann eine seelische Zwangslage nicht ausräumen, so wie sie das BVerfG bei der Schwangerschaft der Ehefrau annimmt[553] oder sonstige »Rationalitätstrübungen«.[554] Sie kann auch eine bestehende ungleiche Lastenverteilung nicht beseitigen. Die notarielle Beurkundung wird aber in vielen Fällen die verwerfliche Ausnutzung der Ungleichgewichtslage beseitigen und so die Sittenwidrigkeit ausschließen, sodass der Vertrag dann nicht wegen § 138 BGB unwirksam ist. Möglicherweise kann aber § 242 BGB dennoch i.R.d. Ausübungskontrolle ein Berufen auf einzelne Vertragsklauseln verhindern.

– **Beabsichtigte Gestaltung des Ehelebens**; mit diesem Abwägungsgesichtspunkt wird geprüft, ob die vertragliche Vereinbarung ehetypengerecht ist. Da die Freiheit der Ehegestaltung besteht, sind Eheverträge dann nicht sittenwidrig, wenn sie – auch bei Eingriffen in den Kernbereich – nur die Scheidungsfolgen an das gewählte Ehemodell anpassen und dabei etwaige ehebedingte Nachteile ausgleichen.

– **Vorhersehbarkeit des Entstehens einseitiger Nachteile**.[555] Zu einer Sittenwidrigkeit wird man nur kommen, wenn die einseitig belastende Wirkung auch schon im Zeitpunkt des Vertragsschlusses erkennbar ist. Es ist aber zu beachten, dass im Hinblick auf einen **aktuellen bzw. potenziellen oder jedenfalls nicht auszuschließenden Kinderwunsch der Ehegatten** zum Vertragsschlusszeitpunkt ganz erhebliche Unsicherheiten im tatsächlichen Bereich bestehen, denen die Gerichte derzeit mit eigenen Annahmen beggenen. So bezieht der BGH schon die »bei Vertragsschluss zumindest für möglich gehaltene ... Geburt gemeinsamer Kinder« ein, um zu einer Vorhersehbarkeit zu gelangen.[556] Das OLG Celle formuliert gar: »Es ist daher hier davon auszugehen, dass die Eheleute, die bei Heirat 31 Jahre (Ehemann) und 24 Jahre (Ehefrau) waren, einen konkreten und zeitnah umzusetzenden Kinderwunsch gehegt haben. ... Die spätere Geburt der Kinder stellt sich daher als ein bei Heirat bereits zu erwartender Umstand dar...«[557] Solche Annahmen sind überaus kritisch zu sehen. Es ist vielmehr der Wille der Ehegatten aufzuklären.

– **Auswirkungen auf Ehegatten und Kinder**.

Angesichts der dargestellten Abwägungsgesichtspunkte und des Obersatzes von der grds. Vertragsfreiheit sowie der harschen Rechtsfolge der Nichtigkeit wird das Urteil der **Sittenwidrigkeit auf Extremfälle beschränkt** bleiben müssen.[558] Allerdings wird die Rechtsprechung des BGH als nicht ganz einheitlich bezeichnet und einzelne Fälle, die der BGH für sittenwidrig gehalten hat, hätten auch über die Ausübungskontrolle gelöst werden können.[559]

---

551 BGH, 12.01.2005, FamRZ 2005, 691 = FamRB 2005, 126 und BGH, FamRZ 2005, 1444.
552 Vgl. C. Münch, DNotZ 2004, 901 ff.; ausdrücklich zustimmend Staudinger/Thiele (2018), Vorbem. Zu §§ 1408 ff. Rn. 15.
553 Dauner-Lieb, AcP 201 (2001), 295, 321.
554 So Röthel in Röthel, 9, 52.
555 Hierzu BeckOGK/Reetz, § 1408 BGB Rn. 246, 255 ff.
556 BGH, DNotZ 2018, 620, Tz. 18.
557 OLG Celle, NZFam 2018, 945, 947.
558 So OLG Hamm, FamRZ 2006, 268; s. jetzt auch Sanders, FF 2013, 239 f.
559 Bergschneider, Inhaltskontrolle, 93. Es sei an dieser Stelle darauf hingewiesen, dass das Werk von Bergschneider durch eine Sonderausgabe der NZFam vom Mai 2018 aktualisiert wurde, in der eine fünfteilige Aufsatzserie von Bergschneider/Wolf zusammengefasst wurde. Mit der Rechtsprechung zur Unternehmerehe aus den letzten Jahren schlägt das Pendel aber wieder in die Gegenrichtung aus.

B. Vertragsfreiheit und Inhaltskontrolle   Kapitel 2

Eine Sittenwidrigkeit kommt nach der Rechtsprechung des BGH regelmäßig nur in Betracht, wenn   292
folgende Voraussetzungen vorliegen:
- Abbedingen von Regelungen aus dem **Kernbereich** ganz oder zum erheblichen Teil,
- **keine** ausreichende **Kompensation**,
- keine Rechtfertigung durch die Besonderheiten des **Ehetyps** und
- keine **sonst gewichtigen Belange** des begünstigten Ehegatten.

Nach dem ersten Urteil des BGH blieb umstritten, wie sich die Nichtigkeit einzelner Klauseln auf   293
den Gesamtvertrag auswirkt. Während sich ein Teil der Literatur für eine **Teilnichtigkeit** aussprach,[560] sahen andere bei der Unwirksamkeit einzelner Klauseln den Gesamtvertrag als unwirksam an.[561] So stellte sich die Frage, ob eine **salvatorische Klausel** helfen kann, die Nichtigkeit auf einen Teilbereich zu beschränken.

Hier fühlt sich der BGH missverstanden, wenn man den bisherigen Urteilen entnehmen wolle, der   294
BGH erwäge bei Eheverträgen entgegen § 139 BGB nur eine Teilnichtigkeit oder eine geltungserhaltende Reduktion. Vielmehr schließt der BGH aus der Nichtigkeit einer einzelnen Klausel nach § **139 BGB** auf die Gesamtnichtigkeit, es sei denn, dass der Vertrag auch ohne die nichtige Klausel geschlossen worden wäre. Letzteres kann sich insb. aus einer im Ehevertrag enthaltenen salvatorischen Klausel ergeben.

Somit lässt sich nunmehr wohl wie folgt unterscheiden: 295

Ist bei **Prüfung der Einzelklauseln** eine Klausel nichtig, so kann dies nach § 139 BGB zur Gesamtnichtigkeit führen. Sind die Einzelklauseln für sich gesehen wirksam, so kann sich aus der abschließenden **Gesamtschau** ergeben, dass der Vertrag in seiner Gesamtheit durch das Zusammenwirken der einzelnen Klauseln sittenwidrig ist. Das kann einmal der Fall sein, wenn gerade das Zusammenwirken aller Klauseln zur Missbilligung im Sinne der Sittenwidrigkeit führt. Es soll aber auch gegeben sein, wenn im Ergebnis der Vertrag nur für eine Seite ausnahmslos nachteilig ist, ohne dass Einzelregelungen durch berechtigte Belange des anderen Ehegatten gerechtfertigt sind.[562]

Eine **salvatorische Klausel** kann dann im ersten Fall bei der Nichtigkeit einer **Einzelklausel** die Nichtigkeit auf diese einzelne Klausel begrenzen, **nicht hingegen** im zweiten Fall, wo die Nichtigkeit gerade aus der **Gesamtschau** resultiert.[563]

Dieses Ergebnis wird bestätigt durch ein weiteres Urteil des BGH.[564] Das Gericht spricht hier deut-   296
lich aus, dass dann, wenn bereits die Gesamtwürdigung eines Ehevertrages, dessen Inhalt für eine Partei ausnahmslos nachteilig ist und dessen Einzelregelungen durch keine berechtigten Belange der anderen Partei gerechtfertigt werden, zur Sittenwidrigkeit führt, notwendig der gesamte Vertrag nichtig ist. In einem solchen Fall helfe keine salvatorische Klausel. Lediglich von der Prüfungsreihenfolge hat der BGH hier offensichtlich die Gesamtschau vorgezogen (»bereits«).[565]

Die salvatorische Klausel sollte im Ehevertrag jedoch **keineswegs** eine **Standardformulierung** sein.[566]   297
Vielmehr kann manchmal eine Klausel für die Vertragsteile so wichtig sein, dass ohne diese auch eine andere keinen Bestand haben soll. So muss etwa bei Nichtigkeit eines Unterhaltsverzichts auch

---

560 Borth, FamRB 2005, 177, 181 – unwirksam ist nur der Teil, welcher dem Kernbereich zuzuordnen ist; Borth, FamRZ 2004, 611; Löhning, JA 2005, 344; J. Mayer, FPR 2004, 363, 370; Rauscher, DNotZ 2004, 543 f.
561 Gageik, FPR 2005, 122, 124; Dauner-Lieb, FF 2004, 65, 68 interpretiert den BGH so, als halte dieser Teilnichtigkeit und geltungserhaltende Reduktion für möglich, spricht sich aber selbst dagegen aus; JZ 2004, 1027, 1028; Gageik, FPR 2005, 141, 145; Rakete-Dombek, NJW 2004, 1273, 1275.
562 BeckOGK/Reetz, § 1408 BGB Rn. 284.
563 Vgl. Brambring, FPR 2005, 130, 132.
564 BGH, 17.05.2006, FamRZ 2006, 1097 = FF 2006, 200.
565 Zweifelnd, was dieses Wort im Entscheidungszusammenhang bedeuten mag: Bergschneider, FamRZ 2006, 1098.
566 Wagenitz, in: Höland/Sethe, 1, 6.

die vertragliche Zusage einer Kompensation unwirksam werden. Solche Interdependenzen muss die Vertragsformulierung berücksichtigen. Daher sollte der Vertragsgestalter die salvatorische Klausel mit den Vertragsteilen individuell besprechen bzw. fassen. Jedenfalls bestehen Zweifel, ob eine Standardklausel dem Vertrag die teilweise Wirksamkeit erhalten kann.[567]

298 Kritisch wird zu dieser Rechtsprechung des BGH angemerkt, dass die Gesamtnichtigkeit auch zulasten des ursprünglich benachteiligten Ehegatten gehen kann, wenn die Lebensumstände sich unvorhergesehen so entwickelt haben, dass dieser nun ausgleichspflichtig ist. Für diesen Fall wird vorgeschlagen, den Verzicht des ursprünglich bevorzugten Ehegatten aufrechtzuerhalten.[568]

b) Ausübungskontrolle – Störung der Geschäftsgrundlage

299 Nach der Wirksamkeitskontrolle schließt sich die Ausübungskontrolle an, die der BGH auf § 242 BGB stützt. Allerdings ist das genaue dogmatische Fundament der Ausübungskontrolle noch immer nicht vollends geklärt. Der BGH will geprüft wissen, ob sich nunmehr, d.h. im Zeitpunkt des Scheiterns der Ehe, der Ausschluss der Scheidungsfolgen als eine evident einseitige Lastenverteilung darstellt, sodass es dem begünstigten Teil verwehrt ist, sich auf den – wirksam vereinbarten – Verzicht zu berufen.

Die **Ausübungskontrolle nach § 242 BGB** zeichnet sich ferner durch eine **flexible Rechtsfolge** aus. Ist die Berufung auf eine Klausel nicht zulässig, so gilt nicht automatisch anstelle dieser Klausel das gesetzliche Recht, sondern der **Richter kann die gültige Rechtsfolge bestimmen**. Je zentraler die Rechtsfolge, deren Abbedingen beanstandet wurde, zum Kernbereich der gesetzlichen Scheidungsfolgen gehört, desto näher muss die richterliche Rechtsfolge der gesetzlichen sein.

300 Nach Auffassung des BGH, die dieser in einigen Urteilen ausgesprochen hat, finden aber auch die Grundsätze der Störung der Geschäftsgrundlage, § 313 BGB, Anwendung,[569] soweit die tatsächliche Entwicklung der ehelichen Lebensverhältnisse von der ursprünglichen Lebensplanung abweicht.[570] Die Unterscheidung hat durchaus auch unterschiedliche Rechtsfolgen.[571]

Die Anwendung der **Grundsätze des Wegfalls bzw. der Störung der Geschäftsgrundlage** in diesem Zusammenhang beurteilt die Literatur unterschiedlich. Während einerseits die Anwendung befürwortet[572] und der Rückgriff auf die dogmatisch wenig geklärte Ausübungskontrolle kritisiert wird,[573] halten andere § 313 BGB gar nicht für anwendbar, da der Verzicht die Ansprüche gerade auch bei Änderung der Lebensumstände ausschließen sollte.[574] Ein vermittelnder Vorschlag von *Sanders* geht dahin, § 313 BGB nur auf solche Veränderungen von Umständen anzuwenden, die außerhalb der Familie geschehen.[575] Dies hat der BGH auch unter Berufung auf den Autor ausdrücklich bestätigt.[576]

---

567 Bergschneider, FamRZ 2005, 1449. Formulierungsvorschlag Rdn. 34 ff., 43.
568 Brambring, NJW 2007, 865 ff.
569 BGH, FamRZ 2005, 185; vgl. auch Hahne, in: Schwab/Hahne, 181, 200: aus § 242 BGB nun ausgegliederter Bereich des Wegfalls der Geschäftsgrundlage; ebenso Palandt/Grüneberg, § 313 Rn. 1, 50 ff.; für ungeklärt hält die Frage Sarres, FF 2006, 242, 244.
570 Kritisch gegen die flächendeckende Ausübungskontrolle im Hinblick auf die Vorrangstellung des § 313 BGB als der spezielleren Norm Göppinger/Rakete-Dombek, 1. Teil, Rn. 59.
571 BeckOGK/Reetz, § 1408 BGB Rn. 307: § 313 gewährt einen durchsetzbaren Anpassungsanspruch gegen den anderen Vertragsteil, wo nicht möglich, ein Rücktrittsrecht. § 242 BGB hingegen eröffnet auch die Möglichkeit eines richterlichen Gestaltungsaktes, die § 313 BGB nicht enthält.
572 Bergschneider, FamRZ 2003, 376, 378.
573 Vgl. Dauner-Lieb, JZ 2004, 10127, 1028; Kuchinke, FuR 2006, 125 ff. Göppinger/Rakete-Dombek/Wamser, 1. Teil, Rn. 59.
574 Koch, NotBZ 2004, 147, 149; a.A. wohl Hahne, in: Schwab/Hahne 181, 200.
575 Sanders, FF 2013, 239, 242.
576 BGH, NJW 2018, 2871, Tz. 20.

B. Vertragsfreiheit und Inhaltskontrolle   Kapitel 2

Man wird wohl so unterscheiden müssen:[577] Als Erstes ist zu fragen, ob eine **Auslegung** des Ehevertrages oder – soweit der Vertrag eine Lücke aufweist – nach allgemeinen Grundsätzen[578] eine ergänzende Vertragsauslegung in Betracht kommt. Dies stellt der BGH nunmehr in einem Beschluss zur Inhaltskontrolle ausdrücklich fest.[579]   301

Alsdann könnte ein **Wegfall bzw. Störung der Geschäftsgrundlage** vorliegen, wenn sich diejenigen Umstände, welche Geschäftsgrundlage des Vertrages sind, nach Vertragsabschluss verändert haben. Zu einer Anpassung führen allerdings nur schwerwiegende Änderungen.[580] Der BGH macht deutlich, dass ein Wegfall bzw. Störung der Geschäftsgrundlage **nicht schon** dann in Betracht kommt, wenn ein Vertragspartner ein **erheblich höheres Einkommen** als der andere hat, da Eheverträge üblicherweise gerade deswegen geschlossen werden.[581] Der BGH stellt ferner deutlich heraus, dass die Vertragsteile wirksam den nachehelichen Unterhalt von der späteren Einkommensentwicklung der Parteien abkoppeln können.[582] Ferner müssten die Vertragsteile den Vertrag nicht oder mit anderem Inhalt geschlossen haben, wenn sie die Veränderung vorausgesehen hätten.[583]

Anders jedoch in den **Fällen der vertraglichen Risikoübernahme**; hier kommt ein Rückgriff auf die Störung der Geschäftsgrundlage nicht in Betracht.[584] Wenn also die Vertragsparteien ein Risiko sehenden Auges eingehen, so ist kein Anwendungsbereich für § 313 BGB. Dies trifft auf viele notariell beurkundete Eheverträge zu, denn bei der notariellen Beurkundung werden vielfach übliche Risiken – wie etwa das Auftreten beruflicher Nachteile bei der Geburt von Kindern – angesprochen.[585]   302

Gleichwohl findet nach Auffassung des BGH auch in diesen Fällen vertraglicher Risikoübernahme eine **Ausübungskontrolle** statt.[586] Auch wenn dies dogmatisch nur schwer unter die allgemeine Rechtsmissbrauchskontrolle subsumierbar ist,[587] können nach Auffassung der Rechtsprechung auch bewusst in den Parteiwillen aufgenommene Risikozuweisungen später bei Vorliegen evident einseitiger Belastungen korrigiert werden.[588] Aktuell ist aber zweifelhaft, ob der BGH an dieser Ansicht festhält oder ob er unter Stärkung der Privatautonomie auch anerkennt, dass es den Ehegatten nach entsprechender Belehrung freisteht, auch unvernünftige Entscheidungen zu treffen.[589]   303

Weil der BGH mehrfach auf die Umstände beim Scheitern der Ehe abgestellt hat, wird daraus der Schluss gezogen, dass auch nur Umstände bis zum Scheitern der Ehe bei der Ausübungskontrolle berücksichtigt werden können.[590] Allerdings unterwerfen die Gerichte nunmehr auch Scheidungs-   304

---

577 Dauner-Lieb, Brennpunkte, 1, 25 ff.; dieser Unterscheidung folgend BRHP/Siede, § 1408, Rn. 82 f.
578 BGH, NJW 1953, 937; BGH, NJW 2006, 54; BGH, NJW 2012, 526; Palandt/Grüneberg, § 313, Rn. 10.
579 BGH, FamRZ 2013, 1543; im konkreten Fall hat die Regelungsdichte in Verbindung mit der verständlich gefassten Belehrung den BGH aber überzeugt, dass kein Raum für eine ergänzende Vertragsauslegung war.
580 Palandt/Grüneberg, § 313 Rn. 18.
581 BGH, FamRZ 2005, 1444.
582 BGH, NJW 2007, 2848.
583 Palandt/Grüneberg, § 313 Rn. 18.
584 Palandt/Grüneberg, § 313 Rn. 20.
585 Dauner-Lieb, Brennpunkte, 1, 25; C. Münch, FamRZ 2005, 570, 574; OLG Celle, NZFam 2020, 121.
586 So etwa der Sachverhalt des Urteils BGH, FamRZ 2005, 1444, wo der Notar ausdrücklich angeregt hatte, den Unterhaltsverzicht unter die auflösende Bedingung zu stellen für den Fall, dass aus der Ehe Kinder hervorgehen.
587 Dauner-Lieb, Brennpunkt 26; so auch Wagenitz, in: Höland/Sethe, 10: BGH sprengt bewusst den überkommenen Rahmen dieses Instituts.
588 BGH, FamRZ 2005, 1449; Hahne, in: Schwab/Hahne, 181, 201; Wachter, ZFE 2004, 132, 141; vgl. aber auch BGH, FamRZ 2010, 192 f., Tz. 15, wonach eine abschließende Einigung zum Vertragsinhalt wird und nicht nur Geschäftsgrundlage. Das kann nur bedeuten, dass dann eine bewusste Risikozuweisung eben nicht nach § 313 BGB korrigiert wird.
589 Hierzu näher C. Münch, FamRB 2014, 71.
590 Oppermann, RNotZ 2004, 566, 567.

vereinbarungen[591] und Unterhaltsvereinbarungen nach Scheidung[592] der Inhaltskontrolle. Hierbei berücksichtigt die Rechtsprechung auch Umstände, die erst weit nach der Scheidung eingetreten sind (z.B. den Wegfall der Voraussetzungen des § 1579 Nr. 7 BGB). Gleiches wird dann auch für Prozessvergleiche zu gelten haben.[593]

305 Die Ausübungskontrolle hat – im Gegensatz zur Nichtigkeit – zusätzlich auch eine **zeitliche Komponente**. Das bedeutet, dass die Berufung auf Scheidungsfolgeregelungen ggf. auch nur für einen bestimmten Zeitraum ausgeschlossen sein kann, so etwa bei einem kompletten Unterhaltsverzicht für die Zeit der Kindesbetreuung.[594]

306 Insgesamt erweist sich die Ausübungskontrolle als so viel flexibler, dass zu überlegen ist, ob nicht auch **anfängliche Unzulänglichkeiten** eines Ehevertrages, die **nicht eine Schwere entwickeln**, die zur (Gesamt-) **Nichtigkeit** führt, mit der **Ausübungskontrolle** erfasst werden können.[595] Dann bliebe die Korrektur einer unpassenden Rechtsfolge möglich, ohne dass Konsequenz stets die Gesamtnichtigkeit wäre.

307 **Maßstab** der Anpassung bei der Ausübungskontrolle ist nach der neueren Rechtsprechung des BGH nicht mehr nur die gesetzliche Rechtslage, sondern **auch der abgeschlossene Ehevertrag**, dessen Intention berücksichtigt werden muss.[596] Wenn der Ehevertrag eine hälftige Teilhabe gerade ausschließt, beschränkt sich die Anpassung ggf. auf den Ausgleich ehebedingter Nachteile.[597]

V. Konsequenzen der Inhaltskontrolle für die Vertragsgestaltung

308 Der BGH stellt in seinem Urt. v. 11.02.2004 bereits fest, dass es nicht den allgemein gültigen und richtigen Ehevertrag geben kann. Daher treffen die beiden Bewertungen des Urteils »nach dem Urteil ist vor dem Urteil«[598] und »die Rückkehr der Rechtssicherheit«[599] beide so nicht zu. Vielmehr geben das vorliegende Urteil und die Folgeentscheidungen sozusagen einen Leitfaden für die Gestaltung von Eheverträgen. Die Folgeentscheidungen haben nun auch mehr Rechtssicherheit im Detail gebracht, sodass – legt man die Rechtsprechung des BGH zugrunde – nur noch einzelne offene Fragen zu klären sind. Ob das BVerfG unter Berufung auf den Halbteilungsgrundsatz weitergehende Anforderungen stellt, wird man abwarten müssen.

Inhaltlich stellt der BGH die Vertragsfreiheit als hohes Gut und zwingendes Korrelat der Ehegestaltungsfreiheit voran. Zugleich beschränkt er die wegen Sittenwidrigkeit nichtigen Eheverträge auf extreme Fälle. Damit ist eine befürchtete Entwertung der Ehevertragsfreiheit, wie sie das Urteil der Vorinstanz bedeutet hätte, ausgeblieben. **Eheverträge** bleiben weiterhin **möglich, sinnvoll** und **notwendig**.

309 Allerdings ist auch Wasser in den Wein zu gießen. Der BGH eröffnet ein weites Feld der Ausübungskontrolle. Dies wird dazu führen, dass **nahezu jeder Ehevertrag** mit der Behauptung, er enthalte evidente Belastungsunterschiede, einer **richterlichen Prüfung** unterzogen wird. Dies wird auch für solche Eheverträge gelten, die vor der Rechtsprechungswende abgeschlossen wurden. Allerdings sollte hier auch der Rechtssicherheit der gebührende Rang verschafft werden, die davon ausgeht, dass Verträge einzuhalten sind.[600] Zu Recht wird betont, dass Vertragsfreiheit eben auch die Freiheit

---

591 OLG Celle, DNotI-Report 2004, 81; OLG Celle, FamRZ 2004, 1969; OLG München, FamRB 2005, 3.
592 OLG München, FamRB 2005, 3.
593 Grziwotz, FamRB 2005, 4.
594 MünchKomm-BGB/Maurer, § 1585c Rn. 129.
595 Hierzu eingehend C. Münch, Was kann die Ausübungskontrolle, in FS Koch, 389 ff.; für einen weiteren Anwendungsbereich der Ausübungskontrolle Hahne, FS Koch, 357 f.
596 So das OLG Düsseldorf, FamRZ 2008, 519 unter Berufung auf C. Münch, FamRZ 2005, 570 f.
597 BGH, FamRZ 2005, 185; BGH, FamRZ 2005, 1449; Löhning, JA 2005, 344, 346.
598 Rakete-Dombek, NJW 2004, 1273 ff.
599 Rauscher, DNotZ 2004, 524.
600 Auf den Vertrauensschutz des anderen Ehegatten weist hin Hahne, DNotZ 2004, 84, 95.

sei, einen für sich nachteiligen Vertrag abzuschließen.[601] Zudem wird die Rechtsprechung des BGH bei den vielen Urteilen, die inzwischen ergingen, als »nicht ganz einheitlich«[602] kritisiert, weil er nun doch in Fällen zu einer Nichtigkeit gekommen ist, die man durchaus noch über Ausübungskontrolle hätte lösen können. Es sei dazu nochmals auf die hier vertretene Meinung verwiesen, dass die Ausübungskontrolle auch als Methode zur Anpassung an eine anfängliche Unzulänglichkeit des Vertrages dienen kann, wenn diese die Schwelle der Sittenwidrigkeit nicht erreicht.[603]

310 Anwälten und Notaren muss es außerdem gelingen, Wege zur einvernehmlichen Anpassung von Eheverträgen zu finden, damit nicht in den Fällen, die ehevertraglich – also zu einem Zeitpunkt einmal einvernehmlich – geregelt sind, am Ende weniger einvernehmliche Scheidungen zustande kommen als in den Fällen des gesetzlichen Regimes.

311 Für die Praxis von Eheverträgen lässt sich anhand der Rechtslage, wie sie sich auf der Grundlage des Urt. v. 11.02.2004, der weiteren Entscheidungen des BGH, der obergerichtlichen Folgerechtsprechung und der dazu bisher erschienenen Anmerkungen derzeit darstellt, Folgendes sagen:

1. Beurkundungsverfahren

312 Im Hinblick auf die Parität der Ehegatten kann die notarielle Beurkundung Schutzwirkung entfalten. Die Umstände der notariellen Beurkundung sind insoweit i.R.d. Gesamtabwägung zu berücksichtigen.[604] Das erfordert zugleich, dass die notarielle Beurkundung von Eheverträgen einen gewissen Verfahrensstandard[605] einhält, damit die Herstellung der Parität zwischen den Ehegatten gelingt.[606]

313 Dem **Notar** kommt in diesem Rahmen zugleich die Bedeutung zu, dass er gleichsam als **vorweggenommene Instanz der Inhaltskontrolle** fungiert.[607] Er ist als Wirksamkeitskontrollinstanz vorgeschaltet, sodass er ähnlich einem unabhängigen Richter die Wirksamkeit des Rechtsgeschäftes zu prüfen hat.[608] Vor der richterlichen Inhaltskontrolle findet also schon eine notarielle statt.[609]

a) Vertragsvorlauf

314 Ratsam ist es, **beide Vertragsteile** rechtzeitig in die Vertragsgestaltung einzubinden und mit ihnen eine **Vorbesprechung** über den beabsichtigten Inhalt des Ehevertrages und seine Konsequenzen zu führen. Aus dieser Vorbesprechung sollte ein **Vertragsentwurf** resultieren, den die Vertragsteile **rechtzeitig** vor Beurkundung erhalten.[610] Der BGH hat als einen Gesichtspunkt der subjektiven Unterlegenheit ausdrücklich betont, solche liege auch dann vor, wenn ein Vertragsteil gar keine Chance hatte, sich mit dem Ehevertrag vor Beurkundung auseinander zu setzen.[611]

---

601 Wendl/Staudigl/Pauling, 6. Aufl. 2004, § 6 Rn. 609a.
602 Bergschneider, Inhaltskontrolle, 93.
603 Hierzu eingehend C. Münch, Was kann die Ausübungskontrolle, in FS Koch, 389 ff.
604 Hierzu näher C. Münch, DNotZ 2004, 901 ff.
605 Vorschläge für den gerichtlichen Verfahrensstandard gipfeln darin, nur noch gemischtgeschlechtlich besetzte Senate entscheiden zu lassen, Bergmann, FF 2007, 16, 20.
606 Ausführlich zum Verfahrensgang: C. Münch, MittBayNot 2003, 107 ff.; Wachter, ZNotP 2003, 408 ff.; für einen verstärkten Schutz durch Verfahren: J. Mayer, FPR 2004, 363, 369; zustimmend Reul, DNotZ 2007, 184, 199.
607 Ausführlich hierzu C. Münch, DNotZ Sonderheft 2007, 94, 104 ff.; diese Funktion herausstellend Di Fabio, DNotZ-Sonderheft 2012, 28, 29.
608 Brambring, NJW 2007, 865, 869.
609 Heinrichs, NJW 1995, 153, 158; zur Gegenansicht, welche die Funktion des Notars nicht darin sieht, bedenkliche Verträge zu verhindern: Grziwotz, FS Bengel und Reimann, 159, 170.
610 Bergschneider, FamRZ 2004, 1757, 1764 weist auf den Maßstab des § 17 Abs. 2a Nr. 2 BeurkG hin und plädiert für eine vergleichbare Frist; ebenso Röthel in Röthel, 9, 53; vgl. auch Bredthauer, NJW 2004, 3072 f.; Bergschneider in FS Spiegelberger, 971, 973.
611 BGH, NJW 2008, 3426; BGH, NJW 2017, 1883.

> Hinweis:
>
> Gelegentlich ist es Vertragsteilen, die den Notar zur Festlegung eines einvernehmlichen Ehevertrages aufsuchen, zu empfehlen, dass der **verzichtende Vertragsteil** sich – auch im Interesse des anderen Vertragsteiles, der einen wirksamen Vertrag erstrebt – **eigens anwaltlich beraten lässt**; dies insb. dann, wenn auf der Seite des begünstigten Ehegatten eigene Anwälte, Firmenjuristen etc. bereits tätig geworden sind.[612]

315 Die **eigene anwaltliche Beratung** allein im Interesse des verzichtenden Mandanten kann ganz erheblich zur Herstellung der Parität beitragen,[613] wenngleich sie allein nicht vor der Inhaltskontrolle bewahrt, wie das erste Urteil des BVerfG zur Inhaltskontrolle von Eheverträgen zeigt.[614] Dort hatte gerade die verzichtende Ehefrau den schriftlichen Unterhaltsverzicht anwaltlich ausarbeiten lassen. Solche Beratung ist also nicht zwingend, aber in bestimmten Fällen durchaus sinnvoll, gerade wenn entsprechende Ergänzungen zugunsten des verzichtenden Teiles im Ergebnis erreicht werden. Sie liegt insoweit sogar im Interesse des vermeintlich stärkeren Vertragsteiles.[615] Als Beispiel hierzu mag ein Urteil des **OLG Hamm** dienen,[616] in dem das Gericht ausgeführt hat, der zunächst eingeschaltete Notar habe ausdrücklich dahin beraten, die Ehefrau möge zur Wahrung ihrer Interessen selber einen Anwalt konsultieren. Dann sei es nach Treu und Glauben ausgeschlossen, sich auf unzureichende Beurteilungsgrundlagen zu berufen, wenn man aus Ersparnisgründen solche Beratung nicht eingeholt und das Risiko einer nicht optimalen Trennungs- und Scheidungsfolgenvereinbarung bewusst in Kauf genommen habe. Das LG Bonn hat ausgeführt, ein Verhandlungsungleichgewicht liege schon deshalb nicht vor, weil die Ehefrau »*bei der Scheidung und den Verhandlungen im Vorfeld von einer bundesweit renommierten Fachanwältin für Familienrecht vertreten wurde*«.[617]

316 Da verschiedentlich eine Zwangslage im Abschluss eines Ehevertrages unmittelbar vor der Hochzeit erblickt wurde, insb. wenn der eine Vertragspartner diesen Vertrag dem anderen unvermittelt unterbreitete, sollte **zwischen** dem **Vertragsabschluss** und dem **Hochzeitstermin** noch **ausreichend Zeit** liegen. Wenn dies nicht mehr möglich ist, weil die Parteien zu spät zur Beratung kommen, kann auf das gesteigerte Risiko hingewiesen werden. Allerdings vertrete ich die Ansicht, dass – nach entsprechenden Hinweisen auf die Bedeutung der vertraglichen Abreden – ein Ehegatte, der einen solchen Vertrag nicht unterzeichnen will, auch in der Lage sein sollte, dies selbst angesichts getroffener Hochzeitsvorbereitungen zu vertreten, jedenfalls dann wenn längerfristige Verhandlungen über den Abschluss des Ehevertrages vorangegangen sind und nur der Abschluss selbst zeitlich nahe dem Hochzeitstermin stattfindet. Anders mag dies dann sein, wenn ein Partner erst unmittelbar vor der Hochzeit mit einem bereits vorbereiteten Ehevertrag konfrontiert wird.[618] Der BGH[619] geht freilich hierauf nicht gesondert ein, obwohl der Vertrag nur einen Tag vor der Hochzeit geschlossen wurde. Daraus wird man schließen müssen, dass allein der Vertragsschluss unmittelbar vor der Hochzeit noch keine Zwangslage begründet. Entscheidend ist, ob sich der Ehegatte mit dem Vertrag auseinandersetzen konnte.

---

612 Dem folgend Ivo in Röthel, 104, 107.
613 So ausdrücklich OLG Koblenz, FamRZ 2004, 205; OLG Hamm, OLGR 2006, 731 f.; Wachter, ZFE 2004, 132, 137; Kilger, FF 2005, 292; Röthel in Röthel, 9, 53.
614 BVerfG, DNotZ 2001, 222 = FamRZ 2001, 343; andererseits hält das OLG Stuttgart, FamRZ 2007, 291 m. Anm. Bergschneider einen Globalverzicht unter Hinweis darauf für wirksam, dass der Bevorteilte nicht den Ehevertrag veranlasst hat, sondern die Benachteiligte.
615 Haußleiter/Schiebel, NJW Spezial 2004/1, 7.
616 OLG Hamm, OLGR 2006, 731.
617 LG Bonn, MittBayNot 2008, 134, 135.
618 So auch Rauscher, DNotZ 2004, 524, 541; vgl. Büttner, FF 2001, 65, 66.
619 BGH, FamRZ 2005, 1449.

b) Übersetzung

Sofern einer der Beteiligten Ausländer ist, sollte unbedingt ein **Dolmetscher** herangezogen werden, und zwar zur **Vorbesprechung**, zur Übersetzung des Vertragsentwurfes und auch zur **Beurkundung**. Das Urteil des OLG Köln, das einen Ehevertrag trotz erheblicher sprachlicher Schwierigkeiten für wirksam erklärt,[620] wird kein Allheilmittel sein, wenn es um die Frage unterlegener Verhandlungsposition geht. Dass ein Ehevertrag mit Ausländern bei Einhaltung und sorgfältiger Beachtung aller Übersetzungen hält, auch wenn der ausländische Partner, wie dies im Scheidungsfall sehr oft geschieht, vorträgt, er habe der Beurkundung sprachlich nicht folgen können, zeigt ein Urteil des OLG Koblenz.[621] Man sollte sich daher angewöhnen, stets eine **schriftliche Übersetzung** anfertigen zu lassen, auch wenn § 16 Abs. 2 BeurkG dies nicht zwingend vorschreibt. Der Einwand, dass der ausländisch sprechende Ehegatte Verständnisprobleme hatte, kann häufig sonst nicht widerlegt werden. Die Übersetzung sollte von einem öffentlich vereidigten Übersetzer durchgeführt werden, damit gewährleistet ist, dass die Fachsprache ausreichend berücksichtigt wurde.[622]

317

Das OLG Köln[623] hat zu Recht entschieden, dass ein Ehegatte, der auf Nachfrage des Notars erklärt, über ausreichende Kenntnisse der deutschen Sprache zu verfügen, sich später nicht unter Berufung darauf, diese Erklärung sei falsch gewesen, auf eine Unwirksamkeit des Vertrages hinausreden kann.

c) Persönliche Anwesenheit

Damit eine unterlegene Verhandlungsposition schon von der formalen Seite her nicht gegeben ist, sollte man von der nach der Rechtsprechung des BGH[624] möglichen Gestaltung eines Vertragsabschlusses aufgrund formloser Vollmacht durch den anderen Vertragsteil keinen Gebrauch mehr machen, sondern **auf der persönlichen Anwesenheit beider Vertragsteile bestehen**.

318

Neben dem Vertragsvorlauf wird auch die **Dauer des Beurkundungstermins** selbst in Betracht gezogen, da sie die Intensität der Befassung mit dem Vertrag widerspiegelt.[625] Hier sollten allerdings die Zeiten der Vorbesprechungen und der Beurkundung insgesamt gewertet werden, denn es kann durchaus sein, dass ein Beurkundungstermin weniger lang wird, weil es bereits zwei intensive Vorgespräche mit beiden Beteiligten gegeben hat, in denen die vorgesehene Urkunde bereits Wort für Wort besprochen wurde.

319

Ob neben der persönlichen Anwesenheit noch ein weiteres Erfordernis der »**störungsfreien Gestaltung**« des Beurkundungstermins aufzunehmen ist,[626] bleibt zumindest dann zweifelhaft, wenn die »**Störquelle**« von den Ehegatten selbst »mitgebracht« wird. **Kinder** bei Beurkundung sind heute im Alltag selbstverständlich und die Toleranz im Umgang damit wird allgemein erwartet. Man wird sie kaum von der Beurkundung ausschließen können. Die Organisation eines solchen Termins ist schließlich Sache der Eltern. Wer als Unternehmer das BGH-Urteil gelesen hat, der wird für Kinderbetreuung sorgen.[627]

320

---

620 OLG Köln, MittBayNot 2002, 293.
621 OLG Koblenz, NJW 2003, 2920 = FamRZ 2004, 200 m. Anm. Bergschneider.
622 Hierzu Wachter, ZNotP 2003, 408, 418; für dieses strengere Prozedere nun auch Langenfeld, Rn. 30, 31; Bergschneider, Inhaltskontrolle, 84; Sanders, FuR 2005, 104, 109 sieht Fehler des Übersetzers dem Notar nach § 278 BGB zurechenbar, eine Ansicht, welche die Anforderungen an die Arbeit des Notars deutlich überspannt; Bergschneider, FS Spiegelberger, 971, 975 hält vor allem gerichtlich protokollierte Vergleiche mit Ausländern für beanstandungsanfällig.
623 OLG Köln, FamRZ 2019, 1689.
624 BGH, DNotZ 1999, 46; MünchKomm-BGB/Kanzleiter, § 1410 Rn. 4; krit. Wegmann, Rn. 74.
625 Bergschneider, Inhaltskontrolle, 80.
626 Vgl. BGH, NJW 2017, 1883 – Kleinkind bei der Beurkundung.
627 Eingehend hierzu Rdn. 140 ff.

Kapitel 2

Vertragliche Regelungen im Ehegüterrecht

d) Dokumentation

321 Die notarielle Urkunde sollte dieses Verfahren auch dokumentieren. Empfehlenswert ist es also, den Entwurfsversand und die Besprechungen ebenso in der Urkunde festzuhalten wie die anwaltliche Vertretung.

322 Den Schriftverkehr mit den Mandanten und die verschiedenen Entwurfsfassungen sollte man bei den Nebenakten komplett aufbewahren und nach § 5 Abs. 4 DONot mit einem Vermerk über eine längere Aufbewahrungsfrist versehen.

323 Dokumentieren sollten die Notare auch die zur Urkunde gegebenen Erläuterungen und Belehrungen durch ausführliche Belehrungsvermerke. Gleiches gilt für die im Vorfeld beteiligten anwaltschaftlichen Vertreter.

▶ **Hinweis:**

324 Ganz wichtig ist es, die Rechtsprechung des BGH zur Inhaltskontrolle auch im Beurkundungsverfahren umzusetzen und insoweit den Ehegatten Schutz durch Verfahren zu gewähren.[628]

325 Abzulehnen als mit dem Charakter der notariellen Beurkundung unvereinbar sind aber Vorschläge für spätere »Lösungsrechte«.[629]

2. Allgemeine Urkundsbestandteile

326 Nach dem Verfahren soll der Blick zunächst auf die allgemeinen Urkundsbestandteile gerichtet sein, bevor inhaltliche Regelungsmöglichkeiten angesprochen werden.

a) Präambel

327 Der 15. Deutsche Familiengerichtstag[630] gibt folgende Empfehlung:

> »Die Vertragsgrundlagen in Bezug auf die Gestaltung der ehelichen Lebensverhältnisse (jeweilige berufliche Tätigkeit des Ehegatten, Betreuung eines gemeinschaftlichen Kindes, Führung einer kinderlosen Ehe) sind im Ehevertrag so konkret wie möglich festzuhalten.«

328 Nach Auffassung des BGH im Urt. v. 11.02.2004[631] und in den Folgeurteilen ist in die **Gesamtschau** sowohl die beabsichtigte wie auch die verwirklichte Gestaltung des ehelichen Lebens einzubeziehen. Danach hat der Richter später i.R.d. Wirksamkeitskontrolle auf die individuellen Verhältnisse bei Vertragsschluss abzustellen, insb. also auf die Einkommens- und Vermögensverhältnisse, **den geplanten oder bereits verwirklichten Zuschnitt der Ehe** sowie auf die Auswirkungen für Ehegatten und Kinder. Subjektiv sind die von den Ehegatten mit dem Vertrag verfolgten Zwecke und sonstigen Beweggründe bedeutsam. Wenn der Richter dies in seiner späteren Wirksamkeitskontrolle berücksichtigen muss, dann wird auch der Anwalt und der Notar für seine Beurteilung des Vertrages diese Gesichtspunkte zu erfragen haben. Nur dann ist er in der Lage, einen der Ehekonstellation entsprechenden Vertrag vorzuschlagen. In der Literatur häufen sich die Stimmen,[632] diese Ausgangssituation der Vertragsteile auch in einer **Präambel**[633] zur Urkunde festzuhalten. Dies dokumentiert, dass die Ehegatten übereinstimmend von den entsprechenden Angaben ausgingen, und erleichtert

---

628 Zum Schutz durch Verfahren Reul, DNotZ 2007, 184, 199.
629 So Röthel in Röthel, 9, 54.
630 FuR 2004, 18 ff.
631 BGH, NJW 2004, 930 ff.
632 Bergschneider, FamRZ 2004, 1757, 1764; ders., Inhaltskontrolle, 78; Dauner-Lieb, FF 2004, 65, 69; Formularbuch/Bernauer, V.6., Anm. 4; Gageik, RNotZ 2004, 295, 312; Grziwotz, FamRB 2004, 199, 203; differenzierend J. Mayer, FPR 2004, 363, 369 f.: erweiterte Sachverhaltsangaben ja, Motive nein im Hinblick auf spätere Beweislast; Borth, FamRZ 2004, 611 weist auf die Beweislastprobleme hin, wenn der Ehevertrag keine Angaben zur Motivation enthält.
633 Hierzu Langenfeld, Vertragsgestaltung, Rn. 243 ff.

später dem Richter die Ermittlung der zum Zeitpunkt des Vertragsschlusses vorliegenden Gegebenheiten.

In dieser Präambel könnte auch die künftige **eheliche Rollenverteilung** angesprochen sein, die wohl wieder mehr Bedeutung erlangt,[634] jedenfalls insoweit als einseitige Abweichungen von dieser Rollenverteilung nunmehr dazu führen können, dass auch der andere Teil die entsprechende (nach-) eheliche Solidarität nicht mehr schuldet.[635] Dies könnte eine Anpassung bei einer einseitigen Abweichung ganz ausschließen.[636] Auch in einem weiteren Urteil[637] **interpretiert der BGH den Ehevertrag** und sucht aus ihm eine eheliche Rollenverteilung zu entnehmen, die er darin findet, dass im Ehevertrag immer nur von Kindesbetreuung durch die Mutter und einem darauf beruhenden Unterhaltsanspruch die Rede ist. Die Unterbrechung der Erwerbsarbeit der Mutter habe daher der gemeinsamen Lebensplanung entsprochen. Somit wird die Ehebedingtheit dieser Unterbrechung begründet. Dies wird m.E. dem zugrunde liegenden Ehevertrag nicht gerecht, der sogar Unterhalt vorsieht, wenn die Ehefrau durch die Erziehung der Kinder nicht an der Ausübung einer beruflichen Tätigkeit gehindert ist. Für den **Vertragsgestalter in Diskrepanzfällen** ergibt sich daraus der Ratschlag, ausdrücklich festzuhalten, dass eine **Betreuung der Kinder durch Dritte personell und finanziell ohne Weiteres darstellbar** ist, sodass die Ehefrau ihrem vorehelichen Beruf jederzeit weiterhin nachgehen kann. Die Präambel kann in anderen Fällen auch Stellung nehmen zu den für § 1570 BGB wichtigen Möglichkeiten der Kindesbetreuung in örtlicher Nähe. 329

Die **Bedeutung der Parteiintentionen** lässt sich etwa an einem anderen Urteil des BGH[638] ermessen. Beide Ehegatten waren berufstätig und wollten keine Kinder, sondern vielmehr berufstätig bleiben und Karriere machen. Der BGH hat aus diesem Grund den kompletten Ausschluss des Kindesbetreuungsunterhalts zugelassen, ohne zu einer Sittenwidrigkeit zu gelangen. Erst bei der Ausübungskontrolle wurde dem Umstand, dass später doch Kinder geboren wurden, Bedeutung beigemessen. 330

Ebenso war die **Präambel** bei einem Beschluss des OLG Düsseldorf[639] streitentscheidend. Der Ehemann hatte hier bei Abschluss eines Ehevertrages nach dem Modell »Zweiter Frühling«[640] ein Guthaben von 300.000,00 € verschwiegen. Das Gericht schloss aus der Präambel, dass der Vertrag geschlossen wurde, weil beide Parteien sich selbst unterhalten konnten. Damit waren aber die **Vermögensverhältnisse** des jeweils anderen **nicht von maßgeblicher Bedeutung** für den Abschluss des Vertrages, sodass deren Verschweigen keine weiteren rechtlichen Folgerungen zeitigte.[641] 331

Freilich darf auch die **Gefahr einer erweiterten Präambel** nicht übersehen werden: Bei einer Änderung der Verhältnisse werden Vertragsteile und Gerichte Ansprüche aus einer Störung der Geschäftsgrundlage[642] oder auf eine Ausübungskontrolle auf diese Abreden stützen. Außerdem ist die Euphorie zu Beginn der Ehe oft so groß, dass die Vertragsparteien zu unrealistischen Lebensentwürfen neigen. Der Rat, diese zu korrigieren, ergeht durchaus zu Recht,[643] damit nicht am Ende die Euphorie zum Maßstab der Ausübungskontrolle wird.[644] 332

---

634 Vgl. zu Vereinbarungen über diese Rollenverteilung Kappler.
635 BGH, NJW 2004, 930 ff.; vgl. auch Rauscher, DNotZ 2004, 524, 545; Dauner-Lieb, FF 2004, 65, 68 hält dies für den wirklich aufregenden Teil des Urteils.
636 Langenfeld, 5. Aufl., Rn. 90, vgl. auch Langenfeld/Milzer, Rn. 467; Löhning, JA 2005, 344, 346.
637 BGH, 05.07.2006, ZNotP 2006, 428 ff.
638 BGH, FamRZ 2005, 1449.
639 OLG Düsseldorf, NJW-RR 2013, 966.
640 Vgl. Kap. 9 Rdn. 15 f.
641 OLG Düsseldorf, NJW-RR 2013, 966 f.
642 Vgl. hierzu schon in der Vergangenheit etwa OLG München, FamRZ 1995, 95 und KG, FamRZ 2001, 1002 jeweils zum Versorgungsausgleichsverzicht.
643 Schubert, FamRZ 2001, 733, 738.
644 Hiervor warnt Bergschneider, FamRZ 2004, 1757, 1764; ders., Inhaltskontrolle, 78.

> Hinweis:

333 Die Präambel mit der Darlegung der Vorstellungen der Ehegatten über eheliche Rollenverteilung sowie wichtige Eckdaten der wirtschaftlichen Situation der Ehe wird im Ehevertrag der Regelfall werden.

334 Die dort vorgesehenen Daten und Angaben wollen allerdings die Vertragsteile zumindest in vorsorgenden Eheverträgen zumeist nicht in die Urkunde aufgenommen haben. Es wird daher einige Überzeugungskraft benötigen, darzulegen, dass dies dennoch sinnvoll ist.

Die nachfolgende Formulierung einer derartigen Präambel ist sehr ausführlich. Sie muss keinesfalls immer in dieser Art verwendet werden.

> Formulierungsvorschlag: Präambel (I)

335 A. Allgemeines

Wir sind in beiderseits erster Ehe verheiratet. Unsere Ehe haben wird am ..... vor dem Standesbeamten in ..... geschlossen.

Wir haben bisher weder einen Ehe- noch einen Erbvertrag geschlossen und leben somit im gesetzlichen Güterstand.

Keiner von uns hat Kinder. Ein aktueller Kinderwunsch besteht nicht. Wir möchten vielmehr derzeit eine gleichberechtigte Partnerschaftsehe führen.

Ich, die Ehefrau, habe Germanistik und Pädagogik studiert und bin als Beamtin (Oberregierungsrätin) im Bayerischen Staatsministerium für Unterricht und Kultus tätig. Mein monatliches Nettoeinkommen beträgt derzeit ..... €.

Ich, der Ehemann, bin Schreinermeister und betreibe eine Möbelschreinerei in der Rechtsform eines Einzelunternehmens. Im Durchschnitt der letzten drei Jahre lag mein monatlicher Nettogewinn nach Abzug von Krankenversicherung und Altersversorgung, die im Wesentlichen durch Kapitallebensversicherungen abgesichert wird, bei monatlich ..... €.

Für den Fall, dass wir später Kinder haben sollten, sind wir uns darüber einig, dass ich, die Ehefrau, für einige Jahre die Kindererziehung übernehme. Mit Erreichen des Kindergartenalters soll die Betreuung von Kindern jedoch durch Tagesmütter sichergestellt werden, soweit sie nicht durch Verwandte geleistet wird.

Wir leben beide in guten finanziellen Verhältnissen, nicht zuletzt deswegen, weil jeder von uns im Wege der vorweggenommenen Erbfolge bereits Vermögenswerte von seinen Eltern erhalten hat.

Wir möchten daher für unsere Ehe Folgendes vereinbaren: .....

Grziwotz[645] schlägt für die Partnerschaftsehe folgende Formulierung in einer Präambel vor:

> Formulierungsvorschlag: Präambel (II)

336 A. Allgemeines

»... Im Übrigen wollen wir eine partnerschaftliche Ehe führen; dies betrifft auch die Verantwortungsübernahme für den Partner. Wir erklären nach Hinweis durch die Notarin ausdrücklich, dass wir unsere Ehe im Fall ihres Scheiterns nicht als Unterhaltsehe betrachten und kein Partner für den anderen unterhaltsrechtlich auch Risiken abdecken soll, die nichts mit unserer Lebensgemeinschaft zu tun haben. Dies betrifft insbesondere die Erkrankung oder Arbeitslosigkeit eines Partners...«

---

645 Grziwotz, MDR 2005, 73, 78.

B. Vertragsfreiheit und Inhaltskontrolle Kapitel 2

b) Teilunwirksamkeit, Auffanglinie und Salvatorische Klausel

Bei der geschilderten **Prüfungsmethodik** des BGH kann eine **Teilnichtigkeit nur** vorkommen, wenn zwar eine **Einzelklausel** nichtig ist, der Rest des Vertrages aber Bestand haben kann. Hier hätte die salvatorische Klausel ihren Platz und könnte, wenn sie ernst gemeint und nicht als bloße Floskel verwendet ist, die Nichtigkeit auf die beanstandete Klausel beschränken. Wenn jedoch in der **Gesamtabwägung** die Summe aller Klauseln das Verdikt der Sittenwidrigkeit des Gesamtvertrages bedingt, dann ist er damit in allen seinen Teilen sittenwidrig.[646] Hier **hilft** also eine **salvatorische Klausel nicht**.[647]

337

Während einerseits die Wohltat der Kompensation eine an sich nicht zulässige Klausel haltbar macht, würde andererseits eine eigentlich unbedenkliche Klausel wie die Vereinbarung der Gütertrennung durch zusätzliche Einschränkungen und Belastungen sozusagen infiziert, wenn die Gesamtschau zur Sittenwidrigkeit führt.[648]

Noch zu klären ist, ob Klauseln als »**Auffanglinien**« verwendet werden können, die etwa aussagen, dass im Fall der Sittenwidrigkeit des Vertrages bei Verwendung der ursprünglich gewollten Klausel eine andere Klausel Platz greifen soll. Dies wird dort keine Beachtung finden können, wo in einer Art **Reduktionskaskade** zunächst die schlimmste Rechtsfolge benannt wird und dann jeweils weniger einschneidende, sodass der Richter sich hier die Linie aussuchen müsste, die gerade noch hält.

338

Im Einzelfall kann es aber schon angemessen sein, eine alternative Rechtsfolge zu benennen, wenn ein Gericht sonst von der Sittenwidrigkeit ausgehen müsste. Hier sollten auch die Schwierigkeiten der Vertragsgestaltung bei unsicheren Grenzlinien und einer schwer vorhersehbaren Gesamtschau in die Wertung einbezogen werden.[649]

Nach diesen Ausführungen ist die **salvatorische Klausel** weiterhin empfehlenswert, und zwar aus mehreren Gründen:

339

- Zum Ersten kann sie einen Anwendungsbereich finden, wenn nur eine Einzelklausel als nichtig angesehen wurde, der Rest des Vertrages aber wirksam bleiben kann.
- Zum Zweiten sollen die Eheverträge eine lange »Haltbarkeitsdauer« haben und wir wissen nicht, wie sich die Rechtsprechung in späteren Jahren einmal wieder ändert.
- Schließlich kann die zuvor diskutierte salvatorische Klausel Bedeutung auch bei der **Ausübungskontrolle** haben, in deren Rahmen lediglich eine einzelne Regelung beanstandet wird. Sie zeigt nämlich, dass die Vertragsparteien trotz Beanstandung einer Klausel und Änderung einer Rechtsfolge am übrigen Vertragsinhalt unverändert festhalten wollen. Sie bezieht sich dann allerdings nicht auf eine Teilnichtigkeit, sondern auf die Teilanwendbarkeit. Hier kann sie für einen Richter i.R.d. Ausübungskontrolle durchaus ein wertvoller Hinweis sein.[650]

▶ Hinweis:

Salvatorische Klauseln sollten in den Ehevertrag aufgenommen werden.[651]

340

---

646 Zur Summenwirkung bei der Sittenwidrigkeitsprüfung: Staudinger/Sack/Fischinger (2017), BGB, § 138 Rn. 117.
647 Vgl. Brambring, FPR 2005, 130, 132; Brambring, NJW 2007, 865, 869; BGH, ZNotP 2006, 428 ff.; BGH, FamRZ 2013, 269 f., der insoweit die salvatorische Klausel selbst der Inhaltskontrolle unterwirft.
648 Vgl. etwa OLG Köln, FamRZ 2010, 32 ff.
649 Hauß, FPR 2005, 135, 140.
650 So auch Bergschneider, FamRZ 2004, 1757, 1764.
651 Formulierungsvorschlag Rdn. 34 ff., 43.

Kapitel 2 — Vertragliche Regelungen im Ehegüterrecht

c) Allgemeine Auffangklausel zur Vermeidung ehebedingter Nachteile

341 Auch wenn sich der BGH ausdrücklich dagegen gewandt hat, bei zu weitgehenden Klauseln eine geltungserhaltende Reduktion durchzuführen,[652] so kann doch überlegt werden, bei einem Ehevertrag, der sich in seinen Detailregelungen darum bemüht, etwaige ehebedingte Nachteile auszugleichen, eine **allgemeine Verpflichtung** anzufügen, **nachweislich entstandene ehebedingte Nachteile** auch über die urkundlich bereits aufgenommenen Kompensationen hinaus noch **auszugleichen**. Dies lässt sich damit rechtfertigen, dass bei Vertragsschluss häufig noch gar nicht absehbar ist, welche ehebedingten Nachteile später auftreten können.[653] Insoweit bringt eine solche Klausel nicht den Wunsch nach geltungserhaltender Reduktion zum Ausdruck, sondern verstärkt die Intention der Ehegatten, eine vertragliche Gestaltung zu finden, welche alle ehebedingten Nachteile ausschließt bzw. kompensiert. Möglicherweise könnte man in diesem Zusammenhang auch schiedsvertragliche Regelungen[654] vorsehen, wenn sich die Ehegatten über die ehelichen Nachteile später nicht einigen können.

342 Eine solche Klausel wird man dort verwenden, wo die weitere Entwicklung in der Ehe wenig absehbar ist oder wo aufgrund der Diskrepanz der Vermögenslage höhere Ansprüche leicht befriedigt werden können. Falls die Beteiligten genau festgelegte Ansprüche begründen wollen ohne die Möglichkeit einer späteren Nachforderung bei Eintritt (weiterer) ehebedingter Nachteile, hat die Klausel keinen Platz.[655]

▶ Hinweis:

343 Es kann im Vertrag eine allgemeine Klausel Aufnahme finden, wonach ein Ehegatte sich verpflichtet, alle ehebedingten Nachteile auszugleichen.

▶ Formulierungsvorschlag: Nachteilsausgleich

344 Wir wollen durch diesen Ehevertrag alle ehebedingten Nachteile ausgleichen, welche der Ehefrau durch die Berufsaufgabe im Zusammenhang mit der Kindererziehung entstehen. Sollte dies nicht gelungen sein und eine oder mehrere Bestimmungen dieses Vertrages aus diesem Grund unwirksam oder unanwendbar sein, so verpflichten wir uns für diesen Fall, die entsprechende Bestimmung so abzuändern, dass in dem betroffenen Bereich alle nachweislich ehebedingten Nachteile ausgeglichen werden.

d) Belehrung

345 Angesichts der geänderten Rechtsprechung zur Inhaltskontrolle von Eheverträgen müssen die bisher schon aufgrund der Rechtsprechung des BVerfG[656] verwendeten **intensiveren Belehrungsvermerke** beibehalten werden.[657]

346 Schon vor dieser Rechtsprechung waren in der anwaltlichen und notariellen Praxis Belehrungen im Rahmen einer **Unterhaltsmodifikation** aufgenommen worden, dass Verzichte sittenwidrig sein oder gegen Treu und Glauben verstoßen können. Diese Belehrung zielte auf die Rechtsprechung des BGH zur Sittenwidrigkeit von Unterhaltsverzichten zulasten der Sozialhilfe[658] und auf die Recht-

---

652 BGH, FamRZ 2005, 1444.
653 Vgl. etwa Büte, FuR 2018, 361: Verlust der Familienversicherung als ehebedingter Nachteil.
654 Vgl. hierzu Rdn. 51 ff.
655 Gegen eine solche allgemeine Klausel wegen ihrer Unbestimmtheit: Waldner, BGHR 2005, 1193; als problematisch angesehen von BRHP/Siede, § 1408, Rn. 81.
656 Es besteht keine Pflicht des Notars, über alle möglichen Abweichungen zur Lebensplanung und deren rechtliche Konsequenzen zu belehren. Dies gilt insb. für die Zeit vor der Rechtsprechung des BVerfG, BGH, BeckRS 2014, 12291.
657 Koch, NotBZ 2004, 147, 148.
658 BGH, FamRZ 1983, 137; BGH, FamRZ 1992, 1403; BGH, FamRZ 2007, 197 f.; BGH, FamRZ 2009, 842; OLG Köln, FamRZ 2003, 767; OLG Düsseldorf, FamRZ 2004, 461; OLG Hamm, FamRZ

sprechung ab, dass der Begünstigte sich auf den Verzicht nicht oder nicht in voller Höhe berufen darf, wenn sich der Verzicht ansonsten zulasten der Kinder auswirken würde.[659] Diese Belehrung kann i.R.d. Unterhaltsregelung beibehalten werden.[660] Allerdings wird die häufig danach verwendete Regelung, dass in diesen Fällen Unterhalt höchstens i.H.d. geltenden Sozialhilfesatzes zu leisten sei, aufgrund der geänderten Rechtsprechung nicht mehr tragfähig sein.[661] Vielmehr sollte dann eine Unterhaltshöhe gewählt werden, die an die voreheliche Situation des (teilweise) Verzichtenden anknüpft.

Im Rahmen einer **Versorgungsausgleichsregelung** sind die Belehrungen umzuformulieren. Mit der Abschaffung der Jahresfrist in § 1408 BGB ist nicht mehr über die Unwirksamkeit des Verzichts bei verfrühtem Scheidungsantrag zu belehren. Stattdessen kann nunmehr auf die gesetzliche Anordnung der Inhaltskontrolle in § 8 Abs. 1 VersAusglG hingewiesen werden.

Der Bereich der **Modifizierungen des Zugewinnausgleichs** oder aber auch der Vereinbarung von Gütertrennung benötigt ebenfalls eigene Belehrungen.

Diese Belehrungen zu den einzelnen Regelungsbereichen kann durch eine **Schlussbelehrung** ergänzt werden, die zur **Inhaltskontrolle** von Eheverträgen Stellung nimmt. Diese Belehrung sollte unter Verwendung der in den einschlägigen Urteilen gebrauchten Termini verdeutlichen, dass ein Vertrag von Anfang an unwirksam sein kann oder auch bei Änderung der Verhältnisse später Teile eines Vertrages oder der Gesamtvertrag einer Ausübungskontrolle nicht standhalten könnten. Diese Belehrung kann mit der salvatorischen Klausel verbunden werden.

▶ Hinweis:

Belehrung und Dokumentation sind für Notar und Anwalt i.R.d. Beratung oder Beurkundung von Eheverträgen unverzichtbar.[662]

Die gegebenen Formulierungsvorschläge für Belehrungen sollten nun aber keineswegs formelhaft verwendet werden.[663] Sie gewinnen an Authentizität und Glaubwürdigkeit, wenn sie individuell auf den Fall eingehen und das konkrete Rechtsgespräch wiedergeben.

▶ **Formulierungsvorschlag: Belehrung zur Inhaltskontrolle**[664]

Der Notar hat auf die Rechtsprechung des Bundesverfassungsgerichts und des Bundesgerichtshofs zur Inhaltskontrolle von Eheverträgen hingewiesen und erläutert, dass ehevertragliche Regelungen bei einer besonders einseitigen Aufbürdung von vertraglichen Lasten und einer erheblich ungleichen Verhandlungsposition unwirksam oder unanwendbar sein können.

Die Vertragsteile erklären, dass sie nach einer Vorbesprechung und dem Erhalt eines Vertragsentwurfes die rechtlichen Regelungen dieses Vertrages umfassend erörtert haben und dieser Vertrag ihrem gemeinsamen Wunsch nach Gestaltung ihrer ehelichen Verhältnisse entspricht. Sie sind insbesondere überzeugt, dass mit den Regelungen dieses Vertrages alle etwa eintretenden ehebedingten Nachteile ausgeglichen sind.

2013, 1311 betont, bei rentenfernen Jahrgängen scheide i.d.R. eine Prognose aus, ob später ein Sozialhilfeträger in Anspruch genommen werde.
659 BGH, FamRZ 1992, 1403; BGH, FamRZ 1997, 873.
660 Zur Anwendbarkeit der alten Rspr.: Bergschneider, FamRZ 2004, 202; Rauscher, DNotZ 2004, 524, 535; BGH, FamRZ 2007, 197 f.
661 Auch wenn dies vereinzelt noch in der Rspr. akzeptiert wird, vgl. etwa OLG Zweibrücken, FamRZ 2007, 2073.
662 Der BGH, NJW-RR 2014, 1399 = MittBayNot 2014, 475 f. hat entschieden, dass ein Notar vor dem Jahr 2001 nicht über die Inhaltskontrolle von Eheverträgen belehren konnte und musste.
663 So zu Recht Rauscher, DNotZ 2004, 524, 541.
664 Noch einschneidender formuliert J. Mayer, in: Würzburger Notarhandbuch/J. Mayer/Reetz, Teil 3, Kap. 1 Rn. 55: »Ob die in dieser Urkunde getroffenen Vereinbarungen Bestand haben werden, kann daher heute nicht abschließend beurteilt werden«.

Der Notar hat darauf hingewiesen, dass bei einer Änderung der Ehekonstellation – hierzu gehören insbesondere die Geburt gemeinsamer Kinder oder gewichtige Änderungen der Erwerbsbiografie – die Regelungen auch nachträglich einer Ausübungskontrolle unterliegen können. Er hat in diesem Zusammenhang auch auf die Rechtsprechung zu den gewandelten eheliche Lebensverhältnissen hingewiesen. Er hat geraten, in diesem Fall die vertraglichen Regelungen der veränderten Situation anzupassen.

Da wir diesen Vertrag gemeinsam so wollen, soll er nach Möglichkeit auch dann im Übrigen bestehen bleiben und zur Anwendung gelangen, wenn lediglich einzelne Regelungen unwirksam sind oder der Ausübungskontrolle unterliegen. Wir verpflichten uns, in diesem Fall die beanstandete Klausel in rechtlich zulässiger Weise durch eine solche zu ersetzen, die dem Sinn der beanstandeten Klausel am nächsten kommt. Für uns stehen und fallen nicht mehrere Regelungen dieses Vertrages so miteinander, dass bei Unwirksamkeit oder Unanwendbarkeit der einen auch die andere entsprechend nicht anwendbar sein soll.

3. Berücksichtigung verschiedener Ehekonstellationen

351 Dass notarielle Eheverträge dem **Ehetyp entsprechen** sollen, gehört seit Langem zu den notariellen Standards.[665] Nunmehr wird es noch mehr als bisher erforderlich werden, **sich verändernde Ehekonstellationen** in die Ehevertragsberatung einzubeziehen. Dies legt schon ein sich immer schneller wandelndes berufliches Umfeld mit einer vielgestaltigeren Erwerbsbiografie nahe.[666] Der Notar kann hier eine **antizipierte Ausübungskontrolle** leisten, indem er typische Geschehensabläufe mit in die Beratung einbezieht und auch ehevertraglich regelt. Dies wird insb. für die Auswirkungen nach der Geburt gemeinsamer Kinder der Fall sein. Das Abbedingen von Scheidungsfolgen wird dann entweder für diese Fälle **auflösend bedingt** vereinbart oder mit **Rücktrittsrechten** versehen. Hierzu finden sich bereits viele Gestaltungsvorschläge.[667] Während die auflösende Bedingung den Vorteil hat, keine Erklärung mehr abgeben zu müssen, ist das Rücktrittsrecht flexibler.

Zusätzlich könnte man auch die **Anordnung alternativer Rechtsfolgen** für bestimmte Situationen erwägen, sodass der Vertrag nicht erlischt, sondern mit einer anderen Rechtsfolge weiterhin gilt, welche dann die veränderte Ehekonstellation berücksichtigt. Mit der Festlegung dieser alternativen Rechtsfolge wäre man einer richterlichen Rechtsfolgenanordnung enthoben.

▶ Hinweis:

352 Der zweistufige Ehevertrag sollte die Regel sein! Die »double income no kids«-Ehe ist selten. Daher schadet die Berücksichtigung von Konstellationen mit Kindern und beruflicher Einschränkung im Ehevertrag nicht.[668]

353 Der Begriff der **Ehekonstellation** soll gegenüber demjenigen des Ehetyps ausdrücken, dass die Dinge sich auch im **zeitlichen Ablauf einer Ehe ändern,** dass also eine Ehe heute nicht mehr durchgängig einem bestimmten Ehetyp entsprechen muss. So beschreibt *Siegler* ihre Version eines **modernen Ehevertrag**es so: Er muss sich auf ein wandelbares rechtliches und persönliches Umfeld einstellen (**Mehrstufigkeit**), er ist **komplex**, weil er den Wandel antizipieren soll und weil er neue Aufgaben im Bereich der Anspruchsbegründung für gesetzliche Lücken erhält, er ist **individuell** wie nie zuvor und er ist **wartungsintensiv**.[669] Gerade Letzteres gilt es, den Parteien mit auf den Weg zu geben. Veränderte Lebenssituationen ziehen nicht selten einen Anpassungsbedarf im Bereich des Ehevertrages nach sich. Kommt man dem nicht nach, so wird später der Richter im Wege der Ausübungs-

---

665 Gernhuber, Eherecht und Ehetypen, 1981; Rauscher, DNotZ 2004, 524, 541; Helms in FS Spellenberg, 2010, 27 ff.
666 Sarres, FPR 1999, 274, 276.
667 Brambring, Rn. 95, 97.
668 Formulierungsvorschlag: Rdn. 643 ff.
669 Siegler, MittBayNot 2012, 95, 100 f.

B. Vertragsfreiheit und Inhaltskontrolle

kontrolle seine Version der gerechten Anpassung zu finden haben. Hier sollten sich die Ehegatten ihr privatautonomes Handeln aber nicht nehmen lassen.

4. Güterrechtliche Regelungen

Nach Auffassung des BGH erweist sich der Zugewinnausgleich einer **ehevertraglichen Disposition am weitesten zugänglich.** Danach ist die eheliche Lebensgemeinschaft – »*auch als gleichberechtigte Partnerschaft von Mann und Frau – nicht notwendig auch eine Vermögensgemeinschaft*«.[670] Diese Ansicht hat der BGH später bekräftigt.[671] Der Zugewinn stellt nicht auf den Bedarf ab. Hierzu ist der Unterhalt da.

Damit hat der BGH in dem für die anwaltliche und notarielle Beratung besonders wichtigen güterrechtlichen Bereich eine **weitgehende Vertragsfreiheit** zuerkannt. Das OLG München hat sogar den Güterstand der Gütertrennung für einen Gewerbetreibenden als vielfach interessengerecht bezeichnet.[672] Dies gilt gerade auch in Zeiten schlechter Unternehmenszahlen, denn hier ist der Nichtunternehmerehegatte bei einem Wertverfall des Unternehmens vor Zugewinnausgleichszahlungen geschützt.[673]

Dem steht weder der **Teilhabegedanke** entgegen[674] noch die von der Rechtsprechung gerade für die Gütertrennung entwickelten Rechtsfiguren des **familienrechtlichen Kooperationsvertrages** oder der **Ehegatteninnengesellschaft**.[675] Gerade Letzteres ist ein für Anwälte und Notare wichtiger Hinweis, regeln diese doch mittlerweile häufig zugleich mit der Vereinbarung von Gütertrennung oder der Modifikation der Zugewinngemeinschaft, dass solche Ansprüche ausgeschlossen sein sollen, sofern sie nicht ausdrücklich vorbehalten sind. Die Wirksamkeit solcher Abreden wird z.T. kritisch hinterfragt;[676] ihre Zulässigkeit ist aber dann gegeben, wenn man die Ansprüche als vertragliche Ansprüche und nicht als Ansprüche aus fiktiven Verträgen qualifiziert, da sie dann auch vertraglich ausschließbar sind.[677]

Diese Wertung des BGH stößt in der **Literatur** nicht auf ungeteilte Zustimmung. Gerade an diesem Punkt setzt vielmehr Kritik an, dass wegen der Abweichung zum BVerfG und der dort postulierten gleichen Teilhabe ggf. eine weitere verfassungsrechtliche Prüfung zu erfolgen habe.[678] *Bergschneider* empfiehlt, eine Rechtsprechungsänderung des BGH hin zu einer Höherbewertung der Teilhabe nicht gänzlich außer Betracht zu lassen. Es sei unbefriedigend, dass der BGH einen reinen Gütertrennungsvertrag nicht infrage stelle.[679] *Dauner-Lieb* bringt gegen den vom BGH akzeptierten Gedanken des notwendigen Unternehmensschutzes vor, dass von diesem Schutz nicht das private Versorgungsvermögen erfasst sein dürfe, das beim Unternehmer typischerweise im güterrechtlichen Bereich liege und ebenso nicht die (fiktive) Tätigkeitsvergütung des Unternehmers. Die Rolle des Versorgungsausgleichs werde hier funktional vom Zugewinnausgleich übernommen.[680] Zudem sei die Kernbereichslehre insgesamt auf den Prüfstand zu stellen.[681] Es wird eine Begrenzung des Verzichtes nach § 1408 BGB gefordert, sodass auf den Ausgleich ehebedingter Nachteile nicht verzichtet wer-

---

670 BGH, NJW 2004, 930 f.; OLG Frankfurt am Main, FamRB 2005, 318.
671 BGH, NJW 2008, 3426; Sanders, FF 2009, 111, 112.
672 OLG München (16. Senat), FamRZ 2003, 376 m. Anm. Bergschneider.
673 Grziwotz, FamRB 2004, 199 f., 239.
674 Hahne, DNotZ 2004, 84, 92 f.
675 Hahne, DNotZ 2004, 84, 92 f.
676 Krit. hierzu: MüHdbFamR/Kogel, § 21 Rn. 57 f.; Grziwotz, ZIP 2006, 9, 10.
677 Schwab, in: FS für Holzhauser, S. 410, 427.
678 So Rakete-Dombek, NJW 2004, 1273, 1277; krit. auch Dauner-Lieb, FF 2004, 65, 67 und Grziwotz, FamRB 2004, 199, 239, 241 sowie Bergmann, FF 2007, 16, 18; Brudermüller, NJW 2010, 401; Dauner-Lieb AcP 2010, 580 ff.; Schwab, AnwBl. 2009, 557, 560 f.
679 Bergschneider, FamRZ 2010, 1857, 1858 f.
680 Dauner-Lieb, FF 2011, 382 ff.; Dauner-Lieb in FS Brudermüller, 99 ff.
681 Dauner-Lieb in Röthel, 181, 187.

den könne. Dies soll einhergehen mit einer Inhaltskontrolle wegen »begrenzter Rationalität«, weil die Vertragsteile Entwicklungen in der Zukunft und deren Einfluss auf den langfristig angelegten und dynamischen Ehevertrag nicht richtig einschätzen können.[682] Dagegen verweist *Kanzleiter* auf eine Unterhaltslösung anstelle der Inhaltskontrolle im Vermögensbereich.[683] *Meder* streitet für einen zwingenden und unverzichtbaren Ausgleich ehebedingter Nachteile.[684] *Dethloff* vertritt, es sei nicht gerechtfertigt, den Zugewinn auch in arbeitsteilig gelebten Ehen für weitgehend verzichtbar zu halten, weil dies dem Prinzip der gleichen Teilhabe widerspreche.[685] Schließlich forderte der 20. Deutsche Familiengerichtstag,[686] eine verstärkte Inhaltskontrolle im Bereich des Zugewinns unter dem Gesichtspunkt der Teilhabegerechtigkeit durchzuführen.

358 Der BGH hat nun jüngst die Gelegenheit genutzt, auf diese Kritik einzugehen und deutlich zu machen, dass dies nichts an seiner Einschätzung ändert,[687] den Zugewinnausgleich als weitgehend disponibel auf der letzten Stufe der Kernbereichsleiter anzusiedeln. Der **BGH** sieht sich **auf dem Boden der Rechtsprechung des BVerfG zur Teilhabegerechtigkeit**. Der formal ausgestaltete **Zugewinn** aber sei **überschießend** und greife über diese Teilhabe hinaus. Die eheverträgliche **Freiheit zur Abweichung** sei daher **notwendiges Korrektiv** dieser Pauschalierung. Auch das BVerfG hat schließlich geäußert, Modifikationen des Grundsatzes gleicher Teilhabe seien nicht ausgeschlossen.[688]

359 Der BGH betont, dass das **Güterrecht auch weiterhin nur nachrangige Bedeutung** habe und dass selbst eine Anpassung aufgrund Ausübungskontrolle nur unter ganz engen Voraussetzungen stattfinden könne. Ausdrücklich gilt dies auch für die Fälle, in denen etwa ein Unternehmer keine Altersversorgung im Versorgungsausgleich hat, sondern mit Vermögen, das dem Zugewinn unterliegt, für sein Alter vorgesorgt hat (Funktionenäquivalenz). Eine Entscheidung über den sog. »eingesperrten Versorgungsausgleich«[689] war jedoch hier noch entbehrlich, da der Unternehmer zugleich Beamter war, sodass ein Versorgungsausgleich stattfand. In einem weiteren Fall hat der BGH jedoch ein »Hinübergreifen« in den Zugewinn mit einem modifizierten richterlichen Zugewinn ausnahmsweise zugelassen.[690]

360 Sicher ist daran richtig, die Praxis insofern zu warnen, als es eine absolute Vertragsfreiheit nicht mehr geben wird.[691] Auch **Vereinbarungen zum Güterstand** können daher an **Grenzen** stoßen. Hier ist insb. an diejenigen Fälle zu denken, in denen ein Ehegatte nach langjähriger Ehe mit Zugewinn in einem Ehevertrag auf den gesamten bisher angefallenen Zugewinn verzichten soll und damit eine ihm zustehende Rechtsposition völlig aufgibt.[692] Ist dies nicht durch nachvollziehbare Gründe gerechtfertigt wie etwa Zuwendungen, die den bisherigen Zugewinn ausgleichen sollen, sondern gar noch mit der Ankündigung begleitet, ansonsten die Ehe auflösen zu wollen, so kann durchaus auch die Regelung des Güterstandes im Einzelfall einmal der Wirksamkeitskontrolle nicht standhalten. Der BGH hat unter Bezugnahme auf diese Ausführungen einen Verzicht auf Zugewinn nach 15jähriger Ehe in einer Scheidungsvereinbarung für wirksam gehalten, weil für den Verzicht eine Kompensation geleistet war.[693] Eine verstärkte Inhaltskontrolle im güterrechtlichen Bereich soll ferner dann

---

682 Dauner-Lieb, AcP 210 (2010), 581 f. mit Zweitabdruck in FF 2010, 343 ff.
683 Kanzleiter in FS Bengel und Reimann, 191 ff.
684 Meder, FPR 2012, 113 ff.
685 Dethloff, Familienrecht, § 5, Rn. 29.
686 FamRZ 2013, 1948, A.II.1.
687 BGH, FamRZ 2013, 269 = DNotZ 2013, 376.
688 BVerfG, NJW 2011, 836.
689 C. Münch, FamRB 2008, 350, 353 f. mit dem Vorschlag einer Ausübungskontrolle und der Begründung einer modifizierten Zugewinnausgleichsforderung; a.A. Braeuer, FamRZ 2014, 77, wonach bei Gütertrennung als Statusakt eine Ausübungskontrolle mit Anpassung im Wege der Ausübungskontrolle nicht erfolgen könne; dagegen Kanzleiter, FamRZ 2014, 998, der allgemein von einem Vermögensausgleich spricht.
690 BGH, NJW 2015, 52; hierzu C. Münch, NJW 2015, 288.
691 Bergschneider, FamRZ 2004, 1757, 1763: »kein Freibrief«.
692 BGH, NJW 2017, 1883 zu Eheverträgen nach Eheschließung; Schwab, DNotZ-Sonderheft 2001, 9, 17.
693 BGH, NJW 2014, 1101.

stattfinden, wenn die Versorgungsanrechte nicht über den Versorgungsausgleich geregelt werden können, da sich die Anrechte aufgrund ihrer Struktur alle im Zugewinn befinden.[694] Der BGH hat in diesen Fällen der **Funktionsäquivalenz** ein »Hinübergreifen« in den Zugewinn als richterlich modifizierter Zugewinnausgleich zur Behebung versorgungsrechtlicher Nachteile gebilligt.[695]

Generell aber wird die **Vertragspraxis** von der Vorstellung des **BGH** ausgehen können, dass die Gütertrennung rechtssicher vereinbart werden kann. Ob hiergegen verfassungsrechtlich der Teilhabegedanke ins Feld geführt werden kann, muss als offen bezeichnet werden.[696] Es ist jedoch darauf hinzuweisen, dass das BVerfG in den beiden Fällen den Verfassungsbeschwerden deshalb stattgegeben hat, weil die Gerichte sich mit dem Hinweis auf die Eheschließungsfreiheit gar nicht erst auf eine Inhaltskontrolle eingelassen hatten. Das **BVerfG** hat aber **nicht** der Zivilgerichtsbarkeit die **Inhaltskontrolle** und ihr Ergebnis **im Detail vorgeschrieben**. Es ist durchaus zweifelhaft, ob es dies angesichts des wohl abgewogenen Urteils des BGH v. 11.02.2004[697] und seiner Nachfolgeentscheidungen künftig tun wird. 361

Schließlich sei noch auf die Problematik der **Gesamtabwägung** hingewiesen. Wenn die Gütertrennung mit weiteren Verzichten zusammentrifft, so kann das Gesamtbild dazu führen, dass der Vertrag der Wirksamkeitskontrolle nicht standhält. Dann ist auch die Gütertrennung von der Unwirksamkeit betroffen.[698] Wem es daher v.a. auf die güterrechtliche Regelung ankommt, der sollte vermeiden, auch bei anderen Regelungsbereichen noch bis zu den Grenzen des Möglichen zu gehen. Diese Warnung ist angesichts der letzten Entscheidungen des BGH[699] zur Unternehmerehe noch zu verstärken. 362

Die Diskussion im Bereich des Güterstandes wird immer mit der Gütertrennung geführt. In der notariellen Praxis hingegen stehen längst die vielfältigen Möglichkeiten **zur Modifizierung des gesetzlichen Güterstandes** im Vordergrund.[700] Diese sind zum einen schonender beim Ausschluss der Scheidungsfolgen und können sich ganz auf die Regelung der unpassenden Scheidungsfolgen konzentrieren (z.B. lediglich durch Ausschluss der Wertsteigerungen des Anfangsvermögens, auch wenn die künftigen Ehegatten von ihren jeweiligen Eltern auf den Abschluss von Gütertrennung vorbereitet wurden). Zum anderen nutzt die modifizierte Zugewinngemeinschaft die Steuervorteile bei der Schenkung- und Erbschaftsteuer nach § 5 ErbStG aus, die bei der Gütertrennung vergeben werden. 363

▶ Hinweis:

Im Güterrecht ist die Vertragsfreiheit noch am größten. Allerdings müssen auch hier Grenzen der Rechtsprechung beachtet werden. 364

Nimmt man den auch vom BGH geäußerten Gedanken der Entsolidarisierung hinzu, so wird insbesondere bei einer **Diskrepanzehe** der Ratschlag gegeben, einen Verzicht auf Zugewinn entweder nicht vollständig zu erklären, oder aber eine **Kompensation** zu vereinbaren, welche die **ehebedingten Nachteile ausgleicht**. Alternativ kann ein **Lebensentwurf** angestrebt werden, der ehebedingte Nachteile erst gar nicht aufkommen lässt. Die **Sicherheit**, die man hier für den Gesamtvertrag gegen alle Fährnisse einer Rechtsprechungs- oder Gesetzesänderung gewinnt, geht einher mit einer Zufriedenheit des Vertragspartners, weil nicht mehr die quantitativ höheren Verzichte im Vordergrund 365

---

694 Borth, FamRB 2005, 177, 180; Palandt/Brudermüller, § 1408 Rn. 10.
695 BGH, NJW 2015, 52, hierzu C. Münch, NJW 2015, 288.
696 Optimistisch Staudinger/Thiele (2018), Vorbem. § 1408 Rn. 19 warnt vor einem Überschreiten der Grenze des zulässigen Eingriffs in die Ehevertragsfreiheit.
697 BGH, NJW 2004, 930 f.
698 Vgl. etwa OLG Oldenburg, FamRZ 2004, 545.
699 BGH, NJW 2017, 1883 und BGH, NJW 2019, 2020.
700 Einen solchen Fall behandelt das Urteil des OLG Hamm, FamRZ 2006, 1034 f.

stehen, sondern die versprochene Kompensation, die auch im Scheidungsfall einen Neustart absichert.

5. Unterhaltsregelung

366 Der Schwerpunkt der Entscheidungen des BGH jedoch liegt im Unterhaltsrecht.[701] Hierzu hat der BGH mit seiner **Kernbereichsabstufung** eine Lösung vorgegeben und in weiteren Urteilen ausdifferenziert. Gleichwohl bleiben auch zehn Jahre nach dem ersten Grundlagenurteil des BGH noch einige Fragen offen, deren Klärung erst mit der künftigen Rechtsprechung zu erwarten ist.[702] Eine neue Fragestellung ergibt sich aus der Reform des Unterhaltsrechts. § 1570 BGB hat nun mehrere Tatbestände, an den Basisunterhalt schließt sich eine kindbezogene und eine ehebezogene Verlängerungsmöglichkeit an. Diese verschiedenen Tatbestände werden im Hinblick auf die Inhaltskontrolle eine unterschiedliche Wertigkeit in Bezug auf die Kernbereichslehre erhalten. Damit hat die Unterhaltsreform den geschützten Kernbereich deutlich kleiner werden lassen oder um es mit Schwab zu sagen: »Der Kern schmilzt!«[703]

Bei der nachfolgenden Darstellung ist zu beachten, dass sie Einzelklauseln untersucht, dass aber für die Frage der Wirksamkeit eines Ehevertrages am Ende nochmals eine **Gesamtabwägung** entscheidend ist. Daher kann auch eine hier für unbedenklich gehaltene Klausel im Zusammenhang mit anderen Verzichten zu weit gehen oder eine hier verworfene Klausel durch Kompensation gemildert sein, sodass sie wirksam ist.

a) Totalverzicht

367 Ein völliger Verzicht auf jeden nachehelichen Unterhalt wird nur noch in wenigen Fällen in Betracht kommen. In diesen Fällen bleibt er aber gleichwohl zulässig und auch wirksam.

Wenn Ehegatten einen Ehevertrag schließen, die beide in ihrem Beruf tätig bleiben wollen und Kinder für sich ausschließen, die also aller Voraussicht nach **keine ehebedingten Nachteile** haben, dann können sie sich nach wie vor entschließen, gegenseitig auf Unterhaltsansprüche zu verzichten. Auch wenn die Unterhaltsansprüche wegen Alters und Krankheit auf der zweiten Stufe des Kernbereichs stehen und noch zu diesem gehören, so sagt das Urteil des BGH jedoch ausdrücklich, dass der Vorwurf der Sittenwidrigkeit nur dann begründet ist, wenn die Parteien einvernehmlich davon ausgehen, dass der verzichtende Teil sich dauerhaft oder langfristig vollständig aus dem Erwerbsleben zurückzieht, insb. also wenn Kinder geboren werden. Planen die Parteien jedoch eine **Doppelverdienerehe**, so trifft den Verzicht nicht der Vorwurf der Sittenwidrigkeit.[704] I.R.d. Ausübungskontrolle kann allerdings der Richter spätere Änderungen, insb. nachträglich doch eingetretene ehebedingte Nachteile berücksichtigen.[705]

368 Zwar hat der BGH[706] in einem neueren Urteil eine **Totalverzichtsvereinbarung** als wirksam angesehen, obwohl aus der Formulierung des Ehevertrages bei den Kompensationsleistungen (vier Jahre Ehe oder gemeinsame Kinder) zu ersehen war, dass ein Kinderwunsch vorhanden war. Dennoch bleibt die Vorsicht bei Totalverzichtsvereinbarungen weiterhin angebracht.

369 Das OLG Hamm[707] hat eine Totalverzichtsvereinbarung für wirksam gehalten in einer Ehe, in der keine Kinder geboren wurden, und dies mit der fehlenden subjektiven Unterlegenheit begründet,

---

701 Eine Übersicht hierzu findet sich in MünchKomm-BGB/Maurer, § 1585c, Rn. 77 ff.
702 Hahne, DNotZ 2004, 84, 95.
703 Schwab, AnwBl. 2009, 557, 561; vgl. auch Dauner-Lieb in Röthel, 181, 186: »Die Kernbereichslehre nach Verlust des Kerns«.
704 BGH, NJW 2004, 930 ff. = FamRZ 2004, 601 ff. = ZNotP 2004, 157 ff. = DNotZ 2004, 524 ff., Nr. IV.1.b) der Gründe. Sanders, FF 2006, 242, 243.
705 Diese Einschätzung findet sich ausdrücklich bestätigt durch das Urt. des BGH, NJW 2005, 2386.
706 BGH, FamRZ 2011, 1377.
707 OLG Hamm, FamRZ 2012, 232.

B. Vertragsfreiheit und Inhaltskontrolle

auch wenn der Ehemann die Eheschließung vom Vertragsabschluss abhängig gemacht hatte. Die Ehefrau sei als Finanzbeamtin erfahren in wirtschaftlichen Dingen gewesen und habe um die Bedeutung ihres Verzichtes gewusst.

Gleiches gilt für **Ehegatten in fortgeschrittenem Lebensalter**, die zum zweiten Mal heiraten. In diesen Fällen sind häufig sowohl der laufende Lebensunterhalt wie auch die Vermögensausstattung gesichert und eheliche Ansprüche würden nur stören.[708]

370

Allerdings wird der Notar im Rahmen seiner Beratung – wie auch bisher schon – die Lebenspläne der Vertragsteile zusammen mit diesen durchaus infrage stellen und darauf hinweisen, dass die Geburt eines Kindes bei der geplanten Doppelverdienerehe alles ändern kann. Dies kann dann etwa zu folgenden ehevertraglichen Regelungen führen, auf welche die Parteien bei eindringlicher Beratung i.d.R. auch eingehen, denn wenn kein Kind geboren wird, bleibt es ja bei dem erklärten Verzicht:

371

– die Geburt eines Kindes ist auflösende Bedingung oder Rücktrittsgrund für den Unterhaltsverzicht, sodass dann die gesetzlichen Ansprüche in vollem Umfang bestehen;
– der Unterhaltsanspruch wegen Kindesbetreuung wird vom Unterhaltsverzicht ausgenommen, ggf. zusammen mit den Anschlusstatbeständen der §§ 1571 Nr. 2 und 1572 Nr. 2 BGB.

▶ Formulierungsvorschlag: Unterhaltsverzicht mit Ausnahme der Kindesbetreuung sowie §§ 1571 Nr. 2 und 1572 Nr. 2 BGB

1)

372

Für die Zeit nach einer etwaigen Scheidung unserer Ehe verzichten wir gegenseitig auf Unterhalt, auch für den Fall des Notbedarfes, gleichgültig ob ein Unterhaltsanspruch gegenwärtig bereits erkennbar hervorgetreten ist oder nicht, jedoch mit Ausnahme des Unterhalts wegen Betreuung eines Kindes nach § 1570 Abs. 1 Satz 1 BGB (Basisunterhalt) oder § 1570 Abs. 1 Satz 2 BGB (kindbezogene Verlängerung) oder § 1570 Abs. 2 BGB (ehebezogene Verlängerung) oder § 1573 Abs. 2 BGB[709] und der Unterhaltstatbestände nach § 1571 Nr. 2 BGB und § 1572 Nr. 2 BGB (Unterhalt wegen Alters und Krankheit jeweils mit Einsatzzeitpunkt Ende der Kindesbetreuung).

Im Anschluss an diese Unterhaltstatbestände kann Unterhalt aus anderen gesetzlichen Gründen nicht mehr verlangt werden.

2)

Diesen Verzicht nehmen wir hiermit gegenseitig an.

3)

Der Verzicht gilt auch im Fall einer Änderung der einschlägigen gesetzlichen Vorschriften oder der Rechtsprechung weiterhin.[710]

4)

Wir wurden vom Notar über das Wesen des nachehelichen Unterhalts und die Auswirkungen des Verzichts eingehend belehrt .....

---

[708] Langenfeld/Milzer, Rn. 1085; Brudermüller, NJW 2005, 3187, 3189; AG Hamburg-Altona, NJW-RR 2005, 1380.
[709] Damit ist der komplette Kindesbetreuungsunterhalt vom Verzicht ausgenommen. Die Rspr. unterscheidet auch nach der Reform zwischen § 1570 und § 1573 Abs. 2 BGB bei einer nicht vollschichtigen Tätigkeit.
[710] Bergschneider, Rn. 434.

b) Unterhalt wegen Kindesbetreuung

aa) Neuaufbau des § 1570 BGB

373 Der Kindesbetreuungsunterhalt steht auf der Kernbereichsleiter, die der BGH entwickelt hat, ganz oben.

374 Mit dem Beschluss des BVerfG, dass Art. 6 Abs. 5 GG zur Gleichbehandlung der Unterhaltsansprüche von Eltern nach Scheidung und Eltern ohne Heirat zwingt,[711] hatte das BVerfG die nacheheliche Solidarität als Begründung für den Kindesbetreuungsunterhalt nach § 1570 BGB a.F. abgelehnt und betont, dass der Kindesbetreuungsunterhalt nur aus Gründen des Kindeswohls gewährt werde. Daraus wurde sogar vor der endgültigen Neufassung des § 1570 BGB gefolgert, dass die zentrale Stelle für den Kindesbetreuungsunterhalt in der Kernbereichsthese aufgegeben werden müsse.[712] Vielmehr solle der Kindesbetreuungsunterhalt als Kindesunterhalt § 1614 Abs. 1 BGB unterfallen.[713] Dazu ist es aber nicht gekommen.

375 Vielmehr hat der Gesetzgeber § 1570 BGB in der Weise neu gestaltet, dass er in Abs. 1 den kindbezogenen Betreuungsunterhalt (3-jährigen Basisunterhalt und Anschlussunterhalt) niedergelegt hat und in Abs. 2 den ehebezogenen.[714]

Hier wird man auch in Bezug auf die Inhaltskontrolle eine Rangabstufung vornehmen können. Der aus kindbezogenen Gründen gewährte Betreuungsunterhalt wird weiterhin den Kernbereich der Scheidungsfolgen mit eingeschränkter Disponibilität bilden.

Neben der Neuaufteilung der Ansprüche nach § 1570 BGB seien nachfolgend noch die wichtigsten Fragen zusammengestellt mit einer Darstellung der hierzu vertretenen Auffassung in der Literatur und der eigenen Ansicht, wobei es noch immer kaum Rechtsprechung zur Frage gibt, wie der neue § 1570 BGB i.R.d. Inhaltskontrolle zu werten ist.

376 Die Ansicht des BGH, dass es zum Vermeiden der Sittenwidrigkeit genügt, die ehebedingten Nachteile auszuschließen, ist nunmehr gefestigt und hat durch § 1578b BGB auch im Gesetz ihren Niederschlag gefunden. Dies führt dazu, dass auch im Kernbereich Unterhaltseinschränkungen möglich sein sollten, sofern alle ehebedingten Nachteile sicher ausgeglichen sind. Gleichwohl ist dem Vertragsgestalter eine vorsichtige Handhabung zu empfehlen.

bb) Basisunterhalt

377 Der 3-jährige Basisunterhalt sollte nach Möglichkeit ohne Abänderung bleiben. Angesichts der kurzen Zeit von drei Jahren, die sich zumeist ohnehin noch mit dem nicht verzichtbaren Trennungsunterhalt überschneidet, sollte man versuchen, die Mandanten davon zu überzeugen, dass Änderungswünsche für diesen Basisunterhalt zurückgestellt werden, zumal die Unterhaltshöhe auch in Diskrepanzfällen durch den Übergang zur konkreten Unterhaltsberechnung eine gewisse Begrenzung erfährt. Wenn dies nicht genügt, so kommt allenfalls eine auskömmliche und großzügige Höchstgrenze in Betracht. Eine zeitliche Verkürzung oder gar einen vollständigen Verzicht auf diesen Basisunterhalt sollte der Vertragsgestalter – jedenfalls ohne Kompensation – nicht in Erwägung ziehen, da auch nach der Intention des Gesetzgebers dieser Zeitraum ohne Erwerbsobliegenheit und ohne Erwartung einer Fremdbetreuung, aber für eine befristete Zeit die Basis und damit den Kern und das Minimum des nachehelichen Unterhaltsrechts bildet.[715]

---

711 BVerfG, NJW 2007, 1735, mit der Unvereinbarkeitserklärung des § 1615l Abs. 2 Satz 3 BGB.
712 Maier, FamRZ 2007, 1076, 1077; Graba, FF 2007, 246, 252.
713 Maier, FamRZ 2007, 1076, 1077.
714 Schwab, in Limmer, Scheidung, Trennung, 81 bezeichnet dies als erstaunlich und bezweifelt, dass sich der Gesetzgeber hierbei auf das BVerfG berufen könne.
715 Für indisponibel halten den Basisunterhalt auch Löhnig/Preisner, NJW 2012, 1479; Bergschneider/Wolf, NZFam 2018, 344, 345 halten Beschränkungen für »hochproblematisch«.

B. Vertragsfreiheit und Inhaltskontrolle

▶ **Gestaltungsempfehlung:**

Vorsicht bei Abänderungen im Bereich des 3-jährigen Basisunterhaltes. Die bisherige Literatur zum Unterhaltsrechtsänderungsgesetz sieht diesen als nicht disponibel an![716]

378

cc) Kindbezogene Verlängerung

Was die anschließende Verlängerung aus kindbezogenen Gründen anbelangt, so wird man konstatieren müssen, dass der Gesetzgeber den Kindesbetreuungsunterhalt nach § 1570 BGB selbst sehr stark relativiert und nur den Basisunterhalt als feste Bastion nicht geschliffen hat. Diese Relativierung wird durch die fest bestimmte und kurze Frist des Basisunterhaltes ganz deutlich.[717] Gleichwohl sind bei § 1570 Abs. 1 Satz 2 BGB noch Kindesinteressen betroffen, sodass hier noch von einer Schutzwirkung auch zugunsten der Kinder ausgegangen werden muss. Man darf gespannt sein, wie der BGH das bei einer Neujustierung seiner Kernbereichsleiter wertet. Eine solche Entscheidung steht auch einige Jahre nach Abschluss der Reform noch immer aus. Der BGH[718] hat bisher lediglich entschieden, dass bei der Ausübungskontrolle die Anpassung im Lichte der Unterhaltsreform vorgenommen werden muss, ohne die Einstufung der einzelnen Ansprüche weiter auszudifferenzieren. Bis zu einer entsprechenden Entscheidung sollte man auch hier nur mit Vorsicht abweichende Vereinbarungen beurkunden.

379

Man kann jedoch etwa vertraglich Vorkehrungen treffen, um das Eingreifen dieses Unterhaltsanspruchs schon von der Tatbestandsseite her auszuschließen, indem etwa für eine Fremdbetreuung des Kindes Sorge getragen und deren Finanzierung geregelt wird.[719] Wenn jedoch später aus Gründen des Kindeswohls eine Eigenbetreuung erforderlich wird, weil etwa das Kind besondere schulische Schwierigkeiten hat oder die Trennung nicht verkraftet, dann wird auch dies nichts helfen.

380

dd) Ehebezogene Verlängerung

Der **ehebezogene Betreuungsunterhalt** nach § 1570 Abs. 2 BGB dient nicht mehr dem Schutz des Kindes, er sollte daher eine Stufe tiefer im Kernbereich angesiedelt[720] und durch die Ehegatten freier gestaltbar sein. Insb. sollte es den Ehegatten möglich sein, die **Billigkeit nach dieser Vorschrift anhand ihres Lebensplanes zu definieren.** Hierbei müssen etwaige ehebedingte Nachteile berücksichtigt werden. Z.T. wird gefordert, das in der Ehe gewachsene Vertrauen auf eine vereinbarte und praktizierte Rollenverteilung hier anzuerkennen und daher nur zu einer eingeschränkten Disponibilität zu kommen.[721]

381

Hierzu kann etwa die Vereinbarung einer Übergangsfrist gehören, deren Länge von der Dauer der Ehe oder dem Lebensalter des Ehegatten abhängig ist. Dies kann – entsprechend dem Gedanken des § 1578b BGB – kombiniert sein mit einer langsam abschmelzenden Unterhaltshöhe.[722]

Durch die Einführung des § 1570 Abs. 2 BGB werden übrigens die Anschlussunterhaltstatbestände hinausgeschoben, die nunmehr erst nach Ablauf dieses Unterhaltes zum Tragen kommen. Daher wird die bisherige Diskussion, ob eine Sonderqualifikation der Anschlusstatbestände besteht,[723] sich z.T. in den § 1570 Abs. 2 BGB hineinverlagern.

382

---

716 Vgl. etwa Schwab, in Limmer, Scheidung, Trennung 81.
717 Hahne, in Limmer, Scheidung, Trennung, 8, 9; Grziwotz, FamRB 2009, 19, 20.
718 BGH, FamRZ 2011, 1377 f. m. Anm. Bergschneider, der bedauert, dass der BGH noch nicht bereit sei, seine bisherige Rechtsprechung zur Inhaltskontrolle an der neuen Gesetzeslage grds. zu überprüfen.
719 A.A. Löhnig/Preißner, NJW 2012, 1479, 1480.
720 Schwab, in Limmer, Scheidung, Trennung, 82.
721 BRHP/Siede, § 1408, Rn. 23 f.
722 Strenger etwa Berringer/Menzel, MittBayNot 2008, 165, 168, die nicht innerhalb des § 1570 BGB differenzieren.
723 Etwa Wachter, ZFE 2004, 132, 138 für eine quasi akzessorische Behandlung; Hauß, FamRB 2006, 180.

ee) Unterhaltshöchstgrenze

383 Neben einem Unterhaltsverzicht mit Ausnahme des Kindesbetreuungsunterhalts werden in der notariellen Praxis am häufigsten **Begrenzungen der Unterhaltshöhe** verlangt. Ob eine solche Begrenzung der Unterhaltshöhe zulässig ist, bezeichnet die Literatur als fraglich.[724]

384 Man wird wohl Folgendes sagen können:

Auf die frühere Rechtsprechung,[725] dass bei einem Unterhaltsverzicht, auf den sich ein Ehepartner nach § 242 BGB nicht berufen durfte, weil es dem Kindeswohl widersprach, ein Unterhaltsanspruch nicht mehr nach den ehelichen Lebensverhältnissen (§ 1578 BGB) bemessen wurde, sondern lediglich der sog. **Notunterhalt** oder das Existenzminimum gewährt wurde, kann man **nicht mehr zurückgreifen**.[726]

Damit dürfte bei beiderseits **einfachen bis mittleren Verhältnissen** eine **Begrenzung der Unterhaltshöhe wenig Sinn** machen, zumal im Vorfeld eines vorsorgenden Ehevertrages künftige Entwicklungen für geringe Verzichtsbeträge kaum überschaubar sind. Hier sollte es vielmehr Aufgabe der Vertragsgestaltung sein, den Beteiligten die nunmehrige Rechtslage zu verdeutlichen und von einer Begrenzungsvereinbarung abzuraten.

385 Anders kann es sich dagegen darstellen, wenn auf der Seite eines Ehegatten **gehobene Einkommensverhältnisse** vorliegen. Zur Regelung solcher Fälle bietet schon das Urteil des BGH v. 11.02.2004 zwei Anhaltspunkte: Es stellt zum einen fest, dass bei gehobenen Verhältnissen eine **weitergehende Dispositionsbefugnis** besteht. Auch wenn dies nur zum Versorgungsausgleich angemerkt wird,[727] dürfte darin ein allgemeiner Grundsatz verborgen sein. Zum anderen bringt das Urteil wie auch die Folgeurteile des BGH mehrfach zum Ausdruck, dass **eine Mindestgrenze mit dem Ausgleich aller ehebedingter Nachteile** akzeptiert wird.[728] Was für die richterliche Ausübungskontrolle gilt, dass nämlich eine Unterhaltsregelung zuerkannt werden soll, die sich nach den vorehelichen Erwerbsmöglichkeiten unter Interpolation der Karrierechancen richtet – mit anderen Worten Unterhalt zuspricht, wie der unterhaltsbedürftige Teil ohne kind- oder ehebedingte Berufsunterbrechung nun verdienen würde –, das müsste auch für die vorsorgende Unterhaltsvereinbarung gelten können.[729] Diese Rechnung muss allerdings **am Kindeswohl überprüft** werden. D.h. bei sehr hohem Einkommen eines Teiles und sehr geringem (vorehelichem) Einkommen des anderen Teiles, wird man nicht das Letztere ungefragt zugrunde legen dürfen. Man muss dann die **Grenze** im Interesse des Kindeswohls **heraufsetzen**.[730] Bei Einhaltung dieser Prämissen sollte jedenfalls eine solche Vereinbarung nicht mehr sittenwidrig sein.[731] War die Vorausschau im Vertrag nicht ausreichend, so kann ggf. i.R.d. Ausübungskontrolle eine weitere Korrektur erreicht werden.

---

724 Grziwotz, FamRB 2004, 199, 205; für die Möglichkeit angemessener betragsmäßiger und zeitlicher Begrenzungen Rauscher, DNotZ 2004, 524, 537.
725 BGH, FamRZ 1992, 1403 f.; BGH, FamRZ 1997, 873 f.
726 Empfehlungen des 15. DFGT C.V., FuR 2004, 18, 22; OLG Koblenz, FamRZ 2004, 805 f.; Bergschneider, FamRZ 2004, 1757, 1761; Hahne, DNotZ 2004, 84, 90 f.; Rakete-Dombek, NJW 2004, 1273, 1276.
727 BGH, NJW 2004, 930 f. = FamRZ 2004, 601 ff. = ZNotP 2004, 157 ff. = DNotZ 2004, 550 ff., Nr. III.2.b) der Urteilsgründe.
728 BGH, NJW 2004, 930 f. = FamRZ 2004, 601 ff. = ZNotP 2004, 157 ff. = DNotZ 2004, 550 ff., Nr. III.3b) und IV.2.a) der Urteilsgründe.
729 So auch Langenfeld/Milzer, Rn. 566.
730 So schon C. Münch, ZNotP 2004, 122, 125. Insofern trifft die Kritik von Gageik, RNotZ 2004, 295, 301 nicht.
731 So detailliert C. Münch, ZNotP 2004, 122 ff.; J. Mayer, FPR 2004, 363, 371.

An dieser Stelle kann auch auf die **Rechtsprechung** des BGH in seinem Beschluss vom 06.10.2004[732] und insb. in seinen Entscheidungen v. 25.05.2005[733] und auf die Rechtsprechung der Obergerichte[734] verwiesen werden. Hier wurde im Rahmen einer komplexen Unterhaltsregelung die Vereinbarung einer Unterhaltshöchstgrenze für alle Unterhaltstatbestände – i.H.v. 2.000,00 DM und bei Schwangerschaft vereinbart – als nicht sittenwidrig eingestuft.

Damit lässt sich wohl gerade für **Diskrepanzehen** die Aussage treffen, dass ein neben der Gütertrennung oder Modifikation des Zugewinns vereinbarter **Unterhaltsverzicht** über eine **angemessene Unterhaltshöchstgrenze** hinaus durchaus **möglich** ist, und zwar auch im Bereich des Kindesbetreuungsunterhalts.[735] Allerdings sollte überlegt werden, ob dies für den Basisunterhalt nach § 1570 Abs. 1 Satz 1 BGB wirklich notwendig ist. Ggf. kann hier eine Staffelung vorgenommen werden, sodass die Höchstgrenze für diese Zeit angehoben wird. 386

Hahne führt zu dieser Thematik aus:[736] 387

> »Die Ehegatten können vereinbaren, dass demjenigen Ehegatten, der nach der Lebensplanung die Familienarbeit übernimmt, nur die ehebedingt entstandenen Nachteile ersetzt werden. Ein Aufstockungsunterhalt nach § 1573 Abs. 2 BGB würde sich also in diesem Falle nicht am Maßstab des letzten eheangemessenen Unterhalts nach § 1578 BGB ausrichten, sondern fiktiv an dem, was er bei Weiterführung seiner Berufstätigkeit erzielt hätte.«

In der Literatur wird ferner gelegentlich auch die zwingende (§§ 1615l Abs. 3 i.V.m. 1614 BGB) Bestimmung des **§ 1615l BGB als Untergrenze** für einen möglichen Verzicht genannt, um nicht in Wertungswidersprüche zu geraten.[737] Dies bedeutet aber nicht, dass nun § 1570 BGB nicht abdingbar wäre. Die Lösung des Wertungswiderspruchs liegt in der erst jüngst bestätigten unterschiedlichen Bedarfsberechnung.[738] Der Anspruch aus § 1615l BGB geht von der **Lebensstellung allein des nichtehelichen Elternteiles** bei Geburt des Kindes aus. Die **wirtschaftlichen Verhältnisse des unterhaltspflichtigen Elternteiles** sind daher bei der Bedarfsbemessung i.R.d. § 1615l BGB **nicht maßgeblich**. Von Bedeutung ist allerdings, wenn bei Geburt ein Unterhaltsanspruch des berechtigten Elternteiles gegen einen aktuellen oder früheren Ehegatten besteht, da dieser bedarfsprägend ist. 388

Die **Obergrenze** des Unterhaltsanspruchs ist allerdings mit dem Gebot der **Halbteilung** zu ermitteln. Nur insoweit kommt es auf die wirtschaftlichen Verhältnisse des Unterhaltsverpflichteten an. 389

Der BGH hat in dieser Entscheidung auch die bisher umstrittene Frage geklärt, dass diese Bedarfsermittlung **auch dann** anzuwenden ist, **wenn** die nicht verheirateten Eltern vor der Geburt **zusammengelebt** haben, ja sogar **wenn** aus der nichtehelichen Lebensbeziehung **mehrere Kinder** hervorgegangen sind. Der BGH begründet dies zum einen mit der Verweisung auf den Verwandtenunterhalt, aber auch damit, dass ein Unterhaltsrechtsverhältnis ohne Heirat eben nicht durch das Zusammenleben, sondern erst durch die Geburt des gemeinsamen Kindes entsteht. 390

Diese Bedarfsermittlung i.R.d. § 1615l BGB **lässt sich** aber mit einer auf der Basis des Einkommens des unterhaltsberechtigten Ehegatten gebildeten **Höchstgrenze i.R.d. § 1570 BGB vergleichen, durch die alle ehebedingten Nachteile ausgeglichen sind.** Auf diese Weise kann man Regelungen zu § 1570 BGB treffen, ohne hinter den Unterhaltsanspruch nach § 1615l BGB zurückzufallen. 391

---

732 BGH, NJW 2005, 139.
733 BGH, NJW 2005, 2386 und 2391.
734 OLG Düsseldorf, FamRZ 2005, 216 (Multimillionär-Fall).
735 So auch Dorsel, RNotZ 2004, 496, 500; Langenfeld, ZEV 2004, 311, 314; Rauscher, DNotZ 2004, 524, 537.
736 Hahne, Familienrecht im Brennpunkt, 15.
737 Goebel, FamRZ 2003, 1513, 1518; Schwab, FamRZ 1997, 521, 525; Grziwotz, FamRB 2004, 199, 200; zur möglichen längeren Dauer des Unterhaltsanspruchs nach § 1615l BGB vgl. BGH, NJW 2006, 2687 f.; nunmehr BVerfG, NJW 2007, 1735, mit der Unvereinbarkeitserklärung des § 1615l Abs. 2 Satz 3 BGB a.F.
738 BGH, FamRZ 2008, 1739 ff.; BGH, FamRZ 2010, 357 mit Mindestbedarf bei § 1615l BGB.

Die Einhaltung dieser Grenze sollte daher zur Auflösung des gesetzlichen Wertungswiderspruchs genügen.

392 Wem dies nach den Mahnungen an den vorsichtigen Notar[739] noch zu unsicher ist, der könnte einen »fiktiven« Anspruch aus § 1615l BGB als Untergrenze vereinbaren. Eine allgemeine Empfehlung soll damit aber ausdrücklich nicht verbunden werden, denn die Berechnung dieser Untergrenze mag noch manchen Unwägbarkeiten durch nochmalige gesetzliche Änderungen des § 1615l BGB oder durch Rechtsprechungsänderungen ausgesetzt sein.

393 Haben **beide Ehegatten vorehelich ein gehobenes Einkommen** erzielt, so muss die Unterhaltshöchstgrenze dies berücksichtigen. Eine Höchstgrenze in der Nähe des Existenzminimums, zudem noch ohne Wertsicherung, lässt den Vertrag in einem solchen Fall in die Sittenwidrigkeit laufen.[740]

394 Bei der Überlegung zu einer Unterhaltshöchstgrenze ist ferner zu beachten, dass im **Unterhaltsbereich** ohnehin eine gewisse **Begrenzung** dadurch stattfindet, dass bei deutlich gehobenen Lebensverhältnissen nicht mehr der Quotenunterhalt zugesprochen, sondern **der konkrete Lebensbedarf** festgestellt wird, da ein Teil des Einkommens für die Vermögensbildung Verwendung findet.[741] Die Rechtsprechung der OLG differiert, verlangt aber eine konkrete Berechnung wohl ab einem Einkommen von 6.000,00 €,[742] zuweilen auch ab einem Bedarf von 4.000,00 €.[743] Der **BGH**[744] hat nun entschieden, dass **bis zum doppelten Höchstsatz der Düsseldorfer Tabelle (= 2 x 5.100,- €) Quotenunterhalt** verlangt werden könne. Gehe das Einkommen noch darüber hinaus, müsse der Unterhaltsberechtigte zur Erlangung von Quotenunterhalt nachweisen, dass das Einkommen gänzlich für den Lebensunterhalt verwendet worden sei.

Für die Feststellung des konkreten Bedarfes soll nicht allein das in der Ehe tatsächlich geübte Konsumverhalten maßgeblich sein, sondern der Lebenszuschnitt, den entsprechend situierte Eheleute im Regelfall wählen,[745] sodass übertriebene Verschwendung ebenso außer Betracht bleibt wie übertriebene Sparsamkeit. Möglicherweise mag es hier ausreichen, den konkreten Lebensbedarf übereinstimmend festzustellen.

▶ Formulierungsvorschlag: Unterhaltsbeschränkung und -verzicht

395
II. Unterhaltsbeschränkung und -verzicht

1)

Es gelten grundsätzlich die gesetzlichen Vorschriften zum Recht des nachehelichen Unterhalts. Allerdings vereinbaren wir, dass die Höhe des gesetzlichen nachehelichen Unterhalts (Gesamtunterhalt einschließlich Vorsorgeunterhalt und Sonderbedarf) auf den Betrag von 4.000,00 € – in Worten viertausend Euro – monatlich begrenzt wird.

2)

Diese Begrenzung gilt jedoch ausdrücklich nicht für den Basisunterhalt wegen Kindesbetreuung nach § 1570 Abs. 1 Satz 1 BGB.

Dieser Höchstbetrag erhöht sich beim Unterhalt wegen Betreuung eines Kindes nach § 1570 Abs. 1 Satz 2 BGB (kindbezogene Verlängerung) und nach § 1570 Abs. 2 BGB (ehebezogene

---

739 Schwab, in: Limmer, Scheidung, Trennung, 83.
740 BGH, ZNotP 2006, 428 f.
741 BGH, FamRZ 1994, 1169, 1170; OLG Düsseldorf, FamRZ 1991, 806 ff.; OLG Köln, FamRZ 2002, 326.
742 OLG Köln, FamRZ 2002, 326.
743 OLG Köln, FamRZ 2002, 326; OLG Hamm, FamRZ 2003, 1109 will auch bei einem Unterhaltsanspruch von 8.000,00 DM monatlich noch die Quotelung vornehmen.
744 BGH, NJW 2018, 468.
745 BGH, FamRZ 1994, 1169, 1171; OLG Koblenz, FamRZ 2000, 605.

Verlängerung) sowie beim Unterhalt wegen Alters oder Krankheit nach § 1571 Nr. 2 oder § 1572 Nr. 2 BGB auf 6.000,00 €.[746]

Sofern nach Auslaufen dieser Unterhaltsansprüche weitere Anschlusstatbestände eingreifen, gilt jedoch für diese die Beschränkung nach Ziffer 1 erneut.

3)

Diese Höchstbeträge sollen wertbeständig sein.

Sie erhöhen oder vermindern sich in demselben prozentualen Verhältnis, in dem sich der vom Statistischen Bundesamt in Wiesbaden für jeden Monat festgestellte und veröffentlichte Verbraucherpreisindex für Deutschland gegenüber dem für den Monat, in welchem dieser Vertrag geschlossen wird, festgestellten Index erhöht oder vermindert (Basis 2015 = 100).

4)

Eine Erhöhung oder Verminderung der Höchstbeträge wird erstmals bei Rechtskraft der Scheidung festgelegt und dann jeweils wieder, wenn die Indexveränderung zu einer Erhöhung oder Verminderung des jeweils maßgeblichen Betrages um mindestens 10% – zehn vom Hundert – gegenüber dem zuletzt festgesetzten Betrag geführt hat.

Der erhöhte Betrag ist erstmals zahlbar in dem Monat, der auf die Veröffentlichung des die oben genannte Grenze überschreitenden Preisindexes folgt.[747]

5)

Klargestellt wird, dass sich die Höhe des nachehelichen Unterhalts nach den gesetzlichen Vorschriften errechnet, die vorstehende Regelung also keinen Anspruch auf Zahlung in dieser Höhe gewährt. Es handelt sich in Abs. 1 und Abs. 2 lediglich um eine Kappungsgrenze, wenn sich nach dem Gesetz ein höherer Betrag ergäbe. Auch § 1578b BGB bleibt anwendbar und kann zu einer weiteren Reduzierung der Unterhaltshöhe führen.[748]

6)

Ein Nachteilsausgleich bei Durchführung des begrenzten Realsplittings ist auf den Betrag der Höchstgrenze nicht anzurechnen, sodass es sich um einen Nettobetrag handelt.

7)

Eigenes Einkommen des Unterhaltsberechtigten wird bei der Unterhaltsberechnung berücksichtigt. Der Höchstbetrag verringert sich um die Hälfte des eigenen unterhaltsrechtlich relevanten Einkommens des Unterhaltsberechtigten.

Alternative:

Eigenes Einkommen des Unterhaltsberechtigten wird nicht angerechnet.[749]

8)

Zusätzlich gilt folgende weitere Beschränkung: Wenn unsere Ehe zwischen Eheschließung und Rechtshängigkeit eines Scheidungsantrags nicht länger als fünf Jahre gedauert hat, dann besteht die vorgenannte Unterhaltspflicht nur für einen Zeitraum von zehn Jahren ab Rechtskraft der Ehescheidung.

---

746 Gestaltungsvorschlag, je nach Verhältnissen im Einzelnen zu modifizieren.
747 Der früher bestehende Genehmigungsvorbehalt ist abgeschafft und wird durch ein gesetzliches Indexverbot mit gesetzlichen Ausnahmen im Preisklauselgesetz (BGBl. 2007 I, S. 2246) ersetzt. Die Unwirksamkeit einer Klausel tritt dann erst mit rechtskräftiger Feststellung ein.
748 § 1578b BGB gilt nicht im Bereich des § 1570 BGB, da dieser die Begrenzung über seine Billigkeitsregelung selbst festlegt, BGH, NJW 2009, 2592, Tz. 48. Für die anderen Unterhaltstatbestände kann die Geltung des § 1578b BGB klarstellend erwähnt werden.
749 Diese Alternative ist dann zu verwenden, wenn der Unterhaltspflichtige sehr wohlhabend ist und auf jede zusätzliche Berechnung bei Zahlung des Höchstbetrages verzichtet werden soll.

Dies gilt jedoch nicht im Fall der Ziffer 2. Für diese Fälle ist also keine zeitliche Beschränkung des Unterhalts vereinbart.

9)

Wir verzichten hiermit auf weiter gehenden Unterhalt, der Erschienene zu 1 verzichtet gegenüber der Erschienenen zu 2 sogar völlig auf jedweden Unterhalt. Diese Verzichte gelten auch für den Fall der Not. Wir nehmen diesen Verzicht wechselseitig an.

10)

Der Verzicht gilt auch im Fall einer Änderung der einschlägigen gesetzlichen Vorschriften oder der Rechtsprechung weiterhin.

11)

Wir wurden vom Notar über das Wesen des nachehelichen Unterhalts und die Auswirkungen des Verzichts eingehend belehrt, auch darüber, dass ein Unterhaltsverzicht sittenwidrig sein oder gegen Treu und Glauben verstoßen kann. Wir wissen außerdem, dass der Vertrag einer Inhaltskontrolle unterliegt.

396 Sofern neben der Unterhaltshöchstgrenze zugleich eine **Mindestgrenze** vereinbart wird oder der Höchstbetrag als **Festrente** ohne Rücksicht auf die Voraussetzungen eines Unterhaltstatbestands versprochen wird, ist insofern Vorsicht geboten, als die Gerichte diese Vereinbarung auch einer Inhaltskontrolle zugunsten des Pflichtigen unterwerfen. So hat das OLG Celle eine solche Regelung für sittenwidrig gehalten, bei welcher eine Mindestrente ohne Rücksicht auf die Leistungsfähigkeit versprochen worden war.[750] Ebenso entschied später das OLG Karlsruhe unter verfehltem Bezug auf das »Leitbild der Halbteilung«.[751] Diese Rechtsprechung hat der BGH bestätigt.[752] Er hat sich zwar nicht auf die Halbteilung bezogen, aber herausgestellt, dass dem Pflichtigen das Existenzminimum bleiben müsse. Es sollte daher bei solch unterhaltsverstärkenden Klauseln stets Vorsorge getroffen werden, dass der Pflichtige im Fall der Not eine Änderung verlangen kann.

ff) Zeitliche Modifikation

397 Mit der Neuregelung des Ehegattenunterhalts geht eine Verstärkung der Erwerbsobliegenheit einher. Diese greift nun schon ab dem dritten Lebensjahr des Kindes, jedenfalls sofern die Betreuung des Kindes gesichert ist. Die Rechtsprechung des BGH betont, dass dann nicht sofort die Obliegenheit zu einer Ganztagstätigkeit besteht, sondern ein gleitender Übergang erwartet werden kann. Es hat nunmehr eine Einzelfallprüfung stattzufinden. Ein (modifiziertes) Altersphasenmodell gibt es auf gesetzlicher Grundlage nach BGH nicht mehr.[753]

398 Möglich bleibt hingegen die Vereinbarung eines individuellen vertraglichen Altersphasenkonzeptes, soweit dieses nicht Rechte des betreuenden Elternteiles ohne Ausgleich verkürzt.[754] So können Eltern etwa durch Vereinbarung ihre Rolle in der Kindererziehung festlegen.[755] Entschieden ist, dass der betreuende Elternteil während der Zeit des 3-jährigen Basisunterhalts auch eine bisher praktizierte Fremdbetreuung einstellen kann.[756] Wer in der Ehezeit eine Eigenbetreuung für längere Zeit einvernehmlich beschlossen und die Anfänge umgesetzt hat, der dürfte einen gewissen Vertrauensschutz genießen.[757] Allerdings ist es nicht ausgeschlossen, dass die Scheidungssituation mit weniger Gesamt-

---

750 OLG Celle, NJW-RR 2004, 1585 = FamRZ 2004, 1969.
751 OLG Karlsruhe, FamRB 2007, 1 m. abl. Anm. Grziwotz.
752 BGH, NJW 2009, 842.
753 BGH, NJW 2009, 1876 f.
754 Bergschneider/Wolf, NZFam 2018, 344, 345.
755 Schwab, in Limmer, Scheidung, Trennung, 94.
756 BGH, NJW 2009, 1876; Gerhardt, FuR 2008, 9, 11; Kemper, FuR 2008, 169, 171.
757 BT-Drucks. 16/6980, S. 19; Kemper, FuR 2008, 169, 175; Wellenhofer, FamRZ 2007, 1382, 1383.

einkommen zu einer Änderung der Pläne ggf. mit Übergangsphase führt, auf die sich der andere Ehegatte einlassen muss.[758]

Beachtlich soll ferner sein, wenn der unterhaltsberechtigte Ehegatte **in der Ehe bereits** neben der Kindesbetreuung eine **Erwerbstätigkeit** ausgeübt hat, sofern diese Tätigkeit aus freien Stücken und nicht aus Not wegen mangelnder Versorgung durch den Verpflichteten[759] aufgenommen wurde. Hier kann ausnahmsweise eine zumutbare Erwerbsobliegenheit zur Fortsetzung dieser Tätigkeit auch nach der Scheidung bestehen, jedenfalls außerhalb des Zeitraums des Basisunterhalts.[760] 399

Borth hält eine Vorverlegung der Erwerbsobliegenheit der Mutter für möglich, wenn im Gegenzug der Vater die Kosten der Drittbetreuung übernehme[761] und schlägt hierfür folgende Formulierung vor: 400

▶ Formulierungsvorschlag: Unterhaltsbeschränkung und -verzicht

> II. Unterhaltsbeschränkung und -verzicht 401
>
> 1)
>
> ..... Hierbei gehen die Ehegatten davon aus, dass die Betreuung und Erziehung durch die Ehefrau erfolgt und diese spätestens ab Erreichen des 3. Lebensjahres des jüngsten Kindes eine Erwerbstätigkeit mit dem Einkommensniveau der erlernten und ausgeübten beruflichen Tätigkeit als Bankkauffrau (Ärztin, Architektin etc.) aufnimmt. Der Ehemann übernimmt die Kosten der Drittbetreuung eines gemeinsamen Kindes (Kindertagesstätte, Tagesmutter etc.) bis zum Erreichen des 8. Lebensjahres des Kindes.

Das wird man auch nach der Unterhaltsreform so verwenden können. Auch wenn der BGH vor der Unterhaltsreform aussprach,[762] dass ein Ehevertrag **nicht** schon deshalb **sittenwidrig** sei, weil die Parteien die Betreuungsbedürftigkeit des erwarteten Kindes an **niedrigere Altersgrenzen** gebunden haben, als sie bisher von der Rechtsprechung für angemessen erachtet worden sind, so bleibt es gleichwohl ratsam, in diesem Bereich vorsichtig zu sein und niedrigere Grenzen jedenfalls im Bereich des Basisunterhalts nur dann zu vereinbaren, wenn die Kindesbetreuung anderweitig gesichert und finanziert ist. 402

gg) Sonderqualifikation der Anschlusstatbestände des § 1570 BGB

Unterschiedlich wird derzeit **gesehen**, wie die **Anschlusstatbestände** nach dem Unterhalt wegen Kindesbetreuung zu werten sind. 403

Zum einen wird festgestellt, dass es **streitig** ist, ob auf die Anschlusstatbestände nach Kindesbetreuungsunterhalt vollständig verzichtet werden kann.[763] A.A. nach soll sich die Rangstufe des Anschlussunterhalts **quasi-akzessorisch** nach der Schutzwürdigkeit des zeitlich ersten Unterhaltstatbestands bestimmen.[764]

---

758 Zu weitgehend Viefhues/Mleczko, Rn. 191, die von einem generellen Wegfall der Geschäftsgrundlage ausgehen; für eine begrenzte Anpassungspflicht Bosch, FF 2007, 293, 296.
759 Hierzu OLG Saarbrücken, RNotZ 2004, 580.
760 BGH, FamRZ 1981, 1159, 1161; BGH, FamRZ 1983, 146; OLG Köln, FamRZ 1990, 1241 (»Erwerbstätigkeit ohne wirtschaftlichen Zwang aus dem Bedürfnis der Selbstverwirklichung im Beruf«); OLG Hamm, FamRZ 2004, 201; Bergschneider, FamRZ 2004, 1757, 1761.
761 Borth, FamRB 2005, 177.
762 BGH – XII ZR 296/01, NJW 2005, 2386.
763 Hahne, DNotZ 2004, 84, 90; für Behandlung im Kernbereich wie Kindesbetreuungsunterhalt: Borth, in: FS für Schwab, S. 329, 334.
764 Wachter, ZFE 2004, 132, 138.

Der **BGH** hat bei der konkreten Beurteilung des ihm vorgelegten Falles[765] ausgeführt, dass zwar der Unterhalt wegen Alters und Krankheit abbedungen worden sei, dass daraus ein Vorwurf der Sittenwidrigkeit aber erst folgen könne, wenn die Parteien bei ihrer Lebensplanung im Zeitpunkt des Vertragsabschlusses einvernehmlich davon ausgegangen wären, dass sich der unterhaltsberechtigte Teil dauerhaft oder doch langfristig völlig aus dem Erwerbsleben zurückziehen und der Familienarbeit widmen solle.[766] Im konkreten Fall wären diese Unterhaltstatbestände gerade als Anschlusstatbestände nach Kindesbetreuung in Betracht gekommen. Das spricht gegen eine völlig akzessorische Behandlung, die i.Ü. zu einer regelrechten **Abstufungspyramide** führen würde und sofort die Frage nach sich zöge, welchen Rang denn der Anschlussunterhalt nach dem auf die Kindesbetreuung gefolgten Anschlussunterhalt haben soll.

404 Man wird vielmehr den Unterschied sehen müssen, dass die Anschlusstatbestände nach Kindesbetreuung **nicht mehr durch das Kindeswohl mitbestimmt werden**, sodass die Disponibilität größer sein wird. Es spricht also mehr dafür, die Anschlusstatbestände auf ihrer jeweiligen Rangstufe zu behandeln, allerdings bei der Inhaltskontrolle den Umstand langjähriger Betreuung gemeinschaftlicher Kinder mit zu berücksichtigen. So kann etwa für den Anschlussunterhalt wegen Alters nach langjähriger Kindererziehung eine Korrektur eines Verzichts vorzunehmen sein, wenn der Wiedereinstieg in den Beruf aufgrund der langjährigen Unterbrechung nicht mehr möglich ist.

405 Wie der BGH diese Frage sieht, ist wohl noch offen, v.a., weil der BGH im Urt. v. 12.01.2005[767] bei der Heirat von Eheleuten in fortgeschrittenem Lebensalter ausdrücklich herausgearbeitet hat, dass ein Unterhalt wegen Alters und Krankheit **im Anschluss an die Betreuung gemeinsamer Kinder** von vornherein nicht in Betracht kommt. Insofern sieht er wohl schon eine besondere Schutzbedürftigkeit für die Fälle der §§ 1571 Nr. 2 und 1572 Nr. 2 BGB. Das OLG München[768] freilich weist darauf hin, dass nach der neuen Rechtsprechung des BGH sogar der Altersvorsorgeunterhalt auf die Stufe des Kindesbetreuungsunterhalts zu stellen ist, wenn durch ihn Nachteile wegen der ehebedingten Betreuung von Kindern ausgeglichen werden müssen.

406 Instrumente vorsorgender vertraglicher Regelung sollten daher hier nicht mehr so sehr der völlige Verzicht sein – auch wenn dieser nur in Ausnahmefällen sittenwidrig sein wird – sondern ggf. die Unterhaltsbegrenzung oder eine Modifikation im Hinblick auf das Maß des Unterhalts,[769] jedenfalls für die Anschlusstatbestände des Unterhalts wegen Alters und Krankheit nach Kindesbetreuungsunterhalt, die selbst noch zum Kernbereich zählen.

407 Mit der Neuregelung des § 1570 BGB verlagert sich diese Frage in den Tatbestand des § 1570 Abs. 2 BGB hinein.

hh) Behandlung des Aufstockungsunterhalts bei Kindesbetreuung

408 Bei der konkreten Beurteilung des Falles durch den BGH zeigte sich ferner, dass die vertragliche Formulierung mit großer Sorgfalt gewählt werden muss. Der **Unterhaltsanspruch wegen Kindesbetreuung** eines nur teilweise erwerbstätigen Ehegatten **setzt sich** nämlich nach der bisherigen Rechtsprechung des BGH[770] aus zwei Komponenten **zusammen**: Er kann nach **§ 1570 BGB** Unterhalt nur bis zur Höhe des Mehreinkommens verlangen, das er durch Vollerwerbstätigkeit erreichen könnte. Reicht dieser Unterhalt zusammen mit dem Erwerbseinkommen nicht zum vollen Unterhalt nach dem ehelichen Lebensbedarf (§ 1578 BGB) aus, so resultiert der restliche Unterhalt aus **§ 1573 Abs. 2 BGB** (Aufstockungsunterhalt).

---

765 BGH, NJW 2004, 930 f. = FamRZ 2004, 601 ff. = ZNotP 2004, 157 ff. = DNotZ 2004, 550 ff. Nr. IV.1.b) der Urteilsgründe.
766 So auch die späteren Urteile des BGH, MDR 2005, 815 = FamRB 2005, 126 und NJW 2005, 2386.
767 BGH, MDR 2005, 815 = FamRB 2005, 126.
768 OLG München, FamRZ 2006, 1449, 1450.
769 Hierzu detailliert Kap. 6 Rdn. 899 ff.
770 BGH, FamRZ 1990, 492 ff.

B. Vertragsfreiheit und Inhaltskontrolle Kapitel 2

Da nach neuem Unterhaltsrecht alle Unterhaltstatbestände einer Begrenzung und Befristung unterliegen, müsste auf diese Trennung nicht mehr zurückgegriffen werden, sodass zunächst fraglich war, ob diese Rechtsprechung des BGH für das neue Unterhaltsrecht noch gilt.[771] Der BGH hat jedoch an der Differenzierung festgehalten.[772] Das mag seinen Grund darin haben, dass er für die Rangeinstufung des Unterhaltsanspruches nach einzelnen Ansprüchen unterscheidet und für die Einordnung in den zweiten Rang fordert, dass der Anspruch ehebedingte Nachteile ausgleichen müsse.[773] Da § 1573 Abs. 2 BGB hierfür nicht geschaffen wurde, müsste solches für diesen Anspruch positiv festgestellt werden. Es kann also sein, dass der Anspruch nach § 1570 BGB in den zweiten Rang fällt, derjenige nach § 1573 Abs. 2 BGB aber nicht. Dann macht die Differenzierung auch weiterhin Sinn. 409

In der Entscheidung, mit welcher der BGH diesen Standpunkt in Abkehr von seiner früheren Rechtsprechung erstmals begründete,[774] führte das Gericht aus, der Aufstockungsteil nehme nicht an den Privilegien des § 1570 BGB teil. Daraus und aus dem Umstand, dass der BGH im Rahmen seiner Kernbereichslehre für den Betreuungsunterhalt nur § 1570 BGB zitiert, wird man schlussfolgern können, dass **nur die Unterhaltskomponente nach § 1570 BGB differenziert nach den einzelnen Ansprüchen zum unmittelbaren Kernbereich** gehört, nicht jedoch der Aufstockungsteil.[775] Dafür spricht auch die Grundtendenz des BGH-Urt. v. 06.10.2004.[776] Mithin wäre der Aufstockungsteil in größerem Umfang disponibel. 410

Geht ein betreuender Ehegatte hingegen keiner Erwerbstätigkeit nach, hätte er in voller Höhe Anspruch auf Betreuungsunterhalt nach § 1570 BGB. Dass damit ein teilweise erwerbstätiger Ehegatte wesentlich schlechter steht als ein Ehegatte, der keiner Erwerbstätigkeit nachgeht, hat der BGH gesehen und mit der Konstruktion des Gesetzes gerechtfertigt.[777] Der BGH hat zu § 1573 Abs. 2 BGB auch entschieden, dass ein Aufstockungsunterhalt bei kurzer Ehe nur die ehebedingten Nachteile ausgleicht, nicht aber zum vollen Unterhalt i.S.d. § 1578 BGB führt.[778]

Für die Vertragsgestalter ist diese Zweiteilung der Unterhaltstatbestände bei Kindesbetreuung wichtig im Hinblick auf die Vertragsformulierung. Wenn Ehegatten auf Unterhalt verzichten »**mit Ausnahme des Unterhalts wegen Kindesbetreuung**«, dann ist nach Auffassung des BGH sowohl der Unterhalt nach § 1570 BGB als auch der Aufstockungsunterhalt nach § 1573 Abs. 2 BGB vom Verzicht ausgenommen. 411

Wer den Verzicht weitergehend will, also nur den Kindesbetreuungsunterhalt nach § 1570 BGB vom Verzicht ausnehmen will, der muss also präzise formulieren »**mit Ausnahme des Unterhalts wegen Kindesbetreuung nach § 1570 BGB**« und ggf. – wenn dies geregelt werden soll – i.R.d. § 1570 BGB noch zwischen den einzelnen Tatbeständen unterscheiden. 412

ii) Kompensation

Nach den Ausführungen des BGH kommt die Sittenwidrigkeit einer Vereinbarung regelmäßig nur dann in Betracht, wenn Regelungen aus dem Kernbereich ganz oder teilweise abbedungen werden, »ohne dass dieser Nachteil für den anderen Ehegatten durch **anderweitige Vorteile gemildert** oder durch die besonderen Verhältnisse der Ehegatten, den von ihnen angestrebten oder gelebten Ehetyp oder durch sonstige gewichtige Belange des begünstigten Ehegatten gerechtfertigt wird.«[779] Aus die- 413

---

771 Gegen eine erneute Differenzierung Wendl/Dose/Bömelburg, 8. Aufl., § 4 Rn. 210; Menne/Grundmann, 89.
772 BGH, NJW 2009, 1876, Tz. 43.
773 BGH, NJW 2008, 3213.
774 BGH, FamRZ 1990, 492 ff.
775 So auch Langenfeld, Rn. 5. Aufl., 59; für Schutz wie bei § 1570 BGB: Gageik, FPR 2005, 122, 128.
776 BGH, NJW 2005, 139.
777 BGH, FamRZ 1990, 492, 494.
778 BGH, FamRZ 2006, 1006, hierzu Borth, FamRB 2006, 263, 264.
779 BGH, NJW 2004, 930 f. = FamRZ 2004, 601 ff. = ZNotP 2004, 157 ff. = DNotZ 2004, 550 ff. Nr. III.3.a) der Urteilsgründe.

sen Ausführungen ergibt sich, dass i.R.d. Gesamtabwägung ein Verzicht auch kompensiert werden kann, wenn durch diese Kompensation eine Sicherstellung des unterhaltsbedürftigen Ehegatten erreicht wird.

414 Die Kautelarpraxis hat begonnen, Vorschläge für solche **Kompensationen** im Einzelfall zu entwickeln. Ein Beispiel für eine solche Kompensation gibt das OLG Zweibrücken:[780] Der Verzicht auf Versorgungsausgleich wird durch Abschluss der Ausbildung und spätere versicherungspflichtige Beschäftigung im elterlichen Betrieb des Ehepartners kompensiert, auch wenn die diesbezügliche Verpflichtung nicht in ehevertraglicher Form getroffen wurde.

415 Allerdings dürfte die Forderung, dass eine Kompensation in Höhe, Sicherheit und Liquidität **vollwertig** sein müsse,[781] sich so nicht aus dem Urteil des BGH ergeben.[782] Denn dort heißt es, dass es zum Ausschluss der Unwirksamkeit bereits genügt, wenn der Nachteil »**gemildert**« wurde.[783] Auch der Leitbildmangel des dispositiven Eherechts spricht gegen eine solche Auffassung. Eine andere Frage ist, ob i.R.d. Ausübungskontrolle dann die Kompensation als zu gering beurteilt wird, sodass der Vertrag einer Anpassung unterliegt. Der BGH hat das Postulat einer Vollwertigkeit verworfen. Die Kompensation darf nur nicht gänzlich ungeeignet sein, ehebedingte Nachteile auszugleichen.[784]

416 Bisweilen gibt es – gerade bei gehobenen Verhältnissen – den Wunsch die dauerhafte Unterhaltsbeziehung durch eine Einmalleistung zu ersetzen; eine Möglichkeit, die das Gesetz selbst in § 1585 Abs. 2 BGB vorsieht, wenngleich nur als Anspruch des Berechtigten. So könnte etwa die Zahlung laufenden Unterhalts – mit Ausnahme des unverzichtbaren Trennungsunterhalts – ehevertraglich und somit im Einverständnis mit dem betreuenden Ehegatten durch die Übertragung einer sicheren Einkunftsquelle ersetzt werden.[785] Eine solche vorgezogene Ersetzung hätte sogar den Vorteil, dass dieses Vermögensgut beim besser verdienenden, aber häufig auch mit Haftungsgefahren belasteten Ehegatten aus der Haftungsmasse herausfällt.

417 Fraglich ist in diesem Zusammenhang, ob diese Kompensation eine **zusätzlich** zu allen gesetzlichen Scheidungsfolgen gegebene Leistung sein muss **oder** ob es genügt, wenn die Unterhaltsbedürftigkeit kompensiert wird **etwa** durch die **Durchführung des Zugewinnausgleichs**, auf die ansonsten verzichtet worden wäre oder hätte verzichtet werden dürfen.[786] So könnte bspw. vereinbart werden, dass der Zugewinn dergestalt durchgeführt wird, dass der Ehegatte, der in einer Scheidungssituation Kinder betreut, zwei Hausanwesen übertragen erhält. Diese könnten ggf. durch entsprechende Vormerkungen für den anderen Ehegatten gesichert werden.[787] Für die Möglichkeit, eine solche Kompensation im Bereich einer anderen Scheidungsfolge darzustellen, spricht eine Entscheidung des BGH,[788] in dem dieser den Versorgungsnachteil auch durch die teilweise Durchführung des Zugewinnausgleichs kompensiert sah.

418 Wenn i.R.d. **§ 1570 BGB** eine Kompensation geleistet werden soll, so muss zusätzlich das **Kindeswohl** berücksichtigt werden. Hier wird man eine Kompensation in einer Gestalt fordern müssen, die zum Lebensunterhalt des kindesbetreuenden Elternteils beiträgt, so wie es das Wohl der Kinder erfordert; daher auch der Vorschlag, eine Einkunftsquelle zu übertragen.

---

780 OLG Zweibrücken, FamRZ 2006, 1683.
781 So Wachter, ZFE 2004, 132, 139.
782 Ebenso Langenfeld, 5. Aufl., Rn. 97.
783 So erneut BGH, NJW 2005, 2386.
784 BGH, NJW 2014, 1101.
785 Auf die Steuerprobleme sei hier nur kurz hingewiesen. Die finanzgerichtliche Rspr. sieht den nicht scheidungsbezogenen Unterhaltsverzicht gegen Abfindung als Schenkung an, BFH, ZEV 2008, 208 und BFH, ZEV 2007, 500 m. Anm. C. Münch (Zugewinn).
786 Als ausreichend sieht dies an Gageik, RNotZ 2004, 295, 313.
787 Eine solche Lösung hätte den Vorteil, dass sie i.R.d. § 5 Abs. 2 ErbStG schenkungsteuerfrei abgewickelt werden könnte.
788 BGH, NJW 2018, 2871.

jj) Kindeswohl und Unterlegenheit

Der Grundsatz, dass eine Wirksamkeitskontrolle nur dann zur Unwirksamkeit des Vertrages führen kann, wenn beim belasteten Ehepartner eine **Situation der Unterlegenheit** gegeben war, muss für den Fall der Beeinträchtigung des Kindeswohls relativiert werden. 419

Wenn das BVerfG betont, das **Kind als Grundrechtsträger** habe Anspruch auf staatlichen Schutz vor verantwortungsloser Ausübung der Elternrechte,[789] so gilt dieser Schutzauftrag auch dann, wenn ohne Unterlegenheit aufseiten des verzichtenden Elternteils das Kindeswohl rein objektiv durch den Inhalt der Vereinbarung evident gefährdet ist. Unabhängig von der Situation der Unterlegenheit wird also hier die Inhaltskontrolle eingreifen müssen.[790] Dies entspricht durchaus der allgemeinen Dogmatik i.R.d. § 138 BGB, die bei einer Inhaltssittenwidrigkeit zulasten eines Dritten auf den **Nachweis subjektiver Elemente** verzichtet.[791] Fraglich wird die Rechtsfolge sein, wenn es an der Unterlegenheit bei Vertragsschluss fehlt. Dies sollte dann nur in Extremfällen zur Unwirksamkeit des Vertrages im Rahmen einer Wirksamkeitskontrolle führen, ansonsten aber zu einer Ausübungskontrolle, die das Kindeswohl dann entsprechend berücksichtigt.[792]

c) Unterhalt wegen Alters und Krankheit

Auf der zweiten Stufe in der Rangfolge der Scheidungsfolgen siedelt der BGH den Unterhalt wegen Alters und Krankheit an. Die Vertragsgestalter müssen hier in Zukunft **stärker** überlegen, ob auch diese Tatbestände **vom Unterhaltsverzicht ausgenommen** werden sollen.[793] Dies gilt in besonderem Maß dann, **wenn** neben dem Unterhalt wegen Alters auch der **Versorgungsausgleich ausgeschlossen** werden soll und eine eigene Versorgung aus eigenem Vermögen nicht gesichert ist. 420

Der BGH hält einen **Totalverzicht** auf diese beiden Unterhaltstatbestände insb. dann für möglich, wenn die Ehe erst im Alter oder bereits nach Ausbruch einer Krankheit geschlossen wird.[794] Ein Totalverzicht ist ferner weiterhin möglich beim Modell der Doppelverdienerehe »double income no kids«, wo jeder für sich selbst sorgen soll. Dies hat der BGH nunmehr ausdrücklich anerkannt.[795] 421

Nach dem BGH folgt aus dem Ausschluss des Unterhalts wegen Alters und Krankheit ein Vorwurf der **Sittenwidrigkeit erst**, wenn die Parteien bei ihrer Lebensplanung im Zeitpunkt des Vertragsabschlusses einvernehmlich davon ausgegangen wären, dass sich der unterhaltsberechtigte Teil **dauerhaft** oder doch **langfristig** völlig **aus dem Erwerbsleben zurückziehen** und der Familienarbeit widmen solle.[796] Ferner sprach der BGH aus, es genüge zum Ausschluss der Sittenwidrigkeit, dass zum **Zeitpunkt des Vertragsschlusses** für die Parteien **noch nicht absehbar** war, ob und unter welchen wirtschaftlichen Gegebenheiten ein Ehepartner wegen Alters oder Krankheit unterhaltsbedürftig werden könnte.[797]

Im Hinblick auf diese Voraussetzungen sei an die Empfehlung erinnert, die gemeinsame Lebensplanung in der Präambel zu erläutern. Allerdings wird dann, wenn ein Ehegatte nach Scheidung 422

---

789 BVerfG, DNotZ 2001, 222 = FamRZ 2001, 343 unter Nr. II.1. der Urteilsgründe.
790 So auch Bergschneider, FF 2015, 470, 472.
791 Palandt/Ellenberger, BGB, § 138 Rn. 7.
792 Das OLG München, FamRZ 2006, 1449, 1450 nahm eine Inhaltssittenwidrigkeit ohne Rücksicht auf eine Unterlegenheit an, da das Kindeswohl beeinträchtigt sei, wenn der Kindesbetreuungsunterhalt komplett wegfalle.
793 Vgl. hierzu etwa das Vertragsmuster von Grziwotz, FamRB 2004, 199, 239, 24.
794 BGH, NJW 2004, 930 ff. = FamRZ 2004, 601 ff. = ZNotP 2004, 157 ff. = DNotZ 2004, 550 ff. Nr. III.2.a) der Urteilsgründe; einschränkend wohl BGH, DNotI-Report 2007, 47.
795 BGH, NJW 2005, 2391.
796 BGH, NJW 2004, 930 ff. = FamRZ 2004, 601 ff. = ZNotP 2004, 157 ff. = DNotZ 2004, 550 ff., Nr. IV.1.b) der Urteilsgründe; einschränkend wohl BGH, DNotI-Report 2007, 47.
797 BGH, NJW 2005, 2386.

unversorgt ist, i.R.d. Ausübungskontrolle eine Anpassung erfolgen. So hat der BGH[798] es für möglich gehalten, dass eine spätere Erkrankung einen zunächst wirksam vereinbarten Ausschluss des Krankheitsunterhaltes später als rechtsmissbräuchlich erscheinen lässt, wenn die aufgrund der Krankheit bestehende wirtschaftliche Situation sich als ehebedingter Nachteil darstellt.

423 In der Vertragspraxis sollte daher überlegt werden, ob hier statt eines völligen Verzichts in entsprechenden Fällen eine Begrenzung der Höhe nach oder auch eine zeitliche Limitierung vereinbart werden soll.

d) Sonstige Unterhaltstatbestände

424 Die sonstigen Unterhaltstatbestände sind nicht in gleicher Weise geschützt, sodass hier Beschränkungen eher möglich sind. Insb. im Hinblick auf den **Aufstockungsunterhalt nach § 1573 Abs. 2 BGB** sind daher vertragliche Modifikationen in weiterem Umfang sinnvoll, wurde doch kaum ein anderer Unterhaltstatbestand mehr kritisiert als dieser.[799] Freilich hat der Aufstockungsunterhalt nach der Unterhaltsreform deutlich an Bedeutung verloren, da eine Lebensstandsgarantie nunmehr ausdrücklich nicht mehr vorgesehen ist. Hier kommt insb. in Betracht, die Höhe des Unterhalts nicht nach den ehelichen Lebensverhältnissen zu bemessen (§ 1578 BGB), sondern nach dem vorehelichen Einkommen des Unterhaltsberechtigten unter Berücksichtigung etwaiger Karriereschritte.[800]

Der Vorsorgeunterhalt nach § 1578 Abs. 2 und Abs. 3 BGB teilt den Rang des Elementarunterhalts und ist nicht an nachrangiger Stelle postiert.[801]

425 Daneben ist bei Unterhaltsverzichten weiterhin die »klassische« Einschränkung zu beachten, dass Unterhaltsverzichte unwirksam sind, die sich zulasten des Sozialhilfeträgers oder des ALG-Leistenden auswirken. Ist wirksam auf Unterhalt verzichtet, wirkt sich der sozialhilferechtliche Nachranggrundsatz nicht mehr aus. Zudem kommt es nach einem wirksamen Verzicht nicht mehr zu einem Anspruchsübergang etwa nach § 94 SGB XII oder nach § 33 SGB II.

426 Daher hält der BGH einen Verzicht eines nicht vermögenden, erwerbslosen Ehegatten für nichtig, wenn dieser zur Folge hat, dass der Berechtigte zwangsläufig auf Sozialhilfe angewiesen sein wird.[802] Eine Schädigungsabsicht ist nicht erforderlich, es kommt auf den Gesamtcharakter an. Später hat der BGH geurteilt, es reiche nicht aus, wenn allgemein die Gefahr besteht, später zum Sozialfall zu werden, es müssten spezifische Umstände des Einzelfalles hinzutreten.[803] Später hat der BGH[804] präzisiert, eine Unterhaltsvereinbarung könne sittenwidrig sein, wenn die Ehegatten damit auf der Ehe beruhende Familienlasten zum Nachteil des Sozialleistungsträgers regelten. Im konkreten Fall wurde damit ein Unterhaltspflichtiger geschützt, der aufgrund einer über seine gesetzliche Pflicht hinaus übernommene Unterhaltspflicht selbst zum Sozialhilfefall zu werden drohte.

427 Nicht zulasten des Sozialhilfeträgers sind nach BGH folgende Fallgestaltungen geregelt:

Die Ehegatten sind bei Abschluss des Ehevertrags noch nicht verheiratet und die Eheschließung wird vom vorherigen Unterhaltsverzicht abhängig gemacht. Hier habe der später hilfsbedürftige Ehegatte von vornherein keine Aussicht gehabt, einen Anspruch auf nachehelichen Unterhalt zu erwerben. Der Unterhaltsverzicht erhöht in diesem Fall die Bedürftigkeit nicht.[805] Eine Pflicht zur Eheschließung ohne Ehevertrag kennt jedenfalls das geltende Recht nicht.

---

798 BGH, NJW 2008, 1080.
799 Holzhauer, JZ 1977, 729, 735 ff.; Reinecke, Rn. 354: »unbillig, wenn keine ehebedingten Nachteile«.
800 Vgl. hierzu auch BGH, FamRZ 2006, 1006 und Anm. Borth, FamRB 2006, 263, 264.
801 BGH, NJW 2005, 2391.
802 BGH, NJW 1983, 1851.
803 BGH, DNotZ 1997, 406.
804 BGH, NJW 2009, 842.
805 BGH, NJW 1992, 3164.

Die auf Unterhalt verzichtende Ehefrau bezieht bereits zum Zeitpunkt der Eheschließung Sozialhilfe. Hier wirkt sich die Unterhaltspflicht nicht zulasten des Sozialhilfeträgers aus.[806] Etwas anderes kann nach diesem Urteil des BGH allerdings dann gelten, wenn Leistungen des Sozialhilfeträgers länger erforderlich werden, etwa weil die bedürftige Person durch die Heirat einen längerfristigen Aufenthaltstitel erlangt.

6. Versorgungsausgleich

Dem Versorgungsausgleich gesteht der BGH einen gleich hohen Rang zu wie dem Unterhalt wegen Alters, da er als vorweggenommener Altersunterhalt zu gelten habe. Der Versorgungsausgleich ist somit auf der **zweiten Stufe** im Rang der Scheidungsfolgen angesiedelt. Der BGH gesteht bei deutlich gehobenen Versorgungsverhältnissen immerhin eine **weitergehende Dispositionsbefugnis** zu. Er hat in seiner Rechtsprechung das **Gewicht des Versorgungsausgleichs** im Ehevertrag nochmals betont, indem er einen Ehevertrag wegen des Ausschlusses des Versorgungsausgleichs für nichtig erklärt hat. Das Urteil[807] enthält folgenden Leitsatz: 428

> »Ein im Ehevertrag kompensationslos vereinbarter Ausschluss des Versorgungsausgleichs ist nach § 138 BGB nichtig, wenn die Ehegatten bei Abschluss des Vertrages bewusst in Kauf nehmen, dass die Ehefrau wegen Kindesbetreuung alsbald aus dem Berufsleben ausscheiden und bis auf Weiteres keine eigenen Versorgungsanrechte (abgesehen von Kindererziehungszeiten) erwerben wird.«

Daran lässt sich der hohe Rang des Versorgungsausgleichs ermessen. Die Ehefrau war im zitierten Fall im neunten Monat schwanger und sollte nach Ehevertrag ihren Beruf aufgeben. Die Unterhaltsregelung war ausdifferenziert, der Versorgungsausgleich aber ohne Kompensation ausgeschlossen.

In einem **zweiten Urteil** wiederholte der BGH[808] diese Grundsätze. An diesem Urteil lässt sich gut die Prüfung der **subjektiven Seite** durch den BGH studieren. Die Ehefrau war unter Druck, weil sie ein Kind erwartete und der Ehemann seine biologische Vaterschaft anzweifelte. Er machte die Eheschließung vom Vertragsschluss abhängig. Die Ehefrau konnte sich nicht mit einem Vertragsentwurf vor dem Termin befassen und sah sich ohne die Eheschließung als ungelernte Kraft und alleinerziehende Mutter einer schwierigen Lebenssituation gegenüber. 429

Das **OLG Saarbrücken**[809] hingegen bestätigte die Wirksamkeit eines Ausschlusses des Versorgungsausgleichs, wenn beide Ehegatten von vollschichtiger Erwerbstätigkeit ausgehen und die Kinder der Ehefrau aus erster Ehe bereits acht und 13 Jahre alt sind. 430

Das **OLG Hamm**[810] betont, ein Verzicht auf die Durchführung des Versorgungsausgleichs in einer Scheidungsvereinbarung könne dann sittenwidrig sein, wenn er zulasten der Grundsicherung geht. Bei rentenfernen Jahrgängen ist es aber problematisch zu einer entsprechenden Prognose zu kommen, dass ein Ehegatte nur aufgrund des Verzichtes auf die Grundsicherung angewiesen sein wird, sodass hier kaum je eine Sittenwidrigkeit aus diesem Grunde anzunehmen sein wird. 431

Das **KG**[811] führte den Versorgungsausgleich trotz Ausschlusses durch, weil es erhebliche ehebedingte Nachteile in der Aufgabe einer selbstständigen Physiotherapiepraxis durch die Ehefrau sieht, die nur durch eine komplette Durchführung des Versorgungsausgleichs wieder ausgeglichen werden können. 432

Das **OLG Brandenburg**[812] beanstandet den Verzicht auf Versorgungsausgleich nicht, wenn der **Kindererziehungszuschlag** als **Kompensation ausreicht**. Die Teilhabe am im Übrigen höheren Versorgungsniveau des anderen Ehegatten könne hingegen nicht verlangt werden. 433

---

806 BGH, NJW 2007, 904.
807 BGH, FamRZ 2008, 2011 m. Anm. Bergschneider = NJW 2008, 3426.
808 BGH, FamRZ 2009, 1041.
809 OLG Saarbrücken, FamRZ 2008, 1189.
810 OLG Hamm, NJW 2013, 3253.
811 KG, FamRZ 2011, 1587.
812 OLG Brandenburg, FamRB 2016, 420.

434 Das **OLG Hamm**[813] bejaht die Möglichkeit des **Wegfalls der Geschäftsgrundlage nach § 313 BGB durch die Strukturreform des Versorgungsausgleichs** mit der Folge einer umfassenden Interessenabwägung und Anpassung der vertraglichen Vereinbarungen.

435 Das **OLG Nürnberg**[814] hält einen **Verzicht auf Versorgungsausgleich** für wirksam, obwohl der Verzichtende nur geringe eigene Anwartschaften hat und möglicherweise **später auf Sozialhilfe angewiesen** ist, weil nicht Leistungen ausgeschlossen werden, die zum Ausgleich ehebedingter Nachteile erforderlich wären und weil der Verzichtende ohne die Ehe auch keine höheren Anrechte gehabt hätte. Der Verzicht ist daher auch **nicht sittenwidrig**.

436 Mit der Neuregelung des Versorgungsausgleichs durch das VersAusglG ist nunmehr eine erste gesetzliche Bestimmung über die Inhaltskontrolle von Eheverträgen geschaffen worden. § 8 Abs. 1 VersAusglG sagt, dass die Vereinbarung über den Versorgungsausgleich einer Inhalts- und Ausübungskontrolle standhalten muss. Die Aufnahme dieser Grundsätze in das Gesetz ist eine »überflüssige Selbstverständlichkeit«.[815] Die Norm stellt jedenfalls keine weitergehenden Anforderungen, sondern verweist nur auf die Grundsätze der bisherigen richterlichen Inhaltskontrolle.[816] Dies muss besonders betont werden,[817] da erste Stellungnahmen aus der richterlichen Praxis befürchten lassen, dass die Inhaltskontrolle von Vereinbarungen über den Versorgungsausgleich in die Nähe des früheren § 1587o BGB a.F. gerückt werden. Dies ist jedoch nicht zutreffend. Zu prüfen sind die bisher schon aus der Rechtsprechung bekannten Gesichtspunkte.[818]

437 **Vereinbarungen** zum Versorgungsausgleich werden weiterhin zum ehevertraglichen Repertoire gehören. Die Ermunterung an die Rechtspraxis, mehr **individuelle Lösungen** für Vereinbarungen über den Versorgungsausgleich zu suchen, trifft insoweit das Richtige. Der Totalverzicht muss künftig stärker hinterfragt werden.[819] Er mag für die »double income no kids«-Ehekonstellation nach wie vor möglich sein, wenn jeder für seine eigene Versorgung Sorge tragen will.

438 Stattdessen kommt als **Alternative** in Betracht, den Versorgungsausgleich nur für die **Zeiten** durchzuführen, in denen ein Ehegatte familienbedingt auf die Ausübung einer Erwerbstätigkeit verzichtet,[820] den Ausschluss auflösend bedingt durch die Geburt eines Kindes zu vereinbaren oder etwa in den Unternehmerfällen mit Zugewinnbegrenzung ein **einseitiges Rücktrittsrecht des Nichtunternehmers vom Ausschluss** des Versorgungsausgleichs[821] zu vereinbaren für den Fall, dass doch der Unternehmer der insgesamt Ausgleichungspflichtige wäre. Bisher bereits praktiziert sind die Formen des Ausschlusses des Versorgungsausgleichs gegen Zahlung einer anderweitigen Versorgung.[822]

439 Aufgabe des Notars ist es in jedem Fall die **Wichtigkeit des Versorgungsausgleichs** zu **betonen** denn zum einen denken die Vertragsteile häufig in jungen Jahren noch nicht ausreichend an die Notwendigkeit späterer Altersvorsorge und zum anderen ist die Prognose der Entwicklung künftiger Altersvorsorge sehr schwer.[823]

---

813 OLG Hamm, NZFam 2016, 139.
814 OLG Nürnberg, FuR 2016, 310.
815 Würzburger Notarhandbuch/Mayer, 4. Aufl., Teil 3, Kap. 1, Rn. 175.
816 BT-Drucks. 16/10144, 52; Göppinger/Rakete-Dombek/Schwamb, 3. Teil, Rn. 29.
817 Hierzu ausführlich C. Münch, FamRB 2010, 51 ff.
818 Hahne, FamRZ 2009, 1041 f.
819 Zum Versorgungsausgleich in der Inhaltskontrolle: Deisenhofer, FPR 2007, 124.
820 Nachfolgend Kap. 7 Rdn. 406.
821 Nachfolgend Kap. 7 Rdn. 397.
822 Bergschneider, Rn. 902 ff.; Langenfeld, Rn. 636 ff.; zurückhaltender im Hinblick auf die künftige Einschätzung einer Kompensation mit Lebensversicherungen Langenfeld/Milzer, Rn. 736 f.; nachfolgend Kap. 7 Rdn. 450.
823 Hahne, DNotZ 2004, 84, 92.

7. Pflichtteilsverzicht

Gerade von notarieller Seite kommen nun Hinweise, ob nicht Pflichtteilsverzichtsverträge in ähnlicher Weise einer Inhaltskontrolle zu unterziehen seien.[824] Soweit sich Gerichte bisher mit dieser Frage zu befassen hatten, wurde **im Bereich des Pflichtteilsrechts**[825] insb. mit Blick auf Situationen im Familienunternehmen **erhöhte Disponibilität** bejaht.[826] Dem ist zuzustimmen. Es sei insb. darauf hingewiesen, dass sich der Pflichtteil – im Gegensatz zum Zugewinnausgleich – auch auf das beim Zugewinnausgleich als Anfangsvermögen bezeichnete Vermögen bezieht, also auf Vermögen, das bereits vor der Ehe vorhanden war, oder das in der Form des § 1374 Abs. 2 BGB während der Ehe erworben wurde. Hier zeigt insb. die Wertung des § 1374 BGB, dass gegen einen Ausschluss insoweit keine Bedenken bestehen, handelt es sich doch hierbei **gerade nicht um eine gleichmäßige Teilhabe an gemeinsam Erworbenem**. Insoweit sollten in Bezug auf den Abschluss eines Pflichtteilsverzichts keine Bedenken bestehen. 440

Der BGH hat nun in einer Grundsatzentscheidung ausgesprochen, dass der **Pflichtteilsverzicht des behinderten Sozialleistungsbeziehers** grundsätzlich **nicht sittenwidrig** ist. In diesem Urteil hat der BGH betont,[827] dass seine Rechtsprechung zur Unwirksamkeit von Unterhaltsverzichten in Eheverträgen und Scheidungsfolgevereinbarungen, die den Sozialhilfeträger benachteiligen, auf Pflichtteilsverzichte nicht übertragbar sei. Hierbei geht es jedoch in erster Linie um die Sittenwidrigkeit von Verträgen zulasten der öffentlichen Hand. Gleichwohl zeigt die strikte Trennung, dass beide Bereiche getrennt beurteilt werden müssen. 441

Auch hinsichtlich der Frage, was mit einem **Pflichtteilsverzicht** geschieht, wenn dieser in einem Ehe- und Erbvertrag enthalten ist, dessen **eherechtlicher Teil** der **Wirksamkeitskontrolle nicht standhält**,[828] kann man zu der Auffassung gelangen, dass der Pflichtteilsverzicht dennoch wirksam bleibt. Während nämlich der ehevertragliche Teil auf den Scheidungsfall abzielt, gilt die Pflichtteilsregelung allein dem Todesfall. Aufgrund dieser **gesonderten Zielrichtung** kann man davon ausgehen, dass der Pflichtteilsverzicht auch Bestand haben soll, wenn die ehevertragliche Regelung unwirksam wäre; zumal der Pflichtteilsverzicht ja nur Bedeutung erlangen wird, wenn die Ehe gehalten hat. Hier nach Ableben eines Vertragsteiles nun plötzlich unter Berufung auf eine Unwirksamkeit des Ehevertrages den Pflichtteilsverzicht infrage zu stellen, hieße dieses Instrument vollkommen zu entwerten. Für diese Fälle wäre demnach die Aufnahme einer **salvatorischen Klausel** durchaus zu empfehlen, ggf. auch die **getrennte Vereinbarung**. Ferner kann der Pflichtteilsverzicht gegenständlich beschränkt erklärt werden für das betroffene Unternehmen oder, wenn aufgrund von Abgrenzungsschwierigkeiten ein kompletter Verzicht gewünscht wird, könnte dieser begleitet sein von erbvertraglich bindenden Vermächtnissen, z.B. in Bezug auf das private Wohnhaus oder sonstige Vermögensgegenstände. Für die Unabhängigkeit des Pflichtteilsverzichtes von den strengen Maßstäben des Ehevertrages wird ferner dessen Risikocharakter ins Feld geführt.[829] 442

---

824 Wachter, ZFE 2004, 132, 142; Wachter, ZErb 2004, 238 ff., der allerdings danach differenziert, ob der Verzichtende Unterhalt und Versorgung bereits aufgrund seines eigenen Einkommens und Vermögens sicherstellen kann; für solche Fälle soll eine Inhaltskontrolle nicht stattfinden, Wachter, ZErb 2004, 238, 245; Brambring, NJW 2007, 865 ff.; krit. dagegen Würzburger Notarhandbuch/J. Mayer/Reetz, Teil 3, Kap. 1 Rn. 45; Bengel, ZEV 2006, 192 ff.; Kapfer, MittBayNot 2006, 385 ff.; Gageik, FPR 2005, 122, 129; für Pflichtteilsverzichte von Kindern fordert Röthel, NJW 2012, 337, zu mehr Wachsamkeit auf.
825 Grundsatzentscheidung des BVerfG zum Pflichtteilsrecht: ZErb 2005, 169 m. Anm. Lange, ZErb 2005, 205.
826 OLG Koblenz, FamRZ 2004, 805 m. Anm. Bergschneider; für nichtig erklärt hat einen Erbverzicht hingegen bei einer besonderen Fallgestaltung das OLG München, MittBayNot 2006, 428.
827 BGH, NJW 2011, 1586, Tz. 32.
828 Bergschneider, FamRZ 2004, 1757, 1764; Bergschneider, FamRZ 2006, 1038.
829 Keim, MittBayNot 2014, 173, 174.

443 A.A. könnte sein, wer dem Pflichtteilsverzicht die Wirkung beimisst, dass der Unterhalt nach dem Tod des Verpflichteten nicht mehr nach § 1586b BGB gezahlt werden muss,[830] da dann der weiter bestehende **Pflichtteilsverzicht zum Wegfall des Unterhaltsanspruchs** führte. So urteilte das LG Ravensburg.[831] Dennoch sollte der Pflichtteilsverzicht aus o.g. Gründen wirksam bleiben. Zum einen könnte man die teilweise Wirksamkeit rein auf den erbrechtlichen Teil beschränken, zum anderen sind in den für problematisch gehaltenen Fällen häufig die Kinder die Erben, sodass eine finanzielle Not bei der Kindesbetreuung nicht vorliegt. In jedem Fall sollte es genügen, wenn im Rahmen einer **Ausübungskontrolle** nur die **Unterhaltsansprüche** zugesprochen werden, der **Verzicht auf den Pflichtteil** jedoch ansonsten **unberührt** bleibt.[832]

444 Gegen eine **Infektion des Pflichtteilsverzichtes** durch den Ehevertrag spricht,[833] dass Erster für den Todesfall, Letzterer hingegen für den Scheidungsfall vereinbart ist und die damit verfolgten Ziele etwa der ungeschmälerten Weitergabe des Familienbetriebes in der Familie von der Rechtsprechung i.R.d. Vereinbarung von Gütertrennung oder der Herausnahme von Betriebsvermögen aus dem Zugewinn ausdrücklich gebilligt werden. Zur Vermeidung einer Unwirksamkeit kann der Pflichtteilsverzicht **durch ein bindendes Vermächtnis kompensiert** werden (z.B. Verzicht auf Pflichtteil am Betrieb gegen Nießbrauch oder Eigentum am Familienwohnheim). Ferner kann die Fernwirkung des Pflichtteilsverzichts auf den Unterhalt jedenfalls vertraglich ausgeschlossen werden.[834]

445 Die Diskussion ist im Hinblick auf die Inhaltskontrolle eines Pflichtteilsverzichtes noch im Fluss. So vertreten neuere Ansätze eine **funktionsspezifische Betrachtungsweise**[835] und wollen so eine Unterhaltsfunktion des Pflichtteiles jedenfalls ggü. konkret unterhaltsbedürftigen Personen begründen. Wenn daraus aber dann wegen der Pauschalität des Pflichtteils der gesamte Verzicht infrage gestellt wird, so schießt dies über das Ziel hinaus. Es würde auch hier i.S.e. geringsten Eingriffs in die grundrechtlich geschützte Privatautonomie genügen, eine Unterhaltspflicht bestehen zu lassen.[836] Der BGH hat der funktionsspezifischen Betrachtungsweise eine Absage erteilt.[837] Dem ist beizupflichten, da der Pflichtteil unabhängig von der Bedürftigkeit ist und sich nicht mit dem nachehelichen Unterhalt vergleichen lässt.[838]

446 Eine andere Frage mag sein, ob für die Beurteilung des Ehevertrages i.S.e. **Gesamtabwägung** der Umstand eine Rolle spielen kann, dass der verzichtende Ehepartner auch im Todesfall auf alle Ansprüche verzichtet hat.[839] Hierbei ist der Pflichtteilsverzicht auf einer Stufe mit dem Zugewinn zu prüfen, da der nach heute überwiegender Auffassung keine Unterhaltsfunktion mehr hat.[840]

447 Für die Gestaltungspraxis wird die Empfehlung ausgesprochen, beim Pflichtteilsverzicht mit aufzunehmen, dass dieser unabhängig von den derzeitigen Vermögensverhältnissen abgegeben werde, nachdem das OLG Düsseldorf[841] dies zunächst erst bei einem Vertrag nach dem Modell »Zweiter Frühling« hatte herausarbeiten müssen.[842]

448 Zu diesem Urteil wird angemerkt, dass der **Risikocharakter** von Erbverzichtsverträgen (wer stirbt wann, vor wem und mit welchem Vermögen?) gegen die Vornahme einer generellen Ausgewogen-

---

830 Darauf weist Brambring, NJW 2007, 865, 868 hin.
831 LG Ravensburg, ZEV 2008, 598 f.
832 Vgl. C. Münch, ZEV 2008. 571 ff.
833 Strenger Reetz, DNotZ 2017, 809, 822.
834 Hierzu Formulierungsvorschlag Kap. 8 Rdn. 435 unter H.
835 Dutta, AcP 209 (2009), 760, 785 f.
836 Dem schließt sich Kühle, ZErb 2013, 221 f. an.
837 BGH, NJW 2011, 1586 f.
838 So zu Recht Raude, DNotZ 2019, 221, 222; vgl. auch Grziwotz, DNotZ 2016, 732, 738 ff.
839 Für eine solche Berücksichtigung: Palandt/Brudermüller, § 1408 Rn. 8.
840 Hierzu ausführlich C. Münch, ZEV 2008, 571 ff.; Dauner-Lieb/Grziwotz/Hohmann-Dennhardt/v. Proff zu Irnich, § 2346 Rn. 59 ff.
841 OLG Düsseldorf, MittBayNot 2014, 172 = NJW-RR 2013, 966.
842 Keim, MittBayNot 2014, 173, 174.

heitsprüfung spricht.[843] Eine Argumentation, die auch gerichtlicherseits anerkannt wird, sodass wegen des **aleatorischen Charakters** des Pflichtteilsverzichtes **nicht** auf die **Ausgewogenheit zum Zeitpunkt des Abschlusses** abgestellt werden könne.[844]

In eine andere Richtung geht eine Entscheidung des OLG Hamm,[845] die ein Paradebeispiel für die Sentenz »bad cases make bad law« darstellt. 2 Tage nach seinem 18. Geburtstag **verzichtete** ein Sohn gegenüber seinem Vater, einem praktizierenden Zahnarzt, auf sein **Pflichtteilsrecht gegen** Übereignung eines teuren **Sportwagens**, die zusätzlich noch unter **mehreren aufschiebenden Bedingungen** stand, die sich vor allem mit einem sehr guten (nur schwer zu erreichenden) Ausbildungserfolg des Jünglings befassten. Das OLG Hamm hielt diesen Verzicht für sittenwidrig wegen einer Unterlegenheit des Sohnes und der Knebelung des Sohnes im Hinblick auf seine Ausbildung. Das Urteil hat Widerspruch erfahren.[846]

449

8. Gesamtabwägung

Nach der Besprechung der einzelnen Regelungspunkte sei abschließend nochmals darauf hingewiesen, dass die Rechtsprechung **über die Wirksamkeit des Ehevertrages mittels einer Gesamtabwägung entscheidet**, sodass auch die Häufung von Verzichten, die im Einzelnen noch möglich wären, zur Unwirksamkeit führen kann. Aus diesem Grund sei der Rat wiederholt: »weniger ist mehr!«.

450

In diese Gesamtschau fließen neben der inhaltlichen **Auswirkung** des Vertrages auch die **Gründe** ein, welche die Ehegatten haben den Vertrag so und jetzt zu schließen, außerdem auch die **Umstände des Zustandekommens** und die beabsichtigte **Gestaltung des Ehelebens**. I.R.d. Wirksamkeitskontrolle will der BGH auch ausdrücklich überprüft haben, ob die Regelung durch **die Besonderheiten des Ehetyps** gerechtfertigt ist. Die Bemühungen der Vertragspraxis hier jeweils der Ehekonstellation entsprechende Verträge zu entwickeln und vorzuschlagen stellen also den richtigen Weg dar.[847]

451

In dieser Gesamtabwägung können auch **Kompensationen** berücksichtigt werden, welche die Verzichte mildern.

Dass die **Einpassung** dieser Gesamtabwägung in die Tatbestandsvoraussetzungen des § 138 BGB noch nicht recht gelungen ist, wurde dargelegt. Auf jeden Fall stellt der BGH ausdrücklich fest, dass eine Vereinbarung nur in Extremfällen dem Verdikt der Sittenwidrigkeit anheimfallen wird, nämlich bei einer »gravierenden Verletzung der sittlichen Ordnung«.[848]

452

Da es für die Frage der Sittenwidrigkeit nur auf den Zeitpunkt des Vertragsabschlusses ankommt, wäre nach der Dogmatik **späteres Wohlverhalten** nicht mehr berücksichtigungsfähig.[849] Diese Fälle sind in der Praxis nicht selten, dass zunächst zwar Gütertrennung mit umfänglichen Verzichten vereinbart wird, in der gut funktionierenden Ehe jedoch der gut verdienende, aber auch Haftungsgefahren ausgesetzte Ehegatte dem anderen Ehegatten Zuwendungen in erheblichem Umfang macht.

453

---

843 Keim, MittBayNot 2014, 173, 174.
844 LG Nürnberg-Fürth, DNotZ 2019, 213, 218 m. Anm. Raude = ZEV 2018, 593 m. Anm. Keim; so auch LG Düsseldorf, MittBayNot 2016, 58; s. Keim, RNotZ 2013, 411, 418.
845 OLG Hamm, NJW 2017, 576.
846 Vgl. etwa Everts, ZEV 2018, 166 f.
847 Insb. Bergschneider, Rn. 615 ff.; Langenfeld, FamRZ 1987, 9 ff.; Langenfeld/Milzer, Rn. 989 ff.; nachfolgend Kap. 9 Rdn. 1 ff.
848 BGH, NJW 2004, 930 f. = FamRZ 2004, 601 ff. = ZNotP 2004, 157 ff. = DNotZ 2004, 550 ff., Nr. IV.1.a) der Urteilsgründe.
849 Dies sieht zu Recht krit. Grziwotz, FamRB 2004, 199, 203; Grziwotz, MDR 2005, 73, 75; ebenso Rauscher, DNotZ 2004, 524, 544. In der Rspr.: OLG Düsseldorf, FamRB 2004, 381: »Nichtigkeit wird durch späteres Wohlverhalten nicht geheilt«; OLG Saarbrücken, OLGR 2007, 165 f.; Grziwotz, ZIP 2006, 9, 10: Die später gelebte faire Partnerschaft kann den »unanständigen« Ehevertrag nicht mehr heilen. Großzügiger Proff zu Irnich, RNotZ 2009, 343, 344 für den Fall, dass bei Abschluss des Ehevertrages bereits die Motivation bestand, den verzichtenden Ehegatten durch spätere Zuwendungen abzusichern.

Diese Fälle sollte man so lösen, dass hier eine Berufung auf die Unwirksamkeit nach § 242 BGB als rechtsmissbräuchlich ausgeschlossen sein sollte. Der BGH hat verschiedentlich bereits eine entsprechende Richtung eingeschlagen.[850]

454 Fraglich ist, ob bei älteren Eheverträgen der vom BGH selbst[851] erwähnte **Vertrauensschutzgedanke** eine Rolle spielen kann. Dieser wurde bisher nur vereinzelt von Gerichten aufgegriffen.[852] Während die einen unter Berufung auf den Wandel der Rechtsprechung ein Vertrauen in die alte Rechtsprechung gerade nicht mehr für schützenswert halten,[853] wollen die anderen die subjektiven Voraussetzungen für die Sittenwidrigkeit entfallen lassen, wenn zum Zeitpunkt des Vertragsschlusses das Vertrauen in die alte Rechtsprechung schutzwürdig war.[854]

455 Bei der Prüfung der Sittenwidrigkeit von Altverträgen ist **entscheidender Zeitpunkt** der **Abschluss des Ehevertrages**. Nun erfolgt aber die Prüfung der Sittenwidrigkeit dann zumeist mit den heutigen Erkenntnissen bzw. auf der Grundlage der Rechtsprechung des BVerfG und des BGH zur Inhaltskontrolle seit 2001. Hierzu führt *Bosch* Folgendes aus:

456 »Was zu Zeitpunkt der Handlung nach der **damaligen Rechtslage** (worunter die Summe aus damaligen Normen und **damaliger Rechtsprechung** zu verstehen ist) nicht als sittenwidrig angesehen wurde, kann nicht im Nachhinein nur deshalb beanstandet werden, weil sich die Anschauungen über das Anstandsgefühl aller billig und gerecht Denkenden[855] nachträglich verändert haben.«[856]

457 Damit müsste die Sittenwidrigkeitsprüfung für Altverträge dazu führen, dass die nach damaligen Kriterien nicht sittenwidrigen Verträge auch heute nicht als sittenwidrig verworfen werden. Allerdings greift dann möglicherweise die Ausübungskontrolle ein, der überhaupt ein größerer Anwendungsbereich zuzuschreiben ist, auch bei anfänglich kritischen Eheverträgen.[857] Die höchstrichterliche Rechtsprechung hat sich hierzu noch nicht geäußert.

458 Wenn die Unwirksamkeit nur in wenigen extremen Fällen vorliegen wird, so sind die Verträge dann auf einer zweiten Stufe einer **Ausübungskontrolle** zu unterziehen. Diese Ausübungskontrolle findet v.a. für Änderungen der Ehekonstellation seit Abschluss des Ehevertrages Anwendung, sodass der Ehevertrag künftig nicht mehr als statisches Instrumentarium anzusehen ist, sondern als Reaktion auf die jeweilige Ehekonstellation. Er muss i.S.e. **Vertragspflege** aktuell gehalten und angepasst werden. Überlegungen knüpfen sogar Rechtsfolgen an eine Weigerung des anderen Ehegatten, an einer angemessenen Neugestaltung mitzuwirken.[858] Da der BGH formuliert, für die Ausübungskontrolle seien »*nicht nur die Verhältnisse im Zeitpunkt des Vertragsabschlusses*« maßgeblich,[859] wird man folgern dürfen, dass die Ausübungskontrolle aber auch als eine Art »**Auffangkontrolle**« zum Zuge kommt,[860] wenn zwar keine Sittenwidrigkeit des Gesamtvertrages vorliegt, aber die Berufung auf einzelne Klauseln versagt sein soll.

459 Dies wäre aus Sicht der Vertragspraxis durchaus zu begrüßen, da die Ausübungskontrolle aufgrund ihrer flexiblen Rechtsfolge und der Aufrechterhaltung des Vertrages i.Ü. den geringsten Eingriff bedeutet und helfen wird, dass die Gesamtunwirksamkeit wirklich auf Ausnahmefälle begrenzt bleibt. Klärungsbedürftig bleibt noch das Verhältnis der Ausübungskontrolle zur ergänzenden Vertragsaus-

---

850 So etwa BGH, WM 1972, 486 f. oder BGH, NJW 1981, 1439, wenn sich der sittenwidrig Handelnde zu seinem Vorteil auf die Nichtigkeit berufen will.
851 BGH, NJW 2004, 930 = FamRZ 2004, 601.
852 Vgl. etwa OLG Düsseldorf, FamRZ 2005, 216, 218 – Multimillionär.
853 Klam, INF 2004, 315, 318; Wachter, ZFE 2004, 142.
854 Gageik, RNotZ 2004, 295, 316; Langenfeld, FPR 2005, 134.
855 Zusammenfassend zur Rechtsprechung des BGH vor 2001: Gerber, DNotZ-Sonderheft 1998, 290 f.
856 Bosch, FamRZ 2016, 1026, 1030.
857 Hierzu näher Rdn. 306.
858 Grziwotz, ZIP 2006, 9, 13.
859 BGH, NJW 2004, 930 ff. = FamRZ 2004, 601 ff. = ZNotP 2004, 157 ff. = DNotZ 2004, 550 ff., Nr. III.3.b) der Gründe.
860 So auch Gageik, RNotZ 2004, 295, 310; Langenfeld, Rn. 53 hält solches für problematisch.

legung und zur Störung der Geschäftsgrundlage.[861] Der BGH hat inzwischen deutlich gemacht,[862] dass nach allgemeinen Grundsätzen[863] eine ergänzende Vertragsauslegung zunächst Vorrang vor der Ausübungskontrolle und der Störung der Geschäftsgrundlage hat, ohne aber dabei das Verhältnis der letzten beiden Rechtsfiguren zu klären. Allerdings ist eine solche **Auffangkontrolle** dogmatisch nur schwer zu begründen. Nach *Langenfeld* wird damit der Rahmen der Rechtsfigur »Ausübungskontrolle« gesprengt.[864]

Ein letzter Gedanke sei noch der Frage gewidmet, ob man durch die **Aufspaltung in mehrere Urkunden** der Gesamtabwägung des Ehevertrages entkommt. Hierzu gibt es im Steuerrecht eine sog. »**Gesamtplanrechtsprechung**«.[865] In ähnlicher Weise wird man hier urteilen müssen: Beruhen die mehreren Verträge auf einem Gesamtplan und wurde dieser nur in getrennten Schritten vollzogen, so sind alle diese Schritte in die Gesamtabwägung einzustellen. Haben sich hingegen nach der ersten Urkunde geänderte Umstände oder geänderte Ansichten ergeben, sodass der nächste Schritt auf einem völlig neuen Entschluss beruht, so kann man diesen Schritt für sich würdigen. Allerdings muss man wohl bei der Gewichtung von Verzichten im zweiten Schritt auch werten, welche Rechte dem unterhaltsberechtigten Ehegatten insgesamt nach dem ersten Schritt überhaupt noch verblieben waren.[866]

460

9. Scheidungsvereinbarungen

Noch nicht abgeschlossen ist die Meinungsbildung, ob die Grundsätze der **Inhaltskontrolle**, die der BGH nunmehr entwickelt hat, auch auf die Scheidungsvereinbarung Anwendung finden. Das **OLG Celle** hat ebenso wie das **OLG München** die Grundsätze des BGH für die Inhaltskontrolle ohne weitere Erörterung auch auf die **Scheidungsvereinbarung** übertragen[867] bzw. auch für Vereinbarungen nach der Scheidung angewendet.[868] Dem wurde in der Literatur widersprochen,[869] aber auch zugestimmt.[870]

461

Zu Recht wird dabei der Unterschied betont, dass im Gegensatz zum vorsorgenden Ehevertrag, der eine Prognose über die zukünftige Entwicklung leisten muss, bei der Scheidungsvereinbarung eine **Bilanz der Ehezeit** gezogen werden kann, sodass diese von einer gesicherten Datenbasis, aber auch von einer rückblickenden Beurteilung der gelebten Ehe ausgehen kann. Man kann deshalb sicher nicht unbesehen alle Aussagen der Inhaltskontrolle von Eheverträgen auf Scheidungsvereinbarungen

462

---

861 Hierzu Dauner-Lieb, FF 2004, 65, 68, die den Rückgriff auf die Ausübungskontrolle im genannten Fall als überflüssig ansieht; Koch, NotBZ 2004, 147, 149, die in der Änderung der Lebensumstände keine Geschäftsgrundlage sieht, sondern einen Gegenstand der Regelung, sodass für § 313 BGB kein Platz sei. BGH, NJW 2005, 139 sieht hingegen die Störung der Geschäftsgrundlage als vorrangig an; auch BGH, NJW 2005, 2386 verwendet die Begriffe, ohne eine endgültige Klärung des Verfahrens zu bringen; vgl. auch Rdn. 299 ff.
862 BGH, FamRZ 2013, 1543; im konkreten Fall hat die Regelungsdichte in Verbindung mit der verständlich gefassten Belehrung den BGH aber überzeugt, dass kein Raum für eine ergänzende Vertragsauslegung war.
863 BGH, NJW 1953, 937; BGH, NJW 2006, 54; BGH, NJW 2012, 526; Palandt/Grüneberg, § 313, Rn. 10.
864 Langenfeld, 5. Aufl., Rn. 53.
865 Hierzu etwa Spindler, DStR 2005, 1 ff.; inzwischen sieht der BFH das Rechtsinstitut des Gesamtplanes skeptischer und verneint eine Verselbstständigung als eigene Rechtsfigur (BeckRS 2011, 94503) bzw. wendet sie nicht an, auch wenn ein Steuerpflichtiger sich zur Erreichung eines Gesamtzieles für eine Durchführung in zeitlich aufeinander folgenden Einzelschritten entscheidet (BFH, DStR 2014, 80 f.).
866 Einen Fall der Rückgängigmachung einer kompensatorischen Übertragung behandelt das OLG Hamm, FamRZ 2006, 337 = MittBayNot 2006, 509.
867 OLG Celle, DNotI-Report 2004, 81; OLG Celle, FamRZ 2004, 1969; OLG München, FamRB 2005, 3 m. Anm. Grziwotz.
868 OLG München, FamRZ 2005, 215.
869 Wachter, ZNotP 2004, 264 ff.
870 Brandt, MittBayNot 2004, 278, 281; Gageik, FPR 2005, 122, 129.

übertragen; zumal der frühere § 630 ZPO geradezu aufforderte, Scheidungsfolgen privatautonom zu regeln.[871]

463 Allerdings muss eine realistische Erwartung der weiteren Judikate davon ausgehen, dass auch Scheidungsvereinbarungen der Inhaltskontrolle unterworfen werden. Der Verzicht auf Kindesbetreuungsunterhalt, der im vorsorgenden Ehevertrag dem Verdikt der Sittenwidrigkeit unterfallen wäre, ist auch in der Scheidungsvereinbarung nicht wirksam.

464 **Unterschiedlich** wird zu beurteilen sein, ob eine Situation der **Unterlegenheit** auch bei einer Scheidungsvereinbarung vorliegt. Nachdem die Scheidung nur noch von der Zerrüttung der Ehe abhängt und diese nach Zeitablauf vermutet oder auch ohne Vermutung von den Gerichten anerkannt wird, ist eigentlich kein Ehepartner auf den Abschluss der Scheidungsvereinbarung dergestalt angewiesen, dass er unfrei wäre, diese Vereinbarung abzulehnen und das gesetzliche Scheidungsverfahren mit den gesetzlichen Scheidungsfolgen durchzuführen. Am ehesten ist in dieser Situation zu befürchten, dass etwa das Sorgerecht zum Gegenstand einer Kompensationsabrede gemacht wird und daher Unfreiheit beim Abschluss herrscht.[872] Kann ansonsten eine Unterlegenheit nicht festgestellt werden, so wird der Anwendungsbereich der Inhaltskontrolle bei der Scheidungsvereinbarung geringer sein.

465 Zum anderen ist bei der Scheidungsvereinbarung die wirtschaftliche Situation der Parteien i.d.R. absehbar.[873] Daher kommt es hier häufiger zu **Kompensationsabreden** als beim vorsorgenden Ehevertrag. Dabei wird das Kindesinteresse verstärkt in den Blick zu nehmen sein, wenn an die Stelle einer Unterhaltszahlung andere Leistungen treten.[874]

Für eine **Ausübungskontrolle** angesichts veränderter Umstände wird der Anwendungsbereich umso weiter sein, je mehr die Rechtsprechung auch Veränderungen nach der Scheidung mit in die »ehelichen Lebensverhältnisse« einfließen lässt. Dem hat aber nun das BVerfG mit seiner Entscheidung vom 25.01.2011[875] einen Riegel vorgeschoben, sodass die Rechtsprechung des BGH zu den wandelbaren ehelichen Lebensverhältnissen[876] nicht mehr weiter anzuwenden ist, wie der BGH inzwischen bestätigt hat.[877] Das OLG Brandenburg[878] will eine **Wirksamkeitskontrolle** durchführen, **nicht hingegen** eine **Ausübungskontrolle**. Das beruht auf der irrtümlichen Annahme, es müssten Vorstellungen über die künftige Gestaltung des Ehelebens geprüft werden, die es nach einer Scheidung nicht mehr gibt. Es kann sich **aber** auch um **Vorstellungen über das getrennte Leben** handeln, z.B. dass beide Ehegatten arbeiten können. Werden diese durch **Umstände im gemeinsamen Risikobereich** nicht realisiert (z.B.: Ein gemeinsames Kind wird schwer krank), so kann dies schon zu einer **Ausübungskontrolle** führen.

10. Anwaltliche Strategien

466 Aufgrund der aufgezeigten Rechtsprechung wird in nahezu jedem Scheidungsverfahren, dem ein Ehevertrag zugrunde liegt, der Anwalt der Partei, die in dem Ehevertrag auf Ansprüche verzichtet hat, versuchen, den Ehevertrag anzugreifen. Hierzu gibt es unterschiedliche Strategien, je nachdem,

---

871 Coester-Waltjen, 50 Jahre Bundesgerichtshof, Festgabe aus der Wissenschaft, 985, 997; Göppinger/Rakete-Dombek/Börger, 1. Teil, 48.
872 Rauscher, DNotZ 2004, 524, 535 bezeichnet dies als Sittenwidrigkeit im Außenverhältnis.
873 Daraus folgert Bergschneider, Rn. 145 eine Beurteilung der Scheidungsvereinbarungen nach weniger strengerem Maßstab.
874 Grziwotz, FamRB 2004, 199, 239, 240 sieht insb. die »Hausrettungsfälle«, in denen ein Ehegatte auf Unterhalt verzichtet, damit der andere das Haus für die Kinder erhalten kann, als problematisch an.
875 BVerfG, FamRZ 2011, 871.
876 BGH, FamRZ 2006, 683; BGH, FamRZ 2008, 968 = DNotZ 2008, 533; BGH, NJW 2010, 365 ff., hierzu krit. Brudermüller, FF 2010, 134 ff.
877 BGH, FamRZ 2012, 281 = NJW 2012, 384.
878 OLG Brandenburg, FamRZ 2018, 1658.

welches Interesse beim Mandanten im Vordergrund steht.[879] Die (Zwischen-) Feststellungsklage, die das OLG Düsseldorf[880] unabhängig von der Einreichung eines Scheidungsantrags zulässt, das OLG Frankfurt am Main[881] hingegen nur nach Rechtshängigkeit eines Scheidungsantrags, kann eine ganz erhebliche Verfahrensverzögerung bedeuten und wird Feststellungen nur zur Sittenwidrigkeit bringen, ohne die Fragen der Ausübungskontrolle zu klären.[882]

11. Rechtswahl

Noch wenig geklärt ist, wie die **Inhaltskontrolle bei Auslandsbezug** durchzuführen ist. Es ist davon auszugehen, dass die Frage, ob eine ehevertragliche Regelung einer Inhaltskontrolle unterliegt, sich nach der *lex causae* richtet, was durchaus zu gespaltener Rechtsanwendung führen kann.[883]

467

Wählen die Ehegatten eine Rechtsordnung, die gegenüber der deutschen wesentlich eingeschränkte Scheidungsfolgen enthält, so stellt sich die weitere Frage, ob die Rechtswahl selbst auch der Inhaltskontrolle unterliegt. Aus der Tatsache, dass der europäische Gesetzgeber mit Ausnahme des Unterhaltsrechts (Art. 8 Abs. 5 HUP) auf eine solche Inhaltskontrolle von Rechtswahlvereinbarungen ausdrücklich verzichtet hat, wird geschlossen, dass eine solche auch vor Gerichten der Mitgliedsstaaten nicht angewendet werden kann. Im Notfall wird auf den deutschen ordre public verwiesen.[884]

468

12. Reparatur möglicherweise nichtiger Eheverträge

a) Beratungs- oder Prozesssituation

In der notariellen Praxis kommt es nun häufiger vor, dass Ehegatten vorsprechen, die in früherer Zeit, möglicherweise sogar noch vor der Rechtsprechung zur Inhaltskontrolle von **Eheverträgen** einen Ehevertrag geschlossen haben, über dessen **Gültigkeit** im Lichte der neuen Rechtsprechung nun **Unsicherheit** besteht.

469

Problematisch hieran ist, dass es für die Frage, ob der Ehevertrag etwa nichtig ist, nur auf die **Verhältnisse zum Zeitpunkt des Abschlusses** des Ehevertrages ankommt. Nun stellt sich im Rückblick die Frage, ob eine etwa vorhandene Nichtigkeit des Ehevertrages durch spätere Entwicklungen in irgendeiner Weise »**geheilt**« worden sein kann oder ob man vertraglich eine »Heilung« des Ehevertrages herbeiführen kann.

470

Solche Beratungen sind zudem sehr oft von einer gewissen **Prognoseunsicherheit** geprägt, wie die Rechtsprechung auf einen konkreten Ehevertrag reagieren würde, ob dieser also gerichtlich dem Verdikt der Sittenwidrigkeit unterfiele oder nicht. Zwar ist die Tendenz der Rechtsprechung des BGH dahin gehend, dass eine anfängliche Nichtigkeit immer weniger anzunehmen sein wird,[885] dennoch muss diesem Beratungsanliegen in geeigneter Weise begegnet werden. Der sichere Weg gebietet, dass ggf. eine Bestätigung des Ehevertrages vorgenommen wird.

471

Ganz **anders** ist die Situation, wenn der Ehevertrag in einer **Scheidungssituation** auf dem Prüfstand steht. Hier ist an eine gemeinsame Ergänzung oder Bestätigung i.d.R. nicht mehr zu denken. Hier ist zu klären, ob spätere Entwicklungen auf die Nichtigkeit haben Einfluss nehmen können.

472

---

879 Vgl. hierzu detailliert Kogel, FamRB 2006, 117 ff. auch unter dem Aspekt des anwaltlichen Gebühreninteresses; Gomille, NJW 2008, 274 f. (Ablehnung von Feststellungsklagen); Bergschneider, Inhaltskontrolle, 102 ff.
880 OLG Düsseldorf, FamRZ 2005, 282.
881 OLG Frankfurt am Main, FamRZ 2005, 457 und FuR 2006, 186.
882 Kogel, FamRB 2006, 117, 120.
883 Hausmann in FS Geimer, 199, 202.
884 Hausmann in FS Geimer, 199, 214 f.
885 Vgl. Rdn. 115 ff. (Entscheidung 15 f.); insb. BGH; FamRZ 2013, 195 f.; Sanders, FF 2013, 239 f.

473 Betrachtet man die Rechtsprechung zu diesen Fällen, so finden sich diametral entgegengesetzte Urteile von Oberlandesgerichten. Eine weitere Klärung ist derzeit nicht in Sicht.

474 Das OLG Düsseldorf[886] hat apodiktisch geurteilt, es sei nicht möglich, einen nichtigen Vertrag durch nachträgliche Umstände (hier: Wegfall der Kindesbetreuung) wieder aufleben zu lassen. Vielmehr gelte das Gesetz. Das OLG Jena[887] hat – ebenso kurz und bündig – festgestellt, es sei allgemeine Erkenntnis, dass eine Nichtigkeit nicht über § 139 BGB aus einer Bestimmung hergeleitet werden könne, die bei der Vertragsdurchführung ohne Bedeutung geblieben sei. Dem hat sich das OLG Hamm angeschlossen.[888]

b) Nichtigkeit wegen Klausel ohne Auswirkung

475 Zunächst soll der Fall betrachtet werden, dass die Nichtigkeit wegen einer Klausel droht, die sich gar nicht ausgewirkt hat.

▶ Beispiel 1:

476 *Ehegatten schließen einen Ehevertrag mit einem Totalausschluss aller Scheidungsfolgen. Sie wünschen sich bei Vertragsabschluss sehnlichst ein Kind, nach dessen Geburt die Ehefrau ihren Beruf aufgeben und sich der Kindererziehung widmen soll. Der Ehemann ist Unternehmer ohne eigene Anwartschaften im Bereich des Versorgungsausgleichs. Trotzdem schließen sie auch den Unterhaltsanspruch wegen Kindesbetreuung und den Versorgungsausgleich aus. Leider aber bekommen sie kein Kind. Ehefrau und Ehemann gehen weiter ihren Berufen nach ohne jede Einbuße. Als es nach 40 Jahren zur Scheidung kommt, klagt die Ehefrau auf Zugewinnausgleich. Der Anwalt der Ehefrau behauptet die Nichtigkeit des Ehevertrages wegen des Verzichtes auf Betreuungsunterhalt trotz aktuellen Kinderwunsches. Im vorliegenden Beispiel könnte der Verzicht auf Kindesbetreuungsunterhalt trotz aktuellen Kinderwunsches aus der Sicht des Vertragsabschlusses nichtig sein. Bei dieser Beurteilung kann die nachträgliche bessere Erkenntnis – es wurden keine Kinder geboren – nicht in die Bewertung einfließen. Der Ausschluss des Versorgungsausgleichs ist für die Ehefrau vorteilhaft, da sie ihre Ansprüche behält, während der Ehemann keine Anwartschaften hat.*

477 Bei der Frage, ob im Rahmen einer Gesamtwertung des Ehevertrages auch der Verzicht auf Zugewinn von der Nichtigkeit mit umfasst wird, lassen sich nun die zitierten Urteile des OLG Jena und des OLG Hamm fruchtbar machen. Sie gehen zurück auf eine **Reichsgerichtsentscheidung**, bei der in einem schriftlichen Pachtvertrag formunwirksam ein Vorkaufsrecht vereinbart worden war und der Pächter sich nun nach Ablauf des Pachtvertrages auf diese Nichtigkeit berufen hatte, um nicht an ein ebenfalls im Pachtvertrag enthaltenes Wettbewerbsverbot gebunden zu sein. Das RG[889] hatte hier die Nichtigkeit unter Berufung auf § 242 BGB nicht durchgreifen und § 139 BGB nicht zur Wirkung kommen lassen. Der **BGH**[890] hat sich ebenso wie die **Literatur**[891] dieser Wertung angeschlossen, sodass die **Nichtigkeit einer Regelung, die nicht zum Tragen gekommen ist, nicht zur Gesamtnichtigkeit führt.**

▶ Lösung:

Im Beispielsfall kann man also unter Berufung darauf, dass es zu der Geburt von Kindern und der Berufsaufgabe nie kam, gut vertreten, dass der Vertrag nicht insgesamt nichtig ist, sodass die Gütertrennung wirksam vereinbart werden konnte.

---

886 OLG Düsseldorf, NJW-RR 2005, 1.
887 OLG Jena, NJW-RR 2010, 649, 651.
888 OLG Hamm, FamRZ 2012, 232, 233.
889 RGZ 153, 59 f.
890 BGH, NJW 1991, 105 f.
891 Flume, Allgemeiner Teil des Bürgerlichen Rechts, Bd. II, 4. Aufl., § 32, 7.; Larenz/Wolf, Allgemeiner Teil des Bürgerlichen Rechts, 9. Aufl., 2004, § 45, Rn. 33 f.; Palandt/Ellenberger, § 139, Rn. 16; MünchKomm-BGB/Busche, § 139, Rn. 35.

Ein weiterer Beispielsfall mag die Problematik verdeutlichen. 478

▶ **Beispiel 2:**

Ehegatten schließen einen Ehevertrag mit einem Totalausschluss aller Scheidungsfolgen. Sie haben zwei Kinder. Die Ehefrau gibt dem gefassten Plan entsprechend für 10 Jahre ihren Beruf auf. Nach 30 Jahren wird die Ehe geschieden. Einen Anspruch auf Kindesbetreuungsunterhalt hat die Ehefrau ohnehin nicht mehr, weil die Kinder erwachsen sind und weil sie in ihrem Beruf keine ehebedingten Nachteile mehr hat.

▶ **Lösung:**

Auch wenn sich der Verzicht auf Kindesbetreuungsunterhalt nicht auswirkt, so bleibt doch der Nachteil beim Versorgungsausgleich bestehen, denn es fehlen 10 Jahre Beitragszeit, was zu einer entsprechend geminderten Rente führt. Die Nichtigkeitsfolge könnte also jedenfalls insoweit bestehen bleiben.

c) »Heilung« durch nachträgliche Kompensation

▶ **Beispiel 3:**

Nach einem Ehevertrag mit Gütertrennung, Unterhaltsverzicht und Verzicht auf Versorgungsausgleich, der mit der damals schwangeren Ehefrau abgeschlossen wurde, beschenkt der reiche Unternehmerehemann seine Frau alle fünf Jahre mit einem Mehrfamilienhaus, weil es ihm finanziell so gut geht und die Ehe sich über alle Erwartungen gut entwickelt hat. Aus den Einnahmen dieser Objekte könnte die Ehefrau mühelos Unterhalt und Altersvorsorge auf gehobenem Niveau bestreiten. 479

Nachdem es für die Wirksamkeit eines Ehevertrages nur auf den Zeitpunkt des Vertragsschlusses ankommt, geht die überwiegende Ansicht davon aus, dass ein **nichtiger Ehevertrag** auch **durch späteres Wohlverhalten nicht mehr** »geheilt« werden kann.[892] 480

Allerdings kann man auch in solchen Fällen überlegen, die Berufung auf die Nichtigkeit des Vertrages nach § 242 BGB zu versagen, wenn angesichts der Zuwendungen eine **Überkompensation** der Verzichte erfolgt ist. Eine solche Kompensation durch Zuwendung hat schließlich dem beiderseitigen Willen entsprochen und kann nicht einseitig herbeigeführt werden. Da eine solche »Heilung« aber überwiegend abgelehnt wird, muss man den **sichersten Weg** gehen und den Ehevertrag in einem Nachtrag abwandeln und **bestätigen**, indem die geleisteten Kompensationen und ggf. weitere Ansprüche aufgenommen werden, sodass der Ehevertrag nun im Zeitpunkt seiner Bestätigung sicher hält. 481

▶ **Lösung:**

Nach herrschender Meinung führt die Zuwendung nicht zu einer Heilung. Der Ehevertrag bliebe nichtig. Es sollte daher eine Bestätigung vorgenommen werden und die getätigten und noch zu tätigenden Zuwendungen als Kompensation aufgenommen werden.

---

892 OLG Düsseldorf, FamRB 2004, 381; OLG Saarbrücken, OLGR 2007, 165 f.; OLG Koblenz, Beschl. v. 21.08.2015 – 11 UF 333/15, BeckRS 2016, 6296; Grziwotz, ZIP 2006, 9, 10; großzügiger Proff zu Irnich, RNotZ 2009, 343, 344, für den Fall, dass schon bei Abschluss des Ehevertrages die Motivation bestand, den verzichtenden Ehegatten später durch Zuwendungen abzusichern.

d) »Heilung« durch neue Gesetzeslage

482 Im Bereich des § 1570 BGB wird ganz konkret die Frage aufgeworfen, ob ein Ehevertrag, der nach der Gesetzeslage zum Zeitpunkt seines Abschlusses sittenwidrig und nichtig war, durch die Unterhaltsreform und die Neufassung des § 1570 BGB geheilt werden konnte.[893] Hier wird vertreten, dass eine Berufung auf die Nichtigkeit nach Treu und Glauben (**§ 242 BGB**) nicht zulässig ist, wenn die vertragliche Regelung den Vorstellungen des Gesetzgebers zum neuen Unterhaltsrecht entsprochen hat.[894] Dies sei dann auch als wesentliche Änderung i.S.d. § 238 Abs. 1, 4 FamFG anzusehen, sodass die Bindungswirkung einer Erstentscheidung durchbrochen werden könne.

483 In diesem Bereich ist noch vieles ungeklärt. der BGH[895] hat einzig ausgesprochen, dass die Rechtsfolgen einer Ausübungskontrolle nicht über diejenigen des § 1570 n.F. BGB hinausgehen dürften. Hält man sich aber vor Augen, dass die Sittenwidrigkeit nach § 138 BGB nach nunmehr gefestigter Rechtsprechung des BGH Imparität und Verwerflichkeit voraussetzt,[896] so wird **kaum** in der Vereinbarung einer **Rechtsfolge**, welche der **Gesetzgeber selbst** wenige Jahre später für **rechtens hält**, eine **Verwerflichkeit** liegen können. Insofern ist sicher richtig, dass die Frage der Sittenwidrigkeit nach den Verhältnissen bei Vertragsschluss zu beurteilen ist.

Das **OLG Hamm** hingegen ist der Ansicht, dass ein Ehevertrag, der auf der Grundlage des früheren Altersphasenmodells vor der Unterhaltsrechtsreform 2008 für nichtig erklärt wurde, auch nach der Unterhaltsreform nichtig bleibt. Es komme für die Nichtigkeit auf die Rechtslage, die Vorstellungen und Absichten der Parteien zum Zeitpunkt des Vertragsschlusses an, sodass ein nichtiger Vertrag nicht durch einen Wertewandel ipso iure wirksam werden könne.[897]

Man wird sich aber doch bei der nachträglichen Beurteilung dieser Umstände der Erkenntnis nicht entziehen können, dass eine Vereinbarung nicht verwerflich sein kann, die der Gesetzgeber dann zur Regelscheidungsfolge erhebt. Dies würde schon die Nichtigkeit beseitigen und keine Berufung auf § 242 BGB nötig machen.

484 Zudem wirkt sich die genannte Problematik, dass ein Vertrag **unterhaltsrechtlich für sittenwidrig gehalten** wird, der heute gemessen an § 1570 BGB nicht unwirksam wäre, doch nicht im Unterhaltsrecht aus, denn heutige Unterhaltsansprüche, die aufgrund nichtigen Vertrages nach dem Gesetz geltend gemacht würden, wären auch nur nach Maßgabe des § 1570 BGB gegeben. **Auswirkungen** zeigen sich vielmehr im Fall der **Gesamtnichtigkeit im güterrechtlichen Bereich**. Hier kann man auf ein weiteres **Reichsgerichtsurteil** zu § 139 BGB rekurrieren. Danach verstößt die Berufung auf die Nichtigkeit eines Vertrages gegen Treu und Glauben, wenn diese geltend gemacht wird, um sich einen Vorteil zu verschaffen, den man selbst bei Gültigkeit des Vertrages nicht hätte beanspruchen können.[898] Bei unterhaltsrechtlicher Gültigkeit wäre aber der Vertrag mit seiner güterrechtlichen Regelung zum Tragen gekommen.[899]

---

893 So ausdrücklich diskutiert in Schwab/Borth, IV, Rn. 1604 f.
894 Schwab/Borth, IV, Rn. 1604.
895 BGH, FamRZ 2011, 1377.
896 BGH, FamRZ 2013, 195 = NJW 2013, 380.
897 OLG Hamm, FamRZ 2009, 2093.
898 RG, Seuff.Arch. Bd. 77 Nr. 114.
899 Im Fall des Reichsgerichts war ein Aufwendungsersatz auf 3.000,00 RM gedeckelt worden, wenn die verabredete Gründung einer Baugenossenschaft nicht zustande kommt. Der Kläger berief sich auf Nichtigkeit eines gleichzeitig verabredeten notariellen Kaufangebotes und wollte vollen Aufwendungsersatz in Höhe der achtfachen Summe.

e) Bestätigung eines Ehevertrages

Soll nun der nichtige oder von der Gefahr der Nichtigkeit bedrohte Ehevertrag bestätigt werden, so müssen dazu die **Voraussetzungen des § 141 BGB** gewahrt werden. Dazu muss zunächst ein **Bestätigungswille** der Vertragspartner vorhanden sein. Dies kann am Beispiel eines KG-Urteils[900] deutlich werden. Hier hatten die Ehegatten zwar einen Nachtrag zum Ehevertrag errichtet, aber die Ehefrau hatte verlangt, den Ausschluss des Versorgungsausgleichs aufzuheben, womit der Ehemann nicht einverstanden gewesen war. Aus anderweitigen Regelungen kann daher nicht gefolgert werden, dass damit der Ausschluss des Versorgungsausgleichs nunmehr bestätigt worden sei. Der Bestätigungswille kann ansonsten durchaus auch konkludent geäußert werden. Allerdings ist das Bewusstsein der Nichtigkeit, **mindestens** aber das **Zweifeln an der Wirksamkeit** Grundlage für die Bildung eines Bestätigungswillens.[901] Ein Rechtsgeschäft, das man unzweifelhaft für wirksam hält, kann nicht bestätigt werden.[902] Allerdings darf der dennoch abgeschlossene erneute Ehevertrag als »Bekräftigung« nicht gänzlich unbeachtet bleiben. Er wird zumindest im Rahmen der Ausübungskontrolle eine Bedeutung gewinnen müssen, denn er bringt zum Ausdruck, dass die Vertragsteile an der Rechtsfolge noch immer festhalten wollen.[903] Die Gerichte beginnen, die Bestätigung von Eheverträgen positiv für die Wirksamkeit zu werten.[904]

485

Zudem kann ein sittenwidriger Vertrag nur dann bestätigt werden, wenn die **Gründe für die Sittenwidrigkeit entfallen** sind. Dies muss im Bereich der Eheverträge dann abgelehnt werden, wenn die evident einseitige Lastenverteilung bestehen bleibt, wie im zitierten Falle des KG, wo aufgrund beruflicher Nachteile die Versorgungslücke fortbestand. Genannt wird ausdrücklich auch der Fall, dass bei einer Nichtigkeit aufgrund Gesamtwürdigung ein Umstand wegfällt, sodass die Gesamtwürdigung nun zu einem anderen Ergebnis kommt.[905]

486

Will man eine Bestätigung des Ehevertrages, so sollte man diese Aspekte deutlich machen, um Klarheit zu schaffen.

Eine **Bestätigung** wirkt nach § 141 Abs. 2 BGB **inter partes mit einer schuldrechtlich ausgestalteten Rückwirkung**. Die Parteien können davon abweichen und die Rückwirkung nur in einem geringeren Umfang anordnen oder ausschließen, **Nicht** möglich ist hingegen die **Anordnung einer Rückwirkung mit Drittwirkung**.[906]

487

▶ **Kostenanmerkung:**

Bei Bestätigungen, soll nur eine Nachtragsgebühr aus einem Teilwert nach §§ 36 Abs. 1, 97 Abs. 2 GNotKG zu erheben sein, wenn sich die Lebensverhältnisse der Ehegatten gegenüber dem ersten Vertragsabschluss nicht wesentlich geändert haben.[907] Im anderen Falle hingegen muss eine volle Gebühr für eine Neuvornahme erhoben werden. Angesichts der Voraussetzungen einer Bestätigung, dass die Gründe für die Sittenwidrigkeit weggefallen sein müssen, wird man zumeist eine wesentliche Änderung sehen können.

488

---

900 KG, NJW-RR 2010, 730.
901 BGH, NJW 1995, 2290; BGH, NJW-RR 2008, 1488, 1490.
902 OLG Brandenburg, FamRZ 2016, 2104; Palandt/Ellenberger, § 141, Rn. 6.
903 So zu Recht Bergschneider, FamRZ 2016, 2110 gegen OLG Brandenburg, FamRZ 2016, 2014.
904 OLG Brandenburg, NZFam 2019, 833.
905 Palandt/Ellenberger, § 141, Rn. 5.
906 Palandt/Ellenberger, § 141, Rn. 8; MünchKomm-BGB/Busche, § 141, Rn. 17.
907 Notarkasse, Rn. 612.

Eine solche Bestätigung könnte auf der Grundlage des Beispiels 3 folgendermaßen formuliert werden[908]:

▶ **Formulierungsvorschlag: Bestätigung eines möglicherweise sittenwidrigen Ehevertrages**

489 URNr. .....

Vom .....

Nachtrag zum Ehevertrag
– Bestätigung –

Heute, den .....

erschienen vor mir,

.....
Notar in .....

1. Herr .....

geboren am ..... in ..... StA.Nr.

als Sohn von .....,

letztere eine geborene .....,

2. dessen Ehefrau,

Frau ....., geborene .....

geboren am ..... in ..... StA.Nr.

als Tochter von .....,

letztere eine geborene .....,

beide wohnhaft in .....,

nach Angabe im Güterstand der Gütertrennung verheiratet.

Die Erschienenen wollen einen

Nachtrag zu ihrem Ehevertrag

errichten.

Sie erklären bei gleichzeitiger Anwesenheit gemeinsam mündlich mit dem Ersuchen um Beurkundung, was folgt:

A. Allgemeines

Wir sind beiderseits in erster Ehe verheiratet.

Unsere Ehe haben wir am ... vor dem Standesbeamten in ... geschlossen.

Wir sind beide deutsche Staatsangehörige.

Wir haben zur Urkunde des beurkundenden Notars am ...1993 unter URNr. .../1993 einen Ehevertrag geschlossen. Diese Urkunde liegt heute in Ausfertigung vor. Auf sie wird verwiesen. Der Inhalt ist bekannt. Auf das Verlesen und Beifügen zu dieser Urkunde wird allseits verzichtet.

In diesem Ehevertrag haben wir Gütertrennung vereinbart, den Unterhalt ausgeschlossen und auf den Versorgungsausgleich wechselseitig verzichtet. Zum Zeitpunkt des Abschlusses des Ehevertrages war ich, die Ehefrau, im siebten Monat schwanger. Im Hinblick auf die Rechtsprechung des Bundesverfassungsgerichtes und des Bundesgerichtshofs zur Inhaltskontrolle seit dem Jahre 2001 sind nunmehr Zweifel an der Gültigkeit dieses Ehevertrages aufgekommen.

Wir sind seit nunmehr zweiunddreißig Jahren verheiratet. Wir haben zwei gemeinsame Kinder, die bereits erwachsen sind. Der Ehemann hat der Ehefrau erstmals zehn Jahre nach Eheschlie-

---

908 Vgl hierzu auch Bergschneider/Wolf in C. Münch, Familienrecht. § 7, Rn. 82.

ßung und dann erneut alle 10 Jahre jeweils ein Mehrfamilienhaus zugewendet. Die drei Mehrfamilienhäuser im Eigentum der Ehefrau sind schuldenfrei und erbringen eine monatliche Netto-Kalt-Miete in Höhe von 4.500,00 €. Während der Zeit unserer Ehe war ich, die Ehefrau, in Unternehmen meines Ehemannes durchgängig sozialversicherungspflichtig beschäftigt, so dass ich eigene Anwartschaften in der gesetzlichen Rentenversicherung erwerben konnte.

Wir wollen mit diesem Nachtrag alle Zweifel an der Gültigkeit des Ehevertrages beseitigen und diesen bestätigen.

B. Ehevertragliche Vereinbarungen

Ehevertraglich vereinbaren wir, was folgt:

I. Bestätigung

Im Hinblick auf die empfangenen Zuwendungen und die unter Ziffer II eingegangene Verpflichtung sehen wir alle etwaigen Nichtigkeitsgründe als ausgeräumt an. Der Ehemann hat alle Verzichte ausreichend kompensiert. Von den Einnahmen kann ich, die Ehefrau, mich allein unterhalten.

Wir bestätigen daher ausdrücklich die getroffenen ehevertraglichen Vereinbarungen.

II. Zahlungsverpflichtung

Der Ehemann verpflichtet sich, an die Ehefrau einen Geldbetrag in Höhe von

200.000,00 €

fällig bis zum .... zu zahlen.[909]

Der Ehemann unterwirft sich wegen des Anspruchs auf Zahlung des entsprechenden Betrages der

sofortigen Zwangsvollstreckung

aus dieser Urkunde in sein gesamtes Vermögen. Vollstreckbare Ausfertigung kann ohne weitere Nachweise erteilt werden.[910]

III. Verweis

Im Übrigen verbleibt es beim bisherigen Inhalt des Ehevertrages.

C. Belehrungen, Hinweise

Über die rechtliche Tragweite unserer vorstehenden Erklärungen wurden wir vom Notar eingehend belehrt, insbesondere über die Inhaltskontrolle von Eheverträgen.

Wegen der Ungewissheit über die Wirksamkeit unseres ersten Ehevertrages haben wir uns zu dieser Bestätigung im Wege gegenseitigen Nachgebens entschlossen. Den Entwurf des Vertrages haben wir vor mehr als drei Wochen erhalten, so dass jeder von uns Gelegenheit hatte, die Bestimmungen dieses Vertrages und des vorherigen Ehevertrages eingehend zu prüfen bzw. überprüfen zu lassen.

D. Schlussbestimmungen

Wir beantragen die Erteilung je einer Ausfertigung dieser Urkunde.

Der Notar benachrichtigt das zentrale Testamentsregister.

Die Kosten dieser Urkunde trage ich, der Ehemann.

---

[909] Hierbei ist auf die Schenkungsteuerfreigrenzen zu achten. Ggf. ist die Übertragung des eigenbewohnten Hauses mit in die Überlegungen einzubeziehen, denn dieses kann schenkungsteuerfrei nach § 13 Abs. 1 Nr. 4a ErbStG übertragen werden.
[910] Der Vertrag geht von einer baldigen Zahlung aus, sodass keine Sicherungshypothek vorgesehen ist.

13. Weitere Folgerungen aus der Sittenwidrigkeit eines Ehevertrages

490 Die Sittenwidrigkeit eines Ehevertrages hätte nicht nur Auswirkungen auf die Entscheidung über Ansprüche im Gefolge der Ehescheidung, sondern würde weitere Fragen aufwerfen. So wird durchaus zu Recht die Frage gestellt, ob bei unwirksamer Vereinbarung von Gütertrennung etwa alle **Rechtsgeschäfte unwirksam** sind, die dann einer **Zustimmung nach § 1365 BGB** bedurft hätten, zumal die notariellen Kaufverträge bei Angabe des Güterstandes der Gütertrennung i.d.R. keine Versicherung mehr enthalten, dass nicht über wesentliches Vermögen verfügt wird.[911] Fraglich wird sein, ob ein mit dem Ehevertrag **verbundener Erbvertrag** wirksam ist.[912] Aus den beim Pflichtteilsverzicht genannten Gründen sollte man hier eine getrennte Wirksamkeit bejahen, erst recht wenn sich die Ehegatten für den Todesfall gegenseitig bedacht haben.

491 Schließlich könnten die Ehegatten versuchen, sich im beiderseitigen Einverständnis auf die Nichtigkeit eines Gütertrennungsvertrages zu berufen, etwa um rückwirkend die Zugewinngemeinschaft zu erhalten und die Möglichkeiten der Güterstandsschaukel auszunutzen. Hieraus könnte sich ein **steuerliches Gestaltungspotenzial** entwickeln,[913] ggf. sogar noch nach dem Tod eines Ehegatten, wenn sich dadurch für den Berater die Erbschaftsteuer reduzieren lässt. Man muss freilich die zivilrechtlichen Nebenwirkungen beachten, insb. mögliche unterhaltsrechtliche Risiken. **Beispiele aus der Rechtsprechung** für ein solches Vorgehen gibt es inzwischen bereits. So entschied das **OLG Oldenburg**[914] in einem Streit im Verfahren über einen Erbschein als Vorfragen über die Wirksamkeit eines Ehevertrages und setzte danach die Erbteilsquote mit 1/2 fest, da der Ehevertrag nichtig sei.

C. Gütertrennungsverträge

I. Vereinbarung der Gütertrennung

492 Ehegatten, die nach Abwägung aller zivil- und steuerrechtlichen Gesichtspunkte[915] für ihre Ehe den Güterstand der Gütertrennung vereinbaren möchten, treffen diese **Wahl i.d.R. ausdrücklich im Rahmen eines Ehevertrages**.

493 Wird der Gütertrennungsvertrag während der Ehe geschlossen, so ist entweder der **bisher entstandene Zugewinn** auszugleichen oder aber es wird auf den bisher entstandenen Zugewinn ehevertraglich verzichtet.

494 Die notarielle Urkunde wird ferner **Belehrungen** für die Eheleute enthalten, insb. im Hinblick auf die freie Verfügbarkeit, den fehlenden Zugewinn und auf die steuerlich nachteilige Behandlung im Todesfall.

495 I.d.R. wird der Abschluss des Vertrages heute nicht mehr im **Güterrechtsregister** eingetragen,[916] da die Beteiligten die Veröffentlichung scheuen. Eine Ausnahme mag bei Auslandsvermögen oder Vorbehaltsgut gegeben sein. Die Erwähnung, dass jeder Ehegatte die Eintragung allein bewirken kann, trägt der Vorschrift des § 1561 Abs. 2 Nr. 1 BGB Rechnung, wo angeordnet ist, dass bei Vorlage eines Ehevertrages nur der beglaubigte Antrag eines Ehepartners genügt. § 378 Abs. 3 FamFG n.F. mit dem Erfordernis der notariellen Prüfung der Eintragungsfähigkeit als Eintragungsvoraussetzung bezieht sich auch auf Anmeldungen zum Güterrechtsregister.[917]

---

911 Volmer, ZNotP 2005, 242, 247.
912 Volmer, ZNotP 2005, 242, 247.
913 So zu Recht Volmer, ZNotP 2005, 242, 247; Kesseler, ZEV 2008, 27.
914 OLG Oldenburg, FamRZ 2017, 2010.
915 Vgl. die Darstellung in Kap. 1 Rdn. 413 ff.
916 Langenfeld/Milzer, Rn. 484 hält das Güterrechtsregister gegenwärtig praktisch für tot und empfiehlt seine Abschaffung; anders Heinemann, FamRB 2011, 194 ff., der von einem Register mit Zukunft spricht. Dagegen spricht aber nun § 1519 Satz 3 BGB, der die Anwendung des § 1412 BGB für den deutsch-französischen Güterstand ausdrücklich ausschließt.
917 Attenberger, MittBayNot 2017, 335, 336.

C. Gütertrennungsverträge **Kapitel 2**

Zwar war die Klarheit der gesetzlichen Regelung der Gütertrennung als Vorteil hervorgehoben worden, doch hat die **richterliche Korrektur der Vermögensverteilung** im Scheidungsfall diese gesetzlich vorgegebene Klarheit aus Gründen der Einzelfallgerechtigkeit erheblich durchbrochen.[918] Anders als bei der Zugewinngemeinschaft, deren Regelung ggü. konkurrierenden Ansprüchen als vorrangig angesehen wird, besteht in der Rechtsprechung bei der Gütertrennung eine ganz erhebliche Bereitschaft, Vermögenszuwendungen oder Mitarbeit im Scheidungsfall unter Berufung auf eine Störung der Geschäftsgrundlage, § 313 BGB, oder neuerdings wieder verstärkt unter Verweis auf eine Ehegatteninnengesellschaft zu korrigieren. 496

Der Vertragsgestalter ist hier gut beraten, solche Streitigkeiten von vornherein dadurch zu vermeiden, dass er für die **Rückforderung von Zuwendungen** oder die Ansprüche aus Ehegatteninnengesellschaften **ausdrücklich ausschließt**, es sei denn, dass die Ehegatten entsprechende vertragliche Absprachen getroffen hätten. Dass die Ehegatten bei Ausgleichswunsch dann Vereinbarungen benötigen, ist i.R.d. Beratung deutlich zu machen. 497

Sofern gegen den vertraglichen Ausschluss solcher Ansprüche Bedenken erhoben werden,[919] ist dem entgegenzuhalten, dass die Ehegatten mit der Beurkundung der Gütertrennung und der begleitenden Beratung um die Relevanz der sog. »**Zweiten Spur**« im Familienrecht wissen. Wenn sie dann ausgehend von der Gütertrennung dem anderen Ehegatten gleichwohl Zuwendungen machen oder sich in der Art einer Innengesellschaft organisieren, so geschieht dies nicht mehr ohne Wissen um die rechtliche Relevanz und braucht daher nicht im Billigkeitswege korrigiert zu werden. Der vertragliche Verzicht versagt also nicht die Billigkeitsregelung, sondern ändert die Voraussetzungen, sodass eine Billigkeitskorrektur nicht mehr erforderlich wird. Die Ehegatten müssen sich stattdessen Ansprüche vorbehalten, wenn dem anderen Ehegatten die Zuwendungen nicht endgültig verbleiben sollen.

Die Kritik an solch vorbeugendem Ausschluss weitergehender Ansprüche nimmt zu, wenn der Ausschluss bewirkt, dass eine gemeinsame Wertschöpfung nur einem Ehegatten zugutekommt und verbleibt.[920] Solcher einseitigen Bereicherung war freilich auch hier nie das Wort geredet worden, vielmehr einer vertraglichen Grundlegung der Ansprüche. Die Rechtsprechung wird daher in diesem Bereich genau zu beobachten sein. Wer die präventive Abdingbarkeit für gefährdet hält, sollte ggf. wenigstens die Ansprüche auf einen reinen vom Anspruchsteller zu beweisenden Aufwendungsersatz beschränken. Sonst kann es etwa im Rahmen der Innengesellschaft sogar zu einer hälftigen Teilung kommen, wenn sich Beiträge nicht sicher feststellen lassen. 498

Die entsprechende Formulierung sollte bei der Wahl der Gütertrennung mitbeurkundet werden. 499

Schließlich ist an einen gegenseitigen **Pflichtteilsverzicht** zu denken, wenn die Ehegatten Gütertrennung vereinbaren, um eine komplette Vermögenstrennung auch für den Todesfall herbeizuführen, etwa bei der Wiederverheiratung von Ehegatten mit Kindern, die alleine die Kinder zu Erben einsetzen möchten. Generell sollten erbrechtliche Fragen bei der Beratung für einen Ehevertrag immer mit angesprochen werden. 500

▶ Kostenanmerkung:

Die Neuordnung des notariellen Kostenrechts im GNotKG hat in § 100 als Geschäftswert für den Ehevertrag nunmehr ein **modifiziertes Reinvermögen** festgelegt. Danach können **Verbindlichkeiten** eines Ehegatten nunmehr **nur noch bis zur Hälfte seines Aktivvermögens** 501

---

918 Blumenröhr, in: FS für Odersky, S. 517, 525; Bergschneider/Bergschneider, Rn. 4.572.
919 MüHdbFamR/Kogel, § 21 Rn. 57 f.: Unterliegt als Billigkeitsklausel nicht der Parteidisposition; Grziwotz, ZIP 2006, 9, 10.
920 Vgl. eingehend Dauner-Lieb, FuR 2009, 361, 370. Aus diesen Ausführungen ergibt sich aber zugleich, dass die Vereinbarung der Gütertrennung allein noch nicht als Ausschluss von Ansprüchen der sog. »Zweiten Spur« angesehen werden kann. Es ist daher notwendig, neben der Gütertrennung dazu Stellung zu nehmen.

abgezogen werden. Die auf diese Weise ermittelten Vermögenswerte beider Ehegatten sind dann zu addieren.

Zudem ist der Ehevertrag nach § 1408 Abs. 1 BGB gem. **§ 111 Nr. 2 GNotKG** stets als **besonderer Beurkundungsgegenstand** anzusehen. Gegenstandsverschieden sind daher Unterhaltsvereinbarungen, Vereinbarungen zum Versorgungsausgleich, Vereinbarungen über Unterhalt oder Sorgerecht sowie Pflichtteilsverzichte oder Übertragungsgeschäfte, auch wenn Letztere zum Ausgleich des Zugewinns stattfinden.

Im nachfolgenden Beispielsfall ist somit zu dem Geschäftswert für den Ehevertrag noch derjenige für den Pflichtteilsverzicht zu addieren, der sich ebenfalls nach einem modifizierten Reinvermögen bemisst und von der Pflichtteilsquote abhängt, § 102 GNotKG.

Außerdem ist der Verzicht auf das Rückforderungsrecht zu bewerten. Dieser ist mit 10 % aus dem höheren Reinvermögen, mindestens mit 5.000,- € anzusetzen.[921]

Die zusammengerechneten Geschäftswerte, § 35 GNotKG, bilden den nunmehr **einheitlichen Wert des Beurkundungsverfahrens**. Aus diesem Wert ist nach KV 21100 eine 2,0 Gebühr zu erheben.

1. Gütertrennung mit Zugewinnausgleichsverzicht

▶ Formulierungsvorschlag: Ehevertrag mit Gütertrennung

502 URNr. .....

Vom .....

Ehevertrag

– Gütertrennung –

Heute, den .....

erschienen vor mir,

.....

Notar in .....

1. Herr .....

geboren am ..... in ..... StA.Nr.

als Sohn von .....,

letztere eine geborene .....,

2. dessen Ehefrau,

Frau ....., geborene .....

geboren am ..... in ..... StA.Nr.

als Tochter von .....,

letztere eine geborene .....,

beide wohnhaft in .....,

nach Angabe im gesetzlichen Güterstand der Zugewinngemeinschaft verheiratet.

---

921 Wudy in Münch, Familienrecht, § 21 Rn. 10, 24.

C. Gütertrennungsverträge

Die Erschienenen wollen einen

Ehevertrag

errichten.

Sie erklären bei gleichzeitiger Anwesenheit gemeinsam mündlich mit dem Ersuchen um Beurkundung, was folgt:

A. Allgemeines

Wir sind beiderseits in erster Ehe verheiratet.

Unsere Ehe haben wir am ..... vor dem Standesbeamten in ..... geschlossen.

Wir sind beide deutsche Staatsangehörige.

Wir haben bisher keinen Ehevertrag geschlossen und sind insoweit im gesetzlichen Güterstand der Zugewinngemeinschaft verheiratet.

..... (weitere Angaben zur Präambel) .....

B. Ehevertragliche Vereinbarungen

Ehevertraglich vereinbaren wir, was folgt:

I. Güterstand

1)

Als Güterstand für unsere Ehe soll die

Gütertrennung

nach Maßgabe des Bürgerlichen Gesetzbuches gelten.

Uns ist bekannt, dass durch die Vereinbarung der Gütertrennung

a) keine Haftungsbeschränkung gegenüber Gläubigern eintritt,

b) jeder Ehegatte über sein Vermögen frei verfügen kann,

c) beim Tode eines von uns beiden das Erb- und Pflichtteilsrecht des Überlebenden am Nachlass des Zuerstversterbenden sich vermindern und das Erb- und Pflichtteilsrecht der Kinder oder sonstiger Abkömmlinge sich erhöhen kann,

d) bei Auflösung der Ehe kein Zugewinnausgleich stattfindet,

e) Versorgungsausgleich und Ehegattenunterhalt nicht geändert werden,

f) die Privilegierung des § 5 ErbStG keine Anwendung findet.

Die Gütertrennung soll derzeit nicht in das Güterrechtsregister eingetragen werden. Jeder von uns beiden ist jedoch berechtigt, den Eintragungsantrag jetzt oder künftig alleine zu stellen.

2)

Auf den Ausgleich eines etwa bisher entstandenen Zugewinns wird gegenseitig verzichtet.[922]

Den Verzicht nehmen wir hiermit gegenseitig an.

3)

Nach Belehrung durch den Notar verzichten wir auf die Erstellung eines Vermögensverzeichnisses.

---

922 Aufzunehmen bei Vertragsabschluss nach Eheschließung. Die Rechtsprechung des BGH, NJW 2017, 1883 ist kritisch gegenüber dem Verzicht auf bereits erworbene Ansprüche. Daher ist insb. bei langjähriger Ehe und bestehenden Zugewinnausgleichsansprüchen dieser Satz kritisch zu prüfen und ggf. ein Ausgleich des bisherigen Zugewinns herbeizuführen.

Alternative:

Wir stellen ferner klar, dass unser derzeitiges wesentliches Vermögen jeweils in einem dieser Urkunde als wesentlicher Bestandteil beigeschlossenen Vermögensverzeichnis näher aufgeführt ist.

Die Anlage, auf die hiermit verwiesen wird, ist wesentlicher Bestandteil und damit Inhalt und Gegenstand dieser Urkunde. Sie wurde vom Notar mitverlesen.

4)

Zuwendungen eines Ehegatten an den anderen können bei Scheidung der Ehe nicht zurückgefordert werden, auch nicht wegen Störung der Geschäftsgrundlage, es sei denn, die Rückforderung ist auf gesonderter vertraglicher Grundlage vorbehalten. Dies gilt unabhängig vom Verschulden am Scheitern der Ehe.

Wir stellen ferner klar, dass andere Ausgleichsansprüche nicht bestehen sollen; insbesondere entsteht nicht etwa durch Mitarbeit im Betrieb eines Ehegatten oder durch das gemeinsame Halten von Vermögensgegenständen eine Ehegatteninnengesellschaft, wenn wir dies nicht ausdrücklich vereinbaren.

Alternative:

Sofern diese Vereinbarung rechtlich nicht möglich ist, sollen sich Ansprüche in diesem Rahmen auf den Ersatz nachgewiesener Aufwendungen beschränken.

Wir verpflichten uns, bei etwaigen Gesamthaftungen das Innenverhältnis des Gesamtschuldnerausgleichs ausdrücklich zu regeln.

Der Verzicht auf Zugewinn stellt nicht selbst eine ehebedingte Zuwendung dar.

Alternative:[923]

Nachdem der Notar auf die höchstrichterliche Rechtsprechung zur Rückforderung von Zuwendungen hingewiesen hat, erklären wir, heute solche Rückforderungen nicht pauschal ausschließen zu wollen, sondern ggf. im Einzelfall bei der Zuwendung. Gleiches gilt für andere Ausgleichsansprüche etwa aus Ehegatteninnengesellschaft.

II. Versorgungsausgleich und Ehegattenunterhalt

Hinsichtlich des Versorgungsausgleichs und des Ehegattenunterhalts bei einer etwaigen Scheidung unserer Ehe verbleibt es bei den gesetzlichen Bestimmungen; hiervon abweichende Vereinbarungen wollen wir derzeit nicht treffen.

Alternative:

Ggf. weitere Vereinbarungen.

III.

Die vorstehenden ehevertraglichen Vereinbarungen nehmen wir hiermit gegenseitig an.

C. Pflichtteilsverzicht

Wir verzichten hiermit gegenseitig auf unser gesetzliches Pflichtteilsrecht. Wir nehmen diesen Verzicht wechselseitig an.[924]

---

923 Nach Würzburger Notarhandbuch/J. Mayer/Reetz, Teil 3, Kap. 1 Rn. 128.
924 Der Pflichtteilsverzicht ist dann aufzunehmen, wenn Ehegatten ihr Vermögen auch für den Todesfall getrennt vererben wollen, etwa an Kinder aus früheren Ehen. Ggf. sind ergänzend einige bindende erbvertragliche Regelungen hinzuzufügen, wie z.B. die Einräumung eines Wohnrechtsvermächtnisses zumindest für eine Übergangszeit, ggf. ergänzt um einen zeitgleichen Nießbrauch an den in der Ehewohnung befindlichen beweglichen Gegenständen oder auch die Zuwendung genau bestimmter Vermögensteile, die unbeschadet der Erbenstellung der Kinder an den Ehepartner erfolgen soll.

D. Belehrungen, Hinweise

Über die rechtliche Tragweite unserer vorstehenden Erklärungen wurden wir vom Notar eingehend belehrt, insbesondere über die Inhaltskontrolle von Eheverträgen.

Vor allem wurden wir auf die Bedeutung und das Wesen des vereinbarten Güterstandes der Gütertrennung, auch in erbrechtlicher Hinsicht sowie auf den Pflichtteilsverzicht hingewiesen.

E. Schlussbestimmungen

Wir beantragen die Erteilung je einer Ausfertigung dieser Urkunde.

Der Notar benachrichtigt das zentrale Testamentsregister.

Die Kosten dieser Urkunde tragen wir gemeinsam.

2. Gütertrennung mit Ausgleich des Zugewinns (Güterstandsschaukel)

Sofern die Gütertrennung vereinbart wird, um den **Zugewinn anlässlich dieses Güterstandswechsels auszugleichen,** etwa im Hinblick auf die geschilderte Vertragsgestaltung durch **doppelten Güterstandswechsel**[925] für § 5 Abs. 2 ErbStG (»Güterstandsschaukel«), wird der folgende Formulierungsvorschlag unterbreitet. Hier ist vorgesehen, dass die Ehegatten zum Ausgleich des Zugewinns eine Eigentumswohnung übertragen. In diesem Zusammenhang ist steuerlich zu prüfen, ob diese Art des Ausgleichs steuerliche Nachteile nach § 23 EStG hat. Die Rechtsprechung des BFH und die Finanzverwaltung sehen die Hingabe von Grundbesitz als Leistung an Erfüllungs statt für den Zugewinnausgleich grds. als entgeltlich an, sodass eine Veräußerung i.S.d. § 23 EStG vorliegt.[926]

503

Der nachfolgende Formulierungsvorschlag geht davon aus, dass in einem ersten Schritt die Gütertrennung vereinbart und der Zugewinn ausgeglichen wird. In zweiter Urkunde kann dann zur Zugewinngemeinschaft zurückgekehrt werden. Zwar hat der BFH die Gestaltung in einer Urkunde gebilligt, aber letztlich nicht selbst entschieden, sondern auf die Entscheidung des FG verwiesen. Zudem schadet ein **Gesamtplan** im Pflichtteilsrecht.[927] Gewarnt wird ferner vor Fällen, in denen die Güterstandsschaukel zu einer Unterhaltsverkürzung führt.[928] Die Verbindung in einer Urkunde weist also noch immer ein gewisses Restrisiko auf. Die zweite Urkunde mit der Rückkehr zur Zugewinngemeinschaft wird gesondert vorgestellt.[929] Außerdem wird noch die Güterstandsschaukel in einer Urkunde formuliert mit entsprechender Belehrung.[930]

Die Verträge, die Zugewinnausgleich i.R.d. Güterstandsschaukel vorsehen, sollten alle Klauseln vermeiden, die auf eine schenkweise Übertragung hindeuten. Insb. Rückübertragungs- oder sonstige Eingriffsrechte, welche die wirkliche Durchführung des Zugewinnausgleichs infrage stellen könnten, sollten vermieden werden.

504

Während nachfolgend der Zugewinn ausgerechnet und vollständig erledigt wurde, gibt es in der Praxis auch Fälle insb. fehlender Immobilienbewertung, bei denen die Beurkundung erfolgen soll,
– ohne dass noch der Zugewinn genau ausgerechnet ist oder
– wo ein Vermögensgegenstand übertragen wird, der restliche Anspruch auf Zugewinn aber noch erfüllt werden soll oder
– wo der übertragene Vermögensgegenstand wertvoller ist als der Zugewinn.

505

---

925 Kap. 1 Rdn. 658 ff.
926 Kap. 8 Rdn. 482 ff.; Noll, DStR 2002, 842, 8443; OFD Frankfurt am Main, FR 2001, 322; BFH, BStBl. 1977 II, S. 389; BFH, BStBl. 2003 II, S. 282; BFH, BStBl. 2005 II, S. 554 (Pflichtteil); a.A. Tiedtke, DB 2003, 1971 ff.
927 Vgl. Kap. 1 Rdn. 658 ff.
928 Kleffmann, FuR 2017, 651.
929 Vgl. Rdn. 524 ff.
930 Rdn. 510 ff.

Dementsprechend kann der Vertrag eine Stundung eines Restzugewinnanspruchs vorsehen oder auch eine darlehensweise Gewährung einer überschießenden Zuwendung.

506 Zur Erlangung der mit der Güterstandsschaukel beabsichtigten Schenkungsteuerfreiheit ist freilich der Zugewinn dem Finanzamt darzulegen. Der Notar sollte dies durch Belehrung verdeutlichen. Die Thematik ist in der Alternative des nachfolgenden Formulierungsvorschlages aufgearbeitet. Die Forderung, die Zugewinnberechnung müsse aus der Urkunde ersichtlich sein,[931] ist überzogen.[932]

▶ Kostenanmerkung:

507 Da nachfolgend zusätzlich zum Ehevertrag der Zugewinnausgleich durch Übertragung einer Immobilie ausgeglichen wird, ist zu dem Geschäftswert aus dem Ehevertrag nach § 1408 Abs. 1 BGB (modifiziertes Reinvermögen) noch der **Geschäftswert der Übertragung hinzuzuzählen**, und zwar **ohne** dass dieser **auf das modifizierte Reinvermögen beschränkt wäre.**[933] Das gilt auch dann, wenn die Immobilie zum Ausgleich des Zugewinns übertragen wird. Eine Vollzugsgebühr wegen der Immobilienübertragung rechnet sich aus dem Gesamtwert der Urkunde.

▶ Formulierungsvorschlag: Wechsel in die Gütertrennung mit Zugewinnausgleich – Übereignung einer Wohnung als Leistung an Erfüllungs statt

508 ..... (Urkundseingang) .....

B. Eheverträgliche Vereinbarungen

Eheverträglich vereinbaren wir, was folgt:

I. Güterstand

1)

Als Güterstand für unsere Ehe soll die Gütertrennung nach Maßgabe des Bürgerlichen Gesetzbuches gelten.

Uns ist bekannt, dass durch die Vereinbarung der Gütertrennung

a) keine Haftungsbeschränkung gegenüber Gläubigern eintritt,

b) jeder Ehegatte über sein Vermögen frei verfügen kann,

c) beim Tode eines von uns beiden das Erb- und Pflichtteilsrecht des Überlebenden am Nachlass des Zuerstversterbenden sich vermindern und das Erb- und Pflichtteilsrecht der Kinder oder sonstiger Abkömmlinge sich erhöhen kann,

d) bei Auflösung der Ehe kein Zugewinnausgleich stattfindet,

e) die Privilegierung des § 5 ErbStG keine Anwendung findet.

Die Gütertrennung soll derzeit nicht in das Güterrechtsregister eingetragen werden. Jeder von uns beiden ist jedoch berechtigt, den Eintragungsantrag jetzt oder künftig alleine zu stellen.

2)

Der bisher erzielte Zugewinn soll ausgeglichen werden. Hierzu stellen wir fest, dass sich der Zugewinn des Ehemannes seit Eheschließung bis heute unter Anwendung der §§ 1372 ff. BGB auf 1.500.000,00 € beläuft. Der Zugewinn der Ehefrau beträgt im gleichen Zeitraum 300.000,00 €. Somit hat die Ehefrau einen Anspruch auf Zugewinnausgleich in Höhe von 600.000,00 €.

---

931 Schlünder/Geißler, NJW 2007, 482, 484.
932 Vgl. Kap. 1 Rdn. 658 ff.
933 Notarkasse, Rn. 605 f., 609.

C. Gütertrennungsverträge

3)

Der Ehemann verpflichtet sich hiermit, zur Erfüllung des Zugewinnausgleichsanspruchs die in seinem Eigentum stehende Eigentumswohnung in ....., eingetragen im Grundbuch des Amtsgerichts ..... auf seine Ehefrau zu übertragen, die dies annimmt.

Der vorstehend genannte Grundbesitz ist in Abteilungen II und III des Grundbuches lastenfrei vorgetragen.

Die Erschienenen sind über den Eigentumsübergang hinsichtlich des vorgenannten Grundbesitzes einig und bewilligen und beantragen die Eigentumsumschreibung im Grundbuch.

Vollzugsmitteilung wird erbeten.

Besitz, Nutzen, Lasten, Haftung und Gefahr gehen mit dem heutigen Tag auf die Ehefrau über.

.....

4)

Die Vertragsteile sind sich darüber einig, dass mit der Übertragung des vorgenannten Grundbesitzes der Zugewinnausgleich für die gesamte Ehezeit bis heute vollständig durchgeführt ist und keine weiteren gegenseitigen Ansprüche in Bezug auf den Zugewinnausgleich bestehen.

Alternative:

Sofern der Zugewinn die Werte der heute zur Übertragung vorgesehenen Immobilien übersteigt, ist der Restbetrag gestundet. Er ist mit 3% jährlich zu verzinsen und auf Anforderung binnen 2 – zwei – Jahren zur Zahlung fällig. Der Schuldner kann den Restbetrag jederzeit zahlen.

Sofern der Zugewinn die Werte der heute zur Übertragung vorgesehenen Immobilien nicht erreicht, sind überschießende Beträge als Darlehen gewährt und mit jährlich 3% zu verzinsen. Das Darlehen ist auf Anforderung binnen 2 – zwei – Jahren zur Zahlung fällig. Der Schuldner kann den Restbetrag jederzeit zahlen.

II. Versorgungsausgleich und Ehegattenunterhalt

Ansprüche auf Versorgungsausgleich und Unterhalt bleiben unberührt.

.....

Wer die Güterstandsschaukel in einer Urkunde gestalten will unter Hinweis auf die damit verbundenen Gefahren, der kann sich der nachfolgenden Formulierung bedienen.

▶ **Kostenanmerkung:**

Nachdem die **Aufhebung eines Ehevertrages** als rechtserzeugende Aufhebung mit einer vollen 2,0 Gebühr zu bewerten ist[934] und (je-)der Ehevertrag nach § 111 Nr. 2 GNotKG ein besonderer Beurkundungsgegenstand ist, wird der zweimalige Güterstandswechsel in einer Urkunde dazu führen müssen, dass hier zwei Eheverträge (jeder Ehevertrag erlaubt einen einmaligen Güterstandswechsel; zur Erreichung des steuerlichen Zieles werden zwei Güterstandswechsel benötigt) vorliegen, sodass das modifizierte Reinvermögen beider Ehegatten zweimal zu berücksichtigen ist. Daraus ist dann die 2,0 Gebühr nach KV 21100 zu erheben. Gegenüber zwei einzelnen Urkunden ergibt sich damit nur noch ein Progressionsvorteil.[935] Die Aufhebung und die Vereinbarung des darauf folgenden neuen Güterstandes hingegen werden als ein Gegenstand behandelt.[936]

509

---

[934] Diehn, Notarkostenberechnungen, Rn. 1586.
[935] A.A. Leipziger Kostenkommentar, § 100 Rn. 20 ohne Begründung und Korintenberg/Tiedtke, § 100 Rn. 13; Notarkasse Rn. 578. Mit der Systematik des neuen Kostenrechts harmoniert die Bewertung eines jeden Güterstandswechsels jedoch besser. So auch Wudy in Münch, Familienrecht, § 21 Rn. 13.
[936] Notarkasse, Rn. 616.

▶ Formulierungsvorschlag: Wechsel in die Gütertrennung mit Zugewinnausgleich und Rückkehr zur Zugewinngemeinschaft in einer Urkunde – »Güterstandsschaukel«

510 ..... (Urkundseingang) .....

B. Ehevertragliche Vereinbarungen

Ehevertraglich vereinbaren wir, was folgt:

I. Güterstand

1)

Als Güterstand für unsere Ehe soll die Gütertrennung nach Maßgabe des Bürgerlichen Gesetzbuches gelten.

Uns ist bekannt, dass durch die Vereinbarung der Gütertrennung

a) keine Haftungsbeschränkung gegenüber Gläubigern eintritt,

b) jeder Ehegatte über sein Vermögen frei verfügen kann,

c) beim Tode eines von uns beiden das Erb- und Pflichtteilsrecht des Überlebenden am Nachlass des Zuerstversterbenden sich vermindern und das Erb- und Pflichtteilsrecht der Kinder oder sonstiger Abkömmlinge sich erhöhen kann,

d) bei Auflösung der Ehe kein Zugewinnausgleich stattfindet,

e) die Privilegierung des § 5 ErbStG keine Anwendung findet.

Die Gütertrennung soll derzeit nicht in das Güterrechtsregister eingetragen werden. Jeder von uns beiden ist jedoch berechtigt, den Eintragungsantrag jetzt oder künftig alleine zu stellen.

2)

Der bisher erzielte Zugewinn soll ausgeglichen werden. Hierzu stellen wir fest, dass sich der Zugewinn des Ehemannes seit Eheschließung bis heute unter Anwendung der §§ 1372 ff. BGB auf 500.000,00 € beläuft. Der Zugewinn der Ehefrau beträgt im gleichen Zeitraum 300.000,00 €. Somit hat die Ehefrau einen Anspruch auf Zugewinnausgleich in Höhe von 100.000,00 €.

3)

Der Ehemann verpflichtet sich hiermit seiner Ehefrau gegenüber zur Zahlung des entsprechenden Betrages binnen vier Wochen von heute an.

Der Ehemann unterwirft sich wegen des Anspruchs auf Zahlung von 100.000,00 € der

sofortigen Zwangsvollstreckung

aus dieser Urkunde in sein gesamtes Vermögen. Eine vollstreckbare Ausfertigung kann ohne weitere Nachweise erteilt werden.

4)

Die Vertragsteile sind sich darüber einig, dass damit der Zugewinnausgleich für die gesamte Ehezeit bis heute vollständig durchgeführt ist und keine weiteren gegenseitigen Ansprüche in Bezug auf den Zugewinnausgleich bestehen.[937]

II. Versorgungsausgleich und Ehegattenunterhalt

Ansprüche auf Versorgungsausgleich und Unterhalt bleiben unberührt.

III. Aufhebung der Gütertrennung, Vereinbarung von Zugewinngemeinschaft

1)

Mit Wirkung vom ..... an[938] heben wir den Güterstand der Gütertrennung auf und vereinbaren für unsere Ehe erneut den Güterstand der Zugewinngemeinschaft. Als Anfangsvermögen eines jeden Ehegatten gilt dasjenige Vermögen, das ihm an diesem Tag gehört.

---

937 Zu Darlehens- und Stundungsklauseln vgl. Rdn. 503 ff., 505.

938 Da die Empfehlung gegeben wurde, die Gütertrennung tatsächlich für eine bestimmte Zeit eintreten zu lassen, kann hier etwa der nächste Monatserste nach Ablauf von drei Monaten eingesetzt werden.

C. Gütertrennungsverträge

2)
..... (ggf. Modifikationen der Zugewinngemeinschaft) .....

IV. Belehrungen

.....

Der Notar hat uns auf die Risiken und Folgen der Vereinbarung von Gütertrennung und zugleich ihrer Aufhebung in einer Urkunde hingewiesen. Wir wünschen aber ausdrücklich diese Vorgehensweise.

.....

3. Gütertrennung mit Bedingungen oder Befristungen

Auch wenn eine weitere vertragliche Ausgestaltung der Gütertrennung nicht möglich sein soll,[939] so ist doch die Vereinbarung von Bedingungen oder Befristungen für das Ende der Gütertrennung und damit für den Übergang in den gesetzlichen Güterstand zulässig.[940]

511

▶ **Formulierungsvorschlag: Gütertrennung mit auflösender Bedingung**

Als Güterstand für unsere Ehe soll die Gütertrennung nach Maßgabe des Bürgerlichen Gesetzbuches gelten. Die Vereinbarung der Gütertrennung ist auflösend bedingt für den Fall, dass ein gemeinsames Kind geboren oder angenommen wird *und* ein Ehegatte für die Betreuung dieses Kindes seine Berufstätigkeit ganz oder teilweise aufgibt.[941] Die Gütertrennung entfällt dann, sodass der Zugewinn für die gesamte Ehezeit zu zahlen ist.[942]

512

Im Fall des Eintritts der Bedingung nach dieser Bestimmung gilt hinsichtlich der übrigen Regelungen dieses Vertrages Folgendes .....

Alternative:

Sollte aufgrund der vorstehenden Vereinbarungen der Ehegatte, der wegen der Geburt eines gemeinschaftlichen Kindes seine Berufstätigkeit ganz oder teilweise aufgegeben hat, bei Scheidung der Ehe zum Ausgleich des Zugewinns verpflichtet sein, so verzichten wir wechselseitig auf den Zugewinnausgleich.[943]

II. Aufhebung der Gütertrennung mit Vereinbarung der Zugewinngemeinschaft

1. Vorteile der modifizierten Zugewinngemeinschaft

Bereits bei der Darstellung der Gütertrennung[944] war darauf hingewiesen worden, dass die **modifizierte Zugewinngemeinschaft** mittlerweile verbreiteter sein dürfte und im Lichte des § 5 ErbStG auch zumeist erbschaftsteuerlich **günstiger** ist.[945] Viele Ehegatten haben jedoch zu Beginn ihrer Ehe Gütertrennungsverträge geschlossen, die heute nicht mehr sinnvoll sind, aber auch zwischenzeitlich nie mehr überprüft wurden. Anlass für eine Beratung bieten in solchen Fällen zumeist erbrechtliche Probleme. In diesem Zusammenhang sollte auch der Güterstand thematisiert werden. Hier erweist sich oft ein **Güterstandswechsel** als durchaus **ratsam**.[946]

513

---

939 Grziwotz, ZIP 2006, 9, 11.
940 OLG Braunschweig, FamRZ 2005, 903 m. Anm. Bergschneider.
941 Hierzu Plate, MittRhNotK 1999, 257, 262.
942 Die auflösende Bedingung kann den Güterstand stets nur ex nunc beenden. Die Zugewinnausgleichspflicht kann jedoch vertraglich vereinbart werden.
943 Vorschlag von Brambring, Rn. 92.
944 Kap. 1 Rdn. 413 ff.
945 Kap. 1 Rdn. 573 ff.
946 Formularbuch/Bernauer, V. 9.

514 Beim Übergang von der Gütertrennung in die Zugewinngemeinschaft sollte bedacht werden, ob noch Ansprüche der sog. »zweiten Spur« bestehen, also insb. Ansprüche wegen Störung der Geschäftsgrundlage, aus Ehegatteninnengesellschaft, aus einem Gesamtschuldverhältnis, aus Miteigentum oder aus Arbeitsverhältnissen. Hier wird eine Abgeltungsklausel vorgeschlagen, die solche Ansprüche dann für die Zukunft ausschließt und auch für Zuwendungen von Schwiegereltern gilt.[947]

▶ **Formulierungsvorschlag: Abgeltungsklausel bei Übergang von Gütertrennung in den Zugewinnausgleich**

515 Wir sind uns darüber einig, dass mit Abschluss und Durchführung dieses Vertrages keinerlei güterrechtliche oder vermögensrechtliche Ansprüche zwischen uns hinsichtlich der vergangenen Ehezeit mehr bestehen, gleich aus welchem Rechtsgrund sie hergeleitet werden mögen, insbesondere keine Ansprüche wegen Störung der Geschäftsgrundlage oder aus einer Ehegatteninnengesellschaft sowie aus einem etwaigen Gesamtschuldnerausgleich.

Von etwaigen Ansprüchen der Eltern gegen das Schwiegerkind stellen wir uns wechselseitig frei. Dies gilt unabhängig davon, ob die vorstehenden Ansprüche bei Abschluss dieses Vertrages bekannt sind oder nicht.

Ansprüche auf Unterhalt oder auf Versorgungsausgleich bleiben hiervon jedoch unberührt.

2. Problematik der Rückwirkung

516 Wenn die Gründe für die ursprüngliche Vereinbarung der Gütertrennung nicht mehr vorliegen, z.B. bei älteren Eheleuten, die eine Scheidungsgefahr für sich ausschließen, kann die Vereinbarung **zivilrechtlich** insoweit mit **Rückwirkung** auf den Zeitpunkt der Eheschließung erfolgen, dass als Anfangsvermögen das z.Zt. der Eheschließung vorhandene Vermögen definiert wird.[948] **Steuerrechtlich** wird diese Rückwirkung – wie bereits ausgeführt – nur i.R.d. güterrechtlichen Zugewinnausgleichs nach § 5 Abs. 2 ErbStG anerkannt, nach § 5 Abs. 1 Satz 4 ErbStG jedoch nicht i.R.d. § 5 Abs. 1 ErbStG. Dennoch kann die rückwirkende Vereinbarung sinnvoll sein, denn der überlebende Ehegatte kann **beim Tod** die güterrechtliche Lösung wählen und dann den Zugewinn für die gesamte Ehezeit erbschaftsteuerfrei ausgleichen oder später einen ehevertraglichen Ausgleich herbeiführen.

Aber auch für einen anschließenden vertraglichen Zugewinnausgleich weist der BFH in diesem Zusammenhang ausdrücklich auf die Möglichkeit der Güterstandsschaukel hin und billigt damit ausdrücklich eine zunächst getroffene rückwirkende Vereinbarung von Zugewinngemeinschaft und einen anschließenden vertraglichen Ausgleich von Zugewinn![949] Die Literatur folgert daher auch »mit der natürlich gebotenen Vorsicht«,[950] dass abweichende ehevertragliche Gestaltungen i.R.d. § 5 Abs. 2 ErbStG anzuerkennen sind.[951]

517 Die **Finanzverwaltung** hingegen wollte in älteren Fassungen der ErbStR die **Verschaffung einer erhöhten güterrechtlichen Ausgleichsforderung selbst als steuerpflichtige Schenkung** werten, **wenn** mit den Vereinbarungen nicht in erster Linie güterrechtliche, sondern **erbrechtliche Wirkungen** herbeigeführt werden sollen. Dabei nannte die Finanzverwaltung ausdrücklich die Vereinbarung eines vor dem Zeitpunkt des Vertragsschlusses liegenden Beginns des Güterstandes oder eines abweichenden Anfangsvermögens als Beispiel für die Verschaffung einer erhöhten güterrechtlichen Ausgleichsforderung. Solche Schenkungsteuer würde allerdings erst entstehen, wenn die Ausgleichsforderung entstanden ist, also bei Beendigung des Güterstandes.[952] Aus der Formulierung der ErbStR dürfte zu entnehmen sein, dass schon die Nichtgeltendmachung der überhöhten Ausgleichsforderung die Schenkungsteuer nicht entstehen lässt.

---

947 Bergschneider, Rn. 586 und KG, NJW-RR 2007, 365 f.
948 Palandt/Brudermüller, § 1374 Rn. 6; DNotI-Report 1996, 133; vgl. BGH, FamRZ 1998, 303 = NJW 1998, 1857; Büte, Rn. 14; Müller, Kap. 3, Rn. 270; Sontheimer, NJW 2001, 1315, 1316.
949 BFH, NV 2006, 948 f., letzter Abs.
950 Geck, ZEV 2006, 62, 63; J. Mayer, FPR 2006, 129, 135.
951 Gestaltungsvorschlag Rdn. 503 ff.
952 R E 5.2. Satz 4 ErbStR; Sontheimer, NJW 2001, 1315, 1319; Müller, Kap. 3, Rn. 338.

Inzwischen aber hat sich die Finanzverwaltung der soeben geschilderten Ansicht des BFH angeschlossen und beanstandet die rückwirkende Vereinbarung der Zugewinngemeinschaft i.R.d. § 5 Abs. 2 ErbStG nicht mehr.[953] Im Hinblick darauf wurden inzwischen die Erbschaftsteuerrichtlinien geändert. R E 5.2. ErbStR (2011) betont nun, dass die Nichtsteuerbarkeit des Zugewinns auch die durch Ehevertrag oder Scheidungsvereinbarung modifizierte Zugewinnausgleichsforderung erfasst, weil dies Ausdruck der bürgerlich-rechtlichen Gestaltungsfreiheit der Ehegatten bei der Ausgestaltung des Zugewinns ist. Sodann aber heißt es unverändert, dass eine Schenkung in der Verschaffung einer erhöhten güterrechtlichen Ausgleichsforderung zu sehen ist, wenn dadurch »*nicht in erster Linie güterrechtliche, sondern erbrechtliche Wirkungen herbeigeführt werden sollen*«. Sofern ein Beginn des Güterstandes vereinbart wurde, der zeitlich vor dem Vertragsschluss lag, nahmen die bisherigen Erbschaftsteuerrichtlinien zwingend eine überhöhte Zugewinnausgleichsforderung an. Die Neufassung dagegen sagt, dass darin eine überhöhte Zugewinnausgleichsforderung zu sehen sein kann. Aus der rückwirkenden Vereinbarung allein ergibt sich aber noch nicht, dass die Ausgleichsforderung überhöht ist. Damit besteht der bisherige Automatismus, dass eine rückwirkende Vereinbarung stets zu einer überhöhten Zugewinnausgleichsforderung führt, nicht mehr. Die Finanzverwaltung behält sich aber wohl in jedem einzelnen Fall weiterhin eine Einzelfallprüfung vor. Damit wird eine Rechtsunsicherheit geschaffen, die den eindeutigen Äußerungen der Rechtsprechung nicht entspricht.[954] Gleiches gilt für die leicht geänderte Formulierung in R E 5.2. Abs. 2 Satz 4 ErbStR (2019).

518

Es bleibt daher bei dem Rat, in die Vereinbarung den Hinweis aufzunehmen, dass es sich um eine Maßnahme der rechtlichen Ordnung der ehelichen Lebensgemeinschaft handele.[955]

519

▶ Gestaltungsempfehlung:

Vorsicht bei der Vereinbarung rückwirkender Zugewinngemeinschaft! Sie kann i.R.d. Schenkungsteuerrechts eine Schenkung darstellen, wenn sie eine erhöhte Zugewinnausgleichsforderung bewirkt und nicht in erster Linie güterrechtlich, sondern erbrechtlich motiviert ist. Für § 5 Abs. 2 ErbStG wird aber die Rückwirkung zunehmend anerkannt.

520

Da in der Vergangenheit Gütertrennung galt, ist ein besonderer Blick noch auf Zuwendungen unter den Ehegatten zu werfen. Im Güterstand der Gütertrennung fand § 1380 BGB über die Anrechnung von Zuwendungen keine Anwendung. Ggf. ist hierüber bei Begründung der Zugewinngemeinschaft nun eine Aussage zu treffen, wenn solche Zuwendungen stattgefunden haben.

521

▶ Formulierungsvorschlag: rückwirkende Vereinbarung der Zugewinngemeinschaft

..... (Urkundseingang) .....

522

B. Ehevertragliche Vereinbarungen

I. Güterstand

1)

Mit Ehevertrag des Notars ..... in ..... vom ..... haben wir den Güterstand der Gütertrennung vereinbart, in dem wir heute noch leben. Eine Eintragung in das Güterrechtsregister war nicht erfolgt.

2)

Hiermit heben wir diesen Güterstand der Gütertrennung auf und vereinbaren für unsere Ehe den Güterstand der Zugewinngemeinschaft. Dabei soll das Anfangsvermögen eines jeden Ehegatten jedoch so berechnet werden, als hätten wir seit unserer Eheschließung im gesetzlichen Güterstand der Zugewinngemeinschaft gelebt, sodass die Vereinbarung der Zugewinngemeinschaft in dieser Weise zurückwirkt.

---

953 BayLAfSt, DStZ 2006, 782; OFDen Rheinland und Münster, ErbStB 2007, 37; vgl. Kap. 1 Rdn. 611 ff.
954 Tiedtke, FPR 2012, 107, 112/113; für hinreichend klar sehen die Änderung an Viskorf/Haag, DStR 2012, 219, 221.
955 Geck, ZEV 2006, 62, 64.

3)

..... (ggf. Modifikationen der Zugewinnregelung[956]) .....

..... (ggf. Aussagen zur Anrechnung von Zuwendungen) .....

....

D. Belehrungen

Über die rechtliche Tragweite unserer vorstehenden Erklärungen wurden wir vom Notar eingehend belehrt. Der Notar hat uns insbesondere darauf hingewiesen, dass aufgrund dieser Änderung der gesamte eheliche Zugewinn ausgleichungspflichtig wird, so als wäre die Gütertrennung nie vereinbart worden.

Der Notar hat eingehend geraten, steuerliche Beratung in Anspruch zu nehmen. Er hat insbesondere darauf hingewiesen, dass die Besteuerung der Ausgleichung von Zugewinn unter Lebenden und von Todes wegen steuerlich unterschiedlich gehandhabt werden kann.

....

3. Zugewinngemeinschaft ab Ehevertragsschluss

523 Bei Vertragsgestaltungen, welche die Zugewinngemeinschaft erst mit dem Ehevertrag beginnen lassen, der die Gütertrennung aufhebt, kann es ratsam sein das jeweilige Anfangsvermögen festzuhalten, wenn die Vermutung des § 1377 Abs. 3 BGB später entkräftet werden soll.

Eine solche Vertragsgestaltung kommt auch dann in Betracht, wenn im Rahmen einer Vertragsgestaltung durch doppelten Güterstandswechsel[957] der Zugewinn i.R.d. § 5 Abs. 2 ErbStG steuerfrei ausgeglichen werden soll und nach einem ersten Ehevertrag, in dem Gütertrennung vereinbart und der Zugewinn ausgeglichen worden war, nun in einem zweiten Ehevertrag wieder die Zugewinngemeinschaft gewählt wird. Hier sollte die Zugewinngemeinschaft aber nur für die Zukunft vereinbart werden, damit wirklich eine gewisse Zeit die Gütertrennung bestand.

▶ **Formulierungsvorschlag: Rückkehr zur Zugewinngemeinschaft und Festlegung von Anfangsvermögen**

524 ..... (Urkundseingang) .....

B. Ehevertragliche Vereinbarungen

I. Güterstand

1)

Wir lebten seit unserer Eheschließung in Zugewinngemeinschaft. Mit Ehevertrag des Notars ..... in ..... vom ..... hatten wir den Güterstand der Gütertrennung vereinbart und den Zugewinn von der Eheschließung bis zur Vereinbarung der Gütertrennung ausgeglichen. Eine Eintragung in das Güterrechtsregister war nicht erfolgt.

2)

Hiermit heben wir diesen Güterstand der Gütertrennung auf und vereinbaren für unsere Ehe erneut den Güterstand der Zugewinngemeinschaft. Diese Aufhebung der Gütertrennung wirkt ab dem heutigen Tag.

Das wesentliche Vermögen eines jeden von uns ist jeweils in einem dieser Urkunde als wesentlicher Bestandteil beigeschlossenen Vermögensverzeichnis näher aufgeführt. Dieses Vermögen gilt jeweils als Anfangsvermögen.

---

956 Hierzu ausführlich Rdn. 548 ff.
957 Vgl. hierzu Schotten, NJW 1990, 2481, 2486; Hayler, DNotZ 2000, 681 ff.; Hayler, FuR 2000, 4, 8; Kruse, StuW 1993, 3, 6; skeptisch Doetsch, DStR 1994, 638, 642; Sasse, BB 1995, 1613.

Die Anlage, auf die hiermit verwiesen wird, ist wesentlicher Bestandteil und damit Inhalt und Gegenstand dieser Urkunde. Sie wurde vom Notar mit verlesen.

3)

..... (ggf. Modifikationen der Zugewinngemeinschaft) .....

D. Gütergemeinschaft

Die Gütergemeinschaft wurde bereits ausführlich dargestellt.[958] Hier sollen nun die verschiedenen Eheverträge, mit denen i.d.R. Gütergemeinschaft vereinbart wird, einschließlich einiger möglicher Modifikationen kurz vorgestellt werden.

525

I. Vereinbarung der Gütergemeinschaft

1. Vertrag der Gütergemeinschaft

▶ Formulierungsvorschlag: Gütergemeinschaft

..... (Urkundseingang) .....

526

B. Ehevertragliche Vereinbarungen

I. Güterstand

Ehevertraglich vereinbaren wir, was folgt:

1)

Als unseren Güterstand vereinbaren wir für die fernere Dauer unserer Ehe durch diesen Ehevertrag

Gütergemeinschaft

nach den Vorschriften des Bürgerlichen Gesetzbuches.

Alternative:

Sollte einem von uns durch die Beendigung des gesetzlichen Güterstandes ein Zugewinnausgleichsanspruch zustehen, so wird dieser als Vermögen des berechtigten Ehegatten in die Gütergemeinschaft eingebracht.[959]

2)

Wir bestimmen, dass wir das Gesamtgut gemeinschaftlich verwalten.[960]

3)

Wir wünschen weder die Fortsetzung der Gütergemeinschaft nach dem Ableben eines von uns noch einen Eintrag des Güterstandes im Güterrechtsregister.

Alternative:

Wir beantragen, den Güterstand der Gütergemeinschaft sowie die nachstehend getroffene Verwaltungsregelung und ferner den nachfolgend bestimmten Umfang des Vorbehaltsguts in das Güterrechtsregister einzutragen.[961]

4)

Vorbehaltsgut wollen wir nicht bestimmen.

---

958 Kap. 1 Rdn. 435 ff.
959 Vereinbarung für den Fall, dass der Vertrag während bestehender Ehe geschlossen wird: Mai, BWNotZ 2003, 55, 68.
960 Ggf. ergänzt durch eine gegenseitige Vollmacht, Kap. 1 Rdn. 444.
961 Empfehlung im Hinblick auf §§ 1412, 1418 Abs. 4 BGB und Formulierung von Formularbuch-Familienrecht/Klüber, I, I.2.

5)

Hinsichtlich der Auseinandersetzung des Gesamtgutes wollen wir keine vom Gesetz abweichenden Regelungen treffen, jedoch mit einer Ausnahme: Stichtag für den Bestand und die Bewertung des Gesamtgutes ist die Rechtshängigkeit des Scheidungsantrags.[962]

II. Unterhalt und Versorgungsausgleich

.....

C. Grundbuchberichtigung

Wir beantragen, uns bezüglich des Grundbesitzes in

..... Gemarkung .....

FlurNr. .....

eingetragen im Grundbuch des Amtsgerichts ..... Blatt .....

als Eigentümer in Gütergemeinschaft einzutragen und das Grundbuch entsprechend zu berichtigen.

Um Vollzugsnachricht an den beurkundenden Notar wird gebeten.

D. Belehrungen, Hinweise

Wir wurden vom Notar über den Güterstand der Gütergemeinschaft und seine rechtlichen Auswirkungen nachdrücklich unterrichtet, insbesondere über die Haftung des Gesamtgutes und die persönliche Haftung der Ehegatten sowie die mit der Wahl des Güterstandes verbundenen Änderungen des Erb- und Pflichtteilsrechts. Der Notar hat uns auf die Möglichkeit der Schaffung von Vorbehaltsgut sowie auf die Erteilung einer Vollmacht[963] hingewiesen. Er hat angeregt, sich zuvor steuerlich beraten zu lassen

..... (weitere familien- und erbrechtliche Regelung) .....

Zumeist wird mit dem Eingehen der Gütergemeinschaft ein **Erbvertrag** verbunden, mit dem sich die Ehegatten zunächst zumindest einmal gegenseitig zu Erben einsetzen.

2. Gestaltung einer Errungenschaftsgemeinschaft

527 Mit der Regelung, dass das jeweils bei Eheschließung vorhandene Vermögen Vorbehaltsgut sein soll, erreicht man eine der **Errungenschaftsgemeinschaft** ähnliche Modifikation der Gütergemeinschaft.

▶ Formulierungsvorschlag: Errungenschaftsgemeinschaft

528 .....

4)

Wir sind uns darüber einig, dass das jeweilige Vermögen, das ein jeder Ehegatte bei Eheschließung besitzt, sein Vorbehaltsgut ist. Das Vorbehaltgut jedes Ehegatten ist in der Anlage 1 aufgeführt und zugewiesen. Die Anlage wurde mitverlesen. Sie ist wesentlicher Bestandteil und somit Inhalt und Gegenstand dieser Urkunde.

3. Elterngut als Vorbehaltsgut

529 Die Ehegatten können durch ehevertragliche Regelung eine dem »**Anfangsvermögen**« des § 1374 Abs. 2 BGB vergleichbare Vermögensmasse vom Gesamtgut ausschließen und zu **Vorbehaltsgut** erklären. Hierbei können sie dies als ehevertragliche Regelung nach § 1418 Abs. 2 Nr. 1 BGB gestal-

---

962 Formularbuch-Familienrecht/Klüber, I I. 2., Anm. 17.
963 Formulierungsvorschlag für eine solche Vollmacht: Kap. 1 Rdn. 444.

ten und damit die Rechtsfolge unabhängig von der Bestimmung des Dritten i.S.d. § 1418 Abs. 2 Nr. 2 BGB eintreten lassen.

▶ Formulierungsvorschlag: »Anfangsvermögen« als Vorbehaltsgut

..... 530

4)

Wir sind uns darüber einig, dass dasjenige Vermögen, das ein Ehegatte künftig von Todes wegen erwirbt oder das ihm von einem Dritten unentgeltlich zugewendet wird, sein Vorbehaltsgut ist. Dies gilt unabhängig davon, ob ein Erblasser oder Dritter eine entsprechende Bestimmung trifft.

Die Vermögensgüter, welche die Ehegatten bisher schon auf diese Weise erworben oder sonst in die Ehe mitgebracht haben, sind gleichfalls Vorbehaltsgut. Sie sind in der Anlage 1 aufgeführt. Die Anlage wurde mitverlesen. Sie ist wesentlicher Bestandteil und somit Inhalt und Gegenstand dieser Urkunde.

4. Betrieb als Vorbehaltsgut

Aufgrund der geschilderten Mitwirkungspflichten und Gefahren werden in der Gütergemeinschaft häufig **Gewerbebetriebe eines Ehegatten in Vorbehaltsgut** behalten. 531

▶ Formulierungsvorschlag: Betrieb als Vorbehaltsgut

..... 532

4)

Wir sind uns darüber einig, dass das vom Ehemann unter der Firma Max Mustermann GmbH mit dem Sitz in ....., eingetragen beim Handelsregister des Amtsgerichts .... Unter HRB ....., betriebene Unternehmen mit allen Aktiva und Passiva Vorbehaltsgut des Ehemannes ist.

5. Fahrnisgemeinschaft

Schließlich kann dadurch, dass das **Immobilienvermögen eines jeden Ehegatten zum Vorbehaltsgut erklärt** wird und nur die beweglichen Gegenstände in das Gesamtgut fallen, eine Art Fahrnisgemeinschaft erreicht werden.[964] 533

▶ Formulierungsvorschlag: Fahrnisgemeinschaft

..... 534

4)

Wir sind uns darüber einig, dass sämtliche jetzt oder künftig von einem Ehegatten gehaltenen Immobilien Vorbehaltsgut sind.

6. Ausschluss oder Modifikation von Übernahme- und Werterstattungsrechten

Die geschilderten Rechte auf Übernahme des persönlichen Gebrauchsvermögens, des eingebrachten sowie des privilegiert erworbenen Vermögens nach § 1477 Abs. 2 BGB und der Wertersatzanspruch nach § 1478 BGB werden häufig, wenn sie vom Notar dargestellt werden, so nicht gewünscht, wenn die Gütergemeinschaft gerade deswegen vereinbart wird, um den anderen Ehegatten am Vermögen zu beteiligen und dadurch abzusichern. In der **Landwirtschaft** geschah dies häufig, weil der andere Ehegatte mitarbeitete, aber kein messbarer Vermögenszuwachs hinsichtlich des landwirtschaftlichen Ertragswertes erzielt wurde, sodass die Zugewinngemeinschaft wegen § 1376 Abs. 4 BGB nicht zu Ansprüchen geführt hätte. Die Vorschrift des § 1376 Abs. 4 BGB ist in solchen Fällen auch nicht 535

---

964 Kanzleiter/Wegmann, Rn. 54 f.

im Wege der Analogie bei der Auseinandersetzung der Gütergemeinschaft anwendbar,[965] sodass die Auseinandersetzung nach §§ 1477 Abs. 2, 1478 BGB durch Herausnahme des eingebrachten landwirtschaftlichen Betriebes gegen Erstattung des Verkehrswertzuwachses erfolgt.

536 Passt in solchen Fällen die gesetzliche Auseinandersetzungsregelung einmal nicht,[966] so können die Vertragsparteien diese Bestimmungen abbedingen.

▶ **Formulierungsvorschlag: Ausschluss des Übernahmerechts nach § 1477 Abs. 2 BGB**

537 .....

Keinem von uns steht ein Recht auf Übernahme persönlicher Gebrauchsgegenstände, eingebrachter oder privilegiert erworbener Gegenstände zu. Der Wert solcher Gegenstände wird bei der Auseinandersetzung nicht erstattet. Es soll also ohne Rücksicht darauf, was jeder in die Ehe eingebracht hat, ein nach der Berichtigung etwaiger Gesamtgutsverbindlichkeiten verbleibender Überschuss uns beiden zu gleichen Teilen zustehen.[967]

538 Ehegatten können auch bei Bedarf die analoge Anwendung des § 1376 Abs. 4 BGB in Bezug auf die Berechnung des Wertersatzes vereinbaren.[968]

539 Möglich ist ferner die Vereinbarung einer Höchstbegrenzung des Ausgleichsanspruchs.[969] Für die Vereinbarung einer sog. »**Meistbegünstigungslösung**«, die eine mehrfache Berechnung voraussetzt, sei auf einen Gestaltungsvorschlag von *Grziwotz* verwiesen.[970]

540 Es kann auch vereinbart werden, dass der ausgleichsverpflichtete Ehegatte eine Stundung verlangen kann, insb. wenn ansonsten ein landwirtschaftlicher Betrieb nicht fortgeführt werden könnte. Ferner kann eine Nachabfindung bei späterer Veräußerung eines rückübernommenen landwirtschaftlichen Betriebes vereinbart werden.[971]

541 Wenn die Ehegatten vor Vereinbarung der Gütergemeinschaft zunächst im gesetzlichen Güterstand der Zugewinngemeinschaft gelebt haben, so gehört der Zugewinnausgleichsanspruch zu den in das Gesamtgut der Gütergemeinschaft eingebrachten Vermögensgütern. Eine Vereinbarung der Ehegatten, dass dieser bis zur Eingehung der Gütergemeinschaft erzielte Zugewinn zusätzlich zum Wertersatz auszugleichen sei, versteht die Rechtsprechung[972] dahin gehend, dass der Zugewinnanspruch unabhängig von etwaigen Verlusten während der Gütergemeinschaft ungeschmälert erhalten bleiben soll.

▶ **Gestaltungsempfehlung:**

542 Bei Eingehen der Gütergemeinschaft sollten die vielen Möglichkeiten abweichender ehevertraglicher Vereinbarungen je nach den Bedürfnissen der Ehegatten genutzt werden!

II. Aufhebung der Gütergemeinschaft mit Auseinandersetzungsvereinbarung

543 Der **Güterstand der Gütergemeinschaft** kann durch Ehevertrag aufgehoben und damit **beendet** werden, § 1414 BGB. Mit Beendigung des Güterstandes ist dann das **Gesamtgut auseinander zu setzen**, §§ 1471 ff. BGB. Wird kein anderer Güterstand vereinbart, so tritt nach § 1414 BGB Gütertrennung ein.

---

965 BGH, FamRZ 1986, 776; Bölling, FamRZ 1980, 754 f.
966 Stumpp, MittBayNot 1980, 107 f.; Langenfeld/Milzer, Rn. 435.
967 Stumpp, MittBayNot 1980, 107 f.
968 Bölling, FamRZ 1980, 754 f.
969 Bergschneider/Klüber, Rn. 4.596.
970 Grziwotz, FamRB 2008, 88 f.
971 Formularbuch-Familienrecht/Klüber, I, I.2, Ziff. 6.
972 OLG Bamberg, FamRZ 2001, 1215, 1216.

D. Gütergemeinschaft

544 Nachfolgend wird ein Ehe- und Erbvertrag vorgestellt, mit dem die Ehegatten die Gütergemeinschaft aufheben und den gesetzlichen Güterstand wählen. Das Gesamtgut wird hälftig auseinandergesetzt. Eine Alternative erläutert die Übernahme des Wohnhauses durch einen Ehegatten gegen Schuldfreistellung und Zahlung einer Gegenleistung, die beim anderen Ehegatten zum Anfangsvermögen der einsetzenden Zugewinngemeinschaft gehören soll. Sofern **Werterstattungsansprüche** nach § 1478 BGB bestehen, können diese in der Vereinbarung berücksichtigt werden; nach dem Gesetz entstehen sie jedoch nur bei Scheidung vor Auseinandersetzung.

▶ **Hinweis:**

545 Lehnt ein Vertragsteil bei einer scheidungsvorbereitenden Aufhebung der Gütergemeinschaft Werterstattungsansprüche ab, so muss der andere Teil das Scheidungsverfahren durchführen, um sich diese Ansprüche zu erhalten.[973]

▶ **Kostenanmerkung:**

546 Nachfolgender Vertrag ist nach dem neuen GNotKG nunmehr folgendermaßen zu bewerten: Der **Ehevertrag** mit der Vereinbarung des gesetzlichen Güterstandes ist nach dem **modifizierten Reinwert** i.S.d. § 100 GNotKG zu bewerten. Die Auseinandersetzung durch Übertragung tritt hinzu (§ 111 Nr. 2 GNotKG) mit dem Geschäftswert des übertragenen Vermögens ohne Begrenzung auf den modifizierten Reinwert. Dann ist noch im Hinblick auf den Erbvertrag das modifizierte Reinvermögen ein weiteres Mal zu berücksichtigen, da die frühere Privilegierung des § 46 Abs. 3 KostO entfallen ist. Aus dem zusammenaddierten Geschäftswert als einheitlichem Verfahrenswert ist dann eine 2,0 Gebühr nach KV 21100 zu erheben.[974] Nach diesem Gesamtwert richten sich auch etwaige Vollzugsgebühren im Hinblick auf die Grundstücksübertragung.

▶ **Formulierungsvorschlag: Aufhebung und Auseinandersetzung der Gütergemeinschaft**

547 URNr. .....

vom .....

Ehe- und Erbvertrag

sowie Auseinandersetzung über das Gesamtgut der Gütergemeinschaft

Heute, den .....

erschienen vor mir,

.....

Notar in .....

1. Herr .....

geboren am ..... in ..... StA.Nr.

als Sohn von .....

letztere eine geborene .....

2. dessen Ehefrau,

Frau ....., geborene .....

geboren am ..... in ..... StA.Nr.

als Tochter von .....

---

973 Bergschneider/Klüber, Rn. 4.618.
974 Korintenberg/Tiedtke, § 100, Rn. 45.

letztere eine geborene .....

beide wohnhaft in .....,

nach Angabe im Güterstand der Gütergemeinschaft verheiratet.

Die Erschienenen wollen einen

Ehe- und Erbvertrag

errichten.

Sie sind nach meiner Überzeugung voll geschäfts- und testierfähig.

Auf Zeugenbeiziehung wurde verzichtet.

Ein gesetzlicher Zeugenbeiziehungsgrund bestand nicht.

Nach Unterrichtung über den Grundbuchinhalt beurkunde ich auf Ansuchen der Erschienenen bei deren gleichzeitiger Anwesenheit Folgendes:

A. Allgemeines

I.

Wir sind in beiderseits erster Ehe verheiratet.

Unsere Ehe haben wir am ..... vor dem Standesbeamten in ..... geschlossen.

Wir sind beide deutsche Staatsangehörige.

Wir haben am ..... zur Urkunde des Notars ..... in ..... unter URNr. ..... einen Ehe- und Erbvertrag geschlossen, in dem wir als Güterstand die Gütergemeinschaft vereinbart haben. Der Ehemann hat sich gemäß Ziffer B.I. 4. dieses Vertrages Vorbehaltsgut vorbehalten. Erbrechtlich haben wir eine gegenseitige Erbeinsetzung vorgenommen. Eine Schlusserbeneinsetzung haben wir nicht getroffen.

II.

Wir sind Eigentümer in Gütergemeinschaft des folgenden Grundbesitzes:

Fl.Nr. .....

vorgetragen im Grundbuch des Amtsgerichts ..... für .....

Blatt .....

Dieser Grundbesitz ist wie folgt belastet:

Abteilung II:

.....

Abteilung III:

.....

B. Ehevertragliche Vereinbarungen

I. Güterstand

1)

Wir heben hiermit den Güterstand der Gütergemeinschaft auf und

vereinbaren

für die fernere Dauer unserer Ehe mit sofortiger Wirkung den gesetzlichen Güterstand der

Zugewinngemeinschaft.

Gütertrennung soll durch die Aufhebung der Gütergemeinschaft entgegen § 1414 BGB ausdrücklich nicht eintreten.

2)

D. Gütergemeinschaft

Eine Eintragung in das Güterrechtsregister wird derzeit nicht gewünscht.

Jeder von uns soll jedoch berechtigt sein, den Eintragungsantrag jetzt oder in Zukunft zu stellen.

Weiter wurden wir über das Wesen des gesetzlichen Güterstandes der Zugewinngemeinschaft belehrt.

Insbesondere wurden wir auf den Zugewinnausgleich und die Verfügungsbeschränkung gem. §§ 1365, 1369 BGB hingewiesen.

II. Unterhalt

.....

III. Versorgungsausgleich

.....

C. Auseinandersetzung über das Gesamtgut

I.

1)

Über den zum bisherigen Gesamtgut der Gütergemeinschaft gehörenden Grundbesitz, wie dieser in Abschnitt I. dieser Urkunde näher bezeichnet ist, setzen wir uns in der Weise auseinander, dass wir diesen Grundbesitz zum Miteigentum je zur Hälfte – je zu 1/2 – erhalten und übernehmen.

Alternative:

..... auseinander, dass diesen der Ehemann zum Alleineigentum erhält und übernimmt.

Die Übertragung und Übernahme durch den jeweiligen Eigentümer erfolgen mit allen Rechten und Pflichten, den Bestandteilen und etwaigem gesetzlichem Zubehör.

2)

Wir sind uns über den Eigentumsübergang ausdrücklich einig

und

bewilligen und beantragen

die Eintragung der Rechtsänderung in das Grundbuch.

Vollzugsmitteilung an uns und an den Notar wird

beantragt.

3)

Die rechtlichen und tatsächlichen Verhältnisse bezüglich des Grundbesitzes sind uns genau bekannt.

Der Grundbesitz und die Gebäude werden in dem Zustand übernommen, in dem sie sich heute befinden. Insoweit wird keine Haftung für die Freiheit von Sachmängeln aller Art übernommen.

4)

Besitz, Nutzungen und Lasten aller Art sowie die Gefahren gehen ab sofort auf jeden erwerbenden Ehegatten über.

5)

Im Grundbuch eingetragene Rechte werden von jedem erwerbenden Ehegatten in dinglicher Haftung übernommen.

Bei eingetragenen Grundpfandrechten verbleibt es hinsichtlich der zugrunde liegenden Schuldverpflichtungen bei der bisherigen Regelung.

Alternative bei Übernahme durch einen Ehegatten:

Der Ehemann übernimmt das am Vertragsgrundbesitz in Abteilung III des Grundbuches eingetragene Grundpfandrecht über ..... €

in dinglicher Haftung.

Entstandene Eigentümerrechte und/oder Rückgewähransprüche werden hiermit entschädigungslos auf den Ehemann mit dessen Zustimmung übertragen, die Eigentumsumschreibung vorausgesetzt.

Die Umschreibung im Grundbuch wird bewilligt, mit dieser Urkunde jedoch ausdrücklich nicht beantragt, auch nicht vom Notar gem. § 15 GBO.

Die persönliche Haftung hat der Ehemann bereits in der Grundpfandrechtsbestellungsurkunde übernommen.

Des Weiteren übernimmt der Ehemann die dem übernommenen Grundpfandrecht zugrunde liegende Schuldverpflichtung gegenüber dem Gläubiger als künftiger alleiniger Schuldner mit schuldbefreiender Wirkung.

Die befreiende Schuldübernahme erfolgt jeweils mit Wirkung vom heutigen Tag an mit dem zu diesem Zeitpunkt gegebenen genauen Stand der Schuldverpflichtungen.

Auf das Erfordernis der Änderung der Zweckbestimmungserklärung wurde hingewiesen, ebenso wie auf die mögliche Anwendung der Bestimmungen über den Verbraucherdarlehensvertrag nach §§ 491 ff. BGB und die daraus resultierenden Pflichten. Bei deren Nichteinhaltung soll der Vertrag im Übrigen gültig bleiben.

Nach Hinweis des Notars auf das Erfordernis der Genehmigung der befreienden Schuldübernahme durch den Gläubiger

beauftragen und ermächtigen

die Vertragsteile den Notar und dessen amtlich bestellten Vertreter, dem Gläubiger die befreiende Schuldübernahme durch Übersendung einer Abschrift dieser Urkunde anzuzeigen. Die gemäß § 415 BGB erforderliche Genehmigung werden die Beteiligten selbst einholen und entgegennehmen.

Sollte die befreiende Schuldübernahme durch den Gläubiger nicht genehmigt werden, gelten vorstehende Vereinbarungen insoweit als Erfüllungsübernahme im Sinne des § 329 BGB, sodass der Ehemann der Ehefrau gegenüber verpflichtet ist, die Verbindlichkeiten jeweils fristgerecht zu erfüllen, insbesondere die Zins- und Tilgungsbeträge an den Gläubiger zu zahlen, und die Ehefrau im Fall einer Inanspruchnahme durch den Gläubiger unverzüglich freizustellen; Gleiches gilt bis zur Genehmigung sowie bis zum vertragsgemäßen Vollzug der Eigentumsumschreibung.

Etwaige Kosten, Spesen oder Provisionen anlässlich der Genehmigung der Schuldübernahme hat der Ehemann zu tragen.

II.

Im Übrigen übernimmt und erhält jeder Ehegatte die zu seinem persönlichen Gebrauch bestimmten Gegenstände zum Alleineigentum.

Zum gemeinschaftlichen Gebrauch beider Ehegatten bestimmte Gegenstände werden von beiden Ehegatten zum Miteigentum je zur Hälfte übernommen.

Wir sind uns über die entsprechenden Eigentumsübergänge einig.

Die Übergabe erfolgt außerhalb dieser Urkunde.

III.

Sämtliches Geldvermögen, das nicht Vorbehaltsgut war, übernehmen beide Ehegatten zum Miteigentum je zur Hälfte. Zum Geldvermögen gehört Bargeld, Sparguthaben aller Art, sonstige Guthaben auf Bankkonten aller Art, Aktien, festverzinsliche Wertpapiere aller Art, Kapitalanlagen in Form von Beteiligungen aller Art, Edelmetalle ebenso wie Ansparsummen aus Bausparverträgen.

Der Notar hat geraten, anlässlich dieser Güterstandsänderung und der nachfolgenden Erbeinsetzung bestehende Versicherungsverträge zu überprüfen. Er hat darauf hingewiesen, dass erforderliche Änderungen mit der Versicherungsgesellschaft vereinbart werden müssen.

IV.

Der Ehemann bleibt alleiniger Eigentümer seines Vorbehaltsgutes.

V.

Hinsichtlich etwaiger weiterer Vermögensgegenstände erfolgt die Auseinandersetzung außerhalb dieser Urkunde. Wir verpflichten uns gegenseitig, die Aufteilung so vorzunehmen, dass wertmäßig jeder Ehegatte die Hälfte erhält.

VI.

Anfangsvermögen der Zugewinngemeinschaft ist für jeden Ehegatten das Vermögen, das er nach der Auseinandersetzung der Gütergemeinschaft gemäß obigen Bestimmungen erhält und übernimmt.

VII.

Über die rechtliche Tragweite unserer vorstehenden, im Zusammenhang mit der Auseinandersetzung abgegebenen Erklärungen wurden wir vom Notar eingehend belehrt.

D. Erbvertrag

Die im Erbvertrag getroffenen Vereinbarungen und dort niedergelegten Verfügungen von Todes wegen bleiben unverändert aufrechterhalten.

In erbvertraglich bindender Weise vereinbaren wir heute ferner die nachfolgende Schlusserbeinsetzung:

.....

E. Abwicklungsvollmacht

Die Vertragsteile beauftragen den Notar, alle zur Rechtswirksamkeit und zum Vollzug dieses Vertrages notwendigen Erklärungen von Beteiligten oder Behörden einzuholen und die hierfür notwendigen Anträge (einschließlich etwaiger Rechtsmittel) zu stellen.

Genehmigungen und Zustimmungen gelten, soweit sie auflagen- und bedingungsfrei erteilt werden, als mit dem Eingang beim Notar allen Beteiligten zugegangen, auf Einlegung von Rechtsmitteln wird für diesen Fall verzichtet.

Der Notar und jeder Angestellte der Notarstelle werden unter Befreiung von § 181 BGB jeweils einzeln ermächtigt, Nachtragserklärungen und Bewilligungen abzugeben, Anträge zu stellen, abzuändern oder zurückzunehmen.

F. Schlussbestimmungen

1)

Wir beantragen die Erteilung je einer Ausfertigung dieser Urkunde.

Abschriften dieser Urkunde erhalten

a) das Finanzamt – Grunderwerbsteuerstelle – eine,

b) das Finanzamt – Schenkungsteuerstelle – eine,

c) das Grundbuchamt eine beglaubigte.

2)

Der Notar benachrichtigt das zentrale Testamentsregister.

3)
Die Kosten dieser Urkunde und des grundbuchamtlichen Vollzuges tragen wir gemeinsam. Nach grundbuchamtlichem Vollzug erhalten die Beteiligten noch je eine Vollzugsmitteilung.

E. Modifikationen der Zugewinngemeinschaft

548 Ein Schwerpunkt der Darstellung des Güterrechts liegt heute bei den verschiedenen Modifikationen des gesetzlichen Güterstandes. Hier ist anerkannt, dass es den Ehevertragsparteien freisteht, den Zugewinnausgleich **parteiautonom** zu regeln und dabei in weitem Umfang von den gesetzlichen Vorgaben abzuweichen.[975] § 1409 BGB begrenzt die Ehevertragsfreiheit durch das Verbot der Verweisung auf nicht mehr geltendes oder ausländisches Recht. Die einzelnen Güterstände sollen darüber hinaus zwingende Vorschriften enthalten, die der Dispositionsfreiheit der Ehegatten entzogen sind. Im Einzelnen ist dieses Thema sehr umstritten.[976] Ob es i.Ü. Einschränkungen der Vertragsfreiheit aus dem Wesen des jeweiligen Güterstandes, aus dem Verbot der Denaturierung des Güterstandes oder aus dem Verbot der Perplexität gibt, ist ein viel diskutiertes, in der Praxis aber selten relevantes Thema.[977] Richtig dürfte die Auffassung sein, dass die Ehegatten durch Ehevertrag jedenfalls keine neuen ehelichen Institutionen schaffen können (**Grundsatz der Typenbeschränkung**)[978] und dass sich ein Güterstand auf das Gesamtvermögen erstrecken muss,[979] sodass z.B. verschiedene Güterstände für jeden Ehegatten nicht zulässig sind.[980]

549 Viele dieser Abwandlungen sind inzwischen durch die Rechtsprechung abgesichert. Wo dies nicht der Fall ist und die Literatur die Modifikation unterschiedlich beurteilt, ist mit ihrer Verwendung eine gewisse Unwägbarkeit verbunden. Hierauf wird bei den jeweiligen Formulierungsvorschlägen hingewiesen. Bei allen ehevertraglichen Regelungen ist die dargestellte **Rechtsprechung zur Inhaltskontrolle**[981] von Eheverträgen zu beachten, die allerdings im Güterrecht nach Auffassung des BGH nur wenige Einschränkungen schafft.[982]

I. Ausschluss des Zugewinns im Scheidungsfall

550 In der **Praxis** kommt es weit **häufiger** zu einer Modifikation des gesetzlichen Güterstandes, welche die Zugewinnansprüche bei Scheidung ausschließt, **als** zu einer reinen **Gütertrennung**.[983]

551 Die Vorteile dieser Lösung liegen darin, dass der Zugewinn im Erbfall erhalten bleibt, insb. also die Erbteilserhöhung um ein Viertel nach § 1371 Abs. 1 BGB eintritt. Damit bleiben die **Pflichtteile der Kinder i.d.R. niedriger**.

Den Ehegatten kommt bei dieser Modifikation die besprochene **Steuerfreistellung des § 5 ErbStG**[984] zugute, die bei immer höheren Werten und dem Wegfall der Erbschaftsteuerprivilegierung für Grundbesitz zunehmend wichtiger wird, zumal sie der Höhe nach unbegrenzt gilt.[985]

552 Um die Wirkungen der Gütertrennung nahezu zu erreichen, wird häufig noch zusätzlich die Geltung der **Verfügungsbeschränkungen** nach §§ 1365 und 1369 BGB **abbedungen**.

---

975 Wegmann, Rn. 55; vgl. zu Verträgen über den Zugewinn Bergschneider, FPR 2001, 79 f.; eine gelungene Zusammenstellung findet sich bei Brandt, RNotZ 2015, 117 ff.
976 MünchKomm-BGB/Münch, § 1408 Rn. 12.
977 MünchKomm-BGB/Münch, § 1408 Rn. 13 m.w.N.
978 BRHP/Siede, § 1408 Rn. 11; MünchKomm-BGB/Münch, § 1408 Rn. 13.
979 DNotI-Gutachten 2014, 133182.
980 BRHP/Siede, § 1408 Rn. 11.1.
981 Rdn. 65 ff.
982 BGH, NJW 2004, 930 f.; BGH, FamRZ 2013, 269 = DNotZ 2013, 376.
983 Und zwar durchaus schon vor Eintritt in den Ehestand; a.A. Bergschneider/Wolf, Rn. 4.209.
984 Ausführliche Darstellung in Kap. 1 Rdn. 573 ff.
985 Zur Wahl zwischen Gütertrennung und modifizierter Zugewinngemeinschaft: Büte, FuR 2014, 87 ff.

E. Modifikationen der Zugewinngemeinschaft

Zu beachten ist freilich, dass der **Zugewinnausgleich im Todesfall bestehen bleibt**. Auch eine andere Erbeinsetzung und ein Pflichtteilsverzicht des Ehegatten bewirkt nicht, dass der güterrechtliche Zugewinnausgleichsanspruch des Ehegatten nach **§ 1371 Abs. 2 BGB** entfällt. Soll der Ehegatte im Todesfall auch diesen güterrechtlichen Zugewinnausgleichsanspruch nicht erhalten, so müsste der Zugewinn vollständig ausgeschlossen werden. 553

▶ Gestaltungsempfehlung:

> Sollen im Erbfall keine Ansprüche des Ehegatten bestehen, auch nicht auf den güterrechtlichen Zugewinn nach § 1371 Abs. 2 BGB, so muss der Zugewinn vollständig ausgeschlossen werden! Eine zusätzliche Enterbung oder ein Pflichtteilsverzicht genügen in diesem Fall nicht. 554

Sollen dann auch noch die Verfügungsbeschränkungen entfallen, so ist als sicherster Weg die Gütertrennung zu empfehlen.[986] 555

▶ Kostenanmerkungen:

> Auch eine bloße Modifizierung des Güterstandes führt nach neuem Kostenrecht als Ehevertrag nach § 1408 Abs. 1 BGB zum Ansatz des vollen modifizierten Reinwertes. Davon ausgenommen sind Vereinbarungen, die lediglich den Ausschluss der Verfügungsbeschränkungen der §§ 1365, 1369 BGB betreffen (Ansatz von 30 % des Aktivvermögens, höchstens modifizierter Reinwert nach § 51 Abs. 2 GNotKG) und Vereinbarungen, die sich auf bestimmte Vermögenswerte beziehen (dann maßgeblich deren Wert, maximal das modifizierte Reinvermögen, § 100 Abs. 1 GNotKG).[987] 556

▶ **Formulierungsvorschlag: Ausschluss des Zugewinns im Scheidungsfall (I)**

Ehevertraglich vereinbaren wir, was folgt: 557

1)

Für den Fall der Beendigung der Ehe durch den Tod eines Ehegatten soll es beim Zugewinnausgleich durch Erbteilserhöhung oder güterrechtliche Lösung verbleiben.

2)

Wird jedoch die Ehe auf andere Weise als durch den Tod eines Ehegatten beendet, so findet kein Zugewinnausgleich statt.

Dies gilt auch für den vorzeitigen Zugewinnausgleich.[988]

Auf den Ausgleich eines Zugewinns wird insoweit gegenseitig verzichtet.

Den Verzicht nehmen wir hiermit gegenseitig an.

Dies gilt auch für einen etwa bisher bereits entstandenen Zugewinn.[989]

---

[986] Zur Zulässigkeit des Komplettausschlusses des Zugewinns bei Beibehaltung der Verfügungsbeschränkungen: Langenfeld, 4. Aufl., Rn. 361; MünchKomm-BGB/Münch, § 1408 Rn. 14 – dort auch die Nachweise zur Gegenansicht (Fn. 40); Palandt/Brudermüller, § 1414 Rn. 1; BGH, MittBayNot 1997, 231, 232; Stenger, ZEV 2000, 51, 55: Möglich nur, wenn lediglich für einen Ehegatten ausgeschlossen.
[987] Notarkasse, Rn. 579.
[988] Zwar wird weithin vertreten, dass ein Verzicht auf den vorzeitigen Zugewinn nicht zulässig sei (Bergschneider/Bergschneider, Rn. 4.496 m.w.N.); dies ist jedoch so zu relativieren, dass bei einem Verzicht auf Zugewinn auch der vorzeitige Zugewinnausgleich ausgeschlossen werden kann. Demnach wäre allein der isolierte Verzicht auf den vorzeitigen Zugewinnausgleich unzulässig, weil dies den berechtigten Ehegatten zur Einreichung der Scheidung zwingen würde (Müller, Kap. 3 Rn. 284).
[989] Achtung: Wird hier der Zugewinn der Vergangenheit ausgeglichen, kann es zu Schenkungsteuerfolgen kommen (ausführlich Kap. 1 Rdn. 650 ff.).

3)

Durch diese Vereinbarung soll jedoch ausdrücklich keine Gütertrennung eintreten.

4)

Zuwendungen eines Ehegatten an den anderen können bei Scheidung der Ehe nicht zurückgefordert werden, auch nicht wegen Störung der Geschäftsgrundlage, es sei denn, die Rückforderung ist auf gesonderter vertraglicher Grundlage vorbehalten. Dies gilt unabhängig vom Verschulden am Scheitern der Ehe.

Wir stellen ferner klar, dass andere Ausgleichsansprüche nicht bestehen sollen; insbesondere entsteht nicht etwa durch Mitarbeit im Betrieb eines Ehegatten oder durch das gemeinsame Halten von Vermögensgegenständen eine Ehegatteninnengesellschaft, wenn wir dies nicht ausdrücklich vereinbaren.

Wir verpflichten uns, bei etwaigen Gesamthaftungen das Innenverhältnis des Gesamtschuldnerausgleichs ausdrücklich zu regeln.

Der Verzicht auf Zugewinn stellt nicht selbst eine ehebedingte Zuwendung dar.

5)

Für unsere Ehe schließen wir hiermit ferner die Verfügungsbeschränkungen der §§ 1365 ff. BGB gegenseitig aus (fakultativ).

558 Sollte dies für besondere Fälle gewünscht sein, könnte zusätzlich zum Ausschluss des Zugewinns im Scheidungsfall auch noch der Zugewinn nach der güterrechtlichen Lösung des § 1371 Abs. 2 BGB ausgeschlossen werden, die Erbteilserhöhung nach § 1371 Abs. 1 BGB aber beibehalten werden.[990] Gütertrennung tritt dann nicht ein.[991]

▶ Beispiel:

Die Ehegatten wollen die Ehefrau für den Todesfall durch ein größeres Vermächtnis absichern. Dieses wird erbvertraglich vereinbart. Ansonsten gibt die Ehefrau einen Pflichtteilsverzicht ab und soll auch keine weiteren Zugewinnansprüche etwa in Form der güterrechtlichen Lösung nach § 1371 Abs. 2 BGB stellen können. Für das Vermächtnis soll aber die Erbschaftsteuerfreiheit des Zugewinns in Anspruch genommen werden können.

559 Ferner könnte man bei solchen Fallkonstellationen daran denken, das Vermächtnis bzw. wenn gewünscht eine (Mit-) Erbeinsetzung auszusprechen und auf weitergehende Zugewinnausgleichsansprüche zu verzichten, auch für den Fall einer Ausschlagung des Zugewendeten.

560 Schließlich weist die erbschaftsteuerliche Beratung darauf hin, dass es sinnvoll sein kann, sich ein Wahlrecht zwischen § 1371 Abs. 1 BGB und § 1371 Abs. 2 BGB zur steuerlichen Optimierung offenzuhalten. Der Ausschluss des Zugewinns soll in diesem Fall nicht generell für § 1371 Abs. 2 BGB erfolgen, sondern nur für den Fall, dass solche Ansprüche gegen den Willen eines (Mit-) Erben geltend gemacht werden. Wird dies gewünscht, kann folgendermaßen formuliert werden:[992]

▶ Formulierungsvorschlag: Ausschluss des Zugewinns im Scheidungsfall (II)

561 Ehevertraglich vereinbaren wir, was folgt:

1)

Für den Fall der Beendigung der Ehe durch den Tod eines Ehegatten soll es beim Zugewinnausgleich verbleiben. Allerdings wird der Zugewinnausgleich auf einen Betrag von höchstens ..... €[993]

---

990 So ausdrücklich Langenfeld, 4. Aufl., Rn. 351 – weniger deutlich Langenfeld/Milzer, Rn. 255 – volle Modifizierung zulässig; Soergel/Grziwotz, § 1371 Rn. 7.
991 So ausdrücklich Gutachten DNotI-Report 2018, 157 f.
992 Formulierung nach Jülicher, ZEV 2006, 338, 342.
993 Ggf. indexiert!

E. Modifikationen der Zugewinngemeinschaft

begrenzt, wenn in diesem Fall der überlebende Ehegatte unter Ausschlagung alles Zugewandten den güterrechtlichen Zugewinnausgleich gegen den Willen auch nur eines Erben oder Miterben geltend macht. Keine Beschränkungen gelten hingegen, wenn die Ausschlagung und Geltendmachung des güterrechtlichen Zugewinns mit Einverständnis aller Erben oder Miterben erfolgt.

2)

Wird jedoch die Ehe auf andere Weise als durch den Tod eines Ehegatten beendet, so gilt

.....

Der **Ausschluss des Zugewinns** kann auch **nur für einen Ehegatten** erfolgen, während der andere Ehegatte seine Ansprüche behält.

▶ Formulierungsvorschlag: einseitiger Ausschluss des Zugewinns im Scheidungsfall

Ehevertraglich vereinbaren wir, was folgt: 562

1)

Für den Fall der Beendigung der Ehe durch den Tod eines Ehegatten soll es beim Zugewinnausgleich durch Erbteilserhöhung oder güterrechtliche Lösung verbleiben.

2)

Wird jedoch die Ehe auf andere Weise als durch den Tod eines Ehegatten beendet, so findet ein Zugewinnausgleich nur zugunsten der Ehefrau statt.

Auf den Ausgleich eines Zugewinns wird insoweit vom Ehemann verzichtet.

Dies gilt auch für den vorzeitigen Zugewinnausgleich.

Den Verzicht nimmt die Ehefrau an.

Dies gilt auch für einen etwa bisher bereits entstandenen Zugewinn.[994]

3)

Durch diese Vereinbarung soll jedoch ausdrücklich keine Gütertrennung eintreten.

.....

Diese Formulierung erlaubt – im Gegensatz zur Gütertrennung – im **Todesfall** die Inanspruchnahme 563 der Steuerfreistellung des § 5 Abs. 1 ErbStG oder bei der güterrechtlichen Lösung des § 5 Abs. 2 ErbStG. Sie schließt jedoch im Scheidungsfall einen Zugewinnausgleichsanspruch aus.

Mit der Formulierung »wird jedoch **die Ehe** auf andere Weise als durch den Tod eines Ehegatten 564 beendet« ist der Güterstandswechsel durch Ehevertrag unter Fortbestand der Ehe ausdrücklich nicht vom Ausschluss des Zugewinns erfasst, sodass für diesen Fall der Zugewinn vorbehalten bleibt.[995] Dies ist bei der sich abzeichnenden Relevanz der Güterstandsschaukel nun – anders als in einer Vorauflage, wo hierauf kommentierend eingegangen wurde – als regelmäßige Formulierung vorgesehen. Wird dagegen die Formulierung »*wird jedoch der Güterstand auf andere Weise als durch den Tod eines Ehegatten beendet*«, verwendet, so wäre auch ein Zugewinnausgleich beim Wechsel in die Gütertrennung ausgeschlossen.[996] Der gleichwohl erfolgte Ausgleich von Zugewinn könnte dann ggf. schenkungssteuerliche Probleme nach sich ziehen.

---

994 Achtung: Wird hier der Zugewinn der Vergangenheit ausgeglichen, kann es zu Schenkungsteuerfolgen kommen (ausführlich Kap. 1 Rdn. 650 ff.).
995 Vgl. hierzu Wachter, FR 2006, 43.
996 Für Anregungen hierzu danke ich Herrn Notar Dr. Norbert Mayer, Regensburg.

565 Wer dennoch auf das Ende des Güterstandes abstellen und den Zugewinnausgleich bei Güterstandswechsel erhalten möchte, muss positiv formulieren und dann den Zugewinn für die Fälle der Scheidung oder Aufhebung (§§ 1314, 1318 Abs. 3 BGB) der Ehe und den vorzeitigen Zugewinn ausschließen. Für den Fall etwaiger späterer Gesetzesänderungen[997] sind auch **künftige hoheitliche Aufhebungen der Ehe** auf andere Weise in Bezug genommen, sofern ihnen ein Zugewinnausgleich folgt. Der zweite Absatz des folgenden Formulierungsvorschlags erwähnt ausdrücklich, dass bei Beendigung des Güterstandes durch Ehevertrag der Zugewinn erhalten bleibt.[998]

▶ Formulierungsvorschlag: Ausschluss des Zugewinns bei Scheidung

566 Ehevertraglich vereinbaren wir, was folgt:

1)

Für den Fall der Beendigung des Güterstandes durch Scheidung oder Aufhebung der Ehe sowie in den Fällen der §§ 1385, 1386 BGB findet kein Zugewinnausgleich statt.[999] Gleiches gilt für etwaige künftige gesetzliche Formen der hoheitlichen Aufhebung der Ehe, auf welche ein Zugewinnausgleich folgen würde. Dies gilt auch für einen vorzeitigen Zugewinnausgleich.

2)

Für den Fall des Todes bleibt es jedoch beim Zugewinnausgleich durch Erbteilserhöhung oder güterrechtliche Lösung. Auch im Fall einer Beendigung des Güterstandes durch Ehevertrag verbleibt es beim Zugewinnausgleich.[1000]

3)

Auf den Ausgleich eines Zugewinns wird insoweit gegenseitig verzichtet. Den Verzicht nehmen wir hiermit gegenseitig an.

Dies gilt auch für einen etwa bisher bereits entstandenen Zugewinn.

II. Ausschluss des betrieblichen Vermögens vom Zugewinn

567 Eine in der familienrechtlichen Literatur breit empfohlene,[1001] wenn auch zugleich mit Skepsis[1002] betrachtete Gestaltung liegt in der **Herausnahme des unternehmerischen Vermögens von der Zugewinnberechnung** gänzlich[1003] oder jedenfalls im Scheidungsfall. Dies gilt umso mehr, als der BGH

---

997 Vgl. etwa die Aufhebung des Ehegesetzes zum 01.07.1998; hierzu Bosch, NJW 1998, 2004.
998 So z.B. MüHdbFamR/Brambring, § 23 Rn. 62 und Joosten, ZFE 2002, 125, 126.
999 Da hier wegen des Vorbehalts des Zugewinns auch beim ehevertraglichen Ende der Zugewinngemeinschaft die Fälle positiv genannt sind, in denen ein Zugewinnausgleich nicht stattfindet, empfiehlt sich hier in jedem Fall die Nennung auch des vorzeitigen Zugewinnausgleichs.
1000 Ein solcher Vorbehalt ehevertraglichen Zugewinnausgleichs kann auch im Rahmen anderer Modifikationen des Zugewinnausgleichs sinnvoll sein, etwa beim Ausschluss betrieblichen Vermögens vom Zugewinn. Da hier der Zugewinn im Scheidungsfall nicht komplett ausgeschlossen ist, kann es vorkommen, dass bei einer Scheidung gleichwohl ein Ehevertrag geschlossen wird, der die Zugewinngemeinschaft beendet, etwa im Hinblick auf die Stichtagsproblematik des § 1378 Abs. 2 BGB. In solchen Fällen soll der Ehevertrag keinen Zugewinn auslösen, daher ist einzuschränken: »... verbleibt es beim Zugewinn, außer ein solcher Vertrag wird im Zusammenhang mit der Trennung oder Scheidung geschlossen.«. Dem folgend Langenfeld/Milzer, Rn. 267.
1001 Z.B. Brambring, Rn. 131, 133 ff.; Notar-Handbuch/Grziwotz, BI, Rn. 67; Langenfeld/Milzer, Rn. 283; MünchKomm-BGB/Münch, § 1408 Rn. 14; DNotI-Gutachten. 135069 v. 10.04.2015.
1002 N. Mayer, DStR 1993, 991 ff.; N. Mayer, MittBayNot 1993, 342 ff.; N. Mayer, MittBayNot 1997, 234; krit. auch Wegmann, Rn. 121; Gerhardt/Bergschneider, 12. Kap. Rn. 151.
1003 Klingelhöffer, Rn. 154 ff. weist darauf hin, dass die erbrechtliche Umsetzung solcher Klauseln insb. dann schwierig ist, wenn dem Ehegatten der große Pflichtteil zusteht. Dort auch Lösungsvorschläge.

diese Gestaltung ausdrücklich für rechtmäßig erklärt hat.[1004] Dem schließt sich die obergerichtliche Rechtsprechung an.[1005]

Dass der Unternehmer eine Abweichung von der gesetzlichen Regelung des Zugewinnausgleichs vornehmen muss, zeigt zunächst die Betrachtung des Unternehmensschicksals im Zugewinnausgleich. 568

Die für den **Ehetyp der Einverdienerehe** als Leitbild geschaffenen **Regelungen des Zugewinnausgleichs** wollen auf **unternehmerisches Vermögen nicht recht passen**. Nicht zuletzt aus diesem Grund hat etwa die durch die Leitentscheidung des BGH in Bezug genommene Neuregelung des österreichischen gesetzlichen Güterrechts zur Folge gehabt, dass gem. § 82 des **österreichischen Ehegesetzes** Gegenstände des unternehmerischen Vermögens oder Anteile an Unternehmen von der Aufteilung des in der Ehe erworbenen Vermögens ausgenommen wurden. 569

An diesem »Musterbeispiel« zeigt sich jedoch auch zugleich die Problematik einer solchen Lösung; denn nach massiver Kritik hat das geänderte österreichische Ehegesetz[1006] in § 91 Abs. 2 EheG angeordnet, dass Verwendungen in das Unternehmen aus sonstigem Vermögen bei der Aufteilung wieder berücksichtigt werden müssen.[1007] Bereits die Lektüre dieser Vorschrift lässt ahnen, dass hier Auseinandersetzungen der Ehegatten vorprogrammiert sind. Was der Gesetzgeber hier formuliert hat, würde für einen Ehevertrag als zu unbestimmt nur bedingt tauglich sein.[1008] 570

1. Wert des unternehmerischen Vermögens im Zugewinn

Ein Blick auf die Behandlung des unternehmerischen Vermögens im Zugewinnausgleich zeigt, dass nahezu jeder Unternehmer gut beraten ist, zur Erhaltung seines Unternehmens Modifikationen der gesetzlichen Zugewinnregelungen zu vereinbaren. 571

Für die Bewertung des Endvermögens nach § 1376 Abs. 2 BGB ist der objektive (Verkehrs-) Wert der Vermögensgegenstände maßgebend, sodass bei einem gewerblichen Unternehmen nicht nur der Substanz- oder Liquidationswert zu berücksichtigen ist, sondern auch der Geschäftswert,[1009] und zwar einschließlich Goodwill.[1010] Es ist also letztendlich der **wirkliche, am Markt** bei Veräußerung oder Verwertung **erzielbare Unternehmenswert** einschließlich aller stillen Reserven zu ermitteln. Dies wurde bereits näher dargestellt.[1011] 572

Diese Schilderung der Unternehmensbewertung zeigt, dass der Scheidungsfall mit einem vollen Zugewinnausgleich für den Unternehmer zu einer ganz erheblichen Belastung führt. Wenn er den wirklichen Wert seines Unternehmens oder – wenn das Unternehmen selbst aufgrund familiärer 573

1004 BGH, MittBayNot 1997, 231 = NJW 1997, 2239 = FamRZ 1997, 800.
1005 OLG Bremen, NJW-RR 2014, 1097 f.
1006 Österr. GBl. 1999 I, S. 959 ff.
1007 Da diese Regelung für unsere spätere Betrachtung instruktiv ist, hier der Wortlaut: »Wurde eheliches Gebrauchsvermögen oder wurden eheliche Ersparnisse in ein Unternehmen, an dem einem oder beiden Ehegatten ein Anteil zusteht, eingebracht oder für ein solches Unternehmen sonst verwendet, so ist der Wert des Eingebrachten oder Verwendeten in die Aufteilung einzubeziehen. Bei der Aufteilung ist jedoch zu berücksichtigen, inwieweit jedem Ehegatten durch die Einbringung oder Verwendung Vorteile entstanden sind und inwieweit die eingebrachten oder verwendeten ehelichen Ersparnisse aus den Gewinnen des Unternehmens stammten. Der Bestand des Unternehmens darf durch die Aufteilung nicht gefährdet werden«. Hierzu Ferrari, FamRZ 2001, 896, 899 und sehr eingehend Battes, in: FS für Henrich, S. 13, 24 ff.; dort auch zur österreichischen Praxis, bei Ehegattenmitarbeit Gewinnbeteiligungsansprüche zuzusprechen.
1008 Vgl. zu diesem Komplex Reimann, in: FS für Schwab, S. 1227 ff. »Felix Austria und die Not des deutschen Unternehmers mit dem Güterstand«.
1009 BGHZ 75, 195, 199; vgl. auch Reimann, FamRZ 1989, 1248 ff.
1010 Zur Behandlung des Goodwills in der Rspr. zum Zugewinnausgleich s. Diederichsen, in: FS für Großfeld, S. 143 ff.
1011 Kap. 1 Rdn. 115 ff.

Kapitel 2 — Vertragliche Regelungen im Ehegüterrecht

Zuwendung Anfangsvermögen ist – wenigstens die Wertsteigerung desselben hälftig teilen muss, so wird dies häufig das Ende des Unternehmens bedeuten. Es besteht also die **Notwendigkeit einer abweichenden vertraglichen Regelung**.[1012]

2. Herausnahme von unternehmerischem Vermögen aus dem Zugewinn

574 Während in vergangenen Jahrzehnten Unternehmer häufig die Gütertrennung anstrebten, stehen in den letzten **Jahren Modifikationen der Zugewinngemeinschaft im Vordergrund**. Immer mehr Gesellschaftsverträge verlangen von ihren Gesellschaftern nicht mehr den Abschluss von Gütertrennung, sondern begnügen sich mit der Forderung nach Ausschluss des Zugewinnausgleichs für das betroffene Unternehmen.

575 Dies hat mehrere Gründe. Zum einen ist die Gütertrennung eine viel gröbere Regelung, als sie zum Schutz des Unternehmens eigentlich benötigt wird. Die Teilhabe am **privaten Vermögenszuwachs soll dem Ehepartner häufig gerade nicht verwehrt werden**. Zum anderen soll der Ehegatte in vielen Fällen bei fortbestehender Ehe als Erbe durchaus vorgesehen sein, sodass § 5 ErbStG für die Wahl des Güterstandes auch hier eine Rolle spielt. Schließlich ist diese Lösung i.R.d. Beratung dem Ehegatten des Unternehmers leichter zu vermitteln, denn der Sinn das Unternehmen zu schützen, ist **am ehesten zustimmungsfähig**, wollen doch schließlich beide Ehegatten von dessen Erträgen leben. Auch im Scheidungsfall soll der Unterhalt letztlich vom Unternehmen erwirtschaftet werden.

576 So positiv also die Lösung einer lediglich modifizierten Zugewinngemeinschaft mit Herausnahme des Unternehmens aus dem Zugewinn in der Theorie erscheint, so viele Probleme wirft diese Lösung in der Praxis auf, bis hin zu dem Verdikt, dass die gängigen Vertragsmuster die Probleme der streitigen Abwicklung eines solchen partiellen Zugewinnausgleichs bei Betriebsvermögen meist nicht befriedigend zu lösen vermögen.[1013]

a) Begriff des unternehmerischen Vermögens

577 Zunächst besteht die Schwierigkeit für den Vertragsgestalter bereits bei der Bezeichnung des vom Zugewinn ausgenommenen Vermögens.

578 Man wird den konkreten Gewerbebetrieb oder die konkrete **Praxis** im Vertrag benennen.[1014] Damit aber kann man sich nicht begnügen. Denn jedenfalls an folgende **Entwicklungen im »Firmenleben«** muss gedacht werden:
- Der Unternehmer nimmt weitere Teilhaber auf und aus dem Einzelunternehmen wird eine Personengesellschaft.
- Die bestehende Unternehmensform ist steuerlich nicht mehr interessant und das Unternehmen muss umgewandelt werden.
- Das Unternehmen wächst und wird durch Gründung von Tochterfirmen etc. zu einer Unternehmensgruppe.
- Das Unternehmen schließt sich mit anderen Unternehmen zusammen.
- Der Unternehmer nutzt die steuerlichen Möglichkeiten einer Betriebsaufspaltung und gliedert Vermögen aus dem bezeichneten Unternehmen aus.
- Der Unternehmer hat Sonderbetriebsvermögen, welches er der Personengesellschaft überlässt,[1015] oder Vermögen, das an eine von ihm beherrschte Kapitalgesellschaft langfristig überlässt, dadurch aber steuerlich nicht Betriebsvermögen wird.[1016]

1012 Winkler, ZErb 2005, 360 ff.; Scherer, BB-Special 5/2004, 2, 7 ff.; Grziwotz, ZIP 2006, 9 ff.
1013 Bergschneider, Rn. 709.
1014 Ein Muster für die Herausnahme von GmbH-Anteilen gibt Lohr, GmbH-Steuerberater 2004, 218 f.
1015 Dieses wird damit zum Betriebsvermögen, EStR (2012) R. 4.2.(2).
1016 Schmidt/Loschelder, § 4 Rn. 55.

E. Modifikationen der Zugewinngemeinschaft

Um all diese möglichen Gegebenheiten zu berücksichtigen, ist es empfehlenswert, nicht einfach den derzeit bestehenden Gewerbebetrieb oder die Praxis zu bezeichnen, sondern festzuhalten, dass die Regelung auch **erweiternd** in den o.g. Fällen oder für sonstige denkbare Änderungen gilt. 579

▶ Gestaltungsempfehlung:
Bei der Definition des vom Zugewinn ausgenommenen Betriebsvermögens müssen auch etwaige Änderungen der Rechtsform aus steuerlichen oder gesellschaftsrechtlichen Gründen mitbedacht werden. 580

Nicht zuletzt aus diesem Grund findet man häufig die Formulierung, der Ausschluss vom Zugewinn gelte für »**jegliches Betriebsvermögen**«.[1017] 581

Damit verweist der Vertragsgestalter auf die steuerliche Begrifflichkeit für die betrieblichen Einkunftsarten des § 2 Abs. 1 Nr. 1–Nr. 3 EStG, denn das Zivilrecht kennt keinen Begriff des Betriebsvermögens in diesem Sinne.[1018]

Auch für das **Steuerrecht** ist dieser Begriff aber erstens mit einigen definitorischen Unsicherheiten behaftet, zweitens sind die Grenzen verschiebbar und drittens ist die steuerliche Attraktivität des Betriebsvermögens wandelbar: 582

– Das **Steuerrecht** kennt neben dem **Begriff** des Betriebsvermögens i.R.d. Gewinneinkunftsarten einen gesonderten Betriebsvermögensbegriff im Bewertungsgesetz (§ 95 BewG) und im Erbschaftsteuerrecht (§ 12 ErbStG).[1019] 583
Selbst wenn man bei der Vertragsgestaltung nun per Definition auf die **Gewinneinkunftsarten** abstellte, so betrachte man nur die Erläuterungen etwa in den ESt-Richtlinien und deren amtlichen Hinweisen[1020] und man wird sofort verstehen, dass auch damit noch keine völlig treffsichere Definition gefunden ist. Es seien nur kurz **drei Punkte** angeschnitten:
– Anteile an Kapitalgesellschaften werden sich sehr häufig im steuerlichen Privatvermögen befinden, vom Ausschluss des Zugewinnausgleichs sollen sie aber jedenfalls erfasst sein, sofern sie nicht ausschließlich der Kapitalanlage dienen.[1021]
– Einzelne Gebäude lassen sich steuerlich je nach Nutzung in völlig verschiedene Wirtschaftsgüter zerlegen.[1022] Wie soll das Gebäude aber nun im Zugewinn betrachtet werden?
– Bisher privates Grundstücksvermögen kann durch Grundstücksverkäufe über die 3-Objekt-Grenze hinaus plötzlich in einen gewerblichen Grundstückshandel mutieren mit der Folge, dass alle zur Veräußerung bestimmten Objekte Betriebsvermögen sind; dies kann sogar für vorübergehend eigenbewohnte Immobilien gelten.[1023]
– Das Steuerrecht unterscheidet bei seiner Betriebsvermögensdefinition drei Vermögensmassen: Das **notwendige Betriebsvermögen**, das **notwendige Privatvermögen** und – sowohl bei der Gewinnermittlung durch Betriebsvermögensvergleich wie auch neuerdings bei der Gewinnermittlung durch Einnahmenüberschussrechnung gem. § 4 Abs. 3 EStG[1024] – das **gewillkürte Betriebsvermögen**. 584

1017 Z.B. Stenger, ZEV 2000, 51, 54.
1018 Auch neuere Begrifflichkeiten etwa des »Unternehmers« i.S.d. § 14 BGB helfen hier nicht weiter, da sie in erster Linie mit Rücksicht auf das Verbraucherschutzrecht zu verstehen sind.
1019 Dies ist keineswegs eine abschließende Aufzählung im Steuerrecht maßgeblichen verschiedenen Betriebsvermögensbegriffe, vgl. nur Herzberg, DStR 2002, 1290 ff. (»Der Begriff des Betriebsvermögens i.S.d. § 8 Abs. 4 Satz 2 KStG« – Vorschrift inzwischen aufgehoben).
1020 EStR (2012) R 4.2. und EStH (2018) H 4.2.
1021 Vgl. etwa die Ausführungen von Pezzer unter der Kapitelüberschrift »Anteilseigner als Kapitalanleger oder Unternehmer«, in: Perspektiven der Unternehmensbesteuerung, DStJG, Bd. 25, 2002, 37, 38 ff.
1022 Vgl. EStR (2012) R 4.2.(3) oder Schmidt/Loschelder, § 4 Rn. 115 ff.
1023 Schmidt/Wacker, § 15 Rn. 77.
1024 BFH, DStR 2003, 2156 = BB 2003, 2724 im Anschluss an FG Sachsen-Anhalt und FG Bremen; BMF, BStBl. 2004 I, S. 1064; hierzu Kanzler, NWB 2004 Fach 3, 12711 ff.; Bischoff, DStR 2004, 1280 ff.;

Während zum notwendigen Betriebsvermögen die ausschließlich und unmittelbar für eigenbetriebliche Zwecke genutzten Wirtschaftsgüter zählen (übrigens unabhängig von ihrer Bilanzierung),[1025] können Wirtschaftsgüter, die lediglich in einem gewissen objektiven Zusammenhang mit dem Betrieb stehen und ihn zu fördern bestimmt und geeignet sind, sog. gewillkürtes Betriebsvermögen sein. Die **ESt-Richtlinien**[1026] grenzen so ab:
- betriebliche Nutzung unter 10 % – notwendiges Privatvermögen,
- betriebliche Nutzung über 50 % – notwendiges Betriebsvermögen,
- betriebliche Nutzung 10 %–50 % – kann gewillkürtes Betriebsvermögen sein.

Ferner enthalten sie für Grundstücke auch bei Vermietung noch ein erweitertes Wahlrecht hin zum gewillkürten Betriebsvermögen.
Die Bezeichnung »Betriebsvermögen« umfasst somit auch das gewillkürte Betriebsvermögen.

585 – Schließlich ist es für den **Steuerpflichtigen** je nach Gesetzeslage ggf. sogar attraktiv, Betriebsvermögen zu besitzen, sodass sich in der Praxis ein **Trend** hin **zum Betriebsvermögen** feststellen lässt. Dies geschah etwa deutlich nach Einführung des § 13a ErbStG. Die Privilegierungen des Betriebsvermögens, deren Berechtigung das BVerfG nicht verneint hat, aber auf eine andere bewertungsrechtliche Grundlage gestellt sehen will,[1027] führten dazu, dass beratene Steuerpflichtige ihr Vermögen umschichteten und in betriebliches Vermögen überführten. Aus geradezu klassischem Privatvermögen wie dem Immobilienanlagevermögen wurde auf der Grundlage des früheren Erbschaftsteuerrechts plötzlich die Immobilien GmbH & Co. KG, die aufgrund ihrer gewerblichen Prägung Einkünfte nach § 15 EStG erzielt. Unterstützt wurde diese Tendenz noch durch die Erleichterung des § 105 Abs. 2 HGB, wonach auch Gesellschaften, die nur eigenes Vermögen verwalten, nun Handelsgesellschaften sein können.
Ein ähnlicher Effekt zeigte sich nach der Neuregelung der Besteuerung von Kapitalgesellschaften. Es kam zur Gründung einer »Spardosen-GmbH«, wo vorher ein Wertpapier-Portfolio bestand,[1028] und sei es nur um zeitweise in den Genuss der niedrigen Körperschaftsteuer zu kommen und die Ausschüttung auf Zeiten eines gesenkten Einkommensteuersatzes zu verschieben.[1029]
Hier liegen steuerlich rationale und in keiner Weise ehegüterrechtlich bedingte Verhaltensweisen vor, die aber dennoch zu einer völligen Verschiebung der Vermögensmassen führen können, welche dem Zugewinn unterfallen. Das Steuerrecht sieht dies zuweilen und steuert dann wieder entgegen, etwa indem Verwaltungsvermögen von der Begünstigung ausgenommen wird.

586 Es zeigt sich, dass die Verwendung des steuerlichen Begriffes »Betriebsvermögen« erhebliche Probleme birgt.[1030]

▶ Hinweis:

587 Der Begriff »Betriebsvermögen« ist weder zivilrechtlich noch steuerlich eindeutig definiert. Seine Verwendung birgt daher Abgrenzungsprobleme.[1031]

Kratzsch, NWB Fach 3, 13011; jetzt auch EStR (2012) 4.2.(1).
1025 Vgl. BFH, BStBl. 1978 II, S. 330; BFH, BStBl. 2002 II, S. 690, 692. Dort auch zur Bedeutung der Widmung durch den Steuerpflichtigen.
1026 EStR (2012) 4.2.(1).
1027 BVerfG, DStR 2007, 235 ff.
1028 Vgl. etwa die Empfehlungen bei Bornheim, DStR 2001, 1950 ff. und 1990 ff.; Horn, GmbHR 2001, 386; Noll, DStR 2002, 1699, 1700 f.
1029 Durch das Urteil des BVerfG vom 17.12.2014, DStR 2015, 31 wird das Gesetz mittelfristig eine umfassende Überarbeitung erfahren müssen.
1030 Kanzleiter/Wegmann, Rn. 189; vgl. auch DNotI-Gutachten 96719 v. 03.09.2009, wonach der Begriff »Betriebsvermögen« nicht ausreichend bestimmbar ist, um das Betriebsvermögen zum Vorbehaltsgut zu erklären.
1031 Zustimmend Langenfeld/Milzer, Rn. 295.

E. Modifikationen der Zugewinngemeinschaft

b) Manipulationsgefahren

Aus den soeben aufgezeigten Überschneidungsbereichen ergeben sich zugleich auch die Manipulationsgefahren, denen sich der nichtunternehmerische Ehegatte ausgesetzt sehen kann.[1032] Die Herausnahme des Unternehmens aus dem Zugewinn führt zu zwei Vermögensmassen als Rechnungsgrundlage für den Zugewinn. Nun erlaubt aber das Steuerrecht die **Überführung von Vermögensgütern** von der einen Vermögensmasse (»**Privatvermögen**«) in die andere Vermögensmasse (»**Betriebsvermögen**«) in weitem Umfang. Dies kann etwa durch die Bildung von gewillkürtem Betriebsvermögen geschehen, aber auch durch Entnahmen oder Einlagen. Im Leben eines Unternehmers kommt es durchaus auch ohne ehegüterrechtliche Gründe vor, dass er Privatvermögen wieder in den Betrieb reinvestieren muss. Instruktiv ist der Fall, in dem der BGH die Vertragsgestaltung gebilligt hat.[1033] Hier ging es um einen Investitionsbedarf von 300 Mio. DM, der mithilfe des gesamten Privatvermögens gedeckt wurde. Sofern betriebliche oder steuerliche Gründe für die Verschiebung sprechen, wird eine Benachteiligung i.S.d. § 1375 Abs. 2 BGB ausscheiden. Der Unternehmer kann aber auch schlicht darauf verzichten, Gewinne aus dem Unternehmen herauszunehmen und somit ein hohes Verrechnungskonto aufbauen.

Der Fantasie im Hinblick auf Gestaltungen zur Erzeugung von Betriebsvermögen sind kaum Grenzen gesetzt. Das Beispiel des gewerblichen Grundstückhandels zeigt, dass es gelingen kann, durch die Veräußerung zweier Stellplätze in die Gewerblichkeit hineinzukommen.[1034]

Das Wort vom »**Zweikontenmodell für den Scheidungsfall**«[1035] hat also durchaus seine Berechtigung.

Es gibt verschiedene **Ansätze, solchen Manipulationsgefahren zu begegnen**, ohne dass diese die beschriebenen Konflikte vollständig lösen könnten.

So kann zum einen ehevertraglich vereinbart werden, dass der **Stichtag**, zu dem die Abgrenzung Privat-/und Betriebsvermögen betrachtet wird, nicht die Rechtshängigkeit des Scheidungsantrags ist, sondern bereits die **Trennung**. Auf diesen Stichtag kommt es nunmehr i.R.d. § 1375 Abs. 2 Satz 2 BGB ohnehin an, sodass – wenn nicht das Gegenteil dargelegt wird – bei einer Vermögensminderung nach Trennung von einer beeinträchtigenden Verfügung auszugehen ist. Zwar ist diese Bestimmung nicht unmittelbar anwendbar, da sie von einer nicht modifizierten Zugewinngemeinschaft ausgeht und die Beeinträchtigung durch Weggabe von Vermögensgütern an Dritte erfasst. Der Rechtsgedanke würde aber wohl in gleicher Weise bei der Verschiebung von ausgleichspflichtigem in nicht ausgleichspflichtiges Vermögen zu gelten haben. Gleichwohl ist eine separate Regelung ratsam.

Ferner kann für Transfers vom Privatvermögen in das Betriebsvermögen noch weitergehend angeordnet werden, dass solche Transfers, die in den **letzten beiden Jahren vor Rechtshängigkeit** des Scheidungsantrags stattgefunden haben, dem ausgleichungspflichtigen Endvermögen des Unternehmers **wieder hinzugerechnet** werden. Die Frist[1036] wurde deshalb gewählt, um Verschiebungen in einer Ehekrise zu erfassen, die vor der Trennung stattgefunden haben, die wiederum ihrerseits regelmäßig längere Zeit vor Rechtshängigkeit des Scheidungsantrags liegt. Sicherlich erfasst eine solche Klausel dann auch die betriebsnotwendigen Transfers und führt damit ein weiteres Element ein, das ggf. zu Ungerechtigkeiten führen kann,[1037] sie verhindert aber immerhin kurzfristige Manipulationen.

1032 Im Detail N. Mayer, DStR 1993, 991, 993 f.
1033 BGH, MittBayNot 1997, 231 ff. = NJW 1997, 2239 ff.
1034 Angesichts der steuerlichen Folgen sicher keine allgemeingültige Gestaltungsempfehlung, aber im »Rosenkrieg« geht es keineswegs nur rational zu.
1035 N. Mayer, DStR 1993, 991, 993.
1036 Sie entspricht z.B. der Frist des § 91 Abs. 1 Österr. EheG für Hinzurechnungstatbestände zum Endvermögen.
1037 Deshalb krit. N. Mayer, DStR 1993, 991, 994.

Überlegenswert scheint auch, ob dann, wenn die **Entnahmen** in das Privatvermögen unter einem kalkulatorischen Unternehmerlohn[1038] liegen, die **Differenz als fiktiv entnommen** dem privaten Endvermögen hinzugerechnet werden könnte und insoweit ggf. auch Rücktransfers nicht anerkannt werden.

▶ Hinweis:

592 Durch Transfers vom Privat- in das Betriebsvermögen ergeben sich mannigfache Möglichkeiten zur Erhöhung des ausgleichsfreien Vermögens zulasten des ausgleichspflichtigen Vermögens.

c) Notwendige Regelungsbereiche im Zivilrecht

593 Wenn eine Regelung über die Herausnahme von Vermögensteilen aus dem Zugewinn gewünscht wird, so darf sich der Vertrag nicht nur auf die Anordnung der Herausnahme der Aktiva beschränken, sondern er muss sich auch mit den Passiva und dem weiteren Schicksal des herausgenommenen Vermögens befassen. Soweit das gesamte Betriebsvermögen herausgenommen wurde, erübrigen sich ggf. einige der nachfolgenden Regelungen, da Surrogate damit z.B. automatisch erfasst sind. Eine ausdrückliche Regelung schadet aber auch in diesem Fall nicht, sondern verdeutlicht vielmehr die Tragweite der Regelung.

594 So müssen korrespondierend alle mit den herausgenommenen Vermögenswerten zusammenhängenden **Verbindlichkeiten** gleichfalls unberücksichtigt bleiben.[1039]

595 Ganz wichtig ist die Festsetzung, wie **Erträge** aus dem ausgenommenen Vermögensbereich behandelt werden. Wenn auch die Erträge vom Zugewinn ausgenommen werden, dann ist häufig nur noch wenig ausgleichspflichtige Vermögensmasse vorhanden, wenn der Betrieb die Haupteinnahmequelle darstellt. Es ist daher zu empfehlen, etwa Geschäftsführervergütungen oder Ausschüttungen im Zugewinn zu belassen, wenn und soweit diese die private Lebensgrundlage bilden.

Es gibt verschiedene Möglichkeiten zur Regelung der Erträge:
- Herausnahme aller Erträge (ggf. aber ergänzt um den Ausgleich mindestens eines kalkulatorischen Unternehmerlohnes); dies ist für Betriebsvermögen problematisch, wenn dieses die einzige Einnahmequelle ist, da dann auch alle in das Privatvermögen fallenden Erträge ausgeschlossen sind und die Regelung faktisch einer Gütertrennung gleichkommt, jedenfalls wenn der Unternehmer seinerseits auf Zugewinn verzichtet hat;
- Herausnahme der im betrieblichen Bereich verbliebenen Erträge;[1040]
- Regelung, dass Erträge aus dem ausgenommenen Vermögen jedenfalls für Verwendungen auf dasselbe eingesetzt werden können,[1041] ggf. ergänzt um Verfahrensregelungen wie Sonderkonten zur Erfassung der Erträge.[1042]

596 Regelungsbedürftig ist ferner die Behandlung von **Surrogaten** der herausgenommenen Vermögenswerte. Sie erfolgt regelmäßig in dem Sinne, dass auch Ersatzvermögensgegenstände wiederum vom Zugewinn ausgeschlossen sind mit einer Verfahrensregelung, wie solche Surrogate festgestellt werden.[1043]

1038 Man wird einwenden, dass dann wieder der kalkulatorische Unternehmerlohn bestimmt werden müsste. Hier kann man sich entweder an den Bewertungsgrundsätzen der Kammern für die Freiberufler ein Beispiel nehmen, die dies leisten (Büte, Rn. 683 ff. – Anhang 2) oder vertraglich eine Schiedsgutachterklausel vorsehen.
1039 Einhellige Ansicht, etwa Bergschneider, Rn. 697; Langenfeld/Milzer, Rn. 274; N. Mayer, DStR 1993, 991, 992; Stenger, ZEV 2000, 51, 54; Wegmann, Rn. 225.
1040 Z.B. Wegmann, Rn. 190.
1041 Etwa Bergschneider, Rn. 706; Langenfeld/Milzer, Rn. 277.
1042 Wegmann, Rn. 150.
1043 Plate, MittRhNotK 1999, 257, 265.

E. Modifikationen der Zugewinngemeinschaft

Schließlich sind noch die »**Verwendungen**« zu thematisieren. Nach Hinweis darauf, dass der zivilrechtliche Verwendungsbegriff die Schuldentilgung nicht einschließt,[1044] stellen viele Formulierungsvorschläge zunächst klar, dass »Verwendung« auch die Schuldentilgung mit umfasst.[1045]   597

Verwendungen können dann entweder: 598
– unbeschränkt auch aus nicht ausgenommenem Vermögen in das ausgenommene Vermögen ohne Ausgleich zugelassen werden[1046] oder
– nur im Hinblick auf das der gemeinsamen Lebensführung dienende, aber ausgenommene Vermögen[1047] oder
– nur, soweit sie nicht innerhalb einer gewissen Spanne vor Rechtshängigkeit des Scheidungsantrags erfolgten[1048] oder
– sie können gänzlich vom Ausgleich ausgeschlossen werden.[1049]

Probleme macht die den Zugewinnausgleich begrenzende Bestimmung des § 1378 Abs. 2 BGB. Hier wird allgemein vorgeschlagen, das ausgenommene Vermögen als vorhandenes Vermögen i.S.d. Bestimmung gelten zu lassen, damit nicht der Ausgleichsanspruch ungerechtfertigt verkürzt wird. Dies hat insb. Bedeutung, wenn Verwendungen in das ausgleichsfreie Vermögen zwar dem Endvermögen zugerechnet werden, aber nicht mehr genug ausgleichspflichtiges Vermögen vorhanden ist.   599

Schließlich soll durch die Herausnahme nicht bewirkt werden, dass bei Vergleich der jeweils ausgleichspflichtigen Vermögensmassen nunmehr der Ehegatte, der insgesamt weit weniger Zugewinn erzielt hat, sogar noch dem anderen Teil ausgleichungspflichtig wird, die **Ausgleichungspflicht** also quasi »**umkippt**«. Allerdings ist bei den vorgeschlagenen Formulierungen[1050] Vorsicht vor einem Fall geboten: Sie führen nämlich bei der Alternative, dass das ausgenommene Vermögen negativ wird, dazu, dass der Unternehmer, der dieses Risiko selbst tragen sollte, von seiner Ausgleichspflicht, die er bei Betrachtung nur der jeweils ausgleichspflichtigen Vermögensmassen hätte, wieder frei wird.[1051]   600

Eine solche Regelung, die das »Umkippen« vermeidet, ist ein Gebot der Gerechtigkeit.[1052] Nichtig ist ein Vertrag freilich auch ohne eine solche Regelung nicht, wie der BGH kürzlich entschieden hat.[1053]   601

Bei einer solchen soeben dargelegten Anordnung müssten aber dennoch die privaten und betrieblichen Vermögensmassen zum Vergleich gerechnet werden. Um dies zu vermeiden, könnte stattdessen der Unternehmer-Ehegatte auf seinen Zugewinnausgleich gänzlich verzichten. Dann kann die Kontrollrechnung unterbleiben.[1054]

Wie das Urteil des BGH[1055] zur Herausnahme ganz deutlich macht, ist eine **notarielle Belehrung** über die Folgen bei Transfers vom »Privatvermögen« in das »Betriebsvermögen« dringend geboten.[1056]   602

1044 N. Mayer, DStR 1993, 991, 992.
1045 Vgl. etwa Bergschneider, Rn. 706; Langenfeld/Milzer, Rn. 281.
1046 Vgl. die im Urteil des BGH, MittBayNot 1997, 231, 234 = NJW 1997, 2239 wiedergegebene Formulierung.
1047 So z.B. Wegmann, Rn. 151 für das Einfamilienhaus im Anfangsvermögen.
1048 N. Mayer, DStR 1993, 991, 994; Plate, MittRhNotK 1999, 257, 267.
1049 So etwa die Formulierung bei Bergschneider, Rn. 706.
1050 Z.B. Stenger, ZEV 2000, 51, 54: »Ein Anspruch auf Ausgleich des Zugewinns besteht nicht, wenn der Anspruchsgegner bei Berücksichtigung des aus dem Zugewinn ausgenommenen Vermögens einschließlich dessen Wertsteigerung nicht zum Ausgleich verpflichtet wäre.«.
1051 Beispiel: Anfangsvermögen jeweils 0. Endvermögen EM (= Unternehmer): -100 ausgleichsfrei und +60 ausgleichspflichtig. Endvermögen EF +40 ausgleichspflichtig. Der Anspruch von Zugewinnausgleich 10 der EF gegen EM entfiele bei der Formulierung nach vorstehender Fußnote. Eine Formulierung, die solches ausschließt, findet sich im nachfolgenden Formulierungsvorschlag.
1052 Hierzu C. Münch, FamRB 2014, 71 f.
1053 BGH, FamRZ 2013, 1543.
1054 So der Vorschlag von Arens, FamRB 2006, 88, 90.
1055 BGH, MittBayNot 1997, 231, 234 = NJW 1997, 2239.
1056 So auch Bergschneider, Rn. 705.

▶ **Hinweis:**

603 Die Herausnahme des Betriebsvermögens verlangt neben der Herausnahme der Aktiva auch eine Stellungnahme zur Behandlung der Passiva, der Surrogate, der Erträge und der Verwendungen.

3. Formulierungsvorschlag

604 Unter Berücksichtigung des oben Gesagten lässt sich folgender Formulierungsvorschlag mit verschiedenen Alternativen unterbreiten, wobei hier ganz besonders gilt, dass die Formulierung auf den individuellen Fall zugeschnitten sein muss.[1057] Sie wird auch nicht in jedem Fall so ausführlich sein müssen, wie nachfolgend niedergelegt. Insoweit sind die Vorschläge als »Steinbruch« zu verstehen, aus dem man sich die passenden Teile heraussuchen kann. Einige ergänzende Möglichkeiten sind nach dem Gesamtvorschlag noch gesondert vorgestellt.

605 Die Vorschläge nehmen die o.g. Schwierigkeiten auf, sie haben zugleich die Diskussion und Suche nach geeigneten Lösungen angeregt und sollen dies weiterhin tun.

▶ **Kostenanmerkung:**

606 Beim Ausschluss des Betriebsvermögens handelt es sich um einen Fall des § 100 Abs. 2 GNotKG, sodass der Wert des herausgenommenen Vermögens maßgeblich ist, höchstens jedoch der modifizierte Reinwert des betroffenen Ehegatten.[1058] Handelt es sich um erst künftig zu übertragendes Firmenvermögen. so ist dieses, da es im Vertrag bezeichnet ist, mit 30 % seines Wertes anzusetzen, § 100 Abs. 3 GNotKG.

Anteile an Kapitalgesellschaften und Kommanditbeteiligungen sind dabei nach § 54 GNotKG nach dem Eigenkapital i.S.d. § 266 Abs. 3 HGB zu bemessen, für vermögensverwaltende Gesellschaften hingegen ist der Wert des Vermögens anzusetzen. Beteiligungen persönlich haftender Gesellschafter sind mit dem anteiligen Aktivwert der Bilanz zu bewerten, Verbindlichkeiten sind dann im Rahmen des modifizierten Reinvermögens nach § 100 Abs. 1 GNotKG abzuziehen.[1059]

▶ **Formulierungsvorschlag: modifizierte Zugewinngemeinschaft durch Herausnahme des Betriebsvermögens aus dem Zugewinn**

607 URNr. .....

Vom .....

Ehevertrag

– Modifizierte Zugewinngemeinschaft –

– (Herausnahme des Betriebsvermögens) –

Heute, den .....

erschienen vor mir,

.....

Notar in .....

1. Herr .....,

geboren am ..... in .....

1057 Vgl. nur Bergschneider, Rn. 709: »Generelle Vorschläge zur Formulierung solcher Eheverträge können kaum gemacht werden.«.
1058 Leipziger Kostenkommentar, § 100, Rn. 40, 41.
1059 Notarkasse, Rn. 600 f.

E. Modifikationen der Zugewinngemeinschaft

als Sohn von .....,

letztere eine geborene .....,

2. dessen Ehefrau

Frau ....., geborene .....,

geboren am ..... in .....

als Tochter von .....,

letztere eine geborene .....,

beide wohnhaft in .....,

nach Angabe im gesetzlichen Güterstand der Zugewinngemeinschaft verheiratet.

Die Erschienenen wollen einen

Ehevertrag

errichten.

Sie erklären bei gleichzeitiger Anwesenheit gemeinsam mündlich mit dem Ersuchen um Beurkundung, was folgt:

A. Allgemeines

Wir sind in beiderseits in erster Ehe verheiratet.

Unsere Ehe haben wir am ..... vor dem Standesbeamten in ..... geschlossen.

Wir sind beide deutsche Staatsangehörige.

Wir haben bisher keinen Ehevertrag geschlossen und sind insoweit im gesetzlichen Güterstand der Zugewinngemeinschaft verheiratet.

..... (weitere Angaben zur Präambel) .....

B. Ehevertragliche Vereinbarungen

I. Güterstand

Ehevertraglich vereinbaren wir, was folgt:

Den gesetzlichen Güterstand der Zugewinngemeinschaft wollen wir für unsere künftige Ehe ausdrücklich aufrechterhalten, ihn allerdings wie folgt modifizieren:

1)

Der Ehemann ist Inhaber des folgenden Betriebes:

..... (nähere Bezeichnung) .....

Dieser Betrieb soll beim Zugewinnausgleich bei Beendigung der Ehe[1060] aus anderen Gründen als dem Tod eines Ehegatten in keiner Weise berücksichtigt werden.[1061]

1060 Hier wird auf die Beendigung der Ehe abgestellt. Damit soll bei Übergang zur Gütertrennung das Betriebsvermögen weiterhin für eine Güterstandsschaukel zur Verfügung stehen; vgl. Kap. 1 Rdn. 611 ff.
1061 Man beachte, dass trotz der Herausnahme des Betriebsvermögens i.R.d. § 5 Abs. 1 ErbStG die dort gewährten Steuervorteile auch den rechnerischen Zugewinn aus dem Betriebsvermögen erfassen. Vgl. Kap. 1 Rdn. 495.

Alternative 1:

Dieser Betrieb soll beim Zugewinnausgleich in keiner Weise berücksichtigt werden, und zwar weder bei lebzeitiger Beendigung der Ehe/des Güterstandes noch bei Beendigung der Ehe durch den Tod eines von uns.[1062]

Dieses betriebliche Vermögen einschließlich des gewillkürten Betriebsvermögens und etwaigen Sonderbetriebsvermögens soll weder bei der Berechnung des Anfangsvermögens noch bei der Berechnung des Endvermögens des Ehemannes berücksichtigt werden, und zwar auch dann nicht, wenn sich ein negativer Betrag ergibt. Gleiches gilt für Wertsteigerungen oder Verluste dieses Vermögens. Auch die diese Vermögenswerte betreffenden und ihnen dienenden Verbindlichkeiten[1063] sollen im Zugewinnausgleich keine Berücksichtigung finden.

Surrogate der aus dem Zugewinnausgleich herausgenommenen Vermögenswerte sollen nicht ausgleichungspflichtiges Vermögen sein. Sie werden also bei der Berechnung des Endvermögens auch nicht berücksichtigt. Jeder Ehegatte kann verlangen, dass über solche Ersatzvermögenswerte ein Verzeichnis angelegt und fortgeführt wird. Auf Verlangen hat dies in notarieller Form zu geschehen.[1064]

2)

Dies gilt in gleicher Weise für jedes Nachfolgeunternehmen oder jede Nachfolgebeteiligung und jedes Tochterunternehmen, unabhängig von der verwendeten Rechtsform, auch bei Aufnahme weiterer Gesellschafter und auch wenn die Nachfolgebeteiligung in Form von Kapitalgesellschaftsanteilen dieses Unternehmens gehalten wird, die ihrerseits zum Privatvermögen gehören.

In gleicher Weise ausgeschlossen ist bei einer etwa bestehenden Betriebsaufspaltung[1065] oder auch ohne eine solche dasjenige Vermögen, das an den Betrieb im obigen Sinne langfristig zur Nutzung überlassen und ihm zu dienen bestimmt ist,[1066] sofern die entsprechenden Verträge vor mehr als zwei Jahren vor der Rechtshängigkeit eines Scheidungsantrags abgeschlossen wurden.

Alternative zu vorstehend 1) und 2) (Ausschluss jeglichen Betriebsvermögens):

Jegliches Betriebsvermögen eines von uns beiden[1067] *soll beim Zugewinnausgleich bei Beendigung der Ehe aus anderen Gründen als dem Tod eines Ehegatten (ggf. auch beim Tod)*[1068] *..... in keiner Weise berücksichtigt werden.*

1062 Diese Alternative wäre dann zu empfehlen, wenn der Ehegatte auch nicht Erbe sein soll und daher auch § 1371 Abs. 2 BGB ausgeschlossen sein soll.

1063 Vgl. die Anregung bei Plate, MittRhNotK 1999, 257, 264.

1064 Kann bei Betriebsvermögen ggf. wegfallen, da Surrogate erneut Betriebsvermögen sein werden, wird aber für die Herausnahme anderer Wirtschaftsgüter benötigt. Bei Betriebsvermögen ggf. zu bedenken, ob dies auch für Surrogate gelten soll, die anlässlich der Betriebsaufgabe dann im Privatvermögen anfallen. Hierzu kann dann die Alternative verwendet werden, die in Rn. 1005 vorgestellt wird.

1065 Besondere Regelungsnotwendigkeiten stellen sich beim sog.»Wiesbadener Modell«, wenn also die persönliche Verflechtung der Betriebsaufspaltung gerade dadurch vermieden wird, dass ein Ehegatte am Betriebs- und der andere am Besitzunternehmen beteiligt ist. Hier wird man Übertragungsansprüche für den Scheidungsfall begründen müssen (ggf. auch an Dritte um die persönliche Verflechtung nicht eintreten zu lassen z.B. an Kinder, dann aber zumeist auch wieder mit Übertragungsrechten für Vorversterben, Veräußerung etc.) und eine Regelung finden müssen, dass das betroffene Vermögen gleichfalls vom Zugewinn ausgenommen ist. Da das Wiesbadener Modell zumeist mit gezielten Vermögenstransfers bzw. Erwerbsgestaltungen begründet wird, sollten die notwendigen Regelungen in diesem Zusammenhang mitgetroffen werden, vgl. Kap. 3 Rdn. 144 ff.

1066 Dieser Satzteil kann gestrichen werden, wenn er nicht benötigt wird.

1067 Diese Alternative versucht dem Wunsch nach Totalausschluss jeglichen Betriebsvermögens Rechnung zu tragen. Sie unterliegt damit der in vorstehenden Abschnitten vorgetragenen Kritik. Ggf. kann eine weitere Eingrenzung versucht werden, vgl. insoweit Rdn. 610 f. Man muss sich aber eingestehen, hier nicht alle künftigen Eventualitäten vorhersehen zu können. Vorzugswürdig ist also die Verwendung des Ausschlusses eines konkreten Betriebsvermögens.

1068 S.o. Ziff. 1), 1. Alt. ....

E. Modifikationen der Zugewinngemeinschaft

Unter Betriebsvermögen in diesem Sinn verstehen wir auch gewillkürtes Betriebsvermögen und Sonderbetriebsvermögen sowie Vermögen, das dem Betrieb langfristig zur Nutzung überlassen und ihm zu dienen bestimmt ist.

..... Schiedsgutachterklausel, wenn gewünscht .....

3)

Erträge aus diesem vom Zugewinn ausgeschlossenen Vermögen sind gleichfalls vom Zugewinn ausgeschlossen, sofern sie entweder

a) den betrieblichen Bereich noch nicht verlassen haben; insofern sind insbesondere ausgenommen Guthaben auf Kapital-, Darlehens-, Verrechnungs- oder Privatkonten *(streichen, soweit nicht erforderlich)* sowie stehen gelassene Gewinne, Gewinnvorträge oder -rücklagen oder

b) wieder auf die ausgeschlossenen Vermögenswerte verwendet werden, soweit die Verwendungen nicht in den letzten beiden Jahren vor Rechtshängigkeit eines Scheidungsantrages erfolgt sind.[1069] Unter Verwendung verstehen wir auch die Tilgung von Verbindlichkeiten sowie Einlagen in das Betriebsvermögen.

Macht jedoch ein Ehegatte aus seinem sonstigen Vermögen Verwendungen auf die vom Zugewinnausgleich ausgenommenen Vermögenswerte, werden diese Verwendungen mit ihrem Wert zum Zeitpunkt der Verwendung dem Endvermögen des Ehegatten hinzugerechnet, der der Eigentümer dieser Vermögenswerte ist.

Derartige Verwendungen unterliegen also – ggf. um den Geldwertverfall berichtigt – dem Zugewinnausgleich.

Alternative (bezogen auf die letzten beiden Absätze ggf. zusätzlich zu verwenden – Verwendungen aus sonstigem Vermögen):

Dies gilt jedoch nur für solche Verwendungen, die in den letzten beiden Jahren vor Rechtshängigkeit eines Scheidungsantrages erfolgt sind.[1070] *Der Notar hat über die Auswirkung dieser Klausel für Verwendungen vor einer Ehekrise ausführlich belehrt.*

Entsprechendes gilt für Verwendungen des anderen Ehegatten auf die vom Zugewinnausgleich ausgenommenen Vermögenswerte.

Alternativen zu vorstehend 3):

Alternative 1:

Erträge aus diesem vom Zugewinn ausgeschlossenen Vermögen unterliegen dem Zugewinnausgleich.[1071]

Alternative 2:

Erträge aus diesem vom Zugewinn ausgeschlossenen Vermögen unterliegen nicht dem Zugewinnausgleich. Der Notar hat darauf hingewiesen, dass damit auch ins Privatvermögen übernommene Erträge nicht zu einem Ausgleich führen.

1069 Wenn die Erträge des Betriebes die einzige Einnahmequelle darstellen, dann kann die Verwendungsklausel das Entstehen von Zugewinn komplett verhindern, indem diese Erträge alle reinvestiert werden. Aus diesem Grunde wurde die bereits dargelegte Zweijahresfrist hier verwendet, um eine Totalverwendung in der Krise auszuschließen.

1070 Wird verwendet, wenn man akzeptiert, dass auch sonstige Verwendungen aus dem Zugewinn ausscheiden, außer sie sind in einer Ehekrise getätigt worden. Angelehnt an die Formulierung, welche dem BGH-Urteil, MittBayNot 1997, 231 ff. zugrunde lag. Dies ergibt die größte unternehmerische Freiheit, ist jedoch nur bei gesicherter Kompensationsleistung empfehlenswert.

1071 Dies soll den »nicht entnehmenden Unternehmer« einem Angestellten vergleichbarer machen. Das ist problematisch, wenn aus wirtschaftlichen Gründen eben nicht entnommen werden konnte.

4)

Zur Befriedigung der sich etwa ergebenden Zugewinnausgleichsforderung gilt das vom Zugewinn ausgenommene Vermögen als vorhandenes Vermögen im Sinne des § 1378 Abs. 2 BGB.

Eine Vollstreckung in das vom Zugewinnausgleich ausgeschlossene Vermögen ist erst zulässig, wenn die Vollstreckung in das ausgleichspflichtige Vermögen nicht zum Erfolg geführt hat.[1072]

Ein Ehegatte ist nicht verpflichtet, seinen Zugewinn auszugleichen, wenn er unter Berücksichtigung des vom Zugewinn ausgenommenen Vermögens des anderen Ehegatten[1073] nicht zur Ausgleichung verpflichtet wäre.

5)

Die güterrechtlichen Verfügungsbeschränkungen sollen bei zu diesem Vermögen gehörenden Gegenständen nicht gelten.[1074]

Alternative:

Die Verfügungsbeschränkungen des § 1365 BGB schließen wir für unsere Ehe vollständig aus.

6)

Wir sind uns darüber einig, dass hinsichtlich des vorgenannten betrieblichen Vermögens auch bei Mitarbeit der Ehefrau keine Ehegatteninnengesellschaft vorliegt, sondern eine rein arbeitsrechtliche Gestaltung. Wir verpflichten uns insoweit, eine erschöpfende vertragliche Regelung zu treffen, über die hinaus keine Ansprüche bestehen sollen, egal aus welchem Rechtsgrund sie hergeleitet werden könnten, insbesondere nicht aus Ehegatteninnengesellschaft und nicht wegen Störung der Geschäftsgrundlage.

7)

Streiten die Ehegatten um die Zugehörigkeit zum betrieblichen Vermögen, soll ein vom Präsidenten der örtlich zuständigen IHK bestellter Sachverständiger als Schiedsgutachter verbindlich entscheiden.

II. Unterhalt

.....

III. Versorgungsausgleich

.....

Die vorstehenden ehevertraglichen Vereinbarungen nehmen wir hiermit gegenseitig an.

C. Pflichtteilsverzicht

Wir verzichten hiermit gegenseitig auf unser gesetzliches Pflichtteilsrecht in Bezug auf das nach vorstehender Ziffer B.I. vom Zugewinn ausgenommene Vermögen. Wir nehmen diesen Verzicht wechselseitig an.[1075]

1072 Vgl. BGH, NJW 2017, 2202: Vollstreckungsabwehrklage entsprechend § 767 Abs. 1 ZPO bei Verstoß.
1073 Vgl. Formularbuch/Bernauer, Formulierungsvorschlag Formular V. 7 Anm. 2e).
1074 Wem die Abgrenzung zu schwierig ist, der kann die Verfügungsbeschränkungen vollständig ausschließen. So die Alternative.
1075 Der Pflichtteilsverzicht ist dann aufzunehmen, wenn Ehegatten zumindest ihr Betriebsvermögen auch für den Todesfall nicht gegenseitig vererben wollen, sondern etwa an Kinder. Ggf. sind ergänzend einige bindende erbvertragliche Regelungen hinzuzufügen, wie z.B. die Einräumung eines Wohnrechtsvermächtnisses zumindest für eine Übergangszeit, ggf. ergänzt um einen lebenslangen/für die Dauer des Wohnrechts bestehenden Nießbrauch an den in der Ehewohnung befindlichen beweglichen Gegenständen oder auch die Zuwendung genau bestimmter Vermögensteile des Privatvermögens, die unbeschadet der Erbenstellung der Kinder an den Ehepartner erfolgen soll.

D. Belehrungen, Hinweise

Über die rechtliche Tragweite unserer vorstehenden Erklärungen wurden wir vom Notar eingehend belehrt, insbesondere darüber, dass die Abgrenzung der herausgenommenen Vermögenswerte zu Schwierigkeiten führen kann, dass etwa gewillkürtes Betriebsvermögen gebildet werden kann oder Verwendungen aus dem Privatvermögen in das Betriebsvermögen vorgenommen werden können. Er empfiehlt daher eine strikte Trennung der Vermögensmassen und Aufzeichnungen über Bewegung zwischen den Vermögensmassen.

Der Notar hat auf die Rechtsprechung des Bundesverfassungsgerichts und des Bundesgerichtshofs zur Inhaltskontrolle von Eheverträgen hingewiesen und erläutert, dass ehevertragliche Regelungen bei einer besonders einseitigen Aufbürdung von vertraglichen Lasten und einer erheblich ungleichen Verhandlungsposition unwirksam oder unanwendbar sein können.

Die Vertragsteile erklären, dass sie nach einer Vorbesprechung und dem Erhalt eines Vertragsentwurfes die rechtlichen Regelungen dieses Vertrages umfassend erörtert haben und dieser Vertrag ihrem gemeinsamen Wunsch nach Gestaltung ihrer ehelichen Verhältnisse entspricht.

Der Notar hat darauf hingewiesen, dass bei einer Änderung der Ehekonstellation – hierzu gehören insbesondere die Geburt gemeinsamer Kinder oder gewichtige Änderungen der Erwerbsbiografie – die Regelungen auch nachträglich einer Ausübungskontrolle unterliegen können. Er hat geraten, in diesem Fall die vertraglichen Regelungen der veränderten Situation anzupassen.

Da wir diesen Vertrag gemeinsam so wollen, soll er nach Möglichkeit auch dann im Übrigen bestehen bleiben und zur Anwendung gelangen, wenn lediglich einzelne Regelungen unwirksam sind oder der Ausübungskontrolle unterliegen. Wir verpflichten uns in diesem Fall die beanstandete Klausel in rechtlich zulässiger Weise durch eine solche zu ersetzen, die dem Sinn der beanstandeten Klausel am nächsten kommt. Für uns stehen und fallen nicht mehrere Regelungen dieses Vertrages so miteinander, dass bei Unwirksamkeit oder Unanwendbarkeit der einen auch die andere entsprechend nicht anwendbar sein soll.

E. Schlussbestimmungen

Wir beantragen die Erteilung je einer Ausfertigung dieser Urkunde.

Die Kosten dieser Urkunde tragen wir gemeinsam.

Aus Gründen der besseren Lesbarkeit und um die Verwendung in der eigenen Textverarbeitung zu erleichtern, wurden im vorstehenden Formulierungsvorschlag nicht mehr alle Alternativen aufgenommen. Daher sollen hier zur Ergänzung noch einige Alternativen als Anregung dargestellt sein.

Wenn es um die Abgrenzung von Kapitalanteilen, die Betriebsvermögen darstellen, von solchen geht, die nicht vom Ausschluss des Zugewinns erfasst sein sollen, so kann man folgende Regelungen verwenden:

▶ **Formulierungsvorschlag: Gesellschaftsanteile im Privatvermögen**

Zum Betriebsvermögen in diesem Sinne gehören auch steuerlich im Privatvermögen gehaltene Kapitalanteile, soweit sie nicht der reinen Kapitalanlage dienen.[1076] Letzteres ist jedenfalls immer dann der Fall, wenn die Kapitalgesellschaft lediglich eigenes Vermögen verwaltet oder wenn die Beteiligungsquote des Ehegatten nicht größer als 10%[1077] ist.

Nicht zum Betriebsvermögen gehören Gesellschaftsbeteiligungen an Gesellschaften, die nur eigenes Vermögen verwalten[1078] und die lediglich durch ihre gewerbliche Prägung gewerbliche Einkünfte erzielen.

1076 Für den Ausschluss reiner Kapitalanlagen auch Zimmermann/Dorsel, § 7 Rn. 27.
1077 Diese Prozentzahl wurde in Anlehnung an die im BMF-Schreiben zum gewerblichen Grundstückshandel gezogene Beteiligungsgrenze (BStBl. 2004 I, S. 434 ff., Rn. 14) gewählt. Hier sind auch andere Beteiligungszahlen denkbar.
1078 Auch hier bleiben Abgrenzungsprobleme, wenn neben der Verwaltung eigenen Vermögens ein »Scheingegenstand« in den Gesellschaftsvertrag aufgenommen wird.

611 Wenn der Betrieb die einzige Einnahmequelle der Familie ist und auch die Erträge vom Zugewinn ausgeschlossen sind, so kann man mit nachfolgender Klausel eine fingierte Hinzurechnung erreichen, die in etwa einen Zugewinn schafft, wie er sich bei einem vergleichbaren Anstellungsverhältnis darstellen würde.

▶ Formulierungsvorschlag: Hinzurechnung eines kalkulatorischen Unternehmerlohnes

612 Jedoch wird ein kalkulatorischer Unternehmerlohn,
- welcher der Tätigkeit des Unternehmer-Ehegatten entspricht, für die Zeit, in welcher der Ehegatte ... (Beschreibung der Tätigkeit) ... bis zur Rechtshängigkeit eines Scheidungsantrags/nur in den letzten fünf Jahren vor Rechtshängigkeit,
- vermindert um die Beträge, welche in dieser Zeit den betrieblichen Bereich durch Entnahme in das Privatvermögen verlassen haben, ohne wieder im betrieblichen Bereich verwendet worden zu sein und vermindert um einen Steuersatz von ..... %

dem Endvermögen des Unternehmerehegatten hinzugerechnet.

... (Schiedsgutachterklausel, wenn gewünscht) ...

613 Der Schutz des Betriebsvermögens, den die Herausnahme aus dem Zugewinn bezweckt, ist dann nicht mehr notwendig, wenn der Betrieb durch Veräußerung aufgegeben wurde. Das Surrogat »Veräußerungserlös« kann man daher mit den nachfolgenden Formulierungen ganz oder zum Teil dem Zugewinnausgleich unterwerfen.

▶ Formulierungsvorschlag: Surrogate im Privatvermögen ausgleichungspflichtig

614 Sofern jedoch der vom Zugewinn ausgenommene Betrieb durch Veräußerung aufgegeben wird, unterfallen Veräußerungserlöse, die nicht mehr betriebliches Vermögen sind, dem Zugewinnausgleich, sind also dem Endvermögen hinzuzurechnen. Der ausgenommene Betrieb ist dann, soweit er Anfangsvermögen war, beim Anfangsvermögen zu berücksichtigen.

▶ Ergänzender Formulierungsvorschlag: Surrogate im Privatvermögen teilweise ausgleichspflichtig

615 (Surrogate im Privatvermögen mit geringerer Quote ausgleichungspflichtig):

Allerdings vereinbaren wir hierzu folgende Modifikation: Die Wertansätze, mit denen der Betrieb im Anfangs- und der Erlös im Endvermögen unter Berücksichtigung der Geldentwertung anzusetzen sind, sind zu vergleichen. Der Differenzbetrag wird bei Einstellung in das Endvermögen halbiert. So wird z.B. ein Betrieb, der mit 200.000,00 € im Anfangsvermögen zu werten ist und für den ein Veräußerungserlös von netto 1.000.000,00 € erzielt wurde, mit 600.000,00 € im Endvermögen angesetzt.

616 Bei der Behandlung der Erträge des aus dem Zugewinnausgleich ausgenommenen Vermögens sind noch viele Varianten denkbar. Einige in der Literatur favorisierte seien daher noch vorgestellt.

▶ Formulierungsvorschlag: Herausnahme von Erträgen nur entsprechend den Grundsätzen ordnungsgemäßer Unternehmensführung

617 Erträge des Unternehmens, die den Rücklagen zugeführt werden, und Gesellschafterdarlehen sind ebenfalls vom Zugewinn ausgenommen, soweit dies den Grundsätzen einer ordnungsgemäßen Unternehmensführung entspricht. Im Streitfall entscheidet der Schiedsgutachter. Werden jedoch bereits endgültig entnommene Gewinne wieder in das Unternehmen transferiert, so unterliegen sie dem Zugewinnausgleich.[1079]

1079 So die Formulierung bei Langenfeld/Milzer, Rn. 1029. Die Grundsätze ordnungsgemäßer Unternehmensführung sind nur schwer abgrenzbar und bilden daher nur scheinbar eine Grenze. Was will man dem Unternehmer sagen, der die Gewinne in der GmbH lässt, um einen niedrigeren Steuersatz zu haben?

E. Modifikationen der Zugewinngemeinschaft

▶ **Formulierungsvorschlag: Erträge, die zum Unterhalt zu verwenden sind**

Erträge des Unternehmens können für das Unternehmen verwendet werden und unterliegen dann nicht dem Zugewinnausgleich, sofern sie nicht nach unterhaltsrechtlichen Bestimmungen zur Deckung des angemessenen Unterhalts des Ehegatten und der gemeinsamen Kinder zu verwenden sind.[1080]

618

▶ **Formulierungsvorschlag: gesonderte Behandlung von Geschäftsführervergütung und Tantieme**

Erträge des Unternehmens können für das Unternehmen verwendet werden und unterliegen dann nicht dem Zugewinnausgleich. Dies gilt jedoch nicht für Geschäftsführervergütungen einschließlich Tantiemen. Diese werden Privatvermögen.

619

Insbesondere bei Jungunternehmern, die über Jahre hinweg den Betrieb als einzige Einnahmequelle haben werden, sollte darüber nachgedacht werden, dem Nichtunternehmer-Ehegatten vertraglich eine gewisse Mindestsicherung zu garantieren, für die als Maßstab die eigene mögliche Sparquote hergenommen werden kann, oder zumindest die Bedürfnisse sich im Fall einer Scheidung ein neues Lebensumfeld zu beschaffen.

▶ **Formulierungsvorschlag: Mindestzugewinn bei Ausschluss Betriebsvermögen**

Wir gehen davon aus, dass auf der Grundlage vorstehender Vereinbarungen, die Ehefrau einen Anspruch auf Zugewinnausgleich gegen den künftigen Ehemann hat. Für den Fall, dass sich nicht mindestens ein Betrag von ... € pro Ehejahr (gemessen von der Eheschließung bis zur Rechtshängigkeit eines Scheidungsantrages) als Zugewinnausgleichsforderung der Ehefrau aus dem nicht ausgeschlossenen Vermögen ergibt, ist der Ehemann verpflichtet, den hierauf fehlenden Geldbetrag aus seinem sonstigen Vermögen auszugleichen. Für nicht vollendete Ehejahre ist der Betrag anteilig zu ermitteln. Der Ausgleichsanspruch der Ehefrau ist jedoch in keinem Fall höher als der Zugewinnausgleich, der sich unter Berücksichtigung des vom Zugewinnausgleich ausgeschlossenen Vermögens insgesamt ergäbe. Insgesamt wird der Ausgleichsbetrag der Ehefrau zusätzlich auf einen Betrag von höchstens ... € begrenzt.

620

... (Indexklausel) ...

Dieser Anspruch unterliegt seinerseits nicht dem Zugewinn.

4. Alternative Gestaltungen

Wer nach den vorstehenden Ausführungen die Herausnahme eines Betriebes für einen anstehenden Fall nicht als praktikabel erachtet, dem verbleiben folgende Alternativen:

621

a) Kompletter Ausschluss des Zugewinns für den Scheidungsfall mit festen Kompensationsleistungen

Ist das betriebliche Vermögen nicht befriedigend abzugrenzen, so kann auch der Zugewinn im Scheidungsfall und, wenn der Ehegatte auch im Erbfall nicht bedacht sein soll, ggf. auch zusätzlich im Todesfall vollständig ausgeschlossen werden. Sollen auch die Verfügungsbeschränkungen nicht gelten, so ist Gütertrennung zu vereinbaren. Im Gegenzug können zur Sicherung des verzichtenden Ehegatten **feste Kompensationsleistungen** vereinbart und gesichert werden. Dies kann entweder in Form von Einmalbeträgen oder von laufenden Zahlungen geschehen, ggf. auch abhängig von der Ehedauer, möglicherweise aber auch durch Gewährung eines Anspruchs auf Eigentumsübertragung des Familienheims oder aber einer Eigentumswohnung bestimmter Lage und Größe.

622

1080 Würzburger Notarhandbuch/J. Mayer/Reetz, Teil 3, Kap. 1 Rn. 99.

▶ **Gestaltungsempfehlung:**

623 Gerade bei größeren Firmenvermögen mag dies eine Alternative darstellen, welche die zuvor geschilderten Unwägbarkeiten vermeidet, aber dennoch für den Nichtunternehmer-Ehegatten eine befriedigende Sicherheit bietet.[1081]

b) Kompletter Ausschluss des Zugewinns für den Scheidungsfall mit Ausgleichsquote

624 Ein vollständiger Ausschluss des Zugewinns im Scheidungsfall kann auch einhergehen mit der **Vereinbarung** und ggf. Sicherung einer **Ausgleichsquote**, bemessen **nach der Differenz des jeweiligen Gesamtbetrages der Einkünfte**, die jährlich zur Vermögensbildung zu zahlen ist.[1082]

625 Möglicherweise ergänzungsbedürftig sind diese Formulierungen nur für den Fall des Inhabers von Kapitalgesellschaftsbeteiligungen, der sich Gewinne nicht ausschütten lässt.

c) Beibehaltung des Betriebsvermögens im Zugewinn unter Einbeziehung der Abfindungsklauseln im Gesellschaftsvertrag

626 Schließlich ist es denkbar **den Zugewinn auch für Betriebsvermögen** beizubehalten, **aber** für die Wertfeststellung hinsichtlich des Betriebsvermögens auf die **Abfindungsklauseln** im Gesellschaftsvertrag zu verweisen, sodass für die Zugewinnberechnung mit den niedrigeren Werten des Abfindungsrechts gerechnet wird. Problematisch ist hier der Fall, dass der Unternehmer-Ehegatte aufgrund seiner Mehrheit oder seines Einflusses eine Änderung der Abfindungsklausel zu seinen Gunsten erreichen und damit selbst den Maßstab für die Zugewinnberechnung herabsetzen kann. Hiergegen würde die Verwendung einer statischen Zugewinnklausel helfen, die auf die zum Zeitpunkt des Ehevertragsschlusses gültige Abfindungsklausel verweist. Allerdings ist hier der Gleichlauf mit dem gesellschaftsrechtlichen Wert gestört, wenn dort später Änderungen erfolgen.

▶ **Gestaltungsempfehlung:**

627 Bleibt das Betriebsvermögen auf diese Weise im Zugewinn, so ist stets mit Sorgfalt der Wert des Betriebsvermögens im Anfangsvermögen festzustellen, denn dies ist später oft nicht mehr nachholbar.

d) Beibehaltung des Betriebsvermögens im Zugewinn mit modifizierter Ausgleichsforderung

628 Hilfreich könnte ferner eine **Modifikation der Ausgleichsforderung** sein. Möglich wäre z.B. eine Regelung, dass die Ausgleichsforderung nicht ausbezahlt wird, sondern im Unternehmen bleibt, etwa als Einlage einer stillen Gesellschaft. Dies wird sicher nicht der typischen Interessenlage entsprechen, kann aber für besondere Fälle einen Kompromiss darstellen. Beide Ehegatten sind in diesem Fall von den Chancen des Unternehmens und je nach Regelung der Verlusttragung auch von den Risiken[1083] in gleicher Weise betroffen.

1081 Formulierungsvorschlag s. Rdn. 714 mit weiteren steuerlichen Hinweisen.
1082 So der Vorschlag von Bergschneider, Rn. 716 mit Formulierungsmuster, das ausdrücklich Veräußerungsgewinne ausnimmt und Hinweis auf die Notwendigkeit einer konkreten Prüfung im Hinblick auf die schenkungsteuerliche Relevanz. Selbst wenn sich die laufende Zahlung als Abfindung i.S.d. R.E. 5.2.(1), 3 ErbStR für den Verzicht auf Zugewinnausgleich begreifen ließe – nur bei gleichzeitiger Beendigung des Güterstandes –, so wäre sie wohl als laufende Zahlung nach § 5 Abs. 2 ErbStG kaum steuerfrei. Zudem könnte problematisch sein, ob bei Gütertrennung und gleichzeitiger Vereinbarung einkommensorientierten Ausgleichs nicht eine »Perplexität« des Güterstandes vorliegt (vgl. hierzu DNotI-Report 2000, 191, 192).
1083 Weiteres hierzu Rdn. 685 ff.

E. Modifikationen der Zugewinngemeinschaft

e) Beibehaltung des Betriebsvermögens im Zugewinn mit eigener Bewertungsgrundlage

Der Ehevertrag kann schließlich auch eine **eigene Bewertungsgrundlage** für das Betriebsvermögen vorgeben, welche für den Ausgleich des Zugewinns maßgeblich ist.

629

▶ **Hinweis:**

Die letztgenannten Alternativen haben allerdings jeweils die vom Unternehmer meist missbilligte Folge, dass über den Bestand des Betriebsvermögens jedenfalls innerhalb der letzten fünf Jahre detailliert Auskunft gegeben werden muss.

630

III. Ausschluss von Wertsteigerungen des Anfangsvermögens

Das Betriebsvermögen ist ein Beispiel für die Herausnahme von Vermögensgütern aus dem Zugewinnausgleich. Praxishäufig ist in diesem Zusammenhang auch noch die **komplette Herausnahme des Anfangsvermögens** einschließlich des privilegierten Erwerbes aus dem Zugewinn. Damit werden insb. die Wertsteigerungen des Anfangsvermögens dem Zugewinn entzogen, deren Einbeziehung allgemein als ungerecht empfunden wird, weil sie mit dem Prinzip des Zugewinns als Halbteilung des in der ehelichen Lebens- und Wirtschaftsgemeinschaft Erworbenen nicht übereinstimmt.

631

In diesem Zusammenhang ist ferner die Rechtsprechung des BGH[1084] zu nennen, nach der nunmehr **Vorbehaltsrechte der Übergeber** zu einem Zugewinn führen können, wenn sie mit sinkender Lebensdauer der Übergeber in ihrem Wert abnehmen, sich dies aber nicht in einer genau gleichen Steigerung des Grundstückswertes niederschlägt. In solchen Fällen wird es daher verstärkt zum Ausschluss des Anfangsvermögens vom Zugewinn kommen.[1085]

632

Für die Regelung kann auf die Ausführungen bei der Herausnahme von Betriebsvermögen verwiesen werden. Lediglich der Eingang einer entsprechenden ehevertraglichen Klausel soll daher hier nochmals wiedergegeben werden.

633

Besondere Aufmerksamkeit mag in diesen Fällen Ehegatten mit **negativem Anfangsvermögen** gewidmet werden, um nicht durch ehevertragliche Klauseln die gesetzgeberisch gewollte Entschuldung als Zugewinn wegzudefinieren. Hier müsste ggf. klargestellt werden, dass die Entschuldung als Zugewinn anzusehen ist.

▶ **Kostenanmerkung:**

Als Modifizierung des gesetzlichen Güterstandes soll die nachfolgende Regelung mit dem vollen modifizierten Reinvermögen zu bewerten sein.[1086] Etwas anderes könnte nach § 100 Abs. 2 GNotKG gelten, wenn nur ein einzelner Gegenstand eine Regelung erfahren hat. § 100 Abs. 2 GNotKG soll auch anwendbar sein, wenn nur das bei Beurkundung vorhandene Anfangsvermögen behandelt wird.[1087]

634

▶ **Formulierungsvorschlag: Ausschluss von Wertsteigerungen des Anfangsvermögens**

..... (Urkundseingang) .....

.....

B. Ehevertragliche Vereinbarungen

I. Güterstand

Ehevertraglich vereinbaren wir, was folgt:

635

1084 BGH, DNotZ 2007, 849.
1085 Zum Ganzen Kap. 1 Rdn. 79 ff.
1086 Notarkasse, Rn. 5845.
1087 Leipziger Kostenkommentar, § 100, Rn. 40, 41.

Den gesetzlichen Güterstand der Zugewinngemeinschaft wollen wir für unsere künftige Ehe ausdrücklich aufrechterhalten, ihn allerdings wie folgt modifizieren:

1)

Sämtliche Vermögenswerte, die ein jeder Ehegatte in der Vergangenheit oder zukünftig von Todes wegen oder mit Rücksicht auf ein künftiges Erbrecht, durch Schenkung oder als Ausstattung erwirbt, sollen beim Zugewinnausgleich bei Beendigung der Ehe aus anderen Gründen als durch den Tod eines Ehegatten

Alternative:

..... zu Lebzeiten oder im Fall des Todes eines Ehegatten .....

in keiner Weise berücksichtigt werden. Soweit solche Vermögenswerte bisher auf diese Weise erworben wurden, sind sie in der Anlage 1 zu dieser Urkunde niedergelegt. Gleiches gilt für die in der Anlage 2 aufgeführten Vermögensgegenstände des Anfangsvermögens eines jeden Ehegatten nach § 1374 Abs. 1 BGB.

Alternative (kürzer):

Das Anfangsvermögen eines jeden Ehegatten nach § 1374 BGB soll beim Zugewinnausgleich bei Beendigung des Güterstandes aus anderen Gründen als durch den Tod eines Ehegatten in keiner Weise berücksichtigt werden.

Solche Vermögenswerte sollen also weder bei der Berechnung des Anfangsvermögens noch bei der Berechnung des Endvermögens des entsprechenden Ehegatten berücksichtigt werden, und zwar auch dann nicht, wenn sich ein negativer Betrag ergibt. Dies gilt insbesondere für Wertsteigerungen oder Verluste dieses Vermögens, etwa durch das Absinken des Wertes von Vorbehaltsrechten.

Für dieses Vermögen sollen die güterrechtlichen Verfügungsbeschränkungen nicht gelten.

..... (Regelungen für Erträge/Verbindlichkeiten/Surrogate[1088]/Verwendungen etc.) .....

636 Vorgeschlagen wird folgende Regelung der Verwendung von Erträgen, die danach unterscheidet, ob das privilegierte Vermögen der gemeinsamen Lebensführung dient oder nicht:[1089]

▶ Formulierungsvorschlag: Verwendung von Erträgen

637 ..... (Urkundseingang) .....

B. Ehevertragliche Vereinbarungen

I. Güterstand

.....

3)

Dient privilegiertes Vermögen nicht der gemeinsamen Lebensführung, so wird für die Erträge ein Sonderkonto errichtet, mit dem der Inhaber Verwendungen auf das privilegierte Vermögen, wozu auch Schuldentilgungen gehören, vornehmen kann. Guthaben und Verbindlichkeiten dieses Kontos sind gleichfalls vom Zugewinn ausgenommen.

Verwendungen hierauf aus dem nicht privilegierten Vermögen sind jedoch ausgleichungspflichtig und zu dokumentieren.

1088 Surrogate sind oft im Nachhinein nur noch schwer feststellbar, dies wird insb. im Dialog mit Richtern deutlich, die über solche Fälle zu entscheiden haben. Man könnte diese Schwierigkeiten umgehen, wenn man nur diejenigen Surrogate vom Zugewinn ausnähme, die durch notariell beglaubigte Erklärung übereinstimmend als ein solches Surrogat festgestellt wurden.
1089 Wegmann, Rn. 150.

E. Modifikationen der Zugewinngemeinschaft

Dient dagegen das privilegierte Vermögen der gemeinsamen Lebensführung, so können Verwendungen bis zur Grenze des § 1375 Abs. 2 BGB auch aus nicht privilegiertem Vermögen erfolgen.

IV. Verschiebung von zeitlichen Grenzen sowie Befristungen und Bedingungen

1. Veränderung der gesetzlichen Stichtage

Die zeitlichen Grenzen des Zugewinns können einmal durch eine **Verlegung der gesetzlich vorgegebenen Stichtage** verändert werden. Diese Stichtage zur Berechnung des Anfangs- und Endvermögens sind disponibel. 638

Die Gefahr von Vermögensverschiebungen zwischen Trennung und Rechtshängigkeit des Scheidungsantrages ist durch die Neuregelung in §§ 1375 Abs. 2, 1378, 1384 BGB im Zuge der Reform des Zugewinnausgleichsrechts nun weitgehend gebannt. Daher wird nunmehr von Vorschlägen abgesehen, aus diesem Grunde den Endvermögensstichtag zu verlegen. 639

Eine **Vorverlegung des Stichtages für das Anfangsvermögen** kann angezeigt sein,[1090] wenn Vermögensverschiebungen vor der Eheschließung stattgefunden haben, die in den Zugewinn einbezogen werden sollen. Dies kommt z.B. vor, wenn Verlobte mit dem Hausbau beginnen, bevor sie heiraten. Dann wollen sie regelmäßig nicht das Anfangsvermögen am Tag der Eheschließung gewertet wissen, sondern das vor Beginn der Investitionen.[1091] 640

▶ Gestaltungsempfehlung:

Sofern bereits vor der Eheschließung Vermögenstransfers zwischen den Eheleuten stattgefunden haben, muss eine Vertragsgestaltung gefunden werden, die dies angemessen berücksichtigt. Eine Möglichkeit besteht darin, das Anfangsvermögen so zu definieren, dass auf den Zeitpunkt vor dem Vermögenstransfer abgestellt wird. 641

2. Vereinbarung von Bedingungen, Befristungen und Rücktrittsrechten

Eine weitere zulässige Modifikation des gesetzlichen Güterstandes liegt darin, die zeitliche Geltung einer ehevertraglichen Regelung durch eine Befristung oder **Bedingung** oder durch ein Rücktrittsrecht zu beschränken, um damit insb. der Änderung der Ehekonstellation Rechnung zu tragen. 642

▶ Formulierungsvorschlag: Kinder als auflösende Bedingung[1092]

Wird die Ehe auf andere Weise als durch den Tod eines Ehegatten beendet, so findet ein Zugewinnausgleich nicht statt. Das gilt auch für den vorzeitigen Zugewinnausgleich. Der Ausschluss des Zugewinnausgleichs unter Lebenden entfällt, wenn ein gemeinsames Kind geboren oder angenommen wird und ein Ehegatte für die Betreuung dieses Kindes seine Berufstätigkeit ganz oder teilweise[1093] aufgibt.[1094] Der Ausschluss entfällt dann für die gesamte Ehezeit. 643

Alternative 1:

In einem solchen Fall ist der Zugewinn ausgeschlossen bis zu einem Zeitpunkt, der sechs Monate vor der Geburt unseres ersten gemeinsamen Kindes liegt. Für die restliche Ehezeit hingegen findet der Zugewinn statt. Wir verpflichten uns zu diesem Zeitpunkt ein Vermögensverzeichnis zu erstellen, das unser dann vorhandenes Vermögen aufweist. Dieses Vermögen gilt als Anfangsvermögen.

1090 Zur Zulässigkeit Langenfeld/Milzer, Rn. 1087.
1091 Formulierungsvorschlag: Kap. 3 Rdn. 41.
1092 Langenfeld/Milzer, Rn. 317; Kanzleiter/Wegmann, Rn. 98 bis 104.
1093 Dies kann noch näher quantifiziert werden, etwa durch die Formulierung »auf eine unterhältige Tätigkeit reduziert« oder indem auf eine bestimmte Wochenstundenzahl Bezug genommen wird.
1094 Hierzu Plate, MittRhNotK 1999, 257, 262.

Alternative 2:

In einem solchen Fall ist der Zugewinn ausgeschlossen bis zu einem Zeitpunkt, der sechs Monate vor der Geburt unseres ersten gemeinsamen Kindes liegt. Der Ausschluss des Zugewinns beginnt dann erneut mit der Wiederaufnahme der vollen Berufstätigkeit. Wir verpflichten uns zu diesen Zeitpunkten jeweils ein Vermögensverzeichnis zu erstellen, das unser dann vorhandenes Vermögen aufweist. Dieses Vermögen gilt als Anfangsvermögen bzw. Endvermögen.

Im Fall des Eintritts der Bedingung nach dieser Bestimmung gilt hinsichtlich der übrigen Regelungen dieses Vertrags Folgendes: .....

Alternative:

Sollte aufgrund der vorstehenden Vereinbarungen der Ehegatte, der wegen der Geburt eines gemeinschaftlichen Kindes seine Berufstätigkeit ganz oder teilweise aufgegeben hat, bei Scheidung der Ehe zum Ausgleich des Zugewinns verpflichtet sein, so bleibt es bei der Vereinbarung, die wir für den Fall der Kinderlosigkeit getroffen haben.[1095]

644 Die Vereinbarung eines **Rücktrittsrechts** wird manchmal vorgezogen,[1096] wenn man die Automatik einer Bedingung nicht möchte. Ein Rücktrittsrecht sollte aber mit einer Frist versehen sein, damit sich der andere Ehegatte darauf einstellen kann. Ohne **Frist** könnte das Rücktrittsrecht wohl noch im Scheidungsfall ausgeübt werden, von vagen Grenzen der Verwirkung einmal abgesehen. Ferner sollte die Vereinbarung regeln, was mit den übrigen Vertragsvereinbarungen geschieht.

▶ Formulierungsvorschlag: Rücktrittsrecht

645 Wird die Ehe auf andere Weise als durch den Tod eines Ehegatten beendet, so findet ein Zugewinnausgleich nicht statt. Das gilt auch für den vorzeitigen Zugewinnausgleich.

Wird ein gemeinsames Kind geboren oder angenommen, so ist diejenige/derjenige von uns, der für die Pflege und Erziehung dieses Kindes seine Berufstätigkeit ganz oder teilweise aufgibt, zum Rücktritt von dieser Vereinbarung berechtigt. Der Rücktritt ist zur Urkunde eines Notars zu erklären und dem anderen Vertragsteil zuzustellen. Der Rücktritt muss binnen eines Jahres nach Geburt oder der Annahme des ersten gemeinsamen Kindes zugestellt sein, ansonsten erlischt das Rücktrittsrecht. Der Ausschluss entfällt dann für die gesamte Ehezeit.[1097]

Im Fall des Rücktritts nach dieser Bestimmung gilt hinsichtlich der übrigen Regelungen dieses Vertrages Folgendes: .....

646 Als **weitere Gestaltungsalternative** kommt in Betracht, von vornherein den Stichtag für die Berechnung des Anfangsvermögens auf den Tag der Geburt des ersten gemeinsamen Kindes zu legen, sodass erst ab da ein Zugewinn ausgleichungspflichtig wird,[1098] außerdem kommt in Betracht, auch den Zugewinnzeitraum von vornherein auf die Zeit von der Geburt des ersten gemeinsamen Kindes an bis zu einem bestimmten Lebensalter des jüngsten Kindes zu begrenzen.[1099]

3. Versorgungssicherheit durch Dritte als Bedingung

647 Praxishäufig sind Fälle, in denen eine Seite von den Eltern eine große Erbschaft oder vorweggenommene Erbfolge erwartet und daher glaubt, nicht auf Zugewinn angewiesen zu sein. Hier sollten in der Beratung allzu euphorische Erwartungen gebremst und angebotene Verzichte auf diese Erwar-

---

1095 Hierzu Plate, MittRhNotK 1999, 257, 262.
1096 Gegen ein Rücktrittsrecht Kanzleiter/Wegmann, Rn. 103; dafür Brambring, Rn. 97.
1097 Abweichende zeitliche Wirkungen können aus dem letzten Formulierungsvorschlag (Rdn. 643) übernommen werden.
1098 So der Vorschlag von Wegmann, Rn. 147. Allerdings wird hier zu beachten sein, dass Probleme, die etwa beim Hausbau vor dem Stichtag des Anfangsvermögens besprochen werden, hier auf einen völlig ungewissen Stichtag hin auftreten können, also insb. Vermögenstransfers der Ehegatten untereinander nicht vom Zugewinn erfasst werden.
1099 Kanzleiter/Wegmann, Rn. 104.

tung abgestimmt werden. Es könnte eine Vertragsgestaltung helfen, die diese **künftige Versorgungssicherheit durch Dritte** mit einbezieht und etwa den völligen Verzicht auf Zugewinn vom Eintritt dieses – näher zu bezeichnenden – Vermögenserwerbes abhängig macht und für den Fall des Nichteintritts einen (modifizierten) Zugewinn zuspricht.

▶ **Formulierungsvorschlag: Enttäuschte Erbschaft als auflösende Bedingung**

..... Der Ausschluss des Zugewinns entfällt, wenn die Ehefrau zum Zeitpunkt der Rechtshängigkeit des Scheidungsantrags[1100] nicht Eigentümerin des Hausanwesens Friedrich-Müller-Straße 2 in A-Stadt (FlurNr. 111/2 Gemarkung A-Stadt) ist.

Es gilt dann der Güterstand der Zugewinngemeinschaft, allerdings mit folgender Modifikation .....

648

Überhaupt entspricht es der Tendenz der Abstimmung von Eheverträgen auf Ehekonstellationen, für eine Änderung der Ehekonstellation auch eine geänderte Rechtsfolge vorzusehen.[1101]

649

4. Zugewinn abhängig von der Ehedauer

Schließlich kann der Zugewinn bei kurzer Ehedauer ausgeschlossen oder modifiziert werden.

650

▶ **Formulierungsvorschlag: kein Zugewinn bei kurzer Ehe**

Dauert unsere Ehe zwischen Eheschließung und Rechtshängigkeit[1102] eines Scheidungsantrags, der zur Scheidung der Ehe führt, nicht länger als fünf Jahre, so findet ein Zugewinnausgleich nicht statt.

651

Dauert unsere Ehe dementsprechend länger als fünf Jahre, aber nicht länger als zehn Jahre, so beträgt die Ausgleichsquote abweichend von § 1378 Abs. 1 BGB nur 25% des Überschusses.

Dauert unsere Ehe dementsprechend länger als zehn Jahre, so findet der Zugewinnausgleich für die gesamte Ehedauer entsprechend den gesetzlichen Vorschriften statt.

Alternative:

Vorstehende Einschränkungen gelten nicht, wenn wir ein gemeinschaftliches Kind haben.

V. Festlegungen zum Anfangs- und Endvermögen sowie Bewertungsvereinbarungen

Da § 1376 BGB keine Bewertungsmaßstäbe für die Wertbestimmung des Anfangs- und Endvermögens vorgibt – mit Ausnahme der Bestimmung des Abs. 4 für das land- und forstwirtschaftliche Vermögen –, besteht häufig ein Interesse, zur Vermeidung späterer Meinungsverschiedenheiten Vereinbarungen über die Festlegung oder Bewertung des Anfangs- oder Endvermögens zu treffen.

652

1. Festlegung des Anfangsvermögens

Von zentraler Bedeutung für die Bestimmung des Anfangsvermögens ist die Vorschrift des § 1377 Abs. 3 BGB. Sofern die Ehegatten kein **Verzeichnis über das Anfangsvermögen** aufstellen, wird vermutet, das Endvermögen stelle den Zugewinn dar. Das Anfangsvermögen wird also in diesem Fall mit null angesetzt. Diese Vermutung ist bestehen geblieben, obwohl der Gesetzgeber nunmehr auch negatives Anfangsvermögen zulässt, § 1374 Abs. 1, Satz 2 BGB. Mag man bei Vermögensgütern wie Grundstücken oder Bankkonten die Vermögensinhaberschaft noch nachweisen können, so ist dies bei anderen Gütern, z.B. ererbtem Schmuck schon schwieriger. Außerdem verschlechtert

653

1100 Wer befürchtet, dass bei einem drohenden Scheidungsverfahren die vorweggenommene Erbfolge hinausgezögert wird, kann zusätzlich noch Folgen an den späteren Erwerb des Anwesens knüpfen, etwa dergestalt, dass dann der Zugewinnausgleich quotal zurückgeführt werden muss.
1101 Langenfeld/Milzer, Rn. 316.
1102 Wegen Missbrauchsgefahr nicht bis zur Scheidung bemessen, Bergschneider, Rn. 103 f.

sich mit zunehmendem Abstand zum Eintritt in den Güterstand die Beweislage, weil z.B. Bankauszüge nach längerer Zeit weder beim Mandanten noch bei der Bank vorliegen. Aus diesem Grund ist es wichtig, das Anfangsvermögen beweiskräftig festzuhalten. Hinzu kommt, dass i.R.d. **§ 5 Abs. 1 ErbStG** für die steuerliche Feststellung des Zugewinns die Vermutung des § 1377 Abs. 3 BGB **nicht gilt**, man also dem Finanzamt ggü. nachweisen muss, dass und in welcher Höhe Zugewinn vorliegt. Dies stellt die steuerlichen Berater nicht selten vor erhebliche Probleme.

654 Diesen Schwierigkeiten kann man aus dem Weg gehen, wenn ein **Verzeichnis über das Anfangsvermögen** erstellt wird.

Aus diesem Grund sollte die Erstellung eines solchen Verzeichnisses über das Anfangsvermögen durchaus öfter erwogen werden, und zwar auch dann, wenn zu diesem Zeitpunkt noch keine größeren Vermögenswerte zu verzeichnen sind. So wird später der Nachweis erheblich leichter gelingen, dass es sich bei den vorhandenen Vermögenswerten um Zugewinn handelt.

655 Man kann die Gelegenheit zusätzlich nutzen und sich zugleich auf eine **Bewertung der Gegenstände des Anfangsvermögens** einigen. Da es sich beim Anfangs- und Endvermögen letztlich um bloße Rechengrößen handelt, ist die vorgenommene Bewertung eigentlich wichtiger als die Einzelaufzählung der Gegenstände. Die nachfolgende Festlegung bezieht sich auf das Anfangsvermögen nach § 1374 Abs. 1 BGB, sodass spätere Hinzurechnungen nach § 1374 Abs. 2 BGB von der Festlegung nicht erfasst sind.

▶ Formulierungsvorschlag: Bewertungsvereinbarung[1103]

656 Wir sind uns darüber einig, dass für Zwecke des Zugewinnausgleichs das Anfangsvermögen des Ehemannes im Sinne des § 1374 Abs. 1 BGB mit 50.000,00 € und das Anfangsvermögen der Ehefrau im Sinne des § 1374 Abs. 1 BGB mit 80.000,00 € zu bewerten ist.

▶ Formulierungsvorschlag: Vermögensverzeichnis

657 Unser derzeitiges wesentliches Vermögen ist jeweils in einem dieser Urkunde als wesentlicher Bestandteil beigeschlossenen Vermögensverzeichnis näher aufgeführt. Die Anlagen, auf die hiermit verwiesen wird, sind wesentlicher Bestandteil und damit Inhalt und Gegenstand dieser Urkunde. Sie wurden vom Notar mitverlesen. Das in diesen Anlagen genannte Vermögen stellt abschließend unser Anfangsvermögen im Sinne des § 1374 Abs. 1 BGB dar.

658 Weitere Möglichkeiten. die Wertfestsetzung des Anfangsvermögens zu ändern, bestehen etwa in der vertraglichen **Abbedingung** oder Ausgestaltung der Wertberichtigung durch den **Kaufkraftschwund** oder auch in der **Abbedingung des § 1374 Abs. 2 BGB**,[1104] wobei diese Gestaltungen in der Praxis jedoch nicht häufig vorkommen.

659 Vorgeschlagen wird auch eine Regelung, wonach sich der Zugewinn nur aus Grundstücken, grundstücksgleichen Rechten oder Wertpapieren errechnet.[1105]

2. Heirat mit verschuldetem Partner

660 Zum »Standardrepertoire« der ehevertraglichen Beratung gehörte früher die **Festsetzung negativen Anfangsvermögens bei überschuldeten Ehegatten**.[1106]

1103 Weitere z.T. ausführlichere Vorschläge bei Kersten/Bühling/Zimmermann/Winnen, § 83 Rn. 19 ff. Das Finanzamt wird aber ggf. darüber hinaus auch wissen wollen, wie sich das Anfangsvermögen zusammengesetzt hat, um die Bewertung nachkontrollieren zu können.
1104 Kersten/Bühling/Zimmermann/Winnen, § 83 Rn. 25.
1105 Müller, Kap. 3, Rn. 327.
1106 Haußleiter/Schulz, 4. Aufl., Kap. 1 Rn. 22.

E. Modifikationen der Zugewinngemeinschaft

Die Bestimmung des § 1374 Abs. 1 BGB a.F., dass das Anfangsvermögen nicht negativ sein konnte, empfanden viele Vertragsschließenden als ungerecht, ermöglichte sie doch einem Ehegatten, auf Kosten des Zugewinns des anderen seine Verbindlichkeiten während der Ehe zu tilgen.[1107]

Dem ist nunmehr durch die Reform des Zugewinnausgleichsrechts abgeholfen, da nach §§ 1374, 1375 BGB n.F. nunmehr Anfangs- und Endvermögen negativ sein können. Allerdings hat die Reform die Vermutung des § 1377 Abs. 3 BGB nicht geändert, sodass bei Scheidung die Vermutung nach wie vor auf ein Anfangsvermögen von 0,00 € geht. Daher ist es bei negativem Anfangsvermögen angezeigt, ein Vermögensverzeichnis zu erstellen, mit dessen Hilfe später die Vermutung des § 1377 Abs. 3 BGB entkräftet werden kann. — 661

Möglicherweise hat der Ehegatte mit einem negativen Anfangsvermögen ein Interesse daran, die aus seiner Sicht gegebene Härte der nunmehrigen Regelung – dass er bei einer Vermögenswertbegrenzung nach § 1378 Abs. 2 BGB auf das gesamte Vermögen gezwungen ist, sein ganzes positives Vermögen für den Zugewinn aufzubringen –, ehevertraglich abzumildern. Gleiches kann gelten, wenn eine Ausgleichsforderung nur den Gläubigern des noch immer verschuldeten Ehegatten zugutekäme. Dies kann etwa durch eine Obergrenze der Forderung nach Zugewinnausgleich geschehen. Vorsicht ist geboten bei einer Änderung der Vermögenswertbegrenzung, da diese als zwingendes Recht angesehen wird.[1108] — 662

Häufig wird bei Heirat mit einem verschuldeten Partner auch ein sog. **Haftungsehevertrag** angesprochen, mit dem die Ehegatten bewirken wollen, dass künftige Gläubiger nicht auf das eheliche Vermögen zugreifen können. Aus diesem Grund wird das Anfangsvermögen durch ein **Verzeichnis** genau festgestellt. Zumeist waren sich die Ehegatten zuvor einig, dass dieses zum großen Teil dem nicht verschuldeten Ehegatten gehören soll. Sofern hierin Eigentumsübertragungen liegen, unterliegen diese dem Anfechtungsgesetz bzw. der Insolvenzanfechtung. Je nach Sachverhaltsgestaltungen sind auch strafrechtliche Folgen zu bedenken, die möglicherweise dazu führen können, dass der Notar sich einer Mitwirkung enthalten muss.[1109] — 663

Ferner wünschen die Ehegatten in solchen Fällen häufig, eine allgemeine Regel festzuhalten, dass **künftige Eigentumserwerbe** ausschließlich durch den nicht verschuldeten Ehegatten erfolgen. Eine solche Abrede im Ehevertrag kann aber nicht in den konkreten Eigentumserwerb eingreifen, der z.B. zwischen dem Verkäufer und einem Ehegatten als Käufer stattfindet und der nicht von der dem Verkäufer nicht bekannten ehevertraglichen Abrede bestimmt sein kann. Außerdem können die Ehegatten von einer solchen Abrede im Einzelfall ohne Formgebundenheit abweichen, denn eine zwingende Regelung ohne Abweichungsmöglichkeit dürfte dem Verdikt der Sittenwidrigkeit unterfallen. Aus diesem Grund wird eine solche Abrede die zugunsten eines Gläubigers eingreifende Vermutung des **§ 1362 BGB** nicht erschüttern können, wonach bewegliche Sachen im Besitz beider Ehegatten dem Schuldner gehören.[1110] — 664

Aus diesem Grund ist es dringend erforderlich, beim Erwerb darauf zu achten, dass als Käufer und Rechnungsadressat jeweils der nicht verschuldete Ehegatte aufgenommen wird, sodass anhand dieser Unterlagen die Eigentümerstellung später nachgewiesen werden kann. Entscheidend für die **Eigentümerstellung** soll sein, wen der Verkäufer als Käufer und damit Vertragspartner ansehen durfte, nicht hingegen, aus wessen Mitteln der Kaufpreis stammte.[1111] — 665

1107 Vgl. etwa Gernhuber, JZ 1996, 47 ff. (Urteilsanmerkung).
1108 Finger, FuR 2007, 405, 408.
1109 Würzburger Notarhandbuch/J. Mayer/Reetz, Kap. 3 Rn. 112.
1110 § 1568b Abs. 2 BGB enthält ferner eine Vermutung des gemeinsamen Eigentums für Hausratsgegenstände, die in der Ehe angeschafft wurden. Diese Vermutung soll nicht allein dadurch widerlegt sein, dass nur ein Ehegatte auftrat und die Gegenstände allein bezahlte, Wever, Rn. 82 ff.
1111 OLG Brandenburg, FamRZ 2003, 1561 f.

666 Gleichwohl werden solche Vereinbarungen geschlossen und halten offensichtlich in einigen Fällen von einer Pfändung ab.[1112]

▶ **Formulierungsvorschlag: Vermögensverteilung bei Haftung**

667 Wir stellen fest und bestätigen wechselseitig, dass diejenigen Gegenstände, welche in der Anlage 1 aufgeführt sind, der Ehefrau A gehören und ihr Anfangsvermögen darstellen. Lediglich die in der Anlage 2 aufgeführten Gegenstände sind Eigentum und Anfangsvermögen des Ehemannes B.

Künftig wird Haushaltsgegenstände nur Ehefrau A im eigenen Namen erwerben. Wir verpflichten uns gegenseitig, hieran in jeder etwa erforderlichen Form mitzuwirken.

Der Notar hat darauf hingewiesen, dass eine solche Vereinbarung einen konkret anders abgeschlossenen Erwerb im Einzelfall dennoch zulässt. Er hat ferner geraten, bei jeder wichtigen Anschaffung zusammen mit dem Verkäufer eine Rechnung zu erstellen und aufzubewahren, welche die Ehefrau A als Erwerberin und Eigentümerin ausweist.

3. Vorzeitiger Hausbau

668 Beim **Bau** eines Hauses **vor der Eheschließung** auf dem Grundstück eines Ehegatten **oder** auch beim **Bau auf einem Grundstück der Eltern/Schwiegereltern vor Übertragung** mit Mitteln jeweils des Nichteigentümer-Ehegatten ergeben sich Probleme, denn das Anfangsvermögen des Eigentümer-Ehegatten müsste dann erhöht um die Investition festgesetzt werden, sodass es am Stichtag der Eheschließung bzw. Schenkung auch die Aufwendungen des Nichteigentümer-Ehegatten enthält. Hier sind **mannigfache vertragliche Vorkehrungen** denkbar.[1113] Insb. wird in solchen Fällen eine Festsetzung des Anfangsvermögens auf den Stand vor Beginn der Investition vorgeschlagen.[1114]

669 Bei der Schenkung privilegierten Vermögens, in das der nicht beschenkte Ehegatte bereits vor der Schenkung investiert hat, ist das **OLG München**[1115] einen neuen Weg gegangen. Es setzt als **privilegiertes Anfangsvermögen** i.S.d. § 1374 Abs. 2 BGB **nur den Wert des Grundstücks ohne Baumaßnahmen** an, wenn sich nicht mehr feststellen lässt, ob die Investitionen des nicht beschenkten Ehegatten vor oder nach der Schenkung stattgefunden hat. Das OLG München hält es für unbillig, den Fall mit starren Stichtagsregelungen über die Beweislast zu lösen. Durchaus bedenkenswert ist auch die Anmerkung zu diesem Urteil,[1116] die darauf hinweist, dass sich dieses Ergebnis besser aus einer anderen Sicht ergibt. Eine Schenkung i.S.d. § 1374 Abs. 2 BGB liege nämlich insoweit nicht vor, als die Übertragung zur Abgeltung von Investitionen geschehe. Somit sei in der Tat nur der Ursprungswert als Anfangsvermögen festzustellen.[1117] Ähnlich hat nunmehr auch der BGH die Revision entschieden.[1118] Die Zuwendung ist nicht unentgeltlich, soweit sie die zuvor von den Ehegatten bewirkte Wertsteigerung ausgleicht. Zum Anfangsvermögen gehören aber nur die unentgeltlichen Übertragungen.

1112 Langenfeld/Milzer, Rn. 503.
1113 Die Rspr. hat sich inzwischen insoweit gewandelt, als der BGH Ansprüche nunmehr nicht nur nach Verlobung anerkennt, sondern in größerem Umfang auch für die Zeit des nichtehelichen Zusammenlebens, BGH, DNotZ 2009, 52 ff.
1114 Formulierungsvorschlag in Kap. 3 Rdn. 43.
1115 OLG München, FamRZ 2003, 312.
1116 Schröder, FamRZ 2003, 313.
1117 Vgl. auch die abl. Anm. von Armasow, RNotZ 2003, 320 ff., der mit dem Ergebnis leben will, dass die investierende Ehefrau keinen Ausgleich erhält. Die dort vertretene Ansicht, dass bei der Investition in das noch den Schwiegereltern gehörende Anwesen kein Rechtsverhältnis zwischen den Ehegatten bestehe, überzeugt jedoch nicht. Hier kann vielmehr auf die Rspr. des BGH, NJW 1995, 1889 f. aufgebaut werden.
1118 BGH, FamRZ 2005, 1974 ff.

E. Modifikationen der Zugewinngemeinschaft   **Kapitel 2**

4. Festlegung des Endvermögens

Eine gleichfalls eher theoretische Möglichkeit ist die Begrenzung der Zugewinnausgleichsforderung durch die Festsetzung eines Höchstbetrages für das Endvermögen,[1119] ggf. ergänzt um eine Indexklausel.[1120] Der Höchstbetrag kann auch als Vielfaches des Anfangsvermögens ausgedrückt sein.[1121]   **670**

5. Bewertungsvereinbarungen

a) Betriebsvermögen

In der Praxis kommen oftmals auch **Bewertungsvereinbarungen** vor. Sie sind insb. dann ratsam, wenn unternehmerisches Vermögen im Zugewinn verbleibt. Hier kann durch **Bezugnahme auf ein anerkanntes Bewertungsverfahren** die Wertfestlegung von den Ehegatten zuvor vereinbart werden.   **671**

▶ Gestaltungsempfehlung:

> Empfehlenswert sind hier allein Verweise auf allgemein anerkannte Bewertungsstandards, möglichst in ihrer jeweils gültigen Fassung. Zuweilen vorgebrachte individuelle Bewertungskriterien der Vertragsteile sind nur mit Vorsicht verwendbar.   **672**

Als solche Standards, die in Bezug genommen werden können, sind etwa anzusehen der **IDW-Standard S 1**,[1122] ggf. auch das **Bewertungsverfahren nach dem Erbschaftsteuergesetz**, wobei die auch nach der Neuregelung 2016 noch immer nicht zur Ruhe gekommene Diskussion um die Verfassungswidrigkeit dieser Bewertung zeigt, wie gefährlich – weil kaum vorhersehbar – eine solche dynamische Verweisung sein kann. Da die Bewertungsverfahren immer wieder an neue Erkenntnisse angepasst werden, ist es ratsam festzulegen, mit welchem Stand das Bewertungsverfahren zur Anwendung kommen soll. Ferner ist darauf zu achten, dass auch zum Stichtag des Anfangsvermögens die entsprechenden Daten erhoben und festgehalten werden.   **673**

Ergänzend zum IDW S 1 ist für die Bereiche des Familien- und Erbrechts ein neuer Standard IDW S 13[1123] entwickelt worden. Der Standard spricht nicht mehr wie noch die früheren Grundsätze des HFA von 1995 von einem fairen Einigungswert, sondern von einem **Ausgleichs- und Auseinandersetzungswert**, auf den **überzuleiten** sei. Er stellt klar, dass hierdurch nicht die Bewertung nach IDW S 1 geändert, sondern eine zusätzliche Stufe angehängt wird.[1124]   **674**

Zur Bewertung nach IDW S 1 bzw. IDW S 13 wurde bereits ausführlich Stellung genommen.[1125]

▶ Formulierungsvorschlag: Bewertung nach Fachgutachten IDW

Ehevertraglich vereinbaren, wir was folgt: **675**

Den gesetzlichen Güterstand der Zugewinngemeinschaft wollen wir für unsere künftige Ehe ausdrücklich aufrechterhalten, ihn allerdings wie folgt modifizieren:

1)

Der Ehemann ist Inhaber des folgenden Betriebes:

..... (nähere Bezeichnung) .....

1119 Knur, DNotZ 1957, 451, 475.
1120 Vgl. DNotI-Report 2002, 4.
1121 Plate, MittRhNotK 1999, 257, 269.
1122 IDW S 1 (Stand April 2008); abgedruckt z.B. in Widmann/Mayer, Umwandlungsrecht, erster Bd.
1123 IDW S 13 in der Loseblattsammlung, 59. Erg.Lfg. (Stand 2019) und IDW-Life 2016, 548 ff.; hierzu Ihlau/Kohl, WPG 2016, 163 ff.; abgelöst wird damit die Stellungnahme HFA 2/1995. Zur Unternehmensbewertung im Familien- und Erbrecht, WPg 1995, 522 ff.
1124 IDW S 13, Rn. 2.
1125 Kap. 1 Rdn. 185 ff.

Dieser Betrieb soll beim Zugewinnausgleich

Alternative:

..... *bei Beendigung der Ehe aus anderen Gründen als dem Tod eines Ehegatten*

so bewertet werden, dass die Bewertung sich nach dem Fachgutachten des IDW (IDW S 1) in seiner zum Stichtag der Endvermögensfeststellung gültigen Fassung richtet. Hierbei soll das Ertragswertverfahren

Alternative:

..... *das Discounted-Cash-Flow Verfahren*[1126]

zur Anwendung kommen.

Alternative 1:

Ergänzend sollen die Grundsätze nach IDW S 13 zur Unternehmensbewertung im Familien- und Erbrecht in der zum oben genannten Stichtag gültigen Fassung herangezogen werden.[1127]

Alternative 2:

Dieser Betrieb soll beim Zugewinnausgleich so bewertet werden, dass die Bewertung nach dem Konzept des sog. Ertragsbarwertes erfolgt, ggf. unter Berücksichtigung der Einzelfallbesonderheiten.[1128]

..... Schiedsgutachterklausel .....

b) Landwirtschaft

676   Die Notwendigkeit einer Bewertungsfestlegung wird sich häufig im Bereich der Land- und Forstwirtschaft ergeben. Hier enthält das Gesetz selbst in **§ 1376 Abs. 4 BGB** eine Bewertungsregel. Danach richtet sich bei Weiterführung des Betriebes die Wertfeststellung nach dem landwirtschaftlichen Ertragswert. Dieser bestimmt sich nach § 2049 Abs. 2 BGB i.V.m. Art. 137 EGBGB und den landesrechtlichen Vorschriften. Der Ertragswert beläuft sich demnach i.d.R. auf das 25-fache oder das 18-fache des jährlichen Reinertrages. Zuerworbene Grundstücke sind von dieser Regelung nicht erfasst, es sei denn, der Erwerb war zur Erhaltung des Betriebes erforderlich.[1129] Ebenso wenig sind Grundstücke erfasst, die während der Ehe verkauft wurden. Sie sind dann im Anfangsvermögen mit dem Verkehrswert zu erfassen. Werden landwirtschaftliche Grundstücke Bauland und ließen sie sich aus dem Betrieb ausgliedern, ohne die Betriebsfortführung zu gefährden, so sind diese Grundstücke mit dem Verkehrswert zu erfassen.[1130]

677   Hält man sich die Ertragswertänderungen vor Augen, so wird im landwirtschaftlichen Betrieb kaum Zugewinn anfallen. Man mag dies zur Erhaltung der bäuerlichen Betriebe begrüßen.

678   Zugleich stellt dies aber denjenigen Ehegatten des Hoferben, der über lange Jahre auf dem Hof mitgearbeitet und so zur Erhaltung und ggf. Wertsteigerung des Hofes beigetragen hat, schutzlos.[1131] Daher kann in diesen Fällen folgende Formulierung Anwendung finden:

1126   Hülsmann, ZIP 2001, 450, 451 warnt insoweit, als hier eine Bestätigung durch die Rspr. noch aussteht. Zu diesem Verfahren: Peemöller/Kunowski/Hiller, WPg 1999, 621 ff.; Kruschwitz/Löffler, DB 2003, 1401 f.
1127   Derzeit abgedruckt in WPg 1995, 522 ff. 724.
1128   So der Vorschlag von Bergschneider, Rn. 658.
1129   BGHZ 113, 325.
1130   BGHZ 98, 382, 388 für Pflichtteilsansprüche; Büte, Rn. 152.
1131   Wie hier Bölling, FamRZ 1980, 754 ff.

E. Modifikationen der Zugewinngemeinschaft   **Kapitel 2**

▶ Formulierungsvorschlag: keine Anwendung des § 1376 Abs. 4 BGB

Für die Bewertung des landwirtschaftlichen Betriebes verbleibt es bei den allgemeinen Regeln. 679
§ 1376 Abs. 4 BGB wird abbedungen.

Hinsichtlich der Fälligkeit der Zugewinnausgleichsforderung wird vereinbart, dass diese in fünf gleichen Jahresraten zu zahlen ist. Die erste Rate ist binnen sechs Monaten nach Rechtskraft der Scheidung zur Zahlung fällig, die restlichen Raten jeweils ein Jahr danach. Gerät der Schuldner mit einer Rate länger als 14 Tage in Verzug, so ist die gesamte Restforderung sofort in einer Summe zur Zahlung fällig.

..... (Sicherheiten) .....

Alternative:

Sofern Grundbesitz und landwirtschaftliches Betriebsvermögen sowohl im Anfangs- als auch weiterhin mit landwirtschaftlicher Zweckbestimmung im Endvermögen enthalten sind, sollen jedoch jeweils nur 50% der so ermittelten Werte in das Anfangs- und Endvermögen eingestellt werden.[1132] *Dies gilt auch für Grundstücke, die im Tauschwege, durch Umlegung oder Flurbereinigung erworben wurden.*[1133] *Der Zugewinn darf jedoch nicht geringer sein als unter Anwendung des § 1376 Abs. 4 BGB.*

Es können auch andere sachgerechte Regelungen vereinbart werden,[1134] so etwa eine pauschale Abfindung bemessen nach Ehejahren für den mitarbeitenden Ehegatten unter Beibehaltung der Ertragswertregelungen.[1135]

c) Kapitallebensversicherungen

Möglich wäre eine Bewertungsvereinbarung auch hinsichtlich der Leistungen von **Kapitallebens-** 680
versicherungen. Nach der neueren Rechtsprechung sind diese mit dem Rückkaufswert zu bewerten, wenn am Stichtag die Fortführung nicht zu erwarten ist und diese auch durch eine Stundung der Ausgleichsforderung nicht sichergestellt werden kann.[1136] Bei positiver Fortführungsprognose hingegen ist ein nach wirtschaftlichen Gesichtspunkten zu bemessender Zeitwert festzustellen. Hierbei legt sich die Rechtsprechung nicht auf eine bestimmte Wertermittlungsmethode fest. Gebilligt hat sie z.B. die Heranziehung des kurze Zeit später tatsächlich ausgezahlten Betrages mit einem Wertabschlag.

▶ Formulierungsvorschlag: Zeitwert Kapitallebensversicherungen

Die Kapitallebensversicherungen beider Ehegatten sind mit einem Zeitwert zu bewerten, der 681
sich folgendermaßen bestimmt: Garantiertes Deckungskapital zuzüglich gutgeschriebener Gewinnanteile zuzüglich der zum Bewertungsstichtag erreichten Anwartschaft auf Schlussgewinnanteile ohne Stornoabschläge.[1137] Kann die Versicherung jedoch nicht mehr fortgeführt werden, so sind die Stornoabschläge abzusetzen. Jedenfalls kann eine Kapitallebensversicherung im Endvermögen nicht mit einem niedrigeren Wert angesetzt werden als im Anfangsvermögen zuzüglich Geldentwertung.[1138]

1132 Diese Regelung soll die Ausgleichsforderung bei Grundbesitz reduzieren, um z.B. einer Situation mangelnder Liquidität außerhalb des Grundbesitzes Rechnung zu tragen.
1133 Vgl. Grziwotz, FamRB 2006, 316, 317.
1134 Eingehend Grziwotz, Eheverträge in der Landwirtschaft.
1135 So der Vorschlag von Grziwotz, FamRB 2006, 316, 319.
1136 BGH, MittBayNot 1995, 472 f.
1137 Vgl. Büte, Rn. 162; Schwolow, FuR 1997, 17, 19; Raube/Eitelberg, FamRZ 1997, 1322 ff., 1326, dort auch zu den verschiedenen vertretenen Berechnungsmöglichkeiten.
1138 Diese Klausel soll verhindern, dass eine Lebensversicherung, die sowohl im Anfangs- als auch im Endvermögen enthalten ist, aber in Letzterem nur mit einem den Zeitwert des Anfangsvermögens unterschreitenden Rückkaufswert, da sie nicht fortgeführt werden kann, zu einer Verringerung des Zugewinns führt, hierzu Schwolow, FuR 1997, 17 ff.

Kapitel 2

682 Seit 2008 gilt der neue § 169 Abs. 7 VVG, der vorsieht, dass zu dem reinen Rückkaufswert (jetzt definiert in § 169 Abs. 3 Satz1 VVG) die bereits zugeteilten Überschussanteile (soweit nicht schon einberechnet) und ein für den Fall der Kündigung in den Allgemeinen Geschäftsbedingungen vorgesehener Schlussüberschussanteil hinzuzurechnen und im Fall einer Kündigung von der Versicherung zu erstatten sind. Der BGH hat entschieden, dass diese Neuregelung nur für die ab dem Jahre 2008 abgeschlossenen Verträge gilt.[1139] Es könnte daher auch überlegt werden, für zuvor abgeschlossene Verträge eine Bewertungsvereinbarung zu treffen, wonach diese Versicherungen für den Zugewinnausgleich nach § 169 VVG n.F. bewertet werden.

d) Grundbesitz

683 Schließlich soll gelegentlich auch vorab die Bewertung von **Grundbesitz** im Zugewinn vertraglich festgelegt werden. Dies kann unter Anlehnung an verschiedene Bewertungsverfahren geschehen.[1140]

Interessant ist, dass die Rechtsprechung für Grundstücke, die nach einem Erwerb im Wege der vorweggenommenen Erbfolge mit einem Rückübertragungsrecht für den Fall des Vorversterbens oder der Weiterveräußerung belastet sind, i.R.d. Zugewinnausgleichs im Anfangs- und Endvermögen nur ein Drittel des Verkehrswertes in Ansatz bringt.[1141]

Ehevertragliche Bewertungsvereinbarungen könnten folgendermaßen gestaltet werden:

▶ Formulierungsvorschlag: Bewertung Grundbesitz

684 Ehevertraglich vereinbaren wir, was folgt:

Den gesetzlichen Güterstand der Zugewinngemeinschaft wollen wir für unsere künftige Ehe ausdrücklich aufrechterhalten, ihn allerdings wie folgt modifizieren:

1)

Die Wertfestsetzung für Grundbesitz beider Ehegatten soll verbindlich und endgültig durch ein Gutachten des örtlich zuständigen Gutachterausschusses erfolgen.

Alternative 1:

Die Wertfestsetzung für Grundbesitz und Gebäude beider Ehegatten soll nach der Immobilienwertermittlungsverordnung (ImmoWertV) v. 19.5.2010 erfolgen (BGBl. 2010, 639 f.), maßgeblich sind für alle Bewertungen die zum Stichtag der Endvermögensbewertung jeweils gültige Fassung und die dazu etwa erlassenen Wertermittlungsrichtlinien.

Alternative 2:

Sofern Grundbesitz sowohl im Anfangs- als auch im Endvermögen enthalten ist, sollen jedoch jeweils nur 50% der so ermittelten Werte in das Anfangs- und Endvermögen eingestellt werden.

Alternative 3:

Die Wertfestsetzung soll nach den zum Stichtag der Endvermögensberechnung für die Erbschaftsteuer maßgeblichen Bestimmungen erfolgen.[1142]

Alternative 4:

Die Wertfestsetzung für Grundbesitz und Gebäude beider Ehegatten soll nach der Verordnung über die Ermittlung der Beleihungswerte von Grundstücken nach § 16 Abs. 1 und Abs. 2 des Pfandbriefgesetzes (BelWertV – BGBl. 2006 I, S. 1175 ff.) erfolgen. Maßgeblich ist für alle Bewertungen die zum Stichtag der Endvermögensbewertung jeweils gültige Fassung.

1139 BGH, NJW 2013, 3023 f.
1140 Vgl. etwa zu den Besonderheiten bei der Ermittlung des Zeitwertes für bebaute Grundstücke im Beitrittsgebiet: Stöckel, NWB Fach 3, 12391 ff. (2003).
1141 OLG München, MittBayNot 2001, 85.
1142 Problematische dynamische Verweisung dzt. auf §§ 157 ff. BewG.

VI. Ausgestaltung der Zugewinnausgleichsforderung

Neben den vorgenannten Wertfestlegungen des Anfangs- und Endvermögens können Veränderungen der gesetzlichen Zugewinnquote vereinbart werden. Hierbei ist darauf hinzuweisen, dass auch alle nachfolgenden Vorschläge im Hinblick auf die Inhaltskontrolle von Eheverträgen[1143] im Gesamtzusammenhang betrachtet werden müssen, wenngleich der BGH[1144] Regelungen des Güterstandes nicht zum Kernbereich der Scheidungsfolgen zählt.   685

1. Abweichende Quote

Eine Abänderung kann zum einen eine **Änderung der gesetzlichen Halbteilungsquote** bedeuten. Hier müssen nach wie vor Anfangs- und Endvermögen bewertet werden, erst am Schluss greift die vertragliche Regelung. Die Inhaltskontrolle von Eheverträgen geht nicht von einem Halbteilungsgrundsatz aus, der solche Gestaltungen verbieten würde.[1145]   686

Das bedeutet insb., dass nach wie vor **Auskunftsansprüche und Bewertungsprobleme** bestehen. Aus diesem Grund ist die bloße Kürzung der Ausgleichsquote etwa beim Vorhandensein von Betriebsvermögen noch keine Lösung, die eine einfache Handhabung im Scheidungsfall erlaubt. Sie ist jedoch geeignet, die Liquidität des betrieblichen Vermögens zu schützen.   687

Die **Ausgleichsquote** könnte auch für beide Ehegatten **unterschiedlich hoch** ausgestaltet sein. Solches wird etwa vorgeschlagen, wenn ein Ehegatte auf den anderen aus Haftungsgründen Vermögen übertragen hat und dieses Vermögen im Scheidungsfall beim Empfänger verbleibt. Der übertragende Ehegatte soll dann wenigstens eine höhere Ausgleichsquote haben.[1146]   688

▶ Formulierungsvorschlag: Änderung Ausgleichsquote

Endet die Ehe auf andere Weise als durch den Tod eines Ehegatten, so beträgt die Ausgleichsquote abweichend von § 1378 Abs. 1 BGB nicht die Hälfte, sondern nur 20%.   689

Es kann sogar die Quote des erbrechtlichen Viertels des § 1371 Abs. 1 BGB geändert werden, jedenfalls dann, wenn die Quote geringer wird.[1147] Sofern man eine Erhöhung dieser Quote für zulässig hält,[1148] können dadurch jedenfalls nicht die Ansprüche von Pflichtteilsberechtigten geschmälert werden.[1149]   690

2. Vereinbarung von Höchstgrenzen

Darüber hinaus kann aber auch eine **Begrenzung der Zugewinnforderung** vereinbart werden. Dies kann geschehen
– durch einen festen Höchstbetrag (ggf. indexiert),
– durch verschiedene Höchstbeträge je nach Ehedauer oder
– durch eine Multiplikation der Ehejahre mit einem Jahresbetrag.[1150]   691

Solche Begrenzungen lassen sich oft dann vereinbaren, wenn für die Ehegatten der entscheidende Maßstab nicht die Teilhabe an dem während der Ehe erwirtschafteten Vermögen ist, sondern die **Aufrechterhaltung des bei der Eheschließung bestehenden sozialen Niveaus** eines Ehegatten, sodass die Höchstbeträge mit Blick auf die mögliche Sparquote ohne Berücksichtigung der Heirat erarbeitet werden.   692

1143 Hierzu eingehend Rdn. 65 ff.
1144 BGH, NJW 2004, 930 f; BGH, FamRZ 2013, 269 = DNotZ 2013, 376.
1145 BGH, NJW 2004, 930 f.; hierzu C. Münch, FamRZ 2005, 570 ff.; C. Münch, DNotZ 2005, 819 ff.; C. Münch, KritV 2005, 208 ff.
1146 Bergschneider, Rn. 697.
1147 Langenfeld/Milzer, Rn. 255.
1148 MünchKomm-BGB/Münch, § 1408 Rn. 14.
1149 Formulierungsvorschläge bei Müller, Kap. 3, Rn. 354 ff.
1150 Vgl. etwa Wegmann, Rn. 108 f.

693 **Vorteil** der Höchstbeträge ist, dass dann, wenn der Ehepartner die Höchstbeträge zahlt, ein Auskunftsanspruch und eine Bewertung entfallen können. **Nachteil** fester Höchstbeträge ist, dass diese unabhängig von der Ehedauer anfallen. Gegenüber festen Kompensationsbeträgen haben die Höchstbeträge den Vorteil, dass bei niedrigem Zugewinn der Zugewinn konkret berechnet werden und eben auch niedriger sein kann als die Höchstbeträge.

694 Da die Höchstbeträge häufig erst nach sehr langer Zeit zur Anwendung kommen, kann eine **Indexierung** dieser Höchstbeträge angemessen sein, um die Kaufkraft, die dem anspruchsberechtigten Ehegatten durch die Zahlung zugutekommen soll im Lauf der Zeit zu erhalten. Hierbei sollte der nunmehr vereinheitlichte »Verbraucherpreisindex für Deutschland« zur Anwendung kommen.[1151] Als Basisjahr findet z.Zt. 2015 = 100 Anwendung.[1152]

695 Der Genehmigungsvorbehalt ist durch das Preisklauselgesetz[1153] entfallen und durch ein gesetzliches Indexverbot mit gesetzlichen Ausnahmen ersetzt. Die Unwirksamkeit einer Klausel tritt dann erst mit rechtskräftiger Feststellung ein. Es werden daher zu Indexklauseln keine Genehmigungen mehr erteilt. Der Verwender hat sie in eigener Verantwortung auf die Einhaltung der Voraussetzungen des Preisklauselgesetzes zu überprüfen.[1154]

▶ Formulierungsvorschlag: Höchstbetrag Zugewinn wertgesichert

696 Endet die Ehe auf andere Weise als durch den Tod eines Ehegatten, so muss als Zugewinn höchstens ein Betrag von 500.000,00 € gezahlt werden.[1155]

Der Höchstbetrag von 500.000,00 € soll wertbeständig sein.

Der Höchstbetrag errechnet sich demnach wie folgt:

500.000,00 €

– in Worten: fünfhunderttausend Euro –

vervielfacht

um den Verbraucherpreisindex für Deutschland, wie dieser Index vom Statistischen Bundesamt in Wiesbaden für den Monat festgestellt wird, in dem der Scheidungsantrag rechtshängig wird, der zur Scheidung der Ehe führt,

geteilt

durch den Verbraucherpreisindex für Deutschland, wie er im Monat der heutigen Beurkundung bestimmt wird (Basis 2015 = 100).

Alternative:

Behauptet der Zahlungsverpflichtete eine niedrigere Zugewinnausgleichsverpflichtung, so trifft ihn hierfür die Beweislast.[1156]

..... Auflassung, weitere Regelungen einer Überlassung .....

Zuwendungen eines Ehegatten an den anderen während der Ehe werden auf diese Zahlungsverpflichtung angerechnet, wenn dies einschließlich des Wertes, mit dem die Anrechnung zu erfolgen hat, bei der Zuwendung bestimmt wurde. Überschreitet die Zuwendung die Zahlungsverpflichtung, hat durch den Begünstigten kein Ausgleich zu erfolgen, es sei denn, dieser wird vorbehalten.

1151 Zur Umstellung der Preisindices ab 2003 Winkler, NWB Fach 15, 721 ff. (2002) sowie Reul, DNotZ 2003, 92 ff. – dort auch zu Umstellungsproblemen für Altverträge – und Rasch, DNotZ 2003, 731 f.
1152 Informationen sind am schnellsten erhältlich unter *www.destatis.de*.
1153 BGBl. 2007 I, S. 2246.
1154 Zur Zulässigkeit von Wertsicherungsklauseln in diesem Zusammenhang: DNotI-Report 2008, 17 ff.
1155 Formulierung hier neutral. Wenn die Verhältnisse klar sind, wer der Zahlungsverpflichtete sein wird, dann ggf. auf diesen bezogene Höchstgrenze und völlige Freistellung des anderen Ehegatten als Alternative.
1156 Diese Alternative würde die Beweislast umkehren. Sie kann vor allem bei klaren Verhältnissen und voraussichtlich feststehendem Zahlungsverpflichteten verwendet werden.

▶ Formulierungsvorschlag: Höchstbetrag gestuft nach Ehedauer

Endet die Ehe auf andere Weise als durch den Tod eines Ehegatten, so wird der Zugewinn nach folgender Maßgabe ausgeglichen:

Dauert unsere Ehe zwischen Eheschließung und Rechtshängigkeit[1157] eines Scheidungsantrags, der zur Scheidung der Ehe führt, nicht länger als fünf Jahre, so findet ein Zugewinnausgleich nicht statt.

Dauert unsere Ehe dementsprechend länger als fünf Jahre, aber nicht länger als zehn Jahre, so ist als Zugewinn höchstens ein Betrag von 200.000,00 € zu zahlen.

Dauert unsere Ehe dementsprechend länger als zehn Jahre, aber nicht länger als zwanzig Jahre, so ist als Zugewinn höchstens ein Betrag von 500.000,00 € zu zahlen.

Dauert unsere Ehe dementsprechend länger als zwanzig Jahre, so ist als Zugewinn höchstens ein Betrag von 800.000,00 € zu zahlen.

..... (Indexklausel wie oben) .....

697

▶ Formulierungsvorschlag: Ehedauer mal Jahresbetrag

Endet die Ehe auf andere Weise als durch den Tod eines Ehegatten, so wird der Zugewinn nach folgender Maßgabe ausgeglichen:

Für jedes vollendete Ehejahr – gemessen von der Eheschließung bis zur Rechtshängigkeit eines Scheidungsantrags – ist höchstens ein Betrag in Höhe von 25.000,00 € als Zugewinn zu zahlen. Für nicht vollendete Jahre ist der Betrag anteilig zu ermitteln.

..... (Indexklausel wie oben) .....

698

Bezweifelt werden muss, ob es gelingen kann, durch die Anrechnung einer Einmalabfindung für den Unterhalt auf diesen Höchstbetrag, die auch so bezeichnet wird, die Unterhaltszahlung als erbschaftsteuerfreien Zugewinn zu gestalten.[1158] Hier wäre es besser, einen Unterhaltsverzicht abzugeben und mit Rücksicht auf diesen Verzicht entweder den Höchstbetrag zu erhöhen oder – da der Höchstbetrag ja noch keinen Anspruch vermittelt – zugleich einen Mindestbetrag festzusetzen.

699

3. Änderung der Fälligkeit

Ehevertraglich kann auch die **Fälligkeit der Zugewinnausgleichsforderung** anders geregelt werden, denn es kommt in der Praxis durchaus vor, dass Ehegatten mit der Höhe des Zugewinns grds. einverstanden sind, aber die Liquidität nicht besitzen, die Forderung bei sofortiger Fälligkeit zu begleichen. Um hier dem zahlungsverpflichteten Ehegatten die Möglichkeit zu geben, den Zugewinn zu bezahlen, ohne Vermögenssubstanz verwerten zu müssen, kann eine Stundung der Zugewinnausgleichsforderung in Erwägung gezogen werden. Den Interessen des ausgleichsberechtigten Ehegatten kann durch eine Verzinsung der Forderung[1159] und durch die Gestellung von Sicherheiten Rechnung getragen werden.

700

1157 Wegen Missbrauchsgefahr nicht bis zur Scheidung bemessen, Bergschneider, Rn. 103.
1158 So Jülicher, ZEV 2006, 338, 342.
1159 Zum Problem, ob eine unverzinsliche Forderung nach § 12 Abs. 3 BewG zu einer Abzinsung und Aufspaltung in einen Kapital- und Zinsanteil führt: FG Münster, ErbStB 2009, 209.

▶ **Formulierungsvorschlag: abweichende Fälligkeit**

701 Hinsichtlich der Fälligkeit der Zugewinnausgleichsforderung wird für den Fall, dass die Ehe auf andere Weise als durch den Tod eines Ehegatten endet, vereinbart, dass die Zugewinnausgleichsforderung in fünf gleichen Jahresraten zu zahlen ist. Die erste Rate ist binnen sechs Monaten nach Rechtskraft der Scheidung zur Zahlung fällig, die restlichen Raten jeweils ein Jahr danach. Gerät der Schuldner mit einer Rate länger als 14 Tage in Verzug, so ist die gesamte Restforderung sofort in einer Summe zur Zahlung fällig.

Die noch geschuldeten Raten sind mit 2% über dem Basiszinssatz nach § 247 BGB zu verzinsen. Die Zinsen sind jeweils mit der Zahlung der nächsten Rate für den bis dahin abgelaufenen Zeitraum zur Zahlung fällig.

Dem Zahlungspflichtigen ist es jedoch stets gestattet, die Forderung ganz oder teilweise vorzeitig zu erfüllen. Teilzahlungen müssen durch 1.000 teilbar sein.

Der Zahlungsverpflichtete hat dem Berechtigten durch Gestellung einer erstrangigen Sicherungshypothek unter Einhaltung der Beleihungsgrenzen des § 14 Pfandbriefgesetz Sicherheit für die oben genannte Forderung zu leisten, und zwar binnen zwei Monaten nach Rechtskraft der Scheidung. Kommt er dieser Verpflichtung in der genannten Frist nicht nach, so wird die gesamte Zugewinnausgleichsforderung sofort in einer Summe zur Zahlung fällig.

Kommt es zu einem Rechtsstreit über den Zugewinn, so verbleibt es bei den gesetzlichen Fälligkeitsvoraussetzungen.[1160]

702 Wird die Zugewinnausgleichsforderung ohne Verzinsung gestundet, so stellt sich die Frage, ob dies als »darlehensähnlicher Vorgang« zu erfassen ist, sodass ein Zinsanteil, der nach § 12 Abs. 3 BewG mit 5,5 % anzusetzen wäre, bei einer länger als ein Jahr gestundeten Forderung gem. § 20 Abs. 1 Nr. 7 EStG der Einkommensteuer unterliegt.[1161] Hierzu hat der BFH aber nun entschieden, es handele sich um eine freigiebige Zuwendung, deren Steuerbarkeit nicht nach § 5 Abs. 2 ErbStG ausgeschlossen sei, da es sich nicht um den Zugewinnausgleich selbst handele. Dies aber schließe eine einkommensteuerrechtliche Erfassung aus, da mit ein und derselben Handlung nicht eine freigiebige Zuwendung ausgelöst und eine Marktteilnahme verwirklicht werden könne.[1162]

4. Alternativen zum Ausgleich des Zugewinns in Geld

703 Die Ehegatten können vertraglich auch regeln, dass der **Zugewinn** nicht in Geld ausgezahlt, sondern **auf andere Weise** erbracht wird. So kann etwa die Durchführung des Zugewinns durch **Übertragung einer Immobilie** vereinbart werden.[1163]

704 Wenn die Liquidität einem Unternehmen nicht entzogen werden soll, so kann etwa vereinbart werden, dass die Zugewinnbeträge in Form einer **stillen Beteiligung** wieder in das Unternehmen einzubringen sind.

705 Aus steuerlichen Gründen[1164] kann es interessant sein, eine Entnahme von betrieblichem Vermögen zur Abfindung des Zugewinns zu vermeiden. Dies kann etwa dadurch geschehen, dass **mit dem Ehegatten eine Gesellschaft begründet** und dieser so am Unternehmen beteiligt wird. Hierbei ist zu beachten, dass es sich auch dabei um entgeltliche Vorgänge handelt, sodass die steuerlichen Folgen genau zu prüfen sind.[1165]

1160 So der Vorschlag von Bergschneider, Rn. 684.
1161 So Arens/Daumke/Spieker, Steuerfragen, Rn. 861, 1281 ff.; zum Problem Everts in C. Münch, Familienrecht, § 2, Rn. 76 f.
1162 BFH, DStRE 2012, 154 = ZEV 2012, 58 m. Anm. Keß in ZEV 2012, 119, der die Berechtigung dieses Judikats in Zweifel zieht. Näher zur Zinsproblematik Kap. 5 Rdn. 436 ff.
1163 Vgl. zu den steuerlichen Konsequenzen in diesen Fällen Kap. 8 Rdn. 482 ff.
1164 Hierzu Arens, FamRZ 1999, 257, 261 ff.
1165 Eingehend hierzu Arens/Daumke/Spieker, Steuerfragen, Rn. 865 ff.

E. Modifikationen der Zugewinngemeinschaft   Kapitel 2

Steuerlich günstig kann es sein, anstelle von Entnahmen einzelner Wirtschaftsgüter **Teilbetriebe zu** 706
übertragen und die ermäßigte Besteuerung nach §§ 16, 34 EStG in Anspruch zu nehmen, wenn
die entsprechenden Voraussetzungen vorliegen. Zu beachten ist, dass Gewinne aus der Veräußerung
von Teilen von Mitunternehmeranteilen nunmehr nach § 16 Abs. 1 Satz 2 EStG als laufende Gewinne
gelten. Ggf. kann der Unternehmer den Teilbetrieb wieder **zurückpachten** und so die Pacht als
Betriebsausgabe geltend machen und gleichzeitig den Unterhaltsbedarf des ausgleichsberechtigten
Ehegatten mindern.[1166] Bei allen Gestaltungen ist zu beachten, dass die Grenzen des § 42 AO nicht
überschritten werden. Im Einzelfall ist daher die Vorgehensweise mit dem steuerlichen Berater abzustimmen.

Ferner kann es steuerlich von Vorteil sein, anstelle einer Übertragung eines betrieblichen Wirtschafts- 707
gutes mit Realisierung stiller Reserven durch Entnahme ein solches **Wirtschaftsgut an den Ehepartner zu veräußern** und dann mit der Zugewinnausgleichsforderung aufzurechnen, um so durch
die Veräußerung die Bildung einer Rücklage unter **Ausnutzung des § 6b EStG** bei Vorliegen der
weiteren Voraussetzungen dieser Vorschrift zu erreichen.[1167]

In all diesen Fällen, in denen man mit dem Ehegatten nach Ehescheidung durch vertragliche Rege- 708
lungen verbunden bleibt – eine Lösung, die nur zu erwägen ist, wenn mit der Ehescheidung in
rationaler Weise und mit fortbestehenden kommunikativen Möglichkeiten umgegangen wird –, muss
an eine **erbrechtliche Einbindung** gedacht werden, etwa derart, dass im Todesfall des zugewinnausgleichsberechtigten Ehegatten die ihm übertragene Gesellschaftsbeteiligung auf gemeinsame Kinder
übergeht. Überhaupt haben **bindende Regelungen über Erbrechte bzw. Vermächtnisansprüche der
gemeinsamen Kinder** häufig geholfen, auch im Bereich des Zugewinns eine vernünftige Regelung
zu erzielen. Werden auf diese Art Gegenstände, Rechte oder Beteiligungen unter Anrechnung auf
den Zugewinn übertragen, so müsste auch hierfür die Schenkungsteuerfreiheit des § 5 Abs. 2 ErbStG
gegeben sein,[1168] wenn es im Zusammenhang mit der Beendigung des Güterstandes geschieht.

Zwei Formulierungsvorschläge sollen die Vereinbarung eines Zugewinnausgleichs durch Grund- 709
stücksübertragung und durch Errichtung einer stillen Gesellschaft jeweils im vorsorgenden Ehevertrag verdeutlichen. Zu beachten ist, dass bei der **Erfüllung des Zugewinnausgleichsanspruchs durch
Leistung einer Immobilie an Erfüllungs statt** die Finanzverwaltung und die Rechtsprechung des
BFH von einem entgeltlichen Vorgang ausgehen, sodass sich ggf. entsprechende Steuerfolgen, z.B.
einer Besteuerung nach § 23 EStG bei einer Übertragung innerhalb der Veräußerungsfrist einstellen.[1169]

Dies glaubt *Stein*[1170] dadurch vermeiden zu können, dass er vertraglich einen »gegenständlichen 710
Zugewinnausgleich« schafft, also die Geldzahlung eheverträglich durch eine Sachleistung ersetzt.
Dies soll, wenn der Zugewinn dann nur in dieser Sachleistung besteht – es soll also keine Anrechnung des Sachwertes auf eine in Geld gerechneten Zugewinnausgleichsforderung mehr erfolgen –
dann keine Leistung an Erfüllungs Statt sein. Auch wenn dies vertragskonstruktiv möglich ist, muss
aber darauf hingewiesen werden, dass der BFH[1171] in seiner Rechtsprechung zur Leistung an Erfüllungs Statt gerade betont hat, dass ihm die zivilrechtliche Konstruktion völlig gleich ist, sodass
Skepsis angebracht ist, ob diese Konstruktion anders gewertet würde. Zudem müsste dann für überschießenden Zugewinn ein Verzicht aufgenommen werden. Es ist fraglich, ob Ehegatten in einem
vorsorgenden Vertrag dazu bereit sind.

1166 Arens, FamRZ 1999, 257, 261; Arens, FPR 2003, 426, 431.
1167 Arens, FPR 2003, 426, 431; Arens/Daumke/Spieker, Steuerfragen, Rn. 872 f.
1168 Vgl. R E 5.2. ErbStR Abs. 1, Satz 4.
1169 Vgl. hierzu Kap. 8 Rdn. 482 ff.
1170 Stein, DStR 2012, 1063 ff.
1171 BFH, DStRE 2005, 1449.

▸ Kostenanmerkung:

711 Nachfolgende Vereinbarung stellt eine Modifizierung der Zugewinnausgleichsforderung dar und ist nach § 100 GNotKG mit dem vollen modifizierten Reinwert zu bewerten. Da noch keine Übertragung vorgenommen wird, sondern diese nur als Modifikation vereinbart wird, sollte man es auch mit Rücksicht auf § 111 Nr. 2 GNotKG dabei belassen und nicht noch einen Übertragungswert hinzuaddieren.

▸ Formulierungsvorschlag: Zugewinnausgleich durch Grundstücksübertragung

712 ..... (Urkundseingang) .....

A. Vorbemerkungen

Der Ehemann ist Eigentümer der folgenden Eigentumswohnung in .....:

4,56/100 Miteigentumsanteil am Grundstück FlurNr. ....., ... Straße ....., Gebäude und Freifläche zu ..... qm, verbunden mit dem Sondereigentum an der Wohnung im Dachgeschoss links des Hauses 3 mit Keller und Dachterrasse. Zugeordnet ist der Stellplatz Nr. 19 im Freien. Der Grundbesitz ist lastenfrei eingetragen im Wohnungsgrundbuch des Amtsgerichts ..... für ....., Sektion II Blatt .....

B. Ehevertragliche Vereinbarungen

Ehevertraglich vereinbaren wir, was folgt:

I. Güterstand

1)

Den gesetzlichen Güterstand der Zugewinngemeinschaft wollen wir für unsere künftige Ehe ausdrücklich aufrechterhalten, ihn allerdings wie folgt modifizieren:

Der Zugewinnausgleich, den die Ehefrau ggf. beanspruchen kann, soll in dem Fall, dass die Ehe auf andere Weise als durch den Tod beendet wird, nicht ausschließlich in Geld ausgeglichen werden, sondern dadurch, dass der Ehemann ihr seine in Ziffer I dieser Urkunde bezeichnete Eigentumswohnung lastenfrei übereignet.

2)

Die Vertragsteile nehmen den Wert dieser Eigentumswohnung mit 300.000,00 € an. Sie soll im Zugewinnausgleich folgendermaßen bewertet werden:

Die Wertfestsetzung für diese Eigentumswohnung soll verbindlich und endgültig durch ein Gutachten des örtlich zuständigen Gutachterausschusses erfolgen. Dabei soll der heute von uns festgelegte Wert als Ausgangswert dienen und entsprechend der Entwicklung der Immobilienpreise seit heute auf dieser Basis eine Anpassung erfolgen.

3)

Der Ehemann verpflichtet sich bereits heute, den Zugewinnausgleich auf diese Weise durchzuführen, sofern der Zugewinnausgleichsanspruch die Höhe des Wohnungswertes nach 2. erreicht. Die Ehefrau erklärt sich hiermit einverstanden.

Die Vertragsteile sind sich darüber einig, dass mit der Übertragung des vorgenannten Grundbesitzes der Zugewinnausgleich in Höhe des Wertes nach 2. durchgeführt ist.

Die Ehefrau kann die Übertragung des Wohnungseigentums auch dann verlangen, wenn der Zugewinn den Wohnungswert nach 2. nicht erreicht, wenn sie sich im Übertragungsvertrag zur Auszahlung des entsprechenden Restbetrages verpflichtet und seine Finanzierung nachweist.

..... (weitere Vereinbarungen zu Unterhalt oder Versorgungsausgleich) .....

E. Modifikationen der Zugewinngemeinschaft

▶ **Formulierungsvorschlag: Zugewinnausgleich durch Einräumung einer stillen Beteiligung**

..... (Urkundseingang) .....

713

A. Vorbemerkungen

Der Ehemann

– nachfolgend kurz: »der Inhaber« –

betreibt in ..... ein Handelsgewerbe, das ..... zum Gegenstand hat.

Es ist beabsichtigt, dass der Zugewinnausgleichsanspruch für die Ehefrau

– nachfolgend kurz: »der stille Gesellschafter« –

im Fall der Beendigung der Ehe aus anderen Gründen als dem Tod dadurch realisiert wird, dass sich die Ehefrau am Handelsgewerbe des Inhabers als stiller Gesellschafter im Sinne des §§ 230 ff. HGB beteiligt mit einer Einlage in der Höhe, wie ihr gegen den Inhaber ein Zugewinnausgleichsanspruch zusteht.

Zu diesem Zweck werden die nachfolgenden Vereinbarungen getroffen.

B. Ehevertragliche Vereinbarungen

Ehevertraglich vereinbaren wir, was folgt:

I. Güterstand

1)

Den gesetzlichen Güterstand der Zugewinngemeinschaft wollen wir für unsere künftige Ehe ausdrücklich aufrechterhalten, ihn allerdings wie folgt modifizieren:

2)

Der Zugewinnausgleich, den die Ehefrau ggf. beanspruchen kann, soll in dem Fall, dass die Ehe auf andere Weise als durch den Tod beendet wird, nicht in Geld ausgeglichen werden, sondern dadurch, dass der Ehemann von seinem Kapitalkonto bei dem oben genannten Handelsgewerbe einen Teilbetrag in Höhe des Zugewinnausgleichsanspruchs an die Ehefrau abtritt.

Der abgetretene Teil bildet sodann die Einlage der Ehefrau für die stille Gesellschaft.

3)

Der Ehemann verpflichtet sich bereits heute, den Zugewinnausgleich auf diese Weise durchzuführen und die Ehefrau erklärt sich hiermit einverstanden.

Die Vertragsteile sind sich darüber einig, dass mit der Begründung der stillen Gesellschaft auf diese Weise der Zugewinnausgleich dann vollständig durchgeführt ist und keine weiteren gegenseitigen Ansprüche in Bezug auf den Zugewinnausgleich bestehen. Sofern nicht genügend Eigenkapital zur Abtretung zur Verfügung steht, ist der Zugewinnausgleich nur insoweit durchgeführt, als der abgetretene Teil reicht. Für den restlichen Zugewinnausgleichsanspruch verbleibt es sodann bei den gesetzlichen Bestimmungen.

..... (weitere Vereinbarungen zu Unterhalt oder Versorgungsausgleich) .....

C. Errichtung einer stillen Gesellschaft

Für den Fall der Beendigung des Güterstandes auf andere Weise als durch den Tod beteiligt sich der stille Gesellschafter mit dem vorgenannten, noch zu berechnenden Geldbetrag als

stiller Gesellschafter

am vorgenannten Handelsgewerbe des Inhabers.

Insoweit gründen der Inhaber und der stille Gesellschafter dann eine

stille Gesellschaft

gem. §§ 230 ff. HGB.

Der Inhaber und der stille Gesellschafter

– nachfolgend insoweit kurz: »die Gesellschafter« –

vereinbaren für diese dann zu errichtende stille Gesellschaft bereits heute den nachfolgend niedergelegten

Gesellschaftsvertrag:

......

VII. Kompensationsvereinbarungen

714 Abweichend von der bereits dargestellten Begrenzung der Zugewinnforderung durch eine Höchstgrenze, die lediglich eine Obergrenze festlegt, aber die konkrete Zugewinnberechnung bei niedrigerem Anspruch nicht ausschließt, enthält eine Kompensationsvereinbarung eine **festgelegte Verpflichtung** des durch einen Verzicht begünstigten Vertragsteils, der ggü. man später **nicht einwenden kann, der Zugewinn sei in Wirklichkeit viel niedriger** ausgefallen. Die Leistung kann entweder sogleich erbracht werden oder sie wird für den Scheidungsfall versprochen und für den anderen Ehegatten abgesichert, z.B. durch Bestellung einer Sicherungshypothek.

715 Solche Kompensationsvereinbarungen werden einmal bei Vereinbarung von Gütertrennung getroffen, können aber auch bei Verzicht auf Zugewinn im Scheidungsfall angebracht sein. **Grenzen solcher Vereinbarungen** wird man dort sehen müssen, wo die Kompensationspflicht den Ehegatten davon abhalten würde, die Ehescheidung zu beantragen. Das **Verbot der Perplexität** vertraglicher Regelung dürfte einer Vereinbarung von Gütertrennung einerseits und zugewinnausgleichsähnlicher Kompensationen andererseits entgegenstehen.[1172] Sie bergen für den Verpflichteten das Risiko, mehr zahlen bzw. leisten zu müssen, als es seiner Pflicht nach den Zugewinnausgleichsregelungen entspricht. Sie geben ihm andererseits die Sicherheit, dass der Zugewinn im Scheidungsfall mit dieser Leistung ausgeschlossen ist, ohne dass es der Bewertung und des Nachweises von Vermögensbestandteilen bedarf.

716 Gerade bei Eheschließungen von Vertragsteilen, die sehr vermögend sind und daher Kompensationsleistungen gut darstellen können, erreicht eine solche Vereinbarung oft eine große **Befriedungswirkung**.

717 Schenkungsteuerrechtlich ist der Verzicht auf künftigen Zugewinn, für den eine Gegenleistung erbracht wird, mit Vorsicht zu betrachten. Nach der Rechtsprechung des BFH ist sowohl der Verzicht auf künftigen Zugewinn wie auch der auf künftigen Unterhalt gegen Gegenleistung schenkungsteuerpflichtig, weil der Verzicht nur im Hinblick auf eine Erwerbschance abgegeben werde.[1173] An anderer Stelle[1174] wurde bereits ausführlich dargestellt, dass die zivilrechtliche Notwendigkeit von Kompensationsleistungen zur Vermeidung einer Sittenwidrigkeit i.R.d. Inhaltskontrolle sehr gegen die Rechtsprechung des BFH spricht. Die Praxis wird gleichwohl von dieser Rechtsprechung ausgehen müssen. Daher ist bei Kompensationsleistungen in Eheverträgen Vorsicht angebracht. Hier müssen Wege gefunden werden, diese schenkungsteuerfrei darzustellen, entweder indem sich die Leistungen i.R.d. Freibeträge halten oder indem etwa mit dem eigenbewohnten Haus nach § 13 Abs. 1 Nr. 4a) ErbStG ein Vermögensgegenstand völlig steuerfrei übertragen werden kann. Da diese Vorschrift keine steuerliche »Nachschau« enthält, könnte später dieses Familienwohnheim auch wieder an den anderen Ehegatten verkauft werden, wenn es im Endergebnis zu einer Geldzahlung kommen soll.

1172 Vgl. DNotI-Report 2000, 191 ff.
1173 BFH, DStRE 2007, 1516; BFH, DStR 2008, 348 ff.
1174 C. Münch, DStR 2008, 26 ff.; C. Münch, FPR 2012, 302 ff.

E. Modifikationen der Zugewinngemeinschaft | Kapitel 2

Besondere Vorsicht ist walten zu lassen, wenn die Zuwendung noch unter Verlobten erfolgt, denen der Schenkungsteuerfreibetrag der Ehegatten und ihr günstiger Steuersatz noch nicht zur Verfügung stehen.

Möglich sind auch laufende Zahlungen als Kompensation oder Leistungen in eine Versicherung, bei welcher der andere Ehegatte Vertragspartner und Versicherungsnehmer sein sollte.[1175] Solche laufenden Zahlungen dürften aber der Schenkungsteuer unterfallen.[1176]

▶ **Formulierungsvorschlag: Kompensation für Verzicht**

..... (Urkundseingang) .....

.....

B. Ehevertragliche Vereinbarungen

Ehevertraglich vereinbaren wir, was folgt:

I. Güterstand

1)

Den gesetzlichen Güterstand der Zugewinngemeinschaft wollen wir für unsere künftige Ehe ausdrücklich aufrechterhalten, ihn allerdings wie folgt modifizieren:

2)

Für den Fall der Beendigung der Ehe durch den Tod eines Ehegatten soll es beim Zugewinnausgleich durch Erbteilserhöhung oder güterrechtliche Lösung verbleiben.

3)

Wird jedoch die Ehe auf andere Weise als durch den Tod eines Ehegatten beendet, findet kein Zugewinnausgleich statt.

Dies gilt auch für den vorzeitigen Zugewinnausgleich nach §§ 1385, 1386 BGB.

Auf den Ausgleich eines Zugewinns wird insoweit gegenseitig verzichtet.

Den Verzicht nehmen wir hiermit gegenseitig an.

Dies gilt auch für einen etwa bisher bereits entstandenen Zugewinn.[1177]

Durch diesen Vertrag tritt jedoch keine Gütertrennung ein.

4)

Als Ausgleich für den Verzicht auf Zugewinn im Fall der Beendigung der Ehe auf andere Weise als durch den Tod eines Ehegatten verpflichtet sich der Ehemann hiermit aufschiebend bedingt durch die Rechtshängigkeit eines Scheidungsantrages, der später zur Scheidung der Ehe führt, zur Zahlung des folgenden Betrages:

300.000,00 €

– in Worten: dreihunderttausend Euro –

vervielfacht

um den Verbraucherpreisindex für Deutschland, wie dieser Index vom Statistischen Bundesamt in Wiesbaden für den Monat festgestellt wird, in dem der Scheidungsantrag rechtshängig wird, der zur Scheidung der Ehe führt,

---

1175 Eingehend Kanzleiter/Wegmann, Rn. 114.
1176 Dies sehen auch Kanzleiter/Wegmann, Rn. 129 so, die bei Einmalzahlungen eine optimistischere Ansicht vertreten, Rn. 128.
1177 Achtung: Wird hier der Zugewinn der Vergangenheit ausgeglichen, kann es zu Schenkungsteuerfolgen kommen (ausführlich Kap. 1 Rdn. 650 f.).

geteilt

durch den Verbraucherpreisindex für Deutschland, wie er im Monat der heutigen Beurkundung bestimmt wird (Basis 2015 = 100).

Der entsprechende Geldbetrag ist zahlbar binnen zwei Monaten nach Rechtskraft der Scheidung und ist bis dahin nicht zu verzinsen.

Der Ehemann unterwirft sich wegen des Anspruchs auf Zahlung des entsprechenden Betrags der

sofortigen Zwangsvollstreckung

aus dieser Urkunde in sein gesamtes Vermögen. Vollstreckbare Ausfertigung kann ohne weitere Nachweise erteilt werden, den Nachweis der Rechtskraft der Scheidung allerdings vorausgesetzt.

In Ansehung der nachbestellten Hypothek unterwirft sich der Ehemann ferner der sofortigen Zwangsvollstreckung aus dieser Urkunde im Hinblick auf den nachgenannten Grundbesitz in der Weise, dass die Zwangsvollstreckung gegen den jeweiligen Eigentümer des zu belastenden Grundbesitzes zulässig ist.

Der Ehemann bestellt nunmehr zur Sicherung der vorgenannten Zahlungsforderung in der festen Höhe von 300.000,00 €[1178] eine unverzinsliche Sicherungshypothek in Höhe von 300.000,00 € am Grundbesitz ..... und bewilligt und beantragt deren Eintragung samt dinglicher Zwangsvollstreckungsunterwerfung. Die Hypothek erhält in Abteilung III die erste Rangstelle. Der Notar ist zu Bestimmung einer abweichenden Rangstelle ermächtigt. Allen zur Rangbeschaffung etwa erforderlichen Erklärungen wird unter Vollzugsantrag zugestimmt.

Alternative:

..... verpflichtet sich der Ehemann hiermit, auf die Ehefrau das Grundstück der Gemarkung ..... FlurNr. ..... einschließlich sämtlicher Gebäudlichkeiten zu übertragen. Die Übertragung soll heute schon mit Abschluss dieses Vertrages erfolgen. Eine Rückforderung im Scheidungsfall erfolgt nicht, da die Übertragung für den Verzicht auf Zugewinn erfolgt.

..... Auflassung, weitere Regelungen einer Überlassung .....

Zuwendungen des Ehemannes an die Ehefrau während der Ehe werden auf diese Zahlungsverpflichtung angerechnet, wenn dies einschließlich des Wertes, mit dem die Anrechnung zu erfolgen hat, bei der Zuwendung bestimmt wurde. Überschreitet die Zuwendung die Zahlungsverpflichtung, hat durch die Ehefrau kein Ausgleich zu erfolgen, es sei denn, dieser wird vorbehalten.[1179]

VIII. Sonstige Regelungsmöglichkeiten

1. Zugewinn vom Scheidungsverschulden abhängig

720 Unter den weiteren Regelungsmöglichkeiten wird diskutiert, ob die Zugewinnregelung auch **vom Verschulden am Scheitern der Ehe abhängig** gemacht werden kann. Zwar spielte das Verschulden im Gegensatz zum Unterhaltsrecht beim Zugewinn auch nach der Rechtstradition bisher keine Rolle, dennoch wird man von der Zulässigkeit einer Regelung ausgehen müssen, dass der Zugewinn

---

1178 Es könnte zusätzlich im Hinblick auf den wertgesicherten Betrag eine Höchstbetragshypothek an nächster Rangstelle eingetragen werden zu einem angegebenen Höchstbetrag, soweit die Gesamtforderung den Betrag von 300.000,00 € übersteigt, für welche die erste Hypothek eingetragen wurde. Für den feststehenden Betrag wurde eine gesonderte Hypothek vorgesehen, um die dingliche Zwangsvollstreckungsunterwerfung zu erreichen (vgl. zur Aufspaltung Schöner/Stöber, Rn. 2122).

1179 Letztere Klausel ist zur Sicherheit aufgenommen, denn nach Verzicht auf Zugewinn im Scheidungsfall greift § 1380 BGB wohl nicht mehr ein.

E. Modifikationen der Zugewinngemeinschaft

für diejenige Partei ausgeschlossen ist, die das Scheitern der Ehe verschuldet hat.[1180] Empfehlenswert ist eine solche Vereinbarung gleichwohl nicht, denn das Familienrecht hat sich bewusst vom **Schuldprinzip** gelöst um den damit zusammenhängenden **Beweisschwierigkeiten** zu entgehen.

2. Periodischer Zugewinn

In der Literatur wird erwogen, den Zugewinn periodisch auszugleichen und bereits im vorsorgenden Ehevertrag eine Regelung zu treffen, dass der Zugewinnausgleich z.B. alle fünf Jahre zu erfolgen hat. Eine solche Gestaltung hat den Vorteil, dass der ausgleichungsberechtigte Ehegatte mit der Durchführung des periodischen Zugewinnausgleichs seine **Forderung realisiert und gesichert** hat.

721

Wie die Darstellung des § 5 Abs. 2 ErbStG gezeigt hat,[1181] ist jedoch der Zugewinnausgleich bei einer Beibehaltung des Güterstandes **schenkungsteuerpflichtig**, sodass diese Modifikation **steuerlich nicht ratsam** ist.

▶ Formulierungsvorschlag: periodischer Zugewinnausgleich

..... (Urkundseingang) .....

722

.....

B. Ehevertragliche Vereinbarungen

Ehevertraglich vereinbaren wir, was folgt:

I. Güterstand

1)

Den gesetzlichen Güterstand der Zugewinngemeinschaft wollen wir für unsere künftige Ehe ausdrücklich aufrechterhalten, ihn allerdings wie folgt modifizieren:

2)

Der Ausgleich des nach den gesetzlichen Vorschriften berechneten Zugewinns soll periodisch erfolgen, und zwar erstmals zum 31.12.2020 und dann alle fünf Jahre zum jeweiligen Jahresende. Der sodann geschuldete Betrag ist bis zum 31.03. des jeweils folgenden Jahres fällig und bis dahin nicht zu verzinsen.

Für den Fall der Beendigung des Güterstandes gilt Folgendes:

Die Berechnung des Zugewinns erfolgt nur für die letzte noch nicht ausgeglichene Abrechnungsperiode. Das Vermögen, das am Stichtag des letzten Zugewinnausgleichs vorhanden war, zählt hierbei als Anfangsvermögen.

Die bisher bereits gezahlten Ausgleichssummen sind nicht auf den noch ausstehenden Zugewinn nach § 1380 BGB anzurechnen.

.....

C. Belehrungen

Der beurkundende Notar hat uns über den Inhalt dieser Urkunde eingehend belehrt. Er hat uns insbesondere hingewiesen

.....

auf die schenkungsteuerliche Relevanz periodischer Zugewinnausgleichzahlungen

.....

[1180] DNotI-Report 2000, 173; OLG Hamm, DNotI-Report 1998, 193.
[1181] Kap. 1 Rdn. 650 f.

3. Vertrag zugunsten Dritter über den Ausgleichsanspruch

723 Eine erbschaftsteuerlich interessante Konstellation sei am Schluss dieses Kapitels noch dargelegt. Der BFH hatte einen Fall zu entscheiden, in dem die Mutter bei Vereinbarung der Gütertrennung den Zugewinnausgleichsanspruch stundete und später dem Ehemann im Wege eines **Vertrages zugunsten Dritter** versprach, **den Ausgleichsanspruch** alsbald nach dem Tod des Ehemannes den Kindern zu schenken. Der BFH entschied, dass in diesem Fall die Zuwendung nicht vom Vater, sondern von der Mutter ausgegangen sei.[1182] Hier deutet sich ggf. eine Möglichkeit an die **Freibeträge** nach beiden Eltern auszunutzen.

F. Der Ehevertrag der deutsch-französischen Wahl-Zugewinngemeinschaft

724 Die Grundzüge der Wahl-Zugewinngemeinschaft wurden bereits erörtert.[1183] Hierbei wurde zugleich festgestellt, dass die Vereinbarung der Wahl-Zugewinngemeinschaft für die beratende Praxis angesichts der noch bestehenden Rechtsunsicherheiten einem Wagnis gleichkommt. Gleichwohl soll anschließend ein Formulierungsvorschlag unterbreitet werden. Dieser wird immer im Hinblick auf Äußerungen in Rechtsprechung und Literatur zu überprüfen sein.

▶ Formulierungsvorschlag: Wahl-Zugewinngemeinschaft

725 URNr. .....

vom .....

Ehevertrag

(Wahl-Zugewinngemeinschaft)

Heute, den .....

erschienen vor mir,

.....

Notar in .....

1. Herr .....,

geboren am ..... in ..... StA.Nr.

als Sohn von .....,

letztere eine geborene .....,

2. dessen Ehefrau,

Frau., geborene .....

geboren am ..... in ..... StA.Nr.

als Tochter von .....,

letztere eine geborene .....,

beide wohnhaft in ...., Deutschland.

Die Erschienenen weisen sich durch amtlichen Lichtbildausweis aus. Sie wollen einen

Ehevertrag mit Rechtswahl

errichten.

1182 BFH, DStRE 1998, 967.
1183 Kap. 1 Rdn. 499 ff.

F. Der Ehevertrag der deutsch-französischen Wahl-Zugewinngemeinschaft

Beide Ehegatten sind nach ihren Angaben und nach Überzeugung des beurkundenden Notars der deutschen Sprache hinreichend mächtig. Die Zuziehung eines Dolmetschers ist daher nicht erforderlich und wird von keinem der Beteiligten gewünscht.

Nach meiner, des Notars, Überzeugung sind die Erschienenen voll geschäfts- und testierfähig.

Auf Zeugenbeiziehung verzichten die Vertragsteile. Ein gesetzlicher Grund, Zeugen hinzuzuziehen, besteht nicht.

Die Erschienenen erklären bei gleichzeitiger Anwesenheit gemeinsam mündlich mit dem Ersuchen um Beurkundung was folgt:

A. Allgemeines

Wir haben am ..... vor dem Standesbeamten in ..... geheiratet.

Ich, der Ehemann, war bei Eheschließung und bin heute französischer Staatsangehöriger.

Ich, die Ehefrau, war bei Eheschließung und bin heute deutsche Staatsangehörige.

Unser beider gewöhnlicher Aufenthalt ist von der Eheschließung bis heute ununterbrochen in Deutschland.

Einen Ehevertrag oder eine Rechtswahl haben wir bisher nicht vereinbart.

B. Rechtswahl für die güterrechtlichen Ehewirkungen

I.

Wir gehen davon aus, dass für unsere Ehe nach Art. 15 Abs. 1 i.V.m. Art. 14 Abs. 1 Nr. 2 EGBGB deutsches Ehegüterrecht gilt, da wir beide unseren gewöhnlichen Aufenthalt seit Eheschließung ununterbrochen in Deutschland hatten und haben.

II.

Vorsorglich, jedoch unabhängig von vorgenannter Annahme, wählen wir für die güterrechtlichen Wirkungen unserer Ehe das Recht der Bundesrepublik Deutschland.[1184]

Diese Rechtswahl soll ab heute gelten.

Sie ist gem. Art. 22 Abs. 1 EUGüVO möglich, da wir unseren gewöhnlichen Aufenthalt in Deutschland haben.

Änderungen dieser Voraussetzungen haben keine Auswirkung auf die Rechtswahl.

Diese Rechtswahl soll nach Möglichkeit nicht nur in Deutschland gelten, sondern weltweit, soweit dies möglich ist, insbesondere also auch die Vermögensgegenstände umfassen, die wir jetzt oder künftig in Frankreich innehaben.

III.

Der Notar hat über die Rechtswahl, das deutsche Güterrecht und die rechtlichen und praktischen Probleme einer etwa eintretenden Güterrechtsspaltung belehrt.

Die Beteiligten wünschen nun auf der Basis der Geltung deutschen Ehegüterrechts die Vereinbarung der Wahl-Zugewinngemeinschaft als Güterstand.

C. Ehevertragliche Vereinbarungen

I. Wahl des Güterstandes der Wahl-Zugewinngemeinschaft

1)

Auf der Basis des deutschen Ehegüterrechts vereinbaren wir ehevertraglich was folgt:

Als Güterstand für unsere Ehe soll die

1184 Formulierung angelehnt an Lichtenberger, DNotZ 1986, 644, 684 f.

Kapitel 2 Vertragliche Regelungen im Ehegüterrecht

Wahl-Zugewinngemeinschaft

nach Maßgabe des Bürgerlichen Gesetzbuches (§ 1519 BGB) und des Abkommens vom 4.2.2010 zwischen der Bundesrepublik Deutschland und der Französischen Republik gelten.

2)

Im Rahmen der Wahl-Zugewinngemeinschaft vereinbaren wir folgende Modifikation:

a)

Wenn im Todesfalle der vorverstorbene Ehegatte zugewinnausgleichsberechtigt wäre, so entfällt ein Zugewinnausgleichsanspruch.[1185]

b)

Zuwendungen unter Ehegatten sollen wie folgt behandelt werden:

(1) dem Anfangsvermögen des Zuwendungsempfängers sollen sie nicht zugerechnet werden

(2) vom Endvermögen des Zuwendenden sollen sie in Abzug gebracht bzw. diesem nicht erneut zugerechnet werden.

(3) eine weitere Anrechnung soll nicht erfolgen.[1186]

Alternative:

Zuwendungen unter Ehegatten sollen auf eine Zugewinnausgleichsforderung angerechnet werden.

3)

Wir beantragen, dass die Rechtswahl und der gewählte Güterstand in das Güterrechtsregister eingetragen werden und beauftragen den beurkundenden Notar, die Eintragung durch Übersendung einer beglaubigten Abschrift dieser Urkunde an das zuständige Güterrechtsregister herbeizuführen.[1187]

Alternative:

Vorstehende Rechtswahl soll in das deutsche Güterrechtsregister derzeit nicht eingetragen werden. Die Eintragung kann jedoch jederzeit einseitig durch einen Ehepartner auf dessen Kosten beantragt werden.

4)

Wir gehen davon aus, bisher im deutschen Güterstand der Zugewinngemeinschaft gelebt zu haben. Für die bisherige Ehezeit erklären wir:

1185 Vgl. Kap. 1 Rdn. 535; diese Rechtsfolge, dass der vorverstorbene Ehegatte Zugewinnausgleich geltend machen kann, ist dem deutschen Recht fremd und regelmäßig unerwünscht. Anders kann das dann sein, wenn durch die Zahlung von Zugewinn an gemeinsame Kinder der Pflichtteilsanspruch einseitiger Kinder des überlebenden Ehegatten gemindert werden kann.

1186 Die Ehegattenzuwendungen sind bei der Wahl-Zugewinngemeinschaft nicht geregelt. So befassen sich die Art. 8 und 10 WZGA nur mit Zuwendungen an Abkömmlinge in gerader Linie. Eine der Anrechnung vergleichbare Bestimmung gibt es nicht. Hier wurde die Lösung gewählt, dass die Zuwendung wertmäßig wieder in den Zugewinn einfließt. Es können auch andere Rechtsfolgen vereinbart werden.

1187 Zwar ordnet § 1519 BGB die Nichtgeltung des § 1412 BGB an, die Eintragung im Güterrechtsregister ist aber gleichwohl zulässig und sollte wohl auch erfolgen. Die Nichtgeltung des § 1412 BGB wird derzeit sehr kritisiert.

F. Der Ehevertrag der deutsch-französischen Wahl-Zugewinngemeinschaft

Eine Veränderung von Eigentumsverhältnissen findet nicht statt. Wir verzichten gegenseitig auf Ansprüche aus Zugewinnausgleich[1188] und nehmen diesen Verzicht an.[1189]

Alternative:

Eine Auseinandersetzung hinsichtlich des beendeten bisherigen Güterstandes soll in dieser Urkunde nach Hinweis des Notars ausdrücklich nicht stattfinden. Die Zugewinnausgleichsforderung, die einer von uns hat, ist Anfangsvermögen der Wahl-Zugewinngemeinschaft.[1190]

5)

Hierüber sind wir uns einig. Sofern in den vorstehenden Vereinbarungen Verzichte enthalten sind, werden diese wechselseitig erklärt und angenommen.

II. Versorgungsausgleich

Der Versorgungsausgleich nach deutschem Recht soll durchgeführt werden. Wir werden beide während der Ehezeit deutsche Rentenanwartschaften erwerben.

Soweit einer von uns französische Rentenanwartschaften erwirbt, sollen diese nach Maßgabe des § 19 Abs. 2 Nr. 4, Abs. 3 VersAusglG Berücksichtigung finden.

D. Belehrungen, Schlussbestimmungen

I.

Der Notar belehrte darüber, dass er ausländisches Recht nicht kennen muss, über den Inhalt fremder Rechtsordnungen nicht belehren kann und auch nicht belehrt hat. Der Notar hat hierüber auch keinen Beratungs- oder Betreuungsauftrag übernommen. Er hat insbesondere nicht überprüft, ob das ausländische Recht diesen Vertrag anerkennt. Der Notar hat hierüber auch keine Beratung oder Betreuung übernommen.

Eine Unwirksamkeit der Rechtswahl soll sich auf die Wirksamkeit der übrigen Teile dieses Vertrages nicht auswirken.

Die Rechtswahl geht von den Vertragsteilen aus, diese nehmen auch alle Risiken und Folgen in Kauf, die mit der möglichen Geltung und Einwirkung fremden Rechts zusammenhängen und stellen den Notar insoweit von jeder Haftung frei.

II.

Auch wenn die vorstehenden Rechtswahlen nach Möglichkeit nicht nur im Inland gelten sollen, soll der Notar aber derzeit keine Schritte unternehmen, um eine Gültigkeit der Rechtswahl im Ausland zu erreichen.

III.

Der Notar hat auf die Besonderheiten des Güterstandes der Wahl-Zugewinngemeinschaft hingewiesen. Er hat über die Verfügungsbeschränkungen hinsichtlich des Familienheimes belehrt und erläutert, dass § 1412 BGB trotz Eintragung im Güterrechtsregister nicht gilt. Er hat ferner

---

1188 Eine Anordnung der rückwirkenden Berechnung des Zugewinns aus der Wahl-Zugewinngemeinschaft auf den Ehebeginn könnte ebenso erwogen werden. Sie müsste ebenso zulässig sein wie im deutschen gesetzlichen Güterstand. Da sie aber bisher zu wenig abgesichert ist, wurde hier von einer Anwendungsempfehlung noch abgesehen.

1189 Diese Regelung ist sinnvoll, wenn die Ehezeit noch nicht lang war und der potenzielle Zugewinnausgleichsanspruch sehr niedrig ist. Ansonsten sind schenkungsteuerliche Konsequenzen zu bedenken.

1190 Diese Anordnung allein wird zu Schwierigkeiten führen, wenn nach längerer Zeit der Anspruch berechnet werden soll. Es ist also zu raten, den Zugewinnausgleich der beendeten Zugewinngemeinschaft zu ermitteln, zumal Art. 8 Abs. 5 WZGA die Vermutung aufstellt, dass ohne Verzeichnis das Anfangsvermögen 0 ist. Hier müsste dann überlegt werden, neben dem »mitgebrachten« Zugewinnausgleichsanspruch auch die sonstigen Vermögensgegenstände bzw. Werte aufzuführen.

Kapitel 2

dargelegt, dass bei diesem Güterstand Wertsteigerungen von Grundstücken keinen Zugewinn darstellen.

Der Notar hat allgemein darauf hingewiesen, dass bei der Wahl-Zugewinngemeinschaft noch viele Rechtsfragen einer Klärung bedürfen. Die Parteien wünschen gleichwohl die Vereinbarung dieses Güterstandes.

..... salvatorische Klausel, Belehrung Inhaltskontrolle, Kosten und Abschriften ......

Kapitel 3 Ehegattenzuwendungen

Übersicht

		Rdn.
A.	**Unbenannte Zuwendung**	1
I.	Fallgruppen unbenannter Zuwendungen	1
II.	Rechtsprechung im Wandel	11
III.	Regelungsnotwendigkeiten	15
B.	**Probleme rund um das Familienheim**	24
I.	Verschiebungen im Zugewinn bei vorzeitigem Baubeginn	24
II.	Darlehenslösung	30
III.	Gesellschaftsvertragslösung	40
IV.	Zugewinnlösung	41
	1. Vorverlegung des Stichtages für die Berechnung des Anfangsvermögens	42
	2. Wertmäßige Festlegung des Anfangsvermögens	44
V.	Aufgeschobene Miteigentumslösung	48
VI.	Konkrete Lösung	52
VII.	Steuerfreie Übertragung des Familienheims	53
	1. Vorteile bei einer Schenkung des Familienheims unter Lebenden	54
	2. Voraussetzungen der Privilegierung des Familienheims	57
	3. Verschärfte Anforderungen beim Erwerb des Familienheims von Todes wegen	70
C.	**Wertungen im Rahmen der §§ 1374 Abs. 2, 1380 BGB**	79
I.	Keine Anwendung des § 1374 Abs. 2 BGB	80
II.	Anrechnung nach § 1380 BGB	82
III.	Gestaltungsempfehlungen	96
IV.	Anordnung, dass Anrechnung nicht erfolgen soll	106
V.	Schenkungs- und ertragsteuerliche Aspekte der Anrechnung	114
D.	**Drittwirkung von Ehegattenzuwendungen**	126

		Rdn.
I.	Erbrecht	127
II.	Anfechtungsrecht	132
III.	Schenkungsteuerrecht	135
IV.	Vermögensübertragungen als Zugewinnausgleich bei Beendigung des Güterstandes	138
E.	**Vertragliche Regelungen bei der Zuwendung**	144
I.	Rückforderungsrecht und Zugewinnregelungen	145
II.	Unbenannte Zuwendung mit Erwerbsrecht der Kinder im Scheidungsfall	157
III.	Zuwendungen zur Haftungsvermeidung	159
	1. Heirat eines verschuldeten Ehegatten	160
	2. Zuwendungen an den anderen Ehegatten aus Haftungsgründen	161
	a) Zuwendung mit Rückforderungsrecht	161
	b) Anfechtbarkeit	164
	c) Pfändbarkeit – früherer Meinungsstand	169
	d) Urteil des BGH vom 20.02.2003	174
	e) Folgen für die reinen Scheidungsklauseln	181
	f) Bedeutung der beschränkten Pfändbarkeit	199
	g) Belehrung und Ausweichgestaltung	208
	3. Vermögensverlagerung auf den nicht haftenden Ehegatten	232
F.	**Erwerb durch nicht haftenden Ehegatten mit Erwerbsrecht**	236
G.	**Schenkung**	238

A. Unbenannte Zuwendung

I. Fallgruppen unbenannter Zuwendungen

Die Rechtsprechung hat in verschiedenen Sachverhaltskonstellationen Zuwendungen unter Ehegatten nicht als Schenkung eingeordnet,[1] sondern als sog. unbenannte Zuwendung.[2] Dem liegt die 1

---

[1] Krit. hiergegen Koch, FamRZ 1995, 321 ff.; BRHP/Cziupka, § 1372 Rn. 29: »Sackgasse«.
[2] Vgl. zu Zuwendungen unter Ehegatten aus rechtshistorischer Sicht: Löhning, in: FS für Schwab, S. 179 ff.; zur Entwicklung dieser Kategorie: Lieb, Die Ehegattenmitarbeit im Spannungsfeld zwischen Rechtsgeschäft, Bereicherungsanspruch und gesetzlichem Güterstand, 1970; zur zivilrechtlichen Dogmatik: Poel-

Annahme zugrunde, dass die Ehegatten subjektiv nicht über die Unentgeltlichkeit einig sind, sondern die Zuwendung »um der Ehe willen« erfolgt, d.h. als Beitrag zur Verwirklichung, Ausgestaltung, Erhaltung und Sicherung der ehelichen Lebensgemeinschaft.[3] Dabei wird erwartet, die Ehe werde Bestand haben, sodass der Zuwendende innerhalb der ehelichen Lebensgemeinschaft weiterhin am Vermögenswert und dessen Früchten teilhaben wird.[4] Dass eine Zuwendung in diesem Sinne der ehelichen Lebensgemeinschaft dienen sollte, bedarf der tatrichterlichen Feststellung.[5] Dem Wortlaut der notariellen Urkunde kommt hierbei jedenfalls bei jüngeren Urkunden eine indizielle Bedeutung zu.[6]

2 Ein Urteil des KG nimmt zur unbenannten Zuwendung im Hinblick auf einen Rückforderungsanspruch Stellung, den der Sozialleistungsträger des Schenkers aus **übergeleitetem Recht** geltend machte. Das KG ist der Auffassung, dass es sich bei unbenannten Zuwendungen **nicht um eine unentgeltliche Zuwendung i.S.d. § 528 BGB** handelt, sondern um eine güterrechtliche Rechtsbeziehung, sodass der Rückforderungsanspruch scheitert, außer die Ehegatten hätten mit der Zuwendung ehefremde Zwecke verfolgt.[7]

3 Der BGH geht davon aus, dass damit ein **familienrechtlicher Vertrag eigener Art** zustande kommt.[8] Der Bestand der Ehe ist in diesen Fällen nicht Vertragszweck, sondern Geschäftsgrundlage.[9]

4 Wird die Zuwendung hingegen mit Blick auf ein künftiges Scheidungsverfahren getätigt, so handelt es sich gerade nicht um eine unbenannte Zuwendung, da sie nicht vom Fortbestehen der Ehe abhängt. Die Annahme des OLG Schleswig,[10] dass es sich dann um eine Schenkung handeln müsse, mag allerdings bezweifelt werden, da in einer Scheidungssituation die Zuwendung regelmäßig auch nicht unentgeltlich geschieht, sondern im Zusammenhang mit der Regelung der Scheidungsfolgen.

5 Es kommen im Wesentlichen **folgende Fallgruppen**[11] in Betracht, bei denen die Rechtsprechung bisher eine unbenannte Zuwendung annahm. In der Praxis werden diese unbenannten Zuwendungen ggü. den reinen uneigennützigen Schenkungen den Regelfall darstellen:[12]

---

zig, JZ 2012, 425 ff.; zu Problemen der Ehegattenzuwendung Hoppenz, FPR 2012, 84 ff.; eine ausführliche Behandlung der Zuwendungen unter Ehegatten findet sich bei Krauß, Vermögensnachfolge, Rn. 3128 ff.

3 BGH, FamRZ 1980, 664; BGH, FamRZ 1982, 910; BGH, MittBayNot 1990, 178; BGH, NJW 1994, 2545; auch frühere Entscheidungen billigen Ausgleichsansprüche zu, ohne schon von einer unbenannten Zuwendung zu sprechen; zusammenfassend Friedrich, JR 1986, 1 ff.; Kleinle, FamRZ 1987, 1383 ff.; krit. Hepting, in: FS für Henrich, S. 267 ff. und Seiler, in: FS für Henrich, S. 551 ff.

4 BGH, ZNotP 2006, 303 f.

5 BGH, ZNotP 2006, 303 f. = FamRZ 2006, 1022 – diese Sentenz des für Schenkungen zuständigen X. Senates ist etwas verwirrend, da heute von der unbenannten Zuwendung als Regelfall ausgegangen wird. Klarstellend daher die Anm. Wever zu diesem Urteil in FamRZ 2006, 1023 f.: Wer sich auf Schenkungswiderruf stützt, muss die Schenkung nachweisen. Verwendet die Urkunde das Wort »Schenkung«, dann muss aber zur Widerlegung der Schenkung die ehebezogene Zuwendung festgestellt werden. Auch OLG Hamburg, FuR 2006, 566 fordert eine positive tatrichterliche Feststellung, dass die Zuwendung der ehelichen Lebensgemeinschaft dienen sollte.

6 BGH, FamRB 2006, 231 m. Anm. Wever. Dies gilt noch nicht für die Verträge aus den siebziger Jahren und davor, da hier die unbenannte Zuwendung noch nicht etabliert war.

7 KG, NJW-RR 2009, 1301.

8 Zur Kritik an dieser Einschätzung: Rauscher, AcP 186 (1986), 529, 535 f.; MünchKomm-BGB/Koch, § 1363 Rn. 19.

9 Hierzu ausführlich Klepsch, NotBZ 2003, 457 ff. Der dort (463 ff.) vertretene Standpunkt, die Notarurkunde müsse die ehebedingte Zuwendung nicht von der Schenkung unterscheiden, kann freilich nicht gebilligt werden.

10 OLG Schleswig, OLGR 2006, 823.

11 Zusammenfassend Frank, Anm. BGH, MittBayNot 1990, 181; Langenfeld, 6. Aufl., Rn. 726; Bruch, MittBayNot 2008, 173; vgl. auch die Aufzählung bei Wever, Rn. 894.

12 Schulz, FamRB 2004, 364, 365.

A. Unbenannte Zuwendung

- Mitbeteiligung am gemeinsamen **Familienwohnheim**,
- bei Erwerb des gemeinsamen Hauses nur aus Mitteln eines Ehegatten,
- Hingabe von Mitteln für den Erwerb allein durch den anderen Ehegatten,
- Übertragung eines Miteigentumsanteiles,
- Einsatz von Vermögen zur **Alterssicherung**,[13]
- **haftungsmäßig günstige Organisation** des Familienvermögens,[14]
- **Vermögensbildung** beim Zuwendungsempfänger, wenn ehevertraglich Gütertrennung oder modifizierte Zugewinngemeinschaft vereinbart wurde,[15]
- Vermögenstransfer aus **steuerlichen Gründen**.[16]

Der BGH[17] hat dies noch ergänzt und neben der angemessenen Alterssicherung auch die nachträgliche Vergütung langjähriger Dienste und den Unterhaltsanspruch nach §§ 1360, 1360a BGB als Gründe für eine unbenannte Zuwendung genannt.

Scheitert nun die Ehe, so fällt die Geschäftsgrundlage weg und es kann ein entsprechender Ausgleichsanspruch entstehen. Eine Rückforderung des zugewendeten Gegenstandes kann jedoch – zumindest im gesetzlichen Güterstand – nur in besonderen Fällen verlangt werden.[18] Ist eine solche ohne »wenn und aber« gewünscht, so muss sie bei der Zuwendung vereinbart werden.

▶ Gestaltungsempfehlung:
Sollen Zuwendungen bei Ehescheidung zurückgefordert werden, so sollte die Rückforderung vertraglich vorbehalten werden.

Da die unbenannte Zuwendung von der Schenkung abzugrenzen ist, findet § 530 BGB keine unmittelbare Anwendung. Die Gerichte erörtern jedoch einen der Norm des § 530 BGB vergleichbaren Maßstab für die Anwendung der Grundsätze über die Störung der Geschäftsgrundlage. Auch unter diesem Gesichtspunkt kann ein Zuwendungswiderruf jedoch nicht auf die Verletzung der ehelichen Treuepflicht gestützt werden, wenn der Schenker bei seinem eigenen Lebenswandel der ehelichen Treue keinen großen Stellenwert einräumt,[19] jedenfalls – wenn überhaupt – nur auf eine solche Untreue, die der Schenkung nachfolgt.[20] Das OLG München sieht die eheliche Abstammung eines in der Ehe geborenen Kindes als einseitige Erwartungshaltung des Ehemannes an, die nicht zu einem Widerruf der ehebezogenen Zuwendung berechtigt, wenn er über die außereheliche Abstammung im Unklaren gelassen wurde.[21] Der BGH sieht dies anders und betont, die leibliche Abstammung eines Kindes vom Vater könne Geschäftsgrundlage einer Ehegattenzuwendung in der Trennung sein, zumal wenn damit zugleich der Unterhaltsbedarf des Kindes gedeckt werden solle. Das Verschweigen könne auch eine Anfechtung einer schenkweisen Zuwendung wegen arglistiger Täuschung bewirken.[22]

---

13 BGH, NJW 1972, 580; BGH, MittBayNot 1988, 181.
14 BGH, MittBayNot 1990, 178 ff.; krit. hierzu Hoppenz, MittBayNot 1998, 217 ff., der in diesem Fall eine Zuwendung ablehnt, da eine dem Treuhandverhältnis vergleichbare Konstellation vorliege; zum Treuhandverhältnis ebenso Arend, MittRhNotK 1990, 65, 68, der die Treuhandabrede in diesem Fall nicht für beurkundungsbedürftig hält; OLG Düsseldorf, FamRB 2004, 37.
15 BGH, MittBayNot 1989, 157 f.
16 Etwa zur Begründung des sog. Wiesbadener Modells oder als Beginn einer für später geplanten Gesamtübertragung auf die Kinder zur Ausnutzung von Freibeträgen. Bestätigt hat diese Fallgruppe BGH, NJW-RR 1993, 1410, obwohl im konkreten Fall eine Schenkung vorlag.
17 BGH, ZEV 2018, 274.
18 Detailliert Kap. 5 Rdn. 1 ff.
19 OLG Frankfurt am Main, FamRB 2006, 357.
20 OLG München, FamRZ 2009, 1831 ff.
21 OLG München, FamRZ 2009, 1831 ff.; hierzu Bruch, MittBayNot 2009, 311 ff.
22 BGH, NJW 2012, 2728.

Kapitel 3

9 Bei Vermögensübertragungen aus steuerlichen Gründen ist ein Rückfall auf den zuwendenden Ehegatten allerdings häufig gar nicht gewünscht, etwa wenn dadurch die personelle Verflechtung bei der Betriebsaufspaltung einträte. Hier kann ein Erwerbsrecht Dritter, z.B. der Kinder, helfen.

▶ **Gestaltungsempfehlung:**

10 Es sollte geprüft werden, ob eine Rückforderung durch den zuwendenden Ehegatten steuerlich schädlich sein könnte. In diesem Fall kann die Begründung eines Erwerbsrechts zugunsten der Kinder helfen.

Andererseits ist bei treuhandähnlichen Übertragungen zur haftungsmäßigen Vermögensverteilung die Rechtsprechung eher bereit, einen Ausgleichsanspruch anzunehmen.[23]

II. Rechtsprechung im Wandel

11 Nachdem der BGH früher den Ausgleich von Vermögensverlagerungen unter Ehegatten in den Fällen, in denen das Güterrecht keine befriedigende Lösung bot, überwiegend unter Berufung auf die Rechtsfigur der **unbenannten Zuwendung** mit der Folge einer **Störung der Geschäftsgrundlage** gefunden hatte, stellt er mit dem Urt. v. 30.06.1999[24] wieder die **Ehegatteninnengesellschaft** in den Vordergrund,[25] die bei Scheidung einer Ehe zu Ansprüchen nach §§ 738 ff. BGB führt.[26]

12 Im Urteilsfall war umfangreicheres Immobilienvermögen über lange Jahre hinweg auf den Namen der Ehefrau zu Alleineigentum erworben worden. Der Ehemann behauptete, erhebliche Beiträge geleistet und deshalb einen Ausgleichsanspruch zu haben.

13 Der BGH nutzte das Urteil zu grds. Ausführungen über die Ehegatteninnengesellschaft und ihre Abgrenzung zu den unbenannten Zuwendungen und betonte, dass die Ehegatteninnengesellschaft **Vorrang vor der** Rechtsfigur der **unbenannten Zuwendung** habe.[27] Die Literatur sieht hierin einen Wandel der Rechtsprechung, der den Anwendungsbereich der unbenannten Zuwendung künftig nur noch auf den Bau eines Familienwohnheims beschränkt.[28]

14 Befürchtungen, aufgrund der gewandelten Rechtsprechung zur Schwiegerelternzuwendung als Schenkung könne sich auch der Bereich der ehebezogenen Zuwendungen verkleinern, tritt *Hahne* entgegen, denn bei den Zuwendungen unter Ehegatten stehe der Gedanke, weiter am Zuwendungsgut zu partizipieren, im Mittelpunkt, nicht jedoch bei der Schwiegerelternzuwendung.[29]

III. Regelungsnotwendigkeiten

15 Die Rechtsprechung zum Ausgleich solcher Zuwendungen oder auch von Mitarbeit unter Ehegatten bringt erhebliche Unsicherheit in die Rechtsbeziehungen der Ehegatten; dies insb. im Bereich der Gütertrennung.[30]

16 Auf diese mit Blick auf die Einzelfallgerechtigkeit ergangene Rechtsprechung sollte sich die Vertragsgestaltung nicht verlassen, sondern eigene Regelungen finden. Zur Vermeidung solcher Rechtsunsicherheit kann die Empfehlung nur lauten, mehr als bisher die vermögensrechtlichen Beziehungen

---

23 OLG Düsseldorf, FamRB 2004, 37 f.
24 BGH, DNotZ 2000, 514 ff.
25 Zur Rechtsprechungsgeschichte insoweit vgl. Haas, FamRZ 2002, 205; Wever, Rn. 1111 ff.; Blumenröhr, in: FS für Odersky, S. 517 ff.
26 Zur Ehegatteninnengesellschaft: Kap. 5 Rdn. 62 f.
27 BGH, DNotZ 2000, 514, 515 (»in erster Linie«).
28 Grziwotz, DNotZ 2000, 486, 495.
29 Hahne, FF 2012, 268, 269.
30 Vgl. zur Kritik: MünchKomm-BGB/Koch, § 1363 Rn. 17 f.; Schotten, NJW 1990, 2841 ff.

A. Unbenannte Zuwendung

der Ehegatten untereinander vertraglich auszugestalten und hierbei die Auswirkungen des Scheiterns der Ehe zu bedenken, also keine »unbedachten Zuwendungen«[31] zuzulassen.

An der Ausgestaltung solcher vertraglichen Rechtsbeziehungen müssen alle rechtlichen und steuerlichen Berater der Ehegatten zusammenwirken. Während Rechtsanwälte oder Notare die Eheleute i.d.R. nur punktuell begleiten bei der Regelung von Ehe- und Erbverträgen, Grundstücksübertragungen, gesellschaftsrechtlichen Akten oder sonstigen Rechtsstreitigkeiten, hat gerade der steuerliche Berater ein fortlaufendes Mandat. Er sieht z.B. auch die Mitarbeit im Betrieb, Nutzungsüberlassungen und die Übertragung von Geld oder Mobilien. Aus diesem Grund sollte er den Ehegatten zu einer rechtlichen Regelung raten.

▶ **Gestaltungsempfehlung:**

Alle vermögensrechtlichen Beziehungen zwischen den Ehegatten sollten vertraglich gestaltet werden auch mit Blick auf etwaige Scheidungsfolgen.

Gerichtliche Entscheidungen ergehen zum Problem unbenannter Zuwendungen immer dann, wenn ein Ehegatte im Zusammenhang mit einer Scheidung Rückgabe oder Wertausgleich verlangt. Aus dieser Perspektive gilt es, die Rechtsprechung zu analysieren. Der Richter legt den Zuwendungsakt aus mit Blick auf das im Rechtsstreit folgende Ergebnis unter Berücksichtigung der Einzelfallgerechtigkeit.

Der **Vertragsgestalter** muss in Kenntnis dieser Rechtsprechung aus anderer Sicht denken und im Vorfeld bereits **vorsorgende Regelungen** treffen. Er sollte bereits im **Ehevertrag** mit Vereinbarung einer Gütertrennung oder eines Zugewinnausschlusses im Scheidungsfall klarstellen, ob Zuwendungen der Ehegatten zurückgefordert werden können. Bewährt hat sich die Regelung, dass sie nur dann zurückgefordert werden können,[32] wenn dies bei der Zuwendung vorbehalten war.[33] Diese Regelung schafft Klarheit und zwingt die Eheleute zugleich in die Regelungsdisziplin bei künftigen Zuwendungen.

Im **Zuwendungsvertrag** sollte eine Regelung getroffen werden, ob zugewendete Gegenstände bei Scheidung der Ehe
- zurückgefordert werden können,
- nicht zurückgefordert werden können,
- im Zugewinnausgleich – sofern der nicht ausgeschlossen ist – in bestimmter Weise behandelt werden sollen.[34]

▶ **Gestaltungsempfehlung:**

Geklärt werden sollte bei jeder Zuwendung unter Ehegatten, wie diese die Zuwendung im Scheidungsfall behandelt wissen wollen.

Eine Besonderheit sei am Ende noch bemerkt. Der BGH erwog,[35] bei einem Güterstandswechsel vom gesetzlichen Güterstand in die Gütertrennung den **ehevertraglichen Verzicht auf Zugewinn selbst als eine unbenannte Zuwendung** einzustufen. Er argumentierte, die Ehegatten hätten die

---

31 Grziwotz, MDR 1998, 129; Brambring, in: FS für Rolland, S. 29, 33.
32 Grundlegend Langenfeld/Milzer, Rn. 382.
33 Derzeit noch offen ist die Frage, ob sich dieses ehevertragliche Abschaffen der »Zweiten Spur« neben dem Ehegüterrecht einer Inhaltskontrolle nach der neuen Rspr. des BVerfG und des BGH stellen muss; s. hierzu die Ausführungen in Kap. 2 Rdn. 65 ff.; zur Kritik an solchen Ausschlüssen vgl. Kap. 2 Rdn. 492 ff.
34 Das eine schließt das andere nicht aus. Auch wenn eine Rückforderung im Scheidungsfall ausgeschlossen ist, kann eine Berücksichtigung im Zugewinnausgleich erfolgen; daher unzureichend argumentiert bei AG Fulda, FamRZ 2006, 417.
35 BGH, MittBayNot 1997, 295 f.

Ehe nach dem Wechsel fortsetzen wollen und auch tatsächlich 15 Jahre fortgesetzt, sodass der Verzicht um der Ehe willen erfolgt sei.

In der Folge wäre der Zugewinnausgleichsverzicht – gemeint ist wohl auch der auf künftigen Zugewinn – nach den Regeln über den Wegfall bzw. Störung der Geschäftsgrundlage anzupassen. Damit wären Vereinbarungen der Gütertrennung oder des Zugewinnverzichts für den Scheidungsfall nicht mehr sicher.

Hier wird man die weitere **Entwicklung der Rechtsprechung** abzuwarten haben. Ggf. ist eine **Klarstellung im Vertrag** zu empfehlen, dass es sich nicht um eine ehebedingte Zuwendung handelt.

B. Probleme rund um das Familienheim

I. Verschiebungen im Zugewinn bei vorzeitigem Baubeginn

24 Aufbauend auf den Ergebnissen der vorhergehenden Ausführungen über die unbenannten Zuwendungen soll nun der häufig vorkommende Fall im Mittelpunkt stehen, dass zwei Partner mit dem **Hausbau beginnen**, von beiden Seiten Verwendungen tätigen, das Grundstück zur Verfügung stellen oder gemeinsam erwerben und **erst später heiraten**.[36]

25 Bei dieser Fallgestaltung kommt es zu Verschiebungen des Anfangsvermögens, die bei einer späteren Zugewinnberechnung[37] Probleme bereiten. Nicht minder schwerwiegende Abgrenzungsschwierigkeiten hat die nach der früheren Rechtslage wichtige Frage bereitet, ob die Parteien verlobt waren oder nicht. Dies dürfte aber aufgrund der nachstehend geschilderten Rechtsprechung nicht mehr entscheidend sein.

26 Gehört etwa das Baugrundstück einem Partner und der andere investiert einen erheblichen Geldbetrag für den Rohbau und die Partner heiraten nach dem Richtfest, so gehört nach der gesetzlichen Regelung das Grundstück samt Rohbau zum Anfangsvermögen des Grundstückseigentümer-Ehegatten.

27 Der BGH hat seine Rechtsprechung zum Ausgleich von Zuwendungen für die **Zeit eines nichtehelichen Zusammenlebens** grundlegend geändert und nunmehr entschieden, dass solche Ansprüche nicht auf gesellschaftsrechtliche Ausgleichsansprüche beschränkt sind, sondern auch Ansprüche aus ungerechtfertigter Bereicherung und aus Störung der Geschäftsgrundlage in Betracht kommen.[38] Der BGH geht damit den Schritt hin zur »Zusammenlebensrechtsgemeinschaft«.[39] Nach dieser Rechtsprechung kann es Ansprüche aus einer »gemeinschaftsbedingten« Zuwendung geben, wenn der Zweck – das längerfristige Partizipieren – nicht erreicht wird. Auf dieser Basis müssten auch Ansprüche bestehen, wenn die nichteheliche Gemeinschaft wegen der Absicht späterer Eheschließung nicht auf Dauer angelegt war, weil letztlich die gemeinschaftliche Nutzung des Vermögens – zunächst in nichtehelicher und dann in ehelicher Gemeinschaft – auf Dauer angelegt war. Man sollte auf dieser Basis zu den gleichen Rechtsfolgen kommen wie bei der sogleich geschilderten Verlobung. Dies sieht auch der BGH nunmehr so, wenn er Ansprüche aus Störung der Geschäftsgrundlage auch bei ehebezogenen Zuwendungen vor und während der Ehe im Gesamtumfang bejaht, ohne dass es ihm auf eine Verlobung ankommt.[40] Insoweit kann man von einer Fortentwicklung der Rechtsprechung ausgehen.[41] Gleichwohl bleibt eine vertragliche Regelung vorzugswürdig.

28 Waren die späteren Eheleute hingegen **verlobt**, dann sah der BGH die Interessenlage schon früher als vergleichbar mit einer unbenannten Zuwendung unter Eheleuten mit Gütertrennung an und

---

36 Vgl. die instruktive Fallschilderung bei Grziwotz, DNotZ 2000, 486, 488.
37 Sonstige Probleme rund um das Familienheim bei Scheitern der Ehe erörtert Graba, NJW 1987, 1721 ff.
38 BGH, DNotZ 2009, 52.
39 Grziwotz, FamRZ 2008, 1829; zustimmend Löhnig, DNotZ 2009, 59, 60.
40 BGH, FamRB 2012, 361 = NJW 2012, 3374.
41 Wever, FamRB 2012, 362.

geht von einem besonderen familienrechtlichen Rechtsverhältnis aus, zu dessen Geschäftsgrundlage der Bestand der künftigen Ehe zählt. Fällt diese Grundlage weg, so entsteht ein Ausgleichsanspruch, der ergänzenden Charakter hat und nur Werte zum Gegenstand haben kann, die nicht schon dem Zugewinn der späteren Ehe unterliegen. Der BGH will aber durch den Anspruch keine Besserstellung gegenüber einer Leistungserbringung erst nach der Eheschließung und bildet daher einen hypothetischen Zugewinn, als wäre das Objekt ohne die Verwendungen im Anfangsvermögen.[42] Dies gilt übrigens sogar dann, wenn die Anspruchstellerin einseitig aus der Ehe ausgebrochen sein sollte, denn es gibt keinen Grundsatz, dass derjenige, der die Geschäftsgrundlage zerstört, keinen Ausgleichsanspruch wegen Störung der Geschäftsgrundlage hat.[43]

Um diese Situation und die **Unwägbarkeit ihrer Behandlung in der Rechtsprechung** verträglich zu regeln, gibt es mehrere Möglichkeiten. Nicht in Betracht kommt i.d.R. die vorherige Einräumung von **Miteigentum** am bereits vorhandenen Grundstück, weil dieses Schenkungsteuer oder aber Grunderwerbsteuer auslösen würde, wenn die Vertragsteile im Zeitpunkt der Übertragung noch unverheiratet sind. Zudem löst dies allein die Fragen späterer Auseinandersetzung nicht.[44] Für die Übertragung des eigenbewohnten Hauses (Familienheim) unter Ehegatten zu Lebzeiten ist hingegen bei Vorliegen der entsprechenden Voraussetzungen sogar Schenkungsteuerfreiheit nach § 13 Abs. 1 Nr. 4a ErbStG gegeben,[45] die mit der Erbschaftsteuerreform 2008/2009 sogar auf Zuwendungen von Todes wegen – allerdings unter gewissen Einschränkungen – ausgedehnt wurde.[46] Die Voraussetzungen dieser Vorschrift[47] sind sehr genau zu prüfen und einzuhalten[48] 29

II. Darlehenslösung

Bei der **Darlehenslösung**[49] werden die Zuwendungen des Nichteigentümer-Partners aus dem (späteren) Anfangsvermögen als Darlehen gegeben und diese Darlehen werden auch bei Eheschließung aufrechterhalten, sodass sie das Anfangsvermögen prägen. 30

Das Problem bei Darlehen liegt darin, dass solche Darlehen nicht nur Auswirkungen auf die Berechnung des Anfangsvermögens haben, sondern dass diese Ansprüche sich vererben,[50] sodass hier eine entsprechende Regelung getroffen werden muss, wenn später keine gegenseitige Erbeinsetzung vorgesehen ist. Ist eine gegenseitige Erbeinsetzung vorgesehen, so erlischt das Darlehen im Erbfall durch Vereinigung von Gläubiger- und Schuldnerstellung. Für die Berechnung von Pflichtteilen hingegen gilt das Darlehen als nicht erloschen.[51] 31

Ferner nehmen die **Finanzämter** bei **Unverzinslichkeit** der Darlehen eine **Schenkung** an, die bei nicht verheirateten Partnern sehr schnell die Freibeträge überschreitet.[52]

▶ Gestaltungsempfehlung:

Die Rechtsprechung und die Finanzverwaltung akzeptieren es nicht, die Unverzinslichkeit des Darlehens mit dem Wohnvorteil zu begründen. Es sollten daher Zinsen vereinbart werden. 32

---

42 BGH, NJW 1992, 427 = DNotZ 1993, 515; OLG Celle, NJW-RR 2000, 1675; vgl. jüngst OLG Köln, FamRZ 2002, 1404 m. Anm. Wever und weiterer Anm. Quack, FamRZ 2003, 606 f.; Kogel, FamRB 2007, 273 f.
43 BGH, NJW 1992, 427, 429.
44 N. Mayer, ZEV 1999, 384, 385.
45 Dies soll auch bei einer Übertragung eines Familienheims aus dem Gesamtgut der Gütergemeinschaft in das Vorbehaltsgut eines Ehegatten gelten, DNotI-Gutachten 13216.
46 Hierzu Tiedtke/Schmitt, NJW 2009, 2632 ff.
47 Hierzu detailliert Reimann, FamRZ 2009, 1785 ff.
48 Hierzu Schlünder, FuR 2009, 255, 258 f.; vgl. Rdn. 53 ff.
49 Zum Ganzen N. Mayer, ZEV 1999, 384 f. und 435.
50 Böhm, ZEV 2002, 337 ff.
51 BGH, DNotZ 1978, 487, 489.
52 Hierzu näher in Kap. 5 Rdn. 424 ff.

33 Das FG Rheinland-Pfalz[53] hat sogar bei einem niedrig verzinslichen Darlehen unter Ehegatten gegen Zurverfügungstellen des Familienwohnheims eine Schenkung angenommen, ohne dass das Wohnenlassen als Gegenleistung anzusehen sei, da dieses ein geschuldeter Beitrag zum Familienunterhalt sei. Ein Argument, das auf nichteheliche Lebenspartner aber nicht übertragbar sein dürfte. Ein Argument, das außerdem zivilrechtlich nicht richtig ist, denn der Unterhalt verpflichtet nicht zur Errichtung eines Eigenheims. Der BFH hat das Urteil bestätigt, ohne auf die Frage des Wohnvorteils dabei nochmals einzugehen. Es ist daher davon auszugehen, dass **auch** bei einem **Mitbewohnen** des Objektes die Rechtsprechung bei **Unverzinslichkeit** oder niedrigerer Verzinslichkeit als die 5,5 % des § 15 BewG eine freigiebige Zuwendung nach § 7 Abs. 1 Nr. 1 ErbStG annehmen wird.[54]

▶ Kostenanmerkung:

34 Soweit der Darlehensvertrag mit beurkundet wird, ist dieser das Hauptgeschäft und die Hypothek nur gegenstandsgleiches Sicherungsgeschäft. Es ist dann eine 2,0 Gebühr nach KV 21100 aus dem Wert des Darlehens zu erheben. Wird nur die Hypothek beurkundet mit Zwangsvollstreckungsunterwerfung so fällt nach KV 21200 eine 1,0 Gebühr an. Schuldbekenntnis und Hypothekenbestellung sind derselbe Gegenstand.[55] Bei Beurkundung nur der formellen Grundbucherklärungen fällt eine 0,5 Gebühr nach KV 21201 Nr. 4 an.

▶ Formulierungsvorschlag: Darlehenslösung

35 ..... (Partnerschaftsvertrag) .....

1)

Die Geldmittel in Höhe von ..... €, welche Herr .....

– nachfolgend kurz: »Gläubiger« –

für den Bau des Einfamilienhauses auf dem Grundstück der Frau .....

– nachfolgend kurz: »Eigentümer« oder »Schuldner« –

zur Verfügung gestellt hat, sind als Darlehen gewährt.

Für das Darlehen gelten folgende Bestimmungen:

a) Das Darlehen ist mit jährlich 2 % über dem Basiszinssatz nach § 247 BGB, mindestens aber mit 3 % zu verzinsen ab dem .... Die Zinsen sind jährlich zum 31.12. eines Jahres fällig.

b) Schuldner und Gläubiger können das Darlehen ganz oder teilweise jederzeit mit einer Kündigungsfrist von sechs Monaten kündigen. Es ist sodann in voller Höhe zur Rückzahlung fällig.

c) Der Gläubiger ist berechtigt, die sofortige Rückzahlung des Darlehens ohne vorherige Kündigung zu verlangen, wenn

(1) die Zwangsversteigerung oder die Zwangsverwaltung des verpfändeten Grundbesitzes angeordnet wird,

(2) der Schuldner seine Zahlungen einstellt oder über das Vermögen des Schuldners das Insolvenzverfahren eröffnet wird oder sich die Vermögensverhältnisse des Schuldners i.S.d. § 490 BGB verschlechtern,

(3) der Pfandbesitz veräußert wird.

2) Hypothekenbestellung

Zur Sicherung aller Ansprüche des Gläubigers aus der vorstehend bezeichneten Darlehensforderung zuzüglich Zinsen bestellt der Eigentümer zugunsten des Gläubigers an dem in Abschnitt 4) dieser Urkunde bezeichneten Pfandbesitz eine

---

53 FG Rheinland-Pfalz, ErbStB 2009, 296.
54 BFH, NJW-RR 2011, 441 ff.
55 Notarkasse, Rn. 2064, 2088.

B. Probleme rund um das Familienheim

Hypothek ohne Brief an nächstoffener Rangstelle.

3) Zwangsvollstreckungsunterwerfung

Der Schuldner unterwirft sich wegen der in dieser Urkunde eingegangenen Zahlungsverpflichtung der

sofortigen Zwangsvollstreckung

aus dieser Urkunde in sein gesamtes Vermögen.

Der Eigentümer unterwirft sich darüber hinaus in Ansehung der vorbestellten Hypothek der

sofortigen Zwangsvollstreckung

aus dieser Urkunde in der Weise, dass diese im Sinne des § 800 ZPO gegen den jeweiligen Eigentümer des Pfandbesitzes zulässig ist.

4)

..... (Pfandbesitz, Anträge, Bewilligung) .....

Sofern eine gegenseitige Erbeinsetzung nicht erfolgt ist, weil z.B. die jeweils vorhandenen Kinder erben sollen, erlischt das Darlehen im Todesfall nicht durch Konfusion. Daher kann zusätzlich vorgesehen werden, dass das Darlehen im Todesfall des Gläubigers erlassen wird. Beim Tod des Schuldners würde die Rückzahlungspflicht ohne weitere Regelung dessen Erben treffen, was gewollt sein kann, wenn diese auch Eigentümer des Hauses werden.

Bei einem Erlass sind allerdings die **schenkungssteuerlichen Konsequenzen** zu bedenken. Die Rechtsprechung des BFH eröffnet nun allerdings neue Möglichkeiten für einen **Erlass unter Lebenden nach Heirat** ohne schenkungsteuerliche Konsequenzen. Der BFH hat entschieden, dass Zuwendungen unter Lebenden im Zusammenhang mit einem Familienheim auch dann nach Maßgabe des § 13 Abs. 1 Nr. 4a ErbStG steuerfrei sind, wenn die Ehe bei Anschaffung des Objektes noch nicht bestanden hatte.[56]

▶ Formulierungsvorschlag: Darlehenserlass beim Tod des Gläubigers

Verstirbt der Gläubiger vor dem Schuldner, so wird hiermit das Darlehen auf den Todeszeitpunkt erlassen, sofern dieses nicht zuvor bereits gekündigt worden war.

Da die Vertragsparteien kein gesetzliches Erbrecht haben, solange sie unverheiratet sind, ist in jedem Fall eine **erbrechtliche Beratung** dringend zu empfehlen. An deren Ende kann eine gegenseitige Erbeinsetzung ebenso stehen wie Nießbrauchs- oder Wohnrechtsvermächtnisse.

III. Gesellschaftsvertragslösung

Die **gesellschaftsrechtliche Lösung**, die den Geld gebenden Partner mit dem Grundstückseigentümer in eine Gesellschaft einbindet, hat den Vorteil, dass auch die Wertsteigerungen durch eigene Arbeitsleistung oder im Lauf der Zeit durch allgemeinen Anstieg der Immobilienwerte, aber auch Veräußerungsverluste[57] dem anderen Partner zugutekommen.[58]

IV. Zugewinnlösung

Ehevertraglich lässt sich die Problematik auf zwei Arten befriedigend lösen:

---

56 Vgl. hierzu die Darstellung und das Fallbeispiel in Rdn. 53 ff.
57 Hierzu N. Mayer, ZEV 2003, 453 ff.
58 Für die Formulierung von Ehegatteninnengesellschaftsverträgen s. Kap. 5 Rdn. 378 ff., 390.

Kapitel 3

1. Vorverlegung des Stichtages für die Berechnung des Anfangsvermögens

42 Einmal können sich die Ehegatten so stellen, als wären sie bereits bei Beginn des Hausbaus verheiratet gewesen. Sie verlegen damit den **Stichtag** für die Berechnung des Anfangsvermögens vor die Eheschließung auf den Tag zurück, an welchem mit dem **Hausbau** bzw. **vorherigen Finanzierungsaktivitäten** begonnen wurde. Diese Modifikation wird nunmehr einhellig für zulässig gehalten.[59]

▶ Formulierungsvorschlag:[60] Vorverlegung Anfangstermin

43 Die Parteien sind sich darüber einig, dass für die Berechnung des Zugewinns nicht der Tag der Eheschließung, sondern der ..... (Datum) ..... Anfangstermin im Sinne des § 1374 Abs. 1 BGB ist.

Dies soll sowohl dann gelten, wenn der Güterstand auf andere Weise als durch den Tod beendet wird wie auch – soweit gesetzlich zulässig – beim Ende des Güterstandes durch den Tod eines Ehegatten.

Der Notar hat darüber belehrt, dass die Vorverlegung des Anfangstermins nur schuldrechtliche Bedeutung hat, der Güterstand der Zugewinngemeinschaft also dennoch erst bei Eheschließung beginnt.

2. Wertmäßige Festlegung des Anfangsvermögens

44 Eine andere ehevertragliche Lösung besteht darin, das **Anfangsvermögen wertmäßig so festzulegen**, dass die Werte bei Beginn des Hausbaus festgesetzt werden. Hat z.B. der Ehemann das Grundstück und investieren beide Ehegatten in den Hausbau und heiraten dann, so wird folgender Formulierungsvorschlag unterbreitet.[61]

Fallgestaltung: Auf dem Grundstück des Ehemannes (Wert 100.000,00 €) wird noch vor Eheschließung ein Haus gebaut (Wert: 400.000,00 €). Die Ehegatten wollen, dass das Grundstück als Anfangsvermögen zählt, das Haus aber dem Zugewinn unterliegt.

▶ Kostenanmerkung:

45 Soweit Regelungen über das Anfangsvermögen als Sachgesamtheit oder bestimmte Vermögensgegenstände des Anfangsvermögens getroffen werden, ist § 100 Abs. 2 GNotKG einschlägig, wonach der Wert des betroffenen Gegenstandes ohne Schuldenabzug bzw. der Sachgesamtheit maßgeblich ist, höchstens jedoch der Wert des modifizierten Reinvermögens.[62]

▶ Formulierungsvorschlag: Wertfestlegung Anfangsvermögen

46 Wir sind uns darüber einig, dass für Zwecke des Zugewinnausgleichs das Anfangsvermögen des Ehemannes auf 100.000,00 € und das der Ehefrau auf null festgelegt wird. Das im Eigentum des Ehemannes stehende Familienwohnheim ..... Str. ....., das heute einschließlich des Grundes und Bodens einen Wert von 500.000,00 € hat, ist in einem etwaigen Zugewinnausgleich nur noch im Endvermögen anzusetzen, sodass der Gebäudewert und etwaige Wertsteigerungen in vollem Umfang in den Zugewinn fallen.

47 Sofern für die Errichtung des Hauses **Darlehensmittel** bei Dritten aufgenommen wurden, sind auch diese Verbindlichkeiten aus dem Anfangsvermögen auszuscheiden und nur im Endvermögen zu berücksichtigen.[63]

---

59 OLG Hamburg, NJW 1964, 1076; MünchKomm-BGB/Koch, § 1374 Rn. 5 (anders noch MünchKomm-BGB/Gernhuber, 3. Aufl., § 1374 Rn. 3); Palandt/Brudermüller, § 1376 Rn. 6.
60 Bergschneider, Rn. 639; N. Mayer, ZEV 1999, 384, 435.
61 Langenfeld/Milzer, Rn. 329.
62 Leipziger Kommentar, § 100 GNotKG, Rn. 41; Korintenberg/Tiedtke, § 100, Rn. 21.
63 Grziwotz, 4. Aufl., 104.

Sofern die reine Zugewinnlösung bereits zum Zeitpunkt des Investitionsbeginns vereinbart werden sollte, ohne dass noch eine Heirat bevorsteht, wäre sie um eine Regelung zu ergänzen, welche Ansprüche bei Nichtheirat bestehen sollen.

V. Aufgeschobene Miteigentumslösung

Vorgeschlagen wird ferner eine aufgeschobene Miteigentumslösung dergestalt, dass der Vertrag der zusammenlebenden Partner eine für den Fall künftiger Verehelichung aufschiebend bedingte Übertragung eines hälftigen Miteigentumsanteils vornimmt. Solches kann insb. in der Form eines unwiderruflichen Angebots geregelt werden.[64]

Sofern das gewünscht ist und die Finanzierungsbeiträge gleich waren, kann dann das Familienwohnhaus i.Ü. aus dem Zugewinn herausgenommen werden.[65]

▶ **Kostenanmerkung:**

Nach § 51 Abs. 1 GNotKG ist ein Vertrag, der nur eine bedingte Veräußerungs- bzw. Erwerbsverpflichtung enthält, ohne Rücksicht auf diese Bedingung zu bewerten. Es ist daher eine 2,0 Gebühr nach KV 21100 aus dem Wert des zu übertragenden Grundbesitzes zu erheben.[66]

▶ **Formulierungsvorschlag: aufschiebende bedingte Miteigentumsübertragung**

Aufschiebend bedingt für den Fall unserer späteren Eheschließung überlässt Herr ..... bereits heute an Frau ..... einen hälftigen Miteigentumsanteil des Anwesens ..... in ....., eingetragen im Grundbuch des Amtsgerichts ..... für ..... Blatt .....

Er haftet nur für ungehinderten Besitz und lastenfreien Eigentumsübergang. Ausgenommen hiervon ist das in Abteilung III lfd. Nr. 1 eingetragene Grundpfandrecht zugunsten der ..... -Bank, das zur ferneren dinglichen Haftung übernommen wird. Eigentümerrechte und Rückgewähransprüche werden anteilig mitübertragen, die Eintragung im Grundbuch bewilligt, jedoch ausdrücklich nicht beantragt. Für die zugrunde liegenden Verbindlichkeiten hat Frau ..... die gesamtschuldnerische Haftung bereits mit Urkunde vom ..... URNr. ..... übernehmen müssen.

Eine Haftung für Sachmängel wird – außer bei Vorsatz – nicht übernommen.

Besitz, Nutzen, Lasten, Gefahr und Verkehrssicherungspflichten gehen ab Eheschließung anteilig über, ebenso Erschließungs- und Anliegerkosten, für welche ein Bescheid ab Eheschließung zugestellt wird.

Die Vertragsteile verpflichten sich, unverzüglich nach Eheschließung die Auflassung zu erklären und entgegenzunehmen.

Auf die Eintragung einer Auflassungsvormerkung für Frau ..... wird nach Belehrung verzichtet.

Die Überlassung für den Fall der Eheschließung erfolgt als ehebedingte Zuwendung, d.h. im Hinblick auf die eheliche Lebensgemeinschaft und zum Ausgleich für geleistete Mitarbeit und als angemessene Beteiligung an den Früchten des ehelichen Zusammenwirkens. Die Vertragsteile gehen davon aus, dass sie gleichwertige Beiträge zur Erstellung und zum Unterhalt des Familienheims geleistet haben. Die künftige Zuwendung soll Frau ..... daher auch dann endgültig verbleiben, wenn die künftige Ehe geschieden werden sollte.

Der vorgenannte Grundbesitz (übertragener und verbliebener Anteil) samt seiner Verbindlichkeiten soll daher im Zugewinnausgleich in keiner Weise berücksichtigt werden, er sollte also weder bei der Berechnung des Anfangsvermögens noch des Endvermögens eines Ehegatten einen Rechnungsposten bilden. Dies gilt insbesondere auch für Verluste und Wertsteigerungen.

..... (sofern erforderlich zusätzlich Regelung von Verwendungen, Surrogaten[67] etc.) .....

---

64 N. Mayer, ZEV 2003, 453 f.
65 So der Vorschlag von Grziwotz, 4. Aufl., 105, auf dem auch die nachfolgenden Ausführungen basieren.
66 Notarkasse, Rn. 278 f., 280.
67 Vgl. die Formulierungsvorschläge in Kap. 2 Rdn. 604 ff.

VI. Konkrete Lösung

52 Ein weiterer Lösungsansatz[68] geht dahin, mittels einer konkreten Lösung Tilgungs- und Verzinsungsleistungen zu erfassen, die Kostentragung zu regeln und im Fall einer Trennung entsprechende Ansprüche wie z.B. Erwerbsrechte zu begründen, was aus schenkungssteuerlichen Gründen in der Form von Angeboten geschehen sollte. Besonders betont wird hierbei die Notwendigkeit, auch die Gewinnbeteiligung bzw. Verlusttragung bei einer Veräußerung des Anwesens einer Regelung zuzuführen.

VII. Steuerfreie Übertragung des Familienheims

53 Die steuerfreie Zuwendung eines Familienheims unter Lebenden nach **§ 13 Abs. 1 Nr. 4a ErbStG** wird oft als Königsweg einer Schenkung unter Ehegatten aufgezeigt. Der BFH erkennt für die Ehe als Erwerbs- und Wirtschaftsgemeinschaft keine Sonderregeln an. Daher sind **Ausnahmen von der Besteuerung in der Gestaltungspraxis von großer Bedeutung**. Allerdings muss man auch die beschränkende Rechtsprechung auf diesem Feld kennen, um Übertragungen in der richtigen Weise durchzuführen. Dies gilt ebenso bei der Steuerfreistellung nach § 13 Abs. 1 Nr. 4b und 4c ErbStG für den Todesfall.

1. Vorteile bei einer Schenkung des Familienheims unter Lebenden

54 Die **Vorteile** einer Schenkung des Familienheims unter Lebenden zwischen Ehegatten hat die Finanzverwaltung in den Erbschaftsteuer-Richtlinien[69] gut zusammengefasst:
– **Keine Anrechnung auf Freibeträge**; da es sich um eine sachliche Steuerbefreiungsvorschrift handelt, wird das geschenkte Familienheim weder auf die Freibeträge angerechnet noch mit anderen Erwerben im 10-Jahreszeitraum zusammengerechnet. Wenn die Übertragung unter Ausschluss des § 1380 BGB stattfindet, mindert sie auch den Zugewinnausgleich nicht.
– Dies ist **unabhängig vom Wert des zugewendeten Familienheims**. Eine Angemessenheitskontrolle findet nicht statt.[70] Auf diese Weise können also ganz erhebliche Vermögenswerte steuerfrei zwischen Ehegatten zugewendet werden.
– Es besteht **keine Behaltepflicht oder Verwendungsbeschränkung** und damit keine nachlaufende Kontrolle durch die Finanzverwaltung. Das Familienheim kann also nach der Schenkung auch veräußert werden. Geschieht eine Veräußerung an den Schenker zurück, so spricht man von einer sog. **Familienheimschaukel**. Letztlich verbleibt also Geld beim Beschenkten. Allerdings weist die Finanzverwaltung insoweit auf die Grenzen des § 42 AO hin. Es ist daher nicht empfehlenswert, solche Maßnahmen unmittelbar aufeinanderfolgend und mit vorgefasstem Plan zu tätigen. Wenn aber aufgrund veränderter Sachlage ein neuer Entschluss gefasst wurde und der Beschenkte in der Zwischenzeit frei verfügungsberechtigt war, dann kann das Familienheim zurückgekauft werden. Das **Familienheim** kann auch als solches von seiner **Nutzung** etwa durch Umzug **aufgegeben** werden. Hierin liegt ein sehr **großer Vorteil gegenüber der Übertragung des Familienheims von Todes wegen** nach § 13 Abs. 1 Nr. 4b ErbStG, weil hier der von Todes wegen erwerbende Ehegatte das Privileg nur erhält, wenn er das Familienheim weitere 10 Jahre selbst nutzt.
– Die Steuerfreistellung des Familienheims ist **nicht etwa auf ein Familienheim** pro Empfänger oder Veräußerer **beschränkt**. Vielmehr kann die Zuwendung mit jedem neuen Familienheim, für das die Voraussetzungen vorliegen, erneut exerziert werden.
– Der **Güterstand der Ehegatten** spielt bei der Steuerfreistellung **keine Rolle**, sodass eine solche auch bei Gütertrennung in Betracht kommt.

---

68 N. Mayer, ZEV 2003, 453 ff.
69 R E 13.3. (5) ErbStRL (2011).
70 So ausdrücklich R E 13.3 (5) S. 2, 3 ErbStRL (2019).

B. Probleme rund um das Familienheim   **Kapitel 3**

Diese massiven Steuervorteile haben den **BFH**[71] bewogen – und zwar noch zum Recht vor 2009 – seine **Zweifel an der Verfassungsmäßigkeit** der Norm deutlich auszusprechen. Es ist also nicht auszuschließen, dass bei einem Fall zum neuen Recht eine Vorlage zum BVerfG erfolgt.[72] Daher sollten anstehende Übertragungen durchgeführt werden.   55

Grziwotz sieht es – zu Recht – genau umgekehrt: Die Ansicht des **BVerfG** zum **Anspruch der Ehegatten auf gleiche Teilhabe am Erwirtschafteten**[73] dürfe nicht nur bei Scheidung und den ehevertraglichen Verzichten zum Tragen kommen, sondern müsse sich auch auf die erbrechtliche Situation beziehen. Das Erbschaftsteuerrecht dürfe die Ehegatten nicht für die fehlende dingliche Mitberechtigung des gesetzlichen Güterstandes bestrafen und dadurch – meistens – die Ehefrau zur »permanent Beschenkten« machen.[74]   56

2. Voraussetzungen der Privilegierung des Familienheims

Zunächst wird als Familienheim ein bebautes Grundstück angesehen, soweit darin **eine Wohnung gemeinsam zu eigenen Wohnzwecken genutzt** wird. Das setzt voraus, dass sich in dieser Wohnung der **Mittelpunkt des familiären Lebens** befindet. Dabei kommt es nicht auf die »Widmung« an, sondern auf die **tatsächlich ausgeübte Nutzung**. Das gilt nur für Wohnungen in einem Mitgliedstaat der EU oder des EWR.   57

Aufgrund der verfassungsmäßigen Bedenken legt der BFH die Vorschrift sehr eng aus. Bei **Ferien- oder Zweitwohnungen** sollen die Voraussetzungen daher **nicht vorliegen**.[75]   58

Werden in der Wohnung nur **untergeordnete Räumlichkeiten** anders genutzt, z.B. als Arbeitszimmer, steht dies dem Steuerprivileg **nicht entgegen**.[76] Wird nur ein **Teil des betroffenen Gebäudes** zu eigenen Wohnzwecken genutzt, so ist das **Steuerprivileg entsprechend anteilig zu gewähren**. Damit kommt die Privilegierung auch bei einer Wohnung in einem Mehrfamilienhaus in Betracht. Eine Aufteilung in Wohnungs- und/oder Teileigentum zur Herstellung selbstständiger Objekte ist nicht (mehr) erforderlich.[77] Es ist nach Wohn- und Nutzflächen anteilig aufzuteilen.[78]   59

Ein an das Familienheim angrenzendes Gartengrundstück mit eigener Flurnummer soll trotz eines einheitlichen Nutzungszusammenhangs nicht begünstigt sein.[79]   60

Die Voraussetzungen müssen nach §§ 11, 9 Abs. 1 Nr. 2 ErbStG **im Zeitpunkt der Ausführung der Zuwendung** gegeben sein.[80] Hierzu: 61

▶ Fallbeispiel:

M und F beabsichtigen zu heiraten. F soll das Familienheim aus Haftungsgründen auf ihren Namen erwerben, M will es aber bezahlen. Bei der Vorbereitung ihrer Hochzeitsfeier entdecken die beiden ein altes Schloss, das es ihnen angetan hat und das sie sich nach einer mehrmonatigen Generalsanierung als ihr zukünftiges Heim gut vorstellen können. Als der Makler auf eine Entscheidung drängt, beschließen sie den sofortigen Erwerb für 1,5 Mio. €.[81]   62

---

71 BFH, ZEV 2013, 688.
72 Vgl. Wachter, ZEV 2014, 191, 194.
73 BVerfG, NJW 2002, 1185.
74 Grziwotz, NJW 2018, 1424.
75 BFH, ZEV 2013, 688.
76 R E 13.3. (2), S. 9 ErbStRL (2019); FG Köln, WKRS 2018, 47660 = BeckRS 2018, 9845 = EFG 2018, 1256.
77 BFH, ZEV 2009, 257.
78 R E 13.3. (2), S. 14 ErbStRL (2019).
79 FG Düsseldorf, WKRS 2018, 17488 = BeckRS 2018, 9839 = EFG 2018, 1211; FG München, DStRE 2019, 699.
80 Münch/Schlünder/Geißler, Familienrecht § 18 Rn. 303.
81 Sachverhalt nachgebildet BFH, DStRE 2011, 163.

> *F kauft und M bezahlt. 2 Monate später heiraten sie, weitere vier Monate später ziehen sie glücklich ein.*
>
> *Alternative: M gewährt der F ein verzinsliches Darlehen. Mit diesem Geld kauft F das Haus.*
>
> *a) Nach der Heirat erlässt M das Darlehen zur Rückzahlung.*
>
> *b) Nach dem Einzug erlässt M das Darlehen zur Rückzahlung.*

63 Vor der Lösung des Falles sind die möglichen Zuwendungsweisen, die § 13 Abs. 1 Nr. 4a ErbStG für die Zuwendung zwischen Ehegatten unter Lebenden aufzählt, zu betrachten:
– Übertragung Alleineigentum oder Miteigentum an bereits vorhandenem Grundstück;
– Zahlung oder Herstellung durch einen Ehegatten und Einräumung von Miteigentum oder Alleineigentum für den anderen Ehegatten;
– Tilgung eines Darlehens für Kauf oder Herstellung aus Mitteln des anderen Ehegatten;
– Befreiung von einer Schuld eines Ehegatten gegenüber dem anderen, die im Zusammenhang mit Kauf oder Herstellung des Familienheims eingegangen wurde;
– Begleichung nachträglicher Herstellungs- oder Erhaltungsaufwendungen aus Mitteln des anderen Ehegatten.[82]

Untersucht man nun den vorliegenden Fall, so stellt man fest:

▶ **Lösung:**

64 *Wenn M bezahlt und F kauft, ohne dass beide verheiratet sind und ohne dass ein Familienheim schon als Mittelunkt der familiären Lebensführung existiert, so ist die Privilegierung des § 13 Abs. 1 Nr. 4a ErbStG nicht anwendbar.*

Da M und F nicht verheiratet sind – eine Heirat demnächst hilft nach der Finanzrechtsprechung nichts[83] *– liegt eine Zuwendung vor, die nach Steuerklasse III zu beurteilen ist, sodass lediglich ein Steuerfreibetrag von 20.000,- € existiert. Es sind daher aus 1.480.000,- € 30 % Schenkungsteuer angefallen.*

In der Alternative a) sind M und F bei Darlehenserlass verheiratet, es liegt aber noch kein Familienheim vor. Auch hier wird die Privilegierung des § 13 Abs. 1 Nr. 4a ErbStG nicht anwendbar sein. Es gilt allerdings Steuerklasse I mit einem Freibetrag von 500.000,- €. Es wären dann 1.000.000,- € mit 19 % zu versteuern.

In der Alternative b) sind M und F verheiratet und ein Familienheim liegt vor. Nun greift für den Darlehenserlass die Privilegierung des § 13 Abs. 1 Nr. 4a ErbStG ein, sodass die Zuwendung völlig steuerfrei bleibt und auch nicht auf Freibeträge angerechnet wird.

▶ **Hinweis:**

65 Mit der Möglichkeit der Darlehensgewährung und anschließendem Erlass kann der Zeitpunkt der Zuwendung »nach hinten« verschoben werden, wenn die Voraussetzungen des § 13 Abs. 1 Nr. 4a ErbStG noch nicht vorliegen! Darlehensvertrag und tatsächliche Durchführung, wie etwa Zinszahlungen, sollten dann nachweislich sein.

66 Bei der Zuwendung unter Lebenden ist Folgendes zu beachten:

---

82 Aufzählung der privilegierten Handlungen in R E 13.3. (4) ErbStRL (2019).
83 BFH, DStRE 2011, 163.

Die Zuwendung kann **unter Vorbehalt eines Nießbrauchs** oder Wohnungsrechtes erfolgen[84] oder mit Vereinbarung eines **Rückerwerbsrechtes** etwa für den Scheidungsfall. Für den Fall, dass wider Erwarten der **Schenker den Beschenkten überlebt**, wird sogar ein **Rückerwerbsrecht ausdrücklich empfohlen**, da dann bei einem solchermaßen vorbehaltenen Rückerwerb im Gegensatz zur »Rückvererbung« das Familienheim nicht in die Schenkungsteuer fällt.[85]

Die bloße **Schenkung eines Zuwendungsnießbrauchs oder -wohnrechtes** soll hingegen **nicht begünstigt** sein,[86] da hierin nicht die Einräumung von Miteigentum oder Eigentum liegt. Die zu Ziffer 4b) ergangene Rechtsprechung[87] dürfte hierfür gleichermaßen gelten. 67

Angesichts des Wortlautes »Eigentum oder Miteigentum« wird **nicht** als **sicher** eingestuft, wie die Übertragung von **Gesamthandseigentum** zu werten ist, wenn die Ehegatten entweder in Gütergemeinschaft verheiratet sind oder das Familienheim in der Rechtsform der GbR halten. Angesichts der sehr engen Auslegung des BFH wird von Übertragungen in diesen Fällen trotz der Transparenzregel des § 10 Abs. 1 Satz 4 ErbStG **abgeraten**, wenn diese auf das Privileg des § 13 Abs. 1 Nr. 4a ErbStG angewiesen sind.[88] **Ungeklärt** ist auch, wie die **Anwachsung** beim Tod eines GbR-Gesellschafters einzustufen ist. Diese gilt nach § 738 Abs. 1 BGB als Erwerb unter Lebenden, nach § 3 Abs. 1 Nr. 2 Satz 2 ErbStG aber als Erwerb von Todes wegen.[89] 68

Wenn **trennungsbedingt nur noch ein Ehegatte mit Kind** in dem Haus wohnt, der andere aber ausgezogen ist, so will das FG Berlin[90] **weiterhin** von einem **Familienheim** ausgehen. Der BFH hat dieser Ansicht in einem obiter dictum zugestimmt.[91] Das sollte als Grundlage für eine Gestaltung genügen.[92] 69

3. Verschärfte Anforderungen beim Erwerb des Familienheims von Todes wegen

Wird das **Familienheim** nicht unter Lebenden übertragen, sondern **von Todes wegen erworben**, so ist nur noch der Erwerb von Eigentum oder Miteigentum begünstigt, nicht mehr jedoch die anderen in 4a) genannten Formen der Zuwendung. Der Erblasser muss das Familienheim **bis zum Erbfall selbst genutzt** haben (Ausnahme: zwingende Gründe) und beim **Erwerber** muss es **unverzüglich** zur **Selbstnutzung** bestimmt sein. Ferner fällt in diesen Fällen die Steuerbefreiung weg, wenn der Erwerber das Familienheim innerhalb von **10 Jahren** nach dem Erwerb nicht mehr zu eigenen Wohnzwecken nutzt (Ausnahme: zwingende Gründe). Erwirbt nicht der Ehegatte, sondern Kinder, ist das Privileg zusätzlich auf eine Wohnfläche von 200 m² beschränkt. 70

All dies zeigt, dass die Übertragung unter Lebenden wesentlich vorteilhafter ist. Folgende Punkte sind beim Erwerb des Familienheims von Todes wegen zu beachten: 71

Die **letztwillige Zuwendung eines Wohnrechtes oder eines Nießbrauchs** erfüllt die Voraussetzungen des § 13 Abs. 1 Nr. 4b) ErbStG **nicht**.[93]

Die Nutzung durch den Erblasser als **Zweitwohnung** genügt nicht.[94]

---

84 Wachter, ZEV 2014, 191, 193 m.w.N.; Mack, ErbR 2017, 538, 541.
85 Troll/Gebel/Jülicher/Jülicher, § 13 Rn. 76; Mack, ErbR 2017, 538, 542.
86 Mack, ErbR 2017, 538, 541; Jülicher ZEV 2014, 562 als Schlussfolgerung aus dem BFH-Urteil, das solches für den Erbfall ablehnt.
87 BFH, DNotZ 2014, 691.
88 Wachter, ZEV 2014, 191, 192; Ziegler, MittBayNot 2017, 354, 356.
89 Holtz/Thimm, steueranwaltsmagazin 2016, 9, 12.
90 FG Berlin, DStRE 2004, 217 = WKRS 2003, 15034.
91 BFH, NJW 2009, 1373, 1374.
92 Skeptisch insoweit Mack, ErbR 2017, 538, 541 ohne Berücksichtigung des BFH.
93 BFH, DNotZ 2014, 691.
94 So FG München, DStRE 2018, 428 – Erblasser war mit anderem Hauptwohnsitz gemeldet.

72 Hatte der Erblasser noch kein Eigentum, sondern lediglich ein **Anwartschaftsrecht** aufgrund erklärter Auflassung und eingetragener Vormerkung, so erfüllt dies nicht die Voraussetzungen, wie der BFH entschieden hat.[95] Der BFH legt die Vorschrift gewohnt streng aus und setzt das Anwartschaftsrecht dem Eigentum nicht gleich. Der Erwerb lediglich eines Eigentumsverschaffungsanspruchs stehe auch sonst nicht dem Grundbesitz gleich, etwa für § 19 BewG.

73 Wenn der Erwerber das Familienheim – etwa **im Rahmen einer vorweggenommenen Erbfolge** – **weiter überträgt, fällt die Steuerbefreiung selbst dann weg**, wenn der Erwerber aufgrund eines **vorbehaltenen Nießbrauchsrechts** oder Dauerwohnrechts das Familienheim tatsächlich weiter nutzt.[96] Dies soll auch dann gelten, wenn der Zweiterwerber seinerseits begünstigungsfähig i.S.d. § 13 Abs. 1 Nr. 4c) ErbStG ist (Übertragungskette).[97]

▶ Hinweis:

74 Diese Einschränkung gilt es in der **notariellen Praxis** zu beachten. Hier kommt es häufig vor, dass ererbter Grundbesitz von der Witwe weiter auf die Kinder übertragen werden soll. Wenn hier der Wegfall der Privilegierung aufgrund der Grundbesitzwerte Schenkungsteuer auslösen würde, so ist **Vorsicht** geboten. Die Einschaltung eines Steuerberaters ist in diesen Fällen dringend zu empfehlen.

75 Zur unverzüglichen Aufnahme der Selbstnutzung durch den Erwerber muss dieser grundsätzlich **innerhalb von sechs Monaten** nach Erwerb die Absicht der Selbstnutzung fassen und auch umsetzen. Allerdings können **Gründe**, die nicht dem Einflussbereich des Erwerbers unterliegen, den Zeitraum **verlängern**, so etwa eine schwierige Vermächtniserfüllung, für die zunächst ein Betreuer bestellt und eine **betreuungsgerichtliche Genehmigung** einzuholen ist, sodass aufgrund der Unwägbarkeiten eine vorherige Renovierung und ein Umzug nicht zugemutet werden können.[98] Allerdings muss danach die Selbstnutzung unverzüglich starten. Wenn seit Grundbucheintrag erneut mehr als sechs Monate vergehen – ohne dass Gründe vorliegen, nach denen der Erbe die mangelnde Selbstnutzung nicht zu vertreten hat – dann liegen die Privilegierungsvoraussetzungen nicht mehr vor.[99]

Wenn der Einzug und die **Selbstnutzung unverzüglich** erfolgt sind, **schadet** eine erst **später erfolgte Erbauseinandersetzung nicht**, so Rechtsprechung und Verwaltung.[100]

76 Zur Selbstnutzung folgender Fall:

▶ Fallbeispiel:

M und F haben ein Haus zum Miteigentum je zur Hälfte. M stirbt und vererbt seine Hälfte an die gemeinsame Tochter T. Diese hält sich zwar gelegentlich im Haus auf, überlässt aber die Nutzung unentgeltlich ihrer Mutter F.

Nach BFH[101] *kann sich T nicht auf die Privilegierung des § 13 Abs. 1 Nr. 4c ErbStG berufen, weil eine Selbstnutzung nicht vorliegt, wenn T ihren geerbten Anteil der Mutter zur unentgeltlichen Nutzung überlässt.*

---

95 BFH, DStR 2018, 671 = NJW 2018, 1422 m. Anm. Grziwotz; hiergegen Heck/Leinebach, DStR 2018, 1464.
96 FG Hessen, DStRE 2016, 1447; BFH, DStR 2019, 250.
97 BFH, DStR 2019, 2520.
98 BFH, DStR 2019, 2520.
99 BFH, DStR 2019, 1571, FG Münster, DStRK 2020, 42.
100 BFH, DStR 2015, 2066; Oberste Finanzbehörden der Länder, DStR 2016, 814.
101 BFH, DStRE 2017, 149.

C. Wertungen im Rahmen der §§ 1374 Abs. 2, 1380 BGB

Bei den **zwingenden Gründen**, welche einen Erwerber an der Selbstnutzung hindern, hat der BFH eine **berufliche Verhinderung** (hier: Professor mit Verpflichtung zur Wohnungsnahme am Dienstsitz) **nicht** anerkannt.[102]

Abriss und Neubau durch den Erwerber stehen der Privilegierung entgegen.[103]

Die Finanzverwaltung erkennt als zwingende Gründe auf Erwerberseite an: Tod des Erwerbers, Pflegebedürftigkeit oder Minderjährigkeit, die eine Führung eines eigenen Haushalts nicht zulassen.[104]

Eine Selbstnutzung durch den Erblasser liegt nicht vor, wenn diese zwar geplant war, aber durch zwingende Gründe (Krankheit) verhindert wurde, bevor sie jemals aufgenommen war.[105] Der notwendige Umzug in ein Pflegeheim aus dem Familienheim heraus, ist hingegen als zwingender Grund anerkannt.[106]

▶ Hinweis:

Diese komplizierten Voraussetzungen sollten bei der Testamentsbesprechung durchaus geschildert werden, wenn Anordnungen im Hinblick auf die Privilegierung getroffen werden sollen. Vorgeschlagen wird auch z.B. ein Wahlvermächtnis nach § 2154 BGB zwischen dem Familienheim oder – bei geplantem Auszug – anderem Vermögen.[107]

C. Wertungen im Rahmen der §§ 1374 Abs. 2, 1380 BGB

Nun soll die Frage im Mittelpunkt stehen, wie die unbenannten Zuwendungen – oder im Ausnahmefall auch echte Schenkungen – wirken, wenn nicht mittels einer Scheidungsklausel die Rückforderung vorbehalten wurde. Waren die letzten Kapitel noch mit Praxisbeispielen unterlegt, so begeben wir uns nun auf das Gebiet der Dogmatik, um die Wirkungsweise der §§ 1374 Abs. 2 und 1380 BGB bei Ehegattenzuwendungen zu beleuchten. Das »iudex non calculat« werfe getrost über Bord, wer den in diesem Zusammenhang präsentierten Rechenbeispielen noch folgen möchte.[108]

I. Keine Anwendung des § 1374 Abs. 2 BGB

Ausgangspunkt soll die gefestigte Rechtsprechung des BGH[109] sein, wonach sowohl bei Schenkungen als auch bei unbenannten **Zuwendungen unter Ehegatten** die Vorschrift des **§ 1374 Abs. 2 BGB keine Anwendung** findet, da sie nur auf Zuwendungen von dritter Seite passe.[110] Dies hat der BGH nun auch für Zuwendungen unter Ehegatten mit Rücksicht auf ein künftiges Erbrecht ausgesprochen.[111]

---

102 BFH, DStRE 2015, 1249; dem folgend Oberste Finanzbehörden der Länder, DStR 2016, 814.
103 FG München, DStRE 2016, 530.
104 RE 13.4 (6) S. 9 ErbStRL (2019); Oberste Finanzbehörden der Länder, DStR 2016, 814.
105 FG München, DStR 2017, 737.
106 FG München, DStRE 2015, 532.
107 Troll/Gebel/Jülicher/Jülicher, § 13 Rn. 76a.
108 Vgl. nur die kontroverse Darstellung bei Kornexl, NJW 1994, 622 und Grünewald, NJW 1995, 505.
109 Noch für Anwendung des § 1374 Abs. 2 BGB: BGHZ 65, 320 = DNotZ 1976, 418 ff.; hiergegen dann BGHZ 82, 227, 234 f.; BGH, NJW 1982, 1093 = DNotZ 1983, 177 ff.; BGHZ 101, 65 ff. = NJW 1987, 2814; a.A. etwa MünchKomm-BGB/Koch, § 1374 Rn. 03 m.w.N.
110 Zwar wird diese Ansicht in der Lit. teils heftig kritisiert (vgl. nur Netzer, FamRZ 1988, 676 ff.; Seutemann, FamRZ 1989, 1023; detailliert Jeep, Ehegattenzuwendungen im Zugewinnausgleich, 1999), sie soll aber hier für die praktische Betrachtung maßgeblich bleiben.
111 BGH, NJW 2011, 72 = FamRZ 2010, 2057 m. Anm. Braeuer.

▶ Hinweis:

81 § 1374 Abs. 2 BGB gilt nicht für unbenannte Zuwendungen und Schenkungen unter Ehegatten. Diese fallen also in das Endvermögen des Zuwendungsempfängers.

II. Anrechnung nach § 1380 BGB

82 Auf der Basis dieser Rechtsprechung erfolgt die Handhabung des **§ 1380 BGB**,[112] also der Anrechnung einer Zuwendung auf die Zugewinnausgleichsforderung. § 1380 Abs. 2 BGB ordnet an, dass der **Wert der Zuwendung dem Zugewinn des Zuwendenden hinzugerechnet** wird. Daraus schließt die Rechtsprechung, dass dieser Wert dann auch **vom Zugewinn bzw. Endvermögen**[113] **des Zuwendungsempfängers in Abzug gebracht** werden müsse.[114] Anschließend wird die Ausgleichsforderung errechnet und davon die Zuwendung in Abzug gebracht.

83 Eine Indexierung wird i.R.d. § 1380 BGB zwar überwiegend abgelehnt,[115] die Gegenmeinung, die keinen Sinn in einer von der sonstigen Anfangsvermögensberechnung abweichenden Handhabung sieht, überzeugt jedoch.[116] So liegen inzwischen auch erste Gerichtsentscheidungen vor, die eine Indexierung bejahen.[117]

84 Umstritten war ferner die Anwendung des § 1380 BGB, wenn der Wert der Zuwendung die Höhe des Ausgleichsanspruchs, der sich ohne Berücksichtigung der Zuwendung ergäbe, übersteigt (**überhöhte Vorwegleistung**).[118] Ging man früher davon aus, dass § 1380 BGB eine negative Ausschlusswirkung habe, sodass in diesem Fall der Zuwendende keinen Zugewinnausgleich geltend machen könne, da das Gesetz seine Rechte auf die Anrechnung beschränke,[119] so nimmt die Rechtsprechung und herrschende Lehre[120] heute an, der Anwendungsbereich des § 1380 BGB sei gar nicht eröffnet, sodass der **gewöhnliche Zugewinnausgleich** stattfinde.[121]

▶ Hinweis:

85 Bei überhöhter Vorwegleistung schließt § 1380 BGB einen Zugewinnausgleichsanspruch des Zuwendenden nicht aus.

86 Die Anrechnung der Zuwendung kann einseitig angeordnet werden und ist bei Anordnung gleichzeitig mit der Zuwendung formfrei. Für Bestimmungen der Anrechnung oder Nichtanrechnung der Zuwendung nach ihrer Durchführung hingegen wird überwiegend **notarielle Beurkundung** verlangt.[122] Nach § 1380 Abs. 1 Satz 2 BGB hat im Zweifel eine Anrechnung zu erfolgen, wenn der Wert von Gelegenheitsgeschenken überschritten ist. Sind für diese Wertung sogar noch die indivi-

---

112 Zur Konkurrenz dieser Anrechnung mit der Pflichtteilsanrechnung vgl. Bergschneider/Bergschneider, Rn. 4.300 ff.
113 Erfasst werden damit Zuwendungen zwischen Heirat und Rechtshängigkeit des Scheidungsantrags, Bergschneider/Bergschneider, Rn. 4.285.
114 BGH, NJW 1982, 1093; Grünewald, NJW 1995, 505, 506; dagegen Hoppenz, MittBayNot 1998, 217 ff.
115 Weinreich, FuR 2003, 447.
116 Schulz/Hauß, Rn. 831 ff.; MünchKomm-BGB/Koch, § 1380 Rn. 20 m.w.N.; Bergschneider/Bergschneider, Rn. 4.297.
117 OLG Frankfurt am Main, FamRZ 2006, 1543.
118 Netzer, FamRZ 1988, 676, 678; Jaeger, DNotZ 1991, 431, 452 f.
119 Kühne, FamRZ 1978, 221, 223.
120 BGH, NJW 1982, 1093; OLG Frankfurt am Main, FamRB 2006, 34; Schwab/Schwab, VII Rn. 217 ff.; Kleinle, FamRZ 1997, 1383, 1387.
121 Palandt/Brudermüller, § 1380 Rn. 17 stimmt dem zwar grds. zu, sieht aber Fälle, bei denen gleichwohl § 1380 BGB noch zur Anwendung kommen müsse.
122 Vgl. Bergschneider/Bergschneider, Rn. 4.302; zur Anrechnung von Zuwendungen, die ein Ehegatte nach Scheitern der Ehe mit dem Ziel einer Vermögensauseinandersetzung tätigt: BGH, MittBayNot 2001, 324.

duellen Verhältnisse der jeweiligen Ehe maßgeblich, wie es der Gesetzeswortlaut nahelegt,[123] so kann der Rat nur lauten, sich nicht auf solche Zweifel zu verlassen, sondern eine Klärung herbeizuführen.

Eine Anrechnung »im Zweifel« erfolgt nach einer Ansicht dann nicht, wenn die Ehegatten im Vorfeld ihrer Scheidung ihre Vermögenswerte real geteilt hatten, da sie dann davon ausgingen, dass dieses Vermögen beim Zugewinn außer Betracht bleiben werde.[124] Nach anderer Ansicht ist eine solche Vorabteilung nach Scheitern der Ehe anzurechnen, wenn später – wohl entgegen den Erwartungen – doch Zugewinn geltend gemacht wird.[125]

▶ Hinweis:
Es sollte bei Zuwendungen die Frage der Anrechnung nicht offengelassen werden, sondern es sollte eine einverständliche Vereinbarung getroffen werden. 87

Wie nun die **anrechenbare unbenannte Zuwendung im Zugewinnausgleich** wirkt, ist anhand einer zweistufigen Berechnung festzustellen.[126] In der **ersten Stufe** ist zu berechnen, ob **dem Zuwendungsempfänger** unter Berücksichtigung des § 1380 BGB ein Zugewinnausgleichsanspruch zusteht. Ist dies der Fall, hat es damit sein Bewenden. Ist dies aber nicht der Fall, war also die Zuwendung somit größer als der Ausgleichsanspruch, so ist auf der **zweiten Stufe** festzustellen, ob nach der **tatsächlichen Vermögenslage dem Zuwendenden** ein Zugewinnausgleichsanspruch zusteht. 88

Derzeit wird diskutiert, wie sich die Reform des Zugewinnrechts auf die Anrechnung auswirkt. Grundsatz ist, dass zwar Anfangs- und Endvermögen negativ sein können, §§ 1374 Abs. 3, 1375 Abs. 1 Satz 2 BGB, nicht jedoch der Zugewinn selbst,[127] denn es soll vermieden werden, dass ein Ehegatte über den Zugewinn für die Verbindlichkeiten des anderen Ehegatten mit haftet und dessen Gläubiger begünstigt werden – so die Gesetzesbegründung.[128] Zusätzlich wird als Argument herangezogen, dass § 1373 BGB unverändert geblieben sei, der von einem »Übersteigen« spricht.[129] Ausgehend davon bliebe die Anrechnung unverändert, denn angerechnet wird auf die Zugewinnausgleichsforderung selbst. 89

▶ Beispiel 1:[130]

Anfangsvermögen jeweils 0,00 €, Endvermögen M = 10.000,00 €, Endvermögen F = 20.000,00 €. Darin enthalten Zuwendung M an F i.H.v. 20.000,00 €. 90

Zieht man die Zuwendung vom Zugewinn der F ab und addiert sie dem Zugewinn des M hinzu, so wie die herrschende Lehre § 1380 BGB versteht, so hätte F einen Zugewinn von 0,00 € und M einen Zugewinn von 30.000,00 €. Die Zugewinnausgleichsforderung der F beliefe sich auf 15.000,00 €. Wollte man hierauf die 20.000,00 € der Zuwendung anrechnen, käme man ins Minus, d.h. die Zuwendung war überhöht.

Daher wird im zweiten Schritt nach dem tatsächlichen Vermögen gerechnet. Dies ergibt einen Zugewinn des M von 10.000,00 € und einen solchen der F von 20.000,00 €, sodass M gegen F einen Zugewinnausgleichsanspruch i.H.v. 5.000,00 € hat.

---

123 Vgl. OLG Köln, FamRZ 1998, 1515 f.
124 OLG Koblenz, FamRZ 2010, 296.
125 BGH, MittBayNot 2001, 324.
126 Arend, MittRhNotK 1990, 65, 71; Büte, Rn. 300 ff.; Langenfeld/Milzer, Rn. 796; Schwab, FamRZ 1984, 525, 528.
127 Büte, FuR 2008, 105, 108; Krause, ZFE 2009, 55, 57; Hoppenz, FamRZ 2008, 1889, 1890; Finger, FamFR 2011, 145, 147; vgl. zu anderen Auffassungen Büte, FamFR 2010, 196.
128 BT-Drucks. 16/10798, S. 14.
129 Büte, FamFR 2010, 196.
130 Langenfeld/Milzer, Rn. 797; zu den Auswirkungen der Anrechnung vgl. Büte, FuR 2006, 289 ff.

▶ **Beispiel 2:**[131]

91 *Anfangsvermögen jeweils 0,00 €, Endvermögen M = 100.000,00 €, Endvermögen F = 20.000,00 €. Hierbei erfolgte eine Zuwendung von M an F i.H.v. 50.000,00 €.*

Zieht man die Zuwendung vom Zugewinn der F ab (bis max. null)[132] *und addiert sie dem Zugewinn des M hinzu, so wie die herrschende Lehre § 1380 BGB versteht, so hätte F einen Zugewinn von 0,00 € und M einen Zugewinn von 150.000,00 €. Die Zugewinnausgleichsforderung der F beliefe sich auf 75.000,00 €. Von diesen ist der Zuwendungswert i.H.v. 50.000,00 € abzuziehen, sodass für F ein Zugewinn von 25.000,00 € verbleibt.*

92 In beiden vorgenannten Beispielen wurde letztendlich aufgrund der vorgenommenen Rechenschritte der Gesamtzugewinn hälftig geteilt. Dies ist jedoch durchaus nicht immer der Fall. Wenn die Zuwendung beim Empfänger durch Verbindlichkeiten neutralisiert wird oder aus dem Anfangsvermögen des Zuwendenden erfolgt ist, dann ergeben sich möglicherweise Abweichungen von der hälftigen Teilung des Gesamtzugewinns, die bis zum völligen Verlust der Zuwendung für den Zuwendenden führen können.[133]

▶ **Beispiel 3:**

93 *Anfangsvermögen M = 20.000,00 €, F = 0,00 €. Endvermögen M = 0,00 € und F = 0,00 €. Es erfolgte eine Zuwendung von M an F i.H.v. 20.000,00 € aus dem Anfangsvermögen.*

M erhält von dieser Zuwendung nichts zurück.

94 Es gibt unterschiedliche Ansichten, ob an diesem Ergebnis über § 242 BGB eine Korrektur stattzufinden habe. Demgegenüber vertritt die wohl herrschende Ansicht die Auffassung, dass mit der Zuwendung das Anfangsvermögen in den Zugewinn geraten und damit das Ergebnis hinzunehmen sei.[134]

95 Als **Fazit** lässt sich sagen, dass selbst bei Vereinbarung einer Anrechnungsbestimmung **kaum vorhersehbar** ist, wie sich die unbenannte Zuwendung im Zugewinnausgleich letztlich auswirken wird, da dies von der Entwicklung des Gesamtvermögens beider Ehegatten abhängt.[135]

III. Gestaltungsempfehlungen

96 Im Rahmen einer unbenannten Grundstückszuwendung heißt dies, dass in die Urkunde die unbenannte Zuwendung, der **Verzicht auf eine Rückforderungsklausel** und die **Anrechnungsklausel** aufgenommen werden müssten. Die Anwendung der §§ 1374 Abs. 2, 1380 BGB durch die Rechtsprechung bei Anrechnung der Zuwendung ist derzeit so gefestigt, dass die Aufnahme einer ent-

---

131 Palandt/Brudermüller, § 1380 Rn. 11.
132 Würde man hier ins Negative abziehen, käme man zu -30.000,00 € mit der Folge eines Zugewinnausgleichsanspruchs von 90.000,00 €, auf den dann die Zuwendung von 50.000,00 € anzurechnen wäre. Im Ergebnis müsste M noch 40.000,00 € zahlen und beide Ehegatten hätten 60.000,00 €. Dies wäre nicht gerecht, denn es berücksichtigt nicht, dass die nicht mehr vorhandenen 30.000,00 € im Verantwortungsbereich der F verbraucht wurden.
133 Ist die Zuwendung noch voll vorhanden, so ergibt i.d.R. die Rechnung mit § 1380 BGB keinen Unterschied, vgl. Kleinle, FamRZ 1997, 1383, 1387.
134 Hierzu Grünewald, NJW 1988, 109, 110; Langenfeld, 5. Aufl., Rn. 278; Reinicke/Tiedtke, WM 1982, 946, 954.
135 Noch verwirrender wird es, wenn gegenseitige Zuwendungen vorliegen; vgl. hierzu Langenfeld, 5. Aufl., Rn. 279 ff. (nur Behandlung der Zuwendungen des ausgleichungspflichtigen Ehegatten nach § 1380 BGB) und Arend, MittRhNotK 1990, 65, 72 sowie Kogel, FamRB 2005, 368, 369 (Saldierung der Zuwendungen).

C. Wertungen im Rahmen der §§ 1374 Abs. 2, 1380 BGB   Kapitel 3

sprechenden Regelung in der Zuwendungsurkunde nicht zwingend ist, gleichwohl aber erfolgen kann.[136]

Als Mindestanspruch könnte auch ein Ersatz jedenfalls des Anfangsvermögens vorgesehen werden, obwohl dies durchaus nicht regelmäßige Folge des Zugewinns i.Ü. ist und zumeist auch der andere Ehegatte Anfangsvermögen in der Gestalt von Geldvermögen investiert, ohne dass für dieses Sonderregeln getroffen sind. **97**

Generell sollte darauf geachtet werden, dass nicht bei einer **Grundstückszuwendung** Sonderregelungen getroffen werden, nur weil diese vor dem Notar stattfindet und bei allen anderen Zuwendungen dieser Ehe, die etwa auch in umgekehrte Richtung stattfinden, solche Regelungen nicht getroffen werden, weil die Beteiligten diese selbst ausführen. Dann erweist sich die gut gemeinte Sonderregelung bei der Grundstückszuwendung letztendlich als ungerecht. **98**

Sofern auch nach dem Zugewinnausgleich die Vermögenslage noch schlechthin untragbar und unangemessen bleibt, besteht ggf. ein Anspruch aus Störung der Geschäftsgrundlage.[137] **99**

Bei der Frage, ob eine **Anrechnung** vereinbart bzw. gesetzlich erfolgen soll, sind nicht zuletzt auch **steuerrechtliche Belange** in die Überlegungen einzubeziehen. So wird in diesem Zusammenhang darauf hingewiesen, dass eine Anrechnung möglicherweise **schenkungsteuerlich** eine negative Folge hat, weil durch sie der im Todesfall zu ermittelnde fiktive Zugewinnbetrag nach § 5 Abs. 1 ErbStG sinkt.[138] **100**

Andererseits kann durch eine Anrechnung nach § 1380 BGB eine vormals unentgeltliche Zuwendung »umqualifiziert« werden, sodass wegen der Anrechnung auf die Zugewinnausgleichsforderung kein unentgeltliches Rechtsgeschäft mehr vorliegt. Dies kann **einkommensteuerlich** das Problem nach sich ziehen, dass plötzlich von einem Veräußerungsgeschäft auszugehen ist.[139] **101**

▶ Kostenanmerkung:

Die Bestimmung von Anrechnungen erfolgt wie beim Pflichtteil durch einseitige Erklärung des Zuwendenden. Damit dürfte es sich nicht um eine bei der Wertbestimmung zu berücksichtigende Gegenleistung handeln.[140] Anderes gilt aber dann, wenn eine ehevertragliche Regelung getroffen wird, etwa eine über die Anrechnung hinausgehende Modifizierung des Zugewinnausgleichs. Dann handelt es sich um einen zusätzlich zur Überlassung zu bewertenden Gegenstand. **102**

▶ Formulierungsvorschlag 1: keine Rückforderung – Anrechnung

Die Überlassung erfolgt als ehebedingte Zuwendung, d.h. im Hinblick auf die eheliche Lebensgemeinschaft, zum Ausgleich für geleistete Mitarbeit und als angemessene Beteiligung an den Früchten des ehelichen Zusammenwirkens. **103**

Der Veräußerer behält sich die Rückforderung des Vertragsgegenstandes für den Fall der Ehescheidung nach Hinweis durch den Notar nicht vor.

Die Zuwendung stellt einen vorzeitigen Ausgleich des Zugewinns dar, sodass der Erwerber sich die Zuwendung gemäß § 1380 BGB auf eine etwaige Zugewinnausgleichsforderung anrechnen lassen muss.

---

136 Betrachtet man allerdings, zu welcher Interpretation eine Klausel über die Nichtrückforderbarkeit die Gerichte führen kann (AG Fulda, FamRZ 2006, 417), so ist eine Regelung vielleicht doch ratsam.
137 Kap. 5 Rdn. 1 ff.
138 Götz, ZEV 2013, 74 f.
139 Hierzu nachstehend Rdn. 114.
140 Notarkasse, Rn. 3039.

In gleicher Weise hat sich der Erwerber die Zuwendung auf seinen Pflichtteil nach dem Veräußerer anrechnen zu lassen, soweit sich die angeordnete güterrechtliche Anrechnung nicht ausgewirkt hat.[141]

Der Notar hat über die Bedeutung vorstehender Vereinbarung belehrt und darauf hingewiesen, dass die konkreten Auswirkungen in der Zugewinnberechnung von der Gesamtvermögenssituation abhängen.

▶ Formulierungsvorschlag 2: ergänzende Ausführung zu § 1374 Abs. 2 BGB

104 Der heute überlassene Vertragsgegenstand soll nicht zum Anfangsvermögen des Erwerbers gehören, sodass sich durch diese Zuwendung sein Endvermögen und damit sein Zugewinn vergrößert.

Die Zuwendung ist auch nicht dem Endvermögen des Veräußerers hinzuzurechnen, sodass sich dessen Endvermögen um den Wert der Zuwendung verringert und sich damit auch dessen Zugewinn verkleinert, mit der Folge, dass der Veräußerer im Fall der Ehescheidung eine höhere Zugewinnausgleichsforderung gegen den Erwerber haben kann.

▶ Formulierungsvorschlag 3: Mindestrecht auf Ersatz von Anfangsvermögen

105 Soweit dadurch beim Veräußerer ein Verlust an Anfangsvermögen eintritt, ist dieser vom Erwerber jedoch zu erstatten.

IV. Anordnung, dass Anrechnung nicht erfolgen soll

106 Ist angeordnet, dass die **unbenannte Zuwendung nicht anrechenbar sein soll**, so ist die Situation **höchstrichterlich noch nicht geklärt**. Überwiegend[142] geht man vom tatsächlichen Endvermögen aus und zieht vom Endvermögen des Zuwendungsempfängers die Zuwendung ab,[143] stellt diese also somit rechnerisch außerhalb des Zugewinnausgleichs. Dies erscheint angemessen und entspricht regelmäßig dem Willen der Vertragsteile.

107 Diskutiert wird ferner ein Abzug beim Endvermögen des Empfängers bei gleichzeitiger Addition zum Endvermögen des Zuwendenden.[144] Eine solche Lösung begünstigt jedoch den Zuwendungsempfänger übermäßig, da er neben einem vollen Zugewinnausgleich zusätzlich noch die Zuwendung ohne Anrechnung behalten darf.[145] Daher entspricht sie regelmäßig nicht dem Parteiwillen.

Etwas anderes kann dann gelten, wenn die Zuwendung aus dem Anfangsvermögen des Zuwendenden stammte. Hier könnte man überlegen, den Betrag der Zuwendung beim Zuwendenden auch aus dem Anfangsvermögen zu eliminieren.

▶ Beispiel 4:

108 *Anfangsvermögen des M = 200.000,00 €, die dieser komplett der F zuwendet mit der Anordnung, sie seien nicht auf eine etwaige Zugewinnausgleichsforderung anzurechnen. Das Endvermögen des M beläuft sich auf 100.000,00 €, bei F ebenfalls auf 100.000,00 € bei einem Anfangsvermögen von 0,00 €. Außerdem hat F die zugewendeten 200.000,00 €, die nach dem oben Gesagten von ihrem Endvermögen abgezogen werden. Bleiben die 200.000,00 € im Anfangsvermögen des M, so hat dieser keinen Zugewinn erzielt und erhält von F im Zugewinn noch 50.000,00 €,[146] obwohl*

---

141 Zur Konkurrenz der beiden Anrechnungen vgl. Bergschneider/Bergschneider, Rn. 4.316 f.
142 Rauscher, AcP 186 (1986), 529, 567 f. unter Anwendung des § 1374 Abs. 2 BGB für solche Fälle; Reinicke/Tiedtke, WM 1982, 946, 953.
143 Differenzierend Arend, MittRhNotK 1990, 65, 72, der einen solchen Abzug dann ablehnt, wenn der Zuwendende einen Ausgleichsanspruch hat, sodass dieser wieder am Wert der Zuwendung partizipiert.
144 Darstellung der verschiedenen Möglichkeiten bei Reinicke/Tiedtke, WM 1982, 946, 953.
145 Langenfeld, 5. Aufl., Rn. 285.
146 Sowohl Anfangs- wie auch Endvermögen können nach der Zugewinnreform negativ sein, §§ 1374 Abs. 3, 1375 Abs. 1 Satz 2 BGB, nicht jedoch der Zugewinn selbst (Büte, FuR 2008, 105, 108; Krause, ZFE 2009, 55, 57; Hoppenz, FamRZ 2008, 1889, 1890).

C. Wertungen im Rahmen der §§ 1374 Abs. 2, 1380 BGB **Kapitel 3**

beide bei Ausblendung der zugewendeten 200.000,00 € je 100.000,00 € Zugewinn erzielt haben. Hier könnte es gerechtfertigt sein, die zugewendeten 200.000,00 € bei M auch aus dem Anfangsvermögen zu eliminieren.

Als weitere Möglichkeit wird eine Berechnung nach den tatsächlichen Endvermögen ohne jeden Abzug erörtert. Hierbei entspräche das Ergebnis der Situation mit Anrechnung der Zuwendung, außer die Zuwendung ist im Endvermögen nicht mehr vorhanden. Auch dies wird regelmäßig nicht dem Parteiwillen entsprechen. 109

Da die Folgerungen bei einer Nichtanrechnungsbestimmung umstritten sind, ist es empfehlenswert, das von den Parteien gewünschte Ergebnis auch festzuhalten und eine Formulierung über die Nichtanrechnung hinaus aufzunehmen. 110

▶ Gestaltungsempfehlung:

Die Rechtsfolgen einer Nichtanrechnungsbestimmung sind umstritten. Daher sollten am besten die gewünschten Rechtsfolgen im Vertrag angeordnet werden. 111

▶ Formulierungsvorschlag: keine Anrechnung im Zugewinn

Die heutige Zuwendung ist auf einen Zugewinnausgleichsanspruch des Empfängers nicht anzurechnen. Die Berechnung des Zugewinns ist daher so vorzunehmen, dass ausgehend vom jeweils tatsächlichen Endvermögen die Zuwendung beim Endvermögen des Empfängers abgezogen und auf dieser Basis der Zugewinn berechnet wird. 112

Alternative:

Soweit die Zuwendung aus dem Anfangsvermögen des Zuwendenden stammt, ist sie zusätzlich vom Anfangsvermögen des Zuwendenden abzuziehen.

Hiermit wird aber nicht nur der Nichtanrechnungsmodus geklärt, wenn der Empfänger einen Ausgleichsanspruch hat, sondern auch die Herausnahme aus der Berechnung, wenn der Zuwendende einen Ausgleichsanspruch hat. Ob damit eine formfreie Nichtanrechnungsbestimmung vorliegt[147] oder nicht doch eigentlich eine dingliche Herausnahme aus dem Zugewinn, die der Form des Ehevertrages bedarf[148] – jedenfalls dann, wenn die Rechtsprechung später die Folgen der Nichtanrechnung anders sehen sollte, sodass der Bestimmung ein eigener materiell-rechtlicher Regelungsgehalt zukommt –, erscheint durchaus zweifelhaft. Dies kann aber dahinstehen, wenn i.R.d. notariellen Beurkundung einer Grundstückszuwendung bei gleichzeitiger Anwesenheit die entsprechende Bestimmung verwendet wird. Anderenfalls sollte sicherheitshalber die ehevertragliche Form eingehalten werden. 113

V. Schenkungs- und ertragsteuerliche Aspekte der Anrechnung

Abschließend soll noch der Blick auf die **schenkungs- und ertragsteuerlichen Aspekte der Anrechnung** gelenkt werden, da diese in letzter Zeit verstärkt diskutiert werden. 114

Bei unentgeltlicher Zuwendung mit Anrechnungsbestimmung handelt es sich schenkungsteuerlich um eine **unentgeltliche Zuwendung**, auch wenn es um eine ehebedingte Zuwendung geht.[149] Werden dabei die Freibeträge überschritten, fällt Schenkungsteuer an. In diesem Fall trifft § 29 Abs. 1 Nr. 3 ErbStG die Anordnung, dass eine solche **Schenkungsteuer mit Wirkung für die Vergangenheit wieder wegfällt, soweit** die Zuwendung später auf die Ausgleichsforderung **angerechnet** wird. 115

---

147 So Langenfeld, 5. Aufl., Rn. 287 für den Fall, dass einfach die Nichtanrechnung erklärt wird.
148 So Grünewald, NJW 1988, 109, 111.
149 Nachfolgend Rdn. 135; BFH, NJW 1994, 2044; R E 7.2. ErbStR.

116 **Zivilrechtlich** ist dabei aufzupassen, wann es zu einer solchen Anrechnung kommt. Eine solche findet einmal dann nicht statt, wenn der Zugewinn im Todesfall durch das **erbrechtliche Viertel** ausgeglichen wird. Hier handelt es sich um eine Pauschalierung, die nicht einmal das Vorliegen von Zugewinn voraussetzt und daher auch **keine Anrechnung** durchführt.[150] Gleichwohl ist schenkungsteuerlich **§ 29 Abs. 1 Nr. 3 ErbStG** nach dessen **Satz 2** anwendbar, sodass also eine etwaige **Schenkungsteuer wegfällt**, wenn die unentgeltliche Zuwendung im Rahmen des nach § 5 Abs. 1 ErbStG fiktiv zu berechnenden Zugewinns berücksichtigt wird.[151] Es müssen dazu alle Voraussetzungen des § 1380 BGB vorliegen.[152]

117 Zu einer Anrechnung kommt es zivilrechtlich ferner dann nicht, wenn der **beschenkte Ehegatte zuerst verstirbt** oder in den Fällen der **sog. überhöhten Vorwegleistung**,[153] wenn also Vorabschenkungen über den Zugewinnausgleich hinaus erfolgen. Vor solchen Konstellationen wird zuletzt steuerlich gewarnt.[154] Nach hier vertretener Ansicht ist aber auch in diesen Fällen **§ 29 Abs. 1 Nr. 3 ErbStG anwendbar**, da die h.M. im Zivilrecht auf zweiter Stufe eine Zugewinnberechnung anhand der tatsächlichen Gegebenheiten folgen lässt und damit letztlich die Vorwegleistung in der Gesamtzugewinnberechnung doch berücksichtigt.[155]

▶ Rechtsprechung:

118 Das FG Köln[156] hat sich beeindruckend in »Stringenz und Tiefe«[157] mit einer solchen überhöhten Vorwegleistung befasst und klargestellt, dass zuerst die Ausgleichsforderung bestimmt wird nach § 1380 Abs. 2 BGB und dann erst die Anrechnungen vorgenommen werden, sodass es nicht zulässig ist, bei einer überhöhten Vorwegleistung den Zugewinnausgleich quasi weg zu definieren. Nur dies entspreche dem Sinn des § 1380 BGB,

119 Was steuerlich bei der Anrechnung geschieht, ist noch immer nicht abschließend geklärt. Hier gehen die Ansichten auseinander. Nach **einer Auffassung bleibt** die Zuwendung auch nach Wirksamwerden der Anrechnung eine **unentgeltliche**.[158] **Andere** hingegen sind der **Ansicht**, dass mit dem Eingreifen der Anrechnung der Rechtsgrund für die Zuwendung sich wandelt. Die **Zuwendung** wird danach quasi **in eine entgeltliche umqualifiziert**. Sie trägt gleichsam latent einen weiteren Rechtsgrund in sich, der nun zur Wirkung kommt, sie wird zur entgeltlichen Leistung. Man spricht auch von einer antizipierten Leistung an Erfüllungs statt.[159] Dafür wird vor allem § 29 Abs. 1 Nr. 3 ErbStG ins Feld geführt, der anordnet, dass eine Schenkungsteuer mit Wirkung für die Vergangenheit erlischt, wenn eine besteuerte unentgeltliche Zuwendung auf den Zugewinnausgleich später angerechnet worden ist. Das wäre freilich ein **Danaergeschenk**, wenn die **Entgeltlichkeit** dann auch **ertragsteuerrechtlich** anzuwenden wäre und die Übertragung zu einer Veräußerung mit einem entsprechenden Veräußerungsgewinn mutierte.

---

150 Palandt/Brudermüller, § 1371 Rn. 3; MünchKomm-BGB/Koch, § 1371 Rn. 13.
151 Regelung der früheren Streitfrage seit 2009.
152 Eingehend Gottschalk in Troll/Gebel/Jülicher/Gottschalk, § 5 Rn. 226.
153 Vgl. Rdn. 84.
154 Mack/Stenert, DStR 2017, 1645 f.; dort werden Ansichten der Finanzverwaltung zwar erwähnt, aber nicht belegkräftig zitiert. Zu Recht sind die Autoren aber der Auffassung, § 29 Abs. 1 Nr. 3 ErbStG müsse trotzdem Anwendung finden.
155 Meincke/Hannes/Holtz, § 29 Rn. 13; Mack/Stenert, DStR 2017, 2645 f.; Gottschalk in Troll/Gebel/Jülicher/Gottschalk, § 5 Rn. 226.
156 FG Köln, ZEV 2018, 610.
157 Thonemann-Micker, ZEV 2018, 613.
158 So etwa Hermanns, DStR 2002, 1065 ff.
159 Hollender/Schlütter, DStR 2002, 1932 f.; wohl auch Weidlich, ZEV 2014, 345, 350.

D. Drittwirkung von Ehegattenzuwendungen

Auswertbare Rechtsprechung zum Problemkreis gibt es noch wenig. Zwar werden gelegentlich zwei Entscheidungen des FG Münster[160] und des BFH[161] zu Fällen des § 17 EStG für die Ansicht einer fortdauernden Unentgeltlichkeit ins Feld geführt[162], die Urteile beschäftigen sich aber nicht ausdrücklich mit dem Problemkreis, sodass sie allein nur mit Einschränkung herangezogen werden können, zumal der BFH[163] bei der Leistung an Erfüllungs statt ganz apodiktisch von einer Entgeltlichkeit ausgeht, völlig unabhängig von der zivilrechtlichen Einstufung.

▶ Hinweis:
Derzeit ist nicht gewiss, ob sich unentgeltliche Zuwendungen im Rahmen einer Anrechnung nach § 1380 BGB in entgeltliche verwandeln, was fatale ertragsteuerliche Folgen nach sich ziehen könnte.

Die Gestaltungspraxis sollte daher genau prüfen, ob bei der Übertragung steuerverhafteter Objekte eine Anrechnung benötigt wird.

Argumentativ spricht gegen eine Umqualifizierung Folgendes:

Die **Anrechnungsbestimmung** nach § 1380 BGB ist eine **einseitige empfangsbedürftige Erklärung**, die mindestens zeitgleich mit der Zuwendung abgegeben werden muss[164] und auch konkludent erklärt sein kann.[165] Eine solche einseitige Erklärung ist nicht in der Lage, einen vertraglichen Rechtsgrund neu zu begründen. Nach § 1380 Abs. 1 Satz 2 BGB erfolgt die Anrechnung sogar im Zweifel ohne Bestimmung, wenn die Zuwendung Gelegenheitsgeschenke überschreitet. Das **unterscheidet die Anrechnung deutlich von der »Austauschabrede« einer Leistung an Erfüllungs statt**.

Ferner ist die Anrechnung nach § 1380 BGB ein **reines Rechenkorrektiv**.

Für die **Praxis** ist neben den oben genannten Entscheidungen von Bedeutung, dass sich die **Kommentare** zum Erbschafts- und Schenkungsteuergesetz eindeutig gegen die Umwandlung in ein ertragsteuerlich entgeltliches Rechtsgeschäft aussprechen.[166] Demnach würden die Fälle einer Übertragung mit Anrechnung nach § 1380 BGB und der nachherigen Aufhebung des Güterstandes anders behandelt als die Aufhebung des Güterstandes mit anschließender Übertragung an Erfüllungs statt.[167]

Soll durch die Übertragung Schenkungsteuer ausgelöst werden und eine Entgeltlichkeit sicher vermieden werden, weil die Steuer so erheblich niedriger ist, so wäre darüber hinaus an einen sog. fliegenden Zugewinnausgleich zu denken, der schenkungsteuerbar ist und eine spätere Anrechnung nach § 1380 BGB erspart.

D. Drittwirkung von Ehegattenzuwendungen

Wie die vorstehenden Ausführungen gezeigt haben, hat der BGH die unbenannten Zuwendungen unter Ehegatten von der Schenkung abgegrenzt und im güterrechtlichen Bereich als entgeltlich gewertet.[168]

---

160 FG Münster, 13.11.2009 – 14 K 2210/06 E, WKRS 2009, 30825 = BeckRS 2009, 26028522.
161 BFH, DStR 2012, 1172.
162 Stein, DStR 2012, 1734 f.; Jülicher in Troll/Gebel/Jülicher/Gottschalk, § 29 Rn. 93.
163 BFH, DStRE 2005, 449.
164 MünchKomm-BGB/Koch, § 1380 Rn. 3.
165 BGH, MittBayNot 2001, 324.
166 Jülicher in Troll/Gebel/Jülicher/Gottschalk, § 29 Rn. 93; Wälzholz in Viskorf/Schuck/Wälzholz, § 29 Rn. 41; Reich in von Oertzen/Loose, § 29 Rn. 36; Meincke/Hannes/Holtz, § 29 Rn. 14.
167 Darauf weisen ausdrücklich hin Jülicher in Troll/Gebel/Jülicher, ErbStG, § 29 Rn. 93 und Reich in von Oertzen/Loose, § 29 Rn. 36.
168 Krit. hierzu gerade im Hinblick auf die nun geschilderten abweichenden Beurteilungen in anderen Rechtsbereichen Koch, FamRZ 1995, 321.

Kapitel 3 — Ehegattenzuwendungen

I. Erbrecht

127 Daran schloss sich die lebhaft diskutierte[169] Frage an, wie die unbenannten Zuwendungen dann im erbrechtlichen Bereich zu bewerten seien, ob sie also Ansprüche übergangener Erben nach §§ 2287 ff. BGB oder Ansprüche von Pflichtteilsberechtigten auf Pflichtteilsergänzung ausschließen könnten.

128 Der BGH entschied schließlich, dass die **unbenannte Zuwendung** objektiv unentgeltlich und **im Erbrecht** (§§ 2287, 2288, 2325 ff. BGB) wie eine **Schenkung** zu behandeln sei.[170] Der BGH lässt jedoch in diesem Grundsatzurteil auch Ausnahmen zu, bei welchen von einer Entgeltlichkeit auszugehen sei, nämlich
– bei Zuwendungen im Rahmen einer nach den konkreten Verhältnissen angemessenen Altersversorgung,[171] auch wenn die konkrete Zuwendung unterhaltsrechtlich nicht geschuldet ist,[172] und
– bei Zuwendungen zur nachträglichen Vergütung langjähriger Dienste und
– bei Leistungen, die unterhaltsrechtlich nach §§ 1360, 1360a BGB geschuldet sind.[173] Der BGH hat insbesondere erwogen, Zinszahlungen auf Hauskredite könnten unterhaltsrechtlich geschuldet sein, weil sie an die Stelle eines Mietentgeltes treten könnten.

Das OLG Schleswig folgt dem BGH und führt aus, dass von einer angemessenen Alterssicherung jedenfalls dann auszugehen sei, wenn die Zuwendung dazu diene, den bisherigen Standard aufrechtzuerhalten.[174] Insbesondere halbieren sich die Ausgaben nicht beim Tod eines Ehegatten.[175]

Auch wenn es sich bei der Zuwendung um eine **Abfindung** für einen vom Ehegatten erklärten **Erb- und/oder Pflichtteilsverzicht** handelt, etwa im Hinblick auf eine Betriebsübergabe an Kinder, so wird der BGH dies im Grundsatz als unentgeltlich ansehen.[176]

129 *Langenfeld*[177] arbeitet Fallgruppen heraus, in denen **bis zur Obergrenze hälftiger Beteiligung Entgeltlichkeit** gegeben sein soll.[178] Es sind dies
– die Zuwendung des Familienheims bis zur Hälfte,
– Versorgungsfälle,
– Zuwendungen am Ehebeginn zum Ausgleich für Verzichte.

Der **BGH** folgt dieser Ansicht im Hinblick auf die **Zuwendung des Familienheimes bis zur Hälfte nicht** und geht hier weiterhin von einer ergänzungspflichtigen unentgeltlichen Zuwendung aus, die sich insbesondere durch die Tilgungsleistungen verwirklichen kann, während die Zinszahlungen ggf. unterhaltsrechtlich geschuldet sind.[179]

---

169 Arend, MittRhNotK 1990, 65, 70; Langenfeld, Handbuch der Eheverträge und Scheidungsvereinbarungen, 2. Aufl., 1989, Rn. 412; Morhard, NJW 1987, 1734; Sandweg, NJW 1989, 1965 ff.
170 BGH, NJW 1992, 564 = BGHZ 116, 167 = DNotZ 1992, 513.
171 Zu Kriterien einer angemessenen Altersversorgung Horn, ZEV 2018, 277 ff. Diese Einschätzung des BGH vollzieht leider der BFH nicht nach. Er urteilt in ständiger Rspr., zuletzt in BFH, BStBl. 2002 II, S. 153, dass ungeachtet eines etwaigen familienrechtlichen Vorsorgeunterhaltsanspruchs jedenfalls noch kein konkreter Leistungs- und Zahlungsanspruch bestehe und daher die Zuwendung unentgeltlich sei. Dies ist nicht gerechtfertigt. Eine angemessene Altersversorgung, welche sich i.R.d. familienrechtlichen Anspruchsgefüges hält, dürfte nicht als unentgeltliche Zuwendung im schenkungsteuerlichen Sinn angesehen werden.
172 Keim, ZNotP 2018, 221, 223.
173 BGH, ZEV 2018, 274 = NJW 2018, 1475.
174 OLG Schleswig, ZErb 2010, 148 f. = FamFR 2010, 239.
175 Löhnig, NJW 2018, 1435.
176 BGH, ZEV 2016, 90 m. Anm. Keim.
177 MüVertHdb/Langenfeld, 6. Aufl., Form. VI. 7., Anm. 7.
178 Nach Brambring, Rn. 169 sind Zahlungen zum Ausgleich des Zugewinns bei Wechsel des Güterstandes entgeltlich.
179 BGH, ZEV 2018, 274 m. zust. Anm. Keim, ZNotP 2018, 221, 222.

Anderer Ansicht nach wird auf diese Weise – meist die Ehefrau – zur »permanent Beschenkten«, was dem Diktum des BVerfG zum **Recht auf gleiche Teilhabe** widerspreche.[180] Gerade in Fällen, in denen derjenige Ehegatte, der die Zuwendung erhält, über Jahre hinaus die Familienarbeit geleistet habe, müsse vielmehr Pflichtteilsfestigkeit gegeben sein.[181] Dem ist **zuzustimmen**. Das hat das FG Münster für die Alleinverdienerehe so ausgesprochen.[182]

Damit schränkt die Rechtsprechung die Möglichkeiten der Pflichtteilsreduzierung zugunsten des Ehegatten noch immer ein, sodass in der Literatur Ausweichgestaltungen wie etwa die Begründung der Gütergemeinschaft oder gesellschaftsrechtliche Lösungen an dieser Stelle diskutiert werden.[183]

Auch *Lipp* bemüht sich um eine Lösung nach Fallgruppen für die Wertung der Ehegattenzuwendung als entgeltlich bei bestimmten Sonderfällen und kommt zu dem Ergebnis, dass Zuwendungen, die als Unterhalt oder auch Vorsorgeunterhalt, zum Ausgleich für Mitarbeit und als vorweggenommener Zugewinnausgleich geleistet werden, als entgeltlich anzusehen sind.[184]

130 In der Rechtsprechung hat nun das OLG Schleswig einen solchen Fall entschieden und bei einer Zuwendung zu einer i.R.d. konkreten Verhältnisse angemessenen Altersversorgung eine objektive Unentgeltlichkeit auch für das Erbrecht verneint, sodass Pflichtteilsansprüche nicht geltend gemacht werden konnten.[185] Das Gericht ist jedoch anderer Auffassung bei einer alleinigen Tilgung eines auf beide Ehegatten erworbenen Hauses durch den alleinverdienenden Ehegatten. Hier soll der Anwendungsbereich des § 2325 BGB eröffnet sein.[186] Dies kann man durchaus anders sehen und eine Fallgruppe der Entgeltlichkeit für gegeben halten, wie dies soeben geschildert wurde.

131 Diese Auffassung ist zwar durchaus zustimmungswürdig, zumal Ehegatten in diesem Rahmen häufig ihr Vermögen gar nicht so getrennt sehen, wie es die **Finanzverwaltung** im Nachhinein definiert.[187] Allerdings ist sie im Einzelnen höchstrichterlich noch in keiner Weise bestätigt.

Zu beachten ist, dass Zuwendungen unter Ehegatten im Hinblick auf die Pflichtteile einseitiger Abkömmlinge die Zehn-Jahres-Frist des § 2325 Abs. 3 BGB nicht in Gang setzen. Vereinzelt wird aber vertreten, dass diese Frist jedenfalls dann beginne, wenn der Ehegatte seinerseits den zugewendeten Gegenstand weitergebe.[188]

II. Anfechtungsrecht

132 In gleicher Weise hat der BGH nunmehr entschieden,[189] dass die unbenannte Zuwendung auch im Verhältnis zum Gläubiger unentgeltlich **i.S.d. § 822 BGB** ist, sodass ein Gläubiger, der einen Bereicherungsanspruch gegen einen Ehegatten hat, diesen auch gegen den anderen Ehegatten durchsetzen kann, welcher den Vermögensgegenstand im Wege der unbenannten Zuwendung von seinem Ehepartner erhalten hat. Damit ist die entsprechende Lösung bestätigt, die der BGH für die Fälle der **Anfechtung** nach dem Anfechtungsgesetz oder der InsO gefunden hatte.[190]

---

180 Grziwotz, NJW 2018, 1424.
181 Löhnig, NJW 2018, 1435, 1437.
182 FG Münster, DStRE 2018, 885 im Zusammenhang mit Vollstreckungsbeschränkungen.
183 Kappler/Kappler, ZEV 2017, 601 ff.
184 Lipp, in: FS für Schwab, S. 529 ff.
185 OLG Schleswig, FamFR 2010, 239; zur Gestaltungschance aus diesem Urteil Herrler, MittBayNot 2011, 150 f.; vgl. ferner DNotI-Report 2012, 114 – Gutachten zu Hinterbliebenenbezügen, die als angemessene Alterssicherung keine Pflichtteilsergänzungsansprüche auslösen.
186 OLG Schleswig, ZEV 2014, 260.
187 Vgl. ferner Felix, BB 1994, 1342 zu Ausnahmefällen, in denen die Zuwendung nicht Schenkung sein soll.
188 Kornexl, ZEV 2003, 196, 198.
189 BGH, ZNotP 2000, 27; BGH, NJW-RR 2001, 6.
190 BGHZ 113, 393 = NJW 1991, 1610.

133 Die anfechtungsrechtliche Literatur sieht Zuwendungen unter Ehegatten regelmäßig als unentgeltlich und damit der Anfechtung unterliegend an, selbst dann, wenn sie i.R.d. Zugewinnausgleichs erfolgen,[191] ja sogar bei gerichtlicher Entscheidung über den Zugewinn.[192] Dies hat für den Fall, dass ein Ehegatte eine Immobilie erwirbt und der andere Ehegatte fortlaufend die Zins- und Tilgungsraten zahlt, ggf. sogar zur Folge, dass die jeweilige Rate der Anfechtung unterliegt und somit die Anfechtungsfristen viel länger laufen.[193] Ganz entscheidend hierbei ist, dass anders als beim Schenkungsrecht die Unentgeltlichkeit nach § 4 AnfG und § 134 InsO[194] weder eine vertragliche Einigung über die Unentgeltlichkeit noch eine Bereicherung des Empfängers voraussetzen.[195]

134 Das KG hat geurteilt, dass eine ehebedingte Zuwendung dem Güterrecht unterliegt und aus diesem Grund nicht nach §§ 528, 530 BGB bei späterer Verarmung des Zuwendenden durch das Sozialamt widerrufen werden könne.[196]

III. Schenkungsteuerrecht

135 **Schenkungssteuerlich** ist der **BFH** dem BGH gefolgt und sieht unbenannte Zuwendungen regelmäßig als Schenkungen an,[197] die an den allgemeinen Anforderungen des § 7 Abs. 1 Nr. 1 ErbStG gemessen werden müssen, ohne dass die besondere güterrechtliche Motivation einen Unterschied macht. Die spezifisch erbschaftsteuerliche Begründung fand der BFH in § 29 Abs. 1 Nr. 3 ErbStG, denn die Anordnung, dass mit der Anrechnung einer Zuwendung auf den Zugewinnausgleich die Schenkungsteuer nachträglich erlösche, mache keinen Sinn, wenn die Zuwendung zuvor nicht schenkungsteuerbar gewesen wäre. Dem folgt die **Finanzverwaltung** und betont, dass weder die Art des zugewendeten Vermögensgegenstandes noch die Angemessenheit der Zuwendung hierbei von Bedeutung ist.[198]

136 Inzwischen hat § 13 Abs. 1 Nr. 4a ErbStG Zuwendungen unter Ehegatten im Zusammenhang mit dem eigenbewohnten Familienheim[199] komplett von der Schenkungsteuer ausgenommen.[200] Hier ergibt sich erheblicher Gestaltungsspielraum,[201] denn es findet keinerlei Anrechnung auf die Freibeträge statt und es gibt keinen Objektverbrauch und keine Wertobergrenze. Nach der neuesten Rechtsprechung des BFH[202] ist sogar eine gemischte Nutzung unschädlich. Die Steuerfreiheit beschränkt sich dann auf den eigengenutzten Teil des Anwesens. Eine Aufteilung in Wohn- und Teileigentum ist daher nicht mehr erforderlich. Die Einzelheiten hierzu wurden bereits ausführlich dargestellt.[203]

---

191 Huber, § 4 Rn. 33, 35; MünchKomm-InsO/Kayser, § 134 Rn. 36: Zwar könne der Ehevertrag selbst entgeltlich sein, das Vollzugsgeschäft sei dann aber möglicherweise unentgeltlich. OLG München, NJW-RR 1998, 1144 stuft die Zuwendung zwar als vorweggenommene Erfüllung einer Zugewinnausgleichsforderung ein, weist aber darauf hin, dass regelmäßig bei bereits drohender Insolvenz kein Endvermögen und damit kein Zugewinnanspruch existiert. OLG Hamm, ZIP 1992, 1755 sieht die Zuwendung als unentgeltlich an, auch wenn sie aus familiären Gründen oder moralisch geboten erscheint; OLG Frankfurt, NZFam 2018, 664: Die Erwartung, die eheliche Lebensgemeinschaft zu fördern, begründet kein Entgelt.
192 Jaeger, § 29 Rn. 50.
193 Gutachten, DNotI, § 1 AnfG – 22780.
194 Näheres zu den Anfechtungsvoraussetzungen bei C. Münch, Familiensteuerrecht, Rn. 21.
195 BGH, NJW 1978, 1326, 1327.
196 KG, FamRB 2010, 1.
197 BFH, MittBayNot 1994, 266 = DStR 1994, 615 in Abkehr von BFH, BStBl. 1985 II, S. 159.
198 R E 7.2. S. 4 ErbStR
199 Ein solches soll auch vorliegen können, wenn eine Wohnung nur von einem getrennt lebenden Ehegatten mit dem gemeinsamen Kind genutzt wird, FG Berlin, DStRE 2004, 217.
200 Hierzu näher und instruktiv R E 13.3. ErbStR.
201 Hierzu C. Münch, StB 2003, 130, 131 f.
202 BFH, DStR 2009, 575 f.
203 In Rdn. 53 ff.

D. Drittwirkung von Ehegattenzuwendungen **Kapitel 3**

▶ **Hinweis:**

Für Schenkungen unter Ausnutzung des § 13 Abs. 1 Nr. 4a ErbStG wird vorgeschlagen, diese unter der auflösenden Bedingung des Vorversterbens des beschenkten Ehegatten zu gestalten, da bei einer »Rückvererbung« die Freistellung sonst nicht mehr eingreifen würde[204] bzw. nach der Reform des Erbschaftsteuerrechts 2009 zwar eine Freistellung vorliegen kann, aber nur unter bestimmten Voraussetzungen. 137

IV. Vermögensübertragungen als Zugewinnausgleich bei Beendigung des Güterstandes

Von dieser Einschätzung einer bis auf Ausnahmen fehlenden Drittwirkung der unbenannten Zuwendung **zu unterscheiden sind Vermögensübertragungen zur Durchführung des Zugewinnausgleichs bei Beendigung dieses Güterstandes** etwa durch ehevertragliche Gütertrennung. 138

Der BGH hat in einem Urteil zur Begründung der Gütergemeinschaft hier der Ehevertragsfreiheit Vorrang gegeben und ausgeführt, auch Pflichtteilsberechtigte und Gläubiger müssten solche Folgen der Ehevertragsfreiheit hinnehmen.[205] Dies muss dann in gleicher Weise für den Wechsel von der Zugewinngemeinschaft zur Gütertrennung gelten.[206] Bereits früher hatte der BGH festgestellt, dass bei sog. Gesamteheverträgen künftigen Gläubigern **keine Schenkungsanfechtung** möglich ist. Allerdings will der BGH **Missbrauchsfälle von dieser Anfechtungsfreiheit ausschließen**, sodass Vorsicht vor einer allgemeinen Gestaltungsempfehlung geboten ist, wenn ehefremde Gründe eine Rolle spielen.[207] 139

Auch bei Ablehnung einer Schenkungsanfechtung bleibt die Anfechtbarkeit bei Vorliegen der Voraussetzungen einer Absichtsanfechtung[208] bzw. **Vorsatzanfechtung nach § 3 Abs. 1 AnfG** und die Anfechtung als entgeltliches Rechtsgeschäft mit der allerdings kürzeren 2-jährigen Frist nach § 3 Abs. 2 AnfG[209] bzw. § 133 Abs. 2 InsO.[210] 140

Welche Frist zur Anwendung gelangt, wird im Wesentlichen davon abhängen, ob die Vermögensübertragung als entgeltlich oder als unentgeltlich anzusehen ist. Blickt man auf die beiden Entscheidungen des BFH zum Schenkungsteuerrecht,[211] so wird dort die Auffassung vertreten, dass der Zugewinnausgleich i.V.m. der Gütertrennung entgeltlich sei, derjenige bei sog. fliegendem Zugewinnausgleich hingegen unentgeltlich. Es besteht die Gefahr, dass diese Sicht[212] auch im Anfechtungsrecht Platz greift, sodass die Empfehlung nur lauten kann, Gütertrennung zu vereinbaren,

---

204 Wälzholz, MittBayNot 2002, 177 m.w.N.
205 BGH, NJW 1992, 558 = BGH, DNotZ 1992, 503, 505.
206 Vgl. etwa Palandt/Weidlich, § 2325 Rn. 12; Wegmann, Rn. 96; Hayler, DNotZ 2000, 681 f.; die Anfechtbarkeit bejahend OLG Zweibrücken, OLGZ 65, 304.
207 Ebenso skeptisch Langenfeld/Milzer, Rn. 483; erwähnenswert in diesem Zusammenhang die Auslegung von Hayler, DNotZ 2000, 681, 689, dass auch das alleinige Ziel, die Zugewinnausgleichsforderung zum Entstehen zu bringen, um eine angemessene bestandskräftige Beteiligung des Ehegatten am Vermögen zu erzielen, eine ausreichende güterrechtliche Motivation darstellt. Vgl. auch FG Köln, DStRE 2002, 1248.
208 BGH, NJW 1971, 48 f.
209 Zu den Voraussetzungen einer Anfechtung nach § 3 Abs. 2 AnfG: Amann, DNotZ 2010, 246 ff.
210 Zu diskutieren wäre bei § 3 Abs. 2 AnfG noch die Unmittelbarkeit der Gläubigerbenachteiligung. Diese kann ggf. vermieden werden durch einen Kauf und eine anschließende Verrechnung mit dem Zugewinnausgleichsanspruch (Gutachten, DNotI, § 1378 BGB – 24117). Z.T. wird auch vertreten, dass wegen der Befreiung von der Zugewinnausgleichsforderung schon keine unmittelbare Gläubigerbenachteiligung vorliegen soll, Ponath, ZEV 2006, 49, 54.
211 BFH, ZEV 2005, 490 m. Anm. C. Münch und BFH, ZEV 2006, 41 m. Anm. C. Münch.
212 Krit. zur Sicht des fliegenden Zugewinnausgleichs, wenn aus diesem die ehevertraglichen Folgerungen – Bestimmung des Anfangsvermögens auf einen Zeitpunkt nach dem Zugewinnausgleich – gezogen wurden: Anm. C. Münch, ZEV 2006, 41 f.

wenn es ausdrücklich auf die Fristverkürzung ankommt. Führen die Ehegatten eine sog. Güterstandsschaukel durch, wechseln also unmittelbar nach Ausgleich des Zugewinns wieder in die Zugewinngemeinschaft zurück, so könnte dies möglicherweise zur Anfechtung wegen Unentgeltlichkeit führen, wenn die Zivilrechtsprechung von einem vorgefassten Plan ausgeht. Hier werden Empfehlungen einer mindestens 2-jährigen Frist zur Beibehaltung der Gütertrennung gegeben.[213]

141   Diesen Problemkreis behandelt eine Entscheidung des 9. Senats des BGH aus dem Jahr 2010.[214] Diese betrifft eine Scheidungsvereinbarung mit der Vereinbarung von Gütertrennung und anschließendem Zugewinnausgleich. Danach differenziert der BGH zwischen der Aufhebung des Güterstandes und dem die Aufhebung begleitenden Ausführungsvertrag. Die statusrechtlichen Wirkungen des Güterstandswechsels bleiben danach von einer Anfechtung unberührt.[215] Der Ausführungsvertrag hingegen zur Durchführung des Zugewinnausgleichs hat nach Ansicht des BGH **unmittelbar gläubigerbenachteiligende** Wirkung.[216] Damit muss nach BGH nicht mehr positiv der Benachteiligungsvorsatz des Schuldners und die Kenntnis des Ehegatten bewiesen werden, sondern es greift die widerlegliche Vermutung dieses Vorsatzes und der Kenntnis ein, die dann von den Ehegatten widerlegt werden müsste. Der BGH führt aus, dass eine Privilegierung güterrechtlicher Verträge auch im Lichte des Art. 6 GG insolvenzrechtlichen Grundsätzen widerspreche. Für das Insolvenzrecht komme es nicht auf die Unterschiede zwischen schuld- und familienrechtlichen Verträgen an.

Bei den **Ausführungsverträgen**, die der BGH als anfechtbar ansieht, wird es sich aber in der Regel um **entgeltliche Verträge** handeln, die den gesetzlichen Ausgleichsanspruch erfüllen, der jedenfalls bei einem Güterstandswechsel entsteht,[217] sodass dann im Zentrum die Vorschriften des § 133 Abs. 2 Satz 1 InsO bzw. § 3 Abs. 2 Satz 1 AnfG stehen, die von einer **zweijährigen Anfechtungsfrist** ausgehen. Allerdings werden nach der genannten Rechtsprechung des BGH der Gläubigerbenachteiligungsvorsatz und die Kenntnis des anderen Teils hiervon auch bei der Ausführung güterrechtlicher Verträge widerruflich vermutet.

Anders wird dies jedoch bei **ungewöhnlicher Vertragsgestaltung** wie mehreren Güterstandswechseln in einer Urkunde zu sehen sein, bei denen der gewählte Güterstand nicht einmal für eine gewisse Zeit besteht.[218]

142   Leider geht der BGH nicht auf das Urteil des 4. Senats aus dem Jahr 1991[219] ein, wo der BGH ausführte, dass auch Gläubiger die Eheverträgsfreiheit gegen sich gelten lassen müssten. Befremdlich ist jedenfalls bei einer Scheidungsvereinbarung getrennt lebender Ehegatten, dass der BGH von einer Einkleidung einer Vermögensverschiebung in einen familienrechtlichen Vertrag spricht. Ebenso verwunderlich ist, dass der BGH mit dem Berufungsgericht davon ausgeht, dass die vertragliche Regelung eines vorweggenommenen Zugewinnausgleichs eine »extrem seltene Vertragsgestaltung«[220] sei. Zum Zeitpunkt des Vertragsschlusses galt noch § 630 ZPO, der zur vorherigen vertraglichen Regelung bei einvernehmlicher Scheidung aufforderte. Scheidungsvereinbarungen mit Vermögensausgleich sind für den familienrechtlichen Berater die tägliche Praxis. Hier wäre eine familienrechtliche Rückkoppelung sicher angebracht gewesen.

---

213   Ponath, ZEV 2006, 49, 51; Werner NWB 2011/41, 3462, 3464.
214   BGH, 01.07.2010 – IX ZR 58/09, WM 2010, 1659 = NZI 2010, 738.
215   BGH, NZI 2010, 738, Tz. 14; für die Schenkungsanfechtung; z.T. wird darauf hingewiesen, dass damit für eine Vorsatzanfechtung noch nichts entschieden sei, Herrler in Münch, Familienrecht, § 19, Rn. 49.
216   Herrler in Münch, Familienrecht, § 19, Rn. 49 weist darauf hin, dass die Anfechtbarkeit der durch den Güterstandswechsel entstandenen Ausgleichsforderung, welche die causa für den Ausführungsvertrag bildet, noch offen ist; so auch von Oertzen/Ponath, asset protection, § 4, Rn. 9 ff.
217   In diesem Bereich ist noch vieles umstritten. So wird etwa die Anfechtbarkeit der Ausgleichsforderung an sich noch infrage gestellt. Für Unentgeltlichkeit Klühs, NotBZ 2010, 286, 287.
218   Vgl. Münch, Steuerberater 2003, 130 ff.; Ponath, ZEV 2006, 49, 53.
219   BGH, NJW 1992, 558 ff.
220   BGH, WM 2010, 1659 f., Tz. 24.

E. Vertragliche Regelungen bei der Zuwendung

Eine Ausnahme will der BGH wohl sehen, wenn Verträge »an die Stelle eines Zugewinnausgleichsverlangens nach §§ 1385, 1386 BGB treten«[221]. Sollte sich dieser Hinweis bewahrheiten, wären die Voraussetzungen des vorzeitigen Zugewinns ggf. ausführlicher darzulegen, die durchaus auch einvernehmlich herbeigeführt werden können.[222]

E. Vertragliche Regelungen bei der Zuwendung

Die Unwägbarkeit der Auswirkungen einer anrechenbaren ehebedingten Zuwendung im Gesamtsystem des Zugewinns waren gerade Gegenstand der Darstellung. Die noch vorzustellende[223] Rechtsprechung zur Frage der Rückforderbarkeit einer unbenannten Zuwendung bei Gütertrennung oder im gesetzlichen Güterstand führt gleichfalls zu erheblicher Rechtsunsicherheit. Aus diesem Grund ist es mittlerweile üblich, bei einer notariellen Grundstücksübertragung zwischen Ehegatten die Frage der Rückforderbarkeit im Scheidungsfall einer ausdrücklichen Regelung zuzuführen. Eine Hinweispflicht des Notars i.R.d. Beurkundung eines Schenkungsvertrages ist jedoch abzulehnen.[224]

I. Rückforderungsrecht und Zugewinnregelungen

Nachfolgender **Formulierungsvorschlag** bietet eine **Scheidungsklausel** für den Fall, dass die **Rückforderung** des Zuwendungsgegenstandes gewollt ist.

Dies kommt v.a. in Betracht, wenn
- ein Hausanwesen unter Ehegatten verschenkt wird, zu dessen Erstellung der Zuwendungsempfänger keinen Beitrag geleistet hat und das ihm im Scheidungsfall nicht verbleiben soll oder
- ein Bauplatz, auf dem gemeinsam gebaut wird, im Umgriff etwa des elterlichen Wohnhauses liegt und von den Eltern eines Teiles geschenkt wurde oder
- aus sonstigen nachvollziehbaren Gründen bereits bei Zuwendung das künftige dingliche Schicksal des Vermögensgegenstandes geklärt werden soll.

Im Normalfall des Bauplatzes im Anfangsvermögen, auf welchem gemeinsam gebaut wird, mag eine Regelung über die Berechnung im Zugewinn genügen.[225] Jedenfalls sollte **nicht standardmäßig** eine Rückforderung immer des Bauplatzinhabers vereinbart werden, denn i.d.R. erbringen die Ehegatten gemeinsam Leistungen, sodass eine Rückforderung des Bauplatzes mit darauf erstelltem Wohnhaus im Regelfall **nicht interessengerecht** ist.

Das Rückforderungsrecht beinhaltet dann Probleme, wenn derjenige Ehegatte, der zurückgeben muss, anschließend den erwarteten Zugewinn nicht erhält, weil sich dieser nach der Gesamtvermögenssituation nicht ergibt. Will man dieses Problem behandeln, so kann man anstele der in Nr. 7) des Vorschlages gegebenen Belehrung eine entsprechende Regelung einarbeiten, die als Alternative vorgestellt wird.[226] Allerdings ist es sehr schwer, auch mit diesem Vorschlag alle möglichen Sachverhaltskonstellationen zu erfassen. Es liegen hier Unwägbarkeiten des Gesamtsystems Zugewinn vor, die auch sonst – etwa bei Anlagevermögen – keine Regelung erfahren.

Zu schwierigen Rechtsfragen führt es ferner, wenn der Rückübertragungsberechtigte alleiniger Erbe des Eigentümers wird und sich die Frage stellt, ob das Rückübertragungsrecht durch Konfusion erlischt.[227] Dies wirft auch erbschaftsteuerrechtliche Folgeprobleme auf, da nicht sicher ist, ob die

---

221 BGH, WM 2010, 1659, Tz. 13.
222 Bergschneider, FamRZ 2010, 1550, 1551.
223 Kap. 5 Rdn. 1 ff.
224 OLG Bamberg, FamRZ 2004, 1872 f.
225 Vgl. Rdn. 79 ff.
226 Allerdings ist die Formulierung dieser Alternative nicht ganz unumstritten. Vgl. die verschiedenen Fassungen bei Langenfeld/Milzer, Rn. 804 f. und in den verschiedenen Auflagen, vgl. ferner Arend, MittRhNotK 1990, 65.
227 Vgl. DNotI-Report 2004, 11 f. und DNotI-Gutachten v. 03.01.2006 (64137 zu § 2303 BGB), wo vertreten wird, dass es aus besonderen Gründen nicht zu einer Konfusion komme. Konfusion ablehnend: Krauß, Vermögensnachfolge, Rn. 3203.

Rückübertragungsschuld vom Nachlass abgezogen werden kann, wenn die Rückforderung wegen des Todes nicht mehr zum Tragen kommt. Literarisch wird eine Anwendung des § 10 Abs. 3 ErbStG[228] – jedenfalls analog –[229] auch für diesen Fall vertreten, ohne dass es jedoch hierzu schon höchstrichterliche Finanzrechtsprechung gäbe. Z.T. rät die Gestaltungspraxis daher zur Vorsicht und empfiehlt, entweder eine Alleinerbeinsetzung zu vermeiden bzw. auszuschlagen – jedenfalls wenn gerade das Rückübertragungsobjekt wesentlicher oder einziger Nachlassbestandteil ist – oder mit Testamentsvollstreckung bzw. Nachlassverwaltung eine Konfusion zu verhindern.[230]

▶ **Kostenanmerkung:**

149 Nach GNotKG bestimmt sich der Geschäftswert gem. § 46 Abs. 1 aus dem Verkehrswert der übertragenen Immobilie. Das Rückerwerbsrecht steht im Sinne eines Austauschvertrages nach § 97 Abs. 3 GNotKG diesem Wert gegenüber. Es bestimmt sich bei einem Verfügungsverbot nach § 50 Nr. 1 GNotKG aus 10 % des Wertes des betroffenen Grundbesitzes als dessen Sicherungsgeschäft. Eine selbstständige Übertragungsverpflichtung hingegen wäre nach § 51 Abs. 1 Satz 1 GNotKG zu bestimmen. Hier soll ein Teilwert von 30–50 % des Bezugswertes anzunehmen sein.[231] Zu einer Änderung des maßgeblichen Geschäftswertes führt dies aber nur dann, wenn auf Erwerberseite noch weitere Gegenleistungen hinzuzuzählen wären. Daher wird zumeist aus dem Wert der Immobilie eine 2.0 Gebühr nach KV 21100 anfallen. Wenn die Übertragung auf Ansinnen des Veräußerers nicht an diesen zurück, sondern an seine Kinder zu erfolgen hat, dürfte nichts anderes gelten.

▶ **Formulierungsvorschlag: Zuwendung mit Rückforderungsrecht und Zugewinnausgleich nach Rückforderung**

150
1)

Die Überlassung erfolgt als ehebedingte Zuwendung, d.h. im Hinblick auf die eheliche Lebensgemeinschaft und zum Ausgleich für geleistete Mitarbeit und als angemessene Beteiligung an den Früchten des ehelichen Zusammenwirkens.

2)

Der zuwendende Ehegatte

– nachfolgend kurz: der Rückerwerbsberechtigte –

hat das Recht, im Fall der Scheidung der Ehe die Rückübertragung des Zuwendungsobjektes zu verlangen. Der Rückforderungsanspruch entsteht mit der Rechtshängigkeit des Scheidungsantrags[232] gleich welches Ehegatten. Er erlischt, wenn er bis zur Rechtskraft der Scheidung nicht geltend gemacht wurde.

Alternative:

Das gleiche Recht steht dem Rückerwerbsberechtigten zu, wenn der Erwerber bzw. der Eigentümer den Vertragsgrundbesitz ohne seine Zustimmung ganz oder teilweise veräußert oder

---

228 Jülicher in Troll/Gebel/Jülicher, § 29 Rn. 56; Krauß, Vermögensnachfolge, Rn. 3203.
229 Holland, ZEV 2000, 356, 359; Schuck, in: Viskorf/Schuck/Wälzholz, ErbStG/BewG, § 10 Rn. 51 f.
230 Vgl. DNotI-Report 2004, 11, 13 und DNotI-Gutachten v. 03.01.2006 (64137 zu § 2303 BGB); Holland, ZEV 2000, 356 ff.
231 Notarkasse Rn. 287.
232 Zur notwendigen Auslegung bei der Formulierung »Stellung eines Scheidungsantrages« OLG Köln, FamRZ 2018, 893. Wegen der Regelung in § 1375 Abs. 2 Satz 2 BGB in der Fassung durch die Zugewinnreform will Grziwotz, FamRB 2009, 387, 390 auf den Zeitpunkt der Trennung abstellen. Dass dieser Grund gewillkürt herbeigeführt werden kann, sollte bei familienrechtlichen Akten wie einem Scheidungsantrag nicht eingewendet werden können. Wer dies dennoch annehmen will, kann auf die Rechtshängigkeit eines Scheidungsantrages abstellen, der später zur Scheidung der Ehe führt.

E. Vertragliche Regelungen bei der Zuwendung   Kapitel 3

belastet. In diesem Fall ist das Recht binnen 24 Monaten nach Abschluss des schuldrechtlichen Vertrages, längstens binnen 24 Monaten nach Kenntnis, auszuüben.

Das gleiche Recht steht dem Rückerwerbsberechtigten ferner bei Vorversterben des Erwerbers bzw. des Eigentümers des Vertragsgrundbesitzes zu. Wird der Erwerber in diesem Falle vom Veräußerer auch noch allein beerbt, so ist die Zuwendung durch diesen vorherigen Tod und die Alleinerbschaft auflösend bedingt.[233]

Abschnitt 3c) ist in diesem Falle/in diesen Fällen nicht anzuwenden.

3)

Für den Rückerwerb gelten folgende Bestimmungen:

a)

Der Grundbesitz ist frei von Rechten Dritter zu übertragen.

Ausnahmen hiervon bilden etwaige Rechte, die in der vorliegenden Urkunde übernommen werden, und etwaige Rechte, die mit Zustimmung des Rückerwerbsberechtigten im Grundbuch eingetragen werden.

Hinsichtlich eingetragener Grundpfandrechte hat der Rückerwerbsberechtigte auch die zugrunde liegenden Verbindlichkeiten in persönlicher Haftung mit schuldbefreiender Wirkung zu übernehmen, soweit die Darlehensvaluten für Investitionen auf dem Vertragsgrundbesitz verwendet wurden; ein Erstattungsbetrag gemäß nachfolgendem Buchst. b) ist insoweit nicht zu zahlen.

b)

Der Rückerwerbsberechtigte hat dem heutigen Erwerber die von diesem auf den Vertragsgrundbesitz gemachten Aufwendungen – hierzu gehört auch die Schuldentilgung – zum Zeitwert im Zeitpunkt der Rückübertragung zu ersetzen, sofern diese Aufwendungen aus Anfangsvermögen im Sinne des § 1374 Abs. 1 oder Abs. 2 BGB stammen,[234] und zwar Zug-um-Zug mit der Rückübertragung.

Im Übrigen hat der Rückerwerbsberechtigte keine Gegenleistung zu erbringen.

c)

Zug um Zug[235] mit der Rückforderung nach Maßgabe obiger Vereinbarungen findet dann auf der Grundlage der nach Rückforderung, Übernahme von Verbindlichkeiten und Rückerstattung von Aufwendungen bestehenden Vermögenslage der gesetzliche Zugewinnausgleich statt. Hierbei sind rückübertragene Vermögensgegenstände sowie ersetzte Aufwendungen so in das Anfangsvermögen des jeweiligen Ehegatten einzustellen, wie sie vor Übertragung und Aufwendung in dieses einzustellen gewesen wären.[236]

---

233 So die Empfehlung von Krauß, Vermögensnachfolge, Rn. 3204, um der Konfusion zu entgehen.

234 Wenn nur Verwendungen aus dem Anfangsvermögen ausgeglichen werden, dann sind die übrigen zugewinnausgleichspflichtigen Verwendungen nicht berücksichtigt, weil diese dem zuwendenden Ehegatten in seinem Endvermögen anfallen und damit dem Zugewinnausgleich schon unterliegen. Da hier aber eine Gesamtrechnung erfolgt, kann auch stattdessen eine weitere Regelung getroffen werden, entweder i.S.d. sogleich vorgestellten Alt. 1 oder in dem Sinn, dass alle Verwendungen zunächst ersetzt werden.

235 Bei dieser Formulierung kann ein etwaiger Zugewinnausgleich dem Rückforderungsanspruch entgegengesetzt werden (vgl. § 274 Abs. 1 BGB). Ist ein Vorrang der Rückforderung gewünscht, so ist zu formulieren: »Nach Rückforderung ... findet dann der gesetzliche Zugewinnausgleich statt.«

236 Dieser Satz dient lediglich der Klarstellung. Die Rückübertragung unter Ehegatten führt nicht dazu, dass das rückübertragene Vermögen beim Empfänger (= ursprünglicher Zuwender) Anfangsvermögen wird. Lediglich soweit in dem Vermögensgegenstand bereits Anfangsvermögen des Zuwenders enthalten war, hat es hierbei sein Bewenden.

4)

Die Kosten der Rückübertragung und durch die Rückübertragung etwa anfallende Verkehrssteuern hat der Rückerwerbsberechtigte zu tragen.

5)

Das Rückerwerbsrecht ist für den Rückerwerbsberechtigten von höchstpersönlicher Natur; es ist weder übertragbar noch vererblich.

6)

Zur Sicherung aller Ansprüche des Rückerwerbsberechtigten auf Übertragung des Eigentums aus dem vorvereinbarten Rückerwerbsrecht bewilligen und

beantragen

die Vertragsteile die Eintragung einer (Rückauflassungs-)Vormerkung gem. § 883 BGB zugunsten des Rückerwerbsberechtigten am Vertragsgrundbesitz in das Grundbuch an nächstoffener Rangstelle.

Die Vormerkung ist als Sicherungsmittel auflösend befristet. Sie erlischt mit dem Tod des Rückerwerbsberechtigten.

7)

Der Notar hat darüber belehrt, dass der Zugewinnausgleich eine Rechnung ist, die das gesamte Vermögen erfasst, sofern dieses noch vorhanden oder hinzurechnungspflichtig ist. Es kommt in diesem Zusammenhang nicht immer zu einem vollen Ausgleich.[237]

Alternative 1:

Erhält der zur Rückgabe Verpflichtete im Zugewinnausgleich, der sich an die Rückforderung anschließt, nicht die Hälfte der Geldbeträge zurück, welche die Eheleute in der Ehezeit aus demjenigen Vermögen auf das Grundstück verwendet haben, das dem Zugewinnausgleich unterliegt, so ist die Rückforderung nur zulässig, wenn ihm der Rückerwerbsberechtigte den fehlenden Betrag Zug-um-Zug gegen Rückforderung zahlt.

Alternative 2:

Die Rückforderung ist nur zulässig, wenn das Endvermögen des Rückerwerbsberechtigten nach vollzogener Rückforderung mindestens so hoch ist wie die in der Ehezeit eingetretene Wertsteigerung des Gesamtgrundstücks nach Abzug der dem zur Rückgabe Verpflichteten gemäß Nr. 3b) zu erstattenden Aufwendungen.

151 Anstelle der o.g. Regelung, die den Zugewinn für das Rückübertragungsobjekt beibehält, kann man auch zusätzliche Verwendungen aus zugewinnausgleichungspflichtigem Vermögen zur Hälfte ausgleichen und dann das Objekt einschließlich der erstatteten Verwendungen aus dem Zugewinn gänzlich herausnehmen.[238]

Der nachfolgende Formulierungsvorschlag stellt die **Zuwendung ohne jegliches Rückforderungsrecht und ohne Berücksichtigung im Zugewinnausgleich**[239] dar. Die Alternative sieht zumindest den Ausgleich des Anfangsvermögens vor.

▶ Formulierungsvorschlag: keine Rückforderung – kein Ausgleich

152 Die Überlassung erfolgt als ehebedingte Zuwendung, d.h. im Hinblick auf die eheliche Lebensgemeinschaft und zum Ausgleich für geleistete Mitarbeit und als angemessene Beteiligung an den Früchten des ehelichen Zusammenwirkens.

---

237 Vgl. Brambring, 6. Aufl., Rn. 47: »Ehebedingte Zuwendungen während der Ehe aus dem ausgleichungspflichtigen Vermögen sind wie ein Einsatz beim Roulette.«.
238 Vgl. Formulierungsvorschlag bei Langenfeld, Rn. 819.
239 Die Alternative: keine Rückforderung, aber Zugewinnausgleich wird in Rdn. 79 ff. besprochen.

E. Vertragliche Regelungen bei der Zuwendung

Die heutige Zuwendung soll dem Erwerber auch dann endgültig verbleiben, wenn die Ehe geschieden wird.

Die heutige Zuwendung erfolgt außerhalb des Zugewinnausgleichs, der im Fall der Auflösung der Ehe durch Scheidung oder Tod im Übrigen, jedoch ohne Berücksichtigung der heutigen Zuwendung stattfinden soll. Der Wert der Zuwendung soll im Zugewinnausgleich in keiner Weise berücksichtigt werden, also weder bei der Berechnung des Anfangsvermögens noch des Endvermögens eines Ehegatten einen Rechnungsposten bilden.

Eine Anrechnung auf den Pflichtteil soll gleichfalls nicht erfolgen.

Alternative:
Soweit dadurch beim Veräußerer ein Verlust an Anfangsvermögen eintritt, ist dieser vom Erwerber jedoch zu erstatten.[240]

Schließlich sollen noch zwei Klauseln vorgestellt werden, welche im **Güterstand der Gütertrennung** die Rückforderung einmal ausschließen oder zum anderen gerade auf die Rechtslage nach der Rechtsprechung abstellen. Sie müssen mit den Bestimmungen des Ehevertrages abgeglichen sein. 153

▶ Formulierungsvorschlag: Gütertrennung – keine Rückforderung

Die Überlassung erfolgt als ehebedingte Zuwendung, d.h. im Hinblick auf die eheliche Lebensgemeinschaft und zum Ausgleich für geleistete Mitarbeit und als angemessene Beteiligung an den Früchten des ehelichen Zusammenwirkens. 154

Nach Hinweis durch den Notar erklären die Beteiligten: Eine Rückforderung des heute zugewendeten Gegenstandes oder ein sonstiger Ausgleich, aus welchem Rechtsgrund auch immer, soll nicht möglich sein, insbesondere nicht aufgrund einer Störung der Geschäftsgrundlage bei einer Scheidung der Ehe oder wegen des Bestehens einer Ehegatteninnengesellschaft.

Der Erwerber hat sich die heutige Zuwendung auf seinen Pflichtteil nach dem Veräußerer anrechnen zu lassen. *(Streichen, wenn nicht gewünscht!)*

▶ Formulierungsvorschlag: Gütertrennung – gesetzliche Lage

Die Überlassung erfolgt als ehebedingte Zuwendung, d.h. im Hinblick auf die eheliche Lebensgemeinschaft und zum Ausgleich für geleistete Mitarbeit und als angemessene Beteiligung an den Früchten des ehelichen Zusammenwirkens. 155

Nach Hinweis durch den Notar erklären die Beteiligten: Für die Rückforderung oder sonstige Ausgleichsansprüche bei einer Scheidung der Ehe sollen die gesetzlichen Bestimmungen gelten, ein Ausschluss derartiger Ansprüche wird also nicht gewünscht.

Der Erwerber hat sich die heutige Zuwendung auf seinen Pflichtteil nach dem Veräußerer anrechnen lassen. *(Streichen, wenn nicht gewünscht!)*

Der beurkundende Notar hat auf die derzeitige Rechtsprechung zum Ausgleich und zur Rückforderung unbenannter Zuwendungen bei Gütertrennung hingewiesen.

Steuerlich wird bei einer **Scheidungsklausel** aufzupassen sein, dass nicht durch ihre Vereinbarung das **wirtschaftliche Eigentum** wechselt. Der BFH hat entschieden, dass allein eine Scheidungsklausel noch nicht dazu führt, dass der rechtliche Eigentümer sein wirtschaftliches Eigentum verliert.[241] Laut Sachverhalt wurde im zugrunde liegenden Fall eine Vormerkung nicht eingetragen, sondern nur eine Vollmacht dazu bestellt. Der BFH formulierte, dass die Vereinbarung den Verlust des wirtschaftlichen Eigentums jedenfalls nicht bewirkt, solange von dieser Möglichkeit kein Gebrauch gemacht wurde. Wenn dies heißen sollte, dass schon bei Eintragung einer Vormerkung das wirt- 156

---

240 Vgl. Langenfeld, 6. Aufl., Rn. 725; vgl. auch Langenfeld/Milzer, Rn. 819 mit der Vereinbarung eines Mindestbetrages des Endvermögens des Zuwendungsempfängers.
241 BFH, BStBl. 1998 II, S. 542.

schaftliche Eigentum wechselt,²⁴² dann wäre die zivilrechtlich gebotene Vormerkung steuerlich schädlich. Diese Ansicht ist jedoch nicht zutreffend, denn wenn man sich vergegenwärtigt, dass der BFH dem Kläger die Möglichkeit vorhält, er könne mittels Scheidungsantrags die Eigentumsumschreibung bewirken, dann geht dies an der sozialen Wirklichkeit vorbei. Die Mandanten tun alles Mögliche, um Steuern zu sparen, aber dass sie deswegen den Weg der Ehescheidung gehen und dies nur aus steuerlichen Gründen, dass dürfte nicht praxisrelevant sein. Dennoch ist angesichts dieser Entscheidung eine gewisse Vorsicht geboten,²⁴³ zumindest dann, wenn noch zusätzliche Begleitabsprachen den Rückerwerbsberechtigten als wahren Sachherrn erscheinen lassen.

II. Unbenannte Zuwendung mit Erwerbsrecht der Kinder im Scheidungsfall

157 Sofern die Ehegatten nicht wünschen, dass der zugewendete Vermögensgegenstand an den zuwendenden Ehegatten zurückfällt, etwa weil dies aus steuerlichen Gründen nicht sein soll oder weil der empfangende Ehegatte hohe eigene Investitionen in das Vertragsobjekt getätigt hat, lässt sich der Konflikt zuweilen dahin auflösen, dass den gemeinsamen Kindern im Scheidungsfall ein Erwerbsrecht zugesprochen wird mit Nießbrauchs- oder Nutzungsrechten für den Zuwendungsempfänger. Die entsprechenden Formulierungen könnten dann so lauten:

▶ **Formulierungsvorschlag: Erwerbsrecht der Kinder**

158 Der zuwendende Ehegatte

– nachfolgend kurz: der Rückforderungsberechtigte –

hat das Recht, im Fall der Scheidung der Ehe vom Erwerber die Übertragung des Zuwendungsobjektes an die gemeinsamen ehelichen Kinder oder eines von ihnen nach seiner Wahl zu verlangen.

Der Übertragungsanspruch entsteht mit Rechtshängigkeit des Scheidungsantrags gleich welches Ehegatten. Er erlischt, wenn er nicht bis zur Rechtskraft der Scheidung geltend gemacht wurde.

Für diese Übertragung gilt im Einzelnen Folgendes:

a)

Der Grundbesitz ist frei von Rechten Dritter zu übertragen. Ausnahmen hiervon bilden etwaige Rechte, die in der vorliegenden Urkunde übernommen werden, und etwaige Rechte, die mit Zustimmung des Rückforderungsberechtigten im Grundbuch eingetragen werden.

Sofern Grundpfandrechte eingetragen sind, werden diese zur ferneren dinglichen Haftung übernommen. Die Kinder als Erwerber sind jedoch von jeder persönlichen Haftung freizustellen. Die Verzinsung und Tilgung der zugrunde liegenden Verbindlichkeiten erfolgt vielmehr folgendermaßen: .....

b)

Der Erwerber hat das Recht, sich bei der Übertragung an die Kinder einen lebenslangen und unentgeltlichen Nießbrauch am heute zugewendeten Vertragsobjekt vorzubehalten und diesen grundbuchlich an bereitester Rangstelle zu sichern. Er ist in diesem Fall berechtigt und verpflichtet, sämtliche Nutzungen aus dem Vertragsobjekt zu ziehen, aber auch verpflichtet, die auf dem Vertragsobjekt ruhenden privaten und öffentlichen (einschließlich der außerordentlichen öffentlichen Lasten) zu tragen. Er ist auch verpflichtet, die nach der gesetzlichen Lastenverteilung den Eigentümer treffenden privaten Lasten zu tragen, insbesondere außergewöhnliche Ausbesserungen und Erneuerungen. Für grundbuchlich abgesicherte Verbindlichkeiten gilt die Regelung nach a). Der Nießbrauch kann nicht zur Ausübung einem Dritten überlassen werden.

---

242 Vgl. hierzu auch FG Rheinland-Pfalz, 14.05.2002 – 2 K1488/99, DStRE 2002, 1516. Wirtschaftliches Eigentum bejaht bei Eintragung einer Auflassungsvormerkung für einen Erwerb unter bestimmten Voraussetzungen und Darlehen durch den Erwerbsberechtigten.

243 Zu diesem Thema und den schenkungsteuerlichen Aspekten einer Rückforderungsklausel: Jülicher, DStR 1998, 1977.

E. Vertragliche Regelungen bei der Zuwendung

3)

Das Zuwendungsobjekt einschließlich seiner Verbindlichkeiten sowie aller Verwendungen, zu denen auch die Schuldentilgung gehört, wird dann im Zugewinn der Vertragsteile weder im Anfangs- noch im Endvermögen angesetzt, mit Ausnahme noch von einem Ehegatten zu übernehmender Verbindlichkeiten.

4)

Die Ehegatten können diese Vereinbarung auch ohne Zustimmung der begünstigten Kinder aufheben oder ändern.

5)

Zur Sicherung aller Ansprüche des Rückforderungsberechtigten auf Übertragung des Eigentums aus dem vorvereinbarten Übertragungsrecht auf die gemeinsamen ehelichen Kinder

bewilligen und beantragen

die Vertragsteile die Eintragung einer (Rückauflassungs-)Vormerkung gem. § 883 BGB zugunsten des Rückforderungsberechtigten[244] am Vertragsgrundbesitz in das Grundbuch an nächstoffener Rangstelle.

III. Zuwendungen zur Haftungsvermeidung

In der Notarpraxis häufen sich immer mehr Besprechungen, die mit dem Ziel geführt werden, eine haftungsmäßig günstige Verteilung des Familienvermögens vorzunehmen, sei es, dass **konkrete Gläubiger** bereits vorhanden sind, sei es, dass aufgrund einer **gefahrgeneigten Tätigkeit** bestimmte Vermögenswerte aus dem Zugriffsbereich künftig möglicherweise auftretender Gläubiger herausgehalten sein sollen.

1. Heirat eines verschuldeten Ehegatten

Heiratet ein bereits verschuldeter Ehegatte, so trägt er häufig den Wunsch an den Notar heran, durch ein **Vermögensverzeichnis** klarzustellen, dass die vorhandenen Vermögensgüter, insb. Hausrat und Pkw, dem nicht verschuldeten Partner gehören. Ferner wird gewünscht, dass künftig allein der andere Ehegatte Eigentümer aller Vermögensgüter werden soll.

Ein Formulierungsvorschlag für eine solche Abrede und deren rechtliche Einschätzung wurde bereits gegeben.[245] Es sei daher an dieser Stelle nur der warnende Hinweis wiederholt, dass trotz einer solchen Absprache bei jedem einzelnen Erwerb genau festgehalten werden muss, welcher Ehegatte das Eigentum erworben hat.

2. Zuwendungen an den anderen Ehegatten aus Haftungsgründen

a) Zuwendung mit Rückforderungsrecht

Thema sind ferner **Zuwendungen an den anderen Ehegatten aus Haftungsgründen**. Solche Zuwendungen aus Haftungsgründen sind eine anerkannte Fallgruppe der unbenannten Zuwendung,[246]

---

244 Die Vormerkung wird i.d.R. nicht für die Kinder als Begünstigte eingetragen, sondern für den zuwendenden Ehegatten als Versprechensempfänger, damit spätere Änderungen leichter vereinbart werden können. Dies ist zulässig, denn dem Versprechensempfänger steht nach § 335 BGB ein eigenes Recht auf die Leistung zu (Schöner/Stöber, Rn. 1494). Die Vormerkung könnte auch für alle Kinder zu gleichen Teilen eingetragen werden und sich damit auf künftige Kinder erstrecken (LG Passau, MittBayNot 2004, 362).
245 Kap. 2 Rdn. 660.
246 BGH, MittBayNot 1990, 178 ff.

dürften künftig aber auch unter dem Gesichtspunkt der Ehegatteninnengesellschaft[247] eine Rolle spielen, soweit es sich nicht um die Übertragung des Familienheims, sondern um Vermögensbildung handelt.[248]

Wenn Ehegatten eine solche Zuwendung tätigen, um beim nicht haftenden Ehegatten Vermögen zu bilden, so wollen sie sich doch i.d.R. zugleich davor schützen, dass im Scheidungsfall oder bei Vermögensverfall des bedachten Ehegatten für sie die Zuwendung verloren geht. Aus diesem Grund wird zumeist ein **Rückforderungsrecht** vereinbart.[249] Eine solche »**Scheidungsklausel**« wurde bereits vorgestellt.[250]

162 Der BGH hat hierzu entschieden, dass eine solche Rückforderungsklausel, wenn sie in einer Gesamtabrede mit einer Grundstücksübertragung zwar verabredet war, aber nicht formgerecht beurkundet wurde, schon durch Eintragung des Rückübertragungsverpflichteten in das Grundbuch geheilt werde und nicht erst durch die Durchführung der Rückübertragung.[251] Das OLG München sieht in der Aufhebung eines solchen Rückforderungsrechtes vor Eintritt der Bedingung keine Schenkung.[252]

163 Vor der Verwendung solcher Klauseln bedarf jedoch die Frage einer näheren Erörterung, ob die genannten Rückerwerbs- oder Erwerbsrechte nicht ebenso wie der Ausgleichsanspruch bei einer Ehegatteninnengesellschaft der **Pfändbarkeit** bzw. **die Übertragung oder Geldzuwendung der Anfechtbarkeit** unterliegen.

b) Anfechtbarkeit

164 Die Übertragung von Vermögensgütern zur haftungsmäßig günstigen Vermögensverteilung kann der **Vorsatzanfechtung**[253] nach § 3 Abs. 1 Satz 1 AnfG[254] unterliegen mit der Folge **10-jähriger Anfechtbarkeit**. Es ist daher davon auszugehen, dass man vorhandenen Gläubigern durch eine unbenannte Zuwendung aus Haftungsgründen den Zugriff im Wege der Anfechtung nicht wird entziehen können.[255]

165 Umstritten ist, ob dies nur gilt, wenn bei der Zuwendung bereits Gläubiger vorhanden waren,[256] oder ob dies auch für künftig erst hinzutretende Gläubiger ein Anfechtungsrecht begründet.[257] Lotter[258] hat gut begründet, warum die Neufassung des Anfechtungsgesetzes künftige Schuldner von der Anfechtung ausschließt. Nachdem hierzu lange keine gefestigte Rechtsprechung vorlag und die Ansicht, dass auch künftigen Gläubigern ein Anfechtungsrecht zusteht, zunehmend Anhänger fand,[259] hat der **BGH** nun entscheiden, dass eine **Vorsatzanfechtung nicht ausgeschlossen** ist, weil der

---

247 Dazu grundlegend BGH, DNotZ 2000, 514 ff.
248 Vgl. die genaue Fallschilderung des BGH-Urteils und die Kritik daran bei Jaeger, in: FS für Henrich, S. 2000, 323 ff.
249 Langenfeld, ZEV 2000, 391 ff., 393.
250 Rdn. 145 ff.
251 BGH, RNotZ 2010, 133.
252 OLG München, MittBayNot 2018, 27.
253 Zur Entwicklung der neueren Rechtsprechung im Bereich der Vorsatzanfechtung: Gehrlein, DB 2013, 2848 f.
254 So Lotter, MittBayNot 1998, 422 ff.; in einer Insolvenzsituation wären entsprechend die Vorschriften der InsO über die Anfechtung heranzuziehen, §§ 129 ff. InsO.
255 Vgl. etwa die Kommentierungen bei Huber, § 4 Rn. 35 unter Berufung auf BGH, NJW 1978, 1326 und BGH, NJW 1999, 1033; Jaeger, § 29 Rn. 50; MünchKomm-InsO/Kayser, § 134 Rn. 36; OLG Hamm, ZIP 1992, 1755; OLG München, NJW-RR 1998, 1144.
256 So Lotter, MittBayNot 1998, 422 ff. 4 Rn. 33.
257 Ablehnend, kein Anfechtungsrecht künftiger Gläubiger: Huber, § 4 Rn. 33 unter Berufung auch auf den Autor.
258 Lotter, MittBayNot 1998, 422 ff.
259 Schumacher-Hey, RNotZ 2004, 543, 544; Reul, DAI-Skript Insolvenzrecht in der Kautelarpraxis, 2004, 222.

Schuldner zum Zeitpunkt der angefochtenen Rechtshandlung noch keine Gläubiger hatte.[260] Dem schließen sich die Instanzgerichte an.[261] Auf jeden Fall sollte jegliche Formulierung vermieden werden, die eine Übertragung »zum Zwecke der Haftungsbegrenzung«[262] durchführt.

Sofern die Vorsatzanfechtung nicht greift, bleibt die Anfechtung unentgeltlicher Zuwendungen nach § 4 Abs. 1 AnfG,[263] für die eine **4-jährige Frist** gilt, oder bei ausnahmsweise gegebener Entgeltlichkeit die Anfechtung nach § 3 Abs. 2 AnfG mit einer Frist von zwei Jahren. Hingewiesen sei an dieser Stelle noch auf die **erweiterten Anfechtungsmöglichkeiten nach §§ 129 ff. InsO** sogar gegen Einzelrechtsnachfolger.[264] In diesem Zusammenhang wird die unbenannte Zuwendung unter Ehegatten von der ganz überwiegenden Ansicht anfechtungsrechtlich als unentgeltlich angesehen.[265]

Anders hingegen bei der Güterstandsbeendigung und der Übertragung von Vermögensgegenständen zum Zugewinnausgleich.[266] Diese Übertragung wird als entgeltlich betrachtet, sodass eine Anfechtung hier nur i.R.d. § 3 Abs. 2 AnfG in Betracht kommt. Neben der für die Ehegatten günstigeren Zwei-Jahres-Frist erfordert die Anfechtbarkeit nach dieser Bestimmung ferner eine unmittelbare Gläubigerbenachteiligung. Zwar wurden gute Gründe vorgebracht, dass diese beim Güterstandswechsel verneint werden kann[267]. Der BGH hat jedoch eine solche unmittelbare Benachteiligung auch bei einer Scheidungsvereinbarung mit Gütertrennung angenommen und Benachteiligungsvorsatz und Kenntnis des Ehegatten widerleglich vermutet.[268] Der BGH sieht die statusbegründende Wirkung des güterrechtlichen Vertrages als anfechtungsfest an, sieht aber den Ausführungsvertrag, mit dem Vermögensgegenstände übertragen werden, als anfechtbar an. Dieser Vertrag ist entgeltlich, da er die entstandene güterrechtliche Ausgleichsforderung erfüllt.[269]

Anknüpfend an dieses Urteil hatte der BGH über die Frage der Unentgeltlichkeit zu entscheiden in einem Fall, in dem ein Grundstück übertragen wurde und im Zusammenhang damit eine Regelung über den Zugewinnausgleich getroffen wurde, ohne dass der Güterstand beendet und der Ausgleich durchgeführt wurde. Der BGH ließ dahinstehen, ob eine solche Vereinbarung überhaupt als Gegenleistung tauglich ist, wenn unsicher ist, ob der Güterstand jemals beendet wird und ob dann ein Zugewinnausgleichsanspruch besteht. Er untersuchte aber die einzelnen Klauseln und fand, dass in den konkreten Vereinbarungen auch bei Durchführung des Zugewinnausgleichs kein Vorteil für den Ehegatten zu sehen sei, der das Grundstück übertragen hatte.[270]

166

Ein neuer Aspekt ergibt sich ggf. aus einem BGH-Urteil,[271] wonach bei einem Vergleich i.d.R. keine unentgeltliche Leistung vorliegt, da eine Vermutung bestehe, dass bei einem Vergleich durch gegenseitiges Nachgeben eine ausgewogene Interessenverteilung bestehe. Dies könnte zu dem Gedanken führen, auch den Zugewinnausgleich vergleichsweise zu regeln, wenn es über den genauen Umfang Ungewissheiten gibt.

167

Für ein **Rücktrittsrecht** bei einem Kaufvertrag im Fall der Insolvenz des Käufers hat der **BGH**[272] entschieden, dass ein solches Rücktrittsrecht **nicht gläubigerbenachteiligend** ist, wenn es **von vorneherein Bestandteil des gegenseitigen Vertrages** ist. Der BGH vergleicht dies mit einem bestehenden

---

260 BGH, DNotZ 2010, 286 f. = NZI 2009, 768 m. Anm. Huber = MittBayNot 2010, 493 m. Anm. Lotter.
261 KG, ZinsO 2015, 200 Tz. 12.
262 So die Formulierung bei Schumacher-Hey, RNotZ 2004, 543, 547.
263 Hierzu FG München, EFG 2005, 1024.
264 Hierzu eingehend Schillig, MittBayNot 2002, 347 ff.
265 BGH, NJW 1999, 1033; Wälzholz, FamRB 2006, 382 m.w.N.; hierzu Rdn. 132 ff.
266 Vgl. hierzu näher Kap. 1 Rdn. 658 ff.
267 Wälzholz, FamRB 2006, 380, 383.
268 BGH, WM 2010, 1659 ff.; näher hierzu Rdn. 138.
269 Gegen die Annahme einer unmittelbaren Gläubigerbenachteiligung Klühs, NZI 2010, 921 f.
270 BGH, NJW 2012, 1217.
271 BGH, ZIP 2006, 2391 ff.
272 BGH vom 12.10.2017 – IX ZR 288/14, RNotZ 2018, 100 = NJW-RR 2018, 48.

Aussonderungsrecht, bei dem die Sache schuldnerfremd bleibe. Wird hingegen die Klausel erst **nachträglich vereinbart** ist sie **gläubigerbenachteiligend**. Als **gläubigerbenachteiligend** ist es **auch** anzusehen, wenn der Verkäufer **unentgeltlich** zurücktreten kann, ohne dass er den Kaufpreis und die daraus gezogenen Nutzungen sowie die vom Käufer getätigten Verwendungen ersetzen muss, denn diese Ansprüche seien in §§ 346 und 347 BGB bereits im gegenseitigen Vertrag angelegt. Das gelte auch dann, wenn sich das Rücktrittsrecht auf andere Gründe als die Insolvenz erstrecke. Die Anfechtung führt dann nach Auffassung des BGH nicht dazu, dass die Rückübertragungsverpflichtung entfällt. Es wird vielmehr nur der **Unentgeltlichkeitsklausel die Wirkung versagt**. Vielmehr kann der Insolvenzverwalter verlangen, dass die Masse so gestellt wird, als stünden ihr die gesetzlichen Ansprüche zu.[273]

Eine ähnliche Wertung wird auch für das **Rückübertragungsrecht** bei der **ehebedingten Zuwendung** gelten müssen. Hier gibt es keinen Kaufpreis, aber Schuldentilgung und Verwendungsersatz sollten geregelt sein.

168 Im Rahmen einer Anfechtung ist immer entscheidend, wann eine Zuwendung vorgenommen ist. Für Lebensversicherungen mit einem unwiderruflichen Bezugsrecht des Ehegatten hat der BGH entschieden, dass die Zuwendung regelmäßig bereits mit der Benennung des Bezugsberechtigten vorgenommen ist.[274] Für die Verfügung über ein Grundstück hat der BGH entscheiden, dass sie als vorgenommen gilt, wenn der Käufer die Eintragung einer für ihn bewilligten Auflassungsvormerkung beantragt hat, die Bewilligungserklärung für ihn bindend geworden und der vorgemerkte Anspruch entstanden ist, und zwar auch ohne Auflassung.[275]

c) Pfändbarkeit – früherer Meinungsstand

169 Wenn dem Ehegatten zusätzlich noch ein **Rückerwerbsrecht oder ein Erwerbsrecht** eingeräumt wurde, dann fragt sich, ob diese Rechte[276] der **Pfändung** – dann auch durch künftige Gläubiger – unterliegen.

Die Lösung dieses Problems ist im Spannungsfeld der §§ 399, 400, 528, 530 BGB und §§ 851, 852, 857 ZPO zu suchen.

170 Hierzu gab es neben einigen literarischen **Äußerungen**[277] zunächst nur ein Urteil des **OLG Bamberg**[278] aus dem Jahr 1992. In diesem Urteil wurde entschieden, dass trotz der Formulierung mit der Potestativbedingung ähnlich dem nachfolgenden Formulierungsvorschlag eine Pfändung der Forderung möglich sei mit der Folge, dass der Pfändungsgläubiger die Potestativbedingung selbst auslösen und die Rückforderung verlangen könne; dies entgegen dem ausdrücklichen Vortrag der beklagten Partei, der Rückforderungsanspruch sei als persönliches Recht nicht pfändbar.

171 Ferner wurde zu diesem Problemkreis **bisher** eine Entscheidung des **BGH**[279] nach der vollstreckungsrechtlichen Literatur, insb. nach Stöber, als einschlägig für diesen Problemkreis angesehen.[280] Danach sollte entscheidend sein, ob die Rückübertragungsklausel eine automatisch wirkende Verpflichtung

---

273 Zu dem Thema vgl. auch Gutachten DNotI-Report 2017, 57 ff.
274 BGH, DB 2012, 2741; zur Gläubigerbenachteiligung bei Änderung einer unwiderruflichen in eine widerrufliche Bezugsberechtigung BGH, DB 2012, 570.
275 BGH, DNotZ 2010, 294; hierzu Reul, MittBayNot 2010, 363 f.
276 Zur Pfändbarkeit beim Nießbrauch, wenn der Nießbraucher das Objekt selbst bewohnt vgl. BGH, FamRZ 2006, 550.
277 Brambring, in: FS für Rolland, S. 29, 42; Ellenbeck, MittRhNotK 1997, 41, 53; Langenfeld, 5. Aufl., Rn. 1179 ff.; J. Mayer, 2. Aufl., Rn. 139 ff.; Schippers, MittRhNotK 1998, 69 ff.; Stöber, 13. Aufl., Rn. 325, in der 15. Aufl., Rn. 2054 ff.
278 OLG Bamberg, 25.05.1992 – 4 U 111/91, auf Nachfrage laut Gericht n.v.
279 BGHZ 130, 314 ff.
280 Stöber, 13. Aufl., Rn. 325.

zur Rückübertragung vorsieht, die unmittelbar bereits durch den Rückübertragungsgrund (z.B. Scheidungsantrag) ausgelöst wird. In einem solchen Fall sei der Anspruch pfändbar.

Begründet aber die Rückübertragungsklausel nur ein Rückforderungsrecht, dann **entsteht die Rückübertragungspflicht erst mit der Geltendmachung** durch den zuwendenden Ehegatten.[281] Diese Willensäußerung soll der Gläubiger dann nicht für den Schuldner abgeben können.[282] Als höchstpersönliches Recht wäre das Rückforderungsrecht in diesem Fall nicht pfändbar.[283]

172

Pfändbar ist hingegen auch nach dieser Auffassung der **künftige Anspruch**. Dies schafft dem Gläubiger Schutz vor Zwischenverfügungen, aber keinen unmittelbaren Zugriff, wenn nicht der zuwendende Ehegatte sein Rückforderungsrecht ausübt,[284] denn bei der Pfändung künftiger Ansprüche soll das Pfandrecht erst mit dem Entstehen des Anspruchs entstehen.[285] Allerdings gibt J. Mayer zu bedenken, dass die Pfändung des künftigen Anspruchs über § 401 BGB bereits bei der Vormerkung eingetragen werden könne und damit zu einer Verfügungsblockade führt, wenn nicht Rangvorbehalte eingetragen waren.[286]

173

d) Urteil des BGH vom 20.02.2003

Im Jahr 2003 hat aber der IX. Zivilsenat des BGH ein Urteil erlassen, das die **Vertragspraxis zur Vorsicht mahnt**.[287] Im Fall des IX. Zivilsenates hatten Ehegatten in einem notariellen Ehe- und Übergabevertrag Betriebsvermögen aus dem Zugewinnausgleich ausgeschlossen.[288] Ferner hatte der Ehemann das private Wohnhaus der Eheleute auf die Ehefrau übertragen und dabei für sich einen Nießbrauch vorbehalten. Im Vertrag wurde ihm das Recht eingeräumt, »jederzeit von ihr oder ihren Rechtsnachfolgern ohne Angabe von Gründen die Rückübertragung und Rückauflassung des hier überlassenen Grundbesitzes zu verlangen«.

174

Ein Gläubiger des Ehemannes pfändete später das Recht des Ehemannes »auf Rückübertragung und Rückauflassung [...] (Recht des Schuldners, jederzeit von der Drittschuldnerin oder ihren Rechtsnachfolgern ohne Angabe von Gründen die Rückübertragung und Rückauflassung [...] zu verlangen)«. Der BGH hatte nun zu entscheiden, ob dieses Rückforderungsrecht der Pfändbarkeit unterliegt.

175

Der BGH, der in seiner Entscheidung übrigens das bisher in der Literatur für entscheidungserheblich gehaltene Urteil im 130. Band[289] nicht zitiert, teilt zunächst die Unterscheidung in einen Rückübertragungsanspruch und ein Recht, die Rückübertragung zu verlangen. Er wertet dieses Verlangen als Gestaltungsrecht oder als aufschiebende Bedingung.

176

---

281 A.A.J. Mayer, 2. Aufl., Rn. 266 f.: Nicht das Gestaltungsrecht kann entscheidend sein, sondern nur die besondere Zweckbindung.
282 Stöber, 13. Aufl., Rn. 325.
283 Vgl. Stöber, 13. Aufl. Rn. 325; Brambring, in: FS für Rolland, S. 29, 42; MünchKomm-ZPO/Smid, § 851 Rn. 5. Dafür, dass dies wirklich schon aus dem BGH-Urteil (BGHZ 130, 314 ff.) gefolgert werden kann, spricht vieles. Allerdings nimmt der BGH zu unserem Themenkreis nur sehr kurz Stellung und bezeichnet u.a. den Rückforderungsanspruch als mehrfach bedingt und ungewiss (322). Der BGH weist andererseits aber auch darauf hin, dass der durch Vormerkung gesicherte Rückübertragungsanspruch der Anfechtung gegen den Rechtsnachfolger unterliegt. § 15 AnfG greift auch dann ein, wenn der Schuldner selbst wiederum (teilweiser) Rechtsnachfolger ist. Gegen Höchstpersönlichkeit: MünchKomm-InsO/Kayser, § 129 Rn. 89.
284 Langenfeld, ZEV 2000, 391, 395.
285 BGH, NJW 2003, 2171; BGH, NJW 2004, 1444; BFH, BStBl. 2005 II, S. 543 f.
286 J. Mayer/Geck, § 13, Rn. 158; zu dieser Eintragungsmöglichkeit auch BayObLG, RPfleger 1985, 58; BayObLG, DNotZ 1997, 337, 338; Schöner/Stöber, Rn. 1598; Stöber, Rn. 2048.
287 BGH, FamRZ 2003, 858; hierzu C. Münch, ZFE 2003, 269 f.
288 Zu zeitgemäßen Formen solcher Modifikation vgl. C. Münch, NotBZ 2003, 125 ff.
289 BGHZ 130, 314 ff.

177 Aus dieser Unterscheidung ergibt sich, dass auch die Pfändbarkeit getrennt zu beurteilen ist, dass also der Rückübertragungsanspruch und das Recht, die Rückübertragung zu verlangen, jeweils für sich gepfändet werden müssen. Dies war laut Sachverhalt jedoch nach Ansicht des BGH geschehen.[290]

178 Sodann führt der **BGH** aus, die **Pfändbarkeit solcher Gestaltungsrechte** sei noch **nicht abschließend geklärt**. Unpfändbar sind akzessorische Gestaltungsrechte. Bei nicht akzessorischen Gestaltungsrechten aber sei die Entscheidung über die Pfändbarkeit im Einzelfall zu treffen.

179 Im vorliegenden Fall war für den BGH entscheidend, dass der zuwendende Ehegatte sich des Grundbesitzes nicht vollständig oder zumindest nicht endgültig entäußert hatte. Dies begründete er einmal mit dem Nießbrauchsvorbehalt, v.a. aber mit dem Recht der Rückforderung auf jederzeitiges Verlangen. Da somit das Rückforderungsrecht nicht von bestimmten Umständen abhing, insb. nicht von einer Scheidung der Ehe, habe das **Rückforderungsrecht Vermögenswert** und sei nicht durch familiäre Erwägungen eingeschränkt. Es sei einem Wiederkaufsrecht ähnlich und in vollem Umfang pfändbar. Letztendlich begründet der BGH seine Entscheidung mit Blick auf das Ergebnis. Es sei untragbar, wenn Ehegatten dem Zuwendenden ein in seinem freien Belieben stehendes Rückforderungsrecht vorbehalten und damit den zugewendeten Gegenstand der Pfändung vonseiten der Gläubiger beider Ehegatten entziehen könnten.

180 Beim **freien Rückforderungsrecht lehnt der BGH schon die Einordnung als unbenannte oder ehebezogene Zuwendung ab**, da die Zuwendung gerade nicht auf die Dauer der Ehe angelegt gewesen sei, sondern jederzeit habe zurückgefordert werden können.

e) Folgen für die reinen Scheidungsklauseln

181 In diesem Zusammenhang führt der BGH aus, eine analoge Anwendung des § 852 Abs. 2 ZPO, für die das OLG Frankfurt am Main als Berufungsinstanz plädiert hatte, komme »allenfalls für einen Ausgleichs- oder Rückforderungsanspruch in Betracht, der sich daraus ergibt, dass die Ehe gescheitert und damit die Geschäftsgrundlage der ehebezogenen Zuwendung entfallen ist. In diesem Fall soll ein Gläubiger nicht in die den Ehegatten vorbehaltene, letztlich auf Billigkeitsgesichtspunkten beruhende Vermögensauseinandersetzung zwischen ihnen eingreifen und sie gegen den Willen des Berechtigten erzwingen können.«

▶ Hinweis:

182 Die Rechtsauffassung des BGH zur Pfändbarkeit von Rückforderungsrechten wird strenger. Allein die vertragliche Formulierung als Gestaltungsrecht oder Potestativbedingung vermag die Pfändbarkeit nicht zu verhindern, jedenfalls dann, wenn sich ein Ehepartner die jederzeitige Rückforderung vorbehalten hat.

183 Aus diesen Ausführungen, die allerdings das Urteil **nicht tragen**, lässt sich die Ansicht des **BGH** herauslesen, dass jedenfalls das Gestaltungsrecht, **bei Scheidung** der Ehe die Rückforderung verlangen zu können, nicht der Pfändbarkeit unterliegen soll, da eine **familienrechtliche Überlagerung**[291] vorliegt, welche die analoge Anwendung des § 852 Abs. 2 ZPO rechtfertigt.[292] Gleiches soll wohl für den von der Rechtsprechung auf Wegfall, jetzt Störung der Geschäftsgrundlage gestützten Anspruch auf Anpassung bzw. Ausgleich und ausnahmsweise Rückabwicklung[293] gelten. Entsprechende Überlegungen müssten dann ferner auf den Ausgleichsanspruch aus dem Bestehen einer Ehegatteninnengesellschaft übertragbar sein. Solche Überlegungen zeigen, dass es aus vollstreckungsrechtlicher Sicht durchaus zweifelhaft ist, ob die Vorgehensweise der Rechtsprechung, familienrechtliche Ansprüche

---

290 Vgl. zu einer missglückten Pfändung lediglich des Anwartschaftsrechtes OLG Hamm, DNotZ 2008, 293.
291 Zu diesem Begriff Wever, Rn. 10 f.
292 Optimistisch insoweit auch Oertel, RNotZ 2003, 393, 395.
293 Hierzu Wever, Rn. 948 ff.

in die sog. »Zweite Spur« auszulagern, sinnvoll ist, denn der Zugewinnausgleichsanspruch selbst ist durch § 852 Abs. 2 ZPO ausdrücklich geschützt.

Offen bleibt, wie sich die sonst häufig vereinbarten **Rückforderungsgründe im Fall der Veräußerung durch den Empfänger, des Todes oder der Insolvenz des Empfängers** auf die Rückforderung auswirken. Zumindest für den letzten Fall hat sich der BGH skeptisch gegenüber Konstellationen geäußert, bei denen letztlich den Gläubigern beider Ehegatten der Zugriff auf den Vermögenswert verwehrt werden soll.[294] *Krauß* schlägt daher vor, die Rückforderung und die Durchführung der Rückübertragung als aufschiebende Bedingung einer eheverträglich vereinbarten Gütertrennung zu gestalten, um eine entsprechende familienrechtliche Einbindung zu erzeugen.[295] 184

Dennoch hat der BGH die **Wirksamkeit** einer Klausel, nach der sich der Veräußerer die **Rückforderung** für den Fall der **Insolvenz** des Erwerbers vorbehält, inzwischen **bejaht**.[296] Der BGH hat schließlich einen Schenkungsvertrag mit einer solchen Rückübertragungsregelung **nicht durch Gläubiger des Erwerbers** für **anfechtbar** gehalten, da keine objektive Gläubigerbenachteiligung vorliege, wenn der Erwerber das Objekt nur zu diesen Bedingungen habe erhalten können und die Klausel objektiv erforderlich war, um den Vertragszweck – Erhalt des Grundbesitzes in der Familie – zu erreichen.[297] Dennoch sind die Ansichten unterschiedlich, ob damit die Insolvenzfestigkeit des Anspruches sichergestellt ist. Eine Anfechtungsmöglichkeit wird v.a. da gesehen, wo das Rückforderungsrecht zu einem entschädigungslosen Rückfall führt, bei dem auch eigene Investitionen des Erwerbers nicht mehr berücksichtigt werden oder bei dem eine Entschädigung gerade nur für den Fall der Insolvenz ausgeschlossen wurde[298] oder wenn das Rückforderungsrecht erst im Nachhinein vereinbart wird, nachdem der Grundbesitz zunächst ohne ein solches übertragen worden war.[299] Das hat der BGH inzwischen bestätigt.[300] 185

Eintragbar ist eine Vormerkung auch bei Vereinbarung einer Rückforderung für den Fall, dass eine »**Zwangsvollstreckung** in den Vertragsbesitz **droht**«[301] 186

Entscheidender Gesichtspunkt für den BGH, bei Scheidungsklauseln eine nur beschränkte Pfändbarkeit zu bejahen, war das Anliegen, dass Gläubiger nicht in die den **Ehegatten vorbehaltene**, letztlich auch auf Billigkeitsgründen beruhende **Vermögensauseinandersetzung** eingreifen sollen. Dieser Gesichtspunkt kann auch für die Fälle des Vorversterbens des Empfängers der Zuwendung und für den Fall des groben Undanks gelten, sodass dafür plädiert wird, auch diese Rückübertragungsgründe nur für beschränkt pfändbar zu halten.[302] 187

Schwieriger zu entscheiden ist die Frage für das **Rückforderungsrecht bei Veräußerung oder Belastung** des Grundbesitzes durch den Empfänger. Da diese Rückforderungsrechte häufig gerade aufgrund der persönlichen Verbundenheit vereinbart werden, wenn es etwa um das gemeinsame Einfamilienhaus geht, in dem die Ehegatten leben, kann man gute Gründe finden, auch hier von einer familienrechtlichen Überlagerung auszugehen. Daher ist in diesen Fällen eine Anwendung des § 852 Abs. 2 ZPO zu befürworten. 188

▶ Hinweis:

Noch offen ist, wie der BGH künftig die Pfändbarkeit in den Fällen sieht, in denen ein vertragliches Rückforderungsrecht nur für bestimmte Fallgestaltungen – etwa die Scheidung einer 189

---

294 So auch Langenfeld, 5. Aufl., Rn. 1186; Kesseler, MittBayNot 2010, 414, 415.
295 Krauß, Vermögensnachfolge, Rn. 2126 f.; dazu J. Mayer/Geck, § 13, Rn. 149: »kurios«.
296 BGH, MittBayNot 2008, 212, 213 hat ausdrücklich die Wirksamkeit einer solcher Vereinbarung bestätigt.
297 BGH, MittBayNot 2008, 312 f. = DNotZ 2008, 518 m. Anm. Amann.
298 Eine sehr gute Zusammenfassung gibt Reul, DNotZ 2008, 824 ff.
299 Vgl. den Sachverhalt von BGH, DNotZ 2008, 514 ff.
300 BGH, RNotZ 2018, 100; vgl. hierzu Rdn. 167.
301 OLG München, ZEV 2009, 308 f.
302 So auch Oertel, RNotZ 2003, 393, 395; Heinze, NotBZ 2003, 231, 232.

Ehe – vorgesehen ist. Für die reine Scheidungsklausel besteht die begründete Erwartung, dass der BGH diese nur für beschränkt pfändbar halten wird.

190 Nach diesem Urteil des BGH sind jedenfalls Klauseln, die **ein freies Rückforderungsrecht** des Zuwendenden begründen, für eine Haftungsabschirmung **nicht mehr tauglich**. Solche Klauseln sind und waren auch bisher ohnehin kaum empfehlenswert, da bei ihnen die ertragsteuerlichen Auswirkungen fraglich sind. So wird etwa der Erwerber bei der Schenkung eines Gesellschaftsanteils unter freiem Widerrufsvorbehalt nicht Mitunternehmer.[303] Schenkungsteuerlich gilt die Schenkung in einem solchen Fall zwar als ausgeführt,[304] der Freibetrag des § 13a ErbStG für Betriebsvermögen wird jedoch nicht gewährt.[305]

191 Umstritten ist auch die Auswirkung eines freien Rückforderungsrechts auf die Bestimmung des § 2325 Abs. 3 BGB, d.h. die Frage, ob bei Vorbehalt eines freien Rückforderungsrechts im Rahmen einer Schenkung an andere als Ehegatten die **Zehn-Jahres-Frist** anläuft, nach deren Ablauf der Zuwendungsgegenstand aus dem Pflichtteil ausscheidet.[306] Das **OLG Düsseldorf**[307] ist der Auffassung, dass **Rückübertragungsrechte** wegen Vorversterbens oder Insolvenz in Anlehnung an §§ 528, 530 BGB für den Fristlauf unschädlich sind, ein Rückerwerbsrecht für **Veräußerung und Belastung** ohne Zustimmung jedoch den wirtschaftlichen Wert so beim Veräußerer belässt, dass die **Frist des § 2325 Abs. 3 BGB nicht anläuft**. Da der Veräußerer die Rückgabe nicht durch eigenes Verhalten bewirken kann, sondern nur als Reaktion auf einen Verstoß des Erwerbers, ist das Urteil abzulehnen.[308]

▶ Gestaltungsempfehlung:

192 Jedenfalls bei Übertragungen wegen Haftungsgefahren sollte kein freies Rückforderungsrecht verwendet werden!

193 Wie der BGH künftig **Rückforderungsgestaltungsrechte** behandelt, die an eine **Scheidung** der Ehe und den damit verbundenen Wegfall bzw. die damit verbundene Störung der Geschäftsgrundlage anknüpfen, ist nach dem vorliegenden Urteil **unsicherer** geworden. Zwar hat der BGH bekundet, dass er dazu neigt, in diesem Fall § 852 Abs. 2 ZPO analog anzuwenden, hat aber letztlich diese Frage offengelassen (»allenfalls«).

194 *Langenfeld* wertet die Situation nunmehr so: »Die für die Vertragsgestaltung entscheidende Erwartung, dass eine reine Scheidungsklausel bei der ehebedingten Zuwendung aus Haftungsgründen als pfändungsfest angesehen wird, kann ab sofort gehegt werden, dies auch unter Haftungsgesichtspunkten.«[309]

195 Allerdings wird das Urteil des BGH auch ganz anders verstanden, nämlich so, dass der BGH damit eine analoge Anwendung des § 852 Abs. 2 ZPO verworfen und somit alle Vertragsgestaltungen zur Vermeidung der Pfändung zum Scheitern verurteilt habe.[310]

196 *Stöber* hat aufgrund der Rechtsprechung des BGH seine Ansicht geändert und ist nunmehr der Auffassung, dass das **Gestaltungsrecht** auf Verlangen der Rückübertragung als nicht akzessorisches

---

303 BFH, BStBl. 1989 II, S. 877.
304 BFH, BStBl. 1989 II, S. 1034.
305 H 13b.5 zu ErbStR (2012).
306 Hierzu BRHP/Cziupka, § 2325 Rn. 52 m.w.N.
307 OLG Düsseldorf, ZEV 2008, 525 ff.
308 So auch Herrler, ZEV 2008, 526.
309 Langenfeld, ZEV 2003, 295. Beachtenswert ist allerdings auch, dass die Überleitung nach dem früheren § 90 Abs. 1 Satz 4 BSHG die Pfändungsbeschränkungen außer Kraft setzen soll. Eine solche Überleitung soll daher auch dort möglich sein, wo Pfändbarkeit nicht gegeben ist, OLG Karlsruhe, FamRZ 2004, 410.
310 Schubert, JR 2004, 23.

Gestaltungsrecht **gepfändet** und zur Einziehung überwiesen werden könne mit der Folge, dass der **Pfändungspfandgläubiger das Gestaltungsrecht ausüben könne**.[311] Wenn das Verlangen nur bei Eintritt bestimmter weiterer Bedingungen gestellt werden könne, dann biete die Pfändung vor Eintritt der Bedingung keinen realisierbaren Vermögenswert. Sei die weitere Bedingung aber eingetreten, dann könne der Gläubiger das Gestaltungsrecht ohne Weiteres ausüben.[312]

197 Diese **Auffassung** ist **noch nicht zwingend** durch die Rechtsprechung des BGH vorgegeben, denn der BGH hat sich offengelassen, bei einem nicht akzessorischen Gestaltungsrecht im Einzelfall zu entscheiden. Das Argument, dass bei der reinen Scheidungsklausel eine familienrechtliche Überlagerung vorliege, die zur entsprechenden Anwendung des § 852 Abs. 2 ZPO führe, hat der BGH für die reine Scheidungsklausel noch nicht verworfen. Allerdings muss eine solch **gewichtige Äußerung** die Vertragsgestaltung dazu bringen, **Alternativlösungen** zu überdenken.

198 Überlegenswert erscheint auch, künftig bei Zuwendungen aus Haftungsgründen nicht mehr den **kompletten Katalog vertraglich üblicher Rückforderungsrechte** aufzunehmen, sondern sich **auf die Scheidungsklausel zu beschränken**, damit ein Gericht nicht argumentieren kann, es sei ein ganz umfassendes Rückerwerbsrecht begründet worden, das mit einem freien Rückerwerbsrecht vergleichbar ist. Allerdings verbleiben Unterschiede, ob z.B. ein Rückforderungsrecht des übertragenden Ehegatten bei Vorversterben des Empfängers vereinbart oder lediglich eine erbrechtliche Regelung getroffen war. Nach **§ 29 Abs. 1 Nr. 1 ErbStG** entfällt bei Rückforderung die Erbschaftsteuer für die Zuwendung und es entsteht keine für die Rückforderung. Ferner gelten für die Pflichtteilsberechnung Rechte nicht als erloschen, die durch Vereinigung von Gläubiger- und Schuldnerstellung (Erbe hat Rückforderungsanspruch für den Fall des Todes des Erblassers) erlöschen.[313]

f) Bedeutung der beschränkten Pfändbarkeit

199 Da der BGH die Höchstpersönlichkeit des Gestaltungsrechts nicht anerkannt hat, liegt es nahe anzunehmen, dass der BGH auch bei der reinen Scheidungsklausel nicht zu einer Unpfändbarkeit nach § 851 ZPO kommt, sondern allenfalls zur beschränkten Pfändbarkeit nach § 852 Abs. 2 ZPO.[314]

200 Um die Bedeutung der eingeschränkten Pfändbarkeit nach § 852 Abs. 2 ZPO – bzw. beim Pflichtteil nach § 852 Abs. 1 ZPO – ermessen zu können, muss man sich ein Grundlagenurteil des **BGH** wieder in Erinnerung rufen,[315] das dieser später bestätigt und weiter erläutert hat.[316]

201 Der BGH stellte fest, dass der zu pfändende Anspruch – im Urteilsfall ein Pflichtteilsanspruch – als **in seiner zwangsweisen Verwertbarkeit aufschiebend bedingter Anspruch gepfändet** werden könne. Damit erwirbt der Gläubiger mit Eintritt der Voraussetzungen des § 852 Abs. 1 bzw. 2 ZPO ein vollwertiges Pfandrecht, dessen **Rang** sich **nach der Pfändung** bestimmt, also dem frühen Zeitpunkt vor Vorliegen dieser Voraussetzungen. Der BGH empfiehlt den Gerichten, einen allgemeinverständlichen Hinweis aufzunehmen, dass die **Verwertung erst nach Erfüllung dieser Voraussetzungen** möglich ist und hält eine **Überweisung** zuvor **nicht** für möglich.[317]

202 Ob die Pfändung im Fall des § 852 Abs. 2 ZPO berechtigt, anstelle des Schuldners das Rückforderungsverlangen auszusprechen, ist noch nicht geklärt. *Stöber* scheint immerhin mittlerweile dieser Auffassung zugeneigt. Setzt sich diese Auffassung durch, kann die Pfändung nach Eintritt der Rückforderungsbedingungen auch zur erfolgreichen Verwertung führen.

---

311 Stöber, Rn. 2054b.
312 Stöber, Rn. 2054d.
313 BGH, DNotZ 1978, 487, 489; hierzu DNotI-Report 2007, 57 ff.
314 Zum Verhältnis der beiden Vorschriften vgl. BGH, DNotI-Report 2007, 4 ff.
315 BGH, NJW 1993, 2876 ff.; hierzu Greve, ZIP 1996, 699 f.
316 BGH, ZEV 2009, 247 ff. m. Anm. Musielak.
317 BGH, ZEV 2009, 247.

203 Allerdings bietet die Pfändung des aufschiebend bedingten Rechts **Schutz vor** etwaigen beeinträchtigenden **Zwischenverfügungen**. Gerade dies war der Sinn der Auslegung des BGH. Wenn schon der Gläubiger nicht zu einem sofort wirksamen Pfandrecht kommt, dann solle auch der Schuldner nicht mehr vorab über den Anspruch verfügen können. Damit führt auch die eingeschränkte Pfändung auf jeden Fall zu einer **Beschlagnahmewirkung**, mit der dem zuwendenden Ehegatten die Verfügungsmacht über den Rückforderungsanspruch entzogen ist, mit Ausnahme der Möglichkeit, ihn nicht geltend zu machen.[318]

204 Wird das Rückübertragungsrecht durch eine Vormerkung gesichert, so soll die Pfändung des aufschiebend bedingten Rechts diese nach § 401 BGB miterfassen und daher zur **Eintragung** eines entsprechenden Pfändungsvermerks **bei der Vormerkung** führen können.[319] Dies würde dann zwar noch keine Verwertbarkeit erlauben, würde aber den Grundbesitz durch diese Eintragung so blockieren, dass auch der Eigentümer an der freien Verwertung gehindert wäre. Rangrücktritte, Löschungen und Rechtsverzichte wären damit nicht möglich.[320]

205 Aus diesem Grund wird die Vormerkung als nachteilig angesehen und es wird angeregt zu prüfen, ob eine Eintragung erfolgen soll;[321] allerdings hält die Literatur dem entgegen, dass dies die Eintragung eines Pfändungsvermerks nur verzögere, denn dieser könne letztendlich auch über eine einstweilige Verfügung zur Eintragung gebracht werden[322] und sieht eine Nichteintragung sogar als »töricht« an.[323] Hier widerstreiten die Interessen des zuwendenden Ehegatten, sich einerseits vor Verfügungen seines Ehegatten effektiv zu schützen, mit dem Wunsch, einem Gläubiger keinen Ansatzpunkt zur Blockade des zugewendeten Grundbesitzes zu geben. Vergegenwärtigt man sich die Beschlagnahmewirkung auch der eingeschränkten Pfändung, so muss eigentlich dieser Ratschlag sogar noch erweitert werden. Wenn damit eine Verfügung des zuwendenden Ehegatten über das Rückforderungsrecht und damit auch über den Grundbesitz nicht mehr möglich ist, dann muss man **wenigstens** eine solche **Verfügung durch den Zuwendungsempfänger erlauben**, denn die aus der Pfändung des Rückforderungsrechts folgende Beschlagnahme verhindert nicht, dass derjenige Ehegatte, der Eigentümer des Grundbesitzes ist, über diesen verfügt.[324] Eine solche Verfügung – sei es Veräußerung oder Belastung – würde aber durch ein zusätzliches Veräußerungs- und Belastungsverbot einschließlich der durch Vormerkung gesicherten Rückforderungssanktion verhindert.

206 Die Rückübertragungsvormerkung, die für einen Rückübertragungsgrund eingetragen wurde, kann durch bloße Bewilligung sozusagen »aufgeladen«, d.h. auf weitere Rückübertragungsgründe erstreckt werden. Der Rang dieser Ansprüche bemisst sich allerdings dann nicht nach dem Eintragungsdatum der Vormerkung, sondern der Bewilligung ihrer Erweiterung.[325] Inzwischen hat der BGH die Voraussetzungen für das Aufladen einer Vormerkung im Allgemeinen freilich strenger gefasst und fordert eine Kongruenz von Anspruch, Eintragung und Bewilligung[326] hinsichtlich des Rückforderungsrechtes – nicht des nicht eingetragenen Schuldgrundes. Um Schwierigkeiten bei der späteren Löschung

---

318 BGH, NJW 1993, 2876 ff.; Kuchinke, NJW 1994, 1769, 1771; weitergehend Berringer, DNotZ 2004, 245, 256: Auch die Aufgabe des Rückforderungsrechts sei anfechtungsfrei möglich; einschränkender Stöber, Rn. 2054d: Auch Gläubiger könne Gestaltungsrecht nach Eintritt der Bedingung ausüben.
319 J. Mayer/Geck, § 13 Rn. 158; Langenfeld, 5. Aufl., Rn. 1187; allgemein zur Eintragung bei der Vormerkung Schöner/Stöber, Rn. 1596 ff.; BayObLG, RPfleger 1985, 58 ff.
320 Krauß, Vermögensnachfolge, Rn. 2130.
321 Oertel, RNotZ 2003, 393, 394.
322 Berringer, DNotZ 2004, 245, 252; Langenfeld, 5. Aufl., Rn. 1189.
323 Krauß, Vermögensnachfolge, Rn. 2132.
324 Nach Stöber, Rn. 2036 f., 2043a und Schöner/Stöber, Rn. 1564 schränkt die Pfändung des Rückübertragungsanspruchs die Befugnis des Eigentümers zur Verfügung über sein Grundstück nicht ein. Allerdings schließt sich eine Folgeproblematik an mit der Frage nach Schadensersatzansprüchen, wenn anderen bestehenden Rückübertragungspflichten zuwidergehandelt wurde.
325 BGH, MittBayNot 2008, 212 ff. m. Anm. Demharter.
326 BGH, MittBayNot 2013, 37; BGH, FamRZ 2013, 1038 = MittBayNot 2013, 476.

einer Auflassungsvormerkung zu vermeiden, kann diese **auf den Tod des Berechtigten auflösend befristet** bestellt werden.[327]

Noch eine Folgewirkung dieser Auslegung des § 852 Abs. 2 ZPO sei angesprochen, die im Mittelpunkt der Entscheidung des BGH[328] stand. Dadurch, dass der Anspruch auch vor Eintritt der Voraussetzungen des § 852 Abs. 2 ZPO pfändbar ist, sind **Verfügungen über diesen Anspruch**, die **vor der Pfändung** getroffen wurden, **anfechtbar** nach dem Anfechtungsgesetz bzw. der InsO.[329]

g) Belehrung und Ausweichgestaltung

Auch wenn danach der Rückforderungsanspruch im Scheidungsfall nach wie vor für nur beschränkt pfändbar gehalten werden kann, so sollte doch der **vorsichtige Vertragsgestalter** mit den Mandanten auch über die abweichenden Ansichten und mögliche **Gefahren bei einer Rechtsprechungsänderung oder -präzisierung** sprechen, da die Rückforderungsklauseln noch nach langen Jahren ihre Wirksamkeit entfalten müssen. Nur der Mandant, der auf etwa noch bestehende Risiken hingewiesen wurde, kann sich entscheiden, diese für sich in Kauf zu nehmen oder auf andere Gestaltungswege auszuweichen oder sich für ein anderes Risiko – etwa das einer Ehescheidung ohne Rückforderungsrecht – zu entscheiden.

▶ Hinweis:
Belehrt werden sollte auf jeden Fall über die Rechtsprechung des BGH zur Pfändbarkeit von Rückforderungsrechten!

Sofern unter diesen Umständen die Beteiligten die Vereinbarung von Rückforderungsrechten nicht wünschen, sind **Ausweichgestaltungen** zu überlegen.

Als solche wird etwa eine Vereinbarung dergestalt genannt, dass das Rückforderungsrecht **unter der auflösenden Bedingung** steht, dass es ersatzlos erlischt, wenn es **gepfändet** wird **oder** über das Vermögen des Rückerwerbsberechtigten das **Insolvenzverfahren** eröffnet wird. Ob allerdings eine solche Klausel wirksam ist, bleibt aber gleichfalls umstritten.[330] Eine ältere Rechtsprechung billigt sie.[331] Der BGH ließ die Gültigkeit haftungsvereitelnder Bedingungen ausdrücklich offen.[332] Er hatte ferner zunächst offengelassen, ob eine Lösungsklausel für den Insolvenzfall nach § 119 InsO unwirksam ist.[333] Nunmehr aber hat der **BGH Lösungsklauseln** in Verträgen über die fortlaufende Lieferung von Waren oder Energie, die an den Insolvenzantrag anknüpfen, **für unwirksam erklärt**, weil sie im Voraus das Wahlrecht des Insolvenzverwalters nach § 103 InsO ausschließen, obwohl § 105 InsO gerade für Verträge über die fortdauernde Lieferung von Waren der Energie dem Insolvenzverwalter ermöglichen will, diese fortzusetzen.[334] Davon hat sich der BGH in einer späteren Entscheidung über einen Bauvertrag abgegrenzt und dort die Lösungsklausel für wirksam gehalten, weil der Auftraggeber hier ein gesteigertes Interesse habe, sich frühzeitig vom Vertrag zu lösen und dieses die Inter-

---

327 Hegen, RNotZ 2011, 329 f; Everts, ZfIR 2012, 590, 592, DNotI-Gutachten 122479.
328 BGH, NJW 1993, 2876 f.
329 Nur angedeutet werden kann hier die eingangs kurz angesprochene Situation, dass angesichts der immer weitergehenden Tendenz, schuldrechtliche Ansprüche neben den familienrechtlichen zu sehen, Vorsicht geboten ist, dass die ehebedingte Zuwendung nicht als Treuhandgeschäft eingestuft wird, das dem Auftragsrecht unterliegt. Hieraus könnte drohen, dass mit der Scheidung auch ohne gestaltende Rückforderung ein Anspruch nach § 667 BGB bejaht wird.
330 J. Mayer/Geck, § 13, Rn. 145 m.w.N.; ablehnend Koch/J. Mayer, ZEV 2007, 55, 58 f.
331 KG, KGJ 40, 232 und RG, HRR 1932, Nr. 562.
332 BGH, MittBayNot 2004, 54, 56.
333 BGH, BB 2006, 235 ff.; hierzu Kesseler, ZNotP 2006, 94, 96; Reul, DNotZ 2007, 649 ff.
334 BGH, NJW 2013, 1159 nach Römermann, NJW 2013, 1162, gilt dies auch für zahlreiche andere Branchen, sodass ein Großteil der wirtschaftsrechtlichen Verträge in Deutschland teilweise nichtig sei. Knof, DB 2013, 1769, sieht zwar eine Ausstrahlung auf andere Branchen, aber auch die Möglichkeit verbleibender Insolvenzfestigkeit von Lösungsklauseln.

essen der Insolvenzgläubiger überwiege.³³⁵ Jedenfalls liegt nach BGH³³⁶ eine solche Lösungsklausel dann nicht vor, wenn die Vertragsgestaltung nicht ausdrücklich an die Insolvenz anknüpft, sondern eine Lösung von allgemeinen Voraussetzungen abhängig macht, die eben auch bei der Insolvenz vorliegen können. Es soll aber ausdrücklich unschädlich sein, wenn die Lösung vom Willen des Berechtigten abhängt (etwa durch Kündigung). Die Literatur hält solche auflösenden Bedingungen teils für wirksam,³³⁷ teils lehnt sie die Wirksamkeit ab, da die Klausel dem Prinzip der Gesamtvermögenshaftung widerspreche und Bedenken vor allem unter dem Gesichtspunkt der Gläubigerbenachteiligung³³⁸ und mit Rücksicht auf § 119 InsO³³⁹ bestünden, teils wird eine Differenzierung nach Vertragstypen befürwortet.³⁴⁰

212 Aus einem Gutachten des DNotI ergibt sich, dass nach dortiger Einschätzung die Insolvenz als Grund für einen Rückerwerbsanspruch weiterhin vereinbart werden kann, da dies keinen Fall des § 103 InsO darstelle, zumal der Vertrag erfüllt sei, woran das bedingte Rückerwerbsrecht nichts ändere.³⁴¹

213 Eingehend hat sich *Huber* mit der Auswirkung des Urteils befasst.³⁴² Er hält das Urteil nicht für verallgemeinerungsfähig. Insbesondere treffe es nicht die Fälle der Lösungsklauseln aus der notariellen Praxis.³⁴³ Letztlich sei aber die Ansicht des BGH kaum abschätzbar, sodass er zu einer intensiven Belehrung über die mögliche Unwirksamkeit rät.

214 *Kanzleiter/Wegmann*³⁴⁴ schlagen vor, das Rückforderungsrecht so zu gestalten, dass der Zuwendungsempfänger, wenn das Rückforderungsrecht ausgelöst ist, nach seiner Wahl das Recht hat, den Zuwendungsgegenstand an den Zuwendenden **oder** auch an die gemeinschaftlichen Kinder ggf. unter Einräumung eines höchstpersönlichen Nutzungsrechts für den Zuwendenden zu übertragen. Dann könne der Anspruch nur in dieser Gestalt gepfändet werden, sodass die Leistung an die Kinder möglich bliebe.³⁴⁵ Auch diese Lösung wird aber als noch ungesichert kritisiert,³⁴⁶ da die dogmatischen Grundlagen dieser Gestaltung zu wenig aufgearbeitet seien. Nach Stöber³⁴⁷ kann bei einer Wahlschuld der Gläubiger alle wahlweise geschuldeten Leistungen pfänden und sich zur Einziehung oder an Zahlungs statt überweisen lassen und dann die dem Schuldner zustehende Wahl treffen, außer bei Unpfändbarkeit einer Leistung. Auf jeden Fall bleibt das Problem der Anfechtbarkeit der Übertragung auf die Kinder.³⁴⁸

215 In Betracht kommt ferner die Begründung eines **Erwerbsanspruchs zugunsten der Kinder** anstelle eines Rückforderungsrechts des Zuwendenden bei gleichzeitiger Bestellung eines Nutzungsrechts für den Zuwendenden. Fraglich ist hier, ob diese Lösung dem Willen der Vertragsteile entspricht.

216 Hierbei ist auf die Formulierung zu achten, wie eine Entscheidung des BGH³⁴⁹ zu einem solchen Fall deutlich macht. Hier konnte die Mutter die Übertragung auf die Kinder verlangen. Die Eltern hatten sich aber Abänderung ohne Zustimmung der Kinder vorbehalten und das unmittelbare For-

---

335 BGH, DB 2016, 1187.
336 BGH, BB 2006, 235 ff.
337 Mümmler, JurBüro 1978, 1762 f.
338 So auch Langenfeld, 5. Aufl., Rn. 1190; Stöber, Rn. 20; Reul, DNotZ 2010, 902, 906; Beringer, DNotZ 2004, 245, 251, 252.
339 So Tintelnot in Kübler/Prütting/Bork, InsO, § 119 Rn. 22 ff.
340 Piekenbrock, ZIP 2018, 1 ff.
341 DNotI-Gutachten Nr. 126920 vom 15.10.2013; Krauß Vermögensnachfolge, Rn. 2253 f.
342 MünchKomm-Inso, § 119, Rn. 30 ff.
343 MünchKomm-InsO, § 119, Rn. 37c.
344 Kanzleiter/Wegmann, Rn. 512.
345 Kanzleiter/Wegmann, Rn. 512.
346 J. Mayer/Geck, § 13 Rn. 152 ff.
347 Stöber, Rn. 32.
348 J-Mayer/Geck, § 13 Rn. 152.
349 BGH, DNotZ 2007, 829 f. m. Anm. Amann = FamRZ 2007, 1092 f.

derungsrecht der Kinder erst für die Zeit nach Ableben der Mutter begründet. Eine **Vormerkung war nur zugunsten der Kinder eingetragen** worden. Der **BGH** hat hierzu entschieden, es handele sich erst um einen **künftigen Anspruch der Kinder**. Der Anspruch der Mutter selbst war nicht vorgemerkt. Daher mussten sich die Kinder eine zwischenzeitlich eingetragene Hypothek entgegenhalten lassen. *Amann* gibt hierzu den Rat, jeden Anspruch durch Vormerkung zu sichern, also sowohl den des Versprechensempfängers als auch den des Dritten.[350] Wenn die Kinder noch minderjährig sind und eine Abänderung in Betracht kommt, würde man jedenfalls den Anspruch der Mutter auf Übertragung an die Kinder vormerken.

Zu denken ist auch an einen Vorschlag von Bergschneider,[351] die **Ausgleichsquote der Eheleute unterschiedlich** zu gestalten und demjenigen Ehegatten, welcher die Zuwendung ausgeführt hat, eine höhere Ausgleichsquote zu geben als dem anderen. Ergänzend müssten dann etwaige weitere Ansprüche, etwa aus Störung der Geschäftsgrundlage, ausgeschlossen werden. Auf diese Weise erhält der zuwendende Ehegatte über seine Zugewinnausgleichsforderung Vermögen zurück, allerdings nicht gegenständlich das jeweils übertragene Anwesen. Für diesen Zugewinnausgleichsanspruch gilt die beschränkte Pfändbarkeit des § 852 Abs. 2 ZPO. 217

Koch/J. Mayer bringen eine sog. »**Verschweigenslösung**« in die Diskussion ein. Danach soll vertraglich vereinbart sein, dass bei Schweigen des Schuldners auf die Nachfrage, ob er auf seinem Recht bestehe, dieses ersatzlos erlischt, wenn er nicht binnen einer bestimmten Frist ausdrücklich erklärt, daran festhalten zu wollen. Dieser Vorschlag wird mit weiterer Formalisierung bei der Einschaltung des Notars ergänzt, um die beweissichere Löschung der Auflassungsvormerkung im Grundbuch zu erreichen.[352] Ob allerdings wirklich das »vertragliche Schweigen« anfechtungsrechtlich so viel anders zu beurteilen ist als die als anfechtbar angesehene Aufgabe des Rechts durch den Schuldner, mag bezweifelt werden, denn welcher Gehalt soll dem Schweigen zukommen, wenn nicht ein einer Willenserklärung vergleichbarer.[353] Zudem bestehen für den Notar, der aufgrund solcher Konstruktion Vormerkungen löscht, ganz erhebliche Zweifel und Haftungsgefahren. Was etwa, wenn der Schweigende geschäftsunfähig ist oder auch nur sein könnte?[354] 218

Das OLG München[355] hat inzwischen geurteilt, dass ein **Vormerkungsberechtigter**, der sich in **Insolvenz** befindet, die **Löschung der Vormerkung weder bewilligen noch beantragen kann**, auch wenn die Übertragung mit Rücksicht auf eine familiäre Verbundenheit stattgefunden hat. Dies dürfte auch einer Löschung nach Verschweigen entgegenstehen. Die Rechtslage ist insofern noch umstritten. Es gibt auch nach dem Urteil des OLG München Stimmen, die einen Verzicht weiterhin für möglich halten.[356] 219

Überlegenswert wäre ferner, ob nicht anstelle des vertraglichen Rückforderungsrechts ein **unwiderrufliches Angebot** des Empfänger-Ehegatten abgegeben werden sollte, das der zuwendende Ehegatte annehmen kann, wenn die Ehe geschieden wird. 220

Die Rechtsstellung eines Angebotsempfängers, insb. die Frage, ob ein lediglich vorhandenes Angebot bereits einen Zugriff im Wege der Pfändung erlaubt, wird erstaunlicherweise kaum bei der vollstreckungsrechtlichen Literatur kommentiert. Hinweise hierzu finden sich aber in den BGB-Kommentaren. Danach ist die **Behandlung der sog. Annahmeposition** des Angebotsempfängers 221

---

350 Amann, DNotZ 2007, 836.
351 Bergschneider, Rn. 677 f.
352 Koch/J. Mayer, ZEV 2007, 55, 60 f.; Formulierungsvorschlag bei Krauß, Vermögensnachfolge, Rn. 2136.
353 J. Mayer/Geck, § 13, Rn. 155 f. diskutieren, ob ein zur Anfechtung berechtigendes Unterlassen vorliegt und berufen sich darauf, dass auch das Unterlassen eines Erwerbs oder der Verzicht auf den Pflichtteil nicht als anfechtbar angesehen werden. Grundsätzlich steht aber nach § 129 Abs. 2 InsO das Unterlassen dem positiven Tun im Hinblick auf die Anfechtung gleich; gegen die Verschweigenslösung Reul/Heckschen, Insolvenzrecht, § 2, Rn. 279 ff.
354 Ein Formulierungsvorschlag findet sich bei Krauß, Vermögensnachfolge, Rn. 2136.
355 OLG München, ZEV 2009, 352 = MittBayNot 2010, 413.
356 Goltzsche, DNotZ 2009, 865 ff.

umstritten. Während diese früher als Gestaltungsrecht angesehen wurde – womit wir wieder bei einer Rechtsposition wären, wie sie der BGH für das vertragliche Rückforderungsrecht angenommen hat –, verneint dies die heute herrschende Ansicht.[357]

222   Ob eine solche **Annahmeposition pfändbar** ist oder im Fall einer Insolvenz Bestandteil der Insolvenzmasse ist, wird sich letztlich aber nicht an einer Einstufung als Gestaltungsrecht entscheiden, sondern an der Frage, ob die Annahmeposition **übertragbar** ist oder nicht. Wäre sie kraft Gesetzes unübertragbar, so müsste man sie auch nach § 851 Abs. 1 ZPO als unpfändbar ansehen; anders aber, wenn die Annahmeposition lediglich nach vertraglicher Absprache – bzw. Inhalt des Angebots – nicht übertragbar wäre. Hier gibt es gewichtige Stimmen, die sich generell für eine höchstpersönliche Rechtsposition aussprechen,[358] während die meisten BGB-Kommentatoren dies ohne generelle Regel nach dem jeweiligen Sinn des Angebots prüfen möchten.[359] Verträgen, bei denen die Person des Kontrahenten von Bedeutung ist, soll jedoch die Übertragbarkeit fehlen.[360]

Das hat der **BGH nunmehr ausdrücklich** bestätigt,[361] der ausführt, die Rechtsposition des Angebotsempfängers sei **nur pfändbar, wenn** sie abtretbar sei. Sei ein **Angebot** aber **nur auf einen bestimmten Empfänger hin** abgegeben, so sei dieses gerade **nicht abtretbar**. Dem Anbietenden könne nicht gegen seinen Willen ein anderer Vertragspartner aufgedrängt werden.[362] Dies wird man in unserem Sachverhalt einer Ehegattenzuwendung annehmen dürfen.[363] Aufgrund der neueren Rechtsprechung des BGH zur Unübertragbarkeit eines für bestimmte Personen gedachten Angebotes ist die Angebotslösung erheblich gestärkt.[364] Daraus wird geschlussfolgert, die **Annahmebefugnis** verbleibe hinsichtlich eines wirksamen Antrags beim Insolvenzschuldner und gehöre nicht zur Insolvenzmasse, sodass auch Ansprüche bei Annahme nicht in die Insolvenzmasse fallen. Anderes könne nur dann gelten, wenn dem Antrag durch Auslegung zu entnehmen sei, dass er sich auch an den Insolvenzverwalter richtet.[365] Das wird schon deshalb ausscheiden, weil die Insolvenz einen der Annahmegründe bildet.

Explizit **gegen** die schon 2004[366] vorgetragene **Angebotslösung** hat sich zeitlich nach der aufgezeigten Rechtsprechung des BGH das **OLG Oldenburg** gewandt.[367] Das Gericht will aus dem Angebot eine Bindung herauslesen, die es pfändbar mache. Es **erörtert aber nicht**, ob die Bindung auf bestimmte Personen begrenzt ist und es setzt insoweit das zeitlich vorher ergangene **BGH**-Urteil nicht um. Daher wird die Entscheidung des OLG Oldenburg **zu Recht kritisch gewürdigt**, denn im zugrunde liegenden Sachverhalt lagen die Kriterien des BGH für eine Bindung gerade nicht vor.[368] Die Bindung des Angebotes allein ist kein Argument, wenn dieses persönlich ausgestaltet ist.

---

357 Staudinger/Herrler, Vor §§ 145, 146 Rn. 73 und § 145 Rn. 34 jeweils m.w.N. Dort heißt es: »Von einem Gestaltungsrecht lässt sich nicht schon dann sprechen, wenn jemand ein Rechtsverhältnis zu einem anderen nur begründen kann. Vielmehr liegt ein Gestaltungsrecht nur dann vor, wenn jemand die Rechtsmacht hat, auf ein bestehendes Vertragsverhältnis verändernd einzuwirken.« Zu Gestaltungsrechten als Verfügungsgegenstand: Schürnbrand, AcP 204 (2004), 177 ff.
358 Soergel/Wolf, § 145 Rn. 19.
359 MünchKomm-BGB/Busche, § 145 Rn. 27; Palandt/Ellenberger, § 145 Rn. 5; Staudinger/Herrler (2015), Vor §§ 145, 146 Rn. 75 und § 145 Rn. 35.
360 Staudinger/Herrler (2015), Vor §§ 145, 146 Rn. 75 und § 145 Rn. 35.
361 BGH, NZI 2015, 376.
362 BGH v. 26.02.2015 IX ZR 174/13, NZI 2015, 376.
363 J. Mayer/Geck, § 13, Rn. 154: »gangbarer Weg«.
364 Thole in Kayser/Thole, § 129 InsO Rn. 27 sieht zwar die Nichtwahrnehmung von Erwerbschancen als nicht anfechtbar an, will dies aber für vollständig konkretisierte Vertragsangebote überdenken, jedoch ohne auf die Gedanken des BGH zur Richtung des Angebotes auf bestimmte Personen einzugehen.
365 So Staudinger/Herrler (2015) § 153 Rn. 16.
366 C. Münch, FamRZ 2004, 1329 ff.
367 OLG Oldenburg, NZI 2017, 325, Tz. 21.
368 Vgl. Anm. Vuia, NZI 2017, 327 f.

Im Anfechtungsrecht geht die Literatur ferner davon aus, dass die **Nichtannahme eines Angebots** **223**
keine Anfechtbarkeit begründet, selbst wenn es sich um ein Schenkungsangebot handelt. Dies wird
mit § 517 BGB begründet. Die Anfechtbarkeit wird dann deswegen abgelehnt, weil nicht pfändbare Rechte auch nicht anfechtbar seien[369] und weil die Nichtannahme eines Angebots nicht zur Verminderung des Schuldnervermögens führt, sondern lediglich dessen Mehrung verhindert. Es liegt
erst gar kein Objekt im Vermögen des Schuldners vor, das aufgegeben wird. Dies ist einer Verkürzung des Schuldnervermögens nicht gleichzustellen.[370] Die Nichtannahme eines Schenkungsangebotes wird dann behandelt wie die Erbschaftsausschlagung oder ein Pflichtteilsverzicht.[371] Dem kann
nicht entgegengehalten werden, die Nichtannahme sei hier »gemeinsam« verabredet. Das unterscheidet das Angebot gerade von einem aufschiebend bedingten Recht (Anwartschaft) oder einem
Vor- oder Wiederkaufsrecht, dessen Nichtausübung als anfechtbar angesehen wird.[372]

Damit bestehen **gute Argumente, einem einseitigen Angebot den Vorzug zu geben**, da es sich von **224**
einer pfändbaren Rechtsposition noch weiter wegbegibt als ein vertragliches Rückforderungsrecht
unter einer Wollensbedingung. Allerdings wird man auch insoweit die weitere Entwicklung abzuwarten haben.[373] Soweit argumentiert wird, trotz eines Angebots sei der daran anknüpfende künftige
Anspruch pfändbar,[374] so mag man auf Amann verweisen, der herausgearbeitet hat, dass künftige
Ansprüche bei ursprünglich bindendem Angebot nach Fristablauf oder Bedingungseintritt, mit dem
das Angebot seine Bindung verliert, ihre Vormerkungsfähigkeit verlieren und daher die Vormerkung
gelöscht werden könne.[375] Das **Angebot** kann also so ausgestaltet sein, dass es **nur innerhalb bestimmter Frist nach Eintritt eines Ereignisses angenommen** werden kann, dann könnte eine Dauersperre
auch unter dem Gesichtspunkt Pfändung künftiger Ansprüche vermeidbar sein. Auch ein erneuter
Blick in die aktuelle Literatur und Rechtsprechung zeigt keine bessere Lösung als diese bereits 2004
unterbreitete, allerdings wird zuweilen vorgeschlagen, die sichernde Vormerkung noch mit einer
auflösenden Bedingung zu versehen. Zuzugeben ist, dass die Konstruktion gebührenintensiv ist,
zumal das Angebot nunmehr nach KV Vorbem. 2.1.1. Nr. 1 des GNotKG eine 2,0 Gebühr auslöst.
Ein Wermutstropfen ist die schlechtere schenkungsteuerliche Behandlung. Mit einem neuen Vertrag
entfällt das Rückforderungsprivileg des § 29 Abs. 1 Nr. 1 ErbStG.[376]

Neuerdings wird auch vorgeschlagen, die **Vormerkung** zur Sicherung des Angebotes **auflösend**
bedingt einzutragen.[377] Als auflösende Bedingung wird eine Eigenurkunde des Notars vorgeschlagen,
dass die Bedingung eingetreten ist. Allerdings wird man sich vorsehen müssen, dass der Notar nicht
die Prüfung von Geschehnissen übernimmt, die er nicht prüfen kann.

Es bleibt zu hoffen, dass der BGH in nächster Zeit Gelegenheit erhält, die Frage der Pfändbarkeit **225**
von Rückforderungsrechten gezielt für den Scheidungsfall zu entscheiden, damit diese Klauseln
wieder auf sicherer Grundlage verwendet werden können.

---

369 Schumacher-Hey, RNotZ 2004, 543, 545.
370 Heidelberger Kommentar zur InsO/Kreft, § 129 Rn. 22; Uhlenbruck/Hirte, § 129 Rn. 121; BGH, DStR 2009, 1594, Tz. 15; VGH, NZI 2016, Tz. 7.
371 Hierzu BGH, DNotZ 2009, 862 (nicht anfechtbar; führt nicht zu Obliegenheitsverletzung in der Wohlverhaltensphase.
372 Kölner Kommentar/Mohr, § 129 Rn. 84/85.
373 Vorsichtig zustimmend Langenfeld, 5. Aufl., Rn. 1191; zustimmend auch Koch/J. Mayer, ZEV 2007, 55, 60, die allerdings einen pfändbaren künftigen Anspruch sehen wollen; Brambring, Fn. 261 hat Bedenken, ob diese Lösung die Anfechtungsfristen in Lauf setzt.
374 Koch/J. Mayer, ZEV 2007, 55, 60; die Kritik von Schlögel, MittBayNot 2009, 100, 102 übersieht, dass mit dem Angebot gerade noch kein Rechtsverhältnis zustande gekommen ist und das Angebot inhaltlich so an den Ehegatten angebunden sein kann, dass eine Übertragbarkeit nicht in Betracht kommt.
375 Amann, MittBayNot 2007, 13, 18.
376 Reul, DNotZ 2010, 902, 907; J. Mayer/Geck, § 13, Rn. 154.
377 Reul in Reul/Heckschen/Wienberg, Insolvenzrecht, § 2 Rn. 288 ff.

226 Hingewiesen sei auch hier nochmals auf die Möglichkeit der Vermögensübertragung zur Durchführung des Zugewinnausgleichs bei Beendigung dieses **Güterstandes im Rahmen eines Gesamtehevertrages**.[378]

227 Wem all diese Ausweichgestaltungen nicht zusagen, der kann auch überlegen, ein nicht pfändbares Wohnungsrecht zu bestellen.[379]

Wer nach diesen Ausführungen im Rahmen einer ehebedingten Zuwendung ein Angebot auf Rückübertragung verwenden möchte, kann dies fassen, wie nachfolgend geschildert.

▶ Kostenanmerkung:

228 Nach GNotKG fällt für ein Vertragsangebot nunmehr eine 2,0 Gebühr nach KV 21100 an, vgl. Vorbem. KV 2.1.1. Nr. 1. Da das Angebot gerade nicht eine bereits bestehende Rückübertragungspflicht sichern soll, sondern eine Rückübertragungspflicht erst bei Annahme schaffen soll, kann es nicht als bloßes Sicherungsgeschäft begriffen werden, sondern ist selbstständig zu bewerten.[380] Später ist dann noch die Annahme zu bewerten. Auch bei der im Vertrag vereinbarten Rückübertragungsverpflichtung wäre die spätere Rückübertragung separat zu bewerten.

▶ Formulierungsvorschlag: Angebot auf Rückübertragung

229
1)

Der Zuwendungsempfänger

– nachfolgend kurz: Anbietender genannt –

unterbreitet dem zuwendenden Ehegatten folgendes Angebot:

2)

Der Zuwendungsempfänger überträgt dem zuwendenden Ehegatten

– nachfolgend kurz: Angebotsempfänger genannt –

das mit Urkunde des Notars ..... in ..... URNr. ..... übertragene Vertragsobjekt zu den nachgenannten Bedingungen zurück.

3)

Der Angebotsempfänger kann das Angebot nur annehmen innerhalb von 24 Monaten[381] nach Eintritt einer der folgenden Voraussetzungen:

a) der Vertragsgrundbesitz wird ganz oder teilweise ohne seine Zustimmung veräußert oder belastet

oder

b) der Anbietende oder der Angebotsempfänger stellt einen Antrag auf Scheidung der Ehe[382]

---

378 Hierzu Rdn. 138 ff. auch mit Hinweisen auf die Einschränkungen.
379 Hierzu Reul/Heckschen, Insolvenzrecht, § 2, Rn. 243 f.
380 Insoweit missverständlich und entgegen der zivilrechtlich gerade bestehenden Notwendigkeit Notarkasse, Rn. 285; richtig Notarkasse, 3244; das Angebot muss gerade selbstständig sein und darf nicht ein Rückübertragungsrecht sichern.
381 Ggf. sollte hier auch eine noch längere Frist vereinbart werden, wenn die Ausübung des Rechts nach einer Scheidung noch möglichst lange möglich sein soll. Andererseits wird die Vormerkungsfähigkeit und damit auch eine etwaige Beschlagnahmewirkung beendet, wenn das Rückforderungsrecht durch Fristablauf erlischt, ohne geltend gemacht worden zu sein.
382 Ein Formulierungsvorschlag von Notar a.D. Klaus Koch sieht auch die Möglichkeit einer Aufforderung zur Annahme schon vor Einreichung des Scheidungsantrages vor und für bestimmte Fälle (u.a. die Pfändung) eine Widerruflichkeit des Angebotes.

E. Vertragliche Regelungen bei der Zuwendung

oder

c) der Anbietende verstirbt vor dem Angebotsempfänger ohne Hinterlassung von gemeinschaftlichen Abkömmlingen[383]

oder

d) über das Vermögen des Anbietenden wird ein Insolvenzverfahren eröffnet oder Zwangsversteigerungs- oder Zwangsvollstreckungsmaßnahmen gegen das Vermögen des Anbietenden werden durchgeführt oder die Vermögensverhältnisse des Anbietenden verschlechtern sich im Sinne des § 490 Abs. 1 BGB.[384]

Das Angebot kann nur vom Angebotsempfänger angenommen werden, nicht hingegen von etwaigen Rechtsnachfolgern. Ein Benennungsrecht ist ausdrücklich ausgeschlossen.

Die Verpflichtung zur Rückübertragung kommt erst mit Annahme des Angebots zustande.

4)

Für den Fall der Annahme des Angebots gelten für die Rückübertragung folgende Bestimmungen:

..... (Bestimmungen) .....

5)

Zur Sicherung aller Ansprüche des Angebotsempfängers auf Übertragung des Eigentums aus dem vorvereinbarten Angebot bewilligen und

beantragen

die Vertragsteile die Eintragung einer Vormerkung gem. § 883 BGB zugunsten des Angebotsempfängers am Vertragsgrundbesitz in das Grundbuch an erster Rangstelle.

6)

Die Annahme des Angebots ist auf folgende Weise zu erklären: .....

Wer trotz des soeben Gesagten die übliche Rückforderungsklausel im Haftungsfall mit Ausübungsbedingung verwenden will, der kann folgende Formulierung gebrauchen.

▶ Formulierungsvorschlag: Rückforderungsklausel im Haftungsfall

1)

Die Überlassung erfolgt als ehebedingte Zuwendung zur Herstellung einer zweckmäßigen ehelichen Vermögensordnung.

2)

Der zuwendende Ehegatte

– nachfolgend kurz: Rückerwerbsberechtigter genannt –

hat das Recht, die Rückübertragung des Zuwendungsobjektes zu verlangen, wenn

a) der Vertragsgrundbesitz ganz oder teilweise ohne seine Zustimmung veräußert oder belastet wird

oder

b) einer der Ehegatten einen Antrag auf Scheidung der Ehe stellt

oder

---

[383] Zuweilen wird noch eine weitere Einschränkung gewünscht: »eheliche, leibliche Abkömmlinge«.
[384] Spiegelberger, MittBayNot 2000, 1, 8 schlägt vor, schon die Verschlechterung der Vermögensverhältnisse nach § 490 Abs. 1 BGB (bzw. § 610 BGB a.F.) für die Ausübung genügen zu lassen.

c) der Erwerber vor dem Veräußerer ohne Hinterlassung von Abkömmlingen verstirbt

oder

d) über das Vermögen des Erwerbers oder eines Rechtsnachfolgers als Eigentümer des vertragsgegenständlichen Grundbesitzes ein Insolvenzverfahren eröffnet wird oder Zwangsversteigerungs- oder Zwangsvollstreckungsmaßnahmen gegen das Vermögen des Erwerbers durchgeführt werden oder sich die Vermögensverhältnisse des Erwerbers im Sinne des § 490 Abs. 1 BGB verschlechtern

und

der Veräußerer innerhalb von 24 Monaten nach Eintritt der genannten Voraussetzung die Rückforderung durch schriftliche Erklärung gegenüber dem Erwerber oder dessen Rechtsnachfolger im Eigentum des Grundbesitzes verlangt, wobei diese Erklärung nur der Veräußerer abgeben kann, nicht hingegen etwaige Rechtsnachfolger. Es handelt sich somit bei diesem Verlangen um eine Potestativbedingung, ohne deren Eintritt der Anspruch nicht entsteht.[385]

Alternative:

Die Erklärung kann auch durch einen gerichtlich bestellten Betreuer oder einen hierzu Bevollmächtigten abgegeben werden. Bei der Entscheidung über das Rückgabeverlangen hat dieser sich nicht nur von den Vermögensinteressen leiten lassen, sondern meinen Wunsch, den Grundbesitz in der Familie zu erhalten, als Richtschnur seines Handelns zu nehmen. Damit sind auch werterhaltende oder -steigernde Investitionen vorzunehmen, selbst auf der Basis einer Kreditfinanzierung.[386]

3)

Für den Rückerwerb gelten folgende Bestimmungen:

..... (Bestimmungen) .....[387]

4)

Zur Sicherung aller Ansprüche des Rückerwerbsberechtigten auf Übertragung des Eigentums aus dem vorvereinbarten Rückerwerbsrecht bewilligen und

beantragen

die Vertragsteile die Eintragung einer (Rückauflassungs-)Vormerkung gem. § 883 BGB zugunsten des Rückerwerbsberechtigten am Vertragsgrundbesitz in das Grundbuch an erster Rangstelle.[388] Die Vormerkung ist als Sicherungsmittel auflösend befristet. Sie erlischt mit dem Tod aller Rückerwerbsberechtigten.[389]

Wer dem Vorschlag folgen möchte, die Übertragung nach Wahl des Zuwendungsempfängers **auch an die gemeinschaftlichen Kinder** zu ermöglichen, der kann so formulieren:

---

385 Schippers, MittRhNotK 1998, 69 ff. spricht von einer aufschiebenden Doppelbedingung.
386 Nach Amann.
387 Weitere Ausführungen ggf. wie im Vorschlag unter Rdn. 150.
388 Um der Sicherungswirkung der Vormerkung willen sollte diese an vorderster Rangstelle eingetragen sein, allenfalls nach Versorgungsdienstbarkeiten oder ähnlichen nicht wertmindernden Rechten. Vorrangige Grundpfandrechte sollten nicht bestehen bleiben, da auch hier die Gefahr von Pfändungen, etwa der Eigentümerrechte, besteht. Allerdings scheidet dann der Zuwendungsgegenstand als Beleihungsobjekt aus.
389 Es erlischt die Vormerkung, nicht aber zugleich der Anspruch, sodass dieser fortbesteht, falls er zuvor geltend gemacht wurde, vgl. etwa Everts, MittBayNot 2015, 316.

E. Vertragliche Regelungen bei der Zuwendung   Kapitel 3

▶ **Formulierungsvorschlag: Rückerwerb mit wahlweiser Übertragung auf Kinder**

1)   231

Die Überlassung erfolgt als ehebedingte Zuwendung zur Herstellung einer zweckmäßigen ehelichen Vermögensordnung.

2)

Der zuwendende Ehegatte

– nachfolgend kurz: Rückerwerbsberechtigter genannt –

hat das Recht, das Zuwendungsobjekt dergestalt zurückzufordern, dass die Übertragung nach Wahl des Erwerbers entweder an den Rückerwerbsberechtigten oder an die gemeinschaftlichen Kinder zu gleichen Teilen erfolgt, wenn

..... (Gründe wie oben) .....

und

der Veräußerer innerhalb von 24 Monaten nach Eintritt der genannten Voraussetzung die Rückforderung durch schriftliche Erklärung gegenüber dem Erwerber oder dessen Rechtsnachfolger im Eigentum des Grundbesitzes verlangt, wobei diese Erklärung nur der Veräußerer abgeben kann, nicht hingegen etwaige Rechtsnachfolger. Es handelt sich somit bei diesem Verlangen um eine Potestativbedingung, ohne deren Eintritt der Anspruch nicht entsteht.

3)

Für die Rückforderung gelten folgende Bestimmungen:

..... (Bestimmungen) .....[390]

4)

Zur Sicherung aller Ansprüche des Rückforderungsberechtigten auf Übertragung des Eigentums aus dem vorvereinbarten Übertragungsrecht auf sich oder die gemeinschaftlichen Kinder bewilligen und

beantragen

die Vertragsteile die Eintragung einer (Rückauflassungs-)Vormerkung gem. § 883 BGB zugunsten des Rückerwerbsberechtigten am Vertragsgrundbesitz in das Grundbuch an nächstoffener Rangstelle.

3. Vermögensverlagerung auf den nicht haftenden Ehegatten

Wenn schließlich oft gefragt wird, wie im Rahmen einer Gesamtplanung der ehelichen Vermögens-   232
verhältnisse Vermögen auf den anderen Ehegatten verlagert werden kann, ohne dass dies schenkungssteuerliche Folgen hat,[391] so sei hier noch auf den sog. **Taschengeldanspruch** hingewiesen. Nach der Rechtsprechung des BGH[392] besteht für den nicht verdienenden oder wenig verdienenden Ehegatten ein Anspruch auf Taschengeld i.H.v. 5–7 %[393] des zur Verfügung stehenden Nettoeinkommens des höherverdienenden Ehegatten, soweit er diese Summe nicht durch eigenes Einkommen deckt. Dieser Anspruch wird als gesetzlicher Baranspruch gesehen, der auch pfändbar ist.[394]

---

390 Weitere Ausführungen ggf. wie im Vorschlag unter Rdn. 150.
391 Hiervor warnt Götz, FamRB 2006, 126 ff. eindringlich, da bei einer Nichtanzeige der Zuwendung an das FA selbst solche Zuwendungen der Besteuerung unterfallen können, die Jahrzehnte zurückliegen.
392 BGH, ZNotP 1998, 154 f.
393 Die Quote kann dann größer sein, wenn sich der verdienende Ehegatte selbst wesentlich mehr Taschengeld genehmigt, Rolland, in: FS für Schwab, S. 395 ff.
394 BGH, ZNotP 1998, 154, 155.

Wenn auch an diesem Anspruch heftige Kritik geübt wird,[395] weil er immer nur insoweit die Gerichte beschäftigt, als Gläubiger des geringverdienenden Ehegatten versuchen, diesen Anspruch zu pfänden,[396] so hat der BGH doch diesen Anspruch festgestellt und nunmehr i.R.d. Elternunterhalts erneut bekräftigt.[397] Der **BGH** hat nunmehr in zwei Entscheidungen ausdrücklich festgestellt, dass der **Taschengeldanspruch nach § 850b Abs. 2 ZPO bedingt pfändbar** ist[398] und dass der Schuldner dann in einem Vermögensverzeichnis auch das Nettoeinkommen seines Ehepartners anzugeben hat.[399] Auch zur Darlegung der Leistungsfähigkeit im Rahmen von Unterhaltszahlungen an Minderjährige müssen die Einkommensverhältnisse des Ehegatten angegeben werden.[400] Ein Schwiegerkind muss gegenüber dem Sozialamt aus demselben Grund Auskunft erteilen.[401]

Nach BGH steht der Anspruch dem »haushaltsführende(n) Ehegatte(n)« zu[402] und ist als eine auf gesetzlicher Vorschrift beruhende Unterhaltsrente nach § 850b Abs. 1 Nr. 2 ZPO anzusehen. Der BGH lehnt eine Zweckbindung des Anspruchs, die zur Unpfändbarkeit führen könnte, ausdrücklich ab.

233 Das Taschengeld muss auch etwa zur Begleichung von Prozesskosten eingesetzt werden.[403]

234 Dieser **Taschengeldanspruch** kann jedoch ggf. auch **sinnvoll eingesetzt** werden, um gerade in der **Diskrepanzehe** dem geringer verdienenden Teil Geld zuzuwenden. Wenn es sich um einen Anspruch handelt, den der BGH zivilrechtlich bejaht, so fehlt es für eine Schenkung an der Einigkeit über die Unentgeltlichkeit, sodass steuerlich keine Schenkung vorliegen dürfte.[404] Dann sollte die **regelmäßige monatliche Erfüllung** dieses Anspruchs auch nicht zur Anfechtbarkeit bei unentgeltlicher Leistung nach § 4 AnfG führen, sondern allenfalls zur Anfechtbarkeit nach § 3 Abs. 2 AnfG. Anders könnte man bei einer Nachzahlung für einen längeren Zeitraum in einer größeren Summe entscheiden

235 Schenkungsteuerbar ist ferner all das nicht, was i.R.d. laufenden Ehegattenunterhalts gewährt wird. Hier sollten die Gerichte eine deutlich großzügigere Haltung einnehmen, denn es ist ein Wertungswiderspruch, Leistungen einerseits dem unabdingbaren Kernbereich der Scheidungsfolgen zuzuordnen und sie andererseits der Schenkungsteuer zu unterwerfen, wenn sie i.R.d. Familienunterhalts erbracht werden. So sollte eine kontinuierliche Unterhaltsleistung in der Form der Finanzierung von Ernährung, Wohnung, Haushaltseinrichtung, Freizeitaufwendung, aber auch Altersversorgung i.R.d. Unterhalts steuerfrei geleistet werden können,[405] auch wenn es beim Familienunterhalt keinen Anspruch auf laufende Geldzahlungen gibt. Ansichten, die auch bei bestehender Ehe eine Unter-

---

395 Braun, NJW 2000, 97 ff. »Unterhalt für den Gläubiger des Ehegatten?«; ihm folgend AG Rendsburg, NJW 2000, 3653.
396 Beispiel hierfür ist das Urteil des BGH, FamRZ 2004, 366 m. Anm. Strohal, nach dem eine nicht verdienende Ehefrau ihren Taschengeldanspruch gegen ihren Ehemann geltend machen und dann die Hälfte des Taschengeldes an das Sozialamt zahlen muss, das die Mutter der Ehefrau unterstützt. Dies sei keine Inanspruchnahme des Ehemannes als Schwiegerkind. Siehe hierzu auch OLG Hamm, NJW 2013, 1541. Der BGH (FamRZ 2013, 363 f.) hat dies inzwischen weiter ausdifferenziert und sieht zunächst den Teil des Taschengeldes, der im Selbstbehalt des Unterhaltspflichtigen von 1.400,00 € enthalten ist (also 5–7 % von 1.400,00 €) als absolut geschützt an. Vom restlichen, darüber hinausgehenden Taschengeld müsse dann die Hälfte für den Elternunterhalt eingesetzt werden.
397 BGH, FamRZ 2004, 366; vgl. Wendl/Dose/Wönne, § 2 Rn. 1005.
398 BGH, NJW 2004, 2450; BGH, NJW 2004, 2452; krit. hierzu Smid, JZ 2004, 1134 ff.; Arbeitshilfen zur Pfändung von Taschengeldansprüchen gibt Neugebauer, MDR 2005, 376 ff.; vgl. ferner Balthasar, FamRZ 2005, 85 ff.
399 BGH, NJW 2004, 2452.
400 OLG Frankfurt am Main, FuR 2015, 543.
401 LSG Rheinland-Pfalz, FamRZ 2016, 1411.
402 BGH, NJW 2004, 2450.
403 OLG Karlsruhe, FamRZ 2005, 1182; OLG Koblenz, NJW-RR 2005, 1167.
404 Vgl. auch FG München, EFG 2006, 686: Zahlung von 4.600,00 € Zins und Tilgung im Jahr durch einen Miteigentümer des gemeinsam bewohnten Hauses ist keine Schenkung.
405 Götz, FamRB 2006, 126, 129.

haltszahlung in Geld von der Schenkungsbesteuerung ausnehmen wollen, ist daher zuzustimmen.[406] Sie sind jedoch durch die Finanzrechtsprechung derzeit nicht gedeckt.

F. Erwerb durch nicht haftenden Ehegatten mit Erwerbsrecht

Im Hinblick auf die Gefahr einer Anfechtung von Zuwendungen nach dem Anfechtungsgesetz oder der InsO ist es, wenn eine Anschaffung ansteht, ggf. ratsamer, den nicht haftenden Ehegatten direkt erwerben zu lassen. Vorgeschlagen wird in diesem Fall, dem haftungsgefährdeten Ehegatten lediglich ein **Erwerbsrecht** für den Fall der Scheidung einzuräumen.[407] Hinsichtlich der Pfändbarkeit dieses Erwerbsrechts gelten die gleichen Hinweise, wie sie bereits bei den Rückforderungsrechten[408] gegeben wurden. Allerdings kann die fortlaufende Zahlung der Zins- und Tilgungsraten durch den Nichteigentümer-Ehegatten ggf. sogar zur Folge haben, dass die jeweilige Rate der Anfechtung unterliegt und somit die Anfechtungsfristen viel länger laufen.[409]

▶ Formulierungsvorschlag: Erwerbsrecht

Die Ehefrau ist Alleineigentümerin des in der Gemarkung ..... gelegenen Grundstücks FlurNr. .....

Für den Fall, dass einer der Ehegatten Antrag auf Scheidung der Ehe stellt, ist der Ehemann

– nachfolgend kurz: Erwerbsberechtigter genannt –

berechtigt, diesen Grundbesitz mit allen Rechten und Pflichten, Bestandteilen und dem gesetzlichen Zubehör zu erwerben.

Voraussetzung ist, dass der Erwerbsberechtigte innerhalb von 24 Monaten nach Eintritt der genannten Voraussetzung den Erwerb durch schriftliche Erklärung gegenüber dem Eigentümer verlangt, wobei diese Erklärung nur der Erwerbsberechtigte abgeben kann, nicht hingegen etwaige Rechtsnachfolger. Es handelt sich also bei diesem Verlangen um eine Potestativbedingung, ohne deren Eintritt der Anspruch nicht entsteht.

Für den Erwerb gelten folgende Bestimmungen .....

..... (Auflassungsvormerkung) .....

G. Schenkung

Bei den Zuwendungen unter Ehegatten soll schließlich noch der Fall angesprochen werden, dass eine Zuwendung zwischen Ehegatten erfolgt, die **nicht** als **ehebedingte Zuwendung** gesehen oder mit einem **Rückerwerbsrecht** verbunden ist, sondern bei der sich die Ehegatten über die Unentgeltlichkeit der Zuwendung einig sind, sodass eine echte Schenkung vorliegt. Solches kommt z.B. in der Diskrepanzehe vor, wenn die Ehegatten Gütertrennung vereinbart und die Rückforderung von Zuwendungen ausgeschlossen hatten, sofern nicht ausdrücklich etwas anderes bei der Zuwendung vereinbart wurde. Zuweilen möchte hier der begüterte Ehegatte seinem Partner von Zeit zu Zeit eine Zuwendung machen, die diesem auch im Scheidungsfall endgültig verbleibt. Die Vertragsgestaltung sollte diesen Willen der Vertragsteile klar zum Ausdruck bringen.

Bei einer echten Schenkung von Ehegatten, die in (modifizierter) Zugewinngemeinschaft leben, soll diese wie eine unbenannte Zuwendung behandelt werden, soweit es um die Anwendung des **§ 1380 BGB** geht.[410] Dies widerspricht aber der echten Freigiebigkeit. Daher ist eine ausdrückliche Anordnung sinnvoll, dass eine **Anrechnung auf den Zugewinnausgleichsanspruch** nicht erfolgen und der

---

406 Wälzholz, FR 2007, 638, 643.
407 Langenfeld/Milzer, Rn. 835 f.
408 Rdn. 169 ff.
409 Gutachten, DNotI, § 1 AnfG – 22780.
410 MüVertHdb/Langenfeld, 5. Aufl., Form VI. 7, Anm. 5.

geschenkte Gegenstand bei der Zugewinnberechnung völlig außer Betracht bleiben soll.[411] Ansonsten kommt es dazu, dass die Schenkung im Zugewinn (teilweise) wirtschaftlich wieder rückabgewickelt wird.[412] Ein Vorschlag geht auch dahin, die Geltung des § 1374 Abs. 2 BGB anzuordnen.[413] Gegenansichten, welche die echte Schenkung unter Ehegatten dem § 1374 Abs. 2 BGB unterwerfen wollen, sind (noch) in der Minderheit.[414]

▶ Formulierungsvorschlag: Schenkung

240

1)

Die Überlassung erfolgt unentgeltlich als freigiebige Zuwendung. Eine Gegenleistung ist nicht zu erbringen. Eine Rückforderung wird vertraglich nicht vorbehalten. Es gelten die gesetzlichen Vorschriften des Schenkungsrechts, insbesondere auch die Widerrufsgründe.

2)

Die Zuwendung ist auf den Pflichtteil nach dem Veräußerer anzurechnen. Eine Anrechnung auf den Zugewinnausgleichsanspruch soll nicht erfolgen. Vielmehr sollen die heute geschenkten Vermögensgegenstände bei der Berechnung des Zugewinns vollständig außer Betracht bleiben, also weder beim Anfangs- noch beim Endvermögen eines Ehepartners mitgerechnet werden.

3)

Der Notar hat darüber belehrt, dass diese Zuwendung im Scheidungsfall nicht zurückgefordert werden kann. Er hat ferner darauf hingewiesen, was es bedeutet, wenn die Zuwendung nach vorstehendem Abs. 2 nicht auf den Zugewinn angerechnet werden soll. Schließlich wurden die Vertragsteile über die gesetzlichen Widerrufsgründe des Schenkers belehrt.

241 Die Schenkung unterscheidet sich somit von der unbenannten Zuwendung v.a. dadurch, dass sie **uneigennützig und freigiebig** erfolgt und nicht an die Erwartung des Fortbestands der Ehe geknüpft ist.[415] Die Rechtsfolgen sind unterschiedlich zur unbenannten Zuwendung. Das Scheitern der Ehe lässt die Geschäftsgrundlage bei einer Schenkung gerade nicht wegfallen, da die Schenkung **nicht an die Erwartung vom Fortbestand der Ehe geknüpft** ist.

242 In Betracht kommen allenfalls die Widerrufsgründe, die das Schenkungsrecht bietet, über die aber auch belehrt werden sollte, wie im obigen Formulierungsvorschlag geschehen. Die Nichtvollziehung einer Auflage (§ 527 BGB) und der Notbedarf des Schenkers (§ 528 BGB) sind eher selten Widerrufsgründe. Beim Scheitern der Ehe wird hingegen öfters versucht, einen **Widerruf nach § 530 BGB wegen groben Undanks** durchzusetzen. Der Scheidungsantrag selbst stellt noch keine schwere Verfehlung i.S.d. § 530 Abs. 1 BGB dar. Die Verletzung der ehelichen Treuepflicht hingegen kann eine schwere Verfehlung darstellen,[416] jedenfalls – wenn überhaupt – nur eine solche Untreue, die der Schenkung nachfolgt.[417] Ebenso wurden ein »Anschwärzen« beim Arbeitgeber und unzutreffende Strafanzeigen als grober Undank gewertet.[418] Maßgebend dafür, ob grober Undank angenommen werden kann, ist jedoch das Gesamtverhalten beider Ehegatten, das zu gewichten ist. Hiernach führt ein Schenkungswiderruf wegen groben Undanks nur ausnahmsweise einmal zum Erfolg.[419] Recht-

---

411 Vgl. Finger, FamFR 2011, 145, 146; Braeuer, FamRZ 2010, 2058, 2059 weist auf die ehevertragliche Form solcher Abreden hin.
412 Vgl. Hoppenz, FPR 2012, 84, 85.
413 Jeep, DNotZ 2011, 591, 599.
414 So etwa Schwab in FS Hahne, 175 ff.; für eine Anwendung des § 1374 Abs. 2 BGB auch bei unbenannten Zuwendungen, Jeep, DNotZ 2011, 591 ff.
415 Langenfeld, DNotZ-Sonderheft 1985, 167, 177; Wever, Rn. 911; für eine Erweiterung des Anwendungsbereichs der Schenkung bei Zuwendungen unter Ehegatten plädiert Rauscher, AcP 186 (1986), 529, 549 ff.
416 BGH, FamRZ 1985, 351 m. Anm. Seutemann.
417 OLG München, FamRZ 2009, 1831 ff.
418 BGH, FamRZ 1983, 668, 669.
419 Wever, Rn. 933 ff. mit Rechtsprechungsbeispielen; Wever, FamRZ 2003, 565, 571.

sprechung des BGH[420] zeigt die Voraussetzungen: Objektiv eine Verfehlung von gewisser Schwere und subjektiv ist dies Ausdruck der Gesinnung des Beschenkten. Dabei ist von Bedeutung, ob es sich um eine Affekthandlung oder eine geplante handelt.

Für Schenkungen unter Verlobten kommt § 1301 BGB als eigenständige Anspruchsgrundlage für eine Rückforderung in Betracht.[421]

Nach Widerruf ist der Rückerstattungsanspruch in das Endvermögen beim Zugewinn als Aktiv- bzw. Passivposten aufzunehmen. Dies soll allerdings nur gelten, wenn sich die schwere Verfehlung vor dem Stichtag der Endvermögensberechnung nach § 1384 BGB zugetragen hat, unabhängig davon, wann die Erklärung des Widerrufs erfolgte.[422]

243

---

420 BGH, FamRZ 2020, 203.
421 Instruktiv OLG Schleswig, FamRZ 2014, 1846.
422 Schulz/Hauß, Rn. 1521; Bergschneider/Wever/Röfer, Rn. 5.379.

Kapitel 4 Zuwendungen Dritter mit Scheidungsvorsorge – vertragliche Rückerwerbsklauseln

Übersicht

	Rdn.		Rdn.
A. Grundsätzliches	1	III. Elterliche Geldzuwendung mit Ehevertrag des Empfängers	24
I. Motive der Übergeber für Rückübertragungsklauseln	1	**C. Zuwendung von Schwiegereltern**	33
II. Vermögensübergabe gegen Versorgungsleistungen	4	I. Probleme der direkten Zuwendung an Schwiegerkinder	33
B. Elternzuwendungen mit Rückübertragungsklausel	10	1. Zuwendung zu Lebzeiten	33
I. Elterliche Zuwendungen und Ehescheidung der Empfänger	10	2. Zuwendungen von Todes wegen	61
II. Rückübertragungsklauseln	13	3. Schenkungssteuerliche Folgen der Zuwendungen an Schwiegerkinder	64
		II. Gestaltungsempfehlungen	82
		III. Zuwendungen an die Schwiegereltern	95

A. Grundsätzliches

I. Motive der Übergeber für Rückübertragungsklauseln

1 Nicht nur bei Zuwendungen unter Ehegatten spielt das Schicksal des Zuwendungsgutes im Scheidungsfall eine Rolle, sondern mehr und mehr auch bei Zuwendungen, welche die Ehegatten **von dritter Seite** erhalten. Zwar ordnet § 1374 Abs. 2 BGB an, dass dasjenige Vermögen, welches Ehegatten von Todes wegen, mit Rücksicht auf ein künftiges Erbrecht, durch Schenkung oder Ausstattung erwerben, zum Anfangsvermögen zu zählen ist. Diese gesetzliche Regelung genügt aber häufig nicht. Schon bei der Betrachtung der modifizierten Zugewinngemeinschaft wurde dargelegt, dass Ehegatten zumeist wünschen, auch Wertsteigerungen dieses Vermögens aus dem Zugewinn herauszunehmen.[1]

2 Wenn nun Eltern Vermögen auf Kinder übertragen, so haben sie mehrere **Gründe**, auf das künftige Schicksal des Zuwendungsgegenstandes noch Einfluss zu nehmen. Zum einen wird die derzeit **hohe Scheidungsrate** den Vertragschließenden immer bewusster. Zum anderen lässt sich in der Praxis häufig ein **gespanntes Verhältnis zu den Schwiegerkindern** beobachten, aus welchen Gründen auch immer. Viele Eltern wollen daher Vorsorge treffen, dass im Fall einer **Ehescheidung** der zugewendete Vermögensgegenstand dem Kind ungemindert verbleibt und dass im Fall des **Todes** des eigenen Kindes der zugewendete Vermögensgegenstand auf die Enkelkinder und nicht auf das Schwiegerkind übergeht.

3 Sofern die Eltern ein Anwesen zuwenden, in dem sie selbst wohnen, wollen sie in diesem Zusammenhang häufig auch sichergestellt wissen, dass zu ihren Lebzeiten das Anwesen **nicht ohne ihre Zustimmung veräußert** werden kann.[2] Dieser Wunsch der Übergeber wird aber immer mehr auch dort geäußert, wo ein Anwesen vermietet ist und die Eltern sich den Nießbrauch vorbehalten. Grund hierfür ist zumeist, dass die zuwendenden Eltern sich nicht im Alter mit fremden Personen als Eigentümer konfrontiert sehen wollen.

II. Vermögensübergabe gegen Versorgungsleistungen

4 Zu diesem Motivbündel treten nun noch **steuerliche Gründe** für die Verwendung einer Rückübertragungsklausel hinzu.

---

[1] Kap. 2 Rdn. 631 ff.
[2] Eine Pflicht des Notars, ein Rückforderungsrecht für den Todes- oder Scheidungsfall vorzuschlagen, besteht nicht, OLG Bamberg, NotBZ 2004, 238.

A. Grundsätzliches

Aufbauend auf dem grundlegenden Beschl. des Großen Senates des BFH v. 05.07.1990[3] hat die Finanzverwaltung mit Schreiben v. 13.01.1993,[4] v. 23.12.1996[5] und – nachdem die Rechtsprechung des X. Senates immer mehr von diesem Schreiben abgewichen war – unter weitgehender Aufnahme der Position des X. Senats mit Schreiben v. 26.08.2002[6] (Rentenerlass II), v. 16.09.2004 (Rentenerlass III)[7] und nach der Änderung des § 10 Abs. 1 Nr. 1a EStG durch Schreiben v. 11.03.2010 (Rentenerlass IV)[8] den aktuellen Rechtsstand aus Sicht der Finanzverwaltung dargestellt und zu den steuerlichen Auswirkungen von Vermögensübergaben gegen Versorgungsleistungen Stellung bezogen.

Dieses Institut wurde mittlerweile sehr eingeschränkt. Schon der Große Senat des BFH hatte entschieden, dass ein Abzug der Versorgungsleistungen als dauernde Last nur noch in Betracht kommt, wenn sie **aus den laufenden Nettoerträgen** des übergebenen Vermögens gezahlt werden können[9] und damit dem sog. Typus 2 der Finanzverwaltung eine Absage erteilt. Ferner erkannte er Versorgungsleistungen nicht an, wenn der übertragene Betrieb nach Abzug des Unternehmerlohnes keinen Ertragswert und keinen Substanzwert hat, denn der Ertrag beruht dann nur auf der Leistung des Übernehmers.[10] Mit dem Jahressteuergesetz 2008[11] hat der Gesetzgeber weitere wesentliche Einschränkungen des Anwendungsbereiches der Vermögensübergabe gegen Versorgungsleistungen vorgenommen, indem er zum einen den **steuerlichen Unterschied zwischen der dauernden Last und der Versorgungsrente aufgab** und zum anderen dieses Institut **nur noch für die Übergabe von betrieblichen Sachgesamtheiten und qualifizierten GmbH-Anteilen** vorsah. Die praktisch wichtige Übergabe von Privatvermögen gegen Versorgungsleistungen unterfällt somit nicht mehr der steuerlichen Sonderregelung.[12]

Auf diese Einschränkungen hat die Finanzverwaltung nun mit dem erwähnten neuen BMF-Schreiben reagiert.[13]

Verkürzt[14] dargestellt sind **Voraussetzungen** für eine solche Vermögensübergabe gegen wiederkehrende Versorgungsleistungen:
– Übertragung einer existenzsichernden und ertragbringenden Wirtschaftseinheit,[15] und zwar Betriebsvermögen oder qualifizierte GmbH-Anteile, nicht sonstiges Privatvermögen,[16]
– Leistung der laufenden Zahlungen auf Lebenszeit des Empfängers,[17]
– Übertragung des Vermögens auf die richtige Person,[18]
– Leistung der laufenden Zahlungen an die richtige Person.[19]

---

3 BFH, BStBl. 1990 II, S. 847; vgl. zusammenfassende Würdigung, Beilage 36 BB v. 02.10.1990, 10 ff.
4 BStBl. 1993 I, S. 80 ff. Dort insb. die Grundsatzfragen zur Abgrenzung Veräußerung – vorweggenommene Erbfolge.
5 BStBl. 1996 I, S. 1508 ff.
6 BMF, BStBl. 2002 I, S. 893 = DStR 2002, 1617 ff.
7 BMF, BStBl. 2004 I, S. 922 ff.
8 BMF, BStBl. 2010 I, 227 = DStR 2010, 545; hierzu Spiegelberger, DStR 2010, 1822 ff.
9 BFHE 202, 464.
10 BFHE 202, 477. Zu diesen Entscheidungen, insb. auch zu den darin befindlichen Erweiterungen des Instituts Schwind/Bäuml, BB 2004, 74 ff.; Geck, ZEV 2003, 441 f.; Reich, DNotZ 2004, 6 ff.
11 BGBl. 2007 I, 3150 f.
12 Nach Spiegelberger, DStR 2007, 1277 verstößt diese Einschränkung, die eine hundertjährige Rechtstradition aufgibt, gegen Art. 3 Abs. 1 GG.
13 BMF, 11.03.2010, IV C 3 – S 2221/09/10004, ZEV 2010, 212 ff.; hierzu Seitz, DStR 2010, 629 ff.; Geck, ZEV 2010, 161 ff.; Riesthaus, DB 2010, 803 ff.; Spiegelberger, DStR 2010, 1822 ff.
14 Ausführlich Schmidt/Weber-Grellet, § 22, Rn. 105 ff.; vgl. auch den Überblick von Engelberth, NWB 2016, 1094 ff.
15 Tz. 26 ff., BMF, ZEV 2010, 212 ff.
16 Tz. 8 f., BMF, ZEV 2010, 212 ff.
17 Tz. 56, BMF, ZEV 2010, 212 ff.
18 Tz. 4, BMF, ZEV 2010, 212 ff.
19 Tz. 50, BMF, ZEV 2010, 212 ff. Zu schenkungsteuerlichen Folgen bei Gegenleistung an beide Eltern, wenn nur ein Elternteil Eigentümer war: FG Münster, DStRE 2007, 307; Götz, INF 2007, 104 f.

Kapitel 4 Zuwendungen Dritter mit Scheidungsvorsorge – vertragliche Rückerwerbsklauseln

8   Völlig **neu** hat das **BMF** nunmehr die **Umschichtung** des erworbenen Vermögens geregelt, d.h. die (Weiter-) Übertragung durch den Zuwendungsempfänger auf einen Dritten. Sie hat künftig zur Voraussetzung, dass sowohl das ursprünglich übergebene Vermögen wie auch das Vermögen, in das umgeschichtet wird, die Voraussetzungen eines zulässigen Übergabeobjektes erfüllen.[20]

9   Praxisrelevant gerade in den Fällen des Ehevertragsmodells »Zweiter Frühling« ist bei der Wiederheirat älterer Eheleute ein Urteil des BFH aus dem Jahr 2014.[21] Kombiniert mit einem Verzicht auf Zugewinn und Pflichtteil war der künftigen Ehefrau ein Vermächtnis erbvertraglich versprochen worden. Auf dieses hatte sie dann gegen Zuwendung von Versorgungsleistungen verzichtet, die den eigenen Kindern als Erben auferlegt wurden. Der BFH zählt die zweite Ehefrau und Stiefmutter der Kinder zunächst zum Generationennachfolge-Verbund. Der BFH entschied, dass die Zahlungen der Kinder an ihre Stiefmutter Versorgungsleistungen i.S.v. § 10 Abs. 1 Nr. 1a EStG sind, wenn diese sich statt Pflichtteils- oder Zugewinnansprüchen mit den laufenden Zahlungen begnügt. Das gelte auch bei vorehelich erklärtem Pflichtteilsverzicht. Voraussetzung ist allerdings die Übertragung einer ausreichend ertragbringenden Wirtschaftseinheit vom Vater auf die Erben.

Erwähnt sei noch die wichtige Entscheidung des BFH vom 10.05.2017[22]. Hier hat der **BFH** mit einer Jahrzehnte alten Rechtsprechung gebrochen und ausgeführt, bei einem Vertrag unter künftigen gesetzlichen Erben nach § 311b Abs. 5 BGB richten sich **Steuerklasse und Steuersatz** nun nach dem Verwandtschaftsverhältnis der **Geschwister** (also der ungünstigen Steuerklasse II) und nicht mehr nach demjenigen der Eltern zu dem Empfänger (Steuerklasse I mit großem Freibetrag). Zwar vertritt das DNotI mit guten Gründen,[23] dass dies nicht für die Abfindung im Rahmen eines Vertrages zur vorweggenommenen Erbfolge unter Beteiligung der Eltern gelte. Bis der BFH dies aber ausgesprochen hat, besteht die vorsichtige Vorgehensweise darin, etwaige Zahlungen als Gegenleistung an die Eltern zu richten. Diese können dann weichenden Geschwistern Zahlungen für die Pflichtteilsverzichte erbringen.

B. Elternzuwendungen mit Rückübertragungsklausel

I. Elterliche Zuwendungen und Ehescheidung der Empfänger

10   Wenn Eltern ihrem Kind im Wege der vorweggenommenen Erbfolge, als Ausstattung oder auch als Schenkung Grundbesitz übertragen, so möchten sie regelmäßig nicht, dass im Fall einer Scheidung des Kindes dessen Ehepartner an dem übertragenen Vermögen partizipiert. Auch wenn es sich bei dem übertragenen Vermögen nach § 1374 Abs. 2 BGB um Anfangsvermögen handelt,[24] so **halten die meisten eine Teilnahme des Schwiegerkindes an Wertsteigerungen** dieses Vermögens im Gegensatz zur gesetzlichen Wertung **nicht für gerechtfertigt**. Außerdem kann es in dem Fall, dass das Kind seinem Ehepartner als unbenannte Zuwendung einen Anteil am übertragenen Vermögen einräumt, je nach Konstellation zum (teilweisen) Verlust des Anfangsvermögens kommen, den auch der Zugewinn nicht ausgleicht. Ganz abgesehen davon wird in letzterem Fall auch die dingliche Mitberechtigung des geschiedenen »Schwiegerkindes« ohne Zustimmung der Eltern regelmäßig nicht gewünscht; dies gilt besonders, wenn die Eltern ein Anwesen übertragen, in dem sie selbst wohnen.

11   Aus diesem Grund wird oft die Vereinbarung einer **Rückübertragungsklausel zugunsten der Eltern** vorgeschlagen. Zumeist soll diese auch die Fälle vorzeitigen Todes des Kindes, einer Insolvenz oder einer Veräußerung und Belastung gegen den Willen der Eltern abdecken. Aus diesem Grund erfolgt die Sicherung durch eine Rückauflassungsvormerkung. Sie ist jedenfalls dann zu empfehlen, wenn ein Anwesen übertragen wird, in dem die Eltern selbst wohnen. Sie mag entbehrlich sein, wenn die Eltern einen Bauplatz übertragen, den ihr Kind gemeinsam mit seinem Ehepartner später bebaut,

---

20 Tz. 36 f., BMF, ZEV 2010, 212 ff.
21 BFH, DStR 2014, 1325 ff.
22 BFH, ZEV 2017, 532.
23 DNotI-Gutachten 160036 und 164173.
24 Zu Zuwendungen für Objektverbesserung und Instandhaltung vgl. Gutachten, DNotI-Report 2019, 161.

sodass das Haus den Hauptwert darstellt; dies gilt erst recht, wenn der Bau finanziert werden muss, sodass die Rückauflassungsvormerkung keine vordere Rangstelle erhält. Der Rückübertragungsanspruch der Eltern unterliegt allerdings nach der neueren Rechtsprechung des BGH der Gefahr einer Pfändung durch Gläubiger der Eltern, auch dann, wenn das Rückforderungsrecht als Gestaltungsrecht formuliert ist.[25] Da nach der Rechtsprechung des BGH[26] die Vormerkung wieder aufgeladen werden kann, wenn auch nach einer einschränkenden Entscheidung nur noch mit Ansprüchen, bei denen Anspruch, Eintragung und Bewilligung kongruent sind,[27] ist es ratsam, sie auflösend befristet auf den Tod des Berechtigten zu bestellen. Es könnte dann zwar noch ein Anspruch bestehen, dieser wäre aber nicht mehr gesichert.

Der Rückübertragungsanspruch hat auch schenkungssteuerliche Relevanz. Die Rückgabe[28] eines Geschenkes aufgrund einer Rückforderungsklausel lässt nach § 29 Abs. 1 Nr. 1 ErbStG die Steuer für die Schenkung erlöschen. Das ist bei einer freiwilligen Rückgabe nicht der Fall, im Gegenteil stellt diese ggf. eine erneute Schenkung dar, die – wenn sie an die Eltern erfolgt – aufgrund der geringen Freibeträge erhebliche Schenkungsteuer auslösen kann.[29]

12

II. Rückübertragungsklauseln

▶ Formulierungsvorschlag: Rückübertragungsklausel bei Elternzuwendung

..... (Eingang, Grundbuchstand, Überlassung) .....

13

IV. Rechtsgrund

1)

Die vorstehende Überlassung erfolgt im Wege der vorweggenommenen Erbfolge.

2)

Die Gegenleistungen des Erwerbers ergeben sich aus den nachfolgenden Bestimmungen der Ziffer V.

Weitere Gegenleistungen als die in dieser Urkunde aufgeführten sind nicht zu erbringen.

3)

Soweit der Wert des überlassenen Vertragsobjektes den Wert der Gegenleistungen übersteigt, hat sich der Erwerber diesen Wert auf seinen Pflichtteil nach dem Veräußerer anrechnen zu lassen.

Eine etwa bestehende Ausgleichungspflicht gemäß §§ 2050 ff. BGB wird erlassen bzw. eine solche wird ausdrücklich nicht angeordnet.[30]

..... (Gegenleistungen, Besitzübergang, Erschließung) .....

---

25 BGH, FamRZ 2003, 858; hierzu C. Münch, FamRZ 2004, 1329.
26 BGH, DNotZ 2000, 639.
27 BGH, DNotZ 2012, 609; BGH, DNotZ 2012, 763.
28 Erst die tatsächliche Rückgabe des Geschenkes und aller erlangten Surrogate führt zur Steuerfreiheit, FG Hamburg, DStRE 2012, 1453.
29 Vgl. FG Berlin-Brandenburg, DStRE 2008, 1339.
30 Diese Regelung ist je nach Wunsch der Vertragsteile anzupassen. Der BGH hat nunmehr entschieden, dass bei einer vorweggenommenen Erbfolge im Zweifel von einer Ausgleichung ausgegangen werden müsse (ZEV 2010, 190 m. abl. Anm. Keim 192). Nach diesem Urteil wird die Notwendigkeit, eine ausdrückliche Anordnung in der Urkunde zu treffen, immer deutlicher.

VIII. Veräußerungsverbot, Rückerwerbsrecht

1)

Der Erwerber verpflichtet sich gegenüber dem Veräußerer, den Vertragsgrundbesitz oder Teile hiervon ohne seine Zustimmung weder zu veräußern noch zu belasten. Auf die Bestimmung des § 137 BGB wurde hingewiesen.

2)

Für den Fall der Zuwiderhandlung gegen das vereinbarte Veräußerungs- und Belastungsverbot sind die Erschienen zu 1)

– nachfolgend kurz: Rückerwerbsberechtigter genannt –

berechtigt, den heutigen Vertragsgrundbesitz mit allen Rechten und Pflichten, Bestandteilen und dem gesetzlichen Zubehör zurückzuerwerben.

3)

Das gleiche Recht steht dem Rückerwerbsberechtigten zu, wenn

a) über das Vermögen des Erwerbers oder eines Rechtsnachfolgers als Eigentümer des vertragsgegenständlichen Grundbesitzes ein Insolvenzverfahren eröffnet wird oder Zwangsversteigerungs- oder Zwangsvollstreckungsmaßnahmen[31] gegen das Vermögen des Erwerbers durchgeführt werden oder eine Verschlechterung der Vermögenslage im Sinne des § 490 Abs. 1 BGB eintritt[32]

oder

b) der Erwerber vor dem Längerlebenden seiner Eltern verstirbt und der Vertragsgrundbesitz nicht im Wege der Erbfolge oder Vermächtniserfüllung oder durch Übertragung seitens des Erben des Erwerbers auf die Kinder oder eines der Kinder des Erwerbers übergeht

Alternative:

In diesem Fall kann – wenn der heutige Erwerber seinen Ehegatten zum Alleinerben eingesetzt hatte – das Rückerwerbsrecht nur ausgeübt werden, wenn dem Ehegatten des heutigen Erwerbers ein lebenslanges/auf fünf Jahre vom Todestag des Erwerbers an begrenztes/unentgeltliches Wohnungsrecht in der Wohnung ..... am Vertragsgrundbesitz eingeräumt wird. Nebenkosten sowie Kosten der Schönheitsreparaturen sind in diesem Fall vom Wohnungsberechtigten zu tragen.[33]

oder[34]

c) der Erwerber oder sein Ehepartner Antrag auf Scheidung der Ehe oder auf vorzeitigen Zugewinn gestellt hat.

---

31 Soweit es sich nicht um ein Grundstück mit vormerkbarem Rückübertragungsanspruch handelt, sondern um einen Gesellschaftsanteil, wird i.d.R. mit einer auflösenden Bedingung gearbeitet, wonach der Anteil mit Eingang eines Antrages auf Eröffnung eines Insolvenzverfahrens oder Erlass eines Pfändungsbeschlusses zurückfällt.

32 Spiegelberger, MittBayNot 2000, 1 ff. fordert eine Vorverlegung auf diesen Zeitpunkt; zur Geltendmachung der Rückforderung bei Insolvenz nach Ausübung und zur Notwendigkeit der Mitwirkung des Insolvenzverwalters, der dazu aber verpflichtet ist, Gutachten DNotI 109070.

33 Diese Alternative kann dann verwendet werden, wenn der Erwerber und sein Ehegatte ihren Lebensmittelpunkt im übertragenen Anwesen haben, der Ehegatte des Erwerbers keine eigenen Investitionen vornehmen muss und daher nicht Miteigentümer werden erhalten will, der Erwerber aber seinem Ehegatten die Wohnung auf Lebenszeit oder für eine Übergangszeit erhalten will. Dass Schwiegerkinder hier ein eigenes Recht erhalten, kann Konflikte entschärfen, wenn sie eigentlich die Mitübertragung des Grundbesitzes anstreben.

34 Nach OLG Düsseldorf, notar 2010, 157 ist auch eine Rückfallklausel vormerkbar, nach welcher die Rückgabe verlangt werden kann, »wenn der Erwerber seine in dieser Urkunde übernommenen Betreuungspflichten beharrlich nicht erfüllt oder sonstwie erheblich und nachhaltig gegen den Geist dieses Vertrages verstößt«.

B. Elternzuwendungen mit Rückübertragungsklausel

Alternative 1:

..... der Erwerber eine Ehe eingeht und nicht ehevertraglich entweder Gütertrennung vereinbart oder das Vertragsobjekt samt seiner Wertsteigerungen vom Zugewinn ausgeschlossen hat, nachdem er vom Veräußerer hierzu aufgefordert wurde und seit der Aufforderung drei Monate vergangen sind.[35]

Alternative 2:

..... sobald der Wert des heute übertragenen Grundbesitzes in ein Zugewinnausgleichsverfahren oder einen ähnlichen güterrechtlichen Ausgleich einbezogen wird.[36]

4)

Dieses Rückerwerbsrecht ist höchstpersönlich.

Bei mehreren Berechtigten steht das Rückerwerbsrecht nach dem Tod eines Berechtigten dem Überlebenden alleine zu. Ansonsten ist das Rückerwerbsrecht nicht vererblich und nicht übertragbar.

Es ist innerhalb von 24 Monaten nach Kenntnis[37] vom Eintritt der Voraussetzung durch schriftliche Erklärung gegenüber dem Eigentümer bzw. dessen Erben auszuüben. Entscheidend für die Einhaltung der Frist ist die Absendung durch den Erklärenden.

5)

Für den Rückerwerb gelten folgende Bestimmungen:

a)

Der Grundbesitz ist frei von Rechten Dritter zu übertragen.

Ausnahmen hiervon bilden etwaige Rechte, die in der vorliegenden Urkunde übernommen werden, und etwaige Rechte, die mit Zustimmung des Rückerwerbsberechtigten im Grundbuch eingetragen werden.

Hinsichtlich eingetragener Grundpfandrechte hat der Rückerwerbsberechtigte auch die zugrunde liegenden Verbindlichkeiten in persönlicher Haftung mit schuldbefreiender Wirkung zu übernehmen, soweit die Darlehensvaluten für Investitionen auf dem Vertragsgrundbesitz verwendet wurden; ein Erstattungsbetrag gemäß nachfolgendem Buchstabe b) ist insoweit nicht zu zahlen.

b)

Der Rückerwerbsberechtigte hat dem heutigen Erwerber die von diesem auf den Vertragsgrundbesitz gemachten Aufwendungen – hierzu zählen auch Schuldentilgungen – zum Zeitwert im Zeitpunkt der Rückübertragung zu ersetzen. Nicht zu ersetzen sind Aufwendungen zur gewöhnlichen Erhaltung oder Arbeitsleistung des Erwerbers.

Alternative 1:

Zu ersetzen sind auch gemäß dieser Urkunde erbrachte Abfindungsleistungen.

Alternative 2:

Ein erklärter Pflichtteilsverzicht oder eine Pflichtteilsanrechnung im Hinblick auf diese Überlassung verliert mit Rückforderung die Gültigkeit.[38]

Im Übrigen hat der Rückerwerbsberechtigte keine Gegenleistung zu erbringen.

---

35 Zur Vormerkungsfähigkeit in diesem Fall: BayObLG, MittBayNot 2002, 396; dazu, dass diese Klausel vormundschaftsgerichtlich genehmigungsfähig ist: LG München, MittBayNot 2002, 404.
36 Nach Amann.
37 Eine vertragliche Regelung der Frist ist empfehlenswert. Nach OLG Hamm, NJW 2012, 2528, gilt jedenfalls die Ausschlussfrist des § 532 BGB (ein Jahr bei Schenkungswiderruf) nicht ohne Weiteres für vertraglich vereinbarte Rückforderungsgründe.
38 G. Müller in Schlitt/Müller, § 10 Rn. 87; Gutachten, DNotI 99541 aus 2010.

c)

Die Kosten der Rückübertragung und durch die Rückübertragung etwa anfallende Verkehrssteuern hat der Rückerwerbsberechtigte zu tragen.

6)

Zur Sicherung aller Ansprüche der Rückerwerbsberechtigten als Gesamtberechtigte auf Übertragung des Eigentums aus dem vorvereinbarten Rückerwerbsrecht

bewilligen und beantragen

die Vertragsteile die Eintragung einer

(Rückauflassungs-) Vormerkung gemäß § 883 BGB

zugunsten der Rückerwerbsberechtigten als Gesamtberechtigte gemäß § 428 BGB[39] am Vertragsgrundbesitz in das Grundbuch an nächstoffener Rangstelle.[40]

Die Vormerkung ist als Sicherungsmittel auflösend befristet. Sie erlischt mit dem Tod des letztversterbenden Rückerwerbsberechtigten.

7)

Der Erwerber behält sich das Recht vor, im Rang vor sämtlichen in dieser Urkunde bestellten Rechten Grundpfandrechte bis zum Gesamtbetrag von ..... € (in Worten ..... Euro) zuzüglich Zinsen bis zu 18 % jährlich und zuzüglich einer einmaligen Nebenleistung bis zu 6 % des jeweiligen Grundschuldkapitals zugunsten beliebiger Gläubiger eintragen zu lassen. Der Rangvorbehalt darf seinem gesamten Umfang nach nur einmal voll ausgenutzt werden. Verzinsungsbeginn ist der Tag der Beurkundung des den Vorrang ausnutzenden Grundpfandrechts. Die Eintragung dieses Rangvorbehalts gemäß § 881 BGB in das Grundbuch wird

bewilligt und beantragt.

Vollzugsnachricht wird erbeten.

8)

Jeder Veräußerer bevollmächtigt den Erwerber und jeden im Zeitpunkt der Einreichung der Löschungsbewilligung eingetragenen Grundstückseigentümer oder dessen gesetzlichen Vertreter einzeln, unter Vorlage der Sterbeurkunde des betreffenden Veräußerers die Löschung der zu dessen Gunsten im Grundbuch eingetragenen Auflassungsvormerkung zu bewilligen und zu beantragen. Die Vollmacht ist widerruflich.[41]

▶ Kostenanmerkung:

14   Nach GNotKG bestimmt sich der Geschäftswert gem. § 46 Abs. 1 aus dem Verkehrswert der übertragenen Immobilie. Das Rückerwerbsrecht steht im Sinne eines Austauschvertrages nach § 97 Abs. 3 GNotKG diesem Wert gegenüber. Es bestimmt sich bei einem Verfügungsverbot nach § 50 Nr. 1 GNotKG aus 10 % des Wertes des betroffenen Grundbesitzes als dessen

---

39 Sind die zuwendenden Eltern von vornherein Gesamtgläubiger, dann sichert die Vormerkung auch das Recht des Überlebenden allein. Das Problem einer Sukzessiv- oder Alternativberechtigung stellt sich hier nicht (Schöner/Stöber, Rn. 261a). Ansonsten kann der Anspruch des Eigentümer-Elternteils für den Fall des Vorversterbens an den anderen Elternteil abgetreten und dann diese Abtretung bei der eingetragenen Vormerkung berichtigend vermerkt werden (Schöner/Stöber, Rn. 261e); es könnten auch zwei Vormerkungen beantragt werden. Man kann ergänzen, dass ein Alleineigentümerehegatte vorrangig das Recht ausüben kann, solange er lebt. Dann sind schenkungsteuerliche Erwägungen einer Zuwendung eines Elternteils an den anderen nach BFH, DStR 2007, 2108 wohl ausgeschlossen.
40 Eine Eintragung als Gläubiger entsprechend § 472 BGB sieht das LG Regensburg, MittBayNot 2008 29, als ausreichend für § 47 GBO an.
41 Löschungsvollmacht erforderlich, nachdem die Rspr. bei der Auflassungsvormerkung eine sog. Vorlöschensklausel nicht mehr zulässt, BGH, NJW 1996, 59. Grundlegend Wufka, MittBayNot 1996, 156 f., 160.

Sicherungsgeschäft. Zu einer Änderung des maßgeblichen Geschäftswertes führt dies aber nur dann, wenn auf Erwerberseite noch weitere Gegenleistungen hinzuzuzählen wären. Daher wird zumeist aus dem Wert der Immobilie eine 2.0 Gebühr nach KV 21100 anfallen.

In manchen Fällen ist es nicht gewünscht, dass die Eltern den Grundbesitz wieder zurückerhalten und dann nach freier Wahl etwa an Geschwister des Erwerbers weiter übertragen könnten, besonders wenn der Erwerber für seine Geschwister im Zusammenhang mit der Übertragung bereits Abfindungsleistungen erbracht hat. Zwar kann in diesem Fall die Rückzahlung der Abfindungsleistungen und die Aufhebung eines etwaigen Pflichtteilsverzichts vereinbart werden, so wie in der Alternative des vorstehenden Formulierungsvorschlages vorgesehen.

Regelmäßig eher den Wünschen der Vertragsparteien entspricht in diesem Fall eine Vereinbarung, dass der **Übergeber nicht Übertragung an sich verlangen kann, sondern Übertragung auf die Kinder des Erwerbers**. Dies erleichtert häufig dem Ehegatten des Erwerbers die Zustimmung zum Vertragswerk, da er mit dieser Klausel weiß, dass die Mühen und Aufwendungen in das Vertragsobjekt auch bei Eintritt eines Rückforderungsfalls jedenfalls der eigenen Familie zugutekommen.

▶ Formulierungsvorschlag: Recht, Übertragung auf Kinder des Erwerbers verlangen zu können

Für den Fall der Zuwiderhandlung gegen das vereinbarte Veräußerungs- und Belastungsverbot sind die Erschienenen zu 1)

– nachfolgend kurz: Rückforderungsberechtigter genannt –

berechtigt, die Übertragung des heutigen Vertragsgrundbesitzes mit allen Rechten und Pflichten, Bestandteilen und dem gesetzlichen Zubehör auf die Kinder des heutigen Erwerbers ..... oder eines dieser Kinder zu verlangen.

Die Bestimmung kann vom Rückerwerbsberechtigten und dem Erwerber ohne Zustimmung der Kinder abgeändert werden.[42]

Für den Fall, dass das Zuwendungsobjekt sogleich oder später an den Ehegatten des Erwerbers weitergegeben werden soll, wird die Übertragung schon aus schenkungssteuerlichen Gründen zunächst an das eigene Kind als Erwerber und dann weiter an dessen Ehegatten erfolgen.[43]

Die Eltern können dies angesichts ihres eigenen Rückerwerbsrechts vorab gestatten, wenn die Pflichten aus vorstehendem **Rückübertragungsrecht auch dem Ehepartner auferlegt** werden. Die eingetragene Vormerkung würde dann beide Miteigentumsanteile belasten. Dies ist interessengerecht, wenn die Eltern ihren Lebensmittelpunkt in dem übertragenen Anwesen haben. Das **Vorversterben**

---

[42] Soll eine Vormerkung eingetragen werden, so sollte diese für den Elternteil, nicht für die Kinder eingetragen werden, denn der BGH verneint hier die Sicherungsfunktion der Vormerkung, BGH, WM 2007, 1137 = BGH, DNotZ 2007, 829 f. m. Anm. Amann, der empfiehlt, für Elternteil und Kinder Vormerkungen einzutragen; Letzteres wird zumindest bei minderjährigen Kindern durchaus nicht immer gewünscht sein.
[43] Geschah dies früher aufgrund der Entscheidung des FG Rheinland-Pfalz, DNotI-Report 1999, 114 ff. zumeist als Kettenschenkung in einer Urkunde, so ist die Praxis nunmehr nach dem Urteil des BFH, BStBl. 2005 II, S. 412 vorsichtiger geworden und führt die Zuwendungen zumeist in zwei Urkunden mit zeitlichem Abstand aus. Hierzu detailliert: C. Münch, FamRB 2006, 283 ff. Zwar hat der BFH, DStR 2013, 2103 = ZEV 2013, 629, die Kettenschenkung in weitem Umfang anerkannt, er hat aber auch ausgesprochen, dass bei einer zeitgleichen Vereinbarung von Schenkung und Weiterschenkung in einer Urkunde dem zuerst Bedachten regelmäßig kein freier Entscheidungsspielraum bleibt, denn er kann nur mit seiner Unterschrift beide Vorgänge zugleich in Lauf setzen. Es bleibt also bei der Empfehlung, die Schenkung an das Kind und dessen Weiterübertragung an den Ehegatten in zwei verschiedenen Urkunden zu tätigen.

des eigenen Kindes würde dann bei entsprechender Formulierung das Rückübertragungsrecht hinsichtlich des gesamten Grundbesitzes auslösen.

19 Handelt es sich bei dem sogleich auf den Ehepartner weiter übertragenen Grundbesitz um einen **Bauplatz**, den die Ehegatten gemeinsam bebauen, so sollte ein Rückübertragungsrecht der Eltern nur so lange bestehen, wie das Grundstück noch unbebaut ist.

20 In solchen Fällen ist ein **Rückerwerbsrecht der Eltern wenig empfehlenswert**.[44] Hilfreicher erscheint hier eine **Scheidungsklausel**[45] oder eine Regelung über die Behandlung im Zugewinn[46] zwischen den Ehegatten. Dem Wunsch der Eltern, die Teilhabe an Wertsteigerungen bzgl. des übertragenen Vermögens zu verhindern, kann ggf. mit einer zusätzlichen ehevertraglichen Klausel genügt werden, die dies ausschließt.[47]

21 Interessant ist auch der Vorschlag, in unbebautem Zustand Rückforderung zu verlangen und bei bebautem Zustand einen Kaufpreis zu vereinbaren, der dann für den übertragenen halben Anteil gezahlt werden muss.[48]

22 Ggf. könnte **zusätzlich erbvertraglich Vorsorge** getroffen werden, dass das übertragene Vermögensgut bei Versterben des Erwerbers und seines Ehegatten ohne Kinder wieder an die Eltern oder Geschwister des Erwerbers zurückfällt.

23 Angemerkt sei noch, dass nach der Rechtsprechung des BGH auch der gesetzliche **Anspruch des Schenkers** auf Rückübereignung nach Widerruf wegen **groben Undanks** nach § 530 BGB **vorgemerkt werden kann**.[49] Wenn in der Literatur daraus der Schluss gezogen wird, für den **Notar** bestehe demnach eine Pflicht, die Beteiligten zu fragen, ob auch der Anspruch wegen groben Undanks vorgemerkt werden solle,[50] so ist dem nicht zu folgen. Es handelt sich um eine außergewöhnliche Fallgestaltung, die anzusprechen zwar ratsam sein kann, soweit dies nicht ohnehin i.R.d. vertraglichen Gestaltung von Rückforderungsrechten geschieht. Eine **Beratungspflicht**[51] wird man aber nicht annehmen dürfen, denn auch in sonstigen Fällen ist der Notar nicht verpflichtet, über alle etwaigen Abwicklungs- und Vollzugsschwierigkeiten zu belehren bzw. Rückabwicklungsrechte zu sichern. Möglich ist es aber nach dieser Entscheidung des BGH, den Widerruf wegen groben Undanks zum Katalog vertraglicher Rückforderungsrechte hinzuzufügen und durch Vormerkung abzusichern.

III. Elterliche Geldzuwendung mit Ehevertrag des Empfängers

24 Als letzte Konstellation in diesem Bereich soll noch ein Formulierungsvorschlag für eine oft vorkommende Konstellation geboten werden. Eltern schenken ihrer Tochter 100.000,- € zum Erwerb eines Grundstücks gemeinsam mit deren Ehemann. Die Tochter lebt in einer Alleinverdienerehe, d.h. der Ehemann, der kein eigenes Eigenkapital einbringt, wird den Schuldendienst für das Anwesen allein übernehmen, während die Ehefrau die Kindererziehung und den Haushalt übernimmt. Eltern und Tochter wollen hier sichergestellt wissen, dass – wie es auch immer mit Ehe und Hausbau sowie Entschuldung weitergeht – die Tochter ihre 100.000,- € zurückerhält, die sie eingebracht hat.

---

44 Abweichungen sind v.a. dann geboten, wenn sich der Bauplatz in räumlichem Zusammenhang mit dem elterlichen Anwesen oder Betrieb befindet, da dann für die Eltern als Veräußerer der dingliche Erhalt des Zuwendungsobjektes ggf. auch mit neu gebautem Haus im Vordergrund steht.
45 Vgl. die Formulierungsvorschläge in Kap. 3 Rdn. 150.
46 Vgl. die Formulierungsvorschläge in Kap. 3 Rdn. 103 f.
47 Vgl. den Formulierungsvorschlag in Kap. 2 Rdn. 631 ff. Langenfeld, 6. Aufl., Rn. 889 ff. schlägt dagegen zwei Rückübertragungsklauseln vor ohne Eintragung einer Vormerkung für die Eltern, sodass diese nur nach Rückforderung durch den Erwerber von ihrem Recht Gebrauch machen können.
48 So der Vorschlag von Arend, MittRhNotK 1990, 65, 75.
49 BGH, JZ 2003, 211.
50 Wacke, JZ 2003, 179, 184 f.
51 Gegen Beratungspflicht: OLG Bamberg, NotBZ 2004, 238.

B. Elternzuwendungen mit Rückübertragungsklausel — Kapitel 4

▶ **Beispiel:**

Anfangsvermögen M 50.000,00 € (dient als Reserve, nicht im Haus), Anfangsvermögen F nach Elternzuwendung = 100.000,00 € (wird ins Haus investiert als Eigenkapital),

Wert Grundstück mit Haus in je 1/2 Miteigentum insgesamt: 500.000,- €.

Restschuld, für die Ehegatten als Gesamtschuldner haften 400.000,- €. Es ist davon auszugehen, dass nach Trennung diese auch im Innenverhältnis von beiden Ehegatten gleichmäßig zu tilgen ist, jedem Ehegatten werden also 200.000,- € Schulden zugerechnet.

M muss eingebrachte 100.000,- € an F zurückzahlen. Hierfür ist allein in sein Endvermögen eine zusätzliche Verbindlichkeit mit 100.000,- € einzustellen.

Zugewinnberechnung nach Hausbau:

Somit also Endvermögen (ohne Rücksicht auf Tilgung) bei M 250.000,- € (= 1/2 Haus) + 50.000,- € – 200.000,- € -100.000,- € = 0,- €. Endvermögen bei F: 250.000,- € + 100.000,- € – 200.000,- € = 50.000,- €. Zugewinn in beiden Fällen 0,- €.[52]

Zugewinnberechnung nach 15 Jahren unter der Annahme, es seien 300.000,- € getilgt und der Hauswert bleibe gleich:

Endvermögen M 250.000,- € +50.000,- € – 50.000,- € – 100.000,- € = 150.000,- € abzgl. Anfangsvermögen 50.000,- €: Zugewinn = 100.000,- €.

Endvermögen F 250.000,- € – 50.000,- € + 100.000,- € = 300.000,- € abzgl. Anfangsvermögen 100.000,- €: Zugewinn = 200.000,- €.

Im Ergebnis muss F an M dann 50.000,- € Zugewinn ausgleichen, hat aber das halbe Haus.

In der Regel wird dies nicht als ungerecht empfunden werden.

Sollen F die 100.000,- € immer verbleiben*, ganz egal wie der Wert des Hauses sich entwickelt, so wäre der Zugewinnausgleich vertraglich so einzuschränken, dass F die 100.000,- €, welche M zurückerstatten muss, stets verbleiben und im Zugewinn nicht in ihr Endvermögen eingestellt werden, allerdings auch nicht nochmals ihr Anfangsvermögen erhöhen.*

Ein Formulierungsvorschlag kann dann wie folgt lauten:[53]

▶ **Formulierungsvorschlag: Geldschenkung an das eigene Kind**

…. Die Erschienenen zu 1 (Eltern) schenken hiermit ihrer Tochter, der Erschienen zu 2, einen Geldbetrag in Höhe von 100.000,00 € als Ausstattung, den diese annimmt.

Die Tochter hat sich die ihr gemachte Zuwendung auf ihren Pflichtteil nach jedem Elternteil mit der Hälfte des geschenkten Betrages anrechnen zu lassen.[54]

Eine etwa bestehende Ausgleichungspflicht gemäß §§ 2050 ff. BGB wird erlassen bzw. eine solche wird ausdrücklich nicht angeordnet.

Der Notar hat über die Bedeutung vorstehender Vereinbarung belehrt.

---

52 Wie in diesem Buch vertreten wird davon ausgegangen, dass zwar das Endvermögen negativ sein kann, nicht aber der Zugewinn.
53 Es wurde aus dem Leserkreis ein kompletter Formulierungsvorschlag gewünscht. Die Geldschenkung an volljährige Kinder wird aufgrund des § 518 Abs. 2 BGB eher selten notariell beurkundet.
54 Variieren je nach Schenker.

Kapitel 4 Zuwendungen Dritter mit Scheidungsvorsorge – vertragliche Rückerwerbsklauseln

27 Wenn die oben dargestellte Rechtslage der teilweisen Rückgewähr des geschenkten Betrages an den anderen Ehegatten bei Beibehaltung der Haushälfte akzeptiert ist, dann müsste ehevertraglich diese Rückerstattung vereinbart und sonst keine weiteren Regelungen getroffen werden. Wenn der beschenkten Tochter die 100.000,- € immer verbleiben sollen, egal wie sich die sonstigen Eigentumsverhältnisse darstellen, so wäre ehevertraglich zwischen der Tochter und ihrem Ehemann zusätzlich zu vereinbaren, dass der Betrag von 100.000,- €, den sie vom Ehemann zurückerhält, nicht in ihr Endvermögen einzustellen ist. Die Rückerstattung fällt nach § 1374 Abs. 2 BGB auch nicht nochmals in das Anfangsvermögen. Dieses bleibt bei den von den Eltern geschenkten 100.000,- €. Die Formulierung sei hier dargestellt, ohne dass sie als Regelfall empfohlen würde:

▶ Formulierungsvorschlag: Ehevertrag – Rückerstattung der Elternschenkung mit Alternative Beibehaltung des Anfangsvermögens

28 .... den gesetzlichen Güterstand der Zugewinngemeinschaft wollen wir für unsere Ehe beibehalten, ihn allerdings wie folgt modifizieren:

Die Ehefrau hat von ihren Eltern einen Betrag in Höhe von 100.000,- € erhalten und in den gemeinsamen Hausbau in der ...straße, eingetragen beim Amtsgericht ... Band ... FlurNr. ... investiert.

Stellt ein Ehegatte einen Antrag auf Ehescheidung, der später zur Scheidung der Ehe führt, hat der Ehemann diesen Betrag an die Ehefrau zurückzuerstatten.

Alternative: + Indexklausel

Zug um Zug mit der Rückerstattung nach Maßgabe obiger Vereinbarungen findet dann auf der Grundlage der nach Rückerstattung bestehenden Vermögenslage der gesetzliche Zugewinnausgleich statt.

Alternative: Wir vereinbaren ausdrücklich, dass dieser rückerstattete Betrag nicht in das Endvermögen der Ehefrau eingestellt wird. Ferner vereinbaren wir, dass der Betrag des Anfangsvermögens der Ehefrau von 100.000,- € nicht indexiert wird. (das fällt weg, wenn die 100.000,- € mit Index zurückerstattet werden)

29 Schließlich sei noch eine Regelungsvariante vorgestellt, die auch gelegentlich gewünscht wird, wenn Ehegatten gerade wollen, dass verschiedene Finanzierungsbeteiligungen nicht mehr verrechnet werden, weil z.B. der eine Ehegatte Anfangsvermögen in ein Objekt im Miteigentum beider Ehegatten investiert, der andere aber vielfältige anderweitige Leistungen erbringt, die nicht in Geld zu rechnen sind. Die Ehegatten stellen sich vor, dass im Zugewinn jeder das halbe Haus hat und sind sehr überrascht, wenn aufgrund des Anfangsvermögens eines Ehegatten am Ende diesem ein Zugewinnanspruch zusteht.

▶ Beispiel:

30 *Anfangsvermögen M 150.000,00 €, (investiert in Haus) Anfangsvermögen F 0 €.*

Wert Grundstück mit Haus in je 1/2 Miteigentum insgesamt: 500.000,- €.

Zugewinnberechnung nach 15 Jahren unter der Annahme vollständiger Schuldentilgung und gleich gebliebenem Hauswert:

Endvermögen M 250.000,- € abzgl. Anfangsvermögen 150.000,- €: Zugewinn = 100.000,- €.

Endvermögen F 250.000,- € abzgl. Anfangsvermögen 0,- €: Zugewinn = 250.000,- €.

Im Ergebnis muss F an M dann 75.000,- € Zugewinn ausgleichen, hat aber das halbe Haus.

C. Zuwendung von Schwiegereltern

Das entspricht den Regeln des Zugewinns, wird aber öfters so nicht gewünscht. Hierzu: 31

▶ **Formulierungsvorschlag: Ehevertrag – Endvermögen als Zugewinn**

... den gesetzlichen Güterstand der Zugewinngemeinschaft wollen wir für unsere Ehe beibehalten, ihn allerdings wie folgt modifizieren: 32

Wir setzen unser beiderseitiges Anfangsvermögen mit 0,- € an. Das Endvermögen gilt somit komplett als Zugewinn.

...

C. Zuwendung von Schwiegereltern

I. Probleme der direkten Zuwendung an Schwiegerkinder

1. Zuwendung zu Lebzeiten

Zuwendungen von Eltern an Kind und Schwiegerkind kommen v.a. im Bereich der Geldschenkung vor. Bei Grundstücksschenkungen werden die Notare i.d.R. auf eine **Kettenschenkung**[55] hinweisen, um die schenkungssteuerlichen Freibeträge auszunutzen. 33

Der BGH hatte bisher die Zuwendung an das Schwiegerkind nicht als Schenkung angesehen, sondern wandte die **Grundsätze der unbenannten Zuwendung** unter Ehegatten **entsprechend** an und stufte damit die Zuwendung als auf einem besonderen familienrechtlichen Rechtsverhältnis beruhend ein, sodass sie nicht nach § 1374 Abs. 2 BGB dem Anfangsvermögen des Schwiegerkindes zuzurechnen war.[56] 34

Damit wollte der BGH bisher über die Frage einer **Rückerstattung der Zuwendung nach den Grundsätzen über den Wegfall bzw. die Störung der Geschäftsgrundlage** entscheiden.[57] 35

Auf der Grundlage dieser bisherigen Rechtsprechung waren Rückforderungen von Schwiegereltern im Güterstand der Zugewinngemeinschaft sehr eingeschränkt, denn eine Korrektur erfolgte nur dann, wenn die **Vermögensverteilung unter Berücksichtigung des Zugewinnausgleichs ansonsten unzumutbar und unangemessen** wäre, und zwar **aus der Sicht des Kindes**. Jedenfalls sofern das Kind daher über den Zugewinn die Hälfte der Zuwendung, welche an das Schwiegerkind ging, zurückerhielt, entstand nach den Grundsätzen des Wegfalls – jetzt der Störung – der Geschäftsgrundlage kein Rückgewähranspruch. Die Grundsätze dieser Entscheidungen aus dem Jahr 1995 hatte der BGH später bekräftigt.[58] Das Verlangen der Rückerstattung setzt eine Gestaltungserklärung voraus.[59] Diese **Vermischung der Ansprüche der Schwiegereltern mit denen des Kindes** wurde heftig und mit durchaus bedenkenswerten Argumenten kritisiert.[60] 36

Von dieser **bisherigen Rechtsprechung hat sich der BGH seit dem Jahre 2010 abgewandt**[61] und erklärt, er sehe eine Zuwendung der Schwiegereltern an das Schwiegerkind als **Schenkung** an[62] und 37

---

55 Troll/Gebel/Jülicher, § 7 Rn. 236 ff. Zur Möglichkeit der Kettenschenkung zunächst an das eigene Kind und dann von diesem weiter auf den Ehegatten: BFH, DStR 2013, 2103 = ZEV 2013, 629; BFH, FamRZ 2005, 1250. Zu schenkungssteuerlichen Aspekten C. Münch, StB 2003, 130 ff.; Wälzholz, FamRB 2004, 103.
56 BGH, NJW 1995, 1889 ff. = FamRZ 1995, 1060 ff. = JZ 1996, 199 mit abl. Anm. Tiedtke. Vgl. auch OLG Köln, ZEV 2002, 197, das in gleicher Weise urteilt und dies auch für die Kettenschenkung bestätigt.
57 Vgl. auch OLG München, FamRZ 2004, 196.
58 BGH, FamRZ 1998, 669; BGH, FamRZ 1999, 365; ebenso OLG Celle, ZEV 2003, 295.
59 OLG München, FamRZ 2004, 196.
60 Koch, in: FS für Schwab, S. 513, 519; s.a. Tiedtke, JZ 1996, 201, 202; Lipp, JZ 1998, 908.
61 Die Notwendigkeit einer solchen Kehrtwende bezweifelt Wever, FamRZ 2010, 1047, 1049.
62 Allerdings ist die Gestaltung abzugrenzen von einem Darlehen, OLG Köln, FamRZ 2016, 1715.

nicht mehr als ein Rechtsverhältnis eigener Art, das der unbenannten Zuwendung entspricht.[63] Auch auf diese Schenkung sollen **weiterhin** die **Grundsätze des Wegfalls der Geschäftsgrundlage anwendbar** sein. Die Widerrufsgründe der Schenkung sind nach Auffassung des BGH nur Sonderfälle des Wegfalls der Geschäftsgrundlage. Geschäftsgrundlage einer solchen Schenkung sei regelmäßig, dass die eheliche Lebensgemeinschaft zwischen Kind und Schwiegerkind fortbesteht und das eigene Kind somit in den fortdauernden Genuss der Schenkung kommt.[64] Mit dem Scheitern der Ehe (Trennungszeitpunkt) entfalle diese Geschäftsgrundlage, sodass im Wege der richterlichen Vertragsanpassung über eine Rückgewähr zu entscheiden ist. Diese muss nicht vollständig sein, sondern kann sich auch auf eine partielle Rückabwicklung beschränken, insb. wenn dem Kind die Zuwendung über eine längere Ehezeit hinweg schon zugutegekommen ist.

Der BGH kreiert somit eine »**ehebezogene Schenkung**«. Die Literatur merkt hierzu kritisch an, dass dies die Abgrenzung zwischen Schenkung und ehebezogener Zuwendung auch unter Ehegatten ins Wanken bringen könne.[65] Nicht zuletzt deshalb sah sich der BGH veranlasst, in seiner dritten Entscheidung zu diesem Themenkomplex die Unterschiede deutlich herauszustellen und zu betonen, unter Ehegatten verbleibe es bei der ehebezogenen Zuwendung, weil der schenkende Ehegatte stets über die Ehe weiterhin an dem Schenkungsgegenstand partizipiere.[66]

38 Neu ist, dass diese Rückabwicklung zwischen Schwiegereltern und Schwiegerkind nunmehr **unabhängig von güterrechtlichen Erwägungen** zu erfolgen hat, also **nicht durch den Zugewinnausgleich beeinflusst**, sondern in der direkten Abwicklung zwischen den Parteien der Schenkung vorgenommen wird. Damit wird eine solche Rückforderung künftig wesentlich öfter erfolgreich geltend gemacht werden können. Wenn allerdings über den Zugewinn bereits nach der früheren Auffassung des BGH entschieden ist oder die Ehegatten auf der Grundlage dieser früheren Auffassung eine Vereinbarung getroffen haben, so besteht insoweit zwar keine Rechtskraftbindung, aber im Rahmen der Gesamtabwägung nach § 313 BGB kann dies auch gegenüber dem Rückforderungsanspruch der Schwiegereltern Berücksichtigung finden.[67] Man wird davon ausgehen müssen, dass es insoweit durch den Zugewinnausgleich an das eigene Kind zu einer teilweisen Zweckerreichung gekommen ist, welche sich auch die Schwiegereltern entgegenhalten lassen müssen.[68]

Der BGH sieht eine **Doppelinanspruchnahme** des beschenkten **Schwiegerkindes** dadurch **ausgeschlossen**, dass er die Schenkung beim Schwiegerkind sowohl im Anfangs- wie auch im Endvermögen berücksichtigen will, sodass sich im Zugewinnausgleich keine Auswirkung ergibt.[69] Schon im Anfangsvermögen will der BGH die schwiegerelterliche Schenkung aber nur mit einem um den

---

63 BGH, FamRZ 2010, 958 f. m. Anm. Wever, FamRZ 2010, 1047 ff. = ZEV 2010, 371 m. Anm. Langenfeld; BGH, FamRZ 2010, 1626 m. Anm. Wever = NJW 2010, 2884; BGH, FamRZ 2012, 273 m. Anm. Wever = NJW 2012, 523; BGH, NJW 2015, 690; BGH, NJW 2015, 1014; BGH, NJW 2016, 629; die Urteile werden breit diskutiert. Vgl. hierzu etwa: Braeuer, FPR 2011, 75, 76 f.; Herr, FamFR 2012, 557; Hoppenz, FamRZ 2010, 1718; Kogel, FamRB 2010, 309; Kogel, FamRZ 2011, 1121; Kogel, FF 2011, 247; Kogel, FamRZ 2012, 832; Kogel, FamRB 2013, 190; Kogel, FuR 2014, 19; Rodloff, FamRB 2013, 51; Schulz, FamRZ 2011, 12; Schulz, FPR 2012, 79; Stein, FamFR 2011, 243; Stein, FPR 2012, 88; Zimmermann, FamFR 2010, 268 f.; zusammenfassende Darstellung mit Rechenbeispielen bei Weinreich, FF 2015, 286 ff. und Mayer, ZEV 2016, 177 f.; monographisch: Lesczenski, Rückforderung schwiegerelterlicher Zuwendungen, Zugleich ein Beitrag zur dogmatischen Einordnung und Fortentwicklung des familienrechtlichen Vertrages sui generis, 2016.
64 Eine fundamental andere Ansicht vertritt das OLG Stuttgart, FamRZ 2012, 1595: Bei einer Scheidungsquote von 46,2 % könne man nicht drauf schließen, dass schenkende Schwiegereltern ernsthaft erwarten könnten, die Ehe ihres Kindes werde Bestand haben.
65 Wever, FamRZ 2010, 1047, 1049; zur Abgrenzung ehebedingte Zuwendung und ehebezogene Schenkung: Koch, NZFam 2014, 311, 313.
66 BGH, FamRZ 2012, 273 (Tz. 20).
67 Schlecht, FamRZ 2010, 1021, 1025.
68 BGH, FamRZ 2010, 1626 (Tz. 25); Rodloff, FamRB 2013, 51, 57.
69 BGH, FamRZ 2010, 958 f., Rn. 39 ff.

Rückforderungsanspruch geminderten Wert einstellen. Der Rückforderungsanspruch soll mit dem Wert abgezogen werden, mit dem er später tatsächlich entsteht,[70] der Rückforderungsanspruch wird zum durchlaufenden Posten.[71] Damit wird die Zuwendung im Vermögen des Schwiegerkindes neutralisiert.[72] Probleme kann es geben, wenn das Schwiegerkind im Zugewinn ausgleichungspflichtig ist und durch den Abzug des Rückforderungsanspruchs im Endvermögen die Vermögenswertbegrenzung des § 1378 Abs. 2 BGB ausgelöst wird und so zu einem niedrigeren Anspruch des Ehegatten im Zugewinn führt.[73]

Zum eigenen Kind hin soll eine Schenkung vorliegen, für die das Scheitern der Ehe keine Störung der Geschäftsgrundlage darstellt.[74]

Darüber hinaus hält der BGH auch bei der Schenkung von Schwiegereltern Ansprüche wegen Zweckverfehlung nach § 812 Abs. 1 Satz 2, 2. Alt. BGB für möglich,[75] die dann wohl auch Arbeitsleistungen erfassen müssten.[76] Für Arbeitsleistungen in erheblichem Umfang ergibt sich damit eine neue Anspruchsgrundlage,[77] die sich von derjenigen der Zuwendung unterscheidet.[78] Teilweise wird daraus die Schlussfolgerung gezogen, dies sei dann auch bei Zuwendungen unter Ehegatten anwendbar.[79]

Bei der Hilfe zur Darlehenstilgung mit der Geschäftsgrundlage des dauernden Wohnens des eigenen Kindes im Anwesen ist diese nur in Höhe des Tilgungsanteils gegeben. Mit dem Zinsanteil sollen demgegenüber Kosten des laufenden Lebensunterhaltes bestritten werden.[80] Bei Zahlung auf ein Tilgungskonto für einen Kredit eines Hauses im Miteigentum von Kind und Schwiegerkind ist regelmäßig eine Zahlung an beide anzunehmen, nicht hingegen bei Zahlung auf ein Girokonto, wenn die Ehegatten nur eines haben.[81]

▶ Hinweis:
Der BGH hat seine Rechtsansicht gewandelt und sieht die Zuwendung an ein Schwiegerkind als Schenkung an. Die Rückforderung durch die Schwiegereltern ist damit unabhängig vom Ergebnis des Zugewinnausgleichs der Ehegatten.

Bei Zuwendungen an einen nicht verheirateten Lebensgefährten des Kindes ist der BGH hingegen mit der Annahme einer Erwartung in das Bestehen der Beziehung sehr zurückhaltend. Bei einem Ende der Beziehung schon nach zwei Jahren bejaht er aber einen Wegfall der Geschäftsgrundlage.[82] Der BGH begründet dies mit der Endgültigkeit der Schenkung und der schon bei Ehen gegebenen hohen Scheidungswahrscheinlichkeit. Diese Rechtsprechung des für Schenkungen zuständigen X. Senats differiert deutlich zur neuen Rechtsprechung bei Schwiegerelternzuwendungen des XII. Senats.[83] Die weitere Entwicklung wird insoweit zu beobachten sein. Auf jeden Fall sollten Schenkungen mit Rückforderungsabreden begleitet sein oder sollten Darlehen erfolgen.[84]

---

70 Wever, FamRZ 2010, 1047.
71 Krause, ZFE 2010, 284, 286.
72 Langenfeld, ZEV 2010, 376.
73 Hoppenz, FamRZ 2010, 1027, 1028.
74 So Wever, FamRZ 2010, 1047, 1048; a.A. Hoppenz, FamRZ 2010, 1028, 1028.
75 Hierzu ausführlich Schlecht, FamRZ 2010, 1021, 1025 ff.
76 Schlecht, FamRZ 2010, 1021, 1022.
77 Krause, ZFE 2010, 284, 285.
78 Herr, FamFR 2012, 557 f.
79 Wever, FamRZ 2010, 1047, 1048; dem widersprechend Koch, FamRZ 2011, 1261, 1264: Störung der Geschäftsgrundlage und Zweckvereinbarung schließen sich tatbestandlich aus.
80 BGH, NJW 2015, 690.
81 BeckOGK/Siede, § 1374 BGB Rn. 99.
82 BGH, FamRZ 2019, 1595 m. Anm. Wever.
83 Detailliert Wever, FamRZ 2019, 1600.
84 Löhnig, NZFam 2019, 827.

Kapitel 4 Zuwendungen Dritter mit Scheidungsvorsorge – vertragliche Rückerwerbsklauseln

40 Besteht ein Rückgewähranspruch, so handelt es sich **regelmäßig** um einen **finanziellen Ausgleichsanspruch**. Dabei ist zu berücksichtigen, wie lange die Ehe Bestand hatte, denn für diesen Zeitraum wurde der Zweck der Zuwendung erreicht, sodass ein entsprechender Abschlag gerechtfertigt ist.[85]

41 Einen Anspruch auf **dingliche Rückgewähr** gesteht der BGH nur ganz ausnahmsweise zu. Er hat ihn in einem Fall bejaht, in dem der Schwiegervater an Sohn und Schwiegertochter je eine Haushälfte übertrug, um das Anwesen im Familienstamm zu erhalten und seiner Ehefrau ein freies Wohnen sicherzustellen. Diese Zielvorstellung war Geschäftsgrundlage geworden. Eine Anpassung war hier entsprechend der Zielvorstellung nur durch dingliche Rückgewähr möglich.[86]

In seinem vierten neuen Urteil zur Schwiegerelternzuwendung gestand der BGH[87] den Schwiegereltern aktuell einen Anspruch auf dingliche Rückgewähr bei Zuwendung eines Hausgrundstücks oder eines Miteigentumsanteils zu, wenn die Schwiegereltern sich ein Wohnrecht vorbehalten hatten, dass durch das Scheitern der Ehe gefährdet wird – hier konkret durch einen Antrag auf Teilungsversteigerung. Die Verjährungsfrist für diesen Anspruch auf dingliche Rückgewähr nahm der BGH mit zehn Jahren nach § 196 BGB an, da es sich um einen Anspruch auf Eigentumsübertragung an einem Grundstück handele.

42 Die dingliche Rückgewähr hat dann **Zug-um-Zug gegen Zahlung eines finanziellen Ausgleichs** an das Schwiegerkind zu erfolgen. Zur Festlegung dieses Ausgleichsbetrages ist eine Gesamtwürdigung aller Umstände unter Billigkeitsgesichtspunkten durchzuführen. Hiernach sind nicht nur Wertsteigerungen zu ersetzen, sondern auch Investitionen und Arbeitsleistungen zur Werterhaltung und Verschönerung des Anwesens.[88] Der Rückfordernde hat hierbei den Ausgleichsbetrag anzubieten bzw. seine Vorstellungen darzulegen und kann die Festsetzung in das gerichtliche Ermessen stellen.[89] Diese Grundsätze dürften auch nach der Rechtsprechungsänderung in Bezug auf die Schwiegerkinderzuwendung Anwendung finden.

43 Die genannten Grundsätze können auch dann zur Anwendung kommen, wenn die Schwiegereltern an Kind und Schwiegerkind ein Anwesen zu einem **unter dem Verkehrswert liegenden Preis verkaufen** und darin eine (teilweise) Zuwendung liegt. Allerdings sind die Anforderungen an die Feststellung einer solchen Zuwendung hoch. Bei einem dem Verkehrswert entsprechenden Kaufpreis ist zwar die Anwendung der Grundsätze über den Wegfall bzw. die Störung der Geschäftsgrundlage nicht ausgeschlossen, aber es müssen dann besondere Umstände vorliegen, nach denen das Fortbestehen der Ehe Geschäftsgrundlage für den Kaufvertrag war.[90]

44 Das **OLG Nürnberg** hat in einer Entscheidung,[91] die sehr berechtigter Kritik unterlegen ist,[92] sogar die Zuwendung an das eigene Kind nicht als Schenkung angesehen, sondern ebenfalls als ehebedingte unbenannte Zuwendung, sodass die Zuwendung völlig aus dem Zugewinnausgleich ausgeklammert blieb. Dies sprengte den Rahmen der dogmatisch ohnehin bedenklichen Konstruktion[93] endgültig.[94] Die OLG-Rechtsprechung folgte dem daher zu Recht nicht.[95] Mit der neuen Betrachtung des **BGH**, nach der die **Zuwendung an das Schwiegerkind schon Schenkung** ist, hat sich der Blickwinkel ganz und gar verschoben, da nunmehr die Schenkung beim Schwiegerkind um den Rückforderungsan-

---

85 BGH, FamRZ 1999, 365, 367; BGH, FamRZ 2010, 958 f.; Bergschneider/Wever/Röfer, Rn. 5.483.
86 BGH, FamRZ 1998, 669.
87 BGH, NJW 2015, 1014 = FamRZ 2015, 393 m. Anm. Wever.
88 BGH, FamRZ 1998, 669; Wever, Rn. 998.
89 BGH, FamRZ 1999, 365.
90 BGH, FamRZ 2003, 224 = ZNotP 2003, 98.
91 OLG Nürnberg, FamRZ 2006, 38.
92 C. Münch, MittBayNot 2006, 338 f.; Koch, FamRZ 2006, 585, 588 (»kaum überzeugende[n] Sachverhaltsdeutung«); Schröder, FamRZ 2006, 40; Scherer/Lehmann, ZEV 2006, 331; Büte, FuR 2007, 289.
93 Schulz, FamRB 2006, 48, 52.
94 Schwab/Schwab, VII Rn. 150.
95 OLG Koblenz, FamRZ 2006, 1839; OLG Köln, FamRZ 2009, 1064; OLG Frankfurt am Main, FamRZ 2009, 1065 f.

spruch vermindert in Anfangs- und Endvermögen einzustellen ist. Arbeitsleistungen, die an das eigene Kind erbracht werden, stellen keine Schenkung in das Anfangsvermögen dar, sofern nicht die Eltern einen Fachbetrieb haben und in diesem Rahmen Material und Arbeit einsetzen.[96]

Eine Schenkung von Eltern an ein Kind, das in **Gütergemeinschaft** lebt, ohne dass Vorbehaltsgut vereinbart wurde, soll nur dem Kind zugutekommen. Das Schwiegerkind erwirbt in diesem Fall nur aufgrund der gesetzlichen Vorschrift des § 1416 BGB. Es besteht ferner keine Vermutung, dass die Zuwendung auch für das Schwiegerkind mitbestimmt ist.[97] 45

Die **Rechtsprechungswende** des BGH führt auch nach drei Urteilen und einigen Jahren Zeitablauf **noch immer** zu lebhaften **Diskussionen**. So wird grundsätzlich kritisiert, dass die Einstellung des um den Rückforderungsanspruch der Schwiegereltern geminderten Wertes der Zuwendung in das Anfangsvermögen des Schwiegerkindes **gegen das Stichtagsprinzip verstoße**, weil dieser Wert erst mit dem Zeitpunkt der Trennung – erst wenn man diesen kennt, kann die Höhe des Rückforderungsanspruches unter Berücksichtigung der Zweckerreichung bestimmt werden – feststehe. Das Anfangsvermögen aber müsse mit dem Eintritt in den Güterstand bestimmt werden können.[98] Dies sei ein hoher Preis für die Rechtsprechungswende.[99] 46

Eingewendet wird auch unter Berücksichtigung der Rechtsprechung des BGH, dass der Vermögenswert (Zuwendung abzgl. Rückforderungsanspruch) noch **zu indexieren** sei[100] und dass die Schwiegerelternzuwendung doch Einfluss auf die **Kappungsgrenze des § 1378 Abs. 2 BGB** habe, die sie negativ verändere.[101] Schließlich wird noch ein **latenter Erbschaftsteuerabzug** ins Feld geführt.[102] 47

Andererseits wird konstatiert, dass die **Ergebnisse der Rechtsprechung**, nämlich eine Trennung des Zugewinnausgleichs einerseits und der schwiegerelterlichen Rückforderung andererseits, als durchaus **praktikabel und befriedigend** empfunden werden,[103] entsprechen sie doch einer schon früher erhobenen Forderung.[104] 48

Auch wenn dogmatisch das Stichtagsprinzip mit der möglichen Errechnung des Anfangsvermögens am Tag des Eintritts in den Güterstand aufgegeben wurde, so wird man doch **von dieser Rechtsprechung ausgehen** müssen. Dann aber muss man auch akzeptieren, dass der **BGH entschieden** hat, dass die in das Anfangs- und Endvermögen eingestellten **Beträge gleich** sind. Das bedeutet, dass eine zusätzliche Indexierung nicht in Betracht kommt, sie ist quasi mit der Einstellung zum gleichen Wert abgegolten.[105] Wenn das ausgleichspflichtige Schwiegerkind sich auf die **Kappungsgrenze** beruft, dann muss man freilich den vorhandenen Vermögenswert abzüglich des Rückforderungsanspruches als vorhanden bewerten. Das ändert aber nichts an der Neutralität dieses Wertes, der dann ebenso im Anfangsvermögen vorhanden ist. Das Argument der latenten Erbschaftsteuer schließlich wird sich ebenso lösen müssen. Diese wird in den gerechneten Beispielsfällen nur durch die Indexierung unterschiedlich, ansonsten ändert sie sich nicht.[106] 49

---

96 OLG Karlsruhe, FuR 2009, 638.
97 R E 7.6. Abs. 3 ErbStR; Gutachten, DNotI 77503 zu § 7 ErbStG.
98 Kogel, FamRB 2010, 309; Schulz, FPR 2012, 79, 82; Braeuer, FPR 2011, 75, 76 f.; Bruch, MittBayNot 2011, 144, 145; für den BGH: Hoppenz, FamRZ 2010, 1718: Stichtage sind kein Selbstzweck.
99 Wever, Rn. 1297.
100 Siehe etwa Kogel, FamRB 2013, 190.
101 Kogel, FamRB 2010, 309, 313.
102 Kogel, FamRZ 2012, 832, 835.
103 Wever, Rn. 1297.
104 Koch in FS Schwab, 513, 519.
105 Gegen eine Indexierung nun auch OLG Düsseldorf, FuR 2014, 488.
106 Hier gibt es bei allen latenten Steuern das Problem, dass diese bei individueller Berechnung im Anfangs- und Endvermögen unterschiedlich hoch ausfallen. Dies könnte bei einer breiten Anwendung der latenten Steuern ohnehin ein weiterer Anwendungsfall für eine Endvermögensübernahme in das Anfangsvermögen sein.

50 Es verbleiben eine ganze **Reihe offener Fragen** bei Zugrundelegung der Rechtsprechung des BGH.

51 Zunächst ist die **Fälligkeit des Anspruches der Schwiegereltern** zu klären. Diese wird überwiegend mit der **endgültigen Trennung** angenommen, die wiederum auf den Auszug einer Partei datiert wird. Damit ist die Erwartung der Schwiegereltern enttäuscht.[107]

52 Fraglich ist die **Abtretbarkeit des Rückforderungsanspruchs** der Schwiegereltern. Diese Abtretung ist nicht wegen einer Höchstpersönlichkeit des Anspruches ausgeschlossen. Die Abtretung scheitert auch nicht an § 1378 Abs. 3 BGB, denn es handelt sich nicht mehr um einen Anspruch, der sich auf den Zugewinn auswirkt. Vorgeschlagen wird daher eine **Abtretung des Anspruchs durch die Schwiegereltern an das eigene Kind.**[108] Für das Schwiegerkind hat damit nur der Gläubiger gewechselt. Beim eigenen Kind wird der Anspruch im Anfangs- und Endvermögen zu erfassen sein, sodass sich dessen Zugewinn nicht erhöht.[109]

53 Problematisch ist die **Vererblichkeit** des Rückforderungsanspruchs. Hier dürfte so zu unterscheiden sein: Wenn der **Anspruch noch zu Lebzeiten der Schwiegereltern entsteht** (also Trennung vorher), dann ist er wie jeder andere Anspruch auch **vererblich**. Auch dadurch wechselt für das Schwiegerkind nur der Gläubiger. Erbt das eigene Kind, erfolgt wieder Einstellung in das Anfangs- und Endvermögen.[110] Ist der **Anspruch beim Tod der Schwiegereltern noch nicht entstanden**, so wird es damit seine Bewandtnis haben, können doch die Schwiegereltern nun in ihren Erwartungen nicht mehr enttäuscht werden. Es bestand bloß eine Aussicht, kein Anspruch.[111] Das hat nun zur Konsequenz, dass ein Anspruch der Schwiegereltern bzw. von deren Erben nicht besteht und die Zuwendung im Zugewinn ebenfalls keine Rolle mehr spielt. Das mag man für ungerecht halten, es ist allerdings die Konsequenz daraus, dass die Schwiegereltern statt ihrem eigenen Kind das Schwiegerkind beschenkt haben.

54 Mit Arbeitsleistungen an der Immobilie des Schwiegerkindes und deren Ausgleichsansprüchen befasst sich das OLG Bremen, das auch für diese Fälle Ansprüche aus Wegfall der Geschäftsgrundlage bejaht.[112]

55 Bei der Frage, wie die **Minderung des Anspruchs infolge Zweckerreichung** zu quantifizieren ist, gibt es verschiedene Ansichten. Es gewinnt mehr und mehr die Meinung an Boden, dass nach 20 Jahren der Nutzung durch das Schwiegerkind und das eigene Kind alle Erwartungen der Schwiegereltern erfüllt sind, sodass **nach Ablauf von 20 Jahren kein Rückforderungsanspruch mehr** besteht,[113] bei geringerer Nutzung entsprechend anteilig. Andere Vorschläge gehen von einer Art »Abschreibung« aus, wonach in den ersten 5 Jahren jährlich 3 % wegfallen, in den nächsten 5 Jahren 4 %, dann 5 % und in den letzten 5 Jahren dann aufsteigend von 6 bis 10 % pro Jahr.[114] Andere sehen eine fallende Abschreibung von 15 Jahren 5 % und danach 10 Jahre 2,5 %.[115] Ist in einem Altfall der Zugewinnausgleich bereits durchgeführt und die Zuwendung dem eigenen Kind im Zugewinnausgleich zugutegekommen, so ist ebenfalls Zweckerreichung eingetreten.[116] Nach anderer Auffassung ist die Zeit bis zur Trennung (= Zeit der gemeinsamen Nutzung) in das Verhältnis zu setzen zur

---

107 Schulz, FPR 2012, 79, 80; Stein, FPR 2012, 88, 90.
108 Schulz, FPR 2012, 79, 83; Henke/Keßler, NZFam 2014, 307, 308.
109 Bei einer Abtretung nach dem Endvermögensstichtag, wird der Anspruch nicht in das Endvermögen, dann aber auch nicht in das Anfangsvermögen fallen.
110 Vgl. Schulz, FPR 2012, 79, 82.
111 Wever, FamRZ 2010, 1629; Schulz, FPR 2012, 79, 83; Stein, FamFR 2011, 243, 245; Henke/Keßler, NZFam 2014, 307, 308.
112 OLG Bremen, NZFam 217, 858.
113 Schulz, FamRZ 2012, 12, 13; OLG Frankfurt, FamRB 2013, 237; OLG Düsseldorf, FamRZ 2015, 173; ähnlich das OLG Stuttgart, FamRZ 2012, 1595, das nach 15 Jahren einen weitgehenden Wegfall annimmt.
114 Kogel, FuR 2014, 19, 23.
115 Jüdt, FuR 2013, 431, 437.
116 OLG Düsseldorf, FamFR 2013, 396.

Eheerwartung (= erwartete Zeitdauer der Ehe = statistische Lebensdauer der Ehegatten, maßgeblich ist die jeweils geringste).[117]

Der **BGH hat sich gegen jede schematische Betrachtung mit festen Jahreszahlen** ausgesprochen, die 20-jährige Frist demnach verworfen und verlangt eine individuelle Betrachtung.[118] 56

Strittig ist die **Verjährung** des Anspruches der Schwiegereltern. Hier gewinnt die Ansicht an Boden, dass es sich um einen reinen Geldanspruch handelt, der nicht mehr familienrechtlicher Natur ist, sodass die Verjährung **nach § 195 BGB drei Jahre** beträgt und ohne Übergangsvorschriften mit dem Ende des Jahres der Trennung zu laufen beginnt.[119] Dem hat sich der BGH nun ausdrücklich angeschlossen,[120] sodass die Rechtspraxis den Anspruch nicht mehr als familienrechtlich qualifizieren kann. Nach Ansicht des OLG Düsseldorf[121] beginnt die Verjährung in »Altfällen«, bei denen vor der Entscheidung des BGH mit dem Systemwechsel[122] ein Anspruch aussichtslos war, erst mit Beginn des Jahres 2011. Auch dem hat der **BGH** widersprochen und nochmals klargestellt, dass die **dreijährige Verjährungsfrist des § 195 BGB** (außer bei Grundstücken 10 Jahre nach § 196 BGB) ohne Hemmung bis zur Rechtsprechungsänderung anwendbar ist. Ferner hat er klargestellt, dass der **Zeitpunkt der Trennung** entscheidend ist und nicht derjenige der Scheidung.[123] 57

▶ Hinweis:

Die schnelle Verjährung des Anspruchs der Schwiegereltern, die zudem bereits mit Ende des Jahres, in dem die Trennung stattfand, beginnt, lässt in vielen Fällen Eile geboten sein. 58

Geht der Anspruch jedoch auf **dingliche Rückgewähr eines Grundstückes**, so hat sich der BGH[124] für die **zehnjährige Verjährungsfrist des § 196 BGB** ausgesprochen.

Die **notarielle Praxis** wird verschiedentlich aufgefordert, aus der Rechtsprechungsänderung des BGH **Folgerungen** zu ziehen.[125] Hierzu muss man sagen, dass bei Einschaltung des Notars im Rahmen einer Grundstückszuwendung in aller Regel schon aus schenkungsteuerlichen Gründen zu einer **Kettenschenkung** geraten werden wird, wonach zunächst dem eigenen Kind geschenkt wird und dieses dann einen Anteil an den Ehegatten (= Schwiegerkind) weiter überträgt. Dann findet die **Rückabwicklung ausschließlich im Verhältnis der Ehegatten** statt. Kommt es doch zu einer direkten Schenkung, so lassen sich die hier angesprochenen Zweifelsfragen vertraglich regeln, so z.B. die jährliche Minderung des Anspruchs aufgrund Zweckerreichung.[126] 59

Vorsicht ist geboten vor einer »**Gesamtvereinbarung**«, denn nach § 1378 Abs. 3 Satz 2, 3 BGB sind Vereinbarungen über die Zugewinnausgleichsforderung nur unter Ehegatten zulässig. Sobald **Dritte mit eingebunden** werden, **droht die Nichtigkeit**.[127] Dies kann schon bei der bloßen Vereinbarung über die Bewertung von Vermögensgegenständen eintreten. Man könnte hier etwa an eine Vereinbarung des Abschlags wegen Zweckerreichung denken. Macht man Ernst mit der Auffassung, dass der Anspruch der Schwiegereltern den Zugewinnausgleichsanspruch nicht beeinflusst, dann müsste man aber mit diesen Vereinbarungen treffen können, die den Zugewinn dann nicht berühren und damit auch nicht gegen § 1378 Abs. 3 Satz 3 BGB verstoßen könnten. Aufgrund der ungeklärten Rechtslage heißt es hier aber besser, Vorsicht walten zu lassen. Möglich sind aber jedenfalls Verein- 60

---

117 So Wever, FamRZ 2013, 1, 3; OLG Bremen, FamRZ 2016, 504.
118 BGH, NJW 2015, 690 = FamRZ 2015, 490 m. Anm. Wever.
119 OLG Köln, FamRZ 2013, 822; OLG Frankfurt, FamRZ 2013, 988.
120 BGH, NJW 2015, 1014.
121 OLG Düsseldorf, FamRZ 2014, 161.
122 BGH, FamRZ 2010, 958.
123 BGH, NJW 2016, 629.
124 BGH, NJW 2015, 1014.
125 Z.B. Stein, FPR 2012, 88, 91.
126 Vgl. etwa Herr, FamFR 2012, 92.
127 Kogel, FamRZ 2011, 1121.

barungen der **Ehegatten untereinander, sich gegenseitig von Ansprüchen der Schwiegereltern freizustellen**, an die nun aber vor allem bei Scheidungsvereinbarungen immer gedacht werden sollte.

2. Zuwendungen von Todes wegen

61 Bemerkenswert ist in diesem Zusammenhang ferner ein Urteil des BGH zur **Erbeinsetzung des Schwiegerkindes**. Eine solche Erbeinsetzung wird nicht etwa analog § 2077 BGB unwirksam, wenn die Ehe von Kind und Schwiegerkind geschieden wird.[128] Hier besteht also Handlungsbedarf, wenn das Schwiegerkind nichts erben soll. Da dies im Regelfall dem Willen des Erblassers entsprechen wird, ist es ratsam, die Erb- oder Vermächtniseinsetzung des Schwiegerkindes an eine entsprechende **Bedingung** zu knüpfen.[129]

▶ Hinweis:

62 Sofern ein Schwiegerkind zum Erben oder Vermächtnisnehmer eingesetzt werden soll, ist es empfehlenswert, als Bedingung hinzuzufügen, dass im Zeitpunkt des Erbfalls die Voraussetzungen des § 1933 BGB bezogen auf die Ehe von Kind und Schwiegerkind noch nicht vorgelegen haben.

63 Z.T. wird der Handlungsbedarf sogar noch weitergehend formuliert, dass der Erblasser nämlich auch bei einer Scheidung nach Anfall der Erbschaft nicht wolle, dass das Schwiegerkind die Erbschaft behalten darf. Daher soll die Erbeinsetzung des Schwiegerkindes nur auflösend bedingt durch eine spätere Scheidung erfolgen.[130] Damit wird für solche Fälle eine dauerhafte Vor- und Nacherbeinsetzung empfohlen. Hier sollte der Rat eher dahin gehen, Schwiegerkinder außer mit Vermächtnissen oder Erbeinsetzungen, die ihnen wirklich verbleiben sollen, nicht zu bedenken.

3. Schenkungssteuerliche Folgen der Zuwendungen an Schwiegerkinder

64 Die **Betrachtung der schenkungssteuerlichen Folgen** direkter Zuwendung wird sogleich zeigen, warum die **Übertragung unmittelbar** von den Schwiegereltern **auf das Schwiegerkind** – neben den Unwägbarkeiten zivilrechtlicher Rückgewähransprüche – in der Praxis **nur selten ratsam** ist. Hieran werden auch Erwägungen zu Regressforderungen und Pflichtteilsansprüchen bei einseitigen Enkelkindern[131] nur in Ausnahmefällen etwas ändern.

65 Bei einer Zuwendung unmittelbar an das Schwiegerkind sind die **schenkungssteuerlichen Rahmenbedingungen schlecht**. Die Schwiegerkinder unterfallen nach § 15 Abs. 1 Nr. 5 ErbStG der **Steuerklasse II** und haben nach § 16 Abs. 1 Nr. 5 ErbStG **nur einen Freibetrag von 20.000,00 €**, der sich allenfalls verdoppeln lässt, wenn die Schenkung von beiden Schwiegereltern kommt. Zudem sind die **Steuersätze** für die Steuerklasse II nach § 19 ErbStG wesentlich höher. Sie liegen bei 15 % (bis 75.000,00 € steuerpflichtiger Erwerb), 20 % (300.000,00 €) bzw. 25 % (600.000,00 €) usw.

66 Bei der Zuwendung an das eigene Kind hingegen sind i.R.d. Steuerklasse I bis zu 400.000,00 € je Elternteil steuerfrei übertragbar und die entsprechenden Steuersätze belaufen sich auf 7 %, 11 %, 15 % usw.

67 So fällt vielfach bei einer Zuwendung an Kind und Schwiegerkind beim Schwiegerkind Schenkungsteuer an, während die gleiche Zuwendung steuerfrei wäre, wenn sie nur dem eigenen Kind gewährt worden wäre. Aus diesem Grund geht die Gestaltungspraxis einen anderen Weg.

---

128 BGH, FamRZ 2003, 870 = DNotI-Report 2003, 101 = DNotZ 2003, 865.
129 Krit. zu diesem Urteil des BGH: Keim, NJW 2003, 3248 f.
130 Litzenburger, ZEV 2003, 385, 390.
131 Reymann, ZEV 2006, 55, 59 ff.

C. Zuwendung von Schwiegereltern   Kapitel 4

▶ **Hinweis:**
I.d.R. ist es richtig, eine direkte Zuwendung an das Schwiegerkind zu vermeiden. Eine Ausnahme besteht da, wo das Zivilrecht nahelegt, von einer Zuwendung an das eigene Kind abzusehen, etwa bei Insolvenzproblemen oder Pflichtteilsbelastung des eigenen Kindes.

68

Die Zuwendung wird in der Praxis regelmäßig so geschehen, dass die Eltern **zunächst das eigene Kind bedenken** und **dieses** dann einen **halben Anteil**[132] an seinen Ehepartner **weitergibt**. Dem liegt das Ziel zugrunde, dass auch das Steuerrecht zwei selbstständige Schenkungen annehmen soll. Begrifflich soll dies hier als »**echte Kettenschenkung**« oder nur Kettenschenkung[133] bezeichnet sein, während die nicht anerkannte Variante als **Durchgangserwerb** bezeichnet wird.[134]

69

Voraussetzungen einer echten **Kettenschenkung**[135] sind steuerlich die Folgenden:[136]
– zwei selbstständige Schenkungsvorgänge;[137]
– Ausführung beider Schenkungen (nach R E 9.1. ErbStR [2019] müssen bei Grundstückszuwendungen für jedes Vertragsverhältnis alle für die Eintragung der Rechtsänderung in das Grundbuch erforderlichen Erklärungen in der gehörigen Form abgegeben und ihr Vollzug darf nicht ausgesetzt sein);
– Dispositionsfreiheit des Erwerbers (dem Erwerber darf die weitere Zuwendung nicht auferlegt worden sein).[138]

70

Für die Gestaltungspraxis wesentlich ist die **Frage, ob die beiden Zuwendungen Eltern – Kind und dann Kind – Ehepartner in einer einzigen Urkunde verbunden** werden können. Hierzu berief sich die Gestaltungspraxis in der Vergangenheit wesentlich auf ein Urteil des FG Rheinland-Pfalz aus dem Jahr 1999.[139]

71

▶ **Sachverhalt:**
Eine Mutter hatte Kommanditanteile auf die Söhne übertragen und diese in gleicher Urkunde die soeben erworbenen Anteile weiter auf ihre Ehefrauen. Die Eltern hatten sich damit einverstanden erklärt. Bei der Ehegattenzuwendung war geregelt, dass es sich um unbenannte Zuwendungen handeln solle, die beim Zugewinn berücksichtigt werden sollten. Außerdem hatten sich die Söhne ein Rücktrittsrecht für den Scheidungsfall und das Vorversterben der Ehefrauen vorbehalten.

Das FG sprach aus, dass der Umstand der Zusammenfassung in einer Urkunde zwar für einen Durchgangserwerb spreche, dass aber bei der Schwiegerkinderkonstellation das Schwiegerkind dem Zuwendenden so deutlich geringer familiär verbunden ist, dass die Annahme, das eigene Kind sei vom zuwendenden Elternteil zur Weitergabe verpflichtet worden, nicht zutreffe. Besonderes Gewicht aber maß das FG dem Umstand zu, dass eine unbenannte Zuwendung ausdrücklich vereinbart

72

---

132 Ggf. aber auch eine andere Quote, wenn die Ehegatten etwa die Miteigentumsanteile nach den Finanzierungsverhältnissen bestimmen wollen.
133 Dieser Begriff wird allgemein so verwendet und umfasst auch Gestaltungen, wo die Zuwendung an den Letztbedachten in Form einer ehebezogenen Zuwendung erfolgt.
134 Gebel, ZEV 2005, 263; Schlünder/Geißler, FamRZ 2005, 1251. Der Begriff »Kettenschenkung« wird nicht einheitlich gebraucht. In nachfolgenden Entscheidungen wurde mit diesem Begriff ein steuerlich nicht anzuerkennender Gestaltungsmissbrauch bezeichnet: BFH, BStBl. 1962 III, S. 206 ff.; BFH, BStBl. 1994 II, S. 128; BFH, NV 2005, 705.
135 Erstaunlich ist, dass Gerichte die Kettenschenkung als spezielle notarielle Vertragsgestaltung zur Steuervermeidung ansehen, die Anwälten nicht bekannt sein muss, so OLG Frankfurt am Main, ZEV 2016, 103.
136 Ausführlicher C. Münch, FamRB 2006, 283 ff.
137 Vgl. FG Hamburg, DStRE 2019, 1393 für Schenkung von Großeltern an Eltern und weiter an Enkelkinder.
138 Vgl. hierzu instruktiv FG Hessen, EFG 2008, 472 f.; nicht schädlich ist, dass die Weiterübertragung in einem gemeinschaftlichen Testament vorgesehen ist, FG Hamburg, DStR 2019, 1393.
139 FG Rheinland-Pfalz, ZEV 1999, 243.

worden war. Die Ehegattenübertragung habe daher auf besonderen Gründen und Zielsetzungen beruht, sie sei im Zugewinnausgleich zu berücksichtigen und damit eine eigenständige Zuwendung.

73 Dagegen entschied nun der BFH[140] einen Fall, in welchem schon im LS aufgenommen wurde, dass man gegen das eben erwähnte Urteil des FG Rheinland-Pfalz entscheide.

▶ **Sachverhalt:**

Eltern waren Eigentümer je zur Hälfte einer Eigentumswohnung. In einer notariellen Urkunde übertrugen sie an ihre Tochter einen Miteigentumsanteil zu 1/2 und an ihren Schwiegersohn einen Miteigentumsanteil zu 1/2, Letzteres »auf Veranlassung der Tochter als deren ehebedingte Zuwendung«. Sodann wurde eine Auflassung auf die beiden Erwerber erklärt.

74 Der **BFH** bestätigte, dass es maßgeblich auf die freie Entscheidungsmöglichkeit des Erstbedachten ankomme, für welche die Ausgestaltung der Verträge, ihre Abstimmung untereinander sowie die mit der Vertragsgestaltung erkennbar angestrebten Ziele der Vertragsparteien bedeutsam seien. Im konkreten Fall nahm der BFH auf die Vorinstanz Bezug[141] und führte aus, dass **wegen der Zusammenfassung in einer Urkunde und der fehlenden zweiten Auflassung nur ein Durchgangserwerb** vorliege. Allein die Deklaration der direkten Schenkung an das Schwiegerkind als »auf Veranlassung« des Kindes geschehen könne nicht zu einer echten Kettenschenkung führen. Die Besonderheiten der ehebedingten Zuwendung führten zu keinem anderen Ergebnis, insoweit sei man a.A. als das FG Rheinland-Pfalz.

75 Dieses Urteil des BFH hat die Gestaltungspraxis aufhorchen lassen und – insb. wegen des Hinweises »gegen FG Rheinland-Pfalz« – auch **zu einer geänderten Beurkundungspraxis geführt**. Das Urteil ist im Ergebnis zutreffend, denn es war als Voraussetzung für die echte Kettenschenkung herausgestellt worden, dass zwei selbstständige ausgeführte Schenkungsvorgänge erforderlich sind. Dazu gehören zwei nacheinander erklärte Auflassungen. Da diese hier fehlten, vielmehr die Auflassung des halben Miteigentumsanteils auf den Schwiegersohn direkt erfolgte, handelte es sich um eine direkte Zuwendung an diesen und nicht um eine echte Kettenschenkung. Allein die Bezeichnung der Veranlassung ändert hieran nichts. Damit hätte es der BFH genug sein lassen können. Die weitere Begründung, mit der er sich gegen das FG Rheinland-Pfalz stellen will, ist zumindest missverständlich, denn das FG Rheinland-Pfalz hatte einen ganz anderen Sachverhalt zu beurteilen.

76 Ebenso zur Vorsicht gemahnten zwei Entscheidungen des **FG München**, das jeweils einen Durchgangserwerb annahm, weil jemand, der sogleich weiterschenke, als Zwischenerwerber nicht bereichert sei. Auch wenn zivilrechtlich zwei verschiedene Schenkungen vorlägen, so sei dies schenkungsteuerrechtlich als eine Schenkung an den Endempfänger zu würdigen.[142]

77 Dem ist jedoch nun der **BFH**[143] entgegengetreten. Der Leitsatz des Urteils lautet:

*»Übertragen Eltern ein Grundstück schenkweise auf ein Kind und das Kind schenkt unmittelbar im Anschluss an die ausgeführte Schenkung einen Miteigentumsanteil an dem erhaltenen Grundstück an seinen Ehegatten weiter, kann, wenn das Kind nicht zur Weiterschenkung verpflichtet ist, und die Eltern die Weitergabe des Miteigentumsanteils am Grundstück nicht veranlasst haben, **schenkungsteuerlich regelmäßig nicht von einer Zuwendung der Eltern an das Schwiegerkind ausgegangen werden**.«*

78 Die Zuwendung war in **zwei getrennten Urkunden am selben Tag** erfolgt. Auf eine **Zwischeneintragung** des Kindes als Alleineigentümer war **verzichtet** worden. Ansonsten aber enthielt jede Urkunde

---

140 BFH, ZEV 2005, 262 = FamRZ 2005, 1250 = DStR 2005, 864; Parallelurteil vom gleichen Tag – II R 55/03, BFH, NV 2005, 1309.
141 Hessisches FG, EFG 2004, 148.
142 FG München, DStRE 2012, 105; FG München, DStRE 2012, 1008 = MittBayNot 2012, 72 m. Anm. Wälzholz.
143 BFH, FamRZ 2012, 550 = DStR 2012, 1652.

C. Zuwendung von Schwiegereltern

ein Schenkungsversprechen, eine Auflassung und eine Eintragungsbewilligung. In der Übertragung auf das Kind hatte sich der Vater ferner ein Rückübertragungsrecht vorbehalten, wenn das Kind ohne seine Zustimmung über das geschenkte Grundstück verfügen sollte.

Nach Auffassung des BFH war es unschädlich, dass das Kind nicht als Eigentümer in vollem Umfange zunächst eingetragen wurde. Unschädlich war auch, dass die Weiterschenkung an den Ehegatten von der Zustimmung des Erstschenkers abhängig war, solange dieser die Weiterschenkung nicht veranlasst hatte. Der BFH sprach ganz deutlich aus:

> »Eltern haben regelmäßig kein Interesse daran, ihre Grundstücke im Wege der vorweggenommenen Erbfolge nicht auf ihre Kinder, sondern unmittelbar auf Schwiegerkinder zu übertragen.«

Damit ist die Einstellung der Urkundsbeteiligten treffend wiedergegeben worden und es kann auf diesem Gebiet eine gewisse Entwarnung gegeben werden.

Dies hat der BFH in einer zweiten Entscheidung bestätigt, in welcher er zugleich in der Zusammenfassung von **Schenkung und Weiterschenkung in einer Urkunde ein Indiz für die fehlende Dispositionsmöglichkeit** des Erstbedachten sah.[144] Dies liegt darin begründet, dass dieser mit seiner Unterschrift nur beide Schenkungen zugleich akzeptieren kann, also die Schenkung nicht ohne die Weiterschenkung wollen kann.[145]

II. Gestaltungsempfehlungen

Für den Vertragsgestalter folgt aus diesen Ausführungen, dass er eine **direkte Zuwendung an das Schwiegerkind regelmäßig vermeiden** sollte. Sofern Geld zur Schuldentilgung zugewendet wird, sollte dieses dem Kind direkt gegeben werden. Das Kind muss dann mit seinem Ehegatten eine Vereinbarung über die Behandlung im Zugewinn treffen.

▶ Formulierungsvorschlag: Regelung einer Schwiegerelternzuwendung[146]

Die Erschienene wendet hiermit ihrem Sohn, dem Erschienenen zu 2), einen Geldbetrag in Höhe von 100.000,00 € als Ausstattung zu, den dieser annimmt.

Dieser verwendet besagten Geldbetrag zur Tilgung von Verbindlichkeiten des gemeinsam mit seiner Ehefrau bewohnten, in ihrem Eigentum stehenden Einfamilienhauses. Hierin liegt eine ehebedingte Zuwendung an die Ehefrau. Stellt ein Ehegatte Antrag auf Scheidung der Ehe, so hat die Ehefrau diesen Geldbetrag binnen 3 Monaten nach Rechtshängigkeit an ihren Ehemann zurückzuzahlen. Eine Verzinsung erfolgt nicht. Dieser Betrag fällt in das Anfangsvermögen des Ehemannes. Darüber sind sich die Ehegatten einig.[147]

..... (gegebenenfalls Sicherung durch dann nach Schuldentilgung freie Grundschuld) .....

Sofern Eltern das Geld zum **Erwerb eines Familienheimes** dem eigenen Kind zuwenden, kann die **Miteigentümerstellung quotal nach dem eingebrachten Anfangsvermögen** gestaltet oder dem Kind ein Erwerbsrecht für einen bestimmten Anteil eingeräumt werden, um dann die quotal gerechte Eigentümerstellung herzustellen.[148]

In diesem Fall ein Erwerbsrecht der Eltern für das gesamte Grundstück samt Familienwohnheim im Fall des Vorversterbens des Kindes vor den Eltern vorzusehen,[149] ist sehr weitgehend, da das Haus den Lebensmittelpunkt der jungen Familie bildet. Hier würde ggf., wenn die Eltern und das Kind

---

144 BFH, DStR 2013, 2103 = ZEV 2013, 629 (Tz. 19).
145 In der Literatur regt sich gegen diese Ansicht Widerspruch, vgl. Taplan/Baumgartner/Baumgartner, DStR 2014, 2153, 2158.
146 Nach Langenfeld/Milzer, Rn. 973.; Langenfeld, ZEV 1995, 289 ff.
147 Eine Verzinsung wie von Langenfeld/Milzer, Rn. 973 und ZEV 1995, 289 ff. vorgeschlagen, ist angesichts des Wohnvorteils m.E. nicht notwendig.
148 So die Vorschläge von Langenfeld/Milzer, Rn. 976.
149 So aber Langenfeld/Milzer, Rn. 977.

dies wirklich wünschen, ein **Erbvermächtnisvertrag** genügen, mit dem das Kind bindend gegenüber den Eltern den **geschenkten Betrag den eigenen Kindern zuwendet**. Dem Schwiegerkind, das u.a. die Haushälfte erbt, wird ein entsprechendes Vermächtnis auferlegt, in dem auch eine passende Fälligkeit und Sicherungen festgelegt werden können. Für den Fall des Versterbens ohne Kinder kann der Geldbetrag entsprechend der elterlichen Familie zugewendet werden. Wenn Letzteres schenkungssteuerlich problematisch wird, so kann eine Rückforderung des Geldbetrages vereinbart werden, die steuerlich günstiger ist, § 29 Abs. 1 Nr. 1 ErbStG.

86 Zu beachten ist allerdings, dass dann, wenn im Wege der Kettenschenkung Vermögen zunächst auf das Kind und dann von diesem auf das Schwiegerkind übertragen wurde, ein Widerruf der Schenkung durch die Eltern zu einem Bereicherungsanspruch gegen das eigene Kind (§§ 531 Abs. 2, 812 ff. BGB) und über § 822 BGB auch gegen das Schwiegerkind führen kann.[150]

87 Wird Grundbesitz zugewendet und vom Kind an das Schwiegerkind im Wege der unbenannten Zuwendung weitergegeben, so gelten die vorstehend[151] bereits geschilderten Regelungen.

Zu der Frage, ob diese Vorgänge in einer Notarurkunde zusammengefasst werden können, ist Folgendes zu sagen:

88 **Nach hier vertretener Ansicht** kann mit der Aufnahme beider Schenkungsvorgänge in einer Urkunde bei zwei Auflassungen, Herausarbeitung eigener Entscheidungsbefugnis des Erstbedachten sowie Regelung der eherechtlichen Konsequenzen zwischen Kind und Schwiegerkind auch ohne grundbuchlichen Zwischenvollzug eine echte Kettenschenkung gestaltet werden.[152] Dies sollte auch eine Abwehrberatung entsprechend vertreten.

Dennoch darf nicht übersehen werden, dass die **Steuerrechtsprechung** solche Fallgestaltungen besonders **kritisch** untersucht und der BFH die Aufnahme in eine Urkunde nunmehr ganz klar als Indiz gegen eine echte Kettenschenkung gewertet hat.[153] Die Literatur empfiehlt daher auch der Gestaltungspraxis, mit getrennten Urkunden und zeitlichem Versatz zu arbeiten,[154] dies in z.T. drastischer Ausdrucksweise.[155]

89 Daher ist die Gestaltung in einer einzigen Urkunde nun zu vermeiden.

90 Die **bei getrennter Beurkundung** entstehenden **Mehrkosten** werden zumeist **überschätzt**. Bei der Beurkundung von Überlassung und Weiterüberlassung eines halben Miteigentumsanteils in einer Urkunde und zwei Auflassungen ist eine Beurkundungsgebühr nach dem zusammengerechneten Wert der beiden Überlassungen zu erheben. Dies entspricht mithin einer Beurkundungsgebühr aus dem 1,5-fachen Wert des Übertragungsgegenstandes. Bei der Aufspaltung in zwei Urkunden hingegen fällt eine Beurkundungsgebühr aus dem vollen Wert und nochmals eine aus dem halben Wert an. Gespart wird also **nur** der **Progressionsvorteil**. In Zahlen ausgedrückt beläuft sich dieser Kostenvorteil bei der Übertragung eines Hausanwesens von beiden Eltern auf Kind und Schwiegerkind mit **Verkehrswert 1 Mio. €** auf ganze **270,00 €!**[156] Hinzu kommen noch Schreibgebühren und Aus-

---

150 BGH, NJW-RR 2001, 6 ff.; Wever, Rn. 1310.
151 Rdn. 10 f.
152 Vgl. eingehend Grziwotz, MDR 2007, 124 ff.
153 BFH, DStR 2013, 2103 = ZEV 2013, 629 (Tz. 19); gegen diese Skepsis: Gebel in Troll/Gebel/Jülicher, § 7 Rn. 239 unter Berufung auf die neuere Rechtsprechung.
154 Grziwotz, MDR 2007, 124, 127; Schlünder/Geißler, FamRZ 2005, 1251, 1252; Daragan, ZErb 2005, 220, 221; Büte, FuR 2006, 484 f.; schon Fumi, EFG 2004, 149, 150 zur Vorinstanz des BFH; Kirschstein, ErbStB 2005, 145.
155 Kirschstein, ErbStB 2005, 145: »falsche Sparsamkeit«; Daragan, ZErb 2005, 220, 221: »Man war halt wohl wieder zu sparsam.«.
156 Unterschied zwischen einer 2,0 Gebühr aus 1,5 Mio. € im Vergleich zu der Summe aus je einer 2,0 Gebühr aus 1 Mio. € und 500.000,00 €.

lagen in geringer Höhe.[157] Es mag jeder Vertragsgestalter selbst entscheiden, ob das Risiko einer Mehrsteuer von über 70.000,00 €[158] die Einsparung dieses Progressionsvorteils lohnt.

Die getrennte Beurkundung ist eine Empfehlung, die nunmehr verstärkt erfolgt. Eine weitere geht dahin, **zwischen den Zuwendungen** einige **Zeit verstreichen** zu lassen, um die Entscheidungsfreiheit des Erstempfängers ganz deutlich werden zu lassen.[159] Einen solchen Rat kann man auch angesichts der neuesten Urteile des BFH aufrechterhalten, denn man weiß nie, wie sich die Rechtsprechung wieder ändert. Lässt man etwas Zeit verstreichen, so sind i.d.R. die zuwendenden Eltern beim Notartermin nicht mit zugegen, sodass die rechtliche Entscheidungsfreiheit nachgewiesen ist. Eine bestimmte Länge der Frist ist wohl nicht vorzuschreiben. Ein positives Indiz für eine echte Kettenschenkung wäre sicherlich, wenn zunächst das erstbedachte Kind für eine Weile Besitz, Nutzen und Lasten alleine gehabt hätte. 91

Zwei Grundbucheintragungen wird man – wie bereits geschildert – nicht fordern können, da die Schenkungen schon zuvor ausgeführt waren.[160] Dies kann aber möglicherweise infrage gestellt werden, wenn der Vollzug der ersten Urkunde bewusst ausgesetzt wird und der Notar entsprechende Anweisung erhält.[161] Werden sie allerdings vorgenommen, so unterstützt dies die Argumentation für eine echte Kettenschenkung, denn dann ist der Erstbedachte auch zivilrechtlich zunächst voller Eigentümer geworden. 92

Die Schenkung an das Kind sollte dessen **freie Disposition positiv festhalten**. Gleichzeitig sollte bei der Zuwendung an den Ehegatten die **eherechtliche Einbettung** des Vorgangs deutlich werden. Es sollte in diesem Zusammenhang auch eine **eigenständige Begründung** für die Weiterübertragung gefunden werden, etwa dass die Ehegatten gemeinsam auf dem geschenkten Grundstück einen Wohnhausneubau errichten und finanzieren wollen. 93

▶ Hinweis:

Um zu einer risikofreien, echten Kettenschenkung zu kommen, sollte Folgendes beachtet werden: Die Empfehlung gibt den sicheren Weg wieder. 94
– Aufnahme der Übertragung und Weiterübertragung jeweils in gesonderte Urkunden;
– nicht als fortlaufende Urkunden, sondern mit einem zeitlichen Abstand;[162]
– Betonung der eherechtlichen causa für die Weiterübertragung;
– Zwischeneintragung beim Grundbuchamt unterstützt die Argumentation.[163]

---

157 Der Empfehlung, statt zweier Überlassungen bei der Weiterübertragung den Übereignungsanspruch ohne notarielle Beurkundung abzutreten und nur die zweite Auflassung zu beurkunden (Daragan, ZErb 2005, 221), sollte nicht gefolgt werden. Zum einen wird dann wieder ein Rechtsverhältnis zwischen Zuwender und Letztbedachtem geschaffen, zum anderen bewertet der BFH voraussichtlich demnächst die Ansprüche schenkungsteuerlich nicht mehr zum niedrigeren Bedarfswert. Auch Kostenersparnis dürfte jedenfalls für denjenigen nicht bestehen, der nicht ohne rechtlichen Rat die Abtretung formulieren kann.
158 Bei einem Verkehrswert von 1 Mio. € wird der Schenkungsteuerwert mit 800.000,00 € angenommen. Das Haus soll beiden Eltern je zur Hälfte gehören. Dann ist die Schenkung an das eigene Kind steuerfrei bei jeweils einem Freibetrag von 400.000,00 €. Die Weiterschenkung eines halben Anteils vom Kind an seinen Ehegatten ist bei einem Freibetrag von 500.000,00 € ebenfalls steuerfrei. Bei einer Direktzuwendung eines halben Anteils an das Schwiegerkind hat dieses jedoch ggü. jedem Elternteil nur einen Freibetrag von 20.000,00 €. Für die Schenkung jeden Elternteiles sind daher 180.000,00 € mit einem Steuersatz von 20 % zu versteuern. So entstehen Schenkungsteuern von 72.000,00 €.
159 Kirschstein, ErbStB 2005, 145, 146: »Schamfrist« ohne konkrete Zeitvorgabe; Schlünder/Geißler, FamRZ 2005, 1251, 1252: Empfehlungen schwanken zwischen wenigen Monaten und mehreren Jahren; Fumi, EFG 2004, 149, 150; a.A. Reymann, ZEV 2006, 55, 57.
160 Vgl. auch Grziwotz, MDT 2007, 124, 127 mit der Empfehlung, gleichwohl aufgrund der Verunsicherung durch die neuere Rspr. die Zwischeneintragung vorzunehmen.
161 R E 9.1. ErbStR.
162 Hierzu Geck/Messner, ZEV 2008, 519, 520.
163 Rothenberger, ErbStB 2008, 165.

III. Zuwendungen an die Schwiegereltern[164]

95 Wenn ein Ehegatte Zuwendungen an die Schwiegereltern getätigt hat – zumeist geht es um Leistungen beim **Ausbau einer Wohnung im Haus der Schwiegereltern** –, dann kann er bei Scheidung der Ehe und Auszug aus der von ihm ausgebauten Wohnung Ansprüche gegen die Schwiegereltern nach § 812 Abs. 1 Satz 2, 1. Alt. BGB wegen **Wegfall des rechtlichen Grundes** haben.[165] Der Wert der Bereicherung soll sich hierbei nach dem Ertragswert der Wohnung bzw. seiner Steigerung bestimmen.[166]

96 Der BGH verneint sowohl Ansprüche aus dem Leihverhältnis wie auch Ansprüche aus Wegfall bzw. nunmehr Störung der Geschäftsgrundlage. Er hat ein Leihverhältnis als Grundlage für die Investition und die anschließende Überlassung der Wohnung angenommen. Dieser Rechtsgrund war entfallen, und zwar nicht mit Trennung und Auszug des Schwiegerkindes, sondern im entschiedenen Fall dadurch, dass die verbliebene Tochter mit den Eltern einen Mietvertrag schloss und die Wohnung somit nicht mehr kostenfrei aufgrund des Leihverhältnisses nutzte. Dass die Tochter in diesem Fall – wohl aus unterhaltsrechtlichen Gründen – ihr Einkommen schmälern wollte, begründete somit den Bereicherungsanspruch gegen die Schwiegereltern.[167]

97 Zum gleichen Ergebnis hätte man kommen müssen, wenn die Wohnung fremd vermietet worden wäre. Hätte die Tochter hingegen die kostenfreie Nutzung fortgesetzt, so wäre wohl das Leihverhältnis noch nicht beendet gewesen und ein Bereicherungsanspruch nur schwer begründbar.[168] In diesem Fall wäre allerdings zu untersuchen gewesen, ob nicht ausnahmsweise das kostenlose Wohnen aufgrund der Zuwendung Dritter (der Schwiegereltern) hier unterhaltsrechtlich dem Ehemann hätte zugutekommen müssen.[169]

---

164 Zur Problematik der Schenkungsteuer und notariellen Belehrungspflichten vgl. OLG Schleswig, ZEV 2006, 221 f.
165 BGH, FamRZ 2012, 207; BGH, FamRZ 1985, 150 f.; BGH, FamRZ 1990, 843, 844; OLG Düsseldorf, FamRZ 2013, 2016; OLG Frankfurt am Main, FamRZ 2007, 641; OLG Oldenburg, FamRZ 2008, 1440; Bergschneider/Wever/Röfer, Rn. 5.457 ff.
166 OLG Düsseldorf, FamRZ 2013, 2016.
167 Vgl. OLG Brandenburg, FamRZ 2015, 1146; s. auch für die nichteheliche Lebensgemeinschaft BGH DNotZ 2015, 534.
168 So nun OLG Frankfurt am Main, FamRZ 2007, 641; OLG Brandenburg, NJW 2008, 2592 f.; OLG Hamm, FamRZ 2013, 2014; OLG Düsseldorf, FamRZ 2010, 1849 f.
169 Vgl. zu diesem unterhaltsrechtlichen Problem Kap. 6 Rdn. 438 f.

Kapitel 5 Vermögensrechtliche Ansprüche und Regelungen unter Ehegatten

Übersicht

	Rdn.
A. Durchbrechung des Ausschließlichkeitsprinzips.	1
I. Störung der Geschäftsgrundlage	5
1. Zuwendungen, Mitarbeit, Verzichte	5
2. Abgrenzung.	9
3. Grundsatz: Vorrang des Güterrechts.	16
4. Anwendungsfälle.	29
a) Im gesetzlichen Güterstand. . . .	29
b) Bei Gütertrennung oder Modifikationen des gesetzlichen Güterstandes	39
5. Anspruchsinhalt	45
6. Störung der Geschäftsgrundlage in sonstigen Fällen.	58
II. Ehegatteninnengesellschaft	62
1. Ehegatteninnengesellschaft in der Rechtsprechung.	62
2. Abgrenzung.	73
a) Vorrang vor der unbenannten Zuwendung bzw. dem familienrechtlichen Vertrag sui generis .	74
b) Unabhängigkeit gegenüber dem Güterrecht.	77
c) Ausschlusskriterien.	85
3. Voraussetzungen	87
a) Grundsätzliches	87
b) Indizien	89
4. Ausgleichsanspruch bei Scheitern der Ehe.	91
5. Offene Fragen nach der Rechtsprechungswende.	101
6. Folgerungen für die Beratungs- und Vertragspraxis.	110
a) Hinweis und Regelung von Ausgleichsansprüchen.	110
b) Regelungsnotwendigkeit bei Mitarbeit	113
c) Vertragliche Ausgestaltung der Ehegatteninnengesellschaft. . . .	114
d) Anwaltliche Strategie	115
e) Erbschaft- bzw. schenkungsteuerliche Argumentation	116
III. Gesamtschuldnerausgleich	118
1. Gemeinsame Verbindlichkeiten von Ehegatten.	118
2. Gesamtschuldnerausgleich im System familien- und schuldrechtlicher Ansprüche.	125
a) Vorrang vor der Zugewinnberechnung.	125

	Rdn.
b) Nachrang zur Ehegatteninnengesellschaft.	133
c) Abgrenzung zur unbenannten Zuwendung	134
d) Gesamtschuldnerausgleich und Unterhalt.	135
3. Gesamtschuldnerausgleich unter Ehegatten	139
a) Ausgleich während funktionierender Ehe.	141
b) Ausgleich nach dem Scheitern der Ehe	148
c) Anspruchsinhalt	159
4. Besonderheiten bei der Einkommensteuerveranlagung.	164
a) Zusammenveranlagung – Zustimmungspflicht.	164
b) Das Innenverhältnis der Gesamtschuldner	170
c) Steuererstattungen	182
d) Sonstiges	190
5. Verfahrensrecht	194
6. Folgerungen für die Beratungs- und Vertragspraxis.	198
IV. Bruchteilsgemeinschaft.	203
1. Wesen der Bruchteilsgemeinschaft .	203
2. Miteigentum bei funktionierender Ehe.	210
3. Miteigentum nach der Trennung . .	213
4. Bankkonten von Ehegatten	228
a) Einzelkonten	229
aa) Berechtigung am Konto . . .	229
bb) Aufteilungsansprüche.	237
b) Gemeinschaftskonten	240
aa) Berechtigung am Konto – Außenverhältnis.	240
bb) Innenverhältnis	241
cc) Ausgleichsansprüche nach § 430 BGB	242
dd) Steuerliche Folgen einseitiger Einzahlung.	246
c) Kontovollmacht	249
aa) Abhebungen während funktionierender Ehe	250
bb) Abhebungen nach Trennung	251
cc) Ansprüche bei Vollmachtsüberschreitung.	252
d) Wertpapiere und Wertpapierdepots	253
e) Einzeldepot	255
f) Gemeinschaftsdepot.	256

	Rdn.
g) Zugewinn, Beweislast und Prozessstrategie	258
aa) Verhältnis zum Zugewinn	258
bb) Beweislast	262
(1) Angemaßte Eigengeschäftsführung	263
(2) Anspruch auf Aufteilung bei Bruchteilsgemeinschaft am Einzelkonto	265
(3) Ausgleichsanspruch nach § 430 BGB bei Gemeinschaftskonten	266
(4) Oder-Depots	268
cc) Prozessstrategie	269
5. Teilungsversteigerung des Familienheims	271
a) Vertragliche Vereinbarung	273
b) Gerichtliches Verbot	278
c) Einstweilige Einstellung aus den Gründen des § 180 ZVG	280
aa) Einstweilige Einstellung nach § 180 Abs. 2 ZVG	282
bb) Einstweilige Einstellung nach § 180 Abs. 3 ZVG	293
d) Einstweilige Einstellung durch den Antragsteller nach § 30 ZVG	300
e) Vollstreckungsschutz nach § 765a ZPO	303
f) Berufung auf § 1353 Abs. 1 Satz 2 BGB	309
g) Rechtsmissbrauch, § 242 BGB	317
h) Gesamtvermögensgeschäft, § 1365 BGB	323
i) Verfahren zur Geltendmachung der Hinderungsgründe	334
6. Anwaltliche Strategien bei der Teilungsversteigerung	337
7. Verteilung des Versteigerungserlöses	339
V. Auftragsrecht und Treuhandverhältnisse	344
1. Auftragsrecht bei treuhänderischer Übertragung	346
2. Auftragsrecht bei der Gestellung von Sicherheiten	355
3. Auftragsrecht bei treuhänderischer Haftungsübertragung	360
4. Überlassung der Vermögensverwaltung als Auftrag	364
5. Treuhandabreden	365
VI. Weitere Anspruchsgrundlagen	369
B. **Gesellschaftsverträge**	376
I. Ehegatteninnengesellschaft bürgerlichen Rechts	378

	Rdn.
II. Ehegattenaußengesellschaft bürgerlichen Rechts	392
III. Aufnahme des Ehegatten in ein Einzelunternehmen	407
IV. Güterstandsbezogene Ausschlussklauseln in Gesellschaftsverträgen	413
C. **Darlehensverträge**	424
I. Zivil- und steuerrechtliche Grundlagen	424
1. Zivilrecht	424
2. Schenkungsteuerrecht	430
3. Einkommensteuerrecht	439
a) Einkommensteuer auf Zinsen	439
b) Abzug von Zinsen	443
II. Einfaches Ehegattendarlehen	447
III. Ehegattendarlehen mit Hypothekenbestellung	448
D. **Arbeitsverträge**	450
I. Zivil- und steuerrechtliche Grundlagen	450
II. Ehegattenarbeitsvertrag	465
III. Ehegattenarbeitsverhältnis mit geringfügiger Beschäftigung	467
E. **Vermietung und Verpachtung (das sog. »Wiesbadener Modell«) und sonstige Verträge**	469
I. Vermietung und Verpachtung unter Ehegatten	469
II. Betriebsaufspaltung und »Wiesbadener Modell«	475
1. Betriebsaufspaltung	476
2. »Wiesbadener Modell«	481
3. Zivilrechtliche Gestaltung beim »Wiesbadener Modell«	487
a) Scheidungsklauseln	487
b) Weitere Vereinbarungen	491
c) Erwerbsrecht der Kinder	497
d) Testamentarische Anordnungen	498
III. Sonstige Verträge	499
F. **Vollmachten und Verfügungen für Krankheitsfälle**	501
I. Vorsorgevollmacht	507
1. Form	507
2. Hinterlegung/Registrierung der Vollmacht	517
3. Geschäftsfähigkeit des Vollmachtgebers	520
II. Sicherung des Vollmachtgebers	521
III. Inhalt der Vollmacht	535
1. Vermögenssorge	536
2. Vorsorgevollmachten im Unternehmensbereich	540
a) Betreuungsszenario	540
b) Vorsorgevollmachten bei Personengesellschaften	543

	Rdn.		Rdn.
c) Vorsorgevollmachten bei Kapitalgesellschaften	552	1. Regelung des Innenverhältnisses	584
d) Inhalt einer unternehmerischen Vorsorgevollmacht	554	2. Weisungsgebundenheit	586
		3. Haftung	589
3. Gesundheit und Aufenthalt	558	4. Rechnungslegung	590
4. Nachlassvollmacht	563	5. Vergütung	595
5. Allgemeine Bestimmungen	578	VI. Betreuungsverfügung	597
IV. Person des Bevollmächtigten	579	VII. Patientenverfügung	598
V. Auftragsverhältnis	584	VIII. Formulierungsvorschläge	622

A. Durchbrechung des Ausschließlichkeitsprinzips

Familienrechtliche Tendenz der Zeit ist die **Bildung eines »Güterrechts jenseits des Güterrechts** mit den Mitteln des allgemeinen Vermögensrechts«[1] zur ex-post Korrektur von Vermögenstransfers. Eine Tendenz, welche die vorausschauende Gestaltung durch Verträge schwieriger macht und den Anwalt im Rahmen einer Streitigkeit vor besondere Anforderungen an Sachverhaltsaufklärung und -bewertung stellt.[2] Für diesen Bereich beginnt sich der Begriff »**Nebengüterrecht**«[3] zu etablieren. Unter diesen Begriff[4] fallen Ansprüche aus Störung der Geschäftsgrundlage, familienrechtlichem Kooperationsvertrag, (konkludenter) Ehegatteninnengesellschaft,[5] Gesamtschuldnerausgleich, Auftrag, Treuhand, Bruchteilsgemeinschaften und unerlaubter Handlung.[6]

1

Derzeit wird verstärkt diskutiert, ob nicht die **güterrechtliche Inhaltskontrolle**, wenn sie zu einer einschränkenderen Disponibilität auch im Bereich der Gütertrennung käme, die **Funktion des Nebengüterrechts** quasi mit **übernehmen** könnte, sodass dieses überflüssig würde, weil doch das nebengesetzliche Güterrecht materiell nichts anderes sei als Inhalts- und Ausübungskontrolle[7] von Gütertrennungsverträgen.[8] Damit wird das Nebengüterrecht nicht mehr als eher selten vorkommendes Konstrukt wahrgenommen, sondern als »funktionsäquivalente Auffang- und Korrekturordnung, die eindringlich auf strukturelle Defizite des Güterrechts hinweist«[9] bzw. mangelnde Absprachen der Ehegatten untereinander gerade im Hinblick auf güterrechtliche Folgen ausgleicht.[10] Diesem Gedanken dürfte jedoch die neueste Rechtsprechung des BGH entgegenstehen, der auf die abweichenden Ansichten einging und dennoch an der Kontrollfestigkeit der Gütertrennung festhielt.[11]

2

---

1 Schwab, DNotZ-Sonderheft 2001, 9, 13.
2 OLG Düsseldorf, FamRZ 2004, 1647.
3 Vgl. das gleichnamige Buch von Herr, Nebengüterrecht, 2013.
4 Einen zusammenfassenden Überblick geben Herr, NJW 2012, 1847 ff.; Herr, FF 2017, 13; FF 2018, 138 ff. und FF 2019, 184; Falkner, DNotZ 2013, 586 ff.; Weinreich, FamRZ 2014, 1889; Rossmann, FuR 2016, 680 und 2017, 13; Heiß, NZFam 2017, 342; Szalai, NZFam 2018, 761; vgl. auch die Gesamtdarstellung Herr in C. Münch, Familienrecht, § 6; Wever, Vermögensauseinandersetzung der Ehegatten außerhalb des Güterrechts, ist in 7. Aufl. 2018 neu erschienen.
5 Diese drei auch als nebengesetzliches Güterrecht bezeichnet, Herr, NJW 2012, 1847, 1849.
6 Der BGH, NJW 2013, 2108 grenzt das Deliktsrecht vom Familienrecht ab und sieht für § 823 BGB im Kern der Ehe keine Anwendung. Möglich sei hingegen die Anwendung des § 826 BGB bei vorsätzlich sittenwidriger Schädigung; hierzu Löhnig/Preisner, NJW 2013, 2080 f.
7 So betont Hoppenz, FamRZ 2011, 16979, 1700, dass dem Nebengüterrecht in der Gestalt der Ausübungskontrolle ein Konkurrent erwachsen ist, sodass Grund besteht, die Tauglichkeit des Nebengüterrechts zur Behebung von Gerechtigkeitsdefiziten bei der Gütertrennung zu untersuchen.
8 Herr, NJW 2012, 3486, 3489 f.; Herr, FamRB 2010, 380, 381; Hoppenz, FPR 2012, 84, 87; Brudermüller, FS Hahne, 121; Wever, FS Hahne, 175, 191 f.; a.A. Falkner, DNotZ 2013, 586 f.; Rauscher, NZFam 2014, 298 f.
9 So Röthel, FamRZ 2012, 1916, 1917 zur Ehegatteninnengesellschaft.
10 Szalai, NZFam 2018, 761, 768.
11 BGH FamRZ 2013, 269 = DNotZ 2913, 376.

3   Daneben gibt es Bestrebungen, die der Deutsche Familiengerichtstag unterstützt, die verschiedenen Ansprüche des Nebengüterrechts in einem **einheitlichen gesetzlichen Geschäftsgrundlagenanspruch** zu bündeln.[12] Die **Rufe nach dem Gesetzgeber** werden lauter und sind begleitet von der Kritik, ob es sich nicht **möglicherweise** um eine **Überschreitung** der Grenzen für eine **richterliche Rechtsfortbildung** handelt.[13] Auch konkrete Legislativvorschläge existieren bereits.[14] Aktuell hat sich *Wever*[15] eingehend mit der Problematik auseinandergesetzt. Er plädiert dafür, das bisherige Nebengüterrecht in einem einheitlichen Anspruch nach § 313 BGB zu bündeln und die Ehegatteninnengesellschaft nur noch auf Fälle mit nachgewiesenem Rechtsbindungswillen – die sehr gering sind – zu verwenden. Eine Ablösung durch die Inhaltskontrolle hält er nicht für zielführend.[16] Ein Problem bereitet die weite Auslegung des Art. 25 EU-GüVO, die dazu führen würde, dass nicht notariell beurkundete Verträge nicht wirksam wären. Aus diesem Grund spricht sich *Wever* letztlich für eine gesetzliche Regelung eines Ausgleichsanspruchs aus, der ohne Vertrag auskommt. *Liebrecht*[17] plädiert für einen Abschied von der unbenannten Zuwendung jetzt schon, auch wenn gesetzgeberisches Handeln noch auf sich warten lässt. Er sieht in dem Instrument einen Versuch zur familienrechtlichen Gleichstellung der Geschlechter, wo das Güterrecht Antworten schuldig bleibt.

4   Noch nicht vollends geklärt ist, inwieweit **aus der Ehe schuldrechtliche Verpflichtungen** erwachsen. Während einerseits von einem familienrechtlichen gesetzlichen Schutzverhältnis die Rede ist,[18] auf das die Regelungen des allgemeinen Schuldrechts anwendbar sein können, »die im Schuldrecht verankert, aber nicht schuldrechtsspezifisch sind«,[19] soweit nicht Besonderheiten des familienrechtlichen Rechtsverhältnisses entgegenstehen, wird andererseits betont: »Die Ehe ist kein Schuldverhältnis«.[20] Die Anerkennung der Ehe als schuldrechtliche Sonderverbindungen, die Pflichtverletzungen kennt, die zur Anwendung des § 280 Abs. 1 BGB führen,[21] wird wohl auch vom BGH[22] durch seine intensive Prüfung dieser Anspruchsgrundlage gestützt. Die Interpretationen dieses Urteils fallen allerdings unterschiedlich aus.[23] In unserem Zusammenhang ist zu konstatieren, dass die Begleitung rein familienrechtlicher Ansprüche durch schuldrechtliche Ansprüche zunimmt.

I. Störung der Geschäftsgrundlage

1. Zuwendungen, Mitarbeit, Verzichte

5   Bereits besprochen sind die **unbenannten Zuwendungen** unter Ehegatten.[24] Bei ihnen hat die Rechtsprechung als Folge einer Scheidung die Möglichkeit der Störung der Geschäftsgrundlage nach § 313 BGB[25] als gegeben gesehen,[26] Bereicherungsansprüche hingegen bisher abgelehnt.[27] Hier könnten

---

12 Brühler Schriften zum Familienrecht, 19. DFGT, 2011, 134; für einen einheitlichen Anspruch aus »ehebezogener Wertschöpfung« plädiert Herr, FamRB 2010, 380, 383.
13 Z.B. Brudermüller in Götz/Schnitzler, Familienrechtsreform, 205 ff.
14 Herr, FamRB 2019, 116 ff. und 485 f.
15 Wever, FamRZ 2019, 1289 ff.
16 Es erschließt sich allerdings nicht, warum hier nur auf die Gütertrennung rekurriert wird, denn die modifizierte Zugewinngemeinschaft ist ebenso zu kontrollieren, nicht aber die Ehe ohne Ehevertrag.
17 Liebrecht AcP 217 (2017), 886 ff.
18 Coester-Waltjen, FS Canaris, 131, 136.
19 Coester Waltjen, FS Canaris, 131, 141.
20 Erbarth, NJW 2013, 3478 ff.
21 Palandt/Brudermüller, Vor § 1353, Rn. 5.
22 BGH, NJW 2013, 2108 f.
23 Vgl. etwa Lönig/Preisner, NJW 2013, 2080 einerseits und Erbarth, NJW 2013, 3478 andererseits.
24 Kap. 3 Rdn. 1 ff.
25 Detaildarstellungen zu diesem Rechtsinstitut etwa von Riesenhuber, BB 2004, 2679; Rösler, JuS 2005, 27 ff., 120 ff.
26 Ein Prüfungsschema gibt Wever, FamRB 2007, 337.
27 Etwa BGH, NJW 1972, 580 (noch ohne die Bezeichnung unbenannte Zuwendung); BGHZ 84, 361 ff. = FamRZ 1982, 910 ff.; BGH, FamRZ 1994, 1167 = NJW 1994, 2545; BGH, MittBayNot 1995, 295 f.; Schulz, FamRB 2004, 364 ff.

sich aus dem Urteil des BGH zur Rückforderung von Zuwendungen an Schwiegerkinder neuere Entwicklungen ergeben.[28] Hier hat der BGH eine »ehebezogene Schenkung« mit Störung der Geschäftsgrundlage befürwortet und daneben auch Ansprüche nach §§ 812 ff. BGB anerkannt. Dies wird so gelesen, dass Bereicherungsansprüche demnächst auch für Ehegattenzuwendungen möglich seien.[29]

Darüber hinaus hat die Rechtsprechung bei **Mitarbeit** zwar den Begriff der Zuwendung[30] verworfen, aber einen familienrechtlichen Vertrag eigener Art angenommen, dessen Geschäftsgrundlage gleichfalls mit der Scheidung wegfallen könne.[31] Der BGH hat dies in folgenden Fällen bejaht: **6**
- Schaffung eines Familienwohnheims auf dem Grundstück des anderen Ehegatten für Leistungen, die über Gefälligkeiten oder geschuldeten Unterhalt hinausgehen;[32]
- Mitarbeit im Betrieb des Ehegatten von gewisser Dauer und Regelmäßigkeit, insb. bei Ersparnis anderer Arbeitskraft, auch bei einfacher oder untergeordneter Tätigkeit. Nach Ansicht des BGH begrenzt die Höhe der ersparten Arbeitskosten den Anspruch nach oben, ferner könne der mitarbeitende Ehegatte jedenfalls nur an dem Betrag beteiligt werden, der im Vermögen des anderen Ehegatten zum Zeitpunkt des Wegfalls der Geschäftsgrundlage noch vorhanden war;[33]
- Mitarbeit vor der Eheschließung.[34]

Schließlich hat der BGH sogar angedeutet, der **Verzicht auf Zugewinn** könne als **unbenannte Zuwendung** mittels der **Grundsätze der Störung der Geschäftsgrundlage** einer Anpassung unterliegen.[35] Zwar ist es bisher bei dieser Andeutung geblieben, aber die Folgen einer solchen Ansicht wären für den Vertragsgestalter verheerend. Verträge, die einen Zugewinnausgleichsverzicht enthalten, sind zumeist so konzipiert, dass damit eine endgültige Regelung bezweckt wird. Daher sollte bei der Vereinbarung die Anwendbarkeit der Regelungen bei einer Störung der Geschäftsgrundlage ausgeschlossen werden. **7**

▶ Gestaltungsempfehlung:

Bei Vereinbarung eines Zugewinnausgleichsverzichts sollte die Anwendbarkeit der Grundsätze über die Störung der Geschäftsgrundlage ausgeschlossen werden.[36] **8**

2. Abgrenzung

Die unbenannte Zuwendung, welche zu Ansprüchen aus Störung der Geschäftsgrundlage führen kann, ist von anderen möglichen Rechtsgrundlagen für die Zuwendung abzugrenzen.[37] **9**

Zur **Schenkung** hin wurde bereits die Abgrenzung dargestellt, dass es sich zwar um eine objektiv unentgeltliche Zuwendung handelt, die Beteiligten aber subjektiv nicht über die Unentgeltlichkeit **10**

---

28 BGH, FamRZ 2010, 958 = ZEV 2010, 371.
29 Wever, FamRZ 2010, 1047, 1048; Rauscher NZFam 2014, 298, 301; im Ergebnis ablehnend Szalai, NZFam 2018, 761, 767.
30 Gleichfalls nicht mit dem Begriff der Zuwendung fassbar ist die Zahlung auf gemeinsame Verbindlichkeiten, da der Zahlende hiermit eine eigene Schuld tilgt. Die Lösung dieser Fälle ist über den Gesamtschuldnerausgleich zu suchen, vgl. Rdn. 118 ff.
31 Herr, Nebengüterrecht, Rn. 406 ff.
32 BGHZ 84, 361 ff. = FamRZ 1982, 910 ff.
33 BGH, FamRZ 1994, 1167 = NJW 1994, 2545 = DNotZ 1995, 668 f.
34 BGH, ZNotP 2002, 361, 363.
35 BGH, MittBayNot 1997, 295 = FamRZ 1997, 933 = NJW 1997, 2747.
36 Dieser Vorschlag wird z.T. krit. betrachtet, vgl. hierzu Kap. 2 Rdn. 492 ff.
37 Hierzu Bergschneider, FPR 2011, 244 ff.

einig sind, weil die Zuwendung »um der Ehe willen« erfolgt.[38] Ehebezogene Zuwendungen werden die Regel sein, Schenkungen hingegen die Ausnahme.[39]

11 Vom **Darlehen** unterscheiden sich die unbenannten Zuwendungen dadurch, dass gerade kein Rechtsbindungswille im Hinblick auf die Rückgabe der Zuwendung i.S.e. Darlehens vorliegt. An einen solchen Willen sind strenge Anforderungen zu stellen.[40] Der Rechtsbindungswille muss deutlich manifestierbar sein.[41]

12 Auf die **Ehegatteninnengesellschaft** wird noch gesondert eingegangen. Ihr Anwendungsbereich wurde durch die Rechtsprechung gegenüber der unbenannten Zuwendung stark ausgedehnt. Sie kommt immer dann in Betracht, wenn mit der Vermögensbildung ein über die eheliche Gemeinschaft hinausgehender Zweck verfolgt wird. Teilweise wird damit der Anwendungsbereich für die unbenannte Zuwendung und die Störung der Geschäftsgrundlage nur noch auf den Bau des Familienwohnheims begrenzt.[42]

Ein **Treuhandverhältnis** wird hingegen begründet, wenn der Zuwendungsempfänger nur im Außenverhältnis Eigentümer wird, im Innenverhältnis aber Bindungen und einem Rückübertragungsanspruch unterliegen soll.

13 Demgegenüber zeichnet sich die **unbenannte Zuwendung** i.d.R. dadurch aus, dass – wie der Name schon sagt – eben keine weiteren Regelungen über die Zuwendung getroffen wurden, sondern diese »um der Ehe willen« erbracht wurde.

14 Nicht rückabwickelbar sind Zuwendungen im Rahmen des täglichen Zusammenlebens, die das **Vermögen nicht dauerhaft erhöht** haben, so etwa Beiträge zum Kauf von Möbeln.[43] Nach BGH[44] können Ratenzahlungen auf einen gemeinsamen Kredit nur hinsichtlich der Tilgung, **nicht** aber der **Zinsen** als Zuwendung angesehen werden, da Letztere der Befriedigung des Wohnbedarfs dienen und nicht der Vermögensbildung.

▶ Hinweis:

15 Die Rechtsgrundlage für die Zuwendung sollte genau geprüft werden, bevor Ansprüche geltend gemacht werden!

3. Grundsatz: Vorrang des Güterrechts

16 Für die Rechtsfolgen einer Scheidung im Hinblick auf die unbenannte Zuwendung ist zunächst zu fragen, ob die güterrechtlichen Regelungen bereits zu einem für den Zuwendenden zumutbaren Ergebnis führen.[45] Nur wenn dies nicht der Fall ist, kann die durch die Scheidung eingetretene Störung der Geschäftsgrundlage zu Ansprüchen auf Anpassung oder gar Rückgewähr führen, da nach herrschender Auffassung **die Zugewinnregelungen vorrangig** sind.

17 Dieser Vorrang des Güterrechts wird entgegen anders lautender Ansicht[46] auch nicht durch die Schuldrechtsmodernisierung und die Aufnahme der Störung der Geschäftsgrundlage in § 313 BGB geändert. Dass dort nicht zu prüfen ist, ob unangemessene oder untragbare Ergebnisse drohen, bedeutet nichts für die Frage, ob § 313 BGB durch das Güterrecht verdrängt wird. Vielmehr nimmt

---

38 BGH, FamRZ 1980, 664; BGH, FamRZ 1982, 910; BGH, MittBayNot 1990, 178; BGH, NJW 1994, 2545.
39 Schulz, FamRB 2004, 364, 365.
40 Wever, Rn. 906.
41 OLG Saarbrücken, FamRZ 2010, 297.
42 Grziwotz, DNotZ 2000, 486, 495.
43 Wever, FamRZ 2016, 1627, 1633.
44 BGH, NJW 2012, 3374.
45 BGH, FamRZ 1991, 1169, 1170; OLG Bremen, NZFam 2017, 178.
46 Löhnig, FamRZ 2003, 1521 f.

§ 313 BGB ausdrücklich auf die gesetzliche Risikoverteilung Bezug. Als solche sind vorrangig gerade die Regelungen des Güterrechts anzusehen. Nach Art. 229 § 5 Satz 1 EGBGB ist § 313 BGB auf solche Zuwendungen anwendbar, die seit dem 01.01.2002 erfolgt sind.[47]

Insofern unterscheidet die Rechtsprechung:

Haben die Ehegatten **Gütertrennung** vereinbart, kommt ein Ausgleichsanspruch oder gar eine dingliche Rückforderung in Betracht, wenn die Beibehaltung der Vermögensverhältnisse, die durch eine Ehegattenzuwendung herbeigeführt worden sind, dem benachteiligten Ehegatten **nach Treu und Glauben nicht zumutbar** ist.[48] Da hier ein Ausgleichssystem des Zugewinns fehlt, sieht die Rechtsprechung die Voraussetzungen für Ansprüche aus Störung der Geschäftsgrundlage nicht sehr streng.

Im Güterstand der **Zugewinngemeinschaft**[49] hingegen hat der Zugewinnausgleich grds. Vorrang und schließt eine Anwendung der Grundsätze über den Wegfall der Geschäftsgrundlage aus. Nur in extremen Ausnahmefällen,[50] in denen die güterrechtlichen Ausgleichsregelungen **zu schlechthin unangemessenen und untragbaren Ergebnissen** führen, sind diese Grundsätze anwendbar.[51] Weitere Voraussetzung für einen Anspruch auf Anpassung oder Rückgewähr ist eine **umfassende Abwägung aller Gesamtumstände** des Einzelfalles.[52] Von Bedeutung sind insoweit insb.

– Dauer der Ehe,
– Alter der Parteien,
– Art und Umfang der erbrachten Leistung,
– Leistungen des Zuwendungsempfängers in und für die Ehe,
– Einkommens- und Vermögensverhältnisse der Parteien,
– Höhe der Vermögensvermehrung. Dieser Vermögensmehrung misst der BGH zugleich eine anspruchsbegrenzende Wirkung bei. Auszugleichen sei höchstens der Wert, um den das Vermögen des ausgleichungspflichtigen Ehegatten auch über den Trennungszeitpunkt hinaus noch bereichert ist.[53]

▶ Hinweis:

Aus dem genannten Urteil des BGH ergibt sich für die anwaltliche Vertretung sehr deutlich, dass sich der BGH nicht mit allgemeinen Billigkeitserwägungen zufriedengibt, sondern eine genaue Betrachtung der Einzelumstände fordert und insbesondere den Nachweis einer Vermögensmehrung erwartet.[54]

Der **BGH** formuliert dies für den Anspruch bei Gütertrennung so:

»Für die Unzumutbarkeit muss der Anspruchssteller ganz besondere Umstände zur Dauer der Ehe, zum Alter der Ehegatten, zur Art und zum Umfang der erbrachten Leistungen, zur Höhe der dadurch bedingten und noch vorhandenen Vermögensvermehrung und zu den beiderseitigen Einkommens- und Vermögensverhältnis-

---

47 Bergschneider/Wever/Röfer, Rn. 5.381, der ebenfalls vertritt, dass mit dieser Vorschrift keine sachliche Änderung einhergeht.
48 BGHZ 84, 361 ff. = FamRZ 1982, 910.
49 Bei Gütergemeinschaft werden solche Ansprüche nur ganz ausnahmsweise in Betracht kommen; so etwa, wenn ein Ehegatte dem anderen eine Zuwendung noch im Güterstand der Gütertrennung vor Eingehen der Gütergemeinschaft gemacht hat und der Empfänger bei Auseinandersetzung des Gesamtgutes diese nach § 1478 BGB als in das Gesamtgut eingebracht zurückverlangt, Bergschneider/Wever/Röfer, Rn. 5.437.
50 Das OLG Frankfurt am Main hat einen solchen Ausgleichsanspruch z.B. abgelehnt bei Investitionen in das Anwesen der Ehegatten, obwohl im Zugewinn offensichtlich kein Anspruch bestand, OLG Frankfurt am Main, FuR 2006, 132 f.
51 BGH, FamRZ 1989, 147; BGH, FamRZ 1991, 1169; BGH, MittBayNot 1997, 295; OLG München, FamRZ 2009, 1831, hierzu Wellenhofer, JuS 2010, 358 f.; ablehnend Proff zu Irnich, RNotZ 2009, 343.
52 BGH, NJW 1994, 2545.
53 BGH, NJW 2012, 3374 = FamRZ 2012, 1789 f. (Tz. 29, 30); a.A. Hoppenz, FamRZ 2012, 1791, 1792: Es geht nicht um Teilhabe am Erwirtschafteten, sondern um den Ausgleich des Hingegebenen.
54 So ausdrücklich Wever, FamRZ 2013, 741 f.

sen sowie zu möglichen Vereinbarungen darlegen. Auch im Fall der Gütertrennung entspricht nämlich eine angemessene Beteiligung beider Ehegatten an dem gemeinsam Erarbeiteten dem Charakter der ehelichen Lebensgemeinschaft als einer Schicksals- und damit auch Risikogemeinschaft.[55] Der von den Parteien frei gewählte Güterstand der Gütertrennung darf jedoch nicht ausgehöhlt, nicht auf Umwegen in eine Zugewinngemeinschaft kraft Richterrechts umgewandelt werden«.[56]

23 Das **OLG Bremen**[57] hat sich so geäußert:

»Zu bedenken ist, dass der Zuwendende es trotz vereinbarter Gütertrennung einmal für richtig gehalten hat, dem anderen Ehegatten die Zuwendung zukommen zu lassen.«

Diese Formulierung hat der BGH aufgenommen.[58]

24 Die Anwendung dieser Grundsätze hat den Vorteil, dass in einer umfassenden Abwägung zum Zeitpunkt des Scheidungsverfahrens die Situation beurteilt wird und der Richter entscheidet, ob ein Rückgewähr- oder Ausgleichsanspruch besteht. Wer sich dieser Gesamtabwägung unterwerfen will, der vereinbart nur bei der Zuwendung, dass es sich um eine ehebedingte Zuwendung handelt, ohne weitere Anordnungen zu treffen.[59] Wer sich der Unsicherheit einer solchen richterlichen Entscheidung nicht aussetzen will, der vereinbart bei der Zuwendung, welches Schicksal der Zuwendungsgegenstand in der Scheidung haben soll.

25 Ferner wird dafür plädiert, den **besonderen Zweck der jeweiligen Zuwendung** stärker zu berücksichtigen.[60] Wenn das Ergebnis solcher Betrachtung aber für die Zuwendung aus Haftungsgründen die Bejahung eines gesetzlichen treuhandähnlichen Rückgewähranspruchs ist,[61] dann kann sich die Gefahr einer Anspruchspfändung, welche durch die jüngere Rechtsprechung stark gestiegen ist,[62] auch ohne Begründung eines vertraglichen Rückgewähranspruchs realisieren. Dann müsste man, um solches zu vermeiden, auch diesen gesetzlichen Anspruch ausschließen.

26 **Mehrere Zuwendungen** werden hinsichtlich ihrer Rechtsfolgen jeweils isoliert betrachtet. Das Vorhandensein mehrerer anderer Zuwendungsobjekte fließt aber in die Abwägung ein. Je mehr Zuwendungen vorliegen, desto eher gerät man zudem in den Bereich der Ehegatteninnengesellschaft.

27 Es geht also letztlich nicht nur um die isolierte Korrektur einer Einzelzuwendung, sondern um eine **Gesamtkorrektur** der ehelichen Vermögensverteilung.[63] Ein Ergebnis, das regelmäßig dem Willen der Vertragsparteien widerspricht,[64] die Gütertrennung zu vereinbaren. Eine Erwähnung dieser Korrekturmöglichkeiten im Vertrag über die Gütertrennung erscheint daher ratsam.[65]

28 Der Vorrang des Güterrechts soll sogar dann gelten, wenn die Zugewinnausgleichsforderung schon verjährt ist, die Forderung aus der ehebedingten Zuwendung dagegen noch nicht verjährt wäre.[66]

---

55 Gerade dies dürfte zweifelhaft sein, da ehevertraglich von dieser gleichen Teilhabe abgewichen wurde, Hoppenz, FamRZ 2012, 1791, 1792.
56 BGH, FamRZ 1990, 855, 856.
57 OLG Bremen, OLGR 2008, 236.
58 BGH, NJW 2012, 3374.
59 So z.B. Formularbuch-Immobilienrecht/Fritsch, Formular A. II. 6.
60 Wever, Rn. 953.
61 So Wever, Rn. 953, 956.
62 Vgl. Kap. 3 Rdn. 161 f.
63 So zu Recht Hoppenz, MittBayNot 1998, 217, 221.
64 Langenfeld/Milzer, Rn. 839; krit. auch Winklmair, FamRZ 2006, 1650 f.
65 Vgl. die Formulierungsvorschläge Kap. 2 Rdn. 492 ff. und Kap. 3 Rdn. 145 ff.; dort auch zu den krit. Stimmen im Hinblick auf einen vertraglichen Ausschluss dieser Korrektur.
66 OLG Düsseldorf, FamRZ 2003, 872 m. krit. Anm. Bergschneider, 873; zustimmend Brudermüller, NJW 2003, 3166, 3167.

4. Anwendungsfälle

a) Im gesetzlichen Güterstand

Ansprüche aus einer Störung der Geschäftsgrundlage im gesetzlichen Güterstand **scheitern regelmäßig** am Vorrang des Zugewinnausgleichs.

Wenn ein Ehegatte dem anderen einen Vermögensgegenstand zuwendet, den er selbst erst während der Ehe erworben hat, so hätte dieser Gegenstand auch dem Zugewinnausgleich unterlegen. Eine Rückgewähr wirkt sich in solchen Fällen wirtschaftlich zumeist überhaupt nicht aus.

Kommt der Vermögensgegenstand dagegen aus dem Anfangsvermögen des Zuwendenden, so erhält dieser nur einen Teil des Wertes – im Normalfall die Hälfte – zurück.

▶ Beispiel:[67]

Beide Ehegatten heiraten ohne Anfangsvermögen. Ehemann M wendet Ehefrau F 50.000,00 € in Wertpapieren zu. Bei Rechtshängigkeit der Scheidung hat M 150.000,00 € Endvermögen, F dagegen nur die zugewendeten 50.000,00 €.

Ohne Berücksichtigung der Zuwendung hätte M an F einen Zugewinnausgleich von 50.000,00 € zu zahlen. Beide Ehegatten hätten dann je 100.000,00 €.

Hätte M die 50.000,00 € nicht zugewendet, so wäre sein Endvermögen 200.000,00 €, F hätte kein Endvermögen. M müsste dann 100.000,00 € Zugewinn zahlen und das Ergebnis wäre das Gleiche.

Liegt der Sachverhalt so, dass M die Wertpapiere im Wert von 50.000,00 € als Anfangsvermögen hatte, F hingegen ohne Anfangsvermögen heiratete und beide kein Endvermögen besitzen außer den 50.000,00 €, die F zugewendet bekam, dann muss F im Zugewinn 25.000,00 € an M zurückzahlen, der also die Hälfte seines Anfangsvermögens wiedererhält.

Nach der Rechtsprechung des **BGH** ist die Grenze der Untragbarkeit noch nicht überschritten, wenn der Zuwendende über den Zugewinn annähernd die Hälfte seiner Zuwendung wiedererhält.[68] Selbst für den Fall, dass der Zuwendende weniger als die Hälfte erhält, soll noch kein Ausgleichsanspruch bestehen:

»Aber auch dann, wenn sein Ausgleichsanspruch dahinter [der Hälfte] zurückbleibt, ist eine Korrektur nicht ohne Weiteres geboten, weil sich in gewissen Abweichungen von der hälftigen Beteiligung ein noch normal zu nennendes Risiko verwirklicht, wie es im Zugewinnausgleich angelegt ist und vor dem auch der Ehegatte, der die Zuwendung gemacht hat, nicht völlig bewahrt werden kann.«[69]

Das **OLG Frankfurt am Main** hat unter Berufung auf diese Rechtsprechung den Ausgleichsanspruch sogar da verneint, wo mangels Endvermögens des Empfängers gar kein Zugewinn zu realisieren war.[70]

Das **OLG Oldenburg** hat einen Ausgleichsanspruch bejaht, wenn die Ehefrau Versicherungsleistungen aus einem Unfall mit schweren Dauerschäden, erlitten als Beifahrerin des Ehemannes, in dessen Haus investiert hat, dort selbst nur kurze Zeit wohnt und die Zuwendung im Zugewinnausgleichsverfahren völlig unberücksichtigt bliebe. Das OLG hat allerdings nur die Unbilligkeit korrigiert und

---

67 Nach Wever, Rn. 966.
68 Vgl. auch BGH, FamRZ 1982, 778.
69 BGH, FamRZ 1991, 1169, 1171.
70 OLG Frankfurt am Main, FuR 2006, 132 f.

den Anspruch auf 1/4 der ursprünglich verwendeten Summe beschränkt, wil die Summe sonst auch während der Ehe verbraucht worden oder dem Zugewinnausgleich unterfallen wäre.[71]

35 Der BGH hat sogar in einem Fall, in welchem die ehebedingte **Zuwendung noch nicht vollzogen war** – der notarielle Überlassungsvertrag war geschlossen, der Vollzug im Grundbuch jedoch nicht erfolgt – den Vorrang des Zugewinnausgleichs bejaht mit der Folge, dass trotz der Ehescheidung der Vollzug des Überlassungsvertrages verlangt und nicht etwa die Ausführung der Zuwendung unter Berufung auf eine Störung der Geschäftsgrundlage verweigert werden konnte.[72]

36 **Schlechthin unangemessen und untragbar** ist das Ergebnis aber in den Fällen, in denen beim Zuwendungsempfänger kein Zugewinn anfällt, etwa weil Verbindlichkeiten des Anfangsvermögens getilgt werden, der zugewendete Gegenstand sich aber im Endvermögen des Empfängers befindet.[73]

37 Die Beispiele, in denen die Rechtsprechung einen Ausgleichsanspruch zugesprochen hat, zeigen, dass es sich um **extreme Ausnahmefälle** handelt. Als Beispiel mögen die Fälle dienen, in denen etwa kein Zugewinn entsteht, weil die Zuwendung nach Rechtshängigkeit erfolgte[74] oder weil die Zuwendung etwa bei einer Investition in eine in Miteigentum stehende Immobilie bei beiden Seiten zu einem Zugewinn führte.[75]

▶ Hinweis:

38 Bei Ehegattenzuwendungen im gesetzlichen Güterstand entsteht regelmäßig kein Anspruch wegen Störung der Geschäftsgrundlage. Soll der Zuwendungsgegenstand bei Scheidung zurückverlangt werden können, so muss dies gesondert vereinbart sein.

b) Bei Gütertrennung oder Modifikationen des gesetzlichen Güterstandes

39 Wenn Ehegatten Gütertrennung wählen oder eine Modifikation des gesetzlichen Güterstandes, die den Zugewinn auf den Todesfall zwar begrenzt, im Fall einer Scheidung aber ausschließt, dann haben sie bewusst auf den gesetzlich vorgesehenen Ausgleichsmechanismus für den ehelichen Zugewinn verzichtet. Wenn sich ein Ehegatte in dieser Situation entscheidet, dem anderen Ehegatten eine **Zuwendung** zu machen, so wird er sich i.d.R. dessen bewusst sein und **rechnet** zumindest im Zeitpunkt der Zuwendung regelmäßig **nicht mit einer Rückerstattung**. Es ist daher für Ehegatten zumeist überraschend, dass die Rechtsprechung Rückforderungs- bzw. Ausgleichsansprüchen in dieser Situation eher zum Erfolg verhilft als bei der Zugewinngemeinschaft.

40 Um solchen Ansprüchen und den damit verbundenen Unwägbarkeiten aus dem Weg zu gehen, gibt es **zwei Ansatzpunkte**. Zum einen kann schon **bei der Gütertrennung** vereinbart werden, dass Zuwendungen unter den Ehegatten **nicht rückforderbar** sind, wenn die Rückforderung bei der Zuwendung nicht vorbehalten wurde.

Sofern gegen den vertraglichen Ausschluss solcher Ansprüche Bedenken erhoben werden,[76] ist dem entgegenzuhalten, dass die Ehegatten mit der Beurkundung der Gütertrennung und der begleitenden Beratung um die Relevanz der sog. »Zweiten Spur« im Familienrecht wissen. Wenn sie dann, ausgehend von der Gütertrennung, dem anderen Ehegatten gleichwohl Zuwendungen machen oder sich in der Art einer Innengesellschaft organisieren, so geschieht dies nicht mehr ohne Wissen um die rechtliche Relevanz und braucht daher nicht im Billigkeitswege korrigiert zu werden. Der ver-

---

71 OLG Oldenburg, FuR 2007, 544.
72 BGH, FamRZ 2003, 230.
73 BGH, FamRZ 1991, 1169, 1171.
74 BGH, FamRZ 1994, 228.
75 OLG Stuttgart, FamRZ 1994, 1326 ff. = NJW-RR 1994, 1490 (Investition von Vergleichsleistung für Unfallfolgen).
76 MüHdbFamR/Kogel, § 21 Rn. 57: Unterliegt als Billigkeitsklausel nicht der Parteidisposition; Grziwotz, ZIP 2006, 9, 10; Falkner, DNotZ 2013, 586, 594.

A. Durchbrechung des Ausschließlichkeitsprinzips — Kapitel 5

tragliche Verzicht versagt also nicht die Billigkeitsregelung, sondern ändert die Voraussetzungen, sodass eine Billigkeitskorrektur nicht mehr erforderlich wird. Die Ehegatten müssen sich stattdessen Ansprüche vorbehalten, wenn dem anderen Ehegatten die Zuwendungen nicht endgültig verbleiben sollen.

▶ **Formulierungsvorschlag: Ausschluss von Ansprüchen bei Gütertrennung**

Zuwendungen eines Ehegatten an den anderen können bei Scheidung der Ehe nicht zurückgefordert werden, auch nicht wegen Störung der Geschäftsgrundlage, es sei denn, die Rückforderung ist auf gesonderter vertraglicher Grundlage vorbehalten. Dies gilt unabhängig vom Verschulden am Scheitern der Ehe. 41

Wir stellen ferner klar, dass andere Ausgleichsansprüche nicht bestehen sollen; insbes. entsteht nicht etwa durch Mitarbeit im Betrieb eines Ehegatten oder durch das gemeinsame Halten von Vermögensgegenständen eine Ehegatteninnengesellschaft, wenn wir dies nicht ausdrücklich vereinbaren.

Zum anderen kann **bei der Zuwendung** selbst eine Regelung getroffen werden, ob die Zuwendung rückforderbar sein soll.[77] 42

Wird weder das eine noch das andere geregelt, dann kann die Ehescheidung zu einer Störung der Geschäftsgrundlage führen, mit der Folge, dass ein Ausgleich bzw. eine Rückforderung schon dann möglich ist, wenn das Beibehalten der Vermögenslage für den Zuwendenden **unzumutbar** ist. 43

Eine solche Unzumutbarkeit liegt nicht vor, wenn die Zuwendung gerade eine angemessene Beteiligung des anderen Ehegatten an dem gemeinsam Erarbeiteten ist, wenn also durch die Zuwendung gerade der Nachteil der Gütertrennung und das Fehlen von Ausgleichsansprüchen kompensiert wird. Eine Unzumutbarkeit wird dagegen v.a. in denjenigen Fällen zu bejahen sein, in denen durch die Zuwendung der Empfänger weit mehr erhalten hat, als ihm selbst bei Zugewinngemeinschaft gebührt hätte,[78] insb. in den Fällen, wo die Zuwendung erfolgte, um die Zuwendungsgegenstände vor Gläubigern des zuwendenden Ehegatten in Sicherheit zu bringen. *Hoppenz* vertritt auch bei Gütertrennung eine fiktive Zugewinnausgleichskontrolle: Es könne nicht richtig sein, dass ein Zugewinnausgleichspflichtiger als Zuwendender einen Ausgleichsanspruch hat, obwohl er bei Zugewinn der Ausgleichspflichtige wäre.[79] 44

5. Anspruchsinhalt

Die Rechtsfolge einer Störung der Geschäftsgrundlage besteht in einer Anpassung der Verhältnisse.[80] Damit ist eine sehr flexible Rechtsfolge gegeben, die aber auch entsprechend unberechenbar[81] ist. 45

Ein Ausgleich erfolgt grds. in **Geld**. Nur ganz **ausnahmsweise**, bei einem besonders geschützten Interesse des Zuwendenden, kann es zu einer dinglichen **Rückgewähr** kommen, die i.d.R. wieder Zug-um-Zug **gegen** Zahlung eines angemessenen **Ausgleichsbetrages** zu erfolgen hat.[82] Eine Rückgewähr wird v.a. dort in Betracht kommen, wo ein Gegenstand für die gewerbliche Tätigkeit des Zuwendenden benötigt wird oder mit treuhänderischem Einschlag zugewendet worden war.[83] Dafür trägt der Anspruchssteller die Darlegungs- und Beweislast.[84] 46

Die **Höhe des Ausgleichsbetrages** berücksichtigt die Aufwendungen, welche der Zuwendungsempfänger gehabt hat und die er im Vertrauen auf den Fortbestand der Vermögenslage oder zur Erhal- 47

---

77 Vgl. die Formulierungsvorschläge in Kap. 3 Rdn. 145 ff.
78 So z.B. im Fall des OLG Karlsruhe, FamRZ 2001, 1075.
79 Hoppenz, FamRZ 2011, 1697, 1702; Hoppenz, 2012, 1791, 1792.
80 Palandt/Grüneberg, § 313 Rn. 40 ff.
81 Bergschneider, Rn. 577.
82 BGH, ZNotP 2002, 361 f.
83 Wever, FamRZ 2000, 993, 999.
84 OLG Bremen, NZFam 2017, 178; dazu Weinreich, FF 2017, 107 f.

tung und Verschönerung getätigt hat; hierunter fallen also nicht nur wertsteigernde Aufwendungen.[85] Auch Arbeitsleistung ist hierbei zu berücksichtigen, soweit sie über das nach den Grundsätzen des ehelichen Unterhalts geschuldete Maß hinausgeht.[86] Bei der Bemessung des Ausgleichsbetrages hat eine **Gesamtwürdigung aller Umstände** unter Billigkeitsgesichtspunkten stattzufinden, bei der auch die Dauer der Ehe und die Einkommens- und Vermögensverhältnisse zu berücksichtigen sind.[87] Die **Dauer der Ehe** ist v.a. unter dem Gesichtspunkt zu berücksichtigen, dass für diese Zeit der **Zweck der Zuwendung erreicht** wurde, sodass die Zuwendung desto weniger auszugleichen ist, je länger die Ehe nach der Zuwendung noch dauerte. Ein Ausgleich kann bei längerer Ehedauer aus diesem Grund sogar ganz zu verneinen sein.[88] Die Methode, den Abschlag für Zweckerreichung zu errechnen,[89] nimmt der AK 19 des 19. DFGT wie folgt an:[90]

> »Für die Benessung des Abschlags ist die Dauer der nach der Zuwendung bis zu ihrem Scheitern noch geführten Ehe ins Verhältnis zu setzen zur Dauer der Eheerwartung, die der Lebenserwartung des Ehegatten mit der geringeren Lebenserwartung im Zeitpunkt der Zuwendung entspricht.«

48 Bei der Tilgung von Darlehen, die eine Immobilie finanzieren, die im Alleineigentum des anderen Ehegatten steht, ist der BGH zunächst der Auffassung, dass die Zahlung der Zinsen und des Finanzierungsaufwandes nicht zu einer Vermögensvermehrung führen. Vielmehr spiegelten die Zinszahlungen die laufenden Wohnkosten im täglichen Zusammenleben wider und scheiden schon deshalb vom Ausgleich aus.[91]

49 Auch bei den Tilgungsleistungen will der BGH noch prüfen, ob im Trennungszeitpunkt ein Gebäudewert vorhanden ist, der die Restvaluta übersteigt, denn nur dann ist es zu einer Vermögensmehrung gekommen.[92]

50 Hinsichtlich der **Darlegungs- und Beweislast** nimmt der BGH an, dass derjenige Ehegatte, der die dingliche Rückforderung geltend macht, diese nur Zug-um-Zug gegen Zahlung des Ausgleichsbetrages verlangen könne. Daher müsse dieser Ehegatte auch schlüssig darlegen, auf welche Summe sich die Ausgleichszahlung beläuft und sich zur Erstattung Zug-um-Zug gegen Rückgabe bereit erklären. Lediglich Eigenleistungen hat derjenige Ehegatte, von dem Rückforderung verlangt wird, im Einzelnen vorzutragen.[93]

▶ Hinweis:

51 Wer eine dingliche Rückforderung verlangt, muss auch den Ausgleichsanspruch, den er zu erfüllen hat, schlüssig darlegen und sich zur Zahlung bereit erklären!

52 Auf der Grundlage der Erfüllung dieser Ansprüche findet dann bei gesetzlichem Güterstand der Zugewinnausgleich statt. Der BGH hat entschieden, dass ein **Anspruch auf Rückabwicklung** gegen Ausgleichszahlung **im späteren Zugewinn erneut zu berücksichtigen** ist, auch wenn beim Vorprozess der Zugewinn schon überschläglich berechnet werden musste, um die Vorfrage zu klären, ob das Ergebnis des Zugewinnausgleichs schlechthin unangemessen und untragbar ist.[94]

---

85 BGH, FamRZ 1999, 365.
86 BGH, FamRZ 1998, 669 zu Fällen der Rückgewähr bei der Zuwendung von Schwiegereltern. Diese Grundsätze gelten aber auch für Ehegattenzuwendungen, Wever, Rn. 1024; Wever, FamRZ 2003, 565, 572.
87 BGH, FamRZ 1999, 365.
88 Schulz/Hauß, Rn. 1596 f.
89 Hierzu Wever, FamRZ 2013, 1 ff.
90 Brühler Schriften zum Familienrecht, Bd. 17 (2011), 120.
91 BGH, NJW 2012, 3374 = FamRZ 2012, 1789.
92 BGH, NJW 2012, 3374 = FamRZ 2012, 1789.
93 BGH, FamRZ 1999, 365.
94 BGH, NJW 2007, 1744 = ZNotP 2007, 224.

A. Durchbrechung des Ausschließlichkeitsprinzips Kapitel 5

Ferner ist der BGH der Auffassung, dass auf einen Ausgleichsanspruch, der erst **nach Abschluss des Zugewinnverfahrens** geltend gemacht wird, der Gläubiger sich dasjenige **anrechnen lassen** muss, was er durch die Nichtberücksichtigung im Zugewinn mehr erhalten hat.[95]

53

Die Ansprüche aus Störung der Geschäftsgrundlage sind begrenzt durch den Wert der Zuwendung und denjenigen Wert, der beim Empfänger beim Scheitern der Ehe noch vorhanden ist.[96] Dies gilt auch in den Mitarbeitsfällen, denn der Anspruch aus Störung der Geschäftsgrundlage gibt keinen Anspruch auf eine nachträgliche Vergütung, sondern will nur eine bestehende Vermögenssituation ändern.[97] Bei Mitarbeit begrenzt die Höhe der ersparten Arbeitskosten den Ausgleichsanspruch nach oben.[98]

54

▶ **Beispiel**

> *Einen instruktiven Fall hat das OLG München behandelt.[99] Hier hatte die Mutter von drei Kindern ihr gesamtes Erbe für den Bau eines Hauses verwendet, das dem Ehemann gehörte. Ein Zugewinnausgleichsanspruch bestand nicht, weil das Anfangsvermögen des Ehemannes sehr hoch gewesen und das Endvermögen durch hohe Verbindlichkeiten gemindert war, die zudem nicht auf dem Hausbau beruhten. Aus diesem Grund konnte die Mutter auch keinen Unterhalt beanspruchen. Sie war völlig mittellos, ohne laufendes Einkommen und hatte die drei Kinder zu versorgen. Hier hat das OLG München den vollen Betrag der investierten Erbschaft als Ausgleich zugesprochen.*

In einem weiteren Fall hat das OLG München bei Gütertrennung einen Ausgleichsanspruch bei Investitionen in das Familienwohnheim bejaht und ausgeführt, die Höhe des Betrages richte sich nach dem Wert der zukünftig wegfallenden Mitbenutzung des Familienheims, begrenzt durch den Wert des beim Eigentümer noch vorhandenen Vermögens.[100]

55

Abzulehnen hingegen ist eine Entscheidung des OLG Frankfurt am Main,[101] in welcher das Gericht den Anspruch auf Zugewinnausgleich dahingestellt sein lässt und jedenfalls denjenigen auf Wegfall der Geschäftsgrundlage zuspricht. Hier wird die Reihenfolge umgekehrt, das schlechthin unangemessene Ergebnis nicht überprüft und wohl auch die Zuständigkeit verkannt.

56

Bisher noch offen war die Frage, wann der auf eine Störung der Geschäftsgrundlage gestützte Anspruch fällig wird. Nach den OLG München bzw. Düsseldorf liegt **Fälligkeit** erst mit Rechtskraft der Scheidung vor, da erst dann feststehe, dass über den Zugewinn kein ausreichender Ausgleich erfolge.[102] Ein unterschiedlicher Stichtag für verschiedene Güterstände erschien hingegen wenig einleuchtend.[103] Der **BGH** hat aber entschieden, dass **Stichtag** für diesen Anspruch die **endgültige Trennung** sei. Zu diesem Zeitpunkt entsteht also der Anspruch, auch wenn er erst später geltend gemacht werden kann.[104]

57

---

95 BGH, FamRZ 2009, 193, 196 (Tz. 36).
96 Schulz/Hauß, Rn. 1661; OLG München, FamRZ 2004, 1874, 1875; BGH, FamRZ 1982, 910.
97 Wever, Rn. 1204.
98 BGH, DNotZ 1995, 668, 672.
99 OLG München, FamRZ 1999, 1663; dort auch zur Rechtskraft als Voraussetzung der Rückgewähr; a.A. Wever, FamRZ 2000, 993, 999: Scheitern der Ehe.
100 OLG München, FamRZ 2004, 1874 f. m. Anm. Wever, der sich krit. zur Berechenbarkeit des Ausgleichsbetrages äußert.
101 OLG Frankfurt am Main, FF 2002, 173 f. mit abl. Anm. Kogel.
102 OLG München, FamRZ 1999, 1663, 1664; OLG Düsseldorf, FamRZ 1992, 652, 653; Koch, FamRZ 2003, 197, 209.
103 So aber Schulz/Hauß, Rn. 1592.
104 BGH, NJW 2007, 1744.

6. Störung der Geschäftsgrundlage in sonstigen Fällen

58 Abschließend sei noch ein abschreckendes Beispiel angeführt, wie mit dem Institut der **Störung der Geschäftsgrundlage** von den Gerichten über vorsorgende ehevertragliche Vereinbarungen hinweggegangen wird. Das KG[105] hat einem ehevertraglichen **Ausschluss des Versorgungsausgleichs** die Wirkung versagt, weil die Ehegatten bei seinem Abschluss angenommen hatten, sie würden auch nach der Geburt eines Kindes weiterhin beide arbeiten, dann aber später die Ehefrau mit Einverständnis des Ehemannes ihre Berufstätigkeit aufgab. Und dies, obwohl beim Abschluss des Ehevertrages das erste Kind bereits geboren war.

Ähnlich das OLG München,[106] allerdings zu einem Ehevertrag, in dem die Ehegatten einleitend festgestellt hatten, sich je eine getrennte Alterssicherung aufbauen zu wollen.

59 Zu Recht ist gegenüber diesen Entscheidungen einzuwenden, dass die Geburt eines Kindes und eine anschließende Änderung oder Aufgabe beruflicher Tätigkeit für die Ehegatten jedenfalls normalerweise kein unvorhersehbares Ereignis darstellt und die Folgen solchen Geschehens vom Notar bei der Ehevertragsberatung auch regelmäßig erörtert werden.[107] Allerdings würde dies auch den BGH nicht von einer Inhaltskontrolle abhalten.

60 Einen völlig neuen Aspekt beleuchtet ein Urteil des BGH aus 2012. Hier ging es um eine **Zuwendung anlässlich der Trennung** der Ehegatten. Der Ehemann focht nachher seine Vaterschaft zu dem Kind an, von dem er bis dahin dachte, dass es das gemeinsame Kind sei. Die Vorstellung, dass dies sein **leibliches Kind** sei, könne **Geschäftsgrundlage** für die Handlungen des Ehemannes sein, wenn die Zuwendung auch dazu bestimmt war, unmittelbar oder mittelbar den Unterhaltsbedarf des Kindes zu befriedigen (hier: Erwerb einer Immobilie zum Wohnen).[108] Da es um eine Zuwendung bei Trennung (also nach Scheitern der Ehe) ging, nahm der BGH eine **Schenkung** an. Diese Grundsätze müssen aber dann genauso auch für die ehebezogene Zuwendung gelten.[109]

61 Der BGH stellt ausdrücklich fest, dass die **Ehefrau** hier eine »**Pflicht zur ungefragten Offenlegung der Möglichkeit hat, dass das Kind von einem anderen Mann abstamme**«.[110] In ähnlicher Weise hatte der BGH zuvor schon bei der Frage einer Verwirkung des nachehelichen Unterhaltes nach § 1579 BGB[111] und eines Ausschlusses des Versorgungsausgleichs[112] geurteilt. Die Offenbarungspflicht wird stark kritisiert,[113] führt eine solche Offenbarung doch zu einem Auseinanderbrechen einer bis dahin intakt scheinenden Familie, obwohl die leibliche Vaterschaft vielleicht sogar besteht.

II. Ehegatteninnengesellschaft

1. Ehegatteninnengesellschaft in der Rechtsprechung

62 Die Rechtsprechung griff auf die Rechtsfigur der **Ehegatteninnengesellschaft** als eine GbR ohne Gesamthandsvermögen erstmals zu Beginn der **fünfziger Jahre** zurück, um die Fälle der **Mitarbeit von Ehegatten** im Betrieb des anderen Ehegatten zu erfassen und hier einen Ausgleichsanspruch bei Scheitern der Ehe zusprechen zu können. Nach einem Grundsatzurteil aus dem Jahr 1952[114] nah-

---

105 KG, FamRZ 2001, 1002.
106 OLG München, FamRZ 1995, 95.
107 Büttner, FamRZ 1998, 1, 4; Langenfeld, 4. Aufl., Rn. 25.
108 BGH, FamRZ 2012, 1363 ff.
109 So ausdrücklich Wever, FamFR 2011, 2012, 299.
110 BGH, FamRZ 2012, 1363, 1365 Tz. 27 f.
111 BGH, FamRZ 2012, 779.
112 BGH, FamRZ 2012, 845.
113 Wever, FamRZ 2012, 1601 ff.
114 BGHZ 8, 249 = NJW 1953, 418.

A. Durchbrechung des Ausschließlichkeitsprinzips

men zahlreiche weitere Entscheidungen des BGH eine Ehegatteninnengesellschaft an.[115] Sie waren damit begründet, dass ein Ehegatte eine Mitarbeit über das unterhaltsrechtlich geschuldete Maß hinaus i.d.R. in der Erwartung leiste, durch diese Arbeitsleistung eine wirtschaftliche Teilhabe am Gesamtergebnis zu erlangen.

Zu Beginn der **achtziger Jahre** nahm der BGH dann einen **familienrechtlichen Kooperationsvertrag** an, für den durch die Scheidung die **Geschäftsgrundlage wegfiel**, sodass ein Ausgleichsanspruch auf dieser Basis bestand, wenn das Güterrecht keine ausreichenden Ansprüche bot.[116] Diese Rechtsprechung drängte die Lösung über die Ehegatteninnengesellschaft für zwei Jahrzehnte vollständig in den Hintergrund.

Mit seinem Urt. v. 30.06.1999[117] stellte der BGH jedoch wieder die Rechtsfigur der **Ehegatteninnengesellschaft** in den **Vordergrund**.[118] Im Urteilsfall war umfangreicheres Immobilienvermögen über lange Jahre hinweg auf den Namen der Ehefrau zu Alleineigentum erworben worden. Der Ehemann behauptete, erhebliche Beiträge geleistet und deshalb einen Ausgleichsanspruch zu haben.

Zudem wendete der BGH damit die Grundsätze der Ehegatteninnengesellschaft auch auf rein finanzielle Zuwendungen ohne Rücksicht auf Mitarbeit an, während die bisherige Rechtsprechung eine gesellschaftsrechtliche Lösung nur bei Mitarbeit von Ehegatten greifen lassen wollte.[119]

Damit wird die Ehegatteninnengesellschaft zur zentralen Anspruchsgrundlage[120] von Ausgleichsansprüchen außerhalb des Güterrechts, sofern es nicht um das Familienwohnheim geht. Es kann auch eine Ehegatteninnengesellschaft mit einem Freiberufler geben.[121]

▶ **Gestaltungsempfehlung:**

Die Ehegatteninnengesellschaft ist nach der neuen Rechtsprechung des BGH zentraler Lösungsansatz für Ausgleichsansprüche außerhalb des Güterrechts, sofern es nicht um das Familienwohnheim geht. Dies muss bei der Beratung und bei der Gestaltung des ehelichen Lebens verstärkt Beachtung finden.[122]

In einem **weiteren Urteil** löst der **BGH** auch Fragen der **Zusammenveranlagung** dadurch, dass er entsprechende Pflichten aus einer von ihm so gesehenen Ehegatteninnengesellschaft folgert[123] und bestätigt damit die gestiegene Bedeutung dieses Rechtsinstituts. In diesem Rahmen kann nur kurz angesprochen werden, dass das Steuersparmodell, das der BGH als Grund und Zweck der Ehegatteninnengesellschaft sieht, gerade dann »platzen« könnte, wenn mit der Ehegatteninnengesellschaft eine verdeckte Mitunternehmerschaft vorliegt.[124] Aus diesem Grund ist die Steuerrechtsprechung zu Recht sehr vorsichtig bei der Annahme einer solchen verdeckten Mitunternehmerschaft und warnt, ein Rechtsbindungswille dürfe nicht fiktiv unterstellt werden. Vielmehr erfordere eine solche Mitunternehmerschaft die Übernahme von Mitunternehmerrisiko und regelmäßig eine Beteiligung

---

115 BGH, FamRZ 1954, 136; BGH, FamRZ 1961, 519; BGH, FamRZ 1967, 320 = BGHZ 47, 157; weitere Nachweise bei Wever, Rn. 1141 ff.; Blumenröhr, in: FS für Odersky, S. 517 ff.; Haas, FamRZ 2002, 205; Gergen, FPR 2010, 298 ff.; Herr in C. Münch, Familienrecht, § 6, Rn. 44 f.
116 BGH, FamRZ 1982, 910 ff.; BGH, FamRZ 1984, 1167 ff.; vgl. auch OLG Düsseldorf, FamRZ 1992, 562 f.
117 BGHZ 142, 137 = FamRZ 1999, 1580 = NJW 1999, 2962 = DNotZ 2000, 514 ff.
118 Jost, JR 2000, 503, 544; zur Lebenspartner-Innengesellschaft: Schulz, FamRZ 2007, 593.
119 Wever, Rn. 1123.
120 Vgl. Hofer, in: FS für Schwab, S. 79 ff.: »Das Gesellschaftsrechtliche an der Ehe«; für die Vereinheitlichung eines Anspruchs unter dem Dach des § 313 BGB und die Nichtanwendung des Bereicherungsrechts plädiert Wever in FS Hahne, 175, 200.
121 Herr, FamRB 2011, 221 f.
122 Jaeger, in: FS für Henrich, S. 323, 328 spricht von starken, in ihren Auswirkungen noch nicht vorhersehbaren Veränderungen.
123 BGH, FamRZ 2003, 1454 = DStR 2003, 1805.
124 Hierzu die krit. Kommentare von Wever, FamRZ 2003, 1457 und Spieker, FamRZ 2004, 174.

an den stillen Reserven.[125] Sofern Kinder an der GbR beteiligt werden, ist die Rechtsprechung zur steuerlichen Anerkennung der Beteiligung von Abkömmlingen an einer KG entsprechend anwendbar.[126]

69 Im **dritten Urteil zur Ehegatteninnengesellschaft** hat der **BGH** betont, dass die Ansprüche aus Ehegatteninnengesellschaft nicht subsidiär sind gegenüber dem Zugewinnausgleich.[127] Mit diesem Urteil droht eine noch weitere Ausdehnung der Ehegatteninnengesellschaft. Damit werden Gestaltungsvorschläge zur haftungsgünstigen Vermögensverteilung unterlaufen, sodass das Urteil als »familienpolitisch nicht wünschenswert« kritisiert wurde.[128] Dieser Ansicht wird heftig widersprochen, die Ansprüche könnten und sollten nicht der Pfändung entzogen sein.[129] Diese Kritik übersieht nur, dass von der Rechtsprechung die Ehegatteninnengesellschaft eher konstruktiv und ohne Grundlage im Willen der Parteien den Ehegatten »nachgesagt« wird. Erst im Scheidungsfall – oder künftig vielleicht im Pfändungsfall – spielt diese Konstruktion eine Rolle.

70 Das **OLG Karlsruhe** hat die Ehegatteninnengesellschaft für das gemeinsame Wirtschaften nach der Stellung eines Scheidungsantrags ins Spiel gebracht. Weil die Abrede dazu nichtig war (Regelungen zum Zugewinnausgleich hätten der Beurkundung bedurft), war die Abwicklung nach den Grundsätzen einer fehlerhaften Innengesellschaft durchzuführen.[130]

71 Ein »Paradebeispiel« für eine Ehegatteninnengesellschaft hatte das **OLG Köln**[131] zu beurteilen. Unternehmensinhaberin war alleine die Ehefrau, da der Ehemann als Beschäftigter im öffentlichen Dienst keine Geschäftstätigkeit ausüben durfte. Die handwerklichen Tätigkeiten konnte jedoch alleine der Ehemann ausüben. In der Scheidungsvereinbarung hatte dieser dann auch noch den Betrieb übernommen.

72 Eine Innengesellschaft hat die Rechtsprechung auch schon für ein entsprechendes Zusammenwirken von nichtehelichen Lebenspartnern angenommen. Ob daraus eine verdeckte Mitunternehmerschaft folgt, hängt davon ab, ob neben der Mitunternehmerinitiative auch Mitunternehmerrisiko vorliegt.[132]

2. Abgrenzung

73 Der BGH nutzte das Urt. v. 30.06.1999 zu grds. Ausführungen über die Ehegatteninnengesellschaft und ihre Abgrenzung zu den unbenannten Zuwendungen sowie zur rechtlichen Einordnung im Verhältnis zum ehelichen Güterrecht. Danach gilt Folgendes:

a) Vorrang vor der unbenannten Zuwendung bzw. dem familienrechtlichen Vertrag sui generis

74 Der BGH räumt der Ehegatteninnengesellschaft den **Vorrang vor der** Rechtsfigur der **unbenannten Zuwendung**[133] oder in Fällen der Ehegattenmitarbeit dem **familienrechtlichen Vertrag sui generis** ein und ändert damit eine Rechtsprechungstendenz, die nahezu zwei Jahrzehnte gewährt hatte.

75 Grundvoraussetzung einer Ehegatteninnengesellschaft ist nach der Rechtsprechung des BGH, dass sich der Gesellschaftszweck **nicht in der Verwirklichung der ehelichen Lebensgemeinschaft erschöpft, sondern darüber hinausgeht**.[134] Damit ist zugleich das Abgrenzungskriterium gegenüber der unbe-

---

125 FG Baden-Württemberg, DStRE 2005, 1185 ff.
126 FG Köln, DStRE 2006, 760.
127 BGH, FamRZ 2006, 607; hierzu Anm. Volmer, FamRZ 2006, 844 und C. Münch, MittBayNot 2006, 423.
128 Volmer, FamRZ 2006, 844, 845.
129 Kogel, FamRZ 2006, 1177 f.
130 OLG Karlsruhe, FamRZ 2008, 1080.
131 OLG Köln, FamRZ 2010, 1738.
132 Hierzu FG München, DStR 2015, 1105.
133 BGH, DNotZ 2000, 514, 515 (»in erster Linie«) = FamRZ 1999, 1580 f. = NJW 1999, 2962 f.
134 Bei einer ausdrücklich vereinbarten Ehegatteninnengesellschaft steht nicht entgegen, dass durch die Beitragsleistungen des Ehegatten gleichzeitig Verpflichtungen berührt werden, die sich bereits aus dem Familienrecht ergeben (OLD Düsseldorf, FamRZ 1992, 562 f.).

nannten Zuwendung oder der Mitarbeit auf der Grundlage eines familienrechtlichen Vertrages eigener Art gegeben, denn diese geschehen zur Verwirklichung der ehelichen Lebensgemeinschaft[135] (»Geben um der Ehe willen«). Die Ehegatteninnengesellschaft beginnt also dort, wo der Bereich der ehebezogenen Zuwendungen überschritten wird. *Wever* leitet hieraus ab, die Beteiligung an einer Ehegatteninnengesellschaft erfolge auch im eigenen Interesse, die unbenannte Zuwendung dagegen v.a. im Interesse des Zuwendungsempfängers.[136]

Damit werden künftig einige Fallgestaltungen, die in der Vergangenheit von der Rechtsprechung über den Wegfall der Geschäftsgrundlage gelöst wurden, in den **Anwendungsbereich der Ehegatteninnengesellschaft** fallen,[137] zumal der BGH nunmehr auch bei reinem Kapitaleinsatz die Ehegatteninnengesellschaft bejaht.[138] Insofern kann man von einem Vorrang der Ehegatteninnengesellschaft sprechen.

b) Unabhängigkeit gegenüber dem Güterrecht

Darüber, wie sich die Rechtsfigur der Ehegatteninnengesellschaft gegenüber den Regelungen des Güterstandes verhält, hat sich noch keine einheitliche Meinung gebildet.

Der **BGH** leitet seine Ausführungen mit der Fragestellung ein, er habe sich bereits verschiedentlich mit der Frage befassen müssen, wie ein gerechter Vermögensausgleich bei Eheauflösung stattfinden könne, wenn das **Güterrecht keine befriedigende Lösung** gewähre.[139] Dies sprach zunächst für eine Nachrangigkeit gegenüber dem Güterrecht. Gleichzeitig wird damit klargestellt, dass die Rechtsfigur der Ehegatteninnengesellschaft sowohl bei Gütertrennung als auch im gesetzlichen Güterstand vorkommen kann[140] und auch bei der deutsch-französischen Wahl-Zugewinngemeinschaft.[141] Neben einer Gütergemeinschaft kann sie jedenfalls für das Gesamtgut aber nicht zusätzlich vorliegen.[142]

Mit einem weiteren Urteil aus dem Jahr 2003[143] hat der **BGH** allerdings nunmehr ausgesprochen, dass die gesellschaftsrechtlichen Ansprüche **keineswegs immer nur subsidiär** gegenüber den Regelungen des Güterrechts seien, zumal dann, wenn es um Ansprüche gehe, die sich aus dem Güterrecht nicht herleiten ließen (hier z.B. ein Anspruch auf Zustimmung zur gemeinsamen Veranlagung). Dies hat der BGH später noch vertieft,[144] besonders in einem Fall, in welchem Ansprüche aus Innengesellschaft zeitlich über die Ehezeit hinaus bestanden.[145] Damit muss die Praxis von einer **Gleichrangigkeit** ausgehen. Das Recht der Ehegatteninnengesellschaft ist »nicht mehr bloß Lückenfüller für Defizite im familienrechtlichen Ausgleich«,[146] es handelt sich um einen selektiven vorzeitigen Zugewinnausgleich.[147] Auch nach der Reform des Zugewinnausgleichs mit der Einführung negativen Anfangs- und Endvermögens ist der Zugewinnausgleich nicht dergestalt perfektioniert, dass für die Ehegatteninnengesellschaft kein Platz mehr wäre.[148] Das KG hat, dem BGH folgend, ausdrücklich ausgesprochen, dass die gesellschaftsrechtlichen Ansprüche nicht etwa subsidiär seien.[149] Daher

---

135 Detailliert Haas, FamRZ 2002, 205, 213 f., der von Überschneidungsbereichen spricht.
136 Wever, Rn. 1125.
137 Grziwotz, DNotZ 2000, 486, 495.
138 A.A. MünchKomm-BGB/Schäfer, Vor § 705, Rn. 79: Anwendungsbereich nur bei Mitarbeit. Vermögensleistungen sind im Güterrecht und durch die Störung der Geschäftsgrundlage ausreichend erfasst.
139 BGH, DNotZ 2000, 514, 516, Nr. 1, erster Satz; s.a. BGH, MittBayNot 1994, 227, 229 = FamRZ 1994, 295.
140 Wever, Rn. 1136.
141 Wever, Rn. 1183.
142 BGH, MittBayNot 1994, 227 ff.
143 BGH, DStR 2003, 1805 f. = FamRZ 2003, 1454 m. Anm. Wever.
144 BGH, DB 2006, 886.
145 BGH, FamRZ 2006, 607 f.
146 K. Schmidt, JuS 2006, 754, 756.
147 Herr, FamRB 2011, 258 ff.
148 Wall, FamRB 2010, 348 ff.
149 KG, FamRZ 2013, 787 f.

kann der ausscheidende Ehegatte zunächst die Vorlage einer Auseinandersetzungs- oder Abfindungsbilanz für die Ehegatteninnengesellschaft verlangen.[150] Das KG[151] will aber bei Zugewinngemeinschaft nur in Ausnahmefällen eine Ehegatteninnengesellschaft annehmen.

80 Die **Literatur** ist sich über diese Frage aber noch uneins. Einige Stimmen bejahen einen Nachrang der Ehegatteninnengesellschaft,[152] andere bezweifeln dies[153] und wieder andere sprechen sich für einen Vorrang der Regelungen über die Innengesellschaft und eine Einstellung der Ansprüche als Rechnungsposten in den Zugewinn aus, ähnlich wie beim Gesamtschuldnerausgleich.[154] Jedenfalls wird bei Zugewinngemeinschaft ein deutlich manifesterer Rechtsbindungswille gefordert.[155]

81 Betrachtet man die Lage **vom Ergebnis her**, so spricht viel für eine Nachrangigkeit, denn der BGH sah zunächst einen Korrekturbedarf nur da, wo das Güterrecht keine befriedigende Lösung bietet. Mittlerweile hat er aber den Anwendungsbereich der Ehegatteninnengesellschaft ausgedehnt. Dabei ist auch zu beachten, dass die Unterstellung einer stillschweigenden Ehegatteninnengesellschaft häufig auf wenig klare Vorstellungen der Ehegatten bei deren Begründung trifft, insofern mag man durchaus von einer Auffangkonstruktion sprechen. **Dogmatisch gesehen** müsste man hingegen sagen, dass dann, wenn die Ehegatten eine Ehegatteninnengesellschaft begründet haben, deren Ausgleichsregelungen unabhängig vom Güterrecht auch zur Anwendung kommen müssen. Diese Ansprüche müssten sodann Eingang in die Zugewinnberechnung finden.[156] In diesem Fall ist sehr genau zu prüfen, ob sich der Aufwand des Verfolgens gesellschaftsrechtlicher Ansprüche lohnt oder ob das Einstellen in den Zugewinnausgleich genügt.[157]

82 Dies gilt jedenfalls bei einer ausdrücklichen Begründung einer Ehegatteninnengesellschaft. Allerdings wird hier häufig gewollt sein, dass es bei dem gesellschaftsrechtlichen Ausgleich sein Bewenden hat.

83 Zu Recht wird deutlich gemahnt, sich in solchen Fällen nicht auf den Rechtsstreit über den Zugewinn zu beschränken, denn wenn eine Ehegatteninnengesellschaft besteht und die gesellschaftsrechtlichen Ansprüche den Zugewinn letztlich neutralisieren, wird eine Klage auf Zugewinn keinen Erfolg haben, gesellschaftsrechtliche Ansprüche sind dann möglicherweise verjährt.[158] Die Interdependenz beider Ansprüche ist also aufzuklären, bevor sie gerichtlich geltend gemacht werden.[159]

▶ **Gestaltungsempfehlung:**

84 Soll bewusst die Rechtsform der Ehegatteninnengesellschaft genutzt werden, dann ist der richtige Weg die ausdrückliche Begründung einer solchen Gesellschaft und die Gestaltung eines entsprechenden Gesellschaftsvertrages.[160] Dort könnte auch erörtert werden, ob der gesellschaftsrechtliche Ausgleich abschließend sein soll oder ob die Ansprüche in den Zugewinnausgleich eingestellt werden sollen.

---

150 KG, FamRZ 2013, 787 ff.
151 KG, NJW 2017, 3246.
152 MünchKomm-BGB/Schäfer, vor § 705 Rn. 79, der einen Ausgleichsanspruch nur bei Mitarbeit bejaht, Vermögensleistungen hingegen bereits anderweitig ausreichend geregelt sieht; Bayer/Selentin, FS Koch, 307 ff. sehen die Innengesellschaft bei Zugewinngemeinschaft ausgeschlossen, da der Gesetzgeber die Folgen erkannt und in Kauf genommen habe; Langenfeld, ZEV 2000, 14.
153 Grziwotz, DNotZ 2000, 486, 492.
154 Wever, Rn. 1183; Schulz/Hauß, Rn. 1671 ff.; Schulz, FamRB 2005, 111 ff., 142.
155 Röfer, FamRZ 2017, 608, 610.
156 Roßmann, FuR 2011, 670, 678.
157 Schulz/Hauß, Rn. 1671 ff.
158 Kogel, FF 2006, 149 ff.
159 Schulz, FamRB 2005, 111 ff., 142 ff., 143.
160 Formulierungsvorschläge werden im Rdn. 390 gegeben.

A. Durchbrechung des Ausschließlichkeitsprinzips

c) Ausschlusskriterien

Nach der Rechtsprechung des BGH scheidet eine Ehegatteninnengesellschaft bei alternativem Vorliegen folgender Voraussetzungen aus: **85**
- wenn **gezielt** das Privatvermögen des **Eigentümer**-Ehegatten gefördert werden sollte und die Vermögenswerte diesem rechtlich und **wirtschaftlich allein** verbleiben sollten,
- sofern die Ehegatten eine **ausschließliche Abrede** über den Vermögensausgleich getroffen,[161] also z.B. Darlehensverträge oder Arbeitsverträge oder partiarische Verträge[162] geschlossen haben. Dies kann auch konkludent geschehen.[163]

▶ **Gestaltungsempfehlung:**

Sofern die Unwägbarkeiten vermieden werden sollen, die mit der Rechtsfigur der Ehegatteninnengesellschaft verbunden sind, sollte jeweils bei der Zuwendung oder Mitarbeit eine ausschließliche Abrede über den Vermögensausgleich begründet werden. **86**

3. Voraussetzungen

a) Grundsätzliches

Nach dem BGH bestehen folgende Voraussetzungen für die Annahme einer Ehegatteninnengesellschaft: **87**
- **Verfolgung eines über die eheliche Lebensgemeinschaft hinausgehenden Zwecks:** Dies wurde anerkannt etwa für gemeinsame Vermögensbildung durch Einsatz von Vermögenswerten und/oder Arbeitsleistung oder gemeinsame berufliche und gewerbliche Tätigkeit, so etwa beim Bau und der Verwaltung von zehn Mieteinheiten.[164] Der BGH hat dies abgelehnt für den Bau eines Familienheims,[165] die Mitarbeit nicht über den Rahmen der üblichen Ehegattenmitarbeit hinaus[166] oder die Gestellung einer dinglichen Sicherheit.[167] Wenn die Ehegatten ein Unternehmen aufbauen oder auch nur gemeinsam gleichberechtigt eine berufliche oder gewerbliche Tätigkeit ausüben, so steht es der Annahme einer Innengesellschaft nicht entgegen, wenn sie aus dem Erlös auch ihren Lebensunterhalt bestreiten.[168]
- **Gleichberechtigte Mitarbeit oder Beteiligung:** Somit reicht eine lediglich untergeordnete Tätigkeit nicht aus. Andererseits ist auch keine gleich hohe oder gleichartige Beteiligung erforderlich. Vielmehr wirken sich die verschieden hohen Beiträge lediglich auf die Beteiligungsquote aus.[169] Das Kriterium weicht allerdings zusehends auf. So erkennt das KG auf Vorliegen einer Ehegatteninnengesellschaft zwischen einer Zahnärztin und ihrem Ehemann, der in der Zahnarztpraxis als Rezeptionist beschäftigt ist.[170] Auch das OLG Hamm bestätigt, dass es eine Ehegatteninnengesellschaft mit einem Freiberufler geben kann, ohne dass der Ehepartner die freiberuflichen Qualifikationen – hier die eines Arztes – erfüllt. Allerdings soll in dieser fehlenden Qualifikation ein Indiz gegen die Ehegatteninnengesellschaft zu sehen sein.[171] Besonderheiten gelten auch für

---

161 So BGH, DNotZ 2000, 514, 516; a.A. Gebel, BB 2000, 2017, 2022.
162 Vgl. etwa OLG Köln, BeckRS 2014, 22441.
163 OLG Köln, FamRZ 2010, 1738.
164 OLG Hamm, FamRZ 2010, 1737.
165 BGH, DNotZ 2000, 514, 517.
166 BGH, FamRZ 1975, 35, 37; BGH, FamRZ 1989, 147 f.; BGH, FamRZ 1995, 1062, 1063 (bei Mitarbeit auf arbeitsvertraglicher Grundlage ist kein Raum mehr für die Annahme einer durch schlüssiges Verhalten begründeten Ehegatteninnengesellschaft).
167 BGH, FamRZ 1987, 907.
168 BGH, FamRZ 1990, 973 f.
169 Wever, Rn. 1118.
170 KG, FamRZ 2013, 787.
171 OLG Hamm, FamFR 2012, 350.

Landwirte, da hier als Unternehmer des landwirtschaftlichen Betriebes der Eigentümer der Flächen angesehen wird.[172]
- **Vorstellung der Ehegatten**, dass die Gegenstände auch bei formal-dinglicher Zuordnung zum Alleineigentum eines Ehegatten **wirtschaftlich beiden** gehören sollen. Weitere bewusste Vorstellungen über die Bildung einer Gesellschaft sollen demnach nicht erforderlich sein.[173]

88 Hierin liegt einer der **zentralen Angriffspunkte** gegen die Rechtsfigur der Ehegatteninnengesellschaft. Wo sie zu einem **Auffangnetz für gerechte eheliche Vermögensverteilung** wird oder gar zu einem Ersatz für eine eigentlich vorzunehmende Inhaltskontrolle,[174] wird das notwendige **rechtsgeschäftliche Element** beim Abschluss eines Gesellschaftsvertrages doch **sehr in den Hintergrund gedrängt**.[175] Daher bemühen sich die Rechtsprechung und die familienrechtliche Literatur, objektive Indizien für den stillschweigenden Abschluss einer Ehegatteninnengesellschaft zu finden. Jedenfalls kann der entsprechende Verpflichtungswille nicht lediglich fiktiv unterstellt werden.[176]

b) Indizien

89 Indizien für das Vorliegen von **Vermögensbildung** in Abgrenzung vom »Geben um der Ehe willen«, die für das Vorhandensein einer Innengesellschaft sprechen, können in Folgendem liegen:[177]
- **Abreden über Ergebnisverwendung**, insb. über die Wiederanlage erzielter Erlöse, unter Einbeziehung des dinglich nicht berechtigten Ehegatten;[178]
- **Erfolgs- und Verlustbeteiligung** des Nicht-Eigentümer-Ehegatten;[179]
- **Entnahmerecht** des Nicht-Eigentümer-Ehegatten;[180]
- Übertragung aufgrund **haftungsrechtlicher** Überlegungen;[181]
- **planvolles** und zielstrebiges **Zusammenwirken**, um erhebliche Vermögenswerte zu schaffen,[182] nicht lediglich Zusammenwirken an einem Einzelprojekt. Hierbei spielt insb. eine Rolle, ob der nichtbeteiligte Ehegatte in erheblichem Umfang seine Arbeitskraft[183] oder besondere fachliche Qualifikationen einbringt.[184] Auch das Zurverfügungstellen einer wesentlichen Betriebsgrundlage[185] kann für ein Gesellschaftsverhältnis sprechen. Nicht ausreichend ist eine sparsame Lebensführung im Hinblick auf Altersvermögen und dann eine ungleichgewichtige Verteilung des Geldvermögens.[186]
- **Angaben Dritten gegenüber** können ebenfalls aufschlussreich sein, insb. etwa dann, wenn die Bezeichnung GbR geführt wird.[187]

---

172 Hierzu eingehend Mensch, ZNotP 2015, 168 ff.
173 BGH, DNotZ 2000, 514 ff.; Grziwotz, DNotZ 2000, 486, 495 sieht unter diesen Umständen die unbenannte Zuwendung praktisch nur noch auf den Bau des Familienwohnheims begrenzt.
174 Vgl. etwa Wever, Rn. 1138, wonach die Ehegatteninnengesellschaft unverzichtbar sei für Fälle drohender krasser Benachteiligung. Hier werden m.E. Ehegatteninnengesellschaft und Inhaltskontrolle unzulässig vermengt.
175 Vgl. Haas, FamRZ 2002, 205, 207 m.w.N. auch zur Kritik schon an der älteren Rspr. des BGH; Röthel, FamRZ 2012, 1916, 1918: »Erklärungsferne Fiktion«.
176 FG Baden-Württemberg, EFG 2005, 1510.
177 Bergschneider/Wever/Röfer, Rn. 5.140 ff.; Herr in C. Münch, Familienrecht, § 6, Rn. 106 ff.
178 Haas, FamRZ 2002, 205, 215.
179 Haas, FamRZ 2002, 205, 215; Wever, Rn. 1129 sieht bei der Beteiligung an Gewinn und Verlust ein positives Indiz, meint aber, dass die Nichtbeteiligung nicht gegen das Vorliegen einer Gesellschaft spreche; BGH, FamRZ 1962, 357, 358; OLG Hamm, NJW-RR 1994, 1382.
180 OLG Celle, NZG 1999, 650 (allgemein zur Innengesellschaft, nicht speziell für Ehegatten).
181 So der Sachverhalt bei BGH, DNotZ 2000, 514 ff.; ferner KG, NJW 2017. 3246.
182 Haas, FamRZ 2002, 205, 215; OLG Düsseldorf, NJW-RR 1995, 1246, 1247.
183 BGH, FamRZ 1962, 357, 358.
184 Wever, Rn. 1127.
185 Wever, Rn. 1128.
186 OLG Düsseldorf, FamRZ 2019, 190.
187 Wever, Rn. 1131.

Kein Indiz sollte hingegen der Güterstand sein.[188] Dies ergibt sich schon daraus, dass der BGH betont, dass Ansprüche aus einer Ehegatteninnengesellschaft insb. bei Gütertrennung gegeben sein können. Dies zeigt, dass sie jedenfalls auch bei Zugewinngemeinschaft nicht ausgeschlossen sind, wenn trotz dieses Güterstandes kein befriedigender Ausgleich stattfindet.[189] Darüber hinaus sollen Ansprüche aus Ehegatteninnengesellschaft aber auch dann bestehen, wenn die bisherige Vermögenszuordnung nicht zu einem untragbaren Ergebnis führt.[190] Gleiches gilt für die deutsch-französische Wahl-Zugewinngemeinschaft.[191]

4. Ausgleichsanspruch bei Scheitern der Ehe

Das Zusammenwirken der Ehegatten findet mit der **Trennung der Ehegatten** sein Ende. Dieses ist nach Ansicht des BGH also unabhängig von der späteren Rechtshängigkeit eines Scheidungsantrags regelmäßig der Stichtag für die Bewertung von Ausgleichsansprüchen,[192] denn ab diesem Zeitpunkt könne nicht mehr von einer gemeinsamen Vermögensbildung ausgegangen werden.[193] Ausreichend ist es, wenn ein Ehegatte im Zuge der Trennung durch sein Verhalten zu erkennen gibt, dass er an der bisherigen gemeinsamen Zweckverfolgung nicht mehr festhalten will.[194] Dieser Stichtag weicht somit zwar vom Güterrecht mit seiner Bezugnahme auf die Rechtshängigkeit des Scheidungsantrags ab; § 1375 Abs. 2 Satz 2 BGB zeigt aber, dass auch im Güterrecht dem Trennungszeitpunkt verstärkte Bedeutung zukommt. Ansichten, die als Stichtag erst die Auseinandersetzung der Ehegatten sehen wollen,[195] erteilt der BGH eine Absage.

Da es sich um eine Innengesellschaft handelt, besteht i.d.R. kein Gesamthandsvermögen, sondern der nach außen auftretende Gesellschafter ist und bleibt Eigentümer.[196] Aus diesem Grund kommt es nicht zu einer Auseinandersetzung nach den §§ 730 bis 735 BGB, sondern die Trennung der Ehegatten führt zur Auflösung und **sogleich** zur **Vollbeendigung**[197] der Gesellschaft.

Auf diesen Tag ist daher das **Vermögen in der Hand des Inhabers zu bewerten**. Hierzu ist zunächst festzustellen, welches Vermögen des Inhabers als gemeinsam erwirtschaftetes Vermögen der Gesellschafter zu gelten hat. Dies kann etwa dann Schwierigkeiten bereiten, wenn der Eigentümer-Ehegatte Gewinne in eigene Vermögensgüter investiert hat. Solche Gewinne sind aber gleichwohl hinzuzuzählen.[198]

Dem Nichteigentümer-Ehegatten steht ein **schuldrechtlicher Ausgleichsanspruch** zu, durch den er so gestellt wird, als bestünde ein Gesamthandsvermögen. D.h. zum einen, dass nicht etwa die zurück-

---

188 Wever, Rn. 1137, Groß, FamFR 2012, 350 und Arens/Daumke/Spieker, Rn. 826 wollen hingegen den gesetzlichen Güterstand als gewichtiges Indiz gegen eine Ehegatteninnengesellschaft sehen. Aus seiner Sicht eines Vorrangs der Ehegatteninnengesellschaft vor dem Güterstand ist dies durchaus konsequent.
189 So nun ausdrücklich BGH, FamRZ 2006, 607 f.
190 KG, NJW 2017, 3246.
191 Wever, Rn. 1137.
192 Auf diesen Zeitpunkt stellt der BGH, DNotZ 2000, 514, 523 ab, da bereits ab diesem Zeitpunkt unabhängig von der Rechtshängigkeit eines späteren Scheidungsantrags nicht mehr von einer gemeinsamen Vermögensbildung ausgegangen werden könne. Wever, Rn. 1168 will gesondert festgestellt wissen, an welchem Tag die Ehegatten ihre gemeinsame Vermögensbildung beendet haben, denn das müsse nicht notwendig mit der Trennung zusammenfallen.
193 Anders im Fall BGH, FamRZ 2006, 607 f., wo gerade eine weitere Fortsetzung der Gesellschaft gewünscht worden war.
194 OLG Hamm, FamRZ 2010, 1737.
195 Haußleiter/Schulz, 2. Aufl., Rn. 100, 110; a.A. nun Schulz/Hauß Rn. 1649.
196 Das Fehlen von Gesamthandsvermögen ist keine zwingende Konsequenz der Innengesellschaft. Auch bei dieser kann es – ausnahmsweise – zu Gesamthandsvermögen kommen, vgl. K. Schmidt, § 58 II. 2. m.w.N., MünchKomm-BGB/Schäfer, § 705 Rn. 280. Bei den hier besprochenen Konstellationen wird es jedoch regelmäßig an einem solchen fehlen.
197 BGH, DNotZ 2000, 514, 524.
198 Wever, Rn. 1171 m.w.N.

liegenden Leistungen bewertet werden, sondern nur die vorhandenen Vermögenswerte und Verbindlichkeiten. Es findet also keine nachträgliche Entlohnung statt. Zum anderen kann der Nichteigentümer-Ehegatte keine dingliche Beteiligung an den Vermögensgütern verlangen, sondern lediglich Zahlung in Geld.[199] Er ist aber auch an einem Verlust beteiligt[200] und kann daher sogar einer Nachschusspflicht unterliegen, ohne dass es eine dem § 1378 Abs. 2 BGB entsprechende Kappungsgrenze gäbe.[201]

95 Bei einem Pflichtenverstoß des Außenrechtsinhabers einer Innengesellschaft bürgerlichen Rechts kann dem anderen Gesellschafter zusätzlich ein entsprechender Schadensersatzanspruch zustehen. Der **BGH** hat ausdrücklich bekräftigt, dass im Innenverhältnis der Innengesellschaft die **§§ 709 bis 713 BGB über die Geschäftsführung Anwendung** finden.[202]

96 Geschuldet wird eine Gesamtabrechnung, d.h. für einzelne Ansprüche besteht ggf. eine Durchsetzungssperre. Der BGH hat dies ausdrücklich für die Stille Gesellschaft bekräftigt, sodass es auch für die Innengesellschaft gilt.[203]

97 Die Höhe des Ausgleichsanspruchs wiederum richtet sich **nach der Beteiligungsquote**. Diese ergibt sich aus dem **Verhältnis der geleisteten Beiträge**, soweit nicht eine besondere Absprache bestand.[204] Hieran wird es bei der stillschweigenden Ehegatteninnengesellschaft aber häufig gerade fehlen. Nach längerer Ehe und umfangreicher Vermögensbildung werden sich naturgemäß auch die einzelnen Beiträge der Gesellschafter zur Vermögensbildung nur noch schwer feststellen lassen. In diesem Fall hat ohne Rücksicht auf Art und Größe seines Beitrages **jeder** Gesellschafter einen **gleich hohen Anteil** nach der Regelung des § 722 Abs. 1 BGB. Wer mehr als die Hälfte verlangt oder weniger als die Hälfte der Verbindlichkeiten tragen will, den trifft die Darlegungs- und Beweislast für eine abweichende Quote.[205]

98 Diese klare und praktikable Regelung war für den BGH ein entscheidender Punkt dafür gewesen, die Abwicklung über die Rechtsfigur der Ehegatteninnengesellschaft wieder in den Vordergrund zu stellen, denn sie erspart die mühevolle Nachzeichnung der über mehrere Jahre oder Jahrzehnte erbrachten Leistungen. Allerdings geht diese **Praktikabilität mit einer weiteren Entscheidung des BGH**[206] **leider verloren.** Hier hat der BGH entschieden, dass bei fehlender ausdrücklicher Absprache über die Gewinnverteilung zunächst zu prüfen sei, ob sich **aus anderen feststellbaren Umständen** etwa Hinweise auf eine beabsichtigte Gewinnverteilung ergeben. **Erst dann** dürfe man auf **§ 722 BGB zurückgreifen. Investitionen oder Arbeitsleistungen weit über die hälftige Beteiligung hinaus** sprechen somit auch **für eine abweichende Gewinnverteilung**. Da Ehegatteninnengesellschaften selten ausdrücklich verabredet werden, wird dies der Regelfall sein.

99 Das, was für den Richter praktikabel ist, würde aber von den Beteiligten – fragte man sie zu Beginn ihrer Vermögensbildung – selten so gewollt sein. Daher gilt es, Ehegatten, die eine gemeinsame Vermögensbildung planen, von vornherein auf diese Rechtsfolge hinzuweisen und zu einer entsprechenden Aufzeichnung der Vermögensbewegungen anzuregen. Die wachsende Kritik[207] an der sich nun noch verstärkenden richterlichen Korrektur güterrechtlicher Verhältnisse hat durchaus ihre Berechtigung. Die Unterstellung des Willens zum Eingehen einer Innengesellschaft erzeugt Rechtsunsicherheit.[208]

---

199 BGH, DNotZ 2000, 514, 524.
200 Bergschneider/Wever/Röfer, Rn. 5.171.
201 Herr, FamRB 2011, 86, 87.
202 BGH, DStR 2019, 232 m.w.N. hinsichtlich der Gegenmeinung.
203 BGH, DB 2015, 1336.
204 BGH, FamRZ 1990, 973, 974.
205 BGH, DNotZ 2000, 514, 524.
206 BGH, NZG 2016, 547 = FamRZ 2016, 965 m. Anm. Wever.
207 Bergschneider/Wever/Röfer, Rn. 5.171.
208 Wever, FamRZ 2004, 1073, 1079.

▶ **Gestaltungsempfehlung:**
Die gleich hohe Beteiligung bei nicht nachweisbaren Gesellschaftsbeiträgen ist nach Möglichkeit zu vermeiden. Ehegatten sollten daher darauf hingewiesen werden, Vermögensbewegungen festzuhalten und ggf. auch für ihre Beiträge eine gesonderte Rechtsgrundlage zu vereinbaren.

5. Offene Fragen nach der Rechtsprechungswende

Noch **offen** ist, wie der BGH die **Drittwirkung** der Vermögenstransfers im Rahmen einer solchen Ehegatteninnengesellschaft bewertet.[209] Fraglich ist in diesem Zusammenhang insb., ob Gesellschafterbeiträge ebenso wie ehebedingte Zuwendungen etwa im Erbrecht als unentgeltlich angesehen werden können. Dies ist angesichts des von der Rechtsprechung auf § 722 BGB gestützten **Halbteilungsgrundsatzes** jedenfalls schwieriger zu begründen als bei der unbenannten Zuwendung, zumal ja Voraussetzung einer Ehegatteninnengesellschaft ist, dass der Nichteigentümer-Ehegatte durch Mitarbeit oder finanzielle Zuwendungen seinen eigenen Beitrag zur Gesellschaft leistet. Ob dadurch aber letztendlich etwa Pflichtteilsansprüche verkürzt werden können, ist zweifelhaft. Dem Eigentümer-Ehegatten[210] verbleibt sein Eigentum, belastet mit dem Ausgleichsanspruch. Der Nicht-Eigentümer-Ehegatte hat den Ausgleichsanspruch. Pflichtteilsberechtigte erfahren nur dann einen Nachteil, wenn bei geringfügigen Beiträgen des Nichteigentümer-Ehegatten die Rechtsprechung zu einem hälftigen Ausgleichsanspruch kommt.

Interessant wird sein, wie diese Konstruktion der Ehegatteninnengesellschaft sich auf die **schenkungsteuerliche Behandlung von Vermögensverschiebungen** auswirkt.

Zunächst unterliegen Leistungen der Gesellschafter zur Förderung des Gesellschaftszwecks nicht der Schenkungsteuer, da es an der objektiven Unentgeltlichkeit fehlt.[211] Hinter gesellschaftsbezogenen Leistungen können sich aber auch freigiebige Zuwendungen verbergen. Die Abgrenzung ist im Fall einer Ehegatteninnengesellschaft besonders schwierig, weil während ihres Bestehens unterschiedliche Beiträge erfolgen können und erst bei Beendigung sichtbar wird, ob eine bleibende Vermögensverschiebung stattgefunden hat. Höchstens diese wäre dann als freigiebige Zuwendung i.S.d. § 7 Abs. 1 Nr. 1 ErbStG steuerbar, nicht jedoch der Ausgleichsanspruch als Ergebnis gesellschaftsrechtlicher Erfolgsteilhabe.[212]

Im **Erbfall** wird die Ehegatteninnengesellschaft bisher stiefmütterlich behandelt. Nicht selten ließen sich wohl Ansprüche aus einer Ehegatteninnengesellschaft einem Erbe entgegenrechnen. Nur vereinzelt wird die Ehegatteninnengesellschaft in der Literatur als erbrechtliches Gestaltungsmittel empfohlen.[213] Dabei hat der **BGH** zu diesen Fragen bereits eine interessante Entscheidung getroffen. Die Fallgestaltung war so, dass der Ehemann nach außen Alleineigentümer eines Betriebes war und aus diesem auch sein gesamtes Privatvermögen gebildet hatte. Die Ehefrau behauptete das Vorliegen einer Ehegatteninnengesellschaft, an der sie zur Hälfte beteiligt sei. Der BGH[214] sah es als möglich an, dass dann das Privatvermögen des Ehemannes jedenfalls zur Hälfte durch Überentnahmen zustande gekommen sei, für die ein gesellschaftsrechtlicher Ausgleichsanspruch bestehe. Dieser Anspruch sei für Pflichtteile nicht erloschen. Gleiches müsste dann auch für die Erbschaftsteuer gelten.

---

209 Grziwotz, DNotZ 2000, 486, 495.
210 Diese »Rollen« können auch vermischt sein, da beide Ehegatten mit jeweils eigenem Grundvermögen an der Innengesellschaft teilnehmen können.
211 Gebel, BB 2000, 2017, 2022.
212 Gebel, BB 2000, 2017, 2023.
213 Wall, ZEV 2007, 249.
214 BGH, DNotZ 1978, 487 f.

104 Für Streitigkeiten über Ansprüche aus einer Ehegatteninnengesellschaft ist mittlerweile das »Große Familiengericht« zuständig, denn es handelt sich um sonstige Familiensachen i.S.d. § 266 Abs. 1 Nr. 3 FamFG.[215]

105 Schließlich darf nicht übersehen werden, dass bei Bejahung einer Ehegatteninnengesellschaft auch die **Vorschriften über die GbR** tatsächlich zur Anwendung kommen müssen.[216] So müssten in diesem Fall auch ein Kontrollrecht und ein Kündigungsrecht abseits des Falles eines Scheiterns der Ehe bestehen, sofern man nicht eine familienrechtliche Überlagerung annehmen wollte, denn i.R.d. § 723 BGB kann auch das ordentliche Kündigungsrecht nicht auf Dauer ausgeschlossen werden.[217] Schließlich gelten, soweit nicht abweichend geregelt, die §§ 709 bis 713 BGB über die Geschäftsführung.[218]

106 Den Ausgleichsanspruch des zuwendenden Ehegatten könnten dessen Gläubiger pfänden und sodann die Gesellschaft nach § 725 BGB kündigen.[219] Somit wäre die Ehegatteninnengesellschaft **für Vermögensübertragungen aus Haftungsgründen völlig untauglich**. Dem könnte man nur entgegenhalten, dass diese Ansprüche höchstpersönlich und daher unpfändbar seien.[220] Dies wird aber im Gesellschaftsrecht angesichts des zwingenden Charakters des § 725 Abs. 1 BGB schwieriger zu begründen sein,[221] zumal sich der BGH inzwischen eindeutig zur Pfändbarkeit von Rückforderungsrechten geäußert hat, die ohne weitere Begründung ausgeübt werden können.[222] Um einen ähnlichen Fall handelt es sich letztlich auch bei einer Innengesellschaft, die ein Gesellschafter jederzeit ordentlich kündigen könnte.[223]

107 Es ist daher völlig verfehlt, wenn die Gerichte bei einer Intention der Ehegatten, die das Vermögen auf einen von ihnen übertragen, um sich vor Gläubigern des anderen Ehegatten zu schützen, den Willen zur Begründung einer Ehegatteninnengesellschaft unterstellen. Da diese gekündigt und gepfändet werden kann, geht der Wille gerade nicht dahin, gesellschaftsrechtliche Ansprüche zu begründen. Insofern ist ein Urteil des OLG Schleswig zu kritisieren[224] und ihm eine Entscheidung des OLG Frankfurt am Main gegenüberzustellen, in welcher das **OLG Frankfurt am Main** ausführt,[225] **Ehegatten, die Vermögen den Gläubigern entziehen wollten, könne man keinen Willen zur Begründung einer Ehegatteninnengesellschaft unterstellen, die dieses Vermögen gerade den Gläubigern ausliefern würde**. Da hilft es auch nichts, wenn das KG auf die möglicherweise eintretende Erschwerung des Zugriffs hinweist.[226]

▶ Gestaltungsempfehlung:

108 Die Ehegatteninnengesellschaft ist völlig untauglich, um Vermögen vor Gläubigern eines Ehegatten in Sicherheit zu bringen. Ist solches gewünscht, darf den Ehegatten ein Wille zur

---

215 Horndasch/Viefhues/Cremer, § 266 Rn. 26; nicht zuständig wäre das FamG für die Auseinandersetzung einer Handelsgesellschaft, Wever, FF 2008, 399, 402.
216 Hierauf weist Jaeger, in: FS für Henrich, S. 323, 330 f. völlig zu Recht hin und zieht daraus die Konsequenz, dass eine Ehegatteninnengesellschaft nur sehr selten vorliegen wird, weil diese Konsequenzen regelmäßig nicht gewollt werden.
217 MünchKomm-BGB/Schäfer, § 723 Rn. 70 f.
218 BGH, DStR 2019, 232.
219 Jaeger, in: FS für Henrich, S. 323, 334 kritisiert insb., dass auf diese Weise eine der Errungenschaftsgemeinschaft ähnliche Ausgleichsordnung neben dem Güterrecht errichtet wird. Beuthien, NZG 2011, 161, wendet sich gegen die herrschende Lehre und hält die Innengesellschaft für rechtsfähig.
220 Vgl. hierzu Kap. 3 Rdn. 169 ff.
221 MünchKomm-BGB/Schäfer, § 725 Rn. 7.
222 BGH, FamRZ 2003, 858; hierzu C. Münch, ZFE 2003, 269 ff.
223 Vgl. Brambring, Rn. 107 dazu, dass die Folgewirkungen der bestehenden Ansprüche noch ungeklärt sind.
224 OLG Schleswig, FamRZ 2004, 1375 m. krit. Anm. Wever.
225 OLG Frankfurt am Main, FamRZ 2004, 877, 878.
226 KG, NJW 2017, 3246.

Begründung einer Ehegatteninnengesellschaft nicht unterstellt werden. Vertraglich sollte eine solche dann ausgeschlossen werden.

Ein Beispiel für die tatsächliche Anwendung der Vorschriften des Gesellschaftsrechts bietet das Urt. des BGH v. 25.06.2003.[227] Der BGH bejaht hier einen Anspruch auf Zustimmung zur gemeinsamen Veranlagung aus der Verpflichtung des § 705 BGB, an der Erreichung des gemeinsamen Gesellschaftszwecks mitzuwirken. Er betont ferner, dass dieser Anspruch auf gesellschaftsrechtlicher Grundlage sogar bestehen könne, ohne dass eine Erklärung des Anspruchstellers zum Ersatz von Nachteilen vorliegt.

6. Folgerungen für die Beratungs- und Vertragspraxis

a) Hinweis und Regelung von Ausgleichsansprüchen

Zunächst sind die möglichen **Ausgleichsansprüche** aus der Ehegatteninnengesellschaft **in die Beratung einzubeziehen**, was ggf. zu gesonderten Regelungen führen kann.

Dies sollte etwa beim **Gütertrennungsvertrag** geschehen, indem auf dieses Rechtsinstitut hingewiesen wird oder – wenn die Ehegatten eine stringente Gütertrennung anstreben – auch solche Ansprüche von vornherein ausgeschlossen werden.[228] Ein solcher Ausschluss wird mittlerweile von einigen Stimmen aber auch kritisch betrachtet.[229] Andererseits sprach sich der Arbeitskreis 18 des 17. DFGT 2007 dafür aus, den Anwendungsbereich der Ehegatteninnengesellschaft einzuschränken und der Gütertrennung Vorrang einzuräumen.[230]

Dies kann auch bei **Vermögenstransfers** zwischen Ehegatten, soweit sie nicht das Familienwohnheim betreffen, angemessen sein. Man wird Ehegatten, die eine strikte Trennung der Güter wollen, anraten müssen, gegenseitige Beiträge zu Vermögenserwerben des jeweils anderen zu unterlassen oder auf klare rechtliche Grundlagen zu stellen (z.B. Darlehen), wenn der BGH schon bei mehreren Beiträgen von gemeinsam geschaffenem Vermögen ausgeht.[231]

Häufig wird **ein Ehegatte** aber einen **Ankauf alleine** tätigen, ohne dass der Notar weiß, dass hier eine Vermögensbildung im Rahmen einer Ehegatteninnengesellschaft vorliegt. Er kann dann auch nicht zu einer Regelung raten. Er ist sicher auch nicht bei jedem Kaufvertrag zu diesbezüglichen Nachfragen verpflichtet, sollte aber doch, wenn deutlich wird, dass beide Ehegatten sich um die Angelegenheit kümmern, sich bemühen, den Sachverhalt umfassend aufzuklären. Gleiches gilt bei nicht notariellen Verträgen für den Rechtsanwalt, der die oder einen Ehegatten berät.

Das dritte Urteil des BGH zur Ehegatteninnengesellschaft[232] zeigt besonders deutlich die Notwendigkeit, Ansprüche aus einer Ehegatteninnengesellschaft auch bei einer **Scheidungsvereinbarung** aufzuklären und einer Regelung zuzuführen. Wichtig ist in diesem Zusammenhang, dass eine Abgeltungsvereinbarung sich auch auf diese Ansprüche erstreckt.

b) Regelungsnotwendigkeit bei Mitarbeit

Mögen Ehegatten an Ansprüche bei Vermögenstransfers noch denken, so sind die Fälle der **Mitarbeit bei beruflicher oder gewerblicher Tätigkeit** viel weniger offensichtlich. Man nehme nur den Unternehmer, der Gütertrennung vereinbart oder das Betriebsvermögen vom Zugewinn ausgeschlossen hat, dessen Ehefrau aber – nicht zuletzt aus steuerlichen Gründen – im Betrieb mitarbeitet, der

---

227 BGH, DStR 2003, 1805.
228 Vgl. etwa die Formulierungsvorschläge unter Kap. 2 Rdn. 492 ff., 502.
229 Kogel, FamRZ 2006, 1177; Dauner-Lieb, FuR 2009, 361, 370; Brambring, Rn. 107.
230 Vgl. in den Empfehlungen des Vorstandes B.II.1.b), FamRZ 2007, 2040.
231 Zur Kritik an der BGH-Entscheidung Jaeger, in: FS für Henrich, S. 323 ff.; vgl. Gernhuber/Coester-Waltjen, § 20 III. Rn. 27.
232 BGH, FamRZ 2006, 607 ff.

vielleicht sogar zur Rechtfertigung der Gehaltshöhe eine leitende Position bescheinigt wird. Hier gerät man sehr leicht in eine ungewollte Ehegatteninnengesellschaft hinein, über die plötzlich das Betriebsvermögen doch einem Ausgleich unterliegen könnte.[233] Daher sollte darauf geachtet werden, dass auch in diesen Fällen die Ehegatteninnengesellschaft ausgeschaltet wird, sofern sie von den Ehegatten nicht gewünscht ist, und stattdessen klare arbeitsrechtliche Grundlagen geschaffen werden.

c) Vertragliche Ausgestaltung der Ehegatteninnengesellschaft

114 Schließlich kann die »stillschweigende« Ehegatteninnengesellschaft **vertraglich ausgestaltet werden, wenn** die Gesellschaft von den Ehegatten **wirklich gewollt** ist. Dies dürfte jedoch – angesichts der o.g. von Jaeger aufgezeigten Kontrollfragen – eher die Ausnahme sein.[234]

d) Anwaltliche Strategie

115 Nach nunmehr vier Grundsatzurteilen zur Ehegatteninnengesellschaft wird diese in der anwaltlichen Strategie breiteren Raum einnehmen müssen. Auch bei Zugewinngemeinschaft sind Fälle der Ehegatteninnengesellschaft denkbar. Die Ansprüche hieraus unterliegen anderen Vorschriften als der Zugewinnausgleich. So können sich erhebliche Unterschiede etwa hinsichtlich Fälligkeit und Verzinsung oder des Einwands nach § 1378 Abs. 2 BGB ergeben. Im Einzelfall kann sich also durchaus eine Verfolgung dieser Ansprüche aus Ehegatteninnengesellschaft als ratsam erweisen.[235] Eine eingehende Untersuchung von *Wall*[236] kommt zu dem Ergebnis, dass bei »negativem Zugewinn«, den das BGB nicht vorsieht und bei Investitionen aus dem Anfangsvermögen in den Betrieb eines Ehegatten die Ansprüche aus Ehegatteninnengesellschaft zu unterschiedlichen Ergebnissen führen. *Kogel* hat ebenso die Unterschiede eingehend untersucht und zu einer tabellarischen Übersicht zusammengeführt.[237]

e) Erbschaft- bzw. schenkungsteuerliche Argumentation

116 Schließlich sei noch darauf hingewiesen, dass die Ehegatteninnengesellschaft im Erbschaftsteuerrecht wenig behandelt wird. Hier kann sie ggf. zu einer für den Mandanten vorteilhaften Reduzierung der Erbschaftsteuer führen, wenn die Gesellschaft – die häufig vertragslos ist – mit dem Tod endet und dem Erbe ein Anspruch aus Ehegatteninnengesellschaft gegengerechnet werden kann.

117 In einer der wenigen Gerichtsentscheidungen hat das FG Düsseldorf[238] Ausgleichszahlungen in Höhe der Hälfte der Einkommensunterschiede im Rahmen einer Ehegatteninnengesellschaft nicht als freigiebige Zuwendung gewertet, sodass keine Schenkungsteuer anfiel.

III. Gesamtschuldnerausgleich

1. Gemeinsame Verbindlichkeiten von Ehegatten

118 Zwar **haften** Ehegatten **grds. nur für eigene Verbindlichkeiten**,[239] in vielen Fällen wird jedoch eine gemeinsame Verbindlichkeit von Ehegatten unausweichlich sein, da gerade die **Kreditwirtschaft** – sogar unabhängig von den Eigentumsverhältnissen – **häufig beide Ehegatten als Schuldner** vorsieht,

---

233 Vgl. nur BSG, FamRZ 1983, 485, 486: Innengesellschaft, weil der Wille zu ihrem Ausschluss nicht erwiesen sei. Ein schriftlicher Arbeitsvertrag schließt nach Wever, Rn. 1114 die Annahme einer Innengesellschaft aus, es sei denn, es handelt sich um einen Scheinvertrag.
234 Ein Vertragsmuster für eine Ehegatteninnengesellschaft findet sich im Rdn. 378 ff., 390.
235 Hierzu Kogel, FamRZ 2006, 1799 f.
236 Wall, FamRB 2010, 348 ff.
237 Kogel, FamRB 2017, 354 f.
238 FG Düsseldorf, ZEV 2016, 724.
239 S. hierzu Kap. 1 Rdn. 9 f.

da sie Bedenken wegen Vermögensverschiebungen auf den nicht haftenden Ehegatten hat oder im Hinblick auf die Beleihungsmöglichkeit im Lichte des § 1365 BGB. Sofern der Ehegatte kein eigenes Interesse an der Darlehensgewährung hat, wird er häufig – unabhängig von der Bezeichnung durch die Bank – nicht Mitschuldner, sondern nur Mithaftender sein. Dies hat zur Folge, dass die Mithaftung bei krasser finanzieller Überforderung sittenwidrig sein kann.[240] Diese Frage ist vorrangig zu prüfen, weil bei Sittenwidrigkeit der Mithaftung die Haftung schon im Außenverhältnis zu Fall gebracht werden kann.[241]

▶ Hinweis:

Sofern schon die Mithaftung eines Ehegatten sittenwidrig ist, geht diese Prüfung der Untersuchung von Ansprüchen aus dem Innenverhältnis vor.

119

Eine gemeinsame Darlehensschuld stellt sich somit als Regelfall dar bei der Finanzierung des Familienwohnheims, aber auch bei anderen Anschaffungen oder Investitionen. Gelegentlich muss auch ein Ehegatte als Mitschuldner auftreten, wenn ein Kredit nur für den anderen Ehepartner gedacht ist, etwa für einen Gewerbebetrieb des anderen Ehegatten.

120

Neben Darlehen resultiert eine gesamtschuldnerische Haftung häufig aus Mietverträgen sowie kraft Gesetzes aus dem Steuerschuldverhältnis (§ 44 AO).[242]

In solchen Fällen unterzeichnen Ehegatten zwar gemeinsam den Darlehensvertrag und die Grundschuld bzw. den Mietvertrag, es **fehlen jedoch regelmäßig Bestimmungen über das Innenverhältnis** der so entstehenden Gesamtschuldnerschaft, obwohl diese – wie die nachfolgende Darstellung zeigen wird – im Trennungsfall überaus wichtig sind.[243]

121

▶ Gestaltungsempfehlung:

Sofern Ehegatten im Zuge einer gemeinsamen Finanzierung beraten werden, sollte daran gedacht werden, das Innenverhältnis der Gesamtschuldner vorher zu regeln und zu bestimmen, wer bei einer Trennung für die Verbindlichkeiten aufzukommen hat.

122

In der Literatur findet sich folgender Formulierungsvorschlag einer Regelung des Innenverhältnisses beim gemeinsamen Hausbau bzw. bei der Übernahme von Eltern eines Teiles und Auszahlung von Geschwistern:[244]

123

▶ Formulierungsvorschlag: Regelung des Innenverhältnisses von Gesamtschuldnern

Zwischen F und M wird nachfolgende Vereinbarung geschlossen:

124

1)

M hat von seinen Eltern das Wohnhaus in ......, eingetragen im Grundbuch von ......, erhalten unter Vorbehalt eines dinglich gesicherten Wohnungsrechts und eines Rückforderungsrechts zu Lebzeiten der Eltern. Wir wohnen im ersten Geschoss des Anwesens. M hat an seine drei Geschwister einen Betrag von 210.000,00 € zur Abfindung von Pflichtteilsansprüchen zu leisten. Hiervon werden 120.000,00 € finanziert.

---

240 Hierzu im Detail Kap. 1 Rdn. 9 f.
241 Duderstadt, FPR 2003, 173, 175.
242 Ferner wären zu nennen die Geschäfte zur Deckung des Lebensbedarfes nach § 1357 Abs. 1 Satz 2 BGB, die jedoch nicht allzu häufig die Rspr. beschäftigen; vgl. etwa LG Stuttgart, FamRZ 2001, 610 und BGH, FamRZ 2004, 778 (Telefon) sowie BGH, FamRZ 2013, 1199 (Stromlieferung) und BGH, NJW 2018, 1313 (Vollkaskoversicherung).
243 Krit. hierzu Wever, Rn. 355.
244 Nach Formularbuch-Familienrecht/Schmitt, D.V.2.

2)

Als Sicherheit für diese Finanzierung hat F an ihrer Eigentumswohnung in ....., eingetragen im Grundbuch von ....., eine gegenüber dem jeweiligen Eigentümer vollstreckbare erstrangige Grundschuld über 120.000,00 € nebst Zinsen von 16 % jährlich eingetragen und zusätzlich zusammen mit M gesamtschuldnerisch die persönliche Haftung für das Darlehen übernommen. Die Zweckbestimmung von Grundschuld und Schuldversprechen ist auf dieses Darlehen begrenzt.

3)

M verpflichtet sich hiermit gegenüber F, sie von jeglicher Inanspruchnahme aus den gestellten Sicherheiten freizuhalten und freizustellen und Zins und Tilgung für das Darlehen fristgerecht zu zahlen. M verpflichtet sich ferner, darauf hinzuwirken, dass die Sicherheiten baldmöglichst wieder freigegeben werden.

Darüber hinaus hat M sofort nach Erlöschen der Elternrechte der Bank eine erstrangige Grundschuld am oben genannten Wohnhaus zu bestellen und für eine Freigabe der von F gestellten Sicherheiten zu sorgen durch Löschung oder Änderung der Sicherungsvereinbarung hinsichtlich der von F bestellten Grundschuld und durch Entlassung aus dem abstrakten Schuldversprechen.

2. Gesamtschuldnerausgleich im System familien- und schuldrechtlicher Ansprüche

a) Vorrang vor der Zugewinnberechnung

125 Der BGH ist in nunmehr gefestigter Rechtsprechung der Ansicht, dass der **Gesamtschuldnerausgleich** vorrangig[245] vor dem Zugewinnausgleich sei und **unabhängig** von ihm bestehe.

Bei richtiger Anwendung verfälscht demnach der Gesamtschuldnerausgleich den Zugewinnausgleich nicht, weder bei der offenen noch der getilgten Gesamtschuld.[246] Grund ist, dass sich Zahlung und Befreiungsanspruch in der Endvermögensberechnung regelmäßig aufheben, denn die Zahlung mindert zwar das Aktivvermögen, der Befreiungsanspruch gegen den anderen Ehegatten ist jedoch wiederum in die Vermögensberechnung einzustellen. Im Ergebnis wird bei beiden Ehegatten somit die **gemeinsame Schuld mit der Quote im Zugewinn** angesetzt, die im Innenverhältnis auf sie entfällt.[247] Bei einem vorehelich aufgenommenen Darlehen gilt dies auch für den Ansatz beim Anfangsvermögen.[248]

126 Große Vorsicht sollten die Vertragsteile walten lassen, wenn sie einen Hausbau nach dem sog. **Zweikontenmodell** finanzieren und das Darlehen nach außen einen Betriebsmittelkredit darstellt, der jedoch notwendig ist wegen der hohen Entnahmen, die für den Hausbau Verwendung fanden. Das OLG Karlsruhe hat aus der Eigenschaft als Betriebsmittelkredit gefolgert, dass ein Anspruch desjenigen Ehegatten, der den Betrieb führt, gegen den anderen Ehegatten nicht besteht, obwohl dieser den Darlehensantrag mit unterzeichnet hatte.[249] Auch wenn das Gericht ausführte, dass aufgrund der guten Einnahmesituation die Lücke im betrieblichen Vermögen längst wieder geschlossen sei, so ist die Entscheidung doch bedenklich und mahnt zur Vorsicht, sonst wird aus dem steuerlichen Zweikontenmodell ein zivilrechtliches **Alleinzahlermodell**. Der BGH hatte inzwischen einen Fall zu beurteilen, bei dem die **Freiberuflerin alleine den Kredit** im Zweikontenmodell **aufgenommen** hatte, aber aus den Verabredungen eine **interne Mithaftung** gefolgert werden kann, weil die Immo-

---

245 BGHZ 87, 265 ff. = FamRZ 1983, 795 = NJW 1983, 1845; BGH, FamRZ 1987, 1239 = NJW 1988, 133 = DNotZ 1988, 176; BGH, FPR 2003, 246.
246 Vgl. die Berechnungsbeispiele bei Gerhards, FamRZ 2001, 661, 662 ff.
247 BGH, FamRZ 2011, 25 f.; OLG Karlsruhe, FamRZ 2005, 909; OLG Frankfurt am Main, MittBayNot 2014, 163; Wever, Rn. 460; Kotzur, NJW 1989, 817. Nach OLG Koblenz, ZEV 2003, 334 und BGH, FamRZ 2015, 993 gilt dies sogar für eine Verbindlichkeit, die nur ein Ehegatte im Außenverhältnis alleine eingegangen ist, wenn dies zur Finanzierung rein familiärer Zwecke erfolgt (z.B. Finanzierung eines Familienwohnheims, das beiden Ehegatten gehört).
248 OLG Bamberg, FamRZ 2013, 1129; Wever, Rn. 460.
249 OLG Karlsruhe, FamRZ 2005, 488; ebenso OLG Hamm, RNotZ 2013, 234.

bilie in Miteigentum steht und weil durch den erhöhten Steuerabzug das Familieneinkommen für beide stieg. Der BGH behandelte diesen Fall wie eine Gesamtschuld.[250]

Im Gegenteil ist somit die Bewältigung des Gesamtschuldnerausgleichs **Voraussetzung** für eine zutreffende Berechnung des **Zugewinnausgleichs**, da in das jeweilige Endvermögen die Forderungen oder Verbindlichkeiten aus dem Gesamtschuldnerausgleich einzustellen sind.[251] Eine Ausnahme besteht dann, wenn ein Ehegatte dauerhaft zahlungsunfähig ist, da dann der Ausgleichsanspruch des anderen Ehegatten wertlos ist. Liegt eine solche Situation vor, ist daher die Gesamtschuld allein beim solventen Ehegatten als Minus in die Vermögensbilanz einzustellen.[252] Eine solche Wertlosigkeit oder Uneinbringlichkeit der Gesamtschuldnerausgleichsforderung liegt jedoch dann nicht vor, wenn der pflichtige Ehegatte die interne Ausgleichsforderung jedenfalls aufgrund des Zugewinnausgleichs dann erfüllen kann.[253] In diesem Fall wird häufig eine Abrede unterstellt, dass dieser Ehegatte die Schuld dann auch allein zu tragen hat, sodass eine spätere Geltendmachung eines Gesamtschuldnerausgleichs ausgeschlossen ist.[254]

127

Dies wird es bei sorgfältiger Überlegung **in vielen Fällen unnötig** machen, **neben dem Zugewinnrechtsstreit** gesondert den **Gesamtschuldnerausgleich** geltend zu machen. Dies ist vielmehr nur in wenigen Fällen sinnvoll, etwa wenn sich die Gesamtschuld nicht im Zugewinnausgleich auswirkt. Ferner kann eine getrennte Geltendmachung sinnvoll sein, wenn eine Scheidung demnächst nicht beabsichtigt ist oder der Anspruch zu verjähren droht.[255]

128

▶ Hinweis:
Vor der isolierten Geltendmachung von Ansprüchen aus einem Gesamtschuldverhältnis von Ehegatten sollte stets geprüft werden, ob ein solcher Rechtsstreit wirtschaftlich überhaupt sinnvoll ist. Er ist es nicht, wenn sich der Anspruch im Zugewinn wieder ausgleicht.

129

Streitpunkt ist zudem, wie die Gesamtschuld im **Anfangsvermögen** zu berücksichtigen ist, wenn die Schuld schon im Zeitpunkt der Eheschließung bestand. So will das OLG Bamberg[256] das Scheitern der Ehe bereits im Zeitpunkt der Eheschließung unterstellen und den Freistellungsanspruch im Anfangsvermögen einstellen, was die Gesamtschuld dort neutralisiert. Das OLG Karlsruhe[257] hingegen stellt einen **(fiktiven) Freistellungsanspruch** ein, aber nur in der Höhe, wie die Verbindlichkeit beim Endvermögen noch besteht. Das würde zu einer »retrospektiven« Bewertung im Anfangsvermögen führen, die bereits bei der Schwiegerelternzuwendung zu Diskussionen geführt hat und auch im Fall der vorehelichen Gesamtschuld abgelehnt wird.[258] Der BGH[259] hat sich dieser Kritik nun angeschlossen und entschieden, dass die **Wertung im Innenverhältnis, dass die Gesamtschuld allein vom Eigentümer zu tragen** ist, nicht nur beim **Endvermögen** zu berücksichtigen ist, sondern auch im **Anfangsvermögen**. Es sind daher beim Anfangs- und Endvermögen zum jeweiligen Stichtag einheitlich der Grundstückswert als Aktivposten und die volle noch offene Darlehensvaluta als Passivposten einzustellen. Bei den Tilgungsleistungen hingegen handelt es sich nach Ansicht des BGH zweifelsfrei um Zugewinn.

130

---

250 BGH, FamRZ 2015, 993 m. Anm. Wever.
251 Vgl. OLG Düsseldorf, FamRZ 1999, 228, 230.
252 BGHZ 87, 265 ff. = FamRZ 1983, 795 = NJW 1983, 1845; Bosch, FamRZ 2002, 366, 370; Wever, Rn. 462.
253 BGH, FamRZ 2011, 25 f.; hierzu Braeuer, FamRZ 2011, 453 ff.; Braeuer, FPR 2012, 100 f.
254 OLG Karlsruhe, FamRZ 1991, 1195; einschränkend Bosch, FamRZ 2002, 366, 370: nur wenn auch beim Zugewinnausgleich für den Ehegatten ein Vorteil gegeben war.
255 Hansen-Tilker, FamRZ 1997, 1189, 1192 f.
256 OLG Bamberg, FamRZ 2013, 1129.
257 OLG Karlsruhe, FamRB 2018, 426.
258 Schulz, FamRZ 2019, 1761.
259 BGH, FamRZ 2020, 231 m. Anm. Arnd/Budzikiewicz.

131 Man kommt nicht umhin festzustellen, dass mit der Schwiegerelternrechtsprechung des BGH die Büchse der Pandora geöffnet wurde und nunmehr die nachträgliche korrigierende Feststellung des Anfangsvermögens um sich greift.[260]

132 Eine vorrangige Ausgleichspflicht sieht der BGH nunmehr auch dann, wenn ein Ehepartner auch im Interesse des anderen Ehepartners ein Darlehen alleine aufgenommen hat und dafür aufgrund (mindestens konkludenter) Vereinbarung einen eigenen Ausgleichsanspruch gegen den anderen Ehegatten hat.[261]

b) Nachrang zur Ehegatteninnengesellschaft

133 Sind die gemeinsamen Verbindlichkeiten der Ehegatten hingegen im Rahmen einer Ehegatteninnengesellschaft eingegangen, so sind sie i.R.d. Ausgleichsanspruchs aus der Ehegatteninnengesellschaft mitzubehandeln. Insofern kann man davon sprechen, dass hier der **Gesamtschuldnerausgleich** von den Vorschriften über die Ehegatteninnengesellschaft **verdrängt** wird.[262]

c) Abgrenzung zur unbenannten Zuwendung

134 Die Zahlung auf gemeinsame Verbindlichkeiten stellt keine Zuwendung an den anderen Ehegatten dar, sondern eine Erfüllung eigener Verbindlichkeiten. Sie fällt aus diesem Grund **nicht unter den Anwendungsbereich der unbenannten Zuwendung**, sondern ist allein i.R.d. Gesamtschuldnerausgleichs zu behandeln.

d) Gesamtschuldnerausgleich und Unterhalt

135 Sofern die Tilgung der Gesamtschuld bereits bei der Berechnung des Unterhalts der Ehegatten insofern Berücksichtigung gefunden hat, als der unterhaltsverpflichtete Ehegatte die Leistungen auf eheprägende Verbindlichkeiten von seinem Einkommen abgesetzt hat und damit nur einen geringeren Unterhalt schuldet, können **nicht zusätzlich**[263] wegen derselben Verbindlichkeiten Ansprüche aus einem **Gesamtschuldnerausgleich** hergeleitet werden.[264] Dies gilt sowohl bei einer tatsächlichen Handhabung,[265] einem Unterhaltsvergleich[266] als auch bei einer Unterhaltsentscheidung.[267]

136 Ob der Umstand, dass die Einbeziehung in die Unterhaltsberechnung aufgrund der regelmäßig angewandten Unterhaltsquote von drei Siebteln nicht zu einem hälftigen Ausgleich führt, auch nicht zu einem Anspruch auf Restausgleich berechtigt, ist umstritten. Während das OLG Köln noch eine Ausgleichsquote von einem Vierzehntel zusprechen möchte,[268] lehnt die Literatur einen solchen Ausgleich überwiegend ab.[269] Nicht zweifelsfrei ist auch, ob die Berücksichtigung beim Unterhalt den Unterhaltsverpflichteten auch zur späteren alleinigen Tilgung verpflichtet[270] und ob dies auch

---

260 Kritisch daher auch Kogel, FamRB 2018, 427.
261 BGH, BeckRS 2010, 18751 = FamFR 2010, 399.
262 OLG Düsseldorf, FamRZ 1999, 228 ff.; Duderstadt, 95; Wever, Rn. 384.
263 Allgemein zum Verbot der Doppelverwertung: Kap. 1 Rdn. 51 ff.
264 OLG München, FamRZ 1996, 291 f.; Wever, FamRZ 2000, 993, 996; Nickl, NJW 1991, 3124 f.; BGH, NJW 1986, 1339 ff. zur Frage, ob neben Berücksichtigung beim Unterhalt noch Nutzungsentschädigung.
265 Allerdings insoweit zu Folgerungen aus einer nur tatsächlichen Handhabung nunmehr krit. BGH, NJW 2005, 2307.
266 Es sei denn, die Geltendmachung wurde dort ausdrücklich vorbehalten, BGH, FamRZ 1995, 216, 218.
267 Wever, Rn. 432, Fn. 227: Urteil entscheidet zwar nicht über diesen Streitgegenstand, trifft aber eine anderweitige Bestimmung i.S.d. § 426 Abs. 1 Satz 1 BGB.
268 OLG Köln, FamRZ 1991, 1192; ebenso Roßmann, ZFE 2011, 164, 169.
269 Schulz/Hauß, Rn. 1504, 1506; Wever, Rn. 441 f.; Bergschneider/Wever/Röfer, Rn. 5.278; Frank, NZFam 2018, 783, 785.
270 Hierzu etwa OLG Köln, FamRZ 1995, 1149 f.

die Ablösung der Forderung etwa beim Verkauf des Familienheims beinhaltet.²⁷¹ Letzteres kann aus der Unterhaltsregelung aber wohl nicht entnommen werden.

Ändert sich die tatsächliche Situation insofern, als die beabsichtigte gemeinsame Tilgung nicht mehr funktioniert, weil die Bank das Darlehen gekündigt hat, schließt ein auf der gemeinsamen Tilgung aufbauender Unterhaltsvergleich einen Gesamtschuldnerausgleich nicht aus.²⁷² Gleiches gilt, wenn aufgrund eines Verzichts auf Nutzungsvergütung eine konkludente anderweitige Vereinbarung i.S.d. § 426 BGB geschlossen wurde und noch sehr hohe Restverbindlichkeiten bestanden.²⁷³

▶ **Gestaltungsempfehlung:**

Beim Abschluss eines Unterhaltsvergleichs, der auch die eheprägenden Verbindlichkeiten einbezieht, sollte an eine Klarstellung gedacht werden, dass diese Verbindlichkeiten dann weiteren Ansprüchen aus Gesamtschuldnerausgleich zumindest für die Zeit des Bestandes des Unterhaltsvergleichs entzogen sind, dass damit aber keine Verpflichtung zur ferneren alleinigen Schuldentilgung oder gar zur Ablösung bei einem Verkauf verbunden ist.

3. Gesamtschuldnerausgleich unter Ehegatten

Die Frage, ob ein Gesamtschuldner, der auf eine Gesamtschuld gezahlt hat, vom anderen einen Ausgleich verlangen kann, richtet sich nach § 426 Abs. 1 Satz 1 BGB. Dort ist angeordnet, dass Gesamtschuldner im Verhältnis zueinander zu gleichen Teilen verpflichtet sind, »soweit nicht ein anderes bestimmt ist«. Wer mehr leistet, als er nach dieser Bestimmung zu leisten verpflichtet ist, kann vom anderen Teil einen Ausgleich verlangen. Ferner ordnet § 426 Abs. 2 BGB an, dass auf einen Gesamtschuldner, der einen Gläubiger befriedigt und gegen einen anderen Gesamtschuldner einen Ausgleichsanspruch hat, die Forderung des Gläubigers gegen die übrigen Schuldner übergeht. Dies führt nach §§ 412, 401 BGB auch zum Übergang der Neben- und Vorzugsrechte.

Entscheidend für die Frage, ob unter Ehegatten ein Ausgleichsanspruch besteht, ist somit die Frage, **ob** im Innenverhältnis von einer hälftigen Teilung auszugehen ist oder ob **etwas anderes angeordnet** ist.

Auch wenn Ehegatten nicht förmlich Gesamtschuldner sind, sondern nur ein Ehegatte Darlehensnehmer ist, kann sich im Zugewinnausgleich ergeben, dass die Verbindlichkeiten, wenn sie zur Finanzierung eines gemeinsamen Hausanwesens eingegangen sind, im Endvermögen beider Ehegatten hälftig zu berücksichtigen sind.²⁷⁴

a) Ausgleich während funktionierender Ehe

Hat während der Ehe bis zu ihrem Scheitern ein Ehegatte Verbindlichkeiten getilgt, so ist mit der Rechtsprechung des BGH davon auszugehen, dass eine **familienrechtliche Überlagerung** insoweit vorliegt, als ein **späterer Ausgleichsanspruch ausgeschlossen** sein wird. In der Absprache der Ehegatten in Bezug auf die eheliche Rollenverteilung bei der Tilgung der Verbindlichkeiten, die i.d.R. auch berücksichtigt, dass der andere Ehegatte auf seine Weise in anderer Art Leistungen für die Familie erbringt, liegt eine andere Anordnung i.S.d. § 426 Abs. 1 Satz 1 BGB, wonach der zahlende Ehegatte auch im Innenverhältnis zur Zahlung verpflichtet ist.²⁷⁵ Verstärkt wird dieses Argument noch durch einen Verweis auf § 1360b BGB. Nach dieser Vorschrift besteht eine gesetzliche Ver-

---

271 Ablehnend OLG Hamm, FamRZ 1999, 1501 (nur LS).
272 OLG Zweibrücken, FamRZ 2005, 910.
273 OLG Frankfurt am Main, FamFR 2013, 538 = RNotZ 2014, 110.
274 OLG Koblenz, FamRZ 2008, 262.
275 BGHZ 87, 265 ff. = FamRZ 1983, 795 = NJW 1983, 1845; BGH, MittBayNot 1995, 48 = NJW 1995, 652; BGH, FPR 2003, 246; OLG Bremen, FamRZ 2000, 1152; OLG Oldenburg, FamRZ 2005, 1837.

mutung, dass ein Ehegatte vom dem anderen auch dann keinen Ersatz verlangen will, wenn er einen höheren als den ihm eigentlich obliegenden Beitrag zum Familienunterhalt leistet.[276]

142 Eine abweichende Vereinbarung wird also aus der tatsächlichen Übung gefolgert. Für Ausgaben, die zum Bestreiten der Kosten allgemeiner Lebenshaltung getätigt wurden, soll – ebenfalls unter Verweis auf § 1360b BGB – kein Gesamtschuldnerausgleich stattfinden.[277]

▶ Hinweis:

143 Schon die tatsächliche Verfahrensweise einer Schuldentilgung allein durch einen Ehegatten während funktionierender Ehe führt zu einer anderen Bestimmung i.S.d. § 426 Abs. 1 Satz 1 BGB. Wer einen Ausgleich verlangen will, muss sich diesen also ausdrücklich vorbehalten!

144 Hierbei kommt es allein auf den **Zeitpunkt der Leistungserbringung** an, nicht auf den Zeitraum, für den die Leistung gedacht war. Liegt bei Leistungserbringung noch eine intakte Ehe vor, so scheidet ein Erstattungsanspruch aus. Dies hat der BGH entschieden für eine Einkommensteuervorauszahlung i.H.v. ca. 24.000,00 €, die kurz vor Scheitern der Ehe erbracht worden, aber für einen Zeitraum danach bestimmt war.[278]

145 Noch nicht endgültig geklärt ist, ob dies nur bei der Alleinverdiener- oder auch bei der **Doppelverdienerehe** gilt. Das OLG Jena will die familienrechtliche Überlagerung bei der Alleinverdienerehe und bei beiderseits verdienenden Ehepartnern mit erheblichem Einkommensgefälle anwenden.[279] Der BGH hat ausgesprochen, dass dann, wenn beide Ehegatten verdienen, die Einkommens- und Vermögensverhältnisse der Ehegatten sowie die Verwendung des Kredits die Bestimmung der verhältnismäßigen Beteiligung beeinflussen.[280] Auch andere Entscheidungen des BGH gehen in diese Richtung.[281] Diese Sicht unterliegt aber insofern berechtigter Kritik, als kaum allein der Umstand, dass auch der nicht auf die Gesamtschuld zahlende Ehegatte Geld verdient, einen Ausgleichsanspruch begründen kann, wenn auch dieser Leistungen für die Familie erbringt. Vielmehr dürfte die besondere Fallkonstellation einer sehr hohen Zahlung kurz vor der Trennung letztlich im Einzelfall zu dieser Entscheidung geführt haben.[282] In seinen weiteren Entscheidungen geht der BGH denn auch auf das Kriterium der Doppelverdienerehe nicht mehr ein.[283] Ausführlich beschäftigt sich hingegen der BFH mit der Thematik. Er ist der Ansicht, dass Doppelverdiener grds. im Verhältnis ihrer Einkommen für Gesamtschulden aufzukommen haben, sieht aber eine andere Bestimmung i.S.d. § 426 Abs. 1 BGB in einer tatsächlich anderen Handhabung.[284] Im Ergebnis kann somit auch in der Doppelverdienerehe ein nachträglicher Ausgleich nicht in jedem Fall befürwortet werden.[285]

146 Eine **Ausnahme**, dass also doch ein Ausgleichsanspruch besteht, wird ferner vertreten für den Fall, dass ein Ehegatte abredewidrig für den Familienunterhalt nicht aufkommt, sodass dieser auch noch vom tilgenden Ehegatten bestritten werden muss.[286]

---

276 OLG Oldenburg, FamRZ 2005, 1837; OLG Bremen, NJW-RR 2014, 1281.
277 OLG Oldenburg, FamRZ 2006, 267 f.
278 BGH, FamRZ 2002, 739 m. Anm. Wever = NJW 2002, 1570 f.
279 OLG Jena, MittBayNot 2012, 394 f.
280 Vgl. BGH, NJW-RR 1988, 259.
281 BGH, FamRZ 1989, 147, 149, 150; BGH, FamRZ 1987, 1239, 1240.
282 Wever, Rn. 371; krit. und a.A. auch Schulz/Hauß, Rn. 1474 f.: Dort wird vertreten, ein nachträglicher Ausgleich könne verlangt werden, wenn der andere Ehegatte keinen gleichwertigen Beitrag zur ehelichen Lebensgemeinschaft geleistet habe.
283 So etwa BGH, FamRZ 2002, 739 m. Anm. Wever; hierzu auch Wever, FamRZ 2003, 565, 568; einen Ausgleich ablehnend auch bei der Doppelverdienerehe OLG Bremen, FamRZ 2000, 1152 (nur LS) und Bosch, FamRZ 2002, 366, 367.
284 BFH, BStBl. 2003, S. 267 ff. = DB 2003, 644.
285 Schulz, FPR 2006, 472, der sich gegen eine unterschiedliche Behandlung der Allein- und der Doppelverdienerehe ausspricht.
286 Schwab/Borth, 4. Aufl., IX Rn. 42.

Für den Fall des Todes bei intakter Ehe hat das OLG Koblenz[287] entschieden, dass kein Anspruch gegen den anderen Ehegatten auf Gesamtschuldnerausgleich besteht. Einen solchen hatte im zugrunde liegenden Fall der Insolvenzverwalter geltend gemacht, nicht zuletzt wegen der Verwendung einer in der Ehe angesparten Lebensversicherung. Nach Ansicht des Gerichts gilt für Leistungen nach dem Tode das Verhältnis in der intakten Ehe fort.

b) Ausgleich nach dem Scheitern der Ehe

Mit dem Scheitern der Ehe[288] jedoch hat sich die Situation geändert. Es ist von nun an nicht mehr davon auszugehen, dass die Ehegatten zur Bestreitung der familiären Bedürfnisse zusammenwirken. **Mit dem Scheitern der Ehe leben somit die Ausgleichsansprüche wieder auf**, allerdings nur für die Zukunft. Ein Ausgleich der bei intakter Ehe erbrachten Leistungen scheidet auch dann regelmäßig aus. So kann auch ein alleinzahlender Ehegatte nach Trennung nicht einwenden, er habe bereits mehr als die Hälfte bezahlt und sei daher jetzt freizustellen.[289]

Das Scheitern der Ehe wird bereits mit der Trennung anzunehmen sein, denn ab diesem Zeitpunkt werden keine Leistungen füreinander mehr erbracht.[290] Dies gilt jedenfalls für eine **endgültige Trennung**, die sich mit dem Auszug aus der ehelichen Wohnung manifestiert.[291] Vereinzelt wird allerdings auch vertreten, dass entscheidender Stichtag, ab dem ein Ausgleichsanspruch entstehe, parallel zum Zugewinnausgleich der Tag der Rechtshängigkeit des Scheidungsantrags sei,[292] ein Argument, das durch die Neufassung des § 1375 Abs. 2, Satz 2 BGB sehr relativiert ist.

Für diesen Anspruch ist **nicht Voraussetzung**, dass der zahlende Ehegatte den anderen auf eine abweichende Verfahrensweise **vorher hinweist** oder einen entsprechenden Ausgleich verlangt.[293] Es kann daher auch Ausgleich für eine zurückliegende Zeit verlangt werden, jedoch erst von der Trennung an. Der BGH begründet dies mit dem Fehlen einer dem § 745 Abs. 2 BGB[294] für das Miteigentum entsprechenden Vorschrift i.R.d. § 426 BGB.

Allerdings sind die Gerichte auch der Ansicht, ein Fortbestehen der in der intakten Ehe bestehenden Aufgabenverteilung unter den Ehegatten könne auch für ein Fortbestehen der anderweitigen Bestimmung i.S.d. § 426 BGB sprechen.[295]

▶ Gestaltungsempfehlung:

Nach der Trennung kann man sich nicht mehr darauf verlassen, dass ein Ehegatte Schulden tilgt, ohne vom anderen einen Ausgleich zu verlangen; vielmehr soll ein Ausgleichsanspruch auch ohne vorherigen Hinweis entstehen. Vereinbarungen, die zur Regelung eines Trennungszustandes getroffen werden, sollten daher hierzu unbedingt eine Aussage enthalten.

---

287 OLG Koblenz, FamRZ 2012, 1053 ff.
288 Nach OLG Oldenburg, FamRZ 2013, 133, genügt für ein Scheitern der Ehe im Sinne des Gesamtschuldnerausgleichs das Getrenntleben in der gemeinsamen Wohnung, sofern es zu einer vollständigen wirtschaftlichen Separation kommt.
289 OLG Bremen, FamRB 2014, 444.
290 OLG Dresden, ZFE 2002, 348 m. Anm. Viefhues = FamRZ 2003, 158; OLG Hamm, FamRZ 1999, 1501; OLG Hamm, FamFR 2011, 212; OLG Köln, FamRZ 1992, 832, 834; KG, FamRZ 2009, 1327; Wever, Rn. 480 ff.
291 OLG Frankfurt am Main, FamRZ 2005, 908; OLG Bremen, OLGR 2005, 315; Schulz/Hauß, Rn. 1531 nach OLG Bamberg, FamRZ 2001, 1074 genügt auch bereits Getrenntleben in der gemeinsamen Wohnung.
292 OLG München, FamRZ 2000, 672; Bosch, FamRZ 2002, 366, 372.
293 BGH, MittBayNot 1995, 48 = NJW 1995, 652 = DNotZ 1995, 676.
294 Aus dieser Bestimmung ergibt sich, dass im Fall von Miteigentum ein Nutzungsentgelt gegen Miteigentümer erst geltend gemacht werden kann, wenn eine Neuregelung der Verwaltung und Benutzung verlangt worden war.
295 OLG Köln, OLGR 2006, 309.

Kapitel 5 Vermögensrechtliche Ansprüche und Regelungen unter Ehegatten

152 **Probleme** bereiten dann Fälle, in denen ein **Ausgleich nachträglich geltend gemacht wird** und der Verpflichtete im Vertrauen darauf, dies werde nicht erfolgen, **kein Nutzungsentgelt gefordert** hatte und dies wegen § 745 Abs. 2 BGB auch nachträglich nicht mehr tun kann. Der **BGH** löst diese Fälle so, dass er in der Nichtgeltendmachung eines Nutzungsentgelts auch eine andere Bestimmung i.S.d. Gesamtschuldnerausgleichs sieht.[296] Dies gilt aber immer nur für die laufenden Zahlungen und heißt nicht, dass der Gesamtschuldnerausgleich auch für die Zukunft vollständig entfällt.[297] Der BGH dehnt dies auch auf die nichteheliche Lebensgemeinschaft aus.[298] Das **OLG Bremen** hat entschieden, dass auch rückwirkend demjenigen, der einen Ausgleich fordert, die Einwendung kostenfreier Nutzung entgegengehalten werden könne.[299] Dem haben sich das **OLG Saarbrücken** und das **OLG Koblenz**[300] angeschlossen.[301]

153 Ein gleichartiges Problem besteht dann, wenn ein i.S.d. Gesamtschuldnerausgleichs Ausgleichsverpflichteter mit Rücksicht auf die Schuldentilgung durch den anderen Ehegatten **keinen Unterhalt geltend gemacht hat.** Verlangt der Tilgende später Ausgleich, so kann Unterhalt für die Vergangenheit nicht geltend gemacht werden, §§ 1613 Abs. 1, 1361 Abs. 4, 1360a Abs. 3 und 1585b Abs. 2 BGB. Die Gerichte kommen hier zu unterschiedlichen Lösungen,[302] sodass mit Recht vor dem Entstehen einer solchen Situation gewarnt wird.[303]

Der **BGH**[304] hat zunächst entschieden, dass **allein in der Nichtgeltendmachung des Unterhalts** keine abweichende Bestimmung i.S.d. § 426 Abs. 1 Satz 1 BGB liegt. Später hat er betont, es sei nach den Umständen des Einzelfalles zu entscheiden, ob in der Nichtgeltendmachung eine konkludente anderweitige Bestimmung liege.[305]

Das **OLG Bremen** will demgegenüber in der tatsächlichen Rechtslage eines verringerten Unterhaltsanspruchs, der zur **Rücknahme einer Unterhaltsklage** führt, eine anderweitige Bestimmung anerkennen.[306] Ansonsten ist nach dem Einzelfall zu entscheiden.[307] Für den Fall, dass die **Gesamtschuld bei der Unterhaltsberechnung berücksichtigt** wird und so die Unterhaltszahlung verringert, soll auch nach Ansicht des **BGH** eine anderweitige Bestimmung gegeben sein.[308] Wenn nur eine Verzinsung vorgenommen wird, so liegt keine anderweitige Bestimmung hinsichtlich der Tilgung vor.[309]

Ist dies durch **Unterhaltsvergleich** geschehen und ändert sich nachher die Situation so, dass die Schuldentilgung durch einen Ehegatten nicht durchgeführt werden kann, weil die Bank den Kredit kündigt, so schließt der Unterhaltsvergleich eine gesamtschuldnerische Haftung nicht mehr aus.[310]

---

296 BGH, FamRZ 1993, 676 ff.; BGH, FamRZ 2015, 1272 f.; Koch, FF 2017, 387, 388.
297 BGH, NZFam 2015, 827.
298 BGH, DNotZ 2018, 841.
299 OLG Bremen, OLGR 2005, 315 = FamRB 2005, 162.
300 OLG Koblenz, FamRZ 2015, 142.
301 OLG Saarbrücken, FamRZ 2010, 1902.
302 OLG Köln, FamRZ 1999, 1501 (Nichtgeltendmachung von Unterhalt allein ist keine abweichende Bestimmung i.S.d. § 426 BGB); OLG Rostock, OLGR 2001, 500; OLG München, FamRB 2005, 349 und OLG Köln, FamRB 2006, 134, OLG Hamm, NZFam 2016, 522 (auch bei stillschweigender Vereinbarung entfällt Gesamtschuldnerausgleich). Allerdings soll Letzteres der Darlegung bedürfen, dass Unterhaltsansprüche überhaupt bestanden; bei einem ganz geringfügigen Unterhaltsanspruch scheidet eine anderweitige Abrede aber aus, so OLG Hamm, FamRZ 2016, 1369.
303 Wever, Rn. 448; Roßmann, ZFE 2011, 164, 166.
304 BGH, NJW 2005, 2307 f.
305 BGH, NJW 2008, 849 = FamRZ 2008, 602; ebenso OLG Jena, MittBayNot 2012, 394.
306 OLG Bremen, FamRZ 2008, 1443.
307 OLG Jena, MittBayNot 2012, 394.
308 BGH, NJW 2005, 2307; OLG Frankfurt am Main, FamRZ 2005, 908; OLG Koblenz, FamRZ 2010, 1901; OLG Jena, NJW 2012, 1235 = FamRZ 2012, 1056; OLG Oldenburg, FamRZ 2013, 550; Schulz/Hauß, Rn. 1501.
309 OLG Stuttgart, FamRZ 2010, 1165.
310 OLG Zweibrücken, FamRZ 2005, 910.

A. Durchbrechung des Ausschließlichkeitsprinzips **Kapitel 5**

Gleiches soll dann gelten, wenn trotz vertraglicher Abrede der **Unterhaltsanspruch** später **verwirkt** wird. Dann falle auch die Geschäftsgrundlage für die Abrede über den Gesamtschuldnerausgleich weg.[311]

Keine anderweitige Abrede i.S.d. § 426 BGB für den Ausgleichsanspruch zwischen den Ehegatten ist jedoch in der Berücksichtigung der Gesamtschuld bei der Bemessung des Kindesunterhalts zu sehen.[312]

▶ Gestaltungsempfehlung:

Soll wegen der Schuldentilgung eines Ehegatten Unterhalt von diesem nicht verlangt werden, so muss vereinbart sein, dass dann ein späterer Gesamtschuldnerausgleich ausgeschlossen ist. Gelingt dies nicht, so muss wenigstens hinsichtlich des Unterhalts Verzug begründet werden, damit er ggf. für die Vergangenheit geltend gemacht werden kann.

▶ Formulierungsvorschlag: tilgungsbedingte Unterhaltsreduzierung als anderweitige Bestimmung beim Gesamtschuldnerausgleich

In der vorliegenden Unterhaltsregelung liegt zugleich eine anderweitige Bestimmung im Sinne des § 426 BGB, die dem Ehemann als Unterhaltspflichtigem einen Innenausgleich verwehrt, jedenfalls so lange, wie die Unterhaltsregelung fortbesteht. Eine Anpassung der Unterhaltsregelung aus anderen Gründen als der Schuldentilgung, z.B. aufgrund einer Mehrung anderer Einkünfte, hindert das Fortbestehen der Unterhaltsregelung in diesem Sinne nicht.

Sofern der Ehemann die alleinige Verzinsung und Tilgung einstellt, ist der Unterhalt unter Berücksichtigung dessen neu festzulegen.

Wenn nun die Ausgleichspflicht mit dem Scheitern der Ehe wiederauflebt, so gilt **grds.** die Regelung des § 426 Abs. 1 Satz 1, wonach beide Ehegatten im Innenverhältnis **je zur Hälfte** verpflichtet sind.

Es kann jedoch auch nach dem Scheitern der Ehe **etwas anderes bestimmt sein**, wie die Rechtsprechung in diesem an **Kasuistik** reichen Feld verschiedentlich festgestellt hat:
- So sind **Gesamtschulden**, die dem Gewerbebetrieb eines Ehegatten dienen, von diesem alleine zurückzuzahlen.[313] Ebenso alle anderen Verbindlichkeiten, die ausschließlich im Interesse eines Ehegatten eingegangen wurden,[314] insbesondere auch bei Alleineigentum an einer Immobilie.[315]
- Bei **Miteigentum** bestimmt sich jedoch regelmäßig auch das Innenverhältnis einer dieses Miteigentum betreffenden Gesamtschuld nach den Miteigentumsanteilen,[316] sodass insb. bei abweichenden Miteigentumsquoten hinsichtlich des Familienwohnheims auch eine andere als hälftige Teilung im Innenverhältnis besteht. Ein Alleineigentümer hat daher auch die Lasten alleine zu tragen.[317] Sofern sich die Ehegatten über die Übertragung des Eigentums auf einen Ehegatten einig geworden sind und dieser die Nutzung bereits allein ausübt, ist er auch allein für die Schuldentilgung verantwortlich. Dies soll selbst dann gelten, wenn es aufgrund einer Zwangsversteigerung nicht mehr zur Eigentumsübertragung kommt.[318]
- Bei **gemeinsamer Darlehensschuld** richtet sich die Aufteilung danach, in welcher Höhe die Darlehenssumme dem einen oder dem anderen Ehegatten alleine zugutegekommen ist.[319]

---

311 OLG Bremen, FamRZ 2007, 47.
312 BGH, FamRZ 2007, 1975; Meyer, FamRZ 2011, 1703; OLG Frankfurt, FamRZ 2018, 825 m. krit. Anm. Borth, der darauf hinweist, dass bei einem zahlungsunfähigen Kindesunterhaltsschuldner und Barleistung des anderen Teils möglicherweise eine andere Entscheidung zu treffen ist.
313 BGH, FamRZ 1986, 881; differenzierend OLG Naumburg, FamRZ 2005, 906.
314 BGH, FamRZ 1988, 596, 597; Bosch, FamRZ 2002, 366, 368.
315 OLG Brandenburg, FamRZ 2016, 232.
316 BGH, FamRZ 1983, 795.
317 BGH, FamRZ 1997, 487.
318 OLG Koblenz, FF 2003, 28.
319 OLG Frankfurt am Main, NJW-RR 2004, 1586.

- Nimmt ein Ehepartner ein Darlehen allein auf, aber auch im Interesse des anderen Ehegatten (im Fall des BGH ein Elterndarlehen), so kann er aufgrund konkludenter Vereinbarung einen Ausgleichsanspruch gegen den anderen Ehegatten haben.[320] Dies hat das OLG Hamm[321] jedoch abgelehnt, wenn derjenige Ehegatte, der das Darlehen für den gemeinsamen Hausbau allein aufgenommen hatte, um es als betriebliches Darlehen zu deklarieren und steuerlich abzusetzen, nunmehr Ausgleich verlangt. Hie sei im Innenverhältnis die Alleineintragung vereinbart gewesen.
- Bei der Neuregelung der **Nutzung des Familienheims** können Ausgleichs- und Nutzungsentschädigungsansprüche miteinander verrechnet werden.[322]
- Zieht ein Ehegatte aus der gemeinsamen **Mietwohnung** aus, kann der andere einen Ausgleichsanspruch haben, wenn er sich aus dem Mietvertrag nicht vorzeitig lösen kann.[323] Ansonsten wird der die Wohnung weiter bewohnende Ehegatte jedenfalls nach einer Übergangszeit die Miete im Innenverhältnis alleine aufzubringen haben. Diese Übergangsfrist bemisst das OLG Köln mit drei Monaten **Überlegungsfrist** vor der anschließenden Kündigungsfrist.[324]
- Stellt ein Ehegatte den Ausgleichsanspruch in den Zugewinn ein, der andere jedoch nicht, so ist der Gesamtschuldnerausgleich nicht durch den Zugewinnausgleich erledigt.[325]
- Übernehmen Ehegatten gemeinsam ein Hausgrundstück von einem der Elternpaare gegen Pflegeverpflichtung, so haften sie für die Pflege gesamtschuldnerisch.[326]

c) Anspruchsinhalt

159 Der Ausgleichsanspruch des leistenden Ehegatten richtet sich zunächst auf **Erstattung der Leistungen** insoweit, als diese über die Verpflichtungen aus dem Innenverhältnis hinaus erbracht wurden. Geht der Anspruch, welcher befriedigt wurde, nach § 426 Abs. 2 BGB auf den Zahlenden über, so kann dieser ggf. aus den gestellten Sicherheiten gegen den weiteren Gesamtschuldner vorgehen.

160 Jeder Ehegatte hat aber schon vor seiner Zahlung einen Anspruch gegen den anderen Ehegatten, dass dieser sich entsprechend seiner Verpflichtung im Innenverhältnis **an der Befriedigung des Gläubigers beteiligt**.[327] Ein solcher Anspruch setzt aber die Fälligkeit der Forderung voraus.[328]

161 Sofern nach Scheitern der Ehe ein Ehegatte für die Verbindlichkeiten im Innenverhältnis alleine aufzukommen hat, ändert dies nichts an der fortbestehenden gesamtschuldnerischen **Außenhaftung** des anderen Ehegatten. Ein Befreiungsanspruch aus dem Gesamtschuldverhältnis besteht nämlich nur für den fälligen Teil der Forderung. Der BGH[329] greift hier auf die Regeln des Auftragsrechts zurück und gibt dem anderen Ehegatten einen **Anspruch auf Befreiung** von der Gesamtschuld im Außenverhältnis **nach den Regeln des Auftragsrechts**. Danach könne der nach außen nur mitverpflichtete Ehegatte den Auftrag außerordentlich kündigen nach § 671 Abs. 3 BGB und sodann Freistellung als eine Form des Aufwendungsersatzes verlangen, §§ 670, 257 BGB.[330] Die Befreiung muss allerdings dem allein zahlenden Ehegatten zumutbar sein, d.h. es ist auf seine Umschuldungsmöglichkeiten Rücksicht zu nehmen.[331] Somit erstreckt sich der Befreiungsanspruch nach Auftrags-

---

320 BGH, NJW-RR 2010, 1513 = FamRZ 2010, 1542.
321 OLG Hamm, RNotZ 2013, 234.
322 BGH, FamRZ 1986, 881.
323 OLG Dresden, ZFE 2002, 348 = FamRZ 2003, 158; OLG Frankfurt am Main, FamRZ 2002, 27; OLG Düsseldorf, FamRZ 2014, 1296.
324 OLG Köln, FamRZ 2018, 1815.
325 OLG Köln, FamFR 2010, 500.
326 OLG Hamm, FamRZ 2013, 1977.
327 BGHZ 23, 361, 363; Palandt/Grüneberg, § 426 Rn. 4.
328 BGH, NJW 1981, 1666, 1667; BGH, NJW 1986, 979.
329 BGH, FamRZ 1989, 835 = NJW 1989, 1920; hierzu Bosch, FamRZ 2002, 366, 369; Wever, Rn. 494.
330 Krit. zu einer Lösung über das Auftragsrecht: Bosch, FamRZ 2002, 366, 369.
331 Wever, Rn. 498.

recht auch auf den noch nicht fälligen Teil der Gesamtschuld.³³² Das OLG Köln³³³ formuliert, dass sich als Nachwirkung der Ehe und nach Treu und Glauben Einschränkungen des Befreiungsanspruchs ergeben, sodass ggf. nur Befreiung in Form von Übernahme von Zins- und Tilgungsleistungen und nicht durch Tilgung des gesamten Restdarlehens in einer Summe verlangt werden kann. Dies gilt ganz besonders, wenn der Kredit dazu diente, dass der gewerblich tätige Ehegatte auf diese Weise den Familienunterhalt verdienen sollte. Insofern greifen die Nachwirkungen der ehelichen Lebensgemeinschaft.³³⁴

Eine besondere Fallgestaltung liegt schließlich darin: Ein Gesamtschuldner (Ehemann) hatte für sich mit dem Gläubiger eines Darlehens einen Teilerlass ausgehandelt. Der Gläubiger hatte sich aber ausdrücklich vorbehalten, die Ehefrau weiter in Anspruch zu nehmen. Nach der Inanspruchnahme machte diese erfolgreich Regressansprüche gegen den Ehemann geltend. Das OLG Bremen entschied, dass der Regressanspruch zu Recht besteht und die Bank nicht zur Freistellung des Ehemannes verpflichtet ist. Dies mit Blick darauf, dass der Ehemann in einer Scheidungsvereinbarung die Schuldentilgung übernommen hatte und dafür von Unterhaltszahlungen freigestellt worden war.³³⁵ **162**

▶ Hinweis:

Neben der Erstattung von Leistungen können aus dem Gesamtschuldverhältnis auch Befreiung von der Leistungspflicht und aus Auftragsrecht Haftentlassung verlangt werden. **163**

4. Besonderheiten bei der Einkommensteuerveranlagung

a) Zusammenveranlagung – Zustimmungspflicht

Für die ESt haften beide Ehegatten nach § 44 Abs. 1 Satz 1 AO als **Gesamtschuldner**, da sie **zusammen veranlagt** werden.³³⁶ Diese Veranlagung wird meist bis zum Jahr der Trennung fortgeführt. Aus diesem Grund besteht die Gesamtschuld auch noch nach der Trennung fort, insb. wenn man berücksichtigt, dass die entsprechenden Erklärungen häufig erst sehr lange nach Ablauf des Veranlagungszeitraums abgegeben werden. Zusammenveranlagung ist aufgrund des Prinzips der Einehe immer nur mit einem Ehegatten möglich.³³⁷ **164**

Eine **Pflicht der Ehegatten, einer Zusammenveranlagung zuzustimmen**³³⁸, ergibt sich aus der Verpflichtung eines jeden Ehegatten, die finanziellen Lasten des anderen Teiles nach Möglichkeit zu vermindern, soweit dies ohne Verletzung eigener Interessen möglich ist, § 1353 BGB. Diese Verpflichtung, die aus dem Wesen der Ehe abzuleiten ist, bleibt auch nach einer Scheidung als Nachwirkung der Ehe bestehen.³³⁹ Sie erlischt auch nicht, wenn für den zustimmungspflichtigen Ehegatten **165**

---

332 Bergschneider/Wever/Röfer, Rn. 5.309 ff.
333 OLG Köln, FamRZ 2005, 471.
334 BGH, FamRZ 1989, 835 = NJW 1989, 1920; Bosch, FamRZ 2002, 366, 369 weist darauf hin, dass das Auftragsrecht dies bei einer außerordentlichen Kündigung gerade nicht vorsieht, § 671 Abs. 2, Satz 1 Halbs. 2 BGB.
335 OLG Bremen, FamRZ 2002, 1478.
336 Trotz Zusammenveranlagung erhalten die Ehegatten zwei Steuer-Identifikationsnummern; hiergegen ruft Ewers, FamRZ 2009, 1649 den Schutz des Art. 6 GG an. Das FG Berlin-Brandenburg musste entscheiden, dass es nicht gegen das Grundrecht auf Gleichbehandlung verstößt, wenn der Name der Ehefrau im Schriftverkehr immer an zweiter Stelle nach dem ihres Ehemannes genannt wird (FG Berlin-Brandenburg, BeckRS 2009, 26026822).
337 FG Köln, DStRE 2012, 280 – ein Ehepartner hatte einen Ehegatten im Koma und wandte sich einem neuen Partner zu. Damit entfiel die Möglichkeit der Zusammenveranlagung in der Ehe.
338 Hierzu Perleberg-Kölbel, FuR 2010, 254 ff.; eine gute Zusammenfassung findet sich bei Palandt/Brudermüller, § 1353 Rn. 12c.
339 BGH, FPR 2002, 442 = FamRZ 2002, 1024 m. Anm. Bergschneider, FamRZ 2002, 1181; OLG Hamburg, DStR 2019, 1990; Bergschneider/Wolf, Rn. 2.7.

eine Einzelveranlagung erfolgt und bestandskräftig geworden ist.[340] Eine solche Pflicht wird auch aus dem Bestehen einer Ehegatteninnengesellschaft hergeleitet.[341] Die Pflicht, einer Zusammenveranlagung zuzustimmen, besteht auch dann, wenn es zweifelhaft erscheint, ob die Wahlmöglichkeit des § 26 Abs. 1 EStG besteht, sie ist nur dann ausgeschlossen, wenn eine gemeinsame Veranlagung zweifelsfrei nicht mehr in Betracht kommt.[342] Diese Pflicht kann **vertraglich abbedungen** werden. Geschah dies während der Ehe, so besteht auch nach ihrem Scheitern keine weitergehende Pflicht.[343]

166 Die Zustimmungspflicht ist **zivilrechtlicher Natur**. Das **Steuerrecht** führt die Einzelveranlagung schon auf **einseitigen Antrag eines Ehegatten** durch, **ohne Rücksicht auf dessen zivilrechtliche Pflicht zur Zustimmung**. Lediglich bei Willkür ist ein solcher Antrag unwirksam. Dies nimmt die Finanzrechtsprechung an, wenn der Beantragende selbst keine positiven oder negativen Einkünfte hat oder wenn diese so gering sind, dass sie weder zu einem Steuerabzug noch zu einer steuerlichen Veranlagung geführt haben.[344] Die Wahl der Zusammenveranlagung kann nach dem Tod eines Ehegatten nur mit dem Erben getroffen werden.[345]

167 Derzeit ist umstritten, inwieweit ein einmal ausgeübtes Veranlagungswahlrecht bindend ist oder ob noch eine Änderungsmöglichkeit besteht.[346] Hat demnach der andere Ehegatte bereits Einzelveranlagung beantragt, so führt möglicherweise eine Klage auf Zustimmung nicht mehr zum Ziel. Schadensersatz ist aber letztlich nicht zielführend, wenn man die gemeinsame Liquidität betrachtet.[347] Der BFH[348] hat nun für die alte Rechtslage vor VZ 2013 entschieden, dass eine einmal getroffene **Wahl bis** zur **Unanfechtbarkeit** eines Berichtigungs- oder Änderungsbescheides **änderbar** ist. Aufgrund dieser Entscheidung geht man davon aus, dass eine **Zusammenveranlagung beantragt werden kann, solange auch nur die Veranlagung für einen Ehegatten noch offen** ist.[349] Ab VZ 2013 ist die Abänderbarkeit allerdings eingeschränkt und nur noch bei Vorliegen der Voraussetzungen des § 26 Abs. 2 Satz 4 EStG zulässig. Eine Einzelveranlagung eines Ehegatten nach § 26a EStG sperrt also nicht die Rückkehr zur Zusammenveranlagung. Es wird durch die nachträgliche Änderung ein neues Veranlagungsverfahren in Gang gesetzt. Das wirkt sich rechtsgestaltend auf die Steuerschuld aus, sodass der ursprüngliche Bescheid aufgrund eines rückwirkenden Ereignisses aufzuheben ist.[350] Die Finanzverwaltung hat sich entsprechend geäußert, dass eine Abänderung jedenfalls zulässig ist, wenn die Veranlagung wenigstens eines Ehegatten noch offen ist.[351] Das gilt aber nicht, wenn keine Ehegatteneinzelveranlagung nach § 26a EStG vorgenommen wurde, sondern eine »Single-Veranlagung« nach § 25 Abs. 3 EStG.[352]

168 Mit der Pflicht zur Zustimmung zu einer gemeinsamen Veranlagung korrespondiert **grds.** eine **Pflicht** desjenigen Ehegatten, der hieraus einen Vorteil erzielt, dem anderen Ehegatten die gegenüber einer

---

340 OLG Koblenz, FamRZ 2016, 2013; vgl. auch Rdn. 167.
341 BGH, DStR 2003, 1805 f.; krit. hierzu Wever, FamRZ 2003, 1457 und Spieker, FamRZ 2004, 174.
342 BGH, FamRZ 2005, 182 m. Anm. Meyer, in dieser Entscheidung erfolgt keine Bezugnahme mehr auf die Ehegatteninnengesellschaft; OLG Naumburg, FamFR 2013, 19; OLG München, FamFR 2013, 524 in einem Fall, in dem Ehegatten nie zusammengelebt hatten, aber wohl gemeinsam über die Verwendung des Familieneinkommens entschieden hatten.
343 BGH, DStR 2007, 1408.
344 BFH, BStBl. 1992 II, S. 297; ausführlich FG Köln, EFG 2005, 703; zum anerkennenswerten Interesse bei einem Nullbescheid FG Köln, DStRE 2010, 1049.
345 FG Hamburg, DStRE 2007, 412.
346 Vgl. etwa Ettlich in Blümich, EStG, § 26, Rn. 110 ff. und Schlünder/Geißler, FamRZ 2013, 348.
347 Zur Vorsicht mit einer Klage auf Zustimmung rät daher Engels, FF 2013, 393. 395.
348 BFH, DStR 2018, 2269.
349 Wendl/Dose/Spieker, § 1 Rn. 927; offengelassen bei OLG Celle, DStR 2019, 1364.
350 So Spieker, NZFam 2019, 557.
351 FBeh. Hamburg, DStR 2018, 304.
352 Wendl/Dose/Spieker, § 1 Rn. 927; vgl. zum Ganzen Perleberg-Kölbel, FuR 2019, 448 ff.

Einzelveranlagung höhere steuerliche **Belastung auszugleichen**.[353] Dies gilt ganz besonders, wenn auch der andere Ehegatte in den nächsten Jahren positive Einkünfte hat, sodass ihn das **Aufbrauchen eines Verlustvortrages** durch die Zusammenveranlagung benachteiligt.[354] **Sicherheitsleistung** kann nur gefordert werden, wenn ausreichende Anhaltspunkte vorliegen, dass diese zwingend erforderlich ist.[355] Bereits die Steuervorauszahlung kann einen solchen Nachteil darstellen.[356]

Allerdings hat der BGH diese Pflicht zum Nachteilsausgleich nunmehr eingeschränkt: Resultieren die Verluste aus der Zeit des Zusammenlebens und aus einer gemeinsamen Disposition, so sieht der BGH eine **Pflicht des Ehegatten, die Verluste in die gemeinsame eheliche Wirtschaft zur Schonung der Gesamtliquidität einzubringen** als Bestandteil des Familienunterhalts. **Dann besteht insoweit keine Ausgleichspflicht**,[357] weil diese familienrechtlich überlagert ist.[358] Dies gilt jedenfalls dann, wenn der Ehegatte mit den Verlusten entweder über den Lebensunterhalt oder über die Vermögensbildung von der geschonten Liquidität profitiert hat, insbesondere wenn die Ehegatten auf der Basis der Steuerklassen III und V gewirtschaftet haben. Dann kann er nachher auch nicht die Verluste für sich allein reklamieren, indem er Einzelveranlagung beantragt.[359] Die Literatur sieht dieses Urteil durchaus kritisch und vermisst eine Vereinbarung zur Verlusteinbringung unter den Ehegatten.[360] Daraus ziehen die OLGe Nürnberg[361] und Stuttgart[362] den Schluss, dass die **Zustimmung ohne das Verlangen nach einer Nachteilsausgleichungserklärung** erteilt werden müsse, jedenfalls für die Jahre, in denen die Ehegatten noch zusammengelebt haben. Für die **Zeit des Getrenntlebens** hingegen müsse ein **Ausgleich** erfolgen und könne die Zustimmung von der entsprechenden Verpflichtung abhängig gemacht werden. Das OLG Nürnberg sprach **Schadensersatz** zu, weil die Ehefrau sich nach jahrelanger Zusammenveranlagung einseitig zur – damals – getrennten Veranlagung entschieden hatte. Der Ehemann habe den Steuerbescheid bestandskräftig werden lassen dürfen und die Ehefrau auch nicht auf Zustimmung verklagen müssen. Das Verlangen nach Zustimmung genügte, um zur Schadensersatzpflicht zu kommen. Das OLG Stuttgart sah die Verpflichtung zur Zustimmung bei unklarem Trennungszeitpunkt für beide in Betracht kommenden Jahre. Das OLG Bremen sieht im **Trennungsjahr** eine Verpflichtung zur Zustimmung zur Zusammenveranlagung, wenn der Unterhalt des auf Zustimmung in Anspruch genommenen Ehegatten auf der Basis des Einkommen nach der günstigeren Lohnsteuerklasse berechnet war.[363] Das OLG Celle bejaht einen Schadensersatzanspruch und lässt dafür offen, ob die Ehegatten nach bestandskräftigem Einzelbescheid noch Zusammenveranlagung wählen konnten.[364] Auch das OLG Koblenz sieht eine Pflicht, die Einkommensbelastung zu reduzieren und gewährt bei einem **einseitig herbeigeführten Aufteilungsbescheid** des bisher nach **Steuerklasse V** besteuerten Ehegatten **Freistellungs- und Zahlungsansprüche**.[365] Für ein solches Vorgehen hätte es einer Vereinbarung der Ehegatten bedurft.

Ist ein **Ehegatte insolvent**, so richtet sich der **Anspruch** eines Ehegatten auf Zustimmung zur steuerlichen Zusammenveranlagung nach Eröffnung des Insolvenzverfahrens gegen den **Insolvenzverwal-**

---

353 BGH, FamRZ 2002, 1024; Arens, FF 2005, 60, 62: kein Nachteilsausgleich, sondern Aufteilungsmaßstab nach § 426 BGB.
354 OLG Hamm, OLGR 2007, 52.
355 AG Konstanz, FamRZ 2003, 761.
356 OLG Hamm, FamRZ 2019, 355.
357 BGH, DStR 2010, 266 = FamRZ 2010, 269; ebenso OLG Bremen, FamRZ 2011, 1794 = NJW-RR 2011, 940; OLG Bremen, FamRZ 2011, 1226 = NJW 2011, 2145 = DStR 2011, 1819; OLG Naumburg, FamRZ 2013, 550 = FamFR 2013, 19.
358 Wever, Rn. 641.
359 Wever, Rn. 642.
360 Tiedtke/Szczesny, FamRZ 2011, 425 f.
361 OLG Nürnberg, BeckRS 2014, 02118 – betroffen war das Jahr vor der Trennung.
362 OLG Stuttgart, FamRZ 2018, 1493, 1495.
363 OLG Bremen, DStR 2011, 1819; hierzu Elden, NZFam 2018, 778 f.
364 OLG Celle, DStR 2019, 1364.
365 OLG Koblenz, FuR 2019, 357.

ter.[366] Der BGH hält den nicht insolventen Ehegatten, der den Verlustvortrag des insolventen Partners nutzen möchte, zum **Ausgleich steuerlicher Nachteile** beim insolventen Ehegatten bzw. der Insolvenzmasse für **verpflichtet**, nicht jedoch zu einem Vorteilsausgleich in die Insolvenzmasse für die Nutzung des Verlustvortrags. Einen solchen Anspruch hätte auch der insolvente Ehegatte nicht gehabt. Die insolvenzrechtliche Zuordnung des Verlustvortrages zur Insolvenzmasse verbiete es nicht, dem Ehegatten die Nutzung ohne Gegenwert für die Masse zu gestatten.[367]

b) Das Innenverhältnis der Gesamtschuldner

170 Das Innenverhältnis der Ehegatten richtet sich nach § 426 Abs. 1 BGB. Die hälftige Teilung wird regelmäßig nicht anzunehmen sein,[368] sondern Regelfall ist, dass im Verhältnis zueinander **jeder Ehegatte für die Steuer haftet, die auf seine Einkünfte entfällt**.[369] Nicht eindeutig ist jedoch, wie der Anteil zu bestimmen ist, der auf die Einkünfte eines Ehegatten entfällt. Als »Faustregel«[370] bietet es sich an, die Steuer im Verhältnis der beiderseitigen steuerpflichtigen Einkünfte aufzuteilen.[371] Dies trägt aber der Progressionswirkung zulasten des geringer verdienenden Ehegatten nur unzureichend Rechnung. Daher ist die Alternative vorzugswürdig, die Aufteilung der Steuerschuld sowie von Nachzahlungs- und Erstattungsansprüchen anhand einer **fiktiven Einzelveranlagung** durchzuführen[372] und das sich so ergebende Verhältnis auf die Anwendung des Splittingtarifs zu übertragen. Der BGH hatte diese Frage für den Fall einer Steuererstattung noch ausdrücklich offengelassen.[373] Nunmehr schließt er sich jedoch der Auffassung an, die Aufteilung der Steuerschuld sei mittels fiktiver Einzelveranlagung (zum Entscheidungszeitpunkt noch »getrennter Veranlagung«) zu bestimmen, da nur eine solche Methode eine einkommensteuerkonforme Aufteilung erreichen könne.[374]

171 Dabei sind i.R.d. fiktiven Einzelveranlagung **Abzugsbeträge und Tarifermäßigungen personenbezogen** zu berücksichtigen.[375] Eine solche aufwändige Berechnung wird nur bis einschließlich des Trennungsjahres erforderlich sein, da bei dauerhaftem Getrenntleben und (regulärer) Einzelveranlagung regelmäßig keine Probleme mehr entstehen.[376] Ferner wird zu Recht darauf hingewiesen, dass auch bei dieser Aufteilung eine familienrechtliche Überlagerung Beachtung finden muss, sodass die fiktive Einzelveranlagung sich auf den Nachzahlungs- oder Erstattungsbetrag beschränken sollte und nicht zu einer Totalrevision hinsichtlich der Vergangenheit führen darf.[377]

172 Das OLG Düsseldorf will aus der Vereinbarung von Gütertrennung eine andere Bestimmung dergestalt ableiten, dass jeder nur die Steuern auf seine Einkünfte zahlen muss.[378] Das **OLG Köln**[379] behält sich vor, die Steuerlast im **Innenverhältnis** der Ehegatten bei einer nunmehr getrennten Nachveranlagung **anders** zu beurteilen **als das Finanzamt**, wenn es eine familienrechtliche Überlagerung erkennt.

---

366 BGH, NJW 2007, 2556; BGH, DStR 2011, 277; BGH, NJW 2011, 2725.
367 Hierzu Schöler, DStR 2013, 1453; Waclawik, DStR 2011, 480, den dort gegebenen Rat zum »Verkauf der Verlustnutzung« durch Vereinbarung sollte man mit Skepsis beggnen. nimmt doch das FG Rheinland-Pfalz in diesen Fällen eine Schenkung an, vgl. nachfolgend Rdn. 190.
368 A.A. teilweise Koritz, FPR 2003, 435.
369 BGH, NJW 2002, 1570 f. = FamRZ 2002, 739 m. Anm. Wever; Palandt/Brudermüller, § 1353 Rn. 12c auch mit Nachweis abweichender Ansichten.
370 Haußleiter/Schulz, 4. Aufl. Kap. 6 Rn. 282; nunmehr wie BFH für Maßstab der getrennten Veranlagung.
371 Vgl. BGH, FamRZ 1979, 115, 117, wo die Frage letztlich offen bleibt.
372 OLG Hamm, FamRZ 1998, 1166, 1167; OLG Hamm, FamRZ 1996, 1413.
373 BGH, FamRZ 2005, 104 f.
374 BGH, FamRZ 2006, 1178 m. Anm. Wever = MittBayNot 2006, 507. Zu dieser Entscheidung Witt, DStR 2007, 56.
375 Bergschneider/Engels, Rn. 9.69 und 9.83 ff.
376 Zur Berechnungsweise bei Änderungsbescheiden: Schulenburg, FR 2006, 1118 f.
377 Wever, FamRZ 2006, 1181 f.
378 OLG Düsseldorf, DStRE 2000, 408.
379 OLG Köln, FamRZ 2010, 1738.

Das Gericht nimmt sodann für einen allein durch die Frau geführten Gewerbebetrieb eine **Ehegatteninnengesellschaft** an und rechnete das Einkommen entsprechend auch dem Ehemann zu.

Im Zivilrechtsverhältnis kann sich jedoch aus der ständigen Übung der Ehegatten noch etwas anderes i.S.d. § 426 Abs. 1 BGB ergeben, also eine von der genannten Grundregel abweichende Verteilung. Der BGH nahm eine solche **anderweitige Bestimmung** in einem Fall an, in dem – wie regelmäßig – der besser verdienende Ehegatte **Steuerklasse III**, der andere hingegen **Steuerklasse V** gewählt hatte, sodass bei dem Ehegatten mit der Steuerklasse V bei geringerem Einkommen verhältnismäßig ein größerer Steuerabzug erfolgte. I.R.d. Zusammenveranlagung während funktionierender Ehe hatte aber der Ehegatte nie einen Ausgleich verlangt oder erhalten. Aus dieser **tatsächlichen Übung** folgt eine andere Bestimmung i.S.d. § 426 Abs. 1 BGB.[380] Der BGH hat dies entschieden für die Zahlungen vor der Trennung.[381] Diese konnten daher auch nach der Trennung nicht zurückgefordert werden. Beantragt ein Ehegatte danach gleichwohl Einzelveranlagung, kann dieser dem anderen deshalb zum Schadensersatz verpflichtet sein.[382]

Neben der herkömmlichen Kombination der Lohnsteuerklassen IV/IV oder III/V lässt § 39f EStG ab dem VZ 2010 die Möglichkeit zu, ein sog. Faktorverfahren unter Zugrundelegung jeweils der Steuerklasse IV zu wählen. Das Faktorverfahren soll zu einer genaueren Berechnung der Steuern führen und die Abzüge jedes Ehegatten im Verhältnis zum anderen zutreffender abbilden. Ein Gesamtschuldnerausgleich wäre dann bei Anwendung dieses Verfahrens ggf. überflüssig.

▶ Hinweis:
Wenn Ehegatten eine Besteuerung wählen, die per Saldo die Steuern beider Ehegatten minimiert, aber zulasten eines Ehegatten geht, so muss sich dieser, falls ein Ausgleich im Fall späterer Trennung gewollt ist, einen solchen ausdrücklich vorbehalten.

Hat nach ständiger Übung ein Ehegatte die ESt-Vorauszahlungen stets allein geleistet, so hat er nach dem Innenverhältnis für die Begleichung dieser Forderung alleine aufzukommen.[383] Dies gilt selbst bei einer größeren Zahlung, die kurz vor der Trennung bezogen auf einen Zeitraum danach geleistet wurde.[384]

▶ Hinweis:
Beachtet werden muss, dass Steuerzahlungen entsprechend einer bisherigen tatsächlichen Übung nicht zurückgefordert werden können, wenn es kurze Zeit später zur Trennung kommt. Ggf. kann der Trennungszeitpunkt so gewählt werden, dass eine Rückforderung möglich wird.

Wird ein Lastschrifteinzug nach Scheidung durchgeführt, so muss davon ausgegangen werden, dass der Steuerpflichtige nunmehr nur noch auf eigene Rechnung zahlt.[385]

Der **BFH** schließt sich der Meinung des **BGH** an und legt demjenigen die Beweislast auf, der entgegen tatsächlicher Übung einen Ausgleichsanspruch behauptet.[386]

Eine **Vorteilsausgleichung** findet beim Gesamtschuldnerausgleich im Bereich des Steuerrechts **nicht** statt.[387] Der BGH begründet dies in der genannten Entscheidung damit, dass Inhalt des Anspruchs auch die Teilnahme an der Befriedigung des Gläubigers sei, in diesem Fall aber der eigene Anteil an der Gesamtschuld erbracht werden müsse ohne die Möglichkeit, auf eine Vorteilsausgleichung zu

---

380 Hierzu AG Tübingen, FamRZ 2004, 104.
381 BGH, FPR 2002, 442 ff. = FamRZ 2002, 1024 ff.; so auch OLG Stuttgart, FamRZ 2018, 1493, 1495.
382 OLG Koblenz, FamRZ 2018, 1493.
383 BFH, FamRZ 2003, 757.
384 BGH, NJW 2002, 1570 f. = FamRZ 2002, 739 m. Anm. Wever.
385 FG Baden-Württemberg, EFG 2009, 1895.
386 BFH, BStBl. 2003, S. 267 ff. = DB 2003, 644.
387 BGH, MittBayNot 1995, 48 ff. = NJW 1995, 652.

verweisen. Dies müsse dann auch für die Inanspruchnahme nach Zahlung gelten. Im Gegensatz zum Schadensersatzrecht erlaubt also der Gesamtschuldnerausgleich keine Vorteilsausgleichung.[388]

180   Allerdings könnte eine solche Ausgleichung von Nachteilen vereinbart werden, etwa dann, wenn ein Ehegatte einer Zusammenveranlagung zustimmt, in die er hohe negative Einkünfte einbringt und dadurch dem anderen Ehegatten eine (volle) Besteuerung seiner positiven Einkünfte erspart. Der Ehegatte mit den negativen Einkünften verliert dadurch die Möglichkeit, diese im Wege des Verlustvortrages oder -rücktrages geltend zu machen. Darauf muss er sich nur einlassen, wenn der andere Ehegatte einem Ausgleich zustimmt.[389] Eine solche **Vereinbarung über den Ausgleich steuerlicher Nachteile** kann wie nachfolgend gefasst sein. Die Annahme einer konkludenten Vereinbarung geht wohl zu weit.[390]

▶ Formulierungsvorschlag: Zustimmung zu gemeinsamer Veranlagung mit Ausgleichspflicht

181   F stimmt einer gemeinsamen Veranlagung mit M für das Veranlagungsjahr 2001 zu. Sie hat in diesem Veranlagungsjahr einen Verlust aus Vermietung und Verpachtung in Höhe von ..... €.

M verpflichtet sich, F alle Nachteile auszugleichen, die sich jetzt oder später ergeben. Insbesondere sind F Mehrsteuern auszugleichen, die sie deshalb tatsächlich zahlen muss, weil sie den genannten Verlust nicht vor- oder rücktragen kann. Die Ausgleichung hat erst in dem Zeitpunkt und in der Höhe zu erfolgen, in dem die Mehrsteuern bei F anfallen. Sie ist begrenzt auf die bei M eintretenden Steuervorteile.

c) Steuererstattungen

182   Im Bereich der Einkommensteuer kann es durch Anrechnung von Vorauszahlungen oder Steuerabzugsbeträgen (z.B. Lohnsteuer) sowie durch Änderungen oder Berichtigungen zu einem **Einkommensteuer-Erstattungsanspruch** kommen. Zu den Fragen, wie eine solche Erstattung auf die Ehegatten aufgeteilt wird, hat das **BMF** in einem **umfangreichen Schreiben** Stellung genommen und darin die bisherige Rechtsprechung des BFH zusammengefasst.[391] Das Schreiben wurde später neu gefasst.[392]

183   Danach ordnet § 36 Abs. 4 Satz 3 EStG zwar an, dass die Zahlung einer Erstattung bei Zusammenveranlagung an einen Ehegatten auch für den anderen wirkt. Damit sollen dem **Finanzamt** grundsätzlich Nachforschungen erspart bleiben. Dennoch darf das Finanzamt dann, wenn es nach Aktenlage **erkennt**, dass ein Ehegatte aus beachtlichen Gründen **nicht** mit der Auszahlung des gesamten Erstattungsbetrages an den anderen Ehegatten **einverstanden** ist, **nicht mehr an den anderen Ehegatten auszahlen**.[393] Dies ist insbesondere in den Fällen des Getrenntlebens oder der Scheidung der Fall. Das Finanzamt kann ferner von der Anwendung des § 36 Abs. 4 Satz 3 EStG absehen, wenn es selbst gegen Abgabenrückstände aufrechnen will oder wenn ein Erstattungsanspruch gepfändet, verpfändet oder abgetreten wurde.

184   Ist aber § 36 Abs. 4 Satz 3 EStG nicht anwendbar, so muss das Finanzamt die materielle Erstattungsberechtigung nach § 37 Abs. 2 AO ermitteln. Nach dieser Vorschrift steht der Erstattungsanspruch demjenigen zu, »auf dessen Rechnung die Zahlung bewirkt worden ist«. Man ist sich einig, dass diese gesetzliche Formulierung missverständlich ist, dass es vielmehr darauf ankommt, **auf wessen (vermeintliche) Schuld gezahlt worden ist**.[394]

---

388   BGH, MittBayNot 1995, 48 ff. = NJW 1995, 652.
389   OLG Stuttgart, FamRZ 1993, 191 f. für die zumeist relevanten Fälle der Zusammenveranlagung im Jahr der Trennung oder für die Jahre davor nach einer Trennung.
390   So noch Haußleiter/Schulz, 5. Aufl., Kap. 6 Rn. 12; anders jetzt Schulz/Hauß, Rn. 2028.
391   BMF, BStBl. 2012 I, 149 ff.; zuvor schon LfSt Bayern, DStR 2012, 132 f.
392   BMF, DStR 2015, 166.
393   BMF, DStR 2015, 166, Tz. 2.2.1.
394   Ratschow in Klein, AO, § 37, Rn. 61.

A. Durchbrechung des Ausschließlichkeitsprinzips **Kapitel 5**

Entscheidend ist somit die **Tilgungsbestimmung** zum **Zeitpunkt der Zahlung**. Unerheblich ist, welcher Ehegatte den **Ermäßigungstatbestand** erfüllt hat, aufgrund dessen es zur Erstattung kommt oder auf wessen **Einkünften** die festgesetzten Steuern beruhen oder mit wessen Mitteln die Steuern bezahlt wurden.[395] Für das Steuerrechtsverhältnis hat der **BFH** gegen das FG Niedersachsen[396] geurteilt,[397] dass bei Ehegatten als Gesamtschuldnern aufgrund von Zusammenveranlagung nach § 44 Abs. 1 AO i.V.m. § 26b EStG derjenige Ehegatte, **der auf die gemeinsame Steuerschuld leiste, auch die Steuerschuld des anderen Ehegatten begleiche**.[398] Eine Erstattung sei dann hälftig zu teilen. So hatte auch bereits das FG Düsseldorf entschieden.[399] Mangels entgegenstehender Indizien werden die Vorauszahlungen hälftig auf die Gesamtschuld geleistet. Es handelt sich insoweit um eine widerlegliche Vermutung.[400] Dies soll dann auch für die nachfolgende Erstattung maßgeblich bleiben, selbst wenn das FA zwischenzeitlich von Trennung und nachfolgender Scheidung erfahren hat. Dies gilt sogar dann, wenn ein Ehegatte inzwischen insolvent geworden ist.[401] Dies gilt insbesondere für Einkommensteuer-Vorauszahlungen nach § 37 Abs. 1 EStG, wenn diese ohne ausdrückliche gesonderte Tilgungsbestimmung geleistet werden.[402]

185

Nicht auf die gemeinsame Schuld geleistet sind folgende Zahlungen:
– **Steuerabzugsbeträge** (Lohnsteuer, Kapitalertragsteuer), denn bei ihnen gilt die oben genannte Vermutung nicht. Vielmehr ist derjenige erstattungsberechtigt, von dessen Einnahmen die Steuern abgezogen wurden.[403]
– Steuerzahlung mit besonderer Tilgungsbestimmung;
– Steuerzahlung zu einem Zeitpunkt, zu dem das dauernde **Getrenntleben** dem **Finanzamt** bekannt ist.[404]

186

Nach diesen Grundregeln ist eine Überzahlung an die Ehegatten wieder auszugleichen, wobei sich, wenn mehrere Zahlungen und Zahlungsgründe gegeben waren, komplizierte Berechnungen ergeben, bei denen **zunächst die jeweils für eine Schuld geleistete Zahlung zurückgewährt wird** und **sodann** die auf **gemeinschaftliche Schuld geleisteten Zahlungen nach Köpfen aufgeteilt** werden. Dies soll hier nicht im Detail dargestellt werden.[405] Vorrangig sind auch Zahlungsanweisungen zu beachten.[406]

187

Bei getrennter Veranlagung werden die Einkommensteuervorauszahlungen zunächst auf die Steuerfestsetzungen beider Ehegatten angerechnet; nur ein etwaiger Überschuss steht beiden Ehegatten je zur Hälfte zu.[407]

188

▶ Hinweis:
Wenn sich eine Trennung der Ehegatten abzeichnet, sollte derjenige Ehegatte, der Steuerzahlungen nur noch für sich erbringen will, dies dem FA ausdrücklich mitteilen,[408] sodass die von

189

---

395 BGH, NJW 2011, 2318, Tz. 21; BMF, DStR 2015, 166, Tz. 2.3.
396 FG Niedersachsen, EFG 2005, 746.
397 BFH, NJW 2006, 942.
398 Nach Schleswig-Holsteinisches FG, DStRE 2015, 730, gilt dies auch noch nach rechtskräftiger Scheidung, wenn das Finanzamt nichts davon weiß.
399 FG Düsseldorf, DStRE 2005, 297 unter Berufung auf BFH, NV 1997, 482 und BFH, NV 2000, 940.
400 BFH, NV 2011, 1661.
401 BFH, DStR 2008, 2257.
402 BMF, DStR 2015 166, Tz. 2.6.
403 BFH, BStBl. 1983 II, 162; BMF,DStR 2015, 166, Tz. 3.1.
404 BMF, BStBl. 2012 I, 149, Tz. 2.6.
405 Hierzu BMF, DStR 2015, 166 166 f. Tz. 3.5. f.
406 BMF, DStR 2015, 166, Tz. 2.5.
407 BFH, NJW 2011, 2318 = FamRB 2011, 378; BMF, DStR 2015, 166, Tz. 3.6.
408 Vorsicht: Eine rückwirkende Tilgungsbestimmung kann zu einer Schadensersatzpflicht führen! OLG Brandenburg, NJW-Spezial 2011, 358 = FamFR 2011, 188.

den Gerichten herangezogene Vermutung nicht mehr greift.[409] Zu beachten ist ferner, ob ein Erstattungskonto gegenüber dem FA benannt wurde. Dieses ist dann ggf. zu widerrufen.[410]

d) Sonstiges

190 Erwähnt sei noch eine interessante Entscheidung des FG Rheinland-Pfalz[411] im Bereich der **Schenkungsteuer**. **Zahlt** ein Ehegatte dem anderen den **Vorteil zurück**, den er durch die Zusammenveranlagung mit dem stark überschuldeten Ehegatten hatte (im konkreten Fall 4 Mio. DM!), so soll es sich hierbei um eine (**steuerpflichtige**) **Schenkung** handeln. Dies scheint auf den ersten Blick den von den Zivilgerichten aufgestellten Grundsätzen zu entsprechen, wonach jeder grds. die auf sein Einkommen entfallende Steuer zu zahlen hat und ein Vorteilsausgleich ausgeschlossen ist.

191 Führt aber die Zusammenveranlagung dazu, dass auch der Ehegatte mit hohen positiven Einkünften keine Steuern mehr zu zahlen hat, liegt eine Gesamtschuld eigentlich schon nicht mehr vor, sodass die Anwendung dieser Grundsätze durchaus infrage gestellt werden kann. Betrachtet man zusätzlich, dass der Ehegatte, der Verluste einbringt, durch die Veranlagung keinen Verlustvortrag oder -rücktrag mehr bekommt, so gibt er zumindest dann, wenn spätere positive Einnahmen bei ihm nicht ausgeschlossen sind,[412] eine wirtschaftliche Position auf. Dies kann durchaus als entgeltliches Geschäft unter Ehegatten ausgestaltet sein und muss nicht zwingend als unentgeltlich gesehen werden.

192 Einen anderen Aspekt greift das Hessische FG[413] heraus. Es sieht in dem **Verzicht des Ehegatten** auf seinen **Ausgleichsanspruch** bezüglich des Guthabens aus der Zusammenveranlagung zur Einkommensteuer gegenüber dem Ehepartner beim Güterstand der Gütertrennung eine **schenkungsteuerpflichtige freigiebige Zuwendung**. Dabei sei nicht auf die Frage abzustellen, wem nach § 37 Abs. 2 AO das Guthaben zu erstatten sei, da dies das Außenverhältnis zum Finanzamt betreffe, sondern auf das Innenverhältnis und damit auf die Rechtsprechung des BFH, wonach dieses entsprechend einer fiktiven getrennten (nunmehr Einzel-) Veranlagung zu bestimmen sei. Die Berufung auf die Gütertrennung irritiert insoweit, als die Schenkungsteuerpflicht nicht vom Güterstand abhängt, soweit dieser nicht beendet und ausgeglichen wird. Es stellt sich ferner die Frage, ob durch die Überweisung allein auf das Konto eines Ehegatten der andere auf seinen ihm im Innenverhältnis zustehenden Ausgleichsanspruch schon verzichtet hat. Das dürfte nicht der Fall sein.

▶ Hinweis:

193 Zahlungen zum Ausgleich von Steuervorteilen bei der Zusammenveranlagung sieht die Rechtsprechung der FG als schenkungsteuerpflichtig an, ebenso den Einbehalt von Rückerstattungen, an denen der andere Ehegatte im Innenverhältnis Anteil hat.

---

409 So auch Linnertz/Weitze, ZFE 2004, 228 f.; Christ, FamRB 2007, 23, 26 mit dem berechtigten Hinweis, dass das FA dann weiß, dass ab dem nächsten Jahr die Voraussetzungen der Zusammenveranlagung nicht mehr vorliegen.
410 Christ, FamRB 2007, 23, 26.
411 FG Rheinland-Pfalz, EFG 2002, 209 – die Revision BFH, NV 2004, 1511 hat den Steuerbescheid wegen Unbestimmtheit aufgehoben, ohne inhaltlich Stellung zu nehmen.
412 Die Vererblichkeit des Verlustvortrags nach § 10d EStG hat der Große Senat des BFH inzwischen entgegen langjähriger Rechtsprechungs- und Verwaltungspraxis abgelehnt, BFH, DStR 2008, 545. Die Verwaltung folgt dem mit einer lediglich abweichenden Übergangsfrist für Altfälle, BMF, BStBl. 2008 I, 809.
413 FG Hessen, EFG 2012, 432; Revision BFH Verfahren II R 64/11 – Revision zurückgewiesen mit reinen Formalargumenten in BeckRS 2014, 94645.

5. Verfahrensrecht

Mit der Einführung des »Großen Familiengerichts« ist nunmehr der Anspruch aus Gesamtschuldnerausausgleich als sonstige Familiensache nach § 266 Abs. 1 Nr. 3 FamFG einzuordnen, sodass er auch vor dem FamG geltend zu machen ist.[414]

In den Zugewinn ist der Anspruch aus dem Gesamtschuldnerausgleich einzustellen.[415] Damit wird der Anspruch häufig über den Zugewinn wieder nivelliert werden, sodass seine Geltendmachung zuvor gut abzuwägen ist. Allerdings gibt es auch Fälle – insbesondere bei negativem Endvermögen – in denen sich der Anspruch auf Gesamtschuldnerausgleich wirtschaftlich auswirkt.[416]

Noch nicht vollständig geklärt sind die Probleme, die sich ergeben, wenn **nach Abschluss des Zugewinnausgleichsverfahrens** Gesamtschuldnerausgleichsansprüche geltend gemacht werden, die folglich nicht mehr in den Zugewinn einbezogen werden können. Hier wird vertreten, dass der Beklagte dann Einwendungen aus dem Zugewinnausgleich geltend machen kann und die Auswirkung im Zugewinn darstellen und von der Forderung abziehen kann. Dass die Beweislage hier bei länger zurückliegenden Zugewinnverfahren schwierig ist, versteht sich.[417] Der BGH hat Sympathien für diesen Standpunkt erkennen lassen.[418] Nun hat er jedoch entschieden, dass durch die Nichtberücksichtigung im Zugewinnausgleich eine anderweitige Abrede i.S.d. § 426 BGB anzunehmen sei, wonach ein künftiger Gesamtschuldnerausgleich ausgeschlossen sei.[419] Dies betraf den Fall, dass die Ausgleichsforderung durch ihr Einbringen in den Zugewinn neutralisiert worden wäre.[420] Das OLG Köln[421] will solches nur dann annehmen, wenn ein Ehegatte die Schuld unter Hinweis darauf, dass es sich an sich um eine Gesamtschuld handele, allein bei sich angesetzt und der andere Ehegatte dies übernommen hat.

Die Verjährung des Anspruchs nach § 426 BGB soll drei Jahre betragen und einheitlich mit dem Schluss des Jahres beginnen, in dem die Forderung fällig geworden ist, gleich ob der Anspruch auf Zahlung oder Befreiung gerichtet ist.[422]

6. Folgerungen für die Beratungs- und Vertragspraxis

Für die Beratungs- und Vertragspraxis ist diese Zweigleisigkeit der Ansprüche unbefriedigend. Ihre Berücksichtigung ist aber gleichwohl dringend erforderlich. Aus den geschilderten rechtlichen Folgen ergeben sich folgende Beratungshinweise:

▶ Hinweis:
Den Mandanten sollte dazu geraten werden, das Entstehen eines Gesamtschuldverhältnisses nach Möglichkeit zu vermeiden, wenn Verbindlichkeiten nur im Interesse eines Ehegatten aufgenommen werden.

Lässt sich das Entstehen eines Gesamtschuldverhältnisses nicht vermeiden, weil etwa die Bonität des anderen Ehegatten mit eingebunden werden muss, gilt folgende Empfehlung:

---

[414] OLG Hamm, FamFR 2011, 212; Horndasch/Viefhues/Cremer, § 266 Rn. 26; OLG Hamm, FamRZ 2011, 1421.
[415] OLG Düsseldorf, FamFR 2009, 140; KG, FamRZ 2009, 1327.
[416] Wever, Rn. 469, 471 f.
[417] Zum Problemkreis: Hansen-Tilker, FamRZ 1997, 1188, 1193.
[418] BGH, FamRZ 2009, 193, 196.
[419] BGH, NJW 2011, 999, Rn. 55; dagegen Brudermüller, NJW 2011, 3196, 3197, der an der früheren Sichtweise des BGH festhalten will.
[420] Hierzu Wever, Rn. 479.
[421] OLG Köln, FamRZ 2010, 500.
[422] OLG Bremen, FuR 2016, 359.

▶ Hinweis:

201 Das Innenverhältnis der Ehegatten sollte geregelt werden und es sollte klargestellt werden, dass nur der Ehegatte, in dessen Interesse die Verbindlichkeit besteht, im Innenverhältnis für diese Verbindlichkeit aufzukommen hat. Sofern noch vorhanden, können für den Ausgleichsanspruch Sicherheiten bestellt werden. Über § 426 Abs. 2 BGB gehen allerdings auch die Sicherheiten des Gläubigers auf den zahlenden Gesamtschuldner über, der im Innenverhältnis Ausgleich verlangen kann.

202 Sind Ehegatten ein Gesamtschuldverhältnis eingegangen, so ist für das weitere Vorgehen Folgendes zu beachten:
– Für Zahlungen vor der Trennung spricht die Rechtsprechung grds. keinen Ausgleich zu, wenn dieser nicht vorbehalten war.

▶ Hinweis:

Sofern bei Zahlungen auf eine Gesamtschuld vor Trennung ein Ausgleich für den Fall einer Trennung stattfinden soll, muss dieser zuvor vereinbart werden!

– Für Zahlungen nach der Trennung besteht im Grundsatz ein Ausgleichsanspruch. Insb. im Bereich der Steuerzahlungen kann es daher aus vermögensrechtlicher Sicht sogar ratsam sein, den Trennungszeitpunkt hierauf einzurichten.
– Der Ausgleichsanspruch kann für Zahlungen nach der Trennung auch rückwirkend bis zur Trennung geltend gemacht werden, und zwar ohne vorheriges Verlangen.

▶ Hinweis:

In allen Trennungs- und Scheidungsvereinbarungen sollte die Frage des Gesamtschuldnerausgleichs immer mitgeregelt werden und es sollte durch eine Abgeltungsklausel abgesichert werden, dass solche Ansprüche nicht nachgeschoben werden können!

IV. Bruchteilsgemeinschaft

1. Wesen der Bruchteilsgemeinschaft

203 Es wurde bereits betont, dass sich neben dem klassischen Güterrecht ein Großteil der Streitigkeiten, aber auch der Regelungen unter Ehegatten, auf die schuldrechtliche Ebene verlagert hat. Und so ist neben der Gesamtschuld und der Ehegatteninnengesellschaft noch ein weiteres Institut in den Blickwinkel der Familienrechtler geraten, nämlich die Bruchteilsgemeinschaft, insb. das Miteigentum unter Ehegatten. Das geht so weit, dass von einem »**Güterstand der Miteigentümergemeinschaft**« die Rede ist, der sogar in der praktizierten Ehe der Regelgüterstand sei.[423]

204 Gemeint ist, dass Ehegatten heute vielfach die wichtigen Vermögensgüter in Bruchteilsgemeinschaft innehaben. Dies gilt insb. für das Familienwohnheim, Bankkonten oder -depots, aber auch andere Wertgegenstände. Häufig wird die Begründung von Miteigentum unreflektiert geschehen, obwohl sie durchaus nicht immer ratsam ist, wie die Steuerprobleme bei einer Scheidungsauseinandersetzung zeigen.[424] Daher ist es durchaus sinnvoll, detailreicher über das passende Erwerbsverhältnis unter Ehegatten nachzudenken.[425]

205 Die Bruchteilsgemeinschaft nach §§ 741 ff. BGB ist quasi eine **Auffanggemeinschaft**. Immer dann, wenn ein Recht mehreren gemeinschaftlich zusteht, ohne dass eine andere Regelung eingreift (z.B.

---

423 Grziwotz, FamRZ 2002, 1669.
424 Kap. 8 Rdn. 436 ff.
425 Raff, NZFam 2018. 768 vergleicht den Erwerb zu Miteigentum und in GbR; von Proff zu Irnich, notar 2019, 35 ff. stellt generelle Erwägungen zum passenden Erwerbsverhältnis an.

wäre eine GbR vorrangig; ebenso sind vorrangig anzuwenden bei Haushaltsgegenständen und Ehewohnung die Regelungen der §§ 1361a, 1361b und 1568a, 1568b BGB), besteht eine Bruchteilsgemeinschaft, § 741 BGB. Das **Miteigentum** nach §§ 1008 ff. BGB ist eine Bruchteilseigentümergemeinschaft und damit ein Unterfall der Bruchteilsgemeinschaft,[426] ebenso die **Forderungsgemeinschaft** nach § 432 BGB.[427]

Die **§§ 742 ff. BGB** enthalten Regelungen zur Verwaltung, aber auch zur Liquidation dieser Gemeinschaft. Viele dieser Bestimmungen sind ihrerseits wiederum abdingbar, sodass Ehegatten eine Bruchteilsgemeinschaft auch vorsorgend individuell-rechtlich ausgestalten könnten. Dies geschieht aber selten, da meistens in den Fällen, in denen das Gemeinschaftsverhältnis reflektiert wird, die individualistische Sicht der Bruchteilsgemeinschaft, bei der jeder sein Recht allein ausüben, über seinen Anteil verfügen und jederzeit die Aufhebung der Gemeinschaft verlangen kann, durch eine stärkere Verbundenheit, etwa durch Begründung einer GbR, abgelöst wird.[428]

▶ Hinweis:
Die Bruchteilsgemeinschaft lässt sich individuell regeln, da viele der Bestimmungen der §§ 741 ff. BGB abdingbar sind.

In der Praxis häufig sind lediglich Vereinbarungen zum Ausschluss der Aufhebung der Gemeinschaft, v.a. wenn das Familienwohnheim zu einem Zeitpunkt gekauft wird, zu dem die Parteien noch nicht verheiratet sind, aber auch bei Trennungsvereinbarungen.

Somit ergeben sich während funktionierender Ehe, aber auch nach einer Trennung für diejenigen Gegenstände, die in Miteigentum stehen, insb. für das Familienwohnheim, Rechtsfolgen aus den §§ 741 ff. BGB, die zu beachten sind. Insb. in Trennungs- oder Scheidungsvereinbarungen ist auf diese einzugehen.[429]

2. Miteigentum bei funktionierender Ehe

Während intakter Ehe sind die Vorschriften über die Bruchteilsgemeinschaft aber vielfach durch die Vorschriften über die eheliche Lebensgemeinschaft **überlagert**.[430]

So bestehen Nutzungsrechte des anderen Ehegatten bzgl. der Haushaltsgegenstände bis zur Trennung, bzgl. der Ehewohnung bis zur Scheidung. So kann etwa aufgrund der gegenseitig bestehenden Verpflichtung, der Familie angemessenen Unterhalt zu gewähren, **kein** Ehegatte vom anderen die Zahlung eines **Nutzungsentgelts** fordern.[431]

Verlangt ein Ehegatte nach § 749 Abs. 1 BGB die **Aufhebung der Gemeinschaft** bzgl. des Familienwohnheims, ohne dass eine Trennung der Ehegatten vorliegt, so wird diesem Verlangen regelmäßig § 1353 Abs. 1 Satz 2 BGB entgegenstehen.[432] Denn aus dieser Bestimmung folgt einmal das Gebot der Rücksichtnahme bei der Durchsetzung vermögensrechtlicher Ansprüche gegen den anderen Ehegatten, aber auch der Schutz des räumlich-gegenständlichen Bereichs der Ehe.[433] Zuweilen wird auch vertreten, in der Zweckbestimmung des Familienheims liege bereits ein stillschweigend vereinbartes Aufhebungsverbot nach § 749 Abs. 2 BGB.[434] Im Ergebnis besteht Einigkeit darüber, dass vor Trennung eine Aufhebung der Gemeinschaft nicht durchgesetzt werden kann.

---

426 Palandt/Herrler, § 1008 Rn. 1.
427 Palandt/Grüneberg, § 432 Rn. 3.
428 K. Schmidt, NJW 1996, 3325, 3326.
429 Eine zusammenfassende Darstellung gibt Roßmann, FuR 2019, 558 ff.
430 BGH, FamRZ 1988, 264, 265.
431 Wever, Rn. 77.
432 BGH, FamRZ 1962, 295.
433 Wever, Rn. 289.
434 Grziwotz, FamRZ 2002, 1669, 1678.

3. Miteigentum nach der Trennung

213 Mit der Trennung erlischt das Nutzungsrecht des Nichteigentümers an Haushaltsgegenständen, mit der Scheidung grds. auch das (Mit-) Nutzungsrecht an der Ehewohnung, es sei denn, es kommt zur **richterlichen Nutzungszuweisung** i.R.d. **§§ 1361a, 1361b, 1568a, 1568b BGB**. Hinsichtlich der Ehewohnung kann aber keine Veränderung im Eigentum durch die richterliche Zuweisung erfolgen.[435] Erfolgt eine gerichtliche Zuweisung, so werden vom FamG regelmäßig auch Nutzungsentgelte festgesetzt.[436]

214 Bei **Miteigentum** an dem Familienwohnheim besteht nach einer Trennung mannigfacher **Regelungsbedarf**. Hier stellen sich folgende Fragen:
– Wird die Familienwohnung verkauft oder kann ein Ehegatte sie übernehmen?
– Wer nutzt künftig die Familienwohnung? Wie hoch ist das Nutzungsentgelt?
– Wer trägt welche Lasten?
– Wer übernimmt welche Verbindlichkeiten?

215 All diese Punkte können in einer **Trennungs- oder Scheidungsvereinbarung**[437] eine Regelung erfahren.[438]

216 Sofern eine einvernehmliche Regelung nicht zustande kommt, aber auch keine Wohnungszuweisung vorliegt, kann jeder Ehegatte vom anderen **nach § 745 Abs. 2 BGB** eine angemessene Neuregelung der Benutzung und Verwaltung verlangen und diese ggf. gerichtlich durchsetzen. Hierbei handelt es sich um eine sonstige Familiensache nach § 266 Abs. 1 Nr. 3 FamFG.[439]

217 Hierbei ist darauf zu achten, dass allein der Auszug eines Ehegatten den Verbliebenen nicht zur Zahlung eines Nutzungsentgelts verpflichtet. Vielmehr entsteht eine Verpflichtung zur Zahlung eines Nutzungsentgelts erst, wenn der ausgezogene Ehegatte deutlich eine andere Verwaltung und Benutzung verlangt (»Zahlung oder Auszug«[440]). Danach ist dem verbleibenden Ehegatten noch eine angemessene Überlegungsfrist zuzubilligen, ob er die verlangte Vergütung zahlt oder sich doch um Ersatzwohnraum bemüht.[441]

▶ Hinweis:

218 Ansprüche auf Nutzungsentgelt setzen voraus, dass der Anspruchsberechtigte deutlich eine andere Regelung der Benutzung und Verwaltung nach § 745 Abs. 2 BGB verlangt hat.

219 Dieses Verlangen ist jedenfalls mit der endgültig erscheinenden Trennung gerechtfertigt.[442] Die Vorschrift des § 745 Abs. 2 BGB wird aber nach mehr und mehr vorherrschender Meinung auch bei freiwilligem Auszug durch die Bestimmung des § 1361b Abs. 3 Satz 2 BGB verdrängt, nicht zuletzt aus verfahrensrechtlichen Gründen,[443] so nun auch der BGH.[444] Konsequenz des Vorrangs des

---

435 Wever, Rn. 339.
436 Detailliert Wever, Rn. 130 ff.
437 Hierzu ausführlich C. Münch, ZFE 2005, 432 ff. und ZFE 2006, 15 ff.; C. Münch, Die Scheidungsimmobilie, 3. Aufl., 2019.
438 Formulierungsvorschläge Kap. 8 Rdn. 260 ff. und Kap. 8 Rdn. 428 f.; vgl. auch Müller, Kap. 3, Rn. 411 ff.; Börger, FPR 2000, 262 ff.
439 OLG Nürnberg, NJW-RR 2013, 838.
440 OLG Hamm, NZFam 2014, 185; OLG Naumburg, FamRZ 2012, 1941.
441 OLG Hamm, FamRZ 2011, 481, 482.
442 BGH, FamRZ 1982, 355, 356; BGH, FamRZ 1994, 822; a.A. OLG Düsseldorf, FamRZ 1998, 168 (Scheidungsantrag).
443 Zum zunehmend befürworteten Vorrang des § 1361b vor § 745 Abs. 2 BGB vgl. OLG Hamm, FamRZ 2011, 481 f.; Wever, Rn. 134, Palandt/Brudermüller, § 1361b Rn. 20; Schulz/Hauß, Rn. 1163.; vgl. auch Kap. 8 Rdn. 3 ff. und Huber, FamRZ 2000, 129, 130 f.
444 BGH, FamRZ 2014, 460; BGH, FamRZ 2017, 693.

§ 1361b Abs. 3 Satz 2 BGB ist, dass ein deutliches Zahlungsverlangen[445] ausreicht und nicht zusätzlich eine Änderung der Verwaltungs- und Benutzungsregelung gefordert werden muss, also der Ehegatte nicht vor die Alternative Zahlung oder Auszug gestellt werden muss.[446]

Im Vordergrund einer Neuregelung steht die Festsetzung der Zahlung eines angemessenen **Nutzungsentgelts** durch den im Haus verbliebenen Partner. Dieses wird regelmäßig i.H.d. Hälfte der ortsüblichen Miete anzunehmen sein,[447] während einer Übergangsphase von sechs – zwölf Monaten jedoch nur i.H.d. ersparten Miete,[448] zumindest bei einer aufgedrängten Alleinnutzung.[449] Das Nutzungsentgelt ist zu vermindern, wenn den Eltern des ausgezogenen Ehegatten ein Wohnrecht an einer nicht abgeschlossenen Wohnung im Haus zusteht.[450] Hat ein Ehegatte selbst ein dingliches Mitbenutzungsrecht in Form einer beschränkt persönlichen Dienstbarkeit an der im Alleineigentum des anderen stehenden Familienwohnung, so steht ihm nach endgültiger Trennung und Auszug hierfür ein Anspruch auf Nutzungsentschädigung nach § 745 Abs. 2 BGB zu.[451]

220

Die **Lasten** des Anwesens müssen gleichfalls einer Regelung zugeführt werden.[452] Sofern der allein Nutzende diese Lasten auch für den anderen Teil trägt, können die Lasten mit dem Nutzungsentgelt verrechnet werden.[453] Dies gilt für die eigentümerbezogenen Grundstückskosten sowie die Zins- und Tilgungsleistungen.[454]

221

Sofern die Gebrauchsvorteile aus der Nutzung und die Lastentragung bereits bei der **Unterhaltsberechnung** Eingang gefunden haben – auch ein fiktiver Unterhaltsanspruch ist in die Betrachtung einzubeziehen –,[455] kommt eine Neuregelung der Verwaltung und Benutzung grds. nicht mehr zusätzlich in Betracht.[456] Sofern eine **Unterhaltsvereinbarung** getroffen wird, sollte die Einbeziehung der Nutzungen und der Lastentragung deutlich gemacht werden. Wichtig ist insb. die Vereinbarung, dass einem Ehegatten kostenfrei die Nutzung gewährt ist, wenn dafür weniger Unterhalt gezahlt wird. Denn eine solche Regelung bewirkt einen Freistellungsanspruch, wenn der Ehepartner später das Familienwohnheim verkauft und ein Käufer die Zahlung eines Nutzungsentgelts verlangt.[457] Da im unterhaltsrechtlichen Wohnvorteil nur die Fixkosten Berücksichtigung gefunden haben, kann der ausgezogene Alleineigentümer vom nutzenden Ehegatten den Ersatz der verbrauchsabhängigen Kosten verlangen, wenn er sie getragen hat.[458]

222

Nach der Rechtsprechung des BGH wird bei Zahlung einer Nutzungsentschädigung das die ehelichen Lebensverhältnisse prägende Einkommen unter dem Gesichtspunkt des Surrogats für den nicht genutzten Wohnvorteil entsprechend erhöht.[459] Allerdings mindert eine etwaige Einkommensteuerlast auf die Nutzungsentschädigung den Bedarf, sodass es in der Trennungsphase sogar besser sein kann, keine Nutzungsentschädigung zu verlangen, wenn Unterhalt geschuldet wird.[460]

223

---

445 Hierzu auch OLG Celle, FamRB 2015, 204.
446 So OLG Düsseldorf, FamRB 2019, 134; die anderslautenden Entscheidungen der OLGe Hamm, NJW 2014, 1022 und Naumburg, BeckRS 2013, 111 berücksichtigen die BGH-Rechtsprechung noch nicht.
447 Wever, Rn. 149.
448 OLG Celle, NJW 2000, 1425, 1426.
449 Schulz/Hauß, Rn. 1167; hierzu OLG Düsseldorf, FamRZ 2006, 209: zu große Wohnfläche »aufgedrängt«.
450 OLG Düsseldorf, NJW-RR 2005, 1241.
451 BGH, FamRZ 2010, 1630 f. = DNotZ 2011, 58.
452 Zur Anwendbarkeit des § 748 BGB: OLG Brandenburg, FamFR 2013, 550.
453 Vgl. BGH, FamRZ 1994, 822.
454 Wever, Rn. 191.
455 OLG Saarbrücken, NJW 2014, 2592.
456 Wever, Rn. 203 ff. mit konkreten Berechnungsbeispielen; Huber, FamRZ 2000, 129, 131 f.
457 BGH, FamRZ 1997, 484 = NJW 1997, 731.
458 OLG Saarbrücken, FamRB 2011, 165.
459 BGH, FamRZ 2005, 1817.
460 Borth, FamRB 2005, 335.

Die Aufnahme eines neuen Lebenspartners durch den Nutzenden kann jedoch eine Änderung der Verhältnisse darstellen, die zu einer Neubeurteilung führt.[461]

▶ Gestaltungsempfehlung:

224 | Sofern eine Unterhaltsvereinbarung geschlossen wird, in deren Berechnungsgrundlage der Nutzungsvorteil des kostenfreien Wohnens Eingang gefunden hat, sollte diese Pflicht als Teil der Unterhaltsgewährung bezeichnet sein und nicht als bloße Geschäftsgrundlage, damit eine spätere Anpassung diese Umstände berücksichtigen kann.[462]

225 Erfolgen nach der Trennung noch wertsteigernde Aufwendungen durch einen Ehegatten im Einverständnis mit dem anderen, so kann hierfür ein Ausgleich verlangt werden, nicht jedoch für solche Aufwendungen, die vor der Trennung getätigt wurden.[463]

226 Die Teilung erfolgt bei Immobilienvermögen gem. § 753 BGB, §§ 180 ff. ZVG durch gesondert dargestellte **Teilungsversteigerung.**[464]

227 Eine **Lebensversicherung**, bei der für die Partner eine Gemeinschaft nach Bruchteilen besteht, wird durch Realteilung in der Weise auseinandergesetzt, dass die Versicherung zu kündigen und der Rückkaufswert zu teilen ist. Der Umstand, dass diese Teilung zu Nachteilen führen kann (z.B. Wegfall von Steuervergünstigungen; geringerer Rückkaufswert) rechtfertigt es nicht, nach § 242 BGB einer Teilung zu widersprechen.[465]

4. Bankkonten von Ehegatten

228 Bei Bankkonten von Ehegatten[466] kann es sich entweder um **Einzelkonten** auf den Namen nur eines Ehegatten handeln oder um **Gemeinschaftskonten**, bei denen beide Ehegatten Kontoinhaber sind. Unterarten des Gemeinschaftskontos sind das »**Oder-Konto**«, bei dem alle Inhaber berechtigt sind, ohne Mitwirkung der anderen über das Konto zu verfügen (für Ehegatten der Regelfall), und das »**Und-Konto**«, bei denen die Ehegatten nur gemeinschaftlich über das Konto verfügen dürfen.[467] Bei einem Einzelkonto erteilen sich die Ehegatten häufig zusätzlich eine **Bankvollmacht**. Kredite und Kontoüberziehungen sind jedoch aufgrund der üblichen Bankvollmacht nicht gestattet.[468]

a) Einzelkonten

aa) Berechtigung am Konto

229 Beim Einzelgirokonto ist der Inhaber **alleiniger Gläubiger** der Guthabenforderung gegen die Bank, aber auch **im Innenverhältnis** zum anderen Ehegatten grds. **allein berechtigt.**[469]

Einzahlungen des anderen Ehegatten oder eine Vollmacht für diesen ändern hieran nichts.[470]

230 Eine **Ausnahme** besteht jedoch da, wo durch eine von den Ehegatten gemeinsam festgelegte Zweckbindung des Kontos das Guthaben **ersichtlich für einen gemeinsamen Zweck**, etwa die Anschaffung

---

461 OLG Karlsruhe, NJW-RR 2005, 1240.
462 Formulierungsvorschlag unter Kap. 6 Rdn. 940.
463 OLG Brandenburg, ZErb 2005, 293 f.
464 Zu den Problemen einer Teilungsversteigerung allgemein: Weinreich, FuR 2006, 352 f.; vgl. Rdn. 271 ff.
465 OLG Köln, FF 2003, 29 f.
466 Zusammenfassend hierzu C. Münch, FPR 2006, 481; Kohlenberg, NZFam 2018, 773 ff.
467 Götz/Jorde, DStR 2002, 1462 ff.
468 MünchKomm-BGB/Schramm, § 167 Rn. 89; BGH, MDR 1953, 345, 346; OLG Hamm, NJW 1992, 378.
469 OLG Karlsruhe, FamRZ 2003, 607.
470 OLG Karlsruhe, FamRZ 2003, 607, 608.

eines Familienwohnheims, angespart wurde. Hier nimmt der **BGH** an,[471] dass die Ehegatten eine Bruchteilsgemeinschaft hinsichtlich der angesparten Summe jedenfalls stillschweigend vereinbart hatten. Gleiches kann für Partner einer nichtehelichen Lebensgemeinschaft gelten.[472]

So waren in einem Fall des BGH beide Ehegatten berufstätig und hatten alle Ersparnisse auf Konten des einen Ehegatten angelegt und später z.T. für gemeinsame Anschaffungen wie Haushaltsgegenstände, Pkw und anderes verwendet.[473] 231

In einem anderen Fall waren die kompletten Ersparnisse des Ehemannes während der gesamten Ehezeit ohne konkrete Zweckvereinbarung auf Konten der Ehefrau eingezahlt worden (insgesamt ca. 225.000,00 €). Der BGH interpretierte dieses Verhalten der Eheleute als **Vorsorge für den Fall des Alters oder der Erkrankung** oder als **Ansparen von Vermögen** zur Weitergabe **an die Nachkommen**. Auch in solchen Fällen liege eine **konkludente Bruchteilsgemeinschaft** vor.[474] Diese Annahme ist im konkreten Fall sicher berechtigt gewesen, da kaum ein Ehegatte dem anderen alle seine Ersparnisse zukommen lassen wollte. 232

Eine solche Vereinbarung erfolgt durch **(konkludente) Abtretung der Kontoforderung** an den anderen Ehepartner als Bruchteils-Mitberechtigter.[475] 233

Eine solche Bruchteilsgemeinschaft soll eine **ehebedingte Zuwendung** des einzahlenden Ehegatten **ausschließen**.[476] 234

Wird die Bruchteilsgemeinschaft am Einzelkonto bejaht, so ergeben sich keine zugewinnrechtlichen Auswirkungen mehr, da das Konto beiden Ehegatten zusteht.[477] 235

Mit der Annahme einer Bruchteilsberechtigung am Einzelkonto eines Ehegatten sollte aber **zurückhaltend** umgegangen werden, da primär die Zuordnung zum Inhaber des Einzelkontos besteht.[478] 236

bb) Aufteilungsansprüche

Im Fall einer **Bruchteilsgemeinschaft** steht beiden Ehegatten die Forderung gegen die Bank im Innenverhältnis **im Zweifel zu gleichen Anteilen zu** (§ 742 BGB), und zwar unabhängig vom Verhältnis der geleisteten Einzahlungen.[479] 237

Damit besteht nach **§ 749 Abs. 1 BGB** ein durch Teilung zu realisierender Anspruch auf Aufhebung der Gemeinschaft.

Vorrangig prüfte der BGH,[480] dass kein Auftragsverhältnis, keine Ehegatteninnengesellschaft und keine besonderen Ansprüche bei einem Oder-Konto bestehen. Der BGH betont aber, dass der Aufteilungsanspruch **nicht** etwa **durch die Zugewinnausgleichsansprüche ausgeschlossen** ist.[481] Im Gegen- 238

---

471 BGH, FamRZ 1966, 442 f.; BGH, FamRZ 2000, 948 f. = NJW 2000, 2347; BGH, FamRZ 2002, 1696 = FPR 2003, 82 = NJW 2002, 3702; ebenso OLG Brandenburg, FamRZ 2011, 114 ff.
472 OLG Schleswig, FamRZ 2016, 993.
473 BGH, FamRZ 2000, 948 f. = NJW 2000, 2347.
474 BGH, FamRZ 2002, 1696 = FPR 2003, 82; Heinle, FamRB 2003, 39 will daraus einen Ausgleichsanspruch des Nichtinhabers auch für Bausparverträge, Lebensversicherungen und andere Formen der Vermögensbildung annehmen; vgl. auch OLG Brandenburg, FamRZ 2011, 114 f.
475 OLG Bremen, NJW-RR 2005, 1667, 1668; Wever, Rn. 533; Staudinger/von Proff, § 741 Rn. 37.
476 BGH, FamRZ 2002, 1696; Schulz/Hauß, Rn. 1768 f. mit Kritik an BGH, FamRZ 1989, 147, 148, wo bei vergleichbarem Sachverhalt (Einzahlung auf Bausparkonto eines Ehegatten, um einen Hauserwerb anzusparen) eine ehebezogene Zuwendung angenommen wurde.
477 OLG Brandenburg, GWR 2010, 528.
478 Wever, Rn. 535; Gernhuber/Coester-Waltjen, § 19 Rn. 74.
479 BGH, FamRZ 2002, 1696; OLG Bremen, NJW-RR 2005, 1667, 1669; Weber, NJW 2003, 3597, 3604; Wever, Rn. 537.
480 BGH, FamRZ 2002, 1696 f.
481 A.A. OLG Zweibrücken, FamRZ 1986, 63.

teil besteht beim Einzelkonto in Bruchteilsgemeinschaft für das Guthaben auf diesem Konto kein Zugewinnausgleich, da es beiden Ehegatten je zur Hälfte zusteht. Es soll auch bei der Abwicklung kein Vorrang des Zugewinnausgleichs bestehen.[482]

239 Beim Einzelkonto ohne Bruchteilsgemeinschaft hingegen bestehen Ansprüche des anderen Ehegatten bei Einzahlung auf dieses Konto allenfalls nach den Grundsätzen über ehebezogene Zuwendungen wegen **Störung der Geschäftsgrundlage**. Hier ist aber der Zugewinnausgleich vorrangig. Darüber hinaus kommen Ansprüche nur in Betracht, wenn dessen Ergebnis schlechthin unangemessen und untragbar ist bzw. bei Gütertrennung, wenn ein Beibehalten der Vermögenslage sonst unzumutbar wäre.

b) Gemeinschaftskonten

aa) Berechtigung am Konto – Außenverhältnis

240 Bei einem **Oder-Konto**[483] sind die Ehegatten grds. im Außenverhältnis gegenüber der Bank **Gesamtgläubiger** nach § 428 BGB,[484] allerdings mit der Besonderheit, dass die Bank nicht leisten darf, an wen sie will, sondern an den Ehegatten leisten muss, der die Leistung fordert,[485] und zwar in der richtigen Form, d.h. ggf. unter Vorlage des Sparbuches. War dies nicht eingehalten, sperrt ein solches Verlangen nicht die Auszahlung an den anderen Ehegatten.[486]

bb) Innenverhältnis

241 Das Innenverhältnis der Ehegatten beim Oder-Konto richtet sich nach § **430 BGB**. Es handelt sich hierbei um eine **eigenständige Anspruchsgrundlage**.[487] Ergänzend gelten die Vorschriften der Bruchteilsgemeinschaft, insb. § **742 BGB**.[488] Der BGH geht davon aus, dass beide Ehegatten **zur Hälfte beteiligt** sind, unabhängig von der Herkunft der Mittel[489] oder den Gründen der Errichtung eines Gemeinschaftskontos.

cc) Ausgleichsansprüche nach § 430 BGB

242 Steht demnach das Kontoguthaben beiden Ehegatten je zur Hälfte zu, so kann derjenige von ihnen, der weniger erhalten hat, nach § **430 BGB** vom anderen Ehegatten einen entsprechenden Ausgleich verlangen,[490] außer bei **anderweitiger Bestimmung**.

243 **Während intakter Ehe** ist ein solcher Ausgleichsanspruch grds. ausgeschlossen, da eine stillschweigende anderweitige Vereinbarung und damit ein **konkludenter Verzicht** in der Mittelverwendung zu ehelichen Zwecken liegt.[491]

---

482 Büte, Rn. 567; Schulz/Hauß, Rn. 1765.
483 Beim eher selten vorkommenden Und-Konto liegt regelmäßig eine Bruchteilsgemeinschaft vor, bei welcher die Ehegatten Mitgläubiger der Forderung sind (vgl. BGH, NJW 1991, 420; Staudinger/von Proff, § 741 Rn. 102 ff.; Wever, Rn. 561; Götz, FamRB 2005, 313, 314.
484 BGH, FamRZ 1990, 370 ff.; BGH, FamRZ 2000, 948, 949; Gernhuber, WM 1997, 645 ff.
485 Palandt/Grüneberg, § 428 Rn. 3; Wever, Rn. 562.
486 BGH, NJW 2018, 2632.
487 BGH, FamRZ 1990, 370, 371; OLG Zweibrücken, FamRZ 1991, 820, 821.
488 OLG Hamm, FamRZ 1990, 59 f.; OLG Karlsruhe, FamRZ 1990, 629 f.; Wever, Rn. 562 ff.; differenzierend Staudinger/von Proff, § 741 Rn. 105 ff: Es besteht keine Bruchteilsgemeinschaft, es sind aber Vorschriften anwendbar; a.A. Gernhuber, WM 1997, 645 ff.
489 In dem Fall des BGH, FamRZ 1990, 370 ff. sollen die Gelder durch Einzahlung von ausländischem Schwarzgeld aus der geschäftlichen Tätigkeit des Ehemannes angespart worden sein.
490 BGH, FamRZ 1990, 370 ff.
491 OLG Zweibrücken, FamRZ 1991, 820, 821; OLG Karlsruhe, FamRZ 1990, 629; OLG Hamm, FamRZ 1990, 59; Schulz/Hauß, Rn. 1795 f.

A. Durchbrechung des Ausschließlichkeitsprinzips　　　　　　　　　　　　　　　　　**Kapitel 5**

Eine **Ausnahme** vom Ausschluss des Ausgleichs bei intakter Ehe bilden **missbräuchliche Kontoverfügen**, die durch den ehelichen Zweck nicht mehr gedeckt sind. Für sie fehlt es somit an einem konkludenten Verzicht, sodass Ausgleichsansprüche nach § 430 BGB bestehen.[492] Sie zeigen, dass die Ehe schon nicht mehr intakt war.[493] Ein solcher Fall kann schon aus der Höhe der Geldsumme gefolgert werden, über die ein Ehegatte allein verfügt.[494] Eine missbräuchliche Kontoverfügung kann sogar strafrechtliche Folgen haben und dann zu Ansprüchen aus § 266 Abs. 1 StGB, § 823 Abs. 2 BGB führen.[495]　　　　　　　　　　　　　　　　　　　　　　　　　　　　　　　　　244

Nach der Trennung von Ehegatten **führt jede Verfügung über die Hälfte hinaus grds. zu Ausgleichsansprüchen**, soweit nichts anderes bestimmt ist.[496] Das gilt auch bei der Anschaffung neuer Haushaltsgegenstände.[497] Das Vertrauensverhältnis für die Errichtung eines gemeinsamen Oder-Kontos und damit der Zweck des Oder-Kontos sind mit der Trennung nämlich weggefallen.[498] Bei Oder-Konten kann die Verfügungsbefugnis nicht einseitig gesperrt werden, wenn die Bankbestimmungen dies nicht ausdrücklich vorsehen.[499] Schutz bietet hier nur das sofortige Abheben des hälftigen Anteils.[500] Auch für die Zeit nach der Trennung kann aber etwas anderes bestimmt sein, so etwa bei der Zahlung noch gemeinsamer Schulden oder bei ehebezogenen Zuwendungen.[501]　　　　　　　　　　　　　　　　245

dd) Steuerliche Folgen einseitiger Einzahlung

Zahlt ein Ehegatte auf das Einzelkonto des anderen Ehegatten oder auch auf ein Gemeinschaftskonto ein, so liegt eine ehebezogene Zuwendung vor, soweit die Guthaben im Innenverhältnis dem anderen Ehegatten zustehen. Die Finanzverwaltung greift in Verfügungen diese Fälle auf und ordnet eine interne Meldepflicht der Einkommensteuerstellen an die Erbschaftsteuerstellen an, sodass verstärkt mit Nachprüfungen zu rechnen ist.[502] Zahlt nur ein Ehegatte ein, geht die **Finanzverwaltung** sogar von einer **Vermutung** aus, dass die Hälfte des Guthabens schenkungsteuerrelevant zugewendet wurde.[503] Ansonsten wird in der reinen Errichtung eines Kontos noch keine Schenkung angenommen, sondern erst dann, wenn der andere Ehegatte den dem Einzahlenden zustehenden Teil des Bankguthabens behalten darf und über den Gesamtbetrag tatsächlich und rechtlich frei verfügen kann.[504] Um der Schenkung des hälftigen Guthabens zu entgehen, müsste eine andere Absprache im Innenverhältnis vorgetragen werden. Zur Abwehrberatung mag ein Urteil des FG Düsseldorf helfen, wonach der andere Ehepartner nur bereichert ist, wenn er auch tatsächlich und rechtlich über das Geld verfügen kann.[505] Auch der **BFH**[506] will nunmehr die Beweislast anders verteilt sehen. Das **Finanzamt** trage die **Feststellungslast** dafür, dass der nicht einzahlende Ehegatte im Verhältnis zum einzahlenden Ehegatten tatsächlich und rechtlich frei zur Hälfte über das eingezahlte Guthaben verfügen kann. Der BFH anerkennt in diesem Urteil zwar grundsätzlich, dass durch die Zahlung auf ein Oder-Konto eine Schenkung vorliegen kann. Eine solche liegt jedoch nur vor, wenn der nicht einzahlende Ehegatte im Verhältnis zum Einzahler tatsächlich und rechtlich frei über die ein-　　　　246

---

492 Wever, Rn. 567; OLG Saarbrücken, FamRB 2003, 237; OLG Zweibrücken, FamRZ 1991, 820 ff.
493 Schulz/Hauß, Rn. 1800.
494 OLG Zweibrücken, FamRZ 1991, 820, 821.
495 OLG Zweibrücken, FamRZ 1991, 820, 822.
496 OLG Hamm, NZFam 2017, 1109.
497 OLG Bremen, NJW 2014, 2129.
498 BGH, FamRZ 1990, 370, 372; OLG Karlsruhe, FamRZ 1990, 629 ff.
499 Die Prüfung der Vertragsbestimmungen ist ratsam, vgl. etwa BGH, NJW 2018, 2632.
500 Schulz/Hauß, Rn. 1808.
501 Wever, Rn. 570.
502 OFD Koblenz, DStR 1997, 2025 und DStR 2002, 591.
503 OFD Koblenz, DStR 2002, 591.
504 Götz, FamRB 2005, 313, 314.
505 FG Düsseldorf, ErbStB 2006, 306 – die Ehefrau hatte sich nie um das Konto gekümmert und wusste überhaupt nichts von der Überweisung.
506 BFH, DStR 2012, 796; hierzu Bönig, DStR 2012, 2050.

gezahlten Guthaben verfügen kann, wofür das Finanzamt die Feststellungslast trifft.[507] Anders hingegen, wenn ein Ehegatte Geld vom **Einzelkonto auf** das **Einzelkonto** seines Ehegatten überträgt. Hier trifft ihn die Feststellungslast für die Tatsachen, die einer freigiebigen Zuwendung entgegenstehen.[508]

247 Diese Grundsätze will das FG München[509] auch auf Zahlungen von Einzelkonten der Ehegatten an eine **gemeinschaftliche Stiftung liechtensteinischen Rechts** anwenden, deren Konten bei Transparenz der Stiftung wie ein Gemeinschaftskonto zu behandeln seien.

248 Angesichts der **familienrechtlichen Gleichstellung von Familien- und Erwerbsarbeit**[510] durch das **BVerfG** und den daraus für den nachehelichen Unterhalt gezogenen Folgerungen ist dieser Ansatz grds. infrage zu stellen. Wenn und soweit das Konto ehelichen Zwecken und damit eben dieser Gleichstellung dient, sollte die Steuerbarkeit ausscheiden.

c) Kontovollmacht

249 Bei Einzelkonten erteilt der Inhaber häufig dem anderen Ehegatten Kontovollmacht. Abhebungen aufgrund dieser Vollmacht werden vor und nach der Trennung der Ehegatten unterschiedlich gewertet.

aa) Abhebungen während funktionierender Ehe

250 Die Vollmacht erhält der andere Ehegatte, damit er für eheliche Zwecke mit einer gewissen Selbstständigkeit über das Konto verfügen kann.[511] Nach **§ 1360b BGB** ist im Zweifel anzunehmen, dass der andere Ehegatte etwaige **Überzahlungen nicht zurückfordern** will, sodass Regressansprüche ausgeschlossen sind.[512]

Schon bei intakter Ehe sind jedoch Abhebungen im Innenverhältnis nicht mehr von der Vollmacht gedeckt, wenn eine Trennung besprochen und so das **Vertrauensverhältnis erschüttert** ist.[513] Das gilt insb., wenn die Abhebungen nicht dem Interesse der Familie dienen, sondern allein den Interessen des verfügenden Ehegatten im Hinblick auf die bevorstehende Trennung.[514] Eine Abhebung ist ferner im Innenverhältnis nicht mehr von der Vollmacht gedeckt, wenn es sich um ein **zweckgebundenes Konto** (z.B. ein Baukonto) handelt und die Abhebung zweckwidrig erfolgt.[515]

bb) Abhebungen nach Trennung

251 Kontoverfügungen **nach der Trennung** sind hingegen von der Vollmacht im Innenverhältnis regelmäßig nicht mehr gedeckt, da sie nicht mehr der gemeinsamen Lebensführung der Ehegatten dienen, wie der BGH mit einem Verweis auf § 1357 Abs. 3 BGB (keine Geschäfte zur Deckung des Lebensbedarfes mehr nach Trennung)[516] oder mit einem **Wegfall der Geschäftsgrundlage** begrün-

---

507 Zusammenfassende Darstellung bei Götz, ZEV 2017, 77 ff.
508 BFH, DStR 2016, 2041; auf das Argument der Vorinstanz, FG Nürnberg, WKRS 2014, 19715 = BeckRS 2014, 95693, Gründe für eine Beweislastumkehr könnten sich auch aus der besonderen familien- und erbrechtlichen Situation sowie der Risikoverteilung der beruflichen Tätigkeiten (Hochbauingenieur/Sekretärin) ergeben, ging der BFH nicht ein.
509 FG München, DStRE 2017, 145.
510 BVerfG, FamRZ 2002, 527, 529.
511 Schulz/Hauß, Rn. 1771.
512 OLG Karlsruhe, FamRZ 1990, 744.
513 OLG Düsseldorf, FamRZ 1992, 439.
514 OLG Bamberg, FamRZ 1991, 1058.
515 OLG Koblenz, FuR 2018, 312.
516 BGH, FamRZ 1988, 476, 478.

A. Durchbrechung des Ausschließlichkeitsprinzips   **Kapitel 5**

det.[517] Auch wenn der bevollmächtigte Ehegatte selbst Einzahlungen auf das Konto geleistet hat[518] oder Unterhaltsansprüche gegen den Kontoinhaber hat, berechtigt ihn dies nicht mehr zur Abhebung.[519] Der BGH gesteht der Vollmacht nach einem Wegfall der Geschäftsgrundlage allenfalls noch einen geringen Anwendungsbereich bzgl. solcher Verfügungen zu, die den früheren gemeinsamen Vorstellungen und auch nach der Trennung weiterhin dem mutmaßlichen Willen des Kontoinhabers entsprechen.[520] Hierbei ist in erster Linie an Abhebungen **im bisherigen Rahmen zum Unterhalt der Restfamilie** gedacht,[521] möglicherweise auch bei Geldeingang nach Trennung von einem Schuldner nur eines Ehegatten.[522]

cc) Ansprüche bei Vollmachtsüberschreitung

Der BGH[523] sieht nach einer Verfügung aufgrund der Kontovollmacht unter Überschreitung des Innenverhältnisses folgende Ansprüche: 252
– Schadensersatzansprüche aus **unerlaubter Handlung** (§ 823 Abs. 2 BGB i.V.m. § 266 StGB), deren Voraussetzungen freilich sorgfältiger Prüfung bedürfen,[524]
– eine Herausgabepflicht aus **angemaßter Geschäftsführung** nach **§ 687 Abs. 2 BGB** oder
– Schadensersatzansprüche nach **§ 280 Abs. 1 BGB**.[525]

d) Wertpapiere und Wertpapierdepots

Unter einem **Wertpapier** versteht man eine Urkunde, die ein privates Recht in der Weise verbrieft,   253
dass zur Ausübung des Rechts die Innehabung der Urkunde erforderlich ist.[526] Für die Verwahrung von Wertpapieren in einem Depot sieht das Gesetz zum einen die **Sonderverwahrung** nach § 2 DepotG vor, bei der die Wertpapiere getrennt von den übrigen Beständen verwahrt werden. Die Eigentumsverhältnisse an den Wertpapieren setzen sich hier auch während der Verwahrung unverändert fort.[527] Dieser gesetzliche Regelfall ist in der Praxis der Ausnahmefall, während heute die **Sammelverwahrung** nach § 5 DepotG weithin üblich ist.[528] Hier verliert der Eigentümer sein Eigentum am konkreten Wertpapier und erlangt Miteigentum nach Bruchteilen an den zum Sammelbestand gehörenden Wertpapieren derselben Art, § 6 Abs. 1 DepotG.[529] Für dieses Miteigentum gelten zahlreiche Besonderheiten, die schon zu der Bezeichnung »depotrechtliches Miteigentum« geführt haben.[530]

Das **Prinzip der Rechtserhaltung** bei der Depotverwahrung besagt, dass Eigentümer/Miteigentümer   254
der Wertpapiere im Fall einer Depotverwahrung immer der bisherige Eigentümer bleibt, nicht hingegen der Hinterleger oder der Inhaber des Depots.[531] Stehen also Wertpapiere im Eigentum eines Ehegatten und verwahrt dieser die Papiere in einem gemeinschaftlichen Depot, so bleiben die Wert-

---

517 BGH, FamRZ 1989, 834, 835.
518 BGH, FamRZ 1989, 834 f.
519 Wever, Rn. 546: »keine Selbstbedienung«.
520 BGH, FamRZ 1989, 834, 835.
521 Büte, Rn. 578; Wever, Rn. 547; Schulz/Hauß, Rn. 1783.
522 Büte, Rn. 578; OLG Frankfurt, NJW-RR 2012, 902.
523 BGH, FamRZ 1988, 476 f.
524 OLG Düsseldorf, FamRZ 1992, 439 f.; OLG Nürnberg, NZFam 2019, 27.
525 OLG Düsseldorf, FamRZ 1992, 439 f. (frühere positive Vertragsverletzung); Wever, Rn. 549; Schulz/ Hauß, Rn. 1786 ff.
526 BRHP/Gehrlein, § 793 Rn. 1; MünchKomm-BGB/Habersack, Vor § 793 Rn. 7, 9 – dort auch zu abweichenden Definitionen.
527 Wever, Rn. 590.
528 MünchKomm-BGB/Henssler, § 688 Rn. 36.
529 Detailliert MünchKomm-BGB/K. Schmidt, § 1008 Rn. 29 ff. m.w.N.; Einsele, WM 2001, 7 ff.
530 MünchKomm-BGB/K. Schmidt, § 1008 Rn. 30.
531 MünchKomm-BGB/K. Schmidt, § 1008 Rn. 30; Schulz/Hauß, Rn. 1823; Wever, Rn. 591; vgl. auch § 6 Abs. 1 DepotG.

papiere Eigentum desjenigen Ehegatten, dem sie zuvor gehörten. Dies unterscheidet das Wertpapierdepot vom Bankkonto. Die Rechte aus dem Depotvertrag können hingegen den Ehegatten gemeinschaftlich zustehen.[532]

Auch bei Wertpapierdepots von Ehegatten gibt es Einzeldepots, die nur auf einen Ehegatten lauten, oder **Gemeinschaftsdepots** beider Ehegatten.

e) Einzeldepot

255 Für das Einzeldepot gelten die Ausführungen zum **Einzelkonto** und zur **Vollmacht** über ein Einzelkonto. Der Inhaber des Depots wird regelmäßig auch Eigentümer des verwahrten Papiers sein, es sei denn, es läge eine Treuhandschaft vor. Wie beim Einzelkonto kann im Einzelfall auch am Einzeldepot der andere Ehegatte mitberechtigt sein.[533]

f) Gemeinschaftsdepot

256 Da bei **gemeinschaftlichen Wertpapierdepots**[534] nach dem Prinzip der **Rechtserhaltung** die bisherigen Eigentümer der hinterlegten Wertpapiere weiterhin dinglich Berechtigte bleiben, nimmt die Rechtsprechung an, dass beim Oder-Depot **nicht** ohne Weiteres nach § **430 BGB** ein Anspruch auf hälftige Beteiligung an den Wertpapieren bestehe. § 430 BGB sei hier **nur** für die Rechte aus dem **Verwahrungsvertrag** von Bedeutung, die Depotinhaberschaft sage aber **nichts über das Eigentum** an dem verwahrten Wertpapier aus,[535] zumal es eine Gesamtgläubigerschaft bei Inhaberpapieren nicht gebe. Die Rechtsprechung geht davon aus, dass die Anlage eines Oder-Depots noch **keine Aussage über das Eigentum** erlaube und nimmt **nur** eine **schwach ausgeprägte Auslegungsregel für Miteigentum** an.[536] Somit will die Rechtsprechung bei Oder-Depots die Beweislast dem anspruchsstellenden Teil aufbürden.[537] Ein **Kriterienkatalog**, der auf die Mittelherkunft, den Verwendungszweck und den sonstigen Umgang der Ehegatten mit ihrem Vermögen eingeht, soll die Prüfung der Eigentumslage erleichtern.[538] Gehören die Wertpapiere danach beiden Ehegatten, so soll sich bei einer Veräußerung diese Gemeinschaft am Erlös fortsetzen.[539]

257 Da es häufig vom Zufall abhängt, ob Ehegatten Guthaben in Form von Gemeinschaftskonten oder nach entsprechender Beratung der Bank in einem Gemeinschaftsdepot mit Wertpapieren anlegen,[540] sollte überlegt werden, ob nicht eine einheitliche Beurteilung hier angemessener wäre.

g) Zugewinn, Beweislast und Prozessstrategie

aa) Verhältnis zum Zugewinn

258 Die Ansprüche in Bezug auf Bankkonten und Wertpapierdepots bestehen **unabhängig vom Güterstand** und werden nicht durch den Zugewinnausgleich ausgeschlossen.[541]

---

532 Kohlenberg, NZFam 2018, 773, 777.
533 OLG Karlsruhe, FamRZ 2003, 607.
534 Hierzu Stoltenberg/Khalil, DStR 2013, 2597 f.
535 So auch OLG Frankfurt am Main, FF 2005, 65 f.; OLG Celle, FamRZ 2013, 1760.
536 BGH, FamRZ 1997, 607 f.
537 OLG Köln, WM 2000, 2485, 2487.
538 Wever, Rn. 601; für das OLG Frankfurt am Main, FF 2005, 65 reicht die Auftragserteilung zum Ankauf der Papiere allein durch einen Ehegatten aus, um zum Alleineigentum zu kommen.
539 OLG Bremen, MDR 2004, 1004.
540 Grziwotz, FamRZ 2002, 1669, 1675; a.A. Gernhuber/Coester-Waltjen, § 19 Rn. 12.
541 OLG Koblenz, FuR 2018, 312.

Im **gesetzlichen Güterstand** führen sie jedoch bei einer Gesamtbetrachtung der einzelnen Ansprüche und ihrer Einstellung in den Zugewinn regelmäßig zu einer **Neutralisierung**, außer es ergibt sich aus anderen Gründen kein Zugewinn.[542]

Bei einer **stillschweigend begründeten Bruchteilsgemeinschaft** am Einzelkonto steht dieses den Ehegatten **zu gleichen Teilen** zu, sodass ein Zugewinn insoweit nicht entstanden ist. Eine Verfolgung der Ansprüche im **Zugewinnausgleichsverfahren** ist somit **keine geeignete Lösung**.[543]

Es kann vorrangig auch der Anspruch aus dem Bankkonto verfolgt werden.[544] Der Vorteil der isolierten Geltendmachung besteht in der **sofortigen Fälligkeit**, sodass die Aufhebung der Bruchteilsgemeinschaft und **hälftige Teilung** des gemeinsamen Vermögens **jederzeit verlangt werden** kann.[545] Somit kann auch die illoyale Minderung von Guthaben – ggf. durch einstweilige Verfügung – verhindert werden.[546]

bb) Beweislast

Die Verteilung der Beweislast bei Ansprüchen rund um Bankkonten ist differenziert zu beurteilen.

(1) Angemaßte Eigengeschäftsführung

Bei Abhebungen vom Einzelkonto aufgrund Vollmacht in angemaßter Eigengeschäftsführung nach § 687 Abs. 2 BGB gilt Folgendes:

Erfolgte die Kontoverfügung **während des Zusammenlebens** der Ehegatten, so muss der **Kontoinhaber** außer der Verfügung selbst auch deren **zweckwidrige Verwendung** nachweisen.[547] Eine **Ausnahme** gilt jedoch für den Fall einer **ungewöhnlich hohen Abhebung in zeitlicher Nähe zur Trennung**. Ist diese nachgewiesen, dann müsste sich der verfügende Ehegatte durch den Nachweis einer Verwendung für Zwecke der ehelichen Lebensgemeinschaft entlasten.[548]

Bei **Kontoabhebungen nach Trennung** muss der Kontoinhaber nachweisen, dass die Verfügung nach der Trennung erfolgte. Es ist dann Sache des **verfügenden Ehegatten, darzulegen**, dass ausnahmsweise noch eine **Verfügungsberechtigung** bestand, etwa zur maßvollen Verwendung der Gelder für den Unterhalt der Restfamilie.[549]

(2) Anspruch auf Aufteilung bei Bruchteilsgemeinschaft am Einzelkonto

Die Beweislast für das Vorliegen einer Bruchteilsgemeinschaft am Kontoguthaben eines Einzelkontos trägt grds. derjenige Ehegatte, der sich hierauf beruft.[550] Der Beweis kann insb. durch die Verwendung der Gelder für gemeinsame Anschaffungen geführt werden.[551] Sind aber alle Verdienste eines Ehegatten auf das Konto des anderen eingezahlt worden, dann soll der Kontoinhaber die Beweislast dafür haben, dass ihm das gesamte Konto zusteht. Er müsste also nachweisen, dass ihm die Gelder zugewendet worden sind.[552]

---

542 Wever, Rn. 540.
543 Kogel, FamRB 2005, 183, 184.
544 BGH, FamRZ 1988, 476 f.; Schulz/Hauß, Rn. 1768; Wever, Rn. 540; ohne Entscheidung über diese Frage BGH, FamRZ 2000, 948, 949; BGH, FamRZ 2002, 1696, 1697.
545 Schulz/Hauß, Rn. 1768; Wever, Rn. 537.
546 Schulz/Hauß, Rn. 1768.
547 BGH, FamRZ 1986, 558, 559; Wever, Rn. 551, 825.
548 Wever, Rn. 551.
549 Schulz/Hauß, Rn. 1789.
550 Wever, Rn. 537; Staudinger/von Proff, § 741 Rn. 38; OLG Schleswig, BeckRS 2014, 11977.
551 Schulz/Hauß, Rn. 1768.
552 BGH, FamRZ 2002, 1696 f.

(3) Ausgleichsanspruch nach § 430 BGB bei Gemeinschaftskonten

266 Für den Anspruch auf Ausgleich nach § 430 BGB bei Gemeinschaftskonten gilt: Wer mehr als die Hälfte beansprucht, muss eine dementsprechende anderweitige Bestimmung darlegen. Das bedeutet:

267 Hat ein Ehegatte das Kontoguthaben abgehoben und der andere Ehegatte verlangt nunmehr seine Hälfte, so hat er nur **zu beweisen**, dass dem abhebenden Ehegatten **mehr als die Hälfte zugeflossen** ist. Es ist dann **dessen Sache** darzulegen, dass im Innenverhältnis eine **Berechtigung** für mehr als die Hälfte bestand.[553] Dies gilt auch bei intakter Ehe, allerdings soll hier der Beweis leichter zu führen sein, da grds. eine Verfügungsbefugnis zu vermuten ist[554] und da ggf. noch die Vermutung greift, dass die Verfügung im Rahmen einer Unterhaltsleistung erfolgte.[555] Dies gilt jedoch nicht mehr bei der Abhebung ungewöhnlich hoher Summen. Wer hier eine andere Bestimmung aufgrund Verwendung für familiäre Zwecke behauptet, hat dies nachzuweisen.[556]

Wer seinerseits das **ganze Guthaben beansprucht**, der muss für den die Hälfte übersteigenden Betrag **nachweisen**, dass ihm dieser zusteht.[557]

(4) Oder-Depots

268 Wegen des Prinzips der Rechtserhaltung bei Oder-Depots folgt aus der Inhaberschaft noch keine Vermutung für das Eigentum am Wertpapier. Die Rechtsprechung bejaht hier die Beweislast des anspruchsstellenden Teiles.[558]

cc) Prozessstrategie

269 Streitigkeiten um Bankkonten und Wertpapierdepots sind als sonstige Familiensachen i.S.d. § 266 Abs. 1 Nr. 3 FamFG anzusehen, die vom Großen FamG mitverhandelt werden.

Bei Zugewinngemeinschaft werden sich häufig solche Streitigkeiten bei der **Zugewinnberechnung wieder aufheben**.[559]

Die selbstständige Geltendmachung der geschilderten Ansprüche erlangt jedoch dort Bedeutung, wo die Ehegatten sich nicht scheiden lassen wollen.[560]

270 Empfohlen wird bei einer unberechtigten Kontoabhebung und schwieriger Verfolgung dieser Ansprüche die sog. unterhaltsrechtliche Lösung. Danach sollen die Abhebungen vom Kontoinhaber genehmigt und anschließend auf den Unterhaltsbedarf des Verfügenden angerechnet werden, sodass sich eine gesonderte Rechtsverfolgung erübrigt.[561]

5. Teilungsversteigerung des Familienheims

271 Die Auseinandersetzung der Bruchteilsgemeinschaft gipfelt bei mangelnder Einigungsfähigkeit in der Teilungsversteigerung des Familienheims[562] auf Antrag eines Ehegatten.[563] Nach **§ 753 BGB**

---

553 BGH, FamRZ 1990, 370 f.; BGH, FamRZ 1993, 413 f.; OLG Karlsruhe, FamRZ 1990, 629; Büte, Rn. 579.
554 BGH, FamRZ 1990, 370 f.; BGH, FamRZ 1993, 413 f.; Büte, Rn. 579.
555 So OLG Karlsruhe, FamRZ 1990, 744.
556 OLG Zweibrücken, FamRZ 1991, 820, 821.
557 BGH, FamRZ 1993, 413 f.
558 OLG Köln, WM 2000, 2485, 2587.
559 Hierzu Rdn. 258 ff.
560 Kogel, Strategien, Rn. 637.
561 Wever, Rn. 550.
562 Die Teilungsversteigerung kann in diesem Rahmen nicht intensiv behandelt werden. Vgl. hierzu aber Münch C., Scheidungsimmobilie, Rn. 853 ff. mit den Einzelheiten zum Verfahren, zur Festsetzung des geringsten Gebotes etc.; Kogel, Teilungsversteigerung.
563 »Letzte Stufe im Rahmen einer eskalierenden Auseinandersetzung«, Grziwotz, FamRZ 2002, 1669, 1675.

erfolgt die Aufhebung der Gemeinschaft durch **Zwangsversteigerung** nach §§ 180 ff. ZVG. Für den Antrag auf Teilungsversteigerung ist ein vollstreckbarer Titel nicht erforderlich, § 181 Abs. 1 ZVG. Mit der Versteigerung tritt der Erlös an die Stelle des Familienheims und muss verteilt werden. Sofern diese Verteilung nicht einvernehmlich erfolgen kann, wird das Geld hinterlegt und die Ehegatten müssen vor den Familiengerichten um die Verteilung streiten.[564]

272 Für die Teilungsversteigerung des gemeinschaftlichen Familienheims gelten im Wesentlichen die allgemeinen Vorschriften, sodass die Gefahr besteht, dass der wirtschaftlich stärkere Teil den anderen über die Teilungsversteigerung zu wirtschaftlich ungünstigen Bedingungen aus dem Grundstück drängt.[565] Es sollen daher etwas detaillierter die Möglichkeiten dargestellt sein, sich gegen eine Teilungsversteigerung zu wehren.

a) Vertragliche Vereinbarung

273 Hatten die Ehegatten als Eigentümer die Teilung vertraglich ausgeschlossen und diesen **Ausschluss der Auseinandersetzung nach § 1010 BGB** in das Grundbuch eintragen lassen, stellt dies gegenüber dem Antrag auf Teilungsversteigerung ein **von Amts wegen zu beachtendes Hindernis** nach § 28 ZVG dar.[566]

274 Eine Teilungsversteigerung kann in solchen Fällen nur **aus wichtigem Grunde** nach § 749 Abs. 2 BGB erfolgen. Der Antragsteller muss daher zunächst den Antragsgegner auf Duldung der Teilungsversteigerung verklagen und vor dem **Prozessgericht** den wichtigen Grund **nachweisen**. Er hat sodann den Duldungstitel dem Versteigerungsgericht vorzulegen.[567]

275 Persönliche Verfeindung oder Zerstörung des Vertrauensverhältnisses stellen dann noch keinen wichtigen Grund dar, wenn das Grundstück trotzdem noch ordnungsgemäß verwaltet und genutzt werden kann, etwa durch Einschaltung eines Dritten.[568]

Eine vertragliche Vereinbarung kann so formuliert sein:

▶ Formulierungsvorschlag: Ausschluss der Aufhebung der Gemeinschaft

276 Das Recht jeden Miteigentümers, die Aufhebung der Gemeinschaft zu verlangen, wird für 15 Jahre von heute an

Alternative 1:

..... bis unsere jüngste Tochter das 20. Lebensjahr beendet hat .....

Alternative 2:

..... für immer .....

Alternative 3:

..... so lange, wie noch einer der heute beteiligten Miteigentümer lebt, ...

ausgeschlossen.

Jeder Miteigentümer bewilligt und beantragt die Eintragung des Teilungsausschlusses in das Grundbuch zulasten seines Anteils am oben genannten Grundstück und zugunsten des jeweiligen Eigentümers des anderen Miteigentumsanteils vor sämtlichen Rechten in Abteilung III des Grundbuchs. Der Rangbeschaffung wird mit Vollzugsantrag zugestimmt.

Der Notar hat darauf hingewiesen, dass nach § 749 Abs. 2 BGB die Aufhebung gleichwohl verlangt werden kann, wenn ein wichtiger Grund vorliegt.

---

564 Wever, Rn. 242.
565 Brudermüller, FamRZ 1996, 1516, 1517.
566 Mock, ZAP Fach 14, S. 560, 561; Bergschneider/Hintzen, 10.47.
567 Stöber/Kiderlen, Zwangsversteigerungsgesetz, § 180 Rn. 173.
568 BGH, DNotZ 1986, 143, 144.

Wir leben getrennt und vereinbaren den Ausschluss der Aufhebung der Gemeinschaft gerade für diese Lebensphase, sodass in der Trennung selbst kein wichtiger Grund für die Aufhebung liegt.

▶ Kostenanmerkung:

277 Der Geschäftswert eines solchen Ausschlusses der Auseinandersetzung beträgt nach § 51 Abs. 2 GNotKG 30 % des von der Beschränkung betroffenen Gegenstandes, hier also des Wertes des betroffenen Grundbesitzes.[569] Daraus ist eine 2,0 Gebühr nach KV 21100 zu erheben. Der Aufhebungsausschluss ist in der Regel nach § 86 Abs. 2 GNotKG gegenstandsverschieden mit anderen Regelungen in der Urkunde.

b) Gerichtliches Verbot

278 Zunehmend geht die Literatur davon aus, dass nach der Neuregelung der Wohnungszuweisung ein gerichtliches Verbot der Teilungsversteigerung keine Rechtsgrundlage mehr hat, da durch die Möglichkeit der Begründung eines Mietrechtes sowohl bei der vorläufigen Wohnungszuweisung als auch über die Scheidung hinaus nach § 1568a Abs. 5 BGB den Interessen des nutzenden Ehegatten ausreichend Rechnung getragen werden kann. *Schulz/Hauß* haben sich dieser Auffassung inzwischen angeschlossen.[570] Dem wird zuzustimmen sein. Die bloße Wohnungszuweisung beinhaltet ein solches Verbot noch nicht.[571]

279 Überlegenswert wäre allenfalls ein solches befristetes Verbot bis zur Klärung der Wohnungszuweisung, wenn ein solches Verfahren anhängig ist, damit rechtzeitig Schutz durch Begründung eines Mietverhältnisses[572] gewährt werden kann, weil sich eine vorherige Teilungsversteigerung als rechtsmissbräuchlich darstellen könnte.[573] Ansonsten müsste die Teilungsversteigerung mit den allgemein dafür vorgesehenen Instrumenten verhindert bzw. auf die Fortsetzung des Mietverhältnisses nach §§ 57a, 183 ZVG, 566 BGB vertraut werden.[574]

c) Einstweilige Einstellung aus den Gründen des § 180 ZVG

280 Für die Teilungsversteigerung des gemeinschaftlichen Familienheims gelten im Wesentlichen die allgemeinen Vorschriften, ohne dass im Versteigerungsverfahren Ansprüche aus der ehelichen Gemeinschaft eine Rolle spielen. Daher besteht wie bei jeder Teilungsversteigerung die Gefahr, dass der wirtschaftlich stärkere Teil den anderen über die Teilungsversteigerung zu wirtschaftlich ungünstigen Bedingungen aus dem Grundstück drängt.[575]

281 Die allgemeinen Möglichkeiten zur **Verfahrenseinstellung über § 180 ZVG bieten hier nur wenig Schutz**, selbst die Kinderschutzklausel des § 180 Abs. 3 ZVG greift aufgrund ihrer Fristgebundenheit häufig nicht.[576] Außerdem sollen die allgemeinen Interessen der Kinder auf Aufrechterhaltung ihrer sozialen Umgebung oder Beibehaltung eines Kinderzimmers für den Anwendungsbereich nicht

---

569 Notarkasse, Rn. 2452.
570 Palandt/Brudermüller, § 1361b, Rn. 17; Götz/Brudermüller, Rn. 319; Schulz/Hauß, Rn. 1155; MünchKomm-BGB/Weber-Monecke, § 1361b Rn. 16; Büte, in: Klein, Familienvermögensrecht, Kap. 4, Rn. 161; a.A. Krause, Familienheim, § 8, Rn. 8.
571 Krause, Familienheim, 8/8.
572 Dazu detailliert: Wever, FF 2019, 387 ff.
573 Hierzu Staudinger/Eickelberg, BGB, § 749 Rn. 70.
574 Hierzu Uecker, FPR 2013, 367 f.; zur einstweiligen Einstellung Storz, FPR 2013, 356 f.
575 Brudermüller, FamRZ 1996, 1516, 1517.
576 Brudermüller, FamRZ 1996, 1516, 1518; Wever, Rn. 303.

genügen.⁵⁷⁷ Allerdings kann mit einem Antrag auf einstweilige Einstellung das Verfahren ganz erheblich verzögert werden.⁵⁷⁸

aa) Einstweilige Einstellung nach § 180 Abs. 2 ZVG

Nach § 180 Abs. 2 Satz 1 ZVG kann eine einstweilige Einstellung des Versteigerungsverfahrens auf Antrag eines Miteigentümers erfolgen, wenn dies bei **Abwägung der widerstreitenden Interessen der mehreren Miteigentümer angemessen erscheint**.

Diese Möglichkeit steht nur einem Miteigentümer zu Gebote, **gegen den die Teilungsversteigerung betrieben wird**. Betreibt der Miteigentümer das Verfahren selbst, stehen ihm die Möglichkeiten der §§ 30, 180 Abs. 1 ZVG zur Verfügung.⁵⁷⁹ Allerdings sind die jeweiligen Verfahren nach einem Beitritt voneinander unabhängig, sodass jemand zugleich die Rolle des Antragstellers und des Antragsgegners haben kann. In letzterer Funktion kann er Einstellung nach § 180 Abs. 2 ZVG beantragen, die allerdings nur Erfolg haben wird, wenn er auch seinen eigenen Antrag einstweilen einstellt.⁵⁸⁰

Die Aussetzung soll verhindern, dass ein wirtschaftlich Stärkerer unter Ausnutzung vorübergehender Umstände die Versteigerung **zur Unzeit** durchsetzt, um den wirtschaftlich Schwächeren zu ungünstigen Bedingungen aus dem Grundstück zu drängen.⁵⁸¹

Daher können **nur Gründe, welche vorübergehend sind**, die Einstellung nach dieser Vorschrift rechtfertigen. So kann etwa eine dauerhafte gesundheitliche Beeinträchtigung nicht zur Einstellung nach § 180 Abs. 2 ZVG führen.⁵⁸² Im Gegensatz zu § 30a ZVG wird nicht verlangt, dass durch die Einstellung die Versteigerung insgesamt vermieden werden kann (Sanierungsfähigkeit).⁵⁸³

Das Antragsrecht nach § 180 Abs. 2 ZVG kann daher nicht als das für den Regelfall geeignete Mittel angesehen werden, um bei unzureichenden Geboten eine Wiederholung des Versteigerungstermins zu erzwingen.⁵⁸⁴ Einstellungsanträge nach § 180 Abs. 2 ZVG sind eher selten erfolgreich, dienen aber der Verfahrensverzögerung.⁵⁸⁵

Für eine Einstellung kann sprechen:⁵⁸⁶
– Werterhöhung durch Reparatur oder Renovierung steht unmittelbar bevor;⁵⁸⁷
– Versteigerungsgegner hat noch keinen Ersatzwohnraum, ein solcher steht aber in Aussicht;
– Versteigerungsgegner erwartet in Kürze finanzielle Mittel, um das Haus selbst zu ersteigern;
– wenn eine Klage des Versteigerungsgegners gegen den betreibenden Ehegatten auf Herausgabe des geschenkten Grundstücksteils anhängig ist und voraussichtlich zum Erfolg führt;
– wenn Vergleichsverhandlungen schweben, insb. der Betreiber des Verfahrens nichts gegen die Einstellung hat;
– wenn der Versteigerungsgegner von dem Verfahren ohne vorherige Ankündigung überrascht worden ist.

Gegen eine Einstellung kann sprechen:
– wenn die Lasten aus dem Grundstück nicht mehr getragen werden können;
– wenn der Betreiber des Verfahrens zu seiner Existenzsicherung dringend Geldmittel benötigt;

---

577 Grziwotz, FamRZ 2002, 1669, 1677 m.w.N.
578 Kogel, FamRB 2003, 403, 406.
579 BGH, NJW 1981, 2065.
580 Stöber/Kiderlen, Zwangsversteigerungsgesetz, § 180 Rn. 255.
581 BGH, NJW 1981, 2065; BGH, NJW 2004, 3635.
582 BGH, NJW 2004, 3635.
583 Mock, ZAP Fach 14, S. 557, 578.
584 BGH, NJW 1981, 2065.
585 Kiderlen, ZEV 2018, 385, 386.
586 Stöber/Kiderlen, Zwangsversteigerungsgesetz, § 180, Rn. 230 ff.; Wever, Rn. 293.
587 BGH, NJW 1981, 2065 f.

– wenn die geltend gemachten Interessen Antragsteller und Antragsgegner in gleichem Maße treffen, also nicht widerstreitend sind.

289 **Nicht ausreichend für eine Einstellung** ist:
- Tod eines Beteiligten;
- jahrelange Auseinandersetzungen der Beteiligten;
- Anhängigkeit anderer ehebezogener Streitigkeiten.

290 Die einstweilige Einstellung muss binnen einer **Notfrist von zwei Wochen** beantragt werden (§ 30b ZVG). Diese Frist beginnt mit der Zustellung der Belehrung nach § 30b Abs. 1 ZVG. Auf die Frist ist zu achten, sie wird oft versäumt.[588]

▶ Hinweis:

291 Die einstweilige Einstellung muss binnen einer Notfrist von zwei Wochen seit Empfang der Belehrung beantragt werden.

292 Die einstweilige Einstellung nach § 180 Abs. 2 ZVG kann **höchstens ein zweites Mal** ausgesprochen werden, also längstens für insgesamt zwölf Monate.

bb) Einstweilige Einstellung nach § 180 Abs. 3 ZVG

293 Eine **Sondervorschrift** für die Teilungsversteigerung unter (früheren) **Ehegatten** enthält § 180 Abs. 3 ZVG. Danach ist in solchen Fällen das Versteigerungsverfahren einstweilen einzustellen, wenn dies **zur Abwendung einer ernsthaften Gefährdung des Wohls eines gemeinschaftlichen Kindes** erforderlich ist. Auch diese Norm wird nur zurückhaltend angewandt. Es kann nämlich durchaus auch im Interesse des Kindeswohls die Verbesserung der finanziellen Situation durch die Versteigerung dem Festhalten an einer »längst untergegangenen Welt«[589] vorzuziehen sein.

294 Mit dieser Begründung könnte auch – im Gegensatz zu Abs. 2 – eine **mehrfache Einstellung** des Verfahrens erreicht werden. **Insgesamt** beträgt die Höchstdauer einer Einstellung nach § 180 Abs. 2 und 3 ZVG **fünf Jahre**, § 180 Abs. 4 ZVG. Bei einer Änderung der Verhältnisse kann ein Änderungsantrag gestellt werden, § 180 Abs. 3 Satz 4 ZVG.

295 Eine ernsthafte Gefährdung des Wohls eines gemeinschaftlichen Kindes erfordert, dass das **Kind** durch die Zwangsversteigerung in seinen Lebensverhältnissen **erheblich benachteiligt** wird und **damit in seiner Entwicklung erheblich beeinträchtigt** zu werden droht.[590]

296 Solche Gründe können in folgenden Fällen **bejaht** werden:[591]
- anderweitige Unterbringung einer kinderreichen Familie mit zumutbarem Aufwand nicht möglich;
- Haus ist nach den Bedürfnissen eines behinderten Kindes gebaut;
- akute Gefährdung der schulischen Entwicklung;
- bei einem anhängigen Streit um die elterliche Sorge soll ein mehrfacher Wohnsitzwechsel vermieden werden.

297 **Nicht ausreichend** sind hingegen:[592]
- Verlust des bisherigen Lebensumfelds des Kindes wie Spielkameraden, Schule, Nachbarschaft;

---

588 Brudermüller, FamRZ 1996, 1516, 1517.
589 So Schulz/Hauß, Rn. 1384.
590 LG Berlin, Rpfleger 1992, 170.
591 Stöber/Kiderlen, Zwangsversteigerungsgesetz, § 180 Rn. 274 m.w.N.
592 Stöber/Kiderlen, Zwangsversteigerungsgesetz, § 180 Rn. 275 m.w.N.; eine weitere Auslegung vertreten hingegen LG Offenburg, FamRZ 1994, 1274 und Grziwotz, FamRZ 2002, 1669, 1677, die auch schon bei Verlust des bisherigen Lebensstandards und -umfelds für das Kind eine einstweilige Einstellung befürworten.

A. Durchbrechung des Ausschließlichkeitsprinzips

- Ortswechsel;
- Verlust des bisherigen Lebensstandards.

Die **Notfrist des § 30b ZVG** gilt auch für diesen Einstellungsgrund ab Zustellung der Belehrung nach § 30b Abs. 1 ZVG und läuft nicht etwa neu an nach Ablehnung oder Auslaufen einer Einstellung nach § 180 Abs. 2 ZVG. Aus diesem Grunde scheitert die Einstellung nach dieser Vorschrift zumeist schon am Fristablauf.[593]

298

▶ Hinweis:
Einstellungsanträge nach § 180 Abs. 3 ZVG unterliegen der Notfrist von zwei Wochen! Daher sind sie gleichzeitig mit und ggf. parallel zu Anträgen nach Abs. 2 zu stellen.

299

d) Einstweilige Einstellung durch den Antragsteller nach § 30 ZVG

Der **Antragsteller** kann selbst jederzeit nach § 30 ZVG die einstweilige Einstellung bewilligen. Diese Möglichkeit der Einstellung besteht:
- ohne Begründungspflicht,
- ohne Form- und Fristerfordernisse,
- ohne Mitsprache von Dritten.[594]

300

Die Einstellung bezieht sich aber **nur auf das vom Antragsteller betriebene Verfahren**, nicht aber auf die Verfahren etwa beigetretener Dritter. Deren Verfahren läuft also unabhängig von der Einstellung durch den Antragsteller weiter.[595]

301

Wird das Verfahren eingestellt, beginnt eine **6-Monats-Frist**. Stellt der Antragsteller innerhalb dieser Frist keinen **Fortsetzungsantrag**, wird das Verfahren endgültig aufgehoben, § 31 Abs. 1 Satz 2 ZVG. Der Einstellungsantrag kann max. einmal wiederholt werden. Wird ein zweiter Wiederholungsantrag gestellt, betrachtet das ZVG dies als Rücknahme, § 30 Abs. 1 Satz 3 ZVG.

302

e) Vollstreckungsschutz nach § 765a ZPO

§ 765a ZPO erlaubt die ganze oder teilweise Aufhebung eines Zwangsvollstreckungsverfahrens oder auch die einstweilige Einstellung, wenn die **Vollstreckung** unter Würdigung des Schutzbedürfnisses des Antragstellers wegen ganz besonderer Umstände eine **Härte für den Antragsgegner** bedeutet, die **mit den guten Sitten nicht mehr zu vereinbaren** ist.

303

Ob die Schutzvorschrift des § 765a ZPO auf die Teilungsversteigerung **Anwendung** findet, war lange Zeit **umstritten**, weil die Teilungsversteigerung in das ZVG eingebettet ist und § 180 ZVG nicht auf § 765a ZPO verweist. Ablehnende[596] und befürwortende Ansichten[597] hielten sich die Waage.

304

Der **BGH**, der die Streitfrage zunächst offenließ,[598] hat sich schließlich für die Anwendung des § 765a ZPO auch i.R.d. Teilungsversteigerung ausgesprochen,[599] sodass die Praxis die Bestimmung nunmehr anwendet.

305

---

593 Brudermüller, FamRZ 1996, 1516, 1518 zur geringen praktischen Relevanz.
594 Mock, ZAP Fach 14, S. 557, 576.
595 Storz, FPR 2013, 356.
596 OLG Koblenz, NJW 1960, 828; OLG Hamm, RPfleger 1960, 253 und RPfleger 1964, 341; OLG München, NJW 1961, 787.
597 OLG Braunschweig, NJW 1961, 129; OLG Schleswig, JurBüro 1964, 612; OLG Bremen, RPfleger 1979, 72; OLG Köln, NJW-RR 1992, 126; OLG Karlsruhe, RPfleger 1994, 223; KG, NJW-RR 1999, 434; Brudermüller, FamRZ 1996, 1516, 1519; Mock, ZAP Fach 14, S. 557, 578; Bergschneider/Hintzen, Rn. 10.115; Grziwotz, FamRZ 2002, 1669, 1677.
598 BGH, NJW 2004, 3635, 3636.
599 BGH, FamRZ 2007, 1010.

306 Wegen der deutlichen **Nähe zum Zwangsvollstreckungsverfahren** und dem über **Art. 14 GG** gebotenen Schuldnerschutz wird man – ohne dies i.R.d. Abhandlung zu vertiefen – **für eine Anwendung des § 765a ZPO** plädieren können, zumal die in § 180 ZVG selbst zur Verfügung gestellten Einstellungsmöglichkeiten wegen der knapp bemessenen Notfrist weitgehend versagen und somit Entwicklungen nach Ablauf dieser Fristen nicht mehr aufgefangen werden könnten.

307 Allerdings wird auch bei Anwendbarkeit des § 765a ZPO dieser keinen breiten Anwendungsbereich finden,[600] denn die Vorschrift ist **als Ausnahmevorschrift eng auszulegen**[601] und so wird die hohe Hürde der sittenwidrigen Härte nur selten überwunden.[602] Für einen weiteren Anwendungsbereich wird allerdings mit Blick auf die besonderen Interessen der Kinder plädiert. Solche Probleme für die Kinder treten häufig erst i.R.d. Trennungsprozesses und damit nach Ablauf der Notfrist des § 180 Abs. 3 ZVG auf.[603] Die Praxis sieht ansonsten die Vorschrift weitgehend als bedeutungslos für die Teilungsversteigerung an.[604] Der BGH hat allerdings bei der Räumungsvollstreckung im Fall einer Suizidgefahr einen Anwendungsbereich für die Vorschrift gesehen[605] und in einer weiteren Entscheidung konkrete Vorgaben für diese Situation gegeben,[606] wenn das Betreuungsgericht eine Abhilfe nicht schafft, weil die Gefahr erst mit Zuschlag bzw. Zwangsräumung eintrete und das Versteigerungsverfahren eingestellt wird, weil die Suizidgefahr sich sonst verwirklicht. Diese unter dem Aspekt des effektiven Rechtsschutzes verfassungswidrige Blockadesituation ist dann dadurch aufzulösen, dass das Versteigerungsgericht zunächst nur das Betreuungsgericht informiert und die Zustellung an die Beteiligten ankündigt, sodass das Betreuungsgericht bei nunmehr bekannt gestiegenem Gefährdungsgrad Maßnahmen ergreifen kann. Das Versteigerungsgericht muss sich vom Zugang seiner Ankündigung beim Betreuungsgericht vergewissern und die Zustellung an die Beteiligten ebenfalls dorthin mitteilen. Dann liegen weitere Maßnahmen in der primären Zuständigkeit des Betreuungsgerichts. Eine solche vorläufige Einstellung ist jedenfalls zu befristen.[607] Die Schutzbedürftigkeit entfällt nicht dadurch, dass der Suizidgefährdete die Situation einfach hinnimmt, wenn Passivität Bestandteil des Krankheitsbildes ist.[608] Das BVerfG hat mehrere Male die Anwendbarkeit geprüft und lehnte die Unterbringung während der Versteigerung als unverhältnismäßig ab. Außerdem verpflichtete es die Gerichte, Maßnahmen nicht nur aufzuzeigen, sondern deren Durchführung auch sicherzustellen.[609]

308 Der Antrag nach § 765a ZPO ist nicht an Formen und Fristen gebunden und kann daher noch im Versteigerungstermin gestellt werden.[610]

f) Berufung auf § 1353 Abs. 1 Satz 2 BGB

309 Nachdem die verfahrensrechtlichen Vorschriften der Teilungsversteigerung wenig Schutz für den Antragsgegner bieten, wird bei der Teilungsversteigerung unter Ehegatten verstärkt auf **materiellrechtliche Vorschriften** abgestellt.[611]

---

600 Brudermüller, FamRZ 1996, 1517, 1519.
601 BGH, NJW 2004, 3635, 3636.
602 Vgl. etwa LG Frankfurt (Oder), FamRZ 2008, 293.
603 Grziwotz, FamRZ 2002, 1669, 1677.
604 Brudermüller, FamRZ 1996, 1517, 1519; Mock, ZAP Fach 14, S. 557, 578.
605 BGH, NJW 2006, 508; hierzu Schuschke, NJW 2006, 874 ff.
606 BGH, NJW-RR 2010, 1659 ff.
607 BGH, DNotZ 2014, 601.
608 BGH, NJW-RR 2013, 628.
609 BVerfG, NZFam 2019, 530; BVerfG, NJW 2016, 3090 zum Vollstreckungsschutz auf Dauer, wenn eine Besserung der Suizidgefahr nicht zu erwarten ist.
610 Schulz/Hauß, Rn. 1385.
611 Hierzu detailliert Roßmann, FuR 2013, 137 ff.

A. Durchbrechung des Ausschließlichkeitsprinzips

Wenn es bei der Teilungsversteigerung um das Familienheim geht, wird aus § 1353 Abs. 1 Satz 2 BGB eine allgemeine Pflicht hergeleitet, bei der Durchsetzung vermögensrechtlicher Ansprüche auf die Belange des anderen Ehegatten Rücksicht zu nehmen.[612]   310

Während des Zusammenlebens der Ehegatten wird diese Bestimmung einer Teilungsversteigerung regelmäßig entgegenstehen.[613]   311

Nach der Trennung ist dann eine Interessenabwägung geboten, bei der jedoch die Belange des aufhebungswilligen Ehegatten an Gewicht gewinnen.[614] Die Vorschrift kann jedoch eine Aufhebung der Gemeinschaft zur Unzeit verhindern.   312

Gerade wenn das Familienheim in vielen Fällen der einzige wesentliche Vermögensgegenstand ist und beide Ehegatten als Eigentümer darüber hinaus wenig Zugewinn erwirtschaftet haben, ist der ausgezogene Ehegatte für seinen neuen Start auf die finanziellen Mittel angewiesen, die er nur durch die Veräußerung des Familienheims gewinnen kann.   313

Wellen geschlagen hat die Ansicht des **OLG Hamburg**,[615] dass eine **Teilungsversteigerung** der Ehewohnung allgemein während der **Trennung verhindert** werden könne, weil diese bis zur Scheidung Ehewohnung bleibe.[616] *Kogel* kommentiert dies als »absonderliche Rechtsansicht«[617] und schließt sich ausführlich begründet der Gegenansicht an. Zugleich gibt er bis zur Klärung den Rat, alternativ eine echte Forderungsversteigerung durchzusetzen.[618] Auch *Wever*[619] äußert sich ablehnend. Mit dem OLG Thüringen[620] hat sich nun auch die Rechtsprechung dem OLG Hamburg entgegengestellt. Argument ist, dass der BGH mit seiner Ausdehnung des Ehewohnungsbegriffes die Spezialregelung des § 1361b BGB vor § 745 BGB bis zur Ehescheidung erhalten wollte, für §§ 749 ff. BGB aber eine solche Spezialvorschrift nicht existiert, sodass man es beim bekannten Regime des § 1353 BGB im Rahmen der Teilungsversteigerung belassen kann.[621]   314

Bei der gebotenen **Abwägung** kann Folgendes berücksichtigt werden:[622]   315
– Stellung des Versteigerungsantrags in ehefeindlicher Absicht,
– Notwendigkeit für den Antragsteller, für sich eine neue, angemessene Wohnung zu finden,
– besondere Fürsorgepflichten gegenüber einem physisch oder psychisch kranken Ehepartner,
– Fürsorgepflichten für gemeinsame Kinder,
– Dauer des Zusammenlebens im Familienwohnheim,
– Angebot angemessener Ersatzwohnung,
– Dauer des Getrenntlebens.

Ob die Teilungsversteigerung auch **nach Rechtskraft der Scheidung** noch über § 1353 Abs. 1 Satz 2 BGB verhindert werden kann, ist umstritten.[623]   316

g) Rechtsmissbrauch, § 242 BGB

In besonderen Fällen kann die Teilungsversteigerung schließlich unter dem Gesichtspunkt des **Rechtsmissbrauchs** nach Treu und Glauben, § 242 BGB, gehindert sein. Allerdings sind die Vorausset-   317

---

612 BGH, FamRZ 1962, 295, 296; Brudermüller, FamRZ 1996, 1517, 1521.
613 Wever, Rn. 285.
614 Wever, Rn. 286.
615 OLG Hamburg, FamRZ 2017, 1829.
616 Unter Berufung auf BGH, FamRZ 2017, 22.
617 Kogel, FamRZ 2017, 1830, 1831.
618 Kogel, FamRB 2019, 411 f.
619 Wever, FamRZ 2019, 504 f.
620 OLG Thüringen, FamRZ 2019, 515.
621 So Wever, FamRZ 2019, 504, 506.
622 Nach Brudermüller, FamRZ 1996, 1517, 1521.
623 Ablehnend Wever, Rn. 287; Staudinger/Eickelberg, BGB, § 749 Rn. 69; befürwortend Brudermüller, FamRZ 1996, 1517, 1521 wegen der auch nachehelich gebotenen Solidarität.

zungen streng; allein eine beharrliche und gröbliche Verletzung von Pflichten aus der Gemeinschaft genügt noch nicht.[624] Ein solcher **Verstoß gegen Treu und Glauben** erfordert, dass der Antragsteller dem Miteigentümer bewusst Nachteile zufügt, ohne dass er dadurch einen rechtlichen oder wirtschaftlichen Vorteil erlangt, sodass die Teilungsversteigerung für den **Antragsgegner schlechthin unzumutbar** ist.[625] Auch hierbei handelt es sich um eng begrenzte Ausnahmefälle.

318 Bejaht wurde dies in der Rechtsprechung für den Fall, dass die **querschnittsgelähmte frühere Ehefrau** im Haus lebt.[626]

319 Eine seltene Ausnahme könnte auch bejaht werden, wenn der die Teilungsversteigerung betreibende Ehegatte seinen Miteigentumsanteil im Weg der dinglichen Rückgewähr einer ehebezogenen Zuwendung sogleich an den Antragsgegner übertragen müsste.[627]

320 Einwendungen nach § 242 BGB wird auch der andere Ehegatte erheben können, wenn **vertraglich bereits eine Übertragung auf die Kinder** oder ein Verkauf **verabredet** worden ist.[628] In solchen Fällen sollte freilich besser auch sogleich vertraglich die Aufhebung der Gemeinschaft ausgeschlossen werden, anstatt sich auf diese Rechtsprechung und den § 242 BGB zu verlassen.

321 Das OLG München hat die Berufung auf § 242 BGB in einem Fall abgelehnt, in dem der Ehemann zwei Jahre nach Rechtskraft der Scheidung die Teilungsversteigerung betrieben hatte und die 7- und 10-jährigen Kinder mit der Mutter im Haus wohnten.[629] Lediglich allgemeine Billigkeitserwägungen führten noch nicht dazu, dass die Teilungsversteigerung schlechthin unzumutbar sei.[630]

322 Eine Mutwilligkeit i.S.d. § 114 ZPO bejaht der BGH, wenn aufgrund der Höhe des geringsten Gebotes die beabsichtigte Teilungsversteigerung aller Voraussicht nach fehlschlägt, sodass das Verfahren nach § 77 Abs. 2 ZVG wegen Ergebnislosigkeit aufgehoben werden muss.[631]

h) Gesamtvermögensgeschäft, § 1365 BGB

323 Stellt der Miteigentumsanteil an einem Grundstück das **ganze Vermögen** eines im gesetzlichen Güterstand verheirateten Ehegatten dar, bedarf sein **Antrag** auf Anordnung der Teilungsversteigerung nach neuerer Rechtsprechung des BGH der **Zustimmung des anderen Ehegatten nach § 1365 BGB**.[632] Damit folgt der BGH einer gefestigten Meinung der OLG.[633]

324 Einigkeit besteht zunächst darin, dass **§ 1365 BGB nicht unmittelbar anwendbar** ist, weil der Antrag auf Teilungsversteigerung weder eine Verfügung über das Grundstück noch eine rechtsgeschäftliche Verpflichtung darstellt.[634]

325 Der **BGH** hält jedoch eine **Analogie für zulässig und für geboten**. Er begründet zunächst ausführlich, dass eine **Regelungslücke** vorliegt, der Gesetzgeber also nicht durch den fehlenden Verweis in §§ 180 ff. ZVG die Anwendbarkeit des § 1365 BGB ausschließen wollte. Eine dem § 181 Abs. 2 Satz 2 BGB (betreuungs- bzw. familiengerichtliche Genehmigung für Teilungsversteigerungsantrag durch Vormund oder Betreuer) entsprechende Regelung fehle für die Gesamtvermögensgeschäfte. Auch aus den späteren Ergänzungen des § 180 ZVG lasse sich kein gegenteiliger Schluss ziehen.

---

624 BGHZ 63, 348, 352; BGHZ 58, 146 f.
625 Stöber/Kiderlen, Zwangsversteigerungsgesetz, § 180 Rn. 167; BGH, FamRZ 1977, 458 f.
626 OLG Frankfurt am Main, FamRZ 1998, 641 f.
627 OLG Celle, FamRZ 2000, 668; Schulz/Hauß, Rn. 1399; Krause, Familienheim, 8/25.
628 BGH, FamRZ 1984, 563.
629 OLG München, FamRZ 1989, 980.
630 Krit. Grziwotz, FamRZ 2002, 1669, 1678.
631 BGH, NJW-RR 2011, 788.
632 BGH, FamRZ 2007, 1634: a.A. Gottwald, FamRZ 2006, 1975 ff.
633 Ausführliche Nachweise bei BGH, FamRZ 2007, 1634, 1635 Tz. 15.
634 BGH, FamRZ 2007, 1634 m.w.N.

Der **Antrag auf Anordnung der Teilungsversteigerung** ist auch im Licht des Schutzzweckes des § 1365 BGB **mit der Veräußerung eines Grundstücks vergleichbar**. Die Vorschrift will die wirtschaftliche Grundlage der Familie vor einseitigen Maßnahmen eines Ehegatten schützen und den Zugewinnausgleichsanspruch sichern.[635] Der BGH lässt das Argument, aus § 749 Abs. 1 BGB folge der Ausschluss des § 1365 BGB, nicht gelten.

326

Der BGH bewertet § 1365 Abs. 1 BGB so, dass die Vorschrift nicht nur der Erteilung des Zuschlags entgegensteht, sondern **bereits der Anordnung** und Durchführung **der Teilungsversteigerung**.[636] Dies begründet der BGH einmal damit, dass es sich um ein Verfahrenshindernis handele. Er verweist aber auch auf den Gesichtspunkt der Prozessökonomie, der es verbiete, zunächst ein zeitraubendes Teilungsversteigerungsverfahren durchzuführen, um hinterher festzustellen, dass es an der Voraussetzung des § 1365 BGB fehlt.

327

Die Verfügungsbeschränkung des § 1365 BGB mit ihren Voraussetzungen und Auswirkungen wurde bereits vorgestellt.[637] Wiederholt sei nur, wie lange die Verfügungsbeschränkung im **Zusammenhang mit einer Scheidung** gilt:[638] Verfügungen nach rechtskräftiger Scheidung bedürfen keiner Zustimmung,[639] es sei denn, der Zugewinn ist als abgetrennte Folgesache noch rechtshängig.[640] Dies gilt nicht, wenn der Zugewinn erstmals nach Scheidung rechtshängig[641] oder sonst selbstständig geltend gemacht wird.[642] Rechtsgeschäfte vor diesem Zeitpunkt bleiben auch nach rechtskräftiger Scheidung zustimmungsbedürftig,[643] es sei denn, Zugewinnansprüche können wegen Eintritts der Verjährung nicht mehr durchgesetzt werden.[644]

328

Beachtlich ist ferner, dass die **Zustimmungspflicht gem. § 1365 BGB dann nicht mehr erforderlich ist, wenn eine Zwangsvollstreckung durch einen Gläubiger** betrieben wird.[645] Ein Ehegatte könnte also versucht sein, anstelle einer Teilungsversteigerung, die an § 1365 BGB scheitern würde, eine Situation herbeizuführen, in der ein Gläubiger die Vollstreckung betreibt, etwa wenn Darlehensraten nicht gezahlt wurden und das Darlehen daher fällig gestellt wurde.[646]

329

Das Gericht wird bei der Teilungsversteigerung nicht von Amts wegen prüfen, ob die Voraussetzungen des § 1365 BGB vorliegen. Dennoch kann der Antrag auf Teilungsversteigerung zurückgewiesen werden, wenn dem Gericht entweder die Voraussetzungen offenkundig sind oder die Beteiligten die Voraussetzungen unstreitig stellen.[647] Hierbei ist aus Anwaltssicht davor zu warnen, dass ein gegen § 1365 BGB verstoßender Antrag auf Teilungsversteigerung dem Gegner ggf. nach § 1385 Abs. 2 Nr. 2 BGB die Möglichkeit gibt, auf vorzeitigen Zugewinn zu klagen.

330

Insoweit ist jedem Anwalt, der eine Teilungsversteigerung betreut, zu raten, die Voraussetzungen des § 1365 BGB zu prüfen und ggf. hierzu beim Antrag auf Teilungsversteigerung Ausführungen zu machen.[648]

331

---

635 BGH, FamRZ 2007, 1634, 1636.
636 BGH, FamRZ 2007, 1634, 1637 Tz. 24; Brudermüller, FamRZ 1996, 1516, 1519; Stöber/Kiderlen, Zwangsversteigerungsgesetz, § 180 Rn. 36 m.w.N.; a.A. Zimmer/Pieper, NJW 2007, 3104 f.
637 Kap. 1 Rdn. 354 ff.
638 Unverständlich in diesem Zusammenhang Krause, Familienheim 8/49 für § 1365 BGB im Zusammenhang mit dem Erwerb von Grundbesitz.
639 OLG Hamm, FamRZ 1987, 591.
640 OLG Köln, FamRZ 2001, 176; OLG Celle, DNotI-Report 2004, 16 = FamRZ 2004, 625.
641 OLG Hamm, NJW-Spezial 2006, 491.
642 OLG München, Rpfleger 2006, 556.
643 BGH, FamRZ 1978, 396.
644 OLG Celle, NJW-RR 2001, 866.
645 BGH, FamRZ 2007, 1634, 1637 Tz. 22.
646 Schulz/Hauß, Rn. 1374.
647 Kogel, Teilungsversteigerung, 53.
648 Kogel, Teilungsversteigerung, 87.

332 Die Zustimmung des anderen Ehegatten ist formlos gültig. Eine nach § 1365 Abs. 2 BGB durch das FamG ersetzte Zustimmung muss rechtskräftig sein oder die Anordnung der sofortigen Wirksamkeit enthalten.[649]

▶ **Hinweis:**

333 Beim Antrag auf Teilungsversteigerung sollte § 1365 BGB bei Ehegatten in Zugewinngemeinschaft stets geprüft werden. Es ist empfehlenswert, hierzu schon beim Antrag vorzutragen.

i) Verfahren zur Geltendmachung der Hinderungsgründe

334 Neben den Einstellungsanträgen i.R.d. § 180 ZVG oder des § 30 ZVG sind die sonstigen der Teilungsversteigerung entgegenstehenden Gründe nach § 1353 BGB, § 242 BGB oder auch § 1365 BGB als **materielle Einwendungen** gegenüber dem Aufhebungsanspruch zu sehen, die mit dem **Drittwiderspruchsantrag**[650] (§ 113 Abs. 5 FamFG) nach § 771 ZPO geltend zu machen sind. Umstritten ist, ob mit diesem Antrag der Antrag auf Ersetzung der Zustimmung nach § 1365 Abs. 2 BGB verbunden werden kann.[651]

335 Eine Familiensache lag früher nur bei der fehlenden Zustimmung nach § 1365 BGB vor, nach der Reform des FamFG dürfte es sich jedoch auch bei den anderen Hinderungsgründen um sonstige Familiensachen i.S.d. § 266 FamFG handeln.[652]

336 In **Ausnahmefällen** kann die fehlende Einwilligung nach § 1365 BGB auch über die **Erinnerung nach § 766 ZPO** geltend gemacht werden,[653] wenn nämlich in der Nichtbeachtung ein Verfahrensfehler liegt. Ein solcher Verfahrensfehler liegt aber nur dann vor, wenn das Gericht die fehlende Einwilligung kannte oder kennen musste[654] oder auch, wenn die Notwendigkeit und das Fehlen einer Einwilligung nach § 1365 BGB zwischen Antragsteller und Antragsgegner unstreitig geworden ist.[655] Wird dann auf die Erinnerung hin das Fehlen der notwendigen Einwilligung bestritten, bleibt nur der Weg über § 771 ZPO.[656]

6. Anwaltliche Strategien bei der Teilungsversteigerung

337 Für den mit der Teilungsversteigerung befassten Rechtsanwalt[657] ergeben sich mannigfache Klippen und Fallstricke,[658] die Kogel zusammengefasst hat.[659] Schon bei Stellung des Antrags auf Teilungsversteigerung ist Vorsicht walten zu lassen. Die fehlende Zustimmung nach § 1365 BGB kann zu einem **vorzeitigen Zugewinnausgleich** führen. Besteht ein **Rückübertragungsrecht** etwa für Eltern im Fall der Zwangsvollstreckung, so kann der Antrag dazu führen, dass die Immobilie zurückfällt.[660]

338 Wichtig ist es, den **Beitritt zum Verfahren rechtzeitig**, d.h. innerhalb der Vier-Wochen-Frist der §§ 43 Abs. 2, 44 Abs. 2 ZVG zu erklären, um Einflussmöglichkeiten auf das Verfahren zu behalten. Zu klären ist, ob etwa ein Nutzungsrecht zum Verfahren angemeldet werden soll. Nach dem neuen

---

649 Stöber/Kiderlen, Zwangsversteigerungsgesetz, § 180 Rn. 39; Beispiel für einen zustimmungsersetzenden Beschluss: OLG Köln, OLG-Report 2007, 477 = FamRZ 2007, 1343.
650 Zur Terminologie: Cirullies, FPR 2013, 352, 355.
651 Cirullies, FPR 2013, 352, 355.
652 Wever, Rn. 290.
653 Anders OLG Stuttgart, FamRB 2008, 77: nur die Erinnerung.
654 Wever, Rn. 280 f.; Storz/Kiderlen, Praxis der Teilungsversteigerung, B.1.4.2.; vgl. BGH, FamRZ 2013, 948 f.
655 BGH, FamRZ 2007, 1634.
656 Zimmer/Pieper, NJW 2007, 3104, 3105 ff.
657 Zu verfahrensrechtlichen Problemen Gottwald, ZFE 2007, 64 ff., 101 ff.
658 Hierzu ausführlicher Münch, Scheidungsimmobilie, Rn. 934 ff.
659 Kogel, FamRB 2003, 403 ff.; Kogel, FamRB 2004, 26 ff. und 55 ff.; Kogel, FamRB 2018, 195 ff.; Kogel, Teilungsversteigerung.
660 Kogel, FamRB 2003, 403, 404.

§ 1568a BGB wird aus dem vormaligen Nutzungsrecht nunmehr ein Anspruch auf ein echtes Mietrecht, das in der Teilungsversteigerung zu neuen Irritationen führen kann.[661] Gesondert betrachtet werden soll noch die Frage, ob auch ein Miteigentümer, der ersteigert, damit rechnen muss, die gesamte Summe aufzubringen, wenn diese hinterlegt wird, weil die Ehegatten über die Erlösverteilung streiten. Unter Umständen wird die gesamte Vermögensauseinandersetzung dann in diesen Auseinandersetzungsanspruch verlagert.[662]

7. Verteilung des Versteigerungserlöses

Die **Rechtsprechung** des BGH zur Verteilung eines Übererlöses in der Teilungsversteigerung[663] hat sich in der Vergangenheit **verschiedentlich geändert**,[664] gewinnt aber nun mit zwei neueren Urteilen[665] an Bestand, sodass man von ihr ausgehen kann. 339

Regelmäßig geht es darum, dass ein Ehegatte der (hälftigen) Verteilung des Übererlöses nicht zustimmt, weil er ein **Zurückbehaltungs- oder Aufrechnungsrecht aus** anderen familienrechtlichen Forderungen – etwa auf **Zugewinn** – geltend macht. Der Versteigerungsübererlös ist häufig der einzige in der Ehe noch vorhandene Vermögenswert, sodass derjenige Ehegatte, der sich anderer familienrechtlicher Ansprüche berühmt, auf den hinterlegten Teil des anderen Ehegatten zugreifen möchte. Ferner hat derjenige Ehegatte, der als bisheriger Teilhaber nun den Grundbesitz durch Teilungsversteigerung erworben hat, Probleme mit dem Verständnis, erst die gesamte Summe aufbringen zu müssen, um dann eine Hälfte wieder an sich ausbezahlt zu bekommen. 340

Der BGH geht nunmehr von folgenden Grundsätzen aus: 341
– Die am Grundstück bestehende **Bruchteilsgemeinschaft setzt sich** mit dem Zuschlag im Teilungsversteigerungsverfahren im Wege der **dinglichen Surrogation an dem Versteigerungserlös fort**.[666]
– Den Miteigentümern des Grundstücks steht zum Zeitpunkt des Zuschlags die **Forderung auf Zahlung des Versteigerungserlöses** gemeinschaftlich im bisherigen Rechtsverhältnis zu, bei Bruchteilseigentum also nach § 432 BGB, und zwar auch dann, wenn ein Miteigentümer das Grundstück ersteigert.
– Wird der Erlös hinterlegt, besteht die **Mitberechtigung** an der gegen die Hinterlegungsstelle gerichteten **Forderung auf Auszahlung des Übererlöses** fort. Die Bruchteilsgemeinschaft ist also nicht durch die Hinterlegung schon aufgehoben worden, denn § 753 BGB geht von einem zweiaktigen Tatbestand aus, zunächst die Versteigerung, dann die Teilung des Erlöses.[667] An seiner vereinzelt geäußerten Auffassung, dass schon mit der Hinterlegung eine Teilung in Natur stattgefunden habe,[668] hält der BGH nicht mehr fest. Dieser Erlös muss aber nicht gemeinsam von der Hinterlegungsstelle eingezogen und verteilt werden, vielmehr hat jeder Teilhaber gegen den anderen einen **Anspruch auf** die nach § 13 Abs. 2 HinterlO erforderliche **Einwilligung in die Herausgabe** des auf ihn entfallenden Erlösanteils, wenn aus dem hinterlegten Betrag keine Verbindlichkeiten zu berichtigen sind. Dieser Einwilligungsanspruch **richtet sich gegen den anderen Teilhaber persönlich**.[669]

---

661 Hierzu Kogel, FamRB 2010, 191 ff.
662 Zu alledem: Kogel, FamRB 2003, 403 ff.; Kogel, FamRB 2004, 26 ff. und 55 ff.
663 Zur Erlösverteilung gibt Kiderlen, FPR 2013, 359 f. eine Übersicht.
664 Die einzelnen Entscheidungen des BGH waren in der Vorauflage aufgeführt und erläutert. Hier sollen sie nur noch zusammengestellt sein: BGH, NJW 1975, 687; BGH, NJW 1984, 2526; BGH, NJW-RR 1990, 133; BGH, NJW 2000, 948; BGH, NJW 2008, 1807.
665 BGH, NZFam 2014, 168; BGH, FamRZ 2017, 693.
666 BGH, NJW 2008, 1807, Rn. 22; BGH, NZFam 2014, 168, Rn. 16.
667 BGH, FamRZ 2017, 693, Tz. 24.
668 So BGH, FamRZ 2000, 355, 356.
669 BGH, NZFam 2014, 168, Rn. 21 f.

- Aus diesem Grunde besteht ein **Gegenseitigkeitsverhältnis der Forderungen**, wenn der zur Einwilligung verpflichtete Teilhaber seinerseits nun einen Gegenanspruch gegen den anderen Ehegatten erhebt, etwa auf Zugewinnausgleich oder Nutzungsentschädigung.[670]
- Ein Zurückbehaltungsrecht oder eine Aufrechnung scheitert jedoch regelmäßig daran, dass die Aufhebung der Gemeinschaft nicht durch die Geltendmachung von **Gegenrechten** beeinträchtigt werden darf, **die nicht in der Gemeinschaft wurzeln**, denn § 756 BGB sieht vor, dass man nur solche Rechte dem Aufhebungsanspruch entgegenhalten kann.[671]
- Als solche gemeinschaftsfremden Gegenrechte hat der BGH sowohl güterrechtliche Ansprüche etwa auf Zugewinnausgleich[672] als auch Ansprüche auf Nutzungsersatz für die Zeit des Getrenntlebens nach § 1361b BGB eingestuft.[673]
- Hat ein Teilhaber den Zuschlag erhalten, so ist er zwar nach BGH grundsätzlich zur Zahlung des vollen Bargebotes verpflichtet, der BGH zeigt jedoch auch einen anderen Weg auf, wie die an der Forderung gegen den Ersteher bestehende Bruchteilsgemeinschaft auseinandergesetzt werden kann, nämlich durch Bereitstellung des Erlösanteils für den anderen Ehegatten und Verlangen der Zustimmung zur Teilung der nach § 118 Abs. 1 ZVG unverteilt übertragenen Forderung. Hier geht nach Ansicht des BGH die Teilung in Natur gem. § 752 BGB der gemeinschaftlichen Einziehung nach § 754 BGB vor.[674] Ein weiteres schutzwürdiges Interesse des anderen Ehegatten auf Volleinzahlung sieht der BGH nicht, auch wenn dieser meint, nur so seine güterrechtlichen Ansprüche befriedigen zu können.[675]

342 Der BGH vereinfacht damit die Vorgehensweise und erspart dem Ersteigerer die Komplettfinanzierung, um dann die Hälfte wieder zurückzuerhalten.

343 Hat ein Ersteher das Grundstück gleich weiterveräußert, so will das OLG Oldenburg[676] dem weichenden Ehegatten einen Anspruch auf **Zahlung des hälftigen Betrages** einer in das geringste Gebot fallenden, einem Kreditinstitut zur Sicherung eines gemeinsam aufgenommenen Darlehens eingeräumten, aber **nicht mehr valutierten Grundschuld** zugestehen.[677]

V. Auftragsrecht und Treuhandverhältnisse

344 Über die bisher erwähnten Anspruchsgrundlagen hinaus, welche neben den Zugewinn treten können oder gar vorrangig zu prüfen sind, zeigt sich die Tendenz zu einer zunehmenden Verrechtlichung des ehelichen Verhaltens nicht zuletzt darin, dass auch weitere schuldrechtliche Anspruchsgrundlagen in der Rechtsprechung zunehmend eine Rolle spielen. Es ist also stets zu fragen, **auf welcher Rechtsgrundlage** Ehegatten **Vereinbarungen** getroffen haben.

▶ Gestaltungsempfehlung:

345 Ehegatten sollten sich bei jeder Zuwendung über die rechtliche Einordnung der Zuwendung klar werden und dementsprechend den Rechtsgrund der Zuwendung bezeichnen und ggf. das Rechtsverhältnis regeln.

---

670 BGH, NZFam 2014, 168, Rn. 21 f.
671 BGH, NJW 1975, 687, 688; BGH, NZFam 2014, 168, Rn. 23 f.
672 BGH, NZFam 2014, 168, Rn. 29; BGH, FamRZ 2017, 693, Tz. 33.
673 BGH, FamRZ 2017, 693, Tz. 37; a.A. C. Münch, FamRZ 2016, 1164, 1165, da es sich um einen grundstücksbezogenen Anspruch handelt; dem folgend Erbarth, NZFam 2017, 750, 752; zu den unterschiedlichen Verfahrensarten vgl. OLG Brandenburg, NZFam 2018, 235; OLG Koblenz, FamRZ 2020, 239: keine Aufrechnung bei einem Verfahren der freiwilligen Gerichtsbarkeit und einer Familienstreitsache.
674 BGH, NZFam 2014, 168, Rn. 35.
675 Damit gibt der BGH dem OLG Koblenz, FamRZ 2012, 1665 als Vorinstanz im Wesentlichen Recht.
676 OLG Oldenburg, FamRZ 2019, 1311; a.A. OLG Hamburg, FamRZ 2015, 1962.
677 Zur Mitwirkungspflicht von Ehegatten in Bezug auf die Löschung einer nicht mehr valutierten Grundschuld: OLG Schleswig, FamRB 2016, 293; zum Ganzen Kogel, FamRB 2016, 122; zur Möglichkeit, die Löschung wenigstens am eigenen Miteigentumsanteil zu erreichen: Kogel, FamRZ 2018, 1891, 1894.

A. Durchbrechung des Ausschließlichkeitsprinzips

1. Auftragsrecht bei treuhänderischer Übertragung

Dies mag ein Urteil des **OLG Hamburg** illustrieren.[678] Hier hatte die Ehefrau auf den Ehemann ein **Zwischenmietverhältnis treuhänderisch übertragen**. Später war ein Ehevertrag geschlossen worden, der einen Verzicht auf Zugewinn im Scheidungsfall enthielt, aber auch den Ausschluss der Rückforderung von Zuwendungen im Scheidungsfall.

Nach der Auffassung des OLG Hamburg begründet die rein formale Übertragung von Vermögenspositionen aus steuerlichen Gründen einen Fall **fremdnütziger (Verwaltungs-) Treuhand**.[679] Dieser Treuhand liegt, nachdem es einen eigenen gesetzlichen Vertragstyp des Treuhandvertrages nicht gibt,[680] im **Innenverhältnis** ein **Auftrag** nach § 662 BGB zugrunde. Wäre eine entgeltliche Vereinbarung getroffen worden, so läge eine Geschäftsbesorgung nach § 675 BGB vor. Aus dem internen Auftragsverhältnis folgt aber nach § 667 BGB eine Herausgabepflicht bei Beendigung des Auftrages. Dieses Auftragsverhältnis soll zunächst ehelich überlagert worden sein, **mit der Trennung** der Parteien jedoch – vorliegend war außerdem noch eine Kündigung des Auftrages ausgesprochen worden – entstand der **Herausgabeanspruch nach § 667 BGB**. Dieser Anspruch geht den vertraglichen Regelungen des Zugewinnausgleichs vor und greift nach OLG Hamburg **sogar dann**, wenn die Rückforderung von Zuwendungen ausdrücklich **ehevertraglich ausgeschlossen** war.[681] Das OLG Hamburg gibt hierfür zwei Begründungen. Zum einen handele es sich um einen ausgleichsfremden Anspruch aus einem besonderen Rechtsverhältnis, der auch gegenüber dem Zugewinnausgleich vorrangig gewesen wäre. Zum anderen nimmt das OLG Hamburg an, aufgrund des Treuhandverhältnisses sei die Rechtsstellung des Treuhänders von vornherein derart beschränkt, dass man nicht von einer Zuwendung sprechen könne, deren Rückforderung der Ehevertrag ausschließen wollte.

Das erstgenannte Argument der Vorrangigkeit vor dem Zugewinn greift zu kurz, denn selbst wenn die Abwicklung des Auftrages vorrangig erfolgt wäre, so wäre das Ergebnis dieser Abwicklung in den Zugewinn eingestellt worden.[682] Die Anspruchsabwicklung ist also keineswegs ein so »familienrechtsfremdes« besonderes Rechtsverhältnis, dass sie mit einer Klausel, welche die Rückabwicklung von Zuwendungen erfassen möchte, nicht gemeint sein könne.

Das zweite Argument hingegen ist bedenkenswert. Ein gut formulierter Ehevertrag wird die Rückforderung von Zuwendungen ausschließen, es sei denn, dass diese bei der Zuwendung vorbehalten war. Eine Zuwendung, welche mit einer Rücknahmeklausel versehen ist, wird also trotz des ehevertraglichen Ausschlusses rückabgewickelt werden können. Ähnlich verhält es sich beim Treuhandverhältnis. Die **Hingabe** erfolgt hier **schon mit der Verpflichtung späterer Rückgabe**. Aus diesem Grund ist die Rückgabe in solchen Fällen quasi bei der Zuwendung schon vorbehalten. Anders wäre hingegen ein gesetzlicher Rückforderungsanspruch wegen Wegfalls oder Störung der Geschäftsgrundlage zu sehen. Dieser soll mit der ehevertraglichen Ausschlussklausel gerade verhindert werden. Im Ergebnis besteht somit im **Treuhandfall** ein **Rückübertragungsrecht**.

Wie soll nun der Vertragsgestalter auf diese Rechtsprechung reagieren? Man kann einmal erwägen, die Klauseln über den Ausschluss von Rückforderungen im Zusammenhang mit einer Gütertrennung oder einer modifizierten Zugewinngemeinschaft im vorsorgenden Ehevertrag noch weiter zu fassen und neben den Ansprüchen aus Wegfall der Geschäftsgrundlage oder Ehegatteninnengesellschaft[683] **auch noch die Ansprüche aus Treuhandverhältnissen ausschließen**, wenn dies so gewollt ist. In diesem Zusammenhang müsste dann der Begriff der »Zuwendung« ersetzt werden durch das

---

678 OLG Hamburg, FamRZ 2002, 395 f.
679 BGH, FamRZ 1992, 1401.
680 BGH, BB 1969, 1154; hierzu Henssler, AcP 196 (1996), 37 f.; grundlegend zur Treuhand: Coing, Die Treuhand kraft privaten Rechtsgeschäfts, 1973; Grundmann, Der Treuhandvertrag, 1997; Siebert, Das rechtsgeschäftliche Treuhandverhältnis, 1933.
681 Zur vorrangigen Prüfung und zur Schwierigkeit des Nachweises BGH, FamRZ 1988, 482 f.
682 OLG Hamm, FamRZ 2003, 97, 98 speziell zum Auftragsrecht.
683 Vgl. die Formulierung in Kap. 2 Rdn. 502.

Wort »Übertragung«. Dies ist aber durchaus nicht immer interessengerecht, da die Ehegatten häufig die Treuhandabwicklung durchführen wollen.

351 Daher ist es vorzugswürdig, bei Abschluss eines vorsorgenden Ehevertrages nach bestehenden Treuhandverhältnissen zu fragen und diese einer Regelung zuzuführen. Bei der Vereinbarung weiterer Treuhandverhältnisse sollte dann eine vertragliche Ausgestaltung erfolgen, die abklärt, ob im Scheidungsfall eine Aufhebung des Treuhandverhältnisses und eine Rückübertragung stattfinden.

▶ **Gestaltungsempfehlung:**

352 Bei Abschluss eines Ehevertrages sollten etwaige Treuhandverhältnisse angesprochen werden und bestehende Treuhandverhältnisse geregelt werden.

Treuhandverhältnisse unter Ehegatten sollten vertraglich so ausgestaltet werden, dass hierbei geklärt wird, ob im Scheidungsfall eine Rückübertragung stattzufinden hat.

353 Treuhandverhältnisse[684] werden zumeist aus Gründen der Haftungsverlagerung oder aus steuerlichen Gründen geschlossen. Die steuerliche Anerkennung[685] hängt wie bei anderen Ehegattenverträgen entscheidend davon ab, dass sie einem Fremdvergleich standhalten und tatsächlich durchgeführt werden. Letzteres hat der BFH in einigen Entscheidungen abgelehnt.[686] Insbesondere will er sich für die tatsächliche Durchführung nicht lediglich auf die Schilderung der Ehegatten über ihren internen Verfahrensablauf verlassen (keine schriftliche Kommunikation).[687]

354 Ein gewichtiges Beweisanzeichen gegen die Anerkennung eines Treuhandverhältnisses ist die Nichteinhaltung der gebotenen Form. Das betrifft insbesondere die notarielle Beurkundung von Treuhandaufträgen über bereits existierende GmbH-Anteile nach § 15 Abs. 4 GmbHG.[688]

2. Auftragsrecht bei der Gestellung von Sicherheiten

355 Die Rechtsprechung hat ferner verschiedentlich die Anwendung von Auftragsrecht in den Fällen bejaht, in denen ein Ehegatte für Verbindlichkeiten des anderen Ehegatten Sicherheiten gestellt hatte[689] (»familienrechtlich begründetes besonderes Schuldverhältnis«). Ob die Übernahme einer solchen Mithaft für nicht ehebedingte Verbindlichkeiten wirklich aufgrund familiärer Beistandspflicht geschuldet wird, wenn der andere Ehegatte sich in Bedrängnis befindet,[690] erscheint zweifelhaft. Zumindest müsste hier differenziert werden, ob die Sphäre, aus der die finanzielle Bedrängnis stammt, wenigstens ehebezogen ist (z.B. Gewerbe, aus dem jahrelang der Unterhalt der Familie bestritten worden ist). Ansonsten begründet die allgemeine Beistandspflicht allein keine Verpflichtung zur Haftungsmitübernahme.

356 Die Begründung liegt darin, dass die bloße **Gestellung von Sicherheiten keine Zuwendung** i.S.e. Übertragung der Vermögenssubstanz darstellt.[691] Zumeist wird aber ein Auftragsverhältnis stillschweigend vereinbart sein. Der notwendige **Rechtsbindungswille** der Vertragsteile wird daraus hergeleitet, dass die Sicherheit i.d.R. eine beträchtliche Höhe erreicht und mit der notariellen Beurkundung eines Grundpfandrechts den Beteiligten die Bedeutung auch bewusst wird.[692]

---

684 Zur Treuhand unter Ehegatten Herr in C. Münch, Familienrecht, § 6, Rn. 461 ff.
685 Zu den Voraussetzungen Müller/Wangler, DStR 2010, 1067.
686 BFH, DStR 2012, 1014; BFH, DB 2011, 2750.
687 BFH, BStBl. 2010 II, 623 f.
688 BFH, BStBl. 2010 II, 623 f. zur Formfreiheit von Treuhandabreden vor der Gründung BGH, NJW 1999, 2594.
689 BGH, FamRZ 1989, 835 ff.; OLG Hamm, FamRZ 2003, 97 ff.; OLG München, FPR 2003, 502; OLG Bremen, FamRB 2005, 285.
690 Bergschneider/Wolf, Rn. 2.10.
691 BGH, FamRZ 1989, 835 ff.; OLG Hamm, FamRZ 2003, 97 ff.; Wever, Rn. 518.
692 OLG Hamm, FamRZ 2003, 97, 99.

Ist somit bei der Gestellung von Sicherheiten Auftragsrecht anwendbar, so gibt das Scheitern der Ehe dem Auftragnehmer ein Recht zur **Kündigung** des Auftrages aus wichtigem Grund nach § 671 Abs. 3 BGB. Der BGH hat dies bestätigt.[693] Bei intakter Ehe wäre hingegen eine Kündigung ausgeschlossen, wenn der Auftrag der Verwirklichung der ehelichen Lebensgemeinschaft dient.[694] Als Folge der Kündigung kann der Beauftragte Ersatz seiner Aufwendungen verlangen. Hat er für den Auftrag Verbindlichkeiten übernommen, kann er aus Auftragsrecht **Befreiung von den Verbindlichkeiten** verlangen nach § 670 i.V.m. § 257 BGB. Aus § 257 Satz 2 BGB ergibt sich, dass dieser Befreiungsanspruch – im Gegensatz zu demjenigen aus Gesamtschuldnerschaft – auch schon vor Fälligkeit der Verbindlichkeit gegeben ist.[695]

357

Allerdings ist dieser Befreiungsanspruch aufgrund der **Nachwirkungen der Ehe** eingeschränkt.[696] Schon aus § 671 Abs. 2 BGB folgt der Rechtsgedanke, dass der Auftraggeber für die Besorgung des Geschäftes anderweitig Vorsorge treffen können muss. Auch wenn die Trennung wichtiger Kündigungsgrund ist, will der BGH aufgrund der Nachwirkungen der Ehe diesen Schutz des Auftraggebers eingreifen lassen.[697] Dem Auftraggeber muss die Rückführung des Kredits im Rahmen eines vernünftigen, seinen Möglichkeiten entsprechenden Tilgungsplanes möglich sein. Der **Auftraggeber** ist allerdings auch **gehalten**, einen solchen **Tilgungsplan vorzulegen**, aus dem sich Zweck und Tilgungszeiten der Verbindlichkeiten ergibt. Dies gilt gerade bei Schulden, die nur ihn allein betreffen. Auf eine einseitige Planung des Auftraggebers muss sich der andere Ehegatte nicht einlassen.[698] Einem Befreiungsanspruch kann entgegenstehen, dass der Auftraggeber keine Sicherheiten anbieten kann und kein verwertbares Vermögen hat.[699] Eine weitere Einschränkung muss sich der Sicherungsgeber gefallen lassen, wenn es sich bei dem Vermögensgut, für das die Ehegatten beide Sicherungen stellen mussten, um das Familienheim handelt.[700] Ein erwägenswerter Vorschlag geht dahin, die Einschränkungen des Befreiungsanspruchs nach den Vorgaben des § 1353 Abs. 1 Satz 2 BGB i.V.m. den Wertungen des § 1382 BGB vorzunehmen.[701]

358

Hat der mithaftende Ehegatte zur Abwendung seiner Haftung an den Gläubiger geleistet, so steht ihm ein Anspruch auf Erstattung der geleisteten Zahlungen zu.[702]

359

3. Auftragsrecht bei treuhänderischer Haftungsübertragung

Ein Treuhandverhältnis soll auch dann vorliegen, wenn Vermögensgegenstände dem unmittelbaren Zugriff von Gläubigern entzogen werden sollen.[703] In diesem Fall überträgt also ein Ehegatte etwa eine Immobilie auf seinen Ehegatten, nicht um sie diesem endgültig zuzuwenden, sondern um sie einer Pfändung durch Gläubiger zu entziehen.

360

Allerdings haben die obigen Ausführungen zum Auftragsverhältnis gezeigt, dass diese Form der **treuhänderischen Übertragung** zur **Haftungsabschirmung denkbar ungeeignet** ist, hat doch der Treugeber aus dem Treuhandverhältnis bzw. soweit im Regelfall ein Auftrag zugrunde liegt, aus § 667 BGB einen Rückübertragungsanspruch, der seinerseits gepfändet werden könnte. Selbst wenn man als Voraussetzung dieses Rückübertragungsanspruchs eine Kündigung des Auftrages annimmt, ist

361

---

693 BGH, DB 2003, 991; so auch OLG Bremen, FamRB 2005, 285, 286.
694 BGH, FamRZ 1989, 835, 837.
695 Gerhards, FamRZ 2006, 1793, 1795.
696 Wever, Rn. 842 i.V.m. Rn. 498.
697 BGH, FamRZ 1989, 835, 838; BGH, FamRZ 2015, 996.
698 BGH, FamRZ 2015, 996.
699 BGH, FamRZ 1989, 835, 838.
700 LG Ulm, FamRZ 2003, 1190.
701 Gerhards, FamRZ 2006, 1793 ff.
702 OLG Bremen, FamRB 2006, 285, 286.
703 Wever, Rn. 830 mit Beispielen; zum schwierigen Nachweis eines solchen Treuhandverhältnisses: BGH, FamRZ 1988, 482, 484.

nach der Entscheidung des BGH zur Pfändbarkeit von Rückforderungsrechten[704] nicht ausgeschlossen, dass der BGH auch dieses Gestaltungsrecht den Pfändungsgläubiger ausüben lässt, denn er hatte in seiner Entscheidung darauf abgestellt, dass der Rückübertragungsanspruch Vermögenswert habe, weil er jederzeit geltend gemacht werden könne. Beim Auftrag aber kann ein Widerruf oder eine Kündigung auch jederzeit erfolgen, § 671 BGB. Da der BGH bei einer unmittelbaren Übertragung auf den Treuhänder dem Treugeber bei Insolvenz des Treuhänders ein Aussonderungsrecht gewährt[705] bzw. die Drittwiderspruchsklage bei Maßnahmen der Einzelzwangsvollstreckung erfolgreich wäre,[706] bestünde die gleiche Situation wie im entschiedenen Fall, dass nämlich die Gläubiger beider Seiten ansonsten vom Zugriff ausgeschlossen wären. Dies hat der BGH verworfen.[707]

362 Daher erscheint eine bloß treuhänderische Übertragung nicht geeignet, eine haftungsabschirmende Wirkung auszuüben.

▶ Hinweis:

363 Eine lediglich treuhänderische Übertragung von Vermögensgegenständen auf den anderen Ehegatten ist nach der Verschärfung der Rechtsprechung des BGH nicht mehr geeignet, eine haftungsabschirmende Wirkung zu begründen.

4. Überlassung der Vermögensverwaltung als Auftrag

364 Wie sich aus § 1413 BGB ergibt, kennt das BGB das Institut der »Überlassung zur Vermögensverwaltung«. Eine solche ist in jedem Güterstand[708] formlos möglich. Lediglich der Ausschluss des Widerrufs einer solchen Überlassung bedarf gem. § 1413 BGB der Form des Ehevertrages. Ist kein Entgelt vereinbart, so liegt regelmäßig ein Auftragsverhältnis zugrunde. Es liegt aber keine treuhänderische Vollrechtsübertragung vor, sondern der überlassende Ehegatte bleibt auch nach außen Rechtsinhaber. Dem anderen Ehegatten obliegt lediglich die Verwaltung. Eine Zuwendung liegt also in der Überlassung zur Verwaltung nicht.[709] Für das Vorliegen eines Verwaltungsauftrages stellt der BGH jedoch strenge Anforderungen,[710] eine lediglich tatsächliche Handhabung genügt hierfür nicht. Der BGH begründet dies damit, dass angesichts des besonderen Vertrauensverhältnisses, das sich in der Überlassung der Verwaltung zeigt, der andere Ehegatte nicht einseitig dem Risiko ausgesetzt werden kann, seinerseits im Nachhinein Ausgaben nicht in gleicher Weise belegen zu können, wie dies Dritten gegenüber notwendig wäre.[711] Dies gilt auch sonst für das Vorliegen einer Treuhandabrede.[712] Die strengen Anforderungen an ein Auftragsverhältnis unter Ehegatten lassen sich jedoch auf Fallgestaltungen mit sonstigem familiären oder personalen Einschlag nicht übertragen.[713]

5. Treuhandabreden

365 Wer einen Rückübertragungsanspruch auf ein Treuhandverhältnis stützt, muss den Abschluss eines entsprechenden Treuhandverhältnisses nachweisen und darlegen, dass die Voraussetzungen für den Rückgewähranspruch vorliegen. Allein der Umstand, dass ein Vermögensgegenstand dem Zugriff der Gläubiger entzogen werden sollte, genügt hierfür nicht,[714] zumal in diesen Fällen die treuhänderische Übertragung nicht geeignet ist.

---

704 BGH, FamRZ 2003, 858; hierzu C. Münch, ZFE 2003, 269 f.
705 BGH, DNotZ 1993, 384 ff.
706 Palandt/Herrler, § 903 Rn. 42.
707 BGH, FamRZ 2003, 858.
708 MünchKomm-BGB/Münch, § 1413 Rn. 5.
709 OLG Karlsruhe, FamRZ 1983, 1250 f.
710 BGH, FamRZ 1986, 558.
711 BGH, NJW 2000, 3199.
712 BGH, FuR 2002, 447 f.
713 BGH, FamRZ 2008, 1841.
714 BGH, FamRZ 1988, 482; OLG Düsseldorf, FamRZ 1992, 562, 563.

A. Durchbrechung des Ausschließlichkeitsprinzips Kapitel 5

Sofern also im Einzelfall ein echtes Treuhandverhältnis gewünscht ist, empfiehlt sich eine **ausdrückliche Treuhandabrede**, in welcher auch die Voraussetzungen für den Eintritt des Rückgewähranspruchs geregelt werden. Dieser Rückgewähranspruch folgt aus dem Gesetz, § 667 BGB, sodass die Voraussetzung einer Beurkundungsbedürftigkeit nach § 311b Abs. 1 BGB bei Grundbesitz wegen der Übertragungsverpflichtung nicht vorliegt. Sofern aber eine Erwerbspflicht des Treugebers bestehen soll, ist die Abrede aus diesem Grund beurkundungsbedürftig.[715] Eine Beurkundungsbedürftigkeit ergibt sich auch dann, wenn eine unwiderrufliche Rückübertragungsvollmacht vorgesehen wird, für das Grundverhältnis.[716] 366

▶ Formulierungsvorschlag: treuhänderische Übertragung mit Ausgestaltung des Rückübertragungsrechts

1) 367

Die Überlassung erfolgt treuhänderisch. Dem Treuhandverhältnis liegt ein Auftrag zugrunde. Ein Entgelt wird nicht geschuldet, jedoch besteht ein Anspruch auf Ersatz von Aufwendungen, die in ordnungsgemäßer Erfüllung des Auftrages getätigt werden.[717]

2)

Der übernehmende Ehegatte

– nachfolgend kurz »Treuhänder« –

hält den überlassenen Vertragsgegenstand somit im Auftrag und Interesse des zuwendenden Ehegatten

– nachfolgend kurz »Treugeber« –

auf dessen Gefahr und dessen Rechnung. Er hat hierbei nur für die Sorgfalt in eigenen Angelegenheiten einzustehen, § 277 BGB.[718]

3)

Der Treugeber stellt den Treuhänder von allen Verpflichtungen frei, die für ihn bei pflichtgemäßer Durchführung des Auftrages entstehen.

4)

Das Treuhandverhältnis kann von beiden Seiten mit einer Frist von drei Monaten zum Quartalsende gekündigt werden. Die Kündigung hat schriftlich zu erfolgen.
Eine fristlose Kündigung durch den Treugeber ist zulässig:
– bei Rechtshängigkeit eines Scheidungsantrags gleich welches Ehegatten,
– wenn der Treuhänder das Treugut ohne Zustimmung des Treugebers ganz oder teilweise veräußert oder belastet,
– im Fall der Insolvenz des Treuhänders oder der Durchführung von Zwangsvollstreckungsmaßnahmen in das Treugut.

5)

Im Fall der Kündigung des Auftrages ist der Treuhänder verpflichtet, das Treugut mit allen Rechten und Pflichten, Bestandteilen und dem gesetzlichen Zubehör unverzüglich auf den Treugeber zu übertragen. Ein Zurückbehaltungsrecht ist ausgeschlossen.
Der Treuhänder erteilt hiermit dem Treugeber unter Befreiung von den Beschränkungen des § 181 BGB

---

715 BGHZ 127, 174; BGH, NJW 1996, 1960; Palandt/Grüneberg, § 311b Rn. 18.
716 BayObLG, NJW-RR 1996, 848.
717 Aus § 666 BGB ergibt sich eine Rechenschaftslegungspflicht. Soll diese abgemildert werden, so könnte dies vertraglich vereinbart werden.
718 Der strengere Haftungsmaßstab des § 276 BGB (hierzu Palandt/Sprau, § 662 Rn. 11) ist i.d.R. bei einer Treuhandschaft unter Ehegatten nicht angemessen.

Vollmacht,

das Treugut bzw. den Vertragsgrundbesitz auf sich zurückzuübertragen, die Auflassung zu erklären und entgegenzunehmen und alle zur Eigentumsumschreibung erforderlichen Erklärungen abzugeben und entgegenzunehmen. Die Vollmacht ist unwiderruflich und erlischt nicht mit dem Tod des Treuhänders.

6)

Beim Tod des Treugebers gehen die Rechte und Pflichten aus dem Treuhandverhältnis auf seine Erben über. Beim Tod des Treuhänders endet der Auftrag und es entsteht eine Verpflichtung zur Übertragung entsprechend vorstehender Ziffer 5). Auch hierfür ist die vorstehende Vollmacht erteilt.

7)

Eingetragene dingliche Belastungen sind zu übernehmen, wenn ihre Eintragung im Einklang mit diesem Auftrag erfolgte.

8)

Zug-um-Zug mit der Übertragung auf den Treugeber nach Maßgabe obiger Vereinbarungen findet dann im Fall der Scheidung auf der Grundlage der nach Rückübertragung und Ersatz von Aufwendungen bestehenden Vermögenslage der gesetzliche Zugewinnausgleich statt. Hierbei sind rückübertragene Vermögensgegenstände so in das Anfangsvermögen des jeweiligen Ehegatten einzustellen, wie sie vor Übertragung und Aufwendung in dieses einzustellen gewesen wären.

9)

Die Kosten der Rückübertragung und durch die Rückübertragung etwa anfallende Verkehrssteuern hat der Treugeber zu tragen.

Alternative:[719]

Aufschiebend bedingt für den Fall der Beendigung des Treuhandvertrages überträgt der Treuhänder bereits heute den Vertragsgrundbesitz mit allen Rechten und Pflichten, Bestandteilen und dem gesetzlichen Zubehör auf den Treugeber. Der Treuhänder erteilt hiermit dem Treugeber unter Befreiung von den Beschränkungen des § 181 BGB

Vollmacht,

die Auflassung zu erklären und entgegenzunehmen und alle zur Eigentumsumschreibung erforderlichen Erklärungen abzugeben und entgegenzunehmen. Die Vollmacht ist unwiderruflich und erlischt nicht mit dem Tod des Treuhänders.

Zur Sicherung des Anspruchs des Treugebers auf Übertragung des Eigentums bei Beendigung des Auftrages b e w i l l i g e n und

beantragen

die Vertragsteile die Eintragung einer Vormerkung gemäß § 883 BGB zugunsten des Treugebers am Vertragsgrundbesitz in das Grundbuch an nächstoffener Rangstelle.

▶ Kostenanmerkung:

Die Vereinbarungen über das Treuhandverhältnis einschließlich der Rückübertragungspflicht sind Vertragsbedingungen der Grundstücksübertragung und als solche nicht gesondert zu bewerten.[720]

---

719 Anstelle der Übertragungsvollmacht kann auch schon im Treuhandvertrag eine aufschiebend bedingte Rückübertragung erklärt und dann im Grundbuch vorgemerkt werden.
720 Notarkasse, Rn. 1329.

A. Durchbrechung des Ausschließlichkeitsprinzips   Kapitel 5

VI. Weitere Anspruchsgrundlagen

Ehegatten können miteinander **jedes Vertragsverhältnis** eingehen, sodass Ansprüche ggf. noch auf anderer Grundlage bestehen können. Es gelten hierfür die entsprechenden Regeln des jeweiligen Vertragsverhältnisses, die allerdings durch die Ehe überlagert sein können.[721] 369

Neben den genannten Anspruchsgrundlagen zur Rückabwicklung oder zum Ausgleich von Vermögenstransfers oder Mitarbeit unter Ehegatten war vorübergehend auch ein **bereicherungsrechtlicher Lösungsansatz** in der Diskussion.[722] Diesen hatte der BGH allerdings zugunsten des Wegfalls der Geschäftsgrundlage verworfen, da die eheliche Lebensgemeinschaft weder eine Verpflichtung zur Leistung begründet, die weggefallen sein könnte (§ 812 Abs. 1 Satz 2, 1. Alt. BGB),[723] noch selbst Zweck der Leistung ist, sondern lediglich Geschäftsgrundlage. Es bleibt abzuwarten, ob die Öffnung für Bereicherungsansprüche im Verhältnis Schwiegereltern zu Schwiegerkindern nach der Rechtsprechung des BGH[724] sowie bei der nichtehelichen Lebensgemeinschaft[725] auch für Bereicherungsansprüche zwischen Ehegatten den Weg öffnet,[726] die sich dann auch in verstärktem Umfang auf Arbeitsleistungen beziehen könnten. Jedenfalls wird sich eine Zweckabrede der Ehegatten im Hinblick auf den dauerhaften Bestand der Ehe nur in den seltensten Fällen feststellen lassen.[727] Zu Recht spielen daher bereicherungsrechtliche Ansprüche beim Nachdenken über neue Lösungsansätze für das Nebengüterrecht nur eine untergeordnete Rolle.[728] 370

In letzter Zeit wurde ferner über einen **familienrechtlichen Ausgleichsanspruch** diskutiert, der zum Ausgleich einer **Barunterhaltsersatzleistung** geltend gemacht werden kann. Hat der zum Betreuungsunterhalt verpflichtete Elternteil auch noch den Barunterhalt geleistet, weil der andere Elternteil nicht zahlte, und verliert dann durch Volljährigkeit oder Obhutswechsel seine Vertretungsbefugnis für das Kind, so soll ihm gegen den Ehegatten, der nicht zahlte, ein familienrechtlicher Ausgleichsanspruch zustehen, den der BGH[729] wegen des Vorliegens einer Gesetzeslücke entwickelt hat[730] und der teilweise auch als Unterhaltsregress bezeichnet wird.[731] Soweit auch ein **Anspruch des Kindes auf rückständigen Barunterhalt** gegen den nicht zahlenden Elternteil besteht, soll dieses Kind verpflichtet sein, den Anspruch an den zahlenden Elternteil **abzutreten** bzw. dieser soll nach § 267 Abs. 1 BGB erklären können, dass durch seine Zahlung die Schuld des anderen Elternteils erloschen ist, sodass er seinem Ausgleichsanspruch quasi den Vorrang verschaffen kann.[732] 371

Umstritten ist, wie deutlich angesichts des § 1360b BGB die Absicht, Ersatz zu verlangen, hervorgetreten sein muss. Auch die Rechtsprechung – so z.B. jüngst das OLG Nürnberg[733] – lässt diese Frage meist offen. Da es der Sache nach um Unterhalt(serstattung) für die Vergangenheit geht, müssen die Voraussetzungen des § 1613 Abs. 1 BGB für den fraglichen Kindesunterhalt – nicht jedoch für den familienrechtlichen Ausgleichsanspruch – erfüllt sein.[734] Ein solcher Ausgleichsanspruch soll auch hinsichtlich des kindbezogenen Familienzuschlags bestehen, wenn beide Eltern im öffentlichen

---

721 Dazu Szalai, NZFam 2018, 761 f.
722 Vgl. z.B. – wenn auch ablehnend – BGH, FamRZ 1968, 23.
723 BGH, FamRZ 1982, 910, 911; BGH, FamRZ 1989, 147; hierzu Rauscher, AcP 186 (1986), 529, 531 f.
724 BGH, FamRZ 2010, 958.
725 BGH, FamRZ 2009, 849, 850.
726 So Wever, FamRZ 2010, 1047, 1048.
727 Wever, Rn. 1097.
728 Vgl. etwa Wever, Rn. 1220 ff.; für eine Verstärkung dieses Ansatzes plädiert Szalai, NZFam 2018, 761, 767.
729 BGH, NJW 1960, 957 f.
730 Für eine überschießende Rechtsschöpfung hält dies Zwirlein, FamRZ 2015, 896.
731 Zu diesem Anspruch Langheim, FamRZ 2013, 1529; Götz, FF 2013, 225 f.; Wever, FamRZ 2013, 741, 751.
732 OLG Brandenburg, NZFam 2016, 745.
733 OLG Nürnberg, FamRZ 2013, 796.
734 OLG Nürnberg, FamRZ 2013, 796, 798.

Kapitel 5 Vermögensrechtliche Ansprüche und Regelungen unter Ehegatten

Dienst tätig sind und nur einer den Zuschlag erhält[735] oder hinsichtlich eines wegfallenden höheren Beihilfesatzes.[736]

372 Nach der Reform des familiengerichtlichen Verfahrens sind auch die **schuldrechtlichen Ansprüche** i.d.R. sonstige Familiensachen i.S.d. § 266 Abs. 1 Nr. 3 FamFG.

373 Vor der Geltendmachung solcher schuldrechtlicher Ansprüche sollten zunächst die Erfolgsaussichten insoweit überprüft werden, als die streitigen Forderungen häufig durch die Einstellung in den Zugewinn egalisiert werden,[737] da dort ein entsprechender Ausgleich erfolgt.

374 Für den Vertragsgestalter heißt dies, sich nicht mit der Regelung nur des Zugewinns zu begnügen, sondern auch die anderen schuldrechtlichen Ansprüche anzusprechen und sie beim vorsorgenden Ehevertrag ggf. abzuwandeln oder abzubedingen und v.a. bei der Scheidungsvereinbarung einer Regelung zuzuführen. Diese sollte dann auch, sofern alle Probleme geklärt werden konnten, mit einer Abgeltungsklausel[738] enden, wonach alle Ansprüche der Ehegatten untereinander mit dem Abschluss dieses Vertrages geregelt sind. Eine solche Abgeltungsklausel kann noch erweitert sein um eine Freistellungsklausel gegenüber Ansprüchen der Eltern gegen das Schwiegerkind.[739] Letzteres gilt ganz besonders nach der Änderung der BGH-Rechtsprechung zu Zuwendungen an Schwiegerkinder, da diese nunmehr ohne Rücksicht auf den ehelichen Zugewinn von Kind und Schwiegerkind der Rückforderung einer Schenkung nach den Grundsätzen des Wegfalls der Geschäftsgrundlage unterliegen.[740]

▶ Gestaltungsempfehlung:

375 Berücksichtigt werden sollten die schuldrechtlichen Ansprüche zwischen Ehegatten sowohl bei der Gestaltung vorsorgender Eheverträge wie auch bei der Auseinandersetzung anlässlich einer Trennung oder Scheidung.

B. Gesellschaftsverträge

376 Die bisher angestellten familien- und schuldrechtlichen Überlegungen finden ihren Niederschlag auch in entsprechenden Gesellschaftsverträgen. In diesem Abschnitt sollen daher Formulierungsvorschläge für die meistens benötigten Gesellschaftsformen unter Ehegatten gegeben werden. Es sind dies die BGB-Innengesellschaft, die BGB-Außengesellschaft und die (Familien-) KG. Ergänzt werden diese Ausführungen um Anregungen zu güterstandsbezogenen Ausschlussklauseln.

377 In den letzten Jahren war ein Schwerpunkt der Diskussion im Bereich des **Rechts der Familienunternehmen**. Auch wenn diese keine eigene Regelung erfahren haben, werden sie zum Teil auf dem Weg zu einem Sonderrecht gesehen.[741] Hier wird die weitere Entwicklung zu beobachten sein. Die hier betrachteten Ehegattengesellschaften können die Keimzelle einer solchen späteren Familiengesellschaft sein.

I. Ehegatteninnengesellschaft bürgerlichen Rechts

378 Für die **vertragliche Ausgestaltung** einer Innengesellschaft stehen vielfältige Formulierungshilfen im gesellschaftsrechtlichen Schrifttum zur Verfügung. Ein spezielles Muster der Ehegatteninnengesellschaft hat *Langenfeld*[742] erarbeitet.

---

735 OLG Oldenburg, FuR 2012, 447.
736 OLG Oldenburg, FamRB 2018, 94.
737 Hansen-Tilker, FamRZ 1997, 1188, 1190 ff. mit detailliertem Vergleich.
738 Hierzu Kap. 2 Rdn. 44 f.
739 Bergschneider, Rn. 586.
740 BGH, FamRZ 2010, 958 f.
741 Vgl. etwa Holler, DStR 2019, 880 ff. und DStR 2019, 931 ff.
742 Langenfeld/Milzer, Rn. 842.

Bei der Ehegatteninnengesellschaft handelt es sich um eine GbR ohne Gesamthandsvermögen,[743] die nicht nach außen auftritt. Dies ist bei der Gestaltung zu berücksichtigen. Z.B. bedarf es insoweit keiner Vertretungsregelung im Gesellschaftsvertrag.

Die hier vorgetragene vertragliche Gestaltung arbeitet die in der Rechtsprechung des BGH angenommene Ehegatteninnengesellschaft aus und bringt hierfür notwendige Regelungen ein. 379

Als **Zweck** einer solchen Ehegatteninnengesellschaft sollte ein »Lebenszweck« der Gesellschaft genannt sein, etwa die vom BGH genannte Vermögensbildung unter Ehegatten, und nicht nur die Liquidation als solche,[744] da die Liquidation keinen eigenständigen förderfähigen Zweck darstellt, ein solcher aber ein konstitutives Merkmal eines Gesellschaftsvertrages bildet.[745] 380

Nach Langenfeld umfasst ferner im Innenverhältnis der Gesellschafter die Gesellschaft sämtlichen gegenwärtigen und künftigen Grundbesitz beider Ehegatten, unabhängig von den Eigentumsverhältnissen im Grundbuch. Die Präambel spricht jedoch nur vom ehezeitlichen Erwerb von Grundbesitz, der zur Vermögensbildung und Altersversorgung erfolgt. Hierin liegt ein gewisser Widerspruch und Letzteres wird kaum zuverlässig bestimmbar sein. Daher ist der **betroffene Grundbesitz** abzugrenzen. Es wird hier zumeist im Interesse der Eheleute liegen, dass derjenige Grundbesitz, den sie auf eine der in § 1374 Abs. 2 BGB genannten Weisen erhalten, auch im Fall der Gütertrennung nicht unter die Regelungen des Gesellschaftsvertrages fällt. 381

Ferner ist zu bedenken, was geschieht, wenn ein Gesellschafter in der Krise einer Ehe seinen Grundbesitz verkauft, kurz bevor es zu Trennung und Scheidung kommt. Hier besteht die Gefahr einer Umgehung, wenn am Ende für den Ausgleich nur der noch vorhandene Grundbesitz betrachtet wird. Man könnte daher überlegen, ob man **Verfügungen** über Grundbesitz von einer **Zustimmung** der Gesellschafterversammlung abhängig macht, auch dann, wenn der Grundbesitz nur einem Gesellschafter gehört. Für Verfügungen ohne eine solche Zustimmung könnte dann angeordnet werden, dass auch durch solche Verfügungen erlangte **Surrogate** erneut dem Ausgleichsanspruch unterliegen. 382

Es ist schließlich zu untersuchen, was die **Rechtsfolge** einer mit der **Trennung** einhergehenden Auflösung und Beendigung der Gesellschaft ist. Wenn in einem solchen Fall eine Auseinandersetzungsregelung mit Übernahmerechten und Schiedsgutachterklausel vorgeschlagen wird,[746] dann kann dies gewünscht sein, insb. dann, wenn Ehegatten bewusst allen Grundbesitz durch einen Ehepartner angeschafft haben aus Angst, der andere könne Haftungsansprüchen ausgesetzt sein. Es ist dann aber zu fragen, ob Gläubiger nach Pfändung des Anteils nicht genau diese Übernahmerechte auch durchsetzen könnten. 383

Freilich wird der Normalfall, von dem auch der BGH in seiner Rechtsprechung ausging, sein, dass als Rechtsfolge in erster Linie ein auf Geld gerichteter **Ausgleichsanspruch** in Betracht kommt. 384

Sofern Übernahmerechte für Grundstücke i.S.e. Veräußerungspflicht des anderen Teiles für bestimmte Grundstücke geregelt werden – sei es für den Fall der Beendigung durch Trennung oder auch durch Tod –,[747] ist ferner auf die Notwendigkeit notarieller Beurkundung nach **§ 311b Abs. 1 BGB** hinzuweisen. Diese ist noch nicht erforderlich, wenn lediglich wertbezogene Ausgleichsansprüche begründet werden.[748] Auch bei der Schenkung von Anteilen an einer Innengesellschaft ist die Einhaltung 385

---

743 Dafür, dass auch Innengesellschaften mit Gesamthandsvermögen zulässig sind: MünchKomm-BGB/Schäfer, § 705 Rn. 280; Beuthien, NZG 2017, 201 ff.; s. zum Streitstand ausführlich: MüHdbGesR/Schücking, § 3 Rn. 53 ff. Was Grundbesitz anbelangt, so kann jedenfalls dieser nicht Gesamthandsvermögen werden, denn dann würde die Gesellschaft nach außen auftreten; zur Ehegatteninnengesellschaft s. Rdn. 62 ff.
744 So aber LangenfeldMilzer, Rn. 842.
745 MünchKomm-BGB/Schäfer, § 705 Rn. 128.
746 So Langenfeld/Milzer, Rn. 842.
747 Munzig in C. Münch, Familienrecht, § 12, Rn. 48, Rn. 53.
748 BGH, NJW 1974, 2278.

der notariellen Form des § 518 BGB ratsam, denn der Vollzug der Schenkung, welcher zu einer Heilung führen könnte, ist bei der Innengesellschaft nur schwer darstellbar.[749] Der BGH hat allerdings nunmehr für die Einräumung einer atypischen Unterbeteiligung, die ebenfalls eine bürgerlich-rechtliche Innengesellschaft ohne Gesamthandsbeteiligung darstellt,[750] entschieden, dass die Schenkung mit Abschluss des Gesellschaftsvertrages vollzogen sei.[751]

386 Zu betrachten ist noch das Schicksal der Innengesellschaft beim **Tod eines Gesellschafters**. Dieser Frage wird wenig Aufmerksamkeit gewidmet, da zumeist die Ansprüche bei einer Trennung im Vordergrund stehen. Häufig wird es im Todesfall erst gar nicht zur Erörterung der Problematik einer Innengesellschaft kommen, wenn eine gegenseitige Erbeinsetzung gegeben ist, obwohl sich aus dieser Konstruktion durchaus schenkungssteuerlich Nutzen ziehen ließe.

387 Der Tod eines Gesellschafters müsste die Auflösung der Gesellschaft zur Folge haben, und zwar sowohl dann, wenn der überlebende Ehegatte und Mitgesellschafter Alleinerbe ist, aber auch dann, wenn die Kinder der Ehegatten zur Erbfolge gelangen, denn es ist nicht anzunehmen, dass der überlebende Ehegatte die Gesellschaft mit den Kindern fortsetzen möchte. Da sich in der Gesellschaft eine wesentliche Wertentwicklung während der Ehe abgespielt hat, wird man auch in diesem Fall den Ausgleichsanspruch entstehen lassen, wenn der Eigentümer-Ehegatte verstirbt. Beerbt ihn der andere Ehegatte, so entfällt ein Ausgleich aufgrund Konfusion.[752] Beerben ihn aber Dritte, so wird der andere Ehegatte seinen Anspruch geltend machen wollen. Verstirbt der Nichteigentümer-Ehegatte, so tritt ebenfalls Konfusion ein bei gegenseitiger Erbfolge. Hinterlässt er andere Erben, dann könnten diese den Ausgleich geltend machen.

388 Es ließe sich dann für eine Innengesellschaft i.S.d. BGH-Rechtsprechung der folgende Vorschlag unterbreiten. Dieser Vorschlag soll aber **nicht** als eine **Empfehlung zu breiter Anwendung** missverstanden werden,[753] solange die Folgewirkungen noch nicht vollständig geklärt sind, insb. im Hinblick auf die Pfändungsproblematik. Außerdem wird bei näherer vorheriger Nachfrage ein solches Modell nur in den seltensten Fällen gewollt sein.

389 Besteht eine **Ehegatteninnengesellschaft** zwischen Ehegatten, die im **gesetzlichen Güterstand** verheiratet sind,[754] so gilt es, die **Unterschiede** zwischen beiden miteinander konkurrierenden Anspruchssystemen herauszuarbeiten. Die Verfolgung der gesellschaftsrechtlichen Ansprüche lohnt vor allem bei **Zeitgewinn**, wenn der Zugewinnausgleich langwierig und kompliziert ist.[755] Zu beachten ist aber, dass gesellschaftsrechtlich gegebenenfalls Nachschüsse zu leisten sind, während die Zugewinnausgleichsansprüche durch die **Vermögenswertbegrenzung** gekappt werden.[756] Seit der Reform des Zugewinnausgleichs ergeben sich bei verschuldeten Ehegatten ansonsten keine Änderungen mehr durch die Ehegatteninnengesellschaft.[757] Eine Differenz kann sich jedoch ergeben, wenn ein Ehegatte sein Anfangsvermögen in Vermögen des anderen Ehegatten investiert und dadurch weniger Endvermögen als Anfangsvermögen hat (Zugewinn dennoch 0). Hier kann er ggf. mit der Ehegatteninnengesellschaft weitergehende Ansprüche haben.[758]

---

749 BGHZ 7, 174, 179; BGHZ 7, 378; BGH, WM 1967, 685.
750 Blaurock, NZG 2012, 521.
751 BGH, NZG 2012, 222.
752 Allerdings gilt der Anspruch für die Berechnung von Pflichtteilen als nicht erloschen, BGH, DNotZ 1978, 487, 489.
753 MüHdbGesR/Schücking, § 3 Rn. 47 spricht von »den weniger geliebten Kindern des Gesellschaftsrechts«.
754 Eine Konstellation, die möglich ist, bei der aber i.d.R. kein praktisches Bedürfnis für die Gründung einer Ehegatteninnengesellschaft besteht, Wall, FamRB 2010, 348, 350.
755 Herr, FamRB 2011, 258 f.
756 Herr, FamRB 2011, 86, 87; vgl. auch Wall, FamRB 2010, 348 ff.
757 Wall, FamRB 2010, 348, 352.
758 Wall, FamRB 2010, 348, 354.

B. Gesellschaftsverträge   Kapitel 5

▶ Formulierungsvorschlag: Ehegatteninnengesellschaft

..... Urkundseingang

390

..... Wir leben im Güterstand der Gütertrennung/im gesetzlichen Güterstand der Zugewinngemeinschaft.[759]

Den nachfolgend in Anlage 1 für mich, den Ehemann, und Anlage 2 für mich, die Ehefrau, genannten Grundbesitz hielten wir jeweils bereits bei Eheschließung zu Alleineigentum. Er soll von den nachfolgenden Regelungen des Gesellschaftsvertrages nicht betroffen sein.

Wir vereinbaren miteinander den folgenden Vertrag einer

Ehegatteninnengesellschaft[760] des bürgerlichen Rechts

§ 1 Rechtsform

(1) Die Gesellschaft ist eine Gesellschaft bürgerlichen Rechts.

(2) Sie ist eine Innengesellschaft, die nicht nach außen auftritt und kein Gesamthandsvermögen hat.

§ 2 Zweck

Zweck der Gesellschaft ist die gemeinsame Vermögensbildung[761] dergestalt, dass unabhängig von der Zuordnung zum Alleineigentum eines Ehegatten oder zum Miteigentum beider Ehegatten das von diesem Vertrag betroffene Vermögen einschließlich seiner Verbindlichkeiten wirtschaftlich beiden Ehegatten im Verhältnis ihrer Beteiligung nach § 3 dieses Vertrages zustehen soll.

§ 3 Gesellschafter und Anteile

(1) Gesellschafter sind die Erschienen zu 1. und 2.

(2) Die Gesellschafter sind zu gleichen Teilen an der Gesellschaft beteiligt.

Alternative:

An der Gesellschaft ist die Ehefrau zu 70 % und der Ehemann zu 30 % beteiligt.

§ 4 Einlagen

Einlagen in das Gesellschaftsvermögen sind nicht zu leisten.

Im Innenverhältnis der Gesellschafter werden sämtlicher Grundbesitz beider Ehegatten ohne Rücksicht auf die im Grundbuch eingetragenen Eigentumsverhältnisse, jedoch mit Ausnahme

- des Grundbesitzes gemäß Anlagen 1 und 2,
- des Grundbesitzes, den ein jeder von uns auf eine in § 1374 Abs. 2 BGB beschriebene Weise erwirbt,[762]

---

759 Auch hier ist die Innengesellschaft möglich, wenngleich sie seltener vorkommen wird.
760 Da es sich um eine Innengesellschaft handelt, ist die GbR als solche nicht rechtsfähig. Das Urteil des BGH, NJW 2001, 1056 betrifft nur die Außengesellschaft. Aus diesem Grund sind bei der Gestaltung die Elemente einer rechtsfähigen Gesellschaft wie Namensgebung, Sitz, organschaftliche Vertretung nicht berücksichtigt (vgl. Langenfeld/GbR, 7 ff.).
761 Eine Ehegatteninnengesellschaft kann auch mit einem Freiberufler geschlossen werden, darf allerdings nicht dessen originär freiberufliche Tätigkeit beeinflussen, sondern nur das wirtschaftliche Umfeld, hierzu Herr, FamRB 2011, 221 ff.
762 Nach der regelmäßigen Interessenlage der Ehegatten wird bei der Zugewinngemeinschaft das Anfangsvermögen und bei der Gütertrennung das entsprechende Vermögen nicht vom Ausgleich umfasst sein sollen.

Alternative 1:

- des Familienwohnheims in ......,[763]

Alternative 2:

- des Grundbesitzes, den wir beide bei seinem Erwerb als nicht zur Gesellschaft gehörig benennen,[764]

und sämtliche diesen Grundbesitz betreffenden Verbindlichkeiten als Gegenstände gemeinsamer Vermögensbildung angesehen und unterliegen daher im Trennungsfall der Verteilung bzw. dem Ausgleich gemäß diesem Vertrag.

Nicht dem Ausgleich nach diesem Vertrag unterliegen Erträge aus diesem Grundbesitz, es sei denn, sie werden auf den Grundbesitz verwendet.

Alternative 1:

Auch Erträge aus diesem Grundbesitz unterliegen den Regelungen dieses Vertrages. Sie sind daher auf getrennten Konten zu verwalten.

Alternative 2:

Im Innenverhältnis der Gesellschafter wird derjenige Grundbesitz beider Ehegatten und die diesen betreffenden Verbindlichkeiten ohne Rücksicht auf die im Grundbuch eingetragenen Eigentumsverhältnisse als Gegenstände gemeinsamer Vermögensbildung angesehen, den die Ehegatten in dieser Urkunde und in jeweiligen Nachträgen als solchen bezeichnen. Der betroffene Grundbesitz ist in einem Vermögensverzeichnis festzuhalten, das nach der jeweiligen Veränderung fortzuschreiben ist. Dieser Grundbesitz unterliegt daher im Trennungsfall der Verteilung bzw. dem Ausgleich gemäß diesem Vertrag. Gegenwärtig ist dies der folgende Grundbesitz: .....

§ 5 Veräußerung von Grundbesitz

(1) Unbeschadet der Verfügungsbefugnis jedes Gesellschafters entsprechend seiner Eigentümerstellung hinsichtlich des Grundbesitzes im Außenverhältnis vereinbaren die Gesellschafter Folgendes:

Jede Verfügung über Grundbesitz, der unter den Zweck dieser Gesellschaft fällt, bedarf zuvor eines einstimmigen Gesellschafterbeschlusses.

Verfügt ein Gesellschafter ohne einen solchen Gesellschafterbeschluss, so unterliegen die durch die Verfügung erlangten Surrogate ebenfalls der Ausgleichsregelung dieses Vertrages.

(2) Ferner hat ein Gesellschafter, der Grundbesitz veräußern möchte, der den Regelungen dieser Gesellschaft unterfällt, diesen zunächst dem anderen Gesellschafter zum Erwerb anzubieten, und zwar zu dem Wert, wie er in nachfolgendem § 6 Abs. 4 festgelegt ist.

§ 6 Auseinandersetzung

(1) Die Gesellschaft ist auf unbestimmte Dauer eingegangen. Jeder Gesellschafter kann die Gesellschaft mit einer Frist von 24 Monaten zum Ende eines Kalenderjahres kündigen.[765] Die Kündigung hat per eingeschriebenem Brief zu erfolgen.

---

763 Von der Definition der Ehegatteninnengesellschaft durch den BGH wird das Familienwohnheim nicht erfasst, da es keinem über die Ehe hinausreichenden Zweck dient. Je nach Konstellation könnte es aber gleichwohl bei der vertraglich begründeten Ehegatteninnengesellschaft mit eingeschlossen werden.

764 Diese Formulierung kann verwendet werden, wenn auch künftig Immobilien ohne den Ausgleichsmechanismus der Innengesellschaft von Ehegatten angeschafft werden sollen.

765 Es ist eine längere Kündigungsfrist vorgesehen, damit sich die Ehegatten darauf einstellen und eine Finanzierung der Ausgleichsansprüche darstellen können. Eine Unkündbarkeit außer im Fall der Trennung ist nach § 723 BGB nicht zulässig (MünchKomm-BGB/Schäfer, § 723 Rn. 70 f.) und könnte die Ehegatten zur Trennung zwingen, nur um die Gesellschaft beenden zu können. Man wird daher insoweit auch keine eherechtliche Überlagerung annehmen können.

(2) Mit der Trennung[766] der Ehegatten kann jeder Gesellschafter die sofortige Auflösung der Gesellschaft verlangen.[767] Gleiches gilt bei einer Verfügung über Grundbesitz durch den anderen Gesellschafter ohne Zustimmung der Gesellschafterversammlung. Mit dem Verlangen ist die Gesellschaft aufgelöst. Wir legen fest, dass eine Trennung als erfolgt gilt, wenn der eine Ehegatte sie dem anderen Ehegatten per Einschreiben mitgeteilt hat.

(3) Die Gesellschaft ist mit Wirksamwerden der Kündigung oder Auflösung beendet.[768]

(4) Das nach § 4 dem Ausgleich unterliegende Vermögen wird durch einen öffentlich bestellten Grundstückssachverständigen, den die örtlich zuständige IHK ernennt, verbindlich als Schiedsgutachter auf den Zeitpunkt der Beendigung geschätzt.[769]

Jeder Ehegatte behält den Grundbesitz, den er zu Alleineigentum hat.

Die Hälfte der Wertdifferenz steht demjenigen Ehegatten, der den Grundbesitz mit geringerem Wert hat, als Ausgleichsanspruch zu. Der Ausgleichsanspruch ist fällig binnen drei Monaten nach Bekanntgabe durch den Schiedsgutachter und bis dahin nicht zu verzinsen und nicht dinglich zu sichern.

Alternative:

Bei anderer als hälftiger Beteiligung nach § 3 ist auch hier eine entsprechend andere Quote festzusetzen.

(5) Die Kosten des Ausgleichsverfahrens tragen die Gesellschafter entsprechend ihren Anteilen nach § 3 dieses Vertrages.

Alternative:

Sofern die Innengesellschaft im gesetzlichen Güterstand vereinbart wird:

(6) Nach Auseinandersetzung gemäß dieser Regelung findet auf der Grundlage der dann bestehenden Vermögenslage der Zugewinnausgleich statt.

oder

(6) Das nach Auseinandersetzung von jedem Ehegatten gehaltene Vermögen bleibt bei der Berechnung des Zugewinns unberücksichtigt.

Alternative zu § 6:

Übernahmerecht nach Los mit Wertausgleich der Enddifferenz.[770]

§ 7 Tod

Durch den Tod eines Gesellschafters wird die Gesellschaft aufgelöst. Der Ausgleich hat zwischen dem überlebenden Gesellschafter und den Erben nach § 6 Abs. 4 zu erfolgen.

Alternative:

Außer im Fall des § 1933 BGB findet ein Ausgleich im Todesfall nicht statt.

---

766 Stichtag nach BGH, DNotZ 2000, 514, 523.
767 Diese Regelung schafft eine gewisse Flexibilität gegenüber der automatischen Auflösung. Dass Stichtag nicht automatisch die Trennung sein muss, sondern die Beendigung der Zusammenarbeit, vertritt auch Wever, Rn. 1168. Vgl. nunmehr BGH, DB 2006, 886 und BGH, FamRZ 2006, 607 ff. zum Bestehen der Ehegatteninnengesellschaft über die Ehezeit hinaus.
768 BGH, DNotZ 2000, 514, 524: Bei Innengesellschaften ohne Gesamthandvermögen fällt die Auflösung mit der Vollbeendigung zusammen.
769 Ggf. noch zusätzlich Angabe einer Bewertungsmethode, vgl. Kap. 1 Rdn. 121 ff.
770 Formulierung bei Langenfeld/Milzer, Rn. 842; dieses Übernahmerecht kann auch zusätzlich zu obiger Regel verwendet werden, wenn Grundbesitz etwa in Miteigentum auf diese Weise auseinander gesetzt werden soll.

Alternative zu § 7:

Übernahmerecht bei Tod mit Grundpfandrechtsübernahme und Ausübungsregelung.[771]

§ 8 Salvatorische Klausel

Sollten einzelne Bestimmungen dieses Vertrages unwirksam sein oder werden oder sollte sich im Vertrag eine Regelungslücke zeigen, so wird die Wirksamkeit der übrigen Bestimmungen hierdurch nicht berührt. Gleiches gilt bei nicht beurkundeten Nebenabreden.

Die Beteiligten sind dann verpflichtet, eine ersetzende Bestimmung zu vereinbaren, die dem wirtschaftlichen Sinn der unwirksamen Bestimmung im Gesamtzusammenhang der getroffenen Regelung in rechtlich zulässiger Weise am nächsten kommt, oder eine neue Bestimmung zu treffen, welche die Regelungslücke des Vertrages so schließt, als hätten sie diesen Punkt von vornherein bedacht.

▶ Kostenanmerkung:

391 Die Ehegatteninnengesellschaft dürfte kostenrechtlich am ehesten einer atypisch stillen Gesellschaft vergleichbar sein, bei welcher der stille Gesellschafter einen Anspruch bezogen auf das Gesamtgeschäftsvermögen hat. Hier richtet sich daher der Geschäftswert nach dem Ausgleichsanspruch des Gesellschafters. Es soll die prozentuale Beteiligung am Aktivvermögen ohne Schuldenabzug maßgeblich sein.[772] Wegen der Beschränkung auf einen Ausgleichsanspruch soll ein Wertabschlag von 20 % bis 30 % erfolgen dürfen.[773] Nach § 107 Abs. 1 Satz 1 GNotKG gilt ein Mindestgeschäftswert von 30.000,00 € und ein Höchstgeschäftswert von 10 Mio. €. Es ist nach KV 21100 eine 2,0 Gebühr zu erheben.

II. Ehegattenaußengesellschaft bürgerlichen Rechts

392 Vielfach begründen Ehegatten nicht nur eine Ehegatteninnengesellschaft, sondern erwerben Grundbesitz sogleich als Gesellschafter bürgerlichen Rechts. In einigen Regionen scheint dies sogar der Regelfall geworden zu sein.[774] Die Gestaltung ist höchstrichterlich anerkannt.[775] Auch nach der Anerkennung der Rechtsfähigkeit der Außen-GbR durch den BGH[776] wurde die GbR nach herrschender Meinung und insb. der Rechtsprechung des BayObLG lange Zeit nicht als grundbuchfähig angesehen, sodass die Gesellschafter unter ihrem Namen mit einem Rechtsformzusatz und ggf. einer Sammelbezeichnung einzutragen waren.[777] Der **BGH** hat dann zunächst geklärt, dass die Gesellschaft trotz dieser Eintragungsform Eigentümerin des Grundstücks ist.[778] Weiter gehend hielt später das OLG Stuttgart unter Außerachtlassung aller Publizitätsprobleme die GbR auch selbst für grundbuchfähig, sodass sie unter ihrem Namen eingetragen werden könne.[779] Der BGH billigte sodann in einer Grundsatzentscheidung die **Grundbuchfähigkeit der GbR** und erlaubte sogar ihre Eintragung unter einer **Sammelbezeichnung**.[780] Diese Entscheidung traf das Gericht im Bewusstsein der damit verbundenen Publizitätsprobleme. Der Gesetzgeber sei aufgefordert, ein GbR-Register zu schaffen. Dies hätte die Sicherheit des Grundbuchverkehrs nachhaltig gefährdet. Der **Gesetz-**

---

771 Formulierung Munzig in C. Münch, Familienrecht, § 12, Rn. 54.
772 Notarkasse, Rn. 1972 f.
773 Notarkasse, Rn. 1974.
774 Vgl. zum »Hamburger Ehegattenmodell« K. Schmidt, AcP 182 (1982), 481 ff.; K. Schmidt, § 58 IV. 3. b).
775 BGH, NJW 1982, 170.
776 BGH, NJW 2001, 1056.
777 Detailliert: C. Münch, DNotZ 2001, 535 ff.; BayObLG, MittBayNot 2003, 60; BayObLG, DNotZ 2004, 378 f. m. Anm. Heil; BayObLG, MittBayNot 2005, 143; LG Dresden, NotBZ 2002, 384; OLG Celle, NJW 2006, 2194.
778 BGH, DNotI-Report 2006, 185.
779 OLG Stuttgart, DNotI-Report 2007, 30; hierzu Tavakdi/Fehrenbacher, DB 2007, 382.
780 BGH, NJW 2009, 594 ff.; hierzu Blum/Schellenberger, BB 2009, 400 ff.; Abicht, notar 2009, 117.

B. Gesellschaftsverträge

geber hat daraufhin schnell reagiert, allerdings nicht durch Schaffung eines GbR-Registers, sondern durch Schaffung zweier neuer Vorschriften.[781] Zum einen ordnet § 47 Abs. 2 GBO nun an, dass bei einem Recht, das für eine GbR eingetragen werden soll, auch deren Gesellschafter im Grundbuch einzutragen sind. Somit ist die Eintragung einer GbR allein mit ihrer Sammelbezeichnung nicht mehr zulässig. Die Rechtsprechung verlangt im Gefolge eine ausreichende **Identifizierung** der GbR, insb. dann, wenn nicht auszuschließen ist, dass dieselben Personen mehrere GbRs haben.[782]

Darüber hinaus ordnet § 899a BGB an, dass bei Eintragung einer GbR im Grundbuch in Ansehung des eingetragenen Rechts[783] auch vermutet wird, dass diejenigen Personen Gesellschafter sind, die nach § 47 Abs. 2 GBO im Grundbuch eingetragen sind, und dass darüber hinaus keine weiteren Gesellschafter vorhanden sind. Die §§ 892 bis 899 BGB gelten bzgl. der Eintragung der Gesellschafter entsprechend.[784] 393

Waren diese gesetzlichen Neuregelungen bei der Veräußerung durch eine GbR hilfreich, so kam es doch durch die Rechtsprechung des **OLG München** zwischenzeitlich zu einer Blockade beim Erwerb durch eine GbR. Das Gericht war der Auffassung, dass ein Grundbucheintrag der schon bestehenden GbR an anderer Stelle nicht die Wirkung des § 899a BGB hat. Es verlangte daher für die bereits bestehende GbR als Erwerberin einen Nachweis von Existenz und Identität sowie von der Vertretungsberechtigung der handelnden Personen und gab sich hierzu auch nicht mit einer eidesstattlichen Versicherung der handelnden Personen zufrieden.

Dem ist der **BGH**[785] erneut entgegengetreten. Er hat klargestellt, dass es beim Erwerb durch eine GbR für die Eintragung des Eigentumswechsels in das Grundbuch **ausreicht**, wenn die **GbR und ihre Gesellschafter in der notariellen Auflassungsverhandlung benannt** sind und die für die GbR Handelnden **erklären, dass sie deren alleinige Gesellschafter sind**. Weitere Nachweise der Existenz, der Identität und der Vertretungsverhältnisse dieser GbR bedürfe es gegenüber dem Grundbuchamt nicht. Der Gesetzgeber habe das Problem gesehen, aber nicht darauf reagiert. 394

Aus dem Urteil spricht klar die Ansicht des BGH, dass der Gesetzgeber die Verkehrsfähigkeit der GbR mit untauglichen Mitteln – nämlich ohne Register – geregelt hat, dass die Gerichte aber nicht befugt sind, die Verkehrsfähigkeit nun durch weitere Anforderungen zu stören. Das OLG München hat sich dem angeschlossen.[786] 395

In der Praxis hat es sich bewährt, wenn Ehegatten mehrere getrennte GbRs unterhalten, an denen sie ggf. mit unterschiedlichen Quoten beteiligt sind, die Angabe des Datums des Gesellschaftsvertrages hinzuzufügen, um auch steuerlich eine eindeutige Identifizierung zu ermöglichen. So fordert etwa das OLG München bei konkreten Anhaltspunkten für mehrere namenlose unterschiedliche GbRs derselben Gesellschafter die Eintragung eines Klarstellungsvermerks im Grundbuch.[787] 396

---

781 BGBl. I 2009, S. 2713.
782 OLG München, DNotZ 2010, 299.
783 Hierin liegt eine der noch zu klärenden Schwierigkeiten, etwa die Frage, ob zwar die Gutglaubensvermutung für das Eigentum greift, jedoch aufgrund eines Bereicherungsanspruches sofort herausgegeben werden muss, weil die Gutglaubenswirkung den schuldrechtlichen Vertrag nicht erfasst. Streitig ist auch, ob § 899a BGB die Berichtigungsbewilligung hinsichtlich eines Gesellschaftsanteils vermutet. Die OLGe sprechen sich dafür aus, OLG München, ZIP 2011, 467; OLG Frankfurt, NotBZ 2011, 402 ff.; OLG Karlsruhe, MittBayNot 2014, 59 f.; unterschiedlich wird noch beurteilt, inwieweit die zusätzliche Bewilligung der anderen Gesellschafter erforderlich ist, vgl. Böhringer, MittBayNot 2012, 219 f.
784 Zu der Neuregelung Ruhwinkel, MittBayNot 2009, 421 ff.; Lautner, DNotZ 2009, 650 ff.; Böttcher, notar 2010, 222.
785 BGH, DNotZ 2011, 711 im Anschluss an Reymann, ZNotP 2011, 84, 101 ff.; hierzu BeckOK-GBO/Reetz, § 47 GBO Rn. 129 ff.
786 OLG München, MittBayNot 2011, 396.
787 OLG München, NJOZ 2013, 843.

397 Auch nach dieser Erleichterung für die GbR im Grundstücksverkehr verbleiben noch genügend »Stolpersteine«, die immer einmal wieder in verschiedentlichen Urteilen aufscheinen. Insgesamt ist also der Grundbuchverkehr mit GbRs noch immer schwierig. So fordert etwa das OLG Celle einen Nachweis der Vertretungsbefugnis in Form des § 29 GBO bei Alleinvertretungsberechtigung.[788]

398 Die GbR wird damit selbst Grundstückseigentümer. Die Gesellschafter halten kein Miteigentum am Grundstück, sondern Anteile an der GbR, zu deren Vermögen das Grundstück gehört.[789] Daher hält der BGH die Eintragung einer Verpfändung des Gesellschaftsanteils in das Grundbuch eines im Eigentum der Gesellschaft stehenden Grundstücks nicht mehr für zulässig.[790]

399 Ein solcher **Erwerb in der Rechtsform der GbR** bietet einige Vorteile. Durch die Schaffung von Gesamthandsvermögen wird nach § 719 Abs. 1 BGB eine **Veräußerung eines Anteils an einem Vermögensgegenstand der Gesellschaft durch einen Ehegatten ausgeschlossen**. Die Übertragung von Gesellschaftsanteilen kann ebenfalls ausgeschlossen werden. Die bei Miteigentum eintretende Problemlage,[791] dass ein Ehegatte gegen den Willen des anderen über sein Miteigentum verfügt, stellt sich hier also nicht. Außerdem lässt sich später die Übertragung des Grundbesitzes oder von Teilen desselben auf Abkömmlinge gut bewerkstelligen und auch diese sind gesamthänderisch gebunden. Allerdings ist auf die persönliche Haftung aller Beteiligter ausdrücklich hinzuweisen, die nach der Rechtsprechung des BGH nicht mehr ausgeschlossen werden kann.[792] Dies führt häufiger zum Ausweichen in die **Rechtsform der KG**.

400 Ferner bedarf die **Übertragung von Anteilen** an einer GbR **nicht der notariellen Beurkundung**. Dies gilt sogar dann, wenn Grundbesitz das nahezu gesamte Vermögen der GbR darstellt. Zwar wird hier wirtschaftlich über Grund- und Boden verfügt, rechtlich aber nur über einen Anteil an einer Personengesellschaft.[793] Aus diesem Grund wollen die herrschende Lehre und die Rechtsprechung § 311b Abs. 1 BGB nicht angewendet wissen.[794] Freilich muss auch dann an das Sicherungsbedürfnis der Beteiligten gedacht werden, da die Übertragung außerhalb des Grundbuches geschieht.[795] Die Grenze, dass mit der Änderung im Gesellschafterbestand wirtschaftlich Grundstückseigentum unter Ausschaltung der Form- und Publizitätsgrundsätze übertragen werden soll,[796] wird nur sehr schwer praktikabel zu ziehen sein.[797] Allerdings verweigerte der BGH beim Erwerb von Anteilen an einer GbR konsequent den Gutglaubensschutz des § 892 BGB.[798] Insgesamt führt diese Rechtsansicht zu einer **Mobilisierung des Grund und Bodens**[799] und zu einer Mediatisierung der Grundstücksbeteiligung.[800]

401 **Unter Ehegatten lässt sich diese Möglichkeit allerdings nutzen**, um über den Anteil an der GbR letztendlich den Grundbesitz unter Ehegatten außerhalb des Grundbuches formfrei zu übertragen. Der Vorgang wird nicht publik, sodass keine besonderen Kosten anfallen. Der Vorgang müsste bei Unentgeltlichkeit nach § 30 ErbStG dem FA angezeigt werden. Immerhin fällt bei lediglich eigenbewohnten Immobilien nach § 13 Abs. 4a ErbStG keine Schenkungsteuer an.

---

788 OLG Celle, DB 2013, 2141.
789 So Munzig in C. Münch, Familienrecht, § 12, Rn. 14.
790 BGH, DNotI-Report 2016, 152.
791 Vgl. hierzu Rdn. 203 ff.
792 BGH, NJW 1999, 3483.
793 K. Schmidt, NJW 2001, 993, 998.
794 BGHZ 86, 367 = DNotZ 1984, 169 = NJW 1983, 1110.
795 Zu aufschiebenden und auflösenden Bedingungen in diesem Zusammenhang eingehend: DNotI-Report 2015, 97 ff.; Jurksch, ZfIR 2017, 5 ff.
796 MünchKomm-BGB/Schäfer, § 719 Rn. 35.
797 Nach Munzig in C. Münch, Familienrecht, § 12, Rn. 19 ist die analoge Anwendung des § 311b BGB schon zu erwägen, wenn das Gesellschaftsvermögen nur aus einem Grundstück besteht.
798 BGH, ZIP 1997, 244 = NJW 1997, 860.
799 Immer wieder beklagt von K. Schmidt: AcP 182 (1982), 481, 510 ff.; JZ 1985, 909, 911; ZIP 1998, 2 ff.; vgl. auch Lindemeier, DNotZ 1999, 876, 877.
800 Limmer, in: FS für Hagen, S. 321, 326.

Diese Übertragungen werfen Schwierigkeiten bei einer späteren Vollstreckung auf, wenn die Übertragung bereits außerhalb der Anfechtungsfristen geschehen war. Ehegatten könnten versucht sein, je nachdem, von welcher Seite eine Vollstreckung droht, eine entsprechende Übertragung vorzutragen.[801]

Wenn Grundbesitz solchermaßen in einer Außen-GbR erworben wird, so wird hierzu ein **Gesellschaftsvertrag** benötigt werden, denn die gesetzlichen Regelungen etwa der Auflösung im **Todesfall**, § 727 BGB, passen in vielen Fällen nicht. Mit einer Fortsetzungsklausel für den Todesfall erwirbt der Längerlebende automatisch und sozusagen »am Nachlass vorbei« das Alleineigentum am Grundstück.[802] Streitig ist, wer für die **Grundbuchberichtigung**[803] zuständig ist. Während das OLG München[804] den Rechtsnachfolger in den Anteil als berechtigt ansieht, will das KG[805] die Erben berichtigen lassen. Das OLG München verlangt zudem einen Nachweis über den Inhalt der gesellschaftsrechtlichen Nachfolgeklausel. Ist dieser nicht formgerecht zu führen, so wird eine eidesstattliche Versicherung verlangt.[806] Nun soll allerdings auch eine Vorlage des nicht in grundbuchlicher Form errichteten Gesellschaftsvertrages genügen.[807] 402

Ein solcher Gesellschaftsvertrag **bedarf der notariellen Beurkundung**, wenn er eine **Verpflichtung zum Erwerb oder zur Veräußerung von Grundbesitz** enthält. Dies gilt insb. dann, wenn eine Gesellschaft speziell zum Erwerb eines bestimmten Grundstücks gegründet wird und der Erwerb und die spätere Verwaltung dieses Grundstücks Gegenstand der Gesellschaft sind.[808] Nach der Rechtsprechung ist eine Beurkundungsbedürftigkeit jedoch dann nicht gegeben, wenn lediglich die »Verwaltung und Verwertung« von Grundbesitz Gegenstand der Gesellschaft sind.[809] Einige Stimmen in der Literatur weisen jedoch mahnend darauf hin, dass trotz der Aufnahme dieses Gesellschaftszwecks in den Vertrag die Intention der Eheleute zumeist auf den Erwerb des einen konkreten Grundstücks gerichtet ist, sodass in weiterem Umfang Beurkundungsbedürftigkeit vorliege.[810]

Denkbar wäre auch die Errichtung einer Ehegatten-GbR, in welche die **Grundstücke** nicht zu Eigentum, sondern **nur dem Werte nach (quoad sortem)** eingebracht werden.[811] Es ist dann keine Auflassung und kein Eigentumsübergang auf die Gesellschaft zu bewirken – daher auch regelmäßig keine Beurkundung[812] –, aber dennoch soll der Gesellschaft der Wert zugerechnet werden, der Substanzwert wird also von der formalen Rechtsstellung abgespalten[813] und ist bei Auflösung der GbR auch auszugleichen. Dagegen wird bei der Einbringung **quoad usum** nur der Nutzen in die GbR eingelegt.[814] Die klassische Eigentumsübertragung wird als Einbringung **quoad dominium** bezeichnet. Ein Vertragsentwurf für eine schenkweise Einbringung einer Immobilie quoad sortem in eine Ehegatten-GbR findet sich bei *Munzig/Stein*.[815] 403

Die Gründung einer Personengesellschaft mit Einbringung von Grundstücken sollte der Vertragsgestalter nie ohne **Einbindung des Steuerberaters** veranlassen, denn oft sind komplexe Themen zu diskutieren, etwa 404

---

801 K. Schmidt, NJW 1996, 3326.
802 Munzig in C. Münch, Familienrecht, § 12, Rn. 19 am Ende.
803 Zum Problemkreis: Weber, ZEV 2015, 200 mit Formulierungsvorschlägen.
804 OLG München, NZG 2017, 941.
805 KG, NZG 2016, 555.
806 OLG München, MittBayNot 2016, 324.
807 OLG München, DNotI-Report 2020, 29.
808 BGH, DStR 2001, 1711.
809 BGH, NJW 1996, 1279.
810 Weser, in: FS für Schwab, S. 595, 611, Fn. 50.
811 Dazu Tomasic in Herrler, Gesellschaftsrecht, § 4 Rn. 301 ff.
812 Außer mit Rücksicht auf § 518 BGB.
813 Berninger, DStR 2010, 874, 875.
814 Zu den Unterschieden der Einbringungsformen grundlegend Piltz, DStR 1991, 251 ff. und Berninger, DStR 2010, 874 ff.
815 MüVertHdb/Munzig/Stein, V.11.

- ob die **Vermögensgegenstände steuerneutral in die Personengesellschaft überführt** werden können; ob dies unterschiedlich zu beurteilen ist, wenn zunächst eine **Bareinlage** und dann anschließend ein Erwerb von Vermögensgegenständen erfolgt oder ob eine **Sachgründung** erfolgt.[816] Bei der GbR handelt es sich regelmäßig um eine rein **vermögensverwaltende Gesellschaft**. Diese ist zwar selbst Steuersubjekt und Zurechnungsobjekt des Gesamthandsvermögens, trotzdem setzt sich für Steuerzwecke die **Bruchteilsbetrachtung** durch, sodass nach **§ 39 Abs. 2 Nr. 2 AO** die Wirtschaftsgüter anteilig den Gesellschaftern zugerechnet werden, auch wenn die Einzelheiten umstritten sind.[817] Hier soll trotz des tauschähnlichen Vorgangs bei der Überführung von Vermögensgegenständen keine Veräußerung vorliegen, auch bei unentgeltlicher Aufnahme weiterer Gesellschafter. Die **Bruchteilsbetrachtung** soll sich hier aufgrund des § 39 Abs. 2 Nr. 2 AO durchsetzen.[818] Da sich die Bruchteilsbetrachtung nur soweit durchsetzt, wie der einbringende Gesellschafter beteiligt ist, können sich andere Konsequenzen ergeben, wenn mehrere Gesellschafter Einbringungen vornehmen.[819] Soweit Entgeltlichkeit auf diese Weise nicht besteht, lässt sich allerdings auch keine Wertaufstockung erreichen. So hat z.B. das FG Rheinland-Pfalz[820] den Erwerb eines Anteils an einer vermögensverwaltenden Personengesellschaft (VuV) wie den anteiligen Erwerb der Vermögensgegenstände besteuert wissen wollen.
- währenddessen wird die Einbringung von Grundstücken des Privatvermögens in das **betriebliche Vermögen** einer Personengesellschaft gegen **Gewährung von Gesellschafterrechten** steuerlich als **Tauschvorgang** betrachtet, sodass sie etwa ein privates Veräußerungsgeschäft nach § 23 EStG auslösen kann, wenn sie innerhalb der 10-Jahres-Frist vorgenommen wird. Vermeiden ließ sich dies nach einem Schreiben des BMF von 2011, das sich auch mit der einschränkenden Rechtsprechung des BFH[821] befasst, nur dadurch, dass der Einbringende überhaupt keine Gesellschafterrechte erhält, sondern die Übertragung des Wirtschaftsgutes ausschließlich auf einem gesamthänderisch gebundenen Kapitalrücklagenkonto[822] erfolgte.[823] Dieser Ansicht der Finanzverwaltung ist der BFH[824] jedoch nicht gefolgt und hat sich dafür ausgesprochen, **nur solche Vorgänge als entgeltliches Geschäft** anzusehen, die auf dem **Kapitalkonto I** gebucht werden. Entscheidend ist für den **BFH**, dass ein Konto angesprochen wird, nach dem sich die maßgeblichen Gesellschafterrechte, insb. aber das Gewinnbezugsrecht richten. Das ist in aller Regel nur das Kapitalkonto I. Offengelassen hat der BFH, ob eine ausschließliche Buchung auf diesem Konto erforderlich ist oder ob eine teilweise Buchung genügt. Eine Buchung **ausschließlich auf Kapitalkonto II sei jedoch nicht ausreichend**. Gesellschaftsrechtliche Kontendefinitionen, die zu einem anderen Ergebnis führen, sind nicht ausgeschlossen, aber in der Praxis bis dahin eher selten. Die **Finanzverwaltung** hat sich nun dieser Rechtsprechung **angeschlossen**, wendet aber sein früheres Schreiben bis 31.12.2106 weiter an.[825] Andererseits kann eine solche Einbringung gegen Gesellschafterrechte nach Ablauf der 10-Jahresfrist ggf. auch ohne Nachteile zu neuem AfA-Volumen führen.[826] Je nach gewünschtem Ergebnis ist daher die Rechtsform der Zielgesellschaft zu wählen. Bei der **GmbH & Co. KG** kann **je nachdem**, ob die gewerbliche Prägung nach § 15 Abs. 3 EStG gewünscht wird, die Gesell-

---

816 So Milatz/Sax, DStR 2017, 141, 142.
817 BFH, DStR 2012, 1497, Wacker, DStR 2005, 2014 ff.
818 BMF-Schreiben v. 05.10.2000, BStBl. 2000 I, S. 1383, Rn. 8; Kirchdörfer/Lorz, DB 2004, Beilage 3, S. 9; Spiegelberger, Vermögensnachfolge, 2. Aufl. 2010, § 13 Rn. 33; *Geck*, KÖSDI 2010, 16842, 16845; Milatz/Sax, DStR 2017, 141 ff.
819 Detailliert hierzu Milatz/Sax, DStR 2017, 141 ff.
820 FG Rheinland-Pfalz, EFG 2019, 358.
821 BFH, DStR 2008, 761.
822 Zu den Konten bei den Personengesellschaften: Wälzholz, DStR 2011, 1815 ff.; 1861 ff.
823 BMF v. 11.07.2011 – IV C 6 – S 2178/09/10001, BStBl. 2011 I, 713; dieses ersetzte das Schreiben des BMF v. 26.11.2004, BStBl. 2004 I, 1190.
824 BFH, DStR 2016, 662.
825 BMF, DStR 2016, 1749.
826 Geck, KÖSDI 2008, 16016.

schaft entweder als **vermögensverwaltend** (weitere natürliche Person als Komplementär oder ein Kommanditist in der Geschäftsführung) oder als **gewerblich** geprägt konstruiert werden.
- wie sich die **Fiktion des § 10 Abs. 1 Satz 4 ErbStG** für die Schenkungsteuer auswirkt, dass bei vermögensverwaltenden Gesellschaften die anteiligen Wirtschaftsgüter als geschenkt gelten[827] und Schulden und Lasten wie eine Gegenleistung behandelt werden. Damit will § 10 Abs. 1 Satz 4 ErbStG die Grundsätze der gemischten Schenkung zur Anwendung bringen und einen nach Auffassung des Gesetzgebers »überhöhten« Schuldenabzug verhindern.[828]
- ob es sich um Grundstücke eines Betriebsvermögens handelt, deren Einbringung in die GbR zu einer steuerpflichtigen **Entnahme** führen könnte;[829] stattdessen könnte die Betriebsvermögenszugehörigkeit durch Einbringung in eine gewerblich geprägte GmbH & Co. KG erhalten bleiben. Dann ist besondere Vorsicht bezüglich des Gründungsvorganges angebracht. Da die Gesellschaft nach § 161 Abs. 2, 123 Abs. 1 HGB erst mit Registereintragung entsteht (konstitutive Wirkung),[830] führt schon ein vorheriger Erwerb nur des wirtschaftlichen Eigentums zu einer Aufdeckung stiller Reserven.[831]
- ob sich mit der Einbringung eines Grundstücks eines Ehegatten gegen Gewährung von Gesellschaftsanteilen in eine vermögensverwaltende GbR **weitere steuerliche Gestaltungsziele** verbinden lassen. Nach Ansicht des BFH liegt ein teilentgeltliches[832] Anschaffungsgeschäft vor, soweit sich die Anteile eines Gesellschafters an dem Grundstück erhöhen. Wird insoweit ein Darlehen übernommen, so kann dieses bisher private Darlehen umqualifiziert werden, sodass die Zinsen künftig Werbungskosten aus Vermietung und Verpachtung darstellen.[833]

▶ Formulierungsvorschlag: Ehegattenaußengesellschaft bürgerlichen Rechts

Urkundseingang 405

.....

Die Ehegatten vereinbaren daher den nachfolgenden

Gesellschaftsvertrag

§ 1 Name, Sitz

(1) Der Name der Gesellschaft lautet:

Hans Müller und Elfriede Müller

Grundstücksgesellschaft bürgerlichen Rechts

(2) Der Sitz der Gesellschaft ist München.

(3) Die Gesellschaft ist eine Gesellschaft bürgerlichen Rechts.

§ 2 Gegenstand der Gesellschaft

(1) Gegenstand der Gesellschaft ist der Erwerb sowie das Halten und Verwalten des eigenen Grundbesitzes. Hierzu gehört derzeit insbesondere der nachfolgend genannte Grundbesitz:

.....

---

827 Hierzu krit. Troll/Gebel/Jülicher-Gebel, § 10 Rn. 59.
828 Meincke/Hannes/Holtz, Erbschaftsteuer- und Schenkungsteuergesetz, § 10 Rn. 25 mit Kritik hinsichtlich der Beibehaltung der Regelung im Hinblick auf das 2009 in Kraft getretene neue Bewertungsrecht.
829 Vgl. BMF v. 08.12.2011 – IV C 6 – S 2241/10/10002, BStBl. 2011, 1279.
830 BFH, ZEV 2009, 356 m. Anm. Wachter für das Schenkungsteuerrecht.
831 BFH, NJW 2009, 3743.
832 Zur Frage der Teilentgeltlichkeit entwickelt sich gerade eine neue Rechtsprechung, die eine Gewinnauswirkung erst dann sieht, wenn das Entgelt den Buchwert überschreitet; vgl. etwa BFH, DStR 2012, 2051.
833 BFH, DStR 2011, 2347 f. = MittBayNot 2012, 329 f. m. Anm. Ihle.

Besondere Einlagen sind nicht zu erbringen.[834]

Alternative 1:

Jeder Gesellschafter ist verpflichtet, bis zum Letzten des auf die Beurkundung folgenden Monats in die Gesellschaft bürgerlichen Rechts einen baren Geldbetrag in Höhe von ..... € einzubringen.

Alternative 2:

Die Gesellschafter verpflichten sich, den nachfolgend genannten Grundbesitz in die Gesellschaft bürgerlichen Rechts zu deren Alleineigentum einzubringen:

.....

(folgt im Anschluss an den Vertrag der Gesellschaft bürgerlichen Rechts die Einbringung mit Auflassung)[835]

(2) Die Gesellschaft kann Geschäfte jeder Art tätigen, die dem Gesellschaftszweck unmittelbar oder mittelbar dienen.

(3) Eine gewerbliche Tätigkeit wird ausdrücklich nicht ausgeübt.[836]

§ 3 Dauer der Gesellschaft

(1) Die Dauer der Gesellschaft ist unbestimmt.

(2) Die Kündigung der Gesellschaft kann mit einer Frist von einem halben Jahr zum Jahresende erfolgen. Sie ist mittels Übergabeeinschreiben an die Mitgesellschafter zu richten. Für die Rechtzeitigkeit der Kündigung kommt es auf das Datum der Aufgabe zur Post an.

(3) Im Fall einer Trennung kann jeder Gesellschafter die sofortige Auflösung der Gesellschaft verlangen. Wir legen fest, dass eine Trennung als erfolgt gilt, wenn der eine Ehegatte sie dem anderen Ehegatten per Übergabeeinschreiben mitgeteilt hat. Dieses Verlangen geht einer sonstigen Kündigung vor.

§ 4 Gesellschafter

(1) Gesellschafter der Gesellschaft bürgerlichen Rechts sind:

a) Herr Hans Müller zu 50 %
b) Frau Elfriede Müller zu 50 %.

(2) Die Gesellschaftsanteile sind unveränderlich, sodass sich der Anteil eines jeden Gesellschafters insbesondere nicht durch Gewinne oder Verluste, Einlagen oder Entnahmen verändert.[837]

---

[834] Diese Formulierung geht davon aus, dass die Gesellschaft selbst den Grundbesitz erwirbt und finanziert. Erwirbt die Gesellschaft mit dem Geld der Gesellschafter, sind Einlageverpflichtungen in Geld festzusetzen. Bringen die Gesellschafter den Grundbesitz in die GbR ein, muss eine entsprechende Einlageverpflichtung begründet werden.

[835] Ein Muster hierzu findet sich bei Munzig in Münch C., Familienrecht, § 22 Rn. 42.

[836] Zu beachten ist bei der Verwendung einer GbR, dass die sog. »Drei-Objekt-Grenze« des gewerblichen Grundstückshandels bereits bei Überschreitung durch die GbR auf beide Gesellschafter durchschlägt (BMF, BStBl. 1990 I, S. 884, Rn. 15; BMF, BStBl. 2004 I, S. 434, Rn. 12, 14; BFH, DStR 1996, 1729), während die Ehegatten für den Fall, dass ein jeder von ihnen drei Objekte veräußert, getrennt betrachtet werden. Die Grundstücksgesellschaft ist also nur für eine langfristige Vermögensanlage geeignet, nicht für ein kurzfristiges Durchhandeln. Grundlegend zur Unterscheidung zwischen gewerblichen und vermögensverwaltenden Gesellschaften aus steuerlicher Sicht von Sothen, in Münchener Anwaltshandbuch Erbrecht (Hrsg. Scherer), 5. Aufl. 2018, § 36 Rn. 56 ff.

[837] Möglich wäre es auch, die Anteile je nach den Beitragsleistungen variabel zu gestalten. Allerdings setzt diese eine buchhalterische Erfassung der Beiträge voraus und bei Beiträgen, die nicht in Investitionen bestehen, eine genaue Definition der zählbaren Beiträge sowie einen Mechanismus zur Durchführung der Anpassung, s. hierzu Munzig in C. Münch, Familienrecht, § 12, Rn. 22 und Vertragsmuster § 22 Rn. 39.

Alternative:

Soweit Hans und Elfriede Müller künftig nachweislich unterschiedliche Beiträge für die Gesellschaft leisten, ändern sich die Beteiligungsquoten entsprechend ihrer Beitragsleistung. Die jeweilige Änderung der Beteiligungsquoten ist auf schriftliches Verlangen binnen drei Monaten nach Beitragsleistung durch Gesellschafterbeschluss zu dokumentieren. Unterbleibt dies und wird das Unterbleiben nicht mit rechtlichen Mitteln verfolgt, bleibt es bei den bisherigen Quoten.[838]

§ 5 Geschäftsführung und Vertretung

(1) Die Geschäfte der Gesellschaft werden von allen Gesellschaftern gemeinschaftlich geführt. Die Gesellschaft wird von allen Gesellschaftern gemeinschaftlich vertreten.[839]

(2) Die Gesellschafter sind von den Beschränkungen des § 181 BGB generell befreit.

§ 6 Gesellschafterbeschlüsse

Die Gesellschafter entscheiden über die ihnen nach dem Gesetz oder diesem Gesellschaftsvertrag zugewiesenen Angelegenheiten durch einstimmigen Gesellschafterbeschluss.

Alternative:

Die Gesellschafter entscheiden mit einfacher Mehrheit der abgegebenen Stimmen; ausgenommen sind Veräußerung und Belastung von Grundbesitz sowie Änderungen dieses Gesellschaftsvertrages, über die nur einstimmig entschieden werden kann. Das Stimmrecht eines jeden Gesellschafters richtet sich nach der Höhe seines Gesellschaftsanteils gemäß § 4 dieses Gesellschaftsvertrages.

§ 7 Überschussrechnung

(1) Die Ermittlung der Einkünfte der Gesellschaft erfolgt durch einen Rechnungsabschluss, der jeweils innerhalb von drei Monaten nach Ende eines jeden Geschäftsjahres erstellt werden soll. Geschäftsjahr ist das Kalenderjahr.

(2) Die Gesellschafter nehmen im Verhältnis ihrer Beteiligung nach § 4 dieses Vertrages am Ergebnis der Gesellschaft teil.

(3) Die Gesellschaft bildet angemessene Rücklagen zur Erhaltung des Grundbesitzes.

(4) Ein dem Gesellschafter verbleibender Anteil am Jahresüberschuss kann von diesem nach Erstellung der Jahresüberschussrechnung und Beschlussfassung über die Bildung von Rücklagen entnommen werden.

§ 8 Ausscheiden eines Gesellschafters

(1) Bei Kündigung der Gesellschaft durch einen Gesellschafter, bei Verlangen der Auflösung wegen Trennung nach § 3 Abs. 3 dieses Vertrages und in allen sonstigen nicht vom nachfolgendem Abs. 2 oder § 12 erfassten Fällen des Ausscheidens eines Gesellschafters wird die Gesellschaft aufgelöst.

(2) Bei Kündigung der Gesellschaft durch einen Gläubiger nach § 725 BGB, bei Eröffnung eines Insolvenzverfahrens über das Vermögen eines Gesellschafters oder Ablehnung dieser Eröffnung mangels Masse und bei der Ausschließung eines Gesellschafters wird die Gesellschaft nicht aufgelöst, sondern von den übrigen Gesellschaftern fortgesetzt, während der betroffene Gesellschafter ausscheidet.[840]

---

838 Angelehnt an Munzig in C. Münch, Familienrecht, § 12 Rn. 43.

839 Die Bestimmungen der §§ 5 und 6 gehen von einem übersichtlichen Gesellschaftsvermögen aus. Dann müssen bei einer Grundstücksverwaltungsgesellschaft nicht übermäßig viele Rechtshandlungen vorgenommen werden, sodass eine gemeinschaftliche Beschlussfassung und Vertretung angebracht ist. Andere Lösungen, wie etwa Mehrheitsbeschlüsse bei unterschiedlichen Anteilsverhältnissen, sind vorstellbar.

840 Vgl. Langenfeld/GbR, 17/18.

(3) Besteht in den Fällen des Abs. 2 die Gesellschaft nur aus zwei Gesellschaftern und scheidet einer von ihnen aus oder scheiden gleichzeitig mehrere Gesellschafter aus, sodass nur ein Gesellschafter übrig bleibt, so steht dem verbleibenden Gesellschafter ein Übernahmerecht zu. Macht er von seinem Übernahmerecht Gebrauch, so wächst das Gesellschaftsvermögen dem Übernehmenden ohne Einzelübertragung an, der Ausscheidende ist abzufinden. Eine Liquidation findet nicht statt.

Alternative:

Bei Kündigung wird die Gesellschaft aufgelöst.[841]

§ 9 Ausschließung

(1) Tritt in der Person eines Gesellschafters ein wichtiger Grund ein, der die anderen Gesellschafter zu einer außerordentlichen Kündigung nach § 723 Abs. 1 Satz 2 BGB berechtigen würde, können diese Gesellschafter – anstatt die Gesellschaft außerordentlich zu kündigen – den erstgenannten Gesellschafter durch einstimmigen Beschluss aus der Gesellschaft ausschließen. Die Trennung der Ehegatten stellt keinen Ausschlussgrund dar, da sie in diesem Vertrag eine gesonderte Regelung erfahren hat.

(2) Der auszuschließende Gesellschafter hat kein Stimmrecht.

(3) Der auszuschließende Gesellschafter scheidet mit Zugang des Ausschließungsbeschlusses aus der Gesellschaft aus, welche von den verbleibenden Gesellschaftern fortgesetzt wird.

§ 10 Verfügung über Gesellschaftsanteile

Eine Verfügung über einen Gesellschaftsanteil oder einen Teil eines solchen ist außer an einen Mitgesellschafter nicht zulässig, es sei denn, sie wird durch vorherigen einstimmigen Gesellschafterbeschluss zugelassen.

§ 11 Abfindung/Ausscheiden

(1) Im Fall der Auflösung der Gesellschaft nach § 8 Abs. 1 dieses Vertrages findet die Auseinandersetzung nach §§ 730 ff. BGB statt; im Fall des Auflösungsverlangens wegen Trennung gilt jedoch § 13 dieses Vertrages.

Alternative:

Bei Auflösung der Gesellschaft nach § 8 Abs. 1 des Vertrages findet die Auseinandersetzung nach § 13 dieses Vertrages statt.

(2) Wenn ein Gesellschafter nach § 8 Abs. 2 dieses Vertrages ausscheidet, erhält er eine Abfindung.

(3) Der Abfindungsbetrag bemisst sich nach dem Verkehrswert des Gesellschaftsvermögens, insbesondere des Grundbesitzes, und richtet sich nach der Höhe der Beteiligung des Gesellschafters gemäß § 4 dieses Vertrages. Der Abfindungsbetrag beläuft sich auf 70 % des Verkehrswertes,[842] dabei darf der Buchwert nicht unterschritten sein.[843]

(4) Können sich die Gesellschafter über den Verkehrswert nicht einigen, so wird dieser durch einen von der örtlich zuständigen Industrie- und Handelskammer benannten öffentlich vereidigten Grundstückssachverständigen für alle Beteiligten verbindlich festgestellt. Das Gutachten ist

---

841 So Langenfeld, 5. Aufl., Rn. 1218 für die Ehegattengesellschaft. Es mag jedoch ein Interesse eines Ehegatten geben, gegen Abfindung den Grundbesitz allein weiterzuführen. Aus diesem Grund wurde hier – außer im Kündigungs- und Trennungsfall – die Fortführung vorgesehen, für die Kündigung durch Gläubiger, die Insolvenz und – zur Vermeidung der Gläubigerbenachteiligung – die Ausschließung des Gesellschafters. Wenn dies im jeweiligen Fall nicht gewünscht ist, kann die alternative Formulierung Verwendung finden. § 9 kann dann entfallen. § 11 kann sich in diesem Fall auf Abs. 1 beschränken.
842 Für die Fälle der Ausschließung und der Inanspruchnahme durch Gläubiger wird die Abfindung hier niedriger festgesetzt.
843 Zu Abfindungsbeschränkungen bei Familiengesellschaften: Wolf, MittBayNot 2013, 9.

nur dann nicht verbindlich, wenn für ein Gericht unter den Voraussetzungen des § 412 ZPO die Einholung eines weiteren Gutachtens geboten wäre.[844]

(5) Das Abfindungsguthaben ist in fünf gleichen, unmittelbar aufeinander folgenden Jahresraten auszuzahlen. Die erste Rate ist ein Jahr nach dem Ausscheidungsstichtag zur Zahlung fällig. Ab diesem Zeitpunkt ist das restliche Abfindungsguthaben mit jährlich 4 % – vier vom Hundert – zu verzinsen. Zinsen sind jeweils mit den Jahresraten zu entrichten. Sicherheitsleistung kann nicht gefordert werden.

§ 12 Versterben eines Gesellschafters

(1) Bei dem Versterben eines Gesellschafters wird die Gesellschaft mit dessen Erben oder Vermächtnisnehmern fortgesetzt.

Alternative:

.... wenn es sich hierbei um einen Mitgesellschafter oder einen gemeinschaftlichen Abkömmling der Gründungsgesellschafter handelt. Andernfalls wächst der Anteil den verbleibenden Gesellschaftern an. Ein Abfindungsanspruch besteht insoweit nicht.

(2) Testamentsvollstreckung ist zulässig.[845]

Alternative:

Beim Tod eines Gesellschafters wird die Gesellschaft aufgelöst.

§ 13 Trennung der Ehegatten

Im Fall einer Trennung der Ehegatten mit einem Auflösungsverlangen nach § 3 Abs. 3 dieses Vertrages werden der Grundbesitz und das sonstige Vermögen der Gesellschaft bürgerlichen Rechts folgendermaßen auseinander gesetzt, soweit die Ehegatten nicht auf andere übereinstimmende Art die Auseinandersetzung gemeinschaftlich durchführen:

(1) Die Auseinandersetzung hat so zu geschehen, dass das Gesellschaftsvermögen, welches nach Begleichung der Gesellschaftsverbindlichkeiten verbleibt, an die Gesellschafter entsprechend ihrer Beteiligung nach § 4 dieses Vertrages ausgekehrt wird.

(2) Führen die nachfolgenden Regularien dazu, dass der Wert des Grundbesitzes, den ein Ehegatte erhält, den Wert des Grundbesitzes übersteigt, den der andere Ehegatte erhält, so hat derjenige Ehegatte, der den höheren Wert erhält, an den anderen Ehegatten die Hälfte der Differenz Zug-um-Zug mit der Durchführung der Auseinandersetzung auszuzahlen. Als Wert ist hierbei der Verkehrswert anzusetzen.[846]

(3) Erzielen die Ehegatten über die Wertigkeit des Grundbesitzes keine Einigkeit, so soll dieser sachverständig ermittelt werden, so wie in § 11 Abs. 4 dieses Vertrages beschrieben.

(4) Zunächst hat jeder Ehegatte das Recht, die Zuteilung desjenigen Grundbesitzes zu verlangen, den er in die Gesellschaft eingebracht hat.[847]

(5) Sodann hat derjenige Ehegatte, dem die Trennung vom anderen Ehegatten mitgeteilt wurde, das Recht, die Übernahme eines Objektes zu erklären.[848] Sodann kann der andere Ehegatte – und jeweils wieder alternierend der andere – die Übernahme eines Objektes erklären. Als ein Objekt

---

844 So die Formulierung von Bergschneider, Rn. 69.
845 Da die Rspr. dies, wenn auch nicht ohne Einschränkungen, für möglich hält, sollte es auch vorgesehen sein; BGH, MittBayNot 1996, 118 m. Anm. Weidlich; Weidlich, ZEV 1998, 339 ff.
846 Die Formulierung ist bei abweichenden Quoten anzupassen.
847 Dies kann insb. dann sinnvoll sein, wenn in die Gesellschaft Grundbesitz von einzelnen Ehegatten eingebracht wurde. Wobei auch dieser Grundbesitz an der hälftigen Teilung des Wertes teilnimmt. Soll etwas anderes gelten, etwa für eingebrachten Grundbesitz des Anfangsvermögens, so müsste dies gesondert vereinbart werden. An und für sich wird aber eine Außengesellschaft gerade dann gegründet, wenn der enthaltene Grundbesitz als gemeinsam erwirtschaftet und gleich zu teilen betrachtet wird.
848 Eine solche Anknüpfung hat ihre Grenzen dort, wo sie den anderen Ehegatten von einer Trennung oder Scheidung abhalten könnte. Sie ist also bei einer Gesellschaft, die mehrere Grundstücke hält,

wird jeweils eine wirtschaftliche Einheit angesehen, sodass also insbesondere Nebengrundstücke oder Stellplätze zusammen mit dem Hauptgrundstück ein Objekt bilden.[849]

(6) Jeder Ehegatte, der ein Objekt übernimmt, hat die Verbindlichkeiten mit zu übernehmen, die für dieses Anwesen verwendet wurden.

(7) Sofern das zuletzt gemeinsam bewohnte Familienwohnheim im Eigentum der Gesellschaft steht, bleibt dieses jedoch so lange im Eigentum der Gesellschaft bürgerlichen Rechts, bis das jüngste Kind, das dort noch wohnt, das 21. Lebensjahr vollendet hat. Der Ehegatte, der das Familienwohnheim gemeinsam mit Kindern nutzt, hat die Verbindlichkeiten zu verzinsen und zu tilgen, welche auf dem Familienwohnheim lasten und die Lasten des Anwesens zu tragen. Diese Regelung ist unterhaltsrechtlich zu berücksichtigen. Diesem Ehegatten steht sodann ein Übernahmerecht gegen Ausgleich zu wie oben beschrieben.[850]

§ 14 Schlussbestimmungen

(1) Soweit in diesem Gesellschaftsvertrag keine besondere Regelung getroffen ist, gelten ansonsten die gesetzlichen Bestimmungen.

(2) Die etwaige Nichtigkeit einzelner Bestimmungen berührt die Wirksamkeit des Gesellschaftsvertrages im Übrigen nicht.

Die Beteiligten sind verpflichtet, anstelle der unwirksamen Bestimmungen eine dem Vertragsgedanken entsprechende Neuregelung zu treffen. Sofern eine Neuregelung nicht erfolgt, gelten die für die entsprechende Regelungslücke bestehenden Gesetze.

▶ Kostenanmerkung:

406   Soweit Einlageverpflichtungen vorliegen, ist der Wert nach der Summe der Werte aller Einlagen ohne Schuldenabzug zu bestimmen.[851] Bestehen keine Einlageverpflichtungen, so ist der Wert nach billigem Ermessen zu bestimmen, § 36 Abs. 1 GNotKG. Mindestwert nach § 107 Abs. 1 Satz 1 GNotKG 30.000,00 €, Höchstwert 10 Mio. €. Dabei wird der Wert des betroffenen Gesellschaftsvermögens zu berücksichtigen sein. Die Einbringungsverpflichtung mit Auflassung und die Gesellschaftsgründung sind gegenstandsgleich. Ein Ankauf hingegen mit der Fassung des Gesellschaftsvertrages in einer Urkunde ist gegenstandsverschieden.[852]

III. Aufnahme des Ehegatten in ein Einzelunternehmen

407   Die weitere Gestaltungsvariante – Aufnahme des Ehegatten in ein Einzelunternehmen – kann Verwendung finden, wenn ein Ehegatte an einem bisherigen Einzelunternehmen beteiligt werden soll. Ziel einer solchen Beteiligung kann es sein, dem Ehegatten, der in der Firma mitarbeitet, eine Beteiligung einzuräumen. Motiv kann aber auch sein, lediglich eine kapitalistische Beteiligung zu verschaffen, etwa als Ausgleich für andere Ansprüche, auf die in diesem Zusammenhang verzichtet wird – allerdings ist hier eine genaue steuerliche Prüfung vorzuschalten[853] – oder als eine Stufe einer vorgesehenen Übertragung auf die Kinder, die dann von beiden Eltern aus an dieser KG beteiligt

---

unschädlich, bei einer »Ein-Haus-Gesellschaft« hingegen müsste die obige Formulierung anders gefasst werden.
849 Vgl. die Definition bei Langenfeld, 5. Aufl., Rn. 1218. Dort auch ein grundlegender Formulierungsvorschlag einer Aufteilung nach Los unter Anleitung eines Sachverständigen.
850 Eine solche Sonderregelung für das Familienwohnheim kann erfolgen, wenn auch dieses in der Gesellschaft gehalten wird, sie ist aber nicht zwingend notwendig.
851 Leipziger Gerichts- & Notarkosten-Kommentar, § 107 Rn. 9 f.
852 Leipziger Gerichts- & Notarkosten-Kommentar, § 107 Rn. 15.
853 Zu beachten ist, dass die Beteiligung etwa zur Abgeltung von Zugewinnausgleich oder Pflichtteilsansprüchen sich als Leistung an Erfüllungs statt und damit als ein entgeltliches Rechtsgeschäft darstellt mit der Folge, dass ein laufender einkommensteuerlicher Gewinn aus der Realisierung stiller Reserven anzunehmen sein kann, BFH, DStRE 2004, 449 f.

werden können. Hierdurch können die persönlichen Schenkungsteuerfreibeträge nach beiden Eltern mehrfach ausgenutzt werden, nicht jedoch der Betriebsvermögensfreibetrag, wenn anschließend eine Übertragung weiter auf die Kinder stattfindet. Um die **Schenkungsteuerfreibeträge nach beiden Eltern auszunutzen**, darf keine Auflage einer Weiterschenkung im Vertrag enthalten sein.[854]

Es war in der Vergangenheit nicht geklärt, ob für diese unentgeltliche Aufnahme in ein Einzelunternehmen der **Betriebsvermögensfreibetrag nach § 13a ErbStG** zu gewähren ist, weil hier nicht ein bestehender Mitunternehmeranteil übertragen wird, sondern der Mitunternehmeranteil erst durch die Übertragung geschaffen wird. Hierfür wurde bereits an anderer Stelle eine Lanze gebrochen,[855] vor allem mit Blick auf die einkommensteuerliche Erfassung des Vorgangs in der Neuregelung des § 6 Abs. 3 EStG. Inzwischen ist die Gewährung des Betriebsvermögensfreibetrages für diese Gestaltung in den Erbschaftsteuerrichtlinien vorgesehen.[856] Dies ist auch nach der Erbschaftsteuerreform ausdrücklich beibehalten worden.

408

Allerdings blieb **fraglich**, ob dies auch für **rein vermögensverwaltende Gesellschaften** galt, da hier nach § 10 Abs. 1 Satz 4 ErbStG nicht von der Schenkung des Anteils, sondern der anteiligen Wirtschaftsgüter ausgegangen wird.[857] Erbschaftsteuerlich sind inzwischen aber auch **sog. gewerblich geprägte GmbH & Co. KG** regelmäßig **nicht mehr erbschaftsteuerlich begünstigt**, weil sie in aller Regel die höchstzulässige Quote an Verwaltungsvermögen nach § 13b Abs. 2 ErbStG überschreiten.[858]

In jedem Fall ist vor Abschluss einer solchen Vereinbarung eine **ausführliche einkommensteuerliche Beratung** angebracht, da die Auslegung der einschlägigen einkommensteuerrechtlichen Vorschriften, etwa des § 6 Abs. 3 EStG und des § 24 UmwStG, nicht frei von Zweifeln ist.[859] Ablehnende FG-Rechtsprechung[860] ist aber inzwischen durch ein grundlegendes Urteil des BFH überholt.[861] Danach können bei der Einbringung die Buchwerte fortgeführt werden und zwar – soweit die Einbringung für eigene Rechnung erfolgt – nach § 24 UmwStG und – soweit die Einbringung und Umbuchung zugunsten des neu aufzunehmenden Gesellschafters erfolgt – nach § 6 Abs. 3 EStG. Der abweichenden Ansicht, dass bei der Aufnahme in ein Einzelunternehmen zunächst eine Schenkung eines ideellen Anteils der Wirtschaftsgüter erfolge, die dann in einem zweiten Schritt eingebracht würden, ist der BFH klar entgegengetreten.[862] Ferner ist bedeutsam die Behandlung eines sog. Mischentgeltes und damit die Verbuchung des den Kapitalanteil übersteigenden Teils des Eigenkapitals. Bei einer Verbuchung auf einem Darlehenskonto werden nicht nur Gesellschafterrechte gewährt, sondern wegen der Darlehensforderung ein Mischentgelt (anders bei Buchung in die gesamthänderisch gebundene Rücklage). Der BFH will nach seiner neuesten Rechtsprechung aber auch hier eine Gewinnauswirkung erst annehmen, wenn Summe aus Gutschrift auf dem Kapitalkonto und Darlehensforderung den Buchwert übersteigt und spricht sich damit gegen die bisher verfolgte Trennungstheorie aus.[863] Steuer-

409

---

854 Vgl. zu dieser Art der Kettenschenkung C. Münch, StB 2003, 130 ff. und Kap. 4 Rdn. 69 f.
855 C. Münch, DStR 2002, 1025 ff.
856 R E 13b.5. Abs. 3 Satz4 ErbStR (2019).
857 Vgl. LfSt Bayern, BeckVerw 2557736; hierzu Troll/Gebel/Jülicher/Gebel, § 10 Rn. 59.
858 MüHdbGesR/Levedag/Obser, Bd. 2, § 59 Rn. 219 ff.; Geck, ZEV 2009, 601 ff., dort auch zu Mitteln, diesen Verwaltungsvermögensanteil zu senken.
859 Vgl. Carlé, KÖSDI 2003, 13311 ff.; C. Münch, DStR 2002, 1025 ff.; Korn/Strahl, § 6 Rn. 475.1.
860 FG Schleswig-Holstein, BB 2004, 2294, kommentiert in KÖSDI 2004, 14392.
861 BFH/NV 2006, 521 ff.
862 Zur Einbringung von Einzelwirtschaftsgütern gegen Gewährung von Mitunternehmeranteilen vgl. BFH, GmbHR 2008, 548 ff. = DStR 2008, 761 und nun BFH DStR 2016, 662. Der BFH fordert eine jedenfalls teilweise Buchung auf Kapitalkonto I für die Annahme einer Entgeltlichkeit.
863 BFH, DStR 2013, 2380 gegen BMF, BStBl. 2011 I, 1314; hierzu Rosenberg/Placke, DB 2013, 2821. Die Finanzverwaltung ist gegenüber der Aufgabe der Trennungstheorie skeptisch, BMF, DB 2013, 2117. Eine Vorlage des BFH an den Großen Senat (DStR 2015, 2834) kam leider nicht zur Entscheidung, da das Finanzamt abgeholfen hatte (BFH/NV 2019, 39).

lich wird gleichwohl häufig aus Sicherheitsgründen die vorherige Gründung einer »Ein-Mann« GmbH & Co. KG mit einer anschließenden KG-Anteilsabtretung präferiert.[864]

410 In nachfolgendem Formulierungsvorschlag sind nur die in unserem Zusammengang notwendigen Regelungen ausgeführt. Es handelt sich um eine KG, die später auch durch Aufnahme der Kinder erweitert werden kann. Persönlich haftender Gesellschafter ist der vormalige Einzelunternehmer.

411 Im Zuwendungsvertrag ist ein **Rückerwerbsrecht** etwa für den Fall der **Ehescheidung** vorgesehen. Hierzu hat das OLG Karlsruhe entschieden, dass ein solcher Vorbehalt einer Rückforderung ohne Abfindung auch im Lichte der Rechtsprechung des BGH zur verbotenen Hinauskündigung zulässig sei.[865] Angesichts der vom BGH inzwischen statuierten sachlich begründeten Ausnahmen (Mitarbeitermodell, Managermodell, Freiberufler auf Probe, Testierfreiheit) wird man annehmen können, dass die Scheidung auch als Fall einer Ausschließung gesellschaftsvertraglich vereinbart werden kann, ohne gegen das Verbot der Hinauskündigung zu verstoßen.

▶ Formulierungsvorschlag: Errichtung einer Kommanditgesellschaft unter Aufnahme des Ehegatten in ein Einzelunternehmen

412 Urkundseingang .....

Die Erschienenen sind mir, dem Notar, persönlich bekannt.

Auf Ansuchen der Erschienenen beurkunde ich ihren bei gleichzeitiger Anwesenheit vor mir abgegebenen Erklärungen gemäß Folgendes:

I. Vorbemerkung

Herr ..... betreibt in ..... unter der Firma ..... ein einzelkaufmännisches Unternehmen, das ..... zum Gegenstand hat.

Es ist im Handelsregister des AG ..... unter HRA ..... eingetragen. Herr ..... nimmt mit Wirkung vom Tag der Eintragung in das Handelsregister seine Ehefrau als Kommanditistin in dieses Unternehmen auf. Mit der Einbringung des Einzelunternehmens in die KG gemäß Ziffer II. § 3 und III. dieser Urkunde erhält die Ehefrau 25 % des bisherigen Einzelunternehmens im Wege der ehebedingten Zuwendung gemäß Ziffer IV dieser Urkunde zugewandt. Die Beteiligten schließen zu diesem Zweck Folgendes

II. Gesellschaftsvertrag

§ 1 Errichtung, Firma, Sitz, Zweck

(1) Die Firma der Kommanditgesellschaft lautet:

»..... KG«.

Sitz der Firma ist .....

Die Geschäftsräume befinden sich in .....

(2) Zweck und Unternehmensgegenstand der Gesellschaft sind .....

Die Gesellschaft ist befugt, gleiche oder ähnliche Unternehmen zu errichten oder zu erwerben, sich an derartigen Unternehmen zu beteiligen sowie Zweigniederlassungen zu errichten. Sie ist auch befugt, den Betrieb oder Teile des Betriebes zu verpachten oder in sonstiger Weise zur Nutzung zu überlassen oder andere Betriebe anzupachten.

§ 2 Geschäftsjahr

Das Geschäftsjahr der Kommanditgesellschaft ist das Kalenderjahr.

Die Kommanditgesellschaft entsteht mit Eintragung im Handelsregister.

---

864 Korn/Strahl, § 6 Rn. 475.1.
865 OLG Karlsruhe, FamRZ 2007, 823; hierzu Anm. Ivo, ZEV 2007, 139 f.; C. Münch, ZErb 2007, 410 ff.

§ 3 Gesellschafter, Kapitalanteile, Einlagen, Haftsummen

(1) Persönlich haftender Gesellschafter ist

Herr .....

mit einem Kapitalanteil in Höhe von ..... €

(2) Kommanditistin ist

Frau .....

mit einem Kapitalanteil in Höhe von ..... €

(3) Herr ..... erbringt seinen Kapitalanteil dadurch, dass er das bisher von ihm unter der Firma ..... betriebene Einzelunternehmen mit allen Aktiva und Passiva, insbesondere mit dem Grundbesitz, in die KG zum Alleineigentum der Gesellschaft einbringt gemäß Ziffer III. dieser Urkunde. Die Einbringung erfolgt zu Buchwerten gemäß der von Herrn Steuerberater ..... zum Einbringungsstichtag zu erstellenden Bilanz.

(4) Die Gesellschafterin ..... erbringt ihren Kapitalanteil dadurch, dass ihr im Wege der ehebedingten Zuwendung gemäß Ziffer IV. dieser Urkunde 25 % des eingebrachten Einzelunternehmens vom Einbringenden zugewendet wird und auf ihr Konto umgebucht wird.

(5) Für vorstehend 3) und 4) gilt:

In Höhe des festen Kapitalanteils wird das eingebrachte Unternehmen bzw. der Anteil daran dem Kapitalkonto des Gesellschafters gutgeschrieben, der übersteigende Wert wird dem Rücklagenkonto gutgebracht.

(6) Die Kapitalanteile sind fest; sie können nur durch Änderung des Gesellschaftsvertrages geändert werden.

(7) Der Kapitalanteil der Kommanditistin ist als ihre Haftsumme in das Handelsregister einzutragen.

§ 4 Gesellschafterkonten

..... Kapitalkonto, Rücklagenkonto und Darlehenskonto .....

§ 5 Geschäftsführung, Vertretung

Der persönlich haftende Gesellschafter ist zur Geschäftsführung und Vertretung der Gesellschaft einzeln berechtigt und verpflichtet. Er ist von den Beschränkungen des § 181 BGB befreit.

§ 6 Gesellschafterbeschlüsse

.....

§ 7 Buchführung, Jahresabschluss

.....

§ 8 Ergebnisverteilung

(1) Sofern eine natürliche Person persönlich haftender Gesellschafter ist, gilt:

Dieser persönlich haftende Gesellschafter erhält als Vorabgewinn einen Betrag von monatlich ..... €.[866]

Der jährliche Vorabgewinn darf jedoch 30 % des Gewinnes laut Handelsbilanz nicht überschreiten, sonst wird er anteilig gekürzt.

Der Vorabgewinn ist zu Beginn eines jeden Geschäftsjahres unter Berücksichtigung der Entwicklung der Lebenshaltungskosten und der Ertragslage der Gesellschaft neu festzusetzen.

---

[866] Zur geänderten umsatzsteuerlichen Betrachtung von Geschäftsführungs- und Vertretungsleistungen vgl. BMF, BStBl. 2004 I, S. 240; das Schreiben basiert auf dem Urteil des BFH, BStBl. 2003 II, S. 36.

(2) Am Gewinn und Verlust der Gesellschaft nehmen die Gesellschafter im Verhältnis ihrer Kapitalanteile teil.

.....

§ 9 Entnahmen

.....

§ 10 Verfügung über Gesellschaftsanteile

(1) Jeder Gesellschafter hat das Recht, seinen Gesellschaftsanteil im Ganzen ohne Zustimmung der Gesellschaft oder der anderen Gesellschafter auf einen Abkömmling oder auf einen Mitgesellschafter zu übertragen. In diesem Zusammenhang kann ein persönlich haftender Gesellschafter auch die Stellung des persönlich haftenden Gesellschafters übertragen.

(2) Eine Übertragung des Gesellschaftsanteils an andere Personen als die vorgenannten oder die Teilung eines Gesellschaftsanteils bedarf eines vorherigen Gesellschafterbeschlusses mit Einstimmigkeit der Stimmen aller stimmberechtigten Gesellschafter, wobei der übertragungswillige Gesellschafter mitzustimmen berechtigt ist.

Dasselbe gilt für die Verpflichtung zu einer Übertragung, eine Sicherungsabtretung, die Einräumung eines Nießbrauchs, einer stillen Beteiligung oder einer Unterbeteiligung.

Die Gesellschafter haben sich binnen eines Monats nach schriftlicher Anzeige durch den übertragungswilligen Gesellschafter zu entscheiden; anderenfalls gilt die Einwilligung als versagt.

Die vorgenannte Einschränkung gilt nicht für Verfügungen des persönlich haftenden Gesellschafters ...... Dieser ist auch berechtigt, durch Verfügung über seinen Gesellschaftsanteil einen persönlich haftenden Gesellschafter in die Gesellschaft aufzunehmen. Ferner kann Herr ..... im Fall des Rückerwerbes gemäß Ziffer IV. 3) dieser Urkunde wieder in die Gesellschaft eintreten oder seinen Anteil erhöhen.

(3) Herr ..... ist berechtigt, jederzeit die Rechtsstellung eines Kommanditisten mit dessen Zustimmung in die eines persönlich haftenden Gesellschafters umzuwandeln und dabei dessen Geschäftsführungs- und Vertretungsbefugnis sowie dessen Vergütung, die angemessen sein muss, festzulegen. Die Umwandlung geschieht durch Übergabe-Einschreiben mit Rückschein gegenüber den anderen Gesellschaftern.

Herr ..... ist berechtigt, jederzeit seine Rechtsstellung in die eines Kommanditisten umzuwandeln, vorausgesetzt, dass im Zeitpunkt der Umwandlung ein anderer persönlich haftender Gesellschafter vorhanden ist. Die Umwandlung geschieht durch Übergabe-Einschreiben mit Rückschein gegenüber den anderen Gesellschaftern.

Herr ..... ist berechtigt, jederzeit durch schriftliche Vereinbarung eine Kapitalgesellschaft als persönlich haftende Gesellschafterin in die Gesellschaft aufzunehmen und dabei ihre Geschäftsführungs- und Vertretungsbefugnis sowie ihre Vergütung, die angemessen sein muss, festzulegen. Die Kapitalgesellschaft ist am Vermögen der Gesellschaft nicht beteiligt, falls Herr ..... oder ein anderer Gesellschafter ihr nicht einen Teil seines Gesellschaftsanteils überträgt.

Die Gesellschafter sind verpflichtet, alles ihrerseits zur Eintragung der vorstehend genannten Rechtsvorgänge in das Handelsregister Erforderliche zu tun. Sie erteilen bereits heute Herrn ..... eine Vollmacht unter Befreiung von den Beschränkungen des § 181 BGB zur Durchführung der vorstehend geschilderten Maßnahmen.

§ 11 Tod eines Gesellschafters

(1) Durch den Tod eines Gesellschafters wird die Gesellschaft nicht aufgelöst.

Beim Tod eines Gesellschafters können Nachfolger in den Gesellschaftsanteil des Verstorbenen nur jeweils Mitgesellschafter oder Abkömmlinge sein.

Sofern andere Personen als Erben oder Vermächtnisnehmer kraft Gesetzes oder durch letztwillige Verfügung berufen sind, scheiden diese mit Wirkung vom Zeitpunkt des Todes des betreffenden Gesellschafters aus der Gesellschaft aus.

Ausscheidende Gesellschafter bzw. deren Erben erhalten eine Abfindung gemäß nachfolgendem § 13.

(2) Die Nachfolger des persönlich haftenden Gesellschafters werden Kommanditisten, soweit der persönlich haftende Gesellschafter durch eine Verfügung von Todes wegen nichts anderes bestimmt.[867]

(3) Hat ein verstorbener Gesellschafter Testamentsvollstreckung angeordnet, die auch die Beteiligung an der Gesellschaft umfasst, ist der Testamentsvollstrecker befugt, im Rahmen seines Amtes sämtliche Gesellschafterrechte aus der Beteiligung auszuüben. Sofern der oder die Erben bereits Gesellschafter sind, ist die treuhänderische Übertragung der ererbten Beteiligung auf den Testamentsvollstrecker zulässig.

§ 12 Dauer der Gesellschaft, Kündigung, Ausscheiden

.....

§ 13 Abfindung

.....

§ 14 Schlussbestimmungen

Sollten Bestimmungen dieses Vertrages oder eine künftig in ihn aufgenommene Bestimmung ganz oder teilweise nicht rechtswirksam oder nicht durchführbar sein oder ihre Rechtswirksamkeit oder Durchführbarkeit später verlieren, so soll hierdurch die Gültigkeit der übrigen Bestimmungen dieses Vertrages nicht berührt werden. Das Gleiche gilt, soweit sich herausstellen sollte, dass der Vertrag eine Regelungslücke enthält.

Anstelle der unwirksamen oder undurchführbaren Bestimmungen oder zur Ausfüllung der Lücke soll eine angemessene Regelung gelten, die, soweit rechtlich möglich, dem am nächsten kommt, was die Gesellschafter gewollt haben oder nach Sinn und Zweck dieses Vertrages unter Berücksichtigung der in vorstehendem Absatz gegebenen Auslegungsregelung gewollt hätten, sofern sie bei Abschluss dieses Vertrages oder späterer Aufnahme der Bestimmung diesen Punkt bedacht hätten.

III. Einbringung der Einzelfirma

Der Gesellschafter und die Gesellschaft vereinbaren in Erfüllung der eingegangenen Einbringungsverpflichtung gemäß Vorbemerkung und § 3 des Gesellschaftsvertrages der Kommanditgesellschaft Folgendes:

1) Sachstand

Nach Unterrichtung über den Grundbuchinhalt stelle ich, der Notar, fest:

Im Grundbuch des AG ..... ist der in der Anlage 1 verzeichnete Grundbesitz eingetragen.

Die Anlage 1 ist Bestandteil und Inhalt und Gegenstand dieser Urkunde. Sie wurde den Erschienenen vom beurkundenden Notar vorgelesen.

2) Einbringung

Der Gesellschafter .....

– nachfolgend kurz: »Veräußerer« –

bringt hiermit seine vorstehend unter Ziffer I. genannte Einzelfirma mit allen Aktiva und Passiva in die neu gegründete Gesellschaft

– nachfolgend kurz: »Erwerber« –

zu deren Alleineigentum ein, insbesondere den vorstehend in Ziffer III. 1. und Anlage 1 genannten Grundbesitz mit allen Rechten und Pflichten, Bestandteilen und dem gesetzlichen Zubehör.

---

867 Hier ist eine der konkreten Konstellation angepasste Regelung zu finden. Mindestens ein Komplementär muss vorhanden sein. Ggf. ist der Eintritt einer GmbH vorzusehen.

Miteingebracht werden ausdrücklich auch alle immateriellen, in der Bilanz nicht betragsmäßig ausgewiesenen Wirtschaftsgüter, insbesondere der Kundenstamm, die Kunden- und Lieferantenbeziehungen, der Firmen- und Geschäftswert und etwaige Lizenzen, Patente oder Geschmacksmuster, sodass der Betrieb als solcher auf die Gesellschaft übergeht.

Der Gesellschafter tritt hiermit sämtliche Rechte und Forderungen des Einzelunternehmens an die Gesellschaft ab. Diese nimmt die Abtretung an.

Die Gesellschaft tritt in sämtliche etwa bestehende betriebliche Dauerschuldverhältnisse anstelle des Gesellschafters ein, insbesondere in bestehende Pacht-, Arbeits- und Versicherungsverträge. Die etwa erforderlichen Zustimmungen der jeweiligen Vertragspartner bleiben vorbehalten; die Zustimmungen wird die Gesellschaft einholen.

Die Gesellschaft übernimmt sämtliche bestehenden betrieblichen Verbindlichkeiten des Einzelunternehmens mit schuldbefreiender Wirkung. Die gemäß § 415 BGB erforderlichen Genehmigungen wird die Gesellschaft einholen.

Die Beteiligten sind sich über die Eigentumsübergänge bezüglich der zum Betriebsvermögen des Einzelunternehmens gehörenden einzelnen Vermögensgegenstände einig.

Die zwischen heute und dem Einbringungsstichtag als Ersatz für ausgeschiedene Vermögenswerte angeschafften oder an deren Stelle getretenen Wirtschaftsgüter sollen ebenfalls auf die Kommanditgesellschaft übergehen (Surrogation).

Der Gesellschafter haftet dafür, dass ihm Eigentum und Besitz an den übertragenen Gegenständen zustehen. Im Übrigen leistet der Gesellschafter keine Gewähr für Rechts- oder Sachmängel aller Art, außer bei Vorsatz.

Die Gesellschaft nimmt die Übertragung ausdrücklich an.

Die Beteiligten erklären, dass die eingebrachten Gegenstände an die Gesellschaft außerhalb der Urkunde übergeben werden.

3) Rechtsgrund, Vereinbarungen

Die Einbringung erfolgt in Erfüllung der Einlageverpflichtung und im Wege der ehebedingten Zuwendung so, wie in Ziffer IV. dieser Urkunde näher beschrieben.

Die Behandlung des den Wert der Einlageverpflichtung übersteigenden Wertes des Einzelunternehmens, insbesondere des Grundbesitzes, ist in § 3 Abs. 5 des Gesellschaftsvertrages der Kommanditgesellschaft geregelt.

4) Besitzübergang, Gewährleistung

.....

5) Auflassung, Vormerkung

.....

6) Grundpfandrechtsübernahme

.....

IV. Ehebedingte Zuwendung, Pflichtteilsanrechnung, Rückerwerbsrechte

In diesem Absatz wird Herr ..... als »Veräußerer« und die Kommanditistin ..... als »Erwerber« bezeichnet.

1) Ehebedingte Zuwendung

Die Überlassung erfolgt als ehebedingte Zuwendung, d.h. im Hinblick auf die eheliche Lebensgemeinschaft und als angemessene Beteiligung an den Früchten des ehelichen Zusammenwirkens. Klargestellt wird: Es ist der Kommanditanteil als solcher im Wege der ehebedingten Zuwendung zugewendet und nicht lediglich der für die Einlageleistung benötigte Geldbetrag (BGH, NJW 1990, 2616 ff.), sodass sich auch die nachfolgend abgegebenen Erklärungen auf den Kommanditanteil als solchen beziehen.

2) Pflichtteilsanrechnung

Frau ..... hat sich die ihr gemachte Zuwendung auf ihren Pflichtteil nach dem Veräußerer anrechnen zu lassen.

Die Anrechnung hat mit dem heutigen Verkehrswert zu erfolgen.

3) Rückerwerbsrechte[868]

a) Der heutige Veräußerer (und nur dieser, nicht etwaige Rechtsnachfolger) ist gegenüber dem heutigen Erwerber berechtigt, den heute zugewendeten Gesellschaftsanteil bei Vorliegen folgender Voraussetzungen zurückzuerwerben:

- wenn der Erwerber verstirbt;
- im Fall der Scheidung der Ehe zwischen Veräußerer und Erwerber. Das Rückforderungsrecht entsteht mit der Rechtshängigkeit eines Scheidungsantrags gleich welches Ehegatten. Er erlischt, wenn es bis zur Rechtskraft der Scheidung nicht geltend gemacht wurde;
- wenn eine der Annahmen der Vertragsteile, dass für den Erwerb der Betriebsvermögensfreibetrag gewährt wird und der Erwerb ertragsteuerlich neutral ist, nicht zutrifft und dadurch Erbschafts- und/oder Einkommensteuer in Höhe von insgesamt mehr als ......,- € anfällt;

..... (gegebenenfalls weitere Gründe) .....

b) Dieses Rückerwerbsrecht ist innerhalb von sechs Monaten nach Eintritt der Voraussetzung durch schriftliche Erklärung gegenüber dem Inhaber des Gesellschaftsanteils bzw. dessen Erben auszuüben. Entscheidend für die Einhaltung der Frist ist die Absendung durch den Erklärenden. Der Rückerwerb ist etwaigen übrigen Gesellschaftern anzuzeigen.

c) Mit Ausübung des Rückerwerbsrechts fällt der Kommanditanteil einschließlich des Guthabens auf dem Darlehenskonto an den Veräußerer zurück.

Der Rückerwerbsberechtigte muss alle Gesellschafterbeschlüsse gegen sich gelten lassen und erhält den Gesellschaftsanteil zurück, so wie er bei Ausübung des Rückgabeverlangens beschaffen ist.

Gewinne, die der vom Rückgabeverlangen betroffene Erwerber entnommen hat, verbleiben bei diesem, es sei denn,

- die Entnahme erfolgte nach Eintritt eines Ereignisses gem. Buchstabe a), welches den Grund für den Rückerwerb bildet, oder
- die Entnahme hat zu einem Schuldsaldo auf dem Darlehenskonto geführt. Dieser ist auszugleichen.

Aus eigenen Mitteln des Kommanditisten geleistete Einlagen in die Gesellschaft oder sonstige Aufwendungen im Zusammenhang mit dem Kommanditanteil, welche der Gesellschaft zugutegekommen sind, hat der Veräußerer dem Erwerber zu ersetzen.

Im Übrigen hat der Rückerwerbsberechtigte keine Gegenleistung zu erbringen.

d) Die Kosten der Rückübertragung und durch die Rückübertragung etwa anfallende Steuern hat der Rückerwerbsberechtigte zu tragen.

Eine dingliche Sicherung oder eine andere Sicherung – etwa durch Verpfändung – wird nicht gewünscht.

e) Auf der Grundlage der Vermögenslage nach Rückerwerb des Anteils und Erstattung von Aufwendungen findet dann der gesetzliche Zugewinnausgleich statt.[869]

---

[868] Dazu, dass solche Widerrufsrechte für bestimmte Fälle die Mitunternehmerschaft nicht ausschließen: Schmidt/Wacker, § 15 Rn. 752.

[869] Sofern die Ehegatten im gesetzlichen Güterstand leben und keine anderweitigen Modifikationen vereinbart haben.

V. Vollmachten

.....

VI. Schlussbestimmungen

1) Salvatorische Klausel

Sollten einzelne Bestimmungen dieser Urkunde ganz oder teilweise unwirksam sein oder werden oder sollte sich in dem Vertrag eine Lücke befinden, soll hierdurch die Gültigkeit der übrigen Bestimmungen nicht berührt werden.

Anstelle der unwirksamen Bestimmung oder zur Ausfüllung der Lücke soll eine angemessene Regelung treten, die, soweit rechtlich möglich, dem am nächsten kommt, was die Gesellschafter gewollt haben würden, wenn sie den Punkt bedacht hätten.

2) Belehrungen

Die Beteiligten wurden über das Wesen einer Kommanditgesellschaft und über die rechtliche Tragweite der von ihnen abgegebenen Erklärungen eingehend vom Notar belehrt.

Insbesondere wurde darauf hingewiesen, dass

- bei Beginn der Geschäfte für die Kommanditgesellschaft vor der Eintragung im Handelsregister die Gefahr der unbeschränkten persönlichen Haftung für den Kommanditisten gem. § 176 Abs. 1 HGB besteht,
- der Eigentumsübergang die Eintragung im Grundbuch voraussetzt,
- hierzu die Einholung einer steuerlichen Unbedenklichkeitsbescheinigung im Hinblick auf die Grunderwerbsteuer Voraussetzung ist.

Die Beteiligten wurden ferner über die ehebedingte Zuwendung und die Schenkungsteuer belehrt.

Der Notar hat dringend empfohlen, steuerliche Beratung einzuholen.

3) Kosten, Steuern und Abschriften

.....

Anlage 1 – Grundbesitz

.....

IV. Güterstandsbezogene Ausschlussklauseln in Gesellschaftsverträgen

413 Die Schilderung des Betriebsvermögens im Zugewinn[870] hat gezeigt, dass angesichts der Bewertung im Zugewinn Betriebe oder deren Inhaber in ernsthafte Liquiditätskrisen kommen, wenn der Zugewinn für das betriebliche Vermögen gezahlt werden muss, sodass das gesetzliche Scheidungsfolgenrecht der Zugewinngemeinschaft für die Unternehmerehe ungeeignet ist.[871] Aus diesem Grund wurden Überlegungen zur Herausnahme des Betriebsvermögens aus dem Zugewinn angestellt. Probleme bereitet ferner die Verfügungsbeschränkung des § 1365 BGB. Bei größerem Betriebsvermögen sind dessen Voraussetzungen leicht erreicht, sodass Ehegattenzustimmungen für gesellschaftsrechtliche Akte notwendig sein können. Dies muss angesichts der geschilderten Wirkung des § 1365 BGB vermieden werden.

414 Aus Sicht des Unternehmens ist es aber gefährlich, sich ausschließlich auf die Vernunft und Durchsetzungskraft der Gesellschafter zu verlassen. Daher treffen viele **Gesellschaftsverträge** Vorsorge für den Fall, dass ein Gesellschafter heiratet, **ohne eine solche ehevertragliche Regelung** zu treffen. Sie setzen dem Gesellschafter eine bestimmte Frist und legen ihm den Nachweis einer entsprechenden Regelung auf. Als Konsequenz bei Nichteinhaltung sehen sie die **Ausschließung** des Gesellschafters

---

870 Kap. 2 Rdn. 567 ff.
871 Lange, DStR 2013, 2706, 2707.

vor, die sich dann nach den gesellschaftsvertraglichen Gegebenheiten zu richten hat. Die **Zulässigkeit** solcher Klauseln wird überwiegend **bejaht**,[872] wenngleich festgestellt wird, dass es hierzu und zur Frage herabgesetzter Abfindungen in diesen Fällen einschlägige Gerichtsentscheidungen kaum gibt.[873]

Fraglich ist, ob solche Klauseln im Lichte des **Hohenzollern-Urteils des BVerfG**[874] kritischer zu betrachten sind.[875] Das BVerfG hat mit dieser Entscheidung letztwillige Verfügungen einer Inhaltskontrolle unterworfen und beanstandet, wenn sie die das Grundrecht auf Eheschließungsfreiheit aus Art. 6 GG nicht in ausreichender Weise respektieren. Während aber bei der Entscheidung des BVerfG die rechtlichen Nachteile (Enterbung) an die Person des Ehegatten anknüpften, ohne dass hierfür nachvollziehbare vermögensrechtliche Gründe den Ausschlag geben,[876] ist dies bei den gesellschaftsvertraglichen Ausschlussklauseln nicht der Fall. Vielmehr wird hier auf den Abschluss eines bestimmten Ehevertrages abgestellt. Wird dieser nicht abgeschlossen, so schließen sich hieran gesellschaftsrechtliche Konsequenzen an. Maßgeblich für die Klausel sind allein Vermögensinteressen der Gesellschaft. Die Klausel ist ferner i.d.R. so formuliert, dass sie alle Gesellschafter in gleicher Weise trifft. Angesichts dessen wird die Klausel hier für wirksam auch im Lichte dieser neueren verfassungsrechtlichen Rechtsprechung gehalten.[877] Zusätzlich verweist *Brudermüller*[878] darauf, dass die **Familiensolidarität**, mit welcher das BVerfG den Pflichtteil rechtfertigt, dann auch von dem Pflichtteilsberechtigten verlangt werden könne, wenn es um den Erhalt des Familienvermögens geht.

Daran schließt sich wie allgemein bei Ausschließungen die Frage nach der Wirksamkeit eines Ausschlusses zu einer **reduzierten Abfindung** an.[879] Was die Frage der Unwirksamkeit aufgrund der **Inhaltskontrolle von Eheverträgen** angeht, so kann auf die Ausführungen hierzu verwiesen werden,[880] die gezeigt haben, dass die bisherige BGH-Rechtsprechung beim Schutz von Firmenvermögen jedenfalls Wege offen lässt, sodass der Ehevertrag nicht sittenwidrig ist. Die Klausel muss daher auch so aufgebaut sein, dass der Gesellschafter über Kompensationen und Modifizierungen zu einem Ehevertrag greifen kann, der nach der Rechtsprechung Bestand hat.

Allerdings sollte sie nicht so gefasst sein, dass sich der Gesellschafter zum Abschluss eines bestimmten Ehevertrages verpflichtet, sondern sie sollte lediglich die Konsequenz enthalten, wenn der Gesellschafter einen solchen Nachweis nicht erbringt.[881] Zudem sollte nicht mehr der Abschluss von Gütertrennung zwingend verlangt werden, sondern nur solche Gestaltungen, welche der Inhaltskontrolle[882] standhalten[883], insbesondere Modifizierungen der Zugewinngemeinschaft einschließlich der Abbedingung des § 1365 BGB zumindest für diese Gesellschaft.[884]

---

872 Vgl. etwa die Nachweise bei Formularbuch/Blaum/Scholz, Formular VIII. D. 2., Anm. 69; Hölscher, NJW 2016, 3057 f., allerdings zeigen sich auch mehr und mehr kritische Stimmen, vgl. die eingehende Untersuchung von Gassen, RNotZ 2004, 423 ff.
873 Wenckstern, NJW 2014, 1335, 1340.
874 BVerfG, DNotZ 2004, 798 ff.; hierzu Isensee, DNotZ 2004, 754 ff.
875 So wohl Everts, MittBayNot 2005, 120; Lange, DStR 2013, 2706, 2710 f., der ganz besonders kritisch die Auswirkungen auf bei Satzungsbeschluss bereits bestehende Ehen sieht.
876 Hierauf weist zu Recht hin Kroppenberg, FS Kanzleiter, 247, 255.
877 Vgl. Reul, DNotZ 2007, 184, 206.
878 Brudermüller, FS Koch, 332, 341.
879 Hölscher, NJW 2016, 3057, 3058.
880 Kap. 2 Rdn. 65 ff.
881 Brudermüller, FS Binz, 105, 114; Brudermüller, FS Koch, 332, 334.
882 Auf die Bedeutung der Inhaltskontrolle für die Güterstandsklauseln bzw. die durch sie bewirkten Eheverträge weist zu Recht hin Brambring, DNotZ 2008, 724, 730.
883 Reul, DNotZ 2007, 184, 206 hält auch Klauseln für wirksam, die eine Verpflichtung zum Abschluss einer bestimmten ehevertraglichen Vereinbarung vorsehen, jedenfalls sofern sie sich ausschließlich auf die entsprechende gesellschaftsrechtliche Beteiligung beziehen.
884 So auch Brudermüller, FS Koch, 332, 334. Eine solche Einschränkung macht den Gegennachweis, dass die Beteiligung nicht das Gesamtvermögen darstellt, so Wenckstern, NJW 2014, 1335, 1339, überflüssig und beeinträchtigt den Gesellschafter außerhalb seiner Beteiligung nicht.

415 Dabei wird zuweilen für mehr Differenziertheit plädiert, da die Gesellschaft je nach Konstellation manchmal nicht gefährdet sei, so etwa bei dynastischen Firmen, die i.d.R. zum Anfangsvermögen des Unternehmer-Ehegatten gehören.[885] Das mag für den zu zahlenden Zugewinnausgleichsbetrag zuweilen, aber durchaus nicht stets, richtig sein. Aber schon der langwierige Streit um den Firmenzugewinn, verbunden mit der Pflicht zur Herausgabe sensibler Unterlagen, lässt oft gleichwohl eine Herausnahme aus dem Zugewinn ratsam erscheinen, zumal ja auch der Ehegatte nicht auf viel verzichtet, wenn ohnehin das Firmenvermögen größtenteils Anfangsvermögen ist.

416 Wenn andererseits die Güterstandsklausel von *Milzer* als »Suizid aus Angst vor dem Tod« bezeichnet wird,[886] weil nur eine Scheinsicherheit gegeben werde und die Klausel letztlich für die Gesellschaft keinen Nutzen habe, so muss dem **widersprochen** werden. Entgegen der dort vorgetragenen Ansicht haben die Firmen ein starkes Interesse daran, ihre Angaben geheim zu halten und Zustimmungen nach § 1365 BGB nicht gerichtlich ersetzen lassen zu müssen. Auch sind die Auswirkungen der Klausel für die Firmen nicht ruinös, wenn ein abgestufter Sanktionsmechanismus wie hier vorgetragen geregelt wird.

417 Werden die Anteile an der Gesellschaft übertragen, so besteht die Möglichkeit, zusätzlich zu dieser gesellschaftsvertraglichen Regelung **i.R.d. Anteilsübertragung Rückforderungsrechte** zu vereinbaren.[887] Noch besser aber wäre es, bereits vor Übertragung auf den Abschluss entsprechender Vereinbarungen beim Erwerber zu achten. Da diese aber geändert werden können oder der Ehepartner wechseln kann, bleiben Rückforderungsklauseln und Ausschließungsklauseln dennoch sinnvoll und notwendig.[888]

418 Es sollte in diesem Zusammenhang nicht vergessen werden, dass parallel auch die Frage eines **Pflichtteilsverzichts des Ehegatten** für das vom Zugewinn auszuschließende Vermögen geklärt werden muss, wenn auch bei bis zum Tod bestehender Ehe der Ehegatte nicht in den Betrieb nachfolgen soll oder nach dem Gesellschaftsvertrag nicht nachfolgen kann. Sehr oft werden im Zusammenhang mit dem Schutz des betrieblichen Vermögens lediglich Gütertrennungsverträge vereinbart, der Pflichtteilsverzicht unterbleibt aber.[889] Auch hier werden Einschränkungen aufgrund des Hohenzollern-Urteils diskutiert. Zum Teil wird empfohlen, Verzichte zu vermeiden,[890] durch die – nicht durch andere nachfolgende Vermögensentwicklungen – der Verzichtende in eine seine Existenz gefährdende Notlage gerät; in solchen Ausnahmefällen sei eine anderweitige Absicherung angezeigt.[891]

419 Z.T. werden auch noch weitergehende Forderungen gestellt, sodass der Versorgungsausgleich für betriebliche Rentenanwartschaften ausgeschlossen werden möge.[892] Ein zu dichtes Regelungsverlangen ist jedoch problematisch, da noch ungewiss ist, wie sich die Inhaltskontrolle von Eheverträgen auf die gesellschaftlichen Ausschlussklauseln auswirkt.[893]

---

885 Brambring, DNotZ 2008, 724, 731.
886 So Milzer, NZG 2017, 1090 ff. und Langenfeld/Milzer, Rn. 365 ff.
887 BGH, NJW 1990, 2616; D. Mayer, ZGR 1995, 93 ff.; K. Schmidt, BB 1990, 1992 ff.; C. Münch, DStR 2002, 1025 ff.
888 Das OLG Karlsruhe, DB 2007, 392 hat eine Regelung im Gesellschaftsvertrag einer Familienpoolgesellschaft als wirksam anerkannt, wonach der angeheiratete Ehegatte bei Scheidung seinen Anteil unentgeltlich seinem Ehegatten oder den gemeinsamen Kindern übertragen muss; hierzu C. Münch, ZErb 2007, 410 ff.
889 Krit. zum Pflichtteilsverzicht Brambring, DNotZ 2008, 724, 736; zu Recht besteht die Kritik in den Fällen, in denen ehevertraglich ohne jede Kompensation Zugewinn und Pflichtteil ausgeschlossen werden. Für zulässig wird eine Güterstandsklausel i.V.m. einer Pflichtteilsklausel gehalten von DNotI – Gutachten 82622 v. 29.01.2008.
890 Für die Zulässigkeit Brudermüller, FS Binz, 105, 118.
891 Kroppenberg, FS Kanzleiter, 247, 258.
892 Arens, FamRB 2006, 88, 91.
893 Wachter, GmbH-StB 2006, 234, 235.

B. Gesellschaftsverträge

▶ **Gestaltungsempfehlung:**

Aus Sicht des Unternehmens sind dann, wenn Ehegatten nicht in die Unternehmensnachfolge gelangen sollen, sowohl eine güterrechtliche Regelung wie auch ein Pflichtteilsverzicht angebracht.

420

Zu beachten ist, dass die Aufnahme einer **Güterstandsklausel** in den Gesellschaftsvertrag nach vielfach vertretener Auffassung zur **Beurkundungspflicht** jedenfalls bei einer Verpflichtung gegenüber einem Dritten zur Vereinbarung eines bestimmten Güterstandes führt, da eine mittelbare Bindung vorliege, deren Nichteinhaltung wirtschaftliche Nachteile nach sich ziehe.[894] Wichtig ist dies insb. bei der KG, wenn der Vertrag ansonsten nicht beurkundet würde. Höchstrichterliche Rechtsprechung hierzu gibt es freilich noch nicht. Die Gegenstimmen sind beachtlich, sprechen sich gegen eine Herleitung aus der Rechtsprechung zum Vorvertrag unter Ehegatten aus und betonen, ein Übereilungsschutz sei nicht notwendig, wo der Gesellschafter nur zu einem für ihn vorteilhaften Ehevertrag aufgefordert sei.[895] **Aus Sicherheitsgründen** ist bei diesem Befund eine **Beurkundung des Gesellschaftsvertrages dringend ratsam**, auch wenn man mit den Gegenstimmen[896] der Ansicht ist, dass zumindest dann keine Beurkundungspflicht besteht, wenn nicht unmittelbar der Abschluss eines bestimmten Ehevertrages gefordert wird, sondern nur Sanktionen für den Fall des Nichtabschlusses eines Ehevertrages verhängt werden, der die Firma vom Zugewinn und § 1365 BGB ausnimmt.[897]

421

Die nachfolgende Klausel lässt als Sanktion gerade auch Maßnahmen unterhalb der Ausschließung zu, denn es wird zu Recht darauf hingewiesen, dass die Ausschließung mit Abfindungspflicht für die Liquidität der Gesellschaft oft ebenso bedrohlich ist wie das Scheidungsszenario.[898] Als solche Sanktionen kommen insbesondere der Entzug des Stimmrechts und die zwingende Ansammlung einer Rücklage mit Ausschüttungssperre als »Feuerwehrfond« für den Fall späterer Scheidungsinanspruchnahme in Betracht.[899]

422

▶ **Formulierungsvorschlag: Ausschlussklausel bei Nichtabschluss Ehevertrag**

§ 15 Ausschließung von Gesellschaftern

423

Ein Gesellschafter kann aus der Gesellschaft ausgeschlossen werden, wenn .....

.....

c) er eine Ehe eingeht begründet, ohne dass er mit seinem Ehegatten entweder

(1) Gütertrennung vereinbart oder

(2) bei Zugewinngemeinschaft vereinbart, dass die Beteiligung an dieser Gesellschaft einschließlich etwaiger Gesellschafterdarlehen und etwaigen Sonderbetriebsvermögens oder sonst der Gesellschaft zur Nutzung überlassenen Vermögens und einschließlich aller Wertsteigerungen bei der Berechnung des Zugewinns keine Berücksichtigung findet oder

(3) bei Gütergemeinschaft die Beteiligung einschließlich des Sonderbetriebsvermögens und der Wertsteigerung zum Vorbehaltsgut erklärt

---

[894] Wachter, GmbH-StB 2006, 234, 238; MünchKomm-BGB/Kanzleiter, 7. Aufl., § 1410 Rn. 3; Brambring, DNotZ 2008, 724, 734; Gernhuber/Coester-Waltjen, § 31 Rn. 15.
[895] Scherer, BB 2010, 323, 326; Munzig in C. Münch, Familienrecht, § 12, Rn. 88; Wenckstern, NJW 2014, 1335, 1340; Hölscher, NJW 2016, 3057 f.; Staudinger/Thiele (2018), § 1408 Rn. 4 MünchKomm-BGB/Münch, § 1410 Rn. 4.
[896] Vgl. die ausführliche Darstellung bei Kap. 2 Rdn. 5.
[897] A.A. BeckOGK/Reetz, § 1410 BGB Rn. 38.4: Ein Unterschied in der Intensität der Bindung sei nicht erkennbar.
[898] Wenckstern, NJW 2014, 1335 f.
[899] So Wenckstern, NJW 2014, 1335, 1341.

und

(4) die Verfügungsbeschränkung des § 1365 BGB ausschließt.

Alternative:

und

(5) *einen gegenständlich beschränkten Pflichtteilsverzicht für das unter (2) bezeichnete Vermögen abgeschlossen hat.*[900]

Eine Ausschließung kann erst dann beschlossen werden, wenn der Gesellschafter nach schriftlicher Aufforderung der Gesellschaft nicht binnen längstens drei Monaten nach Empfang der Aufforderung nachgewiesen hat, dass die Ausschließungsgründe nicht oder nicht mehr bestehen.

Eine Ausschließung kann sofort beschlossen werden, wenn der Gesellschafter nach Erbringung seines Nachweises die Güterstandsregelung in einer Weise abändert, die nach obiger Regelung zum Ausschluss berechtigt.

Die Gesellschaft ist auch berechtigt, Sanktionen unterhalb der Ausschließung zu verhängen oder hier genannte Fristen zu verlängern.

C. Darlehensverträge

I. Zivil- und steuerrechtliche Grundlagen

1. Zivilrecht

424 Wie die Ausführungen vor allem zu der von der Rechtsprechung angenommenen Ehegatteninnengesellschaft gezeigt haben, kann es ratsam sein, dass Ehegatten Zuwendungen in das Vermögen des anderen Ehegatten vertraglich regeln, damit nicht eine Innengesellschaft oder eine ehebedingte Zuwendung angenommen werden kann mit einer für den Fall der Scheidung doch wenig kalkulierbaren Rechtsfolge.

425 Daher bietet es sich an, dass Ehegatten dann, wenn der eine dem anderen Geld zur Verfügung stellt, dessen Rückzahlung er sich vorbehält, hierüber einen **Darlehensvertrag schließen**. Eine solche eindeutige Regelung hätte dann im Scheidungsfall den Vorrang. Solche Darlehenslösungen werden z.T. als die primäre Gestaltungsempfehlung gesehen, da allein Darlehen die Anliegen der Beteiligten zutreffend und ausreichend erfassen.[901]

426 Das OLG Saarbrücken verlangt einen deutlich manifestierten Rechtsbindungswillen, wenn ein Ehegatte behauptet, die Hingabe eines größeren Geldbetrages sei nicht als ehebedingte Zuwendung, sondern als Darlehen erfolgt.[902] Darlegungspflichtig hierfür ist derjenige Ehegatte, der sich auf die Rückzahlung des Darlehens beruft.[903]

Auch in Situationen, bei denen ein Unterhaltsanspruch noch nicht geklärt ist, kommt die Vereinbarung von Darlehen über Unterhaltsforderungen in Betracht.[904]

427 Dabei ist zu bedenken, dass Darlehen auch **im Todesfall** von Darlehensgeber oder Schuldner **Auswirkungen** zeigen können. Wird beim Tod des darlehensgebenden Ehegatten der andere nicht Erbe, so können die Erben die Rückzahlung des Darlehens einfordern. Gleichermaßen müssen die Erben des darlehensnehmenden Ehegatten für die Rückzahlung aufkommen. Sind diese Folgen nicht gewünscht, so muss ggf. über eine testamentarische Verfügung dem Schuldner ein entsprechendes

---

900 Dazu, dass hiergegen im Hinblick auf § 2302 BGB keine Bedenken bestehen: Gassen, RNotZ 2004, 423, 435.
901 So Everts, MittBayNot 2012, 258, 262.
902 OLG Saarbrücken, FamRZ 2010, 297.
903 OLG Karlsruhe, FamRZ 2008, 1622.
904 Hierzu Reinecke, ZFE 2003, 115 f.

Vermächtnis zugewendet werden. Die **Form des Erbvertrages** ist hierzu angezeigt, wenn der darlehensnehmende Ehegatte eine Bindungswirkung herbeiführen möchte. Denkbar wäre zivilrechtlich auch ein **auf den Tod aufgeschobener Erlassvertrag**. Soweit hierzu gefragt wird, ob eine **Überlebensbedingung i.S.d. § 2301 BGB** vorliegt, die zu einer strengeren Form führt, ist mit dem DNotI davon auszugehen, dass **mit Abschluss des Erlassvertrages die Schenkung** bereits als **vollzogen** i.S.d. § 2301 Abs. 2 BGB anzusehen ist. Gleiches soll bei Annahme einer Schenkung i.S.d. § 518 BGB gelten.[905] Das ergibt sich auch aus einer älteren Entscheidung des OLG Stuttgart.[906] Wird der Darlehensnehmer hingegen Erbe, so erlischt zwar das Darlehen durch Vereinigung von Gläubiger- und Schuldnerstellung, für die Pflichtteilsberechnung hingegen gilt das Darlehen nicht als erloschen.[907]

Streitigkeiten um Darlehensforderungen anlässlich der Trennung und Scheidung sind als sonstige Familiensache i.S.d. § 266 Abs. 1 Nr. 3 FamFG anzusehen, sodass die Familiengerichte zuständig sind.[908] 428

Schließlich sind noch die **steuerlichen Folgen** des Darlehens in die Überlegungen mit einzubeziehen. 429

2. Schenkungsteuerrecht

Schenkungssteuerlich ist zu fragen, ob eine Schenkung in der **unverzinslichen Hingabe eines Darlehens** liegt. Angesichts der Neufassung der **Darlehensbestimmungen im Schuldrechtsmodernisierungsgesetz**, die eine Verzinsung zwar als Regelfall vorsehen, aber Verzinsungspflicht nur bei entsprechender Vereinbarung annehmen, § 488 Abs. 1 Satz 2, Abs. 3 Satz 3 BGB, wird vertreten, dass das Fehlen von Zinsen allein noch keine Schenkung bewirke. Im Ergebnis wird aber bei Unverzinslichkeit eine Schenkung jedenfalls deswegen bejaht, weil aufgrund der Inflation der zurückgegebene Nominalbetrag nicht mehr dem Wert des hingegebenen Darlehensbetrages entspricht.[909] Eine **Bereicherung** soll deshalb nur i.H.d. entsprechenden Wertdifferenz gegeben sein.[910] Zu beachten ist, dass diese Einschätzung zur Beurkundungsbedürftigkeit führt, weil es sich um eine echte Schenkung handelt. Die Finanzrechtsprechung geht hingegen in ihrer ständigen Rechtsprechung ohne weitere Vertiefung des zivilrechtlichen Grundes – die freigiebige Zuwendung i.S.d. ErbStG sei von der zivilrechtlichen Schenkung unabhängig – bei der Gewährung eines zinslosen Darlehens von einer Schenkung aus. 430

Gegenstand der Zuwendung sei die unentgeltliche Gewährung des Rechts, das als Darlehen überlassene Kapital zu nutzen.[911] Deshalb bemesse sich der Wert der Nutzung bei einem Darlehen, das auf unbestimmte Dauer gewährt wird, nach § 13 Abs. 2, 2. Alt. BewG nach dem 9,3-fachen Jahreswert, den § 15 Abs. 1 BewG mit 5,5 % festlegt. Nachdem das FinMin Baden-Württemberg mit seiner Anordnung, es könne dann, wenn der marktübliche Zinssatz sich weit von diesem Wert entfernt hat, dieser nachgewiesene niedrigere Satz herangezogen werden,[912] bisher vereinzelt geblieben war, hat der BFH diese Aussage zitiert und bekräftigt.[913] Diese Frage stellt sich bei einem Basiszinssatz von zurzeit -0,88 % immer drängender. Aber der BFH hat hierzu im zitierten Fall aufgeführt, es komme dabei nicht auf den erreichbaren Anlagezinssatz für den Darlehensgeber an, sondern auf

---

905 DNotI-Gutachten v. 29.10.2009 – 98094; hierzu MünchKomm-BGB/Koch, § 518 Rn. 22; MünchKomm-BGB/Musielak, § 2301 Rn. 30.
906 OLG Stuttgart, NJW 1987, 782.
907 BGH, DNotZ 1978, 487, 489.
908 OLG München, FamRB 2014, 413 mit Abgrenzung zu Bankgeschäften nach § 348 Abs. 1 Satz 2 Nr. 2b ZPO.
909 OLG Stuttgart, OLGR 2005, 489 f.; zur Schenkung bei Unverzinslichkeit: BFH, DStR 2005, 1729.
910 Troll/Gebel/Jülicher/Gebel, § 7 Rn. 30, 31.
911 Z.B. BFH, DStR 2005, 1729, 1730; zuletzt BFH, MittBayNot 2014, 489 m. Anm. Crezelius.
912 FinMin Baden-Württemberg, DStR 2000, 204.
913 BFH, MittBayNot 2014, 489 m. Anm. Crezelius – es ging um die Gewährung eines zinslosen Darlehens unter Lebensgefährten.

den bei vergleichbaren Umständen zu zahlenden Darlehenszinssatz des Schuldners. Diesen sah der BFH für unbesicherte Darlehen nicht niedriger als 5,5 %. Zumindest hatten dies die Parteien nicht nachgewiesen.

▶ **Hinweis:**

431 Es ist nach derzeitiger BFH-Rechtsprechung davon auszugehen, dass der BFH bei einem unverzinslichen Darlehen trotz der derzeit niedrigen Zinssätze an einer Bewertung des zugewendeten Zinsvorteils mit jährlich 5,5 % festhält. Allenfalls bei einer Besicherung, die den Bankenanforderungen entspricht, könnte man versuchen, sich auf einen niedrigeren Satz zu berufen.

Angesichts des anhaltenden Zinstiefs wird die **Beibehaltung dieser Grundsätze immer fragwürdiger**. Immerhin geriet auch die eherne Steuerverzinsung von 0,5 % pro Monat nach § 238 AO ins Wanken, nachdem der BFH **schwerwiegende verfassungsrechtliche Zweifel** geäußert hat.[914] Das FG Hamburg äußerte verfassungsrechtliche Zweifel an der Höhe des Abzinsungszinssatzes von 5,5 % nach § 6 Abs. 1 Nr. 3 EStG,[915] den der BFH aber für das Jahr 2010 noch gehalten hat.[916] Dann dürfte für den hier in Rede stehenden Zinssatz von 5,5 % nach § 15 BewG nichts anderes gelten.

Ein koordinierter Ländererlass[917] **lässt es nunmehr zu**, dass der Steuerpflichtige einen **niedrigeren marktüblichen Zinssatz** für vergleichbare Darlehen (Laufzeit, Besicherung etc.) eines Kreditinstituts **nachweist**. Der Nutzungsvorteil ist dann danach bzw. bei niedrig verzinslichen Darlehen aus der Differenz zu bemessen.

Wird anschließend **auf die Rückzahlung verzichtet**, so ist dies als **erneute freigiebige Zuwendung** zu sehen. Damit kann die Bemessungsgrundlage sogar höher werden, als wenn das Geld sogleich geschenkt worden wäre.[918] Selbst der Umstand, dass die mit dem zinslosen Darlehen getätigten Investitionen dem Darlehensgeber wieder zugutekommen, soll an der Schenkung nichts ändern. Die Finanzrechtsprechung rechnet also die Zurverfügungstellung des mit dem Darlehen finanzierten Familienwohnheims nicht als Gegenleistung an.[919] Gleiches gilt, wenn die Kapitalüberlassung zur Erhaltung der ehelichen Wirtschaftsgemeinschaft erfolgt. Es handelt sich dann um eine ehebedingte Zuwendung, die aber in gleicher Weise der Schenkungsteuer unterliegt.[920]

432 Dass die Steuervergünstigung des **§ 13 Abs. 1 Nr. 4a ErbStG** in Bezug auf das **eigenbewohnte Einfamilienhaus** auch ein Darlehen und die in der **Nichtverzinsung liegende Schenkung** erfasst, wenn dieses zur Erbauung eines solchen gegeben wird, dürfte aus einer Entscheidung des BFH nunmehr aber immerhin zu folgern sein.[921] Aus dieser ergibt sich vor allem auch, dass die Steuervergünstigung sogar dann Anwendung findet, wenn das Darlehen vor der Heirat gegeben wurde und sein Erlass nach Heirat erfolgt. Dieser Erlass ist dann ebenfalls steuerbegünstigt.

---

914 BFH, DStR 2018, 1020 und DStRK 2019, 18; vgl. BMF DStR 2019, 996 für die vorläufige Festsetzung.
915 FG Hamburg, DStR 2019, 603.
916 BFH X R 19/17, BeckRS 2019, 23548; ebenso FG München, DStrE 2017, 861.
917 Landesamt für Steuern Bayern, DStR 2018, 1127; Finanzministerium Schleswig-Holstein, Beck-Verw 353756.
918 BFH, DStR 1999, 21.
919 FG Rheinland-Pfalz, DStRE 2003, 1347; FG Rheinland-Pfalz, ErbStB 2009, 296 dürfte insoweit durch die Revisionsentscheidung des BFH, NJW-RR 2011, 441 f. bestätigt worden sein; auch die Grundsätze der mittelbaren Grundstücksschenkung sind nicht anwendbar, BFH, DStR 2005, 1729 und FG Baden-Württemberg, ErbStB 2004, 106 f.; a.A. FG München, EFG 2000, 83.
920 FG München, DStRE 2007, 849.
921 BFH, NJW-RR 2011, 441 f. – auch wenn zur Frage mittelbarer Grundstücksschenkung durch zinslose Darlehen durch BFH, DStR 2005, 1729 anders entschieden worden war. Die Voraussetzungen des § 13 Abs. 1 Nr. 4a ErbStG sind weiter.

C. Darlehensverträge

Insgesamt ergibt sich jedoch eine erhebliche schenkungssteuerliche Relevanz.[922]

▶ **Gestaltungsempfehlung:**

Beachtet werden muss, dass die Hinhabe unverzinslicher Darlehen schenkungssteuerliche Relevanz in erheblichem Umfang haben kann und ein späterer Erlass erneut Schenkungsteuer auslösen kann! Auf das Einhalten der Ehegattenfreibeträge oder die Verwendung für das Familienheim ist zu achten.

Der BFH hat aber nunmehr in einer Entscheidung einen möglichen Gestaltungsweg aufgezeigt. Danach ist ein unverzinsliches Darlehen dann nicht als Schenkung anzusehen, wenn dem Darlehensgeber im Gegenzug ein **Vorkaufsrecht** für den ersten Verkaufsfall und ein Ankaufsrecht bei Veräußerung des Grundbesitzes ohne Zustimmung eingeräumt wird. In dem Verzicht auf die Verfügungsmöglichkeit sieht der BFH eine Einschränkung, die beim Darlehensgeber zu einer Vermögensvermehrung geführt habe, auch wenn das Vorkaufsrecht in vollem Umfang entgeltlich gewesen sei.[923] In ähnlicher Weise wird vorgeschlagen, ein Wohnrecht als dingliches Recht zu bestellen.[924]

Fraglich ist, wie sich die schenkungsteuerliche Behandlung bei einem nicht unverzinslichen, aber **niedrig verzinslichen** Darlehen darstellt.

Hier wird z.T. vertreten, die schenkungssteuerliche Behandlung könne sich nach den Grundsätzen des Bewertungsgesetzes richten, wann eine Forderung mit einem vom Nennwert abweichenden Wert zu bewerten ist. Dies ist nach § 12 Abs. 1 BewG dann der Fall, wenn besondere Umstände für einen höheren oder geringeren Wert sprechen. Dies wird ausgeführt einmal in den Erbschaftsteuer-Richtlinien 2019 (R B 12.1.) und zum anderen in ausführenden Ländererlassen.[925] Danach ist eine Forderung abweichend vom Nennwert zu bewerten, wenn sie
– niedriger als 3 % verzinst wird und
– die Kündbarkeit für mindestens vier Jahre eingeschränkt oder ausgeschlossen ist.

Da es nach oben Gesagtem zivilrechtlich für die Frage der Schenkung auf die Bewertungsdifferenz ankommt, könnte man daher durchaus vertreten, dass es zur Steuerfreiheit führt, wenn der Zinssatz jedenfalls bei 3 % und höher liegt.[926] Da auch dies bei dem momentanen Zinsniveau noch deutlich zu hoch liegt, wäre zu überlegen, ob es genügt, dass die weitere kumulative Bedingung für eine abweichende Bewertung, die vierjährige Unkündbarkeit nicht erfüllt wird. Nimmt man die Ausführungsbestimmungen beim Wort, so dürfte auch ein ganz niedrig verzinsliches Darlehen, das aber jederzeit kündbar ist, nicht zu einer abweichenden Bewertung führen.

Der Schenkungsteuersenat des BFH schließt sich dieser Auffassung jedoch nicht an und hat mehrmals betont, es komme auch bei einem niedrig verzinslichen Darlehen nicht auf die Bewertung von Kapitalforderungen nach § 12 BewG an, sondern auf die Bewertung der Nutzung einer Geldsumme nach § 15 BewG. Er besteht daher auch bei über 3 %, aber unter 5,5 % verzinslichen Darlehen auf einer steuerpflichtigen Zuwendung.[927]

▶ **Hinweis:**

Nach Auffassung des Schenkungsteuersenates des BFH ist auch bei einem zwischen 3 % und 5,5 % verzinslichen Darlehen die Differenz zu 5,5 % als steuerpflichtige Zuwendung zu sehen.

---

922 Vgl. zuletzt etwa Hessisches FG, DStRE 2012, 1196, dessen Differenzierung nach dem Güterstand aber irrelevant ist und BFH v. 27.11.2013 II R 25/12 = ZEV 2014, 172 (LS).
923 BFH/NV 2006, 1665 gegen FG Düsseldorf, DStRE 2004/34, VIII.
924 Pondelik, SteuK 2013, 423, 424.
925 BStBl. 2010 I, 810 f.
926 Troll/Gebel/Jülicher/Gebel, § 7 Rn. 32; Fischer/Jüptner/Pahlke/Wachter, § 7 Rn. 166; Pondelik, SteuK 2013, 423, 424.
927 BFH, ZEV 2001, 414; BFH ZEV 2011, 49, Tz. 19.

3. Einkommensteuerrecht

a) Einkommensteuer auf Zinsen

439 Auch **einkommensteuerrechtlich** können die Darlehen relevant werden. Zum einen sind bei gezahlten Zinsen die Zinseinnahmen zu versteuern. Dies wären sie aber bei einer anderen Anlage auch. Hierzu hat der BFH gegen die bisherige Ansicht entschieden, dass die Anwendung des Abgeltungssteuersatzes durch die Angehörigeneigenschaft von Darlehensgeber und Darlehensnehmer nicht i.S.d. § 32d Abs. 2 Satz 1 Nr. 1a) EStG ausgeschlossen ist.[928]

440 Fraglich ist die Einkommensteuerpflicht bei nicht verzinslichen oder niedrig verzinslichen Darlehen. Hier geht es um die Frage der Abzinsungspflicht, d.h. die Frage, ob bei Rückzahlung des Kapitals nach Laufzeitende dieses Kapital dann in einen Kapital- und einen Zinsanteil zu zerlegen und der Zinsanteil der Einkommensteuer zu unterwerfen ist.

441 Jedenfalls für **betriebliche zinslose Darlehen** ordnet § 6 Abs. 1 Nr. 3 EStG eine **Abzinsung** an. Hierbei handelt es sich um eine steuerrechtliche Bewertungsvorschrift,[929] die schon im Jahr der Darlehensgewährung zu einem außerordentlichen Ertrag in Höhe der Abzinsung führt. Diese Gewinnauswirkung wird jedoch nach Auffassung des FG Köln später vollständig wieder ausgeglichen.[930] Das FG Münster musste klarstellen, dass ein steuerrechtlich nicht anerkanntes zinsloses Darlehen nicht passiviert werden darf und daher auch nicht gewinnerhöhend abzuzinsen ist.[931] Der BFH[932] hat diese Abzinsung ausdrücklich auch für Angehörigendarlehen bestätigt und sieht insofern keine verfassungsrechtlichen Bedenken. Wenn die Darlehen also steuerlich anzuerkennen sind, dann sind sie nach Auffassung des BFH auch abzuzinsen.

442 Aus § 12 Abs. 3 BewG und der im Steuerrecht geltenden wirtschaftlichen Betrachtungsweise wird jedoch eine solche Abzinsungspflicht auch für private Darlehen gefolgert.[933] Fraglich ist, ob es damit zu einer Doppelbelastung von Schenkungsteuer und Einkommensteuer bei zinslosen Darlehen kommt. Hierzu hat der BFH sich – allerdings nach einer nur summarischen Prüfung[934] – dafür ausgesprochen, der schenkungsteuerlichen Behandlung den Vortritt zu geben und eine freigiebige Zuwendung nicht zugleich als eine Maßnahme zur Einkommenserzielung zu betrachten.[935]

b) Abzug von Zinsen

443 Jedoch können die Zinsen steuerlich geltend gemacht werden, wenn der Darlehensvertrag zwischen den Ehegatten und seine tatsächliche Durchführung einem **Fremdvergleich** insb. hinsichtlich der Vereinbarung über Laufzeit und Art und Zeit der Rückzahlung sowie der tatsächlichen Zinszahlung und Besicherung[936] standhält, das Darlehen zivilrechtlich wirksam abgeschlossen wurde und für eine steuerliche Einkommensquelle Verwendung findet.[937]

---

928 BFH, DStRE 2014, 1225.
929 Hierzu FG Köln, EFG 2010, 343; BMF, BStBl. 2005 I, 699; nach dessen Tz. 13 ist bereits bei niedriger Verzinsung die zwingende Abzinsung ausgeschlossen; Paus, FR 2005, 1195.
930 FG Köln, EFG 2010, 343 ff.
931 FG Münster, DStRE 2018, 397.
932 BFH, DStR 2017, 2475.
933 Vgl. etwa BFH, DStRE 1997, 65 für eine ratenweise Zahlung; Pondelik, SteuK 2013, 423.
934 Daher sehen Everts, MittBayNot 2012, 258, 337, 339 und Ihle, notar, 2012, 49, 58 noch keinen Anlass zu genereller Entwarnung.
935 BFH, ZEV 2012, 58; vgl. hierzu Stahl, DStR 2018, 2605 ff.
936 Bei volljährigen, wirtschaftlich voneinander unabhängigen Angehörigen kann auch einmal eine Besicherung fehlen, wenn alle sonstigen Voraussetzungen erfüllt sind, BFH, DStR 2000, 1049; BFH, DStRE 2003, 1372; KÖSDI-Report 2000, 12467; für die Fremdüblichkeit spricht, wenn das Darlehen beim Tod des Darlehensgebers zurückzuzahlen ist, BFH, DStRE 1999, 423, 424.
937 Grundlegend BMF, BStBl. 2011 I, 37 f., dieses Schreiben ersetzt die vorherigen und arbeitet die bis dahin ergangene Rechtsprechung ein; es wird ergänzt durch das BMF-Schreiben, DStR 2014, 953,

Zwischenzeitlich hat der BFH jedoch entschieden, dass die zivilrechtliche Unwirksamkeit nur noch indizielle Bedeutung hat.[938] Dem folgt die Finanzverwaltung mittlerweile.[939]

Der **BFH** hat seine Rechtsprechung in einem Grundsatzurteil aus dem Jahr 2013[940] neu dargestellt: **444**

Das Gericht **unterscheidet** hinsichtlich der steuerlichen Anerkennung **nach dem Anlass der Darlehensgewährung**. Danach wird ein besonders **strikter Maßstab** angelegt, wenn
- die Darlehensbeträge zuvor vom Darlehensnehmer geschenkt wurden;[941]
- es trotz passender Darlehensbestimmungen in diesen Fällen an einer Endgültigkeit der Vermögensverschiebung zwischen Schenker und Beschenktem fehlt oder
- eine eigentlich zu laufender Auszahlung geschuldete Vergütung einfach tatsächlich stehen gelassen wird.

Erheblich **großzügiger** hat die **Prüfung** aber nach Auffassung des BFH dann stattzufinden, wenn die Darlehen beim Darlehensnehmer zur Finanzierung der Anschaffungs- oder Herstellungskosten von Wirtschaftsgütern dienen. Allerdings erkennt das FG Hamburg auch solche Darlehen nicht an, wenn die Laufzeit des tilgungsfreien Darlehens die Lebenserwartung des Darlehensgebers deutlich übersteigt und trotz erheblicher Höhe eine Besicherung fehlt. Dies sei eine verschleierte Schenkung.[942]

Und noch einen **neuen Akzent** setzt der BFH in dieser Entscheidung: Der Fokus des Fremdvergleichs verschiebt sich. Es sollen nicht mehr bloß die Bankbestimmungen einer Darlehensgewährung eine Rolle spielen, sondern insbesondere **bei attraktiver Verzinsung** und dem Interesse des Gläubigers an einer gut verzinslichen Geldanlage soll die Rechtsbeziehung auch unter dem Gesichtspunkt der Geldanlage gewürdigt und daher **mit entsprechenden Verträgen zur Geldanlage verglichen** werden. In diesem Bereich aber sind durchaus das Stehenlassen von Zinsen – ggf. sogar bis zum vollständigen Ablauf der Geldanlage – und die Vereinbarung von Kündigungsfristen üblich. Allerdings müssen die Zinsen dann auch tatsächlich dem Gläubiger zugutekommen. **445**

Die Finanzverwaltung hat inzwischen bereits reagiert und dem Vergleich mit Verträgen der Geldanlage zugestimmt. Insoweit hat sie ihr letztes Schreiben[943] angepasst.[944]

Bei einer Darlehensgewährung aus einer **zuvor** erfolgten **Schenkung von Geldern**[945] ist eine besonders genaue Einhaltung der einschlägigen Voraussetzungen zu empfehlen. Hier ist insb. wichtig, dass die Schenkung nicht schon mit der Auflage oder der aufschiebenden Bedingung versehen war, das Geld als Darlehen wieder zu gewähren.[946] Selbst ein längerer zeitlicher Abstand ist schädlich, wenn zwischen Schenkung und Darlehen eine auf einem Gesamtplan beruhende sachliche Verknüpfung besteht.[947] Andererseits begründet allein ein kürzerer zeitlicher Abstand keine unwiderlegliche Vermutung für eine gegenseitige Abhängigkeit der beiden Verträge.[948] **446**

---

welches auf BFH-Rechtsprechung reagiert; SteuerFB/Winter/Dremel, Anm. zu Formular B.1.01., Rn. 4 ff.; BFH, DStR 1999, 1221 f.; unterschiedliche Anforderungen je nach Verwendung des Darlehens, insb. eine großzügigere Betrachtung von Bau- und Anschaffungsdarlehen vertritt Söffing, NWB Fach 3, 8561, 8576 (1993), dies hat nun auch der BFH seiner neuesten Rechtsprechung zugrunde gelegt, BFH, DStR 2013, 2677 f.

938 BFH, DStRE 2006, 1372; BFH, BB 2009, 1735; BFH, DStR 2013, 2677 f.
939 BMF, BStBl. 2011 I, 37, Tz. 9.
940 BFH, DStR 2013, 2677 f.; hierzu Osterloh, DStR 2014, 393 ff.
941 BFH, DStR 2002, 716 = KÖSDI 2002, 13263 m. Anm.; BFH, KÖSDI 2003, 13920.
942 FG Hamburg, ZEV 2018, 548.
943 BMF, BStBl. 2011 I, 37.
944 BMF v. 29.04.2014, DStR 2014, 953 = DB 2014, 1051.
945 Söffing, NWB Fach 3, 8561, 8576 ff. (1993).
946 BFH, DB 1999, 1634.
947 BFH, DStR 2002, 716 = KÖSDI 2002, 13263 m. Anm.; BFH, KÖSDI 2003, 13920.
948 BFH, DStR 2001, 479; BMF, BStBl. 2001 I, S. 348.

II. Einfaches Ehegattendarlehen

▶ Formulierungsvorschlag: Ehegattendarlehen ohne gesonderte Sicherheiten

447 Zwischen Herrn .....

– nachfolgend kurz: »Darlehensgeber« –

und seiner Ehefrau .....

– nachfolgend kurz »Darlehensnehmer« –

wird der nachfolgende Darlehensvertrag geschlossen:

§ 1 Darlehen

(1) Der Darlehensgeber gewährt dem Darlehensnehmer einen Geldbetrag von ..... € als Darlehen.

(2) Das Darlehen wird zum 1.1. ..... ausgezahlt.

Alternative:

Das Darlehen wurde mit Abschluss dieses Vertrages ausgezahlt. Der Darlehensnehmer bestätigt den Empfang der Darlehenssumme.

§ 2 Darlehenszins und Tilgung

(1) Das Darlehen ist ab 1.1. ..... mit jährlich 3 % – drei vom Hundert – zu verzinsen.

Alternative:

Das Darlehen ist vom Tag der Auszahlung an[949] *mit jährlich 3 % – drei vom Hundert – zu verzinsen.*

(2) Der genannte Zinssatz ist für die gesamte Laufzeit des Darlehens festgeschrieben.

(3) Das Darlehen ist in gleichen Monatsraten zu ..... €, fällig jeweils zum dritten Werktag eines jeden Monats, zu tilgen.[950]

(4) Zinsen auf den restlichen Darlehensbetrag sind jeweils nachträglich für den abgelaufenen Monat am Tilgungstag zu zahlen. Die geschuldeten Zinsen werden auf der Grundlage von 360 Tagen jährlich in zwölf Monaten à dreißig Tagen berechnet.

Alternative 1:

(3) Zins und Tilgung ist in gleichen monatlichen Beträgen in Höhe von ..... € zu leisten. Die in diesem Betrag jeweils enthaltenen Zinsen werden monatlich berechnet.[951]

Alternative 2:

(3) Das Darlehen ist am 31.12. ..... in voller Höhe zur Rückzahlung fällig. Die Zinsen sind mit der Hauptsache zur Zahlung fällig, also mit Rückzahlung des Darlehens.[952]

Alternative 3:

(§ 2) Das Darlehen ist dem Darlehensnehmer auf Lebenszeit gewährt, längstens jedoch bis zur Veräußerung des in § 6 dieses Vertrages genannten Grundbesitzes. Das Darlehen ist unverzinslich.

---

949 Diese Formulierung kann beim reinen Darlehen ohne Bestellung einer hypothekarischen Sicherheit Verwendung finden. Soll eine Sicherheit bestellt werden, so ist darauf zu achten, dass der Beginn der Verzinsungspflicht bestimmt sein muss. Es ist daher so zu formulieren, dass entweder der Auszahlungstag bestimmt wird oder jedenfalls die hypothekarische Sicherung der Zinsen erst ab dem Tag der Eintragung der Hypothek erfolgt, Schöner/Stöber, Rn. 1957.
950 Formulierung für Tilgungsdarlehen.
951 Formulierung für Annuitätendarlehen.
952 Formulierung für Endfälligkeitsdarlehen.

§ 3 Laufzeit; vorzeitige Rückzahlung

(1) Das Darlehen wird dem Darlehensnehmer mit Rücksicht auf die Tilgung gemäß § 2 Abs. 3 dieses Vertrages gewährt bis zum .....

(2) Auf diese Dauer ist das Darlehen vom Darlehensgeber unkündbar, unbeschadet des nachfolgend vereinbarten außerordentlichen Kündigungsrechts.

(3) Der Darlehensnehmer ist berechtigt, das Darlehen ganz oder teilweise vorzeitig ohne Kündigung zurückzuzahlen.

§ 4 Außerordentliches Kündigungsrecht

(1) Das Darlehen kann vom Darlehensgeber jederzeit ohne Einhaltung einer Frist aus wichtigem Grund gekündigt werden.

(2) Als wichtige Gründe gelten insbesondere:
a) Eröffnung eines Insolvenzverfahrens über das Vermögen des Darlehensnehmers;
b) Durchführung von Zwangsvollstreckungsmaßnahmen in den zur Besicherung vorgesehenen Grundbesitz des Darlehensnehmers, soweit diese Maßnahmen nicht spätestens nach zwei Monaten wieder aufgehoben worden sind;
c) Eintritt einer Vermögensverschlechterung nach § 490 Abs. 1 BGB;
d) Aufhebung der Brandversicherung für die Gebäude auf dem vorgesehenen Pfandgrundbesitz oder Herabsetzung der Versicherungssumme ohne Zustimmung des Darlehensgebers oder Nichtzahlung der Brandversicherungsbeiträge;
e) Veräußerung des zur Besicherung vorgesehenen Pfandbesitzes;
f) Verzug mit zwei aufeinander folgenden Zins- oder Tilgungszahlungen;
g) Rechtshängigkeit eines Scheidungsantrags gleich welchen Vertragsteils.

§ 5 Rückzahlung

Im Fall der Kündigung des Darlehens nach vorstehendem § 4 ist das Darlehen in einer Summe sofort zur Rückzahlung fällig.

Alternative:

Beim Tod des Darlehensgebers ist das Darlehen innerhalb von acht Wochen, gerechnet ab dem Todestag, zur Rückzahlung fällig.[953]

§ 6 Sicherheiten

Der Darlehensnehmer verpflichtet sich, zugunsten des Darlehensgebers eine mit 3 % verzinsliche Sicherungshypothek in Höhe des Darlehensbetrags an folgendem Grundbesitz zu nächstoffener Rangstelle zu bestellen:

Grundbuch von ..... für ..... Blatt .....

FlurNr. .....

§ 7 Gesetzliche Bestimmungen

(1) Im Übrigen gelten für das Darlehen die gesetzlichen Bestimmungen, derzeit insbesondere §§ 488 ff. BGB.

(2) Sollte eine Bestimmung dieses Vertrages unwirksam sein oder werden, so bleiben die übrigen Bestimmungen dennoch gültig und die Vertragsteile verpflichten sich, die unwirksame Bestimmung durch eine solche wirksame zu ersetzen, die dem Sinn und Zweck der unwirksamen Bestimmung am nächsten kommt.

(3) Der Darlehensnehmer hat die Kosten dieses Vertrages sowie seiner Durchführung zu tragen.

(4) Nebenabreden sind nicht getroffen.

---

953 Bei Darlehensgewährung auf Lebenszeit gem. § 2 Abs. 3 (Alternative 3) dieses Vertrages.

III. Ehegattendarlehen mit Hypothekenbestellung

▶ Formulierungsvorschlag: Darlehen mit Hypothekenbestellung

448 .....

Urkundseingang

.....

Schuldbekenntnis

Herr .....

– nachfolgend kurz »Darlehensnehmer« genannt –

bekennt hiermit, seiner Ehefrau

Frau .....

– nachfolgend kurz »Darlehensgeber« genannt –

als Alleinschuldner den Betrag von

..... €

– in Worten ..... Euro –

für ein gewährtes Darlehen zu schulden.[954]

Darlehensbestimmungen

Für das Darlehen gelten folgende Bestimmungen:

§ 1 Darlehen

Das Darlehen wird zum 01.01. ..... ausgezahlt.

§ 2 Darlehenszins und Tilgung

(1) Das Darlehen ist ab 01.01. ..... mit jährlich 3 % – drei vom Hundert – zu verzinsen.

(2) Der genannte Zinssatz ist für die gesamte Laufzeit des Darlehens festgeschrieben.

(3) Das Darlehen ist in gleichen Monatsraten zu ..... €, fällig jeweils zum dritten Werktag eines jeden Monats, zu tilgen.

(4) Zinsen auf den restlichen Darlehensbetrag sind jeweils nachträglich für den abgelaufenen Monat am Tilgungstag zu zahlen. Die geschuldeten Zinsen werden auf der Grundlage von 360 Tagen jährlich in zwölf Monaten à dreißig Tagen berechnet.

§ 3 Laufzeit; vorzeitige Rückzahlung

(1) Das Darlehen wird dem Darlehensnehmer mit Rücksicht auf die Tilgung gemäß § 2 Abs. 3 dieses Vertrages gewährt bis zum .....

(2) Auf diese Dauer ist das Darlehen vom Darlehensgeber unkündbar, unbeschadet des nachfolgend vereinbarten außerordentlichen Kündigungsrechts.

(3) Der Darlehensnehmer ist berechtigt, das Darlehen ganz oder teilweise vorzeitig ohne Kündigung zurückzuzahlen.

---

954 Möglich wäre auch bei ungewissem Gesamtbetrag die Vereinbarung der Hereinnahme weiterer nachweislich ausgereichter Beträge bis zu einem Höchstgesamtbetrag mit der Bestellung einer entsprechenden Höchstbetragshypothek, die dann ohne Zinsen vereinbart sein muss. Hierzu Everts, MittBayNot 2012, 337, 343 mit Formulierungsvorschlag.

§ 4 Außerordentliches Kündigungsrecht

(1) Das Darlehen kann vom Darlehensgeber jederzeit ohne Einhaltung einer Frist aus wichtigem Grund gekündigt werden.

(2) Als wichtige Gründe gelten insbesondere

a) Eröffnung eines Insolvenzverfahrens über das Vermögen des Darlehensnehmers;
b) Durchführung von Zwangsvollstreckungsmaßnahmen in den zur Besicherung vorgesehenen Grundbesitz des Darlehensnehmers, soweit diese Maßnahmen nicht spätestens nach zwei Monaten wieder aufgehoben worden sind;
c) Eintritt einer Vermögensverschlechterung nach § 490 Abs. 1 BGB;
d) Aufhebung der Brandversicherung für die Gebäude auf dem vorgesehenen Pfandgrundbesitz oder Herabsetzung der Versicherungssumme ohne Zustimmung des Darlehensgebers oder Nichtzahlung der Brandversicherungsbeiträge;
e) Veräußerung des zur Besicherung vorgesehenen Pfandbesitzes;
f) Verzug mit zwei aufeinander folgenden Zins- oder Tilgungszahlungen;
g) Rechtshängigkeit eines Scheidungsantrags gleich welchen Vertragsteils.

§ 5 Rückzahlung

Im Fall der Kündigung des Darlehens nach vorstehendem § 4 ist das Darlehen in einer Summe sofort zur Rückzahlung fällig.

§ 6 Gesetzliche Bestimmungen

(1) Im Übrigen gelten für das Darlehen die gesetzlichen Bestimmungen, derzeit insbesondere §§ 488 ff. BGB.

(2) Sollte eine Bestimmung dieses Vertrages unwirksam sein oder werden, so bleiben die übrigen Bestimmungen dennoch gültig und die Vertragsteile verpflichten sich, die unwirksame Bestimmung durch eine solche wirksame zu ersetzen, die dem Sinn und Zweck der unwirksamen Bestimmung am nächsten kommt.

III. Hypothekenbestellung

Zur Sicherung aller Ansprüche des Darlehensgebers aus der vorstehend bezeichneten Darlehensforderung samt Zinsen bestellt der Eigentümer zugunsten des Darlehensgebers an dem in Abschnitt VI. dieser Urkunde bezeichneten Pfandbesitz eine entsprechend verzinsliche

Hypothek ohne Brief

an nächstoffener Rangstelle.

IV. Zwangsvollstreckungsunterwerfung

Der Darlehensnehmer unterwirft sich wegen der in dieser Urkunde eingegangenen Zahlungsverpflichtung der

sofortigen Zwangsvollstreckung

aus dieser Urkunde in sein gesamtes Vermögen.

Der Eigentümer unterwirft sich darüber hinaus in Ansehung der vorbestellten Hypothek der

sofortigen Zwangsvollstreckung

aus dieser Urkunde in der Weise, dass diese im Sinne des § 800 ZPO gegen den jeweiligen Eigentümer des Pfandbesitzes zulässig ist.

V. Eintragungsantrag und -bewilligung

Der Eigentümer bewilligt und beantragt die Eintragung der vorbestellten Hypothek ohne Brief samt den vereinbarten Zins- und Zahlungsbestimmungen und der dinglichen Zwangsvollstreckungsunterwerfung zugunsten des Darlehensgebers in das Grundbuch an nächstoffener Rangstelle.

Vollzugsmitteilung an den Notar wird erbeten.

VI. Pfandbesitz

Der Pfandbesitz beschreibt sich wie folgt:

Gemarkung .....

Fl.Nr. .....

vorgetragen im Grundbuch des AG ..... für .....

Blatt .....

VII. Kosten und Abschriften

Von dieser Urkunde, deren Kosten der Darlehensnehmer trägt, erhalten:

a) der Darlehensgeber sofort eine einfache Ausfertigung und nach grundbuchamtlichem Vollzug eine vollstreckbare Ausfertigung auf Ansuchen,
b) der Darlehensnehmer sofort eine einfache Abschrift,
c) das Grundbuchamt sofort eine beglaubigte Abschrift zum Vollzug.

Der Notar darf die vollstreckbare Ausfertigung ohne weiteren Nachweis erteilen.

▶ Kostenanmerkung:

449 Soweit der Darlehensvertrag mit beurkundet wird, ist dieser das Hauptgeschäft und die Hypothek nur gegenstandsgleiches Sicherungsgeschäft. Es ist dann eine 2,0 Gebühr nach KV 21100 aus dem Wert des Darlehens zu erheben. Wird nur die Hypothek beurkundet mit Zwangsvollstreckungsunterwerfung so fällt nach KV 21200 eine 1,0 Gebühr an. Schuldbekenntnis und Hypothekenbestellung sind derselbe Gegenstand.[955]

D. Arbeitsverträge

I. Zivil- und steuerrechtliche Grundlagen

450 Wie die Erörterung der **Ehegatteninnengesellschaft**[956] gezeigt hat, kann eine substanzielle Mitarbeit von Ehegatten über das unterhaltsrechtlich geschuldete Maß hinaus[957] zur Annahme eines Gesellschaftsverhältnisses führen mit einer Ausgleichungspflicht bei Ehescheidung. Dies ist jedoch von den Ehegatten zumeist nicht gewünscht. Aus diesem Grund sollte ein wirkliches Arbeitsverhältnis begründet werden, denn dann sind darüber hinaus weitere Ansprüche aus der Ehegattenmitarbeit ausgeschlossen. Somit sprechen durchaus familienrechtliche Gründe für die Vereinbarung von Ehegattenarbeitsverhältnissen, auch wenn sie die **steuerliche Attraktivität** etwas eingebüßt haben.

451 Für Ehegatten, die in **Gütergemeinschaft** verheiratet sind, lässt sich ein Arbeitsverhältnis nicht begründen, wenn das Unternehmen zum Gesamtgut der Gütergemeinschaft gehört. Eine Ausnahme soll nur dann gelten, wenn das Unternehmen kein nennenswertes, in das Gesamtgut fallende Kapital einsetzt, sondern die Höhe des Gewinns im Wesentlichen auf der persönlichen Arbeitsleistung desjenigen Ehegatten beruht, der das Unternehmen allein führt.[958]

---

955 Notarkasse, Rn. 2059 f., 2064, 2085.
956 Rdn. 62 f.
957 Auch nach Streichung der Mitarbeitspflicht in § 1356 Abs. 2 BGB a.F. besteht eine solche nach überwiegender Ansicht in begrenztem Umfang weiterhin aus § 1353 Abs. 1 Satz 2 BGB, vgl. Genthe, FuR 1992, 346, Fn. 1.
958 BFH, BStBl. 1980 II, S. 634; Schoor, INF 2004, 25, 30. In der Landwirtschaft wird Mitunternehmerschaft auch schon dann bejaht, wenn der Grundbesitz beiden Ehegatten gehört und beide ohne gesonderte Vereinbarung mitarbeiten, BFH, BB 2004, 1151.

D. Arbeitsverträge

▶ Hinweis:

Nach der **Gläubigerschutzvorschrift (§ 850h Abs. 2 ZPO)** gilt bei unentgeltlichen Arbeits- oder Dienstleistungen, die nach Art und Umfang üblicherweise vergütet werden, im Verhältnis des Gläubigers zum Arbeitgeber eine angemessene Vergütung als geschuldet. Hier kann es also geschehen, dass bei einem Ehegattenarbeitsverhältnis, für das der haftende Arbeitnehmer-Ehegatte eine zu geringe Vergütung erhält, eine Pfändung durch Gläubiger droht, die ein übliches Arbeitsentgelt geltend machen können. 452

In vielen Fällen sprechen auch **steuerliche oder versicherungsrechtliche Gründe** für den Abschluss eines Ehegattenarbeitsverhältnisses. 453

Sofern das Arbeitsverhältnis steuerlich anerkannt wird, führen die Zahlungen beim Arbeitgeber-Ehegatten zu **Betriebsausgaben**. Demgegenüber muss der Arbeitnehmer-Ehegatte sein Arbeitseinkommen versteuern. Da die Ehegatten i.d.R. zusammenveranlagt werden, zeigt sich eine Steuerersparnis nicht auf den ersten Blick. Sie besteht bei der ESt in erster Linie in der Ausnutzung verschiedener Pausch- und Freibeträge, so z.B. des Arbeitnehmer-Pauschbetrages von derzeit 1.000,00 € nach § 9a Satz 1 Nr. 1 EStG. Außerdem ergeben sich erhebliche Einsparpotenziale bei der **Gewerbesteuer**. Soweit allerdings nunmehr die Anrechnung der Gewerbesteuer nach § 35 EStG greift, hat das Ehegattenarbeitsverhältnis an Attraktivität verloren.[959] Schließlich kann eine sozialversicherungspflichtige Beschäftigung dem Ehegatten Ansprüche in der **Kranken-, Renten- oder auch Arbeitslosenversicherung** verschaffen. Dies ist insb. dann wichtig, wenn erforderliche Mindestzeiten noch nicht erreicht waren. Für Neufälle von Ehegattenarbeitsverhältnissen besteht ab 01.01.2005 ein obligatorisches Statusfeststellungsverfahren nach § 7a Abs. 1 Satz 2 SGB IV, in welchem die Deutsche Rentenversicherung Bund den Status des mitarbeitenden Arbeitgeber-Ehegatten verbindlich klärt. Allerdings sieht die Steuerrechtsprechung die Statusbeurteilung durch Krankenkassen nicht als verbindlich für die steuerliche Einschätzung an. Der steuerliche Arbeitnehmerbegriff hat nach dieser Ansicht eigenständige Natur und ist nach steuerrechtlichen Grundsätzen zu bestimmen.[960] 454

Steuerlich interessant kann es ferner sein, auch nach einer Ehescheidung ein Arbeitsverhältnis mit dem geschiedenen Ehegatten fortzuführen, wenn dieser dadurch Einnahmen erhält, die eine Unterhaltspflicht entfallen lassen oder schmälern.[961] Für getrennt lebende Ehegatten gelten die Grundsätze über Verträge mit nahen Angehörigen entsprechend jedenfalls dann, wenn Anhaltspunkte für ein Fehlen gegenläufiger Interessen vorliegen.[962] 455

Zur **steuerlichen Anerkennung** von Arbeitsverhältnissen zwischen nahen Angehörigen haben Rechtsprechung und Finanzverwaltung[963] besondere **Voraussetzungen** aufgestellt:[964] 456
- Das Vertragsverhältnis muss ernsthaft und wirksam vereinbart sein.
- Das Vertragsverhältnis muss einem Fremdvergleich standhalten.
- Das Vertragsverhältnis muss tatsächlich durchgeführt werden.

▶ Gestaltungsempfehlung:

Gestaltet werden sollten Ehegattenarbeitsverträge am besten so, wie auch die Arbeitsverträge anderer Mitarbeiter im Unternehmen. Vermieden werden sollten alle Vereinbarungen, die außergewöhnlichen Inhalt haben! 457

---

959 Schoor, INF 2001, 47, 48.
960 FG Rheinland-Pfalz, v. 23.01.2014 6 K 2295/11, BeckRS 2014, 94331.
961 Meyer, ZFE 2002, 243 f.
962 BFH, EStB 2005, 102; Gerz, SteuK 2013, 400, 401.
963 R 4.8. EStR 2012 und H 4.8. Hinweise 2018 zu EStR 2012.
964 Hierzu Genthe, FuR 1992, 207 f., 346 f.; dort auch zur alten Rspr. von RFH und BFH, die eine Anerkennung von Ehegattenarbeitsverhältnissen noch ablehnte und zum Wandel nach zwei Entscheidungen des BVerfGE 13, 290 ff. und 318 ff.; Schmidt/Loschelder, § 4 Rn. 520 »Angehörige«; Stuhrmann, NWB Fach 3, 11285 ff.; Ballof, EStB 2005, 230 ff.

458 Die Rechtsprechung stellt hier insb. in **formaler Hinsicht** strenge Anforderungen.[965] So müssen die Verträge vor der Arbeitsaufnahme abgeschlossen sein. Eine Rückwirkung wird nicht anerkannt.[966] Die Verträge müssen zivilrechtlich wirksam abgeschlossen sein. Hier gibt es bei Ehegatten-Arbeitsverträgen i.d.R. keine Schwierigkeiten.[967] War der Vertrag nur mündlich geschlossen und fehlt es an einem Nachweis der tatsächlich geleisteten Arbeitszeit, so spricht dies gegen eine steuerliche Anerkennung.[968]

459 Die **Ernsthaftigkeit** eines Arbeitsverhältnisses ist dann nicht gegeben, wenn nur eine gelegentliche Hilfeleistung vorliegt, denn diese wird auch nach Wegfall des § 1356 Abs. 2 BGB auf familienrechtlicher Grundlage erbracht.[969] Ein ernsthaft vereinbartes Arbeitsverhältnis hat der BFH auch in dem Fall abgelehnt, dass Ehegatten, die beide einen Betrieb hatten, wechselseitig einen Arbeitsvertrag schlossen, in dem sie sich jeweils zur Tätigkeit mit ihrer vollen Arbeitskraft verpflichteten.[970] Aus der Ernsthaftigkeit des Arbeitsverhältnisses folgt dann auch, dass der Arbeitnehmer-Ehegatte Anspruch auf eine vom gegenseitigen Familienunterhalt unabhängige, darüber hinausgehende und ihm frei zur Verfügung stehende Vergütung hat.[971]

460 Der BFH[972] will bei der Prüfung der Fremdüblichkeit auch bei Arbeitsverhältnissen – wie schon bei Darlehensverträgen zwischen nahen Angehörigen[973] – die Intensität dieser Prüfung vom Anlass des Vertragsschlusses abhängig machen. Das bedeutet, dass der Fremdvergleich weniger strikt durchzuführen ist, wenn der Angehörige für solche Tätigkeiten eingestellt wird, für die der Steuerpflichtige einen fremden Dritten hätte einstellen müssen. Erledigt der Angehörige hingegen Tätigkeiten, die sonst der Steuerpflichtige selbst oder Familienangehörige unentgeltlich verrichten, dann ist die Prüfung strenger.[974]

Für den **Fremdvergleich** ist auf die Betriebsüblichkeit[975] abzustellen, unerheblich hingegen ist die Branchenüblichkeit.[976] Auf Letztere wird nur dann abzustellen sein, wenn im Betrieb keine vergleichbaren Arbeitsplätze existieren.[977] Dabei ist das Gesamtbild der Vereinbarung zu werten. Aus diesem Grund schließt nicht jede Abweichung vom Üblichen schon sofort die steuerliche Anerkennung aus.[978] Der **Fremdvergleich** bezieht sich auf den Inhalt des Arbeitsvertrages ebenso wie auf die tatsächliche Durchführung.[979] Ist das Arbeitsverhältnis im Grundsatz steuerlich anzuerkennen, die **Leis-**

---

965 SteuerFB/Winter/Dremel, Anm. zu Formular B.1.02, Rn. 12 f.
966 BFH, BStBl. 1989 II, S. 281; Genthe, FuR 1992, 290 f., 346 f., 348.
967 Der BFH will formunwirksame Verträge dennoch anerkennen, wenn die Formvorschrift unsicher ist und nach dem Auftauchen von Zweifeln die Formwirksamkeit sofort behoben wird (BFH, DStRE 1999, 937). Zur Nachweisproblematik auch Seeger, DStR 1998, 1339 ff. Nach BFH, DStRE 2006, 1372 hat die Unwirksamkeit nur noch indizielle Bedeutung.
968 FG Nürnberg, DStR 2008, 1114.
969 BFH, BStBl. 1988 II, S. 632; a.A. Söffing, NWB Fach 3, 8561, 8564; vgl. auch FG Saarland, NWB-Eilnachrichten, Fach 1, 158 (26.05.2003): Bei einem nebenberuflichen Versicherungsvertreter mit geringem Einkommen ist der Arbeitsanfall für den Ehegatten nicht plausibel; zur familienrechtlichen Grundlage einer Mitarbeitspflicht: BRHP/Hahn, § 1356 Rn. 20.
970 BFH, BStBl. 1989 II, S. 354; für eine großzügigere Betrachtung Kottke, DStR 1998, 1706 f.; krit. zu einem Ehegatten-Unterarbeitsverhältnis mit jederzeitiger Abrufbereitschaft als Chauffeur: FG Nürnberg, DStRE 2004, 243.
971 LAG Rheinland-Pfalz, DB 2002, 2050.
972 BFH, DB 2013, 2421.
973 BFH, DStR 2013, 2677 f.
974 Kulosa, DB 2014, 972, 976.
975 BFH, BStBl. 1988 II, S. 606.
976 BFH, BStBl. 1985 II, S. 124.
977 BFHE 157, 172 ff.
978 H 4.8. Hinweise 2018 zu EStR 2012 »Fremdvergleich«; BFH, BStBl. 1997 II, S. 196 (Mietverhältnis); BFH/NV 2000, 699 (Arbeitsverhältnis); BFH, DStR 2019, 430 (Arbeitsverhältnis); FG Münster, DStRE 2002, 436.
979 Genthe, FuR 1992, 290 f., 346, 349; Seier/Seier, ZFE 2006, 164 f.

D. Arbeitsverträge

tung des Arbeitgebers jedoch **in Teilbereichen überhöht**, so kann die Leistung im reduzierten, im Fremdvergleich üblichen Maß anerkannt werden,[980] sofern nicht die Überzahlung so krass ist, dass sie die Anerkennung insgesamt infrage stellt. So wird etwa eine Abfindung, die gezahlt wird, obwohl das Arbeitsverhältnis auch ohne das Einverständnis des ausscheidenden Ehepartners hätte beendet werden können, nicht anerkannt.[981] In gleicher Weise hat der BFH entschieden, dass eine überhöhte Leistung des Arbeitnehmers – hier: unbezahlte Mehrarbeit in erheblichem Umfang – der steuerlichen Anerkennung nicht entgegensteht, selbst wenn sie durch das Näheverhältnis veranlasst ist, solange die vereinbarte Vergütung nicht schlechterdings nicht mehr als Gegenleistung angesehen werden kann.[982] Sind bei einem Angehörigenarbeitsvertrag die Arbeitszeiten nicht vertraglich festgelegt und auch nicht durch Stundenzettel nachgewiesen, so stellt dies nach BFH[983] nicht die Fremdüblichkeit infrage, sondern betrifft den Nachweis der tatsächlichen Durchführung, die aber auch anderweitig festgestellt werden kann.

An einer **tatsächlichen Durchführung** des Ehegattenarbeitsverhältnisses **fehlt es**, wenn die Höhe des Arbeitslohnes nicht vereinbart wurde,[984] wenn der Arbeitslohn längere Zeit nicht zum üblichen Auszahlungszeitpunkt gezahlt wurde,[985] wenn der Arbeitnehmer-Ehegatte monatlich größere Beträge abhebt und sie in Arbeitslohn und Haushaltsgeld aufteilt – jedenfalls dann, wenn mehrere Arbeitnehmer vorhanden sind und die anderen ihren Lohn auf andere Weise erhalten.[986] Hebt der Arbeitnehmer mit Bankvollmacht größere Bargeldbeträge vom betrieblichen Konto ab und bestreitet daraus nach seiner Angabe auch die Lohnzahlungen, die i.Ü. quittiert und im Journal eingetragen werden, so soll dies nach Ansicht des BFH jedenfalls dann ausreichen, wenn es sich um den einzigen Arbeitnehmer des Betriebes handelt, sodass keine Ungleichbehandlung vorliegt.[987] Wird der Arbeitslohn auf ein Oder-Konto überwiesen, über das beide Ehegatten verfügen können, so genügt dies nach der Rechtsprechung des BVerfG.[988] Gleichwohl ergeht allgemein der Ratschlag, den Arbeitslohn besser auf ein eigenes Konto des Arbeitnehmer-Ehegatten zu überweisen. Wenn das Arbeitsentgelt unüblich niedrig ist, soll dies nach Auffassung des BFH nicht entgegenstehen, es sei denn, es ist so niedrig, dass nicht mehr von einer Gegenleistung gesprochen werden kann.

461

Gibt der Arbeitnehmer-Ehegatte den Arbeitslohn an den Arbeitgeber-Ehegatten als Darlehen zurück, nachdem er einmal in seinen Verfügungsbereich gelangt war, so hindert dies die Anerkennung des Arbeitsverhältnisses nicht.[989] War der Lohn hingegen nicht einmal in den Verfügungsbereich des Arbeitnehmer-Ehegatten gelangt, so wird das Arbeitsverhältnis nur anerkannt, wenn auch das Darlehen steuerlich Anerkennung findet.[990] Bei **Pensionszusagen** und **Direktversicherungen** müssen die auch für andere Arbeitnehmer gültigen Grundsätze beachtet werden.[991]

462

Allein die gerichtlich festgestellte **arbeitsrechtliche Wirksamkeit** eines Arbeitsverhältnisses zwischen Ehegatten genügt nicht für dessen steuerliche Anerkennung; der Maßstab der Fremdüblichkeit kann nicht auf die arbeitsrechtliche Wirksamkeit reduziert werden.[992] Die zivilrechtliche Wirksamkeit ist vielmehr ohnehin Voraussetzung der steuerlichen Anerkennung, sie genügt aber hierfür nicht.[993]

463

---

980 BFHE 157, 172 ff. (Tantieme); aktuell FG Niedersachsen, DB 2014, 512.
981 BFH/NV 2005, 1052.
982 BFH, DB 2013, 2421.
983 BFH, DB 2013, 2421; anders FG Düsseldorf, BeckRS 2013, 94597.
984 BFH, BStBl. 1962 II, S. 218; vgl. auch Vogt/Hannes, 70 ff. zum Fremdvergleich beim Arbeitslohn.
985 BFH, BStBl. 1982 II, S. 119; BFH, BStBl. 1991 II, S. 842; Schoor, INF 2004, 25, 27.
986 BFH, BStBl. 1989 II, S. 655.
987 BFH, DStRE 2005, 328 gegen Vorinstanz FG Düsseldorf, DStRE 2003, 577.
988 BVerfG, BStBl. 1996 II, S. 34; anders noch BFH (GrS), BStBl. 1990 II, S. 160.
989 BFH, BStBl. 1986 II, S. 48.
990 BFH, BStBl. 1975 II, S. 579; Genthe, FuR 1992, 290 f., 346, 353.
991 BVerfG, BStBl. 1970 II, S. 652; H 4b und H6a (9) Hinweise EStR 2012; Söffing, NWB Fach 3, 8561, 8570.
992 FG Rheinland-Pfalz, DStRE 2003, 1369.
993 BFH, EStB 2005, 102 ff.

464 Kann das Ehegattenarbeitsverhältnis steuerlich nicht anerkannt werden, so stellen die entsprechenden Zahlungen einschließlich der abgeführten Sozialversicherungsbeiträge keine Betriebsausgaben dar, sondern Entnahmen.[994]

II. Ehegattenarbeitsvertrag

465 Auf dieser Grundlage kann der folgende Vorschlag für einen Ehegattenarbeitsvertrag unterbreitet werden. Dieser hat nunmehr in § 611a BGB eine ausdrückliche Regelung gefunden.

▶ Formulierungsvorschlag: Ehegattenarbeitsvertrag – sozialversicherungspflichtig

466 Arbeitsvertrag

Zwischen der Firma ..... e.K.

mit dem Sitz in .....

– nachfolgend kurz »Arbeitgeber« –

und

Frau ..... geb. am .....

wohnhaft .....[995]

– nachfolgend kurz: »Arbeitnehmer« –

wird nachfolgender Arbeitsvertrag geschlossen:

§ 1 Beginn des Arbeitsverhältnisses

Das Arbeitsverhältnis beginnt mit dem .....[996]

Alternative:

Die ersten drei Monate gelten als Probezeit. Während der Probezeit kann das Arbeitsverhältnis beidseitig mit einer Frist von vier Wochen gekündigt werden. Eine Kündigung vor Arbeitsantritt ist jedoch ausgeschlossen.[997]

§ 2 Tätigkeitsbereich

Der Arbeitnehmer übernimmt im Betrieb des Arbeitgebers die folgenden Tätigkeitsbereiche:[998]

– Rechnungswesen (Rechungsein- und -ausgang)
– Zahlungswesen (Zahlungsein- und -ausgänge)
– Mahnwesen
..... (je nach Einsatzgebiet) .....

§ 3 Arbeitszeit

(1) Die regelmäßige Arbeitszeit beträgt 39 Stunden in der Woche.

---

994 BFH, BStBl. 1990 II, S. 160.
995 Zu den erforderlichen Angaben § 2 NachwG, BGBl. 1995 I, S. 946; BGBl. 2001 I, S. 1542. Nach Schoor, INF 2004, 25, 26 m.w.N. handelt es sich nicht um Formerfordernisse, die zur Unwirksamkeit des Vertrages oder seiner Nichtanerkennung im Steuerrecht führen.
996 Auf die Regelung einer Probezeit wurde beim Ehegattenarbeitsverhältnis verzichtet, vgl. aber Vogt/Hannes, 53: »steuerliches Muss«, wenn eine solche Probezeit bei allen anderen Arbeitnehmern immer vereinbart wurde.
997 So der Vorschlag von Vogt/Hannes, 51.
998 Eine genaue Stellenbeschreibung ist i.R.v. Ehegattenarbeitsverträgen empfehlenswert, da i.R.d. tatsächlichen Durchführung des Arbeitsverhältnisses die Ausübung der vereinbarten Tätigkeiten überprüft werden kann, Stuhrmann, NWB Fach 3, 11285 (2000).

(2) Beginn und Ende der täglichen Arbeitszeit richten sich nach der Übung des Betriebes.[999]

Alternative 1:

Die tägliche Arbeitszeit beginnt um 8.00 Uhr und endet um 17.00 Uhr, freitags jedoch bereits um 16.00 Uhr. Von 12.00 Uhr bis 13.00 Uhr ist Mittagspause.[1000]

Alternative 2:

Die Kernarbeitszeit, für die Anwesenheitspflicht besteht, liegt täglich zwischen 9.30 Uhr und 12.00 Uhr sowie 13.00 Uhr bis 15.00 Uhr.[1001]

(3) Der Arbeitgeber ist im Rahmen des gesetzlich Zulässigen berechtigt, Mehrarbeit anzuordnen, wenn hierfür ein betriebliches Bedürfnis besteht. Der Arbeitnehmer ist verpflichtet, in zumutbarem Umfang solche Mehrarbeit zu leisten.

§ 4 Vergütung

(1) Der Arbeitnehmer erhält eine Vergütung von ..... € monatlich brutto.

(2) Die Vergütung ist jeweils zum Ende eines Monats fällig.[1002]

(3) Zum Ende des Monats November wird ein dreizehntes Monatsgehalt ausgezahlt.

(4) Ferner wird zum Ende des Monats Juni ein Urlaubsgeld in Höhe von einem Viertel eines Bruttomonatslohnes gezahlt.[1003]

Alternative 1:

Die Zahlung erfolgt ohne Rechtsanspruch für die Zukunft[1004]

(5) Bei einem Arbeitsverhältnis, das im Laufe eines Kalenderjahres beginnt oder endet, sind die Zahlungen nach Abs. 3 und Abs. 4 zeitanteilig für jeden Monat zu gewähren, in dem das Arbeitsverhältnis durchgehend bestand.

(6) Mehrarbeit wird pro Stunde mit brutto 1/140[1005] der monatlichen Bruttovergütung gezahlt.[1006]

Alternative 2:

Mehrarbeit wird in Freizeit ausgeglichen.

---

999 Unschädlich soll es sein, wenn der Arbeitnehmer-Ehegatte seine Arbeitsleistung abweichend von der üblichen Arbeitszeit erbringt, da gewisse Sonderstellungen des Ehegatten sich nicht ausschließen lassen, Stuhrmann, NWB Fach 3, 11285, 11287 (2000); zum Arbeitszeitgesetz: Brecht, NWB Fach 26, 4483.
1000 Die vertragliche Vereinbarung von Arbeitszeiten oder alternativ die Vorhaltung von Stundenzetteln ist empfehlenswert. Das FG Düsseldorf, BeckRS 2013, 94597 wollte am Fehlen der genauen Bestimmbarkeit der Arbeitszeit die Fremdüblichkeit scheitern lassen, der BFH, DB 2013, 2421 hingegen sieht beim Fehlen nur den Nachweis der tatsächlichen Durchführung nicht als erbracht an, der aber anderweitig geführt werden könne.
1001 Für ein Jahresarbeitszeitkonto vgl. den Formulierungsvorschlag bei Formularbuch/Hoefs, Formular III. E. 2., Anm. 6.
1002 Eine lediglich jährliche Zahlung will die Rspr. nicht anerkennen, BFH, BStBl. 1982 II, S. 119; BFH, BStBl. 1991 II, S. 842; vgl. auch Fiedler, ZFE 2002, 220, 222.
1003 Hier ist auf die innerbetriebliche Vergleichbarkeit zu achten. Sofern mit anderen Arbeitnehmern ein Vorbehalt der Freiwilligkeit und Widerruflichkeit aufgenommen wurde, sollte dies in gleicher Weise beim Arbeitnehmer-Ehegatten geschehen.
1004 Vergleichbar mit anderen Mitarbeitern gestalten, Seier/Seier, ZFE 2005, 180.
1005 Bei angenommenen 175 Stunden Arbeitszeit im Monat entspricht dies einer um 25 % erhöhten Stundenvergütung (1/175 × 125/100).
1006 Sofern eine Teilzeitbeschäftigung vorliegt, kann ergänzt werden: »Dies gilt auch dann, wenn die Arbeitszeit von Vollbeschäftigten noch nicht überschritten ist.«

Alternative 3:

Durch die nach § 4 Abs. 1 zu zahlende Bruttovergütung sind bis zu 10 Überstunden monatlich abgegolten.

(7) Sämtliche Zahlungen an den Arbeitnehmer haben auf dessen Konto bei der .....-Bank, Nr. ....., BLZ ..... zu erfolgen.[1007]

§ 5 Urlaub

Dem Arbeitnehmer steht bei einer 5-Tage-Woche kalenderjährlich ein Erholungsurlaub von 25 Arbeitstagen nach Maßgabe des Bundesurlaubsgesetzes zu.[1008]

Der Urlaub muss im laufenden Kalenderjahr gewährt und genommen werden, ansonsten verfällt er. Eine Übertragung auf das nächste Kalenderjahr ist nur statthaft, wenn dringende betriebliche oder in der Person des Arbeitnehmers liegende Gründe dies rechtfertigen. Ein solcher übertragener Urlaub muss bis zum 31. März des Folgejahres gewährt und genommen werden, ansonsten verfällt er.[1009]

§ 6 Entgeltfortzahlung

Ist der Arbeitnehmer ohne eigenes Verschulden wegen Krankheit arbeitsunfähig, so wird seine Vergütung vom ersten Tag an auf die Dauer von sechs Wochen nach den gesetzlichen Bestimmungen fortgezahlt.

Der Arbeitnehmer ist verpflichtet, dem Arbeitgeber jede Arbeitsverhinderung unverzüglich anzuzeigen. Im Fall einer Erkrankung ist spätestens mit Ablauf des dritten Kalendertages nach Beginn der Arbeitsunfähigkeit eine ärztliche Bescheinigung über die Arbeitsunfähigkeit und deren voraussichtliche Dauer einzureichen.

§ 7 Reisekosten

Reisekosten im Sinne der Lohnsteuerrichtlinien werden – auch bei Benutzung des eigenen Pkw – im Rahmen der steuerlich Zulässigen erstattet.[1010]

1007 Auch wenn die Rspr. zur Entgeltzahlung auf ein Oder-Konto dieses nun nicht mehr als schädlich ansieht, wird doch zumeist empfohlen, die Gehaltszahlung auf ein eigenes Konto des Arbeitnehmer-Ehegatten zu erbringen.

1008 Da Arbeitgeber und Arbeitnehmer-Ehegatte i.d.R. gemeinsam den Urlaub verbringen, sind weitere Regelungen, dass sich der Urlaub nach den betrieblichen Erfordernissen richten und zuvor abgestimmt sein muss, i.d.R. bloße Leerformeln, die hier vermieden wurden.

1009 Nach Klagges in Schaub/Formularsammlung A, 2. Teil, Rn. 265.

1010 In den Lohnsteuerrichtlinien regeln R 9.4. f. die Erstattung von Reisekosten. Unter diesen Begriff fallen neben den Fahrtkosten auch Verpflegungsmehraufwendungen, Übernachtungskosten und Reisenebenkosten. Die uneingeschränkte Nutzungsgewährung eines betrieblichen PKWs hält i.d.R. einem Fremdvergleich nicht statt, FG Niedersachsen, DStRE 2015, 385; anders das FG Köln für eine Pkw-Nutzung als Sachlohnbestandteil, DStRE 2019, 15. Der BFH hat dies nun als für einen Minijob unüblich eingestuft und nicht anerkannt, BFH, DStR 2019, 430.

D. Arbeitsverträge	Kapitel 5

§ 8 Altersversorgung[1011]

Für den Arbeitnehmer wird eine Direktversicherung[1012] als Lebensversicherung mit unmittelbarem Bezugsrecht abgeschlossen in Höhe von ..... €.[1013]

1011 Maßgebliche Grundsätze für die steuerliche Anerkennung von Altersversorgungen bei Ehegattenarbeitsverhältnissen finden sich im BMF-Schreiben, BStBl. 1984 I, S. 495 ff. Zur Barlohnumwandlung: BFH, BStBl. 1995 II, 873. Bei der Vereinbarung einer Altersversorgung ist in besonderem Umfang auf den Fremdvergleich zu achten. Allerdings sagt der BFH, FR 2009, 286, dass bei einer echten Barlohnumwandlung die Versicherung ohne weitere Prüfung angemessen ist, wenn zuvor der Lohn angemessen war; eine Prüfung einer sog. Überversorgung entfällt also für diesen Fall (gegen BFH, BStBl. 1995 II, 873). Ansonsten muss die Altersversorgung dem Grund und der Höhe nach angemessen sein, vgl. Stuhrmann, NWB Fach 3, 11285, 11290 ff. Sie darf nicht zu einer Überversorgung führen; eine solche soll anzunehmen sein, wenn die Altersbezüge 75 % des letzten Arbeitslohnes übersteigen, Schoor, INF 2004, 25, 29.

1012 Die Direktversicherung ist nach ihrer Definition in R 40b Abs. 1 LStR eine Lebensversicherung auf das Leben des Arbeitnehmers, die der Arbeitgeber abschließt und aus der der Arbeitnehmer oder seine Hinterbliebenen bezugsberechtigt sind. Für Versorgungszusagen vor dem 01.01.2005 war sie in § 1 Abs. 2 BetrAVG und § 40b EStG geregelt. Für den Arbeitgeber war sie interessant, weil sie nach § 40b EStG mit 20 % pauschal besteuert werden konnte. Sie kann zudem nach § 2 Abs. 1 Satz 1 Nr. 3 Arbeitsentgeltverordnung in der Sozialversicherung frei sein. Voraussetzung einer Lohnsteuerpauschalierung war, dass die Versicherung nicht auf den Erlebensfall eines früheren als des 60. Lebensjahres des Arbeitnehmers abgeschlossen ist, dass die Abtretung oder Beleihung des unwiderruflichen Bezugsrechts des Arbeitnehmers ausgeschlossen ist und dass eine vorzeitige Kündigung des Versicherungsvertrages durch den Arbeitnehmer ausgeschlossen ist. Seit 01.01.2002 besitzen Arbeitnehmer einen individualrechtlichen Anspruch auf Entgeltumwandlung zugunsten einer betrieblichen Altersversorgung. Hier kann die Direktversicherung genutzt werden. Seit 01.01.2005 (Alterseinkünftegesetz, BGBl. 2004 I, S. 1427 ff.; hierzu BMF-Schreiben, BStBl. 2008 I, 390 ff. inzwischen aufgehoben und mit zahlreichen Änderungen versehen, Schreiben vom 19.08.2013 IV C 3 – S 2221/12/10010:004, BeckVerw 275395, wo auch Änderungen dokumentiert sind; vgl. die Erläuterung bei Risthaus, DStR 2008, 797 ff. und BMF, BStBl. 2009, S. 273 ff.; BFH, DStR 2011, 512) sind Arbeitgeberbeiträge zu einer Direktversicherung in der Leistungsphase nach § 3 Nr. 63 EStG bis zu 8 % der Beitragsbemessungsgrenze steuerfrei, sofern die dort genannten Voraussetzungen erfüllt sind. Aus Gründen des Vertrauensschutzes können Zusagen vor diesem Zeitpunkt weiterhin pauschal besteuert werden (BMF, BStBl. 2004 I, S. 1065, Rn. 205 ff.); vgl. hierzu: Bick/Strohner, DStR 2005, 1072 ff.; Harder-Buschner, NWB Fach 3, 13217 f., 13253 f.; Wellisch/Näth, BB 2005, 18 ff.; Niermann, DB 2004, 1449; Korn/Strahl, KÖSDI 2004, 14360 ff.; Übersicht in KÖSDI 2004, 14404. In die Direktversicherung eingezahlte Beträge sind ferner nach § 1 Abs. 2 Nr. 9 Sozialversicherungsentgeltverordnung sozialversicherungsfrei. An der Beschränkung, dass bei Umwandlung von Barlohn eine Anerkennung der Direktversicherung nur erfolgen kann, wenn sämtliche Versorgungsleistungen 30 % des steuerpflichtigen Arbeitslohnes nicht übersteigen, hält die Finanzverwaltung nicht mehr länger fest (FinMin Saarland, DStR 2005, 829). Die Gerichte fühlen sich jedoch daran nicht gebunden, FG Baden-Württemberg, EFG 2007, 660 f.

1013 Alternativ kommt auch eine Pensionszusage in Betracht. Dabei handelt es sich um eine direkte Versorgungszusage durch den Arbeitgeber, der die entsprechenden Mittel in Form einer Rücklage anspart (§ 6a EStG). Der BFH, FamRB 2015, 352 führt hier einen besonders detaillierten Fremdvergleich durch. Eine Pension, die über dem aktuellen Bruttogehalt liegt, spricht gegen eine betriebliche Veranlassung, wenn sie nicht auch anderen Arbeitnehmern angeboten ist. Formulierungsvorschläge und detaillierte Darstellung bei Langohr-Plato in Kunz/Henssler/Brand/Nebeling, § 35; Formularbuch/Hoefs, Formular III. E. 2., § 9 und Anm. 29; Schrader/Klagges in Schaub/Formularsammlung, A Rn. 318.

Kapitel 5 Vermögensrechtliche Ansprüche und Regelungen unter Ehegatten

§ 9 Beendigung

(1) Für die Kündigung des Arbeitsverhältnisses gelten unbeschadet des bestehenden gesetzlichen Kündigungsschutzes[1014] beiderseits die gesetzlichen Kündigungsfristen.[1015] Soweit tarifvertragliche Regelungen zur Kündigung bestehen, gelten diese.[1016]

Die Kündigungsfrist beträgt somit nach § 622 Abs. 1 BGB vier Wochen zum 15. oder zum Ende eines Kalendermonats und verlängert sich nach § 622 Abs. 2 BGB.[1017]

(2) Die Kündigung bedarf der Schriftform.

§ 10 Verschwiegenheit

Der Arbeitnehmer verpflichtet sich, über alle Betriebs- und Geschäftsgeheimnisse und über sonstige Informationen des Geschäftsbetriebes während der Dauer seines Arbeitsverhältnisses und nach dessen Ende Stillschweigen zu bewahren.[1018]

§ 11 Schlussbestimmungen

(1) Sollte eine Bestimmung dieses Vertrages unwirksam sein oder werden, so bleibt der Vertrag im Übrigen gültig. Die unwirksame Bestimmung wird durch eine solche wirksame ersetzt, die dem wirtschaftlich Gewollten am nächsten kommt.

(2) Jeder Vertragsteil erhält ein Exemplar dieses Vertrages.

III. Ehegattenarbeitsverhältnis mit geringfügiger Beschäftigung

467 Wenn der Arbeitnehmer-Ehegatte lediglich eine geringfügige Beschäftigung ausübt, so lässt sich nachfolgender Vorschlag für einen Arbeitsvertrag unterbreiten:

1014 Neben dem Kündigungsschutzgesetz enthalten zahlreiche andere Gesetze Schutzvorschriften, so für Schwerbehinderte, Mütter oder Elternzeitberechtigte.
1015 Die Kündigungsfristen sind in § 622 BGB geregelt. Danach beträgt die Kündigungsfrist grds. vier Wochen zum 15. oder zum Ende eines Kalendermonats. Für die Kündigung durch den Arbeitgeber verlängern sich die Fristen abhängig von der Dauer des Arbeitsverhältnisses, sie betragen z.B. bei einem Arbeitsverhältnis, das zwei Jahre bestanden hat, einen Monat zum Ende des Kalendermonats, nach fünf Jahren zwei Monate zum Ende des Kalendermonats (§ 622 Abs. 2 BGB). Für die Kündigung durch den Arbeitnehmer dürfen keine längeren Fristen vereinbart sein (§ 622 Abs. 6 BGB). Die einzelvertragliche Vereinbarung kürzerer Kündigungsfristen ist stark eingeschränkt (§ 622 Abs. 5 BGB), tarifvertragliche Regelungen sind hingegen in weiterem Umfang zulässig (§ 622 Abs. 4 BGB).
1016 Bei Ehegattenarbeitsverhältnissen ist zu überlegen, ob der Fall der Trennung als Kündigungsgrund gelten soll. In der Rspr. ist umstritten, ob die Tatsache, dass die Ehe zerrüttet ist, eine Kündigung rechtfertigt. Während das LAG Köln einerseits annimmt, eine Zerrüttung alleine genüge nicht für eine personenbedingte Kündigung (LAG Köln, BeckRS 2003, 40220, urteilt das LAG Berlin-Brandenburg (BeckRS 2008, 53898), dass es nicht gegen Treu und Glauben verstößt, wenn im Kleinbetrieb ein Arbeitgeber das Arbeitsverhältnis seines Ehegatten vor dem Hintergrund eines laufenden Scheidungsverfahrens ordentlich kündigt. So hatte auch das BAG, NZA 1996, 249 geurteilt, eine Kündigung der Arbeitnehmerehegattin sei sozial gerechtfertigt i.S.d. § 1 Abs. 2 KSchG, wenn sich die ehelichen Auseinandersetzungen so auf das Arbeitsverhältnis auswirken, dass die Loyalität nicht mehr gegeben bzw. der Betriebsfrieden gefährdet ist. Gleichwohl muss bei der Aufnahme von Kündigungsklauseln, die an eine Ehescheidung anknüpfen, zur Vorsicht geraten werden, denn sie könnten den Fremdvergleich gefährden.
1017 Angaben erforderlich nach § 2 Abs. 1 Nr. 9 NachweisG.
1018 Fiedler, ZFE 2002, 220, 223 empfiehlt die Aufnahme einer solchen Klausel gerade deshalb, weil Ehegattenarbeitsverhältnisse gelegentlich auch wegen einer Scheidung enden und dann die Pflicht zur Verschwiegenheit wichtig ist.

D. Arbeitsverträge												Kapitel 5

▶ **Formulierungsvorschlag: Ehegattenarbeitsvertrag – geringfügige Beschäftigung**[1019]

Arbeitsvertrag											468

Zwischen der Firma ..... e.K.

mit dem Sitz in .....

– nachfolgend kurz »Arbeitgeber« –

und

Frau ....., geb. am .....

wohnhaft .....

– nachfolgend kurz: »Arbeitnehmer« –

wird nachfolgender Arbeitsvertrag geschlossen:

§ 1 Beginn des Arbeitsverhältnisses

Das Arbeitsverhältnis beginnt mit dem .....

§ 2 Tätigkeitsbereich

(1) Der Arbeitnehmer übernimmt im Betrieb des Arbeitgebers die folgenden Tätigkeitsbereiche:

– Rechnungswesen (Rechungsein- und -ausgang)
– Zahlungswesen (Zahlungsein- und -ausgänge)
– Mahnwesen
– ..... (je nach Einsatzbereich) .....

(2) Es handelt sich somit nicht um eine haushaltsnahe Dienstleistung.

§ 3 Arbeitszeit

(1) Die regelmäßige Arbeitszeit beträgt ..... Stunden in der Woche.[1020]

(2) Die Einteilung der Arbeitszeit richtet sich in erster Linie nach den betrieblichen Erfordernissen.[1021] Die geleistete Arbeit wird wöchentlich in einem Stundenzettel festgehalten.[1022]

1019 Besonderheiten gelten für sog. geringfügige Beschäftigungen in Privathaushalten i.S.d. § 8a SGB IV. Das Formular geht davon aus, dass es sich nicht um eine solche handelt.

1020 Seit der Neuregelung der geringfügigen Beschäftigungsverhältnisse durch das Zweite Gesetz für moderne Dienstleistungen am Arbeitsmarkt, BGBl. 2002 I, S. 4621 ist die Begrenzung auf 15 Stunden pro Woche weggefallen (§ 8 Abs. 1 Nr. 1 SGB IV n.F.). Neuregelung zum 01.01.2013 (BGBl. 2012 I, 2474). Zur versicherungsrechtlichen Beurteilung ausführlich die Geringfügigkeits-Richtlinien 2019 der Spitzenverbände der Sozialversicherungsträger. Mit der zum 01.01.2019 in Kraft getretenen Erhöhung der Mindestwochenarbeitszeit von 10 auf 20 Stunden in § 12 Abs. 1 S. 3 TzBefrG, die bei fehlender Vereinbarung einer Arbeitszeit greift, wird möglicherweise die 450,- € Grenze verfehlt! Daher sind nunmehr unbedingt Arbeitszeiten zu vereinbaren (vgl. Uffmann/Kreding, NZA 2020, 137).

1021 Bei geringfügigen Beschäftigungsverhältnissen kann auch im Rahmen eines Ehegattenarbeitsverhältnisses nicht verlangt werden, dass die Arbeitszeit exakt bestimmt wird. Eine gewisse Beweglichkeit der Arbeitszeit ist vielmehr den geringfügigen Beschäftigungsverhältnissen immanent, BFH, NV 2000, 699 (laut Sachverhalt sollte die Ehefrau alle anfallenden Büroarbeiten verrichten, wobei sich die Arbeitszeit nach dem Anfall der zum Aufgabenbereich der Ehefrau gehörenden Aufgaben richtete); Kupfer, KÖSDI 2001, 12777, 12785. Seit 01.01.2019 ist aber eine Angabe der wöchentlichen Stundenzahl empfehlenswert, da sonst von 20 Stunden ausgegangen wird, § 12 Abs. 1 Satz 3 TzBefrG.

1022 Nunmehr bestehen erweiterte Dokumentationspflichten hinsichtlich der Arbeitszeit nach § 17 Mindestlohngesetz.

Kapitel 5 Vermögensrechtliche Ansprüche und Regelungen unter Ehegatten

§ 4 Vergütung

(1) Der Arbeitnehmer erhält eine Vergütung von ..... € monatlich brutto.[1023]

(2) Die Vergütung ist jeweils zum Ende eines Monats fällig.

(3) Sämtliche Zahlungen an den Arbeitnehmer haben auf dessen Konto bei der .....-Bank, Nr. ....., BLZ ..... zu erfolgen.

(4) In dieser Bruttovergütung ist ein Anteil von 1/12 als monatlich anteilige Sonderzahlung enthalten. Damit sind die Ansprüche auf Urlaubs- und Weihnachtsgeld oder sonstige Gratifikationen abgegolten.[1024]

(5) Das Arbeitsverhältnis ist steuerpflichtig. Die Lohnsteuer wird pauschal[1025] erhoben.[1026]

§ 5 Urlaub

(1) Dem Arbeitnehmer steht kalenderjährlich ein Erholungsurlaub von ..... Arbeitstagen nach Maßgabe des Bundesurlaubsgesetzes zu.

(2) Das entspricht anteilig dem Urlaub eines Vollzeitbeschäftigten.

§ 6 Entgeltfortzahlung

Ist der Arbeitnehmer ohne eigenes Verschulden wegen Krankheit arbeitsunfähig, so wird seine Vergütung vom ersten Tag an auf die Dauer von 6 Wochen nach den gesetzlichen Bestimmungen fortgezahlt.

§ 7 Weitere Beschäftigungen

(1) Der Arbeitnehmer versichert, derzeit keine weiteren geringfügigen Beschäftigungen auszuüben.

Alternative 1:

Der Arbeitnehmer übt derzeit folgende weitere geringfügige Beschäftigung aus: ...... Der Arbeitnehmer versichert, dass auch bei Zusammenrechnung beider geringfügigen Beschäftigungen die Entgeltgrenze von 450,00 € nicht überschritten wird.

Alternative 2:

Der Arbeitnehmer übt folgende versicherungspflichtige Hauptbeschäftigung aus: .....[1027]

1023 Die Obergrenze für geringfügige Beschäftigungsverhältnisse liegt derzeit bei 450,00 € monatlich. Zur Zusammenrechnung bei mehreren Beschäftigungsverhältnissen ausführlich Geringfügigkeits-Richtlinien 2.2.2., Download unter *www.deutsche-rentenversicherung.de*.

1024 So der Vorschlag von Hässler, NWB Fach 22, 215, 216 (2003). Es besteht auch für Teilzeitbeschäftigte ein Anspruch auf tarifliche Sonderzahlungen. Daraus ergaben sich in der Vergangenheit Probleme, wenn die Vergütung bereits die bei Geringfügigkeit zulässige Grenze erreichte und schon der tarifvertragliche Anspruch auf die Sonderzahlung zu einer Überschreitung der Grenze führte (sog. Phantomlohnfalle). Nunmehr macht § 22 Abs. 1 SGB IV die Zahlung dieser Einmalentgelte zur Voraussetzung für ihre Einbeziehung. Die Formulierung wird deshalb gewählt, um klarzustellen, dass schon kein weiterer Anspruch besteht.

1025 § 40a Abs. 2 EStG. Der Gesamtabgabesatz für die geringfügigen Beschäftigungsverhältnisse mit Ausnahme der haushaltsnahen Dienstleistungen beträgt derzeit 30 % (15 % gesetzliche Rentenversicherung, 13 % gesetzliche Krankenversicherung und 2 % Steuern) zzgl. Umlagen nach Mutterschutzgesetz und Lohnfortzahlungsgesetz sowie Beitrag zur gesetzlichen Unfallversicherung (Privathaushalte 12 % zzgl. 1,6 % Unfallversicherung und Umlagen nach Mutterschutz- und Lohnfortzahlungsgesetz).

1026 Bei einer geringfügigen Beschäftigung will die Finanzverwaltung eine Pensionszusage oder eine sonstige betriebliche Altersversorgung nicht anerkennen, da sie nicht üblich sei, BMF, BStBl. 1984 I, S. 495, 497.

1027 Eine geringfügige Beschäftigung wird mit einer versicherungspflichtigen Hauptbeschäftigung nicht zusammengerechnet. Bei weiteren geringfügigen Beschäftigungen werden diese jedoch mit der Haupt-

(2) Der Arbeitnehmer verpflichtet sich, dem Arbeitgeber die Aufnahme jeder weiteren geringfügigen Beschäftigung anzuzeigen unter Angabe von Arbeitgeber, Entgelt und Arbeitszeit.

(3) Sofern durch die Aufnahme weiterer Tätigkeiten die Geringfügigkeitsgrenze überschritten wird, kann ein sozialversicherungs- und steuerpflichtiges Arbeitsverhältnis entstehen.[1028]

§ 8 Sozialversicherung

Der Arbeitnehmer wird hiermit darauf hingewiesen, dass er nach § 6 Abs. 1b) SGB VI durch eine schriftliche Erklärung gegenüber dem Arbeitgeber Befreiung von der Versicherungspflicht in der gesetzlichen Rentenversicherung[1029] beantragen kann,[1030] die ansonsten besteht. Der Antrag kann bei mehreren geringfügigen Beschäftigungen nur einheitlich gestellt werden. Er ist für die Dauer der Beschäftigung bindend. Durch die Befreiung können sozialversicherungsrechtliche Nachteile entstehen, über welche die Sozialversicherungsträger informieren.[1031]

§ 9 Beendigung

(1) Für die Kündigung des Arbeitsverhältnisses gelten unbeschadet des bestehenden gesetzlichen Kündigungsschutzes beiderseits die gesetzlichen Kündigungsfristen. Soweit tarifvertragliche Regelungen zur Kündigung bestehen, gelten diese.

(2) Die Kündigung bedarf der Schriftform.

§ 10 Schlussbestimmungen

(1) Sollte eine Bestimmung dieses Vertrages unwirksam sein oder werden, so bleibt der Vertrag im Übrigen gültig. Die unwirksame Bestimmung wird durch eine solche wirksame ersetzt, die dem wirtschaftlich Gewollten am nächsten kommt.

(2) Sofern sich die Voraussetzungen für die Versicherungsfreiheit geringfügiger Beschäftigung ändern, verpflichten sich beide Vertragsparteien, eine Anpassung vorzunehmen, sodass dem Arbeitsverhältnis die Versicherungsfreiheit erhalten bleiben kann, soweit dies für jeden Vertragsteil zumutbar ist. Hieraus ergibt sich jedoch kein Anspruch für den Arbeitnehmer, als Vergütung stets die höchstzulässige Vergütung zu erhalten.

(3) Jeder Vertragsteil erhält ein Exemplar dieses Vertrages.

E. Vermietung und Verpachtung (das sog. »Wiesbadener Modell«) und sonstige Verträge

I. Vermietung und Verpachtung unter Ehegatten

Auch bei Miet- oder Pachtverträgen zwischen Ehegatten ist die **steuerliche Anerkennung** des Vertrages von verschiedenen Voraussetzungen abhängig. Der Vertrag muss
- bürgerlich-rechtlich wirksam zustande gekommen sein,
- nach Inhalt und Durchführung einem Fremdvergleich standhalten,
- nicht als Gestaltungsmissbrauch zu werten sein,
- mit einer Einkünfteerzielungsabsicht geschlossen worden sein.[1032]

469

---

beschäftigung zusammengerechnet und damit sozialversicherungspflichtig, Geringfügigkeits-Richtlinien.

1028 Die Versicherungspflicht tritt nach der Neuregelung in § 8 Abs. 2 Satz 3 SGB IV erst mit Bekanntgabe der Feststellung ein. Angesichts des Ehegattenarbeitsverhältnisses wurde hier auf die Begründung von Ersatzpflichten bei Verstoß gegen die Mitteilung verzichtet.

1029 Das FG Münster, DStRE 2019, 793 will eine Direktversicherung und die Überlassung eines Betriebs-Pkw für private Zwecke nicht anerkennen, da dies dem Fremdvergleich nicht standhalte.

1030 Seit 01.01.2013 besteht für neue Arbeitsverhältnisse eine gesetzliche Versicherungspflicht, von der durch Antrag befreit werden kann. Das gilt auch für Altarbeitsverträge, die über die Grenze von 450,00 € hinauskommen.

1031 Schimmelpfennig in beck-Vertragsformulare Premium 4.2.21.

1032 BFH, BStBl. 1997 II, S. 196 f.; BFH, DStR 1998, 761; BFH, DStR 2002, 1521; Spindler, DB 1997, 643 ff.

470 Bei Mietverträgen unter Ehegatten gibt es i.d.R. keine Probleme hinsichtlich des wirksamen Zustandekommens.

471 Hinsichtlich des **Fremdvergleichs** hat der BFH für das Mietverhältnis ausgesprochen, dass auf die Gesamtheit der objektiven Gegebenheiten abzustellen sei, dass also nicht jede Abweichung vom Üblichen schon die steuerliche Anerkennung ausschließt.[1033] Der BFH akzeptierte das Mietverhältnis, obwohl die Zahlungen nicht regelmäßig und in bar geleistet wurden und Unklarheiten hinsichtlich der mündlich vereinbarten Heizkostenabrechnungen bestanden. Die Finanzverwaltung schloss sich dem Urteil an.[1034] Hat der Ehegattenvertrag die gleichen Mängel wie alle anderen für das Objekt abgeschlossenen Fremdverträge, so stellt dies die steuerliche Anerkennung nicht infrage, denn die Abweichungen sind dann nicht privat veranlasst.[1035] Allein eine fehlende Nebenkostenabrede führt noch nicht dazu, dass die Finanzrechtsprechung den Mietvertrag verwirft.[1036] Allerdings sollen Vorauszahlungen von Nebenkosten, die in einem deutlichen Missverhältnis zu den tatsächlich abrechnungsfähigen Kosten stehen, die steuerliche Anerkennung ausschließen.[1037] Auch die Verbindung mit einer Schenkungsabrede hält nach Ansicht des BFH einem Fremdvergleich nicht stat.[1038] An der tatsächlichen Durchführung mangelt es, wenn der Mieter wirtschaftlich nicht oder nur schwer in der Lage ist, die Miete aufzubringen[1039] oder wenn die Miete eben tatsächlich nicht regelmäßig geleistet[1040] oder »nach Kassenlage« gezahlt wird.[1041] Nicht anerkannt hat das FG Düsseldorf ein Mietverhältnis, bei dem die Miete zeitnah zurückgeflossen ist.[1042]

472 Ein **Gestaltungsmissbrauch** steht häufig dann in Rede, wenn Mietverhältnisse im Zusammenhang mit Unterhaltsleistungen vereinbart werden. So wurde ein Mietverhältnis zwischen einem Ehemann und seiner geschiedenen Frau der Besteuerung nicht zugrunde gelegt, weil der Ehemann freiwillig Unterhalt an die Kinder leistete und die geschiedene Ehefrau mit diesem Unterhalt die Mietzahlungen aufbrachte.[1043] Hingegen wurde ein Gestaltungsmissbrauch verneint, wenn zwischen geschiedenen Ehegatten die Miete mit dem geschuldeten Barunterhalt verrechnet wird.[1044] Ein Gestaltungsmissbrauch kann auch darin liegen, dass der Vermieter-Ehegatte die Anschaffungskosten und die laufenden Aufwendungen nicht aus der Miete und seinem eigenen Vermögen decken kann und auf Zuwendungen des Mieter-Ehegatten angewiesen ist.[1045] Ferner wird eine Nutzungsüberlassung insb. dann nicht anerkannt, wenn sie sich im Rahmen einer familiären Haushaltsgemeinschaft vollzieht.[1046] Sonach ist also insb. eine Mitbenutzung der vermieteten Räumlichkeiten durch den Vermieter schädlich.[1047]

473 Einen Gestaltungsmissbrauch hat der BGH abgelehnt bei Vermietung einer Wohnung an den anderen Ehegatten an dessen auswärtigem Arbeitsort i.R.d. doppelten Haushaltsführung.[1048]

1033 BFH, BStBl. 1997 II, S. 196; hierzu Kupfer, KÖSDI 2001, 12777, 12779.
1034 OFD Berlin, DB 1997, 1644; OFD Frankfurt am Main, DStR 1997, 2022; Hinweis H 21.4 EStH 2018.
1035 BFH, DStR 2002, 1521.
1036 BFH, DStR 1998, 761.
1037 FG Düsseldorf, DStR-aktuell Heft 26/2000, VI.
1038 BFH, DStR 2016, 2947.
1039 BFH, BStBl. 1997 II, S. 655.
1040 BFH/NV 2016, 1006 (Eltern-Kind).
1041 FG München, DStRE 2014, 1476.
1042 FG Düsseldorf v. 25.06.2010 1 K 292/09 E.
1043 FG Köln, DStR 2001, 130.
1044 BFH, DB 1996, 814.
1045 BFH, BStBl. 1994 II, S. 829.
1046 BFH/NV 2005, 1008.
1047 BFH/NV 1995, 112, Fuhrmann, KÖSDI 2005, 14784, 14787; FG Baden-Württemberg, NZFam 2019, 841.
1048 BFH, DStR 2003, 1117.

E. Vermietung und Verpachtung (das sog. »Wiesbadener Modell«) und sonstige Verträge   **Kapitel 5**

Schließlich ist bei Miet- oder Pachtverhältnissen noch die Einkünfteerzielungsabsicht zu überprüfen, wenn zu einer **Miete** vermietet wird, die **unterhalb des Marktüblichen** liegt. Der Gesetzgeber hat sich dieses Problems angenommen und in § 21 Abs. 2 EStG nunmehr geregelt, dass bei einem Entgelt für die Wohnungsüberlassung, das weniger als 66 % der ortsüblichen Marktmiete beträgt, die Nutzungsüberlassung in einen entgeltlichen und einen unentgeltlichen Teil aufzuteilen ist. Beträgt die Miete mindestens 66 %, so ist die Vermietung (voll) entgeltlich. Als ortsübliche Marktmiete wird dabei die ortsübliche Kaltmiete zuzüglich der nach der Betriebskostenverordnung umlagefähigen Kosten verstanden.[1049] Bei möblierter Vermietung kommt ein Möblierungszuschlag hinzu.[1050]   474

II. Betriebsaufspaltung und »Wiesbadener Modell«

I.R.d. schuldrechtlichen Vereinbarungen unter Ehegatten soll noch ein Rechtsinstitut betrachtet werden, das aus dem Steuerrecht kommt, nämlich das sog. »**Wiesbadener Modell**« i.R.d. **Betriebsaufspaltung**.   475

1. Betriebsaufspaltung

Eine Betriebsaufspaltung liegt vor, wenn ein eigentlich einheitliches Unternehmen zweigeteilt ist in ein **Besitzunternehmen** und ein **Betriebsunternehmen**. Das Besitzunternehmen vermietet oder verpachtet Anlagevermögen an das Betriebsunternehmen. Die betriebliche Tätigkeit hingegen wird allein durch Letzteres wahrgenommen.   476

Besteht in solchen Fällen eine **sachliche Verflechtung** (Überlassung mindestens einer wesentlichen Betriebsgrundlage zur Nutzung) und eine **personelle Verflechtung** (beherrschende Personen der Besitzgesellschaft beherrschen auch das Betriebsunternehmen), liegt eine Betriebsaufspaltung vor.[1051]   477

Rechtsfolge ist, dass die Vermietung und Verpachtung in der Betriebsaufspaltung zur gewerblichen Tätigkeit wird.[1052]   478

Das hier vorzustellende »**Wiesbadener Modell**« ist eine **Gestaltung des Steuerrechts**, um den Eintritt einer **Betriebsaufspaltung zu vermeiden**, sodass das Besitzunternehmen nur Einnahmen aus Vermietung und Verpachtung erzielt. Dies hat Vorteile etwa bei einer späteren Veräußerung von Grundbesitz, aber auch i.R.d. Gewerbesteuer.[1053] Das Wiesbadener Modell wird als die einzig sichere Gestaltung zur Vermeidung einer solchen Betriebsaufspaltung angesehen.[1054]   479

Das »Wiesbadener Modell« setzt bei der **personellen Verflechtung** an. Hierzu muss man wissen, dass es in der Rechtsprechung eine längere Kontroverse gibt zu der Frage, ob die Anteile von Ehegatten bei der Prüfung einer beherrschenden Stellung zusammengerechnet werden dürfen. Nach der **Personengruppentheorie** werden die Anteile von Personen, die an beiden Unternehmen beteiligt sind, zusammengerechnet, sodass es genügt, wenn diese Personen auch bei unterschiedlicher Beteiligung in beiden Unternehmen die Mehrheit haben.[1055] Diese Zusammenrechnung findet auch bei Ehegatten statt, wenn diese an beiden Gesellschaften beteiligt sind.[1056] Ist jedoch an einer der beiden Gesellschaften nur ein Ehegatte beteiligt, beide hingegen am anderen Unternehmen,   480

1049 R 21.3. EStR 2012.
1050 FG Düsseldorf, DStRE 2018, 580.
1051 Die Darstellung kann in diesem familienrechtlichen Zusammenhang naturgemäß nur verkürzt sein. Ausführlich etwa Brandmüller, Die Betriebsaufspaltung nach Handels- und Steuerrecht; Kaligin, Die Betriebsaufspaltung; Söffing, Die Betriebsaufspaltung; Märkle, BB 2000, Beilage 7 zu Heft 31, Die Betriebsaufspaltung an der Schwelle zum neuen Jahrtausend.
1052 Detailliert: Schmidt/Wacker, § 15 Rn. 800 ff.
1053 Zimmermann, H Rn. 67 bis 68.
1054 Brandenstein/Kühn, NZG 2002, 904, 907.
1055 BFH, BStBl. 1972 II, S. 63; BFH, BStBl. 2000 II, S. 417.
1056 SteuerFB/Winter/Dremel, Formular B. 1.03, Rn. 14; Schmidt/Wacker, § 15 Rn. 845, 846.

2. »Wiesbadener Modell«

481 An dieses Urteil anknüpfend ist das »**Wiesbadener Modell**« so gestaltet, dass **der eine Ehegatte Inhaber des Betriebsunternehmens ist, der andere hingegen Inhaber des Besitzunternehmens**. In diesen Fällen liegt nach der ständigen Rechtsprechung des BFH keine Betriebsaufspaltung vor.[1058] Auch die Finanzverwaltung sieht dies so.[1059] Selbst wenn in solchen Fällen aufgrund besonderer Beweisanzeichen gleich gerichtete wirtschaftliche Interessen anzunehmen sind, lehnt die Rechtsprechung eine personelle Verflechtung ab, da jeder Ehegatte zuvörderst die Interessen seines Unternehmens wahren wird.[1060]

482 Eine Ausnahme – also das Vorliegen einer Betriebsaufspaltung trotz mangelnder Beteiligungsidentität – nimmt die Rechtsprechung an, wenn eine **sog. faktische Beherrschung** vorliegt, d.h. wenn der Gesellschafter/Inhaber des Besitzunternehmens das Betriebsunternehmen tatsächlich beherrscht.[1061] Eine solche faktische Beherrschung soll jedoch nur in Ausnahmefällen vorliegen,[1062] so z.B. wenn jemand der Gesellschaft unverzichtbare Betriebsgrundlagen zur Verfügung stellt, die er jederzeit wieder entziehen kann.[1063] Dies spricht dafür, die Nutzungsüberlassungsverträge zwischen Besitz- und Betriebsgesellschaft entsprechend längerfristig zu gestalten, um eine solche Situation zu vermeiden. Im Rahmen eines »Wiesbadener Modells« hat es der BFH nicht genügen lassen, dass der Besitzgesellschafter Geschäftsführer der Betriebs-GmbH seiner Ehefrau war. Vielmehr wäre für eine faktische Beherrschung zusätzliche Voraussetzung gewesen, dass die Ehefrau fachunkundig gewesen wäre und sich somit der tatsächlichen Vorrangstellung des Ehemannes als Geschäftsführer untergeordnet hätte.[1064] Selbst wenn der Ehemann als Geschäftsführer der GmbH fungiert und ihr aufgrund seiner beruflichen Ausbildung und Erfahrung das Gepräge gibt, soll dies noch nicht zu einer faktischen Betriebsaufspaltung führen.[1065]

483 Soweit in solchen Fällen schon das Vorliegen einer ständigen (gegenseitigen) Vorsorgevollmacht als Beweisanzeichen für eine Zusammenrechnung gewertet wird,[1066] ist dem zu widersprechen. Vorsorgevollmachten sind heute weithin üblich zur Vermeidung einer Betreuung und stehen in der Regel im Innenverhältnis unter zahlreichen Einschränkungen.

484 Liegt also auch keine faktische Beherrschung vor, so wird mit dem sog. »**Wiesbadener Modell**« eine **Betriebsaufspaltung erfolgreich vermieden**.

▶ Hinweis:

485 Mit dem sog. »Wiesbadener Modell«, bei dem ein Ehegatte Inhaber des Besitzunternehmens, der andere Inhaber des Betriebsunternehmens ist, wird eine Betriebsaufspaltung erfolgreich vermieden.

1057 BVerfG, BStBl. 1985 II, S. 475; BMF, BStBl. 1986 I, 537.
1058 BFH, BStBl. 1986 II, S. 359; BFH, BStBl. 1987 II, S. 28; BFH, BStBl. 1989 II, S. 152; Slabon, ZErb 2006, 49, 50.
1059 H 15.7. (7). EStH 2018.
1060 BFH, BStBl. 1986 II, S. 359 f.
1061 Zusammenfassend Märkle, BB 2000, Beilage 7 zu Heft 31, 7 ff.
1062 BFH, BStBl. 1999 II, S. 445; Märkle, BB 2000, Beilage 7 zu Heft 31, 7 ff.
1063 BMF, BStBl. 2002 I, S. 1028; hierzu Kempermann, NWB Fach 3, 12501, 12505 (2003).
1064 BFH, BStBl. 1987 II, S. 28.
1065 BFH, BStBl. 1989 II, S. 155 = DStR 1989, 77.
1066 Hennig, RNotZ 2015, 127, 130 m.w.N.

E. Vermietung und Verpachtung (das sog. »Wiesbadener Modell«) und sonstige Verträge **Kapitel 5**

Dies gilt aber nur, wenn ausschließlich der eine Ehegatte am Besitzunternehmen und ausschließlich 486
der andere am Betriebsunternehmen beteiligt ist. Wenn ein Ehegatte mehrheitlich am einen und
der andere Ehegatte mehrheitlich am anderen Unternehmen beteiligt ist, will die Rechtsprechung
dennoch eine Betriebsaufspaltung annehmen.[1067]

3. Zivilrechtliche Gestaltung beim »Wiesbadener Modell«

a) Scheidungsklauseln

Wenn auch diese Gestaltung sich als steuerlich vorteilhaft erweist, so muss sie doch **zivilrechtlich** 487
sorgsam begleitet werden. Zunächst einmal ist die Unternehmensinhaberschaft – gleich in welcher
Rechtsform – so zu gestalten, dass der eine Ehegatte Inhaber der Betriebsgrundstücke und -gebäude,
der andere Ehegatte hingegen Inhaber des Betriebes als solchem ist. Sofern nicht ein Erwerb von
Dritten schon in dieser Rechtsform stattfindet, sind zuvor Übertragungen unter Ehegatten vorzunehmen.
Auch beim Erwerb vom Dritten leistet ggf. ein Ehegatte Zahlungen für den Erwerb des
anderen.

Es sind daher zwischen den Ehegatten **Vereinbarungen für den Fall der Ehescheidung** oder auch
für den **Todesfall** zu treffen.

▶ Gestaltungsempfehlung:

Ehegatten, die ein »Wiesbadener Modell« gestalten, müssen dieses sorgfältig zivilrechtlich 488
begleiten. Sowohl erbrechtliche Regelungen als auch der zurückhaltende Umgang mit beschränkenden
Anordnungen sind steuerlich geboten.

Für den Fall der Ehescheidung wird häufig eine **Scheidungsklausel** gewünscht werden, wonach das 489
entsprechende Unternehmen oder der Grundbesitz wieder an den zuwendenden Ehegatten zurückfällt.[1068]
Allerdings wird in der steuerrechtlichen Literatur davor gewarnt, für diesen Fall allzu umfangreiche
Regelungen zu treffen, denn bei einer freien Widerrufsklausel wird der zugewendete Gegenstand
weiterhin dem zuwendenden Ehegatten als wirtschaftlichem Eigentümer zugerechnet, sodass
das erstrebte steuerliche Ziel nicht erreicht wird.[1069] Wird die Rückübertragung hingegen nur für
den Scheidungsfall vereinbart, so soll die Gestaltung anzuerkennen sein.[1070] Vorsichtigere Stimmen
sprechen sich auch in diesen Fällen für die Durchführung einer vorherigen verbindlichen Anfrage
aus.[1071]

Das Urt. des BFH v. 04.02.1998, das hier einschlägig ist, sagt aus, dass alleine die Vereinbarung 490
einer Scheidungsklausel noch nicht zu **wirtschaftlichem Eigentum** beim Zuwendenden führt. Laut
Sachverhalt hatte die Ehefrau von der Schwiegermutter ein Grundstück erworben. Das Geld hierzu
hatte der Ehemann zuvor geschenkt. In einem Ehevertrag hatte sich die Ehefrau verpflichtet, im
Fall einer Scheidung das Grundstück unentgeltlich auf den Ehemann zu übertragen. Sie hatte ferner
Vollmacht zur Eintragung einer Auflassungsvormerkung und zur Erklärung der Auflassung erteilt.
Die Vormerkung war aber nicht eingetragen worden. Der BFH stellte darauf ab, dass die Ehefrau
immerhin mehr Rechte hatte als ein Vorerbe, dass sie insb. das Grundstück nach Belieben nutzen
und es auch veräußern konnte.

1067 BFH, BStBl. 2000 II, S. 913; hiergegen Verfassungsbeschwerde zurückgewiesen, BVerfG, NJW 2004, 2513.
1068 Vgl. hierzu die Formulierungsvorschläge in Kap. 3 Rdn. 145 ff.
1069 Meyer-Scharenberg/Ohland, Rn. A 113.
1070 Meyer-Scharenberg/Ohland, Rn. A 113.
1071 Zimmermann, H Rn. 67, allerdings nur unter Berufung auf BGH, BStBl. 1994 II, S. 645, ohne auf das sich abgrenzende Urteil BFH, BStBl. 1998 II, S. 542 einzugehen.

b) Weitere Vereinbarungen

491 Inzwischen hat sich der **BGH** in zwei Entscheidungen gerade zu solchen Klauseln beim Wiesbadener Modell geäußert[1072] und festgestellt, dass ein **vormerkungsgesicherter Anspruch** auf Eigentumsübertragung gegen den Besitzunternehmer bei Verstoß gegen ein Verfügungsverbot, Vorversterben, Zwangsvollstreckung und Stellung eines Scheidungsantrages **kein wirtschaftliches Eigentum bei demjenigen Ehegatten begründet, der das Betriebsunternehmen innehat.** Der Grundstückseigentümer = Besitzunternehmer unterliegt damit noch nicht den Weisungen des Betriebsunternehmers. Das ist berechtigt, denn die Scheidung kann nicht als steuerliches Gestaltungsmittel begriffen werden.[1073]

492 Das Berufungsgericht war noch von einer in Wirklichkeit vorliegenden Treuhandabrede ausgegangen und hatte wirtschaftliches Eigentum beim Betriebsunternehmer gesehen. Dem ist der BGH entgegengetreten mit dem Argument, dass die **Anerkennung des Wiesbadener Modells Hauptziel der Gestaltung** gewesen sei. Da **könne man keinen Treuhandvertrag unterstellen**, der genau dies verhindere.

493 Allerdings war in den Verträgen jeweils nur eine Übernahme der dinglichen Belastungen vorgesehen, sodass sich der BGH mit der Frage zu befassen hatte, ob die Verträge sittenwidrig seien, weil der zur Herausgabe verpflichtete Ehegatte die Schulden weitertragen müsse. Der BGH löste dies durch Auslegung der Verträge, die danach auch zur Schuldübernahme verpflichteten.

494 Ist somit **zivilrechtlich die entsprechende Gestaltung abgesichert**, so wird weiter gefragt, ob der BFH dies auch **steuerrechtlich** so übernehmen wird. Hier wird **noch immer zu erheblicher Vorsicht bei der Gestaltung geraten**, damit die Verfügungsbefugnis des Grundstückseigentümers nicht über die Maßen eingeschränkt wird, etwa noch durch **Vermietungsbeschränkungen** oder Ähnliches.[1074]

495 Vorgeschlagen wird für solche Gestaltungen noch ergänzend ein **Andienungsrecht**, das den Besitzunternehmer in die Lage setzt, vom Betriebsunternehmer die Übernahme des Grundbesitzes gegen Schuldübernahme zu verlangen.[1075]

▶ **Gestaltungsempfehlung:**

496 Nach Auffassung des BGH sind die üblichen Scheidungs- und Rückübertragungsklauseln, die an bestimmte Auslöser anknüpfen, für das Wiesbadener Modell unschädlich. Allerdings muss darauf geachtet werden, dass auch die Schuldübernahme im Zusammenhang mit der Rückübertragung vereinbart wird.

c) Erwerbsrecht der Kinder

497 Eine Scheidungsklausel mit Rückerwerbsrecht des Ehegatten führt außerdem dazu, dass das »Wiesbadener Modell« i.R.d. Scheidung zusammenbricht. Um dies zu vermeiden und auch im Scheidungsfall die personelle Verflechtung zu umgehen, kann die Scheidungsklausel so ausgestaltet werden, dass nicht der zuwendende Ehegatte, sondern etwa die Kinder das Erwerbsrecht haben. Die Formulierung erfolgt normalerweise dann so, dass der zuwendende Ehegatte das Recht hat, die Übertragung auf die Kinder zu verlangen.[1076]

d) Testamentarische Anordnungen

498 Vorsorge muss ferner **für den Todesfall** getroffen werden. Will man das »Wiesbadener Modell« aufrechterhalten und die personelle Verflechtung vermeiden, so müsste für den Todesfall eine von der

---

1072 BGH, NJW 2014, 2177 und BGH, NJW 2015, 1668.
1073 Kesseler, DStR 2015, 1189, 1190 ff.
1074 Kesseler, DStR 2015, 1189, 1151 f.
1075 Kesseler, DStR 2015, 1189, 1193.
1076 Formulierungsvorschlag in Kap. 3 Rdn. 158.

gesetzlichen Erbfolge abweichende Anordnung getroffen werden, dass etwa der betroffene Grundbesitz oder das betroffene Unternehmen direkt an die Kinder fällt. Fatal sind insbesondere Gestaltungen, bei denen zunächst der Ehegatte Erbe wird und dann im Wege des Vermächtnisses ein Betrieb auf Kinder übertragen werden muss. Hier würde zunächst eine Betriebsaufspaltung begründet und diese sofort wieder aufgelöst, sodass ertragsteuerliche Entnahmefolgen aufträten.[1077]

III. Sonstige Verträge

Außer den genannten Verträgen spielen auch **Kaufverträge** unter Ehegatten in der gerichtlichen Praxis eine Rolle. So hat das FG Baden-Württemberg einem Kaufvertrag unter Ehegatten unter Berufung auf die mangelnde Fremdüblichkeit die Anerkennung versagt, weil die Finanzierung des erwerbenden Ehegatten über ein Darlehen erfolgt, bei dem wiederum beide Ehegatten als Gesamtschuldner haften.[1078] 499

Sofern bei einer Veräußerung der Veräußerungspreis unter dem gemeinen Wert liegt, ist dies für den Fremdvergleich unbeachtlich. Aber es erfolgt eine Aufspaltung in einen entgeltlichen und einen unentgeltlichen Teil.[1079] 500

F. Vollmachten und Verfügungen für Krankheitsfälle

Neben den besprochenen schuldrechtlichen Rechtsgeschäften unter Ehegatten, die immer mehr die familienrechtlichen Verträge ergänzen, soll die Vollmacht für den Ehegatten zur Behandlung im Krankheitsfall, aber auch zur Vermögenssorge vorgestellt werden. 501

Aufgrund zunehmender öffentlicher Diskussion ist die seit 1992 geltende **Subsidiarität des Betreuungsrechts**, wie sie in § 1896 Abs. 2 Satz 2 BGB verankert ist,[1080] verstärkt in das allgemeine Bewusstsein gedrungen. Die **Vorsorgevollmacht** tritt daher in der notariellen Praxis zunehmend neben das Testament als weitere Vorsorgegestaltung für das Alter. Zahlreiche Institutionen veröffentlichen hierzu Mustergestaltungen. Mit dem dritten Gesetz zur Änderung des Betreuungsrechtes[1081] hat der Gesetzgeber nun nach langjähriger Diskussion die Patientenverfügung gesetzlich geregelt.[1082] Hierbei hat er dem Dialog zwischen Arzt und Bevollmächtigtem[1083] in § 1901b BGB eine zentrale Bedeutung eingeräumt. In diesem Zusammenhang wurde auch der für die Vorsorgevollmacht wichtige § 1904 BGB geändert. Die Vorsorgevollmacht wird daher künftig immer neben die Patientenverfügung treten müssen, will man sich nicht auf eine Betreuung verlassen.[1084] § 1906 BGB wurde in Abs. 3 und 3a geändert[1085] durch die Aufnahme ärztlicher Zwangsmaßnahmen im Rahmen der Unterbringung, die nunmehr aufgrund der Bezugnahme in Abs. 5 auch Eingang in die Vollmacht finden. Diese Bestimmungen finden sich nun – nach einer Entscheidung des BVerfG[1086] auf Vorlage des BGH[1087] – im neuen § 1906a BGB.[1088] 502

Regelungsbedürftig ist i.d.R. Folgendes: 503
– die Vollmacht als Befugnis im Außenverhältnis;
– der Auftrag an den Bevollmächtigten als Ausgestaltung des Innenverhältnisses;

1077 Hennig, RNotZ 2015, 127, 134.
1078 FG Baden-Württemberg, EFG 2006, 404.
1079 BFH, DStR 2005, 733.
1080 Hierzu Cypionka, DNotZ 1991, 571 ff.
1081 BGBl. 2009 I, S. 2286 ff.
1082 Krit. zu diesem Gesetz Höfling, NJW 2009, 2849 ff.; Spickhoff, FamRZ 2009, 1848 ff.
1083 Dieser ist nach § 1904 Abs. 5 BGB einem Betreuer gleichgestellt.
1084 Renner, ZFE 2010, 341.
1085 BGBl. 2013 I, 266.
1086 BVerfG, NJW 2017, 53.
1087 BGH, FamRZ 2015, 1484, wo beanstandet wird, dass die Zwangsbehandlung nur im Rahmen einer Unterbringung nach § 1906 Abs. 1 BGB vorgesehen ist.
1088 Gesetz vom 17.07.2017 (BGBl. 2017 I, 2426); hierzu Spickhoff, FamRZ 2017, 1633.

- Besonderheiten einer unternehmerischen Vorsorgevollmacht;
- eine Betreuungsverfügung i.S.d. § 1897 Abs. 4 BGB für den Fall, dass zusätzlich eine Betreuung notwendig werden sollte;[1089]
- ggf. eine Patientenverfügung mit Erklärungen zum Abbruch von Behandlungsmaßnahmen.

▶ **Gestaltungsempfehlung:**

504 Bei der Beratung von Ehegatten sollte daran gedacht werden, auf die Möglichkeit einer Vorsorgevollmacht hinzuweisen und diese ggf. mit einer Betreuungsverfügung und/oder einer Patientenverfügung zu verbinden!

505 Das 2. **Betreuungsrechtsänderungsgesetz** hat die ursprünglich vorgesehene gesetzliche Vertretungsmacht des Ehegatten nicht Gesetz werden lassen. Auch weitere Vorschläge über eine **gesetzliche Beistandschaft unter Ehegatten** bei Handlungsunfähigkeit sind bisher **nicht** in Kraft getreten.[1090]

506 Soweit eine **Auslandsberührung** vorliegt, ist eine Rechtswahl im Hinblick auf die Vollmacht zu empfehlen. Die Anknüpfung von Vorsorgevollmachten richtet sich nach dem **ESÜ** (Haager Übereinkommen über den internationalen Schutz von Erwachsenen).[1091] **Vor Eintritt des Vorsorgefalles** soll jedoch noch **Art. 8 EGBGB** maßgeblich sein.[1092] Es kann also zu einem (ggf. mehrfachen) Statutenwechsel kommen. Das unterstreicht die Notwendigkeit einer Rechtswahl.[1093] Es gibt auch die Empfehlung, die Möglichkeit der Rechtswahl als Inhalt der Vorsorgevollmacht selbst aufzunehmen.[1094] Dies mag dann empfehlenswert sein, wenn es dazu dient, der Vollmacht in möglichst weitem Umfang Geltung zu verschaffen.

I. Vorsorgevollmacht[1095]

1. Form

507 Eine besondere **Form** ist zwar für die Erteilung einer Vollmacht und die weiteren Verfügungen grds. nicht vorgeschrieben. Allerdings sehen §§ 1904 Abs. 5, 1906 Abs. 5 und § 1906a Abs. 5 BGB vor, dass die Einwilligung des Bevollmächtigten zu nachfolgenden ärztlichen Maßnahmen bzw. Zwangsmaßnahmen und der Verbringung in einen stationären Aufenthalt hierzu sowie Unterbringungsmaßnahmen nur wirksam sind, wenn die Vollmacht **schriftlich** erteilt ist und die nachfolgenden **Maßnahmen ausdrücklich umfasst**.[1096] Das bedeutet, dass sich aus dem **Wortlaut der Vollmacht** ergeben muss, dass der Bevollmächtigte für die nachfolgenden Maßnahmen vertreten darf. **Eine Generalvollmacht reicht insoweit nicht mehr aus!** Auch der bloße Verweis auf die Bestimmungen der §§ 1904, 1906, 1906a BGB wird als unzureichend erachtet.[1097] Im Einzelnen handelt es sich um Folgendes:

1089 Hierzu LG Hamburg, DNotZ 2000, 220 f. m. Anm. Langenfeld für den Fall angenommener inhaltlicher Unbestimmtheit.
1090 Hierzu etwa Dutta, FamRZ 2017, 581 f. mit zahlreichen kritischen Anmerkungen.
1091 Deutsche Gesetze hierzu vom 17.03.2007, BGBl. 2007 I, 314 ff., 323 ff.
1092 Hierzu Süß in C. Münch Familienrecht, § 20 Rn. 430 ff.; Kordel, notar 2018, 303.
1093 Vgl. dazu Hausmann, J 192 ff.
1094 Kersten/Bühling/Kordel, § 96 Rn. 82.
1095 Einen Überblick über die Fragen der Vorsorgevollmacht geben Grziwotz, INF 2004, 352 ff.; Kropp FPR 2012, 9 f.; Müller, ZNotP 2012, 404 f.; detailliert Müller/Renner, Betreuungsrecht und Vorsorgeverfügungen; Rudolf/Bittler/Roth, Vorsorgevollmacht, Betreuungsverfügung und Patientenverfügung. Vgl. ferner die Handreichung des Bayerischen Staatsministeriums der Justiz: Vorsorge für Unfall, Krankheit, Alter durch Vollmacht, Betreuungsverfügung, Patientenverfügung, Stand 2017; Christliche Patientenvorsorge durch Vorsorgevollmacht, Betreuungsverfügung, Behandlungswünsche und Patientenverfügung (2010; Hrsg.: Kirchenamt der Evangelischen Kirche in Deutschland und Sekretariat der Deutschen Bischofskonferenz); hierzu Coeppicus, NJW 2011, 3749.
1096 Zur systematischen Kritik an diesen Vorschriften: Baumann, MittRhNotK 1998, 1, 7.
1097 Müller, DNotZ 1999, 107, 113.

F. Vollmachten und Verfügungen für Krankheitsfälle   Kapitel 5

- Untersuchung des Gesundheitszustandes, Heilbehandlung oder ärztlicher Eingriff, wenn die begründete Gefahr besteht, dass der Vollmachtgeber aufgrund der Maßnahme stirbt oder einen schweren und länger dauernden gesundheitlichen Schaden erleidet (§ 1904 Abs. 1 BGB);
- Nichteinwilligung oder Widerruf der Einwilligung in eine Untersuchung des Gesundheitszustandes, eine Heilbehandlung oder einen ärztlichen Eingriff, wenn die Maßnahme medizinisch angezeigt ist und die begründete Gefahr besteht, dass der Vollmachtgeber aufgrund des Unterbleibens oder des Abbruchs der Maßnahme stirbt oder einen schweren und länger dauernden gesundheitlichen Schaden erleidet (§ 1904 Abs. 2 BGB);
- Unterbringung, die mit Freiheitsentziehung verbunden ist (§ 1906 Abs. 1 BGB);
- Ärztliche Zwangsmaßnahmen und die Verbringung zu einem stationären Aufenthalt hierzu (§ 1906a Abs. 1 und Abs. 4 BGB);
- Freiheitsentzug[1098] durch mechanische Vorrichtungen, Medikamente oder auf andere Weise über einen längeren Zeitraum oder regelmäßig, wenn der Vollmachtgeber sich in einer Anstalt, einem Heim oder einer sonstigen Einrichtung aufhält, ohne untergebracht zu sein (§ 1906 Abs. 4 BGB);[1099]
- Im Umkehrschluss wird zu folgern sein, dass andere als die genannten Bereiche in der Vollmacht nicht ausdrücklich genannt sein müssen, auch wenn für einen Betreuer die entsprechende Befugnis ausdrücklich angeordnet sein müsste. Das betrifft insbesondere die Berechtigung zur Entgegennahme der Post.[1100]

508

Zu beachten ist, dass die **Nichteinwilligung bzw. der Widerruf einer Einwilligung** und damit der Behandlungsabbruch **neu in diesen Katalog des Konkretisierungsgebotes des § 1904 BGB aufgenommen** worden ist. Nach ganz herrschender Auffassung muss daher nunmehr auch dieser Bereich in der Vorsorgevollmacht ausdrücklich bezeichnet sein.[1101] Gleiches gilt für die neu aufgenommene ärztliche Zwangsbehandlung im Rahmen der Unterbringung.[1102] Der Vertragsgestalter, der den vorsichtigen Weg zu wählen hat, sollte daher den Text der Vollmacht entsprechend erweitern.

509

Was **Altvollmachten** anbelangt, so wird vertreten, dass das neue **Konkretisierungsgebot keine Rückwirkung** enthalte, sodass die Vollmachten auch für Abbruchentscheidungen taugliche Grundlage sein könnten.[1103] Dieser Ansicht ist zuzustimmen, da das dritte Gesetz zur Änderung des Betreuungsrechtes die Vorsorgevollmacht – auch die bereits vorhandenen – stärken wollte. Allerdings sagt eine Entscheidung des OLG Zweibrücken[1104] für die Übergangsproblematik in der letzten Änderung das Gegenteil. Daher ist auch hier **Vorsicht** geboten. Erhält man Altvollmachten vorgelegt, sollte man die Gelegenheit zur **Ergänzung** nutzen.[1105]

510

Für die genannten Fälle wird zusätzlich eine **Genehmigung durch das Betreuungsgericht** erforderlich. Einer solchen Genehmigung bedarf es allerdings nach § 1904 Abs. 4 BGB **dann nicht, wenn** zwischen dem **Bevollmächtigten** und dem behandelnden **Arzt Einvernehmen** besteht, dass die Einwilligung, Nichteinwilligung oder der Widerruf dem nach § 1901a BGB festgestellten Willen des Vollmachtgebers entspricht. Das Betreuungsgericht soll also, wenn eine Patientenverfügung, ein Behandlungswunsch oder notfalls ein festgestellter mutmaßlicher Wille vorliegt, nur noch im Kon-

511

1098 Soweit der BGH geurteilt hat, eine Vollmacht zur Unterbringung erfasse auch freiheitsentziehende Maßnahmen (BGH, FamRZ 2012, 969), wird dies kritisiert (Böhm, FamRZ 2012, 970 f.).
1099 Empfehlenswert ist insoweit eine Wiedergabe des Gesetzestextes, um Bestimmtheitsprobleme zu vermeiden, vgl. etwa LG Düsseldorf, FamRZ 2000, 1315.
1100 DNotI-Gutachten, DNotI-Report 2013, 148; DNotI-Gutachten 2015 – 144666.
1101 Albrecht, Rn. 72; Beermann, ZFE 2009, 333, 337; Ihrig, notar 2009, 380, 387; Lange, ZEV 2009, 537, 542; Müller, DNotZ 2010, 169, 183; Renner, ZNotP 2009, 371, 381; a.A. Diehn, FamRZ 2009, 1958; Diehn/Rebhan, NJW 2010, 326, 329.
1102 Dieckmann, BWNotZ 2013, 34, 45.
1103 Ihrig, notar 2009, 380, 388; Müller, DNotZ 2010, 169, 186 f.
1104 OLG Zweibrücken, FamRZ 2003, 113.
1105 In diesem Buch war bereits seit der 1. Aufl. 2004 der Behandlungsabbruch als Inhalt der Vollmacht im Formulierungsvorschlag vorgesehen.

fliktfall angerufen werden. Dies spricht sehr für die Abfassung einer Patientenverfügung mit begleitender Vorsorgevollmacht, denn auf diese Weise besteht die Chance, selbstbestimmt und ohne weitere gerichtliche Befassung die Behandlung am Lebensende zu regeln.

512 Neu ist, dass das **Betreuungsgericht nach § 1904 Abs. 3 BGB an den Willen des Vollmachtgebers gebunden** ist. In dieser Spezialnorm ist eine deutliche Abweichung zu dem allgemeinen Grundsatz des § 1901 Abs. 3 Satz 1 BGB zu sehen, wo diese Maßgeblichkeit eingeschränkt ist durch den Zusatz, dass der Wunsch nur so weit verbindlich ist, als er dem Wohl des Vollmachtgebers nicht zuwiderläuft und dem Bevollmächtigten zuzumuten ist. Damit ist die Abwägung des § 1901 Abs. 3 BGB, für die der BGH Regeln herausgearbeitet hatte,[1106] hier nicht durchzuführen. Allerdings wird man in Anlehnung an diese genannte Entscheidung des BGH nur einen solchen Willen für beachtenswert und damit bindend halten dürfen, der nicht Ausdruck der Erkrankung des Vollmachtgebers ist und auf der Grundlage ausreichender Tatsachenkenntnis gefasst wurde.

513 **Notarielle Beurkundung** wird allseits empfohlen,[1107] um die Ernsthaftigkeit des Willens zu betonen, aber auch Feststellungen zur Geschäftsfähigkeit durch eine neutrale, nicht beteiligte Person zu ermöglichen. Für die notarielle Beurkundung sprechen ferner die intensive Beratung des Vollmachtgebers und die flexible Handhabung der beurkundeten Vollmacht durch die Erteilung von Ausfertigungen. Wenn die Hinzuziehung von Angehörigen als mögliche Alternative in Betracht gezogen wird,[1108] so kann hiervon nur abgeraten werden. Denn gerade **Angehörige**, die als spätere potenzielle Erben in Betracht kommen, werden nach der praktischen Erfahrung von Ärzten bei der Frage eines Behandlungsabbruchs als Zeugen für einen dementsprechenden Willen des zu Behandelnden nur eingeschränkt gehört, wenn sie ein eigenes Interesse am Behandlungsabbruch haben könnten. Neuerdings empfiehlt sich die Form notarieller Beurkundung auch im Hinblick auf **§ 492 Abs. 4 BGB**, wenn die Vollmacht auch zur Vermögenssorge berechtigen soll. Denn nur bei einer notariell beurkundeten Vollmacht entfällt die Verpflichtung zur Angabe diverser regelmäßig nicht vorhersehbarer Daten bei Vollmachten zum Abschluss von Verbraucherdarlehen. Solche Darlehen können aber in Zeiten eines Rückzugs von Krankenversicherern aus der Gesamtabdeckung von Krankheitskosten durchaus in Betracht kommen, wenn z.B. teure medizinische Leistungen nicht mehr vom Versicherungsschutz abgedeckt sind.

▶ Hinweis:

514 Die notarielle Beurkundung einer Vorsorgevollmacht ist empfehlenswert, zumal sich auch bei großen Vermögen die Kosten im Rahmen halten.

515 Auch wenn die Beurkundung empfehlenswert ist, so erscheint doch die Aussage, dass ein Notar seine Amtspflichten verletzt, wenn er lediglich eine Unterschriftsbeglaubigung unter einem mitgebrachten Text vornimmt,[1109] zu weitgehend, denn selbst die Justizverwaltungen geben z.T. Mustervollmachten heraus, die nur Schriftlichkeit – und dies noch i.V.m. multiple choice Antworten – vorsehen.

516 Seit dem 2. Betreuungsrechtsänderungsgesetz[1110] haben die **Betreuungsbehörden** nach § 6 Betreuungsbehördengesetz eine **Zuständigkeit zur Beglaubigung** von Unterschriften und Handzeichen auf Vorsorgevollmachten oder Betreuungsverfügungen. Allerdings war die Verwendbarkeit solcher

---

1106 BGH, NJW 2009, 2814.
1107 Eingehend Renner in C. Münch, Familienrecht, § 16, Rn. 19 ff.; Bayerisches Staatsministerium der Justiz, Vorsorge für Unfall, Krankheit und Alter durch Vollmacht, Betreuungsverfügung, Patientenverfügung, 2017, Nr. 5 und ergänzende Hinweise auf S. 19, 25; Müller/Renner, Rn. 750 f. unter ausführlicher Schilderung der Vorteile bei Beurkundung.
1108 Vossler, FamRB 2003, 158, 159.
1109 So Langenfeld, ZEV 2003, 449, 450.
1110 BGBl. 2005 I, S. 1073 ff.

F. Vollmachten und Verfügungen für Krankheitsfälle   Kapitel 5

Vollmachten mit Unterschriftsbeglaubigung im Grundbuchverkehr zweifelhaft.[1111] Hier hat der Gesetzgeber inzwischen i.R.d. Reform des Zugewinnausgleichsrechts § 6 Abs. 2 des Betreuungsbehördengesetzes geändert und die Beglaubigung unter der Vorsorgevollmacht als öffentlich bezeichnet. Dies soll nach der Begründung des Rechtsausschusses bewirken, dass die so beglaubigte Vollmacht auch für Grundbuchzwecke anerkannt wird.[1112] Außerdem soll in diesen Fällen die Betreuungsbehörde nur für die Beglaubigung zuständig sein und keine Beratung im Zusammenhang mit der Errichtung der Vorsorgevollmacht übernehmen dürfen.[1113] Allerdings hat das **OLG Köln** nunmehr entschieden, dass eine durch die **Betreuungsbehörde öffentlich beglaubigte Vollmacht den Anforderungen an § 29 GBO nicht genügt.**[1114]

2. Hinterlegung/Registrierung der Vollmacht

Die Vorsorgevollmacht ist im Gegensatz zum Testament nicht verpflichtend einer öffentlichen Stelle anzuzeigen. Gleichwohl besteht ein Interesse daran, die Vollmacht so kundzutun, dass Dritte von ihrer Existenz erfahren können.   517

Nach der Abschaffung landesrechtlicher Hinterlegung bei den Amtsgerichten wurde nun bei der BNotK das Zentrale Vorsorgeregister eingerichtet, das außerordentlich gut angenommen wird. Nach einer Änderung im Zuge der Reform des Zugewinnausgleichsrechts können nunmehr auch isolierte Patientenverfügungen dort registriert werden.   518

Ferner enthält § 1901c BGB eine **Ablieferungspflicht für Betreuungsverfügungen** im Fall der Einleitung eines Betreuungsverfahrens zum Betreuungsgericht.

Grundlage dieses zentralen Registrierungsinstruments ist das von der **BNotK** auf der Basis des § 78a BNotO i.V.m. der Verordnung über das Zentrale Vorsorgeregister[1115] eingerichtete automatisierte Register über Vorsorgevollmachten (Zentrales Vorsorgeregister), und zwar für alle Vollmachten, auch solche, die lediglich schriftlich errichtet sind. Derzeit sind dort bereits etwa 4 Millionen Vollmachten registriert. Nach § 78b BNotO ist eine Gebührensatzung für die Registrierung der Vollmachten erlassen.[1116] Die Notare sollen nach § 20a BeurkG bei der Beurkundung von Vorsorgevollmachten auf diese Möglichkeit der Registrierung hinweisen. Eine Registrierung kann jeder Vollmachtgeber auch selbst vornehmen.[1117] Allerdings wird sie von den Notaren zumeist elektronisch vorgenommen werden und ist somit ca. 50 % günstiger.   519

Ein solches Vorgehen ist insb. dann zu empfehlen, wenn der Vollmachtgeber keine näheren Verwandten mehr hat.

3. Geschäftsfähigkeit des Vollmachtgebers

Die Vollmacht erfordert, dass der Vollmachtgeber im Zeitpunkt ihrer Erteilung noch geschäftsfähig ist. Der Notar kann hierzu bei einer beurkundeten Vollmacht seine **äußere Wahrnehmung** mitteilen, gibt es jedoch Zweifel oder muss befürchtet werden, dass später die Wirksamkeit der Vollmacht infrage gestellt wird, so sollte zusätzlich eine zeitnahe medizinische Beurteilung eingeholt werden. Eine wichtige Entscheidung hierzu hat das OLG Hamm[1118] getroffen. Es stärkt den Vorrang der   520

1111 Renner, ZFE 2006, 88, 90; DNotI-Report 2005, 121 ff.
1112 BT-Drucks. 16/13027, S. 12.; so auch Gutachten-DNotI 97134, wo angemerkt ist, dies gelte nicht für vor der Gesetzesänderung vorgenommene Beglaubigungen der Betreuungsbehörde. So nun auch OLG Karlsruhe, FamRZ 2016, 577.
1113 Renner, ZFE 2006, 88, 91; ders.; ZFE 2007, 128; Milzer, FPR 2007, 69, 73 spricht von einem »legislatorischen flop«.
1114 OLG Köln FGPrax 2019, 255.
1115 BGBl. 2005 I, S. 318.
1116 DNotZ 2005, 81 ff.
1117 *Www.vorsorgeregister.de*; Adresse: BNotK – Zentrales Vorsorgeregister – Postfach 080151, 10001 Berlin.
1118 OLG Hamm, DNotZ 2010, 61 f.

567

Vorsorgevollmacht vor der Betreuung nach § 1896 Abs. 2 BGB, indem es ausführt, allein wegen eines lückenhaften Gutachtens, nach dem Zweifel an der Wirksamkeit nicht ausgeräumt werden können, dürfe keine Betreuung bestellt werden. Es hat zugleich hervorgehoben, dass die Betreuungsverfügung als Erklärung verfahrensrechtlicher Art nicht von der Geschäftsfähigkeit abhängt.[1119] Das **OLG München**[1120] kommt zu einer **Art partiellen Geschäftsfähigkeit**, wenn es ausführt, es könne eine auf die Bevollmächtigung einer Vertrauensperson bezogene partielle Geschäftsfähigkeit zu bejahen sein, auch wenn wegen kognitiver Defizite die Wirksamkeit anderer Willenserklärungen bedenklich sei. Der **BGH**[1121] hat bekräftigt und insoweit an früherer Rechtsprechung nicht mehr festgehalten, dass es bei der **wirksamen Bevollmächtigung verbleibt**, **wenn** die **Unwirksamkeit nicht positiv festgestellt** werden kann. Erst danach stelle sich die Frage, ob die Akzeptanz im Rechtsverkehr eingeschränkt sei, sodass es zusätzlich einer Betreuung bedürfe.

II. Sicherung des Vollmachtgebers

521 Wenn der Vollmachtgeber eine Vorsorgevollmacht bei voller Gesundheit unterzeichnet, so möchte er i.d.R. nicht, dass von dieser Gebrauch gemacht wird, bevor der Vorsorgefall eintritt. Der Ausgestaltung dieses Wunsches wird auf verschiedene Weise Rechnung getragen.[1122]

522 Am wenigsten empfehlenswert ist die Abgabe der **Vollmacht unter der Bedingung des § 1896 Abs. 1 BGB**. Auch wenn es ein einleuchtender gedanklicher Ansatz ist, dass die Vollmacht die Betreuung ersetzen und somit dann wirksam werden soll, wenn die Bedingungen des § 1896 Abs. 1 BGB vorliegen,[1123] unter denen eine Betreuung angeordnet werden könnte, so macht doch diese Art der Vollmachtsgestaltung die **Vollmacht im Außenverhältnis unbrauchbar**. Wer etwa formuliert, die Vollmacht solle dann gelten, wenn der Vollmachtgeber aufgrund einer psychischen Krankheit oder einer körperlichen, geistigen oder seelischen Behinderung seine Angelegenheiten ganz oder teilweise nicht besorgen kann,[1124] der bürdet demjenigen, dem die Vollmacht vorgelegt wird, die Prüfung dieser Voraussetzungen auf. Selbst wenn hierfür ein detailliertes Verfahren medizinischer Bescheinigung vorgeschlagen wird, so ist doch die Vollmacht für den Fall, dass die Voraussetzungen trotz Bescheinigung nicht vorliegen, nicht wirksam. Der beratene Partner eines Rechtsgeschäftes wird die Vollmacht daher regelmäßig zurückweisen, will er sich nicht hinterher auf die Diskussion einlassen, ob etwa nach den Grundsätzen einer Anscheinsvollmacht das geplante Rechtsgeschäft Wirksamkeit entfalten kann oder ob es später mit Eintritt der Geschäftsunfähigkeit rückwirkend wirksam wird.[1125] Neue Rechtsprechung verlangt einen grundbuchlichen Nachweis des Eintrittes der Bedingung und lässt ein hausärztliches Attest über die Geschäftsunfähigkeit hierzu nicht ausreichen.[1126]

1119 Das LG München hat entschieden, dass es eine vorläufige Aussetzung der Wirksamkeit einer Vorsorgevollmacht nicht geben kann, NJW-RR 2008, 812.
1120 OLG München, MittBayNot 2009, 382.
1121 BGH, ZEV 2016, 461.
1122 Hierzu eingehend Müller, DNotZ 1997, 100 ff.
1123 So nahm etwa Palandt/Diederichsen, Einf. v. § 1896 Rn. 7 an, die Vorsorgevollmacht sei stets eine bedingte Vollmacht. Diese Aussage ist in der Neuauflage Palandt/Götz, v. § 1896 entfallen.
1124 Vgl. etwa Alberts/Strähnz, ZFE 2002, 317; so etwa die Formulierungsvorschläge Saschenbrecker des Info-Netzes der Psychiatrie-Erfahrenen (*www.vo-vo.de/vovo/vovo.htm* nunmehr in eine Patientenverfügung integriert unter *https://www.patverfue.de/cms-96TK/media/PatVerfue.pdf*). Auch der von Uhlenbruck, NJW 1996, 1583, 1584 gegebene Formulierungsvorschlag ist daher für die Praxis wenig brauchbar, vgl. die Kritik bei Baumann, MittRhNotK 1998, 1, 2; abzulehnen auch Klie/Bauer, FPR 2004, 671, 673, wonach die Vollmacht erst mit Eintritt des Vorsorgefalles wirksam werden soll. Keilbach, FamRZ 2003, 969, 981. Gleiches gilt für den Formulierungsvorschlag von Birmanns, NWB Fach 22, 239 ff. (Heft 9/2004), wo trotz Fußnotenhinweises die §§ 1904 Abs. 1 und 1906 Abs. 1 und 4 BGB im schriftlichen Text eben nicht zitiert werden und der Ersatzbevollmächtigte für den nicht überprüfbaren Fall der Verhinderung des Hauptbevollmächtigten bestellt ist.
1125 Müller, DNotZ 1997, 100, 105.
1126 OLG Köln, MittBayNot 2008, 53.

F. Vollmachten und Verfügungen für Krankheitsfälle

▶ **Gestaltungsempfehlung:**

Es sollte vermieden werden, die Wirksamkeit der Vorsorgevollmacht von bestimmten gesundheitlichen Voraussetzungen abhängig zu machen![1127]

523

Nach Ansicht des KG ist eine bedingte Vollmacht wegen der Nachweisprobleme nicht geeignet, sodass die Voraussetzungen des § 1896 Abs. 2 Satz 2 BGB entfallen und ein Betreuer eingesetzt werden muss.[1128] Aus diesem Grunde ist klar zwischen Einschränkungen im Außenverhältnis und Bestimmungen des Innenverhältnisses zu unterscheiden.[1129]

524

Auch der Vorschlag, der Notar möge nach persönlicher Anhörung des Vollmachtgebers über dessen Geschäftsunfähigkeit entscheiden,[1130] ist wenig praxisgerecht, weil auf dem medizinischen Feld die Kompetenz des Notars nur begrenzt ist.

525

Wenn schon eine solche Einschränkung erfolgen soll, dann ist tunlichst nicht auf die Voraussetzungen des § 1896 Abs. 1 BGB abzustellen, sondern nur auf die **Bedingung einer Bescheinigung der Voraussetzungen des § 1896 Abs. 1 BGB** etwa dergestalt, dass das Betreuungsgericht bescheinigt, dass die Voraussetzungen des § 1896 Abs. 1 BGB vorliegen und ohne Verwendung der Vollmacht ein Betreuer bestellt werden müsste; ggf. auch durch eine entsprechende ärztliche Bescheinigung, wenngleich bei den Medizinern häufig (eine berechtigte) Zurückhaltung in Bezug auf die Abgabe rechtlicher Wertungen festzustellen ist.[1131] Das bedeutet, dass die Vollmacht bereits gilt, wenn die Voraussetzungen nach den in der Vollmacht gegebenen Regeln bescheinigt werden, mag die Bescheinigung auch inhaltlich unzutreffend sein. Auch diese Einschränkung ist in der Praxis also mit Schwierigkeiten verbunden.[1132]

526

Praxisgerechter ist es, bei einer beurkundeten Vollmacht die Vollmacht sofort wirksam werden zu lassen, aber die **Erteilung einer notariellen Ausfertigung** der Vollmacht **an bestimmte, dem Notar gegenüber zu führende Nachweise zu binden.** Hier steht die Wirksamkeit der Vollmacht außer Frage. Wenn die entsprechende Ausfertigung vorgelegt wird, ist die Vollmacht rechtssicher nachgewiesen. In diesen Fällen ist die Vollmacht also bereits wirksam, sodass – wenn sich der Geschäftsgegner darauf einlässt – der Bevollmächtigte wirksam vertreten kann. In der Praxis wird freilich regelmäßig der Nachweis der Vollmacht verlangt werden.

527

Hier wird vorgeschlagen, die Aushändigung der Vollmacht und das Wirksamwerden zu »synchronisieren« und die Vollmacht erst mit der Aushändigung einer auf den Namen des Bevollmächtigten lautenden Vollmacht wirksam werden zu lassen.[1133] Da die Vollmacht häufig vom Vollmachtgeber aufbewahrt wird, damit sie der Bevollmächtigte bei Bedarf an sich nehmen kann, sollte rein auf das »in Besitz gelangen« abgestellt werden.

528

▶ **Formulierungsvorschlag: Wirksamwerden der Vollmacht durch Besitz der Ausfertigung**

Die Vollmacht wird erst wirksam, wenn der Bevollmächtigte in den Besitz einer auf seinen Namen lautenden Ausfertigung der Vollmachtsurkunde gelangt.[1134]

529

1127 So nunmehr ausdrücklich auch Bayerisches Staatsministerium der Justiz, Vorsorge für Unfall, Krankheit und Alter durch Vollmacht, Betreuungsverfügung, Patientenverfügung, 2014, S. 19: »Eine Vollmacht zur Vorsorge ist nur dann uneingeschränkt brauchbar, wenn sie an keine Bedingung geknüpft ist.«.
1128 KG, NJOZ 2010, 1682.
1129 OLG Frankfurt am Main, FamFR 2011, 114.
1130 So Klie/Bauer, FPR 2004, 671, 674.
1131 Hierzu Gutachten des DNotI Nr. 12114.
1132 Langenfeld Andrea, 141 f., 145; OLG Koblenz, ZFE 2008, 159 f.; OLG Köln, DNotI-Report 2007, 197.
1133 Bühler, BWNotZ 1990, 3 f.; Waldner/Mehler, MittBayNot 1999, 261 ff.; Braun, NotBZ 2009, 491, 492; Renner in C. Münch, Familienrecht, § 16 Rn. 52; DNotI-Gutachten, DNotI-Report 2012, 86, 87.
1134 Nach Renner in C. Münch, Familienrecht, § 16 Rn. 53.

530 Vielfach wird es bei Vollmachten an Ehegatten oder nähere Verwandte als ausreichend erachtet, wenn die Ausfertigung der Vollmacht vorläufig nur an den **Vollmachtgeber** gesandt wird und dieser die **Ausfertigung für den Bevollmächtigten verwahrt**. Nachdem vertreten wird, die Erklärung der Bevollmächtigung als empfangsbedürftige Willenserklärung müsse jedenfalls noch im geschäftsfähigen Zustand »abgegeben« werden, sollte dem Bevollmächtigten jedenfalls eine Abschrift ausgehändigt werden.[1135] Bei der gegenseitigen Vollmacht von Ehegatten erübrigt sich dies, wenn beide bei der Beurkundung anwesend sind.

531 Hierbei ist zu beachten, dass das OLG München mehrfach entschieden hat, der Nachweis der Vollmacht könne nur durch eine auf den eigenen Namen lautende Ausfertigung der Vollmacht geführt werden, nicht aber durch die Ausfertigung eines anderen Bevollmächtigten,[1136] denn nur diese Ausfertigung entfalte die Legitimationswirkung.

532 Sofern beim Vollmachtgeber Zweifel hinsichtlich der Ausübung der Vollmacht bestehen, kann dieser zusätzlich einen **Kontrollbevollmächtigten** bestellen, der die in § 1896 Abs. 3 BGB genannten Aufgaben wahrnimmt, d.h. die Ausübung der Vollmacht für den Vollmachtgeber überwacht. Dabei sind die Überwachung und Weisungen vorrangig vor einem Vollmachtswiderruf, der nur ultima ratio ist für den Fall, dass eine Verletzung des Wohls des Betroffenen mit hinreichender Wahrscheinlichkeit und in erheblicher Schwere zu befürchten ist.[1137] **Umstritten** ist, inwieweit i.Ü. nach Erteilung einer **Vorsorgevollmacht** gerichtlich ein **Überwachungsbetreuer** zu bestellen ist. Richtiger Ansicht nach hat dies erst dann zu erfolgen, wenn eine Überwachung des Bevollmächtigten konkret erforderlich ist, sonst würde die gesetzlich angeordnete Subsidiarität der Betreuung in ihr Gegenteil verkehrt.[1138] Diese **Subsidiarität** ist mittlerweile grundsätzlich **anerkannt**. Allerdings ist in folgenden **Fallgruppen** dennoch die Bestellung eines Betreuers für erforderlich gehalten worden:[1139]

- Bedenken gegen die **Wirksamkeit** der Vollmacht;[1140]
- Konkrete Anhaltspunkte für einen **Missbrauch** der Vollmacht[1141] bzw. erhebliche **Zweifel an der Redlichkeit** des Bevollmächtigten[1142] oder seiner Geeignetheit;[1143] die bloße Möglichkeit eines Interessenkonfliktes genügt hingegen nicht, insbesondere, wenn Befreiung von § 181 BGB vorliegt;[1144]
- es liegen mehrere Vorsorgevollmachten für verschiedene Bevollmächtigte vor, aber Zweifel bestehen, welche von diesen wirksam ist;[1145]
- aufgrund heftiger innerfamiliärer Streitigkeiten wird die Vollmacht im familiären Umfeld nicht akzeptiert und der **Bevollmächtigte lehnt** es daher **ab**, von der Vollmacht Gebrauch zu machen;[1146]

1135 Renner in C. Münch, Familienrecht, § 16 Rn. 50.
1136 OLG München, RNotZ 2008, 422 = DNotZ 2008, 844 und OLG München, DNotZ 2013, 372 f. gegen OLG Köln, RNotZ 2001, 407 für den Fall der Vorlage einer auf den Vollmachtgeber selbst lautenden Ausfertigung bei wechselseitiger Bevollmächtigung; für Legitimation nur der eigenen Ausfertigung ebenso KG, RPfl. 2012, 200.
1137 BGH, FuR 2018, 484.
1138 Hierzu Müller, DNotZ 1997, 100, 101; Gutachten des DNotI, DNotI-Report 2003, 33 f.; BGH, FamRZ 2014, 1693.
1139 Hierzu Grziwotz, FamRB 2012, 352 f.
1140 BGH, FamRZ 2011, 964; BGH, FamRZ 2012, 868.
1141 BayObLG, RPfl. 2003, 424 f. = ZEV 2003, 471; BayObLG, MittBayNot 2006, 242; BGH, ZNotP 2014, 143.
1142 BGH, FamRZ 2011, 964; BGH, NJW 2014, 1733.
1143 BGH, FamRZ 2016, 704; BGH, FuR 2018, 422; die Geeignetheit ist nicht anhand einzelner Vorfälle zu bewerten, sondern erfordert eine Gesamtschau aller Umstände, BGH, FamRZ 2017, 1712.
1144 BGH, FamRZ 2012, 871.
1145 BayObLG, DNotI-Report 2003, 198 = FamRZ 2004, 402; zum Einwilligungsvorbehalt in solchen Fällen: BayObLG, OLG 2004, 435.
1146 BayObLG, FamRZ 2004, 1403; BGH, FamFR 2013, 502.

- Erteilung einer Vollmacht unter **Bedingungen**, die nicht nachzuprüfen sind;[1147]
- Notwendigkeit eines **Einwilligungsvorbehaltes**;[1148]
- **Gemeinschaftliche Vertretungsbefugnis** kann **mangels** eines Mindestmaßes an **Kooperationsfähigkeit** und -bereitschaft nicht mehr wahrgenommen werden;[1149]
- Konkreter **Interessenkonflikt des Vorsorgebevollmächtigten**, der **als Erbe eines Dritten** ein Vermächtnis zugunsten des Vollmachtgebers erfüllen muss, etwa bei der Ausübung von Gestaltungsrechten etc.;[1150]
- **Vollmacht** liegt **nur schriftlich** vor, eine **Grundstücksveräußerung** zur Finanzierung der Heimunterbringung steht im Raum.[1151]

Dass ein Betreuer die Angelegenheiten des Betroffenen besser besorgen kann als der Bevollmächtigte, genügt hingegen nicht für eine zusätzliche Betreuerbestellung.[1152] Ebenso wenig ist bei Geschäftsunfähigkeit des Vollmachtgebers, sodass dieser den Bevollmächtigten nicht mehr selbst überwachen kann, ein Kontrollbetreuer zu bestellen.[1153] Auch mehrere Bevollmächtigte, die sich gegenseitig überwachen, machen die Bestellung eines Betreuers überflüssig.[1154] Dass der Betroffene überhaupt noch eine Vorsorgevollmacht anordnen könnte, soll schon genügen, um eine Betreuung überflüssig zu machen.[1155]

Dass der Eintritt der Geschäftsunfähigkeit umgekehrt zu einer Einschränkung der Vollmacht führt, sodass der Bevollmächtigte nur noch wie ein Betreuer handeln kann,[1156] ist abzulehnen.

533

Schließlich ist der **Vollmachtgeber** dadurch abgesichert, dass er die **Vollmacht widerrufen kann**, wobei er auch die **Vollmachtsurkunde zurückfordern** sollte. Soweit die Vollmachtsurkunde nicht zu erlangen ist, kommt eine **Kraftloserklärung** nach § 176 BGB in Betracht.[1157]

534

Eine **unwiderrufliche Vorsorgevollmacht** wird, da es sich um eine Generalvollmacht allein im Interesse des Vollmachtgebers handelt, als **nicht zulässig** angesehen.[1158] Auch gegen eine Einschränkung der Widerrufsform – etwa nur durch beurkundete Erklärung – werden Bedenken erhoben.[1159]

Noch ungeklärt ist, ob ein Generalbevollmächtigter die Vollmacht eines anderen Bevollmächtigten widerrufen kann, nachdem das OLG Karlsruhe[1160] diese Befugnis gegen gewichtige Literaturstimmen verneint hat.[1161] Einen solchen **Widerruf** der Vollmacht **durch einen der Bevollmächtigten** sollte man daher durch eine ausdrückliche Regelung in der Vollmacht **ausschließen** – ggf. mit Ausnahme eines Widerrufs durch den Ehegatten gegenüber den Kindern.[1162] Die Vollmacht ist ansonsten mit dem Widerruf vernichtet, ohne dass bei späterer Geschäftsunfähigkeit eine Wiederholungsmöglichkeit besteht. Hier soll es nicht sein, dass dasjenige der Kinder, das als Erstes die Widerrufsrunde einläutet, alleine die Vollmacht behält. Ist eine Vollmacht widerrufen und der Widerruf dem Bevollmächtigten zugegangen, so kann die Vollmacht nicht durch einen Widerruf des Widerrufs wieder auf-

---

1147 Grziwotz, FamRB 2012, 352, 354; KG, FamRZ 2010, 835.
1148 BGH, FamRB 2011, 314.
1149 BGH, FuR 2018, 273.
1150 BGH, FamRZ 2017, 1714.
1151 BGH, NJW 2016, 1516.
1152 OLG Brandenburg, NJW 2005, 1587.
1153 BGH, NJW 2015, 3657.
1154 BGH, ZNotP 2011, 273 f.; BGH, FamRZ 2012, 871.
1155 BGH, NZFam 2014, 95.
1156 Vgl. OLG Köln, FamRZ 2000, 1525.
1157 Hierzu etwa OLG München, ZEV 2018, 730.
1158 Müller/Renner, Rn. 688 f.; Gutachten DNotI-Report 2018, 89.
1159 Gutachten DNotI-Report 2018, 89, 90.
1160 OLG Karlsruhe, FamRZ 2010, 1762 = BeckRS 2010, 11820.
1161 Renner, ZNotP 2004, 388, 390 f.
1162 Renner, ZNotP 2004, 388, 390 f.

leben, sondern sie muss neu erteilt werden.[1163] Soweit der Widerruf der Vollmacht durch einen Bevollmächtigten ausgeschlossen wurde, muss ggf. ein Kontrollbetreuer nach § 1896 Abs. 3 BGB bestellt werden, um den Widerruf zu erreichen.[1164] Nach der neueren Rechtsprechung des BGH[1165] kann der Kontrollbetreuer einen Widerruf nur aussprechen, wenn dies ausdrücklich zum Aufgabenkreis des Kontrollbetreuers gehört.

III. Inhalt der Vollmacht

535 Eine vollumfängliche Vorsorgevollmacht wird regelmäßig drei Bereiche behandeln. Dies ist einmal die Vermögenssorge, sodann die Gesundheitssorge einschließlich der Aufenthaltsbestimmung und schließlich die Nachlassverwaltung bis zur amtlichen Erbenfeststellung.[1166]

1. Vermögenssorge

536 Im **Vermögensbereich** ist eine **Generalvollmacht** zulässig und auch üblich.[1167] Bei entsprechendem Vertrauensverhältnis zwischen Vollmachtgeber und Bevollmächtigtem sollte von diesem Institut auch Gebrauch gemacht werden. Es können dann die wichtigsten Bereiche beispielhaft aufgezählt werden.[1168] Eine abschließende Aufzählung ist nicht zu empfehlen, denn man kann bei Unterzeichnung einer Vollmacht nicht vorhersehen, für welche Fälle die Vollmacht später benötigt werden kann. Nach Auffassung des OLG Zweibrücken[1169] kann das Recht zur **Ausschlagung einer Erbschaft** nicht durch Vorsorgevollmacht einem Dritten überlassen werden. Das Urteil ist weitgehend auf Ablehnung gestoßen, v.a. wegen § 1945 Abs. 3 BGB, der eine solche Vollmacht ausdrücklich vorsieht und als Form die notarielle Beglaubigung vorschreibt.[1170] Ohne eine Einschränkung berechtigt die Vorsorgevollmacht auch zu Handelsregisteranmeldungen.[1171]

537 **Banken** sind verpflichtet, notarielle Generalvollmachten anzuerkennen und können nicht auf die Verwendung institutseigener Formulare verweisen, sie sind sonst ggf. schadensersatzpflichtig.[1172] Eine »transmortale« Kontovollmacht berechtigt nicht zur kompletten Umschreibung des Kontos auf den Bevollmächtigten.[1173]

538 Die Vollmacht kann im Vermögensbereich auch **mit Einschränkungen** versehen sein. Dies wird häufig im Hinblick auf **Vorbehaltsrechte** diskutiert, etwa bei einer **Übergabe** auf den Bevollmächtigten. Hier wird zuweilen gewünscht, dass dieser nicht in der Lage sein sollte, die Wohnungs- oder Rückübertragungsrechte **an seinem ihm übertragenen Grundbesitz zu löschen**. Soweit hier geraten wird, diese Bereiche von der Vollmacht auszunehmen und dann auf eine Betreuung durch den

---

1163 DNotI Gutachten, DNotI-Report 2012, 113 f.
1164 Hierzu DNotI-Gutachten, DNotI-Report 2014, 3; zum Widerruf durch einen Kontrollbetreuer mit anschließender Erweiterung der Betreuung ohne erneute Anhörung BGH, FamRZ 2013, 1571; zu diesem Urteil kritisch Böhm, FamRZ 2013, 1703, der die Bestellung eines Kontrollbevollmächtigten empfiehlt; zum Widerruf der Vollmacht durch einen Kontrollbetreuer: Nedden-Boeger, FamRZ 2014, 1589 ff. mit Erwiderung Bestelmeyer FamRZ 2015, 550.
1165 BGH, FamRZ 2015, 1702.
1166 Die Geltung der Vollmacht über den Tod hinaus muss ausdrücklich festgehalten werden, da die Rspr. ansonsten davon ausgeht, dass die Vollmacht aufgrund ihrer Zweckbestimmung, die Betreuung zu ersetzen, mit dem Tod des Vollmachtgebers erlischt, OLG Hamm, ZEV 2003, 470; OLG Koblenz, ZEV 2007, 595 f.
1167 Langenfeld/Langenfeld, ZEV 1996, 339, 340.
1168 Eine ausufernde Beispielsaufzählung ist jedoch nicht empfehlenswert; vgl. etwa die sehr ausführliche Vollmacht in MüVertrHdb/Heinze, Form. VIII.53a.
1169 OLG Zweibrücken, FamRZ 2008, 646.
1170 Keim, ZErb 2008, 260 f.; G. Müller, DNotZ 2008, 385, 387; C. Münch, FamRZ 2009, 826, 832; Schmidt, ZNotP 2008, 301 ff.; Zimmer, ZEV 2008, 194 f.
1171 OLG Karlsruhe, ZEV 2014, 671.
1172 Tersteegen, NJW 2007, 1717 f.
1173 BGH, FamRZ 2009, 1053.

Bevollmächtigten und die gerichtliche Kontrolle zu bauen,[1174] ist jedoch auch dies keine befriedigende Lösung. Die gerichtliche Genehmigung wird nur gegen eine vollständige Abfindung des Restwertes der Vorbehaltsrechte zu erlangen sein. Dies ist aber nicht beabsichtigt. Sinnvoller ist es in diesen Fällen, für diesen kleinen Bereich **einen Dritten zum Bevollmächtigten** zu benennen, damit dieser die Löschung solcher Rechte veranlassen kann, wenn der Vollmachtgeber sie nicht mehr nutzen kann.

Häufig soll der Bevollmächtigte nicht zu Lebzeiten des Vollmachtgebers Auskünfte im Hinblick auf von ihm gefertigte letztwillige Verfügungen einholen dürfen, um nicht schon zu diesem Zeitpunkt Unruhe innerhalb der Verwandtschaft zu erzeugen. Hier kann die Befugnis ausgeschlossen werden, Abschriften und Ausfertigungen von Verfügungen von Todes wegen zu beantragen.[1175]

2. Vorsorgevollmachten im Unternehmensbereich

a) Betreuungsszenario

I.R.d. **Vermögenssorge** sind **Besonderheiten** zu beachten, falls der Vollmachtgeber **als Gesellschafter**, ggf. sogar als persönlich haftender Gesellschafter, an Handelsgesellschaften oder als Gesellschafter und **Geschäftsführer** oder Vorstand von Kapitalgesellschaften beteiligt ist. Diese Besonderheiten bedingen zugleich die Aufnahme spezieller Regelungen in die Vollmacht. Obwohl die Vorsorgevollmacht hier besonders notwendig ist, wird sie nur sehr zögerlich erteilt,[1176] und dies trotz des für die betroffenen Gesellschaften **furchterregenden Szenarios bei fehlender Vorsorgevollmacht:**[1177] Einem geschäftsunfähigen Gesellschafter wird zunächst ein **Betreuer** bestellt und zumeist auch ein **Gegenbetreuer** nach §§ 1908i, 1792 Abs. 2 BGB. **Gesellschafterversammlungen** können bis zur Betreuerbestellung nicht einberufen werden. Beschlüsse, die dennoch gefasst werden, sind nichtig. Zusätzlich können nach Auffassung des BGH **Rechte eines Betreuers** weder durch die Gesellschafter noch durch den Gesellschaftsvertrag **eingeschränkt** werden.[1178] Viele Entscheidungen der Gesellschaft bedürfen fortan der **betreuungsgerichtlichen Genehmigung**, wobei die gerichtliche Sicht in erster Linie den Schutz des Mündels in den Mittelpunkt stellt und sich gegen eine Risikoübernahme stellen wird. Gänzlich handlungsunfähig wird die Gesellschaft, wenn der Betreute das einzig vertretungsberechtigte Organ ist. Seine Stellung als Geschäftsführer oder Vorstand erlischt nach § 6 Abs. 2 GmbHG und § 76 Abs. 3 AktG, wenn er geschäftsunfähig wird.

Als Reaktionsmöglichkeit zur Vermeidung der mit einer Betreuung verbundenen Beeinträchtigungen wird in der Satzung eine **Zwangseinziehung** für diesen Fall des Eintritts einer Betreuung mit einer antizipierten Anteilsübertragung vorgeschlagen,[1179] ggf. schon eine Einziehungsklausel, wenn ein Gesellschafter nicht innerhalb einer bestimmten Frist nach Eintritt in die Gesellschaft eine entsprechende Bevollmächtigung vorlegt.[1180]

> ▶ Hinweis:
> Für Unternehmen ist die Bestellung von Vorsorgebevollmächtigten für die Unternehmer oder von Handlungsvollmachten durch die Geschäftsführer sehr wichtig, um Folgen einer gerichtlichen Betreuung zu vermeiden.

1174 So Kersten/Bühling/Kordel, § 96, Rn. 29.
1175 Kersten/Bühling/Kordel, § 96, Rn. 59.
1176 Zu den Gefahren der Geschäftsunfähigkeit für Unternehmer und Unternehmen: Heckschen/Kreußlein, NotBZ 2012, 321 f.
1177 Nachfolgende Auswirkungen schildert plastisch Heckschen, NZG 2012, 10 f.
1178 BGH, NJW 1965, 1961.
1179 Heckschen, NZG 2012, 10, 14.
1180 Heckschen, NZG 2012, 10, 16.

b) Vorsorgevollmachten bei Personengesellschaften

543 Personengesellschaften sind durch die Prinzipien der **Höchstpersönlichkeit der Mitgliedschaft**, der **Selbstorganschaft** und des **Abspaltungsverbotes** geprägt,[1181] wobei in diesem Bereich sowohl die Grundsätze als auch deren Auswirkungen im konkreten Einzelfall durchaus umstritten sind.

544 Das **Abspaltungsverbot** ist nur verletzt, wenn eine Vollmacht zur Ausübung der Gesellschafterrechte im Namen des Gesellschafters unwiderruflich und/oder verdrängend an einen Dritten erteilt wird.[1182] Das wird bei Vorsorgevollmachten i.d.R. nicht geschehen. Soweit bereits die faktische Unwiderruflichkeit in Fällen der Geschäftsunfähigkeit des Vollmachtgebers als kritisch angesehen wird, soll jedenfalls aus der Zulässigkeit der Betreuung und ihrer Vereinbarkeit mit dem Abspaltungsverbot auf die Zulässigkeit der Vorsorgevollmacht geschlossen werden können.[1183]

▶ Hinweis:

545 Mit Rücksicht auf das Abspaltungsverbot sind **Vorsorgevollmachten nie unwiderruflich zu erteilen**. Das entspricht im Übrigen auch dem Interesse des Vollmachtgebers an einer flexiblen Reaktionsmöglichkeit bei Fehlverhalten des Bevollmächtigten.

546 Angelehnt an die Testamentsvollstreckung wird vertreten, dass die **Gesellschafter** einer solchen Vollmacht **zustimmen müssen**, und zwar ihrer Erteilung und auch der Person des Vorsorgebevollmächtigten.[1184] Gegen diese Ansicht mehren sich Zweifel. Zumindest soll aufgrund der Treuepflicht Zustimmung verlangt werden können.[1185] Die Zustimmung kann bereits im Gesellschaftsvertrag oder aber zu der konkreten Vollmacht erteilt werden. Ohne eine solche Zustimmung soll der Bevollmächtigte die Gesellschafterrechte nicht umfassend ausüben dürfen, sondern nur die Vermögensrechte geltend machen können, so das Gewinnrecht und das Recht auf das Auseinandersetzungsguthaben.[1186]

547 Auch darüber, ob diese **Zustimmung widerruflich** ist, besteht **keine Einigkeit**. Während einerseits ein solcher Widerruf für zulässig und notwendig gehalten wird,[1187] werden andererseits Bedenken aus der Rechtsprechung des BGH zu den Hinauskündigungsklauseln[1188] geäußert, weil über dem Bevollmächtigten stets das Damoklesschwert des Widerrufs hänge.[1189]

▶ Hinweis:

548 Die Kautelarpraxis sollte vorsorglich die Vorsorgevollmacht **mit dem Gesellschaftsvertrag abstimmen** und dafür Sorge tragen, dass eine Zustimmung der Gesellschafter vorliegt. In der Regel enthalten Gesellschaftsverträge entsprechende Bestimmungen zum Handeln von Vertretern in Gesellschafterversammlungen. Wichtig ist dabei die zugelassenen Personen zu definieren oder eben ausdrücklich auf eine solche Einschränkung zu verzichten. Sofern dies nicht möglich ist, wäre eine Belehrung zumindest angebracht.[1190]

1181 Schäfer, ZHR 175 (2011), 557, 582; Beckervordersandfort, Familienvermögen, § 6 Rn. 56; ausführlich im Zusammenhang mit der Vorsorgevollmacht: Raub, Vorsorgevollmachten, S. 76 ff.; Uphoff, Die Vorsorgevollmacht des Personengesellschafters, 2016; Busold, Die Vorsorgevollmacht in der Personengesellschaft, 2019.
1182 K. Schmidt, Gesellschaftsrecht, § 19 III.4.a).
1183 So Wedemann, ZIP 2013, 1508, 1510.
1184 Schäfer, ZHR 175 (2011), 557 ff.; Wedemann, ZIP 2013, 1508, 1511 m.w.N.
1185 Heckschen, NZG 2012, 10, 15 meldet Zweifel an dieser Ansicht an; keine Zustimmung hält das DNotI für erforderlich, Ergänzungsgutachten zu DNotI-Report 2018, 81 vom 12.10.2018 – 164281.
1186 Schäfer, ZHR 175 (2011), 557, 570.
1187 Schäfer, ZHR 175 (2011), 555, 580 f.
1188 BGH, ZIP 2007, 1309.
1189 Wedemann, ZIP 2013, 1508, 1515.
1190 So auch Jocher, notar 2014, 3, 7.

Sehr **umstritten** ist, ob einem solchen **Bevollmächtigten** im Rahmen einer solchen Vollmacht auch **Geschäftsführungs- oder Vertretungsbefugnis** erteilt werden kann. Einerseits wird dies unter Berufung auf das **Prinzip der Selbstorganschaft** und der **Korrespondenz von Haftung und Handlung** abgelehnt, sodass als Ausweichgestaltung die Aufnahme einer GmbH als persönlich haftende Gesellschafterin mit der Möglichkeit der Fremdorganschaft vorgeschlagen wird oder die treuhänderische Übernahme des Gesellschaftsanteils durch den Bevollmächtigten.[1191] Möglich wäre auch eine Prokurabestellung. Das OLG Zweibrücken sieht für die GbR die Einräumung einer Vollmacht nur als Überlassung zur Ausübung an und damit auch im Rahmen der organschaftlichen Vertretung als zulässig.[1192]

549

Nach anderer Auffassung soll die Selbstorganschaft dem nicht entgegenstehen, da es der Vollmachtgeber in der Hand habe, durch Widerruf die überlassene Ausübung der Organfunktion wieder zu beenden.[1193] Dies entspricht einer Sichtweise, wonach das Prinzip der Selbstorganschaft nicht in erster Linie ein Verbot von Fremdorganen enthält, sondern zum Ausdruck bringt, dass Organe nicht erst besetzt werden müssen, sondern dass die Personengesellschaft sie in ihren Mitgliedern bereits hat.[1194] Damit im Fall eines notwendigen Widerrufs der Vollmacht nicht extra ein Überwachungsbetreuer nach § 1896 Abs. 3 BGB bestellt werden muss, könnten etwa die Mitgesellschafter eine gesonderte Vollmacht zum Widerruf der Vollmacht erhalten.

550

▶ Hinweis:

Angesichts dieses Meinungsstreites muss die **Kautelarjurisprudenz** den sichersten Weg gehen und sollte mit Rücksicht auf die schwerwiegenden Folgen bei Unwirksamkeit zumindest ein organschaftliches Vertreterhandeln eines Bevollmächtigten derzeit nicht vorsehen. Stattdessen könnte etwa Prokura bestellt werden, sodass ein kontinuierliches Außenhandeln sichergestellt ist.

551

c) Vorsorgevollmachten bei Kapitalgesellschaften

Auch für den Bereich der Kapitalgesellschaften wird eine Zustimmung der Mitgesellschafter gefordert, da – anders als bei der Betreuung – ein gerichtliches Überwachungsinstrumentarium fehlt.[1195] Die Gegenansicht hierzu gewinnt jedoch an Boden.[1196] Sie begründet sich vor allem damit, dass bei fehlender Zustimmung sonst Betreuung erforderlich wäre, die eigentlich subsidiär sein soll. Die Problematik der organschaftlichen Ausübung von Rechten mittels der Vorsorgevollmacht stellt sich im Bereich der Kapitalgesellschaften hingegen nicht, denn bei Geschäftsunfähigkeit erlischt nach § 6 Abs. 2 GmbHG und § 76 Abs. 3 AktG die Stellung als Geschäftsführer bzw. Vorstand. Soweit der Geschäftsführer noch geschäftsfähig ist, erlischt zwar sein Amt nicht kraft Gesetzes, es kann aber bei der GmbH der Vollmachtgeber dem Bevollmächtigten **Stimmrechtsvollmacht** erteilen, die auch umfasst, sich selbst zum Geschäftsführer zu bestellen. Mit dieser Bestellung des Bevollmächtigten zum Geschäftsführer ist dann kein Verstoß gegen das Abspaltungsverbot verbunden. Soweit der Vollmachtgeber nicht über die Mehrheit der Stimmen verfügt, ist an die Einräumung von satzungsmäßigen Sonderrechten zu denken.

552

Ggf. sind per Vollmacht gesellschaftsrechtliche Umstrukturierungsmaßnahmen durchzuführen, um das gewünschte Ziel zu erreichen. Der BGH hat ausdrücklich anerkannt, dass mit einer solchen Vollmacht der Geschäftsführer einer GmbH abberufen und sein Anstellungsvertrag gekündigt werden kann.[1197]

1191 Reymann, ZEV 2005, 457 f.
1192 OLG Zweibrücken, MittBayNot 2017, 575.
1193 Schäfer, ZHR 175 (2011), 557, 573; Wedemann, ZIP 2013, 1508, 1514 f.; Beckervordersandfort, Familienvermögen, § 6 Rn. 57; für die Publikumsgesellschaft BGH, NJW 1982, 877.
1194 K. Schmidt, Gesellschaftsrecht, § 14 II.2.
1195 Wedemann, ZIP 2013, 1508, 1511.
1196 Wachter, GmbHR 2014, 206, 208; Gutachten DNotI-Report 2018, 81 m.w.N.
1197 BGH, DB 2008, 2641.

553 Bei der **AG** wird der Vorstand vom Aufsichtsrat ernannt, sodass der Vollmachtgeber hier keine direkte Möglichkeit zur Übertragung von Organbefugnissen hat.

d) Inhalt einer unternehmerischen Vorsorgevollmacht

554 Zunächst aber hatte das OLG Frankfurt am Main[1198] zu bestätigen, dass die allgemeine Vorsorgevollmacht für Vermögensangelegenheiten auch zu **Anmeldungen zum Handelsregister** berechtigt, selbst wenn dies im Text nicht ausdrücklich aufgeführt ist. Allerdings ist eine entsprechende Vollmacht des GmbH-Geschäftsführers als Generalvollmacht nicht wirksam, da der Geschäftsführer seine organschaftlichen Befugnisse nicht generell übertragen darf.[1199]

555 Der **Inhalt einer unternehmerischen Vorsorgevollmacht** wird sich **nach dem Typus des Unternehmens** zu richten haben (Einzelfirma, Personen- oder Kapitalgesellschaft). Sie sollte alle Bereiche umfassen, die der Vollmachtgeber sonst selbst im Unternehmen zu erledigen hätte. Das bedeutet allein eine Stimmrechtsvollmacht ist nicht ausreichend. Es ist ferner an die Vertretung bei Anteilsverfügungen, Umwandlungen etc. zu denken.[1200]

556 Es wird empfohlen, die unternehmerische Vollmacht als **separate Vollmacht** auszugestalten und nicht als Teil der allgemeinen Vorsorgevollmacht.[1201] Das macht vor allem dann Sinn, wenn für diesen unternehmerischen Bereich andere Personen betraut sind als mit der allgemeinen Generalvollmacht. Dann muss auch das **Verhältnis der beiden Vollmachten** geklärt werden, d.h. bei der generellen Vollmacht muss der Unternehmensbereich ausgenommen werden. Ggf. sind Regelungen angebracht, ob die allgemein Bevollmächtigten die Unternehmensvollmacht **widerrufen** dürfen.

557 Bei der Vollmacht im Unternehmensbereich kommen ggf. auch **konkrete Handlungsanweisungen** zur Firmenfortführung in Betracht, die i.R.d. Auftragsverhältnisses erteilt werden.[1202] Zudem muss hier das Innenverhältnis ausführlicher geregelt werden und sollte Ausführungen zur Haftungsbegrenzung, zu den Verhaltenspflichten der Bevollmächtigten – etwa eine Verpflichtung, die gesellschaftsrechtliche Treuverpflichtung zu beachten, – und zur Entlohnung enthalten.

3. Gesundheit und Aufenthalt

558 Im Bereich der **Gesundheitsfürsorge** und der **Aufenthaltsbestimmung** kann auch zunächst mit einer Generalklausel gearbeitet werden. Allerdings sind sodann die **Maßnahmen nach §§ 1904, 1906 und 1906a BGB** am besten unter wörtlicher Wiedergabe des Gesetzeswortlauts **aufzuzählen**, damit sie von der Vollmacht gedeckt sind. I.R.d. Gesundheitsfürsorge ist die Vollmacht für höchstpersönliche Angelegenheiten ein neues Rechtsinstitut, bei dem noch Unbehagen über die Möglichkeiten einer Generalvollmacht herrscht. Aus diesem Grund ist es durchaus ratsam, hier in stärkerem Umfang Befugnisse beispielhaft aufzuzählen.[1203]

559 Nach der bereits dargelegten gesetzlichen Zulassung der Patientenverfügung in §§ 1901a ff. BGB und der Änderung des § 1904 Abs. 5 BGB ist auch die **Befugnis des Bevollmächtigten, Behandlungen zu unterlassen bzw. abzubrechen oder die Fortsetzung lebensverlängernder Maßnahmen abzulehnen**, insb. eine gegebene Einwilligung zu widerrufen, **in den schriftlichen Text der Vollmacht aufzunehmen**.

1198 OLG Frankfurt am Main, ZEV 2013, 686.
1199 OLG Frankfurt am Main, GmbHR 2012, 751.
1200 Im Detail ausgeführt im nachfolgenden Formulierungsvorschlag Rdn. 623 unter II.1.
1201 Jocher, notar 2014, 3, 8 f.
1202 Vgl. nachstehender Formulierungsvorschlag unter III.1) Alternative 3); hierzu Langenfeld, ZEV 2005, 52 f.; Zecher, ZErb 2009, 316, 318.
1203 Anm. Langenfeld, DNotZ 2000, 222, 224; OLG Stuttgart, DNotZ 1995, 687 f. vor der Neuregelung der §§ 1904, 1906 BGB; zur Dogmatik der Vollmacht in persönlichen Angelegenheiten, Langenfeld Andrea, 84 ff.

Mit dem Gesetz zur Regelung der betreuungsrechtlichen Einwilligungen in ärztliche Zwangsmaßnahmen[1204] wurde in § 1906 Abs. 3 und Abs. 3a BGB und später in § 1906a BGB eine Rechtsgrundlage für die **Einwilligung** eines Betreuers **in ärztliche Zwangsmaßnahmen im Rahmen einer Unterbringung** geschaffen. Nach wie vor keine Rechtsgrundlage besteht für ärztliche Zwangsmaßnahmen außerhalb der Unterbringung, sodass bei Notwendigkeit von solchen Zwangsmaßnahmen für eine vorherige Unterbringung Sorge zu tragen ist. Die Vorschriften gelten über § 1906a Abs. 5 BGB auch für den Vorsorgebevollmächtigten. Die Bestimmung legt ausdrücklich ein **Zitiergebot** fest, sodass die Maßnahmen in der Vorsorgevollmacht erwähnt sein müssen. Fraglich ist, wie weit diese Pflicht geht, ob also die gesetzlichen Voraussetzungen für die Anwendung von Zwangsmaßnahmen ebenfalls wiederzugeben sind.[1205] Hier sollte man sich am **Wortlaut des Zitiergebotes** in § 1906a Abs. 5 BGB halten, der nur angibt, dass die »Maßnahmen« ausdrücklich erfasst sind. Von Einschränkungen und Voraussetzungen ist nicht die Rede. Daher kann insoweit verwiesen werden. Es sollte auch zulässig sein, für das Handeln eines Bevollmächtigten die Voraussetzungen zu lockern, sodass z.B. auch eine Zustimmung zu Zwangsmaßnahmen außerhalb der Unterbringung umfasst ist, deren gesetzliche Einführung noch immer diskutiert wird.[1206] Die meisten Stellungnahmen gehen daher davon aus, dass eine Aufnahme der ärztlichen Zwangsmaßnahmen genügt.[1207] Mit dem Betroffenen ist zu besprechen, ob weitere Einschränkungen gewünscht sind. Der Bevollmächtigte ist an die Einschränkungen des § 1906a BGB ebenso gebunden, wie ein Betreuer.[1208]

560

Verfahrensrechtlich ist nach § 312 Nr. 3 FamFG zwingend ein **Verfahrenspfleger** zu bestellen. Außerdem ordnet § 321 Abs. 1 Satz 5 FamFG an, dass ein **ärztliches Gutachten** zu erstellen ist, wobei der gutachtende Arzt nicht derjenige sein darf, der die Zwangsbehandlung durchführt. Damit werden **5 Personen** mit dem Fall befasst (Bevollmächtigter, Verfahrenspfleger, behandelnder Arzt, gutachtender Arzt, Richter).[1209]

561

Sofern **ältere Vollmachten** vorliegen, welche die §§ 1904 und 1906 BGB noch nicht berücksichtigt haben, ist es ratsam, die Vollmachten zu **erneuern**, denn das Wirksamkeitserfordernis der schriftlichen Aufnahme dieser Befugnisse gilt auch für Vollmachten, die vor dem Inkrafttreten dieser Normen unterzeichnet worden sind,[1210] so jedenfalls die bisher hierzu erschienene Rechtsprechung. Auch die Befugnis zur Einwilligung in ärztliche Zwangsmaßnahmen soll durch Auslegung aus Altvollmachten zu gewinnen sein.[1211] Der sichere Weg jedoch besteht in der Neuvornahme der Vollmacht. Bei der Aufnahme in die Vollmacht sollten etwaige Widersprüche mit der Patientenverfügung erörtert werden.

562

4. Nachlassvollmacht

Ein wichtiger Bestandteil der Vollmacht ist die Nachlassvollmacht. Die **Fortgeltung** der **Vollmacht über den Tod hinaus** (transmortale Vollmacht) sollte ausdrücklich angeordnet sein, da ansonsten eine Vorsorgevollmacht, welche die Betreuung ersetzen soll, nach ihrem Auftragsverhältnis entgegen §§ 168, 672 BGB mit dem Tod des Vollmachtgebers erlischt.[1212] In manchen Orten wo man mit einem mehrmonatigen Nachlassverfahren bis zur Erteilung eines Erbscheines oder einer Eröffnungs-

563

1204 BGBl. 2013 I, 266.
1205 Hierzu etwa Dieckmann, BWNotZ 2013, 34, 45 der eine wörtliche Wiedergabe nicht für erforderlich hält.
1206 So der Rat von Müller, ZEV 2013, 304, 306.
1207 So etwa Formulierungsmuster des BMJ unter *www.bmj.de*; Krauß in Beck´sche Online-Formulare, 24.3., § 1, 2. (7); Müller, ZEV 2013, 304, 306; Milzer, DNotZ 2014, 95, 98 f.
1208 Daten zur Änderung des § 1906: Müller, FamRZ 2014, 173.
1209 Kritisch hierzu Dieckmann, BWNotZ 2013, 34, 43, der die Neuregelung auch für sprachlich missglückt hält.
1210 OLG Zweibrücken, RNotZ 2004, 505.
1211 Milzer, DNotZ 2014, 95, 100.
1212 OLG Hamm, DNotZ 2003, 120; OLG München, DNotZ 2014, 677 hält das Formular aus der Informationsmappe des Beck-Verlages nicht für über den Tod hinausgehend.

niederschrift rechnen muss, ist die Vollmacht über den Tod hinaus die einzige Möglichkeit, eine bruchlose Vermögensverwaltung zu sichern. Dies ist gerade bei Unternehmen äußerst wichtig.[1213]

Ist die Vollmacht postmortal erteilt, kann der Nachweis der Wirksamkeit durch eine Sterbeurkunde geführt werden. Ein Bevollmächtigter kann in diesem Fall auch dann noch handeln, wenn die Erben bereits im Grundbuch eingetragen sind.[1214]

564 Für Irritationen in diesem Bereich sorgte allerdings ein Beschluss des **OLG Hamm**,[1215] der den Leitsatz trägt: »Eine **Vollmacht erlischt, wenn der Bevollmächtigte Alleinerbe des Vollmachtgebers wird**.« Das Gericht schlussfolgert daraus, dass ein Bevollmächtigter, der sich als Alleinerbe bezeichnet, für den Grundbuchvollzug den Nachweis seiner Erbenstellung beibringen muss. Die Argumentation ist zweigleisig, wenn einerseits darauf abgestellt wird, der Bevollmächtigte habe durch seine Bezeichnung als Alleinerbe die **Legitimationswirkung** zerstört und andererseits unter Berufung auf ältere Rechtsprechung des OLG Stuttgart[1216] das **Erlöschen** der Vollmacht unter Berufung auf § 164 BGB vertreten wird, da eine Vollmacht stets die Personenverschiedenheit von Bevollmächtigtem und Vollmachtgeber voraussetzt.[1217] Das **Ergebnis** ist für die Praxis **zynisch**: Obwohl dem OLG klar ist, dass die Erklärung auf jeden Fall wirksam ist, denn entweder der Erklärende ist als Alleinerbe berechtigt oder die Vollmacht gilt weiter, verlangt das Gericht nun für den Grundbuchvollzug einen Erbnachweis. Aus diesem Grunde wird auch vertreten, dass kein weiteres Nachweiserfordernis besteht, wenn die Richtigkeit und Wirksamkeit der Erklärung feststeht. Eines Nachweises bedürfe es eben nur bei Entscheidungserheblichkeit.[1218]

Daraus folgt ein wichtiger Hinweis für die Praxis:[1219]

> ▶ **Hinweis:**
>
> **565** Bei einem Handeln aufgrund transmortaler Vollmacht nach dem Ableben des Vollmachtgebers sollte zur Erbenstellung des Bevollmächtigten nichts ausgesagt,[1220] sondern das Handeln aufgrund Vollmacht betont werden.[1221] Auch eine hilfsweise Berufung auf die Alleinerbstellung[1222] ist nicht zweifelsfrei, weil das Grundbuch auch dadurch den Rechtsschein zerstört sehen könnte, wird aber zur Sicherheit befürwortet, damit eigenes Erbenhandeln vorliegt.[1223]

566 Ist aber die Ansicht des OLG Hamm berechtigt? Das Urteil hat ein heftiges literarisches Echo ausgelöst und auch Widerspruch in der Rechtsprechung erfahren. So geht das **OLG München** davon aus, dass die Vollmacht auch gegenüber dem Grundbuchamt im Fall einer Alleinerbschaft des Bevollmächtigten ihre **Legitimationswirkung behält**.[1224] In einer weiteren Entscheidung hat das **OLG Mün-**

1213 Daher sollte nicht angeordnet werden, dass die Vollmacht mit dem Tod erlischt; so aber Zimmermann, NJW 2014, 1573, 1575.
1214 OLG Frankfurt am Main, ZEV 2014, 202.
1215 OLG Hamm, FamRZ 2013, 1513 = ZEV 2013, 341 = RNotZ 2013, 382 mit Nachweis des Meinungsstandes.
1216 OLG Stuttgart, NJW 1948/1949, 627.
1217 Bei Miterbschaft verlangt das OLG Schleswig, DNotI-Report 2014, 184 keinen weiteren Erbnachweis.
1218 Herrler, DNotZ 2018, 508, 530 f.; Joachim/Lange, ZEV 2019, 62, 65.
1219 Der Ratschlag, eine Belehrung in die Vollmacht aufzunehmen, dass diese im Fall der Alleinerbstellung erlöschen könne. (so Lutz, BWNotZ 2013, 171, 174) ist aber kontraproduktiv, weil eine solche Belehrung von den Gerichten so verstanden werden wird, dass das Erlöschen angeordnet ist. Dies gilt insb., weil die materielle Wirksamkeit unbestritten ist.
1220 Vgl. Keim, MittBayNot 2017, 111: »... Schweigen ist Gold!«.
1221 Lange, ZEV 2013, 343.
1222 So die Empfehlung von Ott, notar 2019, 135, 138.
1223 Herrler, DNotZ 2018, 508, 518 f.
1224 OLG München, FamRZ 2013, 402, 403 unter II.2.b) (2).

chen[1225] sich ausführlich mit dem Meinungsstand auseinandergesetzt und herausgearbeitet, dass die **Vollmacht gerade auch Nachweisproblemen vorbeugen** und daher auch bei Alleinerbschaft weiter verwendbar sein soll. Unabhängig von der Frage der Konfusion hat das Gericht zu Recht darauf verwiesen, dass gegenüber dem Grundbuchamt die **Legitimation** der Vollmacht **auch dann nicht erloschen** sei, **wenn** in der beigezogenen Nachlassakte eine **privatschriftliche Alleinerbeinsetzung** auffindbar ist. Da das Grundbuch auf keinen Fall unrichtig werde, habe das Grundbuchamt keinen Anlass für weitere Ermittlungen. Das Gericht spricht sich später[1226] für eine großzügige Handhabung nach den Bedürfnissen des Rechtsverkehrs aus, betont aber auch, die **Legitimationswirkung** sei **dann zerstört, wenn** der Bevollmächtigte ausdrücklich **als Alleinerbe auftrete**.

Eine **Konfusion im echten Sinne** einer Vereinigung von Gläubiger- und Schuldnerstellung **liegt zunächst gar nicht vor.**[1227] Insofern weist die Entscheidung dogmatisch gesehen Schwächen auf. So wird denn auch die Begründung dahin gehend formuliert, die Vertretung eines Alleinerben mittels diesem erteilter Vollmacht verstoße gegen die **allgemeinen Grundsätze des Vertretungsrechts.**[1228]

567

Sodann stellt das Gericht die gesetzlich vorgegebenen Ausnahmen von der Konfusion vor (z.B. Nachlassverwaltung oder Nacherbschaft). Es sind aber neben diesen gesetzlichen Ausnahmen weitere anerkannt. So hat der **BGH** in einer freilich schon älteren Entscheidung[1229] ausdrücklich eine **Analogie zu den genannten Ausnahmevorschriften** zugelassen. So gelten für die Pflichtteilsberechnung Forderungen des Alleinerben gegen den Erblasser, die rechtlich durch Konfusion erloschen sind, in Analogie zu den gesetzlichen Konfusionsausnahmen als fortbestehend. Auch weitere BGH-Urteile sehen eine solche Analogie vor.[1230] Das führt dazu, den rechtlichen Hintergrund des Konfusionsgedankens zu erfragen.

568

Der BGH[1231] führt dazu wörtlich aus:

»*Die Vereinigung von Forderung und Schuld in einer Person führt zwar in der Regel zum Erlöschen der Forderung .... Diese Rechtsfolge ist aber weder gesetzlich vorgeschrieben noch logisch zwingend; vielmehr ist vom Fortbestehen der Forderung auszugehen, wo dies nach der Interessenlage etwa mit Rücksicht auf Rechte Dritter an der Forderung geboten erscheint.*« Sodann geht der BGH auf die gesetzlich geregelten Ausnahmen ein und fährt fort: »*Diese Regelungstechnik rechtfertigt indessen nicht den Gegenschluss, ohne eine derartige Fiktion sei die Forderung unter allen Umständen untergegangen.*«

Dem entsprechend stellt *Dutta*[1232] unter Rückgriff auf Larenz überzeugend dar, dass die Konfusion zurücktrete, sobald ein **Bedürfnis für den Fortbestand des betroffenen Rechtsverhältnisses** bestehe. Ein solches Bedürfnis aber ist vorliegend nicht zu leugnen. Die Alleinerbstellung ist mit zahlreichen Unsicherheiten behaftet. Sie kann durch Ausschlagung oder Anfechtung nachträglich vernichtet werden und es kann Monate dauern, bis ihr Nachweis gelingt. Genau für diesen Fall aber ist die transmortale Vollmacht erteilt worden.[1233] Daher gilt das Vollmachtsverhältnis als nicht erloschen.[1234]

569

1225 OLG München, ZEV 2016, 656.
1226 OLG München, NJW 2016, 3381.
1227 So zu Recht Dutta, FamRZ 2013, 1514; Lange, ZEV 2013, 343; Mensch, ZNotP 2013, 171, 173.
1228 Joachim/Lange, ZEV 2019, 62, 64.
1229 BGH, DNotZ 1978, 487 = DB 1978, 932 = FamRZ 1979, 420.
1230 BGH, NJW-RR 2009, 1059 f.; BGH, NJW 1995, 2287 f.; darauf weist hin Lutz, BWNotZ 2013, 171, 173.
1231 BGH, NJW 1995, 2287, 2288.
1232 Dutta, FamRZ 2013, 1515.
1233 Auch Weidlich, auf den sich das OLG Hamm beruft, geht von einer fortbestehenden Legitimationswirkung aus: Weidlich, MittBayNot 2013, 196, 199; ebenso Spieker, notar 2013, 204.
1234 Die Diskussion darüber wird sich fortsetzen und es gilt die Praxis der Grundbuchämter abzuwarten. So gilt etwa Bestelmeyer, notar 2013, 147 ff., 159 f., davon aus, dass schon die Miterbenstellung zu einem Teilerlöschen führe und das Grundbuchamt generell einen Erbnachweis verlangen müsse, um zu überprüfen, ob minderjährige Erben betroffen seien, für die der Vorgang einer Genehmigung bedürfe. A.A. OLG Frankfurt, BWNotZ 2012, 13: Da nach § 40 GBO die Erben nicht voreingetra-

570 Im **Grundbuchrecht** bleibt daher die Vorsorgevollmacht in den dargestellten Voraussetzungen verwendbar.[1235] Nach neuerer Rechtsprechung der Oberlandesgerichte können **ohne Voreintragung** der Erben nach § 40 GBO nicht nur Vormerkung und Auflassung eingetragen werden, sondern auch die **Finanzierungsgrundschuld** des Käufers.[1236] Zu beachten ist, dass bei einem Handeln aufgrund Vollmacht eine Gebührenbefreiung nach Nr. 14110 Abs. 1 KV GNotKG nicht besteht.

571 **Überschneidungsprobleme** gibt es aber auch mit dem **Erbrecht** und dem **Erbschaftsteuerrecht**. So legt *Wedemann* dar, dass eine vom Bevollmächtigten unter Berufung auf die transmortale Vollmacht durchgeführte Schenkung im Schenkungsteuerrecht als Erwerb vom Erblasser anzusehen ist.[1237] Hieraus wird sogar gefolgert, man könne auf diese Weise die hohen formalen Anforderungen an Testamente umgehen.[1238] Streitig ist insbesondere auch, inwieweit mittels Vollmacht die Bindungswirkung des § 2287 BGB bei einem Erbvertrag umgangen werden könnte. Macht man sich klar, dass § 2287 BGB ja kein Verfügungsverbot enthält, so wird der Bevollmächtigte zwar handeln können, damit ist aber noch nichts darüber ausgesagt, wie die Bindungswirkung sich weiter auswirkt.[1239] Hier wird viel vom Einzelfall abhängen und vom Auftrag des Erblassers.[1240] Streitig ist ferner, ob aufgrund einer transmortalen Vollmacht der Vorerbe auch den Nacherben wirksam vertreten kann.[1241]

572 Die **Erben** haben die Möglichkeit, die Vollmacht zu **widerrufen** oder aber auch im Rahmen des auf sie übergehenden Auftragsverhältnisses Anweisungen zu erteilen.[1242] Allerdings soll ein **spezifischer Auftrag des Erblassers** auch über dessen Tod hinaus Richtschnur für das Handeln des Bevollmächtigten sein, ohne dass dieser daneben in einer Art Geschäftsführung ohne Auftrag die Interessen der Erben berücksichtigen müsse.[1243] Der **Notar** soll zu einer Nachfrage bei den Erben aufgrund seiner **Verschwiegenheitspflicht** nicht berechtigt sein.[1244]

573 Im **Gesellschaftsrecht** soll die Vollmacht auch ermöglichen, den Bevollmächtigten zur Gesellschafterversammlung zu laden und Beschlüsse zu fassen, nicht hingegen zu einer Anmeldung der Erben als Kommanditisten im Wege der Sonderrechtsnachfolge.[1245]

574 Schwierige Rechtsfragen stellen sich auch bei einem **Nebeneinander von transmortaler Vorsorgevollmacht und angeordneter Testamentsvollstreckung**. Das OLG München[1246] hat entschieden, dass beide Rechtsinstitute nebeneinander bestehen können. Dabei ist der Bestandsschutz der Vollmacht einerseits weniger ausgeprägt, da sie – anders als die Testamentsvollstreckung – von den Erben widerrufen werden kann. Der Testamentsvollstrecker wird auch die Vollmacht widerrufen können. Andererseits ist die Handlungsbefugnis des Bevollmächtigten weiter, da der Testamentsvollstrecker z.B. nach § 2205 Satz 3 BGB z.B. keine unentgeltlichen Verfügungen durchführen darf.[1247] Die Vollmacht wird auch bei Einsatz im Ausland leichter zu gebrauchen sein als die Testamentsvollstreckung, weil

---

gen sein müssten, müssen diese bei einer Verfügung über ein Nachlassgrundstück auch nicht namhaft gemacht werden.
1235 Ausführliche Stellungnahme hierzu bei Weidlich, ZEV 2016, 57 ff.
1236 OLG Frankfurt, DNotI-Report 2017, 174; OLG Köln, ZEV 2018, 418; OLG Stuttgart, DNotZ 2019, 194; ebenso Ott, notar 2019, 135, 136; a.A. Weber DNotZ 2018, 884, 894; skeptisch Becker, MittBayNot 2019, 315.
1237 Wedemann, ZEV 2013, 581 ff.
1238 Burandt/Jensen, FuR 2014, 254.
1239 Vgl. dazu OLG Frankfurt, MittBayNot 2016, 401 m. Anm. Sagmeister.
1240 Im Detail Amann, MittBayNot 2016, 369 ff.
1241 Einerseits bejahend OLG Stuttgart, ZEV 2019, 530; andererseits verneinend OLG München, ZEV 2019, 533.
1242 Hierzu eingehend Grunewald, ZEV 2014, 579.
1243 Amann, MittBayNot 2016, 369, 371 f.
1244 Amann, MittBayNot 2016, 369, 374.
1245 DNotI-Gutachten vom 19.06.2019 – 169354; OLG München, ZEV 2018, 99.
1246 OLG München, MittBayNot 2013, 227; OLG München, FamRZ 2013, 402.
1247 Hierzu Weidlich, MittBayNot 2013, 196 f.

sie weniger Nachweis- und Anerkennungsfragen aufwirft.[1248] Es wird sich nach dem **Auftrag im Einzelfall** richten, ob der Bevollmächtigte von der Vollmacht keinen Gebrauch mehr machen soll, wenn die Testamentsvollstreckung wirksam installiert ist.[1249] Letztlich werden hierzu auch wirtschaftliche Erwägungen angestellt, wenn man mittels der Vollmacht weder einen Erbschein noch ein Testamentsvollstreckerzeugnis benötigt und so die entsprechenden Gerichtskosten einspart.

Der Testamentsvollstrecker kann auch selbst eine widerrufliche Generalvollmacht erteilen.[1250]   575

▶ Hinweis:

Wenn der Notar neben einer Vorsorgevollmacht auch ein Testament mit Anordnung von Testamentsvollstreckung beurkundet, so sollte er das Verhältnis der beiden Instrumente klarstellen. Um die Vollmacht im Außenverhältnis nicht zu entwerten, wird man entsprechende Anordnungen im Innenverhältnis regeln.[1251]   576

Sehr umstritten ist die transmortale Vollmacht an den Vorerben, mit welcher dieser vor Eintritt des Nacherbfalles den Nacherben soll vertreten können, sodass auch unentgeltliche Verfügungen i.S.d. § 2113 Abs. 2 BGB möglich wären. Das OLG Stuttgart[1252] hält dies für zulässig, das OLG München[1253] sieht es einschränkender.   577

5. Allgemeine Bestimmungen

Inhalt der Vollmacht sollte ferner ausdrücklich sein, dass der Bevollmächtigte **Untervollmacht**[1254] erteilen kann[1255] und – insb. bei der Ehegattenvollmacht – von den Beschränkungen des § 181 BGB befreit ist, denn Ehegatten halten häufig gemeinsam bestimmte *Vermögensgegenstände*, sodass jedenfalls eine Befreiung vom Verbot der Mehrfachvertretung erforderlich ist.[1256] Es kann zulässig sein, dass ein generalbevollmächtigter Ehegatte eine weitere Generalvollmacht im Namen des Vollmachtgebers erteilt.[1257]   578

IV. Person des Bevollmächtigten

Die Vorsorgevollmachten werden häufig nicht nur einem Bevollmächtigten erteilt, sondern zugleich noch einer »Ersatzperson«. So ist es bei einer gegenseitigen **Vollmacht unter Ehegatten** durchaus üblich, auch einem **Kind** die Vollmacht zu erteilen. Eine solche Vollmacht kann ausweislich des § 165 BGB auch einem noch minderjährigen Kind erteilt werden. Angesichts des weitreichenden Charakters einer solchen Vollmacht wird man dies nur empfehlen können, wenn besondere Umstände es gebieten und die Ausfertigung erst bei Volljährigkeit (oder später) ausgehändigt wird. Auch eine aufschiebende Bedingung der Volljährigkeit soll zulässig sein.[1258]   579

Dabei ist nicht nur problematisch, dass der zunächst Bevollmächtigte vorverstirbt, sondern v.a., dass er evtl. selbst nicht handlungsfähig ist.   580

1248 Becker, ZEV 2018, 692, 693.
1249 So Reimann, MittBayNot 2013, 228/229.
1250 KG, notar 2019, 208.
1251 Formulierungsvorschläge hierzu bei Becker, ZEV 2018, 692, 693 ff.
1252 OLG Stuttgart, ZEV 2019, 530.
1253 OLG München, ZEV 2019, 533; hierzu Strobel, NJW 2020, 502 f.
1254 Es ist sonst vom engen Umfang der Vollmacht auszugehen und zweifelhaft, ob etwa eine Kaufpreisfinanzierungsvollmacht bei einem Verkauf erteilt werden darf, vgl. DNotI-Gutachten 2018, 166204. Detailliert zu Untervollmachten bei Vorsorgevollmachten: Schüller, RNotZ 2014, 585.
1255 Für die persönliche Sorge ist diese Möglichkeit noch immer umstritten, vgl. Limmer, ZNotP 1998, 322, 323.
1256 Daher zu pauschal Zimmermann, NJW 2014, 1573, 1574.
1257 DNotI-Gutachten 80386 zu § 168 BGB.
1258 DNotI-Gutachten 2015 – 142229.

581 Wenn nun die weiteren Bevollmächtigten unter der Bedingung eingesetzt werden, dass der Erstbevollmächtigte nicht handeln kann oder will,[1259] so entsteht die gleiche Problemlage, wie sie unter der Überschrift »Sicherung des Vollmachtgebers« bereits geschildert wurde.[1260] Aus diesem Grund ist es ratsam, die Vollmacht an beide Personen jeweils zur Einzelvertretungsberechtigung zu erteilen und lediglich im Innenverhältnis eine Anweisung aufzunehmen, dass ein Bevollmächtigter nur im Verhinderungsfall des anderen tätig werden soll. Bei einer beurkundeten Vollmacht kann entsprechend die eine Ausfertigung beim Vollmachtgeber zurückbehalten werden. Ganz wichtig ist es, diese Beschränkungen nur auf das Innenverhältnis zu beziehen.[1261]

▶ Hinweis:

582 Bei einer gegenseitigen Ehegattenvollmacht sollte auch die Erteilung einer gleich lautenden Vollmacht an ein Kind vorgesehen werden mit einer Beschränkung im Innenverhältnis, sofern die Eltern dies nicht aus besonderen Gründen ablehnen.

583 Sofern die Vollmacht nicht an nahe Verwandte erteilt wird, sollte überlegt werden, ob es sinnvoll ist, eine Vollmacht an den vorgesehenen **Erben** zu erteilen, denn hier entsteht ein **Zielkonflikt** zwischen der vollumfänglichen (und teuren) Betreuung des Erblassers und dem Erhalt des Erbes. Als Vorsorgebevollmächtigter kommt auch eine juristische Person in Betracht, sofern der vermögensrechtliche Bereich betroffen ist.[1262]

V. Auftragsverhältnis

1. Regelung des Innenverhältnisses

584 Auch das Auftragsverhältnis zwischen Vollmachtgeber und Bevollmächtigten sollte eine Regelung erfahren. Eine solche kann entweder mit in die **Vollmachtsurkunde** aufgenommen werden, verbunden mit dem Hinweis, dass es sich nicht um eine Beschränkung des Außenverhältnisses handelt, oder sie kann in einem **separaten Auftrag**[1263] oder – bei Entgeltlichkeit – in einem Geschäftsbesorgungsvertrag gestaltet sein. Die Bedeutung der Regelung des Innenverhältnisses wird mehr und mehr betont.[1264] Schließlich macht § 168 Satz 1 BGB das Erlöschen der Vollmacht vom Grundverhältnis abhängig. Dies geht einher mit der Empfehlung zu separater Gestaltung, um die Verwendbarkeit der Vollmacht nicht zu gefährden.[1265] Jedenfalls wird als Nachteil[1266] einer Aufnahme des Grundverhältnisses in die Vollmachtsurkunde genannt: Überfrachtung, Missverständnisse beim Geschäftsgegner, der den Unterschied zwischen Außen- und Innenverhältnis nicht versteht, und eine Erhöhung der Kosten für die Urkunde.

585 Soweit man nicht zwei Urkunden errichten will, bietet sich als Kompromiss an, von der Vollmacht auszugsweise Ausfertigungen ohne das Grundverhältnis zu erteilen. Allerdings wird auch dies häufig vom Geschäftsgegner mit Argwohn betrachtet. Gerade § 168 Satz 1 BGB spricht dafür, das Grundverhältnis – mit Ausnahme der unternehmerischen Vollmacht – in die Urkunde aufzunehmen und

---

1259 So z.B. Klie/Bauer, FPR 2004, 671, 676.
1260 Instruktiv: OLG München, NotBZ 2010, 144: Grundbuchamt lehnt zu Recht Eintragung ab, wenn der Handelnde nur als zweiter Vertreter bei Verhinderung des Hauptvertreters bestellt ist. Das Grundbuchamt müsse die Bedingung prüfen, diese müsse daher in öffentlicher Urkunde nachgewiesen sein.
1261 Vgl. OLG Frankfurt am Main, DNotZ 2011, 745; OLG Frankfurt am Main, FamRZ 2014, 1661.
1262 Gutachten DNotI 74596 zu § 164 BGB.
1263 Bei der regelmäßigen und ggf. lebenslangen Ausübung der Vollmacht sowie der verantwortungsvollen Tätigkeit dürfte kein reines Gefälligkeitsverhältnis mehr vorliegen, OLG Hamm, ZEV 2008, 600; OLG Brandenburg, BeckRS 2012, 20726.
1264 Litzenburger, NotBZ 2007, 1 ff.
1265 Kropp, FPR 2012, 9, 10; Zimmermann, NJW 2014, 1573, 1574.
1266 Kersten/Bühling/Kordel, § 96 Rn. 45 ff.

textlich deutlich von den übrigen Regelungen abzusetzen. Das Kostenargument wird durch das GNotKG relativiert.[1267]

2. Weisungsgebundenheit

In dem Abschnitt über das Auftragsverhältnis können Details der vom Vollmachtgeber gewünschten Versorgung und Betreuung festgelegt werden. Eine solche Festlegung ist durchaus empfehlenswert, um Weisungen auch noch für die Zeit der Geschäftsunfähigkeit zu verankern und **später** eine **Kontrolle des Bevollmächtigten**, etwa durch einen Überwachungsbetreuer, zu gewährleisten.[1268] Die Bedeutung solcher Weisungen belegt ein aktuelles BGH-Urteil, wonach der Widerruf einer Schenkung wegen groben Undanks berechtigt ist, wenn der Wunsch des Vorsorgebevollmächtigten auf personelle Autonomie missachtet wurde.[1269] Ist die Vollmacht allein unter Ehegatten erteilt, erübrigen sich ggf. diverse Anordnungen. 586

Zunächst wird im Auftragsverhältnis geregelt werden, dass der Bevollmächtigte **weisungsabhängig** tätig wird und von der Vollmacht erst Gebrauch machen darf, wenn der **Vollmachtgeber nicht mehr selbst zu handeln vermag** oder wenn er das Eingreifen des Bevollmächtigten wünscht. Auch die **bei mehreren Bevollmächtigten** im Innenverhältnis[1270] getroffene Regelung, dass ein unbeschränkt Bevollmächtigter nur **ersatzweise** tätig werden soll oder dass sich zwei gleichberechtigte Einzelbevollmächtigte **gegenseitig abstimmen** sollen, ist als Regelung des Auftragsverhältnisses zu erfassen.[1271] 587

Bei Personen, die in der Öffentlichkeit stehen, mag im Rahmen des Auftragsverhältnisses auch eine Regelung angebracht sein, welche dem Bevollmächtigten eine besondere **Geheimhaltungspflicht** auferlegt.[1272] 588

3. Haftung

Ein besonderes Problem bildet die **Haftung** des Bevollmächtigten.[1273] Nach Auftragsrecht unterliegt dieser nach §§ 276, 280 BGB der Haftung für Vorsatz und jede Fahrlässigkeit. Nach § 667 BGB haftet der Bevollmächtigte ferner verschuldensunabhängig auf Herausgabe des Erlangten.[1274] Hier muss der Beauftragte nach dem BGH die bestimmungsgemäße Verwendung beweisen.[1275] Daher ist insbesondere bei Aushändigung von Barbeträgen an den Vollmachtgeber ein beständiges Quittieren ratsam. Vorschriften zur Haftungsreduktion wie §§ 521, 599 oder 690 BGB gibt es im Auftragsrecht nicht.[1276] Insb. bei **familienfremden Bevollmächtigten** werden diese ein Interesse daran haben, ihre **Haftung auf Vorsatz und grobe Fahrlässigkeit zu beschränken**. Aber auch bei Familienangehörigen gibt es mit Rücksicht auf später mögliche Streitigkeiten ein solches Interesse. Daher sollte eine Haftungsbeschränkung bedacht werden.[1277] 589

1267 Vgl. hierzu nachfolgend Rdn. 624.
1268 Vgl. zu solchen Detailregelungen des Innenverhältnisses etwa Keilbach, DNotZ 2004, 164, 168 f.
1269 BGH, FamRZ 2014, 937 – Sohn verbrachte Mutter in Pflegeheim und unterband allen Kontakt zu ihren früheren Nachbarn, obwohl Mutter eindeutig den Wunsch geäußert hatte, zu Hause alt zu werden; hierzu Schwab, FamRZ 2014, 888: fehlende Achtung vor dem Selbstbestimmungsrecht der Betroffenen.
1270 Eingehend zur Gestaltung des Innenverhältnisses Sauer, RNotZ 2009, 79 ff.
1271 Litzenburger, NotBZ 2007, 1, 5.
1272 Hierzu Sarres, FamRB 2010, 226 f.
1273 Zum Missbrauch der Vorsorgevollmacht: Meier, FamRB 2015, 144 ff.
1274 Zur Abgrenzung: OLG Brandenburg, ZEV 2014, 118; BGH, NJW 2006, 986.
1275 BGH, NZG 2003, 215; OLG Karlsruhe, FamRZ 2017, 1873.
1276 Palandt/Sprau, § 662, Rn. 11; Kropp, FPR 2012, 9, 11.
1277 Volmer, MittBayNot 2018, 507 ff.; kritisch gegen eine allzu ausführliche Regelung, wie sie vor allem in anwaltlichen Mustern vorgenommen wird Müller/Renner, Rn. 640 f.

4. Rechnungslegung

590 Aus dem Auftragsrecht ergibt sich ein Anspruch nach **§ 666 BGB** auf **Benachrichtigung, Auskunftserteilung und Rechenschaft**. Ein solcher Anspruch richtet sich nach Treu und Glauben und der Verkehrssitte sowie den Umständen des Einzelfalles. Er umfasst in der Regel eine geordnete Zusammenstellung der Einnahmen und Ausgaben.[1278] Das bedeutet ferner, dass Bestandsverzeichnisse des Vermögens vorzulegen sind und Belege aufbewahrt werden müssen.[1279] Einschlägige Gerichtsurteile zeigen den hierzu zu betreibenden Aufwand deutlich.[1280] Möglicherweise lässt sich für Ehegatten eine geminderte Rechenschaftslegungspflicht vertreten, nachdem der BGH festgestellt hat, dass einen wirtschaftsführenden Ehegatten eine solche Pflicht nicht trifft.[1281] Die Geltendmachung dieser Pflicht nach dem Tode des Vollmachtgebers kann zwar gegen Treu und Glauben verstoßen, wenn sie zuvor über Jahre nicht verlangt wurde, dies gilt aber dann nicht, wenn Tatsachen nachgewiesen werden, die geeignet sind, Zweifel an der Zuverlässigkeit des Bevollmächtigten und seiner Geschäftsführung zu erwecken.[1282]

591 § 666 BGB ist im Grundsatz **dispositiv**, umstritten ist jedoch, ob sich der Auftraggeber aller Rechte begeben darf oder ob nicht ein solches vollständiges Abbedingen von Pflichten, die zum Kern des fremdnützigen Auftrages gehören, nach § 138 BGB als sittenwidrig anzusehen ist.[1283] Das Interesse des Bevollmächtigten geht häufig dahin, **nicht wegen der Vielzahl kleinerer Ausgaben Rechnung legen** zu müssen und **nicht im Erbfall** mit den Erben in einen Disput über die Angemessenheit von Ausgaben für den Vollmachtgeber treten zu müssen. Einer Abrechnung größerer Beträge gegenüber dem Vollmachtgeber und einem etwa für diesen zu Lebzeiten eingesetzten Überwachungsbetreuer – bei vorliegender Betreuungsverfügung wird dies der ersatzweise eingesetzte Bevollmächtigte sein – wird sich der redliche Bevollmächtigte jedoch nicht verweigern.

592 Der BGH hat folgende Regelung akzeptiert und für Ausgaben von über 600.000,00 € innerhalb weniger Monate entschieden, dass mit dieser Formulierung auch alle Ersatzansprüche der Erben ausgeschlossen sein sollten:[1284]

> »Die Vollmacht umfasst auch die Aufgaben und gesellschaftlichen Verpflichtungen meiner privaten Repräsentation, insbesondere in Verbindung mit und/oder über meinen geschäftlichen Bereich hinaus, so dass insoweit die Wahrnehmung durch Frau P vorrangig ist. Zu dieser Art Repräsentation gehören alle meine freiwilligen Zuwendungen, Spenden, Beiträge und gelegentlichen Aufmerksamkeiten, mögen sie anhand früherer Aufzeichnungen, Listen und Belege erfasst sein oder sich durch neue Gegebenheiten und veränderte Umstände ergeben. ... Die Vollmacht dient nach außen gegenüber jedwedem Dritten zur Legitimation der Bevollmächtigten, dass sie in meinem Namen und für meine Rechnung handelt und zu dieser Handlungsweise berechtigt ist. Die Bevollmächtigte ist außer mir höchstpersönlich niemand gegenüber Rechenschaft schuldig, und zwar gilt dies für ihre Handlungen in meinem Namen und meinem Auftrag, für ihre eigenen, freiwilligen Leistungen und meine eigenen Aufwendungen, Zuwendungen, Geschenke, Aufmerksamkeiten, gleich welcher Größenordnung, für die Vergangenheit und für die Zukunft. Ich bestätige dies als meinen ausdrücklichen Willen, der nach meinem Ableben von meinen Erben und den Testamentsvollstreckern zu respektieren ist.«

593 Auch wenn ein Verzicht auf Auskunft und Rechnungslegung zunächst wirksam vereinbart war, soll dieser wirkungslos werden, wenn Tatsachen vorgetragen werden, durch die das Vertrauen, auf dem der Verzicht beruht, erschüttert ist.[1285]

1278 OLG Brandenburg, BeckRS 2012, 20726; OLG Brandenburg, ZEV 2014, 118; der dortige Sachverhalt belegt instruktiv die Schwierigkeiten einer Rechtsverfolgung für alle Seiten.
1279 Horn/Schnabel, NJW 2012, 3473, 3474.
1280 OLG München, FamRZ 2018, 1116.
1281 BGH, NJW 2000, 3199 f.
1282 BGH, NJW 1963, 950; OLG Hamm, ZEV 2008, 600.
1283 MünchKomm-BGB/Schäfer, § 666 Rn. 2.
1284 BGH, NJW-RR 1990, 131.
1285 OLG Brandenburg, DNotI-Report 2019, 159; Scharf in Rudolf/Bittler/Roth, Vorsorgevollmacht, Rn. 145 m.w.N.; Volmer, MittBayNot 2016, 386, 388.

Dem Bevollmächtigten wird geraten, sich von Zeit zu Zeit eine **Entlastung** durch den Vollmachtgeber schriftlich erteilen zu lassen, um die Zeiträume zu reduzieren, für die ein Erbe Rechenschaft verlangen kann.[1286]

594

5. Vergütung

Ist im Rahmen des Innenverhältnisses eines Auftrages nichts Besonderes vereinbart, so besteht nach § 670 BGB ein **Anspruch auf Auslagenersatz** für Aufwendungen, die der Bevollmächtigte den Umständen entsprechend für erforderlich halten durfte. Insbesondere bei der Ausführung der Vollmacht durch familienfremde Personen stellt sich aber weitergehend die Frage einer Vergütung des Bevollmächtigten. Hier wird regelmäßig von einem **Geschäftsbesorgungsvertrag** auszugehen sein.[1287] Die nach §§ 612 Abs. 2 bzw. 632 BGB zu zahlende taxmäßige Vergütung ist schwer zu bestimmen, weshalb sich in diesen Fällen empfiehlt, eine **Vereinbarung über die Vergütung** zu treffen.[1288] Für die Festsetzung dieser Vergütung gibt es verschiedene Anhaltspunkte. So kann etwa auf den Stundensatz für Berufsbetreuer nach §§ 4, 5 des »Vormünder- und Betreuervergütungsgesetz – VBVG«[1289] abgestellt werden, es kann ein fester Stundensatz oder ein Pauschalhonorar, ggf. mit Wertsicherung vereinbart werden. Bei **großen Vermögen** mit erheblichem Aufwand ist auch an eine vermögensbezogene Bezahlung ähnlich der Neuen Rheinischen Tabelle für Testamentsvollstrecker zu denken. Bei berufsmäßiger Ausübung der Vollmacht ist daran zu denken, die Vergütung zuzüglich Umsatzsteuer anzuordnen. Angeordnet werden kann in diesem Zusammenhang ferner die Erstattung der Kosten einer angemessenen Haftpflichtversicherung für den Tätigkeitsbereich des Bevollmächtigten und ggf. Ansprüche auf Ersatz von Schäden bei Ausübung der Vollmacht.[1290]

595

Wenn eine Vergütung vereinbart wird, so ist zu überlegen, ob die Ausübung der Vollmacht gegen solche Vergütung gegen das **Rechtsdienstleistungsgesetz** verstößt.[1291] Die Konsequenzen wären weitgehend, weil nach herrschender Auffassung dann die Unwirksamkeit des Grundgeschäftes auf die Vollmacht durchschlägt.[1292] Soweit also die Gefahr besteht, dass es sich um eine Rechtsberatung handelt, die nach diesem Gesetz nicht erlaubt sein könnte, kann man vorsehen, dass der Bevollmächtigte bei Erforderlichkeit einer rechtlichen Einzelfallprüfung einen Rechtsanwalt hinzuziehen soll.

596

VI. Betreuungsverfügung

Neben der Vorsorgevollmacht wird häufig noch angeordnet, dass der Vollmachtgeber im Fall einer Betreuung den Bevollmächtigten zum Betreuer bestellt haben möchte. Eine solche Bestellung kann etwa erforderlich werden, wenn ein Einwilligungsvorbehalt nach § 1903 BGB angeordnet werden soll, denn dieser setzt das Bestehen einer Betreuung voraus.[1293] Ferner gibt es Bereiche, in denen ein Bevollmächtigter nicht handeln kann; als ein solcher wird z.B. die Abgabe einer eidesstattlichen Versicherung im Erbscheinsverfahren genannt.[1294] Allerdings ist hier inzwischen das **OLG Celle**[1295] der Auffassung, dass im Rahmen des pflichtgemäßen Ermessens des Nachlassgerichtes dieses die **eidesstattliche Versicherung des Bevollmächtigten** im **Erbscheinsverfahren** entgegennehmen und dann auf weitere Maßnahmen verzichten kann.

597

1286 Horn, NJW 2018, 2611, 2613.
1287 Vgl. zu Innenverhältnisregelungen bei Beauftragung von Anwälten: Scharf in Rudolf/Bittler/Roth, Vorsorgevollmacht, Rn. 142 f.
1288 Hierzu Zimmermann, FamRZ 2013, 1535 f.
1289 BGBl. 2005 I S. 1073, 1076, zuletzt geändert BGBl. 2019 I, 866.
1290 Hierzu Jocher, notar 2014, 3, 13.
1291 Hierzu Zimmermann, FamRZ 2013, 1535, 1538.
1292 Renner in C. Münch, Familienrecht, § 16, Rn. 36 f.
1293 Palandt/Götz, § 1903 Rn. 2. Dafür müssen konkrete Anhaltspunkte für eine Vermögensgefährdung erheblicher Art vorliegen, BGH, FamRZ 2015, 1793. Einer solchen Anordnung steht die Geschäftsunfähigkeit nicht entgegen, BGH, FamRZ 2018, 1193.
1294 Renner, ZFE 2006, 88, 91.
1295 OLG Celle, NJW-RR 2018, 1031.

VII. Patientenverfügung

598 Neben die Vollmacht zur Vorsorge tritt zunehmend eine **Patientenverfügung**, mit welcher der Patient unter Inanspruchnahme seiner **Patientenautonomie**[1296] seinen Willen bzgl. seiner Behandlung oder Nichtbehandlung im Endstadium einer zum Tod[1297] führenden Krankheit ausdrückt.[1298] Mit dem dritten Gesetz zur Änderung des Betreuungsrechts[1299] wurde im Jahr 2009 endlich die Patientenverfügung gesetzlich geregelt.[1300] Sedes materiae ist § 1901a i.V.m. 1901b BGB. Dass die Regelung bei den Vorschriften des Betreuungsrechtes ihren Platz gefunden hat, ist damit zu erklären, dass die Umsetzung der Patientenverfügung künftig in den meisten Fällen einen Dialog zwischen Arzt und Betreuer oder Bevollmächtigtem voraussetzt. Die neuen Regelungen über den Behandlungsvertrag nach §§ 630a ff. BGB nehmen in § 630d BGB auf die Patientenverfügung Bezug.

599 Die wesentlichen Grundgedanken der Neuregelung sind Folgende:[1301]
- **Schriftform**: Die Patientenverfügung bedarf der Schriftform, § 1901a Abs. 1, Satz 1 BGB. Ihr Widerruf ist hingegen formlos möglich, § 1901a Abs. 1, Satz 3 BGB.
- **Einwilligungsfähigkeit**: Das Gesetz fordert für eine Patientenverfügung Einwilligungsfähigkeit. Gefordert wird somit nicht Geschäftsfähigkeit, sondern ausreichend ist die natürliche Einsichtsfähigkeit in die konkrete, zur Entscheidung stehende Maßnahme.[1302] Die Erklärung soll höchstpersönlich sein, sodass Stellvertretung ausgeschlossen sei.[1303]
- **Volljährigkeit**: § 1901a Abs. 1, Satz 1 BGB behält die Patientenverfügung – entgegen der bisher herrschenden Auffassung – ausschließlich Volljährigen vor.[1304]
- **Keine zwingende ärztliche Aufklärung**: Ärztliche Aufklärung wurde nicht zur Wirksamkeitsvoraussetzung erhoben, bleibt aber gleichwohl sinnvoll und ratsam.[1305]
- **Keine Bestätigungspflicht**: Die Patientenverfügung ist unbefristet gültig, sie muss daher nicht in zeitlichen Abständen bestätigt werden.
- **Keine Reichweitenbegrenzung**: Die Geltung der Patientenverfügung ist unabhängig von Art und Stadium der Erkrankung des Betroffenen. Das Kriterium der unmittelbaren Todesnähe, um das lange gerungen worden war, muss also nicht mehr erfüllt sein. Das hat der BGH in einer Grundsatzentscheidung bestätigt.[1306]
- **Ärztlicher Dialog**: Neu hat das Gesetz eine verfahrensrechtliche Schutzvorschrift zum Dialog zwischen dem Arzt und Betreuer aufgenommen. Bei einer Vorsorgevollmacht übernimmt der Bevollmächtigte diesen Part. Zusätzlich ist eine Anhörung der nahen Angehörigen oder sonstigen Vertrauenspersonen vorgesehen, § 1901b Abs. 2 BGB.[1307]
- **Gleichstellung von Betreuer und Bevollmächtigtem**: Das Gesetz bringt mehrfach zum Ausdruck, dass der Bevollmächtigte dem Betreuer gleichgestellt ist, § 1901a Abs. 5, 1901b Abs. 3, 1904 Abs. 5 BGB.

1296 Baumann/Hartmann, DNotZ 2000, 594 ff.; Berger, JZ 2000, 797 ff.; Spickhoff, NJW 2000, 2297; zur Selbstbestimmung unter dem Titel »Das Recht auf den eigenen Tod«: May, KritV 2004, 428 ff.; Otto, NJW 2005, 2217 ff.; Hufen, NJW 2018, 1524 ff.
1297 Zum Todesbegriff und zur Feststellung des Todeszeitpunktes Parzeller, KritV 2004, 397 ff.
1298 Vgl. etwa Schöllhammer, Die Rechtsverbindlichkeit des Patiententestaments.
1299 BGBl. 2009 I, S. 2286 ff.
1300 Dem Gesetz war eine umfangreiche rechtspolitische Diskussion vorausgegangen. Vgl. etwa Kübler/Kübler, ZRP 2008, 236 ff.
1301 Müller, DNotZ 2010, 169, 171 ff.; Albrecht, Rn. 33 ff.; Najdecki, NWB 2009, 2594 ff.
1302 Albrecht, Rn. 172; Spickhoff, FamRZ 2018, 412 f.
1303 Albrecht, Rn. 197; Locher, FamRB 2010, 56, 58.
1304 Hiergegen Sternberg-Lieben/Reichmann, NJW 2012, 257 f.
1305 Z.T. wird eine ärztliche Aufklärung dann gefordert, wenn in eine ganz konkrete Maßnahme eingewilligt werden soll, Olzen, JR 2009, 354, 359 ff.; bedauernd wegen des Verzichts auf ärztliche Aufklärung als Errichtungsvoraussetzung Röthel, AcP 211 (2011), 196 ff.
1306 BGH, NZFam 2014, 988 f.
1307 Nach Ihring, DNotZ 2011, 583, 588, muss diese bei einem Bevollmächtigten als Vertrauensperson weniger intensiv erfolgen als bei einem gerichtlich bestellten Betreuer.

F. Vollmachten und Verfügungen für Krankheitsfälle   **Kapitel 5**

Die **neue Terminologie** des § 1901a BGB unterscheidet zwischen der Patientenverfügung, dem   600
Behandlungswunsch und dem mutmaßlichen Patientenwillen.

Die **Definition der Patientenverfügung** gibt § 1901a Abs. 1 BGB: Einwilligung in **bestimmte**, zum   601
Zeitpunkt der Festlegung noch nicht unmittelbar bevorstehende Untersuchungen des Gesundheitszustands, Heilbehandlungen oder ärztliche Eingriffe oder deren Untersagung.

Entscheidend – und zurzeit umstritten – ist, **welchen Grad an Bestimmtheit man** für das Vorliegen   602
einer Patientenverfügung **fordert**. Erreicht die Verfügung den geforderten Grad nicht, so handelt es
sich »lediglich« um einen Behandlungswunsch nach § 1901a Abs. 2 BGB. In diese Abgrenzungsfrage hinein ist die Rechtsprechung des **BGH (2014)** zu lesen, dass bei Vorliegen einer **wirksamen
Patientenverfügung nach § 1901a Abs. 1 BGB ein dialogisches Verfahren entfällt**, wenn die **Patientenverfügung** auf die **konkret eingetretene Lebens- und Behandlungssituation zutrifft**,[1308] sodass
in diesen Fällen ein Vertreterhandeln nicht mehr erforderlich ist.[1309] Die Patientenverfügung entfaltet somit unmittelbare Wirkung. Ein solches Verfahren impliziert eine gesteigerte Notwendigkeit
der Beschreibung der konkreten Situation. Dies hat der BGH in einer **späteren Entscheidung (2017)**
nochmals **verdeutlicht**.[1310] Er hat einerseits die unmittelbare Geltung und Bindungswirkung bestätigt, hat andererseits dafür aber gefordert, dass nach dem Bestimmtheitsgrundsatz aus dieser Patientenverfügung dann **ablesbar sein muss, welche ärztliche Maßnahme in welcher Behandlungssituation durchgeführt werden muss bzw. zu unterbleiben hat**. Hierzu hat der BGH insbesondere
ausgeführt, dass die Wendung, »keine lebenserhaltenden Maßnahmen« zu wollen, dazu nicht konkret genug sei.

Auch unter Einbeziehung des Vertreterhandelns hatte der **BGH**[1311] **(2016)** schon entschieden, dass   603
der Bevollmächtigte nur einwilligen oder nicht einwilligen könne, wenn der **Vollmachtstext** hinreichend klar die entsprechende Befugnis zum Ausdruck bringe und hatte die **Anforderungen an
die Konkretisierung der Patientenverfügung erheblich verschärft**. Der allgemeine Bezug auf »lebensverlängernde Maßnahmen«, »eine zum Tode führende Krankheit« oder »schwere Dauerschäden
des Gehirns« seien nicht ausreichend präzise.[1312]

Dies kann man noch für die Annahme unmittelbarer Geltung verstehen. Wenn der BGH dann aber   604
fortfährt, dass auch für einen **Behandlungswunsch** eine mit der **Patientenverfügung** vergleichbare
Bestimmtheit zu erwarten sei und dass dieser insbesondere dann aussagekräftig sei, wenn **er in
Ansehung der Erkrankung zeitnah geäußert** worden sei und konkrete **Bezüge zur aktuellen Behandlungssituation** aufweise und die **Zielvorstellungen des Patienten erkennen** lasse, dann machte das
Festhalten an einer solchen Auffassung eine vorbeugende Abfassung einer Patientenverfügung oder
eines Behandlungswunsches sehr schwer.

Hier muss die Anforderung des BGH angesichts der Lebenswirklichkeit **überzogen** wirken. Die   605
Entscheidung hat dementsprechend ein großes Echo über die Fachwelt hinaus gefunden und wurde
deutlich **kritisiert**.[1313] Es wurde die Befürchtung laut, die Entscheidung habe viele der bisher errichteten Patientenverfügungen zunichte gemacht. Wenn man zumindest den Behandlungswunsch als
Möglichkeit einer prospektiven Anordnung im gesunden Zustand vorsehen möchte, die durch den
Bevollmächtigten dann im Dialog umzusetzen sind, dann sind diese Anforderungen zu streng.
Zumindest als dann nicht direkt wirkender Behandlungswunsch hätten die entsprechenden Anordnungen Berücksichtigung finden müssen.[1314] Aber auch darüber hinaus ist vor einer Aufblähung der

---

1308 BGH, NZFam 2014, 988 = FamRZ 2014, 1909; hierzu Albrecht/Albrecht, MittBayNot 2015, 110.
1309 Kritisch hierzu Albrecht/Albrecht, MittBayNot 2015, 110 f.
1310 BGH, FamRZ 2017, 748 ff. zu einer christlichen Patientenverfügung, abgedruckt in NJW 2000, 855.
1311 BGH, FamRZ 2016, 1671.
1312 Zu dieser Entscheidung Seibl, NJW 2016, 3277; Lindner/Huber, NJW 2017, 6; Müller-ZEV
     2016, 605 ff.; Weigl, MittBayNot 2017, 346 ff.
1313 Müller, ZEV 2016, 605 ff.; Renner, DNotZ 2017, 210 ff.
1314 So auch Weigl, MittBayNot 2017, 346, 349.

Texte zu warnen, die nun versuchen, alle Krankheitssituationen zu erfassen und dann doch die entscheidende nicht aufführen können. Eine solche Vollmacht könnte auch mit dem medizinischen Fortschritt nicht Schritt halten.[1315]

606 Nun hat der **BGH**[1316] erneut **(2018)** Gelegenheit gehabt, zur notwendigen Konkretisierung bei der Patientenverfügung Stellung zu nehmen. Er wiederholt dabei Aussagen aus den Entscheidungen von 2016 und 2017, kehrt aber dann noch **zu den Maßstäben von 2014 zurück** und betont:

607 »*Die Anforderungen an die Bestimmtheit einer Patientenverfügung dürfen dabei jedoch **nicht überspannt** werden. Voraussetzt werden kann nur, dass der Betroffene umschreibend festlegt, was er in einer bestimmten Lebens- und Behandlungssituation will und was nicht. ... Maßgeblich ist **nicht**, dass der Betroffene seine eigene **Biografie als Patient vorausahnt** und die zukünftigen Fortschritte in der Medizin vorwegnehmend berücksichtigt. Insbesondere kann nicht ein gleiches Maß an Präzision verlangt werden, wie es bei der Willenserklärung eines einwilligungsfähigen Kranken in die Vornahme einer ihm angebotenen Behandlungsmaßnahme erreicht werden kann.*«

608 Die erforderliche **Konkretisierung** kann sich nach BGH auch bei weniger detaillierter Benennung bestimmter ärztlicher Maßnahmen **durch** die **Bezugnahme** auf ausreichend spezifizierte Krankheiten oder Behandlungssituationen ergeben. Zudem ist die Patientenverfügung **auslegungsfähig** nach den allgemeinen Grundsätzen für die Auslegung von Willenserklärungen.

609 Damit nähert sich der BGH den **Vertretern einer weiten Auslegung**[1317] wieder etwas an, welche die bisher üblichen Anordnungen genügen lassen wollen. Mehr als der Ausdruck einer Grundhaltung in bestimmten, festgelegten, meist aussichtslosen medizinischen Situationen könne von einem Laien nicht erwartet werden. Außerdem habe das Gesetz die Patientenverfügungen erleichtern wollen und nicht im Bewusstsein der vielen Millionen bereits vorhandenen Verfügungen diese ins Leere laufen lassen wollen. Schließlich bestehe die Gefahr, dass bei einer präzisierten Aufzählung immer genau die dann eintretende Situation doch fehle. Dies wird gerade im Gespräch mit Medizinern immer wieder betont. Es sei nicht die Beschreibung einzelner Krankheitsbilder notwendig, sondern die Festlegung konkreter Behandlungssituationen sei ausreichend. Mit Blick auf die Gesetzesmaterialien[1318] sind **andere** der Auffassung, der Gesetzgeber habe für die **Präzision einer Patientenverfügung hohe Hürden** errichtet.[1319] Die Patientenverfügung müsse dem entsprechen, was ein Einwilligungsfähiger zu einer konkreten, ihm vom Arzt vorgeschlagenen Maßnahme sage. Dem hat der BGH nun in der Entscheidung von 2018 deutlich widersprochen und für die vorsorgende Vollmacht gerade nicht den gleichen Grad an Präzision vorausgesetzt.[1320]

▶ Hinweis:

610 Nach der neuen Rechtsprechung sollten Patientenverfügungen in einer Art Tatbestands- und Folgenseite aufgebaut werden. Die Tatbestände sollten als Krankheitssituation ausführlicher als bisher üblich beschrieben sein. Dann sollten die Maßnahmen beschrieben werden, die gewünscht oder eben nicht mehr gewünscht sind.

1315 Daher zu Recht kritisch Müller/Renner, Rn. 514 f.
1316 BGH, FamRZ 2019, 236.
1317 Renner, ZNotP 2009, 374, 376; Ihrig, notar 2009, 380, 383; Schmitz, FamFR 2009, 64, 67; Müller, DNotZ 2010, 169, 180.
1318 Stünker-Entwurf, BT-Drucks. 16/8442, 14 ff.
1319 Albrecht, Rn. 104 ff.; Lange, ZEV 2009, 537, 542, der auch die renommierten Vordrucke des BMJ oder des Bayerischen Staatsministeriums der Justiz oder aus Notarformularbüchern von Rechtsunwirksamkeit bedroht sieht, ohne darauf einzugehen, dass diese dann als Behandlungswunsch anzusehen und wirksam sein werden, Albrecht/Albrecht, MittBayNot 2009, 426, 428; krit. zu diesem hohen Erfordernis der Bestimmtheit und mit Verweis auf die Deutungshoheit von Arzt und Bevollmächtigtem/Betreuer Beermann, FPR 2010, 252 ff.
1320 BGH, NZFam 2014, 988, 992.

Wird der erforderliche Grad an Präzision abgelehnt oder liegt keine schriftliche Verfügung vor oder treffen die Aussagen nicht genau auf die konkrete Situation zu, so handelt es sich nicht um eine Patientenverfügung, sondern um einen **Behandlungswunsch**. Im Gegensatz zur Patientenverfügung, die für den Vertreter und den Arzt unmittelbar bindend ist, wenn ihre Einschlägigkeit bejaht ist, zieht der Behandlungswunsch eine eigene Entscheidung des Vertreters im Sinne des Betroffenen nach sich. Für diese aber entfaltet der Behandlungswunsch weitgehende Bindungswirkung.[1321]

611

Die Bedeutung der neuen **Dialogklausel** ist also nicht zu unterschätzen. Es genügt nicht mehr, eine **Patientenverfügung** zu unterzeichnen, sondern diese **sollte stets von einer Vorsorgevollmacht begleitet sein**, damit diejenigen Personen feststehen, mit denen der Arzt in Dialog treten soll.[1322] Allerdings wird weithin vertreten, dass eine valide Patientenverfügung unmittelbare Wirkung gegenüber dem Arzt habe, ohne dass es der Mitwirkung eines Betreuers/Bevollmächtigten oder einer gerichtlichen Genehmigung bedürfe.[1323] Eine solche Sichtweise stützt § 630d BGB, der im Rahmen des Behandlungsvertrages ausführt, es sei vor Durchführung eines Eingriffs bei einem einwilligungsunfähigen Patienten die Einwilligung eines hierzu Berechtigten einzuholen, soweit nicht eine Patientenverfügung nach § 1901a Abs. 1 Satz 1 BGB die Maßnahme gestattet oder untersagt. Der BGH hat diese Ansicht inzwischen bestätigt.[1324]

612

Mit dem dritten Betreuungsrechtsänderungsgesetz wurde auch § 1904 Abs. 5 BGB so verändert, dass sich das Zitiergebot nunmehr auf den Behandlungsabbruch bzw. -verzicht erstreckt.[1325]

613

Neu geregelt wurde ferner die Notwendigkeit der Erteilung einer betreuungsgerichtlichen Genehmigung. Eine solche ist nach § 1904 Abs. 4 BGB nicht mehr erforderlich, wenn Bevollmächtigter und Arzt hinsichtlich der Behandlung, des Verzichts auf Behandlung oder des Abbruchs, einer Meinung sind, dass die vorgesehene Maßnahme dem Patientenwillen entspricht, wie er nach § 1901a BGB (Patientenverfügung oder Behandlungswunsch) festgestellt wurde.

614

Der 2. Strafsenat des BGH hat entschieden, dass durch eine Patientenverfügung **nicht nur ein bloßes Unterlassen** gerechtfertigt werden könne, sondern auch ein **aktives Tun**, das der Beendigung oder Verhinderung einer vom Willen des Patienten nicht mehr getragenen Behandlung dient. Gezielte Eingriffe in das Leben eines Menschen, die nicht im Zusammenhang mit dem Abbruch einer medizinischen Behandlung stehen, sind hingegen einer Rechtfertigung durch Einwilligung nicht zugänglich.[1326]

615

Die Rechtfertigungsmöglichkeit gilt allerdings nur für die Bevollmächtigten/Betreuer, die unter Berücksichtigung der verfahrensrechtlichen Bestimmungen der §§ 1901a, 1901b BGB im Dialog mit dem Arzt dem Willen des Patienten zum Durchbruch verhelfen, nicht für einen Dritten, der sich selbstherrlich über alle ärztlichen Meinung hinwegsetzt und weder Bevollmächtigter noch Betreuer ist.[1327]

616

Ob und in welcher Form und mit welchem Inhalt eine Patientenverfügung errichtet wird, ist sehr oft eine Frage des Einzelfalles.[1328] Die Ansichten über dieses Rechtsinstitut sind in der Praxis durchaus geteilt. Zu beobachten ist, dass viele Mandanten, die mit der Pflege eines Schwerkranken befasst

617

1321 Rieger, FamRZ 2010, 1601, 1604.
1322 Z.T. wird empfohlen, auch schon Vorschläge für die Bestellung eines Verfahrenspflegers nach § 298 Abs. 3 FamFG zu unterbreiten, Locher, FamRB 2010, 56, 63; zur Bedeutung des Dialogs: Roglmeier, FPR 2010, 282 ff.
1323 Müller, DNotZ 2010, 169, 174 ff.; Coeppicus, NJW 2013, 2939.
1324 BGH, FamRZ 2014, 1909; BGH, FamRZ 2017, 748.
1325 Rdn. 507.
1326 BGH, NJW 2010, 2963 = MittBayNot 2011, 125: Durchschneiden eines Schlauches einer PEG-Sonde; hierzu Anm. Alberts, FamFR 2010, 430.
1327 BGH, DNotZ 2011, 622 = FamRZ 2011, 108.
1328 So wird z.B.: für Psychiatriepatienten eine eigene »Münchener Patientenverfügung« vorgeschlagen, BtPrax 2018, 58.

waren, ein solches Dokument zu errichten wünschen. Ferner war schon vor der gesetzlichen Neuregelung die Achtung der Verfügung bei den Medizinern weit verbreitet. Nach der Absicherung der Patientenverfügung in § 1901a BGB wird es ein gebräuchliches Instrument zur Regelung des »vorletzten Willens« werden.[1329]

618 Wenn der Unterzeichner sich zu einer Organspende bereit erklärt hat, so können in den Text der Patientenverfügung entsprechende Hinweise aufgenommen und einer vorübergehenden intensivmedizinischen Behandlung zur Ermöglichung der Organtransplantation zugestimmt werden. In der Praxis werden solche Anliegen eher selten vorgebracht.[1330]

▶ Hinweis:

619 Patientenverfügungen sollten nicht als Standardformular verwendet werden, sondern nur nach individueller rechtlicher und ggf. auch medizinischer Aufklärung und mit Möglichkeiten zu individueller Regelung!

620 Entschieden hat der **BGH**[1331] ferner, dass bei einer Nichtbeachtung der Patientenverfügung das durch lebenserhaltende Maßnahmen ermöglichte **Weiterleben nicht als Schaden** i.S.d. § 2563 Abs. 2 BGB begriffen werden kann, da es die Verfassungsordnung verbietet, Leben als lebensunwert zu betrachten.[1332]

621 Das BVerwG[1333] hatte über den **Erwerb eines Betäubungsmittels zur Selbsttötung** zu entscheiden. Dieser ist im Grundsatz nicht erlaubnisfähig nach § 3 Abs. 1 Nr. 1 BtMG. Eine Ausnahme der **Erlaubnisfähigkeit** besteht aber bei einer schweren Notlage eines entscheidungsfähigen Patienten. Eine solche hat das Gericht angenommen bei einer schweren und **unheilbaren Erkrankung mit gravierenden körperlichen Leiden,** die zu einem unerträglichen Leidensdruck führen, der nicht ausreichend gelindert werden kann, wenn andere zumutbare Möglichkeiten zur Verwirklichung des Sterbewunsches nicht zur Verfügung stehen. Zu beachten ist, dass die geschäftsmäßige Förderung der Selbsttötung eines anderen in § 217 StGB mit Strafe belegt wurde. Allerdings hat das **BVerfG**[1334] nunmehr diese Vorschrift für **verfassungswidrig und nichtig** erklärt. Das **grundgesetzlich verankerte allgemeine Persönlichkeitsrecht** umfasse ein Recht auf selbstbestimmtes Sterben, das auch die Freiheit einschließe, sich das Leben zu nehmen und hierbei auf freiwillige Hilfe Dritter zurückzugreifen. § 217 StGB verletze darüber hinaus auch die Grundrechte der Suizidhelfer (Personen oder Vereinigungen).

VIII. Formulierungsvorschläge

622 Nach diesen Hinweisen kann folgende Gestaltung einer Vorsorgevollmacht empfohlen werden:

▶ Formulierungsvorschlag: Vollmacht zur Vorsorge und Nachlassvollmacht

623 .....

Urkundseingang

.....

1329 Die Frage, ob der Tod infolge einer Patientenverfügung mit Einwilligung des Patienten die Leistungspflicht des Lebensversicherers beseitigt, verneint das Gutachten des DNotI 81493 vom 18.12.2007; nach BSG v. 04.12.2014, FamRZ 2015, 856, können Hinterbliebene, die einen gerechtfertigten Behandlungsabbruch vorgenommen hatten, die Hinterbliebenenrente aus der gesetzlichen Unfallversicherung beanspruchen.
1330 Hierzu detailliert Müller/Renner, Rn. 582 ff.
1331 BGH, FamRZ 2019, 999.
1332 Hierzu Ludyga, NZFam 2017, 595 ff.
1333 BVerwG, FamRB 2017, 313.
1334 BVerfG, NJW 2020, 905.

Auf Ansuchen der Erschienenen beurkunde ich den vor mir abgegebenen Erklärungen gemäß was folgt:

I. Vollmacht

Hiermit bevollmächtigen wir wechselseitig

– nachstehend insoweit ein jeder von uns »Vollmachtgeber« genannt –,

den jeweils anderen

– nachstehend insoweit ein jeder von uns »Bevollmächtigter« genannt –,

uns soweit gesetzlich zulässig in allen persönlichen und vermögensrechtlichen Angelegenheiten und sonstigen Rechtsangelegenheiten in jeder denkbaren Richtung zu vertreten.

Jeder Bevollmächtigte ist einzelvertretungsberechtigt.

Alternative:

In gleiche Weise erteilt jeder von uns unserer ältesten Tochter ..... Vollmacht. (Bei Vollmacht an mehrere Kinder gegebenenfalls Vertretung durch zwei Kinder anordnen).....

Die Vollmacht wird erst wirksam, wenn der Bevollmächtigte in den Besitz einer auf ihn lautenden Ausfertigung kommt.[1335]

Die Vollmacht soll insbesondere als Betreuungsvollmacht zur Vermeidung der Anordnung einer Betreuung dienen.

Jeder von uns ernennt den jeweils anderen somit zu seinem

GENERALBEVOLLMÄCHTIGTEN.

Die Vollmacht ist als Generalvollmacht im Umfang unbeschränkt.

Der nachfolgende Katalog erfüllt die gesetzliche Konkretisierungspflicht und hebt besonders wichtige Bereiche hervor, ist aber nicht abschließend.

Jeder von uns erklärt hiermit Folgendes:

II. Inhalt der Vollmacht

1) Vermögensangelegenheiten

Die Vollmacht ermächtigt zur vollständigen Vertretung in sämtlichen Vermögensangelegenheiten einschließlich des Zugangs und der Verwaltung meiner digitalen Daten und Benutzerkonten. Sie umfasst daher insbesondere die Befugnis zum Erwerb, zur Veräußerung, zur Belastung und zu Verfügungen aller Art von Grundbesitz sowie zur Wahrnehmung von Gesellschafterrechten, zu Handelsregisteranmeldungen und zu Verfahrenshandlungen aller Art.[1336]

[1335] Kann bei reiner Ehegattenvollmacht entfallen, ist aber bei Bevollmächtigungen, für die Ausfertigungen zunächst zurückgehalten werden, ratsam, weil dann die materielle Wirksamkeit vorher nicht eintritt, vgl. Renner in C. Münch, Familienrecht, § 16, Rn. 50 f.

[1336] Eine weitere Aufzählung ist in diesem Bereich, der eine Generalvollmacht zulässt, nicht erforderlich. Für Grundbuchzwecke sind die Verfügungen über Grundbesitz benannt und bei Gesellschafterstellungen die Vertretung in der Gesellschafterversammlung bzw. Handelsregisteranmeldungen. Diese Konkretisierung kann entfallen, wenn kein Grundbesitz vorhanden ist oder keine Gesellschafterstellung besteht. Ausführlicher etwa Keilbach, DNotZ 2004, 164, 167; Limmer, ZAP Fach 26, 53; Langenfeld, ZEV 2003, 449, 450; Rudolf/Bittler/Roth, Vorsorgevollmacht, Rn. 206 f.; Winkler, 18. In der Alternative wird eine mögliche Formulierung für Unternehmer-Vorsorgevollmachten vorgestellt, die man verwenden kann, um den Rahmen der Tätigkeit zum Ausdruck zu bringen. Auch hier genügt aber eigentlich die Generalvollmacht. Keinesfalls sollte man diese durch einen förmlichen Vollmachtskatalog entwerten (so geschehen bei Zecher, ZErb 2009, 316).

Alternative:

Der Bevollmächtigte ist jedoch nicht befugt, Abschriften oder Ausfertigungen meiner letztwilligen Verfügungen zu verlangen.

Alternative 1 (Einzelunternehmen):[1337]

Ich bin Inhaber des im Handelsregister des Amtsgerichts ..... unter HRA ..... eingetragenen Einzelunternehmens ......

Die Vollmacht umfasst insoweit insbesondere die Befugnis:

a) *mein Einzelunternehmen in eine beliebige andere, insbesondere eine haftungsbeschränkende Rechtsform umzuwandeln, es in andere Unternehmen einzubringen, es ganz oder teilweise zu veräußern oder auch das Unternehmen zu liquidieren;*[1338]
b) *sich selbst oder andere Personen zum Prokuristen (auch mit der Befugnis zur Veräußerung von Grundbesitz) zu bestellen oder nach Umwandlung zum Geschäftsführer, Vorstand oder Aufsichtsrat; diese Vollmacht gilt in Bezug auf mein Unternehmen als umfassende Generalhandlungsvollmacht zum Betrieb des Einzelunternehmens oder etwaiger Nachfolgegesellschaften;*
c) *alle Handelsregisteranmeldungen vorzunehmen.*

Die Vollmacht bleibt Generalvollmacht, auch wenn vorliegend bestimmte Handlungsmöglichkeiten besonders hervorgehoben wurden.

Alternative 2 (Personengesellschaft):

Ich bin persönlich haftender Gesellschafter der im Handelsregister des Amtsgerichts ..... unter HRA ..... eingetragenen ..... OHG.

Die Vollmacht umfasst insoweit insbesondere die Befugnis:

a) *für mich an der Gesellschafterversammlung teilzunehmen und das Stimmrecht auszuüben. In diesem Zusammenhang ermächtigt die Vollmacht auch dazu, die genannte Firma in eine andere Rechtsform umzuwandeln, etwa um eine Haftungsbegrenzung zu erreichen, sie in andere Unternehmen einzubringen oder andere Unternehmen in die Firma einzubringen, sie zu veräußern (share deal oder asset deal) oder auch sie zu liquidieren, Grundbesitz, den ich im Sonderbetriebsvermögen halte, in die Firma einzubringen oder zu veräußern oder auf andere Weise darüber zu verfügen;*
b) *sich selbst oder andere Personen zum Prokuristen (auch mit der Befugnis zur Veräußerung von Grundbesitz) zu bestellen oder nach Umwandlungen zum Geschäftsführer, Vorstand oder Aufsichtsrat; sie umfasst auch die Befugnis, selbst treuhänderisch den Gesellschaftsanteil zu übernehmen; die Vollmacht gilt in Bezug auf das Unternehmen als umfassende Handlungsvollmacht;*
c) *alle Handelsregisteranmeldungen vorzunehmen.*

Die Vollmacht ist somit so erteilt, dass das Prinzip der Selbstorganschaft gewahrt ist. Der Bevollmächtigte hat die diesbezüglich rechtlich vorgegebenen Grenzen zu beachten. Soweit die ansonsten erteilte Generalvollmacht handelsrechtlich nicht zulässig ist, ist sie für diesen Bereich entsprechend eingeschränkt.

Alternative 3 (Kapitalgesellschaft):

Ich bin Gesellschafter und alleinvertretungsberechtigter Geschäftsführer der im Handelsregister des Amtsgerichts ..... unter HRB ..... eingetragenen ..... GmbH.

1337 Kann bei Vorsorgevollmachten im Unternehmensbereich verwendet werden. Empfohlen wird insoweit auch, diese Vollmacht ggf. selbstständig zu erteilen, vor allem wenn die Bevollmächtigten abweichend bestimmt werden sollen. Dann ist zu regeln, dass die Unternehmensvollmacht auch künftigen Vorsorgevollmachten vorgeht und von solchen Vorsorgebevollmächtigten nicht widerrufen werden kann, Everts in Herrler, Gesellschaftsrecht in der Notar- und Gestaltungspraxis, 2017, § 18 Rn. 74.
1338 Details ggf. unter Ziffer III ins Auftragsverhältnis übernehmen, etwa nach welcher Zeit des Ausfalls eine Veräußerung oder Liquidation angestrebt werden soll.

F. Vollmachten und Verfügungen für Krankheitsfälle — Kapitel 5

Die Vollmacht umfasst insoweit insbesondere die Befugnis:

a) *für mich an der Gesellschafterversammlung teilzunehmen und das Stimmrecht auszuüben. In diesem Zusammenhang ermächtigt die Vollmacht auch dazu, die genannte Firma in eine andere Rechtsform umzuwandeln, sie in andere Unternehmen einzubringen oder andere Unternehmen in die Firma einzubringen, sie zu veräußern (share deal oder asset deal) oder auch sie zu liquidieren;*

b) *sich selbst oder andere Personen zum Prokuristen (auch mit der Befugnis zur Veräußerung von Grundbesitz) zu bestellen oder zum Geschäftsführer oder Aufsichtsrat;[1339] die Vollmacht gilt in Bezug auf das Unternehmen als Handlungsvollmacht des Geschäftsführers an den Bevollmächtigten, solange dieser keine organschaftliche Stellung hat;*

c) *alle Handelsregisteranmeldungen vorzunehmen.*

Die Vollmacht ist somit so erteilt, dass sie berücksichtigt, dass der Geschäftsführer organschaftliche Befugnisse nicht durch Generalvollmacht weitergeben darf. Der Bevollmächtigte hat die diesbezüglich rechtlich vorgegebenen Grenzen zu beachten. Soweit die ansonsten erteilte Generalvollmacht handelsrechtlich nicht zulässig ist, ist sie für diesen Bereich entsprechend eingeschränkt.

2) Persönliche Angelegenheiten

Der Bevollmächtigte ist zu meiner Vertretung in allen persönlichen Angelegenheiten befugt, soweit das Gesetz dies zulässt. Dies schließt insbesondere die nachfolgenden persönlichen Angelegenheiten ein:

a) Information

Der Bevollmächtigte ist befugt, meine Rechte gegenüber Ärzten, Krankenhäusern, Pflegeheimen und sonstigen Institutionen und Behörden wahrzunehmen und alle nötigen Informationen zu verlangen. Die Betroffenen werden insoweit von ihrer Schweigepflicht entbunden.

b) Ärztliche Maßnahmen

Die Vollmacht gibt die Befugnis zur Einwilligung in Untersuchungen des Gesundheitszustandes, Heilbehandlungen oder ärztliche Eingriffe, auch dann, wenn die begründete Gefahr besteht, dass ich aufgrund der Maßnahme oder des Unterbleibens oder des Abbruchs der Maßnahme sterben könnte oder einen schweren oder länger dauernden gesundheitlichen Schaden erleide (§ 1904 BGB). Die Vollmacht gibt ausdrücklich auch die Befugnis zum Widerruf oder zur Versagung einer solchen Einwilligung.

c) Aufenthaltsbestimmung und Unterbringung

Die Vollmacht berechtigt zur Aufenthaltsbestimmung und zu Erklärungen über den Bestand eines Mietverhältnisses. Die Vollmacht gibt die Befugnis zu Unterbringungsmaßnahmen im Sinne des § 1906 BGB, auch wenn sie mit Freiheitsentziehung verbunden sind. Hierzu zählt auch die Unterbringung in einer Anstalt, einem Heim oder einer sonstigen Einrichtung oder die Vornahme sonstiger freiheitsentziehender Maßnahmen durch mechanische Vorrichtungen, Medikamente oder auf andere Weise auch über einen längeren Zeitraum. In diesem Zusammenhang gibt die Vollmacht auch die Befugnis zur Einwilligung in ärztliche Maßnahmen, die meinem natürlichen Willen widersprechen, im Rahmen der gesetzlichen Vorschriften des § 1906a BGB, einschließlich der Verbringung zu einem stationären Aufenthalt.

1339 Ist der Vollmachtgeber nicht Mehrheitsgesellschafter, so muss er ggf. durch weitere Maßnahmen sicherstellen, dass dem Bevollmächtigten wirklich eine Organstellung eingeräumt wird, wenn er ausfällt. Dies kann etwa durch Stimmbindungen, Verpflichtungserklärungen oder Einräumung eines Zwerganteils an den Bevollmächtigten mit einem satzungsmäßigen Recht zur Geschäftsführung geschehen, vgl. hierzu Zecher, ZErb 2009, 316, 321.

d) Behandlungsabbruch

Die Vollmacht berechtigt auch dazu, in den Abbruch einer Behandlung oder die Nichtfortsetzung lebenserhaltender oder lebensverlängernder Maßnahmen einzuwilligen sowie sterbebegleitende Maßnahmen zu treffen.[1340]

Alternative:

e) Organentnahme

Die Vollmacht berechtigt schließlich dazu, nach meinem Tod über die Entnahme von Organen, Geweben und Zellen zu entscheiden, § 3 Abs. 1 Transplantationsgesetz.[1341]

3) Nachlassvollmacht

Die Vollmacht gibt schließlich das Recht, meinen Nachlass zu sichern, zu verwalten, gegebenenfalls Maßnahmen der Nachlassabwicklung zu treffen, alle Rechtshandlungen und Rechtsgeschäfte in Bezug auf meine Beerdigung, die Kündigung meiner Wohnung und etwaiger Versicherungsverträge sowie die Auflösung meines Haushalts vorzunehmen. Der jeweilige Bevollmächtigte ist auch ermächtigt, über Konten zu verfügen.

Die Vollmacht endet insoweit mit Eröffnung meines Testaments und amtlicher Feststellung der Erbfolge. Diese Bestimmung hat nur im Innenverhältnis der Bevollmächtigten zu den Erben Bedeutung.

III. Auftragsverhältnis

1)

Der Vollmacht liegt ein Auftrag zugrunde.

Im Innenverhältnis weise ich den Bevollmächtigten an, von dieser Vollmacht nur Gebrauch zu machen, wenn

- ich geschäftsunfähig geworden bin oder
- ich ansonsten einer Betreuung bedürfte (§ 1896 BGB) oder
- wenn ich dies vorher wünsche.

Der Bevollmächtigte hat nach meinen Weisungen und im Übrigen in meinem wohlverstandenen Interesse zu handeln.[1342]

Alternative 1:

Im Innenverhältnis weisen wir unsere Tochter als Bevollmächtigte an, von der Vollmacht nur Gebrauch zu machen, wenn wir uns nicht mehr gegenseitig vertreten können.[1343]

Alternative 2:

Im Innenverhältnis weisen wir unsere beiden einzelvertretungsberechtigten Kinder an, sich zuvor abzustimmen und sich wechselseitig zu kontrollieren.[1344]

Alternative 3 (Innenverhältnis bei Handelsunternehmen):

Nach Möglichkeit soll der Bevollmächtigte die XY-GmbH in meinem Sinne führen. Sofern er dazu nicht selbst in der Lage ist, soll ein Brancheninsider als Fremdgeschäftsführer eingesetzt werden.

1340 Ggf. weglassen, wenn keine Patientenverfügung gewünscht wird.
1341 Diese Alternative mag für Organspender hinzugefügt werden, vgl. Krauß in Beck'sche Online-Formulare 24.3.; Gutachten, DNotI-Report 2013, 14; Müller/Renner, Rn. 582 f.
1342 Krauß in Beck'sche Online-Formulare 24.3.
1343 Häufig wird die Einsetzung eines Bevollmächtigten und die Benennung einer Ersatzperson für dessen Ausfall gewünscht. Aufgrund der Schwierigkeiten, den »Ersatzfall« nachzuweisen, wird hier eine gleichrangige Vollmacht vorgesehen, mit einer Aushändigung der Ausfertigung nur an den Vollmachtgeber und einer Anweisung im Innenverhältnis, nur im Verhinderungsfall von der Vollmacht Gebrauch zu machen.
1344 Winkler, 57 ff.

F. Vollmachten und Verfügungen für Krankheitsfälle — Kapitel 5

Sofern die GmbH auch auf diese Weise nicht fortgeführt oder auf unsere Kinder übertragen werden kann, so soll mein Bevollmächtigter gegebenenfalls durch die Beteiligung eines Dritten in der GmbH die Fortführung sicherstellen. Gelingt auch das nicht, soll die GmbH liquidiert werden.[1345]

Hierbei soll der Bevollmächtigte Herrn Rechtsanwalt X und Frau Steuerberaterin Y zu Rate ziehen. Er entscheidet aber ausschließlich selbst.

Diese Anordnung beschränkt nicht die Wirksamkeit der Vollmacht im Außenverhältnis.

2)

Im Innenverhältnis, also ohne Auswirkung auf die Gültigkeit der Vollmacht, erteile ich dem Bevollmächtigten folgende Weisungen:

..... (Einzelweisungen je nach Wunsch; gegebenenfalls getrennt nach Ehegatten, z.B. über Aufenthalts- und Pflegewünsche, Angabe von Ärzten, Kliniken und Pflegeplätzen, Angabe von fortzuführenden Gewohnheiten, z.B. Geschenke an bestimmte Verwandte) .....[1346]

Alternative – zusätzlicher Punkt 3):

Die Haftung eines jeden Bevollmächtigten ist auf Vorsatz und grobe Fahrlässigkeit beschränkt.

Alternative 1 – zusätzlicher Punkt 4):

Eine Auskunfts- und Rechenschaftspflicht besteht nur zu meinen Lebzeiten und höchstpersönlich mir gegenüber. Dies ist auch nach meinem Ableben zu respektieren.[1347]

Alternative 2 – zusätzlicher Punkt 4):

Mir oder einem Überwachungsbetreuer gegenüber, der zu meinen Lebzeiten bestellt ist, besteht die Verpflichtung zur Auskunft und Rechnungslegung nur hinsichtlich von Ausgaben die einmalig den Betrag von .... € oder monatlich den Betrag von .... € übersteigen. Meinen Erben gegenüber besteht eine solche Pflicht nicht mehr.

Alternative 3 – zusätzlicher Punkt 4):

Eine Auskunfts- und Rechenschaftspflicht besteht nur bei Rechtsgeschäften oder Ausgaben, die einen Betrag von ....,- € im Einzelfall oder eine monatliche Verpflichtung von .....,- € übersteigen[1348]. *Dies ist auch nach meinem Ableben zu respektieren.*[1349]

IV. Gültigkeit der Vollmacht

1)

Die Vollmacht und der ihr zugrunde liegende Auftrag bleiben gültig, auch wenn ich geschäftsunfähig geworden sein sollte.

Die Vollmacht erlischt nicht durch meinen Tod.

2)

Der Bevollmächtigte ist nicht berechtigt, die Vollmacht ganz auf einen Dritten zu übertragen.

Der Bevollmächtigte darf jedoch für einzelne Rechtsgeschäfte und deren Durchführung Untervollmacht erteilen.

1345 Zu Handlungsanweisungen in der Vorsorgevollmacht des Unternehmers vgl. Langenfeld, ZEV 2005, 52.
1346 Anders als bei fremden Dritten wird hier bei der Vollmacht unter Ehegatten auf Bestimmungen über Haftung und Vergütung verzichtet.
1347 BGH, NJW-RR 1990, 131.
1348 Dazu etwa Horn, NJW 2018, 2611, 2612.
1349 BGH, NJW-RR 1990, 131.

3)

Der Bevollmächtigte kann Rechtsgeschäfte mit sich selbst oder als Vertreter eines Dritten vornehmen.

Alternative:

Hiervon ausgenommen ist jedoch die Löschung von Rechten für mich am Grundbesitz des Bevollmächtigten.

Er ist auch befugt, Schenkungen vorzunehmen.[1350]

Alternative:

Er ist befugt, Schenkungen in dem Rahmen vorzunehmen, wie sie einem Betreuer gestattet sind.

4)

Die vorstehende Vollmacht kann jederzeit von mir selbst oder von einem hierfür bestellten Betreuer widerrufen oder eingeschränkt werden.

5)

Bei mehreren Bevollmächtigten ist der wechselseitige Widerruf der Vollmacht ausgeschlossen.[1351]

Alternative 1:

Möglich bleibt aber der Widerruf der Vollmacht durch einen Ehegatten von uns gegenüber den Kindern.

Alternative 2 (für die unternehmerische Vollmacht):

Hiermit erteile ich ausdrücklich Vollmacht zum Widerruf der vorerteilten unternehmerischen Vollmacht meinem Mitgesellschafter X Y und seinen Nachfolgern in den Gesellschaftsanteil.[1352] *Die Vollmacht beschränkt sich auf den Widerruf der Vollmacht hinsichtlich des unternehmensbezogenen Teils.*

V. Betreuungsverfügung

Für den Fall, dass trotz dieser Vollmacht die Bestellung eines Betreuers notwendig werden sollte, wünsche ich den Bevollmächtigten als meinen Betreuer.[1353]

Alternative:

..... die Bevollmächtigen als meine Betreuer und zwar in der vorgenannten Reihenfolge[1354]

Auch wenn ich die ordnungsgemäße Ausübung der Vollmacht nicht mehr selbst überwachen kann, halte ich eine Kontrolle durch Dritte nicht für nötig.[1355]

1350 Abgrenzung zu entsprechenden Einschränkungen für Vormund und Betreuer nach §§ 1804, 1908i Abs. 2 BGB. Auch ohne ausdrückliches Aufführen wären Schenkungen zulässig, Müller/Renner, Rn. 350 f. Es könnte auch eine unterschiedliche Regelung für Ehegatten und Kinder erfolgen; sollen Schenkungen nur in gewissem Rahmen erfolgen, dann sollte die Beschränkung besser im Innenverhältnis erfolgen. Vgl. hierzu Gutachten, DNotI-Report 2019, 108.
1351 Hierzu Renner, ZNotP 2004, 388, 390.
1352 Eine mögliche Lösung der Überwachungsproblematik beim eingesetzten Unternehmensbevollmächtigten bei großem Vertrauen zu den Mitgesellschaftern.
1353 Obwohl Notthoff, ZNotP 2003, 282, 287 diese Kombination nicht als sinnvoll erachtet, wird sie hier vorgeschlagen, denn bei der schnellen Entwicklung dieses Rechtsgebietes weiß man heute nicht sicher, ob später nicht doch Konstellationen vorstellbar sind, die etwa aus dem Anwendungsbereich einer Vollmacht herausgenommen werden und eine zusätzliche Betreuung erforderlich machen.
1354 Bei mehreren Bevollmächtigten, wenn etwa zunächst der Ehegatte Betreuer sein soll und dann die Kinder in festgelegter Abfolge.
1355 Kersten/Bühling/Kordel, § 96 Rn. 82.

VI. Belehrungen

Wir wurden vom beurkundenden Notar über die Bedeutung und die rechtliche Tragweite der vorstehenden Vollmacht und der anderen Verfügungen belehrt.

Er hat uns insbesondere über den Vertrauenscharakter dieser Vollmacht belehrt.

Wir haben aber zueinander uneingeschränktes Vertrauen, sodass wir die Ernennung eines weiteren Bevollmächtigten nicht wünschen.[1356]

Wir wissen, dass bei einem Widerruf die Vollmachtsurkunde zurückzugeben ist, damit die Vollmacht auch gegenüber gutgläubigen Dritten erlischt.

Der Notar hat ferner darauf hingewiesen, dass und wann auch bei Ausübung dieser Vollmacht eine betreuungsgerichtliche Genehmigung notwendig werden kann.

Der Bevollmächtigte ist darauf hingewiesen, dass er aufgrund des zugrunde liegenden Auftrages von der Vollmacht nur im Interesse des Vollmachtgebers Gebrauch machen darf.

VII. Kosten, Abschriften

Vorläufig erhält jeder von uns eine einfache Abschrift dieser Urkunde.

Die Ausfertigung für den Bevollmächtigten ist zu Händen des jeweiligen Vollmachtgebers zu übersenden.

Der Notar wird angewiesen, eine zweite Ausfertigung der Urkunde nur zu erteilen, wenn

entweder

ein ärztliches Zeugnis darüber vorliegt, dass der Vollmachtgeber geschäftsunfähig ist oder Zweifel an seiner Geschäftsfähigkeit bestehen

oder

eine Mitteilung des Betreuungsgerichts vorliegt, dass ansonsten eine Betreuung für den Vollmachtgeber angeordnet werden müsste

oder

das schriftliche Einverständnis des Vollmachtgebers vorliegt.

Nach Belehrung durch den Notar erklären die Beteiligten: Der Notar soll die Vollmacht beim Zentralen Vorsorgeregister der Bundesnotarkammer registrieren lassen.

Wir tragen die Kosten dieser Urkunde und der Registrierung der Vollmacht.

▶ **Kostenanmerkung:**

> Der Geschäftswert für die Vollmacht bemisst sich gem. § 98 Abs. 3 GNotKG nach billigem Ermessen. Bei einer **Generalvollmacht** ist regelmäßig vom gesamten Aktivwert des Vermögens – ohne Schuldenabzug (§ 38 GNotKG)[1357] – auszugehen, allerdings beschränkt § 98 Abs. 3 Satz 2 GNotKG den Geschäftswert spezifisch auf die **Hälfte des Aktivvermögens**. Der **höchste** anzunehmende Geschäftswert beträgt nach § 98 Abs. 4 GNotKG **1 Mio. €**. Es ist eine 1,0 Gebühr nach KV 21200 zu erheben, mindestens 60 €.
>
> Mehrere – auch gegenseitige – **Vollmachten** in einer Urkunde sind **gegenstandsverschieden**. Die Werte sind wegen § 35 Abs. 1 GNotKG zusammenzurechnen, sodass bei der 1,0 Gebühr

624

[1356] Außerhalb der Ehegattenvollmacht ist die Bestellung eines Kontrollbevollmächtigten nach § 1896 Abs. 3 BGB möglich. Diesem können auch in der Vollmacht bereits bestimmte Aufgaben zugewiesen werden.
[1357] Notarkasse, Rn. 3308.

ein Degressionsvorteil entsteht. Der Höchstwert von 1 Mio. € ist aber auf jede einzelne Vollmacht anzuwenden.[1358]

Umstritten ist, wie es sich auswirkt, dass bei der Vorsorgevollmacht **Beschränkungen des Innenverhältnisses** existieren oder zunächst keine Ausfertigungen erteilt werden. Unter Geltung der KostO waren Abschläge vom Geschäftswert in Höhe von 20–30 % vertreten worden.

Nach einer Ansicht **wirken sich** diese Abschläge **nunmehr**, nachdem § 98 Abs. 3 Satz 2 GNotKG ohnehin eine Begrenzung auf 50 % des Aktivvermögenswertes aufgenommen hat, **nicht mehr aus**.[1359]

Nach **anderer Ansicht** wirken sich reine Innenverhältnisbeschränkungen auf die Kosten bei der Vollmacht nicht aus, jedoch sind bei einem Rückbehalt von Ausfertigungen weitere **Abschläge von 10 %-20 %** denkbar.[1360]

Damit wird teilweise auch eine Reduzierung über 50 % hinaus vertreten.[1361]

Solch hohe Abschläge sind aber bei Generalvollmachten nicht gerechtfertigt, zumal das Innenverhältnis für die Bewertung der Vollmacht ansonsten nicht von Bedeutung ist.[1362] Die Aushändigung der Vollmacht an den Vollmachtgeber bringt zudem die Vollmacht in Verkehr.[1363] Daher sind weitere Abschläge eigentlich systemwidrig. Der Gesetzgeber hat ausdrücklich zunächst die Bestimmung des Geschäftswertes nach Billigkeit angeordnet und dann die Kappung durch eine spezifische Höchstgrenze. Dies könnte dafür sprechen, jedenfalls die 50 % Grenze nicht zu unterschreiten. Andererseits steht das billige Ermessen als Richtschnur über der Bewertung. Teilweise wird dieses dahin ausgeübt, dass bei älteren Bevollmächtigten geringere Abschläge erfolgen als bei jüngeren.[1364] Man wird die individuellen Fälle sehen und die **Rechtsprechung abwarten** müssen.

Werden **Weisungen zum Innenverhältnis** mit beurkundet, so handelt es sich in der Regel nur um Ausübungsbedingungen, die nicht gesondert zu bewerten sind. Anders ist dies dann, wenn ein **umfängliches Auftragsverhältnis oder ein entgeltlicher Geschäftsbesorgungsvertrag** gestaltet wird. Hier wird man von dem Grundverhältnis ausgehen müssen, dem die Vollmacht unmittelbar dient, sodass ein und derselbe Gegenstand vorliegt. Wird nur der Antrag des Vollmachtgebers beurkundet, so ist eine 1,0 Gebühr nach KV 21200, mindestens 60 € zu erheben. Der Geschäftswert für dieses Grundverhältnis ist allerdings nicht auf das halbe Aktivvermögen und auf 1 Mio. € beschränkt. Wird der Vertrag zwischen Vollmachtgeber und Bevollmächtigtem beurkundet, fällt sogar eine 2,0 Gebühr nach KV 21100 an. Hierüber sieht das OLG Hamm den Notar als belehrungspflichtig an.[1365]

Wenn die Herausgabe von Ausfertigungen von bestimmten Voraussetzungen abhängig ist, dann können Betreuungsgebühren nach KV Nr. 22200 Anm. Nr. 3 GNotKG anfallen.[1366]

Die **Betreuungsverfügung** ist zu der Vorsorgevollmacht gegenstandsverschieden nach § 110 Nr. 3 GNotKG, sodass die Werte zu addieren sind nach § 35 Abs. 1 GNotKG. Hingegen sol-

---

1358 Notarkasse, Rn. 3329.
1359 Arnold in Leipziger Gerichts- & Notarkosten-Kommentar, § 98 Rn. 47.
1360 Korintenberg/Tiedtke, GNotKG, § 98 Rn. 21 f.
1361 So das Rechenbeispiel Notarkasse, Rn. 3340 mit einem Abschlag von 70 %.
1362 Tiedtke, ZNotP 2012, 320; Arnold in Leipziger Gerichts- & Notarkosten-Kommentar, § 98, Rn. 45.
1363 OLG Zweibrücken, ZNotP 2008, 462 ff.
1364 Müller/Renner, Rn. 842.
1365 OLG Hamm, RNotZ 2009, 417.
1366 Leipziger Kostenspiegel, Rn. 23.6.

len Betreuungsverfügung und Patientenverfügung gegenstandsgleich sein.[1367] Für die Betreuungsvollmacht wird ein Regelwert von 5.000,00 € nach § 36 Abs. 3 GNotKG angenommen, der sich bei größeren Vermögen jedoch bis auf 1 Mio. € erhöhen kann.[1368]

Wenn neben der Vorsorgevollmacht aus den vorgenannten Gründen eine Patientenverfügung gewünscht wird, so kann der nachfolgende Vorschlag Verwendung finden. Wenn die Patientenverfügung isoliert gefertigt wird,[1369] dann ist es ratsam, für jeden Ehegatten eine Verfügung zu gestalten, denn dann kann, wenn sich ein Ehegatte anders entscheidet, die Patientenverfügung ohne weitere Umstände vernichtet werden.[1370]

▶ Formulierungsvorschlag: Patientenverfügung[1371]

Patientenverfügung[1372]

Aufgrund der heute gegebenen medizinischen Möglichkeiten zu Erhaltung und Verlängerung des Lebens auch in eigentlich aussichtslosen Krankheitssituationen und der rechtlichen Situation, die von den Ärzten das Ergreifen solcher Maßnahmen verlangt, wenn sich der Patient nicht mehr frei äußern kann, möchte jeder von uns folgende Erklärung vorsorgend abgeben, die sowohl das Handeln meiner Ärzte als auch meines Bevollmächtigten oder eines etwaigen Betreuers leiten soll:

1) Aufklärung

Sollte ein Arzt die Prognose stellen, dass ich mich in einem unaufhaltsamen Sterbeprozess befinde, so möchte ich hierüber sofort voll aufgeklärt werden, auch wenn sich mein Gesundheitszustand dadurch verschlechtern sollte.

2) Richtlinien zur Behandlung im Sterbeprozess und in bestimmten Krankheitssituationen

Sollte ich selbst außerstande sein, meinen Willen zu äußern, so verfüge ich im Voraus Folgendes:

Für den Fall, dass zwei Ärzte Folgendes diagnostiziert haben:

(1) dass ich mich im Endstadium einer unheilbaren, tödlich verlaufenden Krankheit befinde oder dass ein unumkehrbarer Sterbeprozess eingetreten ist

oder

1367 Tiedtke, DNotZ 2014, 575, 591.
1368 Notarkasse, Rn. 3347.
1369 Hierzu Dieckmann, BWNotZ 2004, 49, 55.
1370 Für die Überarbeitung im Lichte der Rechtsprechung des BGH wurden folgende Informationsquellen verwendet: BMJV: Patientenverfügung: Leiden-Krankheit-Sterben, Stand 8/2019; Ärztekammer Nordrhein, Leitfaden für die persönliche Vorsorge; Weigl, NotBZ 2016, 89 ff.
1371 Zum eher seltenen Wunsch nach einer Maximaltherapie vgl. das Muster bei Müller/Renner, Rn. 1117.
1372 Zur Bezeichnung und den Voraussetzungen der Patientenverfügung in Abgrenzung zum Behandlungswunsch vgl. Rdn. 598. Die Verwendung der Bezeichnung Patientenverfügung bleibt wohl auch dann ratsam, wenn deren Voraussetzungen nicht zweifelsfrei erfüllt sind, Albrecht/Albrecht, MittBayNot 2009, 426, 434. Dieser Teil der vorsorgenden Erklärung muss im Detail besprochen sein. Eine Verwendung ist nur ratsam, wenn ein solcher Wunsch vom Mandanten ausgeht und ihm längere Zeit zur Prüfung und Überlegung verbleibt. Keinesfalls sollte eine solche Erklärung als Standard vorgesehen sein. Für eine notarielle Beurkundung Notthoff, ZNotP 2003, 281, 288. Zumindest für eine notarielle Beglaubigung der isolierten Patientenverfügung spricht in der Tat die nunmehr erforderliche Genehmigung des Betreuungsgerichts in Diskrepanzfällen. Eine solche wird erleichtert, wenn die Authentizität des Willens sicher feststeht. Demgegenüber vermögen die auch von den Justizverwaltungen angebotenen multiple-choice-Formulare mit lediglich handschriftlicher Unterzeichnung keinen Beleg für die Ernsthaftigkeit der Willensbildung des Betroffenen zu bieten.

(2) dass nur eine geringe Aussicht besteht, dass ich mein Bewusstsein wiedererlange
oder
(3) dass eine hohe Wahrscheinlichkeit besteht, dass ich infolge einer Gehirnschädigung meine Fähigkeit, Einsichten zu gewinnen, Entscheidungen zu treffen und mit anderen Menschen in Kontakt zu treten unwiederbringlich verloren habe, selbst wenn der Todeszeitpunkt noch nicht absehbar ist (das gilt für direkte Gehirnschädigung z.B. durch Unfall, Schlaganfall oder Entzündung ebenso wie für indirekte Gehirnschädigung, z.B. nach Wiederbelebung, Schock oder Lungenversagen). Es ist mir bewusst, dass in solchen Situationen die Fähigkeit zu Empfindungen erhalten sein kann und dass ein Aufwachen aus diesem Zustand nicht ganz sicher auszuschließen, aber äußerst unwahrscheinlich ist
oder
(4) dass ich infolge eines sehr weit fortgeschrittenen Hirnabbauprozesses (z.B. bei Demenzerkrankung) auch mit ausdauernder Hilfestellung nicht in der Lage bin, Nahrung und Flüssigkeit auf natürliche Weise zu mir zu nehmen
oder
(5) dass ich wegen schwerster dauerhafter Schmerzzustände kein erträgliches Leben mehr führen kann
oder
(6) dass nur eine risikoreiche Operation helfen könnte. Unter einer risikoreichen Operation verstehe ich eine solche, bei der die Wahrscheinlichkeit, dass ich sterbe, mit mindestens 80 % zu bewerten ist,
oder
(7) dass vergleichbare, hier nicht ausdrücklich erwähnte Krankheitszustände vorliegen,

ordne ich Folgendes an:

a) Ich möchte, dass mir meine Schmerzen in jedem Stadium der Behandlung stets genommen bzw. gelindert werden, auch wenn dadurch der Tod früher eintritt. Ich wünsche fachgerechte Pflege von Mund und Schleimhäuten sowie menschenwürdige Unterbringung, Zuwendung, Körperpflege und das Lindern von Schmerzen, Atemnot, Übelkeit, Angst, Unruhe und anderer belastender Symptome.
b) Wenn alle sonstigen medizinischen Möglichkeiten zur Schmerz- und Symptomkontrolle versagen, stimme ich auch der Gabe von Mitteln mit bewusstseinsdämpfenden Wirkungen zur Beschwerdelinderung zu.
c) Die Anwendung bzw. Fortsetzung lebenserhaltender Maßnahmen, insbesondere Wiederbelebungsmaßnahmen, Bluttransfusionen, jede Art der künstlichen Ernährung (z.B. Magensonde) sowie künstliche Beatmung lehne ich in den oben beschriebenen Situationen auch außerhalb unmittelbarer Todesnähe ab.[1373]
d) Ich stimme jedoch allen Maßnahmen zu, die bei palliativ-medizinischer Indikation zur Beschwerdelinderung durchgeführt werden.

Alternative: Da ich mich zu einer Organspende bereit erklärt habe, bin ich jedoch mit der zeitlich befristeten Durchführung intensivmedizinischer Maßnahmen zu Transplantationszwecken einverstanden, wenn eine Organspende bei mir in Betracht kommt.[1374]

Ich möchte in Würde und Frieden in vertrauter Umgebung sterben können, ich möchte also nicht in ein Krankenhaus verbracht werden, wenn der Tod unumkehrbar naht. Dazu erbitte ich Beistand von Menschen, die mir nahestehen, gegebenenfalls Begleitung durch Hospizdienste.

Diese Erklärungen sind verbindlich. Sie sind wohl überlegt und der Entschluss zu einer solchen Patientenverfügung ist lange gereift.

1373 Je nach Wunsch ggf. weitere Ablehnungen. Das BMJ nennt etwa Dialyse oder Antibiotika.
1374 Kann bei einem Organspender verwendet werden, um einen Widerspruch zwischen der Bereitschaft zur Organspende und den Anordnungen dieser Patientenverfügung auszuschließen; vgl. Gutachten DNotI-Report 2013, 14.

F. Vollmachten und Verfügungen für Krankheitsfälle **Kapitel 5**

Für weitere ärztliche Mutmaßungen über meinen Willen ist daher kein Raum, vielmehr ist meine Patientenautonomie zu respektieren. Die rein theoretische Möglichkeit eines späteren anderen Entschlusses ändert hieran nichts.

3. Bevollmächtigter

Ich habe eine Vorsorgevollmacht erteilt. Sollte entgegen dieser meiner Erklärung gehandelt werden, so ist unverzüglich mein Bevollmächtigter hinzuzuziehen.[1375]

▶ Kostenanmerkung:

Der Wert wird in der Regel mit 5.000 € anzunehmen sein, Zu erheben ist ein 1,0 Gebühr nach KV 21200, mindestens jedoch 60 €. Dieser Mindestwert wird regelmäßig eingreifen.

627

1375 Ggf. auch Urkunde und Person des Bevollmächtigten mit aufnehmen.

Kapitel 6 Ehegattenunterhaltsrecht

Übersicht

	Rdn.
A. **Unterhaltsrechtsreform**	2
I. Ziele der Unterhaltsrechtsreform	3
1. Förderung des Kindeswohls	4
2. Stärkung der Eigenverantwortung nach der Ehe	5
3. Vereinfachung des Unterhaltsrechts und Justizentlastung	7
4. Auswirkungen für die Praxis	8
II. Wichtigste Gesetzesänderungen	11
1. § 1569 BGB	12
2. § 1570 BGB	15
3. § 1574 BGB	19
4. § 1578b BGB	23
a) Arten der Unterhaltsbeschränkung	25
b) Ehebedingte Nachteile	28
c) Ersatzmaßstab	31
d) Kinderschutzklausel	37
5. § 1609 BGB	38
6. § 1585c BGB	44
7. »Nachbesserung« der Unterhaltsrechtsreform	50
8. Änderung des § 1612a BGB	51
9. Initiativstellungnahme des DAV zu einer erneuten Unterhaltsreform	52
B. **Unterhaltsformen**	54
I. Familienunterhalt	55
II. Trennungsunterhalt	60
1. Grundsätze	60
2. Vereinbarungen zum Trennungsunterhalt	75
III. Nachehelicher Unterhalt	95
C. **Nachehelicher Unterhalt**	96
I. Unterhaltstatbestände	96
1. Kindesbetreuungsunterhalt, § 1570 BGB	100
a) Die Struktur des neuen § 1570 BGB	100
b) Allgemeine Voraussetzungen des § 1570 BGB	108
c) Kindbezogene Verlängerung	113
aa) Kindesbetreuung ist auf andere Weise gesichert oder könnte gesichert werden	114
(1) Kein Altersphasenmodell	116
(2) Kein generelles Trennungsleiden	117
(3) Eignungsvermutung für alle öffentlichen Kinderbetreuungseinrichtungen	118

	Rdn.
bb) Familiär anderweitige Ermöglichung einer Erwerbstätigkeit	119
(1) Kindesalter für Alleinbleiben	120
(2) Verlässliche Angebote des anderen Elternteils	121
(3) Großeltern	122
cc) Keine überzogenen Anforderungen an die Darlegung kindbezogener Gründe	124
dd) Vereinbarkeit mit konkreter Erwerbstätigkeit	125
ee) Kein abrupter Wechsel zumutbar	126
ff) Reduzierung der Erwerbsobliegenheit bei überobligationsmäßiger Belastung des kindesbetreuenden Elternteils	129
d) Elternbezogene Verlängerung	132
e) Unterhaltstitel und Befristung	140
f) Bewertung der Rechtsprechung	145
2. Altersunterhalt, § 1571 BGB	151
3. Unterhalt wegen Krankheit, § 1572 BGB	154
4. Unterhalt bis zur Erlangung angemessener Erwerbstätigkeit, § 1573 Abs. 1 und 3 bis 5 BGB	161
5. Aufstockungsunterhalt, § 1573 Abs. 2 BGB	170
6. Ausbildungsunterhalt, § 1575 BGB	181
7. Billigkeitsunterhalt, § 1576 BGB	183
II. Maß des Unterhalts (Bedarf)	186
1. Eheliche Lebensverhältnisse	187
a) Unterhaltsrechtlich relevantes Einkommen	190
b) Unterhaltsrechtlich relevantes Einkommen von Selbstständigen	192
aa) Ermittlung des Einkommens von Selbstständigen	192
(1) Ermittlungszeitraum	194
(2) Steuerbilanz – Unterhaltsbilanz	195
(3) Erwerbsobliegenheit	198
(4) Darlegungslast	201
bb) Bedeutsame unterhaltsrechtliche Abweichungen	203
(1) Abschreibungen	204
(2) Entnahmen	222

	Rdn.
(3) Investitionsentscheidungen	225
(4) Nahe Angehörige	227
(5) Personalkosten	228
(6) Private Lebensführungskosten	229
(7) Pkw	231
(8) Rückstellungen	232
(9) Zwei-Konten-Modell	235
cc) Abzug von Steuern und Vorsorgeaufwendungen	236
(1) Steuern	236
(2) Vorsorgeaufwendungen	242
c) Prägendes Einkommen	246
d) Wohnvorteil	264
aa) Gebrauchsvorteil	265
bb) Abzugsposten	281
cc) Altersvorsorge	301
dd) Verwertungspflicht	306
ee) Verkaufserlös als Surrogat	311
ff) Mitbewohner	324
gg) Mietzins im Unterhalt	326
2. Gesamter Lebensbedarf	327
a) Elementarunterhalt	328
b) Kranken- und Pflegevorsorgebedarf	330
c) Altersvorsorgebedarf	340
d) Mehrbedarf	351
e) Sonderbedarf	355
3. Die ehelichen Lebensverhältnisse i.S.d. § 1578 Abs. 1 Satz 1 BGB	356
a) Historische Reminiszenz: wandelbare eheliche Lebensverhältnisse	357
b) BVerfG: Grenzen zulässiger Rechtsfortbildung überschritten	359
c) Reaktion des BGH: Rechtsprechungsänderung	362
aa) Bedarf	363
bb) Leistungsfähigkeit	365
4. Bedarfsberechnung	373
a) Unterhaltsquote oder konkrete Berechnung	373
b) Halbteilung, nicht Dreiteilung	386
III. Bedürftigkeit des Berechtigten	388
1. Tatsächliche Einkünfte	390
a) Einkommen aus zumutbarer Erwerbstätigkeit	390
b) Einkommen aus überobligationsmäßiger Tätigkeit	411
c) Einkommen aus der Aufnahme neuer Erwerbstätigkeit	420
d) Zusammenleben mit einem neuen Partner	431
e) Zuwendungen Dritter	438
2. Hypothetische Einkünfte	444

	Rdn.
3. Vermögen	452
a) Reale Erträge	453
b) Hypothetische Erträge	454
c) Verwertung des Vermögensstamms	456
IV. Leistungsfähigkeit des Verpflichteten	460
1. Einkommensverhältnisse	462
a) Reale Einkünfte	462
b) Bereinigtes Nettoeinkommen	465
c) Hypothetisches Einkommen	477
2. Verpflichtungen	489
a) Ehebedingte Schulden	494
b) Sonstige Unterhaltsverpflichtungen	501
3. Selbstbehalt	502
4. Unterhaltsberechnung in Mangelfällen	508
a) Unterhalt nach Billigkeit, § 1581 Satz 1 BGB	508
b) Mangelfälle	511
c) Rangverhältnisse – »Revolution« der Unterhaltsreform	515
d) Berechnung im Mangelfall	527
aa) Mangelberechnung Unterhaltspflichtiger – Kinder	532
bb) Mangelberechnung Unterhaltspflichtiger – Kinder – mehrere geschiedene Ehegatten	534
5. Auskunftsansprüche im Hinblick auf die Leistungsfähigkeit	550
V. Erlöschen, Ausschluss und Beschränkung des Unterhalts	556
1. Erlöschen des Unterhaltsanspruchs	556
a) Tod des Berechtigten	557
b) Wiederverheiratung des Berechtigten	558
c) Unterhaltsverzicht	562
d) Sonstige Gründe	584
e) Tod des Verpflichteten – kein Erlöschen	586
2. Ausschluss des Unterhalts wegen grober Unbilligkeit, § 1579 BGB	593
a) Kurze Ehedauer, § 1579 Nr. 1 BGB	599
b) Verfestigte Lebensgemeinschaft, § 1579 Nr. 2 BGB	601
c) Verbrechen/schweres vorsätzliches Vergehen, § 1579 Nr. 3 BGB	612
d) Mutwillige Herbeiführung der Bedürftigkeit, § 1579 Nr. 4 BGB	613
e) Mutwilliges Hinwegsetzen über Vermögensinteressen, § 1579 Nr. 5 BGB	614

	Rdn.
f) Verletzung der Familienunterhaltspflicht, § 1579 Nr. 6 BGB.	615
g) Offensichtlich schwerwiegendes Fehlverhalten, § 1579 Nr. 7 BGB	618
h) Anderer Grund ebensolcher Schwere, § 1579 Nr. 8 BGB	619
3. Beschränkungen des Unterhalts nach § 1578b BGB	621
a) Arten der Unterhaltsbeschränkung	627
b) Ehebedingte Nachteile	630
c) Ersatzmaßstab	652
d) Kinderschutzklausel	661
e) Präklusion	662
f) Weitere Gesichtspunkte zu Herabsetzung und Befristung	672
g) Einzelfallentscheidungen	676
4. Verwirkung und Verjährung	677
a) Verwirkung	677
b) Verjährung	679
VI. Unterhalt und Einkommensteuer	682
1. Außergewöhnliche Belastung nach § 33a EStG	684
2. Begrenztes Realsplitting nach §§ 10 Abs. 1a Nr. 1, 22 Nr. 1a EStG	688
a) Steuerliche Voraussetzungen für das begrenzte Realsplitting	689
aa) Unterhaltsleistung	690
bb) An den (Ex-) Ehegatten	694
cc) Unbeschränkte Einkommensteuerpflicht oder § 1a EStG	695
dd) Dauernd getrennt lebend oder geschieden	696
ee) Antrag des Unterhaltsschuldners	697
ff) Zustimmung des Unterhaltsgläubigers	703
gg) Höchstbetrag von 13.805,00 €	709
hh) Keine Geltendmachung als außergewöhnliche Belastung	711
ii) Unabhängig von Einkommen und Vermögen des Berechtigten	712
b) Anspruch auf Zustimmung zum Realsplitting	713
c) Nachteilsausgleich	721
aa) Steuernachteile	724
bb) Steuerberatungskosten	728
cc) Sonstige Nachteile	729
dd) Rückerstattung	733
d) Erhöhte Leistungsfähigkeit	734

	Rdn.
e) Obliegenheit und Auskunft	736
f) Gestaltungsempfehlungen	738
aa) Steueroptimale Begrenzung	738
bb) Verteilte Unterhaltszahlungen	739
cc) Ehevertragliche Vereinbarung zum Realsplitting	741
VII. Abänderung von Unterhaltstiteln	743
1. Abänderung von gerichtlichen Entscheidungen	743
2. Abänderung von vollstreckbaren Urkunden	757
D. Vereinbarungen zum nachehelichen Unterhalt	782
I. Allgemeines – Zahlungsvereinbarungen	782
1. Sachverhaltsaufklärung und Gestaltung einer Unterhaltsvereinbarung	791
a) Sachverhaltsaufklärung	791
b) Gestaltung der Unterhaltsvereinbarung	795
2. Zahlungsvereinbarungen	800
II. Verzichte und tatbestandliche Teilverzichte	810
1. Vollständiger Unterhaltsverzicht	810
2. Verzicht mit Ausnahme der Not	818
3. Verzicht mit Ausnahme Kindesbetreuung	820
4. Verzicht auf einzelne Unterhaltstatbestände, z.B. Aufstockungsunterhalt	828
III. Verzicht unter Bedingungen und Befristungen	830
1. Auflösend bedingter Verzicht	830
2. Verzicht mit Rücktrittsrecht	833
3. Verzicht abhängig von der Ehedauer	835
4. Unterhaltsausschluss abhängig vom Scheidungsverschulden	837
5. Vereinbarung des »alten Unterhaltsrechts«, das vor dem 01.01.2008 gültig war	839
IV. Vereinbarungen zur Dauer der Unterhaltspflicht	842
1. Vereinbarung einer Höchstdauer der Unterhaltspflicht	842
2. Vereinbarung einer Höchstdauer der Unterhaltspflicht abhängig von der Ehedauer	848
3. Abweichende Vereinbarungen zu §§ 1586, 1586a, 1586b BGB	850
4. Unterhaltsvereinbarung mit Rücksicht auf § 33 VersAusglG	858
5. Unterhaltsvereinbarung zur Erweiterung des § 1579 Nr. 2 BGB	860

		Rdn.			Rdn.
V.	Vereinbarung von Beschränkungen der Unterhaltshöhe.	862	1.	Ausgangssituation	962
	1. Höchstbetrag des Unterhalts, wertgesichert	862	2.	Benachteiligung Dritter oder Gefährdung der eigenen Existenz als Grenzen der Vereinbarung	977
	2. Höchstbetrag des Unterhalts, angelehnt an Besoldungsgruppen	880		a) Vereinbarung über den Rang	978
	3. Festlegung einer Höchstquote des Unterhalts	888		b) Anerkennung des verstärkten Unterhalts in der Zweitehe?	980
	4. Vereinbarungen zur Abänderbarkeit	891		aa) Vertrag zulasten Dritter	981
VI.	Vereinbarungen zum Maß des Unterhalts	899		bb) Sittenwidrigkeit nach § 138 BGB?	983
	1. Vereinbarung zu den ehelichen Lebensverhältnissen	899		cc) Verstärkte Unterhaltsschuld als prägende Verbindlichkeit	994
	2. Vereinbarung zur Verwertung des Vermögensstamms beim Unterhaltspflichtigen	907	3.	Unterhaltsmodifikationen zur Verstärkung von Unterhalt	999
	3. Verzicht auf Kranken- und Vorsorgeunterhalt	909		a) Verlängerung des Zahlungszeitraums	999
	4. Sicherung der Verwendung von Vorsorgeunterhalt	911		aa) Bedarf	999
	5. Ausklammerung verschiedener Einkommensarten	915		bb) Leistungsfähigkeit – Rang	1002
	6. Surrogatsgleichstellungsvereinbarung Wohnvorteil/Mietzins	919		cc) Wertung	1006
	7. Nichtanrechnung überobligatorischer Tätigkeit	921		b) Vereinbarung eines individuellen Altersphasenmodells	1010
	8. Behandlung des Einkommens des Berechtigten	924		c) Vereinbarung des vor dem 01.01.2008 geltenden Unterhaltsrechts	1012
	9. Festschreibung des notwendigen Eigenbedarfes	926		d) Vereinbarung einer festen Unterhaltsrente	1015
VII.	Vereinbarung von Ersatzleistungen	928	4.	Gestaltungsempfehlungen	1019
	1. Unterhaltsverzicht gegen Abfindung	928		a) Verlängerter Basisunterhalt	1020
	2. Unterhaltsgewährung durch Naturalleistung	938		b) Individuelles Altersphasenmodell	1023
	3. Novation	941		c) Vereinbarung einer indexierten Unterhaltsrente	1025
	4. Berücksichtigung der Leistung Dritter	957		d) Vereinbarung eines bestimmten Ehemodells	1026
VIII.	Unterhaltsverstärkende Vereinbarungen	962	5.	Ausweichgestaltungen	1028
			IX.	Vereinbarung mit steuerlichem Bezug	1034
			1.	Vereinbarungen zum Realsplitting	1034
			2.	Vereinbarungen zur Zuordnung steuerlicher Kinderentlastungen	1037

Einen weiteren wichtigen Teil der ehebezogenen Rechtsgeschäfte stellen die Unterhaltsvereinbarungen dar. Sie sind sowohl Gegenstand vorsorgender Eheverträge als auch von Scheidungsvereinbarungen. Die Möglichkeiten der Unterhaltsvereinbarung sollen hier im Zusammenhang dargestellt werden. 1

Dazu ist es aber zunächst erforderlich, einen Blick auf die gesetzliche Regelung des Unterhaltsrechts zu werfen, um die Basis für abweichende Vereinbarungen zu kennen.[1] Hier hat sich mit der Unterhaltsreform seit dem 01.01.2008 das materielle Recht sehr stark geändert. Dies zieht in ganz erheblichem Umfang eine Änderung auch der Unterhaltsvereinbarungen nach sich. Waren bisher v.a.

---

1 Einen lesenswerten Überblick über die Entwicklung des Unterhaltsrechts und eines gerechten Unterhaltssystems gibt Willutzki, in: FS für Schwab, S. 713 ff. Willutzki beleuchtet auch die Geschichte des Unterhaltsrechtsreformgesetzes in ZRP 2007, 5 ff.

Unterhaltsbeschränkungen Thema, so muss sich die Rechtspraxis nunmehr auch mit Fragen einer Unterhaltsverstärkung befassen. Zusätzlich zu der gesetzgeberischen Änderung tritt die Rechtsprechung des BGH, welche die neuen Vorschriften in die Praxis umsetzt, und schließlich das BVerfG, das die Grenzen des Richterrechts aufzeigt. All dies muss wissen, wer Unterhaltsvereinbarungen gestalten will.

A. Unterhaltsrechtsreform

2   Die Unterhaltsrechtsreform 2008 hat eine längere Geschichte. Nach den ursprünglichen Plänen hätte sie schon am 01.04.2007 in Kraft treten sollen. Doch der Gesetzesentwurf der Bundesregierung vom 07.04.2006/15.06.2006[2] wurde wegen der Gleichbehandlung geschiedener und aktueller Ehefrauen sowie nicht verheirateter Mütter kontrovers diskutiert. Einem politischen Kompromiss, der nicht verheiratete Eltern eine Rangstufe tiefer ansiedeln wollte, wurde kurz vor seiner Verabschiedung durch ein Urteil des BVerfG[3] der Boden entzogen, mit dem das Gericht den damaligen § 1615l BGB wegen seiner Abweichungen zu § 1570 BGB a.F. mit der Verfassung für unvereinbar erklärte.[4] Es begann eine familienpolitische Diskussion über die Gleichstellung verheirateter und nicht verheirateter Eltern. Schließlich konnte kurz vor Jahresschluss doch überraschend ein Kompromiss erzielt werden,[5] welcher dann Gesetz wurde. Die Auswirkungen der gefundenen Kompromissformel sind v.a. im Bereich der neuen §§ 1570 und 1578b BGB zu spüren. Nachdem die Rechtsprechung die Reformen konsequent umgesetzt hat, wurden die neuen Bestimmungen gegenüber langjährigen Altehen als zu hart empfunden. Daher wurde § 1578b BGB nochmals geändert und die Dauer der Ehe als weiteres Billigkeitskriterium eingeführt.[6]

I. Ziele der Unterhaltsrechtsreform

3   Gesellschaftliche Veränderungen und ein Wertewandel verlangen nach Auffassung des Gesetzgebers des Unterhaltsrechtsänderungsgesetzes[7] eine Anpassung des im Wesentlichen mit dem 1. Eherechtsgesetz geschaffenen Unterhaltsrechts. Hatte doch diese Reform das große **Schlachtfeld** aus der Scheidung weg verlagert auf das Feld des **nachehelichen Unterhalts**.[8] Hierbei verfolgt der Gesetzgeber nach der Begründung des Gesetzentwurfs[9] folgende Ziele:

1. Förderung des Kindeswohls

4   Im Vordergrund der Reform steht **unstreitig** die **Förderung des Kindeswohls**. Angesichts erschreckender Berichte über die Zahl der Sozialhilfe beziehenden Kinder und des Umstands, dass Kinder nicht selbst ihre finanzielle Situation verbessern können, war man sich einig, dass das Kindeswohl an die erste Stelle der Reform zu rücken habe. Konkret wurde dies **umgesetzt** durch
   – Gewährung der ersten Stelle in der **Rangfolge** des Unterhaltsrechts für die Kinder (§ 1609 Nr. 1 BGB),
   – Gewährung der **zweiten Rangstelle** für alle **kinderbetreuenden Elternteile** unabhängig von ihrem Status (§ 1609 Nr. 2 BGB),

---

2   BR-Drucks. 253/06, BT-Drucks. 16/1830.
3   BVerfG, NJW 2007, 1735.
4   Zu den veränderten Familienwelten vgl. Hohmann-Dennhardt, FF 2007, 175 ff.
5   Zu der Reform während der Gesetzgebungsphase: Borth, FamRZ 2006, 813 ff.; Büttner, FamRZ 2007, 773; Ehinger/Rasch, FamRB 2007, 47 ff.; Gerhardt, FuR 2005, 529 ff.; Klinkhammer, FF 2007, 13 ff.; Kemper, FuR 2007, 49; Menne, FF 2006, 175 ff. und 220 ff.; Schwab, FamRZ 2005, 1417 ff.; Viefhues, ZNotP 2007, 11 ff.; Gerhardt/Gutdeutsch, FamRZ 2007, 778 f.
6   Gesetz v. 20.02.2013, BGBl. 2013 I S. 273.
7   BGBl. 2007 I, S. 3189.
8   Vgl. Willutzki, FuR 2008, 1 ff.
9   BT-Drucks. 16/1830, S. 12 ff.; die weitere Begründung des schlussendlich Gesetz gewordenen Koalitionskompromisses findet sich in BT-Drucks. 16/6980.

– Neuregelung des Kindesunterhalts und (erneute) **Schaffung eines Mindestunterhalts** für Kinder, der an das steuerliche Existenzminimum anknüpft[10] und damit beständig aktualisiert sein wird (§ 1612a BGB). In diesem Zusammenhang wird das Kindergeld eindeutig unterhaltsrechtlich dem Kind zugewiesen und die Verrechnung mit dem Unterhaltsanspruch vereinfacht (§ 1612b BGB).

2. Stärkung der Eigenverantwortung nach der Ehe

Der Grundsatz auch schon des früheren Unterhaltsrechts, dass man sich selbst zu unterhalten hat und nur in den Ausnahmefällen eines gesetzlichen Unterhaltstatbestands einen Unterhaltsanspruch hat, wurde durch eine sehr stark betonte nacheheliche Solidarität so verwässert, dass auch ein Nachbesserungsversuch mit der Einführung von Befristungen des nachehelichen Unterhalts durch das Unterhaltsänderungsgesetz von 1986[11] in §§ 1573 Abs. 5 BGB a.F. und 1578 Abs. 1 BGB a.F. nichts mehr half, da die Befristungstatbestände keinen Anwendungsbereich fanden. Der **nacheheliche Unterhalt wurde zum Regelfall** und nicht zur Ausnahme.[12] Mehr und mehr entwickelte sich das Unterhaltsrecht zu einer **Lebensstandsgarantie**.

Dem sollte nun **gegengesteuert** werden. Die positiv gewendete Formulierung »Stärkung der Eigenverantwortung« sollte in Wirklichkeit bedeuten: Verringerung der Unterhaltszahlung und insb. mehr und regelmäßige zeitliche Befristungen des Unterhaltsanspruchs. Dies wird dadurch umgesetzt, dass
– dem Unterhaltsrecht als **Grundsatz die Funktion des Ausgleichs ehebedingter Nachteile** zugewiesen wird,
– die **Anforderungen an die angemessene Erwerbstätigkeit deutlich reduziert** werden und
– die Erwerbsobliegenheit früher eingreift.

3. Vereinfachung des Unterhaltsrechts und Justizentlastung

Die **Vereinfachung**, die erreicht werden soll, geschieht v.a. **durch**
– die gesetzliche Definition des Mindestunterhalts von Kindern,
– den Wegfall der RegelbetragsVO und damit einhergehend unterschiedlicher Ost-West-Regelungen,
– eine verständliche Behandlung des Kindergeldes,
– die Konzentration der Begrenzungsvorschriften auf § 1578b BGB und
– die Neuregelung der verfestigten Lebensgemeinschaft in § 1579 Nr. 2 BGB.

Diese Ziele sind für die Auslegung und Einschätzung der Änderungen von Bedeutung und somit auch für die daraus folgenden Fragen der Gestaltung von Eheverträgen und Scheidungsvereinbarungen.

4. Auswirkungen für die Praxis

Das **Ziel der Vereinfachung** wurde deutlich **verfehlt**. Denn herausragendes Merkmal des »neuen« Unterhaltsrechts ist seine **Individualisierung**. Es kommt bei der Berechnung des Unterhalts viel stärker auf die **einzelnen Lebensbiografien** an[13] als früher. Hierfür zeigt das Unterhaltsrechtsänderungsgesetz viele Beispiele: Sei es bei der Frage der Fremdbetreuungsmöglichkeiten, bei der Entscheidung über eine Befristung des Unterhalts, bei dem Abrücken vom tradierten Altersphasenmodell, überall greift das Gesetz zu **Billigkeitstatbeständen** und stellt auf die konkreten Einzelumstände ab.[14] Es gibt also wesentlich **mehr individuellere Unterhaltsentscheidungen**[15] und solche **temporä-**

---

10 Inzwischen erneut geändert und angeknüpft an eine Mindestunterhaltsverordnung; hierzu Rdn. 51.
11 BGBl. 1986 I, S. 301.
12 Gerhardt, FuR 2008, 9, 10.
13 Viefhues/Mleczko, Rn. 269.
14 Vgl. Graba, FamRZ 2008, 1217: Auf dem Weg zu einem Ehegattenunterhalt nach Billigkeit.
15 Erman/Maier, BGB, § 1570 Rn. 14 f.

rer Natur[16]. Mehr **Eigenverantwortung** auf der einen Seite, **nacheheliche Solidarität** auf der anderen Seite, dies sind die beiden Pole zwischen denen über Dauer und Höhe des Unterhaltsanspruchs nunmehr zu entscheiden ist. Das neue Unterhaltsrecht legt den Ehegatten ganz deutlich mehr Eigenverantwortung auf und führt so im Ergebnis zu einer Verringerung von Unterhaltszahlungen. Dem bisherigen Unterhaltsniveau rückt es in einer Art »Zangenbewegung«[17] zu Leibe:
– **Abbau von Kindesbetreuungsunterhalt** nach § 1570 BGB;
– durch die Dreijahresfrist des § 1570 BGB und durch die Zumutbarkeit früherer Erwerbstätigkeit nach § 1574 BGB **deutlich frühere Erwerbsobliegenheit**;
– **allgemeine Befristung** nach § 1578b BGB;
– **Rangverschlechterung** nach § 1609 BGB.

9 Nachdem inzwischen zahlreiche obergerichtliche Urteile vorliegen und der BGH in relativ kurzer Zeit viele nach der Reform noch offene Fragen entschieden hat, lässt sich sagen, dass zumindest die **Rechtsprechung des BGH** sich trotz der doch relativ offen formulierten Tatbestände[18] (»Mindestdauer mit volatil zu bestimmenden Verlängerungsoptionen«)[19] **von dem gesetzgeberischen Ziel leiten lässt** und die Einschränkung der nachehelichen Solidarität verbunden mit einer verstärkten Eigenverantwortung **in die Praxis umsetzt**. Die Obergerichte folgen diesem Weg, wodurch sich der Gesetzgeber mittlerweile zu einer Korrektur des § 1578b BGB veranlasst gesehen hat, die einerseits der Kritik an dem fehlenden Vertrauensschutz für Altehen[20] Rechnung trägt, die unter ganz anderen rechtlichen Rahmenbedingungen geschlossen wurden,[21] andererseits aber betont, nur Klarstellung leisten zu wollen. Für die Frage der vollen Erwerbsobliegenheit bei ganztäglicher Fremdbetreuung der Kinder schon ab dem dritten Lebensjahr ist eine Lockerung der Haltung der Rechtsprechung festzustellen, die mehr und mehr anerkennt, dass auch nach der Fremdbetreuung noch eine eigene Betreuungsphase des betreuenden Elternteils folgt.[22]

10 Für die Praxis der Unterhaltsvereinbarungen hat die nachfolgend im Detail geschilderte Änderung des Unterhaltsrechts dazu geführt, dass in manchen Fällen, in denen zuvor ein Verzicht vereinbart worden wäre, nunmehr die **gesetzliche Regelung akzeptiert** wird. In vielen Fällen gerade der Mittel- und Oberschicht wird jedoch Wert auf eine persönliche Kindeserziehung durch die Mutter gelegt. Hier werden jetzt **unterhaltsverstärkende Vereinbarungen** nachgefragt, weil die Mütter als Äquivalent für die Aufgabe oder langfristige Unterbrechung des Berufes eine **längere als 3-jährige Unterhaltszeit** garantiert haben möchten. In Diskrepanzfällen können solche Vereinbarungen getroffen werden, bei Mangelfällen jedoch bestehen Probleme, wenn nach einer Scheidung unterhaltsberechtigte Dritte hinzutreten.[23] Insgesamt ist aufgrund der zunehmenden Einzelfallentscheidungen die Prognose für die Beratung sehr erschwert.[24]

II. Wichtigste Gesetzesänderungen

11 Die wichtigsten Gesetzesänderungen seien an dieser Stelle kurz zusammengefasst. Ihre Betrachtung ist Grundvoraussetzung richtiger Vertragsgestaltung.

---

16 Viefhues, ZFE 2008, 48.
17 Schwab, in Limmer: Scheidung-, Trennung, 72.
18 Schwab, in Limmer, Scheidung, Trennung, 80 sagt, der Gesetzgeber habe § 1570 BGB zwar grundlegend verändert, jedoch in keiner Hinsicht verbessert.
19 Hauß, FamRB 2007, 367, 370 meint, dies ließe keinen Paradigmenwechsel befürchten.
20 Vgl. etwa Wagner-Kleinkauf, FPR 2012, 154.
21 Brudermüller, FF 2011, 92, 100; auch Schwab, FF 2012, 138, 153 wirft die Rückwirkungsfrage auf.
22 Vgl. eingehend zu den Unterhaltstendenzen 2014 Schwab, FF 2012, 138 f. mit kritischen Anmerkungen zur Unterhaltsreform und der Einschätzung, das gesamte Gebäude bedürfe der Überarbeitung.
23 Hierzu eingehend C. Münch, notar 2009, 286 ff.
24 Schilling, FF 2008, 279, 282.

1. § 1569 BGB

Die Änderungen des § 1569 BGB im Einzelnen:
- § 1569 BGB hat eine **plakative amtliche Überschrift** »Grundsatz der Eigenverantwortung« erhalten.
- Im Eingangssatz wurde die **Obliegenheit**, für den eigenen Unterhalt zu sorgen, herausgestellt.
- Im zweiten Satz wurde das Wort »**nur**« ergänzt, sodass Unterhalt »nur« nach den folgenden Vorschriften verlangt werden kann.

Dadurch hat der Grundsatz der Eigenverantwortlichkeit als Gegenpol zur nachehelichen Solidarität einen ganz deutlichen Ausdruck gefunden. Es ist ein Obersatz oder auch eine programmatische Anweisung[25] entstanden, die bei der **Auslegung** der nachfolgenden Unterhaltstatbestände **berücksichtigt** werden muss.[26] Das Regel-Ausnahmeverhältnis wurde im BGB festgehalten, sodass man insofern durchaus auch von einer neuen Rechtsqualität sprechen kann.[27] Wenn auch daraus die Absicht des Gesetzgebers spricht, dem Grundsatz der nachehelichen Solidarität die Stellung als vorrangiges Auslegungsprinzip zu nehmen,[28] so hat er doch die Unterhaltstatbestände der §§ 1571 ff. BGB nahezu unverändert bestehen lassen und damit den Unterhalt keineswegs auf Ehekonstellationen mit ehebedingten Nachteilen beschränkt.[29]

Für den **Kautelarjuristen** wird man die Bedeutung des § 1569 BGB insofern sehen können, als dass ein Vertrag, der sich ausgewogen um die Umsetzung dieses Programmsatzes bemüht, kaum dem Verdikt der Sittenwidrigkeit unterfallen kann.[30]

2. § 1570 BGB

Die umstrittenste Vorschrift im Gesetzgebungsvorhaben war § 1570 BGB i.V.m. § 1609 BGB, der den Rang der kindesbetreuenden Elternteile festlegt. Nach dem Urteil des BVerfG[31] zu § 1615l BGB wurde § 1570 BGB nochmals abgeändert, um den Anforderungen des Gerichts gerecht zu werden.

Der Unterhaltsanspruch nach § 1570 BGB ist nunmehr dreigeteilt:
- **§ 1570 Abs. 1 Satz 1 BGB** gewährt einen »**Basisunterhalt**« für einen festen Zeitraum von drei Jahren.[32] Während dieses Zeitraums besteht keinerlei Erwerbsobliegenheit[33] und somit auch keine Notwendigkeit der Fremdbetreuung.
- **§ 1570 Abs. 1 Sätze 2 und 3 BGB (kindbezogene Verlängerung)** sieht eine Verlängerung vor, soweit und solange dies der Billigkeit entspricht. Hierbei sind die Belange des Kindes und die Möglichkeiten der Kindesbetreuung zu berücksichtigen. Damit ist der Zwang zur Fremdbetreuung für die Fälle abgemildert, in denen die Fremdbetreuung dem Wohl des Kindes nicht entspricht.[34]
- **§ 1570 Abs. 2 BGB (ehebezogene Verlängerung)** schließlich sieht eine weitere Verlängerungsmöglichkeit nach Billigkeit vor unter Berücksichtigung
  - der Gestaltung von Kindesbetreuung und Erwerbstätigkeit in der Ehe sowie
  - der Dauer der Ehe.

---

25 Borth, Unterhaltsrechtsrecht, Rn. 49.
26 BT-Drucks. 16/1830, S. 16; MünchKomm-BGB/Maurer, § 1569 Rn. 3.
27 Gerhardt, FuR 2008, 9, 10; Palandt/Brudermüller, § 1569 BGB Rn. 1; eher krit. Schwab, FamRZ 2005, 1417.
28 Brudermüller, Geschieden und doch gebunden?, S. 44.
29 Brudermüller; Geschieden und doch gebunden?, S. 128.
30 Langenfeld, FPR 2008, 38, 39.
31 BVerfG, FamRZ 2007, 965 ff.
32 Die Frist ist in Anlehnung an den Rechtsanspruch auf einen Kindergartenplatz gewählt, § 24 Abs. 1 SGB VIII.
33 Menne/Grundmann, S. 53.
34 Dennoch werden verfassungsrechtliche Bedenken gegen einen solchen faktischen Zwang zur Fremdbetreuung im Hinblick auf das Elternrecht zur Eigenbetreuung geltend gemacht, Kemper, FuR 2008, 169, 173.

17 Nach der Begründung handelt es sich bei Letzterem nicht um einen eigenen Unterhaltsanspruch, sondern um einen »Annexanspruch«[35] zum Anspruch nach Abs. 1, der einprägsam als »**Treueunterhalt**« bezeichnet wurde.[36] Trotz dieser Dreiteilung wird man letztlich von einem einheitlichen Unterhaltsanspruch ausgehen müssen.[37]

18 Damit ist die **Billigkeit im Einzelfall** für die Verlängerung des Kindesbetreuungsunterhalts entscheidend. Die Einzelheiten werden beim Unterhaltstatbestand des § 1570 BGB dargestellt.[38]

3. § 1574 BGB

19 War § 1574 **Abs. 1** BGB früher als Einschränkung zu verstehen (»braucht nur eine angemessene Erwerbstätigkeit auszuüben«), so betont die Neufassung die **Obliegenheit** zur Ausübung solcher Tätigkeit.

20 Bei der **Definition der Angemessenheit** in § 1574 **Abs. 2** BGB haben sich **zwei Änderungen** ergeben:
 – Zum einen ist die **frühere Erwerbstätigkeit** zu den Angemessenheitskriterien hinzugekommen, sodass die Ausübung einer früheren Erwerbstätigkeit regelmäßig als angemessen anzusehen sein wird.[39]
 – Zum anderen sind die **ehelichen Lebensverhältnisse** nicht mehr gleichrangig mit den sonstigen Angemessenheitskriterien aufgeführt, sondern in § 1574 Abs. 1 Satz 1 Halbs. 2 BGB **als Einwendung** im Rahmen einer Billigkeitsabwägung auf zweiter Stufe, sodass nunmehr der Unterhaltsberechtigte darlegen und ggf. beweisen muss, dass eine angemessene Erwerbstätigkeit für ihn aufgrund der ehelichen Lebensverhältnisse unzumutbar ist.[40]

21 Damit ist gesetzlich klargestellt, dass es eine **Lebensstandsgarantie nicht mehr** gibt. Zu diesem Schluss war die Rechtsprechung des **BGH bereits zuvor für** die **Fälle** eines **vorehelichen Qualifikationsdefizites**[41] gekommen. Auch bei längerer Ehe und gehobenen wirtschaftlichen Verhältnissen kann daher eine Rückkehr in den früher ausgeübten Beruf angemessen sein.[42] Selbst eine Unbilligkeit der Erwerbstätigkeit muss nach der Gesetzesbegründung nicht zu einem Aufstockungsunterhalt führen.[43]

▶ Gestaltungsempfehlung:

22 Es empfiehlt sich, bei der Ehevertragsgestaltung ein solches voreheliches Qualifikationsgefälle festzuhalten. Hierfür ist die Vertragspräambel der richtige Ort, die somit nicht nur Bedeutung für die Inhaltskontrolle hat, sondern auch für die Ermittlung der Unterhaltsansprüche.

4. § 1578b BGB

23 Eine der wichtigsten Neuerungen ist die **Einführung einer generellen Möglichkeit zur Befristung und Herabsetzung des Unterhalts** sowie zur Kombination beider Instrumente für alle Unterhalts-

---

35 BT-Drucks. 16/6980, S. 8; krit. zu diesem Begriff Schwab, in Limmer, Scheidung, Trennung, S. 81.
36 Hauß, FamRB 2007, 369; Schwab, in Limmer, Scheidung, Trennung, S. 81, bezeichnet diesen Aspekt als »erstaunlich« i.R.d. Kindesbetreuungsunterhalts und bezweifelt, dass sich § 1570 Abs. 2 BGB auf die Entscheidung des BVerfG, FamRZ 2007, 965 ff., stützen kann. Hier würde wohl ein Verorten dieses Aspekts bei den Anschlussunterhaltstatbeständen vorgezogen.
37 Schwab, in Limmer, Scheidung, Trennung, S. 81; Erman/Maier, BGB, § 1570 Rn. 11.
38 Rdn. 100 ff.
39 Menne/Grundmann, S. 56.
40 Borth, FamRZ 2008, 2, 14; Palandt/Brudermüller, § 1574 Rn. 9.
41 BGH, FamRZ 2006, 1006.
42 Palandt/Brudermüller, § 1574 Rn. 4.
43 BT-Drucks. 16/1830, S. 17 f.

tatbestände.⁴⁴ Sie bringt zum Ausdruck, dass eine auf Lebenszeit nachwirkende Verantwortung nur noch unter besonderen Umständen besteht.⁴⁵ Vielmehr ist stets eine Beschränkung der Unterhaltsansprüche anhand **objektiver Billigkeitskriterien**⁴⁶ zu prüfen. Liegen die Voraussetzungen einer solchen Beschränkung vor, dann ist diese **zwingend**. Nur ihre Ausgestaltung liegt im Ermessen.⁴⁷

Mit der Einführung dieser Vorschrift hat der Gesetzgeber – dies betont Langenfeld zu Recht – eine kautelarjuristische Regelungstechnik in das Gesetz aufgenommen.⁴⁸

a) Arten der Unterhaltsbeschränkung

§ 1578b BGB sieht zwei Arten der Unterhaltsbeschränkung⁴⁹ vor, die jeweils aufgrund einer Billigkeitsabwägung festzustellen sind:
- **Höhenbegrenzung** und
- **zeitliche Befristung**.

Beide Beschränkungsmöglichkeiten sind nach Abs. 3 auch **kombinierbar**. Möglich ist auch eine Beschränkung sofort ab Scheidung, insb. wenn eine längere Trennungsphase vorausging.⁵⁰ Die Kombination eines Abschmelzens der Unterhaltshöhe mit einer auslaufenden Frist kann gerade für Scheidungsvereinbarungen fruchtbar gemacht werden.⁵¹

▶ Gestaltungsempfehlung:
Die Lösung des Gesetzgebers einer kombinierten Befristung und Abschmelzung der Unterhaltshöhe kann für eine ehevertragliche Regelung insb. im Rahmen einer Scheidungsvereinbarung genutzt werden.

b) Ehebedingte Nachteile

§ 1578b Abs. 1 Satz 2 BGB legt fest, dass i.R.d. **Billigkeitsabwägung** insb. die **ehebedingten Nachteile** zu gewichten sind. Damit wird erstmals ein in der Rechtsprechung des BGH seit Längerem bestehender Ansatz positiv-rechtlich formuliert. Die **Gründe für mögliche ehebedingte Nachteile** werden in Abs. 1 Satz 3 dann noch näher definiert. Hierbei wird abgestellt auf die
- Dauer der **Pflege und Erziehung eines gemeinschaftlichen Kindes**,
- Gestaltung von **Haushaltsführung und Erwerbstätigkeit während der Ehe**,
- **Dauer der Ehe**.

Bei dem Kriterium der **Ehedauer** wird v.a. auf die **Dauer und Intensität** der **wirtschaftlichen Verflechtung** der Ehegatten abzustellen sein. Ebenso wird bei der Bemessung der **Frist**, für die noch Unterhalt zu zahlen ist, auf die Zeitdauer abzustellen sein, die zu einer wirtschaftlichen **Entflechtung** und zur Erlangung einer eigenen Lebensstellung erforderlich ist. Hierbei kann die Trennungszeit und die Zahlung von Trennungsunterhalt mitberücksichtigt werden.⁵²

---

44 Auch solche, bei denen die Bedürftigkeit nicht ehebedingt ist, Viefhues/Mleczko, Rn. 373.
45 Palandt/Brudermüller, § 1569 Rn. 1.
46 Zur umfassenden Billigkeitsabwägung Viefhues/Mleczko, Rn. 367.
47 Menne, FF 2006, 175, 182.
48 Langenfeld, FPR 2008, 38, 40; zu den Auswirkungen auf die Vertragsgestaltung Schmitz, DNotZ 2014, 662 ff.
49 Zu den Berechnungsproblemen, die sich durch die Anordnung der Herabsetzung des Unterhaltsanspruchs anstelle des Bedarfs ergeben: Viefhues, FPR 2008, 36 f.
50 Borth, Unterhaltsrecht, Rn. 402.
51 Viefhues/Mleczko, Rn. 441.
52 Viefhues/Mleczko, Rn. 438 f. m.w.N. schon zum alten Recht; OLG München, NJW 2008, 2447.

▶ **Gestaltungsempfehlung:**

30 Bei Scheidungsvereinbarungen kann die Befristung des nachehelichen Unterhalts nach dem Zeitraum bemessen werden, der zur wirtschaftlichen Entflechtung und zur Erlangung einer wirtschaftlichen selbstständigen Lebensstellung erforderlich ist.

c) Ersatzmaßstab

31 § 1578b BGB nennt auch bei einer Herabsetzung des Unterhalts sogleich den **Ersatzmaßstab** für den Fall, dass die Zahlung des eheangemessenen Unterhalts i.S.d. § 1578 BGB unbillig ist: Es ist dann nur der Unterhalt nach dem **angemessenen Lebensbedarf** zu leisten. Dieser Ersatzmaßstab ist durch die Rechtsprechung definiert. Es kommt dabei auf die **Lebensstellung** an, die der Berechtigte **vor der Ehe** hatte **oder ohne die Ehe** hätte,[53] jeweils unter Berücksichtigung realistischer Karriereschritte.

32 Allerdings soll sich aus dem Wort »angemessen« auch ergeben, dass – von Mangelfällen abgesehen – eine **Herabsetzung unter den angemessenen Selbstbehalt i.d.R. ausscheidet**.[54] Dies hat der BGH nunmehr in seiner neueren Rechtsprechung bestätigt.[55] Er hat zunächst für § 1615l BGB[56] und später auch ausdrücklich für § 1570 BGB[57] einen Mindestbedarf i.H.d. Selbstbehaltes nicht Erwerbstätiger anerkannt. Der Mindestbedarf ändert insoweit auch die Darlegungs- und Beweislast. Der Mindestbedarf muss nicht nachgewiesen werden. Einschränkungen aufgrund mangelnder Leistungsfähigkeit hat sodann der Verpflichtete nachzuweisen.[58]

33 Dies entspricht dem schon frühzeitig bei der Diskussion der Inhaltskontrolle gegebenem Ratschlag, **bei einem sehr niedrigen vorehelichen Einkommen** des Unterhaltsberechtigten schon wegen des Kindeswohls nicht dieses niedrige Einkommen als Grundlage der Unterhaltsbemessung zu nehmen.[59]

▶ **Gestaltungsempfehlung:**

34 Es liegt nahe, diese gesetzgeberische Entscheidung auch für **ehevertragliche Regelungen** zu nutzen und das Maß des Unterhalts in Anlehnung an diese Bestimmung zu regeln. Ggf. findet sich hier auch ein Auffangmaßstab, wenn andere Unterhaltsgrenzen nicht halten.

Hierbei kann zugleich für die Zeit nach der Scheidung für eine Übergangsfrist zunächst noch der volle Unterhalt vereinbart sein.

35 War ehevertraglich nur eine Unterhaltsmodifikation – etwa eine Höchstgrenze – vereinbart, so kann § 1578b BGB dennoch Anwendung finden und auch zu einer Reduzierung unter die Höchstgrenze führen, da es sich weiterhin um den gesetzlichen Unterhaltsanspruch handelt. Etwas anderes würde nur gelten, wenn – was eher selten der Fall sein dürfte – ein Mindestbetrag als Unterhalt vereinbart ist.

▶ **Gestaltungsempfehlung:**

36 Soll ehevertraglich eine Mindestfrist für die Unterhaltszahlung vereinbart werden – dies dürfte in Zukunft praxisrelevant werden – empfiehlt es sich allerdings, die Anwendung des § 1578b BGB auszuschließen.

---

53 Triebs, FPR 2008, 31, 34; BGH, FamRZ 1986, 886, 889; OLG Bremen, ZFE 2008, 310.
54 Borth, Unterhaltsrecht, Rn. 374; OLG Bremen, ZFE 2008, 310.
55 BGH, FamRZ 2016, 1345; BGH, FamRZ 2018, 1506; BGH, NZFam 2019, 1095.
56 BGH, FamRZ 2010, 357; BGH, FamRZ 2010, 444; hierzu Graba, FF 2010, 150 ff.
57 BGH, NJW 2010, 1665.
58 Viefhues, FF 2010, 200 ff.
59 C. Münch, ZNotP 2004, 122, 125.

d) Kinderschutzklausel

§ 1578b BGB enthält noch eine **Kinderschutzklausel**, wonach die Belange eines vom Berechtigten betreuten gemeinschaftlichen Kindes gewahrt bleiben sollen. Dies soll vor einem erheblichen Niveauunterschied zwischen ungeschmälertem Kindesunterhalt und herabgesetztem Ehegattenunterhalt schützen,[60] da letztlich die Restfamilie doch »aus einem Topf« lebt.[61]

5. § 1609 BGB

Kernstück, ja »Revolution«[62] der Reform ist die **Änderung der Rangverhältnisse** der Unterhaltsberechtigten durch die Neufassung des § 1609 BGB und die Reduzierung des § 1582 BGB auf eine Verweisungsvorschrift. Hinter der rechtspolitisch durchaus umstrittenen Lösung stehen zwei Grundgedanken:
– Die Unterhaltsansprüche minderjähriger und volljähriger privilegierter (§ 1603 Abs. 2 Satz 2 BGB) **Kinder** haben **absoluten Vorrang**.
– Im **zweiten Rang** werden künftig alle **Elternteile** gleichgestellt, die wegen Kindesbetreuung unterhaltsberechtigt sind oder bei Scheidung wären, gleich ob sie mit dem Unterhaltspflichtigen verheiratet sind oder waren, **und** die Ehegatten bei oder nach einer **Ehe von langer Dauer**.

Die Bezeichnung »lange Dauer« drückt das Schutzgut nur unvollkommen aus. Daher wurde in § 1609 Nr. 2 BGB noch definiert, dass als lange Dauer auch zu sehen ist, wenn ehebedingte Nachteile i.S.d. § 1578b Abs. 1 Satz 2 und Satz 3 BGB vorliegen. Es gibt also unter diesem Oberbegriff **eine zeitliche und eine materielle Komponente**, die nacheinander zu prüfen sind.[63] Damit kann der Familienunterhaltsanspruch eines Ehegatten bei nicht langer Ehe nachrangig ggü. dem Unterhaltsanspruch einer nicht mit dem Vater verheirateten Mutter sein.[64] Dies wird damit begründet, dass der Personenstand heute kein taugliches Unterscheidungsmerkmal mehr sei.[65]

▶ Hinweis:

Der BGH hat entschieden, dass der Unterhaltsanspruch einer geschiedenen Ehefrau nach 24-jähriger kinderloser Ehe mit vollschichtiger Berufstätigkeit ohne ehebedingte Nachteile ggü. dem Unterhaltsanspruch der zweiten Ehefrau, die erst kurz verheiratet ist, aber ein Kind betreut, nachrangig ist.[66]

Damit ist eine Ehedauer von **24 Jahren** für den BGH noch nicht eine absolut lange Ehe, die auch ohne weitere ehebedingte Nachteile unter § 1609 Nr. 2 BGB zu subsumieren wäre.[67] Ob diese Tendenz angesichts der gesetzgeberischen Nachbesserung des § 1578b BGB so anhält, wird man abwarten müssen. Die Literatur sieht unter Berufung auf den vom BGH verstärkt angenommenen Gesichtspunkt der nachehelichen Solidarität nunmehr bereits eine Ehe von 20 Jahren als absolut lang an.[68]

---

60 BT-Drucks. 16/1830, S. 19.
61 Der Anwendungsbereich ist durchaus umstritten, da i.R.d. § 1570 BGB von einer immanenten Zeitgrenze ohne Anwendung des § 1578b BGB ausgegangen wird, Viefhues/Mleczko, Rn. 342 f.; Borth, Unterhaltsrecht, Rn. 380. So hat der BGH inzwischen entschieden, dass § 1578b BGB i.R.d. § 1570 BGB nicht angewendet werden kann, BGH, FamRZ 2009, 770 = NJW 2009, 1876; BGH, FamRZ 2009, 981.
62 So Schwab, FamRZ 2005, 1417, 1421.
63 Borth, Unterhaltsrecht, Rn. 679.
64 Auf diese Ungereimtheit wies schon früh hin Schwab, FamRZ, 2005, 1417, 1423.
65 Borth, Unterhaltsrecht, Rn. 673.
66 BGH, FamRZ 2008, 1911.
67 Vgl. Wendl/Dose/Guhling, § 5 Rn. 131 (Bausteinlösung – erst ab 30 Jahre absolut lang) und FamRB 2008, 186 f.
68 Wendl/Dose/Guhling, § 5 Rn. 131a.

42 Zwar war der Vorrang des Kindesunterhalts unbestritten; beachtenswert ist jedoch, dass sich dadurch der **Umfang des möglichen Realsplittings** deutlich **verringern** kann und daher insgesamt weniger Nettoeinkommen für den Unterhalt zur Verfügung steht. Darauf wurde schon früh hingewiesen.[69] Ein Prüfauftrag, die steuerlichen Auswirkungen ggf. auf die familienrechtlichen Änderungen abzustimmen,[70] hat bisher kein Ergebnis gezeigt.

43 Für die Unterhaltsberechnung hat der Vorrang der Kinder eine Vereinfachung insoweit zur Folge, als es **künftig weniger komplizierte 2-stufige Mangelfallberechnungen** geben wird.[71]

6. § 1585c BGB

44 Nach der Neuregelung in § 1585c BGB sind nunmehr auch **Unterhaltsvereinbarungen bis zur rechtskräftigen Scheidung beurkundungsbedürftig**. Dies trägt verbreiteter Kritik Rechnung, warum ausgerechnet die wichtigste Regelung im Kernbereich der Scheidungsfolgenansprüche ohne Beurkundung wirksam sein sollte.

45 Soweit **Unterhaltsvereinbarungen vor dem 01.01.2008** getroffen wurden, die nicht beurkundet worden sind, **bleiben** diese **gültig**.[72]

46 Dass nach Rechtskraft der Scheidung eine Beurkundung nicht mehr vorgeschrieben ist, lädt gerade i.V.m. der beschlossenen Abschaffung des § 630 ZPO zur Umgehung förmlich ein.[73] Da ein Weniger an Schutzbedürftigkeit auch nach Rechtskraft der Scheidung nicht besteht,[74] ist eine **Ausdehnung des Anwendungsbereichs zu fordern**.

▶ Gestaltungsempfehlung:

47 Es kann in der Unterhaltsvereinbarung vor Rechtskraft der Scheidung vereinbart werden, dass auch Abänderungen nach Rechtskraft der notariellen Beurkundung bedürfen.[75]

48 Beurkundungsbedürftig ist schon jede **Modifikation** des Unterhaltsanspruchs, wie etwa die Vereinbarung des begrenzten Realsplittings.[76]

49 Der Verweis auf die Ersetzung durch einen gerichtlichen Vergleich ist verunglückt, da nach dem Wortlaut nur in einem Verfahren in Ehesachen gerichtlich protokolliert werden kann und nicht etwa in dem regelmäßig vorrangig anhängigen Trennungsunterhaltsverfahren. Der Kontroverse zu diesem Punkt hat nun der BGH[77] ein Ende gemacht und entschieden, dass die Möglichkeit einer Beurkundung entsprechend § 127a BGB durch die Regelung des § 1585c Satz 3 BGB nicht habe eingeschränkt werden sollen. § 127a BGB vermag daher nach Ansicht des BGH auch außerhalb von Ehesachen die notarielle Beurkundung zu ersetzen, insbesondere im Trennungsunterhaltsverfahren.[78] Der Weg zum Notar dürfte angesichts der Notwendigkeit doppelter anwaltlicher Vertretung aber dennoch ohnehin der billigere sein.[79]

---

69 Stellungnahme Schwab bei der Anhörung im Rechtsausschuss am 16.10.2006, S. 10, abrufbar unter *www.bundestag.de/ausschuesse/a06/anhoerungen/05_Unterhaltsrecht/04_StN/Stellungnahme_Prof_Schwab.pdf*.
70 Granold, FF 2008, 15.
71 MünchKomm-BGB/Born, § 1609 Rn. 12.
72 Gutachten des DNotI, § 1585c – 81803.
73 Hierzu näher C. Münch, FamRB 2008, 251, 254.
74 Borth, Unterhaltsrecht Rn. 1030; Willutzki, FuR 2008, 1, 5.
75 Bergschneider, FamRZ 2008, 17, 18.
76 Bergschneider, FamRZ 2008, 17.
77 BGH, FamRZ 2014, 728 = NJW 2014, 1231.
78 Einschränkend Maurer, FamRZ 2014, 730: nur in solchen gerichtlichen Verfahren, die einen sachlichen Bezug zum Unterhalt haben, sonst geht Schutzfunktion durch die Gerichte verloren. Verfahrensfremde Protokollierung löst Amtshaftungsansprüche aus.
79 So ausdrücklich Bergschneider, FamRZ 2008, 17, 19.

7. »Nachbesserung« der Unterhaltsrechtsreform

Mit Wirkung vom 01.03.2013 wurde als Reaktion auf die Rechtsprechung § 1578b BGB geändert. Satz 2 führt nunmehr als Unbilligkeitsgrund für eine Herabsetzung oder Befristung neben den ehebedingten Nachteilen ausdrücklich auch die Dauer der Ehe auf. Der Gesetzgeber sieht darin keine Änderung der Rechtslage, sondern nur eine Klarstellung.[80] Die Familienrechtsliteratur[81] ist ebenso wie der BGH[82] der Auffassung, dass durch die Gesetzesänderung keinerlei Änderung der Rechtsprechung veranlasst sei, zumal der Wortlaut gar nicht von »Ehen von langer Dauer« spreche.[83]

8. Änderung des § 1612a BGB

Mit Wirkung vom 01.01.2016 wurde § 1612a BGB geändert. Der Verweis auf das Steuerrecht hatte sich nicht bewährt, weil die Anpassung des § 32 Abs. 6 EStG nicht in ausreichender zeitlicher Schnelligkeit erfolgte. Daher ist man von dieser Verweisung in das Steuerrecht abgerückt und hat in Abs. 4 der Bestimmung eine alle zwei Jahre anzupassende Mindestunterhaltsverordnung vorgesehen, die vom Ministerium für Justiz und Verbraucherschutz zu erlassen ist und damit kein langwieriges Gesetzgebungsverfahren auslöst.

9. Initiativstellungnahme des DAV zu einer erneuten Unterhaltsreform

Die Diskussion um das Unterhaltsrecht verstummte jedoch auch nach der Reform nicht. Dies gilt für die interessierte Öffentlichkeit und die Presse[84] ebenso wie für das Fachschrifttum. Der **Ausschuss Familienrecht im DAV** hat dies zum Anlass für eine **Initiativstellungnahme** genommen,[85] mit welcher der Unterhalt künftig nur noch auf drei Tatbeständen beruhen soll:
- dem **Betreuungsunterhalt** bis längstens regelmäßig zur Vollendung des 14. Lebensjahrs des gemeinschaftlichen Kindes, der für die Zukunft unverzichtbar (wie § 1614 BGB) sein soll;
- dem **Kompensationsunterhalt**, der ehebedingte Nachteile ausgleichen soll, und zwar unbefristet, wenn diese Nachteile nicht vergehen;
- dem **Übergangsunterhalt**, der nach einer mindestens dreijährigen Ehezeit jedem Ehegatten zustehen soll und auf zwei Jahre befristet ist, aber bis auf fünf Jahre ausgedehnt werden kann.

Es wird abzuwarten sein, inwieweit die Gesetzgebung sich auf einen solchen Systemwandel einlässt. Das Echo auf die Vorschläge ist durchaus auch kritisch, bis hin zu dem Vorwurf, das Spezifische des Eltern-Kind-Verhältnisses werde verneint, wenn die Fremdbetreuung »in radikaler Weise absolut gesetzt« wird.[86]

B. Unterhaltsformen

Das BGB sieht verschiedene Unterhaltsformen vor, je nachdem, ob die Ehegatten in intakter Ehe leben, getrennt leben oder geschieden sind. Diese Unterhaltsformen sind zudem in sehr unterschiedlicher Weise einer vertraglichen Vereinbarung zugänglich.

I. Familienunterhalt

Nach § 1360 BGB sind die Ehegatten einander verpflichtet, durch ihre Arbeit und ihr Vermögen die Familie angemessen zu unterhalten. Wer den Haushalt führt, trägt i.d.R. auf diese Weise durch Arbeit ausreichend zum Unterhalt der Familie bei. Familienunterhaltspflicht nach dieser Bestim-

---

80 BT-Drucks. 17/11885.
81 Graba, FamFR 2013, 49; Borth, FamRZ 2013, 165; a.A. Kemper, FamRB 2013, 20: Aufwertung.
82 BGH, NJW 2013, 1530.
83 Schlüter/Arpay, FPR 2013, 250, 251.
84 Vgl. etwa Schäfer: *https://www.faz.net/aktuell/finanzen/meine-finanzen/2.3094/warum-das-neue-unterhaltsrecht-teilweise-gescheitert-ist-15267914.html*.
85 Schlünder FF 2017, 90 f.; Ackermann-Sprenger, NZFam 2017, 105 f.; Horndasch, FuR 2017, 295 f.
86 Battes, FamRZ 2019, 10, 12.

56 Die **Familienunterhaltspflicht** ist nach § 1360a Abs. 3 i.V.m. § 1614 Abs. 1 BGB **zwingend**. Abweichende vertragliche Regelungen sind also nicht zulässig. Soweit formlose Vereinbarungen über Modalitäten für zulässig gehalten werden,[87] haben diese jedenfalls – anders als beim Trennungsunterhalt – keinen großen Anwendungsbereich.[88]

57 Der Familienunterhalt umfasst nach § 1360a Abs. 1 BGB den gesamten Lebensbedarf, also die Kosten des Haushalts, die persönlichen Bedürfnisse der Ehegatten und den Lebensbedarf der gemeinsamen unterhaltsberechtigten Kinder. Der haushaltsführende Ehegatte hat einen Anspruch darauf, dass ihm nach § 1360a Abs. 2 Satz 2 BGB die zum Unterhalt der Familie erforderlichen Barmittel im Voraus zur Verfügung gestellt werden. Er kann mithin Wirtschaftsgeld beanspruchen, das die Mittel zur Deckung des gewöhnlichen, alltäglichen Bedarfs, insbesondere die regelmäßig wiederkehrenden Kosten der Haushaltsführung umfasst.[89] In eine der wenigen Entscheidungen zum Familienunterhalt entschied das **OLG Karlsruhe**, dass das **Wirtschaftsgeld** nicht mehr nach Trennung für die Zeit zuvor geltend gemacht werden könne.[90] Neben dem Wirtschaftsgeld kann Taschengeld in Höhe von 5–7 % des zur Verfügung stehenden Nettoeinkommens verlangt werden.[91]

58 Einen neuen Aspekt hatte das **KG**[92] zu entscheiden. Danach besteht **kein Vorrang des Familienunterhaltsanspruchs gegenüber** dem Unterhaltsanspruch der Ehefrau gegen einen Dritten, von dem sie ein Kind aus einer außerehelichen Beziehung hat, nach § 1615l BGB. Das heißt, der **Kindsvater muss an die verheiratete Kindsmutter Unterhalt zahlen** und nicht der Ehemann, von dem die beruflichen Nachteile der Ehefrau nicht verschuldet sind.

59 I.R.d. Familienunterhaltes soll es keinen **Selbstbehalt** geben. Dies hat das OLG Köln in einem Fall entschieden, in dem der unterhaltspflichtige Ehegatte in ein **Pflegeheim** eingewiesen werden musste, ohne dass es dadurch zu einer Trennung der Ehegatten kam.[93] Anders aber der BGH.[94] Er hat für solche Fälle der auswärtigen Unterbringung zur Pflege entschieden, dass der Unterhalt ausnahmsweise in Form einer Geldrente zu zahlen sei (die der Sozialhilfeträger beanspruchte), dass dem Unterhaltsschuldner dabei dann aber der eheangemessene Selbstbehalt zu belassen sei, da die Situation einer Trennung ähnele, im Gegenteil der häuslich verbleibende Ehegatte noch erhöhten Aufwand habe. Offengelassen hat der BGH, ob dem Unterhaltspflichtigen gegenüber dem konkreten Bedarf des Unterhaltsberechtigten generell die Hälfte seines Einkommens als Selbstbehalt zusteht, es aber für naheliegend gehalten.

II. Trennungsunterhalt

1. Grundsätze

60 Von einer Trennung der Ehegatten[95] bis zur rechtskräftigen Scheidung[96] richtet sich der Unterhalt nach § 1361 BGB. Bei Versöhnung erlischt der Anspruch.[97] Folgt nach einer Trennungsphase ein nicht nur vorübergehendes erneutes Zusammenleben in ehelicher Gemeinschaft, so wird ein Tren-

---

87 Palandt/Brudermüller, § 1360 Rn. 5.
88 Vorschläge für solche Vereinbarungen bei Formularbuch-Familienrecht/Schmitt, D II.
89 OLG Karlsruhe, BeckRS 2014, 01474.
90 OLG Karlsruhe, BeckRS 2014, 01474.
91 Ausführlich zum Familienunterhalt Götsche, FamRB 2016, 437 ff.; einen Formulierungsvorschlag zum Taschengeld gibt Grziwotz in Notar-Handbuch, § 12 Rn. 147a.
92 KG, NZFam 2015, 721.
93 OLG Köln, FamFR 2010, 299.
94 BGH, NZFam 2016, 648.
95 Dazu genügt nicht die Unterbringung eines Ehegatten in einem Pflegeheim, LSG Hessen, FamRZ 2012, 1014.
96 BGH, FamRZ 1988, 370.
97 MüHdbFamR/Grandel, § 8 Rn. 11.

nungsunterhaltsanspruch durch einen Anspruch auf Familienunterhalt abgelöst. Ein Titel für den Trennungsunterhalt verliert seine Wirkung.[98] Nach Ansicht des OLG Frankfurt setzt Trennungsunterhalt nicht das vorherige Zusammenziehen voraus.[99]

Ein Ehegatte kann demnach vom anderen den nach den Lebensverhältnissen und den Erwerbs- und Vermögensverhältnissen angemessenen Unterhalt verlangen. Dieser Trennungsunterhalt ist **mit dem nachehelichen Unterhalt nicht identisch**.[100] Im Gegensatz zum Familienunterhalt, der wechselseitig auf die Deckung des Gesamtunterhaltes der Familie gerichtet ist, handelt es sich um einen einseitigen Anspruch auf Deckung des eigenen Lebensbedarfs.[101]

▶ Gestaltungsempfehlung:

Bei Unterhaltsvereinbarungen in der Trennungszeit ist genau festzulegen, ob die Regelung auch für den nachehelichen Unterhalt gelten soll.[102]   61

Wegen der Nichtidentität wird sicherheitshalber sogar empfohlen, bei einer einheitlichen Unterhaltsvereinbarung **zwei getrennte Zwangsvollstreckungsunterwerfungen** aufzunehmen.[103]   62

Da mit der Rechtshängigkeit eines Scheidungsantrags – bzw. mit dem Ende des Monats, der diesem Ereignis vorausgeht – nach § 3 Abs. 1 VersAusglG die für den Versorgungsausgleich maßgebliche Ehezeit endet, ordnet § 1361 Abs. 1 Satz 2 BGB an, dass **ab Rechtshängigkeit** auch die Kosten einer angemessenen **Versorgung für Alter** und Erwerbsunfähigkeit zum Unterhalt gehören.[104]   63

Für die Berechnung des Trennungsunterhalts kann im Wesentlichen auf die sogleich dargestellten Grundsätze für den nachehelichen Unterhalt[105] verwiesen werden. Allerdings sind die Besonderheiten zu berücksichtigen, die sich daraus ergeben, dass die Ehe mit der Trennung noch nicht endgültig gescheitert ist. So ist etwa für die Höhe des Unterhalts – anders als i.R.d. § 1578 BGB – der **jeweilige Stand der wirtschaftlichen Verhältnisse** maßgeblich, sodass der unterhaltsberechtigte Ehegatte an Weiterentwicklungen während der Trennungszeit teilnimmt, sofern sie nicht unerwartet und vom Normalverlauf abweichend sind.[106] Allerdings ist es nach Trennung jedem Ehegatten unbenommen, sich einem neuen Partner zuzuwenden und mit diesem einen Hausstand zu gründen. Auch erhöhte Fahrtkosten durch eine weitere Entfernung zur Arbeit sind dann hinzunehmen.[107]   64

Das **Gesetz** selbst **lockert** etwa in § 1361 Abs. 2 BGB die **Erwerbsobliegenheit** des bei intakter Ehe nicht erwerbstätigen unterhaltsberechtigten Ehegatten.[108] Im ersten Jahr der Trennung wird in aller Regel[109] noch eine Übergangsfrist gewährt,[110] auch sind die Maßstäbe für die Erwerbsobliegenheit weniger streng als beim nachehelichen Unterhalt,[111] so kann z.B. auch die Betreuung eines nicht gemeinsamen Kindes gegen eine Erwerbsobliegenheit sprechen.[112] Ob eine Erwerbstätigkeit als angemessen anzusehen ist, wird durch eine Gesamtwürdigung aller Umstände beurteilt.[113] War die Wie-   65

---

98 OLG Hamm, FamRZ 2011, 1234.
99 OLG Frankfurt am Main, NZFam 2019, 881 m.abl.Anm. Lange.
100 BGH, FamRZ 1982, 465, 466; Viefhues, Rn. 300 ff.
101 So Koch, § 2 Rn. 28.
102 Bergschneider, Rn. 304; Wendl/Dose/Bömelburg, § 4 Rn. 5.
103 Langenfeld, 4. Aufl., Rn. 305.
104 Hierzu Wendl/Dose/Bömelburg, § 4 Rn. 65 f.
105 Rdn. 96 ff.
106 BGH, FamRZ 1985, 256; MüHdbFamR/Grandel, § 8 Rn. 62; Wendl/Dose/Bömelburg, § 4 Rn. 61.
107 OLG Köln, NJW-RR 2013, 901 – immerhin 660,00 € monatliche Fahrtkosten.
108 Hierzu BGH, FamRZ 2001, 350 f.
109 Zu einer ausnahmsweise schon während des Trennungsjahres einsetzenden Erwerbsobliegenheit: BGH, FamRZ 2001, 350, 351.
110 OLG Hamm, FamRB 2004, 145 f.
111 BGH, FamRB 2012, 332; Viefhues, Rn. 303 f.; MüHdbFamR/Grandel, § 8 Rn. 24.
112 BGH, FamRZ 1981, 17.
113 BGH, FuR 2004, 543.

deraufnahme einer Erwerbstätigkeit schon vor der Trennung geplant, bedeutet die Trennung insoweit keinen Einschnitt, die Erwerbsobliegenheit soll dann gegeben sein.[114] Allerdings strahlen die Verstärkung der Erwerbsobliegenheit und die Verkürzung der Unterhaltsdauer beim nachehelichen Unterhalt durch die Unterhaltsrechtsreform auch auf den Trennungsunterhalt aus.[115] Eine bei Trennung ausgeübte Teilzeit-Erwerbstätigkeit muss jedoch fortgesetzt werden.[116] Nach Ablauf des Trennungsjahres allerdings ist der Unterhaltsberechtigte verpflichtet, sich beruflich neu zu orientieren. Hierzu hat er sich schon während des Trennungsjahres um eine vollschichtige Erwerbstätigkeit zu bemühen.[117] Ein unter Depressionen leidende Unterhaltsberechtigte hat sich in Behandlung zu begeben.[118]

66 In ähnlicher Weise kann beim Trennungsunterhalt der unterhaltsberechtigte Ehegatte noch **nicht vollständig** auf die **Verwertung seines Vermögensstammes** verwiesen werden,[119] und zwar auch sozialrechtlich.[120] Insoweit sind die Maßstäbe auch hier **großzügiger als bei § 1577 Abs. 3** BGB.[121] So kann z.B. nicht verlangt werden, dass ein Kilo Gold, das jeder Ehegatte aus der Auseinandersetzung mitgenommen hatte und das nach gemeinsamem Plan angeschafft worden war, zur Deckung des Trennungsunterhaltes verwertet wird.[122] Bei Kapitalvermögen, das thesaurierend angelegt ist, sodass Erträge nicht ausgeschüttet werden, kommt eine fiktive Ausschüttung regelmäßiger Erträge in Betracht.[123]

67 Eine entsprechende Anwendung des § 1578b BGB halten die OLG jedoch für ausgeschlossen.[124]

68 Bei sehr hohen Einkommensverhältnissen erfolgt auch i.R.d. Trennungsunterhalts eine konkrete Berechnung.[125]

69 Der Unterhalt ist nach § 1361 Abs. 4 BGB monatlich im Voraus durch Zahlung einer Geldrente zu gewähren.[126] Nach §§ 1361 Abs. 4 Satz 4, 1360a Abs. 3, 1614 Abs. 2 und 760 Abs. 2 BGB wirken **Vorauszahlungen für mehr als drei Monate nicht befreiend**, wenn beim Berechtigten erneut Bedürftigkeit auftritt.[127]

Besonderheiten gelten bei der **Gütergemeinschaft**. Auf der Grundlage der §§ 1420, 1450 BGB richtet sich der Anspruch gegen den anderen Ehegatten bei der heute üblichen gemeinschaftlichen Verwaltung nicht auf Zahlung, sondern nach § 1451 BGB auf Mitwirkung bei der Auszahlung aus dem Gesamtgut.[128] Die Einkünfte stehen in diesem Fall den Ehegatten hälftig zu, einen Erwerbstätigkeitsbonus soll es aus diesem Grunde nicht geben.[129]

---

114 OLG Koblenz, NZFam 2016, 755.
115 OLG Düsseldorf, FamRZ 2010, 646 f.: Bei Betreuung eines 10-jährigen gemeinsamen Kindes und guten wirtschaftlichen Verhältnissen geht das Gericht von einer halbschichtigen Erwerbsobliegenheit aus; vgl. auch OLG Jena, OLGR 2009, 698 = BeckRS 2009, 18424.
116 OLG Bremen, FamFR 2012, 226.
117 OLG Köln, FamRZ 2012, 980 – danach ist bei abgeschlossener Ausbildung in der Finanzverwaltung einer Tätigkeit als Kassiererin in einem Supermarkt zumutbar.
118 OLG Hamm, FamRZ 2012, 1732.
119 BGH, NJW 1985, 907.
120 LSG Niedersachsen, NZFam 2017, 869.
121 OLG Hamm, FamFR 2012, 345.
122 OLG Karlsruhe, BeckRS 2013, 13734.
123 OLG Hamm, FamFR 2012, 345.
124 OLG Brandenburg, NJW 2009, 1356; OLG Brandenburg, BeckRS 2009, 20721; OLG Brandenburg, FamFR 2012, 320; OLG Bremen, FamRZ 2009, 1415; OLG Düsseldorf, FamRZ 2008, 1539; Schürmann, FamRZ 2013, 1082, 1093.
125 OLG Zweibrücken, FamRZ 2008, 1655; OLG Köln, FamRZ 2010, 1445.
126 Detailliert zur Auswirkung des Wohnvorteils auf den Trennungsunterhalt: MüHdbFamR/Grandel, § 8 Rn. 48 ff.; Huber, FamRZ 2000, 129 f., der das Verhältnis von Trennungsunterhalt zu Nutzungsvergütung und von § 1361b Abs. 2 BGB zu § 745 Abs. 2 BGB thematisiert.
127 BGH, NJW 1993, 2105.
128 Bergschneider/Klüber, Rn. 4.610 m.w.N.
129 OLG Oldenburg, NJW-RR 2009, 1596.

B. Unterhaltsformen   Kapitel 6

Die Tatbestände der **Verwirkung des Unterhalts bei grober Unbilligkeit** nach § 1579 BGB gelten – **70** mit Ausnahme der bei Trennung noch nicht möglichen kurzen Ehedauer – auch für den Trennungsunterhalt, § 1361 Abs. 3 BGB.[130] Das OLG Oldenburg will eine **verfestigte Lebensgemeinschaft** mit einem neuen Partner während der Trennung bereits **nach einem Jahr** anerkennen.[131]

Eine Verwirkung kann danach insb. dann eintreten, wenn der Unterhaltspflichtige aufgrund des Verhaltens des Berechtigten nicht mehr mit der Geltendmachung rechnen musste.[132] Das ist insbesondere anzunehmen bei längerer Trennung und einer Verselbstständigung der Lebensverhältnisse, sodass die Berufung des Berechtigten auf die eheliche Solidarität im Widerspruch zur eigenverantwortlichen Lebensführung steht.[133]

So hat z.B. das AG Wuppertal bei »kurzer Ehe« Trennungsunterhalt versagt, weil die Unterhaltsbedürftigkeit erst durch die von einem anderen Mann herbeigeführte Schwangerschaft begründet worden war.[134] Das OLG Jena hat allerdings für den nachehelichen Unterhalt entschieden, dass es nicht zur Anwendung des § 1579 BGB führt, wenn die Ehefrau ein Kind von einem anderen Mann erwartet und aus diesem Grund nicht arbeiten kann.[135]

Dies führt hin zu der Frage der **Konkurrenz** zwischen dem Trennungsunterhaltsanspruch und dem **71** Anspruch gegen den Kindsvater nach **§ 1615l BGB**, wenn ein Kind geboren wird, das nicht vom Ehemann abstammt. Damit hatten sich verschiedene Gerichte zu befassen. Der BGH hat entschieden, dass in den Fällen, in denen die Ehefrau ein eheliches Kind und zugleich ein nach der Trennung geborenes, nicht vom Ehemann abstammendes Kind betreut, die beiden Väter in entsprechender Anwendung des § 1606 Abs. 3 Satz 1 BGB anteilig eintreten müssen.[136] War allerdings die Ehefrau erwerbstätig und nicht unterhaltsbedürftig und trat die Unterhaltsbedürftigkeit erst durch die Geburt des Kindes nach der Trennung ein, so soll der Unterhalt nach § 1615l BGB vorrangig sein, sodass der Trennungsunterhalt dahinter zurücktritt.[137] Ansonsten ist der Ehemann zur Zahlung von Trennungsunterhalt nur insoweit verpflichtet, als er ohne Hinzutreten des weiteren Kindes für den Unterhalt hätte aufkommen müssen.[138] Dann müsste der Ehefrau ein fiktives Einkommen i.H.d. Unterhaltsanspruchs gegen den nichtehelichen Vater zugerechnet werden, auch wenn dieser nicht zahlen kann.[139] Dieses Konkurrenzverhältnis gilt beim nachehelichen Unterhalt ebenso wie beim Trennungsunterhalt.[140]

Eine objektive Verwirkung des Trennungsunterhalts kann vorliegen, wenn Ehegatten nach nur kur- **72** zem Zusammenleben eine sehr lange Zeit getrennt leben und ihr Auskommen haben, ohne dass einer Unterhalt vom anderen verlangt hat.[141]

---

130 Vgl. etwa OLG Hamm, NZFam 2015, 965: Unterschieben eines Kindes und Prozessbetrug.
131 OLG Oldenburg, NJW 2017, 963.
132 OLG Celle, ZFE 2007, 350.
133 OLG Frankfurt am Main, NZFam 2020, 255.
134 AG Wuppertal, FamRZ 2003, 1103; nach BGH, FamRZ 2006, 683 sind jedoch diese Kinder bei der Bedarfsbemessung nunmehr zu berücksichtigen.
135 OLG Jena, NJW-RR 2006, 584.
136 BGH, FamRZ 1998, 541 f.; BGH, FamRZ 2007, 1393.
137 OLG Bremen, NJW 2004, 1601; OLG Oldenburg, FamRZ 2004, 705 f.
138 OLG Koblenz, NJW-RR 2005, 803; OLG Köln, FamRB 2006, 137; a.A. OLG Jena, FamRB 2006, 136: Unterhaltsansprüche sind gleichrangig, sodass bei Ausfall des Kindsvaters der Ehemann den vollen Unterhaltsbetrag aufzubringen hat.
139 So Brielmaier, FamRB 2006, 137.
140 OLG Bremen, FamRZ 2006, 1207 f.
141 OLG Frankfurt am Main, FPR 2004, 25 = FamRB 2004, 351.

Nach Ansicht des BVerfG[142] findet § 1581 BGB auf den Trennungsunterhalt entsprechend Anwendung, sodass dem Unterhaltspflichtigen hier der **notwendige Selbstbehalt** verbleiben muss. Dem folgt die Zivilgerichtsbarkeit.[143]

73 Das Gesetz hält ferner in §§ 1361a und 1361b BGB Regelungsmechanismen bereit, um die Nutzung von Haushaltsgegenständen und Ehewohnung notfalls durch richterliche Zuweisung zu klären.

74 Der auf Trennungsunterhalt in Anspruch genommene Ehemann, bei dem die Kinder leben, kann die Erfüllung insoweit verweigern, als die Ehefrau den Kindesunterhalt nicht leistet.[144]

2. Vereinbarungen zum Trennungsunterhalt

75 Nach den Bestimmungen der §§ 1361 Abs. 4 Satz 3, 1360a Abs. 3, 1614 Abs. 1 BGB kann auf Trennungsunterhalt **für die Zukunft nicht verzichtet** werden. Neben dem damit unproblematisch möglichen Verzicht für Ansprüche hinsichtlich der Vergangenheit haben Anwälte häufig auch bei Scheidungsvereinbarungen das Ansinnen, festzulegen, dass für den Zeitraum der Trennung kein Unterhalt verlangt wird. Ferner besteht im Rahmen von Trennungsvereinbarungen von Ehegatten, die sich nicht scheiden lassen wollen, ein Bedürfnis zur Regelung von Unterhalt. Da jedoch der Gesetzgeber an das formale Band der Ehe die Unverzichtbarkeit des künftigen Trennungsunterhalts geknüpft hat, ist bei solchen Vereinbarungen Vorsicht geboten.

▶ Hinweis:

76 Ein Verzicht auf zukünftigen Trennungsunterhalt ist nicht zulässig!

Auch bei Ausgestaltungsvereinbarungen ist Vorsicht geboten, um die Wirksamkeit der Gesamtvereinbarung nicht zu gefährden.

77 Auch geringfügige Änderungen wie etwa Stundungen, der Ausschluss der Vollstreckbarkeit oder die Erschwerung der Abänderung können schon gegen das Verzichtsverbot verstoßen.[145]

78 So finden sich Regelungsvorschläge einer **Absichtserklärung**, keinen Unterhalt geltend machen zu wollen, mit einer Belehrung, dass diese Erklärung nicht rechtlich verpflichtend ist. Vielleicht ist die Verwendung solcher Erklärungen eine Frage der **Vertragsphilosophie**. Wer jedoch gewohnt ist, verbindliche Verträge zu gestalten, der wird sich davor scheuen, solche Erklärungen aufzunehmen. Was soll aus ihnen folgen, wenn wider Erwarten doch Trennungsunterhalt geltend gemacht wird? Stellt dies etwa dann eine Störung der Geschäftsgrundlage dar? Andererseits können dann, wenn das Gesetz einen Verzicht nicht zulässt, demjenigen, der den Trennungsunterhalt geltend macht, keine negativen Folgen erwachsen.[146] Das OLG Köln löst die Problematik so auf, dass es keinen unzulässigen Unterhaltsverzicht annimmt, sondern eine Erklärung der Parteien, dass sie in Kenntnis ihrer Einkommensverhältnisse feststellen, dass sie keinen Bedarf an (Aufstockungs-) Unterhalt haben. Wird dennoch Unterhalt verlangt, soll dies dann rechtsmissbräuchlich sein, wenn das Verlangen nicht auf veränderten Umständen beruht. Nach Bergschneider ist das Ergebnis zwar zutreffend, aber es liegt ein nichtiger Unterhaltsverzicht vor. Nach § 242 BGB wäre es jedoch rechtsmissbräuchlich, sich auf die Nichtigkeit zu berufen.

79 Der **BGH**[147] hat sich ausführlich mit dem Thema befasst und festgestellt, dass ein sog. **pactum de non petendo** eine Einrede begründet, die wirtschaftlich zum gleichen Ergebnis führt **wie** ein Unter-

---

142 BVerfG, FamRZ 2002, 1397, 1398; hierzu Graba, FamRZ 2003, 577, 581.
143 OLG Koblenz, FamRZ 2008, 280; BGH, NJW-RR 2009, 649.
144 OLG Koblenz, NJW 2005, 686.
145 Detailliert Büte, FuR 2018, 394 ff.
146 Vgl. aber OLG Köln, FamRZ 2000, 609 m. Anm. Bergschneider und abl. Anm. Deisenhofer, FamRZ 2000, 1368.
147 BGH, NJW 2014, 1101.

haltsverzicht. Es stelle daher ein unzulässiges und unwirksames Umgehungsgeschäft dar. Dies gelte auch für ergänzende Feststellungen zum Nichtbestehen eines ungedeckten Unterhaltsbedarfs. Die entsprechenden Klauseln sind daher **unwirksam**. Nach dieser Feststellung erörtert der BGH noch länger, ob die **Unwirksamkeit** auch den **Rest des Vertrages** erfasst.

In einer zweiten Entscheidung[148] stellt der BGH klar, dass die Beurteilung, ob eine Regelung der Angemessenheit oder ein unzulässiger Verzicht vorliege, zunächst die **Feststellung der Höhe des angemessenen Unterhaltes erfordert**. Dabei will der BGH sonstige Regelungen des Ehevertrages, die für den Unterhaltsberechtigten von Vorteil sind, ausdrücklich nicht mit einbeziehen, sondern die Vereinbarung über den Trennungsunterhalt **isoliert betrachten**. Der **Berechtigte darf** also seine **Rechte trotz gleichwertiger Gegenleistung nicht aufgeben**.

Danach sind konkrete Vereinbarungen, die bis 20 % unter dem errechneten Ehegattenunterhalt liegen, zulässig, solche, die 1/3 darunter liegen, unzulässig und dazwischen ist es eine Frage des Einzelfalles.[149]

Daraus ergibt sich, wie gefährlich die Verwendung solcher Klauseln zum Trennungsunterhalt sein kann. Gleiches wird für Klauseln zu gelten haben, die einen **Rücktritt** von bestimmten Vertragsklauseln **für den Fall** der Geltendmachung von **Trennungsunterhalt** vorsehen.[150] **Verwirkungsabreden** werden ebenfalls kritisch zu betrachten sein, wenn der Sachverhalt nicht bei Treffen der Abrede schon eindeutig ist.[151]

▶ Gestaltungsempfehlung:

Auf unverbindliche Absichtserklärungen, keinen Trennungsunterhalt geltend machen zu wollen, sollte verzichtet werden! Sie bringen den gesamten Vertrag in Gefahr! 80

Hilfsweise wird empfohlen, eine Erklärung abzugeben, dass man nach gegenwärtigem Stand nicht unterhaltsbedürftig sei.[152] Auch dies wird nicht verhindern können, dass später ein Ehegatte dennoch Trennungsunterhalt geltend macht, wenn eine Bedürftigkeit tatsächlich vorliegt. 81

Unzulässig ist in gleicher Weise ein **Verzicht gegen Abfindung**.[153] Auch wer vorsichtiger formuliert und eine Gegenleistung vereinbart, die entfällt, wenn wider Erwarten Trennungsunterhalt geltend gemacht wird, dürfte eine unzulässige Klausel gewählt haben.[154] 82

Unzulässig soll auch ein Verzicht auf die Vollstreckbarkeit sein. Hier gelten §§ 1361 Abs. 4 Satz 3, 1360a Abs. 3, 1614 Abs. 1 BGB entsprechend.[155] 83

Eine Vereinbarung über die Art und Höhe des Unterhalts i.S.e. Vereinbarung des aktuellen Zahlungsbetrages ist zulässig.[156] Hierin soll nach Ansicht einiger Obergerichte, der die Literatur dankbar folgt, noch kein unzulässiger Teilverzicht liegen, wenn die danach zu erbringenden Zahlungen den gesetzlich geschuldeten Unterhalt um nicht mehr als 20 % unterschreiten.[157] Vielmehr soll hierin nur eine Ausgestaltung des gesetzlich zulässigen Spielraums der Angemessenheit liegen.[158] Da der Bedarf 84

---

148 BGH, NJW 2015, 3715 m. Anm. Born.
149 Born, NJW 2015, 3717.
150 Gutachten DNotI 135962.
151 Schlünder, FF 2017, 339 f.
152 Bergschneider, Rn. 527.
153 Langenfeld/Milzer, Rn. 588; Johannsen/Henrich/Graba/Maier, § 1614 Rn. 3.
154 Langenfeld/Milzer, Rn. 587; a.A. Huhn, RNotZ 2007, 177, 204; Schwackenberg, FPR 2001, 107, 108.
155 OLG Zweibrücken, NJW-RR 2009, 4.
156 BGH, NJW 1962, 2102.
157 Büttner/Niepmann, NJW 2007, 2375, 2379; Gutachten DNotI 134629 mit Hinweis darauf, dass der Rahmen von der Rechtsprechung noch nicht abgesteckt ist.
158 BGH, FamRZ 1984, 997, 999 (offengelassen; 315,00 DM statt 340,00 DM jedenfalls innerhalb der Toleranz); OLG Köln, FamRZ 1983, 750 (Kindesunterhalt); OLG Celle, FamRZ 1992, 94 (Kindes-

die Obergrenze bilde, könne der angemessene Unterhalt geringfügig niedriger sein.[159] Die Gestaltungspraxis sieht allerdings durchaus Bedarf für Gestaltungsmöglichkeiten auch in der Trennungsphase.[160]

Wenn allerdings der Trennungsunterhalt sogleich mit späteren vermögensrechtlichen Ansprüchen verrechnet wird, dann sei schon die Frage erlaubt, ob das »sicher zulässig«[161] oder nicht doch eine vom BGH inkriminierte Umgehungslösung ist, trägt doch jede Zahlung schon die spätere Verrechnung in sich.

Vor einer Ausgestaltung einer Vereinbarung in allgemeiner Art, dass der angemessene Unterhalt um 20 % unter dem gesetzlichen Unterhalt liege, wird seit dem zweiten Urteil des BGH verstärkt gewarnt.[162]

85 Es sollte besser rechnerisch in der konkreten Situation ein Betrag festgelegt werden, der den 80 % entspricht. Damit verbunden werden kann dann der Hinweis, dass bei einer Anpassung das Verhältnis von Einkünften des Unterhaltspflichtigen zum Unterhaltsbetrag erneut maßgeblich sein soll.

▶ Formulierungsvorschlag: Trennungsunterhalt – Betrag – Angemessenheitsgrenze

86 Zwischen uns besteht Einigkeit, dass sich der Trennungsunterhaltsanspruch der Ehefrau derzeit auf ..... € monatlich beläuft und dass dies dem angemessenen Unterhalt entspricht.

Bei der Berechnung des Trennungsunterhalts sind wir von folgenden Bemessungsgrundlagen ausgegangen .....

Das Verhältnis der Bemessungsgrundlagen zum hier festgelegten Unterhaltsbetrag soll auch im Fall einer Abänderung des Unterhaltsbetrages erhalten bleiben.

87 Allerdings sind solche Herabsetzungen immer schon dann **ausgeschlossen, wenn** die Herabsetzung **Gegenleistung** für ein Entgegenkommen des Unterhaltspflichtigen in anderen Bereichen ist.[163] Da hier – erst recht nach dem Diktum des BGH[164] – **Haftungsgefahren** drohen, kann nur zu einer sehr zurückhaltenden Anwendung solcher Herabsetzungsklauseln geraten werden.

In jedem Fall sind aber Vereinbarungen zulässig, welche den Unterhaltsberechtigten begünstigen. So kann die Zahlung von Trennungsunterhalt in bestimmter Höhe vereinbart werden unter Angabe der Bemessungsgrundlage für die Unterhaltsberechnung. Es empfiehlt sich der Zusatz, dass etwaige weitere Ansprüche durch diese Vereinbarung nicht berührt werden.[165]

▶ Formulierungsvorschlag: Verpflichtung zur Zahlung des Trennungsunterhalts

88 Ab dem nächsten Monatsersten verpflichte ich, der Ehemann, mich dazu, an meine Ehefrau Trennungsunterhalt i.H.v. ..... € monatlich als Elementarunterhalt zu zahlen.

Der jeweilige Unterhaltsbetrag ist im Voraus je zum Ersten eines jeden Monats zur Zahlung fällig.

---

unterhalt); OLG Hamm, FuR 2000, 280 (unwirksam erst, wenn Toleranzgrenze überschritten wird, die bei 20 bis 33 % des Bedarfes gezogen wird); OLG Düsseldorf, NJW-FER 2000, 307 (Angemessenheitsrahmen überschritten bei Abweichung um 1/3); Bergschneider, Rn. 526; Göppinger/Wax/Hoffmann, Rn. 1478; Müller, Kap. 3 Rn. 251; Palandt/Brudermüller, § 1361 Rn. 71; Viefhues, Rn. 313; krit. Kanzleiter/Wegmann, Rn. 301; Schwackenberg, FPR 2001, 107, 108 (keine feste Quote, sondern Berücksichtigung aller Gesamtumstände); Schwackenberg, ZFE 2002, 38, 39.
159 Schwackenberg, FPR 2001, 107.
160 Vgl. die These 1 des AK 1 beim 22. Deutschen Familiengerichtstag 2017, Brühler Schriften Bd. 20, 87.
161 Langenfeld/Milzer, Rn. 585.
162 Grziwotz, FamRB 2015, 448; Huhn, RNotZ 2007, 177, 186; Langenfeld/Milzer, Rn. 584.
163 Langenfeld, FPR 2003, 155, 156, der sog. Teilverzichtsgrenzen der OLG für »illegal und unsinnig« hält.
164 BGH, NJW 2014, 1101.
165 Müller, Kap. 3 Rn. 446.

Bei der Bemessung des Trennungsunterhalts sind wir von folgenden Bemessungsgrundlagen ausgegangen: .....

In der Krankenversicherung ist die Ehefrau nach § 10 Abs. 1 SGB V beitragsfrei mitversichert.

Hinsichtlich des Altersvorsorgeunterhalts werden wir mit Rechtshängigkeit eines Scheidungsantrags eine gesonderte Regelung treffen.

Sofern die Ehefrau Einkünfte aus eigener Erwerbstätigkeit erzielt, werden diese nach der sog. Differenzmethode in die Unterhaltsberechnung einbezogen.

Alternative 1:

Sofern die Ehefrau Einkünfte aus eigener Erwerbstätigkeit erzielt, werden diese zur Hälfte auf den oben genannten Unterhaltsbetrag angerechnet.[166]

Wegen der vorgenannten Zahlungsverpflichtung unterwerfe ich, der Ehemann, mich der

sofortigen Zwangsvollstreckung

aus dieser Urkunde in mein gesamtes Vermögen. Meine Ehefrau ist jederzeit auf einseitigen Wunsch berechtigt, auf eigene Kosten eine vollstreckbare Ausfertigung dieser Urkunde zu verlangen, ohne dass der Nachweis der Fälligkeit zu führen ist.

Durch diese Vereinbarung werden etwaige weiter gehende Ansprüche des unterhaltsberechtigten Ehegatten nicht berührt.

..... (salvatorische Klausel) .....

Soweit die Zahlungsverpflichtung auch als nachehelicher Unterhalt weitergelten soll, kann formuliert werden[167]:

▶ **Formulierungsvorschlag: Trennungsunterhalt auch als nachehelicher Unterhalt**

Diese Regelung soll auch für den nachehelichen Unterhalt Bestand haben. Der nacheheliche Unterhalt ist erstmals fällig mit dem Tag der Rechtskraft der Ehescheidung, ohne dass es einer Mahnung bedarf. Mit diesem Tag endet der Trennungsunterhaltsanspruch.

Alternative:

Besteht am Tag der Rechtskraft der Ehescheidung kein rechtskräftiger Titel auf nachehelichen Unterhalt, soll die Regelung bis zum Inkrafttreten einer anderweitigen Regelung zum nachehelichen Unterhalt fortgelten.

Sofern auf den Trennungsunterhalt **Leistungen zur Anrechnung**[168] zu bringen sind, die der Unterhaltsverpflichtete nicht in Geld oder an Dritte erbringt, wird empfohlen, diese Leistungen mit einer entsprechenden Bewertung ausdrücklich aufzuführen.[169]

▶ **Formulierungsvorschlag: Trennungsunterhalt mit Wohnungsanrechnung**

Ab dem nächsten Monatsersten verpflichte ich, der Ehemann, mich dazu, an meine Ehefrau Trennungsunterhalt i.H.v. ..... € monatlich als Elementarunterhalt zu zahlen.

Zusätzlich überlasse ich meiner Frau unsere gemeinsame Eigentumswohnung in ....., die zuletzt als Ehewohnung diente, zur alleinigen Nutzung. Meine Ehefrau ist verpflichtet, die verbrauchs-

---

166 Diese Alternative erlaubt eine einfache und klare Berechnung.
167 Nach FamRMandat-Unterhaltsrecht/Horndasch § 3 Rn. 315 f.; die Alternative stellt eine Übergangsregelung vor.
168 Das OLG Koblenz, FamRZ 2018, 1751 weist darauf hin, dass bei der Zurverfügungstellung von bedarfsprägendem Wohnraum dem überlassenden Ehegatten fiktive Mieteinnahmen in Höhe des Anrechnungsbetrages zugerechnet werden müssen, sonst würde es zu einer doppelten Berücksichtigung kommen.
169 Müller, Kap. 3 Rn. 449.

abhängigen Kosten selbst zu tragen, wohingegen ich die verbrauchsunabhängigen Kosten einschließlich der Zins- und Tilgungsleistungen übernehme. Hiernach habe ich derzeit monatlich ..... € für solche Kosten zu tragen.

Dieser Betrag wird zur Hälfte auf die Unterhaltsleistung angerechnet, sodass derzeit noch eine Barunterhaltszahlung von ..... € verbleibt.

Der jeweilige Unterhaltsbetrag ist im Voraus je zum Ersten eines jeden Monats zur Zahlung fällig.

..... (ggf. weitere Vereinbarungen) .....

Durch diese Vereinbarung werden etwaige weiter gehende Ansprüche des unterhaltsberechtigten Ehegatten nicht berührt.

..... (salvatorische Klausel) .....

92 Schließlich werden zuweilen auch bzgl. des Trennungsunterhalts **Regelungen zur steuerlichen Behandlung** getroffen. Da im Jahr der Trennung nach § 26 Abs. 1 EStG eine Zusammenveranlagung noch möglich ist, wird zunächst diese geregelt. Für die Folgezeit vereinbaren die Ehegatten dann das Realsplitting.[170]

▶ Formulierungsvorschlag: Realsplitting

93 .....

Ich, die Ehefrau, bin mit der Durchführung des begrenzten Realsplittings einverstanden und verpflichte mich hiermit, alle hierzu noch erforderlichen Erklärungen abzugeben und jährlich zu wiederholen, insbesondere aber die Anlage U zur Einkommensteuererklärung[171] jährlich zu unterzeichnen.

Ich, der Ehemann, verpflichte mich, meine Ehefrau von allen ihr hierdurch entstehenden nachgewiesenen steuerlichen und sonstigen wirtschaftlichen[172] Nachteilen freizustellen, und zwar unverzüglich nach Vorlage der entsprechenden Belege oder Bescheide zum Fälligkeitszeitpunkt. Zu diesen Nachteilen gehören auch Steuerberatungskosten, die vom begrenzten Realsplitting verursacht sind, bis zu höchstens ..... € jährlich.[173] Gegen den Freistellungsanspruch darf nicht aufgerechnet oder ein Zurückbehaltungsrecht geltend gemacht werden.

Alternative 1:

..... nachgewiesenen steuerlichen Nachteilen freizustellen, und zwar .....

Eine Erstattungspflicht hinsichtlich sonstiger wirtschaftlicher Nachteile im Zusammenhang mit der Durchführung des Realsplittings ist jedoch – gleich aus welchem Rechtsgrund – ausdrücklich ausgeschlossen.[174]

Die Ausgleichspflicht umfasst jedoch nicht solche Nachteile, die dem wieder verheirateten Unterhaltsgläubiger im Rahmen einer Zusammenveranlagung mit einem etwaigen neuen Ehepartner entstehen.[175]

---

170 Hierzu eingehend C. Münch, FamRB 2006, 189 ff.
171 Bzw. zum Antrag auf Lohnsteuerjahresausgleich.
172 Z.B. sozialversicherungsrechtliche Nachteile, vgl. FamRMandat-Unterhaltsrecht/Horndasch, § 3 Rn. 1536 ff.
173 MüHdbFamR/Arens, § 33 Rn. 185.
174 MüHdbFamR/Arens, § 33 Rn. 185; im Gegensatz zur Musterformulierung schließt die Alternative den Ersatz wirtschaftlicher Nachteile aus. Dies führt zu einer besser kalkulierbaren Situation für den Ehegatten, der vom Realsplitting profitiert, berücksichtigt aber nicht die ganz erheblichen Konsequenzen, die sich für den Unterhaltsberechtigten in vielen anderen Rechtsbereichen ergeben.
175 So schon BGH, FamRZ 1992, 534; aktuell bestätigt durch BGH, NJW-RR 2010, 865 f. Zur Abgrenzung und Klarstellung kann dies jedoch durchaus in die Vereinbarung aufgenommen werden.

C. Nachehelicher Unterhalt

Alternative 2:

Von den per Saldo – d.h. nach Ausgleich der bei der Ehefrau zu ersetzenden Nachteile – verbleibenden Steuervorteilen steht der Ehefrau eine Quote von 3/7 zu.[176]

Sicherheitsleistung kann stets insoweit nicht verlangt werden, als die Unterhaltspflicht im vergangenen Jahr erfüllt wurde.

▶ Hinweis:

Wenn für die Unterhaltszahlung das Realsplitting durchgeführt wird, stellt die Unterhaltszahlung für den Berechtigten eine Einnahme auch i.S.d. sozialrechtlichen Vorschriften dar. Wird dadurch 1/7 der monatlichen Bezugsgröße nach § 18 SGB IV[177] überschritten, so entfällt die Möglichkeit der Familienmitversicherung nach § 10 Abs. 1 Nr. 5 SGB V.

94

III. Nachehelicher Unterhalt

Der Schwerpunkt für Vereinbarungen unter Ehegatten im Hinblick auf den Unterhalt liegt jedoch beim nachehelichen Unterhalt, da § 1585c BGB in diesem Bereich Unterhaltsvereinbarungen grds. zulässt, allerdings ist seit der Unterhaltsreform bei Vereinbarungen vor Rechtskraft der Ehescheidung nunmehr die notarielle Beurkundung vorgeschrieben. Bevor solche Vereinbarungen im Einzelnen vorgestellt werden, sollen jedoch zunächst einmal die Grundsätze des nachehelichen Unterhalts aufgezeigt werden.[178]

95

C. Nachehelicher Unterhalt

I. Unterhaltstatbestände

Seit der Unterhaltsrechtsreform des Jahres 2008 betont § 1569 BGB den Grundsatz der Eigenverantwortung besonders. Dies kommt nunmehr schon in der Überschrift zum Ausdruck. Die eigene Sorge für den Unterhalt ist zur Obliegenheit geworden. Diese Programmatik strahlt auf die Unterhaltstatbestände aus und ist bei ihrer Auslegung mit zu berücksichtigen.[179] Insgesamt werden die Dauer des Unterhalts und auch die Höhe der Zahlung seit der Unterhaltsrechtsreform im Lichte der Eigenverantwortung abnehmen.

96

Sofern aber eine Bedürfnislage i.V.m. der Ehe entsteht – ohne dass es auf einen kausalen Zusammenhang ankäme –, greift die Mitverantwortung des anderen Ehegatten ein, die als Nachwirkung der Ehe zu sehen ist.[180] Das Gesetz hat die Tatbestände benannt, bei denen eine solche Mitverantwortlichkeit angenommen wird. Ein Unterhaltsanspruch besteht also nur jeweils bei Vorliegen eines der gesetzlichen **Unterhaltstatbestände**.

97

Diese Unterhaltstatbestände stellen auf verschiedene **Einsatzzeitpunkte** ab, sodass Unterhalt nur zu gewähren ist, wenn der Tatbestand zu diesem Zeitpunkt erfüllt ist. Während der erste Einsatzzeitpunkt zumeist die Rechtskraft der Scheidung ist, knüpfen die anderen Einsatzzeitpunkte an das Ende des vorhergehenden Unterhaltstatbestands an. Es muss somit eine **ununterbrochene Unter-**

98

---

176 Ob der Unterhaltsberechtigte mittelbar eine Beteiligung i.R.d. Unterhaltsrechts erhält, da der Pflichtige leistungsfähiger ist, wird unterschiedlich beurteilt (befürwortend BGH, FamRZ 1999, 372, 375; ablehnend OLG Naumburg, FamRZ 2002, 959). Durch die Alternativformulierung wird hingegen ein Ausgleichsanspruch begründet.
177 Monatliche Bezugsgröße für 2019: 3.115,00 € nach § 2 Abs. 1 der Sozialversicherungs-Rechengrößenverordnung 2019, BGBl. 2018 I, 2024.
178 Einen aktuellen Überblick über die Rechtsentwicklung geben Schürmann, FamRZ 2013, 1082; Niepmann/Schwamb, NJW 2013, 2719.
179 Palandt/Brudermüller, § 1569 Rn. 1, Brudermüller, FF 2006, 121.
180 Palandt/Brudermüller, vor § 1569 Rn. 2; Wendl/Dose/Bömelburg, § 4 Rn. 102.

haltskette[181] vorliegen. Nach einer Unterbrechung entsteht ein Unterhaltsanspruch grds. nicht mehr. Das OLG Koblenz hat aber ausgesprochen, dass eine lediglich vorübergehende Unterbrechung aufgrund fehlender Bedürftigkeit oder Leistungsfähigkeit weiteren Unterhaltsansprüchen nicht zwingend entgegensteht.[182] Auch der BGH hat für einen Aufstockungsunterhaltsanspruch ausgesprochen, dass ein solcher trotz vorübergehender Arbeitslosigkeit **latent vorhanden** gewesen sei.[183] Es wird daher vorgeschlagen, erst ab einer **nachhaltigen Unterbrechung** der Unterhaltskette den Unterhalt zu versagen.[184]

99 Neben dem nachfolgend geschilderten **Anspruchsgrund** ist ferner zu prüfen, ob **Bedarf, Bedürftigkeit, Leistungsfähigkeit** gegeben sind. Nach einer Angemessenheitskontrolle[185] ist sodann zu untersuchen, ob Tatbestände der **Unterhaltsbegrenzung** eingreifen.[186]

1. Kindesbetreuungsunterhalt, § 1570 BGB

a) Die Struktur des neuen § 1570 BGB

100 Die Struktur des § 1570 BGB wurde bei der Vorstellung der Unterhaltsrechtsreform bereit kurz dargelegt.[187]

Danach ist der Unterhaltsanspruch nach § 1570 BGB dreigeteilt:

101 § 1570 Abs. 1 Satz 1 BGB gewährt einen »**Basisunterhalt**« für einen festen Zeitraum von drei Jahren. Während dieses Zeitraumes besteht keinerlei Erwerbsobliegenheit[188] und somit auch keine Notwendigkeit der Fremdbetreuung. Damit kann auch eine bisher schon praktizierte eigene Berufstätigkeit mit Fremdbetreuung für diesen Zeitraum eingestellt werden;[189] dies hat der BGH bestätigt.[190] Auch wenn der Gesetzgeber sich hüten muss, Paaren die Gestaltung ihrer Kindererziehung vorzuschreiben, so kann er doch nach Auffassung *Hohmann-Dennhardts* für die Unterhaltsansprüche nach Trennung unter Berücksichtigung erziehungswissenschaftlicher Erkenntnisse einen solchen Basisunterhalt festlegen, der von dem tradierten Altersphasenmodell abrückt.[191]

102 § 1570 Abs. 1 Sätze 2 und 3 BGB (**kindbezogene Verlängerung**) sieht eine Verlängerung vor, soweit und solange dies der Billigkeit entspricht. Hierbei sind
– die Belange des Kindes und
– die Möglichkeiten der Kindesbetreuung zu berücksichtigen.

103 Nach Auffassung des BGH hat der Gesetzgeber mit der Neugestaltung des § 1570 BGB den **Vorrang der persönlichen Betreuung gegenüber anderen kindgerechten Betreuungsmöglichkeiten aufgegeben**. Die Obliegenheit zur Inanspruchnahme kindgerechter Fremdbetreuung findet erst dort ihre Grenze, wo diese Art der Betreuung nicht mehr mit dem Kindeswohl vereinbar ist, was jedenfalls bei öffentlichen Betreuungseinrichtungen regelmäßig nicht der Fall ist.[192]

---

181 MüHdbFamR/Schnitzler, § 9 Rn. 5; OLG Hamm, FPR 2004, 220; Finke, FamRB 2017, 64 ff.
182 OLG Koblenz, NZFam 2016, 368.
183 BGH, NJW 2016, 153; kritisch hierzu Graba, NJW 2016, 1212.
184 Weinreich, NZFam 2016, 75.
185 BGH, FamRZ 1997, 806, 811 – insb. in Mangelfällen.
186 MüHdbFamR/Friederici/Unger, § 5 Rn. 20 f. Eine Übersicht über die Prüfung eines Unterhaltsanspruchs gibt Koch in Koch, Rn. 2089; eine solche über die Grundzüge des Unterhaltsrechts Coester-Waltjen, Jura 2005, 319 f.
187 Rdn. 15.
188 Die wenigen denkbaren Ausnahmen sind besonders zu begründen; eine solche wird z.B. bei sehr hoher gemeinsam eingegangener Verschuldung vertreten, Wendl/Dose/Bömelburg, § 4 Rn. 169.
189 Gerhardt, FuR 2008, 9, 11; Kemper, FuR 2008, 169, 171.
190 BGH, NJW 2009, 1876 = FamRZ 2009, 770; BGH, NJW 2009, 1956.
191 Hohmann-Dennhardt, FF 2007, 177, 182.
192 BGH, NJW 2009, 1876 = FamRZ 2009, 770; BGH, NJW 2009, 1956; BGH, FamRZ 2010, 1050, 1052.

C. Nachehelicher Unterhalt

§ 1570 Abs. 2 BGB (ehebezogene Verlängerung) schließlich sieht eine weitere Verlängerungsmöglichkeit nach Billigkeit vor unter Berücksichtigung
- der Gestaltung von Kindesbetreuung und Erwerbstätigkeit in der Ehe sowie
- der Dauer der Ehe.

104

Nach der Begründung handelt es sich bei Letzterem nicht um einen eigenen Unterhaltsanspruch, sondern um einen »Annexanspruch«[193] zum Anspruch nach Abs. 1, der einprägsam als »**Treueunterhalt**« bezeichnet wurde.[194]

105

Trotz dieser Dreiteilung wird man letztlich von einem einheitlichen Unterhaltsanspruch ausgehen müssen.[195]

106

Damit ist die **Billigkeit im Einzelfall** für die Verlängerung des Kindesbetreuungsunterhalts entscheidend.[196] Im Rahmen dieser Billigkeitsentscheidung entfalten jedoch die kindbezogenen Gründe das stärkste Gewicht und sind daher stets vorrangig zu prüfen.[197]

107

b) Allgemeine Voraussetzungen des § 1570 BGB

Ein Anspruch auf Kindesbetreuungsunterhalt nach § 1570 BGB setzt voraus, dass es sich um ein **gemeinschaftliches**,[198] **minderjähriges**[199] **Kind** handelt, für das der unterhaltsberechtigte Ehegatte die **Betreuungsbefugnis** hat.[200] Beim echten Wechselmodell können beide Ehegatten nach § 1570 BGB berechtigt und verpflichtet sein.[201] Für den Anspruch ist nicht Voraussetzung, dass die Eheleute für eine gewisse Dauer zusammengelebt haben.[202]

108

Wie bisher auch kennt der Kindesbetreuungsanspruch nach **§ 1570 Abs. 1 BGB keinen Einsatzzeitpunkt**.[203] Dieser Anspruch kann also auch nach der Scheidung erst zur Entstehung gelangen, wenn z.B. ein Ehegatte das Kind erst dann zu sich nimmt oder erst dann die Möglichkeiten zur Fremdbetreuung wegfallen. Dies mag auch ein Grund für die anderen Privilegierungen sein, dass etwa dieser Unterhaltsanspruch erneut auflebt, wenn eine zweite Ehe wieder geschieden wird.

109

Aufgrund der Einheitlichkeit des Anspruchs soll aber Kindesbetreuungsunterhalt aus ehebezogenen Gründen nach § 1570 Abs. 2 BGB nur unmittelbar im Anschluss an § 1570 Abs. 1 BGB gefordert werden können,[204] wobei dies aufgrund der Einheitlichkeit des Anspruchs auch unmittelbar nach Ablauf des Basisunterhalts nach § 1570 Abs. 1 Satz 1 BGB sein kann.[205] Der Anspruch nach § 1570 Abs. 1 Satz 2 BGB soll aber nicht voraussetzen, dass zuvor ein Anspruch auf Basisunterhalt bestand.[206]

110

---

193 BT-Drucks. 16/6980, S. 8; krit. zu diesem Begriff Schwab, in Limmer: Trennung, Scheidung, 81.
194 Hauß, FamRB 2007, 369; Schwab, in Limmer: Trennung, Scheidung, 81 bezeichnet diesen Aspekt als »erstaunlich« i.R.d. Kindesbetreuungsunterhalts und bezweifelt, dass sich § 1570 Abs. 2 BGB auf die Entscheidung des BVerfG, FamRZ 2007, 965 ff. stützen kann. Vom BVerfG würde wohl ein Verorten dieses Aspektes bei den Anschlussunterhaltstatbeständen vorgezogen.
195 Schwab, Trennungs- und Scheidungsvereinbarungen, 81; Erman/Maier, BGB, § 1570 Rn. 11.
196 Vgl. eine Annäherung auch aus psychologischer Sicht: Dormann/Spangenberg, FamRZ 2012, 931.
197 BGH, NJW 2009, 1956.
198 Nicht bei Pflegekindern oder Kindern, die erst nach der Scheidung geboren werden, wohl aber bei adoptierten Kindern, MünchKomm-BGB/Maurer, § 1570 Rn. 1 ff., und bei vorehelichen Kindern, deren Eltern nach der Geburt heiraten, § 1626a Abs. 1 Satz 2 BGB, Wendl/Dose/Bömelburg, § 4 Rn. 164; vgl. OLG Koblenz, FamFR 2010, 177.
199 Göppinger/Wax/Bäumel, Rn. 1002.
200 Kaiser/Schilling, BGB, § 1570 Rn. 7; BRHPBeutler, BGB, § 1570 Rn. 7.
201 Wendl/Dose/Bömelburg, § 4 Rn. 165.
202 BGH, ZFE 2006, 33.
203 Palandt/Brudermüller, BGB, § 1570 Rn. 7.
204 Palandt/Brudermüller, BGB, § 1570 Rn. 7; Kemper, FuR 2008, 169, 176.
205 Schwab, in Limmer, Scheidung, Trennung, 81.
206 Wendl/Dose/Bömelburg, § 4 Rn. 171.

▶ Hinweis:

111 Bei einer ehevertraglichen Verlängerung des Kindesbetreuungsunterhalts sollte man eine Regelung der Einsatzzeitpunkte für etwa nachfolgende Unterhaltsansprüche bedenken. Hier wird häufig gewünscht sein, dass diese sich nicht mit verschieben, weil sich sonst die gesamte Unterhaltskette verlängert.

112 In **unterhaltsrechtlichen Leitlinien** haben die **OLG** ihre Rechtsprechung für typische Sachverhalte zusammengefasst. Sie bilden keinen Normersatz, denn zur Gesetzgebung wäre ausschließlich der Gesetzgeber berufen. Sie bilden aber einen Typisierungsstandard, an den sich die Richter im typischen Fall halten werden. Sie schließen eine Abweichung im Einzelfall nicht aus und binden die Rechtsprechung der Gerichte nicht.[207] Die Leitlinien der verschiedenen OLG haben in den letzten Jahren eine einheitliche Struktur gewonnen,[208] sind in Details aber immer noch unterschiedlich. So setzt sich etwa das neue Leitbild der Düsseldorfer Tabelle, das aufgrund der starken Erhöhung der Kindesunterhaltsbeträge nunmehr nur noch für zwei Unterhaltsberechtigte bemessen ist, mehr und mehr durch, sodass schon bei drei Unterhaltsberechtigten eine Herabstufung auf die nächste Stufe vorzunehmen ist. Auch die Mehrbedarfsrechtsprechung des BGH ist etwa in 12.4 der Süddeutschen Leitlinien bereits integriert.

Nachdem der BGH nunmehr auch für den Erwerbstätigenbonus eine einheitliche Berechnung mit einem Zehntel anregte,[209] wird sich die Vereinheitlichung noch verstärken. Andererseits macht es insbesondere das Auseinanderklaffen der Mieten in Großstadt, Stadt und Land immer schwerer, zu einer einheitlichen Berechnung zu kommen.[210]

c) Kindbezogene Verlängerung

113 Während der Basisunterhalt vom Gesetzgeber klar gefasst wurde und bisher in der Rechtsprechung nur eine geringe Rolle spielte, kam es zum Unterhaltsanspruch wegen Kindesbetreuung nach Ablauf der dreijährigen Basisfrist zu **zahlreichen obergerichtlichen Entscheidungen**,[211] was nicht verwunderlich ist, da die zugrunde liegende Billigkeitsentscheidung in jedem Einzelfall streitanfällig ist.[212] Der Appell an den Gesetzgeber, für mehr Klarstellung zu sorgen, ist derzeit wohl aussichtslos.[213]

Vor allem die Rechtsprechung des BGH, die nach Erlass der Unterhaltsreform das »**Primat der Fremdbetreuung**« betont[214] und die Reform als gesetzliches Gebot zur Individualisierung aller Fälle verstanden hatte, führte zu einer starken Reduzierung der Unterhaltspflichten, die nach Ansicht des Gerichtes vom Gesetzgeber so gewollt war. Schon vor der Änderung der Reform durch den Gesetzgeber selbst hat sich aber auch in der Rechtsprechung des BGH ein Wandel angedeutet. Dieser kommt ganz besonders in seiner Entscheidung vom 18.04.2012[215] zum Ausdruck, auch wenn der BGH sich in dieser Entscheidung auf der Linie seiner bisherigen Rechtsprechung sieht. Diese Ent-

---

207 So ausdrücklich BGH, FamRZ 2006, 683 f.
208 Zusammenstellung aller Leitlinien der verschiedenen OLG abrufbar unter *http://www.famrz.de/leitlinien-dokumente/leitlinien-und-richtlinien/index.php* oder *www.famrb.de/unterhaltsleitlinien.html*. Die Erwerbsobliegenheit wird in unterschiedlicher Intensität in Punkt 17 behandelt.
209 BGH, FamRZ 2020, 171; hierzu Borth, FamRZ 2020, 144 ff.
210 Schürmann, FamRZ 2020, 209 ff. zur Düsseldorfer Tabelle 2020.
211 Vgl. nur die folgenden BGH-Urteile: BGH, FamRZ 2009, 770 f. = MittBayNot 2009, 303 m. Anm. Grziwotz; BGH, NJW 2010, 2277; BGH, FamRZ 2010, 1880; BGH, FamRZ 2011, 791; BGH, FamRZ 2011, 1209; BGH, FamRZ 2011, 1537; BGH, FamRZ 2012, 1040; BGH, FamRZ 2012, 1624.
212 Zur Billigkeitsabwägung Born, NJW 2015, 534 ff. und NZFam 2014, 776 ff. mit Schwerpunkt auf die Darstellungsnotwendigkeiten bei gerichtlicher Anspruchsverfolgung.
213 Borth, FamRZ 2012, 1048.
214 Skeptisch, ob ein Gesetzgeber überhaupt berechtigt ist, den Vorrang der elterlichen Betreuung aufzugeben: Hütter, FPR 2011, 134 f.
215 BGH, FamRZ 2012, 1040 = NJW 2012, 1868.

scheidung liefert zugleich auch ein **Prüfungsschema** für den Anspruch auf kindbezogene Verlängerung des Kindesbetreuungsunterhaltes. Daher sollen die Voraussetzungen anhand dieser Entscheidung vorgestellt sein. Hierin eingebunden wird die sonstige Rechtsprechung und Literatur.

aa) Kindesbetreuung ist auf andere Weise gesichert oder könnte gesichert werden

Zunächst ist der Umstand **individuell zu prüfen**, ob für das Kind die **Kindesbetreuung** auf andere Weise als durch die persönliche Betreuung gesichert werden kann.[216]

114

Von einer solchen Möglichkeit der Fremdbetreuung ist auszugehen, wenn die Fremdbetreuung **tatsächlich existiert, zumutbar und verlässlich ist und mit dem Kindeswohl in Einklang steht**.[217] Hierbei wird in den Besprechungsaufsätzen zu Recht darauf hingewiesen, dass bei Statuierung einer Erwerbsobliegenheit die Fremdbetreuung **auch in den Ferienzeiten und bei Krankheit** existieren muss, um **verlässlich** zu sein.[218] Fremdbetreuungsangebote können sich auch wieder verschlechtern, z.B. beim Wechsel vom Kindergarten in die Grundschule.

Dabei ist bei der Frage, ob eine Fremdbetreuung möglich ist, **nicht nur** die **Arbeitszeit** der Unterhaltsberechtigten einzubeziehen, sondern auch Arbeitspausen, Überstunden, Schichtdienst und Fahrzeiten.[219]

I.R.d. Zumutbarkeit wird zu diskutieren sein, ob es dem betreuenden Elternteil angesonnen werden kann, eine weiter **entfernte Kindesbetreuungsmöglichkeit** in Anspruch zu nehmen oder gar **umzuziehen**, um eine Möglichkeit der Fremdbetreuung zu finden. Solches wird z.T. mit Blick auf ähnliche Obliegenheiten des Erwerbslosen bejaht,[220] z.T. abgelehnt.[221] Letztere Auffassung ist vorzuziehen, denn § 1570 Abs. 1 Satz 3 BGB fordert nur die Berücksichtigung der **bestehenden** Kinderbetreuungsmöglichkeiten und will das Kind gerade vor dem Herausreißen aus seiner gewohnten Umgebung schützen.

115

Bei ihrer Billigkeitsabwägung geht die Rechtsprechung von folgenden Grundsätzen aus:

(1) Kein Altersphasenmodell

Ein Altersphasenmodell, wonach der Umfang möglicher Fremdbetreuung vom Alter des Kindes abhängt, gibt es nicht mehr.[222]

116

Die Leitsätze des BGH hierzu werden in mehreren Urteilen wiederholt:

»*Ein Altersphasenmodell, das bei der Frage der Verlängerung des Betreuungsunterhaltes aus kindbezogenen Gründen allein oder wesentlich auf das Alter des Kindes abstellt, wird den gesetzlichen Anforderungen nicht gerecht.*«

So verwirft der BGH die Aussagen des Berufungsgerichts als zu allgemein, dass wegen des Mittagessens und der Hausaufgabenbetreuung bis zur siebten oder achten Klasse eine Vollerwerbstätigkeit nicht in Betracht komme.[223]

Es ist nach der strengen Rechtsprechung des BGH auch **nicht zulässig, an das Alter anknüpfend** einen **Kriterienkatalog** zu entwickeln:[224]

---

216 Die Rspr. zu § 1570 BGB schildern eingehend Born, FF 2010, 179 ff., 231 ff.; Schilling, FuR 2012, 454 f.; ders. FPR 2011, 145 f.; Dose, FPR 2012, 129 f.
217 BT-Drucks. 16/1830, S. 17.
218 Vgl. Born, FamFR 2011, 481, 484.
219 Kiedrowski, FamRB 2009, 213, 215.
220 Viefhues/Mleczko, Rn. 162; OLG Hamm, FamFR 2011, 466.
221 Kemper, FuR 2008, 169, 174; Schilling, FF 2008, 279, 281; Kiedrowski, FamRB 2009, 213, 215.
222 BGH, FamRZ 2009, 770; BGH, FamRZ 2011, 1375.
223 BGH, FamRZ 2010, 1050, 1053.
224 BGH, FamRZ 2011, 1538 = NJW 2011, 2646.

»Das gilt auch, wenn solche Altersphasen nur als Regelfall behandelt werden, innerhalb dessen die Umstände des Einzelfalles zu berücksichtigen sind, die Begründung der Erwerbsobliegenheit des betreuenden Elternteils aber nicht auf individuelle Einzelumstände gestützt ist.«

Es sind also die **individuellen Umstände** jedes Einzelfalles zu prüfen und danach ist zu entscheiden, ob eine Betreuungsmöglichkeit besteht. Dabei spielen im Wesentlichen zwei Fragen eine Rolle:
– Steht die individuelle Konstitution des Kindes einer Fremdbetreuung entgegen? Hier können insbesondere Behinderungen, dauerhafte Erkrankungen, schwere Entwicklungsstörungen, Straffälligkeiten oder psychische Leiden eine Rolle spielen.[225]
– Gibt es in zumutbarer Entfernung geeignete Einrichtungen, welche die Kindesbetreuung sichern?

Die Grenze der Obliegenheit zur Inanspruchnahme von Fremdbetreuung ist erst erreicht, wenn diese nicht mehr mit dem Kindeswohl vereinbar ist.[226]

(2) Kein generelles Trennungsleiden

117 Dabei betont der BGH, dass allein der Umstand, dass die betroffenen Kinder unter der Elterntrennung leiden, für sich genommen nicht zur Folge hat, dass keine Fremdbetreuung in Anspruch genommen werden kann, da dies bei allen Scheidungskindern so sein wird, zumal die Trennung dann bereits länger als ein Jahr her ist.[227]

Erst wenn ein Kind »**besonders leidet** und daher der persönlichen Betreuung durch einen Elternteil bedarf«[228] ist die Schwelle überschritten, bei der die zwingende Inanspruchnahme von Fremdbetreuung nachzuweisen ist. Hier kommt nun die sog. »**Mimoseneinrede**«[229] ins Spiel. Die Berufung darauf, das Kind sei anfällig, erhöht betreuungsbedürftig, schwierig, brauche Hausaufgabenhilfe etc. genügt alleine nicht.[230] Gründe, aus denen Fremdbetreuung ausscheidet, sind etwa gesundheitliche Beeinträchtigungen oder Entwicklungsstörungen des Kindes oder das Nichtvorhandensein öffentlicher Kinderbetreuungsmöglichkeiten.

(3) Eignungsvermutung für alle öffentlichen Kinderbetreuungseinrichtungen

118 Dabei kann nicht eingewendet werden, dass gerade die vor Ort vorhandene Einrichtung zur Betreuung nicht geeignet sei, denn nach BGH spricht eine Vermutung dafür, dass die Inanspruchnahme öffentlicher Betreuungseinrichtungen wie Kindergärten, Kindertagesstätten oder Kinderhorte regelmäßig nicht dem Kindeswohl widersprechen.[231]

Das sieht der BGH sowohl unter einem zeitlichen als auch einem sachlichen Aspekt:[232]

»Umfasst etwa die Betreuung von Schulkindern in einem Hort auch die Hausaufgabenbetreuung, bleibt auch insoweit für eine persönliche Betreuung durch einen Elternteil kein unterhaltsrechtlich zu berücksichtigender Bedarf.«

Was die Kosten anbelangt, so will der BGH die Kosten für Hort oder Kindergarten als Mehrbedarf des Kindes ansehen – ausgenommen Verpflegungsanteile –, eine nachschulische Tagesbetreuung oder die Kosten einer Tagesmutter hingegen sind als berufsbedingte Kosten des berufstätigen Ehe-

---

225 Wendl/Dose/Bömelburg, § 4 Rn. 174 m.w.N.
226 BGH, NJW 2010, 2277, Tz. 21.
227 Viefhues/Mleczko, Rn. 155; großzügiger Schilling, FF 2008, 279, 281: Kind leidet besonders unter der Trennung und bedarf deshalb der persönlichen Betreuung durch ein Elternteil. OLG Frankfurt am Main, FamRZ 2010, 1449: Rspr. des BGH führt zur Benachteiligung solcher Kinder, die als Folge der Trennung gerade besonderer Zuneigung bedürfen.
228 BT-Drucks. 16/6890, S. 9.
229 Born, NJW 2008, 1, 8.
230 Viefhues, FF 2011, 153 f. über das sog. Problemkind beim Betreuungsunterhalt.
231 BGH, NJW 2009, 1876.
232 BGH, NJW 2010, 2277, 2278, Tz. 22.

gatten einzustufen. Der BGH unterscheidet dabei zwischen erzieherisch motivierter und berufsbedingter Drittbetreuung.[233]

bb) Familiär anderweitige Ermöglichung einer Erwerbstätigkeit

Steht eine solche öffentliche Kinderbetreuungseinrichtung nicht oder nicht in ausreichendem zeitlichen Umfang zur Verfügung, dann erlangt das Kindesalter Bedeutung.[234] Ein Wechsel von einer tatsächlich besuchten Kinderbetreuungseinrichtung in eine solche mit längeren Öffnungszeiten zur Ermöglichung einer längeren Erwerbstätigkeit ist unterhaltsrechtlich nicht geboten.[235]

119

(1) Kindesalter für Alleinbleiben

Dann ist nämlich darüber zu befinden, ab welchem Alter ein Kind – jedenfalls vorübergehend – auch ohne Aufsicht bleiben kann. Der BGH sprach zunächst aus, dass ein siebenjähriges Kind nicht mehr »auf Schritt und Tritt« kontrolliert werden muss. Es sei aber eine regelmäßige Kontrolle in kürzeren Zeitabschnitten erforderlich, was einer Erwerbstätigkeit aus kindbezogenen Gründen entgegenstehe.[236] Später äußerte sich der BGH dahin gehend, dass ein zwölfjähriger Junge noch nicht am Nachmittag allein den Hausaufgaben überlassen werden kann.[237]

120

(2) Verlässliche Angebote des anderen Elternteils

Wenn die Prüfung bis dahin zu dem Ergebnis geführt hat, dass der kindesbetreuende Elternteil jedenfalls teilweise keiner Erwerbsobliegenheit unterliegt, weil Kinder nicht ausreichend betreut sind, dann muss auch **der barunterhaltspflichtige Elternteil als Betreuungsperson** in Betracht gezogen werden, wenn er dieses **ernsthaft und verlässlich anbietet**.[238] Geprüft werden muss freilich, dass es sich nicht um reine Lippenbekenntnisse handelt und dass der barunterhaltspflichtige Elternteil sein Angebot mit seinem beruflichen Alltag vereinbaren kann.[239]

121

Für diese Möglichkeit setzt aber das **Kindeswohl Grenzen**. Besteht eine am Kindeswohl orientierte **Umgangsregelung**, so ist diese nach Ansicht des BGH **vorgreiflich**. Ist dem barunterhaltspflichtigen Elternteil danach der Umgang versagt, so ist diese Möglichkeit außer Betracht zu lassen.[240] Gleiches gilt, wenn ein Kind durch eine überkomplizierte Regelung seinen Lebensmittelpunkt verlöre.[241] Im Kindesinteresse ist nämlich zu berücksichtigen, dass sich das Kind nicht zugunsten des barunterhaltspflichtigen Elternteils darauf verweisen lassen muss, zwischen verschiedenen Betreuungssituationen hin- und hergeschoben zu werden.[242]

Besteht aber ein regelmäßiger Umgang, so kann das Angebot unter Berücksichtigung der eigenen Erwerbstätigkeit des barunterhaltspflichtigen Elternteils in Betracht zu ziehen sein. Bestehen auf diese Weise keine **Loyalitätskonflikte**, wird nicht z.B. der andere Elternteil herabgesetzt, erweist sich also der Umgang als dem Kindeswohl nicht abträglich, so kann insbesondere das Betreuungsangebot eines bereits im Vorruhestand befindlichen barunterhaltspflichtigen Elternteiles anzunehmen sein, dem ohnehin schon ein großzügiges Umgangsrecht zusteht.[243] Anders dagegen, wenn der unterhalts-

---

233 BGH NJW 2017, 3786; BGH, NJW 2009, 1816; OLG Frankfurt, FamRB 2019, 342; zur Abgrenzung Bömelburg, FF 2018, 29 ff. Gegen diese Unterscheidung Spangenberg, FamRB 2018, 37 f.
234 BGH, FamRZ 2012, 1040, 1043, Tz. 19.
235 OLG Frankfurt, FamRB 2019, 255 (für nicht miteinander verheiratete Eltern).
236 BGH, FamRZ 2009, 1391.
237 BGH, FamRZ 2012, 1040 f., Tz. 29.
238 BGH, FamRZ 2010, 1880, 1883, Tz. 28; BGH, FamRZ 2011, 1209, 1211, Tz. 24.
239 Viefhues, FamRZ 2011, 1213.
240 OLG Celle, NJW 2008, 3441; OLG Frankfurt, FamRB 2019, 255 für nicht miteinander verheiratete Eltern.
241 OLG Hamm, FamRZ 2009, 1093.
242 KG, FamRZ 2008, 1942.
243 So der Fall von BGH, FamRZ 2011, 1209 ff.; Vorinstanz OLG Saarbrücken, FamRZ 2010, 1251.

pflichtige Elternteil nur zu einer schriftlichen Kommunikation mit dem anderen Elternteil bereit ist.[244]

Wenn daraufhin der Rat erteilt wird, im Hinblick auf die ungeklärte Beweislast im Unterhaltsverfahren ein vorgreifliches Umgangsverfahren anzustrengen,[245] so lässt sich erahnen, wie viel Unbill hier zusätzlich auf die Kinder zukommt. Vielfach wird einem solchen Modell nur bei ausreichend gutem Elternverständnis und Aufenthaltsmöglichkeit des barunterhaltspflichtigen Elternteiles in der Wohnung des anderen eine Chance gegeben. Erzwungene Überbrückungslösungen seien nicht im Interesse der Kinder.[246]

(3) Großeltern

122 Umstritten ist ferner, ob insb. **betagtere Großeltern** als Fremdbetreuungsmöglichkeit zu werten sind, deren Inanspruchnahme dem Unterhaltsberechtigten obliegt.[247] Unabhängig von der Obliegenheit gilt: Wird die Erwerbstätigkeit durch die **Hilfe Dritter** – z.B. von Großeltern – tatsächlich ermöglicht, so ist zu beachten, dass es sich hierbei um eine freiwillige Leistung handelt, die nur dem Unterhaltsberechtigten zugutekommen soll.[248] Aus diesem Grunde kann hierfür nach Einzelfallabwägung ein Abzug vom Einkommen des Berechtigten erfolgen.[249]

123 Insgesamt ist es nicht zumutbar durch eine Hintereinanderreihung zahlreicher privater Betreuungsmöglichkeiten (»Betreuungsshopping«) das Kind mit ständigen Ortswechseln zu belasten.[250]

cc) Keine überzogenen Anforderungen an die Darlegung kindbezogener Gründe

124 Der **Unterhaltsberechtigte** trägt nach der gesetzlichen Konstruktion die **Darlegungs- und Beweislast** für diejenigen Umstände, die eine Verlängerung des Kindesbetreuungsunterhaltes über die Dauer von drei Jahren hinaus rechtfertigen. Er hat demnach darzulegen und zu beweisen, dass keine kindgerechte Einrichtung für die Betreuung des Kindes zur Verfügung steht oder dass aus besonderen Gründen eine persönliche Betreuung erforderlich ist.[251] Im letzteren Fall ist zusätzlich darzulegen und zu beweisen, wie sich etwa eine Krankheit auswirkt und dass die vorhandenen Betreuungseinrichtungen nicht in der Lage sind, mit diesen Auswirkungen umzugehen.[252]

Der BGH betont dazu nun, dass an die Darlegungen insbesondere bei der kindbezogenen **Verlängerung keine überzogenen Anforderungen** gestellt werden dürfen.[253] Dabei will der BGH nunmehr Folgendes beachten:
- besondere Bedürfnisse des Kindes in Bezug auf sportliche, musische oder andere Beschäftigungen,[254]
- schulische Anforderungen an die Mitarbeit der Eltern – etwa bei der Hausaufgabenbetreuung –.

Diese Tätigkeiten dürfen **nicht außer Verhältnis** zu der dadurch gehinderten Erwerbsarbeit stehen. Zur Ermöglichung der Erwerbsarbeit des kindesbetreuenden Elternteils muss das Kind auch eine **abweichende Organisation** der Freizeitaktivitäten in Kauf nehmen.

---

244 OLG Hamm, FPR 2012, 233.
245 So Pauling, FamFR 2011, 337, 339.
246 Heiderhoff, FamRZ 2012, 1604, 1610.
247 Palandt/Brudermüller, § 1570 Rn. 13 für den Fall bestehender Übung oder Planung; generell bejahend Borth, Unterhaltsrecht, Rn. 86, 125.
248 BGH, NJW 2009, 2592 f.: zu den Konsequenzen Wever, FF 2009, 373, 375.
249 BGH, FamRZ 2012, 1040 f., Tz. 22; OLG Hamm, FamRZ 2009, 2093; ebenso Gerhardt, FuR 2010, 61, 62; vgl. hierzu Büttner, FPR 2009, 92, 95.
250 Wendl/Dose/Bömelburg, § 4 Rn. 183.
251 BGH, FamRZ 2012, 1040, 1043, Tz. 20.
252 BGH, FamRZ 2009, 1391; Born, FamFR 2011, 481, 484.
253 BGH, FamRZ 2011, 1375; BGH, FamRZ 2012, 1040.
254 BGH, NJW 2014, 3649 Tz. 20 m. Anm. Born; Palandt/Brudermüller, § 1570 Rn. 14.

Dennoch bleibt für den Unterhaltsberechtigten ein erhöhter Darlegungsaufwand,[255] es muss eine Planung des Alltages mit Arbeits- und Fahrzeiten sowie den Aktivitäten der Kinder vorgetragen werden.[256]

dd) Vereinbarkeit mit konkreter Erwerbstätigkeit

Steht danach der Umfang möglicher Fremdbetreuung fest, so ist als Nächstes zu fragen, wie sich die **konkrete Erwerbstätigkeit** mit den vom betreuenden Elternteil noch zu leistenden Zeiten der Kindesbetreuung – einschließlich der Fahrdienste – vereinbaren lässt und in welchem Umfang in diesem zeitlichen Rahmen eine Erwerbstätigkeit zumutbar ist. Daraus können sich insbesondere bei **mehreren Kinder** Einschränkungen ergeben.[257] Einschränkungen können sich ferner aus der Art der Erwerbstätigkeit ergeben, z.B. bei **Schicht- oder Wochenenddiensten**. 125

ee) Kein abrupter Wechsel zumutbar

Steht danach eine Erwerbsobliegenheit des betreuenden Elternteils fest, so muss der Wechsel dennoch nicht abrupt erfolgen, sondern kann in Stufen durch einen **gleitenden Übergang** bis hin zur vollschichtigen Tätigkeit vorgenommen werden.[258] Allerdings ist auch für diese Frage nach Ansicht des BGH nicht schematisch im Rahmen eines Altersphasenmodells vorzugehen. Dies lässt sich aus dem »solange und soweit« in § 1570 Abs. 1 Satz 2 BGB folgern.[259] Hierbei bleiben Zahl und Alter der Kinder weiterhin die wichtigsten Gesichtspunkte der **Abwägung**. Selbst wenn die Betreuung des Kindes sichergestellt ist, kann der verbleibende Betreuungs- und Erziehungsbedarf des Kindes dazu führen, dass eine Vollzeittätigkeit daneben überobligationsmäßig wäre.[260] Aber auch dies ist in jedem Einzelfall zu prüfen und kann nach Auffassung des BGH nicht pauschal bejaht werden.[261] Daher verbietet sich – so der BGH – auch der pauschale Abzug eines Betreuungsbonus. Vielmehr bestimmt sich die Frage der Berücksichtigung des überobligationsmäßigen Einkommens allein nach § 1577 Abs. 2 BGB.[262] Hier bleibt noch Raum, zur Entwicklung gerechter Grundsätze.[263] 126

Die bei einer **Teilzeittätigkeit** i.R.d. § 1570 BGB bisher getroffene **Zweiteilung** in einen Anspruch bis zur Höhe des Entgelts für Vollzeittätigkeit nach § 1570 BGB und darüber hinaus einen Aufstockungsanspruch aus § 1573 Abs. 2 BGB[264] hat der BGH auch für das neue Unterhaltsrecht bejaht,[265] und zwar vor allem mit Blick darauf, dass der BGH bei der Einstufung eines Unterhaltsanspruchs nach dem Rang des § 1609 BGB danach unterscheidet, ob ein Unterhaltsanspruch **ehebedingte Nachteile ausgleichen muss**. Dies treffe für § 1570 BGB zu, müsse aber **für den Aufstockungsunterhalt positiv festgestellt** werden, da dieser eben nicht nur zum Ausgleich ehebedingter Nachteile geschaffen sei. Auch haben die Billigkeitsabwägungen maßgeblich den Anspruchsgrund zu berücksichtigen.[266] 127

---

255 Vgl. etwa Viefhues, FuR 2011, 654 ff.
256 Borth, FamRZ 2012, 1048.
257 BGH, FamRZ 2012, 1040 f., Tz. 22.
258 BGH, FamRZ 2010, 1880, Tz. 20; BGH, FamRZ 2011, 791 f.; BGH, FamRZ 2012, 1040 f., Tz. 23.
259 Borth, Unterhaltsrecht, Rn. 677 ders. FamRZ 2008, 1 ff.
260 BGH, FamRZ 2009, 770 = NJW 2009, 1876; BGH, NJW 2009, 1956; BGH, NJW 2009, 2592 f.; KG, FamRZ 2008, 1739.
261 BGH, FamRZ 2010, 1050, 1054.
262 BGH, FamRZ 2010, 1050, 1054.
263 Götz, FPR 2011, 149, 153.
264 BGH, FamRZ 1990, 492 ff.
265 BGH, FamRZ 2009, 406; BGH, FamRZ 2010, 869.
266 Borth, Unterhaltsrecht, Rn. 415; Maier, FamRZ 2010, 874; für eine einheitliche Behandlung nach der Person des Unterhaltsberechtigten und gegen die Bildung von Teilansprüchen Menne, FamRB 2008, 110, 118.

> **Hinweis:**
> Bei Kindesbetreuungsunterhalt und Teilzeittätigkeit muss weiterhin eine getrennte Ausweisung der Ansprüche nach § 1570 BGB und § 1573 Abs. 2 BGB erfolgen.

Für die Vertragsgestaltung folgt daraus, dass bei einem Unterhaltsverzicht mit Ausnahme des Kindesbetreuungsunterhalts weiterhin § 1573 Abs. 2 BGB erwähnt sein sollte, wenn auch der Aufstockungsteil vorbehalten bleiben soll.

128 Die **Leitlinien der OLGe** enthalten jeweils geringfügig verschiedene Ansätze unter Punkt 17, die ortsgebunden zu berücksichtigen sind.[267] Aus der Vielzahl von Urteilen zum Beginn und Umfang der Erwerbsobliegenheit der OLG, die insgesamt deutlich moderater entschieden als der BGH,[268] seien die Folgenden zitiert:

- **OLG Brandenburg:** bei Erziehung eines an ADS erkrankten 11-jährigen Kindes nur Halbtagstätigkeit;[269]
- **OLG Brandenburg:** Können Kinder vormittags die Schule und anschließend die Kita besuchen, sodass ein Betreuungsbedarf nur in den Nachmittags- und Abendstunden besteht, so ist eine Erwerbstätigkeit zu 2/3 zumutbar. 100,00 € Betreuungsbonus gelten dann die Doppelbelastung ab.[270]
- **OLG Braunschweig:** Bei Erziehung eines 13 bis 15-jährigen Kindes, das an ADS leidet, ist Halbtagstätigkeit ausreichend;[271]
- **OLG Celle:** Bei 11-jährigem Kind besteht noch erheblicher Betreuungsaufwand, sodass nur Halbtagstätigkeit zumutbar ist.[272]
- **OLG Celle:** Bei zwei Kindern (elf und 15 Jahre) und Lese- und Rechtschreibschwäche sowie »ausgeprägter Spielneigung« des 11-jährigen Kindes besteht noch Anspruch nach § 1570 Abs. 1 Satz 2, 3 BGB.[273]
- **OLG Celle:** bei Betreuung zweier elf und 14 Jahre alter Kinder nur 2/3-Erwerbsobliegenheit, auch wenn die Kinder nach der Schule ganztägig in einer geeigneten Tagespflegestelle betreut werden könnten, bis das jüngste Kind in die siebte Klasse versetzt wurde;[274]
- **OLG Düsseldorf:** keine vollschichtige Erwerbsobliegenheit bei Betreuung von zwei Grundschulkindern, da sie zusätzlich »gerichtsbekannt« auch stets der Förderung und Hilfe bei Hausaufgaben und Freizeitaktivitäten bedürfen.[275]
- **OLG Düsseldorf:** bei Betreuung eines 6-jährigen Kindes jedenfalls Obliegenheit zu halbtägigem Erwerb.[276]
- **OLG Düsseldorf:** Bei Grundschule mit Betreuung von 8 bis 16 Uhr sind die Wegezeiten abzuziehen, sodass eine Arbeitszeit von täglich 6 Stunden möglich ist. Beim Eintritt in die Gesamtschule besteht dann kein Unterhaltsanspruch mehr.[277]
- **OLG Düsseldorf:** Bei Betreuung eines fünfjährigen Kindes ist eine Erwerbstätigkeit von 25 Stunden ausreichend, wenn das Kind zwar täglich bis 17:00 Uhr betreut werden kann, die Rückkehr von einer vollschichtigen Arbeit aber einschließlich Wegezeiten erst um 19:00 Uhr möglich

---

[267] Eine übersichtliche Zusammenstellung findet sich bei Wendl/Dose/Bömelburg, § 4 Rn. 193.
[268] Götz, FPR 2011, 149, 151.
[269] OLG Brandenburg, FamRZ 2008, 1947.
[270] OLG Brandenburg, FamFR 2011, 415.
[271] OLG Braunschweig, FamRZ 2009, 977.
[272] OLG Celle, FF 2009, 81 f.; dieses Festhalten an einem Altersphasenmodell wird vom BGH abgelehnt.
[273] OLG Celle, FamRZ 2010, 300.
[274] OLG Celle, NJW 2010, 79.
[275] OLG Düsseldorf, FamRZ 2008, 1861.
[276] OLG Düsseldorf, FPR 2008, 525.
[277] OLG Düsseldorf, FamFR 2012, 10.

wäre. Generell ist bei der Erwerbsobliegenheit ein Spielraum für Arztbesuche, Behördengänge, Einkauf und Hausarbeit zu belassen.[278]
- OLG Frankfurt am Main: Wenn neben einer Teilzeittätigkeit mehrere Kinder betreut werden und eine ungleiche Lastenverteilung drohe, sei auch nach der restriktiven Rechtsprechung des BGH weiterer Unterhalt nach § 1570 Abs. 1 und 2 BGB gerechtfertigt.[279]
- OLG Hamm: Als kindbezogener Verlängerungsgrund kommt strafrechtliche Auffälligkeit des Kindes und viele Fehlstunden in der Schule in Betracht.[280]
- OLG Hamm: Bei zwei Kindern von 13 und 14 Jahren, davon eines mit gesundheitlichen Beschwerden, erfüllt eine Tätigkeit von 25 Std. die Erwerbsobliegenheit, wenn die Betreuungseinrichtung nachmittags nur »verwahrt«, aber keine qualifizierte Hausaufgabenbetreuung bietet.[281]
- OLG Hamm: Sieht die schulische Nachmittagsbetreuung als wesentlich schlechter an als die häusliche Betreuung durch die Eltern.[282]
- OLG Hamm: Bei Betreuung von zwei Kindern von drei und sechs Jahren besteht eine Erwerbsobliegenheit nur bis zu 30 Wochenstunden, auch wenn eine günstige Fremdbetreuungsmöglichkeit besteht, der Plan der Ehegatten aber gerade keine Doppelverdienerehe vorsah.[283]
- OLG Hamm: Übliche Betreuungsleistungen wie eine wöchentliche Fahrt zum Instrumentalunterricht und eine zum Sport mindern die Erwerbsobliegenheit nicht. Diese üblichen Leistungen stehen dem Barunterhalt gegenüber.[284]
- OLG Jena: Bis zu den ersten beiden Grundschulklassen kann keine Vollbeschäftigung verlangt werden.[285]
- OLG Karlsruhe: Bei Betreuung eines 13-jährigen Kindes besteht eine Obliegenheit zur vollschichtigen Erwerbstätigkeit.[286]
- OLG Karlsruhe: Bei Betreuung zweier Kinder im Alter von 12 und 15 Jahren ist die Erwerbsobliegenheit mit 26 bis 30 Wochenstunden erfüllt, wenn das ältere Kind unter ADS leidet und daher besonders betreuungsbedürftig ist.[287]
- OLG Karlsruhe: Elternbezogene Gründe sprechen für eine Verlängerung des Unterhaltes, wenn die Ehefrau aus dem Ausland stammt, schlecht Deutsch spricht und während der Ehe nicht berufstätig war.[288] Das Gericht sieht erst nach dem Wechsel des Kindes auf eine weiterführende Schule eine Erwerbsobliegenheit von 30 Wochenstunden.
- KG: Noch dem alten Unterhaltsdenken verhaftet zeigt sich das KG mit der Auffassung, die persönliche Betreuung könne weder ein Hort noch eine sonstige Fremdbetreuung ersetzen und selbst die Grundschulen kämen aufgrund ihres Personalmangels jedenfalls in Berlin gerichtsbekannt ihrer Ausbildungspflicht nicht ausreichend nach.[289] Auch wenn diese Argumente inhaltlich richtig sein mögen, der Gesetzgeber hat sich für das Gegenteil entschieden.
- OLG Köln:
Einerseits: Bei Betreuung zweier sieben und zehn Jahre alter Kinder besteht eine vollschichtige Erwerbsobliegenheit.[290]

---

278 OLG Düsseldorf, NZFam 2014, 277.
279 OLG Frankfurt am Main, FamFR 2013, 441.
280 OLG Hamm, FamRZ 2009, 976.
281 OLG Hamm, FamRZ 2009, 2092; hierzu Viefhues, ZFE 2010, 192: Muss nun die Mutter bei jüngeren Kindern mehr arbeiten als bei älteren?
282 OLG Hamm, FamFR 2010, 60: »Nach Schulschluss werden die Kinder in der Schule mangels Hilfestellung bei den Hausaufgaben nur verwahrt, nicht aber betreut und gefördert.«.
283 OLG Hamm, FamRZ 2012, 1571.
284 OLG Hamm, FamRZ 2013, 959 f.
285 OLG Jena, NJW 2008, 3224; das Urteil widerspricht wohl der Ansicht des BGH, der kein modifiziertes Altersphasenmodell zulässt.
286 OLG Karlsruhe, NJW 2008, 3645.
287 OLG Karlsruhe, FPR 2009, 429.
288 OLG Karlsruhe, BeckRS 2009, 12090.
289 KG, FF 2009, 165.
290 OLG Köln, NJW 2008, 2659.

Andererseits: Bei Betreuung zweier neun und elf Jahre alter Kinder besteht keine vollschichtige Erwerbsobliegenheit jedenfalls für eine Mutter, die im Schichtdienst arbeitet.[291]
Ferner: Bei Betreuung eines 8-jährigen Kindes und beruflicher Neuorientierung ist eine Arbeitszeit von 4,2 Std. täglich ausreichend.[292]
Und: Bei Betreuung zweier 12 und 15 Jahre alter Kinder ist eine Vollzeittätigkeit zu suchen.[293]

- OLG Köln: Möglicherweise verstößt der Vorrang der kindgerechten anderen Betreuungsmöglichkeit vor der persönlichen Betreuung durch die Eltern oder einen Elternteil gegen Art. 6 Abs. 2 GG.[294]
- OLG Nürnberg: Einer Studentin, die ihr Studium fortsetzt, steht auch über das dritte Lebensjahr des betreuten Kindes hinaus ein Unterhaltsanspruch zu.[295]
- OLG Oldenburg: Um die Betreuung eines Kindes, das älter als drei Jahre ist, sicherzustellen, ist es notfalls erforderlich, eine Betreuungsperson einzustellen und zu bezahlen.[296]
- OLG Saarbrücken: Der Aufwand für hauswirtschaftliche Aufgaben ist bei der Frage nach elternbezogenen Gründen i.S.d. § 1570 Abs. 2 BGB außer Betracht zu lassen, denn diese Tätigkeit ist i.R.d. Unterhalts des betreuenden Elternteils dem Kinde geschuldet.[297]
- OLG Schleswig: Eine Grundschullehrerin, die in Teilzeit eine gesicherte Position erreicht hat, verstößt nicht gegen eine Erwerbsobliegenheit, wenn sie sich für eine Vollzeittätigkeit räumlich nur eingeschränkt bewirbt.[298]
- OLG Zweibrücken: Eine vollzeitige Fremdbetreuung widerspricht dem Wohl eines drei Jahre alten Kindes.[299]
- OLG Zweibrücken: Bei einem 8-jährigen Kind, das von 8:00 bis 16:00 Uhr fremd betreut werden könnte, greift noch keine vollschichtige Erwerbsobliegenheit.[300]
- OLG Zweibrücken: Bei einem fünfjährigen Kind ergibt sich auch bei einer möglichen ganztägigen Fremdbetreuung weiterer häuslicher Betreuungsbedarf, sodass die Erwerbsobliegenheit nur für 30 Wochenstunden besteht.[301]
- OLG Hamm: Auch bei fortgeschrittenem Alter eines autistischen Kindes (hier: 14 Jahre) besteht keine Verpflichtung der Kindsmutter zur Vollzeittätigkeit (die Mutter war 2/3 erwerbstätig), wenn ein deutlich erhöhter Förderungsbedarf des Kindes besteht.[302]
- OLG Hamm: Häufige Arztbesuche und besondere Ernährungsanforderungen führen zu einer besonderen Belastung der Kindesmutter, sodass die Erwerbsobliegenheit mit 30 Stunden erfüllt ist.[303]

ff) Reduzierung der Erwerbsobliegenheit bei überobligationsmäßiger Belastung des kindesbetreuenden Elternteils

129 Ein letzter Blick gilt nun noch der **zusätzlich neben der Erwerbsarbeit zu leistenden Kinderbetreuung**, die am Morgen, am späten Nachmittag und am Abend regelmäßig einen **weiteren Einsatz** erfordert. Wird diese Belastung **überobligatorisch**, so kann dies zu einer (teilweisen) Einschränkung

---

291 OLG Köln, FamRZ 2009, 518.
292 OLG Köln, NJW-RR 2009, 370.
293 OLG Köln, FF 2009, 80.
294 OLG Köln, FamRZ 2009, 2011.
295 OLG Nürnberg, NJW 2010, 1084 zu § 1615l BGB.
296 OLG Oldenburg, FuR 2009, 594.
297 OLG Saarbrücken, FamFR 2010, 322.
298 OLG Schleswig, NJW 2009, 3732.
299 OLG Zweibrücken, BeckRS 2009, 87890.
300 OLG Zweibrücken, FuR 2009, 298.
301 OLG Zweibrücken, FamFR 2011, 81 = FamRZ 2011, 982 (LS).
302 OLG Hamm, NZFam 2016, 993.
303 OLG Hamm, NZFam 2016, 894.

der Erwerbsobliegenheit führen.³⁰⁴ Jedenfalls lässt eine solche Situation keinen abrupten Übergang in eine Vollerwerbsobliegenheit zu.³⁰⁵

So spricht der BGH aus, es sei kein Erfahrungssatz, dass ein zwölfjähriger Junge in den Nachmittagsstunden nach der Schule selbsttätig seine Hausaufgaben erledigen oder dafür auf die Hilfe von älteren Geschwistern zurückgreifen könne. Der BGH stellt ferner fest, von den Kindern könne nicht verlangt werden, dass sie ihre sportlichen Aktivitäten an einen mit öffentlichen Verkehrsmitteln erreichbaren Platz verlegen. Bei drei Kindern im Alter zwischen 12 und 17 Jahren waren dem BGH die vom Berufungsgericht angenommenen 30 Stunden Erwerbsobliegenheit jedenfalls nicht zu gering. 130

Damit ordnet der BGH diesen Betreuungsaufwand nicht mehr den elternbezogenen Gründen zu, sondern den stärker zu gewichtenden kindbezogenen Gründen.³⁰⁶

Stets muss aber die Kindesbetreuung ursächlich sein (»wegen«). Eine Fortsetzung von Ausbildung oder Studium des kindesbetreuenden Elternteils genügt daher nicht für den Tatbestand des § 1570 Abs. 1 Satz 2 BGB.³⁰⁷ 131

d) Elternbezogene Verlängerung

Wenn kindbezogene Gründe der Aufnahme einer Erwerbstätigkeit nicht mehr entgegenstehen, so ist zu prüfen, ob **elternbezogene Gründe i.S.d. § 1570 Abs. 2 BGB** für die Verlängerung des Kindesbetreuungsunterhaltes bestehen. Diese Verlängerung der Unterhaltszeit ist Ausdruck der **nachehelichen Solidarität**. Maßgeblich ist dabei das in der Ehe gewachsene Vertrauen in die **vereinbarte oder praktizierte Rollenverteilung** und die gemeinsame Ausgestaltung der Betreuung.³⁰⁸ Dieses **Vertrauen** des Unterhaltsberechtigten gewinnt bei längerer Ehedauer oder bei Aufgabe der Erwerbsfähigkeit zur Erziehung gemeinsamer Kinder weiter an Bedeutung.³⁰⁹ 132

Die Gesetzesbegründung führt weiter aus, der Anspruch komme vor allem dann in Betracht, wenn das Kind zwar aus kindbezogenen Gründen einer persönlichen Betreuung nicht mehr bedarf, sich der betreuende Elternteil aber nach **vereinbarter und praktizierter Rollenverteilung** auf eine weitere persönliche Betreuung **eingerichtet** hat, etwa durch Aufgabe oder Zurückstellung seiner Erwerbstätigkeit. 133

Betreuungsunterhalt nach § 1570 Abs. 2 BGB besteht aber nur, solange der Unterhaltsberechtigte die gemeinsamen Kinder auch **tatsächlich betreut**. Ansonsten ergibt sich der Unterhaltsanspruch bei einem nicht mehr möglichen Wiedereinstieg in den Beruf aus § 1573 Abs. 1 BGB.³¹⁰

Kein elternbezogener Grund liegt daher vor, wenn ein Elternteil an einer Habilitationsschrift arbeitet und deshalb beruflich zurücksteckt. Zumindest ist die Minderung der beruflichen Tätigkeit nicht ausschließlich auf die Kindesbetreuung zurückzuführen. Die »Auszeit« dient dem eigenen beruflichen Interesse, nicht dem Kindesinteresse.³¹¹ 134

---

304 BGH, NJW 2010, 2277; BGH, FamRZ 2012, 1040, Tz. 24; kritisch hierzu Borth, FamRZ 2009, 959, 961: konstruktiv wenig überzeugend, erst nach Billigkeit eine Erwerbsobliegenheit anzunehmen und dann den Erwerb für überobligatorisch zu halten.
305 Hierzu Rdn. 126.
306 Hierauf weist Borth, FamRZ 2012, 1047 hin.
307 BGH, DNotZ 2016, 123, Tz. 27: nicht einmal für § 1570 Abs. 2 BGB; Wendl/Dose/Bömelburg, § 4 Rn. 170.
308 BT-Drucks. 16/6980, S. 9.
309 BGH, FamRZ 2011, 791, 793, Tz. 25; BGH, NJW 2010, 2277, Tz. 31; BGH, FamRZ 2009, 1931, Tz. 31 ff.
310 BGH, NJW 2010, 2277, 2279, Tz. 31 f.; BGH, FamRZ 2011, 791, 793, Tz. 25; Schilling, FPR 2011, 145, 147.
311 BGH, FamRZ 2012, 1624 f; BGH, DNotZ 2016, 123, Tz. 27 (für § 1615l BGB).

135 Zusammenfassend wird man sagen können: Wenn **einvernehmlich** eine **Eigenbetreuung** für längere Zeit beschlossen und jedenfalls die Anfänge umgesetzt wurden, so wird dies i.R.d. **Billigkeit** dafür sprechen, dass eine **Fremdbetreuung insoweit nicht verlangt werden kann** und das Vertrauen in diese eheliche Rollenverteilung geschützt ist.[312] Allerdings ist nicht ausgeschlossen, dass die Scheidungssituation mit weniger Gesamteinkommen zu einer Änderung dieser Pläne ggf. mit Übergangsphase zwingt, auf die sich der andere Ehepartner einlassen muss.[313]

136 Somit ist ein von den Ehegatten vor der Scheidung **gemeinsam vereinbartes Betreuungskonzept** auch i.R.d. Billigkeitsabwägung **zu berücksichtigen**.[314] Hier besteht ein **erhebliches Potenzial ehevertraglicher Regelungen** über die Rollenverteilung, die eine Renaissance erleben. Das neue individualisierte Unterhaltsrecht unterstützt individuelle Regelungen der jeweiligen Ehepartner.[315] Es ist geradezu darauf angelegt, dass die Ehegatten ihre »konkrete Billigkeit« selbst festlegen, bevor die gesetzliche Billigkeitsabwägung greift. Dabei sollten die Ehegatten sich nicht auf die Regelung der Rollenverteilung in der Ehe beschränken, sondern auch eine Aussage darüber machen, wie sie sich im Scheidungsfalle die Aufteilung der Kindesbetreuung vorstellen.

▶ Hinweis:

137 Bei einer solchen Regelung sollte klargestellt werden, ob sie auch und gerade im Scheidungsfall Bestand haben soll, dann erübrigen sich Gedanken, ob die Scheidung zu einem Wegfall der Geschäftsgrundlage für solche Rollenverteilung führt.

138 So ist es insb. auch vorstellbar, dass Ehegatten vereinbaren, dass der kindesbetreuende Elternteil einem vollzeitigen Erwerb nachgeht und der andere Ehegatte die Finanzierung der Fremdbetreuung übernimmt. Eine solche Regelung ist in Unternehmerkreisen durchaus oft zu finden.

139 Auch im Rahmen des § 1570 Abs. 2 BGB bleibt der Unterhaltsberechtigte darlegungs- und beweispflichtig, da die Regelung als Ausnahme gestaltet ist.[316]

e) Unterhaltstitel und Befristung

140 Die Gesetzesmaterialien lassen nicht erkennen, ob der Unterhaltstitel für den Betreuungsunterhalt wegen der starren Grenze des § 1570 Abs. 1 Satz 1 BGB nur befristet zu erteilen ist oder ob Betreuungsunterhalt unbefristet zuzusprechen ist.

141 Überwiegend wird nunmehr angenommen, dass eine **Befristung nur** auszusprechen ist, **wenn** bereits bei Urteilserlass hinreichend sicher **absehbar** ist, dass eine Verlängerung nach Billigkeit ausscheidet bzw. bei Unterhalt nach § 1570 Abs. 1 Satz 2 oder Abs. 2 BGB sicher absehbar ist, wann die Verlängerung endet. Dies wird **eher selten** der Fall sein.[317] Nach a.A. ist umgekehrt eine Befristung vorzunehmen, wenn nicht schon bei Erstentscheidung eine Verlängerungsprognose getroffen werden kann.[318]

---

312 BT-Drucks. 16/6980, S. 19; Kemper, FuR 2008, 169, 175; Wellenhofer, FamRZ 2007, 1282, 1283; Schumann, FF 2007, 227, 229; offengelassen OLG Saarbrücken, ZFE 2010, 113.
313 Zu weitgehend Viefhues/Mleczko, Rn. 191, der die Scheidung generell als Wegfall der Geschäftsgrundlage für ein praktiziertes Modell sieht; für eine begrenzte Anpassungspflicht Bosch, FF 2007, 293, 296.
314 Bosch, FF 2007, 295 f.
315 Schwab, in Limmer, Scheidung, Trennung, 94.
316 BGH, NJW 2016, 1511 Tz. 26 (für § 1615l BGB).
317 Menne/Grundmann, S. 123; Menne, FamRB 2008, 110, 117; Palandt/Brudermüller, BGB, § 1570 Rn. 24; Borth, Unterhaltsrecht, Rn. 132; OLG Karlsruhe, NJW 2008, 3645; OLG Koblenz, FamRB 2008, 329; OLG Koblenz, NJW 2009, 1974 für § 1615l BGB; OLG Zweibrücken, BeckRS 2009, 87890; viele Leitlinien der OLGe sehen in 17.1. einen unbefristeten Ausspruch vor.
318 Peschel-Gutzeit, FPR 2008, 24, 27; für eine generelle Befristung Hauß, FamRB 2007, 367, 370; Weil, FamRB 2009, 51; Empfehlung zu umfassendem Vortrag bei Ehinger/Griesche/Rasch, Rn. 442, da Befristung der Titel noch ungewiss.

C. Nachehelicher Unterhalt   Kapitel 6

Jedenfalls scheidet i.R.d. § 1570 BGB eine zusätzliche zeitliche Begrenzung nach § 1578b BGB aus, 142
weil der BGH der Auffassung ist, dass diese Bestimmung eine immanente Befristung in sich trägt.
Möglich bleibt eine Höhenbegrenzung.[319]

Bei noch laufender Zugewinnauseinandersetzung will das OLG Brandenburg eine Befristung oder 143
Begrenzung einem späteren Abänderungsverfahren unterstellen, weil die wirtschaftlichen Verhältnisse der Ehegatten noch nicht entflochten sind.[320] Hiernach ergeht der taktische Ratschlag, mit einem
streitigen Zugewinnverfahren eine aktuelle Befristung zunächst zu verhindern.[321]

Soweit § 1615l BGB gelegentlich als Untergrenze auch für Verzichte nach § 1570 BGB genannt 144
wird, sei darauf verwiesen, dass sich der Konflikt zwischen dem unabdingbaren § 1615l BGB und
dem im Grundsatz der Regelung des § 1585c BGB – allerdings i.R.d. Inhaltskontrolle – unterliegenden § 1570 BGB über die unterschiedliche Bedarfsberechnung lösen lässt. Dies wurde unter
Einbeziehung der jüngsten Rechtsprechung des BGH[322] bereits dargestellt.[323] Z.T. wird vertreten, die
Unverzichtbarkeit des Anspruchs nach § 1615l BGB lasse auch den Kern des § 1570 BGB nicht
mehr verzichtbar sein.[324] Umgekehrt hat die Rechtsprechung betont, der Anspruch nach § 1615l BGB
könne aufgrund der unterschiedlichen Bedarfsberechnung auch den Anspruch der verheirateten
Mutter auf Betreuungsunterhalt übersteigen.[325]

f) Bewertung der Rechtsprechung

Mit der stärkeren Berücksichtigung der **Ehedauer** durch den BGH und der Betonung dieses Kriteriums durch die Änderung des § 1578b BGB ist für einen Problempunkt der Neuregelung, die Vernachlässigung der lange dauernden Altehen, wohl nunmehr Abhilfe geschaffen. 145

Angesichts der kürzeren Fristen des Kindesbetreuungsunterhalts wird zu Recht kritisiert, dass mit 146
dem Steigern der rechtlichen Anforderungen die Notwendigkeit aktiver Teilnahme von Müttern am
Erwerbleben zwar immer dringlicher wird, die Versorgung mit Kindesbetreuungseinrichtungen
damit jedoch noch immer nicht Schritt hält.[326] »Mit der Schule fangen die Probleme erst an« – dieses
Resümee einer Studie über die Kinderbetreuungseinrichtungen in Deutschland[327] muss durchaus zu
denken geben. So ist die Betreuung während des Kindergartenalters noch gut zu organisieren, die
Grundschule mit frühem Schulschluss und langen Ferienzeiten hingegen ist weit schwerer aufzufangen.

Neuere Urteile des BGH, insbesondere die Entscheidung vom 18.04.2012,[328] zeigen sich aber durchaus als Schritt auf dem richtigen Weg. **Besondere kindliche Begabungen und Bedürfnisse** werden 147
nun ebenso berücksichtigt wie **schulische Anforderungen an die Mitarbeit der Eltern**. Ferner wird
im Rahmen der kindbezogenen Gründe die Gleichheit der Belastung angesichts zusätzlichen Betreuungsbedarfs geprüft. Die besseren Gründe sprechen dafür, diese **Belange** gerade bei mehreren Kindern **zu den kindbezogenen** zu zählen als sie – wie der BGH – den elternbezogenen Belangen zuzuordnen.[329]

---

319 BGH, FamRZ 2009, 770; BGH, FamRZ 2009, 981; Borth, Unterhaltsrecht, Rn. 136; ders.,
    FamRZ 2008, 2, 8; Menne, FamRB 2008, 110, 117.
320 OLG Brandenburg, FamRB 2008, 296.
321 Viefhues, ZFE 2009, 34.
322 BGH, FamRZ 2008, 1739 m. Anm. Maurer, FamRZ 2008, 1830; hierzu Viefhues, FF 2008, 367 f.
323 Kap. 2 Rdn. 383 ff., 393.
324 Maier, FamRZ 2007, 1076, 1077.
325 OLG Koblenz, NJW 2009, 1974.
326 Krone/Stöbe-Blossey, FPR 2010, 137 ff.
327 Sell, FPR 2009, 101, 104; vgl. auch Viefhues/Mleczko, Rn. 138.
328 BGH, FamRZ 2012, 1040 f.
329 So ausdrücklich Wendl/Dose/Bömelburg, § 4 Rn. 191.

148 Aber **fraglich** bleibt, **ob diese Rechtsprechung mit ihrer Individualisierung so in der Unterhaltsreform angelegt** war.[330] Sie erweist sich als in einem **Massenverfahren schwierig umsetzbar**. Die Aussage, dass die Unterhaltsreform nicht in jedem Unterhaltsprozess zu Beweiserhebungen führt,[331] war zwar der Wunsch des Gesetzgebers. Dieser hat sich aber nicht erfüllt. Zudem muss man berücksichtigen, dass die endgültige Gesetzesfassung die strenge Ansicht, dass immer bei Vorliegen einer Fremdbetreuungsmöglichkeit diese auch in Anspruch zu nehmen sei, nicht so zum Ausdruck bringt. Vielmehr ist die **Fremdbetreuung nur »zu berücksichtigen«**,[332] ist also nur ein Faktor unter mehreren.[333] Außerdem ist in § 1570 Abs. 1 Satz 3 BGB nunmehr ausdrücklich festgehalten, dass dabei die **Belange des Kindes** besonders zu beachten sind. Grundlegender wird sogar infrage gestellt, ob die persönliche Zuwendung durch einen Elternteil qualitativ überhaupt ersetzt werden könne,[334] bzw. dass die Fremdbetreuung allenfalls einen ergänzenden aber keinen ersetzenden Charakter haben könne.[335]

149 Trotz der Wiederholungen des BGH in jedem Grundlagenurteil, dass ein Altersphasenmodell und auch ein modifiziertes Modell der neuen Gesetzeslage widersprechen, wird dies nicht überzeugender. **Ein Verbot einer Gewinnung alterstypischer Erfahrungssätze lässt sich dem neuen Unterhaltsrecht nicht entnehmen**,[336] auch nicht aus der Formulierung »soweit und solange« in § 1570 Abs. 1 Satz 2 BGB. Daher ist durchaus ein gesetzeskonformes **modifiziertes Altersphasenmodell denkbar**, das den eher gestiegenen Anforderungen an die elterliche Schulmitbegleitung Rechnung trägt[337] und nur an das Alter anknüpft, um dann zusätzlich vorgetragene individuelle Kriterien zu berücksichtigen.[338] Da die **Anzahl der Kinder** ebenso eine Rolle spielt[339] wie das ländliche oder städtische Umfeld, lässt sich ggf. in einer matrixähnlichen Gestalt ein Grundschema entwickeln, das dann zu individualisieren wäre. Ein solches Verfahren wäre dringend notwendig, um **Unterhaltsentscheidungen wieder vorhersehbarer** zu machen. Derzeit kann man im Rahmen vorsorgender Eheverträge gar nicht und selbst bei Scheidungsvereinbarungen nur mühsam vorhersagen, wie lange Unterhalt zu zahlen sein wird; ein Umstand, der beim **rechtsuchenden Publikum** auf **Unverständnis** stößt.

150 Es ist daher kein Wunder, dass der **Ruf nach dem Gesetzgeber** laut wird,[340] damit dieser notfalls im Rahmen des § 1570 BGB die Zulässigkeit allgemeiner Kriterien auch bei Abschaffung des Vorranges der Eigenbetreuung feststellt. Auch im politischen Raum stellte man fest, dass z.B. das Urteil des BGH vom 15.06.2011, aus dem interpretiert wurde, es sei ab dem 3. Lebensjahr des Kindes einer Vollzeittätigkeit nachzugehen,[341] die Belange der Kinder als entscheidenden Maßstab aus dem Auge verliere und daher gesetzliche Nachbesserungen erforderlich seien.[342] Die Entscheidungen werden so eingeschätzt, dass sie verbreitet nicht dem Gerechtigkeitsempfinden entsprechen.[343] Man wird

---

330 Skeptisch Kerscher, NJW 2012, 1910; vgl. auch Born, FamFR 2011, 481, 483.
331 Menne, FamRB 2008, 110, 114.
332 Zu den sich daraus ergebenden Zweifeln Viefhues/Mleczko, Rn. 116 ff.
333 Kemper, FuR 2008, 169, 172.
334 Born, FamFR 2011, 481, 484.
335 Vgl. Götz, FPR 2011, 149, 150 m.w.N.
336 Vgl. Norpoth, FamRZ 2011, 873, 874; Born, FamFR 2011, 481, 483: Dann hätte es der Aufnahme des Begriffes »Einzelfall« in das Gesetz bedurft.
337 Die Versprechen auf Ganztagsbetreuung sind großflächig noch nicht eingelöst. Faktisch besteht die Hausaufgabenbetreuung nach vielfacher Ansicht in erster Linie in dem Überwachen, dass das Kind etwas tut, weniger in der konkreten fachlichen Mithilfe, vgl. Norpoth, FamRZ 2011, 873, 874.
338 Vgl. etwa Hütter, FamRZ 2011, 1772.
339 BGH, FamRZ 2009, 1391 (dort als elternbezogener Grund); Dose, FPR 2012, 129, 131.
340 Z.B. Schwamb, FamRB 2011, 167.
341 Löhnig/Preisner, FamRZ 2011, 1537, sehen in dieser Entscheidung eine Abschaffung der kindbezogenen Verlängerungsgründe; a.A. Pauling, FamFR 2011, 385: Die Entscheidung lehne nur jedweden Verlängerungsautomatismus ab.
342 Bay. Justizministerin Merk in der Welt vom 08.08.2011.
343 Hütter, FPR 2012, 134, 135.

abzuwarten haben, inwieweit der BGH den Weg, den das Urteil vom 18.04.2012 begonnen hat, weiter beschreitet.³⁴⁴

2. Altersunterhalt, § 1571 BGB

Ein Anspruch auf Altersunterhalt setzt voraus, dass
- der Berechtigte die individuell zu bestimmende Altersgrenze erreicht hat,
- von ihm deswegen keine angemessene Erwerbstätigkeit mehr zu erwarten ist und
- dies zu einem der Einsatzzeitpunkte vorliegt.

151

Regelmäßig kann eine Erwerbstätigkeit altersbedingt nicht mehr erwartet werden, wenn die Regelaltersgrenze überschritten ist.³⁴⁵ Diese **Regelaltersgrenze** wird seit 2007 beständig angehoben. Das Gesetz enthält hierfür in §§ 35 Satz 1 Nr. 1, 235, 237a SGB VI einen Plan, wonach die gesetzliche Altersgrenze schrittweise auf 67 Jahre und für Frauen vor den Geburtsjahrgängen 1952 auf 65 Jahre **angehoben** wird. Die Anhebung erfolgt für alle Jahrgänge ab 1947 und ist bis zum Jahr 2030 (für die Jahrgänge vor 1963) abgeschlossen. Dass eine Berufstätigkeit jenseits der Regelaltersgrenze nicht mehr erwartet werden kann, gilt auch bei Ausübung einer selbstständigen Tätigkeit, bei der es üblich ist, darüber hinaus noch zu arbeiten.³⁴⁶

Unterhalb dieser Grenze ist es eine Frage des Einzelfalles unter Berücksichtigung der in § 1574 Abs. 2 BGB genannten Kriterien, ob eine Erwerbstätigkeit erwartet werden kann.³⁴⁷ Das OLG Zweibrücken³⁴⁸ sieht auch bei einer Frau, die nach dem Trennungsjahr das **60. Lebensjahr erreicht** hat und seit Geburt des ersten Kindes nicht mehr gearbeitet hatte, eine Erwerbsobliegenheit und verlangt für einen Unterhaltsanspruch wegen Alters vor Erreichen der Regelaltersgrenze Darlegung und Nachweis, dass trotz ernstlicher und nachhaltiger Erwerbsbemühungen keine angemessene Erwerbstätigkeit mehr gefunden werden konnte. Eine Entscheidung, die sich durch Realitätsferne auszeichnet. Nach langer Berufspause wird man mit 60 Jahren nicht mehr zur Aufnahme einer Erwerbstätigkeit verpflichtet sein.³⁴⁹

▶ Hinweis:
Unterhaltsgläubiger jeden Alters im Vorfeld der Regelaltersgrenze müssen sich darauf einrichten, Erwerbsbemühungen nachweislich darlegen zu müssen, bevor Ihnen Unterhalt wegen Alters zugesprochen wird.

152

Einsatzzeitpunkte sind die Scheidung, das Ende des Kindesbetreuungsunterhalts oder das Ende des Unterhalts wegen Krankheit oder Erwerbslosigkeit. Dieser Anspruch gehört auch zum Kernbereich der Scheidungsfolgen mit erhöhter Dispositionsschranke.³⁵⁰ Das OLG Karlsruhe lehnt bei nur geringfügiger Einkommensdifferenz einen Anspruch nach § 1571 BGB ab.³⁵¹

Der BGH hat klargestellt, dass sich im Rentenalter der Unterhaltsanspruch des Unterhaltsberechtigten auf den durch Rente nicht gedeckten Bedarf allein nach § 1571 BGB richtet.³⁵² Das OLG Koblenz hält den Unterhalt nach § 1571 BGB auch in der sog. Altersehe nach § 1578b BGB für herab-

153

---

344 Skeptisch insoweit Heiderhoff, FamRZ 2012, 1604, 1605, die das Urteil eng liest, da es ganz auf eine vollkommen fehlende Nachmittagsbetreuung zugeschnitten sei.
345 BGH, FamRZ 1999, 708, 709 = NJW 1999, 1547 ff. Danach lässt der frühere Bezug von vorgezogenem Altersruhegeld die Erwerbsobliegenheit noch nicht entfallen.
346 OLG Hamm, NZFam 2014, 30.
347 MüHdbFamR/Kath-Zurhorst, § 9 Rn. 54; MünchKomm-BGB/Maurer, § 1571 Rn. 22.
348 OLG Zweibrücken, FamFR 2011, 563 = FamRZ 2012, 643.
349 So zu Recht MünchKomm-BGB/Maurer, § 1571 Rn. 22.
350 BGH, NJW 2004, 930 ff.
351 OLG Karlsruhe, FamRZ 2008, 2120.
352 BGH, FamRB 2012, 206.

setzbar.[353] In der Revision gegen dieses Urteil hatte der BGH erstmals Gelegenheit zum Altersunterhalt nach neuem Recht zu entscheiden.[354] Er stimmte der Möglichkeit einer Herabsetzung des Unterhalts nach § 1571 BGB grundsätzlich zu. Der Maßstab des angemessenen Lebensbedarfs, der die Grenze für die Herabsetzung bildet, bestimmt sich nach dem Einkommen, das der berechtigte Ehegatte ohne Ehe und ohne Kindererziehung zur Verfügung hätte. Jedenfalls das Existenzminimum muss nach BGH erreicht werden. Im Zusammenhang mit der Frage eines ehebedingten Nachteils i.S.d. § 1571 BGB wies der BGH darauf hin, dass Versorgungslücken im Alter grundsätzlich durch den Versorgungsausgleich ausgeglichen werden. Für einen Altersunterhalt sei dann nur noch Platz, wenn dieser Ausgleich nicht gelinge. Das war der Fall, weil der Unterhaltsverpflichtete über lange Jahre bereits Rentner gewesen war.

3. Unterhalt wegen Krankheit, § 1572 BGB

154 Unterhalt kann nach § 1572 BGB verlangt werden, wenn eine Krankheit **kausal** dazu führt, dass eine angemessene Erwerbstätigkeit ganz oder teilweise[355] nicht mehr erwartet werden kann. Die Tatbestandsvoraussetzungen müssen zu einem der folgenden **Einsatzzeitpunkte** gegeben sein:[356] bei Scheidung, zum Ende der Kindererziehung, bei Beendigung von Ausbildung, Fortbildung oder Umschulung oder bei Wegfall der Voraussetzungen des § 1573 BGB. Zu letzterem Zeitpunkt kann der Unterhalt wegen Krankheit auch geltend gemacht werden, wenn zwar ein Aufstockungsunterhalt bestand, dieser aber nicht geltend gemacht wurde, jedoch der Höhe nach beschränkt auf den weggefallenen Aufstockungsanspruch (Teilanschlussunterhalt).[357]

155 Nach der Rechtsprechung der OLG kann eine **Billigkeitskorrektur** trotz der grds. Einstandspflicht aufgrund nachehelicher Solidarität[358] erforderlich sein, wenn die **Krankheit bereits bei Eheschließung** vorhanden war und der Berechtigte durch Heirat und Ehe weder gesundheitliche noch versorgungsrechtliche Nachteile erlitten hat.[359] Die Erwerbsunfähigkeit muss aber nicht durch die Ehe bedingt sein.[360]

Tritt die **Krankheit erst nach der Ehescheidung** bzw. einem der anderen Einsatzzeitpunkte auf, so ist der Einsatzzeitpunkt nur gewahrt, wenn die Krankheit entweder schon latent vorhanden war, eine Verschlimmerung eintritt oder ein enger zeitlicher oder sachlicher Zusammenhang mit der Scheidung besteht.[361] War die Krankheit latent vorhanden, bricht sie aber erst 21 Monate nach Rechtskraft der Scheidung aus, fehlt es nach der Rechtsprechung des BGH[362] am erforderlichen nahen zeitlichen Zusammenhang zur Ehe. Bei krankheitsbedingter Erwerbsunfähigkeit besteht eine Obliegenheit des Unterhaltsgläubigers, sich Behandlungen zu unterziehen, die seine Arbeitskraft wiederherstellen.[363] Sonst kann ihm ein fiktives Einkommen zugerechnet werden. Dies gilt allerdings dann nicht, wenn seine Krankheit dazu führt, dass ihm die Krankheitseinsicht fehlt.[364]

---

353 OLG Koblenz, FamRZ 2009, 1750.
354 BGH, NJW 2010, 3097 = FamRZ 2010, 1633 m. Anm. Borth.
355 Bei teilweiser Erwerbstätigkeit soll nach OLG Koblenz, FamRB 2007, 132 Unterhalt nach § 1572 BGB nur bis zur Höhe des Vollerwerbseinkommens gewährt werden. Der restliche Unterhalt ist dann Aufstockungsunterhalt nach § 1573 Abs. 2 BGB.
356 BGH, NJW 2018, 468 Tz. 12.
357 OLG Koblenz, NJW-RR 2006, 151 f.
358 Vgl. die bei BGH, NJW 1994, 1286 zitierte Vorentscheidung.
359 OLG Karlsruhe, FamRZ 1998, 751.
360 BGH, FamRZ 2004, 1272.
361 MüHdbFamR/Kath-Zurhorst, § 9 Rn. 72; BGH, FamRZ 2001, 1291; OLG Hamm, FamRZ 2002, 1564.
362 BGH, FamRZ 2001, 1291.
363 BGH, FamRZ 1982, 1042; BGH, FamRZ 1984, 660.
364 BGH, FuR 2005, 516.

Der **BGH** zählt in seinem Grundsatzurteil zur Ehevertragsfreiheit auch den **Krankheitsunterhalt noch zum Kernbereich**, sodass er nur **eingeschränkt disponibel** ist.[365] 156

Der BGH hat zum neuen Unterhaltsrecht inzwischen entschieden, dass auch der allein auf der nachehelichen Solidarität beruhende und nur selten ehebedingte Krankheitsunterhalt nach § 1578b BGB befristet werden kann.[366] Nach den gleichen Kriterien muss dann aber auch eine vertragliche Unterhaltsbegrenzung zulässig sein. 157

In weiteren Entscheidungen hat der BGH zum Krankheitsunterhalt aufgeführt, dass zwar bei der Frage der Herabsetzung nach § 1578b Abs. 1 BGB und der Befristung nach § 1578b Abs. 2 BGB in erster Linie zu fragen ist, inwieweit **ehebedingte Nachteile** vorliegen, dass sich aber § 1578b BGB hierin nicht erschöpft, sondern auch eine **darüber hinausgehende eheliche Solidarität** berücksichtigt.[367] 158

Gerade bei § 1572 BGB ist die Krankheit **i.d.R. nicht ehebedingt**. Ein ehebedingter Nachteil soll sich **allenfalls** daraus ergeben können, dass aufgrund der Rollenverteilung in der Ehe **nicht ausreichend für den Fall krankheitsbedingter Erwerbsunfähigkeit vorgesorgt wurde und entsprechende Renten geringer** ausfallen oder dass die Voraussetzungen für eine Rente wegen voller Erwerbsminderung – Zahlung von drei Jahren Pflichtbeiträgen in den letzten fünf Jahren vor Eintritt der Erwerbsminderung, § 43 Abs. 2 Nr. 2 SGB VI – ehebedingt versäumt werden.[368] Ein solcher Nachteil kann dann mit Erreichen der regulären Altersgrenze wieder wegfallen.[369] Für einen ungekürzten Krankheitsunterhalt muss die Kausalität der Ehe für die Krankheit erwiesen sein.[370] Der Gesetzgeber hat aber auch ohne solche ehebedingten Nachteile in § 1572 BGB ein besonderes Maß an **nachehelicher Solidarität** ggü. der schicksalhaften Entwicklung einer Krankheit festgeschrieben.[371] Das Maß der geschuldeten Solidarität will der BGH i.R.d. Abwägung nach § 1578b BGB bestimmen und dabei insb. Ehezeit und Eheleistung berücksichtigen. 159

Zwar sieht die Literatur die Rechtslage so, dass der BGH beim Krankheitsunterhalt in erster Linie eine Herabsetzung nach Ablauf einer Übergangszeit und weniger eine Befristung zu erwägen scheint.[372] Bei der Herabsetzung prüft der BGH, wie viel der kranke Berechtigte (!) ohne Ehe und Kindererziehung hätte verdienen können. Im genannten Urteil legt der BGH zugleich einen Mindestbedarf i.H.v. 770,00 € fest. Darauf werden eigene Einkünfte voll angerechnet. Übersteigen diese den Betrag von 770,00 €, besteht kein Unterhaltsanspruch mehr.[373] Der Betrag dürfte jetzt dem aktuellen Selbstbehalt entsprechen. Der BGH hat sich allerdings auch deutlich für eine Befristungsmöglichkeit nach Abwägung aller Gesichtspunkte ausgesprochen.[374] 160

4. Unterhalt bis zur Erlangung angemessener Erwerbstätigkeit, § 1573 Abs. 1 und 3 bis 5 BGB

Unterhalt wird nach § 1573 Abs. 1 BGB gewährt, wenn der Berechtigte **keine angemessene**, d.h. den Kriterien des § 1574 Abs. 2 BGB entsprechende[375] **Tätigkeit** finden kann, **obwohl** er sich ernsthaft um eine solche bemüht. 161

---

365 BGH, NJW 2004, 930 ff. = ZNotP 2004, 157 ff.
366 BGH, NJW 2009, 2450.
367 BGH, FamRZ 2010, 629 = NJW 2010, 1598.
368 BGH, FamRZ 2011, 713 m. Anm. Holzwarth, FamRZ 2011, 795 ff.; OLG Saarbrücken, NJW-RR 2013, 7.
369 OLG Saarbrücken, NJW-RR 2013, 7.
370 BGH, NJW 2011, 300 m. Anm. Clauss-Hasper, FamFR 2011, 49 f.
371 BGH, FamRZ 2010, 629, 632; BGH, FamRZ 2011, 713 f.
372 Bissmaier, FamRB 2010, 212 ff.
373 BGH, FamRZ 2010, 869 = FamRB 2010, 200.
374 BGH, FamRZ 2010, 1414.
375 Hierzu Wendl/Dose/Bömelburg, § 4 Rn. 145 ff.

162 War § 1574 **Abs. 1** BGB früher als Einschränkung zu verstehen (»*braucht nur eine angemessene Erwerbstätigkeit auszuüben*«), so betont die Neufassung der Unterhaltsreform 2008 die **Obliegenheit** zur Ausübung solcher Tätigkeit.

163 Bei der **Definition der Angemessenheit** in § 1574 **Abs. 2** BGB haben sich zwei Änderungen ergeben:
– Zum einen ist die **frühere Erwerbstätigkeit** zu den Angemessenheitskriterien hinzugekommen, sodass die Ausübung einer früheren Erwerbstätigkeit regelmäßig als angemessen anzusehen sein wird.[376]
– Zum anderen sind die **ehelichen Lebensverhältnisse** nicht mehr gleichrangig mit den sonstigen Angemessenheitskriterien genannt, sondern in § 1574 Abs. 2 Satz 1 Halbs. 2 BGB **als Einwendung** im Rahmen einer Billigkeitsabwägung auf zweiter Stufe aufgeführt, sodass nunmehr der Unterhaltsberechtigte darlegen und ggf. beweisen muss, dass eine angemessene Erwerbstätigkeit für ihn aufgrund der ehelichen Lebensverhältnisse unzumutbar ist.[377]

164 Damit ist gesetzlich klargestellt, dass es eine **Lebensstandsgarantie nicht mehr** gibt. Zu diesem Schluss war die Rechtsprechung des **BGH** bereits zuvor für die **Fälle** eines **vorehelichen Qualifikationsdefizites**[378] gekommen. Auch bei längerer Ehe und gehobenen wirtschaftlichen Verhältnissen kann daher eine Rückkehr in den früher ausgeübten Beruf angemessen sein.[379] Selbst eine Unbilligkeit der Erwerbstätigkeit muss nach der Gesetzesbegründung nicht zu einem Aufstockungsunterhalt führen.[380]

▶ Hinweis:

165 Es empfiehlt sich bei der Ehevertragsgestaltung ein solches voreheliches Qualifikationsgefälle festzuhalten. Hierfür ist die Vertragspräambel der richtige Ort, die somit nicht nur Bedeutung für die Inhaltskontrolle hat, sondern auch für die Ermittlung der Unterhaltsansprüche.

Es wird also künftig stärker auf die jeweilige Lebensbiografie des Unterhaltsberechtigten ankommen.[381]

166 An das Bemühen um eine Erwerbsstellung werden strenge Anforderungen gestellt. So genügt es nicht, sich arbeitslos zu melden, sondern der Unterhaltsberechtigte ist verpflichtet, sich aktiv um die Erlangung einer Erwerbstätigkeit zu bemühen.[382] Allerdings ist nicht in jedem Fall eine bundesweite Arbeitsaufnahme zumutbar. Hierbei sind auch höhere Umgangs- und Umzugskosten sowie bestehende persönliche Verbindungen zu berücksichtigen.[383] Es gibt keinen allgemeinen Grundsatz, dass Personen bestimmter Berufsgruppen oder oberhalb eines gewissen Alters nicht mehr vermittelbar sind.[384] Die Anzahl der Bewerbungen ist ein Indiz für ernsthafte Arbeitsbemühungen, nicht aber deren alleiniges Merkmal. Wer nur zeitweise Blindbewerbungen abgibt, genügt den Anforderungen nicht.[385]

167 Die mangelhafte Arbeitsplatzsuche ist allerdings nicht kausal, wenn für den Berechtigten nach seinen persönlichen Eigenschaften und Fähigkeiten ohnehin keine reale Beschäftigungschance bestan-

---

376 Menne/Grundmann, Das neue Unterhaltsrecht, S. 56.
377 Borth, FamRZ 2008, 2, 14; Palandt/Brudermüller, BGB, § 1574 Rn. 9.
378 BGH, FamRZ 2006, 1006.
379 Palandt/Brudermüller, BGB, § 1574 Rn. 4.
380 BT-Drucks. 16/1830, S. 17 f.
381 Viefhues, ZNotP 2007, 11, 13.
382 Langenfeld/Milzer, Rn. 573; MüHdbFamR/Kath-Zurhorst, § 9 Rn. 83; Wendl/Dose/Dose, § 1 Rn. 782 ff.
383 BVerfG, NJW 2006, 2317.
384 OLG Köln, FamRB 2005, 190.
385 OLG Hamm, FuR 2017, 274.

den hat.³⁸⁶ Hierfür trägt der Unterhaltsberechtigte die Darlegungs- und Beweislast. Diese bezieht sich auch darauf, dass der Unterhaltsberechtigte keinen Mini- oder Midi-Job erreichen kann.³⁸⁷

Hat der Berechtigte eine Erwerbstätigkeit erlangt, durch die er seinen Unterhalt nachhaltig sichern kann, so lebt der Unterhaltsanspruch auch dann nicht wieder auf, wenn diese Erwerbsmöglichkeit später wegfällt. Ob eine nachhaltige Sicherung vorliegt, ist durch eine objektiv vorausschauende Prognose zu ermitteln.³⁸⁸ Nach OLG Köln tritt eine solche nachhaltige Sicherung eines Arbeitsplatzes erst nach Ablauf von zwei Jahren ein.³⁸⁹ War der Unterhalt hingegen noch **nicht nachhaltig gesichert**, z.B. bei einem Probearbeitsverhältnis oder einer befristeten Anstellung, so **lebt** der Unterhaltsanspruch gem. § 1573 Abs. 4 BGB bei Wegfall der Erwerbsmöglichkeit **wieder auf**.³⁹⁰ Eine nachhaltige Sicherung kann auch aufgrund von fiktiven Einkünften angenommen werden.³⁹¹ **168**

Die eigenständige Befristungsnorm des § 1573 Abs. 5 BGB ist in der Unterhaltsreform weggefallen, da die Befristung einheitlich in § 1578b BGB geregelt worden ist. **169**

5. Aufstockungsunterhalt, § 1573 Abs. 2 BGB

Übt der Unterhaltsberechtigte zwar eine angemessene Erwerbstätigkeit aus, kann er dadurch aber den **vollen Unterhalt nicht decken**, so kommt Aufstockungsunterhalt nach § 1573 Abs. 2 BGB in Betracht. Es handelt sich um eine eigenständige Anspruchsgrundlage.³⁹² Bevor sie bejaht wird, muss geprüft sein, dass nicht ein Anspruch aus § 1573 Abs. 1 BGB besteht bzw. wegen mangelnder Erwerbsbemühungen zu versagen ist.³⁹³ So kann z.B. die Aufnahme einer zweiten Teilzeittätigkeit angesonnen werden.³⁹⁴ Allerdings müssen die Einsatzzeitpunkte des § 1573 Abs. 1 BGB eingehalten sein.³⁹⁵ Der BGH bejaht dies allerdings auch bei vorübergehender Erwerbslosigkeit und sieht insoweit einen latent vorhanden Anspruch auf Aufstockungsunterhalt.³⁹⁶ **170**

Die Vorschrift ist Ausdruck dessen, dass sich der volle Unterhalt nach den ehelichen Lebensverhältnissen bemisst, § 1578 BGB. Kaum eine andere Anspruchsgrundlage wird in ähnlicher Weise kritisiert wie diese.³⁹⁷ Das BVerfG hat jedoch ausdrücklich bestätigt, dass die Regelung nicht verfassungswidrig ist, sondern Ausdruck ehelicher Mitverantwortung.³⁹⁸

I.R.d. Aufstockungsunterhalts stellt sich die Frage, wie eigenes Einkommen des Unterhaltsberechtigten zu berücksichtigen ist. In seiner langjährigen Rechtsprechung unterschied der BGH folgendermaßen: Waren während der Ehe beide Ehepartner erwerbstätig, so wandte er die **Differenzmethode** an, bildete also die Differenz der anrechnungsfähigen Einkommen und sprach hieraus die Unterhaltsquote zu. Nahm hingegen ein Ehepartner erstmalig nach der Scheidung eine Berufstätigkeit auf, so sollte die sog. **Anrechnungsmethode** gelten, d.h. aus dem anrechnungsfähigen Einkommen des bisherigen Alleinverdieners wurde die Unterhaltsquote gebildet und darauf das Einkommen des Unterhaltsberechtigten voll angerechnet. Die Familienarbeit war demnach nicht eheprägend. **171**

---

386 BGH, NJW 2011, 3577, Tz. 11; Wendl/Dose/Bömelburg, § 4 Rn. 140a.
387 BGH, FamRB 2012, 102.
388 BGH, NJW 1988, 2034.
389 OLG Köln, FamRB 2005, 190.
390 Wendl/Dose/Bömelburg, § 4 Rn. 269.
391 BGH, FamRZ 2003, 1734 m. Anm. Büttner, FamRZ 2003, 1830.
392 OLG Celle, FamRZ 1980, 581, 582.
393 BGH, FamRB 2012, 102; hierzu Pauling, FamFR 2012, 121.
394 BGH, FamRB 2012, 305.
395 OLG Zweibrücken, FamRZ 2002, 1565; OLG Hamm, FamRZ 2004, 375; Schröder, FamRZ 2004, 1726.
396 BGH, NJW 2016, 153.
397 Holzhauer, JZ 1977, 729, 735 ff.; Langenfeld/Milzer, Rn. 575: »Nerzklausel«.
398 BVerfG, FamRZ 1993, 171, 172; zur Frage, ob damit die nacheheliche Solidarität nicht überfordert ist: Diederichsen, NJW 1993, 2265 ff.

172 Diese **langjährige Rechtsprechung** hat der **BGH** mit seinem Urt. v. 13.06.2001[399] **entscheidend geändert.**[400] Er erkennt nunmehr auch die Haushaltstätigkeit des nicht berufstätigen Ehegatten als eheprägend an und sieht in der nachfolgend aufgenommenen Erwerbstätigkeit quasi ein Surrogat der bisherigen Haushaltstätigkeit des nicht berufstätigen Ehegatten, sodass im Regelfall nunmehr die Differenzmethode zur Anwendung gelangt. Damit hat der BGH insb. die Gleichwertigkeit der Familienarbeit in den Vordergrund gerückt und die Familienarbeit als eheprägend anerkannt. Nur für Einkünfte des Unterhaltsberechtigten, die nicht eheprägend waren, verbleibt es weiterhin bei der Anwendung der Anrechnungsmethode,[401] so z.B. in den Fällen des unerwarteten Karrieresprungs. Das BVerfG hat kurz nach der Kehrtwende des BGH dessen frühere Rechtsprechung ausdrücklich verworfen, gerade mit Blick auf den Halbteilungsgrundsatz und die Gleichwertigkeit der Familienarbeit.[402]

▶ Hinweis:

173 Der BGH hat seine Rechtsprechung zur Aufnahme einer Erwerbstätigkeit grundlegend geändert. Er sieht nunmehr **Familienarbeit als eheprägend** an und die nach der Trennung aufgenommene Erwerbstätigkeit als Surrogat. Daher ist in solchen Fällen die Differenzmethode anzuwenden.

174 Die verstärkte Anwendung der Differenzmethode kann bedeuten, dass nunmehr in Fällen, in denen bei Scheidung ein Unterhaltsanspruch unter Anwendung der Anrechnungsmethode abgelehnt wurde, ein Anspruch zu bejahen ist.[403] Allerdings kann eine Abänderung für die Zeit vor Ergehen der geänderten Rechtsprechung nicht verlangt werden.[404]

175 Beim Aufstockungsunterhalt wird diskutiert, ob **bei sehr geringen Einkommensunterschieden** ein solcher überhaupt auszusprechen ist, da Minimalbeträge den Lebensstandard nicht wesentlich ändern. Das OLG München[405] hat die Grenze so gezogen, dass ein Aufstockungsunterhalt nicht auszusprechen ist, wenn der Unterhaltsanspruch nur bis zu 10 % des Nettoeinkommens des Bedürftigen reicht. Nach OLG Koblenz[406] soll ein Aufstockungsanspruch nicht bestehen, wenn die Einkommensdifferenz geringer ist als 10 % des Gesamteinkommens beider Ehegatten. Andererseits wurde ein Unterhaltsbetrag von 50,00 € für wichtig gehalten und ausgeurteilt.[407] Die Literatur steht der Bagatellrechtsprechung teils zustimmend,[408] teils kritisch gegenüber.[409]

176 Die Einordnung des fiktiven Einkommens hat der BGH offengelassen. Es spricht mehr für eine Anwendung der Differenzmethode, zumindest dann, wenn die Erwerbsverpflichtung schon während der Ehe gegeben war.[410]

177 Während die Differenzmethode in einem Rechenschritt vorgeht und sofort die Differenz der anrechnungsfähigen Einkommen bildet, verwenden die süddeutschen Leitlinien die sog. **Additionsmethode**. Sie geht zweistufig vor und errechnet zunächst den Unterhaltsbedarf als Hälfte aus den prägenden Einkommen beider Ehegatten. Davon wird dann das Eigeneinkommen des Berechtigten

---

399 BGH, DNotZ 2002, 440 ff. = FamRZ 2001, 986 = NJW 2001, 2254.
400 Hierzu Borth, FamRZ 2001, 1653 f.
401 Wendl/Dose/Bömelburg, § 4 Rn. 322.
402 BVerfG, FamRZ 2002, 527 ff.
403 OLG Koblenz, FamRZ 2003, 1105; OLG Köln, FamRZ 2004, 1735.
404 BGH, FPR 2003, 241 f.
405 OLG München, FamRZ 2004, 1208.
406 OLG Koblenz, NJW-RR 2006, 151.
407 OLG Karlsruhe, FamRZ 2010, 1082.
408 Palandt/Brudermüller, § 1573 Rn. 15 – differenzierend je nach wirtschaftlicher Enge –; Krumm, FamRZ 2012, 1781 f.
409 Haußleiter/Schramm, NJW-Spezial 2006, 47.
410 Büttner/Niepmann, NJW 2005, 2352, 2354.

(prägend und nicht prägend) abgezogen.⁴¹¹ Diese Methode ist besonders bei Mischeinkommen mit und ohne Erwerbstätigkeitsbonus vorteilhaft und übersichtlich.

Soweit aus § 1573 Abs. 2 BGB eine **Lebensstandsgarantie** für den geschiedenen Partner abgeleitet werden konnte, ist diese Einschätzung **schon durch die bisherige Rechtsprechung des BGH erheblich eingeschränkt**. Der BGH unterscheidet nunmehr: Beruht die Einkommensdifferenz auf **fortwirkenden ehelichen Nachteilen**, so kommt eine Befristung des Aufstockungsunterhalts auch bei kurzer Ehe regelmäßig nicht in Betracht. Beruht die Einkommensdifferenz hingegen auf einer **vorehelich unterschiedlichen Ausbildung**, dann wird eine Befristung regelmäßig zu erwägen sein, außer sie ist wegen langer Ehedauer und fortgeschrittenen Alters nicht zumutbar.⁴¹² Die bisherige Befristungsvorschrift des § 1573 Abs. 5 BGB, zu welcher der BGH urteilte, ist allerdings nunmehr aufgehoben worden und geht im Allgemeinen § 1578b BGB auf. Mit der **Unterhaltsrechtsreform** und der Änderung des § 1574 BGB ist die **Lebensstandsgarantie im Unterhaltsrecht endgültig gefallen**. 178

Den Grund für diese Rechtsprechung gegen die Lebensstandsgarantie deckt Schwab⁴¹³ auf, wenn er ausführt, dass § 1578 Abs. 1 Satz 1 BGB eine falsche Entscheidung des Gesetzgebers sei. Die »ehelichen Lebensverhältnisse« seien der falsche Maßstab, der noch aus der Verschuldensscheidung stamme. 179

So hat etwa das OLG Saarbrücken entschieden, nach der neuen Rechtslage führten auch außerordentlich gute eheliche Lebensverhältnisse nicht zu einer erhöhten bzw. längeren ehelichen Solidarität i.R.d. Aufstockungsanspruchs. Die Lebensstandsgarantie sei nun abgeschafft.⁴¹⁴ 180

6. Ausbildungsunterhalt, § 1575 BGB

Ein Ehegatte, der ehebedingt eine Ausbildung nicht beenden konnte, erhält nach § 1575 BGB Unterhalt zum Abschluss einer Ausbildung bzw. zu Fortbildung oder Umschulung, wenn erwartet werden kann, dass der Anspruchsberechtigte mit dieser Ausbildung seinen Unterhalt nachhaltig sichern kann. Der Unterhalt wird für die Zeit gezahlt, welche normalerweise für eine solche Ausbildung benötigt wird.⁴¹⁵ 181

Das OLG Düsseldorf hält einen Ehegatten, der seiner aus einem anderen Kulturkreis stammenden Verlobten versprochen hatte, ihr das Erlernen der deutschen Sprache und eine Ausbildung zu ermöglichen, im Fall der Trennung für daran gebunden, sodass ein Ausbildungsunterhaltsanspruch besteht.⁴¹⁶ Das OLG Düsseldorf gewährt ferner Ausbildungsunterhalt für die Weiterbildung einer approbierten Medizinerin zur Fachärztin für Augenheilkunde.⁴¹⁷ 182

7. Billigkeitsunterhalt, § 1576 BGB

§ 1576 BGB spricht i.S.e. positiven Billigkeitsklausel Unterhalt zu, wenn der Berechtigte aus sonstigen schwerwiegenden Gründen nicht erwerbstätig sein kann und die Versagung von Unterhalt unter Berücksichtigung der Belange beider Ehegatten **grob unbillig** wäre. 183

Der Tatbestand ist subsidiär und eng auszulegen.⁴¹⁸ Er enthält keine eigenen Einsatzzeitpunkte. Allerdings kann daraus nicht gefolgert werden, der Anspruch greife immer dann ein, wenn für einen anderen Unterhaltstatbestand der Einsatzzeitpunkt verpasst wurde. Je weiter der Zeitpunkt von den 184

---

411 Süddeutsche Leitlinien Anhang 2.1., kommentiert von Borth, FamRZ 2010, 256; aktuell abrufbar unter *www.famrb.de/unterhaltsleitlinien.html*.
412 BGH, FamRZ 2006, 1006 m. Anm. Born.
413 Schwab, FF Sonderheft 2/2004, 164, 167.
414 OLG Saarbrücken, ZFE 2010, 213 = DNotI-Dokument 6UF110_08.
415 Zu Obliegenheiten beim Ausbildungsunterhalt: Bissmaier, FamRB 2005, 336 ff.
416 OLG Düsseldorf, FamRZ 2008, 1856 zum Trennungsunterhalt.
417 OLG Düsseldorf, NZFam 2014, 614.
418 BGH, MDR 2003, 1419 = FF 2003, 243; MünchKomm-BGB/Maurer, § 1576 Rn. 1 f.

anderen Einsatzzeitpunkten entfernt ist, desto weniger wird Billigkeitsunterhalt in Betracht kommen.

185 In der Praxis kommen solche Ansprüche v.a. bei der Betreuung nicht gemeinschaftlicher Kinder in Betracht, die in die Familie aufgenommen worden waren[419] oder bei der Betreuung von Enkelkindern oder sonstigen Angehörigen. Allerdings genügt allein die Tatsache der Betreuung nicht gemeinschaftlicher Kinder selbst bei Haushaltsaufnahme während der Ehe nicht. Es müssen vielmehr noch gewichtige besondere Umstände hinzukommen.[420] Ferner greifen sie ein bei besonderen Vermögensopfern zum Aufbau einer gemeinsamen Existenz oder in Zeiten von Krankheit und Not. Die bestehende Bedürftigkeit muss nicht ehebedingt sein.[421]

II. Maß des Unterhalts (Bedarf)

186 Das Maß des Unterhalts bestimmt sich gem. § 1578 Abs. 1 Satz 1 BGB nach den **ehelichen Lebensverhältnissen**. Der volle Unterhalt (§ 1577 Abs. 2 BGB mit Verweis auf § 1578 und 1578b BGB) umfasst den **gesamten Lebensbedarf**, § 1578 Abs. 1 Satz 2 BGB. **Bedarf** bezeichnet den Höchstbetrag des zu fordernden Unterhalts, Bedürftigkeit liegt hingegen nur vor, solange und soweit sich der Berechtigte nicht aus seinem Einkommen und seinem Vermögen selbst unterhalten kann, § 1577 Abs. 1 BGB.[422]

1. Eheliche Lebensverhältnisse

187 Entscheidend sind die Lebensverhältnisse, welche für die Ehe **prägend** waren,[423] insoweit war man früher der Ansicht, dass mit dem Unterhaltsanspruch eine gewisse Lebensstandsgarantie verbunden sei.[424] Allerdings nimmt die Rechtsprechung des BGH[425] schon länger gegen eine solche Lebensstandsgarantie Stellung. Die Berücksichtigung nachehelicher Entwicklungen für die Bedarfsermittlung im Rahmen der Rechtsprechung zu den sog. wandelbaren ehelichen Lebensverhältnissen ist durch das BVerfG für verfassungswidrig erklärt worden.[426] Der BGH wendet sie daher nicht weiter an.[427]

188 Konkret zu ermitteln ist die Einkommens- und Vermögenslage **beider** Ehegatten,[428] welche die ehelichen Lebensverhältnisse nachhaltig geprägt haben. Somit sind die ehelichen Lebensverhältnisse für beide **Ehegatten gleich**. Hierbei soll ein Lebensstandard entscheidend sein, wie er vom Standpunkt eines vernünftigen Beobachters nach dem sozialen Status der Ehegatten i.d.R. gewählt wird.[429]

189 Erhält der bereits Rente beziehende Ehegatte aufgrund des Versorgungsausgleichs höhere Versorgungsbezüge, ist diese Erhöhung nicht eheprägend, denn ohne die Scheidung wäre es zu ihr niemals gekommen. Sobald aber beide Ehegatten sich im Ruhestand befinden, werden die beiderseitigen Versorgungsbezüge als eheprägend zu berücksichtigen sein.[430]

---

419 BGH, FamRZ 1984, 769.
420 OLG Koblenz, NJW-RR 2005, 802 f.
421 BGH, MDR 2003, 1419.
422 MüHdbFamR/Friederici/Unger, § 5 Rn. 25.
423 Im Gegensatz dazu wird bei der Prüfung der Bedürftigkeit auch nicht prägendes Einkommen berücksichtigt, MüHdbFamR/Friederici/Unger, § 5 Rn. 23.
424 BVerfG, FamRZ 1981, 745, 751; BGH, NJW 1983, 1733, 1734.
425 BGH, FamRZ 2006, 683.
426 BVerfG, FamRZ 2011, 437 f; hierzu C. Münch, FamRB 2011, 90 f.
427 Vgl. dazu das Grundsatzurteil BGH, NJW 2012, 384.
428 Im Gegensatz zu § 1610 BGB für den Verwandtenunterhalt, der entscheidend auf die Lebensstellung des Bedürftigen abstellt.
429 BGH, FamRZ 1987, 37, 39; BGH, FamRZ 1997, 281, 284; Graba, FamRZ 1989, 571; Palandt/Brudermüller, § 1578 Rn. 36; a.A. Luthin, FamRZ 1988, 1109, 1111: Maßstab ist die tatsächliche Lebensgestaltung.
430 OLG Koblenz, NJW 2012, 1453 f.

C. Nachehelicher Unterhalt   Kapitel 6

Somit ist insb. das **unterhaltsrechtlich relevante Einkommen** der Parteien zu bestimmen.[431] Hierbei ist sämtliches Einkommen zu berücksichtigen. Für die Ermittlung des Bedarfes ist zu unterscheiden, ob das Einkommen prägend war oder nicht.

a) Unterhaltsrechtlich relevantes Einkommen

Zum unterhaltsrechtlich relevanten Einkommen zählen hauptsächlich 190
– Erwerbseinkommen[432] und
– Vermögenseinkommen, und zwar auch solches aus Anfangsvermögen oder durch Zugewinn erlangtes Vermögen,[433]
– aber auch sonstige Einkünfte wie sozialstaatliche Leistungen oder Sachbezüge, soweit es sich nicht um subsidiäre Sozialleistungen handelt.[434]
– Prägend können auch Sachentnahmen sein, insb. Produkte der eigenen Landwirtschaft.[435]

Nach der Rechtsprechung des BGH[436] hat aber auch die **Familienarbeit** durch Kindesbetreuung 191
oder Hausarbeit die Ehe geprägt. Deren Wert spiegelt sich in dem Einkommen wider, das derjenige Ehegatte, der Familienarbeit leistet, nach der Scheidung durch Aufnahme einer Erwerbstätigkeit erzielt. Auch dieses Einkommen ist daher eheprägend.

b) Unterhaltsrechtlich relevantes Einkommen von Selbstständigen

aa) Ermittlung des Einkommens von Selbstständigen

Wenn der Unterhaltspflichtige als Gewerbetreibender oder Freiberufler seinen Gewinn durch Betriebs- 192
vermögensvergleich, durch Einnahme-/Überschussrechnung oder i.R.d. einheitlichen und gesonderten Gewinnfeststellung einer Personengesellschaft ermittelt hat,[437] so ist dies zwar die Grundlage für die unterhaltsrechtliche Beurteilung, da andere Hilfsmittel meist nicht zur Verfügung stehen.[438] Allerdings sind unterhaltsrechtlich einige Besonderheiten zu beachten. Der Grundsatz, dass das steuerliche und das unterhaltsrechtliche Einkommen nicht identisch sind, ist inzwischen Allgemeingut.[439] Das steuerpflichtige Einkommen entspricht also insoweit nicht dem tatsächlich zur Verfügung stehenden Einkommen.[440] Der BGH[441] hat hierzu ausgeführt:

> »Das steuerlich relevante Einkommen und das unterhaltspflichtige Einkommen sind nicht identisch. Das Steuerrecht erkennt in bestimmten Zusammenhängen Aufwendungen als einkommensmindernd an und gewährt Abschreibungen und Absetzungen, denen eine tatsächliche Vermögenseinbuße nicht oder nicht in diesem Umfang entspricht.«

---

431 Hierzu MüHdbFamR/Friederici/Unger, § 5 Rn. 19; Maier, NJW 2002, 3359 ff.; zur Beweislast OLG Frankfurt am Main, OLGR 2005, 253.
432 Einschließlich Jubiläumszuwendungen, OLG Oldenburg, OLGR 2009, 644.
433 Palandt/Brudermüller, BGB, 73. Aufl., § 1578 Rn. 58 a.E. und Rn. 7; nunmehr auch Wendl/Dose/Gerhardt, § 1 Rn. 570 ff.
434 Wendl/Dose/Dose, § 1 Rn. 664.
435 BGH, FamRZ 2005, 97 f.
436 BGH, DNotZ 2002, 440 ff. = FamRZ 2001, 986 = NJW 2001, 2254.
437 Zu den Einzelheiten der Gewinnermittlung: C. Münch, Die Unternehmerehe, § 9 Rn. 133 ff.
438 BGH, FamRZ 2004, 1177, 1178.
439 BGH, FamRZ 1985, 357, 359; BGH, FamRZ 1998, 357, 359; BGH, FamRZ 2003, 741, 743; OLG Hamm, FamRZ 1996, 1216; Strohal, Rn. 182; Wendl/Dose/Spieker, § 1 Rn. 300 ff.; Kuckenburg/Perleberg-Kölbel, Rn. 14 ff.
440 Detailliert Schürmann, FamRB 2006, 149 ff., 183 ff., 215 ff., 242 ff.
441 BGH, FamRZ 1980, 770.

193 Das Pendel kann aber auch umgekehrt ausschlagen. So hat das OLG Koblenz entschieden, dass gezahlte Gewerbesteuer unterhaltsrechtlich zu berücksichtigen ist, obwohl sie steuerlich keine Betriebsausgabe mehr darstellt.[442]

(1) Ermittlungszeitraum

194 Im Gegensatz etwa zum Arbeitnehmereinkommen sind die Gewinneinkünfte regelmäßig stark schwankend, sodass ein Geschäftsjahr allein nicht als Grundlage für die unterhaltsrechtliche Leistungsfähigkeit herangezogen werden kann. Vielmehr ist regelmäßig auf **die letzten drei dem Unterhaltszeitraum vorangehenden Kalenderjahre** abzustellen.[443] Dies ordnen auch die meisten unterhaltsrechtlichen Leitlinien der OLG so an.[444] Regelmäßig wird der **Durchschnitt** dieser drei Jahre Grundlage der Ermittlung sein. Dies kann jedoch anders sein, wenn eine Neueröffnungsphase, eine Anstiegsphase oder eine Aufgabephase vorliegt, da hier die **Tendenz der Gewinnermittlung** mit zu berücksichtigen ist.[445] Der BGH hat insoweit längere Ermittlungszeiträume ausdrücklich gebilligt.[446] Der 14. Deutsche Familiengerichtstag[447] hat dafür plädiert, insb. bei unklarer Situation oder bei Verdacht von Manipulationen den Ermittlungszeitraum auch über drei Jahre hinaus zu erweitern. Insoweit kommt dann eine **5-jährige Ermittlungsperiode** in Betracht. Bei einem geschäftsführenden Gesellschafter soll allerdings allein auf dessen tatsächlich erzieltes Geschäftsführergehalt abgestellt werden; ein Drei-Jahres-Durchschnitt soll hier nur bei »verkappter Selbstständigkeit« maßgeblich sein.[448]

(2) Steuerbilanz – Unterhaltsbilanz

195 Ist das steuerliche mit dem unterhaltsrechtlichen Einkommen **nicht identisch**, so bedarf die vorgelegte steuerliche Bilanz einer Überprüfung, inwieweit ihre Ansätze für das Unterhaltsrecht übernommen werden können oder zu korrigieren sind. Die Vorlage einer förmlichen »**Unterhaltsbilanz**« neben der Handels- oder Steuerbilanz hat sich nicht durchgesetzt.[449]

196 Daher unterliegen die Einzelpositionen einer Bilanz bzw. einer Einnahme-/Überschussrechnung einer **unterhaltsrechtlichen Prüfung**, auf die sogleich im Einzelnen einzugehen ist. Dies gilt auch für steuerliche anerkannte Abzugspositionen, Werbungskosten etc., die unterhaltsrechtlich nicht ohne nähere Prüfung den Berufskosten entsprechen.[450] Bedeutsam ist, dass die Auskunftspflicht des Unterhaltspflichtigen so weit geht, dass der Pflichtige Einnahmen und Aufwendungen so darstellen muss, dass die allein steuerlich beachtlichen Aufwendungen von solchen, die unterhaltsrechtlich von Bedeutung sind, abgegrenzt werden können.[451]

197 Teilweise wird angenommen, **das steuerliche Einkommen** könne wenigstens ein **Mindesteinkommen** als Grundlage für die Unterhaltsberechnung sein.[452] Auch dem wird jedoch – zu Recht – **widersprochen**. So kann etwa allein die Herausnahme eines Gebäudes aus dem Betriebsvermögen zu einem hohen steuerlichen Gewinn führen, obwohl i.R.d. unterhaltsrechtlichen Bewertung gar keine Änderung stattgefunden hat. Dieser steuerliche Gewinn erhöht die unterhaltsrechtliche Leistungs-

---

442 OLG Koblenz, FuR 2018, 412.
443 BGH, FamRZ 2004, 1177, 1178; OLG Karlsruhe, FamRZ 2007, 413; OLG Brandenburg, FamRZ 2007, 1020; Wendl/Dose/Spieker, § 1 Rn. 420.
444 Vgl. Nr. 1.5. der unterhaltsrechtlichen Leitlinien; in der neuesten Fassung abrufbar unter *www.famrb.de/unterhaltsleitlinien.html*.
445 Strohal, Rn. 205 ff.
446 BGH, FamRZ 1985, 357, 358.
447 FamRZ 2002, 296 f. A.I.1.d).
448 OLG Köln, FamRB 2006, 330 = NJW-RR 2007, 9141.
449 Strohal, Rn. 272; Wendl/Dose/Spieker, § 1 Rn. 300.
450 BGH, FamRB 2009, 173.
451 BGH, FamRZ 1998, 357, 359.
452 BGH, FamRZ 1980, 770; Strohal, Rn. 182.

fähigkeit nicht.⁴⁵³ So bildet das steuerliche Einkommen **lediglich den Anknüpfungspunkt** für die unterhaltsrechtliche Berechnung.⁴⁵⁴

(3) Erwerbsobliegenheit

Trotz dieser Art der Auswertung mahnt das unterhaltsrechtliche Schrifttum zu Recht, nicht nur die steuerlichen Daten auszuwerten, sondern auch zu prüfen, ob der Unterhaltspflichtige seiner **Erwerbsobliegenheit** nachgekommen ist, ob er also auch als Selbstständiger seine volle Arbeitskraft eingesetzt hat und die ihm mögliche betriebliche Tätigkeit in vollem Umfang entfaltet hat.⁴⁵⁵ Lassen sich dennoch nicht genug Einnahmen erzielen, so muss der Pflichtige ggf. in ein abhängiges Beschäftigungsverhältnis wechseln.⁴⁵⁶

198

Umgekehrt stellt sich aber auch die Frage **überobligatorischer Tätigkeit**, wenn ein Unterhaltspflichtiger als Selbstständiger seinen Gewinn durch eine Arbeitszeit von über 60 Std. wöchentlich erzielt. Entgegen seiner Relevanz spielt dieses Argument nur selten in der gerichtlichen Praxis eine Rolle.⁴⁵⁷ Das OLG Brandenburg will bei einem Selbstständigen sogar die Altersrente und das aufgrund einer Weiterarbeit auch über die Altersgrenze hinaus erzielte Einkommen als bedarfserhöhend berücksichtigen, weil das Gericht davon ausgeht, dass auch bei Fortsetzung der Ehe die selbstständige Tätigkeit weitergeführt worden wäre.⁴⁵⁸ Die Entscheidung geht zu weit. Die Tätigkeit neben der Altersrente wird als überobligatorisch zu werten sein. So hat es auch das OLG Koblenz gesehen und die Berücksichtigung nach Treu und Glauben von den konkreten Umständen des Einzelfalles abhängig gemacht.⁴⁵⁹

199

Eine selbstständige Tätigkeit, die zu Hause ausgeübt und freiwillig nach Geburt eines Kindes wieder aufgenommen wird, ist dann nicht mehr überobligatorisch, wenn sie sich mit den Betreuungsnotwendigkeiten des Kindes vereinbaren lässt.⁴⁶⁰

200

(4) Darlegungslast

Hinsichtlich der Darlegungs- und Beweislast gilt: Wenn der Berechtigte ein bestimmtes Einkommen nachvollziehbar darlegt,⁴⁶¹ so muss der Verpflichtete dies substanziiert bestreiten, denn die Umstände unterliegen seiner Auskunftspflicht und seinen Wahrnehmungsmöglichkeiten.

201

Hat der Verpflichtete seine Bilanz oder Überschussrechnung vorgelegt, so ist es an dem Berechtigten, einzelne Positionen gezielt zu bestreiten.⁴⁶² Hierzu ist dann erneut der Verpflichtete auch bzgl. der unterhaltsrechtlichen Relevanz⁴⁶³ darlegungs- und beweispflichtig.⁴⁶⁴ Weisen die Unterlagen nachvollziehbare Privatanteile aus, so kann der Berechtige nicht damit durchdringen, pauschal einen Anteil von 30 % als verdeckte Kosten der privaten Lebensführung anerkannt zu bekommen. Vielmehr müsste er dann höhere Anteile darlegen.⁴⁶⁵

202

---

453 So Wendl/Dose/Spieker, § 1 Rn. 301.
454 Zur unterschiedlichen Bedeutung der Leistungsfähigkeit im Steuerrecht und Unterhaltsrecht: Laws, 218.
455 Strohal, Rn. 273.
456 OLG Hamm, FamRZ 2007, 1006.
457 Kuckenburg, 149 f.; nun aber KG, FamRZ 2010, 1447, wo darauf abgestellt wird, ob die Mehrarbeitszeiten »berufstypisch« sind. Leisten also alle vergleichbaren selbstständigen Berufsträger in ähnlichem Umfang Arbeitszeiten, dann ist die Tätigkeit nicht überobligatorisch.
458 OLG Brandenburg, FamRB 2008, 296.
459 OLG Koblenz, NJW 2015, 1030.
460 KG, OLGR-NL 2006, 16.
461 Vgl. OLG Celle, FuR 2004, 313 f.
462 OLG Saarbrücken, FamRB 2006, 233.
463 OLG Hamm, FamRZ 1996, 1216, 1217; OLG Saarbrücken, FamRB 2006, 233.
464 Soyka, Rn. 81; vgl. Kuckenburg, 161 f.
465 OLG Koblenz, FamRZ 2018, 259.

bb) Bedeutsame unterhaltsrechtliche Abweichungen

203 Nachfolgend sollen die bedeutsamsten unterhaltsrechtlichen Abweichungen vom steuerrechtlichen Einkommen dargestellt werden:

(1) Abschreibungen

204 Abnutzbare Wirtschaftsgüter sind handelsrechtlich abzuschreiben, § 253 Abs. 2 HGB. Steuerrechtlich sind sie mit den Anschaffungs-(Herstellungs-)kosten abzgl. der Absetzungen für Abnutzungen zu bewerten, § 6 Abs. 1 Nr. 1 EStG.

205 Die steuerrechtliche Abschreibung ist auf verschiedene Weise möglich. Kernproblem ist, dass der steuerlichen Abschreibung nicht in jedem Fall ein realer Wertverzehr entspricht, d.h. das Wirtschaftsgut ist weit vor dem Ende seiner Lebensdauer bereits abgeschrieben. Hierzu hat der BGH den Grundsatz ausgesprochen, dass die steuerlichen Abschreibungen unterhaltsrechtlich außer Betracht zu bleiben haben, soweit sie sich nicht mit einer tatsächlichen Verringerung der für den Lebensbedarf verfügbaren Mittel decken.[466] Diesen Standpunkt machen sich auch mehr und mehr Unterhaltsleitlinien der OLG zu Eigen.[467]

206 Im Steuerrecht wird zwischen verschiedenen Abschreibungsmethoden unterschieden. So erfolgt die **lineare Abschreibung** nach gleichbleibenden Jahresbeträgen, d.h. die Kosten eines Wirtschaftsgutes werden auf die durchschnittliche Haltbarkeitszeit gleichmäßig verteilt, § 7 Abs. 1 EStG. Bei der **degressiven Abschreibung** hingegen erfolgt die Abschreibung in fallenden Jahresbeträgen, § 7 Abs. 2 EStG. Diese wird nach einem unveränderten Vomhundertsatz immer vom jeweiligen Restbuchwert vorgenommen, wobei der dabei anfallende Vomhundertsatz höchstens das Doppelte des bei Absetzung für Abnutzung in gleichen Jahresbeträgen in Betracht kommenden Satzes sein und 20 % nicht übersteigen darf – bei Anschaffung oder Herstellung nach dem 31.12.2008 und vor dem 01.01.2011 höchstens das 2 1/2-Fache und nicht höher als 25 %. Für Wirtschaftsgüter, die ab dem 01.01.2011 angeschafft oder hergestellt wurden, wird eine degressive AfA nicht mehr gewährt.

207 Bei **geringwertigen Wirtschaftsgütern** erfolgt die Abschreibung nach § 6 Abs. 2 EStG sofort, wenn die Nettoanschaffungskosten bis 800,00 € betragen. Alternativ kann für geringwertige Wirtschaftsgüter nach § 6 Abs. 2a ein Sammelposten gebildet werden, wenn die Nettoanschaffungskosten zwischen 250,00 und 1.000,00 € betragen, der im Jahr der Bildung und in den folgenden vier Wirtschaftsjahren mit je 1/5 gewinnmindernd aufzulösen ist.

208 Daneben sei noch die **außerplanmäßige Abschreibung** erwähnt, mit der ein erhöhter Wertverzehr aufgrund Beschädigung, Zerstörung etc. nachvollzogen werden kann, § 7 Abs. 1 Satz 7 EStG.[468] I.R.d. **Sonderabschreibung** können erhöhte Abschreibungen ggf. neben der planmäßigen Abschreibung vorgenommen werden, so z.B.i.R.d. Investitionsabzugsbeträge nach § 7g EStG oder i.R.d. Fördergebietsgesetzes und mit dem neuen § 7b EStG (2019) für den Mietwohnungsneubau. Bei **geringwertigen Wirtschaftsgütern** erfolgt die Abschreibung nach § 6 Abs. 2 EStG sofort.

209 Die Abschreibungssätze entsprechen rein steuerlichen Wertungen. Sie enthalten z.T. – etwa i.R.d. Sonderabschreibung – Investitionsanreize und sind von der Lebensdauer eines Gegenstandes dann völlig abgekoppelt.

210 In Literatur und Rechtsprechung hat sich eine lebhafte Diskussion entwickelt, inwieweit die steuerliche Abschreibung auch unterhaltsrechtlich anzuerkennen ist. Stand der Meinungen ist nach einer BGH-Entscheidung, dass **Sonderabschreibungen und degressive Abschreibungen nicht anerkannt** werden können, da ihnen kein realer Wertverzehr in dieser Höhe entspricht.[469]

---

466 BGH, FamRZ 1985, 357, 359; Strohal, Rn. 257 ff.
467 OLG Düsseldorf, OLG Hamburg, OLG Koblenz, jeweils 1.5. – aktuell abrufbar unter *www.famrb.de/umterhaltsleitlinien.html*.
468 Zur Teilwertabschreibung detailliert Kuckenburg, FuR 2008, 386 f.
469 Vgl. etwa BGH, FamRZ 2003, 741 f.; a.A. Schürmann, FamRB 2006, 183, 187.

C. Nachehelicher Unterhalt

Für die **Abschreibungen für die Abnutzung von Gebäuden** hat die Rechtsprechung entschieden, dass diese **unterhaltsrechtlich unbeachtlich** ist, da sie das Einkommen des Steuerpflichtigen letztlich gar nicht berühren und ihnen kein tatsächlicher Wertverzehr entspreche. Im Gegenteil werde durch die Wertermittlung der Immobilien der Wertverzehr sogar aufgefangen.[470] Diese Ansicht wird in der Literatur nicht durchgängig geteilt.[471] Der BGH hat in einer Entscheidung mit dem Sonderfall, dass der tatsächliche Wertverlust ausnahmsweise konkret feststellbar war, die Gebäude-AfA zum Abzug zugelassen.[472] Er hat aber offengelassen, ob er der Kritik folgen wird. Jedenfalls erscheint es zu weitgehend, wenn nun angenommen wird, der BGH lasse die Gebäude-AfA nun für alle Gebäude mit überschaubarer Nutzungsdauer zu.[473] Insgesamt mag die Ansicht des BGH tragbar sein, da unterhaltsrechtlich häufig nur noch eine relativ kurze Zeitspanne betrachtet wird. Instandsetzungskosten sind unterhaltsrechtlich nur für notwendigen Erhaltungsaufwand anzuerkennen, da nicht auf Kosten des Unterhaltsberechtigten wertsteigernde Aufwendungen getätigt werden können, die zur Vermögensbildung gehören.[474]

211

Bei der **linearen Abschreibung hingegen** haben die Steuerbehörden seit dem Jahr 2000 die Abschreibungszeiträume derartig verlängert, dass diese nunmehr auch nach Auffassung des BGH dem realen Wertverzehr entsprechen. Dies gelte insb. für die vom BMF erstellte AfA-Tabelle[475] für die allgemein verwendbaren Anlagegüter v. 15.12.2000.[476] Die lineare Abschreibung sollte daher anerkannt werden;[477] dies sagen auch erste Richtlinien ausdrücklich.[478]

212

Wo etwa die Sonderabschreibung nicht anerkannt werden kann, ist nach Auffassung des BGH das betroffene Wirtschaftsgut **unterhaltsrechtlich fiktiv linear abzuschreiben**.[479] Das bedeutet, dass eine Abschreibung zu niedrigeren linearen Sätzen anerkannt wird, die **dann aber auch länger** gehen muss und den steuerlichen Abschreibungszeitraum überschreitet.[480]

213

▶ Hinweis:

Wenn also der Unterhalt über einen längeren Zeitraum zu zahlen ist – was aber im neuen Unterhaltsrecht nicht mehr der Regelfall ist –, so gleichen sich die Änderungen letztendlich wieder aus, sodass den aufwendigen Korrekturen im Regelfall letztlich kaum sachliche Änderungen entsprechen.

214

Zur Berücksichtigung des Geschäfts- und Firmenwertes im Unterhaltsrecht gibt es noch kaum Rechtsprechung. Die Literatur geht davon aus, dass die 15-jährige Abschreibungsfrist des Steuerrechts für derivative Geschäftswerte nach § 7 Abs. 1 Satz 3 EStG auch unterhaltsrechtlich anerkannt werden kann.[481]

215

Sofern Abschreibungen unterhaltsrechtlich anerkannt werden, sind die entsprechenden **Tilgungsleistungen** für Kreditfinanzierungen der abzuschreibenden Wirtschaftsgüter **nicht noch zusätzlich**

216

---

470 BGH, FamRZ 1984, 39, 41; BGH, FamRZ 1997, 281, 283; BGH, FamRZ 2005, 1159 f. für Einkünfte aus Vermietung und Verpachtung; wenn nur Wertverlust durch Gebrauch ohne Wertsteigerung, dann Werbungskosten i.H.d. auf die Nutzungsdauer erstreckten Erhaltungsaufwands, Göppinger/Wax/Strohal, Rn. 697.
471 Vgl. etwa Gerhardt/Gerhardt, Kap 6, Rn. 69 und Wendl/Dose/Spieker, § 1 Rn. 345 ff.
472 BGH, FamRZ 2012, 514.
473 So Gerhardt/Gerhardt, Kap 6, Rn. 69.
474 BGH, FamRZ 1997, 281, 283.
475 BStBl. 2000 I, 1532.
476 BGH, FamRZ 2003, 741, 743.
477 Koch/Margraf, § 1 Rn. 149; Wendl/Dose/Spieker, § 1 Rn. 346.
478 OLG Hamburg, 1.5; OLG Hamm, 1.5; großzügiger OLG Schleswig, 1.5.: Abschreibungen grds. anzuerkennen.
479 BGH, FamRZ 2003, 741, 743.
480 Hierauf weist Wendl/Dose/Spieker § 1 Rn. 352 ausdrücklich hin.
481 Kuckenburg, FuR 2009, 187 f.

abzusetzen.⁴⁸² Wird die Verbindlichkeit aber anerkannt, so hat eine zusätzliche Abschreibung unterhaltsrechtlich zu unterbleiben.⁴⁸³ Auch im Bereich von Immobilien, wo Abschreibungen grds. nicht anerkannt werden, soll der Abzug der Tilgung zulässig sein, wenn er eheprägend war und objektiv nach den Einkommensverhältnissen angemessen ist.⁴⁸⁴

217 Im Grundsatz will der BGH Steuern nur dann und in dem Zeitraum zum Abzug zulassen, in dem sie tatsächlich gezahlt worden sind (**In-Prinzip**).⁴⁸⁵ Dem liegt der Gedanke zugrunde, dass sich die Steuerwirkungen über den Betrachtungszeitraum ausgleichen. Der BGH hat dies für die Korrektur von Sonderabschreibungen ausdrücklich ausgesprochen, hat also entschieden, dass trotz der unterhaltsrechtlichen Herunterstufung auf eine lineare Abschreibung die aufgrund der Sonderabschreibung ersparten Steuern voll in der Berechnung bleiben und dem Unterhaltsberechtigten zugutekommen.⁴⁸⁶ Einschränkend wurde allerdings schon hier betont, dass dies jedenfalls dann gelten könne, wenn sich in den Folgejahren keine Steuererhöhung ergebe (weil der Unterhaltspflichtige so wenig verdiente).

218 In einem Fall, in dem das steuerliche Einkommen durch Streichung der **Investitionsabzugsbeträge** erhöht worden ist, hat der BGH nun jedoch entschieden, dass dann auch **fiktive Steuern auf die so erhöhten Gewinne** berücksichtigt werden müssen.⁴⁸⁷ Während der BGH sonst Steuern nur in den Jahren abziehen will, in denen sie tatsächlich gezahlt wurden (In-Prinzip), hat er sich hier für eine fiktive Berücksichtigung entschieden (und damit für das **Für-Prinzip**), weil sich die Verschiebungen zwischen dem fiktiven Anfall und der tatsächlichen Entrichtung im konkreten Fall nicht innerhalb des Ermittlungszeitraums ausgleichen.

219 Auch in weiteren Urteilen hat der BGH eine **fiktive Steuerberechnung** vorgenommen. Er hat dort Abschreibungen für Gebäude nicht anerkannt und ausgeführt, wenn diese unterhaltsrechtlich unbeachtlich seien, dann müsse auch die dadurch erzielte Steuerersparnis außer Betracht bleiben und die Steuern seien so zu berechnen, wie sie auf das nicht durch Verlust reduzierte Einkommen zu entrichten gewesen wären.⁴⁸⁸ Gleiches hat der BGH für andere Fälle einer unterhaltsrechtlichen Nichtanerkennung steuerlich berücksichtigter Kosten ausgesprochen.⁴⁸⁹

220 Das Für-Prinzip wird für Selbstständige in einigen **Unterhaltsleitlinien** anerkannt.⁴⁹⁰ Nachdem nunmehr auch in anderen Bereichen fiktive Steuerberechnungen angestellt werden müssen, so etwa beim Splittingvorteil oder bei der latenten Ertragsteuerbelastung könnte auch bei den Gewinneinkünften diese Tendenz zunehmen. Der BGH will aber an dem Regel-Ausnahmeverhältnis im Grundsatz festhalten.⁴⁹¹

221 Die steuerlich erhöht abgezogene Sonderabschreibung oder degressive Abschreibung führt bei einer anschließenden Veräußerung zu einem **höheren Veräußerungsgewinn** als er bei linearer Abschreibung entstanden wäre. Wenn die Abschreibung unterhaltsrechtlich auf lineare Abschreibung verkürzt worden ist, dann wird man auch diesen erhöhten Veräußerungsgewinn aus der Unterhaltsberechnung eliminieren müssen.⁴⁹²

---

482 OLG Saarbrücken, NZFam 2020, 87; Leitlinien OLG Düsseldorf 1.5.; Schwab/Ernst/Borth, § 8 Rn. 918, dort auch zum alternativen Cash-Flow Ansatz.
483 Soyka, Rn. 73.
484 Koch/Margraf, § 1 Rn. 156.
485 BGH, FamRZ 1990, 981, 983; BGH, FamRZ 2003, 741, 744.
486 BGH, FamRZ 2003, 741, 744.
487 BGH, FamRZ 2004, 1177, 1178 m. Anm. Engels, FamRZ 2004, 1355.
488 BGH, FamRZ 2005, 1159, 1161.
489 BGH, FamRZ 2006, 387, 393.
490 OLG Düsseldorf und OLG Koblenz, 10.1.
491 BGH, FamRZ 2016, 1584.
492 Wendl/Dose/Kemper, 8. Aufl., § 1 Rn. 353.

(2) Entnahmen

Im Regelfall kommt es nicht auf tatsächlich aus dem Betrieb entnommene Gelder an – also weder auf verschwenderische noch auf vorsichtige Entnahmen –, sondern auf das verteilungsfähige und damit für den Konsum zur Verfügung stehende Einkommen.[493] Dennoch wird die Bedeutung der Entnahmen für die Unterhaltsbemessung viel diskutiert. Einige **Unterhaltsleitlinien** äußern sich dahin, dass ausnahmsweise anstelle des Gewinnes die Entnahmen (abzgl. der Einlagen) maßgeblich seien, wenn entweder eine zuverlässige Gewinnermittlung nicht möglich sei oder der Betriebsinhaber unterhaltsrechtlich zur Vermögensverwertung verpflichtet sei.[494]

222

Auch einige Gerichte haben sich mit der unterhaltsrechtlichen Bedeutung der Entnahmen befasst. So will das **OLG Dresden** Entnahmen nicht als Einkommen i.S.d. Unterhaltsrechts ansehen, sondern allenfalls als Anhaltspunkt. Entnahmen, die den Gewinn übersteigen, sollen jedenfalls für den rückständigen Unterhalt maßgeblich sein.[495] Das **OLG Frankfurt am Main** hat judiziert, ein tatsächlich effektiv höherer Lebensstil könne nicht unbeachtet bleiben.[496] Die Unterhaltsbemessung nach den tatsächlichen Entnahmen sei eine Hilfsmethode, wenn die Gewinnsituation auf absehbare Zeit nicht ermittelt werden könne oder die vorgelegten Unterlagen untauglich seien.[497] Allerdings könne die Fortsetzung einer Entnahmepraxis nicht verlangt werden, wenn diese Entnahmen von der Substanz des Betriebes abgehen und zu einer Überschuldung führen.[498] Das **OLG Hamm** will eine Berücksichtigung der Entnahmen dann zulassen, wenn der Verpflichtete sein Einkommen nicht ausreichend darlegt.[499] Eingehend hat sich das **OLG Düsseldorf** mit der Bedeutung der Entnahmen befasst.[500] Nach Meinung des Gerichts richtet sich die Lebensstellung nach den Entnahmen, wenn diese größer sind als der Gewinn, und zwar in diesen Fällen ohne zusätzlichen Abzug berufsbedingter Aufwendungen. Dies soll allerdings dann nicht gelten, wenn die Entnahmen aus einem verschuldeten Unternehmen erfolgen oder zur Verschuldung des Unternehmens führen. Entnahmen bilden nach **OLG München**[501] jedenfalls dann keinen Maßstab für die tatsächlich zur Verfügung stehenden Mittel, wenn mit ihnen auch Betriebsausgaben bezahlt worden sind. Das **OLG Köln** will Entnahmen, die über den bilanziell ausgewiesenen Gewinn hinausgehen, dann zugrunde legen, wenn diese Entnahmen die ehelichen Verhältnisse zutreffend wiedergeben und auf die zutreffende unternehmerische Entscheidung schließen lassen, dass der Betrieb diese Entnahmen auf Dauer verträgt.[502]

223

Die Literatur sieht ebenso bei Entnahmen, die höher sind als der Gewinn, zumindest eine **Nachweispflicht des Unterhaltspflichtigen** bei Behauptung geringerer Leistungsfähigkeit.[503] Insoweit werden die Entnahmen als Anhaltspunkt (»Hilfs- und Korrekturgröße«)[504] herangezogen.[505] Andererseits wird eingewendet, dass die Entnahmen letztlich Vermögensverwertung darstellten. Daher dürfe ein Abstellen auf die Entnahmen nur dort geschehen, wo auch eine **Vermögensverwertungspflicht** bestehe oder höchstens noch dann, wenn der Unterhaltspflichtige seiner Darlegungslast nicht genüge.[506] Gewarnt wird ferner vor Überschneidungsproblemen mit dem Zugewinn.[507]

224

---

493 Koch/Margraf, § 1 Rn. 145.
494 OLG Düsseldorf, OLG Hamburg, OLG Koblenz, jeweils 1.5; OLG Oldenburg, 1.5.: Indizwirkung.
495 OLG Dresden, FamRZ 1999, 850.
496 OLG Frankfurt am Main, FamRZ 1992, 64.
497 OLG Frankfurt am Main, FuR 2001, 370.
498 OLG Frankfurt am Main, FamRZ 2005, 803.
499 OLG Hamm, FamRZ 1996, 1216.
500 OLG Düsseldorf, FamRZ 2005, 211.
501 OLG München, FamRZ 2005, 1907.
502 OLG Köln, OLGR 2007, 519.
503 Schwab/Ernst/Borth, § 8 Rn. 9273 f.; Büttner/Niepmann, NJW 2005, 2352, 2357.
504 Kuckenburg, 158.
505 Schürmann, FamRZ 2002, 1150 ff.; Wendl/Dose/Spieker, § 1 Rn. 438.
506 Stein, FamRZ 1989, 343 ff.; Soyka, Rn. 80.
507 Wendl/Dose/Spieker, § 1 Rn. 438.

Der 16. Deutsche Familiengerichtstag empfiehlt in diesem Zusammenhang Folgendes:[508]

> »Das aus unternehmerischer Tätigkeit erzielte Einkommen bestimmt sich nach dem tatsächlich für die Lebensführung verfügbaren Betrag. Eine langjährige Entnahmepraxis ist auch unterhaltsrechtlich zu akzeptieren, sofern diese nicht durch übertriebene Sparsamkeit oder Verschwendung gekennzeichnet ist. Es ist nicht gerechtfertigt, eine Vollausschüttung des Gewinns zu fingieren, soweit Überschüsse im Rahmen einer ordnungsmäßigen Wirtschaft für innerbetriebliche Zwecke verwendet werden.«[509]

(3) Investitionsentscheidungen

225 Während das Steuerrecht bei Betriebsausgaben nur danach fragt, ob die Ausgabe zu einer Anschaffung geführt hat, die dem Betrieb dient oder im Betrieb Verwendung findet, sind im Unterhaltsrecht verschiedene Ansichten vertreten. Zum einen wird für eine **grds. Anerkennung der unternehmerischen Investitionsentscheidung** plädiert.[510] Allerdings kann dies nicht unbeschränkt gelten. So sollte eine unterhaltsrechtliche **Überprüfung** des Investitionsverhaltens insb. dann angebracht sein, wenn
- eine **erhebliche Änderung** des Investitionsverhaltens im Vergleich z.Zt. vor der Trennung vorliegt;
- die Investitionen auch **privaten Interessen** dienen könnten;
- unterhaltsrechtlich ein **Mangelfall** im weitesten Sinne vorliegt, sodass vom Unternehmer erwartet werden kann, »Luxusinvestitionen« im Interesse der Unterhaltsberechtigten zurückzustellen.[511]

226 Eine **allgemeine Angemessenheitsprüfung**[512] würde hingegen zu weit gehen. Abzugrenzen ist ggf. noch, ob die Investitionsentscheidung in erster Linie der Vermögensbildung dient, die nicht auf Kosten des Unterhaltsberechtigten erfolgen darf, oder ob sie der Erzielung von Einnahmen in künftigen Zeiträumen dient, die auch wieder dem Unterhaltsberechtigten zugutekommt. Eine allgemeine Entscheidung darüber, inwieweit das Einkommen zur unterhaltsrechtlichen Bedarfsdeckung oder zur Reinvestition zu verwenden ist, fehlt bisher.[513]

(4) Nahe Angehörige

227 Sofern Rechtsverhältnisse mit nahen Angehörigen bestehen, sind diese einer besonderen Prüfung zu unterziehen. So ist bei Miet- oder Pachtverträgen etwa zu fragen, ob der angepachtete Gegenstand **wirklich** für den Betrieb **benötigt** wird und ob die **Gegenleistung angemessen** ist.[514]

(5) Personalkosten

228 Bei den Personalkosten ist insb. zu prüfen, ob ein **neuer Lebenspartner** des Unterhaltspflichtigen Leistungen aus dem Betrieb erhält. Zum einen ist zu hinterfragen, ob das Arbeitsverhältnis tatsächlich durchgeführt wird. Auch steuerlich wird hier auf einen Fremdvergleich abgestellt. Selbst bei steuerrechtlicher Anerkennung soll dennoch unterhaltsrechtlich weiter geprüft werden, ob der Arbeitsplatz **betrieblich erforderlich** ist, da sonst auch Rangverhältnisse beim Unterhalt unterlaufen werden könnten.[515] Für die Anerkennung des Arbeitslohnes spricht es, wenn dadurch ein vergleichbarer **anderer Arbeitsplatz eingespart** werden konnte; dagegen spricht, dass mit dem zusätzlichen Arbeitsplatz keine Umsatzänderung einhergeht.[516] Neuerdings vergleicht der BGH die tatsächlichen Per-

---

508 FamRZ 2005, 1962.
509 So auch Schürmann, FamRB 2006, 215, 217; sehr krit. gegenüber dieser Empfehlung: Kuckenburg, FuR 2006, 293 f.
510 Schwab/Ernst/Borth, § 8 Rn. 905, 919.
511 Wendl/Dose/Spieker, § 1 Rn. 330.
512 Strohal, Rn. 265.
513 Schwab/Ernst/Borth, § 8 Rn. 899.
514 Wendl/Dose/Spieker, § 1 Rn. 340.
515 Wendl/Dose/Spieker, § 1 Rn. 333.
516 Strohal, Rn. 269.

sonalkosten mit dem in der **jeweiligen Branche üblicherweise bestehenden Anteil** der Personalkosten im Verhältnis zu den Einnahmen.[517]

(6) Private Lebensführungskosten

Soweit Aufwendungen sowohl dem Betrieb wie der privaten Lebensführung dienen können, ist der Abgrenzung besondere Sorgfalt zu widmen. Steuerrechtlich möglicherweise anerkannte **Pauschalen** müssen unterhaltsrechtlich **hinterfragt** werden. 229

Schließlich wird bei einem aufwändigen Lebensstil, der sich aus den Gewinnen der Tätigkeit nicht finanzieren lässt, ein verstärktes Augenmerk darauf zu richten sein, ob i.R.d. Tätigkeit »**Schwarzgeld**« gebildet wurde, das für die Unterhaltsberechnung mit einzubeziehen wäre.[518] In solchen Fällen sind prozesstaktische Erwägungen anzustellen. Die Aufdeckung von Schwarzgeld im Unterhaltsprozess begründet nach § 116 AO eine Anzeigepflicht der Gerichte, in deren Folge aufgrund der Steuernachzahlungen, Strafen etc. die Geldmittel zur Erbringung von Unterhaltsleistungen stark abnehmen. 230

(7) Pkw

Im Gegensatz zum Steuerrecht, das bei einem betrieblich verwendeten Pkw nur in besonderen Fällen von Pkws der Luxusklasse nach der Angemessenheit fragt (§ 4 Abs. 5 Nr. 7 EStG), liegt die Grenze im Unterhaltsrecht niedriger. Einer besonderen Prüfung soll es bedürfen, wenn der Pkw die Hauptausgabe darstellt.[519] Von Wichtigkeit ist auch, ob der Unterhaltspflichtige bereits während der Ehe ein entsprechendes Kfz nutzte, sodass hierdurch eine Eheprägung entstand.[520] 231

(8) Rückstellungen

Hat der Unternehmer Rückstellungen gebildet, die von der Steuerverwaltung anerkannt wurden, so sind diese gleichwohl unterhaltsrechtlich infrage zu stellen, wenn während bestehender Ehe keinerlei Rückstellungen für vergleichbare Fälle gebildet wurden.[521] 232

Das OLG Hamm sieht sogar die Möglichkeit, einem geschäftsführenden Mehrheitsgesellschafter fiktiv auch nicht ausgeschüttete Gewinne aus dem Betrieb eines Unternehmens zuzurechnen, wenn er in vorwerfbarer Weise die Obliegenheit verletzt hat, zumutbare Gewinne aus dem Unternehmen zu realisieren.[522] 233

Eine besondere Stellung nehmen die **Investitionsabzugsbeträge** nach § 7g EStG ein, weil bei ihnen als steuerpolitischem Lenkungsinstrument eine Investitionsabsicht bei Rückstellung nicht vorliegen muss. Gleichwohl können diese nach Ansicht des BGH unterhaltsrechtlich anzuerkennen sein.[523] Allerdings ist eine Korrektur erforderlich, wenn die Investition nicht erfolgt und die Rücklage später aufgelöst wird,[524] wenn sich also die Korrektur nicht von selbst innerhalb des Ermittlungszeitraums einstellt. 234

(9) Zwei-Konten-Modell

Ein steuerlich anerkanntes Zwei-Konten-Modell, das die Zinsen für private Ausgaben durch die Kombination von Entnahmen und betrieblichen Krediten in den Betrieb verlagert, ist unterhalts- 235

---

517 BGH, FamRZ 2006, 387 ff.
518 Zur Schwarzgeldproblematik: Strohal, Rn. 248 ff.; Kuckenburg/Perleberg-Kölbel, Rn. 59.
519 Schwab/Ernst/Borth, § 8 Rn. 930.
520 Wendl/Dose/Spieker, § 1 Rn. 330.
521 Schwab/Ernst/Borth, § 8 Rn. 893.
522 OLG Hamm, FamRZ 2009, 981.
523 BGH, FamRZ 2004, 1177 ff. – im konkreten Fall freilich anders entschieden.
524 Zu den einzelnen möglichen Sachverhaltskonstellationen: Götsche, ZFE 2006, 55 ff.

rechtlich ggf. zu korrigieren, wenn nicht die Zinsen etwa für das Familieneigenheim gezahlt werden, das im Unterhaltsbereich einbezogen ist.[525] Schon steuerlich ist seit der Einführung des § 4 Abs. 4 EStG zu beobachten, ob der Schuldzinsenabzug noch anerkannt werden kann.[526]

cc) Abzug von Steuern und Vorsorgeaufwendungen

(1) Steuern

236 Im Grundsatz will der BGH Steuern nur dann und in dem Zeitraum zum Abzug zulassen, in dem sie tatsächlich gezahlt worden sind (**In-Prinzip**).[527] Dem liegt der Gedanke zugrunde, dass sich die Steuerwirkungen über den Betrachtungszeitraum ausgleichen. Außerdem entspricht dies der Gleichbehandlung mit den Einkünften aus nicht selbstständiger Arbeit.

237 Allerdings ist das Einkommen des Selbstständigen **stark schwankend**. Dementsprechend sind auch die Steuerzahlungen sehr unterschiedlich. Da die ESt i.d.R. erst einige Jahre nach Ablauf des Veranlagungszeitraums in voller Höhe durch Nachzahlungen erhoben oder durch Steuererstattungen zurückgezahlt wird, treffen in vielen Fällen hohe Zahlungen gerade in Jahre mit niedrigerem Einkommen. Dies kann zu völlig **verzerrten Verhältnissen** führen, ganz besonders wenn nach Betriebsprüfungen Steuernachzahlungen gleich für mehrere aufeinander folgende Jahre anfallen und gleichzeitig erhöhte Vorauszahlungen für die noch nicht veranlagten Jahre und das laufende Jahr angefordert werden. Wenn sich diese im Ermittlungszeitraum wieder ausgleichen, dann kann es beim In-Prinzip verbleiben. Wenn jedoch ein Ausgleich in diesem Zeitraum nicht stattfindet, dann sollte die Steuerbelastung nach dem **Für-Prinzip** berechnet werden, sodass diejenige Steuer abzuziehen ist, die für das jeweilige Veranlagungsjahr anfällt und nicht diejenige, die im entsprechenden Jahr anfällt. Dieses Argument hat sich nach der Unterhaltsreform mit ihren verkürzten Unterhaltszeiträumen noch verstärkt.

238 Eine in diese Richtung weisende Entscheidung hat der **BFH**[528] getroffen, der im Rahmen der Berechnung der Opfergrenze für außergewöhnliche Belastungen nach § 33a EStG die **zivilrechtliche Unterhaltsberechnung auslotete** und in genau einem solchen Fall mit Nachzahlungen für mehrere Jahre und erhöhter Vorauszahlung entschied, die **Steuerzahlungen** in dem Dreijahreszeitraum seien zu **mitteln** und dann vom Durchschnittseinkommen abzuziehen.

239 Hinzu kommt, dass sich bei einer unterhaltsrechtlichen Korrektur von Ausgaben die Frage stellt, ob nicht auch die wegen dieser Ausgaben verminderten Steuern fiktiv wieder hinzugezählt werden müssen. So hat der BGH in einem Fall, in dem das steuerliche Einkommen durch Streichung der Ansparabschreibungen erhöht worden ist, entschieden, dass dann auch **fiktive Steuern auf die so erhöhten Gewinne** berücksichtigt werden müssen.[529]

240 Das Für-Prinzip wird für Selbstständige auch in einigen Unterhaltsleitlinien anerkannt,[530] zum Teil mit deutlichen Worten.[531] Nachdem nunmehr **auch in anderen Bereichen fiktive Steuerberechnungen** angestellt werden müssen, so etwa beim Splittingvorteil[532] oder bei Nichterfüllung der Obliegenheit, Steuervorteile in Anspruch zu nehmen,[533] wird auch bei den Gewinneinkünften diese Tendenz zunehmen,[534] vor allem da das BVerfG herausgestellt hat, dass es alleine die Schwierigkeiten fiktiver

---

525 Schwab/Ernst/Borth, § 8, Rn. 894; vgl. auch OLG Saarbrücken, FamRB 2006, 233.
526 Wendl/Dose/Spieker, § 1 Rn. 367; BFH, DStR 2018, 1545.
527 BGH, FamRZ 1990, 981, 983; BGH, FamRZ 2003, 741, 744; BGH, NJW 2007, 1628; BGH, FamRZ 2016, 1584.
528 BFH, DStR 2016, 1743.
529 BGH, FamRZ 2004, 1177, 1178.
530 OLG Düsseldorf und OLG Koblenz, 10.1., *www.famrb.de/unterhaltsleitlinien.html*.
531 OLG Hamm, Unterhaltsleitlinien 1.7.
532 BVerfG, FamRZ 2003, 1821 f.
533 Wendl/Dose/Spieker, § 1 Rn. 973.
534 So ausdrücklich Gerhardt/Gerhardt, Kap. 6 Rn. 139.

Steuerberechnung nicht gelten lassen will, zumal diese durch Berechnungsprogramme nunmehr relativ einfach möglich sei.[535]

Nicht zulässig soll es nach älterer BGH-Rechtsprechung sein, zunächst das Durchschnittseinkommen mehrerer Jahre zu bilden, hierbei zunächst die Steuerbelastung unbeachtet zu lassen und erst vom sog. Brutto-Durchschnittswert die darauf entfallende Steuerquote in Abzug zu bringen.[536] Der BFH indes entschied nun genau so.[537]

Das OLG Schleswig wertet eine Steuererstattung nicht als unterhaltsrechtlich relevantes Einkommen, wenn sie auf Ausgaben beruht, die unterhaltsrechtlich nicht berücksichtigt werden konnten.[538]

(2) Vorsorgeaufwendungen

Ein Selbstständiger kann Beiträge für eine regelmäßige freiwillige Krankenversicherung, berufsständische Versorgungswerke, aber auch eine angemessene Altersversorgung abziehen. Letztere wird sich an der gesetzlichen Rentenversicherung zu orientieren haben, allerdings mit der Besonderheit, dass der Selbstständige für den Arbeitgeber- und Arbeitnehmeranteil jeweils selbst aufkommen muss. Daher kann ein Anteil von **20 %** des nicht bereinigten erzielten Bruttoeinkommens für die **Gesamtaltersversorgung** durchaus als angemessen betrachtet werden.[539] Von Bedeutung ist hierbei auch, welche Beträge bereits während der Ehe für die Altersversorgung aufgewendet wurden, sodass sie schon die Ehe geprägt haben. Allerdings sind nicht etwa fiktive Altersversorgungsbeiträge abziehbar, sondern nur **die tatsächlich gezahlten**.[540] Es kommt aber nicht darauf an, ob die Beiträge bereits während der Ehezeit geleistet wurden. Es sind also auch nach der Trennung neu aufgenommene Altersvorsorgebeiträge beachtlich.[541]

Die Art der Altersversorgung soll dagegen beim Selbstständigen unerheblich sein, sodass auch Lebensversicherungen[542] oder Immobilien in Betracht kommen, soweit sie nach plausiblem Vortrag zur Alterssicherung geeignet sind.[543]

Entschieden hat der BGH allerdings auch, dass bei einem Selbstständigen, der Beiträge in eine gesetzliche Alterskasse zahlt, zusätzliche Beiträge regelmäßig nicht angemessen sind, wenn mangels Leistungsfähigkeit das Existenzminimum des Kindes nicht gedeckt werden kann.[544]

In ständiger Rechtsprechung billigt der BGH einen über die gesetzliche Altersversorgung hinausgehenden weiteren **Abzug von 4 %** des Bruttoeinkommens **für die Altersversorgung** mit Hinweis auf das Absinken des gesetzlichen Versorgungsniveaus.[545] Dies führt auch bei Selbstständigen zu einer Erhöhung der Abzugsmöglichkeiten, insb. bei gehobenen Einkommensverhältnissen.[546] Allerdings will der BGH nun dem Unterhaltsberechtigten auch einen um 4 % erhöhten Altersvorsorgeunterhalt zubilligen.[547]

---

535 Wieder für das Regel-Ausnahmeprinzip allerdings BGH, FamRZ 2016, 1584.
536 BGH, FamRZ 1985, 357, 358.
537 BFH, FamRZ 2016, 1584.
538 OLG Schleswig, NZFam 2015, 370.
539 OLG München, FamRZ 2000, 26; Schwab/Ernst/Borth, § 8 Rn. 933; Soyka, Rn. 83.
540 BGH, FamRZ 2003, 860, 863.
541 BGH, FamRZ 2009, 1207; Götsche, FamRB 2010, 16, 17.
542 Allerdings muss geprüft werden, ob die Lebensversicherung zur Altersversorgung dient. Dies ist zu verneinen bei Kreditverpfändung, Auszahlung weit vor Rentenalter oder wenn die versicherte Person nicht der Selbstständige ist, Strohal, Rn. 347.
543 Soyka, Rn. 84.
544 BGH, FamRZ 2003, 741.
545 BGH, FamRZ 2005, 1817.
546 BGH, FamRZ 2006, 387, 389; vgl. auch Empfehlungen des 16. Deutschen Familiengerichtstages, I.1.b) FamRZ 2005, 1962, zur Abzugsfähigkeit einer »2. Säule für die Altersversorgung«; Götsche, FamRB 2010, 16 ff.
547 BGH, NJW 2019, 3570.

Im Ergebnis können also etwa 25 % des nachhaltig erzielbaren Einkommens für die Altersversorgung verwendet werden.[548]

c) Prägendes Einkommen

246 Bei der Berechnung des Unterhaltsbedarfes – anders etwa bei der Frage der Leistungsfähigkeit – kommt nur solches Einkommen in Betracht, das die ehelichen Lebensverhältnisse geprägt hat.

247 Als solches ist das bis zur Ehescheidung nachhaltig erzielte Einkommen anzusehen. Prägend sind darüber hinaus auch Einkünfte, die auf einer schon während der Ehe angelegten beruflichen Entwicklung beruhen.[549] Auch eine Erbschaft, in deren Erwartung die Ehegatten schon zuvor weit über ihre Verhältnisse gelebt oder jedenfalls auf eine Altersversorgung verzichtet haben, kann selbst bei Anfall nach der Scheidung noch als eheprägend betrachtet werden.[550] Gleiches gilt für einen krankheitsbedingten Einkommensrückgang.[551]

248 Die bisherige Rechtsprechung sah das durch unzumutbare oder **überobligationsmäßige Anstrengungen** erzielte Einkommen zunächst **nicht** als eheprägend an, da die zugrunde liegende Tätigkeit auch während der Ehe jederzeit hätte eingestellt werden können[552] und mangels Dauerhaftigkeit keine prägende Wirkung entfalten konnte.[553]

249 In der Rechtsprechung der OLG deutete sich z.T. ein Wandel an. Danach sollte auch überobligationsmäßige Tätigkeit des Unterhaltsberechtigten als Surrogat i.R.d. Differenzmethode in Betracht kommen, jedoch zuvor vermindert um einen abstrakten Betreuungsbonus, der zusätzlich zu den konkreten Aufwendungen abziehbar ist.[554]

250 Hatte der BGH zunächst weiterhin auch bei Anwendung der Differenzmethode aufgrund der geänderten Rechtsprechung daran festgehalten, dass überobligationsmäßig erzieltes Einkommen bei der Berechnung des Unterhaltsbedarfes nicht einzubeziehen ist, so hat er seine Ansicht nunmehr geändert und teilt den überobligatorischen Erwerb in einen unterhaltsrechtlich relevanten und einen nicht unterhaltsrelevanten Teil. Der unterhaltsrechtlich relevante Teil des Einkommens hat die ehelichen Lebensverhältnisse geprägt. Der andere Teil bleibt bei der Unterhaltsberechnung völlig unberücksichtigt.[555] Die Aufteilung und die Höhe des Abzugs sind im Einzelfall konkret zu errechnen.[556] Einen pauschalen Betreuungsbonus lehnt der BGH ab.[557]

▶ Hinweis:

251 Der BGH teilt überobligationsmäßig erzieltes Einkommen auf. Der unterhaltsrechtlich relevante Teil ist eheprägend und bestimmt daher den Bedarf mit.

252 Eine solche Berücksichtigung nimmt das OLG Hamm etwa in der Weise vor, dass solche Einkünfte bei Vorliegen besonderer Umstände mit einem Anteil von 50 % als bedarfsdeckend anzurechnen sind.[558]

---

548 Schürmann, FamRB 2006, 242.
549 OLG Celle, OLGR 2006, 169.
550 BGH, FamRZ 2006, 387; hierzu Mende, NZFam 2020, 191 f.
551 BGH, FamRZ 2006, 387, 388.
552 BGH, FamRZ 1988, 256; Palandt/Brudermüller, § 1578 Rn. 4.
553 Soergel/Dieckmann, § 1578 Rn. 8.
554 OLG Hamm, FamRZ 2002, 1708; OLG Hamm. FamRZ 2003, 1105; AG Rastatt, FamRZ 2003, 1101.
555 BGH, FamRZ 2005, 1154; vgl. ferner OLG Hamm, NZFam 2014, 30.
556 BGH, FamRZ 2005, 1154 m. Anm. Gerhardt; damit grenzt sich der BGH von Meinungen ab, die ihn falsch verstanden haben und stellt klar, dass der unterhaltsrechtlich nicht relevante Teil auch nicht der Anrechnungsmethode unterliegt, BGH, FamRB 2005, 226.
557 BGH, NJW 2017, 1881 (Kindesunterhalt).
558 OLG Hamm, FamRZ 2004, 376.

Bei überobligationsmäßiger Tätigkeit des Verpflichteten will das OLG Hamm die Einkünfte jedoch voll als eheprägend einbeziehen, solange diese Tätigkeit ausgeübt wird.[559] Dies hat der BGH nunmehr anders entschieden und sieht auch die weitere Fortführung einer bisher bereits ausgeübten Tätigkeit über die Altersgrenze hinaus als überobligatorisch an.[560] Zweifelhaft wird sein, ob bereits die neu eingeführte Rente mit 63 als Regelaltersgrenze in diesem Sinne gelten kann.[561] 253

Prägend sind **auch** Kapital- oder **Vermögenserträge, wenn das Vermögen** als Anfangsvermögen i.S.d. Bestimmungen über den Zugewinn anzusehen ist, also z.B. bei Schenkung oder Erbschaft vor oder in der Ehe.[562] 254

Als eheprägend hat der BGH auch **Erträge** angesehen, die **aus Vermögen** erzielt werden, das ein Ehegatte **im Zugewinn** erlangt hat, wenn diese Erträge auch zuvor als Erträge des ausgleichspflichtigen Ehegatten die ehelichen Lebensverhältnisse geprägt haben.[563] Bei Kapitalerträgen in gehobenen Verhältnissen ist zu beachten, dass **nicht** alle **Erträge** die ehelichen Lebensverhältnisse prägen, wenn sie zur **Vermögensbildung** bestimmt sind. Allerdings ist hier stets auf das durchschnittliche Verhalten entsprechender Kreise abzustellen, sodass bei sehr sparsamer Lebensführung ggf. eine stärkere Prägung angenommen werden kann, als sie tatsächlich gelebt wurde. Wenn allerdings die Erträge als angespartes Vermögen im Zugewinnausgleich geteilt wurden, so ist das Doppelverwertungsverbot zu beachten.[564] Nach OLG Stuttgart[565] ist generell dasjenige Einkommen, das zur Vermögensbildung herangezogen wurde, nicht als eheprägend i.S.d. § 1578 Abs. 1 BGB zu berücksichtigen. Im konkreten Fall verwendeten die Ehegatten 25 % ihres gesamten Einkommens zur Vermögensbildung. 255

Als eheprägend in diesem Sinne ist auch das **mietfreie Wohnen** im eigenen Haus anzusehen, und zwar i.H.d. Differenz zwischen objektivem Mietwert einerseits und Aufwand andererseits.[566] 256

Die **Familienarbeit** wurde lange Zeit nicht als eheprägend angesehen. Diese Rechtsprechung haben der BGH[567] und das BVerfG nunmehr grundlegend verändert. Die Gerichte erkennen jetzt auch die Familienarbeit (Haushalt und Kindesbetreuung) des nicht berufstätigen Ehegatten als **eheprägend** an und sehen in der **nachfolgend aufgenommenen Erwerbstätigkeit** quasi ein **Surrogat** der bisherigen Haushaltstätigkeit desjenigen Ehegatten, der Familienarbeit leistete. Gleiches gilt für das Mehreinkommen durch Ausweitung einer Halbtags- zu einer Ganztagstätigkeit.[568] 257

Nicht eheprägend sind grds. Entwicklungen, welche nach der Scheidung erst eingetreten sind, so der unerwartete **Karrieresprung**.[569] War hingegen die Veränderung in der ehelichen Entwicklung angelegt und mit hoher Wahrscheinlichkeit zu erwarten, so kann auch diese Erwartung bereits die Ehe geprägt haben,[570] wenn die Eheleute ihren Lebenszuschnitt bereits auf diese Erwartung eingerichtet hatten und ein enger zeitlicher Zusammenhang der Veränderung mit der Scheidung noch besteht. Das OLG Celle will auch eine Einkommenssteigerung um das 3-fache noch nicht als Karrieresprung werten, wenn die Grundlagen dafür noch in der Ehe gelegt wurden, also die Kenntnisse 258

---

559 OLG Hamm, FamRZ 2009, 699.
560 BGH, NJW 2011, 670.
561 Hauß, FamRB 2014, 264 f.
562 BGH, FamRZ 1988, 1145; Palandt/Brudermüller, § 1578 Rn. 7.
563 BGH, FamRZ 2007, 1532 f.
564 BGH, FamRZ 2007, 1532 f. m. Anm. Maurer.
565 OLG Stuttgart, FamRZ 2013, 1988.
566 Nachfolgend Rdn. 264 ff.
567 BGH, DNotZ 2002, 440 ff. = FamRZ 2001, 986 = NJW 2001, 2254.
568 OLG Düsseldorf, FamRZ 2002, 1628.
569 BGH, FamRZ 2001, 986; eine Kasuistik zum Karrieresprung bietet Clausius, FF 2006, 233 ff.; als Stichtag soll die Trennung zu betrachten sein: OLG Brandenburg, FamRZ 2009, 986 f.
570 BGH, NJW 1987, 1555 (nicht prägend Rentenanteil aus dem Versorgungsausgleich, da Folge der Scheidung); BGH, NJW 1990, 3020 (Änderung Beamtenbesoldung durch Kind und Wiederheirat etwa bei den Ortszuschlägen); BGH, NJW 1999, 717.

der während der Ehe betriebenen Studien verwertet werden.[571] Einen Karrieresprung sieht das Gericht aber in der fünf Jahre nach Trennung erfolgten Berufung eines Oberarztes zum Chefarzt.[572]

259 Auch **ehebedingte Verbindlichkeiten** – d.h. solche, die bis zur Trennung einvernehmlich bestanden haben –[573] prägen die ehelichen Lebensverhältnisse und sind daher bereits beim Maß des Unterhalts abzuziehen, nicht erst bei der Leistungsfähigkeit.[574] Hierbei ist unerheblich, welcher Ehegatte die Verbindlichkeiten einging und wofür er sie verwendete. Ausgeschlossen sind allerdings solche Verbindlichkeiten, die leichtfertig, für Luxuszwecke oder ohne vernünftigen Grund eingegangen wurden[575] oder mit denen die Ehegatten die Kosten der allgemeinen Lebensführung bestritten.[576] Teilweise wird nunmehr im Anschluss an die Surrogatsrechtsprechung des BGH vertreten, dass auch Gebrauchsvorteile finanzierter Gegenstände, wie z.B. eines Pkw angesetzt werden müssen.[577]

260 **Kindesunterhalt**, der die ehelichen Lebensverhältnisse prägt, ist vor der Quotierung vom Einkommen abzuziehen, und zwar nach neuem Unterhaltsrecht mit dem Zahlbetrag, nicht mehr mit dem Tabellenbetrag.[578] Sofern kein Mangelfall[579] vorliegt, ist auch der Unterhalt für volljährige Kinder vorher abzuziehen. Unterhaltsansprüche nicht gemeinsamer Kinder sind zu berücksichtigen, sofern sie die ehelichen Lebensverhältnisse mit bestimmt haben.[580] Abgezogen werden auch Leistungen für Kinder, die zwischen Trennung und Scheidung geboren wurden.[581] **Stichtag** ist die **Rechtskraft der Scheidung**, so der BGH nach der »Rücknahme« der Rechtsprechung zu den wandelbaren Lebensverhältnissen.[582] Diskutiert wird derzeit, ob die Rechtsprechung des BGH zur Verpflichtung von Elternteilen **neben Betreuungsunterhalt auch Barunterhalt** zu leisten, etwa im Rahmen des Wechselmodells,[583] auch Auswirkungen auf die Berechnung des Ehegattenunterhaltes hat.[584]

261 Der BGH hat keine Bedenken dagegen, dass **erst durch den Vorwegabzug** des Kindesunterhalts die **Unterhaltsberechtigung** des Ehegattenunterhaltes wechselt, weil das Einkommen des Kindesbarunterhaltspflichtigen unter das seines Ehegatten sinkt.[585]

262 **Fiktive Einkünfte**, die bei der Beurteilung von Leistungsfähigkeit und Bedürftigkeit eine Rolle spielen, sollten **nicht** als eheprägend angesehen werden, da hier der Lebensstandard entscheidend ist, den die Ehegatten tatsächlich gelebt haben.[586] Anders ist dies aber, wenn ein Ehegatte nach der Scheidung seine Erwerbsobliegenheit verletzt und dadurch sein Einkommen unter das in der Ehe gewohnte Niveau herabsinkt. Hier sind die fiktiven Einkünfte prägend.[587] Fiktive Einkünfte als Surrogat der Familienarbeit sind in gleicher Weise prägend.[588] Wer es während längerer Ehezeit hinnimmt, dass

---

571 OLG Celle, FamRZ 2006, 704.
572 OLG Celle, FamRZ 2008, 1851 = NJOZ 2008, 3669.
573 KG, FamRZ 2008, 1631; MünchKomm-BGB/Maurer, § 1578 Rn. 890.
574 Soergel/Dieckmann, § 1578 Rn. 25; Weber, FPR 2006, 468, 469: Beim Bedarf können nur Verbindlichkeiten berücksichtigt werden, welche die ehelichen Lebensverhältnisse bestimmt haben; bei der Leistungsfähigkeit gelten andere Maßstäbe; KG, FamRZ 2008, 1631.
575 BGH, FamRZ 1996, 160; MünchKomm-BGB/Maurer, § 1578 Rn. 890.
576 Soergel/Dieckmann, § 1578 Rn. 22.
577 Maier, NJW 2002, 3359, 3363.
578 BGH, FamRZ 1990, 979; BGH, FamRZ 2009, 1477, BGH, NJW 2009, 2523; OLG Hamm, NJW 2008, 2049.
579 Zur Rangfolge bei mehreren Berechtigten s. Rdn. 515 f.
580 MünchKomm-BGB/Maurer, § 1578 Rn. 119.
581 BGH, FamRZ 1988, 1031, 1032; BGH, FamRZ 1999, 367, 369.
582 BGH, NJW 2012, 384; Wendl/Dose/Siebert, § 4 Rn. 440.
583 Vgl. hierzu BGH, NJW 2017, 1676.
584 So etwa Siede, FamRB 2018, 154 f.
585 BGH, NJW 2016, 322.
586 Soergel/Dieckmann, § 1578 Rn. 7.
587 BGH, FamRZ 1992, 1045, 1047.
588 BGH, FamRZ 2003, 434.

sich sein Ehepartner beruflich nicht engagiert, kann das gleiche Verhalten nach Trennung nicht als leichtfertig schelten.[589]

Für die Bedarfsberechnung hat der BGH einen **Mindestbedarf** in Höhe des Existenzminimums gefordert,[590] der daher nunmehr auch von den Unterhaltsleitlinien umgesetzt wird. So sieht etwa das OLG Düsseldorf einen Mindestbedarf in Höhe des Existenzminimums vor, die Süddeutschen Leitlinien legen den Betrag auf derzeit 880,00 € fest.[591]

263

d) Wohnvorteil

Der Gebrauchsvorteil, den die Ehegatten durch das mietfreie Wohnen im eigenen Haus oder in der eigenen Wohnung ziehen, ist bei der Berechnung des Bedarfs wie auch der Leistungsfähigkeit und Bedürftigkeit als **Einkommensbestandteil** mit in die Berechnung einzubeziehen.[592] Es handelt sich um eine **Nutzung** des Grundstücks i.S.d. § 100 BGB,[593] die andere Ausgaben für Mietzinsen erspart, die ansonsten Teil des allgemeinen Lebensbedarfs sind.[594] Andererseits muss der Eigentümer die Kosten und Lasten tragen und ggf. Zins- und Tilgungsleistungen aufbringen. **Nur die Differenz** zwischen dem sogleich noch näher zu bestimmenden **Gebrauchswert** einerseits und dem anzuerkennenden **Aufwand** andererseits ist als Wohnvorteil zu den Einkünften des Eigentümers zu rechnen. Es kommt also auf den Betrag an, um den der Eigentümer billiger als ein Mieter lebt.[595] Ein Haus, das erst nach der Trennung mit anderen als ehelichen Mitteln angeschafft wurde, ist nicht eheprägend.[596]

264

aa) Gebrauchsvorteil

Da es um Nutzungsvorteile geht, ist die Zurechnung eines Wohnvorteils unabhängig davon, woher das Geld für den Erwerb der Immobilie oder eines Nutzungsrechtes als Grundlage für den Wohnvorteil stammt. Lediglich **freiwillige Leistungen Dritter**, welche die Nutzung unentgeltlich gewähren, können dem Nutzungsberechtigten nicht als Wohnvorteil zugerechnet werden, da diese Leistungen keinen Einkommenscharakter haben.[597] Dies gilt auch, wenn der Ehegatte zwar Eigentümer eines Hauses ist, die Eltern jedoch ein Nießbrauchsrecht haben und den Ehegatten kostenfrei wohnen lassen.

265

Der mit dem **mietfreien Wohnen** in einem eigenen Haus oder einer Eigentumswohnung verbundene Vorteil ist grds. nach den **tatsächlichen Verhältnissen** und nicht nach einem pauschalen Ansatz zu bemessen. Maßgebend ist dabei i.d.R. der tatsächliche **objektive Mietwert** des Eigenheims.[598] Damit ist die frühere Rechtsprechung zur sog. »Drittelobergrenze« aufgegeben,[599] nach welcher der Wohnwert ein Drittel des zur Verfügung stehenden Einkommens nicht übersteigen durfte.[600]

266

---

589 OLG Brandenburg, OLGR 2009, 427: Mann lässt sich nach der Wende hängen.
590 Seit BGH, DNotZ 2010, 784 f.; BGH NJW 2010, 1665 = FamRZ 2010, 802; zum Mindestbedarf MünchKomm-BGB/Maurer, § 1578 Rn. 161 f.
591 Jeweils unter 15.1.; *www.famrb.de/unterhaltsleitlinien.html*.
592 Mittlerweile wird auch über die Einbeziehung anderer Gebrauchsvorteile diskutiert, so etwa die private Nutzung eines Dienstwagens, Tano, FamRB 2016, 404; OLG Karlsruhe, NZFam 2015, 969.
593 BGH, FamRZ 1990, 989, 990; BGH, FamRZ 2007, 879.
594 BGH, FamRZ 2003, 1179 und st. Rspr.
595 So Wendl/Dose/Gerhardt, § 1 Rn. 474.
596 OLG Brandenburg, FamRZ 2009, 1837.
597 OLG München, FamRZ 1996, 169; OLG Koblenz, FamRZ 2003, 534.
598 So BGH, FamRZ 2003, 1179; BGH, FamRZ 1998, 899.
599 Bestätigt durch BGH, FamRZ 2007, 879 f.
600 So noch BGH, FamRZ 1989, 1160.

267 Als Wohnwert ist die **objektive Marktmiete (Kaltmiete)** anzusehen.[601] Von diesem Wohnwert dürfen zur Berechnung des endgültigen Wohnvorteils noch die zugelassenen Abzugsposten subtrahiert werden. Das kann so weit gehen, dass sich sogar ein negativer Wohnwert ergibt.[602]

268 Das Verhältnis des Wohnvorteils zum **Erwerbstätigkeitsbonus** ist folgendermaßen zu sehen: Ergibt sich ein **positiver Wohnwert**, ist hiervon **kein Erwerbstätigkeitsbonus abzuziehen**. Ergibt sich hingegen ein **negativer Wohnvorteil**, ist dieser zu behandeln wie sonstige berücksichtigungsfähige Verbindlichkeiten, d.h. er ist vom Einkommen **abzuziehen, bevor** der **Erwerbstätigkeitsbonus** in Abzug gebracht wird.[603]

269 Dem angemessenen Wohnwert ist nicht noch ein fiktiver Wohnwert für die vom gemeinsamen Kind genutzte eigene Wohnung im Dachgeschoss hinzuzurechnen, wenn das Kind diese Wohnung auch schon vor Trennung mietfrei genutzt hat, denn die Ehe war dann nicht durch Mieteinnahmen bzgl. dieser Wohnung geprägt.[604]

270 Die Berücksichtigung des Wohnwertes als Nutzungsvorteil und der Abzug der Lasten jeweils i.R.d. Unterhaltsrechts schließen eine weitere Berücksichtigung etwa durch Geltendmachung eines Nutzungsentgeltes oder i.R.d. Gesamtschuldnerausgleichs aus.[605]

271 Bei der Berechnung von **Trennungs- und nachehelichem Unterhalt** wirkt sich der Wohnvorteil **unterschiedlich** aus.

272 Nach der **Trennung** bewohnt i.d.R. ein Ehegatte ein für ihn allein oder mit den Kindern viel zu großes Haus. Aus diesem Grund wird hier nicht die Marktmiete für das Gesamtobjekt angesetzt, sondern nur der **angemessene Wohnvorteil**. Danach ist zu ermitteln, welche Kosten der Berechtigte auf dem Wohnungsmarkt für eine seinen Bedürfnissen entsprechende kleinere Wohnung hätte.[606] Es ist notfalls der angemessene Wohnvorteil zu schätzen unter Berücksichtigung der Miete des Ausziehenden, einer um 1/3 gekürzten Marktmiete und den Einkommensverhältnissen der Ehegatten.[607] Die Begründung für diesen verminderten Wohnvorteil liegt v.a. darin, dass während der Trennungsphase die Versöhnung der Ehegatten noch gefördert werden soll. Für eine solche ist der Erhalt des Familienwohnheims wesentliche Voraussetzung. Was über den angemessenen Wohnvorteil hinausgeht, ist solange »totes Kapital«.[608]

273 Fraglich ist, **wie lange** dieser reduzierte Wohnwert anzunehmen ist. Der Standpunkt des BGH war, dass dies auch für eine **längere Trennungszeit** gelte, solange nur die Wiederherstellung der ehelichen Lebensgemeinschaft nicht ausgeschlossen ist, denn in dieser Zeit könne dem nutzenden Ehegatten eine Verwertung des Familienheims nicht angesonnen werden.[609] Der BGH befürwortete unter diesen Voraussetzungen den Ansatz des niedrigeren Wohnwertes in der Trennungszeit, also durchaus bis zu drei Jahren nach Trennung.[610] Der BGH hat ausdrücklich die Vorinstanz kritisiert in einem Fall, in dem diese nach Ablauf eines Jahres ohne Weiteres auf den vollen Wohnwert umgestellt hat.[611] Abzustellen ist vielmehr auf die Rechtshängigkeit des Scheidungsantrages oder die Vermögensaus-

---

601 BGH, FamRZ 1998, 87, 89; BGH, FamRZ 2000, 950 f.
602 BGH, FamRZ 2007, 879.
603 BGH, FamRZ 1997, 806, 807; BGH, FamRZ 1999, 367, 369; OLG Brandenburg, ZFE 2007, 471.
604 OLG Karlsruhe, FamRZ 2009, 48.
605 Finke, FPR 2008, 94, 97.
606 BGH, FamRZ 2007, 879; BGH, FamRZ 2000, 351, 353; OLG Schleswig, FamRZ 2005, 211.
607 Gerhardt, FuR 2007, 393, 394.
608 Koch/Margraf, § 1 Rn. 208.
609 BGH, FamRZ 2000, 351; OLG Köln, FamRZ 2014, 847.
610 Vgl. etwa BGH, FamRZ 2000, 950 f.; Borth, FamRB 2005, 36; Wever, FF 2005, 23; für Geltung während der gesamten Trennungszeit ohne Begrenzung auf das erste Trennungsjahr OLG Zweibrücken, FamRB 2007, 36. Nach Schürmann, FuR 2006, 385, 386 kann dies sogar nach Scheidung noch gelten, wenn der Umzug in eine kleinere Wohnung noch nicht verlangt werden kann.
611 BGH, NJW 2013, 461.

einandersetzung der Ehegatten. Auf den niedrigeren Wert ist nach BGH auch abzustellen, wenn der Unterhaltspflichtige versucht, die Immobilie zu veräußern, da ihm dann eine Vermietung nicht angesonnen werden kann.[612]

In der Literatur wird z.T. darauf abgestellt, ob eine **unterhaltsrechtliche Obliegenheit zur Nutzungsänderung** besteht. Danach kann der angemessene Wohnvorteil auch weiterhin angesetzt werden, wenn durch Veräußerung oder Vermietung keine erhöhte Leistungsfähigkeit oder verminderte Bedürftigkeit hergestellt werden kann.[613] Andererseits kann bei langer Trennung dann schon vor Rechtskraft der Scheidung auf die Marktmiete abgestellt werden,[614] wenn ausgeschlossen werden kann, dass die Ehe fortgesetzt wird.[615] Hierbei ist sicherlich auch zu bedenken, dass anderenfalls Anreiz bestünde, die Scheidung hinauszuzögern, um von dem niedrigeren angemessenen Wohnwert zu profitieren, und dass der Gesetzgeber das Scheitern der Ehe nach 3-jähriger Trennung unwiderleglich vermutet, § 1566 Abs. 2 BGB.[616] Im Rahmen des Kindesunterhaltes bei gesteigerter Unterhaltspflicht nach § 1603 Abs. 2 Satz 1 BGB besteht eine besondere Verpflichtung zu ertragbringender Nutzung, sodass die Verwertung der zu großen Immobilie durch Verkauf oder Vermietung angesonnen werden kann, ggf. schon früher als im Rahmen des Ehegattenunterhaltes.[617]

274

▶ Hinweis:

Der BGH[618] hat nunmehr klargestellt, dass der **volle Mietwert ab dem Zeitpunkt** anzusetzen ist, von dem an eine Wiederherstellung der ehelichen Gemeinschaft nicht mehr zu erwarten ist. Der Zeitpunkt soll jedenfalls dann erreicht sein, wenn der **Scheidungsantrag rechtshängig** geworden ist oder wenn die Ehegatten **die vermögensrechtlichen Folgen ihrer Ehe abschließend geregelt** haben.[619]

275

Mit dem Abschluss einer **Scheidungsvereinbarung**, die abschließend die güterrechtlichen Folgen regelt, erhöht sich der Wohnvorteil auf den vollen Mietwert.

Das Urteil des BGH wird in der Literatur mit Zustimmung,[620] aber auch mit Kritik aufgenommen. So stelle die Entscheidung einen Systembruch dar, ohne ihn zu thematisieren.[621] Ferner wird kritisiert, dass der BGH mit dieser Entscheidung Hausschulden ohne Rechtfertigung anders behandle als andere Verbindlichkeiten und dass man bei Weglassen der Tilgung auch den Wohnwert nur so weit zurechnen dürfe, wie er bereits abgezahlt ist.[622] Letztlich sei allein auf die Obliegenheitsverletzung abzustellen, die Wohnung nicht anderweitig zu nutzen.[623]

276

Bei Veräußerung bereits während der Trennungszeit sind die Zinsen – Gleiches muss für den Wohnwert einer vom Erlös angeschafften Ersatzimmobilie gelten – auch hier schon als Surrogat des Wohnwertes anzusehen.[624]

277

---

612 BGH, NZFam 2014, 693.
613 Schürmann, FuR 2006, 440 f.; OLG Zweibrücken, FamRZ 2007, 470: für den gesamten Trennungszeitraum.
614 Wever, FF 2005, 23; für ein Ansetzen des objektiven Wohnwertes bei schnellem Scheidungsverfahren schon nach Ablauf des Trennungsjahres: OLG Hamm, FamRZ 2005, 367.
615 Graba, FamRZ 2006, 821, 822.
616 Gerhardt, FuR 2007, 393.
617 BGH, FamRB 2014, 203.
618 BGH, NJW 2008, 1946 f. = ZFE 2008, 268; vgl. auch BGH, FamRB 2012, 103.
619 Dem folgend: OLG Köln, FamRZ 2009, 449.
620 Wendl/Dose/Gerhardt, § 1 Rn. 507; Griesche, NJW 2008, 1949.
621 Juncker, FamRZ 2008, 1601.
622 Norpoth, FamRZ 2008, 2245 ff.
623 Graba, FF. 2008, 253 ff., der für eine Berücksichtigung des Wohnvorteils auch i.R.d. Kindesunterhalts plädiert; krit. auch Büttner, FamRZ 2008, 967 f.
624 BGH, FamRZ 2001, 986, 991; BGH, FamRZ 2005, 1159.

278 Im **Mangelfall** vertreten die Gerichte noch eine zusätzliche Begrenzung des Wohnvorteils. Dieser könne dann nicht höher sein als der in der Berechnung des **Selbstbehaltes** nach den Unterhaltsrichtlinien enthaltene Anteil an der **Kaltmiete**.[625] Gefordert wird zudem, bei beengten Verhältnissen sei eine Gegenkontrolle anhand des ohne Wohnvorteil verfügbaren Einkommens durchzuführen. Dieses dürfe den Betrag nicht unterschreiten, der für einen Empfänger von ALG II zur freien Verfügung steht.[626]

279 Beim **nachehelichen Unterhalt** – das Scheitern der Ehe ist nun endgültig – gibt es i.d.R. keinen Grund mehr, von der geschilderten objektiven **Marktmiete** (Netto-Kaltmiete) abzuweichen, denn nach der Scheidung kann der Ehegatte die zu große Wohnung verwerten. Tut er dies nicht, muss er sich den vollen Wohnwert als Einkommen anrechnen lassen.[627]

280 Hierbei ist allerdings **nicht schematisch** zu verfahren. In Ausnahmefällen kann ein niedrigerer Wert anzunehmen sein, wenn eine Vermietung oder ein Verkauf trotz Bemühen nicht erfolgreich war, sodass eine weitere Vermögensverwertung aus Billigkeitsgründen nicht verlangt werden kann.[628]

bb) Abzugsposten

281 **Verbrauchsunabhängige Nebenkosten**, mit denen ein Mieter üblicherweise nicht belastet wird,[629] **Instandhaltungskosten und Rücklagen** – diese allerdings nur in angemessener Höhe, d.h. entsprechend den Instandsetzungsnotwendigkeiten –,[630] Hausverwalterkosten sowie Zins- und Tilgungsleistungen[631] – insoweit sogleich näher erläutert – für die Baufinanzierungskredite sind von dem Wohnwert abzusetzen, wenn der nutzende Ehegatte sie trägt. Nach den Leitlinien der OLG[632] (zumeist Nr. 5) mindern diejenigen verbrauchsunabhängigen Kosten den Wohnwert nicht, welche wieder auf den Mieter umgelegt werden können.[633] So hat inzwischen auch der BGH unter Aufgabe seiner früheren Rechtsprechung entschieden.[634]

282 Bei der **Bedarfsbemessung** waren nach früherer Rechtsprechung hierbei stets Zins- und Tilgungsleistung anzusetzen (sowohl beim Trennungs- wie beim nachehelichen Unterhalt), da diese Leistungen eheprägend waren.[635]

Danach hat der BGH[636] wie folgt **differenziert**: Bei **Miteigentum** verbleibt es bei der bisherigen Rechtsprechung, da die Tilgung beiden Ehegatten zugutekommt. Bei **Alleineigentum** hingegen stellt die **Tilgung** nach Ansicht des BGH eine **einseitige Vermögensbildung** dar, die dem anderen Ehegatten nicht mehr zugutekommt. Das war jedenfalls nach Zustellung des Scheidungsantrages im gesetzlichen Güterstand so und bei Gütertrennung ohnehin.[637] Daher war grundsätzlich hier auch beim

---

625 OLG Nürnberg, NJW-RR 2008, 600 = FamRZ 2008, 992; OLG Stuttgart, NJW-RR 2007, 1380.
626 Schürmann, FuR 2006, 385, 386 mit Berechnungsbeispiel.
627 BGH, FamRZ 2000, 950: für den Elternunterhalt; Wendl/Dose/Gerhardt, § 1 Rn. 481.
628 BGH, FamRZ 2003, 1179.
629 Modifikation der Frankfurter Unterhaltsgrundsätze, FamRB 2006, 258; BGH, FamRZ 2000, 351, 354; BGH, FamRZ 2005, 1817 ff.; BGH, FamRZ 2007, 879; Reinecke, ZFE 2004, 361, 365.
630 BGH, FamRZ 2000, 351, 154.
631 BGH, FamRZ 2000, 351, 354: Jedenfalls Zins und Tilgung bei Instandhaltungskosten.
632 *Www.famrb.de/unterhaltsleitlinien.html.*
633 So OLG Düsseldorf, FuR 2008, 411.
634 BGH, NJW 2009, 2523.
635 Borth, FamRB 2003, 328, 329; MüHdbFamR/Grandel, 4. Aufl., § 8 Rn. 47; Gerhardt, FuR 2007, 393, 395; Letzterer folgert aus BGH, FamRZ 2007, 879, dass der BGH die Positionen bei Bedarf, Leistungsfähigkeit und Bedürftigkeit nunmehr einheitlich berücksichtigt. Gerhardt folgert überhaupt aus BGH, FamRZ 2006, 683 ff., dass damit die Unterscheidung zwischen Bedarf und Leistungsfähigkeit oder Bedürftigkeit eingeebnet sei, Gerhardt, FamRB 2006, 210, 212; differenzierend Wohlgemuth, FuR 2007, 503 mit Berechnungsbeispielen je nach Eigentümerstellung und Nutzung.
636 BGH, FamRZ 2008, 963; hierzu Wendl/Dose/Gerhardt, § 1 Rn. 507, 510.
637 BGH, NJW 2010, 3097, Tz. 10.

Bedarf schon die Tilgung ab dem Zeitpunkt nicht mehr zu berücksichtigen, ab dem der andere Ehegatten nicht mehr von ihr profitierte.

Diese **Rechtsprechung** hat der BGH nun erneut **präzisiert**[638] und klargestellt, dass eine einseitige Vermögensbildung noch nicht vorliegt, wenn die Tilgung nach Vorabzug der Zinsen nicht über den Wohnwert hinausgeht, denn ohne die Tilgung gäbe es diesen Wohnwert nicht. **Bis zum Erreichen des Wohnwertes ist die Tilgung also nunmehr zu berücksichtigen,** da sie dem anderen Ehegatten über den Wohnwert zugutekommt, den es sonst nicht gäbe. Dem soll auch das Verbot der Doppelverwertung nicht entgegenstehen, obwohl die Tilgung zum einen beim Zugewinn (Einstellen der Schuld zum Stand Scheidungsantrag) und zum anderen beim Unterhalt berücksichtigt wird, da es ohne die Tilgung keinen Wohnwert gegeben hätte, der unterhaltsrechtlich berücksichtigt werden könnte.[639]

Diese Ansicht des BGH wird allerdings in der Rechtsprechung der Obergerichte keinesfalls flächendeckend umgesetzt.[640]

Beim Bedarf ist der Wohnvorteil dann anzusetzen, wenn die Ehe bereits durch den Wohnvorteil geprägt wurde. Hatte der Wohnwert die Ehe geprägt und wird aus einem Veräußerungserlös eine Ersatzimmobilie angeschafft, die zusätzlich mit Kredit finanziert wird, dann sind die Tilgungen in diesem Fall nicht abzuziehen, sondern als einseitige Vermögensbildung anzusehen.[641]

Im Rahmen der **Bedarfsberechnung** sind **Zins- und Tilgungsleistungen** beim **Trennungsunterhalt abziehbar,** auch soweit die Tilgungsleistungen den Wohnvorteil übersteigen, jedenfalls solange dies dem anderen Ehegatten zugutekommt, also bis zur Zustellung des Scheidungsantrags oder der Vereinbarung von Gütertrennung im Rahmen einer Scheidungsvereinbarung.[642] Danach gelten die Grundsätze wie beim nachehelichen Unterhalt.

Beim **Trennungsunterhalt** sind **Zins- und Tilgungsleistungen** auch i.R.d. Bedürftigkeit und Leistungsfähigkeit in die Berechnung einzubeziehen.[643] Es müsste auch weiterhin zu einem negativen Wohnwert kommen können, wenn Zins- und Tilgungsleistungen höher sind.[644] Allerdings ist in den Fällen, in denen Zins und Tilgung beim Bedarf eingerechnet wurden, i.R.d. Bedürftigkeit eine Grenze zu beachten: Hier können Kreditraten immer nur bis zur Höhe der eigenen anrechenbaren Einkünfte vermehrt um den Wohnvorteil abgezogen werden. Ansonsten würde durch einen weiteren Abzug der Bedarf nochmals erhöht.[645]

▶ Berechnungsbeispiel:[646]

a) Bedarf
Unterhaltsrelevantes Einkommen des Pflichtigen   2.042,00 €
Unterhaltsrelevantes Einkommen der Berechtigten   592,00 €
Wohnvorteil der Berechtigten   500,00 €
Abzgl. Hauslasten   – 1.118,00 €

---

638 BGH, FamRZ 2017, 519 = NJW 2017, 1169 zunächst für Elternunterhalt, aber bestätigt in BGH, NJW 2018, 2638, Tz. 31 auch für Ehegattenunterhalt; zur Bedeutung dieser Entscheidung: Borth, FamRZ 2017, 682; Schürmann, FamRZ 2018, 1041; Finke, FF 2019, 2; Viefhues, FuR 2019, 306 f.
639 Wendl/Dose/Siebert, § 4 Rn. 484 f.
640 Vgl. etwa OLG Brandenburg, NJOZ 2019, 1297.
641 Wendl/Dose/Gerhardt, § 1 Rn. 514.
642 Borth, FamRZ 2019, 160, 161.
643 Differenziert und ausführlich Wendl/Dose/Gerhardt, § 1 Rn. 507 ff. Dies soll nach Ansicht des OLG Hamm nur dann nicht mehr gelten, wenn eine Wiederherstellung der ehelichen Lebensgemeinschaft nicht mehr zu erwarten ist und das Scheidungsverfahren zügig durchgeführt wird, OLG Hamm, FamRZ 2005, 367 – insoweit anders als BGH, FamRZ 2000, 351.
644 Schwolow, FuR 2006, 73 f. mit guter Übersicht über die Berechnung des Wohnvorteils.
645 BGH, FamRZ 2007, 879 = ZFE 2007, 306.
646 Zitiert aus BGH, FamRZ 2007, 879.

Gesamteinkünfte	2.016,00 €
Unterhaltsbedarf der Berechtigten (50 %)	1.008,00 €
b) Höhe des Unterhaltsanspruchs/Bedürftigkeit	
Bedarf der Berechtigten	1.008,00 €
abzgl. eigenes Einkommen	– 592,00 €
abzgl. Wohnvorteil	– 500,00 €
zzgl. Hauslasten (eigentl. 1.118,00 €, aber begrenzt auf)	1.092,00 €
Unterhaltsanspruch	1.008,00 €

289 Grund für die Berücksichtigung der Zins- und Tilgungsleistungen ist, dass dem Eigentümer eine Verwertung noch nicht zugemutet werden kann und dass der andere Ehepartner über den Zugewinn an der weiteren Wertsteigerung bzw. Tilgung teilnimmt.[647]

290 Der BGH hat jetzt deutlich gemacht, dass ein **Abzug der Tilgung dann ausscheidet, wenn der andere Ehegatte von dieser Vermögensbildung nicht mehr profitiert** und anderenfalls eine einseitige Vermögensbildung zulasten des Unterhaltsberechtigten vorläge. Sind die Ehegatten Miteigentümer und einer tilgt, so kommt die Tilgung immer dem anderen Ehegatten zugute. Sodann hat der BGH[648] zwei Ereignisse benannt, mit deren Eintritt bei Alleineigentum die Tilgung nicht mehr abgezogen werden kann. Dies ist zum einen die **Rechtshängigkeit des Scheidungsantrags**, die nach § 1384 BGB für die Zugewinnberechnung und nach der Neufassung auch für die Vermögenswertbegrenzung maßgeblich ist.[649] Zum anderen ist dies eine **endgültige Regelung von Zugewinn und Vermögensausgleich**, die im Fall des BGH schon bei Trennung stattfand, sodass schon ab diesem Zeitpunkt der volle Mietwert ohne Tilgung anzusetzen war. Nach OLG Saarbrücken gilt dies dann auch für den Kindesunterhalt.[650]

291 Nun hat der **BGH** weiter präzisiert und entschieden, dass die **Tilgung auch über die genannten Zeiträume hinaus abgezogen** werden darf, **soweit** sie nach Abzug der Zinsen den **Wohnwert nicht übersteigt**. Auch insoweit komme dem anderen Ehegatten die Tilgung zugute, denn ohne diese hätte es auch keinen Wohnwert gegeben.[651]

292 Der BGH hat allerdings auch darauf hingewiesen, dass nach seiner neuen Rechtsprechung bis zu 4 % des Bruttoeinkommens als **zusätzliche Altersversorgung** abgezogen werden dürfen und dies auch auf die **Tilgung einer Immobilienverbindlichkeit** Anwendung findet.[652] Insoweit kann die Tilgung also auch über den Wohnwert hinaus Berücksichtigung finden.

293 Hatten die Ehegatten ein **Haus in Miteigentum** und **erwirbt ein Ehegatte die Haushälfte vom anderen hinzu**, dann ist beim Erwerber der Wohnvorteil voll anzusetzen. Zins und Tilgung in der bisherigen Höhe mindern Bedarf oder Leistungsfähigkeit. Bei einem Kredit für den Hinzuerwerb dürfen aber nur die Zinsen abgezogen werden, nicht die Tilgung, diese ist allenfalls im Rahmen zusätzlicher Altersvorsorge berücksichtigungsfähig.[653]

294 Muss ein Ehegatte für den Wert des bei ihm verbleibenden Eigenheims Zugewinnausgleich zahlen und nimmt er hierfür einen Kredit auf, sind diese Kreditzinsen nicht vom Wohnvorteil absetzbar.[654]

---

647 BGH, FamRZ 2007, 879.
648 BGH, NJW 2008, 1946; BGH, NJW 2013, 461.
649 So schon Gerhardt, FuR 2007, 393 ff.
650 OLG Saarbrücken, FamRZ 2010, 1344.
651 BGH, NJW 2017, 1169.
652 BGH, NJW 2008, 1946.
653 BGH, FamRZ 2005, 1159 f.; BGH, FamRZ 2005, 1817, 1820 f.; BGH, FamRB 2014, 243; krit. zu dieser Rspr. Graba, FamRZ 2006, 821, 827; anders auch OLG Hamm, NJW-RR 2003, 510 und OLG Saarbrücken, NJW-RR 2005, 444, die den Wohnwert und die Zinsen aus dem Verkauf des halben Anteils gegeneinander aufheben wollen.
654 Borth, FamRB 2003, 328, 329 m.w.N.

Sofern der Wohnwert auf diese Weise bei der Unterhaltsberechnung der Ehegatten[655] gewichtet worden ist, kommen insoweit andere Ansprüche wie Gesamtschuldnerausgleich oder Nutzungsentgelt nicht in Betracht.[656] Noch nicht ausdiskutiert ist die Frage, ob der Ansatz eines Wohnvorteils am Verbot der **Doppelverwertung** scheitert, wenn die Wohnung bereits im Zugewinnausgleich berücksichtigt wurde.[657] Ein paralleles Problem ergibt sich bei der Tilgung, wenn diese unterhaltsrechtlich zu einem Abzug führt, ohne im Zugewinn erfasst zu werden.[658] Die Meinung überwiegt jedoch, dass hier **kein Verstoß** gegen das Doppelverwertungsverbot vorliegt, da es beim Zugewinnausgleich um den Vermögensstamme gehe und beim Wohnvorteil um die Erträge.[659]

295

Neu in die Diskussion wird die Frage geworfen, ob nicht im Unterhaltsrecht ebenso wie im Güterrecht ein fiktiver Steuerabzug beim Wohnvorteil berücksichtigt werden müsse, wenn man eine fiktive Miete zur Grundlage legt.[660]

296

Auch im Güterstand der **Gütertrennung**, bei dem sich das Problem einer Doppelverwertung i.R.d. Zugewinnausgleichs nicht stellt, gilt das unterhaltsrechtliche **Verbot der Vermögensbildung auf Kosten des anderen Ehegatten**, sodass nur noch der Zinsanteil abzugsfähig ist, wenn das Scheitern der Ehe feststeht, bzw. nach der geschilderten neuen Rechtsprechung des BGH die Tilgung bis zur Höhe des Wohnwertes. Hier könnte man dafür plädieren, parallel zur Zugewinngemeinschaft auf den Zeitpunkt der Rechtshängigkeit des Scheidungsantrages abzustellen. Eigentlich steht aber bereits vorher mit dem endgültigen Scheitern der Ehe fest, dass es sich nur noch um einseitige Vermögensbildung handelt. Daher könnte man – der herrschenden Auffassung beim Aufleben von Ausgleichsansprüchen i.R.d. Gesamtschuldnerausgleichs folgend[661] – die **endgültige Trennung**, die sich jedenfalls mit dem Auszug aus der ehelichen Wohnung manifestiert, als entscheidenden Stichtag ansehen, ab dem **Tilgungen nur mehr bis zur Höhe des Wohnvorteils abgezogen** werden dürfen.[662]

297

Bei **Gütergemeinschaft** soll der entscheidende Stichtag erst die Rechtskraft des die Gütergemeinschaft aufhebenden Urteils sein.[663]

298

Ein in der Praxis häufiger Fall ist bei einer **Scheidung nur kurze Zeit nach dem Hausbau** – die wohl aufgrund der besonderen Anspannung in dieser Phase nicht selten zu beobachten ist – die Veräußerung des Hauses zu einem Wert, der die **Schulden nicht deckt**. Übernimmt hier ein Ehegatte die Schuldentilgung und Verzinsung allein, wird dies unterhaltsrechtlich zu berücksichtigen sein, da er diese Leistung für beide haftenden Ehegatten erbringt.[664] Je nach Höhe der verbleibenden Verbindlichkeiten kann der Ehepartner jedoch auch gehalten sein, die Verbraucherinsolvenz zu beantragen, insb. wenn vorrangig Kindesunterhalt in Betracht kommt. Gegenüber dem Ehegatten besteht eine solche Obliegenheit jedoch nicht.[665]

299

---

655 Nicht ausreichend ist eine Berücksichtigung beim Kindesunterhalt. Dies schließt ein Nutzungsentgelt unter Ehegatten noch nicht aus, OLG Karlsruhe, NJW-RR 2005, 1240.
656 BGH, FamRZ 1994, 1100 1102.
657 So Graba, FamRZ 2006, 821, 828; eine differenzierte Lösung schlägt vor: Wohlgemuth, FuR 2007, 503.
658 Hierzu mit Rechenbeispiel Wendl/Dose/Siebert, § 4 Rn. 484 f.
659 Borth, FamRZ 2017, 682, 684; Borth, FamRZ 2019, 160, 162.
660 Hauß, FamRB 2016, 203, der dies aber bei unterschiedlichen Steuersätzen für ungerecht hält und nach Angemessenheitskriterien im Einzelfall bewerten will; Viefhues, FuR 2018, 117.
661 OLG Dresden, FamRZ 2003, 158; OLG Hamm, FamRZ 1999, 1501; OLG Köln, FamRZ 1992, 832; OLG Frankfurt am Main, FamRZ 2005, 908; OLG Bremen, OLGR 2005, 315; a.A. OLG München, FamRZ 2000, 672: erst ab Rechtshängigkeit.
662 Krause, Familienheim, 1/48 ff.
663 Krause, Familienheim, 1/54.
664 Krause, Familienheim, 1/69 f.
665 BGH, NJW 2008, 851.

300 Das OLG Düsseldorf hat entschieden, dass es bei einer Sondertilgung eines Hauskredites möglich wäre, die früheren Zinsbeträge fiktiv fortzuschreiben, da keine Veranlassung besteht, dem anderen Ehegatten diesen Zinswegfall zugutekommen zu lassen.[666]

cc) Altersvorsorge

301 Eine Besonderheit gilt dann, wenn die **Immobilie als Altersvorsorge** für den tilgenden Ehegatten dient. Der BGH[667] hat mittlerweile ausgesprochen, dass die gesetzliche Rentenversicherung allein auch unter Berücksichtigung des Versorgungsausgleichs den Lebensstandard im Alter nicht sichern kann. Es müsse ferner zusätzlich privat vorgesorgt werden. Eine solche private Altersvorsorge erkennt der BGH daher auch beim Ehegattenunterhalt an und gestattet, diese Beträge unterhaltsrechtlich sowohl beim Pflichtigen wie auch beim Berechtigten zu berücksichtigen.

302 Allerdings macht der **BGH** zwei Einschränkungen. Solche zusätzliche private Altersvorsorge ist nur **bis zu höchstens 4 % des Vorjahresbruttoeinkommens** abziehbar. Ferner ist eine abschließende Angemessenheitsprüfung des ermittelten Unterhalts vorzunehmen. Ferner erhöht der BGH nunmehr auch den Altersvorsorgeunterhalt des Berechtigten um 4 %.[668]

303 Allgemein sind Altersvorsorgebeträge nur dann zum Abzug zugelassen, wenn sie auch **tatsächlich erbracht** werden. Ein rein fiktiver Abzug ist also unzulässig.[669] Es kommt aber nicht darauf an, ab die Beiträge bereits während der Ehezeit geleistet wurden. Es sind also auch nach der Trennung neu aufgenommene Altersvorsorgebeiträge beachtlich.[670]

304 In diesem Zusammenhang hat der BGH ausdrücklich den Erwerb des früheren Familienwohnheims als eine Form der Altersvorsorge genannt.

305 Daraus folgt, dass eine **Tilgung**, die nach allgemeinen Maßstäben beim nachehelichen Unterhalt nicht mehr **abgezogen** werden dürfte, dennoch abgezogen werden darf, wenn und **soweit** sie sich i.R.d. privaten Altersvorsorge hält.[671]

dd) Verwertungspflicht

306 Im Unterhaltsrecht besteht die **Obliegenheit**, vorhandenes **Vermögen** so **ertragreich** wie möglich anzulegen, um die Leistungsfähigkeit zu erhöhen oder die Bedürftigkeit zu mindern.[672]

307 **Während der Trennungszeit** besteht nach allgemeiner Ansicht **noch keine Verpflichtung zur Aufgabe des Eigenheims** und Anmietung einer der neuen Situation entsprechenden kleineren Wohnung,[673] denn die Wiederherstellung der ehelichen Lebensgemeinschaft soll nicht zusätzlich erschwert werden.

308 **Anders** hingegen wird die Situation nach Scheidung für den **nachehelichen Unterhalt**. Hier besteht grds. die Obliegenheit, eine wirtschaftlich angemessene Nutzung des für den verbleibenden Ehegatten zu großen Hauses zu verwirklichen. Er kann daher gehalten sein, einzelne Räume oder einen Teil des Hauses zu vermieten, soweit dies nach den räumlichen Verhältnissen möglich ist. Es kann ihm sogar obliegen, ein zu großes Haus vollständig zu vermieten und sich selbst eine angemessene kleinere Wohnung zu suchen.[674] Bei dieser **Obliegenheit** sind allerdings **Zumutbarkeitsgesichtspunkte**

---

666 OLG Düsseldorf, NJW 2009, 600.
667 BGH, FamRZ 2005, 1817, 1822; BGH, NJW 2008, 1946.
668 BGH, NJW 2019, 3570.
669 BGH, FamRZ 2003, 860, 83; BGH, FamRZ 2007, 793; Büttner, FamRZ 2004, 1918, 1920.
670 BGH, FamRZ 2009, 1207; Götsche, FamRB 2010, 16, 17.
671 BGH, NJW 2008, 1946; BGH, FamRZ 2007, 879; BGH, FamRZ 2005, 1817, 1822; Gerhardt, FuR 2007, 393, 395; Gerhardt, FamRZ 2007, 945, 947.
672 BGH, FamRZ 2003, 1179.
673 BGH, FamRZ 1989, 1160, 1161; BGH, FamRZ 2000, 950, 951; Huhn, RNotZ 2007, 177, 179.
674 BGH, FamRZ 2000, 950 f.

zu beachten und es ist eine entsprechende Abwägung beiderseitiger Interessen durchzuführen. Im Hinblick auf eine Obliegenheit zur Verwertung, insb. aber zum Verkauf[675] werden die Kriterien der §§ 1577 Abs. 3 und 1581 Satz 2 BGB zu beachten sein, wonach eine Verwertungspflicht nicht besteht, wenn die Verwertung unwirtschaftlich oder unter Berücksichtigung der beiderseitigen wirtschaftlichen Verhältnisse unbillig ist.

Besteht nach diesen Grundsätzen **ausnahmsweise keine Obliegenheit zur Verwertung**, kann **nicht die volle Marktmiete** des Objektes als Wohnwert angesetzt werden. Vielmehr ist in diesen Fällen auch beim nachehelichen Unterhalt lediglich die Miete für eine angemessene, den eigenen Bedürfnissen genügende kleinere Wohnung anzusetzen.[676] 309

Eigentlich teilt sich somit beim nachehelichen Unterhalt die Zurechnung der Wohnung auf in einen Wohnwert i.H.d. Miete für eine angemessene Wohnung und den Differenzbetrag zur Marktmiete, der fiktiv wegen Obliegenheitsverletzung bei Verwertung der Wohnung zugerechnet wird.[677] 310

ee) Verkaufserlös als Surrogat

Mit der Änderung der Rechtsprechung und dem Wechsel von der Anrechnungs- zur Differenzmethode bei der Aufnahme einer Erwerbstätigkeit erst nach der Ehe[678] hat der **BGH** die neue Erwerbstätigkeit als »**Surrogat**« der vorherigen Familienarbeit in die Unterhaltsberechnung einbezogen. Diese Surrogatslösung hat der BGH **auf den Verkaufserlös** einer bisher als **Ehewohnung** genutzten Immobilie **übertragen**,[679] sodass die Zinsen aus dem Verkaufserlös oder ein erneuter Wohnvorteil bei einer Ersatzanschaffung[680] prägendes Einkommen darstellen.[681] Somit zieht der BGH eigentlich nicht mehr nur den Nutzwert, sondern den Anlagewert für Unterhaltszwecke heran,[682] denn der Zinsertrag ist auch dann maßgeblich, wenn er – in der momentanen Niedrigzinsphase eher theoretisch – den früheren Wohnwert übersteigt[683] – anders die vorherige Rechtsprechung, welche nur den Wohnvorteil fortgeschrieben hat.[684] Diese Rechtsprechungsänderung wird begrüßt, da nunmehr die Ehegatten das Risiko des Verkaufs der Scheidungsimmobilie teilen.[685] 311

Gehört die Scheidungsimmobilie beiden Ehegatten zum **Miteigentum je zur Hälfte** und teilen diese bei einem **Drittverkauf** den Erlös abzgl. der Restschuld, wird durch die neue Rechtsprechung die Unterhaltsberechnung einfacher, denn die Zinseinnahmen und Zurechnungen können für beide Ehegatten in gleicher Höhe angenommen werden[686] und **neutralisieren** sich daher. 312

Anders kann es allerdings sein, wenn später der Geldbetrag aus dem **Erlös verbraucht** wird oder ein Ehegatte sich eine andere Immobilie kauft. Dies führt in der Praxis zu großen Problemen bei späteren Abänderungen von Unterhaltsbeträgen. Zwar ist jeder Ehegatte grds. verpflichtet, sein Vermögen so ertragreich wie möglich anzulegen. Tut er dies nicht oder verbraucht er das Geld, ist es jedoch schwierig, hier fiktive Zinseinnahmen anzusetzen, denn der BGH hat entschieden, dass dies nur unter den Voraussetzungen des § 1579 Nr. 4 BGB – also bei **mutwilliger Herbeiführung der Bedürftigkeit** – möglich ist und selbst dann bei Kindesbetreuungsunterhalt nur eingeschränkt. 313

---

675 Zur Verwertungspflicht auch durch Verkauf: BGH, FamRZ 2005, 1159, 1162.
676 BGH, FamRZ 2000, 950, 951; OLG Hamm, FamRZ 2018, 678.
677 Graba, FamRZ 2000, 952.
678 BGH, DNotZ 2002, 440 f. = FamRZ 2001, 986 = NJW 2001, 2254.
679 BGH, FamRZ 2001, 1140, 1143; BGH, FamRZ 2005, 1159 f.; BGH, FamRB 2006, 104; BGH, NJW 2009, 145.
680 BGH, NJW 2014, 1733.
681 Doppelte Surrogation von Kapital und Zinsgewinn: Graba, FPR 2002, 48, 49; eingehend zum Surrogat beim Wohnungsverkauf: Soyka, FuR 2003, 1 ff.
682 Göppinger/Wax/Bäumel, Rn. 1073.
683 BGH, FamRZ 2002, 88, 91.
684 BGH, FamRZ 1998, 87 f.
685 Wendl/Dose/Gerhardt, § 1 Rn. 559.
686 So indirekt aus BGH, FamRZ 2005, 1159, 1162.

314 Hier kann insb. für spätere Abänderungsfälle eine »**Surrogatsvereinbarung**« getroffen werden, die bewirkt, dass der Veräußerungserlös und die daraus erzielbaren Zinsen bei der **Unterhaltsberechnung generell außer Betracht** bleiben.[687] Dann müssen die Ehegatten das Schicksal dieses Erlöses nicht weiter verfolgen, es entfällt die Problematik, sich auf Verschwendung des Erlöses zu berufen oder sich einem bei Ersatzanschaffung von Wohnraum ggü. den Zinseinnahmen niedrigeren Wohnwert gegenüberzusehen. Eine solche Vereinbarung kann insb. anlässlich eines Verkaufs ehevertraglich getroffen werden.

315 Sofern der als Surrogat anzusehende Verkaufserlös später eingesetzt wird, um eine neue Immobilie zu erwerben, kommt der neue Wohnvorteil als weiteres (fortgesetztes) Surrogat in Betracht. In diesem Zusammenhang hat der BGH folgenden Sachverhalt entschieden: Bei der Anschaffung einer neuen Wohnimmobilie (gemeinsam mit dem neuen Ehegatten) wurde nicht nur der Erlös aus der ehemaligen Scheidungsimmobilie investiert, sondern es mussten weitere Kredite aufgenommen werden. Die Zinsbelastung dieser zusätzlichen Kredite überstieg den objektiven Wohnvorteil aus dem neuem Familienheim. Der BGH[688] sieht damit keinen weiteren Wohnvorteil mehr und lässt zu, dass der Wohnvorteil auf diese Weise »verschwindet«.[689] Eine Grenze zieht der BGH nur da, wo die Anlage so unwirtschaftlich ist, dass eine Obliegenheit zur Vermögensumschichtung besteht. Dies wird aber nur selten der Fall sein.

▶ Hinweis:

316 Der Wohnvorteil kann verschwinden, wenn nach dem Verkauf der Scheidungsimmobilie durch Investition in eine teurere Immobilie die Zinsen der zusätzlichen Kredite den objektiven Wohnvorteil übersteigen! Damit werden im Unterhalt dann keine Erträge mehr aus dem Erlös der Veräußerung der Scheidungsimmobilie eingestellt. Ausnahme: Die Maßnahme ist so unwirtschaftlich, dass eine Obliegenheit zur Vermögensumschichtung besteht.

317 **Übernimmt ein Ehegatte die Haushälfte des anderen** Ehegatten, hat die obergerichtliche Rechtsprechung[690] und die Literatur[691] dafür plädiert, den Wohnvorteil des übernehmenden Ehegatten und den Zinsvorteil des verkaufenden Ehegatten gegeneinander aufzuheben, um die Unterhaltsberechnung zu vereinfachen. Es sollte dann für beide Ehegatten ein eheprägender Zinsvorteil angenommen werden, der für den im Objekt verbleibenden Ehegatten fiktiv angesetzt wird. Dem hat der **BGH** sich nicht angeschlossen. Er hat den fiktiven Ansatz für nicht zulässig gehalten und rechnet den **Wohnvorteil** des erwerbenden Ehegatten einerseits und den **Zinsvorteil** des verkaufenden Ehegatten andererseits **getrennt** aus und lässt beide ein je **eigenes Schicksal** entwickeln.[692]

318 In den Fällen des **Hinzuerwerbs von Miteigentumsanteilen** ist beim Erwerber der Wohnvorteil voll anzusetzen. Zins und Tilgung in der bisherigen Höhe mindern den Bedarf oder die Leistungsfähigkeit. Bei einem Kredit für den Hinzuerwerb dürfen aber nur die Zinsen abgezogen werden, nicht

---

687 Hierzu Rdn. 919 ff.
688 BGH, NJW 2009, 145 f.
689 Born, NJW 2009, 148.
690 OLG Hamm, NJW-RR 2003, 510; OLG Saarbrücken, NJW-RR 2005, 444; OLG Koblenz, FF 2005, 193 ff.
691 Wendl/Dose/Gerhardt, § 1 Rn. 569; Graba, FamRZ 2003, 414 ff.
692 BGH, FamRZ 2005, 1159 f.; BGH, FamRZ 2005, 1817, 1820 f.; dem folgend OLG Saarbrücken, FamRZ 2008, 411 ff.

die Tilgung,[693] da es sich insoweit um einen neuen Wohnwert handelt.[694] Unberührt bleibt die Abzugsfähigkeit der 4 % für den Aufbau einer Altersvorsorge.

Jedenfalls im Rahmen einer Unterhaltsvereinbarung können die Ehegatten – sinnvoll im Zusammenhang mit dem Erwerb der Haushälfte – festlegen, dass sie bei der Unterhaltsberechnung sowohl den Wohnwert des Nutzenden, als auch den Zinsvorteil des Veräußernden außer Betracht lassen wollen (»**Surrogatsgleichstellungsvereinbarung**«).[695]

319

Sofern mit der **Gegenleistung** für die Übernahme einer Haushälfte nicht nur diese Haushälfte **bezahlt**, sondern **auch der Zugewinn** abgegolten wird (höherer Erlös) oder der Zugewinn verrechnet wird (niedriger Erlös), ist die Gegenleistung aufzuteilen bzw. die Verrechnung anzugeben, wenn in dieser Vereinbarung nicht auch der Unterhalt einer abschließenden Regelung zugeführt wird.

320

Der Grund liegt in der möglicherweise unterschiedlichen Behandlung von Zugewinn einerseits und Surrogat für den Wohnwert andererseits. So ist etwa gesondert zu fragen, ob die **aus dem Zugewinn erzielten Zinsen** nach den Kriterien des BGH[696] **eheprägend** oder nur bei der Bedürftigkeit oder Leistungsfähigkeit zu berücksichtigen sind.[697] Der BGH hat entschieden, dass solche Zinsen dann eheprägend sind, wenn zuvor Erträge aus dem Vermögen die ehelichen Lebensverhältnisse geprägt haben.[698]

321

Der BGH hat auch geurteilt, dass **Vermögenserträge** aus der **Auseinandersetzung des Güterstandes oder des Miteigentums** entgegen der früheren Rechtsprechung als **bedarfsprägend** anzusehen sind, da sie an die Stelle der ursprünglichen Erträge treten.[699]

322

▶ Hinweis:
Bei der Auseinandersetzung von Immobilien in einer Scheidungsvereinbarung mit Gütertrennung sollte eine Gegenleistung aufgeteilt sein, sodass klar ist, inwieweit sie auf die Anschaffung der Haushälfte entfällt und inwieweit auf den Zugewinn.

323

ff) Mitbewohner

Wenn der Ehegatte, der das Familienwohnheim übernimmt, **einen neuen Lebenspartner in das Familienheim aufnimmt**, nutzt er dieses über den eigenen Vorteil hinaus, sodass es auch in der Trennungszeit nicht gerechtfertigt ist, den Vorteil auf eine lediglich angemessene Miete zu beschränken. Vielmehr ist in diesem Fall die volle Marktmiete des Objektes schon in der Trennungszeit anzusetzen.[700]

324

Nutzt neben dem Ehegatten ein Kind die Wohnung, dem der Ehegatte zur Gewährung von Naturalunterhalt verpflichtet ist, so spricht sich der BGH für eine Erhöhung des Wohnwertes aus, wenn

325

---

693 BGH, FamRZ 2005, 1159 f.; BGH, FamRZ 2005, 1817, 1820 f.; krit. zu dieser Rspr. Graba, FamRZ 2006, 821, 827; anders auch OLG Hamm, NJW-RR 2003, 510 und OLG Saarbrücken, NJW-RR 2005, 444, die den Wohnwert und die Zinsen aus dem Verkauf des halben Anteils gegeneinander aufheben wollen; vgl. auch OLG Koblenz, FF 2005, 193 ff.; gute Zusammenstellung bei Gerhardt, FamRZ 2003, 414 ff. Im Rahmen einer Scheidungsvereinbarung könnte jedenfalls die vereinfachte Lösung des OLG Saarbrücken vertraglich festgelegt werden, vgl. Finke, FF 2005, 198 und Reinecke, ZFE 2004, 361, 370.
694 Wendl/Dose/Gerhardt, § 1 Rn. 507.
695 Vgl. etwa Finke, FF 2007, 185, 190.
696 BGH, NJW 2008, 57 f.
697 BGH, FamRZ 1986, 437, 439; detailliert Gerhardt, FamRZ 2003, 414, 416 f.
698 BGH, NJW 2008, 57 = FamRZ 2007, 1532 m. Anm. Maurer.
699 BGH, FamRZ 2007, 1532 m. Anm. Maurer.
700 Wendl/Dose/Gerhardt, § 1 Rn. 480; OLG Koblenz, NJW 2003, 1816; OLG Karlsruhe, OLGR 2006, 102 f.

gg) Mietzins im Unterhalt

326 Zahlt ein ausgezogener Ehepartner als Unterhaltspflichtiger die **Miete** für die bisherige Ehewohnung **weiter** an den Vermieter, so ist folgendermaßen zu differenzieren: Während grds. die Mietzahlung zu den Kosten der Lebensführung gehört und daher aus dem gezahlten Unterhalt zu bestreiten ist, soll für die **erste Trennungsphase** bis zum Ablauf des Trennungsjahres etwas anderes gelten. Hier kann der Mietzins **wie eine Verbindlichkeit** vor Unterhaltsberechnung **abgezogen** werden.[702] Dadurch kommt es zu einer Erhöhung des Unterhaltes. Nach Ablauf des Trennungsjahres ist dagegen eine direkte Mietzahlung vom Unterhaltspflichtigen an den Vermieter als eine Zahlung zu werten, die auf den Unterhalt angerechnet wird. Sie ist also in vollem Umfang von dem Unterhalt des Berechtigten abzuziehen.[703] Eine solche Anrechnung wird auch dann vorzunehmen sein, wenn die Wohnung einem Ehegatten gehört und zwischen den Ehegatten ein Mietverhältnis vereinbart oder durch das Gericht angeordnet wird. Die geschuldete Miete des Unterhaltsberechtigten kann mit dem Unterhalt verrechnet werden.

2. Gesamter Lebensbedarf

327 Der gesamte Lebensbedarf (§ 1578 Abs. 1 Satz 2 BGB) umfasst neben dem Elementarunterhalt nach § 1578 Abs. 2 und Abs. 3 BGB auch die Kosten einer angemessenen Versicherung für den Fall der Krankheit oder Pflegebedürftigkeit sowie des Alters oder verminderter Erwerbsfähigkeit. Es handelt sich um jeweils unselbstständige Teile eines einheitlichen Unterhaltsanspruchs.[704] Der Krankenvorsorge-[705] und Altersvorsorgebedarf[706] ist nicht in den Unterhaltsquoten der oberlandesgerichtlichen Tabellen enthalten und muss daher gesondert geltend gemacht und berechnet werden. Aufgrund seiner besonderen Zweckbestimmung ist der Vorsorgeunterhalt im Urteilstenor gesondert auszuweisen.[707] In der Praxis wird dieser Unterhalt wenig beachtet,[708] obwohl er ohne Vorbehalt im Erstverfahren nicht nachgefordert werden kann.[709] Oftmals entfällt er auch mangels Leistungsfähigkeit.[710]

a) Elementarunterhalt

328 Der Elementarunterhalt dient zur Deckung aller Lebensbedürfnisse des täglichen Lebens und enthält alle regelmäßig anfallenden Aufwendungen, die für die Eheleute nach dem gewöhnlichen Verlauf vorhersehbar sind. Hierzu zählen neben Nahrung und Kleidung insb. Wohnung, Gesundheitspflege, Freizeitgestaltung sowie geistige und kulturelle Bedürfnisse.[711]

329 Zur Berechnung dieses Elementarunterhalts werden regelmäßig die Unterhaltsquoten herangezogen, so etwa die Unterhaltsrichtsätze nach der Düsseldorfer Tabelle[712] und die unterhaltsrechtlichen Leit-

---

701 BGH, NJW 2013, 461 m. Anm. Born.
702 Wendl/Dose/Spieker, § 1 Rn. 310e; Krause, Familienheim, 2/41.
703 Krause, Familienheim, 2/43 ff. mit Berechnungsbeispiel.
704 BGH, FamRZ 1982, 255, 257.
705 BGH, FamRZ 1983, 676, 677.
706 BGH, FamRZ 1981, 442, 445.
707 BGH, FamRZ 1981, 442, 445; BGH, FamRZ 1983, 152, 154.
708 Büte, FuR 2005, 481; Clausius, FamRB 2014, 145.
709 BGH, NJW 2015, 334 = FamRZ 2015, 309 m. Anm. Maurer.
710 Hauß, FamRB 2004, 336, 338 kritisiert daher die Berechnung des Altersvorsorgeunterhalts.
711 MünchKomm-BGB/Maurer, § 1578 Rn. 153.
712 Fassung zum 01.01.2020 abrufbar unter *http://www.olg-duesseldorf.nrw.de/infos/Duesseldorfer_Tabelle/Tabelle-2020/index.php* oder *www.famrz.de*. Zur aktuellen Tabelle: Schürmann, FamRZ 2020, 209. Die

b) Kranken- und Pflegevorsorgebedarf

Nach **§ 1578 Abs. 2 BGB** gehören zum vollen Unterhalt auch die in den Unterhaltstabellen bzw. -quoten nicht enthaltenen **Kosten einer angemessenen Kranken- und Pflegevorsorge**.[714] Der Berechtigte hat dabei die kostengünstigste Art der in Betracht kommenden angemessenen Versicherungen zu wählen.[715] Wenn ein Tarif mit Selbstbeteiligung angeboten wird, muss der Unterhaltsberechtigte dies in Kauf nehmen, wenn dadurch die Kosten reduziert werden. Der Unterhaltsverpflichtete ist seinerseits verpflichtet, die Selbstbeteiligungskosten zu erstatten.[716]

330

▶ Hinweis:

Der Tabellenunterhalt enthält keinen Alters-, Kranken- oder Pflegevorsorgeunterhalt.

331

War der Berechtigte während der Ehe **privat krankenversichert**, so steht ihm ein entsprechender Versicherungsschutz auch nach der Scheidung zu,[717] sodass die konkreten Kosten Bestandteil des Unterhaltsanspruchs sind. Es besteht ein Anspruch auf eigenständige Abrechnung.[718]

332

War der Berechtigte hingegen in der **gesetzlichen Krankenversicherung** mitversichert, so endet die Mitgliedschaft nach § 9 SGB V mit Rechtskraft der Scheidung. Der bisher mitversicherte Ehegatte hat die Möglichkeit, binnen drei Monaten nach Rechtskraft einer Scheidung der gesetzlichen Krankenkasse seinen Beitritt in Form **freiwilliger Weiterversicherung** anzuzeigen, §§ 9 Abs. 1 Nr. 2, Abs. 2, 10, 188 SGB V.[719]

333

Allerdings **setzt sich** nunmehr nach **§ 188 Abs. 4 SGB V** die **Familienversicherung als freiwillige Mitgliedschaft fort**, wenn nicht das Mitglied binnen zwei Wochen nach Hinweis der Krankenkasse über die Austrittsmöglichkeit seinen Austritt erklärt. Der Austritt wird dann aber nur wirksam, wenn eine anderweitig bestehende Krankenversicherung nachgewiesen wird. Dem Beitritt durch Anzeige nach § 9 Abs. 2 Nr. 1 und 2 SGB V kommt daher nur noch geringe Bedeutung zu.[720]

Den Unterhaltsberechtigten trifft eine Obliegenheit zur Wahrung dieser Frist.[721] Versäumt der Unterhaltsberechtigte diese 3-Monats-Frist und fallen deshalb höhere Beiträge an, so muss der Unterhaltsverpflichtete nur die niedrigeren Beiträge zur gesetzlichen Krankenversicherung zahlen.[722] Entsprechendes gilt für die Pflegeversicherung nach §§ 25, 26 SGB XI.

334

---

sog. Berliner Tabelle mit den Besonderheiten der neuen Bundesländer wird seit 2008 nicht mehr veröffentlicht und angewendet.
713 Aktuell abrufbar unter *www.famrb.de/unterhaltsleitlinien.html*; zur Eigenschaft dieser Richtlinien als Rechtsquelle: Jost, JR 2003, 89 ff.; eine Übersicht gibt Borth, FamRZ 2010, 256 ff.
714 Zur Pflegevorsorge etwa Göppinger/Wax/Bäumel, Rn. 1092.
715 BGH, FamRZ 1983, 676 f.; Wendl/Dose/Gutdeutsch, § 4 Rn. 906.
716 OLG Brandenburg, OLGR 2008, 54 = FamRB 2008, 71.
717 BGH, FamRZ 2002, 88, 89; MüHdbFamR/Kath-Zuhorst, § 9 Rn. 160.
718 OLG Hamm, FamRB 2007, 323.
719 Eingehend zu den Folgen von Trennung und Scheidung i.R.d. Krankenversicherung, Mleczko, ZFE 2006, 128 ff.; Conradis, FamRB 2007, 304 ff.; ders. FPR 2009, 435 ff.
720 Michels in Becker/Kingreen, SGB V, Gesetzliche Krankenversicherung, 6. Aufl., 2018, § 188 SGB V, Rn. 3.
721 Gutdeutsch, FamRB 2013, 126 f.
722 Büte, FuR 2005, 481, 482.

335 Die Höhe des Beitrages richtet sich nach dem jeweiligen **Beitragssatz** der entsprechenden Krankenversicherung, angewendet auf die Einnahmen **aus Unterhaltszahlung**,[723] wobei die frühere Ansicht, dass nur der Elementarunterhalt maßgeblich sei,[724] nunmehr obsolet ist. Das BSG[725] hat vielmehr entschieden, dass die Höhe der Beiträge zur freiwilligen Krankenversicherung nach § 240 SGB V unter Einschluss des vom Verpflichteten zu zahlenden Kranken- und Altersvorsorgeunterhalts zu berechnen ist. Wurde bisher mit »vielleicht« beurteilt, ob der Vorsorgeunterhalt in die Bemessung einzubeziehen ist,[726] so werden nun zirkuläre Abhängigkeiten angenommen und der Unterhalt durch mehrstufige Anwendung des nachstehenden Verfahrens berechnet.[727] Nach der Entscheidung des BSG wird sich solche Berechnung nunmehr zum Standard entwickeln müssen.[728]

336 Besteht eine private Krankenversicherung, die fortzusetzen ist, so ist der konkrete Betrag anzusetzen, der allerdings auch einer Reduzierung nach § 1578b BGB unterliegen kann, wenn ein den ehelichen Lebensverhältnissen entsprechender Versicherungsschutz in der privaten Krankenversicherung nur mit einem unverhältnismäßig hohen Beitrag zu erreichen ist.[729] Liegt in der Tatsache, dass die gesetzliche Krankenversicherung nicht mehr erreichbar ist, ein ehebedingter Nachteil, so ist aber keine Befristung des Krankenvorsorgeunterhaltes möglich.[730]

Bei der Berechnung des Krankenvorsorgeunterhalts ist dieser Betrag zunächst aus einem vorläufig ermittelten Elementarunterhalt zu ermitteln. Sodann muss er zur Berechnung des endgültigen Elementarunterhalts zuvor bei der Feststellung des verteilungsfähigen bereinigten Nettoeinkommens des Verpflichteten abgesetzt werden.[731] Nachfolgend ein noch nicht mehrstufiges Berechnungsmodell:

▶ Berechnungsbeispiel:

Nettoeinkommen für die Unterhaltsberechnung	2.450,00 €
Nettoeinkommen der Ehefrau	0,00 €
daraus ergibt sich ein vorläufiger Elementarunterhalt auf der Grundlage eines Erwerbstätigkeitsbonus von 1/7* von	1.050,00 €
davon 14,6 %[732] *Krankenvorsorgeunterhalt*	153,00 €
Nettoeinkommen abzgl. Krankenvorsorgeunterhalt	2297,00 €
daraus 3/7 = endgültiger Elementarunterhalt	984,00 €

Der Unterhaltsberechtigte erhält also 153,00 € Krankenvorsorgeunterhalt und 984,00 € Elementarunterhalt.

* Bei Anwendung der Unterhaltsrechtlichen Leitlinien der Familiensenate Süddeutschland 1/10.

337 Dabei bleibt aber die Berechnung nach dem **Urteil des BSG** nicht stehen. Vielmehr muss nun noch **in einer weiteren Rechnung der konkrete Beitragssatz der bestehenden Krankenversicherung mit dem ausgerechneten Krankenvorsorgeunterhalt verglichen** werden und daraus dann erneut der Elementarunterhalt und Krankenvorsorgeunterhalt verglichen werden. Diese Berechnung muss so lange wiederholt werden, bis sich das Ergebnis nicht mehr ändert.[733]

---

723 OLG Hamm, FamRZ 1982, 172, 174.
724 Viefhues, in: Rotax, Praxis des Familienrechts, Teil 7 Rn. 247.
725 BSG, FamRZ 2016, 304.
726 Wendl/Dose/Gutdeutsch, § 4, Rn. 907.
727 Ein solches – überaus kompliziertes – Berechnungsbeispiel findet sich bei Gutdeutsch, FamRB 2013, 126, 127.
728 Hierzu Weil, FamRZ 2016, 684.
729 OLG Oldenburg, NJW-RR 2010, 512; KG, FamRZ 2013, 1047.
730 KG, FamRZ 2013, 1047.
731 MüHdbFamR/Kath-Zuhorst, § 9 Rn. 164 mit Berechnungsbeispiel; Wendl/Dose/Gutdeutsch, § 4 Rn. 911 und nachfolgender Formulierungsvorschlag Rdn. 800 ff.
732 Satz nach § 241 SGB V.
733 Berechnungsbeispiel bei Weil, FamRZ 2016, 684; Wendl/Dose/Gutdeutsch, § 4 Rn. 907, 915, 917; kritisch Nickel, FuR 2016, 674 wonach es seltsam sei, dass Unterhaltsbeträge zur Deckung von Beiträgen diese zusätzlich erhöhen sollen.

Ein Anspruch auf Krankenvorsorgeunterhalt **entfällt**, wenn der Berechtigte selbst erwerbstätig ist, sodass er einen **eigenen Krankenversicherungsschutz** hat.[734] Gleiches soll dann gelten, wenn dem Berechtigten ein fiktives Einkommen aus Erwerbstätigkeit zuzurechnen ist,[735] möglicherweise tritt insoweit jedoch nur ein teilweises Entfallen ein,[736] da sich der Berechtigte dann so behandeln lassen muss, als übe er eine Erwerbstätigkeit aus. 338

Im Gegensatz zum Altersvorsorgeunterhalt ist der Krankenvorsorgeunterhalt ggü. dem Elementarunterhalt nicht nachrangig.[737] 339

c) Altersvorsorgebedarf

Nach § 1578 Abs. 3 BGB gehören zum Lebensbedarf auch die Kosten einer angemessenen Versicherung für den Fall des Alters sowie der Berufs- und Erwerbsunfähigkeit, wenn ein Unterhaltsanspruch nach §§ 1570 bis 1573 oder 1576 BGB besteht.[738] 340

Die **Berechnung** des Vorsorgeunterhalts ermittelt die Beträge, welche der Berechtigte an die gesetzliche Versicherung zu zahlen hätte, wenn er i.H.d. Elementarunterhalts versicherungspflichtige Einkünfte aus Erwerbstätigkeit erzielte. Weitere Einkünfte wie Kapitaleinkünfte oder Mieten bleiben außer Betracht, da sie ihrer Art nach selbst zur Altersvorsorge geeignet sind.[739] 341

Wird der Elementarunterhalt wegen sehr guter Einkommensverhältnisse konkret berechnet, so soll der Altersvorsorgeunterhalt aus dem konkreten Elementarunterhalt zu berechnen sein, auch wenn die Bremer Tabelle bei wesentlich niedrigeren Zahlen endet.[740] Dies hat der BGH nunmehr bestätigt und ausgeführt, dass sich auch aus der Beitragsbemessungsgrenze der gesetzlichen Rentenversicherung keine Obergrenze ableiten lasse; Grenze ist aber die Verletzung des Halbteilungsgrundsatzes.[741] Das Urteil führt dazu, dass die Bremer Tabelle seither erweitert wird und auch für zurückliegende Jahre eine erweiternde Berechnung zur Verfügung gestellt wird. 342

Die komplizierte Berechnung der Vorsorgeunterhalte erfolgt nach der Entscheidung des BSG[742] **in mehreren Stufen**, die in der Regel nur noch mit Berechnungsprogrammen zu bewältigen sind und daher hier nicht mehr dargestellt werden sollen. Dabei ist schon bei der Berechnung des Krankenvorsorgeunterhaltes der Altersvorsorgeunterhalt mit einzubeziehen. Der geneigte Leser sei hier auf die Berechnungsprogramme und die spezialrechtliche Literatur verwiesen.[743] 343

An diese Berechnung schließt sich i.d.R. eine **Angemessenheitskontrolle** an,[744] mit welcher geprüft wird, ob dem Verpflichteten ausreichend Mittel zur Deckung seines Lebensbedarfes verbleiben und ob der aufgrund der Berechnung des Vorsorgeunterhalts modifizierte Elementarunterhalt ausreichend ist; sofern Letzteres nicht der Fall ist, müsste der nachrangige Altersvorsorgeunterhalt zurücktreten.[745] 344

Außerdem wird aufgrund des Umstands, dass dem Verpflichteten nunmehr ein zusätzlicher sekundärer Altersvorsorgeabzug von 4 % gestattet wird, auch die Forderung laut, die Beträge nach der

---

734 OLG Düsseldorf, FamRZ 1991, 806.
735 OLG Dresden, FamRZ 1999, 232, 233; Scholz/Kleffmann/Motzer, Praxishandbuch, Teil H, Rn. 180.
736 OLG Brandenburg, FamRB 2008, 71.
737 BGH, FamRZ 1989, 483; OLG München, FamRZ 1998, 553.
738 Zusammenfassend Hauß, FamRB 2005, 81; Büte, FuR 2015, 446.
739 BGH, FamRZ 1992, 423, 425; OLG München, FamRZ 1987, 169.
740 OLG München, NJW 2004, 2533.
741 BGH, FamRZ 2007, 117.
742 BSG, FamRZ 2016, 304.
743 Vgl. etwa die Berechnung bei Weil, FamRZ 2016, 684 in 8 Schritten; Wendl/Dose/Gutdeutsch, § 4 Rn. 906 ff.
744 MüHdbFamR/Kath-Zurhorst, § 9 Rn. 144.
745 Allgemein zu den Grenzen der Regelbildung und zur Angemessenheitskontrolle Gutdeutsch, 5.

Bremer Tabelle um einen entsprechenden pauschalen Zuschlag von 4 % zu erhöhen.[746] Dem ist der BGH nun faktisch nachgekommen, indem er den Altersvorsorgeunterhalt um 4 % erhöht, wenn im Gegenzug der Pflichtige eine um 4 % erhöhte Altersvorsorge geltend macht.[747]

345 Ausnahmsweise kommt es zu einer einstufigen Berechnung des Altersvorsorgeunterhalts in folgenden Fällen:
– bei der Unterhaltsberechnung nach dem konkreten Bedarf wegen überdurchschnittlichen Einkommens;[748]
– wenn der Verpflichtete nicht prägendes Einkommen in mindestens gleicher Höhe hat;[749]
– wenn der Elementarunterhalt nach der Anrechnungsmethode berechnet wurde, da in diesen Fällen i.H.d. Anrechnungsbetrages das die ehelichen Lebensverhältnisse prägende Einkommen des Unterhaltsverpflichteten nicht verteilt wird, sondern ihm allein verbleibt. Daher kann er Altersvorsorgeunterhalt zusätzlich zum Elementarunterhalt leisten.[750]

346 In diesen Fällen ist die Kürzung des Elementarunterhalts durch die zweistufige Berechnung nicht gerechtfertigt.

347 Allerdings **entfällt der Altersvorsorgeunterhalt**, wenn der Berechtigte bereits eine Altersversorgung zu erwarten hat, die derjenigen des Verpflichteten gleichkommt.[751] Ferner können Einkünfte des Berechtigten aus Kapitalvermögen, die auch im Alter fortbestehen, den Anspruch auf Altersvorsorgeunterhalt ausschließen.[752] Mieterträge sind bei der Berechnung des Altersvorsorgeunterhalts nicht dem Erwerbseinkommen gleichgestellt worden, weil sie selbst zur Altersvorsorge geeignet wären. Daher sind sie bei Ermittlung des Elementarunterhalts als Grundlage der Berechnung des Altersvorsorgeunterhalts nicht bei der Bedarfsermittlung, sondern nur bei der Bedarfsdeckung zu berücksichtigen.[753] Wird also der Elementarunterhaltsbedarf des Berechtigten durch Vermögenseinkünfte außerhalb von Erwerbseinkommen beeinflusst, bleiben diese bei der Berechnung des Altersvorsorgeunterhalts außer Betracht.[754]

348 Zeitlich besteht der Anspruch auf Altersvorsorgeunterhalt **bis zum allgemeinen Renteneintrittsalter**. Die daraus resultierende Rente ist im Anrechnungsverfahren zu berücksichtigen, wenn auch zu dieser Zeit noch Unterhalt zu zahlen ist.[755]

349 Der Unterhalt ist an den Berechtigten zu zahlen und von diesem für Zwecke der Altersversorgung zu verwenden. Sofern der Berechtigte diesen Unterhaltsbetrag zweckwidrig einsetzt, kann der Verpflichtete ausnahmsweise direkte Zahlung an den Versicherungsträger leisten.[756] Unter den Voraussetzungen des § 1579 Nr. 4 BGB kann der Verpflichtete dem Berechtigten später die **zweckwidrige Verwendung** entgegenhalten und diesem weiteren Unterhalt verweigern, wenn der Berechtigte aufgrund der zweckwidrigen Verwendung keinen Versicherungsschutz im Alter aufgebaut hat.[757] Nicht entgegengehalten werden kann dem Unterhaltsberechtigten jedoch, die zweckwidrige Verwendung

---

[746] Borth, FPR 2004, 549, 554; Haußleiter, NJW-Spezial 2006, 7, 8.
[747] BGH, NJW 2019, 3570.
[748] BGH, NJW 2012, 1578.
[749] MüHdbFamR/Kath-Zurhorst, § 9 Rn. 156 f.
[750] BGH, FamRZ 1999, 372 f.; BGH, ZFE 2003, 186, 187.
[751] BGH, FamRZ 1988, 1145, 1147.
[752] BGH, NJW 1992, 1044, 1046; Palandt/Brudermüller, § 1578 Rn. 67.
[753] OLG Hamm, FamRZ 2003, 1839.
[754] Büte, FuR 2005, 481, 486.
[755] BGH, FamRZ 2003, 849, 852; Hauß, FamRB 2004, 336, 338; anders die Empfehlung des 15. DFGT, A.I.1.d), FamRZ 2003, 1906.
[756] BGH, FamRZ 1987, 684, 687 f.; zur Möglichkeit der Einzahlung in einen Investmentfonds OLG Stuttgart, FamRZ 2018, 1081.
[757] BGH, FamRZ 1987, 684 f.; OLG Bamberg, FamRZ 2003, 762.

habe dazu geführt, dass die Altersvorsorge nicht als Sonderausgabe abgesetzt werden konnte, sodass der Verpflichtete einen Steuernachteil erleide.[758]

▶ Hinweis:

Der Altersvorsorgeunterhalt ist nicht im Tabellenunterhalt enthalten und muss daher separat und betragsmäßig zusätzlich geltend gemacht werden.[759] Dies ist insb. auch für Unterhaltsvereinbarungen zu beachten. 350

d) Mehrbedarf

Die **Trennung** der Eheleute löst regelmäßig ggü. den ehelichen Lebensverhältnissen einen **Mehrbedarf** aus, der v.a. durch die Führung zweier getrennter Haushalte entsteht. Dieser trennungsbedingte Mehrbedarf kann bei beiden Ehegatten auftreten.[760] Er kann **zusätzlich zum Elementarunterhalt** verlangt werden.[761] Obwohl insoweit der Quotenunterhalt nicht zur vollen Aufrechterhaltung der ehelichen Lebensverhältnisse ausreicht, kommt es aber nicht zu einer Erhöhung der Unterhaltsquote.[762] Der Mehrbedarf wirkt sich vielmehr nur dann anspruchserhöhend aus, wenn beim Verpflichteten nicht prägende Einkünfte oder beim Berechtigten anrechenbare Einkünfte vorhanden sind.[763] Bei der **Differenzmethode** spielt der trennungsbedingte Mehrbedarf folglich **keine Rolle**.[764] Da nach der neuen Rechtsprechung des BGH[765] auch bei der Einverdienerehe i.d.R. die Differenzmethode Anwendung finden wird, dürften sich die tatsächlichen Auswirkungen des trennungsbedingten Mehrbedarfes künftig in engen Grenzen halten.[766] Z.T. wird die Berücksichtigung laufenden trennungsbedingten Mehrbedarfs schon gänzlich abgelehnt, v.a. mit Hinweis darauf, dass die Perpetuierung des Lebensstandards im neuen Unterhaltsrecht nicht mehr gewährleistet ist. Soweit er befürwortet wird, kommt eine Berücksichtigung beim Unterhalt wohl nur noch in Betracht, wenn beim Pflichtigen zusätzliches nicht prägendes Einkommen vorhanden ist.[767] 351

Was die Kosten der **Kindesbetreuung** anbelangt, so will der BGH die Kosten für Hort oder Kindergarten als **Mehrbedarf nicht des Ehegatten, sondern des Kindes** ansehen – ausgenommen Verpflegungsanteile –, eine nachschulische Tagesbetreuung oder die Kosten einer Tagesmutter hingegen sind als berufsbedingte Kosten des berufstätigen Ehegatten einzustufen. Der BGH unterscheidet dabei zwischen erzieherisch motivierter und **berufsbedingter Drittbetreuung**.[768] 352

---

758 OLG Bamberg, FamRZ 2003, 762.
759 Büte, FuR 2005, 481, 484.
760 BGH, FamRZ 1990, 979, 981; zusammenfassend zu Mehrbedarf und Sonderbedarf Ebert, NZFam 2016, 438 f. mit Rechtsprechungsübersicht.
761 OLG Hamm, FamRZ 1989, 634 f. Er wird jedoch in der Praxis nur selten geltend gemacht, Graba, FamRZ 2002, 857; nicht für Zuzahlungen zu Arzneimitteln oder die Praxisgebühr, OLG Karlsruhe, NJW-RR 2008, 1458.
762 Göppinger/Wax/Bäumel, Rn. 1088.
763 OLG Hamm, FamRZ 1997, 944; Göppinger/Wax/Bäumel, Rn. 1088; a.A. Graba, FamRZ 2002, 857, 859.
764 Büttner, NJW 2001, 3244, 3246; BGH, FamRZ 1984, 358, 360.
765 BGH, DNotZ 2002, 440 ff. = FamRZ 2001, 986 = NJW 2001, 2254.
766 Graba, FamRZ 2002, 857, 860, der generell zur Überprüfung der Berechtigung eines solchen Mehrbedarfes aufruft, denn es könne nicht jeder Ehegatte als Einzelperson den gleichen Lebensstandard haben wie zuvor die Ehegatten.
767 MünchKomm-BGB/Maurer, § 1578 Rn. 244; Johannsen/Henrich/Hammermann, § 1578 Rn. 86.
768 BGH NJW 2017, 3786; BGH, NJW 2009, 1816; OLG Frankfurt, FamRB 2019, 342; zur Abgrenzung Bömelburg, FF 2018, 29 ff. Gegen diese Unterscheidung Spangenberg, FamRB 2018, 37 f.

353 Wo er geltend gemacht wird, ist er konkret darzulegen; der pauschale Hinweis auf allgemeine Erfahrungssätze genügt nicht.[769] Eine Schätzung nach § 287 ZPO, 113 Abs. 1 Satz 2 FamFG ist allerdings zulässig[770] im Hinblick auf die Angemessenheit der vorgenommenen Ausgaben.[771]

▶ Hinweis:

354 Trennungsbedingter Mehrbedarf tritt bei weitgehender Anwendung der Differenzmethode kaum noch auf[772] und ist konkret nachzuweisen.

e) Sonderbedarf

355 Von den regelmäßig anfallenden erhöhten Kosten des Mehrbedarfes ist ein unregelmäßiger außergewöhnlich hoher Bedarf, der sog. Sonderbedarf, zu unterscheiden, der nach § 1585b Abs. 1 BGB i.V.m. § 1613 Abs. 2 BGB zu gewähren ist. Es muss sich also um einen Bedarf handeln, der als unregelmäßiger Bedarf nicht vorhersehbar und daher **nicht einplanbar** war, sodass auch nicht erwartet werden konnte, dass aus dem regulären Unterhalt dafür Rücklagen gebildet werden.[773] Ferner müssen die Kosten **außergewöhnlich hoch** sein. Das bedeutet, dass bei beengten wirtschaftlichen Verhältnissen ein Sonderbedarf eher anerkannt werden kann als bei gehobenem Lebenszuschnitt.[774]

3. Die ehelichen Lebensverhältnisse i.S.d. § 1578 Abs. 1 Satz 1 BGB

356 **Maßgeblicher Zeitpunkt** für die Beurteilung der Frage, ob bestimmte Umstände die ehelichen Lebensverhältnisse prägten, **war** nach dem Verständnis der herrschenden Auffassung von § 1578 BGB die **Rechtskraft der Scheidung**.[775] Dies soll sogar dann gelten, wenn der Scheidung eine längere Trennungsphase vorangegangen war[776] und in dieser Phase eine erhebliche Veränderung im beruflichen Werdegang des Unterhaltsverpflichteten eintrat.[777] Anderes – Maßgeblichkeit des Trennungszeitpunktes – soll nur dann gelten, wenn mit der Trennung eine vollständige Umstellung der Lebensverhältnisse eingetreten ist oder wenn eine unerwartete, vom Normalverlauf erheblich abweichende Entwicklung vorliegt (z.B. Karrieresprung).[778] Andererseits sollen Einkünfte des Unterhaltsverpflichteten, die dieser aus einem **Erbe** zieht, das erst **nach Rechtskraft der Scheidung** angefallen ist, dann eheprägend sein, wenn der Verpflichtete gerade im Hinblick auf dieses Erbe keine angemessene Altersversorgung erspart hat,[779] also das Eheleben bereits auf dieses zukünftige Ereignis ausgerichtet war.

---

769 BGH, FamRZ 1991, 670 f.; BGH, FamRZ 1990, 258; zu den Anforderungen an den Nachweis krankheitsbedingten Mehrbedarfes: OLG Hamm, OLGR 2006, 195.
770 BGH, FamRZ 1990, 258.
771 Ebert, NZFam 2016, 438.
772 Vgl. BGH, FamRZ 2004, 1357, 1359 und die Änderungen in 15.5. bzw. 15.6. der Unterhaltsleitlinien.
773 OLG Düsseldorf, FamRZ 1990, 1144 (Kommunion); anerkannt z.B. für Umzugskosten zum Zweck der Aufnahme einer Erwerbstätigkeit, BGH, FamRZ 1983, 29; für die Kosten einer kieferorthopädischen Behandlung, OLG Köln, FamFR 2010, 321; nicht z.B. bei durchschnittlicher Belastung mit Arztkosten, OLG Karlsruhe, FamRZ 1981, 146; nicht bei Anschaffung eines Computers, die vorhersehbar und aus Rücklagen vom laufenden Unterhalt finanzierbar ist, OLG Hamm, FamRB 2004, 147.
774 Palandt/Brudermüller, § 1613 Rn. 10.
775 BGH, NJW 1982, 1869; BGH, NJW 1987, 1555; BGH, NJW 1994, 935 f.
776 BGH, NJW 1981, 753.
777 OLG Hamm, FamRZ 1990, 1361.
778 BGH, NJW 1982, 2063; BGH, NJW 2001, 3260, 3261; OLG München, FamRB 2004, 420; OLG Nürnberg, FF 2004, 262; OLG Zweibrücken, OLGR 2006, 1037: Aufrücken in die oberste Führungsebene eines Chemieunternehmens. 21 Jahre nach Scheidung prägt die Ehe nicht; OLG Brandenburg, NZFam 2019, 923.
779 OLG Hamburg, FamRZ 2003, 1108; BGH, FamRZ 2006, 387.

a) Historische Reminiszenz: wandelbare eheliche Lebensverhältnisse

Von diesem **Stichtagsprinzip**, das er selbst lange Zeit vertreten hatte, war der **BGH** dann mit einer nicht unbestrittenen[780] Rechtsprechung zu den **wandelbaren ehelichen Lebensverhältnissen** abgerückt. Die Stichtagsanknüpfung führte nach Auffassung des Gerichts zu Zufallsergebnissen – etwa bei der Geburt außerehelicher Kinder –, die nicht mehr hinnehmbar waren.[781] Außerdem sei das Stichtagsprinzip immer nur Anhalt nie ultimative Grenze gewesen.[782] Es sei außerdem trotz Beibehaltung des Wortlauts des § 1578 BGB durch die Unterhaltsreform relativiert worden.[783] Der BGH sieht in seiner Rechtsprechung keine vom Stichtag an fortgeschriebene Lebensstandsgarantie mehr, sondern fasst die Bedarfsbemessung als Teilhabe an einer weiteren dynamischen Entwicklung auf.[784] Die auf diesem Gedanken aufbauende Rechtsprechung kann hier noch als historisch interessant zusammenfassend aufgelistet werden. Sie ist durch das BVerfG[785] als verfassungswidriges[786] Richterrecht beanstandet und daraufhin vom BGH[787] aufgegeben worden. 357

Der BGH hatte in folgenden Fällen die ehelichen Lebensverhältnisse für wandelbar gehalten, sodass auch Entwicklungen nach Rechtskraft der Scheidung noch Einfluss auf die Bedarfsbemessung gewannen: 358

– **Einkommensrückgang** beim unterhaltspflichtigen Ehegatten **nach der rechtskräftigen Scheidung;**[788]
– **Hinzutreten weiterer Unterhaltsberechtigter.**[789] Eine Unterhaltspflicht gegenüber einem neuen Ehegatten beeinflusst daher den Bedarf des geschiedenen Ehegatten.[790]
– **Auch nach dieser Rechtsprechungsänderung ist ein Karrieresprung hingegen nicht eheprägend;**[791] Gleiches soll für eine Abfindung gelten, mit der während der Ehe nicht zu rechnen ist.[792] Wenn durch das Hinzutreten neuer Unterhaltsberechtigter der Gesamtbedarf allerdings steige, so sei auch das durch einen »**Karrieresprung**« hinzugekomme Einkommen **zu berücksichtigen, soweit** mit diesem zusätzlichen Einkommen lediglich der zusätzlich hinzugetretene **Bedarf durch die neuen Unterhaltsberechtigten aufgefangen** werde.[793]
– Der **Splittingvorteil** aus der neuen Ehe sei zwar bei der Bemessung des Ehegattenunterhaltes für die Ehegattin aus erster Ehe abzuziehen, nicht jedoch beim Kindesunterhalt. Der Abzug des Kindesunterhaltes vor der Berechnung des nachehelichen Unterhaltes dürfe aber dann nur in der Höhe erfolgen, wie dieser sich **fiktiv** aus dem um den Splittingvorteil geminderten Einkommen berechne.[794]

---

780 Krit. insb. Born, NJW 2008, 3089; ders., NJW 2010, 641, 645 f.; Schwab/Borth, 6. Aufl., IV, Rn. 1026; Brudermüller, FF 2010, 134; Graba, FF 2008, 437, 445; Grandel, NJW 2008, 796; Griesche, FPR 2008, 63; Maurer, FamRZ 2008, 1985: Norpoth, FamRZ 2009, 26.
781 Hahne, FF 2009, 178, 179.
782 Klinkhammer, FF 2009, 140, 142 unter Verweis auf Reichsgerichtsrechtsprechung.
783 Klinkhammer, FF 2009, 140, 148.
784 Viefhues, ZFE 2010, 288, 289.
785 BVerfG, FamRZ 2011, 437 ff. = DNotZ 2011, 291 m. Anm. Gutdeutsch.
786 Zur Kritik an dem vom BVerfG festgestellten Verstoß gegen die Bindung an Recht und Gesetz: C. Münch, FamRB 2011, 90 ff.
787 BGH, FamRZ 2012, 281 = DNotZ 2012, 692 und BGH, FamRZ 2012, 288 = NJW 2012, 923.
788 BGH, ZFE 2003, 186 = FPR 2003, 330 f. = FamRZ 2003, 590 m. Anm. Büttner und Anm. Graba, FamRZ 2003, 746.
789 BGH, FamRZ 2006, 683, 686.
790 BGH, NJW 2008, 3213 = FamRZ 2008, 1911.
791 BGH, FamRZ 2007, 793 f. = DNotZ 2007, 767.
792 BGH, NJW 2010, 2582.
793 BGH, NJW 2009, 588 = FamRZ 2009, 411; BGH, NJW 2009, 1271 = FamRZ 2009, 579.
794 BGH, NJW 2007, 2628 = FamRZ 2007, 1232.

- **Kinder aus einer neuen Ehe** sind bei der Bedarfsberechnung ausdrücklich zu berücksichtigen,[795] da insoweit kein vorwerfbares Verhalten vorliege.[796]
- **Nachehelich adoptierte Kinder prägen den Bedarf** und sind zu berücksichtigen;[797]
- Der **Splittingvorteil** kommt beiden Ehegatten zugute, indem das Einkommen des Pflichtigen real unter Zugrundelegung des Splittingvorteils bemessen wird.[798]

Als Konsequenz dieser Rechtsprechung ergab sich – insbesondere bei Zahlung von Unterhalt an eine geschiedene und eine getrennt lebende Ehefrau – eine **Dreiteilung im Bereich des Bedarfs**.

b) BVerfG: Grenzen zulässiger Rechtsfortbildung überschritten

359 Mit seinem Beschluss vom 25.01.2011 hat das **BVerfG**[799] die **Rechtsprechung des BGH zu den wandelbaren ehelichen Lebensverhältnissen** als **verfassungswidrig** beurteilt. Die Grenzen zulässiger Rechtsfortbildung seien überschritten und damit das Rechtsstaatsprinzip verletzt. Der BGH habe sich mit seinem Konzept der wandelbaren ehelichen Lebensverhältnisse vom Wortlaut des § 1578 Abs. 1 Satz 1 BGB und vom **gesetzgeberischen Konzept** gelöst und es **durch ein eigenes Modell ersetzt**. Das greife unzulässig in die Kompetenzen des demokratisch legitimierten Gesetzgebers ein. Der Reformgesetzgeber habe am Wortlaut des § 1578 BGB ausdrücklich festgehalten. Die **Dreiteilungsrechtsprechung** des BGH nehme demgegenüber einen **Systemwechsel** vor und ersetze die gesetzgeberische Grundentscheidung durch eigene Gerechtigkeitsvorstellungen. Ein Bezug zur Ehezeit sei unerlässlich. Ein solcher fehle jedoch, wo Entwicklungen berücksichtigt werden, die gerade erst durch die Auflösung der Ehe eintreten konnten. Zudem werde die Bedeutung des § 1578b BGB verkannt, denn dies sei eigentlich die Norm, über die Gerechtigkeitsdefizite abgebaut werden sollen. Damit fordert das BVerfG die Rückkehr zur »klassischen«[800] Interpretation, wonach diejenigen Einkünfte, welche die eheliche Lebenssituation bis zur Rechtskraft der Scheidung prägten, beiden Ehegatten je zur Hälfte zugerechnet werden.

360 Das Urteil des BVerfG stieß auf ein sehr **unterschiedliches Echo**.[801] Das gilt sowohl für die Berechtigung des Verdikts vom Verfassungsbruch[802] wie auch für die Konsequenzen, welche die Praxis aus diesem Urteil zu ziehen hat.[803]

Eine Auffassung mildert die Konsequenzen des Urteils ab und bringt zum Ausdruck, das BVerfG habe nicht das gesamte Prinzip der variablen ehelichen Lebensverhältnisse missbilligt. Sie kommt zu den gleichen Ergebnissen wie vor dem Urteil.[804]

Andere sehen die Rückkehr zu der Zeit vor der Rechtsprechung des BGH zu den wandelbaren ehelichen Lebensverhältnissen gefordert. Es müsse wieder von den **die Ehe prägenden**[805] **Einkünften**

---

795 BGH, NJW 2008, 1663 = FamRZ 2008, 968.
796 Hierzu Gutdeutsch, FamRB 2008, 218 f.
797 BGH, NJW 2009, 145.
798 BGH, NJW 2009, 145; hierzu Hahne, FF 2009, 178, 182.
799 BVerfG, FamRZ 2011, 437 ff. = DNotZ 2011, 291 m. Anm. Gutdeutsch = NJW 2011, 836.
800 Borth, Unterhaltsrecht, Rn. 300.
801 Es gab sogar eine Kleine Anfrage im Bundestag zu den Konsequenzen des Urteils, FF 2011, 267 f.
802 Hierzu kritisch C. Münch, FamRB 2011, 90 f.; zustimmend Schwamb FamRB 2011, 120 f.; von einer familienpolitischen Intervention spricht Rieble, NJW 2011, 819, 820/21; dagegen Rüthers, NJW 2011, 1856, 1858.
803 Spangenberg, FamFR 2011, 313, 314 hält das Urteil des BVerfG als Pauschalbewertung nicht für fähig, eine Bindungswirkung der anderen Gerichte zu begründen; a.A. Viefhues, ZFE 2011, 124, 126: gesamte Rechtsprechung der wandelbaren ehelichen Lebensverhältnisse verworfen.
804 Gutdeutsch, FamRB 2011, 148 f.; Gutdeutsch, DNotZ 2011, 299 f.; Gutdeutsch, FamRZ 2011, 523; Gerhardt, FamRZ 2011, 537 ff., der von einem mathematischen Irrtum des BVerfG ausgeht und betont, das BVerfG habe die Dreiteilung nicht verstanden.
805 Gegen den Begriff der Prägung Gerhardt, FamRZ 2011, 537 ff.

ausgegangen werden mit der klaren Trennung bei Rechtskraft der Scheidung.[806] Karrieresprung und Splittingvorteil blieben danach allein der neuen Ehe vorbehalten.[807] Nachehelich entstandene Unterhaltsansprüche können die Ehe nicht prägen, unabhängig davon, ob es sich um Kindes- oder Ehegattenunterhalt handelt oder um Unterhalt nach § 1615l BGB.[808] Es wird für eine individuelle Billigkeitsprüfung basierend auf § 1581 BGB und § 1578b BGB plädiert.[809] § 1581 BGB soll insbesondere nicht erst greifen, wenn beim Unterhaltspflichtigen der monatliche Eigenbedarf in Höhe von derzeit 1.200,00 € nicht mehr gedeckt ist, sondern schon dann, wenn bei Berücksichtigung aller Unterhaltsansprüche aus erster und zweiter Ehe dem Verpflichteten weniger verbleibt als einem Berechtigten.[810]

Die veröffentlichten **Berechnungsbeispiele** zeigen, dass die Schlussfolgerungen aus dem Urteil des BVerfG völlig verschieden ausfallen. Sie wurden zeitnah zusammengestellt von *Hauß* unter der Überschrift »Fünf Mal anders – Unterhalt für die F2«.[811] Die Zusammenstellung zeigt, dass verschiedene Autoren bei gleichem Sachverhalt zu völlig unterschiedlichen Ergebnissen kommen.[812]

Was den **Bedarf** anbelangt, so ist dieser im jeweiligen Unterhaltsrechtsverhältnis isoliert zu ermitteln.[813] Somit wird die erste Ehe nicht durch die Belastung mit dem Unterhaltsanspruch gegen den zweiten Ehegatten geprägt. Darüber besteht große Einigkeit.[814] Zumeist wird angenommen, dass die ehelichen Lebensverhältnisse in der zweiten Ehe durch die Vorbelastung aus der geschiedenen Ehe bestimmt sind;[815] dagegen sprechen sich jedoch andere vor allem mit Blick auf den gesetzgeberisch gewollten Abbau des Vorranges der Erstehe aus.[816]

361

Wie sich das Urteil des BVerfG im Rahmen der **Leistungsfähigkeit** genau auswirkt, bleibt in der Entscheidung leider offen.[817] Jedenfalls ist bei der Leistungsfähigkeit das Rangverhältnis nach § 1609 BGB entscheidend.[818] Z.T. wird vorgeschlagen, die Rechtsprechung zur Dreiteilung schlicht auf die Ebene der Leistungsfähigkeit zu verlagern.[819] Nach anderer Auffassung dürfen die Rangregelungen nicht strikt angewendet werden, sondern es ist ein insgesamt gerecht erscheinendes Ergebnis anzustreben.[820]

---

806 Borth, FamRZ 2011, 445, 446; Götz/Brudermüller, NJW 2011, 801, 805.
807 Borth, FamRZ 2011, 445, 446; Götz/Brudermüller, NJW 2011, 801, 805; Götz, FamRZ 2011, 871; Perleberg-Kölbel, FuR 2011, 309, 310; Viefhues, ZFE 2011, 124, 129; Born will den Splittingvorteil auch für die Altehe berücksichtigen. Entspricht die Steuerklasse doch derjenigen in der ersten Ehe, Born, FF 2011, 136, 142/143.
808 Borth, FamRZ 2011, 445, 447.
809 Götz/Brudermüller, NJW 2011, 801, 806; Ehinger, FPR 2011, 181, 182; Born, FF 2011, 136, 143.
810 Maier, FuR 2011, 182; Graba, FF 2011, 102, 105; Wellenhofer, FF 2011, 144, 147.
811 Hauß, FamRB 2011, 183 f.
812 Vgl. die Zusammenstellung bei Langenfeld/Milzer, Rn. 548.
813 Götz/Brudermüller, NJW 2011, 2609.
814 Götz/Brudermüller, NJW 2011, 2609; Gutdeutsch, FamRZ 2011, 772, 773, will allerdings den Unterhaltsanspruch der zweiten Ehefrau über § 1581 BGB auf den Unterhalt der ersten geschiedenen Ehefrau einwirken lassen, deren so errechneter Unterhalt soll dann die zweite Ehe prägen.
815 Borth, FamRZ 2011, 445, 447; Maurer, FamRZ 2011, 849 »Hypothek«.
816 Maier, FuR 2011, 182; Götz/Brudermüller, NJW 2011, 801, 806; deutlich Götz/Brudermüller, NJW 2011, 2609/10.
817 Borth, FamRZ 2011, 445, 449.
818 Reetz, RNotZ 2011, 228.
819 Schwamb, FamRB 2011, 120, 121; Gutdeutsch, FamRZ 2011, 597, 598.
820 Gutdeutsch, FamRZ 2011, 772, 776.

c) Reaktion des BGH: Rechtsprechungsänderung

362 Der BGH hat auf die Rechtsprechung des BVerfG reagiert und seine Rechtsprechung umgestellt. Hierzu hat er in zwei Urteilen vom 07.12.2011[821] grundlegend Stellung genommen,[822] die er später bestätigt hat.[823] Danach ist die Unterhaltsrechtsprechung beim Zusammentreffen mehrerer Ehegatten künftig folgendermaßen zu verstehen:

aa) Bedarf

363 Die **ehelichen Lebensverhältnisse** werden durch die Umstände bestimmt, die **bis zur Rechtskraft der Scheidung**[824] eingetreten sind. Insofern kehrt der BGH zu seiner alten Rechtsprechung mit der Zäsur bei Rechtskraft der Scheidung zurück.[825] Entwicklungen nach Rechtskraft der Scheidung sind beim Bedarf nur noch zu berücksichtigen, (1) wenn sie bereits in der Ehe angelegt waren (2) oder bei Fortbestand der Ehe auch deren Verhältnisse geprägt hätten, wie z.B. den Eintritt in die Phase des Bezugs von Altersrente oder den Umzug in ein Pflegeheim oder in Betreutes Wohnen im Zusammenhang mit der Trennung.[826] Das gilt ferner (3) für die Aufnahme einer Erwerbstätigkeit nach der Scheidung als Surrogat der Haushaltstätigkeit.[827] Daher sind **Unterhaltsansprüche nachehelich geheirateter Ehegatten und nachehelich geborener Kinder ebenso wenig bedarfsprägend** wie der Unterhaltsanspruch des Kindeselternteils nach § 1615l BGB.[828] **Anders** hingegen, wenn **Kinder** noch **vor Rechtskraft** der Scheidung geboren sind. Deren Unterhalt sowie der Unterhalt für die Mutter nach § 1615l BGB haben die Ehe noch geprägt.[829]

364 **Nicht prägend** für den **Bedarf**[830] der Erstehe sind auch der **Splittingvorteil** aus der Zweitehe oder sonstige von der neuen Ehe abhängigen **Einkommenszuschläge** oder der Vorteil aus dem Zusammenleben, aber auch der Nachteil durch einen in späterer Ehe durchgeführten Versorgungsausgleich.[831] Der BGH hatte hierzu entschieden, dass der Splittingvorteil aus der Zweitehe aber in jedem Fall für die **Berechnung des Kindesunterhaltes** zu beachten ist. Da dieser dadurch höher wurde, war aber beim **Vorwegabzug** des Kindesunterhaltes in der geschiedenen Erstehe – für die das Einkommen nach dem Grundtarif zu berechnen ist – nur ein Kindesunterhalt abzuziehen, wie er sich **fiktiv** ohne die Berücksichtigung des Splittingvorteils ergab.[832] Daran soll weiterhin festzuhalten sein.[833]

---

821 BGH, NJW 2012, 384 = FamRZ 2012, 281 und BGH, NJW 2012, 923.
822 Aus diesem Grunde soll hier auf höchstrichterliche Rechtsprechung zwischen den Entscheidungen des BVerfG und des BGH nicht näher eingegangen sein; hier wäre insb. zu nennen der Beschluss des OLG Düsseldorf, FamRZ 2011, 1953, besprochen von Pauling, NJW 2012, 194 f. und die Entscheidung des OLG Zweibrücken, FamRZ 2012, 791 f. sowie OLG Karlsruhe, FamRZ 2012, 134 f.
823 BGH, NJW 2014, 1590 mit Berechnungsbeispielen.
824 Borth, FamRZ 2012, 253, 254 spricht sich stattdessen für den Zeitpunkt der endgültigen Abkehr eines Ehegatten von den ehelichen Bindungen aus.
825 Kritisch zu diesem Stichtag im Hinblick auf die Ausgaben und die Geburt von Kindern zwischen Scheidung und Rechtskraft: Gerhardt, FamRZ 2012, 589, 591.
826 OLG Hamm, FuR 2018, 98.
827 Zu diesen Fallgruppen Borth, FPR 2012, 137, 138.
828 So auch OLG Hamm, FamFR 2013, 415.
829 Gegen Götz/Brudermüller, NJW 2011, 2609, 2610 und Maurer, FamRZ 2011, 849, 856; so auch OLG Brandenburg, FamRZ 2011, 1301; OLG Hamm, FamFR 2013, 560.
830 Anders hingegen bei der Leistungsfähigkeit, was zu einer erheblichen Mehrarbeit einer Berechnung mit fiktiven Steuern nur für die Bedarfsebene führt, Gerhardt, FamRZ 2012, 589, 592.
831 BGH, FamRZ 2014, 1276.
832 BGH, NJW 2007, 2628 = FamRZ 2007, 1232.
833 Borth, Unterhaltsrecht, Rn. 308.

C. Nachehelicher Unterhalt

bb) Leistungsfähigkeit

Bei der **Leistungsfähigkeit** berücksichtigt der BGH im Rahmen einer Abwägung nach § 1581 BGB auch **nachehelich geborene** minderjährige oder privilegiert volljährige **Kinder**, weil deren Unterhalt nach § 1609 Nr. 1 BGB stets **im ersten Rang** geschuldet ist.[834]

Im Rahmen des **§ 1581 BGB** ist schließlich zu prüfen, ob der Unterhaltspflichtige unter Berücksichtigung seiner Erwerbs- und Vermögensverhältnisse und seiner sonstigen Verpflichtungen außer Stande ist, den vollen Unterhalt ohne Gefährdung des eigenen angemessenen Unterhalts zu zahlen. In diesem Zusammenhang kann aber der Rang des Unterhaltsberechtigten nicht unberücksichtigt bleiben. Es kommt also **nicht mehr** auf die **zeitliche Priorität** der Eheschließung an, **sondern** auf den **Rang** des Berechtigten.[835] In diesem Rahmen sind auch nach Scheidung neu hinzugekommene Unterhaltsberechtigte zu berücksichtigen. Wegen des Synergieeffektes durch das Zusammenleben des Pflichtigen mit dem zweiten Ehegatten, der für jeden Ehegatten mit 10 % bemessen wird, sind die Mittel der zusammenlebenden Ehegatten entsprechend zu kürzen und die des geschiedenen Ehegatten zu erhöhen.[836]

Der Halbteilungsgrundsatz ist zu beachten, sodass es zu einem **relativen Mangelfall** kommen kann, wenn der Bedarf des Unterhaltsberechtigten den Betrag, der dem Unterhaltspflichtigen für den eigenen Unterhalt verbleibt, übersteigt. Der **relative Mangelfall** führt **sowohl** zu einer **Kürzung** des Unterhaltes des **Berechtigten als auch** des individuellen Selbstbehaltes des **Unterhaltspflichtigen**.[837] Dieser **individuelle Selbstbehalt** – auch als relativer Selbstbehalt bezeichnet[838] – des Pflichtigen ist somit die »**Kehrseite**« des **Bedarfs des Berechtigten**. Damit kehrt der BGH zu einer älteren Rechtsprechung zurück.[839]

Erst wenn für den Unterhaltspflichtigen die **Untergrenze** seines eigenen angemessenen Selbstbehaltes **erreicht** ist, kommt es zu einem **absoluten Mangelfall**, bei dem dann **nur noch der Unterhalt des Berechtigten gekürzt** wird. Diesen Eigenbedarf gegenüber dem geschiedenen Ehegatten nimmt die Düsseldorfer Tabelle **seit 2020** wieder getrennt an mit 1.280,- € für Erwerbstätige und 1.180,- € für Nichterwerbstätige.[840] Würde dieser Mindestselbstbehalt unterschritten, liegt ein absoluter Mangelfall vor. Dann sind die Unterhaltsbeträge für den Unterhaltsberechtigten nochmals so weit zu kürzen, dass dem Pflichtigen dieser Selbstbehalt verbleibt.[841]

Folgendes Berechnungsbeispiel nach der Methode des BGH sei zur Verdeutlichung zitiert:[842]

▶ **Berechnungsbeispiel:**

M verfügt über ein bereinigtes unterhaltsrelevantes Einkommen von 3.000,- € netto aus Steuerklasse 1, seine geschiedene Frau F1 von 800,- € netto und F2, von der M länger als ein Jahr getrennt lebt, von 1.000,- €

---

834 Ebenso OLG Hamm, FamFR 2013, 415; die Adoption von Kindern nach rechtskräftiger Scheidung führt auch zu dieser Rechtsfolge. Sie ist kein unterhaltsrechtlich vorwerfbares Verhalten, OLG Hamm, FamRZ 2013, 806.
835 Daher keine »wirtschaftliche Hypothek« mehr durch Erstehe, Graba FamFR 2012, 51, 52.
836 Gutdeutsch, 29.
837 BGH, NJW 2012, 384, Rn. 34.
838 Gutdeutsch, 22.
839 BGH, NJW 1990, 1172 (Gleichsetzung des eigenen angemessenen Unterhalts i.S.d. § 1581 BGB mit dem eheangemessenen Unterhalt i.S.d. § 1578 BGB).
840 *Https://www.famrz.de/files/Media/dokumente/duesseldorfer_tabelle/duesseldorfer-tabelle-1–1-2020.pdf.* Zur Düsseldorfer Tabelle 2020 Schürmann, FamRZ 2020, 209 ff.
841 Vgl. Gerhardt, FamRZ 2012, 589, 592.
842 MüHdbFamR/Grandel, § 8 Rn. 163.

Unterhalt F1:

Nettoeinkommen für die Unterhaltsberechnung 9/10[843] von 3.000,- €	2.700,00 €
Nettoeinkommen der Ehefrau F1 9/10 von 800,- €	720,00 €
Summe (2.700,- € + 720,- €)	3.420,00 €
Daraus **Bedarf** F1: 1/2 abzgl. eigenes Einkommen (1.710,- € – 720,- €)	990,00 €

Unterhalt F2:

Einkommen M	3.000,00 €
Abzgl. Unterhalt F1	990,00 €
Verbleibt	2.010,00 €
Daraus 9/10[844]	1.809,00 €
Zzgl. Einkommen F2 (1.000,- € x 9/10)	900,00 €
Summe (1.809,- € + 900,- €)	2.709,00 €
Daraus **Bedarf** F2: 1/2 abzgl. eigenes Einkommen (1.355,- € – 900,- €)	455,00 €

M verbleibt nur noch 1.255,- € (2.700,- € abzgl. 990,- € abzgl. 455,- €).
Das ist weniger als der Bedarf von F1 in Höhe von 1.710,- €.
Daher relativer Mangelfall, der BGH rechnet mit Dreiteilung weiter.

Einsetzbares Einkommen von M, F1 und F2 (2700,- €+720,- €+900,- €)=	4.320,00 €
Bei Dreiteilung stehen jedem 1.440,- € zu.	
Also:	
F1: 1/3 abzgl. eigene Einkünfte (1.440,-€ – 720 €) =	720,00 €
F2: 1/3 abzgl. eigene Einkünfte (1.440,-€ – 900,- €) =	540,00 €

*M verbleiben **1.440**,- € (2.700 – 720 – 540)*

368 Bei **Gleichrangigkeit** kommt der BGH somit wieder zu einer **Dreiteilung** im Rahmen der Leistungsfähigkeit.[845] Dabei will der BGH **alle Einkünfte** in diese Dreiteilung **einbeziehen**, also auch einen nachehelichen Karrieresprung und den Splittingvorteil aus der neuen Ehe und der volle Familienzuschlag der Stufe 1,[846] nicht hingegen den Sockelbetrag des Elterngeldes. Begründet wird dies damit, dass durch die Kürzung des Unterhaltsanspruchs des geschiedenen Ehegatten es nicht mehr erforderlich sei, bestimmte Einkommensbestandteile für die neue Ehe zu reservieren.[847] Der Vorteil des Zusammenwohnens ist für die neue Ehe zu berücksichtigen. Ein Abzug von 10 % des Gesamtbedarfs der neuen Ehegatten ist zulässig.[848]

Bei **Vorrangigkeit** des neuen Ehegatten ist die Leistungsfähigkeit gegenüber dem geschiedenen gekürzt.

Bei **Nachrang** hingegen ist der **Unterhaltsanspruch des neuen Ehegatten** im Rahmen der Leistungsfähigkeit gegenüber dem geschiedenen Ehegatten **nicht zu berücksichtigen**. Vielmehr ist zu berücksichtigen, dass der Rang nach § 1609 BGB selbst Ausdruck einer gesetzlichen Billigkeitswertung ist, die den vollständigen Vorrang des als schutzbedürftiger angesehenen vorrangig Berechtigten sichern soll. Dem geschiedenen Ehegatten verbleibt also sein voller Unterhalt. Allerdings sind einige Einkommensbestandteile wie der Splittingvorteil und der hälftige Familienzuschlag der Stufe 1 dann der neuen Ehe vorbehalten.[849]

---

843 Quote je nach Rechtsprechung ggf. 6/7.
844 Berechnung nach den Süddeutschen Leitlinien, sonst Quote 6/7.
845 Hierzu Reinken, NZFam 2015, 689 f. mit Berechnungsbeispielen und Gutdeutsch, FamRZ 2015, 96 mit ausführlichen Berechnungsbeispielen auch für mehrere vorrangige Ehegatten.
846 Dazu Reinken, NZFam 2015, 1142.
847 BGH v. 07.05.2014 XII – ZB 258/13, NJW 2014, 2109 = MittBayNot 2014, 448 = FamRZ 2014, 1183 m. Anm. Schürmann, FamRZ 2014, 1281 f.
848 BGH, NJW 2014, 2109.
849 BGH, NJW 2014, 2109, Tz. 2) b) cc).

Der BGH will dies aber **nicht schematisch** angewendet wissen, sondern betont, dass **individuelle Billigkeitserwägungen** zu abweichenden Ergebnissen führen können. Solches würde wohl insbesondere angebracht sein, wenn
- das Existenzminimum des nachrangigen Ehegatten nicht gesichert ist,[850] hierbei dürften insbesondere die Fälle eine Rolle spielen, denen der BGH einen Mindestbedarf zugesprochen hat;[851]
- oder wenn für den geschiedenen Ehegatten insbesondere bei langer Ehe eine besondere Schutzbedürftigkeit wegen mangelnder Erwerbsfähigkeit besteht, die beim neuen Ehegatten nicht gegeben ist.[852]

Der BGH klärt in seiner Entscheidung noch folgende Einzelfragen:

Der **vorrangige Kindesunterhalt** ist ebenfalls unter **Einschluss sämtlichen Einkommens** und damit auch des Splittingvorteils zu bestimmen. Dabei wird dann der Kindesunterhalt **mit dem Zahlbetrag abgezogen**. Ein etwaiger Naturalunterhalt ist zu monetarisieren.[853] Das Kindergeld wird auch in intakten Familien, bei denen das Kind im Familienverbund lebt, nur zur Hälfte darauf angerechnet. Die Erwerbsobliegenheit des neuen Ehegatten ist auf der Grundlage einer hypothetischen Betrachtung als geschiedene Ehe zu bewerten.[854]

Nach diesen Prüfungen wendet der BGH § 1578b BGB an, um zu prüfen, ob danach noch eine Herabsetzung oder Befristung zur Anwendung kommt.[855]

369

Diese Rechtsprechung des BGH hat ein großes Echo gefunden. Die Praxis möchte zurück zur Rechtssicherheit bei der Unterhaltsberechnung. Aus dem Urteil des BGH wurden verschiedentlich **Berechnungsmodelle** abgeleitet.[856] Infrage gestellt wird vor allem, ob eine Mangelfallberechnung weiter auf der Grundlage des Systems von Einsatzbeträgen durchgeführt werden kann, die aus dem Bedarf abgeleitet sind, weil dies bei Vor- oder Gleichrang den zweiten Ehegatten schlechter stelle, denn **bei der Bedarfsberechnung** wirkt sich die **Unterhaltspflicht aus erster Ehe wie eine Hypothek** aus. Diese Hypothek würde bei einer Berechnung nach aus dem Bedarf abgeleiteten Einsatzbeträgen in die Ebene der Leistungsfähigkeit mitgenommen.[857] Das führt zu einem Widerspruch mit der in § 1609 BGB festgelegten Rangfolge. Dagegen setzt der BGH auf eine Dreiteilung im Bereich der Leistungsfähigkeit,[858] sodass die Berechnung anhand von Einsatzbeträgen infrage gestellt wird.

370

Zahlreiche wichtige Stimmen in der **Literatur** sehen die jetzige **Gesetzeslage als unzureichend** an. So kommt *Gerhardt*[859] zu dem Ergebnis, dass die Reform von 2008 nicht das nun vom BVerfG herbeigeführte Ergebnis gewollt habe. Es sei daher eine erneute Änderung bei den §§ 1361 und 1578 BGB im Hinblick auf die ehelichen Lebensverhältnisse erforderlich, zudem sei der Halbteilungsgrundsatz im Unterhaltsrecht gesetzlich zu normieren. *Borth* gibt zu bedenken, dass § 1581 BGB der Konkurrenzsituation mehrerer Ehegatten nicht mehr gerecht wird, weil die Maßstäbe zur Überleitung von Bedarfsbeträgen in die Leistungsfähigkeit fehlen oder widersprüchlich sind. Die in den verschiedenen Berechnungsmodellen durchgeführte Angleichung sei daher nicht gesetzlich legitimiert.[860]

371

---

850 Borth, FPR 2012, 137, 142.
851 BGH, DNotZ 2012, 692; vgl. dazu Rdn. 32.
852 So Borth, FamRZ 2012, 253, 257.
853 Schilling, FuR 2015, 434, 437.
854 Schilling, FuR 2015, 434, 438.
855 Gegen diese Reihenfolge Graba, FPR 2013, 138, 142, der zuerst § 1578b BGB prüfen will, weil bei dessen Anwendung ein sonst festzustellender Mangelfall möglicherweise entfallen kann.
856 Etwa Soyka in FuR 2012, 180 ff.; Schwamb, MDR 2012, 557, 560; Gerhardt, FamRZ 2012, 589, 592 f.; Schwab/Ernst/Borth, § 8 Rn. 1100 f.; MüHdbFamR/Grandel, § 8 Rn. 161 ff.
857 Borth, FPR 2012, 137, 139.
858 Borth, FPR 2012, 137, 141 hält diesen Ansatz auch im Lichte der Rechtsprechung des BVerfG für verfassungsgemäß.
859 Gerhardt, FamRZ 2012, 589, 591 f.
860 Borth, FPR 2012, 137, 142.

372 In einer weiteren Entscheidung hatte sich der BGH[861] damit zu befassen, was mit einer Unterhaltsvereinbarung zu geschehen hat, die auf der später vom BVerfG verworfenen Rechtsprechung des BGH zu den wandelbaren ehelichen Lebensverhältnissen gegründet ist. Nach Ansicht des BGH richtet sich die **Anpassung** einer solchen Vereinbarung nach den Grundsätzen des **Wegfalls der Geschäftsgrundlage**. Sie kann frühestens ab der Entscheidung des BVerfG (25.01.2011) verlangt werden. Die Vereinbarung sei weder unwirksam noch anfechtbar.[862]

Dem wird entgegengehalten, dass sich die Rechtslage nicht mit der Entscheidung des BVerfG geändert habe, sie sei vielmehr von vornherein anders gewesen, nur sei dies erst später erkannt worden. Es müsse daher eine Anpassung auch für Unterhaltszeiträume vor der Entscheidung des BVerfG möglich sein.[863]

Soweit ein neuer Ehegatte beim Unterhalt des geschiedenen Ehegatten zu berücksichtigen ist, ist dieser seinem unterhaltspflichtigen Ehepartner gegenüber zur Auskunft verpflichtet.[864]

4. Bedarfsberechnung

a) Unterhaltsquote oder konkrete Berechnung

373 Steht auf diese Weise das gesamte prägende Einkommen fest, so wird dem Unterhaltsberechtigten hiervon ein bestimmter Anteil zugebilligt. Der BGH geht hierbei von einem »**Halbteilungsgrundsatz**« aus,[865] der allerdings nicht als Dogma angesehen werden sollte[866] und daher auch verschiedentlich durchbrochen wird. So wird für Erwerbseinkünfte dem erwerbstätigen Ehegatten ein **Erwerbstätigkeitsbonus** von in der Praxis regelmäßig einem Siebtel[867] bzw. einem Zehntel[868] zugesprochen.[869]

In einer vielbeachteten Entscheidung[870] hat nun der **BGH** eine bundesweite Vereinheitlichung des Erwerbstätigkeitsbonus auf das süddeutsche Zehntel angeregt. Der BGH betonte insbesondere, dass er die **Kumulierung des Anreizsiebtels und der Pauschale von 5 %** für berufsbedingte Aufwendungen (oder auch bei konkret berechneten Aufwendungen oder auch bei höheren Aufwendungen für Selbstständige) **künftig nicht mehr billigen** will und hat insoweit angeregt, es bei dem in den Süddeutschen Leitlinien vorgesehenen **Anreizzehntel** bewenden zu lassen.[871] Dieses Diktum wird man nicht überhören können, sodass mit einer bundesweiten Angleichung zu rechnen ist.[872]

374 Ansonsten wird der Unterhalt regelmäßig aufgrund der angegebenen **Quoten berechnet**. Ggf. kann zusätzlich trennungsbedingter Mehrbedarf geltend gemacht werden, der konkret darzulegen ist.

375 Eine Ausnahme gilt jedoch bei **überdurchschnittlichen Einkommensverhältnissen**. Zwar hat der BGH bisher keine »Sättigungsgrenze« anerkannt,[873] faktisch aber hat er ein solches Ergebnis durch die Annahme erreicht, dass bei gehobenen Einkommensverhältnissen ein Teil des Einkommens zur

---

861 BGH, FamRZ 2013, 853; hierzu Graba, FamFR 2013, 241.
862 A.A. noch OLG Hamm, NJW 2011, 3661: BVerfG hat nicht die gesamte Rechtsprechung zu den wandelbaren ehelichen Lebensverhältnissen für verfassungswidrig erklärt.
863 So Hoppenz, FamRZ 2013, 860.
864 So BGH, FamFR 2010, 572 für den Kindesunterhalt.
865 BVerfG, FamRZ 2002, 527, 529; BGH, DNotZ 2002, 440, 445 f. = FamRZ 2001, 986 f. = NJW 2001, 2254 f. m.w.N.; Maier, NJW 2002, 3359 ff.; s.a. schon BGH, FamRZ 1988, 265, 267.
866 Palandt/Brudermüller, § 1578 Rn. 47.
867 Vgl. etwa Unterhaltsrechtliche Leitlinien OLG Düsseldorf, 15.2. *www.famrb.de/unterhaltsleitlinien. html*; Röthel, FamRZ 2001, 328 ff.
868 Vgl. Unterhaltsrechtliche Leitlinien der Familiensenate in Süddeutschland, 15.2., *www.famrb.de/unterhaltsleitlinien.html*.
869 Kritisch Spangenberg, FamRZ 2011, 701 f.; Gutdeutsch, FamRB 2012, 350; Gerhardt, FamRZ 2013, 834.
870 BGH, FamRZ 2020, 171 = NJW 2020, 238; hierzu Borth, FamRZ 2020, 144; Christl, NZFam 2020, 237.
871 BGH FamRZ 2020, 171, Tz. 23.
872 Die Rechenbeispiele in diesem Buch gehen noch von der derzeitigen Tabellenlage aus.
873 Hierzu Eschenbruch/Loy, FamRZ 1994, 665 ff.; Schwab, FamRZ 1982, 456 ff.

Vermögensbildung verwendet wird und daher für den Unterhalt nicht zur Verfügung steht. Aus diesem Grund hatte nach bisheriger Lesart in solchen Fällen eine **konkrete Berechnung** stattzufinden.[874] Eine **genaue Einkommensschwelle**, ab der eine solche Berechnung vorzunehmen wäre, hat die Rechtsprechung bisher nicht festgelegt.[875] Vorgeschlagen wurde die jeweils aktuelle Höchstgrenze der einschlägigen Unterhaltstabelle.[876] Die Rechtsprechung der OLG differiert, verlangt aber eine konkrete Berechnung wohl ab einem Einkommen von 6.000,00 €,[877] zuweilen auch ab einem Bedarf von 2.550,- €,[878] 3000,- €,[879] 4.000,00 €[880] bzw. 5.100,00 €[881] oder noch nicht bei einem Gesamteinkommen von 6.500,00 €[882] bzw. 7.000,00 €[883] oder 8.000,- €[884] bzw. wenn das bereinigte Einkommen die höchste Einkommensgruppe der Düsseldorfer Tabelle übersteigt.[885] Auch die Unterhaltsleitlinien der OLG[886] sind nicht einheitlich. Sie stellen z.T. einfach auf »sehr gute Einkommensverhältnisse« ab, z.T. nennen sie unterschiedliche Grenzbeträge. Instruktiv etwa ein Urteil des OLG Karlsruhe,[887] das zu einem Bedarf von ca. 4.500,00 € kommt und die einzelnen Bedarfspositionen würdigt. Das OLG sieht allerdings eine Pflicht zur Vermögensverwertung, die bei gehobeneren Verhältnissen umso eher greifen soll und reduziert damit die monatliche Unterhaltspflicht.

Die Handhabung der OLGe ist also sehr unterschiedlich und wird regional unter Beachtung der Ziffer 15.3. der jeweiligen unterhaltsrechtlichen Leitlinie[888] beachtet werden müssen. Dies ist so geblieben, obwohl der BGH im Jahr 2010 ausgesprochen bzw. den Ausspruch der Vorinstanzen nicht beanstandet hat, das Einkommen von 5100 € (damals Obergrenze Düsseldorfer Tabelle) bilde die Höchstgrenze des vom Einkommen des besser verdienenden Ehegatten abgeleiteten Quotenunterhalts.[889] 376

Diese **Rechtsprechung** hat der **BGH**[890] nun **geändert** und verfährt nach folgenden Grundsätzen: 377
– Die **Quotenmethode** wird **bis zum doppelten Höchstbetrag** der obersten Einkommensgruppe der **Düsseldorfer Tabelle** akzeptiert (aktuell 5.500,- € x 2 = 11.000,- €).
– Bis zu diesem Betrag gilt die **Vermutung**, dass das **Einkommen** vollständig für den Unterhalt **verbraucht** wird.
– **Oberhalb** dieses Betrages ist die **konkrete Berechnung** aber **nicht zwingend**, sondern es kann **alternativ auch die Quotenmethode** angewandt werden, **wenn**
  – **entweder** auch oberhalb des Betrages das **Einkommen vollständig für den Unterhalt verbraucht** wurde oder

---

874 BGH, FamRZ 1994, 1169, 1170; OLG Düsseldorf, FamRZ 1991, 806 ff.; OLG Köln, FamRZ 2002, 326; OLG Karlsruhe, NJW-RR 2000, 1026; OLG Koblenz, FamRZ 2000, 1366 f.; OLG Koblenz, FamRZ 2000, 605 ff.; OLG Frankfurt am Main, FamRZ 1997, 353; OLG Hamm, FamRZ 1992, 1175.
875 Heinle, FamRB 2006, 146 f.
876 Norpoth, ZFE 2003, 179, 180.
877 OLG Köln, FamRZ 2002, 326.
878 OLG Zweibrücken, FamRZ 2014, 216.
879 OLG Düsseldorf, FamZ 2015, 1392.
880 OLG Köln, FamRZ 2002, 326; OLG Stuttgart, NZFam 2016, 232; OLG Hamm, FamRZ 2003, 1109 will auch bei einem Unterhaltsanspruch von 8.000,00 DM monatlich noch die Quotelung vornehmen; Büte, FuR 2005, 385, 386: auch bis 5.000,00 €.
881 OLG Köln, FamRZ 2012, 1731 = FamFR 2012, 154 und OLG Köln, FamRZ 2016, 994; OLG Zweibrücken, FamFR 2013, 295; OLG Stuttgart, FamRZ 2016, 638.
882 OLG Zweibrücken, FamRZ 2012, 643.
883 OLG Köln, FamRB 2004, 146.
884 OLG Bremen, NJOZ 2015, 1273.
885 OLG Hamm, FamRZ 2005, 719.
886 *Www.famrb.de/unterhaltsleitlinien.html*.
887 OLG Karlsruhe, FamRZ 2010, 655.
888 Leitlinien unter *famrb.de/unterhaltsleitlinien.html*.
889 BGH, NJW 2010, 3372, Rn. 28.
890 BGH, FamRZ 2018, 260 = NJW 2018, 468; BGH, NJW 2019, 3570 m. Anm. Born, NJW 2019, 3555 = FamRZ 2020, 21 m. Anm. Lies-Benachib.

- der **zur Vermögensbildung verwandte Teil dargelegt** wurde.
- Will der **Unterhaltsberechtigte** einen Unterhalt aus einem Einkommen über der genannten Höchstgrenze, so muss er den **Verbrauch von Einkommen** zum Unterhalt **über diese Grenze** für die Vergangenheit darlegen und **nachweisen**. Will der **Unterhaltsverpflichtete** erreichen, dass auch **unterhalb** des Höchstbetrages ein Betrag zur Vermögensbildung abgezogen wird, so muss er diese Handhabung in der Vergangenheit darlegen und **nachweisen** und damit die Vermutung vollständigen Verbrauchs widerlegen.
- Mit der Erklärung, unbegrenzt leistungspflichtig zu sein, entgeht man künftig keinem **Auskunftsanspruch**, weil damit nur die Leistungsfähigkeit zugestanden ist, nicht aber der Bedarf dargelegt wurde.
- Dabei will der BGH das maßgebliche **Familieneinkommen** (11.000,- €) als das Einkommen verstehen, das für Konsumzwecke der beiden Eheleute zur Verfügung steht und damit **unterhaltsrelevant** ist. Vorab sind daher die Einkünfte der Eheleute um den vorrangigen Kindesunterhalt, sonstige eheprägende Unterhaltsverpflichtungen, berufsbedingte Aufwendungen und etwaige weitere berücksichtigungsfähige Positionen zu bereinigen. Der Erwerbsanreiz hingegen gehört zum unterhaltsrelevanten Einkommen.[891]
- In seiner zweiten Entscheidung zu dieser Problematik hat der BGH zusätzlich ausgesprochen, dass bei Abzug einer zusätzlichen Altersversorgung durch den Verpflichteten in Höhe von 4 % dies auch dem Unterhaltsberechtigten durch eine entsprechende Erhöhung des Altersvorsorgeunterhaltes zu ermöglichen. Dieser Teil der Entscheidung dürfte auch auf die quotale Unterhaltsberechnung übertragbar sein.[892]

378 Künftig kann damit anstelle der schwierigen Darlegung der einzelnen Bedarfsposten umgekehrt die **Vermögensrücklage nachgewiesen** und aus der **verbleibenden Summe der Quotenunterhalt berechnet** werden.[893]

▶ Hinweis:

379 Bei überdurchschnittlichem Einkommen (ab ca. 11.000,00 €) spricht eine Vermutung dafür, dass das Einkommen nicht komplett für den Unterhalt verbraucht wurde. Der Unterhalt kann dann konkret berechnet werden oder unter Abzug der nachgewiesenen Sparsumme mit der Quotenmethode vom Rest.

380 Für die Feststellung des konkreten Bedarfes soll nicht allein das in der Ehe tatsächlich geübte Konsumverhalten maßgeblich sein, sondern der Lebenszuschnitt, den entsprechend situierte Eheleute im Regelfall wählen,[894] sodass übertriebene Verschwendung[895] ebenso außer Betracht bleibt wie übertriebene Sparsamkeit.

381 Der **Bedarf** gliedert sich regelmäßig in folgende **Einzelpositionen:**[896]
- allgemeiner Lebensbedarf (Nahrung),
- Wohnkosten,
- Hausratsanschaffungen,
- Versicherungen (Krankenversicherung, Lebensversicherung, Hausrat-, Haftpflicht-, Rechtsschutzversicherung),

---

891 BGH, NJW 2019, 3570. Tz. 28.
892 Lies-Benachib, FamRZ 2020, 28.
893 So schon OLG Hamm, FamRZ 2006, 44; dies hebt Gutdeutsch, FamRZ 2019, 944, 946 hervor; zur neuen Rechtsprechung Finke, FamRB 2019, 152.
894 BGH, FamRZ 1994, 1169, 1171; OLG Koblenz, FamRZ 2000, 605.
895 Vgl. Büte, FuR 2005, 385, 387; eine noch ausführlichere Liste bietet Götsche, FamRB 2007, 143 f.
896 Nach Norpoth, ZFE 2003, 179, 182; Born, FamFR 2012, 145, 147; vgl. auch Büte, FuR 2005, 385, 389; Vomberg, FF 2012, 436; Born, FamRZ 2013, 1613 mit einer Checkliste von 55 Positionen; Born in FS Brudermüller, 37 ff.; OLG Köln, FamRZ 2002, 326 mit Berechnungsbeispiel; OLG Hamm., NJW-RR 2006, 795 ff. = FamRZ 2006, 1603.

- Telefonkosten, Fax, PC, Porto,
- Fernsehen, Radio,
- Kleidung (Anschaffung, Reinigung),
- Körperpflege mit Friseur und Kosmetik,[897]
- Personal (Haushaltshilfe, Gärtner, Kindermädchen),
- Pkw (Rücklage Neuanschaffung, Reparaturen, Versicherung, Steuer, Garage),
- Urlaub,
- Sport und Hobby (ggf. Haustiere),
- Restaurantbesuche,
- Kultur (Theater, Oper, Museum, Kino, Zeitungen),
- Einladungen und Repräsentation,
- Geschenke und Spenden,
- Auffangbetrag für Kleinkosten,
- Altersvorsorge.

Bei der Unterhaltsberechnung ist eigenes Einkommen des Unterhaltsberechtigten dann anzurechnen, wobei streitig ist, ob hierbei der Erwerbstätigkeitsbonus abzuziehen ist[898] oder nicht.[899] Der BGH hat sich nun ausführlich begründet der Ansicht angeschlossen, dass bei der Anrechnung eigenen Einkommens im Rahmen der **konkreten Bedarfsberechnung kein Erwerbstätigkeitsbonus abzuziehen** sei.[900] Das OLG Hamm[901] lässt großzügige Abschläge vor Anrechnung zu, wohl im Lichte der Surrogatsrechtsprechung des BGH. 382

Eine während der Ehe prägende Bedarfsposition, die nach Scheidung weggefallen ist (in der Entscheidung des OLG Hamm[902] Mitgliedschaft in Golf- und Tennisklub), kann nicht mehr angesetzt werden unter Berufung auf die Absicht, diese Mitgliedschaft wieder aufzunehmen. 383

Die Berechnung nach dem konkreten Bedarf kann insgesamt nicht zu einem höheren Unterhalt führen, als die Quotenberechnung unter Berücksichtigung beiderlei Einkommens, sonst wäre der Grundsatz der Halbteilung verletzt.[903] 384

Der nach dem konkreten Bedarf ermittelte Betrag ist nicht für alle Zeiten fixiert, sondern bedarf einer Inflationsanpassung, um den gleichbleibenden Bedarf bei steigenden Preisen zu decken. Diese kann im Rahmen eines Abänderungsverfahrens geltend gemacht werden.[904] 385

b) Halbteilung, nicht Dreiteilung

Nach der Rechtsprechungsänderung des BGH im Gefolge der Beanstandung durch das BVerfG[905] ist der Bedarf im jeweiligen Unterhaltsrechtsverhältnis im Wege der Halbteilung zu ermitteln. Auf der Bedarfsebene wird dabei der Unterhaltsanspruch aus der Erstehe wie eine Hypothek mit in die Bedarfsberechnung der Zweitehe mitgenommen. Damit ist auf der Bedarfsebene kein Platz mehr für eine Dreiteilung. Diese **Dreiteilung** nimmt der **BGH** erst auf der Ebene der **Leistungsfähigkeit** vor. 386

---

897 Speziell zur Schönheitspflege: Born, FamFR 2012, 145 ff.
898 So z.B. OLG Hamm, NJW-RR 2006, 794, 795.
899 So z.B. Büte, FuR 2005, 385; Palandt/Brudermüller, § 1578 Rn. 41; Götsche, FamRB 2007, 143, 145.
900 BGH, NJW 2011, 303.
901 OLG Hamm, FuR 2007, 177.
902 OLG Hamm, NJW-RR 2006, 794 ff.
903 Ausführlich hierzu mit Berechnungsbeispielen Gutdeutsch, NJW 2012, 561 ff.
904 OLG Köln, FamRZ 2013, 1134.
905 Dargestellt in Rdn. 356 f.

Kapitel 6

▶ **Berechnungsbeispiel nach der Methode des BGH:**[906]

Sachverhalt: Einkommen Unterhaltspflichtiger M: 3.000,00 € nach Grundtabelle, 3.200,00 € nach Splittingtabelle. Einkommen von geschiedener Ehefrau F1: 800,00 €; Einkommen von F2, von der sich M gerade getrennt hat 700,00 €.

Bedarf der F1:

Nettoeinkommen M für die Unterhaltsberechnung 3.000,00 € × 6/7:	2571,00 €
Nettoeinkommen der F1 800 × 6/7:	686,00 €
Gesamt M und F1:	3.257,00 €
Bedarf F1 *3.257:2 – 686,00 €:*	**943,00 €**

Bedarf der F2:

Nettoeinkommen M für die Unterhaltsberechnung 3.200,00 €[907] × 6/7 abzgl. 943,00 € Unterhalt F1[908]:	1.800,00 €
Nettoeinkommen der F2 700 × 6/7:	600,00 €
Gesamt M und F2:	2.400,00 €
Bedarf F2 *2.400:2 -943,00 €:*	**257,00 €**

*Nach dieser Bedarfsberechnung verfügt M über 3.200,00 € × 6/7 abzgl. 943,00 € abzgl. 257,00 € = **1.543,00 €**. F1 verfügt über 686,00 € + 943,00 € = **1.629,00 €**. F2 verfügt über 600,00 € + 257,00 € = **857,00 €**. Dabei kommt es auf der Bedarfsebene auf die Rangfolge zunächst einmal nicht an.*

Da der Bedarf allein gegenüber der F1 sich für M auf 3.257,00 €: 2 belaufen hätte, liegt nach BGH ein relativer Mangelfall vor, sodass in eine Billigkeitsbemessung des Unterhalts nach § 1581 BGB einzusteigen ist. Diese will der BGH bei angenommener Ranggleichheit der Ehegatten nach dem Prinzip der Dreiteilung auf der Ebene der Leistungsfähigkeit vornehmen.

Danach ist zunächst das gesamte verfügbare Einkommen unter Einschluss des Splittingvorteils zu bilden.

Dieses beläuft sich auf: (3.200,00 € + 800,00 € + 700,00 €)× 6/7 = 4029,00 €

Das ergibt für jeden der drei Beteiligten: 1.343,00 €

Daraus ergibt sich ein Unterhalt im Wege der Dreiteilung für F1 von 4.029,00 €: 3 – 686,00 €=	657,00 €
Daraus ergibt sich der Unterhalt für F2 4.029 €: 3 abzgl. 700 × 6/7	743,00 €
Für M bleibt 3.200 × 6/7 – 657 – 743 =	1.343,00 €

Somit verfügen M, F1 und F2 jeweils über 1.343,00 €.

Ein **Vorrang der ersten Ehefrau** F1 soll durch die Unterhaltsansprüche der F2 auch auf der Leistungsebene nicht mehr berührt werden.[909]

Ein **Vorrang der zweiten Ehefrau** F2 müsste sich nach dem Grundsatz »Vorrang ist Vorrang«[910] auf der Leistungsebene durchsetzen. Ob daran noch Billigkeitskorrekturen anzusetzen sind oder ob

---

906 Vgl. MüdHdbFamR/Grandel, § 8 Rn. 129; Schwab/Ernst/Borth, § 8 Rn. 1102 ff.
907 Auf Bedarfsebene ist der Splittingvorteil der neuen Ehe vorbehalten.
908 Auf Bedarfsebene Abzug des Unterhalts der geschiedenen Ehefrau.
909 BGH, NJW 2012, 384; OLG Nürnberg, FamRZ 2012, 1500; MüHdbFamR/Grandel, § 8 Rn. 178; anders wohl Schwab/Ernst/Borth, § 8 Rn. 1113.
910 MünchKomm-BGB/Maurer, § 1582, Rn. 31.

trotzdem eine Gleichteilung erfolgt, ist heftig umstritten. *Dose*[911] kommentiert das Urteil des BGH[912] so, dass bei Vorrang und Gleichrang der neuen Ehe jeweils eine wechselseitige Beeinflussung der Unterhaltshöhen bestehe, was auf eine Gleichteilung hinauslaufe. *Borth* stellt verschiedene Berechnungsweisen vor, so etwa die Herabsetzung der Ansprüche der nachrangigen F2 auf das Existenzminimum oder aber der Einräumung mindestens des Existenzminimums zuzüglich etwaiger Vorteile aus der neuen Ehe.[913] Ein Beispiel hierzu findet sich bei der Mangelfallberechnung.[914]

▶ **Neue Rechtsprechung:**

Ausnahmsweise ist die Unterhaltspflicht gegenüber einem neuen Ehegatten für die Bemessung des Unterhaltsbedarfs des früheren Ehegatten zu berücksichtigen, soweit sie – etwa als Anspruch auf Betreuungsunterhalt nach § 1615l BGB – bereits die ehelichen Lebensverhältnisse der ersten Ehe geprägt hat.[915]   387

III. Bedürftigkeit des Berechtigten

Nach § 1577 Abs. 1 BGB kann der geschiedene Ehegatte Unterhalt nicht verlangen, solange und soweit er sich aus seinen Einkünften und seinem Vermögen selbst unterhalten kann. Insoweit ist er nicht bedürftig.   388

Zur Deckung der Bedürftigkeit nach § 1577 BGB kommen tatsächliche oder fiktive Einkünfte bzw. Vorteile ebenso in Betracht wie reale oder fiktive Vermögenserträge.   389

1. Tatsächliche Einkünfte

a) Einkommen aus zumutbarer Erwerbstätigkeit

Nach **§ 1577 Abs. 1 BGB** wird das Einkommen aus zumutbarer Erwerbstätigkeit stets berücksichtigt. Hierzu zählt insb. das Erwerbseinkommen in Gestalt des **bereinigten Nettoeinkommens** (also der Bruttoeinkünfte abzgl. Steuern und Sozialversicherungen) inklusive aller Zulagen, Prämien, Urlaubs- oder Weihnachtsgelder. Bei Auslandstätigkeit sind Überstunden üblich und daher die Vergütung voll einzubeziehen, eine Härtezulage jedoch nur hälftig, wenn sie einen konkreten Mehrbedarf abgilt.[916] **Abfindungen** sieht der BGH als unterhaltsrelevant an, wenn sie für den Verlust des Arbeitsplatzes gewährt werden. Sie sind insoweit zur Aufstockung des unterhaltsrechtlich relevanten Einkommens zu verwenden. Die tatrichterliche Prüfung entscheidet im Einzelfall, auf welchen Zeitraum dabei die Abfindung angemessen zu verteilen ist.[917] Sie ist dann zur Aufrechterhaltung der früheren Verhältnisse einzusetzen, nicht aber zu einer Erhöhung des Bedarfs;[918] sie führt daher nicht zu einer Erhöhung, wenn das Einkommen aus einem Folgearbeitsverhältnis nahezu gleich hoch ist.[919] Bei unterhaltsrechtlicher Einstellung darf es nicht zu einer Doppelverwertung kommen, sodass die Abfindung nicht nochmals beim Zugewinn heranzuziehen ist.   390

Abziehbar sind zur Bereinigung des Einkommens insb. auch Altersversorgungsaufwendungen. Sie können beim Selbstständigen bis zu 20 % erreichen und entsprechen i.Ü. den Arbeitnehmerbeiträgen zur gesetzlichen Rentenversicherung; hierbei spricht man von der primären Altersversorgung.   391

---

911 Dose, FF 2012, 227 ff.
912 BGH, NJW 2012, 384 f.
913 Schwab/Ernst/Borth, § 8 Rn. 1112; vgl. auch Hoppenz, NJW 2012, 819 f.
914 Rdn. 534 f.
915 BGH, NJW 2019, 3570.
916 OLG Hamm, NJW-RR 2010, 74.
917 BGH, NJW 2012, 1868; hierzu Maurer, FamRZ 2012, 1685; Hambitzer, FamFR 2013, 100.
918 OLG Koblenz, FamRZ 2012, 1575.
919 OLG Brandenburg, NZFam 2014, 615.

Da i.R.d. primären Altersversorgung die Sicherheit nicht mehr ausreicht, hat der BGH[920] ausdrücklich gebilligt, dass weitere 4 % des Bruttoarbeitslohnes für die sog. sekundäre Altersversorgung abgezogen werden dürfen. Abzüge setzen aber immer auch die tatsächliche Zahlung voraus, ein Abzug fiktiver Leistungen ist also nicht zulässig.[921] Es genügt aber, wenn der Vertrag, für den die tatsächlichen Zahlungen geleistet werden, erst nach der Scheidung abgeschlossen wurde.

392 Zum realen Einkommen zählen aber auch **Renten und Pensionen** oder Sozialleistungen mit Lohnersatzfunktion, die zumeist auf Versicherungszahlungen beruhen, wie z.B. das **Arbeitslosengeld nach § 117 SGB III**,[922] Lohnfortzahlung im Krankheitsfall, Krankengeld, Pflegeversicherung, Kurzarbeitergeld oder Insolvenzgeld.[923]

▶ **Gestaltungsempfehlung:**

393 Unterhaltsbedürftigkeit entfällt erst mit Zahlung der Rente. Während des Bewilligungsverfahrens kann für den Zeitraum, für den später Rente nachgezahlt wird, Unterhalt als Darlehen gegeben werden.

394 Die Lohnersatzleistung ist nicht überobligatorisch, auch wenn die bisherige Erwerbstätigkeit teilweise überobligatorisch war.[924] Allerdings sind bei der Lohnersatzleistung auch kein Erwerbstätigkeitsbonus abzuziehen[925] und keine berufsbedingten Aufwendungen.[926] Dem Empfänger solcher Lohnersatzleistungen steht als Unterhaltsverpflichteter der Selbstbehalt eines Nichterwerbstätigen zu, der sich allerdings bei Ehegatten nicht auf den Selbstbehalt gegenüber minderjährigen Kindern i.H.v. derzeit 960,00 € beschränkt, sondern zwischen dieser Summe und dem angemessenen Selbstbehalt des § 1603 Abs. 1 BGB liegt.[927] Die Düsseldorfer Tabelle hatte seit 2007 eine Aufteilung des billigen Selbstbehaltes gegenüber dem geschiedenen Ehegatten in eine Summe für Erwerbstätige und eine für Nichterwerbstätige aufgegeben und ging einheitlich von zuletzt 1.200,00 € aus. Dieser Wert ist aber nicht schematisch zu sehen. Der BGH hat ausdrücklich zugelassen, dass einige OLGe nach wie vor differenzieren und auch beim **Ehegattenselbstbehalt** eine Unterscheidung zwischen erwerbstätig und nicht erwerbstätig treffen.[928] Diese Unterscheidung ist nun mit der Düsseldorfer Tabelle **2020** wieder Standard geworden, denn diese unterscheidet auch beim Ehegattenselbstbehalt wieder in **Erwerbstätige (1.280,- €) und nicht Erwerbstätige (1.180,- €)**.[929]

395 Die früher als **Arbeitslosenhilfe oder Sozialhilfe** gewährten Leistungen sind nun im **SGB II** geregelt.[930] Bei ihrer Behandlung ist zu differenzieren, ob der Unterhaltsverpflichtete oder der -berechtigte solche Leistungen bezieht.

---

920 BGH, FamRZ 2005, 1817.
921 BGH, FamRZ 2007, 793; BGH, NJW 2019, 3570; zur sekundären Altersvorsorge: Griesche, FPR 2007, 337.
922 OLG Düsseldorf, FamRZ 2002, 99; MüHdbFamR/Friederici/Unger, § 5 Rn. 183; Reinecke, ZFE 2008, 294, 295.
923 Reinecke, ZFE 2008, 294, 295.
924 OLG Köln, FamRB 2006, 105; Götsche, FamRB 2006, 373, 377.
925 Götsche, FamRB 2006, 373, 377; BGH, MDR 2007, 1021 für Arbeitslosengeld; BGH, FamRB 2009, 104 für Krankengeld.
926 BGH, FamRZ 2009, 307.
927 BGH, FamRZ 2009, 307, 310 mit insoweit abl. Anm. Günther.
928 BGH, NZFam 2019, 1095 = FamRZ 2020, 97 m. Anm. Schürmann; dort insb. Rn. 26 f. zum Charakter der Richtlinien.
929 Https://www.famrz.de/files/Media/dokumente/duesseldorfer_tabelle/duesseldorfer-tabelle-1-1-2020.pdf.
930 Viertes Gesetz für moderne Dienstleistungen am Arbeitsmarkt, BGBl. 2003 I, S. 2954; hierzu ALG II-Verordnung, BGBl. 2004 I, S. 2622.

C. Nachehelicher Unterhalt

Aufseiten des **Unterhaltspflichtigen** werden sie gleichwohl unterhaltsrechtlich als **Einkommen** behandelt.[931] Allerdings steht diesem der Selbstbehalt des Nichterwerbstätigen zu, sodass sich Zahlungen häufig nicht auswirken werden.[932]

396

Schwierigkeiten bei dieser Einschätzung ergaben sich aus § 11b Abs. 1 Nr. 7 SGB II. Denn nach dieser Vorschrift werden aus sozialrechtlicher Sicht titulierte gesetzliche Unterhaltspflichten vom Einkommen abgesetzt[933] und somit als sozialrechtlicher Bedarf des Unterhaltspflichtigen angesehen. Dieser Widerspruch zum Unterhaltsrecht hatte der Praxis Probleme bereitet.[934] Einem Leistungsbezieher wurde angesonnen, Unterhaltsansprüche titulieren zu lassen, weil er dann insoweit anrechnungsfrei hinzuverdienen darf.[935] Dem ist der BGH[936] entgegengetreten und hat entschieden, dass durch die sozialrechtliche Berücksichtigung titulierter Unterhaltspflichten sich bei einem Antrag auf Grundsicherung für Arbeitssuchende die unterhaltsrechtliche Leistungsfähigkeit nicht erhöht.[937]

397

Allerdings kann ein Unterhaltsberechtigter nicht ohne Rücksicht auf die Selbstbehaltssätze des Pflichtigen Leistung an sich verlangen.[938] Eine Unterhaltspflicht besteht daher erst, wenn die Leistungen nach dem SGB II und der eigene (Hinzu-) Verdienst den Selbstbehalt übersteigen.[939]

Beim **Unterhaltsberechtigten** ist zu **differenzieren:**

398

Nach § 19 SGB II werden Leistungen zur Sicherung des Lebensunterhalts als sog. **Arbeitslosengeld II** (**ALG II**)[940] gewährt. Die **Regelleistung** nach § 20 SGB II hat ebenso wie Mehrbedarf und Leistungen für Unterkunft und Heizung sowie einmaligen Bedarf nach §§ 21 bis 23 SGB II den Charakter der früheren Sozialhilfe.[941] Diese Leistungen sind somit subsidiäre Leistungen mit Unterhaltsersatzfunktion, die **nicht auf den Unterhalt anrechenbar** sind.[942] Nunmehr sieht § 33 SGB II seit 01.08.2006[943] wieder einen gesetzlichen Anspruchsübergang vor, nachdem zuvor zur allseitigen Überraschung nicht diese Methodik des früheren BSHG verwendet worden war, sondern eine Überleitungsanzeige wie beim BSHG vor 1993 erlassen werden musste.[944] Das festigt die vorstehende Einschätzung.[945] Nach dieser Änderung ist eine ausnahmsweise Zurechnung als Einkommen nun wohl nicht mehr möglich.[946] Auch nach einem gesetzlichen Anspruchsübergang bleibt der Anspruch des Trägers der Sozialhilfe Unterhaltsanspruch, sodass das Aufrechnungsverbot des § 394 BGB i.V.m.

---

931 So schon BGH, FamRZ 1987, 457, 458.
932 Sozialrechtlich wird der Unterhaltsverpflichtete nach § 9 Abs. 2 Satz 3 SGB II als hilfebedürftig fingiert, auch wenn er zwar individuell nicht hilfebedürftig ist, sein Einkommen aber nicht ausreicht, den Bedarf anderer Mitglieder der Bedarfsgemeinschaft abzudecken, BGH, FamRZ 2013, 1962. Das schlägt auf die Vergleichsrechnung beim Anspruchsübergang nach § 33 Abs. 2 Satz 3 SGB II durch.
933 So bisher schon OLG Koblenz, FamRB 2006, 297; vgl. BSG, ZFE 2011, 155.
934 So Scholz, FamRZ 2006, 1417, 1419.
935 Götsche, ZFE 2008, 170, 171; Reinken, FPR 2007, 352 f. OLG Brandenburg, FamRZ 2006, 1297 u. FamRZ 2007, 1905 u. FamRZ 2008, 2304; OLG Schleswig, NJW-RR 2010, 221; KG, FamRZ 2011, 570.
936 BGH, NJW 2013, 2595 f.
937 So schon OLG Hamm, NJW 2009, 3446.
938 OLG Brandenburg, OLGR 2007, 996 f.; BGH, NJW 2013, 2595, 2597, Rn. 13.
939 KG, FamRZ 2011, 1302.
940 Eine Übersicht gibt Kopp, NWB, Fach, S. 27, 5959 ff.; Eichfelder, StB 2007, 64 ff. gibt einen Überblick über die Gestaltungspotenziale zur Optimierung von ALG II Leistungen und zeigt insoweit auf, dass die Ehe zu finanziellen Nachteilen führt.
941 Zu diesen Leistungen Conradis, FamRB 2008, 247 ff.
942 BGH, FamRB 2009, 105; BGH, FamRZ 1987, 457, 458; OLG Celle, NJW 2006, 1356; Wendl/Dose/Dose, § 1 Rn. 664 ff.; Götsche, FamRB 2006, 53 ff.; Klinkhammer, FamRZ 2004, 1909. 1917; so auch die meisten unterhaltsrechtlichen Leitlinien unter 2.2., *www.famrb.de/unterhaltsleitlinien.html*.
943 BGBl. 2006 I, S. 1706; zur Neuregelung Steck/Kossens, FPR 2006, 356 ff.; Schürmann, FuR 2006, 349 f.
944 Zur Kritik: Hußmann, FF 2005, 226 ff.; zu den Auswirkungen der nunmehr wieder eingeführten Legalzession: Klinkhammer, FamRZ 2006, 1171, 1173; Hußmann, FPR 2007, 354 ff.
945 Klinkhammer, FamRZ 2006, 1171 f. gegen Nr. 2.2. Koblenzer Leitlinien, FamRZ 2005, 1352.
946 Götsche, FamRB 2006, 373, 374.

§ 850 Abs. 1 Nr. 2 ZPO auch zugunsten des Trägers der Sozialhilfe eingreift, so auch der BGH.[947] Das gesamte ALG II soll einschließlich des Erwerbstätigen-Freibetrages auch bei einem Aufstocker als Existenzminimum geschützt sein und nicht bei einer Unterhaltspflicht als Einkommen gewertet werden können.[948]

Lohnersatz stellen hingegen dar das Einstiegsgeld nach §§ 16b SGB II[949] und Einkommen aus 1- oder 2-Euro-Jobs nach § 16b SGB II.[950] Sie sind daher als Einkommen der Unterhaltsberechtigten in Betracht zu ziehen.[951]

399 Unabhängig von dieser Einstufung wird dem SGB II auch insoweit Bedeutung zugemessen werden müssen, als es auf lange Sicht auch familienrechtlich dazu führen wird, zu einer früheren Erwerbsobliegenheit zu kommen. Die Unterhaltsreform[952] stellt insoweit bereits eine Harmonisierung beider Bereiche[953] dar. Die Neuregelung der Sozialleistungen kann ferner den unterhaltsrechtlichen Selbstbehalt beeinflussen, da durch Unterhaltszahlungen niemand hilfsbedürftig i.S.d. Sozialrechts werden soll.[954]

400 Die **Grundsicherung**[955] im Alter und bei Erwerbsminderung[956] ist unter Aufhebung des Grundsicherungsgesetzes in das SGB XII, §§ 41 ff., integriert worden. Dabei gehört der Ehegattenunterhalt nach wie vor nicht zu den nach § 43 Abs. 5 SGB XII privilegierten Unterhaltsansprüchen, sodass die Grundsicherung jedenfalls ggü. dem realisierbaren Ehegattenunterhalt subsidiär ist.[957] Inzwischen nimmt die herrschende Ansicht an, dass es durch die Hineinnahme der Grundsicherung in das SGB XII einen gesetzlichen Anspruchsübergang nach der allgemeinen Vorschrift des § 94 SGB XII für den Ehegattenunterhalt gibt, weil dort nur ein Übergang der Ansprüche gegen Eltern und Kinder ausgeschlossen ist.[958]

401 Die Leistung von **Sozialhilfe**, die nach §§ 27 ff. SGB XII an hilfsbedürftige Personen unter 15 Jahren, die kein Sozialgeld beziehen, oder an nicht erwerbsfähige Personen i.S.d. § 8 SGB II geleistet wird, ist stets subsidiär und daher kein Einkommen des Unterhaltsberechtigten.[959]

402 Das **Elterngeld**[960] knüpft an den früheren Lohn an und gewinnt damit Lohnersatzfunktion.[961] Nach § 11 BEEG[962] ist freilich ein Sockelbetrag von 300,00 €, der dem früheren Erziehungsgeld entspricht,

---

947 BGH, FamRZ 2013, 1202.
948 LSG Niedersachen-Bremen, FamRZ 2016, 1410.
949 So OLG Celle, NJW 2006, 1356 = FamRZ 2006, 1203; zustimmend Klinkhammer, FamRZ 2006, 1171, 1172.
950 Nach OLG München, OLGR 2006, 222 = FamRB 2006, 104 jedoch jedenfalls bei Kindesbetreuung überobligatorisch.
951 Götsche, FamRB 2006, 53 ff. mit guter zusammenfassender Übersicht; Reinken, in: Rotax, Praxis des Familienrechts, Teil 6 Rn. 84; vgl. auch Scholz, FamRZ 2006, 1417, 1421 zu den Auswirkungen der Änderung der Neufassung der Abschnittsüberschrift im Gesetz.
952 So nimmt die Begründung des Gesetzentwurfes der Bundesregierung zu § 1570 BGB ausdrücklich auf die Erwerbsobliegenheiten nach SGB II und SGB XII Bezug, BT-Drucks. 16/1830, S. 17.
953 Zu den Widersprüchen und ihrer Praxisbedeutung: Scholz, FamRZ 2004, 751 ff.
954 Schürmann, FamRZ 2005, 148.
955 Die Grundsicherung ihrerseits sieht Zahlungen auf einen Zugewinnausgleichsanspruch als anrechenbares Einkommen nach § 11 SGB II an.
956 Einen Überblick geben Götsche, ZFE 2008, 92 ff.; Mleczko, FuR 2013, 122 f.
957 Klinkhammer, FamRZ 2000, 1793, 1799; Wendl/Dose/Klinkhammer, § 8, Rn. 152.
958 Vgl. Götsche, ZFE 2008, 92, 93; Reinecke, ZFE 2008, 294, 299; Rust, FamRB 2005, 85, 86; Wendl/Dose/Klinkhammer, § 8, Rn. 148, 152; zu § 94 SGB XII: Günther, FamFR 2012, 457 f.
959 Reinken, ZFE 2005, 393.
960 Hierzu Scholz, FamRZ 2007, 7 ff.; Götsche, FamRB 2007, 120 ff.; Ballof, EStB 2007, 115 f.; Klatt, FPR 2007, 349; krit. zum Elterngeld Seiler, FamRZ 2006, 1717, 1721 f.; Brosius-Gersdrof, NJW 2007, 177 ff.
961 Wendl/Dose/Dose, § 1 Rn. 118.
962 BGBl. 2006 I, S. 2748.

unterhaltsrechtlich irrelevant, sodass erst das über diesen Betrag hinausgehende Elterngeld unterhaltsrechtlich als Einkommen zu werten ist,[963] jedoch ohne dass davon ein Erwerbstätigkeitsbonus oder pauschale berufsbedingte Aufwendungen abgezogen werden dürften.[964] § 11 Satz 4 BEEG enthält Ausnahmetatbestände, in denen auch die 300,00 € angerechnet werden müssen, so etwa bei gesteigerter Unterhaltspflicht oder in den Fällen des § 1579 BGB.[965] In dem Gebrauchmachen von der Möglichkeit des Elterngeld Plus nach § 46 Abs. 3 BEEG (verlängerter Bezug, halbe Höhe), soll entgegen einer Literaturmeinung[966] keine leichtfertige Verkürzung des Einkommens liegen, sodass es nicht zu einer fiktiven Einkommenszurechnung kommt.[967] Dies hat auch der BGH inzwischen anerkannt, wenn die Rollenwahl an sich nicht zu missbilligen ist[968] (Hausmann-Rechtsprechung)[969].

Zum 01.08.2013 hat der Gesetzgeber ein **Betreuungsgeld** für diejenigen Eltern beschlossen, die nicht eine öffentlich geförderte Kinderbetreuungseinrichtung in Anspruch nehmen. Die Inanspruchnahme des Betreuungsgeldes, das inzwischen in §§ 4a ff. BEEG geregelt war, wirkte sich weder auf den Bedarf noch die Leistungsfähigkeit aus.[970] Das BVerfG hat dieses Betreuungsgeld jedoch aufgrund mangelnder Bundeskompetenz für verfassungswidrig erklärt.[971] In Bayern wurde daraufhin ein eigenes Betreuungsgeld geschaffen, das nunmehr mit dem Bayerischen Familiengeldgesetz seit 01.08.2018 in ein **Bayerisches Familiengeld** übergegangen ist,[972] das unabhängig davon gezahlt wird, ob das Kind einen Kindergarten besucht oder nicht.[973] Nach einem Streit um die Anrechenbarkeit auf Sozialleistungen wird das bayerische Familiengeld als Lohnersatzleistung angesehen.[974] 403

Pflegegeld, das der Pflegebedürftige erhält, führt i.d.R. zu keiner weiteren Berücksichtigung, da vermutet wird, dass die besonderen Aufwendungen nicht geringer sind als das Pflegegeld, §§ 1610a, 1578a BGB.[975] Pflegegeld für die Aufnahme von Pflegekinder nach § 39 SGB VIII ist nur i.H.d. Erziehungsbeitrages als Einkommen anzurechnen (1/3 des Pflegegeldes).[976] 404

Für **Pflegegeld**, das an die **Pflegeperson** weitergeleitet wird, enthält § 13 Abs. 6 SGB XI eine Sonderregelung. Danach bleibt das Pflegegeld unberücksichtigt, außer bei 405
– Verwirkung von Trennungs-, Geschiedenen- oder Verwandtenunterhalt,
– gesteigerter Unterhaltspflicht ggü. minderjährigen Kindern oder
– Erwerbsobliegenheit der Pflegeperson, soweit nicht der Pflegebedürftige mit dem Unterhaltspflichtigen in gerader Linie verwandt ist.

▶ Hinweis:
Pflegegeld, das an die pflegende Person weitergeleitet wird, kann nur unter den einschränkenden Voraussetzungen des § 13 Abs. 6 SGB XI bedarfsdeckend wirken.[977] 406

Vom Arbeitgeber bezahlte Direktversicherungen und Arbeitgeberanteile der vermögenswirksamen Leistungen sind nicht einkommenserhöhend zu berücksichtigen.[978] 407

---

963 BGH, FamRB 2011, 38.
964 Scholz, FamRZ 2007, 7, 9; Götsche, FamRB 2011, 38.
965 Scholz, FamRZ 2007, 7, 9 m.w.N.
966 Kleffmann, FuR 2013, 2, 3.
967 OLG Frankfurt am Main, FamRB 2014, 167.
968 BGH, NZFam 2015, 359.
969 Hierzu Rdn. 486.
970 Borth, FamRZ 2014, 801, 803.
971 BVerfG, NJW 2015, 2399.
972 Grundlegend Grziwotz, Betreuungsgeld – Herdprämie oder Familienleistung?, FF 2016, 349.
973 BayGVBl. 2018, 613, 622.
974 Wendl/Dose/Dose, § 1 Rn. 119.
975 BGH, FamRZ 2006, 846, 848; OLG Stuttgart, NZFam 2017, 809.
976 OLG Köln, FamRB 2010, 3.
977 BGH, FamRB 2006, 199.
978 OLG Celle, FamRZ 2005, 297; Kleffmann, FuR 2006, 97, 98, 102.

408 **Baukindergeld** sowie Eigenheimzulage und »Baukindergeld Plus« in Bayern können als bedarfsdeckendes Einkommen in Betracht kommen.[979]

409 **Wohngeld** ist sowohl beim Verpflichteten wie beim Berechtigten als Einkommen einzubeziehen, soweit es nicht einen erhöhten Wohnkostenbedarf deckt.[980]

410 **Zinseinnahmen** auch aus Erbschaften oder Schenkungen sind als Einkommen zu berücksichtigen. Das Weiterverschenken an Kinder ist unterhaltsrechtlich mutwillig und führt ggf. zum Verlust des Unterhaltsanspruchs.[981]

b) Einkommen aus überobligationsmäßiger Tätigkeit

411 **§ 1577 Abs. 2 BGB** bestimmt, wie überobligationsmäßige Tätigkeit i.R.d. Bedürftigkeit berücksichtigt wird. Die Auslegung des missverständlichen Wortlautes erschließt sich erst mithilfe des insoweit grundlegenden Urteils des **BGH** aus dem Jahr 1982[982] sowie der Entscheidung des BGH aus dem Jahr 2005.[983]

412 Danach gilt die Vorschrift zum einen für alle überobligationsmäßigen Erwerbseinkünfte und nicht nur für solche, die durch die Nichtleistung des vollen Unterhalts seitens des Verpflichteten ausgelöst werden.[984]

413 Zum anderen ist zwischen der Nichtanrechnung und der Anrechnung nach Billigkeitsgesichtspunkten zu unterscheiden. Zahlt der Verpflichtete nicht den vollen Unterhalt (nach der Unterhaltsreform verweist § 1577 Abs. 2 BGB insoweit auf §§ 1578 und 1578b BGB), so bleibt auch für den Berechtigten ein Teil dieser Einkünfte anrechnungsfrei. Dieser berechnet sich folgendermaßen: Es ist die Differenz zwischen dem vollen Unterhaltsbedarf des Berechtigten einerseits und der Summe aus Unterhaltsleistungen des Verpflichteten und zumutbaren Einkünften[985] des Berechtigten andererseits zu bilden. I.H.d. Differenz bleibt das Einkommen des Berechtigten aus unzumutbarer Erwerbstätigkeit anrechnungsfrei. Der darüber hinausgehende Einkommensbetrag unterliegt der **Billigkeitsanrechnung** nach § 1577 Abs. 2 Satz 2 BGB, die nach dem zitierten Grundsatzurteil des BGH im Wege des Direktabzugs vorgenommen wird.

414 Als **Kriterien für die Billigkeitsabwägung** werden genannt: Einkommens- und Vermögensverhältnisse, Alter, Gesundheitszustand, Erwerbsfähigkeit, Grad der Anstrengung zur Erlangung der überobligationsmäßigen Einkünfte, unterschiedlicher Lebensstandard oder besondere Belastungen.[986]

415 Eine unzumutbare Erwerbstätigkeit liegt vor, wenn den Unterhaltsberechtigten keine **Erwerbsobliegenheit**[987] trifft, dieser aber dennoch Einkommen aus Erwerbstätigkeit erzielt. Hierbei richtet sich die Erwerbsobliegenheit nach der Reform des Unterhaltsrechts und der Änderungen der §§ 1569, 1570 BGB nicht mehr nach dem sog. Altersphasenmodell. Vielmehr muss nach der Betreuungsmöglichkeit im konkreten Einzelfall gefragt werden.[988]

---

979 Götsche, FuR 2019, 130, 132.
980 Unterhaltsrechtliche Leitlinien 2.3. (*www.famrb.de/unterhaltsleitlinien.html*); Reinecke, ZFE 2008, 331, 332; detailliert Götsche, FamRB 2010, 376 f.; einschränkender wohl OLG Brandenburg, FamFR 2010, 179, das generell von einer Deckung erhöhter Wohnkosten durch das Wohngeld ausgeht.
981 OLG Karlsruhe, ZFE 2007, 434.
982 BGH, FamRZ 1983, 146, 148 f.; Wendl/Dose/Gutdeutsch, § 4 Rn. 944 ff. mit Rechenbeispielen.
983 BGH, FamRZ 2005, 1154; vgl. auch BGH, NJW 2014, 3649.
984 Langenfeld, 4. Aufl., Rn. 276.
985 Ggf. gekürzt um den Erwerbstätigkeitsbonus.
986 Wendl/Dose/Gutdeutsch, § 4 Rn. 952.
987 Vgl. insb. BGH, FamRZ 2001, 350 f.
988 Vgl. Rdn. 113 mit zahlreichen Entscheidungen und nachfolgende Zusammenstellung.

C. Nachehelicher Unterhalt

416 Eine Ehefrau, die **während des Zusammenlebens vollschichtig** erwerbstätig ist und dies auch nach der Geburt eines gemeinsamen Kindes fortsetzt, kann sich nach der Trennung i.d.R. nicht darauf berufen, dass ihre Tätigkeit überobligatorisch sei.[989]

417 Mit einem Urteil aus dem Jahr **2005**[990] reagierte der **BGH** auf die Verunsicherung, die nach dem grundlegenden Wechsel zur Differenzmethode und aufgrund eines Urteils des BGH selbst[991] entstanden war. Er führt nunmehr klarstellend aus, dass bei überobligatorischen Einkünften zunächst in einer Einzelfallentscheidung[992] darüber zu befinden ist, welcher Teil der Einkünfte anzurechnen ist (unterhaltsrelevanter Teil)[993] und welcher Teil anrechnungsfrei bleibt (**nicht unterhaltsrelevanter Teil**). Die Einbeziehung des **unterhaltsrelevanten Teils** erfolgt sodann im Wege der **Differenzmethode**. Das bedeutet, er ist als eheprägend auch bei der Bedarfsermittlung zu berücksichtigen.[994] Der nicht unterhaltsrelevante Teil hingegen ist gar nicht in die Unterhaltsberechnung einzubeziehen. Neben einer Kürzung um den nicht unterhaltsrelevanten Teil kommt kein zusätzlicher Betreuungsbonus in Betracht[995] oder kein fester als Betreuungsbonus abziehbarer Einkommensteil.[996]

418 Mit dem Unterhaltsrechtsänderungsgesetz wurde die Erwerbsobliegenheit insb. auch des kindesbetreuenden Ehegatten erheblich verschärft.[997] Dies geschah zum einen durch die Abschaffung des tradierten Altersphasemodells und die Einführung des 3-jährigen Basisunterhalts nach § 1570 BGB, nach dessen Ablauf nun der Unterhaltsberechtigte kind- oder ehebezogene Gründe für eine Unterhaltsverlängerung vortragen muss. Zum anderen verschärfte die Änderung des § 1574 BGB die Erwerbsobliegenheit, weil sie den Charakter der Obliegenheit betont, die früher ausgeübte Erwerbstätigkeit in den Abwägungskatalog aufnimmt und die ehelichen Lebensverhältnisse nur noch als Billigkeitskorrektiv auf zweiter Stufe ausgestaltet.[998]

419 Folgende **Einzelentscheidungen zur Erwerbsobliegenheit** seien abschließend noch genannt:
– **Einkünfte** eines Unterhaltspflichtigen, die dieser **nach Erreichen der Regelaltersgrenze** für die gesetzliche Rente aus selbstständiger oder nichtselbstständiger Erwerbstätigkeit erzielt, sind nach BGH **regelmäßig überobligatorisch**. Über ihre Anrechnung ist einzelfallbezogen bei der Ermittlung des Bedarfs zu entscheiden.[999] Ist durch Versorgungsausgleich und Zugewinnausgleich nicht für das Alter des anderen Ehegatten vorgesorgt, spricht dies für eine stärkere Anrechnung.[1000] Gleichlautend hat der BGH auch für Nebeneinkünfte nach Erreichen der Regelaltersgrenze entschieden.[1001] Dabei ist zu beachten, dass die Regelaltersgrenze nunmehr auf das vollendete 67. Lebensjahr festgesetzt ist (§ 35 SGB VI).[1002]

---

989 OLG Hamm, FamRZ 2004, 375 = FF 2003, 253 f.; a.A. OLG München, FamRZ 2006, 812 im Fall des § 1615l BGB.
990 BGH, FamRZ 2005, 1154 ff. m. krit. Anm. Maurer, FamRZ 2005, 1823 f.
991 BGH, FamRZ 2003, 518, 520 m. Anm. Büttner.
992 Zur Einzelfallabwägung OLG Saarbrücken, ZFE 2005, 453 f.
993 Ein Beispiel für eine solche Einzelfallentscheidung gibt OLG Stuttgart, FamRZ 2007, 150, wo als anrechnungsfrei der konkrete Betreuungsbedarf und die Aufstockung zum notwendigen Eigenbedarf ausgeschieden wird und der Unterhaltspflichtige nach Billigkeit zur Zahlung eines Unterhalts i.H.d. konkreten Betreuungsbedarfes verpflichtet wird.
994 Insoweit gibt der BGH seine frühere Rspr. auf, wonach überobligatorische Einkünfte nicht eheprägend sein sollten, weil sie jederzeit wieder hätten eingestellt werden können.
995 Dem BGH folgend OLG Saarbrücken, NJW-RR 2006, 869 f.
996 KG, FamRZ 2006, 341.
997 S. die Übersicht Rdn. 11 ff.
998 Zum Ganzen Borth, FamRZ 2008, 1 ff.; Viefhues, ZFE 2008, 44 ff.
999 BGH, NJW 2011, 670 m. Anm. Born; ebenso OLG Brandenburg, FamFR 2013, 80; OLG Karlsruhe, FamFR 2011, 174: 50 %ige Anrechnung bei Berechnung des Kindesunterhaltes; OLG Hamm, FamRZ 2014, 777.
1000 Roessink, FamRB 2011, 101.
1001 BGH, NJW 2013, 461.
1002 Zur Arbeit im Ruhestand: Elden, NZFam 2015, 481 f.

- Für einen **68-jährigen Ehemann** besteht keine Obliegenheit, einer Nebentätigkeit nachzugehen.[1003]
- Zusätzliches Erwerbseinkommen, das nach Eintritt in das Rentenalter als angestellter Geschäftsführer erzielt wird, ist überobligatorisch und steht für die Unterhaltsberechnung nicht zur Verfügung.[1004]
- Bei **Betreuung eines schwerstbehinderten Kindes**, das über die Woche in einem Internat untergebracht ist, ist keine vollschichtige Erwerbstätigkeit zumutbar.[1005]
- Bei der Betreuung von Zwillingen, die ganztägig den Kindergarten besuchen, genügt eine Erwerbstätigkeit von 60 %, wenn eine Aufstockung mit Schichtdienst verbunden wäre.[1006]
- Besucht ein behindertes Kind den Kindergarten, wird jedenfalls bis zum 8. Lebensjahr eine aufgenommene Erwerbstätigkeit überobligationsmäßig sein.[1007]
- Soweit bei gesteigerter Unterhaltspflicht die **Obliegenheit zur Aufnahme einer Nebentätigkeit** besteht, steht dem ein arbeitsvertraglich vereinbartes Verbot der Nebentätigkeit nicht entgegen, da der Arbeitgeber auf die familiären Belange Rücksicht nehmen muss.[1008]
- Wer aus dem **Bedürfnis der Selbstverwirklichung** heraus trotz Betreuung eines Kleinkindes arbeitet, dessen Einkünfte sollen nicht überobligatorisch sein.[1009] Ebenso wurde entschieden, wenn neben der Betreuung eines Kindes, welches das dritte Lebensjahr vollendet hat, tatsächlich gearbeitet wird.[1010]
- Wenn ein Ehepartner jahrelang Unterhalt zahlt, ohne sich auf eine Erwerbsobliegenheit des anderen Teiles zu berufen, dann besteht aus Gründen des Vertrauensschutzes auch keine Erwerbsobliegenheit.[1011]
- Ein Verlust des Arbeitsplatzes, der durch den **Umzug zum neuen Lebenspartner** zwingend wird, ist nicht leichtfertig verursacht.[1012] Bei gesteigerter Erwerbsobliegenheit ggü. minderjährigen Kindern kann eine **Bewerbung im gesamten deutschsprachigen Raum** – auch in Österreich – erwartet werden[1013] und eine Arbeitszeit bis zu 48 Wochenstunden,[1014] sonst kommt es zur Zurechnung eines fiktiven Nebenerwerbseinkommens von 200,00 € monatlich.[1015]
- Wenn ein Unterhaltsberechtigter in den neuen Bundesländern in seinem erlernten Beruf voll arbeitet, ist er nicht verpflichtet, in die alten Bundesländer umzuziehen, um mehr Geld zu verdienen.[1016]
- Eine wirtschaftlich ausgewogene und vorteilhafte Altersteilzeit ist von einem anderen Ehegatten, der selbst nicht vollschichtig arbeitet, hinzunehmen.[1017]
- Die Wahl der Steuerklasse V ohne sachlichen Grund hält der BGH für einen Verstoß gegen die Erwerbsobliegenheit.[1018]

1003 OLG Hamm, ZFE 2005, 451; so auch OLG Köln, OLGR 2007, 217, allerdings mit der Einschränkung, dass den Selbstständigen, der keine Altersvorsorge getroffen habe, noch eine Erwerbsobliegenheit trifft.
1004 OLG Düsseldorf, FamRZ 2007, 1817.
1005 OLG Zweibrücken, FamRB 2006, 170.
1006 OLG Koblenz, FamRZ 2018, 824.
1007 BGH, FamRZ 2006, 846.
1008 OLG Dresden, NJW-RR 2005, 1381.
1009 OLG Köln, FamRZ 1990, 1241.
1010 OLG Düsseldorf, FamRB 2010, 136: kein Betreuungsbonus, keine überobligatorische Tätigkeit.
1011 OLG Karlsruhe, OLGR 2005, 424.
1012 OLG Zweibrücken, ZFE 2008, 356.
1013 OLG Dresden, ZFE 2008, 151.
1014 OLG Köln, BeckRS 2008, 19585.
1015 OLG Naumburg, ZFE 2008, 195.
1016 OLG Jena, FamRZ 2010, 216.
1017 OLG Bamberg, FamRZ 2010, 381.
1018 BGH, FamRZ 2009, 871.

- Wer der deutschen Sprache nicht mächtig ist, kann verpflichtet sein, seine Sprachkenntnisse zu verbessern, um eine Chance auf dem Arbeitsmarkt zu haben.[1019]
- Eine 44-jährige Ehefrau eines Zahnarztes kann vier Jahre nach Rechtskraft der Scheidung auf den Arbeitsmarkt für ungelernte Arbeitskräfte verwiesen werden, auch wenn sie Abitur hat und das Lehramtsstudium wegen der Heirat abgebrochen hat, jedoch in der Praxis mehrere Jahre als ungelernte Empfangskraft mitarbeitete.[1020]
- Bei einem fünfjährigen Kind ist eine Wochenarbeitszeit von 25 Stunden ausreichend. Das gilt auch später, wenn das Kind nach Verlassen der Ganztagsschule weiterer Betreuung bedarf.[1021]

c) Einkommen aus der Aufnahme neuer Erwerbstätigkeit

Wie bereits dargelegt,[1022] hat sich durch die Änderung der Rechtsprechung des BGH[1023] im Hinblick auf die Aufnahme oder Intensivierung einer Erwerbstätigkeit nach der Ehe die rechtliche Qualifizierung solchen Einkommens gewandelt. **420**

Die Rechtsprechung erkennt nunmehr an, dass nicht nur Barmittel **eheprägende Wirkung** haben, sondern auch die **Familienarbeit** des haushaltsführenden Ehegatten.[1024] Dabei hat der BGH eine pauschale Bewertung der Familienarbeit bisher abgelehnt. Vielmehr ist das **Einkommen** aus der Aufnahme einer **neuen Erwerbstätigkeit Surrogat der Familienarbeit**,[1025] sodass in dieser Höhe prägende Einkünfte auch für die Ehe vorliegen. Ob ausnahmslos in allen Fällen auf das spätere Einkommen abgestellt werden kann, wird noch abgewartet werden müssen. So wird etwa eine Monetarisierung vertreten, wenn aufseiten des Unterhaltspflichtigen Weiteres nicht prägendes Einkommen vorhanden ist, sodass ohne Verletzung des Halbteilungsgrundsatzes ein Ausgleich auch dann vorgenommen werden könnte, wenn der haushaltsführende Ehegatte keine Erwerbstätigkeit aufgenommen hat.[1026] **421**

Dieses prägende Einkommen fließt dann unter Anwendung der **Differenzmethode** in die Unterhaltsberechnung ein. **422**

Sofern im Anschluss an eine Familienarbeit nicht unmittelbar eine Erwerbstätigkeit aufgenommen wird, ist zunächst zu prüfen, ob dem haushaltsführenden Ehegatten **fiktives Einkommen** zuzurechnen ist. Auch dieses wäre dann **als Surrogat** anzusehen.[1027] **423**

Ist der haushaltsführende Ehegatte etwa wegen Kindesbetreuung nicht in der Lage, eine Erwerbstätigkeit aufzunehmen, so kann man von **einer »ruhenden Bedarfsposition«** ausgehen, die mit späterer Aufnahme einer Erwerbstätigkeit aktiviert wird.[1028] **424**

Ausgeweitet wurde die **Surrogatslösung** inzwischen für **Renteneinkünfte**.[1029] Solche sind auch dann eheprägend, wenn sie auf dem durchgeführten Versorgungsausgleich beruhen und sind daher mit der Differenzmethode beim Bedarf zu berücksichtigen. Anderes gilt hingegen für Renteneinkünfte, die auf dem vom Pflichtigen gezahlten Vorsorgeunterhalt beruhen. Diese sind Folge der Ehescheit **425**

1019 OLG Brandenburg, OLGR 2008, 744.
1020 OLG Celle, FamRZ 2010, 1673.
1021 OLG Düsseldorf, FamRZ 2014, 772.
1022 Rdn. 170 ff.
1023 BGH, DNotZ 2002, 440 ff. = FamRZ 2001, 986 = NJW 2001, 2254.
1024 Nach BGH, FuR 2006, 129 gilt dies auch für Altehen, die vor dem 30.06.1977 geschieden wurden und bei denen sich der Unterhaltsanspruch aus § 58 EheG ergibt; vgl. hierzu krit. Anm. von Herr, NJW 2006, 1182, wonach diese Rspr. nicht mehr mit dem bei der Surrogatsrechtsprechung bemühten Wandel der gesellschaftlichen Verhältnisse zu rechtfertigen ist.
1025 Vgl. Rauscher, FF 2005, 135 ff. (»Surrogationsthese contra ökonomischer Logik«).
1026 Zur Kritik etwa MüHdbFamR/Friederici, 4. Aufl., § 5 Rn. 38.
1027 BGH, FamRZ 2004, 254, 256.
1028 Borth, FamRZ 2001, 1653, 1655; Born, FPR 2001, 183, 187.
1029 BGH, FamRZ 2002, 88; BGH, NJW 2003, 1796 f.

dung und daher nicht eheprägend. Sie sind daher mit der Anrechnungsmethode in die Berechnung einzustellen.[1030]

▶ Hinweis:

426   Es ist daher darauf zu achten, dass bei Rentenbezug des Berechtigten eine Auskunft des Versorgungsträgers vorliegt, welche den aus dem Vorsorgeunterhalt stammenden Anteil gesondert benennt.[1031]

427   Ferner wird die **Surrogatslösung** auch übertragen auf den **Verkaufserlös** einer bisher als Ehewohnung genutzten Immobilie,[1032] sodass Zinsen aus dem Verkaufserlös oder ein erneuter Wohnvorteil bei Ersatzanschaffung prägendes Einkommen darstellen.[1033] Somit zieht der BGH nunmehr den früheren Vermögensgegenstand nicht mehr nur mit seinem Nutzwert, sondern mit seinem Anlagewert für Unterhaltszwecke heran.[1034]

428   Da bei Miteigentum und Erlösteilung die Zinseinnahmen aus dem Erlös für beide Ehegatten gleich sind, wird vorgeschlagen, diese Einkünfte generell auf beiden Seiten aus dem Bedarf auszuklammern, da dies am rechnerischen Ergebnis nichts ändert. Der Ansatz dieser Surrogate wäre dann jedenfalls vor späteren Änderungen, insb. vor dem Verbrauch des erlösten Kapitals, geschützt.[1035] Gegen den Begriff des Surrogats werden mangels zeitlich unmittelbarer Aufeinanderfolge Einwendungen erhoben, stattdessen wird die Beschreibung »Wiederbelebung des toten Kapitals« vorgeschlagen.[1036] Sofern ein Miteigentumsanteil des geschiedenen Ehegatten hinzuerworben wird, ohne dass ein gesonderter Wohnwert in Betracht kommt, will die Rechtsprechung sogar fiktive Zinseinkünfte ansetzen.[1037] Die Rechtsprechung der OLG[1038] wollte für diese Fälle sowohl den Wohnwert wie auch die Hauskosten und für den anderen Ehepartner den Zinsvorteil unberücksichtigt lassen und insgesamt aus der Berechnung eliminieren (vereinfachte Lösung) oder jedenfalls nur Zinsvorteile auf beiden Seiten annehmen wie bei einem fiktiven Verkauf an einen Dritten.[1039] Der BGH sieht dies anders und verlangt eine dementsprechende ausführliche Berechnung der jeweiligen Unterhaltssurrogate.[1040] Der BGH stellt dann für den erwerbenden Ehegatten den vollen Wohnvorteil in die Bedarfsberechnung ein und zieht die bestehenden Kreditverbindlichkeiten (Zins und Tilgung) ab, da diese die ehelichen Lebensverhältnisse bereits geprägt hatten. Sofern für den Hinzuerwerb der zweiten Hälfte Kredite aufgenommen wurden, gestattet der BGH in der genannten Entscheidung jedoch nur noch den Abzug der Zinsbelastungen, nicht jedoch der Tilgungen. Dies dürfte sich mit der Rechtsprechungsänderung zur Tilgung beim Wohnvorteil auch ändern.[1041]

1030 Zur weiteren Anwendbarkeit der Anrechnungsmethode auf nicht prägendes Einkommen Büttner, NJW 2001, 3244, 3245.
1031 Niepmann, MDR 2003, 841, 843.
1032 BGH, FamRZ 2001, 1140, 1143; BGH, FamRB 2006, 104.
1033 Doppelte Surrogation von Kapital und Zinsgewinn, Graba, FPR 2002, 48, 49; eingehend zum Surrogat beim Wohnungsverkauf: Soyka, FuR 2003, 1 ff.; nach OLG Bamberg, ZFE 2007, 391 ist der objektive Mietwert einer neuen Wohnung abzgl. der mit dem Erwerb verbundenen Belastungen nur dann als Surrogat zugrunde zu legen, wenn es sich eindeutig um eine wirtschaftliche Anlage handelt.
1034 Göppinger/Wax/Bäumel, Rn. 1073.
1035 Gerhardt, FamRZ 2003, 414, 416.
1036 Graba, FPR 2002, 48, 49.
1037 OLG Hamm, FamRZ 2003, 876; vgl. Gerhardt, FamRZ 2003, 414, 415.
1038 OLG Karlsruhe, FamRZ 2004, 1209; OLG Saarbrücken, FamRZ 2005, 1159 = NJW-RR 2005, 1455.
1039 Vgl. Gerhardt, FamRZ 2003, 414, 416.
1040 BGH, FamRZ 2005, 1159 = FamRB 2005, 286.
1041 BGH, FamRZ 2017, 519 = NJW 2017, 1169; vgl. Rdn. 282 f.

Sofern der geschiedene Ehegatte in einer **neuen Partnerschaft** einen Dritten **versorgt**, sind auch solche Leistungen nicht nur i.R.d. Bedürftigkeit, sondern bereits bei der Bedarfsberechnung als Surrogat der bisherigen Familienarbeit anzusehen.[1042] 429

Auch Zinserträge, die aus Zugewinnbeträgen erzielt werden, sind nach der nicht unbestrittenen[1043] Ansicht einiger OLG als Surrogat anzusehen und daher im Wege der Differenzmethode zu berücksichtigen.[1044] 430

d) Zusammenleben mit einem neuen Partner

Lebt der geschiedene Ehegatte mit einem **neuen Partner** zusammen, so kann dies einmal Bedeutung i.R.d. **§ 1579 Nr. 2 BGB** für die Beschränkung des Unterhalts wegen grober Unbilligkeit erlangen. Die Unterhaltsreform hat den Tatbestand einer verfestigten Lebensgemeinschaft aus der allgemeinen Auffangvorschrift (jetzt Nr. 8) herausgelöst, ohne damit eine sachliche Änderung zu verbinden.[1045] Die Gesetzesbegründung weist nochmals darauf hin, dass entscheidender Gesichtspunkt für die Einordnung in § 1579 BGB ist, dass sich der Ehegatte mit der neuen verfestigten Lebensgemeinschaft aus der nachehelichen Solidarität herausgelöst habe und zu erkennen gibt, dass er sie nicht mehr benötigt. Daher liege nicht lediglich eine Bedarfsdeckung i.S.v. § 1577 Abs. 1 BGB vor.[1046] 431

Wie ausgeführt, spielt das zurechenbare Einkommen für die Versorgungsleistung bei der Bedarfsberechnung eine Rolle.[1047] Der BGH ist auch nach nochmaliger Überprüfung bei seiner Ansicht geblieben, dass der **Wert der Versorgungsleistung für den neuen Lebenspartner** als **Surrogat** an die Stelle der **Familienarbeit** tritt und damit im Wege der **Differenzmethode** bei der Berechnung des Bedarfes einbezogen wird.[1048] 432

Ferner wird i.R.d. Bedürftigkeit für die Haushaltsführung und Versorgungsleistung grds. ein **Entgelt** als Einkommen angesetzt,[1049] allerdings ein vom Erwerbseinkommen zu unterscheidendes Einkommen,[1050] für das die Zumutbarkeit nicht in gleichem Umfang zu prüfen ist.[1051] Dies gilt jedoch nur dann, wenn der neue Partner leistungsfähig ist.[1052] Dies geschieht insb. im Hinblick auf § 850h Abs. 2 ZPO, wonach im Verhältnis zu Gläubigern eine Vergütungspflicht auch für familiäre Mitarbeit angenommen wird. 433

Die Rechtsprechung insb. des OLG München folgt der Rechtsprechung des BGH jedoch nicht und will bei der Versorgung des neuen Lebenspartners kein Surrogat annehmen, das sich auf den Bedarf auswirkt, sondern lediglich nicht prägende ersparte Aufwendungen. Hierzu verweist das OLG[1053] insb. auf die ihm vorliegende Fallgestaltung, dass der Unterhaltsberechtigte noch vollschichtig erwerbstätig sei. Hier könne ihm kein weiteres Surrogat zugerechnet werden. Dies wird auch in der Litera- 434

1042 BGH, FamRZ 2001, 1693 f; BGH, FamRZ 2004, 1171; BGH, FamRZ 2006, 1173; hierzu Schwolow, FuR 2003, 118.
1043 A.A. Wendl/Dose/Gerhardt, 6. Aufl., § 1 Rn. 395; aufgrund des Urteils BGH, FamRZ 2008, 963 zur Prägung bei Zinseinnahmen aus Zugewinn jetzt Meinungsänderung bei Wendl/Dose/Gerhardt, § 4 Rn. 607.
1044 OLG Saarbrücken, NJW-RR 2005, 1454; OLG Hamm, FamRZ 2007, 215.
1045 BT-Drucks. 16/1830, S. 21.
1046 BT-Drucks. 16/1830, S. 21.
1047 BRHP/Beutler, § 1577 Rn. 10 f.; Manderscheid, ZFE 2008, 87 ff.
1048 BGH, FamRZ 2004, 1171, 1173 hierzu Anm. Gerhardt, FamRZ 2004, 1545 und Hohloch, FF 2005, 40 ff.
1049 BGH, FamRZ 1987, 1012, 1014; BGH, FamRZ 1989, 487, 488 f.
1050 Daher nach OLG Hamm, FamRB 2006, 295 = FamRZ 2006, 1538 nur Selbstbehalt für Nicht-Erwerbstätige.
1051 BGH, FamRZ 1987, 1012, 1014.
1052 BGH, FamRZ 1989, 487; KG, FamRZ 2006, 1702.
1053 OLG München, FamRZ 2005, 713; OLG München, OLGR 2006, 223 = FamRZ 2006, 1535.

tur vertreten,[1054] wo zusätzlich der Fall problematisiert wird, dass den Unterhaltsberechtigten gar keine Erwerbsobliegenheit trifft.[1055]

435 Sofern eine tatsächliche Entlohnung für die Versorgung durch den Unterhaltsberechtigten nicht gewährt wird, ist ein **fiktives Versorgungsentgelt** anzusetzen, dessen Höhe der BGH an den Richtlinien und Sätzen festmachen will, die zur Bemessung der Schadensersatzrenten bei Verletzung oder Tötung von Hausfrauen ergangen sind.[1056] Die unterhaltsrechtlichen Leitlinien der Familiensenate Süddeutschland[1057] enthalten eine (niedrigere) Bewertung der Haushaltsführung durch einen Nichterwerbstätigen von 200,00 € bis zu 550,00 €.[1058] Zusätzlich werden etwaige Vorteile zu bewerten sein, die aus der Wohnungsgewährung[1059] resultieren.

▶ Hinweis:

436 Das Zusammenleben mit einem neuen Partner ist nicht nur i.R.d. § 1579 BGB zu beachten, sondern führt auch zu einem fiktiven Versorgungsentgelt und ggf. einem Wohnvorteil.

437 Umgekehrt kürzen einige OLG den Selbstbehalt des **Unterhaltspflichtigen**, wenn dieser mit einem neuen Lebenspartner zusammenlebt aufgrund des damit verbundenen Einsparungseffektes (**Haushaltsersparnis**).[1060] Andere OLG lehnen dies ab[1061] oder fordern konkrete Feststellungen für den Einzelfall.[1062] Der BGH hat inzwischen diese Kürzung des Selbstbehaltes um die Ersparnis gebilligt und einer Herabsetzung höchstens jedoch auf das Existenzminimum nach sozialhilferechtlichen Grundsätzen zugestimmt, und zwar unabhängig davon, ob dem Unterhaltspflichtigen gegen den Lebenspartner ein Unterhaltsanspruch zusteht oder sich bloß tatsächliche Synergieeffekte ergeben.[1063] Im Rahmen der Unterhaltsberechnung gegenüber mehreren Ehegatten setzt der BGH 10 % Ersparnis für jeden Ehegatten an.[1064]

e) Zuwendungen Dritter

438 Freiwillige Zuwendungen Dritter sollen i.d.R. nur dem Zuwendungsempfänger zugutekommen und **nicht den Unterhaltspflichtigen entlasten**. Auch wenn eine solche Anordnung durch den Zuwendenden nicht erfolgt ist, wird sich dies regelmäßig aus den persönlichen Beziehungen schließen lassen.[1065] Nur ausnahmsweise soll eine solche Zuwendung auch den Unterhaltspflichtigen entlasten und sich damit auf die Bedürftigkeit auswirken.

439 Allerdings kann es in Mangelfällen geboten sein, eine Anrechnung der freiwilligen Zuwendung aus Billigkeitsgründen nach § 1581 BGB vorzunehmen.[1066]

1054 MüHdbFamR/Grandel, § 8 Rn. 43.
1055 Wohlgemuth, FamRZ 2003, 983 mit Alternativvorschlägen.
1056 BGH, FamRZ 1984, 662, 663.
1057 Süddeutsche Leitlinien, 6., *www.famrb.de/unterhaltsleitlinien.html.*
1058 Dementsprechend AG Neuwied, FamRZ 2002, 1628: 800,00 DM.
1059 Zu schenkungsteuerlichen Folgen der Wohnungsgewährung an einen nicht verheirateten Partner: FG München, ErbStB 2006, 275.
1060 Z.B. OLG Hamm, FamRZ 2005, 53: Kürzung um 27 % verteilt auf beide Partner, also Kürzung effektiv um 13,5 % beim Unterhaltspflichtigen; OLG Nürnberg, ZFE 2006, 116; hierzu ausführlich Viefhues, FuR 2017, 470 ff.
1061 OLG Frankfurt am Main, ZFE 2006, 113; OLG Karlsruhe, OLGR 2005, 757, das aber Möglichkeiten sieht, konkrete Einsparungen zu berücksichtigen.
1062 OLG Hamm, FF 2005, 156 m. Anm. Schürmann.
1063 BGH, NJW 2008, 1373 = FamRZ 2008, 594.
1064 BGH, FamRZ 2012, 281 = DNotZ 2012, 692, Rn. 46.
1065 BGH, FamRZ 1995, 537, 539 (Schwerstpflege ist freiwillig, da nicht unterhaltsrechtlich geschuldet).
1066 BGH, FamRZ 2000, 153, 154.

C. Nachehelicher Unterhalt

440 Umgekehrt wird eine freiwillige Zuwendung an den Unterhaltspflichtigen i.d.R. nicht dessen Leistungsfähigkeit verbessern.[1067]

441 Haben Eltern die Ehe ihres Kindes mit der Schenkung eines Hauses an ihr Kind fördern wollen, so wollten sie zwar i.d.R. nicht ihr unterhaltspflichtiges Schwiegerkind entlasten. Gleichwohl können sie die Schenkung nur rückgängig machen, wenn ein entsprechender Vorbehalt bestand. Wird die Schenkung gleichwohl unter Mitwirkung des Kindes aufgehoben, so muss sich dieses die entgangenen Einnahmen fiktiv zurechnen lassen.[1068]

> **Hinweis:**
> **442** Bei der Zuwendung an Kinder kann ein Rückübertragungsrecht im Scheidungsfall auch dann sinnvoll sein, wenn die Einnahmen aus der Schenkung nicht beim Kind verbleiben sollen, um diesem einen Unterhaltsanspruch gegen den geschiedenen Ehegatten zu erhalten.

443 Eine freiwillige Zuwendung der Eltern kann auch in der Gewährung eines zinslosen Darlehens liegen, für dessen Rückerstattung eine Zeit nicht bestimmt ist.[1069]

2. Hypothetische Einkünfte

444 Besteht eine **Erwerbsobliegenheit**, nimmt der Unterhaltsberechtigte jedoch eine ihm zumutbare Erwerbstätigkeit nicht auf, so sind ihm die **fiktiven Einkünfte** i.R.d. Bedürftigkeit zuzurechnen, welche er bei der Erwerbstätigkeit hätten erzielen können. Für ungelernte Arbeitskräfte ohne Berufserfahrung kann max. ein Stundenlohn von 9,00 € angesetzt werden.[1070] Bei Frauen ohne Berufsausbildung soll das Einkommen max. mit 920,33 € netto angesetzt werden.[1071] Der **Mindestlohn** soll künftig ein Maßstab für den untersten erzielbaren Lohn sein.[1072] Das wären ab 01.01.2020 dann 9,35 € pro Stunde. Bei einem Angestellten im Einzelhandel mit dreijähriger Berufsausbildung oder längerer Berufserfahrung gehen die Gerichte von einem erzielbaren mittleren Einkommen von über 2.200,- € monatlich aus.[1073]

445 Bei der Frage, ob eine **Erwerbsobliegenheit** zur Annahme einer i.S.d. § 1574 BGB **angemessenen Erwerbstätigkeit** besteht, sind die gesamten Verhältnisse des Unterhaltsberechtigten zu berücksichtigen. § 1574 BGB wurde durch die Unterhaltsreform entscheidend geändert. Aus dem Vorbehalt, dass der geschiedene Ehegatte nur eine angemessene Erwerbstätigkeit auszuüben braucht, wurde eine Obliegenheit, eine solche angemessene Erwerbstätigkeit aufzunehmen.

446 I.R.d. Abwägung der gesamten Lebensumstände sind neben dem Lebensalter,[1074] der Gesundheit, der Berufserfahrung und -vorbildung und der letzten Berufstätigkeit auch die wirtschaftliche Situation des Ehegatten und die Dauer der Ehe, § 1574 Abs. 2 BGB maßgeblich. So kann eine besonders prekäre finanzielle Situation eine gesteigerte Erwerbsobliegenheit begründen,[1075] wohingegen bei sehr günstigen wirtschaftlichen Verhältnissen die Frage der Erwerbsobliegenheit großzügiger zu behandeln ist.[1076] Die ehelichen Lebensverhältnisse sind im neuen § 1574 Abs. 2 BGB nur noch als

---

1067 BGH, FamRZ 1995, 537, 539.
1068 OLG Köln, ZFE 2003, 191 f. = NJW 2003, 438.
1069 BGH, FamRZ 2005, 967.
1070 OLG Hamm, FamRZ 2006, 952.
1071 OLG Brandenburg, FamRZ 2005, 210.
1072 OLG Brandenburg, RNotZ 2015, 227, das bei 8,50 € auf einen Bruttolohn von 1.470,- € kommt; OLG Brandenburg, NZFam 2018, 1095.
1073 OLG Hamm, NZFam 2018, 573.
1074 Nach BGH, FamRZ 2004, 254 ff. trifft einen frühpensionierten 41-jährigen Soldaten die Pflicht, möglichst das bisherige Niveau seines Erwerbseinkommens zu halten, indem er zusätzlich Arbeit aufnimmt.
1075 OLG Hamm, FamRZ 1998, 313 f.; OLG Bamberg, NJW 1993, 601.
1076 BGH, FamRZ 1990, 283.

447 Bei **Arbeitslosigkeit** muss der Unterhaltsberechtigte alles ihm Zumutbare tun, um wieder eine Erwerbstätigkeit zu erlangen. Die bloße Meldung beim Arbeitsamt reicht hier nicht, vielmehr muss der Berechtigte alle ihm zumutbaren Anstrengungen unternehmen, wieder Arbeit zu erhalten.[1077] Diese Anstrengungen müssen im Prozess konkret dargelegt werden.[1078] Bei einem langjährigen Arbeitsplatz kann im Fall von Kurzarbeit erst nach einem Jahr die Suche nach einem neuen Arbeitsplatz verlangt werden.[1079]

▶ **Beispiel:**
»Bewerbungen, die wegen grammatischer Fehler, wegen Schreibfehlern und der Betonung der jahrzehntelangen Familienphase schon in der ersten Vorsortierphase einer Bewerberauswahl herausfallen, sind zum Nachweis der Erfüllung der Erwerbsobliegenheit nicht geeignet.«

448 Die Zurechnung fiktiver Erwerbseinkünfte setzt voraus, dass bei ernsthaften Bemühungen eine realistische Chance besteht, eine Arbeitsstelle zu finden.[1080] Das BVerfG hat sich mehrfach mit dieser Voraussetzung beschäftigen müssen und so z.B. der Aussage, durch Aushilfstätigkeit lasse sich ein monatliches Nettoeinkommen von 1.300,00 € erreichen, eine Absage erteilt.[1081] Das KG weist darauf hin, dass die Beweislast für eine fehlende reale Chance auf dem Arbeitsmarkt bei demjenigen liege, der sich auf diese fehlende Chance berufe. Eine pauschale Behauptung genügt insoweit nicht.[1082] Das KG ging in seiner Entscheidung von der Möglichkeit aus, als ungelernte Servicekraft 890,00 € netto zu verdienen. Die Gerichte ziehen häufig die Daten der Hans-Böckler-Stiftung[1083] oder andere Internetdatenbanken[1084] heran.[1085]

449 Sind im Erstverfahren fiktive Einkünfte nicht zugerechnet worden, so sieht der BGH damit rechtskräftig festgestellt, dass keine Verpflichtung zu weiterer oder anderer Erwerbstätigkeit besteht. Der BGH sieht damit auch einen ehebedingten Nachteil i.S.d. § 1578b BGB als festgeschrieben an.[1086]

450 Bei **Kindesbetreuung** gilt nach der Unterhaltsreform das frühere Altersphasenmodell nicht mehr. Nach dem 3-jährigen Basisunterhalt des § 1570 Abs. 1 Satz 1 BGB ist vielmehr in jedem Einzelfall festzustellen, welche Erwerbsobliegenheit angesichts der örtlich bestehenden Möglichkeiten der Kindesbetreuung und der kind- oder ehebzogenen Verlängerungsgründe bestehen. Damit ist der Praxis ein wichtiges Orientierungsinstrument genommen.[1087]

451 Eine fiktive Zurechnung von Einkünften kommt nach OLG Hamm auch dann in Betracht, wenn ein geschäftsführender Mehrheitsgesellschafter seine unterhaltsrechtliche Obliegenheit, zumutbare Gewinne aus dem Unternehmen zu realisieren, in vorwerfbarer Weise verletzt hat. Vorwerfbarkeit soll aber nur vorliegen, wenn der Unterhaltspflichtige die Grenzen seiner unternehmerischen Frei-

---

1077 OLG Düsseldorf, FamRZ 1980, 1008; BGH, NJW 1986, 718, 720; Palandt/Brudermüller, § 1603 Rn. 40; detailliert Born, NZFam2014, 252 ff.
1078 BGH, FamRZ 1996, 345.
1079 OLG Köln, NJW 2003, 438.
1080 OLG Saarbrücken, OLGR 2005, 1386.
1081 BVerfG, BeckRS 2009, 41867.
1082 KG, FamRZ 2007, 1469.
1083 Www.boeckler.de.
1084 Www.nettolohn.de.
1085 Zur Zulässigkeit solcher Erkenntnisquellen: OLG Naumburg, FamRZ 2014, 133.
1086 BGH, FuR 2010, 284.
1087 Zu den ersten Entscheidungen zum neuen Unterhaltsrecht wird i.R.d. Erläuterungen des § 1570 BGB Stellung genommen, vgl. Rdn. 100.

3. Vermögen

Das Vermögen des Unterhaltsberechtigten kann seine Bedürftigkeit mindern. Hierbei ist zu unterscheiden zwischen dem Vermögensstamm und den Vermögenserträgen. Der Vermögensstamm muss nach § 1577 Abs. 3 BGB nicht verwertet werden, sofern die Verwertung unwirtschaftlich oder unter Berücksichtigung der beiderseitigen wirtschaftlichen Verhältnisse unbillig wäre. Vermögenserträge hingegen sind einzusetzen. Je größer das Vermögen ist, desto umfangreicher soll die Obliegenheit zur Verwertung sein.[1089]

a) Reale Erträge

Reale Vermögenserträge sind nach Abzug von Steuern und Werbungskosten **stets zu berücksichtigen**, und zwar unabhängig von der Herkunft des Vermögens. Daher sind auch Erträge aus Anfangsvermögen oder aus im Zugewinnausgleich übertragenem Vermögen anzusetzen; allerdings soll dies dann nicht der Billigkeit entsprechen, wenn auch der andere Ehegatte einen entsprechend großen Vermögensteil erhalten hat.[1090] Ein realer Zinsertrag darf nicht um einen Abschlag für die Preissteigerungsrate gekürzt werden.[1091] Hat der Unterhaltspflichtige erhebliches Vermögen, aus dessen laufenden Erträgen die Unterhaltsverbindlichkeiten beglichen werden können, ist dem unterhaltsberechtigten Ehepartner die Verwertung seines eigenen geringen Vermögens nicht anzusinnen.[1092] Zu den Erträgen gehört auch der **Wohnvorteil**.[1093]

b) Hypothetische Erträge

Es wird allgemein eine **Verpflichtung** des Unterhaltsberechtigten angenommen, sein **Vermögen so ertragbringend wie möglich anzulegen**,[1094] um die Erträge des Vermögens für seinen Lebensunterhalt verwenden zu können. Dies gilt auch für Vermögen, welches der Berechtigte durch Zuwendungen Dritter erhalten hat,[1095] jedenfalls dann, wenn das Vermögen keiner Zweckbindung unterliegt und kein Rückforderungsrecht besteht. Wird es ohne ein solches Recht zurückübertragen, sind fiktive Einkünfte anzusetzen.[1096] Bei der Frage, welche Folgerungen hieraus zu ziehen sind, müssen die Interessen aller Beteiligten angemessen gegeneinander **abgewogen** sein.[1097] Hierbei spielt auch eine Rolle, wie der Verpflichtete wirtschaftlich gestellt ist. Dem Berechtigten ist sowohl eine angemessene Überlegungsfrist zuzubilligen[1098] wie auch eine Rücklage für Notzeiten.[1099] Es besteht sogar eine **Obliegenheit zur Umschichtung des Vermögens**, wenn dieses nicht ertragbringend (genug) angelegt ist. So hat die Rechtsprechung angenommen, dass eine nach Scheidung erworbene Immobilie, die aufgrund der Abzahlungen eine zu niedrige Rendite erbrachte, veräußert werden müsse.[1100] Allerdings ist dem Vermögensinhaber ein Ermessensspielraum zuzugestehen. Bevorzugt er sichere

---

1088 OLG Hamm, FamRZ 2009, 981.
1089 OLG Hamm, OLGR 2007, 89 unter Zubilligung zweier »Freibeträge« vor der Pflicht zur Verwertung, da sonst Doppelberücksichtigung.
1090 BGH, FamRZ 1997, 912, 913.
1091 BGH, FamRZ 1986, 441; BGH, NJW 1992, 1044.
1092 BGH, FamRZ 1986, 441, 442.
1093 Hierzu ausführliche Stellungnahme unter Rdn. 264 ff.
1094 BGH, NJW 1997, 735, 736 (zumeist für den Verpflichteten; gilt aber auch für den Berechtigten); NomosKommentar/Schürmann, § 1581 Rn. 36.
1095 OLG München, FamRZ 1996, 1433.
1096 OLG Köln, NJW 2003, 438.
1097 BGH, FamRZ 1988, 145, 149.
1098 BGH, FamRZ 1986, 441, 443.
1099 BGH, FamRZ 1986, 439, 441.
1100 OLG Bamberg, FamRZ 1992, 1305; OLG München, FamRZ 2000, 26; BGH, FamRZ 1992, 423.

und herkömmliche Anlagen ggü. ertrag-, aber auch risikoreicheren Anlageformen, so ist dies nicht zu beanstanden. Kommt der Berechtigte dieser Obliegenheit zur Vermögensumschichtung nicht nach, so muss er sich **die** durch die Vermögensumschichtung **erreichbaren Einnahmen** auf seinen Anspruch **anrechnen** lassen.[1101]

▶ Hinweis:

455 Die Obliegenheit zur Vermögensumschichtung muss beachtet werden! Insb. die Anschaffung überdimensionierter Eigenheime führt häufig zu hypothetischem Einkommen.

c) Verwertung des Vermögensstamms

456 Im Grundsatz muss der Berechtigte nach § 1577 Abs. 1 BGB auch sein Vermögen verwerten. Nach **§ 1577 Abs. 3 BGB** braucht der Berechtigte den Stamm seines Vermögens aber dann **nicht** zu verwerten, soweit die Verwertung **unwirtschaftlich** wäre oder unter Berücksichtigung der beiderseitigen wirtschaftlichen Verhältnisse **unbillig** wäre.[1102]

457 **Unwirtschaftlichkeit** der Verwertung liegt dann vor, wenn auf längere Sicht der Ertrag aus dem Vermögensstamm den Unterhalt besser gewährleistet als der Verkaufserlös[1103] und dessen Ertrag. Die Rechtsprechung hat verschiedentlich dazu Stellung genommen, wann eine Verwertung unwirtschaftlich wäre. So hat der BGH den Umstand, dass bei einer sofortigen Veräußerung eine zu erwartende Werterhöhung nicht mehr realisiert werden könne, nicht ausreichen lassen, um Unwirtschaftlichkeit anzunehmen.[1104] Unwirtschaftlichkeit liegt aber vor, wenn ein Wirtschaftsgut zu einem erheblich unter dem Verkehrswert liegenden Preis verkauft werden müsste.

458 **Unbilligkeit** der Verwertung hat die Rechtsprechung insb. dann angenommen, wenn das Vermögen aus einer Auseinandersetzung der Ehegatten oder aus dem Zugewinn stammt und dem Verpflichteten, der einen gleich hohen Anteil bekommen hat, sein Vermögen ungeschmälert verbleibt.[1105] Unbilligkeit kann ferner dort vorliegen, wo der in guten Verhältnissen lebende Unterhaltsverpflichtete den Unterhalt aus seinen laufenden Einkünften ohne Probleme erwirtschaften kann, der Berechtigte hingegen sein kleineres Vermögen verwerten müsste.[1106] Bei besonders dürftigen Verhältnissen kommt eine Verwertungspflicht eher in Betracht.[1107] Ansonsten berücksichtigt der BGH bei der Abwägung nicht nur die wirtschaftlichen, sondern auch die persönlichen Verhältnisse der Ehegatten. So kann sich etwa aus dem Alter des Berechtigten eine besondere Erhaltensnotwendigkeit ergeben.[1108] Besteht eine gesicherte Altersvorsorge aufgrund Versorgungsausgleich und Vorsorgeunterhalt, so ist die Verwertung eines größeren Kapitalbetrages, der aus der Vermögensauseinandersetzung erlangt wurde, nicht unbillig.[1109]

459 Muss der Vermögensstamm für Unterhaltszwecke verwertet werden, so ist der Verteilungszeitraum des zu verwertenden Vermögens – beginnend mit der Rechtskraft des Scheidungsurteils – nach der statistischen Lebenserwartung des Berechtigten zu bemessen.[1110]

Die Regelung für den Unterhaltsberechtigten gilt für den Unterhaltsverpflichteten nach § 1581 Satz 2 BGB in entsprechender Weise.

1101 BGH, FamRZ 1992, 423.
1102 OLG Saarbrücken, NJW-RR 2007, 1377 bejaht die Pflicht zur Verwertung eines Barvermögens von 122.500,00 € einer 62-jährigen, geschiedenen Ehefrau.
1103 Palandt/Brudermüller, § 1577 Rn. 30.
1104 BGH, FamRZ 1980, 43, 44.
1105 BGH, FamRZ 1987, 912 f.; BGH, FamRZ 1985, 354, 357.
1106 BGH, FamRZ 1986, 441 f.
1107 Langheim, FamRZ 2017, 1814, 1816.
1108 BGH, FamRZ 1984, 364.
1109 OLG Hamm, FamRZ 2012, 1950.
1110 OLG Saarbrücken, OLGR 2007, 663.

IV. Leistungsfähigkeit des Verpflichteten

Der Unterhaltspflichtige ist grds. unterhaltspflichtig, sofern beim Berechtigten die entsprechende Bedürftigkeit festgestellt wurde. Er kann allerdings nach § 1581 BGB einwenden, dass er nicht leistungsfähig sei. Die Leistungsfähigkeit des Verpflichteten beschränkt daher den Unterhalt nach oben. 460

Nach § 1581 BGB sind bei der Frage, ob der Verpflichtete leistungsfähig ist, drei Komponenten zu berücksichtigen: 461
- die Erwerbs- und Vermögensverhältnisse,
- die sonstigen Verpflichtungen und
- der eigene angemessene Unterhalt.

1. Einkommensverhältnisse

a) Reale Einkünfte

Bei der Prüfung der Leistungsfähigkeit sind **sämtliche erzielten Einkünfte** des Verpflichteten zu berücksichtigen, **auch solche, die nicht eheprägend waren**,[1111] oder jedenfalls im Mangelfall[1112] solche, die auf **überobligationsmäßiger** Arbeit beruhen.[1113] Bei überobligationsmäßiger Arbeit soll es allerdings wohl entsprechend § 1577 Abs. 2 Satz 2 BGB eine Abwägung geben[1114] bzw. nach den Grundsätzen von Treu und Glauben.[1115] Hiernach kann insb. dem Unterhaltspflichtigen, der trotz Kindesbetreuung einer Erwerbstätigkeit nachgeht, ein nicht unterhaltsrelevanter Teil frei belassen werden.[1116] Auch Nebentätigkeitsvergütungen können dem Pflichtigen frei zur Verfügung bleiben.[1117] 462

Während ältere Rechtsprechung die frühere Arbeitslosenhilfe zum Einkommen des Unterhaltspflichtigen zählt,[1118] ist die Sozialgerichtsbarkeit heute der Auffassung, dass das gesamte ALG II einschließlich des Erwerbstätigen-Freibetrages auch bei einem Aufstocker als Existenzminimum geschützt sein und nicht bei einer Unterhaltspflicht als Einkommen gewertet werden kann.[1119]

Bei der Heranziehung von Einkünften bzw. Vermögen ist das **Verbot der Doppelverwertung** bei Unterhalt und Zugewinn zu beachten.[1120] Eine Abfindung aus Anlass der Beendigung des Arbeitsverhältnisses ist auf einen längeren Zeitraum zu verteilen.[1121]

Bei der Ermittlung der Einkünfte ist daran zu denken, dass **Einkünfte aus Kapitalvermögen**, für die ab 2009 die Abgeltungssteuer greift, in der **Einkommensteuererklärung nicht mehr zu erkennen** sind, soweit sie nicht angegeben wurden, weil der persönliche Steuersatz den derzeitigen Abgeltungssatz von 25 % unterschreitet. Sie sind daher ggf. zusätzlich zu ermitteln und bei der Auskunft anzufragen. Gleiches gilt für realisierte Kursgewinne, die der Abgeltungssteuer unterliegen.[1122] 463

Auch i.R.d. Leistungsfähigkeit sind freiwillige Zuwendungen Dritter nicht dem Einkommen zuzurechnen, so reduziert das mietfreie Wohnen bei den Eltern den Selbstbehalt nach Ansicht des OLG Frankfurt am Main nicht.[1123] 464

1111 MüHdbFamR/Friederici/Unger, § 5 Rn. 23.
1112 Schwab/Ernst/Borth, § 8 Rn. 1399.
1113 BGH, FamRZ 1994, 21; Langenfeld, 4. Aufl., Rn. 277.
1114 BGH, FamRZ 1982, 779.
1115 BGH, FamRZ 2013, 1558.
1116 BGH, FamRZ 1982, 779.
1117 BGH, FamRZ 1983, 152 f.
1118 BGH, FamRZ 1987, 456, 458.
1119 LSG Niedersachsen-Bremen, FamRZ 2016, 1410.
1120 Hierzu ausführlich Kap. 1 Rdn. 51 ff.
1121 OLG Hamm, FamRB 2007, 325.
1122 Gutdeutsch, FamRB 2012, 382.
1123 OLG Frankfurt am Main, OLGR 2007, 787.

b) Bereinigtes Nettoeinkommen

465 Als Einkünfte zählt hierbei das **bereinigte Nettoeinkommen**, sodass insb. Steuern und Sozialabgaben, aber auch berufsbedingte Aufwendungen in Abzug gebracht werden können; für diese sehen die unterhaltsrechtlichen Leitlinien[1124] i.d.R. eine Pauschale von 5 % vor (10.2). Der BGH hat klargestellt, dass der Erwerbstätigkeitsbonus, der beim Bedarf abgezogen wurde, bei der Leistungsfähigkeit keine Berücksichtigung findet, da hier sämtliches Einkommen heranzuziehen ist.[1125]

466 Hinsichtlich der Berücksichtigung der Steuer gilt Folgendes: Der **BGH** hatte in seiner **Rechtsprechung** zur Feststellung des bereinigten Nettoeinkommens nicht darauf abgestellt, dass die frühere Ehe durch den Splittingvorteil geprägt war, der mit der Scheidung weggefallen ist, sondern er hatte **auf die tatsächliche Steuerbelastung** des Unterhaltspflichtigen abgestellt und hat diese der Unterhaltsberechnung zugrunde gelegt, ganz gleich, ob sich dies zugunsten oder zulasten des Unterhaltsberechtigten ausgewirkt hat.[1126]

467 Für die Berechnung des Unterhalts legte der BGH bisher das tatsächliche Einkommen zugrunde. Soweit dies aufgrund der Änderung der **Steuerklasse** von Steuerklasse III in Steuerklasse I **bereits niedriger** war, legte der BGH diesen niedrigeren Betrag zugrunde und sprach sich gegen eine fiktive Umrechnung auf Steuerklasse III aus, berechnete also – anders als einige OLG – nicht zur Bestimmung der ehelichen Lebensverhältnisse ein fiktives Einkommen.[1127]

468 Heiratet der Unterhaltspflichtige wieder, so kommt er durch seine **zweite Ehe** erneut in den Genuss eines **Splittingvorteils** durch diese Ehe. Sein Nettoeinkommen steigt wieder. Die Behandlung dieses Splittingvorteils durchlebte eine wechselvolle Geschichte. Zunächst hatte der BGH in diesen Fällen der Wiederverheiratung ebenfalls diese tatsächliche Steuerlast für die Berechnung des Unterhalts der geschiedenen Frau aus erster Ehe zugrunde gelegt und nur die tatsächliche, nun wieder geringere Steuerlast abgezogen. Damit kam der Splittingvorteil aus der zweiten Ehe der geschiedenen Ehefrau aus erster Ehe über einen erhöhten Unterhalt zugute.[1128] Dieser Effekt wurde noch gesteigert durch die Rechtsprechung einiger OLG, die den Vorteil des begrenzten Realsplittings ebenfalls noch der Einkommensberechnung zugrunde legten.[1129]

469 Dieser Handhabung ist das **BVerfG** mit Entscheidung aus dem Jahr 2003[1130] **entgegengetreten**. Nach Ansicht des BVerfG hat der Gesetzgeber den **Splittingvorteil nur der bestehenden Ehe zugeordnet**, er dürfe daher durch die Gerichte nicht dieser Ehe wieder entzogen und der geschiedenen Ehe zugeordnet werden, indem er den Unterhalt des geschiedenen Ehegatten erhöht. Das BVerfG schließt es allgemein aus, Vorteile bei der Bemessung des Unterhalts zu berücksichtigen, die nicht aus der geschiedenen Ehe herrühren und weiter bestehen, sondern erst mit einer neuen Eheschließung entstanden sind.

470 In der Unterhaltsberechnung wirkt sich die Entscheidung des BVerfG so aus, dass der Splittingvorteil eliminiert werden muss. Es ist daher ein **fiktives Einkommen zu bilden**, so als wäre der Unterhaltspflichtige nach **Steuerklasse I**[1131] zu veranlagen.[1132] Ferner ist ein fiktiver Realsplittingvorteil nach

---

1124 *Www.famrb.de/unterhaltsleitlinien.html.*
1125 BGH, FamRB 2013, 312; hierzu kritisch und gegen den Erwerbstätigkeitsbonus Spangenberg, FamRZ 2014, 440.
1126 Vgl. auch OLG Hamm, 19.03.2003, FamRZ 2004, 109.
1127 So BGH, FamRZ 1990, 499, 501 ff. gegen OLG Hamm, FamRZ 1989, 1087, 1090; vgl. auch OLG Hamm, 19.03.2003, FamRZ 2004, 109.
1128 BGH, FamRZ 1985, 911.
1129 OLG München, FamRZ 2002, 1497; OLG Hamm, FamRZ 2003, 1839.
1130 BVerfG, FamRZ 2003, 1821 f.
1131 Zur Änderung in diesem Bereich vgl. Kap. 1 Rdn. 560.
1132 Aubel, NJW 2003, 3657, 3661; Heinke/Viefhues, ZFE 2003, 356, 357; Schürmann, FamRZ 2003, 1825, 1826.

C. Nachehelicher Unterhalt Kapitel 6

Steuerklasse I zu berücksichtigen.[1133] Damit ergeben sich z.T. erheblich niedrigere Unterhaltsbeträge für den geschiedenen Ehegatten.[1134]

Dem Urteil des BVerfG wurde in der Literatur sofort eine allgemeine, über die Entscheidung des Splittingvorteils hinausreichende Aussage entnommen. Diese Aussage geht dahin, dass bei der Unterhaltsberechnung solche Veränderungen **nicht mehr in der Ehe angelegt sind**, die erst als **Konsequenz des Scheiterns der Ehe** oder gar des Eingehens einer neuen Verbindung eintreten. In gleicher Weise wie der Splittingvorteil sollten daher nach der Literatur Einkommensbestandteile zu behandeln sein wie **Familienzuschläge** für den neuen Ehegatten[1135] im öffentlichen Dienst und alle sonstigen Einkommensbestandteile, die nur aufgrund der neuen Ehe erzielt werden, so etwa ein erhöhtes Arbeitslosengeld bei Wiederheirat.[1136]

471

Der BGH hat sich in einem Grundsatzurteil[1137] der Rechtsprechung des BVerfG angeschlossen und führt nunmehr auch eine fiktive Berechnung anhand der Grundtabelle durch; dem sind die Vorteile durch das Realsplitting wieder entgegenzusetzen. Kindern aus der früheren Ehe des Unterhaltsverpflichteten kommt hingegen der Splittingvorteil zugute.[1138] Allerdings ist beim Vorabzug des Kindesunterhaltes zur Berechnung des nachehelichen Ehegattenunterhaltes nur ein fiktiver Kindesunterhalt aus dem ohne Splittingvorteil berechneten Einkommen abzuziehen.[1139]

472

Nach OLG Celle[1140] und OLG Oldenburg[1141] sollen diese Grundsätze hingegen nicht für den **beamtenrechtlichen Familienzuschlag** nach §§ 39, 40 BBesG gelten, da dieser Zuschlag bereits mit der Zahlung von Unterhalt an den geschiedenen ersten Ehegatten entstehe und nicht erst mit der Wiederheirat. Familienzuschläge, die durch ein voreheliches Kind des neuen Ehegatten ausgelöst werden, sollen hingegen der neuen Ehe zugutekommen. Das OLG Hamm meint hingegen, dass der Familienzuschlag mit Wiederheirat eine doppelte Zweckbestimmung erhalte und der geschiedenen und der neuen Ehefrau zugutekommen solle, sodass der Zuschlag aufzuteilen sei und jeweils zur Hälfte der alten und der neuen Ehe zugutekommt.[1142] Dem hat sich der BGH nun angeschlossen[1143]

473

Mit seiner **Rechtsprechung** zur Wandelbarkeit der ehelichen Lebensverhältnisse und zur **Dreiteilung** des vorhandenen Einkommens bei der Bedarfsberechnung hatte der **BGH** die Einbeziehung des **Splittingvorteils erneut geändert** und ihn auch in die geschiedene Ehe einbezogen. Diese Recht-

474

1133 BGH, FamRZ 1983, 670; Heinke/Viefhues, ZFE 2003, 356, 357; Schürmann, FamRZ 2003, 1825, 1827; eingehend Gutdeutsch, FamRZ 2004, 501 f.; BGH, FamRZ 2007. 1232.
1134 Erwähnt sei noch die grds. Kritik von Ewers an der Entscheidung des BVerfG, FamRZ 2003, 1913 f. Ewers kritisiert, dass das BVerfG nicht erörtert hat, wie der Bedarf des Ehegatten nach den ehelichen Lebensverhältnissen angesichts des in der früheren Ehe vorhandenen Splittingvorteils zu bemessen ist. Auch wenn das BVerfG verbiete, den Splittingvorteil aus der neuen Ehe an den geschiedenen Ehegatten weiterzugeben, so untersage der Beschluss nicht, auf die ehelichen Lebensverhältnisse und damit auf den Splittingvorteil aus der früheren Ehe abzustellen, zumal das BVerfG nun ausdrücklich eine fiktive Berechnung fordert, die der BGH verweigert hat. Nach Gerhardt/Gutdeutsch gilt all dies nicht mehr nach der Unterhaltsreform, wenn ein Gleichrang der Betroffenen besteht (FamRZ 2007, 778, 779).
1135 Heinke/Viefhues, ZFE 2003, 356, 359; Schürmann, FamRZ 2003, 1825, 1826; Gutdeutsch, FamRZ 2004, 501.
1136 OLG Frankfurt am Main, NJW-RR 2006, 77; BGH, FamRZ 2007, 983 f.; danach aber nicht betroffen erhöhte Zahlungen wegen eines leiblichen Kindes.
1137 BGH, FamRZ 2005, 1817.
1138 BGH, FamRZ 2005, 1817; hierzu Anm. Büttner, FamRZ 2005, 1899; OLG Hamm, FamRZ 2004, 1575; OLG Köln, FamRZ 2005, 650; nach OLG Hamm, FamRZ 2008, 1728 ist dies einzuschränken, wenn sonst der Ehegatte, für den Splittingvorteil gewährt wird, von diesem ausgeschlossen wäre.
1139 BGH, FamRZ 2007, 1232 = NJW 2007, 2628.
1140 OLG Celle, FamRZ 2005, 716 und erneut OLG Celle, FamRZ 2006, 1126 = NJW-RR 2006, 721.
1141 OLG Oldenburg, FamRZ 2006, 1127.
1142 OLG Hamm, FamRZ 2005, 1177.
1143 BGH, FamRZ 2007, 793.

sprechung wurde durch das BVerfG[1144] als verfassungswidrig erklärt. Nunmehr geht auch der BGH[1145] wieder davon aus, dass bei der **Bedarfsberechnung** der **Splittingvorteil nur in der neuen Ehe** verbleibt. Bei den Berechnungen zur **Leistungsfähigkeit** hingegen soll der **Splittingvorteil mit in das zu verteilende Gesamteinkommen einbezogen** werden.

475 Neben den Abzügen im steuerlichen Bereich können auch **Altersversorgungsbeiträge** und **Krankenversicherungsbeiträge** abgezogen werden. So sind z.B. Versicherungsbeiträge für die sog. Riester-Rente[1146] oder Rürup-Rente[1147] unterhaltsrechtlich regelmäßig beachtlich, nicht hingegen die Anschaffung sog. »VW-Zeitwertpapiere«.[1148] Neben der primären Altersversorgung, die bis zu 20 % des Bruttoeinkommens (bei Selbstständigen; bei Arbeitnehmern entsprechend dem Abzug des Arbeitnehmeranteils) erreichen kann, gesteht der BGH aufgrund der zunehmenden Lücken in der gesetzlichen Altersversorgung einen weiteren Abzug für **sekundäre Altersversorgung bis zu weiteren 4 %** zu[1149] (bei Selbstständigen wird deshalb bis zu 24 % jährlich gefordert).[1150] Allerdings setzt die Absetzbarkeit die tatsächliche Zahlung voraus. Rein fiktive Abzüge sind nicht zulässig.[1151] Die Form der Altersvorsorge ist allerdings nicht vorgeschrieben; hier besteht ein Wahlrecht, solange nur die Eignung für die Altersvorsorge gegeben ist,[1152] z.B. Zahlung in eine Kapitallebensversicherung oder Tilgung von Immobilienschulden.[1153] Die Abzugsmöglichkeit besteht auch dann, wenn die Verpflichtung erst nach der Ehezeit eingegangen worden ist.[1154] Das KG gesteht diese sekundäre Altersversorgung in Form einer betrieblichen Direktversicherung auch dann zu, wenn der Pflichtige den Regelunterhalt minderjähriger Kinder nicht leisten kann.[1155] Das OLG Hamm schränkt allerdings ein, dass bei ausreichenden Mieteinnahmen eine sekundäre Altersversorgung nicht erforderlich und daher auch nicht abzugsfähig sei.[1156]

476 Vorabzuziehen ist auch Kindesunterhalt. Das gilt auch, soweit es sich um bezahlten Mehrbedarf handelt (wie z.B. Kosten für Hort und Kindergarten). Umgangskosten sind nur insoweit abzuziehen, als sie nicht schon durch die Anrechnung des hälftigen Kindergeldes ausgeglichen sind.[1157]

c) Hypothetisches Einkommen

477 Da beim Unterhaltsverpflichteten eine Vorschrift wie § 1579 Nr. 4 BGB für den Bedürftigen fehlt, ist im Grundsatz eine **Leistungsunfähigkeit** selbst dann zu beachten, wenn der Verpflichtete sie **herbeigeführt** hat.[1158] Allerdings wird man dem Verpflichteten die Berufung auf die Leistungsunfähigkeit versagen müssen, wenn er sie verantwortungslos, mindestens aber leichtfertig herbeigeführt hat.[1159] Dies liegt bei einer Kündigung in der Probezeit noch nicht vor, wenn plausible Gründe für den Wechsel in die neue Arbeitsstelle vorhanden sind.[1160] Leichtfertigkeit kann aber vorliegen, wenn der Verpflichtete es bei hinreichender oder leichtfertig verdrängter Krankheitseinsicht unterlässt,

---

1144 BVerfG, FamRZ 2011, 437 ff. = DNotZ 2011, 291.
1145 BGH, NJW 2012, 384 = FamRZ 2012, 281.
1146 OLG Brandenburg, NJW-RR 2006, 1301.
1147 Borth, FamRZ 2004, 1918, 1919.
1148 OLG Oldenburg, MDR 2004, 576.
1149 BGH, FamRZ 2005, 1817 f.; Büttner, FamRZ 2004, 1018, 1919.
1150 Borth, NJW 2008, 326, 328.
1151 BGH, FamRZ 2003, 860, 863; BGH, FamRZ 2007, 793; Reinken, ZFE 2005, 183, 185; Büttner, FamRZ 2004, 1918, 1920; Borth, FPR 2004, 549, 552.
1152 Borth, FPR 2004, 549, 552.
1153 Gerhardt, NJW 2007, 945, 947.
1154 BGH, FamRB 2009, 235.
1155 KG, BeckRS 2009, 7835 = FuR 2009, 116.
1156 OLG Hamm, FamFR 2010, 372.
1157 OLG Brandenburg, FamFR 2011, 154.
1158 BGH, FamRZ 1985, 158 f.; OLG Stuttgart, FamRZ 2004, 297.
1159 BGH, FamRZ 1981, 539.
1160 OLG Hamm, FamRZ 2005, 211.

seine Arbeitsfähigkeit wieder herzustellen,[1161] nicht jedoch bei suchtbedingt fehlender Krankheitseinsicht.[1162] In solchen Fällen verantwortungsloser Herbeiführung der Leistungsunfähigkeit ist dem Verpflichteten die Berufung auf die Leistungsunfähigkeit verwehrt und er muss sich hypothetische Einkünfte zurechnen lassen. So z.B. wenn eine verbeamtete Lehrerin in Deutschland ihre Stelle aufgibt, um auszuwandern.[1163]

Bei einem Ansatz solchen fiktiven Einkommens[1164] ist aber **in jedem Einzelfall zu prüfen, ob bei optimalem Einsatz der Arbeitskraft ein solcher Lohn zu erzielen wäre**.[1165] Das wird insbesondere bei wirtschaftlichen Einbußen im Rahmen der **Corona-Krise** während des Anhaltens dieser Krise nicht mehr ohne Weiteres anzunehmen sein.[1166] Das OLG Frankfurt am Main[1167] zweifelt, ob aufgrund der Änderung der wirtschaftlichen Verhältnisse in Deutschland ein ungelernter Unterhaltspflichtiger überhaupt noch in der Lage ist, vollschichtig mehr als 890,00 € netto bereinigt zu verdienen. Demgegenüber will das OLG Dresden[1168] von monatlich 1.000,00 € netto monatlich, das OLG Hamm von monatlich 1.155,00 € für eine ungelernte Arbeitskraft[1169] und das OLG Düsseldorf von einem Einkommen von 10,00 € in der Stunde ausgehen.[1170] Das OLG Hamm[1171] hat in einer Entscheidung lehrbuchartig die Voraussetzungen fiktiven Einkommens dargelegt. Danach muss eine reale Chance auf Beschäftigung bestehen unter Berücksichtigung der tatsächlichen Gegebenheiten des Arbeitsmarktes sowie der persönlichen Voraussetzungen, wie Alter, Gesundheitszustand und Ausbildungssowie Erwerbsbiografie.[1172] Als realistisch erzielbar wird ein Einkommen anzusehen sein, das der Unterhaltspflichtige in der Vergangenheit auch tatsächlich erzielt hat.[1173] Das BVerfG betont in ständiger Rechtsprechung die Notwendigkeit, dass auch objektiv überhaupt die Möglichkeit bestehen muss, ein Einkommen zu erzielen,[1174] ebenso der BGH.[1175] Dem Unterhaltspflichtigen ist eine Orientierungsfrist einzuräumen, um eine besser dotierte Stelle zu finden.[1176] Der BGH macht deutlich, dass auch in Zeiten hoher Arbeitslosigkeit für einen gesunden Arbeitnehmer mittleren Alters kein Erfahrungssatz besteht, dass er nicht mehr in Arbeit vermittelt werden könne. Das gilt auch für ungelernte Kräfte und Ausländer mit unzureichenden Sprachkenntnissen.[1177] Mit der Einführung von Mindestlöhnen können diese für die Bemessung fiktiver Einkommen zugrunde gelegt werden.[1178]

478

Die **sozialrechtliche Erwerbsunfähigkeit** liegt bereits dann vor, wenn ein Unterhaltspflichtiger nur unter drei Stunden täglich einer Arbeit nachgehen kann (z.B. §§ 8 Abs. 1 SGB II, 43 Abs. 2 Satz 2 SGB VI). Dem **entspricht jedoch noch keine unterhaltsrechtliche Leistungsunfähigkeit**. Vielmehr

479

1161 OLG Köln, FamRZ 2009, 887.
1162 OLG Frankfurt am Main, FF 2008, 38.
1163 OLG Brandenburg, FamFR 2013, 443.
1164 Vgl. Jüdt, FuR 2012, 520 zum Leben in einer realen und fiktiven Welt.
1165 KG, FuR 2005, 454; OLG Hamm, FamRZ 2005, 35.
1166 Borth, FamRZ 2020, 653.
1167 OLG Frankfurt am Main, FamRB 2007, 34; nach OLG Köln, NJW-RR 2007, 291 kann nicht ohne Weiteres davon ausgegangen werden, dass ungelernte Arbeitnehmer nicht vermittelbar sind.
1168 OLG Dresden, FamFR 2009, 163.
1169 OLG Hamm, FamFR 2011, 513.
1170 OLG Düsseldorf, FamRB 2007, 7 – hier auch eine Zusammenstellung der unterschiedlichen Rspr. der OLG.
1171 OLG Hamm, 03.03.2010 – 5 UF 145/09, FamFR 2010, 178; vgl. auch schon OLG Hamm, FamRZ 2009, 985.
1172 OLG Celle, FamRZ 2010, 128: keine objektive Chance bei Strafverfahren wegen Untreue und Insolvenz.
1173 OLG Hamm, NZFam 2016, 320.
1174 BVerfG, FamRZ 2008, 1403; BVerfG, NJW-RR 2008, 1025: BVerfG, FamRZ 2010, 626; BVerfG, NJW 2012, 2420 f.; BVerfG, FamRZ 2012, 1283.
1175 BGH, FamRZ 2009, 314.
1176 OLG Hamm, NJW-RR 2008, 227.
1177 BGH, FamRZ 2014, 637.
1178 OLG Schleswig, NZFam 2015, 364.

wird unterhaltsrechtlich gleichwohl ein fiktives Einkommen auf der Basis der niedrigen täglichen Arbeitszeit zugerechnet.[1179]

480 Die Zurechnung hypothetischer Einkünfte kann insb. dann erfolgen, wenn der Verpflichtete seine Arbeit aufgibt, obwohl ihn eine Erwerbsobliegenheit trifft[1180] oder wenn er **leichtfertig seinen Arbeitsplatzverlust verschuldet**[1181] oder seinen Verdienst reduziert.[1182] Wird der Verpflichtete unverschuldet arbeitslos, so verlangt die Rechtsprechung von ihm unter **sehr hohen Anforderungen den Nachweis der Arbeitsplatzsuche**, ansonsten bestehen Anknüpfungspunkte für eine Einkommensfiktion.[1183] Danach genügt die Meldung beim Arbeitsamt nicht, vielmehr hat sich der Verpflichtete durch eigene Bewerbungen um eine neue Arbeitsstelle zu bemühen. Das OLG Hamm und das OLG Stuttgart halten den Erwerbslosen für verpflichtet, in etwa die Zeit für Bewerbungen aufzuwenden, die ein Erwerbstätiger für die Ausübung seines Berufes braucht.[1184] Mit Inkrafttreten der Hartz-Gesetze wurde die Pflicht begründet, sich frühzeitig arbeitslos zu melden (§ 141 SGB III). Ferner wurde die Zumutbarkeit neuer Arbeit neu definiert (§ 140 Abs. 3 SGB III). Diese Maßstäbe müssen auch unterhaltsrechtliche Beachtung finden.[1185] Umstritten ist, ob einem in den neuen Bundesländern ansässigen und berufstätigen Unterhaltspflichtigen angesonnen werden kann, in die alten Bundesländer abzuwandern, um dort eine besser bezahlte Stelle anzunehmen.[1186] Auch sonst soll ein vollschichtig Erwerbstätiger nicht verpflichtet sein, sich eine andere, besser bezahlte Arbeitsstelle überörtlich zu suchen.[1187] Das BVerfG hat entschieden, dass bei dieser Frage auch die persönlichen Bindungen des Unterhaltspflichtigen, insb. aber die Möglichkeit des Umgangs mit seinen minderjährigen Kindern berücksichtigt werden müssen.[1188] Ggü. minderjährigen Kindern kann sich ein Unterhaltspflichtiger nicht auf hohe Fahrtkosten wegen Umzugs zu seiner Freundin berufen.[1189] Allerdings ist der Abzug von Fahrtkosten zur Ermöglichung des Umgangs mit den Kindern zugelassen worden.[1190] Ggf. ist er i.R.d. Zumutbarkeit verpflichtet, eine Nebentätigkeit aufzunehmen,[1191] auch wenn er selbstständig tätig ist.[1192] Dies gilt jedoch nicht für einen Unterhaltsschuldner, der bereits Altersrente bezieht.[1193] Außerdem ist er verpflichtet, seine Arbeitskraft bestmöglich einzusetzen und sich eine seiner Ausbildung entsprechende Stelle zu suchen.[1194]

481 Einkünfte aus **Schwarzarbeit** können in diesem Zusammenhang Berücksichtigung finden. Zwar können diese Einkünfte nicht für die Zukunft angesetzt werden, da die ungesetzliche Schwarzarbeit jederzeit ohne Verletzung einer Erwerbsobliegenheit aufgegeben werden kann. Es kann jedoch bei

---

1179 OLG Zweibrücken, FamRB 2007, 35.
1180 Allgemein zur Obliegenheit im Unterhaltsrecht: van Els, FPR 2005, 348 ff. Das BVerfG hat die Zulässigkeit der fiktiven Zurechnung von Einkünften bestätigt, BVerfG, FamRZ 2005, 1893.
1181 OLG Schleswig, FamRB 2006, 296.
1182 So erkennt das OLG Köln, FamRZ 2006, 1760 die Aufgabe des Schichtdienstes und die Entstehung höherer Fahrtkosten wegen des Umzugs zur Freundin nicht an.
1183 Finke, FPR 2006, 322; OLG Stuttgart, FamRZ 2006, 1757 f.
1184 OLG Hamm, FamRZ 2003, 298; OLG Stuttgart, BeckRS 2008, 19398.
1185 Büttner, FF 2003, 192 f.
1186 Verneinend OLG Frankfurt am Main, OLGR 2005, 300; OLG Jena, FamRZ 2010, 216; bejahend OLG Brandenburg, FamRZ 2006, 1297 und ZFE 2007, 192.
1187 OLG Hamburg, FamRZ 2006, 503; OLG Brandenburg, FamFR 2010, 512.
1188 BVerfG, FamRB 2007, 67.
1189 OLG Frankfurt am Main, FamRZ 2009, 888.
1190 OLG Jena, BeckRS 2010, 20342.
1191 OLG Düsseldorf, ZFE 2006, 232, BGH, FamRZ 2009, 314 bei Unterhaltspflicht ggü. minderjährigen Kindern; OLG Dresden, ZFE 2007, 271: Nicht bei bindendem arbeitsvertraglichem Verbot einer Nebentätigkeit; das Verbot ist nicht immer hinzunehmen, hierzu Viefhues, FuR 2007, 241, 245.
1192 OLG Schleswig, FamFR 2010, 371.
1193 OLG Köln, FPR 2008, 463.
1194 OLG Düsseldorf, OLGR 2006, 310.

der Bemessung fiktiven Einkommens auf die bisher schwarz verdienten Einkünfte zurückgegriffen werden, da der Nachweis vorliegt, dass dieses Geld verdient werden kann.[1195]

▶ Hinweis:
Auch die selbst verschuldete Leistungsunfähigkeit ist zu beachten, außer bei verantwortungslosem, mindestens leichtfertigem Handeln.

482

Die Wahl von **Altersteilzeit oder Vorruhestand** wird von der Rechtsprechung i.d.R. als unterhaltsrechtliche Obliegenheitsverletzung angesehen, sodass weiterhin unverändert unterhaltsrechtlich die höheren Einkünfte zugrunde gelegt werden,[1196] sowohl beim Unterhaltspflichtigen als auch beim Berechtigten. Dies soll jedoch dann nicht geltend, wenn die Wahl getroffen wurde,[1197]
– weil diese Entscheidung die Ehe schon geprägt hatte und nach dem gemeinsamen Lebensplan verabredet war;[1198]
– um dadurch den Arbeitsplatz noch eine gewisse Zeit zu retten (Flucht in die Rente);[1199]
– weil gesundheitliche Beeinträchtigungen bestehen;[1200]
– weil die Altersteilzeit wirtschaftlich ausgewogen und vorteilhaft ist.[1201]

483

Ist eine Fiktion einmal angenommen, so wird die **Rückkehr zu den tatsächlichen Einkommensverhältnissen schwierig**. Es genügt nicht die Behauptung, man erfülle inzwischen die Erwerbsobliegenheit. Erforderlich ist vielmehr der Vortrag, man hätte inzwischen auch aus anderen Gründen die Arbeitsstelle verloren oder verdiene nicht mehr.[1202] Das OLG Hamm nimmt einen Wegfall der Fiktion an, wenn nachweislich ausreichende Erwerbsbemühungen unternommen worden, aber erfolglos geblieben sind.[1203] Das müsste dann in einem Abänderungsverfahren geltend gemacht werden.[1204]

484

Sofern sich ein **Erwerbstätiger selbstständig macht** und hohe Anfangsverluste hat, ist zwar die Verminderung der Leistungsfähigkeit beachtlich. Dem Pflichtigen wird allerdings angesonnen, für eine Übergangszeit im Interesse des Berechtigten durch Bildung von Rücklagen oder Aufnahme von Krediten[1205] den Einkommensrückgang zu überbrücken.[1206] Nach einer Übergangszeit kann er auch gehalten sein, die **selbstständige Tätigkeit wieder aufzugeben**,[1207] selbst wenn die Aufnahme der selbstständigen Tätigkeit mit der Mutter des Kindes abgesprochen ist.[1208] In solchen Fällen kann die Leistungsfähigkeit des Unterhaltsverpflichteten ausgehend von seinem letzten Bruttoeinkommen beurteilt werden.[1209]

485

1195 OLG Brandenburg, FamRZ 2013, 631.
1196 OLG Koblenz, FamRZ 2004, 1573; OLG Hamm, FamRZ 2005, 1177 (dort auch zu Ausnahmefällen), OLG Saarbrücken, FamRB 2007, 69; OLG Saarbrücken, FamFR 2010, 562; Viefhues, FF 2006, 103 ff.
1197 Viefhues, FF 2006, 103, 104.
1198 Schwab/Ernst/Borth, § 8 Rn. 263.
1199 OLG Hamm, FamRZ 2005, 1177.
1200 OLG Köln, FamRZ 2003, 602.
1201 OLG Bamberg, FamRZ 2010, 381.
1202 BGH, NJW 2008, 1525; hierzu Reinken, ZFE 2008, 41 ff.
1203 OLG Hamm, FamRZ 2007, 1327; Müller, FuR 2005, 487 ff. m.w.N.
1204 OLG Hamm, NJW 2013, 3044.
1205 Hierzu OLG Köln, NJW-RR 2006, 1664 f.; OLG Celle, OLGR 2007, 689.
1206 BGH, FamRZ 1987, 372 f.; OLG Hamm, FamRB 2003, 284; OLG Nürnberg, ZFE 2010, 474; dies kann dann anders sein, wenn der Verpflichtete aus gesundheitlichen Gründen ein bestehendes Arbeitsverhältnis sofort beenden muss, BGH, MDR 2003, 1182 = FamRZ 2003, 1741 m. Anm. Luthin.
1207 OLG Frankfurt am Main, FamRZ 2004, 298; OLG Koblenz, FamRZ 2009. 1921; OLG Naumburg, OLGR 2008, 657; OLG Brandenburg, NZFam 2018, 659.
1208 OLG Brandenburg, BeckRS 2009, 11351.
1209 OLG Köln, NJW-RR 2006, 1664 f.

486 Mit der sog. »**Hausmann-Rechtsprechung**« hat der BGH ausgesprochen, dass ein Unterhaltspflichtiger, der in der geschiedenen Ehe die Familie durch Erwerbstätigkeit erhalten hat, nicht in der neuen Ehe die Rolle des die Familie Betreuenden einnehmen kann, sondern die Erwerbstätigkeit mit Rücksicht auf den Unterhalt der geschiedenen Familie beibehalten muss.[1210] Eine Ausnahme gilt nur, wenn in der neuen Ehe der Unterhalt wesentlich günstiger gestaltet werden kann, wenn der neue Ehegatte erwerbstätig ist.[1211] Das OLG Koblenz fordert, das Interesse der neuen Familie (und damit des Unterhaltsverpflichteten) müsse das Interesse des Unterhaltsberechtigten aus der alten Familie deutlich überwiegen.[1212] Das OLG Oldenburg will den Wechsel allerdings schon dann anerkennen, wenn der neue Ehegatte gleich viel verdient, da dessen Interesse auf Fortführung seiner beruflichen Tätigkeit nicht geringer zu bewerten sei als das Unterhaltsinteresse des geschiedenen Ehegatten.[1213] Eine weitere Ausnahme hat der BGH anerkannt, wenn ein Altersrentner nicht die Erziehung seines neugeborenen Kindes übernimmt, sondern diese seiner 35jährigen Ehefrau überlässt, da sich diese besser zur Kindererziehung eignet.[1214] Wenn er die »Familienrolle« dennoch wechselt, so muss er den Kindern aus erster Ehe Unterhalt fortzahlen, denn die Rechtsprechung nimmt an, er könne zumindest durch eine **Nebentätigkeit** den für das Kind erforderlichen Betrag hinzuverdienen oder auch seinen Anspruch auf **Taschengeld**[1215] gegen den neuen Ehegatten[1216] einsetzen, wenn jeweils der eigene notwendige Unterhaltsbedarf gedeckt ist;[1217] dies auch dann, wenn die Übernahme der Hausmanntätigkeit aufgrund des wesentlich höheren Einkommens des zweiten Ehegatten gerechtfertigt ist.[1218] Allerdings wird eine solche Nebentätigkeit dann nicht erwartet, wenn der Ehegatte noch Erziehungsgeld bezieht, also ein Kleinkind betreut. Der BGH hat diesen Zeitraum auf zwei Jahre nach der Geburt des Kindes bemessen.[1219] Dabei kann der »Hausmann« dann keinen Selbstbehalt geltend machen, wenn man annehmen muss, dass er von dem neuen Partner versorgt werden wird.[1220] Eine Begrenzung des Unterhaltsanspruchs der Kinder aus erster Ehe durch fiktives Erwerbseinkommen findet nach BGH nicht mehr statt.[1221]

487 Diese Rechtsprechung, die zum Kindesunterhalt ergangen ist, wird man zwar für den Ehegattenunterhalt nicht unbesehen übernehmen dürfen. Man muss aus ihr aber die Tendenz herauslesen, dass sich der Unterhaltspflichtige nicht in neuer Ehe in eine Rolle der Familienbetreuung flüchten darf; dies insb. dann, wenn der Unterhaltsanspruch des geschiedenen Ehepartners auf § 1570 BGB beruht.[1222] Verletzt er dadurch eine Erwerbsobliegenheit, so sind ihm fiktive Einkünfte zuzurechnen.

488 Allerdings greift diese Rechtsprechung nicht, wenn es gar nicht zu einem Rollentausch kommt, sondern der Ehegatte, der schon in der ersten Ehe die Familienbetreuung übernommen hatte, dies in der zweiten Ehe erneut tut.[1223]

2. Verpflichtungen

489 Nach § 1581 BGB sind die **Verbindlichkeiten** des Unterhaltsverpflichteten für die Frage der Leistungsfähigkeit zu beachten. Hierzu ist allerdings eine umfassende Abwägung der Interessen von

---

1210 Hierzu Eberl-Borges, FamRZ 2004, 1521 ff.; Kemper, FamRZ 2005, 157.
1211 BGH, FamRZ 1996, 796, 797; BGH, FamRZ 2001, 614 f.; BGH, FamRZ 2001, 1065 (wenn keine betreuungsbedürftigen Kinder aus der neuen Ehe).
1212 OLG Koblenz, NZFam 2017, 615: Ablehnung der Inanspruchnahme zweijähriger Elternzeit.
1213 OLG Oldenburg, FamRZ 2005, 1179.
1214 BGH, NJW 2014, 2109 = MittBayNot 2014, 448.
1215 Hierzu OLG Frankfurt am Main, OLGR 2009, 647; OLG Brandenburg, NZFam 2019, 352.
1216 BGH, FamRZ 2006, 1827; hierzu Anm. Singer, JZ 2007, 589 f.
1217 Eingehend Reinken, ZFE 2006, 445, 446.
1218 OLG Koblenz, OLGR 2006, 161.
1219 BGH, FamRZ 2006, 1010; zum Nachweis anderer Ansichten Bissmaier, FamRB 2006, 232.
1220 BGH, FamRZ 2001, 1065, 1068; einschränkender BGH, FamRZ 2006, 1010 f.
1221 BGH, FamRZ 2006, 1827.
1222 BGH, FamRZ 1996, 796, 797.
1223 BGH, FamRZ 2004, 364 f.

Unterhaltsverpflichtetem, -berechtigtem und Drittgläubiger erforderlich.[1224] Hiernach können insb. **Luxusverbindlichkeiten** und solche ohne verständigen Grund **nicht** abgezogen werden. Allerdings ist der Abzug von Verbindlichkeiten – anders als bei der Bedarfsberechnung – nicht auf ehebedingte Schulden beschränkt.[1225] Im Fall eines **Insolvenzverfahrens** soll sich die Leistungsfähigkeit des Schuldners auf den Differenzbetrag zwischen pfändungsfreiem Betrag und dem Selbstbehalt beschränken.[1226] Nach der Erhöhung der Pfändungsfreigrenzen ab dem Jahr 2002 halten die Gerichte den Unterhaltsschuldner zunehmend für verpflichtet, ein Insolvenzverfahren mit Restschuldbefreiung einzuleiten,[1227] denn nunmehr steht zwischen Selbstbehalt und Pfändungsgrenze noch ein erheblicher Betrag für den Unterhaltsgläubiger zur Verfügung.[1228] Zudem wird der Unterhaltspflichtige nach Ablauf der Wohlverhaltensphase von den Einschränkungen des Insolvenzverfahrens[1229] wieder frei. Der BGH hat sich daher der Auffassung angeschlossen, dass im Fall der gesteigerten Unterhaltspflicht nach § 1603 Abs. 2 BGB eine **Obliegenheit zur Einleitung eines Verbraucherinsolvenzverfahrens** besteht, wenn das Verfahren zulässig und geeignet ist, den laufenden Unterhalt der minderjährigen Kinder sicherzustellen, es sei denn, der Unterhaltspflichtige trägt Umstände vor und beweist sie, wonach für ihn die Einleitung eines solchen Verfahrens unzumutbar ist.[1230] Hierbei ist nach der Rechtsprechung eine umfassende Interessenabwägung in jedem Einzelfall und unter Einbeziehung der Interessen aller Betroffenen vorzunehmen.[1231] Eine Unzumutbarkeit kann insb. vorliegen, wenn entweder die Drittschulden oder die gesteigerte Unterhaltspflicht eine wesentlich geringere Laufzeit haben als die Wohlverhaltensphase[1232] – zumal diese seit 01.07.2014 bei Deckung der Verfahrenskosten und einer Befriedigungsquote von 35 % nur noch drei Jahre beträgt, § 300 Abs. 1 Nr. 2 InsO[1233] – oder wenn der Betrag der Drittschulden relativ niedrig ist und die Kinder betreuende Ehefrau als Gesamtschuldnerin mithaftet.[1234]

Zahlungen zum Kindesunterhalt können im Einzelfall anfechtbar sein, wenn sie nicht von einem sog. P-Konto geleistet wurden.[1235]

Für den Ehegattenunterhaltsanspruch hat der BGH[1236] mittlerweile eine gegenteilige Entscheidung getroffen. Er ist der Auffassung, dass hier der allgemeinen Handlungsfreiheit des Schuldners der Vorrang gebührt, sodass dieser ggü. einem **getrennt lebenden oder geschiedenen Ehegatten nicht zur Einleitung eines Verbraucherinsolvenzverfahrens verpflichtet ist**. Die Situation ist mit dem Kindesunterhalt auch nicht vergleichbar, wenn die Schulden durch die Ehegatten einvernehmlich aufgenommen wurden, sodass in diesem Fall eine solche Obliegenheit nicht in gleicher Weise bestehen sollte.[1237]

490

1224 BGH, FamRZ 1982, 157 f.; MünchKomm-BGB/Maurer, § 1578 Rn. 890.
1225 Wendl/Dose/Gerhardt, § 1 Rn. 1100 ff.; Stollenwerk, FPR 2006, 486 ff.
1226 OLG Frankfurt am Main, FF 2003, 182.
1227 OLG Dresden, FamRZ 2003, 1028 = MDR 2003, 575 m. Anm. Hauß; OLG Stuttgart, FF 2003, 179 ff. = FamRZ 2003, 1216; OLG Koblenz, FamRZ 2004, 823; a.A. OLG Naumburg, FamRZ 2003, 1215 m. abl. Anm. Melchers, FamRZ 2003, 1769 und zust. Anm. Wohlgemuth, FamRZ 2004, 296; Wohlgemuth, FF 2004, 9 ff.
1228 Anwaltliche Schriftsätze hierzu finden sich bei Melchers, ZFE 2004, 36 f.
1229 Hierzu Ortner, FPR 2006, 87.
1230 BGH, FamRZ 2005, 608 f.; hierzu krit. Wohlgemuth, FamRZ 2005, 2035 insb. mit Hinweis auf die Schlechterstellung des bis zur Insolvenzeröffnung angefallenen Unterhalts; ebenso Hauß, FamRZ 2006, 306.
1231 Vgl. Schürmann, FamRZ 2005, 887 f.
1232 Niepmann, FPR 2006, 91, 93; Niepmann, MDR 2005, 785, 786.
1233 Zu dieser Vorschrift kritisch Harder, NJW-Spezial 2014, 277.
1234 OLG Nürnberg, FamRZ 2005, 1502.
1235 BGH, FamRB 2019, 470.
1236 BGH, FamRZ 2008, 497; BGH, NJW 2010, 2582.
1237 Kleffmann, FuR 2006, 97, 100; Weber, FPR 2006, 468, 470.

491 Gegenüber einer Kindesmutter mit Ansprüchen nach § 1615l BGB besteht keine Obliegenheit zur Einleitung eines Verbraucherinsolvenzverfahrens mit Restschuldbefreiung.[1238]

492 Wird ein Insolvenzverfahren schließlich eingeleitet, so ist dieses im Regelfall bedarfsprägend.[1239] Den Unterhaltpflichtigen trifft dann die Obliegenheit, sämtliche möglichen Anträge zu stellen, um den pfändungsfreien Teil max. auszuschöpfen.[1240]

493 Zu Recht wird angemerkt, dass die Diskussion unter dem Stichwort »Obliegenheit zur Einleitung eines Verbraucherinsolvenzverfahrens« eigentlich zu kurz greift.[1241] Richtiger wäre zunächst die Frage, ob eine Obliegenheit zur Berufung auf die Pfändungsfreigrenzen besteht.[1242] Eine solche kann dann ggf. bejaht werden, gerade unter Hinweis auf die mit der Restschuldbefreiung gegebene Möglichkeit, der Unzumutbarkeit wegen lebenslanger Zinsknechtschaft zu entgehen.[1243]

a) Ehebedingte Schulden

494 I.d.R. berücksichtigungsfähig sind ehebedingte Schulden, die aus der früheren Ehe stammen und in der gemeinsamen Lebensführung gründen. Dies gilt ganz besonders, wenn der unterhaltsberechtigte Ehegatte als Gesamtschuldner oder Bürge die Schulden hätte mittragen müssen.

▶ Hinweis:

495 Haftet der geschiedene Ehegatte als Gesamtschuldner, so hat er einen Auskunftsanspruch gegen die Bank. Ein Bestreiten der Tilgung mit Nichtwissen ist dann nicht zulässig.[1244]

496 Das, was der Unterhaltspflichtige bei fortdauernder Ehe an Schuldentilgung und Verzinsung hätte leisten können, wird er regelmäßig abziehen dürfen. Ggf. ist mit Rücksicht auf die allseitige Interessenabwägung ein **gestreckter Tilgungsplan** anzustreben.[1245] Ggf. muss der Berechtigte eine Kürzung seiner Ansprüche hinnehmen, wenn ansonsten die Einkünfte des Verpflichteten nicht einmal zur Zinszahlung ausreichen und somit die Schuld immer weiter anwüchse.

497 Auch **nicht ehebedingte Verbindlichkeiten** sind jedenfalls dann abzusetzen, wenn der Unterhaltspflichtige sie zu einem Zeitpunkt eingegangen ist, zu dem er mit einer Inanspruchnahme auf Unterhalt nicht rechnen musste, weil etwa bei der Scheidung kein Unterhalt zugesprochen worden war.[1246] Gleiches gilt, wenn auch bei Fortbestand der Ehe aufgrund der wirtschaftlichen Situation die Ehegatten mit diesen Schulden belastet worden wären, sofern die Verbindlichkeiten nicht in unterhaltsrechtlich vorwerfbarer Weise entstanden sind.[1247]

498 Zinsen zur Finanzierung des Zugewinnausgleichs können abzugsfähig sein.[1248]

499 Bei der Berücksichtigung von Schulden im Unterhaltsrecht ist das **Verbot der Doppelverwertung**[1249] im Bereich Zugewinn und Unterhalt zu beachten. Wenn die Schuld beim Zugewinnausgleich vom

---

1238 OLG Koblenz, FamRB 2006, 6; Entscheidung noch vor BVerfG, NJW 2007, 1735.
1239 OLG Celle, FamRZ 2005, 1746; OLG Karlsruhe, FamRZ 2006, 953; Niepmann, FPR 2006, 91, 94; a.A. Anm. Wohlgemuth, FF 2006, 64 f.: Bedarfsprägend nur, wenn auch die Schulden, derentwegen die Insolvenz beantragt wurde, bedarfsprägend waren.
1240 BGH, FamRB 2010, 69.
1241 Hauß, FamRZ 2006, 1496, 1498 ff.
1242 So etwa OLG Celle, FamRZ 2005, 1504.
1243 Hauß, FamRZ 2006, 1496 ff. mit detaillierter Darstellung der Pfändungsfreigrenzen im Unterhaltsbereich.
1244 MüHdbFamR/Oenning, 1. Aufl., § 6 Rn. 228.
1245 OLG Bamberg, FamRZ 1997, 23.
1246 OLG Köln, FamRZ 2005, 720.
1247 OLG Köln, FamRZ 2008, 1536.
1248 OLG Düsseldorf, FPR 2004, 255.
1249 Hierzu ausführlich Kap. 1 Rdn. 51 ff.

Endvermögen desjenigen Ehegatten abgezogen worden ist, der die Schuldentilgung übernimmt, so würde mit einer zusätzlichen Berücksichtigung der Schuldentilgung bei der Unterhaltsberechnung gleichfalls eine Doppelbelastung eintreten. Der unterhaltsberechtigte Ehegatte würde je nach Konstellation[1250] letztendlich den gesamten Kredit tilgen. Daher haben die OLG München[1251] und Saarbrücken[1252] m.E. zu Recht entschieden, dass dann, wenn die Schuld bereits beim Zugewinn als Passivposten eingestellt war, die Tilgungen nicht nochmals als Abzugsposten beim Unterhalt berücksichtigt werden dürfen. Anders hingegen für die Zinszahlungen; diese haben beim Zugewinnausgleich keine Berücksichtigung gefunden. In der Literatur hat diese Auffassung Unterstützung gefunden,[1253] aber auch Kritik geerntet.[1254] Es wird abzuwarten sein, ob sich der BGH, der das Verbot der Doppelverwertung bisher nur bei positiven Vermögenswerten, insb. bei Abfindungen aufgestellt hat, dem auch im Bereich der Verbindlichkeiten anschließt. Verwunderlich ist, dass die zitierten OLG eine Revision zum BGH nicht zuließen, obwohl der BGH divergierender Ansicht ist.[1255]

Auch Verbindlichkeiten, die in früheren Zeiträumen zu Abzügen bei Unterhaltszahlungen geführt haben, deren Tilgung aber in Wahrheit nicht erbracht wurde, können nicht später nochmals abgezogen werden. Leasing-Verbindlichkeiten für Pkw sind mit der Kilometerpauschale abgegolten.[1256] 500

b) Sonstige Unterhaltsverpflichtungen

Nachehelich entstandene Unterhaltsverbindlichkeiten sind nach Aufgabe der Rechtsprechung zu den wandelbaren ehelichen Vermögensverhältnissen nicht mehr bei der Bedarfsberechnung zu berücksichtigen, sondern erst im Rahmen der Leistungsfähigkeit unter Berücksichtigung des unterhaltsrechtlichen Ranges,[1257] d.h. hier sind grundsätzlich diejenigen Verbindlichkeiten der vorrangigen Unterhaltsberechtigten zuerst abzuziehen.[1258] Eine latent vorhandene Unterhaltslast ggü. einem Elternteil kann schon zu den eheprägenden Verhältnissen gehören.[1259] 501

3. Selbstbehalt

Nach § 1603 Abs. 1 BGB ist nicht unterhaltspflichtig, wer nach seinen Einkünften unter Berücksichtigung seiner Verbindlichkeiten außerstande ist, ohne Gefährdung seines eigenen angemessenen Unterhalts Leistungen zu erbringen. Die Rechtsprechung legt dies so aus, dass dem Unterhaltspflichtigen zur Deckung seines eigenen Bedarfes ein bestimmter Betrag verbleiben muss (sog. Selbstbehalt), der dann unterhaltsrechtlich nicht mehr zur Verfügung steht. Dieser sog. Selbstbehalt wird in den verschiedenen unterhaltsrechtlichen Leitlinien[1260] näher ausgeführt und hängt von der Höhe her einmal davon ab, ob der Unterhaltspflichtige erwerbstätig ist oder nicht; allerdings wurde diese Unterscheidung von manchen Oberlandesgerichten inzwischen fallen gelassen.[1261] Die Düsseldorfer 502

1250 Vgl. insoweit die Liquiditätszusammenstellungen bei Kogel, FamRB 2005, 207 f.
1251 OLG München, FamRZ 2005, 459 und OLG München, FamRZ 2005, 713; a.A. OLG Karlsruhe, FamRZ 2005, 909.
1252 OLG Saarbrücken, FamRZ 2006, 1038 m. Anm. Kogel = NJW 2006, 1438.
1253 Gerhardt/Schulz, FamRZ 2005, 145 f., 317 f. mit getrennter Darstellung der Schuldarten; Niepmann, FF 2005, 131 ff., die danach entscheiden will, ob sich die Schuld tatsächlich auf den Zugewinn ausgewirkt hat; Kogel, FamRZ 2004, 1614, 1617 und Kogel, FamRZ 2006, 1038 f.; Grziwotz, MittBayNot 2005, 284 ff.; Koch, FamRZ 2007, 509, 511.
1254 Schmitz, FamRZ 2005, 1520; Schulin, FamRZ 2005, 1521.
1255 So auch Kogel, FamRB 2006, 167.
1256 OLG Köln, NJW 2008, 2448.
1257 BGH, NJW 2012, 384.
1258 BGH, NJW 2008, 3213; vgl. hierzu Rdn. 356 f.
1259 BGH, FamRZ 2004, 186 m. Anm. Schürmann.
1260 *Www.famrb.de/unterhaltsleitlinien.html.*
1261 OLG Celle, FamRZ 2008, 2228.

Tabelle hält ab 2020 aber wieder an der Unterscheidung fest, auch für Ehegatten. Zum andern wird unterschieden[1262] zwischen dem
- **angemessenen Selbstbehalt** nach § 1603 Abs. 1 BGB; dieser liegt derzeit nach der aktuellen Düsseldorfer Tabelle bei 1.400,00 €;
- **notwendigen Selbstbehalt** nach § 1603 Abs. 2 BGB ggü. minderjährigen unverheirateten und sonst dort privilegierten Kindern; dieser beträgt nach der aktuellen Düsseldorfer Tabelle derzeit 960,00 € beim nicht erwerbstätigen und 1.160,00 € beim erwerbstätigen Unterhaltspflichtigen.[1263]
- **Ehegattenselbstbehalt**, der in der gültigen Düsseldorfer Tabelle B IV. für Erwerbstätige mit 1.280,00 € und für Nichterwerbstätige mit 1.180,- € festgelegt ist.[1264]

503 Der BGH hat seine Praxis bei der Bemessung des Selbstbehalts des Unterhaltsverpflichteten geändert. Während er bisher den eigenen angemessenen Unterhalt i.S.d. § 1581 BGB mit dem eheangemessenen Unterhalt nach § 1578 BGB gleichsetzte,[1265] will er nunmehr den **Selbstbehalt ggü. dem geschiedenen Ehegatten in der Mitte zwischen dem notwendigen Selbstbehalt (§ 1603 Abs. 2 BGB) und dem angemessenen Selbstbehalt (§ 1603 Abs. 1 BGB)** ansiedeln, und zwar für nachehelichen und für Trennungsunterhalt.[1266] Der BGH kommt damit zu einem einheitlichen Ehegattenselbstbehalt in einer Höhe von derzeit etwa 1.200,00 €, und zwar ausdrücklich auch ggü. einem Anspruch auf Unterhalt wegen Kindesbetreuung.[1267] Eine Bindung des Richters an unterhaltsrechtliche Leitlinien verneint der BGH ausdrücklich. Die Berechtigung der Selbstbehaltssätze wird zuweilen grundsätzlich diskutiert.[1268]

504 Die genannte Entscheidung des BGH war zwischenzeitlich in die Leitlinien[1269] umgesetzt worden. Die ab 01.01.2020 gültige Düsseldorfer Tabelle differenziert jedoch erneut und legt 1.280,00 € für den Ehegattenselbstbehalt Erwerbstätiger und 1.180,00 € für Nichterwerbstätige fest.

505 Zwischen zwei Rentnern soll die Untergrenze des eheangemessenen Selbstbehalts mit dem angemessenen Selbstbehalt nach § 1603 BGB identisch sein (derzeit also 1.400,00 €).[1270]

506 Umstritten ist, ob der **Selbstbehalt beim Zusammenleben mit einem neuen Partner** zu kürzen ist.[1271] Einige OLG sehen dies so und kürzen den Selbstbehalt des Unterhaltspflichtigen, wenn dieser mit einem neuen Lebenspartner zusammenlebt aufgrund des damit verbundenen Einsparungseffektes.[1272] Andere OLG lehnen dies ab[1273] oder fordern konkrete Feststellungen für den Einzel-

---

1262 Vgl. die Zusammenstellung in MünchKomm-BGB/Maurer, § 1581 Rn. 17 ff.
1263 Düsseldorfer Tabelle Stand 01.01.2020 (www.olg-duesseldorf.de oder www.famrb.de/unterhaltsleitlinien.html).
1264 Für einen gesetzlich dynamisierten Selbstbehalt plädiert Herr, FamRB 2010, 318 f.
1265 BGH, FamRZ 1990, 260; Würzburger Notarhandbuch/Mayer/Reetz, Teil 3, Kap. 1 Rn. 315 m.w.N.
1266 BGH, NJW 2006, 1654 = FamRZ 2006, 683; BGH, FamRZ 2009, 311; BGH, FamRZ 2009, 404 zum Trennungsunterhalt.
1267 BGH, FamRZ 2009, 311 = NJW 2009, 675; daran dürfte auch nach Abschaffung der Rechtsprechung zu den wandelbaren ehelichen Lebensverhältnissen festzuhalten sein; a.A. OLG Bamberg, FamRZ 2007, 1891: Ggü. einem Unterhaltsberechtigten, der ein gemeinsames Kind betreut, gilt nur der gleiche Selbstbehalt, wie er dem Kind gebührt.
1268 Lipp, FamRZ 2012, 1 ff., der zum einen fordert, auch bei festgelegten Selbstbehaltssätzen müsse stets Platz für atypische Situationen sein; zudem sei der Gesetzgeber aufgefordert, zumindest den notwendigen Selbstbehalt gesetzlich zu regeln.
1269 Www.famrb.de/unterhaltsleitlinien.html.
1270 OLG München, FamRZ 2006, 792.
1271 Hierzu Heistermann, FamRZ 2006, 742 f.
1272 Z.B. OLG Hamm, FamRZ 2005, 53: Kürzung um 27 % verteilt auf beide Partner, also Kürzung effektiv um 13,5 % beim Unterhaltspflichtigen; OLG Nürnberg, ZFE 2006, 116; OLG Brandenburg, OLGR 2007, 132; OLG Köln, BeckRS 2008, 23846.
1273 OLG Frankfurt am Main, ZFE 2006, 113; OLG Karlsruhe, OLGR 2005, 757, das aber Möglichkeiten sieht, konkrete Einsparungen zu berücksichtigen.

fall.[1274] Der BGH hat inzwischen diese Kürzung des Selbstbehaltes um die Ersparnis gebilligt und einer Herabsetzung höchstens jedoch auf das Existenzminimum nach sozialhilferechtlichen Grundsätzen zugestimmt und zwar unabhängig davon, ob dem Unterhaltspflichtigen gegen den Lebenspartner ein Unterhaltsanspruch zusteht oder sich bloß tatsächliche Synergieeffekte ergeben.[1275] Dies gilt nach BGH auch ggü. einem Anspruch auf Betreuungsunterhalt.[1276] Für die Leistungsunfähigkeit des Partners, also den Ausfall des Synergieeffektes ist der Unterhaltspflichtige beweispflichtig. Der **BGH** nimmt im Konflikt mehrerer Unterhaltsberechtigter eine **Ersparnis von je 10 %** für die zusammenlebenden Partner an.[1277] Das findet Gefolgschaft.[1278] Über die Kürzung des Selbstbehaltes hinaus kann die Haushaltsführung für den Partner zu Einkünften führen, wenn sie als Surrogat an die Stelle eines Erwerbseinkommens tritt. Der Ansatz einer solchen Vergütung entfällt aber, wenn der Ehepartner selbst ganztags arbeitet und sich die Haushaltstätigkeit teilt.[1279]

Eine Herabsetzung des Selbstbehaltes wegen besonderer Sparsamkeit soll ausgeschlossen sein.[1280] Das OLG München befürwortet jedoch eine moderate Herabsetzung bei besonders beengten Einkommensverhältnissen.[1281]

507

4. Unterhaltsberechnung in Mangelfällen

a) Unterhalt nach Billigkeit, § 1581 Satz 1 BGB

Nach § 1581 Satz 1 BGB wird der Unterhalt dann, wenn die Unterhaltszahlung des Verpflichteten angesichts seiner vorstehend berechneten Leistungsfähigkeit seinen eigenen angemessenen Unterhalt gefährdet, nur noch nach Billigkeit gewährt. Hier ist der vorstehend geschilderte Selbstbehalt angesprochen.

508

Auch der Ehegattenselbstbehalt kann nicht weiter herabgesetzt werden als bis auf den **notwendigen Selbstbehalt**, wie er nach § 1603 Abs. 2 BGB ggü. minderjährigen, unverheirateten Kindern besteht.[1282] Dieser stellt daher dessen **unterste Grenze** dar.[1283] Die Billigkeitsabwägung kann auch eine Heraufsetzung auf den angemessenen Selbstbehalt nach § 1603 Abs. 1 BGB ergeben, so im Fall eines unterhaltspflichtigen Rentners nach kurzer, kinderloser Ehedauer, wenn der Unterhaltsberechtigte Grundsicherung erhält.[1284] Kosten des Umgangs mit einem Kind können zu einer maßvollen Erhöhung des Selbstbehalts führen,[1285] jedenfalls dann, wenn dem Verpflichteten das anteilige Kindergeld nicht voll zugutekommt.[1286]

509

1274 OLG Hamm, FF 2005, 156 m. Anm. Schürmann; OLG Dresden, OLGR 2009, 464: nicht, wenn neuer Partner nur über Erziehungsgeld i.H.d. Sockelbetrages verfügt; OLG Dresden, OLGR 2007, 909: Max. 10 % bei Zusammenleben mit einem Arbeitslosen.
1275 BGH, NJW 2008, 1373 = FamRZ 2008, 594; hierzu mit Berechnungsbeispielen und Prüfungsschema Gutdeutsch, FamRZ 2008, 2240; dem BGH folgend OLG Köln, FamRZ 2009, 890: Herabsetzung bis auf den sozialhilferechtlichen Mindestbedarf von damals. 696,00 €.
1276 BGH, NJW 2009, 675 = FamRZ 2009, 311.
1277 BGH, NJW 2012, 384.
1278 Diverse Leitlinien Ziffer 21.5. bzw. 21.5.3.
1279 Tomfort, FamFR 2012, 441.
1280 BGH, FamRZ 2006, 1664; OLG Naumburg, OLGR 2007, 585.
1281 OLG München, BeckRS 2008, 5442 = FuR 2008, 566.
1282 Gleichgestellt sind die volljährigen unverheirateten Kinder bis zur Vollendung des 21. Lebensjahres, die im Haushalt der Eltern leben und sich in allgemeiner Schulausbildung befinden, § 1603 Abs. 2.
1283 BRHP/Beutler, § 1581 Rn. 10; Scholz, FamRZ 2003, 514, 515; er kann herabgesetzt werden, wenn der Verpflichtete mit einem neuen Lebenspartner zusammenwohnt, OLG München, FamRZ 2004, 485; vgl. die Ausführungen am Schluss der letzten Ziffer.
1284 OLG München, FamRB 2006, 105.
1285 OLG Bamberg, FamRB 2006, 7.
1286 BGH, ZFE 2005, 165.

510 Die **Billigkeitsabwägung** ändert nicht das Rangverhältnis der Berechtigten. Sie dient dem Zweck, das verfügbare Einkommen so unter den geschiedenen Eheleuten zu verteilen, dass die dem Berechtigten zustehende Unterhaltsleistung nicht in einem unbilligen Missverhältnis zu den Mitteln steht, die dem Verpflichteten für seinen Bedarf verbleiben.[1287] Die Abwägung soll also der Einzelfallgerechtigkeit zum Durchbruch verhelfen. So können z.B. freiwillige Zuwendungen Dritter angerechnet oder berufsbedingte Aufwendungen begrenzt werden.[1288]

b) Mangelfälle

511 Der BGH spricht[1289] von einem **absoluten Mangelfall** dann, wenn der Unterhaltspflichtige nicht imstande ist, die Unterhaltsansprüche eines oder mehrerer gleichrangiger Unterhaltspflichtiger zu befriedigen. Nach der Unterhaltsreform liegt daher ein absoluter Mangelfall dann vor, wenn das Einkommen des Verpflichteten zur Deckung seines notwendigen Selbstbehaltes und der gleichrangigen Unterhaltsansprüche der Kinder (bzw. sonst mehrerer gleichrangiger Berechtigter)[1290] nicht ausreicht.[1291]

512 Ein sog. **relativer Mangelfall** soll dagegen vorliegen, wenn der Unterhaltspflichtige nicht in der Lage ist, unter Wahrung seines angemessenen Unterhaltsbedarfes den angemessenen Unterhaltsbedarf aller Unterhaltsberechtigter – also auch der nachrangigen – zu decken.

513 In einem solchen Fall ist die Verteilungsmasse, die nach Abzug des notwendigen Selbstbehalts verbleibt, unter die Unterhaltsberechtigten bei gleichmäßiger Kürzung von deren Ansprüchen im Verhältnis ihrer Bedarfssätze zu verteilen. Allerdings geschieht dies nur unter den vorrangig Unterhaltsberechtigten. Ggü. nachrangig Unterhaltsberechtigten hingegen ist zuerst der Bedarf der vorrangig Berechtigten voll zu befriedigen, nachrangig Berechtigte scheiden unter diesen Umständen aus.[1292] Der Rangfolge kommt also bei mehreren Berechtigten eine herausragende Bedeutung zu.

▶ Hinweis:

514 Für alle nachfolgenden Ausführungen und Berechnungen gilt, dass die Ansichten in Rechtsprechung und Literatur hierüber sehr verschieden sind. Die Unterhaltsleitlinien weichen ebenfalls voneinander ab. Es ist daher momentan sehr schwer, eine Vorhersage über die gerichtliche Praxis zu treffen. Es gilt, die regionalen Gepflogenheiten auszuwerten.

c) Rangverhältnisse – »Revolution« der Unterhaltsreform[1293]

515 Bestimmungen zur Rangfolge enthalten die §§ 1582 und 1609 BGB. § 1582 BGB verweist nach der Unterhaltsreform nur noch auf die Bestimmung des § 1609 BGB.

516 Der eigentliche Kern der Unterhaltsreform besteht in einer Veränderung der bisherigen Rangfolgen. Die **Rangfolge** aller Unterhaltsberechtigter ergibt sich nunmehr **einheitlich aus § 1609 BGB**. Damit soll v.a. konsequent die Förderung des Kindeswohls umgesetzt werden.[1294]

517 An **erster Rangstelle** stehen nunmehr allein **minderjährige unverheiratete Kinder und Kinder i.S.d. § 1603 Abs. 2 Satz 2 BGB** (volljährige, unverheiratete Kinder bis zur Vollendung des 21. Lebensjahres im Haushalt der Eltern und in allgemeiner Schulausbildung).

1287 BGH, FamRZ 1990, 260, 264.
1288 BGH, FamRZ 1999, 843, 847; BGH, FamRZ 2000, 153, 154.
1289 BGH, FamRZ 2003, 363.
1290 Gerhardt, FuR 2010, 241, 243.
1291 Süddeutsche Leitlinien, 24.1.
1292 BGH, FamRZ 1983, 678, 680, MüHdbFamR/Grandel, § 8 Rn. 157 spricht vom relativen Mangelfall.
1293 So Schwab, FamRZ 2005, 1417, 1421.
1294 Vgl. im Detail BT-Drucks. 16/1830, S. 22 ff.

C. Nachehelicher Unterhalt Kapitel 6

Im **zweiten Rang** stehen **Elternteile, die wegen der Betreuung eines Kindes unterhaltsberechtigt** sind oder im Fall einer Scheidung wären, sowie **Ehegatten** und geschiedene Ehegatten bei einer **Ehe von langer Dauer.** Zu letzterem Begriff gibt das Gesetz in § 1609 Nr. 2 BGB selbst eine Definition: Bei der Feststellung einer Ehe von langer Dauer sind auch Nachteile i.S.d. § 1578b Abs. 1 Satz 2 und 3 BGB zu berücksichtigen. Die Bezeichnung »lange Dauer« drückt das Schutzgut daher nur unvollkommen aus. Es gibt also zu diesem Oberbegriff eine **zeitliche und eine materielle Komponente**, die nacheinander zu prüfen sind.[1295] 518

Zu beachten ist, dass Eltern, deren Unterhalt sich auf unterschiedliche Ansprüche stützt – etwa bei Teilerwerbstätigkeit der kindesbetreuenden Mutter zum einen auf § 1570 BGB und zum anderen auf § 1573 Abs. 2 BGB[1296] – diese Ansprüche im Rang auch unterschiedlich einzustufen sind.[1297] Diese Ansprüche können auch hinsichtlich der Befristung unterschiedlich präkludiert sein.[1298] Für die Bestimmung des § 1609 hat der BGH nunmehr aber klargestellt, dass bei einem **Teilunterhaltsanspruch aus § 1570 BGB** und einem **weiteren Teilanspruch** aufgrund eines anderen Unterhaltsanspruchs der **Gesamtanspruch** dem **Rang des § 1609 Nr. 2 BGB** unterfällt.[1299] 519

Um diese zweite Rangstelle wurde bis zuletzt gerungen. Indem auf **Elternteile** abgestellt wird, bleibt es nicht länger von Bedeutung, ob eine Ehe vorlag oder nicht. Wenn es nicht um Kindesbetreuung geht, soll aber die **Ehe von langer Dauer** auch am Privileg des zweiten Ranges teilhaben. Dabei sind mitentscheidend **ehebedingte Nachteile i.S.d. § 1578b BGB**. § 1578b Abs. 1 BGB führt aus, dass sich solche Nachteile v.a. aus der Dauer der Pflege und Erziehung eines gemeinschaftlichen Kindes, aus der Gestaltung von Haushaltsführung und Erwerbstätigkeit während der Ehe sowie aus der Dauer der Ehe ergeben. Nachdem die **Dauer der Ehe** in § 1578b BGB nach dessen Änderung zum eigenen Prüfungsgesichtspunkt im Hinblick auf die **nacheheliche Solidarität** erstarkt ist, wird dafür plädiert, dass aufgrund der Verweisung auch Auswirkung auf § 1609 BGB haben muss, sodass auch bei einer zeitlich langen Dauer **ohne ehebedingte Nachteile** eine **Einstufung in den 2. Rang** erfolgen könne.[1300] 520

Im **Ergebnis** kann somit der Familienunterhaltsanspruch des Ehegatten einer bestehenden, aber nicht langen Ehe nachrangig sein ggü. dem Unterhaltsanspruch einer nichtehelichen Mutter.[1301] 521

▶ **Hinweis:**

Der BGH[1302] hat zu dieser Bestimmung bereits entschieden, dass der Unterhaltsanspruch einer geschiedenen Ehefrau nach 24-jähriger kinderloser Ehe mit vollschichtiger Erwerbstätigkeit ohne ehebedingte Nachteile ggü. dem Unterhaltsanspruch der zweiten Ehefrau, die erst kurz verheiratet ist, aber ein Kind betreut, nachrangig ist.[1303] 522

1295 Borth, Unterhaltsrecht, Rn. 679; OLG Hamm, FamRZ 2013, 1811: 4 Jahre und 9 Monate sind nicht lang i.S.d. § 1609 BGB.
1296 BGH, NJW 2008, 3213.
1297 Palandt/Brudermüller, § 1573 Rn. 27; MüHdbFamR/Grandel, § 8 Rn. 184; nicht unbestritten, a.A. Menne/Grundman, 89.
1298 Im Fall des OLG München, FamRZ 2009, 1154 war der Unterhaltsanspruch nach § 1573 Abs. 2 BGB präkludiert, nicht hingegen der Krankheitsunterhalt, für den es nach altem Recht keine Befristung gab.
1299 BGH, NJW 2014, 3649 = FamRZ 2014, 1987 m. abl.Anm. Maurer.
1300 Palandt/Brudermüller, § 1609 Rn. 20 mit Nachweis des Streitstandes.
1301 Auf diese Konsequenz hat schon früh hingewiesen Schwab, FamRZ 2005, 1417, 1423.
1302 BGH, NJW 2008, 3213.
1303 A.A. Palandt/Brudermüller, § 1609, Rn. 20; man wird beobachten müssen, ob der BGH insoweit nach Änderung des § 1578b BGB Konsequenzen zieht, obwohl das Gericht in der Änderung des Textes keine Änderung gegenüber dem vorherigen Gehalt sieht, BGH, FamRZ 2013, 853.

523 Der Vorrang des Kindesunterhaltes war während der Reform unbestritten. Gleichwohl bedeutet er jedoch, dass sich der nacheheliche **Ehegattenunterhalt signifikant reduziert**[1304] und damit **auch die Möglichkeit des Realsplittings**, sodass insgesamt **weniger Nettoeinkommen für alle** Unterhaltsberechtigten zur Verfügung steht. Darauf wurde schon früh hingewiesen.[1305] Ein Prüfauftrag, die steuerlichen Auswirkungen in den Blick zu nehmen,[1306] hat bisher keine sichtbaren Ergebnisse gebracht. Diskutiert werden inzwischen Vereinbarungen über den Rang, die aber kritisch zu sehen sind, soweit sie den Kindern den ersten Rang bestreiten, da die Kinder nicht mitwirken und § 1614 BGB Verzichte zulasten der Kinder verbietet.[1307]

524 Für die Unterhaltsberechnung hat der Vorrang des Kindesunterhaltes den Vorteil, dass es künftig weniger komplizierte 2-stufige Mangelfallberechnungen geben wird.[1308]

525 Im **dritten Rang** finden sich **Ehegatten und geschiedene Ehegatten**, die **nicht** die **zweite** Rangstelle belegen.

526 Der **vierte Rang** ist für **Kinder** reserviert, die nicht den ersten Rang einnehmen, der **fünfte Rang** dann für Enkelkinder und weitere Abkömmlinge, der **sechste Rang** für Eltern und der **siebte Rang** schließlich für weitere Verwandte.

d) Berechnung im Mangelfall

527 Nach früherer Rechtslage mit einem Gleichrang von geschiedenem Ehegatten und Kindern waren umfangreiche Mangelfallberechnungen erforderlich, wenn nach der Berechnung aller Unterhaltsbeträge der vorrangig Unterhaltsberechtigten dem Unterhaltspflichtigen der **notwendige Selbstbehalt** nicht verblieb. Mit dieser Berechnung wurden alle Unterhaltsansprüche **verhältnismäßig gekürzt**.

528 Bei der **Unterhaltsberechnung** generell ist zu beachten, dass die Düsseldorfer Tabelle nunmehr **relativ stark erhöhte Mindestunterhaltssätze für minderjährige Kinder** aufweist. Seit 2010 ist die Düsseldorfer Tabelle nach ihrer Anmerkung 1 aber nicht mehr auf drei, sondern **nur noch auf zwei Unterhaltsberechtigte** zugeschnitten. Damit wird erreicht, dass bereits bei drei Unterhaltsberechtigten eine Herabstufung auf eine niedrigere Stufe vorgenommen werden kann. Im Zusammenspiel damit sind die **Bedarfskontrollbeträge** zu sehen, die nach Anmerkung 6 der Düsseldorfer Tabelle eine Kontrollrechnung erlauben, ob das Einkommen angemessen zwischen dem Unterhaltspflichtigen und seinen Kindern verteilt ist. *Diederichsen* hatte nicht zu Unrecht angemahnt, der Wechsel des Rangsystems hätte auch an sich ein neues Leitbild der Düsseldorfer Tabelle erforderlich gemacht.[1309]

529 Zusätzlich ordnet **Anmerkung 1 der Düsseldorfer Tabelle** an, dass zur Deckung des notwendigen Mindestbedarfs aller Beteiligten – einschließlich des Ehegatten – ggf. **eine Herabstufung in die unterste Tabellengruppe** vorzunehmen ist. Reicht das verfügbare Einkommen auch dann nicht aus, so setzt sich der Vorrang der Kinder durch. Damit **mildert** die Düsseldorfer Tabelle die **Rangordnung des § 1609 BGB** ab, wenn die Kinder höheren Unterhalt als den Mindestbedarf erreichen könnten, aber der Ehegatte dann keinen oder nur wenig Unterhalt erhielte. Damit folgt die Düsseldorfer Tabelle der Position, dass ein echter **Vorrang nur für das Existenzminimum der Kinder**

1304 Krit. zu diesen Auswirkungen Schwab, FamRZ 2005, 1417, 1421 f.
1305 Stellungnahme Schwab bei der Anhörung im Rechtsausschuss am 16.10.2006, S. 10, abrufbar unter *www.bundestag.de/ausschuesse/a06/anhoerungen/05_Unterhaltsrecht/04_StN/Stellungnahme_Prof_Schwab. pdf;* krit. insoweit Borth, FamRZ 2006, 813, 817.
1306 Vgl. Granold, FF 2008, 15.
1307 Schwab/Ernst/Borth, § 8 Rn. 1318; Johannsen/Henrich/Graba/Maier, § 1609 Rn. 10.
1308 Hauß, FamRB 2006, 180, 181 f.; BT-Drucks. 16/1830, S. 24.
1309 Palandt/Diederichsen, 69. Aufl., § 1609 Rn. 18.

besteht.[1310] Dem schließen sich die Unterhaltsleitlinien zum Großteil an.[1311] Diese **Ansicht** ist jedoch **stark umstritten**. Sie dürfte allerdings inzwischen auch der Auffassung des BGH entsprechen.[1312] Nach a.A. bezieht sich der **Vorrang der Kinder auf den vollen Unterhaltsbedarf**.[1313] Abzuziehen ist nach der Änderung des § 1612b BGB stets nur der Zahlbetrag, nicht der volle Tabellenbetrag.[1314] Dies hat das BVerfG als verfassungsgemäß angesehen.[1315]

▶ **Hinweis:**

Nicht einmal in der so wichtigen Frage, ob die vorrangig abzuziehenden Kindesunterhaltsbeträge stets aus der ersten Tabellengruppe zu entnehmen sind oder der dem Verdienst entsprechenden Gruppe besteht Einigkeit. Die Praxis verfolgt den ersten Weg.

530

Bei der Mangelfallberechnung[1316] jedoch muss ohnehin mit den Mindestbedarfssätzen gerechnet werden.[1317] Hierzu ist zu beachten, dass der BGH neuerdings einen Mindestbedarf sowohl i.R.d. § 1615l BGB wie auch bei § 1570 BGB für Ehegatten bzw. Kindeseltern anerkennt.[1318] Eine Mangelfallberechnung mit den Kindern als erstrangig Unterhaltsberechtigten ist folgendermaßen durchzuführen:[1319]

531

aa) Mangelberechnung Unterhaltspflichtiger – Kinder

– Feststellung der **Verteilungsmasse** (bereinigtes Einkommen abzgl. Selbstbehalt, der sich ggü. privilegierten Kindern auf 1.160,00 € für erwerbstätige Unterhaltspflichtige und 960,00 € für nicht Erwerbstätige beläuft).
– Ermittlung der **Einsatzbeträge** (Feststellung des nach Tabelle bzw. konkret festzustellenden Bedarfs der einzelnen gleichrangigen Unterhaltsberechtigten. Der Kindergeldabzug nach § 1612b BGB und eigenes Einkommen mindern diesen Bedarf.
– Summe der Einsatzbeträge ergibt den **Gesamtbedarf**.
– Errechnung des Unterhaltes des einzelnen Berechtigten nach folgender Formel:

532

$$\frac{\text{Einsatzbetrag des Berechtigten} \times \text{Verteilungsmasse}}{\text{Gesamtsumme der Einsatzbeträge}}$$

– Angemessenheitskontrolle.[1320]

Ein Rechenbeispiel hierzu findet sich in Anmerkung C der Düsseldorfer Tabelle. Danach hat der erwerbstätige M ein bereinigtes Nettoeinkommen von 1.350,00 €. Er ist drei Kindern unterhaltsverpflichtet, die ein Alter von 18 Jahren (K_1), sieben Jahren (K_2) und fünf Jahren (K_3) haben. Alle drei sind Schüler und leben bei der Ehefrau und Mutter F, die ihrerseits nicht unterhaltsberechtigt und den Kindern nicht barunterhaltspflichtig ist, aber das Kindergeld bezieht.

533

1310 Schwab, FamRZ 2005, 1417, 1423; Gerhardt, FamRZ 2007, 945, 948; Scholz, FamRZ 2007, 2028 f.; Schwab/Ernst/Borth, § 8 Rn. 1311 i.V.m. § 9 Rn. 18 f.
1311 Vgl. etwa Süddeutsche Leitlinien, 24.1.
1312 BGH, FamRZ 2008, 2189, Tz. 18; BGH, NJW 2010, 2515; Gerhardt, FuR 2010, 241, 244.
1313 Palandt/Brudermüller, § 1609 Rn. 11; Borth, FamRZ 2006, 817 f.; Kemper, FuR 2007, 50, 53; Born, NJW 2008, 2 f.; Schürmann, FamRZ 2008, 320 f.; MüHdbFamR/Grandel, § 8 Rn. 186.
1314 BGH, NJW 2010, 2515; vgl. etwa Süddeutsche Leitlinien 24.1.
1315 BVerfG, NJW 2011, 3215 f.
1316 Berechnungsbeispiele bei Gutdeutsch, FamRB 2009, 14 ff.; Mleczko, ZFE 2008, 4 ff.
1317 Vgl. Spangenberg, FPR 2010, 145 ff.
1318 BGH, FamRZ 2010, 357; BGH, FamRZ 2010, 444.
1319 Berechnungsbeispiel nach Abschnitt C der Düsseldorfer Tabelle zum 01.01.2020 bzw. Anhang 2.2. der Süddeutschen Leitlinien (*www.famrb.de/unterhaltsleitlinien.html*) bzw. MüHdbFamR/Grandel, § 8 Rn. 186.
1320 BT-Drucks. 16/1830, S. 24; Gutdeutsch, 5.

Einkommen abzgl. Selbstbehalt von 1.160,00 € = Verteilungsmasse	190,00 €
Bedarf K$_1$: 530,00 € (Düss. Tabelle Gruppe 1, 4. Altersstufe) – 204,00 € (volles Kindergeld für ein erstes volljähriges Kind): 326,00 €	326,00 €
Bedarf K$_2$: 424,00 € (Düss. Tabelle Gruppe 1, 2. Altersstufe) – 102,00 € (1/2 Kindergeld für ein zweites Kind): 322,00 €	322,00 €
Bedarf K$_3$: 369,00 € (Düss. Tabelle Gruppe 1, 1. Altersstufe) – 105,00 € (1/2 Kindergeld für ein drittes Kind): 264,00 €	264,00 €
Summe der Einsatzbeträge aller Kinder	912,00 €
Unterhalt K$_1$: 326 × 190:912 = 67,92 €	67,92 €
Unterhalt K$_2$: 3222 × 190:912 = 67,06 €	67,06 €
Unterhalt K$_3$: 264 × 190:912 = 55,00 €	75,00 €
Somit verfügen die Beteiligten über folgende Beträge:	
Unterhaltspflichtiger	1.160,00 €
K$_1$: 67,92 € + 204,00 €	271,92 €
K$_2$: 67,08 + 102,00 €	169,08 €
K$_3$: 55,00 € + 105,00 €	160,00 €

bb) Mangelberechnung Unterhaltspflichtiger – Kinder – mehrere geschiedene Ehegatten

534 Das bereinigte Nettoeinkommen von M soll 2.400,00 € betragen. M hat mit seiner geschiedenen ersten Ehefrau F1 keine Kinder. Diese hat keine ehebedingten Nachteile erlitten und verfügt über ein bereinigtes Nettoeinkommen von 800,00 €. M war mit seiner früheren Ehefrau sieben Jahre verheiratet gewesen. Er ist ihr grundsätzlich unterhaltspflichtig. Mit seiner zweiten Ehefrau F2, von der er inzwischen auch geschieden ist, hat M zwei Kinder, K$_1$ im Alter von drei Jahren und K$_2$ im Alter von einem Jahr. Die Mutter seiner Kinder ist wegen Kindesbetreuung nicht berufstätig.[1321]

535 Nach der Rangfolge des § 1609 BGB ist zunächst der **Unterhaltsbetrag der Kinder komplett vorrangig**. Bei der Einstufung in die Düsseldorfer Tabelle ist zu beachten, dass M insgesamt vier Personen unterhaltspflichtig ist. Am Ende wird er nur den Selbstbehalt für sich haben. Aus diesem Grunde erfolgt eine Einstufung in die Gruppe 2 der Düsseldorfer Tabelle.

536 Für die beiden Kinder, die jeweils in die erste Altersstufe fallen, errechnet sich somit ein Unterhalt von 388,00 € – 105,00 € (bzw. 102,- €) = 569,00 € insgesamt Zahlbetrag für beide Kinder. Soweit man mit der Rechtsprechung und der Düsseldorfer Tabelle annimmt, dass der Vorrang der Kinder nur für die erste Stufe der Düsseldorfer Tabelle gilt, sind 369,00 € abzgl. 105,00 € bzw. 102,00 €, **zusammen also 531,00 €** anzusetzen.

537 Für die **Ehegatten** verbleibt sodann ein Betrag von **2.400,00 € – 531,00 € (Kindesunterhalt) – 1.280,00 € (Ehegattenselbstbehalt) = 589,00 € Verteilungsmasse**.

538 Der Bedarf von Unterhaltspflichtigem und den beiden Ehefrauen ist nunmehr nach Aufgabe der Rechtsprechung zu den wandelbaren ehelichen Lebensverhältnissen und der Dreiteilung beim Bedarf jeweils getrennt zu berechnen. Für F1, deren Ehe noch nicht durch die nachehelich geborenen Kinder geprägt war, beträgt der **Bedarf** danach (2.400,00 €+800): 2 = 1.600,00 €. Wird davon das eigene Einkommen abgezogen, verbleibt ein Bedarf von 800,00 €.

539 Beim **Bedarf der F2** sind vom Einkommen des M sowohl der Kindesunterhalt wie der Bedarf von F1 in Abzug zu bringen. Somit errechnet sich der Bedarf von F2: (2400,00 € – 531,00 € – 800,00 €): 2 = 534,00 € Nach der Rechtsprechung des BGH dürfte dann der Mindestbedarf mit 960,00 €

[1321] Die Frage nach einem fiktiven Einkommen der zweiten Ehefrau stellt sich nicht, weil diese auch unter Zugrundelegung des § 1570 BGB bei einem einjährigen Kind keine Erwerbsobliegenheit träfe.

C. Nachehelicher Unterhalt   Kapitel 6

anzusetzen sein.[1322] Dennoch wirkt sich der Bedarf der F1 wie eine Hypothek für den Bedarf der F2 aus.

540 Wie nun im Rahmen der Leistungsfähigkeit weiter zu verfahren ist, das ist heftig umstritten. Da F1 in die **dritte Rangklasse** nach § 1609 Nr. 3 BGB einzustufen ist, müsste zunächst der **Bedarf der F2**, die in der zweiten Rangstufe rangiert, **voll befriedigt** werden. Hier werden die Grundsätze »Vorrang ist Vorrang« und »Keine Billigkeitskorrektur der Rangvorgaben« angewendet.[1323] Dann bliebe für den Unterhalt von **F1** nichts übrig.

541 Nach anderer Auffassung greift hier eine **Gleichteilung** ein, sodass für beide Ehegatten F1 und F2 ein gleich hoher Betrag zur Verfügung stünde,[1324] der aber den Bedarf der F2 nicht übersteigen darf.[1325] Dann wären für beide Ehegatten gleich viel zu zahlen (2.400,- € – 531,- € -1.280,- €): 2 = 294,00 €.

542 Als weitere Berechnungsmethoden wird genannt: eine Berechnung **nach Einsatzbeträgen**, eine Korrektur des Vorrangs über eine Angemessenheitskontrolle oder – so *Borth*[1326] – die Belassung des Mindestselbstbehalts für den vorrangigen Ehegatten.

543 Der **BGH**[1327] hat sich dahin geäußert, dass ein Vorrang des zweiten Ehegatten erst recht zu berücksichtigen ist. Vom Grundsatz »Vorrang ist Vorrang« ist hingegen nicht die Rede. Die Kommentierung des Urteils durch *Dose*[1328] zeigt, dass der Fall des **vorrangigen und gleichrangigen zweiten Ehegatten gleich gesehen** wird und die Unterhaltsverpflichtung gegenüber dem neuen Ehegatten als sonstige Verpflichtung nach § 1581 BGB gegenüber dem ersten Ehegatten zu berücksichtigen ist. Das heißt zunächst steht keiner der beiden Unterhaltsansprüche endgültig fest, sondern sie unterliegen einer **gegenseitigen Beeinflussung**, die für den **BGH** dann zu einer gebotenen **Dreiteilung** führt.[1329] Dabei ist nicht schematisch zu verfahren, sodass einzelne **Billigkeitskorrekturen** möglich sind.[1330]

544 Betrachtet man das **Ergebnis**, so stehen M die 1.280,00 € Ehegattenselbstbehalt zu.

545 F1 verfügt bei »Vorrang ist Vorrang« über 800,00 € Einkommen und keinen Unterhalt, bei Gleichteilung über 800,00 € Einkommen und 294,00 € Unterhalt.

546 F2 verfügt bei »Vorrang ist Vorrang« über 589,00 € Unterhalt, bei Gleichteilung über 294,00 € Unterhalt.

547 Letzteres Ergebnis scheint mit Rücksicht auf den Vorrang und die Erziehung zweier Kinder nicht angemessen. Eine **billige Lösung** würde die beiden Ergebnisse vermitteln und für F2 475,00 € Unterhalt vorsehen, für F1 hingegen 114,00 €.

548 Was den Krankheits- und Altersvorsorgeunterhalt anbelangt, so ist dieser nicht zugleich mit dem Elementarunterhalt anteilig zu kürzen, sondern aus dem gekürzten Elementarunterhalt neu zu berechnen.[1331]

1322 BGH, FamRZ 2010, 357; BGH, FamRZ 2010, 444.
1323 MünchKomm-BGB/Maurer, § 1582 Rn. 31; Maurer, FamRZ 2017, 2002 auch zu Unterhaltsrückständen; Koch, § 2 Rn. 277.
1324 So wohl Gerhardt, FamRZ 2012, 589 f.
1325 MüHdbFamR/Grandel, § 8 Rn. 178.
1326 Schwab/Ernst/Borth, § 8 Rn. 1112.
1327 BGH, NJW 2012, 384, Rn. 43 ff., 48.
1328 Dose, FF 2012, 227 ff.
1329 Dose, FF 2012, 227, 237.
1330 BGH, NJW 2012, 384, Rn. 50.
1331 Gutdeutsch, FamRZ 2016, 184.

549 Eine Entlastung für die Mangelfälle tritt durch die **Grundsicherung**[1332] nach §§ 41 ff. SGB XII nicht ein, da der Ehegattenunterhalt nicht zum privilegierten Unterhalt i.S.d. § 43 Abs. 2 SGB XII zählt.[1333] Wurden Leistungen nach dem Grundsicherungsgesetz gesetzeswidrig ohne Rücksicht auf vorrangige Unterhaltsschuldner gewährt, so sind diese wie Leistungen Dritter zu bewerten, die den Schuldner nicht entlasten.[1334] Der Unterhaltsanspruch geht vielmehr kraft Gesetzes auf den Träger der Sozialhilfe über, § 94 Abs. 1 SGB XII.[1335] Die i.R.d. Grundsicherungsgesetzes noch umstrittene Frage, ob Leistungen nach dem Grundsicherungsgesetz auf den Bedarf angerechnet werden,[1336] wird damit nunmehr nach Überführung in das SGB XII einheitlich verneint.[1337]

5. Auskunftsansprüche im Hinblick auf die Leistungsfähigkeit

550 Im Hinblick auf die Leistungsfähigkeit des Unterhaltsschuldners besteht in der Regel keine umfassende Information des Unterhaltsgläubigers. Aus diesem Grunde sieht § 1605 BGB, der nach § 1580 **Satz 2 BGB** auch für Ehegatten gilt, einen Auskunftsanspruch vor, der auch in umgekehrter Richtung gilt.[1338] In der Regel ist zunächst nur das **Einkommen** von Interesse. Auskünfte zum **Vermögen** können verlangt werden, soweit dieses darüber hinaus für den Unterhaltsanspruch von Bedeutung sein kann. Die Auskunft ist in einer systematischen und geschlossenen **Aufstellung** schriftlich zu erteilen, wie sich aus dem Verweis auf § 260 BGB ergibt. Teilauskünfte erfüllen den Auskunftsanspruch daher auch nicht teilweise.[1339]

551 Nach § 1605 Abs. 2 BGB kann die Auskunft nur **alle zwei Jahre** verlangt werden, es sei denn der Ansuchende macht zuvor glaubhaft, dass der Auskunftsverpflichtete über wesentlich höhere Einkünfte oder weiteres Vermögen verfügt.

552 Eine **unaufgeforderte Offenbarung** von Tatsachen soll bei Unterhaltstiteln nur im Hinblick auf wesentliche Umstände wie die Aufnahme oder Beendigung von Ausbildung oder Erwerbstätigkeit bestehen, bei einer Unterhaltsvereinbarung aufgrund der Treuepflicht aber in stärkerem Umfang.[1340]

553 Nach § 1605 Abs. 1 Satz 2 BGB kann auch die **Vorlage von Belegen** verlangt werden, auf denen Daten Dritter bei Geheimhaltungsinteresse geschwärzt sein können.

Bei einem **beherrschenden Gesellschafter** müssen neben der Beteiligungsquote und der Ausschüttungshöhe auch die **Gesellschaftsverträge** oder **Gesellschafterbeschlüsse** vorgelegt werden, welche die **Gewinnverteilung** unter den Gesellschaftern regeln.[1341]

554 Hinsichtlich des zeitlichen Umfangs wird bei Arbeitnehmern Auskunft über die letzten 12 Monate verlangt werden können, bei Selbstständigen über die letzten drei Jahre.

555 Auskunft und Unterhalt können in Form eines **Stufenantrages** geltend gemacht werden.[1342]

[1332] Ausführlich zum Verhältnis von Grundsicherung und Unterhalt Klinkhammer, FamRZ 2003, 1793 ff.
[1333] Klinkhammer, FamRZ 2002, 997, 1000; Reinecke, ZAP, Fach, S. 11, S. 665.
[1334] OLG Zweibrücken, FamRZ 2003, 1850 f.
[1335] Zur Neuregelung der Grundsicherung i.R.d. SGB XII: Schellhorn, FuR 2005, 1 ff.
[1336] Vgl. nur OLG Bremen, FamRZ 2005, 801, das die Anrechnung auf den Bedarf befürwortete; dazu Ruland, JuS 2005, 1144 ff.
[1337] OLG Hamm, FamRZ 2006, 125 mit Darstellung alter und neuer Rechtslage.
[1338] Eine grundlegende Zusammenfassung gibt Born, NZFam 2016, 349 f.
[1339] BGH, NZFam 2015, 68.
[1340] Born, NZFam 2016, 349, 350.
[1341] OLG Dresden, FamRZ 2020, 249.
[1342] Dazu Wache, NZFam 2019, 372.

V. Erlöschen, Ausschluss und Beschränkung des Unterhalts

1. Erlöschen des Unterhaltsanspruchs

Das BGB nennt verschiedene Gründe des Erlöschens oder auch des Wiederauflebens von Unterhaltsansprüchen. Die nachfolgende Darstellung sollte auch mit Blick darauf gelesen werden, dass diese gesetzlichen Regelungen bei einer Modifikation des gesetzlichen Unterhalts eingreifen, nicht hingegen bei einer Novation, d.h. der Begründung eines rein vertraglichen Unterhaltsanspruchs. Hier müsste die Anwendung der Vorschriften vereinbart werden. 556

a) Tod des Berechtigten

Nach § 1586 Abs. 1 BGB erlischt der Unterhaltsanspruch mit dem Tod des Berechtigten. Allerdings bleiben Ansprüche auf Erfüllung oder Schadensersatz für die Vergangenheit bestehen, § 1586 Abs. 2 BGB. 557

b) Wiederverheiratung des Berechtigten

Nach § 1586 Abs. 1 BGB erlischt der Unterhaltsanspruch ferner bei Wiederverheiratung des geschiedenen Unterhaltsberechtigten.[1343] 558

Allerdings kann es in diesen Fällen zum **Wiederaufleben** des Unterhaltsanspruchs nach § 1586a BGB kommen, wenn auch die **neue Ehe wieder aufgelöst** wird, sei es durch Scheidung oder durch Tod.[1344] Dies gilt allerdings nur, sofern die Voraussetzungen des **§ 1570 BGB** gegeben sind, der Berechtigte also ein Kind aus der früheren Ehe zu pflegen oder zu erziehen hat. Diese Voraussetzungen können bereits im Zeitpunkt der Auflösung der neuen Ehe vorliegen, es genügt aber auch, wenn sie erst später eintreten.[1345] Mit der Unterhaltsreform wurde der frühere § 1586a Abs. 1 Satz 2 BGB gestrichen, sodass ein weiterer Anschlussunterhalt nach §§ 1571 bis 1573 und 1575 BGB nun nicht mehr vorgesehen ist, was seine Rechtfertigung in der Abschaffung der Lebensstandsgarantie und das durch die neue Ehe bedingte Ende der nachehelichen Solidarität findet.[1346] 559

Der wieder aufgelebte und der frühere Unterhaltsanspruch sind **nicht identisch**, sodass eine erneute Titulierung erforderlich ist.[1347] 560

Auch wenn sich der **Umfang** der Unterhaltspflicht grds. nach den Verhältnissen der Erstehe richtet, so wird bei nicht kurzer Zweitehe, wenn sich ein niedriger Lebensstandard also nachhaltig ausgewirkt hat, die Höhe des Anspruchs durch die in der **letzten Ehe gegebenen ehelichen Verhältnisse begrenzt** sein.[1348] 561

c) Unterhaltsverzicht

Nach **§ 1585c BGB** können Ehegatten Vereinbarungen über die Unterhaltspflicht für die Zeit nach der Scheidung treffen. Damit ist auch ein Unterhaltsverzicht möglich, der die Unterhaltspflicht entfallen lässt.[1349] 562

1343 Gleichgestellt ist die Begründung einer eingetragenen Lebenspartnerschaft. Das Erlöschen greift nicht, wenn in einer Unterhaltsvereinbarung ausdrücklich Zahlung bis zum Tod des Berechtigten vereinbart war (OLG Koblenz, FamRZ 2002, 1040).
1344 BRHP/Beutler, § 1586a Rn. 2; OLG Saarbrücken, FamRZ 1987, 1046.
1345 Palandt/Brudermüller, § 1586a Rn. 2.
1346 Palandt/Brudermüller, § 1586a Rn. 2.
1347 BGH, FamRZ 1988, 46.
1348 BRHP/Beutler, § 1586a Rn. 8; Palandt/Brudermüller, § 1586a Rn. 4.
1349 Offensichtlich grds. gegen eine Spaltung der Scheidungsfolgen über Eheverträge: Graba, FamRZ 2005, 2032, 2034.

563 Seit der Unterhaltsreform 2008 sind Unterhaltsverzichte nach § 1585c BGB **bis zur rechtskräftigen Scheidung beurkundungsbedürftig**. Dies trägt der verbreiteten Kritik Rechnung, warum ausgerechnet der wichtigste Teil des Kernbereiches der Scheidungsfolgen ohne Beurkundung wirksam sein sollte.

564 Unterhaltsvereinbarungen, die vor dem 01.01.2008 ohne notarielle Beurkundung getroffen wurden, behalten ihre Gültigkeit.[1350]

565 Dass eine Beurkundung nach Rechtskraft der Scheidung nicht mehr vorgesehen ist, lädt gerade i.V.m. der Abschaffung des § 630 ZPO förmlich zur **Umgehung** ein,[1351] v.a. weil auf diese Weise formgerecht geschlossene Vereinbarungen auch formfrei wieder aufgehoben werden können.[1352] Da ein Weniger an Schützbedürftigkeit auch nach der Rechtskraft der Scheidung nicht besteht,[1353] ist eine Ausdehnung des Anwendungsbereiches des § 1585c BGB zu fordern.

▶ Hinweis:

566 Es kann in einer Unterhaltsvereinbarung zusätzlich vereinbart werden, dass auch ihre Abänderung nach Rechtskraft der Scheidung der notariellen Beurkundung bedarf.[1354]

567 **Beurkundungsbedürftig** ist **schon jede Modifikation** des Unterhaltsanspruchs, wie etwa die Vereinbarung des begrenzten Realsplittings.[1355]

568 Der Verweis des § 1585c Satz 3 BGB auf die Ersetzung durch den **gerichtlichen Vergleich** ist vom Wortlaut her verunglückt, da er suggeriert, dass nur in einem Verfahren **in Ehesachen** gerichtlich protokolliert werden kann und nicht in dem regelmäßig vorrangig anhängigen Trennungsunterhaltsverfahren.[1356] Der BGH hat sich nun gegen diese Auslegung gewandt und entschieden, dass die Form des § 127a BGB bei einer vor Rechtskraft der Ehescheidung geschlossenen Vereinbarung zum nachehelichen Unterhalt auch dann die notarielle Beurkundung ersetzt, wenn die Vereinbarung in einem anderen Verfahren als der Ehesache protokolliert wird. Eine Vereinbarung kann daher insbesondere im Verfahren über den Trennungsunterhalt formwirksam abgeschlossen werden.[1357] Der **BGH** hat nunmehr entschieden, die Vorschrift des § **127a analog** auf den sog. **Beschlussvergleich** nach § 36 Abs. 3 FamFG, § 278 Abs. 6 ZPO anzuwenden.[1358]

Dass der Weg zum Notar der billigste ist,[1359] sei nur nochmals erwähnt.

569 Treffen formfreie Verzichte nach Rechtskraft der Scheidung mit anderen beurkundungsbedürftigen Teilen zusammen, werden sie ebenfalls beurkundungsbedürftig.[1360]

570 Auch wenn § 1585c BGB Vertragsfreiheit hinsichtlich des Unterhaltsverzichts gewährt,[1361] so hat doch die Rechtsprechung **Grenzen von Unterhaltsverzichten** aufgezeigt. Nach der bisherigen **Rechtsprechung** waren dies die folgenden **Fälle**:

1350 Gutachten des DNotI, § 1585c – 81803.
1351 C. Münch, FamRB 2008, 251, 254.
1352 Krit. Palandt/Brudermüller, § 1585c Rn. 4.
1353 Borth, Unterhalt, Rn. 1030; Willutzki, FuR 2008, 1, 5.
1354 Bergschneider, FamRZ 2008, 17, 18.
1355 Bergschneider, FamRZ 2008, 17; Langenfeld, FPR 2008, 38.
1356 So nach dem klaren Wortlaut Palandt/Brudermüller, § 1585c Rn. 5; Bergschneider, FamRZ 2008, 17, 19; Büte, FuR 2008, 177, 178.
1357 BGH, NJW 2014, 1231; für die Möglichkeit eines Vergleichs schon im Trennungsunterhaltsverfahren etwa Menne/Grundmann, 75, FN 78; Borth, Unterhaltsrecht, Rn. 1031; Wendl/Dose/Wönne, § 6 Rn. 634.
1358 BGH, FamRZ 2017, 603, Rn. 27 ff.; hierzu näher Kap. 2 Rdn.9 f.
1359 So ausdrücklich Bergschneider, FamRZ 2008, 17, 19.
1360 Langenfeld, DNotZ 1983, 139, 160; Palandt/Brudermüller, § 1410 Rn. 3; Schwab/Ernst/Borth, § 8 Rn. 1527.
1361 Zahlreiche Beispiele für Verzichte und Vereinbarungen enthalten Rdn. 782 ff.

C. Nachehelicher Unterhalt

So ist ein Unterhaltsverzicht nach § 138 BGB **sittenwidrig**, wenn er dazu führt, dass der verzichtende Ehegatte zwangsläufig **auf Sozialhilfe angewiesen** ist.[1362] Eine Schädigungsabsicht zulasten des Trägers der Sozialhilfe muss dabei nicht bestehen.[1363] Ob die Auffassung, dass diese Sittenwidrigkeit bei einem vorsorgenden Ehevertrag von Verlobten nicht eintreten könne, da er das Risiko der damals noch nicht verheirateten Berechtigten nicht erhöht habe (der Partner hatte die Heirat von dem Verzicht abhängig gemacht),[1364] nach der neueren, sogleich dargelegten Rechtsprechung des BVerfG noch beibehalten werden kann, erscheint fraglich. Allerdings wird es hier häufig an der subjektiven Voraussetzung einer bewussten Herbeiführung der Bedürftigkeit fehlen, sodass Hauptanwendungsfall dieser Rechtsprechung die Scheidungsvereinbarung ist. Soweit die Hilfeleistung bei Erklärung des Verzichtes schon aufgenommen wurde, ist zu hinterfragen, ob dies nicht zu einem Übergang des Unterhaltsanspruchs auf den Träger sozialer Hilfen etwa nach § 33 SGB II oder § 94 SGB XII geführt hat. Infolge eines solchen Anspruchsüberganges könnte der Hilfeempfänger nicht mehr durch Verzicht über den Unterhaltsanspruch disponieren. Der Verzicht ist dann schon aus diesem Grunde nicht wirksam zustande gekommen.[1365] 571

Der BGH hat festgestellt, dass bei beidseitiger Mittellosigkeit eine Sittenwidrigkeit zulasten der Sozialhilfe nicht vorliegt, weil auch ohne den Verzicht keine Unterhaltspflicht des Ehepartners bestanden hätte.[1366] 572

Eine solche Vereinbarung kann aber auch dann sittenwidrig sein, wenn sie bewusst **zulasten der Verwandtschaft** abgeschlossen wurde,[1367] zumal die Tendenz der Gesetzgebung dahin geht, auf Verwandtenunterhalt vorrangig zurückzugreifen. 573

Ferner kann die Berufung auf einen Unterhaltsverzicht nach **Treu und Glauben versagt** sein, wenn sich die zur Zeit des Unterhaltsverzichts bestehenden oder erwarteten Verhältnisse nachträglich so entwickeln, dass überwiegend **schutzwürdige Interessen gemeinschaftlicher Kinder** durch die Berufung auf den Unterhaltsverzicht berührt werden.[1368] Den Gedanken des Angewiesenseins auf die Sozialhilfe, den der BGH auch bei diesen Sachverhaltsgestaltungen zunächst in Erwägung gezogen hatte,[1369] möchte er später hierauf nicht mehr anwenden.[1370] Der Pflichtige kann sich auf den Verzicht bis zur Höhe des notwendigen Unterhalts nicht berufen. Er muss jedoch in diesen Fällen nicht angemessenen Unterhalt nach den ehelichen Lebensverhältnissen zahlen. 574

Schließlich hat das BVerfG[1371] für die Vereinbarung von Unterhaltsverzichten in neuerer Rechtsprechung noch eine **Inhaltskontrolle** vorgeschrieben. Das BVerfG führt allgemein aus, dass bei einer besonders **einseitigen** Aufbürdung von vertraglichen **Lasten und** einer erheblich **ungleichen Verhandlungsposition** der Vertragspartner der Vertrag einer **Inhaltskontrolle** bedarf.[1372] Damit setzt das BVerfG der Ehevertragsfreiheit Grenzen und führt eine Inhaltskontrolle ein. Das BVerfG legt die Zivilgerichte nicht darauf fest, ob es sich hierbei um eine Wirksamkeitskontrolle anhand des § 138 575

1362 BGH, FamRZ 1983, 137; BGH, FamRZ 1992, 1403; OLG Köln, FamRZ 2003, 767.
1363 OLG Köln, FamRZ 2003, 767 f.
1364 BGH, FamRZ 1992, 1403.
1365 SozG Schwerin, FamRZ 2011, 149; Johannsen/Henrich/Hammermann, § 1585c, Rn. 34.
1366 BGH, FamRZ 2007, 197 f.
1367 Göppinger/Wax/Hoffmann, Rn. 1494.
1368 BGH, FamRZ 1997, 873; BGH, FamRZ 1992, 1403.
1369 BGH, FamRZ 1991, 306 f.
1370 BGH, FamRZ 1992, 1403.
1371 BVerfG, FamRZ 2001, 343 = MittBayNot 2001, 207 ff. und BVerfG, FamRZ 2001, 985.
1372 BVerfG, MittBayNot 2001, 207, 210 ff.

BGB[1373] oder um eine Ausübungskontrolle nach § 242 BGB handelt.[1374] Beide Voraussetzungen – ungleiche Verhandlungsposition und einseitige Aufbürdung vertraglicher Lasten – müssen also **kumulativ** vorliegen.[1375] Die Entscheidungen des BVerfG, die beide zum Unterhaltsrecht ergingen, haben inzwischen zu einer gefestigten Rechtsprechung des BGH zur Inhaltskontrolle von Eheverträgen geführt.[1376]

576 Der BGH entwickelt hier eine **Kernbereichslehre** im Familienrecht. Danach sind Ansprüche umso weniger disponibel, je mehr sie zum Kernbereich der Scheidungsfolgen gehören. Auf erster Stufe steht der Betreuungsunterhalt nach § **1570 BGB**. Er ist schon durch das betroffene Kindesinteresse **nicht frei disponibel**. Allerdings ist er auch nicht zwingend und jeder Disposition entzogen. Auf der zweiten Stufe stehen der Unterhalt wegen Krankheit, wegen Alters und der Versorgungsausgleich. Inzwischen hat der BGH seine Rechtsprechung präzisiert und stellt in erster Linie auf ehebedingte Nachteile ab.

577 Die **Inhaltskontrolle** verwirklicht der BGH zweistufig. Er prüft zunächst i.R.d. **Wirksamkeitskontrolle**, ob der Vertrag im Zeitpunkt seines Zustandekommens seinem Gesamtinhalt nach sittenwidrig ist. Die Folge wäre die Gesamtnichtigkeit. Sodann untersucht der BGH auf zweiter Stufe i.R.d. **Ausübungskontrolle**, ob sich nach Abschluss des Ehevertrages Änderungen der Ehekonstellation ergeben haben, die nunmehr die Berufung auf einzelne Klauseln des Vertrages als unzulässig erscheinen lassen.

578 Dieser neuen Rechtsprechung ist in der Gestaltung des Beurkundungsverfahrens, aber auch in der ehetypengerechten Ausgestaltung des Ehevertrages Rechnung zu tragen.[1377]

▶ Gestaltungsempfehlung:

579 Die konkreten Umstände sollten festgestellt werden, die für den Abschluss des Gesamtvertrages maßgebend sind. Alsdann sollte ein ehetypengerechter Vertrag vorgeschlagen werden. Bestehen die Beteiligten auf einer anderen Regelung, sollte über die Inhaltskontrolle und ihre Auswirkungen belehrt werden. Beiden Vertragsparteien oder ihren anwaltlichen Vertretern sollte rechtzeitig vor Beurkundung ein Vertragsentwurf übersandt werden.

580 Bei einem Unterhaltsverzicht ist ferner Vorsicht geboten, wenn dieser **Auswirkungen auf Leistungen aus anderen Rechtsgebieten** hat.

581 So ordnet etwa § **33 VersAusglG** an, dass die Versorgung des zum Versorgungsausgleich verpflichteten Ehegatten nicht gekürzt wird, solange der Berechtigte noch keine Rentenansprüche hat[1378] und gegen den Verpflichteten ein Unterhaltsanspruch besteht. Allerdings sind die Voraussetzungen des § 33 VersAusglG erheblich strenger als diejenigen des § 5 VAHRG a.F.[1379] Die generelle Empfehlung, bei großem Altersunterschied den Unterhalt mit Rücksicht auf die versorgungsausgleichsrechtliche Aussetzung der Kürzung bestehen zu lassen, kann man daher in dieser Allgemeinheit nicht

---

1373 Krit. gegen eine über § 138 BGB ausgedehnte Inhaltskontrolle: Koch, FamRZ 2003, 198. Vgl. zum Maßstab des § 138 BGB auch BGH, ZNotP 2003, 273 f. = FamRZ 2003, 846 f. Danach wird § 138 Abs. 2 BGB (Wucher) regelmäßig nicht anwendbar sein, da diese Bestimmung voraussetzt, dass dem bewucherten Ehegatten ein Vermögensgegenstand entzogen wird, auf den er zur Behebung seiner Zwangslage angewiesen ist. Der BGH bestätigt aber in diesem Urteil, dass bei § 138 Abs. 1 BGB von einem besonders krassen Missverhältnis auf die verwerfliche Gesinnung geschlossen werden kann.
1374 Langenfeld, DNotZ 2001, 272, 273; vgl. ferner Langenfeld, »Von der Inhaltskontrolle zur Ausübungskontrolle«, in: FS für Schippel, (1996), S. 251 ff.
1375 Bergschneider, FamRZ 2001, 1337, 1339; Langenfeld, DNotZ 2001, 272, 276; Schwab, DNotZ-Sonderheft 2001, 9, 15; Schwab, FamRZ 2001, 349; a.A. offensichtlich Schubert, FamRZ 2001, 733, 735 (»oder«).
1376 Ausführlich hierzu Kap. 2 Rdn. 65 ff.
1377 Ausführlich: Kap. 2 Rdn. 65 ff.
1378 Hierzu Müller, FamRZ 2005, 1721 f.
1379 Vgl. hierzu Kap. 7. Rdn. 257.

mehr geben. Wenn, dann muss es sich aber um einen gesetzlichen Unterhaltsanspruch handeln, ein lediglich vertraglicher genügt nicht.[1380] Dagegen soll eine Unterhaltsabfindung ausreichen.[1381] Allerdings ist diese zu spezifizieren, falls die Abfindung im Rahmen eines Gesamtvertrages bezahlt wird, damit klar ist, dass ein Teil der Abfindung auf den Unterhaltsverzicht entfällt.

▶ **Gestaltungsempfehlung:**

Sofern § 33 VersAusglG einschlägig sein könnte, sind Abfindungen bei Gesamtregelungen so zu gestalten, dass sich ergibt, welcher Teil für den Unterhaltsverzicht bestimmt ist.[1382]   582

Auch in anderen Bereichen des Versorgungs- oder Beamtenrechts kann ein Unterhaltsverzicht negative Auswirkungen haben.[1383] So wird z.B. nach **§ 66 SGB VII** eine Unfallrente an den früheren Ehegatten nur gezahlt, wenn dieser im letzten Jahr Unterhalt bezogen hat.   583

d) Sonstige Gründe

Der nacheheliche Unterhaltsanspruch erlischt ferner durch Zahlung einer **Kapitalabfindung** nach § 1585 Abs. 2 BGB. Eine solche kann nur der Berechtigte verlangen, nicht aber der Verpflichtete zwingend anbieten.[1384] Aus diesem Grund wird in Unterhaltsvereinbarungen gelegentlich dem Verpflichteten das Recht gegeben, den Unterhalt durch Kapitalabfindung zu leisten. Eine solche Abfindung stellt eine typische Unterhaltsaufwendung dar, weshalb sie nur nach § 33a EStG abgezogen werden kann, ein Abzug nach § 33 EStG ist wegen § 33a Abs. 4 EStG ausgeschlossen.[1385]   584

Der Unterhaltsanspruch erlischt ferner dann, wenn die **Voraussetzungen des Unterhaltstatbestands weggefallen** sind.   585

e) Tod des Verpflichteten – kein Erlöschen

Im Gegensatz zum Tod des Berechtigten führt der Tod des Verpflichteten nicht zum Erlöschen der **Unterhaltsverpflichtung.** Vielmehr **gehen** die gesetzlichen Unterhaltsansprüche – auch in ihrer modifizierten Form, nicht jedoch bei Novation – nach § 1586b BGB als Nachlassverbindlichkeit **auf die Erben über**.[1386] Der Titel kann nach § 727 ZPO gegen die Erben umgeschrieben werden.[1387] Die übergehende Unterhaltspflicht ist weiterhin familienrechtlicher Anspruch[1388] und zugleich Nachlassverbindlichkeit. Es sind daher auch nach dem Tod des Verpflichteten nochmals alle Voraussetzungen wie sonst beim Unterhaltsanspruch zu prüfen. Hierbei ist insb. zu beachten, ob die Bedürftigkeit weggefallen ist, weil der Erblasser dem unterhaltsberechtigten früheren Ehepartner etwas zugewendet hat. Da der Anspruch aber ansonsten in dem Umfang übergeht, wie er beim Tod des Unterhaltsschuldners diesem ggü. bestanden hat, ist z.B. ein Erwerbstätigkeitsbonus weiter in Abzug zu bringen.[1389]   586

Nach § 1586b Abs. 1 Satz 2 BGB kann der Erbe eine **beschränkte Leistungsfähigkeit des Unterhaltsverpflichteten nicht einwenden**, die Haftung des Pflichtigen unterliegt nicht mehr den Beschrän-   587

1380 BSG, NJW-RR 1995, 840.
1381 BGH, FamRZ 1994, 1171; Bergschneider, Rn. 505 ff., 508.
1382 Bergschneider, Rn. 508 f.
1383 Göppinger/Wax/Hoffmann, Rn. 1489 f.
1384 BGH, FamRZ 1993, 1186.
1385 BFH, DStR 2008, 1961 f.
1386 Zu dieser Vorschrift: Bömelburg, FF 2008, 144; Schindler, ZFE 2007, 453 f.
1387 OLG Stuttgart, FamRZ 2004, 1220; BGH, DNotZ 2005, 134 f.; a.A. OLG Oldenburg, FamRZ 2004, 1220; Bergschneider, FF 2004, 221.
1388 Zu den Konsequenzen Bergschneider, FamRZ 2003, 1049, 1050.
1389 OLG Zweibrücken, FamRZ 2007, 1192.

kungen des § 1581 Abs. 1 Satz 2 BGB;[1390] sogar die Rangfolgenregelung gilt damit nicht mehr.[1391] Dies führt ggf. sogar dazu, dass der Unterhaltsanspruch nach dem Tod des Verpflichteten noch steigt. Der Erbe kann sich aber auch erstmals auf die Bestimmung des § 1579 Nr. 8 BGB berufen.[1392]

▶ **Hinweis:**

588 Durch den Wegfall der Berufung auf mangelnde Leistungsfähigkeit des Verpflichteten kann der Unterhaltsanspruch nach dem Tod des Verpflichteten sogar noch steigen.

589 Allerdings wird der **Höchstbetrag** der Haftung bestimmt durch den **fiktiven Pflichtteil**, den der Unterhaltsberechtigte hätte, wenn die Ehe nicht geschieden worden wäre; eine Beschränkung, die ehevertraglich abbedungen werden kann.[1393] Da bei dieser Höchstgrenze gem. § 1586b Abs. 2 BGB güterrechtliche Besonderheiten außer Betracht bleiben, ist dabei auf den sog. kleinen Pflichtteil abzustellen.[1394] Für die Ermittlung der Verwandtschaftsverhältnisse, welche die Pflichtteilsquote bestimmen, und für die Ermittlung des Nachlasses[1395] ist jeweils auf den **Erbfall** abzustellen. Damit sind auch **Pflichtteilsergänzungsansprüche** in die Berechnung mit einzustellen.[1396] Allerdings soll nach § 1990 BGB die Dürftigkeit des Nachlasses eingewandt werden können, auch wenn durch Schenkung an die als Erbin eingesetzte zweite Ehefrau der Nachlass zuvor bereits aufgebraucht war. § 2329 BGB soll hier der geschiedenen Ehefrau nicht zugutekommen.[1397]

590 Bei der Berechnung der Quote sind auch diejenigen Abkömmlinge einzubeziehen, die nach der Scheidung geboren wurden, nicht jedoch die neuen Ehepartner.[1398]

591 Sehr umstritten ist, wie sich ein **Erb- oder Pflichtteilsverzicht** auf den Anspruch nach § 1586b BGB auswirkt. Die literarischen Äußerungen hierzu sind gespalten. Während die einen unter Berufung auf den Normzweck den Anspruch entfallen lassen wollen,[1399] sehen andere im Vordergrund den unterhaltsrechtlichen Anspruch, der nur der Höhe nach begrenzt sei,[1400] daher entfalle mit einem Erb- oder Pflichtteilsverzicht nicht auch der Unterhaltsanspruch nach § 1586b BGB.[1401]

▶ **Gestaltungsempfehlung:**

592 Schließen Ehegatten einen Pflichtteilsverzicht ab, z.B. in einer Scheidungsvereinbarung, so sollte vertraglich klargestellt werden, ob dieser die Unterhaltsansprüche nach § 1586b BGB entfallen lässt.[1402]

1390 Haußleiter, NJW-Spezial 2005, 535.
1391 Bergschneider, FamRZ 2003, 1049, 1053.
1392 BGH, FF 2004, 220.
1393 Haußleiter, NJW-Spezial 2005, 535, 536; Schindler, FPR 2006, 121.
1394 Palandt/Brudermüller, § 1586b Rn. 6; Schindler, FPR 2006, 121, 122.
1395 BGH, FamRZ 2001, 282 f.
1396 BGH, FamRZ 2001, 282 f.; BGH, NJW 2003, 1796 f.; BGH, ZNotP 2007, 463.
1397 OLG Koblenz, NJW 2003, 439 ff.; a.A. Dressler, NJW 2003, 2430, 2431 zugleich verbunden mit dem Hinweis, solange der BGH noch nicht entschieden habe, sollten Zuwendungen lieber an einen Nichterben erfolgen, denn dieser könne sicher nicht über § 2329 BGB herangezogen werden.
1398 Palandt/Brudermüller, § 1586b Rn. 7; Bergschneider, FamRZ 2003, 1049, 1053; Haußleiter, NJW-Spezial 2005, 535, 536.
1399 Dieckmann, FamRZ 1999, 1029; MünchKomm-BGB/Maurer, § 1586b Rn. 3 f., 7; Haußleiter, NJW-Spezial 2005, 535.
1400 Grziwotz, FamRZ 1991, 1258 f.; Büttner/Niepmann, NJW 2000, 2547, 2552; Bergschneider, FamRZ 2003, 1049, 1057; Kindermann, ZFE 2003, 175 f.
1401 Palandt/Brudermüller, § 1586b Rn. 8 mit geänderter Auffassung: Unterhaltsanspruch entfällt nicht.
1402 Schindler, FPR 2006, 121, 123; DNotI-Report 2014, 52.

2. Ausschluss des Unterhalts wegen grober Unbilligkeit, § 1579 BGB

Die Vorschrift des § 1579 BGB soll die schwierige Abgrenzung leisten, den Unterhaltsanspruch bei unsolidarischem Verhalten des Berechtigten zu korrigieren, ohne auf den Verschuldensgedanken zurückzugreifen.[1403]

593

Hierzu ist eine **zweistufige Prüfung** erforderlich. Zunächst muss einer der Versagensgründe des § 1579 BGB eingreifen. Sodann muss die Inanspruchnahme des Pflichtigen grob unbillig sein.

594

Zur Feststellung **grober Unbilligkeit** ist eine **umfassende Gesamtabwägung** nötig, um zu ermitteln, ob das unsolidarische Verhalten des Berechtigten so schwer wiegt, dass der Unterhalt zu versagen ist, oder ob trotzdem gegenläufige Gründe vorliegen, die eine Unterhaltszahlung wieder zumutbar erscheinen lassen.[1404] Hierbei spielen u.a. folgende Kriterien eine Rolle:
- Schwere der Verfehlung,
- Maß der Verflechtung beiderseitiger Lebensdispositionen,[1405]
- Einkommens- und Vermögensverhältnisse der Parteien,
- lange Dauer der Ehe,
- mitursächliches Verhalten des Pflichtigen,
- Alter der Parteien,
- Kindeswohl.[1406]

595

Je nach Ergebnis dieser Abwägung kann auch bei Bejahen der groben Unbilligkeit die Schwere dieser Unbilligkeit Einfluss auf die Auswahl der **Rechtsfolgen** haben, denn § 1579 BGB nennt als mögliche Sanktionen die Versagung, die Herabsetzung oder auch die zeitliche Begrenzung des Unterhalts. Es kann auch zwischen den einzelnen Unterhaltstatbeständen differenziert werden.[1407]

596

Seit der Entscheidung des BGH über die Anwendung der Differenzmethode auch bei der Einverdienerehe wird dem § 1579 BGB ein größerer Anwendungsbereich zugeschrieben, da er in Fällen vorgetragen werden wird, in denen ansonsten durch die Anrechnungsmethode kein Unterhalt angefallen war.[1408]

597

Der Einwand der Verwirkung nach § 1579 BGB ist nicht deshalb ausgeschlossen, weil die Ehegatten ehevertraglich auf eine Anpassung nach § 323 ZPO verzichtet haben.[1409]

598

Zu den einzelnen Versagensgründen ist Folgendes auszuführen:[1410]

a) Kurze Ehedauer, § 1579 Nr. 1 BGB

Eine kurze Ehedauer (Heirat bis Rechtshängigkeit des zur Scheidung führenden Scheidungsantrags)[1411] liegt vor bei einer Ehe bis zu zwei Jahren[1412] – nach OLG Celle noch bei 26 Monaten,[1413] nach OLG Köln noch bei 28 Monaten[1414] und nicht mehr bei einer Ehedauer von drei Jahren.[1415] Schon vor der Reform des Unterhaltsrechts war die herrschende Auffassung der Ansicht, Kinder-

599

1403 BRHP/Beutler, § 1579 Rn. 1.
1404 Palandt/Brudermüller, § 1579 Rn. 36; Wendl/Dose/Gerhardt, § 4 Rn. 1218 ff.
1405 Palandt/Brudermüller, § 1579 Rn. 36.
1406 Vgl. etwa die Entscheidung OLG Frankfurt am Main, NJW 2006, 3286.
1407 OLG Schleswig, OLGR 2005, 394.
1408 MüHdbFamR/Schnitzler, § 9 Rn. 179.
1409 OLG Koblenz, FamRZ 2004, 1656.
1410 Eine gute Übersicht über die Kasuistik des § 1579 BGB bietet Caspary, FamRB 2007, 110 ff., 176 ff.
1411 BGH, FamRZ 1981, 944; BGH, FamRZ 1995, 1405 ff.
1412 BGH, FamRZ 1989, 483.
1413 OLG Celle, FamRZ 2006, 553.
1414 OLG Köln, FamRZ 2008, 523.
1415 BGH, NJW 1999, 1630, 1631; OLG Hamm, NJW-RR 2006, 651.

erziehungszeiten seien nicht etwa hinzuzuzählen, sondern nur i.R.d. Billigkeit zu berücksichtigen.[1416] Dies hat die Neufassung des § 1579 Nr. 1 BGB durch die Unterhaltsreform nun klar zum Ausdruck gebracht. Durch die Verwendung des Präsens »Unterhalt verlangen kann« weist der Gesetzgeber ferner darauf hin, dass auch künftige Betreuungszeiten in die Abwägung einzubeziehen sind.

600 Auch bei verfrühtem Scheidungsantrag ist die Ehedauer bis zur Rechtshängigkeit des Antrags zu berechnen. Die Frage, ob und warum der Antrag verfrüht gestellt wurde, ist i.R.d. Billigkeit zu berücksichtigen.[1417]

b) Verfestigte Lebensgemeinschaft, § 1579 Nr. 2 BGB

601 Mit einer **neuen Nr. 2 des § 1579 BGB** hat der Gesetzgeber in der Unterhaltsreform den bedeutsamsten Anwendungsfall des § 1579 BGB, der bisher mit der allgemeinen Vorschrift des § 1579 Nr. 7 BGB erfasst wurde, zu einem selbstständigen Tatbestand werden lassen. Die Gesetzesbegründung führt dazu aus, dass dies einmal die Auffangvorschrift entlasten soll, andererseits solle klargestellt werden, dass es nicht lediglich um einen Fall der Bedarfsdeckung gehe, sondern der frühere Ehegatte sich endgültig aus der nachehelichen Solidarität gelöst habe und zu erkennen gebe, dass er diese nicht mehr benötige.[1418]

602 Inhaltlich lässt sich auf der bisherigen Rechtsprechung zur verfestigten Lebensgemeinschaft aufbauen.[1419]

603 Zu § 1579 Nr. 7 BGB a.F. hat die Rechtsprechung bei **eheähnlicher Gemeinschaft** des Unterhaltsberechtigten[1420] verschiedene **Fallgruppen** herausgearbeitet, bei denen eine objektive Unzumutbarkeit der Unterhaltszahlung bejaht wird:[1421]
- **Fortsetzung der »ehezerstörenden« Beziehung**,[1422] hierbei ist die wirtschaftliche Lage des Partners nicht von Bedeutung;[1423]
- **verletzende Begleitumstände**, die den Unterhaltspflichtigen in der Öffentlichkeit herabsetzen oder in seinem Ansehen beschädigen;[1424]
- **Unterhaltsgemeinschaft** über einen längeren Zeitraum, der von der Rechtsprechung mit zwei bis drei Jahren angenommen wird.[1425] Dies setzt die Leistungsfähigkeit des neuen Partners voraus;
- **eine eheersetzende Partnerschaft** nimmt der BGH an, wenn eine als Ehealternative bewusst gewählte und verfestigte Lebensgemeinschaft vorliegt, bei der die nichteheliche Lebensgemeinschaft nach dem **Erscheinungsbild in der Öffentlichkeit** quasi an die Stelle der Ehe getreten ist,[1426] sodass der unterhaltsberechtigte frühere Ehegatte sich endgültig aus der ehelichen Solidarität herauslöst und zu erkennen gibt, dass er diese nicht mehr benötigt.[1427] Indizien hierfür sind

---

1416 BGH, FamRZ 1990, 492, 495; BGH, FamRZ 2005, 1979 lehnt eine Verwirkung auch bei einer Ehe ab, in der die Beteiligten nur für vier Tage zusammenwohnten, weil ein gemeinsames Kind vorhanden war.
1417 OLG Schleswig, FamRZ 2003, 763 f.; OLG Hamm, NJW-RR 2006, 651 f.
1418 BT-Drucks. 16/1830, S. 21.
1419 Eine Zusammenstellung für die Praxis geben Finger, FuR 2014, 517 f. und Krumm, FamRB 2018, 242 f.
1420 Vgl. zu den Sachverhaltsermittlungen in solchen Fällen etwa OLG Saarbrücken, FF 2003, 252 f.
1421 MüHdbFamR/Schnitzler, § 9 Rn. 199 f.; Palandt/Brudermüller, § 1579 Rn. 11 ff.; Krumm, NZFam 2014, 588 mit tabellarischer Übersicht; OLG Karlsruhe, FamRZ 2009, 351 ff.
1422 BGH, NJW 1983, 1548; BGH, NJW 1991, 1290 f.
1423 BGH, NJW 1989, 1083, 1085.
1424 BGH, NJW 1989, 1083, 1086. Das OLG Jena, FF 2005, 107 verneint dies, wenn die Ehefrau nach 30 Jahren Ehe mit dem Schwiegersohn eine neue Beziehung eingeht und mit ihm zusammenzieht, der Ehemann aber zugleich noch der Tochter Unterhalt zahlen muss, weil der Schwiegersohn nicht leistungsfähig ist. Der kopfschüttelnden Anm. von Schnitzler, FF 2005, 108 f. kann man sich nur anschließen.
1425 BGH, NJW 1997, 1851, 1852.
1426 Palandt/Brudermüller, § 1579 Rn. 12; BGH, FamRZ 1995, 344; OLG Hamm, FamRZ 2003, 877; MüHdbFamR/Schnitzler, § 9 Rn. 72 f.
1427 BGH, NJW 2011, 3712.

gemeinsame Urlaube, ein gemeinsamer Auftritt bei Familienfeiern oder gegenüber den Nachbarn,[1428] Fürsorge- und Versorgungsleistungen oder wirtschaftliche Verflechtungen durch Darlehen etc.,[1429] auch die Bezeichnung gegenüber dem Jobcenter als Bedarfsgemeinschaft.[1430] Voraussetzung ist eine Lebensgemeinschaft **von gewisser Dauer und Beständigkeit**, wobei hier gleichfalls von einer **2- bis 3-jährigen Frist** auszugehen sein dürfte.[1431] Die Frist kann sich verlängern, wenn sich auch diese Beziehung in einer Krise befindet und in absehbarer Zukunft nicht mehr von Dauer sein wird.[1432] Andererseits muss eine solche Frist dann nicht abgewartet werden, wenn sich bereits zuvor eine starke Verflechtung der Lebenssituation gezeigt hat, etwa durch den gemeinsamen Erwerb eines Hauses[1433] und seine tatsächliche gemeinsame Nutzung[1434] oder die Geburt eines gemeinsamen Kindes[1435] oder ein sofortiger Umzug nach der Trennung zum neuen Partner, der zeigt, dass diese Beziehung schon zuvor entwickelt war.[1436] Die Leistungsfähigkeit des neuen Partners soll hierbei nicht erheblich sein.[1437]

Wird in einer Scheidungsvereinbarung eine ausdrückliche Regelung über diese Verwirkung getroffen, so kann dies den Rückgriff auf die allgemeine Vorschrift des § 1579 Nr. 2 BGB ausschließen.[1438] 604

Dabei setzt die Annahme einer derartigen Lebensgemeinschaft **nicht zwingend** voraus, dass die Partner **räumlich zusammenleben** und einen gemeinsamen Haushalt führen, auch wenn eine solche Form des Zusammenlebens i.d.R. ein typisches Anzeichen hierfür sein wird.[1439] Möglicherweise ist der Zeitrahmen für die Annahme einer verfestigten Beziehung dann länger.[1440] Es genügt, wenn ein Stellplatz vor der separaten Wohnung dauerhaft für den Partner reserviert ist und die Urlaube gemeinsam verbracht werden.[1441] Andererseits hat der BGH eine verfestigte Lebensgemeinschaft abgelehnt, wenn die Lebensbereiche getrennt gehalten werden und die Beziehung damit bewusst auf Distanz angelegt ist.[1442] 605

Eine verfestigte Lebensgemeinschaft liegt nicht vor, wenn der Unterhaltsberechtigte jeweils nacheinander über kürzere Zeiträume mit verschiedenen Partnern zusammenlebte.[1443] 606

Das OLG Brandenburg hat entschieden, dass eine Verwirkung auch bei sexueller Neuorientierung und Aufnahme einer intimen Beziehung der Ehefrau zu einer anderen Frau vorliegt.[1444] Der BGH hat allgemein entschieden, es komme nicht darauf an, ob die verfestigte Lebensbeziehung gleichgeschlechtlich oder heterosexuell sei.[1445] 607

Der BGH bejaht inzwischen auch die Anwendbarkeit dieses Härtegrundes auf den Trennungsunterhalt.[1446] 608

1428 Kofler, NJW 2011, 2470, 2472.
1429 Bömelburg, FamRB 2012, 53, 54.
1430 KG, FamRZ 2017, 202.
1431 Für eine Frist von nur einem Jahr plädiert Grohmann, FamRZ 2013, 670.
1432 OLG Köln, NJW 2003, 2692.
1433 BGH, FamRZ 1986, 443; OLG Köln, FF 2005, 192; OLG Schleswig, FamRZ 2006, 954.
1434 OLG Saarbrücken, NJW-RR 2009, 1449.
1435 OLG Schleswig, FamRB 2004, 387.
1436 OLG Oldenburg, NJW 2012, 2450.
1437 BT-Drucks. 16/1830, S. 21.
1438 OLG Hamburg, FamRZ 2017, 1130.
1439 BGH, FamRZ 2002, 810; OLG Koblenz, NJW-Spezial 2004, 345 und FamRZ 2006, 1540; OLG Bamberg, FamRZ 2008, 2037.
1440 OLG Karlsruhe, FamRB 2011, 236: 5 Jahre.
1441 OLG Zweibrücken, FamRZ 2008, 1630.
1442 BGH, NJW 2002, 217; hierzu auch OLG Düsseldorf, FamRZ 2011, 225.
1443 OLG Köln, FamRZ 2005, 279.
1444 OLG Brandenburg, BeckRS 2009, 9475.
1445 BGH, FamRZ 2008, 1414.
1446 BGH, FamRZ 2002, 810; hierzu Verschraegen, FPR 2005, 328 f.

609 Sofern die neue Partnerschaft nicht zu einem Ausschluss des Unterhalts nach § 1579 BGB führt, kommt eine Anrechnung hypothetischer Einkünfte in Betracht, insb. solange eine bloße, noch nicht verfestigte Wohngemeinschaft vorliegt.[1447]

610 Ein nach § 1579 Nr. 2 BGB versagter Unterhaltsanspruch **lebt nach Beendigung der verfestigten neuen Lebensgemeinschaft** regelmäßig **nur im Interesse gemeinschaftlicher Kinder als Betreuungsunterhalt wieder auf.** Für einen anderen Unterhaltstatbestand gilt das nur ausnahmsweise, wenn das Maß der nachehelichen Solidarität es erfordert.[1448] Hierzu ist eine umfassende Zumutbarkeitsprüfung vorzunehmen.

611 § 1579 Nr. 2 BGB ist auf einen Unterhaltsanspruch nach § 1615l BGB nach Ansicht des OLG Frankfurt am Main nicht entsprechend anzuwenden.[1449]

c) Verbrechen/schweres vorsätzliches Vergehen, § 1579 Nr. 3 BGB

612 Voraussetzung ist stets ein schuldhaftes Verhalten. In Betracht kommt insb. auch Prozessbetrug zulasten des Pflichtigen etwa durch Verschweigen eigener Einkünfte[1450] oder eines eheähnlichen Lebensverhältnisses. Nicht ausreichend ist die bloß verzögerte Mitteilung.[1451] Langjährige Missbrauchsvorwürfe, die den früheren Ehepartner nachhaltig verächtlich machen und sein Leben gravierend beeinträchtigen, können zur vollständigen Verwirkung nach § 15779 Nr. 3 BGB führen.[1452]

d) Mutwillige Herbeiführung der Bedürftigkeit, § 1579 Nr. 4 BGB

613 Mutwilligkeit ist zu bejahen bei leichtfertigem unterhaltsbezogenem Verhalten. Unterhaltsbezogenheit liegt vor, wenn der Berechtigte die Möglichkeit des Eintritts der Bedürftigkeit als Folge seines Handelns erkennen kann und gleichwohl im Vertrauen auf den Nichteintritt in verantwortungsloser und rücksichtsloser Weise ggü. dem Unterhaltspflichtigen handelt.[1453] Der Tatbestand ist etwa erfüllt bei der zweckwidrigen Verwendung von Vorsorgeunterhalt,[1454] der Vereitelung des Zugewinnausgleichs durch Verschwendung[1455] oder auch bei Aufgabe des Arbeitsplatzes,[1456] nicht jedoch bei anderem selbst verschuldeten Arbeitsplatzverlust.[1457] Der Tatbestand soll nicht erfüllt sein, wenn die Ehefrau ein Kind von einem anderen Mann bekommt und daher nicht mehr arbeiten kann.[1458] Unter Nr. 4 fällt auch das bewusste Vermeiden ärztlicher Hilfe.[1459] Dies gilt auch für das Vermeiden fachkundiger psychiatrischer Hilfe und das Eingehen einer neuen mit Gewalt belasteten Beziehung.[1460]

e) Mutwilliges Hinwegsetzen über Vermögensinteressen, § 1579 Nr. 5 BGB

614 Der Tatbestand ist insb. gegeben bei wissentlich falschen oder leichtfertigen Strafanzeigen etwa wegen Unterhaltspflichtverletzung oder Steuerhinterziehung sowie bei solchen Anzeigen ggü. dem Arbeitgeber;[1461] anwendbar auch bei bewusster Verzögerung der Vermögensverwertung im Rahmen einer

---

1447 Schnitzler, FamRZ 2006, 239, 240; hierzu Rdn. 431 f.
1448 BGH, FamRZ 2011, 1498; OLG Koblenz, FamRZ 2013, 474.
1449 OLG Frankfurt am Main, NZFam 2019, 627 m. Anm. Löhnig.
1450 BGH, NJW 1997, 1439.
1451 OLG Schleswig, FamRB 2005, 291.
1452 OLG Hamm, NJW-RR 2014, 523.
1453 BGH, NJW 2000, 2351, 2352.
1454 BGH, FamRZ 1987, 684.
1455 OLG Hamm, NJW 2007, 1144 f. = FamRZ 2007, 1889.
1456 OLG Hamm, FamRZ 1996, 959.
1457 Palandt/Brudermüller, § 1579 Rn. 23.
1458 OLG Jena, NJW-RR 2006, 584.
1459 OLG Hamm, FamRZ 1999, 237.
1460 OLG Köln, NJW-RR 2012, 1285.
1461 OLG Karlsruhe, FamRZ 1998, 747.

Scheidung.[1462] Vor einer Selbstanzeige wegen Steuerhinterziehung soll eine Verpflichtung bestehen, den anderen Ehegatten zu informieren, damit sich dieser vor der Aufnahme von Ermittlungen auch selbst anzeigen kann.[1463] Nicht ausreichend ist ein Antrag auf Einzelveranlagung.[1464] Nach Auffassung des BGH ist der Tatbestand der Verwirkung dann gegeben, wenn der Unterhaltsberechtigte den -verpflichteten nicht ungefragt über einen erheblichen Anstieg des eigenen Einkommens informiert.[1465] Nicht ausreichend ist die Weigerung, den Miteigentumsanteil an einer verschuldeten Immobilie an den anderen Ehegatten gegen Haftungsfreistellung zu übertragen, sodass es zu einer Teilungsversteigerung kommt.[1466]

f) Verletzung der Familienunterhaltspflicht, § 1579 Nr. 6 BGB

Die Verletzung muss zu einer Zeit vor der Trennung geschehen sein (»Familienunterhalt«) und erfordert subjektiv und objektiv ein erhebliches Gewicht des Verstoßes. Dies wird bejaht bei Arbeitsscheue, nicht jedoch bei bloßer Vernachlässigung des Haushalts.[1467] Eine Verletzung liegt erst über längere Zeit vor, wenn sie mindestens ein Jahr andauert. Dabei ist auf die eheliche Rollenverteilung abzustellen und »**gröblich**« nur dann anzunehmen, wenn die Familie in ernsthafte Schwierigkeiten bei der Deckung des Lebensbedarfs gerät oder ohne den Einsatz des anderen Ehegatten geraten wäre.[1468]

615

Trotz eines Fehlverhaltens nach § 1579 Nr. 6 BGB muss einem Ehegatten, der zwei minderjährige Kinder betreut im Interesse der Kinder mindestens das Existenzminimum verbleiben.[1469]

616

Das bewusste Verschweigen oder Ableugnen von Einkommen kann den Tatbestand erfüllen.[1470]

617

g) Offensichtlich schwerwiegendes Fehlverhalten, § 1579 Nr. 7 BGB

Unter diesen Tatbestand fällt insb.:

618

- der **einseitige**[1471] **Ausbruch aus der Ehe**, insb. die Abwendung vom Partner unter Verletzung der ehelichen Treuepflicht und die Aufnahme einer auf Dauer angelegten intimen Beziehung zu einem neuen Partner;[1472] dies kann auch ohne eheähnliches Zusammenleben zu einer Verwirkung führen, wenn darin eine Abkehr von der Ehe liegt;[1473] eine solche wird angenommen, wenn ein intimes Verhältnis zu einem gemeinsamen Freund aufgenommen, verheimlicht und nach Entdeckung offen fortgesetzt wird.[1474] Eine Ehe war noch nicht gescheitert, weil die Ehegatten neun Jahre keinen Geschlechtsverkehr hatten.[1475]

▶ Hinweis:

Das Fehlverhalten muss wesentliche Ursache für das Scheitern der Ehe sein! Es genügt nicht, wenn die Ehe bereits gescheitert war.[1476]

1462 BRHP/Beutler, § 1579 Rn. 19.
1463 OLG Schleswig, FamFR 2013, 133.
1464 OLG Hamm, FamRZ 2004, 1786.
1465 BGH, FamRZ 2008, 1325.
1466 OLG Hamm, FamRB 2011, 271.
1467 MüHdbFamR/Schnitzler, § 9 Rn. 286.
1468 OLG Düsseldorf, FamRZ 2019, 1134.
1469 OLG Schleswig, BeckRS 2001, 30212412.
1470 OLG Oldenburg, FamRZ 2018, 680.
1471 Zu diesem Kriterium KG, FamRZ 2006, 1542.
1472 BGH, FamRZ 1980, 1686; OLG Frankfurt am Main, NJW 2006, 3286; OLG Hamm, FamFR 2012, 347; a.A. OLG Oldenburg, NJW 2012, 2450: Gericht bestreitet, dass es ein solch einseitiges Loslösen gibt, ohne dass eine Erosion der ehelichen Beziehungen vorausgegangen ist.
1473 OLG Köln, NJW-RR 2007, 364 f.
1474 OLG Hamm, FamFR 2011, 465.
1475 OLG Zweibrücken, FamRZ 2009, 699 = NJW-RR 2009, 371 f.; OLG Hamm, FamFR 2012, 347.
1476 BGH, NJW 1986, 722.

- die Aufnahme intimer Beziehungen zu wechselnden Partnern;[1477]
- das **Unterschieben eines außerehelich gezeugten Kindes**[1478] bzw. das Abhalten des Ehemannes von der Anfechtungsklage;[1479] die Behauptung, dass ein Kind nicht von einem Ehegatten abstamme, kann nur in einem Statusprozess geklärt werden;[1480] ausreichend ist schon das Verschweigen der Möglichkeit, dass das Kind von einem anderen Mann abstammt. Die Anfechtung ist hierfür noch nicht Voraussetzung.[1481]
- die massive **Vereitelung des Umgangsrechts**[1482] insb. i.V.m. unwahren Behauptungen über den sexuellen Missbrauch des gemeinsamen Kindes.[1483]
- das **öffentliche Bloßstellen** in der Presse.[1484]

h) Anderer Grund ebensolcher Schwere, § 1579 Nr. 8 BGB

619 § 1579 Nr. 8 BGB bildet einen Auffangtatbestand, der eingreift, wenn die Tatbestände der Nr. 1 – Nr. 7 nicht vorliegen, gleichwohl aber eine objektive Unzumutbarkeit der Unterhaltsleistung gegeben ist. So hat das OLG München[1485] z.B. nach dieser Vorschrift den Unterhalt auf den notwendigen Bedarf begrenzt, wenn die Eheleute während einer Ehedauer von 24 Jahren ständig räumlich getrennt lebten. Das OLG Bamberg[1486] befürwortet das Eingreifen der Vorschrift nach zehnjährigem Getrenntleben. Der Umstand, dass ein Ehegatte mehr als 20 Jahre neben der Erwerbstätigkeit wegen Krankheit des nunmehr Unterhaltsberechtigten auch noch die Haushaltsführung und die Kindererziehung allein übernommen hat, soll nicht ausreichend sein für eine Verwirkung nach § 1579 Nr. 8 BGB.[1487] Durch eine erneute Ehe derselben Beteiligten kann sich die unterhaltsrechtliche Position eines Ehegatten jedenfalls nicht verschlechtern.[1488]

620 Der früher unter diese Vorschrift zu subsumierende Grund einer verfestigten neuen Lebensgemeinschaft ist nunmehr in § 1579 Nr. 2 BGB eigenständig geregelt.

3. Beschränkungen des Unterhalts nach § 1578b BGB

621 Schon mit dem Unterhaltsänderungsgesetz von 1986 hatte der Gesetzgeber zeitliche Beschränkungsmöglichkeiten des Unterhalts eingeführt, die das Spannungsverhältnis zwischen nachehelicher Solidarität und Eigenverantwortung[1489] lösen sollten. Dabei ging es v.a. darum, eine Möglichkeit zeitlicher Begrenzung für die Fälle zu schaffen, in denen die Unterhaltsbedürftigkeit nicht ehebedingt war.[1490]

622 Nach **§ 1573 Abs. 5 BGB** a.F. konnten die Unterhaltsansprüche wegen Erwerbslosigkeit und der Aufstockungsunterhalt zeitlich begrenzt werden. Nach **§ 1578 Abs. 1 Satz 2 BGB** a.F. konnte die Bemessung sämtlicher Unterhaltsansprüche nach den ehelichen Lebensverhältnissen zeitlich begrenzt und danach auf den angemessen Lebensbedarf herabgesetzt werden.

1477 BGH, FamRZ 1983, 670.
1478 Wendl/Dose/Gerhardt, § 4 Rn. 1353.
1479 BGH, FamRZ 1985, 267.
1480 OLG Köln, FamRZ 2003, 1751.
1481 BGH, FamRZ 2012, 779 m. Anm. Löhnig.
1482 OLG München, FamRZ 1998, 750.
1483 OLG München, FamRB 2006, 201; OLG Frankfurt am Main, FamRB 2006, 38.
1484 OLG Brandenburg, FamFR 2011, 79.
1485 OLG München, FamRZ 2003, 874.
1486 OLG Bamberg, FamRZ 2014, 1707.
1487 OLG Hamm, FamRB 2006, 169 f.
1488 OLG Celle, FamRZ 2006, 703.
1489 Brudermüller, FamRZ 1998, 649.
1490 Brudermüller, FamRZ 1998, 649, 651.

C. Nachehelicher Unterhalt Kapitel 6

In der **Praxis** wurde von diesen Möglichkeiten jedoch **wenig Gebrauch gemacht**.[1491] Der BGH hatte im Zusammenhang mit seiner neuen **Surrogatsrechtsprechung**[1492] ausgeführt, dass diese aufgrund der Ausdehnung der Unterhaltsansprüche auch den Anwendungsbereich der zeitlichen Beschränkungen erheblich erweitern werde.[1493] 623

Mit der Neuregelung des Unterhaltsrechts wurden die bisherigen Vorschriften §§ 1573 Abs. 5 und 1578 Abs. 1 Satz 2 BGB gestrichen und die Möglichkeiten der Herabsetzung und zeitlichen **Begrenzung des Unterhalts einheitlich** und für alle Unterhaltstatbestände[1494] in **§ 1578b BGB** neu gefasst.[1495] Die Begrenzung ist somit auch auf Alters- und Krankheitsunterhalt anwendbar,[1496] bei Letzterem soll ein besonders hohes Maß an nachehelicher Solidarität bestehen.[1497] Allerdings trägt § 1570 BGB eine immanente Befristung in sich selbst und schließt daher insoweit § 1578b BGB aus,[1498] nicht jedoch hinsichtlich einer Höhenbegrenzung.[1499] Die Neuregelung verfolgt das Ziel, die Beschränkung von Unterhaltsansprüchen anhand objektiver Billigkeitsmaßstäbe und hier insb. anhand des Maßstabes der ehebedingten Nachteile zu erleichtern.[1500] Mit dieser Neufassung nimmt das Gesetz letztlich auch Bezug auf die Rechtsprechung des BGH i.R.d. Inhaltskontrolle von Eheverträgen, wonach bei Ausgleich aller ehebedingten Nachteile ein Ehevertrag jedenfalls nicht sittenwidrig ist.[1501] Aus der Sicht des Gesetzgebers resultiert aus dem Halbteilungsgrundsatz keine unabänderliche Lebensstandsgarantie mehr. Bei der Bemessung der Herabsetzung kann unter dem Gesichtspunkt der ehebedingten Nachteile auch ein langsames Abschmelzen auf einen Betrag des früheren Verdienstes angebracht sein.[1502] Die Vorschrift ist somit Ausdruck der wirtschaftlichen Eigenverantwortung und markiert eine weitgehende Einschränkung der Lebensstandsgarantie nach den ehelichen Lebensverhältnissen.[1503]

Die **Einführung einer generellen Möglichkeit zur Befristung und Herabsetzung des Unterhalts** für alle Unterhaltstatbestände muss als eine der wesentlichsten Neuerungen der Unterhaltsreform gelten.[1504] Sie bringt zum Ausdruck, dass eine auf Lebenszeit nachwirkende Verantwortung nur noch unter besonderen Umständen besteht.[1505] Vielmehr ist stets eine Beschränkung der Unterhaltsansprüche anhand **objektiver Billigkeitskriterien**[1506] zu prüfen. Liegen die Voraussetzungen einer solchen Beschränkung vor, dann ist diese **zwingend**.[1507] Nur ihre Ausgestaltung liegt im Ermessen.[1508] 624

Dies gilt **auch dann**, wenn der nacheheliche Unterhaltsanspruch durch einen **Sozialhilfeträger geltend gemacht** wird,[1509] denn der Gesetzgeber hat mit der Aufgabe der fortdauernden nachehelichen Solidarität die Bedürftigkeit sozialisiert.[1510] Demgemäß schließt eine nach Ablauf der Befristungszeit eintretende Sozialleistungsbedürftigkeit die Befristung nicht aus.[1511] 625

1491 Vgl. etwa die Kritik von Grandel, FF 2004, 237 ff. und FF 2005, 303 ff.; Grandel, FPR 2005, 320 ff.
1492 BGH, FamRZ 2001, 986 ff.
1493 BGH, FamRZ 2001, 986, 991; so auch Brudermüller, FF 2004, 101, 102.
1494 Nicht jedoch für Unterhaltsansprüche noch aus § 58 EheG, OLG Hamm, FamRZ 2011, 1961.
1495 Kurzdarstellung bei Heiß, NZFam 2014, 636 ff. und 682 ff.
1496 So ausdrücklich OLG Hamm, FamFR 2012, 85.
1497 OLG Hamm, FamFR 2010, 108.
1498 BGH, FamRZ 2009, 770; BGH, FamRZ 2009, 981; so schon Menne, FamRB 2008, 110, 116.
1499 BGH, FamRZ 2010, 1880, 1883; Born, FPR 2013, 152, 154.
1500 BT-Drucks. 16/1830, S. 18 f.
1501 Hierzu im Detail Kap. 2 Rdn. 65 ff.
1502 Menne, ZFE 2006, 449, 452.
1503 Palandt/Brudermüller, § 1578b Rn. 1.
1504 Auch solche, bei denen die Bedürftigkeit nicht ehebedingt ist, Viefhues/Mleczko, Rn. 373.
1505 Palandt/Brudermüller, § 1569 Rn. 1.
1506 Zur umfassenden Billigkeitsabwägung Viefhues/Mleczko, Rn. 367.
1507 Schwab/Ernst/Borth, § 8 Rn. 430; MünchKomm-BGB/Maurer, § 1578b Rn. 216 f.
1508 Menne, FF 2006, 175, 182.
1509 BGH, FamRB 2010, 229 = FamRZ 2010, 1057 m. Anm. Doering-Striening.
1510 Doering-Striening, FamRZ 2010, 1059.
1511 BGH, FamRZ 2011, 875, Rn. 21.

626 Mit der Einführung dieser Vorschrift hat der Gesetzgeber – dies betont Langenfeld zu Recht – eine kautelarjuristische Regelungstechnik in das Gesetz aufgenommen.[1512] Zugleich stellt § 1578b BGB aber auch einen Gestaltungsauftrag an den Vertragsgestalter dar.[1513]

a) Arten der Unterhaltsbeschränkung

627 § 1578b BGB sieht zwei Arten der Unterhaltsbeschränkung[1514] vor, die jeweils aufgrund einer Billigkeitsabwägung festzustellen sind:
 – **Höhenbegrenzung** (§ 1578b Abs. 1 BGB) und
 – **zeitliche Befristung** (§ 1578b Abs. 2 BGB).

628 Beide Beschränkungsmöglichkeiten sind nach Abs. 3 auch **kombinierbar**. Möglich ist auch eine Beschränkung sofort ab Scheidung, insb. wenn eine längere Trennungsphase vorausging.[1515] Die Kombination eines Abschmelzens der Unterhaltshöhe mit einer auslaufenden Frist kann gerade für Scheidungsvereinbarungen fruchtbar gemacht werden.[1516]

▶ **Gestaltungsempfehlung:**

629 Die Lösung des Gesetzgebers einer kombinierten Befristung und Abschmelzung der Unterhaltshöhe kann für eine ehevertragliche Regelung insb. im Rahmen einer Scheidungsvereinbarung genutzt werden.

b) Ehebedingte Nachteile

630 § 1578b Abs. 1 Satz 2 BGB legt fest, dass i.R.d. **Billigkeitsabwägung insb.** die **ehebedingten Nachteile** zu gewichten sind. Damit wird erstmals ein in der Rechtsprechung des BGH seit Längerem bestehender Ansatz positiv-rechtlich formuliert. Seit einer **Gesetzesänderung** im Jahr 2013 ist die **Dauer der Ehe** als weiterer **eigener Billigkeitsmaßstab** in § 1578b Abs. 1 Satz 2 BGB eingefügt worden und damit neben die ehebedingten Nachteile getreten und zugleich als Beispiel in Abs. 1 Satz 3 gestrichen worden. Der Gesetzgeber war ganz offensichtlich über einige Auswirkungen seiner Reform von 2008 in der Rechtsprechung erschrocken.[1517] Der BGH hat nicht wenig später geurteilt, dass in dieser Gesetzesänderung keine sachliche Änderung begründet liege. Er sehe daher keinen Grund seine Rechtsprechung, die diesen Gesichtspunkt schon berücksichtige, zu ändern.[1518] Das trifft so auch zu, denn der **BGH** hatte **schon zuvor** seine Systematik umgestellt und die **Ehedauer** und die daraus folgende nacheheliche Solidarität als **eigenen Prüfungsgesichtspunkt** herausgestellt. Was bleibt ist eine Signalwirkung an die Instanzgerichte,[1519] die allein nicht zu einer Abänderung von Unterhaltstiteln berechtigt.[1520]

▶ **Rechtsprechung:**

631 Es bleibe dabei, dass die Ehedauer ihren wesentlichen Stellenwert bei der Bestimmung des Maßes der gebotenen nachehelichen Solidarität aus der Wechselwirkung mit der in der Ehe

---

1512 Langenfeld, FPR 2008, 38, 40.
1513 So zu Recht Schmitz, DNotZ 2014, 662 ff.
1514 Zu den Berechnungsproblemen, die sich durch die Anordnung der Herabsetzung des Unterhaltsanspruchs anstelle des Bedarfs ergeben: Viefhues, FPR 2008, 36 f.
1515 Borth, Unterhaltsrecht, Rn. 402.
1516 Viefhues/Mleczko, Rn. 441.
1517 Zur Geschichte dieser Änderung: Menne/Schnitzler, FF 2013, 433 ff.
1518 BGH, FamRZ 2013, 853 und BGH, FamRZ 2013, 864, Rn. 35; eine deutliche Aufwertung der Ehedauer sieht dagegen Horndasch, FuR 2013, 19; gegen eine bloße Klarstellung auch Kemper, FamRB 2013, 20, 21.
1519 Born, NJW 2013, 561, 563 unter Bezugnahme auf die Gesetzesbegründung.
1520 Schlünder/Arpay, FPR 2013, 250; Graba, FamFR 2013, 49, 51; Borth, FamRZ 2013, 165, 168; Born, NJW 2013, 561, 565.

einvernehmlich praktizierten Rollenverteilung und der darauf beruhenden Verflechtung der wirtschaftlichen Verhältnisse gewinne.[1521]

Die **Gründe für mögliche ehebedingte Nachteile** werden in Abs. 1 Satz 3 dann noch näher definiert. Hierbei wird abgestellt auf die
– Dauer der **Pflege und Erziehung eines gemeinschaftlichen Kindes**,
– Gestaltung von **Haushaltsführung und Erwerbstätigkeit während der Ehe**.

632 Bei dem Kriterium der **Ehedauer** wird v.a. auf die **Dauer und Intensität** der **wirtschaftlichen Verflechtung** der Ehegatten abzustellen sein. Ebenso wird bei der Bemessung der **Frist**, für die noch Unterhalt zu zahlen ist, auf die Zeitdauer abzustellen sein, die zu einer wirtschaftlichen **Entflechtung** und zur Erlangung einer eigenen Lebensstellung erforderlich ist. Hierbei kann die Trennungszeit und die Zahlung von Trennungsunterhalt mitberücksichtigt werden.[1522]

▶ Gestaltungsempfehlung:

633 Bei Scheidungsvereinbarungen kann die Befristung des nachehelichen Unterhalts nach dem Zeitraum bemessen werden, der zur wirtschaftlichen Entflechtung und zur Erlangung einer wirtschaftlichen selbstständigen Lebensstellung erforderlich ist.

634 Die Gerichte haben unter Berufung auf § 36 Nr. 1 und Nr. 2 EGZPO nach Inkrafttreten des neuen Unterhaltsrechts eine **Übergangsfrist** gewährt, weil zwischen Verkündung und Inkrafttreten des Unterhaltsrechtsänderungsgesetzes nur eine sehr kurze Zeitspanne lag. Allerdings gilt dies nicht, wenn die geänderten Umstände nicht erst durch die Reform 2008 zu einer Änderung führen konnten.[1523] Die längste Übergangsfrist hat das **OLG Hamm**[1524] vorgesehen mit einer **Übergangsfrist von zwei Jahren**, bevor bestehende Titel auf das neue Unterhaltsrecht umgestellt werden. Auch diese Übergangsfrist ist aber mittlerweile abgelaufen.

635 Die Bedeutung der **Ehedauer** ist durch die Neufassung des Gesetzes jedenfalls insoweit **gestärkt**, als auch die Ehedauer schon zu einer nachehelichen Solidarität führen kann, die eine Begrenzung verbietet, selbst wenn keine ehebedingten Nachteile festgestellt sind.

636 Der Ehedauer ist die Zeit der **(nachehelichen) Kindesbetreuung nicht mehr gleichgestellt**. Sie ist nur noch als ein gesetzlich hervorgehobener Aspekt in der Billigkeitsabwägung zu berücksichtigen. Vor diesem Hintergrund steht nach Auffassung des OLG Celle auch die Pflege und Betreuung eines gemeinschaftlichen Kindes der Befristung von Krankenbetreuungsunterhalt nicht mehr entgegen.[1525] Auf Nachteile schon vor der Ehe – etwa durch die Erziehung gemeinschaftlicher Kinder – soll wohl nicht mehr abgestellt werden dürfen.[1526]

637 In der Abwägung können auch **sehr gute Einkommensverhältnisse** eines Unterhaltspflichtigen eine Berücksichtigung finden; sie führen aber deshalb noch nicht zu einem unbefristeten Unterhalt.[1527]

638 **Verschuldensmomente** sollen hingegen keine Rolle spielen.[1528] Es muss aber eine bleibende Kausalität vorliegen. Eine nachfolgende Krankheit etwa, kann die ursprüngliche Kausalität überholen, sodass ehebedingte Nachteile nicht mehr kausal sind für eine Einkommenseinbuße.[1529]

1521 BGH, FamRZ 2013, 853, Rn. 35.
1522 Viefhues/Mleczko, Rn. 438 f. m.w.N. schon zum alten Recht; OLG München, NJW 2008, 2447.
1523 BGH, NJW 2012, 1356.
1524 OLG Hamm, NJW 2008, 2445.
1525 Hierzu und zu den Auswirkungen: OLG Celle, FamRZ 2008, 1449 ff.
1526 OLG Frankfurt am Main, NJW-Spezial 2009, 5; Langheim, FamRZ 2010, 409, 410.
1527 Borth, Unterhaltsrecht, Rn. 393.
1528 Borth, Unterhaltsrecht, Rn. 394.
1529 OLG Schleswig, FamRZ 2011, 302 = FamFR 2010, 561.

639 Die in § 1578b BGB genannten Billigkeitsgesichtspunkte sind nicht abschließend. In Betracht kommen weiter etwa besondere Leistungen des Berechtigten ggü. dem Verpflichteten (z.B. langjährige Pflege) oder die Aufgabe einer gesicherten Unterhaltsposition ggü. einem früheren geschiedenen Ehegatten.[1530]

640 Das Vorliegen **ehebedingter Nachteile** ist daher **entscheidendes Kriterium**. Sie müssen kausal durch die ehebedingte Rollenverteilung verursacht sein und sind wie folgt zu quantifizieren: Es ist zunächst der angemessene Lebensbedarf festzustellen (Einkommen, die Ehe hinweggedacht). Sodann ist das derzeitige Einkommen zu ermitteln (oder bei Verstoß gegen eine Erwerbsobliegenheit das in der jetzigen Situation erzielbare). Die Differenz zwischen beiden ist der ehebedingte Nachteil.[1531] Es kommt dabei allein auf die Lebensstellung des Berechtigten an.[1532] Stammt dieser aus dem Ausland, so wird die fiktive Betrachtung auf einen Lebensverlauf ohne Ehe und Kindererziehung bei Verbleib in seinem Heimatland abgestellt, jedenfalls wenn der Berechtigte ehebedingt nach Deutschland gekommen ist.[1533]

Liegen solche **Nachteile**[1534] vor, die **nicht mehr ausgleichbar** sind, dann wird i.d.R. eine **Befristung nicht** in Betracht kommen, auch bei kürzerer Ehe. Das kann jedoch dann anders sein, wenn der Unterhaltspflichtige etwa durch die nun ihn treffende Kindesbetreuung ebenfalls berufliche Nachteile erleidet.[1535] Je geringer ehebedingte Nachteile sind, desto eher kann eine Beschränkung greifen. In solchen Fällen ist auch bei langer Ehedauer eine Befristung nicht ausgeschlossen.[1536] Regelmäßig von den Beschränkungen betroffen ist der Aufstockungsunterhalt, der auf einem Qualifikationsdefizit und nicht auf einem Nachteilsausgleich beruht.[1537]

641 Im Jahr 2010 **veränderte der BGH seine Rechtsprechung** insoweit, als er für Recht erkannte, dass **auch ohne einen ehebedingten Nachteil** die Herabsetzung und Befristung des Unterhaltes nicht die Regel, sondern die **Ausnahme** darstelle.[1538] Er fügte hinzu, dass die **Ehedauer** durch eine wirtschaftliche Verflechtung – insbesondere durch Berufsaufgabe infolge Kindererziehung – ein **besonderes Gewicht** erlangt,[1539] das auch beim Fehlen ehebedingter Nachteile gegen eine Unterhaltsbegrenzung sprechen kann.[1540] Bei fortschreitender Ehedauer erlangt also die nacheheliche Verantwortung eine immer stärkere Gewichtung gegenüber dem Grundsatz der Eigenverantwortung.[1541] Mit dieser Rechtsprechungsänderung machte der BGH eigentlich die spätere Gesetzesänderung überflüssig. Seitdem prüft der BGH im »**dualen Ansatz**«[1542] die **Fallgruppen des ehebedingten Nachteils und der nachehelichen Solidarität**. Letztere gewinnt besondere Bedeutung bei Unterhaltsansprüchen wegen Alters- und Krankheit,[1543] wo insbesondere die Krankheit als schicksalhaft gilt und nur ganz selten zu

---

1530 Schwab/Ernst/Borth, § 8 Rn. 445 f.; vgl. den Katalog bei MünchKomm-BGB/Maurer, § 1578b Rn. 54 f.
1531 BGH, FamRZ 2010, 2059 = NJW 2010, 3653 m. Anm. Born; hierzu Obermann, ZFE 2011, 50; BGH, NJW 2011, 303.
1532 BGH, NJW 2011, 303.
1533 BGH, FamRZ 2013, 534; BGH, FamRZ 2013, 1366.
1534 Hütter, FamRZ 2013, 413 will nicht nur finanzielle Nachteile, sondern auch die Versorgung von Kindern im eigenen Haushalt als ehebedingten Nachteil begreifen; Schausten, FF 2011, 243, will den ehebedingten Nachteil zwischen Pflichtigem und Berechtigtem halbieren.
1535 OLG Düsseldorf, FamFR 2012, 391.
1536 Ehinger, FamRB 2008, 212, 213 ff. mit eingehender Darstellung des § 1578b BGB; dies., in: Ehinger/Rasch/Schwonberg/Siede, Rn. 6.414 f.
1537 OLG Celle, NJW 2008, 2449; Borth, Unterhaltsrecht, Rn. 413.
1538 BGH, NJW 2010, 3372; NJW 2011, 147 = FamRZ 2010, 1637 m. Anm. Borth; BGH, NJW 2011, 1284.
1539 Zur Bedeutung der nachehelichen Solidarität: Dose, FamRZ 2011, 1341 f.; Borth, FamRZ 2011, 153 f.; Born, FamFR 2011, 193.
1540 BGH, NJW 2010, 3372; BGH, FamRZ 2012, 951.
1541 Borth, FamRZ 2013, 165, 166.
1542 Born, FamRZ 2013, 1294.
1543 Zu diesen Ansprüchen Maurer, FPR 2013, 146.

C. Nachehelicher Unterhalt

einem ehebedingten Nachteil führt.[1544] Sie kann sowohl gegen eine Befristung sprechen wie auch gegen eine vollständige Herabsetzung des Unterhaltes.[1545]

Teilweise wird an eine **Befristung** ein strengerer Maßstab angelegt als an die **Herabsetzung** des Unterhaltes, weil dies der schwerwiegendere Eingriff sei.[1546] Generell wird man sagen können, dass bei Vorliegen nicht mehr ausgleichbarer ehebedingter Nachteile eine Befristung i.d.R. nicht in Betracht kommt.[1547] V.a. bei der Herabsetzung des Unterhaltsanspruchs wird i.d.R. eine **Übergangsfrist** angemessen sein, damit sich der Unterhaltsberechtigte darauf einstellen kann.[1548] Zur Dauer dieser Übergangsfrist hat der BGH ausgeführt, sie müsse sich bei längerer Ehe keineswegs an der Ehedauer orientieren (13 Jahre Ehe/vier Jahre Übergangsfrist).[1549]

642

Der BGH legte zunächst einem **Ehegatten**, der bei Scheidung **Vollzeit in seinem erlernten Beruf arbeitet**, die **Beweislast**[1550] **für verbleibende ehebedingte Nachteile** auf[1551] und kam somit zu einer Beweislastumkehr. Das OLG Brandenburg[1552] legte dem Unterhaltspflichtigen den Nachweis auf, dass keine ehebedingten Nachteile bestehen, wenn eine langjährige Berufspause nachgewiesen ist. Dies mag zumindest für Berufe zweifelhaft sein, die keine oder nur geringe Aufstiegschancen bieten.[1553]

643

▶ Gestaltungsempfehlung:

Ein Anwalt wird seinem Mandanten, der Unterhalt erstrebt, daher von der Aufnahme einer solchen vollschichtigen Erwerbstätigkeit in seinem erlernten Beruf abraten, sofern keine solche Erwerbsobliegenheit besteht.

644

Die Prüfung zur Begrenzung des Unterhalts nach § 1578b BGB hat das Gericht zunächst unabhängig davon vorzunehmen, ob sich ein Ehegatte hierauf beruft.[1554] Zur **Darlegungs- und Beweislast i.R.d. § 1578b BGB** hat der BGH[1555] später unter Abkehr von seiner Entscheidung zur Beweislastumkehr entschieden, dass der **Unterhaltspflichtige für die Tatsachen darlegungs- und beweisbelastet ist, die für eine Befristung sprechen**, weil er sich auf eine prozessuale Einwendung beruft. Allerdings erfährt diese Darlegungs- und Beweislast Erleichterungen nach den von der Rechtsprechung zum Beweis negativer Tatsachen entwickelten Grundsätzen. Daher bürdet der BGH dem **Unterhaltsberechtigten eine sog. sekundäre Darlegungslast (nicht Beweislast) auf. D.h. er muss die Behauptung des Unterhaltspflichtigen**,[1556] **es seien keine ehebedingten Nachteile entstanden, substanziiert bestreiten und seinerseits darlegen, welche konkreten ehebedingten Nachteile entstanden sein sollen.**[1557] Dabei genügt es nicht, Umstände darzulegen, die eine weitere berufliche

645

1544 BGH, NJW 2011. 300 = FamRZ 2011, 188.
1545 OLG Schleswig, FamRZ 2011, 903.
1546 Büttner, FamRZ 2007, 773, 775; Eickelberg, RNotZ 2009, 1, 19; MünchKomm-BGB/Maurer, § 1578b Rn. 230; a.A. Schwab/Ernst/Borth, § 8 Rn. 471.
1547 Ehinger, FamRB 2008, 212, 213, m.w.N.
1548 Palandt/Brudermüller, § 1578b Rn. 15.
1549 BGH, FamRZ 2008, 1507; Schwab/Ernst/Borth, § 89 Rn. 473.
1550 Zur Beweislast im Unterhaltsverfahren: Liceni-Kierstein, FPR 2010, 140.
1551 BGH, FamRZ 2008, 134; BGH, FamRZ 2008, 1325; KG, ZFE 2008, 350.
1552 OLG Brandenburg, NJW 2008, 2268.
1553 Schürmann, FuR 2008, 183, 186; Borth, FamRZ 2008, 1329, 1330.
1554 Schwab/Ernst/Borth, § 8 Rn. 479.
1555 BGH, FamRZ 2010, 875 ff.; BGH, FamRZ 2012, 93 = NJW 2012, 74.
1556 Nach OLG Stuttgart, FamFR 2012, 59 genügt zur Auslösung der sekundären Beweislast nicht die bloße Behauptung, es lägen keine ehebedingten Nachteile vor, erforderlich ist hier vielmehr ein substanziierter Vortrag.
1557 Vgl. schon Hahne, FF 2008, 50: Fraglich, ob die schlichte Behauptung genügt, wegen der Ehe mehrere Jahre nicht gearbeitet zu haben und deshalb keine angemessene Erwerbstätigkeit finden zu können. OLG Düsseldorf, ZFE 2008, 273: Berechtigter, der 6-jähriges Kind betreut, muss darlegen, dass die konkrete Betreuungssituation und eine besondere Betreuungsbedürftigkeit des Kindes eine vollschichtige Erwerbstätigkeit nicht zulassen.

Qualifizierung der Unterhaltsberechtigten und damit einen hypothetisch höheren Verdienst nur möglich erscheinen lassen. Vielmehr muss der Berechtigte seine mutmaßliche berufliche Entwicklung ohne die Eheschließung auf der Grundlage seiner Vorbildung und seines beruflichen Werdeganges vor der Ehe darlegen, wobei nur solche Entwicklungen berücksichtigt werden können, deren Eintreten hinreichend wahrscheinlich war und plausibel dargelegt wurde.[1558] Der Berechtigte muss demnach im Einzelfall vortragen, welche berufliche Entwicklung er ohne die Ehe geplant hatte oder zu erwarten gehabt hätte, welche **Aufstiegs- und Qualifizierungsmöglichkeiten** in seinem beruflichen Umfeld für ihn bestanden hätten und ob er für diese Maßnahmen eine genügende individuelle Bereitschaft aufgebracht hätte.[1559] Dabei unterscheidet der BGH: Beruft sich der Berechtigte auf eine **regelmäßige Entwicklung**, die nur von der Berufserfahrung abhängig ist, so trifft ihn – im Gegensatz zu einem behaupteten **beruflichen Aufstieg** – keine erweiterte Darlegungspflicht.[1560] Beim beruflichen Aufstieg hingegen muss er zu seiner Bereitschaft und seiner persönlichen Eignung konkret vortragen.[1561]

646 Auch zu den **Bemühungen um eine berufliche Wiedereingliederung** muss der Berechtigte vortragen. Sind diese unzureichend oder ungenügend, führt dies zur Zurechnung eines fiktiven Einkommens und damit sind ehebedingte Nachteile ggf. beendet.[1562]

647 Erst wenn das Vorbringen des Unterhaltsberechtigten diesen Anforderungen genügt,[1563] müssen die **vorgetragenen ehebedingten Nachteile vom Verpflichteten widerlegt** werden. Damit trägt der BGH den Schwierigkeiten der sog. »retrospektiven Prognose« differenziert Rechnung. Nach OLG Celle gilt diese Darlegungs- und Beweislast auch für die Behauptung des Unterhaltsverpflichteten, der Berechtigte habe schon längst in seinen angestammten Beruf zurückkehren können.[1564] Dass in jedem Unterhaltsrechtsstreit um die Befristung erbittert gekämpft wird, ist freilich der Individualisierung durch die Unterhaltsreform und dem Wegfall des Altersphasenmodells geschuldet. Fraglich wird bleiben, ob die Beweissituation in die Billigkeitsabwägung mit einbezogen werden kann.[1565] Ob diese Entscheidung des BGH wirklich als »Kurswechsel durch die Hintertür« bezeichnet werden kann, der § 1578 BGB weiter aushöhlt und die Rechtsstellung der Frauen verschlechtert,[1566] erscheint fraglich. Es ist nämlich nicht so, dass ein non liquet zulasten der Unterhaltsberechtigten ausgeht, denn diese trifft nur die sekundäre Darlegungs-, nicht aber die Beweislast.

Inzwischen zeigen erste OLG- und BGH-Urteile die Anwendung dieser Verteilung von Darlegungs- und Beweislast.

So hat der BGH den Vortrag der unterhaltsberechtigten Ehefrau ausreichen lassen, sie habe wegen der Ehe ihre Erwerbstätigkeit eingestellt und den Hinweis des Unterhaltspflichtigen, er habe die angebliche Hilfe der Ehefrau bei der Führung seiner Ferienpension nicht benötigt, nicht als ausreichende Widerlegung angesehen.[1567]

In einem anderen Fall hat die Ehefrau als Unterhaltsberechtigte nicht eine konkrete Berufstätigkeit abgebrochen, sondern sie konnte wegen der Geburt zweier Kinder erst gar keine qualifizierte Tätigkeit aufnehmen. Der BGH gab sich hier mit dem Vortrag der Möglichkeit weiterer Schulabschlüsse und erreichbarer Berufsqualifikationen zufrieden.[1568]

1558 Finke, FamRZ 2010, 879.
1559 BGH, FamRB 2012, 36.
1560 BGH, FamRZ 2013, 864 = FamFR 2013, 223.
1561 BGH, FamFR 2011, 560.
1562 OLG Frankfurt am Main, FamRZ 2012, 1392.
1563 Bömelburg, FF 2010, 251: Es ist ein persönlicher Lebenslauf wie zu einer Bewerbung um eine Arbeitsstelle zu erstellen.
1564 OLG Celle, FamFR 2010, 369.
1565 Graba, FamFR 2010, 219, 221.
1566 Born, NJW 2010, 1793 ff.
1567 BGH, FamRZ 2010, 1633 m. Anm. Borth.
1568 BGH, FamRZ 2010, 1637 m. Anm. Borth.

Das **OLG Hamm** fordert bei **Aufgabe des erlernten Berufes schon vor Heirat** die Darlegung nachvollziehbarer Gründe, warum es dennoch zu ehebedingten Nachteilen kommt.[1569] Gleiches gilt bei einer zum Zeitpunkt der Heirat 30jährigen Frau ohne Berufsausbildung. Hier bedarf es eines gut begründeten Vortrages, warum es ohne die Ehe zu einer solchen gekommen wäre.[1570] 648

Das **OLG Celle** will die Grundsätze der sekundären Beweislast auch anwenden, wenn der Unterhaltspflichtige geltend macht, **fortwirkende Nachteile** seien **nicht mehr ehebedingt**, weil sie bei Erfüllung der nachehelichen Erwerbsobliegenheit längst vollständig ausgeglichen gewesen wären.[1571] 649

Sind **keine ehebedingten Nachteile festgestellt** – insb. beim Krankheitsunterhalt – so kommt es für die **Billigkeitsabwägung** auf den Umfang der **geschuldeten nachehelichen Solidarität** an. Auch diese ist unter Rückgriff auf die im Gesetz genannten Umstände (Dauer der Pflege oder Erziehung gemeinschaftlicher Kinder, Gestaltung von Haushaltsführung und Erwerbstätigkeit während der Ehe, Dauer der Ehe) zu bestimmen.[1572] 650

Dieser Umfang der nachehelichen Solidarität spielt auch eine Rolle bei der konkreten Bemessung der Frist. Entscheidend ist hierfür, wie lange und intensiv die gegenseitige Verflechtung und Abhängigkeit der Lebensverhältnisse gediehen ist. Die Frist für die Unterhaltsdauer wird dann so zu bemessen sein, dass in dieser Zeit eine Entflechtung stattfinden kann.[1573] 651

c) Ersatzmaßstab

§ 1578b BGB nennt auch bei einer Herabsetzung des Unterhalts[1574] sogleich den Ersatzmaßstab für den Fall, dass die Zahlung des eheangemessenen Unterhalts i.S.d. § 1578 BGB unbillig ist: Es ist dann nur der Unterhalt nach dem **angemessenen Lebensbedarf** zu leisten. Dieser Ersatzmaßstab ist durch die Rechtsprechung definiert. Es kommt dabei auf die **Lebensstellung** an, die der Berechtigte **vor der Ehe** hatte **oder ohne die Ehe** hätte.[1575] 652

In diesem Zusammenhang hat der BGH deutlich gemacht, dass diese **Grenze** sich nur nach der **Lebensstellung des Berechtigten** bemisst. Die besseren Verhältnisse des Unterhaltspflichtigen sind dafür dann ohne Bedeutung.[1576] Stammt der Berechtigte aus dem **Ausland** und ist nach Deutschland übergesiedelt, so ist auf die Erwerbs- und Verdienstmöglichkeiten abzustellen, die sich ihm bei Verbleib in seinem **Heimatland** geboten hätten, denn die ungenügende Verwertbarkeit einer im Ausland erworbenen Berufsausbildung ist nach Ansicht des BGH nicht ehebedingt. Ggf. ist im Hinblick auf die **Kaufkraftunterschiede** eine Anpassung an das deutsche Preisniveau vorzunehmen, allerdings kann der Berechtigte immer das **Existenzminimum** nach deutschem Recht verteidigen.[1577] 653

Zum angemessenen Lebensbedarf i.S.d. § 1578b BGB gehört auch der Altersvorsorgeunterhalt.[1578] 654

Allerdings soll sich aus dem Wort »angemessen« auch ergeben, dass eine **Herabsetzung unter den angemessenen Selbstbehalt i.d.R. ausscheidet**.[1579] Lediglich in Mangelfällen kann aus Gründen der Gleichbehandlung nicht auf den angemessenen Selbstbehalt als Maßstab zurückgegriffen werden, 655

1569 OLG Hamm, FamFR 2011, 564.
1570 OLG Hamm, FamRZ 2013, 43.
1571 OLG Celle, FamRZ 2010, 1911.
1572 BGH, NJW 2009, 2450.
1573 Eickelberg, RNotZ 2009, 1, 19.
1574 Auf eine zweifelhafte Formulierung des § 1578b BGB, nach welcher der Unterhaltsanspruch herabzusetzen ist, nicht der ungedeckte Bedarf, weist Viefhues hin, FPR 2008, 36 ff.
1575 Triebs, FPR 2008, 31, 34; BGH, FamRZ 1986, 886, 889; OLG Bremen, ZFE 2008, 310.
1576 BGH, FamRZ 2011, 192 f.
1577 BGH, FamRZ 2013, 534; hierzu Riegner, FamFR 2013, 121 ff.
1578 BGH, FamRZ 2013, 109.
1579 BGH, FamRZ 2016, 1345; BGH, FamRZ 2018, 1506; BGH, NZFam 2019, 1095; Borth, Unterhaltsrecht, Rn. 383; Ehinger, FamRB 2008, 212, 216; OLG Bremen, ZFE 2008, 310; OLG Karlsruhe, FamRZ 2009, 341.

weil dem Unterhaltspflichtigen selbst nur der billige Selbstbehalt zusteht.[1580] Das Existenzminimum bildet somit die Untergrenze der Herabsetzung.[1581] Die Herabsetzung kann nicht nur auf diesen Maßstab erfolgen, sondern auch auf Zwischenwerte bis hin zu dieser Grenze oder als zeitlich gestaffelte Herabsetzung bis zu dieser Grenze.[1582]

656 Dies entspricht dem schon frühzeitig bei der Diskussion der Inhaltskontrolle gegebenem Ratschlag, **bei einem sehr niedrigen vorehelichen Einkommen** des Unterhaltsberechtigten schon wegen des Kindeswohls nicht dieses niedrige Einkommen als Grundlage der Unterhaltsbemessung zu nehmen.[1583]

657 Nachdem der BGH[1584] zunächst nur – anknüpfend an einen Unterhaltsanspruch nach § 1615l BGB – überlegt hatte, ob es nicht beim Ehegattenunterhalt, abgesehen von Mangelfällen, einen Mindestunterhaltsbedarf geben muss, der sich am Sozialhilfevolumen oder am Selbstbehalt nicht Erwerbstätiger anlehnt, hat der BGH dies nunmehr in seiner neueren Rechtsprechung bestätigt. Er hat zunächst für § 1615l BGB[1585] und später auch ausdrücklich für § 1570 BGB[1586] einen **Mindestbedarf i.H.d. Selbstbehaltes nicht Erwerbstätiger** anerkannt. Er hat damit seine frühere Rechtsprechung[1587] mit der Ablehnung eines solchen Mindestbedarfs ausdrücklich aufgegeben.

▶ Gestaltungsempfehlung:

658 Es liegt nahe, diese gesetzgeberische Entscheidung auch für **ehevertragliche Regelungen** zu nutzen und das Maß des Unterhalts in Anlehnung an diese Bestimmung zu regeln. Ggf. findet sich hier auch ein Auffangmaßstab, wenn andere Unterhaltsgrenzen nicht halten.

Hierbei kann zugleich für die Zeit nach der Scheidung für eine Übergangsfrist zunächst noch der volle Unterhalt vereinbart sein.

659 War ehevertraglich nur eine Unterhaltsmodifikation – etwa eine Höchstgrenze – vereinbart, so kann § 1578b BGB dennoch Anwendung finden und auch zu einer Reduzierung unter die Höchstgrenze führen, da es sich weiterhin um den gesetzlichen Unterhaltsanspruch handelt. Etwas anderes würde nur gelten, wenn – was eher selten der Fall sein dürfte – ein Mindestbetrag als Unterhalt vereinbart ist.

▶ Gestaltungsempfehlung:

660 Soll ehevertraglich eine Mindestfrist für die Unterhaltszahlung vereinbart werden – dies dürfte in Zukunft praxisrelevant werden – empfiehlt es sich allerdings, die Anwendung des § 1578b BGB auszuschließen.

d) Kinderschutzklausel

661 § 1578b BGB enthält noch eine **Kinderschutzklausel**, wonach die Belange eines vom Berechtigten betreuten gemeinschaftlichen Kindes gewahrt bleiben sollen. Dies soll vor einem erheblichen Niveauunterschied zwischen ungeschmälertem Kindesunterhalt und herabgesetztem Ehegattenunterhalt schützen,[1588] da letztlich die Restfamilie doch »aus einem Topf« lebt.[1589]

1580 So Schwab/Ernst/Borth, § 8 Rn. 432.
1581 BGH, MittBayNot 2010, 50; BGH, NZFam 2018, 885, 887.
1582 MünchKomm-BGB/Maurer, § 1578b Rn. 205.
1583 C. Münch, ZNotP 2004, 122, 125.
1584 BGH, FamRZ 2008, 1739 ff.
1585 BGH, FamRZ 2010, 357; BGH, FamRZ 2010, 444.
1586 BGH, NJW 2010, 1665; BGH, FamRZ 2010, 1057.
1587 BGH, FamRZ 2007, 1303, 1304 f.
1588 BT-Drucks. 16/1830, S. 19.
1589 Der Anwendungsbereich ist durchaus umstritten, da i.R.d. § 1570 BGB von einer immanenten Zeitgrenze ohne Anwendung des § 1578b BGB ausgegangen wird, Viefhues/Mleczko, Rn. 342 f.; Borth, Unterhaltsrecht, Rn. 386.

C. Nachehelicher Unterhalt — Kapitel 6

e) Präklusion

I.R.d. § 1578b BGB ist besonders zu beachten, dass die Befristung nicht erst bei Fristablauf eingewendet werden darf, sondern bei Vorliegen ihrer Voraussetzungen **schon beim ersten Unterhaltstitel** berücksichtigt werden muss, sonst ist der Einwand der Befristung **später** nach § 323 Abs. 2 ZPO bzw. § 238 Abs. 2 FamFG **präkludiert**.[1590] Es ist dann weder eine Abänderungsklage noch eine Vollstreckungsgegenklage möglich.[1591] Daher sollte in jedem Verfahren die Befristung nach § 1578b BGB entweder geltend gemacht werden **oder** im Urteil niedergelegt sein, dass eine **Prognose über eine Befristung noch nicht getroffen** werden konnte, sodass eine Präklusion vermieden wird.[1592] An eine solche Befristung ist sogar dann zu denken, wenn derzeit – etwa wegen des vorrangigen Kindesunterhalts – gar keine Ehegattenunterhaltsansprüche in Betracht kommen, jedoch solche später möglicherweise im Raum stehen.[1593]

Nach Ansicht des **BGH** ist zwar eine **abschließende Entscheidung erst** dann möglich, wenn die Verhältnisse der Ehegatten **wirtschaftlich entflochten** sind und sich so abschätzen lässt, ob ehebedingte Nachteile dauerhaft bestehen, **gleichwohl** muss aber über schon **absehbare Sachlagen entschieden** werden, etwa über eine bereits mögliche Herabsetzung. Verändert sich die Sachlage entgegen dieser Prognose ist dann eine Anpassung möglich.[1594] Kann eine solche Prognose hingegen noch gar nicht getroffen werden – das gilt insbesondere, wenn der **Berechtigte bei Eheschließung noch am Beginn seiner beruflichen Entwicklung** stand und die **Ehe lange gedauert hat** –, dann ist für die Beschränkung nach § 1578b BGB auf ein späteres **Abänderungsverfahren** zu verweisen.[1595]

Für den **Anwalt** stellt dies eine **Haftungsfalle** dar. Im **Unterhaltsprozess** muss er bereits im ersten Verfahren die Befristung vortragen.[1596] Allerdings hat nach Ansicht des OLG Düsseldorf das Familiengericht von Amts wegen über die Befristung zu entscheiden, sodass allein das Unterlassen eines entsprechenden Antrages nicht zu einer Anwaltshaftung führen soll.[1597]

▶ **Gestaltungsempfehlung:**

Jeder anwaltliche Vertreter muss künftig an einen Vortrag zur Befristung des Unterhaltsanspruchs denken. Wenn eine Prognose nicht möglich ist, sollte das Urteil darauf einen Hinweis enthalten, um spätere Präklusion zu vermeiden.

Wie steht es nun mit der **notariellen Urkunde**?

Auf die notarielle Urkunde findet ebenso wie auf einen gerichtlichen Vergleich die **Präklusionsnorm des § 323 Abs. 2 ZPO bzw. des § 238 Abs. 2 FamFG keine Anwendung**. Der BGH hat mehrfach entschieden, dass ungeachtet der in § 323 Abs. 4 ZPO enthaltenen Verweisung auf Abs. 2 auch für andere Schuldtitel die Präklusionsvorschriften für diese nicht gelten, weil Abs. 2 nur die Rechtskraftwirkung unanfechtbar gewordener Entscheidungen sichern solle und dieser Zweck bei anderen Titeln nicht in Betracht komme.[1598] Da die Grundlage notarieller Urkunden allein der Wille der Parteien ist, richtet sich eine **Abänderung ausschließlich nach materiellem Recht**, wie dies nunmehr § 323a ZPO und § 239 FamFG klarstellen.[1599] Demnach wäre eine Änderung einer notariellen Urkunde

---

1590 BGH, NJW 2008, 2581, 2584; Borth, FamRZ 2008, 105, 107.
1591 BGH, FamRZ 2001, 905 f.
1592 Viefhues/Mleczko, Rn. 463 ff.; vgl. OLG Hamm, FamFR 2011, 565.
1593 Viefhues/Mleczko, Rn. 346.
1594 BGH, NZFam 2018, 885 ff. = FamRZ 2018, 1506.
1595 BGH, FamRZ 2019, 110.
1596 Ehinger, FamRB 2008, 212, 218.
1597 OLG Düsseldorf, FamRB 2015, 374.
1598 BGH, NJW 1983, 228, 230; BGH, NJW 1995, 534, 536; vgl. auch OLG Oldenburg, FamRZ 2006, 1842; Zöller/Vollkommer, ZPO, § 323a Rn. 1a E.
1599 Borth, FamRZ 2008, 107.

ohne Rücksicht auf die Präklusion nach den Grundsätzen über die Störung der Geschäftsgrundlage nach § 313 BGB erreichbar.

667 Allerdings wird auch bei notariellen Vereinbarungen eingewandt, dass eine **Abänderung** nach den Grundsätzen der Störung der Geschäftsgrundlage **ausscheidet, wenn bereits bei Beurkundung hinreichend Anlass** besteht, an eine Begrenzung zu denken, weil die Voraussetzungen entweder schon vorlagen oder aber wenigstens vorhersehbar waren.[1600] Hier hat der BGH neuerdings entschieden, dass bei einer erstmaligen Festsetzung des nachehelichen Unterhalts in einem Unterhaltsvergleich im Zweifel davon auszugehen ist, dass die Parteien die spätere Befristung des Unterhalts offen halten wollten. Damit ergibt sich für den BGH die Möglichkeit der späteren Befristung schon aus der Auslegung des Unterhaltsvergleichs, ohne dass es auf eine Störung der Geschäftsgrundlage ankommt.[1601]

668 Mit dem Inkrafttreten des Gesetzes zur Reform des Verfahrens in Familiensachen und in den Angelegenheiten der freiwilligen Gerichtsbarkeit[1602] wurde § 323 ZPO quasi aufgespalten. Er regelt weiterhin das Abänderungsverfahren bei Urteilen. Ein neuer § 323a ZPO jedoch regelt die Abänderung von Vergleichen und Urkunden. Dessen Abs. 2 ordnet ausdrücklich an, dass Voraussetzungen und Umfang der Änderung sich nach den Vorschriften des bürgerlichen Rechts richten.

669 Für Unterhaltsvergleiche und -urkunden ist eine eigene Abänderungsvorschrift in § 239 FamFG geschaffen worden, die inhaltlich dem § 323a ZPO gleicht. Die Verweisung auf die Vorschriften des bürgerlichen Rechts entspricht der bisherigen Auffassung zu § 323 ZPO. Danach kommt es in erster Linie darauf an, ob die Parteien selbst Voraussetzungen für die Abänderung vereinbart haben, ansonsten greifen die Regelungen der Störung der Geschäftsgrundlage.[1603]

▶ **Gestaltungsempfehlung:**

670 Bei jedem Zahlungstitel ist an die immanente Befristung etwa in § 1570 BGB oder an die Befristungs- und Beschränkungsmöglichkeiten des § 1578b BGB zu denken. Es ist zu empfehlen, die Anwendbarkeit oder Unanwendbarkeit der Vorschrift ausdrücklich festzuhalten.

671 Der Verweis auf die gesetzlichen Befristungsvorschriften geht aber vielen Beteiligten wegen der damit verbundenen Unsicherheit nicht weit genug, sodass **oft** eine **ausdrücklich terminliche Befristung gewünscht** wird.

f) Weitere Gesichtspunkte zu Herabsetzung und Befristung

672 Eine analoge Anwendung des § 1578b BGB auf den Trennungsunterhalt ist nicht möglich.[1604]

673 Noch nicht vollständig geklärt ist das Verhältnis zu § 1579 Nr. 1 BGB bei der kurzen Ehe. Nach den Gesetzesmaterialien wird § 1578b BGB von § 1579 Nr. 1 BGB verdrängt,[1605] dies ist jedoch nicht unbestritten.[1606]

674 Der BGH sah sich bereits zweimal veranlasst, auszusprechen, dass § 1578b BGB nicht wegen Unbestimmtheit verfassungswidrig ist. Vielmehr habe der Gesetzgeber die Befristung von einer Einzelfallentscheidung unter Abwägung aller Umstände abhängig machen dürfen.[1607]

1600 Schwab/Ernst/Borth, § 8 Rn. 488; Schürmann, FuR 2008, 183, 190; Viefhues/Mleczko, Rn. 488; Berringer/Menzel, MittBayNot 2008, 165, 169; OLG Düsseldorf, OLGR 1996, 221, 222.
1601 BGH, FamRB 2010, 262; diese Rechtsprechung kann zur Bevorzugung des notariellen Unterhaltstitels ggü. der gerichtlichen Entscheidung führen, so Kieninger, FamRB 2010, 263.
1602 BGBl. 2008 I, S. 2586 ff.
1603 So ausdrücklich die Begründung zu § 239 FamFG.
1604 OLG Düsseldorf, FamFR 2010, 390; Triebs, FPR 2008, 31, 35 (der freilich andere Begrenzungen vorschlägt); Eickelberg, RNotZ 2009, 1, 20.
1605 BT-Drucks. 16/1830, S. 19.
1606 A.A. Eickelberg, RNotZ 2009, 1, 20.
1607 BGH, NJW 2010, 3097 = FamRZ 2010, 1633; BGH, FamRZ 2010, 1414.

C. Nachehelicher Unterhalt   Kapitel 6

Der BGH hat deutlich ausgesprochen, dass § 1578b BGB eheliches Fehlverhalten im Rahmen der Billigkeitsabwägung nicht berücksichtigt, sondern dass hier objektive Umstände abzuwägen sind. Es geht nicht um ein Unwerturteil.[1608] 675

g) Einzelfallentscheidungen

Wie nicht anders zu erwarten war, sehen die Gerichte die Voraussetzungen und Folgen des § 1578b BGB nicht einheitlich. Dies führt zum einen zu einer unterschiedlichen Ausarbeitung im Rahmen der unterhaltsrechtlichen Leitlinien (15.7.), zum anderen aber auch zu divergierenden Gerichtsentscheidungen.[1609] Folgende wichtige höchstrichterliche Urteile zu diesem Problemkreis mögen als Beleg dienen: 676
– **BGH**: Eine Befristung kann nicht mit dem Argument abgelehnt werden, dadurch würde dann **später der Einsatzzeitunkt** des Anspruchs auf Unterhalt wegen Alters **nach § 1571 Nr. 3 BGB wegfallen**.[1610]
– **BGH**: Ehebedingte Nachteile i.S.d. § 1578b BGB sind nicht **Versorgungsnachteile** durch eine Berufsunterbrechung während der Ehe, wenn für diese Zeit ein Versorgungsausgleich stattgefunden hat.[1611] Der BGH hat inzwischen präzisiert, dass Versorgungsnachteile jedoch dann ehebedingte Nachteile begründen können, wenn ein Versorgungsausgleich nur für einen geringen Teil der Ehezeit stattgefunden hat, weil der Unterhaltsverpflichtete schon kurz nach Eheschließung Rentner geworden ist.[1612] Es muss daher **immer zuerst geprüft** werden, ob der **Versorgungsausgleich** diese Nachteile ausgeglichen hat.[1613]
– **BGH**: Bei Herabsetzung oder Befristung muss der angemessene Lebensbedarf – dieser bemisst sich nach dem Einkommen, das der unterhaltsberechtigte Ehegatte ohne die Ehe und Kindererziehung aus eigenen Einkünften zur Verfügung hätte –, mindestens jedoch das **Existenzminimum** im Regelfall **gesichert** sein.[1614]
– **BGH**: Beim **Krankheitsunterhalt** kann ein ehebedingter Nachteil darin liegen, dass der Unterhaltsberechtigte aufgrund der ehelichen Rollenverteilung in der Ehe nicht ausreichend für den Fall der krankheitsbedingten Erwerbsminderung **vorgesorgt** hat. Die **Krankheit** als solche wird **nur in den seltensten Fällen** ehebedingt sein. Liegen somit keine ehebedingten Nachteile vor, ist bei der Billigkeitsabwägung entscheidend auf das Maß der vom Verpflichteten geschuldeten nachehelichen Solidarität abzustellen.[1615] Bei einer Heirat schon mit 16 wegen Schwangerschaft, der Erziehung von vier Kindern und einer 26-jährigen Ehedauer spricht die geschuldete nacheheliche Solidarität gegen eine Befristung.[1616] Eine solche Befristung kann beim Krankheitsunterhalt sogar dann stattfinden, wenn der Berechtigte dann auf Sozialhilfe angewiesen wird.[1617]
– **BGH**: Ein **Aufstockungsanspruch** ist regelmäßig zu befristen, wenn **keine ehebedingten Nachteile** vorliegen. Sind solche gegeben und dauern fort, scheidet umgekehrt eine Befristung regelmäßig aus.[1618] Später aber einschränkend: Keine Befristung, wenn Ehemann berufliche Fortbildung und aktuelles Einkommen jedenfalls auch der **Unterstützung der Ehefrau zu verdanken** hat.[1619] Diesen Gedanken greift der BGH auch in einem Fall auf, in dem der Ehemann sein hohes Ein-

---

1608 BGH, FamRZ 2010, 2059.
1609 Dies arbeitet heraus Strohal, FPR 2011, 141 f.; Viefhues, FuR 2015, 311 f.; Viefhues, FuR 2019, 490 ff.; Niepmann, FF 2018, 471 ff.
1610 BGH, FPR 2008, 449 = FamRZ 2008, 1508 m. Anm. Borth.
1611 BGH, NJW 2008, 2581 = FamRZ 2008, 1325; OLG Köln, OLGR 2009, 691.
1612 BGH, NJW 2010, 3097.
1613 BGH, FamRZ 2012, 772.
1614 BGH, NJW 2009, 3783 – im Urteilsfalle 500,00 €; BGH, NZFam 2019, 1095.
1615 BGH, FamRZ 2009, 406, 409; vgl. auch OLG Celle, FamRZ 2008. 56.
1616 BGH, FamRZ 2009, 1207 m. Anm. Hoppenz 1308 = NJW 2009, 2450; hierzu Wellenhofer, JuS 2010, 74.
1617 BGH, NJW 2010, 2953 = FamRZ 2010, 1414; hierzu Graba, FamFR 2010, 361 f.
1618 BGH, NJW 2009, 588 = FamRZ 2009, 411.
1619 BGH, NJW 2011, 3577 m. Anm. Born.

- kommen der Heirat und anschließenden Übersiedlung aus der Tschechoslowakei nach Deutschland zu verdanken habe.[1620] Es spricht also quasi ein **ehebedingter Vorteil** gegen die Begrenzung.
- BGH: Bei **Berufsaufgabe während intakter Ehe** liegt ein **ehebedingter Nachteil** vor, unabhängig davon, ob der andere Ehegatte damit einverstanden war. Ausnahme: Verlust oder Aufgabe des Arbeitsplatzes beruhen ausschließlich auf Gründen, die außerhalb der Ehegestaltung liegen.[1621]
- BGH: Tritt der Berechtigte in das **Rentenalter**, so kann dies einen Grund darstellen, Zahlungen aus einem Vergleich nach § 1578b BGB zu begrenzen. Der BGH wertete dies als Abänderungsgrund und findet den angemessenen Lebensbedarf im Vergleich mit der Altersrente, die ohne ehebedingte Einschränkungen bezogen würde.[1622] Ein ehebedingter Nachteil liegt jedoch insoweit nicht vor, als die Renteneinbuße durch den Versorgungsausgleich ausgeglichen wurde.[1623]
- BGH: Der durch die Eheschließung bedingte **Wegfall eines Unterhaltsanspruchs aus einer früheren Ehe** stellt **keinen ehebedingten Nachteil** dar.[1624] Der Nachteil ist allein durch die Eheschließung ausgelöst, nicht aufgrund der Rollenverteilung in der Ehe.
- BGH: Ein ehebedingter Nachteil liegt nicht nur in der Aufgabe einer Erwerbstätigkeit, sondern auch in dem ehebedingten **Wechsel des Arbeitsplatzes**, wenn dieser Nachteile nach sich zieht.[1625]
- BGH: In ständiger Rechtsprechung vertritt der BGH, dass eine Kindesbetreuung mit **Karriereunterbrechung vor der Ehe** keinen ehebedingten Nachteil begründet. Dieser kann sich frühestens durch die Fortsetzung der Kindesbetreuung nach Eheschließung ergeben.[1626] Diese Ansicht stößt z.T. auf Kritik, die mit dem Hinweis verbunden wird, dass kindererziehende Lebensgefährten sich durch einen Partnerschaftsvertrag schützen müssten.[1627]
- BGH: **Ehebedingte Erwerbsnachteile können** durch andere Vermögens- oder Einkommenszuwächse **kompensiert** werden, die auf der Ehe beruhen, insbesondere durch **ehebedingte Zuwendungen**.[1628] Eine solche Kompensation kann aber auch durch den **Versorgungsausgleich** erfolgen, wenn der berechtigte Ehegatte durch die damit übertragene Versorgung ein größeres Einkommen erzielt als zuvor durch seine Erwerbsarbeit.[1629] Der ehebedingte Nachteil entfällt dann jedenfalls mit Erreichen der Regelaltersgrenze. Umgekehrt können **Nachteile im Versorgungsausgleich** dadurch **kompensiert** werden, dass **Altersvorsorgeunterhalt** erlangt werden kann oder hätte erlangt werden können.[1630] Auch der ehebedingte Vorteil der **Erlangung eines Zugewinnausgleichs** kann einen versorgungsrechtlichen Nachteil **kompensieren**.[1631]
- BGH: Genügt der **Unterhaltsberechtigte aktuell** seiner **Erwerbsobliegenheit**, kann ihm nicht vorgehalten werden, er hätte in der Vergangenheit Erwerbsbemühungen entfalten müssen, um den Nachteil zu kompensieren.[1632]
- BGH: Ein **ehebedingter Nachteil**, der darin besteht, dass der unterhaltsberechtigte Ehegatte nachehelich **geringere Versorgungsanrechte** erwirbt als er bei hinweggedachter Ehe erwürbe, wird **ausgeglichen**, wenn er **Altersvorsorgeunterhalt** erlangen kann.[1633] Ein solcher Nachteil bleibt insbesondere dann bestehen, wenn der betreffende Ehegatte keine Erwerbsminderungsrente erlangen kann, die er sonst nach § 43 Abs. 2 SGB VI früher erlangt hätte.[1634]

1620 BGH, FamRZ 2013, 1291 m. Anm. Born.
1621 BGH, MittBayNot 2011, 232; OLG Stuttgart, FamRZ 2011, 906.
1622 BGH, NJW 2011, 3645; dazu Born, NJW 2011, 3611 ff.
1623 BGH, FamRZ 2008, 1325; BGH, FamRZ 2008, 1508; BGH, FamRZ 2010, 869.
1624 BGH, NJW 2012, 309 = FamRZ 2012, 197; anders noch OLG Düsseldorf, FamRZ 2010, 1912.
1625 BGH, FamRZ 2013, 935 = NJW 2013, 1738.
1626 BGH, FamRZ 2012, 776 m. Anm. Maurer = NJW 2012, 1506; BGH, FamRZ 2013, 850 = NJW 2013, 1444 m. Anm. Born; zum fortgesetzten Nachteil: OLG Karlsruhe, FamRZ 2011, 818.
1627 Maurer, FamRZ 2013, 863 f.
1628 BGH FamRZ 2011, 1381, Rn. 33 = NJW 2011, 2512; BGH, NJW 2012, 1144.
1629 BGH, FamRZ 2012, 951 f.
1630 BGH, NJW 2014, 2192; BGH, FamRB 2018, 430.
1631 BGH, FamRB 2018, 430.
1632 BGH, FamRZ 2013, 274.
1633 BGH, NJW 2014, 1302 = FamRZ 2014, 823; BGH, NJW 2014, 2192.
1634 BGH, NZFam 2019, 1095.

C. Nachehelicher Unterhalt

- **BGH:**[1635] Ehebedingter Nachteil, wenn sich ein Ehegatte ehebedingt nur in einem **sehr eingeschränkten Radius** und später gar nicht mehr um eine seiner beruflichen Qualifikation entsprechende **Stelle bewerben** kann.[1636]
- **BGH:** Im Gegensatz von in der Literatur vertretenen Auffassungen hat der BGH entschieden, dass der ehebedingte Erwerbsnachteil regelmäßig die Herabsetzung des nachehelichen Unterhaltsanspruchs begrenzt, aber **nicht hälftig auf die beiden geschiedenen Ehegatten zu verteilen**, sondern in voller Höhe zugunsten des Unterhaltsberechtigten zu berücksichtigen ist.[1637]
- **OLG Brandenburg:** Wenn die Auseinandersetzung über den Zugewinn noch nicht beendet ist, können Unterhaltsansprüche nicht befristet werden, denn wenn die wirtschaftlichen Verhältnisse der Ehegatten noch nicht entflochten sind, ist die anzustellende Billigkeitsabwägung noch nicht möglich.[1638]
- **OLG Brandenburg:** Bei kinderloser Ehe von 20 Jahren ohne ehebedingte Nachteile: Unterhaltsbefristung auf vier Jahre;[1639]
- **OLG Brandenburg:** Ehedauer von mehr als fünf Jahren, keine ehebedingten Nachteile: Unterhaltsbefristung bis zur Vollendung des zehnten Lebensjahres des gemeinsamen Kindes;[1640]
- **OLG Brandenburg:** Ehedauer von 28 Jahren, keine ehebedingten Nachteile: Nachehelicher Aufstockungsunterhalt kann auf neun Jahre befristet werden.[1641]
- **OLG Brandenburg:** Westkontakte des Ehemannes, die einer Karriere der Ehefrau bei der Volkspolizei der DDR entgegenstanden, können nicht als ehebedingte Nachteile gelten.[1642]
- **OLG Braunschweig:**[1643] Unterhalt wegen einer Krankheit, die durch die Geburt der Kinder verursacht wurde, ist nicht zu befristen,
- **OLG Bremen:**[1644] auch nach 27 Ehejahren kommt eine Herabsetzung des Unterhalts infrage, wenn keine ehebedingten Nachteile vorliegen, jedoch höchstens bis zum Ehegattenselbstbehalt,
- **OLG Bremen;** Krankheitsunterhalt kann herabgesetzt und/oder befristet werden, wenn dem Unterhaltsberechtigten keine ehebedingten Nachteile im Hinblick auf die Möglichkeit entstanden sind, für den eigenen Unterhalt zu sorgen. Zu prüfen ist dann, ob die nacheheliche Solidarität auch bei schicksalhafter Erkrankung eine fortdauernde Verantwortung gebietet. Hierbei ist die Ehedauer von großer Bedeutung.[1645]
- **OLG Bremen:** nach 31-jähriger Ehe und Erziehung zweier Kinder keine Berufsrückkehr mehr möglich: keine Herabsetzung des Aufstockungsunterhalts;[1646]
- **OLG Celle:** Ist die berufliche Chance durch eine allgemeine Entwicklung (hier: Wegfall aller Berufschancen im Schneiderhandwerk) geschwunden, so ist die Familienarbeit nicht kausal für einen ehebedingten Nachteil. Die dadurch bedingte Erwerbslosigkeit verschlechtert die Berufschancen nicht.[1647]
- **OLG Celle:** Bei Krankheitsunterhalt nach 4 1/2-jähriger Ehedauer Befristung auch dann, wenn die Erkrankung noch während der Kindesbetreuungszeit aufgetreten ist;[1648]

1635 Zusammenfassend zur Rechtsprechung des BGH: Schilling, FuR 2014, 130.
1636 BGH, FamRZ 2014, 1007.
1637 BGH, FamRZ 2016, 1345.
1638 OLG Brandenburg, FamRB 2008, 296.
1639 OLG Brandenburg, NJW-RR 2009, 3.
1640 OLG Brandenburg, NJW 2008, 3722.
1641 OLG Brandenburg, NJW-RR 2009, 1227.
1642 OLG Brandenburg, NZFam 2014, 1004.
1643 OLG Braunschweig, FamRZ 2008, 999.
1644 OLG Bremen, ZFE 2008, 310 = FamRB 2008, 234.
1645 OLG Bremen, NJW 2009, 1976.
1646 OLG Bremen, FuR 2009, 627.
1647 OLG Celle, FamRZ 2008, 1949.
1648 OLG Celle, FamRZ 2008, 1449.

- **OLG Celle:** Bei unterschiedlichem vorehelichen Qualifikationsniveau ist nach einer Übergangszeit der Lebensstandard ohne Ehe ausreichend;[1649]
- **OLG Celle:** Lücke in Rentenbiografie ist kein ehebedingter Nachteil i.S.d. § 1578b BGB, wenn Versorgungsausgleich komplett durchgeführt wurde.[1650]
- **OLG Dresden:** Nach 32-jähriger Hausfrauenehe kann der nacheheliche Unterhalt weder befristet noch begrenzt werden.[1651]
- **OLG Düsseldorf:** Nach einer langen Ehe von 30 Jahren stellt die fehlende berufliche Praxis einen ehebedingten Nachteil dar, denn sie ist kausal dafür, dass nunmehr nur noch Tätigkeiten im Geringverdienerbereich angenommen werden können.[1652]
- **OLG Düsseldorf:** Trotz des Fehlens ehebedingter Nachteile ist bei 17-jähriger Ehedauer der Unterhalt nicht sofort zu versagen, sondern auf vier Jahre zu befristen.[1653]
- **OLG Düsseldorf:** Befristung ist v.a. bei erheblichem vorehelichen Qualifikationsunterschied auszusprechen. Der Anspruch aus § 1573 Abs. 2 BGB ist dabei kürzer befristet als der Anspruch auf Unterhalt wegen Krankheit (Teilerwerbstätigkeit).[1654]
- **OLG Düsseldorf:** Arbeitet die Mutter eines Kindes, welches das dritte Lebensjahr vollendet hat, vollschichtig, so zeigt sie damit, dass beides vereinbar ist. Der Abzug eines Betreuungsbonus oder nur eine Teilanrechnung kommen dann nicht in Betracht.[1655]
- **OLG Düsseldorf:** Ehebedingter Nachteil, der eine Befristung i.d.R. ausschließt, kann der Verlust eines Unterhaltsanspruchs aus erster Ehe durch die Wiederheirat sein.[1656]
- **OLG Düsseldorf:** Eine zeitliche Befristung ist auch dann möglich, wenn der **Unterhaltsberechtigte** dadurch **unter das Existenzminimum** fällt.[1657]
- **OLG Frankfurt am Main:** Keine ehebedingten Nachteile, wenn die Zeit der Kindererziehung vor der Ehe gelegen hat[1658] oder der Beruf schon vor der Ehe aufgegeben wurde.[1659]
- **OLG Frankfurt am Main:** Bei 23-jähriger Ehe ohne ehebedingte Nachteile, soll der Krankheitsunterhalt nicht befristet werden, er kann aber auf den angemessenen Lebensbedarf, jedoch nicht unter das Existenzminimum herabgesetzt werden.[1660]
- **OLG Frankfurt am Main:** Nach 25-jähriger Ehe mit vier Kindern scheidet eine Befristung aus.[1661]
- **OLG Frankfurt am Main:** Vollzeittätigkeit neben der Betreuung eines 3-jährigen Kindes ist auch bei kurzer Ehe überobligatorisch. Das OLG rechnet nach, dass dann keine Zeit bliebe für Wege zwischen Arbeit und Kinderbetreuungsstätte sowie für die gesetzlich vorgeschriebenen Pausen.[1662]
- **OLG Hamburg:** Befristung bei Krankheitsunterhalt wegen Unterhaltsneurose, wenn der Verpflichtete wieder verehelicht ist und zwei kleine Kinder hat.[1663]
- **OLG Hamm:** Auch nach 36 Jahren Ehe, 18 Jahren Trennung und zwei schweren Krankheiten ist keine lebenslange nacheheliche Solidarität gefordert, sondern Herabsetzung/Befristung möglich.[1664] Etwas anders dagegen später nach der Rechtsprechungsänderung des BGH: Bei 33-jähri-

---

1649 OLG Celle, NJW 2008, 2449.
1650 OLG Celle, BeckRS 2009, 12552.
1651 OLG Dresden, NJW-RR 2010, 437.
1652 OLG Düsseldorf, FamRZ 2008, 1950.
1653 OLG Düsseldorf, FuR 2008, 563.
1654 OLG Düsseldorf, FamRB 2010, 5; zur unterschiedlichen Befristung ebenso OLG Schleswig, ZFE 2011, 73.
1655 OLG Düsseldorf, FamRZ 2010, 39.
1656 OLG Düsseldorf, FamFR 2010, 226.
1657 OLG Düsseldorf, RNotZ 2011, 423.
1658 OLG Frankfurt am Main, NJW 2008, 3440.
1659 OLG Frankfurt am Main, FamRZ 2009, 1162.
1660 OLG Frankfurt am Main, FamRZ 2009, 526.
1661 OLG Frankfurt am Main, FamFR 2009, 49.
1662 OLG Frankfurt am Main, BeckRS 2009, 8801.
1663 OLG Hamburg, FamRZ 2009, 781.
1664 OLG Hamm, NJW-RR 2009, 508.

ger Ehedauer und dem Vorliegen ehebedingter Nachteile ist der Aufstockungsunterhalt weder herabzusetzen noch zu befristen.[1665]
- OLG Hamm: Auch nach 28-jähriger Ehe mit Berufspause, aber vollschichtiger Tätigkeit im erlernten Beruf ist eine Befristung möglich.[1666]
- OLG Hamm: Eine Befristung des Krankheitsunterhaltes ist möglich, wenn für die Unterhaltsberechtigte die Chance bestanden hätte, durch Erwerbstätigkeit nach Abschluss der Kindererziehung einen Anspruch auf Rente wegen Erwerbsminderung zu erlangen.[1667]
- OLG Hamm: In einer klassischen **Hausfrauenehe** kommt eine Befristung nicht in Betracht, wenn der heute Unterhaltspflichtige während der Ehe vom Berechtigten **finanzielle Unterstützung** erhielt.[1668]
- OLG Hamm: Mehrere Umzüge der Ehefrau eines Berufssoldaten mit jeweiliger Aufgabe des Arbeitsplatzes begründen einen dauerhaften ehebedingten Nachteil.[1669]
- OLG Hamm: Ein ehebedingter Nachteil kann darin liegen, dass ein Anspruch auf Erwerbsminderungsrente wegen einer Aufgabe der Erwerbstätigkeit infolge Kindererziehung ausscheidet.[1670]
- OLG Hamm: Nach mehr als 18-jähriger Ehedauer und der Betreuung dreier Kinder kann nach 23-jähriger Unterhaltszahlung eine Befristung mit einer Übergangszeit von einem Jahr erfolgen.[1671]
- OLG Hamm: Mögliche ehebedingte **Nachteile des Pflichtigen** sind **nicht** in die Billigkeitsabwägung des § 1578b BGB **einzustellen**.[1672]
- OLG Jena: Nach 25-jähriger Ehe mit drei Kindern kann ein Aufstockungsunterhalt auf vier Jahre befristet werden.[1673]
- OLG Karlsruhe:[1674] Keine Befristung oder Herabsetzung mehr nach 19-jähriger Ehe und fortdauernden ehebedingten Nachteilen.
- OLG Karlsruhe: In einer grundsätzlichen Entscheidung zu § 1578b BGB hat das Gericht ausgesprochen, dass bei fortbestehenden ehebedingten Nachteilen eine Befristung zwar ausscheide, eine Herabsetzung aber bei vorehelichem Qualifikationsgefälle sehr wohl in Betracht komme.[1675] Bei einer ausländischen Unterhaltsberechtigten spricht sich das Gericht dafür aus, einen ehebedingten Nachteil nur anzunehmen, wenn ohne die Übersiedlung zu Hause der Status besser gewesen wäre.
- OLG Karlsruhe: Auch ohne ehebedingte Nachteile sind nach 17 Jahren Ehe noch vier Jahre Unterhalt zu gewähren.[1676]
- OLG Karlsruhe: Das Gericht ordnet eine depressive Verstimmung wegen der Scheidung als ehebedingte Krankheit ein und ist damit wesentlich großzügiger als andere Gerichte.[1677]
- KG: Bei einem 6-jährigen Kind, das an chronischem Asthma leidet, ist nur eine etwa halbtägige Beschäftigung zumutbar. Der Unterhaltsanspruch ist nicht zeitlich zu befristen, wenn derzeit nicht absehbar ist, welche ehebedingten Nachteile der betreuenden Mutter noch entstehen.[1678]

1665 OLG Hamm, NJW-RR 2012, 2.
1666 OLG Hamm, ZFE 2009, 235.
1667 OLG Hamm, FamRZ 2010, 814.
1668 OLG Hamm, FamFR 2013, 415.
1669 OLG Hamm, FamFR 2010, 83.
1670 OLG Hamm, FamRZ 2015, 1397.
1671 OLG Hamm, FamRZ 2017, 1306.
1672 OLG Hamm, FamRB 2018, 48.
1673 OLG Jena, FamRZ 2010, 216.
1674 OLG Karlsruhe, FamRZ 2008, 1187 = ZFE 2008, 352.
1675 OLG Karlsruhe, FamRZ 2008, 2206.
1676 OLG Karlsruhe, NJW-RR 2009, 1011.
1677 OLG Karlsruhe, FuR 2010, 411.
1678 KG, FamRZ 2008, 1942 f.

- KG: Liegen bei Scheidung die Voraussetzung für Krankheitsunterhalt vor, so endet die nacheheliche Solidarität nicht einfach irgendwann nach der Scheidung mit der Folge, dass sie durch die gesellschaftliche Solidarität abzulösen wäre. Der Unterhalt ist jedenfalls dann nicht zu befristen, wenn der Berechtigte unter Berücksichtigung seiner Krankheit alles ihm Mögliche getan hat, um seine Gesundheit wieder herzustellen.[1679] Diese Ansicht hat der **BGH** später ausdrücklich als unzutreffend abgelehnt. Dieser Meinung sei der Gesetzgeber gerade nicht gewesen, sonst könne man Krankheitsunterhalt generell nicht befristen. Vielmehr sei die Befristung in jedem Einzelfall abzuwägen.[1680]
- KG: Es stellt einen ehebedingten Nachteil dar, wenn ein Ehegatte, der während der Ehe nicht gesetzlich krankenversichert war, nun **aufgrund seines Alters nach den Vorschriften des SGB V nicht mehr krankenversichert** wird. Daher kann Krankenvorsorgeunterhalt nicht befristet werden, wohl aber auf die Hälfte des Basistarifs herabgesetzt werden.[1681]
- KG: Hat ein Ehepartner durchgehend – auch nach der Geburt von Kindern – und mit gleichbleibendem Einkommen als freiberuflicher Journalist gearbeitet, so liegen keine ehebedingten Nachteile vor.[1682]
- KG: Nacheheliche Solidarität ist keine Einbahnstraße. Befristung kann auch dann in Betracht kommen, wenn zwar lange Ehedauer, aber der Unterhaltsberechtigte seine Erwerbsobliegenheit über Jahre hinweg vernachlässigt hat.[1683]
- OLG Koblenz: Nach 13-jähriger Ehe ohne ehebedingte Nachteile kann der Unterhalt auf neun Jahre befristet werden, wenn der angemessene Unterhaltsbedarf auch so gesichert ist und der Berechtigte keine entgegenstehenden Dispositionen getroffen hat.[1684]
- OLG Köln: § 1578b BGB hat keine sachliche Änderung gebracht, sondern kodifiziert nur die einschlägige BGH-Rechtsprechung.[1685]
- OLG Köln:[1686] Keine Befristung mehr nach 25-jähriger Erziehungspause.
- OLG Köln:[1687] Aufgabe gut dotierter Stelle ist ehebedingter Nachteil. Die spekulative Behauptung, aufgrund des schlechten Gesundheitszustandes wäre diese Stelle mittlerweile ohnehin gekündigt, kann dies nicht entkräften.
- OLG Köln: Legt ein Ehegatte dar, dass er ohne Erziehung von Kindern eine laufbahnübersteigende Beförderung hätte erreichen können, so genügt dies für die Annahme ehebedingter Nachteile.[1688]
- OLG Köln: Die Aufgabe der Berufstätigkeit in Absprache mit dem Verpflichteten begründet einen ehebedingten Nachteil.[1689]
- OLG Köln: Bei ungelernter Arbeitskraft und Ehe unter fünf Jahren sofortige Unterhaltsherabsetzung, da Ehemann Betreuung und Erwerb leistet.[1690]
- OLG Köln: Sofortige Begrenzung des Unterhalts mit der Scheidung auf den angemessenen Lebensbedarf, bei 30-jähriger Ehefrau ohne Berufsausbildung und ohne ehebedingte Nachteile nach nur 5-jähriger Ehe, wenn das gemeinsame Vorschulkind bereits seit einem Jahr vom Vater betreut und unterhalten wird.[1691]

1679 KG, FamRZ 2009, 1153 – nun aufgehoben von BGH, FamRZ 2010, 1414.
1680 BGH, FamRZ 2010, 1414.
1681 KG, FamRZ 2013, 1047 = FamFR 2013, 204.
1682 KG, FamFR 2010, 465.
1683 KG, FamRZ 2016, 1939.
1684 OLG Koblenz, FamRZ 2010, 379.
1685 OLG Köln, NJW 2008, 2448.
1686 OLG Köln, NJW 2008, 2448.
1687 OLG Köln, FamFR 2009, 116.
1688 OLG Köln, FamRZ 2010, 649.
1689 OLG Köln, FamRZ 2010, 217 (LS).
1690 OLG Köln, FamFR 2010, 58.
1691 OLG Köln, FamRZ 2010, 654.

- **OLG München:**[1692] Bei 10-jähriger Ehe und 3-jähriger Trennungszeit ohne ehebedingte Nachteile 3-jährige Befristung.
- **OLG München:** Bei Betreuung eines 6-jährigen Kindes noch keine Vollzeiterwerbsobliegenheit.[1693]
- **OLG München:** Bei Krankheitsunterhalt ohne ehebedingte Nachteile nach 3-jährigem Zusammenleben in der Ehe und Wiederheirat des Unterhaltsverpflichteten kann der Unterhalt auf drei Jahre befristet werden.[1694]
- **OLG Nürnberg:**[1695] keine Befristung und Beschränkung, wenn nach langer Ehedauer eine sich verschlechternde Krankheit vorliegt. Hier komme der ehelichen Solidarität auch ohne ehebedingte Nachteile eine gesteigerte Bedeutung zu.
- **OLG Nürnberg:** Keine Befristung bei 27 Jahre währender Ehe, Erziehung von zwei Kindern und nur noch eingeschränkter Erwerbstätigkeit.[1696]
- **OLG Oldenburg:** Nach 28 Jahren Ehe und Erziehung von drei Kindern für ungelernte Berechtigte mit nachgewiesenen ehebedingten Nachteilen und insgesamt beengten finanziellen Verhältnissen Unterhalt befristet auf zehn Jahre.[1697]
- **OLG Oldenburg:** Heirat einer Studentin und Abbruch des Studiums wegen der Geburt eines gemeinsamen Kindes führt zu ehebedingten Nachteilen, auch wenn die Qualifikation verglichen mit dem Heiratstag sich während der Ehe sogar verbessert hat.[1698]
- **OLG Oldenburg:** Krankenvorsorgeunterhalt kann in der Höhe nach § 1578b BGB herabgesetzt werden, wenn ein den ehelichen Lebensverhältnissen entsprechender Versicherungsschutz in der privaten Krankenversicherung nur mit einem unverhältnismäßig hohen Beitrag erreicht werden kann. Betrifft insb. Beamtenehen, für die das Gericht die Herabsetzung auf den Basistarif nach § 12 Abs. 1a VAG vorschlägt.[1699]
- **OLG Saarbrücken:** Auch bei 28-jähriger Ehe ohne ehebedingte Nachteile ist eine Befristung auf zehn Jahre möglich.[1700] Dass ohne Kinderbetreuung eine höher vergütete berufliche Tätigkeit erreicht worden wäre, ist konkret darzulegen, alleine die theoretische Chance genügt nicht.[1701]
- **OLG Saarbrücken:** Bei Krankheit kann ein ehebedingter Nachteil darin liegen, dass der Berechtigte die Voraussetzungen einer **Rente wegen voller Erwerbsminderung** nicht erfüllt, weil er aufgrund der Rollenverteilung in der Ehe nicht genügend Pflichtbeiträge zur gesetzlichen Rentenversicherung abgeführt hat, § 43 Abs. 1, 2 SGB VI. Das gilt aber nicht, wenn auch das Nichterlangen der Erwerbsminderungsrente rein krankheitsbedingt ist.[1702]
- **OLG Schleswig:** Je geringer die ehebedingten Nachteile, desto eher kommt eine Herabsetzung oder Befristung in Betracht. Liegen ehebedingte Nachteile vor, schließen sie die Befristung nicht gänzlich aus, vielmehr sind sie zu gewichten.[1703]
- **OLG Stuttgart:** Für die Frage der Dauer einer Befristung ist auch in Betracht zu ziehen, wie lange schon bisher Unterhalt gezahlt wurde. Dieser Zeit ist gleichzusetzen der Zeitraum, in dem ein Unterhaltsanspruch wegen der Tilgung gemeinsamer Schulden entfiel.[1704]
- **OLG Stuttgart:** Bei der Frage der Unterhaltsbegrenzung ist der ehebedingte Nachteil zu quantifizieren. Hierzu ist von dem nach vorehelicher Ausbildung/Berufsausübung mit Karriereschrit-

---

1692 OLG München, NJW 2008, 2447.
1693 OLG München, FamRB 2008, 264; bestätigt insoweit durch BGH, FamRZ 2009, 1391.
1694 OLG München, FamRZ 2008, 1959.
1695 OLG Nürnberg, NJW 2008, 2444 = FamRB 2008, 137.
1696 OLG Nürnberg, NJW-RR 2009, 292.
1697 OLG Oldenburg, FamRZ 2009, 1159.
1698 OLG Oldenburg, MDR 2009, 1116.
1699 OLG Oldenburg, FamRZ 2010, 567.
1700 OLG Saarbrücken, FamRZ 2009, 349.
1701 OLG Saarbrücken, FamRZ 2010, 652.
1702 OLG Koblenz, FamRZ 2012, 1394.
1703 OLG Schleswig, FamRZ 2010, 651.
1704 OLG Stuttgart, FamRZ 2008, 2208.

ten erzielbaren Nettoeinkommen das tatsächlich erzielte Nettoeinkommen abzuziehen. Auf diesen Differenzbetrag kann der Unterhalt dann herabgesetzt werden.[1705]
- **OLG Stuttgart**: Eine **37jährige Ehedauer** steht auch ohne ehebedingte Nachteile einer Befristung entgegen. Diese kann allerdings auf lange Sicht durch den späteren Eintritt in das Rentenalter vorgenommen werden, wenn ab da der angemessene Lebensbedarf durch Altersversorgung gedeckt ist.[1706]
- **OLG Zweibrücken**:[1707] Nach 21 Ehejahren ohne ehebedingte Nachteile Befristung möglich, auch wenn berufliche Zukunft des Berechtigten nicht gesichert ist, allerdings großzügige Übergangsregelung mit 16-jähriger Frist.
- **OLG Zweibrücken**: Nach 21-jähriger Ehe erleidet eine gelernte Friseurin trotz Erziehung zweier Kinder keine ehebedingten Nachteile, da sie in ihren Beruf zurückkehren kann. Dann ist eine Befristung des Unterhalts auf fünf Jahre sachgerecht.[1708]
- **OLG Zweibrücken**: Bei einer 62-jährigen Frau ist nach 33-jähriger Ehe keine Unterhaltsbefristung vorzunehmen.[1709]
- **OLG Zweibrücken**: Eine schicksalhafte, nicht ehebedingte Krankheit (hier: Erblindung) kann ehebedingte Nachteile ausschließen, weil die Unterhaltsberechtigte aufgrund der Krankheit ohnehin keine bessere Erwerbsmöglichkeit gehabt hätte. Das Gericht befristet deshalb den Krankheitsunterhalt auf fünf Jahre.[1710]

4. Verwirkung und Verjährung

a) Verwirkung

677 Nach § 1585b Abs. 3 BGB kann nachehelicher Unterhalt für eine mehr als ein Jahr vor Rechtshängigkeit liegende Zeit nur geltend gemacht werden, wenn sich der Verpflichtete der Leistung absichtlich entzogen hat. Sonderbedarf kann nach § 1613 Abs. 2 BGB zwar rückwirkend geltend gemacht werden, jedoch nach Ablauf eines Jahres nur bei Rechtshängigkeit oder Verzug.

678 Allgemein unterliegt auch der Anspruch auf rückständigen Unterhalt der Verwirkung, sodass seine Geltendmachung unter dem Gesichtspunkt illoyal verspäteter Rechtsausübung unzulässig sein kann.[1711] Das **Zeitmoment** setzt die Rechtsprechung aufgrund der Erwartung, dass von einem Unterhaltsgläubiger mehr als von anderen Gläubigern erwarten werden kann, dass er seinen Anspruch zeitnah geltend macht, auf ein Jahr fest.[1712] Hinzutreten muss noch ein sog. **Umstandsmoment**. Dieses liegt vor, wenn der Schuldner aufgrund bestimmter Umstände davon ausgehen durfte, nicht mehr in Anspruch genommen zu werden.[1713] Ein bloßes Unterlassen der weiteren Geltendmachung soll hierzu nicht genügen, vielmehr ist ein bestimmtes Verhalten des Berechtigten gefordert.[1714]

So wurde die Verwirkung von Trennungsunterhalt bejaht, wenn nach Ablehnung des Antrags auf PKH Ansprüche mehr als ein Jahr nicht weiterverfolgt wurden.[1715]

1705 OLG Stuttgart, FamFR 2009, 87.
1706 OLG Stuttgart, FamRZ 2012, 983.
1707 OLG Zweibrücken, NJW 2008, 1893.
1708 OLG Zweibrücken, FamRZ 2009, 49.
1709 OLG Zweibrücken, BeckRS 2009, 3304 und FuR 2009, 60.
1710 OLG Zweibrücken, NJW-RR 2010, 514.
1711 Wendl/Dose/Gerhardt, § 6 Rn. 140; Kuch, NJW-Spezial 2006, 103; Graba, NJW 2018, 2025 f.
1712 BGH, FamRZ 1988, 370 f., wo die Verwirkung nach dieser Frist auch für den Trennungsunterhalt angewendet wurde.
1713 BGH, NJW 2001, 1649; BGH, FamRZ 2003, 449 m. Anm. Büttner; zur Gefahr der Verwirkung bei Einlegung einer dem Gegner nicht bekannt gegebenen Verfassungsbeschwerde: OLG Karlsruhe, FF 2004, 261 m. Anm. Wiegmann.
1714 BGH v. 31.01. und 07.02. 2018, FamRZ 2018, 589; hierzu Rake, FuR 2018, 446 ff.
1715 OLG Hamm, FamRZ 2004, 1968.

b) Verjährung

Seit der Neuregelung im **Schuldrechtsmodernisierungsgesetz**[1716] beträgt die regelmäßige Verjährung nunmehr nach § 195 BGB nur noch drei Jahre. Das Gesetz zur Reform des Erb- und Verjährungsrechts[1717] hat die Sondervorschriften zur familienrechtlichen Verjährung gestrichen (§ 197 Abs. 1 Nr. 2 BGB a.F. und für den Unterhalt § 197 Abs. 2 Satz 1 BGB a.F.). Die Verjährung des Unterhaltsanspruchs unterliegt also jetzt direkt dieser 3-jährigen Regelverjährung. Die Verjährungsfrist beginnt hier aber erst mit dem Schluss des Jahres, in dem der Anspruch entstanden ist und der Gläubiger von den anspruchsbegründenden Umständen Kenntnis erlangt oder ohne grobe Fahrlässigkeit hätte Kenntnis erlangen müssen, § 199 Abs. 1 BGB. Die absolute Verjährung tritt ohne Rücksicht auf diese Kenntnis in zehn Jahren ein, § 199 Abs. 4 BGB.

Nach **§ 207 Abs. 1 Satz BGB** ist die Verjährung gehemmt, solange die Ehe besteht.

Abreden über die Verlängerung der Verjährung sind bis zur Höchstgrenze von dreißig Jahren nunmehr möglich, § 202 BGB.

VI. Unterhalt und Einkommensteuer

Grds. stellt die Zahlung von Unterhalt nach **§ 12 Nr. 2 EStG** eine der privaten Lebensführung zuzuordnende Einkommensverwendung dar, die für den Unterhaltspflichtigen nicht abzugsfähig ist und für den Unterhaltsberechtigten keine Besteuerung auslöst.

Allerdings kennt das Einkommensteuerrecht mehrere Möglichkeiten, die Unterhaltszahlungen bei der ESt geltend zu machen.

1. Außergewöhnliche Belastung nach § 33a EStG

Unterhaltszahlungen bis zum Betrag von 9.408,00 €[1718] jährlich – liegen die Voraussetzungen nur für einige Monate vor, muss der Höchstbetrag anteilig aufgeteilt werden[1719] – an den geschiedenen oder dauernd getrennt lebenden Ehegatten[1720] können nach **§ 33a Abs. 1 EStG** vom Gesamtbetrag der Einkünfte abgezogen werden. Zusätzlich können die dort genannten **Kranken- bzw. Pflegeversicherungsleistungen** in Abzug gebracht werden. Allerdings mindert sich dieser Betrag bei eigenen Einkünften oder Bezügen des Unterhaltsberechtigten nach § 33a Abs. 1 Satz 5 EStG. Trotzdem unterliegen die Leistungen **beim Empfänger nicht der Versteuerung**.[1721]

▶ Hinweis:
Die Geltendmachung der Unterhaltszahlung als außergewöhnliche Belastung kann vorzugswürdig sein, da in diesem Fall die Leistung beim Empfänger nicht versteuert wird.

Voraussetzung hierfür ist, dass im entsprechenden Veranlagungszeitraum **weder** eine **Zusammenveranlagung** der Ehegatten[1722] **noch** ein **begrenztes Realsplitting** vorgenommen wurde.[1723]

Folgende Voraussetzungen eines Abzugs nennt § 33a Abs. 1 EStG:[1724]
– nicht formgebundener **Antrag** des Steuerpflichtigen,

1716 Hierzu Büttner, FamRZ 2002, 363 ff.
1717 BGBl. 2009 I, S. 3142 ff.
1718 Ab 01.01.2020.
1719 BFH, DStR 2018, 1606.
1720 Bei Aufwendungen für Unterhalt von Personen, die im Ausland leben, ausführlich BMF, BStBl. 2006 I, S. 217 ff.; neu: BFH, FamRZ 2010, 1661.
1721 Linderer, FPR 2003, 390, 394; zu den außergewöhnlichen Belastungen beim Verwandtenunterhalt Christ, FamRB 2006, 61 ff.
1722 Nach BFH, BStBl. 1989 II, S. 658 ist der Abzug im Jahr der Trennung nicht zulässig.
1723 BFH, DStR 2001, 388.
1724 Hierzu Christ, FamRB 2006, 61 f.

- **Aufwendungen für Unterhalt**; der BFH sieht unter § 33a EStG den typischen Unterhaltsbedarf und bei § 33 EStG Unterhaltsleistungen, mit denen ein außergewöhnlicher Unterhaltsbedarf abgedeckt wird (z.B. Krankheits- oder Pflegekosten). Eine Unterhaltsabfindung will er unter § 33a EStG subsumieren.[1725]
- **Zwangsläufigkeit dem Grund nach**; damit werden die gesetzlichen Unterhaltsansprüche anerkannt. Hingegen soll eine vergleichsweise vereinbarte Unterhaltsabfindung wegen fehlender Zwangsläufigkeit nicht anzuerkennen sein,[1726] vergleichsweise geregelte laufende Zahlungen hingegen schon,[1727] rein vertragliche Unterhaltsansprüche sollen hingegen nicht zwangsläufig sein.[1728] Für im Ausland lebende Ehegatten lässt § 33a Abs. 1 Satz 6 EStG einen Abzug nur zu, wenn die Aufwendungen nach den Verhältnissen im Wohnsitzstaat notwendig und angemessen sind.[1729] Der BFH hat hier seine Rechtsprechung geändert und lehnt sich jetzt eng an die unterhaltsrechtlichen Vorschriften des BGB an. Er hat die früher vorherrschende abstrakte Betrachtungsweise, nach der es genügte, dass eine Unterhaltsverpflichtung dem Grunde nach bestand, aufgegeben und fordert nun zusätzlich eine **konkrete Betrachtung**, aus der sich Bedürftigkeit des Berechtigten und Leistungsfähigkeit des Verpflichteten ergeben.[1730]
- **Zwangsläufigkeit der Höhe nach**; Unterhaltsleistungen sind nur insoweit zwangsläufig, als sie in einem vernünftigen Verhältnis zum Einkommen des Leistenden stehen und ihm nach ihrem Abzug noch genügend Mittel für seinen Lebensbedarf und den seiner Kinder verbleiben;[1731] gegenüber einem Ehegatten gibt es jedoch die sog. Opfergrenze nicht.[1732] Erfolgt eine Steuernachzahlung für mehrere Jahre, ist diese zu verteilen und löst so u.U. die sog. Opfergrenze nicht aus.[1733]
- **Gegenrechnung eigener Einkünfte** und Bezüge des Unterhaltsberechtigten. Diese sind nicht mehr um Arbeitnehmeranteile zur gesetzlichen Renten- und Arbeitslosenversicherung sowie Beiträge zur gesetzlichen Krankenversicherung zu mindern.[1734]
- Die **unterhaltene Person** darf kein oder **nur ein geringes Vermögen** haben. Hierbei kommt es nicht darauf an, ob das Vermögen Erträge bringt oder mit einem Veräußerungsverbot belastet ist.[1735] Ein angemessenes Hausgrundstück i.S.d. § 90 Abs. 2 Nr. 8 SGB XII bleibt dabei unberücksichtigt. § 33a Abs. 1 Satz 4 EStG.

2. Begrenztes Realsplitting nach §§ 10 Abs. 1a Nr. 1, 22 Nr. 1a EStG

688 Während Unterhaltszahlungen nach § 12 Abs. 1 Nr. 2 EStG grds. einem **Abzugsverbot** unterliegen, eröffnet § 10 Abs. 1a Nr. 1 EStG die Möglichkeit, Unterhaltszahlungen an den geschiedenen oder dauernd getrennt lebenden Ehegatten bis zu **13.805,00 €** jährlich als **Sonderausgabe**[1736] abzuziehen. Außerdem können noch Aufwendungen zur **Kranken- und Pflegeversicherung**, die dem Unterhaltsberechtigten zugutekommen, abgezogen werden.[1737] Der Unterhaltsberechtigte muss diese Leistungen allerdings (korrespondierend) nach § 22 Nr. 1a EStG versteuern. Per Saldo ergibt sich hieraus aufgrund der unterschiedlichen Progression zumeist ein erheblicher steuerlicher Vorteil,

---

1725 BFH, FamRZ 2008, 2024 m. Anm. Schlünder, FamRZ 2008, 2111; BFH, DStR 2018, 1606.
1726 BFH, DStRE 1998, 568 f.
1727 MüHdbFamR/Arens, § 33 Rn. 29; das zum Beleg zitierte BFH-Urteil bietet allerdings für diese Ansicht keine Grundlage.
1728 MüHdbFamR/Arens, § 33 Rn. 88.
1729 Vgl. hierzu BFH, DStR 2011, 217: Entscheidend sind die durchschnittlichen Lebensverhältnisse des Wohnsitzstaates.
1730 BFH, DStR 2010, 1831; s. hierzu Geserich, DStR 2011, 294, 295; Schmidt/Loschelder, § 33a Rn. 12.
1731 BFH, BStBl. 1989 II, S. 1009.
1732 BMF, BStBl. 2010 I, 582, Rn. 11.
1733 BFH, DStR 2016, 1743.
1734 BFH, BStBl. 2015 II, 928.
1735 FG Düsseldorf, EFG 2005, 1441.
1736 Blümich/Hutter, EStG, § 10 Rn. 50 f.
1737 Vgl. hierzu Borth, FamRZ 2010, 416.

zumal beim Berechtigten erst ab ca. 9.400,00 € Einkünften im Jahr überhaupt eine Steuerpflicht eintritt.[1738] Nunmehr hat die Unterhaltsrechtsreform jedoch mit dem Vorrang des Kindesunterhaltes den Ehegattenunterhalt und damit auch die Basis für den Realsplittingvorteil geschmälert, sodass für die Familie insgesamt weniger Nettoverdienst zur Verfügung steht.

a) Steuerliche Voraussetzungen für das begrenzte Realsplitting

689 Das Einkommensteuerrecht setzt für den Abzug von Unterhaltsleistungen als Sonderausgabe Folgendes voraus:

aa) Unterhaltsleistung

690 Das begrenzte Realsplitting gilt sowohl für den **gesetzlichen** Unterhalt wie auch für einen **vertraglichen** oder freiwilligen Unterhalt, für laufende Leistungen oder Einmalzahlungen[1739] – etwa bei Sonderbedarf[1740] oder Nachzahlungen.[1741] Auch **Sach- oder Naturalleistungen**, die als Unterhalt erbracht werden, sind zu berücksichtigen,[1742] v.a. die Wohnungsüberlassung an den anderen Ehegatten.[1743] Sie kann nach einer Entscheidung des BFH nunmehr mit dem Mietwert angesetzt werden.[1744] Steht die Wohnung im Miteigentum beider Ehegatten, so können neben dem Mietwert für den eigenen Anteil auch die verbrauchsunabhängigen Kosten für den anderen Anteil angesetzt werden.[1745]

691 Abziehbar ist allerdings immer nur ein **tatsächlich geleisteter** Unterhalt. Das Steuerrecht folgt hier dem sog. »In-Prinzip«, d.h. entscheidend ist die Leistung des Unterhalts im entsprechenden Veranlagungszeitraum, auch wenn diese für einen anderen Unterhaltszeitraum bestimmt ist, etwa aufgrund späterer Entscheidung im Unterhaltsrechtsstreit.[1746]

692 Auch ein etwaiger Nachteilsausgleich wird als Unterhaltszahlung betrachtet, sodass für diesen wiederum das begrenzte Realsplitting in Anspruch genommen werden kann;[1747] dies gilt jedoch nicht für Rechtsanwaltskosten zur Erlangung der Zustimmung des Unterhaltsgläubigers.[1748]

693 Nicht als Unterhaltszahlungen anzusehen sind Aufwendungen, die bei anderen Einkünften des Unterhaltspflichtigen Werbungskosten oder Betriebsausgaben darstellen[1749] sowie Rückzahlung gemein-

---

1738 Je nach Steuerklassen und Kindesbetreuung kommt es ggf. noch zu höheren Beträgen. Zur tabellarischen Bestimmung des Realsplittingvorteils: *www.famrb.de/media/REALSPLITTING_13.pdf*.
1739 BFH, BStBl. 2001 II, S. 338 = FR 2001, 341.
1740 Göppinger/Wax/Märkle, Rn. 4057.
1741 BFH, BStBl. 2001 II, S. 338.
1742 BFH, BStBl. 2002 II, S. 130; EStH (2012) 10.2; Arens, FamRZ 1999, 1558; MüHdbFamR/Arens, § 33 Rn. 97; Bergschneider/Engels, Rn. 9.205.
1743 Zur Abgrenzung von einem Mietverhältnis: EStH (2018) 21.4. Beachtlich ist, dass die Verrechnung der Miete mit dem geschuldeten Barunterhalt nach BFH, BStBl. 1996 II, S. 214 keinen Rechtsmissbrauch darstellt. Daher kann sich in Fällen mit hoher Abschreibung steuerlich die Begründung eines Mietverhältnisses anbieten.
1744 BFH, BStBl. 2002 II, S. 130, so nunmehr auch EStH (2018) 10.2.
1745 BFH, BeckRS 2006, 25011481; BFH, BStBl. 2002 II, S. 130; EStH (2018) 10.2.; krit. Kirchhof/Fischer, § 10 Rn. 9.
1746 Instruktiv BFH, BStBl. 2001 II, S. 338 ff.; MüHdbFamR/Arens, § 33 Rn. 112.
1747 Schöppe-Fredenburg, FuR 1997, 135; Soyka, Rn. 57; problematisch, dass zivilrechtlich ein Anspruch eigener Art und gerade kein Unterhaltsanspruch angenommen wird, BGH, FamRB 2005, 264 = FamRZ 2005, 1162 f.
1748 BFH, BStBl. 1999 II, S. 522; EStR H (2012) 10.2.
1749 Gerhardt/Kuckenburg/Perleberg-Kölbel, Kap. 13 Rn. 496.

samer Kredite,[1750] Verzugszinsen auf Unterhaltszahlungen[1751] oder verrentete Ansprüche aus der Vermögensauseinandersetzung.[1752]

bb) An den (Ex-) Ehegatten

694 Das begrenzte Realsplitting ist **nur** für Unterhaltszahlungen an den **geschiedenen oder dauernd getrennt lebenden Ehegatten** zulässig, nicht hingegen für sonstigen Verwandten- oder für Kindesunterhalt. Das Realsplitting wird nicht gewährt für Unterhaltszahlungen des Erben nach § 1586b BGB an den geschiedenen Ehegatten.[1753]

cc) Unbeschränkte Einkommensteuerpflicht oder § 1a EStG

695 Nach § 10 Abs. 1a Nr. 1 EStG muss der unterhaltsberechtigte Ehegatte **unbeschränkt steuerpflichtig** i.S.d. § 1 EStG sein[1754] oder es müssen alle Voraussetzungen des § 1a Nr. 1 EStG für Staatsangehörige aus der EU oder des EWR[1755] vorliegen.[1756]

dd) Dauernd getrennt lebend oder geschieden

696 Die Ehegatten müssen geschieden sein oder dauernd getrennt leben. Im Trennungsjahr ist noch die Zusammenveranlagung möglich und günstiger. Die Abgrenzung hierzu ist nicht einheitlich. Während einige Stimmen das Realsplitting auch im Trennungsjahr für zulässig halten,[1757] sehen andere eine Obliegenheit zur Wahl der regelmäßig günstigeren Zusammenveranlagung.[1758] Eine dritte Ansicht schließlich sieht das Realsplitting **im Trennungsjahr** als **ausgeschlossen** an.[1759]

ee) Antrag des Unterhaltsschuldners

697 Nach § 10 Abs. 1 Nr. 1 EStG ist ein **Antrag des Unterhaltsschuldners** Voraussetzung für den Sonderausgabenabzug. Dieser Antrag kann auch auf einen Teilbetrag der Unterhaltsleistungen bzw. des Höchstbetrages beschränkt werden.[1760] Die Zustimmung der Unterhaltsgläubigerin hierzu beinhaltet keine der Höhe nach unbeschränkte Zustimmung für die Folgejahre.[1761]

698 Der Antrag ist rechtsgestaltend und daher bedingungsfeindlich.[1762] Der Antrag kann – anders als die Zustimmung – jeweils nur immer für ein Kalenderjahr gestellt werden, § 10 Abs. 1a Nr. 1 Satz 3 EStG. Dies ist aber bereits im Lohnsteuerermäßigungsverfahren oder für die Zwecke der Festsetzung der Vorauszahlungen möglich.[1763]

1750 BFH, NV 1989, 779.
1751 Grobshäuser/Herrmann, Rn. 4.3.2.
1752 Kirchhof/Fischer, § 10 Rn. 9.
1753 BFH, BStBl. 1998 II, S. 148; EStH (2012) 10.2.
1754 Für die unbeschränkte Steuerpflicht auf Antrag und ihre Voraussetzungen s. § 1 Abs. 3 EStG.
1755 Island, Liechtenstein, Norwegen.
1756 Der EuGH, NJW 2006, 2763 hat Einschränkungen des Realsplittings für Unterhaltszahlungen an Ehegatten, die im Ausland leben und dort ihren Unterhalt nicht versteuern müssen, für rechtens erklärt.
1757 Gerhardt/Schöppe-Fredenburg, 8. Aufl., Kap. 13 Rn. 181, für die Fälle, in denen die getrennte Veranlagung gewählt wurde.
1758 Koch/Linderer, § 10 Rn. 23; MüHdbFamR/Arens, § 33 Rn. 99.
1759 Butz-Seidl, FuR 1996, 108; Göppinger/Wax/Märkle, Rn. 4059 unter Berufung auf BFH, BStBl. 1989 II, S. 164 und BFH, BStBl. 1989 II, S. 658, wo die Möglichkeit des Abzugs als außergewöhnliche Belastung nach § 33a EStG auch bei getrennter Veranlagung im Trennungsjahr abgelehnt wurde.
1760 BFH, BStBl. 2001 II, S. 338; EStR 2012, 10.2, Abs. 1.
1761 BFH, NJW 2005, 3599.
1762 Grobshäuser/Herrmann, Tz. 4.3.4.1.
1763 OFD München, 27.08.1998 – S 2297 – 34/3 St 41, Haufe-Index 51371 zur korrespondierenden Festsetzung von Vorauszahlungen beim Empfänger. Häufig ist eine Antragstellung in diesem frühen Verfahren noch nicht anzuraten, wenn die auszugleichenden Nachteile noch nicht feststehen.

Der Antrag kann trotz eines bestandskräftigen Einkommensteuerbescheides für den fraglichen Veranlagungszeitraum noch gestellt werden. Dieser Einkommensteuerbescheid ist dann nach § 175 Abs. 1 Satz 1 Nr. 2 AO zu ändern.[1764] Das soll allerdings dann nicht gelten, wenn die Zustimmungserklärung des Unterhaltsberechtigten dem Pflichtigen bereits vor Rechtskraft vorlag.[1765] 699

▶ **Hinweis:**
Das begrenzte Realsplitting kann auch nach bestandskräftiger Veranlagung noch geltend gemacht werden! 700

Der Antrag kann jedoch später **nicht mehr zurückgenommen** oder eingeschränkt werden, da er rechtsgestaltend wirkt, § 10 Abs. 1a Nr. 1 Satz 3 EStG.[1766] Aus diesem Grund kann zwar bei begrenztem Antrag eine nachträgliche Erhöhung beantragt werden, nicht aber eine Reduzierung, denn dies stellt eine Teilrücknahme dar.[1767] 701

▶ **Hinweis:**
Erst sollten die Nachteile durchgerechnet werden, die durch das begrenzte Realsplitting entstehen, denn ist der Antrag erst beim FA gestellt, kann er später auch mit Zustimmung des anderen Ehegatten nicht wieder zurückgenommen werden! 702

ff) Zustimmung des Unterhaltsgläubigers

Für die **Zustimmung des Unterhaltsgläubigers** besteht keine Frist, daher kann sie auch nach Bestandskraft der steuerlichen Veranlagung noch erklärt werden. 703

Eine besondere Form ist für die Zustimmung nicht vorgeschrieben, aber zum Nachweis wird sie i.d.R. schriftlich oder zur Niederschrift beim FA erklärt werden müssen.

Adressat der Zustimmung ist nicht der Unterhaltsschuldner, sondern das FA des Unterhaltsschuldners oder des Unterhaltsgläubigers.[1768] 704

Im Gegensatz zum Antrag wirkt die **Zustimmung nicht jährlich, sondern dauerhaft**.[1769] Sie kann jedoch vor Beginn des Kalenderjahres, für das sie nicht mehr gelten soll, widerrufen werden, § 10 Abs. 1a Nr. 1 Sätze 3 und 4 EStG. Damit ist der Unterhaltsgläubiger »in hohem Maße Gefangener einer einmal erteilten Zustimmung«.[1770] 705

▶ **Hinweis:**
Beachtet werden muss, dass eine einmal unbeschränkt erteilte Zustimmung fortwirkt! Ein Widerruf ist erst für die Zukunft möglich. Soll die Fortwirkung ausgeschlossen sein, so muss gleichzeitig mit der Zustimmung der Widerruf für das nächste Jahr erklärt werden.[1771] 706

1764 BFH, BStBl. 1989 II, S. 957; EStH (2018) 10.2.; Arens, FamRZ 1999, 1558, 1559.
1765 BFH, DStR 2014, 2458; FG Münster, BStBl. 2015 II, 138.
1766 BFH, BStBl. 2001 II, S. 338; OFD Koblenz, NWB 2003/31, 2369.
1767 Göppinger/Wax/Märkle, Rn. 4066; BFH, BStBl. 2000 II, S. 218; BFH, DStRE 2006, 1510; FG Düsseldorf, DStRE 2006, 72.
1768 BFH, BStBl. 2003 II, S. 803: keine Zurechnung beim jeweils anderen FA, daher Änderungsmöglichkeit nach § 173 Abs. 1 Nr. 1 AO.
1769 Ausgenommen bei einer Verurteilung zur Zustimmung, die dann nach § 894 ZPO als erteilt gilt: Diese Zustimmung wirkt nur für den streitgegenständlichen Veranlagungszeitraum.
1770 BFH, DB 2005, 2278 f.
1771 Kaiser/Schürmann, Vor § 1577 Rn. 240.

707 Die Zustimmung kann auf einen Teilbetrag begrenzt werden. Realsplitting ist nur so weit möglich, wie sich Antrag und Zustimmung decken.[1772]

708 Die Zustimmung ist steuerliche Voraussetzung. Die Finanzbehörde prüft nur das Vorliegen der Zustimmung, nicht, ob ein Anspruch auf Zustimmung besteht oder ob diese rechtsmissbräuchlich verweigert wurde.[1773] Die Zustimmung ist trotz ihrer abgabenrechtlichen Wirkung zivilrechtlicher Natur.[1774] Daher ist für eine Klage auf Zustimmung nur der Zivilrechtsweg zu beschreiten.[1775]

gg) Höchstbetrag von 13.805,00 €

709 Nach § 10 Abs. 1a Nr. 1 Satz 1 EStG können **max. 13.805,00 € als Sonderausgaben** abgezogen werden. Wenn Unterhalt an mehrere (Ex-) Ehepartner geleistet wird, so gilt der Höchstbetrag kumulativ für jeden (Ex-) Ehepartner.[1776] Der Höchstbetrag kann auch dann in voller Höhe ohne zeitanteilige Kürzung beansprucht werden, wenn die Voraussetzungen des § 10 Abs. 1a Nr. 1 EStG nicht während des gesamten Jahres vorgelegen haben. Er wird also nicht zeitanteilig gekürzt.[1777] Das BVerfG hat eine Verfassungsbeschwerde wegen der Beschränkung auf den Höchstbetrag nicht zur Entscheidung angenommen[1778] und erachtete eine am Existenzminimum angelehnte Begrenzung als verfassungsgemäß.

710 Mit dem Bürgerentlastungsgesetz Krankenversicherung[1779] wurde jedoch ein § 10 Abs. 1a Nr. 1 Satz 2 EStG eingefügt, wonach für die Absicherung des geschiedenen oder dauernd getrennt lebenden unbeschränkt einkommensteuerpflichtigen Ehegatten aufgewandte Beiträge zu Kranken- und Pflegeversicherungen i.R.d. § 10 Abs. 1 Nr. 3 EStG zusätzlich zum Höchstbetrag (Basistarif) abgezogen werden können.[1780]

hh) Keine Geltendmachung als außergewöhnliche Belastung

711 Ein Sonderausgabenabzug ist **ausgeschlossen, wenn** der Unterhalt **bereits** als **außergewöhnliche Belastung** geltend gemacht wurde.[1781] Umgekehrt ist bei Inanspruchnahme des Realsplittings ein Geltendmachen etwa den Höchstbetrag übersteigender Unterhaltsbeträge als außergewöhnliche Belastung ebenso ausgeschlossen,[1782] da durch den Antrag auf Realsplitting die Ausgaben beim Unterhaltsschuldner umqualifiziert werden und keine außergewöhnlichen Belastungen mehr darstellen, § 33 Abs. 2 Satz 2 EStG.

ii) Unabhängig von Einkommen und Vermögen des Berechtigten

712 Für das Realsplitting kommt es auf eigenes Einkommen und Vermögen des Unterhaltsberechtigten im Gegensatz zu den außergewöhnlichen Belastungen nicht an.

b) Anspruch auf Zustimmung zum Realsplitting

713 Nach der ständigen Rechtsprechung des BGH besteht ein **Anspruch auf Zustimmung zum Realsplitting** aufgrund nachwirkender Verpflichtung zur ehelichen Solidarität, wenn der Verpflichtete

---

1772 BFH, DB 2005, 2278.
1773 BFH, BStBl. II 1990, S. 1022; FG München, 25.07.2001 – 6 K 1677/01, Haufe-Index 624929.
1774 BFH, BStBl. 1990 II, S. 1022.
1775 FG München, EFG 2005, 1627.
1776 EStR (2012) 10.2. Abs. 3; Blümich/Hutter, EStG, § 10 Rn. 66.
1777 BFH, BStBl. 2001 II, S. 338.
1778 BVerfG, NJW 1988, 127; für Verfassungsmäßigkeit: Göppinger/Wax/Märkle, Rn. 4070; zweifelnd hingegen Kaiser/Schürmann, Vor § 1577 Rn. 234.
1779 BGBl. 2009 I, S. 1959.
1780 Hierzu Borth, FamRZ 2010, 416.
1781 Gerhardt/Schöppe-Fredenburg, 8. Aufl., Kap. 13 Rn. 181.
1782 BFH, BStBl. 2001 II, S. 338 = FR 2001, 341.

hierdurch Vorteile erlangt und der Berechtigte keine Nachteile hat oder seine Nachteile ersetzt werden.[1783] Ein solcher Anspruch auf Zustimmung ist im finanzgerichtlichen Verfahren nicht zu prüfen. Hier kommt es entscheidend darauf an, dass die Zustimmung auch tatsächlich erteilt ist.[1784]

714 Der Unterhaltsberechtigte ist jedoch nicht verpflichtet, die Anlage U zu unterzeichnen.[1785] Die Zustimmung ist aber auf eine solche Weise zu erklären, dass ihr Zweck, die Anerkennung als Sonderausgabe, erreicht werden kann.[1786] Eine Empfehlung geht auf die Abgabe einer separaten Zustimmungserklärung, mit der keine Erklärung über die Höhe des tatsächlich geleisteten Unterhalts verbunden ist.[1787]

715 Die Zustimmungspflicht besteht sogar dann, wenn zweifelhaft ist, ob die Zahlungen als Unterhalt i.S.d. § 10 Abs. 1a Nr. 1 EStG anerkannt werden.[1788]

716 Eine Zustimmungspflicht besteht ausnahmsweise dann nicht, wenn der Nachteilsausgleich zwar versprochen, seine Durchführung aber gefährdet ist, weil der Unterhaltsschuldner erkennbar nicht in der Lage sein wird, den Anspruch zu erfüllen.[1789] Ggf. kann die Zustimmung insoweit von einer Sicherheitsleistung abhängig gemacht werden.[1790] Auch ein Streit um die Höhe des Nachteilsausgleichs für abgeschlossene VZ rechtfertigt nicht die Verweigerung der Zustimmung für noch offene Jahre.[1791]

717 Der Zustimmungsanspruch des Verpflichteten besteht somit von vornherein **nur auf Zustimmung Zug-um-Zug gegen die Verpflichtung zur Freistellung von den entstehenden steuerlichen Nachteilen**[1792] und – bei entsprechender Darlegung – sonstiger Nachteile. Diese Erklärung kann in Schriftform verlangt werden.[1793] Die Pflicht zur Mitwirkung bedarf zu ihrer Aktualisierung einer dementsprechenden Aufforderung.[1794]

▶ Hinweis:

718 Die Aufforderung zur Zustimmung muss die Form richtig und genau bezeichnen, in der die Zustimmung zu erfolgen hat.

719 So besteht keine Pflicht zur Unterzeichnung der Anlage U und die Zustimmungserklärung kann auch gegenüber dem FA abgegeben werden. Die Aufforderung des Unterhaltspflichtigen muss daher lauten, die Zustimmung ihm gegenüber oder direkt gegenüber dem FA zu erklären und im letzteren Fall ihm von der Erklärung Mitteilung zu machen.[1795]

720 Die Zustimmung darf nicht von der Zusage einer Beteiligung an der Steuerersparnis abhängig gemacht werden.[1796] Wird die Zustimmung verweigert mit **Hinweis** darauf, der Pflichtige könne eine

---

1783 BGH, FamRZ 1998, 953; Heinke, ZFE 2002, 110 ff.
1784 BFH, FamRZ 2013, 953.
1785 BGH, FamRZ 1998, 953; OLG Koblenz, FamRZ 2002, 1129; OLG Brandenburg; ZFE 2008, 150; Soyka, Rn. 55 vertritt einen Anspruch auf Unterzeichnung der Anlage U dann, wenn der Unterhaltsanspruch rkr. feststeht; zur Anlage U: Risthaus, FR 1999, 650 f.
1786 OLG Oldenburg, FamRZ 2011, 1226.
1787 Gerhardt/Kuckenburg/Berleberg-Kölbel, Kap. 13 Rn. 504.
1788 BGH, FamRZ 1998, 953 f.
1789 Arens, FamRZ 1999, 1558, 1560. Nach Soyka, Rn. 55 besteht keine Zustimmungspflicht, wenn die Steuervorteile geringer sind als die Steuernachteile des Unterhaltsberechtigten; Göppinger/Wax/Märkle, Rn. 4063 sieht eine Zustimmungspflicht nur für ein abgelaufenes Jahr, nicht hingegen für die Zukunft.
1790 OLG Stuttgart, FuR 2018, 47.
1791 KG, FamFR 2013, 573.
1792 BGH, FamRZ 1983, 576; BGH, FamRZ 2005, 1162, 1163; OLG Nürnberg, FamRZ 2004, 1967 f.
1793 Schwab/Ernst/Borth, § 8 Rn. 967.
1794 OLG Koblenz, OLGR 2005, 869.
1795 OLG Karlsruhe, FamRZ 2004, 960 f.
1796 BGH, FamRZ 1984, 1211.

steuerliche Entlastung durch die Geltendmachung **außergewöhnlicher Belastungen** erreichen, muss der Berechtigte konkret darlegen, dass er nicht über Einkünfte oder Bezüge i.S.d. § 33 a Abs. 1 Satz 5 EStG verfügt.[1797]

c) Nachteilsausgleich

721 Da die Inanspruchnahme des Realsplittings auch ohne ausdrückliche Vereinbarung zum Ausgleich des Nachteils verpflichtet,[1798] ist es für den Unterhaltsverpflichteten dringend empfehlenswert, zuvor die Nachteile des Berechtigten abzuschätzen, denn diese können sogar die Vorteile des Realsplittings überwiegen.[1799]

▶ Hinweis:

722 Vor Inanspruchnahme des Realsplittings sind die Nachteile zu überschlagen, die dies beim Berechtigten auslöst. Diese können sogar die Vorteile des Realsplittings aufwiegen oder übersteigen!

723 Der Unterhaltsberechtigte ist seinerseits verpflichtet, die entstehenden steuerlichen Nachteile möglichst gering zu halten. So kann etwa ein Nachteilsausgleich nur in Höhe einer (fiktiven) steuergünstigen Verwendung verlangt werden.[1800] Als Nachteile, die zu ersetzen sind, kommen in Betracht:

aa) Steuernachteile

724 Der **Empfänger** hat den **Unterhalt als Folge des Realsplittings** als sonstige Einkünfte nach § 22 Nr. 1a EStG zu **versteuern**. Hatte das FG Köln noch gemeint, eine solche Steuerpflicht gelte nur, soweit die Zahlungen beim Verpflichteten auch tatsächlich als Sonderausgaben berücksichtigt werden (**Korrespondenzprinzip**),[1801] so ist der BFH dem entgegengetreten. Seiner Auffassung nach kommt es nicht darauf an, ob durch den Sonderausgabenabzug infolge des Realsplittings beim Unterhaltsverpflichteten tatsächlich eine Steuerminderung eintritt. Eine Steuerpflicht des Berechtigten bestehe vielmehr auch, wenn sich der Sonderausgabenabzug – etwa aufgrund eines Verlustvortrags – beim Zahlenden gar nicht auswirkt.[1802] Allerdings sehen die FGe den Tatbestand des § 22 Nr. 1a EStG erst dann verwirklicht, wenn die Sonderausgaben beim zahlungspflichtigen tatsächlich berücksichtigt worden sind (auch wenn sie sich nicht auswirken). War die Veranlagung des Unterhaltsempfängers bereits bestandskräftig, soll es zu einer Änderung nach § 175 Abs. 1 Nr. 2 AO kommen.[1803]

Gegen den Anspruch auf **Ersatz der Steuernachteile** kann der Verpflichtete nicht aufrechnen.[1804]

725 Den Berechtigten trifft eine dementsprechende Darlegungspflicht, der Verpflichtete soll das Recht haben, den Nachteil anhand des Steuerbescheids des Berechtigten zu überprüfen.[1805]

726 Die OLG sprechen sich mehr und mehr dafür aus, dass zu den Nachteilen, die ersetzt werden müssen, auch schon die **Steuervorauszahlungen** des unterhaltsberechtigten Ehegatten gehören, soweit

---

1797 OLG Brandenburg, FamRZ 2016, 817.
1798 BGH, FamRZ 1985, 1232; Arens, FamRZ 1999, 1558, 1560.
1799 Kogel, FamRB 2008, 277, 281; Schlünder, FF 2017, 339, 346.
1800 OLG Brandenburg, NZFam 2016, 506.
1801 FG Köln, DStRE 2008, 567.
1802 BFH, FamRB 2010, 306 = BeckRS 2009, 25016415.
1803 FG Sachsen-Anhalt, DStRE 2019, 1000.
1804 BGH, FamRZ 1997, 544.
1805 OLG Karlsruhe, FamRZ 2001, 99.

sie auf den Unterhaltszahlungen beruhen.¹⁸⁰⁶ Nach dem OLG Hamburg setzt ein Anspruch auf Freistellung von Steuervorauszahlungen Folgendes voraus:
- Der Pflichtige hat erklärt, für den Zeitraum das Realsplitting durchzuführen;
- die Beträge sind so hoch, dass mit der Zahlung die Lebensumstände des Unterhaltsberechtigten fühlbar beeinträchtigt werden;
- der Unterhaltsberechtigte hat erfolglos versucht, unter Hinweis auf das Realsplitting die Zahlungen aussetzen zu lassen.¹⁸⁰⁷

Wird der Berechtigte mit seinem neuen Ehegatten zusammenveranlagt, so entsteht auch in den Fällen, in denen vorher die Unterhaltsleistung nicht zu versteuern war, z.B. weil sie unter dem Grundfreibetrag lag, eine Steuer. Diesen Nachteil, der aus der **Zusammenveranlagung** resultiert und dem auch Vorteile der Versteuerung nach dem Splittingtarif beim neuen Ehegatten gegenüberstehen, hat der Unterhaltspflichtige nach Ansicht des BGH **nicht** zu erstatten, da sonst der Nachteilsausgleich unkalkulierbar würde.¹⁸⁰⁸ **727**

bb) Steuerberatungskosten

Umstritten ist der Ersatz von **Steuerberatungskosten**. Nach Meinung des BGH sind diese i.d.R. **nicht** erstattungsfähig.¹⁸⁰⁹ Nur wenn der Fall nach Aufwand und erforderlicher Sachkunde nicht vom Steuerpflichtigen unter Hinzuziehung der Finanzverwaltung bewältigt werden kann, etwa beim erstmaligen Hinzutreten der Unterhaltsleistung zu anderen Einkünften, soll ein Ersatzanspruch bestehen.¹⁸¹⁰ **728**

cc) Sonstige Nachteile

Von einem Ausgleich **sonstiger Nachteile** kann der Unterhaltsberechtigte seine Zustimmung nur abhängig machen, wenn er diese Nachteile im Einzelfall **substanziiert darlegt**.¹⁸¹¹ So werden dadurch, dass Unterhaltszahlungen beim Realsplitting als Einkünfte gewertet werden, die Grenzen bestimmter Sozialleistungen überschritten, etwa bei Wohnungsbauprämien, Sparprämien, Arbeitnehmersparzulagen oder Renten nach dem Bundesversorgungsgesetz, Wohnberechtigungsscheinen, ggf. auch bei Stipendien oder Kindergartenbeiträgen. **729**

Bei getrennt lebenden Ehegatten kann insb. und mit ganz erheblichen wirtschaftlichen Folgen das bis zur Rechtskraft der Scheidung bestehende¹⁸¹² Privileg der **Familienversicherung** nach § 10 Abs. 1 SGB V entfallen, weil das höchstzulässige Gesamteinkommen nach § 10 Abs. 1 Nr. 5 SGB V überschritten ist. Die Unterhaltszahlung im Wege des Realsplittings zählt zu diesem Einkommen.¹⁸¹³ Der in der Zahlung eigener Beiträge bestehende Nachteil müsste dann ausgeglichen werden.¹⁸¹⁴ Es kann sich auch eine bisher bereits bestehende Belastung durch Sozialabgaben erhöhen, indem die Unterhaltsleistungen mit in die Bemessungsgrundlage einbezogen werden.¹⁸¹⁵ **730**

1806 OLG Bamberg, FamRZ 1987, 1047 f.; OLG Hamburg, FamRZ 2005, 519 f.; einschränkender OLG Frankfurt am Main, FamRB 2006, 303: Steuervorauszahlung sind nur dann auszugleichender Nachteil, wenn sie nicht aus eigenem Vermögen, sondern nur aus dem Unterhalt beglichen werden können.
1807 OLG Hamburg, FamRZ 2005, 519, 520; vgl. auch OLG Oldenburg, FamRZ 2010, 1693 und OLG Brandenburg, NZFam 2016, 506; OLG Hamm, FuR 2019, 172.
1808 BGH, FamRZ 1992, 534; BGH, NJW-RR 2010, 865 f. = FamRZ 2010, 717 m. Anm. Schlünder 801 = FF 2010, 252 ff. m. Anm. Engels.
1809 BGH, FamRZ 1988, 820, 821 (ebenso BGH, FamRZ 2002, 1024 für Zusammenveranlagung).
1810 BGH, FamRZ 1988, 820, 821/822.
1811 BGH, FamRZ 1988, 820, 821; OLG Nürnberg, FamRZ 2004, 1967; OLG Koblenz, FamRZ 2015, 260.
1812 Soyka, Rn. 55.
1813 BSG, FamRZ 1994, 1239 m. Anm. Weychardt.
1814 Detailliert Kundler, ZFE 2006, 86 f.
1815 Arens, FamRZ 1999, 1558, 1562; Koch/Linderer, § 10 Rn. 41

731 Sofern der Nachteilsausgleich unkalkulierbar wird, können die Vertragsparteien eine Vereinbarung über den Nachteilsausgleich beim Realsplitting treffen.

732 Andererseits sieht der BGH den Anspruch auf Nachteilsausgleich nicht als Unterhaltsanspruch i.S.d. § 1585b Abs. 3 BGB an, sondern als Anspruch eigener Art, auf den diese Vorschrift nicht anwendbar sei.[1816] Begründet wird dies damit, dass dieser Anspruch gerade nicht der Befriedigung von Lebensbedürfnissen in einem bestimmten Zeitraum diene.[1817] Daher unterliegt der Anspruch auf Nachteilsausgleich nicht der Verwirkung nach dieser Vorschrift, sondern kann auch später noch geltend gemacht werden. Der BGH sieht eine Verwirkung nach allgemeinen Kriterien auch einige Jahre später noch nicht, da der Unterhaltspflichtige sich auf den Nachteilsausgleich habe einstellen können und dieser häufig erst durch Jahre später erlassene Steuerbescheide manifest werde. Das OLG München sieht den Anspruch auf Nachteilsausgleichung aber als Unterhaltsforderung i.S.d. § 394 Satz 1 BGB an, gegen den nicht aufgerechnet werden kann.[1818]

dd) Rückerstattung

733 Zeigen sich nach einem durchgeführten Nachteilausgleich später geringere Nachteile, so hat der Unterhaltsschuldner einen Rückerstattungsanspruch.[1819]

d) Erhöhte Leistungsfähigkeit

734 I.Ü. besteht **kein Anspruch des Unterhaltsberechtigten auf Vorteilsausgleich**, also auf Verteilung des durch das Realsplitting beim Verpflichteten entstehenden Vorteils.[1820] Von den Vorteilen profitiert der Berechtigte lediglich mittelbar, erhöht sich doch das verfügbare Einkommen des Verpflichteten und damit dessen Leistungsfähigkeit.[1821] Diese Beteiligung am Steuervorteil ist ebenso Unterhalt,[1822] wie ein gezahlter Nachteilsausgleich.[1823] Vorgeschlagen wird auch, zur steuerlichen Optimierung nicht die Nachteile auszugleichen, sondern den Nachteil beim Unterhaltsberechtigten und den Vorteil beim Unterhaltsverpflichteten zu belassen und die solchermaßen erhöhte Differenz durch ein Mehr an Unterhalt auszugleichen.[1824] Nach a.A. kann ohne Weiteres für den Erstattungsbetrag das begrenzte Realsplitting in Anspruch genommen werden.[1825]

735 Hat der Berechtigte wieder geheiratet, so war zunächst auf der Basis der Rechtsprechung des BVerfG[1826] der Splittingvorteil nur der neuen Familie zugeordnet. Mit der Verfassungswidrigkeit der Dreiteilungsrechtsprechung des BGH wird nunmehr vom BGH bei der Berechnung des Bedarfs der Splittingvorteil ebenfalls nur der neuen Ehe zugeordnet. Auf der Ebene der Leistungsfähigkeit soll hingegen der Splittingvorteil wieder mit berücksichtigt werden.[1827] Seit aber der BGH von einer Dreiteilung ausgeht, hat er den Splittingvorteil in die Berechnung der Dreiteilung einbezogen und damit beiden Unterhaltsberechtigten zugutekommen lassen.[1828] Dies spricht dafür, auch den Realsplittingvorteil wieder auf dieser Basis zu berechnen.

1816 BGH, FamRZ 2005, 1162.
1817 Gegen OLG Hamburg, FamRZ 2000, 888 f.
1818 OLG München, BeckRS 2010, 15760.
1819 Arens, FamRZ 1999, 1558, 1561.
1820 BGH, NJW 1985, 195 f.
1821 Vgl. BGH, FamRZ 1999, 372, 275 einerseits und OLG Naumburg, FamRZ 2002, 959 andererseits; Caspary, FPR 2003, 410, 412.
1822 Göppinger/Wax/Märkle, Rn. 4063.
1823 Schöppe-Fredenburg, FuR 1997, 135; Soyka, Rn. 57.
1824 Krause, FamRZ 2003, 899 f. mit detaillierter Berechnung.
1825 FuR 2005, 372 – Praxishinweis.
1826 BVerfG, FamRZ 2003, 1821 f.
1827 Hierzu Rdn. 362 f.
1828 BGH, NJW 2008, 3213 f.; vgl. hierzu Rdn. 386.

C. Nachehelicher Unterhalt

e) Obliegenheit und Auskunft

Für den Unterhaltsverpflichteten wird eine Obliegenheit angenommen, die Vorteile des Realsplittings zu nutzen, mit der Folge, dass anderenfalls sogar eine fiktive Zurechnung des Realsplittingvorteils erfolgt.[1829] Dem Unterhaltspflichtigen obliegt auch die Eintragung eines Freibetrages in der Lohnsteuerkarte, jedenfalls dann, wenn die betreffende Belastung feststeht.[1830] Hier ist allerdings die Rechtsprechung des BGH in letzter Zeit einschränkender geworden. Eine Obliegenheit wird nur noch angenommen, wenn der Unterhaltsschuldner den Unterhaltsanspruch anerkannt hat, dieser rechtskräftig feststeht oder soweit er den Unterhaltsanspruch freiwillig erfüllt.[1831]

Da die Frage, ob das Realsplitting vorteilhaft ist, ganz wesentlich von den beim Unterhaltsgläubiger eintretenden Nachteilen abhängig ist, soll dem Unterhaltsschuldner ein Auskunftsanspruch gegen den Berechtigten hinsichtlich solcher Nachteile zustehen.[1832] Auskunft ist also darüber zu geben, ob von Dritter Seite Leistungen bezogen werden, für die Einkünfte oder das Einkommen i.S.d. § 2 EStG eine Rolle spielen. In gleicher Weise wird eine Hinweispflicht bei Änderungen der Verhältnisse vertreten.[1833]

f) Gestaltungsempfehlungen

aa) Steueroptimale Begrenzung

Die Möglichkeit der Begrenzung des Realsplittings auf einen **Teil der Unterhaltsleistung** kann zur steuerlichen Optimierung genutzt werden. Man kann den Sonderausgabenabzug dann gerade so bemessen, dass beim Empfänger keine Nachteile eintreten.

bb) Verteilte Unterhaltszahlungen

Die genannte Obergrenze von 13.805,00 € im Kalenderjahr ist der Grund dafür, **Unterhaltsabfindungen** hinsichtlich ihrer **Fälligkeit auf mehrere Jahre zu verteilen**, um die Abziehbarkeit in höherem Umfang zu ermöglichen. Nach der Rechtsprechung des BGH[1834] wird bei der Vereinbarung einer abschließenden Unterhaltsabfindung die Abfindung nicht von Veränderungen unterhaltsrelevanter Umstände wie insb. Wiederheirat oder Tod des Unterhaltsgläubigers berührt, auch wenn Teilzahlungen nach Eintritt dieser Ereignisse noch zu entrichten sind.

> ▶ **Hinweis:**
>
> Es sollte zum Ausdruck gebracht werden, dass mit der Vereinbarung eines Abfindungsbetrages eine endgültige und restlose Regelung des Unterhaltsanspruchs gewollt ist und dass es sich um Teilzahlungen auf diese Abfindung handelt, nicht um Vorauszahlung gesetzlicher Ansprüche.

cc) Ehevertragliche Vereinbarung zum Realsplitting

Häufig wird ehevertraglich eine Vereinbarung über die Durchführung des begrenzten Realsplittings getroffen. Zweifelhaft ist insoweit, ob auf den Anspruch auf Nachteilsausgleich verzichtet werden kann. Qualifiziert man den Nachteilsausgleichanspruch auch als Unterhaltsanspruch – obwohl dies der BGH jedenfalls i.R.d. § 1585b Abs. 3 BGB nicht getan hat[1835] – so kann man nach § 1585c BGB i.R.d. nachehelichen Unterhalts auf den Nachteilsausgleich verzichten (notariell beurkundet!),

---

1829 BGH, FamRZ 1983, 670; MüHdbFamR, Arens, § 33 Rn. 149; Butz-Seidl, FuR 1996, 108, 111.
1830 BGH, FamRZ 1999, 372, 374, 375; OLG Düsseldorf, FamRZ 1989, 57, 58; Hauß, FamRB 2002, 61.
1831 BGH, FamRZ 2007, 793; BGH, FF 2007, 144.
1832 Arens, FamRZ 1999, 1558, 1562; Schwab/Ernst/Borth, § 8 Rn. 967.
1833 Gerhardt/Schöppe-Fredenburg, 8. Aufl., Kap. 13 Rn. 199.
1834 BGH, FamRZ 2005, 1662 f.
1835 BGH, FamRZ 2005, 1162 = FamRB 2005, 264.

nicht jedoch i.R.d. Getrenntlebendenunterhaltes, §§ 1361 Abs. 4 Satz 3, 1360a Abs. 3, 1614 Abs. 1 BGB.[1836]

▶ **Formulierungsvorschlag: für den Ehevertrag (begrenztes Realsplitting)**

742 ..... Ich, die Ehefrau, bin mit der Durchführung des begrenzten Realsplittings einverstanden und verpflichte mich hiermit, alle hierzu noch erforderlichen Erklärungen abzugeben und jährlich zu wiederholen, insbes. aber die Anlage U zur Einkommensteuererklärung jährlich zu unterzeichnen.

Alternative:

..... verpflichte mich hiermit, die Anlage U für das Jahr 01 zu unterzeichnen. Ich bin berechtigt, durch gleichzeitigen Widerruf gegenüber dem Finanzamt meine Zustimmung auf das Jahr 01 zu beschränken.

Ich der Ehemann, verpflichte mich, meine Ehefrau von allen ihr hierdurch entstehenden, nachgewiesenen, steuerlichen und sonstigen wirtschaftlichen Nachteilen freizustellen, und zwar unverzüglich nach Vorlage der entsprechenden Belege oder Bescheide und Fälligkeit der Nachteile selbst. Zu diesen Nachteilen gehören auch Steuerberatungskosten, die vom begrenzten Realsplitting verursacht sind, bis zu höchstens ..... € jährlich.[1837] Gegen den Freistellungsanspruch darf nicht aufgerechnet oder ein Zurückbehaltungsrecht geltend gemacht werden.

Alternative:

..... nachgewiesenen steuerlichen Nachteilen freizustellen, und zwar .....

Eine Erstattungspflicht hinsichtlich sonstiger wirtschaftlicher Nachteile im Zusammenhang mit der Durchführung des Realsplittings ist jedoch – gleich aus welchem Rechtsgrund – ausdrücklich ausgeschlossen.[1838]

Die Ausgleichspflicht umfasst jedoch nicht Nachteile, die dem wieder verheirateten Unterhaltsgläubiger im Rahmen einer Zusammenveranlagung mit einem etwaigen neuen Ehepartner entstehen.[1839]

Alternative:

Von den per Saldo – d.h. nach Ausgleich der bei der Ehefrau zu ersetzenden Nachteile – verbleibenden Steuervorteilen steht der Ehefrau eine Quote von 3/7 zu.[1840]

Sicherheitsleistung kann stets insoweit nicht verlangt werden, als die Unterhaltspflicht im vergangenen Jahr erfüllt wurde;[1841] anderes kann jedoch bei eingeschränkter wirtschaftlicher Leistungsfähigkeit gelten.[1842]

1836 Arens, FamRZ 1999, 1558, 1562.
1837 MüHdbFamR/Arens, § 33 Rn. 185.
1838 MüHdbFamR/Arens, § 33 Rn. 185; im Gegensatz zur Musterformulierung schließt die Alternative den Ersatz wirtschaftlicher Nachteile aus. Dies führt zu einer besser kalkulierbaren Situation für den Ehegatten, der vom Realsplitting profitiert, berücksichtigt aber nicht die ganz erheblichen Konsequenzen, die sich für den Unterhaltsberechtigten in vielen anderen Rechtsbereichen ergeben.
1839 So schon BGH, FamRZ 1992, 534; BGH, NJW-RR 2010, 865 f. = FamRZ 2010, 717. Zur Abgrenzung und Klarstellung kann dies jedoch durchaus in die Vereinbarung aufgenommen werden, zustimmend Weidlich, FamRZ 2007, 1602, 1607.
1840 Ob der Unterhaltsberechtigte mittelbar eine Beteiligung i.R.d. Unterhaltsrechts erhält, da der Pflichtige leistungsfähiger ist, wird unterschiedlich beurteilt: BGH, FamRZ 1999, 372, 375 befürwortend, OLG Naumburg, FamRZ 2002, 959 ablehnend. Durch die Alternativformulierung wird hingegen ein Ausgleichsanspruch begründet.
1841 OLG Zweibrücken, FamRB 2006, 177 hat selbst bei Zahlung des Nachteilsausgleichs stets erst auf Klage hin von einer Anordnung einer Sicherheit abgesehen.
1842 OLG Schleswig, ZFE 2007, 38.

C. Nachehelicher Unterhalt   Kapitel 6

VII. Abänderung von Unterhaltstiteln

1. Abänderung von gerichtlichen Entscheidungen

Nach § 238 Abs. 1 FamFG kann trotz der materiellen Rechtskraft einer früheren gerichtlichen Entscheidung für künftig fällig werdende, wiederkehrende Leistungen eine Abänderung mittels prozessualem Gestaltungsantrag (**Abänderungsantrag**)[1843] erreicht werden. 743

Der Abänderungsantrag ist nach § 238 FamFG gegen **gerichtliche Entscheidungen zulässig und nach § 239 FamFG gegen** Verfahrensvergleiche i.S.d. § 794 Abs. 1 Nr. 1 ZPO sowie gegen **vollstreckbare Urkunden** nach § 794 Abs. 1 Nr. 5 ZPO – also auch bei einseitigen Verpflichtungserklärungen[1844] – möglich. Für nicht vollstreckbare Unterhaltstitel bleibt es bei der allgemeinen Vorschrift des § 323a ZPO bzw. ist ein Leistungsantrag zu stellen.[1845] 744

Voraussetzung der Abänderung ist eine **wesentliche Änderung** der tatsächlichen oder rechtlichen Verhältnisse, die für die Verurteilung zur Entrichtung der Leistungen, für die Bestimmung der Höhe der Leistungen oder der Dauer ihrer Entrichtung maßgebend waren. Mit der Neuformulierung hat der Gesetzgeber keine Änderung der Rechtslage verbunden,[1846] sodass insoweit auf frühere Entscheidungen zurückgegriffen werden kann. Zu den wesentlichen Änderungen zählen somit insb. eine Erhöhung oder Verringerung des Bedarfes[1847] (etwa durch Einkommensveränderung, altersbedingte Bedarfssteigerung beim Kindesunterhalt, eigene Erwerbseinkünfte) oder eine Erhöhung oder Verringerung der Leistungsfähigkeit (etwa durch Einkommensveränderungen oder das Hinzutreten oder Wegfallen von anderen Unterhaltspflichten) oder das Vorliegen einer neuen verfestigten Lebensgemeinschaft i.S.d. § 1579 Nr. 2 BGB, auch wenn solches früher rechtskräftig verneint worden war, nun aber neue Umstände vorliegen.[1848] Eine Abänderung kann auch durch eine wesentliche Gesetzesänderung begründet sein oder durch eine andere Auslegung der Norm durch das BVerfG, um verfassungswidrige Ergebnisse zu vermeiden.[1849] Entgegen der früher herrschenden Auffassung[1850] hat der BGH entschieden, dass auch eine grundlegende Änderung der Rechtsprechung des BGH zu einer Abänderung von Unterhaltsurteilen führen kann, allerdings erst ab dem Tag der Verkündung des neuen Rechts.[1851] Beim Vergleich kann die Änderung der höchstrichterlichen Rechtsprechung schon nach früherer Ansicht des BGH zum Wegfall der Geschäftsgrundlage führen und eine Anpassung rechtfertigen, allerdings erst ab Veröffentlichung der einschlägigen Rechtsprechung.[1852] Durch die Bezugnahme des § 238 FamFG auf die Veränderung rechtlicher Verhältnisse hat sich diese Auffassung gefestigt. 745

Eine Änderung ist **wesentlich**, wenn die Gesamtbewertung aller Änderungen eine Abweichung von 10 % ergibt.[1853] Allerdings kann bei wirtschaftlich beengten Verhältnissen bereits vor Erreichen dieser Schwelle eine wesentliche Änderung zu bejahen sein.[1854] 746

Eine Abänderung nach der Vorschrift des § 238 FamFG erfolgt immer auf der Grundlage des abzuändernden Titels. Die Vorschrift enthält eine **Bindung** an die im Vorprozess festgestellten **Tatsachen** 747

1843 Hierzu Soyka, FPR 2004, 564 f.; Bömelburg in Prütting/Helms, § 238 Rn. 24 f.
1844 OLG Düsseldorf, NJW-RR 2006, 946: damit Ausschluss der Leistungsklage.
1845 Bömelburg in Prütting/Helms, § 238 FamFG Rn. 20.
1846 BT-Drucks. 16/6308, S. 258.
1847 Nach OLG Köln, OLGR 2005, 679 genügt bei konkreter Unterhaltsberechnung die Änderung einzelner Bedarfsposten nach Scheitern der Ehe nicht, da sie keine Änderung der maßgeblichen ehelichen Lebensverhältnisse darstellt.
1848 BGH, FamFR 2011, 537.
1849 BGH, FamRZ 1990, 1091, 1094.
1850 MüHdbFamR/Oenning, 1. Aufl., § 6 Rn. 260; offengelassen BGH, FamRZ 2001, 1687.
1851 BGH, FamRZ 2003, 848, 852 m. Anm. Hoppenz.
1852 BGH, FamRZ 2001, 1687; vgl. detailliert: Knoche/Biersack, MDR 2005, 12 ff.
1853 OLG Düsseldorf, FamRZ 1993, 1103.
1854 OLG Düsseldorf, FamRZ 1993, 1103; BGH, FamRZ 1992, 539; OLG Hamm, FamRZ 2004, 1885.

und ihre **Bewertung**.[1855] Eine unterlassene zeitliche Begrenzung oder Herabsetzung des Unterhalts im ersten Urteil kann nicht im Wege des Abänderungsantrags nachgeholt werden.[1856] Eine abweichend bestimmte Unterhaltsquote bleibt auch dann bestehen, wenn sich im Nachhinein die Gründe für ihre Vereinbarung nicht mehr nachweisen lassen.[1857] Eine Einkommensfiktion kann dagegen abzuändern sein.[1858]

748 Keine Bindungswirkung besteht aber ggü. Unterhaltsrichtlinien und -tabellen, Verteilungsschlüsseln oder sonstigen Berechnungsmethoden, denn sie sind nur Hilfsmittel.[1859] Ihre Änderung kann allerdings zugleich Ausdruck veränderter tatsächlicher Verhältnisse sein.[1860] Die Abänderung erfolgt sodann nach den Grundsätzen der Störung der Geschäftsgrundlage durch Anpassung an die veränderten Verhältnisse. Dabei sind die Grundlagen des Urteils oder Vergleichs zu beachten.

749 **Präkludiert** sind alle Änderungen, die noch vor Schluss der mündlichen Verhandlung der letzten Tatsacheninstanz eingetreten sind, § 238 Abs. 2 FamFG. Die Präklusion wird in der Praxis in mehreren Fällen besonders diskutiert.[1861]

750 Zum einen ist bedeutsam, ob auf den **Rechtsprechungswandel** zur Prägung der ehelichen Lebensverhältnisse durch die **Familienarbeit** und ihr Surrogat bei Aufnahme einer Erwerbstätigkeit nach Scheidung ein **Abänderungsantrag** gestützt werden kann.

751 Hierzu hat der BGH[1862] die Auffassung vertreten, ein **Prozessvergleich**, der den Methodenwechsel noch nicht berücksichtigt, erleide einen Wegfall der Geschäftsgrundlage. Die Änderung des Prozessvergleichs hat dann nicht nach § 323 ZPO a.F., sondern nach den allgemeinen Grundsätzen über eine Störung der Geschäftsgrundlage zu erfolgen, und zwar auch für Alttitel, allerdings frühestens mit Wirkung für Unterhaltszeiträume vom 01.07.2001 an. Dies kommt nunmehr in § 239 FamFG zum Ausdruck.

752 Bei einem **Urteil** bzw. **Beschluss** ist jedoch ebenfalls ein Abänderungsantrag gerechtfertigt, denn das BVerfG hat durch sein Urteil § 1578 BGB anders ausgelegt, um ein verfassungswidriges Ergebnis zu vermeiden. Daher eröffnet dieses Urteil des BVerfG die Möglichkeit eines Abänderungsantrags auch für Alttitel.[1863]

753 Schließlich seien noch die Fälle erwähnt, in denen der Unterhaltsberechtigte **bisher** aufgrund der geltenden Anrechnungsmethode keinen Unterhaltsanspruch gehabt hätte und deshalb – vernünftigerweise – **keinen Unterhaltstitel** zu erstreiten versucht hat. Nach der Rechtsprechung des OLG Hamm dürfen diese Fälle nicht schlechter gestellt werden als diejenigen, bei denen ein Unterhaltsvergleich geschlossen wurde. Das Gericht[1864] will daher einem – erstmaligen – Unterhaltsantrag unter Berufung auf die Änderung der Bedarfsberechnung stattgeben.

754 Zum anderen wird häufig darüber gestritten, ob der Einwand greift, eine **wesentliche Änderung** liege in den nunmehr gegebenen **Befristungsmöglichkeiten**, die das frühere Recht nicht kannte. Der BGH stellt hierzu in ständiger Rechtsprechung nicht auf die gesetzliche Neuregelung des § 1578b

---

[1855] Vgl. OLG Köln, FamRZ 2005, 1755: keine freie von der bisherigen Unterhaltsfestsetzung unabhängige Neuberechnung und keine abweichende Beurteilung der zugrunde liegenden Verhältnisse.
[1856] BGH, FamRZ 2004, 1357 f.
[1857] KG, FamRZ 2005, 621.
[1858] Wohlgemuth, FamRZ 2008, 2081.
[1859] BGH, FamRZ 1984, 374; BGH, FamRZ 1994, 1100, 1101.
[1860] OLG Hamm, FamRZ 2004, 1885.
[1861] BGH, NJW 2018, 1753 gibt eine alte Rechtsprechung auf und sieht bei völliger Abweisung eines Antrages auf Heraufsetzung des Unterhaltes einen Antrag der Gegenseite auf Herabsetzung nicht präkludiert.
[1862] BGH, FamRZ 2001, 1140, 1143; BGH, FPR 2003, 241 ff.; vgl. auch OLG Koblenz, FamRZ 2003, 1105.
[1863] So BGH, FamRZ 2003, 848 ff.; Ebert, JR 2003, 182, 185.
[1864] OLG Hamm, FamRZ 2003, 1105, 1106.

BGB ab, sondern auf die **Veröffentlichung seines Urteils vom 12.04.2006**,[1865] da er der Ansicht ist, diese Rechtsprechung habe die spätere Gesetzesänderung vorweggenommen. Daher sieht der BGH für Urteile/Beschlüsse aus der Zeit nach der Veröffentlichung dieses Urteils keinen Ansatz für eine wesentliche Änderung, sondern hält diese für präkludiert.[1866] Der BGH hat ferner ausgesprochen, dass ein Vertrauensschutz gegen eine Unterhaltsbegrenzung i.S.d. Überleitungsvorschrift zur Unterhaltsrechtsänderung § 36 Nr. 1 EGZPO nur dann bestehen könne, wenn die Änderung allein auf der Gesetzesänderung basiere. Befristungsmöglichkeiten, die bereits aufgrund der geänderten Rechtsprechung zum alten Recht bestanden, kann daher **kein Vertrauensschutz nach § 36 Nr. 1 EGZPO** entgegengesetzt werden.[1867] Entscheidungen, die keine Befristung enthalten und sich eine solche auch nicht vorbehalten, sind daher so zu lesen, dass sie Unterhalt unbefristet zusprechen.[1868]

Ist das Abänderungsverfahren ohnehin eröffnet, so hält der BGH eine Alttatsache dann nicht für präkludiert, wenn sie für das frühere Verfahren nicht entscheidungserheblich war, d.h. für sich genommen noch nicht zu einer anderen Entscheidung geführt hätte, etwa weil sie nur im Rahmen der Billigkeitsabwägung des § 1578b BGB eine Rolle spielte.[1869] 755

An die **Kenntnisse der Rechtsanwälte** zur Vermeidung der Präklusion werden z.T. sehr hohe Anforderungen gestellt. So verlangt das OLG München,[1870] dass eine Fachanwältin für Familienrecht bereits diejenigen Urteile kennen müsse, die der **BGH auf seine Homepage eingestellt** habe, auch wenn sie noch nicht in Fachzeitschriften veröffentlicht seien. Eine völlig überzogene Forderung, der auch die Gerichte kaum gerecht werden könnten. Realitätsnäher verlangt das OLG Zweibrücken, dass ein Urteil bekannt sein muss, wenn es in der FamRZ veröffentlicht ist.[1871] 756

2. Abänderung von vollstreckbaren Urkunden

Die **Abänderbarkeit einer vollstreckbaren Urkunde**, die eine Verpflichtung zu künftig fällig werdenden, wiederkehrenden Leistungen enthält, ist seit dem 01.09.2009 in **§ 239 FamFG** neu geregelt.[1872] 757

Nach der Verweisung in § 239 Abs. 2 FamFG richtet sich die Abänderung inhaltlich nach den Vorschriften des bürgerlichen Rechts und somit **in erster Linie nach den getroffenen vertraglichen Abreden der Parteien**,[1873] deren Auslegung dem BGH oft Schwierigkeiten bereitet,[1874] ansonsten insb. nach den Grundsätzen über die **Störung der Geschäftsgrundlage** gem. § 313 BGB. Eine solche zur Abänderung führende Entwicklung sieht das OLG Schleswig in der Neufassung des § 1570 BGB.[1875] 758

Bei einer lediglich **einseitigen Unterwerfungserklärung** des Unterhaltspflichtigen, die nicht auf einer Parteivereinbarung beruht, besteht keine gemeinsame Geschäftsgrundlage. Die Anpassung soll sich dann nur nach den derzeitigen Verhältnissen und der geltenden Rechtslage richten.[1876] 759

Damit regelt das FamFG die Materie so, wie sie auch die Rechtsprechung schon zuvor entwickelt hatte. Der BGH war schon immer der Auffassung, dass bei notariellen Urkunden, die nicht in Rechtskraft erwachsen, sich die Abänderung inhaltlich nicht nach § 323 ZPO a.F. richten solle, 760

1865 BGH XII ZR 240/03, FamRZ 2006, 1006 = NJW 2006, 2401.
1866 BGH, FamRZ 2010, 1884 = NJW 2010, 3582.
1867 BGH, FamRZ 2011, 1381 = NJW 2011, 2512.
1868 Viefhues, FuR 2019, 243 f.
1869 BGH, FamRZ 2015, 1694.
1870 OLG München, BeckRS 2007, 12213.
1871 OLG Zweibrücken, BeckRS 2009, 414.
1872 Zur Neuregelung Graba, FPR 2010, 159 ff.; Schober, FamRB 2009, 384 f.
1873 Finger, FuR 2009, 656, 661.
1874 Vgl. hierzu die Ausführungen am Ende dieses Abschnittes.
1875 OLG Schleswig, NotBZ 2009, 421.
1876 Bömelburg in Prütting/Helms, § 239 Rn. 46; dies. FF 2010, 96, 108.

sondern nach den Grundsätzen des Wegfalls und später der Störung der Geschäftsgrundlage.[1877] Dies bestätigt ein Grundlagenurteil des BGH.[1878]

761 Eine **Abänderung** nach den Grundsätzen der Störung der Geschäftsgrundlage **setzt voraus:**
– eine **schwerwiegende Änderung der Grundlagen** der Vereinbarung und
– **keine** Risikozuweisung allein an eine Partei und keine vertragliche **Risikoübernahme** und
– dass nach materiellem Recht ein unverändertes Festhalten an der Vereinbarung nicht zugemutet werden kann.[1879]

762 Wegen dieser mit der bisherigen Rechtsprechung übereinstimmenden Regelung des FamFG sind die Aussagen dieses Urteils des BGH[1880] auch für die neue Rechtslage von Bedeutung.

763 Der BGH unterscheidet zwischen:
– **Fall 1:** Der Anpassung an **abweichende tatsächliche Verhältnisse** *bei* Vertragsschluss (etwa weil ein Berechnungsparameter falsch gewichtet oder übersehen war oder weil man eine pauschale Vereinbarung getroffen hat, die nicht dem tatsächlichen Unterhaltsanspruch entsprach) und
– **Fall 2:** Der Anpassung an **geänderte tatsächliche Verhältnisse** *seit (oder nach)* Vertragsschluss. Den Letzteren stehen Änderungen des Gesetzes oder der höchstrichterlichen Rechtsprechung gleich.

764 **Fehlen** nun in der Vereinbarung **Angaben zu den Berechnungsgrundlagen** und somit nähere Angaben zur Geschäftsgrundlage, so kann dies nach Auffassung des BGH zwar eine **Anpassung in der Fallgestaltung 1 ausschließen, nicht aber in der Fallgestaltung 2.**[1881]

765 In einem weiteren Grundsatzurteil[1882] hatte der **BGH** einen Fall zu beurteilen, in dem die Parteien ausdrücklich **vertraglich auf weitere Abänderungen verzichtet** hatten, soweit sie nicht vertraglich vorgesehen waren. Der BGH hat zwar im konkreten Fall diesen Verzicht gehalten, aus dem Untersuchungsansatz ist aber herauszulesen, dass **auch für eine solche Klausel die Rechtsgrundlage wegfallen kann.** *Schwab* wertet dies so, dass **bestandsfeste Vereinbarungen** gegenüber späteren Gesetzesänderungen **eigentlich unmöglich** zu treffen sind, wenn auch eine Klausel über den Verzicht auf die Anwendung des Wegfalls der Geschäftsgrundlage ihrerseits dem Wegfall der Geschäftsgrundlage unterliegt.[1883] **Problematisch** ist die Annahme des BGH, der Geschäftswille der Beteiligten werde regelmäßig auf der gemeinschaftlichen Erwartung vom Fortbestand einer bestimmten Rechtslage gebildet sein.[1884] Diese Annahme trifft aus praktischer Sicht selbst dann häufig nicht zu, wenn der Unterhalt im Rahmen der gesetzlichen Vorschriften geregelt wird. Die vertragliche Einigung basiert häufig auf mehreren Säulen, insbesondere auf einer Verbindung mit der Regelung des Zugewinns. Hier allein den Unterhalt bei Gesetzesänderungen anpassen zu wollen, hebelt die Gesamteinigung aus. Den **Parteien ist regelmäßig die Gesamteinigung wichtig.**[1885] Gewollt ist möglicherweise die Anpassung bei veränderter Einnahmesituation, nicht aber die Nachjustierung jeder Gesetzesänderung.

766 Der Notar muss aufgrund dieser Grundlagenurteile sorgfältig überlegen, ob und wie er bei einer **Unterhaltsvereinbarung** zur Abänderbarkeit Stellung nimmt. Dies hängt entscheidend davon ab, **welches Ziel** die Parteien mit ihrer Unterhaltsvereinbarung verfolgen.

1877 BGH, NJW 1993, 228 f.; BGH, NJW 1992, 1621; Borth, FamRZ 2008, 107.
1878 BGH, NJW 2010, 440 = FamRZ 2010, 192 = MittBayNot 2010, 210 m. Anm. C. Münch.
1879 Palandt/Grüneberg, § 313 Rn. 17 ff.
1880 BGH, NJW 2010, 440.
1881 So auch OLG Koblenz, MittBayNot 2015, 47.
1882 BGH, FamRZ 2015, 734 = DNotZ 2015, 437; hierzu die erhellende Betrachtung von Schwab, FamRZ 2015, 1661.
1883 Schwab, FamRZ 2015, 1661, 1666 f.; dazu auch OLG Saarbrücken, NZFam 2015, 1015 m. Anm. Graba.
1884 BGH, DNotZ 2015, 437, 440.
1885 Zu diesem Verzahnungsargument OLG Hamm, NZFam 2017, 29.

- **Ziel 1**: Dient die Vereinbarung nur der **Errechnung der Unterhaltssumme und der Schaffung eines Zahlungstitels**, so werden die Parteien wollen, dass die Vereinbarung **in beiden oben bezeichneten Fallgestaltungen abänderbar** sein soll. Es empfiehlt sich dann, auch die **Berechnungsparameter in die Urkunde** aufzunehmen,[1886] sodass die Frage der Abweichung später überprüft und die Abänderung auf der Basis der getroffenen Vereinbarung vorgenommen werden kann. Ansonsten wird bei Feststellung veränderter Verhältnisse eine Neuberechnung durchgeführt. Soll die Vereinbarung umfassend abänderbar sein, so kann dies klarstellend erwähnt werden, insb. um den Sachverhalt gegenüber einer Vergleichsvereinbarung abzugrenzen.
- **Ziel 2**: Handelt es sich hingegen um eine **Unterhaltsvereinbarung**, die **im Wege des Vergleichsschlusses** durch gegenseitiges Nachgeben getroffen wurde, um etwa schwierige Berechnungen zu vermeiden oder das Verfahren ohne weiteren Zeitverzug zu beenden oder auch um Zugeständnisse in anderen Bereichen der Vereinbarung auszugleichen, so soll diese Vereinbarung i.d.R. nicht abänderbar sein wegen eines Umstandes, der bereits bei Vergleichsschluss vorlag, weil eben nicht der Vergleich durch späteres »Nachrechnen« infrage gestellt werden soll. Wird in solchen Fällen nichts zu den vertraglichen Berechnungsgrundlagen ausgesagt, so liegt für den BGH diese Auslegung nahe. Der Vertragsgestalter, der sich nicht auf eine Auslegung verlassen möchte, kann zusätzlich festlegen, dass eine **Abänderung wegen schon bei Vertragsschluss vorliegender Umstände ausgeschlossen** ist.
- **Ziel 3**: Schließlich könnte eine **Unterhaltsvereinbarung** so getroffen werden, dass sie quasi **unabänderlich** ist, also **auch bei einer künftigen Änderung** nach Vertragsschluss nicht abänderbar ist. Dies wird eher selten gewünscht sein, kann aber vorkommen. So z.B. bei einer Vereinbarung, die eine befristete Unterhaltszahlung vorsieht. Hier soll es häufig nicht möglich sein, den Unterhalt während des Fristlaufes zu ändern. Die Parteien möchten sich von ständigen Nachweispflichten entlasten. Eine solche Intention liegt aber auch bei den unterhaltsverstärkenden Vereinbarungen vor,[1887] die zum Ziel haben, dem Unterhaltsberechtigten einen Mindestunterhalt auf längere Dauer sichern, als das Gesetz dies vorsieht. Ferner kann dieses Ziel dann vorliegen, wenn die Parteien wirklich ohne Rücksicht auf künftige Veränderungen »ein für allemal« eine Unterhaltsregelung treffen wollen, weil sie die Unsicherheit über die künftige Entwicklung von Faktoren in die Vereinbarung eingepreist haben, sodass diese selbst Vertragsinhalt geworden ist und weil sie die Unterhaltsvereinbarung etwa in den Gesamtzusammenhang einer Scheidungsvereinbarung gestellt haben.[1888]

Fraglich sind die **Grenzen solcher »unabänderlicher« Vereinbarungen**. Zum einen wurde bereits dargelegt,[1889] dass eine Vereinbarung sich möglicherweise nicht durchsetzt, wenn sie sich **zulasten Dritter** – insb. neu hinzugekommener unterhaltsberechtigter Kinder – auswirken würde. Zum anderen wird **infrage gestellt, ob** eine **Abänderung** nach den Grundsätzen der Störung der Geschäftsgrundlage **überhaupt vertraglich ausgeschlossen werden kann**. Aus den zitierten Grundlagenurteilen ergibt sich jedenfalls, dass der BGH[1890] eine solche Vereinbarung über den Ausschluss der Abänderbarkeit für möglich hält. Er fordert lediglich, dass sie bei dieser Tragweite als Teil der Gesamtvereinbarung getroffen und ggf. vom Anspruchsteller nachgewiesen wird. Auch die Literatur hält einen Ausschluss der Abänderbarkeit größtenteils für zulässig:[1891] »Jedoch steht es den Parteien selbstverständlich offen, in der Vereinbarung selbst zu regeln, ab wann eine Änderung der Verhältnisse zu einer Anpassung der Unterhaltsvereinbarung führen kann.«[1892]

Selbst wenn § 313 BGB **nicht** als völlig **dispositiv** angesehen werden sollte, so lässt sich doch mit der Regelung, dass auch bei späterer Änderung der Einkommensverhältnisse oder dem Hinzutreten

---

1886 Viefhues/Steiniger, ZNotP 2010, 122, 125: Unterlassen ist regressträchtig.
1887 Hierzu C. Münch, notar 2009, 286 ff.; Herrler, FRP 2009, 506 ff.
1888 So treffend Norpoth, FamFR 2010, 37.
1889 C. Münch, notar 2009, 286 ff.
1890 BGH, NJW 2010, 440.
1891 Bömelburg in Prütting/Helms, § 239 Rn. 41; dies FF 2010, 96, 108.
1892 Viefhues/Steiniger, ZNotP 2010, 1222 unter Bezugnahme auf BGH, FamRZ 1984, 997.

weiterer Unterhaltsberechtigter eine Abänderung nicht erfolgen soll, eine **vertragliche Risikoübernahme** gestalten, die letztlich verhindert, dass die materiellen Voraussetzungen des Wegfalls der Geschäftsgrundlage eintreten,[1893] auf die § 239 Abs. 2 FamFG doch vorrangig verweist.[1894] Allerdings lässt die Rechtsprechung des BGH es sehr schwierig erscheinen, eine entsprechende Unabänderlichkeit kontrollfest zu formulieren, da auch die Verzichtsklausel der Abänderbarkeit unterliegen soll und der Inhaltskontrolle unterfällt,[1895] außerdem bei Gefährdung der wirtschaftlichen Existenz des Unterhaltsschuldners infrage steht.[1896]

769 Dass auch diese Formulierung wieder der **richterlichen Inhaltskontrolle** unterliegt,[1897] sollte genügen, um die Grenzen privat autonomer Risikoverteilung zu schützen.[1898] Schon das Reichsgericht urteilte, dass eine Risikozuweisung dort ihre Grenze findet, wo die Inanspruchnahme des Schuldners zu seiner Existenzgefährdung führen würde.[1899] Dem entspricht das Vorgehen des BGH i.R.d. Ausübungskontrolle, die er über den Rahmen der Störung der Geschäftsgrundlage hinaus anwendet.

770 Eine **Abrede über die Nichtabänderbarkeit** ist somit **sinnvoll** und wird vom BGH für zulässig erachtet.[1900] Sie ist auf jeden Fall immer dann notwendig, wenn die Vereinbarung auch ggü. künftigen Änderungen unabänderbar sein soll. Ihre Grenze findet sie, wo sie zur Existenzvernichtung der Unterhaltspflichtigen führt.

▶ Hinweis:

771 Nach der neuesten gesetzlichen Differenzierung sollte ggf. der **Ausschluss der Abänderbarkeit in allgemeiner Formulierung** vorgenommen werden und die §§ 239 FamFG und 323a ZPO bzw. § 313 BGB nur noch mit »insbesondere« in Bezug genommen werden.[1901]

772 Damit sind auch **Bedenken ausgeräumt, man habe nur nicht disponible Prozessrechtsverhältnisse regeln wollen**.[1902] So waren freilich auch die bisherigen Formulierungen nicht zu verstehen. Zusätzlich mag man klarstellen, für welche der oben genannten Fallgruppen die Abänderung ausgeschlossen sein soll, weil derjenige, der sich auf die Nichtabänderbarkeit auch im Hinblick auf Änderungen nach der Vereinbarung beruft, dafür die Beweislast trägt.[1903]

773 Mit einer weiteren wichtigen Entscheidung hat der BGH zur Abänderbarkeit eines Prozessvergleichs im Hinblick auf eine spätere Befristung entschieden. Die Entscheidung[1904] hat Bedeutung auch für Unterhaltsvereinbarungen. Fraglich war, ob ein **Vergleich** zur Zahlung eines bestimmten Unterhal-

---

1893 Ausdrücklich befürwortend, dass die Parteien die Wesentlichkeitsgrenzen selbst bestimmen Finger, FuR 2009, 656, 661.
1894 Finger, FuR 2009, 656, 661.
1895 Vgl. Schwab, FamRZ 2015, 1661 ff.
1896 KG, NZFam 2016, 175 für die Unterschreitung des notwendigen Selbstbehaltes.
1897 Nach der Rechtsprechung des BGH ist die Inhaltskontrolle ausdrücklich auch zugunsten des Unterhaltspflichtigen durchzuführen, BGH, NJW 2009, 842.
1898 Vgl. auch MünchKomm-BGB/Finkenauer § 313 Rn. 51: Parteien können die Reizschwelle herabsetzen oder heraufsetzen oder auch eine Anpassung gänzlich ausschließen. Auch diese Entscheidung kann aber ihrerseits auf unrichtigen Vorstellungen beruhen, die kontrollbedürftig sind. § 313 BGB kann dann trotz Ausschlusses anwendbar sein.
1899 RGZ 163, 91, 96 »Dass der Gläubiger seine Rechte niemals gegen Treu und Glauben geltend machen kann, ist ein allgemeiner Grundsatz (§ 242 BGB), dem gegenüber auch die auf der Grundlage der Vertragsfreiheit wirksam getroffenen Abreden weichen müssen, soweit anderenfalls ein für die Volksgemeinschaft untragbares Ergebnis eintreten würde.«.
1900 Bei einer unterhaltsverstärkenden Vereinbarung kann der Existenzgefährdung darüber hinaus durch eine »Notklausel« begegnet werden, die eine Abänderbarkeit dann zulässt, wenn dem Unterhaltsverpflichteten weniger verbleibt als dem Berechtigten, hierzu Münch, notar 2009, 286 ff.
1901 Vgl. hierzu Heinemann, FamRB 2010, 184, 186.
1902 Hierauf stellt Heinemann, FamRB 2010, 184, 187 ab.
1903 Born, NJW 2010, 443.
1904 BGH, NJW 2010, 2349 f. = FamRZ 2010, 1238; hierzu Anm. Borth FamRZ 2010, 1316.

tes, der **ohne zeitliche Begrenzung gefasst** war, nachträglich im Wege der Abänderung befristet werden konnte. Der BGH untersucht zunächst den Wortlaut der Vereinbarung und prüft dann, ob die Beteiligten über die Befristung verhandelt haben und diese in die Unterhaltsbemessung eingeflossen ist. **Gibt es keine anderen Hinweise, nimmt der BGH im Zweifel an, dass die Beteiligten sich eine Befristung offenhalten** oder sie jedenfalls nicht ausschließen wollten.[1905] Das OLG Brandenburg[1906] und das OLG Köln[1907] bekräftigen, dass Vergleiche vor Veröffentlichung des BGH-Urteils vom 12.04.2006[1908] – die mit dem 15.07.2006[1909] angenommen wird – abänderbar sind. Allerdings soll eine **Präklusion** auch bei einer **Vereinbarung**, in der eine spätere Befristung ausdrücklich vorbehalten war, nach BGH[1910] dann vorliegen, **wenn** in einem **Abänderungsverfahren** nach der Veröffentlichung der genannten Entscheidung eine solche Befristung nicht geltend gemacht wurde. Da die Befristung sogar von Amts wegen zu prüfen gewesen wäre, schließt die **Rechtskraft** dieser Entscheidung den Einwand der Befristung künftig aus, sofern dieser nicht auf neue Tatsachen gestützt wird. Präklusionsfragen sind regressträchtig. Befristungen sollten daher bei Vergleichen in Scheidungssituationen stets in Erwägung gezogen werden.[1911]

In gleicher Weise hat der **BGH**[1912] später erneut für einen Prozessvergleich entschieden und dabei betont, es müsse **zunächst geklärt** werden, ob die Parteien den Unterhaltsanspruch völlig vom gesetzlichen Unterhaltsanspruch gelöst und auf eine rein vertragliche Grundlage gestellt hätten. Eine solche **Novation** ist jedoch nur anzunehmen, wenn dies ausdrücklich im Vergleich – ebenso in einer Unterhaltsvereinbarung – festgelegt ist. Im Fall des BGH sprach vor allem das junge Lebensalter bei Scheidung gegen eine solche Annahme, da eine neue Eheschließung dann nicht fern liegt und deren Einfluss auf das erste Unterhaltsrechtsverhältnis nicht vertraglich ausgeblendet werden sollte. Auch bei Vergleichen findet nach diesem Urteil des BGH in Bezug auf die Befristung § 36 Nr. 1 EGZPO keine Anwendung, da die Befristung bereits auf der Grundlage der Rechtsprechung zum alten Unterhaltsrecht möglich war.[1913]

▶ Hinweis:
Für die Unterhaltsvereinbarungen heißt dies: Soll eine Befristung später nicht möglich sein, so sollte dies schon bei der ursprünglichen Vereinbarung vermerkt sein.

Mit einem weiteren Urteil des BGH scheint aber nun fraglich geworden zu sein, ob dies allein genügt. Der BGH[1914] hatte eine notarielle **Scheidungsvereinbarung** zu beurteilen, in der die Ehegatten regelten: »Die Unterhaltszahlung an die Erschienene zu 2. erfolgt **lebenslänglich**.« **Trotz** dieser Formulierung hat der **BGH** eine **Abänderung** gestützt auf einen **Wegfall der Geschäftsgrundlage** durch die neue Gesetzeslage zugelassen, gestützt auf folgende Argumente:
– eine Novation liege nicht vor;
– der Text der Vereinbarung spreche nicht für einen Ausschluss der Abänderbarkeit;
– das Gesamtgefüge des Vertrages werde durch eine nunmehr vorzunehmende Befristung nicht gestört.

1905 Born, NJW 2010, 2353.
1906 OLG Brandenburg, FamFR 2011, 562.
1907 OLG Köln, FamFR 2010, 463.
1908 BGH, FamRZ 2006, 1006.
1909 Das OLG Düsseldorf, FamFR 2010, 90 will als Präklusionsstichtag bei Ehen mit Kindern hingegen den Tag der Veröffentlichung des Urteils BGH, NJW 2007, 1961, ansehen, weil erstmals hier eine Befristung für Ehen mit Kindern geklärt worden sei.
1910 BGH, FamRZ 2012, 1284.
1911 Vgl. OLG Zweibrücken, FamFR 2013, 504 zur Anwaltshaftung.
1912 BGH, FamRZ 2012, 699 = NJW 2012, 1356.
1913 A.A. OLG Saarbrücken, FamRZ 2011, 300.
1914 BGH, FamRZ 2012, 525 = NJW 2012, 1209.

In ähnlicher Weise hat der BGH[1915] später erneut ausgesprochen, dass eine Novation nicht vorliege und daher nicht davon ausgegangen werden könne, der Vergleich solle auch bei Hinzutreten weiterer Unterhaltsberechtigter unabänderlich sein. Für die Vertragsgestaltung folgt daraus, bei gewollter Unabänderlichkeit diese gesondert zu betonen und auch den Fall des Hinzutretens weiterer Unterhaltsberechtigter ausdrücklich einzuschließen.[1916]

777 Den **Urteilen** des BGH kann – jedenfalls im ersten Fall einer »lebenslänglichen« Unterhaltspflicht für den konkreten Fall **nicht zugestimmt** werden, denn
- auch ohne eine vollständige Novation kann ein Einzelpunkt des vertraglichen Unterhaltsrechts entweder abbedungen oder aber auch gegen spätere gesetzliche Änderungen »versteinert« werden, jedenfalls soweit eine solche Regelung – wie oben dargelegt – nicht an der Inhaltskontrolle scheitert.
- der Text der Vereinbarung spricht gerade für eine solche »Versteinerung«, denn der Unterhaltsanspruch war nach der Feststellung des BGH in seinem Urteil (Rn. 34) bereits kraft Gesetzes lebenslang. Wenn dann durch den Text der Vereinbarung mit dem Wort »lebenslänglich«, das sonst in solcherlei Vereinbarungen nicht gebraucht wird – und im Übrigen wegen der damit verbundenen strafrechtlichen Assoziationen auch nicht empfehlenswert ist –, die Gesetzeslage festgeschrieben wird, so sollte dies von der Rechtsprechung akzeptiert werden. Für ein solches Festschreiben spricht auch gerade der Umstand, dass eigenes Einkommen der Unterhaltsberechtigten nicht angerechnet werden soll, sodass auch bei längerer Zeit nach der Scheidung und der Möglichkeit erweiterter beruflicher Tätigkeit keine Schmälerung des Unterhaltes eintreten soll.
- das Gesamtgefüge des Vertrages, der im Übrigen eine umfängliche vermögens- und güterrechtliche Auseinandersetzung enthielt, wird empfindlich gestört, wenn der Unterhalt wegfällt.

▶ Hinweis:

778 Die **Frage der Befristung muss bei Unterhaltsvereinbarungen umfassend angesprochen werden**. Soll die Verpflichtung zur Unterhaltszahlung auf Lebenszeit begründet werden, so ist eine Abänderung der Vereinbarung auszuschließen. Ferner kann hinzugefügt werden, dass dies auch bei Änderung der einschlägigen gesetzlichen Vorschriften oder der Rechtsprechung gilt. Solches wurde bereits in den Vorauflagen bei den Mustertexten umfassend vorgeschlagen.[1917] Auch dieses Abbedingen selbst unterliegt der Inhaltskontrolle.

779 Anders als der BGH hat das **OLG Köln** in einem Fall geurteilt, in dem der Vergleich Abänderungsmöglichkeiten im Detail enthielt. Das Gericht sah damit weitere Abänderungen als ausgeschlossen an und versagte einer Berufung auf den Wegfall der Geschäftsgrundlage den Erfolg.[1918]

780 Der BGH hat nun sogar ausdrücklich ausgesprochen, dass die **Abänderung eines Vergleiches** der **Parteidisposition** unterliegt.[1919] Die Parteien können die Abänderbarkeit **erleichtern oder erschweren**. Sie können aber sogar das **Ausmaß der Abänderung bestimmen**, indem sie etwa eine Neufestsetzung ohne Rücksicht auf die Vergleichsgrundlagen vereinbaren. Es bleibt die Inhaltskontrolle. Das OLG Hamm[1920] hat ausgesprochen, dass ein vertraglicher Ausschluss der Abänderbarkeit dort seine **Grenze** findet, wo die von den Ehegatten subjektiv vorgesehene Unterhaltssicherung des Unterhaltsberechtigten wie des Unterhaltspflichtigen nicht mehr gewährleistet ist.

1915 BGH, NZFam 2014, 689.
1916 Roessink, FamRB 2014, 245.
1917 Zensus, FamFR 2012, 152: Für die Praxis abzuwarten, inwieweit künftig Vertragsanpassungen ehevertraglich abbedungen werden können.
1918 OLG Köln, FamFR 2012, 57.
1919 BGH, FamRZ 2012, 1483, Rn. 17 f. = NJW 2012, 3434 f; vgl. auch Klein in Schulte-Bunert/Weinreich, § 239, Rn. 2; Horndasch/Viefhues, § 239 Rn. 14.
1920 OLG Hamm, FamFR 2012, 106.

D. Vereinbarungen zum nachehelichen Unterhalt   Kapitel 6

Eine weitere derzeit aktuelle Frage hat der BGH[1921] entschieden. **Vereinbarungen, die auf seiner** 781
vom BVerfG für verfassungswidrig erklärten Rechtsprechung zu den **wandelbaren ehelichen Lebens-**
verhältnissen beruhten, sind nach den Grundsätzen des Wegfalls der Geschäftsgrundlage **abänder-**
bar, jedoch frühestens für Unterhaltszahlungen, welche der Entscheidung des BVerfG
vom 25.01.2011[1922] nachfolgen.

D. Vereinbarungen zum nachehelichen Unterhalt

I. Allgemeines – Zahlungsvereinbarungen

Der nachfolgende Abschnitt bietet eine Reihe von möglichen Vereinbarungen zum nachehelichen 782
Unterhalt.[1923] Solche Klauseln werden sowohl in **vorsorgenden Eheverträgen** als auch in **Trennungs-**
oder Scheidungsvereinbarungen verwendet. Die Anforderungen sind hier jedoch jeweils unterschiedlich. Während der vorsorgende Ehevertrag auf eine **Prognose** über die Lage der Ehegatten in
einem möglichen Trennungs- oder Scheidungszeitpunkt angewiesen ist, kann die Trennungs- oder
Scheidungsvereinbarung an die **konkreten Gegebenheiten** anknüpfen. Dementsprechend sind in
vorsorgenden Eheverträgen kaum Detailregelungen über Unterhaltsbeträge zu finden[1924] – mit Ausnahme ggf. der Vereinbarung von Höchstgrenzen –, während etwa die Scheidungsvereinbarung
bereits detaillierte Zahlungsverpflichtungen enthält. In jedem Einzelfall muss die Unterhaltsvereinbarung an die individuellen Wünsche und Gegebenheiten der betreffenden Ehegatten angepasst sein
und die von der Rechtsprechung vorgegebenen Grenzen der Sittenwidrigkeit, des Verstoßes gegen
Treu und Glauben sowie der Inhaltskontrolle einhalten. Insb. die **Inhaltskontrolle** ist in den letzten
Jahren ein viel diskutiertes Thema der Ehevertragsgestaltung. Den Fragen der Inhaltskontrolle ist
daher beim **Unterhaltsverzicht** eine besondere Sorgfalt zu widmen,[1925] nachdem der BGH besonders
die Unterhaltsverpflichtung bei Kindesbetreuung, Alter und Krankheit zum **nur beschränkt dis-**
poniblen Kernbereich der Scheidungsfolgen erklärt hat.[1926]

Mit der **Unterhaltsreform des Jahres 2008** sind die Anforderungen an die **Individualisierung** noch- 783
mals gestiegen. Durch die **Aufgabe des Altersphasenmodells** lässt sich schon der gesetzlich zu zahlende Unterhalt nur noch schwer prognostizieren. Andererseits hat die Reform mit § 1578b BGB
eine bisher schon kautelarjuristisch verwendete Technik in das gesetzliche Repertoire aufgenommen.
Diese **Steigerung der Prognoserisiken** führt umso mehr zur **Notwendigkeit**, sich mit einem **Ehe-**
vertrag klare Ansprüche und Regelungen zuzusagen. Diese sollte zum Ziel haben, alle etwaigen
ehebedingten Nachteile auszugleichen. Gelingt dies einmal nicht, muss den Ehegatten klar sein,
dass die vertragliche Gestaltung möglicherweise – dann aber unter Berücksichtigung ihrer Grundgedanken – der richterlichen Anpassung unterliegt.

Mit Inkrafttreten der **EU-UntVO**[1927] und des **HUP** (Haager Unterhaltsprotokoll vom 23.11.2007 784
über das auf Unterhaltspflichten anwendbare Recht)[1928] sind die Auslandsbezüge des Unterhaltsrech-
tes völlig neu geregelt worden. Nach Art. 3 Abs. 1 HUP unterliegt der Unterhaltsanspruch dem
Recht des Staates, in dem die unterhaltsberechtigte Person ihren **Aufenthalt** hat. Damit ist eine
Wandelbarkeit des Unterhaltsstatuts gegeben, die auch bei einem Wegzug nach Scheidung zu einem
anderen Unterhaltsrecht führt.

1921 BGH, NJW 2013, 1530.
1922 BVerfG, NJW 2011, 836.
1923 Formulierungsvorschläge für die nur in geringem Umfang möglichen Vereinbarungen zum Trennungs-
     unterhalt finden sich in Rdn. 75.
1924 So auch die ausdrückliche Empfehlung von Müller, Kap. 3 Rn. 202.
1925 Hierzu ausführlich Kap. 2 Rdn. 65 ff.
1926 BGH, NJW 2004, 930 f. = ZNotP 2004, 157 ff.
1927 ABl. EU L 7/1 v. 10.01.2009.
1928 ABl. EU L 331/17 v. 16.12.2009 zunächst als sekundäres Gemeinschaftsrecht, dann als völkerrecht-
     licher Vertrag.

785 Wenn nun Eheverträge zum Unterhalt geschlossen werden, so sind diese auf der Basis des deutschen Rechts geschlossen und die Parteien wollen zumeist auch die Beibehaltung dieses Rechtes. In einem solchen Fall ist es ratsam, die unterhaltsrechtliche Regelung zugleich mit einer **Rechtswahl nach Art. 7 und 8 HUP** zu verbinden.

786 Die Konsequenz für den Vertragsgestalter formuliert *Süß* so:[1929]

▶ Hinweis:

»Eine **Rechtswahl** sollte daher **künftig Element einer jeden Unterhaltsvereinbarung sein** und allenfalls dann unterbleiben, wenn die Eheleute mit Sicherheit ausschließen können, dass einer von ihnen später seinen gewöhnlichen Aufenthalt ins Ausland verlegt.«

787 In diesem unterhaltsrechtlichen Kapitel wird darauf eingangs der entsprechenden Formulierungsvorschläge hingewiesen, eine nähere Erläuterung erfolgt im 10. Kapitel zum Auslandsbezug.[1930]

788 Hinsichtlich der Vollstreckbarkeit von Unterhaltsvereinbarungen[1931] hat der BGH entschieden, dass eine durch den **Preisindex** des statistischen Bundesamts **wertgesicherte Unterhaltsforderung vollstreckbar** ist.[1932] Verwendet die Klausel hingegen eine unbezifferte Anrechnung (»unter Anrechnung bereits gezahlter Beträge«), so ist der Anspruch nicht vollstreckungsfähig. Solches gilt dann wohl auch bei unbezifferter Anrechnung eigenen Einkommens.

789 Zu einem Prozessvergleich hat der BGH[1933] entschieden, dass bei einem Unterhaltsvergleich, der eine **Wertsicherung über Beamtenbesoldungsgruppen** vorsieht, **jedenfalls der Ausgangsbetrag vollstreckbar** ist.[1934] Allerdings hat er eine Klausel, die auf das Landesbesoldungsrecht abstellte, nicht mehr für vollstreckbar gehalten, weil landesrechtlich der in Bezug genommene Ortszuschlag bereits abgeschafft worden war,[1935] Da diese Konstellation zweifelhaft ist, ergeht der Ratschlag, bei einer solchen Vereinbarung ggf. zu unterteilen und einen Mindestbetrag – ggf. seinerseits durch Anknüpfung an den Lebenshaltungskostenindex wertgesichert – für vollstreckbar zu erklären.[1936]

790 Die nachfolgenden Formulierungsvorschläge können in vielfältiger Weise miteinander kombiniert werden, ohne dass hier jede Regelungsvariante dargestellt werden kann.[1937]

1. Sachverhaltsaufklärung und Gestaltung einer Unterhaltsvereinbarung

a) Sachverhaltsaufklärung

791 Um eine zutreffende Unterhaltsvereinbarung gestalten zu können, ist es daher sehr wichtig, zunächst die relevanten Daten der Beteiligten, aber auch ihre Vorstellung über die zukünftige Lebensplanung zu erfassen und zu hinterfragen.[1938] Hierzu sind neben den allgemein in jede Vereinbarung bzw. Urkunde aufzunehmenden Angaben über die persönlichen Daten und die Staatsangehörigkeit folgende Punkte bedeutsam:[1939]

1929 Süß in Münch, Familienrecht, § 20, Rn. 58.
1930 Hierzu ausführlicher Kap. 10 Rdn. 134 ff.
1931 Zu den Besonderheiten der Zwangsvollstreckung in Unterhaltsforderungen Ramm, FuR 2005, 355 f.
1932 BGH, DNotZ 2004, 644.
1933 BGH, VII. Senat, FamRZ 2006, 202.
1934 Dies genügte im Streitfall, da aufgrund von Anrechnungen der beanspruchte Betrag darunter lag.
1935 BGH, ZEV 2010, 377 m. Anm. Litzenburger.
1936 Zenker, FamRZ 2006, 1248, 1251.
1937 Weitere Varianten etwa bei Jüdt, FuR 2011, 487 f.
1938 Vgl. Abel/Eitzert, NotBZ 2003, 47 f. zu den Auskünften der Ehegatten bei notariellen Unterhaltsvereinbarungen.
1939 Ausführliche Checkliste Notar-Handbuch/Rakete-Dombek, § 13 Rn. 13.

D. Vereinbarungen zum nachehelichen Unterhalt   Kapitel 6

▶ Checkliste notwendiger Informationen für Unterhaltsvereinbarungen
- ☐ Vorehen und Unterhaltspflichten hieraus,   792
- ☐ vorhandene Kinder und Bestehen einer Schwangerschaft,
- ☐ bei vorehelichen Kindern Unterhaltsverpflichtungen,
- ☐ abgeschlossene Ehe- oder Erbverträge sowie Unterhaltsvereinbarungen,
- ☐ Angaben zum Einkommen; bei einer detaillierten Unterhaltsvereinbarungen müssen hier die Angaben zu Einkommen, Abzügen, Werbungskosten[1940] etc. vollständig erhoben werden,
    - ☐ Jahresbrutto- und Nettogehalt (bei Selbstständigkeit letzte 3 Jahre),
    - ☐ Lohnsteuerklasse (Änderung?),
    - ☐ Stand der Einkommens- und Lohnsteuer; Erstattung?,
    - ☐ Zusammenveranlagung/Einzelveranlagung,
    - ☐ Realsplitting,
    - ☐ Mietfreies Wohnen, Pkw-Vorteil?,
    - ☐ Besondere Werbungskosten?,
    - ☐ Krankenversicherung/Beihilfe? Änderungen?,
- ☐ Angaben zum Vermögen,
- ☐ elterliches oder sonst durch Erbschaft zu erwartendes Vermögen,[1941]
- ☐ Darstellung von Berufsausbildung, Berufsweg und weiterer Planung,
- ☐ Beschreibung der Ehekonstellation und der weiteren Lebensplanung, insbesondere auch der Kindesbetreuungsmöglichkeiten vor Ort
- ☐ besondere persönliche Eigenschaften eines Ehegatten, z.B. Krankheiten, die den weiteren Lebensweg beeinträchtigen,
- ☐ besondere Vorstellung der Ehegatten über die Unterhaltsvereinbarung mit Gründen.

▶ Hinweis:
Aufgrund der Rechtsprechung zur Inhaltskontrolle ist bei jeder Unterhaltsvereinbarung die   793
Frage nach einer bestehenden Schwangerschaft zu empfehlen. Die Information ergibt sich ggf. leichter im Zusammenhang mit der Besprechung des erbrechtlichen Teiles und der hier zu erhebenden Daten.

Auch wenn manche Mandanten einige der vorstehenden Themenbereiche nicht gerne erörtern, so   794
kann eine zutreffende Beratung oder Gestaltung nur geleistet werden, wenn vorher eine umfassende Information zugrunde gelegt wird.[1942]

b) Gestaltung der Unterhaltsvereinbarung

Diese Informationen sind sodann in die Unterhaltsvereinbarung umzusetzen. Zum einen muss mit   795
diesen Angaben entschieden werden, welche Art von Unterhaltsvereinbarung für die Vertragsteile passend ist, zum anderen sollen diejenigen Daten, die Grundlage der Vereinbarung sind, festgehalten werden, damit später auf ihnen aufgebaut werden kann.

Im Hinblick auf die vom BGH[1943] nunmehr vorgenommene Gesamtabwägung sollten künftig Ehe-   796
verträge durchaus mit einer **Präambel** arbeiten, aus der sich die näheren Angaben und Ziele der Ehegatten ergeben. In der Literatur häufen sich die Stimmen,[1944] die für die Aufnahme einer solchen

---
1940 Zu den Besonderheiten bei den Betriebsausgaben eines Selbstständigen vgl. Rdn. 190 ff. und ausführlich C. Münch, Die Unternehmerehe, § 9 Rn. 150 ff.
1941 Dieser Punkt ist mit Vorsicht zu behandeln. Zu fragen ist, ob dieser Punkt bereits die Ehe geprägt hat.
1942 Hierzu Wachter, ZNotP 2003, 408, 416 ff.
1943 BGH, NJW 2004, 930 f. = ZNotP 2004, 157 ff.
1944 Bergschneider, FamRZ 2004, 1757, 1764; Dauner-Lieb, FF 2004, 65, 69; Gageik, RNotZ 2004, 295, 312; Grziwotz, FamRB 2004, 199, 203; differenzierend J. Mayer, FPR 2004, 363, 369 f.: Erweiterte Sach-

Präambel[1945] zur Urkunde plädieren. Dies dokumentiert, dass die Ehegatten übereinstimmend von den entsprechenden Angaben ausgingen und erleichtert später dem Richter die Ermittlung der zum Zeitpunkt des Vertragsschlusses vorliegenden Gegebenheiten. Allerdings muss man auch damit rechnen, dass bei einer Änderung der Lebensplanung oder einer unerwartet anderen Entwicklung solche Annahmen als Geschäftsgrundlage der Vereinbarung angesehen und aus ihrem Wegfall Ansprüche wegen einer Störung der Geschäftsgrundlage hergeleitet werden[1946] bzw. dass Änderungen zum Ausgangspunkt einer Ausübungskontrolle werden.

797 Ganz besonders wichtig ist die Aufnahme der grundlegenden Annahmen in die Vereinbarung zur Zahlung von nachehelichem Unterhalt, die im Rahmen einer Scheidungsvereinbarung getroffen wird. Da diese Unterhaltsregelung für längere Zeit Bestand haben soll, aber in dieser Zeit der Abänderung nach § 239 FamFG unterliegt, sollte die Unterhaltsregelung die grundlegenden Sachverhaltsdaten und auch die rechtlichen Vorstellungen enthalten, von denen die Vertragsteile bei ihrer Einigung ausgingen, denn diese sind die Grundlagen, an denen sich die spätere Abänderungsentscheidung auszurichten hat.

798 Daher sollte die nachfolgend dargestellte **Unterhaltsregelung** folgende **Aussagen** enthalten:[1947]
– gesetzlicher Unterhalt, ggf. **modifiziert**, oder **novierende** Vereinbarung;[1948]
– **Unterhaltstatbestand**, nach dem Unterhalt zu zahlen ist;
– Aufnahme der **Bemessungsgrundlagen**, ggf. hin bis zur konkreten Berechnung;
– Unterscheidung zwischen **Elementar- und Vorsorge- bzw. Krankenversicherungsunterhalt** bzw. Angabe, dass Einigung auf eine pauschale Summe; ggf. Aussage zu Sonderbedarf;
– Eingehen auf die Möglichkeit der **Abänderung**, Ausschluss der Abänderbarkeit oder eigener Abänderungsmechanismus;
– **Befristung** oder unbefristete Regelung oder Aussage, dass aus darzustellenden Gründen noch keine Aussage zu einer Befristung getroffen werden kann.

799 Hinsichtlich der **Aufnahme der Bemessungsgrundlagen** sind insb. folgende Positionen zu berücksichtigen,[1949] soweit es um vertragliche Vereinbarungen geht:
– Gesamtjahresbruttoeinkommen inklusive besonderer Vergütungen;
– Abzüge und Zuschläge, insb. die Steuern und Sozialabgaben (Lohn- bzw. ESt, Kirchensteuer, Solidaritätszuschlag, Kranken-, Pflege-, Renten- und Arbeitslosenversicherung);
– berufsbedingte Aufwendungen, die nach Anmerkung 3 zur Düsseldorfer Tabelle[1950] mit einer Pauschale von 5 % des Nettoeinkommens (mindestens 50,00 € und höchstens 150,00 €) geschätzt werden, bei tatsächlichem Nachweis aber höher sein können. Z.T. enthalten die jeweils einschlägigen Leitlinien der OLG noch gesonderte Anordnungen, z.B. zur Berücksichtigung von Kfz-Kosten[1951] oder sie erwähnen die 5 % Pauschale nicht, sondern verlangen Darlegung und Nachweis im Einzelfall;[1952] kritisch gegenüber der Anerkennung von Fahrtkosten sind die

---

verhaltsangaben ja, Motive nein im Hinblick auf spätere Beweislast; Borth, FamRZ 2004, 611 weist auf die Beweislastprobleme hin, wenn der Ehevertrag keine Angaben zur Motivation enthält.
1945 Hierzu Langenfeld, Vertragsgestaltung, Rn. 243 ff.
1946 So z.B. KG, FamRZ 2001, 1002, wo die Ehegatten ihre Annahme festgelegt hatten, dass sie auch nach der Geburt eines Kindes beide weiter berufstätig sein würden. Das KG hat einem vertraglichen Ausschluss des Versorgungsausgleichs die Wirkung versagt, nachdem ein Ehegatte doch nicht mehr gearbeitet hatte.
1947 Bergschneider, Rn. 405 ff.; Müller, Kap. 3 Rn. 558 f.
1948 Hierzu Rdn. 941 ff.
1949 Bergschneider, Rn. 329; Börger/Bosch/Heuschmid, 5. Aufl., § 6 Rn. 109.
1950 *Www.famrb.de/unterhalt.htm*; *www.olg-duesseldorf.de*.
1951 Z.B. unterhaltsrechtliche Leitlinien der Familiensenate Süddeutschland, 10.2.2. oder ausführlich OLG Frankfurt am Main, 10.2.2. (gleichermaßen viele andere Leitlinien; abrufbar unter *www.famrb.de/unterhaltsleitlinien.html*).
1952 Z.B. unterhaltsrechtliche Leitlinien OLG Schleswig, 10.2.1.

Gerichte bei Unterhaltszahlungen an Kinder, die den Mindestunterhalt unterschreiten[1953] oder bei sehr großen Entfernungen.[1954]
- fiktive Einkünfte;
- Wertung von Einkünften aus überobligationsmäßiger Tätigkeit;
- Berücksichtigung des Wohnwertes;
- abziehbare Verbindlichkeiten;
- weitere Unterhaltsberechtigte, insb. Vorwegabzug von Kindesunterhalt und zusätzlicher Ehegattenunterhalt;
- ggf. Feststellungen bzw. Einigungen zu Arbeitsfähigkeit, Erwerbsobliegenheit oder besonderer Bedürftigkeit;
- sonstige Angaben zu den ehelichen Lebensverhältnissen.

2. Zahlungsvereinbarungen

Die Verpflichtung zur Zahlung nachehelichen Unterhalts kann unter Berücksichtigung des Vorstehenden folgendermaßen formuliert werden. Hierbei ist darauf zu achten, dass eine etwaige **Befristung der Unterhaltszahlung** bereits bei dieser Vereinbarung beachtet wird, denn nach der Rechtsprechung muss die Befristung bei der ersten Unterhaltsfestsetzung beachtet und kann nicht später im Wege der Abänderungsklage nachgeschoben werden, wenn ihre Voraussetzungen bereits bei erster Festsetzung vorlagen. Dies soll auch für notarielle Vereinbarungen gelten.[1955] 800

▶ Hinweis:

Beachtet werden muss eine etwaige Befristung des Unterhalts bereits bei der erstmaligen Festsetzung von Ehegattenunterhalt! Sie kann nicht über § 239 FamFG nachgeschoben werden! 801

▶ Kostenanmerkung:

Der unterhaltsrechtliche Teil eines Ehevertrages oder einer Scheidungsvereinbarung fällt nicht unter § 100 GNotKG. Bei Unterhaltsvereinbarungen erfolgt die **Wertbestimmung nach § 52 GNotKG**, da es sich um einen Anspruch auf wiederkehrende Leistungen handelt. 802

Ist die Unterhaltsverpflichtung **für einen bestimmten Zeitraum** eingegangen (z.B. bis zur Vollendung des 12. Lebensjahres unseres jüngsten Kindes), dann ist der Jahreswert × Unterhaltsdauer nach § 52 Abs. 2 GNotKG maßgeblich, begrenzt auf 20 Jahre und zusätzlich – wenn die Verpflichtung nur für die Lebensdauer einer Person eingegangen ist –, begrenzt auf die Faktoren nach § 52 Abs. 4 GNotKG.

Ist die Unterhaltsverpflichtung **für unbestimmte Dauer** eingegangen (Wegfall aufgrund gesetzlicher Bestimmungen gewiss, Zeitpunkt aber ungewiss, z.B. Ende der Kinderbetreuung), dann ist nach § 52 Abs. 3 Satz 2 GNotKG der 10-fache Jahreswert maßgeblich.[1956]

Ist die Unterhaltsverpflichtung **auf die Lebensdauer der Berechtigten** eingegangen, so ist der Multiplikator des Jahreswertes aus der Tabelle des § 52 Abs. 4 GNotKG zu entnehmen und kann die Dauer von 10 Jahren überschreiten,[1957] er beträgt z.B. bei einem Lebensalter von 55 Jahren 10. Die frühere Begrenzung auf 5 Jahre nach § 24 Abs. 3 KostO ist weggefallen.

1953 KG, FamFR 2013, 463.
1954 OLG Celle, FamFR 2013, 201: bei mehr als 30 Entfernungskilometern Kürzung der Kilometerpauschale auf 0,20 €.
1955 Viefhues, ZNotP 2007, 11, 18.
1956 OLG Frankfurt am Main, MittBayNot 2018, 596.
1957 OLG Braunschweig, NotBZ 2018, 424 – str.

Ist der **Beginn der Zahlungspflicht** (Scheidung) noch **ungewiss**, so ist nach § 52 Abs. 6 GNotKG ein Abschlag vorzunehmen.[1958] Dies gilt dann nicht für die Zahlungspflicht im Rahmen einer Scheidungsvereinbarung.[1959]

Eine **Wertsicherungsklausel** wird nach § 52 Abs. 7 GNotKG **nicht** berücksichtigt.

Umstritten ist noch, ob § 1578b BGB als Bedingung i.S.d. § 52 Abs. 3 Satz 6 anzusehen ist, die einen Abschlag notwendig macht.[1960]

Die **Unterhaltsvereinbarung** und der **Ehevertrag** haben einen **verschiedenen Gegenstand**. Die Werte sind zu addieren. Kostenrechtlich stehen die Verpflichtungen damit nicht in einem Gegenleistungsverhältnis eines Austauschvertrages. Auch Vereinbarungen über den nachehelichen und den Getrenntlebensunterhalt haben einen verschiedenen Gegenstand.[1961]

Soweit eine **vorsorgliche Rechtswahl** getroffen wurde, ist dies ebenfalls zusätzlich zu bewerten. Der Geschäftswert hierfür beläuft sich auf 30 % des Geschäftswertes für die Beurkundung selbst. An diesem Geschäftswert ändert es nichts, dass die Rechtswahl nur vorsorglich getroffen wurde.[1962]

▶ Formulierungsvorschlag: Verpflichtung zur Zahlung nachehelichen Unterhalts mit gesondertem Vorsorge- und Krankenversicherungsunterhalt einer privaten Krankenversicherung

803 .... Rechtswahl zum deutschen Recht nach Art. 8 HUP ggf. auch des Gerichtsstandes nach Art. 4 EU-UntVO ....

1)

Ich, der Ehemann, verpflichte mich, für die Zeit ab Rechtskraft der Scheidung an meine geschiedene Ehefrau unter Zugrundelegung der gesetzlichen Vorschriften auf der Basis der sog. »Düsseldorfer Tabelle«[1963] einen monatlichen Ehegattenunterhalt i.H.v. 1.195,00 €

– in Worten eintausendeinhundertfünfundneunzig Euro –

zu zahlen, und zwar Elementarunterhalt i.H.v. 945,00 € und Vorsorgeunterhalt i.H.v. 250,00 €.

2)

Zusätzlich verpflichte ich mich, der Ehefrau denjenigen Betrag, den sie aufgrund ihres derzeit bestehenden Versicherungsvertrags an die ..... Krankenversicherungs-AG zu zahlen hat, monatlich zu erstatten.[1964]

3)

Die Zahlung des nachehelichen Unterhalts beginnt an dem auf die rechtskräftige Scheidung folgenden Monatsersten und ist jeweils fällig im Voraus bis zum Ersten eines jeden Monats.

4)

Der Unterhalt wird zunächst wegen Kindesbetreuung nach § 1570 Abs. 1 Satz 1 BGB[1965] und nach Vollendung des dritten Lebensjahres unseres jüngsten Kindes nach § 1570 Abs. 1 Satz 2 BGB gezahlt.

1958 OLG Frankfurt, MittBayNot 2018, 596.
1959 Sikora/Tiedtke, DNotZ 2018, 576, 586; Kersten, ZNotP 2019, 260.
1960 Wudy, NotBZ 2019, 255; dagegen OLG Braunschweig, NotBZ 2018, 424.
1961 Notarkasse, Rn. 644.
1962 Notarkasse, Rn. 2879.
1963 Stand 01.01.2020. Abrufbar unter *www.olg-duesseldorf.de* oder *www.famrb.de/unterhaltsleitlinien.html*.
1964 Ggf. Beschränkung einführen – höchstens gesetzliches Niveau oder bestimmte Selbstbehaltshöhe.
1965 Hier ggf. entsprechend andere Anspruchsgrundlage angeben.

Angesichts der Dauer unserer Ehe und der beruflichen Nachteile der Ehefrau durch die Kindesbetreuung[1966] vereinbaren wir bereits heute, dass es der Billigkeit im Sinne dieser Norm entspricht, Unterhalt bis zur Vollendung des 12. Lebensjahres unseres jüngsten Kindes zu zahlen, also bis einschließlich ..... Bis dahin trifft die Ehefrau keine Erwerbsobliegenheit, solange die gemeinsamen Kinder bei ihr leben. Eine Herabsetzung oder zeitliche Beschränkung nach § 1578b BGB schließen wir für diesen Zeitraum aus. Die Vereinbarung ist daher befristet bis zum oben genannten Monat. Ein danach etwa weiterhin bestehender Unterhaltsanspruch bleibt vorbehalten.

Alternative 1 zu vorstehendem Absatz:

Dem Unterhaltspflichtigen bleibt es unbenommen, im Wege der Abänderungsklage geltend zu machen, dass die Unterhaltszahlung nicht mehr der Billigkeit entspricht nach § 1570 Abs. 1 Satz 2 oder Abs. 2 BGB oder dass aus sonstigen Gründen der Unterhaltsanspruch nicht mehr vorliegt.

Alternative 2 zu beiden vorstehenden Absätzen (wenn nur Kinder unter drei Jahren und nur § 1570 Abs. 1 Satz 1 BGB):

Der Unterhalt wird wegen Kindesbetreuung nach § 1570 Abs. 1 Satz 1 BGB gezahlt. Insoweit ist die Vereinbarung befristet bis zur Vollendung des dritten Lebensjahres unseres jüngsten Kindes ..... Die Unterhaltszahlung hat somit letztmals für den Monat ..... zu erfolgen. Ob danach ein weiterer Unterhaltsanspruch besteht, kann heute nicht prognostiziert werden. Ein solcher Anspruch bleibt daher vorbehalten.

Alternative 3 zum letzten Teil des vorstehenden Absatzes (Unterhalt bis zur Rente des Pflichtigen bei anderem Unterhaltstatbestand):

..... vereinbaren wir bereits heute, dass diese Verpflichtung zur Zahlung von Ehegattenunterhalt ohne die Möglichkeit zeitlicher Begrenzung oder Herabsetzung gilt, bis der Unterhaltsverpflichtete nicht mehr erwerbstätig ist, sondern Altersversorgungsleistungen bezieht. Eine Abänderung ist bis zu diesem Zeitpunkt auch bei Änderung von Gesetzen oder Rechtsprechung ausgeschlossen. Ein nach diesem Zeitpunkt etwa noch bestehender Unterhaltsanspruch bleibt vorbehalten.

5)

Der Unterhaltsbemessung liegen folgende eheprägende Daten zugrunde:

Bereinigtes Nettoeinkommen des Ehemannes (Jahresbrutto des Vorjahres minus gesetzliche Abzüge unter Berücksichtigung von Steuernachzahlungen und Erstattungen auf der Basis der Lohnsteuerklasse I sowie des Realsplittingvorteils minus 5 % für berufsbedingte Aufwendungen geteilt durch 12):[1967]

	3.166,00 €
Kindesunterhalt K_1 (2 Jahre):*	./. 425,00 €
Kindesunterhalt K_2 (7 Jahre):	./. 488,00 €
Zzgl. 1/2 Kindergeld für zwei Kinder	+ 204,00 €
Nettoeinkommen für die Unterhaltsberechnung:	2.457,00 €
Nettoeinkommen der Ehefrau:	0,00 €
Daraus ergibt sich ein vorläufiger Elementarunterhalt auf der Grundlage eines Erwerbstätigkeitsbonus von 1/7** von:	1.053,00 €
Unter Zugrundelegung der Bremer Tabelle 2020[1967]*** wird dies	
mit einem Zuschlag von 13 % hochgerechnet	
zu einem fiktiven Bruttoeinkommen von:	1.189,90 €

1966 Wenn dies so vereinbart wird, dann kann man diese Nachteile später nicht mehr bestreiten. Wer dies wünscht, kann sich eine Abänderbarkeit vorbehalten etwa für den Fall, dass die Kindesbetreuung nicht wie geplant durch die Ehefrau geleistet wird.
1967 Diese Formulierung nach Bergschneider, Rn. 411.
1968 FamRB 2020, 42 = FamRZ 2020, 226.

Bei einem Beitragssatz von 18,6 % ergibt dies einen
Vorsorgeunterhalt i.H.v.: 221,00 €
Dies ergibt einen endgültigen Elementarunterhalt von
2.457,00 € ./. 221,00 € = 2.236,00 € × 3/7 = 958,00 €

Uns ist bewusst, dass diese Rechenschritte nach der Rechtsprechung noch mehrfach wiederholt werden müssten.[1969] Wir legen aber für uns vertraglich einen Vorsorgeunterhalt von 250,- € fest und kommen damit zu einem Elementarunterhalt von (2.457,- € - 250,- € = 2.207,- €) × 3/7 = 945,- €. Das ergibt einen monatlichen Zahlbetrag von 1.195,- €.

6)

Hinsichtlich dieser Zahlungsverpflichtung unterwerfe ich, der Ehemann, mich der sofortigen Zwangsvollstreckung aus dieser Urkunde in mein gesamtes Vermögen. Meine Ehefrau ist jederzeit auf einseitigen Wunsch berechtigt, auf eigene Kosten eine vollstreckbare Ausfertigung dieser Urkunde zu verlangen, ohne dass der Nachweis der Fälligkeit zu führen ist.

7)

Diese Unterhaltsregelung ist nach § 239 FamFG[1970] abänderbar.[1971]

8)

Ich, die Ehefrau, bin mit der Durchführung des begrenzten Realsplittings einverstanden und verpflichte mich hiermit, alle hierzu noch erforderlichen Erklärungen abzugeben und jährlich zu wiederholen, insbesondere aber die Anlage U zur Einkommensteuererklärung[1972] jährlich zu unterzeichnen.

Ich, der Ehemann, verpflichte mich, meine Ehefrau von allen ihr hierdurch entstehenden nachgewiesenen steuerlichen und sonstigen wirtschaftlichen[1973] Nachteilen freizustellen, und zwar unverzüglich nach Vorlage der entsprechenden Belege oder Bescheide. Zu diesen Nachteilen gehören auch Steuerberatungskosten, die vom begrenzten Realsplitting verursacht sind, bis zu höchstens ..... € jährlich.[1974]

Sicherheitsleistung kann stets insoweit nicht verlangt werden, als die Unterhaltspflicht im vergangenen Jahr erfüllt wurde.

* Eingestuft in die 4. Stufe der Düsseldorfer Tabelle und damit um eine Stufe herabgestuft, weil der Unterhaltspflichtige drei Unterhaltsberechtigten zum Unterhalt verpflichtet ist.

** Bei Anwendung der unterhaltsrechtlichen Leitlinien der Familiensenate Süddeutschlands: 1/10.

*** Aktuelle Fassung unter http://www.famrb.de/media/Bremer_Tabelle_2020.pdf; Stand: 01.01.2020 unter Zugrundelegung eines Beitragssatzes von 18,6 % für die Rentenversicherung und 2,4 % für die Arbeitslosenversicherung.

804 Häufig sehen Zahlungsvereinbarungen nicht die konkrete Berechnung vor, die vorstehend dargestellt wurde, sondern enthalten lediglich einen Unterhaltsbetrag, der ohne Differenzierung sowohl den

---

1969 Alternativ die Wiederholungen hier in die Berechnung einführen, vgl. etwa Wendl/Dose/Gutdeutsch, § 4 Rn. 917.
1970 Zu dieser neuen Abänderungsvorschrift Büte, FuR 2008, 583, 587. Wie nach der bisherigen Rspr. bestimmt sich die Abänderung nach dem materiellen Recht und damit nach den Regeln über die Störung der Geschäftsgrundlage, § 313 BGB.
1971 Auf die verwendete Alternative anzupassen. Z.B. nicht abänderbar bei Ziffer 4), Alternative 3.
1972 Bzw. zum Antrag auf Lohnsteuerjahresausgleich.
1973 Z.B. sozialversicherungsrechtliche Nachteile, vgl. FamRMandat-Unterhaltsrecht/Horndasch, § 3 Rn. 1536.
1974 MüHdbFamR/Arens, § 33 Rn. 185.

D. Vereinbarungen zum nachehelichen Unterhalt — Kapitel 6

Altersvorsorge- als auch den Krankenversicherungsunterhalt enthält. Eine solche Vereinbarung könnte folgendermaßen formuliert werden:

▶ **Formulierungsvorschlag: Verpflichtung zur Zahlung nachehelichen Unterhalts mit einem pauschalen Unterhaltsbetrag**

1)

Ich, der Ehemann, verpflichte mich, für die Zeit ab Rechtskraft der Scheidung an meine geschiedene Ehefrau unter Zugrundelegung der gesetzlichen Vorschriften einen monatlichen Ehegattenunterhalt i.H.v. 1.700,00 €

– in Worten eintausendsiebenhundert Euro –

zu zahlen.

Dieser Betrag beinhaltet sowohl Vorsorge-, wie auch Kranken- und Pflegeversicherungsunterhalt. Aufgrund der großzügigen Bemessung kann weiterer Unterhalt wegen Sonderbedarfes nicht verlangt werden.

2)

Die Zahlung des nachehelichen Unterhalts beginnt an dem auf die rechtskräftige Scheidung folgenden Monatsersten und ist jeweils fällig im Voraus bis zum Ersten eines jeden Monats.

3)

Der Unterhalt wird wegen Kindesbetreuung nach § 1570 Abs. 1 Satz 1 BGB[1975] gezahlt.

Insoweit ist die Vereinbarung befristet bis zur Vollendung des dritten Lebensjahres unseres Kindes Thomas. Die Unterhaltszahlung hat somit letztmals für den Monat ..... zu erfolgen. Ob danach ein weiterer Unterhaltsanspruch besteht, kann heute nicht prognostiziert werden. Ein solcher Anspruch bleibt daher vorbehalten.

4)

Der Unterhaltsbemessung liegen folgende eheprägende Daten zugrunde: Bereinigtes Nettoeinkommen des Ehemannes (Jahresbrutto des Vorjahres minus gesetzliche Abzüge unter Berücksichtigung von Steuernachzahlungen und Erstattungen auf der Basis der Lohnsteuerklasse I sowie des Realsplittingvorteils minus 5 % für berufsbedingte Aufwendungen geteilt durch 12):

	4.000,00 €
Kindesunterhalt Thomas (1 Jahr)	502,00 €
	abzgl. 1/2 Kindergeld = 102,00 €
Nettoeinkommen der Ehefrau:	0 €

5)

Hinsichtlich dieser Zahlungsverpflichtung unterwerfe ich, der Ehemann, mich der sofortigen Zwangsvollstreckung aus dieser Urkunde in mein gesamtes Vermögen.

Mein geschiedener Ehegatte ist jederzeit auf einseitigen Wunsch berechtigt, auf eigene Kosten eine vollstreckbare Ausfertigung dieser Urkunde zu verlangen, ohne dass der Nachweis der Fälligkeit zu führen ist.

6)

Diese Unterhaltsregelung ist nach § 239 FamFG abänderbar.

Während der erste Formulierungsvorschlag den Ersatz der Krankenversicherungsbeiträge einer privaten Krankenversicherung vorsah, kann auch von der Möglichkeit des § 9 Abs. 1 Nr. 2, Abs. 2 SGB V Gebrauch gemacht werden, d.h. der Ehegatte, der bis zur Rechtskraft der Scheidung nach § 10 Abs. 1 SGB V beitragsfrei mitversichert war, erklärt binnen drei Monaten seinen Beitritt zur **Krankenversicherung** und ist dann dort freiwillig versichert. In **§ 188 Abs. 4 SGB V** ist nunmehr

---

[1975] Hier ggf. entsprechende andere Anspruchsgrundlage angeben.

jedoch eine **gesetzlich eintretende freiwillige Weiterversicherung** mit Austrittsoption vorgesehen, deren Verhältnis zu der Dreimonatsfrist des § 9 Abs. 2 SGB V noch nicht vollständig geklärt ist.[1976] Die gesetzlich eintretende Weiterversicherung will das Entstehen hoher Beitragsschulden verhindern und die lückenlose Weiterversicherung sicherstellen. Bis die subsidiäre Weiterversicherungspflicht nach § 5 Abs. 1 Nr. 13 SGB V festgestellt war, verging oft eine lange Zeit. Dementsprechend setzt der Austritt auch voraus, dass der Nachweis einer anderweitigen Krankenversicherung erbracht ist, § 188 Abs. 4 Satz 2 SGB V. Damit dürfte diese Bestimmung vorrangig sein. Sie setzt auch, anders als der Beitritt nach § 9 SGB V, keine Vorversicherungszeiten voraus. Dem Eintritt durch Anzeige nach § 9 SGB V kommt daher nur noch geringe Bedeutung zu.[1977]

In diesem Fall ist ein Krankenvorsorgeunterhalt nach § 1578 Abs. 2 BGB in ähnlicher Weise zu berechnen, wie dies vorstehend für den Altersvorsorgeunterhalt durchgeführt wurde. Nach Abzug dieses Unterhaltsbetrages erfolgt dann auf zweiter Stufe die Berechnung des Vorsorgeunterhalts für das Alter.[1978] Eine Rechtswahl wurde angesichts der auf fünf Jahre laufenden Zahlungsverpflichtung (jüngstes Kind 8 Jahre) nicht vorgesehen.

▶ **Formulierungsvorschlag: Verpflichtung zur Zahlung nachehelichen Unterhalts mit gesondertem Krankenversicherungs- und Altersvorsorgeunterhalt**

807

1)

Ich, der Ehemann, verpflichte mich, für die Zeit ab Rechtskraft der Scheidung an meine geschiedene Ehefrau unter Zugrundelegung der gesetzlichen Vorschriften auf der Basis der sog. »Düsseldorfer-Tabelle«[1979] einen monatlichen Ehegattenunterhalt i.H.v. 1.275,00 €

– in Worten eintausendzweihundertfünfundsiebzig Euro –

zu zahlen, und zwar Elementarunterhalt i.H.v. 886,00 €, Krankenvorsorgeunterhalt i.H.v. 153,00 €, Pflegevorsorgeunterhalt i.H.v. 3 2,00 € und Vorsorgeunterhalt i.H.v. 204,00 €.

2)

Die Ehefrau ist bisher noch beim Ehemann nach § 10 Abs. 1 SGB V beitragsfrei mitversichert. Sie beabsichtigt, binnen drei Monaten nach der rechtskräftigen Scheidung ihren freiwilligen Beitritt zur Krankenversicherung des Ehemannes zu erklären nach § 9 Abs. 1 Nr. 2, Abs. 2 SGB V.

3)

Die Zahlung des nachehelichen Unterhalts beginnt an dem auf die rechtskräftige Scheidung folgenden Monatsersten und ist jeweils fällig im Voraus bis zum 1. eines jeden Monats.

4)

Der Unterhalt wird wegen Kindesbetreuung nach § 1570 Abs. 1 Satz 1 BGB bzw. § 1570 Abs. 1 Satz 2 BGB[1980] gezahlt. Angesichts der Dauer unserer Ehe und der beruflichen Nachteile der Ehefrau[1981] durch die Kindesbetreuung vereinbaren wir bereits heute, dass es der Billigkeit im Sinne dieser Norm entspricht, Unterhalt bis zur Vollendung des achten Lebensjahres unseres jüngsten Kindes zu zahlen, also bis einschließlich ..... Bis dahin trifft die Ehefrau keine Erwerbsobliegenheit, solange die gemeinsamen Kinder bei ihr leben. Eine Herabsetzung oder zeitliche Beschränkung nach § 1578b BGB schließen wir für diesen Zeitraum aus. Die Vereinbarung ist daher befristet bis zum oben genannten Monat. Ein danach etwa weiterhin bestehender Unterhaltsanspruch bleibt vorbehalten.

1976 Doering-Striening, NZFam 2014, 145 f.
1977 So ausdrücklich Michels in Becker/Kingreen, SGB V, § 188 Rn. 3a.
1978 Hierzu detailliert Rdn. 330; MüHdbFamR/Kath-Zurhorst, § 9 Rn. 164; MüProFam/Vossenkämper, Form. B. II. 4.; Wendl/Dose/Gutdeutsch, § 4 Rn. 915.
1979 *Www.famrb.de/unterhaltsleitlinien.html.*
1980 Hier ggf. entsprechend andere Anspruchsgrundlage angeben.
1981 Wenn dies so vereinbart wird, können die Nachteile später nicht mehr bestritten werden. Ggf. Abänderbarkeit vereinbaren, wenn die Ehefrau nicht die Kinder betreut.

D. Vereinbarungen zum nachehelichen Unterhalt					Kapitel 6

5)

Der Unterhaltsbemessung liegen folgende eheprägende Daten zugrunde:

Bereinigtes Nettoeinkommen des Ehemannes (Jahresbrutto des Vorjahres minus gesetzliche Abzüge unter Berücksichtigung von Steuernachzahlungen und Erstattungen auf der Basis der Lohnsteuerklasse I sowie des Realsplittingvorteils minus 5 % für berufsbedingte Aufwendungen geteilt durch 12):

	3.166,00 €
Kindesunterhalt Thomas (2 Jahre)*:	./. 425,00 €
Kindesunterhalt Maria (7 Jahre):	./. 488,00 €
Zzgl. 1/2 Kindergeld für zwei Kinder	+ 204,00 €
Nettoeinkommen für die Unterhaltsberechnung:	2.457,00 €
Nettoeinkommen der Ehefrau:	0 €
Daraus ergibt sich ein vorläufiger Elementarunterhalt auf der Grundlage eines Erwerbstätigkeitsbonus von 1/7** von:	1.053,00 €
Nach diesem vorläufigen Elementarunterhalt (1) errechnen sich auf der Basis des Beitragssatzes der betroffenen Krankenversicherung von 14,6 % ein Krankenvorsorgeunterhalt von	153,00 €
und ein Pflegevorsorgeunterhalt von 3,05 %*** =	32,00 €
Dies ergibt einen vorläufigen Elementarunterhalt (2) von 2.457,00 € ./. 153,00 € ./. 32,00 € = 2.272,00 € × 3/7 =	973,00 €
Unter Zugrundelegung der Bremer Tabelle 2020 wird dies mit einem Zuschlag von 13 % hochgerechnet zu einem fiktiven Bruttoeinkommen von	1.099,00 €
Bei einem Beitragssatz von 18,6 % ergibt dies einen Vorsorgeunterhalt i.H.v.	204,00 €.
Dies ergibt einen endgültigen Elementarunterhalt von 2.457 € ./. 153 € ./.32 € ./. 204 € = 2.068 € × 3/7 =	886,00***** €.

6)

Hinsichtlich dieser Zahlungsverpflichtung unterwerfe ich, der Ehemann, mich der sofortigen Zwangsvollstreckung aus dieser Urkunde in mein gesamtes Vermögen.

Mein geschiedener Ehegatte ist jederzeit auf einseitigen Wunsch berechtigt, auf eigene Kosten eine vollstreckbare Ausfertigung dieser Urkunde zu verlangen, ohne dass der Nachweis der Fälligkeit zu führen ist.

7)

Diese Unterhaltsregelung ist nach § 239 FamFG abänderbar.

* Die Düsseldorfer Tabelle zum 01.01.2020 geht von zwei Unterhaltsberechtigten aus. Daher wurde hier eine Herabstufung um eine Gruppe vorgenommen und der Unterhalt nach der vierten Gruppe berechnet.

** Bei Anwendung der unterhaltsrechtlichen Leitlinien der Familiensenate Süddeutschlands 1/10.

*** Anm.: 14,6 % ist der gesetzliche Satz der Krankenversicherung; dieser kann jedoch durch Zusatzbeiträge der Krankenkasse erhöhen; in der Pflegeversicherung Beitragssatz derzeit 3,05 % nach § 55 Abs. 1 SGB XI zzgl. eines Zuschlages bei Kinderlosigkeit von 0,25 % nach §§ 55 Abs. 3, 59 Abs. 5 SGB XI.

**** Aktuelle Fassung unter http://www.famrb.de/media/BT_2020.pdf; Stand: 01.01.2020.

***** Unterhalt sollte gerundet angegeben werden (Schwab/Ernst/Borth, § 8 Rn. 1506). Hier wurde wie bei § 1612a Abs. 2 Satz 2 BGB auf volle Eurobeträge aufgerundet.

808 Sofern **überdurchschnittliche Einkommensverhältnisse** vorliegen, ist der Unterhalt nicht nach einer Quote des verfügbaren Nettoeinkommens zu berechnen, sondern nach dem **konkreten Bedarf**, wie ihn entsprechend situierte Eheleute im Regelfall haben.[1982] Danach ist der Unterhalt mit einer entsprechenden Regelung nach dem konkreten Bedarf zu bemessen. Eine Zahlungsvereinbarung könnte dann folgendermaßen lauten:[1983]

▶ Formulierungsvorschlag: Verpflichtung zur Zahlung nachehelichen Unterhalts nach konkreter Berechnung

809

1)

Ich, der Ehemann, verpflichte mich, für die Zeit ab Rechtskraft der Scheidung an meine geschiedene Ehefrau unter Zugrundelegung der gesetzlichen Vorschriften einen monatlichen Ehegattenunterhalt i.H.v. 4.200,00 €

– in Worten viertausendzweihundert Euro –

zu zahlen.

Aufgrund meiner überdurchschnittlichen Einkommensverhältnisse von derzeit etwa 12.000,00 € bis 14.000,00 € bereinigtes Nettoeinkommen erfolgt eine konkrete Unterhaltsberechnung. Hierfür werden einvernehmlich folgende Positionen in Ansatz gebracht:

Wohnbedarf:	900,00 €
Krankenversicherung	300,00 €
Altersvorsorge	400,00 €
Versicherungen	50,00 €
Rundfunk, Telefon	60,00 €
Halten eines Pkw	400,00 €
Kosmetik und Friseur	150,00 €
Kleidung	400,00 €
Allgemeine Verpflegung	700,00 €
Theater und Kultur	80,00 €
Urlaubsreisen	250,00 €
Reinigungskraft	200,00 €
Rücklagen für Hausrat	200,00 €
Gesamtbedarf konkret:	4.040,00 €

Unter Berücksichtigung eines Betrages für sonstige Rücklagen soll daher ein Zahlbetrag von 4.200,00 € festgelegt werden.

2)

Die Zahlung des nachehelichen Unterhalts beginnt an dem auf die rechtskräftige Scheidung folgenden Monatsersten und ist jeweils fällig im Voraus bis zum Ersten eines jeden Monats.

3)

Der Unterhalt wird wegen Alters nach § 1571 BGB[1984] gezahlt.

4)

Der Unterhaltsbemessung liegen folgende eheprägende Daten zugrunde: Bereinigtes Nettoeinkommen des Ehemannes (Jahresbrutto des Vorjahres minus gesetzliche Abzüge unter Berück-

---

[1982] Hierzu Rdn. 373 f.
[1983] Die Zahlen und Kategorien lehnen sich an das Urteil des OLG Köln, FamRZ 2002, 326 an und sind maßvoll erhöht.
[1984] Hier ggf. entsprechend andere Anspruchsgrundlage angeben. Es wird hier davon ausgegangen, dass eine Befristung nicht aufzunehmen ist, da bleibende ehebedingte Nachteile eine Fortzahlung des Unterhaltes gebieten. Ansonsten wäre an dieser Stelle eine Befristung des Zahlungstitels vorzusehen.

sichtigung von Steuernachzahlungen und Erstattungen auf der Basis der Lohnsteuerklasse I sowie des Realsplittingvorteils minus 5 % für berufsbedingte Aufwendungen geteilt durch 12):

zwischen 12.000,00 und 14.000,00 €

Nettoeinkommen der Ehefrau: 0 €

5)

Hinsichtlich dieser Zahlungsverpflichtung unterwerfe ich, der Ehemann, mich der sofortigen Zwangsvollstreckung aus dieser Urkunde in mein gesamtes Vermögen.

Mein geschiedener Ehegatte ist jederzeit auf einseitigen Wunsch berechtigt, auf eigene Kosten eine vollstreckbare Ausfertigung dieser Urkunde zu verlangen, ohne dass der Nachweis der Fälligkeit zu führen ist.

6)

Diese Unterhaltsregelung ist nach § 239 FamFG abänderbar.

II. Verzichte und tatbestandliche Teilverzichte

1. Vollständiger Unterhaltsverzicht

Nach § 1585c BGB kann ein vollständiger Verzicht auf Unterhalt sowohl im vorsorgenden Ehevertrag als auch in der Scheidungsvereinbarung erfolgen, nach der Neuregelung des Unterhaltsrechts allerdings bis zur Rechtskraft der Ehescheidung nur in beurkundeter Form. Die Grenzen der Sittenwidrigkeit, des Verstoßes gegen Treu und Glauben sowie die Anforderungen der Inhaltskontrolle sind hierbei zu beachten.[1985]

Nach der aktuellen Rechtsprechung des BGH[1986] gibt es einen **Kernbereich an Scheidungsfolgen**, die **nur eingeschränkt disponibel** sind. Zu diesem Kernbereich gehört auf der ersten Stufe der **Unterhalt wegen Kindesbetreuung** nach § 1570 BGB, auf der zweiten Stufe der **Unterhalt wegen Alters und Krankheit**. Wie sich die Kernbereichslehre zum neuen § 1570 BGB mit seiner Anspruchstrias verhält, ist von der Rechtsprechung noch immer nicht zu klären gewesen. Es spricht jedoch viel dafür, nur noch den Basisunterhalt nach § 1570 Abs. 1 Satz 1 BGB an der Spitze der Kernbereichsleiter zu positionieren.[1987]

Zwar gibt es keine Scheidungsfolge, für die der BGH ein »Verzichtsverbot« ausgesprochen hätte. Es ist daher auch in der »double income no kids«-Ehe mit unabhängigen Partnern weiterhin ein vollständiger Verzicht möglich, ohne dass dies den Ehevertrag sittenwidrig macht. Bei jungen Verlobten oder Ehegatten sollte der Vertragsgestalter aber dazu raten, auch Regelungen für den Fall zu treffen, dass ein Kind geboren wird und für diesen Fall den Unterhalt nach § 1570 BGB vom Verzicht auszunehmen. Eingriffe in den Kernbereich der Scheidungsfolgen sind nach der Rechtsprechung des BGH aber dann eher möglich, wenn sie durch andere Leistungen kompensiert werden.

Auch wenn mangels Kinderwunsches oder bei »verabredeter Kinderfreiheit« der Vertrag der Wirksamkeitskontrolle standhält, kann es sonst i.R.d. Ausübungskontrolle dazu kommen, dass sich der Begünstigte gegen den Kinder erziehenden Elternteil auf den Verzicht nicht berufen kann.

Da der endgültige Verzicht von einem Wegzug nicht berührt werden sollte, empfiehlt sich die Rechtswahl zum deutschen Recht, auch wenn derzeit ein Auslandsbezug nicht absehbar sein sollte.

1985 Hierzu Rdn. 562 ff. und zur Inhaltskontrolle ferner Kap. 2 Rdn. 65 ff.
1986 BGH, NJW 2004, 930 f. = ZNotP 2004, 157 ff.
1987 Hierzu im Detail Kap. 2 Rdn. 373 ff.

▶ **Kostenanmerkung:**

815
Der Unterhaltsverzicht ist nach dem **Wert des Anspruchs** zu bewerten, auf den verzichtet wird. Zum Wert des Unterhaltsanspruchs gelten die bereits dargelegten Grundsätze.[1988] Den höchsten Unterhaltsanspruch kann man entsprechend der Rechtsprechung des BGH mit dem doppelten Höchstsatz der Düsseldorfer Tabelle annehmen.[1989] Dabei können aber, wenn der Verzicht **vorsorgend** für die Zukunft erfolgt, einerseits **zukünftige Einkommensentwicklungen** mit in die Betrachtung einbezogen werden,[1990] andererseits muss ein angemessener Abschlag nach § 52 Abs. 6 GNotKG erwogen werden, wenn der Verzicht vorsorglich abgegeben wurde, eine Scheidung also nicht in Sicht ist.[1991]

Erfolgt der Unterhaltsverzicht gegen ein Entgelt, so handelt es sich um einen Austauschvertrag nach § 97 Abs. 3 GNotKG, sodass der höhere Wert maßgeblich ist. Gleiches gilt bei einem gegenseitigen Unterhaltsverzicht.

▶ **Formulierungsvorschlag: kompletter Unterhaltsverzicht**

816
…… Rechtswahl zum deutschen Recht nach Art. 8 HUP ggf. auch des Gerichtsstandes nach Art. 4 EU-UntVO ……

1)

Für die Zeit nach einer etwaigen Scheidung unserer Ehe verzichten wir gegenseitig auf Unterhalt, auch für den Fall des Notbedarfes,[1992] gleichgültig, ob ein Unterhaltsanspruch gegenwärtig bereits erkennbar hervorgetreten ist oder nicht.

2)

Diesen Verzicht nehmen wir hiermit gegenseitig an.

3)

Der Verzicht gilt auch im Fall einer Änderung der einschlägigen gesetzlichen Vorschriften oder der Rechtsprechung weiterhin.[1993]

4)[1994]

Wir wurden vom Notar über das Wesen des nachehelichen Unterhalts und die Auswirkungen des Verzichts eingehend belehrt. Wir wissen somit, dass jeder von uns für seinen eigenen Unterhalt sorgen muss.

a) Wir wurden insbesondere darauf hingewiesen, dass ein Unterhaltsverzicht je nach den Umständen des Einzelfalls sittenwidrig sein kann mit der Folge, dass nach einer Ehescheidung Unterhalt nach den gesetzlichen Bestimmungen zu gewähren ist.

1988 Hierzu Rdn. 802.
1989 Kühne/Wengemuth, NotBZ 2019, 290, 294.
1990 Notarkasse, Rn. 641.
1991 Notarkasse, Rn. 641.
1992 Diese Regelung ist lediglich deklaratorisch, Wendl/Dose/Wönne, § 6 Rn. 634. Sie knüpft an den ehemaligen § 65 EheG an, hierzu MüKo-BGB/Maurer, § 1585c Rn. 84 f. Sie ist aber gleichwohl durchaus empfehlenswert, da sie die Belehrung über den Notfall in sich trägt.
1993 So die Anregung von Bergschneider, Rn. 434.
1994 Bergschneider, Rn. 428 f. merkt an, dass der Unterhaltsverzicht zwar von großer Tragweite sei, aber deshalb dennoch nicht wortreich formuliert werden müsse. Der Formulierungsvorschlag zeigt, dass ein Großteil der Formulierungen mittlerweile den notariellen Belehrungen geschuldet ist. Diese sollten aber zur Sicherheit festgehalten sein.

b) Ferner kann die Berufung auf einen Unterhaltsverzicht gegen Treu und Glauben verstoßen. Für diesen Fall vereinbaren wir, soweit gesetzlich zulässig, dass Unterhalt höchstens in folgender Höhe zu leisten ist: ..... (ggf. voreheliche Anknüpfung) .....[1995]

Wir gehen jedoch übereinstimmend davon aus, dass derzeit Gründe für eine Sittenwidrigkeit nicht erkennbar sind, zumal ein jeder von uns beiden berufstätig ist und es auch bleiben will und ein jeder von uns beiden Rentenanwartschaften hat, sodass die Versorgung eines jeden von uns beiden gesichert ist.

5)

Der Notar hat auf die Rechtsprechung des BVerfG und des BGH zur Inhaltskontrolle von Eheverträgen hingewiesen und erläutert, dass ehevertragliche Regelungen bei einer besonders einseitigen Aufbürdung von vertraglichen Lasten und einer erheblich ungleichen Verhandlungsposition unwirksam oder unanwendbar sein können.

Die Vertragsteile erklären, dass sie nach einer Vorbesprechung und dem Erhalt eines Vertragsentwurfes die rechtlichen Regelungen dieses Vertrages umfassend erörtert haben und diese Regelungen ihrem gemeinsamen Wunsch zur Gestaltung ihrer ehelichen Verhältnisse entsprechen.

Der Notar hat darauf hingewiesen, dass bei einer Änderung der Ehekonstellation – hierzu gehören insbesondere die Geburt gemeinsamer Kinder oder gewichtige Änderungen der Erwerbsbiographie – die Regelungen auch nachträglicher Ausübungskontrolle unterliegen können. Er hat geraten, in diesem Fall die vertraglichen Regelungen der veränderten Situation anzupassen.

▶ **Gestaltungsempfehlung:**

Bei »Beratungsresistenz der Vertragsbeteiligten« sollten die Bedenken, ob der Vertrag einer Inhaltskontrolle standhält, sowie das Bestehen der Vertragsteile auf Beurkundung in dieser Form in einem entsprechenden Hinweis festgehalten werden. 817

2. Verzicht mit Ausnahme der Not

Der Unterhaltsverzicht kann auch erklärt werden mit der Ausnahme des Unterhalts bei Not. Da das Gesetz diesen **Begriff** nicht definiert, ist es ratsam, ihn bei der Regelung selbst **festzulegen**. Ein so gestalteter Unterhaltsverzicht kann helfen, wenn eine Vertragspartei einen umfassenden Verzicht nicht akzeptiert, sondern sich gerade für Notfälle Ansprüche vorbehalten will. Ferner sollte die Regelung eindeutig klarstellen, dass auch der **Notunterhalt** nur geschuldet ist, wenn ansonsten ein Unterhaltsanspruch nach einem der gegebenen Tatbestände vorliegt, sodass sich der Notunterhalt letztlich wie eine Unterhaltsbegrenzung auswirkt. Dann erübrigen sich Bedenken, der Notunterhalt könne zu sehr zur Absicherung gegen das allgemeine Lebensrisiko missbraucht werden.[1996] 818

Die Maßstäbe des BGH zur Inhaltskontrolle sind hierbei zu beachten.

1995 Die frühere Ansicht des BGH (FamRZ 1997, 873, 874), dass dann, wenn sich der Verpflichtete nach Treu und Glauben nicht auf einen Verzicht berufen darf, lediglich Unterhalt i.H.d. Mindestbedarfes zur Sicherung der Existenz geschuldet wird, lässt sich wohl angesichts der Entscheidungen des BVerfG zur Inhaltskontrolle (FamRZ 2001, 343 und FamRZ 2001, 985) nicht mehr halten (so Rakete-Dombek, NJW 2004, 1273, 1276). Dann sollte auch vertraglich nicht mehr diese niedrige Schwelle angesetzt werden. Der Vorschlag, der hier schon bei der Darstellung der Inhaltskontrolle unterbreitet wurde, geht dahin, einen Betrag zu wählen, der die fortgeschriebene voreheliche Lebensstellung repräsentiert. Dieser Vorschlag wird durch die Unterhaltsreform noch zusätzlich gestützt, da die voreheliche Lebensstellung auch Anknüpfungspunkt für eine Unterhaltsherabsetzung nach § 1578b BGB ist, Viefhues, ZNotP 2007, 11, 16 m.w.N.

1996 Brambring, Rn. 115.

▶ **Formulierungsvorschlag: Unterhaltsverzicht mit Ausnahme der Not**

819 .... Rechtswahl zum deutschen Recht nach Art. 8 HUP ggf. auch des Gerichtsstandes nach Art. 4 EU-UntVO ....

1)

Für die Zeit nach einer etwaigen Scheidung unserer Ehe verzichten wir gegenseitig auf Unterhalt, ausgenommen jedoch den Fall des Notbedarfes, gleichgültig, ob ein Unterhaltsanspruch gegenwärtig bereits erkennbar hervorgetreten ist oder nicht. Nach Beendigung des Notbedarfes lebt der Unterhaltsverzicht wieder auf.

Alternative:

..... ausgenommen jedoch den Fall eines durch unverschuldete Krankheit verursachten Notbedarfs .....[1997]

2)

Ein Fall des Notbedarfes liegt vor, wenn ein Ehepartner aus eigenem Einkommen für sich den notwendigen Eigenbedarf (Existenzminimum) des Ehegatten für Nichterwerbstätige nach der Düsseldorfer Tabelle in ihrer jeweiligen Fassung – derzeit sind dies 960 € – nicht decken kann.[1998]

Alternative:

Ein Fall des Notbedarfes liegt vor, wenn ein Ehepartner ohne Rücksicht auf die Zugehörigkeit zum berechtigten Personenkreis und ohne Rücksicht auf dort geregelte vorrangige Unterhaltspflichten Dritter Ansprüche auf Grundsicherung nach §§ 41 ff. SGB XII hätte. Einsatz von Einkommen und Vermögen bestimmen sich gleichfalls nach diesen Vorschriften.

Hierbei hat der Unterhaltsberechtigte sein Vermögen zu verwerten, wie es die Vorschriften über den nachehelichen Unterhalt vorsehen. Die Privilegierung des § 1577 Abs. 3, 2. Alt. BGB kommt ihm allerdings nicht zugute, d.h. eine Verwertung kann auch bei Unbilligkeit verlangt werden.[1999]

Hinsichtlich der Erwerbsobliegenheit sollen die Bestimmungen des SGB II entsprechende Anwendung finden.[2000]

3)

In Fällen der Not ist Unterhalt höchstens geschuldet i.H.d. in vorstehender Ziffer genannten notwendigen Eigenbedarfes.

Alternative:

In Fällen der Not ist Unterhalt in der Höhe geschuldet, wie Leistungen nach den §§ 41 ff. SGB XII verlangt werden könnten.

Hierauf ist ein Einkommen des Unterhaltsberechtigten in voller Höhe anzurechnen.[2001]

1997 Bergschneider, Rn. 438.
1998 Dieser Maßstab wird als sachgerecht empfohlen, Brambring, Rn. 115; z.T. wird auf das Sozialhilfegesetz verwiesen, Langenfeld, Rn. 486; Müller, Kap. 3 Rn. 214; hier wird als weitere Alternative eine Verweisung auf die Grundsicherung formuliert.
1999 Die Einschränkung des letzten Satzes kann entfallen, wenn dem Unterhaltspflichtigen die Privilegien des § 1577 Abs. 3 BGB voll zugutekommen sollen. M.E. ist aber die Unbilligkeit angesichts der beiderseitigen Vermögensverhältnisse nicht der richtige Maßstab, wenn Unterhalt nur in der Not und nur i.H.d. Existenzminimums gezahlt werden soll. Bei Unwirtschaftlichkeit sollte aber keine Verwertungspflicht bestehen, denn eine solche Verwertung belastet letzten Endes auf längere Sicht auch den Unterhaltspflichtigen.
2000 So Langenfeld, 4. Aufl., Rn. 646.
2001 Auch wenn inzwischen aufgrund der Rechtsprechungsänderung des BGH weitgehend die Differenzmethode angewendet wird, entspricht es dem Sinn eines »Notunterhalts« eher, eine volle Anrechnung vorzusehen.

4)

Voraussetzung ist jedoch, dass der bedürftige Ehegatte zum Zeitpunkt des Verlangens Unterhalt nach den gesetzlichen Vorschriften unter Berücksichtigung der gesetzlichen Einsatzzeitpunkte verlangen könnte.[2002]

Alternative:

Es ist nicht Voraussetzung, dass der bedürftige Ehegatte zum Zeitpunkt des Verlangens Unterhalt nach den gesetzlichen Vorschriften unter Berücksichtigung der gesetzlichen Einsatzzeitpunkte verlangen könnte.

5)

Diesen Verzicht nehmen wir hiermit gegenseitig an.

6)

Der Verzicht gilt auch im Fall einer Änderung der einschlägigen gesetzlichen Vorschriften oder der Rechtsprechung weiterhin.

7)

Wir wurden vom Notar über das Wesen des nachehelichen Unterhalts und die Auswirkungen des Verzichts eingehend belehrt. Wir wissen somit, dass jeder von uns – ausgenommen den Notunterhalt – für seinen eigenen Unterhalt sorgen muss.

Der Notar hat uns ferner erläutert, wann ein Unterhaltsverzicht sittenwidrig ist oder die Berufung auf den Unterhaltsverzicht gegen Treu und Glauben verstößt.

Wir gehen jedoch übereinstimmend davon aus, dass derzeit Gründe für eine Sittenwidrigkeit nicht erkennbar sind, zumal ein jeder von uns beiden berufstätig ist und es auch bleiben will und ein jeder von uns beiden Rentenanwartschaften hat, sodass die Versorgung eines jeden von uns beiden gesichert ist.

8)

Der Notar hat auf die Rechtsprechung des BVerfG und des BGH zur Inhaltskontrolle von Eheverträgen hingewiesen und erläutert, ...[2003]

3. Verzicht mit Ausnahme Kindesbetreuung

In der Praxis kommt es sehr häufig vor, dass ein Unterhaltsverzicht vereinbart wird, jedoch der Kindesbetreuungsunterhalt hiervon ausgenommen wird. Es kann der Unterhaltstatbestand des § 1570 **BGB komplett** vom Verzicht **ausgenommen** werden, sodass in den Fällen der Kindesbetreuung Unterhalt nach den gesetzlichen Vorschriften zu zahlen ist. Möglich ist es auch, den vom Verzicht ausgenommenen Unterhalt wegen Kindesbetreuung **zusätzlich** mit einer **Höchstbetragsbegrenzung** zu versehen.[2004] Schließlich kann die **Geburt** eines gemeinsamen Kindes als **auflösende Bedingung** des Verzichts oder als Rücktrittsgrund vereinbart werden, sodass bei Ausübung dieser Rechte der Unterhaltsverzicht insgesamt entfällt.[2005]

820

War bisher nur auf die Unterscheidung in den Unterhaltstatbestand nach § 1570 BGB und denjenigen nach § 1573 Abs. 2 BGB bei Teilzeiterwerbstätigkeit aufzupassen, so ist nunmehr der Unterhaltstatbestand des § 1570 BGB sehr ausdifferenziert, sodass die Notwendigkeit besteht, sehr genau zu regeln, welcher Unterhaltsanspruch vorbehalten bleibt. Hier sind sehr viele unterschiedliche

821

2002 Für Fälle des Notunterhalts ist es eher angemessen, das Vorliegen eines gesetzlichen Unterhaltsanspruchs zu verlangen, sonst bürdet man dem Verpflichteten das allgemeine Lebensrisiko z.B. einer späteren nicht mehr ehebedingten Arbeitslosigkeit auf.
2003 Vgl. die Formulierung in Rdn. 816.
2004 Formulierungsvorschläge hierzu in Rdn. 869 ff.
2005 Formulierungsvorschläge hierzu in Rdn. 830 ff.

Formulierungen denkbar, von der Ausnahme bestimmter Tatbestände bis hin zur Formulierung eines eigenen vertraglichen Altersphasenmodells.

822 Im Zusammenhang mit den Urteilen des BVerfG zur **Inhaltskontrolle** von Eheverträgen kam die Frage auf, ob denn der Unterhalt nach § 1570 BGB überhaupt noch einem Verzicht zugänglich sei. Bedenken gegen einen Ausschluss des Unterhalts wegen Kindesbetreuung umfassen auch den Ausschluss der entsprechenden Anschlusstatbestände. Hierzu ist anzumerken, dass die vom BVerfG aufgezeigten Aspekte insb. auch hinsichtlich des Schutzes der Kinder Gewicht haben und Beachtung finden müssen.

823 Dem hat der **BGH**[2006] mit seiner **Kernbereichslehre** Rechnung getragen, nach der **Unterhalt wegen Kindesbetreuung nur eingeschränkt disponibel** ist. Allerdings hat auch der BGH betont, dass es keinen unverzichtbaren Mindestgehalt an Scheidungsfolgen gibt. Daraus folgt, dass es im Normalfall mittleren Einkommens eine Möglichkeit des Verzichts auf Unterhalt wegen Kindesbetreuung kaum mehr geben wird, es sei denn, der Verzicht wird durch eine andere Leistung kompensiert. Allerdings darf dies **nicht** dazu führen, **schematisch** einen **Unterhaltsverzicht** im Bereich des § 1570 **BGB abzulehnen**. Zumindest in einer **Diskrepanzehe**[2007] ist es – auch von der Rechtsprechung anerkannt[2008] – weiterhin möglich, den Unterhaltsanspruch nach § 1570 BGB zu begrenzen, wenn die Grenze so gelegt wird, dass die Belange der geschiedenen Ehefrau ebenso wie diejenigen der Kinder Berücksichtigung finden.[2009]

824 Zu beachten ist, dass sich der **Unterhaltsanspruch wegen Kindesbetreuung** eines nur teilweise erwerbstätigen Ehegatten nach der Rechtsprechung des BGH[2010] **aus zwei Komponenten zusammensetzt**:
- Er kann nach § 1570 BGB Unterhalt nur bis zur Höhe des Mehreinkommens verlangen, das er durch Vollerwerbstätigkeit erreichen könnte;
- Reicht dieser Unterhalt zusammen mit dem Erwerbseinkommen nicht zum vollen Unterhalt nach dem ehelichen Lebensbedarf (§ 1578 BGB) aus, so resultiert der restliche Unterhalt aus § **1573 Abs. 2 BGB (Aufstockungsunterhalt)**.

825 In der Entscheidung, mit welcher der BGH diesen Standpunkt in Abkehr von seiner früheren Rechtsprechung begründet,[2011] führt das Gericht aus, der Aufstockungsteil nehme nicht an den Privilegien des § 1570 BGB teil. Daraus und aus dem Umstand, dass die Grundsatzentscheidung des BGH[2012] bei der Kernbereichslehre für den Betreuungsunterhalt nur § 1570 BGB zitiert, **wird man schlussfolgern können, dass wohl nur die Unterhaltskomponente nach § 1570 BGB zum Kernbereich gehört, nicht jedoch der Aufstockungsteil**. Mithin stünde der Aufstockungsteil in der Rangfolge erst an fünfter Stelle und wäre in größerem Umfang disponibel. Geht ein betreuender Ehegatte hingegen keiner Erwerbstätigkeit nach, hat er in voller Höhe Anspruch auf Betreuungsunterhalt nach § 1570 BGB.[2013] Der BGH hat auch nach der Unterhaltsreform an dieser Zweiteilung ausdrücklich

---

2006 BGH, NJW 2004, 930 f.
2007 Zu diesem Begriff Kap. 9 Rdn. 59 ff.
2008 BGH, FamRZ 2005, 691 (bei ausgeschlossenem Kinderwunsch Verzicht möglich) und v.a. BGH, FamRZ 2005, 1444 (Unterhaltshöchstgrenze); OLG Düsseldorf, FamRZ 2005, 216.
2009 Die Möglichkeit eines Verzichts auf Unterhalt nach § 1570 BGB verneint z.B. MüHdbFamR/Brambring, 1. Aufl., § 25 Rn. 68 – Ausnahme: Die Ehefrau verfügt über eigene Vermögenseinkünfte und wünscht den Verzicht. Schwab, FamRZ 2001, 350 führt in einer Urteilsanmerkung aus, der Verzicht auf Betreuungsunterhalt sei nicht gänzlich für unmöglich erklärt, sondern nur mit Würdigung der konkreten Umstände beurteilt worden. Für die Möglichkeit einer Unterhaltshöchstgrenze i.R.d. § 1570 BGB sprechen sich aus Dorsel, RNotZ 2004, 496, 500; Langenfeld, ZEV 2004, 311, 314; Rauscher, DNotZ 2004, 524, 537; gegen eine solche Höchstgrenze Gageik, RNotZ 2004, 295, 301.
2010 BGH, FamRZ 1990, 492 ff.
2011 BGH, FamRZ 1990, 492 ff.
2012 BGH, NJW 2004, 930 f. = ZNotP 2004, 157 ff.
2013 Damit steht ein teilweise erwerbstätiger Ehegatte wesentlich schlechter als ein Ehegatte, der keiner Erwerbstätigkeit nachgeht. Das hat der BGH (FamRZ 1990, 492, 494) gesehen und mit der Konstruktion des Gesetzes gerechtfertigt.

D. Vereinbarungen zum nachehelichen Unterhalt

festgehalten und ausgesprochen, dass daraus Ansprüche mit unterschiedlichem Rang – etwa im Hinblick auf § 1578b BGB resultieren können.[2014] Die damals offengelassene Frage, ob dies auch für die Rangeinstufung nach § 1609 BGB von Bedeutung sei, hat der BGH nunmehr beantwortet und ausgesprochen, dass bei einem **Teilunterhaltsanspruch aus § 1570 BGB** und einem **weiteren Teilanspruch** aufgrund eines anderen Unterhaltsanspruchs der **Gesamtanspruch** dem **Rang des § 1609 Nr. 2 BGB** unterfällt.[2015]

Wichtig ist es, genau zu formulieren, welcher Unterhalt vorbehalten bleibt.

▸ Kostenanmerkung:

Gegenüber dem vollständigen Verzicht dürfte sich bei der Bewertung eines Verzichtes, der den Kindesbetreuungsunterhalt vom Verzicht ausnimmt, kein Unterschied ergeben, denn für alle übrigen Tatbestände behält der Verzicht seinen Wert.

826

▸ Formulierungsvorschlag: Unterhaltsverzicht mit Ausnahme der Kindesbetreuung

.... Rechtswahl zum deutschen Recht nach Art. 8 HUP ggf. auch des Gerichtsstandes nach Art. 4 EU-UntVO ....

827

1)

Für die Zeit nach einer etwaigen Scheidung unserer Ehe verzichten wir gegenseitig auf Unterhalt, auch für den Fall des Notbedarfes, gleichgültig, ob ein Unterhaltsanspruch gegenwärtig bereits erkennbar hervorgetreten ist oder nicht, jedoch mit Ausnahme des Unterhalts wegen Betreuung eines Kindes nach:

- § 1570 Abs. 1 Satz 1 BGB (Basisunterhalt) oder
- § 1570 Abs. 1 Satz 2 BGB (kindbezogene Verlängerung) oder
- § 1570 Abs. 2 BGB (ehebezogene Verlängerung) oder
- § 1573 Abs. 2 BGB.[2016]

Alternative 1:

Ausnahme des Unterhalts wegen Betreuung eines Kindes nach:

- § 1570 Abs. 1 Satz 1 BGB (Basisunterhalt) oder
- § 1570 Abs. 1 Satz 2 BGB (kindbezogene Verlängerung) oder
- § 1570 Abs. 2 BGB (ehebezogene Verlängerung).

Alternative 2:

..... jedoch mit Ausnahme des Unterhalts wegen Betreuung eines Kindes nach §§ 1570 Abs, 1 und 2 und 1573 Abs. 2 BGB und wegen Alters nach § 1571 BGB.[2017]

Alternative 3:

..... jedoch mit Ausnahme des Unterhalts wegen Betreuung eines Kindes nach §§ 1570 Abs. 1 und 2 und 1573 Abs. 2 BGB und wegen Alters nach § 1571 BGB sowie wegen Krankheit nach § 1572 BGB, die letzten beiden jedoch beschränkt auf die Einsatzzeitpunkte Scheidung und Ende der Kindesbetreuung bzw. für den Unterhalt wegen Alters auch das Ende der Krankheit oder Gebrechlichkeit.[2018]

2014 BGH, NJW 2008, 3213; BGH, NJW 2009, 989.
2015 BGH, NJW 2014, 3649.
2016 Hier ist sämtlicher Kindesbetreuungsunterhalt von dem Verzicht ausgenommen.
2017 Dieser Unterhaltsanspruch wird in Zukunft auch öfters ausgenommen bleiben, nachdem der BGH diesen Unterhalt zum Kernbereich rechnet, wenn auch nur auf zweiter Stufe, BGH, NJW 2004, 930 f. = ZNotP 2004, 157 ff. Gleiches gilt für den Anspruch auf Krankheitsunterhalt. Hierzu gibt Grziwotz in Notar-Handbuch, § 12 Rn. 149e ein Beispiel für einen Verzicht bei einem starken Raucher.
2018 So der Vorschlag von Mayer/Reetz in Würzburger Notarhandbuch, Teil 3, Kap. 1, Rn. 320.

Alternative 4:

Hierzu vereinbaren wir, dass ein Unterhaltsanspruch nach § 1570 Abs. 2 BGB und/oder § 1573 Abs. 2 BGB nur bis längstens zehn Jahre nach Rechtskraft der Scheidung besteht.

Alternative 5:

Der verlängerte elternbezogene Unterhaltsanspruch nach § 1570 Abs. 2 BGB ist ohne Nachweis immer dann gegeben, wenn der betreuende Elternteil seine Erwerbstätigkeit mehr als ..... Jahre unterbrochen hat.[2019]

2)

Im Anschluss an die Kindesbetreuung kann Unterhalt aus anderen gesetzlichen Gründen nicht verlangt werden.[2020]

Alternative 1:

Im Anschluss an die Kindesbetreuung kann Unterhalt nach §§ 1571, 1572 oder § 1573 Abs. 1 und Abs. 3 BGB verlangt werden, sofern die entsprechenden Voraussetzungen zu diesem Zeitpunkt vorliegen.

Alternative 2:

Im Anschluss an die Kindesbetreuung kann Unterhalt nach §§ 1571 Nr. 2 oder 1572 Nr. 2 BGB verlangt werden, sofern die entsprechenden Voraussetzungen zu diesem Zeitpunkt vorliegen.

Alternative 3:

Im Anschluss an die Kindesbetreuung kann Unterhalt verlangt werden, wenn der kinderbetreuende Ehegatte zu diesem Zeitpunkt das 48. Lebensjahr vollendet hat.

3)

Diesen Verzicht nehmen wir hiermit gegenseitig an.

4)

Der Verzicht gilt auch im Fall einer Änderung der einschlägigen gesetzlichen Vorschriften oder der Rechtsprechung weiterhin.

5)

Wir wurden vom Notar über das Wesen des nachehelichen Unterhalts und die Auswirkungen des Verzichts eingehend belehrt .....[2021]

2019 So der Vorschlag in Formularbuch/Reetz, V.13, Anm. 3. Ggf. zu kombinieren mit einer zeitlichen Höchstgrenze. Diese allerdings im Anschluss an den kindbezogenen Betreuungsunterhalt zu definieren, ist jedoch schwierig, da dessen Ende nicht festgestellt werden wird.

2020 Im Regelfall eines Verzichts mit Ausnahme Kindesbetreuungsunterhalt wird ein Einsetzen anderer Unterhaltsansprüche mit Ablauf der Kindesbetreuungszeit nicht gewünscht sein. Wenn die ehe- und kindbedingten Nachteile voll ausgeglichen werden sollen, dann kann mit der Formulierung der Alternative Anschlussunterhalt vereinbart werden. Dies ist insb. dann sachgerecht, wenn der Ehepartner nach langen Jahren der Kindererziehung ein Alter erreicht hat, in dem der Wiedereinstieg in das Berufsleben sehr schwierig wird. Inwieweit die Anschlusstatbestände vom Kernbereichsschutz nach der Rspr. des BGH erfasst sind, ist noch immer nicht geklärt. Für eine Behandlung im Kernbereich wie beim Kindesbetreuungsunterhalt: Borth, in: FS für Schwab, S. 329, 334; für eine quasi akzessorische Behandlung nach der Schutzwürdigkeit des ersten Unterhaltstatbestands Wachter, ZFE 2004, 132, 138. Der BGH hat bei der Ehe in fortgeschrittenem Lebensalter betont, dass Unterhaltsansprüche wegen Alters oder Krankheit im Anschluss an Kindesbetreuung von vornherein nicht in Betracht kommen, BGH, FamRZ 2005, 691. Das OLG München hat darauf hingewiesen, dass der Altersvorsorgeunterhalt auf der Stufe des Kindesbetreuungsunterhalts stehe, OLG München, FamRZ 2005, 1449, 1450.

2021 Hier schließen sich die Belehrungen an wie im Muster Rdn. 816.

4. Verzicht auf einzelne Unterhaltstatbestände, z.B. Aufstockungsunterhalt

Ehegatten können auch nur **auf einzelne Unterhaltstatbestände** verzichten. Eine häufige Vereinbarung ist die Abbedingung des Aufstockungsunterhalts nach § 1573 Abs. 2 BGB, da dieser als eine Perpetuierung des ehelichen Lebensstandards ohnehin in der Kritik steht.[2022] Daher ist ein solcher Ausschluss des § 1573 Abs. 2 BGB, der eine eigene Anspruchsgrundlage darstellt, häufig gewünscht.[2023] Schon die Rechtsprechung des BGH hat den Aufstockungsunterhalt jedenfalls dann zeitlich befristet, wenn er auf unterschiedlicher Ausbildung beruht und nicht Ausdruck fortwirkender ehebedingter Nachteile ist.[2024] Mit der Unterhaltsreform wurde die Lebensstandsgarantie des § 1573 Abs. 2 BGB endgültig abgeschafft, sodass dieser Anspruch am ehesten der Herabsetzung oder Befristung nach § 1578b BGB unterfällt. Hier wird der Anspruch nach § 1573 Abs. 2 BGB gänzlich ausgeschlossen:

828

▶ Formulierungsvorschlag: Verzicht auf Aufstockungsunterhalt

.... Rechtswahl zum deutschen Recht nach Art. 8 HUP, ggf. auch des Gerichtsstandes nach Art. 4 EU-UntVO ....

829

1)

Für die Zeit nach einer etwaigen Scheidung unserer Ehe verzichten wir gegenseitig auf Aufstockungsunterhalt nach § 1573 Abs. 2 BGB, gleichgültig, ob ein Unterhaltsanspruch gegenwärtig bereits erkennbar hervorgetreten ist oder nicht. Im Übrigen kann Unterhalt aus allen gesetzlichen Gründen verlangt werden.

2)

Diesen Verzicht nehmen wir hiermit gegenseitig an.

3)

Der Verzicht gilt auch im Fall einer Änderung der einschlägigen gesetzlichen Vorschriften oder der Rechtsprechung weiterhin.

4)

Wir wurden vom Notar über das Wesen des nachehelichen Unterhalts und die Auswirkungen des Verzichts eingehend belehrt

.....[2025]

III. Verzicht unter Bedingungen und Befristungen

1. Auflösend bedingter Verzicht

Als Reaktion auf die Inhaltskontrolle durch die Gerichte wird an den Ehevertrag die Anforderung gestellt, er müsse der Ehekonstellation entsprechen. Dann muss der **Ehevertrag** in der Lage sein, auf Änderungen der Lebensplanung der Ehegatten **flexibel reagieren** zu können. Instrumente hierzu sind v.a. Bedingungen, Rücktrittsrechte und Befristungen.

830

▶ Kostenanmerkung:

Bei der nachfolgenden Formulierung handelt es sich nicht um einen bedingten Vertrag, sondern um einen unbedingten Vertrag mit einer auflösend bedingten Leistung. Hier erfolgt im Allgemeinen die Bewertung gem. § 36 Abs. 1 GNotKG nach billigem Ermessen unter Berück-

831

2022 Holzhauer, JZ 1977, 729, 735 ff.; Langenfeld, 4. Aufl., Rn. 268.
2023 Bergschneider, Rn. 469.
2024 BGH, FamRZ 2006, 1006.
2025 Hier schließen sich die Belehrungen an wie im Muster Rdn. 816.

sichtigung des Grades der Wahrscheinlichkeit für den Eintritt der Bedingung.[2026] Für den Unterhaltsverzicht enthält aber § 52 Abs. 6 GNotKG eine Sondervorschrift, die ausdrücklich auch die Bedingungen erfasst. Das heißt, es erfolgt grundsätzlich eine allgemeine Bewertung. Nur wenn deren Ergebnis unbillig ist, dann ist ein Abschlag vorzunehmen.[2027]

▶ **Formulierungsvorschlag: Unterhaltsverzicht mit auflösender Bedingung**

832 .... Rechtswahl zum deutschen Recht nach Art. 8 HUP, ggf. auch des Gerichtsstandes nach Art. 4 EU-UntVO ....

1)

Für die Zeit nach einer etwaigen Scheidung unserer Ehe verzichten wir gegenseitig auf Unterhalt, auch für den Fall des Notbedarfes, gleichgültig, ob ein Unterhaltsanspruch gegenwärtig bereits erkennbar hervorgetreten ist oder nicht.

Der Unterhaltsverzicht wird auflösend bedingt vereinbart. Er entfällt für beide Vertragsteile, wenn ein gemeinsames Kind geboren oder angenommen wird und ein Ehegatte für die Betreuung dieses Kindes seine Berufstätigkeit ganz oder teilweise aufgibt. In diesem Fall bestehen also die gesetzlichen Unterhaltsansprüche.

Alternative 1:

... Kind geboren oder angenommen wird und ein Ehegatte für die Betreuung des Kindes seine Berufstätigkeit auf 50 % oder weniger reduziert.[2028]

Alternative 2:

... Kind geboren oder angenommen wird. In diesem Fall bestehen also die gesetzlichen Unterhaltsansprüche.[2029]

Durch die Auflösung des Unterhaltsverzichts werden in einem solchen Fall die übrigen Vereinbarungen dieses Vertrages nicht berührt.

2)

Diesen Verzicht nehmen wir hiermit gegenseitig an.

3)

Der Verzicht gilt auch im Fall einer Änderung der einschlägigen gesetzlichen Vorschriften oder der Rechtsprechung weiterhin.

4)

Wir wurden vom Notar über das Wesen des nachehelichen Unterhalts und die Auswirkungen des Verzichts eingehend belehrt .....

2. Verzicht mit Rücktrittsrecht

833 Während die auflösende Bedingung den Unterhaltsverzicht mit einer Automatik auflöst, ist die Gewährung eines Rücktrittsrechts noch flexibler. Allerdings sollte eine **Frist für die Ausübung des Rücktritts** gesetzt sein.

2026 Notarkasse, Rn. 282.
2027 Leipziger Kommentar, § 52 GNotKG Rn. 78.
2028 Jede andere genauere Festlegung des Umfanges der Arbeitszeit oder auch der Dauer der Reduzierung ist möglich.
2029 Hier ist allein die Geburt des Kindes auflösende Bedingung ohne Rücksicht auf die Folgen für die Arbeitszeit.

D. Vereinbarungen zum nachehelichen Unterhalt Kapitel 6

▶ Formulierungsvorschlag: Unterhaltsverzicht mit Rücktrittsrecht

.... Rechtswahl zum deutschen Recht nach Art. 8 HUP, ggf. auch des Gerichtsstandes nach Art. 4 EU-UntVO 834

1)

Für die Zeit nach einer etwaigen Scheidung unserer Ehe verzichten wir gegenseitig auf Unterhalt, auch für den Fall des Notbedarfes, gleichgültig, ob ein Unterhaltsanspruch gegenwärtig bereits erkennbar hervorgetreten ist oder nicht.

a) Wenn ein gemeinsames Kind geboren oder angenommen wird und ein Ehegatte für die Betreuung dieses Kindes seine Berufstätigkeit ganz oder teilweise aufgibt, so steht diesem Ehegatten das Recht zum Rücktritt von diesem Unterhaltsverzicht zu.

b) Der Rücktritt ist zur Urkunde des Notars zu erklären und dem anderen Vertragsteil zuzustellen. Der Rücktritt muss binnen eines Jahres nach der Geburt oder Annahme des ersten gemeinschaftlichen Kindes zugestellt sein, ansonsten erlischt das Rücktrittsrecht.

c) Im Fall des Rücktritts erlischt auch der Verzicht des anderen Vertragsteiles. In diesem Fall bestehen also die gesetzlichen Unterhaltsansprüche.

Durch den Rücktritt vom Unterhaltsverzicht werden in einem solchen Fall die übrigen Vereinbarungen dieses Vertrages nicht berührt.

2)

Diesen Verzicht nehmen wir hiermit gegenseitig an.

3)

Der Verzicht gilt auch im Fall einer Änderung der einschlägigen gesetzlichen Vorschriften oder der Rechtsprechung weiterhin.

4)

Wir wurden vom Notar über das Wesen des nachehelichen Unterhalts und die Auswirkungen des Verzichts eingehend belehrt .....

3. Verzicht abhängig von der Ehedauer

Häufig wird die Berechtigung eines Unterhaltsverlangens auch mit Blick auf die Ehedauer gemessen. Das BGB selbst verleiht diesem Argument in § 1579 Nr. 1 BGB (künftig auch in § 1578b Abs. 1 Satz 3 BGB) Ausdruck, indem es bei kurzer Ehe einen Unterhaltsanspruch versagt oder zeitlich befristet. Daher liegt es nahe, auch bei einer vorsorgenden ehevertraglichen Vereinbarung den Unterhalt nach der Ehedauer zu staffeln. Dies trägt zum einen der mit der Ehedauer zunehmenden Verflechtung der Lebensentwürfe der Ehegatten Rechnung, zum anderen aber auch der Furcht vor lebenslanger Zahlungspflicht trotz kurzer Ehe.[2030] 835

▶ Formulierungsvorschlag: Unterhaltsverzicht und -dauer nach Ehedauer

.... Rechtswahl zum deutschen Recht nach Art. 8 HUP, ggf. auch des Gerichtsstandes nach Art. 4 EU-UntVO 836

1)

Für die Zeit nach einer etwaigen Scheidung unserer Ehe verzichten wir gegenseitig auf Unterhalt, auch für den Fall des Notbedarfes, gleichgültig, ob ein Unterhaltsanspruch gegenwärtig bereits erkennbar hervorgetreten ist oder nicht, soweit nicht nachstehend gesetzliche Unterhaltsansprüche belassen werden.

2030 MüHdbFamR/Grziwotz, § 24 Rn. 133: »Treueprämie«.

a) Dies gilt jedoch in vollem Umfang nur dann, wenn unsere Ehe zwischen Eheschließung und Rechtshängigkeit[2031] eines Scheidungsantrags, der zur Scheidung der Ehe führt, nicht länger als fünf Jahre gedauert hat.

b) Dauerte unsere Ehe dementsprechend länger als fünf Jahre, aber nicht länger als zehn Jahre, so ist der gesetzliche Unterhalt zu zahlen, jedoch längstens auf die Dauer von drei Jahren ab Rechtskraft der Ehescheidung.

c) Dauerte unsere Ehe dementsprechend länger als zehn Jahre, aber nicht länger als fünfzehn Jahre, so ist der gesetzliche Unterhalt zu zahlen, jedoch längstens auf die Dauer von fünf Jahren ab Rechtskraft der Ehescheidung.

d) Dauerte unsere Ehe dementsprechend länger als 15 Jahre, so ist der gesetzliche Unterhalt zu zahlen.

Alternative:

Jedoch wird nur für eine solche Zeit Unterhalt geschuldet, die der Zeit von der Eheschließung bis zur Rechtshängigkeit des Scheidungsantrags entspricht.[2032]

e) Soweit und solange ein Unterhaltsanspruch wegen Betreuung eines Kindes nach § 1570 Abs. 1 BGB gegeben ist, wird dieser von etwa kürzeren Fristen nach 1a) bis 1d) nicht betroffen. Endet ein solcher Anspruch, laufen noch bestehende Fristen jedoch weiter.

2)

Diesen Verzicht nehmen wir hiermit gegenseitig an.

3)

Der Verzicht gilt auch im Fall einer Änderung der einschlägigen gesetzlichen Vorschriften oder der Rechtsprechung weiterhin.

4)

Wir wurden vom Notar über das Wesen des nachehelichen Unterhalts und die Auswirkungen des Verzichts eingehend belehrt .....[2033]

4. Unterhaltsausschluss abhängig vom Scheidungsverschulden

837   Auch wenn das Verschuldensprinzip bei der Ehescheidung durch das Zerrüttungsprinzip abgelöst wurde, äußern Eheverstragsparteien zuweilen den Wunsch, Regelungen zu treffen, die an das Verschuldensprinzip anknüpfen. Eine solche **Anknüpfung** sei **zulässig**, dies wird insb. mit Blick darauf argumentiert, dass für die nach altem Recht geschiedenen Ehen auch das alte Unterhaltsrecht fortgilt, sodass man nicht von einer schlechthin unbilligen Regelung ausgehen könne.[2034] Verschuldens- und Zerrüttungsprinzip können außerdem keinesfalls nur antithetisch betrachtet werden, sondern sind miteinander verknüpft.[2035] Allerdings wird ein Bedürfnis für eine solche Regelung bezweifelt, da die grobe Unbilligkeit in § 1579 BGB zu einer Einschränkung oder einem Ausschluss des Unterhalts führt und zusätzlich eine Überprüfung nach §§ 138, 242 BGB stattfinde.[2036] Hinzu kommt, dass das Scheidungsverschulden vom Gericht nicht mehr festgestellt werden muss, sodass gesonderte Feststellungen nur wegen der vertraglichen Vereinbarung getroffen werden müssen, die das neue

---

2031 Wegen Missbrauchsgefahr nicht bis zur Scheidung bemessen, Bergschneider, Rn. 104.
2032 Müller, Kap. 3 Rn. 232.
2033 Belehrungen wie im Muster unter Rdn. 816.
2034 MünchKomm-BGB/Maurer, 6. Aufl., § 1585c Rn. 11; Walter, NJW 1981, 1409 ff.; Ludwig, DNotZ 1982, 651 ff.
2035 Gernhuber/Coester-Waltjen, § 24 Rn. 8.
2036 MünchKomm-BGB/Maurer, 6. Aufl., § 1585c Rn. 11.

Eherecht gerade vermeiden wollte. Allerdings besteht häufig ein emotionales Bedürfnis der Ehegatten nach Schuldfeststellung.[2037]

▶ **Formulierungsvorschlag: verschuldensabhängiger Unterhaltsausschluss**

Nachehelichen Unterhalt kann jedoch derjenige von uns nicht verlangen, den nach der vor dem 30.06.1977 bestehenden Rechtslage das alleinige Verschulden am Scheitern der Ehe träfe.[2038]

838

5. Vereinbarung des »alten Unterhaltsrechts«, das vor dem 01.01.2008 gültig war

Gelegentlich wird man mit dem Ansinnen konfrontiert, **ehevertraglich zum »alten Unterhaltsrecht«** zurückzukehren, indem man vereinbart, dass für die Ehe das Unterhaltsrecht in seiner Gestalt vor dem 01.01.2008 gelten soll. Eine solche **Generalverweisung** ist jedoch **wenig hilfreich**. War doch auch vor diesem Termin das Unterhaltsrecht bereits durch eine intensive Rechtsprechung des BGH weg von einer Lebensstandardgarantie und hin zum Ausgleich ehebedingter Nachteile gelangt.[2039] Eine Gesamtverweisung auf das alte Recht kann dieses daher nur in der Form erfassen, welche die Rechtsprechung ihm gegeben hat. Da sich die **Rechtsprechung** ständig fortentwickelt, wird man auch diese dann für die Auslegung des alten Rechts heranziehen müssen. Spätestens damit aber wird die **Verweisung nur noch schwer bestimmbar**. Vorzugswürdig ist demgegenüber eine Ausgestaltung des bestehenden neuen Unterhaltsrechts.

839

Für die Konkurrenz zu anderen Unterhaltsansprüchen nutzt die Verweisung auf altes Recht wenig, denn eine Grenze der rechtlichen Zulässigkeit wird auf jeden Fall da erreicht, wo auch das Rangverhältnis des früheren Unterhaltsrechts wieder hergestellt werden soll, denn Vereinbarungen über den Rang sind nicht zulässig. Daher kann man das Rangverhältnis des § 1609 BGB nicht nach altem Recht »konservieren«.[2040]

840

▶ Hinweis:

Eine generelle Verweisung auf das vor dem 01.01.2008 geltende Unterhaltsrecht ist keine empfehlenswerte Regelungstechnik.

841

IV. Vereinbarungen zur Dauer der Unterhaltspflicht

1. Vereinbarung einer Höchstdauer der Unterhaltspflicht

Vereinbarungen zu einer zeitlichen Begrenzung des Unterhaltsanspruchs werden nach der Einführung des § 1578b BGB zunehmen, da nunmehr Unterhaltsansprüche **schon nach dem Gesetz regelmäßig zeitlich begrenzt** werden. Eine Befristung muss bereits im ersten Unterhaltstitel enthalten sein, da sie nach § 239 FamFG nicht nachgeschoben werden kann.[2041]

842

Da hier nur eine Höchstgrenze festgelegt wird, sollte man vereinbaren, dass **§ 1578b BGB weiterhin anwendbar** bleibt, denn er gehört zum gesetzlichen Regime der Unterhaltsberechnung und kann

843

2037 Willutzki, FamRZ 1997, 777, 778.
2038 Vgl. die Formulierungsvorschläge bei Ludwig, DNotZ 1982, 651, 667 f. Ludwig wertet die ehevertragliche Vereinbarung des Schuldprinzips so: »Wird das typische Manko des geltenden Rechts – die grds. Unbeachtlichkeit der Scheidungsschuld – durch das eheverragliche Schuldprinzip eliminiert, so wird damit gleichzeitig das typische Manko des früheren Rechts importiert: die ungleiche Verteilung des Schuldrisikos.« Walter, NJW 1981, 1409, sieht hingegen in dieser Vereinbarung einen Weg aus der ungeliebten neuen Gesetzeslage.
2039 BGH, FamRZ 2006, 683; BGH, FamRZ 2006, 1006; BGH, FamRZ 2008, 134.
2040 Vgl. hierzu Rdn. 978.
2041 Vgl. Rdn. 757 f.

dann zu einer noch stärkeren Verkürzung der Unterhaltsdauer führen, wenn die Voraussetzungen vorliegen. Sollte dies nicht gewünscht sein, so ist das Gegenteil zu vereinbaren.

844 Mit der Zunahme von Befristungen nach dem neuen Unterhaltsrecht wird immer öfter auch ein **Unterbrechen der Unterhaltskette** verbunden sein, sodass etwa der Einsatzzeitpunkt für den Altersunterhalt nicht mehr erreicht wird, weil die vorherigen Unterhaltspflichten in diesem Zeitpunkt aufgrund Befristung nicht mehr bestehen. Dies hat der BGH als Konsequenz aus § 1578b BGB gebilligt.

▶ Hinweis:

845 Gegen eine zeitliche Begrenzung kann nicht eingewandt werden, dass wegen einer solchen Begrenzung der Einsatzzeitpunkt für einen Anschlussunterhaltstatbestand nicht mehr erreicht wird. Dies hat der BGH zu § 1578b BGB entschieden.[2042]

▶ Kostenanmerkung:

846 Der Wert des Unterhaltsverzichtes ist hier nach dem Zeitraum festzulegen, für welchen sich der Verzicht nach Ablauf der vereinbarten Höchstdauer auswirkt. Je weniger nah dieser Zeitraum liegt und je unsicherer demnach die Berechnung wird, desto höher wird ein Abschlag nach § 52 Abs. 6 GNotKG vorzunehmen sein.

Die Vereinbarung einer Höchstdauer der Unterhaltspflicht kann folgendermaßen formuliert werden:

▶ Formulierungsvorschlag: Höchstdauer der Unterhaltspflicht

847 .... Rechtswahl zum deutschen Recht nach Art. 8 HUP, ggf. auch des Gerichtsstandes nach Art. 4 EU-UntVO ....

1)

Es gelten grundsätzlich die gesetzlichen Vorschriften zum Recht des nachehelichen Unterhalts. Allerdings vereinbaren wir, dass ein Unterhaltsanspruch nur bis längstens fünf Jahre nach Rechtskraft der Scheidung besteht mit Ausnahme eines Unterhaltsanspruchs wegen Kindesbetreuung nach § 1570 Abs. 1 Satz 1,[2043] Satz 2 und Abs. 2 BGB oder § 1573 Abs. 2 BGB,[2044] der zeitlich nicht beschränkt wird.

Alternative:

..... mit Ausnahme eines Unterhaltsanspruchs wegen Kindesbetreuung nach § 1570 Abs. 1 Satz 1 und Satz 2 BGB, der zeitlich nicht beschränkt wird.

2)

Wir verzichten hiermit auf weiter gehenden Unterhalt, auch für den Fall der Not und nehmen diesen Verzicht wechselseitig an.

Da es sich nur um die Vereinbarung einer Höchstgrenze handelt, bleibt eine Berufung auf § 1578b BGB oder andere Vorschriften, denen eine zeitliche Begrenzung immanent ist,[2045] weiter zulässig und kann zu einer zusätzlichen zeitlichen Verkürzung des Unterhalts führen.

Alternative:

Damit haben wir die Kürzung des Unterhaltsanspruchs nach Billigkeit selbst ehevertraglich festgelegt, sodass für eine weitere Anwendung des § 1578b BGB in Bezug auf die Dauer der Unterhaltspflicht kein Raum bleibt.

2042 BGH, FPR 2008, 449 = FamRZ 2008, 1507 = NJW 2008, 2644.
2043 Der Basisunterhalt besteht ohnehin nur drei Jahre. Er ist hier dennoch aufgeführt, um deutlich zu machen, dass er nicht eingeschränkt wird.
2044 Hier ist sämtlicher Kindesbetreuungsunterhalt von der Befristung ausgenommen.
2045 Bspw. § 1570 BGB, wenn man dort i.R.d. Billigkeit zu einer kürzeren Unterhaltsdauer käme.

D. Vereinbarungen zum nachehelichen Unterhalt Kapitel 6

3)

Der Verzicht gilt auch im Fall einer Änderung der einschlägigen gesetzlichen Vorschriften oder der Rechtsprechung weiterhin.

4)

Wir wurden vom Notar über das Wesen des nachehelichen Unterhalts und die Auswirkungen des Verzichts eingehend belehrt.[2046]

2. Vereinbarung einer Höchstdauer der Unterhaltspflicht abhängig von der Ehedauer

Im Gegensatz zur vorstehend vereinbarten festen Frist kann die Dauer der Unterhaltsgewährung auch von der Ehedauer abhängig gemacht werden:[2047] 848

▶ Formulierungsvorschlag: Höchstdauer der Unterhaltspflicht nach Ehedauer

Es gelten grundsätzlich die gesetzlichen Vorschriften zum Recht des nachehelichen Unterhalts. Allerdings vereinbaren wir, dass ein Unterhaltsanspruch jeweils nur für eine solche Zeit nach Rechtskraft der Scheidung besteht, die der Zeit von der Eheschließung bis zur Rechtshängigkeit des Scheidungsantrags entspricht.[2048] 849

Dies gilt jedoch nicht für einen Anspruch wegen Kindesbetreuung nach § 1570 Abs. 1 Satz 1 und Satz 2 sowie Abs. 2 BGB oder § 1573 Abs. 2 BGB, der zeitlich nicht beschränkt wird.

3. Abweichende Vereinbarungen zu §§ 1586, 1586a, 1586b BGB[2049]

Die Ehegatten können das Erlöschen der Unterhaltsverpflichtung für den Fall der Wiederheirat (und des Eingehens einer Lebenspartnerschaft) nach § 1586 BGB abbedingen.[2050] Solches kommt allerdings in der Praxis eher selten vor. Schließt man das Erlöschen des Unterhaltsanspruchs derart aus, so sollte man auch klarstellen, dass das Zusammenleben in nichtehelicher Lebensgemeinschaft nicht zu einer groben Unbilligkeit nach § 1579 Nr. 2 BGB führt. 850

▶ Formulierungsvorschlag: kein Erlöschen des Unterhalts bei Wiederheirat

Es gelten grundsätzlich die gesetzlichen Vorschriften zum Recht des nachehelichen Unterhalts. Allerdings vereinbaren wir, dass entgegen §§ 1586 und 1579 Nr. 2 BGB der Unterhaltsanspruch nicht erlischt, wenn der Unterhaltsberechtigte wieder heiratet, eine Lebenspartnerschaft eingeht oder in nichtehelicher Lebensgemeinschaft lebt. 851

Öfter kommt es vor, dass Ehegatten ausschließen wollen, dass nach dem Erlöschen des Unterhaltsanspruchs wegen Wiederheirat des Berechtigten dieser Anspruch erneut auflebt, wenn die zweite Ehe geschieden wird oder durch Tod des anderen Ehegatten endet. Dann wird vertraglich § 1586a BGB abbedungen. 852

▶ Formulierungsvorschlag: kein Wiederaufleben des Unterhalts

1) 853

Es gelten grundsätzlich die gesetzlichen Vorschriften zum Recht des nachehelichen Unterhalts. Allerdings vereinbaren wir, dass entgegen § 1586a BGB nach einer Wiederheirat des unterhalts-

---

2046 Belehrungen wie im Muster Rdn. 816.
2047 Weitere Vereinbarungen zu festen Unterhaltsfristen werden im Kapitel über die unterhaltsverstärkenden Vereinbarungen dargestellt, Rdn. 962 ff.
2048 Müller, Kap. 3 Rn. 232. Kürzere Unterhaltsdauer nach Ehejahresstaffeln vgl. Formulierungsvorschlag Rdn. 835.
2049 Zu den Regelungen der §§ 1586 ff. BGB vgl. Rdn. 558 ff. und Rdn. 586 ff.
2050 OLG Bamberg, FamRZ 1999, 1278; Müller, Kap. 3 Rn. 605.

berechtigten Vertragsteils der Unterhaltsanspruch nicht wieder auflebt, wenn auch die neue Ehe aufgelöst wird.

2)

Wir verzichten hiermit auf weiter gehenden Unterhalt, auch für den Fall der Not, und nehmen diesen Verzicht wechselseitig an.

3)

Der Verzicht gilt auch im Fall einer Änderung der einschlägigen gesetzlichen Vorschriften oder der Rechtsprechung weiterhin.

4)

Wir wurden vom Notar über das Wesen des nachehelichen Unterhalts und die Auswirkungen des Verzichts eingehend belehrt .....

854 Schließlich wollen viele Vertragsbeteiligte nicht, dass mit dem Tod des unterhaltspflichtigen Ehegatten die Unterhaltspflicht auf die Erben des Unterhaltspflichtigen übergeht. In solchen Fällen kann daher § 1586b BGB abbedungen werden.[2051]

▶ Formulierungsvorschlag: Unterhaltsanspruch erlischt mit Tod des Pflichtigen

855

1)

Es gelten grundsätzlich die gesetzlichen Vorschriften zum Recht des nachehelichen Unterhalts. Allerdings vereinbaren wir, dass entgegen § 1586b BGB mit dem Tod des Unterhaltspflichtigen der Unterhaltsanspruch erlischt.

2)

Wir verzichten hiermit auf weiter gehenden Unterhalt, auch für den Fall der Not, und nehmen diesen Verzicht wechselseitig an.

3)

Der Verzicht gilt auch im Fall einer Änderung der einschlägigen gesetzlichen Vorschriften oder der Rechtsprechung weiterhin.

4)

Wir wurden vom Notar über das Wesen des nachehelichen Unterhalts und die Auswirkungen des Verzichts eingehend belehrt .....

856 Wenn ein Pflichtteilsverzicht vereinbart wird, so ist noch immer umstritten, ob auch der Unterhaltsanspruch nach § 1586b BGB entfällt.[2052] Aus diesem Grunde ist eine Klarstellung empfehlenswert.

▶ Formulierungsvorschlag: Unterhaltsanspruch erlischt nicht wegen eines Pflichtteilsverzichtes

857 Der vorstehende Pflichtteilsverzicht beinhaltet ausdrücklich keinen Verzicht auf nachehelichen Unterhalt nach § 1586b BGB und § 1933 Satz 3 BGB für den Fall des Vorversterbens des unterhaltspflichtigen Ehegatten.

4. Unterhaltsvereinbarung mit Rücksicht auf § 33 VersAusglG

858 Beim Ehegattenunterhaltsrecht wurde bereits dargestellt,[2053] dass nach § 33 VersAusglG die Versorgung des zum Versorgungsausgleich verpflichteten Ehegatten nicht gekürzt wird, solange der Berech-

---

2051 Vgl. Bergschneider, 2. Aufl., Rn. 350c.
2052 Hierzu eingehend Kap. 8 Rdn. 238.
2053 Rdn. 581.

tigte noch keine Rentenansprüche[2054] und gegen den Verpflichteten einen Unterhaltsanspruch hat. Allerdings sind die Voraussetzungen des § 33 VersAusglG erheblich strenger als diejenigen des § 5 VAHRG a.F. Die generelle Empfehlung, bei großem Altersunterschied den Unterhalt mit Rücksicht auf die versorgungsausgleichsrechtliche Aussetzung der Kürzung bestehen zu lassen, kann man daher in dieser Allgemeinheit nicht mehr geben. Auch hilft es nichts mehr, lediglich einen Mindestunterhalt bestehen zu lassen.

▶ Formulierungsvorschlag: Unterhaltsverzicht mit Einschränkung § 33 VersAusglG

1)   859

Für die Zeit nach einer etwaigen Scheidung unserer Ehe verzichten wir gegenseitig auf Unterhalt, auch für den Fall des Notbedarfes, gleichgültig, ob ein Unterhaltsanspruch gegenwärtig bereits erkennbar hervorgetreten ist oder nicht.

Allerdings gilt der vorstehende Unterhaltsverzicht des aus dem Versorgungsausgleich berechtigten Vertragsteiles so lange nicht, als der Unterhaltsverpflichtete ohne diesen Verzicht Rechte nach § 33 VersAusglG geltend machen könnte.[2055]

2)

Diesen Verzicht nehmen wir hiermit gegenseitig an.

3)

Der Verzicht gilt auch im Fall einer Änderung der einschlägigen gesetzlichen Vorschriften oder der Rechtsprechung weiterhin.

4)

Wir wurden vom Notar über das Wesen des nachehelichen Unterhalts und die Auswirkungen des Verzichts eingehend belehrt .....

5. Unterhaltsvereinbarung zur Erweiterung des § 1579 Nr. 2 BGB

Häufig wird um den Verwirkungsgrund der verfestigten Lebensgemeinschaft nach § 1579 Nr. 2 BGB   860
gestritten, und zwar sowohl im Hinblick auf die Zeitdauer wie auch auf die äußeren Umstände, an welche die verfestigte Lebensgemeinschaft anknüpft. Daher kann sich auch hier eine Regelung empfehlen:[2056]

▶ Formulierungsvorschlag: Klarstellung der Voraussetzungen des § 1579 Nr. 2 BGB

Die Vertragsparteien sind sich darüber einig, dass die Ansprüche der Ehefrau auf nachehelichen   861
Unterhalt nach Ablauf einer Wartefrist von 6 Monaten ruhen, solange sie mit einem anderen Mann in einer Wohnung zusammenlebt. Wenn dieses Zusammenleben 2 Jahre angedauert hat, fällt der Unterhaltsanspruch endgültig weg und lebt bei einer späteren Trennung nicht wieder auf.

V. Vereinbarung von Beschränkungen der Unterhaltshöhe

1. Höchstbetrag des Unterhalts, wertgesichert

Eine der gebräuchlichsten Vereinbarungen im Unterhaltsrecht ist die Vereinbarung einer **Höchst-**   862
grenze für den Unterhalt. Da es keine echte »Sättigungsgrenze« für den Unterhalt gibt, begrenzt die Rechtsprechung die Unterhaltszahlungen dadurch, dass bei überdurchschnittlichem Einkommen kein Quotenunterhalt mehr gezahlt wird, sondern eine konkrete Berechnung des Bedarfes beim

---

2054 Ausreichend ist, dass der Berechtigte Rente erhalten kann. Es kommt also auf die Möglichkeit des Rentenbezuges an, nicht auf die tatsächliche Geltendmachung, OVG Niedersachsen, FamRZ 2004, 1111.
2055 Bergschneider, Rn. 442.
2056 Nach Notar-Handbuch/Rakete-Dombek, § 13 Rn. 69.

Unterhaltsberechtigten stattfindet. Diese Methode führt jedoch bei verschiedenen Obergerichten zu durchaus unterschiedlichen Ergebnissen, auch wenn der BGH[2057] nun in sich festigender Rechtsprechung eine Höchstgrenze für den Quotenunterhalt in Höhe des Doppelten des Höchstbetrages der Düsseldorfer Tabelle – derzeit also ca. 11.000,- € – annimmt. Die vertraglich vereinbarte Höchstgrenze liefert demgegenüber eine kalkulierbare Grenze. Sie wird von den Vertragsteilen oft einvernehmlich akzeptiert, denn sie bringt einerseits die nacheheliche Solidarität zum Ausdruck, setzt aber andererseits insb. bei der **Diskrepanzehe** einer **perpetuierten Aufstockung Grenzen**. Damit entspricht die Obergrenze des Unterhalts nicht zuletzt dem gesetzlichen Modell, das die Lebensstandsgarantie abgeschafft und den Ausgleich ehebedingter Nachteile zum zentralen Maßstab erhoben hat. Solche Vereinbarungen werden also zunehmen.

863 Ein oft gewählter Ansatzpunkt für die Festlegung der Höchstgrenze ist das Einkommen des Unterhaltsberechtigten aus seiner Berufstätigkeit, bevor diese ehe- oder kinderbedingt aufgegeben wurde, erhöht um Karriereschritte, die zu erwarten gewesen waren. Dabei sollte die Höchstgrenze sowohl den Elementarunterhalt als auch den Alters- und Krankenvorsorgeunterhalt sowie etwaigen Sonderbedarf umfassen. Diese Art der Bemessung der Unterhaltshöchstgrenze entspricht sowohl der Rechtsprechung zur Inhaltskontrolle von Eheverträgen wie auch der vorgesehenen Neuregelung in der Unterhaltsrechtsänderung. Liegt das Einkommen des Pflichtigen sehr weit über dieser Grenze wird man eine maßvolle Erhöhung erwägen.

864 Ein weiterer großer Vorteil der Höchstgrenze insb. für den Unterhaltspflichtigen ist es, dass bei Zahlung der Höchstgrenze jede Unterhaltsberechnung und damit auch jede **Auskunft** über Einkommens- und Vermögensverhältnisse **entfällt**.

865 Wenn eine solche Höchstgrenze in einem vorsorgenden Ehevertrag vereinbart wird, so ist eine **Wertsicherung** oder eine andere Art der Dynamisierung anzuschließen, damit die Höchstgrenze auch über Jahrzehnte hinweg ihren Wert behält.[2058] Die nachfolgende Wertsicherungsklausel ist für die Vollstreckbarkeit hinreichend bestimmt.[2059] Der Genehmigungsvorbehalt für Wertsicherungsklauseln nach § 2 Preisangaben- und Preisklauselgesetz ist inzwischen abgeschafft und durch ein gesetzliches Indexverbot mit gesetzlichen Ausnahmen ersetzt. Die Unwirksamkeit einer Klausel tritt erst mit rechtskräftiger Feststellung ein.[2060]

866 Sofern ein begrenztes Realsplitting durchgeführt wird, ist sicherzustellen, dass die Höchstgrenze ein **Nettobetrag** ist. Dem ist hier dadurch Genüge getan, dass ein Nachteilsausgleich, also die Erstattung der vom Berechtigten zu zahlenden Steuern, nicht auf die Höchstgrenze angerechnet wird.

Vertieft durchdenken muss man bei der Festsetzung einer Höchstgrenze die Behandlung des eigenen Einkommens des Unterhaltsberechtigten. Sofern das Problem überhaupt behandelt wird, gibt es keinen einheitlichen Lösungsvorschlag. Z.T. wird ein unterschiedlicher Höchstbetrag für den vollen und den Aufstockungsunterhalt festgesetzt.[2061] Die nachfolgende Regelung geht davon aus, dass zur Errechnung des gesetzlichen Unterhalts das eigene Einkommen des Unterhaltsberechtigten in vollem Umfang herangezogen wird, wie es nach dem Gesetz vorgesehen ist. Auf dieser Stufe ist je nachdem die Differenz- oder Anrechnungsmethode anzuwenden, überobligatorisches Einkommen auszuscheiden etc. Dennoch führt dies in vielen Fällen dazu, dass die festgesetzte Unterhaltshöchstgrenze davon noch nicht tangiert wird.[2062] Im Ergebnis verfügt der Unterhaltsberechtigte im Verhältnis zum

---

2057 BGH, NJW 2018, 468; BGH, NJW 2019, 3570.
2058 Sonst droht ggf. sogar die Sittenwidrigkeit i.R.d. Inhaltskontrolle, vgl. BGH, ZNotP 2006, 428 ff.
2059 BGH, DNotI-Report 2004, 63 = DNotZ 2004, 644 für einen gerichtlichen Unterhaltsvergleich und BGH, FamRZ 2005, 437 = MittBayNot 2005, 329 für eine vollstreckbare notarielle Urkunde; hierzu Reul, MittBayNot 2005, 265 ff.
2060 Nach BGH, NJW 2014, 52 werden damit bisher genehmigungsbedürftige, aber nicht zur Genehmigung eingereichte Klauseln mit Wirkung für die Zukunft auflösend bedingt wirksam.
2061 Kanzleiter/Wegmann, Rn. 342 ff.
2062 Hierzu danke ich einigen Kollegen für vertiefende Diskussion und fordere auf, solche beizubehalten!

Verpflichteten über mehr Einkommen als ursprünglich gedacht war. Daher wird in nachfolgender Formulierung der Höchstbetrag nochmals um die Hälfte des eigenen unterhaltsrelevanten Einkommens des Unterhaltsberechtigten – damit ist etwa bei überobligatorischer Tätigkeit nur der unterhaltsrelevante Teil einzubeziehen – reduziert. Eine volle Anrechnung wird nicht gewählt, da sonst kein Anreiz zur Aufnahme eigener Tätigkeit besteht. So profitieren beide Seiten von einem Hinzuverdienst.

Sofern die Höchstgrenze nicht zu niedrig angesetzt wird, vermag sie nach hier vertretener Auffassung auch eine Inhaltskontrolle zu bestehen. Auch der Unterhalt wegen Kindesbetreuung könnte dann auf diese Weise begrenzt werden,[2063] ggf. kann dafür eine erhöhte Obergrenze Verwendung finden. Den Basisunterhalt sollte man auf jeden Fall mit einer auskömmlichen Höchstgrenze versehen oder besser unangetastet lassen. Die Höchstgrenze ist aber in erster Linie das Instrument der Diskrepanzehe. In kleinen oder mittleren Verhältnissen sollte man davon Abstand nehmen. 867

▶ Kostenanmerkung:

Ist eine Unterhaltshöchstgrenze vereinbart, so ist der Wert des Verzichtes zu bemessen. Dazu ist zu betrachten, wie der Geschäftswert sich nach § 52 GNotKG berechnen würde. Von diesem Wert ist der entsprechend multiplizierte Höchstwert abzuziehen, da insoweit kein Verzicht vorliegt. 868

▶ Formulierungsvorschlag: wertgesicherte Höchstgrenze des Unterhalts mit Ausnahme des Basisunterhalts

…….. Rechtswahl zum deutschen Recht nach Art. 8 HUP, ggf. auch des Gerichtsstandes nach Art. 4 EU-UntVO …….. 869

1)

Es gelten grundsätzlich die gesetzlichen Vorschriften zum Recht des nachehelichen Unterhalts. Allerdings vereinbaren wir, dass die Höhe des gesetzlichen nachehelichen Unterhalts (Gesamtunterhalt einschließlich Vorsorgeunterhalt und Sonderbedarf) auf den Betrag von ….. €

– in Worten ….. Euro –

monatlich begrenzt wird. Dies gilt jedoch ausdrücklich nicht für den Basisunterhalt wegen Kindesbetreuung nach § 1570 Abs. 1 Satz 1 BGB.

a) Dieser Höchstbetrag soll wertbeständig sein.

Er erhöht oder vermindert sich in demselben prozentualen Verhältnis, in dem sich der vom Statistischen Bundesamt in Wiesbaden für jeden Monat festgestellte und veröffentlichte Verbraucherpreisindex für Deutschland gegenüber dem für den Monat, in welchem dieser Vertrag geschlossen wird, festgestellten Index erhöht oder vermindert (Basis 2015 = 100).[2064]

b) Eine Erhöhung oder Verminderung des Höchstbetrages wird erstmals bei Rechtskraft der Scheidung festgelegt und dann jeweils wieder, wenn die Indexveränderung zu einer Erhöhung oder Verminderung des jeweils maßgeblichen Betrages um mindestens 10 % – zehn vom Hundert – gegenüber dem zuletzt festgesetzten Betrag geführt hat.

Der erhöhte Betrag ist erstmals zahlbar in dem Monat, der auf die Veröffentlichung des die oben genannte Grenze überschreitenden Preisindexes folgt.

c) Klargestellt wird, dass sich die Höhe des nachehelichen Unterhalts nach den gesetzlichen Vorschriften errechnet, die vorstehende Regelung also keinen Anspruch auf Zahlung in dieser Höhe gewährt. Es handelt sich lediglich um eine Kappungsgrenze, wenn sich nach dem Gesetz ein höherer Betrag ergäbe. Auch § 1578b BGB bleibt anwendbar und kann zu einer weiteren Reduzierung der Unterhaltshöhe führen.

2063 Hierzu detailliert: Kap. 2 Rdn. 267 ff.
2064 Vgl. zu den Indizes nach dem neuen Basisjahr FamRZ 2013, 925.

d) Ein Nachteilsausgleich bei Durchführung des begrenzten Realsplittings ist auf den Betrag der Höchstgrenze nicht anzurechnen, sodass es sich um einen Nettobetrag handelt.

e) Eigenes Einkommen des Unterhaltsberechtigten wird bei der Unterhaltsberechnung berücksichtigt. Der Höchstbetrag vermindert sich um die Hälfte des eigenen unterhaltsrechtlich relevanten Einkommens des Unterhaltsberechtigten.

Alternative 1:

Eigenes Einkommen des Unterhaltsberechtigten wird ausdrücklich nicht berücksichtigt.

Alternative 2:

Eigenes unterhaltsrelevantes Einkommen des Unterhaltsberechtigten wird bei der Unterhaltsberechnung bis zum Betrag von 450,00 € gar nicht berücksichtigt, der Betrag zwischen 450,00 € und 850,00 € wird zur Hälfte berücksichtigt, darüber hinausgehende Beträge zur Gänze.[2065] *In gleicher Weise wirkt sich die Berücksichtigung auf die Höchstgrenze aus.*

2)

Wir verzichten hiermit auf weiter gehenden Unterhalt, auch für den Fall der Not, und nehmen diesen Verzicht wechselseitig an.

3)

Der Verzicht gilt auch im Fall einer Änderung der einschlägigen gesetzlichen Vorschriften oder der Rechtsprechung weiterhin.

4)

Wir wurden vom Notar über das Wesen des nachehelichen Unterhalts und die Auswirkungen des Verzichts eingehend belehrt.

Alternative:

Nach Hinweis des Notars auf die Inhaltskontrolle von Eheverträgen erklären wir Folgendes: Wir haben die Unterhaltshöchstgrenze auf der Basis des vorehelichen Einkommens der Ehefrau ermittelt, die als Bundesbeamtin ein Grundgehalt nach Besoldungsgruppe ..... in der ..... Dienstaltersstufe erzielt. Wir haben die in Ziffer ..... des Vertrages geschilderten Kindesbetreuungszeiten dadurch ausgeglichen, dass wir drei Beförderungsstufen und drei Dienstaltersstufen fiktiv angenommen und die Höchstgrenze nach der dann einschlägigen Besoldungsgruppe anhand der höheren Dienstaltersstufe ermittelt haben. Damit sind nach unser beider Auffassung alle etwaigen ehebedingten Nachteile ausgeglichen.

870 Möglich wären auch gestaffelte Höchstsätze, je nach dem anrechenbaren Nettoeinkommen des Unterhaltspflichtigen. Da die Ehegatten eine für sich billige Lösung gefunden haben, soll § 1578b BGB zumeist nicht noch zusätzlich für die Unterhaltshöhe herangezogen werden.

▶ **Formulierungsvorschlag: Höchstbeträge gestaffelt nach Einkommen**[2066]

871 ...... Rechtswahl zum deutschen Recht nach Art. 8 HUP, ggf. auch des Gerichtsstandes nach Art. 4 EU-UntVO ....

1)

Es gelten grundsätzlich die gesetzlichen Vorschriften zum Recht des nachehelichen Unterhalts. Allerdings vereinbaren wir, dass die Höhe des gesetzlichen nachehelichen Unterhalts (Gesamtunterhalt einschließlich Vorsorgeunterhalt und Sonderbedarf) auf die folgenden Beträge monatlich begrenzt wird:

2065 Ein solches Stufenmodell wird etwa von Krenzler, Vereinbarungen bei Trennung und Scheidung, S. 74/75 vorgeschlagen. Die Grenzen sind hier den aktuellen Verdienstgrenzen für Minijob und Gleitzone angepasst.

2066 Nach Brambring, Rn. 1113.

D. Vereinbarungen zum nachehelichen Unterhalt   **Kapitel 6**

a) bei einem anrechenbaren jährlichen Nettoeinkommen des Unterhaltspflichtigen von unter 36.000,00 € auf 1.000,00 € monatlich,
b) bei einem anrechenbaren jährlichen Nettoeinkommen des Unterhaltspflichtigen von mehr als 36.000,00 € und weniger als 48.000,00 € auf 1.300,00 € monatlich,
c) bei einem anrechenbaren jährlichen Nettoeinkommen des Unterhaltspflichtigen von mehr als 48.000,00 € und weniger als 60.000,00 € auf 1.500,00 € monatlich,
d) bei einem anrechenbaren jährlichen Nettoeinkommen des Unterhaltspflichtigen von mehr als 60.000,00 € auf 1.800,00 € monatlich.

Diese Höchstbeträge sollen wertbeständig sein .....

§ 1578b BGB ist hinsichtlich einer Herabsetzung des Unterhalts nicht zusätzlich anzuwenden, wohl aber hinsichtlich einer zeitlichen Befristung.

2)

Wir verzichten hiermit auf weitergehenden Unterhalt, auch für den Fall der Not, und nehmen diesen Verzicht wechselseitig an.

Ferner könnten Höchstbeträge gestaffelt nach der Ehedauer vereinbart werden. Auch hier soll i.d.R. nicht nochmals eine Herabsetzung nach § 1578b BGB in Betracht kommen.   872

▶ **Formulierungsvorschlag: Höchstbeträge gestaffelt nach Ehedauer**

.... Rechtswahl zum deutschen Recht nach Art. 8 HUP, ggf. auch des Gerichtsstandes nach Art. 4 EU-UntVO   873

1)

Es gelten grundsätzlich die gesetzlichen Vorschriften zum Recht des nachehelichen Unterhalts. Allerdings vereinbaren wir, dass die Höhe des gesetzlichen nachehelichen Unterhalts (Gesamtunterhalt einschließlich Vorsorgeunterhalt und Sonderbedarf) auf die folgenden Beträge monatlich begrenzt wird:

– wenn unsere Ehe zwischen Eheschließung und Rechtshängigkeit eines Scheidungsantrags, der zur Scheidung der Ehe führt, nicht länger als fünf Jahre gedauert hat, auf 2.000,00 € monatlich;
– wenn unsere Ehe dementsprechend länger als fünf, aber nicht länger als zehn Jahre gedauert hat, auf 2.500,00 € monatlich;
– wenn unsere Ehe dementsprechend länger als zehn, aber nicht länger als fünfzehn Jahre gedauert hat, auf 3.000,00 € monatlich;
– wenn unsere Ehe dementsprechend länger als fünfzehn Jahre gedauert hat, auf 4.000,00 € monatlich.

Diese Höchstbeträge sollen wertbeständig sein .....

§ 1578b BGB ist hinsichtlich einer Herabsetzung des Unterhalts nicht zusätzlich anzuwenden, wohl aber hinsichtlich einer zeitlichen Befristung.

Alternative:

§ 1578b BGB ist nicht anwendbar.

2)

Wir verzichten hiermit auf weiter gehenden Unterhalt, auch für den Fall der Not, und nehmen diesen Verzicht wechselseitig an.

.....

Die nachfolgende Unterhaltsmodifikation trifft eine ehevertragliche Regelung über abschmelzende Höchstbeträge, so wie sie der **Intention des § 1578b BGB entspricht.** Der Höchstbetrag wurde nach der Ehedauer festgelegt. Das Abschmelzen geschieht alle zwei Jahre in 500,00 € Schritten. Damit ist zugleich geregelt, dass **bei einer längeren Ehedauer auch länger Unterhalt gezahlt wird,** denn bei einem höheren Ausgangsbetrag dauert das Abschmelzen länger.   874

875 Die Regelung geht davon aus, dass in einer Diskrepanzehe eine faire Unterhaltsbegrenzung gefunden werden soll, aber kein lebenslanger Unterhalt gewünscht wird, sondern die Umstellung auf ein eigenverantwortliches Lebensniveau großzügig begleitet werden soll.

876 Es wäre auch möglich, eine solche Vereinbarung nur für den Fall zu treffen, dass Kinder geboren werden und es ansonsten bei der Doppelverdienerehe ohne Ausgleich zu belassen.

▶ Formulierungsvorschlag: Abschmelzende Höchstbeträge

877 .... Rechtswahl zum deutschen Recht nach Art. 8 HUP, ggf. auch des Gerichtsstandes nach Art. 4 EU-UntVO ....

1)

Es gelten grundsätzlich die gesetzlichen Vorschriften zum Recht des nachehelichen Unterhalts. Allerdings vereinbaren wir, dass die Höhe des gesetzlichen nachehelichen Unterhalts (Gesamtunterhalt einschließlich Vorsorgeunterhalt und Sonderbedarf) und die Dauer der Unterhaltszahlung begrenzt werden wie nachfolgend festgelegt.

a) Die Unterhaltshöhe wird auf folgende Beträge monatlich begrenzt:

- wenn unsere Ehe zwischen Eheschließung und Rechtshängigkeit eines Scheidungsantrags, der zur Scheidung der Ehe führt, nicht länger als fünf Jahre gedauert hat, auf 2.000,00 € monatlich;
- wenn unsere Ehe dementsprechend länger als fünf, aber nicht länger als zehn Jahre gedauert hat, auf 2.500,00 € monatlich;
- wenn unsere Ehe dementsprechend länger als zehn, aber nicht länger als fünfzehn Jahre gedauert hat, auf 3.000,00 € monatlich;
- wenn unsere Ehe dementsprechend länger als fünfzehn Jahre gedauert hat, auf 4.000,00 € monatlich.

Diese Höchstbeträge sollen wertbeständig sein .....

b) Zusätzlich wird die Dauer des Unterhalts folgendermaßen begrenzt:

Die genannten Höchstbeträge gelten zunächst auf die Dauer von zwei Jahren ab Rechtskraft der Ehescheidung. Danach reduzieren sie sich für die nächsten beiden Jahre um 500,00 €, dann erneut für zwei Jahre um 500,00 € und so fort, bis der Höchstbetrag auf 0,00 € abgesunken ist. Mit diesem Zeitpunkt endet die Unterhaltspflicht.

§ 1578b BGB ist darüber hinaus weder für eine Befristung noch für eine Herabsetzung anwendbar.

Alternative:

Für die Zeit nach einer etwaigen Scheidung unserer Ehe verzichten wir gegenseitig auf Unterhalt, auch für den Fall des Notbedarfs, gleichgültig, ob ein Unterhaltsanspruch gegenwärtig bereits erkennbar hervorgetreten ist oder nicht.

Der Unterhaltsverzicht wird auflösend bedingt vereinbart. Er entfällt für beide Vertragsteile, wenn ein gemeinsames Kind geboren oder angenommen wird. In diesem Fall bestehen also die gesetzlichen Unterhaltsansprüche, allerdings mit folgender Modifikation: (..... folgt obige Regelung .....)

2)

Wir verzichten hiermit auf weiter gehenden Unterhalt, auch für den Fall der Not und nehmen diesen Verzicht wechselseitig an.

.....

878 Die Höchstgrenze kann auch durch ein Vielfaches des Selbstbehalts ausgedrückt sein. Dies mag unterhaltsrechtlich enger angebunden sein als die Wertsicherung nach Inflationsrate, hat jedoch den Nachteil, dass man nicht weiß, wie das Unterhaltsrecht in der Zukunft mit solchen Beträgen umgeht, sodass es zur Angabe eines Ersatzmaßstabs kommt.

D. Vereinbarungen zum nachehelichen Unterhalt Kapitel 6

▶ **Formulierungsvorschlag: Höchstgrenze des Unterhalts als Vielfaches des Selbstbehaltes 1)** 879

Es gelten grds. die gesetzlichen Vorschriften zum Recht des nachehelichen Unterhalts. Allerdings vereinbaren wir, dass die Höhe des gesetzlichen nachehelichen Unterhalts (Gesamtunterhalt einschließlich Vorsorgeunterhalt und Sonderbedarf) auf einen monatlichen Betrag in Höhe des 2-fachen monatlichen Eigenbedarfs für Erwerbstätige gegenüber dem getrennt lebenden oder geschiedenen Ehegatten beschränkt wird (derzeit nach Düsseldorfer Tabelle B IV einfach: 1.280,00 €; sonst gilt der vom OLG ..... regelmäßig angewendete Wert).

Die Unterhaltshöchstgrenze beläuft sich damit derzeit auf 2.560,00 €.

.....

2. Höchstbetrag des Unterhalts, angelehnt an Besoldungsgruppen

Um einen Höchstbetrag im Lauf längerer Zeit anpassungsfähig zu halten, ist es auch möglich, auf eine **Besoldungsgruppe** nach dem Bundesbesoldungsgesetz zu verweisen, **anstatt** einen festen **Höchstbetrag** festzulegen. Der Höchstbetrag nimmt dann an den Erhöhungen der Beamtenbesoldung teil. Zur Bestimmtheit einer solchen Klausel ist es wichtig, klarzustellen, ob auf Bundes- oder Landesbeamte abgestellt wird, sowie die Besoldungsgruppe und die Dienstaltersstufe anzugeben.[2067] 880

Allerdings hat die Neigung zur Verwendung einer solchen Klausel, die besonders nahe liegt, wenn der Unterhaltsberechtigte selbst Beamter ist, stark abgenommen, seit die Beamten bei staatlichen Sparrunden immer mehr Streichungen als Erhöhungen zu vergegenwärtigen haben. Nicht zuletzt die Bildung einer Versorgungsrücklage auf der Grundlage des § 14a BBesG trägt zu sich ständig vermindernden Steigerungen bei. Es könnte statt der Beamtenbesoldung auch etwa auf die Einstufung nach TVöD abgestellt werden. 881

Zudem wird auch mit Blick auf mögliche Strukturveränderungen von der Verwendung solcher Klauseln abgeraten, die auf das Beamtengehalt Bezug nehmen.[2068] Dies v.a. mit Blick darauf, dass die Änderungen ggf. noch über eine ergänzende Vertragsauslegung berücksichtigt werden können, dass jedoch die Vollstreckbarkeit dann mangels Offenkundigkeit gefährdet ist.[2069] Hierzu hat der BGH (7. Senat) ausgesprochen,[2070] dass eine 1972 von einem Notar aufgenommene Urkunde, nach der Unterhalt »in Höhe der Bruttobezüge eines ledigen Regierungsrates der Besoldungsgruppe A, letzte Dienstaltersstufe (14) der Saarländischen Besoldungsordnung gemäß Gesetz Nr. 935 zuzüglich Ortszuschlag I. b, Stufe 1« zu zahlen war, heute nicht mehr dem Bestimmtheitserfordernis genügt, weil die geltende Besoldungsordnung gar keinen Ortszuschlag mehr enthält. 882

Dies zeigt, dass man – wenn man auf Besoldungsordnungen abstellt – eher auf die Bundesregelung Bezug nehmen sollte und zeitgeprägte Zuschläge nicht mit in Bezug nehmen sollte. Die Beamtengesetze lassen weitere Strukturänderungen in den nächsten Jahren erwarten, zumal in den Ländern, die nun aufgrund der Föderalismusreform eine erweiterte Gesetzgebungszuständigkeit haben. 883

Es könnte aber als Auffanglösung hinsichtlich der Vollstreckbarkeit ein bestimmter Mindestbetrag für vollstreckbar erklärt werden. 884

Was die Strukturänderungen nach der Föderalismusreform anbelangt, so gibt die bayerische Neuregelung des gesamten Beamtenrechtes einen gewissen Vorgeschmack, mit welchen Änderungen zu rechnen ist.[2071] 885

2067 Schwackenberg, FPR 2001, 107, 110.
2068 Reul, MittBayNot 2005, 265, 268 f.
2069 Reul, MittBayNot 2005, 265, 271.
2070 BGH, ZEV 2010, 377.
2071 Gesetz zum neuen Dienstrecht in Bayern, BayGVBl. 2010, 410 ff.

886 Die nachfolgend vorgestellte Alternative stellt den Versuch dar, vorsorgend auf solche Strukturveränderungen zu reagieren.

▶ Formulierungsvorschlag: Unterhaltshöchstgrenze – dynamisiert nach dem Bundesbesoldungsgesetz

887 .... Rechtswahl zum deutschen Recht nach Art. 8 HUP, ggf. auch des Gerichtsstandes nach Art. 4 EU-UntVO ....

1)

Es gelten grundsätzlich die gesetzlichen Vorschriften zum Recht des nachehelichen Unterhalts. Allerdings vereinbaren wir, dass die Höhe des gesetzlichen nachehelichen Unterhalts (Gesamtunterhalt einschließlich Vorsorgeunterhalt und Sonderbedarf) begrenzt wird auf einen Höchstbetrag, der sich wie folgt errechnet:

Grundgehaltssatz eines Bundesbeamten der Besoldungsgruppe ......, unabhängig vom Lebensalter zu bemessen nach der 5. Dienstaltersstufe, jedoch ohne Familienzuschlag, Leistungsprämien oder -zulagen sowie etwaige sonstige Zulagen.

Alternative (Strukturänderung Besoldungsrecht):

Sollte das Besoldungsrecht einmal so geändert werden, dass es die genannte Besoldungsgruppe nicht mehr gibt, so soll als Maßstab die Grundvergütung desjenigen Beamten herangezogen werden, welcher derzeit in die entsprechende Besoldungsstufe eingeordnet ist. Zuschläge jeglicher Art bleiben außer Betracht. Sollte das Beamtengehalt zukünftig generell leistungsbezogen festgelegt werden, so ist das bei durchschnittlicher Leistung zu erzielende Gehalt maßgeblich.

a) Klargestellt wird, dass sich die Höhe des nachehelichen Unterhalts nach den gesetzlichen Vorschriften errechnet, die vorstehende Regelung also keinen Anspruch auf Zahlung in dieser Höhe gewährt. Es handelt sich lediglich um eine Kappungsgrenze, wenn sich nach dem Gesetz ein höherer Betrag ergäbe. § 1578b BGB bleibt anwendbar und kann somit zu einer zusätzlichen Begrenzung des Unterhaltes führen.

b) Ein Nachteilsausgleich bei Durchführung des begrenzten Realsplittings ist auf den Betrag der Höchstgrenze nicht anzurechnen, sodass es sich um einen Nettobetrag handelt.

c) Eigenes Einkommen des Unterhaltsberechtigten wird bei der Unterhaltsberechnung berücksichtigt. Der Höchstbetrag vermindert sich um die Hälfte des eigenen unterhaltsrechtlich relevanten Einkommens des Unterhaltsberechtigten.

Alternative:

Eigenes Einkommen des Unterhaltsberechtigten wird ausdrücklich nicht berücksichtigt

2)

Wir verzichten hiermit auf weiter gehenden Unterhalt, auch für den Fall der Not, und nehmen diesen Verzicht wechselseitig an.

3)

Der Verzicht gilt auch im Fall einer Änderung der einschlägigen gesetzlichen Vorschriften oder der Rechtsprechung weiterhin.

4)

Wir wurden vom Notar über das Wesen des nachehelichen Unterhalts und die Auswirkungen des Verzichts eingehend belehrt .....

3. Festlegung einer Höchstquote des Unterhalts

888 Eine andere Methode der Festlegung von Höchstgrenzen besteht in der vertraglichen Festlegung der Unterhaltsquote, die dann niedriger sein kann, als die in den Unterhaltsrechtlichen Leitlinien vor-

gesehenen Quoten von 3/7 oder 45 %.[2072] **Problematisch** ist die Festlegung einer solchen Quote als Unterhaltshöchstsatz etwa **bei überdurchschnittlichen Einkommensverhältnissen**, bei denen der Unterhalt nach dem konkreten Bedarf errechnet wird. Hier könnte eine Quote sogar zu höheren Zahlbeträgen führen als der gesetzliche Unterhalt. Selbst eine Beschränkung auf max. den gesetzlichen Unterhalt führt immer noch dazu, dass die gedachte Herabsetzung des Unterhalts ggü. dem gesetzlichen Unterhalt umso niedriger ausfällt, je höher das Einkommen des Unterhaltspflichtigen ist. Eine solche »Höchstquote« macht also nur Sinn, wenn feststeht, dass **stets nur durchschnittliche Einkommensverhältnisse** vorliegen werden.

Nachteilig ist ferner der Umstand, dass die gesamte Unterhaltsberechnung durchgeführt werden muss, um den durch die Höchstquote festgelegten Betrag zu ermitteln. 889

Vorteilhaft ist hingegen, dass eine **gesonderte Wertsicherung** entfallen kann.[2073]

▶ Formulierungsvorschlag: Unterhaltshöchstquote

Es gelten grundsätzlich die gesetzlichen Vorschriften zum Recht des nachehelichen Unterhalts. Allerdings vereinbaren wir, dass entgegen den Unterhaltsrichtsätzen der Düsseldorfer Tabelle oder der Unterhaltsrechtlichen Leitlinien die Unterhaltsquote lediglich bei 25 % liegt. Höchstens ist jedoch stets der gesetzliche Unterhalt zu zahlen. 890

.....

4. Vereinbarungen zur Abänderbarkeit

Die bereits vorgestellte **Abänderbarkeit von Unterhaltstiteln** nach § 239 FamFG[2074] kann von den Beteiligten **modifiziert und auch ausgeschlossen** werden. Auch dies wurde an genannter Stelle bereits ausführlich erläutert. Ein solcher Ausschluss kommt z.B. dann vor, wenn die Vertragsparteien sich auf einen endgültigen Unterhaltsbetrag geeinigt haben und diesen nur noch durch Wertsicherung stabil halten wollen, ohne dass er nochmals einer Veränderung zugänglich sein soll. 891

Es kann aber auch sein, dass lediglich für eine bestimmte Zeit nach Rechtskraft der Scheidung der Unterhalt, auf den man sich nach langen Verhandlungen geeinigt hat, festgeschrieben sein soll.

Wenn nachher bei Anwendung des § 239 FamFG nicht von dem gefundenen Unterhaltskompromiss ausgegangen werden, sondern der gesetzliche Unterhalt berechnet werden soll, so müsste dies ausdrücklich angeordnet sein.

▶ Formulierungsvorschlag: Umfassender Ausschluss der Abänderbarkeit

..... (Zahlungsverpflichtung mit Wertsicherung) 892

Eine Abänderung dieser Vereinbarung wird ausdrücklich ausgeschlossen.[2075] Dies gilt sowohl für eine Abänderbarkeit nach § 239 FamFG oder nach § 323a ZPO wie auch für eine Abänderbarkeit nach den allgemeinen Grundsätzen der Störung der Geschäftsgrundlage und zwar gleichgültig, ob Tatsachen oder rechtliche Einschätzungen schon bei diesem Vertragsschluss von unseren Vorstellungen abweichen oder sich später ändern.

Die Beteiligten haben die Unsicherheiten künftiger Entwicklungen berücksichtigt und im Wege der Risikoübernahme zum Vertragsinhalt gemacht.[2076]

2072 Wegmann, Rn. 139 f.
2073 Kanzleiter/Wegmann, Rn. 350.
2074 Rdn. 743 ff.
2075 Bergschneider, Rn. 379 spricht von »Festunterhalt«.
2076 Diese Vereinbarung ist genau zu überdenken. Hängt sie von festen Annahmen ab (z.B. die Ehefrau betreut das Kind), sollten ggf., Abänderungsmöglichkeiten vorbehalten bleiben, wenn diese Annahmen ins Leere laufen.

Der Notar hat darüber belehrt, dass auch Klauseln zur Nichtabänderbarkeit einer gerichtlichen Inhaltskontrolle unterliegen können.

▶ **Formulierungsvorschlag: Modifizierung der Abänderbarkeit – später Neufestsetzung [I]**

893 Eine Abänderung dieser Vereinbarung, insbesondere nach § 239 FamFG, § 323a ZPO oder auch nach den allgemeinen Grundsätzen der Störung der Geschäftsgrundlage wird für fünf Jahre von der Rechtskraft der Ehescheidung an ausdrücklich ausgeschlossen und zwar gleichgültig, ob Tatsachen oder rechtliche Einschätzungen schon bei diesem Vertragsschluss von unseren Vorstellungen abweichen oder sich später ändern.

▶ **Formulierungsvorschlag: Modifizierung der Abänderbarkeit**

894 Eine Abänderung dieser Vereinbarung, insbesondere nach § 239 FamFG findet nur dann statt, wenn eine wesentliche Änderung der tatsächlichen Verhältnisse zu einer Erhöhung oder Verminderung des zu zahlenden Unterhaltsbetrages um mehr als 20 % führt.[2077]

▶ **Formulierungsvorschlag: Verweis auf § 238 FamFG**

895 Eine Abänderung dieser Vereinbarung, insbesondere nach § 239 FamFG findet nur dann statt, wenn die in § 238 FamFG genannten Voraussetzungen vorliegen, also nur, wenn sich die dieser Vereinbarung zugrunde liegenden tatsächlichen oder rechtlichen Verhältnisse nach dem heutigen Tag wesentlich verändert haben.[2078]

▶ **Formulierungsvorschlag: Modifizierung der Abänderbarkeit – später Neufestsetzung [II]**

896 1)

Eine Abänderung dieser Vereinbarung, insbesondere nach § 239 FamFG wird für fünf Jahre von der Rechtskraft der Ehescheidung an ausdrücklich ausgeschlossen, und zwar gleichgültig, ob Tatsachen oder rechtliche Einschätzungen schon bei diesem Vertragsschluss von unseren Vorstellungen abweichen oder sich später ändern.

2)

Diese Vereinbarung soll jedoch keine Grundlage für eine etwaige Neufestsetzung sein. Vielmehr soll in einem solchen Fall einer Abänderung der Unterhalt nach den gesetzlichen Vorschriften errechnet werden.[2079]

897 Der Abänderbarkeit können auch konkrete Änderungen entzogen werden, so etwa die Frage der Erwerbsobliegenheit.[2080]

▶ **Formulierungsvorschlag: Keine Abänderbarkeit wegen Erwerbsobliegenheit**

898 Die Beteiligten sind sich bei vorstehender Unterhaltsvereinbarung darin einig, dass F keiner Erwerbsobliegenheit unterliegt. Die Abänderung der Unterhaltsvereinbarung kann nicht darauf gestützt werden, dass eine solche Erwerbsobliegenheit aus tatsächlichen oder rechtlichen Gründen später entstanden sei.

2077 Müller, Kap. 3 Rn. 628.
2078 Formulierungsvorschlag von Heinemann, FamRB 2010, 184, 186. Hier bleibt es bei der allgemeinen Wesentlichkeitsgrenze des § 238 FamFG, die mit 10 % anzunehmen ist. Einbezogen sind die rechtlichen Veränderungen.
2079 Bergschneider, Rn. 427.
2080 Folgende Formulierung nach FamRMandat-Eheverträge, § 9 Rn. 145.

VI. Vereinbarungen zum Maß des Unterhalts

1. Vereinbarung zu den ehelichen Lebensverhältnissen

899 Anstatt den Unterhaltsbetrag durch eine Höchstgrenze zu decken, kann die Begrenzung auch am Maß der ehelichen Lebensverhältnisse nach § 1578 BGB ansetzen[2081] und hier die Bemessung der ehelichen Lebensverhältnisse durch einen Höchstbetrag festlegen.

▶ Kostenanmerkung:

900 Für die nachfolgenden begrenzenden Unterhaltsmodifikationen ist der Wert nach § 36 Abs. 1 GNotKG zu bestimmen. Sofern keine konkreten Vereinbarungen getroffen werden, ist ein Abschlag vorzunehmen.[2082]

▶ Formulierungsvorschlag: Festlegung der ehelichen Lebensverhältnisse anhand des Bruttoeinkommens

901
1)

Es gelten grundsätzlich die gesetzlichen Vorschriften zum Recht des nachehelichen Unterhalts. Allerdings vereinbaren wir in Bezug auf die ehelichen Lebensverhältnisse nach § 1578 Abs. 1 Satz 1 BGB, dass das Einkommen, welches zur Bemessung der ehelichen Lebensverhältnisse dient, höchstens mit jährlich brutto 60.000,00 € angesetzt werden darf, wenn innerhalb von fünf Jahren Antrag auf Scheidung der Ehe gestellt wird. Besteht die Ehe darüber hinaus, so erhöht sich dieser Betrag für jedes weitere vollendete Ehejahr um brutto 5.000,00 € bis zu einem erneuten Höchstbetrag von brutto 120.000,00 €.

Klargestellt wird, dass sich die Höhe des nachehelichen Unterhalts nach den gesetzlichen Vorschriften – eingeschlossen § 1578b BGB – errechnet, die vorstehende Regelung also lediglich eine Obergrenze i.R.d. § 1578 BGB bildet, dass aber bei niedrigeren tatsächlichen Bruttobeträgen kein weiter gehender Anspruch begründet wird.

.....

(ggf. Wertsicherung)

2)

Wir verzichten hiermit auf weiter gehenden Unterhalt, auch für den Fall der Not, und nehmen diesen Verzicht wechselseitig an.

.....

902 In Betracht kommt ferner, das Maß des Unterhalts abweichend von den ehelichen Lebensverhältnissen durch den Beruf des Unterhaltsberechtigten und das dadurch erzielbare Einkommen festzulegen, sodass die Unterhaltszahlung letztlich nur den Eintritt ehebedingter Nachteile ausgleicht, ansonsten aber an die vorehelichen Lebensverhältnisse des Berechtigten anknüpft.

▶ Formulierungsvorschlag: Festlegung der ehelichen Lebensverhältnisse anhand der vorehelichen Lebensverhältnisse des Unterhaltsberechtigten[2083]

903 Es gelten grundsätzlich die gesetzlichen Vorschriften zum Recht des nachehelichen Unterhalts. Allerdings vereinbaren wir für das Maß des Unterhalts, dass dieses sich nicht nach den ehelichen Lebensverhältnissen richtet, sondern nach den Einkommensverhältnissen einer Krankenschwester mit einer Anstellung in einer Klinik und einem Gehalt nach TVöD-Bund .....

2081 Nach Langenfeld, 6. Aufl., Rn. 533 und Müller, Kap. 3 Rn. 580.
2082 Notarkasse, Rn. 645.
2083 Nach Langenfeld, 6. Aufl., Rn. 533.

904 Wenn hierzu genau die **derzeitige Einkommensstufe** genommen wird, so kann es sich möglicherweise um einen **Bruttobetrag** handeln, sodass **zusätzlich angeordnet werden kann, dass ein Betrag für Steuer und Versicherungen abgezogen wird**.[2084]

905 Nachdem § 1578b Abs. 1 BGB einen Ersatzmaßstab für die Herabsetzung des Unterhalts anbietet, kann dieser auch vertraglich vereinbart werden.

▶ Formulierungsvorschlag: Übergang vom eheangemessenen zum angemessenen Unterhalt

906 Es gelten grundsätzlich die gesetzlichen Vorschriften zum Recht des nachehelichen Unterhalts. Allerdings vereinbaren wir für das Maß des Unterhalts, dass nach fünf Jahren, gerechnet ab Rechtskraft der Ehescheidung, nicht mehr der eheangemessene Unterhalt nach § 1578 BGB, sondern nur noch der Unterhalt nach dem angemessenen Lebensbedarf i.S.d. § 1578b Abs. 1 BGB zu zahlen ist, und zwar unabhängig von den dort geregelten Voraussetzungen.[2085]

Eine weitere zeitliche Begrenzung des eheangemessenen Unterhalts nach § 1578b BGB schließen wir aus.

Insoweit verzichten wir gegenseitig auf Unterhalt und nehmen diesen Verzicht an.

2. Vereinbarung zur Verwertung des Vermögensstamms beim Unterhaltspflichtigen

907 Nach § 1581 Satz 2 BGB braucht der Unterhaltspflichtige den Stamm des Vermögens nicht zu verwerten, wenn die Verwertung unwirtschaftlich oder unter Berücksichtigung der beiderseitigen wirtschaftlichen Interessen unbillig wäre. Hierzu können die Ehegatten selbst im Ehevertrag eine Festlegung treffen. Solches wird meist in Bezug auf das von einem Ehegatten übernommene Familienheim praxisrelevant.[2086]

▶ Formulierungsvorschlag: Ausschluss bestimmter Vermögensteile von der Verwertung[2087]

908 Es gelten grundsätzlich die gesetzlichen Vorschriften zum Recht des nachehelichen Unterhalts. Allerdings vereinbaren wir, dass eine Verwertung des im Eigentum des Ehemannes stehenden Hausanwesens ..... in ..... durch Verkauf oder Belastung zur Erfüllung der Unterhaltspflicht für den Ehemann nicht zumutbar ist. Dem Ehemann obliegt es aber, durch Vermietung des Erd- und Obergeschosses Einnahmen zu erzielen und nur das Dachgeschoss für den eigenen Bedarf zu nutzen.

.....

3. Verzicht auf Kranken- und Vorsorgeunterhalt

909 Der Unterhaltsverzicht des Unterhaltsberechtigten kann sich auch nur auf den Kranken- und Vorsorgeunterhalt beschränken.

▶ Formulierungsvorschlag: Verzicht auf Kranken- und Vorsorgeunterhalt

910 .... Rechtswahl zum deutschen Recht nach Art. 8 HUP, ggf. auch des Gerichtsstandes nach Art. 4 EU-UntVO ....

1)

Für die Zeit nach einer etwaigen Scheidung unserer Ehe verzichten wir gegenseitig auf Kranken-, Pflege- und Altersvorsorgeunterhalt, gleichgültig, ob ein Unterhaltsanspruch gegenwärtig bereits erkennbar hervorgetreten ist oder nicht. Der Elementarunterhalt kann hingegen in vollem Umfang geltend gemacht werden.

2084 Vgl. Bergschneider, Rn. 465.
2085 Notar-Handbuch/Grziwotz, § 12 Rn. 149i.
2086 Zum Wohnvorteil vgl. Rdn. 264 ff.
2087 Nach Bergschneider, Rn. 467.

2)

Diesen Verzicht nehmen wir hiermit gegenseitig an.

3)

Der Verzicht gilt auch im Fall einer Änderung der einschlägigen gesetzlichen Vorschriften oder der Rechtsprechung weiterhin.

4)

Wir wurden vom Notar über das Wesen des nachehelichen Unterhalts und die Auswirkungen des Verzichts eingehend belehrt .....

4. Sicherung der Verwendung von Vorsorgeunterhalt

Wenn der Unterhaltspflichtige Vorsorgeunterhalt bezahlt, der Unterhaltsberechtigte diesen aber **zweckwidrig verwendet**, so könnte der Unterhaltsberechtigte im Alter erneut Unterhalt geltend machen. Ein solcher Unterhalt wäre nur unter den Voraussetzungen des § 1579 Nr. 4 BGB bei mutwilliger Herbeiführung der Unterhaltsbedürftigkeit ausgeschlossen. Um sich Auseinandersetzungen hierüber zu ersparen, kann für solche Fälle vereinbart werden, dass der Unterhaltsberechtigte sich einen **rechnerischen Ertrag** aus dem aus Vorsorgeunterhalt angesparten Kapital als bedarfsdeckend **anrechnen lassen muss**.

▶ Formulierungsvorschlag: Anrechnung Ertrag aus Vorsorgekapital

Der Ehemann zahlt monatlich Vorsorgeunterhalt, aus dem sich die Ehefrau eine Altersversorgung aufbauen soll.

Wir vereinbaren, dass sich die Ehefrau hinsichtlich eines etwaigen Unterhaltsanspruchs nach Eintritt in das Rentenalter oder bei Invalidität so behandeln lassen muss, als habe sie den gesamten gezahlten Vorsorgeunterhalt für jeden Jahreszahlbetrag ab dem Folgejahr mit 1 % über dem Basiszinssatz nach § 247 BGB verzinslich angelegt. Diese (rechnerischen) Zinsen hat sie sich daher bedarfsdeckend auf einen etwaigen Unterhaltsanspruch anrechnen zu lassen.

.....

Vereinbart werden kann auch eine Direktzahlung an eine Altersvorsorgeeinrichtung, sodass es gar nicht erst zu einem Missbrauch kommen kann. Dies könnte so gestaltet werden:[2088]

▶ Formulierungsvorschlag: Direktzahlung Altersvorsorgeunterhalt

Die Ehefrau hat zur Alterssicherung einen Lebensversicherungsvertrag bei der A... unter Nr. .... abgeschlossen. Der geschuldete Vorsorgeunterhalt wird daher vom Ehemann direkt an die A... auf die von der Ehefrau dort zu entrichtenden monatlichen Beiträge gezahlt. Der Ehemann weist die Zahlung jeweils am Jahresende nach.

5. Ausklammerung verschiedener Einkommensarten

Für die Unterhaltsberechnung können verschiedene Einkommensarten ausgeklammert werden, wie z.B. Nebentätigkeiten oder Minijobs. Das Erwerbseinkommen aus diesen Tätigkeiten muss sich daher der Berechtigte nicht anrechnen lassen bzw. muss der Verpflichtete nicht für den Unterhalt einsetzen.

▶ Formulierungsvorschlag: Ausklammerung von Einkommensarten

Wir vereinbaren, dass die unterhaltspflichtige Ehefrau ihr Einkommen aus ihrer Nebentätigkeit als Schriftstellerin und ihre Einnahmen aus Kapitaleinkünften bei der Berechnung des einzusetzenden Einkommens unberücksichtigt lassen kann.

2088 Nach Notar-Handbuch/Rakete-Dombek, § 13 Rn. 62.

917 Soll das im Zugewinnausgleich privilegierte Vermögen auch für den Unterhalt privilegiert werden, so kann angeordnet werden, dass Erträge des vom Zugewinn ausgeschlossenen Vermögens für den Pflichtigen nicht zur Unterhaltsberechnung herangezogen werden. Dies wird dann jedenfalls nicht uneingeschränkt möglich sein, wenn während bestehender Ehe der Familienunterhalt allein aus diesen Erträgen bestritten wurde.

▶ **Formulierungsvorschlag: Ausklammerung von Erträgen aus privilegiertem Anfangsvermögen**

918 Wir vereinbaren, dass Erträge des Ehemannes aus dem vorstehend vom Zugewinn ausgenommenen Vermögen auch bei der Unterhaltsberechnung nicht zum einzusetzenden Einkommen gezählt werden, solange dadurch nicht eine Unterhaltspflicht des anderen Ehegatten begründet wird.[2089]

6. Surrogatsgleichstellungsvereinbarung Wohnvorteil/Mietzins

919 Die Rechtsprechung des BGH rechnet in den Fällen, in denen im Rahmen einer Scheidung ein Ehegatte die Haushälfte des anderen Ehegatten erwirbt, entgegen der obergerichtlichen Rechtsprechung den Wohnvorteil des erwerbenden Ehegatten einerseits und den Zinsvorteil des verkaufenden Ehegatten andererseits getrennt aus und lässt beide ein je eigenes Schicksal entwickeln.[2090] Jedenfalls im Rahmen einer Unterhaltsvereinbarung können die Ehegatten – sinnvoll im Zusammenhang mit dem Erwerb der Haushälfte – festlegen, dass sie bei der Unterhaltsberechnung sowohl den Wohnwert wie auch den Zinsvorteil außer Betracht lassen wollen.

▶ **Formulierungsvorschlag: Surrogatsgleichstellungsvereinbarung**

920 Wir vereinbaren, dass sowohl der Wohnwert, welchen der Ehemann sich aus der Nutzung des Hauses in ..... zurechnen lassen muss – auch wenn er negativ sein sollte – wie auch der Zinsvorteil, welchen sich die Ehefrau aus dem Empfang des Erlöses aus dem Verkauf ihrer Haushälfte zurechnen lassen muss, bei der Berechnung des Bedarfs sowie bei der Berechnung unseres anrechnungspflichtigen Einkommens im Rahmen der Leistungsfähigkeit oder Bedürftigkeit außer Betracht bleiben sollen. Der Ehemann kann über das Haus und die Ehefrau über den Erlös beliebig verfügen, ohne dass dies unterhaltsrechtliche Auswirkungen haben soll.

7. Nichtanrechnung überobligatorischer Tätigkeit

921 Der BGH teilt den überobligatorischen Erwerb in einen unterhaltsrechtlich relevanten und einen nicht unterhaltsrelevanten Teil. Der unterhaltsrechtlich relevante Teil des Einkommens hat die ehelichen Rechtsverhältnisse geprägt. Der andere Teil bleibt bei der Unterhaltsberechnung völlig unberücksichtigt.[2091] Die Aufteilung und die Höhe des Abzuges sind im Einzelfall konkret zu errechnen.[2092]

922 Die Ehegatten können jedoch ehevertraglich selbst festlegen, inwieweit sie einen überobligationsmäßigen Erwerb in die Unterhaltsberechnung einbeziehen wollen. Hier kommen gelegentlich Vereinbarungen vor, nach denen sich der Berechtigte überobligationsmäßig erzielte Einkünfte nicht anrechnen lassen muss, sodass hieraus kein unterhaltsrelevanter Teil abzuspalten ist. Eine solche Anordnung kann mit einer Höchstgrenze oder auch einer Befristung versehen sein.

2089 Zu letzterer Einschränkung: Wegmann, Rn. 162.
2090 BGH, FamRZ 2005, 1159 f.; BGH, FamRZ 2005, 1817, 1820 f. krit. zu dieser Rspr. Graba, FamRZ 2006, 821, 827; anders auch OLG Hamm, NJW-RR 2003, 510 und OLG Saarbrücken, NJW-RR 2005, 444, die den Wohnwert und die Zinsen aus dem Verkauf des halben Anteils gegeneinander aufheben wollen; vgl. auch OLG Koblenz, FF 2005, 193 ff.; gute Zusammenstellung bei Gerhardt, FamRZ 2003, 414 ff.
2091 BGH, FamRZ 2005, 1154.
2092 BGH, FamRZ 2005, 1154 m. Anm. Gerhardt; damit grenzt sich der BGH von Meinungen ab, die ihn falsch verstanden haben und stellt klar, dass der unterhaltsrechtlich nicht relevante Teil auch nicht der Anrechnungsmethode unterliegt, BGH, FamRB 2005, 226.

▶ **Formulierungsvorschlag: Nichtanrechnung überobligationsmäßigen Einkommens**

Wir vereinbaren, dass bei der unterhaltsberechtigten Ehefrau ihr Einkommen aus ihrer Tätigkeit als Kursleiterin bei der Volkshochschule nicht anzurechnen ist, da sie aufgrund ihrer Kindesbetreuung keine Erwerbsobliegenheit hat. 923

Diese Nichtanrechungsbestimmung gilt bis zu einem Einkommen von 300 € monatlich und für drei Jahre von heute an. Für darüber liegendes Einkommen und fernere Zeitabschnitte gilt die gesetzliche Regelung.[2093]

8. Behandlung des Einkommens des Berechtigten

Die Ehegatten können vertraglich regeln, wie das Einkommen des Unterhaltsberechtigten berücksichtigt werden soll, ob es also mit der Differenzmethode erfasst oder voll oder teilweise der Anrechnung unterworfen sein soll.[2094] Die Besonderheiten bei der Anrechnung im Zusammenhang mit einer zugleich festgelegten Unterhaltshöchstgrenze wurden bereits behandelt.[2095] 924

▶ **Formulierungsvorschlag: Behandlung des Einkommens des Unterhaltsberechtigten**

Eigenes Einkommen des Unterhaltsberechtigten wird im Wege der Differenzmethode berücksichtigt, sofern es eheprägend war, ansonsten im Wege der Anrechnungsmethode. Für Erwerbseinkommen ist vorab ein Erwerbstätigenbonus von 10 % abzuziehen. 925

Alternative 1:

Eigenes Einkommen des Unterhaltsberechtigten wird – bei Erwerbseinkommen abzüglich eines Erwerbstätigenbonus von 10 % – in voller Höhe auf den Unterhaltsanspruch angerechnet.

Alternative 2:

Eigenes Einkommen des Unterhaltsberechtigten wird – bei Erwerbseinkommen abzüglich eines Erwerbstätigenbonus von 10 % – zur Hälfte auf den Unterhaltsanspruch angerechnet.

Alternative 3:

Eigenes Einkommen des Unterhaltsberechtigen wird nicht auf den Unterhaltsanspruch angerechnet.

9. Festschreibung des notwendigen Eigenbedarfes

Die Ehegatten können ferner eheverträglich den notwendigen Selbstbehalt des Unterhaltspflichtigen vereinbaren.[2096] Allerdings wird man darauf achten müssen, dass diese Regelung sich nicht zulasten des Unterhalts der Kinder auswirken kann, auch nicht im Mangelfallszenario; hier ist ggf. mit getrennten Selbstbehaltsbeträgen zu arbeiten. 926

▶ **Formulierungsvorschlag: notwendiger Eigenbedarf des Pflichtigen**

Wir vereinbaren, dass der notwendige Eigenbedarf der Ehefrau gegenüber dem Ehegatten sich auf 150 % des in der Düsseldorfer Tabelle als notwendiger Eigenbedarf genannten Betrages beläuft. Maßgeblich ist die jeweils gültige Düsseldorfer Tabelle. 927

2093 Bergschneider, Rn. 448.
2094 Vgl. Müller, Kap. 3 Rn. 576 ff.
2095 Rdn. 862 ff.
2096 Müller, Kap. 3 Rn. 589.

VII. Vereinbarung von Ersatzleistungen

1. Unterhaltsverzicht gegen Abfindung

928 Nach § 1585 Abs. 2 BGB kann der Unterhaltsberechtigte verlangen, dass er anstatt einer monatlichen Geldzahlung eine Abfindung in Geld erhält. Voraussetzung hierfür ist ein wichtiger Grund. Ferner darf der Verpflichtete hierdurch nicht unbillig belastet sein. Ein solch wichtiger Grund kann etwa darin liegen, dass der Berechtigte das Kapital zum Aufbau einer selbstständigen Lebensstellung benötigt oder dass er auswandern will. Ein wichtiger Grund liegt auch darin, dass die Durchsetzung der monatlichen Geldzahlungen mit Schwierigkeiten verbunden ist, weil der Unterhaltspflichtige nicht leistet.[2097] Für die Höhe der Abfindung ist neben der derzeitigen Unterhaltszahlung die voraussichtliche weitere Entwicklung von Bedürftigkeit und Leistungsfähigkeit maßgeblich. Hierzu gehört auch die Lebenserwartung des Berechtigten. Problematisch ist die Wertung einer »Wiederverheiratungswahrscheinlichkeit«.[2098] In der Gerichtspraxis wird vielfach der 5- bis 7-fache Jahresunterhaltsbetrag als Abfindung zugesprochen.[2099]

929 Der Unterhaltspflichtige kann eine Abfindungszahlung jedoch nicht von sich aus verlangen. Außerdem wollen sich Ehegatten vielfach nicht der Unwägbarkeit richterlicher Entscheidung aussetzen. Daher wird in diesen Fällen ein Unterhaltsverzicht gegen Abfindung vertraglich vereinbart. Umstritten ist, ob ein beim Tod des Unterhaltsberechtigten noch nicht erfüllter Abfindungsanspruch vererblich ist. Das OLG Hamburg hat dies abgelehnt.[2100] Gegen das OLG Hamburg hat das OLG Frankfurt am Main entschieden, dass mit einem Unterhaltsverzicht gegen Abfindung eine endgültige Lösung getroffen sei, sodass auch bei einer Wiederheirat des Berechtigten der Verpflichtete sich für noch ausstehende Raten nicht auf einen Wegfall der Geschäftsgrundlage berufen könne.[2101] Der BGH[2102] ist der Ansicht des OLG Frankfurt am Main gefolgt und hat einen Unterhaltsverzicht gegen Abfindung auch dann als endgültig betrachtet, wenn die Abfindungszahlung in Raten – was wegen der Obergrenze für das Realsplitting der Regelfall ist – zu zahlen ist. Die notarielle Vereinbarung sollte freilich den endgültigen Charakter der Abfindung zum Ausdruck bringen und nicht lediglich die Ratenzahlung betonen. Damit dürfte auch nichts mehr gegen die Vererblichkeit eines noch nicht bezahlten Restabfindungsanspruchs sprechen.[2103]

930 Die Vereinbarung einer Abfindung kann sich in folgenden Bereichen negativ auswirken: Wenn der Höchstbetrag des begrenzten Realsplittings überschritten wird, so entfällt die steuerliche Geltendmachung bei Zahlung in einer Summe. Ratenzahlung ist möglicherweise dann empfehlenswert. Da mit der Abfindung kein weiterer laufender Unterhaltsanspruch mehr besteht, fällt der Anspruch auf Familienzuschlag nach § 40 Abs. 1 Nr. 3 BBesG und es besteht kein Unterhaltsanspruch mehr, der zur Anpassung des Versorgungsausgleichs nach § 33 VersAusglG berechtigt.[2104]

931 Zu beachten ist, dass auch bei Zahlung einer Abfindung auf den Getrenntlebendenunterhalt nicht verzichtet werden kann. Vorauszahlungen auf den Trennungsunterhalt wirken zudem nur für die Dauer von drei Monaten befreiend, wenn danach erneut Bedürftigkeit eintritt, §§ 1361 Abs. 4, 1360a Abs. 3, 1614 Abs. 2 und 760 Abs. 2 BGB.

932 Sofern in einem vorsorgenden Ehevertrag ein Unterhaltsverzicht gegen Abfindung oder Kompensation vereinbart wird, muss man beachten, dass **die Rechtsprechung des BGH** hierin eine **unent-**

[2097] MünchKomm-BGB/Maurer, § 1585 Rn. 48 f.
[2098] Bergschneider, Rn. 448: »spekulativ«.
[2099] Bergschneider, Rn. 454.
[2100] OLG Hamburg, FamRZ 2002, 234 m.w.N. zur anders lautenden herrschenden Literaturauffassung.
[2101] OLG Frankfurt am Main, FamRZ 2005, 1253 m. Anm. Bergschneider.
[2102] BGH, NJW 2005, 3282 = FamRZ 2005, 1662.
[2103] So indirekt auch BGH, NJW 2005, 3282, wo das Urteil des OLG Hamburg mit einer sachverhaltlichen Sonderkonstellation begründet wurde.
[2104] Born, Vergleich und Abfindungsvergleich, NZFam 2014, 545, 548.

D. Vereinbarungen zum nachehelichen Unterhalt

geltliche Zuwendung sieht, die der Schenkungsteuer unterliegt, da der vorsorgende Unterhaltsverzicht lediglich als Erwerbschance zu sehen sei, die sich noch nicht konkretisiert habe.[2105]

Im Hinblick auf die Rechtsprechung des BFH,[2106] die bei einer Stundung eine Zerlegung in einen Kapital- und einen Zinsanteil vornimmt und eine Verzinsung von 5,5 % p.a. nach § 20 Abs. 1 Satz 1 Nr. 7 EStG der Versteuerung unterwerfen will, wird als Gestaltungsalternative auch vorgeschlagen,[2107] eine auf mehrere Jahre gestreckte und pauschalierte jährliche Unterhaltszahlung zu vereinbaren, die mit Ablauf der Befristung endet. 933

▶ **Kostenanmerkung:**

Erfolgt ein Unterhaltsverzicht gegen Abfindung, so liegt ein Austauschvertrag nach § 97 Abs. 3 GNotKG vor. Der Geschäftswert bestimmt sich dann nach dem höheren Wert der Leistung einer Seite.[2108] 934

▶ **Formulierungsvorschlag: Unterhaltsverzicht gegen Zahlung einer Abfindung**

.... Rechtswahl zum deutschen Recht nach Art. 8 HUP, ggf. auch des Gerichtsstandes nach Art. 4 EU-UntVO 935

C. Ehegattenunterhalt

I. Einigung

Im Hinblick auf die geschilderten Nachteile, welche die Ehefrau durch die Kindesbetreuung und Familienarbeit erlitten hat und zur Beseitigung etwaiger Unsicherheiten hinsichtlich der Billigkeitsabwägungen i.R.d. Bemessung von Unterhaltshöhe und -dauer treffen wir nachfolgende Vereinbarung einer Unterhaltsabfindung.

Wir sind dabei von einem derzeitigen Unterhaltszahlbetrag von monatlich ..... € ausgegangen, der im Laufe der Zeit nach § 1578b BGB abzuschmelzen und zu befristen wäre, weil die derzeit noch bestehenden ehebedingten Nachteile der Ehefrau nach Abschluss der Weiterbildungsmaßnahme im Laufe der Zeit mehr und mehr abnehmen werden.

Wir haben uns daher so geeinigt, dass wir den derzeitigen Unterhaltszahlbetrag zur Berücksichtigung des Abschmelzens um 20 % reduziert haben und diesen Betrag auf sieben Jahre Unterhaltszahlung hochgerechnet haben. Dies ergibt einen Unterhaltsabfindungsbetrag i.H.v. ..... €.

II. Verzicht und Abfindung

1)

Für die Zeit nach einer etwaigen Scheidung unserer Ehe verzichten wir gegenseitig auf Unterhalt, auch für den Fall des Notbedarfs, gleichgültig, ob ein Unterhaltsanspruch gegenwärtig bereits erkennbar hervorgetreten ist oder nicht.

2)

Der Verzicht steht jedoch unter der aufschiebenden Bedingung, dass der Ehemann an die Ehefrau einen Betrag von ..... €[2109] als Abfindung für den Unterhaltsverzicht zahlt.

Hiervon ist ein Betrag i.H.v. ..... € binnen vier Wochen nach Rechtskraft der Scheidung zur Zahlung fällig. Der Restbetrag ist in drei gleichen Jahresraten zur Zahlung fällig und bis dahin nicht

---

2105 BFH, DStRE 2007, 1516; BFH, DStR 2008, 348; hierzu C. Münch, DStR 2008, 26 und C. Münch, FPR 2012, 302 f.
2106 BFH, DStR 1997, 65.
2107 Arens, MittBayNot 2009, 282, 283.
2108 Notarkasse, Rn. 643.
2109 Um Wertsicherung zu ergänzen, wenn die Vereinbarung nicht im Zusammenhang mit der Scheidung getroffen wird.

zu verzinsen. Die erste Rate des Restbetrages ist fällig ein Jahr nach Rechtskraft der Scheidung, die weiteren Raten jeweils ein Jahr später.

Verzinsung und dingliche Sicherstellung können bis dahin nicht verlangt werden.

3)

Die Vereinbarung der Ratenzahlung ändert nichts daran, dass die Vereinbarung der Abfindung endgültig nach den heutigen Gegebenheiten im Wege gegenseitigen Nachgebens bestimmt wurde und unabhängig von künftigen Entwicklungen sein soll. Insbesondere führen geänderte Einkommenssituationen, Wiederheirat oder Tod einer Vertragspartei nicht zu Änderungen des Abfindungsbetrages.

4)

Erlangt der Verzicht mangels Zahlung keine Wirksamkeit, ist der gesetzliche Unterhalt geschuldet, und zwar von der Rechtskraft des Scheidungsurteils an. Teilweise geleistete Abfindungsbeträge sind hierauf dann anzurechnen. Die übrigen Regelungen dieser Urkunde bleiben unberührt, wenn die aufschiebende Bedingung nicht eintritt. Der endgültige Ausfall der Bedingung ist auch anzunehmen, wenn der Zahlungsverpflichtete den geschuldeten Teilbetrag nicht zahlt, obwohl er nach Ablauf der Zahlungsfrist mit zwei weiteren Wochen Zahlungsfrist zur Zahlung schriftlich aufgefordert wurde.

5)

Diesen Verzicht nehmen wir hiermit gegenseitig an.

6)

Der Verzicht gilt auch im Fall einer Änderung der einschlägigen gesetzlichen Vorschriften oder der Rechtsprechung weiterhin.

7)

Ich, die Ehefrau, bin mit der Durchführung des begrenzten Realsplittings einverstanden und verpflichte mich hiermit, alle hierzu noch erforderlichen Erklärungen abzugeben und jährlich zu wiederholen, insbesondere aber die Anlage U zur Einkommensteuererklärung[2110] jährlich zu unterzeichnen.

Ich, der Ehemann, verpflichte mich, meine Ehefrau von allen ihr hierdurch entstehenden nachgewiesenen steuerlichen und sonstigen wirtschaftlichen[2111] Nachteilen freizustellen, und zwar unverzüglich nach Vorlage der entsprechenden Belege oder Bescheide. Zu diesen Nachteilen gehören auch Steuerberatungskosten, die vom begrenzten Realsplitting verursacht sind, bis zu höchstens ..... € jährlich.[2112]

Alternative:

..... nachgewiesenen steuerlichen Nachteilen freizustellen, und zwar .....

Eine Erstattungspflicht hinsichtlich sonstiger wirtschaftlicher Nachteile im Zusammenhang mit der Durchführung des Realsplittings ist jedoch – gleich aus welchem Rechtsgrund – ausdrücklich ausgeschlossen.[2113]

2110 Bzw. zum Antrag auf Lohnsteuerausgleich.
2111 Z.B. sozialversicherungsrechtliche Nachteile, vgl. FamRMandat-Unterhaltsrecht/Horndasch, § 3 Rn. 1536.
2112 MüHdbFamR/Arens, § 33 Rn. 185.
2113 MüHdbFamR/Arens, § 33 Rn. 185; im Gegensatz zur Musterformulierung schließt die Alternative den Ersatz wirtschaftlicher Nachteile aus. Dies führt zu einer besser kalkulierbaren Situation für den Ehegatten, der vom Realsplitting profitiert, berücksichtigt aber nicht die erheblichen Konsequenzen, die sich für den Unterhaltsberechtigten in vielen anderen Rechtsbereichen ergeben.

D. Vereinbarungen zum nachehelichen Unterhalt

Die Ausgleichspflicht umfasst jedoch nicht Nachteile, die dem wieder verheirateten Unterhaltsgläubiger im Rahmen seines Ehegattensplittings entstehen.[2114]

Alternative:

Von den per Saldo – d.h. nach Ausgleich der bei der Ehefrau zu ersetzenden Nachteile – verbleibenden Steuervorteilen steht der Ehefrau eine Quote von 3/7 zu.[2115]

Sicherheitsleistung kann stets insoweit nicht verlangt werden, als die Unterhaltspflicht im vergangenen Jahr erfüllt wurde.

8)

Wir wurden vom Notar über das Wesen des nachehelichen Unterhalts und die Auswirkungen des Verzichts gegen Abfindung eingehend belehrt. Wir wissen somit, dass außerhalb der Leistungen nach dieser Urkunde jeder von uns selbst für seinen Unterhalt sorgen muss. Wir wurden darauf hingewiesen, wann ein Unterhaltsverzicht sittenwidrig sein oder gegen Treu und Glauben verstoßen kann. Wir gehen jedoch übereinstimmend davon aus, dass Gründe für eine Sittenwidrigkeit nicht vorliegen, da wir beide berufstätig sind und dies auch bleiben wollen.

......

In der Diskrepanzehe kann die Unterhaltsabfindung auch im vorsorgenden Ehevertrag schon eingesetzt werden, um alle Unterhaltsfragen durch eine angemessene Abfindung zu regeln. **936**

▶ **Formulierungsvorschlag: Unterhaltsverzicht gegen Abfindung im vorsorgenden Vertrag der Diskrepanzehe**

.... Rechtswahl zum deutschen Recht nach Art. 8 HUP, ggf. auch des Gerichtsstandes nach Art. 4 EU-UntVO **937**

1)

Für die Zeit nach einer etwaigen Scheidung unserer Ehe verzichten wir gegenseitig auf Unterhalt, auch für den Fall des Notbedarfs, gleichgültig, ob ein Unterhaltsanspruch gegenwärtig bereits erkennbar hervorgetreten ist oder nicht.

2)

Den Verzicht nehmen wir hiermit wechselseitig an.

3)

Der Verzicht gilt auch im Falle einer Änderung der einschlägigen gesetzlichen Vorschriften weiterhin.

4)

Der Ehemann verpflichtet sich, an seine Ehefrau als Abfindung einen Betrag zu zahlen, der sich wie folgt berechnet:

a) Dauerte unsere Ehe zwischen Eheschließung und Rechtshängigkeit eines Scheidungsantrags, der zur Scheidung der Ehe führt, nicht länger als fünf Jahre und haben wir kein gemeinschaftliches Kind, so beläuft sich die Summe auf .....,– €.

b) Dauerte unsere Ehe zwischen Eheschließung und Rechtshängigkeit eines Scheidungsantrags, der zur Scheidung der Ehe führt, länger als fünf Jahre, aber nicht länger als 10 Jahre und haben wir kein gemeinschaftliches Kind, so beläuft sich die Summe auf .....,– €.

2114 So schon BGH, FamRZ 1992, 534. Zur Abgrenzung und Klarstellung kann dies jedoch durchaus in die Vereinbarung aufgenommen werden.
2115 Ob der Unterhaltsberechtigte mittelbar eine Beteiligung i.R.d. Unterhaltsrechts erhält, da der Pflichtige leistungsfähiger ist, wird unterschiedlich beurteilt: BGH, FamRZ 1999, 372, 275 befürwortend, OLG Naumburg, FamRZ 2002, 959 ablehnend. Durch die Alternativformulierung wird hingegen ein Ausgleichsanspruch begründet.

c) Dauerte die Ehe dem entsprechend länger als zehn Jahre und haben wir kein gemeinschaftliches Kind, so beläuft sich die Summe auf .....,– €.

d) Haben wir ein oder mehrere gemeinschaftliche Kinder, so beläuft sich die Summe unabhängig davon, ob dieses Kind vor oder nach Rechtshängigkeit eines Scheidungsantrages geboren wurde, auf .....,– €, und zwar unabhängig von der Ehedauer.

Die Zahlungsverpflichtung ist aufschiebend bedingt durch die Eheschließung[2116] und die Rechtshängigkeit eines Scheidungsantrags[2117] vereinbart, der später zur Scheidung der Ehe führt. Der jeweilige Betrag ist binnen vier Wochen nach Rechtskraft der Scheidung zur Zahlung fällig und bis dahin nicht zu verzinsen.

5)

Aufgrund der in der Präambel geschilderten Gegebenheiten und der Änderung des Lebensentwurfes der Ehefrau vereinbaren wir, dass die Unterhaltsabfindung ehevertraglich vereinbart ist, dass aber die gesetzlichen Voraussetzungen eines Unterhaltsanspruchs im Scheidungsfall nicht zu prüfen sind. Mit der Zahlung der vorgenannten Abfindungssumme ist jeglicher Unterhalt der Ehefrau abgegolten. Dies gilt sowohl für den Elementarunterhalt, wie auch für Alters- und Krankenvorsorge.

Auch wenn die Abfindung in Teilzahlungen zu erbringen sein sollte,[2118] so ist sie insgesamt vertraglich vereinbart. Sie ist somit vererblich und wird durch Wiederheirat oder Tod des Unterhaltsgläubigers nicht berührt.

Eigenes Einkommen der Berechtigten ist auf diese Abfindung nicht anzurechnen.

6)

Die Ehefrau hat die Abgeltungswirkung bei Anlage und Verbrauch des vorgenannten Abfindungsbetrages zu berücksichtigen. Unbeschadet des § 1579 Nr. 4 BGB vereinbaren wir zusätzlich, dass sich die Ehefrau hinsichtlich eines etwaigen Unterhaltsanspruchs nach Verbrauch der vorgenannten Abfindung so behandeln lassen muss, als habe sie den genannten Geldbetrag abzgl. einer Jahresentnahme in jedem Jahr von .....,– € mit 1 % über Basiszinssatz nach § 247 BGB verzinslich angelegt. Diese (rechnerischen) Zinsen hat sie sich somit bedarfsdeckend und ggf. fiktiv auf einen etwaigen Unterhaltsanspruch anrechnen zu lassen.

7)

Bei Nichterfüllung der genannten Zahlungspflicht innerhalb von vier Wochen nach Rechtskraft der Scheidung kann die Ehefrau einseitig von diesem Unterhaltsverzicht zurücktreten. Der Rücktritt ist zu notarieller Urkunde zu erklären und dem anderen Teil zuzustellen. Mit dem Rücktritt erlischt der Unterhaltsverzicht.

Die Zahlungsverpflichtung bleibt bestehen. Die Zahlungen werden dann auf den nachehelichen Unterhalt angerechnet.

Alternative:

..... und die Zahlungspflicht hinsichtlich der Unterhaltsabfindung.

Der restliche Inhalt dieser Urkunde bleibt im Falle des Rücktritts unberührt.

8)

Der Abfindungsbetrag ist wertgesichert wie folgt .....

2116 Hier handelt es sich um einen »Verlobtenehevertrag«, sonst könnte diese Einschränkung wegfallen.
2117 Vgl. C. Münch, DStR 2008, 26 f. zur Rspr. des BGH, dass es sich bei einer Zuwendung außerhalb des Scheidungsverfahrens um eine Schenkung handelt.
2118 Je nach Vereinbarung verwenden.

D. Vereinbarungen zum nachehelichen Unterhalt

9)

Wegen der Zahlung des vorgenannten Betrages in seiner wertgesicherten Form unterwirft sich der Ehemann der sofortigen Zwangsvollstreckung in sein gesamtes Vermögen. Vollstreckbare Ausfertigung kann mit der Vorlage des rechtskräftigen Scheidungsurteils ohne weitere Nachweise erteilt werden.

10)

Ferner wird der Abfindungsbetrag für die Berechnung des Zugewinns beim Ehemann vom Endvermögen abgezogen, aber dem Endvermögen der Ehefrau nicht zugerechnet.

11)

Wir wurden vom Notar über das Wesen des nachehelichen Unterhalts und die Auswirkungen des Verzichts gegen Abfindung eingehend belehrt. Wir wissen somit, dass außerhalb der Leistungen nach dieser Urkunde jeder von uns selbst für seinen Unterhalt sorgen muss. Wir wurden darauf hingewiesen, wann ein Unterhaltsverzicht sittenwidrig sein oder gegen Treu und Glauben verstoßen kann. Wir gehen jedoch übereinstimmend davon aus, dass Gründe für eine Sittenwidrigkeit angesichts der Abfindungsleistung nicht vorliegen.

12)

Wir wissen, dass auf Trennungsunterhalt nicht verzichtet werden kann. Insofern ist der Trennungsunterhalt von obiger Regelung nicht betroffen. Der Notar hat ferner erläutert, dass Vorauszahlungen auf den Trennungsunterhalt nur für die Dauer von drei Monaten befreiend wirken, wenn danach erneut Bedürftigkeit eintritt, §§ 1361 Abs. 4, 1360a Abs. 3, 1614 Abs. 2 und 760 Abs. 2 BGB.

13)

Der Notar hat auf die Rechtsprechung des BVerfG und des BGH zur Inhaltskontrolle von Eheverträgen hingewiesen und erläutert, dass ehevertragliche Regelungen bei besonders einseitiger Aufbürdung von vertraglichen Lasten und einer erheblich ungleichen Verhandlungsposition unwirksam oder unanwendbar sein können.

Der beurkundende Notar hat mit uns eingehend die Vermögens- und Lebenssituation besprochen. Beide Ehegatten haben für sich im Verhandlungswege die vorstehend Unterhaltsabfindung festgelegt. Sie gehen davon aus, dass damit den beiderseitigen Interessen in ausgewogener Weise entsprochen wird und wollen alles vermeiden, was zu einer streitigen Unterhaltsauseinandersetzung führen kann.

Der beurkundende Notar hat den Ehegatten erläutert, dass nach der Rechtsprechung des BVerfG und des BGH ein Kernbereich an Scheidungsfolgen nur eingeschränkt disponibel ist und dass hierzu insbesondere der Kindesbetreuungsunterhalt gehört. Die Erschienen erklären hierzu, dass sie angesichts der Höhe der Unterhaltsabfindung und angesichts des Umstandes, dass die Unterhaltsvoraussetzungen später nicht mehr streitig darzulegen sind, auch diesen Unterhalt als ausreichend abgegolten sehen, zumal die Abfindungszahlung unter Zugrundelegung des konkreten Bedarfs, wie wir ihn leben, schon eine Verzinsung über einen Zeitraum von zehn Jahren abdeckt.

..... (ggf. weitere Erläuterungen und individuelle Erwägungen) .....

Daher gehen wir davon aus, dass mit dieser Regelung alle etwaigen ehebedingten Nachteile ausgeglichen sind und auch dem Kindesinteresse Genüge getan ist. Hierzu verweisen wir im Übrigen noch auf Ziffer ..... (Kindesunterhalt). Für den Ehemann entstehen keine ehebedingten Nachteile. Er wäre selbst bei einer so derzeit nicht beabsichtigten familienbedingten Einschränkung seiner Erwerbstätigkeit aufgrund seiner Vermögenssituation nicht unterhaltsbedürftig.

Der Notar hat erläutert, dass dies ein Gericht im Rahmen einer Wirksamkeits- und Ausübungskontrolle dennoch anders sehen könnte.

14)

Der Notar hat auch belehrt, dass die Zahlung der Abfindungssumme im Rahmen einer Inhaltskontrolle in Frage gestellt sein kann, wenn dem Ehemann aufgrund unerwarteter wirtschaftlicher Entwicklungen mit Zahlung der Summe weniger verbliebe, als dies einer unterhaltsrechtlichen Halbteilung entspräche. Für diesen Fall vereinbaren wir folgendes:

Sofern der Halbteilungsgrundsatz zu Lasten des Ehemannes nicht mehr gewahrt ist, ist die Abfindungssumme auf eine Halbteilung herabzusetzen. Solches hat der Zahlungspflichtige nachzuweisen. Hierbei sind alle etwa anfechtbaren Rechtshandlungen als nicht geschehen zu werten. Für diesen Fall ist der Unterhaltsverzicht hinsichtlich des Anspruches wegen Kindesbetreuung nach § 1570 Abs. 1 Satz 1 und 2, 1570 Abs. 2 oder 1573 Abs. 2 BGB auflösend bedingt. Die noch gezahlte Abfindungssumme ist jeweils monatlich in Höhe des konkreten Unterhaltsbedarfs auf diesen Anspruch anzurechnen.

Alternativ kann die Ehefrau von dem vorbehaltenen Rücktrittsrecht Gebrauch machen und den gesetzlichen Unterhalt verlangen.

....

2. Unterhaltsgewährung durch Naturalleistung

938 Zwar ist der laufende Unterhalt nach § 1585 Abs. 1 Satz 1 BGB durch Zahlung in Geld zu erbringen. Es steht den Beteiligten aber frei, vertraglich etwas anderes zu vereinbaren.[2119] Besonders häufig sind hier Regelungen zur Nutzung der Ehewohnung anzutreffen. Der BGH hat bei einer solchen Regelung Folgendes angenommen: Nach **§ 745 Abs. 2 BGB** kann jeder Teilhaber eine die Interessen beider berücksichtigende Neuregelung der Nutzung und Verwaltung verlangen; insb. kann der weichende Miteigentümer eine angemessene Nutzungsentschädigung für seinen Anteil beanspruchen.[2120] Möglich sind aber auch andere Arten der Neuregelung, etwa dahin, dass der das Haus bewohnende Ehegatte die **Finanzierungskosten** des Hauses übernimmt,[2121] oder dass das **Nutzungsentgelt in die Unterhaltsregelung mit einbezogen** wird.[2122] Dabei kommt auch eine Kompensation mit einem ansonsten höheren Barunterhaltsanspruch des das Haus allein bewohnenden unterhaltsberechtigten Ehegatten in Betracht.

939 Ist eine solche Absprache getroffen worden, wonach der Pflichtige einen Teil des Unterhalts in Natur, nämlich durch Überlassung des Familienwohnheims erbringt, so hält der BGH den Unterhaltspflichtigen zwar für befugt, seinen Miteigentumsanteil zu veräußern, verpflichtet ihn aber dann, den Unterhaltsberechtigten von allen Nutzungsentgelten freizustellen, welche die neuen Eigentümer von ihm fordern. Der Unterhaltspflichtige muss den Berechtigten also unterhaltsrechtlich so stellen, als ob er seinen Hausteil weiterhin entgeltfrei überlassen könnte. Dazu gehört auch die Zahlung vereinbarter Nebenkosten.[2123] Zu beachten ist, dass solche Abreden nunmehr nach § 1585c BGB beurkundungsbedürftig sind.

▶ Formulierungsvorschlag: Verpflichtung zur Zahlung nachehelichen Kindesbetreuungsunterhalts bis zu einem bestimmten Lebensalter des jüngsten Kindes mit Wohnwertanrechnung

940 .... Rechtswahl zum deutschen Recht nach Art. 8 HUP, ggf. auch des Gerichtsstandes nach Art. 4 EU-UntVO ....

1)

Ich, der Ehemann, verpflichte mich, für die Zeit ab Rechtskraft der Ehescheidung an meine geschiedene Ehefrau unter Zugrundelegung der gesetzlichen Vorschriften einen monatlichen Ehegattenunterhalt i.H.v. 1.500,00 €

– in Worten eintausendfünfhundert Euro –

zu zahlen.

2119 BGH, FamRZ 1997, 484.
2120 BGH, FamRZ 1982, 355.
2121 BGH, FamRZ 1983, 795.
2122 BGH, FamRZ 1986, 434.
2123 BGH, FamRZ 1997, 484, 486.

D. Vereinbarungen zum nachehelichen Unterhalt

Dieser Betrag beinhaltet sowohl Vorsorge- als auch Kranken- und Pflegeversicherungsunterhalt. Aufgrund der großzügigen Bemessung kann weiterer Unterhalt wegen Sonderbedarfs nicht verlangt werden.

2)

Die Zahlung des nachehelichen Unterhalts beginnt an dem auf die rechtskräftige Scheidung folgenden Monatsersten und ist jeweils fällig im Voraus bis zum Ersten eines jeden Monats.

3)

Zusätzlich zu diesem Barunterhaltsbetrag verpflichte ich, der Ehemann, mich dazu, die in meinem Alleineigentum stehende Eigentumswohnung in ..... straße ..... der Ehefrau und den gemeinsamen Kindern als Wohnung zur Verfügung zu stellen. Bei der Festlegung der Anrechnungssumme wurde der Anteil der Kinder bereits vorab abgezogen. Die Ehefrau ist berechtigt, die kostenfreie Überlassung dieser Wohnung zur Nutzung zu verlangen und der Ehemann ist berechtigt, diesen Teil des Unterhalts durch diese Art der Sachleistung zu erbringen.

Bei der Berechnung des Gesamtunterhalts und des Sachleistungsbetrages wurde berücksichtigt, dass der Ehemann Zins und Tilgung für diese Wohnung alleine erbringt, die Ehefrau aber die Nebenkosten alleine zahlt.

Die Verpflichtung zur Wohnungsüberlassung erlischt mit Wiederheirat der Ehefrau oder Eingehen einer eheähnlichen Beziehung i.S.d. § 1579 Nr. 2 BGB.

Der Wert dieser Sachleistung wird zunächst mit 200,00 € angesetzt. Nach Ablauf eines Jahres seit Rechtskraft der Scheidung steigt er um weitere 100,00 €, danach immer nach Ablauf eines Jahres wieder um 100,00 €, bis der Marktmietwert von 700,00 € erreicht ist. Im gleichen Umfang vermindert sich der Barunterhaltsbetrag bis auf letztlich 1.000,00 €. Diese Verminderung tritt ausdrücklich auch dann ein, wenn die Ehefrau die Wohnung nicht mehr in Anspruch nehmen sollte.

Angesichts der nachfolgenden Befristung der Unterhaltszahlung wird eine weitere Wertsicherung oder eine Anpassung der Marktmiete nach Belehrung nicht gewünscht.

4)[2124]

Der Unterhalt wird wegen Kindesbetreuung nach § 1570 BGB gezahlt. Angesichts der Dauer unserer Ehe und der beruflichen Nachteile der Ehefrau[2125] durch die Kindesbetreuung vereinbaren wir bereits heute, dass es der Billigkeit i.S.d. Norm entspricht, Unterhalt bis zur Vollendung des 12. Lebensjahres unseres jüngsten Kindes zu zahlen, also bis einschließlich ..... Bis dahin trifft die Ehefrau keine Erwerbsobliegenheit, solange die gemeinsamen Kinder bei ihr leben. Eine Herabsetzung oder zeitliche Beschränkung nach § 1578b BGB oder aufgrund der immanenten Grenzen des § 1570 BGB schließen wir für diesen Zeitraum aus. Die Vereinbarung ist daher befristet bis zum oben genannten Monat.

Eine Abänderung dieser Vereinbarung wird ausdrücklich ausgeschlossen. Dies gilt sowohl für eine Abänderbarkeit nach § 239 FamFG oder nach § 323a ZPO wie auch für eine Abänderbarkeit nach den allgemeinen Grundsätzen der Störung der Geschäftsgrundlage, und zwar gleichgültig, ob Tatsachen oder rechtliche Einschätzungen schon bei diesem Vertragsschluss von unseren Vorstellungen abweichen oder sich später ändern.

Die Beteiligten haben die Unsicherheiten künftiger Entwicklungen berücksichtigt und im Wege der Risikoübernahme zum Vertragsinhalt gemacht.

Der Notar hat darüber belehrt, dass auch Klauseln zur Nichtabänderbarkeit einer gerichtlichen Inhaltskontrolle unterliegen können.

2124 Zur Problematik der Verlängerung bzw. Verstärkung des Unterhaltsanspruchs s. Rdn. 962.
2125 Wenn dies so vereinbart wird, kann es später nicht mehr bestritten werden. Ggf. Abänderbarkeit, wenn Ehefrau Kindesbetreuung nicht übernimmt.

5)

Ab dem vorgenannten Zeitpunkt und insoweit, als ansonsten eine Abänderung möglich wäre, verzichten wir für den Fall der Scheidung unserer Ehe gegenseitig auf Unterhalt, auch für den Fall des Notbedarfs, gleichgültig, ob ein Unterhaltsanspruch gegenwärtig bereits erkennbar hervorgetreten ist oder nicht.

6)

Wegen der Zahlung des Barunterhalts nach Ziffer 1) in der sich absenkenden Form nach Ziffer 3) unterwerfe ich, der Ehemann, mich der sofortigen Zwangsvollstreckung aus dieser Urkunde in mein gesamtes Vermögen. Meine Ehefrau ist jederzeit berechtigt, auf einseitigen Wunsch und auf eigene Kosten eine vollstreckbare Ausfertigung dieser Urkunde zu verlangen, ohne dass der Nachweis der Fälligkeit zu führen ist.

3. Novation

941 Bisher wurden Vereinbarungen behandelt, die einen Unterhaltsverzicht oder eine Ausgestaltung des gesetzlichen nachehelichen Unterhalts enthielten. Es ist auch möglich, wenngleich in der Praxis seltener, sich von diesem gesetzlichen Unterhaltsanspruch vollkommen zu lösen, auf ihn zu verzichten und stattdessen einen **eigenen vertraglichen Unterhaltsanspruch zu schaffen** (Schuldumschaffung-Novation). Aufgrund der häufigen Rechtsprechungsänderungen und sich widersprechender Entscheidungen verschiedener Gerichte, mag es auch aus Gründen der Rechtssicherheit opportun zu sein, zu einer Novation zu greifen.[2126]

942 Da dies nicht der Regelfall ist, muss die **Vereinbarung** dies **deutlich zum Ausdruck bringen**.[2127] Normalerweise wird nämlich auch dann, wenn der Unterhalt ehevertraglich modifiziert wird, lediglich eine Schuldausgestaltung nach § 1585c BGB vorliegen.

▶ **Gestaltungsempfehlung:**

943 Soll ein rein vertraglicher Unterhaltsanspruch begründet werden, so muss diese Novation in der Vereinbarung klar zum Ausdruck gebracht werden!

944 Ein solcher Unterhaltsanspruch auf vertraglicher Grundlage ist dann nicht mehr von den gesetzlichen Voraussetzungen des nachehelichen Unterhalts abhängig, besteht also **unabhängig von Bedürftigkeit und Leistungsfähigkeit**. Dementsprechend unterliegt er auch bei einer Änderung dieser Voraussetzungen **nicht** einer Abänderbarkeit wie bei **§ 239 FamFG**. Aber auch die anderen gesetzlichen Vorschriften für den nachehelichen Unterhalt finden keine Anwendung, insb. – und hierüber wird in solchen Fällen am häufigsten gestritten – **nicht** die Vorschrift des **§ 1586 BGB**, sodass ein solcher Unterhaltsanspruch bei einer Wiederheirat des Unterhaltsberechtigten nicht erlischt.

▶ **Hinweis:**

945 Ein rein vertraglicher Anspruch erlischt nicht bei Wiederheirat. § 1586 BGB findet keine unmittelbare Anwendung. Soll also der Anspruch bei Wiederheirat erlöschen, so muss dies in der Vereinbarung ausdrücklich festgelegt sein.

946 In prozessualer Hinsicht hängen die bedingte Pfändbarkeit nach § 850b ZPO[2128] und das Pfändungsvorrecht des § 850d ZPO davon ab, dass ein gesetzlicher und kein vertraglicher Unterhaltsanspruch vorliegt.[2129]

[2126] Hierzu Bergschneider/Engels, FamRZ 2014, 436.
[2127] Vgl. etwa OLG Bamberg, FamRZ 1999, 1278, 1279; BGH, FamRZ 1985, 367, 368; BGH, FamRZ 1978, 873.
[2128] Nach BGH, NJW-RR 2010, 474 f. sind dies nunmehr Bestandteile einer Insolvenzmasse.
[2129] Langenfeld, 5. Aufl., Rn. 1008.

D. Vereinbarungen zum nachehelichen Unterhalt — Kapitel 6

Solche novierenden Vereinbarungen kommen einmal als »Leibrenten« vor, die losgelöst vom gesetzlichen Unterhaltsanspruch nach den §§ 759 ff. BGB vereinbart werden[2130] und i.d.R. auf Lebenszeit des Unterhaltsberechtigten geschuldet und durch Wertsicherung dynamisiert sind.[2131] Sie können aber auch in der Gestalt von lediglich übergangsweise vereinbarten Zahlungen auftreten, die dann nicht mehr den gesetzlichen Vorschriften unterliegen und nicht mehr abänderbar sein sollen.[2132] **947**

Die Versorgung des zum Versorgungsausgleich verpflichteten Ehegatten wird unter den nunmehr wesentlich strengeren Voraussetzungen des § 33 VersAusglG nicht gekürzt, solange der Berechtigte noch keine Rentenansprüche hat und gegen den Verpflichteten einen durch die Kürzung der Versorgung ursächlichen gesetzlichen (!) Unterhaltsanspruch hat. Bei einer Novation wird also die Versorgung schon früher gekürzt.[2133] Daher sollte in **Fällen großen Altersunterschieds** keine Novation gewählt werden, wenn ansonsten die Voraussetzungen des § 33 VersAusglG vorlägen und eine Kürzung daher vermieden werden könnte. **948**

Hinzuweisen ist schließlich noch darauf, dass der **Schutz**, den die Rechtsprechung mit der **Inhaltskontrolle** gewährt, **auch dem Unterhaltsverpflichteten** zugutekommt. So hat das OLG Celle[2134] entschieden, dass sich die Vereinbarung eines einkommensunabhängigen **Mindestunterhalts** weit von dem prägenden Grundsatz der gleichmäßigen Teilhabe entfernt und **sittenwidrig sein kann, wenn** dem danach Verpflichteten **weniger als das Existenzminimum bleibt**. Ebenso hat jüngst der BGH geurteilt.[2135] Es sei zwar die Halbteilung kein Maßstab der Inhaltskontrolle, aber das Existenzminimum müsse dem Unterhaltspflichtigen verbleiben, sonst sei eine weitergehende vertragliche Verpflichtung nicht wirksam. **949**

Es wäre auch möglich, dass die Vereinbarung zumindest einer **Ausübungskontrolle** für den Fall unterliegt, dass – entgegen der Erwartung der Vertragsparteien – der Unterhaltsverpflichtete bei Zahlung des Mindestunterhalts über **weniger Geld verfügt als der Unterhaltsberechtigte**. Daher ist eine Regelung, welche unabhängig von den verfügbaren Einkommensverhältnissen einen Mindestbetrag zuspricht, nur dann zu empfehlen, wenn **950**
- die **Mindestunterhaltssumme nur gering** ist, sodass sie den Zahlenden nicht unter das Existenzminimum oder die Halbteilungsquote drückt oder
- es sich um einen **Diskrepanzfall** handelt, sodass aufseiten des Zahlenden die geschilderten Probleme nicht auftreten können.

In **anderen Fällen** mag es sich empfehlen, wenn unbedingt eine Regelung unabhängig von der Einnahmeseite gewünscht wird, wenigstens eine **Klausel anzufügen**, nach welcher sich die **Zahlungssumme dann verringert**, wenn dem Zahlenden weniger verbleibt als der Ehegattenselbstbehalt oder weniger als die Hälfte des gesamten unterhaltsrechtlich relevanten Einkommens oder weniger als ein bestimmter Betrag, den die Ehegatten als Untergrenze für die Mindestunterhaltspflicht empfinden.[2136] **951**

Insgesamt ist der Auffassung zuzustimmen, dass sich diese **Konstruktion für den vorsorgenden Ehevertrag junger Eheleute in normalen Vermögensverhältnissen eher wenig eignet**.[2137] Er ist gut verwendbar bei Diskrepanzehen mit Kinderwunsch oder auch in einer Scheidungssituation. **952**

2130 Zum Für und Wider: Bergschneider/Engels, FamRZ 2014, 436 f. und Kogel, FamRZ 2014, 1172 f.
2131 Instruktiv OLG Koblenz, FamRZ 2002, 1040 ff.; Langenfeld/Milzer, Rn. 680.
2132 MüHdbFamR/Grziwotz, § 25 Rn. 90.
2133 Vgl. Rdn. 562, 581.
2134 OLG Celle, FamRZ 2004, 1969 = MittBayNot 2006, 243; großzügiger OLG Brandenburg, NJW-RR 2002, 578.
2135 BGH, NJW 2009, 842 = FamRZ 2009, 198.
2136 So etwa der Vorschlag von Brambring, Rn. 1116, allerdings im Rahmen eines Mindestunterhalts i.R.d. gesetzlichen Unterhalts. Hier ist sehr schwer zu definieren, welche Änderungen einen Einfluss auf den gesetzlichen Unterhalt nehmen sollen und welche nicht.
2137 Brambring, Rn. 134.

▶ **Kostenanmerkung:**

953 Erfolgt ein Verzicht auf den gesetzlichen Unterhalt gegen Novation, also Festlegung einer vertraglichen Unterhaltszahlung, so liegt ebenfalls ein Austauschvertrag nach § 97 Abs. 3 GNotKG vor. Der Geschäftswert bestimmt sich dann nach dem höheren Wert der Leistung (Verzicht einerseits, vertraglicher Unterhaltsanspruch andererseits).

▶ **Formulierungsvorschlag: Novation – Leibrente**

954 .... Rechtswahl zum deutschen Recht nach Art. 8 HUP, ggf. auch des Gerichtsstandes nach Art. 4 EU-UntVO ....

1)

Für die Zeit nach einer etwaigen Scheidung unserer Ehe verzichten wir gegenseitig auf den gesetzlichen nachehelichen Unterhalt, auch für den Fall des Notbedarfes, gleichgültig, ob ein Unterhaltsanspruch gegenwärtig bereits erkennbar hervorgetreten ist oder nicht.

2)

Diesen Verzicht nehmen wir hiermit gegenseitig an.

3)

Der Verzicht gilt auch im Fall einer Änderung der einschlägigen gesetzlichen Vorschriften oder der Rechtsprechung weiterhin.[2138]

4)

Als Abfindung für den Verzicht auf den gesetzlichen nachehelichen Unterhalt vereinbaren wir folgende Leibrente, die nicht den Vorschriften über den gesetzlichen nachehelichen Unterhalt unterliegt.

a) Der Ehemann verpflichtet sich, an seine Ehefrau

– nachstehend kurz: »die Berechtigte« –

auf deren Lebenszeit als

Leibrente

monatlich einen Betrag i.H.v. ..... €,

– in Worten ..... Euro –

kostenfrei zu zahlen.

Die Leibrente ist im Voraus je bis zum Dritten eines jeden Monats zur Zahlung fällig, erstmals für den auf die Rechtskraft der Scheidung folgenden Monat.

Alternative:

Die Leibrente erlischt mit Wiederverehelichung der Berechtigten.[2139]

b) Die Leibrente soll wertbeständig sein.

Sie erhöht oder vermindert sich in demselben prozentualen Verhältnis, in dem sich der vom Statistischen Bundesamt in Wiesbaden für jeden Monat festgestellte und veröffentlichte Verbraucherpreisindex für Deutschland gegenüber dem für den Monat, in welchem dieser Vertrag geschlossen wird, festgestellten Index erhöht oder vermindert (Basis 2015 = 100).

2138 So die Anregung von Bergschneider, Rn. 434.
2139 Da § 1586 BGB nicht anwendbar ist, müsste ein Erlöschen der Leibrente bei Wiederverehelichung ausdrücklich vereinbart werden. Wenn eine bestimmte Mindestdauer der Zahlung vereinbart sein soll, so müsste diese zusätzlich angegeben sein (vgl. Langenfeld, 6. Aufl., Rn. 548 ff.).

Eine Erhöhung oder Verminderung der Leibrente wird erstmals bei Rechtskraft der Scheidung festgelegt[2140] und dann jeweils wieder, wenn die Indexveränderung zu einer Erhöhung oder Verminderung des jeweils maßgeblichen Betrages um mindestens 10 % – zehn vom Hundert – gegenüber dem zuletzt festgesetzten Betrag geführt hat.

Der erhöhte Betrag ist erstmals zahlbar in dem Monat, der auf die Veröffentlichung des die oben genannte Grenze überschreitenden Preisindexes folgt.

c) Zur Sicherung aller Ansprüche der Berechtigten auf Zahlung der vorstehend vereinbarten, monatlich wiederkehrend zu entrichtenden Leibrente in der vereinbarten wertgesicherten Form nach vorstehendem Buchstaben b), bestellt der Ehemann zugunsten der Ehefrau eine

Reallast

an folgendem Grundbesitz:

.....[2141]

Der Ehemann bewilligt und beantragt die Eintragung der Reallast am Vertragsgrundbesitz in das Grundbuch an nächstoffener Rangstelle mit dem Vermerk, dass zur Löschung der Nachweis des Todes der Berechtigten genügen soll.

Die Berechtigte stimmt dieser Löschungserleichterung ausdrücklich zu.

d) Der Ehemann unterwirft sich wegen der dinglichen und wegen der persönlichen Ansprüche aus der Reallast sowie wegen der persönlichen Verpflichtung auf Zahlung der Leibrente – jeweils i.H.d. genannten Ausgangsbetrages – gemäß vorstehendem Buchstaben a) und der Erhöhungsbeträge aufgrund der vereinbarten Wertsicherung nach Buchstaben b) der sofortigen Zwangsvollstreckung aus dieser Urkunde in sein gesamtes Vermögen.[2142]

Der Berechtigte ist befugt, sich jederzeit eine vollstreckbare Ausfertigung dieser Urkunde ohne jeden Nachweis erteilen zu lassen.

e) Die Beteiligten sind sich darüber einig, dass das schuldrechtliche Stammrecht auf die wiederkehrenden Leistungen erst in dreißig Jahren ab dem gesetzlichen Verjährungsbeginn verjährt. Für die Einzelleistungen bleibt es bei der gesetzlichen Verjährung.

5)

Wir wurden vom Notar über das Wesen des nachehelichen Unterhalts, die Auswirkungen des Verzichts und die Vereinbarung eines eigenen von den gesetzlichen Ansprüchen losgelösten vertraglichen Unterhaltsanspruchs eingehend belehrt. Wir wissen somit insbesondere, dass eine Änderung unserer wirtschaftlichen Verhältnisse auf den zugesagten vertraglichen Unterhalt ebenso wenig eine Auswirkung hat wie die Wiederheirat des Berechtigten oder Verpflichteten.

Wir sind darauf hingewiesen worden, dass eine Erweiterung des Ehegattenunterhalts auch im Wege der Novation möglicherweise nicht zulasten vorrangig unterhaltsberechtigter Kinder gehen darf. In einem solchen Fall gilt sie daher nur, soweit und solange diese Unterhaltsansprüche nicht beeinträchtigt werden.[2143]

Soweit vor- oder gleichrangige Unterhaltsansprüche Dritter nach dem Gesetz durch diese Vereinbarung nicht eingeschränkt werden können,[2144] bleibt die Vereinbarung im Übrigen gültig.

2140 Diese Anordnung kann entfallen, wenn der Vertrag zeitnah zur rechtskräftigen Scheidung geschlossen wird.
2141 Eine grundbuchliche Absicherung an vorderer Rangstelle ist empfehlenswert, wenn dies i.R.d. finanziellen Situation der Eheleute möglich ist.
2142 BGH, DNotZ 2004, 644 und BGH, MittBayNot 2005, 329 f. haben die Vollstreckbarkeit auch hinsichtlich der Wertsicherungsklausel bejaht; hierzu Reul, MittBayNot 2005, 265 ff.
2143 Beim Formulierungsvorschlag Brambring, Rn. 134, wird darauf hingewiesen, dass diese Verpflichtung die Unterhaltsansprüche weiterer Berechtigter gefährden kann. Nach dem oben Gesagten ist eher darauf zu achten, ob die Verstärkung wirksam vereinbart werden kann.
2144 Nach der hier zuvor vertretenen Auffassung sollte eine solche Verlängerung im vorsorgenden Ehevertrag möglich sein.

6)

Der Zahlungsverpflichtete kann jedoch dann eine Abänderung der Zahlungspflicht verlangen, wenn durch die Zahlung sein Selbstbehalt, wie er nicht Erwerbstätigen einem Ehegatten gegenüber besteht (derzeit nach Ziff. B.IV der Düsseldorfer Tabelle 1.180,00 € – maßgeblich ist der jeweils gültige Betrag), nicht mehr gewahrt würde. Der Zahlungsbetrag ist dann soweit herabzusetzen, dass dieser Selbstbehalt dem Zahlungsverpflichteten verbleibt.

955 Eine **Novation durch eine lediglich übergangsweise vorgesehene Zahlung** kann so vereinbart werden:

▶ Formulierungsvorschlag: Novation – Übergangsregelung

956
1)

Für die Zeit nach einer etwaigen Scheidung unserer Ehe verzichten wir gegenseitig auf den gesetzlichen nachehelichen Unterhalt, auch für den Fall des Notbedarfes, gleichgültig, ob ein Unterhaltsanspruch gegenwärtig bereits erkennbar hervorgetreten ist oder nicht.

2)

Diesen Verzicht nehmen wir hiermit gegenseitig an.

3)

Der Verzicht gilt auch im Fall einer Änderung der einschlägigen gesetzlichen Vorschriften oder der Rechtsprechung weiterhin.[2145]

4)

Anstelle des gesetzlichen nachehelichen Unterhalts vereinbaren wir Folgendes:

Der Ehemann verpflichtet sich gegenüber der Ehefrau, an diese einen monatlichen vertraglichen Unterhalt zu zahlen in folgender Höhe:

– bis zum 31.12.2021 monatlich 1.500,00 €
– bis zum 31.12.2023 monatlich 1.200,00 €.

Diese Beträge sind nicht abhängig von Einkommen und Vermögen eines Vertragsteiles oder der Änderung seines Familienstandes. Sie sollen nicht abänderbar sein und unterliegen keiner Wertsicherung.[2146] Sie sind je zum Dritten eines Monats im Voraus zur Zahlung fällig, erstmals in dem auf die Rechtskraft der Scheidung folgenden Monat.

5)

Hinsichtlich dieser Zahlungsverpflichtung unterwerfe ich, der Ehemann, mich der sofortigen Zwangsvollstreckung aus dieser Urkunde in mein gesamtes Vermögen.

Mein geschiedener Ehegatte ist jederzeit auf einseitigen Wunsch berechtigt, auf eigene Kosten eine vollstreckbare Ausfertigung dieser Urkunde zu verlangen, ohne dass der Nachweis der Fälligkeit zu führen ist.

6)

Wir wurden vom Notar über das Wesen des nachehelichen Unterhalts, die Auswirkungen des Verzichts und die Vereinbarung eines eigenen von den gesetzlichen Ansprüchen losgelösten vertraglichen Unterhaltsanspruchs eingehend belehrt. Wir wissen somit insbesondere, dass eine Änderung unserer wirtschaftlichen Verhältnisse auf den zugesagten vertraglichen Unterhalt ebenso wenig eine Auswirkung hat wie die Wiederheirat des Berechtigten oder Verpflichteten.

2145 So die Anregung von Bergschneider, Rn. 434.
2146 Bei längeren Fristen sollte eine Wertsicherung vereinbart werden.

4. Berücksichtigung der Leistung Dritter

Freiwillige Leistungen Dritter kommen grds. allein dem Empfänger zugute und sollen den unterhaltspflichtigen Ehegatten nicht entlasten, außer dies entspricht dem Willen des Zuwendenden.[2147] Kann Letzteres nicht festgestellt werden, so gilt eine aus den persönlichen Verhältnissen folgende Vermutung, dass die Leistung nur dem Empfänger zugutekommen sollte.[2148]

Von solchen freiwilligen Leistungen sind diejenigen Leistungen Dritter abzugrenzen, die ein verstecktes Entgelt für Leistungen des Empfängers darstellen, wie z.B. Versorgungsleistungen oder Mitarbeit, wo ein Entgelt als Einkommen angesetzt wird.[2149]

Eine abweichende Beurteilung – also eine Berücksichtigung der freiwilligen Leistung als bedarfsdeckend – soll allerdings in Betracht kommen bei Mangelfällen[2150] und bei Verwirkung nach § 1579 BGB.[2151]

Die Ehegatten können über die Anrechnung solcher freiwilligen Leistungen Dritter Vereinbarungen treffen.

▶ **Formulierungsvorschlag: freiwillige Leistungen Dritter**

.....

Die Ehefrau wohnt kostenlos bei ihren Eltern. Wir sind uns darüber einig, dass diese Leistung der Eltern freiwillig ist und die Bedürftigkeit der Ehefrau nicht vermindern soll.

Tritt allerdings ein Mangelfall auf, so vereinbaren wir, diese Zuwendung als Einkommen der Ehefrau anzurechnen.

VIII. Unterhaltsverstärkende Vereinbarungen

1. Ausgangssituation

Die **Entscheidung für Kinder** ist heute vielfach ein bewusst getroffener Grundsatzentschluss, der nach Abwägung der Familiensituation und des finanziellen Umfeldes getroffen wird. Zu den Umständen, welche dabei in die Betrachtung einbezogen werden, gehört auch die **finanzielle Situation nach einem etwaigen Scheitern der Ehe**. Nach dem früheren Unterhaltsrecht mit seiner Lebensstandsgarantie[2152] und dem Altersphasenmodell hatten die Ehegatten einige feste Parameter, um ihre finanzielle Situation nach einer Scheidung vorherzusagen.

Gerade die von der Gesetzesbegründung hervorgehobenen gesellschaftlichen Veränderungen hin zu mehr doppelter Berufstätigkeit und besserer Ausbildung beider Ehegatten, führt bei den Müttern, die noch immer die Hauptlast der Kindererziehung tragen, auch zu einem veränderten Bewusstsein im Hinblick auf den Verlust von Karrierechancen und beruflicher Entfaltung. Zunehmend wird daher die **Erfüllung des Kinderwunsches** auch in den **Zusammenhang eines tragfähigen Unterhaltskonzeptes bei Scheitern der Ehe** gestellt.

2147 BGH, FamRZ 1993, 417, 419 wo der BGH einen solchen Entlastungswillen angenommen hat.
2148 BGH, FamRZ 1995, 537, 539.
2149 Vgl. Rdn. 431 f.; hierzu Büttner, FamRZ 2002, 1445, 1446.
2150 BGH, NJW 1999, 2365, 2368 f.; Palandt/Brudermüller, § 1577 Rn. 20; unterhaltsrechtliche Leitlinien OLG Hamm, 8, OLG Dresden 8.
2151 Palandt/Brudermüller, § 1577 Rn. 20; a.A. Büttner, FamRZ 2002 1445, 1447.
2152 Diese hat freilich nicht erst das Unterhaltsrechtsänderungsgesetz abgeschafft, sondern schon der BGH zuvor in seiner Rspr. erheblich eingeschränkt, BGH, FamRZ 2006, 683; BGH, FamRZ 2006, 1006; BGH, FamRZ 2008, 134.

964 Doch da **bietet das neue Unterhaltsrecht wenig Hilfe**. Die Abkehr von der Lebensstandsgarantie,[2153] die Rangverschlechterung der geschiedenen Ehefrau nach § 1609 BGB, die Verkürzung des sicheren Kindesbetreuungsunterhalts auf einen Basisunterhalt von drei Jahren nach § 1570 Abs. 1 Satz 1 BGB sowie die individuell auszufüllenden Billigkeitstatbestände bei einer Unterhaltsverlängerung aus kind- oder elternbezogenen Gründen nach § 1570 Abs. 1 Satz 2 und Abs. 2 BGB, die der BGH[2154] nunmehr konsequent entsprechend der Gesetzesintention unter Ablehnung eines in der Literatur vorgeschlagenen modifizierten Altersphasenmodells[2155] umsetzt, führen dazu, dass **im Zeitpunkt der Entscheidung für ein Kind die Unterhaltsansprüche bei Scheidung kaum mehr kalkulierbar** sind.

965 Der Schritt zur familienbedingten Unterbrechung oder Aufgabe des Berufes wird aus diesen Gründen immer häufiger erst dann gewagt, wenn man **zuvor** in einer **Unterhaltsvereinbarung über Höhe und Dauer des nachehelichen Kindesbetreuungsunterhaltes** eine Einigung gefunden hat. Vielfach ist es zugleich der Wille des potenziell unterhaltspflichtigen Elternteiles, den mittelbaren Zwang zur Fremdbetreuung, den § 1570 BGB erzeugt, im Interesse des Kindes zu entschärfen. Denn auch wenn nach Auffassung des BGH[2156] der Gesetzgeber Eigen- und Fremdbetreuung nunmehr als gleichwertig einstuft, so wird doch gerade in vielen Familien der Mittel- und Oberschicht noch immer der Eigenbetreuung der Vorzug gegeben.[2157]

966 Die Vertragsfreiheit, die § 1585c BGB für diesen Bereich gewährt, aber auch die Bedeutung des individuellen Ehebildes für das neue Unterhaltsrecht sprechen für eine weitgehende Anerkennung einer solchen Vereinbarung.

▶ Hinweis:

967 Den Unsicherheiten des neuen Unterhaltsrechts lässt sich eine individuelle Vereinbarung über den Unterhalt nach einer Scheidung entgegensetzen, mit der die Ansprüche kalkulierbarer werden.

968 Die **Einigung** der Ehegatten kann zum einen in einer individuellen Ausfüllung der Billigkeitsbegriffe des § 1570 BGB bestehen, die an sich noch keine unterhaltsverstärkende Wirkung hat,[2158] sie kann aber auch angesichts des verminderten gesetzlichen Unterhaltsanspruchs zu einer **Verstärkung des Unterhalts** führen.

969 Die gleiche Problematik stellt sich für eine **Unterhaltsregelung** im Rahmen einer **Scheidungsvereinbarung**, wenn später hinzutretende Unterhaltsberechtigte noch nicht vorhanden sind. Auch hier werden häufig – etwa im Interesse einer nicht streitigen Trennung – **Abreden** getroffen, die sich später bei Hinzutreten weiterer Berechtigter als **unterhaltsverstärkend** erweisen.

▶ Hinweis:

970 Auch die Vereinbarung des vor dem 01.01.2008 geltenden Unterhaltsrechts kann in diesem Sinne verstärkende Wirkung haben und ist daher mit den nachfolgend geschilderten Einschränkungen zu sehen.

971 Das Problem, dass eine Unterhaltsvereinbarung **unterhaltsverstärkend** wirken kann, tritt insb. **in folgenden Fällen** auf:
– Festlegung bzw. **Verlängerung des Unterhaltszeitraums** unabhängig von den gesetzlichen Vorgaben;

2153 Zum Ausdruck kommend insb. in der Änderung des § 1574 BGB mit der Angemessenheit der früheren Berufsausübung.
2154 BGH, FamRZ 2009, 770.
2155 Borth, FamRZ 2008, 2, 9 ff.
2156 BGH, FamRZ 2009, 770.
2157 So ausdrücklich Bergschneider, DNotZ 2008, 195, 199.
2158 A.A. Schmitz, RNotZ 2011, 265, 274/5.

D. Vereinbarungen zum nachehelichen Unterhalt   Kapitel 6

- Vereinbarungen über eine **spätere Erwerbsobliegenheit**;
- Vereinbarung eines **individuellen Altersphasenmodells**;
- Vereinbarung einer **festen Unterhaltsrente, Novation**;
- Vereinbarungen für das **Hinzutreten weiterer Unterhaltsberechtigter**.

Für den beurkundenden Notar ist hier von Bedeutung, ob diese unterhaltsverstärkende Wirkung sicher zu erreichen ist. **972**

Wenig Probleme wird ein solcher Vertrag in der **Diskrepanzehe** bereiten, wenn der Unterhaltspflichtige ein sehr hohes Einkommen hat und daher die **Ansprüche aller Unterhaltsberechtigter** einschließlich des vertraglich vereinbarten auch bei späterer Scheidung **sicher erfüllen** kann, und zwar **ohne Gefährdung des eigenen Selbstbehalts**. **973**

Anders ist hingegen die Situation in **Mangelfällen**. Hier könnte die Vereinbarung eines vertraglichen Unterhalts über den gesetzlichen Umfang des Unterhalts hinaus dazu führen, dass **andere Unterhaltsberechtigte weniger Unterhalt erhalten**, wenn diese den Vorabzug des vertraglich vereinbarten Unterhalts dulden müssten. Außerdem könnte der **Unterhaltspflichtige sich selbst am Ende schlechter stellen als der vertraglich Unterhaltsberechtigte**, sodass die Vereinbarung an einer Inhaltskontrolle zugunsten des Verpflichteten[2159] scheitern könnte. **974**

Es ist daher **zu untersuchen**, inwieweit unterhaltsverstärkende Vereinbarungen **parteiautonom** getroffen werden können. Das Thema ist nach ersten Abhandlungen des Autors[2160] inzwischen breiter erörtert[2161] und hat Eingang in die kautelarjuristische Praxis[2162] ebenso wie die wissenschaftliche Auseinandersetzung[2163] gefunden. Auch wenn die Gefährdung des Unterhaltsanspruchs durch später hinzutretende Unterhaltsberechtigte im Bereich des Bedarfs nunmehr durch die Erklärung der **Rechtsprechung zur Wandelbarkeit ehelicher Lebensverhältnisse** für **verfassungswidrig**[2164] entschärft wurde, so hat das Hinzutreten solcher Berechtigter doch im Bereich der Leistungsfähigkeit Auswirkungen auf den Unterhaltsanspruch des früheren Ehegatten.[2165] Hier hat die Erörterung der Unterhaltsverstärkung ihren Platz. **975**

Ferner ist zu beachten, dass die Unterhaltsverstärkung auch **schenkungsteuerlich zu Problemen** führen kann.[2166] Sollte die Finanzverwaltung die Auffassung vertreten, dass sich derartige unterhaltsverstärkende Vereinbarungen vom gesetzlichen Regelungsmodell ablösen und zu einem übermäßigen Anspruch führen, könnten sich ungünstige schenkungsteuerliche Folgen zeigen, zumal nach Scheidung nur die ungünstige Schenkungsteuerklasse II besteht. Eine solche Argumentation wird hier nicht für berechtigt gehalten. Bereits an anderer Stelle[2167] wurde dargelegt, dass es sich beim Ehevertrag um einen ausgehandelten Vertrag handelt, der durch Nachgeben beider Seiten zustande kommt. Die notwendigen Kompensationen für Verzichte sind im Rahmen der Gesamtregelung zu sehen und stellen keine isolierten Schenkungen dar. **976**

2159 BGH, NJW 2009, 842 f. m. Anm. Grziwotz.
2160 C, Münch, notar 2009, 286 f.; C. Münch, FamRZ 2009, 171, 176; zuvor bereits Schwab, in Limmer (Hrsg.), Scheidung, Trennung, 68 ff., 94 ff.
2161 Herrler, FPR 2009, 506 f.; Schmitz, RNotZ 2011, 265 f.; C. Münch, MittBayNot 2012, 10 f.
2162 Vgl. etwa Langefeld, Rn. 540 f.: Langenfeld, NJW 2011, 966 f.; MüHdbFamR/Grziwotz, § 24 Rn. 136 ff.
2163 Helms, FS Spellenberg, 2010, 27, 38; Heiderhoff, DNotZ 2012, 494 f.; Koch, Rn. 2283 f.
2164 BVerfG, NJW 2011, 836 f.
2165 Vgl. BGH, NJW 2012, 384.
2166 Von Oertzen, FamRZ 2010, 1785, 1787.
2167 C. Münch, DStR 2008, 26; C. Münch, FPR 2012, 302 ff.

2. Benachteiligung Dritter oder Gefährdung der eigenen Existenz als Grenzen der Vereinbarung

977 Will man eine Vereinbarung mit Wirkung gegen etwaige weitere Unterhaltsberechtigte gestalten, so könnte man auf die Idee kommen, den Rang des Anspruchs vorrangig zu vereinbaren.

a) Vereinbarung über den Rang

978 Wenn man für einen Unterhaltsanspruch im Rahmen eines vorsorgenden Ehevertrages oder einer Scheidungsvereinbarung einen Vorrang vor anderen Unterhaltsansprüchen vereinbaren könnte, so läge eine **vertragliche Vereinbarung** über den in § 1609 BGB geregelten **Rang** vor. Hierzu ist nahezu übereinstimmende Ansicht, dass der Rang nach § 1609 BGB zwar nicht generell zwingend ist, sondern durch allseitige Vereinbarung geändert werden kann. Dies setzt aber voraus, dass es **nicht zulasten eines nicht an der Vereinbarung beteiligten Dritten oder des Sozialhilfeträgers** geschieht.[2168] In Mangelfällen würde sich aber wohl regelmäßig eine Auswirkung zulasten des Sozialhilfeträgers ergeben.[2169] Gleiches gilt für mittelbare Rangvereinbarungen etwa indem die betreffende Ehe als lang i.S.d. § 1609 BGB definiert wird.[2170]

▶ Hinweis:

979 Vereinbarungen über einen von § 1609 BGB abweichenden Rang können regelmäßig nicht zu einer wirksamen Verstärkung des Unterhaltsanspruchs führen.

b) Anerkennung des verstärkten Unterhalts in der Zweitehe?

980 Zu untersuchen bleibt, ob der verstärkte vertragliche Unterhalt ggü. der Erstehefrau später hinzukommenden Unterhaltsberechtigten, also insb. einer **zweiten Ehefrau oder weiteren Kindern entgegengehalten** werden kann, indem diese vertragliche Unterhaltspflicht den Unterhaltsbedarf der weiteren Unterhaltsberechtigten senkt oder Einfluss auf die Leistungsfähigkeit des Verpflichteten hat.

aa) Vertrag zulasten Dritter

981 Häufig wird einem solchen Ansinnen sogleich entgegengehalten, dass es sich dann um einen Vertrag zulasten Dritter handele, der nach allgemeiner Ansicht[2171] unzulässig sei.

Verträge **zulasten Dritter** liegen aber **nur** vor, wenn durch sie **unmittelbar eine Rechtspflicht** für einen nicht am Vertrag beteiligten Dritten ohne dessen Zustimmung **begründet** werden soll.[2172] Nicht ausreichend ist eine bloß mittelbare Wirkung oder eine Reflexwirkung.[2173] Der BGH hat dies erst jüngst in Zusammenhang mit Übertragungen im Wege der vorweggenommenen Erbfolge nochmals ausgesprochen: Allein die wirtschaftlich nachteilige Auswirkung für einen Dritten macht einen Vertrag noch nicht zu einem Vertrag zulasten Dritter.[2174]

982 Wenn also in einem vorsorgenden Ehevertrag zwei jung verliebte Verlobte einen Kindesbetreuungsunterhaltsanspruch verstärken, um der künftigen Ehefrau die Entscheidung für ein Kind zu erleich-

---

[2168] Büttner, NJW 1987, 1855, 1857; Bamberger/Roth/Reinken, BGB, 2. Aufl., 2008, § 1609 Rn. 5; Palandt/Brudermüller, § 1609 Rn. 4; Schürmann, FamRZ 2008, 313, 319; für Abänderbarkeit OLG Frankfurt am Main, FamRZ 1984, 176 und OLG Frankfurt am Main, FamRZ 1985, 489.
[2169] Bergschneider, FamRZ 2006, 153, 155; Langenfeld, FPR 2008, 38, 41.
[2170] Eickelberg, RNotZ 2009, 1, 10.
[2171] Vgl. nur BRHP/Janoschek, § 328 Rn. 5 mit zahlreichen Nachweisen aus der Rechtsprechung.
[2172] BGH, NJW 2004, 3326, 3327.
[2173] BGH, NJW 2004, 3326, 3327; BRHP/Janoschek § 328 Rn. 5; MünchKomm-BGB/Gottwald, § 328 Rn. 256.
[2174] BGH, NJW 2009, 1346.

D. Vereinbarungen zum nachehelichen Unterhalt

tern, dann denken Sie nicht an eine spätere »Zweitfrau«, ihnen geht es nur um die Begründung eines Anspruchs untereinander. Daher liegt **kein Vertrag zulasten Dritter** vor.[2175]

bb) Sittenwidrigkeit nach § 138 BGB?

Das Urteil des BGH[2176] zur Inhaltskontrolle von Leibrentenversprechen zugunsten des Zahlungsverpflichteten prüft, ob das Versprechen einer festen Leibrente zugunsten eines Ehegatten unabhängig von der Leistungsfähigkeit des zahlungsverpflichteten Ehegatten als sittenwidrig einzustufen ist.[2177]

983

Zunächst behandelt der BGH die wohl novierend vereinbarte Leibrente in Bezug auf die Leistungsfähigkeit wie den gesetzlichen Unterhaltsanspruch und erhebt die Leistungsfähigkeit zur Grundvoraussetzung eines jeden – somit auch eines vertraglichen – Unterhaltsanspruchs.[2178] Die Halbteilung sieht der BGH zwar nicht durch § 138 BGB geschützt, wenn aber das nach Zahlung der Leibrente verbleibende **Einkommen deutlich unter dem notwendigen Selbstbehalt** liegt, dann sieht der BGH **objektiv die Sittenwidrigkeit** als gegeben an, weil das Existenzminimum des Pflichtigen nicht mehr gewahrt ist.

984

Zur Sittenwidrigkeit im Verhältnis der Vertragsparteien fordert der BGH aber zusätzlich noch den Nachweis der **subjektiven Voraussetzungen des § 138 BGB**. Allein aus einem objektiven Missverhältnis kann man darauf nach BGH nicht schließen. Einen Schluss auf eine verwerfliche Gesinnung will der BGH erst zulassen, wenn nachweislich einem Vertragspartner aufgrund außerhalb des konkreten Vertragsinhalts vorliegender Umstände eine überlegene Verhandlungsposition zukommt. Dies mag insb. in solchen Fällen gegeben sein, in denen eine überhöhte Unterhaltszahlung etwa durch Drohung erreicht wurde.

985

Für die Sittenwidrigkeit im **Verhältnis zum Sozialleistungsträger** begnügt sich der BGH hinsichtlich der subjektiven Seite mit geringeren Anforderungen. Er knüpft an seine Rechtsprechung zur Sittenwidrigkeit von Unterhaltsverzichten an[2179] und lässt es genügen, dass die Vertragsschließenden **grob fahrlässig** eine Unterstützungsbedürftigkeit zulasten des Sozialleistungsträgers herbeiführen. Hierzu genügt es, wenn die Unterstützungsbedürftigkeit auf der Hand liegt und dies den Vertragsparteien bewusst ist oder sie sich dieser Erkenntnis grob fahrlässig verschlossen haben. Hinsichtlich der objektiven Seite betont der BGH, dass die Sittenwidrigkeit zum Nachteil des Sozialleistungsträgers als Drittem entfallen kann, wenn die Vereinbarung auf Motiven beruht, die sie zu rechtfertigen vermögen.

986

Für den Vertragsgestalter ist somit Vorsicht geboten, wenn ein Unterhaltsanspruch unabhängig von der Leistungsfähigkeit des Verpflichteten begründet werden soll, was kaum durch Ausgestaltung des gesetzlichen Anspruches, sondern eher durch novierende Vereinbarung geschehen wird.

987

▶ Hinweis:

Nichtigkeit droht bei einer novierenden Unterhaltsrente dann, wenn schon im Zeitpunkt des Vertragsschlusses das Existenzminimum des Schuldners[2180] nicht mehr gewahrt ist. Der Ver-

988

2175 Ebenso Herrler, FPR 2009, 506, 510; Gutachten DNotI-Report 2016, 3.
2176 BGH, NJW 2009, 842 f.; hierzu Reetz, NotBZ 2009, 37.
2177 Im Urteilsfall war bei einem Bruttoverdienst von etwa 3000,00 DM eine Leibrente von 1.300,00 DM zu zahlen. Der Pflichtige hatte weitere unterhaltsberechtigte Kinder. Ihm verblieben letztlich schon bei Vertragsschluss nur 810,00 DM, obwohl der notwendige Selbstbehalt zum Zeitpunkt des Vertragsschlusses schon bei 1500,00 DM lag.
2178 Diese doch etwas überraschende Sentenz, die zudem nicht näher begründet ist, kommentiert Grziwotz, NJW 2009, 846 krit.: Es gibt keinen allgemeinen Grundsatz im deutschen Recht, dass Verträge sittenwidrig sind, die bei ihrem Abschluss die Leistungsfähigkeit des Schuldners überschreiten.
2179 BGH, NJW 1983, 1851; BGH, NJW 1985, 788, 790.
2180 Bei Wiederheirat ggf. auch der Wirtschaftsgemeinschaft mit dem neuen Ehegatten, vgl. Herrler, MittBayNot 2009, 110, 114.

tragsgestalter wird sich also nicht auf die bloße Festsetzung der Unterhaltshöhe beschränken, sondern sich auch die Gesamteinkommensverhältnisse darlegen lassen.

989 Treten erst **später Umstände** ein, die zur Gefährdung des Existenzminimums des Pflichtigen führen,[2181] so wird dies nicht mehr zur Nichtigkeit der Abrede führen, möglicherweise aber i.R.d. Inhaltskontrolle zu einer Herabsetzung des Zahlungsbetrages.[2182] Dass allein der »kategoriale Unterschied« zwischen vertraglichem und gesetzlichem Unterhaltsanspruch hier vor einer **Ausübungskontrolle** schützt,[2183] ist eine allzu optimistische Annahme.

990 Hier wird daher der vorausschauende Vertragsgestalter Sorge dafür tragen, dass auch bei gewünschter fester Unterhaltshöhe eine »**Notklausel**« dem Zahlungspflichtigen mindestens sein Existenzminimum wahrt. Bei einem ausgewogenen Vertrag geht das Interesse vielleicht sogar in die Richtung, dass dem Pflichtigen immer mindestens so viel verbleiben muss, wie der Berechtigte erhält.

▶ Formulierungsvorschlag: Notklausel

991 .....

Der Zahlungspflichtige kann jedoch dann eine Abänderung der Zahlungsverpflichtung verlangen, wenn durch die Zahlung sein Selbstbehalt, wie er für einen Erwerbstätigen einem Ehegatten gegenüber besteht (derzeit nach B IV. der Düsseldorfer Tabelle 1.280,00 € monatlich; maßgeblich ist der jeweils gültige Betrag) nicht mehr gewahrt werden würde. Der Zahlungsbetrag ist dann soweit herabzusetzen, dass dieser Selbstbehalt dem Zahlungsverpflichteten verbleibt.

Alternativ:

... verlangen, wenn ihm nach Berücksichtigung seiner Zahlungsverpflichtung nicht ebenso viel verbleibt, wie er Unterhalt bezahlt hat. Der Zahlungsbetrag ist dann soweit herabzusetzen, dass beiden Ehegatten gleich viel verbleibt.

992 Auch wenn in der Literatur betont wird, die Notklausel sei nicht durch die Rechtsprechung des BGH geboten,[2184] so ist sie doch für den Gestalter ein Instrument, die Sittenwidrigkeit zu vermeiden und den Ehegatten auch für den Fall unerwarteter Einkommensverschlechterung gangbare Wege zu weisen. Richtig ist an dem Argument, dass keineswegs alle Verträge ohne eine solche Notklausel sittenwidrig sind oder angepasst werden müssen. Hierfür sind die Umstände des Einzelfalles maßgeblich.

▶ Hinweis:

993 Vereinbarungen über eine feste Unterhaltshöhe unabhängig von der Leistungsfähigkeit sollten eine »Notklausel« zur Wahrung des Existenzminimums oder zur Gleichstellung enthalten.

cc) Verstärkte Unterhaltsschuld als prägende Verbindlichkeit

994 Auch wenn kein Vertrag zulasten Dritter und kein sittenwidriger Vertrag vorliegt, so ist zu prüfen,[2185] ob die erhöhte Unterhaltspflicht nach **allgemeinen Grundsätzen bei der Unterhaltsberechnung** in

---

2181 Als solchen erst später eintretenden Umstand wird man regelmäßig eine Wiederheirat ansehen müssen.
2182 Den Vorzug für den Weg über § 242 BGB sieht Grziwotz, NJW 2009, 846.
2183 So Herrler, MittBayNot 2009, 110, 115.
2184 Herrler, FPR 2009, 506, 508.
2185 Für die Fälle, in denen nicht alle Ansprüche befriedigt werden können. In der Diskrepanzehe mit hohem Einkommen auch noch bei Scheidung stellt sich das Problem nicht.

D. Vereinbarungen zum nachehelichen Unterhalt — Kapitel 6

der Zweitehe abgezogen werden kann und sich damit auch bei Hinzutreten weiterer Unterhaltsberechtigter als beständig erweist.[2186]

Bei der Unterhaltsberechnung sind nach bisherigem Verständnis **prägende Verbindlichkeiten** bei der Bedarfsberechnung und ggf. sogar nicht prägende Verbindlichkeiten bei der Leistungsfähigkeit des Unterhaltspflichtigen zu berücksichtigen. Allerdings ist hierbei eine **umfassende Abwägung der Interessen von Verpflichtetem, Gläubiger (=Erstehegatte) und Unterhaltsberechtigtem (=Zweitehegatte)** erforderlich,[2187] wobei es insb. auf den Zweck der Verbindlichkeit, den Zeitpunkt und die Art ihrer Entstehung und die Kenntnis des Unterhaltsberechtigten von Grund und Höhe der Unterhaltsschuld ankommt.[2188] Soweit dies gesondert erwähnt wird, soll dieser allgemeine Grundsatz Berücksichtigung von Verbindlichkeiten **auch für Unterhaltsschulden** gelten.[2189]

995

Diese allgemeine Systematik der Berücksichtigung von Unterhaltsverbindlichkeiten hatte jedoch zwischenzeitlich durch die Rechtsprechung des BGH zu den wandelbaren ehelichen Lebensverhältnissen[2190] neue Akzente erhalten, weil danach sogar das Hinzutreten nachrangiger Unterhaltsberechtigter die Kürzung des Unterhaltsbedarfs des ersten Ehegatten schon auf der Bedarfsebene zur Folge gehabt hätte. Seit dem Urteil des BVerfG zur Verfassungswidrigkeit dieser Rechtsprechung[2191] ist jedoch die früher gegebene **Abschottung des Bedarfs in der ersten Ehe durch den Scheidungszeitpunkt** nach § 1578 BGB wiederhergestellt. Der **verstärkte Unterhaltsanspruch** der Erstehe ist daher **beim Bedarf der Zweitehe** als **prägend** zu berücksichtigen. Der **BGH**[2192] ist insoweit **zu seiner alten Rechtsprechung zurückgekehrt**. Wie sich diese Rechtsprechungswende **im Bereich der Leistungsfähigkeit** – und hier insbesondere beim Mangelfall – auswirkt, ist **noch nicht gänzlich geklärt**. Würde der Mangelfall hier – wie sonst üblich – mit aus dem Bedarf abgeleiteten Einsatzbeträgen berechnet, so würde der Unterhaltsanspruch der geschiedenen Ehefrau wie eine Hypothek aus dem Bedarf mit in die Ebene der Leistungsfähigkeit gezogen. Dagegen erhebt sich Widerstand.[2193] Letztlich hat der BGH sich dafür ausgesprochen, im Bereich der Leistungsfähigkeit nicht schematisch zu verfahren, sondern in eine individuelle Billigkeitsabwägung einzutreten. Eine Rücksicht auf die Belange des geschiedenen Ehegatten wird insbesondere bei langer Ehe und mangelnder Erwerbsfähigkeit angemahnt.[2194] Eine gleiche Schutzwürdigkeit ließe sich bei einer besonderen unterhaltsverstärkenden Vereinbarung geltend machen, die in der Regel dem hinzutretenden neuen Ehegatten bekannt sein wird. Im Ergebnis ist also hier eine **umfassende Billigkeitsabwägung anzustellen unter Berücksichtigung des unterhaltsrechtlichen Ranges einerseits und der besonderen Schutzbedürftigkeit der so vertraglich privilegierten geschiedenen Ehefrau andererseits**. Soweit man sich i.R.d. (auch modifizierten) gesetzlichen Unterhalts bewegt, kann dies dennoch zu einer Kürzung der vertraglich zugesicherten Ansprüche im Mangelfall führen. Da die Folgerungen für die Zukunft nur schwer vorhersehbar sind, empfiehlt sich eine Belehrung sowohl bei vorsorgenden Vereinbarungen wie auch bei der Scheidungsvereinbarung.

996

[2186] Es können vertragliche Verpflichtungen nicht generell gesetzliche Ansprüche beschränken, Borth, Unterhaltsrechtsänderungsgesetz, 2007, Rn. 305; Schwab, in Limmer, Scheidung, Trennung, 97; undeutlich Schürmann, FamRZ 2008, 313, 319 f.: Die wirtschaftlichen Folgen der sich im Zeitablauf verschlechternden Rangposition können vertraglich abbedungen werden, aber nicht, wenn dadurch Ansprüche vor- oder gleichrangig Berechtigter beeinträchtigt werden.
[2187] BGH, FamRZ 1982, 157 f.; OLG Hamm, FamRZ 1997, 821; Hoppenz, FamRZ 1987, 324 ff.; MünchKomm-BGB/Maurer, § 1578 Rn. 201.
[2188] BGH, FamRZ 1992, 797, 798; BGH, FamRZ 2005, 1817, 1820.
[2189] Herrler, MittBayNot 2009, 110, 114.
[2190] S. hierzu Rdn. 357.
[2191] BVerfG, NJW 2011, 836.
[2192] BGH, NJW 2012, 384 f.
[2193] Borth, FPR 2012, 137, 139.
[2194] Borth, FamRZ 2012, 253, 257.

▶ Hinweis:

997 Eine Belehrung über die Auswirkungen des Hinzutretens weiterer Unterhaltsberechtigter ist bei solchen Unterhaltsvereinbarungen angebracht, die auf ein gewisses Mindestunterhaltsniveau zielen.

998 Nun sollen die verschiedenen Unterhaltsmodifikationen zur Unterhaltsverstärkung auf ihre Auswirkungen hinsichtlich der Zweitehe untersucht werden.

3. Unterhaltsmodifikationen zur Verstärkung von Unterhalt

a) Verlängerung des Zahlungszeitraums

aa) Bedarf

999 Nachdem der Kindesbetreuungsunterhalt nur noch für die Basiszeit von drei Jahren festgeschrieben ist und danach einer Billigkeitsentscheidung unterliegt, besteht vielfach der Wunsch, eine **längere Zeit für den Kindesbetreuungsunterhalt** fest zu vereinbaren.

1000 Nach der Änderung der Rechtsprechung des BGH bei Hinzutreten weiterer Unterhaltsberechtigter[2195] ergeben sich auf der **Bedarfsebene** keine Änderungen mehr. Der Bedarf in der Erstehe sinkt nicht durch das Hinzutreten weiterer Unterhaltsberechtigter. Die Unterhaltszahlung an die Erstehefrau prägt die Zweitehe.

1001 Dieses Problem stellt sich nicht in Diskrepanzfällen, in denen der Unterhalt für mehrere Berechtigte gesichert ist. Insb. bei konkreter Bedarfsberechnung ist die Verlängerung des Unterhaltsanspruchs nicht gefährdet.

bb) Leistungsfähigkeit – Rang

1002 Fraglich ist, wie die verschiedenen Unterhaltspflichten dann i.R.d. Leistungsfähigkeit zu beurteilen sind. § 1609 BGB stellt mit der Rangfolge der Ansprüche auf den gesetzlichen Unterhaltsanspruch ab. Ein **vertraglich verstärkter Unterhaltsanspruch, der nach der gesetzlichen Regelung zeitlich sonst nicht mehr bestünde** nimmt als **nicht an der Rangstelle für Kindesbetreuungsunterhalt** teil, sodass ggf. der Unterhaltsanspruch aus der Zweitehe im zweiten Rang nach § 1609 Nr. 2 BGB formal vorrangig ist. Wenn man es nicht bei diesem formalen Vorrang belassen will, der dazu führen kann, dass der vertraglich vereinbarte verstärkte Unterhalt völlig ausfällt, dann bleibt die Überlegung, ob der vertraglich verstärkte Unterhalt allgemein als Verbindlichkeit i.R.d. Leistungsfähigkeit abgezogen werden kann. Eine solche Behandlung böte den Vorteil, dass i.R.d. geschilderten umfassenden Gesamtabwägung der Interessen der Individualfall angemessen berücksichtigt werden kann. **In verschiedenen älteren Urteilen wurde dieser Weg auch im Unterhaltsrecht beschritten.**
  – Der BGH hat in einer vereinzelt gebliebenen Entscheidung[2196] für eine vertragliche Unterhaltspflicht zwischen Personen, die nicht gesetzlich unterhaltspflichtig sind, den vertraglichen Anspruch sogar **außerhalb jeder Rangfolge** gestellt.
  – Bei **Eheprägung** durch ein Studium der Kinder lässt der BGH in einer weiteren Entscheidung auch den **nachrangigen Unterhalt volljähriger Kinder** zum Abzug gegenüber dem Ehegatten zu.[2197]
  – In einem anderen Urteil hat der BGH[2198] abgelehnt, eine gegenüber einer Behörde begründete Unterhaltspflicht als abzugsfähige Verbindlichkeit anzuerkennen, weil der Verpflichtete von seiner bestehenden Unterhaltspflicht gewusst hat, als er sich erneut verpflichtete.

2195 BGH, NJW 2012, 384.
2196 BGH, FamRZ 1986, 669 f.
2197 BGH, FamRZ 1986, 553 ff.
2198 BGH, FamRZ 2005, 1817 f.

D. Vereinbarungen zum nachehelichen Unterhalt Kapitel 6

– Schon früh hatte der BGH[2199] einer Vereinbarung die Anerkennung versagt, mit welcher ein **Unterhaltsverpflichteter** sich in der Zweitfamilie zur **Haushaltsführung** verpflichtet hatte, umso sein Erwerbseinkommen zulasten der ersten Ehefrau zu schmälern.

Auch die neue Rechtsprechung des BGH[2200] mit der Aufgabe der sich wandelnden ehelichen Lebensverhältnisse und den Auswirkungen bei Hinzutreten weitere Unterhaltsberechtigter lässt sich für diesen Gedanken heranziehen, denn hier wird neben der Rangfolge auch eine umfassende Billigkeitsabwägung gefordert. 1003

Somit stellt eine **vertragliche Unterhaltsverstärkung** nicht generell eine unzulässige Umgehung der Rangordnung dar, sondern unterliegt der geschilderten **Gesamtabwägung im Einzelfall**,[2201] bei der das schützenswerte Interesse des ersten Ehegatten an der Einhaltung der Unterhaltsverstärkung zu berücksichtigen ist.[2202] Diese auch vom BGH geforderte umfassende Billigkeitsabwägung nach § 1581 BGB muss sodann ergänzt werden um die Abwägung nach § 1578b BGB, ob sich daraus weitere Folgerungen für die Unterhaltshöhe oder -frist ergeben.[2203] 1004

Neu hat der BGH den Fall entschieden, dass **ausnahmsweise** die **Unterhaltspflicht** aus der **Zweitehe die Erstehe prägt**, wenn sie nämlich – etwa als Unterhaltsanspruch gegenüber der Mutter nach § 1615l BGB – bereits während der Erstehe vorhanden war.[2204] 1005

cc) Wertung

Für den Vertragsgestalter stellt sich dieser Konflikt als unbefriedigend dar, denn das **Schicksal einer verstärkten Unterhaltspflicht lässt sich** bei Hinzutreten weiterer Unterhaltsberechtigter zumindest in dann sich bildenden Mangelfällen nur **schwer vorhersagen**. 1006

Geht man von der Interessenlage im vorsorgenden Ehevertrag aus, bei dem die erste Ehefrau sich auf Kinder nur einlässt und eine längere berufliche Pause einlegt, weil ihr ein verstärkter Unterhalt bindend versprochen ist, so sollte dieser verstärkte Unterhalt Berücksichtigung finden können.[2205] Die **erste Ehefrau kann an dieser Situation später nichts mehr ändern**, ihr Vertrauen in die getroffene Abrede ist bereits unumkehrbar realisiert.[2206] Zu § 36 Nr. 1 EGZPO hat der BGH ausgesprochen, dass nicht generell das Vertrauen schützenswert sei, sondern »vor allem das Vertrauen auf der Grundlage getroffener Entscheidungen, die nicht oder nicht sogleich rückgängig zu machen sind.«[2207] Um einen solchen Fall handelt es sich bei der Entscheidung für ein Kind im Lichte der Unterhaltsverstärkung.[2208] 1007

Eine **zweite Ehefrau** hingegen, die von dieser **Ausgangslage weiß**, kann ihr Verhalten auf die vorliegenden Gegebenheiten noch einstellen. Sie träfe außerdem bei bestehender Ehe noch eine besondere Pflicht zur Rücksichtnahme auf die finanziellen Verhältnisse des Ehepartners nach § 1356 Abs. 2 BGB.[2209] Schützenswert ist in dieser Situation das Vertrauen der ersten Ehefrau auf die getroffene vertragliche Abrede.[2210] Diese Argumentation will nicht etwa die zweite Ehefrau entgegen der

---

2199 BGH, FamRZ 1981, 341, 343.
2200 BGH, NJW 2012, 384.
2201 So wohl auch MünchKomm-BGB/Born, § 1609 Rn. 25.
2202 Eine solche Abwägung mit vermittelnder Lösung lässt sich etwa bei OLG Koblenz, NJW-RR 2009, 1153, nachlesen.
2203 Born, FF 2011, 135, 144; Wellenhofer, FF 2011, 144 f.; Götz/Brudermüller, NJW 2011, 801, 806.
2204 BGH, NJW 2019, 3570.
2205 So auch Schwab in Limmer, Scheidung, Trennung, 94 ff.
2206 Herrler, FamRZ 2010, 117, 119.
2207 BGH, NJW 2011, 3645 = FamRZ 2011, 1721.
2208 A.A. Heiderhoff, DNotZ 2012, 494, 505: Ein vertraglicher Anspruch tritt gegenüber der Rangfolge des § 1609 BGB zurück.
2209 Darauf weist BGH, FamRZ 1981, 341, 343 ausdrücklich hin.
2210 Maurer, FamRZ 2008, 1919, 1920.

jetzigen gesetzlichen Wertung immer schlechter zu stellen. Sie plädiert nur für eine individuelle Gesamtabwägung. Die kann auch zu einem vermittelnden billigen Ergebnis führen, etwa dass nur ein Teil als Verbindlichkeit vorab zu berücksichtigen ist.

1008 Eine solche Gesamtabwägung kann in anderen Fällen auch ergeben, dass ein verstärkter **Unterhalt nicht berücksichtigungswürdig ist**, so etwa wenn ein Ehepartner seinem neuen Ehepartner verstärkten Unterhalt verspricht, obwohl beide wissen, dass eine anderweitige Unterhaltspflicht noch gegenüber dem geschiedenen Ehegatten und den Kindern aus dieser Ehe besteht. Nicht abzugsfähig dürfte auch ein verstärkter Unterhalt sein, der einer ersten Ehefrau versprochen wird, damit diese schnell in die Scheidung einwilligt, wenn bekannt ist, dass Kinder und deren unterhaltsberechtigter Elternteil vorrangig zu unterhalten sind.

1009 Insgesamt ist dafür zu plädieren, im Rahmen einer individuellen Abwägung den Vertrauensschutz für unterhaltsverstärkende Vereinbarungen aus erster Ehe zu bedenken.[2211]

b) Vereinbarung eines individuellen Altersphasenmodells

1010 Mit dem neuen Unterhaltsrecht ist nach nunmehr gefestigter Rechtsprechung des BGH das bisherige Altersphasenmodell gefallen, ohne dass ein modifiziertes Altersphasenmodell an seine Stelle treten kann.[2212] Vielmehr ist stets eine individuelle Abwägung im Einzelfall erforderlich. Aus diesem Grunde ist eine Gestaltung gefragt, nach der die Eheleute vertraglich für sich ein eigenes Altersphasenmodell vereinbaren und damit die Erwerbsobliegenheit des erwerbstätigen Ehepartners regeln.

1011 Auch diese Vereinbarung kann zu einer Verlängerung des gesetzlichen Unterhalts führen und unterliegt damit der gleichen Beurteilung wie die zuvor behandelte Verlängerung des Kindesbetreuungsunterhalts.

c) Vereinbarung des vor dem 01.01.2008 geltenden Unterhaltsrechts

1012 Manchmal wünschen Ehegatten eine Vereinbarung, ehevertraglich zum »alten Unterhaltsrecht« zurückzukehren. Eine solche Generalverweisung ist jedoch – wie bereits dargelegt[2213] – wenig hilfreich. **Vorzugswürdig** ist demgegenüber eine **Ausgestaltung des bestehenden neuen Unterhaltsrechts**, wie dies die nachfolgenden Formulierungsvorschläge vorsehen.

1013 Es ist zudem **zweifelhaft**, ob eine solche Verweisung auf früheres Unterhaltsrecht überhaupt **rechtswirksam** vereinbart werden kann, denn sie bedeutet, dass man auch auf die **alte, nunmehr abgeschaffte Rangordnung** verweist. Dies ist Dritten ggü. unzulässig.

▶ Hinweis:

1014 Eine generelle Verweisung auf das vor dem 01.01.2008 geltende Unterhaltsrecht ist keine empfehlenswerte Regelungstechnik.

d) Vereinbarung einer festen Unterhaltsrente

1015 Schließlich wird zur Unterhaltsverstärkung noch die Vereinbarung einer festen, ggf. indexierten Mindestunterhaltszahlung vorgeschlagen, die **unabhängig von Leistungsfähigkeit und Bedürftigkeit** vereinbart sein soll.[2214] Vorteil einer solchen Lösung ist es, dass man sich eine fortlaufend aktualisierte Unterhaltsberechnung mit ständiger Vorlage von Einkommensnachweisen erspart und beide

---

2211 So spricht sich etwa Herrler, MittBayNot 2009, 110, 113 für eine individuelle Berücksichtigung i.R.d. § 1578b BGB aus.
2212 BGH, 18.03.2009 – XII ZR 74/08, FamRZ 2009, 770.
2213 Rdn. 839.
2214 Brambring, Rn. 1116 f.

Ehegatten Gewissheit über die ihnen zur Verfügung stehenden Mittel bzw. sie treffenden Belastungen haben.

Eine solche Unterhaltsrente, die i.d.R. im Wege der Novation vereinbart wird, sodass bei ihr insb. auch zum Problem der **Wiederheirat** Stellung genommen werden muss, wird durch das Hinzutreten weiterer Unterhaltsberechtigter nicht berührt. Auch die Frage der Leistungsfähigkeit spielt bei der Vereinbarung einer festen Unterhaltsrente keine Rolle mehr. 1016

Fraglich ist allerdings, ob sich diese Unterhaltsrente gegenüber einem weiteren vorrangigen Unterhaltsanspruch aus zweiter Ehe oder gegenüber weiteren Kindern durchsetzen kann. Auch wenn der BGH[2215] in einer früheren Entscheidung eine novierte Unterhaltsschuld außerhalb der Rangfolge angesiedelt hat, **wird man nicht allein durch eine Novation die Rangfolge aushebeln können**. Vielmehr wird auch bei einer festen Unterhaltsrente eine Abwägung wie bei anderen Verbindlichkeiten nach den aufgezeigten Gesichtspunkten stattzufinden haben. 1017

Ferner muss bei einer festen Unterhaltsrente auf die Einschränkungen geachtet werden, die sich aus der dargestellten Problematik des Vertrages zulasten Dritter bzw. des § 138 BGB ergeben. In Mangelfällen wird man danach nicht den vollen vereinbarten Unterhalt verlangen können. Der Vertragsgestalter sollte demnach für solche Fälle eine »**Notklausel**« vorsehen. 1018

4. Gestaltungsempfehlungen

Nachstehend sollen die besprochenen Unterhaltsverstärkungen mit einem Formulierungsvorschlag begleitet werden,[2216] der die aufgezeigten Regelungen trifft und in den Belehrungen die geschilderten Bedenken wiedergibt. 1019

a) Verlängerter Basisunterhalt

Nachfolgend wird eine Unterhaltsvereinbarung wiedergegeben, die den Basisunterhalt nach § 1570 Abs. 1 Satz 1 BGB verlängert. Häufig wird dies kombiniert mit einer Höchstbegrenzung des Unterhalts außerhalb der gesetzlichen 3-jährigen Basiszeit. 1020

▶ Kostenanmerkung:

> Ein Versprechen auf Zahlung eines verlängerten oder erhöhten Unterhaltes wegen Kindesbetreuung ist wie eine Verpflichtung zur Unterhaltszahlung zu bewerten. Allerdings sind im Hinblick auf die Ungewissheit des Eintritts der Zahlungspflicht Abschläge nach § 52 Abs. 6 GNotKG vorzunehmen. 1021

▶ Formulierungsvorschlag: Verlängerung des Basisunterhalts

.....

.... Rechtswahl zum deutschen Recht nach Art. 8 HUP, ggf. auch des Gerichtsstandes nach Art. 4 EU-UntVO ....

Wir vereinbaren hiermit Folgendes:

1)

Der in § 1570 Abs. 1 Satz 1 BGB vorgesehene Basisunterhaltsanspruch auf Ehegattenunterhalt wegen Kindesbetreuung wird verlängert auf einen Zeitraum, bis das jüngste unserer gemeinschaftlichen Kinder das 12. Lebensjahr vollendet hat.

Das bedeutet, dass für diesen Zeitraum eine Erwerbsobliegenheit nicht besteht und auch keine Billigkeitsabwägung zu treffen ist, wie sie in Satz 2 und Abs. 2 des § 1570 BGB vorgesehen sind. 1022

2215 BGH, FamRZ 1986, 669 f.
2216 Mit Ausnahme der hier nicht befürworteten Wahl des alten Unterhaltsrechts.

Kapitel 6

Eine Herabsetzung oder zeitliche Begrenzung des Unterhalts nach § 1578b BGB schließen wir für den vorgenannten Zeitraum aus.[2217]

2)

Diese Verlängerung vereinbaren wir deshalb, weil unsere gemeinschaftlichen Kinder durch die Ehefrau ohne Fremdbetreuung erzogen werden sollen. Aus diesem Grund gilt die Verlängerung nur dann, wenn die Ehefrau diese Erziehungsaufgabe wahrnimmt, also – außerhalb der üblichen Halbtagskindergarten- und Schulzeiten – nicht berufstätig ist, soweit dies nicht aus besonderen Gründen gemeinsam anders entschieden wird.

3)

Diese Regelung stellt nur eine Unterhaltsmodifikation dar. Das bedeutet, dass mit Ausnahme der in 1) festgelegten Betreuungszeiten alle anderen Unterhaltsvoraussetzungen in ihrer gesetzlichen Form erfüllt sein müssen und Unterhaltsbeträge in der gesetzlichen Höhe geschuldet werden.

4)

Wir sind darauf hingewiesen worden, dass diese Erweiterung des Ehegattenunterhaltes nicht zu Lasten vorrangig unterhaltsberechtigter Kinder gehen darf. Sie gilt daher nur, soweit und solange diese Unterhaltsansprüche nicht beeinträchtigt werden

Soweit – etwa bei Wiederheirat oder im Falle des § 1615l BGB – vor- oder gleichrangige Unterhaltsansprüche nach dem Gesetz durch diese Verlängerung nicht eingeschränkt werden können,[2218] bleibt die Verlängerung im Übrigen gültig. Allerdings kann sich der Ehemann dann nur auf einen Selbstbehalt berufen, wie er den Kindern gegenüber besteht.[2219]

5)

Für Anschlussunterhaltstatbestände vereinbaren wir, soweit gesetzlich zulässig, den Ablauf der 3-jährigen Frist des gesetzlichen Basisunterhalts und gegebenenfalls den Ablauf von nach dieser Frist bestehenden Unterhaltsansprüchen nach § 1570 Abs. 1 Satz 2 oder Abs. 2 BGB als maßgeblich anstelle der hier verlängerten Frist.[2220]

Wir sind uns einig, dass nach Ablauf der hier verlängerten Frist weiterer Unterhalt nach § 1570 Abs. 2 BGB höchstens dann verlangt werden kann, wenn drei oder mehr Kinder betreut werden.[2221]

..... (ggf. Höhenbegrenzung und dann weitergehender Verzicht)

2217 Zwar wird die Anwendbarkeit des § 1578b BGB i.R.d. § 1570 BGB aufgrund der dort immanent gegebenen Grenzen verneint, inzwischen auch durch die Rspr. des BGH (BGH, FamRZ 2009, 770, Tz. 42). Ein solcher Klarstellungsvermerk schadet aber jedenfalls nicht, zumal man nicht weiß, wie dies für eine ehevertragliche Verlängerung entschieden würde.

2218 Nach der hier zuvor vertretenen Auffassung sollte eine solche Verlängerung im vorsorgenden Ehevertrag möglich sein.

2219 Diese Belehrung wird missverstanden, wenn ihr unterstelle wird, sie wolle nachteilige Auswirkungen auf vorrangige Unterhaltsansprüche ausschließen (Herrler, FPR 2009, 506, 508). Dies ist rechtlich Kindern gegenüber nicht möglich. Die Klausel will nur darüber belehren, dass sich möglicherweise der hier verstärkte Unterhalt nicht durchsetzt.

2220 Hier sollte es bei den vom Gesetz vorgesehenen Bedingungen für Anschlussunterhaltstatbestände bleiben. Dies dürfte zulässig sein, nachdem die Rspr. (BGH, FamRZ 2008, 1507 = NJW 2008, 2644) die durch die Befristung des Unterhalts stattfindende Ausschließung von Anschlussunterhaltstatbeständen gebilligt hat.

2221 Über § 1570 Abs. 2 BGB können die Ehegatten eher disponieren. Nach der hier großzügig bemessenen Basisunterhaltsausdehnung dürfte eine kindbezogene Verlängerung ohnehin nicht mehr in Betracht kommen. Auf eine ehebezogene Verlängerung soll man sich dann nur noch berufen können, wenn drei oder mehr gemeinsame Kinder vorhanden sind.

b) Individuelles Altersphasenmodell

Nachstehende Vereinbarung enthält ein **individuelles Altersphasenmodell**, mit dem die Ehegatten ihren Spielraum nutzen, die Billigkeit i.S.d. § 1570 BGB auszufüllen. Die Vereinbarung ist Bestandteil einer Scheidungsvereinbarung, bei deren Abschluss die Zahl der Kinder, die Höhe der Einkünfte, die Möglichkeiten der Kindesbetreuung und ggf. sogar die beruflichen Entwicklungsmöglichkeiten bekannt sind. Die Vereinbarung soll der Abänderbarkeit nach § 239 FamFG unterliegen hinsichtlich von Einkommensänderungen. Eine Abänderung aufgrund der Billigkeitserwägungen in §§ 1570 und 1578b BGB ist jedoch ausgeschlossen. 1023

▶ Formulierungsvorschlag: Abschmelzende Zahlungspflicht mit steigender Erwerbsobliegenheit ohne Verzicht

.... Rechtswahl zum deutschen Recht nach Art. 8 HUP, ggf. auch des Gerichtsstandes nach Art. 4 EU-UntVO 1024

1)

Ich, der Ehemann, verpflichte mich, für die Zeit ab Rechtskraft der Scheidung an meine geschiedene Ehefrau unter Zugrundelegung der gesetzlichen Vorschriften auf der Basis der sog. »Düsseldorfer Tabelle« einen monatlichen Ehegattenunterhalt i.H.v. ..... €

– in Worten ..... Euro –

zu zahlen, und zwar Elementarunterhalt i.H.v. ..... € und Vorsorgeunterhalt i.H.v. ..... €.

2)

Dieser Betrag ist bis zur Vollendung des ..... Lebensjahres des jüngsten unserer gemeinsamen Kinder zu zahlen, also bis einschließlich ..... (Monat und Jahr) .....

Danach sind 60 % dieses Betrages bis einschließlich ..... (Monat und Jahr) ..... zu zahlen.

Danach sind 30 % dieses Betrages bis einschließlich ..... (Monat und Jahr) ..... zu zahlen.

3)

Für die drei Phasen der vereinbarten Unterhaltszahlung gilt folgendes: Eine Erwerbsobliegenheit der kindesbetreuenden Mutter besteht in der ersten Phase nicht, in der zweiten Phase besteht eine Erwerbsobliegenheit von ..... Stunden wöchentlich, in der dritten Phase von ..... Stunden wöchentlich. Ein weiterer oder höherer Anspruch nach dem Gesetz unter Berücksichtigung dessen bleibt vorbehalten und wird mit dieser Vereinbarung nicht ausgeschlossen. Eine Herabsetzung oder Befristung der Unterhaltszahlung innerhalb des vorgenannten Zeitraumes wird aber ausgeschlossen, insbesondere soweit eine solche nach § 1578b BGB erfolgen könnte.

Der Unterhaltsbemessung liegen folgende eheprägende Daten zugrunde: .....

4)

Hinsichtlich dieser Zahlungsverpflichtung unterwerfe ich, der Ehemann, mich der sofortigen Zwangsvollstreckung aus dieser Urkunde in mein gesamtes Vermögen.

Mein geschiedener Ehegatte ist jederzeit auf einseitigen Wunsch berechtigt, auf eigene Kosten eine vollstreckbare Ausfertigung dieser Urkunde zu verlangen, ohne dass der Nachweis der Fälligkeit zu führen ist.

5)

Diese Unterhaltsregelung ist nach § 239 FamFG abänderbar.

6)

Wir sind darauf hingewiesen worden, dass, soweit hierin eine Erweiterung des Ehegattenunterhaltes liegt, diese nicht zu Lasten vorrangig unterhaltsberechtigter Kinder gehen darf. Sie gilt daher nur, soweit und solange diese Unterhaltsansprüche nicht beeinträchtigt werden.

Soweit – etwa bei Wiederheirat oder im Falle des § 1615l BGB – vor- oder gleichrangige Unterhaltsansprüche nach dem Gesetz durch diese Verlängerung nicht eingeschränkt werden können,[2222] bleibt die Verlängerung im Übrigen gültig. Allerdings kann sich der Ehemann dann nur auf einen Selbstbehalt berufen, wie er den Kindern gegenüber besteht.

.....

c) Vereinbarung einer indexierten Unterhaltsrente

1025   Ein Beispiel für eine novierende Unterhaltsrente wurde bereits gegeben.[2223] Hierauf kann an dieser Stelle verwiesen werden.

d) Vereinbarung eines bestimmten Ehemodells

1026   Unterhaltsverstärkende Verträge können auch eingebettet sein in komplette Vereinbarungen über das eheliche Rollenmodell. Ein Beispiel gibt *Reetz*:[2224]

▶ Formulierungsvorschlag: Ehemodell der Eigenbetreuung

1027   1)

Wir vereinbaren bereits heute mit Wirkung auch über die Trennung und Scheidung hinaus, dass die Ehefrau zugleich mit der Geburt eines gemeinsamen Kindes einseitig berechtigt ist, ihre sodann ausgeübte Erwerbstätigkeit vollständig aufzugeben und sich sodann ausschließlich der Betreuung und Erziehung des oder der gemeinschaftlichen Kinder zu widmen. Bis zum ..... Lebensjahres unseres jüngsten Kindes trifft die Ehefrau somit keinerlei Erwerbsobliegenheit. Wir sind beide der Auffassung, dass zum Wohle des oder der Kinder keine Inanspruchnahme von Fremdbetreuung erfolgen soll.

Eine Herabsetzung oder zeitliche Begrenzung des Unterhalts nach § 1578b BGB schließen wir für den vorgenannten Zeitraum aus.[2225]

                                              2)

Die obige Vereinbarung gilt jedoch nur dann, wenn die Ehefrau diese Erziehungsaufgabe wahrnimmt, also – außerhalb der üblichen Halbtageskindergarten- und Schulzeiten – nicht berufstätig ist, soweit dies nicht aus besonderen Gründen gemeinsam anders entschieden wird.

5. Ausweichgestaltungen

1028   Wenn die bestehende Unsicherheit hinsichtlich der Auswirkungen bei Hinzutreten weiterer Unterhaltsberechtigter von den Vertragsteilen nicht akzeptiert wird, so muss über Ausweichgestaltungen nachgedacht werden.

1029   Hier kommt einmal in Betracht, anstelle einer späteren Unterhaltszahlung eine **sichere Einkunftsquelle**, z.B. eine Immobilie, zu übertragen. Diese Verpflichtung kann sofort begründet werden oder erst für den Fall der Geburt von Kindern oder der Scheidung der Ehe. Wird eine **sofortige Übertragung** im Gegenzug zu einem Unterhaltsverzicht gewünscht, so kann dies zur **Schenkungsteuer-**

2222   Nach der hier zuvor vertretenen Auffassung sollte eine solche Verlängerung im vorsorgenden Ehevertrag möglich sein.
2223   Rdn. 941 ff.
2224   Auf der Basis des Formulierungsvorschlags von Reetz in Formularbuch/Reetz, V.14. Allerdings wurde der Hinweis auf eine überobligatorische Tätigkeit nicht aufgenommen, da im Gegenteil die Ehefrau gerade nicht mehr als eine Halbtagstätigkeit aufnehmen soll.
2225   Zwar wird die Anwendbarkeit des § 1578b BGB i.R.d. § 1570 BGB aufgrund der dort immanent gegebenen Grenzen verneint, inzwischen auch durch die Rspr. des BGH (BGH, FamRZ 2009, 770, Tz. 42). Ein solcher Klarstellungsvermerk schadet aber jedenfalls nicht, zumal man nicht weiß, wie dies für eine ehevertragliche Verlängerung entschieden würde.

D. Vereinbarungen zum nachehelichen Unterhalt

pflicht führen.[2226] Es ist daher entweder ein steuerfreies Objekt (selbst genutztes Eigenheim) zu wählen oder darauf zu achten, dass der Steuerfreibetrag eingehalten wird. Wird die Verpflichtung erst für den Scheidungsfall begründet, so muss über eine Sicherung der Übertragungspflicht etwa durch Eintragung einer Vormerkung an erster Rangstelle nachgedacht werden.

Eine weitere Möglichkeit besteht insb. bei Scheidungsvereinbarungen in der Vereinbarung einer **Unterhaltsabfindung im Rahmen einer Scheidungsvereinbarung**. Wenn Unterhalt ohnehin nur für eine gewisse Übergangszeit gezahlt werden muss, dann kann der Gesamtunterhalt besser überschlägig berechnet werden. Diese Berechnung kann dann zur Gestaltung einer Abfindungsvereinbarung genutzt werden. Eine einmal getroffene Abfindungsvereinbarung wird durch den Fortfall des ihr zugrunde liegenden Unterhaltsanspruchs später nicht mehr berührt, da die Abfindungsvereinbarung eine abschließende Regelung darstellt. Der Fortbestand des Unterhaltsanspruchs ist auch nicht Geschäftsgrundlage der Abfindungsvereinbarung.[2227]

1030

Für die Höhe der Abfindung ist neben der derzeitigen Unterhaltszahlung die voraussichtliche weitere Entwicklung von Bedürftigkeit und Leistungsfähigkeit maßgeblich. Hierzu gehört auch die Lebenserwartung des Berechtigten. Problematisch ist die Wertung einer »Wiederverheiratungswahrscheinlichkeit«.[2228] In der Gerichtspraxis wurde bisher vielfach der **5- bis 7-fache Jahresunterhaltsbetrag** als Abfindung zugesprochen.[2229] Ob es dabei bleibt, ist noch offen. Wenn aber die Unterhaltszahlungen sich generell verkürzen, so ist vorstellbar, dass auch diese Berechnung der Abfindung zu einem niedrigeren Betrag oder zu weniger Jahren als Ausgangsbasis für die Berechnung führt.

1031

Die Vereinbarung der Abfindung wird i.d.R. verbunden mit einem Unterhaltsverzicht i.Ü. Die Abfindung ist damit sozusagen eine risikobehaftete Abrede für beide Seiten, die aber den Vorteil einer gewissen Endgültigkeit hat. Aus steuerlichen Gründen – der Abzug von Unterhalt im Wege des Realsplittings ist nach § 10 Abs. 1 Nr. 1 EStG begrenzt auf einen Betrag von jährlich 13.805,00 € – wird häufig die Zahlung der Abfindung in **mehreren jährlichen Raten** vereinbart. Auch diese Ratenvereinbarung nimmt der Abfindung nicht die Wirkung endgültiger Unterhaltsregelung. Das zeigt die Rechtsprechung des BGH,[2230] die diese Endgültigkeit auch bei Ratenvereinbarungen betont. Damit kann bei Wiederheirat nicht hinsichtlich der noch ausstehenden Raten ein Wegfall der Geschäftsgrundlage eingewandt werden.[2231] Aus dieser Rechtsprechung folgt dann auch, dass der beim Tod des Unterhaltsberechtigten noch nicht bezahlte Teil der Raten vererblich ist.[2232]

1032

Im Rahmen einer Scheidungsvereinbarung[2233] wird daher die **Abfindung künftig ein probates Mittel sein, die Vereinbarung loszulösen von der weiteren, für beide Seiten nicht abschätzbaren**, künftigen Entwicklung. Man wird nach der dargestellten Rechtsprechung dann auch nicht eine Änderung der wirtschaftlichen Gegebenheiten oder das Hinzutreten weiterer Unterhaltsberechtigter einwenden können. In der Unterhaltsabfindung liegt kaum eine Verstärkung des Unterhalts zulasten Dritter, wenn diese nach den bestehenden Unterhaltsansprüchen bemessen und auf eine der voraussichtlichen Dauer des Unterhaltsanspruchs entsprechende Anzahl von Jahren hochgerechnet wird. Wenn

1033

2226 BFH, DStR 2007, 1516 f.; BFH, FamRZ 2008, 611; a.A.C. Münch, DStR 2008, 26 ff.
2227 Koch/Koch, § 2 Rn. 294; Viefhues/Steiniger, ZNotP 2010, 122, 132.
2228 Bergschneider, Rn. 448: »spekulativ«.
2229 Bergschneider, Rn. 454.
2230 BGH, NJW 2005, 3282 = FamRZ 2005, 1662.
2231 OLG Frankfurt am Main, FamRZ 2005, 1253 m. Anm. Bergschneider; BGH, NJW 2005, 3282 = FamRZ 2005, 1662.
2232 A.A. war noch das OLG Hamburg, FamRZ 2002, 234 gewesen. Indirekt dagegen BGH, NJW 2005, 3282, wo das Urteil des OLG Hamburg mit einer sachverhaltlichen Sonderkonstellation begründet wurde.
2233 Zu beachten ist, dass auch bei Zahlung einer Abfindung auf den Getrenntlebendenunterhalt nicht verzichtet werden kann. Vorauszahlungen auf den Trennungsunterhalt wirken nur für die Dauer von drei Monaten befreiend, wenn danach erneut Bedürftigkeit eintritt, §§ 1361 Abs. 4, 1360a Abs. 3, 1614 Abs. 2 und 760 Abs. 2 BGB.

die Abrede für beide Teile risikobehaftet ist, fehlt ihr die Zielrichtung, in die Rechte Dritter einzugreifen.

IX. Vereinbarung mit steuerlichem Bezug

1. Vereinbarungen zum Realsplitting

1034 Wie bereits dargestellt wurde,[2234] besteht ein Anspruch auf Zustimmung des anderen Ehegatten zur Durchführung des begrenzten Realsplittings, wenn die entstehenden Nachteile ersetzt werden.

1035 Diese Frage des Realsplittings ist sehr oft Gegenstand entsprechender vertraglicher Vereinbarungen, denn trotz grds. bestehender Zustimmungspflicht kann Verschiedenes vertraglich klargestellt werden. Der nachfolgende Vorschlag enthält zunächst die Verpflichtung, die Zustimmung durch Unterzeichnung der Anlage U zu erklären. Er sieht ferner neben der Freistellung von steuerlichen Nachteilen auch die Freistellung von wirtschaftlichen Nachteilen vor, allerdings jeweils nur solcher Nachteile, die nachgewiesen sind. Dies trägt dem Umstand Rechnung, dass die Einkunftserzielung zu immer mehr Nachteilen im sozialversicherungsrechtlichen Bereich führt.

▶ **Formulierungsvorschlag: begrenztes Realsplitting**

1036 .....

Ich, die Ehefrau, bin mit der Durchführung des begrenzten Realsplittings einverstanden und verpflichte mich hiermit, alle hierzu noch erforderlichen Erklärungen abzugeben und jährlich zu wiederholen, insbesondere aber die Anlage U zur Einkommensteuererklärung[2235] jährlich zu unterzeichnen.

Ich, der Ehemann, verpflichte mich, meine Ehefrau von allen ihr hierdurch entstehenden nachgewiesenen steuerlichen und sonstigen wirtschaftlichen[2236] Nachteilen freizustellen, und zwar unverzüglich nach Vorlage der entsprechenden Belege oder Bescheide. Zu diesen Nachteilen gehören auch Steuerberatungskosten, die vom begrenzten Realsplitting verursacht sind, bis zu höchstens ..... € jährlich.[2237]

Alternative:

..... nachgewiesenen steuerlichen Nachteilen freizustellen, und zwar .....

Eine Erstattungspflicht hinsichtlich sonstiger wirtschaftlicher Nachteile im Zusammenhang mit der Durchführung des Realsplittings ist jedoch – gleich aus welchem Rechtsgrund – ausdrücklich ausgeschlossen.[2238]

Die Ausgleichspflicht umfasst jedoch nicht Nachteile, die dem wieder verheirateten Unterhaltsgläubiger im Rahmen seines Ehegattensplittings entstehen.[2239]

2234 Rdn. 688 ff.; ausführlich hierzu C. Münch, FamRB 2006, 189 ff.
2235 Bzw. zum Antrag auf Lohnsteuerausgleich.
2236 Z.B. sozialversicherungsrechtliche Nachteile, vgl. FamRMandat-Unterhaltsrecht/Horndasch, § 3 Rn. 1536.
2237 MüHdbFamR/Arens, § 33 Rn. 119.
2238 MüHdbFamR/Arens, § 33 Rn. 119; im Gegensatz zur Musterformulierung schließt die Alternative den Ersatz wirtschaftlicher Nachteile aus. Dies führt zu einer besser kalkulierbaren Situation für den Ehegatten, der vom Realsplitting profitiert, berücksichtigt aber nicht die erheblichen Konsequenzen, die sich für den Unterhaltsberechtigten in vielen anderen Rechtsbereichen ergeben.
2239 So schon BGH, FamRZ 1992, 534. Zur Abgrenzung und Klarstellung kann dies jedoch durchaus in die Vereinbarung aufgenommen werden.

Alternative:

Von den per Saldo – d.h. nach Ausgleich der bei der Ehefrau zu ersetzenden Nachteile – verbleibenden Steuervorteilen steht der Ehefrau eine Quote von 3/7 zu.[2240]

Sicherheitsleistung kann stets insoweit nicht verlangt werden, als die Unterhaltspflicht im vergangenen Jahr erfüllt wurde.

2. Vereinbarungen zur Zuordnung steuerlicher Kinderentlastungen

Das Steuerrecht kennt in verschiedenen Bereichen kindbezogene Vergünstigungen,[2241] wie z.B. den Kinderfreibetrag nach § 32 Abs. 6 EStG, der nach einer Günstigerprüfung mit dem Kindergeld gezahlt werden kann, oder den Freibetrag für Betreuungs-, Erziehungs- oder Ausbildungsbedarf des Kindes nach § 32 Abs. 6 EStG und den Ausbildungsfreibetrag nach § 33a Abs. 2 EStG.[2242] Die steuerlichen Vorschriften gestatten unter verschiedenen Voraussetzungen eine Übertragung der Freibeträge auf den anderen Ehegatten (z.B. § 32 Abs. 6 Satz 6 EStG oder § 33a Abs. 2 Satz 5 EStG).[2243] Der BFH hat einerseits entschieden, eine Übertragung auf den anderen Elternteil sei ohne Zustimmung nicht möglich, wenn jeder Elternteil seiner Unterhaltspflicht nachkomme, sei es auch nur mit einem verhältnismäßig geringfügigen Beitrag.[2244] Andererseits hat er der Übertragung des Betreuungsfreibetrages zugestimmt auf Antrag des Elternteiles, bei dem das Kind gemeldet ist, ohne Rücksicht darauf, ob der andere Elternteil seine Unterhaltspflicht verletzt oder der Übertragung zugestimmt hat.[2245] Allerdings unterliegen die steuerlichen Vorschriften derzeit einem ständigen Wandel,[2246] sodass es wenig sinnvoll ist, konkrete steuerliche Vorschriften in einer vertraglichen Regelung anzusprechen. Allein Erziehende erhalten ab 01.01.2004 statt des Haushaltsfreibetrages nach § 32 Abs. 7 EStG einen Entlastungsbetrag nach § 24b EStG,[2247] der aber anders als der frühere Haushaltsfreibetrag nicht auf den anderen Ehegatten übertragbar ist.[2248] Allerdings können die Eltern bei annähernd gleichwertiger Betreuung des Kindes im Wechselmodell bestimmen, wem der Entlastungsbetrag zustehen soll.[2249] An die Berücksichtigung dieses Entlastungsbetrages knüpft § 38b Satz 2 Nr. 2 EStG nunmehr die Eingruppierung in die Steuerklasse II.[2250] Zur Übertragung der Freibeträge hat sich der BMF in einem eigenen Schreiben geäußert.[2251]

1037

Kindesbetreuungskosten bis zu 4.000 € je Kind bei Berücksichtigung von höchstens zwei Dritteln der Kosten sind seit VZ 2012 als Sonderausgaben nach § 10 Abs. 1 Nr. 5 EStG[2252] berücksichtigungs-

1038

2240 Ob der Unterhaltsberechtigte mittelbar eine Beteiligung i.R.d. Unterhaltsrechts erhält, da der Pflichtige leistungsfähiger ist, wird unterschiedlich beurteilt: BGH, FamRZ 1999, 372, 275 befürwortend, OLG Naumburg, FamRZ 2002, 959 ablehnend. Durch die Alternativformulierung wird hingegen ein Ausgleichsanspruch begründet.
2241 Ausführlich hierzu Hilmoth, Kinder im Steuerrecht, 5. Aufl., 2020.
2242 Vgl. zu den Einzelheiten Schmidt/Loschelder, § 32 Rn. 76 ff., § 33a Rn. 6 ff. oder Schröder/Bergschneider/Engels, 2. Aufl., Rn. 9.99 ff.
2243 Nach FG München, BStBl. 2013 II, 194 liegt darin kein Verstoß gegen das Grundgesetz; zur verfassungswidrigen Benachteiligung zusammenlebender Eltern Kinne/Kühn/Müller/Meyer, DStR 2017, 2463.
2244 BFH, BFH/NV 2005, 343.
2245 BFH, DStR 2006, 1263.
2246 Vgl. nur die Abschaffung des § 33c EStG nach dem Urteil des BVerfG, FamRZ 2005, 1058 und die Neuregelung der Kindesbetreuungskosten.
2247 Hierzu Anwendungsschreiben BMF, DStR 2017, 2437.
2248 Hierzu Plenker, DB 2004, 156 f.; Korn/Strahl, KÖSDI 2004, 14065; v. Proff zu Irnich, DStR 2004, 1904 ff.; Warnke, EStB 2005, 65 ff.; Bernhard, NWB, Fach, S. 3, 13029 mit Synopse der Rechtswirkungen von Alt- und Neuregelung.
2249 BFH, FamRZ 2010, 1438.
2250 Hierzu FinMin Saarland, DStR 2004, 356.
2251 BMF, BStBl. 2013 I, 845 f.
2252 Hierzu BMF, BStBl. 2012 I, 307; Hegemann/Hegemann, SteuK 2011, 455.

fähig. Ebenfalls seit 2012 ist die Anrechnung eigener Bezüge des Kindes etwa in § 32 Abs. 6 EStG weggefallen.

1039 Daher schlägt *Bergschneider* eine pauschale Regelung vor,[2253] auf welcher der nachfolgende Formulierungsvorschlag basiert.

▶ Formulierungsvorschlag: Zuordnung von steuerlichen Kinderentlastungen

1040 .....

Die Vertragsteile sind sich darüber einig, dass der Ehemann alle Rechte geltend machen kann, die sich aus der steuerlichen Entlastung durch Kinder ergeben. Die Ehefrau verpflichtet sich, alle hierzu etwa noch erforderlichen Erklärungen abzugeben und Freibeträge, soweit gesetzlich zulässig, auf den Ehemann zu übertragen, nicht für sich in Anspruch zu nehmen, auch nicht mittels Steuerklassenwahl.

Dieser hat der Ehefrau alle hierdurch entstehenden Nachteile zu ersetzen. Der verbleibende Steuervorteil ist als sein Einkommen bei der Unterhaltsberechnung zu berücksichtigen.

Die Verpflichtungen werden hinfällig ab dem Monat, in dem der Ehemann die steuerlichen Voraussetzungen für die Inanspruchnahme von Entlastungen nicht mehr erfüllt.[2254]

2253 Bergschneider, Rn. 403.
2254 So der Vorschlag von Ihle, notar 2010, 376.

Kapitel 7 Versorgungsausgleich

Übersicht	Rdn.
A. Die Reform des Versorgungsausgleichs	2
I. Ziele des Versorgungsausgleichs	3
II. Der Versorgungsausgleich vor der Reform	6
III. Der Reformprozess	14
B. Grundprinzipien und Aufbau des Versorgungsausgleichs	15
I. Hin- und Herausgleich durch Realteilung	15
II. Ehezeitanteile	18
III. Auszugleichende Anrechte	25
1. Allgemeine Voraussetzungen des § 2 VersAusglG	25
a) Betroffene Versorgungsanrechte	25
b) Zweckbestimmung	28
c) In der Ehezeit begründet oder aufrechterhalten	31
d) Nur Anrechte durch Vermögen oder Arbeit	33
e) Auf Rente gerichtet	45
f) Nicht auszugleichende Versorgungen	47
g) Regelsicherungssysteme	48
2. Kapitalrechte im Versorgungsausgleich	53
3. Abgrenzung zum Güterrecht bei Lebensversicherungen	60
4. Verhältnis zum Unterhaltsrecht	70
5. Abgetretene und verpfändete Anrechte	77
6. Fondsanteile	87
IV. Bewertung der Anrechte	98
1. Bewertungsvorschriften des VersAusglG	98
a) Unmittelbare Bewertung	99
b) Zeitratierliche Bewertung	100
c) Sondervorschriften	101
2. Verzinsungsproblematik	112
a) Abzinsung insb. betrieblicher Anrechte	113
b) Verzinsung nach Ehezeitende	116
3. § 5 Abs. 2 Satz 2 VersAusglG, insb. Problematik des Wertverzehrs	124
4. Der korrespondierende Kapitalwert	136
V. Ausgleichsarten	144
1. Der Wertausgleich bei Scheidung	148
a) Interne Teilung	150
aa) Definition	150
bb) Betriebsrenten – fehlende Anwartschaftsdynamik beim Berechtigten	153
cc) Voraussetzungen interner Teilung	155
dd) Verrechnung	160
ee) Teilungskosten	167
ff) Rechtsgestaltende Entscheidung des FamG	170
gg) Tenorierung	172
b) Externe Teilung	177
aa) Vereinbarung Ausgleichsberechtigter mit Versorgungsträger	178
bb) Einseitiges Verlangen des Versorgungsträgers	181
cc) Öffentlich-rechtliches Dienst- oder Amtsverhältnis	189
dd) Ehevertragliche Vereinbarung	193
ee) Zielversorgung	197
ff) Rechtsgestaltende Entscheidung des FamG	201
gg) Tenorierung	205
2. Ausgleichsansprüche nach Scheidung	210
VI. Ausnahmen	226
1. Unbilligkeit	226
2. Kurze Ehe	228
3. Geringfügigkeit	231
VII. Abänderung und Anpassung	241
1. Abänderung nach §§ 225 ff. FamFG	241
2. Anpassung	257
3. Anpassung im Todesfall	266
C. Neuregelung der Vereinbarungen zum Versorgungsausgleich, § 6 f. VersAusglG	268
I. Neue Rolle der Vereinbarungen	268
1. Aufgabe von Vereinbarungen	269
2. Regelungsbefugnisse, § 6 VersAusglG	276
II. Inhaltskontrolle kraft Gesetzes	280
1. Von der Rechtsprechungs- zur Gesetzesschranke	280
2. Versorgungsausgleich und Inhaltskontrolle	285
3. Regelungen zulasten der Grundsicherung	299
4. Anlassprüfung	303
III. Der korrespondierende Kapitalwert – das Maß aller Anrechte?	314
1. Wertberechnung nach dem VersAusglG	314

Kapitel 7 — Versorgungsausgleich

		Rdn.
	2. Korrespondierender Kapitalwert	320
IV.	Folgeänderungen außerhalb des VersAusglG	332
	1. Unterscheidung § 1408 BGB und § 1587o BGB a.F. obsolet	333
	2. Jahresfrist nicht mehr gültig	334
	3. Rechtsfolge Gütertrennung, § 1414 Satz 2 BGB aufgehoben	335
	4. Genehmigungspflicht nach § 1587o BGB a.F. abgeschafft	336
	5. Verbot des Supersplittings nach § 1587o I, 2 BGB a.F. abgeschafft	338
	6. Kein Rentner- oder Pensionärsprivileg mehr	340
	7. Keine Höchstgrenze mehr	351
V.	Anforderungen an Vereinbarungen nach neuem Recht	352
	1. Die Form der Vereinbarung	352
	2. Verbleibende Verbote	365
D.	**Vereinbarungsmöglichkeiten**	372
I.	Totalausschluss	372
II.	Partieller Ausschluss	383
	1. Einseitiger Ausschluss	384
	a) Korrespondierender Kapitalwert für Gesamtsaldo	388
	b) Einseitiges Rücktrittsrecht	397
	c) Ausschluss nur der Anrechte eines Ehegatten	400
	2. Ausschluss für bestimmte Ehezeiten	405
	a) Für Zeiten der Berufsaufgabe	406
	b) Für Zeiten der Trennung	409
	3. Ausschluss bestimmter Versorgungsanrechte	412
III.	Ausschluss mit Bedingungen oder Rücktrittsrecht	419
	1. Ausschluss mit auflösender Bedingung	420
	a) Berufsaufgabe	421
	b) Gegenleistung nicht erbracht	423
	2. Aufschiebende Bedingung	426
	3. Rücktrittsrechte	429
IV.	Begrenzungsvereinbarungen	433
	1. Geringere Quote	434
	2. Gewährung einer bestimmten Mindestversorgung	437
V.	Ausschluss mit Gegenleistung	450

		Rdn.
	1. Vermögensübertragung	451
	2. Nutzungsrecht	457
	3. Lebensversicherung	461
	4. Einzahlung in die gesetzliche Rentenversicherung	473
VI.	Vereinbarung zum Ausgleichsanspruch nach Scheidung	480
VII.	Vereinbarungen im Zusammenhang mit der Scheidung	487
	1. Barer Spitzenausgleich	489
	2. Verrechnung nach korrespondierendem Kapitalwert	492
	3. Verrechnung aufgrund von Rentenwerten	497
	4. Verrechnung bei externer Teilung	501
	5. Versorgungsausgleich bei Landesbeamten	504
	6. Verrechnung des Versorgungsausgleichs mit dem Zugewinn	519
	7. Vereinbarung unter Einbeziehung der Versorgungsträger	521
VIII.	Sonstige Vereinbarungen	525
	1. Vereinbarungen zur Geringfügigkeit	525
	2. Ausschluss bei kurzer Ehe	528
	3. Verzicht auf Abänderbarkeit	530
	4. Ausschluss von Härtegründen, § 27 VersAusglG	537
E.	**Steuerliche Auswirkungen des Versorgungsausgleichs und der Vereinbarungen**	539
I.	Neuregelung steuerlicher Auswirkungen	539
II.	Interne Teilung	541
	1. Besteuerung des Wertausgleichs	541
	2. Besteuerung des Leistungszuflusses	542
III.	Externe Teilung	543
	1. Einfluss der Besteuerung auf das materielle Recht	543
	2. Besteuerung des Wertausgleichs	544
	3. Besteuerung des Leistungszuflusses	547
IV.	Schädliche Verwendung geförderten Altersvorsorgevermögens	550
V.	Ausgleich nach Scheidung	551
VI.	Zahlungen zur Vermeidung eines Versorgungsausgleichs, § 10 Abs. 1 a Nr. 3 EStG und § 22 Nr. 1a EStG	556

1 Sowohl bei vorsorgenden Eheverträgen wie auch in Scheidungsvereinbarungen treffen die Ehegatten häufig Regelungen zum Versorgungsausgleich. Die nachfolgende Darstellung widmet sich zunächst den Grundprinzipien und dem Ablauf des Versorgungsausgleichs. Eine Detaildarstellung mit Anleitung zu versicherungsmathematischer Berechnung einzelner Anrechte ist nicht Ziel dieses Abschnitts.

A. Die Reform des Versorgungsausgleichs

Dazu kann auf vorhandene Spezialliteratur verwiesen werden.[1] Die folgenden Ausführungen fassen lediglich dasjenige Wissen zusammen, das der Rechtsanwender benötigt, um Verträge zum Versorgungsausgleich gestalten zu können. Mit der Reform des Versorgungsausgleichs sind die Vereinbarungen ganz erheblich aufgewertet worden, sodass die Rechtspraxis mehr noch als bisher zu vertraglichen Gestaltungen ermuntert wird.

A. Die Reform des Versorgungsausgleichs

Der Versorgungsausgleich wurde mit dem 1. Eherechtsgesetz zum **01.07.1977** eingeführt.[2] Nach mehreren Urteilen des BVerfG,[3] die zwar das Grundkonzept billigten,[4] aber einzelne Vorschriften des Versorgungsausgleichsrechts als verfassungswidrig verwarfen, trug das Gesetz zur Regelung von Härten im Versorgungsausgleich (**VAHRG**)[5] und später das Gesetz über weitere Maßnahmen auf dem Gebiet des Versorgungsausgleichs[6] den entsprechenden Bedenken des BVerfG Rechnung. Mit dem Hinzukommen der neuen Bundesländer im Zuge der Wiedervereinigung wurde der Versorgungsausgleich mit dem Gesetz zur Überleitung des Versorgungsausgleichs auf das Beitrittsgebiet (**VAÜG**)[7] auch auf diesen Bereich erstreckt, allerdings wegen der nach wie vor unterschiedlichen Entwicklung der Lebensverhältnisse in Ost und West in großen Teilen mit einem Moratorium belegt. Nach verschiedenen Änderungen der Barwertverordnung trat **zum 01.09.2009 das VersAusglG** in Kraft, das zu einer wesentlichen Veränderung des Systems führte.[8] Zu dieser Neuregelung des Versorgungsausgleichs hat es in den letzten Jahren eine intensive Rechtsprechung gegeben, die Grundlagen des neuen Rechts klargestellt hat und in dieses Kapitel einzuarbeiten war. In einigen Bereichen wurde bereits wieder nach einer Reform gerufen.[9]

I. Ziele des Versorgungsausgleichs

Der Versorgungsausgleich will – vor und nach der Reform – das **Recht auf gleiche Teilhabe** für den Bereich der **Versorgungsanrechte** realisieren. Das BVerfG[10] formuliert dies so:

»*Der Versorgungsausgleich dient ebenso wie der Zugewinnausgleich der Aufteilung von gemeinsam erwirtschaftetem Vermögen der Eheleute, welches nur wegen der in der Ehe gewählten Aufgabenverteilung[11] einem der Ehegatten rechtlich allein zugeordnet war*«.

Somit geht es – wie beim Zugewinn – um die Teilhabe an Vermögenswerten, die in der Vergangenheit erwirtschaftet wurden.[12] Aus diesem Grund kommt es auch nicht auf Bedürftigkeit oder Leis-

---

1 Bergner, Kommentar zum reformierten Versorgungsausgleich; Borth, Versorgungsausgleich, 8. Aufl. 2017; Glockner/Hoenes/Weil, Der Versorgungsausgleich, 2. Aufl., 2013; Hauß/Bührer, Versorgungsausgleich und Verfahren in der Praxis, 2. Aufl., 2014; Johannsen/Henrich/Holzwarth, Familienrecht, VersAusglG; Kemper, Das familienrechtliche Mandat – Versorgungsausgleich, 2. Aufl., 2016; Ruland, Versorgungsausgleich, 4. Aufl., 2015; Schwab/Ernst/Holzwarth, Handbuch des Scheidungsrechts, 8. Aufl., 2019.
2 BGBl. 1976 I, S. 1421.
3 BVerfG, FamRZ 1980, 326 ff.; BVerfG, FamRZ 1983, 40 f.; BVerfG, FamRZ 1983, 342.
4 BVerfG, NJW 1980, 692 ff.
5 BGBl. 1983 I, S. 105.
6 BGBl. 1986 I, 2319.
7 BGBl. 1991 I, 1606.
8 Ein Gegenentwurf findet sich bei Bergner, FuR Sonderbeilage zu Heft 5/2008; zum RegE nimmt Borth, FamRZ 2008, 1797 ff. Stellung.
9 Vgl. etwa die Initiativstellungnahme des Deutschen Anwaltsvereins, FamRZ 2013, 928 f.; Bergmann, FuR 2014, 149 f.; Bergner FamFR 2012, 553; Gesetzentwurf Bündnis 90/Die Grünen, BT-Drucks. 18/3210.
10 BVerfG, FPR 2003, 465 = FamRZ 2003, 1173.
11 Gemeint ist die Verteilung von Erwerbsarbeit und Haushaltsführung bzw. Kindesbetreuung.
12 Palandt/Brudermüller, BGB, Einl. v. VersAusglG, Rn. 1.

tungsfähigkeit an wie beim Unterhalt. Vom Güterstand ist der Versorgungsausgleich aber unabhängig, § 2 Abs. 4 VersAusglG; er findet also auch bei Gütertrennung Anwendung.[13]

5 Die **Verteilung der Versorgungsanrechte**[14] wird im Regelfall so vorgenommen, dass der Berechtigte ein eigenes Anrecht erhält, sodass seine Versorgung nicht weiter dem Einfluss des Pflichtigen unterliegt. Damit wird zugleich eine **eigenständige soziale Sicherung** des ausgleichsberechtigten Ehegatten angestrebt.[15]

II. Der Versorgungsausgleich vor der Reform

6 Der Versorgungsausgleich vor der Reform war durch das **Prinzip des Einmalausgleichs** geprägt. Hierzu wurden alle Anrechte in eine Ausgleichsbilanz eingestellt.

7 Um dies zu leisten, mussten die verschiedenen Anrechte zunächst festgestellt und dann in die **Ausgleichsbilanz** in vergleichbarer Weise aufgenommen werden. Dies erforderte eine **Bewertung und einheitliche Dynamisierung** der Anrechte. Da im Vordergrund beim früheren öffentlich-rechtlichen Versorgungsausgleich die Begründung von Anwartschaften in der **gesetzlichen Rentenversicherung** stand und da dies die häufigste Versorgungsform war, hatte der Gesetzgeber diese Anwartschaften zum **Maßstab für die Dynamisierung** erhoben, §§ 1587a Abs. 3, Abs. 4 BGB a.F.

8 Für die Versorgungsausgleichsbilanz waren nur diejenigen Anrechte zu berücksichtigen, die in der Ehezeit erworben wurden, § 1587 Abs. 1 BGB a.F. Sodann war der Saldo der jeweiligen monatlichen Versorgungsanrechte zu ermitteln, um die einheitliche Ausgleichsrichtung und die Anspruchshöhe festzustellen.

9 Die Dynamisierung der nicht voll dynamischen Anrechte geschah mithilfe der sog. **Barwertverordnung**, deren Benutzung zwingend war, sodass keine mathematische Einzelberechnung stattfinden konnte,[16] außer sie wäre vertraglich vereinbart worden.[17] Mithilfe der Barwertverordnung wurde ein Barwert errechnet, der versicherungsmathematisch den aktuellen Wert aller künftigen Leistungen aus einem Anrecht darstellte.[18] Aus dem Barwert wurden sodann mithilfe der maßgebenden Rechengrößen der Sozialversicherung die Entgeltpunkte der gesetzlichen Rentenversorgung errechnet. Diese Entgeltpunkte wurden dann wiederum mithilfe des aktuellen Rentenwertes nach § 68 SGB VI in eine Rentenanwartschaft umgerechnet.[19]

10 Die Barwertverordnung wurde nach Beanstandungen des BGH und des BVerfG[20] angepasst, um den Bedenken des BGH Rechnung zu tragen.[21]

Diese **Neufassung** hatte der BGH zunächst gebilligt, wenn auch zunächst mit der Einschränkung »jedenfalls derzeit«.[22] Auch nach dieser Änderung wurden jedoch gegen die **Verfassungsmäßigkeit**

---

13 Zu steuerlichen Fragen des Versorgungsausgleichs vgl. Göppinger/Rakete-Dombek/Märkle, 9. Teil, Rn. 81 ff.
14 Diesen Begriff verwendet § 2 Abs. 1 VersAusglG als Oberbegriff für Anwartschaften auf Versorgung und Ansprüche aus laufender Versorgung.
15 Nach Langenfeld, 4. Aufl., Rn. 246 erweisen sich diese verschiedenen Zielsetzungen im Hinblick auf die Frage der Dispositionsmöglichkeit der Parteien als antagonistisch.
16 BGH, FamRZ 2003, 1639; Palandt/Brudermüller, BGB, 68. Aufl., 2009, § 1587a Rn. 10.
17 Hierzu Goering, FamRB 2004, 64, 95, 98.
18 Palandt/Brudermüller, 68. Aufl., 2009, § 1587a Rn. 105.
19 Berechnungsbeispiel etwa bei Johannsen/Henrich/Hahne, 4. Aufl., § 1587a Rn. 241.
20 BGH, FamRZ 2001, 1695, 1698 ff. m. Anm. Kemnade; BVerfG, FamRZ 2006, 1000.
21 BGBl. 2003 I, S. 728 ff.; zuletzt geändert durch die vierte Verordnung zur Änderung der BarwertVO, BGBl. 2008 I, S. 969 und das Gesetz zur Strukturreform des Versorgungsausgleichs, BGBl. 2009 I, S. 700; vgl. FamRZ 2006, 914 ff.
22 BGH, FamRZ 2003, 1639.

der Barwertverordnung **massive Bedenken** erhoben und Gerichte stellten die Verfassungswidrigkeit auch der neuen Barwertverordnung fest.[23]

Es blieben somit unter Zugrundelegung der Barwertverordnung grundlegende systematische Mängel, die dazu führten – das zeigte sich immer deutlicher[24] –, dass das Ziel der Halbteilung zunehmend verfehlt wurde. Als Begründung hierfür wurde v.a. genannt, dass die Prognose über die künftige Wertentwicklung einer Versorgung und deren Vergleich mit einer anderen nicht rechtssicher zu treffen seien.[25] In einem Massenverfahren war man freilich auf eine pauschalierende Lösung angewiesen.[26]

Zu diesem Gerechtigkeitsdefizit trat mit dem Wandel im System der Altersversorgung ein zweiter Punkt hinzu, der eine Reform unaufschiebbar werden ließ. Da die staatliche Rentenversicherung zur alleinigen Versorgung im Alter immer weniger allein ausreichend war, traten neue Formen der Altersvorsorge hinzu, zum einen eine stetig verbesserte betriebliche Altersvorsorge[27] und zum anderen als dritte Säule eine verstärkte private Vorsorge mit Einführung der Riester- und Rürupprenten und ihrer staatlichen Förderung. Diese neuen Formen der Altersvorsorge waren in dem an der Rentenversicherung orientierten alten Versorgungsausgleichsrecht nicht ausreichend erfasst.

Als weitere Kritikpunkte am früheren Versorgungsausgleich wurden genannt, dass Abänderungen häufig unterblieben oder der schuldrechtliche Versorgungsausgleich lange nach der Scheidung nicht mehr durchgeführt wurde.[28]

III. Der Reformprozess

Seit dem Jahr 2003 tagte eine Kommission zur Strukturreform des Versorgungsausgleichs, die eine Einteilung in zwei Gruppen von Versorgungsanrechten vorschlug. Das BMJ ging jedoch einen anderen Weg[29] und so konnte in kurzer Zeit das Gesetz zur Strukturreform des Versorgungsausgleichs verabschiedet werden.[30] Dieses wurde noch ergänzt um das Gesetz über die Versorgungsausgleichskasse.[31] Somit gilt das neue Recht seit 01.09.2009. Es hat die Materie aus dem BGB herausgelöst und im eigenen VersAusglG geregelt, das als ein kurzes und sprachlich verständiges Gesetz Lob erfahren hat.[32] Nach 10 Jahren Anwendung fällt die Bilanz der Reform freilich gemischt aus.[33]

---

23 Bergner, NJW 2006, 1558 ff. und NJW 2006, 2157 ff.; zu einer alternativen Berechnung Bergner, Beilage zu NJW 25/2006; OLG Oldenburg, FamRB 2006, 268 ff.; a.A. OLG Celle, NJW 2006, 3574 und OLG Nürnberg, FamRZ 2006, 1846: Ist verfassungsgemäß.
24 Bergschneider, RNotZ 2009, 457; Hauß/Bührer, Rn. 15.
25 Bredthauer, FPR 2009, 500; Hauß/Bührer, Rn. 13.
26 Vgl. Erman/Wellenhofer, 12. Aufl., 2008, § 1587a Rn. 80 und Erläuterung der Barwertverordnung im Anhang zu § 1587a.
27 Gesetzlich gefördert v.a. durch das zum 01.01.2002 in Kraft getretene Altersvermögensgesetz (BGBl. 2001 I, 1310), das zumindest einen Organisationsanspruch gegen den Arbeitgeber für eine durch den Arbeitnehmer finanzierte Rente gab; vgl. die Übersicht bei MünchKomm-BGB/Müller-Glöge, § 611 Rn. 1235 ff.; zur steuerlichen Förderung zuletzt BMF v. 21.12.2017, BeckVerw 350890.
28 Bergschneider, RNotZ 2009, 457.
29 Zur Geschichte des Versorgungsausgleichs Ruland, Rn. 24 ff.
30 BGBl. 2009 I, 700.
31 BGBl. 2009 I, 1939, 1947; geändert BGBl. 2011 I, 3065; zum Start der Versorgungsausgleichskasse zum 01.04.2010 Borth, FamRZ 2010, 702; Marian, FamRZ 2011, 1265 f.
32 Göppinger/Börger/Brüggen, 9. Aufl., 3. Teil, Rn. 3.
33 Vgl. etwa Bergmann, NZFam 2019, 750 f.

B. Grundprinzipien und Aufbau des Versorgungsausgleichs

I. Hin- und Herausgleich durch Realteilung

15 Wichtigste Änderung ist die Abschaffung des Einmalausgleichs. Mit dem neuen Versorgungsausgleichsrecht wird jedes Anrecht geteilt. Es gibt also nunmehr keine Saldierung mehr, d.h. die Anrechte müssen grds. nicht mehr unter sich vergleichbar gemacht werden, um den Versorgungsausgleich durchzuführen. Demzufolge konnte die Barwertverordnung abgeschafft werden. Es gibt nicht mehr eine Teilung, sondern so viele Teilungen, wie Anrechte vorhanden sind und zwar in beide Richtungen. Nach Durchführung des Versorgungsausgleichs bestehen somit – von Verrechnungen oder Geringfügigkeitsfällen abgesehen – doppelt so viele Anrechte wie zuvor. Daraus wird ersichtlich, dass eine Zersplitterung von Anrechten droht. Hier liegt einer der Hauptgründe für sinnvolle Vereinbarungen zum Versorgungsausgleich. Die Neuerung wird zugleich dazu führen, dass das bestehende »Ost-Moratorium« dadurch aufgelöst wird, dass Ost-Anrechte zukünftig direkt geteilt werden können. Für Ansprüche ab dem Jahr 2025 gilt dann die Trennung in Ansprüche Ost-West nicht mehr.[34]

▶ **Hinweis:**

16 Mit der Änderung des Versorgungsausgleichs ist ein vollständiger Systemwechsel verbunden. Es bestehen grds. so viele Ausgleiche wie Anrechte. Die einzelnen Anrechte müssen nicht mehr verglichen werden. Es gibt nicht mehr – und dies ist für die Vertragsgestaltung von besonderer Bedeutung – den per Saldo »insgesamt ausgleichsberechtigten« und »insgesamt ausgleichspflichtigen« Ehegatten, sondern jeder ist für die Anrechte des anderen ausgleichsberechtigt und für seine eigenen Anrechte ausgleichsverpflichtet.

17 Wie noch näher darzulegen sein wird, hat das VersAusglG eine Reihenfolge der Ausgleichsarten vorgegeben, die sich am Ziel einer Realteilung orientiert, die möglichst nahe an eine Halbteilung kommt. Daher sind Anrechte nach § 9 Abs. 2 VersAusglG zunächst intern nach §§ 10 bis 13 VersAusglG zu teilen und nur ausnahmsweise extern zu teilen (einseitiges Verlangen des Versorgungsträgers bis zu bestimmten Grenzen, Vereinbarung oder Anrechte aus öffentlich-rechtlichem Dienstverhältnis). Nur bei fehlender Ausgleichsreife soll es zu einem Wertausgleich nach Scheidung kommen, der somit ggü. dem früheren schuldrechtlichen Versorgungsausgleich sehr zurückgedrängt wird.[35]

II. Ehezeitanteile

18 § 1 Abs. 1 VersAusglG definiert als **Ehezeitanteile** diejenigen Anteile von Anrechten, welche in der Ehezeit erworben wurden. Die Ehezeitanteile sind dann im Versorgungsausgleich hälftig zu teilen.

19 Die **Ehezeit** wird in § 3 Abs. 1 VersAusglG festgelegt. Sie reicht vom ersten Tag des Monats an, in dem die Ehe geschlossen wird, bis zum letzten Tag des Monats vor Zustellung des Scheidungsantrags.

▶ **Hinweis:**

20 Die Ehezeit beim Versorgungsausgleich nach der Definition des § 3 Abs. 1 VersAusglG weicht von der Ehezeit des Zugewinns (Tag der Heirat bis Rechtshängigkeit des Scheidungsantrags) ab!

21 In der Endfassung des VersAusglG wurde in § 3 Abs. 2 VersAusglG das »**In-Prinzip**« festgeschrieben. Danach ist entscheidend, dass das Anrecht **in der Ehezeit begründet** wurde, **nicht** hingegen, ob es **für die Ehezeit** begründet wurde. Werden daher in der Ehezeit Beiträge für die Zeit vorher

---

[34] Rentenüberleitungs-Abschlussgesetz (BGBl. 2017 I, 2575); hierzu Borth, FamRZ 2017, 1542.
[35] Bergschneider, Rn. 848.

B. Grundprinzipien und Aufbau des Versorgungsausgleichs

nachentrichtet, so sind diese gleichwohl ausgleichungspflichtig. Zahlungen nach der Ehe für den Zeitraum der Ehe bleiben hingegen unberücksichtigt.[36]

▶ **Hinweis:**

Entrichtet ein Ehegatte in einer zweiten Ehe sog. Wiederauffüllungsbeträge, um den Verlust durch den Versorgungsausgleich bei Scheidung der ersten Ehe auszugleichen (§ 187 Abs. 1 Nr. 1 SGB VI), so werden die dadurch entstehenden Anrechte bei Scheidung der zweiten Ehe dort im Versorgungsausgleich berücksichtigt.[37]

22

Allerdings hat der BGH bei der **Nachentrichtung von Beiträgen** in einer Zeit, die zwar versorgungsausgleichsrechtlich, nicht aber güterrechtlich als Ehezeit gilt oder umgekehrt, ausgesprochen, dass eine doppelte Benachteiligung des nachentrichtenden Ehegatten auf jeden Fall vermieden werden müsse, um Manipulationen zu verhindern und einen Abgleich mit dem Zugewinn zu erreichen.[38]

23

Das Ehezeitende nach § 3 Abs. 1 VersAusglG – insoweit wird man die Rechtsprechung zu § 1587 Abs. 2 BGB a.F. übernehmen können – soll auch dann maßgeblich sein, wenn eine Aussetzung und ein Stillstand des Verfahrens vorliegen.[39] Allerdings soll eine Berufung auf das (frühe) Ehezeitende i.S.d. § 3 Abs. 1 VersAusglG dann gegen Treu und Glauben verstoßen, wenn der Ehescheidungsrechtsstreit nach erfolgter Aussöhnung in Vergessenheit geraten oder die **eheliche Lebensgemeinschaft** in der Zwischenzeit **langfristig wieder aufgenommen** worden ist. Abzustellen ist in solchen Fällen auf das Ende des Monats, der dem Antrag vorangegangen ist, das seit längerer Zeit terminlos gestellte Ehescheidungsverfahren fortzuführen. Wieweit es nach Treu und Glauben geboten sein kann, bei lang andauernder (erneuter) Trennung der Ehegatten einen früheren Zeitpunkt als den der Fortführung des Ehescheidungsverfahrens zugrunde zu legen, hat der BGH offengelassen.[40] Der Wertverzehr bei längerer Verfahrensdauer ist gesondert behandelt.[41]

24

III. Auszugleichende Anrechte

1. Allgemeine Voraussetzungen des § 2 VersAusglG

a) Betroffene Versorgungsanrechte[42]

§ 2 Abs. 1 VersAusglG knüpft an den für das VersAusglG zentralen Begriff des Anrechtes an. Als Anrecht werden definiert Anwartschaften auf Versorgung und Ansprüche auf laufende Versorgung. Den Begriff der Aussicht auf eine Versorgung, wie ihn § 1587 Abs. 1 BGB a.F. kannte, wird nicht mehr verwendet. Die Fallgestaltungen werden vielmehr nun einheitlich unter den Begriff der Anwartschaft subsumiert.[43]

25

Unter einer **Anwartschaft** versteht man eine nach Grund und Höhe gesicherte Erwartung, nach Erfüllung aller Voraussetzungen eine Versorgung zu erhalten.[44] Es handelt sich um eine Vorstufe zur Versorgungsleistung. Nach § 2 Abs. 3 VersAusglG liegt eine Anwartschaft auch dann vor, wenn am

26

---

36 BGH, FamRZ 1984, 569.
37 BGH, FamRZ 2007, 1719; Glockner/Hoenes/Weil, § 5 Rn. 46.
38 BGH, FamRZ 1996, 1538 ff.; vgl. auch Johannsen/Henrich/Holzwarth, § 2 VersAusglG Rn. 40.
39 BGH, FamRZ 1983, 38, 39; BGH, FamRZ 2004, 1364; BGH, FamRZ 2006, 260 m. Anm. Schröder, FamRZ 2006, 682 ff.
40 BGH, FamRZ 1986, 335 f. Eine Ausnahme macht auch OLG Karlsruhe, FamRB 2003, 210, wenn ein früherer Ehescheidungsantrag vergessen wurde und die Ehegatten weiterhin zusammengelebt hatten. Maßgeblich soll hier der letzte Tag des Monats vor Wiederaufnahme sein.
41 Vgl. Rdn. 124.
42 Eine Kurzübersicht über die typischen Versorgungssysteme gibt Reetz, § 11.
43 Bergner, § 3 Rn. 2.1.; Hoppenz, A.IV., § 3 Rn. 3.
44 BVerfG, FamRZ 1980, 326, 332; BGH, FamRZ 1981, 856 ff.

27 Die allgemeinen Voraussetzungen der Anrechte, die dem Versorgungsausgleich unterliegen, entsprechen weitgehend dem früheren § 1587 Abs. 1 BGB a.F. Eine Lebensversicherung, die ein Ehegatte als Versicherungsnehmer auf das Leben eines Dritten (hier Kind) abgeschlossen hat und für die ihm das Bezugsrecht noch zusteht, fällt nach Ansicht des OLG Brandenburg in den Versorgungsausgleich,[46] nach Ansicht des OLG Zweibrücken hingegen nicht.[47]

Ende der Ehezeit eine für das Anrecht maßgebliche Wartezeit, Mindestbeschäftigungszeit, Mindestversicherungszeit oder ähnliche zeitliche Voraussetzung noch nicht erfüllt ist.[45]

b) Zweckbestimmung

28 Die **Versorgung** muss der **Absicherung im Alter oder bei Invalidität** dienen. Entscheidend ist also diese Zweckbestimmung der Anrechte.[48] Als **Zweckbestimmung** genügt auch nicht allgemein die Versorgung, sondern es muss sich um einen der beiden in § 2 Abs. 2 Nr. 2 VersAusglG genannten Versorgungsfälle handeln. Mit anderen Worten muss das Versorgungsanrecht gerade der Versorgung im Anschluss an die Beendigung des aktiven Arbeitslebens dienen.[49]

29 Für eine **Altersversorgung** ist kennzeichnend, dass sie von einer bestimmten Altersgrenze an regelmäßig lebenslang – ausreichend ist aber auch eine zeitlich begrenzte Zahlung, soweit sich die Dauer ihrer Gewährung feststellen lässt –[50] zugesagt ist. Dabei kommt es nicht darauf an, dass die Altersgrenze der Regelaltersgrenze von Rentenversicherung oder Beamtenversorgung entspricht.[51] Nicht für Alter und Invalidität eines Ehegatten sind sog. Kinderrentenversicherungen bestimmt, wonach die Rente bei Beginn der Altersgrenze für den Rentenbezug der Kinder zu zahlen ist. Allein die Sekundärrechte auf Beitragsrückerstattung im Fall des Vorversterbens der Kinder oder Kündigung der Verträge zum Erhalt der Rückkaufswerte rechtfertigen nicht die Einbeziehung in den Versorgungsausgleich.[52]

30 Eine **Versorgung wegen Invalidität**[53] umfasst die Entgeltersatzleistungen der gesetzlichen Rentenversicherung bei einem Erwerbsunvermögen, das auf einem Körper- oder Gesundheitsschaden beruht. Die strengeren Voraussetzungen der gesetzlichen Rentenversicherung brauchen hierzu nicht erfüllt zu sein.[54] Zu beachten ist allerdings die Sondervorschrift des § 28 VersAusglG. Danach sind Anrechte aus Privatvorsorge wegen Invalidität nur selten auszugleichen, denn ein solcher Ausgleich hat zur Voraussetzung, dass der Versicherungsfall in der Ehezeit eingetreten ist und die ausgleichsberechtigte Person am Ende der Ehezeit eine laufende Versorgung wegen Invalidität bezieht oder die gesundheitlichen Voraussetzungen dafür erfüllt. Der BGH will § 28 VersAusglG auf betriebliche Invaliditätsversorgungen nicht analog anwenden, ihm aber einen allgemeinen Rechtsgedanken entnehmen, dass bei einer Teilung zu berücksichtigen sei, dass der Ausgleichspflichtige mit der Rente auch die Zeit bis zur Erreichung der Altersrente abdecken müsse. Das sei im Rahmen des § 27 VersAusglG zu berücksichtigen.[55]

---

45 Vgl. auch OLG Schleswig, FamRB 2004, 82.
46 OLG Brandenburg, FamRB 2015, 169.
47 OLG Zweibrücken, FamRZ 2011, 1228.
48 BGH, FamRZ 1988, 936, 937.
49 BGH, FamRZ 1988, 936, 938.
50 Johannsen/Henrich/Holzwarth, § 2 VersAusglG Rn. 22.
51 Palandt/Brudermüller, § 2 VersAusglG Rn. 8.
52 OLG Hamm, NZFam 2016, 1108 m. Anm. Bergmann.
53 Invalidität ersetzt ohne sachliche Änderung den Begriff der verminderten Erwerbsfähigkeit (Palandt/Brudermüller, § 2 VersAusglG Rn. 8). Der Terminus der Erwerbsminderung ersetzt nunmehr in § 43 SGB VI die früher in §§ 43, 44 SGB VI verwendeten Begriffe der Berufs- und Erwerbsunfähigkeit.
54 Johannsen/Henrich/Holzwarth, § 2 VersAusglG Rn. 23.
55 BGH, NZFam 2017, 952.

c) In der Ehezeit begründet oder aufrechterhalten

Begründet wurde ein **Versorgungsanrecht** in der Ehezeit, wenn in der Ehezeit die Voraussetzungen für sein Entstehen oder auch nur für sein Erhöhen eingetreten sind. **Aufrechterhalten** wird hingegen ein Versorgungsanrecht, wenn die Bedingungen für die Versorgung auch während der Ehezeit erfüllt worden sind.[56] Dies liegt auch dann vor, wenn sich während der Ehezeit kein weiterer Wertzuwachs ergeben hat, wie bei einem Beamten, der nach 40 Dienstjahren gem. § 14 BeamtVG seine höchste Versorgung bereits erreicht hat.[57] Ein erst nach der Ehezeit begründetes Anrecht fällt auch dann nicht in den Versorgungsausgleich, wenn Ehezeiten als versorgungsrelevante Zeiten bei der Bemessung der Versorgung berücksichtigt werden.[58] Ein betriebliches Anrecht ist in der Ehezeit erworben, wenn und soweit die Tätigkeiten in der Ehe ausgeübt wurden. Der Zeitpunkt der Versorgungszusage ist dann ohne Bedeutung. Wird umgekehrt der Arbeitsvertrag in der Ehezeit geschlossen, die Arbeit aber erst danach aufgenommen, so entsteht insoweit kein ausgleichspflichtiger Ehezeitanteil.[59] Auch ein sog. »Dynamisierungszuwachs« ist während der Ehe entstanden, kann aber durch Vereinbarung vom Versorgungsausgleich ausgenommen werden.[60]

Zeitwertkonten oder **Wertguthaben** werden in der Ansparphase begründet, um später in einer Freistellungsphase die Lohnzahlung fortzusetzen. In der Ansparphase unterliegen sie noch nicht dem Versorgungsausgleich, sondern erst in der Freistellungsphase, erst dann sind auch Sozialversicherungsbeiträge auf die entnommenen Beträge abzuführen, §§ 9b ff. SGB IV.[61]

d) Nur Anrechte durch Vermögen oder Arbeit

Als auf der gemeinsamen Lebensleistung der Ehegatten beruhend werden nur Anrechte angesehen, die durch Vermögen oder Arbeit geschaffen oder aufrechterhalten werden.

Auch erhöhte Anrechte nach § 162 Nr. 2 SGB VI für Menschen mit Behinderung, die in geförderten Werkstätten für Behinderte arbeiten, unterliegen in vollem Umfang dem Versorgungsausgleich.[62]

Damit scheiden alle Anrechte aus, die durch unmittelbare **Zuwendung Dritter** aufgrund einer Zahlung direkt an den Versorgungsträger erworben wurden.[63] Haben dagegen Dritte dem Ehepartner Geldmittel zur Verfügung gestellt, die dieser für den Erwerb von Versorgungsanrechten verwendet hat, so sollen diese Versorgungen grds. dem Versorgungsausgleich unterliegen, selbst dann, wenn die Geldmittel zweckgebunden gewährt worden waren.[64] Sind die Versorgungsanrechte hingegen mithilfe des Vermögens des anderen Ehegatten erworben worden, so sind sie nach OLG Frankfurt am Main in den Versorgungsausgleich einzubeziehen.[65]

Eine Ausnahme hat der BGH aber nun für **Schadensersatzleistungen** im Hinblick auf Rentenversicherungsbeiträge angeordnet, die aufgrund der Bestimmung des § 119 Abs. 1 SGB X direkt von Schädiger bzw. dessen Versicherung in die gesetzliche Rentenversicherung gezahlt werden. § 119 SGB X diene nur dem Schutz des Versicherten, dass dieser nicht anderweitig über die Beiträge dis-

---

56 MünchKomm-BGB/Siede, § 2 VersAusglG Rn. 20.
57 Johannsen/Henrich/Holzwarth, § 2 VersAusglG Rn. 17.
58 BGH, FamRZ 1984, 569.
59 BGH, FamRZ 2011, 1216; Brudermüller, NJW 2011, 3196, 3199.
60 Muster bei Reetz, § 3, Rn. 77 f.
61 OLG Celle, FamRZ 2014, 1699; Ruland, Kap. 3, Rn. 163.
62 BGH, FamRZ 2018, 904.
63 BGH, FamRZ 1983, 262, 263; OLG Koblenz, OLGR 2005, 256.
64 BGH, FamRZ 1987, 48, 49; a.A. keine Einbeziehung in den Versorgungsausgleich bei zweckgebundener Zuwendung, die der Direktzahlung vergleichbar ist: Johannsen/Henrich/Holzwarth, § 2 VersAusglG Rn. 20.
65 OLG Frankfurt am Main, FamRB 2005, 230.

ponieren solle. Es sei aber lediglich dessen Schadensersatz eingezahlt worden, sodass dies die Einbeziehung in den Versorgungsausgleich rechtfertige.[66]

37 Wurde **Anfangsvermögen**, das bei Eheschließung vorhanden war, zur Begründung von Versorgungsanrechten verwendet, so unterliegen diese dennoch dem Versorgungsausgleich,[67] da es an einer dem § 1374 Abs. 2 BGB vergleichbaren Vorschrift fehlt.[68] Der BGH hat dies bestätigt und die Unbilligkeit des Versorgungsausgleichs ausdrücklich abgelehnt.[69]

38 Wird allerdings Kapital, das durch einen zertifizierten Altersvorsorgevertrag schon vor der Ehezeit gebildet wurde, nach Kündigung des Vertrages während der Ehezeit auf einen anderen zertifizierten Altersvorsorgevertrag übertragen (Anbieterwechsel), so soll versorgungsausgleichsrechtlich ein einheitliches Anrecht vorliegen, das nur hinsichtlich des ehezeitlich gebildeten Kapitals auszugleichen ist.[70]

▶ Hinweis:

39 Durch ehevertragliche Vereinbarung,[71] die auch die Auswirkungen auf den Zugewinn bedenkt, kann ein Anrecht aus dem Versorgungsausgleich ausgeschlossen werden, das mit Anfangsvermögen gebildet wurde, zumal dieser Ausgleich als ungerecht empfunden wird, der nur durch die Umstrukturierung von Vermögen zustande kommt.

40 Versorgungsanrechte, welche mit Mitteln begründet wurden, die aus einem vorzeitigen **Zugewinnausgleich** oder einer Vermögensauseinandersetzung stammen, unterfallen hingegen nicht dem Versorgungsausgleich, denn es handelt sich lediglich um eine Umschichtung gerade solchen Vermögens, das dem betroffenen Ehegatten alleine zukommen sollte.[72]

41 Problematisch sind **Anrechte**, die **nach einer Vereinbarung von Gütertrennung** und Verzicht auf Zugewinn für die Vergangenheit **aus dem so begünstigten Vermögen gebildet** wurden. Das KG[73] und das OLG Hamm[74] wollen solche Anrechte nicht im Versorgungsausgleich ausgleichen. Ebenso hat das OLG Hamm[75] mit einem sehr umstrittenen Urteil aus dem Versorgungsausgleich eine private Rentenversicherung herausgenommen, welche ein Ehegatte zeitlich nach einer vereinbarten Gütertrennung mit Mitteln seines Privatvermögens begründet hatte. Unter Berufung auf das Doppelverwertungsverbot hat das OLG den Fall gleichgestellt, dass ein Vermögen dauerhaft einem weiteren Ausgleich entzogen ist. Das Urteil kann sich auf diese Begründung jedoch nicht stützen, da es gerade nicht zu einer Doppelverwertung kam. Das Umschichten von Vermögen in den Anwendungsbereich des Versorgungsausgleichs ist vielmehr eigenständig zu werten.

42 Dafür hat der **BGH** jedoch nun eindeutig ausgesprochen, dass es auf die **Herkunft und den Erwerbszeitpunkt des Geldes, mit dem die Anrechte begründet wurden, nicht ankomme**.[76] Damit dürfte diese Frage höchstrichterlich entschieden sein. Im Fall des BGH war sogar Anfangsvermögen betroffen. Die Entscheidung stieß durchaus auch auf Ablehnung. *Bergschneider* argumentiert, Sinn des Versorgungsausgleichs sei es, diejenigen Anrechte zu teilen, die durch in der Ehe geleistete Arbeit erworben worden seien, nicht durch bloße Vermögensumschichtung.[77]

---

66 BGH, FuR 2018, 365 = FamRZ 2018, 992.
67 KG, FamRZ 1996, 1552, 1553.
68 OLG Nürnberg, OLGR 2005, 158.
69 BGH, FamRZ 2011, 877; BGH, FamRZ 2012, 434; OLG Frankfurt am Main, FamRZ 2019, 1413.
70 BGH, FamRB 2018, 470 = FamRZ 2018, 1741 m. Anm. Holzwarth.
71 S. hierzu Rdn. 418.
72 OLG Köln, FamRZ 1996, 1549 f.
73 KG, FamRZ 2003, 39.
74 OLG Hamm, FamRZ 2006, 795.
75 OLG Hamm, NJW-RR 2006, 652 f.
76 BGH, FamRZ 2012, 434 f.; Lehmann/Schulz, ZEV 2012, 538, 541.
77 Bergschneider, FamRZ 2012, 435.

Dem Versorgungsausgleich unterfallen danach auch **Leibgedingsrechte**, die durch Vermögensübergabe im Wege der vorweggenommenen Erbfolge erworben wurden.[78] Allerdings hat der BGH entschieden, dass bei einem **Hofübergabevertrag**, bei dem der **Rentenanspruch** bei wesentlichen Veränderungen der Abänderbarkeit nach § 323a ZPO (früher § 323 ZPO) unterworfen ist, eine Ausgleichsreife nicht vorliegt, da die Rente auch geringer werden kann und somit nicht ausreichend verfestigt ist i.S.d. § 19 Abs. 2 Nr. 1 VersAusglG. Es bleibt daher nur ein Versorgungsausgleich nach Scheidung gem. §§ 19 ff. VersAusglG.[79] Immerhin ist damit anerkannt, dass das Leibgedingsrecht in der Ehe durch Vermögen geschaffen wurde. 43

▶ Hinweis:

Angesichts der Einbeziehung der Leibgedingsrente in den Versorgungsausgleich ist bei der **Vertragsgestaltung** ggf. intensiver zu überlegen, wem diese Rente gewährt wird. Häufig werden beide Ehegatten als Gesamtberechtigte benannt, auch wenn der Hof nur im Eigentum eines Ehegatten steht. Zuweilen wird die Rente für den Nichteigentümer auch erst aufschiebend bedingt durch den Tod des Eigentümers vereinbart. Dafür sind nicht zuletzt steuerliche Gründe – Zuwendung einerseits, Gegenleistungsberechnung andererseits – maßgeblich. 44

Umstritten ist, wie **Leibrenten aus einem Verkauf** zu werten sind, die kaufmännisch abgewogen wurden. Richtig dürfte es sein, nach der **Zweckbestimmung** der Rente zu fragen. Ist diese nur eine andere Form des Kaufpreises, so unterliegt sie nicht dem Versorgungsausgleich.[80] Dient sie hingegen vorwiegend der Altersabsicherung des Verkäufers, so ist der Verkauf einer Einmalzahlung in eine Rentenversicherung vergleichbar und sollte dem Versorgungsausgleich unterliegen.[81] Nutzungs- und Gebrauchsrecht unterfallen hingegen nicht dem Versorgungsausgleich.[82]

e) Auf Rente gerichtet

Im Versorgungsausgleich sind nur Rechte auszugleichen, die eine **Zahlung als laufende Rente** vorsehen. Nicht in den Versorgungsaugleich fallen somit Sachleistungen, Wohnungsrechte oder Kapitalleistungen, auch dann, wenn sie der Altersversorgung dienen. Dies gilt trotz der neuen Bestimmung des § 2 Abs. 2 Nr. 3 VersAusglG auch für betriebliche Sachleistungen, wie der BGH für ein Stromdeputat entschieden hat.[83] 45

Dies gilt auch für Lebensversicherungen, die auf eine Kapitalleistung gerichtet sind.[84] Der **BGH** hat klargestellt, dass der Versorgungsausgleich **keine Ausgleichsmechanismen zum Ausgleich von Kapitalforderungen** habe.[85] Diese zunächst zum alten Versorgungsausgleich getroffene Aussage hat der BGH bekräftigt,[86] obwohl der Versorgungsausgleich nunmehr auch – wie sogleich dargestellt – nach § 2 Abs. 2 Nr. 3 Halbs. 2 VersAusglG Kapitalrechte ausgleicht und generell mit der Angabe des korrespondierenden Kapitalwertes nach § 5 Abs. 3 VersAusglG die Vergleichbarkeit nach Kapitalwert vorsieht. Der BGH sieht den Ausgleich von Kapitalwerten auf diese Ausnahme beschränkt. 46

---

78 Johannsen/Henrich/Holzwarth, § 2 VersAusglG Rn. 22.
79 BGH, MittBayNot 2014, 339 = FamRZ 2014, 282; hierzu Reetz, MittBayNot 2014, 313 f.
80 Reetz, MittBayNot 2014, 313, 314.
81 Hauß/Bührer, Rn. 382; Hoppenz (Hrsg.), A.IV. § 2 Rn. 6; BGH, FamRZ 1988, 936 arbeitet die Kriterien heraus, auch wenn im entschiedenen Fall kein Anspruch auf Rente bestand.
82 Hauß/Bührer, Rn. 207 f.
83 BGH, FamRZ 2013, 1795 m. Anm. Hauß, der dafür plädiert, solche Leistungen unterhaltsrechtlich zu berücksichtigen.
84 Nähere Abgrenzung in Rdn. 60.
85 BGH, DNotZ 2003, 542 und DNotZ 2003, 544 m. Anm. Zimmermann = JZ 2003, 900 f. m. Anm. Lipp = FamRZ 2003, 664 m. abl. Anm. Deisenhofer, FamRZ 2003, 745; zustimmend Johannsen/Henrich/Holzwarth, § 2 VersAusglG, Rn. 30 ff.; a.A. gerade mit Rücksicht auf das Altersvermögensgesetz Glockner/Goering, FamRZ 2002, 282, 286.
86 BGH, NJW-RR 2011, 1633; BGH, FamRZ 2012, 1039; BGH, FamRZ 2014, 279.

f) Nicht auszugleichende Versorgungen

47 Folgende Leistungen sind im Versorgungsausgleich nach dem oben Gesagten nicht ausgleichungspflichtig:
- **Arbeitslosengeld** (kein Erwerbsunvermögen, das auf einem Körper- oder Gesundheitsschaden beruht),[87]
- **Überbrückungsgelder** oder **Übergangsgelder** (nicht zur Alterssicherung bestimmt),[88]
- **Entschädigungen** nach dem Bundesentschädigungsgesetz, Bundesversorgungsgesetz, Opferentschädigungsgesetz, Lastenausgleichsgesetz oder der gesetzlichen Unfallversicherung des SGB VII (keine passende Zweckbestimmung und kein Erwerb durch Arbeit oder Vermögen),[89]
- **Volks- oder Bürgerrenten**, die unabhängig von Beitragszahlungen vom Staat gewährt werden (kein Erwerb durch Arbeit oder Vermögen).[90] Dies trifft auch auf die Landabgaberente nach § 41 des Gesetzes über die Altershilfe für Landwirte zu.[91]
- Bei **ausländischem Scheidungsstatut**, das den Versorgungsausgleich nicht kennt, wird dieser nach Art. 17 Abs. 3 Satz 2 EGBGB **nur auf Antrag** durchgeführt. Dies ist insbesondere bei türkischen Staatsangehörigen relevant und darf nicht übersehen werden.[92]

g) Regelsicherungssysteme

48 Der Gesetzgeber hat bei der Reform des Versorgungsausgleichs in §§ 2 Abs. 1 und 32 VersAusglG bestimmte Versorgungssysteme als **Regelsicherungssysteme** bezeichnet. Es handelt sich um die gesetzliche Rentenversicherung, die Beamtenversorgung sowie berufsständische Versorgungen einschließlich der Alterssicherung für Landwirte und der Versorgungssysteme von Abgeordneten und Regierungsmitgliedern im Bund und den Ländern.

49 Nicht zu den Regelsicherungssystemen gehören insb. betriebliche Altersversorgungen und Lebensversicherungen.

50 **Nur für Anrechte aus den Regelsicherungssystemen** ist die Möglichkeit einer **Abänderung nach Rechtskraft** gem. §§ 32 ff. VersAusglG vorgesehen. Nur diese Anrechte unterliegen der Abänderung des Wertausgleichs bei Scheidung nach §§ 225 ff. FamFG.

51 Diese erhebliche Zurücksetzung derjenigen Anrechte, die nicht zu den Regelsicherungssystemen gehören, wurde z.T. als verfassungsrechtlich unzulässig angesehen.[93] Nachdem aber nach dem BGH[94] auch das BVerfG[95] die Verfassungsmäßigkeit des Ausschlusses anderer Altersversorgungen von der Anpassung bejaht hat, dürfte die Vorschrift in der Rechtspraxis gesichert sein.

▶ **Hinweis:**

52 Da Anrechte nach dem **Betriebsrentengesetz** nicht zu den Regelsicherungssystemen gehören, führt die nach der Scheidung eintretende **Unverfallbarkeit** eines solchen Anrechtes **nicht mehr zu einer Abänderung nach §§ 225 ff. FamFG**. Vielmehr bleibt das Anrecht endgültig dem **Ausgleich nach Scheidung** vorbehalten.

---

[87] MünchKomm-BGB/Siede, VersAusglG, § 2 Rn. 12.
[88] Johannsen/Henrich/Holzwarth, § 2 VersAusglG Rn. 27 f.; OLG Brandenburg, FamRZ 2002, 754 f.
[89] Johannsen/Henrich/Holzwarth, § 2 VersAusglG Rn. 27.
[90] MünchKomm-BGB/Siede, VersAusglG, § 2 Rn. 13.
[91] BGH, FamRZ 1988, 272 f.
[92] OLG Brandenburg, FamFR 2012, 394.
[93] Ruland, 2. Aufl., Rn. 866 ff.; OLG Schleswig, FamRZ 2012, 1388.
[94] BGH, FamRZ 2013, 189.
[95] BVerfG, NJW 2014, 2093.

Auch § 37 VersAusglG mit der Aufhebung der Kürzung beim Tod des Berechtigten gilt somit nur bei den Regelsicherungssystemen.[96]

2. Kapitalrechte im Versorgungsausgleich

Neu ist im reformierten Versorgungsausgleich, dass nach § 2 Abs. 2 Nr. 3 Halbs. 2 VersAusglG Anrechte i.S.d. **Betriebsrentengesetzes oder des Altersvorsorgeverträge-Zertifizierungsgesetzes**[97] **unabhängig von der Leistungsform** ausgeglichen werden. Damit unterliegen insoweit auch **Kapitalleistungen dem Versorgungsausgleich**, allerdings nur Anrechte von Arbeitnehmern. Der BGH hat geurteilt, dass Versorgungsanrechte beherrschender Gesellschafter-Geschäftsführer nicht in den Versorgungsausgleich fallen.[98] Dabei ist zu beachten, dass nach der Entscheidung auch der Minderheitsgesellschafter beherrschend sein kann, wenn er zusammen mit anderen Minderheitsgesellschaftern, die gleichgerichtete Interessen vertreten, über eine Mehrheit verfügt. Ab dem Verlust der Unternehmereigenschaft soll dann der Versorgungsausgleich anwendbar sein (Statutenwechsel). Erst ab diesem Zeitpunkt bestimmt sich aber auch die Unverfallbarkeit. Umstritten ist, ob auch solche Anrechte noch in den Versorgungsausgleich fallen, die der Berechtigte nach Ende der Betriebszugehörigkeit im eigenen Namen fortführt. Während das OLG Brandenburg[99] dies verneint, bejahen das OLG Köln[100] und das OLG Oldenburg[101] dies jedenfalls für den vom früheren Arbeitgeber finanzierten Teil. 53

Dies hat seinen Grund einmal darin, dass diese Anrechte der betrieblichen Altersversorgung stark zugenommen haben und hier häufig dem **Arbeitgeber ein Wahlrecht** verbleibt, in welcher Form letztendlich die Auszahlung im Versorgungszeitraum erfolgt. Die Leistung kann dann als Rente, als Kapitalleistung oder als Mischform erbracht werden.[102] Der BGH hat klargestellt, dass diese Rechte dem Versorgungsausgleich unterfallen unabhängig davon, wann das Wahlrecht durch den Verpflichteten ausgeübt worden ist.[103] 54

Zudem entsteht ein **Liquiditätsproblem**, wenn diese Rechte im Zugewinn als Einmalbetrag abgefunden werden müssten, obwohl sie erst im Verrentungszeitpunkt wirtschaftlich zur Verfügung stehen, denn diese Altersanrechte können weder beliehen noch vorzeitig geltend gemacht werden.[104] 55

Diese Änderung der Zuordnung kann **für Alteheverträge bedeutsam** sein. Wenn in einem Ehevertrag die güterrechtlichen Fragen abschließend behandelt wurden und man davon ausging, dass damit auch solche Rechte nicht mehr dem Ausgleich unterliegen, so ändert sich dies nach neuem Recht. Hier ist der Ehevertrag zu überprüfen und ggf. eine Vereinbarung zum Versorgungsausgleich zu schließen, nach der diese Rechte auch im Versorgungsausgleich nicht auszugleichen sind. 56

▶ Hinweis:

Alteheverträge sind zu **überprüfen**, wenn in ihnen ein güterrechtlicher Ausgleich ausgeschlossen wurde, nun aber betriebliche Anrechte auf Kapital dem Versorgungsausgleich unterfallen. 57

Als weiterer Problempunkt werden **Abgrenzungsschwierigkeiten** genannt, sodass die Versorgung nicht ohne Weiteres eindeutig zugeordnet werden könne.[105] Schließlich gibt es in diesem Bereich durchaus auch Versorgungen, deren Wert einen negativen Verlauf nehmen kann, etwa bei fonds- 58

---

96 BGH, NZFam 2014, 1038.
97 BGBl. 2001 I, S. 1310, 1322.
98 BGH, FamRZ 2014, 731 = NJW-RR 2014, 449; hierzu Bergner, NZFam 2014, 349 f.
99 OLG Brandenburg, FamRZ 2014, 1636.
100 OLG Köln, FamRB 2015, 209.
101 OLG Oldenburg, FamRB 2019, 215.
102 Hauß/Bührer, Rn. 200.
103 BGH, FamRB 2014, 452.
104 Glockner/Hoenes/Weil, § 2 Rn. 20.
105 Glockner/Hoenes/Weil, § 2 Rn. 22.

gebundenen Versorgungsgestaltungen.[106] Mangels Gesamtrechnung hat dies keine Auswirkung mehr auf andere Rechte. Wie der negative Verlauf einer solchen Versorgung im Versorgungsausgleich zu behandeln ist, darüber herrscht keine Einigkeit. Mit der Etablierung der Fondsanteile als Bezugsgröße,[107] fällt die Berücksichtigung leichter. Als Alternative kommt in Betracht, einen Ausgleich zu unterlassen und ggf. mit der Härteregelung ein Gegengewicht im Bereich eines anderen Anrechts mit positiver Entwicklung zu schaffen.[108]

59 Wird ein solches Kapitalrecht intern geteilt, so ist die gerichtliche Entscheidung kein Erwerb von Rechten i.S.d. § 91 InsO, sodass ein Insolvenzfall nach Ende der Ehezeit keinen Einfluss mehr auf die Durchführung des Versorgungsausgleichs hat.[109]

3. Abgrenzung zum Güterrecht bei Lebensversicherungen

60 Anrechte, über die der **Versorgungsausgleich** stattfindet, unterliegen nicht dem Zugewinnausgleich, **§ 2 Abs. 4 VersAusglG (Doppelverwertungsverbot)**. Damit fallen **Lebensversicherungen auf Rentenbasis** nicht in den Zugewinnausgleich. Allerdings gilt dies nur für Rentenversicherungen, die speziell für das Alter bestimmt sind und im Anschluss an die Beendigung des aktiven Berufslebens gezahlt werden.[110] Kapitallebensversicherungen mit Rentenwahlrecht, für welche das Wahlrecht bis zur Rechtshängigkeit[111] ausgeübt wurde, unterliegen ebenfalls nicht dem Zugewinnausgleich. **Rentenlebensversicherungen mit Kapitalwahlrecht** unterfallen grds. dem Versorgungsausgleich, es sei denn, das Wahlrecht wäre bereits vor Rechtshängigkeit des Scheidungsantrags ausgeübt worden; dann nämlich liegt eine Kapitalforderung vor, die in den Zugewinn fällt. Der BGH hat zwischenzeitlich entschieden, dass auch dann, wenn das Kapitalwahlrecht **erst nach Rechtshängigkeit** des Scheidungsantrags **ausgeübt** wird, die Versicherung im Zugewinn zu berücksichtigen ist, da der Versorgungsausgleich keine Ausgleichsmechanismen zum Ausgleich von Kapitalforderungen habe.[112] Der Entscheidung des OLG Hamm, wonach sogar ein vorbehaltener **schuldrechtlicher Versorgungsausgleich** aufgrund einer nachträglichen Kapitalwahl **ausfällt**,[113] dürfte durch eine BGH-Entscheidung[114] der Boden entzogen sein, die im Gegenteil feststellt, mit dem Vorbehalt des schuldrechtlichen Versorgungsausgleichs im Scheidungsverbund sei ein Anrecht endgültig dem Zugewinnausgleich entzogen und dem Versorgungsausgleich zugeordnet worden. Daran ändere sich nichts, wenn es später im Rahmen des § 22 VersAusglG zu einem Kapitalausgleich komme.

61 Obwohl der Gesetzgeber mit § 2 Abs. 2 Nr. 3 VersAusglG zeigt, dass der Versorgungsausgleich auch Kapitalrechte bewältigen kann, ist der BGH bei seiner Auffassung geblieben,[115] denn er sieht die Vorschrift als Sonderausnahme an. Für Lebensversicherungen sei eine solche Ausnahme gerade nicht statuiert.

62 Obwohl der BGH klarstellt, dass die Ausübung des Wahlrechts erst nach dem Stichtag für die Endvermögensberechnung nach § 1384 BGB eine Berücksichtigung im Zugewinn nicht hindere, da der wirtschaftliche Wert im Endvermögen bei Rechtshängigkeit bereits vorhanden war, entstehen

---

106 Hierauf weisen Hauß/Bührer, Rn. 205 und Rn. 964 zu Recht hin.
107 Vgl. Rdn. 87 f.
108 Hoppenz (Hrsg.), § 46 Rn. 6.
109 OLG Brandenburg, MittBayNot 2015, 427.
110 BGH, FamRZ 2007, 889.
111 Hier ist nicht auf das Ehezeitende abzustellen: BGH, FamRZ 1984, 156, 158; zu alledem Büte, Rn. 157 ff.
112 BGH, DNotZ 2003, 542 und DNotZ 2003, 544 m. Anm. Zimmermann = JZ 2003, 900 f. m. Anm. Lipp = FamRZ 2003, 664 m. abl. Anm. Deisenhofer, FamRZ 2003, 745; hierzu Borth, FamRZ 2005, 297, 298. Grds. anderer Auffassung Rotax, ZFE 2006, 178, 179.
113 OLG Hamm, NJW 2013, 547.
114 BGH, FamRZ 2019, 103 m. Anm. Borth, FamRZ 2019, 98 f.
115 BGH, NJW-RR 2011, 1633; BGH, FamRZ 2012, 1039; BGH, FamRZ 2014, 279; s.a. KG, FamRZ 2012, 375.

B. Grundprinzipien und Aufbau des Versorgungsausgleichs — Kapitel 7

Rechtsschutzlücken[116] dann, wenn entweder das Zugewinnausgleichsverfahren bereits rechtswirksam abgeschlossen ist[117] oder aber auch dann, wenn über **den Zugewinn eine abschließende notarielle Vereinbarung** geschlossen worden war.[118] In diesen Fällen wird empfohlen, eine Vereinbarung zu treffen, wonach ein Kapitalwahlrecht nur mit Zustimmung des anderen Ehepartners ausgeübt werden kann.[119] Für den Fall, dass ein solches Wahlrecht doch ausgeübt wird, muss dann der Zugewinnausgleich insoweit vorbehalten werden.[120]

▶ Gestaltungsempfehlung:

Wenn eine abschließende vertragliche Regelung des Zugewinns erfolgt, der Versorgungsausgleich aber vorbehalten wird, so sollte nunmehr nachgefragt werden, ob eine Rentenlebensversicherung mit Kapitalwahlrecht besteht und ggf. eine Regelung aufgenommen werden, dass für den Fall, dass das Kapitalwahlrecht noch ausgeübt wird, das Kapital im Zugewinnausgleich zusätzlich zu berücksichtigen ist, begleitet mit einer Abrede über die Verlängerung der Verjährung des Zugewinnausgleichsanspruchs! 63

▶ Formulierungsvorschlag: nachträgliche Kapitalwahl bei Lebensversicherungen

Soweit mit dieser Urkunde der Versorgungsausgleich nicht endgültig geregelt ist, vereinbaren wir für den Fall, dass Lebensversicherungen nachträglich durch Kapitalwahl aus dem Versorgungsausgleich ausscheiden, dass solche Rechte noch dem Zugewinnausgleich zu unterwerfen sind, auch wenn dieser ansonsten abschließend geregelt ist. Hierzu wird die Verjährung des Ausgleichsanspruchs auf zehn Jahre nach der rechtskräftigen Ehescheidung verlängert. 64

Alternative:

..., dass solche Rechte in Höhe des fiktiv zu bestimmenden Ausgleichswertes durch Einmalzahlung auszugleichen sind.[121]

Anderenfalls besteht die Gefahr, dass dann, wenn eine Manipulation durch den Versorgungsausgleichsverpflichteten vorliegt, die Wirksamkeit der Gütertrennung oder des Verzichts auf Zugewinn infrage steht, etwa wegen Störung der Geschäftsgrundlage oder aufgrund einer Nichtberücksichtigung aufgrund der Inhaltskontrolle.[122] 65

Bergschneider schlägt hierzu vor, dass der Ehegatte, der ein solches Wahlrecht hat, dem anderen gegenüber auf die Ausübung verzichten solle.[123] 66

Der BGH sieht die bestehende Rechtsschutzlücke aber nicht in seiner neuen Rechtsprechung begründet, sondern in der ehevertraglichen Regelung, denn auch bei der Ausübung des Wahlrechts vor Rechtshängigkeit hätte sich die Gefahr in gleicher Weise verwirklicht.[124] 67

Neuerdings hat der BGH[125] aber auch ausgesprochen, dass mit dem Vorbehalt des schuldrechtlichen Ausgleichs im Scheidungsverbund das Anrecht einem güterrechtlichen Ausgleich endgültig entzogen und damit dem Versorgungsausgleich zugeordnet wird. Wenn ein solches Anrecht dann später in 68

---

116 Eingehend zur Optionsrechtsausübung und den Grenzen Kemper, NZFam 2014, 343 f.
117 Lipp, JZ 2003, 902.
118 Rotax, ZFE 2006, 178, 180 schlägt eine Lösung über die Abänderung des Versorgungsausgleichs vor.
119 Einen Beraterhinweis in umgekehrte Richtung gibt Götsche, FamRB 2015, 149, 152, wie sich die Kapitalwahl vorteilhaft auswirkt.
120 Kogel, FamRZ 2005, 1785, 1787; Langenfeld/Milzer, Rn. 732 unterbreitet einen Vorschlag mit der Abtretung einer Hälfte der Kapitalleistung gequotelt nach Laufzeit/Ehezeit.
121 So Reetz, § 3, Rn. 34.
122 Zimmermann, DNotZ 2003, 546, 549; ausdrücklich so Kogel, FamRZ 2005, 1785, 1786; a.A. Everts, ZFE 2005, 44, 45.
123 Bergschneider, Rn. 937 f.
124 BGH, FamRZ 2003, 923, 924.
125 BGH, FamRZ 2019, 103 m. Anm. Borth FamRZ 2019, 98 f.

eine Kapitalabfindung umgewandelt wird, so unterfällt es dem § 22 VersAusglG und ist im Rahmen des Versorgungsausgleichs auszugleichen. Das Anrecht müsse dann nicht mehr die Voraussetzungen des § 2 Abs. 2 Nr. 3 VersAusglG erfüllen.

69 Die Gerichte untersuchen eine solche **Fallgestaltung** nunmehr verstärkt unter dem Gesichtspunkt der groben **Unbilligkeit nach § 27 VersAusglG**. Eine illoyale Einwirkung auf das Versorgungsvermögen wird dann anzunehmen sein, wenn das Kapitalrecht aufgrund **Gütertrennung** nicht güterrechtlich ausgeglichen wird und **keine billigenswerten Motive für die Kapitalwahl** bestehen.[126] Ebenso bejaht das OLG Köln einen Fall des § 27 VersAusglG.[127] Das OLG Stuttgart sieht einen Fall des § 162 Abs. 2 BGB und bejaht ebenfalls § 27 VersAusglG.[128] Dieselbe Konsequenz zogen Gerichte bei einer Kündigung der Lebensversicherung, wenn der Auszahlungsbetrag wegen der Gütertrennung dem anderen Ehegatten nicht zugutekommt.[129]

Folge der Anwendung des § 27 VersAusglG ist, dass der durch die Kapitalwahl benachteiligte Ehegatte seinerseits Anrechte in ebendiesem Umfang nicht ausgleichen muss.[130]

Eine »Flucht« in ein Kapitalrecht ist aber dort sinnlos, wo es sich um ein Anrecht nach dem Betriebsrentengesetz handelt, das auch als Kapitalrecht nach § 2 Abs. 2 Nr. 3 VersAusglG auszugleichen ist.[131]

4. Verhältnis zum Unterhaltsrecht

70 Während der Versorgungsausgleich die in der Ehezeit erworbenen Versorgungsanrechte ausgleicht, gewährt der **Altersvorsorgeunterhalt** nach § 1578 Abs. 3 BGB einen nachehelichen Unterhaltsanspruch, damit der unterhaltsberechtigte Ehegatte auch nach der Ehezeit eine Altersversorgung aufbauen kann. Zweifelhaft ist, ob in einem Verzicht auf Versorgungsausgleich auch zugleich ein Verzicht auf Altersvorsorgeunterhalt liegt. Dafür könnte sprechen, dass dann, wenn die Parteien schon für die Ehezeit die Altersversorgung nicht ausgleichen wollten, sie erst recht nicht nach der Ehezeit für die Altersversorgung des jeweils anderen Ehegatten zuständig sein wollten. Der BGH hatte diese Fragestellung zu beurteilen, hat sie aber nicht entschieden.[132]

▶ **Gestaltungsempfehlung:**

71 Wird der Versorgungsausgleich ausgeschlossen, ohne dass auch ein Unterhaltsausschluss erfolgt, so besteht Veranlassung klarzustellen, ob damit auch auf Altersvorsorgeunterhalt i.S.d. § 1578 Abs. 3 BGB verzichtet werden soll.[133]

72 Ist der **Versorgungsausgleichsverpflichtete wesentlich älter** als der Berechtigte, so kann es sich empfehlen, eine gesetzliche Unterhaltspflicht zu belassen, wenn dadurch eine Anpassung wegen Unterhalts nach **§ 33 VersAusglG** erreicht werden kann. Die Voraussetzungen, eine frühzeitige Kürzung der Versorgung des Verpflichteten zu vermeiden, von der auch der Berechtigte nicht profitieren würde, sind ggü. dem früheren § 5 VAHRG a.F. jedoch sehr viel strenger geworden.[134]

---

126 BGH, FamRB 2015, 290; OLG Hamm, FamRZ 2014, 754; OLG Bremen, FamRZ 2016, 557.
127 OLG Köln, BeckRS 2012, 24684.
128 OLG Stuttgart, FamRZ 2012, 1880; a.A. bei noch nicht abgeschlossenem Zugewinnausgleichsverfahren OLG Frankfurt am Main, FamFR 2013, 468.
129 OLG Brandenburg, NJW 2011, 539; OLG Brandenburg, NZFam 2014, 220; OLG Köln, FamRZ 2014, 210, hierzu Götsche, FamRB 2014, 65 f.
130 BGH, FamRB 2015, 290; OLG Bremen, FamRZ 2016, 557.
131 So die Fallgestaltung bei BGH, FamRZ 2014, 1613.
132 BGH, FamRZ 1992, 1045, 1049.
133 So Müller, 3. Kap., Rn. 841.
134 Hierzu näher Rdn. 257 f.

Wird der **Unterhalt mit einem Festbetrag** zuzüglich Wertsicherung vereinbart, so sollte eine **Anpassungsklausel** aufgenommen werden, nach welcher mit **Renteneintritt** eine **Neuberechnung** des Unterhalts unter Einbeziehung der Ansprüche aus Versorgungsausgleich stattfindet.

73

Ansonsten wurde die **Surrogatslösung** beim Unterhaltsrecht inzwischen auf **Renteneinkünfte** ausgedehnt.[135] Solche sind auch dann eheprägend, wenn sie auf dem durchgeführten Versorgungsausgleich beruhen. Sie sind daher mit der **Differenzmethode** beim Bedarf zu berücksichtigen. Anders hingegen für Renteneinkünfte, die auf dem vom Pflichtigen gezahlten Altersvorsorgeunterhalt beruhen. Diese sind Folge der Ehescheidung und daher **nicht eheprägend**. Sie sind aus diesem Grund mit der **Anrechnungsmethode** in die Berechnung einzustellen.[136]

74

Zu beachten ist, dass im neuen Versorgungsausgleich die **Interdependenzen zwischen Versorgungsausgleich und Unterhalt** steigen. Dies führt z.T. zu dem Rat, von Unterhaltsverzichten abzusehen, solange das Ergebnis des Versorgungsausgleichsverfahrens noch nicht feststeht.[137] Das gilt jedoch nur in Mangelfällen und wenn die Beteiligten nach Belehrung über die Auswirkungen keine endgültige Klärung des Unterhalts wollen.

75

So kann etwa ein geringer Ausgleich von Renten nach dem Versorgungsausgleich dazu führen, dass ein ehebedingter Nachteil unterhaltsrechtlich auch nach dem Renteneintritt noch fortdauert.[138]

Eine Doppelverwertung kann drohen, wenn der Ausgleichsverpflichtete bereits Rentner ist und aus dieser Rente langen Trennungsunterhalt zahlen muss. Hier müsste ggf. § 27 VersAuslgG eingewandt werden.[139] *Hauß* schlägt vor, den Barwert des zwischen Ehezeitende und Rechtskraft der Entscheidung über den Versorgungsausgleich geleisteten Ehegattenunterhalts vom Ausgleichswert abzuziehen.[140]

76

5. Abgetretene und verpfändete Anrechte

In der Praxis spielen **Rentenversicherungen**, die **zur Sicherung** für einen Hausbaukredit **abgetreten** sind,[141] offensichtlich eine große Rolle. Viele obergerichtliche Entscheidungen widmeten sich diesem Thema. Im Wesentlichen gab es zwei Ansichten.

77

Nach **einer Ansicht** können auch sicherungshalber abgetretene Anrechte **intern geteilt** werden.[142] Die Begründung hierfür lautet, dass die Anrechte, solange die Sicherheit nicht in Anspruch genommen ist, noch immer dem Ausgleichspflichtigen zustünden. Zudem werde dem Sicherungsnehmer bei der internen Teilung kein Kapital entzogen. Eine Zustimmung des Sicherungsnehmers wird daher nicht gefordert.[143] Dass rein formal eigentlich Gegenstand der Teilung der bedingte Rückübertragungsanspruch gegen den Sicherungsnehmer sein müsste,[144] soll dem nicht entgegenstehen.

78

---

135 BGH, FamRZ 2002, 88; BGH, NJW 2003, 1796 f.
136 Zur weiteren Anwendbarkeit der Anrechnungsmethode auf nicht prägendes Einkommen Büttner, NJW 2001, 3244, 3245.
137 Hauß, FamRB 2010, 251, 252.
138 BGH, NJW 2013, 380, Rn. 38 f.
139 Hauß, FamRB 2010, 251, 253.
140 Hauß, FamRB 2010, 251, 254; die Problematik des Wertverzehrs wird nachstehend unter Rdn. 124 erläutert.
141 Für betriebliche Anrechte ist eine Sicherungsabtretung nach § 4 BetrAVG ausgeschlossen.
142 So OLG Nürnberg, FamRZ 2012, 1221; OLG Saarbrücken, FamFR 2012, 327; OLG Brandenburg, FamRZ 2013, 883; OLG Hamm, FamRZ 2013, 1656; OLG Hamm, FamFR 2013, 423; OLG Hamm, NZFam 2014, 569.
143 OLG Hamm, FamRZ 2013, 1656.
144 OLG Brandenburg, FamRZ 2013, 883.

79 Die **andere Ansicht**[145] will sicherungshalber abgetretene Anrechte mit dem **Versorgungsausgleich nach Scheidung ausgleichen**. Gegen die interne Teilung spreche, dass in ein dem Versicherungsnehmer nicht mehr zustehendes Recht eingegriffen würde. Zudem sei noch nicht vorhersehbar, in welchem Umfang der Sicherungsfall eintrete, sodass die Situation mit § 19 Abs. 2 Nr. 1 VersAusglG zu vergleichen sei. Die Größe des Anrechtes stehe noch nicht fest.

80 Eine **dritte Ansicht** schließlich befürwortet mit dem Verweis auf den formalen Gegenstand des bedingten **Rückübertragungsanspruchs** einen Ausschluss des Versorgungsausgleichs und stattdessen eine **güterrechtliche Lösung**.[146]

81 Der **BGH** hatte schon zum alten Versorgungsausgleichsrecht entschieden, dass sicherungshalber abgetretene Rentenversicherungen im Versorgungsausgleich auszugleichen sind.[147] Diese Ansicht hat der BGH auch für den reformierten Versorgungsausgleich aufrechterhalten.[148] Durch die **Sicherungsabtretung** werde die **Rechtsposition** des **Ausgleichspflichtigen** als Versicherungsnehmer **nicht komplett beseitigt**, vielmehr behalte dieser sein Bezugsrecht, es sei nunmehr **nur nachrangig** gegenüber demjenigen des Sicherungsnehmers. Der Ausgleichspflichtige könne das Darlehen auch auf andere Weise tilgen, sodass die Versicherung wieder voll ihm zugutekomme. Damit unterliege das Recht weiterhin dem Versorgungsausgleich. Das Recht könne **intern geteilt** werden, die Voraussetzungen des § 19 Abs. 2 VersAusglG lägen nicht vor. Dabei sei aber in der **Beschlussformel** auszusprechen, dass der **Anspruch** aus der Sicherungsvereinbarung **auf Rückgewähr des Bezugsrechtes auf beide Ehegatten als Mitgläubiger** (§ 432 BGB) **übertragen** wird. Es sei aber weder eine Zustimmung des Sicherungsnehmers noch eine Erwähnung des Sicherungsrechts als solchem[149] in der Beschlussformel erforderlich. Diesen Standpunkt hat der BGH in zwei weiteren Entscheidungen bekräftigt.[150] Dagegen stellt sich noch das OLG Frankfurt,[151] ansonsten findet der BGH Gefolgschaft.[152] Das OLG Hamm stellt die Anwendung der BGH-Rechtsprechung auch auf eine Sicherungsabtretung zugunsten eines Policendarlehens fest, bei dem es an einem Dreipersonenverhältnis fehlt.[153] Auf die Verpfändung von Versicherungsansprüchen ist diese Rechtsprechung erst recht anwendbar.[154]

82 Das OLG Karlsruhe[155] hat eine interne Teilung allerdings abgelehnt, wenn die Auszahlung wegen eines bereits fälligen Anspruchs des Sicherungsnehmers unmittelbar bevorsteht.

83 Noch nicht vom BGH entschieden ist die Frage, ob sicherungshalber abgetretene Ansprüche auch **extern geteilt** werden können. Da es bei der externen Teilung zur Auszahlung eines Kapitalbetrages an den Versorgungsträger des Ausgleichsberechtigten kommt, wird dies **abgelehnt**, weil es den Sicherungszweck vereiteln und gegen die Sicherungsabrede verstoßen würde.[156] Das Anrecht würde dann dem Ausgleich nach Scheidung vorbehalten.

84 Die Literatur weist darauf hin, dass die Lösung des BGH einen deutlichen Schwachpunkt hat, dass nämlich der Wert des übertragenen Rechtes weiterhin vom Wohlwollen des Scheidungspartners abhängt und »**postdivortionale Illoyalitäten**«[157] zu befürchten sind. Daher wird der Anwaltschaft

---

145 OLG Schleswig, FamRZ 2012, 1220; OLG Karlsruhe, NJW 2013, 2128 = FamRZ 2013, 885; KG, FamRB 2012, 140; OLG Stuttgart, FamFR 2013, 562; Breuers, FuR 2012, 577 f. OLG Oldenburg, FamRZ 2014, 1370 für die externe Teilung.
146 OLG Brandenburg, FamRZ 2013, 1894; Kemper, FamRB 2011, 284, 286.
147 BGH, FamRB 2011, 207 = FamRZ 2011, 963.
148 BGH, FamRZ 2013, 1715.
149 So aber Borth, FamRZ 2013, 837, 838.
150 BGH, FamRZ 2014, 635; BGH, FamRZ 2014, 279.
151 OLG Frankfurt, FamRB 2014, 91.
152 OLG Hamm, NZFam 2015, 1017; OLG Hamm, NZFam 2016, 509.
153 OLG Hamm, NZFam 2016, 50 m. Anm. Ruland.
154 OLG Hamm, NZFam 2015, 1017.
155 OLG Karlsruhe, FamRZ 2016, 636.
156 OLG Zweibrücken, NZFam 2018, 280; Borth, Versorgungsausgleich Kap. 1, 138.
157 Hauß, FamRB 2011, 208.

geraten, eine ehevertragliche **Vereinbarung** zu schließen, welche die Situation durch eigenständige Regelungen wie die Herausnahme aus dem Versorgungsausgleich oder die Berücksichtigung im Güterrecht endgültig klärt.[158]

▶ Hinweis:
Bei sicherungshalber abgetretenen Anrechten bietet sich eine Lösung durch Vereinbarung an. 85

Die gleiche Problematik stellt sich immer wieder bei **gepfändeten Anrechten**. Auch hier wird vertreten, dass das gepfändete Anrecht, sofern es dem Pfändungspfandgläubiger lediglich zur Einziehung überwiesen wurde, noch Vermögensbestandteil des Schuldners geblieben ist.[159] Wird das Anrecht hingegen dem Drittgläubiger an Zahlungs Statt überwiesen, ist der Ausgleichspflichtige nicht mehr Inhaber.[160] Die meisten **Obergerichte**, die sich damit befassen, befürworten einen **Ausgleich nach Scheidung**,[161] da hier zunächst der Pfändungspfandgläubiger befriedigt werden kann, sodass sich der schuldrechtliche Versorgungsausgleich dann nur noch auf den Rest bezieht.[162] Zum Teil wird auch vorgeschlagen, den Ausgleich in der Weise durchzuführen, dass der auszugleichende Anteil belastungsfrei übertragen wird, wenn die Höhe der Pfändungen ihn nicht berührt.[163] Die Literatur vertritt hingegen eine Behandlung wie bei den sicherungshalber abgetretenen Anrechten.[164] Ähnlich hat das OLG Nürnberg entschieden. Das Anrecht sei – vorausgesetzt die Verwertung ist noch nicht tatsächlich erfolgt – intern teilbar, die Übertragung erfolge jedoch mit den Belastungen, welche durch die Pfändung und Überweisung begründet seien. Die Teilungskosten seien keine nennenswerte Beeinträchtigung. Man wird abzuwarten haben, wie der BGH einen solchen Fall entscheidet, der bisher nur zur Pfändung im Bereich eines ohnehin dem schuldrechtlichen Ausgleich unterliegenden Rechtes zu entscheiden hatte.[165] 86

6. Fondsanteile

Eine besondere Stellung nehmen die **fondsgebundenen Rentenversicherungen** ein.[166] Sie sind so konstruiert, dass aus den Versicherungsbeiträgen Fondsanteile erworben werden, in denen dann auch der **Bezugswert** der Lebensversicherung abgebildet wird, § 54b Abs. 2 VAG. Es gibt hier keine feste Verzinsung, sondern einen **schwankenden Wert**. Aus diesem Grunde bieten die Versicherer z.T. auch Fonds mit einer **Mindestleistungsgarantie** an, § 54b Abs. 3 VAG, zu deren Erfüllung ein Deckungskapital angelegt wird. In letzterem Falle sind die beiden Bestandteile der Altersversorgung für den Versorgungsausgleich getrennt zu betrachten.[167] Zunächst soll von Fondsanteilen ohne Mindestleistungsgarantie die Rede sein. Ferner sind in diesem Zusammenhang betriebliche Pensionsfonds zu betrachten. 87

Fondsanteile bereiten **im Versorgungsausgleich besondere Schwierigkeiten**, sodass zu ihnen zahlreiche Rechtsprechung ergangen ist. Hauptgrund ist, dass sich ihre Wertbildung über den Kapitalmarkt vollzieht und sie aus diesem Grunde durch eine hohe Volatilität bis hin zum Verlust gekennzeichnet sind. In diesem Zusammenhang stellen sich folgende Fragen, auf welche die Rechtsprechung teilweise Antworten gegeben hat, die aber in der Rechtslehre noch immer umstritten sind: 88

---

158 Voucko-Glockner, FamFR 2012, 35; Hauß, FamRB 2011, 2080; Reetz, § 3 Rn. 41.
159 OLG Hamm, FamRZ 2013, 1909.
160 Wick, FuR 2014, 213, 214.
161 OLG Stuttgart, FamRZ 2013, 1658; OLG Hamm, FamRZ 2013, 1909; KG, FamRB 2012, 140; für internen Ausgleich OLG Frankfurt am Main, FamRB 2020, 15.
162 OLG Hamm, FamRZ 2013, 1909.
163 OLG Naumburg, FamFR 2012, 15.
164 Wick, FuR 2014, 213, 214; Ruland, FamRZ 2013, 562.
165 BGH, FamRZ 2019, 785; hierzu Bührer, FamRZ 2019, 947.
166 Nach OLG Brandenburg, FamRZ 2017, 1831 gilt dies auch für sog. »With-Profit-Produkte«.
167 Ruland, FamFR 2013, 243 ff.

(1) Wie ist der Wert eines fondsgebundenen Anrechts zu berechnen? Können die **Fondsanteile als Bezugsgröße** für die Aufteilung hergenommen werden? Ist eine sog. »offene Tenorierung« zulässig?
(2) Können Fondsanteile als Bezugsgröße nur intern aufgeteilt werden oder ist auch die externe Teilung möglich und wie ist in diesem Fall der Kapitalbetrag nach § 14 Abs. 4 VersAusglG zu berechnen?
(3) Sind **Wertsteigerungen und Verluste** der Fondsanteile zwischen Ehezeitende und der Rechtskraft der Entscheidung über den Versorgungsausgleich oder gar bis zur Ausführung der Aufteilung nach § 5 Abs. 2 Satz 2 VersAusglG **zu berücksichtigen?**
(4) Ist der **Ehezeitwert** der Fondsanteile zwischen Ehezeitende und den vorgenannten Stichtagen **zu verzinsen?**
(5) Sind unter diesen Umständen bei Berücksichtigung von Verlusten die **Anrechte** überhaupt als **verfestigt** i.S.d. § 19 Abs. 2 Satz 1 Nr. 1 VersAusglG anzusehen?
(6) Welche Besonderheiten ergeben sich, wenn bei einer externen Teilung Anrechte in der gesetzlichen Rentenversicherung begründet werden sollen?

89 Die **Beantwortung der Fragen** soll auf der Basis der mittlerweile hierzu ergangenen BGH-Urteile erfolgen.

90 (1) Zunächst hat der BGH entschieden: »Für die **konkrete Bewertung** einer fondsgebundenen Rentenversicherung, bei der kein Deckungskapital im eigentlichen Sinne gebildet wird, ist im Versorgungsausgleich der nach § 46 VersAusglG i.V.m. § 169 Abs. 4 Satz 1 VVG relevante **Rückkaufswert nach den anerkannten Regeln der Versicherungsmathematik** als Zeitwert der Versicherung zu berechnen, soweit nicht der Versicherer eine bestimmte Leistung garantiert.«[168] Dem sind nach § 169 Abs. 7 VVG die Überschussanteile hinzuzurechnen.[169]

Mit dieser Entscheidung aus dem Jahr 2012 hat der BGH[170] zudem einen nachehezeitlichen Wertzuwachs im Gegensatz zu einem Wertverlust nicht berücksichtigen wollen und offengelassen, ob eine quotale Teilung der Fondsanteile in Betracht kommt. Auch 2014 ließ der BGH dies zunächst offen.[171]

Im Jahr 2014 hat der BGH dann jedoch entschieden, dass die zitierten Vorschriften für die konkrete Wertberechnung die Bestimmung des § 5 Abs. 1 VersAusglG nicht verdrängen, wonach der Versorgungsträger die Bezugsgröße bestimmen kann.[172] Diese Bestimmung ist nicht frei möglich, sondern muss sich an die Versorgungsordnung halten.[173] Danach kann die Versorgungsordnung bei der **internen Teilung** vorsehen, dass der **Ausgleichswert in Fondsanteilen** angegeben wird. Diese werden dann **unter Angabe einer konkreten Anzahl** von Fondsanteilen mit mehreren Nachkommastellen bezeichnet.

In beiden Entscheidungen aus dem Jahr 2014 lehnt der BGH hingegen eine sog. offene Tenorierung ab: »Bei der internen Teilung eines (teilweise) fondsgebundenen Anrechts kommt eine »**offene Beschlussfassung**«, nach der ein Prozentsatz des am ersten Börsentag nach Mitteilung über die Rechtskraft des Beschlusses bestehenden Werts des Versorgungsvermögens übertragen wird, **nicht in Betracht.**«[174] »Für eine solcherart offene Beschlussfassung besteht weder eine gesetzliche Grundlage noch eine Notwendigkeit.«[175]

---

168 BGH, NJW 2012, 1287, LS 1; bestätigt in BGH, NJW 2014, 3447, Tz. 23.
169 BGH, NJW 2012, 1287, Tz. 22.
170 BGH, NJW 2012, 1287.
171 BGH, NJW 2014, 2728, Tz. 19.
172 Borth, Versorgungsausgleich, Kap. 3 Rn. 23; BGH, NJW 2014, 3447, Tz. 21 ff.
173 BGH, NJW 2014, 3447, Tz. 17.
174 BGH, NJW 2014, 2728; ebenso dann BGH, NJW 2014, 3447, Tz. 25.
175 BGH, NJW 2014, 2728, Tz. 16.

B. Grundprinzipien und Aufbau des Versorgungsausgleichs

(2) und (3) Nachdem die Rechtsprechung der OLGe[176] z.T. schon eine solche Teilung der Bezugsgröße »Fondsanteile« auch für die externe Teilung zugelassen hatte, hat sich der BGH dem mit einer Grundsatzentscheidung aus dem Jahr 2017 angeschlossen.[177] Danach kommen als **Teilungsgegenstand** nun **auch bei der externen Teilung Fondsanteile** als die im Versorgungssystem verwendete Bezugsgröße in Betracht. Daher ist Teilungsgegenstand nicht etwa ein in Geld umgerechneter Wertbetrag, sondern die Fondsanteile selbst. Der BGH gibt damit seine entgegenstehende bisherige Rechtsmeinung auf.

Damit kann insbesondere die **Kürzung** der Versorgung des Ausgleichspflichtigen **unmittelbar** bewältigt werden durch Subtraktion der auszugleichenden Anteile.

Eine **Umrechnung** in einen »Ausgleichswert als **Kapitalbetrag**« erfordert dann erst **§ 14 Abs. 4 VersAusglG**, denn der Versorgungsträger des Ausgleichspflichtigen muss zur Durchführung des Versorgungsausgleichs dann eine **konkrete Geldsumme** an den vom Ausgleichsberechtigten bestimmten Versorgungsträger zahlen.

Unter Aufgabe seiner früheren Rechtsprechung[178] hat der BGH[179] nun entschieden, dass bei Fondsanteilen im Versorgungsausgleich der **Ausgleichsberechtigte auch an der Wertentwicklung der Fondsanteile beim Versorgungsträger der ausgleichspflichtigen Person vom Ehezeitende bis zur Rechtskraft der Entscheidung über den Versorgungsausgleich zu beteiligen** ist.[180] Dies insbesondere weil der Versorgungsträger des Ausgleichsberechtigten häufig das Anrecht gar nicht mit einer Wirkung vor der Rechtskraft der Entscheidung begründen kann.

Dabei findet nach dieser neuen Rechtsprechung **sowohl** ein **Verlust** wie **auch** eine **Steigerung** des Anteilswertes Berücksichtigung.

▶ Hinweis:
Der BGH hat seine Rechtsprechung zur Teilung von Fondsanteilen völlig gewandelt. Teilungsgegenstand sind nunmehr sowohl bei interner wie bei externer Teilung die Fondsanteile selbst, wenn dies die Versorgungsordnung so vorsieht. Dabei ist der Berechtigte an der Wertentwicklung bis zur Rechtskraft der Entscheidung über den Versorgungsausgleich zu beteiligen.

Der BGH spricht sich nach wie vor **gegen eine »offene Tenorierung«** aus, mit der es dem Versorgungsträger überlassen bleibt, den Kapitalbetrag zu berechnen. Der BGH fordert aber auch nicht die Tenorierung eines Kapitalbetrages durch das Gericht. Zulässig ist danach eine Tenorierung, wonach der **Ausgleichswert dem Wert einer bestimmten Anzahl (Zahl mit mehreren Nachkommastellen) von Fondsanteilen im Zeitpunkt der Rechtskraft der Entscheidung** entspricht.[181]

Dies hält der BGH jedenfalls dann für ausreichend bestimmbar, wenn die konkreten Fondsanteile der gesetzlichen **Veröffentlichungspflicht nach § 170 KAGB** unterliegen.

Was geschieht, wenn eine solche Veröffentlichungspflicht im konkreten Fall nicht besteht, darüber herrscht noch Streit. Während das OLG Bamberg[182] davon ausgeht, dass ohne eine solche Veröffentlichungspflicht Fondsanteile nicht Bezugsgröße im Versorgungsausgleich sein können, vertreten die

---

176 Vgl. etwa OLG Düsseldorf, FamRZ 2015, 1805; OLG Düsseldorf, FamRZ 2016, 139; OLG Frankfurt am Main, 4 UF 249/15, BeckRS 2017, 116037.
177 BGH, NJW 2017, 3148 = FamRZ 2017, 1655.
178 BGH, NJW 2012, 1287.
179 BGH, NJW 2017, 3148 = FamRZ 2017, 1655.
180 Ohne Auseinandersetzung damit: OLG München, FamRZ 2019, 108.
181 Rehbein in Götsche/Rehbein/Breuers, § 46 Rn. 16.
182 OLG Bamberg, FamRZ 2019, 106.

OLGe München[183] und Hamm[184] die gegenteilige Auffassung. Auch zu dieser Streitfrage konnte der BGH[185] inzwischen Stellung nehmen. Er hält die **Bestimmbarkeit ohne eine solche Veröffentlichungspflicht nicht** für gegeben, auch wenn der Kurs auf einer Webseite des ausgebenden Geldinstituts oder einer Webseite des Versorgungsträgers abgelesen werden kann (im konkreten Fall Fondszertifikate). Das Bestreben nach Halbteilung entbinde nicht von der Einhaltung der Vollstreckungsvoraussetzungen.[186] Daher sei in solchen Fällen die **externe Teilung auf der Grundlage eines Kapitalbetrages** durchzuführen. Für die interne Teilung sei dies hingegen unschädlich. Damit auch in diesen Fällen eine Teilhabe an der nachehezeitlichen Wertentwicklung gesichert sei, müsse der Kapitalbetrag eines kapitalgedeckten Anrechts durch Einholung einer aktuellen Versorgungsauskunft zeitnah zum voraussichtlichen Eintritt der Rechtskraft berechnet werden. Auch der Ausspruch einer internen Teilung ist dann nicht bezogen auf das Ehezeitende, sondern auf den Bewertungszeitpunkt zu tenorieren.[187]

Das OLG Nürnberg[188] ist der Ansicht, auch nach dem Rechtsprechungswandel des BGH könnten Fondsanteile weiterhin auf der Grundlage eines konkreten Kapitalbetrags geteilt werden. Allerdings könnten nicht Fondsanteile im Wege der internen Teilung in eine konventionelle Rentenversicherung überführt werden.[189]

▶ Hinweis:

94 Wird der Versorgungsausgleich bei Fondsanteilen aufgrund eines Kapitalbetrages durchgeführt, so muss eine neue, zeitnahe Auskunft eingeholt werden!

95 (4) Da der Wert der Fondsanteile zum Zeitpunkt der Rechtskraft der Entscheidung über den Versorgungsausgleich bemessen wird, repräsentiert er bereits die nachehezeitliche Wertentwicklung, sodass eine zusätzliche Verzinsung ausscheidet, zumal die Entwicklung des Wertes von Fondsanteilen sich durch Kursschwankungen auszeichnet und nicht durch feste Verzinslichkeit.[190]

Besteht auch eine Mindestleistungsgarantie, so ist jedoch auch diese zu teilen. Es ist dann zusätzlich zur Teilung der Fondsanteile auszusprechen, dass der halbe Ehezeitanteil an der garantierten Mindestversorgung geteilt wird. Diese Teilung des Kapitalwertes erfolgt auf das Ehezeitende. Hierzu ist dann auch eine Verzinsung auszusprechen bis zum Eintritt der Rechtskraft, allerdings keine Aufzinsung, also keine Zinseszinsen.[191] Es ist also in solchen Fällen eine zweigeteilte Entscheidung vorzunehmen.

96 (5) Nachdem der BGH nunmehr die Wertsteigerung und den Wertverlust im Zeitpunkt zwischen Ehezeitende und Rechtskraft der Entscheidung über den Versorgungsausgleich gleich behandelt und berücksichtigt, muss man davon ausgehen, dass solcherlei Versorgungen als verfestigt i.S.d. § 19 Abs. 2 Nr. 1 VersAusglG zu gelten haben, sodass sie nicht für den Ausgleich nach Scheidung vorbehalten werden müssen.

97 (6) Ein Blick sei noch auf die Konstellation gerichtet, dass der Ausgleichsberechtigte die **gesetzliche Rentenversicherung** als **Zielrechtsträger** einer **externen Teilung** angegeben hat. Bei dieser ist die Besonderheit, dass § 76 Abs. 4 Satz 2 SGB VI eine Dynamisierung schon vom Ehezeitende an

---

183 OLG München, FamRB 2018, 260.
184 OLG Hamm, NZFam 2018, 1152 mit dem bemerkenswerten Argument, dem Senat sei kein Vollstreckungsfall aus den letzten 10 Jahren bekannt.
185 BGH, NJW 2018, 3247 = FamRZ 2018, 1745.
186 Anders hingegen OLG Hamm, FamRB 2019, 297.
187 BGH, NZFam 2019, 87.
188 OLG Nürnberg, FamRZ 2019, 104.
189 OLG Nürnberg, NZFam 2019, 184.
190 Zu nachehelichen Fondsanteilszuerwerbe aus der Wiederanlage von Ausschüttungen OLG Frankfurt am Main, BeckRS 2017, 143837.
191 BGH, NJW 2017, 3148 = FamRZ 2017, 1655, Tz. 30 f.

anordnet. Um nun eine doppelte Dynamisierung zu verhindern, ordnet Satz 4 dieser Vorschrift an, dass die **Dynamisierung** bei externer Teilung mit Verzinsung bis zur **Rechtskraft erst ab diesem Zeitpunkt** stattfindet. Bei der externen Teilung von Fondsanteilen fehlt es nun an einer solchen Verzinsung, gleichwohl ist aber die Wertentwicklung bis zum Zeitpunkt der Rechtskraft über die Kursänderungen bereits an den Berechtigten weitergegeben. Daher ist in solchen Fällen § 76 **Abs. 4 Satz 4 SGB VI** entsprechend anzuwenden.[192]

IV. Bewertung der Anrechte

1. Bewertungsvorschriften des VersAusglG

Die Idee des VersAusglG ist es, eine echte Wertermittlung des Versorgungsanrechts nach Möglichkeit durch den Vorrang der internen Teilung zu vermeiden, ein Gedanke, der schon nach kurzer Praxiszeit als gescheitert angesehen wird.[193] Grundgedanke ist es, die Ehezeitanteile der Versorgungen in ihren jeweiligen Bezugsgrößen zu teilen, § 5 Abs. 1 VersAusglG. Dieser Ehezeitanteil ist auf folgende Weise zu ermitteln:[194]

98

a) Unmittelbare Bewertung

Die **unmittelbare Bewertung** nach § 39 VersAusglG genießt den **Vorrang**, § 40 Abs. 1 VersAusglG. Sie ist anwendbar, wenn die **Bezugsgröße**, in welcher der Wert der Versorgung angegeben wird, **unmittelbar bestimmten Zeiträumen zugeordnet** werden kann. Dann entspricht nach § 39 VersAusglG der Wert des Ehezeitanteils dem Umfang der auf die Ehezeit entfallenden Bezugsgröße, § 39 Abs. 1 VersAusglG. Ein Beispiel hierfür bildet die **gesetzliche Rentenversicherung**, die pro Jahr eine bestimmte Anzahl Entgeltpunkte zuweist, oder eine betriebliche Altersversorgung, die pro Jahr der Betriebszugehörigkeit eine bestimmte Altersversorgung zusagt. § 39 Abs. 2 VersAusglG listet Anrechte auf, bei denen die unmittelbare Bewertung Anwendung findet. War der BGH früher der Auffassung, auch mit Rücksicht auf § 5 Abs. 2 Satz 2 VersAusglG seien bei den Auskünften der Rentenversicherungsträger Zeiten nach dem Ehezeitende nicht zu berücksichtigen,[195] so hat er dies nunmehr für Bewertungen nach Beginn des Eintritts einer Vollrente präzisiert und sieht in der endgültigen Fixierung des Berechnungszeitpunktes auf den Kalendermonat vor Beginn der Vollrente eine Änderung, die nach § 5 Abs. 2 Satz 2 VersAusglG zu berücksichtigen ist.[196] Auf diese Weise sind nach Beginn des Bezugs einer Vollrente wegen Alters auch Werterhöhungen für Beitragszeiten zu berücksichtigen, die sich infolge einer nachträglich vorgenommenen Mindestbewertung von Pflichtbeiträgen in der gesetzlichen Rentenversicherung ergeben oder die auf der Verbesserung der sog. Mütterrente[197] beruhen.

99

b) Zeitratierliche Bewertung

Die zeitratierliche Bewertung berechnet den Ehezeitanteil eines Anrechtes durch **Gegenüberstellung von Höchstzeitdauer eines Anrechtes (n) gegenüber dem in die Ehezeit fallenden Zeitraum (m)**. Das Verhältnis wird mit der zu erwartenden Versorgung (R) multipliziert (m/n × R), § 40 Abs. 2 VersAusglG. Die zeitratierliche Bewertung findet insbesondere auf die **Beamtenversorgung** Anwendung, denn bei dieser hängt die Höhe der Versorgung von dem bezogenen Entgelt des Beamten bei Eintritt des Pensionsfalles ab. Bei Versorgungsanwartschaften eines beherrschenden Gesellschaf-

100

---

192 OLG Düsseldorf, FamRZ 2016, 139; OLG München, FamRB 2018, 222; BGH, NJW 2018, 3247 = FamRZ 2018, 1745.
193 Hauß/Bührer, Rn. 752.
194 Hier wird nur eine Übersicht gegeben, vgl. auch Bergmann, FamRB 2018, 71 f. ausführlich dazu Hauß/Bührer, Rn. 728 f.; Borth, Versorgungsausgleich, Kap. 2 Rn. 1 ff.; Ruland, Rn. 344 ff.
195 BGH, FamRZ 2012, 847 f.
196 BGH, NJW 2016, 1233; BGH, NJW 2016, 3031.
197 Zur sog. Mütterrente II: Bachmann/Borth, FamRZ 2019, 157 ff.

ter-Geschäftsführers ist für den Beginn der Gesamtzeit das Datum der Erteilung der Versorgungszusage maßgeblich.[198]

c) Sondervorschriften

101 In der **gesetzlichen Rentenversicherung** stellt das VersAusglG nicht mehr auf Rentenbeträge als **Bezugsgröße** ab, sondern nach § 39 Abs. 2 Nr. 1 VersAusglG **unmittelbar** auf die **Entgeltpunkte**. Damit findet der in der Rentenformel enthaltene Zugangsfaktor (§§ 63 Abs. 5, 77 SGB VI) keine Berücksichtigung mehr.[199] Mit diesem wird ein vorgezogener oder hinausgeschobener Rentenbeginn mit in den Rentenbetrag eingepreist. Dem entsprechend hat der BGH[200] entschieden, dass die anrechtsverringernde Wirkung eines vorzeitigen Rentenbezugs in der gesetzlichen Rentenversicherung die Halbteilung der ehezeitlichen Entgeltpunkte nicht beeinflusst, und zwar auch dann nicht, wenn der vorzeitige Rentenbezug vor dem Ehezeitende liegt. Bei der Beamtenversorgung ist dies anders.[201]

102 Befindet sich das Recht in der Leistungsphase, so kommt es allein auf die auf die Ehezeit entfallenden Entgeltpunkte der tatsächlich bezogenen Altersrente an.[202]

103 Sind in der gesetzlichen Rentenversicherung sowohl **Entgeltpunkte** wie auch **Entgeltpunkte (Ost)** oder Entgeltpunkte aus der **knappschaftlichen Rentenversicherung** erworben worden, so handelt es sich nach § 120f Abs. 2 Nr. 1 SGB VI **nicht um Anrechte gleicher Art i.S.d. § 10 Abs. 2 VersAusglG**, sodass zwischen ihnen eine Verrechnung nicht möglich ist. Das liegt an den unterschiedlichen Werten eines Entgeltpunktes.[203] Somit werden die Anrechte wie getrennte Anrechte behandelt und separat geteilt. Dennoch werden sie in einem **einheitlichen Versicherungskonto** nach § 149 Abs. 1 SGB VI mit einer einheitlichen Versicherungsnummer geführt.[204] Für Ansprüche ab dem Jahr 2025 gilt aber die Trennung in Ansprüche Ost-West nicht mehr.[205]

104 Für **Anrechte aus einem öffentlich-rechtlichen Dienstverhältnis** ordnet § 44 Abs. 1 VersAusglG zwingend die zeitratierliche Bewertung nach § 40 VersAusglG an.[206] Das Ruhegehalt eines Beamten stellt ein Produkt aus Ruhegehaltssatz und ruhegehaltsfähigen Dienstbezügen dar. Der **Ruhegehaltssatz** beläuft sich nach § 14 Abs. 1 BeamtVG auf 1,79375 % pro Dienstjahr, jedoch höchstens 71,75 % nach 40 Dienstjahren und mindestens 35 % der ruhegehaltsfähigen Dienstbezüge, § 14 Abs. 4 BeamtVG. Die ruhegehaltsfähigen Dienstbezüge werden in § 5 BeamtVG definiert. Sie werden nochmals mit 0,9901 multipliziert, § 5 Abs. 1 BeamtVG.[207] Aufgrund der zeitratierlichen Bewertung ist bei Beamten eine Verlängerung oder Verkürzung der Dienstzeit (einschließlich der Versorgungsabschläge) nach Eheende bei der Ermittlung der Gesamtzeit zu berücksichtigen.[208]

105 Der EuGH hat entschieden, dass die deutschen Regeln über die Nachversicherung gegen die EU-Mobilitätsrichtlinie verstoßen, soweit sie einen Wechsel in das Beamtenverhältnis eines anderen Mitgliedstaates betreffen.[209]

---

198 BGH, FamRZ 2007, 891 Tz. 11; OLG Stuttgart, FamRZ 2017, 1923.
199 OLG Frankfurt am Main, FamRZ 2015, 1803; OLG Stuttgart, FamRZ 2016, 53; Glockner/Hoenes/Weil, § 5 Rn. 12; Hauß/Bührer, Rn. 800.
200 BGH, FamRB 2016, 96.
201 BGH, NZFam 2018, 855.
202 BGH, NJW 2016, 1233.
203 Borth, Versorgungsausgleich, Kap. 2 Rn. 228; Ruland, Rn. 380.
204 Ruland, FamRZ 2013, 169 f.; OLG Koblenz, FamFR 2013, 512.
205 Rentenüberleitungs-Abschlussgesetz (BGBl. 2017 I, 2575); hierzu Borth, FamRZ 2017, 1542.
206 Zur unmittelbaren Bewertung von beamtenversorgungsrechtlichen Kindererziehungszuschlägen Bergner, FamFR 2011, 220 f.
207 Detaillierte Berechnungen bei Ruland, Rn. 390 ff.
208 BGH, NZFam 2018, 855; BGH, FamRB 2019, 433; Breuers, NZFam 2019, 768 f.
209 EuGH, FamRZ 2016, 1737.

B. Grundprinzipien und Aufbau des Versorgungsausgleichs — Kapitel 7

106 Eine Kürzung der Anrechte in der Beamtenversorgung, die auf Ruhens- oder Anrechnungsvorschriften beruht, ist vom anderen Ehegatten nach § 44 Abs. 3 Satz 2 VersAusglG auch dann hinzunehmen, wenn vom Ausgleich des zur Kürzung führenden Anrechts wegen Geringfügigkeit abgesehen wird.[210]

107 **Anrechte nach dem Betriebsrentengesetz** werden nach der Sondervorschrift des § 45 VersAusglG bewertet, der die allgemeinen Regelungen verdrängt.[211] Danach hat der Versorgungsträger unabhängig von der Art des Durchführungsweges der betrieblichen Altersversorgung (Unmittelbare Versorgungszusage; Direktversicherung; Pensionskasse; Unterstützungskasse; Pensionsfonds)[212] die **Wahl** zwischen der Berechnung des Anrechtes als **Rentenbetrag** nach § 2 BetrAVG oder als Kapitalwert = **Übertragungswert** nach § 4 Abs. 5 BetrAVG. Somit kann der Versorgungsträger insoweit die Bezugsgröße bestimmen. Der BGH[213] hat hierzu vertiefend klargestellt, dass dieses Wahlrecht auch bei laufenden Versorgungen besteht. Der Rentenbetrag ist dann nach BGH ohne biometrische Umrechnung hälftig zu teilen in eine jeweils gleich hohe Monatsrente. Dies führt für den Versorgungsträger – anders als die Teilung von Kapitalrechten – zur Bildung unterschiedlich hoher Deckungskapitals und ist daher nicht aufwandsneutral. Einer Zwischenumrechnung in Kapitalbeträge erteilt der BGH ausdrücklich eine Absage.[214] Das findet nicht überall Gefolgschaft. So hat sich das OLG Hamm[215] dezidiert gegen diese Rechtsprechung ausgesprochen und sieht darin einen verfassungswidrigen Eingriff in den »*auch grundrechtlich (Art. 12, 14 GG) geschützten Anspruch auf Kostenneutralität*« des betrieblichen Versorgungsträgers.

Die Berechnung steht jeweils unter der Annahme, dass die Betriebszugehörigkeit der ausgleichspflichtigen Person spätestens zum Ehezeitende endet, § 45 Abs. 1 Satz 2 VersAusglG. Soweit das Anrecht noch **verfallbar** ist, findet nach § 19 Abs. 1 Satz 1 VersAusglG der Versorgungsausgleich nach Scheidung statt. Wird aus dem Arbeitnehmer, der dem Betriebsrentengesetz unterfällt, ein Unternehmer, so führt dies zu einem Statuswechsel. Die versprochene Versorgung ist dann nur soweit in den Versorgungsausgleich einzubeziehen, wie sie zeitanteilig auf die Tätigkeit als Arbeitnehmer entfällt.[216]

108 Aufgrund der EU-Mobilitätsrichtlinie hat der Gesetzgeber mit Wirkung vom 01.01.2018 in § 2a BetrAVG eine verpflichtende Dynamisierung auch für ausgeschiedene Arbeitnehmer eingeführt, die bei den Durchführungswegen Direktzusagen und Unterstützungskasse greift (bei den anderen Wegen geschieht die Beteiligung über die Erträge). Dies hat auch Auswirkung auf die Bewertung des Anrechtes im Versorgungsausgleich.[217]

109 Für **private Rentenversicherungen** gilt § 46 VersAusglG, der eine Bewertung anhand der Rückkaufswerte des VVG vorsieht ohne Abzug von Stornokosten. § 169 VVG weist in seiner Neufassung die **Überschussanteile** und die Schlussüberschussanteile dem Rückkaufswert zu. Das OLG Nürnberg will die Beteiligung an den Bewertungsreserven mit aufteilen und deshalb auch zum Ehezeitende mit beauskunftet haben. Wertminderungen bis zur Entscheidung werden berücksichtigt, Wertsteigerungen nicht.[218] Anders das OLG München, das eine Berücksichtigung in diesem Zeitpunkt noch

---

210 OLG Celle, FamRZ 2016, 987 für den Fall, dass auch ein Anrecht gleicher Art beim anderen Ehegatten vorlag.
211 Palandt/Brudermüller, § 45 VersAusglG, Rn. 1; einführend Bergmann, FamRB 2018, 113 f.
212 Borth, Versorgungsausgleich, Kap. 2 Rn. 279 ff.
213 BGH, NJW-RR 2018, 1158 = FamRZ 2018, 1574.
214 Hinweise zum Vergleich der Berechnungsweisen gibt Hauß, FamRB 2018, 359 f.
215 OLG Hamm, FamRZ 2019, 445.
216 OLG Schleswig, FamRZ 2014, 731.
217 Hierzu Scholer, FamRZ 2017, 1821, 1823 f.
218 OLG Nürnberg, FamFR 2013, 539.

nicht für möglich hält.[219] Hierzu hat der Gesamtverband der Versicherungswirtschaft e.V. eine unverbindliche Musterteilungsordnung erstellt und mit der BaFin abgestimmt.[220]

110 Diese Vorschriften gelten auch für die Bewertung eines Anrechtes, das sich bereits in der **Leistungsphase** befindet, allerdings treten an die Stelle der höchsten erreichbaren Zeitdauer und der zu erwartenden Versorgung die **tatsächlichen Werte**, § 41 VersAusglG.[221]

111 Führt weder die unmittelbare noch die zeitratierliche Bewertung zum Ziel, so ordnet § 42 VersAusglG eine **Bewertung nach Billigkeit** an. Es handelt sich um eine Auffangklausel für die Bewertung atypischer Anrechte. Anwendbar wird die Vorschrift etwa beim Leibgeding oder bei ausländischen oder zwischenstaatlichen Rechten.[222]

Eine **Plausibilitätskontrolle** für die Bewertung von Versorgungsanrechten stellt *Hauß* vor.[223]

2. Verzinsungsproblematik

112 An zwei verschiedenen Stellen im Recht des Versorgungsausgleichs spielt die Verzinsung eine Rolle. Zinsen oder eine Abzinsung können den Wert eines Anrechtes ganz erheblich beeinflussen. Beide Problemstellen sind vom Gesetzgeber in ihrer Relevanz nicht erkannt worden.

a) Abzinsung insb. betrieblicher Anrechte

113 Eine solche Zinsproblematik stellt sich bei der **Berechnung betrieblicher Versorgungsanrechte**. Der Versorgungsträger wählt hier zumeist die Berechnung als Kapitalbetrag nach § 4 Abs. 5 BetrAVG.

114 Nach dieser Vorschrift wird zunächst **unterschieden** wie folgt: Bei den Durchführungswegen **Pensionsfonds, Pensionskasse und Direktversicherung** besteht ein **Deckungskapital**. Daher entspricht der Wert nach § 4 Abs. 5 Satz 2 BetrAVG dem gebildeten Kapital.

115 Bei einer unmittelbar über den Arbeitgeber oder aber über eine Unterstützungskasse durchgeführten betrieblichen Altersversorgung entspricht der Wert dem **Barwert der** nach § 2 BetrAVG bestimmten **künftigen Rentenversorgungsleistungen** zum **Zeitpunkt des Ehezeitendes**, § 4 Abs. 5 Satz 1 BetrAVG. Der Barwert ist ein prognostizierter Kapitalbetrag, der voraussichtlich zur Finanzierung der aus einem Anrecht zu erwartenden Versorgungsleistungen benötigt wird,[224] also ein »fiktives Deckungskapital«.[225] Um diesen Barwert errechnen zu können, sind folgende Parameter wichtig:
– **Biometrische Rechnungsgrundlagen**,[226] insbesondere Lebensalter des Berechtigten im Zeitpunkt der Bewertung. Je jünger der Berechtigte, desto niedriger der Barwert.[227]
– **Rechnungszins**, mit dem der Gesamtwert aller künftigen Rentenleistungen auf den maßgeblichen Stichtag des Ehezeitendes abgezinst wird. Dieser Zins ist von außerordentlicher Bedeutung für die Höhe des Barwertes. Je höher dieser Rechnungszinssatz ist, desto niedriger ist der Barwert.[228] Für die sachgerechte Bewertung ist also ein realitätsgerechter Zinssatz entscheidend. Der Gesetzgeber hat die Wahl dieses Zinssatzes bewusst dem Versorgungsträger überlassen, um einen für das jeweilige Anrecht realistischen und spezifischen Zins zu ermöglichen. Der Gesetzgeber

---

219 OLG München, NJW-RR 2011, 806 = FamRZ 2011, 978.
220 Hierzu Hoffmann/Raulf/Gerlach, FamRZ 2011, 333 ff.
221 BGH, NZFam 2018, 558 ff.
222 Palandt/Brudermüller, § 42 VersAusglG Rn. 3.
223 Hauß, FamRB 2011, 156 f.
224 So Wick, Rn. 301.
225 Ruland, Rn. 347.
226 Zu diesem Begriff Glockner/Hoenes/Weil, § 1 Rn. 2 Tabelle letzter Begriff.
227 Wick, Rn. 302 f.; Borth, Versorgungsausgleich, Kap. 2 Rn. 42 f.; zur Kompensation durch gegenläufige Zinseffekte im Einzelfall: Wick, FuR 2019 182, 185.
228 Ruland, Rn. 348 zitiert ein Beispiel, wonach sich bei einem Minderzins von 1 % der Barwert einer Anwartschaft eines 35-Jährigen um 44 % erhöht bzw. bei einem Mehrzins von 1 % um 31 % erniedrigt.

empfahl[229] jedoch den Rückgriff auf den sog. BilMog-Zinssatz des § 253 Abs. 2 HGB, der als durchschnittlicher Marktzinssatz zur Berechnung der Rückstellungen von Rentenverpflichtungen anzusehen ist. Regelmäßig wird hier entsprechend der Vorschrift mit einer Restlaufzeit von 15 Jahren gerechnet. Dieser Zins wird auf der Grundlage der Verordnung über die Ermittlung und Bekanntgabe der Sätze zur Abzinsung von Rückstellungen[230] monatlich von der Bundesbank aktualisiert.[231]

Problem ist nun, dass dieser Zins, der auf lange Zeiträume ausgerichtet ist, längere Zeit über 5 % lag – zum Zeitpunkt der 4. Auflage des Buches für 15 Jahre bei 4,53 %, Stand Januar 2019 noch bei 2,29 im 7-Jahresdurchschnitt – und daher die Situation der noch andauernden Niedrigzinsphase nicht oder nur mit sehr großer Verzögerung widerspiegelt, wo der Garantiezins von Lebensversicherungen in 2015 für Neuverträge bei 1,25 % und seit 2017 nur noch bei 0,9 % liegt.

Die Ermittlung des Ausgleichswertes auf der Basis des BilMoG-Zinssatzes hat daher erhebliche Transferverluste zur Folge,[232] sodass fraglich wird, ob der Halbteilungsgrundsatz damit noch gewahrt wird,[233] zumal eine spätere Anpassung nach § 225 Abs. 1 FamFG bei einem Nicht-Regelsicherungssystem nach § 32 VersAusglG ausgeschlossen ist. Die Rechtsprechung reagiert hierauf unterschiedlich. Während die meisten OLG-Entscheidungen die Verwendung des BilMoG-Zinssatzes anerkennen,[234] verlangen andere eine Korrektur dieser Abzinsung.[235] Der BGH hat den BilMoG-Zinssatz zunächst einfach hingenommen,[236] sich aber später mehrfach für seine Anwendbarkeit ohne weitere Modifikation ausgesprochen.[237] Der BGH sieht das Entstehen von Transferverlusten als eine notwendige Konsequenz der Grundkonzeption des Versorgungsausgleichs mit der Schaffung eigenständiger Anspruchsgrundlagen. Eine strukturelle Unterbewertung des Anrechts und eine systematische Benachteiligung der Ausgleichsberechtigten sieht der BGH trotz der Trägheit der Langfristbetrachtung nicht. Eine Verfassungsbeschwerde in diesem Zusammenhang, die sich auch auf die externe Teilung nach § 17 VersAusglG bezog, wurde nicht zur Entscheidung angenommen.[238] Eine gesetzliche Neuregelung des § 17 VersAusglG bzw. der Bewertung ist derzeit nicht abzusehen, zumal der Zinssatz nach § 253 HGB langfristig sinkt. Inzwischen erlaubt § 6a RückAbzinsV sogar eine Ausweitung des Betrachtungszeitraumes von sieben auf zehn Jahre,[239] was zu einem noch höheren Zinssatz führt. Hierzu hat der BGH aus-

---

229 BT-Drucks. 16/10144, S. 85.
230 RückAbzinsV, BGBl. 2009 I, 3790.
231 *Https://www.bundesbank.de/dynamic/action/de/startseite/suche/747716/allgemeine-suche?query=Abzinsungss%C3%A4tze*.
232 Wick, Rn. 305a ff.
233 Eine Verletzung dieses Grundsatzes nimmt an Norpoth, FamRB 2013, 139.
234 OLG Bremen, FamRZ 2012, 637; OLG Bamberg, FamRB 2013, 138; OLG Frankfurt am Main, NZFam 2014, 38; OLG Düsseldorf, FamRZ 2014, 763; OLG Hamm (2. Senat), FamRB 2014, 128; OLG Frankfurt am Main, FamRZ 2015, 1112; OLG Stuttgart, FamRZ 2015, 1109; für die Anerkennung dieses Zinssatzes: Budinger/Wrobel, NZFam 2014, 721 f.
235 Das OLG Nürnberg, FamRZ 2014, 1023 korrigiert nach ausführlicher Darstellung den BilMoG-Zinssatz, indem es den Aufschlag § 1 Satz 2, 6 Rückstellungsabzinsungsverordnung abzieht, sodass der Abzinsungssatz deutliche sinkt; dem schließt sich das OLG Koblenz, FamRZ 2015, 925 an. Die Versorgungsausgleichskommission schlägt vor, den Zins der Deckungsrückstellungsverordnung durch 0,6 zu dividieren (*http://www.dfgt.de/resources/SN-VA_Initiativstellungnahme%20des%20Deutschen%20 Anwaltsvereins2.pdf*); OLG Hamm (12. Senat), FamRZ 2012, 1306 (LS) = BeckRS 2012, 05115, fordert die Festsetzung eines realistischen Marktzinssatzes durch Sachverständigengutachten.
236 BGH, NJW 2011, 3358, Tz. 28.
237 BGH, FamRZ 2016, 781; BGH, FamRZ 2016, 1245; BGH, FamRZ 2016, 1651; BGH, FamRZ 2016, 1654; BGH, FamRZ 2016, 2076.
238 BVerfG, FamRZ 2017, 705.
239 Gesetzliche Regelung in Art. 7–9 des Gesetzes zur Umsetzung der Wohnimmobilienkreditrichtlinie und zur Änderung handelsrechtlicher Vorschriften, BGBl. 2016 I, 396; hierzu Kirchmeier, FamRZ 2016, 956.

gesprochen, dass es für den Versorgungsausgleich weiterhin bei dem Betrachtungszeitraum von 7 Jahren bleibt.[240]

Bei Verrechnungsvereinbarungen auf der Grundlage dieses Zinssatzes ist dennoch Vorsicht geboten[241] und zumindest eine Belehrung angebracht. Andererseits wird geraten, mittels einer Verrechnungsvereinbarung die Transferverluste zu vermeiden.[242]

– Als weiterer Parameter für die Berechnung des Barwertes wird häufig der **Rentientrend** genannt, d.h. die zu erwartende **Dynamik in der Leistungsphase**. Nach wohl überwiegender Meinung ist der Barwert um die voraussichtlichen künftigen Anpassungen in der Leistungsphase bei vorsichtiger Prognose zu erhöhen.[243] Nach anderer Auffassung ist ein Rentientrend nicht zu berücksichtigen, da er in keiner Weise kalkulierbar ist[244] und da das neue Versorgungsausgleichsrecht einen Ausgleich von Dynamikunterschieden gerade nicht mehr vorsehen wollte.[245] Der BGH hat sich nunmehr der überwiegenden Meinung angeschlossen und fordert die Berücksichtigung eines vorsichtig zu prognostizierenden Rentientrends.[246]

Insgesamt erscheinen die Einzelheiten der Barwertberechnung auch versicherungsmathematisch noch immer nicht vollständig geklärt, zumal zweifelhaft ist, ob der Zweck des Versorgungsausgleichs spezifische Modifikationen fordert.[247]

b) Verzinsung nach Ehezeitende

116 Die zweite Zinsproblematik rührt daher, dass die Ausgleichswerte zum Ehezeitende berechnet werden, von da bis zur Rechtskraft einer Entscheidung über den Versorgungsausgleich aber noch viel Zeit ins Land geht. Über diese Fragen hat der BGH inzwischen detailliert entschieden, sodass der Sachstand anhand der Entscheidungen des BGH referiert werden kann.[248]

117 Zwar sieht das Gesetz eine **Verzinsung des Ausgleichswertes bei der externen Teilung** nicht ausdrücklich vor. Das Gesetz will aber, dass der Ausgleichsberechtigte an dem Wertzuwachs des zum Ehezeitende bewerteten Anrechts teilhat. Aus diesem Grund hat der **BGH** in einer Grundsatzentscheidung klargestellt, dass der bei der externen Teilung zu zahlende Ausgleichswert nach § 14 Abs. 4 VersAusglG i.V.m. § 222 Abs. 3 FamFG **ab dem Ende der Ehezeit bis zur Rechtskraft der Entscheidung über den Versorgungsausgleich** zu verzinsen ist, und zwar **in Höhe des Rechnungszinses der auszugleichenden Versorgung**.[249] Das war im Fall des BGH der BilMoG-Zinssatz in Höhe von 5,25 %. Das hatten zuvor nicht alle Obergerichte so gesehen.[250] Ein Zinseszins ist nicht anzuordnen.[251]

---

240 BGH, FamRZ 2016, 2000.
241 Borth, FamRZ 2014, 1245 f.
242 Wick, Rn. 305c.
243 Wick, Rn. 304; OLG München, FamRZ 2012, 130; OLG Koblenz, FamRZ 2013, 462; OLG Dresden, FamRZ 2014, 1461; OLG Köln, NZFam 2018, 375; Jäger, FamRZ 2010, 1714; Hauß, FamRZ 2011, 88; Glockner/Hoenes/Weil, § 16, Rn. 39.
244 OLG Frankfurt am Main, 1 UF 192/11, BeckRS 2013, 02537; OLG Frankfurt am Main, FamRZ 2015, 1112.
245 Hufer/Karst, DB 2012, 2576 f.
246 BGH, NZFam 2018, 588 ff. m. Anm. Norpoth; OLG Köln, NZFam 2018, 375.
247 Wick, Rn. 301.
248 Eine gute Übersicht findet sich bei Schlünder, NZFam 2018, 348 ff.
249 BGH, FamRZ 2011, 1785 = NJW 2011, 3358; hierzu Borth, FamRZ 2011, 1773 f.; BGH, FamRZ 2016, 1247.
250 Gegen eine Verzinsung detailliert OLG Bamberg, FamRZ 2011, 1229: Widerspricht wesentlichen Zielen des Gesetzgebers und dem normierten Stichtagsprinzip; der Halbteilungsgrundsatz ist kein Dogma, von dem nicht im Einzelfall abgewichen werden könnte. Für eine Verzinsung wohl bis zur Zahlung hingegen OLG Celle, NJW-RR 2011, 1571; OLG Frankfurt am Main, FamRB 2013, 6; KG, NJW 2013, 1014.
251 OLG Brandenburg, NZFam 2018, 232; OLG Celle, FamRZ 2016, 1370.

B. Grundprinzipien und Aufbau des Versorgungsausgleichs — Kapitel 7

In weiteren Entscheidungen setzt sich der BGH[252] mit der Meinung auseinander, die Verzinsung müsse **bis zur tatsächlichen Zahlung** an den Zielversorgungsträger laufen und lehnt dies ab, da der ausgleichsberechtigte Ehegatte bereits mit Rechtskraft der Entscheidung über den Versorgungsausgleich einen Anspruch auf die von der Zielversorgung gewährten Leistungen hat, unabhängig davon, wann der Kapitaltransfer zwischen den Versorgungsträgern erfolgt. 118

Wenn die Zahlung beim **Zielversorgungsträger** verspätet eingeht, dann kann dieser ab Rechtskraft der Entscheidung zum Versorgungsausgleich **Verzugszins** geltend machen.[253] In einer dritten Entscheidung bekräftigt der BGH[254] seine Rechtsprechung und führt aus, dass das **Risiko der Beitreibung** des nach § 14 Abs. 4 VersAusglG festgesetzten Kapitalbetrages der Träger der Zielversorgung trägt. Der BGH hat daher nochmals bekräftigt, dass die Verzinsung nur bis zur Rechtskraft der Entscheidung zu erfolgen hat, nicht bis zur tatsächlichen Zahlung.[255] 119

Ferner hat der BGH[256] entschieden, dass für den Fall, dass die Ehegatten im Wege der **Vereinbarung** einen **Betrag festgelegt** haben, der nach § 14 Abs. 4 VersAusglG in der externen Teilung ausgeglichen werden soll, **auch dieser Betrag** ab dem Ende der Ehezeit mit dem Rechnungszins **zu verzinsen** ist. Die Einigung auf einen Höchstbetrag beinhaltet also keine Zinsen und keinen Verzicht auf Zinsen.[257] 120

Schließlich hat der BGH[258] noch klargestellt, dass der bei der externen Teilung nach § 14 Abs. 4 VersAusglG zu zahlende Ausgleichswert aus einer **fondsgebundenen betrieblichen Altersversorgung nicht zu verzinsen** ist,[259] denn diesem Ausgleichswert wohnt gerade keine zugesagte Wertsteigerung inne. Der Versorgungsträger müsste sonst eine Leistung erbringen, die er nicht zugesagt hat.[260] Die externe Teilung kann dafür aber in Fondsanteilen erfolgen.[261] 121

Eine **Verzinsung** ist ferner dann bzw. ab dann **nicht zu zahlen, wenn der Ausgleichspflichtige** zum Ehezeitende oder später vor der rechtskräftigen Entscheidung über den Versorgungsausgleich **bereits Leistungen aus der Versorgung erhält**. Dann reduziert sich nämlich das Kapital und für eine Wertsteigerung, an der es durch Verzinsung zu partizipieren gilt, ist kein Raum mehr.[262] 122

Streitig war die Behandlung der Verzinsung bei externer Teilung mit **Zahlung in die gesetzliche Rentenversicherung**. Mit der Begründung des Anrechtes in der gesetzlichen Rentenversicherung wird dem Ausgleichsberechtigten ein Zuschlag an Entgeltpunkten gutgeschrieben, der nach § 76 Abs. 4, Satz 2, 3 SGB VI zum Ehezeitende berechnet wurde, sodass schon hierdurch der Berechtigte von der Wertentwicklung profitierte. Die Zinszahlung war trotzdem erforderlich, damit der Versorgungsträger nicht belastet wurde. Nun wurde zum 01.01.2013 **§ 76 Abs. 4 SGB VI durch einen Satz 4 ergänzt**,[263] nach dem künftig das Ende des Zinszahlungszeitraums für den Beginn der Partizipation maßgeblich ist. Man verliert also die rückwirkende Partizipation an der Wertentwicklung, dafür kommt nun die Zinszahlung der geförderten Person zugute.[264] 123

---

252 BGH, NJW 2013, 1240 = FamRZ 2013, 717; FamRZ 2014, 1182.
253 BGH, NJW 2013, 1240; BGH, FamRZ 2014, 1182; Ruland, FamFR 2013, 243, 245.
254 BGH, FamRZ 2013, 1019.
255 BGH, FamRZ 2016, 1144.
256 BGH, FamRZ 2013, 777.
257 A.A. OLG Karlsruhe, FamFR 2012, 4712.
258 BGH, FamRZ 2013, 1635.
259 BGH, NJW 2013, 3028, LS.
260 Ebenso gegen eine Verzinsung in diesen Fällen OLG Bamberg, FamRZ 2013, 220; OLG Stuttgart, FamFR 2012, 472.
261 Hierzu ausführlich Rn. 3281 ff.
262 BGH, FamRZ 2011, 1785 = NJW 2011, 3358, Tz. 25; OLG Nürnberg, FamRZ 2013, 791.
263 Hierzu Borth, FamRZ 2013, 509.
264 Wagner, FamRB 2013, 6.

3. § 5 Abs. 2 Satz 2 VersAusglG, insb. Problematik des Wertverzehrs

124 Die Bestimmung des **§ 5 Abs. 2 Satz 2 VersAusglG**, wonach rechtliche oder tatsächliche Veränderungen nach dem Ende der Ehezeit, die auf den Ehezeitanteil zurückwirken, zu berücksichtigen sind, sorgt für zahlreiche Diskussionen und gerichtliche Entscheidungen. Erst allmählich gewinnt die Vorschrift Konturen.[265] Sie erlaubt es, **nachehezeitliche Veränderungen** auch **bereits** bis zur letzten Tatsachenentscheidung **im Erstverfahren** zu berücksichtigen, sodass diese nicht erst in einem Abänderungsverfahren zur Geltung gebracht werden müssen. Dies ist umso bedeutsamer, als § 32 VersAusglG das Abänderungsverfahren auf Regelsicherungssysteme beschränkt, sodass im Erstverfahren nicht berücksichtigte Änderungen in anderen Systemen gar nicht mehr ausgeglichen werden.

125 Das beginnt schon damit, dass die Berechnung des Ehezeitanteils im Erstverfahren klarzustellen war. Das OLG Celle und früher auch der BGH stellten entgegen der Praxis der Versorgungsträger klar, dass **nach Ehezeitende liegende rentenrechtliche Zeiten** – ebenso wie nach früherem Recht – bei der Berechnung des Ehezeitanteils von Anrechten der gesetzlichen Rentenversicherung **außer Betracht** zu lassen sind.[266] Von dieser festen Ansicht ist der BGH aber wieder abgewichen[267] und lässt nach Beginn des Bezugs einer Vollrente wegen Alters auch Werterhöhungen für Beitragszeiten zur Berücksichtigung zu, die sich infolge einer nachträglich vorgenommenen Mindestbewertung von Pflichtbeiträgen in der gesetzlichen Rentenversicherung ergeben oder die auf der Verbesserung der sog. Mütterrente[268] beruhen.

126 Ansonsten ist der **Anwendungsbereich** der Vorschrift auch einige Jahre nach Inkrafttreten der Versorgungsausgleichsreform noch immer nicht vollständig ausgelotet. Der Begriff »zurückwirken« wird als **missverständlich** bezeichnet. Entscheidend ist, ob eine nachehezeitliche rechtliche oder tatsächliche Veränderung in einem Sachbezug zu dem in der Ehezeit erworbenen Anrecht steht und sich auf Höhe oder Bestand der Versorgung auswirkt.[269]

127 Die lange anhaltende Diskussion über die sog. »**Rentnerfalle**«[270] oder den Kapitalverzehr hat erst mit einer Reihe von Urteilen des BGH[271] ihren Abschluss gefunden.

128 Das Problem liegt in Folgendem: Wenn Anrechte aus **kapitalgedeckten Versorgungen** geteilt werden **und der Ausgleichspflichtige während des Verfahrens bereits Versorgungsleistungen bezieht**, so sinkt der Bestand des Deckungskapitals gegenüber der bei Ehezeitende festgestellten Höhe. Wenn trotz dieser laufenden Zahlungen der Ausgleichsanspruch des Berechtigten mit seinem Wert bei Ehezeitende bemessen wird, so verbleibt dem **Ausgleichspflichtigen eine geringere Rente** als nach dem Halbteilungsgrundsatz. Fraglich ist, ob hier § 5 Abs. 2 Satz 2 VersAusglG anwendbar ist, sodass sich die laufenden Zahlen auf den Ausgleichswert auswirken.[272] Hier waren die **Ansichten geteilt**. Während einige Obergerichte die Anwendung des § 5 Abs. 2 VersAusglG befürworteten,[273] weil nur

---

265 Norpoth, FamRB 2012, 177: keine Verallgemeinerung, jede Veränderung ist individuell auf ihre Berücksichtigung zu überprüfen.
266 OLG Celle, FamRZ 2011, 723 f.; BGH, NJW 2012, 1000; OLG Nürnberg: Verschiebung des Rentenbeginns von 63 auf 66 Jahre stellt keine rechtliche oder tatsächliche Änderung dar.
267 BGH, NJW 2016, 1233; BGH, NJW 2016, 3031.
268 Vgl. dazu auch OLG Braunschweig, FamRZ 2016, 546; OLG Brandenburg, NZFam 2015, 1156; OLG Nürnberg, FamRZ 2016, 372; zur Mütterrente II: Bachmann/Borth, FamRZ 2019, 157.
269 Bergner, NJW 2012, 1330, 1331.
270 Hauß, FamRB 2010, 252; Gutdeutsch/Hoenes/Norpoth, FamRZ 2012, 73.
271 BGH, NJW 2016, 1728; BGH, FUR 2017, 623; BGH, FamRZ 2016, 2000 m. Anm. Holzwarth, FamRZ 2016, 2079; BGH, NJW 2018, 3176.
272 Dafür schon Gutdeutsch/Hoenes/Norpoth, FamRZ 2012, 73 f.
273 Für eine Berücksichtigung des Kapitalverzehrs: OLG Schleswig, FamFR 2013, 490; OLG Celle, FamRZ 2014, 665: Die Verringerung des Deckungskapitals muss sich anteilig auf beide Ehegatten auswirken, das ist zu tenorieren, OLG Köln, FamRZ 2013, 1578, tatsächliche Veränderung i.S.d. § 5 Abs. 2 Satz 2 VersAusglG; OLG Hamm, FamRZ 2013, 1305: nur verteilen, was noch da ist; OLG München, FamRZ 2015, 670; Wick, Rn. 125b ff.; Borth, Versorgungsausgleich, 7. Aufl., Rn. 646; Kemper,

noch der zum Zeitpunkt der Entscheidung tatsächlich vorhandene Wert auch geteilt werden könne,[274] sprachen sich andere gegen eine Anwendung des § 5 Abs. 2 Satz 2 VersAusglG aus,[275] mit der Folge, dass dem Ausgleichsberechtigten die Hälfte des ursprünglichen Wertes bei Ehezeitende zugeteilt wird und dem Pflichtigen nur noch die Differenz bleibt, die aus seiner Hälfte abzüglich der Auszahlungen resultiert.

Der BGH[276] hat dazu nun umfänglich Stellung genommen. Danach sind **negative Wertveränderungen kapitalgedeckter Anrechte in der Leistungsphase** auch insoweit im Versorgungsausgleich **zu berücksichtigen**, als sie **nach dem Stichtag** für das Ehezeitende eintreten. Dafür ist abweichend von § 5 Abs. 1 Satz 1 VersAusglG ein Stichtag zeitnah zur Rechtskraft der Entscheidung zu bilden.[277] Das hat der BGH zunächst zur internen Teilung entschieden. Nach dem Grundsatz »**Was weg ist, ist weg**« sei der Versorgungsträger vor überproportionalen Belastungen zu schützen.[278] Was die ausgleichsberechtigte Person anbelangt, die dann weniger erhalte, sei zu prüfen, ob dies durch eine **erhöhte Unterhaltszahlung** aufgrund der laufenden Versorgungsleistung **kompensiert** sei, ansonsten sei der Blick auf **§ 27 VersAusglG** zu richten, um zu prüfen, ob ggf. eine Teilung in die Gegenrichtung teilweise unterbleiben könne.[279]

129

Diese Grundsätze hat der BGH später für die externe Teilung wiederholt und betont, dass es für die Frage der Wertgrenze, bis zu der höchstens die externe Teilung nach §§ 14 Abs. 2, 17 VersAusglG verlangt werden kann, weiterhin beim Ausgleichswert zum Ende der Ehezeit verbleibt.[280]

130

Schließlich ist der **BGH** der Auffassung, dass die Berücksichtigung einer negativen Wertentwicklung **auch** dann erfolgen müsse, wenn diese durch ein **eigenes Tun** des Versorgungsberechtigten veranlasst ist.[281] Dies erfordere das Interesse des Versorgungsträgers. Bei kollusivem Handeln kann § 27 VersAusglG bezüglich der Ausgleichspflicht des anderen Ehegatten zur Anwendung kommen oder ein Schadensersatzanspruch des Ehegatten bestehen.[282]

Schließlich hat der BGH[283] festgestellt, dass aus dem Hinausschieben des Bewertungszeitpunktes zwangsläufig auch das Hinausschieben des Wirkungszeitpunktes bei der internen Teilung folge,

131

FamFR 2013, 51, 54; Bergner, FamFR 2012, 97 f.; Bergner, FamFR 2013, 507 mit dem Rat, einen besseren Ausgleich durch Vereinbarung zu suchen.
274 Dieses Argument ähnelt demjenigen des BGH für die Berücksichtigung von Verlusten bei fondsgebundenen Versicherungen nach Eheszeitende, BGH, NJW 2012, 1287.
275 So OLG Köln, FamRZ 2014, 668: Der Kapitalverzehr ist keine rechtliche oder tatsächliche Änderung i.S.d. § 5 Abs. 2 Satz 2 VersAusglG; KG FamRZ 2013, 464: Tenorierung der Differenz, da weder Berechtigter noch Versorgungsträger benachteiligt werden dürften; OLG Celle, FamRZ 2015, 2057; OLG Stuttgart, NZFam 2015, 1069; OLG Frankfurt am Main, FamRZ 2015, 754; Holzwarth, FamRZ 2013, 420 ff.: nach dem Stichtagsprinzip Bewertung zum Eheszeitende, allerdings keine »Nachschusspflicht« bei vollständigem Wertverzehr; Heidrich, FPR 2013, 227 geht davon aus, dass gar kein Wertverzehr vorliege.
276 BGH, NJW 2016, 1278; BGH, FUR 2017, 623.
277 Hierzu Borth, FamRZ 2016, 764, 766 mit Hinweis darauf, dass zwar der geminderte Ausgleichswert und das Absinken der Lebenserwartung zu berücksichtigen sei, aber sonst der Grundsatz des eheszeitbezogenen Erwerbs aufrechterhalten werden müsse; kritisch zur Entscheidung des BGH Schwamb, FamRB 2016, 240.
278 Wick, FuR 2019, 182, 185 weist darauf hin, dass im Einzelfall biometrische Effekte auch durch gegenläufige Zinseffekte kompensiert werden, sodass Auskünfte zu beiden Zeitpunkten einzuholen seien.
279 Zustimmend etwa OLG Hamburg, FamRZ 2017, 1397.
280 BGH, FamRZ 2016, 2000.
281 BGH, NZFam 2019, 1100 = FamRZ 2019, 1993 m. Anm. Borth; hier: Herabsetzung der Versorgungszusage des beherrschenden Gesellschafter-Geschäftsführers durch nacheheliche Vereinbarung zwischen dem ausgleichspflichtigen Ehegatten und der Gesellschaft.
282 Borth, FamRZ 2019, 2000.
283 BGH, NJW 2018, 3176; BGH, FamRZ 2019, 190; Schwamb, NZFam 2018, 982, 983 merkt hierzu an, dass die Entscheidung für die Tenorierung der externen Teilung damit noch nicht gefallen sei.

sodass auch die Tenorierung mit Bezug auf das Datum der zugrunde liegenden Wertbemessung erfolgen müsse.

132 **Weitere Veränderungen**, die noch unter Berufung auf § 5 Abs. 2 Satz 2 VersAusglG als berücksichtigenswert diskutiert werden, sind zum einen solche **individuellen Charakters**:
- Die in einer Übergangsvorschrift ermöglichte Wahl eines neuen Versorgungsrechtes sei zu berücksichtigen, auch wenn dies den Ausgleichswert herabsetze.[284]
- Der Wegfall eines Anrechtes aufgrund Straftat ist ein Ereignis, das nach § 5 Abs. 2 Satz 2 VersAusglG gewertet werden kann und die Anwendung des § 27 VersAusglG in Bezug auf Anrechte des für das weggefallene Anrecht Ausgleichungsberechtigten ermöglichen kann.[285]
- Eintritt vorzeitiger Invalidität.[286]

133 Zum anderen jedoch auch **Änderungen der maßgeblichen gesetzlichen Regelungen**:
- Erhöhung der Beamtenversorgung in einem neuen Bundesland wegen der Angleichung an das Westniveau ist nach Ansicht des BGH zu berücksichtigen.[287]
- Gesetzliche Veränderungen des Zeitpunkts zum Eintritt in den Ruhestand wirken sich ebenso nach § 5 Abs. 2 Satz 2 VersAusglG auf die Berechnung des Ausgleichswertes aus.[288]
- Nachträgliche gesetzliche Änderung von Sonderzahlungen;[289]
- Übergang von den vorläufigen Durchschnittsentgelten nach § 69 Abs. 2 Satz 1 Nr. 2 SGB VI zu den endgültigen Durchschnittsentgelten nach längerer Verfahrensdauer.[290]

134 **Nicht zu berücksichtigen sind hingegen**:
- Absenkung der Versorgung durch vorgezogenen Altersruhegeldbezug bei einer entsprechenden Entscheidung des Ausgleichspflichtigen nach dem Ehezeitende;[291] hier sei kein Bezug zur Ehezeit mehr gegeben.[292] Der Ausgleichswert ist daher ohne Berücksichtigung dieser Entscheidung des Pflichtigen zu bilden.
- Dies soll nach Ansicht des OLG Frankfurt am Main[293] ebenso für eine Verlängerung der Dienstzeit eines Beamten nach Ende der Ehezeit gelten, die zu einem veränderten Zeit-Zeit-Verhältnis führt und so letztlich den Ehezeitanteil schmälert.
- Karrieresprung oder zusätzlicher persönlicher Einsatz des Pflichtigen.[294]
- Nachehezeitliche Heraufsetzung der Altersgrenze für die Inanspruchnahme von Altersleistungen durch Individualvereinbarung mit dem Versorgungsträger.[295]

135 Der BGH sagt hierzu: »*Das Ende der Ehezeit bleibt daher als Stichtag maßgebend für die variablen Bemessungsgrundlagen einer Versorgung, zum Beispiel die erreichte Besoldungs- oder Tarifgruppe, Dienstaltersstufe, Einkommenshöhe sowie die Bemessungsgrundlagen der gesetzlichen Rentenversicherung oder der berufsständischen Versorgungen.*«[296]

---

284 BGH, FamFR 2013, 420.
285 OLG Hamm, FamFR 2013, 56.
286 Wick, Rn. 663.
287 BGH, FamRZ 2012, 941.
288 BGH, FamRZ 2012, 941.
289 OLG Brandenburg, FamRZ 2014, 128.
290 BGH, FamRZ 2012, 847.
291 BGH, FamRZ 2012, 851 f. zum neuen Recht; a.A. Vorinstanz OLG Stuttgart, FamFR 2010, 535; noch zum alten Recht BGH, FamRZ 2012, 769.
292 So auch BT-Drucks. 16/10144, S. 80.
293 OLG Frankfurt am Main, FamRZ 2017, 1214.
294 OLG Hamm, FamRZ 2013, 1895.
295 OLG Koblenz, FamRZ 2013, 462.
296 BGH, NJW 2012, 1000.

4. Der korrespondierende Kapitalwert

Wie man an dieser Darstellung sieht, kommt die externe Teilung nicht ohne einen Vergleich der Altersversorgungen aus. Kann bei der internen Teilung noch das Rechenwerk des einen betroffenen Versorgungsträgers zugrunde gelegt und eine Teilung in zwei Hälften daraus berechnet werden, so ist bei der externen Teilung nach § 14 Abs. 4 VersAusglG der **Ausgleichswert als Kapitalwert** an den Versorgungsträger der ausgleichsberechtigten Person **zu zahlen**. Diese muss jedoch zuvor berechnet werden. Das **FamG** hat ihn nach § 222 Abs. 3 FamFG in seiner Entscheidung **festzusetzen**. **136**

Die **Gesetzesbegründung** sagt hierzu, dass es sich, wenn der Ausgleichswert schon einem Kapitalwert entspreche, um diesen handele. Bei anderen Bezugsgrößen hingegen – etwa Rentenbeträgen – sei der **korrespondierende Kapitalwert** nach § 47 VersAusglG als Kapitalwert i.S.d. § 14 Abs. 4 VersAusglG anzusehen.[297] **137**

▶ Hinweis:

Der korrespondierende Kapitalwert ist ein Hilfswert nach § 47 VersAusglG zum Vergleichbarmachen von Anrechten. Der Gesetzgeber war der Auffassung, dass ein Kapitalwert hierzu anschaulicher sei als ein Rentenwert. Seine Berechnung ist in § 47 VersAusglG detailliert geregelt. Die Eignung dieser Größe ist umstritten. **138**

An diese Aussage hat sich eine **Grundsatzkontroverse** in der Literatur angeschlossen, deren Ausgang noch offen ist. Gerichtliche Entscheidungen gibt es angesichts der soeben erst in Kraft getretenen Regelung noch nicht. Eine Ansicht unterstützt die Auffassung der Gesetzesbegründung und plädiert dafür, den korrespondierenden Kapitalwert, welchen der Versorgungsträger nach § 5 Abs. 3 VersAusglG mitzuteilen hat, der externen Teilung zugrunde zu legen.[298] **139**

Die **Gegenansicht** ist der Auffassung, der **korrespondierende Kapitalwert** sei als Hilfsgröße für die Festsetzung des Kapitalwertes **völlig ungeeignet**. Dabei lassen sich zwei Begründungsstränge unterscheiden. Zum einen wird dem korrespondierenden Kapitalwert generell seine **Eignung als vergleichender Wertmesser abgesprochen**.[299] Dies wird v.a. damit begründet, dass die verschiedenen Versorgungssysteme diesen Wert jeweils völlig unterschiedlich ermitteln.[300] Autoren aus der Versicherungspraxis oder der Rentenberatung sprechen dem korrespondierenden Kapitalwert jegliche Eignung ab, eine Aussage über den wahren Wert einer Versorgung zu treffen.[301] Eine solche Aussage hätte auch Bedeutung für die Verwendung des korrespondierenden Kapitalwertes im Rahmen einer Vereinbarung. **Zum anderen** wird kritisiert, dass der korrespondierende Kapitalwert nur die Verhältnisse beim Versorgungsträger des Pflichtigen abbilde, aber **nichts über die Werthaltigkeit des beim Zielversorgungsträger zu erwerbenden Anrechtes aussage**.[302] **140**

In der **Konsequenz** dieser Kritik müsste bei der externen Teilung in jedem Einzelfall eine **gutachtliche Wertfestsetzung** des Ausgleichswertes nach § 14 Abs. 4 VersAusglG erfolgen, eine für das Massenverfahren Versorgungsausgleich wenig erfreuliche Konsequenz, die der Gesetzgeber nicht gewollt hat. Was spricht **für die Verwendung des korrespondierenden Kapitalwertes**? Zum einen bestimmt das Gesetz den Ausgleichswert mit dem Halbteilungsgrundsatz[303] nach § 1 Abs. 1 Ver- **141**

---

297 BT-Drucks. 16/10144, 95; OLG Nürnberg, FamRZ 2011, 1229.
298 DRV, § 14 VersAusglG Rn. 5 i.V.m. § 1 VersAusglG Rn. 6; Glockner/Hoenes/Weil, § 8 Rn. 42; Horndasch/Viefhues/Kemper, § 222 FamFG Rn. 10; Prütting/Helms/Wagner, § 222 FamFG Rn. 14; MünchKomm-BGB/Siede, § 14 VersAusglG Rn. 45.
299 Hoppenz, A.IV. § 48 Rn. 3.
300 Glockner/Hoenes/Weil, § 3 Rn. 64 f.; Hauß/Bührer, Rn. 999 ff.
301 Bergner, § 47 Rn. 7.2. ff.; Glockner/Hoenes/Weil, § 3 Rn. 62.
302 V.a. Häußermann, FPR 2009, 223 ff; ihr zunächst folgend Palandt/Brudermüller, § 47 VersAusglG Rn. 8, nunmehr aber für die Verwendung des korrespondierenden Kapitalwertes i.R.d. § 14 Abs. 4 VersAusglG, § 14 Rn. 8; Hoppenz, § 14 VersAusglG Rn. 9.
303 Ausführlich zum Halbteilungsgrundsatz Wick, Rn. 157.

sAusglG vom Versorgungsträger des Pflichtigen aus. Dieser Wert aber ist nach § 14 Abs. 1 VersAusglG auszugleichen. Zwar hat das Gesetz keine Messgröße für die »Hälfte« festgelegt, aber das war auch nach bisherigem Recht bei einer Realteilung schon so[304] und ist auch im Bereich der internen Teilung so.[305] Schließlich hätte – käme es auf die Wertberechnung beim Zielversorgungsträger an – der Berechtigte es in der Hand, durch seine Wahl die Versorgung des Verpflichteten unterschiedlich zu beeinträchtigen, ohne dass dies neutral korrigiert werden könnte.

142 Dies spricht **für die Verwendung des korrespondierenden Kapitalwertes bei § 14 Abs. 4 VersAusglG**. Allerdings muss das FamFG überprüfen, dass der mitgeteilte korrespondierende Kapitalwert sachgerecht ermittelt ist.

143 Der korrespondierende Kapitalwert ist, wenn der Ausgleich nach einer anderen Bezugsgröße erfolgt, nicht zusätzlich in die Beschlussformel mit aufzunehmen.[306]

V. Ausgleichsarten

144 Wie bereits einleitend dargelegt wurde,[307] ist die Hauptänderung des gesetzlichen Versorgungsausgleichs darin zu sehen, dass es keine Saldierung mit einem Einmalausgleich mehr gibt, sondern jedes Recht für sich nach bestmöglicher Halbteilung (§ 1 Abs. 1 VersAusglG) ausgeglichen werden muss.

145 Der neue Versorgungsausgleich führt also zu einem **Hin- und Her-Ausgleich**[308] in beide Richtungen. Dies bedeutet zugleich eine Verdoppelung der Zahl der Anrechte, soweit nicht eine vom Gesetz zugelassene Verrechnung in Betracht kommt.

146 Zugleich präferiert der Gesetzgeber eine echte **Realteilung** bei demjenigen Versorgungsträger, bei dem die Anrechte des ausgleichspflichtigen Ehegatten bestehen. § 9 VersAusglG sieht deshalb diese Form der **internen Teilung als Regelform** vor. Nur wo dies nicht möglich ist, soll es eine externe Teilung, also die Begründung eines Versorgungsanrechtes bei einem anderen Versorgungsträger geben.

147 Die Versorgungsträger, also diejenigen Institutionen, welche die Versorgung gewähren, sind durch das neue Versorgungsausgleichsrecht stärker eingebunden. Sie müssen nunmehr nach § 5 Abs. 1 VersAusglG die Ehezeitanteile selbst berechnen und zusätzlich nach § 5 Abs. 3 VersAusglG den korrespondierenden Kapitalwert angeben.

1. Der Wertausgleich bei Scheidung

148 Gesetzgeberisches Ziel ist es, dass möglichst alle Anrechte bei der Scheidung geteilt werden sollen, damit abschließend entschieden werden kann. Der Ausgleich nach Scheidung soll nur noch für Ausnahmekonstellationen zur Verfügung stehen, § 9 Abs. 1 VersAusglG. I.R.d. **Wertausgleichs bei der Scheidung** gibt § 9 VersAusglG die Reihenfolge der anzuwendenden Ausgleichsarten vor. Danach steht im Vordergrund die interne Teilung nach §§ 10 bis 13 VersAusglG. Eine externe Teilung findet nur dann statt, wenn §§ 14 Abs. 2, 16 VersAusglG dies vorsehen. § 16 VersAusglG findet keine Anwendung auf Personen, die aufgrund eines privatrechtlichen Arbeitsverhältnisses ein Anrecht auf Versorgung nach beamtenrechtlichen Vorschriften oder Grundsätzen erwerben. Diese Anrechte sind vielmehr intern zu teilen.[309]

---

304 Vgl. etwa Ellger, FamRZ 1986, 513; Ruland, Rn. 697.
305 Hauß/Bührer, Rn. 375 ff.
306 OLG Karlsruhe, FamRZ 2012, 1716.
307 Rdn. 15.
308 BT-Drucks. 16/10144, 45.
309 BGH, FamRZ 2013, 608 (IHK); BGH, FamRZ 2013, 1361 (Religionsgesellschaft); OLG Brandenburg, FamRZ 2014, 39 (Innungskrankenkasse).

> **Hinweis:**
> Das VersAusglG bezeichnet als **Wertausgleich bei Scheidung** die Regelausgleichsform, welche den früher sog. öffentlich-rechtlichen Versorgungsausgleich ersetzt. Demgegenüber werden als **Ausgleichsanspruch nach Scheidung** diejenigen Ansprüche bezeichnet, die wegen fehlender Ausgleichsreife bei Scheidung noch nicht ausgeglichen werden können und die dem früher sog. schuldrechtlichen Versorgungsausgleich entsprechen.

149

a) Interne Teilung

aa) Definition

Wenn für die ausgleichsberechtigte Person zulasten des Anrechts der ausgleichspflichtigen Person i.H.d. Ausgleichswertes **bei demselben Versorgungsträger** – also bei demjenigen, bei dem auch das Anrecht des Pflichtigen besteht – ein **eigenes Anrecht** begründet wird, so spricht das VersAusglG von interner Teilung, § 10 VersAusglG.

150

> **Hinweis:**
> Unter **Ausgleichswert** versteht das VersAusglG die Hälfte des Wertes der Ehezeitanteile einer Versorgung, § 1 Abs. 2 Satz 2 VersAusglG. Dieser Ausgleichswert ist für jede einzelne Versorgung separat zu bestimmen. I.H.d. Ausgleichswertes hat dann die Übertragung stattzufinden. Dieser kann von einer genau hälftigen Teilung abweichend zu bestimmen sein, wenn Teilungskosten nach § 13 VersAusglG abzuziehen sind.

151

Spiegelbildlich vermindert sich das Anrecht des Ausgleichspflichtigen. Es handelt sich also um eine **echte Realteilung**, bei welcher das Anrecht geteilt und zwei selbstständige Anrechte bei demselben Versorgungsträger begründet werden. Es handelt sich also nicht um ein neues Anrecht, sondern um die teilweise Übertragung eines bestehenden Anrechtes.[310] Der Gesetzgeber bevorzugt diese Ausgleichsform, weil die Versorgung sich hier für beide Ehegatten auch nach der Teilung gleich entwickelt, sodass auch damit zu rechnen ist, dass **im Versorgungszeitpunkt** beide Ehegatten **gleiche Leistungen** erhalten.[311] Zudem wird hier der Halbteilungsgrundsatz bei der Teilung am ehesten gewährleistet, der bei der externen Teilung aufgrund unterschiedlicher Rechnungszinssätze leicht verfehlt werden kann, was insbesondere bei größeren Beträgen nach § 17 VersAusglG im Bereich der Betriebsrenten problematisch sein kann.

152

bb) Betriebsrenten – fehlende Anwartschaftsdynamik beim Berechtigten

Eine **Abweichung** von dieser gleichen Entwicklung kann es allenfalls im Bereich der **Betriebsrenten** geben, weil § 12 VersAusglG hier anordnet, dass die **ausgleichsberechtigte Person** die Stellung eines **ausgeschiedenen Arbeitnehmers** erhält. Hier wird vertreten, dass dies eine Abkopplung von der Dynamisierung in der Anwartschaftsphase bedeutet.[312] Diese Ansicht ist allerdings umstritten.[313] Andere halten eine Dynamisierung auch in der Anwartschaftsphase für erforderlich, jedenfalls solange, wie der Ausgleichspflichtige noch ein Arbeitsverhältnis hat.[314] Hier wird die weitere Entwicklung abzuwarten sein. Inzwischen hat das OLG Nürnberg[315] wohl als erstes höherrangiges Gericht[316] sich

153

---

310 OLG Frankfurt am Main, NZFam 2019, 1008.
311 Göppinger/Rakete-Dombek/Schwamb, 3. Teil, Rn. 6.
312 Hauß, DNotZ 2009, 600, 608; Häußermann, FPR 2009, 223, 224; Engbroks/Heubeck, BetrAV 2009, 16, 19.
313 Ruland, Rn. 671 f.; Bergner, FamFR 2010, 461; Johannsen/Henrich/Holzwarth, § 12 VersAusglG Rn. 1.
314 Wick, Rn. 451.
315 OLG Nürnberg, FamRZ 2018, 905.
316 So Holzwarth, FamRZ 2019, 409, 411.

der Ansicht angeschlossen, § 12 VersAusglG i.V.m. § 2 Abs. 5 BetrAVG führten zu einem Ausschluss von Anpassungen im Anwartschaftsstadium. Einhellig ist die Auffassung, dass die Dynamisierung in der Leistungsphase nach § 16 BetrAVG und der Insolvenzschutz nach § 7 BetrAVG Anwendung finden.[317]

▶ Hinweis:

154 Wer jetzt schon im Rahmen einer Scheidung einem solchen **Verlust an Dynamik vorbeugen** will, der kann dieses Anrecht vom Versorgungsausgleich ausnehmen und anders kompensieren.[318]

cc) Voraussetzungen interner Teilung

155 § 11 VersAusglG stellt verschiedene **Anforderungen an die interne Teilung**. Sie muss die gleichwertige Teilhabe der Ehegatten an den in der Ehezeit erworbenen Anrechten sicherstellen. Dies sieht der Gesetzgeber als gewährleistet an, wenn für die ausgleichsberechtigte Person
– ein **eigenständiges** und entsprechend gesichertes **Anrecht** übertragen wird und
– ein Anrecht **i.H.d. Ausgleichswertes** mit **vergleichbarer Wertentwicklung** entsteht und
– der **gleiche Risikoschutz** gewährleistet wird.

Zur letzteren Voraussetzung ist es dem **Versorgungsträger** nach § 11 Abs. 1 Nr. 3 VersAusglG **gestattet**, den Risikoschutz auf die **Altersversorgung zu beschränken**, wenn er für das nicht abgesicherte Risiko einen **zusätzlichen Ausgleich** bei der Altersversorgung schafft. Dies wird durchaus praktische Bedeutung annehmen.[319] Der Anwalt des Ehegatten wird den angebotenen Zuschlag auf Plausibilität zu prüfen haben.[320] Aus der Auskunft des Versorgungsträgers muss sich die konkrete Berechnung des Ausgleichs für die Verringerung des Risikoschutzes ergeben.[321] Nach einer Entscheidung des BGH, muss jedoch nicht bereits in der Teilungsordnung festgelegt sein, wie sich der notwendige zusätzliche Ausgleich errechnet, es genügt vielmehr, wenn der Versorgungsträger dies im Versorgungsausgleichsverfahren darlegt.[322]

Wenn im richterlichen Gestaltungsakt der internen Teilung die Teilungsordnung nicht in Bezug genommen ist, welche den zusätzlichen Ausgleich regelt, so führt dies zu einer entsprechenden Anwendung des § 11 Abs. 2 VersAusglG, d.h. das Anrecht wird gleich geteilt mit gleichem Risikoschutz.[323]

156 In einer Grundsatzentscheidung hat der BGH[324] ausgesprochen, dass der Ausgleichswert auch beim Ausgleichsberechtigten auf das Ehezeitende bezogen werden muss. Die interne Teilung ist also rückwirkend zum Stichtag Ehezeitende zu vollziehen nach den zu diesem Zeitpunkt geltenden Regelungen des Versorgungsträgers. Der BGH legt ferner fest, dass bei der Berechnung der Ausgleichsrente des Berechtigten und bei der Umrechnung des Ausgleichswertes des entfallenden Risikoschutzes kein geringerer Rechnungszins verwendet werden darf als bei der Berechnung des Ausgleichswertes.[325] Der BGH beanstandet nicht, wenn zwischen Ehezeitende und Rechtskraft der Entscheidung auch für den Berechtigten noch die biometrischen Daten des Verpflichteten zugrunde liegen. Sieht die

---

317 Borth, Versorgungsausgleich, Kap. 3 Rn. 61.
318 Vgl. hierzu den Vorschlag bei C. Münch, Versorgungsausgleich, Rn. 278.
319 Einen Berechnungsvorschlag unterbreiten Hauß/Bührer, Rn. 381.
320 Näher mit Berechnungsvorschlägen Hauß, FamRB 2010, 251, 255.
321 OLG Hamm, FamRZ 2013, 380.
322 BGH, FamRZ 2015, 911 m. Anm. Borth; a.A. noch OLG Karlsruhe, NZFam 2015, 514.
323 OLG Düsseldorf, FamRZ 2019, 1410.
324 BGH, FamRZ 2015, 1869 m. Anm. Holzwarth.
325 So auch OLG Hamm, NZFam 2018, 706; OLG Stuttgart, FamRZ 2015, 584; OLG Nürnberg, FamRZ 2016, 819 für den Garantiezins bei einer auszugleichenden Lebensversicherung, das allerdings bei wesentlich jüngeren Berechtigten quasi als Ausgleich die langfristige Verwendung des Garantiezinses die Verwendung aktueller geschlechtsneutraler Sterbetafeln gestattet.

B. Grundprinzipien und Aufbau des Versorgungsausgleichs Kapitel 7

Teilungsordnung keine Teilhabe an der Wertentwicklung seit Ehezeitende vor, so muss dies durch gerichtliche Anordnung sichergestellt werden.[326]

Hinsichtlich der Sicherung des Anrechts sind insb. Unternehmerversorgungen problematisch, sofern sie keinen eigenen Insolvenzschutz enthalten. Hat der Pflichtige keinen solchen Schutz, erhält auch der Berechtigte keinen. Ist aber die Versorgung des Unternehmers (teilweise) rückgedeckt, ist dem ausgleichsberechtigten Nichtunternehmer ein gleichwertiger Insolvenzschutz zu verschaffen.[327] So hat das OLG Stuttgart[328] entschieden, dass bei Bestehen einer Rückdeckungsversicherung im Rahmen einer internen Teilung dem Berechtigten eine entsprechende Sicherung verschafft werden muss. Der Versorgungsträger müsse dies in seiner Teilungsanordnung sicherstellen, sonst müsse das Gericht den Rückdeckungsbetrag in entsprechender Höhe dem Ausgleichswert zuordnen. Dies gelte auch für ein Pfandrecht des Ausgleichspflichtigen am Rückdeckungsbetrag.[329] Eine gleichmäßig zu verteilende Deckungslücke reduziert sich dann durch Beitragszahlungen nach der Ehezeit für beide. 157

Nicht vorgeschrieben ist, dass die ausgleichsberechtigte Person aus ihrem Ehezeitanteil eine gleich hohe Versorgung erhält wie der Verpflichtete, sodass nicht nur die Renten **geteilt** werden können, sondern auch die **Kapitalwerte**, mit der Folge, dass die Ehegatten aus ihrem jeweiligen Anteil eine **unterschiedlich hohe Rente** erhalten aufgrund unterschiedlich zu kalkulierender Risiken.[330] Es dürfte auch ein Deckungskapital so geteilt werden, dass für beide Ehegatten gleich hohe (fiktive) Renten entstehen.[331] 158

Nach Auffassung des OLG Celle[332] darf dabei jedenfalls die öffentliche Hand als Versorgungsträger für die Zusatzversorgung des öffentlichen Dienstes nur noch geschlechtsneutrale Parameter verwenden, nachdem der EuGH[333] für Versicherungen nur noch **Unisex-Tarife** gebilligt hat.[334]

Der BGH[335] hat für die interne Teilung der Anrechte der Zusatzversorgung des öffentlichen Dienstes[336] (im Entscheidungsfall VBLklassik) die Verfahrensweise ausdrücklich gebilligt, die ehezeitlich erworbenen **Versorgungspunkte** auf der Basis **biometrischer Faktoren** des Ausgleichspflichtigen in einen versicherungsmathematischen **Barwert** umzurechnen und die **Hälfte** dieses Barwertes – ggf. abzgl. der Teilungskosten – wieder in Versorgungspunkte auf der Basis der biometrischen Faktoren des Berechtigten zurückzurechnen. Auf diese Weise kann insbesondere dem **Altersfaktor** Rechnung getragen werden. **Geschlechtsspezifische Faktoren** dürfen dabei allerdings **nicht mehr** verwendet werden.[337] Gibt es hierbei für einzelne Zeiträume unterschiedliche Barwert- oder Umrechnungsfaktoren, wird für jeden Zeitraum ein gesonderter Ausgleichswert errechnet.[338] 159

---

326 OLG Frankfurt am Main, FamRZ 2017, 878.
327 Bergschneider, Rn. 850.
328 OLG Stuttgart, FamRZ 2017, 1923.
329 So auch OLG Hamm, FamRZ 2016, 139; OLG Frankfurt am Main, FamRB 2019, 300.
330 BT-Drucks. 16/10144, 56; OLG Düsseldorf, FamRZ 2011, 1945; OLG Celle, FamRZ 2014, 305.
331 Bergmann, FamRB 2015, 260; hierzu auch Bergner, NZFam 2015, 289 f. und OLG Nürnberg, FamRZ 2015, 1106.
332 OLG Celle, FamRZ 2014, 305; a.A. OLG Naumburg, FamRZ 2015, 753.
333 EuGH, NJW 2011, 907 = FamRZ 2011, 1127; hierzu Lüttringhaus, EuZW 2011, 296; Purnhagen, NJW 2013, 113.
334 Hierzu Orgis, FPR 2011, 509.
335 BGH, FamRZ 2017, 863 m. Anm. Borth; so schon OLG Schleswig, NZFam 2016, 237.
336 Auch die Neuregelung der Startgutschriften ist für rentenferne Versicherte nicht wirksam, BGH, NZA-RR 2016, 315 und BGH, NZA-RR 2016, 318; hierzu Hauß, FamRB 2016, 238 f.; BGH, NZFam 2017, 396 m. Anm. Schwamb.
337 Der BGH hat deren Verwendung noch bei Auskünften toleriert, die vor dem 01.01.2013 erfolgt sind.
338 OLG München, FamRZ 2018, 584.

dd) Verrechnung

160 Wenn für jeden Ehegatten Anrechte **bei ein und demselben Versorgungsträger** bestehen, so sind diese nach dem Grundgedanken des Versorgungsausgleichs dennoch zunächst beide zu teilen.

161 § 10 Abs. 2 VersAusglG gestattet jedoch dem Versorgungsträger die Teilung zu **verrechnen**, sodass derjenige Ehegatte mit den niedrigsten Anrechten seine behält und nur der übersteigende Betrag des anderen Ehegatten ausgeglichen wird. Diese Verrechnung setzt voraus, dass es sich um **Anrechte gleicher Art** handelt, die sich in Struktur und Wertentwicklung entsprechen, sodass ein Saldenausgleich nach Verrechnung im Wesentlichen zum selben wirtschaftlichen Ergebnis führt wie der Hin- und Herausgleich.[339]

162 Die Verrechnung ist **ein interner Vorgang beim Versorgungsträger**, sie wird nicht vom FamG angeordnet oder ausgesprochen.[340]

163 Eine solche Verrechnung kann auch bei Anrechten verschiedener Versorgungsträger erfolgen, wenn diese eine Verrechnung miteinander vereinbart haben, § 10 Abs. 2, Satz 2 VersAusglG.[341] Zu beachten ist ferner, dass i.R.d. allgemeinen gesetzlichen Rentenversicherung eine Verrechnung auch stattfindet, wenn die Versicherungskonten bei verschiedenen Trägern (etwa DRV Bund einerseits und DRV Nordbayern andererseits) geführt werden, § 120f Abs. 1 SGB VI.[342]

164 Einen **Anspruch auf Verrechnung** hat der Versorgungsträger indes nicht, sodass Verzichte, die eine Verrechnung überflüssig werden lassen, ohne Weiteres möglich sind.

165 Für die **Umrechnung** der übertragenen Entgeltpunkte in **Wartezeit** im Rahmen der gesetzlichen Rentenversicherung sind nur die nach der Verrechnung noch übertragenen Entgeltpunkte maßgeblich.[343]

▶ **Hinweis:**

166 Eine Verrechnung von Anrechten bei interner Teilung erfolgt beim Versorgungsträger. Sie braucht und kann vertraglich nicht vorgesehen werden.

ee) Teilungskosten

167 Bei der internen Teilung hat das Gesetz – anders als bei der externen Teilung – dem **Versorgungsträger** in § 13 VersAusglG die Möglichkeit gegeben, **angemessene Teilungskosten** geltend zu machen und vom Anrecht jedes Ehegatten **hälftig abzuziehen**. Der Versorgungsträger muss diese bei der Berechnung der Ausgleichswerte dem FamG mitteilen. Nicht zu diesen Kosten gehört der Aufwand zur Ermittlung des Ausgleichswertes.[344] Wohl aber kann der Versorgungsträger die Mehrkosten der Kontenverwaltung für eine weitere Person ersetzt verlangen.[345] Eine Pauschale hat der Gesetzgeber nicht festgelegt, sodass Ausgangspunkt die von der früheren Rechtsprechung gebilligten 2 bis 3 % des Deckungskapitals sind.[346] Allerdings hat der Rechtsausschuss mahnend betont, man dürfe solche Kosten bei sehr hohen Versorgungswerten nicht schematisch erheben.[347]

---

339 Bergner, § 11 Rn. 2.
340 DRV, § 10 Rn. 6; Triebs, Rn. 78.
341 Bergschneider, RNotZ 2009, 457, 458.
342 Ruland, Rn. 602.
343 Ruland, FPR 2011, 479, 480.
344 Ruland, Rn. 367.
345 BGH, FamFR 2012, 183 = NJW 2012, 1281 = FamRZ 2012, 610; BGH, FamRZ 2012, 942; BGH, FamRZ 2012, 1549; OLG Karlsruhe, FamRZ 2011, 1948; OLG Düsseldorf, FamRZ 2011, 1947; a.A. OLG Stuttgart, FamRZ 2012, 34.
346 Glockner/Hoenes/Weil, § 8 Rn. 34 f.
347 BT-Drucks. 16/11903, 103.

B. Grundprinzipien und Aufbau des Versorgungsausgleichs   Kapitel 7

▶ **Hinweis:**

Sind bei interner Teilung hohe Teilungskosten zu erwarten, mag dies ein Grund sein, vertraglich die externe Teilung zu vereinbaren.

168

Zur Höhe der Teilungskosten hat sich mittlerweile eine kasuistische Rechtsprechung entwickelt.

169

– BGH:[348] Gegen eine **Pauschalierung** der Teilungskosten durch einen Prozentsatz des Ausgleichswertes ist nichts einzuwenden, allerdings muss diese Pauschale durch eine **Obergrenze** nach oben begrenzt sein; hierbei ist eine Obergrenze von 500,00 € in der Regel angemessen. Dabei ist jedoch das **konkrete Vorbringen** des Versorgungsträgers für eine höhere Bewertung im Einzelfall vom Gericht zu würdigen, der Versorgungsträger darf dann nicht auf die durchschnittliche Pauschale verwiesen werden.[349] Dem Versorgungsträger gebührt die Wahl der Pauschalierungsmethode, die gerichtliche Angemessenheitsprüfung ist nur ein Korrektiv.[350] Eine Pauschalierung aufgrund von Mischkalkulation in Höhe von 2–3 % bei einer Obergrenze von 500,- € ist nicht zu beanstanden.[351]
– OLG Celle:[352] 500,00 € Pauschalbetrag sind ohne nähere Darlegung angemessen; 800,00 € hingegen sind im Einzelfall zu erläutern.
– OLG Düsseldorf:[353] Höchstgrenze von 750,00 € jedenfalls akzeptabel; 1,5 fache des durchschnittlich zu erwartenden Aufwands ist nicht unverhältnismäßig.[354]
– OLG Karlsruhe:[355] 765,00 € stehen nicht außer Verhältnis zum Aufwand des Versorgungsträgers.
– OLG Karlsruhe:[356] Das 1,5 fache der nachgewiesenen Durchschnittskosten ist nicht unverhältnismäßig.
– OLG Nürnberg:[357] 770,00 € sind ohne Nachweis anzuerkennen, 1500,00 € sind unverhältnismäßig.
– OLG Oldenburg:[358] Legt der Versorgungsträger den bei ihm typischerweise entstehenden Aufwand für die Teilung sowie die nachfolgende Verwaltung nicht dar, kann das Gericht die Teilungskosten auf 500,00 € kürzen.
– OLG Stuttgart:[359] 3 % Ehezeitanteil, höchstens 500,00 € ist angemessen.[360]
– OLG München:[361] 2,5 % des Kapitalwertes des Ehezeitanteils je Anrecht, jedoch mindestens Kosten in Höhe von 0,3 % und höchstens 2 % der Beitragsbemessungsgrenze in der allgemeinen Rentenversicherung, bezogen auf den Zeitpunkt des Ehezeitendes, sind nicht zu beanstanden.

ff) Rechtsgestaltende Entscheidung des FamG

Die interne Teilung wird **rechtsgestaltend durch das FamG angeordnet**. Das FamG stellt dabei die **Ausgleichswerte fest** und **ordnet die Übertragung** dieser Werte für die ausgleichspflichtige Person

170

---

348 BGH, FamFR 2012, 183 = FamRZ 2012, 610 = NJW 2012, 1281; für einen Festbetrag von 200,00 € Keuter, FamRZ 2011, 1914.
349 BGH, FamFR 2012, 252.
350 BGH, FamRZ 2012, 1546.
351 BGH, FamRZ 2015, 913.
352 OLG Celle, FamRZ 2011, 1946.
353 OLG Düsseldorf, FamRZ 2011, 1945.
354 OLG Düsseldorf, FamRZ 2013, 381.
355 OLG Karlsruhe, FamRZ 2013, 38.
356 OLG Karlsruhe, FamRZ 2011, 1948.
357 OLG Nürnberg, FamRZ 2011, 1947.
358 OLG Oldenburg, FamRZ 2013, 1901.
359 OLG Stuttgart, ZFE 2010, 391.
360 Nach Bergmann, FuR 2013, 301 hat das Gericht bei Teilungskosten über 500,00 € den Versorgungsträger zu einer Spezifizierung aufzufordern.
361 OLG München, FamRZ 2019, 25.

zulasten des Kontos/eines bestimmten Anrechtes des Pflichtigen auf ein Konto des Berechtigten bei demselben Versorgungsträger **an**.

171 Bei dieser Entscheidung hat das FamG **zu überprüfen, ob** die **Voraussetzungen** des § 11 VersAusglG für die interne Teilung vorliegen. Ferner sollen auch die internen Vorschriften des Versorgungsträgers einer Prüfung durch das FamG unterliegen.[362] Damit ist wohl gemeint, dass das FamFG diese Vorschriften zwar nicht ändern oder ergänzen,[363] aber als untergesetzliches Recht verwerfen kann.[364] So geschehen etwa bei einem unterschiedlichen Garantiezins für Verpflichteten und Berechtigten.[365] Im Fall einer Verwerfung greift dann § 11 Abs. 2 VersAusglG ein, nach dem für den Ausgleichsberechtigten diejenigen Vorschriften gelten, die für den Verpflichteten maßgeblich sind. Das FamG prüft ferner die Angemessenheit des Abzugs von Teilungskosten nach § 13 VersAusglG.

Die Ausführung ist dann Sache des Versorgungsträgers.

gg) Tenorierung

172 Die Übertragung, der Versorgungsträger und das betroffene Anrecht müssen bezeichnet sein. Der **Ausgleichswert** muss angegeben sein und ist **zwingend** in der für das Versorgungssystem **maßgeblichen Bezugsgröße** nach § 5 Abs. 1 VersAusglG zu bezeichnen.[366]

173 Bei der internen Teilung werden folgende Anforderungen an die Tenorierung gestellt:[367] Der Tenor der gerichtlichen Entscheidung muss die **Fassung oder das Datum der Versorgungsregelung** benennen, die der Entscheidung zugrunde liegt, damit die Prüfung der Voraussetzungen des § 11 VersAusglG durch das Gericht nachprüfbar wird.[368]

174 »Bei der internen Teilung eines (teilweise) fondsgebundenen Anrechts[369] kommt eine ›**offene Beschlussfassung**‹, nach der ein Prozentsatz des am ersten Börsentag nach Mitteilung über die Rechtskraft des Beschlusses bestehenden Werts des Versorgungsvermögens übertragen wird, **nicht in Betracht**.«[370] »Für eine solcherart offene Beschlussfassung besteht weder eine gesetzliche Grundlage noch eine Notwendigkeit.«[371]

175 Setzt sich ein Versorgungsanrecht **aus verschiedenen Bausteinen** zusammen, so ist die **Aufteilung des Ausgleichswertes** auf die verschiedenen Bausteine im Tenor der Entscheidung auszusprechen.[372]

Ein Ausspruch der beim Pflichtigen eintretenden Kürzung ist hingegen nicht erforderlich.[373]

176 Nach BAG erfasst die materielle Rechtskraft des Versorgungsausgleichsbeschlusses nicht die Vorfrage, ob und in welchem Umfang einem der Ehegatten gegen seinen Arbeitgeber oder einen externen Versorgungsträger künftige Ansprüche auf Leistungen der betrieblichen Altersversorgung zustehen.[374]

---

362 Triebs, Rn. 67.
363 Hoppenz, A.IV. § 10 Rn. 8.
364 Johannsen/Henrich/Holzwarth, § 11 VersAusglG Rn. 4.
365 OLG Schleswig, FamRZ 2014, 1113.
366 BGH, FamRZ 2012, 1545, Tz. 9.
367 Hierzu Norpoth, NZFam 2019, 754.
368 BGH, FamRZ 2011, 547 = NJW 2011, 1139; OLG Celle, FamRZ 2011, 379; OLG Karlsruhe, FamRZ 2013, 701; a.A. OLG Stuttgart, FamRZ 2011, 381.
369 Zu den fondsgebundenen Anrechten vgl. ausführlich Rdn. 87 ff.
370 BGH, NJW 2014, 2728.
371 BGH, NJW 2014, 2728, Tz. 16.; OLG Stuttgart, FamRZ 2011, 979; OLG Stuttgart, FamRZ 2012, 1718; OLG Saarbrücken, FamFR 2012, 373.
372 OLG Karlsruhe, FamFR 2011, 57; OLG Bremen, FamRZ 2011, 895; OLG Stuttgart, FamRZ 2011, 897; BGH, FamRZ 2016, 1245.
373 OLG Karlsruhe, FamFR 2011, 57.
374 BAG, NZFam 2018, 683.

b) Externe Teilung

Die externe Teilung soll nach dem »Fahrplan« des § 9 VersAusglG der Ausnahmefall sein. Sie liegt vor, wenn das FamG zulasten des Anrechts des Ausgleichspflichtigen für den Ausgleichsberechtigten bei einem anderen Versorgungsträger ein eigenes Anrecht begründet, § 14 Abs. 1 VersAusglG. Über diesen Wortlaut hinaus kann eine externe Teilung auch so durchgeführt werden, dass ein neues Anrecht bei demselben Versorgungsträger begründet wird, das nicht die Bedingungen des bestehenden Vertrages übernimmt.[375] Eine externe Teilung kann nur in den im Gesetz genannten Fällen[376] durchgeführt werden. Mit der externen Teilung wird das Idealbild einer Halbteilung auch für den Versorgungsfall verfehlt, da sich die unterschiedlichen Versorgungen unterschiedlich entwickeln können. Es wird ferner immer deutlicher, dass sogar das Ziel einer Halbteilung der Anrechte bei Eheende sehr häufig verfehlt wird, vor allem aufgrund des hohen Abzinsungssatzes.[377] Soweit der Ausgleichsberechtigte daran mitwirkt, eine externe Teilung zu vereinbaren, muss er sich dieses Risikos bewusst sein.

177

aa) Vereinbarung Ausgleichsberechtigter mit Versorgungsträger

Nach § 14 Abs. 2 Nr. 1 BGB ist ein externer Ausgleich durchzuführen, wenn die ausgleichsberechtigte Person und der Versorgungsträger dies vereinbaren. Das neue VersAusglG sieht also nicht nur **Vereinbarungen** zwischen den Ehegatten vor, sondern auch solche **mit dem Versorgungsträger**.

178

Der **Versorgungsträger** darf solche Vereinbarungen freilich nur schließen, wenn sein **Regelwerk** dies auch gestattet.[378] Eine solche Vereinbarung wird nicht als eine Vereinbarung nach § 6 VersAusglG angesehen, sodass sie **nicht notariell zu beurkunden** ist.[379] Auch **Anwaltszwang** besteht nach herrschender Auffassung für diese Vereinbarung **nicht**,[380] sodass man befürchten muss, dass der Ausgleichsberechtigte dem Versorgungsträger ggü. schnell in eine unterlegene Position kommen kann. Den notwendigen **Schutz** müsste dann das **FamG** i.R.d. § 222 FamFG bieten.

179

Nach der Gesetzesbegründung soll es bei § 14 Abs. 2 Nr. 1 VersAusglG auch möglich sein, über sehr hohe Ausgleichswerte eine Vereinbarung zu treffen.[381] Wird die Vereinbarung nur zwischen dem Ausgleichsberechtigten und dem Versorgungsträger getroffen, so ist damit nur der Ausgleichsweg vereinbart, nicht hingegen die Höhe des Ausgleichswertes, denn dies bedürfte einer Mitwirkung auch des Ausgleichspflichtigen. Die Vereinbarung kommt in erster Linie in Betracht, wenn der Versorgungsträger die Zersplitterung der Anrechte vermeiden will und dennoch die Grenzen der Möglichkeit einseitigen Verlangens nach § 14 Abs. 2 Nr. 2 VersAusglG überschritten sind oder wenn der Berechtigte kein neues Anrecht begründen, sondern ein bereits anderweitig vorhandenes Anrecht ausbauen will.

180

bb) Einseitiges Verlangen des Versorgungsträgers

Sofern bestimmte, in § 14 Abs. 2 Nr. 2 und 17 VersAusglG angegebene Grenzen nicht überschritten sind, kann der Versorgungsträger einseitig die Durchführung des Versorgungsausgleichs im Wege der externen Teilung verlangen, ohne dass Ausgleichsberechtigter oder -verpflichteter zustimmen

181

---

375 OLG Brandenburg, FamRZ 2016, 1276.
376 Hoppenz, A.IV. § 14 Rn. 4.
377 Solches wurde schon früh angemahnt: Jaeger, FamRZ 2010, 1714; Hauß, FamRZ 2011, 88; Bergner, FamFR 2011, 314; Bergner/Schnabel, Die Rentenversicherung, Sonderbeilage zu Heft 7/2011; die Stimmen, welche hier eine Änderung fordern, werden immer lauter, vor allem Initiativstellungnahme des Deutschen Anwaltsvereins, FamRZ 2013, 928 f.; Bergmann, FuR 2014, 149 f.; Bergner FamFR 2012, 553; Bergner, FuR 2014, 450 – mit Formulierungsvorschlägen für Änderungen –; Weil, FPR 2013, 254.
378 Johannsen/Henrich/Holzwarth, § 14 VersAusglG Rn. 9.
379 Palandt/Brudermüller, § 14 VersAusglG Rn. 3.
380 Göppinger/Börger/Schwamb, 3. Teil, Rn. 96 ff.
381 BT-Drucks. 16/10144, 58.

müssten. Der BGH hat sich nunmehr dahin gehend geäußert, dass zur Bestimmung der Wertgrenzen anstelle des Wertes zum Ehezeitende auch der **Wert zum Zeitpunkt des Rentenbeginns** verwendet werden kann, wenn im Rahmen eines Abänderungsverfahrens nach § 51 VersAusglG erstmals der volle Ausgleichsbetrag bei Rentenbeginn übertragen wird.[382]

182 Bei einem **Rentenbetrag als maßgeblicher Bezugsgröße** darf der Ausgleichswert am Ende der Ehezeit sich höchstens auf 2 % der maßgeblichen Bezugsgröße nach § 18 Abs. 1 SGB IV belaufen. Dies sind derzeit **63,70 €**.[383]

183 Bei einem **Kapitalwert** liegt die Höchstgrenze bei 240 % derselben Bezugsgröße, derzeit also bei **7.644,00 €**.

184 Handelt es sich um ein Anrecht i.S.d. Betriebsrentengesetzes aus einer **Direktzusage** oder einer **Unterstützungskasse**, so liegt die Höchstgrenze nach § 17 VersAusglG bei der Beitragsbemessungsgrenze der allgemeinen Rentenversicherung nach §§ 159, 160 SGB VI, derzeit also bei **82.800,00 €**.

185 Im Verfahren wird das FamG dem Versorgungsträger eine Frist zur Ausübung seines Wahlrechtes setzen, § 222 Abs. 1 FamFG.

▶ Hinweis:

186 Sinkt nach einer vorangegangenen Verrechnungsvereinbarung der entsprechende Wert unter die obengenannten Grenzen, führt dies dazu, dass der Versorgungsträger die externe Teilung einseitig herbeiführen kann.[384]

187 Um die **Verfassungsmäßigkeit des § 17 VersAusglG** ist inzwischen Streit entbrannt. Vor allem aufgrund der Verwendung des hohen BilMoG-Zinssatzes werden niedrigere Kapitalwerte geteilt, sodass es zu einem erheblichen Transferverlust im Rahmen der externen Teilung kommt, den der Versorgungsträger nach § 17 VersAusglG dem Ausgleichsberechtigten auch bei hohen Werten einseitig auferlegen kann. Aus diesem Grunde wurde die Verfassungswidrigkeit des § 17 VersAusglG postuliert,[385] aber auch die Verfassungsmäßigkeit angenommen.[386] Die Fraktion BÜNDNIS 90/DIE GRÜNEN im Deutschen Bundestag hat versucht, § 17 VersAusglG gesetzlich aufzuheben.[387] Nachdem das BVerfG eine Verfassungsbeschwerde ohne nähere Begründung nicht zur Entscheidung angenommen hatte,[388] hat nunmehr das OLG Hamm[389] erneut in einem ausführlich begründeten Beschluss die Norm **dem BVerfG vorgelegt**, weil bis zu einer sehr hohen Wertgrenze, die noch dazu anrechtsbezogen sei und daher mehrfach erreicht werden könne,[390] der abgebende Versorgungsträger einseitig gegenüber dem Ausgleichsberechtigten einen Transferverlust durchsetzen kann. Das BVerfG hat inzwischen entschieden (WKRS 2020, 20301, BeckRS 2020, 9859), dass die Vorschrift verfassungsgemäß gehandhabt werden kann und dies Aufgabe der Gerichte im Einzelfall ist.

188 Um diese Probleme in der externen Teilung auszuschließen, wird vielfach der Rat erteilt, durch eine **interessengerechte vertragliche Vereinbarung** den externen Ausgleich überflüssig zu machen und damit Transferverluste zu verhindern.[391]

---

[382] BGH, FamRZ 2019, 1314.
[383] Sozialversicherungs-Rechengrößenverordnung 2020, BGBl. 2019 I, S. 2848.
[384] OLG Saarbrücken, BeckRS 2011, 14516; Hauß, notar 2014, 151, 152 f.
[385] Bergner, NZFam 2015, 147.
[386] Siede, FamRB 2015, 70 f.
[387] Vgl. BT-Drucks. 18/6135 v. 24.09.2015.
[388] BVerfG, FamRZ 2017, 705.
[389] OLG Hamm, NZFam 2018, 1080 m. Anm. Schwamb.
[390] Dazu BGH, FamRZ 2016, 1574; sogar für einzelne Bausteine gesondert.
[391] Hauß, notar 2014, 151; Siede FamRB 2015, 70, 77. Kirchmeier, FamRZ 2016, 2059, 2063.

cc) Öffentlich-rechtliches Dienst- oder Amtsverhältnis

Während der Bund für seine Beamten in Art. 5 des Gesetzes zur Strukturreform[392] und für Abgeordnete in Art. 7 dieses Gesetzes durch Neufassung des § 25a Abgeordnetengesetz ausdrücklich eine interne Teilung der Versorgungsanrechte vorgesehen hat,[393] sind die Landesgesetzgeber bisher diesem Beispiel noch nicht gefolgt. Dem Bund fehlt hierfür nach der Föderalismusreform die Gesetzgebungskompetenz. Es muss daher damit gerechnet werden, dass für **Landes- und Kommunalbeamte** noch längere Zeit nur die **externe Teilung** vorgenommen werden kann. Hierzu bestimmt § 16 Abs. 1 VersAusglG, dass die externe Teilung durch Begründung von Anrechten in der gesetzlichen Rentenversicherung zu geschehen hat.[394] Ein Wahlrecht hinsichtlich des Trägers der Zielversorgung besteht nicht.[395] Dabei soll auch bei einem Erwerb von Anrechten im Beitrittsgebiet – entgegen dem Wortlaut des § 16 Abs. 3 Satz 2 VersAusglG – eine Umrechnung in Entgeltpunkte(West) vorgenommen werden.[396]

189

Dieses **Ergebnis** ist völlig unerwünscht und wird von den Beteiligten nur selten gesehen. Diese Regelung führt dazu, dass die **Hälfte aller Anrechte aus der Beamtenversorgung herausfallen** und in der gesetzlichen Rentenversicherung landen. Das wollen i.d.R. die Beteiligten übereinstimmend nicht. Zudem ist schon die Nachversicherung eines Beamten, der aus dem Dienst ausscheidet, durch ein Urteil des EuGHs in Zweifel gezogen worden, weil sie den Wert der Beamtenpension nicht widerspiegelt. Im Gefolge dieses Urteils ist *Ruland* der Auffassung, die Nachversicherung könne auch beim Versorgungsausgleich nicht mehr nach den bisherigen Regeln durchgeführt und das Verfahren müsse ausgesetzt werden.[397] Die von ihm erhofften gesetzlichen Regelungen blieben aber aus.

190

Hier sind daher – insbesondere bei Ehen von zwei Landes- oder Kommunalbeamten – **dringend vertragliche Regelungen** zu treffen, welche nur den Spitzenausgleich durchführen und i.Ü. jedem Ehegatten seine Anrechte belassen.[398] Immerhin ist die **Unwirtschaftlichkeit des Ausgleichs** nach § 19 Abs. 2 Nr. 3 VersAusglG bei Nichterreichen der Wartezeit von 60 Monaten in der gesetzlichen Rentenversicherung **nun zu vermeiden**, da mit der Streichung des § 7 Abs. 2 SGB VI a.F., der die Leistung freiwilliger Beiträge nur zuließ, wenn bereits 60 Beitragsmonate erreicht waren, die **Wartezeit auch durch die Entrichtung freiwilliger Beiträge aufgefüllt** werden kann. Unwirtschaftlichkeit ist auch nicht anzunehmen, weil sich kein Anspruch auf Erwerbsminderungsrente realisieren lässt,[399] denn dieser setzt eine dreijährige sozialversicherungspflichtige Beschäftigung innerhalb einer Rahmenfrist von fünf Jahren voraus, § 43 SGB VI,[400] die auch nicht durch den Versorgungsausgleich ersetzt werden kann.[401]

▶ Hinweis:

Bei **zwei Landes- oder Kommunalbeamten** ist eine Vereinbarung anzuraten, nach welcher die Ehegatten auf den Versorgungsausgleich bzgl. der Anrechte aus dem öffentlichen Dienst mit **Ausnahme des Spitzenausgleichs verzichten**.

191

Allerdings kann eine solche Vereinbarung nicht erzwungen werden, ein Kontrahierungszwang besteht diesbezüglich nicht.[402] Die Literatur sieht das z.T. anders und befürwortet beim Zusam-

192

---

392 BGBl. 2009 I, 700; kommentiert bei Johannsen/Henrich/Holzwarth, § 10 VersAusglG Rn. 40 ff.
393 Hierzu Müller-Tegethoff/Tegethoff, FamRZ 2012, 1353 f.
394 Vgl. etwa OLG Saarbrücken, FamRZ 2012, 1645 f.
395 OLG Brandenburg, FamRZ 2011, 38; OLG Brandenburg, FamRZ 2012, 1646.
396 OLG Jena, FamRB 2012, 77 jedenfalls für den Regelfall eines regeldynamischen Anrechts; OLG Brandenburg, FamRZ 2012, 1646; OLG Dresden, FamRZ 2011, 813.
397 Ruland, FamRZ 2016, 1831.
398 Vgl. hierzu Rdn. 504 f.
399 BGH, NJW 2013, 2275.
400 Hauß, notar 2014, 151, 153.
401 Hauß, NJW 2013, 1761, 1763.
402 OLG Brandenburg, NZFam 2017, 31.

mentreffen eines Beamten mit einem gesetzlich Versicherten dessen Zustimmungspflicht aus § 1353 BGB.[403]

dd) Ehevertragliche Vereinbarung

193 Diskutiert wird, ob eine externe Teilung durch Vereinbarung der Ehegatten nach §§ 6 ff. VersAusglG und sodann eine Entscheidung des FamG auch über § 9 Abs. 3 VersAusglG hinaus durchgeführt werden kann.[404]

194 Zwar sieht § 187 Abs. 1 Nr. 2b) SGB VI eine externe **Teilung in die gesetzliche Rentenversicherung hinein generell** und **ohne Zustimmung der Rentenversicherung** als Zielversorgungsträger im Einzelfall als zulässig an. Aber die Ehegatten dürften rechtlich **nicht in der Lage sein, ohne Zustimmung des abgebenden Versorgungsträgers** diesen in eine externe Teilung durch Übertragung von Kapitalbeträgen in die gesetzliche Rentenversicherung zu zwingen,[405] denn eine solche Verpflichtung besteht nur i.R.d. §§ 14 ff. VersAusglG.[406]

195 Keiner Zustimmung bedarf freilich eine Vereinbarung der Ehegatten, wonach der Ausgleichspflichtige **selbst eine Zahlung** in die gesetzliche Rentenversicherung des Berechtigten leistet und dafür seine Versorgungsanrechte behält.[407]

196 Nur per ehevertraglicher Verrechnungsvereinbarung lässt sich eine Verrechnung bei der externen Teilung erreichen, denn einen Verweis in § 14 VersAusglG auf § 10 Abs. 2 VersAusglG hat der Gesetzgeber wieder gestrichen.[408]

ee) Zielversorgung

197 Mit der Vereinbarung oder dem Verlangen nach einer externen Teilung ist die **Ausgleichsart festgelegt**. Es muss sodann noch der **Zielversorgungsträger bestimmt** werden, bei dem die Anrechte des ausgleichsberechtigten Ehegatten begründet werden. Es können auch mehrere Versorgungsträger bestimmt werden.[409]

198 Die **Wahl des Zielversorgungsträgers** trifft der Ausgleichsberechtigte. Anwaltszwang besteht auch hierfür nicht. Die Wahl kann im Beschwerdeverfahren noch nachgeholt oder vervollständigt werden.[410] Allerdings ist eine einmal getroffene Wahl bindend und kann auch im Beschwerdeverfahren nicht mehr widerrufen werden.[411]

199 Der **Zielversorgungsträger muss** nach § 222 Abs. 2 FamFG zustimmen. Dies gilt **jedoch nicht für** die **gesetzliche Rentenversicherung als gesetzlich vorgesehener**[412] **Zielversorgungsträger**, denn sie ist sowohl in § 187 Abs. 1 Nr. 2a SGB VI wie auch in § 15 Abs. 5, Satz 1 VersAusglG als Zielversorgungsträger vorgesehen. Die gesetzliche Rentenversicherung ist damit zugleich aber auch **Auffangversorgungsträger**, wenn der Berechtigte keine Wahl getroffen hat.[413] Für die externe Teilung von Anrechten nach dem Betriebsrentengesetz ist jedoch die neu geschaffene **Versorgungsausgleichskasse**

---

[403] Götsche, ZBR 2016, 294 ff.; ders., NJW 2017, 123 f.
[404] Dafür Hauß, DNotZ 2009, 600, 603; Hauß/Bührer, Rn. 269; Reetz, § 5, Rn. 56 f.
[405] Ruland, Rn. 747; Göppinger/Börger/Schwamb, 3. Teil Rn. 59.
[406] Hauß, notar 2014, 151, 152.
[407] Ruland, Rn. 747.
[408] BT-Drucks. 16/11903, S. 103; es kann daher nicht von einem Redaktionsversehen gesprochen werden; so aber Ruland, Rn. 710.
[409] Bergmann, FUR 2009, 421, 422: ratsam aus Gründen der Risikostreuung.
[410] KG, FamRZ 2014, 1114.
[411] OLG Frankfurt, NZFam 2017, 1064.
[412] Hauß, notar 2014, 151, 154.
[413] Weil es in diesem Fall keiner Zustimmung bedarf, hat § 120g SGB VI angeordnet, dass ein Anrecht in der gesetzlichen Rentenversicherung nicht schon durch die Entscheidung des FamG, sondern erst mit Einzahlung entsteht.

nach § 15 Abs. 5 Satz 2 VersAusglG Auffangversorgungsträger,[414] auch insoweit ist eine Zustimmung nicht erforderlich.[415] Die Wertentwicklung der Anrechte bei der Versorgungsausgleichskasse wird jedoch z.T. sehr negativ eingeschätzt und die Wahl der gesetzlichen Rentenversicherung stattdessen empfohlen.[416]

Eine **Zustimmung** ist nur möglich, wenn sie für den **Zielversorgungsträger** in den für ihn geltenden Bestimmungen **vorgesehen** ist. So schließt z.B. § 3 Abs. 2 BeamtVG eine Zustimmung der Beamtenversorgung aus.

Eine Zustimmung ist **widerruflich aus besonderen Gründen**, wenn etwa der angebotene Tarif aufsichtsrechtlich nicht mehr gestattet ist.[417]

Versagt der Zielrechtsträger seine Zustimmung, so ist dessen Auswahl unwirksam. Es gilt dann § 15 Abs. 5 VersAusglG entsprechend.[418]

Der BGH[419] hat die Gelegenheit genutzt, einige rechtliche Unklarheiten im Hinblick auf die Wahl des Zielversorgungsträgers zu beseitigen. Teilt die ausgleichsberechtigte Person innerhalb der Frist mit, sie wolle die Übertragung auf den Auffangrechtsträger – im konkreten Fall die Versorgungsausgleichskasse, dies wird aber für die gesetzliche Rentenversicherung ebenso zu gelten haben – so sieht der BGH dies nur als Verzicht auf die weitere Frist, nicht hingegen als bindende Wahl. Folge ist, dass eine geänderte Wahl noch möglich bleibt. Eine bindende Wahl hingegen soll nicht mehr abänderbar sein.[420] Eine Ausschlussfrist soll nicht vorliegen, sodass das Gericht die Frist verlängern oder die Wahl in der Beschwerdeinstanz ermöglichen kann.[421] 200

ff) Rechtsgestaltende Entscheidung des FamG

Nach § **14 Abs. 1 VersAusglG** wird die externe Teilung durch das **FamG vollzogen**, das für die ausgleichsberechtigte Person ein Anrecht beim ausgewählten Träger der Zielversorgung begründet. Dabei wird das Gericht die **Voraussetzungen** der externen Teilung ebenso zu prüfen haben wie die Frage, ob die gewählte Zielversorgung eine **angemessene Versorgung i.S.d. § 15 Abs. 2 VersAusglG** gewährleistet, die nach Sicherheit, Dynamik und Eigenständigkeit einem Anrecht vergleichbar ist, das bei interner Teilung gebildet worden wäre.[422] Zudem wird gefordert, dass die Leistungen nicht außer Verhältnis zum transferierten Kapitalwert stehen. Zertifizierte Basisrentenverträge nach § 5a AltZertG erfüllen im Regelfall diese Anforderungen.[423] 201

Die Einzahlung auf ein Zeitwertkonto bei einem Arbeitgeber stellt keine angemessene Zielversorgung dar, weil sie nicht der Absicherung von Alter und Invalidität dient, auch wenn vereinbart ist, dass nicht durch Freistellung verbrauchte Beträge bei Erreichen der Altersgrenze in eine Altersversorgung einzuzahlen sind.[424] 202

Außerdem sind nach § **15 Abs. 3 VersAusglG** noch **steuerliche Belange** in den Blick zu nehmen. Die Durchführung der externen Teilung darf bei der ausgleichspflichtigen Person nicht zu steuer- 203

---

414 Diese hat inzwischen ihren Betrieb aufgenommen, vgl. Borth, FamRZ 2010, 702. Gerade die externe Teilung in diese Kasse führt zu einer extremen Entwertung der Versorgung; nach Hauß, notar 2014, 151, 153 kann ein größerer Schaden als durch eine solche externe Teilung kaum angerichtet werden.
415 Schmid/Bührer, FamRZ 2010, 1608, 1610.
416 So etwa Götsche, FamRB 2013, 151.
417 NZFam 2019, 873.
418 OLG Brandenburg, FamRZ 2011, 1231.
419 BGH, FamRZ 2018, 429.
420 OLG Frankfurt am Main, FamRZ 2018, 501; Borth, Versorgungsausgleich, Kap. 3 Rn. 103.
421 OLG Oldenburg, NZFam 2019, 1055; Siede, FamRB 2018, 140.
422 So Ruland, Rn. 728.
423 OLG Schleswig, FamRZ 2013, 218; OLG Frankfurt am Main, FamRZ 2014, 761.
424 OLG München, FamRZ 2017, 395.

pflichtigen Einnahmen oder einer schädlichen Verwendung führen, es sei denn mit Zustimmung.[425] Erstaunlich ist, dass auch diese Zustimmung, die sehr nachteilige Folgen haben kann, nicht dem Anwaltszwang unterliegt.

204 Um hier eine aufwändige Einzelfallprüfung zu ersparen,[426] ordnet das VersAusglG selbst in § 15 Abs. 4 VersAusglG an, dass diese **Voraussetzungen** bei einem Anrecht in der **gesetzlichen Rentenversicherung**, nach dem **Betriebsrentengesetz** oder aus einem **zertifizierten Altersvorsorgevertrag** als Zielversorgung **stets gegeben** sind. Daher ist in diesen Fällen auch eine Zustimmung des Ausgleichspflichtigen im Hinblick auf § 15 Abs. 3 VersAusglG nicht erforderlich.[427]

gg) Tenorierung

205 Im Tenor[428] müssen der Träger der Zielversorgung und das bei ihm zu begründende Anrecht konkret bezeichnet sein. Ebenso muss das Ende der Ehezeit als Bezugszeitraum angegeben sein. Ferner ist der Ausgleichswert als Kapitalbetrag festzusetzen und dem Versorgungsträger des Ausgleichspflichtigen die Zahlung aufzugeben (Leistungstitel). Eine Verzinsung ist anzuordnen.[429]

206 Der BGH[430] hat nun allerdings seine Rechtsprechung geändert und entschieden, dass bei **Fondsanteilen** diese auch **selbst Gegenstand der externen Teilung** sein können. Dann ist der Ausgleichsberechtigte an ihrer Wertentwicklung vom Ehezeitende bis zur Rechtskraft der Entscheidung über den Versorgungsausgleich zu beteiligen. Die Tenorierung umfasst dann den **Wert einer bestimmten Anzahl** (mit mehreren Nachkommastellen) von Fondsanteilen **im Zeitpunkt der Rechtskraft der Entscheidung**.[431] Das geht jedenfalls dann, wenn die Fondsanteile einer gesetzlichen Veröffentlichungspflicht nach § 170 KAGB unterliegen, anderenfalls ist durch einen Kapitalbetrag auszugleichen,[432] der durch eine zeitnahe Auskunft zur Rechtskraft der Versorgungsausgleichsentscheidung zu bilden ist. Eine Verzinsung ist in diesen Fällen nicht mehr anzuordnen.

207 Nach Auffassung des **BGH** bedarf es im **Tenor** der Entscheidung über eine **externe Teilung keiner Benennung der maßgeblichen Versorgungsordnung**. Im Gegensatz zur internen Teilung erschöpfe sich die Wirkung der Entscheidung einer externen Teilung in der Anordnung der Teilung und der Festsetzung des Zahlbetrages. Eine rechtsgestaltende Wirkung wie bei der internen Teilung liege jedoch nicht vor. Daher bedürfe es nicht der Benennung der maßgeblichen Versorgungsordnung.[433]

208 Soweit der **Versicherungsvertrag** mit dem Träger der Zielversorgung **noch nicht abgeschlossen** ist, dieser aber zugestimmt hat, sollen in der Beschlussformel dieser Versorgungsträger und die Grundlagen des ausgewählten Versicherungsvertrages bezeichnet werden.[434]

---

425 Zu den steuerlichen Problemen im Einzelnen: Rdn. 539 ff.
426 Zu einer solchen etwa OLG Koblenz, FamRZ 2014, 309 zur Anerkennung eines Basisrentenvertrages i.S.d. § 2 Abs. 1 AltZertG (Rürup-Rente), die als unschädliche Versorgung anerkannt wurde; ebenso OLG Schleswig, FamFR 2013, 57; hierzu und zur Abgrenzung zu Riester-Verträgen Bührer, FuR 2012, 574 f. Auf Steuernachteile ist in diesem Zusammenhang besonders zu achten, Wick, FuR 2014, 264, 266.
427 Borth, FamRZ 2009, 1361, 1364.
428 Hierzu Norpoth, NZFam 2019, 754.
429 Hierzu Wick, FuR 2014, 264, 266.
430 BGH, NJW 2017, 3148 = FamRZ 2017, 1655.
431 Götsche in Götsche/Rehbein/Breuers, § 14 Rn. 9.
432 BGH, NJW 2018, 3247.
433 BGH, NJW 2013, 869; BGH, NJW 2013, 2753; so auch OLG Hamm, FamRZ 2013, 1663; OLG Oldenburg, FamRZ 2012, 1804; OLG Stuttgart, FamRZ 2013, 467. A.A. OLG Hamm, NZFam 2019, 591, wenn die Teilhabe an der Wertentwicklung durch einen Rückgriff auf die Teilungsordnung bewerkstelligt werden muss.
434 OLG Koblenz, FamRZ 2014, 309.

Für eine sog. **offene Tenorierung** besteht auch bei der externen Teilung keine Rechtsgrundlage.[435] Daran hat der BGH auch nach seinem Rechtsprechungswandel hin zur Teilung von Fondsanteilen festgehalten.

Die genauen Auswirkungen der Rechtsprechungsänderung des BGH auf die Tenorierung werden noch zu entwickeln sein.

2. Ausgleichsansprüche nach Scheidung

Für Ausgleichsansprüche, die **noch nicht ausgleichsreif** sind, findet nach § 19 Abs. 1 VersAusglG ein Wertausgleich bei Scheidung nicht statt. In diesem Fall bleiben nach § 19 Abs. 4 VersAusglG Ausgleichsansprüche nach Scheidung unberührt.[436]

§ 19 Abs. 2 VersAusglG definiert, wann ein Anrecht noch nicht ausgleichsreif ist. Es handelt sich um folgende Fälle:
– noch nicht hinreichende Verfestigung, insb. noch **verfallbare Anrechte** nach dem Betriebsrentengesetz
– gerichtet auf eine abzuschmelzende Leistung
– Ausgleich wäre für die ausgleichsberechtigte Person **unwirtschaftlich**
– Anrecht bei einem **ausländischen**, zwischenstaatlichen oder überstaatlichen **Versorgungsträger**

Das neue Recht will die **Fälle des Ausgleichs nach Scheidung zurückdrängen**. Schon der **Anwendungsbereich** ist daher nicht mehr allzu groß.

So sind **Anrechte nach dem Betriebsrentengesetz** nach § 1b Abs. 1 BetrAVG schon **unverfallbar**, wenn der Arbeitnehmer das **21. Lebensjahr vollendet**[437] und die **Versorgungszusage mindestens drei Jahre bestanden** hat.[438] Diese erneute Verkürzung der Unverfallbarkeitszeit, die auf der EU-Mobilitätsrichtlinie beruht,[439] trägt zu einem weiteren Zurückdrängen des Versorgungsausgleichs nach Scheidung bei. Unverfallbarkeit besteht nach § 1b Abs. 5 BetrAVG auch dann, wenn die Versorgung mit eigenen Beiträgen des Arbeitnehmers bestritten wird. Eine Unverfallbarkeit kann sich auch aus großzügigeren (tarif-)vertraglichen Vereinbarungen ergeben.[440]

Die **Pensionszusage** für den Gesellschafter-Geschäftsführer ist nach Ansicht des BGH noch nicht verfestigt, wenn sie eine wirksame **Widerrufs- oder Vorbehaltsklausel** enthält. Fehlt eine solche, liegt in diesen Fällen allerdings eine Verfestigung bereits im Zeitpunkt der Erteilung der Pensionszusage vor.[441]

Tritt die Verfestigung nach Ehezeitende, aber noch vor Entscheidung über den Versorgungsausgleich ein, so soll dies nach Ansicht des OLG Koblenz genügen.[442]

Ist ein Anrecht danach noch verfallbar und fällt deshalb in den Ausgleich nach Scheidung, so kann auch bei Eintritt der **Unverfallbarkeit der Wertausgleich bei Scheidung nicht nachträglich ange-

---

435 OLG Nürnberg, FamRB 2012, 273; OLG Stuttgart, FamRZ 2013, 467; für eine offene Tenorierung Gutdeutsch/Hoenes/Norpoth, FamRZ 2012, 597 f.; dies., FamRZ 2013, 414, 417.
436 Zu diesen Eichenhofer, FPR 2009, 211 ff.
437 Für Versorgungszusagen vor dem 01.01.2018 gilt weiterhin das 25. Lebensjahr, allerdings gilt schon das 21. Lebensjahr, wenn die Versorgung ab 01.01.2018 drei Jahre bestanden hat § 30f BetrAVG n.F. Dort auch zu den anderen Übergangsregelungen.
438 Die Bestimmung findet nach § 17 BetrAVG auf die Pensionszusage eines beherrschenden Gesellschafter-Geschäftsführers keine Anwendung. Vielmehr ist aufgrund der Bestimmungen der Pensionszusage zu prüfen, ob diese hinreichend verfestigt ist, OLG Stuttgart, FamRZ 2013, 1908. Zur diesbezüglichen Einstufung der Versorgung BGH, FamRZ 2020, 89.
439 Hierzu ausführlich Scholer, FamRZ 2017, 1821 f.
440 BGH, FamRB 2015, 11.
441 BGH, FamRZ 2019, 1993 m. Anm. Borth.
442 OLG Koblenz, FamRB 2019, 138 – Ministerversorgung nur noch vom Zeitablauf abhängig.

passt werden, da eine solche Anpassung nur für Anrechte aus den Regelsicherungssystemen vorgesehen ist. Es bleibt also auch nach Unverfallbarkeit beim Ausgleich nach Scheidung.

Wird ein Anrecht beim Versorgungsausgleich bei Scheidung nicht behandelt oder übersehen, so kann sein Ausgleich nicht durch den Versorgungsausgleich nach Scheidung nachgeholt werden, denn diesem kommt keine allgemeine Auffangfunktion zu.[443]

214 Eine noch nicht hinreichende Verfestigung ist insbesondere auch bei einer Pensionszusage von Partnerschaften von berufsständisch organisierten Erwerbstätigen anzunehmen, wenn keine Pensionsrückstellung und keine Insolvenzsicherung besteht, sondern die Pension aus den erwirtschafteten Erträgen der Partnerschaft zu zahlen ist, sodass die Zahlung letztlich von der Ertragslage im Zahlungszeitpunkt abhängt.[444]

215 **Unwirtschaftlich** wäre ein Wertausgleich insb. dann, wenn die übertragenen Anrechte beim Ausgleichsberechtigten nicht zu einer Verbesserung seiner Versorgung führen würden. Hauptanwendungsfall ist hierfür, dass Anrechte in die gesetzliche Rentenversicherung zu übertragen wären, diese aber zusammen mit dem eigenen Rentenanspruch des Berechtigten **nicht ausreichen**, um die **Wartezeit von fünf Jahren** für die Regelaltersgrenze der gesetzlichen Rentenversicherung zu erfüllen (§ 50 Abs. 1 SGB VI) oder auch die Mindestzeit einer berufsständischen Versorgung.[445] Nunmehr hat der Gesetzgeber aber § 7 Abs. 2 SGB VI gestrichen,[446] sodass freiwillige Beiträge nicht mehr nur nach Erfüllung, sondern schon zur Erfüllung der allgemeinen Wartezeit geleistet werden können, sodass ggf. durch freiwillige Leistungen die Wirtschaftlichkeit erreicht werden kann.[447]

216 Bei **ausländischen Anrechten** scheiden nicht nur diese nach § 19 Abs. 2 Nr. 4 VersAusglG aus dem Wertausgleich aus, sondern § 19 Abs. 3 VersAusglG ordnet zusätzlich eine **Überprüfung** an, ob der **Wertausgleich i.Ü.** dann für den anderen Ehegatten **unbillig** ist.[448] Wenn dies der Fall ist, findet der Wertausgleich bei Scheidung insgesamt nicht statt. Dazu ist eine Klärung der ausländischen Anrechte dem Grunde und annähernd der Höhe nach erforderlich.[449] Es kann auch bei einem geringwertigen ausländischen Anrecht nur ein Teil eines Anrechtes des anderen Ehegatten vom Ausgleich ausgenommen werden[450] oder auf die Anwendung der Ausgleichssperre verzichtet werden.[451] Können im Ausland erworbene Anrechte trotz intensiver Ermittlung in ihrer Höhe nicht festgestellt werden, ist der Wertausgleich bei der Scheidung insgesamt nicht durchzuführen und die Beteiligten sind auf den Ausgleich nach Scheidung zu verweisen.[452] Eine Aufnahme der Ausgleichssperre in den Tenor ist nicht erforderlich.[453] Wurde das Anrecht hingegen versehentlich für noch nicht ausgleichsreif gehalten oder wurde eine Entscheidung über das Anrecht bewusst nicht getroffen (Teilentscheidung), so ist ein späterer Ausgleich nach Scheidung möglich.[454]

217 Dass die inländischen Anrechte desjenigen Ehegatten, der über ausländische Anrechte verfügt, diejenigen des anderen Ehegatten übersteigen, sollte noch kein Grund sein, den Versorgungsausgleich

---

443 BGH, FamRZ 2012, 1548.
444 Borth, FamRZ 2014, 270 f.
445 OLG Celle, FamRZ 2018, 1664.
446 BGBl. 2010 I, 1127.
447 Hierzu Bergner, FamFR 2010, 458.
448 OLG Celle, FamRBInt 2010, 49: nicht, wenn ausländische Anrechte die Geringfügigkeitsschwelle des § 18 Abs. 3 VersAusglG nicht übersteigen.
449 OLG Saarbrücken, FamFR 2011, 298; zur Bewertung ausländischer Versorgungsanrechte Többens, NZFam 2017, 93 ff.
450 OLG Brandenburg, FamFR 2013, 322.
451 OLG Brandenburg, FamRZ 2014, 311; vgl. OLG Zweibrücken, FamRB 2013, 30.
452 OLG Frankfurt am Main, FamRZ 2018, 184; OLG Frankfurt am Main, FamRZ 2018, 1661.
453 BGH, FamRZ 2016, 1638; OLG Karlsruhe, NZFam 2015, 225.
454 BGH, FamRZ 2017, 197.

insoweit durchzuführen,[455] weil der insgesamt ausgleichsberechtigte Ehegatte sonst schon die Hälfte seiner Anrechte verlöre, obwohl dies am Ende nicht einträte.[456]

▶ Hinweis:
Eine solche Blockade des Versorgungsausgleichs wünschen die Ehegatten zumeist nicht, sodass hier eine **Vereinbarung** helfen kann, die einen **Verzicht auf den Ausgleich der ausländischen Versorgung** gegen Kompensation und Durchführung des Versorgungsausgleichs i.Ü. enthält.[457]

218

Voraussetzung für den Ausgleich nach Scheidung ist nach § 20 VersAusglG, dass der **Ausgleichspflichtige** aus dem Anrecht, das noch nicht ausgeglichen ist, **tatsächlich** eine **laufende Versorgung** erhält[458] und der **Ausgleichsberechtigte** ebenfalls die Voraussetzungen erfüllt (also entweder schon eine laufende **Versorgung bezieht** oder die **Regelaltersgrenze** der gesetzlichen Rentenversicherung erreicht hat oder die gesundheitlichen Voraussetzungen einer Invaliditätsversorgung erfüllt).

219

Rechtsfolge ist grds. die **Zahlung einer schuldrechtlichen Ausgleichsrente**. Insoweit ist der Ausgleichswert beim Ausgleich nach Scheidung gem. § 5 Abs. 4 Satz 1 VersAusglG nur als Rentenwert zu berechnen. Allgemeine Wertanpassungen des Anrechts sind nach § 5 Abs. 4 Satz 2 VersAusglG auch über das Eheende hinaus zu berücksichtigen. Hierzu gehören etwa planmäßige Anpassungen an die Lohnentwicklung, nicht aber Verbesserungen, die ihren Grund in individuellen Umständen des Ausgleichspflichtigen haben.[459]

220

Eine Verrechnung von schuldrechtlichen Ausgleichsrenten, die wechselseitig zu leisten sind, ist im Gesetz nicht vorgesehen.[460]

Diese Rente ist nach § 20 Abs. 1 Satz 2 VersAusglG – anders als nach früherem Recht – um die auf den Ausgleichswert entfallenden **Sozialversicherungsbeiträge zu bereinigen**. Hierzu gehören auch private Versicherungen, nicht jedoch Eigenleistungen aufgrund einer Selbstbeteiligung,[461] noch offen ist der Abzug von Wahlleistungen.[462] Das OLG Karlsruhe will die Beiträge zu einer privaten Kranken- und Pflegeversicherung in voller Höhe abziehen ohne Begrenzung durch einen Vergleich mit dem Leistungsspektrum der gesetzlichen Krankenversicherung.[463] Auf das Risiko der doppelten Beitragslast zur Kranken- und Pflegeversicherung weist *Borth* hin.[464] Ein Abzug sonstiger Kosten ist hingegen nicht zulässig.[465] Es kann auch eine fiktive freiwillige Versicherung in der gesetzlichen Kranken- und Pflegeversicherung abgezogen werden, wenn andere Zahlen nicht zu ermitteln sind.[466]

Wie im bisherigen Recht kann die **Abtretung** von Versorgungsansprüchen (§ 21 VersAusglG) oder in Fällen der Zumutbarkeit die Zahlung einer **Abfindung** (§ 23 VersAusglG) verlangt werden. Das kann sich insbesondere zur **Vermeidung des Vorversterbensrisikos** empfehlen.[467] Für die Berechnung der Abfindung ist nach § 24 Abs. 1 VersAusglG der Wert im Zeitpunkt der Abfindungsentscheidung maßgeblich, nicht wie beim korrespondierenden Kapitalwert der Wert im Zeitpunkt des Eheendes.[468]

---

455 So OLG Düsseldorf, FamRZ 2019, 440.
456 Holzwarth, FamRZ 2019, 409, 414.
457 Hierzu etwa Bergschneider, Rn. 937d.
458 Hauß/Bührer, Rn. 593.
459 BGH, NZFam 2016, 226.
460 Holzwarth, FamRZ 2019, 409, 414; a.A. OLG Celle, FamRZ 2019, 445.
461 BGH, NZFam 2016, 226.
462 Kemper, NZFam 2016, 232.
463 OLG Karlsruhe, FamRB 2019, 139.
464 Borth, FamRZ 2011, 432.
465 Götsche, ZFE 2010, 276.
466 OLG Frankfurt am Main, FamRB 2019, 216.
467 OLG Brandenburg, NJW 2013, 177.
468 OLG Brandenburg, NJW 2013, 177, 178.

Voraussetzung einer jeden Abfindung ist, dass es sich um ein dem **Grund und der Höhe nach gesichertes Anrecht** handelt.[469] Auf die Ausgleichsrente ist § 40 InsO nicht entsprechend anwendbar, sodass es sich um eine Insolvenzforderung nach § 38 InsO handelt.[470]

Neu ist, dass nach **§ 22 VersAusglG die Zahlung eines Kapitalbetrages** verlangt werden kann, wenn der Ausgleichspflichtige eine solche Kapitalzahlung erhält. Dies kommt insb. in den Fällen der Einbeziehung von Kapitalanrechten nach § 2 Abs. 2 Nr. 3 VersAusglG in Betracht und wird daher praktische Bedeutung erlangen.[471] Eine Verzinsung kann dann erst ab Verzug verlangt werden.[472]

221 Nach Ansicht des BGH ist § 22 VersAusglG eine spezielle Norm zum Ausgleich eines Kapitalbetrages. Es muss daher nicht mehr geprüft werden, ob auch im Zeitpunkt der Auszahlung die Voraussetzungen des § 2 Abs. 2 Nr. 3 VersAusglG vorliegen.[473]

222 Der früher sog. **verlängerte schuldrechtliche Versorgungsausgleich** nach § 3a VAHRG a.F. ist nunmehr als **Hinterbliebenenversorgung** in **§ 25 Abs. 1 VersAusglG** vorgesehen, wenn das Anrecht eine solche Versorgung ohne die Scheidung vorsehen würde. In diesen Fällen endet der Anspruch auf Ausgleich somit nicht durch den Tod eines Ehegatten, § 31 Abs. 3 VersAusglG. Eine Einschränkung durch eine Wiederverheiratungsklausel ist zulässig.[474] Aus verfahrensökonomischen Gründen ist eine Verrechnung der Ansprüche zugelassen.[475] Der BGH[476] hat ausgesprochen, dass der Versorgungsträger auch im Rahmen des § 25 VersAusglG den Schutz des § 30 VersAusglG genießt, wenn er innerhalb bestehender Leistungspflicht an die Witwe/den Witwer gezahlt hat.

223 Im Fall des Todes des Pflichtigen fallen Sozialversicherungsbeiträge nur noch beim Berechtigten an, § 229 SGB V. Nach § 25 Abs. 4 VersAusglG findet daher kein Abzug von Sozialversicherungsbeiträgen nach § 20 Abs. 1 Satz 2 VersAusglG statt. Eine vereinbarte Nettorente ist dann in eine Bruttorente umzurechnen[477]

224 Der Ausgleich nach Scheidung kann schließlich auch durch **Vereinbarung** bewirkt werden. Nach § 6 Abs. 1 Nr. 3 VersAusglG kann mittels Vereinbarung auf den Wertausgleich bei Scheidung verzichtet und der Ausgleich nach Scheidung vorbehalten werden.

▶ Hinweis:

225 **Allerdings** ist im Fall einer lediglich vereinbarten Ausgleichung nach Scheidung die **Hinterbliebenenversorgung** nach § 25 Abs. 2 VersAusglG **ausgeschlossen**.

Der Anwendungsbereich für eine solche Vereinbarung wird also eher schmal bleiben.

VI. Ausnahmen

1. Unbilligkeit

226 Die Unbilligkeit des Versorgungsausgleichs war früher in verschiedenen Vorschriften geregelt. Nach neuem Recht fasst **§ 27 VersAusglG** die verschiedenen Rechtsgrundlagen zusammen[478] und ordnet an, dass ein Versorgungsausgleich ausnahmsweise nicht stattfindet, soweit er **grob unbillig** wäre. Dies ist nach § 27 Satz 2 VersAusglG nur dann der Fall, wenn die gesamten Umstände des Einzel-

---

469 BGH, NJW-RR 2013, 1089.
470 BGH, FamRZ 2011, 1938.
471 Bergschneider, Rn. 869.
472 OLG Stuttgart, FamRZ 2015, 511.
473 BGH, FamRB 2019, 9; vgl. dazu Götsche, FuR 2019, 190 f.
474 BGH, FamRZ 2011, 1136.
475 OLG Zweibrücken, FamRZ 2013, 304.
476 BGH, FamRZ 2017, 1919.
477 BGH, FamRZ 2017, 1660.
478 Überblick bei Bergmann, NZFam 2014, 1023 ff.

falles es rechtfertigen, von der Halbteilung abzuweichen.[479] Regelbeispiele sind nicht mehr aufgeführt. Nach überwiegender Ansicht ist aber die Rechtsprechung zum alten Recht insoweit weiterhin anwendbar.[480] Auch wenn Amtsermittlung herrscht, wird das Gericht nicht ohne Anlass nach Unbilligkeitsgründen suchen. Solche müssen daher vorgetragen werden.[481] Die Rechtsprechung zu diesem Punkt ist notgedrungen kasuistisch.[482] Sie soll hier für die wichtigsten Fälle vorgestellt sein.

— Es genügt z.B. nicht, wenn der **Ausgleichungspflichtige sozialhilfebedürftig** wird,[483] grobe Unbilligkeit kann allerdings vorliegen, wenn der Berechtigte in einer solchen Situation seinerseits auf die Versorgung nicht angewiesen ist.[484] Stirbt der Verpflichtete, kann grobe Unbilligkeit im Zusammenhang mit § 31 VersAusglG nicht eingewandt werden, weil nach dem Tod kein **Angewiesensein auf die Versorgung** mehr besteht.[485] Wird ein Ausgleichsverpflichteter erst durch den Versorgungsausgleich seinerseits unterhaltsbedürftig, so hat er keinen Unterhaltsanspruch, wenn er nicht eine Kürzung des Versorgungsausgleichs nach § 33 VersAusglG geltend gemacht hat.[486] Auch wenn der Berechtigte nach Durchführung des Versorgungsausgleichs über eine höhere Rente verfügt als der Verpflichtete, begründet dies noch keine Unbilligkeit.[487] Die Situation, dass der Ausgleichsverpflichtete Unterhalt verlangen kann, vermag jedoch auch eine grobe Unbilligkeit zu begründen.[488] Die Aussicht auf eine erst **künftige Erbschaft** ist wegen der Unsicherheit im Rahmen des § 27 VersAusglG noch nicht zu berücksichtigen.[489] Ein **Versorgungsausgleich nach Scheidung** ist nur dann grob unbillig, wenn sowohl der Berechtigte nach seinen Lebensverhältnissen seinen eigenen Unterhalt bestreiten kann als auch für den Verpflichteten die Gewährung der Ausgleichsrente unter Berücksichtigung der beiderseitigen wirtschaftlichen Verhältnisse eine unbillige Härte bedeuten würde.[490]

— Der Versorgungsausgleich zugunsten eines contergangeschädigten Ehegatten ist nicht deshalb unbillig, weil dieser wegen seiner Conterganrente nicht auf den Versorgungsausgleich angewiesen ist.[491] Eine Krankheit eines Ehegatten, die dazu führt, dass dieser nichts zum Lebensunterhalt beitragen kann, führt noch nicht zur groben Unbilligkeit des Versorgungsausgleichs.[492] Allerdings kann es zu einem Teilausschluss führen, wenn ein Ehegatten seine Alkoholerkrankung nicht mit geeigneten therapeutischen Mitteln bekämpft.[493]

— Grobe Unbilligkeit liegt vor, wenn der **Ausgleichungspflichtige dem anderen Teil** während der Ehe ein **Studium ermöglicht** hatte, das diesen nun in die Lage versetzt, nach der Ehe eigene Versorgungsansprüche zu erwerben.[494] Dies gilt insb., wenn die Finanzierung nur durch überobligatorische Erwerbstätigkeit des jetzt verpflichteten Ehegatten möglich war.[495] Dies gilt jedoch dann nicht, wenn nicht der Verpflichtete allein für den Familienunterhalt sorgte, sondern trotz des Studiums beide Ehegatten.[496]

---

479 Zur hohen Hürde der groben Unbilligkeit Elden/Norpoth, NZFam 2016, 241; Norpoth, NJW 2018, 3627, 3629 warnt vor einer »Neymarisierung« des Begriffs der groben Unbilligkeit.
480 Glockner/Hoenes/Weil, § 8 Rn. 140; Hauß/Bührer, Rn. 541.
481 Weil, FamRB 2013, 57.
482 Eine zusammenfassende Darstellung findet sich bei Langheim, FamRZ 2016, 1723.
483 OLG Karlsruhe, FamRZ 2002, 1633; BVerfG, FamRZ 2003, 1173, 1174; OLG Brandenburg, WKRS 2016, 31508 = BeckRS 2016, 111775; a.A. Borth, FamRZ 2003, 889, 896.
484 BGH, FamRB 2005, 255; OLG Bamberg, FamFR 2012, 541.
485 OLG Zweibrücken, FamRZ 2015, 412.
486 OLG Celle, OLGR 2006, 403 f.
487 BGH, FamRZ 2013, 1200.
488 OLG Stuttgart, FamRZ 2014, 1020.
489 OLG Hamm, FamRZ 2015, 580.
490 BGH, NZFam 2015, 76.
491 BGH, FamRZ 2014, 1619.
492 OLG Koblenz, FamRZ 2015, 2065; OLG Brandenburg, FamRZ 2015, 1033.
493 OLG Hamburg, FamRZ 2019, 194.
494 BGH, FamRZ 1989, 1060 f.
495 OLG Köln, ZFE 2005, 251.
496 OLG Köln, FamRB 2005, 195.

- Grobe Unbilligkeit hat der BGH angenommen, wenn die Ehefrau dem Ehemann das Studium und die anschließende **Arbeitslosigkeit finanziert** hat und dieser nicht einmal die Führung des Haushaltes übernommen hat.[497] Dies sieht das OLG Hamm dann anders, wenn es der eigene Wunsch des doppelbelasteten Ehegatten war, möglichst früh wieder in seinen Beruf zurückzukehren. Es stellt hierzu den – verfehlten – Grundsatz auf, der ehelichen Solidarität entspreche es gerade, wenn der weniger tüchtige Partner vom Erfolg des anderen profitiere.[498]
- Grob unbillig kann der Versorgungsausgleich sein, wenn ein **Selbstständiger** es **unterlässt, Altersvorsorge zu betreiben** und dies als illoyal und grob leichtfertig zu bewerten ist.[499]
- Grob unbillig erschien der Versorgungsausgleich auch in einem Fall, in dem der 16 Jahre ältere Ehemann **nur noch ein Jahr während der Ehe berufstätig** war.[500]
- Der BGH bejaht grobe Unbilligkeit bei **langer Trennungszeit** und einer sog. **phasenverschobenen Ehe**, wenn also der Ausgleichspflichtige während der Ehe gearbeitet hat, der Ausgleichsberechtigte hingegen bereits Rentner war.[501] Das OLG Hamm will die phasenverschobene Ehe allein noch nicht zur groben Unbilligkeit genügen lassen, vielmehr müssten noch weitere Umstände hinzukommen.[502] Das OLG Celle hingegen lässt es genügen, wenn ein Ehepartner bei Eheschließung kurz vor dem Ruhestand steht und der andere erheblich jünger ist.[503] Das OLG Düsseldorf bejaht grobe Unbilligkeit, wenn der Berechtigte hohe voreheliche Anwartschaften hat und die Verpflichtete bis zur Altersgrenze nicht auf den angemessenen Selbstbehalt kommt.[504] Nicht ausreichend ist eine lange Trennungszeit nach kurzer Ehe, wenn der ausgleichungsberechtigte Ehegatte während der Ehe mit der Pflege und Erziehung gemeinsamer Kinder eine wesentliche, aus der Ehe herrührende Pflicht allein übernommen hat.[505] Auch bei 25jähriger Trennungszeit ist der Ausschluss des Versorgungsausgleichs nicht zwingend.[506]
- Noch keine grobe Unbilligkeit wurde bei einem **risikobehafteten Altersvorsorgekonzept** eines Teiles bejaht, wenn der andere Teil hiervon profitiert hat und diesen Lebensstil in einer Art Risikogemeinschaft mitgetragen hat.[507]
- Eine Verpflichtung der ausgleichsberechtigten Person zur Nachentrichtung von Beiträgen nach Ehezeitende für die Zeit davor kann aber wegen des **fehlenden In-Prinzips** zu grober Unbilligkeit führen.[508]
- Eine unberechtigte **Anzeige wegen sexueller Nötigung** bzw. Vergewaltigung führt noch nicht zu grober Unbilligkeit.[509]
- Noch nicht als grob unbillig wurde angesehen, wenn die Ehefrau im Wesentlichen **Rentenanwartschaften aus Kindererziehungszeiten ausgleichen** muss und künftig aufgrund der Kindererziehung nur in erheblich vermindertem Umfang Altersvorsorge betreiben kann. Dies solle durch den Unterhalt nach § 1570 BGB berücksichtigt werden.[510]
- Bei **langer Trennung** liegt eine grobe Unbilligkeit nicht vor, wenn der verpflichtete Ehegatte Trennungsunterhalt dauerhaft als vollen Unterhalt nach § 1361 Abs. 1 BGB gezahlt hat und der Unterhaltsberechtigte sich daher wirtschaftlich nicht verselbstständigt hat.[511] Gleiches gilt,

---

497 BGH, FamRZ 2004, 862.
498 OLG Hamm, FamRZ 2005, 38.
499 OLG Karlsruhe, FamRZ 2006, 1457.
500 OLG Schleswig, FPR 2004, 139.
501 BGH, FamRZ 2004, 1181; BGH, FamRZ 2007, 1964.
502 OLG Hamm, FamRZ 2004, 885.
503 OLG Celle, OLGR 2006, 833; vgl. auch OLG Düsseldorf, OLGR 2008, 281.
504 OLG Düsseldorf, FamRZ 2016, 637.
505 BGH, FamRZ 2005, 2052.
506 OLG Saarbrücken, FamRB 2013, 9.
507 OLG Koblenz, OLGR 2005, 946.
508 OLG Düsseldorf, FamRZ 2019, 26.
509 OLG Bamberg, OLGR 2005, 801.
510 OLG Karlsruhe, FamRZ 2005, 1839; OLG Koblenz, OLGR 2005, 438; BGH, FamRB 2008, 36.
511 BGH, FamRB 2006, 203 = FamRZ 2006, 769; OLG Köln, FamRZ 2014, 1020 bei Trennungszeit von 19 Jahren und Ehezeit von 42 Jahren.

wenn die Ehe jedenfalls als Versorgungsgemeinschaft noch fortbestand, die Eheleute gemeinsam gewirtschaftet haben (Zusammenveranlagung!) und emotional verbunden geblieben sind[512] oder für Zeiten, in denen der ausgleichsberechtigte Ehegatte gemeinsame Kinder alleine betreut und erzieht.[513] Bei wirtschaftlicher Verselbstständigung kann hingegen zumindest ein teilweiser Ausschluss gerechtfertigt sein.[514] Das OLG Hamburg will bei langer Trennung den Ausgleich auf die Zeit bis zur Trennung beschränken, auch ohne dass zusätzliche Härtegründe vorliegen.[515]

– Allein eine **atypische Lebensführung** älterer Eheleute mit getrennter Wohnung und Kasse und gemeinsamer Freizeit nur am Wochenende und in Ferien führt nicht zu grober Unbilligkeit.[516]
– In diesem Zusammenhang kann auch **eheliches Fehlverhalten** eine Rolle spielen, allerdings darf § 27 VersAusglG nicht zu einer Sanktion für eheliches Fehlverhalten missbraucht werden, vielmehr bedarf es einer umfassenden Würdigung aller Umstände auf beiden Seiten. Ein Ausschluss ist sodann nur gerechtfertigt, wenn eine Einschränkung nicht ausreicht, den unerträglichen Widerspruch zu beseitigen.[517] Gefordert wird zusätzlich ein wirtschaftlicher Bezug des Fehlverhaltens.[518] Zu beachten sind hierbei insb. die Auswirkungen, die das Fehlverhalten auf die beiderseitige Lebenssituation der Ehegatten gehabt hat. Auch bei Fehlverhalten darf die bisherige Eheleistung nicht unberücksichtigt bleiben. Nach Ansicht des BGH ist der Versorgungsausgleich aber grob unbillig, wenn die berechtigte Ehefrau ihrem Mann **verschwiegen** hat, dass ein während der Ehe geborenes **Kind möglicherweise von einem anderen Mann abstammt**.[519] Ein Fehlverhalten nach Aufhebung der ehelichen Lebensgemeinschaft führt nur ausnahmsweise zu grober Unbilligkeit, wenn es besonders krass ist oder den Ehepartner besonders belastet, sodass die Durchführung des Versorgungsausgleichs unerträglich erscheint.[520] Prostitution mit Wissen des anderen Ehegatten führt nicht zu grober Unbilligkeit.[521]
– Grobe Unbilligkeit liegt nicht vor bei einer **Straftat gegen den Ehegatten**, wenn diese im Zustand der **Schuldunfähigkeit** begangen wurde.[522] Gleiches gilt bei Tötung eines gemeinsamen Kindes im Zustand der Schuldunfähigkeit.[523] Jahrelange Gewalttätigkeit gegen den Ehegatten bzw. Gewalttätigkeiten von gewisser Schwere – dann auch bei einmaliger Tat – rechtfertigen hingegen den Ausschluss des Versorgungsausgleichs.[524] Die **Verletzung der Unterhaltspflicht** gegenüber einem gemeinsamen Kind kann ebenso die grobe Unbilligkeit begründen, wie der Umstand, dass der Verpflichtete für hohe Verbindlichkeiten des anderen Ehegatten aufzukommen hat.[525] Bloßer Kontaktabbruch zum gemeinsamen Kind genügt noch nicht.[526]
– Grobe Unbilligkeit liegt vor bei einer **Straftat, die zum Verlust von Pensionsansprüchen führt**, wenn der andere Ehegatte zusätzlich noch erheblichen Schuldendienst für den Straftäter leisten musste.[527]

---

512 OLG Brandenburg, BeckRS 2014, 12630 = FamRZ 2014, 1018; OLG Koblenz, FamRZ 2015, 1116; OLG Zweibrücken, NZFam 2016, 899.
513 OLG Brandenburg, NZFam 2019, 1111.
514 OLG Hamm, OLGR 2006, 193; OLG Saarbrücken, FamRZ 2008, 1865; OLG Brandenburg, BeckRS 2013, 19106; OLG Jena, NZFam 2014, 380; OLG Hamburg, NZFam 2016, 510.
515 OLG Hamburg, FuR 2016, 485; OLG Hamburg, NZFam 2018, 1043 fordert aber wieder eine wertende Gesamtbetrachtung.
516 OLG Schleswig, OLGR 2006, 246 = FamRB 2006, 171; OLG Brandenburg, FamRZ 2014, 1018.
517 BVerfG, FamRZ 2003, 1173 f.
518 OLG Brandenburg, FamRZ 2015, 1965.
519 BGH, NJW 2012, 1446; ebenso OLG Köln, FamRZ 2013, 1910.
520 BGH, FamRZ 2014, 105.
521 OLG Zweibrücken, NJW 2016, 3314.
522 OLG Saarbrücken, OLGR 2009, 600.
523 OLG Düsseldorf, FamRZ 2015, 1115.
524 OLG Bamberg, NJW-RR 2008, 225; OLG Oldenburg, NZFam 2017, 1107; OLG Köln, FamRZ 2019, 1610; OLG Brandenburg, FamRZ 2019, 1609.
525 OLG Bamberg, NZFam 2015, 769; OLG Düsseldorf, FamRZ 2019, 197.
526 OLG Brandenburg, NZFam 2019, 1110.
527 OLG Brandenburg, NZFam 2015, 1068.

- Die **Ausübung eines Kapitalwahlrechtes** durch die eine Versorgung aus dem Versorgungsausgleich herausfällt, kann zur groben Unbilligkeit führen, wenn der andere Ehegatte an diesem entzogenen Recht nicht auf andere Weise teilhat[528] und nicht ausnahmsweise billigenswerte Gründe für die Kapitalwahl bestehen. Dann kann in gleichem Umfang der Ausgleich für vom anderen Ehegatten erworbene Anrechte beschränkt werden.[529] Eine **illoyale Vermögensminderung**, die dem anderen Ehegatten letztlich alle Ersparnisse entzieht, führt zu grober Unbilligkeit.[530] Eine solche kann insbesondere bei einer **Kündigung der Lebensversicherung** durch einen Ehegatten im Zusammenhang mit der Scheidung vorliegen, wenn diese dem Ausgleich entzogen wird,[531] nicht jedoch bei Kündigung wegen finanzieller Schwierigkeiten, mögen diese auch durch eine Verletzung der Erwerbsobliegenheit bedingt sein.[532] Aber auch bei einer treuwidrigen **Vereitelung der Vollstreckung** einer titulierten Zugewinnausgleichsforderung kann der Ausgleich grob unbillig sein.[533] Als Folge kommt nicht eine Teilung des ursprünglichen Anrechtes in Betracht, sondern dass der benachteiligte Ehegatte entsprechend weniger von seinen Rechten auszugleichen hat.[534]
- Hat der **Ausgleichsberechtigte erhebliches** Altersvorsorgevermögen als **Kapitalvermögen**, das nicht in den Versorgungsausgleich fällt und wegen Gütertrennung **nicht ausgeglichen** wird, dann kann ein Versorgungsausgleich, der ihn begünstigt, nach § 27 VersAusglG unbillig sein.[535]
- Grob unbillig kann der Versorgungsausgleich sein, wenn der **Verpflichtete** aufgrund **Frühverrentung** wegen Invalidität **in jungen Jahren** eine hohe Rente hat, aber davon leben muss, während der andere Ehegatte normale Rentenansprüche erworben hat, die er aber noch lange Jahre steigern kann.[536]
- § 27 VersAusglG kann **präkludiert** sein, wenn die Umstände, die zu einer groben Unbilligkeit führen würden, bei Abschluss eines Ehevertrages bekannt waren, der über den Versorgungsausgleich Regelungen trifft.[537]
- Im Abänderungsverfahren kann die Durchführung des Versorgungsausgleichs unbillig sein, wenn ein Ehegatte sich für ein in die Ursprungsentscheidung einbezogenes Anrecht hat abfinden lassen und dieses daher nicht mehr ausgeglichen werden kann.[538]
- Der **Wegfall des Rentner- oder Pensionärsprivilegs** führt nicht zu einer Unbilligkeit nach § 27 VersAusglG, wenn keine weiteren Umstände hinzutreten.[539]
- Eine neue Problematik zur groben Unbilligkeit ergibt sich aus der **Rechtsprechung des BGH zum Wertverzehr** bei der externen Teilung kapitalgedeckter Anrechte. Wird der Ausgleichswert gekürzt und nur noch aus dem Restkapitalwert zeitnah zur Entscheidung berechnet, so erhält die ausgleichsberechtigte Person weniger. Es ist dann zu prüfen, ob dies durch eine **erhöhte**

---

528 Neben einem Ausschluss durch eine bereits vereinbarte Gütertrennung kommt auch in Betracht, dass wegen eines sehr hohen Anfangsvermögens kein Ausgleich im Zugewinn stattfindet, OLG Köln, NZFam 2016, 758 oder überhaupt rein faktisch wegen der Besonderheiten der konkreten Vermögensentwicklung scheitert, BGH, FamRZ 2017, 26.
529 BGH, NZFam 2015, 635; BGH, NJW 2016, 3722 m. Anm. Götsche. Nach Hoppenz, FamRZ 2015, 1000 liegt grobe Unbilligkeit ohne Rücksicht auf die Gründe der Entziehung vor.
530 OLG Köln, FamRZ 2014, 1021; Weil, FamRB 2013, 57, 59.
531 OLG Brandenburg, FamRZ 2011, 722; OLG Nürnberg, FamRZ 2011, 1737; OLG Köln, FamRZ 2014, 210; OLG Bremen, NJW 2016, 507, wenn nicht im Zugewinn kompensiert; OLG Brandenburg, NZFam 2016, 415; OLG Köln, NZFam 2016, 709: Kapitalwahl und Kündigung sind gleich zu behandeln.
532 OLG Schleswig, FamRZ 2015, 672.
533 OLG Köln, FamRZ 2014, 1021.
534 BGH, FamRZ 2013, 1362 = NJW 2013, 2967.
535 OLG Köln, FamRZ 2012, 1881.
536 BGH, FamRZ 2017, 1749; OLG Zweibrücken, NZFam 2014, 179.
537 OLG Nürnberg, FamRZ 2005, 1485.
538 BGH, FamRZ 2016, 697.
539 OLG Koblenz, FamRZ 2013, 1661; BGH, FamRZ 2013, 690 m. Anm. Holzwarth; BGH, FamRZ 2015, 1001; a.A. wohl KG, FamRZ 2013, 472; OLG Düsseldorf, FamRZ 2014, 1463 bei ungleichgewichtiger Verteilung.

Unterhaltszahlung aufgrund der laufenden Versorgungsleistung **kompensiert** wurde, **ansonsten** sei der Blick auf **§ 27 VersAusglG** zu richten, um zu prüfen, ob ggf. eine Teilung in die Gegenrichtung teilweise unterbleiben könne.[540]

Beachtenswert ist, dass aufgrund des Wegfalls des Gesamtsaldos und der Durchführung von Einzelausgleichen § 27 VersAusglG nicht nur den Ausgleichsberechtigten negativ treffen, sondern **auch ein Verhalten des insgesamt Ausgleichungspflichtigen sanktionieren kann**. Dabei soll bei jedem einzelnen Anrecht zu fragen sein, ob sein Ausgleich grob unbillig ist.[541] Der Ausgleich nach Scheidung ist dann nicht grob unbillig, wenn der Pflichtige zuerst vom Ausgleich bei Scheidung profitiert hat.[542] 227

Bei Geringfügigkeit i.S.d. § 18 VersAusglG scheidet auch eine Korrektur nach § 27 VersAusglG aus.[543]

2. Kurze Ehe

§ 3 Abs. 3 VersAusglG sieht vor, dass ein Versorgungsausgleich bei einer **Ehezeit von bis zu drei Jahren nur** stattfindet, wenn ein **Ehegatte dies beantragt**. Der Antrag muss nicht innerhalb der Frist des § 137 Abs. 2 FamFG gestellt werden.[544] Ursprünglich war im Gesetzgebungsverfahren ein vollständiger Ausschluss für kurze Ehen bis zu zwei Jahren vorgeschlagen. Man hat jedoch Bedenken bekommen, ob der Ausschluss eines Anrechtes, bei dem in kurzer Zeit sehr hohe Versorgungsanrechte verdient werden, verfassungsgemäß ist. 228

Ob die jetzige Regelung zur Verfahrensvereinfachung beiträgt, muss sich erst noch erweisen, denn anwaltliche Vertreter werden sich sehr oft gezwungen sehen, den Versorgungsausgleich zu beantragen, schon um Informationen über die Höhe der Anrechte zu erlangen und sich nicht schadensersatzpflichtig zu machen. Tun sie dies nicht, sollten sie die Gründe aktenkundig machen.[545] Im Interesse des Mandanten kann es durchaus einmal sinnvoll sein, den Antrag nicht zu stellen. Dies gilt v.a. dann, wenn diesem an einem schnellen Scheidungsverfahren gelegen ist und die Ansprüche wahrscheinlich ohnehin im Bereich der Geringfügigkeit nach § 18 VersAusglG landen.[546] 229

Wurde trotz kurzer Ehe ein Versorgungsausgleich durchgeführt, weil dies übersehen wurde, so kann das nicht über § 225 FamFG korrigiert werden.[547] 230

3. Geringfügigkeit

Nach § 18 VersAusglG **soll ein Ausgleich bei Geringfügigkeit nicht stattfinden**.[548] Es handelt sich also um eine Vorschrift, die den Ausgleich in das **gerichtliche Ermessen** stellt. Ob jedoch ein Ausschlusstatbestand nach § 18 VersAusglG vorliegt, hat das Gericht von Amts wegen zu prüfen. Eines Antrages bedarf es dazu nicht.[549] Die Vorschrift ist indessen mehr Belastung als Entlastung geworden, denn um das Vorliegen der Voraussetzungen wird vor den Gerichten erbittert gerungen.[550] Die Anzahl der Entscheidungen zu diesen Fragen ist kaum noch überschaubar. Verfahrensverzögerungen aufgrund der Komplexität der Entscheidungen sind vorprogrammiert.[551] Der **BGH** hat jedoch mit 231

---

540 BGH, FamRZ 2016, 2000 m. Anm. Holzwarth, FamRZ 2016, 2079 f.; OLG Hamburg, NZFam 2017, 856.
541 Bastian-Holler, FamFR 2011, 515.
542 BGH, FamRB 2013, 104.
543 OLG Hamm, FamRZ 2014, 838.
544 OLG Dresden, FamRB 2011, 5; OLG Frankfurt am Main, FamFR 2012, 473.
545 Vgl. Götsche, FamRB 2011, 26, 29.
546 Hauß/Bührer, Rn. 508.
547 Götsche, FamRB 2011, 26, 31.
548 Hierzu Schüßler, NJW 2016, 2982 f.; Borth, FamRZ 2017, 851 f.
549 Götsche, FamRB 2010, 344.
550 Ruland, FamFR 2012, 123: Einführung war ein Fehler.
551 Schüßler, NJW 2016, 2982, 2986: Sinn des Gesetzes konterkariert.

einigen **Grundsatzurteilen**[552] Licht in das Dunkel gebracht. Von dessen Ansätzen soll hier für die Praxis ausgegangen werden.

Voraussetzungen für die Anwendung dieser Vorschrift sind:
- **Die Differenz** beiderseitiger **Anrechte gleicher Art ist gering** (§ 18 Abs. 1 VersAusglG).

oder
- **Ein einzelnes Anrecht** hat nur einen **geringen Ausgleichswert** (§ 18 Abs. 2 VersAusglG).

232 Das Gesetz definiert in Absatz 3 selbst, wann von einer Geringfügigkeit auszugehen ist. Ein Ausgleichswert, der in einem **Rentenbetrag als maßgeblicher Bezugsgröße** bemessen wird, ist geringfügig, wenn er höchstens 1 % der monatlichen Bezugsgröße nach § 18 Abs. 1 SGB IV beträgt (derzeit sind dies **31,85 €**). In allen **anderen Fällen** liegt Geringfügigkeit vor, wenn der **Kapitalwert** sich auf **höchstens 120 %** dieser Bezugsgröße beläuft (derzeit **3.822,00 €**).[553]

233 Dabei ist Vorsicht walten zu lassen. Die **gesetzliche Rentenversicherung** hat als maßgebliche Bezugsgröße nämlich **Entgeltpunkte** und keinen Rentenbetrag. Daher ist bei der gesetzlichen Rentenversicherung der **Kapitalwert** von 120 % maßgeblich.[554]

234 Der BGH hat zur Anwendung des § 18 VersAusglG folgende Grundsätze aufgestellt:
- **Sämtliche Anrechte in der gesetzlichen Rentenversicherung (West)** sind **Anrechte gleicher Art** nach § 18 Abs. 1 VersAusglG. Die Erkenntnisse zu § 120f Abs. 1 SGB VI und § 10 Abs. 2 VersAusglG bezieht der BGH dabei auch auf § 18 Abs. 1 VersAusglG.
- Solche Anrechte **und Anrechte** aus der allgemeinen **gesetzlichen Rentenversicherung (Ost)** sind **nicht Anrechte gleicher Art** i.S.d. § 18 Abs. 1 VersAusglG; dies hat den Grund in der noch anhaltenden unterschiedlichen Dynamik der Ost-Anrechte.[555] Für Ansprüche ab dem Jahr 2025 gilt aber die Trennung in Ansprüche Ost-West nicht mehr.[556]
- Ansprüche aus der **gesetzlichen Rentenversicherung** und Versorgungsanrechte nach **beamtenrechtlichen Grundsätzen** sind nicht Anrechte gleicher Art.[557]
- Ansprüche aus der **Zusatzversorgung des öffentlichen Dienstes** bei unterschiedlichen Trägern sind in der Regel gleichartig.[558]
- Besteht ein **Versorgungsanrecht aus mehreren Bausteinen**, so ist **jeder** Baustein wie ein **gesondertes Anrecht** zu behandeln. Im Rahmen der Entscheidung nach § 18 Abs. 2 VersAusglG hat jedoch eine Gesamtbetrachtung aller Bausteine stattzufinden.[559]
- Auf **Anrechte gleicher Art nach § 18 Abs. 1 VersAusglG** findet **§ 18 Abs. 2 VersAusglG**, der den Ausgleich einzelner Anrechte regelt, **keine Anwendung**. Nach Ansicht des BGH besteht also zwischen beiden Vorschriften eine Spezialität des Abs. 1 für Anrechte gleicher Art.[560] Wenn diese nach Prüfung des Abs. 1 in den Versorgungsausgleich einzubeziehen sind, so kann dies

---

552 BGH, FamRZ 2012, 192 f. m. Anm. Holzwarth in FamRZ 2012, 280; BGH, FamRZ 2012, 189 m. Anm. Borth; BGH, FamRZ 2012, 277; BGH, FamRZ 2012, 513; BGH, FamRZ 2012, 610; BGH, FamRZ 2014, 549; zusammenfassende Kommentierung bei Wick, FuR 2012, 230 f. und Breuers, FuR 2012, 117.
553 Sozialversicherungs-Rechengrößenverordnung 2020, BGBl. 2019 I, S. 2848; tabellarische Übersicht nach Ehezeitende bei MünchKomm-BGB/Siede, § 18 VersAusglG Rn. 35.
554 OLG Celle, FamRZ 2010, 979 f.; OLG München, FamRB 2010, 169; Bergner, § 18 Rn. 2.4.; Borth, FamRZ 2010, 1210, 1211; a.A. Ruland, 2. Aufl., Rn. 481.
555 BGH, FamRZ 2012, 280.
556 Rentenüberleitungs-Abschlussgesetz (BGBl. 2017 I, 2575); hierzu Borth, FamRZ 2017, 1542.
557 BGH, FamRZ 2014, 549; BGH, FamRZ 2016, 788.
558 OLG Bamberg, NZFam 2019, 925.
559 BGH, FamRZ 2012, 610; BGH, FamRZ 2016, 1245.
560 So schon OLG München, FamRB 2010, 169; OLG Brandenburg, FamFR 2012, 13; dem BGH folgend OLG Saarbrücken, FamRZ 2013, 307; a.A. OLG Frankfurt am Main, NZFam 2016, 562.

nicht an einer weiteren Prüfung nach Abs. 2 scheitern. Dessen Sinn sei es, Splitterversorgungen zu vermeiden, was bei Anrechten gleicher Art nicht zu befürchten sei.[561]
- Für die **gesetzliche Rentenversicherung** sind **Entgeltpunkte** (§§ 63, 64 Nr. 1 SGB VI) die maßgebliche Bezugsgröße,[562] sodass die Geringfügigkeit sich gem. § 18 Abs. 3 VersAusglG nach 120 % der Bezugsgröße des § 18 Abs. 1 SGB IV bemisst. Der BGH verwendet den Begriff der »Bezugsgröße« in § 18 VersAusglG ebenso wie in § 5 VersAusglG und weist außerdem darauf hin, dass der Rentenwert vom Versorgungsträger nicht mitgeteilt werden muss.[563]
- Selbst wenn die Voraussetzungen des § 18 Abs. 1 oder Abs. 2 VersAusglG vorliegen, so kommt bei der **Ermessensausübung** dem **Halbteilungsgrundsatz** ein großes Gewicht zu. Daher kann auch der **Ausgleich** geringfügiger Anrechte **geboten** sein, **wenn** mit ihm **kein unverhältnismäßig hoher Aufwand** für den Versorgungsträger verbunden ist. Das soll auch für die Versorgungsausgleichskasse gelten, weil diese Beträge unter 5.000,- € regelmäßig abfindet.[564] Oder anders gewendet:

▶ Hinweis:

BGH: »Kann die mit der Regelung des § 18 Abs. 2 VersAusglG bezweckte Verwaltungsvereinfachung nicht in einem den Ausschluss des Ausgleichs rechtfertigenden Maße erreicht werden, gebührt dem Halbteilungsgrundsatz der Vorrang.«[565]

235

BGH:[566] Der Ausschluss eines Ausgleichs von Bagatellanrechten zum Zwecke der Verwaltungsvereinfachung findet seine Grenze daher in einer unverhältnismäßigen Beeinträchtigung des Halbteilungsgrundsatzes.

- Umgekehrt hat der BGH nun entschieden, dass **bei wirtschaftlicher Bedeutungslosigkeit** der Differenz der Ausgleichswerte gleichartiger Anrechte ein Ausgleich selbst dann unterbleiben kann, wenn der Verwaltungsaufwand ebenfalls gering wäre (Rentenbetrag von 0,07 € mtl.[567] oder Differenz der korrespondierenden Kapitalwerte von ca. 180,- €,[568] nicht hingegen bei einem monatlichen Rentenwert von 8,57 €.[569] *Borth* schlägt für den neuen Begriff der wirtschaftlichen Bedeutungslosigkeit einen Grenzwert von 5,- € monatlich vor.[570] Das OLG Bremen[571] sieht dies kritisch und will auch bei wirtschaftlicher Bedeutungslosigkeit (1,06 € Rente monatlich) teilen, wenn der Verwaltungsaufwand dadurch nicht steigt.
- Zwar scheut sich der BGH, anders als Stimmen in der Literatur und Rechtsprechung,[572] die **gesetzliche Rentenversicherung** generell aus dem Anwendungsbereich der Geringfügigkeitsre-

---

561 Dieser Ansatz war sehr umstritten. Wie der BGH: OLG Hamburg, FamRZ 2011, 1403; OLG München (4), FamRZ 2010, 1664; OLG Stuttgart, FamFR 2011, 442; Götsche, FamRB 2010, 344, 346; a.A. OLG Karlsruhe, NJW-RR 2011, 807; OLG Koblenz, FamFR 2011, 352; OLG München (12), FamRZ 2011, 646; OLG Nürnberg, FamRZ 2011, 899: Ausgleich kann noch an § 18 Abs. 2 scheitern, auch wenn er nach Abs. 1 stattfinden müsste; OLG Dresden, FamRB 2010, 300; OLG Stuttgart, FamRZ 2011, 41; Schlüter, FamFR 2011, 361; Breuers, FuR 2012, 117, 119.
562 So die ganz h.Rspr. OLG Düsseldorf, NJW-RR 2011, 808; OLG München, FamRZ 2011, 646, OLG Jena NJW 2010, 3310; Bergner, NJW 2010, 3269 f.; Götsche, FamRB 2010, 344, 346.
563 BGH, FamRZ 2012, 277.
564 OLG Saarbrücken, NZFam 2019, 642.
565 BGH, FamRZ 2012, 189.
566 BGH, FamRZ 2012, 610.
567 BGH, FamRZ 2016, 2081.
568 BGH, FamRZ 2017, 97.
569 BGH, FamRZ 2017, 195.
570 Borth, FamRZ 2017, 851.
571 OLG Bremen, FamRZ 2019, 439.
572 So gefordert etwa von Bergner, NJW 2010, 3269, 3272 und OLG Celle, FamFR 2011, 278; OLG Hamm, FamFR 2011, 421; OLG Koblenz FamFR 2011, 352; OLG München, FamRZ 2011, 1062; wie der BGH aber OLG Düsseldorf, FamFR 2011, 348, das aber unabhängig vom Aufwand der Versorgungsträger einen Ausgleich ablehnt, da die Abweichung vom Halbteilungsgrundsatz gesetzlich gewollt sei;

gelungen herauszunehmen, betont aber, dass insbesondere bei Zusammentreffen eines Anrechtes aus der Rentenversicherung (Ost) mit einem Rentenanrecht aus den alten Bundesländern **nur ein Konto verwaltet** wird, sodass der Verwaltungsaufwand bei einem Ausgleich sehr gering ist,[573] der zudem noch durch die Erstattung der Teilungskosten nach § 13 VersAusglG gemindert wird.[574] Für einen Ausgleich führt der BGH ferner ins Feld, dass der **Berechtigte selbst auf Bagatellbeträge angewiesen ist** oder die **allgemeine Wartezeit noch nicht erfüllt** hat oder dass es sich um den Ausgleich zahlreicher Bagatellanrechte handelt, die aber in Summe für den Berechtigten von erheblichem Wert sind.[575]. Zudem hält der BGH eine Gesamtschau für angemessen, ohne dass deshalb eine echte Gesamtversorgungsbilanz gefertigt werden müsse.
- Ein großer Verwaltungsaufwand fällt von vornherein nicht an, wenn ein Anrecht **extern geteilt** wird.[576] Die Kosten einer externen Teilung rechtfertigen regelmäßig nicht die Anwendung des § 18 VersAusglG, besonders wenn die Übertragung auf ein bereits bestehendes Versicherungskonto der gesetzlichen Rentenversicherung erfolgt[577] oder wenn der Versorgungsträger die nicht geringwertigen Anwartschaften intern teilt und nur für das geringwertige Anrecht die externe Teilung wählt.[578]
- Zur Behandlung **geringfügiger Anrechte beim Tod eines Ehegatten** vor Rechtskraft der Entscheidung über den Versorgungsausgleich hat der BGH[579] in einer Grundsatzentscheidung klargestellt, dass es in § 31 VersAusglG keinen Hin- und Herausgleich gebe und daher die Anrechte nur in eine **Gesamtbilanz** einzustellen seien. Sind aber die geringfügigen Anrechte **nur Rechnungsposten**, ohne selbst ausgeglichen zu werden, gibt es keinen Grund, sie nicht zu berücksichtigen.
- Die für das Ermessen tragenden Gründe sind in den **Entscheidungsgründen** darzulegen.[580]

▶ Hinweis:

236 Es ist i.R.d. § 18 VersAusglG bei anwaltlicher Vertretung stets zu prüfen, ob **besondere Umstände** vorliegen, sodass der Versorgungsausgleich trotz Geringfügigkeit durchgeführt werden sollte. Diese muss der Anwalt im Verfahren vortragen, damit das Gericht nicht vom Regelfall des unterbleibenden Ausgleichs ausgeht.[581]

237 Aufgrund der Entscheidung des **BGH muss nunmehr zuerst entschieden werden**, ob ein **Anrecht gleicher Art** vorliegt, das die Anwendung des § 18 Abs. 1 VersAusglG rechtfertigt. Anrechte gleicher Art liegen – ebenso wie bei § 10 Abs. 2 VersAusglG – vor, wenn eine Verrechnung wegen der Ähnlichkeiten in der Struktur und Wertentwicklung nicht zu einem anderen Ergebnis führen würde als ein Hin- und Herausgleich. Der Gesetzgeber wollte damit erreichen, dass nur der Teilausschnitt der vergleichbaren Rechte miteinander saldiert werden muss.[582] So halten das OLG Brandenburg und

---

 ebenso Eulering, ZFE 2011, 93, 95; für eine Anwendung des § 18 Abs. 1 VersAusglG auch auf Anrechte der gesetzlichen Rentenversicherung OLG Stuttgart, FamRZ 2011, 41; OLG Stuttgart, FamRZ 2013, 1742; OLG Koblenz, FamFR 2011, 352; OLG Hamm, FamRZ 2016, 1372.
573 Dies bestätigt ein Rundschreiben der Deutschen Rentenversicherung Bund, FuR 2012, 117 f. OLG Hamm, BeckRS 2014, 13065 jedenfalls, wenn für beide bereits ein Versicherungskonto existiert und noch kein Ehegatte Rente bezieht.
574 BGH, FamRZ 2012, 610.
575 BGH, NZFam 2016, 885.
576 BGH, NZFam 2016, 885 = FamRZ 2016, 1658 m. Anm. Borth; OLG Brandenburg, FamRZ 2015, 928.
577 BGH, FamRZ 2012, 189, Rn. 22; Breuers, FuR 2014, 145, 147; in der Praxis führt dies dazu, dass Anträge auf externe Teilung vom Versorgungsträger nicht gestellt werden, um im Anwendungsbereich des § 18 VersAusglG zu bleiben, so Schwamb, FamRB 2012, 89, 92.
578 OLG Frankfurt am Main, FamFR 2011, 179.
579 BGH, FamRZ 2017, 960 m. Anm. Holzwarth; a.A. OLG Stuttgart, FamRZ 2015, 507.
580 BGH, FamRZ 2015, 313.
581 MünchKomm-BGB/Siede, § 18 VersAusglG Rn. 39.
582 BT-Drucks. 16/11903, 106 f.

das OLG Köln verschiedene Zusatzversorgungen des öffentlichen Dienstes für gleichartig.[583] Eine Gleichartigkeit von **Ost- und Westanrechten** wird jedoch zumeist verneint.[584] Der BGH betont, dass es für die Frage der Gleichartigkeit auf das zu belastende Anrecht und nicht auf dasjenige abzustellen sei, das man bei externer Teilung erhalte.[585] Anrechte aus der gesetzlichen Rentenversicherung und solche aus Beamtenversorgung sind nach Auffassung des BGH nicht gleichartig.[586] Riesterverträge und sonstige nach dem AltZertG zertifizierte Anrechte der privaten Altersvorsorge sind nicht gleichartig.[587]

Ein weiterer Entscheidungsschwerpunkt liegt bei der Frage, wann die **Einhaltung des Halbteilungsgrundsatzes** den **Vorrang vor** der **Einsparung bei Geringfügigkeit** erhält. Das OLG Hamm entschied hierzu, dass bei mehreren Anrechten, die jeweils unter der Schwelle des § 18 Abs. 2 VersAusglG liegen, zusammen aber diese überschreiten, ein Versorgungsausgleich durchzuführen ist.[588] Nach OLG Frankfurt am Main ist auch in diesem Fall das Ermessen im Einzelfall entscheidend.[589] Können die Anrechte **bei interner Teilung nach § 10 Abs. 2 VersAusglG verrechnet** werden, so sind sie im Regelfall auch bei Geringwertigkeit auszugleichen.[590] Bestehen noch **andere nicht geringwertige Anrechte beim selben Arbeitgeber** kann die Teilung des geringfügigen Anrechtes nicht unterbleiben.[591] Bestehen im Rahmen einer betrieblichen Altersversorgung mehrere Anrechte, so ist die Summe des § 18 Abs. 3 VersAusglG die Obergrenze für die insgesamt betrachteten Anrechte.[592] Bestehen mehrere geringfügige Anrechte, deren Summe den Grenzwert des § 18 Abs. 3 VersAusglG übersteigt, so steht dies der Anwendung des § 18 VersAusglG nicht entgegen.[593] Bei gesetzlichen Rentenrechten soll die Ermessensausübung jeweils dazu führen, dass die gesetzlichen Rentenanrechte trotz Geringfügigkeit geteilt werden.[594] Das gilt verstärkt, wenn die Ausgleichsberechtigte in sehr beengten wirtschaftlichen Verhältnissen lebt.[595] Das OLG Frankfurt am Main und das OLG Oldenburg hingegen wollen Anrechte in der gesetzlichen Rentenversicherung nicht ausgleichen, wenn die Differenz der Summe aller korrespondierenden Kapitalwerte den Grenzwert nicht übersteigt.[596] 238

Für die Frage des **Überschreitens der Schwellenwerte** sind die Ausgleichswerte zugrunde zu legen, ohne dass vorher die Teilungskosten in Abzug gebracht werden.[597] 239

---

583 OLG Brandenburg, NZFam 2014, 570; OLG Köln, FamRZ 2012, 1806; a.A. OLG Frankfurt am Main, FamRZ 2014, 836 und OLG Koblenz, FamRZ 2014, 839 für die Zusatzversorgungen VBL klassik und extra; OLG Schleswig FamRZ 2013, 1906: Gesamtbetrachtung.
584 KG, FamRZ 2012, 379; OLG Rostock. FamRZ 2012, 379; OLG Naumburg, FamFR 2012, 562.
585 BGH, FamRZ 2014, 549.
586 BGH, FamRZ 2013, 1636; OLG Celle, NJW 2012, 2668; Breuers, FuR 2014, 145; a.A. Ruland, Rn. 577; Bergner, FamFR 2012, 553.
587 OLG Brandenburg, FamRZ 2017, 32.
588 OLG Hamm, FamRZ 2012, 1808; a.A. OLG Hamm, NJW-RR 2013, 1415; OLG Schleswig, NJW 2013, 2835: Zwar ist § 18 Abs. 2 VersAusglG auch dann nicht generell ausgeschlossen. Werden die Anrechte aber extern geteilt, so ist die Teilung durchzuführen, insb. bei Ausgleich in eine einzige Zielversorgung.
589 OLG Frankfurt am Main, NJW 2012, 3316.
590 OLG Düsseldorf, FamFR 2011, 347.
591 OLG Naumburg, FamRB 2012, 41; OLG Dresden, FamRZ 2010, 1804.
592 OLG Hamm, FamRZ 2014, 131; OLG Düsseldorf, FamRZ 2011, 1404.
593 OLG Frankfurt am Main, FamRZ 2015, 505; OLG Frankfurt am Main, NZFam 2019, 946; OLG Karlsruhe, FamRZ 2015, 1500; OLG Köln, FamRZ 2015, 1108.
594 OLG Frankfurt am Main, FamFR 2012, 254.
595 OLG Hamm, FamRZ 2012, 713; OLG Düsseldorf, FamRB 2011, 333; OLG Celle, FamRB 2011, 369.
596 OLG Frankfurt am Main, FamRZ 2012, 714; OLG Oldenburg, FamRZ 2011, 643; a.A. OLG Stuttgart, FamRZ 2011, 1593.
597 OLG Frankfurt am Main, FamRZ 2013, 1804; OLG Bremen, FamRZ 2016, 549 (LS); OLG Dresden, FamRZ 2016, 549.

240 Mittels einer Vereinbarung können die Ehegatten eine von § 18 VersAusglG abweichende Rechtsfolge bestimmen, etwa anordnen, dass der Versorgungsausgleich trotz Geringfügigkeit stattfinden bzw. beantragt[598] werden soll oder für die Geringfügigkeit einen anderen Grenzwert bestimmen.

VII. Abänderung und Anpassung

1. Abänderung nach §§ 225 ff. FamFG

241 Mit der Abschaffung des Einmalausgleichs und der Ersetzung durch ein System des Hin- und Herausgleichs der verschiedenen Anrechte hat sich auch das **Recht der Abänderung**[599] von Entscheidungen zum Wertausgleich bei Scheidung **grundlegend geändert**. Die Abänderbarkeit kann sich nunmehr auf einzelne Anrechte und ihren Ausgleich beziehen. Sie führt **nicht mehr** – wie nach früherem Recht – zu einer **Totalrevision** des gesamten Versorgungsausgleichs.[600]

▶ Hinweis:

242 Für Vereinbarungen ist wichtig, dass man – mehr als bisher – bei jeder einzelnen Regelung fragen muss, ob eine Abänderung des Wertausgleichs zulässig sein soll oder nicht.

243 Die frühere Bestimmung des § 10a VAHRG a.F. ist nunmehr durch die §§ 225 ff. FamFG (für den Übergang noch § 51 VersAusglG) ersetzt worden. Diese Vorschriften haben die Abänderbarkeit wesentlich verändert.

244 Eine Abänderung ist künftig **nur noch für** Anrechte nach § 32 VersAusglG zulässig, § 225 Abs. 1 FamFG. Daher sind nur Entscheidungen über den Wertausgleich bei Scheidung für **die in § 32 VersAusglG abschließend genannten Regelsicherungssysteme** abänderbar (gesetzliche Rentenversicherung, Beamtenversorgung, berufsständische Versorgung, Versorgung der Landwirte und Abgeordneten). Die Beschränkung auf die Regelsicherungssysteme ist verfassungsgemäß.[601] Als Konsequenz sind insb. Entscheidungen über Anrechte nach dem Betriebsrentengesetz nicht abänderbar. Die spätere Unverfallbarkeit führt also hier nicht mehr zu einer Abänderung der Entscheidung. Beim Übergang von Urteilen vor der Reform ist die Änderungsmöglichkeit nach § 51 Abs. 3 VersAusglG weiter.

245 **Voraussetzung** der Abänderung ist die **Änderung tatsächlicher oder rechtlicher Umstände** nach dem Ende der Ehezeit, die auf den Ausgleichswert zurückwirken und zu einer **wesentlichen Wertänderung** geführt haben. Die wesentliche Veränderung wird in **§ 225 Abs. 3 FamFG** definiert und setzt voraus, dass die Änderung
– wenigstens 5 % des bisherigen Ausgleichswertes beträgt

und

– bei einem Rentenbetrag als Bezugsgröße 1 % und sonst 120 % der monatlichen Bezugsgröße nach § 18 Abs. 1 SGB IV (maßgeblich ist das Ende der Ehezeit; derzeit wären dies 31,85 € bzw. 3.822,00 €) übersteigt. Gesetzliche Renten haben Entgeltpunkte als Bezugsgröße, sodass es auf die 120 % ankommt.[602] Nur im Rahmen des § 51 VersAusglG bei Abänderungen von Altentscheidungen soll es auf Rentenbeträge ankommen, da dort die Anrechte als Rentenbeträge berechnet und saldiert worden seien.[603]

---

598 Z.T. wird die Auffassung vertreten, der Versorgungsausgleich könne bei Geringfügigkeit nicht zwingend angeordnet werden, da dies zulasten der Versorgungsträger gehe.
599 Eine Übersicht gibt Dörr, FPR 2011, 473.
600 Zu den Besonderheiten einer Abänderung nach dem Tod des früheren Ehegatten: Kemper, NZFam 2016, 385 f.; Götsche, FuR 2016, 17.
601 BGH, FamRZ 2013, 189 = NJW 2013, 226; BGH, FamRZ 2013, 852; BVerfG, NJW 2014, 2093; a.A. OLG Schleswig, FamRZ 2012, 1388.
602 OLG Frankfurt am Main, NZFam 2014, 37.
603 BGH, NZFam 2018, 24 m. Anm. Schwamb; OLG Koblenz, FamRZ 2019, 692.

B. Grundprinzipien und Aufbau des Versorgungsausgleichs — Kapitel 7

Die Abänderung betrifft dann **nur diejenigen Anrechte**, bei deren Ausgleichswert eine entsprechende Änderung eingetreten ist, sie führt aber **nicht zu einer Totalrevision**. — 246

Ist jedoch der Versorgungsausgleich nach altem Recht bereits entschieden, so richtet sich die Abänderbarkeit nach § 51 VersAusglG. Hier findet eine Totalrevision statt, allerdings unter Anwendung des neuen Rechts.[604]

Fraglich ist, inwieweit **auch ein Ausspruch nach § 224 Abs. 3 FamFG, dass der Versorgungsausgleich nicht stattfindet**, der **Abänderbarkeit** unterliegt. Diese soll dann möglich sein, wenn Grund für die Abänderung eine Änderung des Ausgleichswertes ist. So etwa, wenn der Versorgungsausgleich wegen Geringfügigkeit nach § 18 VersAusglG ausgeschlossen wurde und nun nachträglich die Anrechte die Geringfügigkeitsgrenze übersteigen. Hingegen sollen Feststellungen nach § 224 Abs. 3 FamFG, dass der Versorgungsausgleich mit Rücksicht auf eine Vereinbarung nach §§ 6 ff. VersAusglG oder wegen der Kürze der Ehezeit nach § 3 Abs. 3 VersAusglG nicht stattfindet, **nicht abänderbar** sein, weil für sie die **Ausgleichswerte ohne Bedeutung** seien.[605] Gesondert wird noch betrachtet, wie sich auflösende Bedingungen auf einen Verzicht und die Feststellung nach § 224 Abs. 3 FamFG auswirken.[606]

Für den Ausgleich nach Scheidung gilt § 225 FamFG nicht, sondern über § 227 Abs. 1 FamFG kommt § 48 FamFG zur Anwendung. — 247

Eine **bloße unterschiedliche Wertentwicklung** der Anrechte von Verpflichtetem und Berechtigtem genügt zu einer Abänderung hingegen **nicht mehr**. — 248

Nicht ausreichend ist ferner ein Rechen- oder Methodenfehler, ungenügende Berechnungsgrundlagen, eine fehlerhafte Bestimmung der Ehezeit oder unrichtige Auskünfte der Versorgungsträger.[607] Wenn aber eine Abänderung erfolgt, weil eine sonstige wesentliche[608] Änderung vorliegt, dann können solche Fehler in diesem Rahmen korrigiert werden.[609]

Hauptanwendungsfälle für Abänderungen sind demnach v.a. die **vorzeitige Dienstunfähigkeit eines Beamten**, die zu einer geänderten Bewertung seines Anrechtes führt, oder die **nachträgliche Zuerkennung von Kindererziehungszeiten**[610], aber auch die neu eingeführte »Mütterrente«,[611] wenn der Wertzuwachs auf Zeiten in der Ehe beruht.[612] Bezieht ein Abänderungsverfahren Zeiträume vor deren Einführung mit ein, so ist die Übertragung von Entgeltpunkten für den Zeitraum bis 30.06.2014 und für den ab 01.07.2014 gesondert auszusprechen.[613] — 249

Auf eine **Vereinbarung** über den Versorgungsausgleich ist § 225 FamFG über die Verweisung in § **227 Abs. 2 FamFG** anwendbar, es sei denn, die Abänderbarkeit ist in der **Vereinbarung ausgeschlossen** worden. Während dies im alten Versorgungsausgleich nahezu immer vereinbart wurde, ist nach neuem Recht **je nach Vereinbarung zu differenzieren**. Bei einem Verzicht oder Teilverzicht wird der Wille der Vertragsparteien darauf gerichtet sein, eine Abänderbarkeit auszuschließen, da eine endgültige Regelung getroffen werden soll. Regelt die Vereinbarung aber lediglich eine externe Teilung oder enthält eine Saldierung mit Restausgleich, so kann **durchaus gewünscht** sein, dass eine — 250

---

604 Bergner, FamFR 2011, 196, 199.
605 MünchKomm-BGB/Dörr, 7. Aufl., § 225 FamFG, Rn. 6; Wick, Rn. 840.
606 Hierzu Rdn. 462 f.
607 BGH, NZFam 2015, 767; Hauß/Bührer, Rn. 1015.
608 Nicht zusammen mit einer unwesentlichen Änderung, BGH, NZFam 2015, 71.
609 BGH, NZFam 2015, 767; OLG Hamm, NZFam 2015, 515; Horndasch/Viefhues/Kemper, § 225 FamFG Rn. 28.
610 BT-Drucks. 16/10144, S. 96; Horndasch/Viefhues/Kemper, § 225 FamFG Rn. 16.
611 BGH, NZFam 2016, 947; Hierzu Bachmann/Borth, FamRZ 2014, 1329 f.
612 OLG Frankfurt am Main, FamRZ 2017, 1214.
613 BGH, NJW 2016, 1233.

spätere Abänderung möglich ist. Eine solche Abänderung soll aber nicht frei möglich sein, sondern auch wiederum nur zur Reaktion auf geänderte Ausgleichswerte.[614]

251 Lange Zeit umstritten war die Behandlung von Anrechten, die in der Erstentscheidung **vergessen, übersehen oder verschwiegen** wurden. Hierzu hat der **BGH** inzwischen eine Grundsatzentscheidung gefällt:[615] Danach können solche Rechte **nicht im Wege des Abänderungsverfahrens** nach § 51 VersAusglG oder §§ 225, 226 FamFG **nachträglich ausgeglichen** werden, und zwar auch dann nicht, wenn das Abänderungsverfahren nach § 51 VersAusglG bereits wegen Wertveränderungen eines anderen in den Versorgungsausgleich einbezogenen Anrechtes eröffnet ist.[616] Zu berücksichtigen sind vielmehr nur solche Anrechte, die auch in die Ausgangsentscheidung einbezogen waren.[617] **Auch ein schuldrechtlicher Ausgleich** für solche Anrechte **scheidet aus**, denn den §§ 19 ff. VersAusglG kommt **keine Auffangfunktion** zu.[618] Anrechte, die dem Ausgleich bei Scheidung unterfallen, können nicht im Ausgleich nach Scheidung ausgeglichen werden.[619] Damit kommt es auch im Versorgungsausgleich zu einer **Präklusion**.[620] Wenn allerdings eine Vorentscheidung ein Anrecht auf betriebliche Altersversorgung zu Unrecht als noch nicht ausgleichsreif behandelt oder eine Regelung bewusst zurückstellt (Teilentscheidung), dann steht dies einem späteren Versorgungsausgleich nach Scheidung nicht entgegen.[621]

252 Diese kann allenfalls mit einem **Wiederaufnahmeverfahren** nach § 48 Abs. 2 FamFG i.V.m. §§ 579, 580 ZPO überwunden werden, insbesondere etwa bei Verfahrensbetrug oder nachträglichem Auffinden einer Urkunde, aus der sich erst diese Versorgung ergibt.[622] Ein solches Verfahren muss binnen fünf Jahren nach Rechtskraft der Entscheidung über den Versorgungsausgleich bzw. innerhalb einer Notfrist von einem Monat nach Kenntnis vom Wiederaufnahmegrund eingeleitet werden.[623]

▶ Hinweis:

253 Vergessene Anrechte lassen sich weder über eine Abänderung, noch über einen Ausgleich nach Scheidung in den Versorgungsausgleich hineinholen. Daher ist die erhöhte Aufmerksamkeit darauf zu richten, dass kein Anrecht übersehen wird.

254 Ein von dieser absoluten Frist unabhängiger Hilfsantrag auf **Schadensersatz** ist Familienstreitsache und kann nicht im Änderungsverfahren zum Versorgungsausgleich durchgeführt werden.[624]

255 Einen weiteren Weg zeigt das OLG Celle[625] auf. Demnach soll es möglich sein, durch eine **ehevertragliche Vereinbarung** unter Billigung beider Versorgungsträger einen **Ausgleich des vergessenen**

---

614 MünchKomm-BGB/Dörr, 7. Aufl., § 225 FamFG, Rn. 7.
615 BGH, NJW-RR 2013, 1219 = BGH, FamRZ 2012, 1548; BGH, NJW-RR 2014, 1094.
616 BGH, FamRZ 2013, 1642; ebenso KG, FamRZ 2012, 1945; OLG Nürnberg, FamRZ 2013, 1583; Hauß, NJW 2013, 1761, 1763; Kemper, FamFR 2013, 457. Z.T. wird angenommen die geschiedenen Ehegatten könnten einen nachträglichen Ausgleich dadurch herbeiführen, indem sie mit Zustimmung der Versorgungsträger eine Vereinbarung treffen, welche das Familiengericht dann umsetzt, Breuers, FuR 2014, 554, 556. Bartels, FamRZ 2017, 172 spricht sich hingegen für eine Berücksichtigung solcher Fehler bei Abänderung aus.
617 Dies gilt nur dann nicht, wenn das Anrecht zu Recht nicht einbezogen war, aber nun aufgrund rückwirkender Gesetzesänderung einzubeziehen ist.
618 BGH, NJW-RR 2013, 1219 = BGH, FamRZ 2012, 1548; a.A. OLG München, FamRZ 2012, 380 m. abl. Anm. Borth, FamRZ 2012, 337; Bergner, NJW 2012, 3757; Wick, FuR 2014, 264, 270.
619 Götsche, FamRB 2012, 122, 123.
620 Hierzu Carleton/Gutdeutsch, FamRZ 2015, 1446 f. mit dem Ruf nach dem Gesetzgeber.
621 BGH, FamRZ 2017, 197; hierzu Götsche, FamRB 2017, 148, 153.
622 Götsche, FamRB 2012, 122, 123; AG Stuttgart, FamRB 2015, 410.
623 OLG Oldenburg, FamRB 2012, 334 = FamRZ 2013, 1042.
624 OLG Oldenburg, FamRB 2012, 334.
625 OLG Celle, FamRZ 2013, 1901.

Anrechtes zu vereinbaren, den das Gericht dann durch Beschluss umsetzt. Allerdings wird hier im Einzelfall zu prüfen sein, ob nicht die nachträgliche Vereinbarung durch die Rechtskraft der Erstentscheidung (§ 224 Abs. 3 FamFG!) ausgeschlossen wird und ob solche Vereinbarungen nicht eine Umgehung der gesetzlichen Vorschriften über die Abänderbarkeit darstellen[626] bzw. ihnen schlicht die Rechtsgrundlage fehlt.[627]

Die **Abänderungsentscheidung** ist wie eine ursprüngliche Entscheidung zu sehen, auf die etwa die Vorschrift des § 31 VersAusglG Anwendung findet.[628] 256

2. Anpassung

Das **bisherige Unterhaltsprivileg nach § 5 VAHRG a.F.** hatte für Ehen mit Altersunterschieden 257
erhebliche Vorteile, weil eine Kürzung der Versorgung des Pflichtigen ausblieb, solange noch Unterhalt gezahlt werden musste und der Berechtigte keine Versorgung bezog. Dies führte bei Scheidungsvereinbarungen i.d.R. dazu, dass in einschlägigen Fällen kein vollständiger Unterhaltsverzicht erklärt wurde, damit ein gesetzlicher Unterhaltstatbestand fortbestand, auf dessen Höhe es für das Aussetzen der Kürzung nicht ankam.

Der neue § 33 VersAusglG will dasselbe Ziel erreichen, ist jedoch eingeschränkt und nur schwer verständlich.[629]

Zunächst muss eine rechtskräftige Entscheidung über den Wertausgleich bei Scheidung vorliegen.[630] 258
Voraussetzung einer Aussetzung der Kürzung durch den Versorgungsausgleich beim Verpflichteten ist danach ebenfalls, dass der **Verpflichtete** bereits eine **laufende Versorgung** erhält, die durch den Versorgungsausgleich **gekürzt** ist. Der **Berechtigte** hingegen erfüllt noch **nicht** die Voraussetzungen für eine laufende Versorgung.

Weitere Voraussetzung ist, dass der Ausgleichungspflichtige zusätzlich noch einem **gesetzlichen** 259
Unterhaltsanspruch des Berechtigten ausgesetzt ist. Unterhaltsansprüche anderer Personen genügen nicht für eine Aussetzung der Kürzung.[631] Bei einer Abfindung durch einen Einmalbetrag, bei dem nicht festgestellt werden kann, welche Summe auf den Unterhalt entfällt, kommt eine Aussetzung der Kürzung darum nicht in Betracht.[632] Haben die Ehegatten wechselseitig auf Unterhalt verzichtet, so nutzt die Aufhebung eines solchen Verzichts, um wieder die Kürzung zu erreichen, nichts.[633]

Danach ist eine Anpassung zunächst **nur** für die **Regelsicherungssysteme des § 32 VersAusglG** zulässig.[634]

Eine Anpassung ist nach dem Wortlaut der Norm ferner nur zulässig, wenn die **Kürzung der Versorgung des Pflichtigen** ursächlich für den **Unterhaltsanspruch des Berechtigten** ist. Dann würde 260
eine Anpassung nach § 33 VersAusglG immer dann nicht in Betracht kommen, wenn der Verpflichtete
- (1) auch ohne die Kürzung schon unterhalb des Selbstbehaltes läge oder
- (2) auch wenn trotz der Kürzung der Unterhaltsanspruch weiterhin erfüllt werden könnte.[635]

Dieser an den Wortlaut angelehnten Auslegung hat jedoch der **BGH** widersprochen. Seiner Ansicht nach findet § 33 VersAusglG auch dann (im zweiten oben aufgeführten Fall) Anwendung, wenn

---

626 So Bergner, FamFR 2013, 446.
627 So Kirchmeier, FamRZ 2017, 845, 847.
628 BGH, FamRB 2013, 279; KG, FamRB 2013, 75.
629 Vgl. etwa die 12-stufige Prüfungsreihenfolge bei Gutdeutsch, FamRB 2010, 149 f.
630 Götsche in Götsche/Rehbein/Breuers, § 33 Rn. 7.
631 BGH, FamRZ 2014, 461.
632 BGH, FamRZ 2013, 1364; BGH, FamRZ 2013, 1640.
633 Gutachten DNotI, 107340.
634 OLG Hamm, FamFR 2011, 420; OLG Stuttgart, FamRZ 2011, 1798.
635 Ruland, Rn. 1036; MünchKomm-BGB/Gräper, 6. Aufl., § 33 VersAusglG Rn. 13.

der Unterhaltsanspruch unabhängig von der Rentenkürzung aufgrund des Versorgungsausgleichs besteht. Dass eine **Kausalität nicht erforderlich** ist, leitet der BGH aus dem Anliegen des BVerfG ab, den Pflichtigen vor übermäßiger Inanspruchnahme zu schützen.[636] Im ersten Fall bleibt es aber dabei, dass eine Aussetzung der Kürzung nicht erfolgt.[637]

261 Als **Bagatellgrenze** setzt § 33 Abs. 2 VersAusglG fest, dass eine Anpassung nur erfolgen kann, wenn die Kürzung bei einem Rentenbetrag als Bezugsgröße mindestens 2 % und sonst mindestens 240 % der bei Ehezeitende maßgeblichen Bezugsgröße nach § 18 Abs. 1 SGB IV betragen hat (derzeit 63,70 € bzw. 7.644,00 €).[638]

262 Die größte Einschränkung resultiert jedoch daraus, dass nach § 33 Abs. 3 VersAusglG eine **Anpassung höchstens in der Höhe** vorgenommen werden darf, **in welcher der Unterhaltsanspruch bei ungekürzter Versorgung (Bruttorente)**[639] **bestünde, nochmals beschränkt auf die Differenz der beiderseitigen Ausgleichswerte** aus denjenigen Anrechten, aus denen die ausgleichungspflichtige Person eine laufende Versorgung bezieht. Dies erfordert die Ermittlung eines fiktiven Unterhaltsanspruchs durch das Gericht unter Berücksichtigung des In-Prinzips.[640] Dabei ist eine Herabsetzung oder Befristung nach § 1578b BGB nicht zu berücksichtigen, wenn sich der unterhalspflichtige geschiedene Ehegatte hierauf ausdrücklich nicht beruft.[641] Besteht ein Unterhaltstitel auf der Basis der ungekürzten Versorgung,[642] so ist dieser zugrunde zu legen, soweit es sich nicht um einen vergleichsweise errichteten Titel handelt. Einen Unterhaltsvergleich muss der Versorgungsträger nicht hinnehmen, wenn die Regelung ihm gegenüber einen materiell-rechtlich nicht zu rechtfertigenden Nachteil darstellt.[643] Kollusives Zusammenwirken der Ehegatten ist auszuschließen,[644] eine subjektive Komponente ist aber letztlich nicht entscheidend.[645] § 33 VersAusglG geht vom gesetzlichen Unterhaltsanspruch als Grenze aus, ein allein vertraglicher (novierender) Anspruch genügt daher nicht. In einer Vereinbarung kann aber auch der gesetzliche Anspruch geregelt sein.[646] Dem Gericht ist es bei Vorliegen eines bindenden Unterhaltstitels verwehrt, den Unterhalt nochmals fiktiv (anders) zu ermitteln, es sei denn die Voraussetzungen für eine Abänderung nach §§ 238, 239 FamFG lägen vor.[647] Ein solcher Widerspruch einer bereits vorliegenden Unterhaltsregelung zum aktuellen Unterhaltsanspruch wird insbesondere da zu prüfen sein, wo eine Unterhaltsregelung aus der Zeit des Erwerbslebens vorliegt, wenn nunmehr der Eintritt in den Ruhestand erfolgt ist.[648]

263 **Nicht Voraussetzung** ist hingegen, dass die Kürzung zusammen mit der Unterhaltspflicht für den Pflichtigen eine **unzumutbare Härte** darstellt.[649]

Schlussendlich muss der gerichtliche Titel über die Aussetzung den Umfang dieser Aussetzung betragsmäßig festlegen.[650] Sie hat mit dem Bruttobetrag der Rente zu erfolgen, so das OLG Frank-

---

636 BGH, NJW 2013, 226; so auch OLG Karlsruhe, FamRZ 2012, 452; OLG Frankfurt am Main, NJW 2011, 2741; OLG Stuttgart, FamRZ 2012, 721; MünchKomm-BGB/Siede § 33 VersAusglG, Rn. 24 f.; a.A. Bergner/Borth, FamRZ 2013, 589; Wick, FuR 2014, 264, 271.
637 Reetz, § 7 Rn. 30.
638 Sozialversicherungs-Rechengrößenverordnung 2020, BGBl. 2019 I, S. 2848.
639 OLG Frankfurt am Main, FamRB 2019, 11.
640 OLG Koblenz, NZFam 2017, 618.
641 OLG Stuttgart, FamRB 2019, 258.
642 Die Begrenzung auf einen vereinbarten Unterhalt greift nicht, wenn dieser bereits auf der Grundlage der Aussetzung berechnet ist, OLG Koblenz, NZFam 2015, 1126; OLG Nürnberg, NZFam 2015, 1157.
643 OLG Oldenburg, FamRZ 2019, 284.
644 BGH, NJW 2012, 1661.
645 OLG Oldenburg, NZFam 2019, 34.
646 Thiel, NZFam 2017, 688, 690.
647 OLG Hamm, NJW 2011, 1681; OLG Schleswig, NJW-RR 2013, 1093; OLG Frankfurt am Main, FamRZ 2011, 1595.
648 BGH, FuR 2018, 100 = FamRZ 2017, 1662.
649 BGH, FamRZ 2013, 1547.
650 BGH, NJW 2012, 1661; OLG Hamm, FamRZ 2011, 814; OLG Düsseldorf, FamFR 2012, 371.

furt.⁶⁵¹ Dabei soll die Entscheidung einen monatlich statischen Aussetzungsbetrag ausweisen.⁶⁵² Die Kürzung einer laufenden Versorgung wegen Unterhalts kann befristet oder für zukünftige Zeiträume gestaffelt ausgesetzt werden. Wenn die Umstände bereits absehbar sind, muss das bereits im Ausgangsverfahren geschehen.⁶⁵³ Auf der Grundlage der Aussetzung der Kürzung ist dann der neue Unterhaltsbetrag zu berechnen.⁶⁵⁴ Über den Antrag auf Aussetzung der Kürzung kann nicht im Entscheidungsverbund nach § 137 FamFG entschieden werden.⁶⁵⁵

Damit sind **künftig Vereinbarungen**, die einen **Unterhaltsanspruch aufrechterhalten**, um eine Kürzung der Versorgung zu vermeiden **nur noch selten wirtschaftlich sinnvoll**. Gleichwohl kann in einschlägigen Fällen überlegt werden, den gesetzlichen Unterhaltsanspruch zu belassen und stattdessen etwa im güterrechtlichen Bereich Regelungen zu treffen. 264

Unterhaltsvereinbarungen, die ihrerseits unter der Bedingung des Unterbleibens der Kürzung der Versorgungsanwartschaft stehen, ergeben keinen Sinn, weil dieses Unterbleiben das Bestehen des Unterhaltsanspruchs gerade voraussetzt.⁶⁵⁶ 265

3. Anpassung im Todesfall

Erwähnenswert ist noch die **Anpassung beim Tode der ausgleichsberechtigten Person** nach § 37 f. VersAusglG.⁶⁵⁷ Hatte diese die Versorgung nicht länger als 36 Monate bezogen, so wird das Anrecht des Pflichtigen auf dessen Antrag hin nicht länger gekürzt. Dies gilt frühestens ab dem 1. des Monats, welcher der Antragstellung folgt.⁶⁵⁸ Eine Rückabwicklung der schon vor Antragstellung erfolgten Kürzungen ist selbst dann ausgeschlossen, wenn der Ausgleichspflichtige keine Kenntnis vom Tod des Berechtigten hatte. Die Obliegenheit, das weitere Lebensschicksal des geschiedenen Ehegatten zu verfolgen, ist nach Ansicht des BVerwG verhältnismäßig.⁶⁵⁹ 266

Ansonsten gilt: Mit dem **Tod des Ausgleichspflichtigen vor rechtskräftiger Entscheidung** zum Versorgungsausgleich ist der Anspruch gegen die Erben geltend zu machen, wobei der Berechtigte dadurch nicht bessergestellt werden darf.⁶⁶⁰ Stirbt der Berechtigte, haben die Erben ihrerseits kein Recht auf Wertausgleich, § 31 VersAusglG. Dabei ist kein Hin- und Her-Ausgleich erforderlich, sondern es kann nach Saldierung ein Einmalausgleich erfolgen, § 31 Abs. 2 Satz 2 VersAusglG. 267

Zur Behandlung **geringfügiger Anrechte beim Tod eines Ehegatten** vor Rechtskraft der Entscheidung über den Versorgungsausgleich hat der BGH⁶⁶¹ in einer Grundsatzentscheidung klargestellt, dass es in § 31 VersAusglG keinen Hin- und Herausgleich gebe und daher die Anrechte nur in eine **Gesamtbilanz** einzustellen seien. Sind aber die geringfügigen Anrechte **nur Rechnungsposten**, ohne selbst ausgeglichen zu werden, gibt es keinen Grund, sie nicht zu berücksichtigen.(Fiktive) Teilungskosten bleiben unberücksichtigt.⁶⁶²

---

651 OLG Frankfurt, FamRB 2015, 94; OLG Dresden, NZFam 2015, 217.
652 OLG Hamm, FamRZ 2017, 367 und OLG Hamm, NZFam 2018, 663 sowie OLG Bremen, NZFam 2020, 134 gegen OLG Frankfurt am Main, WKRS 2013, 58073 = BeckRS 2015, 13381 und OLG Frankfurt am Main, FamRB 2020, 95, das eine dynamische Tenorierung (Entgeltpunkt, Rentenartfaktor, Zugangsfaktor, § 63 SGB VI) i.V.m. der Höchstgrenze für zulässig hält; für Letzteres auch Büte, FuR 2018, 58, 61.
653 BGH, FamRB 2016, 338.
654 Berechnungsbeispiel bei Thiel, NZFam 2017, 688, 692.
655 OLG Hamm, FamRZ 2017, 367; OLG Celle, NJW-RR 2013, 1416.
656 KG, FamRZ 2018, 1749.
657 Dazu Bührer, FamRZ 2019, 1846 f.
658 VG München, FamRZ 2013, 792; BVerwG, NZFam 2016, 260.
659 BVerwG, WKRS 2015, 36230 = BeckRS 2016, 41468.
660 Zum Versorgungsausgleich beim Tod eines Ehegatten: Götsche, FamRB 2012, 56; Bergner, NZFam 2014, 539 f.
661 BGH, FamRZ 2017, 960 m. Anm. Holzwarth; a.A. OLG Stuttgart, FamRZ 2015, 507.
662 BGH, FamRZ 2017, 1303; OLG Oldenburg, NZFam 2017, 32.

Die Vergleichsberechnung soll nach OLG München durch eine **Gesamtsaldierung aller ausgleichsreifen Anrechte** beider Ehegatten auf der Basis der korrespondierenden Kapitalwerte durchgeführt werden.[663] Eine unterschiedliche Dynamik ist dabei nicht zu berücksichtigen.[664] Der BGH[665] hat sich eingehend mit dieser Frage befasst, ohne sie im konkreten Fall entscheiden zu müssen, da die wirtschaftliche Bedeutungslosigkeit des Anrechts für den Gesamtausgleich eine solche Differenzierung nicht erforderlich erscheinen ließ. Der BGH sprach sich aber dafür aus, dass das Gericht sich grundsätzlich auf die Gegenüberstellung der mitgeteilten Kapitalwerte beschränken dürfe, wenn ihm nicht von einem Vertragsteil Anhaltspunkte für einen abweichenden Wert angezeigt wurden.

Im Rahmen einer Abänderungsentscheidung nach § 51 VersAusglG ist § 31 VersAusglG ebenfalls anwendbar.[666] Über die Auswirkungen herrscht Uneinigkeit. Während der BGH[667] der Ansicht ist, das Anrecht könne in diesem Rahmen zurückerlangt werden, widerspricht dem das OLG Schleswig[668] und spricht von einer sachlich nicht begründeten Privilegierung des überlebenden Ehegatten zulasten des Versorgungsträgers. Der BGH hat auf die Kritik hin seine Ansicht überprüft und hält an ihr fest.[669]

C. Neuregelung der Vereinbarungen zum Versorgungsausgleich, § 6 f. VersAusglG

I. Neue Rolle der Vereinbarungen

268 Da § 1408 Abs. 2 BGB nur noch auf §§ 6 bis 8 des VersAusglG verweist, wird man in Zukunft Vereinbarungen zum Versorgungsausgleich **allein auf § 6 VersAusglG stützen**.

1. Aufgabe von Vereinbarungen

269 Die **Vereinbarungen** sind ganz zu Beginn des Gesetzes an herausgehobener Stelle[670] geregelt und vom Gesetzgeber **ausdrücklich erwünscht**,[671] um die Dispositionsmöglichkeiten der Eheleute zu stärken[672] und die kreative Problemlösung im Einzelfall zu fördern.[673] Dies **darf im gerichtlichen Alltag nicht übersehen** werden.

270 Vereinbarungen können insb. eine **Zersplitterung** von Versorgungsanrechten **verhindern** und **gesetzlich nicht gegebene Verrechnungen ermöglichen**. Ohne Vereinbarungen wird sich durch den Versorgungsausgleich die ohnehin schon hohe Zahl von Anrechten der verschiedenen Alterssicherungssysteme nochmals verdoppeln. Eine Verrechnung sieht das VersAusglG nur für den internen Ausgleich nach § 10 Abs. 2 VersAusglG vor. Die Ehegatten können aber nun vertraglich die Möglichkeiten einer Verrechnung ausweiten, was freilich die Feststellung vergleichbarer Werte voraussetzt.

271 **Einzelne Anrechte** können jetzt nach Aufgabe der Gesamtsaldierung aller Anrechte unabhängig vom Gesamtsystem eine genau gezielte Regelung erfahren. Dies erweitert den Regelungsspielraum sehr,[674] denn nach altem Versorgungsausgleichsrecht konnte die Regelung im Bereich eines Anrechtes unab-

---

663 OLG München, FamRZ 2012, 1387; OLG Bremen, FamRZ 2016, 51; ebenso OLG Brandenburg, FamRZ 2011, 1299, das auf diese Weise den »insgesamt ausgleichsberechtigten Ehegatten« ermittelt.
664 OLG Dresden, BeckRS 2014, 05805 = FamRZ 2014, 1639; a.A. Bergner, NZFam 2014, 539; OLG Stuttgart, NZFam 2014, 1140.
665 BGH, FamRZ 2017, 1303; Breuers, FuR 2019, 127 f.
666 KG, FamRZ 2013, 703; BGH, FamRZ 2013, 1287.
667 BGH, NJW-RR 2013, 1153, Tz. 22; dem folgend OLG Stuttgart, FamRZ 2015, 759.
668 OLG Schleswig, FamRZ 2015, 757; zustimmend mit ausführlicher Begründung Borth, FamRZ 2015, 719.
669 BGH, NJW-RR 2018, 833.
670 Hauß/Bührer, Rn. 252.
671 Hahne, FamRZ 2009, 2041; Johannsen/Henrich/Holzwarth, § 6 VersAusglG Rn. 1.
672 BT-Drucks. 16/10144, 50.
673 Zypries, BetrAV 2009, 1, 2.
674 Gernhuber/Coester-Waltjen, § 28 Rn. 19.

sehbare Folgen für das Gesamtsystem nach sich ziehen. Insb. musste der Vertragsgestalter sich vorsehen, nicht gegen das sog. Supersplittingverbot des § 1587o Abs. 1 Satz 2 BGB a.F zu verstoßen. Wurde daher früher i.d.R. ein vollständiger Verzicht vereinbart, so kann nunmehr ganz gezielt eine Regelung auch für ein einzelnes Anrecht oder für eine bestimmte Ehezeit getroffen werden.

Vereinbarungen tragen ferner dazu bei, **endgültige Regelungen bei Scheidung** zu treffen, wo ansonsten der ungewisse Ausgleich nach Scheidung Platz greifen würde, der den Ehegatten nicht die gleiche Sicherheit und Berechenbarkeit bietet wie der Wertausgleich bei Scheidung. Daher können hier Vereinbarungen getroffen werden, mit denen die Ansprüche auf Ausgleich nach der Scheidung abgefunden werden, was freilich deren Werteinschätzung voraussetzt.[675] Angesichts der erweiterten Dispositionsbefugnis begegnet es aber dann keinen Bedenken, wenn im Zuge der Vereinbarung verrechnete Positionen sich wertmäßig nicht entsprechen.[676] 272

Schließlich können die Ehegatten den Versorgungsausgleich unter **Einbeziehung sämtlicher** bei Scheidung bestehender **Vermögensansprüche** modifizieren, eigene Wege sind erlaubt.[677] 273

Somit sind – das ist Allgemeingut aller Stellungnahmen zum Versorgungsausgleich – **Vereinbarungen künftig grds. erwünscht**. Wie sie freilich umzusetzen sind und **ob sie in der Praxis weite Verbreitung finden**, darüber gehen die **Ansichten weit auseinander**. Pessimistische Ansichten sehen v.a. die **Haftungsgefahren**, die für die Anwaltschaft mit dem Abschluss von Vereinbarungen verbunden sind, wenn die Werte und die zukünftigen Entwicklungen der Versorgungssysteme wenig einschätzbar sind.[678] *Bergschneider* ist der Ansicht, diese allgemeine Unsicherheit, zu beurteilen, welche Versorgungsanrechte sich günstig oder ungünstig entwickeln, welche beibehalten oder abgegeben werden sollten, verleihe der anwaltlichen oder notariellen Beratung »**glückspielhafte Züge**«.[679] *Milzer* spricht davon »*Nitroglyzerin in den Händen und ein Minenfeld unter den Füßen zu haben*«.[680] Z.T. richtet sich die Skepsis auch generell gegen die Stabilität der Alterssicherungssysteme.[681] Die **Gerichtspraxis** fordert dazu auf, verstärkt von den Vereinbarungsmöglichkeiten Gebrauch zu machen, auch wenn die Auskünfte zum Versorgungsausgleich eingegangen sind.[682] Demgegenüber steht die Feststellung fortdauernder anwaltlicher Zurückhaltung.[683] Anwälte sind jedoch verpflichtet, Mandanten darüber zu beraten, ob und inwieweit der Abschluss eines Vertrages über den Versorgungsausgleich sinnvoll oder sogar angezeigt ist.[684] Anderenfalls kommt nach BGH sogar eine entsprechende Haftung in Betracht.[685] Daher gilt es, die Skepsis gegenüber Vereinbarungen zu nehmen.[686] 274

Soweit **Vereinbarungen aus der Zeit vor der Reform** bestehen, sind diese **weiterhin gültig**. Sie sind nunmehr nach dem VersAusglG zu beurteilen und unterliegen ggf. aufgrund der gesetzlichen Neuregelung der Anpassung wegen einer Störung der Geschäftsgrundlage.[687] 275

2. Regelungsbefugnisse, § 6 VersAusglG

Im Gegensatz zu § 1408 Abs. 2 Satz 1 BGB a.F. beschreibt **§ 6 VersAusglG** genauer, welcher Art die Vereinbarungen zum Versorgungsausgleich sein können. Neben dem ganzen oder teilweisen 276

---

675 Hauß/Bühring, Rn. 502.
676 So ausdrücklich Wick, Rn. 61.
677 Eichenhofer, NotBZ 2009, 337, 340.
678 Häußermann, FPR 2009, 223, 226; Bergschneider, Rn. 812.
679 Bergschneider, Rn. 813.
680 Langenfeld/Milzer, Rn. 706.
681 Gernhuber/Coester-Waltjen, § 28 Rn. 3.
682 Bergmann, FuR 2013, 301, 304.
683 Sarres, FamFR 2012, 29 f.
684 So Kemper, ZFE 2011, 179.
685 BGH, NJW 2010. 1961; eine Checkliste der Beratungsnotwendigkeiten findet sich bei Götsche in Götsche/Rehbein/Breuers, § 6 Rn. 74.
686 Brambring in FS Kanzleiter, 101, 111.
687 Reetz, § 1 Rn. 13; Borth, Versorgungsausgleich, Kap. 7 Rn. 8.

Ausschluss sind auch alle anderen Modifikationen zugelassen, selbst wenn sie in den Regelbeispielen des Satzes 2 nicht erfasst sind.

277 Da die **Regelbeispiele** in ihrem Einleitungssatz von den Worten »**ganz oder teilweise**« umklammert werden, können sämtliche zulässigen Vereinbarungen den Versorgungsausgleich als Ganzes oder nur in Teilen erfassen.

278 § 6 Abs. 1, Satz 2 Nr. 1 VersAusglG gestattet ausdrücklich, den Versorgungsausgleich in die **Regelung der ehelichen Vermögensverhältnisse** einzubeziehen; damit sind auch die Unterhaltsregelungen gemeint.[688]

279 Über die genannten Regelbeispiele hinaus, sind **viele weitere Modifikationen** des Versorgungsausgleichs denkbar. Somit kommen insb. – aber nicht abschließend – folgende Regelungen in Betracht:
- vollständiger Ausschluss,
- einseitiger Ausschluss der Anrechte eines Ehegatten (kaum zu bestimmen ist künftig hingegen aufgrund fehlender Gesamtsaldierung der insgesamt ausgleichspflichtige Ehegatte),
- Ausschluss für bestimmte Ehezeiten mit oder ohne Kompensation,
- Einbeziehung in eine Regelung aller eherechtlichen Bereiche insb. im Rahmen einer Scheidungsvereinbarung,
- Verzicht auf Wertausgleich und Vorbehalt des Ausgleichs nach Scheidung (§ 6 Abs. 1 Satz 2 Nr. 3 VersAusglG; eher ungewöhnlich wegen des Verlustes der Hinterbliebenenversorgung nach § 25 Abs. 2 VersAusglG),
- Modifikationen des Ausgleichs nach Scheidung,
- Vereinbarung unter Einbeziehung des Versorgungsträgers,
- Saldierungs- oder Verrechnungsvereinbarungen.

II. Inhaltskontrolle kraft Gesetzes

1. Von der Rechtsprechungs- zur Gesetzesschranke

280 Im Mittelpunkt der Diskussion steht § 8 Abs. 1 VersAusglG, der fordert: »Die Vereinbarung über den Versorgungsausgleich muss einer Inhalts- und Ausübungskontrolle standhalten.« Parallel ordnet § 6 Abs. 2 VersAusglG eine Bindung der Gerichte an die Vereinbarung an, aber nur unter der Voraussetzung, dass keine Wirksamkeits- und Durchsetzungshindernisse bestehen.

281 Aufgrund dieser Gesetzestexte gewinnt man den Eindruck, der Gesetzgeber habe zum Ausdruck bringen wollen, dass **auch nach** der **Streichung** der Genehmigungspflicht von Scheidungsvereinbarungen im Versorgungsausgleich gem. § 1587o BGB a.F. solche Vereinbarungen **nicht schrankenlos** möglich sind. Es war jedoch wenig hilfreich, hierzu das ohnehin bestehende Institut der richterlichen Inhaltskontrolle von Eheverträgen in Gesetzesform zu gießen. Es handelt sich um eine »**überflüssige Selbstverständlichkeit**«.[689] Erste Stimmen in der Literatur wiesen aufgrund dessen darauf hin, dass nun keineswegs im Umkehrschluss gelte, dass es die Inhaltskontrolle in den Bereichen Zugewinn und Unterhalt mangels gesetzlicher Bestimmung dort nicht mehr gibt.[690]

282 **Zu befürchten** steht aber, dass die den § 1587o BGB a.F. gewohnte **richterliche Praxis** die neue Bestimmung ähnlich handhabt wie früher die Genehmigung.[691] Dazu könnte als Argument dienen, dass es nur bei erhöhter Anforderung Sinn macht, die Inhaltskontrolle zur gesetzlichen Voraussetzung zu erheben.

---

[688] Hauß/Bührer, Rn. 303; Ruland, Rn. 939.
[689] Würzburger Notarhandbuch/Mayer, 2. Aufl., Teil 3, Kap. 1, Rn. 172; ebenso Gernhuber/Coester-Waltjen, § 28 Rn. 18.
[690] Schmucker, in Limmer: Scheidung, Trennung, 102, 117.
[691] Bergschneider, RNotZ 2009, 457, 466.

Das ist jedoch nicht der Fall. Die **Gesetzesbegründung stellt eindeutig klar**, dass man **nur auf das allgemeine Rechtsinstitut** der Inhaltskontrolle **Bezug nehmen wollte**.[692] Die bisherige Rechtsprechung zur Genehmigungsfähigkeit nach § 1587o BGB a.F. ist daher nicht mehr von Bedeutung.[693] 283

▶ Hinweis:
Trotz Aufnahme in das Gesetz bleibt es bei der allgemeinen richterlichen Inhaltskontrolle ohne erhöhte Anforderungen. 284

2. Versorgungsausgleich und Inhaltskontrolle

Die richterliche Inhaltskontrolle wurde bereits ausführlich behandelt.[694] Es sei daher an dieser Stelle nur an die wichtigsten Urteile des BGH zur Inhaltskontrolle beim Versorgungsausgleich erinnert. 285

Der BGH will Vereinbarungen über den Versorgungsausgleich nach den gleichen Kriterien überprüfen wie einen Verzicht auf Altersunterhalt.[695] 286

Der BGH hält einen **ohne Kompensation** vereinbarten Verzicht auf Versorgungsausgleich für **nichtig**, wenn die Ehepartner wissen, dass die **Ehefrau alsbald wegen der Kindererziehung aus dem Erwerbsleben ausscheidet** und bis auf Weiteres keine eigenen Versorgungsanrechte erwerben wird.[696] In diesem Fall war die Ehefrau im neunten Monat schwanger, der Vertrag sah vor, dass sie nicht mehr arbeitet und sie hatte den Vertrag vorher nicht gesehen. Der BGH kam wegen des Verzichts auf Versorgungsausgleich zu einer Gesamtnichtigkeit. 287

Zusammenfassen kann man diese Rechtsprechung so: Wenn schon (1) aufgrund des bei Vertragsschluss geplanten Zuschnittes der Ehe ein Ehepartner nicht über eine hinreichende Altersvorsorge verfügt und (2) dennoch ein kompensationsloser Verzicht vereinbart wird und (3) dieses Ergebnis mit dem Gebot ehelicher Solidarität schlechthin unvereinbar erscheint, dann erklärt der BGH den Verzicht für unwirksam. Kompensationen können dabei auch in anderen Rechtsbereichen erfolgen, da der Versorgungsausgleich in eine Gesamtregelung eingebunden sein kann.[697] 288

In einem zweiten Fall hat der BGH[698] diese Rechtsprechung verfestigt. Der Fall ist insb. wegen der Ausführungen zur subjektiven Seite der Inhaltskontrolle lesenswert. Die Ehefrau war wegen der bevorstehenden Geburt des Kindes in einer Drucksituation, zumal der künftige Ehemann Zweifel an seiner biologischen Vaterschaft geäußert hatte. Der Vertrag war ohne Mitwirkung der Ehefrau vorbereitet. Schließlich sah die Ehefrau nach Auffassung des BGH als ungelernte Kraft und ledige Mutter ansonsten einer ungewissen Zukunft entgegen. 289

Eine neuere Entscheidung des BGH[699] aus dem Jahr 2013 verdeutlicht die Grundsätze der Ausübungskontrolle. Der vertragliche Ausschluss des Versorgungsausgleichs bestand die Inhaltskontrolle, weil der Ehemann zum Zeitpunkt des Vertragsschlusses selbstständig war und der Verzicht damals die Ehefrau begünstigte. Nach zehn Jahren jedoch wurde der Betrieb geschlossen und der Ehemann arbeitete abhängig beschäftigt und erwarb Rentenansprüche. Diese Änderung der tatsächlichen Lebensverhältnisse führte nun im Rahmen der **Ausübungskontrolle** zu einer Anpassung der ehevertraglichen Folgen. Allerdings schränkt der BGH diese Anpassung ein. **Keineswegs** sei einfach die **gesetzliche Rechtsfolge** – kompletter Versorgungsausgleich – in Vollzug zu setzen, vielmehr seien 290

---

692 BT-Drucks. 16/10144, 52.
693 Bergschneider, Rn. 827.
694 Kap. 2 Rdn. 65 ff.
695 BGH, NJW 2008, 1080 f.
696 BGH, FamRZ 2008, 2011 = NJW 2008, 3426; OLG Brandenburg, FamRZ 2013, 1893.
697 Reetz, § 8, Rn. 78.
698 BGH, FamRZ 2009, 1041.
699 BGH, FamRZ 2013, 770 = NJW 2013, 1359 f.

nur die ehebedingten Nachteile auszugleichen.⁷⁰⁰ Ein Versorgungsausgleich sei daher **erst ab dem Zeitpunkt der Planänderung** zu gewähren, da vorher der einvernehmlich geregelte Sachverhalt vorgelegen habe. Für die darauf folgende Zeit seien **nicht mehr Anwartschaften** zu übertragen, als die Ehefrau **ohne Ehe und ehebedingte Nachteile** hätte erwerben können. Dabei sind bereits vor der Ehe getroffene Dispositionen (hier Berufseinschränkung wegen Geburt eines gemeinsamen Kindes) zu berücksichtigen und gelten nicht als ehebedingter Nachteil.

291 Später hat der BGH⁷⁰¹ die Wirksamkeit eines vollständigen **Versorgungsausgleichsverzichts** in der **Alleinverdienerehe** gebilligt und ausdrücklich die Ansicht des Autors⁷⁰² bestätigt, dass der Versorgungsausgleich auf den Ausgleich der Nachteile für den wirtschaftlich schwächeren Ehegatten beschränkt werden kann. Erfreulich ist die damit verbundene **Klarstellung**, dass bei einem **Verzicht auf Versorgungsausgleich** trotz § 26 FamFG nicht etwa die Anwartschaften zunächst **von Amts wegen zu ermitteln** sind, um die Wirksamkeit zu prüfen. Dies werde der neuen Dispositionsfreiheit des § 6 VersAusglG nicht gerecht.

292 Vertieft auseinandergesetzt hat sich der BGH⁷⁰³ ferner mit den Fällen der **Funktionsäquivalenz**, in denen ein Ehegatte bei Ausschluss des Zugewinns seine Altersvorsorge überwiegend in Vermögenswerten angelegt hat, die dem Güterrecht unterliegen, sodass der Versorgungsausgleich keinen Ausgleich schaffen kann, dem anderen Ehegatten aber aufgrund der ehelichen Aufgabenverteilung Versorgungsnachteile verbleiben. Hier hat der BGH einen Vorschlag des Verf. aufgegriffen⁷⁰⁴ und entschieden, dass kein kompletter Zugewinnausgleich stattfindet, sondern ein richterlich modifizierter, der nur die ehebedingten Versorgungsnachteile ausgleicht. Hier gestattet der BGH trotz seiner grundsätzlichen Forderung nach bereichsspezifischen ehebedingten Nachteilen ein »Hinübergreifen« in den Zugewinnausgleich. In umgekehrter Richtung gilt dies nicht.

293 Die Entscheidung des BGH zum gesamtnichtigen Unternehmerehevertrag⁷⁰⁵ zeigt, dass der Ausschluss des Versorgungsausgleichs zugunsten des Nichtunternehmer-Ehegatten allein die Unwirksamkeit der Gütertrennung nicht verhindern kann.

294 Die Urteile des BGH lassen erkennen, dass die Rechtsprechung dem Versorgungsausgleich einen hohen Rang i.R.d. Inhaltskontrolle zubilligt. Sein kompensationsloser Ausschluss trotz bereits bestehender Kindesbetreuung kann daher zur Unwirksamkeit führen.⁷⁰⁶ Ja es kann sogar geboten sein, darüber hinaus bestehende Versorgungsnachteile auszugleichen, um ein Hinübergreifen in den Bereich des Güterrechts oder eine Unwirksamkeit der Gütertrennung zu verhindern.

295 Ob die Vereinbarung der Inhaltskontrolle standhält, wird aber auch wesentlich davon abhängen, ob es sich um einen Verzicht handelt oder nur um eine Modifizierung, die ggf. nur der leichteren Abwicklung oder dem Erhalt bestimmter Anrechte dient, ohne dass damit in erheblichem Umfang Verzichtswirkung einhergeht.

296 Eine **Pflicht** eines Ehegatten, **Anrechte zu bilden**, die dem Versorgungsausgleich unterfallen, gibt es nach Ansicht des **BGH**⁷⁰⁷ nicht. Wüssten beide Ehegatten, dass keiner von ihnen solche Anrechte erwerbe, so könne man nicht bei Scheidung einen Ausgleich für fehlende Altersvorsorge auf andere Weise verlangen.⁷⁰⁸

---

700 Dagegen Hoppenz, FamRZ 2013, 758, der die ehebedingten Nachteile als Fremdkörper bei der Ausübungskontrolle ansieht.
701 BGH, NJW 2014, 1101.
702 Münch, FPR 2011, 504, 508.
703 BGH, NJW 2015, 52; hierzu C. Münch, NJW 2015, 288; Hoppenz, FamRZ 2015, 630.
704 C. Münch, FamRB 2008, 350.
705 BGH, NJW 2017, 1883.
706 OLG Hamm, FamRZ 2012, 710.
707 BGH, NJW 2007, 2848.
708 Anders das OLG Celle, NJW-RR 2008, 881, das den Zugewinnausgleich durchführen will; hierzu C. Münch, FamRB 2008, 350 f.

Eine ganze Reihe individueller Ehekonstellationen erlaubt aber eine Vereinbarung zum Versorgungsausgleich, die einer Inhaltskontrolle Stand hält. Einen umfänglichen Verzicht erwägen Ehegatten zuweilen in folgenden Fällen:

- Bei einer **Doppelverdienerehe** will jeder Ehegatte seine Altersversorgung behalten, aber nicht von der des anderen profitieren. Der BGH hat in vergleichbarer Situation für das Unterhaltsrecht entschieden, dass die Ehegatten sehr wohl darauf verzichten können, ein vorehelich bereits vorhandenes Qualifikationsgefälle auszugleichen, wenn die Unterschiedlichkeit der Einkünfte nicht auf ehebedingten Nachteilen beruht.[709] Ein Verzicht ist somit vereinbar, allerdings sollte Vorsorge durch eine auflösende Bedingung oder ein Rücktrittsrecht für den Fall getroffen werden, dass wegen eines gemeinsamen Kindes ein Ehegatte teilweise nicht berufstätig bleiben kann, sonst führt dieser Fall bei fehlender Kompensation zumindest zu einer Ausübungskontrolle und einer richterlichen Vertragsanpassung.
- In der **Unternehmerehe** will der Nichtunternehmer häufig seine Rentenansprüche für sich behalten, da der Unternehmer keine Anrechte im Versorgungsausgleich hat. Hier ist ein Verzicht zugunsten des Nichtunternehmers geradezu geboten.
- Bei **Ehen mit großem Altersunterschied** führt der Wegfall des Rentnerprivilegs dazu, dass der Versorgungsausgleich wirtschaftlich zunächst einmal über lange Zeit nur schadet, bis der jüngere Ehegatte davon profitiert. Hier sind ggf. abgesicherte Unterhaltsregelungen sinnvoller.
- Bei der **Zweitehe in fortgeschrittenem Alter** wollen Ehegatten an ihren bestehenden Versorgungsanrechten nicht mehr rütteln. Die Altersversorgung ist zumeist im Wesentlichen bereits erbracht. Hier kann auf einen Versorgungsausgleich für die restliche Zeit des aktiven Arbeitens verzichtet werden.
- Bei der **Ehe mit Qualifikationsgefälle**, das zu unterschiedlichen Rentenanwartschaften führt. Hier kann nach der Rechtsprechung des BGH[710] ohne Weiteres auf die »Aufstockung« verzichtet werden.

Neben diesen Fällen, in denen auch umfängliche Verzichte der Inhaltskontrolle standhalten, sind viele Vereinbarungen zu sehen, mit denen Randversorgungen geregelt werden oder nach dem neuen Versorgungsausgleichsrecht Verrechnungen ermöglicht werden, die das Gesetz nicht vorsieht. Hierin können auch Teilverzichte liegen, wenn etwa die Berechnungsgrundlage nicht mathematisch exakt zuvor ermittelt wurde. Aus der obigen Darstellung wird ersichtlich, dass hierin keine evident einseitige Belastung liegt und daher die Kontrolldichte einer richtig als Missbrauchskontrolle verstandenen Inhaltskontrolle bei solchen Vereinbarungen wesentlich gelockert werden muss.

3. Regelungen zulasten der Grundsicherung

In der Gesetzesbegründung ist deutlich aufgeführt, dass § 8 Abs. 1 VersAusglG noch einen weiteren Fall im Blick hat. Es heißt dort, eine Vereinbarung könne auch dann unwirksam sein, wenn sie voraussichtlich dazu führe, individuelle Vorteile **zum Nachteil der Grundsicherung** nach SGB XII zu erzielen. Die Gesetzesbegründung führt weiter aus, das Gericht habe zu prüfen, »ob eine Vereinbarung nach ihrem Gesamtcharakter dafür geeignet ist, dass die Ehegatten bewusst oder unbewusst Verpflichtungen, die auf der Ehe beruhen, objektiv zu Lasten der Sozialhilfe (im Alter: Grundsicherung) regeln.«[711]

Der **BGH** hatte schon lange vor der Rechtsprechung zur Inhaltskontrolle von Eheverträgen ausgesprochen, dass Vereinbarungen, die objektiv zum Nachteil der Sozialhilfe geschlossen sind, als **sittenwidrig** anzusehen sind, wenn die Ehegatten **bewusst** die **Unterstützungsbedürftigkeit** eines geschiedenen Ehegatten herbeigeführt haben. Weitere subjektive Anforderungen stellte der BGH für diese Fälle nicht, insb. forderte er keine Schädigungsabsicht.[712]

---

709 BGH, NJW 2008, 148.
710 BGH, NJW 2008, 148 zum Unterhaltsrecht.
711 BT-Drucks. 16/10144, 53.
712 BGH, NJW 1983, 1851.

301 Allerdings wird es bei **rentenfernen Jahrgängen** sehr **problematisch** sein, die erforderliche **Prognose** anzustellen, dass ein Ehegatte nur aufgrund des Verzichts auf die Grundsicherung angewiesen sein wird.[713] Einen Verzicht bereits im Rentenalter hat das OLG Nürnberg gebilligt, auch wenn er zur Sozialhilfebedürftigkeit führt, wenn er nicht kompensationslos zustande kam, sondern mit Schulden gegengerechnet wurde.[714]

302 Einen Fall der Sittenwidrigkeit hat das OLG Karlsruhe angenommen, wenn nach langjähriger Ehe auf den bereits »erdienten« Anspruch auf Versorgungsausgleich verzichtet worden war, ohne dass eine anderweitige Absicherung der Altersversorgung gegeben oder eine Nachholung möglich war.[715]

4. Anlassprüfung

303 Auch wenn die Gerichte die ersten Erfahrungen mit dem neuen Recht nun gesammelt haben, so muss sich erst noch eine feste Praxis des Umgangs mit der Inhaltskontrolle des § 8 Abs. 1 VersAusglG herausbilden.

304 Für die gerichtliche Praxis ist die Aussage bedeutsam, dass **§ 8 VersAusglG nur** einen **Verweis** auf die geschilderte **Rechtsprechung des BGH** enthält. Es ist kein weiterer Prüfungsumfang vorgeschrieben. Es handelt sich um eine **Missbrauchsprüfung**, die mit der Prüfung im Zusammenhang mit dem früheren § 1587o BGB a.F. nicht verglichen werden kann.[716] § 1587o BGB sollte damit auch nicht »durch die Hintertür« wieder eingeführt werden.[717]

305 Das VersAusglG hat die **Vereinbarungsfreiheit gestärkt**. Dann kann es aber nicht angehen, wenn vorgeschlagen wird, die Inhaltskontrolle am Maßstab des § 18 VersAusglG durchzuführen, sodass eine Vereinbarung nur bei durchgeführter Rechnung und geringem Ausgleichswert diese Hürde nehmen kann.[718] Dies suggeriert, dass auf mehr nicht verzichtet werden kann.[719] Dann bräuchte man aber keine Vereinbarungen! Vielmehr können die Ehegatten in dem zuvor geschilderten Rahmen Vereinbarungen treffen, welche die Inhaltskontrolle bestehen. Auch der Rat, niemals im vorsorgenden Ehevertrag auf den Versorgungsausgleich zu verzichten, ist zu engherzig[720] und entspricht nicht dem Gesetzeszweck. Das gilt auch für die Ansicht, der vollständige Verzicht werde in die Nähe der Genehmigungsbedürftigkeit gerückt.[721] Hier ist vielmehr der Ansicht des BGH zu folgen, der auf den konkreten Ehetyp abstellt. Nur wenn diese Sichtweise sich durchsetzt, wird es wirklich mehr Vereinbarungen geben können.[722]

306 Wurde zu Beginn der Reform § 8 Abs. 1 VersAusglG noch so interpretiert, als müsse das Gericht zunächst alle Auskünfte einholen und den Versorgungsausgleich berechnen als würde er durchgeführt, um die Abweichung vom gesetzlichen Versorgungsausgleich festzustellen und die Zulässigkeit

---

713 OLG Hamm, NJW 2013, 3253.
714 OLG Nürnberg, NZFam 2016, 128.
715 OLG Karlsruhe, FamRZ 2012, 1942.
716 Während der Genehmigungsbeschluss nicht als »Urteil in einer Rechtssache« i.S.d. § 839 Abs. 2 BGB angesehen wurde, sodass sich das Spruchrichterprivileg nicht auf diesen Genehmigungsbeschluss erstreckte (hierzu Hauß/Eulering, 1. Aufl., Rn. 107), ist die Inhaltskontrolle sozusagen Bestandteil der Entscheidung zum Versorgungsausgleich und unterfällt daher dem Privileg.
717 Formularbuch-Familienrecht/Weil, K., Vorbemerkungen.
718 So aber Triebs, Rn. 432.
719 Zu eng auch MünchKomm-BGB/Eichenhofer, § 8 VersAusglG Rn. 10 bis zur 7. Aufl., oder Eichenhofer, FamRZ 2011, 1630 f., wo prinzipiell eine vollwertige Kompensation gefordert wird, ohne dass die besonderen Ehekonstellationen in den Blick genommen werden, die einen Verzicht rechtfertigen; ebenso Eichenhofer, NZFam 2016, 563 wo das Nachrechnen eines Vergleichs über Bewertungsstreitigkeiten gefordert wird. Jetzt für eine größere Auswirkung der vom Gesetzgeber gewünschten Vereinbarungsfreiheit MünchKomm-BGB/Weber, § 8 VersAusglG Rn. 15 ff.
720 Ruland, Rn. 999; Ruland, NJW 2009, 1701.
721 Wick, Rn. 787.
722 Bergschneider, Rn. 838 ff.

C. Neuregelung der Vereinbarungen zum Versorgungsausgleich, § 6 f. VersAusglG

der Vereinbarung en detail zu prüfen – etwa durch Gegenüberstellung der korrespondierenden Kapitalwerte[723] – so weisen immer mehr Stimmen in der Literatur darauf hin, dass trotz des Amtsermittlungsprinzips nach § 26 FamFG eine Inhaltskontrolle **nur bei konkreten Anhaltspunkten** für eine Sittenwidrigkeit oder Anpassungsbedürftigkeit durchzuführen ist.[724] *Wick* ist der Auffassung, dass diese Anhaltspunkte der **Ehegatte vortragen** muss, der sich auf die Unwirksamkeit beruft.[725] Nach *Hauß* bedeutet das **Fehlen solcher Anhaltspunkte**, oder Hinweise für das Gericht, dass es **von der Wirksamkeit der Vereinbarung zum Versorgungsausgleich ausgehen** kann,[726] wenn sich nicht »entsprechende Verdachtsmomente geradezu aufdrängen«.[727] Nach *Brüggen*[728] muss die Inhaltskontrolle nicht anders geschehen als bisher. Sie sei daher nur erforderlich, wenn die Ehegatten Anhaltspunkte vortragen. *Bergschneider*[729] weist darauf hin, dass auch bisher bei der Inhaltskontrolle nur eine Anlassprüfung stattgefunden habe und fordert die Gerichte daher auf, ihre bisherige Praxis der Inhaltskontrolle fortzusetzen und eine Prüfung nur auf entsprechende Einwendung hin vorzunehmen.[730] *Hahne* stimmt dieser Auffassung ausdrücklich zu.[731] *Rakete-Dombek* betont, der Gesetzgeber habe durch die Stärkung der Dispositionsfreiheit der Ehegatten den gerichtlichen Prüfungsaufwand gerade verringern wollen.[732] *Reetz* folgt der Ansicht, da sie am besten der bewussten Abwendung von § 1587o BGB entspreche.[733]

307 Diese Auffassung setzt sich auch in der gerichtlichen Praxis mehr und mehr durch. So betont das OLG Brandenburg,[734] das Gericht dürfe unter Beachtung des Grundsatzes der Vertragsautonomie gar nicht eigenständig nach Unwirksamkeitsgründen forschen. Vor allem der BGH hat deutlich ausgesprochen, dass keine Pflicht der Gerichte besteht, bereits von Amts wegen umfassend zu den wirtschaftlichen Folgen eines Verzichtes zu ermitteln, wenn die Beteiligten hierzu nichts vortragen.[735] Das OLG Brandenburg sieht auch Anlass zu einer Prüfung von Amts wegen, wenn sich eine typische Fallgruppe der Beanstandung geradezu aufdrängt.[736]

308 Auch die **Gesetzesbegründung** sagt ausdrücklich, die Vereinbarungen seien nur bei entsprechenden Anhaltspunkten einer Inhaltskontrolle zu unterziehen.[737] Das Gericht wird also die Vereinbarung in jedem Fall auf objektive oder subjektive Anhaltspunkte für den Einstieg in eine Inhaltskontrolle durchsehen.

▶ Hinweis:

309 Der **Vertragsgestalter** kann diese Durchsicht erleichtern, wenn er in einer Vorbemerkung die Gründe für die Vereinbarung erläutert und im Vertrag deutlich macht, dass es eine Vorbesprechung, eine Entwurfsversendung an beide Ehegatten und ausreichend Überlegungszeit gab.

---

723 So wohl Ruland, Rn. 1174; auch Borth, Versorgungsausgleich, 7. Aufl., Rn. 1069 spricht sich für eine Prüfung von Amts wegen aus.
724 So Brambring, FS Kanzleiter, 101, 109.
725 So Wick, FPR 2009, 219, 220 unter Berufung auf die Rechtsprechung des BGH zu den Härtegründen.
726 Hauß, DNotZ 2009, 600, 605.
727 Hauß/Bührer, Rn. 329.
728 Brüggen, MittBayNot 2009, 337, 345.
729 Bergschneider, RNotZ 2009, 457, 466.
730 Bergschneider, Rn. 840.
731 Hahne, FamRZ 2009, 2041, 2043.
732 Rakete-Dombek, NJW 2010, 1313, 1316.
733 Reetz, § 8 Rn. 73.
734 OLG Brandenburg, FamRZ 2012, 1729 unter Berufung auf C. Münch, FamRB 2010, 51, 55 f.; OLG Brandenburg, FamRZ 2019, 1232.
735 BGH, NJW 2014, 1101, Tz. 21; dem folgend OLG Rostock, FamRZ 2015, 410 m. zust. Anm. Bergmann, FamRZ 2015, 924 und abl. Anm. Borth, FamRZ 2015, 411.
736 OLG Brandenburg, NZFam 2016, 323.
737 BT-Drucks. 16/10144, 52.

310 Gibt es danach eine aus dem **Ehezuschnitt abzuleitende Begründung** für die Vereinbarung und führt diese **nicht zu einer kompletten Entsolidarisierung**, so kann die gerichtliche Prüfung des Einstiegs in eine Inhaltskontrolle bereits beendet sein, wenn **keine** weiteren **subjektiven Besonderheiten** (Schwangerschaft, Drohungen, Übereilungen etc.) vorliegen und **keiner der Ehegatten die Wirksamkeit** oder Durchsetzbarkeit des Vertrages **infrage** stellt.

311 Was den **Vortrag** der Beteiligten angeht, so muss man berücksichtigen, dass **nicht** beide Ehegatten **anwaltlich vertreten** sein müssen, sodass an den Inhalt des Vortrages **keine allzu großen Anforderungen** gestellt werden dürfen.

312 Ist der Anwendungsbereich der Inhaltskontrolle nach dieser Vorprüfung eröffnet, dann muss das Gericht die Einzelvereinbarung, aber auch die Gesamtvereinbarung[738] einer Inhaltskontrolle unterziehen. Dafür ist ggf. der Versorgungsausgleich auf der Grundlage gesicherter Datenbasis zu rechnen.

313 Abschließend sei nochmals betont, dass es sich um eine **Missbrauchsprüfung** und nicht um eine Halbteilungskontrolle handelt. Der BGH lässt ausdrücklich zu, dass sich Ehegatten vom gesetzlichen Ausgleichssystem abkoppeln, wenn sie jedenfalls ehebedingte Nachteile ausgleichen. Beim Scheitern der Vereinbarung in der Ausübungskontrolle ist aber nicht der gesetzliche Versorgungsausgleich durchzuführen,[739] sondern eine Anpassung vorzunehmen, die den Ehegatten nach ihrem im wirksamen Vertrag geäußerten Willen am ehesten gerecht wird. Schließt die Vereinbarung eine hälftige Teilung gerade aus, dann beschränkt sich die Anpassung auf den Ausgleich ehebedingter Nachteile.[740]

III. Der korrespondierende Kapitalwert – das Maß aller Anrechte?

1. Wertberechnung nach dem VersAusglG

314 Nach dem System des **VersAusglG** mit dem Vorrang der internen Teilung sollen **Bewertungen** von Versorgungsanrechten **nach Möglichkeit vermieden** werden. Für die Fälle, in denen eine Bewertung notwendig ist, hat das VersAusglG in §§ 39 ff. Wertberechnungen festgelegt.

315 Gerade im Rahmen von **Vereinbarungen** benötigen die Parteien jedoch häufig eine **Vorstellung vom Wert eines Rechtes**, um etwa eine angemessene Kompensation zu vereinbaren oder das Anrecht in den Gesamtzusammenhang einer Scheidungsfolgenregelung einzuordnen. Die Berechnung dieser Werte ist vielfach umstritten.

316 Das VersAusglG sieht in § 39 den **Vorrang der unmittelbaren Bewertung** vor, die nach § 39 Abs. 1 VersAusglG immer dann greift, wenn die Bezugsgröße, in der das Anrecht angegeben ist, unmittelbar bestimmten Zeitabschnitten zugeordnet werden kann. In § 39 Abs. 2 VersAusglG führt das Gesetz diejenigen Versorgungen auf, die einer solchen unmittelbaren Bewertung zugänglich sind.

317 Der unmittelbaren Bewertung unterliegt insb. die **gesetzliche Rentenversicherung**. Hier hat das Gesetz als **Bezugsgröße** in § 39 VersAusglG die **Entgeltpunkte** bestimmt. Damit spielen die sog. persönlichen Entgeltpunkte, welche in Abhängigkeit vom Renteneintritt aus den Entgeltpunkten unter Verwendung des Zugangsfaktors der Rentenformel (§§ 63 Abs. 5, 7 SGB VI) errechnet wurden, keine Rolle mehr.[741] Das hat der BGH[742] bestätigt. In der Konsequenz trägt der Ausgleichspflichtige die Rentenkürzung allein.

Entgeltpunkte und Entgeltpunkte (Ost) werden wie getrennte Anrechte behandelt und jeweils separat geteilt, § 120f Abs. 2 Nr. 1 SGB VI. Für Ansprüche ab dem Jahr 2025 gilt aber die Trennung

---

[738] Zu »Paketlösungen« bei Vereinbarungen Triebs, Rn. 323.
[739] So schon BGH, NJW 2004, 930, 935.
[740] OLG Düsseldorf, FamRZ 2008, 519 unter Berufung auf C. Münch, FamRZ 2005, 570 f.
[741] Glockner/Hoenes/Weil, § 5 Rn. 12; Hauß/Bührer, Rn. 800; Palandt/Brudermüller, § 43 VersAusglG Rn. 8; Ruland, Rn. 383.
[742] BGH, NZFam 2016, 802 m. Anm. Keuter.

C. Neuregelung der Vereinbarungen zum Versorgungsausgleich, § 6 f. VersAusglG — Kapitel 7

in Ansprüche Ost-West nicht mehr.[743] Der Umstand, dass bei den Renten die Bezugsgröße in Entgeltpunkten angegeben ist, muss Beachtung finden auch bei anderen Vorschriften, so etwa im Bereich des § 18 VersAusglG, wo nicht die 1 % Grenze für Versorgungen gilt, deren Bezugsgröße ein monatlicher Rentenbetrag ist.

▶ Hinweis:

Zur gesetzlichen Rentenversicherung und der Berechnung von Entgeltpunkten (EP) einige aktuelle Zahlen: 318

- Aktueller Rentenwert: 32,03 € (Ost: 30,69 €)[744]
- Beitragswert für einen EP: 7.235,5860 (Ost: 6.674,8948)[745]
- Wartezeitmonate: EP dividiert durch 0,0313[746]

So errechnen sich z.B. aus einem Rentenwert von 1.000,00 € nach § 76 Abs. 4 SGB VI bei einer Division durch den aktuellen Rentenwert 31,2207 EP.

Der korrespondierende Kapitalwert für diese EP ergibt sich durch Multiplikation derselben mit dem Beitragswert. Er beträgt somit für die 31,2207 EP 225.900,06 €.

Wenn eine unmittelbare Bewertung nicht möglich ist, so muss die **Bewertung zeitratierlich** erfolgen, **§ 40 VersAusglG**. Dies ist insb. bei der **Beamtenversorgung** der Fall. Hierbei ist nach § 40 Abs. 2 VersAusglG zunächst die Zeitdauer zu ermitteln, die bis zur Altersgrenze[747] höchstens erreicht werden kann (n). Dann ist der in die Ehezeit fallende Anteil zu ermitteln (m), der durch die Gesamtzeit zu dividieren und mit der zu erwartenden Versorgung (R) zu multiplizieren ist, dies führt zu der Formel: 319

$$m/n * R.$$

Das VersAusglG schließt daran eine Reihe von **Sondervorschriften für die Bewertung bestimmter Anrechte** an,[748] so etwa in § 45 VersAusglG für Anrechte nach dem Betriebsrentengesetz oder in § 46 VersAusglG für Anrechte aus Privatversicherungen.[749]

2. Korrespondierender Kapitalwert

Schließlich führt § 47 **VersAusglG** den Begriff des **korrespondierenden Kapitalwertes** ein. Das VersAusglG will nach Möglichkeit ein Vergleichbarmachen des Wertes der verschiedenen Anrechte überflüssig werden lassen. Insb. in allen Fällen der internen Teilung ist nur die Bezugsgröße anzugeben, die dann hälftig geteilt wird. 320

V.a. für die Frage der **Geringfügigkeit (§ 18 VersAusglG), der Unbilligkeit (§ 27 VersAusglG)** und auch für **Vereinbarungen** wird jedoch häufig ein Vergleich der Werte der Anrechte erforderlich sein. Wie bereits dargestellt,[750] ist der korrespondierende Kapitalwert auch für die **externe Teilung** bedeutsam. 321

---

743 Rentenüberleitungs-Abschlussgesetz (BGBl. 2017 I, 2575); hierzu Borth, FamRZ 2017, 1542.
744 Wird jeweils jährlich festgelegt. Für die Zeit vom 01.07.2018 bis 30.06.2019 zuletzt durch die Rentenwertbestimmungsverordnung 2018, BGBl. I 2018, S. 838.
745 Bekanntmachung der Umrechnungsfaktoren für den Versorgungsausgleich in der Rentenversicherung, BGBl. 2018 I, S. 2030.
746 §§ 52, 122 Abs. 1 SGB VI.
747 Nach BGH, NJW-RR 2013, 258 ist für Soldaten die besondere Altersgrenze des § 45 Abs. 2 SoldatenG zu berücksichtigen (z.B. Vollendung des 55. Lebensjahres für Berufsunteroffiziere).
748 Vgl. im Detail Ruland, Rn. 371 ff.
749 Eine Anleitung zu einer Plausibilitätsprüfung gibt Engbroks, FamRZ 2011, 1356.
750 Rdn. 136.

322 Aus diesem Grund muss der **Versorgungsträger** für den Wertausgleich bei Scheidung nach § **5 Abs. 3 VersAusglG** bei allen Bezugsgrößen, die nicht einen Kapitalwert bilden, diesen korrespondierenden Kapitalwert **mitteilen**. Kapitalwerte sind nach Auffassung des Gesetzgebers für die Beteiligten anschaulicher und verständlicher als Rentenwerte und erleichtern zudem die Vergleichbarkeit mit anderen Werten i.R.d. Vermögensauseinandersetzung.[751] Keinen korrespondierenden Kapitalwert gibt es für **Ausgleichsansprüche nach Scheidung, § 5 Abs. 4 VersAusglG**.

323 Zum anderen ist der korrespondierende Kapitalwert ausweislich des § 47 Abs. 1 VersAusglG **nur eine Hilfsgröße**, die dem **Einkaufspreis der Versorgung** des Pflichtigen entspricht, die nun ausgeglichen werden soll. Der Gesetzgeber hat durch die Kapitelüberschrift und die Einfügung der Abs. 1 und 6 in § 47 VersAusglG in der **Endfassung des Gesetzes** die **Bedeutung** des korrespondierenden Kapitalwertes sehr **relativiert**.[752] Er wird deshalb z.T. als untauglich angesehen.[753]

324 Wegen des Charakters **als bloße Hilfsgröße wird dieser Wert vielfach infrage gestellt**, denn jedes Versorgungssystem ermittle ihn auf eine andere Weise, insb. mit einem jeweils anderen Rechnungszins. V.a. von Autoren aus der Versicherungspraxis und der Rentenberatung wird dem korrespondierenden Kapitalwert z.T. jede Eignung zum Vergleich von Anrechten zum Zwecke ihrer Verrechnung abgesprochen.[754] Der Rechnungszins wird umso bedeutendere Auswirkungen haben, je jünger die Beteiligten sind. Zur echten mathematischen Errechnung wäre die Einbeziehung einer Vielzahl verschiedener Parameter (biometrische Rechnungsgrundlagen) erforderlich.[755]

325 Dass der rein errechnete Kapitalwert der Korrektur bedarf, zeigt auch § 47 Abs. 6 VersAusglG, der – gerade auch für Vereinbarungen nach §§ 6 ff. VersAusglG – anordnet, dass nicht nur die (korrespondierenden) Kapitalwerte, sondern auch **weitere Faktoren der Anrechte zu berücksichtigen** sind, die sich auf die Versorgung auswirken. Dies sind insb. die Fragen, ob **Invaliditätsversorgung, Hinterbliebenenversorgung** und **Insolvenzschutz** besteht, welche **Dynamik** die Versorgung in Anwartschafts- und Leistungsphase hat,[756] welches **Finanzierungssystem** besteht und ob (Teil) **Kapitalisierungsrechte** vereinbart sind.[757] Im Rahmen einer Vereinbarung wird weiterhin zu fragen sein, mit welchen Steuern und Abgaben die zu vergleichenden Versorgungen belastet sind.[758] Das gilt ganz besonders dann, wenn neben dem Versorgungsanrecht ein sonstiger Vermögensgegenstand verrechnet wird, der seinerseits einen Nettowert darstellt. Hier kann eine Belehrung über diese Art der »Äquivalenzstörung« sinnvoll sein. Das Herausrechnen eines durchschnittlichen Steuersatzes[759] allerdings wird die Situation angesichts der vorhandenen Unwägbarkeiten kaum verbessern.

326 Mit § 47 Abs. 6 VersAusglG ist klargestellt, dass unter dem korrespondierenden Kapitalwert selbst nur derjenige Wert verstanden wird, den der Versorgungsträger mitgeteilt hat.

327 Trotz dieser Schwächen des korrespondierenden Kapitalwertes schreibt das Gesetz seine Bestimmung und Mitteilung an das FamG vor, weil mithilfe dieser Werte eine »**Vorsorgevermögensbilanz**« gerade auch für Vereinbarungen aufgestellt werden könne.[760] Es legt seine Verwendung für die §§ 18 und 27[761] VersAusglG ebenso fest wie es diesen Wert als Grundlage der Entscheidung über die externe Teilung vorsieht, § 14 Abs. 4 VersAusglG.

---

751 BT-Drucks. 16/10144, S. 50.
752 BT-Drucks. 16/11903, S. 111 ff.; vgl. MünchKomm-BGB/Scholer, § 47 VersAusglG Rn. 5.
753 Kemper, ZFE 2011, 179, 180.
754 Bergner, § 47 Rn. 7.2.; Glockner/Hoenes/Weil, § 3 Rn. 62; Palandt/Brudermüller, § 47 VersAusglG Rn. 8 ff.; Hoppenz, A.IV., § 48 Rn. 3; Weil, editorial FF 2010, 177: »Transparenz sieht anders aus.«.
755 Hierzu insb. Glockner/Hoenes/Weil, § 3 Rn. 54 ff.
756 Zur Berücksichtigung des sog. Rententrends, der unterschiedlich gehandhabt wird, vgl. Rdn. 115.
757 BT-Drucks. 16/11903, S. 112; Johannsen/Henrich/Holzwarth, § 47 VersAusglG Rn. 15.
758 Hauß, notar 2014, 151, 156.
759 Belehrung und Herausrechnen bei Reetz, § 9 Rn. 8 ff.
760 BT-Drucks. 16/10144, S. 50.
761 Hierzu OLG Köln, FamRZ 2016, 2015.

C. Neuregelung der Vereinbarungen zum Versorgungsausgleich, § 6 f. VersAusglG — Kapitel 7

Dann müssen Ehegatten und damit auch **Anwälte und Notare den** ihnen vom **Gesetzgeber** für diesen Zweck **extra geschaffenen Wert** als Grundlage ihrer Entscheidung **nehmen** dürfen, freilich in dem Bewusstsein, dass die Literatur empfiehlt, diesen Wert keineswegs ungeprüft zugrunde zu legen.[762] Je höher der Wert des Versorgungsanrechtes ist, desto vorsichtiger muss mit diesem Wert umgegangen werden. Teils wird generell einer sachverständigen Wertfeststellung der Vorzug gegeben.[763]

328

Man muss aber zugleich betrachten, dass es den Mandanten im Bewusstsein der vorhandenen Unzulänglichkeiten dennoch auf eine schnelle und günstige Einigung ankommt, ohne dass sie die Werte auf »Heller und Pfennig« gewichten.[764] Außerdem ist auch bei sachverständiger Bewertung letztlich mit einer Interpolation verschiedener Werte zu rechnen. Außerdem ändern sich die Anrechte bis zu ihrer Auszahlung ohnehin noch häufig durch grundlegende Systemwechsel, sodass selbst ein sachverständig errechneter Wert nicht unumstößlich ist.

329

Der Vertragsgestalter selbst wird einen solchen Wert daher kaum mit letzter Verbindlichkeit ermitteln können, sodass zu Recht der **Rat** ergeht, mit solchen Berechnungen gerade im Hinblick auf eine Haftungsvermeidung Zurückhaltung zu üben und ggf. eine **Berechnung durch einen Rentenberater oder einen Versicherungsmathematiker** vornehmen zu lassen.[765] Soweit es den Parteien auf eine gütliche Einigung ankommt, ohne dass der genaue Wert des Anrechtes feststeht, sollte dies festgehalten und der Unterschied zur exakten Bewertung belehrend herausgestellt werden.[766]

330

▶ Hinweis:

Wird einer Vereinbarung auf Wunsch der Beteiligten der korrespondierende Kapitalwert zugrunde gelegt, so sollte die Vereinbarung darüber belehren, dass es sich nicht um einen versicherungsmathematisch exakt gerechneten Wert handelt, dass die Vertragsteile aber eine solche Errechnung nicht wünschen, sondern ihre Einigung auf der Basis der gemeldeten korrespondierenden Kapitalwerte durchführen möchten.

331

IV. Folgeänderungen außerhalb des VersAusglG

Zum Verständnis des reformierten Versorgungsausgleichs sei auch 10 Jahre nach der Reform der Blick ganz kurz zurück gerichtet, welche alten Regelungen damit abgeschafft wurden:

332

1. Unterscheidung § 1408 BGB und § 1587o BGB a.F. obsolet

Das alte Recht unterschied zwischen ehevertraglichen Vereinbarungen zum Versorgungsausgleich nach § 1408 Abs. 2 BGB und Scheidungsvereinbarungen zum Versorgungsausgleich nach § 1587o BGB a.F. Diese Abgrenzung gibt es nach den §§ 6 ff. VersAusglG künftig nicht mehr.[767]

333

2. Jahresfrist nicht mehr gültig

Für die Vertragspraxis äußerst problematisch war die Bestimmung des § 1408 Abs. 2 Satz 2 BGB a.F., nach der ein ehevertraglicher Ausschluss des Versorgungsausgleichs unwirksam wurde, wenn innerhalb eines Jahres Antrag auf Scheidung der Ehe gestellt wurde. Diese Einschränkung ist weggefallen, was für die vertragsgestaltende Praxis von großem Vorteil ist. So muss nicht mehr um die Auswirkungen auf den Vertrag gefürchtet werden, wenn die Scheidung binnen Jahresfrist eingereicht wird.

334

---

762 Glockner/Hoenes/Weil, § 3 Rn. 54 ff.; Hauß/Bührer, Rn. 999 ff.
763 Borth, FamRZ 2010, 1210, 1214.
764 So zu Recht Göppinger/Börger/Schwamb, 3. Teil Rn. 86.
765 Bergschneider, Rn. 811 ff.
766 Zu der Bewertung von Anwartschaften für Vergleichszwecke Weil/Voucko-Glockner, NZFam 2015, 406 f.
767 Lediglich für die Form verweist § 7 Abs. 3 VersAusglG darauf, dass bei Vereinbarungen im Rahmen eines Ehevertrages § 1410 BGB die gleichzeitige Anwesenheit erfordert.

3. Rechtsfolge Gütertrennung, § 1414 Satz 2 BGB aufgehoben

335 § 1414 Satz 2 BGB a.F. bestimmte, dass als Folge des Ausschlusses des Versorgungsausgleichs kraft Gesetzes Gütertrennung eintrat, die der Vertragsgestalter zumeist als verfehlt[768] wieder ausschloss. Nach neuem Recht haben Vereinbarungen über den Versorgungsausgleich keine Änderung des Güterstandes zur Folge. Aus diesem Grunde entfällt auch eine Regelungsnotwendigkeit.[769]

4. Genehmigungspflicht nach § 1587o BGB a.F. abgeschafft

336 Nach § 1587o Abs. 2 Satz 3 BGB a.F. unterlag die Scheidungsvereinbarung zum Versorgungsausgleich der gerichtlichen Genehmigungspflicht. Obwohl der BGH entschieden hatte, das Tatbestandsmerkmal der Offensichtlichkeit entbinde die Gerichte davon, zunächst einen fiktiven Versorgungsausgleich rechnen zu müssen,[770] geschah zumeist genau dies. Abweichungen wurden nur in geringem Umfange toleriert. Die Gerichtspraxis war sehr restriktiv.

337 Das Genehmigungserfordernis ist im neuen Versorgungsausgleichsrecht weggefallen. Vielmehr ist in § 6 Abs. 2 VersAusglG umgekehrt angeordnet, dass die Gerichte ohne weiteres Ermessen an die Vereinbarung gebunden sind, sofern diese der Inhaltskontrolle standhält.[771]

5. Verbot des Supersplittings nach § 1587o I, 2 BGB a.F. abgeschafft

338 Nach dem aus § 1587o Abs. 1 Satz 2 BGB a.F. abgeleiteten Verbot des Supersplittings waren Vereinbarungen unwirksam, durch die der Berechtigte mehr Anwartschaften in der gesetzlichen Rentenversicherung übertragen bekam, als dies gesetzlich vorgesehen war.

339 Für den Vertragsgestalter besonders gefährlich war dieses Verbot bei Vereinbarung eines Teilausschlusses durch Herausnahme bestimmter Anrechtsarten oder Ehezeiten. Mit dem Verzicht auf die Gesamtsaldierung aller Versorgungsanrechte entfällt daher auch dieses Verbot. Es bleibt allerdings die Regel, dass keine Vereinbarungen zulasten der Versorgungsträger getroffen werden dürfen, § 8 Abs. 2 VersAusglG. Es darf daher ein Einzelanrecht nach wie vor nicht mehr als hälftig geteilt werden.

6. Kein Rentner- oder Pensionärsprivileg mehr

340 Das bisherige Rentner- oder Pensionärsprivileg, nach dem ein Kürzung erst mit dem Leistungsbezug des Berechtigten eintrat, wenn der Pflichtige zum Zeitpunkt der Scheidung schon Altersrente oder Pension bezog, (§ 101 Abs. 3 SGB VI a.F. und § 57 Abs. 1 Satz 2 BeamtVG a.F.) **fällt jedenfalls auf Bundesebene weg.**[772] Weil auf Landesebene – soweit keine eigenen Regelungen erfolgt sind – das BeamtVG in seiner zum 31.08.2006 (Inkrafttreten der Föderalismusreform) gültigen Fassung geltendes Recht ist (§ 108 BeamtVG), **wenden die Landesversorgungsämter das Pensionärsprivileg weiter an, bis eine Landesregelung erfolgt.**[773] In Bayern ist inzwischen das neue Bayerische BeamtVG erlassen worden,[774] dessen Art. 92 ein Pensionärsprivileg nicht mehr vorsieht.[775] Die meisten Länder haben, wenngleich mit unterschiedlichen Stichtagen das Beamtenprivileg abgeschafft. Hessen hat das Privileg auf die Differenz der beiderseitigen Anrechte i.S.d. § 32 VersAusglG begrenzt.[776] Bestehen

---

768 Palandt/Brudermüller, BGB, 68. Aufl., 2009, § 1414 Rn. 1.
769 Für Belehrung über die neuen Rechtsfolgen Würzburger Notarhandbuch/Mayer, 3. Teil, Kap. 1 Rn. 186.
770 BGH, NJW 1994, 580.
771 Hauß, DNotZ 2009, 600, 603, Fn. 7: Neuerung der deutschen Rechtsdogmatik.
772 Die Streichung des Privilegs ist nach BayVerfGH, FamRZ 2014, 38 verfassungsrechtlich nicht zu beanstanden.
773 Hauß, FamRB 2010, 251, 252 sieht sogar eine Pflicht des Anwaltes, zur Frühpensionierung mit Abschlag zu raten, um das Privileg zu retten.
774 BayGVBl. 2010, 528 ff.
775 BayGVBl. 2010, 528, 560; der frühere Satz 2 des Absatzes 1 von § 57 BeamtVG ist weggefallen.
776 Hessisches BeamtVG, § 63, GVBl. Hessen 2014, 218, 339.

C. Neuregelung der Vereinbarungen zum Versorgungsausgleich, § 6 f. VersAusglG   Kapitel 7

geblieben ist das Pensionärsprivileg ferner in Berlin und im Saarland.[777] Durch das »Bundeswehr-Attraktivitätssteigerungsgesetz« wurde in § 55c SoldatenVG das **Pensionistenprivileg wieder eingeführt** für Soldaten, die – je nach Dienstgrad und Verwendung – ab 55 Jahren in Pension gehen können. Für sie gilt dieses Privileg dann wieder bis zum Erreichen des 62. Lebensjahres.

Der Wegfall des Rentnerprivilegs ist verfassungsrechtlich zulässig und grundsätzlich entschädigungslos hinzunehmen.[778]   341

Der **Wegfall des Rentnerprivilegs** führt nur in ganz seltenen Ausnahmefällen zu einem Wegfall des Versorgungsausgleichs nach § 27 VersAusglG.[779]   342

Vorsicht ist auch bei **Abänderungsentscheidungen nach § 51 VersAusglG** geboten. Da diese zu einer Totalrevision führen, fällt ein bestehendes Pensionistenprivileg mit der Abänderungsentscheidung weg![780] Der zugrunde liegende Sachverhalt zeigt, dass die Abänderung wegen der Mütterrente hier insgesamt für die Beteiligten negative Auswirkungen hat.[781]   343

War ein Verfahren zur Zusatzversorgung des öffentlichen Dienstes (VBL) nur ausgesetzt, so spricht der BGH nach Treu und Glauben dennoch das Rentnerprivileg zu.[782]   344

Als **außervertragliche Methode**, das Privileg noch eine Zeit zu erhalten, wird das **Hinauszögern einer rechtskräftigen Entscheidung über den Wertausgleich** genannt. da in dem Zeitraum zwischen Eheende und tatsächlicher Durchführung der Kürzung keine Kürzung der laufenden Versorgung erfolgt und diese auch nicht nachgeholt wird.[783] Möglicherweise können die Abtrennung aus dem Verbundverfahren und die Einlegung von Rechtsmitteln zu einer entsprechenden Verzögerung beitragen. Ein übereinstimmender Antrag auf Ruhen des Verfahrens hingegen wird nicht zum Ziel führen, da es sich um ein Amtsverfahren handelt, das ohne Antrag im Scheidungsverbund durchzuführen ist.[784]   345

Vertraglich wird ein solches Privileg nicht ersetzt werden können.[785] Wenn Vereinbarungen vorgeschlagen werden, die einen Verzicht vorsehen, der durch den Tod des Ausgleichspflichtigen auflösend bedingt ist, sodass mit dem Tod des Verpflichteten nur der Wertausgleich durchgeführt werden soll, so liegt hierin ein Verstoß gegen § 8 Abs. 2 VersAusglG. Letztendlich handelt es sich dabei um die (gewollte) Übertragung eines Anrechtes aufschiebend bedingt auf den Tod des Verpflichteten, um die Begründung eines Anrechtes für den Berechtigten mithin, ohne dass dem Pflichtigen das Anrecht gekürzt wird, also um die vertragliche Wiederherstellung des Rentenprivilegs. Eine solche Anrechtsübertragung ist aber nicht vorgesehen, sie bedürfte auch der Zustimmung des Versorgungsträgers, die aufgrund der hohen Kosten, die diesem entstehen, nicht erteilt werden wird.[786]   346

Zudem **wird man mit einer solchen vertraglichen Lösung nicht in den Wertausgleich bei Scheidung kommen.** Denn dieser ist, wie der Name schon sagt, bei Scheidung durchzuführen, nicht einige Jahre danach. Auch über die Abänderungsvorschriften dürfte es nicht gelingen, später den Wertausgleich bei Scheidung nochmals zu eröffnen.   347

---

777 Zu den landesrechtlichen Regelungen Norpoth, FamRB 2014, 109.
778 BGH, FamRB 2013, 135; BVerfG, FamRZ 2015, 389 ff. m. Anm. Holzwarth, FamRZ 2015, 475; hierzu Ruland, NZFam 2015, 145.
779 BGH, NZFam 2015, 722; OLG Stuttgart, FamRB 2011, 209 f.
780 VG Düsseldorf, FamRZ 2015, 1806 und VG Düsseldorf, FamRZ 2016, 1314; hierzu Borth, FamRZ 2015, 1778.
781 Zur Mütterrente in der Abänderungsentscheidung ausführlich Wick, FuR 2019, 311.
782 BGH, FamRZ 2016, 532.
783 Reetz, § 9 Rn. 149.
784 OLG Koblenz, FamRZ 2013, 1661.
785 Zustimmend Erman/Norpoth/Sasse, § 7 VersAusglG Rn. 21.
786 Wohl a.A. Reetz, § 5, Rn. 100.

348 Handelt es sich aber bei dieser Abrede gar um **die vertragliche Vereinbarung eines Ausgleichs nach Scheidung**, so läuft dieser **völlig ins Leere**, denn nach § 25 Abs. 2 VersAusglG gibt es gerade keine Hinterbliebenenversorgung, wenn der Ausgleich nach Scheidung durch Vereinbarung gewählt wurde.[787] Es wäre dann eine zusätzliche Leibrentenvereinbarung zu schließen.[788]

349 Möglicherweise kann man versuchen, mittels einer **Saldierungsvereinbarung** die **Versorgung**, welche zuerst gekürzt wird, zu **vermindern**, um so den Kürzungsbetrag möglichst gering zu halten.

350 Nach BGH begründet die Streichung keine grobe Unbilligkeit nach § 27 VersAusglG, wenn nicht weitere besondere Umstände hinzutreten.[789]

7. Keine Höchstgrenze mehr

351 Die Höchstgrenze der Übertragung von EP auf insgesamt 2 EP an übertragenen und vorhandenen Anrechten pro Jahr nach § 1587b Abs. 5 BGB a.F. und § 76 Abs. 2 Satz 3 SGB VI ist weggefallen. Das neue VersAusglG hat im Gegenteil ein Interesse daran, auch höherwertige Anrechte innerhalb des Systems zu teilen. Die Abschaffung gilt auch für solche Verfahren, in denen nach §§ 48 ff. VersAusglG das alte Recht fortgilt.

V. Anforderungen an Vereinbarungen nach neuem Recht

1. Die Form der Vereinbarung

352 Nach **§ 7 Abs. 1 VersAusglG** bedarf eine Vereinbarung über den Versorgungsausgleich, die vor Rechtskraft der Entscheidung über den Wertausgleich bei der Scheidung geschlossen wird, der **notariellen Beurkundung**.

353 Wie schon nach altem Recht und im Unterhaltsrecht beim neuen § 1585c BGB setzt der Gesetzgeber daher auf die vorherige Aufklärung und Belehrung der Beteiligten. Diese ist gerade im Bereich des Versorgungsausgleichs sehr wichtig, denn vermeintliche kleine Rentensummen können doch größeren Kapitalbeträgen entsprechen. So hat eine Rentenanwartschaft von 100,00 € einen Kapitalwert von über 23.000,00 €.

354 Vereinbarungen **nach Rechtskraft der Entscheidung über den Wertausgleich** bei Scheidung wären **formfrei** möglich, haben aber nur einen geringen Anwendungsbereich, insb. können sie einen Wertausgleich nicht rückgängig machen. Teilweise wird allerdings angenommen, dass der Versorgungsausgleich für betriebliche und berufsständische Versorgungen mit Zustimmung der Versorgungsträger rückabgewickelt werden könne.[790] Allerdings eröffnet ein Abänderungsverfahren nach § 51 VersAusglG eine Totalrevision[791] in das neue Recht. In diesen Fällen soll daher ohne Einhaltung der notariellen Form auf den Wertausgleich verzichtet werden können.[792] Die Formfreiheit hinterlässt in diesen Fällen eine Schutzlücke, denn die Schutzbedürftigkeit der Beteiligten ändert sich nicht.[793]

---

787 Zu solcher Vereinbarung Burschel, NZFam 2014, 250, der auch die Vereinbarung des schuldrechtlichen Versorgungsausgleichs ab Erreichen der Regelaltersgrenze der Ehefrau nicht für wirksam hält.; Ackermann-Sprenger, NZFam 2019, 777, 778; kritisch zu Vermeidungsstrategien BeckOGK/Reetz, § 6 VersAusglG Rn. 202.1.
788 Hierzu mit Muster Reetz, § 9, Rn. 150 f.
789 BGH, FamRZ 2013, 690 m. Anm. Holzwarth; OLG Brandenburg, NZFam 2014, 34; OLG Koblenz, FamFR 2013, 179; OLG Stuttgart, FamRB 2011, 209.
790 DNotI-Gutachten134673 aus 2014.
791 Hierzu Breuers, FuR 2019, 127 ff.
792 OLG Hamm, FamRZ 2018, 588.
793 Reetz, § 8, Rn. 22.

C. Neuregelung der Vereinbarungen zum Versorgungsausgleich, § 6 f. VersAusglG — Kapitel 7

Entscheidend ist die Rechtskraft der Entscheidung über den Wertausgleich, **nicht die Rechtskraft der Scheidung** – im Gegensatz zu § 1585c BGB –, dies kann bei einer Abtrennung des Versorgungsausgleichs erheblich später sein.[794] — 355

Das **FamG** muss nunmehr nach § 224 FamFG **auf jeden Fall** eine **Entscheidung** zum Versorgungsausgleich treffen. Ggf. ist nach § 224 Abs. 3 FamFG festzustellen, dass ein Versorgungsausgleich nicht stattfindet. Diese Feststellung erwächst sodann mit ihren tragenden Gründen in Rechtskraft.[795] Findet der Versorgungsausgleich teilweise statt, so bleibt festzustellen, dass er i.Ü. nicht stattfindet.[796] § 224 Abs. 4 FamFG verlangt außerdem, die **noch nicht ausgleichsreifen Rechte** zu **benennen**, sodass die Parteien die noch auszugleichenden Anrechte dem Beschluss entnehmen können. — 356

Grds. kann die Vereinbarung zum Versorgungsausgleich zwar **sukzessive beurkundet** werden, nach § 7 Abs. 3 VersAusglG ist aber **im Rahmen eines Ehevertrages § 1410 BGB** anzuwenden, der eine **gleichzeitige Anwesenheit** fordert. Da die Abgrenzung kaum sicher zu treffen ist, kann die Empfehlung nur lauten, nach Möglichkeit bei gleichzeitiger Anwesenheit zu beurkunden. — 357

Wie bereits dargelegt[797] hält die Rechtsprechung die Verwendung einer **Vollmacht** – auch einer nicht beurkundeten – für möglich. Die Bedeutung des **sachlichen Zusammenhangs** mit Vereinbarungen zum Güterstand oder zum Unterhalt zur Begründung einer erweiterten Beurkundungspflicht ist nicht mehr so groß, nachdem nunmehr nach § 1585c BGB Unterhaltsvereinbarungen ohnehin beurkundungsbedürftig sind. — 358

Schon früh hat das BVerfG unter Verweis auf frühere Rechtsprechung und die Auffassung des Gesetzgebers klargestellt, dass **konkrete Einzelberechnungen** von Versorgungsansprüchen **nicht zu den Aufgaben des Notars** i.R.d. Beurkundung gehören.[798] Das gilt nach der Reform des Versorgungsausgleichs weiterhin.[799] Grund ist v.a., dass der Notar nur sehr beschränkte Möglichkeiten der Erkenntnisgewinnung hat. — 359
– Ihm stehen nicht die gerichtlichen Auskunftsbefugnisse des § 220 FamFG zu,
– er hat keine Amtsermittlungspflicht nach § 26 FamFG,
– es gibt bei ihm keinerlei förmliches Beweisverfahren zur Gewinnung sicherer Erkenntnisse,
– das Ehezeitende als Berechnungsparameter steht zumeist noch nicht fest.

Nach neuem Recht bestehen zwar **erweiterte Auskunftsrechte der Ehegatten** untereinander (§ 4 Abs. 1 FamFG) und subsidiär auch ggü. dem Versorgungsträger des anderen Ehegatten (§ 4 Abs. 2 FamFG), aber diese Auskunftsrechte sind **schwächer ausgestaltet** als die gerichtliche Auskunftsbefugnis,[800] der Versorgungsträger hat nicht die Angaben zu machen, die er nach § 5 VersAusglG dem Gericht ggü. machen muss, er schuldet wohl nicht einmal die Berechnung des Ehezeitanteils.[801] — 360

Im Ergebnis darf sich der Notar auf die einvernehmlichen Angaben der Beteiligten verlassen, gleichzeitig sollte er diese aber auf die Möglichkeit und ggf. Notwendigkeit sachverständiger Berechnungen hinweisen.[802] — 361

Nach **§ 7 Abs. 2 VersAusglG** gilt § 127a BGB entsprechend. Somit kann die Beurkundung der Vereinbarung durch die **Aufnahme in ein gerichtliches Protokoll im Rahmen eines Scheidungs- oder Versorgungsausgleichsverfahrens**[803] ersetzt werden. Dies soll auch dann gelten, wenn es sich nicht — 362

---

794 Zweifelhaft insoweit OLG Hamm, FamRZ 2018, 588 m. Anm. Borth.
795 Horndasch/Viefhues/Kemper, § 224 FamFG Rn. 11.
796 Hauß/Bührer, Rn. 300.
797 Kap. 2 Rdn. 4 ff.
798 BVerfG, NJW 1982, 2365, 2366.
799 Würzburger Notarhandbuch/Mayer, Teil 3, Kap. 1, Rn. 443.
800 Triebs, Rn. 118.
801 Bergner, § 4 Tz. 5.
802 Hierzu Würzburger Notarhandbuch/Mayer, Teil 3, Kap. 1 Rn. 443; Erman/Wellenhofer, 14. Aufl., § 1587o Rn. 6.
803 Johannsen/Henrich/Holzwarth, § 7 VersAusglG Rn. 4; Ruland, Rn. 951.

um einen Vergleich handelt, sonst hätte es des Verweises auf die entsprechende Anwendung nicht bedurft.[804] Zur Aufnahme in das gerichtliche Protokoll müssen jedoch **beide Ehegatten anwaltlich vertreten** sein,[805] sodass meist die Vereinbarung die günstigere Lösung darstellt. Das gilt sowohl bei einer Entscheidung im Verbund wie auch bei nach §§ 140 Abs. 2 Nr. 1, 2, 4, 5 FamFG abgetrenntem Versorgungsausgleichsverfahren.[806]

363 Der BGH wendet neuerdings die Vorschrift des **§ 127a BGB analog** auf den sog. **Beschlussvergleich** nach § 36 Abs. 3 FamFG, § 278 Abs. 6 ZPO an.[807] Auch wenn der BGH hierzu ausführlich Stellung nimmt, so bleibt es doch dabei, dass der Schutzzweck der notariellen Beurkundung oder auch der gerichtlichen Verhandlung durch einen nur schriftlichen Beschlussvergleich nicht ersetzt werden kann. Die Entscheidung erging zu einem Scheidungsfolgenvergleich nach § 1378 BGB. Maßgebliche Stimmen sind zu Recht der Auffassung, dass durch den Beschlussvergleich nach der Argumentation des BGH nur die notarielle Urkundsform ersetzt wird, **nicht aber die nach § 1410 BGB erforderliche gleichzeitige Anwesenheit** der Ehegatten, sodass die **Ehevertragsform nicht eingehalten** ist.[808] Andernfalls würden die herausgehobenen Anforderungen des § 1410 BGB ihren Sinn verlieren. So hat nunmehr das OLG Hamm für die Auflassung geurteilt, bei der ebenfalls gleichzeitige Anwesenheit vorgeschrieben ist.[809] Da aufgrund des § 7 Abs. 3 VersAusglG kaum abgrenzbar ist, wann ein Ehevertrag vorliegt, bleibt es bei der Empfehlung, von diesem Institut im Rahmen von Vereinbarungen über den Versorgungsausgleich keinen Gebrauch zu machen.

▶ **Hinweis:**

364 Ein Beschlussvergleich nach § 278 Abs. 6 ZPO ersetzt zwar nach BGH die notarielle Form. Ob er aber die Voraussetzungen des § 1410 BGB »gleichzeitige Anwesenheit« erfüllt, ist ungesichert. Soweit der Notar auf der Grundlage eines solchen Vergleiches weitere Folgebeurkundungen vornehmen soll, kann er nicht sicher von der Wirksamkeit des Vergleiches ausgehen.

Da Anordnungen zum Versorgungsausgleich immer nur durch gerichtliche Entscheidung getroffen werden können, bedarf eine **Vereinbarung** der Eheleute über den Versorgungsausgleich **stets der Umsetzung durch gestaltende Anordnung des Gerichts**.[810] Eine Verrechnungsvereinbarung wirkt also nicht unmittelbar.

2. Verbleibende Verbote

365 Nach **§ 8 Abs. 2 VersAusglG** ist die Übertragung oder Begründung von Anrechten nur zulässig, wenn die maßgeblichen Regeln dies vorsehen und der Versorgungsträger zustimmt. Daran scheitert etwa eine Vereinbarung über ein Anrecht aus einer Direktversicherung nach § 1 Abs. 2 BetrAVG bei bestehendem Arbeitsverhältnis, da der Arbeitnehmer schon nicht Einfluss auf den zwischen Arbeitgeber und Versicherungsunternehmen geschlossenen Vertrag nehmen kann.[811]

366 Dem Schutz des Versorgungsträgers galt früher das **Supersplittingverbot** des § 1587o Abs. 1 Satz 2 BGB a.F. Dieses Verbot war auf den Gesamtsaldo aller Versorgungsanrechte bezogen und verbot eine größere Übertragung als sie gesetzlich vorgesehen war. Bei Herausnahme einzelner Versorgungen oder bestimmter Ehezeiten war die Gefahr groß, gegen dieses Verbot zu verstoßen. Ein solches Verbot **gibt es heute nicht mehr**. Bezogen auf das einzelne Anrecht, das nun separat geteilt werden muss, ist der Versorgungsträger jedoch durch § 8 Abs. 2 VersAusglG geschützt. Die Ehegatten dür-

---

804 BT-Drucks. 16/10144, S. 52.
805 BGH, FamRZ 1991, 679, 680; Glockner/Hoenes/Weil, § 9 Rn. 49.
806 Borth, Versorgungsausgleich, Kap. 4 Rn. 106.
807 BGH, FamRZ 2017, 603, Rn. 27 ff.
808 Staudinger/Thiele, § 1410 Rn. 13; BeckOGK/Reetz § 1410 BGB Rn. 77.
809 OLG Hamm, NZFam 2018, 569.
810 OLG Brandenburg, FamRZ 2020, 92.
811 OLG Celle, NJW 2012, 3521 = FamRZ 2013, 470.

fen somit auch **bei einem Einzelanrecht keine mehr als hälftige Teilung vereinbaren**. Gegen dieses Verbot würde etwa die Vereinbarung einer Ausgleichsquote von 80 % verstoßen. Ein Verstoß gegen dieses Verbot liegt noch nicht vor, wenn die Ehegatten durch Vereinbarung nur eine Verrechnungsmöglichkeit nach § 10 Abs. 2 VersAusglG beseitigen, welche der Versorgungsträger ohne die Vereinbarung gehabt hätte.[812] Es ist also immer zulässig, das auszugleichende Anrecht aufgrund Verrechnung in geringerem Umfang zu kürzen als durch den gesetzlichen Versorgungsausgleich vorgesehen. Das Verbot bezieht sich also nur auf das jeweilige Versorgungsanrecht.

Eine **erweiterte Zustimmungspflicht** des Versorgungsträgers gibt es v.a. bei der externen Teilung. Ehegatten können nicht einfach die externe Teilung eines intern zu teilenden Anrechtes vereinbaren, da dies nur unter der Voraussetzung des § 14 Abs. 2 VersAusglG zulässig ist.[813] Hier muss einer vereinbarten **externen Teilung** sowohl der Versorgungsträger des ausgleichspflichtigen Ehegatten (§ 14 VersAusglG) und der Zielversorgungsträger zustimmen (§§ 15 VersAusglG, 222 FamFG). Letzteres gilt nur dann nicht, wenn die gesetzliche Rentenversicherung als Zielversorgung in Betracht kommt, denn hier ist die Zustimmung schon in § 187 Abs. 1 Nr. 2b SGB VI enthalten. 367

Abzulehnen ist ein gesetzliches Gebot der Teilung eines jeden Anrechts,[814] das alle Vereinbarungen untersagte, durch die Anrechte anders geteilt würden als in §§ 9 ff. VersAusglG vorgesehen. Vielmehr ist die grundsätzliche Vereinbarungsfreiheit der Ehegatten im Zentrum zu sehen, die nur eingeschränkt wird, wo Vereinbarungen zulasten der Versorgungsträger gehen. Ein Verzicht oder Teilverzicht ist daher zulässig, ohne dass der Versorgungsträger zustimmen muss. 368

Zweifelhaft ist, ob ein solcher erweiternder Ausgleich dann vorgenommen werden darf, wenn der Versorgungsträger zustimmt.[815] 369

Das **Ehezeitende** nach § 3 Abs. 1 VersAusglG kann nach überwiegender Ansicht als Berechnungsparameter **nicht verändert** werden.[816] Dies muss bei der Erstellung von Vereinbarungen beachtet werden. 370

Nach wie vor dürfen in den Versorgungsausgleich als öffentlich-rechtliche Institution **keine Anrechte aus Zeiten außerhalb der Ehe** einbezogen werden.[817] 371

D. Vereinbarungsmöglichkeiten

I. Totalausschluss

Ein völliger Ausschluss des Versorgungsausgleichs kann v.a. in den Fällen in Betracht kommen, bei denen das gesetzliche Ziel des Versorgungsausgleichs, nämlich **die gleichberechtigte Teilhabe der Eheleute** an dem in der Ehe erworbenen Versorgungsvermögen,[818] aufgrund der Ehekonstellation nicht erforderlich ist oder jedenfalls von den Vertragsteilen nicht gewünscht wird.[819] 372

Dies ist insb. dann der Fall, wenn bei einer Ehe beide Ehegatten durchgehend berufstätig sind (**Doppelverdienerehe**) und jeweils ihre eigene Altersversorgung aufbauen. 373

---

812 Ruland, Rn. 959; C. Münch, FamRB 2012, 320; dem folgend OLG Saarbrücken, FamRZ 2013, 1741.
813 Götsche, FamRB 2011, 318, 322.
814 So Rotax, ZFE 209, 453, 456.
815 So Göppinger/Börger/Schwamb, 3. Teil, Rn. 33.
816 Brambring, NotBZ 2009, 429, 438; Bergner, § 3 Tz. 2.2.; Bredthauer, FPR 2009, 500, 502; Glockner/Hoenes/Weil, § 9 Rn. 30; Hauß/Bührer, Rn. 278; Ruland, Rn. 182; Hahne, FamRZ 2009, 2041, 2043; Götsche, FamRB 2011, 26, 27; nunmehr auch Göppinger/Börger/Schwamb, 3. Teil, Rn. 50; a.A. Brüggen MittBayNot 2009, 337, 341; Gernhuber/Coester-Waltjen, § 28 Rn. 19.
817 Ruland, Rn. 182; OLG Koblenz, FamRZ 1986, 273; OLG Zweibrücken, FamRZ 2014, 948; für eine Einbeziehung unter den Voraussetzungen des § 8 Abs. 2 VersAusglG plädiert Kemper, ZFE 2011, 179, 183.
818 BVerfG, FPR 2003, 465, 466.
819 Zu eng daher Weil/Voucko-Glockner, NZFam 2015, 406, 407.

374 Ein Ausschluss des Versorgungsausgleichs ist geradezu geboten, wenn bei der **Unternehmerehe** der Unternehmer seine Altersversorgung in der Weise absichert, dass die entsprechenden Vermögenswerte dem Zugewinn unterliegen, während die Ehefrau Versorgungsanrechte i.S.d. VersAusglG erwirbt. Ein Ausgleich zugunsten des Unternehmers wird hier zumeist nicht gewünscht und wäre auch unangebracht, wenn die Ehefrau ohnehin schon im Bereich des Zugewinns (Teil-) Verzichte ausgesprochen hat.

375 Auch bei der **Wiederverheiratung älterer Ehepartner**,[820] die beide bereits eigene Versorgungen aufgebaut haben, mag ein solcher Totalverzicht angebracht sein.[821]

376 Angesichts des Stellenwertes des Versorgungsausgleichs in der Inhaltskontrolle sollte jedoch bei jungen Eheleuten in einem vorsorgenden Ehevertrag von einem Totalverzicht ohne anpassende Klauseln nur zurückhaltend Gebrauch gemacht werden, auch wenn die Eheleute häufig vortragen, beide beruflich gesichert zu sein, keine Kinder zu wollen oder wenn Kinder gewünscht sind, beide ihren Beruf fortsetzen zu wollen etc.

377 In Krisenzeiten sind viele Berufe nicht mehr Lebenszeitstellungen. Ein Unternehmen kann am Markt scheitern, sodass der Unternehmer ohne Versorgung sich plötzlich als leitender Angestellter mit erheblicher Altersversorgung wiederfindet. Nach einigen Jahren Ehe kann sich ein Kinderwunsch einstellen, die Erwerbsbiografie leidet dann an Unterbrechungen. All dies kann mit entsprechenden Rücktrittsrechten oder auflösenden Bedingungen aufgefangen werden.

378 Wird die Vereinbarung in der Scheidungssituation geschlossen, so sind die erdienten Anrechte zu bilanzieren. Hier sollte der Vertragsgestalter darauf hinweisen, dass dies versicherungsmathematisch exakt durch entsprechende Rentenberater oder Sachverständige geschehen kann.[822]

▶ Gestaltungsempfehlung:

379 Der Formulierungsvorschlag für den Totalverzicht enthält eine komplette Zusammenstellung aller notwendigen Klauseln, einschließlich Belehrungen, Auffangklauseln und Güterstandsregelung. Die nachfolgenden Formulierungshilfen gehen dann nur noch auf die jeweils betroffenen Teile ein; sie können um die Abschnitte aus diesem Formular entsprechend ergänzt werden.

▶ Kostenanmerkung: Versorgungsausgleich

380 Der **Verzicht oder die Modifikation des Versorgungsausgleichs** als Teil eines Ehevertrages oder einer Scheidungsvereinbarung fällt **nicht unter § 100 GNotKG**, sondern unter § 36 GNotKG.[823] Zwar werden mit Erreichen der Altersgrenze aus den zu übertragenden Anrechten Rentenzahlungen als wiederkehrende Leistungen erbracht. Aber Gegenstand des Versorgungsausgleichs sind nicht diese Rentenzahlungen, sondern nach §§ 2, 5 VersAusglG die Ehezeitanteile der betreffenden Anrechte, deren Ausgleichswert nach § 5 VersAusglG auch in einer Kapitalsumme mitgeteilt werden muss, §§ 5 Abs. 3, 47 VersAusglG. Für die Bewertung ist somit der **Ausgleichswert als Kapitalsumme maßgeblich**, die Bewertung erfolgt nach §§ 97 Abs. 1 und 3, 36 Abs. 1 und 3 GNotKG.[824] Ist eine Kapitalsumme nicht bekannt, kann zunächst auf den korrespondierenden Kapitalwert zurückgegriffen werden.[825] Nur äußerst hilfsweise,

---

820 Gruntkowski, MittRhNotK 1993, 1, 13.
821 Goering, FamRB 2004, 166, 168.
822 Bergschneider, Rn. 812.
823 Diehn, Rn. 1577.
824 Münch C./Wudy, Familienrecht, § 21 Rn. 33; so Leipziger Kostenspiegel, Teil 20 Fall 5; Reetz/Riss in Leipziger Gerichts- & Notarkosten-Kommentar (GNotKG), § 100, Rn. 68 f., wo völlig zu Recht betont wird, die Annahme einer laufenden Leistung müsse dazu führen, dass diese erst ab Renteneintritt zu bemessen sei; eine praktisch kaum durchführbare Aufgabe, Reetz, § 9, Rn. 222.
825 Wudy, notar 2018, 283 unter Berufung auf LG Potsdam.

wenn eine Kapitalsumme nicht bekannt ist, kann die wiederkehrende Leistung nach § 52 GNotKG hochgerechnet werden, um den Wert zu ermitteln.[826]

Beim wechselseitigen Verzicht oder auch bei einer Verrechnung mit anderen Werten handelt es sich um einen **Austauschvertrag**, sodass der **höhere Wert maßgebend ist**. Dabei darf **keine Saldierung unter Zugrundelegung nur des Unterschiedsbetrages** erfolgen, denn das **neue Versorgungsausgleichsrecht** ist geprägt vom Hin- und Her-Ausgleich, sodass **alle Anrechte einzeln** ausgeglichen werden, ohne dass eine Saldierung erfolgt, wie sie nach früherem Recht vorgeschrieben war. Die Verrechnung der Versorgungsträger nach § 10 VersAusglG hingegen ist ein reines Internum der Versorgungsträger, das schon bei Gericht nicht zum Ausdruck kommt. Sie hat daher keine Auswirkung auf die Kostenberechnung.[827] Auch der Verweis auf die Bagatellklausel geht in diesem Zusammenhang fehl, denn bei Eingreifen dieser Klausel findet gar kein Versorgungsausgleich statt. Dann bedürfte es auch keines Verzichtes. Daher ist die Seite mit den höchsten Anrechten für die Kostenbestimmung maßgeblich, auch dann, wenn die Ehegatten etwa gleich hohe Versorgungsanwartschaften aufgebaut haben.[828]

Der **Versorgungsausgleich** ist ein **wichtiger Bestandteil** der Nachscheidungsansprüche. Er steht für den BGH auf der zweiten Stufe der Kernbereichsleiter bei der Inhaltskontrolle. Es werden mit aktuell geringen Zahlungen später große Werte geschaffen. Von seiner sachgerechten Regelung, die z.T. mit erheblichen tatsächlichen und rechtlichen Schwierigkeiten verbunden ist, hängt die Wirksamkeit des gesamten Ehevertrages ab. Die Bewertung hat sich daran anzuschließen. Es ist daher **verfehlt**, hier auf den **Regelwert** von 5.000,00 € nach § 36 GNotKG zurückzugreifen.[829] Stattdessen ist der Wert des Anrechtes, auf das verzichtet wird, zu ermitteln, soweit dies bei vorsorgenden Verträgen möglich ist.

Schließlich ist im vorsorgenden Ehevertrag der Wert **nicht um einen Abschlag zu vermindern**, weil es sich um eine **scheidungsbezogene Vereinbarung** handelt.[830] Für den früher so behandelten Erbverzicht kurz vor der Scheidung heißt es nämlich, ein Wertabschlag sei nicht mehr vorzunehmen, da keine Wahrscheinlichkeitserwägungen mehr zu berücksichtigen seien.[831] Das muss erst recht für den vorsorgenden Verzicht auf Versorgungsausgleich gelten.

Der **Verzicht auf den Versorgungsausgleich** und der **Ehevertrag** haben einen **verschiedenen Gegenstand**. Die Werte sind zu addieren. Kostenrechtlich stehen die Verpflichtungen damit nicht in einem Gegenleistungsverhältnis eines Austauschvertrages.

▶ Formulierungsvorschlag: kompletter Verzicht auf Versorgungsausgleich

URNr. .....

Vom .....

Ehevertrag

Heute, den .....

erschienen vor mir,

Dr. .....

Notar in .....

381

---

826 Notarkasse, Rn. 620; Tiedtke in Korintenberg, GNotKG, § 100 Rn. 69 f.
827 Leipziger Kostenspiegel, Teil 20, Fall 32, Rn. 20.240; Reetz, § 9 Rn. 219 f.; Notarkasse, Rn. 619.
828 A.A. für diesen Fall Notarkasse, Rn. 624.
829 Wudy, notar 2018, 283 unter Berufung auf LG Gera.
830 So aber Leipziger Kostenspiegel, Teil 20 Fall 5, Rn. 20.55.
831 Notarkasse, Rn. 661.

1. Herr ....,

geboren am .....

2. dessen Verlobte,

Frau ....., geborene .....

geboren am .....

beide wohnhaft in ....,

nach Angabe beide ledig.

Die Erschienenen wollen einen

Ehevertrag

errichten.

Die Erschienenen erklären bei gleichzeitiger Anwesenheit gemeinsam mündlich mit dem Ersuchen um Beurkundung was folgt:

A. Allgemeines

Wir sind beide ledig und beabsichtigen, miteinander die Ehe einzugehen. Wir werden dem beurkundenden Notar zu seiner Urkundensammlung eine Heiratsurkunde einreichen.

Keiner von uns hat Kinder.

Wir sind beide deutsche Staatsangehörige und haben kein Vermögen im Ausland.

Wir haben bisher keinen Ehevertrag geschlossen.

Wir sind beide berufstätig und wollen dies auch während der gesamten Ehezeit bleiben. Ich, der Ehemann, arbeite als ....., ich, die Ehefrau, als ..... Unsere Altersversorgung können wir jeweils aus eigener Kraft sicherstellen. Ich, der Ehemann, zahle Beiträge in die gesetzliche Rentenversicherung ein, ich, die Ehefrau, werde als Beamtin Pension beziehen *(ggf. weitere Angaben)*. Wir wollen eine partnerschaftliche Ehe führen und voreheliche Qualifikationsunterschiede nicht zur Ausgleichung bringen.[832]

B. Ehevertragliche Vereinbarungen

Ehevertraglich vereinbaren wir, was folgt:

I. Güterstand

..... *(ggf. weitere Vereinbarungen zu Güterstand oder Unterhalt)* .....

III. Versorgungsausgleich

1)

Wir schließen hiermit nach § 6 VersAusglG gegenseitig den Versorgungsausgleich nach dem VersAusglG vollständig und für die gesamte Ehezeit aus.

2)

Diesen Verzicht nehmen wir hiermit gegenseitig an.

3)

Eine Abänderung dieser Vereinbarung – insbesondere nach § 227 FamFG – wird ausgeschlossen.[833]

---

[832] Wenn es sich um einen völligen Totalverzicht handelt, sollten Kinderwünsche ausgeschlossen sein.

[833] Dies entspricht dem bisherigen Ausschluss der Abänderbarkeit nach § 10a Abs. 9 VAHRG. Nach § 227 Abs. 2 FamFG kann der Ausschluss der Abänderbarkeit vereinbart werden. Die Alternative lässt die Abänderung weiterhin zu. Der Ausschluss der Abänderbarkeit muss künftig im Einzelfall überdacht

D. Vereinbarungsmöglichkeiten   Kapitel 7

Alternative:

Wir wissen, dass diese Vereinbarung nach § 227 Abs. 2 FamFG bei wesentlichen Veränderungen einer Abänderung unterliegen kann.

4)

In dieser Vereinbarung liegt jedoch ausdrücklich kein Verzicht auf Altersvorsorgeunterhalt.[834]

Alternative:

Dies beinhaltet zugleich einen Verzicht auf Altersvorsorgeunterhalt, den wir hiermit wechselseitig annehmen .....

5)

Der Notar hat uns über die rechtliche und wirtschaftliche Tragweite dieses Ausschlusses eingehend belehrt. Er hat insbesondere darauf hingewiesen:
a) dass bei einem Ausschluss des Versorgungsausgleichs jeder Ehegatte für seine Altersversorgung selbst sorgen muss und die Altersversorgung des anderen Ehegatten nicht geteilt wird;
b) dass es empfehlenswert ist, die aus dem bisherigen oder auch dem künftig zu erwartenden Versicherungsverlauf resultierenden Anrechte der Ehegatten im Rahmen einer Renten- bzw. Versorgungsberatung zu bestimmen; die Ehegatten wünschen die Beurkundung jedoch ausdrücklich ohne eine solche vorherige Berechnung;[835]
c) dass mit dem Ausschluss des Versorgungsausgleichs keine Änderung des Güterstandes verbunden ist;[836]
d) dass die Vereinbarung eines Ausschlusses des Versorgungsausgleichs einer Wirksamkeits- und Ausübungskontrolle nach § 8 Abs. 1 VersAusglG und den Rechtsprechungsgrundsätzen unterliegt und dass ehevertragliche Regelungen bei besonders einseitiger Aufbürdung von vertraglichen Lasten und einer erheblich ungleichen Verhandlungsposition unwirksam oder unanwendbar sein können. Der Notar hat ferner darauf hingewiesen, dass der Vertrag bei einer gewichtigen Änderung der Ehekonstellation, insbesondere bei einer Änderung der Erwerbsbiographie oder der Geburt gemeinsamer Kinder auch nachträglich einer Ausübungskontrolle unterliegen kann. Er hat uns Gestaltungsmöglichkeiten aufgezeigt, dem bereits jetzt Rechnung zu tragen. Dies wünschen wir jedoch ausdrücklich nicht.
Die Vertragsteile erklären, dass sie nach einer Vorbesprechung und dem Erhalt eines Vertragsentwurfes mit Hinweis auf die Möglichkeit rentenrechtlicher Prüfung die rechtlichen Regelungen dieses Vertrages umfassend erörtert haben und dieser Vertrag ihrem gemeinsamen Wunsch nach Gestaltung ihrer ehelichen Verhältnisse entspricht. Sie sind insbesondere überzeugt, dass mit den Regelungen dieses Vertrages trotz des hier erklärten Verzichtes alle etwa eintretenden ehebedingten Nachteile ausgeglichen sind.
e) dass ein Ausschluss des Versorgungsausgleichs sittenwidrig sein kann, wenn er sich zu Lasten der Grundsicherung oder anderer Träger sozialer Hilfen auswirkt.

Als Auffangklausel für den Fall einer Ausübungskontrolle schlägt *Weil* vor:[837]

▶ **Formulierungsvorschlag: kompletter Verzicht – Auffangklausel Ausübungskontrolle**

Sollte der vorstehende Verzicht als unzulässige Rechtsausübung beanstandet werden, dann sind bezüglich der Anrechte in der gesetzlichen Rentenversicherung die fiktiven Versorgungsausgleichsrechte des berechtigten Ehegatten in der Weise zu ermitteln, dass diejenigen Entgelte, die er bei gedachter Weiterführung der Erwerbstätigkeit in der Zeit der ehebedingten Berufs-

382

---

werden, da zur Abänderung nur noch rechtliche oder tatsächliche Änderungen berechtigen und keine Totalrevision mehr stattfindet.
834 BGH, FamRZ 1992, 1045, 1049 hat unentschieden gelassen, ob in dem Verzicht auf Versorgungsausgleich zugleich ein Verzicht auf Altersvorsorgeunterhalt liegt. Daher ist eine vertragliche Klarstellung empfehlenswert, insb. wenn der Vertrag sonst keine unterhaltsrechtlichen Regelungen enthält.
835 Nach Würzburger Notarhandbuch/Mayer, 3. Teil, Kap. 1, Rn. 186.
836 Soll Gütertrennung gelten, so muss diese nunmehr ausdrücklich vereinbart sein.
837 Formularbuch-Familienrecht/Weil, K.I.1.

pause hätte erzielen können, zu den in dieser Zeit jeweils gegebenen Durchschnittsentgelten aller Versicherten ins Verhältnis zu setzen ist, um damit die jährlichen Entgeltpunkte und die daraus erzielbaren Rentenanwartschaften zu errechnen. Bei anderen Anrechten ist in möglichst vergleichbarer Weise zu verfahren.

II. Partieller Ausschluss

383 Neben dem völligen Ausschluss des Versorgungsausgleichs sieht § 6 VersAusglG ausdrücklich auch die Möglichkeit des teilweisen Ausschlusses vor, der nach der Abschaffung des früheren Supersplittingverbotes an Bedeutung gewinnen wird.

1. Einseitiger Ausschluss

384 Ein einseitiger Ausschluss des Versorgungsausgleichs war **im alten Recht** so verwirklicht worden, dass ein Ehegatte für den Fall, dass er **insgesamt ausgleichsberechtigt** ist, auf diesen Ausgleich verzichtete, sodass dem anderen Ehegatten seine Altersversorgung komplett verblieb und der Verzichtende seinerseits nach dem Gesamtsaldo nicht zur Ausgleichung verpflichtet war.

385 Diese Gestaltung wurde etwa in **Unternehmerfällen** angewendet, wenn der Nichtunternehmer-Ehegatte Versorgungsansprüche erwirbt, die ihm verbleiben sollten, während der Unternehmer im Versorgungsausgleich keine Anrechte hatte. Der Unternehmer verzichtete dann nach altem Versorgungsausgleichsrecht für den Fall, dass er insgesamt ausgleichsberechtigt gewesen wäre. Ein völliger Verzicht für beide Seiten wäre überschießend in dem Fall, dass der Unternehmer später sein Unternehmen aufgibt und als Angestellter mit einer hohen Altersversorgung arbeitet.

386 Der einseitige Ausschluss des Versorgungsausgleichs ist im neuen Recht schwieriger zu bewerkstelligen. Dies liegt daran, dass es **keinen Gesamtsaldo mehr** gibt, in dem unter Zuhilfenahme der BarwertVO alle Anrechte zusammengerechnet werden. Es wird daher auch nicht errechnet, welcher Ehegatte denn nun der »insgesamt ausgleichspflichtige« ist. Will man weiterhin auf diesen Terminus abstellen, so muss man also eine Berechnungsmethode vorgeben.

387 Lässt man nur die Anrechte des Nichtunternehmer-Ehegatten aus dem Versorgungsausgleich heraus, so ist wegen des Grundsatzes des Einzelausgleichs der Unternehmer seinerseits aber verpflichtet, alle seine etwa vorhandenen Anrechte zugunsten des Ehegatten zu teilen. Ein Ergebnis, das die Vertragsteile zumeist nicht wünschen. Es kann gemildert werden durch eine zusätzliche Verringerung der Ausgleichsquote.

Es stehen für dieses Problem folgende Lösungsmöglichkeiten zur Auswahl:

a) Korrespondierender Kapitalwert für Gesamtsaldo

388 Für die Bestimmung des »**insgesamt ausgleichspflichtigen Ehegatten**« kann man auf den **korrespondierenden Kapitalwert** aller Anrechte zurückgreifen und anordnen, dass unter Zuhilfenahme dieses Wertes ein **Gesamtsaldo** zu bilden und der danach insgesamt ausgleichspflichtige Ehegatte zu bestimmen ist.[838] Solches hat der BGH für den Gesamtsaldo im Rahmen des § 31 VersAusglG ausdrücklich gebilligt.[839]

389 Dieser gesetzlich angeordnete Wert, der beim Versorgungsausgleich vom Versorgungsträger mitgeteilt werden muss, hat bereits eine eingehende Erörterung erfahren.[840] Dabei wurde deutlich, dass es **viele kritische Stimmen** dazu gibt, ob der korrespondierende Kapitalwert wirklich als Wertmesser geeignet ist. Wenn aber nach Ansicht des Gesetzgebers auf der Grundlage dieses Wertes Vereinbarungen über den Versorgungsausgleich getroffen werden können, so kann man den Wert **erst recht**

---

838 Solches geschieht z.B. auch i.R.d. § 31 VersAusglG beim Tod eines Ehegatten, vgl. Wick, FuR 2011, 605.
839 BGH, NZFam 2017, 717.
840 Rdn. 314.

D. Vereinbarungsmöglichkeiten

dazu benutzen, um im **Vergleich** den nach Gesamtsaldo ausgleichungspflichtigen Ehegatten zu bestimmen.

Ordnet man einen Vergleich der korrespondierenden Kapitalwerte an, so muss man sich nur im Klaren sein, dass es für den **Ausgleich nach Scheidung** einen solchen Wert nicht gibt. Diese Anrechte **fallen** also aus der Gesamtsaldierung **heraus**. Damit ist das Vorsorgevermögen insb. bei höheren ausländischen Anrechten oder bei im Scheidungszeitpunkt noch verfallbaren betrieblichen Versorgungsanrechten **nicht komplett im Vergleich enthalten**. Anderseits wird zum einen die Bedeutung des Ausgleichs nach Scheidung abnehmen und zum anderen tritt Unverfallbarkeit nach § 1b Abs. 1 Satz 1 BetrAVG bereits nach 3-jähriger Versorgungszusage und Vollendung des 21. Lebensjahres ein.[841]

390

Der korrespondierende Kapitalwert als solcher ist in § **47 Abs. 1 VersAusglG** beschrieben. Aus § 47 Abs. 6 VersAusglG ergibt sich, dass bei einem Wertvergleich noch **weitere wertbildende Faktoren** hinzuzuziehen sind. Verweist man auf den gesamten § 47 VersAusglG, so bezieht sich die Verweisung auch darauf. Dies lässt einen einfachen Vergleich kaum noch möglich werden. Für die Bestimmung des insgesamt ausgleichspflichtigen Ehegatten würde daher ein Verweis auf § 47 Abs. 1 VersAusglG wohl genügen.

391

Der nachfolgende **Formulierungsvorschlag** zeigt die **verschiedenen Alternativen** auf und stellt zusätzlich noch Möglichkeiten dar, eine eigene Berechnungsweise anzuordnen.

392

Wem all dies zu unwägbar ist, der sollte die im nächsten Abschnitt dargestellte Möglichkeit des einseitigen Rücktritts nutzen. In jedem Fall sollte ein Hinweis auf die Besonderheiten des korrespondierenden Kapitalwertes aufgenommen werden.

393

Demgegenüber erscheinen eher **allgemeine Formulierungen** wie »Summe aller auszugleichenden Anwartschaften zugunsten eines Ehegatten«[842] oder die Fragestellung ob die Anrechte eines Ehegatten »geringer sind als die des anderen«[843] **nur schwer als ausreichend bestimmt.**

394

Fraglich ist, was für **Altvereinbarungen** gilt, die anordneten, dass der Versorgungsausgleich nicht stattfindet, wenn ein bestimmter Ehegatte ausgleichspflichtig ist. Man sollte sie so auslegen, dass hierfür der korrespondierende Kapitalwert maßgeblich ist.[844]

395

▶ Formulierungsvorschlag: einseitiger Verzicht auf Versorgungsausgleich – Vorsorgevermögensbilanz nach § 47 VersAusglG

Ehevertrag

396

.....

III. Versorgungsausgleich

1)

Wir schließen hiermit nach § 6 VersAusglG gegenseitig[845] den Versorgungsausgleich nach dem VersAusglG für den Fall vollständig aus, dass ich, der Ehemann insgesamt ausgleichsberechtigt bin.

Insgesamt ausgleichsberechtigt bin ich, wenn die Kapitalwerte bzw. korrespondierenden Kapitalwerte im Sinne des § 47 Abs. 1 VersAusglG

---

841 Für Versorgungszusagen ab 01.01.2018; zur Übergangsregelung vgl. § 30f BetrAVG.
842 Notar 2009, 328, 334 – Vorschlag mit experimentellem Charakter.
843 Becksches Formularbuch/Brambring, 11. Aufl., V.11., Anm. 2b); Brambring, NotBZ 2009, 429, 437.
844 A.A. wohl Wälzholz, DStR 2010, der hierin eine Vereinbarung wie unter Rdn. 404 erblickt und eine Anpassung daher für zwingend hält.
845 Trotz des Verzichtes nur einseitig zulasten des Ehemannes liegt ein gegenseitiger Verzicht vor, denn tritt der Fall ein, dann ist der Ausgleich für beide Ehegatten ausgeschlossen.

Alternative:

im Sinne des § 47 Abs. 1 i.V.m. Abs. 6 VersAusglG

der Anrechte meiner Ehefrau die meinen übersteigen. Bei dieser Berechnung wird § 18 VersAusglG nicht angewendet.

Alternative 1:

Hierbei sind die von den Versorgungsträger mitgeteilten Kapitalwerte bzw. korrespondierenden Kapitalwerte auf der Basis eines einheitlichen Rechnungszinses von 3,5 % neu festzulegen.

Alternative 2:

Hierbei sind die von den Versorgungsträger mitgeteilten Kapitalwerte bzw. korrespondierenden Kapitalwerte einheitlich auf der Basis des Rechnungszinses nach § 253 Abs. 2 Satz 2 i.V.m. Satz 4 HGB umzurechnen.

Alternative 3:

Insgesamt ausgleichungsberechtigt bin ich, wenn die Barwerte der Anrechte meiner Ehefrau nach § 47 Abs. 5 VersAusglG diejenigen meiner Anrechte übersteigen. Die Werte sind durch einen vom Präsidenten des örtlich zuständigen Landgerichts benannten Sachverständigen für Rentenberechnungen mit folgenden Parametern[846] zu berechnen: Rechnungszins: ..... Lebenserwartung zu ermitteln nach ....., Dynamik in der Anwartschaftsphase ..... und in der Leistungsphase ....., Leistungsumfang in Bezug auf Invaliden- oder Hinterbliebenenrente .....

2)

Diesen Verzicht nehmen wir hiermit gegenseitig an.

3)

Eine Abänderung dieser Vereinbarung – insbesondere nach § 227 Abs. 2 FamFG – wird ausgeschlossen.

.....

5)

Der Notar hat uns über die rechtliche und wirtschaftliche Tragweite dieses Ausschlusses eingehend belehrt. Er hat insbesondere darauf hingewiesen:

a) dass bei einem einseitigen Ausschluss des Versorgungsausgleichs der betroffene Ehegatte für seine Altersversorgung selbst sorgen muss;
b) .....
c) dass es sich bei dem korrespondierenden Kapitalwert nicht um einen versicherungsmathematisch exakt berechneten Wert handelt, sondern um eine Hilfsgröße zur Erstellung einer Vorsorgevermögensbilanz, die möglicherweise vom wirklichen, nur sachverständig festzustellenden Wert abweichen kann und die keine Dynamik auf den Leistungszeitpunkt hin enthält. Der Notar hat uns ferner darüber informiert, dass die Summe der korrespondierenden Kapitalwerte nicht diejenigen Ausgleichswerte erfasst, die nach Scheidung (schuldrechtlich) auszugleichen sind, weil für diese ein korrespondierender Kapitalwert bei Scheidung nicht mitgeteilt wird. Gleichwohl wollen wir heute im Rahmen der vorsorgend getroffenen Bestimmung des einseitigen Verzichts auf Versorgungsausgleich auf diesen Wert zurückgreifen.
d) dass ein Ausschluss des Versorgungsausgleichs sittenwidrig sein kann, wenn er sich zu Lasten der Grundsicherung oder anderer Träger sozialer Hilfen auswirkt.

.....

---

846 Manche der nachfolgenden Parameter machen nur Sinn, wenn die entsprechende Versorgung schon feststeht, so etwa die Angaben zur Dynamik. Ggf. sind auch für einzelne Versorgungen getrennte Berechnungsgrundlagen möglich.

b) Einseitiges Rücktrittsrecht

397 Wem die Unwägbarkeiten des korrespondierenden Kapitalwertes zu groß sind und wer nicht glaubt, dass dieser Wert auch in Jahrzehnten noch einen realistischen Wert der Versorgung vermittelt, der könnte einen **gegenseitigen Totalverzicht** erklären[847] und dem Nichtunternehmer-Ehegatten **ein einseitiges Rücktrittsrecht** von dieser Vereinbarung einräumen. Dann hätte dieser die Möglichkeit, zunächst einmal über die Auskunftsansprüche nach § 4 VersAusglG oder im Verfahren über den Versorgungsausgleich nach § 220 FamFG die Anrechte beider Ehegatten feststellen zu lassen, um zu überprüfen, ob der vereinbarte Totalverzicht – wie bei Vertragsschluss angenommen[848] – zu seinen Gunsten ausgeht. Der Rücktritt muss auch spät im Versorgungsausgleichsverfahren noch erklärt werden können, damit der zum Rücktritt Berechtigte zunächst die notwendigen Auskünfte einholen kann.

▸ Formulierungsvorschlag: kompletter Verzicht auf Versorgungsausgleich mit einseitigem Rücktrittsrecht

398
.....

Ehevertrag

.....

III. Versorgungsausgleich

Wir gehen davon aus, dass sich der nachfolgende Verzicht auf Versorgungsausgleich nur zugunsten der Ehefrau auswirkt, da ich, der Ehemann, als Unternehmer meine Altersversorgung nicht auf Anrechten aufgebaut habe, die dem Versorgungsausgleich unterfallen.

Sollte dies im Zeitpunkt der Scheidung nach Erstellung der Vorsorgevermögensbilanz anders sein, so soll die Ehefrau durch ein einseitiges Rücktrittsrecht den Verzicht zu Fall bringen können. Wird dies im Scheidungsverfahren vorgetragen, so ist in jedem Fall im Rahmen eines Versorgungsausgleichsverfahrens im Wege der Ausübungskontrolle die Prüfung der bei Scheidung vorhandenen Anrechte zu ermöglichen.

1)

Wir schließen hiermit nach § 6 VersAusglG gegenseitig den Versorgungsausgleich nach dem VersAusglG vollständig und für die gesamte Ehezeit aus.

2)

Diesen Verzicht nehmen wir hiermit gegenseitig an.

3)

Eine Abänderung dieser Vereinbarung – insbesondere nach § 227 Abs. 2 FamFG – wird ausgeschlossen.

4)

Der Ehefrau steht einseitig das Recht zu, von diesem Verzicht zurückzutreten. Der Rücktritt ist zu Urkunde des Notars zu erklären und dem anderen Teil zuzustellen. Der Rücktritt kann auch während eines anhängigen Scheidungsverfahrens oder eines anhängigen Verfahrens zum Wertausgleich bei Scheidung noch erklärt werden bis zum Ende der letzten mündlichen Verhandlung, in der über den Versorgungsausgleich verhandelt wird.

Der Rücktritt ist nicht zu begründen und ausdrücklich auch dann zulässig, wenn die eingangs dieses Abschnittes geschilderten Voraussetzungen nicht vorliegen.

---

[847] Dieser wäre die richtige Lösung, wenn alles so bleibt wie gedacht, also der Unternehmer keine Versorgungen im Bereich des Versorgungsausgleichs hat und der Nichtunternehmer solche verdient.

[848] Ein anderes Ergebnis kann etwa eintreten, wenn der Unternehmer seine Firma aufgegeben hat und als leitender Angestellter mit hoher Versorgung tätig war.

Durch den Rücktritt entfällt der Verzicht auf Versorgungsausgleich für beide Ehegatten, sodass dieser in vollem Umfange für beide Vertragsseiten durchzuführen ist.

Die übrigen Vereinbarungen dieses Vertrages werden durch den Rücktritt nicht berührt .....

5)

Der Notar hat uns über die rechtliche und wirtschaftliche Tragweite dieses Ausschlusses eingehend belehrt. Er hat insbesondere darauf hingewiesen:

a) dass bei einem Ausschluss des Versorgungsausgleichs jeder Ehegatte für seine Altersversorgung selbst sorgen muss;
b) dass mit dem Ausschluss des Versorgungsausgleichs keine Änderung des Güterstandes verbunden ist;[849]
c) dass die Vereinbarung eines Ausschlusses des Versorgungsausgleichs einer Wirksamkeits- und Ausübungskontrolle nach § 8 Abs. 1 VersAusglG und den Rechtsprechungsgrundsätzen unterliegt .....
d) dass ein Ausschluss des Versorgungsausgleichs sittenwidrig sein kann, wenn er sich zu Lasten der Grundsicherung oder anderer Träger sozialer Hilfen auswirkt.
e) dass ein Rücktrittsrecht nur für die Ehefrau besteht und dass dieses Rücktrittsrecht den beiderseitigen Verzicht zu Fall bringt. Der Notar hat ferner über die Modalitäten des Rücktrittes belehrt.

399 In dieser Situation der Unternehmerehe schlägt *Milzer*[850] die Aufnahme eines zusätzlichen eingeschränkten Rücktrittsrechtes auch für den Unternehmer-Ehegatten vor, für den Fall, dass dieser seine selbstständige Tätigkeit aufgibt und entweder nun Versorgungsanrechte als abhängig Beschäftigter erwirbt oder aufgrund der ehelichen Rollenverteilung keiner Beschäftigung nachgeht.

c) Ausschluss nur der Anrechte eines Ehegatten

400 Schließlich gibt es noch die Möglichkeit, dass der **Unternehmer einseitig** darauf **verzichtet**, dass die Anrechte des Nichtunternehmer-Ehegatten ausgeglichen werden. Dann erhält er **keine Anrechte übertragen, muss aber seine eigenen Anrechte ausgleichen.**

401 Eine solche Vereinbarung ist nach dem Wegfall des Supersplittingverbotes und dem Systemwechsel hin zum Einzelausgleich **zulässig**. Fraglich ist, ob sie von den Beteiligten gewollt ist. Sie ist dann die richtige Lösung, wenn man ganz sicher weiß, dass beim Unternehmer nie irgendwelche Anrechte bestehen werden, die in den Versorgungsausgleich fallen.

402 Ansonsten können solche Vorschläge, auch wenn sie angeboten werden,[851] nicht den Normalfall der Unternehmerehe lösen, sondern man wird auf die schwierigeren bereits vorgestellten Formulierungen zurückgreifen müssen.

▶ Kostenanmerkung: einseitiger Versorgungsausgleichsverzicht

403 Zur Geschäftswertbestimmung beim einseitigen Verzicht auf Versorgungsausgleich ist der volle Ausgleichswert der betroffenen Anrechte maßgeblich.[852]

---

849 Soll Gütertrennung gelten, so muss diese nunmehr ausdrücklich vereinbart sein.
850 Milzer, notar 2013, 319, 326.
851 Bergschneider, Rn. 931.
852 Reetz/Riss in Leipziger Gerichts- & Notarkosten-Kommentar (GNotKG), § 100 Rn. 75.

D. Vereinbarungsmöglichkeiten   Kapitel 7

▶ Formulierungsvorschlag: einseitiger Verzicht bezüglich der Anrechte eines Ehegatten

404

.....

Ehevertrag

.....

III. Versorgungsausgleich

1)

Wir schließen hiermit nach § 6 VersAusglG den Versorgungsausgleich nach dem VersAusglG insoweit aus, als die Ehefrau für einzelne Anrechte ausgleichspflichtig wäre. Dies gilt auch für den Ausgleich nach Scheidung. Hinsichtlich der Anrechte des Ehemannes findet der Versorgungsausgleich jedoch in vollem Umfang statt.

Alternative:

Ausgenommen von diesem Verzicht ist die Berücksichtigung von Anrechten der Ehefrau, die im Rahmen einer internen Teilung nach § 10 Abs. 2 VersAusglG verrechnet werden würden.

2)

Diesen Verzicht des Ehemannes nehme ich, die Ehefrau, hiermit an.

3)

Eine Abänderung dieser Vereinbarung – insbesondere nach § 227 Abs. 2 FamFG – wird ausgeschlossen.

4)

Der Notar hat uns über die rechtliche und wirtschaftliche Tragweite dieses Ausschlusses eingehend belehrt. Er hat insbesondere darauf hingewiesen:

a) dass der Ehemann einseitig auf den Versorgungsausgleich von Anrechten seiner Ehefrau verzichtet hat, seine eigenen Anrechte aber gleichwohl im Versorgungsausgleich geteilt werden;
b) dass bei einem Ausschluss des Versorgungsausgleichs der betroffene Ehegatte für seine Altersversorgung selbst sorgen muss;
c) dass die Vereinbarung eines Ausschlusses des Versorgungsausgleichs einer Wirksamkeits- und Ausübungskontrolle nach § 8 Abs. 1 VersAusglG und den Rechtsprechungsgrundsätzen unterliegt .....

2. Ausschluss für bestimmte Ehezeiten

Häufig wird von den Vertragsparteien gewünscht, dass der Versorgungsausgleich für bestimmte Ehezeiten nicht stattfinden soll, die Ansprüche für andere Ehezeiten hingegen, bei denen ein Versorgungsbedürfnis i.S.d. gesetzlichen Regelung besteht, erhalten bleiben sollen. Diese Möglichkeit eines Ausschlusses für bestimmte Ehezeiten ist in § 6 Abs. 1 Satz 2 Nr. 2 VersAusglG ausdrücklich anerkannt und durch die Rechtsprechung gebilligt, die das allgemeine Monatsprinzip des § 122 Abs. 1 SGB VI allerdings auch hier zur Geltung bringen will und angefangene Monate noch voll in den Versorgungsausgleich einbezieht.[853] Es bietet sich an, dies in der Vereinbarung umzusetzen.

405

a) Für Zeiten der Berufsaufgabe

Vielfach wollen Ehegatten eine Regelung dergestalt, dass der Versorgungsausgleich ausgeschlossen wird, dass aber für diejenigen Zeiten, in denen ein Ehegatte familienbedingt seine Berufstätigkeit aufgibt oder einschränkt, der Versorgungsausgleich durchgeführt werden soll.

406

---

853 OLG Karlsruhe, FamFR 2013, 372 = FamRZ 2014, 208.

407 Gelegentlich wird eine solche Vereinbarung kombiniert mit einer Regelung, dass der familienbedingt nur eingeschränkt erwerbstätige Ehegatte insgesamt nicht mehr Anrechte erhalten soll, als wäre er in vollem Umfang erwerbstätig geblieben. Es ist in diesen Fällen daran zu denken, dass die Feststellung dieser Werte im Streitfall sachverständig zu geschehen hat und aufwendig ist.

▶ **Formulierungsvorschlag: Verzicht auf Versorgungsausgleich mit Ausnahme familienbedingter Erwerbseinschränkung**

408 .....

Ehevertrag

.....

III. Versorgungsausgleich

1)

Wir schließen hiermit nach § 6 VersAusglG gegenseitig den Versorgungsausgleich nach dem VersAusglG vollständig und für die gesamte Ehezeit aus.

2)

Für die Zeiträume, in denen ein Ehegatte wegen der Geburt oder Annahme eines gemeinsamen Kindes seine Berufstätigkeit ganz oder teilweise aufgibt,[854] soll jedoch der Versorgungsausgleich durchgeführt werden, und zwar für einen Zeitraum vom ersten Tag des sechsten Monats vor der Geburt oder der Annahme unseres ersten Kindes bis zum letzten Tag des Monats, in dem unser jüngstes Kind das zwölfte Lebensjahr[855] vollendet.

Alternative 1 – nur abhängig von Kind und für die gesamte Ehe –:[856]

Wird jedoch ein gemeinsames Kind geboren oder angenommen, so soll der Versorgungsausgleich für die restliche Ehezeit vollumfänglich durchgeführt werden. Der Zeitraum, ab dem ein Versorgungsausgleich durchzuführen ist, beginnt am ersten Tag des sechsten Monats vor der Geburt oder der Annahme unseres ersten Kindes.

Alternative 2 – Höchstgrenze eigene Versorgung –:

Es sind jedoch auch in diesem Fall höchstens so viele Versorgungsanrechte zu übertragen, wie sie ..... (Name des Ehegatten mit den geringeren Versorgungsanrechten) in dieser Zeit bei unveränderter Fortsetzung der Berufstätigkeit hätte erwerben können, vermindert um die tatsächlich erworbenen (einschließlich solchen aus Kindererziehungszeiten). Soweit der Ausgleich in einem anderen Versorgungssystem erfolgt als demjenigen, dem ..... angehört, sind die Vergleichswerte anhand des korrespondierenden Kapitalwertes nach § 47 Abs. 6 VersAusglG zu bestimmen.

Alternative 3 – Versorgungsausgleich nicht für Kindererziehungszeiten:

..... Versorgungsausgleich durchgeführt werden, und zwar für einen Zeitraum vom Ende des sechsunddreißigsten Monats nach Ablauf des Monats der Geburt oder der Annahme unseres

---

854 Insb. wenn Ehegatten ohnehin schon in Teilzeit arbeiten, kann auch eine Definition aufgenommen werden, etwa in dem Sinne, dass eine teilweise Aufgabe der Berufstätigkeit erst vorliegt, wenn weniger als 20 Wochenstunden gearbeitet wird, vgl. Würzburger Notarhandbuch/Mayer, 3. Teil, Kap. 1, Rn. 219; vgl. auch Zimmermann/Dorsel, 158: weniger als 50 % der durchschnittlichen wöchentlichen Arbeitszeit der betreffenden Branche.

855 Das Lebensalter können die Ehegatten bestimmen. Nähme man das neue Unterhaltsrecht zum Maßstab, könnte man an ein früheres Lebensalter denken. So hat denn auch das OLG Zweibrücken eine Vereinbarung mit einem Versorgungsausgleich bis zum Erreichen des 6. Lebensjahres des jüngsten Kindes gebilligt und ausgeführt, dass eine solche Vereinbarung sowohl der Wirksamkeits- wie auch der Ausübungskontrolle standhalte, FamRZ 2014, 1111.

856 In dieser Alternative kommt es nicht auf die berufliche Einschränkung an, sondern nur auf die Geburt des gemeinsamen Kindes. Außerdem wird der Versorgungsausgleich dann für die restliche Ehezeit durchgeführt und nicht nur die Kindererziehungszeiten.

D. Vereinbarungsmöglichkeiten   Kapitel 7

ersten Kindes[857] *bis* zum letzten Tag des Monats, in dem unser jüngstes Kind das zwölfte Lebensjahr[858] vollendet, *allerdings nicht für Kindererziehungszeiten, in denen Anspruch auf Versorgung wegen Kindererziehung besteht.*[859]

Auswirkung auf die anderen Bestimmungen dieses Vertrages hat die (teilweise) Durchführung des Versorgungsausgleichs nicht.

3)

Diesen Verzicht nehmen wir hiermit gegenseitig an.

4)

Eine Abänderung dieser Vereinbarung – insbesondere nach § 227 FamFG – wird ausgeschlossen. Soweit der Versorgungsausgleich durchgeführt wird, soll er entsprechend den gesetzlichen Bestimmungen der Abänderbarkeit unterliegen.

5)

Der Notar hat uns über die rechtliche und wirtschaftliche Tragweite dieses Ausschlusses eingehend belehrt. Er hat insbesondere darauf hingewiesen:

a) dass der Versorgungsausgleich mit dieser Vereinbarung für bestimmte Ehezeiten ausgeschlossen worden ist, für andere Zeiten hingegen beibehalten wurde;
b) dass und wie Kinderziehungszeiten berücksichtigt werden;
c) dass die Vereinbarung eines Ausschlusses des Versorgungsausgleichs einer Wirksamkeits- und Ausübungskontrolle nach § 8 Abs. 1 VersAusglG und den Rechtsprechungsgrundsätzen unterliegt ..... Wir erklären hierzu durch diese individuelle Vereinbarung gerade für den Ausgleich ehebedingter Nachteile Sorge getragen zu haben.

b) Für Zeiten der Trennung

Der zweite große Bereich, in dem der Ausschluss bestimmter Ehezeiten aus dem Versorgungsausgleich gewollt ist, sind die Fälle einer länger andauernden Trennung der Eheleute. Hier sollen ab der Trennung keine weiteren Ansprüche auf Versorgungsausgleich entstehen. 409

Hierbei ist darauf zu achten, dass der **Stichtag des Ehezeitendes** nicht durch Parteivereinbarung geändert werden kann. Dies hat der BGH auch für den reformierten Versorgungsausgleich bestätigt.[860] Daher ist die Bewertung der Anrechte immer auf das **Ehezeitende** vorzunehmen. Jede Vereinbarung, die von einem bestimmten anderen Stichtag an – etwa demjenigen der Trennung – alle weiteren Entwicklungen der Versorgungsanrechte ausblenden würde, wäre daher unzulässig. Möglich sind hingegen Vereinbarungen, die den Zeitpunkt, auf den hin nach dem Gesetz der Ausgleichsbetrag zu beziehen ist, unverändert lassen und unbeschadet dieses gesetzlichen Ehezeitendes in den Ausgleich nur diejenigen Anrechte einbeziehen, welche die Parteien bis zu diesem vorgezogenen Stichtag erworben haben. Der BGH hat klargestellt, dass die Wertentwicklung solcher einbezogenen Anteile bis zum Ehezeitende mit auszugleichen ist.[861] Auf diesen Unterschied ist in der Formulierung zu achten.[862] 410

---

857 Zu diesem Zeitpunkt endet die Zuschreibung von Entgeltpunkten für Kindererziehungszeiten bzw. die Gewährung des Kindererziehungszuschlags oder paralleler Regelungen in anderen Versorgungssystemen.
858 Das Lebensalter können die Ehegatten bestimmen.
859 Dieser Satz wurde aufgenommen, um bei mehreren Kindern auch weitere Kindererziehungszeiten von drei Jahren auszuklammern, die in dieser Zeit liegen können.
860 BGH, FamRZ 2017, 881; Brambring, NotBZ 2009, 429, 438; Bergner, § 3 Tz. 2.2.; Bredthauer, FPR 2009, 500, 502; Glockner/Hoenes/Weil, § 9 Rn. 30; Hauß/Bührer, Rn. 278; Ruland, Rn. 182; Hahne, FamRZ 2009, 2041, 2043; jetzt auch Göppinger/Börger/Schwamb, 3. Teil, Rn. 50; a.A. Brüggen. MittBayNot 2009, 337, 341; Gernhuber/Coester-Waltjen, § 28 Rn. 19.
861 BGH, FamRZ 2017, 881.
862 BGH, FamRZ 1990, 273, 274; BGH, FamRB 2004, 80; OLG Karlsruhe; FamRZ 2005, 1747, 1748.

▶ **Formulierungsvorschlag: Verzicht auf Versorgungsausgleich für die Zeit ab Trennung**

411 .....

Ehevertrag

.....

III. Versorgungsausgleich

1)

Wir schließen hiermit nach § 6 VersAusglG den Versorgungsausgleich nach dem VersAusglG gegenseitig aus und zwar für die Zeit ab der Trennung. Von einer solchen Trennung ist auszugehen, wenn sie der eine Ehegatte dem anderen per Einschreiben mitgeteilt hat.[863]

2)

Für die Zeit vor der Trennung soll der Versorgungsausgleich hingegen durchgeführt werden.

3)

Dieser partielle Ausschluss des Versorgungsausgleichs wird so verwirklicht, dass die von den Ehegatten jeweils in der gesamten Ehezeit erworbenen Anrechte um diejenigen gekürzt werden, die sie in der Trennungszeit (gemessen vom ersten Tag des Monates der Trennung) erworben haben.[864] Das Ehezeitende nach § 3 Abs. 1 VersAusglG bleibt hingegen unberührt.

4)

Soweit in dieser Vereinbarung ein Verzicht liegt, nehmen wir diesen gegenseitig an.

5)

Eine Abänderung dieser Vereinbarung – insbesondere nach § 227 FamFG – wird hiermit ausgeschlossen. Soweit der Versorgungsausgleich durchgeführt wird, soll er entsprechend den gesetzlichen Bestimmungen der Abänderbarkeit unterliegen.

6)

In dieser Vereinbarung liegt ausdrücklich kein Verzicht auf Altersvorsorgeunterhalt.[865]

7)

Der Notar hat uns über die rechtliche und wirtschaftliche Tragweite dieses Ausschlusses eingehend belehrt. Er hat insbesondere darauf hingewiesen:

a) dass der Versorgungsausgleich mit dieser Vereinbarung für bestimmte Ehezeiten nach einer förmlich festzustellenden Trennung ausgeschlossen worden ist, für andere Zeiten hingegen beibehalten wurde;
b) dass das Ehezeitende als solches nicht geändert werden kann;
c) dass die Vereinbarung eines Ausschlusses des Versorgungsausgleichs einer Wirksamkeits- und Ausübungskontrolle nach § 8 Abs. 1 VersAusglG und den Rechtsprechungsgrundsätzen unterliegt ..... Wir erklären hierzu ausdrücklich, dass wir beide nicht wollen, dass der andere Ehegatte nach einer Trennung vom Weiterlaufen der Ansprüche auf Versorgungsausgleich profitiert. Wir möchten mit dieser Vereinbarung auch die Möglichkeit eröffnen, nach einer Trennung nicht wegen des Versorgungsausgleichs die Scheidung beantragen zu müssen.

---

[863] Alternativ wäre ggf. ein Trennungszeitpunkt anzugeben. Brambring, Ehevertrag, Rn. 113 schlägt für die Fälle, in denen eine solche Vereinbarung nach der Trennung zur Behebung einer Ehekrise getroffen wurde, eine Klausel vor, nach welcher der Ausschluss des Versorgungsausgleichs wieder entfällt, wenn die Ehegatten schriftlich übereinstimmend festlegen, nicht mehr getrennt zu leben.

[864] Formulierung nach BGH, FamRZ 1990, 273, 274; dort wird eine reine Berechnung nach dem Zeit-Zeit-Verhältnis i.S.d. heutigen § 40 VersAusglG für unbillig gehalten, vielmehr das Abstellen auf die konkret im jeweiligen Zeitraum erworbenen Anrechte empfohlen; ebenso BGH, FamRB 2004, 80.

[865] Gerade bei längerer Trennungszeit empfehlenswert. Der Trennungsunterhalt könnte in solchen Fällen ohnehin nicht eingeschränkt werden.

D. Vereinbarungsmöglichkeiten Kapitel 7

3. Ausschluss bestimmter Versorgungsanrechte

In einigen Fällen wären in die Berechnung des Versorgungsausgleichs Randversorgungen wie Veräußerungsrenten, ausländische Anwartschaften oder geringfügige Betriebsrenten einzustellen, die von geringer Auswirkung wären, aber zu komplizierten Berechnungen nötigen würden. Nachdem nunmehr das Verbot des Supersplittings aufgehoben wurde und jedes Anrecht einzeln ausgeglichen wird, sind Vereinbarungen zum Ausschluss einzelner Rechte zulässig.[866] Hinzuweisen ist in diesem Zusammenhang auf § 19 Abs. 3 VersAusglG, wonach bei Vorliegen eines ausländischen Versorgungsanrechtes möglicherweise der Wertausgleich bei Scheidung gänzlich nicht stattfindet, wenn dies für den anderen Ehegatten unbillig wäre. Dies kann durch Herausnahme per Vereinbarung vermieden werden.

412

▶ Formulierungsvorschlag: Verzicht auf Randversorgungen

413

.....

Ehevertrag

.....

III. Versorgungsausgleich

Ich, der Ehemann, habe während dreier Jahre in der über dreißigjährigen Ehezeit in London gearbeitet und in dieser Zeit Versorgungsansprüche bei der ..... begründet. Diese Ansprüche wären nach § 19 Abs. 2 Nr. 4 VersAusglG in einen Ausgleich nach Scheidung einzubeziehen. Mit Rücksicht auf die großzügige Unterhaltsregelung vereinbaren wir hierzu folgendes:

1)

Für unsere Ehe soll der Versorgungsausgleich nach dem VersAusglG durchgeführt werden.

Vom Versorgungsausgleich schließen wir allerdings nach § 6 VersAusglG meine, des Ehemannes, Versorgungsanrechte bei der ..... aus.

Ich, die Ehefrau, verzichte insoweit auf den Versorgungsausgleich.

2)

Ich, der Ehemann, nehme diesen Verzicht an

3)

Eine Abänderung dieser Vereinbarung – insbesondere nach § 227 FamFG – wird hiermit ausgeschlossen.

4)

Der Notar hat uns über die rechtliche und wirtschaftliche Tragweite dieses Ausschlusses eingehend belehrt. Er hat insbesondere darauf hingewiesen:

a) dass der Versorgungsausgleich mit dieser Vereinbarung für ein bestimmtes Anrecht ausgeschlossen ist, für alle anderen Versorgungsanrechte jedoch stattfindet;
b) dass eine exakte Berechnung des ausgeschlossenen Anrechtes mangels Auskunft des ausländischen Versorgungsträgers nicht möglich ist; die Vertragsteile wünschen jedoch gleichwohl eine endgültige Regelung im Rahmen der Scheidung;
c) dass die Vereinbarung eines Ausschlusses des Versorgungsausgleichs einer Wirksamkeits- und Ausübungskontrolle nach § 8 Abs. 1 VersAusglG und den Rechtsprechungsgrundsätzen unterliegt ..... Wir erklären hierzu ausdrücklich, dass wir eine endgültige Regelung erstreben und die ausgeschlossene Versorgung, in die nur während dreier Ehejahre eingezahlt wurde, durch eine Verlängerung und Erhöhung des nachehelichen Unterhaltes als ausreichend kompensiert ansehen.

5)

---

866 Ruland, Rn. 988.

Das ausgeschlossene Versorgungsanrecht ist auch im Zugewinn nicht auszugleichen. Insoweit wird auf Zugewinnausgleich vorsorglich verzichtet. Den Verzicht nehmen wir gegenseitig an.

.....

414 Zuweilen wird gewünscht, dass auf alle Randversorgungen mit Ausnahme der Beamtenversorgung und der gesetzlichen Rentenversicherung verzichtet wird. Diese Gestaltungsvariante ist auf dem Rückzug, da immer mehr Altersversorgungen außerhalb dieser Systeme jedenfalls begleitend abgeschlossen werden. Die Formulierung einer solchen Vereinbarung kann folgendermaßen lauten:

▶ Formulierungsvorschlag: Herausnahme aller Anrechte mit Ausnahme der gesetzlichen Rentenversicherung bzw. Beamtenpension

415 .....

Ehevertrag

.....

III. Versorgungsausgleich

Ich, der Ehemann, bin Bundesbeamter und habe Pensionsansprüche, die im Rahmen des Versorgungsausgleichs intern geteilt werden sollen. Ich, die Ehefrau, bin als Angestellte tätig und habe während der Ehezeit Rentenanwartschaften bei der DRV Bund begründet, die ebenfalls intern geteilt werden.

Auf den Ausgleich aller weiteren Versorgungsanrechte wollen wir hiermit ausdrücklich verzichten.

1)

Für unsere Ehe soll der Versorgungsausgleich für die Anrechte des Ehemannes gegenüber der Bundesrepublik Deutschland und die Anrechte der Ehefrau gegenüber der DRV Bund nach dem VersAusglG durchgeführt werden.

Alle übrigen Anrechte schließen wir allerdings nach § 6 VersAusglG vom Versorgungsausgleich aus.

2)

In diesem Umfang verzichten wir gegenseitig auf den Versorgungsausgleich und nehmen diesen Verzicht wechselseitig an.

3)

Eine Abänderung dieser Vereinbarungen schließen wir hiermit – insbesondere nach § 227 FamFG – im Hinblick auf die ausgenommenen Anrechte aus. Soweit der Versorgungsausgleich durchgeführt wird, soll er entsprechend den gesetzlichen Bestimmungen der Abänderbarkeit unterliegen.

4)

Der Notar hat uns über die rechtliche und wirtschaftliche Tragweite dieses Ausschlusses eingehend belehrt. Er hat insbesondere darauf hingewiesen:

a) dass der Versorgungsausgleich mit dieser Vereinbarung für bestimmte Anrechte ausgeschlossen ist, sodass diese Anrechte nicht geteilt werden, sondern dem jeweiligen Ehegatten verbleiben;
b) dass deine exakte Berechnung der ausgeschlossenen Anrechte nicht erfolgt ist, die Vertragsteile jedoch gleichwohl die vorstehende Regelung wünschen;[867]
c) dass die Vereinbarung eines Ausschlusses des Versorgungsausgleichs einer Wirksamkeits- und Ausübungskontrolle nach § 8 Abs. 1 VersAusglG und den Rechtsprechungsgrundsätzen unterliegt .....

---

867 Entfällt, wenn bei Beurkundung eine belastbare Berechnung der einzelnen Anrechte vorliegt.

D. Vereinbarungsmöglichkeiten   Kapitel 7

                                    5)

Die ausgeschlossenen Versorgungsanrechte sind auch im Zugewinn nicht auszugleichen. Insoweit wird auf Zugewinnausgleich vorsorglich verzichtet. Den Verzicht nehmen wir gegenseitig an.

.....

Problematisch sind im Versorgungsausgleich Rechte, die   **416**
– nach dem »In-Prinzip« in die Ehezeit fallen, aber diese eigentlich nicht betreffen, so etwa bei der Zahlung sog. Wiederauffüllungsbeiträge zum Ersatz von Verlusten aus einem bereits in der ersten Ehe durchgeführten Versorgungsausgleich, § 187 Abs. 1 Nr. 1 SGB VI.
– mit Mitteln des Anfangsvermögens eines Ehegatten begründet worden sind. Hier findet zwar möglicherweise über den Zugewinn insoweit ein Ausgleich statt, weil dieses Vermögen dann in den Versorgungsausgleich abgewandert und beim Versorgungsberechtigten nicht mehr als Endvermögen im Sinne des Zugewinnes vorhanden ist, sodass sich sein Zugewinn verringert. Ob sich solche Auswirkungen ergeben, hängt aber von der Gesamtvermögenssituation ab und davon, ob überhaupt ein Zugewinnausgleich stattfindet oder dieser durch Vereinbarung ausgeschlossen ist.

Häufig ist diese Auswirkung des Verschiebens von Vermögen in den Bereich des Versorgungsausgleichs unbewusst. Solche Rechte können aber gezielt durch Vereinbarung aus dem Versorgungsausgleich ausgeschlossen werden, entweder schon bei Begründung der Versorgung oder im Zusammenhang mit einer Scheidung.   **417**

▶ **Formulierungsvorschlag: Herausnahme eines aus Anfangsvermögen finanzierten Anrechts aus dem Versorgungsausgleich**

                                                                                          418
.....
                                 Ehevertrag
.....
                          III. Versorgungsausgleich

Ich, der Ehemann, habe im Jahre ..... von meinem Vater eine Summe von 50.000,00 € geerbt und dieses Geld in eine Lebensversicherung auf Rentenbasis bei der ..... im Wege der Einmaleinzahlung investiert.

Da es sich um Anfangsvermögen im Sinne des § 1374 Abs. 2 BGB handelt, wollen wir die daraus resultierenden Versorgungsanrechte vom Versorgungsausgleich ausschließen.

Wir vereinbaren daher Folgendes:
                                    1)

Für unsere Ehe soll der Versorgungsausgleich nach dem VersAusglG durchgeführt werden.

Vom Versorgungsausgleich schließen wir allerdings nach § 6 VersAusglG meine, des Ehemannes, Versorgungsanrechte bei der ..... Lebensversicherung aus.

Ich, die Ehefrau, verzichte insoweit auf den Versorgungsausgleich.
                                    2)
Ich, der Ehemann, nehme diesen Verzicht an.
                                    3)

Wir stellen klar, dass der Wert dieser Anrechte dann aber nicht nur zum Anfangsvermögen, sondern – da sie nicht mehr dem Versorgungsausgleich unterliegen im Sinne des § 2 Abs. 4

VersAusglG – auch zum Endvermögen des Ehemannes beim Zugewinn gehören. Dies wird vorsorglich vereinbart.[868]

4)

Eine Abänderung dieser Vereinbarung – insbesondere nach § 227 FamFG – wird hiermit ausgeschlossen.

.....

III. Ausschluss mit Bedingungen oder Rücktrittsrecht

419   Gerade bei einer Abstimmung der vertraglichen Regelung auf die jeweilige Ehekonstellation sind häufig Vereinbarungen sinnvoll, die einen Ausschluss des Versorgungsausgleichs enthalten, jedoch unter bestimmten Bedingungen oder für bestimmte Zeiten dennoch einen Versorgungsausgleich vorsehen, insb. wenn in der Doppelverdienerehe später Kinder geboren werden.

1. Ausschluss mit auflösender Bedingung

420   Bei einem Ausschluss des Versorgungsausgleichs unter einer auflösenden Bedingung wird der Ausschluss mit Eintritt der Bedingung automatisch unwirksam oder findet für bestimmte Ehezeiten keine Anwendung. Ggü. dem Rücktrittsrecht hat die Bedingung den Nachteil, dass die Ehegatten kein Überlegungsstadium mehr haben, sondern die Rechtsfolge ohne Weiteres eintritt.

a) Berufsaufgabe

421   Am häufigsten wird als auflösende Bedingung die Einschränkung der Berufstätigkeit eines Ehepartners aufgrund der Geburt gemeinsamer Kinder vereinbart.

▶ Formulierungsvorschlag: kompletter Verzicht auf Versorgungsausgleich – auflösend bedingt durch Berufsaufgabe wegen gemeinsamer Kinder

422   <center>Ehevertrag</center>

.....

III. Versorgungsausgleich

1)

Wir schließen hiermit nach § 6 VersAusglG gegenseitig den Versorgungsausgleich nach dem VersAusglG vollständig und für die gesamte Ehezeit aus.

Der Verzicht auf den Versorgungsausgleich wird auflösend bedingt vereinbart. Er entfällt für beide Ehegatten und für die gesamte Ehezeit vollständig, wenn ein gemeinsames Kind geboren oder angenommen wird und ein Ehegatte für die Betreuung dieses Kindes seine Berufstätigkeit ganz oder teilweise aufgibt.[869] In diesem Fall bestehen also die gesetzlichen Ansprüche auf Versorgungsausgleich. Hierbei verbleibt es auch dann, wenn der betroffene Ehegatte später seine Berufstätigkeit wieder in vollem Umfang aufnimmt.

Durch den Eintritt der auflösenden Bedingung werden die übrigen Bestimmungen dieses Vertrages nicht berührt.

---

868   Nur notwendig, wenn der Zugewinn nicht ohnehin ausgeschlossen ist.
869   Insb. wenn Ehegatten ohnehin schon in Teilzeit arbeiten, kann auch eine Definition aufgenommen werden, etwa in dem Sinne, dass eine teilweise Aufgabe der Berufstätigkeit erst vorliegt, wenn weniger als 20 Wochenstunden gearbeitet wird, vgl. Würzburger Notarhandbuch/Mayer, 3. Teil, Kap. 1, Rn. 219; vgl. auch Zimmermann/Dorsel, 158: Weniger als 50 % der durchschnittlichen wöchentlichen Arbeitszeit der betreffenden Branche.

D. Vereinbarungsmöglichkeiten   Kapitel 7

Alternative:
Ist jedoch derjenige Ehegatte, der seine berufliche Tätigkeit wegen der Kindesbetreuung eingeschränkt hat, unter Berücksichtigung aller Versorgungsanrechte der insgesamt Ausgleichspflichtige,[870] *so bleibt es beim Ausschluss des Versorgungsausgleichs. Insgesamt ausgleichungspflichtig ist derjenige Ehegatte, dessen Anrechte einen höheren Kapitalwert bzw. korrespondierenden Kapitalwert im Sinne des § 47 VersAusglG haben als diejenigen des anderen Ehegatten.*

2)
Diesen Verzicht nehmen wir hiermit gegenseitig an.

3)
Eine Abänderung dieser Vereinbarung – insbesondere nach § 227 FamFG – wird ausgeschlossen.

4)
Der Notar hat uns über die rechtliche und wirtschaftliche Tragweite dieses Ausschlusses eingehend belehrt. Er hat insbesondere darauf hingewiesen:
a) dass der gegenseitige Verzicht auf Versorgungsausgleich bei Geburt eines Kindes und (teilweiser) Berufsaufgabe durch einen Elternteil automatisch ohne weitere Erklärung erlischt;
b) dass die Vereinbarung eines Ausschlusses des Versorgungsausgleichs einer Wirksamkeits- und Ausübungskontrolle nach § 8 Abs. 1 VersAusglG und den Rechtsprechungsgrundsätzen unterliegt .....

Wir erklären hierzu, eine partnerschaftliche Doppelverdienerehe führen zu wollen, solange wir kein gemeinsames Kind haben. Hierdurch erleidet niemand von uns ehebedingte Nachteile.

b) Gegenleistung nicht erbracht

Die Verwendung einer auflösenden Bedingung macht ferner beim Verzicht auf Versorgungsausgleich mit Gegenleistung Sinn für den Fall, dass die Gegenleistung nicht erbracht wird. 423

Die Verwendung einer **auflösenden Bedingung** hat sich als problematisch erwiesen, wenn diese **noch nach Rechtskraft** der Entscheidung über den Versorgungsausgleich eintreten kann, da hier das Gericht schon festgestellt hat, dass kein Versorgungsausgleich stattfindet, § 224 Abs. 3 FamFG. Hierauf wird nachfolgend noch näher eingegangen.[871] 424

▶ Formulierungsvorschlag: kompletter Verzicht auf Versorgungsausgleich – auflösend bedingt durch Nichterfüllung der Gegenleistung

1) 425
Wir schließen hiermit nach § 6 VersAusglG gegenseitig den Versorgungsausgleich nach dem VersAusglG vollständig und für die gesamte Ehezeit aus.

2)
Als Gegenleistung für den Verzicht auf Versorgungsausgleich verpflichtet sich der Ehemann zu Folgendem:
.....

3)
Der Verzicht auf den Versorgungsausgleich wird auflösend bedingt vereinbart. Er entfällt für beide Ehegatten und für die gesamte Ehezeit vollständig, wenn der Verpflichtete mit den in vorstehender Ziffer 2) ausbedungenen Gegenleistungen in zwei aufeinander folgenden Monaten

---
870 Vgl. Beckches Formularbuch/Brambring, 11. Aufl., V.11.; Brambring, NotBZ 2009, 429, 436.
871 Sie hierzu Rdn. 462 ff.

in Verzug gerät. Die auflösende Bedingung kann nur bis zum letzten Tag der Verhandlung im Verfahren über den Versorgungsausgleich eintreten.

Durch den Eintritt der auflösenden Bedingung werden die übrigen Bestimmungen dieses Vertrages nicht berührt.

4)

Diesen Verzicht nehmen wir hiermit gegenseitig an. .....

2. Aufschiebende Bedingung

426 Wenn die Ehegatten bestimmte Situationen erfassen wollen, mit deren Eintritt sie rechnen und bei deren Vorliegen eine Versorgungsbedürftigkeit nachträglich entfällt, so bietet sich hierfür die Verwendung einer aufschiebenden Bedingung an, bei welcher der Ausschluss des Versorgungsausgleichs erst mit Eintritt der Bedingung wirksam wird.

427 Als eine solche Bedingung kann die **Versorgungssicherheit durch Zuwendungen Dritter** angesehen werden. Eine solche Vereinbarung ist durchaus sinnvoll, denn auch im Bereich des früheren § 1587o BGB a.F. wurde die Versorgungssicherheit durch Dritte als Kriterium anerkannt, das zur Genehmigungsfähigkeit führen kann.[872]

▶ Formulierungsvorschlag: kompletter Verzicht auf Versorgungsausgleich – aufschiebend bedingt durch Erbschaft

428   Ehevertrag

.....

III. Versorgungsausgleich

1)

Wir schließen hiermit nach § 6 VersAusglG gegenseitig den Versorgungsausgleich nach dem VersAusglG vollständig und für die ganze Ehezeit aus.

2)

Der Verzicht auf den Versorgungsausgleich wird aufschiebend bedingt vereinbart. Er wird für beide Ehegatten und für die gesamte Ehezeit wirksam, wenn der Ehemann aus einer Erbschaft nach seinen Eltern mindestens einen Betrag in Höhe von 200.000,00 € als Reinnachlass, d.h. nach Abzug aller etwaigen Verbindlichkeiten, Kosten und Steuern, erlangt hat. Der Betrag soll nicht wertgesichert sein.

Alternative:

..... wenn der Ehemann nach seinen Eltern Grundbesitz geerbt hat, aus dem er eine Bruttomiete von mindestens 5.000,00 € monatlich bezieht. Der Betrag soll nicht wertgesichert sein.

3)

Diesen Verzicht nehmen wir hiermit gegenseitig an.

4)

Eine Abänderung dieser Vereinbarung – insbesondere nach § 227 FamFG – wird ausgeschlossen.

5)

Der Notar hat uns über die rechtliche und wirtschaftliche Tragweite dieses Ausschlusses eingehend belehrt. Er hat insbesondere darauf hingewiesen:

---

[872] BGH, NJW 1982, 1464.

D. Vereinbarungsmöglichkeiten Kapitel 7

a) dass bei einem Ausschluss des Versorgungsausgleichs jeder Ehegatte für seine Altersversorgung selbst sorgen muss;
b) dass mit dem Ausschluss des Versorgungsausgleichs keine Änderung des Güterstandes verbunden ist;
c) dass die Vereinbarung eines Ausschlusses des Versorgungsausgleichs einer Wirksamkeits- und Ausübungskontrolle nach § 8 Abs. 1 VersAusglG und den Rechtsprechungsgrundsätzen unterliegt.
d) auf die Bedeutung einer aufschiebenden Bedingung.

3. Rücktrittsrechte

Ein flexibleres Instrument als die Bedingung ist das Rücktrittsrecht. Es erlaubt den Vertragsteilen, vor der Ausübung des Rücktrittsrechts die Folgen dieser Entscheidung zu bedenken und ggf. zu einer in diesem Zeitpunkt angemesseneren Verhandlungslösung zu kommen. Daher sind **Rücktrittsrechte** den automatisch wirkenden Bedingungen grds. **vorzuziehen**.

▶ Formulierungsvorschlag: kompletter Verzicht auf Versorgungsausgleich mit Rücktrittsrecht

.....

Ehevertrag

.....

III. Versorgungsausgleich

1)

Wir schließen hiermit nach § 6 VersAusglG gegenseitig den Versorgungsausgleich nach dem VersAusglG vollständig und für die gesamte Ehezeit aus.

2)

Wenn ein gemeinsames Kind geboren oder angenommen wird und ein Ehegatte für die Betreuung dieses Kindes seine Berufstätigkeit ganz oder teilweise aufgibt,[873] so steht diesem Ehegatten das Recht zum Rücktritt von diesem Verzicht zu.

3)

Der Rücktritt ist zur Urkunde eines Notars zu erklären und dem anderen Vertragsteil zuzustellen. Der Rücktritt muss binnen eines Jahres nach der Geburt oder der Annahme des ersten gemeinsamen Kindes zugestellt sein, ansonsten erlischt das Rücktrittsrecht.

4)

Im Falle des Rücktrittes erlischt auch der Verzicht des anderen Vertragsteils. In diesem Fall bestehen also die gesetzlichen Ansprüche auf Versorgungsausgleich, und zwar für die gesamte Ehezeit. Hierbei verbleibt es auch dann, wenn der betroffene Ehegatte später seine Berufstätigkeit wieder in vollem Umfang aufnimmt.

Durch den Rücktritt werden die übrigen Bestimmungen dieses Vertrages nicht berührt.

5)

Diesen Verzicht nehmen wir hiermit gegenseitig an.

6)

Eine Abänderung dieser Vereinbarung – insbesondere nach § 227 FamFG – wird hiermit ausgeschlossen.

7)

---

[873] Zur näheren Bestimmung vgl. Formulierungsvorschlag Rdn. 422.

Der Notar hat uns über die rechtliche und wirtschaftliche Tragweite dieses Ausschlusses eingehend belehrt. Er hat insbesondere darauf hingewiesen:

a) dass bei einem Ausschluss des Versorgungsausgleichs jeder Ehegatte für seine Altersversorgung selbst sorgen muss;
b) dass mit dem Ausschluss des Versorgungsausgleichs keine Änderung des Güterstandes verbunden ist;
c) dass die Vereinbarung eines Ausschlusses des Versorgungsausgleichs einer Wirksamkeits- und Ausübungskontrolle nach § 8 Abs. 1 VersAusglG und den Rechtsprechungsgrundsätzen unterliegt .....
d) dass ein Rücktrittsrecht nur für den Ehegatten besteht, der die Kinderbetreuung übernimmt, und dass dieses Rücktrittsrecht den beiderseitigen Verzicht zu Fall bringt. Der Notar hat ferner über die Modalitäten des Rücktrittes belehrt.

431 Soweit der Ausschluss des Versorgungsausgleichs seine Grundlage in einer sozialversicherungspflichtigen Anstellung beim Ehepartner hat, kann die Nichtbeschäftigung als Rücktrittsgrund in Betracht kommen.[874] Allerdings sollte dann darauf geachtet werden, dass eine Aufhebung der Beschäftigung nach der Trennung nicht mehr zu einem Rücktrittsrecht führt.

▶ Formulierungsvorschlag: Rücktrittsrecht bei Beendigung des Ehegattenarbeitsvertrages

432

III. Versorgungsausgleich

1)

Wir schließen hiermit nach § 6 VersAusglG gegenseitig den Versorgungsausgleich nach dem VersAusglG vollständig und für die gesamte Ehezeit aus.

2)

Die Ehefrau behält sich jedoch das einseitige Recht zum Rücktritt von dieser Vereinbarung vor, wenn sie – gleich aus welchem Grund – nicht mehr im Betrieb ihres Ehemannes – derzeit der .... GmbH – sozialversicherungspflichtig als ..... mit dem für diese Tätigkeit üblichen Gehalt beschäftigt wird.

Das Rücktrittsrecht kann jedoch nicht ausgeübt werden, wenn die Ehefrau selbst die Kündigung des Arbeitsverhältnisses ausgesprochen hat oder wenn die Ehegatten sich i.S.d. § 1567 BGB getrennt haben.

3)

Der Rücktritt ist zur Urkunde eines Notars zu erklären und dem anderen Vertragsteil zuzustellen. Der Rücktritt muss binnen dreier Monate nach Ende der Beschäftigung zugestellt sein, ansonsten erlischt das Rücktrittsrecht.

4)

Im Falle des Rücktrittes erlischt auch der Verzicht des anderen Vertragsteils. In diesem Fall bestehen also die gesetzlichen Ansprüche auf Versorgungsausgleich, und zwar für die gesamte Ehezeit.

Durch den Rücktritt werden die übrigen Bestimmungen dieses Vertrages nicht berührt.

5)

Diesen Verzicht nehmen wir hiermit gegenseitig an.

---

874 Vorschlag nach Reetz, § 9 Rn. 211 Muster 9.94.

D. Vereinbarungsmöglichkeiten

IV. Begrenzungsvereinbarungen

Eine weitere Kategorie von Vereinbarungen über den Versorgungsausgleich hat das Ziel, dass der Versorgungsausgleich zwar stattfindet, dass aber der Ausgleich der Wertunterschiede nach oben begrenzt wird. 433

1. Geringere Quote

Hierzu kann einmal die **Ausgleichsquote reduziert** werden, was Rechtsprechung und Literatur zulassen.[875] Allerdings ist im neuen Versorgungsausgleichsrecht zu bedenken, dass es **keinen Einmalausgleich** aus den saldierten Anrechten mehr gibt, sondern **jedes Anrecht einzeln** ausgeglichen wird. Eine Reduzierung der Quote heißt demnach, dass bei jedem einzelnen Ausgleich **die Quote reduziert** werden muss. Das kann die Zersplitterung der Versorgung noch mehr steigern. 434

Eine Erhöhung der Quote verstößt gegen § 8 Abs. 2 VersAusglG und ist daher nicht zulässig.[876]

▶ Kostenanmerkung: Verringerung der Ausgleichsquote

Mit der Verringerung der Ausgleichsquote liegt ein Teilverzicht vor. Geschäftswert ist daher derjenige Teil der Versorgungsanrechte, auf den verzichtet wurde. 435

▶ Formulierungsvorschlag: Verringerung der Ausgleichsquote

Ehevertrag

436

.....

III. Versorgungsausgleich

1)

Für unsere Ehe soll der Versorgungsausgleich nach dem VersAusglG durchgeführt werden. Allerdings sollen für alle Versorgungsanrechte, die auszugleichen sind, der ausgleichsberechtigten Person nicht die Hälfte des Wertes des jeweiligen Ehezeitanteils als Ausgleichswert im Sinne des § 1 Abs. 2 Satz 2 VersAusglG zustehen, sondern nur ein Viertel.

Im Übrigen verzichten wir gegenseitig auf einen weitergehenden Versorgungsausgleich.

2)

Diesen Verzicht nehmen wir hiermit gegenseitig an.

3)

Die Abänderbarkeit dieser Vereinbarung – insbesondere nach § 227 FamFG – wird ausdrücklich ausgeschlossen.

4)

Der Notar hat uns über die rechtliche und wirtschaftliche Tragweite dieses Ausschlusses eingehend belehrt. Er hat insbesondere darauf hingewiesen:
a) dass mit dieser Vereinbarung die Ausgleichsquote verringert wird,
b) dass aber dennoch alle einzelnen Versorgungsanrechte aufgeteilt werden,
c) dass es dadurch zum Entstehen von Kleinstanrechten kommen kann; er hat insoweit insbesondere angeraten, bei Anrechten in der gesetzlichen Rentenversicherung zu prüfen, ob die Anforderungen an die Wartezeit erfüllt sind; anderenfalls wirkt sich der Versorgungsausgleich nicht zugunsten des Berechtigten aus.

.....

---

875 BGH, FamRZ 1986, 890 f.; Bergschneider, Rn. 923; Langenfeld/Milzer, Rn. 754; Müller, 3. Kap., Rn. 405.
876 Ruland, Rn. 942.

2. Gewährung einer bestimmten Mindestversorgung

437 Eine andere Möglichkeit besteht darin, den Versorgungsausgleich dadurch nach oben zu beschränken, dass er nur für den Fall vereinbart wird, dass eine bestimmte Mindestversorgung des Ausgleichsberechtigten nicht erreicht wird. Dies kann dann vereinbart werden, wenn eigentlich beide Ehegatten davon ausgehen, ausreichend versorgt zu sein. Hierfür kann folgende Formulierung dienen:

▶ **Formulierungsvorschlag: Verzicht auf Versorgungsausgleich – auflösend bedingt bei Nichterreichen einer definierten Mindestversorgung**

438 .....

Ehevertrag

.....

III. Versorgungsausgleich

1)

Wir schließen hiermit nach § 6 VersAusglG gegenseitig den Versorgungsausgleich nach dem VersAusglG vollständig und für die ganze Ehezeit aus.

2)

Der Verzicht auf den Versorgungsausgleich ist jedoch auflösend bedingt vereinbart. Er entfällt für beide Ehegatten und für die gesamte Ehezeit vollständig, wenn ein Ehegatte bezogen auf die Ehezeit nicht für jedes Ehejahr durchschnittlich (Kindererziehungszeiten eingerechnet) eine Versorgung von 1,2 EP in der gesetzlichen Rentenversicherung erreicht hat.

Soweit der Ausgleich entgegen unserer heutigen Erwartung in einem anderen Versorgungssystem erfolgt, ist der Höchstwert dort anhand des korrespondierenden Kapitalwertes nach § 47 VersAusglG für die hier festgelegten Grenzwerte zu bestimmen.

3)

Diesen Verzicht nehmen wir hiermit gegenseitig an.

4)

Eine Abänderung dieser Vereinbarung – insbesondere nach § 227 FamFG – wird ausgeschlossen. Soweit der Versorgungsausgleich durchgeführt wird, soll er entsprechend den gesetzlichen Bestimmungen der Abänderbarkeit unterliegen.

5)

Der Notar hat uns über die rechtliche und wirtschaftliche Tragweite dieses Ausschlusses eingehend belehrt. Er hat insbesondere darauf hingewiesen:

a) dass bei einem Ausschluss des Versorgungsausgleichs jeder Ehegatte für seine Altersversorgung selbst sorgen muss;
b) dass mit dem Ausschluss des Versorgungsausgleichs keine Änderung des Güterstandes verbunden ist;
c) was die auflösende Bedingung bedeutet und dass bei ihrem Eintritt der Versorgungsausgleich in voller Höhe stattfindet;
c) dass die Vereinbarung eines Ausschlusses des Versorgungsausgleichs einer Wirksamkeits- und Ausübungskontrolle nach § 8 Abs. 1 VersAusglG und den Rechtsprechungsgrundsätzen unterliegt .....

439 Eine Gestaltung, die mit der Auffassung des BGH bei der Inhaltskontrolle von Eheverträgen zusammenhängt, dass ein Ehevertrag **ehebedingte Nachteile ausschließen**, aber **nicht das Versorgungsniveau egalisieren** muss,[877] lässt sich insoweit umsetzen, als der Versorgungsausgleich begrenzt wird auf die bei Weiterarbeit unter Einschluss üblicher Karriereschritte erreichbare eigene Versorgung.

---

877 BGH, NJW 2008, 148.

D. Vereinbarungsmöglichkeiten   Kapitel 7

Eine solche Vertragsgestaltung ist verwendbar bei einem **erheblichen vorehelichen Qualifikations- 440 gefälle**, das sich in einem erheblichen Unterschied der Versorgungsanrechte auswirkt.

Vorteil dieser Lösung ist, dass **jeder Ehegatte seine Belange gewahrt** sieht. Demjenigen, der etwa 441 für Kindererziehung seine Berufstätigkeit aufgibt, wird die eigene Versorgung garantiert. Der andere Ehegatte hingegen muss keine Halbteilung der Versorgungsanrechte hinnehmen.

Nachteil der Gestaltung ist, dass eine Berechnung der Höchstgrenze kaum ohne **sachverständige** 442 **Bewertung** auskommt. Wer dies scheut, der muss zu der konkreten Höhenbegrenzung greifen, die im nächsten Formulierungsvorschlag erläutert wird.

▶ Formulierungsvorschlag: Versorgungsausgleich bis maximal zur eigenen Versorgung

.....   443

Ehevertrag

A. Allgemeines

I. Präambel

.....

Wir beabsichtigen, eine partnerschaftliche Ehe zu führen. Wir wissen, dass bei uns ein voreheliches Qualifikationsgefälle besteht. Wir wollen durch diesen Ehevertrag einen Ausgleich dieses Niveaus bei Scheidung ausschließen, jedoch alle ehebedingten Nachteile ausgleichen, die einer von uns haben könnte. Daher soll das Leistungsniveau der Scheidungsfolgenansprüche durch die Vereinbarung von Obergrenzen generell so festgelegt werden, als wenn jeder von uns – unter Einschluss üblicher Karriereschritte – unverändert voll berufstätig gewesen wäre.

.....

B. Ehevertragliche Vereinbarungen

.....

III. Versorgungsausgleich

1)

Für unsere Ehe soll der Versorgungsausgleich nach dem VersAusglG durchgeführt werden.

Es sind jedoch auch in diesem Fall höchstens so viele Versorgungsanrechte zu übertragen, wie ..... (Name des Ehegatten mit den geringeren Versorgungsanrechten) in dieser Zeit bei unveränderter Fortsetzung seiner/ihrer derzeitigen Berufstätigkeit hätte erwerben können, vermindert um die tatsächlich erworbenen (auch solchen aus Kindererziehungszeiten).[878]

Soweit der Ausgleich in einem anderen Versorgungssystem erfolgt als demjenigen, dem ..... angehört, sind die Vergleichswerte anhand des korrespondierenden Kapitalwertes nach § 47 VersAusglG zu bestimmen.

Soweit es rechtlich möglich ist, den Ausgleich im Versorgungssystem von .....[879] durchzuführen, verpflichten wir uns schon heute, dem im Scheidungsfalle zuzustimmen. Wir wissen, dass eine solche Vereinbarung nicht ohne Zustimmung der Versorgungsträger getroffen werden kann. Im Übrigen hat der ausgleichspflichtige Ehegatte das Recht, zu wählen, zu Lasten welcher seiner Anrechte der Versorgungsausgleich dann durch interne oder externe Teilung durchgeführt werden soll.[880]

Im Übrigen verzichten wir gegenseitig auf den Versorgungsausgleich.

---

878 Milzer, notar 2013, 319, 328 schlägt noch eine Staffelung nach Ehezeit vor, sodass bei einer Ehe bis zu fünf Jahren 100 % dieser Anrechte, bei bis zu 10 Jahren 110 % und darüber 125 % der Anrechte zu gewährleisten ist.
879 Name des Ehegatten mit den geringeren Versorgungsanrechten und ggf. Versorgungssystem benennen.
880 Ein solches Wahlrecht schlägt Reetz, § 9 Rn. 118 vor.

2)

Diesen Verzicht nehmen wir gegenseitig an.

3)

Die Abänderbarkeit dieser Vereinbarung – insbesondere nach § 227 FamFG – wird ausgeschlossen. Soweit der Versorgungsausgleich durchgeführt wird, soll er entsprechend den gesetzlichen Bestimmungen der Abänderbarkeit unterliegen.

4)

Der Notar hat uns über die rechtliche und wirtschaftliche Tragweite dieser Vereinbarung eingehend belehrt. Er hat insbesondere darauf hingewiesen:

a) dass der Versorgungsausgleich durch diese Vereinbarung nach oben begrenzt ist;
b) dass die Feststellung dieser Höchstgrenze ggf. sachverständig zu erfolgen hat;
c) dass die Vereinbarung eines Ausschlusses des Versorgungsausgleichs einer Wirksamkeits- und Ausübungskontrolle nach § 8 Abs. 1 VersAusglG und den Rechtsprechungsgrundsätzen unterliegt .....

444 Eine weitere Möglichkeit, den Versorgungsausgleich zu begrenzen, besteht darin, eine Mindesthöhe der Versorgung etwa i.R.d. gesetzlichen Rentenversicherung zu vereinbaren. Dies ist dann gut möglich, wenn der Berechtigte schon Anrechte in der gesetzlichen Rentenversicherung hat und klar ist, dass die gesetzliche Rentenversicherung auch Zielversorgung des Versorgungsausgleiches wird.

445 Der Höchstbetrag des Versorgungsausgleichs kann dann in Entgeltpunkten festgelegt werden. Dabei entspricht dem Durchschnittsentgelt eine Versorgung pro Jahr von einem Entgeltpunkt. Wenn man das Einkommen des Berechtigten in das Verhältnis zum Durchschnittsentgelt setzt, so lassen sich in etwa die Entgeltpunkte kalkulieren, die der Berechtigte bei unveränderter Fortsetzung seiner beruflichen Tätigkeit erzielt hätte. Dazu sollte man noch einige Karriereschritte mitbedenken und dem entsprechend die Entgeltpunkte festlegen.

446 Entscheidender Maßstab sind die Entgeltpunkte nach § 63 Abs. 2 SGB VI, nicht jedoch die persönlichen Entgeltpunkte nach § 66 SGB VI.[881]

▶ Formulierungsvorschlag: Versorgungsausgleich höhenbegrenzt nach Entgeltpunkten

447 .....

Ehevertrag

.....

(Präambel etc. ähnlich wie im Formulierungsvorschlag zuvor) .....

III. Versorgungsausgleich

1)

Für unsere Ehe soll der Versorgungsausgleich nach dem VersAusglG durchgeführt werden.

Wir gehen davon aus, dass die gesetzliche Rentenversicherung als Zielversorgung in Betracht kommt und vereinbaren, dass für mich, ..., für jedes vollendete Ehejahr höchstens insgesamt 1,1 Entgeltpunkte (0,9 Entgeltpunkte entsprechen der derzeitigen Einstufung des Arbeitsentgelts) zu übertragen bzw. zu begründen sind. Von dieser Höchstgrenze abzuziehen sind die tatsächlich erworbenen Entgeltpunkte, auch solche für Kindererziehungszeiten.

Soweit der Ausgleich in einem anderen Versorgungssystem erfolgt, ist der Höchstwert dort anhand des korrespondierenden Kapitalwertes nach § 47 VersAusglG für die hier festgelegte Höchstgrenze zu bestimmen.

---

881 Die Entgeltpunkte ersetzen die in einigen Vorschlägen noch zu findenden früheren Werteinheiten nach dem Vomhundertsatz des Einkommens, vgl. § 264 SGB VI.

Im Übrigen verzichten wir gegenseitig auf den Versorgungsausgleich.[882]

2)

Diesen Verzicht nehmen wir gegenseitig an.

3)

Die Abänderbarkeit dieser Vereinbarung – insbesondere nach § 227 FamFG – wird ausgeschlossen. Soweit der Versorgungsausgleich durchgeführt wird, soll er entsprechend den gesetzlichen Bestimmungen der Abänderbarkeit unterliegen.

4)

Der Notar hat uns über die rechtliche und wirtschaftliche Tragweite dieser Vereinbarung eingehend belehrt. Er hat insbesondere darauf hingewiesen:

a) dass der Versorgungsausgleich durch diese Vereinbarung nach oben begrenzt ist;
b) dass die Feststellung dieser Höchstgrenze sich am Verhältnis des derzeitigen Einkommens zum allgemeinen Einkommensniveau orientiert;
c) dass die Vereinbarung eines Ausschlusses des Versorgungsausgleichs einer Wirksamkeits- und Ausübungskontrolle nach § 8 Abs. 1 VersAusglG und den Rechtsprechungsgrundsätzen unterliegt .....

Bergschneider schlägt in diesem Zusammenhang noch folgende Billigkeitsklausel vor: 448

▶ Formulierungsvorschlag: Billigkeitsausgleich durch Gericht

Ist die Durchführung des Versorgungsausgleichs auf diesem Wege im Hinblick auf § 8 Abs. 2 449 VersAusglG nicht möglich, ist sie unwirtschaftlich, nicht ermittelbar oder entspricht sie nicht dem Ziel der Ausübungskontrolle, so bestimmt das FamG den Ausgleich nach billigem Ermessen.

Eine in früheren Auflagen vorgeschlagene Begrenzung auf eine Quote an der Gesamtversorgung wird man künftig wegen des fehlenden Gesamtsaldos im Versorgungsausgleich nicht mehr verwenden.

V. Ausschluss mit Gegenleistung

Der Versorgungsausgleich ist häufig auch Gegenstand einer **kompensatorischen Vereinbarung**. Hier 450 ist insb. darauf zu achten, dass dem verzichtenden Ehegatten entweder eine Leistung mit **gleicher Sicherheit** eingeräumt wird (vgl. § 11 VersAusglG für die Anforderungen interner Teilung), etwa in Form einer sofortigen Übertragung eines Vermögensgegenstandes oder der Einmalzahlung in ein Versicherungsdepot. Wo dies nicht möglich ist und der Ausgleichspflichtige Leistungen über einen längeren Zeitraum zu erbringen hat, sollte der Versorgungsausgleichs**verzicht auflösend bedingt** sein, sodass er im Fall des Ausfalles der Leistungen unwirksam wird. Kritisch werden auflösende Bedingungen betrachtet, wenn sie auch nach Rechtskraft der Entscheidung über den Versorgungsausgleich noch eintreten können.[883]

Die Gegenleistungen können die Vertragsparteien nach ihren Wünschen und Möglichkeiten festlegen. In Betracht kommen aber insb. die Übertragung von Vermögensgegenständen, der Abschluss einer Lebensversicherung oder auch die Einzahlung in die gesetzliche Rentenversicherung. Die

---

882 Damit hätte ein Ehegatte auf einen die Höchstgrenze überschreitenden Versorgungsausgleich verzichtet und der andere gänzlich. Dies geht von einer gefestigten Versorgungssituation aus, bei welcher klar ist, wer der per Saldo versorgungsausgleichsberechtigte Ehegatte ist. Wenn es möglich ist, dass diese Rolle wechselt, dann muss entweder für beide Ehegatten eine Obergrenze überlegt werden oder der Ehegatte, der völlig verzichtet, muss sich ein Rücktrittsrecht von der Vereinbarung vorbehalten.
883 Hierzu Rdn. 462 ff.

Kapitel 7

Rechtsprechung des BGH[884] fordert i.R.d. Inhaltskontrolle im Gegensatz zum OLG München[885] keine völlig gleichwertige Gegenleistung.[886] Streitig ist, ob darüber hinaus zu fordern ist, dass die Kompensation primär dem Gedanken der Altersversorgung dienen muss.[887]

1. Vermögensübertragung

451 Die Vermögensübertragung zum Ausgleich des Verzichts auf Versorgungsausgleich wird im vorsorgenden Ehevertrag **ohne Scheidungssituation eher selten** vorkommen, da die Dauer der Ehe und damit die Höhe potenziell auszugleichender Wertunterschiede noch nicht bekannt sind. Die Übertragung bleibt auch wirksam, wenn der begünstigte Ehegatte lange vor Erreichung des Rentenalters verstirbt. Er kann das übertragene Vermögen dann vererben. Ein solcher Ausgleich mag jedoch in den Fällen, in denen ausreichend Mittel zu einem solchen Ausgleich zur Verfügung stehen, geeignet sein, eine befriedende Wirkung zu haben.[888] Einen häufigen Anwendungsbereich hat eine solche Übertragung aber, wenn der Verzicht im Rahmen einer Scheidungssituation ausgesprochen wird, zumal **§ 6 Abs. 1 Satz 2 Nr. 1 VersAusglG** ausdrücklich die **Einbeziehung der ehelichen Vermögensverhältnisse** vorsieht.

452 Bei dieser Vereinbarung gilt es zu beachten, dass der **BFH** in inzwischen gefestigter Rechtsprechung die Auffassung vertritt, ein Verzicht auf eine künftige Zugewinn- oder Unterhaltsforderung stelle keine Gegenleistung i.S.d. § 7 Abs. 3 ErbStG dar, da es sich im Zeitpunkt des Verzichtes lediglich um eine bloße Erwerbschance und nicht um einen in Geld bewertbaren Vermögensvorteil handelt. Ein Ausgleich – hier die Vermögensübertragung – unterläge dann der **Schenkungsteuer**.[889] Dies würde dann für den Versorgungsausgleich wohl ebenso zu gelten haben.

453 Dass diese Rechtsprechung mit dem Ruf nach der **Einheit der Rechtsordnung nicht zu vereinbaren** ist, weil sie die zivilrechtliche Rechtsprechung des BGH zur Notwendigkeit von Kompensationen bei ehevertraglichen Verzichten nicht sieht, wurde an anderer Stelle bereits dargelegt.[890] Die Rechtsprechung des BFH entspricht auch nicht der bei Eheverträgen erlebten Verhandlungssituation, in der um die Gegenleistungen gerungen wird, die eine Zustimmung zum Ehevertrag häufig erst möglich machen.

▶ Hinweis:

454 Ein Verzicht auf Versorgungsausgleich gegen Kompensation kann Schenkungsteuer auslösen!

Die schenkungsteuerliche Relevanz muss also berücksichtigt werden. Ggf. ist zu raten, als Gegenstand der Vermögensübertragung das eigenbewohnte Einfamilienhaus vorzusehen, da dieses im Hinblick auf die Schenkungsteuer nach § 13 Abs. 1 Nr. 4a ErbStG ohne Ansatz steuerfrei übertragen werden kann.

▶ **Kostenanmerkung: Ausschluss des Versorgungsausgleichs mit Gegenleistung**

455 Auch hier liegt ein Austauschvertrag nach § 97 Abs. 3 GNotKG vor. Somit ist die höherwertige Leistung für die Geschäftswertermittlung maßgeblich. Es ist daher der Ausgleichswert der Versorgungsanrechte der Leistung der Immobilie gegenüberzustellen.

---

884 BGH, NJW 2004, 930 f. = ZNotP 2004, 157 ff.
885 OLG München, FamRZ 2003, 35.
886 Zur Berechnung einer gleichwertigen Gegenleistung wären zunächst die Höhe des Ausgleichsanspruchs und dann dessen Barwert zu bestimmen. Letzteres geschah regelmäßig nach versicherungsmathematischen Grundsätzen, Goering, FamRB 2004, 64, 95, 98 ff. Nach neuem Recht müsste überlegt werden, ob mit dem korrespondierenden Kapitalwert gearbeitet werden kann.
887 Vgl. Reetz, § 9 Rn. 49 m.w.N.
888 Zur schenkungsteuerlichen Problematik eines Verzichts mit Gegenleistungen vgl. Kap. 2 Rdn. 714 ff.
889 BFH, ZEV 2007, 500 m. Anm. C. Münch; BFH, DStR 2008, 348.
890 Münch, DStR 2008, 26 ff.; Münch, FPR 2012, 302 f.

▶ Formulierungsvorschlag: Verzicht auf Versorgungsausgleich gegen Vermögensübertragung

Ehevertrag

456

III. Versorgungsausgleich

1)

Wir schließen hiermit nach § 6 VersAusglG gegenseitig den Versorgungsausgleich nach dem VersAusglG vollständig und für die gesamte Ehezeit aus.

Der Verzicht auf den Versorgungsausgleich wird aufschiebend bedingt vereinbart. Er wird für beide Ehegatten und für die gesamte Ehezeit wirksam, wenn die Vermögensübertragung gemäß nachfolgenden Ziffern durch Vollzug im Grundbuch abgeschlossen ist.

2)

Diesen Verzicht nehmen wir hiermit gegenseitig an.

3)

Zum Ausgleich für den Verzicht auf Versorgungsausgleich verpflichtet sich der Ehemann als Veräußerer hiermit, an die Ehefrau als Erwerberin das in seinem Eigentum befindliche Grundstück FlurNr. ..... der Gemarkung ....., eingetragen im Grundbuch des Amtsgerichts ..... Blatt ..... einschließlich sämtlicher Baulichkeiten lastenfrei zu übertragen und aufzulassen.

Die Übertragung und Auflassung wird nachstehend sogleich erfüllt.

4)

Der Ehemann als Veräußerer überträgt hiermit an die dies annehmende Ehefrau als Erwerberin den in vorstehender Ziffer genannten Grundbesitz mit allen Rechten, Pflichten, Bestandteilen und dem gesetzlichen Zubehör zum Alleineigentum.

Die Vertragsteile sind sich über den Eigentumsübergang hinsichtlich dieses Grundstücks im genannten Erwerbsverhältnis einig und bewilligen und beantragen die Eintragung der Eigentumsumschreibung in das Grundbuch.

5)

..... (weitere Regelungen zur Übertragung) .....

6)

Da die Grundstücksübertragung zum Augleich des Verzichts auf Versorgungsausgleich erfolgt, wird jedwedes Rückforderungsrecht des Ehemannes hinsichtlich des vertragsgegenständlichen Grundbesitzes ausgeschlossen. Insbesondere soll der Grundbesitz der Ehefrau im Fall der Trennung und Scheidung endgültig verbleiben.

Die Grundstücksübertragung ist aus diesem Grund weder auf Zugewinn- noch auf Pflichtteilsansprüche anzurechnen und in die Berechnung des Zugewinns nicht einzubeziehen.[891]

7)

Eine Abänderung dieser Vereinbarung – insbesondere nach § 227 FamFG – wird ausgeschlossen.

8)

Über die rechtliche und wirtschaftliche Tragweite des Ausschlusses des Versorgungsausgleichs gegen Übertragung des Eigentums an einem Grundstück mit Hausanwesen in ..... wurden wir vom Notar eingehend belehrt. Er hat uns insbesondere darauf hingewiesen:

a) dass eine lebenslange Versorgung aufgrund eines eigenen Anrechtes und eine Einmalübertragung sich rechtlich und wirtschaftlich unterscheiden;

b) dass eine Berechnung der Kompensation in eigener Verantwortung erfolgt;

---

[891] Ggf. weitergehende Regelungen, wenn Endvermögensstichtag schon abgelaufen oder Anfangsvermögen gesondert zu berücksichtigen ist oder wenn die Übertragung auch Zugewinn abgilt.

c) dass die Vereinbarung eines Ausschlusses des Versorgungsausgleichs einer Wirksamkeits- und Ausübungskontrolle nach § 8 Abs. 1 VersAusglG und den Rechtsprechungsgrundsätzen unterliegt .....

2. Nutzungsrecht

457 Vorgestellt werden soll noch ein Verzicht gegen Übertragung eines Nutzungsrechtes. Wenn eine Eigentumsübertragung nicht stattfindet, weil die Immobilie später an die gemeinsamen Kinder vererbt werden soll, so kann statt einer Eigentumsübertragung auch die bloße Bestellung eins lebenslänglichen Wohnungsrechtes in Betracht kommen, verbunden mit einer erbvertraglich bindenden Vermächtnisanordnung zugunsten der Kinder. Letzteres hilft häufig, einen Kompromiss zu erzielen.

458 Nachfolgend werden ein Beispiel und eine Musterformulierung vorgestellt. Das Beispiel dient nur der Illustration. Seine Verwendung heißt nicht, dass der Notar vor Beurkundung die Berechnung selbst durchzuführen hätte.

▶ Beispiel:

459 *M und die 53-jährige F waren beide gesetzlich rentenversichert. Während der Ehezeit hat M 35,7 EP angesammelt, F hingegen nur 11,1 EP. Verrechnet man kalkulatorisch den wechselseitigen internen Ausgleich, so hätte M an F (35,7–11,1) : 2 = 12,3 EP auszugleichen. Dies entspricht einem korrespondierenden Kapitalwert[892] in Höhe von 92.772,58 €. M hat noch eine Lebensversicherung auf Rentenbasis, F hat keine weiteren Anrechte.*

M und F sind Miteigentümer je zur Hälfte einer abgezahlten Eigentumswohnung, in der F verblieben ist und auch künftig gerne verbleiben möchte. Nettomietwert dieser Wohnung ist 960,00 €. Dementsprechend könnte M von F den Ausgleich eines Wohnvorteils von 480,00 € monatlich verlangen. Räumt M der F lebenslang die kostenfreie Nutzung der Eigentumswohnung ein, hat dies bei einer Lebenserwartung der F von 31,56 Jahren und einem Vervielfältiger von 15,234[893] einen Wert von 480,00 € × 12 × 15,234 = 87.747,84 €.

M und F vereinbaren daher, dass der Versorgungsausgleich hinsichtlich der Ansprüche in der gesetzlichen Rentenversicherung unterbleibt und räumen der F ein lebenslanges unentgeltliches Wohnrecht an der Eigentumswohnung ein, das nach Löschung der nicht mehr valutierten Grundschulden erste Rangstelle im Grundbuch erhält. Ferner vereinbaren sie zugleich erbvertraglich bindend, dass die jeweiligen Miteigentumsanteile der Eigentumswohnung nach dem Tod eines jeden Ehegatten an die gemeinsamen Kinder fallen. Mit dieser Vereinbarung sind beide zufrieden, denn die Wohnung muss nicht verkauft und kann für die Kinder erhalten werden. Man muss keine Mieter suchen und den Mietzahlungen nachgehen. F kann in ihrer gewohnten Umgebung bleiben und M behält seine Rentenansprüche.

Formuliert werden kann dies so:

▶ **Formulierungsvorschlag: Verzicht auf Versorgungsausgleich in der gesetzlichen Rentenversicherung und Bestellung eines lebenslangen Wohnungsrechts**

460

B. Ehevertrag

III. Versorgungsausgleich

1)

Wir schließen hiermit nach § 6 VersAusglG gegenseitig den Versorgungsausgleich nach dem VersAusglG aus, soweit er folgende Anrechte betrifft:

---

892 Vgl. zu den Werten für 2020 die Bekanntmachung über die Umrechnungsfaktoren für den Versorgungsausgleich in der gesetzlichen Rentenversicherung, BGBl. 2019 I, 2868.
893 Bekanntmachung des BMF zu § 14 Abs. 1 Satz 4 BewG laut BMF-Schreiben v. 22.11.2018, abrufbar unter *https://www.famrz.de/gesetzgebung/kapitalwert-bei-lebensl%C3%A4nglicher-nutzung-ab-1-1-2019.html*.

- meine, des Ehemannes, Versorgung bei der Deutsche Rentenversicherung Bund und
- meine, der Ehefrau, Versorgung bei der Deutsche Rentenversicherung Bund.

Insoweit verzichten wir gegenseitig auf den Versorgungsausgleich. Im Übrigen findet der Versorgungsausgleich statt.

2)

Diesen (teilweisen) Verzicht nehmen wir hiermit gegenseitig an.

3)

Über die fernere Nutzung der ehelichen Wohnung in ....., ... straße ...../1.000 Miteigentumsanteil an FlurNr. ..... Gemarkung ..... verbunden mit dem Sondereigentum an der Wohnung im zweiten Geschoss links Nr. ....., eingetragen im Wohnungsgrundbuch des Amtsgerichts ..... für ..... Blatt ..... haben wir uns folgendermaßen geeinigt:

Die Eigentumswohnung steht im Miteigentum von uns beiden. Dies bleibt unverändert. Die Wohnung soll jedoch der Ehefrau lebenslang kostenfrei zur Wohnnutzung zur Verfügung stehen.

4)

Um die Beibehaltung der Eigentumsverhältnisse zu sichern, vereinbaren wir folgendes:

Das Recht jeden Miteigentümers, die Aufhebung der Gemeinschaft zu verlangen, wird für immer ausgeschlossen. Wir vereinbaren dies gerade anlässlich unserer Ehescheidung, sodass diese keinen wichtigen Grund im Sinne des § 749 Abs. 2 BGB bildet.

Jeder Miteigentümer bewilligt und

beantragt,

in das Grundbuch zulasten seines Anteils an der vorgenannten Eigentumswohnung zugunsten des jeweiligen Eigentümers des anderen Miteigentumsanteils den Ausschluss des Rechts, die Aufhebung der Gemeinschaft zu verlangen, einzutragen. Die Eintragung erfolgt an erster Rangstelle.

5)

Zur Sicherung dieses Nutzungsrechts bestellen wir als Eigentümer zugunsten von mir, der Ehefrau, ein lebenslängliches Wohnungsrecht wie folgt:

a)

Die Ehefrau

– nachfolgend kurz: »die Berechtigte« –

erhält hiermit das lebenslange und unentgeltliche

Wohnungsrecht gemäß § 1093 BGB

an der vorgenannten Eigentumswohnung, bestehend in dem Recht, die Wohnung unter Ausschluss des Eigentümers als Wohnung zu benutzen.

Die Berechtigte darf die zum gemeinsamen Gebrauch der Hausbewohner bestimmten Räume, Anlagen und Einrichtungen mitbenutzen.

b)

Die dem Wohnungsrecht unterliegenden Räume sind vom Eigentümer in gut bewohnbarem und beheizbarem Zustand zu erhalten und notwendige Reparaturen sind auf eigene Kosten durchzuführen.

c)

Die Kosten der Beheizung, Beleuchtung, für Strom- und Wasserbezug sowie die auf die Berechtigte entfallenden Kanal- und Müllabfuhrgebühren hat – ebenso wie die Schönheitsreparaturen innerhalb der zum Wohnungsrecht gehörenden Räume – die Berechtigte zu tragen.

Sonstige Haus- und Grundstückskosten, wie beispielsweise Grundsteuer, Beiträge zur Brandversicherung, Erschließungs- und Anliegerkosten hat die Berechtigte ebenfalls zu tragen, und zwar gemäß den Grundsätzen, nach denen solche Kosten auf einen Mieter umgelegt werden dürfen.

Alternative:

An sonstigen Haus- und Grundstückskosten ist die Berechtigte nicht beteiligt.

d)

Die Berechtigte ist nicht befugt, die Ausübung des Wohnungsrechts ganz oder teilweise, entgeltlich oder unentgeltlich Dritten zu überlassen.

e)

Für das vorstehende Wohnungs- und Mitbenutzungsrecht gemäß Ziffern 5a) und 5b)[894] bestellt der Eigentümer zugunsten der Berechtigten am vorgenannten Grundstück eine

beschränkt persönliche Dienstbarkeit

und bewilligt und beantragt deren Eintragung in das Grundbuch im Rang nach dem zuvor unter 4) beantragten Recht.

6)

Die eingetragenen Grundpfandrechte sind nicht mehr valutiert. Der Löschung der Grundpfandrechte wird mit Vollzugsantrag zugestimmt. Die Löschungsbewilligung der eingetragenen Gläubiger liegen bereits vor.

7)

Eine Nutzungsentschädigung wird mit Rücksicht auf den Teilverzicht auf Versorgungsausgleich nicht geschuldet.

Ein Wohnvorteil ist auch unterhaltsrechtlich nicht anzurechnen, da er mit dem Teilverzicht auf Versorgungsausgleich abgegolten ist.

8)

Über dieses Hausanwesen haben wir erbvertraglich bindend nach Teil C dieser Urkunde zugunsten der gemeinsamen Kinder verfügt. Wir haben uns ferner einem Veräußerungsverbot unterworfen

9)

Eine Abänderung dieser Vereinbarung – insbesondere nach § 227 FamFG – wird ausgeschlossen.

.....

C. Erbrechtliche Regelungen

I. Allgemeines

Wir sind im gesetzlichen Güterstand verheiratet, leben aber getrennt. Wir haben zwei Kinder aus dieser Ehe namens .....

Wir sind an einen Erbvertrag oder ein gemeinschaftliches Testament nicht gebunden und können daher über unser Vermögen frei verfügen.

---

894 Der dingliche Inhalt wird hier auf diese beiden Absätze beschränkt. Auch die übrige Kostentragung soll dinglicher Inhalt sein können, allerdings ist diese Auffassung umstritten (vgl. Schöner/Stöber, Rn. 1253 m.w.N.). Um die Verwendung des Wohnungsrechts zu sichern, wurde daher auf eine Einbeziehung in den dinglichen Inhalt verzichtet.

II. Erbrechtliche Verfügungen

Etwa bisher getroffene Verfügungen von Todes wegen sollen durch die nachfolgenden Regelungen nur insoweit aufgehoben oder abgeändert werden, als sie den getroffenen Verfügungen entgegenstehen.[895]

Wir vereinbaren hiermit erbvertraglich bindend – und zwar so, dass die Bindung ausdrücklich auch nach einer Scheidung fortbesteht –, folgendes Vermächtnis:

Jeder von uns wendet hiermit

vermächtnisweise

den in Ziffer B., III., 3) genannten Grundbesitz unseren beiden Kindern ..... zu je gleichen Teilen, also je zur Hälfte zu. Ersatzvermächtnisnehmer sind deren Abkömmlinge nach den Regeln der gesetzlichen Erbfolge.

..... (Abänderungsklausel, Testamentsvollstreckung etc., ggf. Verfügungsunterlassungsvertrag) .....[896]

D. Schlussbestimmungen

I. Belehrungen

Der Notar hat uns über die Bestimmungen dieser Scheidungsvereinbarung mit ihren erbrechtlichen Regelungen ausführlich belehrt. Er hat insbesondere auf folgendes hingewiesen:

a) Mit dem Ausschluss des Versorgungsausgleichs werden die betroffenen Versorgungsanrechte nicht mehr geteilt. Es ist ratsam, sich über die steuerlichen Auswirkungen beraten zu lassen, die bei der Rentenzahlung und dem Wohnrecht unterschiedlich sein können.
b) auf die Bedeutung des Nutzungsrechtes;
c) auf die erbvertragliche Bindungswirkung über die Scheidung hinaus;
d) ..... auf die Auswirkungen des Verfügungsunterlassungsvertrages;
e) Die Vereinbarungen dieser Urkunde, insbesondere aber der Ausschluss des Versorgungsausgleichs unterliegen einer Wirksamkeits- und Ausübungskontrolle nach den Grundsätzen der Rechtsprechung und nach § 8 Abs. 1 VersAusglG.

3. Lebensversicherung

Häufiger wird in vorsorgenden Verträgen der Abschluss einer Lebensversicherung entweder auf Kapital- oder auf Rentenbasis als Ausgleich vorgesehen. Sie kann neu begründet oder auch vom Verpflichteten auf den Berechtigten übertragen werden.[897] Wenn eine Gleichwertigkeit mit dem Versorgungsausgleich hergestellt werden soll, so ist auch der Fall der verminderten Erwerbsfähigkeit des Berechtigten einzubeziehen. Insb. in den Fällen, in denen ansonsten nur ein schuldrechtlicher Versorgungsausgleich in Betracht käme und der Berechtigte wesentlich älter als der Verpflichtete ist, kann dadurch eine frühere Versorgung sichergestellt werden.[898]

Bei einer vorsorgenden Vereinbarung ist am häufigsten eine **Lebensversicherungsklausel mit laufender Beitragszahlung** anzutreffen. Da die laufende Beitragszahlung nicht im Voraus sichergestellt werden kann, sollte der Verzicht auf Versorgungsausgleich auflösend bedingt vereinbart werden.

Umstritten ist, ob eine solche **auflösende Bedingung** auch **nach der rechtskräftigen Entscheidung** über den Versorgungsausgleich noch eintreten kann.

---

895 Falls einer der Ehegatten einseitig testiert hat, soll dies nur bzgl. des hier betroffenen Grundbesitzes geändert werden.
896 Vollständiger Formulierungsvorschlag bei C. Münch, Die Scheidungsimmobilie, Rn. 1578.
897 Zur Übertragung von Versicherungen: Mutschler/Thiex, ZEV 2014, 351 f.
898 Bergschneider, MittBayNot 1999, 145, 148.

464 Ebenso wird gesagt, ein Rücktritt könne nach diesem Zeitpunkt den Ausschluss des Versorgungsausgleichs nicht mehr beseitigen.[899]

465 Zum einen wird nach dem **in Rechtskraft erwachsenen Ausspruch** nach § 224 Abs. 3 FamFG, dass ein Versorgungsausgleich nicht stattfindet, ein Antrag auf Durchführung des Versorgungsausgleichs mit der Begründung, die Vereinbarung über den Versorgungsausgleich sei unwirksam geworden, nicht für zulässig gehalten.[900] Eine auflösende Bedingung soll nur so lange zulässig sein, bis das Gericht festgestellt hat, dass ein Versorgungsausgleich nicht stattfindet. Sonst könnte man die Beschränkungen des § 32 VersAusglG umgehen.[901] Zum Teil wird der Eintritt der auflösenden Bedingung auch an den Voraussetzungen des § 225 FamFG für die Abänderung gemessen und ein dann erforderlicher Bezug zur Ehezeit verneint.[902] Auch zum alten Recht wurde bereits vertreten, der Eintritt einer auflösenden Bedingung sei nur bis zum Eintritt der Rechtskraft der Entscheidung über den Versorgungsausgleich möglich.[903]

466 Wäre dies richtig, so sollte von der Verwendung auflösender Bedingungen in **Scheidungsvereinbarungen** Abstand genommen werden oder die Kompensationsleistungen so terminiert sein, dass sie alsbald nach Abschluss der Vereinbarung vollständig geleistet sind. Soweit die idealtypische Vorstellung. In der **Praxis** ist aber vielfach die entsprechende Liquidität nicht vorhanden und kann auch nicht finanziert werden,[904] Sicherheiten stehen häufig nicht zur Verfügung. Können die **Gegenleistungen aber auch nach der Scheidung nur Monat für Monat erbracht** werden, so fehlt der Verzichtenden ohne die auflösende Bedingung die Sicherheit. Daher ist doch zu fragen, ob wirklich der **formelle Gesichtspunkt** der Rechtskraft einer Feststellung nach § 224 Abs. 3 FamFG die materiellen Vereinbarungsmöglichkeiten nach § 6 VersAusglG beschränken soll, zumal der Verzicht ohne gesicherte Kompensation im Zuge der Inhaltskontrolle kritischer zu betrachten wäre. Daher ist es vorzugswürdig, dass sich der **Tenor nach der Vereinbarung richtet** (§ 6 Abs. 2 VersAusglG) und nicht umgekehrt.[905] Das heißt die **auflösende Bedingung müsste in den Tenor nach § 224 Abs. 3 FamFG Eingang finden**.

467 In der **Praxis** bereitet dies derzeit ohne gerichtliche Anerkennung durchaus Schwierigkeiten. Wenn sich die Gerichte gegen eine solche Möglichkeit entscheiden, könnte man überlegen, für diesen Fall des Bedingungseintritts einen schuldrechtlichen Ausgleich vorzubehalten, der freilich nicht die gleiche Sicherheit gibt.

▶ Hinweis:

468 Derzeit ist nicht sicher, dass die Rechtspraxis auflösende Bedingungen, die erst nach rechtskräftiger Entscheidung über den Versorgungsausgleich eintreten, berücksichtigt.

469 Sofern solche Vereinbarungen mit größeren Werten getroffen werden, empfiehlt es sich, zuvor mehrere Gestaltungsvarianten durchzurechnen und sich ggf. sachverständig beraten zu lassen.

▶ Formulierungsvorschlag: Verzicht auf Versorgungsausgleich gegen Zahlung der Beiträge für eine Lebensversicherung

470 Ehevertrag
.....

III. Versorgungsausgleich

1)

Wir schließen hiermit nach § 6 VersAusglG gegenseitig den Versorgungsausgleich nach dem VersAusglG vollständig aus.

---

899 Reetz, § 9 Rn. 71, FN 134 und § 9 Rn. 211.
900 Wick, Rn. 797.
901 Kemper, Versorgungsausgleich, Rn. 39 f.
902 Falkner, DNotZ 2013, 725, 727.
903 Notar-Handbuch/Grziwotz, 5. Aufl., B I, Rn. 141; Bergschneider, MittBayNot 1999, 144, 145.
904 Daher helfen Vorschläge zur vorherigen Einzahlung auf Notaranderkonto nicht weiter, so aber Falkner, DNotZ 2013, 725, 728.
905 So auch Gutachten des DNotI 124662 aus 2013.

D. Vereinbarungsmöglichkeiten   Kapitel 7

Der Verzicht auf den Versorgungsausgleich wird auflösend bedingt vereinbart. Er entfällt für beide Ehegatten und für die gesamte Ehezeit vollständig, wenn der Verpflichtete mit den in den nachstehenden Ziffern 3) und 4) vereinbarten Leistungen in zwei aufeinander folgenden Monaten in Verzug gerät.

Durch den Eintritt der auflösenden Bedingung werden die übrigen Bestimmungen dieses Vertrages nicht berührt.

2)

Diesen Verzicht nehmen wir hiermit gegenseitig an.

3)

Für die Ehefrau wird auf das Leben des Ehemannes und mit Ablauf bei Erreichen seines 65. Lebensjahres bei der ..... Versicherungs-AG eine dynamische Lebensversicherung als Kapitalversicherung mit Rentenwahlrecht abgeschlossen. Der Kapitalbetrag ist so festzusetzen, dass sich eine monatliche Rente bei Ausübung des Rentenwahlrechts zur Zeit des Vertragsabschlusses von ..... € monatlich ergibt.

Eingeschlossen ist eine Berufsunfähigkeits-Zusatzversicherung mit laufenden monatlichen Zahlungen bis zum Eintritt der Lebensversicherung in Höhe von ..... €.[906]

Die Versicherung ist in der Weise dynamisch gestaltet, dass die Beiträge und die Versicherungssumme entsprechend den Höchstbeiträgen in der gesetzlichen Rentenversicherung steigen.[907]

Die Beiträge für diese Versicherung belaufen sich derzeit auf ..... € monatlich.

Versicherungsnehmerin[908] und unwiderruflich Begünstigte für alle Leistungen aus dieser Versicherung ist die Ehefrau, bei ihrem vorzeitigen Ableben der Ehemann.

4)

Der Ehemann verpflichtet sich hiermit, die Beiträge für diese Versicherung in der jeweils bestehenden Höhe monatlich im Voraus zu entrichten. Durch eine Berufsunfähigkeits-Zusatzversicherung auf Beitragsfreiheit ist sicherzustellen, dass die Versicherung bei Berufsunfähigkeit des Ehemannes beitragsfrei wird.

5)

Die Beiträge zu dieser Lebensversicherung sind auch nach einer Scheidung weiterhin zu zahlen und gehören dann zum Unterhalt der Ehefrau. Für den Fall des Eintritts der auflösenden Bedingung nach Rechtskraft der Entscheidung über den Versorgungsausgleich behalten sich die Ehegatten die Durchführung eines Wertausgleiches nach Scheidung ausdrücklich vor.

Alternative 1:

Die Beiträge zu dieser Lebensversicherung sind bis zur Rechtskraft der Ehescheidung zu zahlen.

Alternative 2:

Die Beiträge zu dieser Lebensversicherung sind von der Rechtskraft der Ehescheidung an noch drei weitere Jahre zu zahlen.

---

906 Detailliert zu prüfen, wenn der berechtigte Ehegatte nicht berufstätig ist, vgl. Langenfeld, 6. Aufl., Rn. 661.
907 Sofern nicht mit diesen festen Beträgen gearbeitet wird, sind Berechnungsfaktoren für die Gegenleistung genau aufzunehmen, Goering, FamRB 2004, 64, 95, 98.
908 Wenn die Ehefrau Versicherungsnehmerin ist, entfällt die Notwendigkeit, festzulegen, dass der Ehemann seine Gestaltungsrechte wie Kündigung oder Beitragsfreistellung nur mit ihrer Zustimmung ausübt, weil die Gestaltungsrechte dem Versicherungsnehmer zustehen (§ 168 VVG), Bergschneider, Rn. 905. Mögliche steuerliche Nachteile sind mit dem steuerlichen Berater zu besprechen, Langenfeld/Milzer, Rn. 736 f.

Alternative 3:

Es soll sich nach dem gesetzlichen Unterhaltsrecht richten, ob die Beiträge auch nach Scheidung vom Ehemann weiterhin zu zahlen sind.

6)

Die Abänderung dieser Vereinbarung – insbesondere nach § 227 FamFG – wird ausgeschlossen.

7)

Im Falle der Scheidung unterliegt die vorstehende Versicherung weder dem Wertausgleich noch dem Zugewinnausgleich.[909]

..... (weitere Regelungen zum Versorgungsausgleich; ggf. Schiedsgutachterklausel) .....

8)

Der Notar hat uns über die rechtliche und wirtschaftliche Tragweite dieses Ausschlusses des Versorgungsausgleichs gegen Begründung einer Lebensversicherung eingehend belehrt. Er hat insbesondere darauf hingewiesen:

a) dass zwischen dem Versorgungsausgleich mit der Übertragung eines eigenen Anrechts und einer privaten Versicherung rechtliche und wirtschaftliche Unterschiede bestehen;
b) dass eine exakte Berechnung des ausgeschlossenen Anrechtes und damit ein genauer Vergleich mit der vereinbarten Rentenversicherung nicht erfolgt ist; die Vertragsteile wünschen jedoch gleichwohl die vorstehende Regelung;
c) dass die Vereinbarung eines Ausschlusses des Versorgungsausgleichs einer Wirksamkeits- und Ausübungskontrolle nach § 8 Abs. 1 VersAusglG und den Rechtsprechungsgrundsätzen unterliegt ..... Hierzu erklären die Vertragsteile, dass die genannte Rentenversicherung bei allen Prognoseunsicherheiten in etwa derjenigen Versorgung entspricht, welche die Ehefrau erzielen könnte, wenn sie in der Ehezeit eine eigene Versorgung aus Vollerwerbstätigkeit aufbauen könnte.

471 Wenn ein solcher Verzicht im Rahmen einer Scheidungsvereinbarung geschlossen wird, so wird i.d.R. die Beitragszahlung oder Depoterrichtung in einer Summe vereinbart, wenn dies finanziell machbar ist. Zumeist ist der Betrag für ein Beitragsdepot niedriger als die Einmalzahlung.

▶ **Formulierungsvorschlag:**[910] Verzicht auf Versorgungsausgleich gegen Abschluss einer Lebensversicherung mit sofortiger Anlage eines Beitragsdepots

472 Ehevertrag

.....

III. Versorgungsausgleich

1)

Wir schließen hiermit nach § 6 VersAusglG gegenseitig den Versorgungsausgleich nach dem VersAusglG vollständig und für die gesamte Ehezeit aus.

2)

Diesen Verzicht nehmen wir hiermit gegenseitig an.

---

909 Kann beim vorsorgenden Ehevertrag vorsorglich vereinbart werden. Auch ohne ausdrückliche Vereinbarung ergibt sich dies aber aus dem Gesamtzusammenhang der getroffenen Regelungen, denn man wird annehmen müssen, dass die Kompensation des Versorgungsausgleichs wegen § 2 Abs. 4 VersAusglG nicht dem Güterrecht unterfällt, vgl. Palandt/Brudermüller, § 2 VersAusglG Rn. 15 und umgekehrt Versorgungen, die aus Mitteln etwa des vorzeitigen Zugewinns erworben wurden, nicht dem Versorgungsausgleich unterfallen, Johannsen/Henrich/Holzwarth, § 2 VersAusglG Rn. 41.
910 Formulierungsvorschläge finden sich bei Bergschneider, Rn. 903 f.; Becksches Formulbuch Familienrecht/Weil, K.II. 8; Gruntkowski, MittRhNotK 1993, 1, 14; Langenfeld, 6. Aufl., Rn. 659.

D. Vereinbarungsmöglichkeiten   Kapitel 7

3)

Zum Ausgleich des Verzichts wird für die Ehefrau eine Lebensversicherung auf Rentenbasis

Alternative:

..... eine Lebensversicherung auf Kapitalbasis

bei der .....-Versicherungs-AG gemäß den nachfolgenden Bestimmungen abgeschlossen:

a)

Die Versicherung ist auf das Leben der Ehefrau abzuschließen und muss lebenslänglich monatliche Rentenzahlungen in Höhe von zunächst ..... € vorsehen.

Alternative:

..... muss eine Ablaufleistung von zunächst ..... € vorsehen.

Eingeschlossen sein muss eine Berufsunfähigkeits-Zusatzversicherung mit laufenden monatlichen Zahlungen bis zum Eintritt der Rentenversicherung in Höhe von ..... €.

b)

Die Rentenzahlungen an die Ehefrau beginnen mit Vollendung des 62. Lebensjahres der Ehefrau.

c)

Die Ehefrau ist Versicherungsnehmerin und unwiderruflich Begünstigte für alle Leistungen aus der Versicherung. Verstirbt sie vor ihrem Ehemann, ist dieser der Begünstigte.[911] Das Bezugsrecht der Ehefrau ist nicht abtretbar.

d)

Alle Gewinnanteile der Versicherung müssen zur Erhöhung der Versicherungsleistung verwendet werden.

e)

Beitragszahler ist der Ehemann.

4)

Der Ehemann verpflichtet sich hiermit zur Einzahlung eines Beitrages, welcher zur Finanzierung der oben genannten Rentenversicherung nach derzeitigem Stand ausreicht, in ein Prämiendepot und zwar binnen vier Wochen nach Rechtskraft der Scheidung.[912]

Alternative:

Der Ehemann verpflichtet sich hiermit zur Einzahlung einer Summe von ..... € in ein Prämiendepot und zwar binnen vier Wochen nach Rechtskraft der Scheidung.

Inhaber des Depots ist der Ehemann, für den jedoch jegliches Rückforderungsrecht bezüglich des eingezahlten Betrages zuzüglich aufgelaufener Zinsen ausgeschlossen wird. Das Beitragsdepot muss unkündbar sein und darf ausschließlich zur Beitragsdeckung für die vorgenannte Versicherung verwendet werden. Beim Tod der Ehefrau wird jedoch der noch ausstehende

---

911 Die Versicherung kann auch mit einer Rentengarantiezeit versehen werden. Es kann in diesem Fall Beitragsrückerstattung bei Tod der Ehefrau während der Aufschubzeit und während der Rentengarantiezeit, dann abzüglich bereits gezahlter Renten, vereinbart werden.
912 Zu begrüßen ist es, wenn die Ehegatten bis zum Abschluss des Vertrages nach renten- bzw. versicherungsrechtlicher Beratung ein entsprechendes Versicherungsprodukt bereits ausgesucht haben, dessen Daten dann berücksichtigt werden können. Vor dem Verzicht sollte ferner die Finanzierbarkeit geklärt sein. Ansonsten kann die vorherige Zahlung vereinbart und der Verzicht ggf. aufschiebend bedingt erklärt werden. Im äußersten Fall ist das Verfahren über den Versorgungsausgleich abzutrennen.

Depotbetrag zusammen mit der Versicherungssumme aufgrund des unwiderruflichen Bezugsrechts an den Ehemann ausgezahlt.[913]

Alternative:

Der Ehemann unterwirft sich wegen der oben genannten Verpflichtung zur Zahlung des Betrages von ..... € in ein Prämiendepot der sofortigen Zwangsvollstreckung aus dieser Urkunde in sein gesamtes Vermögen. Vollstreckbare Ausfertigung kann jederzeit ohne weiteren Nachweis erteilt werden.

Sofern die Depotsumme zur endgültigen Finanzierung der Rentenversicherung nicht ausreicht, ist der Ehemann zum Nachschuss verpflichtet.

5)

Eine Abänderung dieser Vereinbarung – insbesondere nach § 227 FamFG – wird ausgeschlossen.

6)

In dieser Vereinbarung liegt jedoch ausdrücklich kein Verzicht auf Altersvorsorgeunterhalt.

Alternative:

Dies beinhaltet zugleich einen Verzicht auf Altersvorsorgeunterhalt, den wir hiermit wechselseitig annehmen .....

7)

Der Notar hat uns über die rechtliche und wirtschaftliche Tragweite dieses Ausschlusses des Versorgungsausgleichs gegen Begründung einer Lebensversicherung eingehend belehrt. Er hat insbesondere darauf hingewiesen:

a) *dass zwischen dem Versorgungsausgleich mit der Übertragung eines eigenen Anrechts und einer privaten Versicherung ein rechtlicher und wirtschaftlicher Unterschied besteht;*
b) *dass eine exakte Berechnung des ausgeschlossenen Anrechtes und damit ein genauer Vergleich mit der vereinbarten Rentenversicherung nicht erfolgt ist; die Vertragsteile wünschen jedoch gleichwohl die vorstehende Regelung;*
c) *dass die Vereinbarung eines Ausschlusses des Versorgungsausgleichs einer Wirksamkeits- und Ausübungskontrolle nach § 8 Abs. 1 VersAusglG und den Rechtsprechungsgrundsätzen unterliegt .....*[914]

4. Einzahlung in die gesetzliche Rentenversicherung

473 Eine weitere Möglichkeit, den Ehegatten abzusichern, der als voraussichtlich Ausgleichsberechtigter auf die Durchführung des Versorgungsausgleichs verzichtet, besteht darin, die **Fortzahlung der Beiträge in der gesetzlichen Rentenversicherung** zu vereinbaren. Dies ist immer dann möglich, wenn das allgemeine Rentenrecht eine gesetzliche Grundlage für die Entrichtung freiwilliger Beiträge bietet. Das war im alten Versorgungsausgleichsrecht relativ selten der Fall. Hier hat der neue Versorgungsausgleich eine erhebliche Änderung gebracht. Nach § 187 Abs. 1 Nr. 2b) SGB VI können i.R.d. Versorgungsausgleichs nunmehr Beiträge gezahlt werden, um Rentenanwartschaften zu begründen, wenn dies in einer Vereinbarung nach § 6 VersAusglG vorgesehen ist.

474 Die Literatur zum Versorgungsausgleich interpretiert diese Vorschrift so, dass sie nicht nur die Vereinbarung einer externen Teilung umfasst, sondern auch den Fall, dass die Versorgung des Ausgleichspflichtigen gar nicht gekürzt wird, sondern dieser eine eigene Einzahlung in die gesetzliche Rentenversicherung vornimmt.[915]

---

913 So der Vorschlag von Bergschneider, Rn. 904.
914 Reetz, § 9 Rn. 73, Muster 9.20 schlägt ein Rücktrittsrecht für die Pflicht zur Beitragsleistung vor, wenn das Gericht den Versorgungsausgleich ohne Berücksichtigung der Beitragsleistung durchführt.
915 Ruland, Rn. 747.

D. Vereinbarungsmöglichkeiten   Kapitel 7

Eine gesonderte Zustimmung der gesetzlichen Rentenversicherung als Versorgungsträger ist aufgrund der allgemeinen gesetzlichen Öffnung nicht mehr erforderlich.   475

Als vorsorgende Vereinbarung wird diese Möglichkeit dennoch eher selten gewählt, da die Auswirkungen der Beitragsentrichtung gerade in einer Zeit der Umgestaltung und Finanznot des gesetzlichen Rentensystems nur schwer vorhersehbar sind. Allerdings hat die lang anhaltende Niedrigzinsphase auch dazu geführt, Werterhöhungen von 2,5 oder 3 % wieder als attraktiv zu betrachten. Daher ist diese Gegenleistung v.a. Thema der Scheidungsvereinbarungen. Möglich wäre es auch, diese Art der Gegenleistung fakultativ neben einer anderen Form der Leistung zu vereinbaren.[916]   476

▶ **Formulierungsvorschlag:**[917] Verzicht auf Versorgungsausgleich gegen Zahlung der Beiträge für die gesetzliche Rentenversicherung im vorsorgenden Ehevertrag

Ehevertrag   477

.....

III. Versorgungsausgleich

1)

Wir schließen hiermit nach § 6 VersAusglG gegenseitig den Versorgungsausgleich nach dem VersAusglG vollständig und für die gesamte Ehezeit aus.

Der Verzicht auf den Versorgungsausgleich wird auflösend bedingt vereinbart. Er entfällt für beide Ehegatten und für die gesamte Ehezeit vollständig, wenn der Verpflichtete mit den in nachstehender Ziffer 3) vereinbarten Leistungen in zwei aufeinanderfolgenden Monaten in Verzug gerät. Für den Fall des Eintritts der auflösenden Bedingung nach Rechtskraft der Entscheidung über den Versorgungsausgleich behalten sich die Ehegatten die Durchführung eines Wertausgleiches nach Scheidung ausdrücklich vor.[918]

Durch den Eintritt der auflösenden Bedingung werden die übrigen Bestimmungen dieses Vertrages nicht berührt.

2)

Diesen Verzicht nehmen wir hiermit gegenseitig an.

3)

Die Ehefrau ist derzeit als ..... tätig. Sie entrichtet Beiträge zur gesetzlichen Rentenversicherung. Der Ehemann verpflichtet sich, die Altersversorgung der Ehefrau in der bisherigen Höhe stets aufrecht zu erhalten, indem er freiwillige Beiträge zu der entsprechenden Rentenversicherung zahlt, soweit solche nicht aufgrund eigener Berufstätigkeit der Ehefrau geleistet werden. Die Beiträge passen sich entsprechend der Veränderung des Höchstbeitrages an.

Diese freiwilligen Beiträge sind auch nach einer Scheidung weiterhin zu zahlen und gehören dann zum Unterhalt der Ehefrau.

Alternative 1:

Diese freiwilligen Beiträge sind bis zur Rechtskraft der Ehescheidung zu zahlen.

Alternative 2:

Die freiwilligen Beiträge sind von der Rechtskraft der Ehescheidung an noch drei weitere Jahre zu zahlen.

---

916 Zimmermann/Dorsel, § 15 Rn. 54 f. mit Formulierungsvorschlag.
917 Kanzleiter/Wegmann, Rn. 286; Müller, 3. Kap., Rn. 387.
918 Vgl. Rdn. 462 ff.

Alternative 3:

Es soll sich nach dem gesetzlichen Unterhaltsrecht richten, ob die Beiträge auch nach Scheidung vom Ehemann weiterhin zu zahlen sind.

4)

Die Abänderbarkeit dieser Vereinbarung – insbesondere nach § 227 FamFG – wird ausgeschlossen.

5)

In dieser Vereinbarung liegt jedoch ausdrücklich kein Verzicht auf Altersvorsorgeunterhalt.

6)

Über die rechtliche und wirtschaftliche Tragweite des Ausschlusses des Versorgungsausgleichs gegen Beitragszahlung in die gesetzliche Rentenversicherung wurden wir vom Notar ausführlich belehrt. Er hat insbesondere darauf hingewiesen:

a) dass zwischen dem Versorgungsausgleich und einer laufenden Einzahlungsverpflichtung in die gesetzliche Rentenversicherung rechtliche und wirtschaftliche Unterschiede bestehen;
b) dass eine exakte Berechnung des ausgeschlossenen Anrechtes und damit ein genauer Vergleich mit der vereinbarten Einzahlung in die gesetzliche Rentenversicherung nicht erfolgt ist und im Rahmen einer vorsorgenden Regelung nicht möglich ist; die Vertragsteile wünschen jedoch gleichwohl eine solche Regelung in einem vorsorgenden Ehevertrag;
c) dass die Vereinbarung eines Ausschlusses des Versorgungsausgleichs einer Wirksamkeits- und Ausübungskontrolle nach § 8 Abs. 1 VersAusglG und den Rechtsprechungsgrundsätzen unterliegt. .....

478 Soll in einer Scheidungssituation eine Einmalzahlung in die gesetzliche Rentenversicherung vorgenommen werden, so könnte dies so formuliert werden:

▶ **Formulierungsvorschlag:**[919] Verzicht auf Versorgungsausgleich gegen Zahlung eines Einmalbeitrages für die gesetzliche Rentenversicherung in der Scheidungsvereinbarung

479 Ehevertrag

.....

III. Versorgungsausgleich

1)

Wir schließen hiermit nach § 6 VersAusglG gegenseitig den Versorgungsausgleich nach dem VersAusglG vollständig und für die gesamte Ehezeit aus.

2)

Diesen Verzicht nehmen wir hiermit gegenseitig an.

3)

Der Ehemann verpflichtet sich gegenüber der Ehefrau, Beiträge auf das Versicherungskonto Nr. ..... bei der DRV Bund einzuzahlen und zwar in Höhe des Ausgleichswertes zum .....[920]

Alternative 1:

und zwar in der Höhe, dass der Ehefrau dafür 7,8241 EP gutgeschrieben werden.

Alternative 2:

und zwar unabhängig von der Höhe des Ausgleichswertes in der Höhe, dass eine Anwartschaft von ....., € monatlich bezogen auf den ....[921] entsteht.

---

919 Kanzleiter/Wegmann, Rn. 286; Müller, 3. Kap., Rn. 387.
920 Monatsende vor Rechtshängigkeit.
921 Monatsende vor Rechtshängigkeit.

D. Vereinbarungsmöglichkeiten   Kapitel 7

Alternative 3:

und zwar in Höhe von ..... €.[922]

Der genannte Betrag ist fällig binnen eines Monats nach Rechtskraft der Ehescheidung.

4)

Eine Abänderung dieser Vereinbarung – insbesondere nach § 227 FamFG – wird ausgeschlossen.

5)

In dieser Vereinbarung liegt jedoch ausdrücklich kein Verzicht auf Altersvorsorgeunterhalt.

6)

Über die rechtliche und wirtschaftliche Tragweite des Ausschlusses des Versorgungsausgleichs gegen Beitragszahlung in die gesetzliche Rentenversicherung wurden wir vom Notar ausführlich belehrt. Er hat insbesondere darauf hingewiesen:

a) dass zwischen dem Versorgungsausgleich und einer Einzahlungsverpflichtung in die gesetzliche Rentenversicherung ein rechtlicher und wirtschaftlicher Unterschied besteht;
b) dass die Vereinbarung eines Ausschlusses des Versorgungsausgleichs einer Wirksamkeits- und Ausübungskontrolle nach § 8 Abs. 1 VersAusglG und den Rechtsprechungsgrundsätzen unterliegt .....

VI. Vereinbarung zum Ausgleichsanspruch nach Scheidung

Die Parteien können – das regelt nunmehr § 6 Abs. 1 Nr. 3 VersAusglG ausdrücklich – den Wertausgleich bei Scheidung durch den Ausgleich nach Scheidung ersetzen. Der Ausgleich nach Scheidung, der kein eigenes Versorgungsanrecht vermittelt, sondern nur schuldrechtliche Ansprüche, kann die **Sicherheit des Wertausgleichs nicht erreichen,** dies war bereits bei der Darstellung des Ausgleichs nach Scheidung[923] deutlich geworden. Eine weitere Sicherheit vermitteln zwar grds. die Ansprüche gegen Hinterbliebene nach § 25 VersAusglG (entspricht dem früher sog. verlängerten schuldrechtlichen Versorgungsausgleich nach § 3a VAHRG). Diese **Ansprüche gegen die Hinterbliebenen** sind aber nach **§ 25 Abs. 2 VersAusglG** gerade dann **nicht gegeben**, wenn der Anspruch durch **Vereinbarung** begründet und aus dem Wertausgleich herausgenommen wird. Aus diesem Grund ist der **Anwendungsbereich** für eine solche Vereinbarung **eher gering.**[924] **Ein Wechsel in den Ausgleich nach Scheidung ist somit nicht ratsam,** v.a. wegen der fehlenden Sicherheit bei einem Vorversterben des Verpflichteten. Ansprüche könnten hier allenfalls vertraglich – etwa in Form eines Leibrentenrechts – begründet werden.[925]

480

Als ein möglicher Anwendungsfall, bei dem die Ersetzung des Wertausgleichs durch den schuldrechtlichen Versorgungsausgleich für beide Vertragsteile sinnvoll ist, wurde früher aufgrund der Vorschrift des § 22 BeamtVG die Heirat eines **Beamten** kurz vor der Pensionierung mit einer wesentlich jüngeren Ehefrau genannt.[926] Nach § 22 Abs. 2 BeamtVG erhielt die geschiedene Ehefrau, wenn sie im Erbfall Witwengeld erhalten hätte, auf Antrag insoweit einen Unterhaltsbeitrag, als sie beim Tod des Beamten einen Anspruch auf schuldrechtlichen Versorgungsausgleich gehabt hätte. Die Vorschrift wurde jedoch schon seit 1989 stark eingeschränkt. Nach der Reform des Versorgungsausgleichs ist sie so geändert, dass sie nur noch auf das alte bis 31.08.2009 gültige Recht Bezug

481

---

922 Das Gericht würde im Tenor einer Entscheidung über den Wertausgleich nicht die Beitragssumme aussprechen, sondern in der Zahl der zu begründenden EP. Der Grund liegt darin, dass für die Wertigkeit des Beitrages der Zahlungszeitpunkt ganz entscheidend ist, vgl. etwa die Anordnung in § 187 Abs. 6 SGB VI. Eine solche Vereinbarung wäre aber gleichwohl zulässig, sollte allerdings den Zahlungszeitpunkt festsetzen.
923 Rdn. 210 f.
924 Vgl. etwa Bergschneider, Rn. 895 f.
925 Reetz, § 5 Rn. 134, Muster 5.20.
926 Zimmermann/Dorsel, § 15 Rn. 70.

nimmt. Auch wenn die Gesetzesbegründung dies nur zu einer redaktionellen Änderung erklärt,[927] bildet die Vorschrift nun keinen Grund mehr zum Wechsel in den Ausgleich nach Scheidung.[928]

▶ Formulierungsvorschlag: Ersetzung Wertausgleich bei Scheidung durch den Ausgleich nach der Scheidung

482

Ehevertrag

.....

III. Versorgungsausgleich

1)

Wir schließen hiermit nach § 6 Abs. 1 Nr. 3 VersAusglG gegenseitig den Versorgungsausgleich durch Wertausgleich bei der Scheidung nach §§ 9 ff. VersAusglG aus.

Es soll im Fall der Scheidung unserer Ehe der schuldrechtliche Ausgleich nach Scheidung gemäß §§ 20 ff. VersAusglG stattfinden. Die Abtretung nach § 21 VersAusglG[929] und die Abfindung nach §§ 23, 24 VersAusglG[930] werden jedoch ausgeschlossen.

Alternative: ...stattfinden. Die Abfindung nach §§ 23 ,24 VersAusglG wird jedoch ausgeschlossen.[931]

2)

Diesen Verzicht nehmen wir hiermit gegenseitig an.

3)

Eine Abänderung dieser Vereinbarung wird ausgeschlossen.[932]

4)

Der Notar hat uns über die rechtliche und wirtschaftliche Tragweite dieser Vereinbarung eingehend belehrt. Er hat insbesondere darauf hingewiesen:

a) dass ein Ausgleich nicht im Rahmen des Scheidungsverfahrens stattfindet;
b) dass es erst zu einem Ausgleich kommt, wenn der ausgleichspflichtige Ehegatte eine Versorgung bezieht und der Ausgleichsberechtigte ebenfalls eine Altersversorgung bezieht oder die Regelaltersgrenze erreicht hat bzw. die Voraussetzungen einer Invaliditätsversorgung erfüllt;
c) dass durch den Ausgleich nach Scheidung kein eigenständiges Versorgungsanrecht des ausgleichsberechtigten Ehegatten bei einem Versorgungsträger begründet wird, sondern nur schuldrechtliche Ansprüche gegen den Ehegatten bestehen. Eine Hinterbliebenenversorgung

---

927 BT-Drucks. 16/10144, 105.
928 Möglicherweise gelten in den Ländern noch Fassungen des BeamtVG auf der Basis des Bundesgesetzes zum Stand der Föderalismusreform; zur Bundesvorschrift nun Allgemeine Verwaltungsvorschrift zum BeamtVG v. 05.02.2018, GMBl. 2018, Nr. 7–11 S. 98, Tz 22.2.
929 Die Vertragsteile, die lediglich den schuldrechtlichen Versorgungsausgleich wollen, möchten i.d.R. die Abtretung nicht. Dies kann im Einzelfall auch einmal anders sein! § 21 Abs. 3 VersAusglG dürfte einem vertraglichen Ausschluss der Abtretung nicht entgegenstehen. Seinem Sinne nach möchte er nur verhindern, dass eine vereinbarte Abtretung an einem Abtretungsverbot – etwa in der Satzung des Versorgungsträgers – scheitert, vgl. Hauß/Bührer, Rn. 617; a.A. kein Ausschluss der Abtretung Langenfeld/Milzer, Rn. 758; zum Verhältnis der Abtretung zu den Pfändungsfreigrenzen: BGH, FamRB 2019, 179; hierzu Bührer, FamRZ 2019, 947.
930 I.d.R. wird der Ausschluss der Abfindung vorgesehen; Zimmermann/Dorsel, § 15 Rn. 68 f. schlagen vor, die Abfindung zu modifizieren.
931 Diese Alternative ist vorzugswürdig, wenn die Abtretung nach § 21 VersAusglG akzeptiert und bei Pfändungen möglicherweise benötigt wird, vgl. BGH, FamRB 2019, 179.
932 Für Vereinbarungen über den Ausgleich nach Scheidung findet § 227 Abs. 2 FamFG keine Anwendung, vielmehr richtet sich die Abänderung nach den allgemeinen Grundsätzen des BGB (§§ 133, 157, 242, 313 BGB), Borth, Versorgungsausgleich, Kap. 4 Rn. 104.

kann auf diese Weise nicht begründet werden. Der schuldrechtliche Ausgleich nach Scheidung kann daher für den Berechtigten erhebliche Nachteile bergen,
d) dass die Vereinbarung einer solch einschneidenden Modifikation des Versorgungsausgleichs einer Wirksamkeits- und Ausübungskontrolle nach § 8 Abs. 1 VersAusglG und den Rechtsprechungsgrundsätzen unterliegt und dass eheverträgliche Regelungen bei besonders einseitiger Aufbürdung von vertraglichen Lasten und einer erheblich ungleichen Verhandlungsposition unwirksam oder unanwendbar sein können .....

Soll der Versorgungsausgleich mit der Scheidung endgültig abgeschlossen sein, so bietet sich ein Verzicht auf einen weiteren Ausgleich nach Scheidung an, wenn hier später nur geringe Ansprüche zu erwarten sind oder wenn die Ansprüche kompensiert werden. 483

Dieser Verzicht kann folgendermaßen formuliert werden:

▶ Formulierungsvorschlag: Verzicht auf Ausgleich nach der Scheidung

Ehevertrag 484

.....

III. Versorgungsausgleich

1)

Wir schließen hiermit nach § 6 VersAusglG gegenseitig den Versorgungsausgleich insoweit aus, als er nicht durch Wertausgleich bei Scheidung durchgeführt werden kann. Ein schuldrechtlicher Ausgleich nach Scheidung soll demzufolge nicht stattfinden.

2)

Diesen Verzicht nehmen wir hiermit gegenseitig an.

3)

Eine Abänderung dieser Vereinbarung wird ausgeschlossen.

4)

Der Notar hat uns über die rechtliche und wirtschaftliche Tragweite dieser Vereinbarung eingehend belehrt. Er hat insbesondere darauf hingewiesen:
a) dass sich der Versorgungsausgleich auf den Wertausgleich bei Scheidung beschränkt;
b) dass ein Ausgleich nach Scheidung nicht stattfindet; somit bleiben insbesondere folgende noch nicht ausgleichsreife Rechte ohne Aufteilung: .....
c) dass die Vereinbarung einer Wirksamkeits- und Ausübungskontrolle nach § 8 Abs. 1 VersAusglG und den Rechtsprechungsgrundsätzen unterliegt und dass eheverträgliche Regelungen bei besonders einseitiger Aufbürdung von vertraglichen Lasten und einer erheblich ungleichen Verhandlungsposition unwirksam oder unanwendbar sein können .....

§ 23 VersAusglG sieht vor, dass i.R.d. Ausgleichs nach Scheidung eine Abfindung an den Versorgungsträger zu zahlen ist. Allerdings lassen nicht alle Versorgungssysteme die Zahlung einer solchen Abfindung zu. Auch für die gesetzliche Rentenversicherung wird vertreten, dass § 187 Abs. 1 Nr. 2 SGB VI hierfür keine Rechtsgrundlage geschaffen habe.[933] Eine Abfindung ist aber dann in die gesetzliche Rentenversicherung einzahlbar, wenn sie auf der Grundlage einer Vereinbarung nach § 6 VersAusglG gezahlt werden muss, § 187 Abs. 1 Nr. 2b SGB VI. Hierfür soll es ausreichen, dass die Vereinbarung den gesetzlichen Anspruch auf Abfindung nach § 23 VersAusglG absichert.[934] 485

Denkbar ist auch die Vereinbarung einer Höhenbegrenzung der schuldrechtlichen Ausgleichsrente. *Reetz*[935] schlägt hierfür folgende Formulierung vor:

---

933 Ruland, Rn. 830.
934 Ruland, Rn. 830.
935 Reetz, § 5 Rn. 109.

▶ **Formulierungsvorschlag: Begrenzung schuldrechtlicher Ausgleichsrente auf Unterhalt**

Ehevertrag

.....

III. Versorgungsausgleich

1)

Abweichend von den gesetzlichen Bestimmungen vereinbaren wir zur Höhe der Ausgleichsrente: Die Ausgleichsrente ist jedoch der Höhe nach auf denjenigen Betrag beschränkt, den der Ausgleichspflichtige aufgrund der Vereinbarung in § ... dieser Urkunde vor Eintritt der erstmaligen Fälligkeit der Ausgleichsrente als Unterhaltsleistung an die Ausgleichsberechtigte zu zahlen hat.

2)

Diesen Verzicht auf weitergehende Ansprüche nehmen wir hiermit gegenseitig an.

3)

Eine Abänderung dieser Vereinbarung wird ausgeschlossen.

4)

Der Notar hat uns über die rechtliche und wirtschaftliche Tragweite dieser Vereinbarung eingehend belehrt. Er hat insbesondere darauf hingewiesen:

a) dass ein Ausgleich nach Scheidung nicht stattfindet; somit bleiben insbesondere folgende noch nicht ausgleichsreife Rechte ohne Aufteilung: .....

b) dass die Vereinbarung einer Wirksamkeits- und Ausübungskontrolle nach § 8 Abs. 1 VersAusglG und den Rechtsprechungsgrundsätzen unterliegt und dass ehevertragliche Regelungen bei besonders einseitiger Aufbürdung von vertraglichen Lasten und einer erheblich ungleichen Verhandlungsposition unwirksam oder unanwendbar sein können .....

VII. Vereinbarungen im Zusammenhang mit der Scheidung

487 In diesem Abschnitt sollen Vereinbarungen zum Versorgungsausgleich vorgestellt werden, die im Zusammenhang mit der Scheidung getroffen werden können, wenn die erreichten Versorgungsanrechte bekannt sind und bilanziert werden können. Diese Vereinbarungen dienen i.d.R. dazu, Nachteile zu vermeiden, die bei der gesetzlichen Durchführung des Versorgungsausgleichs entstünden, etwa eine Zersplitterung von Anrechten oder eine Übertragung von beamtenrechtlichen Versorgungsansprüchen in die gesetzliche Rentenversicherung. Hierbei ist Vorsicht geboten, wenn durch die Saldierung die Grenze des § 14 Abs. 2 Nr. 2 VersAusglG unterschritten wird, sodass der Versorgungsträger einseitig die externe Teilung verlangen kann, oder auch die Grenzen des § 18 VersAusglG, sodass ein Versorgungsausgleich der verbleibenden Rechte wegen Geringfügigkeit ausscheidet.[936]

488 Str. ist, ob eine Ausübungskontrolle bei scheidungsnahen Vereinbarungen stattfindet. Teilweise wird bei einem Teilausschluss des Versorgungsausgleichs dieses Instrumentarium abgelehnt.[937]

1. Barer Spitzenausgleich

489 Um die Zersplitterung von Anrechten zu vermeiden, kann der **Wert eines Anrechtes** mit einem Kapitalwert **berechnet** und der Ausgleichswert **in bar ausgezahlt** werden. Es können auch **mehrere Anrechte** auf diese Weise **berechnet** und **saldiert** werden, sodass nur noch ein **Spitzenausgleich** in bar durchzuführen ist.

---

936 Hierauf weist Reetz, § 9 Rn. 133 zu Recht hin.
937 Reetz in Bayer/Koch, Scheidungsfolgevereinbarungen, 145, 154.

D. Vereinbarungsmöglichkeiten

Eine solche Lösung kann empfohlen werden, wenn die Anrechte **keinen allzu hohen Wert** haben und die vom Versorgungsträger mitgeteilten **korrespondierenden Kapitalwerte** in ihrer Berechnungsweise **nicht bestritten** sind. Möglicherweise sind beide Komponenten auch einem Vergleich in Bezug auf ihre steuerlichen Auswirkungen zu unterziehen, um die Nettoauswirkung vergleichbar zu machen.

Eine solche Vereinbarung kann folgendermaßen lauten:

▶ Formulierungsvorschlag:[938] interne Verrechnung von Ausgleichswerten und Auszahlung der Differenz

Scheidungsvereinbarung

.....

III. Versorgungsausgleich

1)

Nach der Auskunft der DRV Bund beträgt der Ausgleichswert meines, des Ehemannes, Ehezeitanteils ausgehend von einer Ehezeit vom ..... bis zum Ehezeitende am ..... bei der dortigen gesetzliche Rentenversicherung 10 EP. Daneben habe ich bei der X-AG Anrechte mit einem korrespondierenden Kapitalwert von 20.000,00 €, also einem Ausgleichswert von 10.000,00 €.

Ich, die Ehefrau, habe nach den eingeholten Auskünften bei der DRV Nordbayern ein Versorgungsanrecht von 5 EP und einen Ausgleichswert meines Riester-Vertrages bei der Y-AG von 8.000,00 € auszugleichen.

Wir vereinbaren hiermit, dass der Versorgungsausgleich bezüglich der Versorgungsanrechte bei der DRV Bund bzw. DRV Nordbayern stattfindet.

Für die weiteren Anrechte jedoch verrechnen wir die Ausgleichswerte. Ich, der Ehemann, verpflichte mich, an meine Ehefrau binnen vier Wochen nach Rechtskraft der Ehescheidung die Differenz der Kapitalwerte in Höhe von 2.000,00 € auszuzahlen.

Wegen dieser Zahlungsverpflichtung unterwerfe ich mich der sofortigen Zwangsvollstreckung aus dieser Urkunde in mein gesamtes Vermögen. Vollstreckbare Ausfertigung kann jederzeit ohne weiteren Nachweis erteilt werden.

Angesichts dessen verzichten wir insoweit auf die Durchführung des Versorgungsausgleichs. Die Anrechte bei der X-AG und bei der Y-AG bleiben also in vollem Umfange dem jeweils bisher Berechtigten.

2)

Diesen Verzicht nehmen wir gegenseitig an

3)

Eine Abänderung dieser Vereinbarung – insbesondere nach § 227 FamFG – wird ausdrücklich ausgeschlossen. Soweit der Versorgungsausgleich durchgeführt wird, soll er entsprechend den gesetzlichen Bestimmungen der Abänderbarkeit unterliegen.

4)

Der Notar hat uns über die rechtliche und wirtschaftliche Tragweite dieses Ausschlusses eingehend belehrt. Er hat insbesondere darauf hingewiesen:

.....

c) dass es sich bei dem korrespondierenden Kapitalwert nicht um einen versicherungsmathematisch exakt berechneten Wert handelt, sondern um eine Hilfsgröße zur Erstellung einer Vorsorgevermögensbilanz, die möglicherweise vom wirklichen, nur sachverständig festzustellenden Wert abweichen kann und die keine Dynamik auf den Leistungszeitpunkt hin enthält.

.....

---

938 Nach Bergschneider, Rn. 907.

5)

Die erwähnten Auskünfte sind dieser Urkunde – auszugsweise – als Anlage 1 und 2 beigefügt. Auf sie wird verwiesen. Sie sind Inhalt und Gegenstand dieser Urkunde und wurden den Erschienenen vom Notar vorgelesen.[939]

2. Verrechnung nach korrespondierendem Kapitalwert

492 Eine Verrechnung von Ansprüchen sieht § 10 Abs. 2 VersAusglG nur beim internen Versorgungsausgleich für Anrechte gleicher Art vor. Eine solche Verrechnung könnte erweiternd vertraglich vereinbart werden. Nachfolgend geschieht dies unter Zuhilfenahme des korrespondierenden Kapitalwertes. Auf die Besonderheiten dieser Hilfsgröße wurde bereits hingewiesen.[940]

493 Den Beteiligten muss klar sein, dass bei einer solchen Vereinbarung jede Versorgung später eine eigene Wertentwicklung hat, sodass sich – anders als bei der rein internen Teilung – bei Versorgungsbeginn ein von der Halbteilung abweichendes Ergebnis einstellen kann.

494 Da die Vereinbarung im Ergebnis zu einer geringeren Teilung führt, wird man eine Zustimmung des Versorgungsträgers nicht benötigen.

▶ **Beispiel:**[941]

495 *M und die F wollen sich scheiden lassen.*

Nach den Auskünften, die das Gericht bei den Versorgungsträgern eingeholt hat, bestehen folgende Versorgungsanrechte:

M: GV 20 EP Ausgleichswert: 10 EP Korresp. Kapitalwert: 75.424,86 €

F; Riester-Vertrag: 16.000,00 € Ausgleichswert = Kapitalwert: 8.000,00 €

Bei Versorgungsausgleich nach Gesetz hätten am Ende:

M: Gesetzliche Rentenversicherung 10 EP, Riester-Vertrag: 8.000,00 €

F: Gesetzliche Rentenversicherung 10 EP, Riester-Vertrag: 8.000,00 €.

Will nun F den Riestervertrag behalten, so könnt man dies vereinbaren und den Ausgleichswert i.H.v. 8.000,00 € vom Ausgleichswert des Ehemannes i.H.v. 75.424,86 € abziehen. Das ergibt: 67.424,86 €. Diesen Betrag kann man zurück in EP verwandeln: 67.424,86 € × 0,0001325823 = 8,9393 EP.

Es könnte dann der Riestervertrag bei F bleiben und 8,9393 EP auf F übertragen werden. M behielte dann 11,0607 EP.

Die Formulierung einer solchen Vereinbarung könnte folgendermaßen lauten:

---

939 Die Beifügung der Auskünfte als Anlage wird empfohlen, vgl. Becksches Formularbuch/Bernauer, Formulare unter V.23. Je nach Gestaltung der Auskünfte kann ein zusammenfassender Auszug genügen.
940 Rdn. 314.
941 Zahlen für 2020: Bekanntmachung über die Umrechnungsfaktoren für den Versorgungsausgleich in der gesetzlichen Rentenversicherung, BGBl. 2019 I, S. 2868.

D. Vereinbarungsmöglichkeiten   Kapitel 7

▶ Formulierungsvorschlag: interne Verrechnung von Ausgleichswerten und in der Folge
nur eingeschränkter Versorgungsausgleich

496

.....

Scheidungsvereinbarung

.....

III. Versorgungsausgleich

1)

.....

Nach der Auskunft der DRV Bund beträgt der Ausgleichswert meines, des Ehemannes, Ehezeitanteils ausgehend von einer Ehezeit vom ..... bis zum Ehezeitende am ..... bei der dortigen gesetzliche Rentenversicherung 10 EP; das entspricht einem korrespondierenden Kapitalwert von 75.424,86 €.

Ich, die Ehefrau, habe nach den eingeholten Auskünften einen Ausgleichswert meines Riester-Vertrages bei der ..... von 8.000,00 € auszugleichen.

Wir vereinbaren hiermit, dass wir nach Verrechnung des korrespondierenden Kapitalwertes beim Ehemann mit dem Ausgleichswert der Ehefrau nur einen korrespondierenden Kapitalwert von 67.424,86 € bei der DRV zum Ausgleich bringen. Dies entspricht 8,9393 EP.

Der Versorgungsausgleich wird daher im Wege der internen Teilung so durchgeführt, dass zu Lasten des Anrechtes des Ehemannes bei der DRV-Bund (Versicherungskonto .....) 8,9393 EP auf ein Versicherungskonto der Ehefrau übertragen werden.

Im Übrigen verzichten wir gegenseitig auf die Durchführung des Versorgungsausgleichs. Der Riester-Vertrag verbleibt somit in vollem Umfang der Ehefrau.

2)

Diesen Verzicht nehmen wir gegenseitig an.

3)

Eine Abänderung dieser Vereinbarung – insbesondere nach § 227 FamFG – kann ausdrücklich erfolgen.[942]

4)

Der Notar hat uns über die rechtliche und wirtschaftliche Tragweite dieser Vereinbarung eingehend belehrt. Er hat insbesondere darauf hingewiesen:

.....

c) dass es sich bei dem korrespondierenden Kapitalwert nicht um einen versicherungsmathematisch exakt berechneten Wert handelt, sondern um eine Hilfsgröße zur Erstellung einer Vorsorgevermögensbilanz, die möglicherweise vom wirklichen nur sachverständig festzustellenden Wert abweichen kann und die keine Dynamik auf den Leistungszeitpunkt hin enthält;
d) dass sich die Wertentwicklung der Rechte jeweils anders darstellen kann, sodass sich gegenüber der internen Teilung bei Versorgungsbeginn abweichende Ergebnisse einstellen können.

5)

Die erwähnten Auskünfte sind dieser Urkunde – auszugsweise – als Anlage 1 und 2 beigefügt. Auf sie wird verwiesen. Sie sind Inhalt und Gegenstand dieser Urkunde und wurden den Erschienenen vom Notar vorgelesen.[943]

---

942 In diesem Fall wurde wegen der bloßen Verrechnung die Abänderbarkeit beibehalten.
943 Die Beifügung der Auskünfte als Anlage wird empfohlen, vgl. Beckches Formularbuch/Bernauer, Formulare unter V.23. Je nach Gestaltung der Auskünfte kann ein zusammenfassender Auszug genügen.

3. Verrechnung aufgrund von Rentenwerten

497 Insb. die Kritiker des korrespondierenden Kapitalwertes schlagen Verrechnungen aufgrund eines errechneten Rentenwertes vor. Eine solche anderweitige Verrechnung können die Ehegatten vertraglich vereinbaren. Dabei muss aber bewusst sein, dass auch Rentenwerte nicht centgenau berechnet und schon gar nicht in ihrer Dynamik verglichen werden können. Es soll daher mit diesem Beispiel eine Vereinbarungsmöglichkeit aufgezeigt sein, ohne dass sich damit eine allgemeine Anwendungsempfehlung verbindet.

498 Das nachfolgende Beispiel behandelt einen Fall mit ausländischen Anrechten. Solche bleiben nach § 19 Abs. 2 Nr. 4 VersAusglG dem Ausgleich nach Scheidung vorbehalten. Wenn eine Teilung seiner eigenen Anrechte für denjenigen, der hinsichtlich der ausländischen Anrechte ausgleichsberechtigt ist, unbillig wäre, so findet der Wertausgleich bei Scheidung nach § 19 Abs. 3 VersAusglG auch insoweit nicht statt. Das Interesse der Ehegatten geht aber häufig auch in solchen Fällen auf die Erledigung schon bei Scheidung. Hier könnte eine Vereinbarung helfen. Da der Ausgleich geringer ausfällt als nach dem Gesetz vorgesehen, dürfte eine Zustimmung des Versorgungsträgers nicht notwendig sein.

▶ Beispiel für eine Verrechnung ausländischer Versorgung anhand von monatlichen Rentenwerten:[944]

499 *M und die F wollen sich scheiden lassen. Das Ende der Ehezeit liegt im 2. Halbjahr 2014 die Leistungsfälle treten voraussichtlich 2022 ein.*

Nach den Auskünften, die das Gericht bei den Versorgungsträgern eingeholt hat, bzw. welche die Parteien beigebracht haben, bestehen folgende Versorgungsanrechte:

M: Gesetzliche Rentenversicherung 40 EP Ausgleichswert: 20 EP

F: Gesetzliche Rentenversicherung 5 EP Ausgleichswert: 2,5 EP

Ausländisches Anrecht: mtl. Rente: 364,00 €

Die Anwartschaften in der gesetzlichen Rentenversicherung werden in Monatsrenten umgerechnet. Dies ergibt für

M: 40 × 33,05 = 1.322,00 €

F: 05 × 32,03 = 165,25 €

Der Wertunterschied der Ehezeitanteile beträgt daher 1.322,00 € – 165,25 € – 364,00 €[945] = 792,75 €. Der Ausgleichswert beläuft sich demnach auf 396,38 € monatliche Rente. Rechnet man dies erneut in Entgeltpunkte um, so ergibt sich ein Ausgleichswert von 396,38/33,05 = 11,99334 EP. Dies ist weniger als der gesetzliche Ausgleichswert der Versorgung des M. Daher ist eine Vereinbarung zulässig, wonach der Versorgungsausgleich insgesamt erledigt wird durch Übertragung von 11,99334 EP von M auf F.

---

944 Nach Bergner, § 6 Rn. 2.1.
945 Die Verrechnung der monatlichen Rentenwerte setzt streng genommen voraus, dass die Dynamik in etwa vergleichbar ist. Bestehen geringfügige Unterschiede, haben diese umso weniger Gewicht, je näher der Leistungsfall ist. Ansonsten müsste ggf. eine eigene Bewertung des Anrechtes mit Blick auf die zur gesetzlichen Rentenversicherung abweichende Dynamik erfolgen.

Eine Formulierung für eine solche Vereinbarung kann folgendermaßen lauten:

▶ **Formulierungsvorschlag: Verrechnung einer ausländischen Versorgung mit Anrechten aus der gesetzlichen Rentenversicherung nach Werten in monatlicher Rente – Einmalausgleich – Vermeidung von § 19 Abs. 3 VersAusglG**

500

.....

Scheidungsvereinbarung

.....

III. Versorgungsausgleich

1)

Nach der Auskunft der DRV Bund beträgt mein, des Ehemannes, Ehezeitanteil ausgehend von einer Ehezeit vom ..... bis zum Ehezeitende am ..... bei der dortigen gesetzliche Rentenversicherung 40 EP. Dies entspricht einem Ausgleichswert von 20 EP.

Ich, die Ehefrau, habe ebenfalls Anrechte bei der DRV Bund in Höhe von 5 EP. Dies entspricht einem Ausgleichswert von 2,5 EP.

Ich habe ferner ausländische Versorgungsanrechte bei der ..... Nach der Auskunft dieses Versorgungsträgers beläuft sich die monatliche Rente hieraus auf 364,00 €.

Wir wollen den Ausgleich unserer Versorgungsanrechte unter Einbeziehung der ausländischen Anrechte im Zusammenhang mit der Scheidung durchführen und die Verweisung in den Ausgleich nach Scheidung vermeiden. Zu diesem Zwecke soll ein Einmalausgleich auf der Basis von monatlichen Rentenwerten vorgenommen werden.

Für mich, den Ehemann, errechnet sich in der gesetzlichen Rentenversicherung ein monatlicher Rentenwert von $40 \times 33{,}05^{946}$ = 1.322,00 €.

Für mich, die Ehefrau, errechnet sich in der gesetzlichen Rentenversicherung ein monatlicher Rentenwert von $5 \times 33{,}05$ = 165,25 €.

Damit beträgt der Unterschied unserer Rentenanrechte bemessen nach monatlichen Rentenwerten: 1.322,00 € – 165,25 € – 364,00 € = 792,75 €. Dies ergibt einen Ausgleichsbetrag in monatlichen Rentenwerten von 396,38 €.

Erneut umgerechnet in EP der gesetzlichen Rentenversicherung ergibt dies einen Ausgleichswert von 396,38/33,05 = 11,99334 EP.

Wir vereinbaren daher, dass zu Lasten des Anrechtes des Ehemannes bei der DRV Bund (Versicherungskonto .....) zugunsten der Ehefrau ein Anrecht in Höhe von 11,99334 EP auf deren Versicherungskonto ..... bei der DRV Bund bezogen auf den .....[947] übertragen wird.

Im Übrigen wird auf jeden Wertausgleich oder Ausgleich nach Scheidung hiermit wechselseitig verzichtet. Diesen Verzicht nehmen wir hiermit gegenseitig an. Somit verbleiben insbesondere der Ehefrau ihre Anrecht bei der DRV Bund und bei dem ausländischen Versorgungsträger ..... ungeschmälert erhalten.

2)

Eine Abänderung dieser Vereinbarung – insbesondere nach § 227 FamFG – wird ausdrücklich ausgeschlossen.

3)

Der Notar hat uns über die rechtliche und wirtschaftliche Tragweite dieser Vereinbarung eingehend belehrt. Er hat insbesondere darauf hingewiesen:

---

946 § 68 SGB VI; dieser aktuelle Rentenwert gilt vom 01.07.2019 bis 30.06.2020 laut Rentenwertbestimmungsverordnung 2019, BGBl. I 2019, S. 791.
947 Ehezeitende einsetzen.

a) dass durch diese Vereinbarung und ihre familiengerichtliche Umsetzung der Versorgungsausgleich endgültig durchgeführt ist.
b) dass es empfehlenswert ist, die aus dem bisherigen oder auch dem künftig zu erwartenden Versicherungsverlauf resultierenden Anrechte der Ehegatten insbesondere hinsichtlich des betroffenen ausländischen Versorgungsanrechts im Rahmen einer Renten- bzw. Versorgungsberatung sachverständig zu bestimmen; die Ehegatten wünschen die Beurkundung jedoch ausdrücklich ohne eine solche vorherige Berechnung;
c) dass es sich bei den monatlichen Rentenwerten der gesetzlichen Rentenversicherung und des ausländischen Versorgungsanrechts möglicherweise nicht um exakt vergleichbare Werte handelt, da diese einer unterschiedlichen Dynamik unterliegen können. Der Notar hat darauf hingewiesen, dass die Werte ggf. sachverständig vergleichbar gemacht werden können. Er hat ausdrücklich keinen Betreuungsauftrag zur Rentenberechnung übernommen.
d) dass die Vereinbarung eines Ausschlusses des Versorgungsausgleichs einer Wirksamkeits- und Ausübungskontrolle nach § 8 Abs. 1 VersAusglG und den Rechtsprechungsgrundsätzen unterliegt[948] und eine Vereinbarung zu Lasten der Grundsicherung oder anderer Versorgungsträger sittenwidrig sein kann.
e) dass er ausländisches Recht nicht kennen muss, über den Inhalt fremder Rechtsordnungen nicht belehren kann und nicht belehrt hat. Der Notar hat hierüber auch keinen Betreuungsauftrag übernommen. Er hat insbesondere nicht geprüft, ob das ausländische Recht diesen Vertrag anerkennt und sich auf ihn anders auswirkt als die Parteien dies annehmen. Die Parteien nehmen die Risiken und Folgen aus der Einwirkung fremden Rechts in Kauf und stellen den Notar insoweit von jeder Haftung frei.

4)

Die erwähnten Auskünfte sind dieser Urkunde – auszugsweise – als Anlage 1 und 2 beigefügt. Auf sie wird verwiesen. Sie sind Inhalt und Gegenstand dieser Urkunde und wurden den Erschienenen vom Notar vorgelesen.[949]

4. Verrechnung bei externer Teilung

501 Bei der externen Teilung gibt es eine dem § 10 Abs. 2 VersAusglG entsprechende Vorschrift zur Verrechnung nicht. Zwar war ursprünglich in § 14 Abs. 3 VersAusglG eine Verweisung auf § 10 Abs. 2 VersAusglG enthalten, diese wurde aber in der Endfassung des Gesetzes gestrichen.[950] Die Begründung hierfür war, dass bei der externen Teilung eine Verrechnung von Anrechten nicht möglich sei. Dies kann man nicht ignorieren und eine Verrechnung dennoch für möglich halten.[951]

502 Eine Verrechnung kann aber dennoch sinnvoll sein. Sie könnte durch Vertrag vereinbart werden. Da dies die externe Verrechnung ändert, ist die Zustimmung der Versorgungsträger notwendig.

Die Literatur[952] gibt hierzu folgendes Beispiel:[953]

▶ Beispiel:

M und die F wollen sich scheiden lassen.

Nach den Auskünften, die das Gericht bei den Versorgungsträgern eingeholt hat, bestehen folgende Versorgungsanrechte:

---

948 Hier nur in der kurzen Fassung, da es sich lediglich um eine Verrechnungsvereinbarung handelt und ein Verzicht allenfalls hinsichtlich ungenauer Berechnungen vorliegt.
949 Die Beifügung der Auskünfte als Anlage wird empfohlen, vgl. Becksches Formularbuch/Bernauer, Formulare unter V.23. Je nach Gestaltung der Auskünfte kann ein zusammenfassender Auszug genügen.
950 BT-Drucks. 16/11903, 103.
951 So aber Ruland, Rn. 710.
952 Eulering/Viefhues, FamRZ 2009, 1368, 1371.
953 Die Zahlen des Beispiels aus 2009 wurden belassen, um nicht Verwirrung zu stiften.

D. Vereinbarungsmöglichkeiten

	Ehefrau	*Ehemann*
Versorgungsträger	Land NRW	
Ehezeitanteil	800,00 €	
Ausgleichswert	400,00 €	
Versorgungsträger		DRV Westfalen
Ehezeitanteil		25,2 EP
Ausgleichswert		12,6 EP
Versorgungsträger		Fa. Z-AG
Ehezeitanteil		280,00 €
Ausgleichswert		140,00 €
Korrespondierender Kapitalwert		7.024,00 €
Versorgungsträger	Assecurata-Versicherung	
Ehezeitanteil	8.800,00 €	
Ausgleichswert	4.268,00 €	

Die Z-AG hat verlangt, die Versorgung (Direktzusage) extern zu teilen (§§ 14 Abs. 2 Nr. 2, 17 VersAusglG), woraufhin die Ehefrau die Assecurata-Versicherung als Zielversorgung angegeben hat. Es müsste daher bei der gerichtlichen Durchführung des Versorgungsausgleichs im Wege der externen Teilung zulasten des Anrechtes des Ehemannes bei der Z-AG zugunsten der Ehefrau ein Anrecht i.H.v. 7.024,00 € bei der Assecurata-Versicherung begründet werden. Gleichzeitig müsste im Wege der internen Teilung zulasten des Anrechts der Ehefrau bei der Assecurata-Versicherung ein Anrecht i.H.v. 4.268,00 € für den Ehemann begründet werden. Eine Verrechnungsvorschrift gibt es für die externe Teilung nicht.

Die Ehegatten können aber vertraglich übereinkommen, auf die interne Teilung des Anrechts der Ehefrau bei der Assecurata-Versicherung zu verzichten und stattdessen nur ein geringere Summe (7.024,00 € – 4.268,00 €) von 2.756,00 € zulasten des Ehemannes von dessen Anrecht bei der Z-AG auf die Assecurata-Versicherung zu übertragen. Das macht Sinn, weil es dem Ehemann erspart, noch eine weitere Versorgung begründen zu müssen. Die Z-AG muss weniger Geld an die Zielversorgung der Ehefrau überweisen und wird daher zustimmen.

Eine vertragliche Vereinbarung dieser Verrechnung kann folgendermaßen formuliert werden:

▶ **Formulierungsvorschlag: Verrechnung von Ausgleichswerten beim externen Ausgleich**

Scheidungsvereinbarung

III. Versorgungsausgleich

1)

.....

Nach den Auskünften der beteiligten Versorgungsträger müsste ausgehend von einer Ehezeit vom ..... bis zum Ehezeitende am ..... zu Lasten meines, des Ehemannes, Anrechts auf betriebliche Altersversorgung bei der Z-AG auf ein Konto der Ehefrau bei der von ihr als Zielversorgung benannten Assecurata-Versicherung ein Betrag von 7.024,00 € im Wege der externen Teilung übertragen werden.

Zugleich müsste von meinem, der Ehefrau, Anrecht bei der Assecurata-Versicherung im Wege der internen Teilung ein Betrag von 4.268,00 € auf den Ehemann übertragen werden.

Wir vereinbaren, dass dieser Ausgleich dergestalt verrechnet wird, dass zulasten des Anrechtes des Ehemannes bei der Z-AG (VersicherungsNr. .....) nur ein Betrag von (7.024,00 € – 4.268,00 €) 2.756,00 € an die Assecurata-Versicherung zugunsten des Kontos der Ehefrau (VersicherungsNr. .....) nach Maßgabe des Tarifs Nr. ..... der AVB vom .....[954] übertragen wird. Ein interner Ausgleich des Anrechtes der Ehefrau bei der Assecurata-Versicherung findet hingegen nicht statt.

Insoweit wird auf einen weitergehenden Versorgungsausgleich hinsichtlich der beiden geschilderten Versorgungen ausdrücklich verzichtet. Im Übrigen, d.h. für alle anderen Versorgungsanrechte, bleibt der Versorgungsausgleich unberührt.

Die Zustimmungen der Z-AG und der Assecurata-Versicherung liegen vor und sind in Anlagen 1 und 2 beigefügt. Auf sie wird Bezug genommen. Sie sind Inhalt und Bestandteil dieser Urkunde und wurden den Beteiligten vom Notar vorgelesen. Dieser hat darauf hingewiesen, dass er die Richtigkeit der Berechnungen nicht überprüfen kann, und er hat geraten, bei Bedarf eine Rentenberatungsstelle aufzusuchen.

2)

Den Verzicht nehmen wir wechselseitig an.

3)

Eine Abänderung dieser Vereinbarung soll nach § 227 Abs. 2 FamFG ausdrücklich möglich sein.

4)

Der Notar hat uns über die rechtliche und wirtschaftliche Tragweite dieser Vereinbarung eingehend belehrt. Er hat insbesondere darauf hingewiesen:

a) .....
b) dass er ausdrücklich keinen Betreuungsauftrag zur Rentenberechnung übernommen hat;
c) dass die Vereinbarung eines Ausschlusses des Versorgungsausgleichs einer Wirksamkeits- und Ausübungskontrolle nach § 8 Abs. 1 VersAusglG und den Rechtsprechungsgrundsätzen unterliegt und eine Vereinbarung zu Lasten der Grundsicherung oder anderer Versorgungsträger sittenwidrig sein kann;
d) dass eine steuerliche Beratung bei jeder externen Teilung von Versorgungsanrechten ratsam sein kann.

5. Versorgungsausgleich bei Landesbeamten

504 Besonders misslich ist der gesetzliche Versorgungsausgleich für **Landes- oder Kommunalbeamte** ausgestaltet. Während für Bundesbeamte[955] die interne Teilung der Versorgungsbezüge kraft Gesetzes ermöglicht wurde,[956] haben die **Landesgesetzgeber**, die nach der Föderalismusreform für die Beamtenversorgung zuständig sind, bisher eine **solche interne Teilung nicht ermöglicht**. Daher sind die Versorgungsanrechte von Landes- oder Kommunalbeamten extern nach § 16 VersAusglG zu teilen. Dies geschieht nach der ausdrücklichen Anordnung in § 16 Abs. 1 VersAusglG durch **Begründung eines Anrechtes** bei der **gesetzlichen Rentenversicherung** zulasten des Versorgungsträgers des Landesbeamten.

505 Das hat für Ehen zwischen Landes- oder Kommunalbeamten die missliche Konsequenz, dass jeweils Versorgungsanrechte i.H.d. Hälfte des Ehezeitanteils eines jeden Ehegatten aus dem öffentlichrecht-

---

954 Vgl. Johannsen/Henrich/Holzwarth, § 10 VersAusglG Rn. 26: Wegen der rechtsgestaltenden Wirkung der späteren Entscheidung sind die Versicherungsnummer, Tarife oder auch Betriebsvereinbarungen, nach denen sich die Versorgung richtet, so genau wie möglich zu bezeichnen.
955 Bundesbeamte, die aus dem Dienst ausscheiden, können statt der bisher allein möglichen Nachversicherung in der gesetzlichen Rentenversicherung ein sog. Altersgeld wählen, das einen Anspruch auf Versorgung gegen den bisherigen Dienstherren nach beamtenrechtlichen Grundsätzen gewährt, Altersgeldgesetz (BGBl. 2013 I, 3386); zur Behandlung im Versorgungsausgleich: Borth, FamRZ 2013, 1788 f.
956 Beamtenversorgungs-Teilungsgesetz, Art. 5 des Gesetzes zur Strukturreform des Versorgungsausgleichs, BGBl. 2009 I, S. 700 ff.

D. Vereinbarungsmöglichkeiten

lichen Versorgungssystem ausscheiden und in die gesetzliche Rentenversicherung übertragen werden. Es geht damit **für beide Ehegatten jeweils die Hälfte der Pensionen verloren** (soweit sie auf die Ehezeit entfallen) und wird durch Ansprüche in der gesetzlichen Rentenversicherung ersetzt. Das wollen Beamte i.d.R. nicht. Diese Situation »**schreit nach einem Ausgleich durch Vereinbarung**«[957] bzw. ein Ausschluss des Versorgungsausgleichs »kann sich unmittelbar aufdrängen«.[958]

Durch eine Vereinbarung kann derjenige Ehegatte mit den höheren Ehezeitanteilen dem anderen Ehegatten ggü. für dessen niedrigere Ehezeitanteile gänzlich auf die Durchführung des Wertausgleichs hinsichtlich der Beamtenpension verzichten. Der Ehegatte mit den niedrigeren Ehezeitanteilen hingegen verzichtet insoweit auf den Wertausgleich als dieser über den Spitzenausgleich hinausgeht. Es werden also quasi die wertmäßig ja **vergleichbaren Anrechte verrechnet und nur der Überschuss geteilt**. 506

Vorgeschlagen wird, schon in vorsorgenden Eheverträgen eine Verpflichtung zum Abschluss einer späteren Verrechnungsvereinbarung aufzunehmen.[959] Dies mag sinnvoll sein, haben doch der BGH,[960] das KG[961] und das OLG Brandenburg[962] entschieden, dass ein Anspruch des insgesamt ausgleichspflichtigen Ehegatten gegen den anderen auf Zustimmung zu einer Saldierungsabrede, wonach nur noch der Spitzenbetrag extern geteilt wird, nicht anzuerkennen ist. Dem tritt die Literatur und auch die Rechtsprechung unter Berufung auf die nacheheliche Solidarität – ähnlich wie bei der Zustimmung zum Realsplitting – entgegen.[963] 507

▶ **Formulierungsvorschlag: Verpflichtung zum Abschluss einer Verrechnungsvereinbarung**

III. Versorgungsausgleich 508

1)

Wir verpflichten uns bereits heute, im Falle einer Scheidung unserer Ehe eine Vereinbarung zu treffen, wonach die externe Teilung unserer beiderseitigen Versorgungen als Landesbeamte soweit als möglich vermieden wird. Dazu soll dann unter Zugrundelegen unserer monatlichen ehezeitlichen Versorgungsanrechte eine Saldierung erfolgen, so dass nur noch der Spitzenausgleich durch externe Teilung erfolgt.

Diese in der Praxis bereits praktizierten Vereinbarungen haben die Gerichte vor die Frage gestellt, ob für eine solche Vereinbarung die **Zustimmung des Versorgungsträgers** erforderlich ist. Einige Gerichte haben eine solche Zustimmung verlangt und auch erhalten. Da aber der Versorgungsträger durch die Vereinbarung nicht belastet wird, weil ein Ehegatte auf den Ausgleich gänzlich und der andere z.T. verzichtet, spricht dies gegen eine Genehmigungsbedürftigkeit durch den Versorgungsträger. Durch die Vereinbarung muss der Versorgungsträger entgegen der gesetzlichen Rechtslage weiterhin die Pensionen erbringen, er muss aber den externen Ausgleichs- bzw. Erstattungsbetrag nach § 225 Abs. 1 Satz 1 SGB VI nicht leisten bzw. nur in geringerem Umfang. Es werden daher keine Anrechte übertragen oder begründet i.S.d. § 8 Abs. 2 VersAusglG. Daher ist eine **Zustimmung des Versorgungsträgers wie bei anderen Verzichten auch nicht notwendig**.[964] 509

Nachdem diese Empfehlung bereits längere Zeit erfolgreich praktiziert wurde, schreckte eine Entscheidung des OLG Schleswig (4. Familiensenat)[965] die gestaltende Praxis auf. Das Gericht hielt die Verrechnungsvereinbarung für unwirksam, weil sie gegen § 8 Abs. 2 VersAusglG i.V.m. § 3 Abs. 2 510

---

957 Bergner, Teil C, Fall 7, Rn. 5; befürwortend etwa auch OLG Brandenburg, FamRZ 2017, 437.
958 OLG Brandenburg, NZFam 2016, 995.
959 Vorschlag nach Reetz, § 9, Rn. 143, Muster 9.56.
960 BGH, NZFam 2020, 10 = FamRZ 2020, 169, dazu Götsche FuR 2020, 130.
961 KG, FamRZ 2016, 1166.
962 OLG Brandenburg, FamRZ 2017, 876.
963 Götsche, ZBR 2016, 294, 301; AG Oranienburg, FamRB 2015, 341 m. zust. Anm. Götsche.
964 Bergschneider, Rn. 817.
965 OLG Schleswig, FamRZ 2012, 1144.

BeamtVG verstoße. Gegen dieses Urteil, dessen Begründung bereits an anderer Stelle widersprochen wurde,[966] regte sich Widerstand bei anderen OLG. So entschieden das OLG Celle,[967] das OLG Schleswig (2. Familiensenat)[968] und das OLG Saarbrücken,[969] dass solche Vereinbarungen nicht gegen § 8 Abs. 2 VersAusglG verstoßen. Für die Wirksamkeit der Verrechnungsvereinbarung sprechen folgende Argumente:

- **§ 8 Abs. 2 VersAusglG untersagt** nämlich – richtig verstanden – **nur Vereinbarungen**, die **mit unmittelbar bindender Wirkung** ohne familiengerichtliche Mitwirkung zu einer Übertragung oder Begründung von Anrechten gegen den Versorgungsträger führen.
- **§ 8 Abs. 2 VersAusglG verbietet nur die Teilung eines Anrechtes über das gesetzlich vorgesehene Maß hinaus.** Verzichte oder Teilverzichte, die sich nach dem neuen Versorgungsausgleich nicht mehr auf andere Rechte auswirken, sind hingegen ohne Zustimmung des Versorgungsträgers zulässig, denn dieser hat kein Recht auf Durchführung des Versorgungsausgleichs.[970]
- Die **reine Verrechnungsabrede** besteht aus einem Verzicht und einem Teilverzicht. Sie **begründet oder überträgt kein Recht**, wie dies § 8 Abs. 2 VersAusglG voraussetzt.
- **Adressat des § 3 BeamtVG ist nur der Staat.** Eine Vereinbarung unter Ehegatten fällt somit gar nicht in den Schutzbereich des § 3 BeamtVG.

511 Der **BGH** hat dann wieder für Rechtssicherheit gesorgt und unter Aufnahme der aufgezeigten Argumente bestätigt, dass die **Verrechnungsvereinbarung zulässig** ist und nicht gegen § 8 Abs. 2 VersAusglG verstößt.[971] »Man staunt, dass, um dies klarzustellen, eine Entscheidung des BGH notwendig war.«[972]

▶ Hinweis:

512 Die Verrechnungsabrede zwischen zwei Landesbeamten ist nach der Entscheidung des BGH nunmehr wieder rechtssicher zu verwenden.

513 Wird nur der **Spitzenausgleich** durchgeführt, so ist besonders darauf zu achten, ob dieser sich in der gesetzlichen Rentenversicherung überhaupt noch zugunsten des Ausgleichsberechtigten auswirkt. Der Ausgleichsberechtigte erwirbt schon keine Ansprüche, wenn das dann noch übertragene Anrecht so gering ist, dass er die **60 Wartezeitmonate** nach § 50 Abs. 1 SGB VI nicht erfüllt. § 52 Abs. 1 SGB VI ordnet an, dass auch durch die Übertragung von Anrechten im Zuge des Versorgungsausgleichs Wartezeitmonate erfüllt werden (errechnet werden diese so: Zahl der EP nach § 16 Abs. 3 VersAusglG geteilt durch 0,0313). Genügt der Versorgungsausgleich nicht, um die 60 Wartezeitmonate zu erreichen, so können diese aber nunmehr nach Streichung des § 7 Abs. 2 SGB VI a.F. durch freiwillige Leistung aufgefüllt werden. Damit sind der interne Ausgleich und ebenso die vertraglich vereinbarte Verrechnung nicht mehr unwirtschaftlich, wenn sie jeweils alleine nicht ausreichen, um die Wartezeit zu erfüllen,[973] da ja nunmehr eine freiwillige Nachversicherung möglich ist.

514 Bleibt der Ausgleich unwirtschaftlich, so empfiehlt es sich, auf den Wertausgleich des Anrechtes gänzlich zu verzichten und dies stattdessen durch eine andere Leistung – etwa im Vermögensbereich – auszugleichen. Das OLG Brandenburg hat entscheiden, dass die Argumente, die für eine Verrechnung sprechen, auch den vollständigen Ausschluss tragen.[974]

---

966 C. Münch, FamRB 2012, 320 f.
967 OLG Celle, NJW 2013, 241.
968 OLG Schleswig, FamRZ 2013, 887.
969 OLG Saarbrücken, NJW 2013, 1315.
970 Ruland, Rn. 956.
971 BGH, NJW 2014, 1882.
972 So zu Recht Ruland, NZFam 2014, 643, 647.
973 So ausdrücklich OLG Dresden, FamFR 2012, 325.
974 OLG Brandenburg, NZFam 2016, 995 m. Anm. Ruland.

D. Vereinbarungsmöglichkeiten Kapitel 7

▶ **Hinweis:**

Bei Vereinbarungen zu § 16 VersAusglG immer prüfen, ob sich der Spitzenausgleich noch für den Berechtigten auswirkt oder wenigstens durch freiwillige Nachzahlung eine Auswirkung erreicht werden kann! 515

Da verschiedentlich vertreten wird, § 16 VersAusglG sei hinsichtlich der Übertragung in die gesetzliche Rentenversicherung zwingend,[975] wird es nicht möglich sein, den Zielversorgungsträger auszutauschen. 516

Wenn die Ehegatten eine solche Vereinbarung schließen, so ist diese Vereinbarung durch eine gerichtliche Vereinbarung umzusetzen. Es ist erstaunlich, dass dies das OLG Frankfurt am Main[976] entscheiden musste, nachdem die Vorinstanz die Ehegatten im Termin darauf hingewiesen hatte, dass sie sich um die Umsetzung der Vereinbarung selbst kümmern müssten.

▶ **Beispiel:**

M und die F wollen sich scheiden lassen. 517

Beide sind Landesbeamte. Nach den Auskünften, die das Gericht bei den Versorgungsträgern eingeholt hat, bestehen ehezeitliche Versorgungsanrechte jeweils beim Land als Dienstherrn, und zwar für M i.H.v. monatlich 1.200,00 € und für F i.H.v. monatlich 800,00 €.

Nach § 16 VersAusglG wären die Versorgungsanrechte extern zu teilen, sodass sich das Versorgungsanrecht des M ggü. seinem Dienstherrn i.H.d. Betrages von monatlich 600,00 € vermindert. Für diesen Betrag wird zugunsten der F ein Versorgungsanrecht bei der gesetzlichen Rentenversicherung begründet.

In gleicher Weise würde sich umgekehrt das Versorgungsanrecht der F bei ihrem Dienstherrn (der mit demjenigen des M identisch ist) i.H.v. monatlich 400,00 € verringern und für diesen Betrag würde zugunsten des M ein Versorgungsanrecht bei der gesetzlichen Rentenversicherung begründet.

Beiden Ehegatten ist es jedoch lieber, wenn sie möglichst viele Ansprüche ggü. ihrem Dienstherrn in Form einer Pension behalten und nur den »Spitzenausgleich« in die gesetzliche Rentenversicherung ausgliedern müssen.

Daher möchten sie eine Vereinbarung treffen, dass nur M sein Versorgungsanrecht beim Land um 200,00 € vermindern muss, die zugunsten der F in die gesetzliche Rentenversicherung einbezahlt werden. M behält danach 1.000,00 € monatlich als Pensionsanspruch und F behält ihre gesamten 800,00 € als Pensionsanspruch.

▶ **Formulierungsvorschlag: Verrechnung von Ausgleichswerten beim externen Ausgleich von Landesbeamten**

Scheidungsvereinbarung 518

III. Versorgungsausgleich

1)

Nach den Auskünften des Landesamtes für Finanzen habe ich, der Ehemann, ehezeitliche Versorgungsanrechte ausgehend von einer Ehezeit vom ..... bis zum Ehezeitende am ..... in Höhe von monatlich 1.200,00 € und ich, die Ehefrau, solche von monatlich 800,00 € gegen den Freistaat Bayern erworben.

---

975 Elden, FPR 2009, 206, 207; Johannes/Henrich/Holzwarth, § 16 VersAusglG Rn. 2.
976 OLG Frankfurt am Main, NZFam 2019, 364.

Nach § 16 VersAusglG müsste eigentlich für jedes der beiden beteiligten Versorgungsanrechte im Wege der externen Teilung ein hälftiges Anrecht bei einer gesetzlichen Rentenversicherung begründet werden.

Wir vereinbaren, dass dieser Ausgleich dergestalt verrechnet wird, dass nur zulasten des Anrechtes des Ehemannes i.H.e. Betrages von monatlich 200,00 € (1.200,00 € − 800,00 € = 400,00 €; Ausgleichswert: 200,00 €) ein Versorgungsanrecht bei der DRV Nordbayern begründet wird. Eine externe Teilung meines, der Ehefrau, Anrechtes findet hingegen nicht statt.

Insoweit wird auf einen weitergehenden Versorgungsausgleich hinsichtlich der beiden geschilderten Versorgungen ausdrücklich verzichtet.

Im Übrigen, d.h. für alle anderen Versorgungsanrechte, bleibt der Versorgungsausgleich unberührt.

2)
Diesen Verzicht nehmen wir gegenseitig an.

3)
Eine Abänderung dieser Vereinbarung – insbesondere nach § 227 Abs. 2 FamFG – soll ausdrücklich zulässig sein.[977]

4)
Der Notar hat uns über die rechtliche und wirtschaftliche Tragweite dieser Vereinbarung eingehend belehrt. Er hat insbesondere darauf hingewiesen:

a) .....
b) dass er ausdrücklich keinen Betreuungsauftrag zur Berechnung von Renten- und Pensionswerten übernommen hat;
c) dass es empfehlenswert ist zu überprüfen, ob die Übertragung von Anrechten in die gesetzliche Rentenversicherung dort zu Ansprüchen führt;

.....

6. Verrechnung des Versorgungsausgleichs mit dem Zugewinn

519 § 6 Abs. 1 Satz 2 Nr. 1 VersAusglG sieht insb. vor, den Versorgungsausgleich in die Regelung des Zugewinns einzubeziehen und durch Vereinbarung **mit Zugewinnansprüchen zu verrechnen**. Dies soll einer Zersplitterung von Anrechten vorbeugen und sinnvolle Gestaltungsvarianten eröffnen.

Eine solche Vereinbarung setzt voraus, dass man sich über die **Bewertung der Anrechte** im Versorgungsausgleich einig wird. Die Beteiligten müssen hierzu entscheiden, ob sie der vom Versorgungsträger mitgeteilten Bewertung nach dem korrespondierenden Kapitalwert[978] folgen wollen oder eine eigene sachverständige Bewertung ggf. im Zusammenhang mit der Feststellung der für den Zugewinnausgleich maßgeblichen Werte und der möglicherweise unterschiedlichen steuerlichen Auswirkungen durchführen wollen.

Eine Formulierung kann so lauten:[979]

▶ **Formulierungsvorschlag:** Verrechnung von Ansprüchen nach dem VersAusglG gegen Zugewinnansprüche

520 .....

Scheidungsvereinbarung

.....

---

[977] In diesen Fällen ist es ratsam, die Abänderbarkeit beizubehalten, denn es kann durch eine vorzeitige Pensionierung zu einer Änderung der Werte kommen.
[978] Zu diesem Wert Rdn. 314.
[979] Vgl. Brambring, NotBZ 2009, 429, 439.

I. Gütertrennung

1)

Für die fernere Dauer unserer Ehe vereinbaren wir

Gütertrennung

nach Maßgabe des bürgerlichen Gesetzbuches.

2)

Über die rechtliche Wirkung dieses Güterstandes auch in erbrechtlicher Hinsicht wurden wir vom Notar eingehend belehrt, insbesondere über den Ausschluss des Zugewinns und den Wegfall von Verfügungsbeschränkungen.

Die Gütertrennung soll derzeit nicht in das Güterrechtsregister eingetragen werden. Jeder von uns ist jedoch berechtigt, den Eintragungsantrag jetzt oder künftig alleine zu stellen.

Die Vereinbarung der Gütertrennung sowie Vereinbarungen zur Durchführung des Zugewinnausgleichs erfolgen unabhängig vom Ausgang der Ehescheidungssache.

3)

Die Berechnung des Zugewinns hat ergeben, dass ich, der Ehemann, gegen die Ehefrau einen Anspruch auf Zugewinnausgleich in Höhe von 170.000,00 € habe.[980]

Die Ehefrau hat ihrerseits gegen mich Ansprüche auf Versorgungsausgleich ausgehend von einer Ehezeit vom ..... bis zum Ehezeitende am ....., die zusammen einem korrespondierenden Kapitalwert von 165.075,51 € entsprechen.

Den Differenzbetrag von gerundet 5.000,00 € werde ich, die Ehefrau, an meinen Ehemann binnen vier Wochen nach Rechtskraft der Ehescheidung zahlen.

Wegen dieser Zahlungsverpflichtung unterwerfe ich mich der sofortigen Zwangsvollstreckung aus dieser Urkunde in mein gesamtes Vermögen. Vollstreckbare Ausfertigung kann jederzeit ohne weiteren Nachweis erteilt werden.

Alternative:[981]

Hinsichtlich etwa überschießender Ansprüche auf Zugewinn oder auf Versorgungsausgleich erklären beide Vertragsteile: Wir verzichten insoweit gegenseitig auf etwa weitergehende Ansprüche auf Zugewinnausgleich oder Versorgungsausgleich und nehmen diese Verzichte gegenseitig an.

III. Versorgungsausgleich

1)

Ich, der Ehemann, habe nach den eingeholten Auskünften bei der DRV Nordbayern ein ehezeitliches Versorgungsanrecht mit einem Ausgleichswert von 24 EP und einen Riester-Vertrag bei der Y-AG mit einem Ausgleichswert von 8.000,00 € auszugleichen. Die 24 EP entsprechen einem korrespondierenden Kapitalwert von $24 \times 7.542{,}4860 = 181.019{,}66$ €[982] Der Ausgleichsanspruch der Ehefrau beläuft sich somit auf insgesamt 189.019,66 €.

Angesichts der vereinbarten Gütertrennung und des Verzichtes des Ehemannes auf Zugewinnausgleich erkläre ich, die Ehefrau, hiermit: Ich verzichte auf den Versorgungsausgleich.

---

[980] Reetz, § 9 Rn. 13, Muster 9.3. schlägt vor, zusätzlich einen Verzicht auf die konkrete Aufstellung und Ermittlung des maßgeblichen Anfangs- und Endvermögens aufzunehmen und die genannte Forderung als verbindlich anzuerkennen. Eine gesteigerte Belehrung ist sicher dann angebracht, wenn ausnahmsweise der Notar selbst berechnet hat. Wenn die Forderung durch anwaltliche Vertreter ermittelt wurde, dann wird man dies übernehmen dürfen.

[981] Zu den letzten vier Absätzen.

[982] Für 2020: 7.542,4860 € pro EP, vgl. BGBl. 2019 I, 2868.

2)

Diesen Verzicht nehmen wir gegenseitig an.

3)

Eine Abänderung dieser Vereinbarung – insbesondere nach § 227 FamFG – wird ausdrücklich ausgeschlossen.

4)

Der Notar hat uns über die rechtliche und wirtschaftliche Tragweite dieses Ausschlusses eingehend belehrt. Er hat insbesondere darauf hingewiesen:

.....

c) dass es sich bei dem korrespondierenden Kapitalwert nicht um einen versicherungsmathematisch exakt berechneten Wert handelt, sondern um eine Hilfsgröße zur Erstellung einer Vorsorgevermögensbilanz, die möglicherweise vom wirklichen, nur sachverständig festzustellenden Wert, abweichen kann und die keine Dynamik auf den Leistungszeitpunkt hin enthält.

.....

5)

Die erwähnten Auskünfte sind dieser Urkunde – auszugsweise – als Anlage 1 beigefügt. Auf sie wird verwiesen. Sie sind Inhalt und Gegenstand dieser Urkunde und wurden den Erschienenen vom Notar vorgelesen.[983]

7. Vereinbarung unter Einbeziehung der Versorgungsträger

521 **Vereinbarungen mit dem Versorgungsträger** können entweder solche **nach § 14 Abs. 2 Nr. 1 VersAusglG** sein, durch die der Versorgungsträger und der Berechtigte eine externe Teilung vereinbaren und ggf. die Wahl der Zielversorgung erklären. Erforderlich ist ferner grds. die Zustimmung des Zielversorgungsträgers und in den Fällen des § 15 Abs. 3 VersAusglG die Zustimmung des Ausgleichspflichtigen.

522 Vereinbarungen nach § 14 Abs. 2 Nr. 1 VersAusglG werden nicht als solche nach § 6 VersAusglG angesehen und unterliegen daher keiner Beurkundungspflicht und keinem Anwaltszwang.[984]

523 Alternativ können die Ehegatten auch eine **Vereinbarung nach §§ 6 ff. VersAusglG** schließen und die Zustimmung der Versorgungsträger dazu einholen. In einer solchen Vereinbarung zu dritt können die Beteiligten auch die Höhe des Ausgleichswertes vertraglich bestimmen. Diese Vereinbarungen unterliegen dann dem Beurkundungszwang.

Eine solche dreiseitige Vereinbarung sei hier vorgestellt:

▶ Formulierungsvorschlag: Vereinbarung zum externen Ausgleich einer Betriebsrente

524
Scheidungsvereinbarung

III. Versorgungsausgleich

1)

Nach den Auskünften der beteiligten Versorgungsträger besteht für mich, den Ehemann, ausgehend von einer Ehezeit vom ..... bis zum Ehezeitende am ..... ein Anrecht auf betriebliche Altersversorgung (nicht aus einer Direktzusage oder Unterstützungskasse) bei der Z-AG (VersicherungsNr. ..... nach Tarif Nr. ..... der AVB vom .....) mit einem Ausgleichswert von 20.000,00 €.

---

[983] Die Beifügung der Auskünfte als Anlage wird empfohlen, vgl. Beckkches Formularbuch/Bernauer, Formulare unter V.23. Je nach Gestaltung der Auskünfte kann ein zusammenfassender Auszug genügen.
[984] Hauß/Bührer, Rn. 408; Ruland, Rn. 723; Triebs, Rn. 93; BT-Drucks. 16/10144, S. 58.

Wir, die Ehegatten, vereinbaren unter Zustimmung des Versorgungsträgers des Ehemannes, dass dieser Ausgleichswert nicht im Wege der internen Teilung zu einem Anrecht der Ehefrau bei der Z-AG führt, sondern unter Kürzung des Anrechts des Ehemannes bei der Z-AG der Ausgleichswert nach § 187 Abs. 1 Nr. 2b) SGB VI in die gesetzliche Rentenversicherung einbezahlt wird. Die Ehefrau unterhält dort bereits bei der DRV-Bund das Versicherungskonto .....

Die Zustimmung der Z-AG liegt vor und ist in Anlage 1 beigefügt. Auf sie wird Bezug genommen. Sie ist Inhalt und Bestandteil dieser Urkunde und wurde den Beteiligten vom Notar vorgelesen.

Alternative:

Der beurkundende Notar wird beauftragt, die Zustimmung der Z-AG zu dieser Vereinbarung einzuholen

.....

VIII. Sonstige Vereinbarungen

1. Vereinbarungen zur Geringfügigkeit

Die Ehegatten können grds. von § 18 VersAusglG abweichende Vereinbarungen zur Geringfügigkeitsgrenze treffen, etwa den Versorgungsausgleich trotz Geringfügigkeit durchzuführen oder auch das gerichtliche Ermessen auszuschließen.[985] Allerdings wird hierzu eingewandt, dass möglicherweise bei erheblichem Verwaltungsaufwand eine solche Vereinbarung nicht ohne Zustimmung des Versorgungsträgers wirksam sei.[986] Hier wird geraten, sich nur zu verpflichten, den Antrag zu stellen und die Anordnung des Versorgungsausgleichs in das Ermessen des Gerichtes zu stellen.[987]

525

▶ Beispiel:

M und die F wollen beiderseits die zweite Ehe eingehen. Sie sind jeweils 58 Jahre alt und leben in gesicherten finanziellen Verhältnissen. Als abhängig Beschäftigte haben sie ihre Altersversorgung bei der DRV-Bund. Sie sind übereingekommen, möglichst mit 62 Jahren ihre berufliche Tätigkeit aufzugeben und den Ruhestand miteinander auf Reisen zu verbringen. Ob dies gelingt, ist allerdings noch nicht sicher. Aus diesem Grunde wünschen sie, den Versorgungsausgleich auszuschließen, wenn er in ihrem erweiterten Sinne geringfügig bleibt, wollen aber nicht ganz auf einen höheren Versorgungsausgleich verzichten.

526

▶ Formulierungsvorschlag: Vereinbarung zur Geringfügigkeit

.....

527

Ehevertrag

.....

III. Versorgungsausgleich

1)

Wir vereinbaren hiermit, dass die Differenz der Ausgleichswerte nach § 18 Abs. 1 VersAusglG oder der Ausgleichswert nach § 18 Abs. 2 VersAusglG schon dann als geringfügig anzusehen ist, wenn sich die Werte auf höchstens 5 % (Rentenbetrag) bzw. 600 % (Kapitalwert) der monatlichen Bezugsgröße (§ 18 Abs. 1 SGB IV) belaufen.

In diesem Falle der Geringwertigkeit ist der Versorgungsausgleich ausgeschlossen.

---

985 Brüggen, MittBayNot 2009, 337, 343.
986 Bergschneider, Rn. 875.
987 Bergschneider, Rn. 913.

Wir erklären gegenseitig den hierin liegenden wechselseitigen Verzicht auf Versorgungsausgleich.

2)

Diesen Verzicht nehmen wir gegenseitig an.

.....

2. Ausschluss bei kurzer Ehe

528 Die Parteien können durch Vereinbarung für sich festlegen, wann sie eine Ehe als kurz einstufen. Sie können also insb. die Frist des § 3 Abs. 3 VersAusglG verlängern. Im Beratungsgespräch wird sich aber meist herausstellen, dass ein Ausschluss des Versorgungsausgleichs dann nicht gewünscht wird, wenn ein gemeinsames Kind geboren wurde. Sie können auch die Möglichkeit ausschließen, dass der Versorgungsausgleich auf Antrag dennoch durchgeführt wird.

Eine solche Vereinbarung kann folgendermaßen lauten:

▶ **Formulierungsvorschlag: Vereinbarung zur kurzen Ehe**

529 .....

Ehevertrag

.....

III. Versorgungsausgleich

1)

Wir vereinbaren hiermit, dass ein Versorgungsausgleich nicht stattfindet, wenn die Ehezeit im Sinne des § 3 Abs. 1 VersAusglG nicht länger als fünf Jahre dauerte und während dieser Zeit kein gemeinsames Kind geboren oder angenommen wurde.

Auch auf Antrag soll der Versorgungsausgleich dann ausgeschlossen sein.

Soweit hierin ein Verzicht auf Versorgungsausgleich liegt, erklären wir diesen wechselseitig.

2)

Diesen Verzicht nehmen wir gegenseitig an.

3)

Die Abänderbarkeit dieser Vereinbarung wird – insbesondere nach § 227 FamFG – hiermit ausgeschlossen.

.....

3. Verzicht auf Abänderbarkeit

530 § 227 Abs. 2 i.V.m. § 225 FamFG sieht eine Abänderbarkeit der Vereinbarung vor,
  – für Anrechte aus den Regelsicherungssystemen des § 32 VersAusglG,
  – bei Änderungen rechtlicher oder tatsächlicher Art nach dem Ende der Ehezeit,
  – die sich auf den Ausgleichswert auswirken
  – und zu einer wesentlichen Wertveränderung führen.[988]

---

[988] Haben die Ehegatten ihren vertraglichen Regelungen bewusst nur eine »grobe Schätzung« zugrunde gelegt und erweist sich diese später als falsch, so kommt deshalb eine Abänderung nicht in Betracht, Reetz, § 7 Rn. 18.

Die Änderungen sind nunmehr nur unter wesentlich strengeren Voraussetzungen möglich und führen nicht zu einer Totalrevision des gesamten Versorgungsausgleichs, sondern nur zur Änderung bei dem betroffenen Anrecht.

Diese Änderungsmöglichkeit war bisher in § 10a Abs. 9 VAHRG a.F. vorgesehen und wurde bei Vereinbarungen zumeist ausgeschlossen, weil die Verzichte eine endgültige Wirkung haben sollen.

Dies wird auch im neuen Versorgungsausgleichsrecht bei Verzichten so sein. § 227 Abs. 2 FamFG sieht ausdrücklich vor, dass die Abänderbarkeit ausgeschlossen werden kann.

Wenn allerdings bloße Verrechnungsvereinbarungen getroffen werden, so kann es durchaus sinnvoll sein, sich eine Änderungsmöglichkeit vorzubehalten. Werden Teilverzichte erklärt, so kann klargestellt werden, dass – soweit der Versorgungsausgleich durchgeführt wird – eine Abänderung der Entscheidung über den Versorgungsausgleich möglich bleiben soll.

▶ Formulierungsvorschlag: Ausschluss der Abänderbarkeit nach § 227 Abs. 2 FamFG

.....

4)

Eine Abänderung dieser Vereinbarung – insbesondere nach § 227 FamFG – wird hiermit ausgeschlossen.

Alternative:

Wir wissen, dass diese Vereinbarung nach § 227 Abs. 2 FamFG bei wesentlichen Veränderungen einer Abänderung unterliegen kann.

Alternative:

Soweit der Versorgungsausgleich durchgeführt wird, soll er entsprechend den gesetzlichen Bestimmungen der Abänderbarkeit unterliegen

Es kann auch durch Vereinbarung der Maßstab des § 225 Abs. 3 FamFG für die Abänderung verändert werden, z.B. mit folgender Formulierung:

▶ Formulierungsvorschlag: Erhöhung der Schwelle für die Abänderbarkeit nach § 227 Abs. 2 FamFG

.....

4)

Eine Abänderung dieser Vereinbarung – insbesondere nach § 227 FamFG – soll möglich sein, allerdings abweichend von § 225 Abs. 3 FamFG erst bei einer Wesentlichkeitsgrenze von 10 % und bei einem Rentenbetrag als maßgeblicher Bezugsgröße, wenn die Änderung 2 Prozent, in allen anderen Fällen als Kapitalwert, wenn die Änderung 240 Prozent der am Ende der Ehezeit maßgeblichen monatlichen Bezugsgröße nach § 18 Abs. 1 des Vierten Buches Sozialgesetzbuch übersteigt .....

4. Ausschluss von Härtegründen, § 27 VersAusglG

Auf die Geltendmachung von Härtegründen können die Ehegatten durch Vereinbarung verzichten. Nach § 6 Abs. 2 VersAusglG ist das Gericht an diese gemeinsame Billigkeitswertung der Ehegatten gebunden.[989]

---

989 BGH, FamRZ 2001, 1447, 1449.

▶ **Formulierungsvorschlag: Versorgungsausgleich unter Verzicht auf § 27 VersAuslG**

538

1)

Wir vereinbaren hiermit, dass der Versorgungsausgleich durchgeführt werden soll und verzichten gegenseitig darauf, Anträge auf Ausschluss oder Herabsetzung des Versorgungsausgleichs nach den Härteregelungen des § 27 VersAusglG zu stellen.

2)

Diesen Verzicht nehmen wir hiermit gegenseitig an.

..... (weitere Regelungen zum Versorgungsausgleich) .....

E. Steuerliche Auswirkungen des Versorgungsausgleichs und der Vereinbarungen

I. Neuregelung steuerlicher Auswirkungen

539 Im Zusammenhang mit der Neuregelung des Versorgungsausgleichs hat der Gesetzgeber im Steuerrecht die Vorschriften des **§ 3 Nr. 55a und 55b EStG** neu eingeführt. **§ 19 Abs. 1 Nr. 2 und § 22 Nr. 5 Satz 2 EStG** wurden um den Hinweis auf die Teilung im Versorgungsausgleich ergänzt. **§ 52 Abs. 28 Satz 9 EStG** stellt klar, dass es für Altersvorsorge- oder Direktversicherungsverträge auch nach dem Versorgungsausgleich auf das frühere Abschlussdatum des Verpflichteten ankommt. In **§ 15 Abs. 3 VersAusglG** ist ferner geregelt, dass ein externer Ausgleich für den Pflichtigen nicht zu einem steuerlichen Nachteil führen darf, außer dieser hat zugestimmt. Mit Wirkung ab 01.01.2015[990] wurden in **§ 10 Abs. 1a Nr. 3 EStG** zu **Sonderausgaben** erklärt: **Ausgleichsleistungen zur Vermeidung eines Versorgungsausgleichs** nach § 6 Abs. 1 Satz 2 Nr. 2 und § 23 VersAusglG sowie § 1408 Abs. 2 und § 1587 BGB, wobei für das Verfahren auf das Realsplitting verwiesen wird. Korrespondierend wurden Zahlungen in § 22 Abs. 1a EStG als sonstige Einkünfte der Versteuerung unterworfen.

540 Zwei aktuelle BMF-Schreiben erläutern die steuerliche Situation beim neuen Versorgungsausgleich. Ein Schreiben zum Wertausgleich bei Scheidung wurde Ende 2017 neu gefasst[991] und eines zum Ausgleich nach Scheidung gilt seit 2010.[992]

II. Interne Teilung

1. Besteuerung des Wertausgleichs

541 Die **interne Teilung** des Anrechts beim gleichen Versorgungsträger soll für beide Beteiligten **steuerneutral** verlaufen, § 3 Nr. 55a Satz 1 EStG.[993] Die Minderung der Anrechte kann der Ausgleichspflichtige daher auch steuerlich nicht geltend machen.[994]

2. Besteuerung des Leistungszuflusses

542 Grund für die Steuerneutralität ist nicht zuletzt, dass im Zuflusszeitpunkt der **Ausgleichsberechtigte** die **Leistungen in gleicher Weise zu versteuern** hat, **wie** sie **der Pflichtige** zu versteuern gehabt hätte. Hierzu gilt im Einzelnen Folgendes:
- Nach § 3 Nr. 55a Satz 2 EStG bleibt die **Einkunftsart** ohne Rücksicht auf den Wechsel des Empfängers im Versorgungsausgleich **gleich**, so auch die Klarstellung in § 19 Abs. 1 Nr. 2 EStG für Beamtenpensionen.

---

990 ZollkodexanpassungsG v. 22.12.2014, BGBl. 2014 I, 2417.
991 BMF v. 21.12.2017 IV C 3 – S 2015/17/10001, BStBl. 2018 I, 93.
992 BMF v. 09.04.2010 IV C 3 S 2221/09/10024, BStBl. I 2010, S. 323 f.; im vorgenannten BMF-Schreiben v. 21.12.2017 in Rn. 313 als aktuell zitiert.
993 Schmid/Bührer, FamRZ 2010, 1608, 1609.
994 Wälzholz, DStR 2010, 465, 466.

E. Steuerliche Auswirkungen des Versorgungsausgleichs und der Vereinbarungen **Kapitel 7**

- § 52 Abs. 28 Satz 9 EStG fingiert für Versicherungsverträge den **früheren Zeitpunkt des Abschlusses** durch den Pflichtigen auch für den Berechtigten als **maßgeblich**. Dem Berechtigten kommen daher die Vergünstigungen in §§ 20 Nr. 6 Satz 1 und 2, 3 Nr. 63 Satz 3 EStG bzw. 40b EStG a.F., gerechnet vom ursprünglichen Vertragsdatum/der ursprünglichen Versorgungszusage an, zugute, nicht erst von seinem Erwerb im Versorgungsausgleich an.[995]
- Soweit es auf den **Rentenbeginn** oder auf das **Alter bei Rentenbeginn** ankommt, ist allerdings **auf den Berechtigten abzustellen**, also die tatsächlichen Daten des Zuflussberechtigten. Dies gilt etwa für die Frage des Besteuerungsanteils nach § 22 Nr. 1 Satz 3a, aa EStG oder des Ertragsanteils nach § 22 Nr. 1 Satz 3a, bb EStG oder für den Versorgungsfreibetrag samt Zuschlag nach § 19 Abs. 2 EStG. Hieraus können sich Nachteile bei jüngeren Berechtigten ergeben. Sind diese nicht hinnehmbar, könnte durch Vereinbarung der Versorgungsausgleich geändert werden.
- Inwieweit der Zufluss der Leistung tatsächlich der Besteuerung unterliegt, richtet sich ebenfalls **nach der Person des Berechtigten**, z.B. inwieweit dieser seine sonstigen **Freibeträge** bereits ausgeschöpft hat.[996]

III. Externe Teilung

1. Einfluss der Besteuerung auf das materielle Recht

Der Berechtigte kann nach § 15 Abs. 1 VersAusglG bei der externen Teilung die Zielversorgung bestimmen. Deshalb muss der **Verpflichtete** davor geschützt werden, dass diese Wahl für ihn **steuerlich nachteilig** ist. Würden solche entstehen, ordnet § 15 Abs. 3 VersAusglG aus diesem Grund an, dass die Wahl dann **nur mit seiner Zustimmung** wirksam wird. Zur Verfahrenserleichterung bestimmt § 15 Abs. 4 VersAusglG, dass Anrechte in der gesetzlichen Rentenversicherung, nach dem Betriebsrenten- oder dem AltZertG immer als steuerlich nicht nachteilig zu qualifizieren sind. 543

2. Besteuerung des Wertausgleichs

- Bei der Übertragung einer **Versicherung durch richterlichen Gestaltungsakt** im Versorgungsausgleich liegt **kein Einkunftstatbestand** vor, da es sich weder um einen Erlebensfall, noch um einen Rückkauf i.S.d. § 20 Nr. 6 EStG handelt.[997] § 3 Nr. 55b EStG findet dann schon gar keine Anwendung. 544
- Ist die **volle nachgelagerte Besteuerung der Leistungen aus der Zielversorgung** sichergestellt, bleibt die **Übertragung** nach § 3 Nr. 55b, Satz 1 EStG **steuerfrei**. Dies gilt auch für die erst schrittweise Überführung in die volle Besteuerung in den Fällen des § 22 Nr. 1, Satz 3a), aa) EStG. Eine Sonderregelung für die Übergangsphase gibt es nicht.
- Werden hingegen die **Leistungen aus der Zielversorgung nach § 20 Abs. 1 Nr. 6 EStG oder § 22 Nr. 1 Satz 3a), bb) EStG** später nur **eingeschränkt besteuert**, so gilt die **Steuerfreiheit** des Satzes 1 nach § 3 Nr. 55b Satz 2 EStG **nicht**. Der Pflichtige hätte den **Kapitalwert** der auf den Berechtigten übertragenen Anwartschaft als Zufluss **voll zu versteuern**.[998]

▶ Hinweis:

Im Rahmen einer **externen Teilung** ist die Wahl einer Zielversorgung, die später nur eingeschränkt besteuert wird, unbedingt zu vermeiden. Sie führt zu einer sofortigen Steuerpflicht durch den Ausgleichsverpflichteten. 545

---

995 Nach BMF, BStBl. I 2018, S. 93, Rn. 324 gilt dies auch für eine erhöhte Leistung bei vermindertem Risikoschutz nach § 11 Abs. 1 Nr. 3 VersAusglG.
996 Ruland, FamRZ 2009, 1456, 1459.
997 BMF, BStBl. I 2018, S. 93, Beispiel in Rn. 326.
998 Ruland, Rn. 1314; BMF, BStBl. I 2018, S. 93, Beispiel in Rn. 328.

- § 16 VersAusglG: Die externe Teilung bei Landes- und Kommunalbeamten durch Überführung in die gesetzliche Rentenversicherung ist in § 3 Nr. 55b EStG nicht erwähnt. Der **Wertausgleich selbst ist steuerfrei.**[999]

546 Der Pflichtige kann die Verminderung seiner Anwartschaften steuerlich nicht geltend machen.[1000]

3. Besteuerung des Leistungszuflusses

547 Da bei der externen Teilung ein **neues Anrecht begründet** wird, ist die **ursprüngliche Einkunftsart** beim Ausgleichspflichtigen grds. **unerheblich.** Leistungen der gesetzlichen Rentenversicherung als Auffangversorgungsträger unterliegen der Besteuerung nach § 22 Nr. 1 Satz 3 a) aa) EStG, solche der Versorgungsausgleichskasse der Besteuerung für Pensionskassen nach § 22 Nr. 5 EStG.

548 Die Frage einer **Alt-/Neuzusage einer betrieblichen Altersversorgung** i.S.d. § 3 Nr. 63 Satz 3 EStG (bzw. § 40b EStG a.F.) richtet sich nach BMF[1001] bei
- Neubegründung für den Berechtigten nach der Art der Zusage beim Pflichtigen.
- Aufstockung einer bestehenden Versorgungszusage des Berechtigten nach dessen Versorgungszusage.[1002]

549 Leistungen nach § 22 Nr. 5 EStG unterliegen in vollem Umfang der nachgelagerten Besteuerung, wenn sie auf einem nach § 3 Nr. 55b EStG steuerfrei geleisteten Ausgleichswert beruhen.

IV. Schädliche Verwendung geförderten Altersvorsorgevermögens

550 Hierzu enthält § 93 Abs. 1a EStG umfangreiche Anordnungen. Steuerfrei ist die Übertragung auf eine erneut geförderte Anlageform beim Berechtigten unabhängig von dessen Zulageberechtigung, wobei dieser in die Rechte und Pflichten der steuerlichen Förderung vollumfänglich eintritt. Ansonsten läge eine **schädliche Verwendung** vor mit den in § 93 EStG festgelegten Konsequenzen, dass die Rückzahlungsfolgen bei einer schädlichen Verwendung durch den Berechtigten diesen selbst treffen[1003] und dass der Abzug der Kosten einer internen Teilung nach § 13 VersAusglG unschädlich ist. Außerdem sind Klarstellungen zur verfahrensmäßigen Behandlung getroffen.

V. Ausgleich nach Scheidung

551 Die steuerliche Handhabung wurde für den schuldrechtlichen Versorgungsausgleich im Jahressteuergesetz 2008 in § 10 Abs. 1 Nr. 1b und § 22 Nr. 1c EStG festgelegt und im neuen Versorgungsausgleich nicht geändert. § 10 Abs. 1 Nr. 1b EStG wurde später ohne sachliche Änderung[1004] in § 10 Abs. 1a Nr. 4 EStG überführt und § 22 Nr. 1c EStG in § 22 Nr. 1a EStG. Vielmehr wurde die **Fortdauer** dieser Regelung im neuen Versorgungsausgleich durch die **Inbezugnahme** der **neuen Vorschriften** des VersAusglG klargestellt. Danach kann der **Pflichtige** Leistungen im Rahmen des Ausgleichs nach Scheidung als **Sonderausgaben** abziehen, soweit sie bei ihm als Einnahme der Besteuerung unterlegen haben und die ausgleichsberechtigte Person unbeschränkt steuerpflichtig ist.[1005] **Korrespondierend** muss der **Berechtigte** sie **insoweit versteuern**, als der **Pflichtige** sie als **Sonderausgabe** abgezogen hat.

552 Das BMF-Schreiben[1006] gibt Beispiele für die verschiedenen Formen der Versorgung des Pflichtigen. So ist bei einer **Leibrente** nach § 22 Nr. 1, Satz 3 a, aa EStG je nach Rentenbeginn nur ein bestimm-

---

999 Wälzholz, DStR 2010, 465, 468; Ruland, Rn. 1330.
1000 Wälzholz, DStR 2010, 465, 467.
1001 BMF, BStBl. I 2018, S. 93 Rn. 324.
1002 Allgemeine Regelung in BMF, BStBl. I 2018, S. 93 Rn. 318 ff.
1003 BMF BStBl. 2018 I, 93, Rn. 330 ff.
1004 Schmidt/Heinicke, § 10 Rn. 153.
1005 Hierzu FG Niedersachsen, EFG 2013, 1490.
1006 BMF, BStBl. I 2010, S. 323 f., Rn. 10 ff.

ter Anteil steuerpflichtig. Nur der entsprechende Anteil der an den Berechtigten gezahlten Ausgleichsrente kann als Sonderausgabe geltend gemacht werden, der Berechtigte hat auch nur diesen Anteil zu versteuern. Bei einem Versorgungsbezug nach § 19 EStG ist entsprechend der Freibetrag für Versorgungsbezüge nach § 19 Abs. 2 EStG zu berücksichtigen, bei einer Leibrente nach § 22 Nr. 1, Satz 3 a, bb EStG ist nur der Ertragsanteil zu werten. Leistungen nach § 22 Nr. 5 EStG sind nur in Höhe der geförderten Beiträge steuerpflichtig.

Eine Abtretung nach § 21 VersAusglG will das BMF[1007] ebenso behandeln und sieht hierin nur einen abgekürzten Zahlungsweg. Die Abtretung ist keine schädliche Verwendung i.S.d. § 93 EStG. 553

Wird der Ausgleich (zum Teil) nach § 22 VersAusglG durch Kapitalzahlung erbracht, weil der Pflichtige ein betriebliches Anrecht oder eines nach AltZertG mit Teilkapitalisierung hat, so ist die Kapitalzahlung in gleicher Weise zu behandeln wie die Zahlung laufender Versorgung. 554

Verlangt der Berechtigte eine zweckgebundene Abfindung für die Ausgleichsrente zur Zahlung an seinen Versorgungsträger nach § 23 VersAusglG, so ist dieser Fall nunmehr in der Neuregelung des § 10 Abs. 1a Nr. 3 EStG seit 01.01.2015 erfasst und kann für den Verpflichteten diese Zahlung zu einem Abzug als Sonderausgabe führen. 555

VI. Zahlungen zur Vermeidung eines Versorgungsausgleichs, § 10 Abs. 1 a Nr. 3 EStG und § 22 Nr. 1a EStG

Mit Wirkung zum 01.01.2015 regelte der Gesetzgeber Zahlungen zur Vermeidung eines Versorgungsausgleiches in **§ 10 Abs. 1 a Nr. 3 EStG und § 22 Nr. 1a EStG neu**, um die bisher uneinheitliche Rechtsprechung und Verwaltungsanwendung in diesem Bereich zu beenden.[1008] Der Gesetzgeber wollte damit alle Ausgleichszahlungen gleich behandeln, egal, ob sie einen öffentlich-rechtliche, eine private, eine geförderte oder eine betriebliche Altersversorgung betreffen. Sie können nach der Neuregelung **als Sonderausgaben abgezogen** werden. Damit korrespondierend ist die Besteuerung der Leistungen beim Ausgleichsberechtigten nach § 22 Nr. 1a EStG. Das **Verfahren** ist ähnlich **wie beim begrenzten Realsplitting** geregelt, indem insoweit auf dieses verwiesen wird. Es ist also ein Antrag des Verpflichteten und eine Zustimmung des Berechtigten notwendig. Es gilt allerdings nicht die Begrenzung wie beim Realsplitting.[1009] 556

Damit sind Zahlungen erfasst, die 557
– nach § 6 Abs. 1 Satz 2 Nr. 2 VersAusglG für den Ausschluss des Versorgungsausgleichs geleistet werden;
– nach § 23 VersAusglG als zweckgebundene Abfindung für ein noch nicht ausgeglichenes Anrecht im Rahmen des Ausgleiches nach Scheidung geleistet werden;
– nach § 1408 Abs. 2 BGB im Rahmen eines Ehevertrages über den Versorgungsausgleich vereinbart werden;
– nach § 1587 BGB erbracht werden. Diese Vorschrift ist eine reine Verweisungsvorschrift auf die Bestimmungen des VersAusglG.

Auch wenn diese Regelung von dem gesetzgeberischen Gedanken getragen war, den **einheitlichen Abzug als Sonderausgabe** zu schaffen und damit andere Abzüge etwa als Werbungskosten auszuschalten,[1010] so besteht doch im steuerlichen Schrifttum **Unsicherheit**, ob dies mit der Formulierung *»zur Vermeidung eines Versorgungsausgleichs«* auch **gelungen** ist, sodass eine gesetzliche Klarstellung 558

1007 BMF, BStBl. I 2010, S. 323 f., Rn. 15.
1008 BT-Drucks. 18/3441, S. 56.
1009 Schlünder, FamRZ 2015, 1860, 1861.
1010 BeckOGK/Reetz, § 6 VersAusglG Rn. 251; Schlünder, FamRZ 2015, 1860, 1861; FG Köln, NZFam 2019, 558.

gefordert wird.[1011] Das FG Baden-Württemberg[1012] hat entschieden, dass Auffüllungszahlungen an ein berufsständisches Versorgungswerk nur als Sonderausgaben abzugsfähig sind.

559 So wird vertreten, dass Zahlungen eines Beamten nach Durchführung des Versorgungsausgleichs zur Wiederauffüllung eigener Anwartschaften nach wie vor als Werbungskosten abziehbar seien.[1013] Dann käme wieder die frühere Unterscheidung zum Tragen, wonach Beiträge zur **Wiederauffüllung einer gekürzten Rentenanwartschaft** nach § 187 Abs. 1 Nr. 1 SGB VI keine vorweggenommenen **Werbungskosten** darstellen.[1014] Zahlen hingegen **Beamte Beiträge zur Wiederauffüllung** einer gekürzten Versorgungsanwartschaft an ihre Dienstherren (§ 58 BeamtVG), so wären diese nach wie vor **sofort als Werbungskosten abziehbar**[1015] und zwar **einschließlich der Finanzierungskosten.**[1016]

1011 Schmidt/Heinicke, Vorauflage § 10 Rn. 152.
1012 FG Baden-Württemberg, EFG 2019, 1304 = NZFam 2019, 602; Revision anhängig unter AZ: X R 4/19.
1013 Kulosa in Herrmann/Heuer/Raupach, § 10 EStG Rn. 285; so nunmehr auch Schmidt/Krüger, § 10 Rn. 28.
1014 Der BFH hält diese Beschränkung für verfassungsgemäß, BFH, DStRE 2010, 75 und BFH, DStRE 2010, 91; hiergegen Verfassungsbeschwerde anhängig unter 2 BvR 289/10 und 2 BvR 323/10.
1015 BFH, DStR 2006, 604; BFH, DStR 2017, 91.
1016 BFH, NJW 2006, 1840.

Kapitel 8 Trennungs- und Scheidungsvereinbarungen

Übersicht

	Rdn.
A. **Trennungsvereinbarungen**	2
I. Ehewohnung	3
1. Gesetzliche Regelung über die Ehewohnung bei Trennung	3
a) Ehewohnung	8
b) Trennung	15
c) Unbillige Härte	17
aa) Gewaltanwendung	24
bb) Wohl der Kinder	27
2. Folgen der Wohnungsüberlassung	28
a) Regelmäßige alleinige Überlassung	28
b) Vorläufige Nutzung zu eigenen Wohnzwecken	30
c) Nutzungsentschädigung	32
3. Vertragliche Vereinbarungen zum Familienwohnheim	47
a) Miteigentum, Nutzungsregelung, Teilungsausschluss	49
b) Übernahme des Eigentums mit Lastentragung	52
c) Verkauf und Erlösverteilung	55
d) Abschluss eines Mietvertrages	58
4. Vertragliche Vereinbarungen zur Mietwohnung	60
a) Übernahme des Mietvertrages mit Freistellungsverpflichtung	61
b) Auszugsvereinbarung	65
II. Haushaltsgegenstände	67
1. Begriff und Abgrenzung	67
2. Zuweisung bei Trennung	85
a) Herausgabe von eigenem Alleineigentum	87
b) Gebrauchsüberlassung bei Alleineigentum des anderen Ehegatten	88
c) Verteilung bei Miteigentum	89
d) Nutzungsvergütung	90
3. Vereinbarungen	91
III. Vermögens- und güterrechtliche Regelung	96
1. Vermögensaufteilung und Regelung von Schuldverhältnissen	97
2. Güterrechtliche Vereinbarungen	103
a) Verfügungsbeschränkungen	104
b) Stichtag der Endvermögensberechnung	107
c) Güterstandswechsel	109
3. Steuerrechtliche Fragen	114
IV. Trennungsunterhalt	115
V. Versorgungsausgleich	126
VI. Kindesunterhalt	130

	Rdn.
1. Regelung bei Trennung und Scheidung	130
2. Unterhaltsbestimmung	136
3. Sonderfall: Wechselmodell	140
4. Barunterhaltspflicht des betreuenden Elternteiles	141
5. Verwandtenunterhalt	146
6. Mindestunterhalt und Düsseldorfer Tabelle	154
a) Mindestunterhalt	154
b) Düsseldorfer Tabelle	160
7. Kindergeld	176
8. Rang und Mangelfall	179
9. Unterhalt volljähriger Kinder	185
10. Vereinbarungen über den Kindesunterhalt	199
a) Alttitel	199
b) Statischer Unterhalt	202
c) Dynamisierter Unterhalt	205
d) Freistellungsvereinbarung	212
e) Volljährigenunterhalt	216
VII. Erbverzicht	219
1. Auswirkung der Scheidung bzw. Antragstellung auf das gesetzliche Erbrecht	221
2. Auswirkungen des Pflichtteilsverzichtes auf den Unterhalt	238
3. Aufhebung letztwilliger Verfügungen	240
4. Formfragen	252
VIII. Geltungsbereich	255
IX. Formulierungvorschläge	260
1. Anwaltliche Regelung bei noch vorläufiger Trennung	260
2. Notarielle Beurkundung mit Güterstandswechsel und Vollstreckungsunterwerfung	263
B. **Scheidungsvereinbarungen**	266
I. Ehewohnung und Haushaltsgegenstände	267
1. Gesetzliche Regelung über die Ehewohnung bei Scheidung	267
a) Grundsätze und Voraussetzungen richterlicher Entscheidung	270
b) Wohnung im Alleineigentum oder Miteigentum mit Dritten	282
c) Familienwohnheim in Miteigentum	290
d) Regelung des Mietverhältnisses	292
aa) Ausscheiden aus dem Mietverhältnis	293

Kapitel 8

Trennungs- und Scheidungsvereinbarungen

	Rdn.
(1) Einvernehmliche Mitteilung	293
(2) Richterliche Umgestaltung des Mietverhältnisses	303
(3) Keine richterlichen Schutzanordnungen mehr	304
bb) Neubegründung eines Mietverhältnisses	308
cc) Inhalt eines neu begründeten Mietvertrages	312
dd) Nutzungsverhältnis	316
ee) Frist	317
e) Nutzungsentschädigung	320
2. Vertragliche Vereinbarungen zur Ehewohnung	324
a) Feststellung geklärter Verhältnisse	326
b) Räumungsverpflichtung	330
c) Antrag auf Wohnungszuweisung mit Umgestaltung des gemeinschaftlichen Mietvertrages	331
d) Nutzungsverhältnisse am Familienwohnheim	332
3. Gesetzliche Regelung über Haushaltsgegenstände bei der Scheidung	335
a) Begriff und Abgrenzung	335
b) Zuweisung bei Scheidung	336
aa) Miteigentum und Vermutung	337
bb) Kriterien der Überlassung und Übereignung	340
cc) Ausgleichszahlung	344
4. Vereinbarungen	351
II. Güter- und Vermögensrecht	353
1. Güterstandsänderung	354
2. Zugewinnausgleich	358
3. Gesamtschuldnerausgleich	362
4. Bankkonten und sonstiges Miteigentum	372
5. Ansprüche aus Ehegattenzuwendungen	373
6. Ehegatteninnengesellschaft	378
III. Ehegattenunterhalt	379
1. Trennungsunterhalt	380
2. Nachehelicher Unterhalt	381
IV. Kindesunterhalt	382
V. Versorgungsausgleich	386
VI. Elterliche Sorge und Umgangsrecht	389
1. Grundzüge des elterlichen Sorgerechts	389
2. Obhutsmodelle – insbesondere das Wechselmodell	397
3. Kindesunterhalt im Wechselmodell	407
4. Vereinbarungen zur Ausübung elterlicher Sorge	412

	Rdn.
5. Das Umgangsrecht	416
VII. Erbverzicht	422
VIII. Abgeltungsklausel	423
IX. Form und Inhaltskontrolle	428
X. Formulierungsvorschläge	431
C. **Steuerliche Probleme bei der Vermögensauseinandersetzung in der Ehescheidung**	436
I. Veranlagungswahlrecht	436
1. Veranlagungsarten	436
a) Zusammenveranlagung	440
b) Einzelveranlagung	447
2. Zustimmungspflicht zu gemeinsamer Veranlagung	451
II. Realsplitting	462
III. Entgeltliche Veräußerung bei Vermögensauseinandersetzung und -verwertung i.R.d. Ehescheidung	464
1. Einführung	464
2. Realteilung bei »Mischvermögen«	467
3. Grundproblem des entgeltlichen Erwerbs	482
4. Ehescheidung und § 23 EStG	493
a) Anwendungsbereich des § 23 EStG	493
b) Allgemeine Voraussetzungen für eine Steuerpflicht privater Veräußerungsgewinne nach § 23 EStG	504
c) Fallgestaltungen i.R.d. Scheidung	518
d) Ausnahme bei Eigennutzung	546
e) Auswirkungen der vom BFH neuerdings vertretenen modifizierten Trennungstheorie	560
5. Vermeidungsstrategien	565
IV. Scheidung und gewerblicher Grundstückshandel	578
V. Scheidung und Gewinnerzielungsabsicht	585
VI. Scheidung und Grunderwerbsteuer	594
VII. Scheidung und Schenkungsteuer	604
1. Scheidung und Schenkung	604
2. Das Schenkungsteuerprivileg der eigengenutzten Immobilie	609
3. Steuerfreiheit des Zugewinnausgleichs	610
4. Vorsicht bei vorsorgenden Vereinbarungen	613
VIII. Steuerliche Berücksichtigung von Aufwendungen im Zusammenhang mit der Scheidung	618
1. Entwicklung bis VZ 2012	618
2. Rechtslage ab VZ 2013	626
3. Außergerichtliche Kosten	630

A. Trennungsvereinbarungen **Kapitel 8**

Dieses Kapitel behandelt die Vereinbarungen anlässlich der Trennung und Scheidung der Ehe. Die 1
einzelnen Bereiche wie Güterstand, Unterhalt und Versorgungsausgleich wurden auch bzgl. ihrer
für die Trennungs- und Scheidungsvereinbarung relevanten Gestaltungen bereits in ihrem jeweiligen
Zusammenhang behandelt. Daher erfolgt hier insoweit nur eine Verweisung. Vorgestellt werden im
Detail noch die **Regelungen über Ehewohnung, Haushaltsgegenstände, Vermögensauseinandersetzung** und **Kindesunterhalt** sowie die **vertraglichen Gesamtvereinbarungen**. Zwar muss die Scheidungsvereinbarung nach der Abschaffung des § 630 ZPO[1] nicht mehr zum inhaltlichen Nachweis
der Einigung dem Gericht vorgelegt werden, sondern es genügt nach § 133 Abs. 1 Nr. 2 FamFG
die Angabe, dass eine solche Einigung erzielt ist. Gleichwohl ist die Trennungs- oder Scheidungsvereinbarung nach wie vor eine kostengünstige Möglichkeit, die Scheidungsfolgen zu regeln. Einen
weiteren wichtigen Punkt bilden die **steuerlichen Probleme** der Trennungs- und Scheidungsvereinbarungen, denn jeder, der eine Trennungs- oder Scheidungsvereinbarung entwirft, wird nach Lektüre
dieser Ausführungen erkennen, dass dies stets nur in Zusammenarbeit mit dem steuerlichen Berater
geschehen sollte.

A. Trennungsvereinbarungen

Eine reine Trennungsvereinbarung liegt vor, wenn die Ehegatten die Folgen ihrer Trennung rechtlich regeln wollen, eine Scheidung aber noch nicht ansteht. Dies kann entweder ein **vorläufiges** 2
Festschreiben der Ansprüche sein oder aber auch eine Vereinbarung, die umfassend alle Ansprüche
regelt, sodass die Ehegatten die rechtliche Basis für eine dauerhafte Trennung ohne Scheidungsabsicht gelegt haben. Häufiger sind allerdings Vereinbarungen, die nach der Trennung geschlossen
werden, aber die Folgen für die Trennungszeit und die Zeit nach der Scheidung umfassend regeln.
Diese sollen hier unter dem Begriff der Scheidungsvereinbarung fallen.

I. Ehewohnung

1. Gesetzliche Regelung über die Ehewohnung bei Trennung

Wenn die Nutzung der Scheidungsimmobilie streitbefangen und ein Ehepartner auf die Nutzung 3
angewiesen ist, wird nicht selten eine **richterliche Zuweisung** der Ehewohnung beantragt. Die **Terminologie** hat sich seit 2009 geändert. Nunmehr ist in § 1361b BGB von einem Anspruch auf
Überlassung der Ehewohnung die Rede. Gleichwohl soll an der gewohnten Terminologie in diesem
Abschnitt festgehalten werden.

Die **weit überwiegende Zahl** gerichtlicher Entscheidungen zur Überlassung der Ehewohnung betrifft 4
den **Trennungszeitraum**. Hier regelt § 1361b BGB die vorläufige Nutzungszuweisung. Im Zeitpunkt der Trennung ist die Regelung der Weiternutzung der Scheidungsimmobilie wichtig. Im
Scheidungszeitpunkt hat sich jeder Ehegatte mit der Situation arrangiert, sodass Anträge auf endgültige Überlassung der Ehewohnung eher die Ausnahme bilden. Sie haben v.a. noch Bedeutung,
um das Mietverhältnis der tatsächlichen Nutzung anzupassen. I.d.R. stellt die vorläufige Zuweisung
faktisch eine endgültige Regelung dar.[2]

Das Recht der Überlassung der Ehewohnung ist mit dem Gesetz zur Änderung des Zugewinnausgleichs- und Vormundschaftsrechts[3] neu geregelt worden.[4] Dabei blieb die vorläufige Zuweisung 5
nach § 1361b BGB unverändert. Die endgültige Zuweisung jedoch wurde unter Aufhebung der
HausratsVO nunmehr in § 1568a BGB neu geregelt.

---

1 Zur Kritik an der Abschaffung vgl. C. Münch, FamRB 2008, 251 ff.
2 Götz/Brudermüller/Giers, Rn. 262.
3 BGBl. 2009 I, S. 1696. Das Gesetz hat den Begriff der Wohnungszuweisung durch denjenigen der Überlassung der Ehewohnung ersetzt.
4 Übersicht bei Reinecke, ZFE 2010, 172 ff.

6 **Verfahrensvorschriften** für beide Bereiche finden sich seit der Neuregelung des familiengerichtlichen Verfahrens[5] in §§ 200 ff. FamFG. Eine weitere Möglichkeit, die Überlassung der Wohnung verlangen zu können, sieht **§ 2 des Gewaltschutzgesetzes**[6] zum Schutz vor Gewalt und Nachstellungen vor.

7 Die Voraussetzungen der vorläufigen Wohnungsüberlassung richten sich somit weiterhin nach § 1361b BGB:

a) Ehewohnung

8 Der **Begriff der** »**Ehewohnung**« ist hierbei in einem weiten Sinne zu verstehen und erfasst alle Räume, welche die Ehegatten zum Wohnen benutzten oder gemeinsam bewohnt haben oder die dafür nach den Umständen bestimmt waren.[7] Nicht zur Ehewohnung gehören damit beruflich oder gewerblich genutzte Räumlichkeiten, selbst wenn sich diese innerhalb der Ehewohnung befinden. Auf solche Räume kann sich daher die richterliche Anordnung der Wohnungsüberlassung nicht erstrecken.[8]

9 Aufgrund der gewandelten Wohnsituation mehren sich die Stimmen, die auch Ferien- und Wochenendwohnungen einbeziehen und damit ggf. **mehrere Ehewohnungen** bejahen wollen, wenn bei ihnen jeweils ein Schwerpunkt familiären Zusammenlebens vorliegt.[9]

10 Bei Auszug wegen ehelicher Konflikte bleibt die Wohnung Ehewohnung,[10] und zwar auch noch nach längerer Zeit.[11] Der **BGH** hat sich in einer **Grundsatzentscheidung**[12] mit der Sperrwirkung des § 1361b BGB gegenüber den allgemeinen Ansprüchen etwa aus § 985 BGB[13] befasst, die sowohl in materieller als auch in verfahrensrechtlicher Hinsicht (Ehewohnungssachen als FGG-Sachen mit Amtsermittlungsgrundsatz) besteht.[14] Danach **bleibt die Wohnung die gesamte Trennungszeit über Ehewohnung** und ggf. noch über die Scheidung hinaus. Vertreten wird, dass sie so lange Ehewohnung bleibt, bis ein endgültiger Auszug nach Scheidung erfolgt ist oder das Jahr des § 1568a Abs. 6 BGB abgelaufen ist.[15] Dabei ist die Dauer der Trennung ebenso ohne Belang wie die Frage, ob der ausgezogene Ehegatte etwa eine Rückkehrabsicht bekundet hat. Das hat der BGH unter Aufgabe früherer Ansichten ausdrücklich festgehalten.[16]

11 Nach **§ 1361b Abs. 4 BGB** vermutet das Gesetz **unwiderleglich** die **Überlassung der Ehewohnung**, wenn der ausgezogene Ehegatte nicht binnen sechs Monaten seine Absicht bekundet, wieder zurückzukehren. Da die Vermutung unwiderleglich ist, kommt der in der Wohnung verbliebene Ehe-

---

5 FGG-Reformgesetz, BGBl. I 2008, S. 2585 ff.
6 BGBl. I 2001, S. 3513.
7 BGH, FamRZ 1990, 987, 988.
8 Palandt/Brudermüller, § 1361b Rn. 6.
9 Brudermüller, FamRZ 2003, 1705; Schulz/Hauß, Rn. 1231; MüHdbFamR/Müller, § 17 Rn. 5 ff.; Palandt/Brudermüller, § 1361b Rn. 6; OLG Frankfurt am Main, FamRZ 1982, 398; OLG Naumburg, FamRZ 2005, 1269; OLG Brandenburg, FamRZ 2008, 1930: auch bei zeitweise Nutzung mit gewisser Regelmäßigkeit; OLG Celle, FamRZ 2015, 1193; Götz, NZFam 2017, 433; immerhin hat der BFH Zweit- und Ferienwohnungen im Sinne einer Nutzung zu eigenen Wohnzwecken nach § 23 EStG anerkannt, BFH, DStR 2017, 2268; a.A. OLG Bamberg, FamRZ 2001, 1316 f.; KG, FamRZ 1986, 1010 f.
10 OLG Karlsruhe, FamRZ 1999, 1087.
11 OLG München, FamRZ 1986, 1019: nach 13 Jahren; BGH, NJW 2013, 2507.
12 BGH, FamRZ 2017, 22, Tz. 20 ff.; hierzu Götsche, FuR 2018, 503 f.; Götz, NZFam 2017, 433 f.
13 Vgl. auch OLG Frankfurt, FamRB 2019, 334 gegenüber § 861 BGB bei Aussperrung; KG, FamRZ 2017, 1393: vor Abschluss des Verfahrens in Haushaltssachen keine Räumung und Einlagerung zulässig.
14 Vgl. auch OLG Frankfurt am Main, NZFam 2019, 443.
15 Zum Meinungsstreit diesbezüglich und zum Vorschlag, dass der Charakter als Ehewohnung auch die Rechtskraft der Scheidung überdauert, Götz, NZFam 2017, 433, 435 f.; Palandt/Brudermüller, § 1568a Rn. 4.
16 A.A. Vorinstanz OLG München, BeckRS 2016, 19377.

gatte in den Genuss eines alleinigen Nutzungsrechtes, wenn der Rückkehrwille nicht fristgemäß erklärt wurde.

Selbst wenn diese Vermutung eingreift, bleibt die Wohnung Ehewohnung, dass stellt der BGH ausdrücklich klar.[17] Die **Vermutung** erschöpft sich nach Ansicht des BGH trotz ihrer Unwiderleglichkeit in der **Rechtstatsache**, dass ein **Überlassungsverhältnis** begründet wurde. Eine wesentliche Änderung der Verhältnisse kann deshalb **dennoch** zu einer **geänderten Zuweisungsentscheidung** führen. Erst recht kann nach Scheidung eine andere Zuweisung beantragt werden.[18]

Hat der alleinige Mieter die Wohnung gegenüber dem Vermieter wirksam gekündigt, so ist eine Wohnungszuweisung allerdings nicht mehr möglich, auch wenn die Kündigung nach § 1353 BGB nicht zulässig gewesen wäre.[19]   12

▶ Hinweis:

Wer die Vermutung des § 1361b Abs. 4 BGB nicht eintreten lassen will, der muss den Rückkehrwillen äußern und den Zugang einer entsprechenden Äußerung innerhalb der sechsmonatigen Frist nachweisen.[20]   13

Fraglich ist, ob eine **Vereinbarung der Ehegatten über die Ehewohnung** hieran etwas ändern kann. Dies wird z.T. abgelehnt.[21] Wer aber auch hier die Vertragsfreiheit als zentralen Aspekt bejaht, der muss dazu kommen, dass die Ehegatten in freier Vereinbarung über den **Charakter als Ehewohnung** vertraglich **disponieren** können, wenn sie Regelungen treffen, die über die bloße Nutzung hinausgehen.[22] Eine Grenze wird sich ergeben, wenn einfach nur auf die Rechte nach § 1361b BGB verzichtet werden soll, ohne dass ein billiger Ausgleich erfolgt.[23]   14

b) Trennung

Die vorläufige Wohnungsüberlassung sieht als **Voraussetzung** das **Getrenntleben** der Eheleute an. Dieser Begriff ist so zu verstehen wie in § 1567 BGB. Objektiv ist somit Voraussetzung, dass die häusliche Gemeinschaft nicht mehr besteht. Umstritten ist, ob es **subjektiv** genügt, dass (zunächst) nur die häusliche Gemeinschaft mit dem Partner abgelehnt wird[24] oder ob bereits die **Ablehnung der gesamten ehelichen Lebensgemeinschaft** erforderlich ist.[25] Für Letzteres spricht insb., dass eine richterliche Entscheidung über die Wohnungsüberlassung sonst bereits zu Beginn von Konfliktsituationen infrage käme, welche die Voraussetzungen für das Anlaufen des Trennungsjahres noch nicht erfüllen. Scheidungsabsicht ist jedenfalls noch nicht erforderlich.[26]   15

Sofern es wegen der herrschenden Umstände noch nicht zur Trennung hat kommen können, genügt auch die Absicht entsprechender Trennung. Die Wohnungsüberlassung wird in einem solchem Fall auch von demjenigen Ehegatten beantragt werden können, der die Trennungsabsicht nicht hat.[27]   16

---

17 BGH, FamRZ 2017, 22.
18 Palandt/Brudermüller, § 1361b Rn. 25.
19 OLG Frankfurt am Main, FamFR 2013, 476.
20 Götz/Brudermüller/Giers, Rn. 317.
21 Götsche, FuR 2018, 503, 506; Palandt/Brudermüller, § 1361b Rn. 6.
22 Finke, FamRZ 2015, 25, 26 sieht eine reine Nutzungsregelung nicht als ausreichend an.
23 Vgl. DNotI-Gutachten 133357 vom 04.04.2014.
24 BRHP/Neumann, § 1361b Rn. 4.
25 So etwa Palandt/Brudermüller, § 1361b Rn. 7 – noch anders die Vorauflagen; Götz/Brudermüller/Giers, Rn. 264 m.w.N.
26 OLG Naumburg, FamRZ 2003, 1748.
27 Götz/Brudermüller/Giers, Rn. 265.

c) Unbillige Härte

17 Eine **unbillige Härte** muss vorliegen, damit ein Ehegatte die Zuweisung der Ehewohnung verlangen kann. Dieser Begriff in der seit 01.01.2002 geltenden Fassung des § 1361b BGB stellt eine Herabmilderung der Eingriffsschwelle ggü. dem vorher verwendeten Begriff der schweren Härte dar.[28]

18 Einen Katalog von Härtefällen enthält das Gesetz nicht. Eine **Begriffsbestimmung** darf wohl nicht mehr wie unter der alten Regelung[29] auf schlechthin untragbare Zustände durch Störung des Familienlebens abstellen, zu deren Behebung die richterliche Entscheidung über die Wohnungsüberlassung dringend erforderlich wäre.[30] Andererseits genügen bloße Unbequemlichkeiten oder Belästigungen nicht,[31] wie sie regelmäßig bei einer Trennung vorkommen. Die Spannungen müssen vielmehr über diesen Zustand hinausgehen.[32] Damit ist die Schwelle auf das auch bei Scheidung nach § 1568a BGB n.F. geregelte Niveau abgesenkt worden.[33]

19 Es ist in jedem Fall eine **Gesamtabwägung** vorzunehmen, in die alle Verhältnisse umfassend einzustellen sind.[34] In diese Gesamtabwägung sind die Belange beider Ehegatten einzubeziehen, etwa wer auf die Wohnung angewiesen ist, wer leichter eine andere Wohnung finden kann, Alter und Gesundheitszustand der Eheleute, aber auch Einkommens- und Vermögensverhältnisse[35] oder die Tatsache, dass einer der Ehegatten die Wohnung schon vor der Heirat bewohnt oder erhebliche Leistungen zum Ausbau erbracht hat. Auch das Interesse, eine Versöhnung der Ehegatten noch zu ermöglichen, soll berücksichtigungsfähig sein.[36]

20 Die Umstände, die für das Vorliegen einer unbilligen Härte sprechen, bedürfen einer substanziierten Darlegung nach Zeit, Ort, näheren Umständen und Folgen.[37]

21 Bei der Prüfung, ob eine unbillige Härte vorliegt, ist in besonderer Weise die **dingliche Berechtigung** an der Ehewohnung zu berücksichtigen (§ 1361b Abs. 1 Satz 3 BGB). Daher kommt bei Alleineigentum eines Ehegatten die Überlassung an den anderen zur alleinigen Nutzung nur ausnahmsweise in Betracht und wenn, dann regelmäßig nur befristet.[38] Jedenfalls sollen höhere Anforderungen an die unbillige Härte zu stellen sein. Allerdings führt auch das Alleineigentum nicht zwingend dazu, die Mitnutzung durch den anderen Ehegatten auszuschließen, denn es sollen keine Verhältnisse geschaffen werden, die verbleibenden Chancen auf Versöhnung im Wege stehen.[39] Begehrt der Alleineigentümer die Zuweisung, sind die Anforderungen an die unbillige Härte herabzusetzen.[40] Ggü. dem Kindeswohl tritt die dingliche Berechtigung jedoch zurück.[41]

22 Nach längerer Trennung sollen die Voraussetzungen einer Wohnungszuweisung an den allein in der Wohnung verbliebenen Ehegatten geringer sein.[42]

---

28 Schwab, FamRZ 2002, 1, 2; zur Kritik der alten Regelung: Schwab, FamRZ 1999, 1317 f.
29 So KG, FamRZ 1987, 850; OLG Bamberg, FamRZ 1990, 1353 f.
30 So zu Recht Schwab/Ernst/Grandke, § 18 Rn. 21.
31 OLG Brandenburg, FamRZ 1996, 743, 744.
32 OLG Hamm, NJW 2015, 2349 m.w.N.
33 AG Tempelhof-Kreuzberg, FamRZ 2003, 532.
34 MüHdbFamR/Müller, § 17 Rn. 48.
35 Götz/Brudermüller/Giers, Rn. 296.
36 OLG Karlsruhe, NJW-RR 2016, 132 für Getrenntleben in der Ehewohnung vor Ablauf des Trennungsjahres.
37 Schulz/Hauß, Rn. 1124.
38 Schwab/Ernst/Grandke, § 18 Rn. 26.
39 OLG Karlsruhe, NJW-RR 2016, 132.
40 OLG Düsseldorf, NZFam 2016, 764. Dort waren zusätzlich noch vom Nichteigentümer die Schlüssel ausgetauscht und Veränderungen an der Elektroinstallation vorgenommen worden.
41 Götz/Brudermüller/Giers, Rn. 298.
42 OLG Bamberg, FamRZ 1990, 1353, 1354; OLG Köln, FamRZ 1996, 547; OLG Hamburg, NZFam 2019, 324; Kasenbacher, NJW-Spezial 2018, 68.

Die beiden wichtigsten und häufigsten Gründe für eine unbillige Härte nennt das Gesetz selbst. 23
Daneben kommt insb. Alkoholmissbrauch als Zuweisungsgrund in Betracht, wenn dieser zu konkreten Ausfallerscheinungen oder zu sonstigen Störungen der ehelichen Lebensgemeinschaft führt.[43]
Auch wiederholte Besuche der neuen Lebensgefährtin über Nacht bei beengter Wohnsituation können eine unbillige Härte begründen.[44]

aa) Gewaltanwendung

Nach bisheriger Rechtsprechung sollte selbst bei **Gewaltanwendung** eine schwere Härte nur bei 24
schwerer körperlicher Misshandlung der Familienmitglieder vorliegen.[45] Vor allem in diesen Fällen
macht sich die Herabsenkung der Eingriffsschwelle bemerkbar, denn nunmehr soll bei jeder vorangegangenen Gewaltanwendung oder Gewaltandrohung eine unbillige Härte zu prüfen sein.[46] Nach
dem OLG Köln[47] kann sich Gewalt auch in indirekter Aggression gegen eine Person äußern, wobei
es nicht auf die objektive Ernsthaftigkeit etwaiger Bedrohungen ankommt, sondern darauf, ob sich
der andere Ehegatte subjektiv so belastet fühlt, dass ihm objektiv die Fortsetzung der häuslichen
Gemeinschaft nicht mehr zugemutet werden kann. Damit kann Gewalt auch bei psychischer Aggression bejaht werden, so etwa bei Erniedrigen, Anschreien, Mundtotmachen, Psychoterror oder häuslichem Vandalismus.[48] Umgangs- oder sorgerechtsbezogene Drohungen, welche diese Schwelle nicht
erreichen, genügen noch nicht, auch wenn sich der andere Ehegatte hinausgedrängt fühlt,[49] wohl
aber Drohungen verbunden mit einem gewaltsamen Eindringen in die Ehewohnung.[50]

§ 1361b Abs. 2 Satz 2 BGB ordnet an, dass ein Zuweisungsanspruch nicht mehr besteht, wenn eine 25
Wiederholung der Gewaltanwendung ausgeschlossen ist, außer die Schwere der Tat lässt das weitere Zusammenleben unzumutbar werden. Die Beweislast für die fehlende Wiederholungsgefahr
trifft in diesem Fall den Täter.

▶ Hinweis:
Wenn ein Wohnungszuweisungsantrag auf Gewaltanwendung gestützt wird, sollten schon im 26
Antrag die Fakten aufgezählt werden, die für eine Wiederholungsgefahr sprechen, insb. gleichartige frühere Vorfälle.[51]

bb) Wohl der Kinder

Genannt ist weiter der Fall der Beeinträchtigung des **Kindeswohls** (§ 1361b Abs. 1 Satz 2 BGB), 27
auch des Wohls bereits volljähriger Kinder.[52] Unter den Begriff der »schweren Härte« hatte die Rechtsprechung eine Verletzung des Kindeswohls erst dann subsumieren wollen, wenn »infolge andauernder heftiger Streitigkeiten eine Gesundheitsgefährdung des Kindes zu befürchten wäre«.[53] Nunmehr kann die richterliche Anordnung der Überlassung der Ehewohnung bereits erfolgen, wenn
das Wohl von im Haushalt lebenden Kindern **beeinträchtigt** ist. Entscheidend ist somit, ob ein
erträgliches Auskommen der Familie unter einem Dach noch möglich ist.[54] Das ist gerade bei

---

43 Schulz/Hauß, Rn. 1118.
44 OLG Hamm, FamRZ 2016, 1082.
45 OLG Celle, FamRZ 1992, 676, 677; Palandt/Brudermüller, § 1361b Rn. 10 m.w.N.
46 OLG Stuttgart, FamRZ 2004, 876.
47 OLG Köln, OLGR 2005, 440.
48 Götz/Brudermüller/Giers, Rn. 288.
49 OLG Köln, FamFR 2010, 524.
50 OLG Oldenburg v. 31.01.2017 (4 UFH 1/17), becklink 2006779.
51 Götz/Brudermüller/Giers, Rn. 305.
52 OLG Hamm, FamFR 2013, 549.
53 OLG Celle, FamRZ 1992, 676, 677.
54 OLG Hamm, FamFR 2013, 549; Schulz/Hauß, Rn. 1116.

beengtem Wohnraum häufig zu bejahen.[55] Gerade das Interesse der Kinder kann dazu führen, dass die Wohnung im Zweifelsfalle demjenigen Elternteil zugewiesen wird, der für die Kinder zu sorgen hat, selbst dann – zumindest vorläufig – wenn der andere Ehegatte Alleineigentümer ist[56] oder wenn sich eine Verursachung der Streitigkeiten durch den weichenden Ehegatten nicht feststellen lässt.[57] Dem Wohl der Kinder wird im Rahmen der Gesamtabwägung von den Gerichten Priorität eingeräumt.[58] Damit ist häufig mit der Sorgerechtsverteilung oder der Bestimmung, bei wem die Kinder leben, auch schon die Entscheidung über die Wohnung gefallen; eine Tendenz, die dazu führt, dass um das Sorgerecht für die Kinder auch mit Blick auf die Wohnung gekämpft wird.[59] Allerdings stellen bloße Unannehmlichkeiten oder Belästigungen noch keine unbillige Härte dar, sodass ein Umzug mit drei Kindern aus einer luxuriösen in eine 500 m entfernte Wohnung mit einer noch annehmbaren Größe zumutbar ist.[60]

2. Folgen der Wohnungsüberlassung

a) Regelmäßige alleinige Überlassung

28   Der Anspruch nach § 1361b Abs. 1 BGB richtet sich darauf, die Ehewohnung ganz oder z.T. zugewiesen zu erhalten.

29   In Fällen der Gewaltanwendung oder -androhung ist nach § 1361b Abs. 2 BGB regelmäßig die **ganze Wohnung** zuzuweisen. Auch in anderen Fällen kommt aber die Zuweisung lediglich eines **Teils der Ehewohnung nur sehr selten** in Betracht. Dies soll ausschließlich dann geschehen, wenn die Wohnung zwei Bäder, Toiletten und Kochstellen hat[61] oder die Platzverhältnisse so großzügig sind, dass mit einem Zusammentreffen der zerstrittenen Eheleute nicht gerechnet werden muss.[62] Z.T. wird unter Rückgriff auf die Rechtsprechung vor der Gesetzesänderung noch vertreten, die Alleinzuweisung sei nur ultima ratio ggü. der Teilzuordnung.[63]

b) Vorläufige Nutzung zu eigenen Wohnzwecken

30   Die Zuweisung der Wohnung ist i.R.d. **§ 1361b BGB stets nur** eine **vorläufige Nutzungsregelung**. Diese bezieht sich lediglich auf das Innenverhältnis der Ehegatten. Es findet also keine rechtlich endgültige Regelung statt. Die Zuweisung nach § 1361b BGB führt somit zu keiner Änderung der Eigentumsverhältnisse und v.a. auch nicht zu einer Umgestaltung des Mietverhältnisses, selbst wenn die Ehegatten dies einvernehmlich so wollen.[64] Die Zuweisung kann zudem ausschließlich zu Wohnzwecken erfolgen. Daher wird ein Zuweisungsverlangen des dinglich Berechtigten abzulehnen sein, wenn dieser die Wohnung nicht selbst nutzen, sondern vermieten oder verkaufen will.[65] Trotz dieser rechtlichen Vorläufigkeit nimmt die Entscheidung häufig faktisch das weitere Schicksal der Ehewohnung vorweg.

31   Da den anderen Ehegatten für den Fall der Wohnungsüberlassung eine Unterlassungsverpflichtung nach § 1361b Abs. 3 Satz 1 BGB trifft, kann das Gericht auch begleitende Schutz- oder Unterlassungsanordnungen nach § 209 Abs. 1 FamFG erlassen, etwa Betretungs-, Näherungs- und Belästi-

---

55   OLG Hamburg, FamRZ 2019, 1405: 67 m² für Eltern und Kind.
56   OLG Stuttgart, FamRZ 2004, 876.
57   OLG Brandenburg, FamFR 2010, 379.
58   OLG Brandenburg, ZFE 2011, 70.
59   Krit. daher Brudermüller, FuR 2003, 433, 435.
60   OLG Köln, FamRZ 2011, 372.
61   OLG Frankfurt am Main, FamRZ 1996, 289, 290; Brudermüller, FamRZ 1999, 129, 134.
62   Schulz/Hauß, Rn. 1123.
63   BRHP/Neumann, § 1361b Rn. 5.
64   OLG Hamm, FamRZ 2000, 1102; OLG Hamm, OLGR 2007, 596; Götz/Brudermüller/Giers, Rn. 261.
65   OLG Frankfurt am Main, FamRZ 2004, 875 sogar für den extremen Fall, dass der andere Ehegatte sich in Strafhaft befindet; OLG Karlsruhe, FamRZ 1999, 1087.

A. Trennungsvereinbarungen   **Kapitel 8**

gungsverbote oder ein an den Alleinmieter gerichtetes Kündigungsverbot.[66] Nicht zulässig sind nach herrschender Auffassung Veräußerungsverbote[67] oder Verbote der Teilungsversteigerung.[68] Dem kann das Gericht nur durch die Begründung eines Mietverhältnisses zwischen den Ehegatten entgegenwirken, das auch bei Veräußerung und Teilungsversteigerung für die Dauer seines Bestehens Schutz gewährt.[69] Die Begründung kann auch durch einstweilige Anordnung nach § 49 FamFG erfolgen.[70] In der reinen Wohnungszuweisung liegt ein solcher Mietvertrag jedoch nicht.[71]

c) Nutzungsentschädigung

Nach § 1361b Abs. 3 Satz 2 BGB kann von dem nutzenden Ehegatten eine **Nutzungsvergütung**[72] verlangt werden, soweit dies der Billigkeit entspricht. 32

Zur Nutzungsvergütung hat die Neufassung des § 1361b Abs. 3 BGB einige Klärung gebracht. So ist es heute ganz überwiegende Ansicht, dass ein Vergütungsanspruch **auch bei freiwilligem Auszug** des Eigentümer-Ehegatten besteht.[73] Der Vergütungsanspruch nach § 1361b Abs. 3 Satz 2 BGB wird also losgelöst von den Voraussetzungen des Abs. 1 betrachtet und setzt bei freiwilligem Auszug nicht mehr voraus, dass die Voraussetzungen des Abs. 1 wenigstens vorgelegen hätten.[74] Diese Ansicht hat der BGH inzwischen bestätigt.[75] 33

Ein Anspruch auf Nutzungsentschädigung soll erst ab dem Zeitpunkt bestehen, zu dem ein entsprechendes **deutliches Zahlungsverlangen** vorliegt.[76] Ein solches setzt nach OLG Düsseldorf eine Bezifferung voraus.[77] Ausreichend ist aber die Geltendmachung eines Zahlungsanspruchs. Anders als bei § 745 Abs. 2 BGB ist nicht zusätzlich erforderlich, dass eine Änderung der Verwaltungs- und Benutzungsregelung verlangt wird, der Nutzende also vor die Alternative »Zahlung oder Auszug« gestellt wird.[78] 34

Sofern **unterhaltsrechtlich** die Nutzung der Wohnung bereits als **fiktives Einkommen** berücksichtigt wurde, kommt die weitere Festsetzung einer Nutzungsvergütung nicht mehr in Betracht,[79] denn die **Unterhaltsregelung** hat grds. **Vorrang**.[80] Dies gilt aber nur dann, wenn der Wohnvorteil tatsächlich unterhaltsrechtlich ausgeglichen wurde, nicht schon, wenn er nur in den Überlegungen des Gerichts 35

---

66 Schulz in C. Münch, Familienrecht, § 5, Rn. 22, 39; Weinreich in: Schulte-Bunert/Weinreich, FamFG, § 209, Rn. 8.
67 OLG München, NZFam 2016, 859; a.A. Kohler, NZFam 2017, 825 f.
68 Hierzu die Stellungnahme von Uecker, FPR 2013, 367 ff., der ebenfalls die Teilungsversteigerung für zulässig hält und empfiehlt, die Zuweisung in einen Mietvertrag umzusetzen, der dann Schutz bei der Teilungsversteigerung biete.
69 OLG Celle, NJW 2011, 2062 = FamRZ 2012, 32 = FamFR 2011, 259 m. Anm. Ebert.
70 Schulz in C. Münch, Familienrecht, § 5, Rn. 43 ff. m.w.N.
71 OLG München, NZFam 2016, 859.
72 OLG Naumburg, FamRZ 2003, 1748 gewährt als Minus auch Freistellung des nicht mehr nutzenden Ehegatten von Mietzinsansprüchen des Vermieters.
73 OLG Brandenburg, NJW-RR 2008, 957; OLG München, FamRZ 1999, 440; Palandt/Brudermüller, § 1361b Rn. 20; nunmehr auch Wever, Rn. 134; differenzierend Erbarth, FamRZ 2005, 1713; detailliert zu dieser Frage BGH, FamRZ 2006, 930 f.
74 BGH, FamRZ 2006, 930 f. m. Anm. Brudermüller.
75 BGH, FamRZ 2014, 460, Tz. 9; zu diesem Beschluss: Simon, NZFam 2014, 438 f.; ebenso OLG Hamm, FamFR 2010, 549.
76 OLG Braunschweig, FamRZ 1996, 548, 549; OLG Köln, FamRZ 1992, 440, 441; OLG München, FamRZ 1999, 1270; ferner: Schulz/Hauß, Rn. 1165; MüHdbFamR/Müller, § 17 Rn. 64; Palandt/Brudermüller, § 1361b Rn. 23.
77 OLG Düsseldorf, FamFR 2010, 382.
78 OLG Düsseldorf, FamRZ 2019, 779 gegen OLG Hamm, FamRZ 2014, 1298.
79 BGH, FamRZ 1986, 436, 437; BGH, FamRZ 1979, 484, 486; BGH, FamRZ 2014, 460; OLG Hamm, FamRZ 2014, 1298 zu § 745 Abs. 2 BGB; Schulz/Hauß, Rn. 1162 m.w.N.; Huber, FamRZ 2000, 129, 131.
80 Palandt/Brudermüller, § 1361b Rn. 20.

eine Rolle gespielt hat.[81] Allerdings wird nunmehr auch vertreten, soweit ein bisher nicht geltend gemachter Unterhaltsanspruch des verbliebenen Ehegatten bei Zahlung einer Nutzungsentschädigung bestünde, entspreche diese nicht mehr der Billigkeit.[82] Auch wenn ein Ehegatte die Nutzungsvergütung nicht geltend gemacht hat, soll er diesen Anspruch insoweit einem Anspruch des die Hauslasten tragenden Ehegatten auf Gesamtschuldnerausgleich entgegenhalten können, der Ausgleichsanspruch ist insoweit von vorneherein beschränkt.[83]

36 Die Festsetzung einer Nutzungsvergütung setzt nach nunmehr geänderter Rechtsprechung[84] nicht mehr voraus, dass der verbleibende Ehegatte die ihm durch die ungeteilte Nutzung zuwachsenden Vorteile wirtschaftlich verwerten kann. Vielmehr ist der Umstand, dass dies nicht der Fall ist, im Rahmen der Billigkeitsabwägung auf der Rechtsfolgenseite zu berücksichtigen.

37 Die Festsetzung einer Nutzungsvergütung entspricht i.d.R. der **Billigkeit**, wenn der weichende Ehegatte **Alleineigentümer** ist. Die Vergütung kann herabgesetzt werden, wenn dem verbleibenden Ehegatten die Alleinnutzung **aufgedrängt** wurde und der Wohnwert den Bedarf übersteigt. Insb. im ersten Trennungsjahr wird ein erheblicher Abschlag vom Marktwert der Wohnung gerechtfertigt sein.[85] Bei der Zuweisung einzelner Räume in der Ehewohnung an die jeweiligen Ehegatten und Küche, Bad etc. zur gemeinschaftlichen Nutzung, kann der Eigentümer noch keine Nutzungsvergütung verlangen, denn hier wird nur Mitbesitz in Teilbesitz umgewandelt, sodass eine Nutzungsvergütung nicht der Billigkeit entspräche.[86] Eine Nutzungsvergütung entspricht nicht mehr der Billigkeit, wenn zugleich die Nutzung einer im gemeinsamen Eigentum stehenden Ferienimmobilie verweigert wird.[87] Eine Nutzungsvergütung kann insb. dann der Billigkeit entsprechen, wenn der Alleineigentümer selbst in beengten Verhältnissen lebt.[88] Eine Nutzungsentschädigung entspricht nicht mehr der Billigkeit, wenn der Zahlungspflichtige zahlungsunfähig ist und faktisch zum Auszug gezwungen würde, müsste dieser die Nutzungsentschädigung zahlen.[89]

38 Bei der Festsetzung der Nutzungsvergütung ist zu berücksichtigen, wer die **Hauslasten** oder auch die **Finanzierung** trägt.[90] Ebenso ist die Zahlung verbrauchsunabhängiger Nebenkosten durch den nicht nutzenden Ehegatten in die Berechnung einzubeziehen. Wirtschaftlich beengte Verhältnisse beim weichenden Ehegatten können ebenso in die Abwägung einzubeziehen sein.[91] Enthält der weichende Ehegatte dem anderen seinerseits die Nutzung einer Ferienimmobilie vor, so spricht dies gegen die Billigkeit einer Nutzungsvergütung.[92]

39 Die Vergütungspflicht kann durch das Angebot auf Wiedereinräumung des Mitbesitzes jederzeit abgewendet werden.[93] Auch bei Mitbesitz in Form einer Aufteilung einer Wohnung soll eine Nutzungsvergütung entstehen können, wenn die Wohnung im Alleineigentum eines Ehegatten steht; dies entspricht jedoch im Trennungsjahr zumindest dann noch nicht der Billigkeit, wenn der Nichteigentümer-Ehegatte in der beiderseits genutzten Wohnung die gemeinsamen Kinder versorgt.[94] Von

---

81 OLG Karlsruhe, OLGR 2008, 875.
82 OLG Frankfurt am Main, FamFR 2012, 478.
83 KG, FamRZ 2008, 2034.
84 BGH, FamRZ 2014, 460 unter Aufgabe von BGH, FamRZ 1996, 931.
85 Vgl. die detaillierte Darstellung beim Wohnvorteil unter Kap. 6 Rdn. 264 f.
86 OLG Brandenburg, FamRZ 2008, 1931.
87 OLG Frankfurt am Main, FamRZ 2011, 373.
88 OLG Bremen, FamRZ 2010, 1980.
89 KG, NZFam 2015, 378.
90 Detailliert Wever, FF 2005, 23 ff.
91 OLG Bremen, FamRZ 2010, 1980.
92 OLG Frankfurt am Main, FamRZ 2011, 373.
93 KG, FamRZ 2001, 368; BGH, FamRZ 1986, 436, 437.
94 OLG Brandenburg, NJW-RR 2008, 957 f.

volljährigen Kindern hingegen kann ein Nutzungsbeitrag verlangt werden, der auch dem weichenden Ehegatten hälftig zugutekommen muss.[95]

Ist der allein nutzende Ehegatte nicht leistungsfähig, entfällt ein Anspruch auf Nutzungsvergütung.[96] **40**

Auch bei **Miteigentum** beider Ehegatten kann die Alleinnutzung eines Ehegatten zu einer (anteiligen) Nutzungsentschädigung führen.[97] Gleiches gilt, wenn dem Ehegatten ein dingliches Mitbenutzungsrecht an der Wohnung zusteht.[98] Hierbei ist allerdings auch zu berücksichtigen, dass volljährige Kinder ein Zimmer nutzen, von denen eine »Abgabe« verlangt werden könnte, die auch dem weichenden Ehegatten zugutekommen muss.[99] **41**

§ 1361b Abs. 3 Satz 2 BGB ist nach inzwischen herrschender Auffassung **lex specialis** zu § 745 Abs. 2 BGB.[100] Die Zuständigkeit des Familiengerichts wird von dieser Streitfrage inzwischen nicht mehr berührt. Allerdings ist die Verfahrensart unterschiedlich. Das Verfahren in Ehewohnungssachen richtet sich nach §§ 200 ff. FamFG, die sonstigen Familienstreitsachen sind nach §§ 112 Nr. 3, 266 Abs. 1 FamFG dem streitigen Zivilverfahren eher angenähert.[101] **42**

Auch einem weichenden Ehegatten, der **nicht Eigentümer oder Miteigentümer** der Ehewohnung ist, kann in Ausnahmefällen ein Anspruch auf Nutzungsentschädigung zustehen, wenn dies der Billigkeit entspricht, etwa weil er durch Umbauten und Investitionen zum Wert des Wohneigentums erheblich beigetragen hat.[102] Wird die Wohnung von den Schwiegereltern mietfrei zur Verfügung gestellt, so steht dem weichenden Schwiegerkind kein Anspruch auf Nutzungsvergütung zu,[103] jedenfalls wenn dieses keine eigenen Investitionen getätigt hat,[104] deren Geltendmachung gegen die Schwiegereltern durch die Weiternutzung des verbleibenden Ehegatten blockiert ist.[105] **43**

Bei einer Mietwohnung verneint das OLG Köln einen Anspruch auf **Gesamtschuldnerausgleich gegen den ausgezogenen Ehegatten** auf anteilige Zahlung der Mietzinsraten jedenfalls ab Scheidung.[106] Das LG Mönchengladbach will hierzu auf die nächste Kündigungsmöglichkeit nach Trennung abstellen.[107] Wenn man dem in der Wohnung verbliebenen Ehegatten eine Überlegungsfrist zubilligt und dieser nach einer Weile ebenfalls auszieht, so entfällt auch während der Überlegungsfrist nach Ansicht des OLG Brandenburg ein gesamtschuldnerischer Ausgleich.[108] Anders entschied jedoch ein anderer Senat desselben Gerichts für den Fall, dass der ausgezogene Ehegatte die Miete **44**

---

95 OLG Hamm, FamRZ 2011, 892.
96 OLG Saarbrücken, NZFam 2014, 381; Palandt/Brudermüller, § 1361b Rn. 21.
97 Götz/Brudermüller/Giers, Rn. 461.
98 BGH, FamRZ 2010, 1630; BGH, FamRZ 2014, 460; OLG Zweibrücken, FamRZ 2013, 1980.
99 OLG Hamm, FamRZ 2011, 892.
100 BGH, NJW 2017, 2544; OLG Hamm, FamFR 2010, 546; OLG Jena, NJW 2006, 703; OLG Hamm, FamRB 2008, 197; OLG Rostock, FamRZ 2017, 433; OLG Düsseldorf, FamRZ 2019, 779; Schulz/Hauß, Rn. 1163 m.w.N.; Huber, FamRZ 2000, 129, 131; MüHdbFamR/Müller, § 17 Rn. 56 f.; Palandt/Brudermüller, § 1361b Rn. 20; a.A. BRHP/Neumann, § 1361b Rn. 14; KG, NJW-RR 2007, 798 und OLG Stuttgart, FamRZ 2012, 33: § 745 Abs. 2 BGB dann alleinige Anspruchsgrundlage, wenn wegen endgültiger Einigung über die Nutzung die Wohnung keine Ehewohnung mehr ist; anders aber dann KG, FamRZ 2008, 1933, § 1361b Abs. 3 BGB als lex specialis; für eine Anwendung des § 1361b BGB bei freiwilligem Auszug OLG München, FamRB 2007, 290; wohl auch BGH, FamRZ 2006, 930 f., der die Frage allerdings nicht entscheiden musste. Ohne Erwähnung des § 1361b BGB entscheidet das OLG Saarbrücken, FamFR 2010, 380.
101 Milzer, FamFR 2010, 380.
102 OLG München, FamRB 2008, 66; der LS klingt missverständlich so, als könne eine solche Nutzungsentschädigung dem Nichteigentümer generell gewährt werden.
103 OLG Karlsruhe, FamRZ 2019, 780.
104 So aber im Fall des OLG Rostock, FamRZ 2017, 433.
105 Wever, FamRZ 2019, 782.
106 OLG Köln, FamRZ 2003, 1664.
107 LG Mönchengladbach, FamRZ 2003, 1839.
108 OLG Brandenburg, FamRZ 2007, 1172.

und Nebenkosten getragen hat und nun vom weiter die Ehewohnung bewohnenden Ehegatten im Wege des Gesamtschuldnerausgleiches die Hälfte der Kosten verlangt.[109] Dazu merkt das OLG Köln an, dass der Teil der Miete, den der weiterwohnende Ehegatte **auch für eine anderweitig allein angemietete Wohnung hätte ausgeben müssen**, von diesem **alleine zu tragen** sei.[110]

45 Das OLG Naumburg sieht den Freistellungsanspruch als Minus zur Nutzungsvergütung und kommt daher zu einer familiengerichtlichen Zuständigkeit.[111] Auch diese Streitfrage ist mit der Einführung des »Großen Familiengerichts« obsolet.

46 Vorzugswürdig für die Ehegatten ist jedoch eine **gütliche Einigung** im Rahmen einer Trennungsvereinbarung, die nachstehend vorgestellt wird, und zwar zunächst für das Familienwohnheim im Eigentum der Ehegatten und sodann für angemietete Wohnungen oder Häuser. Eine solche Regelung ist schon wegen ihrer Wechselwirkung mit dem Unterhaltsrecht empfehlenswert.

3. Vertragliche Vereinbarungen zum Familienwohnheim

47 Für eine einvernehmliche Regelung der Nutzung des Familienwohnheims während der Trennungszeit kommt neben einer **vorläufigen Regelung** unter Beibehaltung der Eigentumsverhältnisse bei Miteigentum verbunden mit einem Teilungsausschluss auch eine **Eigentumsübertragung** oder sogar schon eine **Verkaufsabrede** in Betracht. Bei Alleineigentum wäre ggf. auch der **Abschluss eines Mietvertrags** denkbar.

48 Bisher nicht höchstrichterlich geklärt ist die Frage, ob ein ehevertraglicher Verzicht auf die Rechte nach §§ 1361b, 1586a BGB wirksam vereinbart werden kann. Angesichts des Umstandes, dass es sich um Regelungen der allgemeinen Ehevertragsfreiheit handelt, die der Vermeidung von unbilligen Härten dienen, spricht vieles dafür, dass die Rechte nicht ohne Weiteres verzichtbar sind.[112]

a) Miteigentum, Nutzungsregelung, Teilungsausschluss

49 Da die Trennung zunächst eine vorläufige Situation darstellt, kann es empfehlenswert sein, im Rahmen einer **kleinen Lösung** nur den status quo in einer Regelung zu erfassen. Diese ändert die Eigentumsverhältnisse nicht, regelt aber die Nutzung und die Lastentragung sowie die Finanzierung und eine etwaige Nutzungsvergütung. Der Absicherung beider Ehegatten dient ein Ausschluss der Teilung. Die Nutzung der Wohnung sollte zugleich in den unterhaltsrechtlichen Zusammenhang gestellt werden.

▶ **Kostenanmerkung:**

50 Nachfolgend werden Vereinbarungen nur für die Trennungszeit getroffen. Die Miteigentümervereinbarungen, die im Grundbuch eingetragen werden, sind nach § 51 Abs. 2 GNotKG mit 30 % des Verkehrswertes der betroffenen Gebäude zu bewerten.[113] Da hier nur die Trennungszeit geregelt wird, sollte davon ein Teilwert – etwa 10 % – veranschlagt werden.

Die Schuldübernahme erfolgt ebenfalls nur für die Trennungszeit. Bei der befreienden Schuldübernahme ist dabei auf das Innenverhältnis der Gesamtschuldner abzustellen.[114] Es ist daher bei angenommener Trennungsdauer der Freistellungsbetrag auf dieser Basis zu ermitteln.

Aus dem zusammengerechneten Wert ist eine 2,0 Gebühr nach KV 21100 zu erheben.

---

109 OLG Brandenburg, FamRZ 2008, 156.
110 OLG Köln, FamRZ 2018, 1815.
111 OLG Naumburg, FamRZ 2003, 1748.
112 DNotI-Gutachten 133357 vom 04.04.2014.
113 Notarkasse, Rn. 2451.
114 Notarkasse, Rn. 2308.

A. Trennungsvereinbarungen　　　　　　　　　　　　　　　　　　　　　　　Kapitel 8

▶ Formulierungsvorschlag: Nutzung der Ehewohnung bei Miteigentum – vorläufige Regelung bei Trennung

..... 51

1)

Die Ehegatten sind Miteigentümer je zur Hälfte des Anwesens ....., eingetragen im Grundbuch des Amtsgerichts ..... für ..... Blatt .....

Dieser Grundbesitz ist belastet wie folgt: .....

Die Verbindlichkeiten zur Hausfinanzierung, für welche die Ehegatten als Gesamtschuldner haften, belaufen sich zum Stichtag ..... auf ..... €.

2)

Die Ehegatten leben seit dem ..... getrennt. Sie sind sich einig, dass das Hausanwesen nach Ziffer 1), welches die Ehewohnung darstellt, nach der Trennung der Ehegatten von der Ehefrau und den gemeinsamen Kindern bewohnt wird. Der Ehemann ist bereits aus dem Anwesen ausgezogen.

Alternative 1:

Der Ehemann verpflichtet sich zur Räumung des Anwesens bis spätestens zum .....

Alternative 2:

Wegen dieser Räumungsverpflichtung unterwirft sich der Ehemann der Ehefrau gegenüber der sofortigen Zwangsvollstreckung.[115] *Er weist den Notar an, der Ehefrau ohne weitere Nachweise auf einseitigen Antrag insoweit eine vollstreckbare Ausfertigung dieser Urkunde zu erteilen.*

Alternative 3:

Die Ehegatten sind sich darüber einig, dass das Familienwohnheim weiterhin von beiden Ehegatten bewohnt wird, obwohl diese getrennt leben. Es benutzen jeweils allein und ausschließlich:

a) *der Ehemann die Wohnung im 1. OG;*
b) *die Ehefrau die Wohnung im Erdgeschoss.*

In dem Bereich des ihnen zur ausschließlichen Nutzung zugewiesenen Teiles des Grundstücks steht den jeweiligen Miteigentümern auch das Recht der Gestaltung des Grundstücks allein zu.

Jeder Miteigentümer bewilligt und

beantragt,

die vorstehende Benutzungsregelung in das Grundbuch zulasten seines Anteils an dem in Ziffer 1) genannten Grundstück zugunsten des jeweiligen Eigentümers des anderen Miteigentumsanteils einzutragen an nächstoffener Rangstelle im Gleichrang mit dem nachfolgend bewilligten Teilungsausschluss.

3)

Die Ehefrau ist als Nutzungsberechtigte von heute an allein zur Tragung der Betriebskosten verpflichtet. Gleiches gilt für Schönheitsreparaturen und Gartenpflege. Die Ehefrau hat alle öffentlichen Lasten und Abgaben ebenso wie die Versicherungen zu tragen. Ihr obliegen allein die Reinigung und die Verkehrssicherungspflicht.

Die Kosten der Instandhaltung und Instandsetzung des Anwesens treffen beide Miteigentümer je zur Hälfte.

---

115 Eine Zwangsvollstreckungsunterwerfung nach § 794 Abs. 1 Nr. 5 ZPO sollte zulässig sein, da es – ebenso wie bei der Veräußerung durch den Eigentümer – nicht um Ansprüche geht, die den Bestand eines Mietverhältnisses betreffen, Gutachten DNotI, DNotI-Report 2008, 33; 6, 195; Langenfeld, 5. Aufl., Rn. 911.

4)

Die eingetragenen Grundpfandrechte bleiben bestehen.

Die Schuldverpflichtung, für die beide Ehegatten gesamtschuldnerisch haften, übernimmt der Ehemann zunächst im Innenverhältnis zur ferneren alleinigen Verzinsung und Tilgung im bisherigen Umfang. Der Ehemann ist daher gegenüber der Ehefrau verpflichtet, die Verbindlichkeiten jeweils fristgerecht zu erfüllen, insbesondere die Zins- und Tilgungsbeträge an den Gläubiger zu zahlen, und den Veräußerer im Fall einer Inanspruchnahme durch den Gläubiger unverzüglich freizustellen. Diese Verpflichtung gilt zunächst bis zur Rechtskraft der Scheidung. Im Zuge des Scheidungsverfahrens soll eine endgültige Lösung gefunden werden. Ein Gesamtschuldnerausgleich bleibt insoweit vorbehalten. Ein solcher scheidet aber aus, sofern von der nachstehend genannten Möglichkeit Gebrauch gemacht wurde, die Zins- bzw. Tilgungsleistungen bei der Unterhaltsberechnung abzuziehen.

5)

Eine Nutzungsentschädigung wird nicht geschuldet, insbesondere mit Rücksicht darauf, dass die gemeinsamen Kinder das Anwesen mitnutzen. Ein Wohnvorteil wird nicht zusätzlich in Ansatz gebracht.

Alternative:

Für die Nutzungsüberlassung des halben Miteigentumsanteils hat die Ehefrau eine Nutzungsentschädigung i.H.v. ..... € monatlich zu entrichten. Diese kann mit dem noch festzulegenden Ehegattenunterhalt verrechnet werden.

Die Zins- und Tilgungsleistungen bzw. nach Rechtshängigkeit eines Scheidungsantrages nur noch die Zinsleistungen[116] des Ehemannes kann dieser für die Unterhaltsberechnung vorab vom unterhaltsrechtlich relevanten Einkommen abziehen.[117] Hinsichtlich der Tilgungsleistungen nach rechtshängigem Scheidungsantrag besteht ein Anspruch auf Gesamtschuldnerausgleich in Höhe der hälftigen Tilgung, da diese Tilgungsleistung beiden Ehegatten als Miteigentümern zugutekommt.[118]

6)

Um die Nutzung und die Beibehaltung der Eigentumsverhältnisse während der Trennungszeit zu sichern, vereinbaren wir Folgendes:

a) Das Recht jeden Miteigentümers, die Aufhebung der Gemeinschaft zu verlangen, wird bis zur Rechtskraft einer Ehescheidung[119] ausgeschlossen.

---

116 Grund für die Berücksichtigung der Zins- und Tilgungsleistungen ist, dass dem Eigentümer eine Verwertung noch nicht zugemutet werden kann und dass der andere Ehepartner über den Zugewinn an den Tilgungen profitiert (BGH, FamRZ 2007, 879). Gerade Letzteres führt unterhaltsrechtlich zu der Einschränkung, dass ein Abzug der Tilgungsleistungen nur bis zur Rechtshängigkeit zulässig sein soll, denn das ist der Zeitpunkt der Endvermögensfeststellung, sodass die Tilgung ab diesem Zeitpunkt beim Zugewinn nicht mehr berücksichtigt wird, so Gerhardt, FuR 2007, 339 ff. und nun auch BGH, NJW 2008, 1946 ff. Hier kommt die Tilgung beiden Ehegatten als Miteigentümern zugute, man hätte daher auch einen Unterhaltsabzug zulassen können. Im Formular ist stattdessen systemgerechter ein Gesamtschuldnerausgleich vorgesehen. Mit dieser Regelung ist eine nochmalige Berücksichtigung der Tilgung unterhaltsrechtlich ausgeschlossen, auch wenn sich die Rechtsprechung zur Berücksichtigung der Tilgung beim Wohnvorteil mit BGH, NJW 2017, 1169 geändert hat.
117 So der Vorschlag von Müller, Kap. 3, Rn. 425.
118 Da es sich hier um eine vorläufige Regelung handelt, wurde die Möglichkeit, dass die Unterhaltsverrechnung endet, weil kein Unterhalt mehr beansprucht werden kann, nicht gesondert geregelt.
119 Die Vereinbarung hat vorläufigen Charakter. Im Zusammenhang mit der Scheidung soll eine dauerhafte Klärung der Nutzung gefunden werden. Daher wurde hier ein Ausschluss der Teilung nur bis zur Rechtskraft der Scheidung vereinbart.

A. Trennungsvereinbarungen   Kapitel 8

b) Wir vereinbaren dies gerade angesichts der vorliegenden Trennungssituation, sodass die Trennung keinen wichtigen Grund i.S.d. § 749 Abs. 2 Satz 1 BGB darstellt.[120]

c) Jeder Miteigentümer bewilligt und

beantragt,

in das Grundbuch zulasten seines Anteils an dem in Ziffer 1) genannten Grundstück zugunsten des jeweiligen Eigentümers des anderen Miteigentumsanteils an nächstoffener Rangstelle[121] den Ausschluss des Rechts, die Aufhebung der Gemeinschaft zu verlangen, gem. Abschnitt 6) a)[122] einzutragen.

b) Übernahme des Eigentums mit Lastentragung

Sofern sich bereits in der Trennungsphase sicher abzeichnet, wer das Familienwohnheim übernehmen wird, können die Ehegatten schon zu diesem Zeitpunkt die Übernahme des Eigentums durch einen von ihnen vereinbaren. Der Vertrag regelt in diesem Zusammenhang auch die Tilgung der Verbindlichkeiten endgültig und sieht die Einholung einer Genehmigung der Schuldübernahme durch die Bank vor. Häufig hängt die Übernahme des Alleineigentums von einer Zahlung an den »weichenden« Ehegatten ab. Der Vertrag kann bereits eine Regelung über den Zugewinnausgleich oder einen Wechsel in die Gütertrennung enthalten, wenn die Verhältnisse schon bei Trennung geklärt sind.

▶ **Kostenanmerkung:**

Es handelt sich um einen Austauschvertrag nach § 97 Abs. 3 GNotKG, sodass der höhere Wert entweder der Grundstückshälfte oder der Schuldübernahme + Hinauszahlung als Geschäftswert maßgeblich ist. Daraus ist eine 2,0 Gebühr nach KV 21100 zu erheben. Ferner wird im Hinblick auf die Vorlageanweisung eine Betreuungsgebühr von 0,5 nach KV 22200 aus dem Wert des Beurkundungsverfahrens zu erheben sein. Die Einholung der Schuldübernahmegenehmigung hingegen löst eine 0,5 Vollzugsgebühr nach KV 21110 aus.

▶ **Formulierungsvorschlag: Übertragung Familienwohnheim auf einen Ehegatten**

.....

I. Vorbemerkung

1) Grundbesitz/Familienwohnheim

Die Ehegatten sind Miteigentümer je zur Hälfte des Anwesens ....., eingetragen im Grundbuch des Amtsgerichts ..... für ..... Blatt .....

Dieser Grundbesitz ist belastet wie folgt: .....

Die Verbindlichkeiten zur Hausfinanzierung, für welche die Ehegatten als Gesamtschuldner haften, belaufen sich zum Stichtag ..... auf ..... €.

---

120 Dazu, dass die Trennung auch bei vorsorgender Vereinbarung nicht zu einem Wegfall der Geschäftsgrundlage führt, wenn der Teilungsausschluss gerade für diesen Fall vereinbart wurde: BGH, DStR 2004, 50 (hier für die nichteheliche Lebensgemeinschaft). Zum Vorliegen eines wichtigen Grundes bei gemeinsamer Nutzung mit ständiger Konfrontation: OLG Bamberg, MDR 2004, 24.
121 Über die Rangstelle muss gesprochen werden. Wenn noch Bankbelastungen bestehen, werden die Banken der hier getroffenen Regelung i.d.R. nicht den Vorrang lassen. Wird in Ziffer 2) auch noch eine Nutzungsregelung getroffen, so ist insoweit ein Gleichrangvermerk aufzunehmen.
122 Die dingliche Eintragung wird hier auf den Teilungsausschluss beschränkt. Die Vereinbarung bezüglich des wichtigen Grundes bleibt also schuldrechtlich. Die Erfahrung zeigt, dass die Grundbuchämter sich regional verschieden mit einer Eintragung diesbezüglich schwertun.

2) Trennung/Räumung

Die Ehegatten leben seit dem ..... getrennt. Sie sind sich einig, dass das Haus gem. Ziffer 1), welches die Ehewohnung darstellt, nach der Trennung der Ehegatten von der Ehefrau und den gemeinsamen Kindern bewohnt wird. Der Ehemann ist bereits aus dem Anwesen ausgezogen.

Alternative 1:

Der Ehemann verpflichtet sich zur Räumung des Anwesens bis spätestens zum .....

Alternative 2:

Wegen dieser Räumungsverpflichtung unterwirft sich der Ehemann der Ehefrau gegenüber der sofortigen Zwangsvollstreckung. Er weist den Notar an, der Ehefrau ohne weitere Nachweise auf einseitigen Antrag insoweit eine vollstreckbare Ausfertigung dieser Urkunde zu erteilen.

3)

Mit dieser Urkunde wird der Miteigentumsanteil zu 1/2 des Ehemannes

– nachstehend kurz: Veräußerer –

auf die Ehefrau übertragen.

II. Übernahme

1)

Den vorgenannten Grundbesitz erhält und übernimmt mit allen damit verbundenen Rechten, Bestandteilen und dem Zubehör die Ehefrau

– künftig Erwerberin genannt –

zum Alleineigentum.

2) Auflassung

Wir sind uns darüber

einig,

dass das Eigentum am überlassenen Vertragsobjekt vom Veräußerer auf die Erwerberin zum Alleineigentum übergeht.

Der Veräußerer bewilligt und die Erwerberin

beantragt

die Eintragung der Auflassung im Grundbuch.

Um Vollzugsmitteilung an den amtierenden Notar wird gebeten.

Auf die Bestellung und Eintragung einer Auflassungsvormerkung verzichten wir nach Belehrung durch den Notar.

Die Vertragsteile

weisen

den Notar unter Verzicht auf ihr eigenes Antragsrecht unwiderruflich an, den Antrag auf Eintragung der Eigentumsumschreibung beim Grundbuchamt erst dann zu stellen, wenn der Veräußerer dem Notar schriftlich bestätigt hat, dass

a) ihm die befreiende Schuldübernahme gem. nachfolgender Ziffer durch die Gläubiger nachgewiesen wurde, und
b) die in dieser Urkunde vereinbarte Gegenleistung in der Hauptsache – ohne etwaige Zinsen – bezahlt ist

oder dies – zu a) und b) – dem Notar von der Erwerberin entsprechend nachgewiesen wurde.

Die Bestätigung wird der Veräußerer dem Notar zu gegebener Zeit unaufgefordert übersenden.

A. Trennungsvereinbarungen

Vor Nachweis der Zahlung und Schuldentlassung werden von dieser Urkunde nur Ausfertigungen und beglaubigte Abschriften ohne die Auflassung erteilt.

3) Schuldübernahme[123]

Die Erwerberin übernimmt das am Vertragsgrundbesitz in Abteilung III des Grundbuches eingetragene Grundpfandrecht über ..... € in dinglicher Haftung.

Entstandene Eigentümerrechte und/oder Rückgewähransprüche werden hiermit entschädigungslos auf die Erwerberin mit deren Zustimmung übertragen, die Eigentumsumschreibung vorausgesetzt.

Die Umschreibung im Grundbuch wird bewilligt, mit dieser Urkunde jedoch ausdrücklich nicht beantragt, auch nicht vom Notar gemäß § 15 GBO.

Die persönliche Haftung hat die Erwerberin bereits in der Grundpfandrechtsbestellungsurkunde übernommen.

Ferner übernimmt die Erwerberin die dem übernommenen Grundpfandrecht zugrunde liegende Schuldverpflichtung beider Vertragsteile gegenüber dem Gläubiger als künftiger alleiniger Schuldner mit schuldbefreiender Wirkung. Die befreiende Schuldübernahme erfolgt jeweils mit Wirkung vom heutigen Tag an mit dem zu diesem Zeitpunkt gegebenen genauen Stand der Schuldverpflichtungen.

Auf das Erfordernis der Änderung der Zweckbestimmungserklärung wurde hingewiesen.

Nach Hinweis des Notars auf das Erfordernis der Genehmigung der befreienden Schuldübernahme durch den Gläubiger

beauftragen und ermächtigen

die Vertragsteile den Notar und dessen amtlich bestellten Vertreter, dem Gläubiger die befreiende Schuldübernahme durch Übersendung einer Abschrift dieser Urkunde anzuzeigen. Der Notar soll auch die gem. § 415 BGB erforderliche Genehmigung einholen und entgegennehmen.

Sollte die befreiende Schuldübernahme durch den Gläubiger nicht genehmigt werden, gelten vorstehende Vereinbarungen insoweit als Erfüllungsübernahme i.S.d. § 329 BGB, sodass die Erwerberin dem Veräußerer gegenüber verpflichtet ist, die Verbindlichkeiten jeweils fristgerecht zu erfüllen, insbesondere die Zins- und Tilgungsbeträge an den Gläubiger zu zahlen, und den Veräußerer im Fall einer Inanspruchnahme durch den Gläubiger unverzüglich freizustellen. Gleiches gilt bis zur Genehmigung sowie bis zum vertragsgemäßen Vollzug der Eigentumsumschreibung.

Etwaige Kosten, Spesen oder Provisionen anlässlich der Genehmigung der Schuldübernahme hat die Erwerberin zu tragen.

4) Zahlung

Als weitere Gegenleistung für die Übernahme des Grundbesitzes verpflichtet sich die Erwerberin ferner, an den Veräußerer den Betrag von

..... €

– in Worten ..... Euro –

zu zahlen. Dieser Betrag ist binnen vier Wochen von heute an zur Zahlung fällig.

Wegen der voreingegangenen Verpflichtung zur Zahlung dieses Geldbetrags unterwerfe ich, die Ehefrau, mich der

---

[123] Zu beachten sind auch andere Rechte, die zu einer persönlichen Haftung führen; so etwa Verpflichtungen aus einem Altenteilervertrag; ohne Regelung geht die Rechtsprechung davon aus, dass der das Eigentum übertragende Ehegatte weiterhin verpflichtet bleibt, OLG Hamm, FamRZ 2013, 1977.

sofortigen Zwangsvollstreckung

aus dieser Urkunde in mein Vermögen.

Der Veräußerer ist berechtigt, sich jederzeit auf einseitigen Antrag auf schuldnerische Kosten eine vollstreckbare Ausfertigung dieser Urkunde erteilen zu lassen, ohne dass es hierzu des Nachweises der Fälligkeit oder sonstiger die Vollstreckbarkeit begründender Tatsachen bedarf.

5) Besitz, Nutzen, Lasten und Gefahr

Besitz, Nutzungen, Lasten und Abgaben aller Art sowie die mit dem Vertragsgrundbesitz verbundene Haftung und die Verkehrssicherungspflichten gehen ebenso wie die Gefahr einer zufälligen Verschlechterung oder eines zufälligen Untergangs ab sofort auf die Erwerberin über.

.....

6) Rechte bei Mängeln

.....

7) Finanzierungsvollmacht

.....

III. Weitere ehevertragliche Vereinbarungen

1) Güterstand

Wir wollen zunächst den Güterstand der Zugewinngemeinschaft beibehalten. Dabei soll der Zugewinn auf der Basis der Vermögenslage berechnet werden, wie sie nach Vollzug dieser Urkunde besteht.

Alternative:

Da das Familienwohnhaus unseren wesentlichen Zugewinn während der Ehe darstellt, ist der Zugewinn mit der Übertragung des Eigentums, der Schuldübernahme und der Zahlung ausgeglichen. Weitere Ansprüche auf Zugewinnausgleich bestehen daher nicht mehr. Auf den Ausgleich etwa darüber hinaus noch bestehender Ansprüche auf Zugewinn wird gegenseitig verzichtet. Diesen Verzicht nehmen wir an.

Für die fernere Dauer unserer Ehe vereinbaren wir als Güterstand die

Gütertrennung

nach Maßgabe des Bürgerlichen Gesetzbuches.

2) Unterhalt

.....

Bei der Unterhaltsberechnung soll das Familienwohnheim und diese Übertragung in folgender Weise einbezogen werden:

Die Erwerberin hat während der Trennungszeit einen angemessenen Wohnvorteil von ..... €, nach der rechtskräftigen Scheidung ist dieser Wohnvorteil in Höhe der Marktmiete von ..... € anzusetzen.

Die Zins- und Tilgungsleistungen sind bei der Bedarfsbemessung in der bisherigen Höhe mit einzubeziehen. Beim Trennungsunterhalt sind sie auch für Bedürftigkeit und Leistungsfähigkeit mit einzubeziehen. Nach Rechtskraft der Scheidung soll neben der Zinsbelastung auch die Tilgung bis zur Höhe des Wohnwertes einbezogen werden.[124]

Demnach ergibt sich folgende Verpflichtung zur Zahlung von Trennungsunterhalt:

.....

---

[124] Hierzu Kap. 6 Rdn. 264 f. Die geänderte Formulierung entspricht der Rechtsprechungsänderung durch BGH, NJW 2017, 1169; BGH, NJW 2018, 2638, Tz. 31.

A. Trennungsvereinbarungen

..... (weitere Vereinbarungen)

c) Verkauf und Erlösverteilung

In vielen Trennungsfällen ist das Familienwohnheim entweder **zu groß** für eine verbleibende Vertragspartei oder die finanziellen Verhältnisse sind so angespannt, dass wegen des trennungsbedingten Mehrbedarfes eine vorher schon knapp kalkulierte **Finanzierung nicht mehr** erbracht werden kann. Hier sollten die Ehegatten sich von den emotionalen Bindungen an das Familienwohnheim lösen und den vernünftigen Weg einer Veräußerung gehen. Soll schon in der Trennungsphase eine gegenseitige Festlegung erfolgen, so können die Ehegatten eine Veräußerungsabrede treffen. Diese legt die Räumungsverpflichten, die Kostentragung bis zur Räumung und etwaige Nutzungsentschädigungen fest, regelt die Verkaufsverpflichtung und das Prozedere des Verkaufs einschließlich eines Ausschlusses der Teilungsversteigerung für die Zwischenzeit. 55

Eine Erlösabrede beschreibt die Verteilung des Erlöses. Wenn gewünscht, kann eine Erlösfestschreibung im Zugewinn erfolgen, sodass das Endvermögen insoweit gleich bleibt, unabhängig davon, wie die Ehegatten mit dem Veräußerungserlös umgehen. Je nachdem, wie das Vertrauen zueinander noch ausgeprägt ist, kann ggf. sogar eine Veräußerungsvollmacht aufgenommen werden. 56

▶ **Formulierungsvorschlag: Veräußerungsabrede**

57

.....

I. Vorbemerkung

1) Grundbesitz/Familienwohnheim

Die Ehegatten sind Miteigentümer je zur Hälfte des Anwesens ....., eingetragen im Grundbuch des Amtsgerichts ..... für ..... Blatt .....

Dieser Grundbesitz ist belastet wie folgt: .....

Die Verbindlichkeiten zur Hausfinanzierung, für welche die Ehegatten als Gesamtschuldner haften, belaufen sich zum Stichtag ..... auf ..... €.

2) Trennung/Räumung

Die Ehegatten leben seit dem ..... getrennt. Sie sind sich einig, dass das Haus gemäß Ziffer 1), welches die Ehewohnung darstellt, veräußert werden soll. Der Ehemann ist bereits aus dem Anwesen ausgezogen. Die Ehefrau verpflichtet sich gegenüber ihrem Ehemann, das Anwesen bis zum Ablauf von sechs Monaten von heute an zu räumen.

Wegen dieser Räumungsverpflichtung unterwirft sich die Ehefrau dem Ehemann gegenüber der sofortigen Zwangsvollstreckung.[125] Sie weist den Notar an, dem Ehemann ohne weitere Nachweise auf einseitigen Antrag insoweit eine vollstreckbare Ausfertigung dieser Urkunde zu erteilen.

Die Ehefrau ist als Nutzungsberechtigte von heute an bis zur Räumung allein zur Tragung der Betriebskosten verpflichtet. Gleiches gilt für Schönheitsreparaturen und Gartenpflege. Die Ehefrau hat alle öffentlichen Lasten und Abgaben ebenso wie die Versicherungen zu tragen. Ihr obliegen allein die Reinigung und die Verkehrssicherungspflicht. Die Ehefrau hat Kaufinteressenten nach kurzfristiger vorheriger Anmeldung Zutritt zum Anwesen zu gewähren und die Verkaufsbemühungen zu unterstützen, außer zur Unzeit.

Die Kosten der Instandhaltung und Instandsetzung des Anwesens treffen bis zur Veräußerung beide Miteigentümer je zur Hälfte.

Eine Nutzungsentschädigung wird nicht geschuldet, da die Nutzung durch die Ehefrau allein nur vorübergehend ist.

---

[125] In dieser Fallgestaltung wird unterstellt, dass die Ehegatten keine Kinder haben und auch sonst keine schutzwürdigen Belange gegen eine Räumung sprechen.

Die Zins- und Tilgungsleistungen werden wie bisher von beiden Ehegatten gemeinschaftlich erbracht.

3) Verkaufsverpflichtung

Beide Ehegatten sind sich darüber einig, dass das in Ziffer 1) genannte Hausanwesen verkauft werden soll und verpflichten sich hiermit, an einer solchen Veräußerung mitzuwirken.

Die Veräußerung soll so bewirkt werden, dass binnen der nächsten beiden Monate von heute an jeder der Ehegatten Kaufinteressenten benennen kann. Ist einer dieser Kaufinteressenten bereit, 80 % des Verkehrswerts zu zahlen, so ist der andere Ehegatte verpflichtet, am Verkauf mitzuwirken, es sei denn, der Kaufinteressent ist mit dem benennenden Ehegatten in gerader Linie oder bis zum zweiten Grad der Seitenlinie verwandt.

Der Verkehrswert ist, sofern sich die Ehegatten auf diesen nicht einigen können, durch einen vom Präsidenten der örtlich zuständigen IHK zu benennenden Sachverständigen für die Vertragsteile verbindlich zu schätzen.

Alternative:

..... Ist einer dieser Kaufinteressenten bereit, mindestens eine Summe von ..... € zu zahlen, so ist der andere Ehegatte verpflichtet .....

Ist binnen dieser Frist ein Kaufvertrag nicht zustande gekommen, so vereinbaren die Ehegatten bereits heute, den Makler ..... durch Alleinauftrag mit dem Verkauf des Anwesens zu betrauen.[126]

4) Teilungsversteigerung

Kommt bis zum Ablauf von sechs Monaten von heute an der Abschluss eines notariellen Kaufvertrages nicht zustande, so kann jeder Ehegatte die Teilungsversteigerung des Anwesens betreiben.

Bis zu diesem Zeitpunkt vereinbaren wir Folgendes:

Das Recht jeden Miteigentümers, die Aufhebung der Gemeinschaft zu verlangen, wird bis zum Ablauf von sechs Monaten von heute an ausgeschlossen. Wir vereinbaren dies gerade angesichts der vorliegenden Trennungssituation, sodass die Trennung keinen wichtigen Grund i.S.d. § 749 Abs. 2 Satz 1 BGB darstellt.[127]

Eine Grundbucheintragung soll mit Rücksicht auf die anstehende Veräußerung des Anwesens nicht erfolgen.

Alternative:

Die Ehegatten bewilligen und beantragen die Eintragung des folgenden Teilungsausschlusses an dem in Ziffer I.1. genannten Grundbesitz in das Grundbuch an nächstoffener Rangstelle: »Das Recht jeden Miteigentümers, die Aufhebung der Gemeinschaft zu verlangen, wird bis zum Ablauf von sechs Monaten seit dem ... ausgeschlossen.«

5) Erlösverteilung

Von dem Veräußerungserlös werden zunächst die Verbindlichkeiten, welche auf dem Anwesen lasten, beglichen. Sodann sind davon die Kosten der Veräußerung zu bestreiten.

Der restliche Erlös ist je zur Hälfte unter den Ehegatten aufzuteilen.

Für den Fall, dass die Veräußerung vor der Rechtshängigkeit eines Scheidungsantrags erfolgt, wird der Nettoerlös eines jeden Ehegatten seinem Endvermögen zugerechnet, unabhängig

---

[126] So der Vorschlag von Müller, Kap. 3, Rn. 427. In Betracht kommt etwa auch die Einschaltung der Finanzierungsbank.

[127] Dazu, dass die Trennung auch bei vorsorgender Vereinbarung nicht zu einem Wegfall der Geschäftsgrundlage führt, wenn der Teilungsausschluss gerade für diesen Fall vereinbart wurde: BGH, DStR 2004, 50 (hier für die nichteheliche Lebensgemeinschaft).

davon, ob dieser Erlös am Stichtag zur Berechnung des Endvermögens noch vorhanden ist.[128] Allerdings werden im Gegenzug etwa vom Erlös angeschaffte Surrogate in Höhe der Erlösverwendung unberücksichtigt gelassen.

Alternative 1:

Der restliche Erlös ist auf einem Anderkonto des den Kaufvertrag beurkundenden Notars zu hinterlegen, bis wir diesem übereinstimmende Anweisung zur Auszahlung erteilen oder die Auszahlung gerichtlich angeordnet ist.[129]

Für dieses Anderkonto gelten folgende Bestimmungen: .....

Alternative 2:

Die Ehegatten erteilen sich gegenseitig unter Befreiung von den Beschränkungen des § 181 BGB und unter Genehmigung alles Gehandelten Vollmacht zur Veräußerung des in Ziffer 1) genannten Grundbesitzes, den notariellen Verkaufsvertrag zu schließen, die Auflassung zu erklären und entgegenzunehmen und alle Erklärungen abzugeben und in Empfang zu nehmen, die zum Abschluss dieses Vertrages erforderlich oder zweckdienlich sind.

Die Vollmacht umfasst auch die Befugnis zur Belastung des Grundbesitzes mit Grundpfandrechten und zur Unterwerfung unter die sofortige Zwangsvollstreckung hinsichtlich des Grundbesitzes. Diese Vollmacht wird im Innenverhältnis dahingehend eingeschränkt, dass von ihr nur zur Bestellung von Grundpfandrechten des Käufers Gebrauch gemacht werden darf.

d) Abschluss eines Mietvertrages

Will ein Ehegatte die Nutzung des Familienwohnheims sichergestellt wissen, so kann dies auch durch **Abschluss eines Mietvertrages** geschehen,[130] und zwar sowohl bei Alleineigentum des nicht nutzenden Ehegatten wie auch bei Miteigentum der Ehegatten. Der Mietvertrag, der einen **Ausschluss der ordentlichen Kündigungsmöglichkeiten für einen gewissen Zeitraum** enthalten müsste, würde sogar eine Teilungsversteigerung überstehen. Denn bei der Teilungsversteigerung müsste der Ersteher nach § 57 ZVG i.V.m. § 566 BGB in das Mietverhältnis eintreten. Das **Sonderkündigungsrecht** des § 57a ZVG muss der Mieter in der **Teilungsversteigerung nicht** befürchten, § 183 ZVG.

▶ Gestaltungsempfehlung:

Allerdings will ein solcher Mietvertrag schon während der Trennungsphase gut überlegt sein, denn er würde bei einer Versteigerung dazu führen, dass nur ein wesentlich geringerer Erlös zu erzielen wäre. Die Regelung einer (vorläufigen) Nutzung ist daher ggf. vorzugswürdig. 58

59

4. Vertragliche Vereinbarungen zur Mietwohnung

Besitzen die **Ehegatten** kein Familienwohnheim zum Eigentum, sondern **wohnen zur Miete**, so können sie Vereinbarungen über dieses Mietverhältnis treffen, die, soweit sie zur Freistellung eines Ehegatten führen sollen, der Zustimmung des Vermieters bedürfen.[131] Allerdings sind im Bereich 60

---

128 Das Haus in Miteigentum wäre beiden Ehegatten in gleicher Weise zugerechnet worden. Es soll durch diese Klausel verhindert werden, dass ein Ehegatte beim entscheidenden Stichtag der Rechtshängigkeit des Scheidungsantrags kein Geld mehr hat. So der Vorschlag von Müller, Kap. 3, Rn. 427; Börger, FPR 2002, 262, 265.
129 Zu verwenden in den Fällen, in denen zwar aufgrund drängender Schuldenlast über den Verkauf des Anwesens Einigkeit herrscht, die Verteilung des Resterlöses aber von der Gesamtabrechnung unter Einbeziehung des Zugewinnausgleichs abhängt. Die Einzahlung des Restbetrags kann auch auf ein Bankkonto mit lediglich gemeinschaftlicher Verfügungsbefugnis vorgenommen werden.
130 Nach Schulz/Hauß, Rn. 1228 bietet das Mietverhältnis den besten Schutz.
131 Zu Ansprüchen des verbleibenden Ehepartners auf Beteiligung des ausgezogenen Ehegatten an den Mietkosten vgl. OLG Dresden, OLG-NL 2002, 174.

des § 1568a BGB nunmehr auch Regelungen ohne den Vermieter möglich.[132] Das OLG Hamburg hat dem ausziehenden Ehepartner gegen den verbleibenden einen Anspruch auf Mitwirkung an der Kündigung des gemeinsam eingegangenen Mietverhältnisses zugesprochen, wenn der verbleibende Ehegatte zur Freistellung des ausgezogenen nicht in der Lage ist.[133] Dem soll auch § 1361b BGB nicht entgegenstehen.[134] Demgegenüber hat das OLG Köln einen solchen Anspruch unter Verweis auf das Rücksichtnahmegebot des § 1353 BGB verneint.[135] Zu beachten ist, dass auch bei Unterzeichnung des Mietvertrages durch nur einen Ehegatten ein konkludenter Eintritt des anderen Ehepartners in den Mietvertrag in Betracht kommt.[136]

a) Übernahme des Mietvertrages mit Freistellungsverpflichtung

61 Soweit derjenige Ehegatte, der in der Ehewohnung verblieben ist, das **Mietverhältnis fortsetzen** möchte, kommt eine Übernahmevereinbarung in Betracht, welche die gegenseitigen Rechte und Pflichten aus dem Mietverhältnis festlegt.

▶ Kostenanmerkung:

62 Für die Regelungen zur Mietwohnung wird vorgeschlagen, den Geschäftswert mit 50 % des Mietwertes für 5 Jahre anzusetzen, §§ 99 Abs. 1, 36 Abs. 1 GNotKG, weil nur der entsprechende gesamtschuldnerische Anteil angesetzt wird.[137]

▶ Formulierungsvorschlag: Übernahme Mietvertrag mit Freistellungsverpflichtung

63 .....

1)

Die Ehegatten leben seit dem ..... getrennt. Sie sind sich einig, dass die Ehewohnung in der ..... straße, die sie aufgrund eines Mietvertrages mit dem Eigentümer, Herrn ..... vom ..... nutzen, künftig von der Ehefrau und den gemeinsamen Kindern bewohnt wird. Der Ehemann ist bereits aus der Wohnung ausgezogen.

Alternative:

Der Ehemann verpflichtet sich, diese Wohnung bis zum ..... unter Mitnahme seiner persönlichen Habe und Rücklassung aller Schlüssel zu räumen.

2)

Vom Tag des Auszugs des Ehemannes an kommt die Ehefrau allein für die Zahlung von Miete und Nebenkostenvorauszahlungen auf. Bis zu diesem Zeitpunkt haben die Ehegatten diese Leistungen je zu gleichen Teilen zu erbringen, ohne dass eine Verrechnung mit anderen Forderungen oder ein späterer Erstattungsanspruch besteht.[138] Abrechnungen mit dem Vermieter sind ebenfalls für Zeiträume bis zum Auszugstag noch mit beiden Ehegatten vorzunehmen, ab diesem Zeitpunkt mit der Ehefrau allein.

Alternative:

Eine weitere Endabrechnung findet allein zwischen dem Vermieter und der Ehefrau statt, auch sofern sie Zeiten gemeinsamer Nutzung betrifft.

---

132 Vgl. hierzu Rdn. 292 f.
133 OLG Hamburg, NJW-RR 2001, 1012 und OLG Hamburg, FamRZ 2011, 481; die Rechtslage ist umstritten, vgl. Langhein, FamRZ 2007, 2030 f.
134 Schwartmann, FamRB 2005, 371, 373.
135 OLG Köln, FamFR 2011, 21.
136 BGH, MDR 2006, 84.
137 Ländernotarkasse, Rn. 20.206.
138 Bergschneider, Rn. 970.

A. Trennungsvereinbarungen Kapitel 8

3)

Anlässlich des Auszugs des Ehemannes sind die mietvertraglich geschuldeten Schönheitsreparaturen zu erbringen und von beiden Seiten zu gleichen Teilen zu zahlen.

Alternative:

Schönheitsreparaturen sind von der Ehefrau zu erbringen, wenn sie nach Mietvertrag fällig sind. Ein Ausgleichsanspruch gegenüber dem Ehemann besteht insoweit nicht.

4)

Die vorhandene Mietkaution[139] steht der Ehefrau zu.

5)

Die Ehefrau verpflichtet sich, den Ehemann im Außenverhältnis gegenüber dem Vermieter mit dem Tag des Auszugs aus dem Mietverhältnis zu entlassen und von allen weiter gehenden Verpflichtungen freizustellen. Sofern dies nicht gelingt, verpflichtet sie sich hiermit im Innenverhältnis zum Ehemann, die Zahlungen jeweils fristgerecht zu leisten, insbesondere die Miete und die Nebenkostenvorauszahlungen an den Eigentümer zu zahlen, und den Ehemann im Fall einer Inanspruchnahme durch den Eigentümer unverzüglich freizustellen, ohne dass weitere Ausgleichsansprüche bestehen. Wird der Ehemann dennoch vom Eigentümer aus dem Mietverhältnis in Anspruch genommen, so kann er Leistungen direkt gegenüber dem Eigentümer erbringen und vom jeweils geschuldeten Ehegattenunterhalt in Abzug bringen.[140]

Sind die Verhältnisse bereits geklärt, so kann folgende Formulierung verwendet werden:

▶ **Formulierungsvorschlag: Weiternutzung der gemieteten Wohnung durch einen Ehegatten – bereits geklärte Verhältnisse**

1) 64

Die Verhältnisse hinsichtlich der ehelichen Wohnung in ....., ... straße sind geklärt. Die Ehefrau wird mit unseren Kindern weiterhin diese Wohnung bewohnen.

2)

Der Mietvertrag ist mit dem Vermieter bereits in entsprechender Weise umgestellt. Allerdings hat der Ehemann noch für fünf Jahre vom 01.11.2019 an die Haftung für Mietrückstände bis zu insgesamt 12 Monatsmieten übernommen. Außerdem hatte er zu Beginn des Mietverhältnisses die Kaution über drei Monatsmieten in Höhe von insgesamt 3.600,00 € gestellt. Die Schönheitsreparaturen in der Wohnung sind zum Ende des Jahres 2018 durchgeführt und von beiden Teilen einvernehmlich bezahlt worden.

3)

Wir vereinbaren Folgendes: Die Ehefrau verpflichtet sich, die Mietzahlungen an den Vermieter vertragsgerecht zu erbringen, insbesondere die Miete und die Nebenkostenvorauszahlungen an den Vermieter zu zahlen und den Ehemann im Fall einer Inanspruchnahme durch den Vermieter unverzüglich freizustellen. Wird der Ehemann dennoch vom Vermieter wegen der Haftung für Mietrückstände in Anspruch genommen, so kann er Leistungen direkt gegenüber diesem erbringen und vom jeweils geschuldeten Ehegattenunterhalt in Abzug bringen.

Die Kaution in Höhe von 3.600,00 € soll der Ehefrau allein zustehen.

---

[139] Die Rechtsprechung nimmt eine Gesamtgläubigerschaft an, unabhängig von der Zahlung, OLG Köln, FamRZ 2016, 1934. Setzt ein Ehegatte das Mietverhältnis alleine fort, soll diesem die Kaution ohne Ausgleich zustehen, KG, FamRB 2018, 174.

[140] Vorschlag von Müller, Kap. 3, Rn. 423; ferner Börger, FPR 2000, 262, 265, die sogar den Abzug vom Kindesunterhalt mit Freistellung vorschlägt, was wohl zu weitgehend ist.

b) Auszugsvereinbarung

65 Ist die Wohnung für einen Ehegatten zu groß oder zu teuer, so werden die Ehegatten vereinbaren, die **Wohnung aufzugeben**. Die Rechtsprechung gewährt inzwischen einen Anspruch auf Mitwirkung des anderen Ehegatten an der Kündigung, wenn die nacheheliche Solidarität dem nicht entgegensteht.[141]

▶ Formulierungsvorschlag: Aufgabe der angemieteten Ehewohnung

66 .....

1)

Die Ehegatten leben seit dem ..... getrennt. Sie sind sich einig, dass sie die Ehewohnung in der ..... straße, die sie aufgrund eines Mietvertrages mit dem Eigentümer, Herrn ..... vom ..... nutzen, zum nächstmöglichen Kündigungstermin kündigen und aufgeben. Die Ehegatten verpflichten sich gegenseitig, alle Erklärungen abzugeben, die zur Beendigung des Mietverhältnisses erforderlich sind, und die Wohnung zum Kündigungstermin geräumt zu übergeben.

2)

Alle bis zum Ende des Mietverhältnisses noch anfallenden Kosten und Abrechnungen tragen die Eheleute zu gleichen Teilen. Dies gilt auch für anstehende Schönheitsreparaturen. Eine zurückzugebende Kaution steht beiden Ehegatten je zur Hälfte zu.

II. Haushaltsgegenstände

1. Begriff und Abgrenzung

67 Unter **Haushaltsgegenständen** werden alle beweglichen Gegenstände verstanden, die nach den Vermögens- und Lebensverhältnissen der Ehegatten für die Wohnung, die Hauswirtschaft und das Zusammenleben der Familie bestimmt sind.[142]

68 **Haushaltsgegenstände**, die nach §§ 1361a, 1568b BGB verteilt werden, unterliegen **nicht dem Zugewinnausgleich**. Sie sind also weder im Anfangs- noch im Endvermögen zu erfassen.[143]

69 Mit der Neukonzeption der Verteilung von Haushaltsgegenständen durch das Gesetz zur Änderung des Zugewinnausgleichs- und des Vormundschaftsrechts[144] ist **§ 9 HausratsVO a.F.** ausdrücklich **nicht mehr übernommen** worden, weil man hierin einen zu starken Eingriff in das Eigentum sah. **Gegenstände im Alleineigentum** eines Ehegatten müssen also **nicht mehr** i.R.d. **Verteilung von Haushaltsgegenständen** nach Scheidung an den anderen Ehegatten herausgegeben werden. Die Surrogationsvorschrift des § 1370 BGB a.F. gilt für Ersatzbeschaffung vor dem 01.09.2009 weiterhin, Art. 229 § 20 Abs. 1 EGBGB.[145]

70 **Anders noch der RefE** mit Stand 01.11.2007. Hierin war eine dem § 9 HausratsVO a.F. entsprechende Regelung vorgesehen, allerdings sollte die Übereignung nur gegen Ausgleichszahlung erfolgen. Damit aber nicht genug: Nach dem RefE hätten Unterschiede zwischen Verkehrswert und angeordneter Ausgleichszahlung noch dem Zugewinn unterliegen sollen. Diese aufgrund ihrer Kompliziertheit unpraktikable Vorstellung ist zu Recht kritisiert[146] worden, weil der Rechtsbereich Zuge-

---

141 OLG Köln, FamRZ 2007, 46: schon ab Trennung; OLG Hamburg, NJW-RR 2001, 1012: ab Scheidung; a.A. OLG München, FamRZ 2004, 1875: auch nach Scheidung nicht; hierzu Götz/Brudermüller, FamRZ 2008, 1895, 1897.
142 BGH, FamRZ 1984, 144 = NJW 1984, 484 OLG Düsseldorf, FamRZ 1992, 60.
143 Büte, Rn. 143; Gernhuber, FamRZ 1984, 1053, 1054; a.A. für Erfassung im Anfangsvermögen: MüHdbFamR/Boden, § 18 Rn. 226; Koch, FamRZ 2003, 197, 199; OLG Celle, FamRZ 2000, 226.
144 BGBl. 2009 I, S. 1696.; zur Neuregelung Bäumel, FPR 2010, 88 ff.
145 OLG Frankfurt am Main, FamRB 2017, 125.
146 Stellungnahme des Deutschen Notarvereins, notar 2008, 15, 23.

winn doch solche Festsetzungen akzeptieren solle, die der Gesetzgeber bewusst abweichend vom Verkehrswert vorgenommen hat. Der Gesetzgeber hat diese Vorstellung des RefE nicht übernommen.

Somit unterfallen also **Haushaltsgegenstände im Alleineigentum** eines Ehegatten dem **Zugewinnausgleich**, weil sie nicht im Anwendungsbereich des § 1568b BGB liegen.[147]

Daher ist es **problematisch**, wenn Ehegatten vor Stellung eines Scheidungsantrags bereits **außerhalb einer notariellen Urkunde Haushaltsgegenstände verteilt** haben, die einem Ehegatten zu Alleineigentum zustehen. Diese Verteilung beeinflusst nach OLG Düsseldorf den Zugewinnausgleich nicht, denn sie ist wegen Verstoßes gegen § 1378 Abs. 3 Satz 2 BGB nichtig. Daher sind die Gegenstände weiterhin im Endvermögen des Eigentümers zu erfassen.[148]

▶ Gestaltungsempfehlung:

Vorsicht bei der Verteilung von Haushaltsgegenständen vor der notariellen Scheidungsvereinbarung! Hier droht Formnichtigkeit, sodass der abschließende Regelungszweck verfehlt wird.

Häufig entstehen **Abgrenzungsschwierigkeiten** zwischen Haushaltsgegenständen und Zugewinn, da Gegenstände,
– die lediglich dem **persönlichen Interesse** eines Ehegatten dienen oder
– die als **Kapitalanlage** oder **Objektsammlung** anzusehen sind,

nicht als Haushaltsgegenstände gelten können.

Gegenstände von höherem Wert – gemessen am Lebenszuschnitt der Ehegatten – sind dann als Haushaltsgegenstände anzusehen, wenn sie in der Ehewohnung tatsächlich genutzt worden sind, nicht hingegen, wenn sie der reinen Kapitalanlage dienten.[149]

Problematisch ist mitunter die Einordnung von **Kfz** unter den Begriff des Haushaltsgegenstandes. Werden sie ausschließlich für berufliche oder persönliche Zwecke genutzt, unterfallen sie dem Zugewinnausgleich.[150] Werden sie aber ausschließlich für unmittelbar familienbezogene Zwecke verwendet, können sie als Haushaltsgegenstand zu betrachten sein.[151] Nach der Rechtsprechung einiger OLG ist der einzige in der Familie vorhandene Pkw als Haushaltsgegenstand anzusehen.[152] Ist ein Ehegatte dringend auf die berufliche Nutzung angewiesen, so hat dies Vorrang, wenn für Familienfahrten zumindest zeitweise ein Fahrzeug Dritter zur Verfügung steht.[153] Eine **Motorjacht** kann Haushaltsgegenstand sein, wenn sie der Freizeit- und Urlaubsgestaltung der Familie gewidmet ist.[154] Ein **Minibagger** kann sowohl Haushaltsgegenstand sein als auch »Hobbyspielzeug«.[155] Ist die Eigenschaft als Haushaltsgegenstand festgestellt, greift die Miteigentumsvermutung des § 1568b Abs. 2 BGB.[156]

---

147 BGH, FamRZ 1991, 1166, 1168.
148 OLG Düsseldorf, FamRZ 2005, 273 f.
149 BGH, FamRZ 1984, 575; OLG Bamberg, FamRZ 1997, 378; Schulz/Hauß, Rn. 1242; Grziwotz, FamRZ 2002, 1669, 1671; zur Abgrenzung im Detail Brudermüller, FamRZ 1999, 129, 136 f.
150 OLG Koblenz, FamRB 2006, 102.
151 OLG Oldenburg, FamRZ 1997, 942; weitergehend Schulz/Hauß, Rn. 1244 f.: Gibt es in der Familie nur einen Pkw, gehört dieser i.d.R. zum Hausrat; vgl. auch Krumm, FamRZ 2014, 1241 f.
152 KG, FamRZ 2003, 1927; OLG Düsseldorf, FamRB 2007, 97; OLG Frankfurt am Main, NZFam 2018, 902.
153 OLG Köln, FamRZ 2010, 470.
154 OLG Dresden, FamRZ 2004, 273 (Wert 42.000,00 €).
155 OLG Hamburg, FamRZ 2020, 242.
156 OLG Stuttgart, FamRB 2016, 169.

77 **Haustiere** sind keine Sachen (§ 90a BGB), auf sie werden aber die Vorschriften über Haushaltsgegenstände entsprechend angewandt.[157] Hier mehrt sich in letzter Zeit die veröffentlichte Rechtsprechung.

78 Insbesondere lehnt die **Rechtsprechung** immer wieder eine Art **Umgangsrecht** bzw. eine »Mitnutzung« des Hundes als Haustier **ab**,[158] was die Literatur bedauert und mit Rücksicht auf die nur entsprechende Anwendung des § 1361a BGB ein Umdenken anregt.[159] Eine vertragliche Regelung kann aber Bestimmungen hierüber vorsehen.[160]

79 Nicht Sinn und Zweck eines Verfahrens zur Verteilung der Haushaltsgegenstände ist es, einen Ehegatten vom Umgang mit den Tieren zum Schutz der Tiere auszuschließen.[161] Bei den Billigkeitsabwägungen geht es nach traditioneller Auffassung nicht so sehr um das Wohl des Hundes als vielmehr um die sinnvolle Teilhabe der Ehegatten.[162] Das OLG Nürnberg[163] allerdings hat sich für eine **Zuweisung von Hunden unter Tierschutzgesichtspunkten** (Verbleib im Rudel) ausgesprochen und daneben auch das Affektionsinteresse der Ehegatten und die praktizierte Sorge für das Tier gewürdigt. So hat auch das AG München entschieden und zusätzlich im Rahmen der Billigkeit geprüft, ob der Hund gut versorgt ist (**Dogsitter!**).[164] Auch das OLG Bremen hat den Tierschutzaspekt betont und daher entschieden, der Hund müsse in der gewohnten Umgebung bleiben.[165] Das OLG Oldenburg entscheidet unter Tierschutzaspekten danach, wer die Hauptbezugsperson des Hundes ist.[166] Der Berücksichtigung von Tierschutzaspekten wird man mit Rücksicht auf **§ 90a BGB** und **Art. 20a GG** zustimmen müssen.

80 Ist ein Tier im Rahmen des § 1361a BGB zugewiesen, so muss der dadurch begünstigte Ehegatte auch die **Tierhaltungskosten** aufbringen, ohne dass er vom anderen Ehegatten Ersatz verlangen kann, wenn keine anderweitige Vereinbarung besteht.[167]

Wenn um die Zuweisung insbesondere von Hunden gestritten wird, ist die Eigentümerstellung wichtigstes Kriterium, denn eine Zuweisung von »**Haushaltshunden**« nach Scheidung kann nur bei Miteigentum erreicht werden. Es wird also um die **Miteigentumsvermutung des § 1568b Abs. 2 BGB** gestritten. Bei Alleineigentum scheidet eine Zuweisung aus.[168]

81 Die Anwendung der Vorschriften über die Haushaltsgegenstände führt schließlich dazu, dass die Miteigentumsvermutung des § 1586b Abs. 2 BGB eingreift.[169]

---

157 Obwohl Haustiere keine Sachen sind (§ 90a BGB), soll ihre Zuteilung bei Trennung und Scheidung sich doch nach der HausratsVO bzw. nunmehr nach §§ 1361a, 1568b BGB richten (OLG Zweibrücken, FamRZ 1998, 1342; OLG Bamberg, FamRB 2004, 73 = FamRZ 2004, 559; Schulz/Hauß, Rn. 1239) unter Anerkennung des Haustieres als Mitgeschöpf (AG Bad Mergentheim, FamRZ 1998, 1432 f.). Das OLG Zweibrücken hat einen Fall entschieden, in welchem die Parteien monatliche Zahlungen für den Unterhalt des gemeinsam angeschafften Hundes vereinbart hatten und hat diese Vereinbarung als nur aus wichtigem Grund kündbar eingestuft, FamRB 2006, 294.
158 OLG Schleswig, NJW 1998, 3127; OLG Bamberg, FamRZ 2004, 559; OLG Hamm, FamFR 2011, 20; OLG Stuttgart, NZFam 2019, 540.
159 Hoppenz, FamFR 2011, 20.
160 Empfehlung hierzu bei Neumann, NZFam 2019, 542.
161 OLG Celle, FPR 2009, 424.
162 OLG Stuttgart, FamRZ 2014, 1300; das Gericht berichtet von einem vom AG vorgeschlagenen wöchentlichen Wechselmodell für den Hund!
163 OLG Nürnberg, FamRZ 2017, 513.
164 AG München 523 F 9430/18 vom 02.01.2019, NZFam 2019, Heft 19, VI.
165 OLG Bremen, FuR 2019, 92.
166 OLG Oldenburg, FamRZ 2019, 784.
167 OLG Bamberg, FamRZ 2019, 354.
168 Vgl. OLG Stuttgart, NZFam 2019, 540.
169 OLG Schleswig, FamRZ 2013, 1984.

Für **Verbindlichkeiten**, die sich auf Haushaltsgegenstände beziehen, bestand früher eine Sonderregelung in § 10 HausratsVO a.F., die jedoch der Gesetzgeber bewusst nicht in die Neukonzeption des § 1568b BGB übernommen hat mit der Begründung, dass die Verteilung von Schulden auf andere Weise bei der Scheidung rechtlich einfacher gewürdigt werden kann.[170]

82

Bei Zweifelsfragen ist eine **ehevertragliche Regelung** darüber zulässig, welche Gegenstände als Haushaltsgegenstände zu gelten haben oder nicht.[171]

83

▶ Formulierungsvorschlag: Definition Haushaltsgegenstände

Wir sind uns einig, dass der Orientteppich im Salon sowie die Sammlung der Bilder von Max Ackermann nicht als Haushaltsgegenstände i.S.d. § 1568b BGB gelten, sondern dem Zugewinnausgleich unterliegen. Dies gilt auch für alle weiteren Bilder dieses Künstlers, die etwa noch erworben werden.

84

Der Pkw-Kombi der Marke ..... hingegen sowie ein an seine Stelle tretendes Ersatzfahrzeug sollen Haushaltsgegenstände sein.

2. Zuweisung bei Trennung

Bei der Trennung sieht § 1361a BGB eine vorläufige Zuweisung von Haushaltsgegenständen durch das FamG zur alleinigen Nutzung ohne Eigentumsänderung (§ 1361a Abs. 4 BGB) vor. Auch hier hat sich die Terminologie geändert und spricht von einem Anspruch auf Überlassung. Voraussetzung ist das Getrenntleben. Trennungsabsicht genügt anders als bei § 1361b BGB nicht.

85

§ 1361a BGB gibt nur Anspruch auf alleinige Nutzungszuweisung. Soweit keine gerichtliche Zuweisung oder Einigung der Ehegatten besteht, steht ihnen ohnehin auch nach der Trennung bereits Mitbesitz an den Haushaltsgegenständen ohne Rücksicht auf die Eigentumsverhältnisse zu.[172] Je nach Eigentumslage können dann verschiedene Rechtsverhältnisse entstehen.

86

a) Herausgabe von eigenem Alleineigentum

Haushaltsgegenstände, die einem Ehegatten zu Alleineigentum zustehen, kann dieser grds. herausverlangen, § 1361a Abs. 1 Satz 1 BGB. Demgegenüber soll der andere Ehegatte ein Recht zum Besitz nur aus § 1361a Abs. 1 Satz 2 BGB oder aus vertraglicher Gebrauchsüberlassung herleiten können.

87

b) Gebrauchsüberlassung bei Alleineigentum des anderen Ehegatten

Der Nichteigentümer-Ehegatte hat jedoch einen Anspruch auf Gebrauchsüberlassung gegen den Eigentümer, wenn er den Haushaltsgegenstand **zur Führung eines abgesonderten Haushalts benötigt** und die Überlassung an ihn nach den Umständen des Falles **der Billigkeit entspricht**, § 1361a Abs. 1 Satz 2 BGB. Der Anspruch soll sich nicht nur auf unverzichtbare Gegenstände für eine Mindestausstattung beschränken, sondern sich **nach den ehelichen Lebensverhältnissen** bemessen.[173] Hierbei ist auch auf die **Bedürfnisse** der im Haushalt betreuten **Kinder** abzustellen.[174] Bei der Betreuung von zwei Kindern, darunter einem Kleinkind, entspricht die Zuweisung des Pkw an den betreuenden Elternteil regelmäßig der Billigkeit.[175] I.R.d. Billigkeitsabwägung muss das Gebrauchsinteresse des Nichteigentümers höher stehen als das Besitzinteresse des Eigentümers. Da es nicht um eine endgültige Zuweisung geht, hängt diese nicht von den gleichen strengen Voraussetzungen

88

---

170 BR-Drucks. 635/08, S. 48.
171 Langenfeld/Milzer, Rn. 874.
172 BGH, FamRZ 1979, 282, 283; Schwab/Grandke § 18 Rn. 21.
173 BayObLG, NJW 1972, 949; BRHP/Neumann, § 1361a Rn. 8.
174 OLG Koblenz, FamRZ 1991, 1302.
175 KG, FamRZ 2003, 1927.

ab, wie sie die dauerhafte Zuweisung nach § 9 HausratsVO a.F. früher hatte.[176] Bei der Billigkeitsabwägung können Verschuldensgesichtspunkte i.R.d. §§ 1361 Abs. 3, 1579 BGB nur in krassen Fällen Berücksichtigung finden.[177] Der Eigentümer schuldet weder den Transport noch dessen Kosten; vielmehr hat der Berechtigte die Gegenstände abzuholen.[178]

c) Verteilung bei Miteigentum

89   Die Vermutung gemeinsamen Eigentums nach § 1568b Abs. 2 BGB ist für § 1361a BGB analog heranzuziehen.[179] Dieses gemeinsame Eigentum wird unter den Ehegatten nach den Grundsätzen der Billigkeit zur Nutzung verteilt, § 1361a Abs. 2 BGB. Zwar kommt es hierbei anders als nach § 1361a Abs. 1 Satz 2 BGB nicht allein darauf an, wer die Gegenstände benötigt,[180] gleichwohl ist jedoch die Billigkeitsentscheidung nicht nach dem Wert der Gegenstände zu treffen, sondern nach den praktischen Bedürfnissen.[181] Die Eigentumsverhältnisse bleiben bei der Verteilung von Haushaltsgegenständen nach § 1361a BGB unberührt, § 1361a Abs. 4 BGB. Die Ehegatten können allerdings die Übereignung der Gegenstände vereinbaren.

d) Nutzungsvergütung

90   Gerichtlich kann nach § 1361a Abs. 3 BGB **eine angemessene Vergütung** für die Nutzung eines Haushaltsgegenstandes festgesetzt werden, und zwar sowohl für die Überlassung von Gegenständen an den Nichteigentümer nach § 1361a Abs. 1 Satz 2 BGB, als auch für die Verteilung der gemeinschaftlichen Gegenstände nach § 1361a Abs. 2 BGB.[182] Dies kommt insb. bei der Zuweisung von Kfz in Betracht. Hier muss der nutzende Ehegatte zunächst die Haftpflichtversicherung und bei neuwertigen Fahrzeugen mit hohem Zeitwert noch eine Vollkaskoversicherung abschließen.[183] Ob daneben noch eine Nutzungsvergütung gefordert werden kann, hängt ganz entscheidend auch von den finanziellen Verhältnissen der Ehegatten ab.[184] Häufig kann derjenige Ehegatte, der auf die Nutzung angewiesen ist, nach seinen Einkommensverhältnissen eine zusätzliche Vergütung nicht aufbringen. Eine **Nutzungsvergütung** kann erst nach angemessener und billiger Verteilung der Haushaltsgegenstände gefordert werden.[185] Nach anderer Auffassung genügt ein Antrag auf gerichtliche Zuweisung verbunden mit der Zahlungsaufforderung.[186]

3. Vereinbarungen

91   **Ehevertraglich** können die Ehegatten Vereinbarungen treffen, indem sie einmal regeln, **welche Gegenstände** Haushaltsgegenstände sein sollen. Zum anderen können die Ehegatten **i.R.d. Scheidung** Vereinbarungen über die **Verteilung der Haushaltsgegenstände** treffen. In der Praxis hat sich in **Streitfällen** eine detaillierte **Regelung des Holens oder Bringens** der Gegenstände oft als nützlich erwiesen.

92   Eine solche Absprache kann ganz lapidar bestätigen, dass die Haushaltsgegenstände bereits geteilt sind.

---

176 Schwab/Grandke, § 18 Rn. 72.
177 Palandt/Brudermüller, § 1361a Rn. 11; Schulz in Münch, Familienrecht, § 5 Rn. 143.
178 MünchKomm/Weber-Monecke, § 1361a Rn. 13.
179 BRHP/Neumann, § 1361a Rn. 11; Palandt/Brudermüller, § 1361a Rn. 16.
180 Palandt/Brudermüller, § 1361a Rn. 16.
181 Schwab/Ernst/Grandke, § 18 Rn. 70.
182 MüProFam/Müller, Bd. 3, G. III.1., Anm. 7.
183 OLG Koblenz, FamRZ 1991, 1302; Schulz/Hauß, Rn. 1275.
184 OLG München, FamRZ 1998, 1230.
185 OLG Düsseldorf, FamRZ 2016, 1087.
186 OLG Frankfurt am Main, NZFam 2018, 902.

A. Trennungsvereinbarungen   Kapitel 8

▶ Formulierungsvorschlag: Verteilung der Haushaltsgegenstände bereits erfolgt

93

Wir sind uns darüber einig, dass die Haushaltsgegenstände geteilt sind. Jeder Ehegatte behält und übernimmt diejenigen Haushaltsgegenstände zum Alleineigentum, wie er sie derzeit im Besitz hat.

Weitere gegenseitige Herausgabeansprüche oder Ansprüche auf Wertausgleich bestehen diesbezüglich nicht.

Eine Vereinbarung kann aber auch **detailliert** die Verteilung der Haushaltsgegenstände regeln:

▶ Kostenanmerkung:

Die rein deklaratorische Erklärung, dass die Haushaltsgegenstände geteilt sind, dürfte keine Kostenfolge auslösen.[187] Ansonsten sind Regelungen zur Verteilung des Hausrates mit dessen Verkehrswert anzusetzen, § 46 Abs. 1 GNotKG. Die Regelung ist gegenstandsverschieden zur Auseinandersetzung im Rahmen des Zugewinnausgleichs.[188]

94

▶ Formulierungsvorschlag: Vereinbarung über die Verteilung der Haushaltsgegenstände bei Scheidung

1)

95

Die Ehegatten leben seit dem ..... getrennt. Das Scheidungsverfahren ist unter AZ: ..... anhängig. Die Ehegatten sind sich einig, dass die Ehewohnung in der ..... strasse, die sie aufgrund eines Mietvertrages mit dem Eigentümer, Herrn ..... vom ..... nutzen, künftig von der Ehefrau und den gemeinsamen Kindern bewohnt wird. Der Ehemann ist bereits aus der Wohnung ausgezogen.

2)

Dem Ehemann stehen die in dieser Urkunde[189] als Anlage 1 beigefügten Liste enthaltenen Haushaltsgegenstände zur alleinigen Nutzung und zum alleinigen Eigentum zu.

Die Ehefrau behält alle übrigen Haushaltsgegenstände zur alleinigen Nutzung und zum Alleineigentum. Hierunter fallen insbesondere die in der in Anlage 2 beigefügten Liste enthaltenen Gegenstände.

Die Vertragsteile sind sich über alle hiermit verbundenen Eigentumsübergänge einig.

Auf die Anlagen wird verwiesen. Sie sind Bestandteil der Urkunde und wurden den Erschienenen vom Notar vorgelesen.

3)

Die dem Ehemann zustehenden Haushaltsgegenstände sind von diesem auf eigene Kosten in der Ehewohnung abzuholen. Die Ehefrau hat die Gegenstände spätestens einen Monat von heute an zur Abholung bereitzustellen und dem Ehemann von der erfolgten Bereitstellung Nachricht zu geben. Die Ehefrau wiederum ist von der Abholung zuvor in Kenntnis zu setzen. Kann diese den Termin zur Abholung nicht wahrnehmen, hat sie dafür Sorge zu tragen, dass dem Ehemann die Wohnung zur Abholung seiner Haushaltsgegenstände geöffnet wird.

Die Ehefrau unterwirft sich wegen der Herausgabe dieser Haushaltsgegenstände nach Anlage 1 dem Ehemann gegenüber der sofortigen Zwangsvollstreckung. Sie weist den Notar an, dem Ehemann ohne weitere Nachweise auf einseitigen Antrag insoweit eine vollstreckbare Ausfertigung dieser Urkunde zu erteilen.

---

187 Ländernotarkasse, Rn. 20.209.
188 A.A. Ländernotarkasse, Rn. 20.208, aber familienrechtlich schließen sich die Begriffe aus.
189 Die beurkundete Form wurde wegen der Zwangsvollstreckungsunterwerfung gewählt.

4)

Hinsichtlich der Personenkraftwagen gilt, dass jeder Ehegatte denjenigen Personenkraftwagen erhält und übernimmt, den er derzeit in seinem Besitz hat. Die Ehegatten sind sich über die Eigentumsübergänge einig.

Sofern hinsichtlich eines Kraftwagens noch Verbindlichkeiten bestehen, hat derjenige Ehegatte, der den Wagen übernimmt, diese Verbindlichkeiten im Innenverhältnis allein zu tragen. Der jeweils andere Ehegatte soll nach Möglichkeit auch im Außenverhältnis freigestellt werden.

5)

Für die Fotos und Filme, welche die Familie betreffen, gilt, dass sich jeder Ehegatte verpflichtet, die in seinem Besitz befindlichen Filme und Fotos – bei Digitalfotos in digitaler Form – dem anderen Ehegatten für sechs Wochen zur Verfügung zu stellen, damit dieser sich in geeigneter Weise Kopien beschaffen kann.

6)

Während der Ehe haben die Ehegatten einen Hund als Haustier angeschafft. Diesen Hund behält die Ehefrau mit den Kindern. Diese hat alle Kosten auch für Versicherungen zu tragen. Dem Ehemann ist die Möglichkeit zu geben, den Hund gelegentlich zu sich zu nehmen.

7)

Ein weiterer Ausgleich in Geld findet nicht statt. Alle etwaigen Vertragsverhältnisse für einen zu Alleineigentum übernommenen Gegenstand werden mit dem Eigentümer dieses Gegenstandes unter Freistellung des anderen Ehegatten fortgesetzt. Die Hausratsversicherung wird von der Ehefrau fortgeführt. Der Ehemann hat bei Bedarf eine neue Versicherung abzuschließen.

III. Vermögens- und güterrechtliche Regelung

96 Nicht selten werden anlässlich der Trennung bereits die Vermögenswerte verteilt und die Schuldverhältnisse abschließend geregelt. Dies kann insb. bei einer übersichtlichen Vermögensaufstellung und einer nicht nur vorläufigen Trennung praktisch werden.

1. Vermögensaufteilung und Regelung von Schuldverhältnissen

97 Grds. bleibt bei den Güterständen der Gütertrennung und der Zugewinngemeinschaft[190] das **Vermögen der Ehegatten getrennt**.[191] Jedoch erfolgen auch außerhalb des Hausrats mehr und mehr Anschaffungen zu Miteigentum der Ehegatten,[192] sodass schon vom »**Güterstand der Miteigentümergemeinschaft**« die Rede ist.[193] Für die Aufhebung des Miteigentums sieht das Gesetz in §§ 741 ff. BGB eine Regelung vor. Danach kann nach § 749 Abs. 1 BGB grds. jederzeit die Aufhebung der Gemeinschaft verlangt werden, welche durch Teilung in der Natur nach § 752 BGB oder durch Verkauf und Erlösverteilung nach § 753 BGB erfolgt. Schließen die Ehegatten eine Trennungsvereinbarung, so wird i.d.R. die Aufteilung des Vermögens einvernehmlich durch Übertragung vorgenommen.

98 Auch **Gegenstände mit Affektionsinteresse** werden verteilt. Hier sind insbesondere bezüglich der **Bilder** aus der gemeinsamen Zeit häufig Streitpunkte auszumachen. Es kann daher eine Regelung zur Vervielfältigung getroffen werden.[194] Ohne eine solche leitet die Literatur ein Zugangs- und Vervielfältigungsrecht aus der Generalklausel des § 1353 Abs. 1 Satz 2 BGB ab.[195]

---

190 Vgl. Kap. 1 Rdn. 5 f. und Kap. 1 Rdn. 9 f.
191 Die Aufhebung der Gütergemeinschaft mit Auseinandersetzung wird gesondert behandelt unter Kap. 2 Rdn. 543 f.
192 Zum Miteigentum eingehend Kap. 5 Rdn. 203 ff.
193 Grziwotz, FamRZ 2002, 1669.
194 Vgl. hierzu Rdn. 95.
195 Danninger/Seitz, NZFam 2016, 868.

A. Trennungsvereinbarungen

Der BGH hat entschieden, dass ein Einverständnis zur Anfertigung und Aufbewahrung von **Intimfotos oder -filmen** durch den anderen Ehegatten konkludent auf die Dauer der Beziehung beschränkt sei. Es bestehe daher bei Ende der Beziehung ein **Löschungsanspruch** wegen Verletzung des Persönlichkeitsrechts.[196]

Vermögensübertragungen werden ferner in eine Trennungsvereinbarung aufgenommen, wenn die Übertragung von Vermögen zum Zweck des **Ausgleichs des Zugewinns**, zur **Abfindung von Unterhaltsansprüchen** oder zur **Rückgewähr ehebezogener Zuwendungen** bereits bei Trennung erfolgen soll. Ansonsten sind die Vereinbarungen Bestandteil einer späteren Scheidungsvereinbarung und die Trennungsvereinbarung regelt **nur die Nutzung**, ggf. verbunden mit Regelungen zur Lastentragung sowie zur Tilgung von Verbindlichkeiten.

Neben der Verteilung der positiven Vermögensgüter müssen auch die **Verbindlichkeiten** geregelt werden. Auch hier gilt grds., dass jeder Ehegatte für seine Verbindlichkeiten haftet. Da allerdings die Banken regelmäßig eine **gesamtschuldnerische Haftung** fordern und durchsetzen, müssen zunächst die **laufende Verzinsung und Tilgung** während der Trennung und danach die Übernahme der Gesamtschuld durch einen Ehegatten festgelegt werden, die nach Möglichkeit die Gläubiger einbezieht und zu einer Freistellung im Außenverhältnis führt. Ggf. sind auch Vereinbarungen über einen **Gesamtschuldnerausgleich zwischen den Ehegatten** zu treffen.[197]

Bei der Übertragung von Vermögensgütern ist sorgfältig darauf zu achten, ob etwaige Sekundäransprüche mit zu übertragen sind.[198]

▶ Formulierungsvorschlag: Vermögensaufteilung

1)

Wir leben seit dem ..... getrennt. Da wir davon ausgehen, dass eine Wiederherstellung unserer Lebensgemeinschaft nicht wieder in Betracht kommt, wollen wir zur Auseinandersetzung unseres beiderseitigen Vermögens einschließlich unserer Verbindlichkeiten die folgende Vereinbarung schließen.[199]

2)

Dem Ehemann steht der Pkw Marke VW-Golf zur alleinigen Nutzung und zum alleinigen Eigentum zu. Der Ehefrau steht der Pkw Marke VW-Polo zur alleinigen Nutzung und zum alleinigen Eigentum zu. Die zugehörigen Kraftfahrzeugbriefe sind dem neuen Eigentümer jeweils auszuhändigen.

Die bestehenden Verbindlichkeiten aus der Anschaffung der Kraftfahrzeuge trägt jeweils derjenige Ehegatte allein, der das entsprechende Kraftfahrzeug übernimmt.

Nach Möglichkeit soll der andere Ehegatte aus der Mithaftung für diese Verbindlichkeit entlassen werden.

Die bestehenden Schadensfreiheitsrabatte sollen auf den jeweiligen Alleineigentümer des Pkw übertragen werden.

3)

Unsere Schallplattensammlung wird so geteilt, dass die Ehefrau alle Vinyl-Schallplatten des klassischen Bereichs und der Ehemann alle übrigen Vinyl-Schallplatten und die CDs erhält.

---

196 BGH, NJW 2016, 1094 m. Anm. Lampmann; Erbarth, NZFAm 2017, 1038.
197 Zur Gesamtschuld unter Ehegatten: Kap. 5 Rdn. 118 ff.
198 OLG Schleswig, BeckRS 2014, 17910: Abtretung Treuhandkommanditanteil ohne Auskunfts- und Schadensersatzansprüche.
199 Dieser Formulierungsvorschlag geht davon aus, dass über die Verteilung der Haushaltsgegenstände eine gesonderte Regelung getroffen wurde; vgl. hierzu den vorstehenden Formulierungsvorschlag Rdn. 95.

4)

Wir führen bei der C-Bank ein gemeinsames Girokonto mit der Nr. ....., für das jeder von uns Einzelvertretungsbefugnis hat, sowie ein gemeinsames Sparbuch Nr. ....., über das wir nur gemeinsam verfügen können. Ferner hat jeder von uns bei diesem Institut ein eigenes Sparbuch. Bei der D-Bank unterhalten wir ein gemeinsames Wertpapierdepot Nr. .....

Wir sind uns darüber einig, dass das Guthaben auf dem Girokonto zunächst dort verbleibt und bis zum 31.12. dieses Jahres zur Zahlung laufender Kosten zur Verfügung steht. Wir vereinbaren hiermit und teilen dies der C-Bank durch Übersendung einer Abschrift mit, dass wir über dieses Konto nur gemeinsam verfügen können. Das Konto darf nur auf Guthabenbasis geführt werden. Nach Ablauf dieser Frist wird das vorgenannte Konto aufgelöst und der verbleibende Guthabenbetrag zu gleichen Teilen auf das jeweils eigene Sparbuch eines jeden von uns überwiesen. Das gemeinsame Sparbuch soll jedoch sofort aufgelöst und der Erlös in der beschriebenen Weise auf unsere beiden eigenen Sparbücher zu gleichen Teilen überwiesen werden.

Das Wertpapierdepot, das wir bei der D-Bank führen, ist zwar auf beide Ehegatten eingetragen, wir sind uns aber darüber einig, dass die Wertpapiere sämtlich dem Ehemann zu Alleineigentum zustehen, da dieses Depot mit Mitteln seines Anfangsvermögens eingerichtet wurde.

5)

Den Bausparvertrag bei der Allbau AG übernimmt die Ehefrau. Die Vertragsteile übertragen hiermit an die Ehefrau ihre Rechte aus diesem Vertrag einschließlich des Anspruchs auf die Gewährung von Bauspardarlehen. Mitübertragen ist insbesondere auch der derzeitige Guthabenstand auf den Konten, ohne dass hierfür ein Ausgleichsanspruch geltend gemacht wird.

6)

Die Lebensversicherung, welche der Ehemann auf sein Leben und zugunsten der Ehefrau als Bezugsberechtigte bei der Allversicherungs AG abgeschlossen hat, bleibt bestehen und ist vom Ehemann mit den gleichen Monatsbeiträgen wie bisher auch fortzuführen. Als unwiderrufliche Bezugsberechtigte sind unverzüglich unsere gemeinschaftlichen Kinder je zu gleichen Teilen einzusetzen.

7)

Für die bestehenden Verbindlichkeiten vereinbaren wir Folgendes:

- Das Darlehen für die Einbauküche wird von der Ehefrau zur weiteren Verzinsung und Tilgung als künftige Alleinschuldnerin übernommen.
- Das Darlehen für die Anschaffung des Flügels wird vom Ehemann übernommen, der im Rahmen der Verteilung der Haushaltsgegenstände den Flügel übernommen hat.
- Das Darlehen der Eltern des Ehemannes wird von diesem ebenfalls zur ferneren Verzinsung und Tilgung übernommen.

Alle weiteren etwa bestehenden Verbindlichkeiten tragen wir im Innenverhältnis je zur Hälfte. Gleiches gilt für etwa noch ausstehende Abrechnungen z.B. der Nebenkosten und für Steuererstattungen oder Steuernachzahlungen

Wir werden die Genehmigung unserer Gläubiger selbst einholen. Auf die Bestimmung des § 415 BGB wurden wir hingewiesen.

Wir sind uns über alle hiermit verbundenen Eigentumsübergänge einig und verpflichten uns gegenseitig, alle etwa noch erforderlichen Erklärungen zum Umschreiben einzelner Vertragswerke auf einen Ehegatten abzugeben.

8)

Bei dieser Vermögensverteilung verbleibt es auch im Fall einer etwaigen Scheidung unserer Ehe.

9)

..... (sonstige Regelungen) .....

2. Güterrechtliche Vereinbarungen

Zuweilen werden auch in einer Trennungsvereinbarung bereits güterrechtliche Regelungen getroffen, wenn die Parteien diese Trennung für endgültig halten und mit den Vereinbarungen nicht bis zur Einleitung eines Scheidungsverfahrens warten wollen oder wenn die Parteien beabsichtigen, sich endgültig zu trennen, ohne sich jemals scheiden zu lassen. Hier sollen die wichtigsten **güterrechtlichen Bestandteile einer Trennungsvereinbarung** vorgestellt werden.

a) Verfügungsbeschränkungen

Nach der Trennung wollen die Ehegatten über ihr Vermögen, das ggf. aus der Auseinandersetzung i.R.d. Trennungsvertrages hervorging, **ohne Beschränkung verfügen** können. Solches kann insb. dann vereinbart werden, wenn es weiterer Sicherungen des Zugewinnausgleichsanspruchs nicht mehr bedarf. Ggf. kann dieser Anspruch auch vertraglich gesichert werden, z.B. durch Eintragung einer Hypothek.

▶ Kostenanmerkung:

Für den Ausschluss der Verfügungsbeschränkungen ist nach § 51 Abs. 2 GNotKG ein Ansatz von 30 % des Aktivvermögens zu wählen, das modifizierte Reinvermögen darf dabei jedoch nicht überschritten werden.[200]

▶ Formulierungsvorschlag: Ausschluss der Verfügungsbeschränkungen

Für unsere Ehe schließen wir die Verfügungsbeschränkungen der §§ 1365 ff. BGB hiermit gegenseitig aus. Den gesetzlichen Güterstand behalten wir im Übrigen bei.

b) Stichtag der Endvermögensberechnung

Ein weiteres Anliegen bei der Trennung ist, dass die Berechnung des Endvermögens nicht zum Tag der **Rechtshängigkeit des Scheidungsantrags** erfolgt, wie § 1384 BGB dies vorsieht, sondern bereits zum Trennungstermin, da die Ehegatten ab diesem Zeitpunkt nicht mehr gemeinsam wirtschaften. Mit der Reform des Zugewinnausgleichs und der dadurch geschaffenen Vermutung des § 1375 Abs. 2 Satz 2 BGB wird es künftig auch ohne eine solche vertragliche Vereinbarung zumeist auf den Trennungstag ankommen. Ehegatten, die sich einig sind, können dennoch zur Klarstellung und um nicht auf die Vermutung angewiesen zu sein, eine ehevertragliche Vereinbarung treffen:

▶ Formulierungsvorschlag: Trennung als Endvermögensstichtag

Die Vertragsteile sind sich darüber einig, dass anstatt der Rechtshängigkeit des Scheidungsantrags der ..... 2020 (Trennungsdatum) als Stichtag für die Berechnung des beiderseitigen Endvermögens maßgebend ist.

c) Güterstandswechsel

Mit der Reform des Zugewinnausgleichsrechts wurde § 1384 BGB insoweit geändert, als die Rechtshängigkeit des Scheidungsantrags nicht mehr nur für die Berechnung des Zugewinns maßgeblich ist, sondern auch für die Höhe der Ausgleichsforderung. Damit wird nunmehr auch der Stichtag für die Berechnung der Vermögenswertbegrenzung des § 1378 Abs. 2 BGB nach vorne verlegt, sodass eine Vermögensminderung zwischen Rechtshängigkeit und Rechtskraft der Scheidung nicht mehr zu einer Reduzierung der Ausgleichsforderung führt. Damit ist der Gesetzgeber einer bisher berechtigten Kritik nachgekommen und hat Vermögensmanipulationen nach Rechtshängigkeit sehr erschwert. Allerdings ist es dem Ausgleichspflichtigen auch kaum noch möglich, sich auf wirtschaftlich unumgängliche Vermögensminderungen zu berufen, wie sie in Zeiten einer Wirtschafts- und

---

200 Notarkasse, Rn. 579.

Finanzkrise durchaus vorkommen.[201] Neu hinzugekommen ist ferner die Vermutung des § 1375 Abs. 2 Satz 2 BGB, für die es auf das Vermögen zum Trennungszeitpunkt ankommt. Jede Reduzierung nach diesem Termin wird zunächst als illoyale Vermögensminderung vermutet. Daher kann auch zu diesem Zeitpunkt die Erstellung eines Vermögensverzeichnisses sinnvoll sein. Mit Rücksicht auf die daran geknüpften Rechtsfolgen wäre auch eine beweiskräftige Dokumentation des Trennungszeitpunktes an sich ratsam.[202]

110 Trotz dieser gesetzlichen Neuregelung ist es ratsam, wenn sich die Ehegatten einig sind, Zugewinnausgleich und Güterstandswechsel zu vereinbaren, dann gibt es später keinen Streit mehr um Trennungszeitpunkt oder illoyale Verwendungen.

▶ **Formulierungsvorschlag: Wechsel zur Gütertrennung – Zugewinnausgleich bleibt vorbehalten**

111 .....

II. Ehevertragliche Vereinbarungen

Ehevertraglich vereinbaren wir was folgt:

1)

Als Güterstand für unsere Ehe soll künftig die Gütertrennung nach Maßgabe des Bürgerlichen Gesetzbuches gelten.

Uns ist bekannt, dass durch die Vereinbarung der Gütertrennung

- keine Haftungsbeschränkung gegenüber Gläubigern eintritt,
- jeder Ehegatte über sein Vermögen frei verfügen kann,
- beim Tode eines von uns beiden sich das Erb- und Pflichtteilsrecht des Überlebenden am Nachlass des Zuerstversterbenden vermindern und das Erb- und Pflichtteilsrecht der Kinder oder sonstiger Abkömmlinge sich erhöhen kann,
- bei Auflösung der Ehe kein Zugewinnausgleich stattfindet.

Die Gütertrennung soll derzeit nicht in das Güterrechtsregister eingetragen werden. Jeder von uns beiden ist jedoch berechtigt, den Eintragungsantrag jetzt oder künftig allein zu stellen.

2)

Der Zugewinn für die Vergangenheit ist auszugleichen. Die Vertragsteile sind sich darüber einig, dass anstelle des heutigen Güterstandswechsels der ..... 2020 (Trennungsdatum) als Stichtag für die Berechnung des beiderseitigen Endvermögens maßgebend ist.

3)

Wir stellen ferner klar, dass unser am vorgenannten Stichtag vorhandenes wesentliches Vermögen jeweils in einem, dieser Urkunde als wesentlicher Bestandteil beigeschlossenen Vermögensverzeichnis näher aufgeführt ist.

Die Anlage, auf die hiermit verwiesen wird, ist wesentlicher Bestandteil und damit Inhalt und Gegenstand dieser Urkunde. Sie wurde vom Notar mitverlesen.

4)

Die Bewertung des Anfangs- und Endvermögens, die Berechnung des Zugewinnausgleichsanspruchs und seine Erfüllung bleiben dem Scheidungsverfahren oder einer Scheidungsvereinbarung vorbehalten.

..... ggf. Sicherheiten bestellen .....

---

201 Schwab, FamRZ 2009, 1445 ff.
202 C. Münch, MittBayNot 2009, 261, 267; Brudermüller, NJW 2010, 401, 404.

Alternative:

Die Parteien bewerten übereinstimmend das Anfangsvermögen des Ehemannes mit ..... € und dasjenige der Ehefrau mit ..... €. Das Endvermögen des Ehemannes beträgt ..... € und das der Ehefrau ..... €.

Somit errechnet sich eine Zugewinnausgleichsforderung der Ehefrau i.H.v. ..... €.

Der Ehemann verpflichtet sich zur Zahlung dieser Geldsumme binnen vier Wochen von heute an gerechnet.

Auf weiter gehende Zugewinnausgleichsansprüche wird gegenseitig verzichtet. Diesen Verzicht nehmen wir gegenseitig an.

..... Zwangsvollstreckungsunterwerfung, weitere Regelung .....

Gelegentlich kommt es vor, dass Ehegatten sich gegenseitig beim Abschluss eines solchen Vertrages nicht trauen, ob der jeweils andere alle Vermögenswerte angegeben hat, über die er verfügt. Hier kann folgende Regelung ergänzt werden: 112

▶ Formulierungsvorschlag: Vermögensversicherung

..... 113

Wir, die Eheleute ..... sichern uns gegenseitig zu:

Keiner von uns hat derzeit Bargeld, Konten, Depots oder andere geldwerte Vermögensgegenstände mit einem Gesamtwert von mehr als ..... €. Sollte diese Angabe unwahr sein, ist der heute geschlossene Vertrag seinem ganzen Inhalt nach unwirksam. Die Unwirksamkeit kann dadurch abgewendet werden, dass der verschwiegene Vermögensgegenstand an den anderen Vertragsteil übereignet wird.

3. Steuerrechtliche Fragen

Die Trennung und die weiteren Vereinbarungen im Zuge der Trennung werfen **zahlreiche steuerliche Fragen** auf, die einschneidende finanzielle Folgen nach sich ziehen können. So kann etwa ganz entscheidend für die Steuerfreiheit der Übertragung der eigengenutzten Immobilie im Licht des § 23 EStG sein, dass die Übertragung noch im Jahr der Trennung vorgenommen wird, damit noch Eigennutzung vorliegt. Diese steuerlichen Fragen werden nachfolgend im Zusammenhang erörtert.[203] 114

IV. Trennungsunterhalt

Im Zusammenhang mit der Darstellung des Ehegattenunterhaltsrechts wurde auch der Trennungsunterhalt bereits behandelt.[204] Hierauf und auf die in diesem Abschnitt gegebenen Formulierungsvorschläge kann Bezug genommen werden. 115

Wichtig ist Folgendes: Von einer Trennung der Ehegatten an bis zur rechtskräftigen Scheidung[205] richtet sich der Unterhalt nach § 1361 BGB. Ein Ehegatte kann demnach vom anderen den nach den Lebensverhältnissen und den Erwerbs- und Vermögensverhältnissen angemessenen Unterhalt verlangen. Dieser Trennungsunterhalt ist **mit dem nachehelichen Unterhalt nicht identisch**.[206] 116

▶ Gestaltungsempfehlung:

Bei Unterhaltsvereinbarungen in der Trennungszeit ist genau festzulegen, ob die Regelung auch für den nachehelichen Unterhalt gelten soll.[207] 117

---

203 Rdn. 266 ff.
204 Kap. 6 Rdn. 60 ff.
205 BGH, FamRZ 1988, 370.
206 BGH, FamRZ 1982, 465, 466; hierzu und zu den prozessualen Folgen: Viefhues, Rn. 783 ff.
207 Bergschneider, Rn. 304.

118 **Ab Rechtshängigkeit** gehören auch die Kosten einer angemessenen **Versorgung für Alter** und Erwerbsunfähigkeit zum Unterhalt, § 1361 Abs. 1 Satz 2 BGB.

119 Für die Höhe des Unterhalts ist der **jeweilige Stand der wirtschaftlichen Verhältnisse** maßgeblich, sodass der unterhaltsberechtigte Ehegatte an Weiterentwicklungen während der Trennungszeit teilnimmt, sofern sie nicht unerwartet und vom Normalverlauf abweichend sind.[208] Hier hat sich der nacheheliche Unterhalt aufgrund der Rechtsprechung zum Wandel der ehelichen Lebensverhältnisse inzwischen angepasst.

120 § 1361 Abs. 2 BGB **lockert** die **Erwerbsobliegenheit** des bei intakter Ehe nicht erwerbstätigen unterhaltsberechtigten Ehegatten. In ähnlicher Weise kann beim Trennungsunterhalt der unterhaltsberechtigte Ehegatte noch **nicht** in gleicher Weise wie beim nachehelichen Unterhalt auf die **Verwertung seines Vermögensstammes** verwiesen werden.[209] Insoweit sind die Maßstäbe auch hier großzügiger als bei § 1577 Abs. 3 BGB. Allerdings soll ein volljähriges studierendes Kind zur Einsetzung seines Vermögens verpflichtet sein.[210]

121 Der Unterhalt ist nach § 1361 Abs. 4 BGB monatlich im Voraus durch Zahlung einer Geldrente zu gewähren.[211]

122 Nach den Bestimmungen der §§ 1361 Abs. 4 Satz 3, 1360a Abs. 3, 1614 Abs. 1 BGB kann auf Trennungsunterhalt **für die Zukunft nicht verzichtet** werden. Neben dem damit unproblematisch möglichen Verzicht für Ansprüche hinsichtlich der Vergangenheit stellen häufig Anwälte auch bei Trennungsvereinbarungen das Ansinnen, festzulegen, dass für den Zeitraum der Trennung kein Unterhalt verlangt wird. Ferner besteht im Rahmen von Trennungsvereinbarungen von Ehegatten, die sich nicht scheiden lassen wollen, ein Bedürfnis zu Regelung von Unterhalt. Da jedoch der Gesetzgeber an das formale Band der Ehe die Unverzichtbarkeit des künftigen Trennungsunterhalts geknüpft hat, ist bei solchen Vereinbarungen Vorsicht geboten. Dieser Rat gilt umso mehr, als der BGH in einer jüngeren Entscheidung ausdrücklich ausgesprochen hat, dass ein pactum de non petendo bezüglich des Getrenntlebendenunterhaltes unwirksam ist und die Wirksamkeit des Gesamtvertrages infrage stellen kann.[212]

▶ Hinweis:

123 Ein Verzicht auf zukünftigen Trennungsunterhalt ist nicht zulässig! Auch bei Ausgestaltungsvereinbarungen ist Vorsicht geboten, um die Wirksamkeit der Gesamtvereinbarung nicht zu gefährden.

Allenfalls Vereinbarungen über die Angemessenheit des Trennungsunterhaltes sind zulässig, welche diese Angemessenheit unter den Ehegatten festlegen. Die Oberlandesgerichte tolerieren dabei eine Abweichung von etwa 20 % zum gesetzlichen Unterhaltsanspruch.[213] Eine solche Abweichung sollte aber keinesfalls in abstrakter Form festgelegt werden, sondern allenfalls im Rahmen einer konkreten Berechnung.

124 In jedem Fall zulässig sind daher Vereinbarungen, welche den Unterhaltsberechtigten begünstigen. So kann die Zahlung von Trennungsunterhalt in bestimmter Höhe vereinbart werden unter Angabe der Bemessungsgrundlage für die Unterhaltsberechnung. Es empfiehlt sich der Zusatz, dass etwaige

---

208 BGH, FamRZ 1985, 256; MüHdbFamR/Grandel, § 8 Rn. 67.
209 BGH, NJW 1985, 907.
210 OLG Zweibrücken, FamRZ 2016, 726.
211 Detailliert zur Auswirkung des Wohnvorteils auf den Trennungsunterhalt: MüHdbFamR/Grandel, § 8 Rn. 187 ff.; Huber, FamRZ 2000, 129 ff., der das Verhältnis von Trennungsunterhalt zur Nutzungsvergütung und von § 1361b Abs. 2 BGB zu § 745 Abs. 2 BGB thematisiert.
212 BGH, NJW 2014, 1101.
213 Vgl. Kap. 6 Rdn. 75.

weitere Ansprüche durch diese Vereinbarung nicht berührt werden.[214] Dies ist die in Trennungsvereinbarungen am häufigsten verwendete Unterhaltsklausel.

Eine solche Vereinbarung kann folgendermaßen lauten:

▶ **Formulierungsvorschlag: Verpflichtung zur Zahlung des Trennungsunterhalts**

Ab dem nächsten Monatsersten verpflichte ich, der Ehemann, mich dazu, an meine Ehefrau Trennungsunterhalt i.H.v. ..... € monatlich als Elementarunterhalt zu zahlen.

Der jeweilige Unterhaltsbetrag ist im Voraus je zum Ersten eines jeden Monats zur Zahlung fällig.

Bei der Bemessung des Trennungsunterhalts sind wir von folgenden Bemessungsgrundlagen ausgegangen: .....

In der Krankenversicherung ist die Ehefrau nach § 10 Abs. 1 SGB V beitragsfrei mitversichert.

Hinsichtlich des Altersvorsorgeunterhalts werden wir mit Rechtshängigkeit eines Scheidungsantrags eine gesonderte Regelung treffen.

Sofern die Ehefrau Einkünfte aus eigener Erwerbstätigkeit erzielt, werden diese nach der sog. Differenzmethode in die Unterhaltsberechnung einbezogen, wenn die Einkünfte eheprägend sind, ansonsten nach der Anrechnungsmethode.[215]

Wegen der vorgenannten Zahlungsverpflichtung unterwerfe ich, der Ehemann, mich der

sofortigen Zwangsvollstreckung

aus dieser Urkunde in mein gesamtes Vermögen. Meine Ehefrau ist jederzeit auf einseitigen Wunsch berechtigt, auf eigene Kosten eine vollstreckbare Ausfertigung dieser Urkunde zu verlangen, ohne dass der Nachweis der Fälligkeit zu führen ist.

Durch diese Vereinbarung werden etwaige weiter gehende Ansprüche des unterhaltsberechtigten Ehegatten nicht berührt.

Diese Verpflichtung gilt nur für die Zahlung des Trennungsunterhalts. Den nachehelichen Unterhalt werden wir gesondert festlegen.

..... (salvatorische Klausel) .....

V. Versorgungsausgleich

Im Bereich des Versorgungsausgleichs wünschen die Ehegatten insb. bei länger andauernder Trennung ohne Scheidung, dass ab der Trennung keine weiteren Ansprüche auf Versorgungsausgleich entstehen. Hierbei ist zu beachten, dass der Versorgungsausgleich in den Kernbereich der Scheidungsfolgen fällt, sodass er nur eingeschränkt disponibel ist.[216] Ein Verzicht ist aber bei wirtschaftlich voneinander unabhängigen Ehegatten auch ohne Kompensation möglich.

Bei einer Parteivereinbarung kann der **Stichtag des Ehezeitendes** nicht durch Parteivereinbarung geändert werden, dies gilt nach überwiegender Ansicht auch für den neuen § 3 Abs. 1 VersAusglG.[217] Daher ist die Bewertung der Anrechte immer auf das Ehezeitende vorzunehmen. Jede Vereinbarung,

---

214 Müller, Kap. 3, Rn. 446.
215 Hierzu Wendl/Dose/Bömelburg, § 4 Rn. 1 f., die dazu Stellung nehmen, dass auch schon während der Trennungszeit von einer Prägung gesprochen werden kann. Hierbei ist die Rspr. zum Surrogat für die Familienarbeit zu beachten.
216 BGH, NJW 2004, 930 f. = ZNotP 2004, 157 f. und Folgerechtsprechung, vgl. Kap. 2 Rdn. 65 ff.
217 BGH, FamRZ 2001, 1444, 1446; BGH, FamRB 2004, 80; OLG München, FamRZ 1997, 1082, 1083; Brambring, NotBZ 2009, 429, 438; Bergner, § 3 Rn. 2.2.; Bredthauer, FPR 2009, 500, 502; Glockner/Hoenes/Weil, § 9 Rn. 30; Hauß/Bührer, Rn. 278 f.; Ruland, Rn. 182; Hahne, FamRZ 2009, 2041, 2043; nun auch Göppinger/Rakete-Dombek/Schwamb, 3. Teil, Rn. 50; a.A. Brüggen, MittBayNot 2009, 337, 341; Gernhuber/Coester-Waltjen, § 28 Rn. 19.

die von einem bestimmten anderen Stichtag an – etwa demjenigen der Trennung – alle weiteren Entwicklungen der Versorgungsanrechte ausblenden würde, wäre daher unzulässig.

128 Möglich sind hingegen Vereinbarungen, die den Zeitpunkt, auf den hin nach dem Gesetz der Ausgleichsbetrag zu beziehen ist, unverändert lassen und unbeschadet dieses gesetzlichen Ehezeitendes in den Ausgleich nur diejenigen Anrechte einbeziehen, welche die Parteien bis zu diesem vorgezogenen Stichtag erworben haben. Auf diesen Unterschied ist in der Formulierung zu achten.[218]

129 Da der neue Versorgungsausgleich das Verbot des Supersplittings abgeschafft hat, bestehen insoweit gegen eine Vereinbarung, dass der Versorgungsausgleich mit Trennung endet, keine Bedenken mehr.

VI. Kindesunterhalt

1. Regelung bei Trennung und Scheidung

130 I.R.d. Scheidungsvereinbarungen, aber auch schon bei der Trennung ist der Kindesunterhalt ebenfalls Thema. In diesem Bereich ist ein **Verzicht nach § 1614 BGB nicht möglich**.[219] Zudem läge ein Vertrag zulasten eines Dritten vor. Auf Judikate, die eine Unterschreitung bis zu 20 % als Ausgestaltung des angemessenen Unterhalts ansehen,[220] sollte man sich beim Kindesunterhalt gerade wegen der Drittbeteiligung und der besonderen Schutzwürdigkeit der Kinder nicht verlassen. Daher beschränken sich vertragliche Regelungen zumeist auf eine Zahlungsvereinbarung bzgl. der **Unterhaltsansprüche** der Kinder. Eine solche Formulierung wird hier vorgestellt.

131 Nur gelegentlich werden unter Ehegatten **sog. Freistellungsvereinbarungen** getroffen, nach denen die Unterhaltspflicht gegenüber den Kindern unberührt bleibt, ein Ehegatte jedoch dem anderen verspricht, ihn von allen etwaigen Ansprüchen der Kinder freizustellen. Solche Klauseln sind im Rahmen einer Inhaltskontrolle sehr kritisch im Hinblick darauf zu würdigen, ob hier nicht eine sehr einseitige Belastung eines Ehepartners vorliegt.[221] Eine solche Vereinbarung kann aber im Einzelfall auch einmal im Hinblick auf die Lastenverteilung insgesamt gerechtfertigt sein oder etwa in den Fällen, in denen bei beiden Elternteilen Kinder leben.

132 Der Kindesunterhalt ist i.R.d. ehebezogenen Rechtsgeschäfte eine Thematik, die nur aufgrund ihrer Zugehörigkeit zu den Trennungs- und Scheidungsvereinbarungen an dieser Stelle behandelt wird. Er soll daher lediglich in den Grundzügen dargestellt werden.

133 Hinzuweisen ist in diesem Zusammenhang insbesondere auf die gegenüber minderjährigen oder privilegiert volljährigen Kindern **gesteigerte Unterhaltspflicht** nach § 1603 Abs. 2 Satz 1 und 2 BGB. Dies führt zu gesteigerten Erwerbsverpflichtungen[222] des Unterhaltspflichtigen[223] und zu nur eingeschränkten Abzugsmöglichkeiten für Aufwendungen.[224] Umstritten ist in diesem Zusammenhang die Pflicht zur Übernahme einer **Nebentätigkeit**, bei deren Nichterfüllung eine fiktive Einkommenszurechnung erfolgt. So vertreten einige Gerichte die Auffassung, mehr als eine vollschichtige Erwerbs-

---

218 Vgl. BGH, FamRZ 1990, 273, 274.
219 Dazu, dass schon ganz geringe Abweichungen bei einer Vereinbarung zur Nichtigkeit führen: OLG Karlsruhe, NJW-Spezial 2006, 490.
220 OLG Thüringen, FamRZ 2014, 1032.
221 BVerfG, FamRZ 2001, 343 ff.
222 Detailliert zu den Anforderungen an Bewerbungen: OLG Hamm, FamRZ 2017, 617.
223 Vgl. etwa OLG München, FamRZ 2005, 1112: volle Erwerbsverpflichtung, auch wenn der Pflichtige selbst ein über drei Jahre altes minderjähriges Kind betreut (Wertung aus § 1615l BGB) BGH, DNotZ 2015, 54: Nebentätigkeit neben Vollerwerb zumutbar, wenn sonst der Mindestunterhalt nicht aufgebracht werden kann.
224 Vgl. hierzu etwa instruktiv OLG Brandenburg, NZFam 2018, 224; OLG Koblenz, FuR 2016, 539: kein Abzug zusätzlicher Altersversorgung.

tätigkeit könne nicht verlangt werden.[225] Andere Gerichte sehen eine Pflicht zur Erzielung von Nebeneinkünften bis zu den Maximalgrenzen des Arbeitszeitgesetzes[226] oder suchen nach Lösungen für den Einzelfall und sehen etwa Verpflichtungen, noch weitere zwei Stunden Nebentätigkeit auszuüben.[227] Der BGH hat ausgesprochen, dass an den Nachweis, dass keine **reale Beschäftigungschance** bestehe, im Rahmen der gesteigerten Unterhaltspflicht besonders strenge Maßstäbe anzulegen seien.[228] Die Tatsache, dass der Unterhaltspflichtige aus dem Ausland stammt und keine abgeschlossene Berufsausbildung hat, genügt dem BGH nicht. Das Gericht weist ferner darauf hin, dass auch bei einem Bestreiten des Selbstbehaltes aus Sozialleistungen anrechnungsfreie Nebeneinkünfte für den Unterhalt einzusetzen seien.[229] Das BVerfG legt demgegenüber einen strengen Maßstab an und fordert, die Gerichte müssten die Höhe eines fiktiven Einkommens tragfähig begründen, sich dabei mit den Mindestlöhnen auseinandersetzen und die reale Beschäftigungschance nachweisen.[230] Resultiert die gesteigerte Erwerbsverpflichtung aus einem Obhutswechsel, so muss eine angemessene Übergangsfrist eingeräumt werden.[231] Die **Nutzung öffentlicher Verkehrsmittel** halten die Gerichte auch bei einem täglichen Zeitaufwand von nahezu **drei Stunden** in diesen Fällen für zumutbar.[232]

Auch Unterhaltsleistungen, die der Kindesunterhaltspflichtige erhält, können in diesem Zusammenhang berücksichtigt werden.[233] Wegen der gesteigerten Unterhaltspflicht kann der Unterhaltspflichtige auch gehalten sein, **einschneidende Veränderungen in seiner Lebensgestaltung** in Kauf zu nehmen.[234] So lehnt das OLG Saarbrücken den Abzug von Fahrtkosten zur neuen Ehefrau ab und sagt, der Pflichtige solle entweder mit dieser zusammen einen Wohnsitz begründen oder die Fahrtkosten aus seinem Selbstbehalt tragen.[235] Fahrtkosten für den Kindesumgang selbst sollen hingegen bei der Leistungsfähigkeit im Hinblick auf den Kindesunterhalt zu berücksichtigen sein.[236] Eine Reduzierung der Erwerbstätigkeit im Hinblick auf den **erweiterten Umgang**, die dazu führt, dass der Mindestunterhalt nicht mehr geleistet werden kann, ist nicht anzuerkennen.[237] Allerdings ist die **Rollenwahl** zur Erziehung eines weiteren minderjährigen Kindes zu akzeptieren, auch wenn von der Möglichkeit Gebrauch gemacht wird, die Bezugsdauer des Elterngeldes zu verdoppeln.[238] Im Lichte der gesteigerten Erwerbsobliegenheit sind aber auch bei weiteren Kindern zumutbare Fremdbetreuungsmöglichkeiten in Anspruch zu nehmen.[239]

Eine Obliegenheit zur Anfechtung der Vaterschaft bezüglich eines rechtlichen, nicht aber leiblichen anderen Kindes, wird jedoch abgelehnt.[240]

---

225 OLG Bremen, FamRB 2004, 387; OLG Hamm, FamRZ 2005, 649; OLG Saarbrücken, FamRZ 2011, 1302; OLG Köln, FamFR 2011, 490.
226 OLG Nürnberg, ZFE 2005, 99; OLG Karlsruhe, OLGR 2008, 44; OLG Köln, FamRZ 2009, 886: Arbeitszeit von bis zu 48 Stunden pro Woche ist zumutbar.
227 OLG Dresden, ZFE 2007, 271 f.: Auch bei 42-Stunden-Woche sind noch 2 Std. Nebentätigkeit auszuüben; OLG Saarbrücken, FamFR 2009, 137: Geringverdiener muss sich um Nebentätigkeit bemühen; OLG Koblenz, FamRZ 2005, 650: Zurechnung fiktiver Einkünfte neben Verbraucherinsolvenz; OLG Bremen, NZFam 2017, 369.
228 BGH, NZFam 2014, 273 f.; BGH, FamRB 2017, 43.
229 A.A. OLG Hamm, FamRB 2013, 3 gegen die vorherrschende OLG-Rechtsprechung.
230 BVerfG, NJW 2010, 1658; BVerfG, NJW 2012, 2420.
231 OLG Brandenburg, FuR 2013, 285.
232 OLG Brandenburg, FuR 2018, 363.
233 OLG Köln, FamFR 2009, 117.
234 Vgl. etwa OLG Brandenburg, NZFam 2017, 422 zum Berufswechsel oder OLG Brandenburg, NZFam 2018, 611 zu längeren Fahrwegen.
235 OLG Saarbrücken, FPR 2009, 135; OLG Saarbrücken, FamFR 2012, 9.
236 OLG Bremen, NJW 2008, 1237.
237 KG, NZFam 2016, 264.
238 BGH, FamRZ 2015, 738.
239 OLG Schleswig, FamRZ 2015, 937.
240 OLG Düsseldorf, FamRB 2019, 93.

135 Zugleich bewirkt die gesteigerte Unterhaltspflicht eine Obliegenheit, **Vermögenswerte** in gesteigertem Umfang für den Kindesunterhalt zu **mobilisieren**[241] bzw. das Vermögen entsprechend ertragreich anzulegen. Das Interesse des minderjährigen Kindes muss daher gegenüber dem Interesse des Unterhaltspflichtigen auf Erhalt einer Immobilie als vorrangig angesehen werden.[242] So kann der Unterhaltspflichtige etwa gehalten sein, eine getätigte Schenkung zurückzufordern oder einen ihm zustehenden Pflichtteilsanspruch geltend zu machen. Unterhaltsrechtlich kann ihm bei Unterlassen aber nur eine entsprechende fiktive Leistungsfähigkeit zugerechnet werden, er kann nicht auf Geltendmachung dieser Rechte verklagt werden.[243] Abfindungen bei Beendigung eines Arbeitsverhältnisses sind daher vorrangig zur Sicherstellung des Mindestunterhalts minderjähriger Kinder einzusetzen.[244] Bei der Steuerklassenwahl in einer neuen Ehe ist ebenfalls das Unterhaltsinteresse der Kinder zu berücksichtigen.[245]

2. Unterhaltsbestimmung

136 Im Grundsatz bestimmen die Eltern nach **§ 1612 Abs. 2 BGB** die Art der Unterhaltsgewährung. Bei **intakter Ehe** schulden die Eltern i.d.R. Betreuungsunterhalt i.S.e. **Naturalunterhalts** durch Gewährung von Wohnung, Kleidung, Nahrung, Pflege, Erziehung etc.; Barunterhalt schulden sie allenfalls als zusätzliches Taschengeld.

137 Leben die Eltern **getrennt**, so erfolgt die Bestimmung über die Unterhaltsgewährung minderjährigen Kindern ggü. entweder durch den allein sorgeberechtigten Elternteil, § 1629 Abs. 1 Satz 3 BGB (ergibt sich auch aus § 1612 Abs. 2 Satz 2 BGB),[246] oder im Fall des gemeinsamen Sorgerechts durch denjenigen Elternteil, der das Kind in **Obhut** hat. Dieser kann dann nach **§ 1629 Abs. 2 Satz 2 BGB** die Unterhaltsansprüche gegen den anderen Elternteil geltend machen,[247] und zwar im eigenen Namen, § 1629 Abs. 3 Satz 1 BGB. Aus diesem Grund wird empfohlen, bei einer **Vereinbarung aufzunehmen**, wer das Kind in Obhut hat.[248] Dieser Elternteil erfüllt seine Unterhaltspflicht i.d.R. durch Pflege und Erziehung des Kindes, § 1606 Abs. 3 Satz 2 BGB, mithin durch Betreuungsunterhalt. Der andere Ehegatte leistet dann Barunterhalt, § 1612a Abs. 1 Satz 1 BGB. Beide Unterhaltsformen haben aufgrund der Bestimmung des § 1606 Abs. 3 Satz 2 BGB als gleichwertig zu gelten.[249] Mit der Unterhaltsrechtsreform wurde § 1612 Abs. 2 Satz 2 BGB a.F. abgeschafft, sodass eine Änderungsentscheidung des FamG auf Antrag des Kindes nicht mehr vorgesehen ist.[250] Der Einwand fehlerhafter Unterhaltsbestimmung müsse dann im Unterhaltsverfahren selbst mit geltend gemacht werden.

138 Bei **volljährigen Kindern** soll das Bestimmungsrecht im Trennungs- oder Scheidungsfall jedem Elternteil unabhängig zustehen, der es allein ausüben kann, aber auf die berechtigten Interessen des anderen Elternteils Rücksicht nehmen muss. Rücksicht zu nehmen ist nach § 1612 Abs. 2 Satz 1 BGB auch auf die Belange des Kindes, wobei ein Verstoß nur in Ausnahmefällen bei einem schwerwiegenden, nicht behebbaren Zerwürfnis vorliegt.[251]

---

241 Vgl. etwa OLG Brandenburg, FamRZ 2013, 1139 f.
242 OLG Nürnberg, FamFR 2011, 55.
243 BGH, NJW 2013, 530; vgl. hierzu die Anm. Maurer, FamRZ 2013, 280 f., aus der deutlich wird, dass das Urteil Steine statt Brot gibt. Der Unterhaltspflichtige hatte die Mutter der Kinder umgebracht und sitzt deshalb in Haft. Aufgrund der Fiktion ist kein Unterhalt vollstreckbar. Geholfen hätte einzig die Überleitung von Rechten.
244 BGH, FamRZ 2012, 1048; Vorinstanz OLG Schleswig, FamFR 2012, 346.
245 OLG Köln, FuR 2012, 204.
246 OLG Brandenburg, FamRZ 2004, 900.
247 Die Bestimmung über die Art des Unterhalts will der BGH gleichwohl nicht auf § 1629 BGB, sondern auf § 1612 BGB stützen, BGH, FamRZ 1992, 426.
248 Bergschneider, Rn. 315.
249 BGH, FamRZ 1988, 159, 161.
250 Zum Bestimmungsrecht nach der Unterhaltsrechtsreform Götsche, FamRB 2008, 81 ff.
251 OLG Karlsruhe, FamRB 2015, 287.

Wenn die Eltern die Kinder im **sog. Wechselmodell** betreuen und die Kinder abwechselnd etwa 139
gleich lang beim jeweiligen Elternteil leben, so lässt sich ein Schwerpunkt der Betreuung nicht
ermitteln, sodass kein Elternteil die Obhut i.S.d. § 1629 Abs. 2 Satz 2 BGB innehat. Dann sind
beide Eltern anteilig barunterhaltspflichtig. Hier muss die Entscheidungsbefugnis nach § 1628 BGB
auf einen Elternteil übertragen oder ein Ergänzungspfleger bestellt werden.[252] Dies soll jedoch nicht
gelten, wenn das Wechselmodell nicht mit jeweils gleicher Aufenthaltslänge praktiziert wird; dann
ist vielmehr die Obhut bei dem Elternteil, das mehr Zeit mit dem Kind verbringt.[253]

3. Sonderfall: Wechselmodell

Der Unterhaltsbedarf des Kindes berechnet sich in solchen Fällen nach den zusammengerechneten 140
beiderseitigen Einkünften.[254] Dies soll jedoch nicht gelten, wenn das Wechselmodell nicht mit jeweils
gleicher Aufenthaltslänge praktiziert wird, sondern etwa im Verhältnis 1/3 zu 2/3.[255] Dieser strikten
Unterscheidung hat der BGH nun in einem Grundsatzurteil[256] die Spitze genommen, indem er
entschieden hat, dass bei einem barunterhaltspflichtigen Elternteil, das ein über das gewöhnliche
Maß hinausgehendes **Umgangsrecht** wahrnimmt und dafür **außergewöhnlich hohe Aufwendungen**
trägt, zum einen eine **Herabstufung** um eine oder mehrere Gruppen der Düsseldorfer Tabelle erfolgen kann und zum anderen dieser verbleibende **Barbedarf** sich noch deswegen **reduzieren** kann,
weil Leistungen erbracht werden, die den Barbedarf auf andere Weise decken. Bei Ausübung des
Umgangsrechtes entsteht im Übrigen sogar eine temporäre Bedarfsgemeinschaft im sozialrechtlichen
Sinne.[257] Die Details des Kindesunterhalts im Wechselmodell werden bei der Darstellung dieses
Modells im Zusammenhang veranschaulicht.[258]

4. Barunterhaltspflicht des betreuenden Elternteiles

Auch der betreuende Elternteil kann **ausnahmsweise zur Leistung von Barunterhalt** verpflichtet 141
sein, wenn er über ein deutlich höheres Einkommen als der an sich allein barunterhaltspflichtige
Elternteil verfügt und es sonst zu einem finanziellen Ungleichgewicht zwischen den Eltern kommen
würde. Die Praxis hat sich hier noch nicht auf bestimmte Sätze verständigt.[259] Ist das Einkommen
des betreuenden Elternteils mehr als doppelt so hoch[260] bzw. dreimal so hoch[261] wie das des an sich
barunterhaltspflichtigen Elternteils, so kann die Unterhaltspflicht des Letzteren ganz entfallen. Dabei
werden zunächst die Einkommen um den angemessenen Selbstbehalt bereinigt und in aller Regel
dann nochmals »wertend verändert«, um den betreuenden Elternteil nicht zu benachteiligen.[262]

---

252 OLG Frankfurt am Main, NJW 2017, 336; OLG Köln, NZFam 2016, 1046; OLG Hamburg, FamRB 2015, 89; für eine Ergänzungspflegerbestellung Götz, FF 2015, 146.
253 OLG Düsseldorf, NZFam 2016, 268.
254 BGH, NJW 2006, 2258 f.; zur Berechnung beim Wechselmodell vgl. auch AG Freiburg, FamRZ 2006, 567 ff. Für eine Reduzierung des Unterhalts schon bei überwiegender Tagesbetreuung durch barunterhaltspflichtigen Vater: OLG Frankfurt am Main, ZFE 2005, 451. Das OLG Karlsruhe, FamRZ 2006, 1225 will beim Wechselmodell die Barunterhaltspflicht jedes Elternteils direkt aus dem ihrem jeweiligen Einkommen entsprechenden hälftigen Tabellenunterhalt ableiten.
255 BGH, FamRZ 2007, 707 m. Anm. Luthin; OLG Schleswig, NJW-RR 2008, 1322.
256 BGH, NJW 2014, 1958; hierzu Sünderhauf, NZFam 2014, 585; vgl. zu verschiedenen Rechenmodellen auch Gutdeutsch, FamRB 2012, 250.
257 BSG, FuR 2014, 116.
258 Vgl. Rdn. 397 ff.
259 OLG Köln, OLGR 2007, 647; OLG Nürnberg, NJW-RR 2008, 884: Barunterhaltspflichtiger Elternteil muss nicht sein Vermögen verwerten, wenn anderer Elternteil den Unterhalt aus laufenden Einnahmen zahlen kann; zu den Einzelheiten Scholz, FamRZ 2006, 1728 ff.; Spangenberg, FamFR 2010, 125; Langheim, FamRZ 2015, 632.
260 OLG Brandenburg, FamRZ 2006, 1780; vgl. auch OLG Koblenz, FamRZ 2004, 704.
261 BGH, NJW 2013. 2897; OLG Naumburg, FamRZ 2013, 796; OLG Brandenburg, FamFR 2012, 344; Langheim, FamRZ 2015, 632; Rasch, FamRB 2016, 472, 475.
262 BGH, NJW 2013, 2897 m. Anm. Maurer.

Unterhalb einer Einkommensdifferenz von 500,– € soll eine Mithaftung ausscheiden.[263] Da sich der Bedarf vom barunterhaltspflichtigen Elternteil ableitet, sind zusätzliche Aufwendungen wegen der gehobeneren Lebensführung des betreuenden Elternteils ohnehin von diesem zu leisten.[264]

142 Noch nicht vollständig geklärt ist, wie sich die **Zahlung von Barunterhalt durch den betreuenden Elternteil** auf den von ihm an den anderen Ehegatten zu zahlenden Unterhalt auswirkt. Während einerseits vertreten wird, der von ihm zu zahlende Teil sei bei ihm **als Ehegattenunterhaltspflichtigen** einfach vorweg abzuziehen,[265] vertritt eine andere Auffassung,[266] dass der Empfang des Ehegattenunterhaltes beim Berechtigten zu einer Neuberechnung des Kindesunterhalts führen müsse, sodass eine Schaukelwirkung entsteht, die durch eine Näherungsberechnung gelöst werden kann.

143 Eine anteilige Barunterhaltspflicht beider Ehegatten kommt außerhalb des Wechselmodells oder der wesentlich günstigeren Einkommensverhältnisse ferner in Betracht, wenn
– das Kind von einem Dritten betreut wird;
– das Kind mit Zustimmung der Sorgeberechtigten einen eigenen Haushalt hat;
– Zusatzbedarf zu decken ist;
– der barunterhaltspflichtige Elternteil nicht zahlen muss, da er seinen eigenen notwendigen Selbstbehalt nicht decken kann.[267]

144 Sind beide Eltern barunterhaltspflichtig und kommt ein Elternteil seiner Unterhaltspflicht nicht nach, so kann dem zahlenden Elternteil gegen den anderen ein familienrechtlicher Ausgleichsanspruch zustehen.[268] Dies gilt jedoch nicht, wenn ein Elternteil aufgrund einer Freistellungsvereinbarung alleine zahlt.[269]

145 Nach dem **Versterben eines Elternteiles** schuldet der überlebende Elternteil neben dem Barunterhalt zusätzlich Betreuungsunterhalt, wenn das minderjährige Kind nicht bei ihm lebt. Lassen sich hierfür keine Kosten bestimmen – etwa weil das Kind bei den Großeltern lebt – dann soll sich dieser Betreuungsunterhalt nach dem Barunterhalt bemessen.[270]

5. Verwandtenunterhalt

146 Der Unterhaltsanspruch des Kindes beruht auf **§ 1601 BGB**. Der Kindesunterhalt ist insoweit als Verwandtenunterhalt zu verstehen, der in wesentlichen Bereichen anders geregelt ist als der Ehegattenunterhalt. Danach müssen – insoweit wie beim Ehegattenunterhalt auch – **Bedürftigkeit** des Berechtigten (§ 1602 BGB) und **Leistungsfähigkeit** des Schuldners[271] vorliegen.

147 Hierbei trifft ein minderjähriges Kind **keine Erwerbsobliegenheit. Ausbildungsvergütungen** sind nur **zur Hälfte auf den Barunterhalt anzurechnen**, um i.H.d. anderen Hälfte den Betreuungsunterhalt leistenden Elternteil zu entlasten.[272] Auch das minderjährige Kind hat Einkünfte aus seinem Vermögen anzusetzen, braucht jedoch seinen Unterhalt nicht aus seinem Vermögensstamm zu bestreiten, § 1602 Abs. 2 BGB. Es besteht eine Obliegenheit des Kindes, einen BAföG-Antrag zu stellen.[273]

---

263 OLG Schleswig, FamRB 2014, 245.
264 Rasch, FamRB 2016, 472.
265 Obermann, NZFam 2016, 481.
266 OLG Brandenburg, NJ 2016, 70.
267 Rasch, FamRB 2016, 472.
268 OLG Jena, FamRZ 2010, 382.
269 OLG Jena, FamRZ 2009, 892.
270 BGH, FamRZ 2006, 1597.
271 Ein Elternteil kann auch darauf verwiesen werden, seinen eigenen angemessenen Unterhalt durch einen Anspruch auf Familienunterhalt gegen einen neuen Ehegatten zu erreichen, wenn lediglich nicht allzu hohe Differenzbeträge hierzu fehlen, BGH, FamRZ 2004, 24.
272 BGH, FamRZ 1988, 159, 162.
273 OLG Hamm, FamFR 2013, 536.

A. Trennungsvereinbarungen

Keine Verpflichtung besteht hingegen zur Aufnahme eines sog. Bildungsdarlehens, weil dieses verzinslich ist und deutlich schlechtere Rückzahlungsmodalitäten hat als das BAföG-Stipendium.[274]

Das Maß des Unterhalts bestimmt sich nach **§ 1610 BGB** nach der **Lebensstellung** des Unterhaltsberechtigten. Diese kann wechseln, sodass beim Kindesunterhalt von vornherein **nie eine Lebensstandsgarantie** bestand.[275] Das minderjährige Kind leitet seine Lebensstellung i.d.R. von den Eltern ab. Der Barunterhalt des minderjährigen Kindes richtet sich daher grds. nach den Einkommensverhältnissen des barunterhaltspflichtigen Elternteils.[276] Hierbei soll die neue Rechtsprechung des BGH zum **Abzug der Tilgungsleistungen beim Wohnvorteil**[277] auch auf den Kindesunterhalt anwendbar sein, solange und soweit der Mindestunterhalt gedeckt ist.[278] Beim Kindesunterhalt soll der Wohnvorteil grds. mit der objektiven Marktmiete zu berechnen sein.[279]

148

Der hiernach eigentlich individuell für jeden Einzelfall zu bemessende Kindesunterhalt wird nach den §§ 1612a ff. BGB in gewissem Umfang **pauschaliert** durch die Anwendung von Prozentzahlen eines festgesetzten Mindestunterhalts, die abhängig vom Lebensalter und vom Einkommen des Pflichtigen zu Unterhaltsbeträgen kommen, die letztlich in der Düsseldorfer Tabelle festgehalten sind. Diese Pauschalierung gilt für den Regelbedarf eines Kindes und ist stets im Einzelfall[280] auf seine Angemessenheit nochmals zu überprüfen.[281] Für eine etwaige Anpassung enthalten die Düsseldorfer Tabelle und die Leitlinien dann ebenfalls ein Instrumentarium.

Zum gesamten Lebensbedarf i.S.d. § 1610 BGB gehören insbesondere die Kosten einer **angemessenen Berufsausbildung**. Hier kommt es regelmäßig zu Streitigkeiten über die Frage, ob der Unterhaltsberechtigte wirklich ausbildungsgeeignet ist. Die Rechtsprechung legt im Rahmen der Erstausbildung aber zumeist einen großzügigen Maßstab an.[282] Das gilt jedoch nicht, wenn ein Kind über mehrere Jahre nicht über seinen Ausbildungsweg informiert hat und dann mit dem 25. Lebensjahr ein Studium beginnen möchte.[283] Auch in **Abitur-Lehre-Studium-Fällen** geht der BGH von einem Zusammenhang aus und billigt zudem einem Jugendlichen eine Orientierungsphase mit der Möglichkeit der Umordnung zu, allerdings nicht mehr nach Abschluss der Ausbildung.[284] Nach Ansicht des OLG Frankfurt am Main und des OLG Düsseldorf besteht ein Unterhaltsanspruch auch während eines freiwilligen sozialen Jahres, wenn dies bei einem Minderjährigen der Berufsfindung dient.[285]

149

---

274 OLG Bremen, NJW-RR 2013, 133.
275 Palandt/Brudermüller, § 1610 Rn. 3.
276 BGH, FamRZ 1983, 473 f.; BGH, FamRZ 2000, 358; krit. insoweit Wendl/Dose/Klinkhammer, § 2 Rn. 111 f.; Palandt/Brudermüller, § 1612a Rn. 2: Einkommen der Eltern.
277 BGH, FamRZ 2017, 519 und FamRZ 2018, 1506, Tz. 31.
278 OLG Frankfurt am Main, NZFam 2019, 1054.
279 OLG Brandenburg, FuR 2019, 343.
280 Zu den Besonderheiten behinderter Kinder im Unterhaltsrecht Reinken, NZFam 2019, 1025 f.
281 BGH, FamRZ 2000, 1492.
282 Vgl. etwa OLG Hamm, FamRZ 2013, 1407 (Abitur mit 3,2, abgebrochenes Studium für Tourismus, Praktika, »Work-and-Travel« Aufenthalt in Australien, erneutes Praktikum und dann Journalistikstudium; BGH, NJW 2013, 2751 hierzu Born, NJW 2013, 2717: Gerade die Belastungen aus der familiären Trennung und mehreren Umzügen sprechen für eine großzügige Handhabung des Begriffes der Erstausbildung; OLG Brandenburg, FamFR 2011, 104: Nach Bachelorabschluss sich anschließendes und inhaltlich aufbauendes Masterstudium lässt Unterhaltsverpflichtung fortbestehen; BGH, NJW 2011, 2884: kein Verlust des Unterhaltsanspruchs bei Unterbrechung der Ausbildung wegen Geburt eines Kindes; Berufstätigkeit unterbricht den Zusammenhang der Erstausbildung, BGH, NZFam 2016, 744; freiwilliges soziales Jahr ist Teil einer angemessenen Berufsausbildung, OLG Celle, FamRB 2011, 364; Studium nach praktischer Ausbildung, das unmittelbar an die dort gewonnen Fähigkeiten anknüpft berechtigt zu Unterhalt, OLG Oldenburg, FamRB 2018, 256.
283 BGH, FamRB 2017, 245.
284 BGH, FamRB 2017, 206.
285 OLG Frankfurt am Main, NZFam 2018, 572; OLG Düsseldorf, NJW 2019, 2480.

150 Da es sich um Verwandtenunterhalt handelt, ist insb. die Vorschrift des § 1614 BGB zu beachten. Danach ist ein **Unterhaltsverzicht** i.R.d. Kindesunterhalts **nicht wirksam**. **Vorsicht** ist auch geboten vor Vereinbarungen, die zu einer **Herabsetzung** des Kindesunterhalts führen. In diesem Zusammenhang sei etwa die Streitfrage genannt, ob dem Kindesunterhalt nun absoluter Vorrang zukommt oder nur dem Existenzminimum des Kindes, also dem Betrag, der 100 % der Düsseldorfer Tabelle entspricht. Auch wenn Letzteres häufig den Wünschen der Beteiligten entspricht, da dann ein höherer Ehegattenunterhalt für mehr Realsplitting sorgt, ist doch zu beachten, dass es sich um einen **Individualunterhaltsanspruch** handelt und nicht um Familienunterhalt.[286] Daher sind Vereinbarungen, die Verschiebungen zugunsten des kindesbetreuenden Elternteils festlegen, im Lichte des § 1614 BGB kritisch zu sehen, wenn sich später herausstellen sollte, dass nach Auffassung der Rechtsprechung der gesamte Kindesunterhaltsbetrag im absoluten Vorrang steht.[287]

▶ **Gestaltungsempfehlung:**

151 Auch Vereinbarungen, die den Unterhalt zwischen betreuendem Elternteil und Kindern anders verteilen, sind im Lichte des § 1614 BGB kritisch zu sehen. Werden sie ausdrücklich verlangt, ist entsprechend zu belehren.

152 Zu beachten ist ferner, dass **Vorausleistungen für länger als drei Monate** nach § 1614 Abs. 2 i.V.m. § 760 Abs. 2 BGB **nicht befreiend wirken**, sodass bei erneuter Bedürftigkeit wieder Unterhalt bezahlt werden muss.

▶ **Gestaltungsempfehlung:**

153 Wegen § 1614 Abs. 2 BGB ist Vorsicht geboten bei allen Vereinbarungen, die letztlich zu einer weitgehenden Vorauszahlung des Kindesunterhalts führen, gleich ob dies nun durch die Zahlung eines höheren Einmalbetrages geschieht oder durch eine Art Unterhaltsabfindung. Vorauszahlungen für länger als drei Monate führen ggf. zu erneuter Zahlungsverpflichtung.

6. Mindestunterhalt und Düsseldorfer Tabelle

a) Mindestunterhalt

154 Der Unterhaltsbedarf der minderjährigen Kinder unterliegt somit – wie geschildert – in gewissem Umfang einer Pauschalierung. Diese erfolgte vor der Unterhaltsrechtsreform durch die RegelbetragsVO mit unterschiedlichen Zahlen für die alten und neuen Bundesländer. Diese Art der Unterhaltsberechnung war vielfältiger Kritik ausgesetzt, angefangen bei der Rüge mangelnder Normenklarheit durch das BVerfG[288] bis hin zu der Streitfrage, ob es nach dieser Regelung einen Mindestbedarf des unterhaltsberechtigten Kindes gab, der dann eher notdürftig mit 135 % des Regelbetrages für die Mangelfallberechnung angenommen wurde.

155 In diesem Zusammenhang hat die Unterhaltsrechtsreform § **1612a BGB** vollständig neu geregelt. Er schafft durch die Einführung eines Mindestunterhalts einen generalisierenden Bedarfsmaßstab.[289]

156 Danach steht minderjährigen Kindern gegen den Barunterhaltspflichtigen ein **Mindestunterhalt** zu, der auch weiterhin **Anknüpfungspunkt für eine dynamische Vereinbarung** zum Kindesunterhalt sein kann.

Der Mindestunterhalt hatte sich nach Abschaffung der RegelbetragsVO zunächst am steuerlichen Existenzminimum des § 32 Abs. 6 Satz 1 EStG ausgerichtet. Da dieses aber zu wenig angepasst wurde,

---

286 Palandt/Brudermüller, § 1612a Rn. 2.
287 Vorschläge solcher abweichenden Vereinbarungen bei Reetz, notar 2008, 109, 117; Borth, Unterhaltsrechtsänderungsgesetz, Rn. 688. Soweit hier der Anspruch wie ein Familienunterhaltsanspruch behandelt wird (Reetz, notar 2008, 109, 117) wird dies dem Individualanspruch nicht gerecht.
288 BVerfG, NJW 2003, 2733.
289 Palandt/Brudermüller, § 1612a Rn. 7.

A. Trennungsvereinbarungen   Kapitel 8

ist der Gesetzgeber nun seit 2016 in § 1612a Abs. 4 BGB dazu übergegangen, eine **MindestunterhaltsVO** vorzusehen, die in einem **zweijährigen Rhythmus angepasst** wird. Nach der derzeit geltenden Fassung beläuft sich der Mindestunterhalt in der ersten Altersstufe auf 369,- € in der zweiten auf 424,- € (entspricht den 100 % nach § 1612a Abs. 1 BGB) und in der dritten Altersstufe auf 497 €.

Dieser ist aber dann nochmals **nach dem Lebensalter der minderjährigen Kinder gestaffelt** und beträgt nach § 1612a Abs. 1 BGB: 157
- für die Altersgruppe von null bis zum vollendeten sechsten Lebensjahr: **87 %**,
- für die Altersgruppe vom siebten bis zum vollendeten zwölften Lebensjahr: **100 %**,
- für die Altersgruppe ab dem 13. Lebensjahr: **117 %**.

Diese Prozentsätze sind in der Mindestunterhaltsverordnung bereits berücksichtigt.

§ 1612a Abs. 2 BGB enthält folgende **Vorschriften zur Berechnung**: Der Prozentsatz ist auf eine   158
Dezimalstelle zu begrenzen unter Wegfall jeder weiteren Dezimalstelle, d.h. ohne Aufrundung schon der ersten Dezimalstelle.[290] Der sich bei der Unterhaltsberechnung ergebende Betrag ist **auf volle Euro** aufzurunden.

Hinsichtlich des Übergangs der Altersstufen ordnet § 1612a Abs. 3 BGB an, dass der Unterhalt der   159
höheren Altersstufe ab dem **Beginn des Monats maßgeblich ist, in dem das Kind das betreffende Lebensjahr vollendet**. Wird z.B. ein Kind am 15. Januar eines Jahres sechs Jahre alt, ist bereits ab dem ersten Januar Kindesunterhalt nach der zweiten Altersstufe zu zahlen.

b) Düsseldorfer Tabelle

Auf diesen Monatswerten des Mindestunterhalts von 369,- €, 424,- € und 497,- € baut die **Düsseldorfer Tabelle zum Stand 01.01.2020**[291] auf.   160

Die Düsseldorfer Tabelle ist nur ein **Hilfsmittel** zur Feststellung des angemessenen Unterhalts i.S.d.   161
§ 1610 BGB. Die Tabelle mit den Zahlenwerten wird bundeseinheitlich übernommen. Bereits bei den Anmerkungen ist allerdings vieles umstritten und in den Leitlinien der OLG[292] z.T. abweichend geregelt.

Seit 2010 ist die Düsseldorfer Tabelle angesichts der sehr stark erhöhten Kindesunterhaltsbeträge   162
nach ihrer Anmerkung 1 aber nicht mehr auf drei, sondern **nur noch auf zwei Unterhaltsberechtigte zugeschnitten**. Damit wird erreicht, dass bereits bei drei Unterhaltspflichtigen eine Herabstufung auf eine niedrigere Stufe vorgenommen werden kann. Im Zusammenspiel damit sind die **Bedarfskontrollbeträge** zu sehen, die nach Anmerkung 6 der Düsseldorfer Tabelle eine Kontrollrechnung erlauben, ob das Einkommen angemessen zwischen dem Unterhaltspflichtigen und seinen Kindern verteilt ist. Sie entsprechen in der Stufe des Mindestunterhaltes den Selbstbehaltsbeträgen und übersteigen diese dann. *Diederichsen* mahnt nicht zu Unterecht an, der Wechsel des Rangsystems hätte auch an sich ein neues Leitbild der Düsseldorfer Tabelle erforderlich gemacht.[293]

Zusätzlich ordnet **Anmerkung 1 der Düsseldorfer Tabelle** an, dass zur Deckung des notwendigen   163
Mindestbedarfs aller Beteiligten – einschließlich des Ehegatten – ggf. **eine Herabstufung in die unterste Tabellengruppe** vorzunehmen ist. Reicht das verfügbare Einkommen auch dann nicht aus, so setzt sich der Vorrang der Kinder durch. Damit **mildert** die Düsseldorfer Tabelle die **Rangordnung des § 1609 BGB ab**, wenn die Kinder höheren Unterhalt als den Mindestbedarf erreichen könnten, aber der Ehegatte dann keinen oder nur wenig Unterhalt erhielte. Die Düsseldorfer Tabelle folgt somit der Position, dass ein echter Vorrang nur für das Existenzminimum der Kinder besteht.[294]

---

290 Palandt/Brudermüller, § 1612a Rn. 18.
291 *Http://www.famrb.de/unterhaltsleitlinien.html.*
292 Diese sind in ihrer aktuellen Fassung ebenfalls abzurufen unter *http://www.famrb.de/unterhaltsleitlinien.html.*
293 Palandt/Diederichsen, 69. Aufl., § 1609 Rn. 18.
294 Schwab, FamRZ 2005, 1417, 1423; Gerhardt, FamRZ 2007, 945, 948; Scholz, FamRZ 2007, 2028 f.; Schwab/Borth, 6. Aufl., IV, Rn. 1230.

Zusätzlich wird argumentiert, die Herabstufung vermeide den Mangelfall und führe dazu, dass die unterhaltsrechtliche Rangordnung erst gar nicht eingreife.[295] Diese **Ansicht** ist jedoch **stark umstritten**. Nach einer Ansicht ist durch eine allgemeine rechnerische Überprüfung des Gesamtergebnisses dessen Billigkeit sicherzustellen.[296] Nach a.A. bezieht sich der **Vorrang der Kinder auf den vollen Unterhaltsbedarf**.[297]

164 Die **Düsseldorfer Tabelle** erfasst **nur** den **Regelbedarf**. Sonderbedarf[298] nach § 1613 Abs. 2 Nr. 1 BGB und Mehrbedarf ist von den Sätzen der Düsseldorfer Tabelle nicht umfasst. So enthält die Düsseldorfer Tabelle bisher auch keinen Krankenversicherungsbedarf, da i.d.R. eine familiäre Mitversicherung besteht. Diese Positionen sind also zusätzlich zum Tabellenbetrag zu bezahlen.[299] Dies gilt insbesondere, wenn die Kinder bisher privat versichert gewesen sind.[300] Da die **Krankenversorgung** zum **Regelbedarf** gehört, sei sie nicht wie eine Mehrbedarfsposition zwischen den Eltern aufzuteilen, sondern vom Barunterhaltspflichtigen alleine zu tragen.[301] Ist dieser beihilfeberechtigt, kann eine Pflicht des Kindes zur Mitversicherung bestehen, um die Belastungen zu mindern.[302]

165 Wenn der **Arbeitgeber** bei einem in Ausbildung befindlichen Kind Kranken- und Pflegeversicherungsbeiträge **einbehält**, können die Eltern, wenn sie diese dem Kind erstatten, die Kosten als Sonderausgaben geltend machen.[303]

166 Insb. muss die neue Rechtsprechung des **BGH** zu den **Kosten der Kindesbetreuung** Beachtung finden. Unter Aufgabe seiner früheren Rechtsprechung, die davon ausging, dass die Kosten des halbtägigen Besuchs des Kindergartens bis zum Betrag von 50,00 € im Tabellenunterhalt enthalten sind,[304] ist der BGH jetzt der Ansicht, dass Kindergartenbeiträge[305] **in voller Höhe Mehrbedarf des Kindes** sind,[306] die in den Unterhaltstabellen nicht enthalten sind. Verpflegungskosten, die in einer Kindereinrichtung anfallen, sind hingegen mit dem Tabellenbetrag abgegolten.[307] Z.T. wird aus dem Urteil geschlossen, dass nur Kosten nach der Vollendung des dritten Lebensjahres erfasst sind und Kosten anspruchsvoller privater Träger nur dann, wenn die Inanspruchnahme auf Elternkonsens beruhte.[308] Nach der weiteren Rechtsprechung des BGH ist jedoch eine **Nachmittagsbetreuung zur Ermöglichung der Erwerbstätigkeit ohne besonderes pädagogisches Konzept kein Mehrbedarf** des Kindes, sondern vom betreuenden Elternteil aufzubringen und dann als berufsbedingte Mehraufwendungen abzusetzen.[309]

---

295 Menne, FamRB 2008, 145, 149.
296 Scholz, FamRZ 2007, 2021, 2029.
297 Borth, FamRZ 2006, 817 f.; Kemper, FuR 2007, 50, 53; Born, NJW 2008, 2 f.; Schürmann, FamRZ 2008, 320 f.; Palandt/Brudermüller, § 1609 Rn. 32: Weist auf umstrittene Einschätzung hin.
298 Z.B. Kieferorthopädische Behandlungskosten, OLG Celle, FamRZ 2008, 1884; KG, NZFam 2017, 665; nicht jedoch – da nicht unerwartet – die Kosten für Klassenfahrten und Schüleraustausch, OLG Hamm, FamFR 2011, 54.
299 Vgl. OLG Naumburg, FamRZ 2007, 1113 noch zur RegelbetragsVO.
300 OLG Frankfurt am Main, FamRZ 2013, 138; OLG Koblenz, FamFR 2010, 106.
301 BGH, NJW-RR 2018, 579, Tz. 28; OLG Frankfurt am Main, NZFam 2019, 1054.
302 OLG Köln, FamRB 2015, 336.
303 BFH, BStBl. 2019 I, 191.
304 BGH, NJW 2008, 2337 m. zust. Anm. Ehinger = FamRZ 2008, 1152 m. Anm. Born.
305 Gleiches gilt für vergleichbare Aufwendungen für die Betreuung eines Kindes in einer kindgerechten Einrichtung.
306 Schäuble stellt zur Diskussion, ob nicht auch Haushaltsführungskosten Mehrbedarf des Kindes sind, FamRZ 2010, 513.
307 BGH, NJW 2009, 1816 = FamRZ 2009, 962.
308 Stellungnahme des Deutschen Instituts für Jugendhilfe und Familienrecht e.V., FamRB 2010, 227 f.
309 BGH, NJW 2017, 3786; OLG Frankfurt am Main, NZFam 2019, 1054.

Studiengebühren sind ebenfalls Mehrbedarf,[310] nicht hingegen bloße Semesterbeiträge[311] oder die Kosten für ein Privatgymnasium.[312] Als Mehrbedarf anerkannt sind hingegen die Kosten für den langjährigen Besuch von **Förderunterricht** zur Therapie einer Lese-Rechtschreib-Schwäche[313] sowie das Schuldgeld.[314] Wird dem Kind ein Hund zur Betreuung und Pflege überlassen, so ist der Aufwand zur Hundehaltung Mehrbedarf des Kindes.[315] Da der Mehrbedarf ein unselbstständiger Teil des Unterhaltes ist, kann er grds. nur zusammen mit diesem geltend gemacht werden. Besteht bereits ein Unterhaltstitel, so ist der Weg über die Abänderungsklage zu beschreiten.[316]

167

Auch bei den **Internatsfällen** handelt es sich um Mehrbedarf, der sich nach den Internatskosten abzüglich der häuslichen Ersparnis bemisst. Da das Kind sich nicht bei einem Elternteil aufhält, kann die Verteilung wie beim Wechselmodell erfolgen, überwiegende Ferienaufenthalte können jedoch zu einem veränderten Schlüssel führen.[317] Die Internatsausbildung bzw. die dadurch verursachten Kosten unterliegen zwar der Entscheidung des sorgeberechtigten Elternteils, sie müssen aber dem anderen Elternteil zumutbar sein, wenn dieser sich über den Unterhalt an den Kosten beteiligen soll.[318]

168

▶ Hinweis:

Danach gehören die Kosten des Kindergartenbesuchs zum Bedarf des Kindes. Der BGH sieht den erzieherischen Aspekt des Kindergartenbesuchs im Vordergrund, sodass die Ermöglichung einer Erwerbstätigkeit während der Zeit des Kindergartenbesuchs nur Nebeneffekt ist. Daher ordnet er die Kosten dem Bedarf des Kindes zu. Die Alternative wäre gewesen, diese Kosten vom Einkommen des betreuenden Elternteils als Kosten der Berufstätigkeit abzuziehen.[319]

169

Weiter hat der BGH entschieden, dass die vollen Kosten des Kindergartenbesuchs nicht im Tabellenbetrag enthalten sind und daher Mehrbedarf darstellen – ausgenommen Verpflegungskosten, die mit den Tabellenbeträgen abgegolten sind. Für den Mehrbedarf sollen beide Elternteile anteilig nach ihrem Einkommen – aber unter Vorabzug eines Sockelbetrages i.H.d. angemessenen Selbstbehalts[320] bei jedem Ehegatten – aufkommen.[321]

So entscheiden Gerichte z.B. dass für Reit- und Klavierunterricht ein Betrag von 60,00 € monatlich schon im Tabellenbetrag enthalten ist, der Rest ist dann Mehrbedarf.[322]

170

▶ Hinweis:

In einer Unterhaltsvereinbarung bezüglich des Kindesunterhaltes sollte daher der Punkt Kindergartenbeträge angesprochen und ggf. einer zusätzlichen Regelung zugeführt werden.

171

Damit ist v.a. erreicht, dass sich der barunterhaltspflichtige Elternteil unabhängig von der Frage des Ehegattenunterhalts an diesen Kosten beteiligen muss.

172

---

310 OLG Zweibrücken, FamRB 2009, 204; OLG Koblenz, NJW-RR 2009, 1153.
311 OLG Düsseldorf, FamRB 2013, 134.
312 OLG Naumburg, NJW 2009, 1285.
313 BGH, NJW 2013, 2900.
314 OLG Naumburg, FamFR 2012, 11.
315 OLG Bremen, FamRZ 2011, 43.
316 Viefhues, ZFE 2009, 292, 296.
317 Gutdeutsch, 210, 214.
318 OLG Karlsruhe, NZFam 2019, 579 mit eingehender Schilderung der Problematik.
319 Hierzu Menne, FamRB 2008, 110, 115.
320 Zur Begründung für den angemessenen und nicht den notwendigen Selbstbehalt vgl. Viefhues, FuR 2012, 8. Der angemessene Eigenbedarf beläuft sich derzeit auf 1.400,00€ monatlich.
321 BGH, NJW 2009, 1816 = FamRZ 2009, 962.
322 Vgl. etwa OLG Hamm, FamRZ 2013, 139 f.; OLG Schleswig, FamFR 2012, 181; vgl. auch zu diesen Erwägungen Norpoth, FamFR 2013, 481 f: »Muss Sonderbedarf des Kindes noch überraschend sein?«.

173 Die **Grundstruktur der Düsseldorfer Tabelle** hat sich mit der Umstellung auf den Mindestunterhalt **geändert:**
– Sie hat jetzt nur noch **zehn Einkommensgruppen** (vorher 13).
– Die **unterste Einkommensgruppe** geht **bis 1.900,00 €.**
– Der **Abstand** der Einkommensgruppen beträgt **einheitlich 400,00 €** (früher zunächst 200,00 €, in der achten Einkommensstufe 300,00 € und dann 400,00 €).
– Die **erste Einkommensgruppe** hat einen für die Dynamisierung wichtigen Vomhundertsatz von 100 %,[323] dieser **steigt** dann pro Einkommensgruppe um **5 % bis zur 5. Altersgruppe einschließlich** und sodann **um jeweils 8 %** pro Einkommensgruppe bis zum **Höchstsatz** von 160 %.[324]
– Geblieben ist die Einteilung in **drei Altersgruppen von Minderjährigen und eine für Volljährige.** Die Altersgruppen sind in § 1612a BGB vorgegeben und sind in Jahren ausgedrückt (0 – 5 Jahre, 6 – 11 Jahre, 12 – 17 Jahre und ab 18 Jahre).
– Bei einem höheren Einkommen als nach der obersten Stufe der Düsseldorfer Tabelle darf diese nicht einfach fortgeschrieben werden, sondern ein höherer Bedarf ist konkret darzulegen und zu beweisen.[325] Da im höchsten Tabellensatz die Grundbedürfnisse bereits auf hohem Niveau erfasst sind, sind an die Darlegung eines überschießenden Bedarfs besondere Anforderungen zu stellen.[326] D.h. das Kind muss besonders kostenintensive Bedürfnisse aufzeigen und die Mittel zu ihrer Deckung beziffern.[327] Die **Rechtsprechung des BGH**[328] **zur konkreten Unterhaltsberechnung** bei Ehegatten ist hierauf anwendbar.[329]

174 Die **RegelbetragsVO** wurde damit **aufgehoben.** In der Folge entfielen auch die unterschiedlichen Unterhaltssätze in den alten und neuen Bundesländern.

175 Was die **Darlegungslast** anbelangt, so liegt diese beim Unterhaltspflichtigen, wenn der Mindestunterhalt verlangt wird und der Verpflichtete sich auf mangelnde Leistungsfähigkeit beruft.[330]

7. Kindergeld

176 Die Kindergeldanrechnung wurde in **§ 1612b BGB** vollständig neu geregelt. Das Kindergeld wird nicht mehr mit dem Barunterhaltsanspruch verrechnet, sondern **vorweg bedarfsmindernd abgezogen.** Das Kindergeld wird also zwar an die Eltern ausbezahlt, aber als Einkommen des Kindes behandelt, das dessen Bedarf deckt. Es gewinnt damit eine unterhaltsrechtliche Zweckbindung. Im Normalfall, dass ein Elternteil die Kindesbetreuung übernimmt und der andere Barunterhalt zahlt, wird das Kindergeld **zur Hälfte zur Deckung des Barbedarfs** verwendet, es wird mit anderen Worten zwischen Bar- und Betreuungsbedarf geteilt und entlastet damit indirekt die Eltern hälftig. Es entfällt die bisher komplizierte Anrechnung mit einer Sonderbehandlung der unteren Einkommensgruppen. Das wird für den Kinderzuschlag entsprechend zu gelten haben.[331]

177 Für die **Unterhaltsberechnung** ist daher das **hälftige Kindergeld** von den Beträgen der Düsseldorfer Tabelle **abzusetzen** (102,00 € für das erste und zweite Kind, 105,00 € für das Dritte Kind und

---

323 Dieser hat nichts mit den Prozentsätzen des § 1612a BGB zu tun!
324 Vgl. hierzu die ersten Erläuterungen von Vossenkämper, FamRZ 2008, 201 ff. und Strohal, FamRB 2008, 49.
325 OLG Schleswig, FamFR 2012, 181; OLG Frankfurt am Main, NZFam 2014, 31.
326 OLG Brandenburg, FamFR 2012, 7.
327 KG, NZFam 2019, 718 bei Verlangen eines Kindesunterhaltes von über 2.000,- €/mtl.; OLG Brandenburg, NZFam 2017, 808.
328 BGH, FamRZ 2018, 260 = NJW 2018, 468; BGH, NJW 2019, 3570 m. Anm. Born, NJW 2019, 3555; Büte, FuR 2018, 334 f.
329 Vgl. Kap. 6 Rdn. 377 f.; so KG, NZFam 2019, 718.
330 OLG München, FamRB 2008, 137; Scholz, FamRZ 2007, 2021, 2023.
331 Borth, FamRZ 2019, 853 zum »Starke-Familien-Gesetz«.

dann 117,50 € für jedes weitere Kind ab dem vierten). Hierzu gibt es einen Anhang der Düsseldorfer Tabelle, der die Zahlbeträge zusammenfassend darstellt.[332]

Für den Mindestunterhalt im Jahr 2020 lässt sich daher **folgende Tabelle** aufstellen (für ein erstes oder zweites Kind): 178

Alter	0–5	6–11	12–17
Prozentsatz nach § 1612a BGB	87 %	100 %	117 %
Mindestbetrag	369,00 €	424,00 €	497,00 €
Kindergeldabzug	./. 102,00 €	./. 102,00 €	./. 102,00 €
Zahlbetrag	267,00 €	322,00 €	395,00 €

8. Rang und Mangelfall

I.d.R. führt der Vorwegabzug zu gleichen rechnerischen Ergebnissen wie die frühere Verrechnung. Die **Bedarfsdeckung** durch den Vorwegabzug erlangt jedoch dann **Bedeutung**, wenn es um die **Leistungsfähigkeit** des Unterhaltsverpflichteten geht. Hier ist nunmehr zu prüfen, ob der **Selbstbehalt bei Abzug des Zahlbetrages** gewahrt ist. Der Tabellenbetrag ist also nicht mehr maßgeblich.[333] 179

Dieser **Zahlbetrag** ist auch Grundlage einer etwa notwendigen **Mangelfallberechnung**![334] 180

Bereits dargestellt ist, dass der Kindesunterhalt minderjähriger und ihnen gleichgestellter Kinder nach § **1609 BGB** künftig die **erste Rangstelle** einnimmt.[335] In die Mangelfallberechnung sind **nicht geltend gemachte Unterhaltsbeträge gleichrangiger Kindesunterhaltsverpflichtungen** jedoch **nicht einzustellen**; hier ist allein der Mindestselbstbehalt geschützt, nicht auch Einkommensteile, die andere dem Unterhaltspflichtigen belassen.[336] 181

Beim **Ehegattenunterhalt** ist somit **nur der Zahlbetrag des Kindesunterhalts vorweg abzuziehen**, nicht hingegen der Tabellenbetrag. Was den Rang anbelangt, so ist streitig, ob es einen absoluten Vorrang des Kindesunterhalts gibt oder ob in einem Mangelfall nur der Mindestunterhalt der Kinder in die Mangelfallberechnung einzubeziehen ist. 182

Es sei noch betont, dass den Unterhaltspflichtigen gegenüber minderjährigen Kindern und gleichgestellten volljährigen, privilegierten Kindern eine gesteigerte Unterhaltspflicht trifft.[337] Hierzu hat der BGH entschieden, dass Aufwendungen des Unterhaltspflichtigen für eine zusätzliche sekundäre Altersversorgung und eine Zusatzkrankenversicherung nicht abzugsfähig sind, wenn anderenfalls nicht einmal der Mindestunterhalt für ein minderjähriges Kind aufgebracht werden könne.[338] 183

Eine **Mangelfallberechnung** sieht mit den Zahlen des Jahres 2020 dann so aus: 184

Einkommen	2.1000,00 €
Unterhaltsbedarf Kind 1 (8 Jahre):[339] 424,00 € ./. 1/2 Kindergeld (102,- €)	322,00 €
Unterhaltsbedarf Kind 2 (16 Jahre) 497,00 € ./. 1/2 Kindergeld (102,- €)	395,00 €
Resteinkommen	1.383,00 €
abzgl. Selbstbehalt gegenüber Ehegatten für Erwerbstätige	1.280,00 €
Ehegattenunterhalt	103,00 €

---

[332] In der Altersklasse der volljährigen Kinder unter vollständigem Abzug des Kindergeldes.
[333] Borth, Unterhaltsrechtsänderungsgesetz, 1. Aufl., Rn. 335; Wendl/Dose/Klinkhammer, § 2 Rn. 727.
[334] Menne/Grundmann, S. 106; Scholz, FamRZ 2007, 2021, 2028.
[335] Vgl. Kap. 6 Rdn. 96 ff.
[336] BGH, NJW 2019, 3783.
[337] Hierzu näher Rdn. 132.
[338] BGH, FamRB 2013, 133; ebenso OLG Saarbrücken, FamRZ 2011, 1302.
[339] Der ersten Stufe entnommen, weil Unterhaltspflicht ggü. drei Unterhaltspflichtigen.

Somit verfügen nach neuem Recht die Beteiligten über folgende Beträge:

Geschiedene Ehefrau	103,00 €
Kind 1	322,00 €
Kind 2	395,00 €
Unterhaltspflichtiger	1.280,00 €

9. Unterhalt volljähriger Kinder

185 Der Kindesunterhalt für volljährige Kinder[340] weist einige Besonderheiten auf. Zunächst ist der **Kindesunterhalt für minderjährige und volljährige Kinder identisch**, sodass **Unterhaltstitel weiterhin verwendbar** sind,[341] jedenfalls soweit der Unterhaltstitel nicht befristet ist.[342] Der Minderjährige kann grds. einen unbefristeten Titel verlangen.[343]

186 Allerdings bezieht sich die Dynamisierung nach § 1612a BGB nur auf minderjährige Kinder. Aus diesem Grunde ordnet § **244 FamFG** an, dass aus einem solchen Titel auch nach Volljährigkeit weiterhin vollstreckt werden kann.[344] Diese Vorschrift trat an die Stelle des gestrichenen § 798a ZPO. Dem Schuldner ist also ggü. Titeln nach § 1612a BGB die Vollstreckungsgegenklage mit dem Argument der Volljährigkeit abgeschnitten.[345] Umstritten ist, ob auch aus statischen Unterhaltstiteln nach Volljährigkeit weiter vollstreckt werden darf. Aufgrund des einheitlichen Unterhaltsanspruchs ist dies jedoch zu bejahen.[346]

187 War der Titel in gesetzlicher Prozessstandschaft erlangt worden, kann er auf das volljährige Kind umgeschrieben werden.[347] Verlangt das volljährige Kind eine Abänderung des Titels aus der Zeit als Minderjähriger, so hat es darzulegen und zu beweisen, dass der Unterhaltsanspruch fortbesteht, dazu gehört insbesondere ein schlüssiger Vortrag im Hinblick auf den Haftungsanteil, der auf den betreffenden Elternteil entfällt.[348]

188 Bei volljährigen Kindern greift die Gleichwertigkeitsregel des § 1606 Abs. 3 Satz 2 BGB zwischen Betreuungs- und Barunterhalt nicht mehr ein,[349] sodass **beide Elternteile** nach ihren Erwerbs- und Vermögensverhältnissen (ohne Vorwegabzug weiterer Unterhaltspflichten, nur unter Abzug des Selbstbehalts)[350] **anteilig auf Barunterhalt haften**. In dieser Lage kommen oftmals in einer Trennungs- oder Scheidungsvereinbarung Freistellungsverpflichtungen zum Tragen, wonach der Betreuung gewährende Elternteil vom anderen Elternteil vom Barunterhalt freigestellt wird.[351]

189 Bei **volljährigen Kindern** soll das **Bestimmungsrecht** im Trennungs- oder Scheidungsfall jedem Elternteil, der auf Unterhalt in Anspruch genommen wird, unabhängig zustehen. Dieser kann es

---

340 Zur Unterhaltsberechnung beim volljährigen Kind zusammenfassend Kath-Zurhorst, FF 2005, 308 ff. und FF 2006, 34 ff.; Viefhues, ZNotP 2019, 93 f.; 149 f.; 191 f.; 233 f.
341 Göppinger/Rakete-Dombek/Pfeil 4. Teil Rn. 303; OLG Saarbrücken, ZFE 2007, 316.
342 OLG Brandenburg, FamRZ 2004, 1888.
343 OLG Bamberg, FuR 2019, 105.
344 Vgl. auch OLG Koblenz, FamRB 2007, 42. Bedenken bestehen hinsichtlich der Umschreibung eines Vollstreckungstitels auf die volljährigen Kinder für Titel aus der Zeit vor dem 01.07.1998, vgl. DNotI-Gutachten 98622.
345 Bömelburg in Prütting/Helms, FamFG, § 244 Rn. 3; Horndasch/Viefhues/Roßmann, § 244 Rn. 1.
346 OLG Hamm, FamRZ 2008, 291; Bömelburg in Prütting/Helms, FamFG, § 244 Rn. 5; Horndasch/Viefhues/Roßmann, § 244 Rn. 5; a.A. Stollenwerk, FamRZ 2006, 873.
347 Viefhues, FF 2008, 294, 296.
348 OLG Bremen, FamFR 2011, 343.
349 BGH, FamRZ 2008, 542 f.
350 BGH, FamRZ 2002, 815, 818: grds. angemessener Eigenbedarf, in Mangelsituationen notwendiger Eigenbedarf; BGH, FamRZ 2006, 99; OLG Saarbrücken, NJW-RR 2006, 1373 mit Berechnungsbeispiel.
351 Eingehend Bergschneider, Rn. 362 ff.

A. Trennungsvereinbarungen — Kapitel 8

allein ausüben, muss aber auf die berechtigten Interessen des anderen Elternteils Rücksicht nehmen[352] und auch auf diejenigen des Kindes.[353]

Der **Bedarf des volljährigen Kindes** richtet sich nach der Düsseldorfer Tabelle und wird folgendermaßen bemessen: **190**
- wenn das Kind im Haushalt der Eltern oder eines Elternteils lebt, nach dem zusammengerechneten Einkommen der Elternteile; der Bedarf ist dann der vierten Altersstufe der Tabelle zum Kindesunterhalt zu entnehmen;
- wenn das Kind studiert oder einen eigenen Haushalt unterhält, nach Anmerkung A. 7 II der Düsseldorfer Tabelle; der Bedarf wird dann mit einem Festbetrag von derzeit 860,00 € angenommen, der bei besonders guten Einkommensverhältnissen der Eltern erhöht werden kann.

Die Richtsätze der vierten Altersstufe gelten auch für die privilegiert volljährigen Kinder i.S.d. § 1603 Abs. 2 Satz 2 BGB.[354] **191**

Eine **Ausbildungsvergütung des volljährigen Kindes** ist in vollem Umfang auf den Unterhaltsbedarf anzurechnen, ggf. ist zuvor ein ausbildungsbedingter Mehrbedarf pauschal zu berücksichtigen.[355] Sofern das volljährige Kind neben dem Studium arbeitet und keine Erwerbsobliegenheit hat, richtet sich die Anrechnung dieses Einkommens nach § 1577 Abs. 2 BGB.[356] Betreut ein volljähriges Kind seinerseits ein eigenes unter drei Jahre altes Kind, kann dies angesichts der Neuregelung des § 1615l Abs. 2 Satz 3 BGB nicht als Verstoß gegen eine Erwerbsobliegenheit angesehen werden.[357] **192**

Setzt ein **volljähriges Kind** ein ihm zur Deckung seines Unterhaltsbedarfs überlassenes **Vermögen** dafür ein, ein Wohnungsrecht im Haus des anderen Elternteils, der ihn schon während der Minderjährigkeit betreute, zu erwerben, wo er schon immer gewohnt hat, dann ist dies in besonderem Maße zu missbilligen und eröffnet die umfassende Abwägung, ob der Unterhaltsanspruch **verwirkt** ist nach § 1611 BGB.[358] **193**

Das **Kindergeld** ist nach § 1612b BGB **in voller Höhe bedarfsmindernd vorweg abzuziehen**, und zwar für alle volljährigen Kinder, auch für die privilegierten.[359] Einen Mindestunterhalt gibt es für volljährige Kinder – auch für die privilegierten – nicht, allerdings sind bei den privilegiert volljährigen Kindern geringere Anforderungen an die Beweislast zu stellen.[360] **194**

Auf den **Restbetrag** haften beide **Eltern** nach § 1606 Abs. 3 Satz 1 BGB anteilig als **Teilschuldner**.[361] **195**

Die **Berechnung der Haftungsquote** erfolgt so, dass der Restbedarf mit dem für Unterhaltszwecke tatsächlich zur Verfügung stehenden vergleichbaren Einkommen jeden Elternteils multipliziert und durch die Summe dieser Einkünfte beider Elternteile dividiert wird.[362] Das Ergebnis ist einer Angemessenheitskontrolle zu unterziehen. Aufgrund dieser voneinander abhängigen Berechnung der Haftungsquote besteht ein Auskunftsanspruch der Eltern gegeneinander über ihre Einkünfte. Dieser ist jedoch dann ausgeschlossen, wenn der auf Auskunft in Anspruch genommene Elternteil – wenn auch aus freien Stücken – den vollen Ausbildungsunterhaltsbetrag leistet und keinen Aus- **196**

---

352 OLG Celle, FamRZ 1997, 966; Wendl/Dose/Klinkhammer, § 2 Rn. 41.
353 Vgl. Huber, NZFam 2016, 289 »Kein Bock« auf zu Hause?
354 Z.T. wird der Bedarf der volljährigen Kinder von den einzelnen OLG unterschiedlich bestimmt.
355 BGH, FamRZ 2006, 99.
356 OLG Jena, FamRZ 2009, 1416.
357 OLG Köln, NJW 2013, 2448.
358 KG, NZFam 2016, 369.
359 BT-Drucks. 16/1830, S. 29.
360 BGH, FamRZ 2007, 542 f.; Scholz, FamRZ 2007, 2021, 2023; Vossenkämper, FamRZ 2008, 201, 202.
361 BGH, FamRZ 1989, 499; Anträge auf Unterhalt werden behandelt bei Herrmann, FuR 2014, 627.
362 Wendl/Dose/Klinkhammer, § 2 Rn. 560 ff.

gleichsanspruch geltend macht[363] oder wenn der Elternteil nicht auf die direkte Auskunft angewiesen ist, weil das Kind bereits ein Abänderungsverfahren angestrengt hat.[364]

197 Der BGH hat nunmehr auch die lange umstrittene Frage, ob bei einem volljährigen **Kind, das bei einem nicht leistungsfähigen Elternteil wohnt** und dort verpflegt wird, jedoch keinen Barunterhalt erhält, das **Kindergeld in vollem Umfang dem anderen Elternteil, der Barunterhalt leistet, zugutekommt**, positiv entschieden.[365] Auch wenn beide Elternteile in unterschiedlicher Höhe Barunterhalt leisten, hat diese Rechtsprechung des BGH die bisher geübte Praxis geändert, denn das Kindergeld muss auf den Unterhaltsbedarf angerechnet und nach Zahlungsanteilen – nicht mehr hälftig – verteilt werden.[366] Damit soll die bisher erfolgte Kontrollrechnung beim Unterhalt Volljähriger, die bei einem Elternteil leben und eigene Einkünfte haben, künftig jedenfalls teilweise[367] entfallen.[368]

198 Ein besonderes **Privileg** genießen volljährige Kinder bis zum 21. Geburtstag, die unverheiratet sind, in Haushaltsgemeinschaft mit mindestens einem Elternteil leben und eine allgemeinbildende Schule besuchen, nach **§ 1603 Abs. 2 Satz 2 BGB**.[369] Diese Kinder werden für den **Rang** bei Mangelfällen den minderjährigen Kindern gleichgestellt und stehen somit nach **§ 1609 Nr. 1 BGB an erster Rangstelle**. Nach Anmerkung A.5. der Düsseldorfer Tabelle besteht den privilegiert volljährigen Kindern gegenüber **nur der eingeschränkte Selbstbehalt** i.H.v. 960,00 € bei Nichterwerbstätigen und 1.160,00 € bei Erwerbstätigen. Bei konkreter Darlegung höherer Wohnkosten als die z.Zt. enthaltenen von 430,00 € ist der Selbstbehalt entsprechend zu erhöhen.[370] Der Selbstbehalt gegenüber volljährigen nicht privilegierten Kindern beträgt hingegen 1.400,00 €. War das Kind bereits wirtschaftlich selbstständig und hat diese Selbstständigkeit später wieder verloren, so darf sogar ein Selbstbehalt von 2.000,00 € – wie beim Elternunterhalt – angesetzt werden.[371]

10. Vereinbarungen über den Kindesunterhalt

a) Alttitel

199 Zunächst gelten **dynamische Kindesunterhaltstitel nach altem Recht** fort. Sie sind ohne neues Verfahren und ohne neue Klauselerteilung alleine durch Umrechnung in das neue Recht zu überführen. Die Umrechnung wird dem Vollstreckungsorgan angesonnen.[372] Umrechnungsbeispiele finden sich in Anmerkungen zur Düsseldorfer Tabelle unter E (bis zum Stand 2017). Hierauf soll an dieser Stelle verwiesen werden.[373] Die Umrechnung ist in jedem Fall nur einmal zum 01.01.2008 vorzunehmen und dann mit diesem Prozentsatz einheitlich für alle Altersstufen zu berechnen. Hierüber war Streit entbrannt,[374] der mit der entsprechenden Einschätzung des BGH[375] nun beigelegt sein dürfte. Insgesamt haben Alttitel kaum noch Bedeutung.

Änderungsbedarf besteht jedoch auch hier bei **materiellen Änderungen**, etwa des Ranges.[376]

---

363 BGH, FamRZ 2013, 1027.
364 OLG Hamm, FamRB 2013, 175.
365 BGH, FamRZ 2006, 99 ff.
366 Anm. Viefhues, FamRZ 2006, 103, 104.
367 Einschränkend Gutdeutsch, FamRZ 2006, 1502 f.
368 Gerhardt, FamRZ 2006, 740 f.
369 Hierzu detailliert Maurer, FamRZ 2018, 873 f.
370 KG, FamFR 2012, 298; OLG Köln, FamFR 2013, 464.
371 BGH, FamRZ 2012, 530 – hier gegenüber einem Zugriff des Sozialhilfeträgers.
372 BT-Drucks. 16/1830, S. 34; Vossenkämper, FamRZ 2008, 201, 204 mit Rechnungsbeispielen; Viefhues/Mleczko, Rn. 533 ff.
373 Abrufbar unter *www.famrb.de/unterhalt.htm*.
374 A.A. OLG Dresden, FamRZ 2011, 42, hierzu Vossenkämper, FamFR 2011, 73 f.
375 BGH, FamRB 2012, 204.
376 Gerhardt, FuR 2008, 67.

Statische Alttitel werden hingegen nicht ins neue Recht überführt. Hier muss der Berechtigte prüfen, ob sich sein Anspruch nach neuem Recht geändert hat. Ggf. ist der neue Unterhaltsbetrag im Wege der Abänderungsklage geltend zu machen. Dies wird in den neuen Bundesländern besonders häufig sein, aufgrund der Angleichung des Kindesunterhalts an das Westniveau. Inzwischen dürften durch die starke Steigerung der Kindesunterhaltsbeträge etwaige Alttitel jeweils abänderungsbedürftig sein, soweit sie überhaupt noch relevant sind.

200

Sollen Titel neu begründet werden, sind diese nach den Vorgaben des geänderten Kindesunterhaltsrechts zu formulieren. Hierzu seien verschiedene Möglichkeiten vorgestellt. Dabei ist für alle Fälle zu beachten, dass nach vielfach vertretener Ansicht für das Kind verbindlich nur eine gerichtliche Entscheidung oder ein gerichtlicher Vergleich wirkt, § 1629 Abs. 3 Satz 2 BGB, nicht jedoch eine Unterhaltsvereinbarung der Eltern. Um in diesem Fall auch dem Kind eigene Ansprüche zu gewähren, wird eine solche als **echter Vertrag zugunsten der Kinder** abgeschlossen.[377] Damit gibt ein solcher Titel dem Kind einen eigenen Anspruch, der auch über die Volljährigkeit hinausgehen kann. Diese Art der Vereinbarung beseitigt ferner Rechtsunsicherheiten, die bei der Vertretung des Kindes bestehen.[378] Beim echten Vertrag zugunsten des Kindes kann dieses später auch selbst eine Abänderung verlangen.[379] Demgegenüber wird in der Literatur zum Scheidungsrecht auch vertreten, unter Berufung auf § 1629 Abs. 2 Satz 2 BGB sei die Vertretungsbefugnis des Elternteils, bei dem das Kind in Obhut sei, sicher gegeben, sodass es des Konstruktes eines Vertrages zugunsten Dritter nicht bedürfe.[380] Zweifelsfälle bestehen nach dieser Ansicht allenfalls da, wo die Obhut des Kindes nicht geklärt ist. Die **Vollstreckungsunterwerfung** kann dann auch ggü. beiden Berechtigten erfolgen.[381]

201

b) Statischer Unterhalt

Eine statische Unterhaltsverpflichtung lässt sich so formulieren:

202

▶ Kostenanmerkung:

Die Bewertung der Verpflichtung zur Zahlung des Kindesunterhaltes soll nach §§ 52 Abs. 2, 3, 4, 35 Abs. 1 und 86 Abs. 2 stattfinden. Problematisch ist die Bemessung der Zeitdauer, für die der Unterhalt gerechnet werden soll. Es wird dafür plädiert,[382] eine wiederkehrende Leistung von unbestimmter Dauer anzunehmen und den Unterhalt von 10 Jahren zu rechnen. Das dürfte dann anders sein, wenn der Unterhaltsanspruch nur noch für eine fest bestimmte Zeit geschuldet wird und die Verpflichtung auf diese Weise bald endet.

203

Die Anrechnung von Kindergeld mindert den Umfang insoweit nicht.[383]

▶ Formulierungsvorschlag: statischer Kindesunterhalt

1)

204

Ich, der Ehemann, verpflichte mich, meinem einzigen Kind ....., geb. am 03.01.2017(derzeit also drei Jahre alt) zu Händen meiner Ehefrau ..... monatlich, und zwar immer zum Ersten eines jeden Monats im Voraus, den gesetzlichen Unterhalt zu zahlen.

2)

Aufgrund des Alters des Kindes erfolgt die Unterhaltsbemessung derzeit nach der ersten Altersstufe der Düsseldorfer Tabelle.

---

377 Bergschneider, Rn. 316 f.
378 Langenfeld/Milzer, Rn. 940.
379 KG, FamRB 2019, 383.
380 Göppinger/Rakete-Dombek/Pfeil, 4. Teil Rn. 99 ff.
381 Langenfeld/Milzer, Rn. 940.
382 Ländernotarkasse, Rn. 20.203.
383 Notarkasse, Rn. 6547.

3)

Nach meinem anrechenbaren Nettoeinkommen von 1.200,00 € (Jahresbrutto minus gesetzliche Abzüge unter Berücksichtigung von Steuernachzahlungen und Steuerrückzahlungen minus 5 % berufsbedingte Aufwendungen geteilt durch 12) zahle ich den Mindestunterhalt. Somit beträgt der Unterhalt derzeit nach § 1612a BGB 369,00 € monatlich. Hierbei ist das Kindergeld noch nicht berücksichtigt. Dieses erhält derzeit die Ehefrau, da sich ..... in der Obhut seiner Mutter befindet. Dieses Kindergeld für ein erstes Kind wird auf meine Unterhaltspflicht zur Hälfte angerechnet.

Somit ergibt sich derzeit ein monatlicher Zahlbetrag von 369,00 € abzgl. 102,00 € = 267,00 €.

4)

Hiermit unterwerfe ich, der Ehemann, mich dem Kind gegenüber wegen der Unterhaltszahlung in der festgelegten Höhe des monatlichen Zahlbetrages der sofortigen Zwangsvollstreckung aus dieser Urkunde in mein gesamtes Vermögen. Das Kind kann jederzeit die Erteilung einer vollstreckbaren Ausfertigung zu Händen der Ehefrau ohne weiteren Nachweis verlangen.

c) Dynamisierter Unterhalt

205   Überwiegend hatte die Praxis die Möglichkeit dynamisierter Unterhaltstitel angenommen, auch nach der drastischen Erhöhung der Kindesunterhaltsbeträge[384] Ein Kindesunterhaltstitel kann im Mangelfall durch die Gerichte nicht dynamisiert erteilt werden, sondern nur mit einer konkreten Zahlungsverpflichtung.[385]

Ein dynamisierter Titel kann so formuliert sein:

▶ Formulierungsvorschlag: dynamisierter Kindesunterhalt – ausführliche Regelung

206   1)

Ich, der Ehemann, verpflichte mich, meinem Kind ....., geboren am ..... (derzeit also ..... Jahre alt) zu Händen meiner Ehefrau monatlich, und zwar immer zum Ersten eines jeden Monats im Voraus, Kindesunterhalt i.H.v. ..... % des Mindestunterhalts nach § 1612a BGB entsprechend der jeweiligen Altersstufe zu zahlen.

2)

Die Unterhaltsberechnung basiert auf einem anrechenbaren Nettoeinkommen von ..... € (Jahresbrutto minus gesetzliche Abzüge unter Berücksichtigung von Steuernachzahlungen und Steuerrückzahlungen minus 5 % für berufsbedingte Aufwendungen geteilt durch 12) und dem Umstand, dass ich neben der Ehefrau nur einem Kind[386] Unterhalt schulde.

3)

Aufgrund des Alters des Kindes erfolgt die Unterhaltsbemessung derzeit nach der ersten[387] Altersstufe der Düsseldorfer Tabelle. Dies bedeutet einen Unterhaltsbetrag von ..... € monatlich.

Ab dem ..... erhöht sich der Unterhalt auf ..... % des Mindestunterhalts der zweiten Altersstufe, das sind derzeit ..... €.

Ab dem ..... erhöht sich der Unterhalt auf ..... % des Mindestunterhalts der dritten Altersstufe, das sind derzeit ..... €.

---

384 Warnend vor dynamischen Titeln: Schürmann, FamRB 2010, 45, 49.
385 OLG Brandenburg, NZFam 2014, 568.
386 Die Düsseldorfer Tabelle basiert seit 2010 auf insgesamt zwei Unterhaltsberechtigten. Sind es weniger, können entsprechende Zuschläge durch eine höhere Eingruppierung vorgenommen werden, sind es mehr, kann eine Herabstufung erfolgen.
387 Ist ggf. anzupassen.

4)

Hierbei ist das Kindergeld noch nicht berücksichtigt. Dieses erhält derzeit die Ehefrau, da das Kind sich in der Obhut seiner Mutter befindet. Dieses Kindergeld für ein erstes Kind[388] wird auf meine Unterhaltspflicht zur Hälfte angerechnet. Somit ergibt sich derzeit ein monatlicher Zahlbetrag von ..... € abzgl. 102,00 € = ... €.

Anzurechnen ist immer das jeweils gültige gesetzliche Kindergeld nach den gesetzlichen Bestimmungen.

5)

Hiermit unterwerfe ich, der Ehemann, mich meinem Kind ..... gegenüber wegen der vorbezeichneten Unterhaltszahlung in ihrer dynamisierten Form – derzeit wegen der bezifferten Höhe von ..... € – der sofortigen Zwangsvollstreckung aus dieser Urkunde in mein gesamtes Vermögen. Das Kind ..... kann jederzeit die Erteilung einer vollstreckbaren Ausfertigung zu Händen der Ehefrau ohne weiteren Nachweis verlangen.

6)

Die Unterhaltsregelung ist nach § 239 FamFG abänderbar.

Die ausführlichere Form ist empfehlenswert, insb. mit der Nennung des derzeitigen Zahlbetrages.[389] In aller Kürze lässt sich ein zulässiger[390] dynamischer Titel so fassen:

▶ **Formulierungsvorschlag: dynamisierter Unterhalt – Kurzfassung**

Ich, der Ehemann, verpflichte mich, meinem Kind ....., geboren am ....., zu Händen meiner Ehefrau monatlich je zum Ersten eines Monats im Voraus Unterhalt i.H.v. ..... % des Mindestunterhaltsbetrages nach § 1612a BGB in der jeweiligen Altersstufe unter Abzug des hälftigen Kindergeldes für ein erstes Kind in der jeweiligen Höhe zu zahlen. Das sind derzeit ..... €.

..... (*Zwangsvollstreckungsunterwerfung*) .....

Da die Tabellenbeträge die **Krankenversicherung** des Kindes und den **Mehrbedarf** durch Kindergartenbeiträge nicht abdecken, kann es erforderlich sein, eine zusätzliche Verpflichtung zur Zahlung der entsprechenden Beiträge als festen Betrag aufzunehmen, wenn das Kind nicht bei dem betreuenden Elternteil gesetzlich versichert ist oder entsprechende Kosten für den Kindergarten anfallen. Das könnte auch als Sachleistung durch Mitversicherung erfolgen.[391]

▶ **Formulierungsvorschlag: dynamisierter Kindesunterhalt – Krankenversicherung zusätzlich**

.....

5)

Ich verpflichte mich ferner, mein Kind ..... bis zur Vollendung des 18. Lebensjahres in meiner privaten Krankenversicherung mitzuversichern zu folgenden Sätzen[392] ....., wenn und soweit ..... nicht bei der Mutter krankenversichert ist. Krankheitskosten, welche die Versicherung nicht erstattet, zahlen beide Eltern nach dem Verhältnis ihrer anrechenbaren Einkommen.

---

388 Zur Bestimmbarkeit erforderlich, OLG Dresden, FamFR 2011, 274.
389 Menne, FamRB 2008, 145, 150.
390 Berringer/Menzel, MittBayNot 2008, 165, 171.
391 OLG Köln, NZFam 2015, 476.
392 Hier können ggf. die Sätze angegeben werden, zu denen die Versicherung erfolgen soll. Der Verweis auf den gleichen Versicherungssatz wie beim Zahlenden kann unrichtig werden, wenn etwa aufgrund besonderer Vorerkrankungen erhöhte Sätze gezahlt werden müssen. Soweit auch bisher schon eine private Versicherung bestand, kann ggf. auf diese Bezug genommen werden.

Alternative:

Für die private Krankenversicherung von ....., die derzeit bei der ..... abgeschlossen ist, zahle ich zusätzlich einen statischen Betrag von ..... € monatlich. Ich verpflichte mich, diesen Betrag entsprechend den Erhöhungen des Versicherungsbeitrags anzupassen.

210 Sollen zusätzlich zu den Kindesunterhaltssätzen der Düsseldorfer Tabelle noch die Kosten der Ganztagsbetreuung als Mehrbedarf des Kindes geregelt sein, damit der betreuende Elternteil einer Erwerbstätigkeit nachgehen kann, kann dies so formuliert werden:

▶ Formulierungsvorschlag: zusätzliche Kosten der Ganztagsbetreuung

211 Wir sind übereinstimmend der Auffassung, dass nach der Geburt von Kindern die Ehefrau nach Vollendung des dritten Lebensjahres des jüngsten Kindes in ihrem Beruf als ..... wieder arbeiten soll und die Kinder durch Dritte betreut werden sollen. Der Ehemann verpflichtet sich, die durch die Ganztagsbetreuung entstehenden Kosten in Kindergarten oder Schule bis zum ..... Lebensjahr des jeweiligen Kindes[393] als Mehrbedarf i.R.d. Kindesunterhalts zusätzlich zu den Unterhaltssätzen der Düsseldorfer Tabelle – und zwar allein[394] – zu entrichten.[395] Hierzu gehören auch Betreuungskosten, die in den Zeiten von Schul- oder Kindergartenferien entstehen.

Alternative:[396]

Der Ehemann verpflichtet sich für die Ganztagsbetreuung neben den vorstehend genannten Unterhaltsbeträgen einen festen monatlichen Betrag von ..... € für jedes Kind längstens bis zum ..... Lebensjahr des jeweiligen Kindes zum oben genannten Fälligkeitstermin zusätzlich zu entrichten.

d) Freistellungsvereinbarung

212 Wegen der Unverzichtbarkeit des Kindesunterhalts nach **§ 1614 BGB** können keine Vereinbarungen getroffen werden, die sich zulasten der Kinder auswirken. Allerdings können die Eltern **Vereinbarungen im Innenverhältnis** treffen. Vor allem dann, wenn die Kinder beim Vater leben, oder auch bei Volljährigkeit der Kinder kommen **Freistellungsvereinbarungen** der Eltern vor, wonach der eine Elternteil verspricht, den anderen Elternteil von Barunterhaltsansprüchen der Kinder freizustellen. Sollte das Kind einen Anspruch geltend machen, muss der versprechende Elternteil den anderen freistellen bzw. diesem die Unterhaltszahlungen erstatten. Solche Vereinbarungen sind als Bestandteil einer Gesamtabrede häufig sinnvoll, denn sie geben dem freigestellten Elternteil die Sicherheit, mit seinem Einkommen für sich allein sorgen zu können. Sie ermöglichen in diesem Zusammenhang ggf. einen Unterhaltsverzicht oder eine Unterhaltsbegrenzung des anderen Ehegatten in Bezug auf den Ehegattenunterhalt und können als Kompromissklausel einen Verhandlungserfolg erbringen.[397] Berechtigt sind Hinweise, einen Vorbehalt aufzunehmen **für außergewöhnliche Fälle** etwa einer Behinderung des Kindes.[398] Eine solche Klausel kann so gefasst sein:

▶ Formulierungsvorschlag: Freistellungsvereinbarung Kindesunterhalt

213 Der Ehemann, bei dem die beiden Kinder weiterhin leben werden, verpflichtet sich hiermit, die Ehefrau von allen Unterhaltsansprüchen beider Kinder freizustellen.

Alternative:

..... für die Dauer ihrer Minderjährigkeit .....

---

393 Hier können die Vertragsteile für sich eine Grenze finden, ab der sie die Ganztagsbetreuung nicht mehr als erforderlich ansehen.
394 Der BGH (NJW 2008, 2337) will den Mehrbedarf hälftig aufteilen.
395 Im vorsorgenden Ehevertrag wird eine weitere Konkretisierung kaum in Betracht kommen.
396 Im Rahmen einer Scheidungsvereinbarung kann eine konkrete Zahlung vereinbart werden.
397 So auch Bergschneider, Rn. 365.
398 Bergschneider, Rn. 366.

Dies gilt jedoch dann nicht, wenn

- eines der Kinder wegen einer Behinderung arbeitsunfähig sein und aus diesem Grund einen Unterhaltsanspruch haben sollte,
- ein Kind entgegen der jetzigen Absprache nicht mehr beim Ehemann lebt.

Die Vereinbarung betrifft nur das Innenverhältnis beider Vertragsteile und ändert die Ansprüche der Kinder gegen ihre Eltern nicht.

Grenzen für solche Vereinbarungen bestehen da, wo das Sorgerecht für das Kind als Tauschobjekt für andere Bestandteile der Scheidungsvereinbarung eingesetzt wird oder wo aufgrund der Freistellung der eigene Unterhalt nicht mehr gesichert ist[399] oder wenn die Freistellung mit anderen Vereinbarungen zusammentrifft, sodass eine einseitige Lastenverteilung vorliegt. In diesen Fällen kann eine solche Vereinbarung sittenwidrig sein.[400] **214**

Der BGH hat klargestellt, dass aus einer unwirksam vereinbarten **Höhenbegrenzung des Kindesunterhaltes nicht** folgt, dass der andere Ehegatte eine **Freistellungsverpflichtung** im Hinblick auf den über die Höchstgrenze hinausgehenden Kindesunterhalt übernommen hat, denn die Höhe dieser Verpflichtung wäre allein vom Verdienst des anderen Ehegatten abhängig und hätte nichts mit der Leistungsfähigkeit des Ehegatten zu tun, der auf Freistellung in Anspruch genommen wurde.[401] Ein Wille zur Freistellung sollte also in der Urkunde ganz klar zum Ausdruck gebracht werden, da die Auslegung des BGH – zu Recht – restriktiv ist.[402] **215**

e) Volljährigenunterhalt

Auch über die Unterhaltszahlung für ein volljähriges Kind können die Ehegatten Vereinbarungen treffen. In der Praxis kommt dies i.d.R. dann vor, wenn die Eltern mit der Vereinbarung eine Freistellung eines Elternteils ganz oder jedenfalls über eine bestimmte Quote hinaus erreichen wollen.[403] Die Vereinbarung kann auch unter Mitwirkung des volljährigen Kindes geschlossen werden. **216**

▶ Formulierungsvorschlag: Volljährigenunterhalt dynamisiert, Freistellung, Rangbestimmung

1) **217**

Wir sind uns darüber einig, dass wir unserem volljährigen Kind ....., das derzeit in ..... im ..... Semester ..... studiert und einen eigenen Hausstand in ..... unterhält, auf der Basis unserer beiderseitigen Einkünfte Unterhalt i.H.d. nach der Düsseldorfer Tabelle A.7. festgelegten Gesamtunterhaltsbedarfs eines Studierenden i.H.v. derzeit 860,00 €[404] schulden. Hiervon wird das volle Kindergeld für ein erstes Kind i.H.v. derzeit 204,00 € in Abzug gebracht, das wir unserem Kind überlassen. Von dem verbleibenden Zahlbetrag i.H.v. derzeit 656,00 € müssten nach dem Verhältnis der anrechenbaren Einkünfte ich, der Ehemann, einen Anteil von ..... % tragen und ich, die Ehefrau, einen Anteil von ..... %.

---

399 BVerfG, FamRZ 2001, 343 = DNotZ 2001, 222.
400 Vgl. etwa OLG Frankfurt am Main, ZFE 2007, 433.
401 BGH, FF 2009, 247 ff. = FamRZ 2009, 768 f.; der BGH argumentiert, dass schon deshalb kein Freistellungswille bestanden haben könne, weil den Ehegatten die Unwirksamkeit ihrer Höhenbegrenzungsvereinbarung gar nicht bewusst war.
402 Bömelburg, FF 2009, 253.
403 Formulierungsvorschläge bei Bergschneider, Rn. 358 ff.; Formularbuch-Familienrecht/Hamm, F II.7. f.; Börger/Bosch/Heuschmid, § 3 Rn. 495 f.
404 Da es eine Dynamisierung in diesem Bereich nicht gibt, wird auch eine entsprechende Vereinbarung krit. betrachtet, Göppinger/Rakete-Dombek/Pfeil, 4. Teil Rn. 316.

2)

Ich, der Ehemann, verpflichte mich hiermit, meine Ehefrau von allen Unterhaltsansprüchen unseres Kindes ..... freizustellen,[405] solange dieses Kind studiert, längstens jedoch bis zum .....[406]

Alternative:

Die Freistellung gilt nicht, wenn unser Kind ..... Unterhaltsansprüche aufgrund einer Behinderung geltend macht, die zur Arbeitsunfähigkeit führt. Hierdurch wird kein eigener Unterhaltsanspruch begründet.

Ich verpflichte mich daher, den Kindesunterhalt nach 1) i.H.v. derzeit ..... € monatlich in voller Höhe an unser Kind ..... zu zahlen.

3)

Hieraus soll ..... unmittelbar das Recht erwerben, den vollen Unterhalt gegen mich, den Ehemann, zu fordern. Wir behalten uns jedoch das Recht vor, diese Vereinbarung ohne Zustimmung des Kindes zu ändern oder aufzuheben.

4)

Im Gegenzug bin ich, die Ehefrau, damit einverstanden, dass der Kindesunterhalt in voller Höhe des Zahlbetrages bei der Berechnung des Ehegattenunterhalts vorweg abgezogen wird. Ich räume also unserem Kind ..... den Vorrang ein.[407]

5)

Weiter gehende gesetzliche Ansprüche werden durch diese Vereinbarung nicht berührt. Die Vereinbarung ist nach § 239 FamFG abänderbar, nicht jedoch die Freistellungsvereinbarung.

218 Möglich sind auch Unterhaltsvereinbarungen zwischen dem barunterhaltspflichtigen Elternteil und dem Kind. In diesen Vereinbarungen kann dann die gesamte Unterhaltsberechnung nachvollzogen werden. Da diese Vereinbarungen nicht allzu praxishäufig sind, sei auf eine ausführliche Musterformulierung an dieser Stelle nur verwiesen.[408]

VII. Erbverzicht

219 Im Fall einer Trennungsvereinbarung sollte man auch die erbrechtliche Situation mit bedenken. Wenn die Ehegatten keine letztwillige Verfügung errichtet haben, würde die **gesetzliche Erbfolge** eingreifen.

220 Die Darstellung wird zeigen, dass aufgrund der gesetzlichen Voraussetzungen für ein Entfallen des Erbrechts die Ehegatten besser im Zusammenhang mit der Scheidungsvereinbarung eine eigene Regelung treffen.[409]

---

405 Dies kann auch im Rahmen einer Gesamtvereinbarung als Gegenleistung für anderweitige Zugeständnisse geschehen.
406 Da hier nur eine kurze Frist bis zum Studienende gewählt wird, ist die Freistellungsvereinbarung nicht mit den sonst gegebenen Einschränkungen versehen.
407 BGH, FamRZ 1986, 553 ff. nimmt bei Eheprägung durch ein Studium der Kinder einen unterhaltsrechtlichen Vorrang kraft Absprache an. Hier ist solches vertraglich vereinbart. Es darf sich der Vorrang jedoch nicht zulasten Dritter auswirken. Vorsicht ist geboten, wenn bei einer Reduzierung des Ehegattenunterhaltes das Realsplitting leidet.
408 Sie findet sich etwa bei Göppinger/Rakete-Dombek/Pfeil, 4. Teil Rn. 340.
409 Das Verständnis für die Regelung erbrechtlicher Belange bei Scheidung wird größer: Abele/Klinger, FPR 2006, 138 ff.; Schulze-Heimig, FF 2008, 404 f.

1. Auswirkung der Scheidung bzw. Antragstellung auf das gesetzliche Erbrecht

§ 1933 BGB ordnet an, wann das gesetzliche Erbrecht eines Ehegatten im Fall einer bevorstehenden Scheidung entfällt. 221

Als **formelle Voraussetzung** sieht § 1933 BGB vor, dass der **Erblasser** 222
- vor seinem Tod die **Scheidung beantragt**[410] hat **oder**
- dem Scheidungsantrag des anderen Ehegatten **zugestimmt** hat.

Materiell ist **Voraussetzung** für das Eingreifen des § 1933 BGB, dass die **Voraussetzungen für die Scheidung der Ehe gegeben** waren. 223

Für den **Scheidungsantrag** i.S.d. § 1933 BGB ist Voraussetzung, dass die Rechtshängigkeit des Scheidungsantrages gegeben ist, also die **Zustellung** an den anderen Ehegatten erfolgt ist (§§ 124 FamFG, 253 ZPO).[411] Weder genügt ein Prozesskostenhilfeantrag, noch gibt es eine Rückbeziehung der Zustellungswirkung, wenn demnächst zugestellt wird.[412] Für den Scheidungsantrag stellen die §§ 124, 133 FamFG formelle Zulässigkeitsvoraussetzungen auf. Nach inzwischen herrschender Rechtsprechung und Literatur soll jedoch die Erklärung nach § 133 Abs. 1 Nr. 2 FamFG (Erklärung, ob Regelungen über die elterliche Sorge, den Umgang und die Unterhaltspflicht gegenüber den gemeinschaftlichen minderjährigen Kindern sowie die durch die Ehe begründete gesetzliche Unterhaltspflicht, die Rechtsverhältnisse an der Ehewohnung und an den Haushaltsgegenständen getroffen sind) nicht zu den Voraussetzungen einer Scheidung nach § 1933 BGB zählen.[413] 224

Die **förmliche Zustimmung** zum Scheidungsantrag des anderen Ehegatten ist Prozesshandlung (§ 134 FamFG) und setzt die Rechtshängigkeit des Scheidungsantrages voraus. Während z.T. die Formvoraussetzungen als ungeklärt bezeichnet werden, fordern andere, dass die Zustimmung dem Gericht ggü. in prozessual wirksamer Form erklärt sein muss.[414] Dies kann durch Erklärung zu Protokoll der Geschäftsstelle, in der mündlichen Verhandlung zur Niederschrift des Gerichts oder durch Schriftsatz eines bevollmächtigten Anwalts oder bei fehlendem Anwaltszwang (§ 114 Abs. 4 Nr. 3 FamFG) durch eigenes Schreiben an das Gericht geschehen.[415] Eine außergerichtlich geäußerte Zustimmung jedoch genügt nicht. Der BGH hat auch die Unterzeichnung einer Scheidungsfolgenvereinbarung nicht als ausreichend erachtet.[416] 225

▶ Rechtsprechungsbeispiel:

Ein Urteil des OLG Düsseldorf[417] *beleuchtet die Problematik. Der Erblasser hatte sich im entschiedenen Fall nur dem Anwalt der den Scheidungsantrag stellenden Ehefrau gegenüber geäußert, dass er der Scheidung zustimme. Es war aber zu keinerlei prozessualen Erklärung gekommen, da der Erblasser die Erklärung aus Kostengründen im anberaumten Scheidungstermin hatte abgeben wollen. Das OLG sah die Voraussetzungen des § 1933 BGB nicht als gegeben an, sodass die Ehefrau (Mit-) Erbin blieb. Das OLG fasste in seiner Entscheidung die Voraussetzungen nochmals anschaulich zusammen. Demnach kann eine solche Zustimmung zu Protokoll der Geschäftsstelle, in der mündlichen Verhandlung, in einem Schriftsatz des Prozessbevollmächtigten oder auch durch schriftliche Erklärung einer anwaltlich nicht vertretenen Partei erfolgen. Zwar kann die Zustimmung* 226

---

410 Z.T. wird hinsichtlich des Antrages auf das Erfüllen der formellen Zulässigkeitserfordernisse der §§ 124, 133 FamFG abgestellt, vgl. Horndasch, FuR 2013, 359.
411 BGH, FamRZ 1990, 1109; Schulze-Heimig, FF 2008, 404; zur öffentlichen Zustellung in diesem Zusammenhang OLG Stuttgart, NJW-RR 2007, 952.
412 Schulze-Heimig, FF 2008, 404 m.w.N.; Abele/Klinger, FPR 2006, 138, 139.
413 OLG Stuttgart, ZEV 2012, 208; OLG Köln, NJW 2013, 2831; OLG Hamm, NZFam 2014, 472 unter II.2.a); MünchKomm/BGB/Leipold, § 1933 Rn. 13; Palandt/Weidlich, § 1933 Rn. 7; Czubayko, FPR 2011, 260, 261.
414 OLG Saarbrücken, FamRZ 1992, 109; Busse, MittRhNotK 1998, 225, 226; Nieder, ZEV 1994, 156, 157.
415 Nieder/Kössinger, § 1 Rn. 14; Palandt/Weidlich, § 1933 Rn. 4: BayObLG, NJW-RR 1996, 651.
416 BGH, NJW 1995, 1082.
417 OLG Düsseldorf, NJW-RR 2011, 1642 = JuS 2012, 173 m. Anm. Wellenhofer.

> *auch durch Auslegung gewonnen werden. Liegt aber gar keine prozessuale Erklärung vor, so gibt es auch nichts auszulegen. Es genügt also nicht, dem Scheidungsantrag nicht entgegenzutreten und es genügt auch keine außerprozessuale Erklärung, selbst wenn sie nachweisbar ist.*

227 Die Zustimmung kann nach § 134 Abs. 2 FamFG widerrufen werden, sodass die Voraussetzungen des § 1933 BGB auch wieder entfallen können.[418]

228 Hinsichtlich der materiellen Voraussetzungen ist zu prüfen, ob die Ehe im Zeitpunkt des Todes geschieden worden wäre, also die Voraussetzungen der §§ 1565 ff. BGB vorgelegen haben. Es gibt nach dem BGB nur noch **einen Scheidungsgrund**, nämlich das **Scheitern der Ehe**, § 1565 Abs. 1 Satz 1 BGB.[419]

229 Nach § 1565 Abs. 1 Satz 2 BGB ist die Ehe gescheitert,
– wenn die eheliche Lebensgemeinschaft nicht mehr besteht (**Diagnose**)[420] und
– ihre Wiederherstellung nicht wieder erwartet werden kann (**Prognose**), die Zerrüttung also unheilbar ist.[421]

230 Für diese Prognose genügt nicht ein erneuter Verweis auf das Getrenntleben, vielmehr sind konkrete Tatsachen vorzutragen, nach denen mit an Sicherheit grenzender Wahrscheinlichkeit keine Versöhnung der Ehegatten mehr erfolgt.[422]

231 Dies hätte das Gericht grds. zu prüfen. Diese **Prüfung kann** aber **entfallen**, wenn eine der beiden unwiderleglichen **Vermutungen** des **§ 1566 BGB** greift, also die Ehegatten entweder
– ein Jahr getrennt leben und beide die Scheidung beantragen bzw. der Antragsgegner der Scheidung zustimmt (§ 1566 Abs. 1 BGB) oder
– drei Jahre getrennt leben (§ 1566 Abs. 3 BGB).

232 Die Vermutung des § 1566 Abs. 1 BGB konnte nach bisherigem Recht als Grundlage einer Scheidung aber nur dienen, wenn die Ehegatten zusätzlich die Voraussetzungen des § 630 ZPO a.F. erfüllten. Dementsprechend forderte die überwiegende Ansicht zum alten Recht, dass die Voraussetzungen des § 1933 BGB nur vorliegen, wenn auch die Einigung über die in § 630 ZPO genannten Folgesachen gegeben war.[423] Nach der **Streichung des § 630 ZPO** durch die FGG-Reform kann es **auf materielle Einigungen** i.S.d. § 630 ZPO a.F. nun **nicht länger ankommen**. Die Voraussetzungen des § 1933 BGB treten daher auch ohne solche Einigung ein.

233 Zu prüfen sind ferner die Härteklauseln des § 1568 BGB.[424]

▶ Hinweis:

234 Nur wenn der antragstellende Ehegatte verstirbt, entfällt das Erbrecht. Verstirbt der andere Ehegatte, ohne vorher der Scheidung zugestimmt zu haben, erbt der Scheidungsantragsteller![425]

---

418 Werkmüller, FPR 2011, 256 f.; Czubayko, FPR 2011, 260, 262.
419 Vgl. zum Folgenden: Schwab/Ernst/Ernst,§ 2 Rn. 17 ff.; Büte, FPR 2007, 231; Horndasch, ZNotP 2016, 228.
420 Zu dieser Diagnose Gernhuber/Coester-Waltjen, § 27 Rn. 4 ff.
421 Schwab, FamRZ 1976, 491, 495; BGH, NJW 1978, 1810 f.
422 BGH, FamRZ 1995, 229, 230; BGH, FamRZ 1981, 127, 129; BGH, NJW 1978, 1810; Kaiser/Bisping, § 1565 Rn. 10.
423 OLG Zweibrücken, NJW 2001, 236; Palandt/Weidlich, § 1933 Rn. 7.
424 BayObLG, Rpfleger 1987, 358; Palandt/Weidlich, § 1933 Rn. 7.
425 Nieder/Kössinger, § 1 Rn. 17.

A. Trennungsvereinbarungen   Kapitel 8

Mit dem Verlust des gesetzlichen Erbrechts geht auch der Verlust des Pflichtteilsrechts einher.[426] Der güterrechtliche Zugewinnausgleichsanspruch nach § 1371 Abs. 2 BGB bleibt aber dennoch bestehen.[427]   235

Die Darstellung hat gezeigt, dass der Verlust des gesetzlichen Erbrechts i.R.d. Scheidungsverfahrens nach § 1933 BGB mit **erheblicher Rechtsunsicherheit und Nachweisschwierigkeiten verbunden** ist.[428] Daher ist dringend zu empfehlen, im Rahmen einer Trennungs- oder Scheidungsvereinbarung einen Verzicht auf das gesetzliche Erbrecht zu erklären, um diesen Unwägbarkeiten zu entgehen. Zudem treten die Voraussetzungen des § 1933 BGB erst recht spät im Scheidungsverfahren ein, wenn nämlich nach Ablauf der einjährigen Trennungszeit der Scheidungsantrag gestellt wird. Wer die Rechtsfolge früher herbeiführen will, der bedient sich des Erb- und Pflichtteilsverzichts.   236

Ein bloßer **Pflichtteilsverzicht** allein ändert die gesetzliche Erbfolge noch nicht ab. Er müsste begleitet werden von einer entsprechenden **testamentarischen Anordnung**, etwa einer Erbeinsetzung der Kinder. Durch einen Erbverzicht hingegen ist der Verzichtende von der Erbfolge ausgeschlossen, wie wenn er z.Zt. des Erbfalls nicht mehr lebte; er hat kein Pflichtteilsrecht, § 2346 Abs. 1 Satz 2 BGB. Durch einen **Erbverzicht**[429] ist also das Ziel, dass der andere Ehegatte kein gesetzliches Erbrecht mehr hat, vollständig erreicht. Allerdings erhöht der Erbverzicht die Pflichtteile der anderen pflichtteilsberechtigten Erben, zumeist also der Kinder. Soll hier ein Kind nur ein möglichst geringes Erbe erhalten, so wäre demnach ein Pflichtteilsverzicht mit Testament vorzuziehen. In der Praxis der Trennungs- und Scheidungsvereinbarungen ist jedoch eher der Erbverzicht die Regel. Er ist allerdings kein »Muss«, denn es kommt auch immer wieder vor, dass Ehegatten trotz der Trennung das Erbrecht zueinander beibehalten wollen.   237

2. Auswirkungen des Pflichtteilsverzichtes auf den Unterhalt

Sehr umstritten ist, wie sich ein **Erb- oder Pflichtteilsverzicht** auf den Anspruch auf nachehelichen Unterhalt nach §§ 1586b, 1933 Satz 3 BGB im Fall des Vorversterbens des Unterhaltspflichtigen auswirkt. Die Äußerungen in der Literatur sind hierzu gespalten. Während die einen unter Berufung auf den Normzweck den Anspruch entfallen lassen wollen,[430] sehen andere den unterhaltsrechtlichen Anspruch im Vordergrund, der nur der Höhe nach begrenzt sei;[431] daher entfalle mit einem Erb- oder Pflichtteilsverzicht nicht auch der Unterhaltsanspruch nach § 1586b BGB.   238

▶ Gestaltungsempfehlung:

Schließen Ehegatten einen Pflichtteilsverzicht ab, z.B. in einer Scheidungsvereinbarung, so sollte vertraglich klargestellt werden, ob dieser die Unterhaltsansprüche nach § 1586b BGB entfallen lässt.   239

3. Aufhebung letztwilliger Verfügungen

Nach § 2077 Abs. 1 BGB wird eine **letztwillige Verfügung**, mit der ein Ehegatte bedacht war, **unwirksam**, wenn die Ehe vor dem Tod aufgelöst worden ist oder die Voraussetzungen des § 1933 BGB in Bezug auf den Erblasser vorgelegen haben. Die Unwirksamkeit beschränkt sich nach § 2085   240

---

426 Palandt/Weidlich, § 2303 Rn. 2.
427 BGH, NJW 1987, 1764.
428 Vgl. hierzu etwa OLG Koblenz, ZEV 2007, 378.
429 Zum Erb- und Pflichtteilsverzicht im Zusammenhang mit einer Scheidungsvereinbarung Keim, FPR 2006, 145 ff.
430 Dieckmann, FamRZ 1999, 1029; MünchKomm-BGB/Maurer, § 1586b Rn. 15.
431 Grziwotz, FamRZ 1991, 1258 f.; Büttner/Niepmann, NJW 2000, 2547, 2552; Bergschneider, FamRZ 2003, 1049, 1057; Kindermann, ZFE 2003, 175 f.; nun auch Palandt/Brudermüller, § 1586b Rn. 8.

BGB im Zweifel auf diese konkrete Verfügung, sodass die übrigen Verfügungen des Testaments wirksam bleiben können.

241 Dies gilt allerdings nur, **wenn kein Fortgeltungswille** des Erblassers anzunehmen ist, § 2077 Abs. 3 BGB.[432] Schon aus diesem Grund ist zu empfehlen, letztwillige Verfügungen zu widerrufen, um eindeutig ihre Unwirksamkeit herbeizuführen.

242 Auf Lebensversicherungen ist in diesem Zusammenhang gesondert zu achten, denn für diese gilt § 2077 BGB nicht entsprechend.[433] Es besteht daher die Gefahr, dass der geschiedene Ehegatte, der im Zeitpunkt des Vertragsabschlusses noch Ehegatte war, in den Genuss der Versicherung kommt, nicht aber der aktuelle Ehegatte.[434] Die Änderung der Bezugsberechtigung hat schriftlich zu erfolgen.[435]

▶ Hinweis:

243 Lebensversicherungen sind im Zusammenhang mit einer Scheidung unbedingt zu überprüfen. Die Bezugsberechtigung ist ggf. neu festzusetzen.

244 Ein **gemeinschaftliches Testament** ist nach § 2268 Abs. 1 BGB in diesem Fall **seinem gesamten Inhalt nach unwirksam**. Von der Nichtigkeit sind also auch Verfügungen zugunsten Dritter betroffen, die Unwirksamkeit tritt sogar dann ein, wenn nur dritte Personen begünstigt wurden.[436] Allerdings ist zu prüfen, ob ausnahmsweise ein **Fortgeltungswille** nach § 2268 Abs. 2 BGB vorliegt, d.h. ob die Ehegatten auch für den Fall der Scheidung die getroffene Verfügung hätten fortgelten lassen. Hierbei kommt es auf den Willen bei Testamentserrichtung an, bei wechselbezüglichen Verfügungen auf den Willen beider Ehegatten, sonst auf den des Verfügenden.[437] Ein solcher Fortgeltungswille muss in jedem Einzelfall geprüft werden. Ist er nicht feststellbar, ist auf den hypothetischen Willen abzustellen. Ein Fortgeltungswille ist nach BayObLG[438] etwa trotz Scheidung anzunehmen, wenn die gemeinsamen Kinder wechselbezüglich zu Schlusserben bestimmt sind.

245 Der BGH hat mittlerweile eine Streitfrage dahin gehend entschieden, dass in den Fällen, in denen **bei wechselbezüglichen Verfügungen** nach § 2268 Abs. 2 BGB ein Fortgeltungswille anzunehmen ist, **auch die Wechselbezüglichkeit bestehen bleibt**.[439] Dies hat zur – meist nicht bedachten – Folge, dass nach § 2271 Abs. 1 Satz 2 BGB eine einseitige Aufhebung auch nach Scheidung ausgeschlossen ist.

246 Allerdings ist man sich **nicht einig, wie** genau nun die **Aussagen des BGH zu verstehen** sind. Es zeigen sich immer mehr Auffassungen, die der Ansicht sind, der BGH habe nur für den Ausnahmefall, dass ein solcher Fortgeltungswille schon bei Errichtung der letztwilligen Verfügung feststellbar sei, diese Wechselbezüglichkeit fortgelten lassen wollen, sei aber sonst der Auffassung, dass selbst wenn die Verfügung weitergelte, ihre Wechselbezüglichkeit jedenfalls erlösche.[440] Hinzu kommt, dass ein **Bestehenbleiben der Wechselbezüglichkeit für die Schlusserbeneinsetzung ihren Sinn verliert, wenn die gegenseitige Erbeinsetzung wegfällt** bzw. ihrerseits nicht mehr bindend ist,[441] denn dann fehlt es ja gerade an der Intention, dass das von einem Ehegatten ererbte Vermögen an die gemeinsamen Kinder fallen soll.

---

432 Zur Schwierigkeit, diesen zu bestimmen Frenz, ZNotP 2018, 320.
433 BGH, NJW 1987, 3131; vgl. BGH, NJW-RR 2007, 976 wonach der BGH die Bezugsberechtigung des Ehegatten ausdrücklich für denjenigen Ehegatten beibehält, der im Zeitpunkt der Festlegung der Bezugsberechtigung verheiratet war, auch nach einer Scheidung!
434 BGH, NJW 1987, 3131; BGH, ZEV 2015, 716.
435 BGH, ZEV 2015, 716.
436 Palandt/Weidlich, § 2268 Rn. 1.
437 BGH, NJW 2004, 3113 f.
438 BayObLG, FamRZ 1994, 193.
439 BGH, NJW 2004, 3113 f.; dagegen Kanzleiter, ZEV 2005, 181 ff.
440 Vgl. etwa OLG Frankfurt, FamRZ 2015, 1318 = BeckRS 2015, 06817, Rn. 58; Palandt/Weidlich, § 2268 Rn. 4.
441 Notar-Handbuch/Dietz, § 17 Rn. 204b; detailliert LG München, ZEV 20008, 537.

Eine Klarstellung wäre insoweit wünschenswert.

▶ Hinweis:

Da sowohl die Frage des Fortgeltungswillens wie der Wechselbezüglichkeit streitbefangen sind, empfiehlt es sich zumeist, gemeinschaftliche Testamente in Zusammenhang mit der Scheidungsvereinbarung von beiden Ehegatten aufheben zu lassen. 247

Ist es umgekehrt so, dass die Fortgeltung eines gemeinschaftlichen Testaments Voraussetzung der Einigung in der Scheidungsvereinbarung ist, sollte mittels letztwilliger Verfügung klargestellt werden, dass dieses gemeinschaftliche Testament trotz der bevorstehenden Scheidung der Ehe seine Gültigkeit behält. 248

Auf einen **Erbvertrag**, den ein Ehegatte mit dem anderen schließt und der eine wechselseitige Erbeinsetzung enthält, ist über § 2279 Abs. 1 BGB schon § 2077 BGB anwendbar, sodass diese **Erbeinsetzung** schon aufgrund dieser allgemeinen Verweisung bei Vorliegen der Voraussetzungen **unwirksam** wird.[442] § 2279 Abs. 2 BGB erweitert die Unwirksamkeitsfolge noch auf **Verfügungen zugunsten Dritter** in einem solchen Erbvertrag. Sind danach die Verfügungen eines Ehegatten unwirksam, kann dies über § 2298 Abs. 1 BGB auch zur Unwirksamkeit der Verfügungen des anderen Ehegatten führen. Dies kann jedoch dann anders sein, wenn über § 2077 Abs. 3 BGB ein **Fortgeltungswille** anzunehmen ist. Einen solchen Fortgeltungswillen nimmt die Rechtsprechung zunehmend für **Zuwendungen an gemeinsame Abkömmlinge** an.[443] 249

Wenn die Verfügung danach fortbesteht, kann aufgrund des Urteils des BGH zu den gemeinschaftlichen Testamenten[444] auch bei den Erbverträgen die **erbvertragliche Bindungswirkung selbst nach Scheidung fortbestehen**.[445] Allerdings führen die dort aufgezeigten Gegenargumente auch hier dazu, dass dies die Ausnahme darstellen sollte. 250

▶ Hinweis:

Vergessen Sie bei einer Scheidungsvereinbarung nie die Frage, ob zwischen den Ehegatten ein Erbvertrag geschlossen wurde. Diesen sollten Sie tunlichst aufheben lassen. 251

4. Formfragen

Der Erb- oder Pflichtteilsverzicht bedarf nach **§ 2348 BGB** der **notariellen Beurkundung**. Hierbei muss der Erblasser persönlich handeln, § 2347 Abs. 2 Satz 1 BGB. Im hier vorliegenden Fall eines gegenseitigen Verzichts von Ehegatten kann also kein Ehegatte einen solchen Vertrag nachgenehmigen! Eine Gestaltung des reinen Erbverzichts als Annahme und Angebot ist – im Gegensatz zu § 1410 BGB – hingegen möglich, da eine gleichzeitige Anwesenheit nicht vorgeschrieben ist.[446] 252

▶ Gestaltungsempfehlung:

Vorsicht! Beim gegenseitigen Pflichtteils- oder Erbverzicht ist eine Nachgenehmigung durch eine vertretene Vertragspartei nicht möglich! Darauf ist insb. bei einer Trennungs- oder Scheidungsvereinbarung zu achten, deren Bestandteil ein solcher Verzicht ist. 253

---

442 Gleiches hat aufgrund dieser allgemeinen Verweisung für Erbverträge mit Dritten zu gelten, in denen der andere Ehegatte bedacht ist.
443 Reimann/Bengel/Dietz/Dietz/J. Mayer, § 2279 BGB Rn. 19 m.w.N.; anders jedoch OLG München, ZEV 2008, 290 in dem Fall, dass ein überlebender Ehegatte zu freier Änderung berechtigt gewesen wäre.
444 BGH, NJW 2004, 3113 ff.
445 DNotI-Gutachten, DNotI-Report 2005, 45, 47; Reimann/Bengel/Dietz/Dietz/J. Mayer, § 2279 BGB Rn. 20.
446 Palandt/Weidlich, § 2348 Rn. 1; Nieder/Kössinger, § 19 Rn. 19 – dort auch zu den näheren Voraussetzungen.

▶ **Formulierungsvorschlag: Erbverzicht – Aufhebung Erbvertrag**

254 Wir verzichten hiermit gegenseitig auf unser gesetzliches Erb- und Pflichtteilsrecht. Diesen Erb- und Pflichtteilsverzicht nehmen wir hiermit gegenseitig an.

Unseren Erbvertrag vom ....., beurkundet zur Urkunde des Notars ..... in ..... heben wir hiermit einvernehmlich auf.[447]

Der vorstehende Pflichtteilsverzicht beinhaltet ausdrücklich keinen Verzicht auf nachehelichen Unterhalt nach § 1586b BGB und § 1933 Satz 3 BGB für den Fall des Vorversterbens des unterhaltspflichtigen Ehegatten.[448]

Über das Wesen des Verzichts und der Aufhebung wurden wir vom Notar eingehend belehrt.

VIII. Geltungsbereich

255 Wichtig beim Abschluss einer Trennungsvereinbarung ist das Eingehen auf den Regelungsbedarf der Ehegatten. Handelt es sich nur um eine **vorläufige Trennung**, so genügt ggf. eine Regelung über Ehewohnung und Haushaltsgegenstände sowie den Kindesunterhalt.

256 Handelt es sich hingegen um eine **endgültige Trennung**, soll aber eine förmliche Scheidung vermieden werden, so sind umfängliche Regelungen zu den aufgezeigten Rechtsmaterien erforderlich, die regelmäßig einen Güterstandswechsel und die Beendigung des Versorgungsausgleichs einschließen.

257 Auch wenn die Parteien eine Scheidung nicht wollen, sind die Vereinbarungen daraufhin zu prüfen, ob sie auch im Fall der Scheidung die richtige Lösung darstellen oder modifiziert werden müssen.

258 Zu beachten ist, dass Zahlungen unabhängig davon, ob Einmalbeträge oder Ratenzahlungen, die zur Abfindung oder als Zugewinnausgleich erbracht werden, sozialhilferechtlich als Einkommen zählen und daher Leistungen vermindern. Das gilt nur dann nicht, wenn Zahlungen Surrogat eigenen Vermögens sind wie Veräußerungserlöse oder Auszahlung eigener Konten, diese sind als Vermögen anzusehen, nicht als Einkommen.[449]

259 Wichtig ist in jedem Fall eine Aussage, ob die Vereinbarungen auch dann **fortgelten** sollen, wenn es nicht zu einer Scheidung kommt und die Ehegatten sich wieder **versöhnen**.

IX. Formulierungvorschläge

1. Anwaltliche Regelung bei noch vorläufiger Trennung

260 Als erster **Formulierungsvorschlag einer Gesamtvereinbarung** folgt eine Regelung über Ehewohnung, Haushaltsgegenstände, Trennungsunterhalt und Kindesunterhalt, die keine Zwangsvollstreckungsunterwerfung enthält und die akute Trennungssituation regelt. Solche Vereinbarungen werden regelmäßig von den Anwälten der beteiligten Ehegatten ausgehandelt. Sofern kein besonderer Formzwang besteht,[450] genügt eine schriftliche Niederlegung der Vereinbarung. Ansonsten kann die Vereinbarung notariell beurkundet werden oder die Beurkundung durch gerichtlichen Vergleich nach § 127a BGB, § 794 Abs. 1 Nr. 1 ZPO ersetzt werden. Bei einem solchen Vergleich besteht aber nach der Rechtsprechung des BGH[451] **Anwaltszwang für beide Parteien**, sodass sich die Ehegatten durch zwei Anwälte vertreten lassen müssen. I.d.R. hat damit der gerichtliche Vergleich jedenfalls bei Ehegatten, die sich weitgehend einig sind, keinen Kostenvorteil mehr für sich.

---

447 Neuerdings kann auch der Erbvertrag aus der amtlichen Verwahrung zurückgenommen werden, § 2300 Abs. 2 BGB.
448 Dieser Satz kann dann entfallen, wenn der Ehevertrag ohnehin einen Unterhaltsverzicht enthält.
449 Vgl. hierzu etwa LSG Celle-Bremen, FamRB 2019, 405.
450 §§ 311b, 1410, 1378 Abs. 3 Satz 2, 1585c, 2348 BGB, §§ 6 ff. VersAusglG, Art. 14 Abs. 4 EGBGB.
451 BGH, NJW 1991, 1743.

Allerdings riet die Literatur auch schon vor der Einführung der Beurkundungspflicht in § 1585c BGB – die allerdings nicht für eine Zahlungsvereinbarung hinsichtlich des Trennungsunterhalts gilt[452] – zur Beurkundung von Unterhaltsregelungen, da sonst eine verschärfte Inhaltskontrolle in Betracht komme.[453]

▶ Formulierungsvorschlag: Trennungsvereinbarung nicht beurkundet für Trennung ohne Güterstandsregelung und ohne Grundeigentum

Trennungsvereinbarung

Zwischen den Ehegatten

1. Herr .....,

geboren am .....

wohnhaft in .....,

nach Angabe im gesetzlichen Güterstand lebend,

vertreten durch Herrn Rechtsanwalt .....

2. Frau ....., geborene .....

geboren am .....

wohnhaft in .....,

nach Angabe im gesetzlichen Güterstand lebend,

vertreten durch Frau Rechtsanwältin .....

wird einvernehmlich die nachfolgende Trennungsvereinbarung geschlossen:

I. Ehewohnung

1)

Wir leben seit dem ..... getrennt. Die Ehegatten sind sich einig, dass die Ehewohnung in der ..... straße, die sie aufgrund eines Mietvertrages mit dem Eigentümer, Herrn ..... vom ..... nutzen, künftig von der Ehefrau und den gemeinsamen Kindern bewohnt wird. Der Ehemann ist bereits aus der Wohnung ausgezogen.[454]

2)

Vom Tag des Auszugs des Ehemannes an kommt die Ehefrau allein für die Zahlung von Miete und Nebenkostenvorauszahlungen auf. Bis zu diesem Zeitpunkt haben die Ehegatten diese Leistungen je zu gleichen Teilen zu erbringen gehabt, ohne dass eine Verrechnung mit anderen Forderungen oder ein späterer Erstattungsanspruch besteht. Abrechnungen mit dem Vermieter sind ebenfalls für Zeiträume bis zum Auszugstag noch mit beiden Ehegatten vorzunehmen, ab diesem Zeitpunkt mit der Ehefrau allein.

3)

Anlässlich des Auszugs des Ehemannes sind die mietvertraglich geschuldeten Schönheitsreparaturen zu erbringen und von beiden Seiten zu gleichen Teilen zu zahlen.

4)

Die vorhandene Mietkaution steht der Ehefrau zu.

---

452 Viefhues, ZNotP 2007, 11, 21.
453 Wendl/Staudigl/Pauling, 7. Aufl., § 6 Rn. 609.
454 Zu Alternativregelungen vgl. Rdn. 49 ff.

5)

Die Ehefrau verpflichtet sich, den Ehemann im Außenverhältnis gegenüber dem Vermieter mit dem Tag des Auszugs aus dem Mietverhältnis zu entlassen und von allen weiter gehenden Verpflichtungen freizustellen. Sofern dies nicht gelingt, verpflichtet sie sich hiermit, im Innenverhältnis zum Ehemann die Zahlungen jeweils fristgerecht zu leisten, insbesondere die Miete und die Nebenkostenvorauszahlungen an den Eigentümer zu zahlen, und den Ehemann im Fall einer Inanspruchnahme durch den Eigentümer unverzüglich freizustellen, ohne dass ein weiterer Ausgleichsanspruch besteht. Wird der Ehemann dennoch vom Eigentümer aus dem Mietverhältnis in Anspruch genommen, so kann er Leistungen direkt gegenüber dem Eigentümer erbringen und vom jeweils geschuldeten Ehegattenunterhalt in Abzug bringen.[455]

II. Haushaltsgegenstände[456]

1)

Die Haushaltsgegenstände sind größtenteils schon aufgeteilt, da der Ehemann bei seinem Auszug ihm gehörende Haushaltsgegenstände mitgenommen hat. Im Übrigen gilt Folgendes:

Dem Ehemann stehen noch diejenigen Haushaltsgegenstände zur alleinigen Nutzung und zum alleinigen Eigentum zu, die in der Anlage 1 zu dieser Vereinbarung bezeichnet sind.

Die Ehefrau behält alle übrigen Haushaltsgegenstände zur alleinigen Nutzung und zum Alleineigentum. Hierunter fallen insbesondere diejenigen Haushaltsgegenstände nach Anlage 2 dieser Vereinbarung.

Die Vertragsteile sind sich über alle hiermit verbundenen Eigentumsübergänge einig.

Die Anlagen sind Bestandteile dieser Urkunde. Auf sie wird verwiesen. Sie wurden vom Notar verlesen.

2)

Die dem Ehemann noch zustehenden Haushaltsgegenstände sind von diesem auf eigene Kosten in der Ehewohnung abzuholen. Die Ehefrau hat die Gegenstände spätestens einen Monat von heute an zur Abholung bereitzustellen und dem Ehemann von der erfolgten Bereitstellung Nachricht zu geben. Die Ehefrau wiederum ist von der Abholung zuvor in Kenntnis zu setzen. Kann diese den Termin zur Abholung nicht wahrnehmen, hat sie dafür Sorge zu tragen, dass dem Ehemann die Wohnung zur Abholung seiner Haushaltsgegenstände geöffnet wird.

3)

Hinsichtlich der Pkw gilt, dass jeder Ehegatte denjenigen Pkw erhält und übernimmt, den er derzeit in seinem Besitz hat. Die Ehegatten sind sich über die Eigentumsübergänge einig.

Sofern hinsichtlich eines Kraftwagens noch Verbindlichkeiten bestehen, hat derjenige Ehegatte, der den Wagen übernimmt, diese Verbindlichkeiten im Innenverhältnis allein zu tragen. Der jeweils andere Ehegatte soll nach Möglichkeit auch im Außenverhältnis freigestellt werden.

4)

Ein weiterer Ausgleich in Geld findet bezüglich der Haushaltsgegenstände nicht statt. Alle etwaigen Vertragsverhältnisse für einen zu Alleineigentum übernommenen Gegenstand werden mit dem Eigentümer dieses Gegenstandes unter Freistellung des anderen Ehegatten fortgesetzt. Die Hausratsversicherung wird von der Ehefrau fortgeführt. Der Ehemann hat bei Bedarf eine neue Versicherung abzuschließen.

5)

---

455 Vorschlag von Müller, Kap. 3, Rn. 423; ferner Börger, FPR 2000, 262, 265, die sogar den Abzug vom Kindesunterhalt mit Freistellung vorschlägt, was wohl zu weitgehend ist.
456 Zu Alternativen und Anmerkungen vgl. Rdn. 49 ff.

Bei dieser Verteilung der Haushaltsgegenstände verbleibt es auch im Fall einer etwaigen Scheidung unserer Ehe.[457]

III. Vermögensauseinandersetzung

Ferner wollen wir anlässlich der Trennung die nachbeschriebenen Vermögenspositionen schon heute auseinandersetzen:

1)

Wir führen bei der .....-Bank ein gemeinsames Girokonto mit der Nr. ....., für das jeder von uns Einzelvertretungsbefugnis hat, sowie ein gemeinsames Sparbuch Nr. ....., über das wir nur gemeinsam verfügen können. Ferner hat jeder von uns bei diesem Institut ein eigenes Sparbuch.

Wir sind uns darüber einig, dass das Guthaben auf dem Girokonto zunächst dort verbleibt und bis zum 31.12. dieses Jahres zur Zahlung laufender Kosten zur Verfügung steht. Wir vereinbaren hiermit und teilen dies der .....-Bank durch Übersendung einer Abschrift mit, dass wir über dieses Konto nur gemeinsam verfügen können. Das Konto darf nur auf Guthabenbasis geführt werden. Nach Ablauf dieser Frist wird das vorgenannte Konto aufgelöst und der verbleibende Guthabenbetrag zu gleichen Teilen auf das jeweils eigene Sparbuch eines jeden von uns überwiesen. Das gemeinsame Sparbuch soll jedoch sofort aufgelöst und der Erlös in der beschriebenen Weise auf unsere beiden eigenen Sparbücher zu gleichen Teilen überwiesen werden.

2)

Den Bausparvertrag bei der ..... – AG übernimmt die Ehefrau. Die Vertragsteile übertragen hiermit an die Ehefrau ihre Rechte aus diesem Vertrag einschließlich des Anspruchs auf die Gewährung von Bauspardarlehen. Mitübertragen ist insbes. auch der derzeitige Guthabenstand auf den Konten, ohne dass hierfür ein Ausgleichsanspruch geltend gemacht wird.

3)

Die Lebensversicherung, welche der Ehemann auf sein Leben und zugunsten der Ehefrau als Bezugsberechtigte bei der .....-AG abgeschlossen hat, bleibt bestehen und ist vom Ehemann mit den gleichen Monatsbeiträgen wie bisher auch fortzuführen. Als unwiderrufliche Bezugsberechtigte sind unverzüglich unsere gemeinschaftlichen Kinder zu je gleichen Teilen einzusetzen.

4)

Für die bestehenden Verbindlichkeiten vereinbaren wir Folgendes:

Das Darlehen für die Einbauküche wird von der Ehefrau zur weiteren Verzinsung und Tilgung als künftige Alleinschuldnerin übernommen.

Das Darlehen für die Anschaffung des Klaviers wird vom Ehemann übernommen, der im Rahmen der Verteilung der Haushaltsgegenstände das Klavier übernommen hat.

Alle weiteren etwa bestehenden Verbindlichkeiten tragen die Ehegatten im Innenverhältnis je zur Hälfte. Gleiches gilt für etwa noch ausstehende Abrechnungen z.B. der Nebenkosten und für Steuererstattungen oder Steuernachzahlungen jeweils für die Zeit bis zur Trennung.

Für dieses Jahr und die Jahre zuvor, für die noch keine Steuererklärungen abgegeben wurden, vereinbaren wir die Zusammenveranlagung nach § 26b EStG.[458]

Die Vertragsteile sind sich über alle hiermit verbundenen Eigentumsübergänge einig und verpflichten sich gegenseitig, alle etwa noch erforderlichen Erklärungen zum Umschreiben einzelner Vertragswerke auf einen Ehegatten abzugeben.

---

457 Die Neuregelung im BGB erfasst für die Scheidungsverteilung nur Haushaltsgegenstände im Miteigentum. Hinsichtlich der Gegenstände im Alleineigentum findet der Zugewinn statt. Hier ist Vorsicht geboten bei einer nicht beurkundeten Vorabverteilung, wenn diese in den Zugewinn eingreift.

458 Da hier nur die Regelung für die akute Trennung vorgelegt wird, ist noch keine Regelung für das Realsplitting in den folgenden Jahren enthalten. Eine solche kann eingearbeitet werden, vgl. hierzu Kap. 6 Rdn. 93 letzter Formulierungsvorschlag. Sofern allerdings nachehelicher Unterhalt geregelt wird, unterliegt bereits die Vereinbarung des Realsplittings der Beurkundung.

5)

Bei dieser Vermögensverteilung verbleibt es auch im Fall einer etwaigen Scheidung unserer Ehe.

IV. Ehegattenunterhalt

1)

Ab dem nächsten Monatsersten verpflichte ich, der Ehemann, mich dazu, an meine Ehefrau Trennungsunterhalt i.H.v. ..... € monatlich als Elementarunterhalt zu zahlen.

Der jeweilige Unterhaltsbetrag ist im Voraus je zum Ersten eines jeden Monats zur Zahlung fällig.

2)

Bei der Bemessung des Trennungsunterhalts sind wir von folgenden Bemessungsgrundlagen ausgegangen:

.....

3)

In der Krankenversicherung ist die Ehefrau nach § 10 Abs. 1 SGB V beitragsfrei mitversichert.

4)

Hinsichtlich des Altersvorsorgeunterhalts werden wir mit Rechtshängigkeit eines Scheidungsantrags eine gesonderte Regelung treffen.

5)

Sofern die Ehefrau Einkünfte aus eigener Erwerbstätigkeit erzielt, werden diese nach der sog. Differenzmethode in die Unterhaltsberechnung einbezogen, wenn die Einkünfte eheprägend sind, ansonsten nach der Anrechnungsmethode.[459]

6)

Durch diese Vereinbarung werden etwaige weiter gehende Ansprüche des unterhaltsberechtigten Ehegatten nicht berührt.

7)

Diese Verpflichtung gilt nur für die Zahlung des Trennungsunterhalts. Den nachehelichen Unterhalt werden wir gesondert festlegen.

V. Kindesunterhalt

1)

Ich, der Ehemann, verpflichte mich, meine Kinder Ralf und Jeanette (beide geb. am 03.01.2017,[460] derzeit also drei Jahre alt) zu Händen meiner Ehefrau ..... monatlich, und zwar immer zum Ersten eines jeden Monats im Voraus, Kindesunterhalt in Höhe von 110 % des Mindestunterhaltes nach § 1612a BGB entsprechend der jeweiligen Altersstufe zu zahlen.

2)

Die Unterhaltsberechnung basiert auf einem anrechenbaren Nettoeinkommen von 2.800,00 € (Jahresbrutto minus gesetzliche Abzüge unter Berücksichtigung von Steuernachzahlungen und Steuerrückzahlungen minus 5 % für berufsbedingte Aufwendungen geteilt durch 12).[461] Da ich neben der Ehefrau zwei Kindern Unterhalt schulde und die Einstufung in der Düsseldorfer Tabel-

---

459 Hierzu Wendl/Dose/Bömelburg, § 4 Rn. 61, die dazu Stellung nehmen, dass auch schon während der Trennungszeit von einer Prägung gesprochen werden kann. Hierbei ist die Rspr. zum Surrogat für die Familienarbeit zu beachten.
460 Um den Formulierungsvorschlag verständlich zu machen, sind konkrete Geburts- und Einkommensdaten angegeben. Diese müssen je nach Fallgestaltung geändert werden.
461 Formulierung nach Bergschneider, Rn. 321.

le von zwei Unterhaltsberechtigten ausgeht, wurde eine Herabstufung um eine Stufe vorgenommen.

3)

Aufgrund des Alters der Kinder erfolgt die Unterhaltsbemessung derzeit nach der ersten Altersstufe.

Dies bedeutet derzeit einen Tabellenunterhaltsbetrag von 406,00 € monatlich.

4)

Hierbei ist das Kindergeld noch nicht berücksichtigt. Dieses erhält derzeit die Ehefrau, da die Kinder sich in der Obhut ihrer Mutter befinden. Dieses Kindergeld für ein erstes und zweites Kind wird auf meine Unterhaltspflicht zur Hälfte angerechnet. Somit ergibt sich derzeit ein monatlicher Zahlbetrag von je 406,00 € abzgl. 102,00 € = je 304,00 €.

Die Regelung unterliegt der Abänderbarkeit.

VI. Schlussbestimmungen

1)

Sollten einzelne Bestimmungen dieses Vertrages unwirksam sein oder werden oder sollte sich im Vertrag eine Regelungslücke zeigen, so wird die Wirksamkeit der übrigen Bestimmungen hierdurch nicht berührt.

Die Beteiligten sind dann verpflichtet, eine ersetzende Bestimmung zu vereinbaren, die dem wirtschaftlichen Sinn der unwirksamen Bestimmung im Gesamtzusammenhang der getroffenen Regelung in rechtlich zulässiger Weise am nächsten kommt, oder eine neue Bestimmung zu treffen, welche die Regelungslücke des Vertrages so schließt, als hätten sie diesen Punkt von vornherein bedacht.

2)

Wir wollen insgesamt alle während der Trennung auftretenden rechtlichen Probleme einvernehmlich regeln und verpflichten uns daher zusammenzuwirken, um dies zu erreichen.

3)

Jeder trägt die Kosten seiner anwaltlichen Vertretung im Zusammenhang mit dieser Vereinbarung selbst.

2. Notarielle Beurkundung mit Güterstandswechsel und Vollstreckungsunterwerfung

Der zweite Formulierungsvorschlag einer **Gesamtvereinbarung** stellt die **notariell beurkundete Trennungsvereinbarung** vor, mit der ein Miteigentumsanteil übertragen und der Zugewinn modifiziert wird. Zusammen mit der Unterhaltsregelung dient eine solche Regelung als Basis einer länger andauernden Trennung ohne alsbaldige Scheidung. Sie kann bei Bedarf ergänzt werden um Regelungen zum Versorgungsausgleich, wonach ab Trennung keine weiteren Ansprüche entstehen sollen.[462]

263

▶ Kostenanmerkung:

Die Neuordnung des notariellen Kostenrechts im GNotKG hat in § 100 als Geschäftswert für den Ehevertrag nunmehr ein **modifiziertes Reinvermögen** festgelegt. Danach können **Verbindlichkeiten** eines Ehegatten nunmehr **nur noch bis zur Hälfte seines Aktivvermögens abgezogen** werden. Die auf diese Weise ermittelten Vermögenswerte beider Ehegatten sind dann zu addieren. Dieser Wert ist hier für die Regelung unter B. III der nachfolgenden Urkun-

264

---

462 Vgl. hierzu Kap. 7 Rdn. 409.

de anzusetzen. Nach neuem Kostenrecht ist für die Modifikation – hier: abweichende Berechnung des Endvermögens – der volle Geschäftswert anzusetzen.[463]

Zudem ist der Ehevertrag nach § 1408 Abs. 1 BGB gem. **§ 111 Nr. 2 GNotKG** stets als **besonderer Beurkundungsgegenstand** anzusehen. Gegenstandsverschieden sind daher Unterhaltsvereinbarungen, Vereinbarungen zum Versorgungsausgleich, Vereinbarungen über Unterhalt oder Sorgerecht der Kinder sowie Pflichtteilsverzichte oder Übertragungsgeschäfte, auch wenn Letztere zum Ausgleich des Zugewinns stattfinden.

Im nachfolgenden Beispielsfall ist somit zu dem Geschäftswert für den Ehevertrag noch derjenige für die **Übertragung der Haushälfte** sowie die Werte für die Unterhaltsregelungen hinzuzuzählen. Die beiden zusammengerechneten Geschäftswerte, § 35 GNotKG, bilden den nunmehr **einheitlichen Wert des Beurkundungsverfahrens**. Aus diesem Wert ist nach KV 21100 eine 2,0 Gebühr zu erheben. Ferner fällt eine 0,5 Gebühr nach § 113 GNotKG als Betreuungsgebühr gemäß 22200 KV für die Vollzugsüberwachung an. Im Fall der Lastenfreistellung oder der Einholung der Schuldübernahmegenehmigung tritt eine 0,5 Vollzugsgebühr nach KV 21110 hinzu.

▶ Formulierungsvorschlag: Trennungsvereinbarung für länger andauerndes Getrenntleben mit Übertragung Familienwohnheim und Regelung von Unterhalt

265 URNr. .....

vom .....

Ehevertrag[464]

mit Grundstücksübertragung und Auflassung

Heute, den .....

erschienen vor mir,

....

Notar in .....

1. Herr .....,

geboren am ..... in .....

als Sohn von .....,

letztere eine geborene .....,

wohnhaft in .....,

2. dessen Ehefrau,

Frau ....., geborene .....,

geboren am ..... in .....

als Tochter von .....,

letztere eine geborene .....,

wohnhaft in .....,

nach Angabe im gesetzlichen Güterstand der Zugewinngemeinschaft verheiratet.

---

463 Notarkasse, Rn. 579.

464 Nachdem keine unmittelbare Scheidungsabsicht besteht, wurde die »neutrale Bezeichnung« Ehevertrag gewählt. Häufig möchten die Vertragsteile eine solche Vereinbarung nicht als Scheidungs- oder Trennungsvereinbarung bezeichnet haben.

A. Trennungsvereinbarungen

Die Erschienenen wollen einen

Ehevertrag

errichten.

Nach Unterrichtung über den Grundbuchinhalt beurkunde ich auf Ansuchen der Erschienenen bei gleichzeitiger Anwesenheit was folgt:

A. Allgemeines

Wir sind beiderseits in erster Ehe verheiratet.

Unsere Ehe haben wir am ..... vor dem Standesbeamten in ..... geschlossen.

Wir haben ein gemeinsames Kind ....., geb. am .....

Ich, der Ehemann, arbeite als ..... und verdiene derzeit netto .....

Ich, die Ehefrau, bin derzeit in Teilzeit berufstätig als ..... In zwei Jahren, wenn unser Kind das sechzehnte Lebensjahr vollendet hat, werde ich wieder in Vollzeit tätig sein.

Wir sind beide deutsche Staatsangehörige und haben kein Vermögen im Ausland.

Wir haben bisher keinen Ehevertrag geschlossen und sind insoweit im gesetzlichen Güterstand der Zugewinngemeinschaft verheiratet.

B. Auseinandersetzung über Grundbesitz und ehevertragliche Vereinbarungen

I. Vorbemerkung

1) Grundbesitz

Wir sind Miteigentümer je zur Hälfte des Anwesens ....., eingetragen im Grundbuch des Amtsgerichts ..... für ..... Blatt .....

Dieser Grundbesitz ist belastet wie folgt: .....

Die Verbindlichkeiten zur Hausfinanzierung, für welche wir als Gesamtschuldner haften, belaufen sich zum Stichtag ..... auf ..... €.

2) Nutzung

Wir bewohnen dieses Anwesen derzeit nicht gemeinsam und sind uns einig, dass das Anwesen von der Ehefrau und dem gemeinsamen Kind bewohnt wird.

3) Übertragung

Mit dieser Urkunde wird der Miteigentumsanteil zu 1/2 des Ehemannes

– nachstehend kurz: Veräußerer –

auf die Ehefrau übertragen.

Bewegliche Gegenstände sind nicht Gegenstand dieser Vereinbarung. Hier sind wir uns einig, dass jeder diejenigen beweglichen Gegenstände zu Eigentum erhält oder übernimmt, wie er sie derzeit in Besitz hat.

II. Übernahme

1)

Den vorgenannten Grundbesitz erhält und übernimmt mit allen damit verbundenen Rechten, Bestandteilen und dem Zubehör die Ehefrau

– künftig Erwerberin genannt –

zum Alleineigentum.

2) Auflassung

Wir sind uns darüber

einig,

dass das Eigentum am überlassenen Vertragsobjekt vom Veräußerer auf die Erwerberin zum Alleineigentum übergeht.

Der Veräußerer bewilligt und die Erwerberin

beantragt

die Eintragung der Auflassung im Grundbuch.

Um Vollzugsmitteilung an den amtierenden Notar wird gebeten.

Auf die Bestellung und Eintragung einer Auflassungsvormerkung verzichten wir nach Belehrung durch den Notar.

Die Vertragsteile

weisen

den Notar unter Verzicht auf ihr eigenes Antragsrecht unwiderruflich an, den Antrag auf Eintragung der Eigentumsumschreibung beim Grundbuchamt erst dann zu stellen, wenn der Veräußerer dem Notar schriftlich bestätigt hat, dass ihm die befreiende Schuldübernahme gemäß nachfolgender Ziffer durch die Gläubiger nachgewiesen wurde oder die Erwerberin dies bankbestätigt nachweist.

Die Eigentumsumschreibung darf jedoch nach Belehrung durch den Notar unabhängig von der Zahlung der Gegenleistung nach Ziffer 4) erfolgen, da diese erst später fällig wird. Auf die Eintragung einer dinglichen Sicherheit wird insoweit verzichtet.

Die entsprechende Bestätigung wird der Veräußerer dem Notar zu gegebener Zeit unaufgefordert übersenden.

Vor Nachweis der Schuldentlassung werden von dieser Urkunde nur Ausfertigungen und beglaubigte Abschriften ohne die Auflassung erteilt.

3) Schuldübernahme

Die Erwerberin übernimmt das am Vertragsgrundbesitz in Abteilung III des Grundbuches eingetragene Grundpfandrecht über ..... € in dinglicher Haftung.

Entstandene Eigentümerrechte und/oder Rückgewähransprüche werden hiermit entschädigungslos auf die Erwerberin mit deren Zustimmung übertragen, die Eigentumsumschreibung vorausgesetzt.

Die Umschreibung im Grundbuch wird bewilligt, mit dieser Urkunde jedoch ausdrücklich nicht beantragt, auch nicht vom Notar gemäß § 15 GBO.

Die persönliche Haftung hat die Erwerberin bereits in der Grundpfandrechtsbestellungsurkunde übernommen.

Ferner übernimmt die Erwerberin die dem übernommenen Grundpfandrecht zugrunde liegende Schuldverpflichtung beider Vertragsteile gegenüber dem Gläubiger als künftiger alleiniger Schuldner mit schuldbefreiender Wirkung. Die befreiende Schuldübernahme erfolgt jeweils mit Wirkung vom heutigen Tag an mit dem zu diesem Zeitpunkt gegebenen genauen Stand der Schuldverpflichtungen.

Auf das Erfordernis der Änderung der Zweckbestimmungserklärung wurde hingewiesen.

Nach Hinweis des Notars auf das Erfordernis der Genehmigung der befreienden Schuldübernahme durch den Gläubiger

A. Trennungsvereinbarungen

beauftragen und ermächtigen

die Vertragsteile den Notar und dessen amtlich bestellten Vertreter, dem Gläubiger die befreiende Schuldübernahme durch Übersendung einer Abschrift dieser Urkunde anzuzeigen. Die gemäß § 415 BGB erforderliche Genehmigung werden die Vertragsteile selbst einholen.

Sollte die befreiende Schuldübernahme durch den Gläubiger nicht genehmigt werden, gelten vorstehende Vereinbarungen insoweit als Erfüllungsübernahme i.S.d. § 329 BGB, sodass die Erwerberin dem Veräußerer gegenüber verpflichtet ist, die Verbindlichkeiten jeweils fristgerecht zu erfüllen, insbesondere die Zins- und Tilgungsbeträge an den Gläubiger zu zahlen, und den Veräußerer im Fall einer Inanspruchnahme durch den Gläubiger unverzüglich freizustellen; Gleiches gilt bis zur Genehmigung sowie bis zum vertragsgemäßen Vollzug der Eigentumsumschreibung.

Etwaige Kosten, Spesen oder Provisionen anlässlich der Genehmigung der Schuldübernahme hat die Erwerberin zu tragen.

4) Zahlung

Als weitere Gegenleistung für die Übernahme des Grundbesitzes verpflichtet sich die Erwerberin ferner, an den Veräußerer den Betrag von

.... €

– in Worten ..... Euro – zu zahlen. Dieser Betrag ist in vier gleichen aufeinanderfolgenden Jahresraten zu entrichten, jeweils zum 30.06. eines Jahres, die erste Rate im Jahre .....[465]

Wegen der voreingegangenen Verpflichtung zur Zahlung der Gegenleistung unterwerfe ich, die Ehefrau, mich der

sofortigen Zwangsvollstreckung

aus dieser Urkunde in mein Vermögen.

Der Veräußerer ist berechtigt, sich jederzeit auf einseitigen Antrag auf schuldnerische Kosten eine vollstreckbare Ausfertigung dieser Urkunde erteilen zu lassen, ohne dass es hierzu des Nachweises der Fälligkeit oder sonstiger die Vollstreckbarkeit begründender Tatsachen bedarf.

5) Besitz, Nutzen, Lasten und Gefahr

Besitz, Nutzungen, Lasten und Abgaben aller Art sowie die mit dem Vertragsgrundbesitz verbundene Haftung und die Verkehrssicherungspflichten gehen ebenso wie die Gefahr einer zufälligen Verschlechterung oder eines zufälligen Untergangs ab sofort auf die Erwerberin über.

.....

6) Rechte bei Mängeln

.....

7) Finanzierungsvollmacht

.....

III. Weitere ehevertragliche Vereinbarungen zum Güterstand

1)

Wir wollen zunächst den Güterstand der Zugewinngemeinschaft beibehalten. Dabei soll der Zugewinn auf der Basis der Vermögenslage berechnet werden, wie sie nach Vollzug dieser Urkunde besteht. Hierbei soll der Anspruch auf die Gegenleistung und die Verpflichtung zu ihrer Erbringung im Endvermögen berücksichtigt werden.

---

465 Hier ist eine spätere Fälligkeit und Ratenzahlung vorgesehen, um die Erwerberin zu entlasten und ihr die Möglichkeit zu geben, zunächst wieder in Vollzeit berufstätig zu sein. Ggf. ist dies beim Umschreiben mit einer Sicherungshypothek zu begleiten, sofern die Ehegatten das nach Hinweis wünschen.

2)

Die Vertragsteile sind sich darüber einig, dass anstatt der Rechtshängigkeit eines Scheidungsantrags der Tag des Vollzuges dieser Vereinbarung im Grundbuch als Stichtag für die Berechnung der beiderseitigen Endvermögen und – soweit zulässig – für die Vermögenswertbegrenzung maßgebend ist.

3)

Für unsere Ehe schließen wir künftig die Verfügungsbeschränkungen der §§ 1365 ff. BGB gegenseitig aus.

C. Unterhalt

I.

Bei der nachfolgenden Unterhaltsberechnung wurden diese Übertragung und die Nutzung des Hausanwesens[466] durch Ehefrau und Kinder sowie die Zinsbelastung der Ehefrau einbezogen.[467] Bei der Bemessung des Trennungsunterhalts sind wir von folgenden Bemessungsgrundlagen ausgegangen: .....

II.

1)

Ab dem nächsten Monatsersten verpflichte ich, der Ehemann, mich dazu, an meine Ehefrau Trennungsunterhalt i.H.v. ..... € monatlich als Elementarunterhalt zu zahlen.

Der jeweilige Unterhaltsbetrag ist im Voraus je zum Ersten eines jeden Monats zur Zahlung fällig.

2)

Zusätzlich verpflichte ich mich, der Ehefrau denjenigen Betrag, den sie aufgrund des derzeit bestehenden Versicherungsvertrags an die .....-Krankenversicherungs-AG zu zahlen hat, monatlich zu erstatten.

3)

Hinsichtlich des Altersvorsorgeunterhalts werden wir mit Rechtshängigkeit eines etwaigen Scheidungsantrags eine gesonderte Regelung treffen.[468]

III.

Sofern die Ehefrau Einkünfte aus eigener Erwerbstätigkeit erzielt, werden diese nach der sog. Differenzmethode in die Unterhaltsberechnung einbezogen, wenn die Einkünfte eheprägend sind, ansonsten nach der Anrechnungsmethode.[469] Wir sind uns darüber einig, dass diejenigen Einkünfte, welche die Ehefrau durch die Ausdehnung ihrer derzeitigen Arbeitstätigkeit in eine Vollzeittätigkeit erzielt, eheprägend sind, da sie als Surrogat der Familienarbeit anzusehen sind.

---

466 Da hier eine Vereinbarung für einen längeren Trennungszeitraum geschlossen wird, wurde die Einigung auf einen einheitlichen Wohnvorteil zugrunde gelegt ohne Unterscheidung zwischen Trennungszeit mit niedrigerem Betrag und Zeit nach Scheidung mit der Marktmiete.
467 Hierzu Kap. 6 Rdn. 264 f. Da hier von längerer Trennung ohne Scheidung ausgegangen wird, sind gleich die Regeln nach einer Scheidung angewendet im Hinblick auf die Einbeziehung nur der Zinsbelastung, da die Tilgung der langfristigen Vermögensbildung dient. Die Grenze solcher Gestaltung liegt in der Unverzichtbarkeit beim Trennungsunterhalt.
468 Dieser Formulierungsvorschlag geht davon aus, dass der Versorgungsausgleich auch in der folgenden Zeit weiterhin durchgeführt wird.
469 Hierzu Wendl/Dose/Bömelburg, § 4 Rn. 31, 35, 36, die dazu Stellung nehmen, dass auch schon während der Trennungszeit von einer Prägung gesprochen werden kann. Hierbei ist die Rspr. zum Surrogat für die Familienarbeit zu beachten.

IV.

Durch diese Vereinbarung werden etwaige weiter gehende Ansprüche des unterhaltsberechtigten Ehegatten nicht berührt.[470]

V.

Wegen der vorgenannten Zahlungsverpflichtung unterwerfe ich, der Ehemann, mich der

sofortigen Zwangsvollstreckung

aus dieser Urkunde in mein gesamtes Vermögen. Meine Ehefrau ist jederzeit auf einseitigen Wunsch berechtigt, auf eigene Kosten eine vollstreckbare Ausfertigung dieser Urkunde zu verlangen, ohne dass der Nachweis der Fälligkeit zu führen ist.

D. Kindesunterhalt

Ich, der Ehemann, verpflichte mich, meinem Kind ..... zu Händen meiner Ehefrau bis zu dessen Volljährigkeit monatlich je zum Ersten eines Monats im Voraus Unterhalt i.H.v. ..... % des Mindestunterhaltes nach § 1612a BGB entsprechend der jeweiligen Altersstufe unter Abzug des hälftigen Kindergeldes für ein erstes Kind in der jeweiligen Höhe zu zahlen. Dies sind derzeit in der ..... Altersstufe ..... €: ..... € abzgl. 102,00 € = ... €.

Wegen der vorgenannten Unterhaltszahlung unterwerfe ich, der Ehemann, mich der sofortigen Zwangsvollstreckung aus dieser Urkunde in mein gesamtes Vermögen.

E. Schlussbestimmungen

I. Weitere Vereinbarungen

Weitere Vereinbarungen wollen die Vertragsteile nach Belehrung durch den Notar nicht treffen. Der Versorgungsausgleich soll somit nach den gesetzlichen Bestimmungen auch für die Trennungszeit durchgeführt werden. Erbrechtliche Regelungen oder Erbverzichtserklärungen sollen nicht abgegeben werden.

II. Belehrungen

Der Notar hat uns über den Inhalt und die rechtlichen Folgen aus diesem Vertrag eingehend belehrt.

Der Notar hat insbesondere auf die Rechtsprechung des Bundesverfassungsgerichts und des Bundesgerichtshofs zur Inhaltskontrolle[471] von Eheverträgen hingewiesen und erläutert, dass ehevertragliche Regelungen bei einer besonders einseitigen Aufbürdung von vertraglichen Lasten und einer erheblich ungleichen Verhandlungsposition unwirksam oder unanwendbar sein können.

Die Vertragsteile erklären, dass sie nach einer Vorbesprechung und dem Erhalt eines Vertragsentwurfs die rechtlichen Regelungen dieses Vertrages umfassend erörtert haben und diese Regelungen ihrem gemeinsamen Wunsch zur Gestaltung ihrer ehelichen Verhältnisse entsprechen.

Der Notar hat darauf hingewiesen, dass bei einer Änderung der Ehekonstellation die Regelungen auch nachträglich einer Ausübungskontrolle unterliegen können. Er hat geraten, in diesem Fall den Vertrag der veränderten Situation anzupassen.

Der Notar hat ferner darüber belehrt, dass hinsichtlich des Trennungsunterhalts ein Verzicht nicht möglich ist, die hier vereinbarte Klausel daher nur eine Zahlungspflicht festlegt, ohne dass weiter gehende Ansprüche ausgeschlossen sind.

---

470 Nach §§ 1361 Abs. 4 Satz 3, 1360a Abs. 3, 114 Abs. 1 BGB kann auf Trennungsunterhalt nicht verzichtet werden. Vgl. hierzu näher Kap. 6 Rdn. 75 ff.

471 Ausführlich behandelt in Kap. 2 Rdn. 65 ff. auch zur Anwendung auch auf Trennungs- oder Scheidungsvereinbarungen.

III. Salvatorische Klausel

Sollten einzelne Bestimmungen dieses Vertrages unwirksam sein oder werden oder sollte sich im Vertrag eine Regelungslücke zeigen, so wird die Wirksamkeit der übrigen Bestimmungen hierdurch nicht berührt.

Die Beteiligten sind dann verpflichtet, eine ersetzende Bestimmung zu vereinbaren, die dem wirtschaftlichen Sinn der unwirksamen Bestimmung im Gesamtzusammenhang der getroffenen Regelung in rechtlich zulässiger Weise am nächsten kommt, oder eine neue Bestimmung zu treffen, welche die Regelungslücke des Vertrages so schließt, als hätten sie diesen Punkt von vorneherein bedacht.

Der Notar hat die Beteiligten über die Auswirkungen der Klausel eingehend belehrt und darauf hingewiesen, dass die Klausel nur zu einer Beweislastveränderung führt. Er hat die Vertragsteile befragt, ob Vertragsbestimmungen für sie so miteinander verbunden sind, dass die Unwirksamkeit der einen auch die der anderen zur Folge haben soll.

Hierauf erklären die Vertragsteile: Wir wünschen keine von der salvatorischen Klausel abweichende Festlegung für bestimmte Vertragsklauseln.

IV.

Wir beantragen die Erteilung je einer Ausfertigung dieser Urkunde.

V.

Die Kosten dieser Urkunde tragen wir gemeinsam.

B. Scheidungsvereinbarungen

266 Die Scheidungsvereinbarung regelt die **Rechtsfolgen einer konkreten Scheidung**.[472] Sie wird z.T. auch als Scheidungsfolgenvereinbarung oder Scheidungsfolgenvergleich bezeichnet, da sie die Scheidungsfolgesachen regeln kann. Sie vermag aber nach ihrem Inhalt weit darüber hinauszugehen und alle Streitigkeiten und regelungsbedürftigen Punkte zwischen den Ehegatten zu klären; auch Ansprüche der sog. »Zweiten Spur« wie etwa den Gesamtschuldnerausgleich oder die Regelung zum Miteigentum. Die Scheidungsvereinbarungen sind gut geeignet, eine schnelle und **kostengünstige Scheidung** vorzubereiten Sie enthalten i.d.R. die für eine **einverständliche Scheidung** erforderlichen Einigungen der Ehegatten sowie vollstreckbare Schuldtitel.[473] Sie könnten zwar ohne Anwalt geschlossen werden, basieren aber i.d.R. auf der Vorarbeit von Anwälten, die dann auch das Scheidungsverfahren weiter begleiten. Die **Vertretung durch einen Anwalt** ist allerdings nach Abschluss einer Scheidungsvereinbarung ausreichend, was insgesamt zu einer Kostenersparnis führt.[474]

I. Ehewohnung und Haushaltsgegenstände

1. Gesetzliche Regelung über die Ehewohnung bei Scheidung

267 Die Überlassung der Ehewohnung wird **i.d.R. nach § 1361b BGB** als vorläufige Überlassung geltend gemacht, denn im oder unmittelbar nach dem Trennungszeitpunkt ist diese Frage dringlich. Nach Ablauf des Trennungsjahres sind die Verhältnisse **häufig fest gefügt**, sodass i.R.d. Scheidung weit seltener eine Überlassung der Ehewohnung verlangt wird. Selbst die **Umgestaltung des Mietverhältnisses** im Außenverhältnis zum Vermieter ist nach neuem Recht gem. § 1568a Abs. 3 Nr. 1 BGB ohne Wohnungszuweisungsverfahren möglich. Allerdings bewirkt die vorläufige Nutzungsüberlassung nach § 1361b BGB noch nicht, dass der Charakter als Ehewohnung verloren geht, ebensowenig die längere Überlassung durch den allein mietenden Ehegatten an den anderen bzw.

---

472 Die Grenzen zu vorsorgenden Eheverträgen und Trennungsvereinbarungen sind durchaus fließend, MüHdbFamR/Grziwotz, § 25 Rn. 1.
473 Zu den einzelnen Formtypen: Bergschneider, Rn. 127 ff.
474 Jost, NJW 1980, 327.

eine nur sporadische Nutzung.[475] Der **BGH** hat vielmehr entschieden,[476] dass **die Wohnung die gesamte Trennungszeit über Ehewohnung** bleibt und ggf. noch über die Scheidung hinaus. Vertreten wird, dass sie so lange Ehewohnung bleibt, bis ein endgültiger Auszug nach Scheidung erfolgt ist oder das Jahr des § 1568a Abs. 6 BGB abgelaufen ist[477] Dabei ist die Dauer der Trennung ebenso ohne Belang wie die Frage, ob der ausgezogene Ehegatte etwa eine Rückkehrabsicht bekundet hat. Die Rechtsprechung sieht aber erweiternd sogar § 1568a BGB nach Ablauf der Jahresfrist als fortdauernde lex specialis gegenüber dem allgemeinen § 985 BGB an, da es sich bei der Jahresfrist des § 1568a Abs. 6 BGB lediglich um eine Schutzvorschrift zugunsten des Vermieters handele.[478]

Mit dem Gesetz zur Änderung des Zugewinnausgleichs- und Vormundschaftsrechts[479] wurden mit Wirkung zum 01.09.2009 die Vorschriften zur endgültigen Wohnungszuweisung insoweit grundlegend geändert, als die bisherige Sonderregelung in der **Hausratsverordnung vollständig aufgehoben** und die Materie wieder in das BGB integriert wurde.[480] **§ 1568a BGB** regelt nunmehr die Wohnungszuweisung – die allerdings nicht mehr als solche bezeichnet wird, sondern als Überlassung der Ehewohnung[481] – und § 1568b BGB die Zuweisung von Haushaltsgegenständen. 268

Das Verfahren richtet sich nunmehr nach §§ 200 ff. FamFG. 269

a) Grundsätze und Voraussetzungen richterlicher Entscheidung

Während der Trennung der Ehegatten findet nur eine vorläufige Nutzungsregelung nach § 1361b BGB statt. Mit Wirkung ab Rechtskraft der Scheidung[482] hingegen erfolgt eine endgültige Nutzungsregelung nach **§ 1568a BGB**. 270

Nach § 1 HausratsVO a.F. konnte der Richter auf Antrag die Rechtsverhältnisse an der Ehewohnung regeln, wenn sich die Ehegatten **nicht einig** waren. Nach § 2 HausratsVO a.F. hatte der Richter nach **billigem Ermessen** unter Berücksichtigung aller Umstände des Einzelfalles, insb. aber des **Kindeswohls** und der **Erfordernisse des Gemeinschaftslebens** zu entscheiden.[483] 271

Diese Billigkeitsentscheidung der HausratsVO a.F. wird nunmehr ersetzt durch ein **System von Anspruchsgrundlagen**. Hierbei sollen allerdings die bisher von der Rechtsprechung herausgearbeiteten Grundsätze weiterhin Berücksichtigung finden. Allerdings wurde das strenge System der Anspruchsgrundlagen, das noch den RefE prägte, in der Gesetzesfassung insoweit aufgeweicht, als § 1568a BGB einen Anspruch auf Wohnungsüberlassung neben den dort vorgesehenen Gründen zusätzlich auch dann gewährt, wenn die Überlassung der Wohnung »aus anderen Gründen der Billigkeit entspricht«. Auch wenn die **Billigkeit damit im Gewand einer Anspruchsgrundlage erscheint**, kehrt man damit noch mehr zu den bisherigen Rechtsgrundsätzen zurück. 272

---

475 BGH, FamRZ 2013, 1280.
476 BGH, FamRZ 2017, 22, Tz. 20 ff.; hierzu Götsche, FuR 2018, 503 f.; Götz, NZFam 2017, 433 f.; vgl. auch OLG Frankfurt am Main, NZFam 2019, 443.
477 Zum Meinungsstreit diesbezüglich und zum Vorschlag, dass der Charakter als Ehewohnung auch die Rechtskraft der Scheidung überdauert, Götz, NZFam 2017, 433, 435 f.; Palandt/Brudermüller, § 1568a Rn. 4.
478 OLG Frankfurt, NZFam 2019, 960; a.A. OLG Hamm, FamRB 2019, 52: Abs. 6 ist auch auf Abs. 1 anzuwenden; OLG Bamberg, FamRZ 2017, 703: Abs. 6 auch auf einen Überlassungsanspruch anwendbar; hierzu Wever, FamRZ 2019, 757, 758.
479 BGBl. 2009 I, S. 1696.
480 Zur Reform: Reinecke, ZFE 2010, 172 ff.
481 Damit wurde das FamFG schon vor Inkrafttreten erneut geändert.
482 Schulz/Hauß, Rn. 1181.
483 Die Billigkeitsentscheidung ist wohl auf den Erlass 1944 als Kriegsverordnung zurückzuführen (vgl. BR-Drucks. 536/08, S. 21), wo auch die Erfordernisse des Gemeinschaftslebens noch eine ganz andere Bedeutung gehabt haben mochten. Die Entstehungszeit war der Verordnung aber insoweit nicht abträglich, als die Probleme der Wohnungszuweisung geblieben sind und die HausratsVO durch spätere Gesetze in den Willen des aktuellen Gesetzgebers aufgenommen wurde, Neumann, FamRB 2008, 191.

273 Allerdings soll eine richterliche Zuweisung an den Antragsgegner ausscheiden, auch wenn dies nach Überzeugung des Richters der Billigkeit entspräche, wenn dieser keinen eigenen Antrag auf Wohnungsüberlassung gestellt und somit die Überlassung nicht verlangt hat.[484]

274 Die bisherige Rechtsprechung hatte folgende allgemeine Grundsätze herausgearbeitet: Unter den **Erfordernissen des Gemeinschaftslebens** sind v.a. die sozialen Beziehungen der Ehegatten, also die Nähe zu Betreuungspersonen oder zur Arbeitsstelle zu verstehen. Beachtung verdient auch der Umstand, dass ein Ehegatte die Wohnung schon vor der Heirat bewohnte.[485] Ferner sind die **wirtschaftlichen Möglichkeiten** der Ehegatten zu betrachten. Wer sich eine Ersatzwohnung beschaffen kann, dem ist es eher zuzumuten, die Ehewohnung zu verlassen. Schließlich sind auch **persönliche Voraussetzungen** wie Alter und Gesundheitszustand mit in die Abwägung einzubeziehen,[486] nicht jedoch Belange familienfremder Dritter wie etwa neuer Lebenspartner.[487]

275 Auch wenn die **Ursache der Eheauflösung** als Regelbeispiel nicht mehr genannt ist, so sind doch die Kriterien der **§§ 1381, 1579 BGB** auch in diesem Verfahren zu beachten.[488]

276 Künftige Ereignisse sind einzubeziehen, wenn sie sicher vorhersehbar sind, z.B. die Wiederheirat eines Ehegatten.[489]

277 § 1568a BGB gewährt nunmehr einem Ehegatten einen **Anspruch auf Überlassung der Ehewohnung,**
— wenn er auf deren Nutzung in **stärkerem Maße angewiesen** ist als der andere Ehegatte oder
— wenn die Überlassung **aus anderen Gründen** der **Billigkeit** entspricht.

278 Für die Frage, wann ein Ehegatte in stärkerem Maße auf die Wohnungsnutzung angewiesen ist als der andere, soll berücksichtigt werden:
— das **Wohl der im Haushalt lebenden Kinder** und
— die **Lebensverhältnisse der Ehegatten.**

279 Dies **knüpft an die bisherigen Voraussetzungen nach § 2 HausratsVO a.F. an** und soll sicherstellen, dass wie bisher alle Umstände des Einzelfalles Berücksichtigung finden können. Insoweit sollte die Neufassung keine Änderung ggü. der bisherigen Rechtsprechung bringen.[490]

280 Die **Ergänzung** um andere **Billigkeitsgründe** soll ermöglichen, trotz des neuen Anspruchsgrundlagensystems Billigkeitsaspekte einfließen zu lassen. Dies wird insb. dann der Fall sein, wenn keine Kinder vorhanden sind. Auf diese Weise kann etwa berücksichtigt werden, wenn ein Ehegatte bereits in der Ehewohnung **aufgewachsen** ist.[491]

281 Die Einigung ist nicht mehr ausdrücklich textlich als Verfahrenshindernis erwähnt wie noch in § 1 HausratsVO a.F. Die Gesetzesbegründung zum FamFG sieht dies nicht als erforderlich an, da ein Ehegatte einen verfahrensleitenden Antrag nach § 203 FamFG im Fall einer Einigung nicht stellen werde, ansonsten fehle es am Regelungsinteresse.[492]

b) Wohnung im Alleineigentum oder Miteigentum mit Dritten

282 **§ 1568a Abs. 2 BGB**, der inhaltlich dem § 3 HausratsVO a.F. entspricht, gibt **dem Eigentümer** oder sonstigen dinglich Berechtigten an der Ehewohnung den **Vorrang** bei der Frage der Nutzung

---

484 Götz/Brudermüller, NJW 2008, 3025, 3027.
485 KG, FamRZ 1988, 182, 184.
486 Palandt/Brudermüller, § 1568a, Rn. 5.
487 Staudinger/Weinreich, § 1568a BGB, Rn. 31.
488 KG, FamRZ 1988, 182, 183; BRHP/Neumann, § 1361a, Rn. 9.
489 MünchKomm-BGB/Wellenhofer, § 1568a Rn. 16.
490 BR-Drucks. 635/08, S. 43 f.
491 So BR-Drucks. 635/08, S. 44; Götz/Brudermüller, FamRZ 2009, 1261, 1262.
492 BT-Drucks. 16/6308, S. 249.

der Ehewohnung. Die Anordnung, dass dies auch für Wohnungseigentum und Dauerwohnrecht gilt, wird systematisch besser nun von ihrem bisherigen Platz in § 60 WEG in den neu gefassten § 1568a Abs. 2 BGB verlagert.

Eine Nutzungszuweisung an den **Nichteigentümer-Ehegatten** kommt **nur** in Betracht, wenn sie **erforderlich** ist, **um eine unbillige Härte zu vermeiden**, d.h. wenn dies dringend erforderlich ist, um eine unerträgliche Belastung abzuwenden, die den Berechtigten ansonsten außergewöhnlich beeinträchtigen würde.[493] Dies ist etwa dann anerkannt, wenn der Nichteigentümer-Ehegatte für sich und die von ihm betreuten gemeinsamen Kinder keine Wohnung finden kann, die für ihn erschwinglich ist.[494] Eine solche Überlassung ist in der Regel zeitlich zu befristen.[495]

Abs. 2 ist in gleicher Weise anzuwenden, wenn der Alleineigentümer nach einer Überlassung während der Trennungszeit die Rücküberlassung nach der Scheidung beantragt.[496]

Für die Frage, ob die Zuweisung an den Eigentümer-Ehegatten eine unbillige Härte darstellt, kommt es nicht darauf an, ob der Eigentümer die Wohnung selbst dringend braucht, sondern **nur darauf, ob** die **Zuweisung an den Eigentümer für den Nichteigentümer-Ehegatten** eine **unbillige Härte** darstellt.[497]

Während § 1568a Abs. 2 BGB einen **Anspruch auf Überlassung** der Ehewohnung gibt, sieht § 1568a Abs. 5 BGB einen weiteren **Anspruch auf Begründung eines Mietverhältnisses** zu ortsüblichen Bedingungen vor.

Der Bundesrat hatte ggü. dem Regierungsentwurf kritisiert, dass die beiden Ansprüche **nicht miteinander verknüpft** sind,[498] sodass es geschehen kann, dass trotz Wohnungszuweisung kein Mietvertrag beansprucht wird.

Die endgültige Gesetzesfassung will dem dadurch abhelfen, dass § 1568a Abs. 5 BGB auch der zur Vermietung berechtigten Person einen Anspruch auf Abschluss eines Mietverhältnisses gibt, sodass die Nutzung allein durch mietrechtliche Ansprüche[499] abgegolten sein soll und keine familienrechtlichen Nutzungsentgeltansprüche mehr bestehen.[500]

Eine Änderung der Eigentumsverhältnisse kann nach § 1568a BGB nicht bewirkt werden.

c) Familienwohnheim in Miteigentum

Ebenso wie die HausratsVO regelt § 1568a BGB das Miteigentum nicht gesondert. Die Rechtsprechung wendet in diesen Fällen die allgemeine Vorschrift des § 1568a Abs. 1 BGB und nicht die erschwerten Überlassungsvoraussetzungen des § 1568a Abs. 2 BGB an.[501] Insofern dürfte sich zur Rechtslage nach der HausratsVO nichts geändert haben.

Da ein Eingriff in die Eigentumsverhältnisse nicht erfolgen kann, wird effektiver Schutz für den Nutzenden durch die Begründung eines Mietverhältnisses erreicht, denn das Sonderkündigungsrecht des Erstehers nach § 57a ZVG gilt bei einer Teilungsversteigerung nicht, § 183 ZVG.[502]

---

493 Palandt/Brudermüller, § 1568a Rn. 8.
494 OLG Köln, FamRZ 1996, 492.
495 Finger, FamRB 2018, 119, 125 m.w.N.
496 OLG Düsseldorf, NZFam 2018, 903: Einkommenslosigkeit und Schwerbehinderung (GdB 60) genügen noch nicht.
497 OLG Oldenburg, FamRZ 1998, 571.
498 So ausdrücklich die später vom Bundesrat übernommene Begründung des Rechtsausschusses, BR-Drucks. 635/1/08, S. 9 f.
499 Krit. hierzu und zu den offenen Fragen: Götz/Brudermüller, NJW 2008, 3025, 3027.
500 BT-Drucks. 16/13027, S. 11.
501 BayObLG, FamRZ 1974, 22 f.; OLG Celle, FamRZ 1992, 465, 466; Götz/Brudermüller/Giers, Rn. 335 jeweils zur Rechtslage nach der HausratsVO; Finger, FamRB 2018, 119, 125.
502 Schulz/Hauß, Rn. 1228.

d) Regelung des Mietverhältnisses

292 Ein Schwerpunkt der Neuregelung nach § 1568a BGB ggü. der Vorgängerregelung des § 5 HausratsVO a.F. liegt in der Neufassung der Regelung über die Umgestaltung oder Neubegründung eines Mietverhältnisses nach § 1568a Abs. 3 bis 5 BGB. Hierdurch sollte zum einen der **Umstellung** der richterlichen Entscheidung **auf ein Anspruchssystem** Rechnung getragen werden, aber auch eine **Angleichung** der Überlassung der Ehewohnung nach § 1568a BGB **an** die zahlreichen **Neuordnungen im Bereich des Mietrechts** der letzten Jahre erreicht werden.[503] Damit ist an vielen Punkten die bisher schon angenommene familienrechtliche Überlagerung des Mietrechts[504] aus dem Blickfeld geraten, was zu Problemen führt. Solange das Mietverhältnis während der Trennungszeit gemeinsam besteht, sind Ansprüche aus Gesamtschuldnerausgleich nach § 426 Abs. 1 BGB denkbar, wenn ein Ehegatte nach der Trennung die volle Miete weiterhin bezahlt hat.[505]

aa) Ausscheiden aus dem Mietverhältnis

(1) Einvernehmliche Mitteilung

293 § 1568a Abs. 3 Nr. 1 BGB gibt **erstmals** die **Möglichkeit**, dass die **Ehegatten** nur aufgrund ihrer Einigung **ohne eine richterliche Anordnung** mittels einer Mitteilung dieser Einigung über die Überlassung der Ehewohnung an den Vermieter **bewirken** können, **dass damit der zur Überlassung verpflichtete Ehegatte**[506] **aus dem Mietverhältnis ausscheidet.**[507] Derjenige Ehegatte, dem die Wohnung überlassen wird, führt dann entweder das Mietverhältnis allein weiter, wenn es bisher mit beiden Ehegatten bestand, oder er wird anstelle des ausscheidenden Ehegatten alleiniger Mieter.

294 Diese Lösung ist dem Eintrittsrecht beim Tode eines Mieters nach §§ **563, 563a BGB** nachgebildet, also eng an das Mietrecht angelehnt. Dem entsprechend wird dem Vermieter auch das Kündigungsrecht nach § 563 Abs. 4 BGB zugestanden, sodass der Vermieter außerordentlich mit der gesetzlichen Frist kündigen kann, wenn **in der Person des übernehmenden Ehegatten** ein **wichtiger Grund** vorliegt. Allein die bloße Befürchtung, der verbliebene Ehegatte könne die Miete nicht zahlen, wird noch nicht zur Kündigung berechtigen, sonst wäre der Sinn des § 1568a BGB ins Gegenteil verkehrt;[508] anders ist dies bei Zahlungsunfähigkeit oder Vermögenslosigkeit.[509] Allerdings sind in diesem Zusammenhang Unterhaltsansprüche der in der Wohnung verbliebenen Ehegatten ebenso zu berücksichtigen wie Ansprüche auf öffentliche Hilfen.[510] Der wichtige Grund bei § 563 Abs. 4 BGB soll demjenigen des § 553 Abs. 1 Satz 2 BGB entsprechen.[511] Der BGH hat zu den Kündigungsgründen Folgendes entschieden:[512]

▶ **Rechtsprechung:**

295 Eine auf eine nur drohende finanzielle Leistungsunfähigkeit oder eine »gefährdet erscheinende« Leistungsfähigkeit des Eintretenden gestützte Unzumutbarkeit der Fortsetzung des Mietverhältnisses stellt nur dann einen Kündigungsgrund nach § 563 Abs. 4 BGB dar, wenn sie

---

503 Hierzu detailliert Götz/Brudermüller, NJW 2010, 5 ff.
504 Hierzu etwa Götz/Brudermüller/Giers, Rn. 3, 59 f.
505 OLG Bremen, NJW 2016, 2125.
506 Entgegen dem Wortlaut soll es nicht darauf ankommen, ob ein Überlassungsanspruch nach Abs. 1 besteht, da es gerade um eine einvernehmliche Mitteilung geht, Götz/Brudermüller, FamRZ 2009, 1261, 1262/3.
507 Zu Problemfällen in diesem Zusammenhang: Abramenko, FamRB 2012, 125 und FamRB 2013, 91 f.
508 Vgl. Krause, ZFE 2008, 448, 449.
509 Roth, FamRZ 2008, 1388, 1389; Staudinger/Weinreich, § 1568a BGB, Rn. 75.
510 Götz/Brudermüller, FamRZ 2009, 1261, 1263.
511 Palandt/Weidenkaff, BGB, § 563 Rn. 23. Dise Verweisung hilft freilich an der konkreten Stelle nicht weiter, denn bei § 553 BGB wird dann wieder auf § 540 BGB verwiesen und die Situation dort bei der Untervermietung ist eine ganz andere, weil hier immer noch der Hauptmieter haftet.
512 BGH, NJW 2018, 2397.

auf konkreten Anhaltspunkten und objektiven Umständen beruht, die nicht bloß die Erwartung rechtfertigen, sondern vielmehr den zuverlässigen Schluss zulassen, dass fällige Mietzahlungen alsbald ausbleiben werden. Solche Anhaltspunkte fehlen dann, wenn Geldquellen vorhanden sind, die die Erbringung der Mietzahlungen sicherstellen, wie dies etwa bei staatlichen Hilfen, sonstigen Einkünften oder vorhandenem Vermögen der Fall ist.

Die Anregung des Bundesrates, man solle regeln, dass im Fall einer **außerordentlichen Kündigung** nach § 1568a Abs. 3 BGB der Vermieter auch **gegen den ausgeschiedenen Ehegatten Ansprüche aus dem Mietvertrag** geltend machen kann, hat der Gesetzgeber nicht aufgegriffen. 296

Die einvernehmliche Mitteilung hat die Umgestaltung des Mietverhältnisses zur Folge, die mit Zugang der Mitteilung beim Vermieter eintritt. Es ist daher darauf zu achten, diesen **Zugang nachweislich** herbeizuführen, sei es durch Einschreiben mit Rückschein oder durch quittierte Übergabe. 297

▶ Hinweis:
Wenn die Umgestaltung des Mietverhältnisses durch Erklärung ggü. dem Vermieter erfolgen soll, muss später der Nachweis des Zugangs dieser Erklärung geführt werden können! 298

Zur Frage der Wirksamkeit der Umgestaltung wird vertreten, dass dies noch nicht in der Trennungsphase eintritt, sondern erst bei rechtswirksamer Scheidung.[513] 299

Hinzuweisen ist darauf, dass es sich um eine Gestaltungserklärung nach § 180 Satz 2 BGB handelt, sodass eine nachträgliche Genehmigung ausscheidet.[514] 300

Für den weichenden Ehegatten ist die Situation problematisch, dass sich die Ehegatten über die Weiternutzung zwar **einig** sind, sodass eine gerichtliche Umgestaltung des Mietverhältnisses nicht infrage kommt, dass sich aber der weiternutzende Ehegatte **weigert**, an einer **einvernehmlichen Mitteilung** gegenüber dem Vermieter mitzuwirken. Der weichende Ehegatte wird in solchen Fällen bestrebt sein, eine Umgestaltung des Mietverhältnisses zu erreichen, um seine Haftung aus dem Mietvertrag zu beenden. Auch wenn ein Anspruch auf Mitwirkung an der Kündigung des Mietvertrages überwiegend verneint wird, da sich der verbleibende Ehegatte damit selbst schaden würde,[515] so muss man doch als Minus einen **Anspruch auf Mitwirkung an der einvernehmlichen Erklärung gegenüber dem Vermieter** nach erfolgter Einigung anerkennen, der sich auf die fortbestehende nacheheliche Solidarität gründet.[516] Ob ein solcher Anspruch schon während der Trennungszeit geltend gemacht werden kann, ist selbst innerhalb des OLG Hamm umstritten.[517] Ein solches Verfahren auf Mitwirkung unterfällt als sonstige Familiensache i.S.d. § 266 Abs. 1 Nr. 3 FamFG in die Zuständigkeit des FamG, ist jedoch Familienstreitsache und nicht Familiensache nach § 111 Nr. 5 FamFG.[518] Ggf. sollte damit zusätzlich ein Antrag auf Räumung verbunden werden.[519] 301

---

513 Götz/Brudermüller, FamRZ 2009, 1261, 1262; Staudinger/Weinreich, § 1568a BGB, Rn. 58.
514 Götz/Brudermüller, NJW 2010, 5, 7.
515 Anders OLG Köln, FamFR 2011, 21 allerdings unter Beachtung des aus § 1353 BGB folgenden Rücksichtnahmegebotes.
516 Abramenko, FamRB 2012, 125, 127; Götz, in: Johannsen/Henrich, Familienrecht, § 1568a BGB, Rn. 32; Schulz, FPR 2010, 541, 542; OLG Hamburg, FamRZ 2011, 481.
517 OLG Hamm, NJW-RR 2016, 649: schon während der Trennung gegen OLG Hamm FamRZ 2015, 667: erst nach Rechtskraft der Scheidung.
518 Götz, in: Johannsen/Henrich, Familienrecht, § 200 FamFG Rn. 23.
519 Abramenko, FamRB 2012, 125, 127.

▶ Formulierungsvorschlag: einvernehmliches Schreiben an den Vermieter zur Umgestaltung des Mietverhältnisses

302 Ehegatten

.....

..... straße .....

.....

Per Einschreiben mit Rückschein

    Übernahme des Mietverhältnisses allein durch Frau .....

Sehr geehrte .....

aufgrund des schriftlichen Mietvertrages vom ..... haben wir, die Unterzeichnenden, von Ihnen die Wohnung in der ..... straße Nr. ....., ... Stock angemietet.

Unsere Ehe ist seit zwei Wochen rechtskräftig geschieden.

Nach § 1568a Abs. 3 Nr. 1 BGB teilen wir ihnen hiermit mit, dass wir uns darüber einig sind, dass die Wohnung ab dem ..... allein von mir, ...(Name der Ehefrau) ....., genutzt wird. Ich bewohne die Wohnung nunmehr allein mit unseren beiden Kindern. Mir wurde die Wohnung überlassen. Das Mietverhältnis wird daher ab besagtem Zeitpunkt von mir allein fortgesetzt. Ich, ... (Name des Ehemannes) ..... scheide somit aus dem Mietverhältnis aus.

Die hinterlegte Kaution steht bei Beendigung des Mietverhältnisses allein mir, ...(Name der Ehefrau) ..... zu.

....., den .....

....

(2) Richterliche Umgestaltung des Mietverhältnisses

303 Als **zweite Möglichkeit** für den Fall, dass sich die Ehegatten nicht einig sind, verbleibt nach wie vor nach § 1568a Abs. 3 Nr. 2 BGB die **gerichtliche Umgestaltung des Mietverhältnisses** mit Rechtskraft der Endentscheidung im Wohnungszuweisungsverfahren.[520] Auch in diesem Fall steht dem Vermieter das außerordentliche Kündigungsrecht nach § 563 Abs. 4 BGB zu.

(3) Keine richterlichen Schutzanordnungen mehr

304 § 5 Abs. 1 Satz 2 HausratsVO a.F. sah **richterliche Sicherungsanordnungen zugunsten des Vermieters** vor, so etwa eine **übergangsweise Mithaftung des ausscheidenden Ehegatten**. Der RefE des Gesetzes zur Änderung des Zugewinnausgleichs- und Vormundschaftsgerichts mit Stand 01.11.2007 sah in Fußnote 1 zu § 1568a BGB eine Ergänzung des § 209 Abs. 1 FamFG dahin vor, dass das Gericht angehalten war, befristete Sicherungsanordnungen zugunsten des Vermieters zu treffen. Der RegE hatte dies nicht übernommen mit der Begründung, dass für solche richterlichen Anordnungen in einem auf Anspruchsgrundlagen umgestellten System kein Platz ist.[521] Dieser Entwurf stellt dann die Sicht des Vermieters in den Mittelpunkt und argumentiert weiter, dieser könne ja nunmehr bei Zahlungsrückständen außerordentlich kündigen.

305 Diese auf Kritik gestoßene Regelung[522] hatte der Bundesrat zu Recht beanstandet[523] und die Aufnahme von Sicherungsanordnungen in das Gesetz gefordert, denn sonst werde der Schutz des Schwächeren, auf die Wohnung angewiesenen Ehegatten untergraben. Wenn dieser sich aufgrund

---

520 Nach § 148 FamFG werden Entscheidungen in Folgesachen nicht vor der Rechtskraft des Scheidungsausspruchs rechtskräftig.
521 BR-Drucks. 635/08, S. 44.
522 Götz/Brudermüller, 1. Aufl., Rn. 457; dies., NJW 2008, 3025, 3027 f.
523 BR-Drucks. 635/1/08, S. 6.

von Zahlungsschwierigkeiten sogleich mit der außerordentlichen Kündigung des Vermieters nach § 543 Abs. 2 Nr. 3 BGB konfrontiert sehe, helfe ihm die Wohnungsüberlassung nichts. Gleichwohl hat der Gesetzgeber solche Schutzanordnungen in der endgültigen Gesetzesfassung nicht mehr vorgesehen, sodass sie nicht länger ergehen können. Mangels planwidriger Lücke kann das FamG sie auch nicht analog § 209 FamFG aussprechen.[524]

Ansonsten kommt eine inhaltliche Umgestaltung des bestehenden Mietvertrages nach § 1568a Abs. 3 BGB nicht in Betracht. **306**

Es mehren sich die Stimmen, die sich für die Möglichkeit des Erlasses eines Kündigungsverbotes als Schutzanordnung gem. § 209 Abs. 1 FamFG aussprechen, das bei drohender Kündigung regelmäßig im Wege der einstweiligen Anordnung nach § 49 Abs. 1, Abs. 2 Satz 2 FamFG beantragt wird. Damit der Vermieter bei Verstoß nicht gutgläubig weitervermietet, sollte diesem die einstweilige Anordnung zur Kenntnis gebracht werden.[525] Ansonsten wird eine Kündigung des alleinmietenden Ehegatten dem Vermieter gegenüber wirksam sein, auch wenn sie etwa gegen die Pflichten im Rahmen der Ehe nach § 1353 BGB verstößt.[526] **307**

bb) Neubegründung eines Mietverhältnisses

Die Neubegründung eines Mietverhältnisses nach § 1568a Abs. 5 BGB kommt einmal dann in Betracht, wenn bei einer Wohnung, die im Eigentum eines oder beider Ehegatten steht, die **Zuweisung an den Nichteigentümer-Ehegatten** bzw. an einen Ehegatten allein erfolgt. **308**

Ein Mietverhältnis kann danach aber auch in allen anderen Fällen begründet werden, in denen z.Zt. der Entscheidung keines (mehr) besteht. **309**

Hier sind insb. Fälle denkbar, dass die **Wohnung im Eigentum der Eltern oder Schwiegereltern** steht und die Ehegatten die Wohnung bisher ohne förmlichen Mietvertrag bewohnt haben. **310**

§ 1568a Abs. 5 BGB greift aber auch dann ein, wenn die Wohnung vom Alleinmieter-Ehegatten bereits **wirksam gekündigt** wurde,[527] der andere Ehegatte aber noch in der Wohnung lebte,[528] jedenfalls, soweit die Wohnung nicht bereits weitervermietet ist.[529] Nach BGH[530] kann ein Ehegatte des Alleinmieters auch nach Trennung den Gebrauch alleine fortsetzen, solange die Wohnung Ehewohnung ist. Er braucht nicht wie ein Dritter i.S.d. § 540 BGB die Erlaubnis des Vermieters. **311**

cc) Inhalt eines neu begründeten Mietvertrages

Die Neuregelung bringt hier erhebliche Änderungen. Während § 5 Abs. 2 HausratsVO die richterliche Mietfestsetzung nach billigem Ermessen vorsah – und damit auch die Berücksichtigung der nachehelichen wirtschaftlichen Verflechtungen und Verhältnisse der Ehegatten erlaubte[531] – ist nunmehr der **Anspruch auf Begründung eines Mietverhältnisses** nach dem Wortlaut des § **1568a Abs. 5 BGB** an die **ortsübliche Vergleichsmiete** geknüpft. Ob es daneben wirklich noch eine Berücksichtigung der persönlichen und wirtschaftlichen Verhältnisse geben kann, wie die Gesetzesbegründung meint,[532] erscheint angesichts des klaren Gesetzeswortlauts zweifelhaft. **312**

---

524 Götz/Brudermüller, NJW 2010, 5, 9.
525 Schulz, in: C. Münch, Gestaltungspraxis, § 5 Rn. 89; MünchKomm-BGB/Wellenhofer, § 1568a Rn. 69.
526 Hierzu näher Lenz, NZFam 2014, 823.
527 Zur Wirksamkeit einer ehewidrig erklärten Kündigung ggü. dem Vermieter vgl. Götz/Brudermüller/Giers, Rn. 66.
528 BR-Drucks. 635/08, S. 46.
529 Götz/Brudermüller, FamRZ 2009, 1261, 1263.
530 BGH, NJW 2013, 2507.
531 Palandt/Brudermüller, 69. Aufl., § 1568a Rn. 21.
532 BR-Drucks. 635/08, S. 46.

313 Während bisher davon ausgegangen wurde, dass Mietverhältnisse insb. des Nichteigentümer-Ehegatten als Mieter ggü. dem Eigentümer-Ehegatten grds. **zeitlich zu befristen**[533] sind, schlägt bei der Gesetzesneufassung erneut die mietrechtliche Basis durch. Hier wurde der Mieterschutz mit § 575 BGB seit 2001 auf den Abschluss des Vertrages vorverlagert. Befristete Mietverträge sind daher nur noch unter den engen Voraussetzungen dieser Vorschrift erlaubt. Während es der RefE auch für § 1568a BGB dabei belassen wollte,[534] hat der Gesetzgeber letztendlich zu Recht[535] zwei Tatbestände vorgesehen, bei denen der Vermieter eine angemessene Befristung des Mietverhältnisses verlangen kann:
   – bei Vorliegen der Voraussetzungen des **§ 575 Abs. 1 BGB** oder
   – wenn die Begründung eines **unbefristeten Mietverhältnis**ses unter Würdigung der berechtigten Interessen des Vermieters **unbillig** wäre.

314 Mit letzterer Möglichkeit wollte der Gesetzgeber die besondere Situation, dass der Vermieter das Mietverhältnis letztlich nicht freiwillig schließt, berücksichtigen. Zugleich kommt er damit verfassungsrechtlichen Bedenken nach, dass die Eigentumsrechte nach Art. 14 GG mit der Pflicht zum Abschluss eines unbefristeten Mietvertrages u.U. nicht ausreichend gewahrt sind.[536]

315 Die Kaution bleibt auch nach der Umgestaltung beim Vermieter, sodass der weichende Ehegatte allenfalls im Innenverhältnis vom Weiternutzenden seinen Ausgleich verlangen kann. In einer Vereinbarung ist dies ggf. zu regeln.[537]

dd) Nutzungsverhältnis

316 Die **Begründung eines bloßen entgeltlichen Nutzungsrechtes** ist vom Gesetzgeber **nicht mehr gewünscht**, weil man allzu sehr auf das Mietrecht abstellt[538] und die Sondersituation der Wohnungsüberlassung nach Scheidung nicht berücksichtigt. Dies wird aus der Praxis zu Recht kritisiert,[539] bietet doch die Begründung eines Nutzungsverhältnisses eine praxisgerechtere und einfachere Lösung als die mietrechtliche Variante, zumal sie mit Anrechnung eines Wohnvorteils auf der Unterhaltsebene besser und systemgerechter in das familienrechtliche Gesamtsystem eingeordnet werden kann.

ee) Frist

317 Wie bisher auch die zuweilen übersehene Vorschrift des § 12 HausratsVO, enthält **§ 1568a Abs. 6 BGB** eine **Ausschlussfrist von einem Jahr** ab Rechtskraft der Scheidung für Eingriffe in die Rechte Dritter aufgrund des § 1568a BGB. Auch wenn der Wortlaut insoweit nicht ganz eindeutig ist, wird dies nicht nur für richterliche Anordnungen zu gelten haben, sondern auch für die einvernehmliche Mitteilung der Mietvertragsübernahme gem. § 1568a Abs. 3 Nr. 1 BGB. Aus der Gesetzesbegründung ergibt sich nicht, ob mit der im Verhältnis zu § 12 HausratsVO a.F. geänderten Fassung auch ein anderer Anwendungsbereich verbunden ist. § 1568a Abs. 6 BGB umfasst nach seinem Wortlaut z.B. auch Ansprüche gegen den Alleineigentümer-Ehegatten auf Begründung eines Mietverhältnisses. Zur Sicherheit sollte daher auch hier die Jahresfrist beachtet werden.[540]

318 Nach Ansicht der OLGe Bamberg[541] und Hamm[542] hat der Gesetzgeber eine Koppelung der Überlassung und der Begründung eines Mietverhältnisses beabsichtigt. Aus diesem Grunde will das

---

533 Brudermüller, FamRZ 1999, 129, 134; MüHdbFamR/Müller, § 17 Rn. 139.
534 Roth, FamRZ 2008, 1388, 1389 bezeichnet dies als konsequent.
535 Vgl. etwa die Kritik in der Stellungnahme des Deutschen Notarvereins, notar 2008, 15, 23.
536 Zu eng daher Krause, ZFE 2008, 448, 450: grds. Anspruch auf unbefristeten Mietvertrag.
537 Götz/Brudermüller, NJW 2010, 5, 9.
538 Vgl. BR-Drucks. 635/08, S. 44.
539 Götz/Brudermüller, 1. Aufl., Rn. 457.
540 Zum Gesetzeszweck Johannsen/Henrich/Götz, § 1568a BGB Rn. 68.
541 OLG Bamberg, FamRZ 2017, 703.
542 OLG Hamm – 9 UF 211/17 –, BeckRS 2018, 27442.

B. Scheidungsvereinbarungen **Kapitel 8**

Gericht die **Jahresfrist auch** auf die Ansprüche zur Wohnungsüberlassung nach § 1586a **Abs. 1** BGB beziehen, sodass auch dieser Anspruch mit Ablauf der Jahresfrist erlischt. Das ist umstritten.[543]

▶ Hinweis:
Wer Ansprüche auf Wohnungsüberlassung verfolgen will, muss an die Ausschlussfrist von einem Jahr nach Rechtskraft der Scheidung gem. § 1568a Abs. 6 BGB denken! 319

e) Nutzungsentschädigung

Unter Geltung der HausratsVO konnte nach allgemeiner Ansicht wie beim Getrenntleben nach § 1361b Abs. 3 BGB auch nach der Scheidung eine **Nutzungsvergütung** verlangt werden, selbst wenn § 3 HausratsVO dies nicht ausdrücklich vorsah; bei Miteigentum war diese nur nach dem halben Wert zu bemessen.[544] Das sollte nach im Vordringen befindlicher Meinung auch bei freiwilligem Auszug gelten.[545] Die Begründung mit der HausratsVO a.F. und nicht mit § 745 BGB führte zugleich zu einer familiengerichtlichen Zuständigkeit.[546] Zwar ist diese nunmehr für beide Anspruchsgrundlagen mit der Einführung des »Großen Familiengerichts« durch § 266 FamFG gegeben. Die Ansprüche unterscheiden sich aber insofern, als Ansprüche nach § 745 Abs. 2 BGB anders als Wohnungszuweisungssachen zu den sonstigen Familiensachen gehören und damit als Familienstreitsachen gelten, sodass unterschiedliche Verfahrensvorschriften maßgeblich sind.[547] Eine Nutzungsentschädigung entfällt immer dann, wenn der Nutzungsvorteil unterhaltsrechtlich wirklich Berücksichtigung gefunden hat. 320

Umstritten war schon nach der HausratsVO a.F., ob gerichtlich eine **Ausgleichszahlung** an den weichenden Ehegatten angeordnet werden kann (etwa für Umzugskosten, Neueinrichtungsaufwand, Maklerkosten etc.).[548] Nach neuem Recht fehlt eine entsprechende Vorschrift, sodass Ausgleichszahlungen für diese Aufwendungen nicht erfolgen können. Ggf. besteht hier eher unterhaltsrechtlich eine Möglichkeit.[549] 321

Der RegE zur **Neuregelung des § 1568a BGB** sah zunächst Nutzungsentschädigungsansprüche nicht vor, da er die Regelung durch ein Mietverhältnis mit ortsüblicher Miete als ausreichend erachtete. Daraus wurde sogleich die Schlussfolgerung gezogen, es entfalle damit künftig die Grundlage für eine Analogie, da keine ungeplante Gesetzeslücke bestehe.[550] Der Bundesrat wies zu Recht darauf hin,[551] dass Abs. 2 und Abs. 5 des § 1568a BGB nicht verknüpft sind und daher durchaus Fälle vorstellbar erscheinen, in denen es nicht zum Abschluss eines Mietvertrages kommt. Der Vorschlag des Bundesrates zur Regelung einer Nutzungsvergütung wurde jedoch nicht aufgegriffen. Stattdessen wurde auch der zur Vermietung berechtigten Person ein Anspruch auf Abschluss eines Mietvertrages gegeben, sodass auch der Eigentümer einen Mietvertrag erzwingen kann. 322

Die Praxis stellt aber das **Fehlen von Mietverträgen** in vielen Fällen fest. Die Begründung kann unterschiedlich sein, so können die weitreichenden mietrechtlichen Folgen nicht gewünscht sein oder es ist eine Veräußerung beabsichtigt. Zu einer **Nutzungsvergütung** kommt man dann nur über 323

---

543 Für eine Geltung für die Überlassung Johannsen/Henrich/Götz, § 1568a Rn. 70; Schwab/Ernst/Grandke, § 18 Rn. 43; a.A. MünchKomm-BGB/Wellenhofer, § 1568a Rn. 64 m.w.N.
544 BayObLG, FamRZ 1974, 22, 24; OLG Köln, FamRZ 2002, 1124; Brudermüller, FamRZ 2003, 1705, 1710; Haußleiter/Schulz, 4. Aufl., Kap. 4 Rn. 67.
545 Vgl. detailliert zum Ganzen: OLG München, FamRZ 2007, 1655 f. m. abl. Anm. Wever.
546 A.A. OLG Brandenburg, NJW 2008, 1603 und OLG Karlsruhe, BeckRS 2008, 21550 – 4 U 72/06.
547 Götz/Brudermüller, FPR 2009, 38, 42.
548 Schulz/Hauß, Rn. 1204 m. umfassenden Nachweisen.
549 Schwab/Ernst/Grandke, § 18 Rn. 56.
550 Roth, FamRZ 2008, 1388, 1389.
551 BR-Drucks. 635/1/08, S. 10.

die allgemeinen Vorschriften der §§ 745 Abs. 2 (bei Miteigentum), 987 Abs. 1, 990 Abs. 1 oder 100 BGB (bei Alleineigentum oder Miteigentum mit Dritten).[552]

2. Vertragliche Vereinbarungen zur Ehewohnung

324 I.R.d. Scheidungsvereinbarung wird sehr oft eine Abrede über die Ehewohnung getroffen.

325 Häufig sind die Räumung der Ehewohnung und auch die Regelung der rechtlichen Verhältnisse rund um die Ehewohnung im Zeitpunkt der Rechtshängigkeit eines Scheidungsantrags **bereits geklärt**.

a) Feststellung geklärter Verhältnisse

▶ Formulierungsvorschlag: Ehewohnung – Aufgabe

326 Die Verhältnisse hinsichtlich der ehelichen Wohnung in ....., ... straße sind geklärt. Wir sind beide aus unserer Ehewohnung ausgezogen, der Mietvertrag ist beendet. Gegenseitige Ansprüche oder Ansprüche des Vermieters gegen einen von uns bestehen hinsichtlich der Ehewohnung nicht mehr.

▶ Formulierungsvorschlag: Familienwohnheim – Aufgabe

327 Die Verhältnisse hinsichtlich der ehelichen Wohnung in ....., ... straße sind geklärt. Wir sind beide aus unserem Haus ausgezogen und haben dieses zwischenzeitlich veräußert. Der nach Tilgung der Verbindlichkeiten verbleibende Erlös wurde einvernehmlich unter den Ehegatten aufgeteilt. Weitere gegenseitige Ansprüche bestehen hinsichtlich der Ehewohnung nicht.

▶ Formulierungsvorschlag: Familienwohnheim – Übernahme durch Eigentümer

328 Die Verhältnisse hinsichtlich der ehelichen Wohnung in ....., ... straße sind geklärt. Der Ehemann, der Eigentümer des Hauses ist, bewohnt diese weiterhin. Die Ehefrau ist ausgezogen und hat eine andere Wohnung gefunden. Weitere gegenseitige Ansprüche bestehen hinsichtlich der Ehewohnung nicht.

▶ Formulierungsvorschlag: Ehewohnung – Weiternutzung durch einen Ehegatten – Regelung gegenseitiger Ansprüche

329 Die Verhältnisse hinsichtlich der ehelichen Wohnung in ....., ... straße sind geklärt. Die Ehefrau wird mit unseren Kindern weiterhin diese Wohnung bewohnen. Der Mietvertrag ist mit dem Vermieter bereits in entsprechender Weise umgestellt. Allerdings hat der Ehemann noch für fünf Jahre vom 01.01.2020 an die Haftung für Mietrückstände bis zu insgesamt zwölf Monatsmieten übernommen.[553] Außerdem hatte er zu Beginn des Mietverhältnisses die Kaution über drei Monatsmieten i.H.v. insgesamt 3.900,00 € gestellt. Die Schönheitsreparaturen in der Wohnung sind zum Ende des Jahres 2019 durchgeführt und von beiden Teilen einvernehmlich bezahlt worden

Wir vereinbaren Folgendes: Die Ehefrau verpflichtet sich, die Mietzahlungen an den Vermieter vertragsgerecht zu erbringen, insbesondere die Miete und die Nebenkostenvorauszahlungen an den Vermieter zu zahlen, und den Ehemann im Fall einer Inanspruchnahme durch den Vermieter unverzüglich freizustellen. Wird der Ehemann dennoch vom Vermieter wegen der Haftung für Mietrückstände in Anspruch genommen, so kann er Leistungen direkt gegenüber diesem erbringen und vom jeweils geschuldeten Ehegattenunterhalt in Abzug bringen.

Die Kaution i.H.v. 3.900,00 € soll der Ehefrau allein zustehen.

---

552 Götz/Brudermüller, FamRZ 2015, 177, 181; MünchKomm-BGB/Wellenhofer, § 1568a Rn. 62.
553 Die Fallgestaltung geht von einer einvernehmlichen Übernahme des Mietvertrages aus, bei der die früheren Sicherungsmöglichkeiten für den Eigentümer mit diesem vertraglich vereinbart wurden.

b) Räumungsverpflichtung

▶ Formulierungsvorschlag: Familienwohnheim – Räumung durch Nutzer

Über die fernere Nutzung der ehelichen Wohnung in ....., ... straße haben wir uns folgendermaßen geeinigt:

Das Anwesen steht im Eigentum der Ehefrau, die derzeit bei ihren Eltern wohnt. Der Ehemann verpflichtet sich zur Räumung des Anwesens bis spätestens zum ..... unter Mitnahme seiner persönlichen Habe und der ihm gemäß diesem Abschnitt der Urkunde zustehenden Haushaltsgegenstände. Das Hausanwesen ist in besenreinem Zustand zu übergeben.

Wegen dieser Räumungsverpflichtung unterwirft sich der Ehemann der Ehefrau gegenüber der sofortigen Zwangsvollstreckung.[554] Er weist den Notar an, der Ehefrau ohne weitere Nachweise auf einseitigen Antrag insoweit eine vollstreckbare Ausfertigung dieser Urkunde zu erteilen.

c) Antrag auf Wohnungszuweisung mit Umgestaltung des gemeinschaftlichen Mietvertrages

▶ Formulierungsvorschlag: Antrag auf Zuweisung der Ehewohnung für die Zeit ab Rechtskraft der Ehescheidung im Scheidungsverbund mit Umgestaltung des gemeinschaftlichen Mietvertrages

An das

Amtsgericht

Familiengericht

.....

....., den .....

In der Familiensache

.....

– Antragstellerin –

Verfahrensbevollmächtigte Rechtsanwältin .....

gegen

.....

– Antragsgegner –

stelle ich hiermit namens und in Vollmacht der Antragstellerin den

Antrag auf Zuweisung der Ehewohnung ab Rechtskraft der Ehescheidung nach § 1568a BGB im Scheidungsverbund.

Az. des Scheidungsverfahrens: .....

Verfahrensbeteiligter:[555] Herr ..... als Vermieter, wohnhaft .....

Ich beantrage zu erkennen:

1. Die im Haus ..... straße Nr. ..... gelegene Ehewohnung im 2. Stock bestehend aus ..... wird der Antragstellerin ab Rechtskraft der Ehescheidung zur alleinigen Nutzung zugewiesen.

---

554 Eine Zwangsvollstreckungsunterwerfung nach § 794 Abs. 1 Nr. 5 ZPO sollte zulässig sein, da es – ebenso wie bei der Veräußerung durch den Eigentümer – nicht um Ansprüche geht, die den Bestand eines Mietverhältnisses betreffen, Gutachten DNotI, DNotI-Report 2008, 33; Zöller/Stöber, § 794 Rn. 26; Langenfeld, 5. Aufl., Rn. 911.
555 Die Rechtsstellung als Verfahrensbeteiligter ergibt sich aus § 204 Abs. 1 FamFG.

2. Das zwischen Antragstellerin und Antragsgegner auf der einen und dem Vermieter, Herrn ....., auf der anderen Seite aufgrund schriftlichen Mietvertrages vom ..... bestehende Mietverhältnis über die in Ziffer 1 genannte Ehewohnung wird ab Rechtskraft der Ehescheidung allein von der Antragstellerin fortgesetzt.
3. Der Antragsgegner scheidet zum gleichen Zeitpunkt aus dem Mietverhältnis aus.[556]
4. Die Kostenentscheidung folgt derjenigen in der Hauptsache.

Alternative:

2.a) Dem Antragsgegner wird aufgegeben unter Mitnahme seiner persönlichen Sachen und unter Zurücklassung aller Haushaltsgegenstände aus der unter Ziffer 1) genannten Wohnung bis zum ..... auszuziehen, die Wohnung also zu räumen, der Antragstellerin zu übergeben und sie ohne ihre Zustimmung nicht wieder zu betreten.[557] § 885 Abs. 2 bis 4 ZPO finden keine Anwendung.

Zur

Begründung

trage ich Folgendes vor:

1. Hinsichtlich der persönlichen Verhältnisse der Beteiligten verweise ich auf den bisherigen Vortrag im Scheidungsverfahren. Die Antragstellerin und der Antragsgegner sind aufgrund des schriftlichen Mietvertrages vom ..... gemeinsam Mieter der in Ziffer 1. des Antrags bezeichneten Mietwohnung.

Kopie des Mietvertrages als Anlage 1

Die Antragstellerin lebt mit den beiden gemeinsamen minderjährigen Kindern, dem Sohn ....., geb. am ..... und der Tochter ....., geb. am ....., allein in der Ehewohnung.

Die Kinder sind in den letzten Jahren vor der Trennung überwiegend und nach der Trennung allein von der Antragstellerin betreut worden, die hierzu für einige Jahre ihren Beruf aufgegeben hatte und nun halbtags berufstätig ist. Die Antragstellerin erreicht ihre Arbeitsstelle zu Fuß in fünf Minuten. Der Sohn geht derzeit in die erste Klasse des Gymnasiums, das er fußläufig in zehn Minuten erreichen kann. Die Tochter besucht die dritte Klasse der Grundschule in der Nachbarschaft. Die Antragstellerin benötigt derzeit keinen Pkw.

Der Antragsgegner ist nach einem Ehestreit aus der Ehewohnung aus und zu seiner neuen Partnerin gezogen. In der außergerichtlichen Korrespondenz hat er jedoch verlangt, die Antragstellerin solle die Ehewohnung räumen, da er von seiner jetzigen Wohnung aus 10 Minuten länger zur Arbeit fahren müsse.

Alternative:

Der Antragsgegner lebt nach wie vor mit in der Ehewohnung. Die Trennung wurde bisher in der ehelichen Wohnung so vollzogen, dass der Antragsgegner allein das große Arbeitszimmer bewohnt, während die Restfamilie Wohnzimmer und Schlafzimmer sowie das Kinderzimmer benutzt. Das bisherige Elternschlafzimmer wurde dabei zum Kinderzimmer umfunktioniert, die Antragstellerin schläft im Wohnzimmer. Küche, Bad, WC und Eingangsbereich werden gemeinsam genutzt.

Diese Situation ist auf Dauer nicht mehr tragbar, zumal der Antragsgegner zuletzt eine der übrigen Familie fremde Frau mit in die eheliche Wohnung gebracht und mit ihr gemeinsam im Arbeitszimmer übernachtet hat.

Beweis: Hausbewohner .....

---

556 Die an dieser Stelle früher anzutreffenden Sicherungsanordnungen etwa zur Mithaft für Mietrückstände sind im neuen § 1568a BGB nicht mehr vorgesehen.
557 Antragstellung empfehlenswert, wenn Räumung noch aussteht, Götz/Brudermüller/Giers, Rn. 522 f.

Außerdem gibt es regelmäßig lautstarken Streit über die gemeinsame Nutzung der Küche und des Bades. Wegen der lang andauernden Benutzung des Bades durch den Antragsgegner ist das pünktliche Eintreffen der Kinder in der Schule gefährdet.

Beweis: Zeugnis des Hausbewohners .....

Das gemeinsame Bewohnen der Wohnung ist daher der Antragstellerin nicht mehr zuzumuten.

2. Demgemäß ist eine Zuweisung der Ehewohnung an die Antragstellerin zur alleinigen Nutzung nach § 1568a BGB geboten. Die Antragstellerin ist auf die Nutzung der Wohnung gerade unter Berücksichtigung des Wohls der im Haushalt lebenden Kinder in stärkerem Maße angewiesen als der Antragsgegner.

Die Kinder können Grundschule und Gymnasium von der Ehewohnung aus fußläufig erreichen. Die Kinder haben ihre Freunde im Wohnviertel und sollten nicht aus ihrer gewohnten Umgebung herausgenommen werden. Es ist daher im überwiegenden Interesse der Kinder, der Antragstellerin die Ehewohnung zuzuweisen.

Die Antragstellerin arbeitet derzeit nur in Teilzeit, verdient daher nur wenig und hat kein nennenswertes eigenes Vermögen. Sie ist auf die ergänzenden Unterhaltszahlungen des Antragsgegners angewiesen. Nur bei Weiternutzung der Ehewohnung kommt die Restfamilie ohne einen Pkw aus. Die Antragsgegnerin hat ferner die Möglichkeit, in wenigen Jahren eine Vollzeittätigkeit in ihrer bisherigen Firma anzutreten. Dies ist ihr bereits angeboten worden. Nur so kann sie ihren Lebensunterhalt selbst bestreiten und von den Unterhaltszahlungen unabhängig werden.

Der Antragsgegner hingegen kann einige Minuten mehr Fahrzeit mit dem Pkw durchaus bewältigen. Außerdem stehen ihm auch nach Abzug der Unterhaltszahlungen noch erheblich mehr eigene Mittel zur Verfügung, sodass es ihm leichter fallen wird als der Antragstellerin, eine neue Wohnung anzumieten.

2 Abschriften anbei jeweils für Antragsgegner und weitere Beteiligte.

.....

Rechtsanwältin

d) Nutzungsverhältnisse am Familienwohnheim

332 Sofern ein **bestehendes Miteigentum** auch im Scheidungsfall ausnahmsweise einmal einvernehmlich **fortgesetzt** werden soll, können die bei der Trennungsvereinbarung gegebenen Formulierungsvorschläge[558] auch hier verwendet werden. Gleiches gilt bei einer Übernahme des Eigentums durch einen Ehegatten mit der Regelung von Lastentragung, Verzinsung und Tilgung bestehender Darlehen etc.[559]

333 Vorgestellt sei hier noch eine Regelung für den Fall, dass das Haus zwar einem Ehegatten allein gehört, die Ehegatten sich jedoch über die dauerhafte Nutzung durch den anderen Ehegatten einig geworden sind. Diese Lösung kann begleitet werden durch eine erbrechtliche Zuordnung des Hauses zu den gemeinsamen Kindern, ggf. verbunden mit einem Veräußerungsverbot. Wird diese erbvertraglich bindend verabredet, so kann die nutzende Ehefrau auch künftig Investitionen im Anwesen vornehmen in der Gewissheit, dass diese den Kindern zugutekommen.

▶ **Formulierungsvorschlag: Ehemann Alleineigentümer – Ehefrau auf Dauer Nutzungsberechtigte mit Wohnrecht**

334 Über die fernere Nutzung der ehelichen Wohnung in ....., ... straße FlurNr. ..... Gemarkung ..... haben wir uns folgendermaßen geeinigt:

---

558 Rdn. 49 (vorläufige Nutzung).
559 Rdn. 52 (endgültige Übernahme).

1)

Das Hausanwesen steht im Eigentum des Ehemannes. Dies bleibt unverändert. Die beiden Wohnungen im Erdgeschoss und ersten Stock des Hausanwesens werden jedoch auf Lebenszeit der Ehefrau künftig allein von der Ehefrau und den Kindern genutzt.

2)

Zur Sicherung dieses Nutzungsrechts bestellt der Ehemann zugunsten der Ehefrau ein lebenslängliches Wohnungsrecht wie folgt:

a)

Die Ehefrau

– nachfolgend kurz: »die Berechtigte« –

erhält hiermit das lebenslange und unentgeltliche

Wohnungsrecht gem. § 1093 BGB

in dem genannten Hausanwesen, bestehend in dem Recht, die beiden Wohnungen im Erdgeschoss und ersten Stock des Anwesens unter Ausschluss des Eigentümers als Wohnung zu benutzen.

Die Berechtigte darf die zum gemeinsamen Gebrauch der Hausbewohner bestimmten Räume, Anlagen und Einrichtungen mitbenutzen, insbesondere Garage, Hof und Garten.

Sie darf sich im gesamten Hausanwesen unter Ausschluss der persönlichen Räume des Eigentümers oder vermieteter Räumlichkeiten frei bewegen.

b)

Die dem Wohnungsrecht unterliegenden Räume sind vom Eigentümer in gut bewohnbarem und beheizbarem Zustand zu erhalten und notwendige Reparaturen sind auf eigene Kosten durchzuführen.

c)

Die Kosten der Beheizung, Beleuchtung, für Strom- und Wasserbezug sowie die auf die Berechtigte entfallenden Kanal- und Müllabfuhrgebühren hat – ebenso wie die Schönheitsreparaturen innerhalb der zum Wohnungsrecht gehörenden Räume – die Berechtigte zu tragen.

An sonstigen Haus- und Grundstückskosten, wie beispielsweise Grundsteuer, Beiträge zur Brandversicherung, Erschließungs- und Anliegerkosten ist die Berechtigte ebenfalls beteiligt, und zwar gemäß den Grundsätzen, nach denen solche Kosten auf einen Mieter umgelegt werden dürfen.

Alternative:

An sonstigen Haus- und Grundstückskosten ist die Berechtigte nicht beteiligt.

d)

Die Berechtigte ist nicht befugt, die Ausübung des Wohnungsrechts ganz oder teilweise, entgeltlich oder unentgeltlich Dritten zu überlassen. In Abweichung zu § 1093 Abs. 2 BGB ist die Berechtigte auch nicht befugt, einen Lebenspartner oder auch nach Wiederheirat einen neuen Ehegatten in die Wohnung aufzunehmen.[560]

e)

Für das vorstehende Wohnungs- und Mitbenutzungsrecht gemäß Ziffern 2a) und 2b)[561] bestellt der Eigentümer zugunsten der Berechtigten am vorgenannten Grundstück eine

---

560 Eine von § 1093 Abs. 2 BGB abweichende Regelung ist zulässig, BayObLG, DNotZ 1981, 124, 127; Schöner/Stöber, Rn. 1262.

561 Der dingliche Inhalt wird hier auf diese beiden Abs. beschränkt. Auch die übrige Kostentragung soll dinglicher Inhalt sein können, allerdings ist diese Auffassung umstritten (vgl. Schöner/Stöber,

B. Scheidungsvereinbarungen   Kapitel 8

beschränkt persönliche Dienstbarkeit

und bewilligt und beantragt deren Eintragung in das Grundbuch im Rang nach den derzeit eingetragenen Grundpfandrechten gemäß Ziffer 3).

3)

Die eingetragenen Grundpfandrechte bleiben bestehen. Sie sichern noch geringe Restverbindlichkeiten.

Diese Schuldverpflichtungen, für die beide Ehegatten gesamtschuldnerisch haften, übernimmt der Ehemann gegenüber dem Gläubiger als künftiger alleiniger Schuldner mit schuldbefreiender Wirkung. Die befreiende Schuldübernahme erfolgt jeweils mit Wirkung vom heutigen Tag an mit dem zu diesem Zeitpunkt gegebenen genauen Stand der Schuldverpflichtungen.

Auf das Erfordernis der Änderung der Zweckbestimmungserklärung wurde hingewiesen.

Nach Hinweis des Notars auf das Erfordernis der Genehmigung der befreienden Schuldübernahme durch den Gläubiger

beauftragen und ermächtigen

die Vertragsteile den Notar und dessen amtlich bestellten Vertreter, dem Gläubiger die befreiende Schuldübernahme durch Übersendung einer Abschrift dieser Urkunde anzuzeigen. Der Notar soll auch die gemäß § 415 BGB erforderliche Genehmigung einholen und entgegennehmen.

Sollte die befreiende Schuldübernahme durch den Gläubiger nicht genehmigt werden, gelten vorstehende Vereinbarungen insoweit als Erfüllungsübernahme i.S.d. § 329 BGB, sodass der Ehemann der Ehefrau gegenüber verpflichtet ist, die Verbindlichkeiten jeweils fristgerecht zu erfüllen, insbesondere die Zins- und Tilgungsbeträge an den Gläubiger zu zahlen, und die Ehefrau im Fall einer Inanspruchnahme durch den Gläubiger unverzüglich freizustellen. Gleiches gilt bis zur Genehmigung sowie bis zum vertragsgemäßen Vollzug der Eigentumsumschreibung.

Etwaige Kosten, Spesen oder Provisionen anlässlich der Genehmigung der Schuldübernahme hat die Ehefrau zu tragen.

Mit Rücksicht auf den Rang des vorbestellten Wohnungsrechts verpflichtet sich der Ehemann, die eingetragenen Grundpfandrechte löschen zu lassen, sobald die noch bestehenden Restverbindlichkeiten getilgt sind.

4)

Eine Nutzungsentschädigung wird nicht geschuldet, insbesondere mit Rücksicht darauf, dass die gemeinsamen Kinder das Anwesen mitnutzen.

Den Wohnvorteil hat sich die Ehefrau jedoch unterhaltsrechtlich anrechnen zu lassen. Die Zins- und Tilgungsleistungen des Ehemannes, kann dieser für die Unterhaltsberechnung vorab vom unterhaltsrechtlich relevanten Einkommen abziehen.[562]

5)

Über dieses Hausanwesen hat der Ehemann erbvertraglich bindend nach Teil E dieser Urkunde zugunsten der gemeinsamen Kinder verfügt. Er hat sich ferner einem Veräußerungsverbot unterworfen.

.....

Rn. 1253 m.w.N.). Um die Verwendung des Wohnungsrechts zu sichern, wurde daher auf eine Einbeziehung in den dinglichen Inhalt verzichtet.
562 So der Vorschlag von Müller, Kap. 3, Rn. 425 für die Trennungsvereinbarung.

3. Gesetzliche Regelung über Haushaltsgegenstände bei der Scheidung

a) Begriff und Abgrenzung

335 Für Begriff und Abgrenzung der Haushaltsgegenstände kann auf die Ausführungen bei der Trennungsvereinbarung Bezug genommen werden.[563] Wichtig ist, dass **Haushaltsgegenstände im Alleineigentum** eines Ehegatten dem **Zugewinnausgleich** unterfallen, weil sie nicht im Anwendungsbereich des § 1568b BGB liegen.[564]

b) Zuweisung bei Scheidung

336 Die Zuweisung der Haushaltsgegenstände bei Scheidung ist mit dem Gesetz zur Änderung des Zugewinnausgleichs- und Vormundschaftsrechts[565] neu in § 1568b BGB geregelt worden. Die HausratsVO wurde aufgehoben. Die frühere Regelung des § 8 HausratsVO für Miteigentum wurde umgesetzt. Die §§ 9 (Alleineigentum) und 10 (Hausratsforderungen) der HausratsVO a.F. wurden nicht mit übernommen, sondern fallen weg. Die Sonderregelung für Haushaltsgegenstände i.R.d. Scheidung gilt daher nur noch für solche, die in Miteigentum der Ehegatten stehen. Haushaltsgegenstände im Alleineigentum sind im Zugewinn zu behandeln.[566] Wie bei der Überlassung der Ehewohnung nach § 1568a BGB wurde eine Norm geschaffen, nach welcher die Ehegatten einen Anspruch auf Überlassung und Übereignung der Haushaltsgegenstände haben. Die richterliche Zuweisung nach Billigkeit ist damit weggefallen.[567]

aa) Miteigentum und Vermutung

337 Nach § 1568b Abs. 2 BGB gelten Haushaltsgegenstände, die während der Ehe für den gemeinsamen Haushalt angeschafft wurden, **kraft gesetzlicher Vermutung** als **gemeinsames Eigentum** der Ehegatten. Dies gilt unabhängig vom Güterstand, also auch bei Gütertrennung. Diese Vermutung wird nicht allein dadurch widerlegt, dass ein Ehegatte den Haushaltsgegenstand allein gekauft und bezahlt hat, da i.d.R. auch ein alleine kaufender Ehegatte für beide erwirbt und der Verkäufer dies so versteht, sofern nicht ausdrücklich etwas anderes vereinbart war.[568] Wer Alleineigentum behauptet, muss dies nachweisen.[569] § 1586b Abs. 2 BGB gilt auch für die Zeit des Getrenntlebens und verdrängt als Spezialregelung die Norm des § 1006 BGB.[570]

338 Mit der Reform des Zugewinnausgleichsrechts wurde **§ 1370 BGB**, wonach Ersatzanschaffungen demjenigen gehören, dem auch der vorherige Gegenstand gehört hat, **aufgehoben**. Die Vorschrift gilt nach der Übergangsregelung des Art. 6 Abs. 1 des Gesetzes zur Änderung des Zugewinnausgleichs- und Vormundschaftsrechts **aber weiterhin** für diejenigen Haushaltsgegenstände, die bis **zum 01.09.2009 angeschafft** worden sind. In seinem Anwendungsbereich verdrängt § 1370 BGB die Vermutung des § 1568b Abs. 2 BGB.[571]

339 Die Besitzverhältnisse sagen über die Frage des Miteigentums und der Verteilungsfähigkeit der Gegenstände noch nichts aus.[572]

---

563 Rdn. 67.
564 BGH, FamRZ 1991, 1166, 1168; BGH, FamRZ 2011, 183 f.
565 BGBl. 2009 I, S. 1696.
566 Jacobs, NJW 2012, 3601, 3602.
567 Jacobs, NJW 2012, 3601 ff.
568 BGH, FamRZ 1991, 923, 924.
569 OLG Köln, FamRZ 2011, 975 f. für den Kauf von Kunstwerken; OLG Stuttgart, FamRZ 2019, 1131.
570 OLG Stuttgart, NJW 2016, 1665; OLG Stuttgart, FamRZ 2019, 1131.
571 OLG Frankfurt am Main, NZFam 2016, 889.
572 OLG Naumburg, NJW-RR 2009, 726.

bb) Kriterien der Überlassung und Übereignung

§ 1568b BGB hat nicht die Zuweisungsvorschrift des § 8 Abs. 1 HausratsVO a.F. aufgenommen, nach welcher der Richter die Haushaltsgegenstände gerecht und zweckmäßig zu verteilen hatte. Damit ist die Gesamtverteilung nach Billigkeit wohl aufgegeben.[573] Vielmehr hat der Gesetzgeber § 1568b BGB über die Haushaltsgegenstände an die Vorschrift des § 1568a BGB über die Ehewohnung angelehnt und eine parallele Vorschrift geschaffen. Demnach gewährt § 1568b BGB nunmehr einem Ehegatten einen **Anspruch auf Überlassung derjenigen Haushaltsgegenstände**,
– auf deren Nutzung er in **stärkerem Maße angewiesen** ist als der andere Ehegatte oder
– deren Überlassung **aus anderen Gründen** der **Billigkeit** entspricht. 340

Für die Frage, wann ein Ehegatte in stärkerem Maße auf die Nutzung bestimmter Haushaltsgegenstände angewiesen ist als der andere, soll berücksichtigt werden:
– das Wohl der im Haushalt lebenden Kinder und
– die Lebensverhältnisse der Ehegatten. 341

Es wird dabei bleiben, dass auch die Frage der **Leistungsfähigkeit für eine Ersatzbeschaffung** in die Abwägung einzubeziehen ist. I.R.d. Billigkeitsprüfung bei gleichem Angewiesensein beider Ehegatten auf den Haushaltsgegenstand ist schließlich die Frage von Bedeutung, ob ein Ehegatte einen Haushaltsgegenstand allein genutzt und erhalten hat oder ein besonderes **Affektionsinteresse** besteht oder ob er auf Veranlassung eines Ehegatten angeschafft worden ist.[574] 342

Ein Anspruch besteht nicht nur auf Überlassung zur Nutzung, sondern auf Übereignung der entsprechenden Haushaltsgegenstände, § 1568b Abs. 1 BGB. Die Übereignung erfolgt allerdings nicht mehr durch richterlichen Zuweisungsakt. 343

cc) Ausgleichszahlung

Wie § 8 Abs. 3 Satz 2 HausratsVO gewährt auch **§ 1568b Abs. 3 BGB** einen Anspruch auf Ausgleichszahlung. Dieser Anspruch wird ggf. durch gerichtliche Entscheidung nach **§ 209 Abs. 1 FamFG** umgesetzt. 344

Der Gesetzgeber des § 1568b BGB stellt sich dabei eine **für jeden** übertragenen **Gegenstand** errechnete **Ausgleichszahlung zum Verkehrswert** vor, der am Ende mit den Ausgleichsansprüchen des anderen Ehegatten verrechnet werden mag.[575] 345

Unter der HausratsVO a.F. wurde hingegen die Gesamtverteilung betrachtet und demjenigen, der insgesamt weniger erhalten hat, eine Ausgleichszahlung nach Billigkeit zugesprochen. 346

Wer verbissene Streitigkeiten um Haushaltsgegenstände erlebt hat, dem will dies als weltfremdes Programm erscheinen. Man hätte stattdessen akzeptieren können, dass die Verteilung der Haushaltsgegenstände einem Sonderrecht unterliegt, das nicht bis zur letzten Verkehrswertberechnung wie beim Güterstand ausgereizt werden muss. Die Folge wird zukünftig ein verstärkter Streit um Ausgleichszahlungen sein, die bisher eher die Ausnahme waren.[576] 347

Irritierend ist die Begründung des RegE, soweit es dort heißt, eine Sonderregelung liege in § 1568b BGB nur vor, soweit auch von ihr Gebrauch gemacht würde. Wenn nicht, dann soll das Ehegüterrecht zur Anwendung gelangen. Dem ist mit *Götz/Brudermüller*[577] entgegenzuhalten, dass dies zu einem nicht notwendigen Verlust an Praktikabilität führt. Macht ein Ehegatte vorhandene Ausgleichsansprüche nach § 1568b BGB nicht geltend, sollte es damit sein Bewenden haben. 348

---

573 Roth, FamRZ 2008, 1388, 1390.
574 Schulz/Hauß, Rn. 11304; BR-Drucks. 635/08, S. 49.
575 So ausdrücklich BR-Drucks. 635/08, S. 49, 50 mit Beispielen.
576 Roth, FamRZ 2008, 1388, 1390.
577 Götz/Brudermüller, FamRZ 2008, 3025, 3031.

349 Noch schlimmer wäre freilich die Regelung des RefE[578] zum Stand 01.11.2007 gewesen, denn nach den Vorstellungen dieses Entwurfs hätte bei Ausgleichszahlungen unter dem Verkehrswert die Differenz noch dem Zugewinnausgleich unterliegen sollen.[579]

350 Vorzugswürdig ist hier insgesamt die Ansicht, dass diejenigen Haushaltsgegenstände, die dem gegenständlichen Anwendungsbereich des § 1586b BGB unterliegen, nicht noch zusätzlich dem Güterrecht unterfallen,[580] und zwar egal, ob und wie von dem Instrumentarium des § 1586b BGB Gebrauch gemacht wurde. Zudem ist die Zulassung von Billigkeitskriterien bei der Ausgleichszahlung – freilich in engerem Rahmen als früher – zu begrüßen.[581]

4. Vereinbarungen

351 **Ehevertraglich** können die Ehegatten Vereinbarungen treffen, indem sie einmal regeln, **welche Gegenstände** Haushaltsgegenstände sein sollen. Zum anderen können die Ehegatten **i.R.d. Scheidung** Vereinbarungen über die **Verteilung der Haushaltsgegenstände** treffen. In der Praxis hat sich in **Streitfällen** eine detaillierte **Regelung des Holens oder Bringens** der Gegenstände oft als nützlich erwiesen.

▶ Formulierungsvorschlag: Vereinbarung über die Verteilung der Haushaltsgegenstände bei Scheidung

352
1)

Die Ehegatten leben seit dem ..... getrennt. Das Scheidungsverfahren ist unter AZ: ..... anhängig. Die Ehegatten sind sich einig, dass die Ehewohnung in der ..... strasse, die sie aufgrund eines Mietvertrages mit dem Eigentümer, Herrn ..... vom ..... nutzen, künftig von der Ehefrau und den gemeinsamen Kindern bewohnt wird. Der Ehemann ist bereits aus der Wohnung ausgezogen.

2)

Dem Ehemann stehen die in dieser Urkunde als Anlage 1 beigefügten Liste enthaltenen Haushaltsgegenstände zur alleinigen Nutzung und zum alleinigen Eigentum zu.

Die Ehefrau behält alle übrigen Haushaltsgegenstände zur alleinigen Nutzung und zum Alleineigentum. Hierunter fallen insbesondere die in der in Anlage 2 beigefügten Liste enthaltenen Gegenstände.

Die Vertragsteile sind sich über alle hiermit verbundenen Eigentumsübergänge einig.

3)

Die dem Ehemann zustehenden Haushaltsgegenstände sind von diesem auf eigene Kosten in der Ehewohnung abzuholen. Die Ehefrau hat die Gegenstände spätestens einen Monat von heute an zur Abholung bereitzustellen und dem Ehemann von der erfolgten Bereitstellung Nachricht zu geben. Die Ehefrau wiederum ist von der Abholung zuvor in Kenntnis zu setzen. Kann diese den Termin zur Abholung nicht wahrnehmen, hat sie dafür Sorge zu tragen, dass dem Ehemann die Wohnung zur Abholung seiner Haushaltsgegenstände geöffnet wird.

Die Ehefrau unterwirft sich wegen der Herausgabe dieser Haushaltsgegenstände nach Anlage 1 dem Ehemann gegenüber der sofortigen Zwangsvollstreckung. Sie weist den Notar an, dem Ehemann ohne weitere Nachweise auf einseitigen Antrag insoweit eine vollstreckbare Ausfertigung dieser Urkunde zu erteilen.

---

578 Abrufbar unter *www.famrb.de*.
579 Krit. zu diesem nicht Gesetz gewordenen Vorschlag die Stellungnahme des Deutschen Notarvereins, notar 2008, 15, 23; Neumann, FamRB 2008, 191, 192; Roth, FamRZ 2008, 1388, 1390.
580 Brudermüller, NJW 2010, 401, 405.
581 Dafür Götz/Brudermüller, FamRZ 2009, 1261, 1266.

4)

Hinsichtlich der Personenkraftwagen gilt, dass jeder Ehegatte denjenigen Personenkraftwagen erhält und übernimmt, den er derzeit in seinem Besitz hat. Die Ehegatten sind sich über die Eigentumsübergänge einig.

Sofern hinsichtlich eines Kraftwagens noch Verbindlichkeiten bestehen, hat derjenige Ehegatte, der den Wagen übernimmt, diese Verbindlichkeiten im Innenverhältnis allein zu tragen. Der jeweils andere Ehegatte soll nach Möglichkeit auch im Außenverhältnis freigestellt werden.

5)

Für die Fotos und Filme, welche die Familie betreffen, gilt, dass sich jeder Ehegatte verpflichtet, die in seinem Besitz befindlichen Filme und Fotos – bei Digitalfotos in digitaler Form – dem anderen Ehegatten für sechs Wochen zur Verfügung zu stellen, damit dieser sich in geeigneter Weise Kopien beschaffen kann.

6)

Während der Ehe haben die Ehegatten einen Hund als Haustier angeschafft. Diesen Hund behält die Ehefrau mit den Kindern. Diese hat alle Kosten auch für Versicherungen zu tragen. Dem Ehemann ist die Möglichkeit zu geben, den Hund gelegentlich zu sich zu nehmen.

7)

Ein weiterer Ausgleich in Geld findet nicht statt. Alle etwaigen Vertragsverhältnisse für einen zu Alleineigentum übernommenen Gegenstand werden mit dem Eigentümer dieses Gegenstandes unter Freistellung des anderen Ehegatten fortgesetzt. Die Hausratsversicherung wird von der Ehefrau fortgeführt. Der Ehemann hat bei Bedarf eine neue Versicherung abzuschließen.

II. Güter- und Vermögensrecht

Im Bereich des Güter- und Vermögensrechts sollte die Scheidungsvereinbarung zum einen eine umfassende Regelung aller güterrechtlichen Fragen enthalten, zum anderen aber auch etwaige weitere Ansprüche aus Gesamtschuldnerausgleich, Miteigentum, ehebezogenen Zuwendungen etc. abschließend behandeln oder zumindest feststellen, dass solche weitergehenden Ansprüche nicht mehr bestehen. 353

1. Güterstandsänderung

Sofern die Ehegatten im **gesetzlichen Güterstand** leben, wird ihnen i.d.R. bei einer Scheidungsvereinbarung zu empfehlen sein, diesen Güterstand zu **beenden** und die Gütertrennung zu wählen. Auch wenn der Scheidungsantrag bereits rechtshängig ist, wird diese Vereinbarung häufig getroffen. Durch die Neuregelung der §§ 1378, 1384 BGB in der Zugewinnausgleichsreform sichert zwar nunmehr der rechtshängige Scheidungsantrag auch vor weiteren Vermögensminderungen, aber die Scheidungsvereinbarung soll häufig eine klare Regelung des Güterstandswechsels und der Ausgleichsforderungen enthalten. 354

In letzter Zeit nehmen Bestrebungen zu, stattdessen nur eine Regelung des Zugewinnausgleichs im Hinblick auf die Scheidung nach § 1378 Abs. 3 BGB zu treffen, um Kosten zu sparen.[582] Man muss hier aber deutlich mahnen, dass damit für den Fall, dass ein Scheidungsverfahren dann doch nicht zur Scheidung führen sollte oder dass die Ehe – etwa im Todesfall eines Ehegatten – nicht durch das avisierte Scheidungsverfahren endet, keine Regelung erreicht ist. Das ist meist nicht im Sinne der Betroffenen. Hierüber ist daher bei anwaltlichem Beistand oder im Rahmen der notariellen Vereinbarung zu belehren. Die praktische Erfahrung zeigt, dass dann die bestehenden Unsicherheiten meist nicht in Kauf genommen werden und die Vereinbarung von Gütertrennung die gewollte Lösung ist. Zudem kann sich eine schenkungsteuerliche Relevanz zeigen. Statt der Gütertrennung 355

---

[582] Notarkasse, Rn. 631: güterrechtliche Vereinbarung nach § 100 Abs. 2 GNotKG.

wird ein sog. fliegender Zugewinnausgleich vereinbart, dem die Rechtsprechung nicht die Steuerfreiheit des § 5 Abs. 2 ErbStG zubilligt.[583] Daran dürfte das Erreichen des Berechnungszeitpunktes des § 1384 BGB nichts ändern.

▶ **Formulierungsvorschlag: Belehrung bei bloßer Zugewinnausgleichsregelung**

356 Der Notar hat darüber belehrt, dass die Vereinbarung nach § 1378 Abs. 3 BGB gegenstandslos wird, wenn ein Scheidungsverfahren nicht zur Scheidung der Ehe führt, insbesondere also bei Rücknahme des Scheidungsantrages oder Tod eines Ehepartners vor Scheidung. Dann können die güterrechtlichen Ansprüche fortbestehen.

Zudem hat der Notar darauf hingewiesen, dass ein Zugewinnausgleich ohne Wechsel des Güterstandes schenkungsteuerliche Folgen haben kann.

Die Formulierung dieser Gütertrennung i.R.d. Scheidungsvereinbarung kann so lauten:

▶ **Formulierungsvorschlag: Gütertrennung in Scheidungsvereinbarung**

357 Für die fernere Dauer unserer Ehe vereinbaren wir als Güterstand die

Gütertrennung

nach Maßgabe des Bürgerlichen Gesetzbuches.

Über die rechtlichen Wirkungen dieses Güterstandes, auch in erbrechtlicher Hinsicht, wurden wir vom Notar belehrt, insbesondere über den Ausschluss des Zugewinns und den Wegfall von Verfügungsbeschränkungen.

Die Gütertrennung soll derzeit nicht in das Güterrechtsregister eingetragen werden.

Jeder von uns beiden ist jedoch berechtigt, den Eintragungsantrag jetzt oder künftig allein zu stellen

Die Vereinbarung der Gütertrennung sowie Vereinbarungen zur Durchführung des Zugewinnausgleichs erfolgen unabhängig vom Ausgang der Ehescheidungssache.

2. Zugewinnausgleich

358 Wird mit der Vereinbarung der Gütertrennung der zukünftige Zeitraum bis zur Scheidung geregelt, so ist im Hinblick auf die **abgelaufene Ehezeit** in einer Scheidungsvereinbarung regelmäßig auch der **Ausgleich des Zugewinns** durchzuführen, sofern ein solcher angefallen ist.[584] Hierzu sollten die Anfangs- und Endvermögensbestände unter Berücksichtigung auch der nachfolgenden Ausgleichsansprüche überschlägig berechnet werden. Sodann ist die Ausgleichsforderung festzustellen und die Durchführung des Ausgleichs zu regeln.

359 Nicht selten haben sich die Ehegatten auch ohne konkrete Aufstellungen über die Bestände des Anfangs- und Endvermögens darauf geeinigt, wie der Zugewinn durchgeführt werden soll, insb. in den Fällen, in denen lediglich das Familienwohnheim den wesentlichen Vermögensgegenstand darstellt und der Ausgleich durch die Übertragung des Anwesens mit Schuldübernahme und ggf. einer Ausgleichszahlung durchgeführt ist. In solchen Fällen kann zusätzlich festgehalten werden, dass die Ehegatten auf den Ausgleich etwaigen weiteren Zugewinns verzichten. Hierzu kann auf den Formulierungsvorschlag einer Gesamtscheidungsvereinbarung verwiesen werden.[585]

Ansonsten können Vereinbarungen zum Ausgleich des Zugewinns anlässlich der Vereinbarung von Gütertrennung bei einer Scheidungsvereinbarung folgendermaßen formuliert werden:

---

583 BFH, ZEV 2007, 500 m. Anm. Münch.
584 Auf diese Zahlungen, auch wenn sie monatlich erfolgen, fallen keine Krankenkassenbeiträge an, LSG Baden-Württemberg, NZFam 2016, 288.
585 Rdn. 431 ff.

B. Scheidungsvereinbarungen   Kapitel 8

▶ Formulierungsvorschlag: Zugewinnausgleich in Scheidungsvereinbarung – Stundung mit Sicherheiten

1)   360

Der bisher erzielte Zugewinn soll ausgeglichen werden. Hierzu stellen wir fest, dass sich der Zugewinn des Ehemannes seit Eheschließung bis heute

Alternative:

..... *bis zur Rechtshängigkeit des Scheidungsantrags*[586] .....

unter Anwendung der §§ 1372 ff. BGB auf 1.500.000,00 € beläuft. Der Zugewinn der Ehefrau beträgt im gleichen Zeitraum 300.000,00 €. Somit hat die Ehefrau einen Anspruch auf Zugewinnausgleich i.H.v. 600.000,00 €.

2)

Der Ehemann verpflichtet sich hiermit, diesen Betrag in fünf gleichen, unmittelbar aufeinanderfolgenden Jahresraten von je 120.000,00 € zu zahlen, fällig jeweils zum 30.06. eines jeden Jahres, erstmals zum 30.06. .....

Gerät der Schuldner mit einer Rate länger als 14 Tage in Verzug, so ist die gesamte Restforderung sofort in einer Summe zur Zahlung fällig.

Die noch geschuldeten Raten sind mit 2 % über dem Basiszinssatz nach § 247 BGB zu verzinsen. Die Zinsen sind jeweils mit der Zahlung der nächsten Rate für den bis dahin abgelaufenen Zeitraum zur Zahlung fällig.

Dem Zahlungspflichtigen ist es jedoch stets gestattet, die Forderung ganz oder teilweise vorzeitig zu erfüllen. Teilzahlungen müssen durch 1.000 teilbar sein.

Der Zahlungsverpflichtete hat dem Berechtigten durch Gestellung einer erstrangigen Sicherungshypothek unter Einhaltung der Beleihungsgrenzen des § 14 Pfandbriefgesetz Sicherheit für die oben genannte Forderung zu leisten, und zwar binnen zwei Monaten nach Rechtskraft der Scheidung. Kommt er dieser Verpflichtung in der genannten Frist nicht nach, so wird die gesamte Zugewinnausgleichsforderung sofort in einer Summe zur Zahlung fällig.

Sofern der Zugewinn nicht in Geld ausgeglichen, sondern durch **Übertragung von Grundbesitz an Erfüllungs statt**[587] geleistet werden soll, kann die Formulierung folgendermaßen lauten:

▶ Formulierungsvorschlag: Zugewinnausgleich in Scheidungsvereinbarung – Erfüllung durch Übertragung von Grundbesitz

1)   361

Der bisher erzielte Zugewinn soll ausgeglichen werden. Hierzu stellen wir fest, dass sich der Zugewinn des Ehemannes seit Eheschließung bis heute

Alternative:

..... *bis zur Rechtshängigkeit des Scheidungsantrags* .....

unter Anwendung der §§ 1372 ff. BGB auf 1.500.000,00 € beläuft. Der Zugewinn der Ehefrau beträgt im gleichen Zeitraum 300.000,00 €. Somit hat die Ehefrau einen Anspruch auf Zugewinnausgleich i.H.v. 600.000,00 €.

2)

Der Ehemann verpflichtet sich hiermit, zur Erfüllung des Zugewinnausgleichsanspruchs die in seinem Eigentum stehende Eigentumswohnung in ....., eingetragen im Grundbuch des Amtsgerichts ..... für ..... auf seine Ehefrau zu übertragen, die dies annimmt.

---

586 Diese Formulierung ist zu verwenden, wenn der Vertrag nach Rechtshängigkeit eines Scheidungsantrags geschlossen wird.
587 Zur steuerlichen Problematik vgl. Rdn. 482 ff.

Der vorstehend genannte Grundbesitz ist in Abteilungen II und III des Grundbuches lastenfrei vorgetragen.

Die Erschienen sind über den Eigentumsübergang hinsichtlich des vorgenannten Grundbesitzes einig und bewilligen und beantragen die Eigentumsumschreibung im Grundbuch.

Vollzugsmitteilung wird erbeten.

Besitz, Nutzen, Lasten, Haftung und Gefahr gehen mit dem heutigen Tag auf die Ehefrau über.

.....

3)

Die Vertragsteile sind sich darüber einig, dass mit der Übertragung des vorgenannten Grundbesitzes der Zugewinnausgleich vollständig durchgeführt ist und keine weiteren gegenseitigen Ansprüche in Bezug auf den Zugewinnausgleich bestehen.

....

4)

Belehrungen

.....g) Der Notar hat darüber belehrt, dass es sich bei der Erfüllung des Zugewinns durch Übertragung von Grundbesitz steuerlich um ein entgeltliches Geschäft handelt, dass bei steuerverhaftetem Grundbesitz negative Einkommensteuerfolgen auslösen kann.

3. Gesamtschuldnerausgleich

362 Zum Gesamtschuldnerausgleich und seiner Einordnung in das System eherechtlicher Ansprüche findet sich an anderer Stelle eine ausführliche Stellungnahme,[588] auf die verwiesen werden kann.

363 **Gesamtschuldverhältnisse unter Ehegatten** kommen häufig vor, insb. im Rahmen gemeinsamer Finanzierungen. Nur selten ist das Innenverhältnis unter den Ehegatten geregelt. Der **Gesamtschuldnerausgleich** ist nach der Rechtsprechung des BGH[589] **vorrangig und unabhängig vom Zugewinnausgleich**. Sein Ergebnis ist in den Zugewinnausgleich einzustellen.[590]

364 **Konkurrenzen** bestehen auch zwischen dem Gesamtschuldnerausgleich und dem **Unterhalt**. Sofern ein Ehegatte bei der Unterhaltsberechnung die eheprägenden Verbindlichkeiten, die er nach der Trennung allein abzahlt, von seinem Einkommen abgesetzt hat, sodass er nur geringeren Unterhalt zahlen muss, so kann er in Bezug auf diese Verbindlichkeiten nicht nochmals einen Gesamtschuldnerausgleich verlangen.[591]

365 **Während intakter Ehe** ist ein Anspruch auf **Gesamtschuldnerausgleich** i.d.R. ausgeschlossen; er wird familienrechtlich überlagert. Mit dem **Scheitern** der Ehe jedoch leben **Ausgleichsansprüche** wieder auf, allerdings nur für die Zukunft. Ein Ausgleich der während der Ehe erbrachten Leistungen scheidet auch in diesen Fällen regelmäßig aus. Für den Ausgleichsanspruch ab Trennung[592] wiederum ist **nicht Voraussetzung**, dass dieser vorbehalten oder dass auf ihn **hingewiesen** wird.[593] Probleme ergeben sich daher dann, wenn mit Rücksicht auf die Schuldentilgung durch einen Ehegatten vom anderen Ehegatten Unterhalt oder Nutzungsentgelte nicht verlangt wurden und auch nicht mehr nachverlangt werden können, der die Schulden tilgende Ehegatte aber dann später den Ausgleichsanspruch geltend macht. Hierzu sollte in einer Vereinbarung eine Regelung gefunden werden.

---

588 Kap. 5 Rdn. 118 ff.
589 BGH, FamRZ 1983, 795; BGH, FamRZ 1987, 1239; BGH, FPR 2003, 246.
590 OLG Düsseldorf, FamRZ 1999, 228, 230.
591 OLG München, FamRZ 1996, 291 f.; Wever, FamRZ 2000, 993, 996.
592 OLG Dresden, FamRZ 2003, 158.
593 BGH, NJW 1995, 652.

Ansonsten sollten die Vertragsteile im Zusammenhang mit einer umfassenden Scheidungsvereinbarung **alle Verbindlichkeiten** miteinander durchgehen und etwaige Gesamtschulden **aufteilen**. 366

Als **Minimallösung** wäre festzuhalten, dass **weitergehende Ansprüche** auf Gesamtschuldnerausgleich zwischen den Ehegatten **nicht bestehen**. 367

Dementsprechend können nachfolgende Formulierungsvorschläge unterbreitet werden: Für die **Schuldübernahmeregelung bei Übernahme des Hausanwesens** durch einen Ehegatten kann auf den nachfolgenden Formulierungsvorschlag zur Rückabwicklung ehebedingter Zuwendungen verwiesen werden.[594] Im Unterhaltsbereich können die Vertragsteile Folgendes festlegen: 368

▸ Formulierungsvorschlag: Keine Geltendmachung von Unterhalt – aber auch kein späterer Innenausgleich

Eine Unterhaltszahlung des Ehemannes an die Ehefrau erfolgt derzeit mit Rücksicht auf die vom Ehemann allein übernommene Schuldentilgung nicht. Damit liegt zugleich eine anderweitige Regelung i.S.d. § 426 BGB vor, die dem Ehemann einen Innenausgleich verwehrt, jedenfalls so lange, wie die Unterhaltsregelung fortbesteht. Eine Anpassung der Unterhaltsregelung aus anderen Gründen als der Schuldentilgung, z.B. aufgrund der Mehrung anderer Einkünfte, hindert den Fortbestand der Unterhaltsregelung nicht. Sofern der Ehemann die alleinige Verzinsung und Tilgung einstellt, ist der Unterhalt unter Berücksichtigung dessen neu festzusetzen. 369

Sofern keine weiteren Probleme bestehen, sollte wenigstens festgehalten sein, dass keine weitergehenden Ansprüche aus Gesamtschuldnerausgleich bestehen. Diese kann ggf. auch i.R.d. Schlussbestimmungen einer Gesamtvereinbarung als Abgeltungsklausel festgelegt sein. 370

▸ Formulierungsvorschlag: Keine Ansprüche aus Gesamtschuldnerausgleich

Weitere gegenseitige Ansprüche der Vertragsteile bestehen nicht mehr, insbesondere nicht aus Gesamtschuldnerausgleich. 371

4. Bankkonten und sonstiges Miteigentum

Für die Vermögensauseinandersetzung über Bankkonten und Miteigentum kann auf die entsprechenden Ausführungen bei der Trennungsvereinbarung Bezug genommen werden.[595] Zu beachten ist ein jüngeres Urteil des OLG Nürnberg, wonach der Notar haftet, der bei der Scheidungsvereinbarung nicht auf die Risiken einer nicht vollständig eingezahlten Kommanditeinlage hinweist.[596] Das bedeutet, dass die einzelnen Bestandteile des Vermögens bei ihrer Auseinandersetzung in der Scheidungsvereinbarung nach ihren jeweils spezifischen Regeln zu behandeln sind, so als würden sie einzeln übertragen. 372

5. Ansprüche aus Ehegattenzuwendungen

Den **Ehegattenzuwendungen** war bereits ein eigenes Kapitel gewidmet.[597] Auch die gesetzlichen Ansprüche bei einer Trennung und Scheidung der Eheleute sind im Hinblick auf ehebezogene Zuwendungen erläutert.[598] 373

Nach der Rechtsprechung des BGH[599] sind bei einer Vielzahl von ehebezogenen Zuwendungen ohnehin die Regelungen der **Ehegatteninnengesellschaft** einschlägig. 374

---

594 Ziffer IV. des Formulars in Rdn. 377.
595 Rdn. 97 f.
596 OLG Nürnberg, BeckRS 2010, 467 und FamFR 2010, 95; im konkreten Fall war die Haftung des Notars freilich nachrangig ggü. derjenigen des Steuerberaters, der diesen Vertragsteil unentgeltlich entworfen hatte.
597 Kap. 3 Rdn. 1 ff.
598 Kap. 5 Rdn. 1 ff.
599 BGH, FamRZ 1999, 1580; BGH, FamRZ 2003, 1454 = DStR 2003, 1805 = NJW 2003, 2982.

375 Bei einer Scheidungsvereinbarung müssen die Vertragsteile ggf. solche **Zuwendungen rückabwickeln** oder Ausgleichsleistungen vereinbaren. Wenn die Zuwendungen mit einer Rückübertragungsklausel versehen waren, dann bietet es sich an, diese vorgesehenen Mechanismen nun mit der Scheidungsvereinbarung zu verbinden. Sofern die Übertragung auf den Ehegatten einen treuhandähnlichen Charakter hatte,[600] ist das entsprechende Treuhandverhältnis nun aufzulösen.

376 Wenn die Ehegatten gemeinsame Kinder haben und schon länger verheiratet sind, kann eine Kompromisslösung häufig in der **Übertragung** von Vermögen aus ehebezogenen Zuwendungen auf die Kinder bestehen, ggf. unter Vorbehalt von Nutzungsrechten für einen Elternteil. Dies hat nicht zuletzt **schenkungsteuerliche Vorteile** für sich.

▶ Formulierungsvorschlag: Rückabwicklung ehebezogener Zuwendung

377 .....

C. Rückabwicklung einer ehebezogenen Zuwendung

I. Vorbemerkung

1) Grundbesitz

Die Ehefrau ist alleinige Eigentümerin des Anwesens ....., eingetragen im Grundbuch des Amtsgerichts ..... für ..... Blatt .....

Dieser Grundbesitz ist belastet wie folgt: .....

Die grundstücksbezogenen Verbindlichkeiten, zu deren Absicherung die vorgenannten Grundpfandrechte eingetragen sind, belaufen sich zum Stichtag ..... auf ..... €. Für diese Verbindlichkeiten haftet die Ehefrau den Gläubigern gegenüber als Darlehensnehmerin. Der Ehemann hat zur Absicherung eine Bürgschaft gegenüber dem Gläubiger abgegeben.

2) Übertragung

Der vorgenannte Grundbesitz war der Ehefrau im Rahmen einer ehebezogenen Zuwendung mit Urkunde des Notars ..... in ..... vom ..... URNr. ..... übertragen worden.

Dabei hatten die Vertragsteile vereinbart, dass der zuwendende Ehemann das Recht haben solle, im Fall der Scheidung der Ehe die Rückübertragung des Zuwendungsobjekts zu verlangen. Der Rückforderungsanspruch solle mit der Rechtshängigkeit des Scheidungsantrags gleich welches Ehegatten entstehen und mit Rechtskraft der Scheidung erlöschen, sofern er bis dahin nicht geltend gemacht wurde.

In diesem Zusammenhang hatte sich der Ehemann verpflichtet, bei der Rückübertragung diejenigen Belastungen und die zugrunde liegenden grundstücksbezogenen Verbindlichkeiten zu übernehmen, die mit seiner Zustimmung eingetragen worden sind.

Für sonstige Aufwendungen der Ehefrau in den Grundbesitz sollte eine Ersatzpflicht bestehen.

Auf der Grundlage der nach Rückforderung, Übernahme von Verbindlichkeiten und Rückerstattung von Aufwendungen bestehenden Vermögenslage sollte dann der gesetzliche Zugewinnausgleich stattfinden.

3) Scheidungssituation

Da die vorliegende Vereinbarung der einvernehmlichen Vorbereitung einer Ehescheidung dient, nachdem der Ehemann Antrag auf Scheidung der Ehe gestellt hat, soll die ehebezogene Zuwendung bereits in diesem Rahmen wieder rückgängig gemacht werden. Der Ehemann macht daher sein Rückforderungsrecht für den Scheidungsfall hiermit geltend. Hierzu stellen die Vertragsteile Folgendes fest:

Die in Ziffer 1) genannten Grundpfandrechte und die zugrunde liegenden Verbindlichkeiten sind mit Einverständnis des Ehemannes eingetragen bzw. aufgenommen worden.

---

600 Hierzu Kap. 5 Rdn. 344 ff.

Die Ehefrau hat aus ihrem eigenen Anfangsvermögen einen Betrag von 30.000,00 € in das vertragsgegenständliche Anwesen investiert.

II. Übertragung

Hiermit überträgt die Ehefrau

– nachstehend kurz: Veräußerer –

den vorbezeichneten Grundbesitz mit allen Rechten, Pflichten, Bestandteilen und dem Zubehör an den Ehemann

– nachstehend kurz: Erwerber –

zum Alleineigentum zurück.

Bewegliche Gegenstände sind nicht Gegenstand dieser Vereinbarung.

III. Auflassung

Wir sind uns darüber

einig,

dass das Eigentum am überlassenen Grundbesitz gem. Ziffer I.1) vom Veräußerer auf den Erwerber zum Alleineigentum übergeht.

Der Veräußerer bewilligt und der Erwerber

beantragt

die Eintragung der Auflassung im Grundbuch.

Um Vollzugsmitteilung an den amtierenden Notar wird gebeten.

Auf die Bestellung und Eintragung einer Auflassungsvormerkung verzichten wir nach Belehrung durch den Notar. Die Vertragsteile weisen den Notar unter Verzicht auf ihr eigenes Antragsrecht unwiderruflich an, den Antrag auf Eintragung der Eigentumsumschreibung beim Grundbuchamt erst dann zu stellen, wenn der Veräußerer dem Notar schriftlich bestätigt hat, dass ihm

a) die befreiende Schuldübernahme gemäß nachfolgender Ziffer IV. durch die Gläubiger nachgewiesen wurde und
b) der Aufwendungsersatz gemäß nachfolgender Ziffer V. gezahlt wurde

oder der Erwerber dies bankbestätigt nachweist.

Die entsprechende Bestätigung wird der Veräußerer dem Notar zu gegebener Zeit unaufgefordert übersenden.

Vor Nachweis der Schuldentlassung und der Erstattung der Aufwendungen werden von dieser Urkunde nur Ausfertigungen und beglaubigte Abschriften ohne die Auflassung erteilt.

IV. Schuldübernahme

Der Erwerber übernimmt das am Vertragsgrundbesitz in Abteilung III des Grundbuches eingetragene Grundpfandrecht über ..... € in dinglicher Haftung.

Entstandene Eigentümerrechte und/oder Rückgewähransprüche werden hiermit entschädigungslos auf den Erwerber mit dessen Zustimmung übertragen, die Eigentumsumschreibung vorausgesetzt.

Die Umschreibung im Grundbuch wird bewilligt, mit dieser Urkunde jedoch ausdrücklich nicht beantragt, auch nicht vom Notar gemäß § 15 GBO.

Da eine persönliche Haftung mit Zwangsvollstreckungsunterwerfung bisher nur vom Veräußerer abgegeben worden war, erklärt der Erwerber Folgendes:

Der Erwerber übernimmt für den Eingang des Grundschuldbetrags oben genannter Grundschuld samt den im Grundbuch eingetragenen Zinsen und sonstigen Nebenleistungen gegenüber der eingetragenen Gläubigerin die persönliche Haftung in der im Grundbuch eingetragenen Höhe und unterwirft sich wegen dieser Zahlungsverpflichtung der

sofortigen Zwangsvollstreckung

aus dieser Urkunde in sein gesamtes Vermögen. Die Gläubigerin ist berechtigt, sich jederzeit eine vollstreckbare Ausfertigung dieser Urkunde erteilen zu lassen, ohne dass es des Nachweises der die Vollstreckbarkeit begründenden Tatsachen bedarf.

Ferner übernimmt der Erwerber die dem übernommenen Grundpfandrecht zugrunde liegende Schuldverpflichtung der Ehefrau gegenüber dem Gläubiger als künftiger alleiniger Schuldner mit schuldbefreiender Wirkung. Die befreiende Schuldübernahme erfolgt jeweils mit Wirkung vom heutigen Tag an mit dem zu diesem Zeitpunkt gegebenen genauen Stand der Schuldverpflichtungen.

Auf das Erfordernis der Änderung der Zweckbestimmungserklärung wurde hingewiesen.

Nach Hinweis des Notars auf das Erfordernis der Genehmigung der befreienden Schuldübernahme durch den Gläubiger

beauftragen und ermächtigen

die Vertragsteile den Notar und dessen amtlich bestellten Vertreter, dem Gläubiger die befreiende Schuldübernahme durch Übersendung einer Abschrift dieser Urkunde anzuzeigen. Die gem. § 415 BGB erforderliche Genehmigung werden die Vertragsteile selbst einholen.

Sollte die befreiende Schuldübernahme durch den Gläubiger nicht genehmigt werden, gelten vorstehende Vereinbarungen insoweit als Erfüllungsübernahme i.S.d. § 329 BGB, sodass der Erwerber dem Veräußerer gegenüber verpflichtet ist, die Verbindlichkeiten jeweils fristgerecht zu erfüllen, insbesondere die Zins- und Tilgungsbeträge an den Gläubiger zu zahlen, und den Veräußerer im Fall einer Inanspruchnahme durch den Gläubiger unverzüglich freizustellen; Gleiches gilt bis zur Genehmigung sowie bis zum vertragsgemäßen Vollzug der Eigentumsumschreibung.

Etwaige Kosten, Spesen oder Provisionen anlässlich der Genehmigung der Schuldübernahme hat der Erwerber zu tragen.

Der Notar hat darauf hingewiesen, dass eine Schuldübernahme den Vorschriften des Verbraucherdarlehensvertrages unterliegen kann. Die Einhaltung der daraus folgenden Pflichten des Kreditinstituts hat auf die übrigen Bestimmungen dieses Vertrages keine Auswirkung.

V. Aufwendungsersatz

Die Ehefrau hat aus ihrem Anfangsvermögen Aufwendungen i.H.v. 30.000,00 € für das Vertragsanwesen erbracht. Der Ehemann verpflichtet sich hiermit, diese Aufwendungen an die Ehefrau zu erstatten, und zwar binnen vier Wochen von heute an.

Wegen der voreingegangenen Verpflichtung zur Zahlung des Aufwendungsersatzes unterwerfe ich, der Ehemann, mich der

sofortigen Zwangsvollstreckung

aus dieser Urkunde in mein Vermögen.

Der Veräußerer ist berechtigt, sich jederzeit auf einseitigen Antrag auf schuldnerische Kosten eine vollstreckbare Ausfertigung dieser Urkunde erteilen zu lassen, ohne dass es hierzu des Nachweises der Fälligkeit oder sonstiger die Vollstreckbarkeit begründender Tatsachen bedarf.

..... (Besitz, Nutzen, Lasten etc., ggf. Finanzierungsvollmacht) .....

D. Zugewinnausgleich

.....

Hinsichtlich des in Buchstabe C dieses Vertrages an den Ehemann zurückübertragenen Grundbesitzes gilt Folgendes:

B. Scheidungsvereinbarungen   Kapitel 8

Der Grundbesitz und die grundstücksbezogenen Verbindlichkeiten sind nach den Regelungen der Übertragung ebenso wie die Verpflichtung zur Erstattung des Aufwendungsersatzes im Endvermögen des Ehemannes zu berücksichtigen.

Der Aufwendungsersatz bzw. der entsprechende Anspruch sind bei der Ehefrau sowohl im Anfangs- wie auch im Endvermögen zu berücksichtigen.

..... (ggf. weitere scheidungsbezogene Regelungen) .....

6. Ehegatteninnengesellschaft

Die Ehegatteninnengesellschaft[601] wurde von der Rechtsprechung des BGH[602] für Fälle mannigfacher ehebezogener Zuwendungen und gemeinsamer Investitionen der Ehegatten in den Mittelpunkt der Überlegungen gerückt. Hierbei handelte es sich zumeist um Fallgestaltungen, bei denen die Ehegatten **keine Regelungen für den Fall der Scheidung** getroffen hatten. Der BGH unterstellte eine Innengesellschaft und kam auf dieser Grundlage zu einem Ausgleichsanspruch. Allerdings dürften bewusst begründete Ehegatteninnengesellschaften[603] und deren einvernehmliche Abwicklung im Scheidungsfall eher selten vorkommen. Sie wären dann im Rahmen einer Scheidungsvereinbarung so abzuwickeln, wie der Gesellschaftsvertrag dies vorsieht.   378

III. Ehegattenunterhalt

Da der **Trennungsunterhalt** mit dem **nachehelichen Unterhalt** nach rechtskräftiger Scheidung **nicht identisch** ist,[604] enthält eine Scheidungsvereinbarung häufig für beide Zeiträume Unterhaltsfestsetzungen.   379

1. Trennungsunterhalt

Die Grundsätze des Trennungsunterhalts nach § 1361 BGB wurden bereits dargelegt[605] und bei der Trennungsvereinbarung vertieft.[606] Dort finden sich auch Formulierungsvorschläge für die regelmäßig abgeschlossene Zahlungsvereinbarung.   380

2. Nachehelicher Unterhalt

Der nacheheliche Unterhalt wird im Zusammenhang geschildert mit dem Variantenreichtum der Vereinbarungsmöglichkeiten.[607] Diese können auch für die Scheidungsvereinbarung herangezogen werden.   381

IV. Kindesunterhalt

Der Kindesunterhalt wurde bei den Trennungsvereinbarungen[608] behandelt. Die dort vorgeschlagenen Formulierungen zur Schaffung von **Unterhaltstiteln für den Kindesunterhalt** können in gleicher Weise auch für die Scheidungsvereinbarung Verwendung finden.   382

Der Kindesunterhalt ist als solcher nicht verzichtbar, **§ 1614 BGB**; in Scheidungsvereinbarungen können keine Vereinbarungen getroffen werden, die sich zulasten der Kinder auswirken. Allerdings können die Eltern **Vereinbarungen im Innenverhältnis** treffen. Vor allem dann, wenn die Kinder   383

---

601 Detailliert hierzu Kap. 5 Rdn. 62 ff. und Formulierungsvorschlag Kap. 5 Rdn. 390.
602 BGH, FamRZ 1999, 1580; BGH, FamRZ 2003, 1454 = DStR 2003, 1805 = NJW 2003, 2982; BGH, FamRZ 2006, 607.
603 Vgl. zur Gestaltung in diesen Fällen C. Münch, FamRZ 2004, 233 ff.
604 BGH, FamRZ 1982, 465, 466; Viefhues, Rn. 783 ff.
605 Kap. 6 Rdn. 60 f.
606 Rdn. 130 f.
607 Kap. 6 Rdn. 96 ff. und Kap. 6 Rdn. 782 ff.
608 Rdn. 115.

beim Vater leben oder auch bei Volljährigkeit der Kinder kommen **Freistellungsvereinbarungen** der Eltern vor, wonach der eine Elternteil verspricht, den anderen Elternteil von Barunterhaltsansprüchen der Kinder freizustellen. Sollte das Kind einen Anspruch geltend machen, so muss der versprechende Elternteil den anderen freistellen bzw. diesem die Unterhaltszahlungen erstatten. Solche Vereinbarungen sind als Bestandteil einer Gesamtabrede häufig sinnvoll, denn sie geben dem freigestellten Elternteil die Sicherheit, mit seinem Einkommen für sich allein sorgen zu können. Sie ermöglichen in diesem Zusammenhang ggf. einen Unterhaltsverzicht oder eine Unterhaltsbegrenzung des anderen Ehegatten in Bezug auf den Ehegattenunterhalt und können als Kompromissklausel einen Verhandlungserfolg erbringen.[609] Berechtigt sind Hinweise, einen Vorbehalt aufzunehmen **für außergewöhnliche Fälle** etwa einer Behinderung des Kindes.[610] Eine solche Klausel kann so gefasst sein:

▶ Formulierungsvorschlag: Freistellungsvereinbarung Kindesunterhalt

384 Der Ehemann, bei dem die beiden Kinder weiterhin leben werden, verpflichtet sich hiermit, die Ehefrau von allen Unterhaltsansprüchen beider Kinder freizustellen.

Dies gilt jedoch dann nicht,

– wenn eines der Kinder wegen einer Behinderung arbeitsunfähig sein und aus diesem Grund einen Unterhaltsanspruch haben sollte,
– wenn ein Kind entgegen der jetzigen Absprache nicht mehr beim Ehemann lebt.

Die Vereinbarung betrifft nur das Innenverhältnis beider Vertragsteile und ändert die Ansprüche der Kinder gegen ihre Eltern nicht.

Grenzen für solche Vereinbarungen bestehen da, wo das Sorgerecht für das Kind als Tauschobjekt für andere Bestandteile der Scheidungsvereinbarung eingesetzt wird oder wo aufgrund der Freistellung der eigene Unterhalt nicht mehr gesichert ist[611] oder wenn die Freistellung mit anderen Vereinbarungen zusammentrifft, sodass eine einseitige Lastenverteilung vorliegt. In diesen Fällen kann eine solche Vereinbarung sittenwidrig sein.

385 Fragen des Kindesunterhalts im Wechselmodell werden dort im Zusammenhang betrachtet.[612]

V. Versorgungsausgleich

386 Im Kapitel über den Versorgungsausgleich wurden das neue Versorgungsausgleichsrecht und auch die Vereinbarungen nach §§ 6 ff. VersAusglG bereits erläutert.[613] Insofern soll auf diese Darstellung hier verwiesen sein.

387 Problematisch sind insbesondere Scheidungsvereinbarungen, die zwar endgültige Regelungen zum Zugewinnausgleich treffen, aber den Versorgungsausgleich offenlassen, etwa weil er vom Gericht entschieden werden soll. Hier muss verhindert werden, dass ein Ehegatte durch nachträgliche Kapitalwahl Rechte aus dem Versorgungsausgleich herausnimmt, die dann in den güterrechtlichen Ausgleich fallen, der aber gerade durch Vereinbarung endgültig geregelt und ausgeschlossen ist. Hier kann neben der Möglichkeit eines Rücktrittsrechtes von der Gesamtscheidungsvereinbarung auch vorgesehen werden, dass die Rechte trotz der ansonsten erfolgten Regelung nachträglich noch ausgeglichen werden. Eine solche Formulierung kann folgendermaßen lauten:

▶ Formulierungsvorschlag: Nachträgliche Kapitalwahl

388 Ferner vereinbaren wir: Soweit heute der Versorgungsausgleich nicht endgültig geregelt wird und Lebensversicherungen aus dem Versorgungsausgleich nachträglich durch Kapitalwahl aus-

---

609 So auch Bergschneider, Rn. 365.
610 Bergschneider, Rn. 366.
611 BVerfG, FamRZ 2001, 343 = DNotZ 2001, 222.
612 Vgl. Rdn. 397 ff.
613 Kap. 7 Rdn. 372 ff.

scheiden, dann sind solche Rechte nachträglich auszugleichen. Die Verjährung des Ausgleichsanspruchs wird auf zehn Jahre seit rechtskräftiger Ehescheidung verlängert.

VI. Elterliche Sorge und Umgangsrecht

1. Grundzüge des elterlichen Sorgerechts

Das Recht der elterlichen Sorge ist seit **1998**[614] **völlig neu geregelt**.[615] Während zunächst verfahrensrechtlich bei einer Scheidung im Scheidungsverbund über die elterliche Sorge von Amts wegen zu entscheiden war, wird aus Anlass des Scheidungsverfahrens heute **nur noch** über die elterliche Sorge **entschieden, wenn** dies ausdrücklich **beantragt** wird, § 137 Abs. 3 FamFG. 389

Für Ehegatten, denen die elterliche Sorge nach § 1626 BGB gemeinsam zusteht,[616] besteht nach § 1671 BGB i.d.F. des Kindschaftsreformgesetzes die Möglichkeit, **bei** einer **Trennung** einen **Antrag** auf Übertragung der elterlichen Sorge zu stellen. Ein Bezug zum Scheidungsverfahren ist dabei nicht erforderlich. Sofern ein solcher Antrag nicht gestellt wird, verbleibt es auch nach einer Trennung bei der **gemeinsamen elterlichen Sorge**. Auch ein Elternteil, dem weder Sorge- noch Umgangsrecht zusteht, kann vom anderen Elternteil in regelmäßigen Abständen Auskunft über die Entwicklung des Kindes verlangen.[617] 390

Aus der Praxis lässt sich feststellen, dass sich das **Fortbestehen der gemeinsamen Sorge** durchaus **bewährt** hat.[618] Zudem trifft § 1687 BGB eine praxisgerechte Regelung über die Ausübung der elterlichen Sorge bei Getrenntleben der Eltern, indem demjenigen Elternteil, bei dem das Kind seinen gewöhnlichen Aufenthalt hat, die Befugnis zu alleiniger Entscheidung in Angelegenheiten des täglichen Lebens zugewiesen wird. Wer die **Obhut** für das Kind übernimmt, ist auch insofern von Bedeutung, als das Gesetz diesem Elternteil nach § 1629 Abs. 2 Satz 2 BGB die Geltendmachung des Kindesunterhalts zuweist. 391

Darüber hinaus können die Eltern die Befugnisse des Elternteiles, bei dem sich das Kind in Obhut befindet auch durch eine **Sorgerechtsvollmacht**[619] erweitern, die etwa explizit für den schulischen Bereich, die Freizeitgestaltung oder die Gesundheitsfürsorge gilt, sodass die Berechtigung nach außen jedem Zweifel entzogen ist.[620]

Daher könnte sich eine Scheidungsvereinbarung mit einer klarstellenden Regelung zufriedengeben. 392

▶ Formulierungsvorschlag: Keine Anträge zur elterlichen Sorge

Anträge zur Übertragung der elterlichen Sorge oder eines Teils der elterlichen Sorge für die Kinder auf einen Elternteil und zur Regelung des Umgangs der Eltern mit den Kindern werden nicht gestellt, weil wir uns über das Fortbestehen der elterlichen Sorge und über den Umgang einig sind. 393

Soll eine Übertragung der elterlichen Sorge durch das Gericht ausgesprochen werden, dann ist so zu formulieren:

---

614 Kindschaftsreformgesetz, BGBl. 1997 I, S. 2942.
615 Vgl. zur Rechtsentwicklung seit 2001: Motzer, FamRZ 2003, 793 ff.; zur Rechtsentwicklung in 2006: Büte, FuR 2007, 62 ff.
616 Für nicht verheiratete Eltern kann die gemeinsame Sorge nach § 1626a BGB durch eine Sorgeerklärung bewirkt werden. Hier ist allerdings nunmehr BVerfG, NJW 2010, 3008 zu beachten, wonach die gemeinsame Sorge ohne Zustimmung der Mutter möglich sein muss.
617 OLG Hamm, NZFam 2016, 286.
618 Eingehend zu Fragen der gemeinsamen elterlichen Sorge: Schilling, NJW 2007, 3233 ff.
619 Formulierung bei Münch, Familienrecht, § 11 Rn. 36.
620 Hierzu detailliert Weber, FamRZ 2019, 1125 f.

▶ **Formulierungsvorschlag: Antrag auf alleinige elterliche Sorge mit Zustimmung**

394 Die Ehefrau beantragt, ihr die alleinige elterliche Sorge über die gemeinschaftlichen Kinder zuzusprechen. Hierzu erklärt der Ehemann bereits jetzt seine Zustimmung. Eine gerichtliche Regelung des Umgangs ist nicht erforderlich.

395 Manche **Regelungsvorschläge** gehen darüber hinaus, um evtl. Streitfragen, die sich aus der gesetzlichen Neuregelung ergeben können, vorab zu klären. So wirkt sich nach herrschender Auffassung die Aufgabenverteilung des § 1687 BGB nicht nur auf das Innenverhältnis aus, sondern begründet auch eine Vertretungsbefugnis in alltäglichen Angelegenheiten für den Elternteil, bei dem sich das Kind ständig aufhält.[621] Verbleibende Zweifel auch über die Frage, wann ein Sachverhalt eine Angelegenheit des täglichen Lebens darstellt, lassen sich mit einer zusätzlichen **Bevollmächtigung** des betreffenden Elternteils lösen. Eine Untersuchung dieser Vollmachten[622] weist darauf hin, dass die Widerruflichkeit als Strukturelement gewahrt sein sollte. Grenzen einer solchen Vollmacht seien vor allem da zu sehen, wo das Gesetz auch der Sorgerechtsausübung selbst Grenzen setze; die Vollmacht werde durch § 181 BGB nicht ausgeschlossen,

396 Eine umfänglichere Regelung der elterlichen Sorge kann v.a. auch darauf eingehen, welches **Kindesbetreuungsmodell** sich die Eltern vorgestellt haben, und angeben, in wessen Obhut das Kind sich aufhalten soll.

2. Obhutsmodelle – insbesondere das Wechselmodell

397 Das Gesetz geht in § 1687 BGB davon aus,[623] dass sich das Kind, das im Fall des Getrenntlebens der Eltern bei einem Elternteil vorwiegend lebt, aber auch regelmäßig bei dem anderen Elternteil aufhält (**sog. Residenzmodell**).[624] Das war auch über viele Jahre die gewohnte Handhabung. Darauf baut auch die unterhaltsrechtliche Norm des § 1606 Abs. 3 Satz 2 BGB auf.

398 Das **sog. Nestmodell**, bei dem im Zentrum ein Haushalt steht, in dem das Kind lebt und dieses dort abwechselnd von den Eltern betreut wird, hat sich in der Praxis nicht durchgesetzt.[625]

399 In den letzten Jahren rückt jedoch zunehmend das sog. **Wechselmodell**[626] in den Fokus der familienrechtlichen Diskussion, das nunmehr durch zahlreiche BGH-Entscheidungen und eine vertiefende obergerichtliche Rechtsprechung eine rechtliche Ausformung erhalten hat. Hierbei **wechselt das Kind zwischen den Haushalten der Eltern hin- und her** und genießt so eine annähernd zeitgleiche Betreuung durch beide Eltern. Für das echte **paritätische** Wechselmodell muss die Betreuung annähernd hälftig sein. Ein geringerer Betreuungsanteil etwa von einem Drittel genügt nicht,[627] selbst ein Anteil von 45 % soll noch nicht ausreichend sein.[628] Neben den etwa **gleichwertigen Zeitanteilen** an der Betreuung muss ferner für das Wechselmodell auch die **Verantwortung** für das Kind **bei beiden Elternteilen** liegen.[629] Dabei kommt der zeitlichen Komponente Indizwirkung zu, ohne

---

621 Schwab, DNotZ 1998, 437, 442.
622 Zu solchen Vollmachten zur Sorgerechtsausübung ausführlich Geiger/Kirsch, FamRZ 2009, 1879 ff.
623 So ausdrücklich OLG Zweibrücken, FamRZ 2001, 639.
624 Palandt/Götz, § 1687 Rn. 2; BRHP/Veit, § 1687 Rn. 7.
625 Dazu BRHP/Veit, § 1687 Rn. 12.
626 Zum Wechselmodell vgl. Kostka, Unzner, Fichtner/Salzgeber, Viefhues, Schilling, Hennemann, Klatt und Eschweiler in FPR 2006, Heft 7, 271 ff.; Jokisch, FuR 2013, 679 ff.; FuR 2014, 25 ff.; Seiler, FamRZ 2015, 1845 f.; vgl. Schumann Gutachten B in Verhandlungen des 72. Deutschen Juristentages, 2018, B 1 ff. dazu Wellenhofer, NJW 2018, 2758 und Röthel, JZ 2018, 803 ff. mit der Forderung einer langfristigen Neuausrichtung der elterlichen Sorge auf eine beiderseitige Elternverantwortung unter besonderer Berücksichtigung der Autonomie im Eltern-Kind-Verhältnis.
627 BGH, NJW 2007, 1882.
628 KG, FamRB 2019, 472; das geht an der Lebenswirklichkeit mit ihren schwankenden Realitäten vorbei.
629 BGH, NJW 2015, 331.

B. Scheidungsvereinbarungen Kapitel 8

dass sich die Beurteilung darauf beschränken muss.[630] Nach Auffassung des BGH ist ein Elternteil schon dann Träger der Obhut i.S.v. § 1629 Abs. 2 BGB, wenn bei diesem Elternteil ein eindeutig feststellbares, aber nicht notwendigerweise großes Übergewicht bei der tatsächlichen Fürsorge für das Kind vorliegt.[631]

Die Frage des **echten paritätischen Wechselmodells** hat vor allem **Bedeutung** für die Frage des **Kindesunterhaltes**. Liegt es vor, dann sind **beide Eltern zusätzlich barunterhaltspflichtig**. Liegt es nicht vor, weil die Betreuung durch einen **Elternteil doch überwiegt**, dann ist nur der andere Teil barunterhaltspflichtig. Dieser kann aber die erhöhten Kosten für Wohnraum und Fahrtkosten sowie ggf. doppelte Ausstattung durch **eine Herabstufung in der Düsseldorfer Tabelle um eine oder mehrere Stufen kompensieren**.[632] Die Erwerbsobliegenheit des erweitert Umgangsberechtigten verringert sich aber nicht, wenn dieser sonst den Mindestunterhalt nicht mehr leisten kann.[633] 400

In welchen Fällen das **Gericht** ein **Wechselmodell anordnen** kann, darüber herrschte lange **Uneinigkeit**, die nun durch Entscheidungen des BGH[634] für die Praxis geklärt sein wird, wenn auch verschiedene Ansichten in der Literatur fortbestehen werden und eine gesetzliche Regelung des Wechselmodells wünschenswert wäre.[635] 401

Danach ist entscheidender **Maßstab das Kindeswohl**. Das Wechselmodell ist daher dann gerichtlich anzuordnen, »*wenn die geteilte Betreuung durch beide Eltern im Vergleich mit anderen Betreuungsmodellen dem Kindeswohl im konkreten Fall am besten entspricht.*«[636] 402

Folgende **Kriterien** sind zu berücksichtigen:[637] 403
– vergleichbar gute Erziehungseignung beider Eltern;[638]
– eine auf sicherer Bindung beruhende tragfähige Beziehung des Kindes zu beiden Eltern;
– Kind muss das Leben in zwei Wohnungen mit ständigen Umzügen verkraften; problematisch ggf. bei kleineren Kindern;
– Kontinuität des sozialen Umfeldes, vermittelt durch die räumliche Nähe der Wohnsitze beider Eltern (z.B. Schule jeweils gut erreichbar);[639]
– Wille des Kindes; dieser ist dann weniger aussagekräftig, wenn er durch einen »Koalitionsdruck« eines Elternteiles geprägt ist;[640]

---

630 BGH, NJW 2015, 331 = FamRB 2015, 49; OLG Nürnberg, NZFam 2017, 257 bejaht echtes Wechselmodell bei Betreuung zu 52,5 %.
631 BGH, NJW 2014, 1958, Tz. 17; vgl. KG, FamRZ 2018, 1322 mit der Anordnung einer Betreuung im Verhältnis 8:6 ausdrücklich gegen ein paritätisches Modell.
632 BGH, NJW 2014, 1958, Tz. 30 ff.; OLG Frankfurt am Main, FamRZ 2017, 889; str. z.T. wird die Berechnung nach dem echten Wechselmodell schon ab einer Betreuungsquote von 30 % gefordert, vgl. Wellenhofer, NJW 2018, 2758, 2761 m.w.N.; zu einer »linearen Interpolation« in diesen Fällen Gutdeutsch, FamRB 2019, 16.
633 KG, FamRB 2016, 132.
634 BGH, NJW 2017, 1815; BGH v. 27.11.2019 (XII ZB 512/18), BeckRS 2019, 32775.
635 Wellenhofer, NJW 2018, 2758, 2760.
636 BGH, NJW 2017, 1815, Tz. 27.
637 Nicht wie Tatbestandsvoraussetzungen, sondern als Abwägungsgesichtspunkte, so Jokisch, FuR 2019, 436, 437; KG Berlin, FamRZ 2018, 1324; anders wohl OLG Brandenburg, NZFam 2019, 546; hierzu Schwonberg, FamRZ 2018, 1298.
638 BGH, NJW 2017, 1815, Tz. 25; MünchKomm-BGB/Hennemann, § 1671 Rn. 43.
639 MünchKomm-BGB/Hennemann, § 1671 Rn. 44; OLG Hamm, FamRZ 2018, 1912: auch bei weiter entfernten Wohnorten, wenn nach den Gegebenheiten für die Eltern zeitlich und organisatorisch möglich.
640 BGH, FamRZ 2020, 255 m. Anm. Schwonberg.

— Kooperations- und Kommunikationsfähigkeit der Eltern.[641] Diese fehlt insbesondere bei Elternteilen, die ihre Kinder durch einen »Koalitionsdruck« in Loyalitätskonflikte bringen. Hier mangelt es an der notwendigen Loyalität gegenüber dem anderen Elternteil.[642]

404 Nicht Voraussetzung ist hingegen nach Auffassung des BGH,[643] dass **zwischen den Eheleuten Konsens über die Anordnung eines Wechselmodells** besteht. Sonst würde es zu einem Vetorecht kommen, das dem Kindeswohl zuwiderliefe. Das heißt bei vorhandener Kooperations- und Kommunikationsfähigkeit kann das Wechselmodell auch **gegen den Willen eines Elternteiles gerichtlich angeordnet** werden.[644] Dagegen hatten sich viele OLGe ausgesprochen.[645] Danach ist auch nicht Voraussetzung eine Einigung über die Unterhaltszahlungen, wie dies verschiedentlich gefordert wurde.[646]

405 Der BGH hat in der zitierten Entscheidung die gerichtliche Anordnung des paritätischen Wechselmodells nicht als eine sorgerechtliche, sondern – einigermaßen überraschend – als eine **umgangsrechtliche Entscheidung** gesehen und ausführlich begründet, dass das Gesetz einer solchen Entscheidung nicht entgegenstehe. Die bestehenden Regeln des BGB auf der Grundlage des Residenzmodells (etwa §§ 1606 Abs. 3 BGB oder § 1687 BGB) geben kein gesetzliches Leitbild vor. Vom Verfahrensrecht her hat das den Vorteil, dass das Amtsermittlungsprinzip des § 26 FamFG gilt, dass es nach § 159 FamFG einer Anhörung des Kindes bedarf, und zwar regelmäßig auch dann, wenn dieses noch unter 14 Jahren alt ist, und dass nach **§ 156 Abs. 2 FamFG** auch ein Umgangsvergleich der Eltern über das Wechselmodell zu einem **gerichtlich gebilligten Vergleich** aufgewertet werden kann. Dies führt zu praktischen Erleichterungen,[647] da der gebilligte Vergleich der Vollstreckung unterliegt. Im Gegensatz dazu ist im Sorgerecht eine bloße Billigung eines Vergleichs nicht möglich, stattdessen muss eine Entscheidung nach § 1671 BGB beantragt werden.[648] Außerdem liegt **keine Bindung** an bereits ergangene **Sorgerechtsentscheidungen** (auch mit Aufenthaltsbestimmung) vor, vielmehr kann die paritätische Betreuung dennoch in einem umgangsrechtlichen Erstverfahren angeordnet werden.[649] Eine sorgerechtliche Entscheidung gegen den Willen eines Elternteils will das OLG Frankfurt am Main durch die Übertragung des alleinigen Aufenthaltsbestimmungsrechts auf den anderen Elternteil zur Durchsetzung des Wechselmodells erzielen.[650]

406 Umgekehrt hat das **BVerfG** mehrmals, insbesondere auch nach Erlass der BGH-Entscheidungen ausgesprochen, dass es **nicht von Verfassungs wegen** gefordert ist, das **Wechselmodell als Regelfall** bei gemeinsamer elterlicher Sorge anzuordnen oder gar gesetzlich als solchen vorzusehen.[651]

---

641 Kinderrechtskommission, FamRZ 2014, 1157, 1165; BGH, NJW 2017, 1815, Tz. 25; OLG Bremen, FamRZ 2018, 1908; weitergehend OLG Bamberg, FamRZ 2019, 979 aufgrund des eindeutig geäußerten Kindeswillens und zur »Schadensminimierung« für die Kinder; hoheitlicher Zwang zur Erfüllung der Anforderungen ist nicht möglich, OLG Brandenburg, FamRB 2019, 305; nicht gegeben, wenn Austausch über weiterführende Schule fehlt, OLG Brandenburg, FamRZ 2017, 1757.
642 BGH, FamRz 2020, 255.
643 BGH, NJW 2017, 1815, Tz. 26; BGH, FamRZ 2020, 255, Tz. 21.
644 Dem folgend OLG Bamberg, FamRB 2019, 220; OLG Stuttgart, FamRB 2018, 53; OLG Naumburg, FuR 2019, 402; OLG Brandenburg, NZFam 2019, 546.
645 OLG Düsseldorf, FamFR 2011, 238; OLG Hamm, NJW 2012, 398; OLG Hamm, FamFR 2012, 287; KG, FamRZ 2014, 50; OLG Koblenz, FamRZ 2010, 738; OLG München, FamRZ 2013, 1822; OLG Naumburg, FamRZ 2014, 50; OLG Karlsruhe, FamRB 2015, 414; OLG Schleswig, FamRB 2016, 345; OLG Jena, FamRZ 2016, 2122 m. Anm. Hammer.
646 Bosch, FF 2015, 92 f.
647 MünchKomm-BGB/Hennemann, § 1671 Rn. 29; zum Thema solcher Elternvereinbarungen generell: Hammer, Elternvereinbarungen im Sorge- und Umgangsrecht, 2004.
648 OLG Stuttgart, FamRB 2014, 294; nicht eindeutig OLG Brandenburg, FamRZ 2018, 1321.
649 BGH, FamRZ 2020, 255; Schwonberg, FamRZ 2020, 259.
650 OLG Frankfurt am Main, NZFam 2019, 355.
651 BVerfG, FamRZ 2015, 1585; BVerfG, NZFam 2018, 459.

3. Kindesunterhalt im Wechselmodell

Neben der Entscheidung, wo das Kind sich aufhält, ist die Frage, ob **ein echtes paritätisches Wechselmodell** vorliegt, vor allem für das **Unterhaltsrecht bedeutsam**.[652] Der BGH hat in zwei Grundsatzentscheidungen die Unterhaltsberechnung beim Wechselmodell und die Kindergeldverteilung aus seiner Sicht erläutert,[653] nachdem er schon 2014 klargestellt hatte, dass **nicht etwa beim Wechselmodell der Barunterhaltsanspruch vollständig entfalle**, weil beide Eltern Betreuungsunterhalt leisten. Anderenfalls wären beide Eltern vom Barunterhalt befreit, obwohl nur der Betreuungsbedarf gedeckt ist und nicht der in der Düsseldorfer Tabelle ausgewiesene sachliche Regelbedarf.[654]

407

Der Anspruch auf den **Barbedarf** leitet sich sodann vom zusammengerechneten **Einkommen beider Elternteile ab**.[655] Das in diesem Zusammenhang das Konzept des § 1570 Abs. 1 Satz 1 BGB nicht mehr passt, wird zu Recht angemerkt,[656] hier wird vertreten, dass es beim Wechselmodell keinen betreuenden Elternteil i.S.d. § 1570 BGB gebe, sodass es eine Obliegenheit beider Eltern zu vollschichtiger Erwerbstätigkeit gebe.[657]

408

Dies führt zu folgendem (komplizierten) Rechenweg:[658]
– (1) Errechnen des Tabellenbetrages der Düsseldorfer Tabelle nach dem zusammengerechneten Einkommen beider Eltern;
– (2) Erhöhung dieses Bedarfs durch den Mehrbedarf des Kindes, der durch die geteilte Betreuung entsteht (insb. zusätzlicher Wohnbedarf und ggf. Fahrtkosten; Achtung: keine Doppelberücksichtigung, wenn Wohnwert schon beim Unterhalt abgezogen);
– (3) Abzug der auf den Barunterhalt entfallenden Kindergeldhälfte;
– (4) Bestimmung der Leistungsfähigkeit beider Elternteile unter Abzug des eigenen angemessenen Selbstbehaltes;
– (5) Bestimmung des Anteils eines jeden Ehegatten an den Gesamtkosten nach Maßgabe der Leistungsfähigkeit;
– (6) Kontrollrechnung: kein Überschreiten der Alleinhaftung durch die Anteilszuweisung; sonst Herabsetzung auf diesen Betrag;[659]
– (7) Bestimmung der Bedarfsteile, die von einem Elternteil nicht gedeckt werden können;
– (8) Mögliche Ausgleichsansprüche zwischen den Eltern. Solche können selbst bei gleichen Barunterhaltsverpflichtungen bestehen, wenn der eine Ehegatte das Kindergeld vereinnahmt und der andere nicht.[660] Der Ausgleichsanspruch wird aber in das Kindesunterhaltsverfahren integriert, indem das Kind nur die Unterhaltsspitze unter Verrechnung der beiderseits erbrachten Leistungen gegenüber dem besserverdienenden Elternteil geltend macht.[661]

409

Kompliziert ist die **Zuweisung des Kindergeldes**, die der BGH in einem eigenen Judikat geklärt hat.[662] Danach hält der BGH an den allgemeinen Grundsätzen fest. Das Kindergeld entfällt zur **Hälfte auf den Barunterhalt**. Diese Hälfte ist nach den eben dargestellten Quoten, zu denen sich die Eltern

410

---

652 Vgl. etwa Wendl/Dose/Klinkhammer, § 2 Rn. 450 wo das echte paritätische Wechselmodell und die Berechnung bei lediglich erhöhtem Umgang gegenübergestellt werden; rechtsvergleichend Dethloff/Kaesling, FamRZ 2018, 73 f.
653 BGH, NJW 2016, 1956 und BGH, NJW 2017, 1676.
654 BGH, NJW 2015, 331, Tz. 17.
655 BGH, NJW 2015, 331; BGH, NJW 2017, 1676; dagegen Bruske, NZFam 2018, 49, 51 f.; Maaß, NZFam 2019, 653 f.
656 Wellenhofer, NJW 2018, 2758, 2762.
657 Viefhues, FuR 2019, 62, 65.
658 Zusammenstellung nach Gutdeutsch, 205 ff.
659 Vgl. BGH, NJW 2006, 57, 58; Leitlinien der OLGe Nr. 13.1.1.
660 Langenfeld/Milzer, Rn. 952.
661 BGH, NJW 2017, 1676, Tz. 44; Wendl/Dose/Klinkhammer, § 2 Rn. 450; Göppinger/Rakete-Dombek/Pfeil, 4. Teil, Rn. 36.
662 BGH, NJW 2016, 1956.

am Barunterhalt beteiligen müssen, auf die Elternteile zu verteilen. Die restliche **Hälfte** des Kindergeldes entfällt **auf den Betreuungsunterhalt**. Da die Betreuungsleistungen von beiden Eltern gleichwertig erbracht werden, steht jedem Elternteil davon die Hälfte zu, also ein Viertel des Gesamtkindergeldes. Ein Ehegatte, der sich aufgrund der Leistungsfähigkeit nicht am Barbedarf beteiligen muss, kann dieses **Viertel** im Wege eines **familienrechtlichen Ausgleichsanspruchs** von dem anderen Elternteil ausgezahlt verlangen, wenn dieser das Kindergeld vereinnahmt.[663]

Aufgrund dessen lässt sich folgendes Beispiel bilden:[664]

▶ Beispiel:

411 **Sachverhalt:** *M verdient 3000,- €, F verdient 1.500,- €. Beide betreuen im Wechselmodell das fünfjährige Kind K. Der Mehrbedarf für Fahrtkosten beträgt 100,- € und wird von M alleine getragen. Die Wohnkosten übersteigen die Anteile im Tabellenbedarf um 150,- €*[665] *und werden von M in Höhe von 50,- € und F in Höhe von 100,- € getragen. F erhält das Kindergeld in Höhe von 204,- €.*

Berechnung:

(1) (3) **Bedarf** von K nach Einkommen der Eltern von zusammen 4.500,- €
nach der Düsseldorfer Tabelle 2020 unter Abzug 1/2 Kindergeld von 102,- €   430,- €
532,- € – 102,- € =

(2) **Gesamtbedarf** inkl. Mehrbedarf   680,- €
430,- € + 100,- € + 150,- € =

(4a) **Leistungsfähigkeit von M:**   1.600,- €
3.000,- € – 1.400,- € =

(4b) **Leistungsfähigkeit von F:**   100,- €
1.500,- € – 1.400,- € =

(5a) **Haftungsanteil von M**   640,- €
680 x 1.600/(1600+100)

(5b) **Haftungsanteil von F**   40,- €
680 x 100/(1600+100)

(6) **Kontrollrechnung**: Unterhaltspflicht des M bei alleiniger Zahlung: 593,- €
Bedarf nach Düsseldorfer Tabelle 2020 um eine Stufe erhöht: 443,- €.
Dazu Mehrbedarf von 250,- € = 693,- €. Abzgl. 1/2 Kindergeld (102,- €) = 593,- €
Somit Kontrollbetrag maßgeblich, da geringer.

(8) M: Alleinige oder nicht hälftige Bedarfsdeckung: 100,- € + 50,- €   150,- €

(8) F: Alleinige oder nicht hälftige Bedarfsdeckung: 100,- €

(8) **Ausgleich M an F:**   149,50 €
593,- € – 150,- € – 204,- € – 40,- € + 100,- €. Davon 1/2

---

663 Zur Bestimmung des Bezugsberechtigten für das Kindergeld durch das Familiengericht OLG Celle, FamRB 2018, 299.
664 Nach Gutdeutsch, 207; Zahlen auf 2020 aktualisiert. Verschiedene Berechnungsmethoden vergleicht Wegener, FamRZ 2019, 1021 und schlägt eine Berechnung de lege lata vor.
665 Hier ist eine sorgfältige Ermittlung nötig, da sich der Bedarf schon aus dem zusammengefassten Einkommen ergibt und möglicherweise bereits ein Wohnvorteil berücksichtigt wurde, BGH, NJW 2017, 1676, Tz. 35.

4. Vereinbarungen zur Ausübung elterlicher Sorge

Bei **Vereinbarungen über persönliche Verhältnisse des Kindes** müssen sich die Vertragsteile stets bewusst sein, dass die Verbindlichkeit solcher Vereinbarungen immer unter dem Vorbehalt des Kindeswohls steht.[666] So hat das BVerfG entschieden, dass Umgangsregelungen, die dem Vater eines 3-jährigen Kindes Übernachtungs- und Ferienumgänge versagen, eine Verletzung des Elternrechtes darstellen.[667] Die Übertragung des Aufenthaltsbestimmungsrechts auf einen Elternteil ist nach BVerfG ausgeschlossen, wenn das Kind damit gegen seinen Willen einen Umzug und Schulwechsel durchführen muss.[668]

412

Eine Vereinbarung nach dem klassischen Residenzmodell kann folgendermaßen lauten:

▶ **Formulierungsvorschlag: Ausführliche Regelung gemeinsamer elterlicher Sorge und Umgang**

Anträge zur Übertragung der elterlichen Sorge oder eines Teils der elterlichen Sorge für die Kinder auf einen Elternteil und zur Regelung des Umgangs der Eltern mit den Kindern werden nicht gestellt, weil wir uns über das Fortbestehen der elterlichen Sorge und über den Umgang einig sind.

413

Die gemeinsame elterliche Sorge soll so ausgeübt werden, dass unsere Kinder sich in der Obhut der Mutter befinden, die somit auch die alltäglichen Angelegenheiten der Kinder entscheidet.

Wir sind uns darüber einig, dass der Vater ein großzügiges Umgangsrecht unter Berücksichtigung der Interessen der Kinder wahrnehmen kann. Einzelne Umgangszeiten wollen wir jedoch nicht festlegen. Die Kinder sollen aber sowohl unter der Woche wie für längere Zeit am Wochenende und über eine Periode in den Ferien beim Vater sein können.

Wir wollen ferner alles unterlassen, was das Verhältnis der Kinder zum jeweils anderen Elternteil erschweren oder deren Erziehung beeinträchtigen könnte.[669]

Der Vater erteilt hiermit der Mutter eine umfassende Vollmacht zur Vertretung der Kinder in allen alltäglichen Angelegenheiten. Die Vollmacht umfasst auch die Befugnis zur Vertretung der Kinder in folgenden Angelegenheiten:

– Vermögenssorge, insbesondere Anlage von Vermögen, Vertretung gegenüber Kreditinstituten,
– schulische Angelegenheiten,
– medizinische Versorgung.

Auch wenn die Vollmacht für die angegebenen Bereiche im Außenverhältnis nicht beschränkt ist, sind gleichwohl Angelegenheiten, die nicht alltäglich sind, zuvor im Innenverhältnis abzustimmen.[670]

Wird hingegen ein **echtes paritätisches Wechselmodell** gelebt, so können die Eltern die notwendigen Einzelheiten etwa nach folgendem Vorschlag vereinbaren. Geht man davon aus, dass der BGH diese Vereinbarung bisher im Kern als umgangsrechtlich würdigt, so kann sie nach § 156 Abs. 2 FamFG gerichtlich für verbindlich erklärt werden.

414

---

666 Hammer, FamRB 2006, 275.
667 BVerfG, FamRZ 2007, 105.
668 BVerfG, ZFE 2009, 344.
669 Vgl. zur Wohlverhaltenspflicht § 1684 Abs. 2 BGB und OLG Rostock, FamRZ 2004, 54; OLG Karlsruhe, FamRZ 2005, 1698.
670 Noch ausführlichere Formulierungsvorschläge auch unter besonderer Berücksichtigung von Säuglingssituationen bei Hammer, FamRB 2006, 275 ff., 311 ff.

▶ **Formulierungsvorschlag: Elternvereinbarung zum Wechselmodell**[671]

415 Anträge zur Übertragung der elterlichen Sorge oder eines Teils der elterlichen Sorge für unser Kind auf einen Elternteil und zur Regelung des Umgangs der Eltern mit dem Kind werden nicht gestellt, weil wir uns über das Fortbestehen der elterlichen Sorge und über den Umgang einig sind.

Die gemeinsame elterliche Sorge soll so ausgeübt werden, dass unser Kind im echten paritätischen Wechselmodell von beiden Eltern betreut wird. Wir tragen daher auch die elterliche Verantwortung in der Zukunft gemeinsam und wollen die schulische Weiterbildung unseres Kindes beide fördern und den Medienkonsum des Kindes entwicklungsgerecht begleiten.[672] Wir wollen dem Kind gegenüber eine faire Darstellung auch des jeweils anderen Ehegatten und seiner Lebenssituation einhalten und alle auftretenden Probleme einträchtig und zur Kooperation bereit lösen. Wir wollen ferner alles unterlassen, was das Verhältnis der Kinder zum jeweils anderen Elternteil erschweren oder deren Erziehung beeinträchtigen könnte.[673] Für Entscheidungen nach § 1687 BGB gilt der jeweilige Aufenthalt als gewöhnlicher Aufenthalt.

Hierzu vereinbaren wir, dass das Kind jeweils von Sonntag vor dem Schlafengehen bis zum Donnerstag vor der Schule sich beim Vater aufhält und von Donnerstag nach der Schule bis zum Sonntagabend bei der Mutter. Der Vater holt das Kind am Sonntagabend bei der Mutter ab und bringt es am Donnerstag zur Schule. Die Mutter übernimmt das Kind donnerstags nach der Schule. Das Kind hat in beiden Haushalten ein eigenes Zimmer, das der jeweilige Elternteil finanziert. Die Kindesausstattung ist – soweit nicht doppelt vorhanden – jeweils bei Abholung mitzugeben.

Für die Schulferien unseres Kindes treffen wir jeweils besondere Abreden, um gleiche Zeiten für beide Eltern zu ermöglichen. Dabei soll abwechselnd jedem Elternteil einmal die erste und einmal die zweite Hälfte der Ferien zustehen. In gleicher Weise werden wir uns über die Feiertage, Jubiläen etc. einigen. Hierzu soll am Jahresanfang jeweils von beiden Eltern ein entsprechender Plan erstellt werden.

Für Zeiten unerwarteten Ausfalls, insbesondere bei Krankheit des Kindes oder eines Elternteiles, wird der andere Elternteil nach Möglichkeit einspringen bzw. ist eine gemeinsame Ausweichlösung festzulegen, so dass insgesamt letztlich die paritätische Betreuung wieder gewährleistet ist.

Die Unterhaltsansprüche des Kindes gegenüber uns Eltern nach dem Gesetz bleiben bestehen und werden durch die nachfolgende Vereinbarung im Innenverhältnis nicht berührt.[674]

Wir Eltern vereinbaren im Innenverhältnis[675] folgendes: Bei der A-Bank in … wird ein gemeinsames Konto für die Unterhaltsleistungen an unser Kind eingerichtet. Das Konto soll als Oder-Konto geführt werden,[676] so dass jeder von uns zu Abhebungen einzeln befugt ist. Auf dieses Konto zahle ich, …(Mutter)… zum Monatsbeginn drei Viertel des mir jeweils zufließenden Kindergeldes ein. Ferner zahle ich, einen Betrag von … auf dieses Konto ein. Ich der Vater, zahle auf dieses Konto monatlich einen Betrag von … ein. Ferner trage ich die Fahrtkosten des Kindes

---

671 Vereinbarungen finden sich etwa bei Finger in Formularbuch-Familienrecht, E.III.5., Langenfeld/Milzer, Rn. 954 und Viefhues, ZNotP 2018, 121 f. An diese Vorschläge lehnt sich die hier gegebene Formulierung teilweise an.
672 Zu Letzterem Götz, FamRZ 2017, 1725 f.: »Digital Natives im Familienrecht«.
673 Vgl. zur Wohlverhaltenspflicht § 1684 Abs. 2 BGB und OLG Rostock, FamRZ 2004, 54; OLG Karlsruhe, FamRZ 2005, 1698.
674 Es ist darauf zu achten, dass in der Scheidungsvereinbarung – meist beim Ehegattenunterhalt – eine ausreichende Darlegung der Grundlagen der Unterhaltsberechnung erfolgt, damit etwaige Abänderungen darauf aufbauen können.
675 Zum Teil werden auch Vereinbarungen unter Vertretung des Kindes empfohlen. Da bei dem echten Wechselmodell eine Obhut i.S.d. § 1629 Abs. 2 Satz 2 BGB nicht vorliegt, liegt es nahe die Rechtsprechung des BGH, NJW 2017, 1676, 1681, nach welcher das Kind im Verfahren von dem weniger verdienenden Elternteil vertreten wird, auch für Vereinbarungen nutzbar zu machen.
676 Alternativ: Und-Konto mit Kontovollmachten.

und zahle die monatlichen Beiträge für die private Krankenversicherung und den Musikunterricht. Abbuchungen von dem Konto, die den Betrag von ...,- € übersteigen, sowie Daueraufträge sind vorher gemeinsam zu besprechen. Ansonsten sind von diesem Konto die beim jeweiligen Aufenthalt anfallen Kosten zu begleichen. Damit haben wir untereinander keine weiteren Ausgleichsansprüche. Zusätzlich auftretender Mehr- und Sonderbedarf ist entsprechend unserer Einzahlungsquote auf das Konto zu tragen. Die Beträge sind bei Änderung der Lebensverhältnisse abänderbar. Wir wollen versuchen, diese Abänderung jeweils gemeinsam zu vereinbaren.

Alternative 1:

Wir vereinbaren zur Ausgleichung gegenseitiger Ansprüche wegen wechselseitiger Betreuung des Kindes eine monatliche Ausgleichszahlung von ...,- €, die der Vater an die Mutter zu leisten hat. Von weitergehenden Unterhaltsansprüchen hinsichtlich der Kinder stellen wir uns gegenseitig frei.[677]

Alternative 2:

Wir vereinbaren, dass ich, der Vater, alle Ausgaben für Versicherungen, Bekleidung, Schule und Fahrten des Kindes alleine übernehme. Andere Kosten werden geteilt.[678]

5. Das Umgangsrecht

Nach §§ 1626 Abs. 3 und 1684 BGB hat das Kind ein Recht auf **Umgang** mit jedem Elternteil und die Eltern haben das Recht[679] und die Pflicht zum Umgang mit dem Kind. § 1685 BGB gewährt inzwischen auch ein Umgangsrecht für Großeltern und Geschwister sowie für sonstige enge Bezugspersonen (sozial-familiäres Umgangsrecht).

416

Auch Entscheidungen über das Umgangsrecht mit einem Kind werden im Zusammenhang mit der Scheidung **nur auf Antrag** erlassen. Sofern die Eltern eine Regelung für erforderlich halten, müssen sie einen entsprechenden Antrag mit einer Zustimmung des anderen Elternteils dem Gericht unterbreiten. Sofern eine großzügige Regelung wie im vorstehenden Formulierungsvorschlag nicht ausreicht, kann ein detailliertes Umgangsrecht vereinbart werden.[680] Dieses muss v.a. im Hinblick auf eine mögliche Vollstreckbarkeit nach §§ 89, 90 Abs. 2 FamFG (Ordnungsgeld und Ordnungshaft, kein unmittelbarer Zwang gegen ein Kind; erreichbar nur durch gerichtliche Bestätigung; keine Umgehung durch Vertragsstrafe)[681] ausreichend bestimmt sein.[682]

417

Da es sich bei dem Umgangsrecht um ein **Pflichtrecht**[683] handelt, unterliegt dieses nicht der völligen Disposition der Eltern. So kann auf das Besuchsrecht nicht wirksam verzichtet werden[684] ebenso nicht auf das Recht, Elternvereinbarungen später gerichtlich überprüfen zu lassen.[685] Daran schließt sich die Frage an, ob die Eltern untereinander an eine einmal getroffene Vereinbarung gebunden sind. Einen jederzeitigen Widerruf zuzulassen, entspricht nicht der Intention der Elternvereinbarung und dem Kindeswohl. Bei veränderten Umständen aber in einem geordneten Verfahren zu einer neuen Regelung zu kommen, ist hingegen angemessen.[686]

418

---

677 Viefhues, ZNotP 2018, 121, 131.
678 Spangenberg, FamRB 2019, 236, 239 zur Aufteilung in Bereiche.
679 Zum Elternrecht auf Umgang: EGMR, NJW 2006, 2241.
680 Dabei ist auf die Bestimmtheit zu achten. Nach OLG Brandenburg, OLGR 2006, 356 genügt die Formulierung »14 Tage in den Ferien« nicht, vielmehr ist genau zu beschreiben, z.B. »die ersten 14 Tage in den Sommerferien«. Eine noch ausführlichere Vereinbarung bietet Formularbuch-Familienrecht/Finger, E.V.1.
681 Hammer, FamRZ 2005, 1474.
682 OLG Brandenburg, FamRZ 2005, 2011; Büte, FuR 2006, 170, 171.
683 Zum subjektiven Recht des Kindes auf Umgang: OLG Brandenburg, FamRZ 2005, 293 ff.
684 BGH, FamRZ 2005, 1471, 1473.
685 Hammer, FamRZ 2005, 1209, 1211.
686 Hierzu näher Hammer, FamRZ 2005, 1209 ff.

419 Was die **Kosten des Umgangs** angeht, so hat der BGH inzwischen entschieden, dass bei hohen Kosten des Umgangs eine maßvolle Erhöhung des Selbstbehalts des umgangsberechtigten Elternteils erfolgen kann, wenn dieser die Kosten nicht aus Mitteln bestreiten kann, die ihm über den notwendigen Selbstbehalt hinaus verbleiben.[687] Bei einem sich dem Wechselmodell annähernden Umgang, bei dem aber kein echtes paritätisches Wechselmodell vorliegt, hat der BGH entschieden, dass die erhöhten Umgangskosten durch eine Herabstufung um eine oder mehrere Stufen in der Düsseldorfer Tabelle berücksichtigt werden können. Der Unterhalt kann noch weitergehend gemindert sein, wenn dieser Elternteil während der Zeit, in der sich das Kind bei ihm aufhält, zusätzliche Leistungen erbringt, mit denen er den Unterhaltsbedarf des Kindes auf andere Weise als durch Zahlung einer Geldrente deckt.[688]

Nach jüngster Rechtsprechung des BSG[689] lebt das Kind sozialrechtlich während des Umgangs mit dem umgangsberechtigten Elternteil in einer temporären Bedarfsgemeinschaft, sodass für jeden Tag des Aufenthaltes (mindestens 12 Stunden) zumindest die Regelleistung nach SGB II beansprucht werden kann.[690] Für die Zuweisung einer Sozialwohnung ist nach Ansicht des BayVGH[691] mindestens ein einvernehmlich praktiziertes Wechselmodell erforderlich.

420 Eine vertragliche Regelung der elterlichen Sorge und des Umgangs darf sich grds. auf die **Elternautonomie** berufen, wobei zugleich die Vermutung dafür sprechen wird, dass die im elterlichen Konsens getroffene Entscheidung auch für das Kindeswohl am besten ist.[692]

▶ Formulierungsvorschlag: Antrag auf alleinige elterliche Sorge mit Zustimmung und Umgangsregelung

421

1)

Die Ehefrau beantragt beim Familiengericht, ihr die alleinige elterliche Sorge über die gemeinschaftlichen Kinder zuzusprechen. Hierzu erklärt der Ehemann bereits jetzt seine Zustimmung.

2)

Der Ehemann ist zum Umgang mit unseren Kindern in folgendem Umfang berechtigt und verpflichtet:

Der Ehemann nimmt die Kinder zu folgenden Zeiten zu sich:

- jedes zweite und vierte Wochenende von Samstag 11.00 Uhr bis Sonntag 16.00 Uhr;[693]
- bei mehrwöchigen Ferien[694] jeweils in der ersten Ferienwoche, in den Sommerferien in den ersten beiden Ferienwochen;
- an jedem zweiten Geburtstag des Kindes von 10.00 Uhr bis 19.00 Uhr und jedem zweiten Weihnachts- und Osterfest jeweils vom ersten Feiertag 10.00 Uhr bis zum zweiten Feiertag 19.00 Uhr, jeweils beginnend mit dem nächsten.

Dem Ehemann steht während dieser Umgangszeit auch das Recht zu, mit dem Kind in das europäische Ausland zu verreisen. Weitere Auslandsaufenthalte sind nur mit der Zustimmung der Ehefrau möglich. Sofern erforderlich, hat der Ehemann in diesen Zeiten die schulische Weiterbildung der Kinder zu fördern.

---

687 BGH, FamRZ 2005, 706 f.; zur den Umgangskosten: Theurer, FamRZ 2004, 1619; Söpper, FamRZ 2005, 503.
688 BGH, FamRZ 2015, 236, Tz. 22.
689 BSG, FuR 2014, 116.
690 Vgl. Conradis/Jansen, FamRB 2019, 199 ff.
691 BayVGH, FamRZ 2017, 1723.
692 BVerfG, FamRZ 1995, 86 f.; Hammer, FamRZ 2005, 1209, 1210. Als abschreckendes Beispiel eines Kampfes um das Umgangsrecht vgl. die Fallschilderung bei Salgo, in: FS für Schwab, S. 891 ff.
693 Eine zusätzliche einzelne Übernachtung in der Woche kann dem Kindeswohl widersprechen, wenn dies die Findung eines Lebensmittelpunktes beim anderen Ehegatten erschwert, OLG Hamm, NZFam 2014, 912.
694 Zu den Umgangsregelungen an Feiertagen, in den Ferien und auf Reisen: Bruns, FamFR 2013, 553 ff.

Der Ehemann darf mit den Kindern zu allen anderen Zeiten telefonieren.

3)

Die Kinder werden jeweils zu Beginn des vorgenannten Zeitraums vom Ehemann bei der Mutter abgeholt. Die Kinder sind zu diesem Zeitpunkt jahreszeitgemäß bekleidet und mit allem Notwendigen ausgestattet.[695]

Die Kosten des Umgangs trägt der Ehemann. Eine Reduzierung des Kindesunterhalts tritt hierdurch nicht ein.

VII. Erbverzicht

Für den Erbverzicht in einer Scheidungsvereinbarung kann in vollem Umfang auf die Darstellung und die Formulierungsvorschläge bei der Trennungsvereinbarung verwiesen werden.[696] 422

VIII. Abgeltungsklausel

Während bei Eheverträgen die weitere Entwicklung der Ehe und die künftige Situation noch im Ungewissen ist, **sind bei einer Scheidungsvereinbarung die Verhältnisse** im Vorfeld der Scheidung **klar**. Die Ansprüche und die Vermögenslagen, von denen auszugehen ist, stehen weitgehend fest. 423

Daher sollte nach sorgfältiger Tatbestandsaufklärung und Abwägung aller möglichen Anspruchsgrundlagen, auch solchen der sog. zweiten Spur auf schuld- oder sachenrechtlicher Ebene, eine Vereinbarung getroffen werden, die den Abreden **abschließende Wirkung** verleiht und weitergehende Ansprüche ausschließt.[697] 424

Mit Blick auf eine Entscheidung des **OLG Hamm**[698] zu einer Abgeltungsklausel, die sich auf »alle Ansprüche aus der Ehe« bezog, aber auch auf das dritte Urteil des BGH zur Ehegatteninnengesellschaft,[699] gilt der Ratschlag, die **Formulierung nicht auf familienrechtliche Ansprüche einzuengen**, denn das Gericht hatte die Abgeltungsklausel für im notariellen Vertrag nicht erörterte gesellschafts- und gemeinschaftsrechtliche Ansprüche nicht gelten lassen. 425

Ansprüchen von Schwiegereltern hat der BGH in seiner jüngsten Rechtsprechung einen größeren Anwendungsbereich gegeben.[700] Sofern Zuwendungen von Schwiegereltern erfolgt sind, müssen deren Ansprüche daher immer mit bedacht werden. Die Scheidungsvereinbarung sollte daher in diesen Fällen um eine Freistellungsvereinbarung für solche Ansprüche ergänzt werden, soweit eine direkte zeitnahe Einigung nicht gelingt. 426

▶ Formulierungsvorschlag: Abgeltungsklausel

Wir sind uns darüber einig, dass mit Abschluss und Durchführung dieses Vertrages keinerlei Ansprüche der Vertragsbeteiligten gegeneinander mehr bestehen, gleich aus welchem Rechtsgrund sie hergeleitet werden mögen. Dies gilt unabhängig davon, ob sie bei Abschluss dieses Vertrages bekannt sind oder nicht. Soweit Ansprüche der Eltern eines Ehegatten gegen den anderen Ehegatten bestehen, stellen wir uns von solchen Ansprüchen wechselseitig frei. 427

---

695 Die Gerichte nehmen eine Mitwirkungspflicht des anderen Elternteils am Umgang nur dann an, wenn ansonsten der Umgang vereitelt würde, OLG Hamm, FamRZ 2004, 560; BVerfG, FamRZ 2002, 809. Eine Regelung ist daher sinnvoll.
696 Rdn. 219 f.
697 Vgl. aber OLG Bremen, NZFam 2018, 1151 zu einem Schadensersatzanspruch aus dem Vergleichsschluss selbst wegen unterlassener Aufklärung über wichtige Umstände für den Vergleich.
698 OLG Hamm, FamRZ 1997, 1210.
699 BGH, FamRZ 2006, 607 = MittBayNot 2006, 420 m. Anm. C. Münch.
700 BGH, NJW 2010, 2202; detailliert Kap. 4 Rdn. 37 ff.

Alternative:

..... gegeneinander mehr bestehen, den Versorgungsausgleich jedoch ausgenommen, welcher im Scheidungsverfahren durchgeführt werden soll.

IX. Form und Inhaltskontrolle

428 Scheidungsvereinbarungen, die zur Vorbereitung einer einvernehmlichen Scheidung geschlossen werden, unterliegen i.d.R. aus mehreren Gründen der **notariellen Beurkundungspflicht**, zum einen bei einer Änderung des Güterstandes nach § 1410 BGB,[701] zum anderen bei einer Grundstücksübertragung nach § 311b Abs. 1 BGB, bei Vereinbarungen über den Versorgungsausgleich nach §§ 6 ff. VersAusglG sowie nach § 1585c BGB bei Unterhaltsvereinbarungen. Schließlich bedarf der Erbverzicht nach §§ 2347 Abs. 2, 2348 BGB der notariellen Beurkundung. Er muss vom Erblasser persönlich abgeschlossen sein.

429 Zur **Inhaltskontrolle von Eheverträgen** wurde bereits ausführlich Stellung bezogen.[702] Bei den Scheidungsvereinbarungen ist anders als bei den vorsorgenden Eheverträgen keine Änderung der Ehekonstellation mehr zu erwarten.

430 Während die bisherigen Urteile des BVerfG[703] und des BGH[704] jeweils vorsorgende Eheverträge betreffen, hat der BGH jüngst auch die Anwendung dieser Grundsätze auf Scheidungsvereinbarungen bestätigt.[705] Auch hier ist also davon auszugehen, dass die Scheidungsfolgen entsprechend der **Kernbereichslehre** bzw. nach Maßgabe der ehebedingten Nachteile unterschiedlich disponibel sind. Da in einer Scheidungssituation Ehegatten regelmäßig nicht einseitig auf Ansprüche verzichten werden, kann es auch hier am ehesten bei einer ungleichen Verhandlungsposition zu inhaltlichen Zugeständnissen kommen, so wenn etwa das Sorgerecht für die Kinder benutzt wird, um andere wirtschaftliche Zugeständnisse zu erreichen.

Auch die Scheidungsvereinbarung muss sich somit einer Inhaltskontrolle stellen.

X. Formulierungsvorschläge

431 Nachfolgend soll eine notariell beurkundete Scheidungsvereinbarung vorgestellt werden, die alle besprochenen Teilbereiche behandelt und im Zusammenhang darstellt.

432 In Form einer Checkliste soll zugleich eine Hilfe für das Aushandeln und die Abfassung einer Scheidungsvereinbarung gegeben werden. Hierbei ist zu bedenken, dass der Informationsbedarf und auch die Einfügung von Informationen in die Scheidungsvereinbarung aufgrund der Inhaltskontrolle stark zunehmen.

▶ Checkliste: Erstellung einer Scheidungsvereinbarung

433 1. **Sachstand bzgl. der Trennung**
   ☐ Datum der Trennung
   ☐ Trennung durch Auszug oder zunächst im Haus/in der Wohnung
   ☐ bisherige Verfahren und Titel
      ☐ Unterhaltstitel?
      ☐ vorläufige Regelungen Ehewohnung/Haushaltsgegenstände
      ☐ Scheidungsantrag bereits gestellt?
2. **Eheschließung**
   ☐ Datum

---

701 Zur umstrittenen Abgrenzung mit § 1378 BGB vgl. Kap. 2 Rdn. 4.
702 Kap. 2 Rdn. 65 ff.
703 BVerfG, FamRZ 2001, 343; BVerfG, FamRZ 2001, 985.
704 BGH, NJW 2004, 930 f. = ZNotP 2004, 157 und Folgerechtsprechung, vgl. Kap. 2 Rdn. 65 ff.
705 BGH, NJW 2014, 1101.

B. Scheidungsvereinbarungen

- ☐ Ort
- ☐ Berührungspunkte mit ausländischem Recht
  - ☐ jetzt
  - ☐ bei Eheschließung
  - ☐ am 09.04.1983 (§ 220 Abs. 3 EGBGB)
  - ☐ am 29.01.2019 (EUGüVO)

3. **Persönliche Verhältnisse**
   - ☐ Name
   - ☐ Adresse(n)
   - ☐ Gewöhnlicher Aufenthalt
   - ☐ Geburtsdatum
   - ☐ Geburtsort
   - ☐ Name der Eltern
   - ☐ Staatsangehörigkeit
   - ☐ besondere persönliche Eigenschaften, z.B. Krankheiten
   - ☐ Vorehen und Unterhaltspflicht hieraus

4. **Kinder**
   - ☐ Name und Geburtsdatum
   - ☐ Kinder vor oder außerhalb der Ehe
   - ☐ adoptierte Kinder
   - ☐ Schwangerschaft
   - ☐ Pflichtteilsprobleme (auch Eltern, wenn keine Kinder)
   - ☐ Besonderheiten bei einem Kind (z.B. schwere Erkrankungen)

5. **Berater**
   - ☐ Rechtsanwalt Ehemann
   - ☐ Rechtsanwalt Ehefrau
   - ☐ Steuerberater
     - ☐ gemeinsam
     - ☐ Ehemann
     - ☐ Ehefrau
   - ☐ Notar

6. **Ehekonstellation – jeweils für beide Ehegatten**
   - ☐ Ausbildung
   - ☐ Berufstätigkeit vor der Ehe
   - ☐ Berufstätigkeit in der Ehe
   - ☐ Kindererziehung in der Ehe
     - ☐ Eigenbetreuung
     - ☐ Fremdbetreuung
   - ☐ Einkommenssituation (mit Abzügen, Werbungskosten, Sonderpositionen wie Überstunden oder Urlaubsgeld)
     - ☐ vor der Ehe
     - ☐ in der Ehe
   - ☐ übliche oder besondere Karrierechancen
   - ☐ besondere berufliche Verzichte
     - ☐ ehebedingt
     - ☐ nicht ehebedingt
   - ☐ Vermögenssituation (bei größerem Vermögen eigener Punkt)
   - ☐ Wohnsituation
     - ☐ in der Ehe
     - ☐ seit Trennung
   - ☐ Altersversorgung
     - ☐ genaues Erarbeiten einzelner Versorgungen

- ☐ Ausübung von Wahlrechten soweit für die rechtliche Einordnung von Bedeutung einschließlich künftiger Möglichkeiten
- ☐ Einschalten von Rentenberatern, Versorgern oder Sachverständigen?
- ☐ Weiterlaufen von Ansprüchen bei längerer Trennung?
- ☐ Rollenverteilung in der Ehe
- ☐ Abweichung von früherer Lebensplanung?

7. **Trennungskonstellation**
   - ☐ Wohnungssituation seit Trennung bisher
   - ☐ weitere Perspektive bzgl. Wohnungssituation
   - ☐ neue Partnerschaften?
   - ☐ Haushaltsgegenstände
   - ☐ Berufstätigkeit seit Trennung
   - ☐ Bemühen um Berufstätigkeit
   - ☐ Aussichten auf beruflichen Wiedereinstieg
   - ☐ Kinder nach der Trennung
     - ☐ Wo leben die Kinder?
     - ☐ Sorgerecht – Obhutsmodell – Handlungsbedarf?
     - ☐ Umgangsrecht – Handlungsbedarf?
     - ☐ besondere trennungsbedingte Probleme (§ 1570 Abs. 1 Satz 2 BGB)
   - ☐ Kindesbetreuung nach der Trennung
     - ☐ Eigenbetreuung
     - ☐ Fremdbetreuung
     - ☐ Besondere Kosten der Kindesbetreuung?
   - ☐ Kindesunterhalt
     - ☐ Zahlungstitel?
     - ☐ tatsächliches Zahlungsverhalten
     - ☐ Mehrbedarfspositionen?
   - ☐ Einkommenssituation seit Trennung (mit Abzügen, Werbungskosten, Sonderpositionen wie Überstunden oder Urlaubsgeld)
     - ☐ noch ausstehende Änderungen, z.B. Steuerklasse
     - ☐ Änderungen durch Erweiterung Berufstätigkeit?
     - ☐ Besonderheiten z.B. bei Selbstständigkeit
     - ☐ Überschreiten der Grenze zur konkreten Bedarfsberechnung?

8. **Vertragskonstellation**
   - ☐ Ehevertrag
   - ☐ Trennungsvereinbarung
   - ☐ Erbvertrag
   - ☐ Testamente (auch handschriftlich)
     - ☐ Notwendigkeit erbrechtlicher Regelungen?
     - ☐ Erb- oder Pflichtteilsverzichte?
     - ☐ Einsetzung von Kindern? Geschiedenentestament!
   - ☐ wichtige Verträge der Ehegatten miteinander (z.B. Gesellschafts- und Arbeitsverträge)
   - ☐ wichtige Verträge mit Dritten
   - ☐ Zur Scheidungsvereinbarung selbst:
     - ☐ Drucksituation, besondere Umstände?
     - ☐ Wer schlägt Vereinbarung vor?
     - ☐ Hauptsächliches Regelungsziel jedes Beteiligten?
     - ☐ Welche Sachverhaltsklärungen sind noch erforderlich?
     - ☐ Wer fertigt Entwürfe?
     - ☐ Zeithorizont?
     - ☐ Welche Kosten entstehen – wie ist die Verteilung?

9. **Vermögenssituation**[706]
   - ☐ Betrieb
     - ☐ Generationennachfolge
     - ☐ Risiko
     - ☐ Verbindlichkeiten
     - ☐ Mitarbeit
     - ☐ Entnahmen/Gehälter
   - ☐ Wohnhaus
     - ☐ Eigentümer
     - ☐ Verbindlichkeiten
     - ☐ Elternzuwendungen
   - ☐ sonstiges Vermögen derzeit
   - ☐ Endvermögen
     - ☐ Berechnung (wenn Scheidung rechtshängig)
     - ☐ Gefährdungen (§ 1378 Abs. 2 BGB; ggf. vorzeit. Zugewinn)
   - ☐ Verbindlichkeiten
   - ☐ davon Anfangsvermögen
   - ☐ Bewertungsfragen des Anfangsvermögens
   - ☐ besondere steuerliche Gestaltung (z.B. Zweikontenmodell)
10. **Zuwendungen unter Ehegatten**
    - ☐ Erfassen einzelner Zuwendungen
    - ☐ Zuwendungen von Eltern oder Schwiegereltern
    - ☐ Rückabwicklung?
    - ☐ Störung der Geschäftsgrundlage?
11. **Steuerfragen**
    - ☐ Steuerprobleme bei Vermögensauseinandersetzung?
    - ☐ Verzichte und Kompensationen
    - ☐ Realsplitting
    - ☐ sonstige Steuerfragen (etwa Betriebsaufspaltung, Wiesbadener Modell)
    - ☐ Latente Steuern für die Bewertung
12. **Sonstige Fragen**
    - ☐ eigene zusätzliche Anliegen der Ehegatten

▶ **Kostenanmerkung:**

Die nachfolgende Scheidungsvereinbarung enthält verschiedene Regelungsinhalte, die jeweils zu bewerten und dann zu einem Urkundswert zu addieren sind.

Scheidungsbegehren:

Zu bewerten nach § 36 Abs. 2, 3 GNotKG mit 5.000,00 €.

Gütertrennung:

Modifiziertes Reinvermögen nach § 100 GNotKG

Auseinandersetzung:

Verkehrswert halbes Haus gegenübergestellt Schuldübernahme und Zahlung; gesondert zu bewerten und gegenstandsverschieden zur Gütertrennung, auch wenn die Übertragung zum Ausgleich des Zugewinns dient. In gleicher Weise das sonstige Vermögen nach C.IV und die Haushaltsgegenstände nach C. II.

434

---

[706] Jeweils nur soweit erforderlich – soweit für Unterhalt bedeutsam schon unter 7.

Ehegattenunterhalt:

Bei Verpflichtung zu wiederkehrender Leistung nachehelichen Unterhalts auf unbestimmte Dauer ist der zehnjährige Zahlungswert zu verwenden, höchstens jedoch der Wert nach § 52 Abs. 4 GNotKG. Der Unterhaltsverzicht ist nach § 52 GNotKG zu bewerten, sein späterer Beginn ist zu berücksichtigen, Für den Getrenntlebendenunterhalt, der gegenstandsverschieden ist,[707] können 1 bis 2 Jahre angesetzt werden.

Kindesunterhalt:

Es wird wegen Unbestimmtheit der 10jährige Betrag angesetzt.[708] Kindergeld ist dabei nicht abzuziehen. Gebührenfreiheit besteht wegen des Zusammenhangs der Regelung nicht.[709]

Elterliche Sorge:

Da hier keine eigenständige vertragliche Regelung getroffen wird, sondern nur der status quo bekräftigt wird, erfolgt kein gesonderter kostenrechtlicher Ansatz.

Erb- und Pflichtteilsverzicht

Ansatz des modifizierten Reinvermögens nach § 102 Abs. 4, Abs. 1 GNotKG entsprechend der Pflichtteilsquote.

Im nachfolgenden Beispielsfall sind die vorstehenden Geschäftswerte zusammenzurechnen, § 35 GNotKG. Sie bilden den **einheitlichen Wert des Beurkundungsverfahrens**. Aus diesem Wert ist nach KV 21100 eine 2,0 Gebühr zu erheben. Ferner fällt eine 0,5 Gebühr nach § 113 GNotKG als Betreuungsgebühr gemäß 22200 KV für die Vollzugsüberwachung an. Bei Einholung der Lastenfreistellung oder der Schuldübernahmegenehmigung ferner eine weitere 0,5 Vollzugsgebühr nach KV 21110.

▶ **Formulierungsvorschlag: umfassende notarielle Scheidungsvereinbarung mit Grundstücksübertragung**

435 URNr. .....

vom .....

Scheidungsvereinbarung

mit Grundstücksübertragung und Auflassung sowie Erbverzicht

Heute, den .....

erschienen vor mir,

.....

Notar in ....., an der Amtsstelle .....

1. Herr .....,

geboren am ..... in ..... StA.Nr.

als Sohn von .....,

letztere eine geborene .....,

wohnhaft in .....

---

707 Notarkasse, Rn. 644.
708 Ländernotarkasse, Rn. 20.203.
709 Sikora/Strauß, DNotZ 2019, 613 – str.

2. dessen Ehefrau,

Frau ....., geborene .....

geboren am ..... in ..... StA.Nr.

als Tochter von .....,

letztere eine geborene .....,

wohnhaft in .....,

nach Angabe im gesetzlichen Güterstand der Zugewinngemeinschaft verheiratet.

Die Erschienenen wollen eine

Scheidungsvereinbarung

errichten.

Nach meiner, des Notars, Überzeugung sind sie voll geschäfts- und testierfähig.

Auf Zeugenbeiziehung verzichten die Vertragsteile. Ein gesetzlicher Grund, Zeugen hinzuzuziehen, besteht nicht.

Die Erschienenen erklären bei gleichzeitiger Anwesenheit gemeinsam mündlich mit dem Ersuchen um Beurkundung was folgt:

A. Vorbemerkungen, Allgemeines

I.

Unsere Ehe haben wir am ..... vor dem Standesbeamten in ..... geschlossen.

Wir leben seit dem ..... getrennt.

Aus unserer Ehe sind zwei Kinder hervorgegangen namens

Thomas, geb. am ..... (3 Jahre) und

Maria, geb. am ..... (9 Jahre).

Einen Ehevertrag haben wir bisher nicht geschlossen.

II.

Wir sind zu der Überzeugung gekommen, dass unsere Ehe unheilbar zerrüttet ist und eine Wiederherstellung einer dem Wesen der Ehe entsprechenden Lebensgemeinschaft nicht wieder erwartet werden kann.

Wir sind uns darüber einig, dass das Scheidungsverfahren nach Ablauf der einjährigen Trennungszeit als einverständliches Verfahren durchgeführt werden soll.

Den Scheidungsantrag zum Familiengericht werde ich, ..., einreichen. Ich, ..., stimme dem Antrag zu.

B. Güterstand

I.

Für die fernere Dauer unserer Ehe vereinbaren wir als Güterstand die

Gütertrennung

nach Maßgabe des Bürgerlichen Gesetzbuches.

Über die rechtlichen Wirkungen dieses Güterstandes, auch in erbrechtlicher Hinsicht, wurden wir vom Notar belehrt, insbesondere über den Ausschluss des Zugewinns und den Wegfall von Verfügungsbeschränkungen.

Die Gütertrennung soll derzeit nicht in das Güterrechtsregister eingetragen werden. Jeder von uns beiden ist jedoch berechtigt, den Eintragungsantrag jetzt oder künftig allein zu stellen.

Die Vereinbarung der Gütertrennung sowie Vereinbarungen zur Durchführung des Zugewinnausgleichs erfolgen unabhängig vom Ausgang der Ehescheidungssache.

II.

Die im nachfolgenden Abschnitt C. vorgesehenen Vermögensübertragungen und Zahlungen dienen abschließend dem vergleichsweisen[710] Ausgleich des Zugewinns.

Daher wird für etwa darüber hinaus noch bestehende Ansprüche erklärt:

Auf den Ausgleich eines etwa bisher entstandenen Zugewinns

verzichten

wir gegenseitig und nehmen diesen Verzicht hiermit gegenseitig an.

C. Verteilung der Vermögensgegenstände mit Durchführung des Zugewinnausgleichs sowie Regelung von Ehewohnung und Haushaltsgegenständen

Im Wege der Auseinandersetzung unseres beiderseitigen Vermögens einschließlich unserer Verbindlichkeiten sowie zur Durchführung eines etwaigen Zugewinnausgleichs und zur Regelung der Rechtsverhältnisse an Ehewohnung und Haushaltsgegenständen

vereinbaren

wir Folgendes:

I. Übertragung des Familienwohnheims

1) Grundbesitz/Familienwohnheim

Wir sind Miteigentümer je zur Hälfte des Anwesens ....., eingetragen im Grundbuch des Amtsgerichts ..... für ..... Blatt .....

Dieser Grundbesitz ist belastet wie folgt: .....

Die Verbindlichkeiten zur Hausfinanzierung, für welche wir als Gesamtschuldner haften, belaufen sich zum Stichtag ..... auf ..... €.

2) Trennung/Räumung

Die Ehegatten sind sich einig, dass das Haus gem. Ziffer 1), welches die Ehewohnung darstellt, nach der Trennung der Ehegatten von der Ehefrau und den gemeinsamen Kindern bewohnt wird. Der Ehemann ist bereits aus dem Anwesen ausgezogen.

Alternative 1:

Der Ehemann verpflichtet sich zur Räumung des Anwesens bis spätestens zum .....

Alternative 2:

Wegen dieser Räumungsverpflichtung unterwirft sich der Ehemann der Ehefrau gegenüber der sofortigen Zwangsvollstreckung. Er weist den Notar an, der Ehefrau ohne weitere Nachweise auf einseitigen Antrag insoweit eine vollstreckbare Ausfertigung dieser Urkunde zu erteilen.

3)

Mit dieser Urkunde wird der Miteigentumsanteil zu 1/2 des Ehemannes

– nachstehend kurz: Veräußerer –

auf die Ehefrau übertragen.

Den vorgenannten Grundbesitz erhält und übernimmt daher mit allen damit verbundenen Rechten, Bestandteilen und dem Zubehör die Ehefrau

– künftig: Erwerberin –

---

710 Vgl. OLG Jena, FamRB 2005, 351 m. Anm. Grziwotz.

zum Alleineigentum.

4) Auflassung

Wir sind uns darüber

einig

dass das Eigentum am überlassenen Vertragsobjekt vom Veräußerer auf die Erwerberin zum Alleineigentum übergeht.

Der Veräußerer bewilligt und die Erwerberin

beantragt

die Eintragung der Auflassung im Grundbuch.[711]

Um Vollzugsmitteilung an den amtierenden Notar wird gebeten.

Auf die Bestellung und Eintragung einer Auflassungsvormerkung verzichten wir nach Belehrung durch den Notar.

Die Vertragsteile

weisen

den Notar unter Verzicht auf ihr eigenes Antragsrecht unwiderruflich an, den Antrag auf Eintragung der Eigentumsumschreibung beim Grundbuchamt erst dann zu stellen, wenn der Veräußerer dem Notar schriftlich bestätigt hat, dass

a) ihm die befreiende Schuldübernahme gem. nachfolgender Ziffer 5) durch die Gläubiger nachgewiesen wurde,

und

b) die in dieser Urkunde vereinbarte Gegenleistung gem. nachfolgender Ziffer 6) in der Hauptsache – ohne etwaige Zinsen – bezahlt ist

oder dies – zu a) und b) – dem Notar von der Erwerberin entsprechend – hinsichtlich der Zahlung durch Bankbestätigung – nachgewiesen wurde.

Die Bestätigung wird der Veräußerer dem Notar zu gegebener Zeit unaufgefordert übersenden.

Vor Nachweis der Zahlung und Schuldentlassung werden von dieser Urkunde nur Ausfertigungen und beglaubigte Abschriften ohne die Auflassung erteilt.

5) Schuldübernahme

Die Erwerberin übernimmt das am Vertragsgrundbesitz in Abteilung III des Grundbuches eingetragene Grundpfandrecht über ..... € in dinglicher Haftung.

Entstandene Eigentümerrechte und/oder Rückgewähransprüche werden hiermit entschädigungslos auf die Erwerberin mit deren Zustimmung übertragen, die Eigentumsumschreibung vorausgesetzt.[712]

Die Umschreibung im Grundbuch wird bewilligt, mit dieser Urkunde jedoch ausdrücklich nicht beantragt, auch nicht vom Notar gem. § 15 GBO.

Die persönliche Haftung hat die Erwerberin bereits in der Grundpfandrechtsbestellungsurkunde übernommen.

Ferner übernimmt die Erwerberin die dem übernommenen Grundpfandrecht zugrunde liegende Schuldverpflichtung beider Vertragsteile gegenüber dem Gläubiger als künftige alleinige Schuld-

---

711 Steht die gesamte Vereinbarung unter der Bedingung rechtskräftiger Scheidung, muss die Auflassung davon ausgenommen sein, sonst ist sie nicht unbedingt erklärt, OLG Düsseldorf, NJW 2015, 1029.
712 Bei Eigentümergrundschulden deren Abtretung vorsehen, vgl. dazu OLG München, FamRZ 2017, 1046, dem in einer Scheidungsvereinbarung die vorstehende Formulierung nicht genügte; die Auslegung erstreckte sie dann aber auch auf Eigentümergrundschulden.

nerin mit schuldbefreiender Wirkung. Die befreiende Schuldübernahme erfolgt jeweils mit Wirkung vom heutigen Tage an mit dem zu diesem Zeitpunkt gegebenen genauen Stand der Schuldverpflichtungen.

Auf das Erfordernis der Änderung der Zweckbestimmungserklärung wurde hingewiesen.

Nach Hinweis des Notars auf das Erfordernis der Genehmigung der befreienden Schuldübernahme durch den Gläubiger

beauftragen und ermächtigen

die Vertragsteile den Notar und dessen amtlich bestellten Vertreter, dem Gläubiger die befreiende Schuldübernahme durch Übersendung einer Abschrift dieser Urkunde anzuzeigen. Die gem. § 415 BGB erforderliche Genehmigung werden sie selbst einholen und entgegennehmen.

Sollte die befreiende Schuldübernahme durch den Gläubiger nicht genehmigt werden, gelten vorstehende Vereinbarungen insoweit als Erfüllungsübernahme i.S.d. § 329 BGB, sodass die Erwerberin dem Veräußerer gegenüber verpflichtet ist, die Verbindlichkeiten jeweils fristgerecht zu erfüllen, insbesondere die Zins- und Tilgungsbeträge an den Gläubiger zu zahlen, und den Veräußerer im Fall einer Inanspruchnahme durch den Gläubiger unverzüglich freizustellen. Gleiches gilt bis zur Genehmigung sowie bis zum vertragsgemäßen Vollzug der Eigentumsumschreibung.

Etwaige Kosten, Spesen oder Provisionen anlässlich der Genehmigung der Schuldübernahme hat die Erwerberin zu tragen.

6) Zahlung

Als weitere Gegenleistung für die Übernahme des Grundbesitzes verpflichtet sich die Erwerberin ferner, an den Veräußerer den Betrag von

..... €

– in Worten ..... Euro – zu zahlen. Dieser Betrag ist binnen vier Wochen von heute an zur Zahlung fällig.

Wegen der voreingegangenen Verpflichtung zur Zahlung dieses Geldbetrags unterwerfe ich, die Ehefrau, mich der

sofortigen Zwangsvollstreckung

aus dieser Urkunde in mein Vermögen.

Der Veräußerer ist berechtigt, sich jederzeit auf einseitigen Antrag auf schuldnerische Kosten eine vollstreckbare Ausfertigung dieser Urkunde erteilen zu lassen, ohne dass es hierzu des Nachweises der Fälligkeit oder sonstiger die Vollstreckbarkeit begründender Tatsachen bedarf.

7) Besitz, Nutzen, Lasten und Gefahr

Besitz, Nutzungen, Lasten und Abgaben aller Art sowie die mit dem Vertragsgrundbesitz verbundene Haftung und die Verkehrssicherungspflichten gehen ebenso wie die Gefahr einer zufälligen Verschlechterung oder eines zufälligen Untergangs ab sofort auf die Erwerberin über.

Die Pflicht zur Zahlung der Grundsteuer übernimmt die Erwerberin ab dem nächsten Fälligkeitstermin.

Soweit vom Veräußerer oder seinen Rechtsvorgängern im Eigentum des übertragenen Grundbesitzes bereits Erschließungsbeiträge oder Anliegerleistungen im weitesten Sinn geleistet wurden, kommen diese ohne weitere Erstattungspflicht der Erwerberin zugute. Vorausleistungen und Rückzahlungsansprüche werden an die Erwerberin abgetreten.

Alle künftig anfallenden und von heute an zugestellten derartigen Leistungen für den Vertragsbesitz, auch soweit sie bereits ausgeführte Arbeiten betreffen, trägt ausschließlich die Erwerberin. Der Veräußerer versichert, dass offene, bereits festgesetzte derartige Forderungen nicht bestehen.

Der Vertragsgrundbesitz ist nicht vermietet.

8) Rechte bei Mängeln

Der Veräußerer schuldet ungehinderten Besitz- und Eigentumsübergang frei von irgendwelchen Rechten und Ansprüchen Dritter. Ausgenommen sind die in dieser Urkunde ausdrücklich übernommenen Rechte, nicht eingetragene altrechtliche Dienstbarkeiten oder Rechte, die mit Zustimmung der Erwerberin neu bestellt werden.

Der Veräußerer verpflichtet sich zur unverzüglichen Freistellung des Vertragsbesitzes von allen nicht übernommenen Belastungen; der Lastenfreistellung wird mit dem Antrag auf grundbuchamtlichen Vollzug zugestimmt.

Eine weiter gehende Haftung, insbesondere für die Freiheit von Sachmängeln aller Art, die Grundstücksgröße und den Grundbuchbeschrieb, Flächenmaß, Bodenbeschaffenheit, Verwertbarkeit für die Zwecke der Erwerberin sowie baulichen Zustand, ist ausgeschlossen, außer bei Vorsatz. Der Vertragsbesitz geht über in dem Zustand, in dem er sich heute befindet und der der Erwerberin bekannt ist.

9) Abwicklungsvollmacht

Wir beauftragen den Notar, alle zur Rechtswirksamkeit dieses Vertrages notwendigen Erklärungen von Beteiligten oder Behörden einzuholen und die hierfür notwendigen Anträge (einschließlich etwaiger Rechtsmittel) zu stellen. Genehmigungen und Zustimmungen gelten, soweit sie auflagen- und bedingungsfrei erteilt werden, als mit dem Eingang beim Notar allen Beteiligten zugegangen; auf Einlegung von Rechtsmitteln wird für diesen Fall verzichtet.

Der Notar und jeder seiner Angestellten werden unter Befreiung von § 181 BGB jeweils einzeln ermächtigt, Anträge zu stellen, abzuändern oder zurückzunehmen sowie Nachtragserklärungen und Bewilligungen abzugeben.

10) Finanzierungsvollmacht

Der Veräußerer erklärt sich bereit, bei der Bestellung von Grundpfandrechten zugunsten deutscher Finanzierungsinstitute mitzuwirken. Die persönliche Haftung und Kosten übernimmt er jedoch nicht.

In der Grundschuldbestellungsurkunde müssen folgende bereits jetzt getroffenen Bedingungen wiedergegeben werden:

»1. Das Grundpfandrecht dient bis zur vollständigen Zahlung der Gegenleistung nach Ziffer C.I.6) nur als Sicherheit für tatsächlich mit Tilgungswirkung auf die Gegenleistung geleistete Zahlungen.

2. Alle weiteren Zweckbestimmungserklärungen, Sicherungs- und Verwertungsvereinbarungen innerhalb oder außerhalb dieser Urkunde gelten erst, nachdem die Gegenleistung mit dieser Tilgungsbestimmung an den Veräußerer bezahlt ist.

3. Die Erwerberin erteilt unwiderruflich Anweisung zur Zahlung entsprechend den Bestimmungen dieses Vertrages.«

Alle übrigen Rechte und Pflichten aus dem Darlehensverhältnis bleiben bei der Erwerberin, die auch allein zur Abrufung der auszuzahlenden Beträge befugt ist. Dieser werden ab Zahlung der Gegenleistung bestehende Rückgewähransprüche bezüglich dieser Grundpfandrechte abgetreten, deren Umschreibung im Grundbuch bewilligt wird. Mit Eigentumsumschreibung übernimmt die Erwerberin diese Grundpfandrechte in dinglicher Haftung.

Die Einschränkung der Sicherungsabrede ist dem Darlehensgeber nach Beurkundung des jeweiligen Grundpfandrechtes durch den beurkundenden Notar anzuzeigen.

Hierzu erteilt der Veräußerer der Erwerberin unter Befreiung von den Beschränkungen des § 181 BGB Vollmacht, unter Genehmigung alles für ihn bereits Gehandelten, Grundpfandrechte mit beliebigen Nebenleistungen und vollstreckbar gemäß § 800 ZPO am Vertragsgegenstand zu bestellen.

II. Haushaltsgegenstände/Schenkungen

Wir sind uns darüber einig, dass die Haushaltsgegenstände geteilt sind. Wir sind uns ferner darüber einig, dass jeder Ehegatte diejenigen Haushaltsgegenstände behält und zum Alleineigentum übernimmt, die er derzeit im Besitz hat.

Die vorhandenen Personenkraftwagen wurden bereits jeweils zum Alleineigentum übernommen. Die zugehörigen Kraftfahrzeugbriefe sind dem neuen Eigentümer jeweils auszuhändigen.

Die bestehenden Verbindlichkeiten aus der Anschaffung der Kfz trägt jeweils derjenige Ehegatte allein, der das entsprechende Kfz übernimmt.

Nach Möglichkeit soll der andere Ehegatte aus der Mithaftung für diese Verbindlichkeit entlassen werden.

Die bestehenden Schadensfreiheitsrabatte[713] sollen – soweit gesetzlich zulässig – auf den jeweiligen Alleineigentümer des Pkw übertragen werden.

Weitere gegenseitige Herausgabeansprüche oder Ansprüche auf Wertausgleich bestehen insoweit nicht.

Ebenso wenig bestehen gegenseitige Ansprüche auf Rückgabe bzw. Rückerstattung von Schenkungen oder sonstigen Zuwendungen, gleichgültig auf welchem Rechtsgrund ein solcher Anspruch auch immer beruhen könnte und ob er uns bei Abschluss dieses Vertrages bekannt war oder nicht.

III. Ehewohnung

Die Verhältnisse hinsichtlich der bisherigen ehelichen Wohnung in ..... sind geklärt. Diese hat die Ehefrau mit der vorausgehenden Übertragung übernommen. Der Ehemann ist bereits ausgezogen.

IV. Aufteilung des sonstigen Vermögens[714]

1)

Unsere Schallplattensammlung wird so geteilt, dass die Ehefrau alle Vinyl-Schallplatten des klassischen Bereichs und der Ehemann alle übrigen Vinyl-Schallplatten und die CDs erhält.

2)

Wir führen bei der C-Bank ein gemeinsames Girokonto mit der Nr. ....., für das jeder von uns Einzelvertretungsbefugnis hat, sowie ein gemeinsames Sparbuch Nr. ....., über das wir nur gemeinsam verfügen können. Ferner hat jeder von uns bei diesem Institut ein eigenes Sparbuch. Bei der D-Bank unterhalten wir ein gemeinsames Wertpapierdepot Nr. .....

Wir sind uns darüber einig, dass das Guthaben auf dem Girokonto zunächst dort verbleibt und bis zum 31.12. dieses Jahres zur Zahlung laufender Kosten zur Verfügung steht. Wir vereinbaren hiermit und teilen dies der C-Bank durch Übersendung einer Abschrift mit, dass wir über dieses Konto nur gemeinsam verfügen können. Das Konto darf nur auf Guthabenbasis geführt werden. Nach Ablauf dieser Frist wird das vorgenannte Konto aufgelöst und der verbleibende Guthabenbetrag zu gleichen Teilen auf das jeweils eigene Sparbuch eines jeden von uns überwiesen. Das gemeinsame Sparbuch soll jedoch sofort aufgelöst und der Erlös in der beschriebenen Weise auf unsere beiden eigenen Sparbücher zu gleichen Teilen überwiesen werden.

Das Wertpapierdepot, das wir bei der D-Bank führen, ist zwar auf beide Ehegatten eingetragen, wir sind uns aber darüber einig, dass die Wertpapiere sämtlich dem Ehemann zu Alleineigentum zustehen, da dieses Depot mit Mitteln seines Anfangsvermögens eingerichtet wurde.

---

713 Nach OLG Hamm, FamRB 2011, 361 und OLG Celle, NZFam 2017, 1110 besteht aus § 1353 BGB eine Verpflichtung, dem getrennt lebenden Ehegatten einen tatsächlich erzielten Schadensfreiheitsrabatt zu übertragen.

714 Hier ist nur ein Regelungsbeispiel gegeben, das die typischen Problempunkte aufzeigt. Diese Regelung wird nicht in jeder Scheidungsvereinbarung erforderlich sein, sondern nur, wenn die Ehegatten sie verlangen.

3)

Den Bausparvertrag bei der .....-AG übernimmt die Ehefrau. Die Vertragsteile übertragen hiermit an die Ehefrau ihre Rechte aus diesem Vertrag einschließlich des Anspruchs auf die Gewährung von Bauspardarlehen. Mitübertragen ist insbesondere auch der derzeitige Guthabenstand auf den Konten, ohne dass hierfür ein Ausgleichsanspruch geltend gemacht wird.

4)

Die Lebensversicherung, welche der Ehemann auf sein Leben und zugunsten der Ehefrau als Bezugsberechtigter bei der .....-AG abgeschlossen hat, bleibt bestehen und ist vom Ehemann mit den gleichen Monatsbeiträgen wie bisher auch fortzuführen. Als unwiderruflich Bezugsberechtigte sind unverzüglich unsere gemeinschaftlichen Kinder zu je gleichen Teilen einzusetzen.

5)

Für die bestehenden Verbindlichkeiten vereinbaren wir Folgendes:

- Das Darlehen für die Einbauküche wird von der Ehefrau zur weiteren Verzinsung und Tilgung als künftige Alleinschuldnerin übernommen.
- Das Darlehen für die Anschaffung des Klaviers wird vom Ehemann übernommen, der im Rahmen der Verteilung der Haushaltsgegenstände das Klavier übernommen hat.
- Das Darlehen der Eltern des Ehemannes wird von diesem ebenfalls zur ferneren Verzinsung und Tilgung übernommen.

Alle weiteren etwa bestehenden Verbindlichkeiten tragen die Ehegatten im Innenverhältnis je zur Hälfte. Gleiches gilt für etwa noch ausstehende Abrechnungen z.B. der Nebenkosten.

Die Vertragsteile werden die Genehmigung Ihrer Gläubiger selbst einholen. Der Notar hat auf die Bestimmung des § 415 BGB hingewiesen.

6)

Die Vertragsteile sind sich über alle hiermit verbundenen Eigentumsübergänge einig und verpflichten sich gegenseitig, alle etwa noch erforderlichen Erklärungen zum Umschreiben einzelner Vertragswerke auf einen Ehegatten abzugeben.

7)

Steuererstattungen oder Steuernachzahlungen für die Zeit bis zur Trennung sollen uns beiden je zur Hälfte zustehen oder uns je zur Hälfte belasten. Für dieses Jahr und die Jahre zuvor, für die noch keine Steuererklärungen abgegeben wurden, vereinbaren wir die Zusammenveranlagung nach § 26b EStG.

D. Ehegattenunterhalt

Im Hinblick auf die nachstehende Unterhaltsregelung erklären wir Folgendes: Ich, der Ehemann, arbeite in Vollzeit als angestellter Architekt und verdiene derzeit etwa netto monatlich ..... € nach Steuerklasse ..... Ich, die Ehefrau, bin gelernte Grafik-Designerin, habe im elterlichen Betrieb gearbeitet und werde dort auch wieder tätig sein, sobald das jüngste unserer Kinder zur Schule geht. Mein Verdienst wird bei einer Halbtagstätigkeit etwa netto monatlich ..... € betragen nach Steuerklasse .....

Beide Vertragsparteien unterstellen hiermit die nachfolgenden Unterhaltsvereinbarungen und überhaupt ihre unterhaltsrechtlichen Rechtsbeziehungen dem deutschen Recht und wählen dieses, und zwar auch für den Fall, dass kein gewöhnlicher Aufenthalt im Inland mehr besteht. Wir vereinbaren ferner für Rechtsstreitigkeiten über den Unterhalt nach Art. 4 EU-UntVO die ausschließliche Zuständigkeit deutscher Gerichte.[715]

---

715 Auf der Basis der Vorschläge von Süß in Münch, Familienrecht, § 20 Rn. 67 ff.

I. Zahlung nachehelichen Unterhalts

1)

Ich, der Ehemann, verpflichte mich, für die Zeit ab Rechtskraft der Scheidung an meine geschiedene Ehefrau unter Zugrundelegung der gesetzlichen Vorschriften auf der Basis der sog. »Düsseldorfer Tabelle«[716] einen monatlichen Ehegattenunterhalt i.H.v. 1.179,00 €

– in Worten eintausendeinhundertneunundsiebzig Euro –

zu zahlen, und zwar Elementarunterhalt i.H.v. 957,00 € und Vorsorgeunterhalt i.H.v. 222,00 €.

2)

Zusätzlich verpflichte ich mich, der Ehefrau denjenigen Betrag, den sie aufgrund ihres derzeit bestehenden Versicherungsvertrags an die ..... Krankenversicherungs-AG zu zahlen hat, monatlich zu erstatten.

3)

Die Zahlung des nachehelichen Unterhalts beginnt an dem auf die rechtskräftige Scheidung folgenden Monatsersten und ist jeweils fällig im Voraus bis zum Ersten eines jeden Monats.

4)

Der Unterhalt wird zunächst wegen Kindesbetreuung nach § 1570 Abs. 1 Satz 1 BGB[717] und nach Vollendung des dritten Lebensjahres unseres jüngsten Kindes nach § 1570 Abs. 1 Satz 2 BGB gezahlt.

5)

Der Unterhaltsbemessung liegen folgende eheprägende Daten zugrunde:

Bereinigtes Nettoeinkommen des Ehemannes (Jahresbrutto des Vorjahres minus gesetzliche Abzüge unter Berücksichtigung von Steuernachzahlungen und Erstattungen auf der Basis der Lohnsteuerklasse I sowie des Realsplittingvorteils minus 5 % für berufsbedingte Aufwendungen geteilt durch 12):[718]

	3.166,00 €
Kindesunterhalt K_1*:	./. 425,00 €
Kindesunterhalt K_2:	./. 488,00 €
zzgl. 1/2 Kindergeld für zwei Kinder	+ 204,00 €
Nettoeinkommen für die Unterhaltsberechnung:	2.457,00 €
Nettoeinkommen der Ehefrau:	0,00 €
Daraus ergibt sich ein vorläufiger Elementarunterhalt auf der Grundlage eines Erwerbstätigkeitsbonus von 1/7** von:	1.053,00 €
Unter Zugrundelegung der Bremer Tabelle*** wird dies	
mit einem Zuschlag von 13 % hochgerechnet	
zu einem fiktiven Bruttoeinkommen von:	1.189,00 €
Bei einem Beitragssatz von 18,7 % ergibt dies einen	
Vorsorgeunterhalt i.H.v.:	222,00 €
Dies ergibt einen endgültigen Elementarunterhalt von	
2.457,00 € ./. 222,00 € = 2.235,00 € × 3/7 =	957,00 €

---

716 Stand 01.01.2020; diese Version gilt einheitlich auch in den Neuen Bundesländern. Die sog. Berliner Tabelle ist abgeschafft. Abrufbar unter *https://www.olg-duesseldorf.nrw.de/infos/Duesseldorfer_Tabelle/index.php* oder *www.famrb.de/unterhaltsleitlinien.html*.
717 Hier ggf. entsprechend andere Anspruchsgrundlage angeben.
718 Diese Formulierung nach Bergschneider, Verträge in Familiensachen, Rn. 411.

6)

Hinsichtlich dieser Zahlungsverpflichtung unterwerfe ich, der Ehemann, mich der sofortigen Zwangsvollstreckung aus dieser Urkunde in mein gesamtes Vermögen. Meine Ehefrau ist jederzeit auf einseitigen Wunsch berechtigt, auf eigene Kosten eine vollstreckbare Ausfertigung dieser Urkunde zu verlangen, ohne dass der Nachweis der Fälligkeit zu führen ist.

7)

Diese Unterhaltsregelung ist nach § 239 FamFG[719] abänderbar.

8)

Ich, die Ehefrau, bin mit der Durchführung des begrenzten Realsplittings einverstanden und verpflichte mich hiermit, alle hierzu noch erforderlichen Erklärungen abzugeben und jährlich zu wiederholen, insbesondere aber die Anlage U zur Einkommensteuererklärung[720] jährlich zu unterzeichnen.

Ich, der Ehemann, verpflichte mich, meine Ehefrau von allen ihr hierdurch entstehenden nachgewiesenen steuerlichen und sonstigen wirtschaftlichen[721] Nachteilen freizustellen, und zwar unverzüglich nach Vorlage der entsprechenden Belege oder Bescheide. Zu diesen Nachteilen gehören auch Steuerberatungskosten, die vom begrenzten Realsplitting verursacht sind, bis zu höchstens ..... € jährlich.[722]

Sicherheitsleistung kann stets insoweit nicht verlangt werden, als die Unterhaltspflicht im vergangenen Jahr erfüllt wurde.

II. Verzicht auf weiteren nachehelichen Unterhalt

1)

Hat das jüngste Kind das sechste Lebensjahr vollendet, halbiert sich die Zahlungsverpflichtung nach Abschnitt I. Hat das jüngste Kind das zwölfte Lebensjahr vollendet, so erlischt die Verpflichtung zur Zahlung des Ehegattenunterhalts völlig.[723] Eine weitere zeitliche Kürzung nach § 1578b BGB schließen wir hiermit aus.

2)

Ab dann gilt Folgendes:

Wir verzichten gegenseitig vollständig auf Unterhalt, auch für den Fall des Notbedarfes, gleichgültig, ob ein Unterhaltsanspruch gegenwärtig bereits erkennbar hervorgetreten ist oder nicht.

Diesen Verzicht nehmen wir hiermit gegenseitig an.

3)

Soweit vorstehend die Verpflichtung zur Zahlung von Ehegattenunterhalt, welche in Ausgestaltung des gesetzlichen Unterhaltsanspruches vereinbart wurde, über den gesetzlichen Unterhaltsanspruch hinausgeht, hat die Vereinbarung nur insoweit Gültigkeit, als vorrangig oder gleichrangig Unterhaltsberechtigte in ihrem Recht nicht beeinträchtigt werden.

---

719 Zu dieser neuen Abänderungsvorschrift Büte, FuR 2008, 583, 587. Wie nach der bisherigen Rspr. bestimmt sich die Abänderung nach dem materiellen Recht und damit nach den Regeln über die Störung der Geschäftsgrundlage, § 313 BGB.
720 Bzw. zum Antrag auf Lohnsteuerjahresausgleich.
721 Z.B. sozialversicherungsrechtliche Nachteile, vgl. Börger/Bosch/Heuschmid, § 3 Rn. 467.
722 MüHdbFamR/Daumke, § 33 Rn. 187.
723 Diese Regelung entspricht dem Rechtsgedanken der §§ 1570, 1578b BGB i.d.F. des Unterhaltsrechtsänderungsgesetzes und trägt dem Umstand Rechnung, dass die Ehefrau dann gleitend wieder arbeitet. An eine Befristung ist nunmehr angesichts des § 1578b BGB n.F. immer zu denken!

4)

Wir wurden vom Notar über das Wesen des nachehelichen Unterhalts und die Auswirkungen des Verzichts eingehend belehrt.

Wir wurden insbesondere darauf hingewiesen, dass ein Unterhaltsverzicht je nach den Umständen des Einzelfalls sittenwidrig sein oder werden kann mit der Folge, dass nach einer Ehescheidung Unterhalt nach den gesetzlichen Bestimmungen zu gewähren ist. Ferner kann die Berufung auf einen Unterhaltsverzicht gegen Treu und Glauben verstoßen. Für diesen Fall vereinbaren wir, soweit gesetzlich zulässig, dass Unterhalt höchstens in folgender Höhe zu leisten ist. (ggf. voreheliche Anknüpfung) .....[724]

Wir gehen jedoch übereinstimmend davon aus, dass derzeit Gründe für eine Sittenwidrigkeit nicht erkennbar sind, da wir in dem Zeitpunkt, in dem der Verzicht greift, beide berufstätig sein wollen.

5)

Der Notar hat uns darüber belehrt, dass auch Scheidungsvereinbarungen einer Inhaltskontrolle unterliegen können, in deren Rahmen Vereinbarungen möglicherweise unwirksam oder unanwendbar sind, wenn aufgrund ungleicher Verhandlungsposition eine erheblich einseitige Lastenverteilung gegeben ist. Bei einer Änderung der Verhältnisse kann es zu einer Ausübungskontrolle kommen.

III. Trennungsunterhalt

Als Trennungsunterhalt zahle ich, der Ehemann, bis zur rechtskräftigen Scheidung den gleichen Betrag, wie er sich nach Ziffer D.I.1. für den nachehelichen Unterhalt ergibt.

Auch insoweit unterwerfe ich mich der sofortigen Zwangsvollstreckung in mein gesamtes Vermögen.

Ein Verzicht auf Unterhalt ist mit dieser Zahlungsverpflichtung nicht verbunden.

E. Versorgungsausgleich

Da die Ehefrau während der Ehezeit Kinder erzogen hat und ihren Beruf zeitweise nicht ausüben konnte, soll es bei den gesetzlichen Bestimmungen über den Versorgungsausgleich verbleiben. Dieser soll also durchgeführt werden.

F. Kindesunterhalt

Ich, der Ehemann, verpflichte mich, meinen Kindern Thomas[725] (derzeit drei Jahre alt) und Maria (derzeit neun Jahre alt) zu Händen meiner Ehefrau monatlich, und zwar immer zum Ersten eines jeden Monats im Voraus, den gesetzlichen Unterhalt nach der Düsseldorfer Tabelle zu zahlen.

Aufgrund des Alters der Kinder und meines Nettoeinkommens von 3.166,00 € und der Tatsache, dass ich drei Unterhaltsberechtigten gegenüber unterhaltspflichtig bin, erfolgt die Unterhaltsbemessung derzeit nach der Gruppe 4 der Düsseldorfer Tabelle. Somit erfolgt die Festlegung des Unterhaltsbetrages derzeit

– für Thomas nach der ersten Altersstufe. Dies bedeutet derzeit einen Unterhaltsbetrag von 425,00 €;

---

[724] Die frühere Ansicht des BGH (FamRZ 1997, 873, 874), dass dann, wenn sich der Verpflichtete nach Treu und Glauben nicht auf einen Verzicht berufen darf, lediglich Unterhalt i.H.d. Mindestbedarfes zur Sicherung der Existenz geschuldet wird, lässt sich wohl angesichts der Entscheidungen des BVerfG zur Inhaltskontrolle (FamRZ 2001, 343 und FamRZ 2001, 985) nicht mehr halten (Rakete-Dombek, NJW 2004, 1273, 1276). Dann sollte auch vertraglich nicht mehr diese niedrige Schwelle angesetzt werden. Der Vorschlag, der hier schon bei der Darstellung der Inhaltskontrolle unterbreitet wurde, geht dahin, einen Betrag zu wählen, der die fortgeschriebene voreheliche Lebensstellung repräsentiert.

[725] Um den Formulierungsvorschlag verständlich zu machen, sind konkrete Geburts- und Einkommensdaten angegeben. Diese müssen je nach Fallgestaltung geändert werden.

– für Maria nach der zweiten Altersstufe. Dies bedeutet derzeit einen Unterhaltsbetrag von 488,00 €.

Ab dem ..... erhöht sich der Unterhalt für Thomas entsprechend der zweiten Altersstufe auf derzeit 488,00 €.

Ab dem ..... erhöht sich der Unterhalt für Thomas entsprechend der dritten Altersstufe auf derzeit 572,00 €.[726]

Ab dem ..... erhöht sich der Unterhalt für Maria entsprechend der dritten Altersstufe auf derzeit 572,00 €.

Hierbei ist das Kindergeld noch nicht berücksichtigt. Dieses erhält derzeit die Ehefrau, da die Kinder sich in der Obhut ihrer Mutter befinden. Dieses Kindergeld für ein erstes und zweites Kind wird auf meine Unterhaltspflicht zur Hälfte angerechnet. Somit ergibt sich derzeit ein monatlicher Zahlbetrag

– für Thomas von 425,00 € abzgl. 102,00 € = 323,00 €;
– für Maria von 488,00 € abzgl. 102,00 € = 386,00 €.

Anzurechnen ist immer das jeweils gültige gesetzliche Kindergeld nach den gesetzlichen Bestimmungen.

Hiermit unterwerfe ich, der Ehemann, mich gegenüber meinen Kindern wegen der vorbezeichneten Unterhaltszahlung der sofortigen Zwangsvollstreckung aus dieser Urkunde in mein gesamtes Vermögen. Diesen kann jeweils eine vollstreckbare Ausfertigung ohne weiteren Nachweis zu Händen meiner Ehefrau erteilt werden.

G. Elterliche Sorge

Anträge zur Übertragung der elterlichen Sorge oder eines Teils der elterlichen Sorge für die Kinder auf einen Elternteil und zur Regelung des Umgangs der Eltern mit den Kindern werden nicht gestellt, weil wir uns über das Fortbestehen der elterlichen Sorge und über den Umgang einig sind.

Die gemeinsame elterliche Sorge soll so ausgeübt werden, dass unsere Kinder sich in der Obhut der Mutter befinden, die somit auch die alltäglichen Angelegenheiten der Kinder entscheidet.

Wir sind uns darüber einig, dass der Vater ein großzügiges Umgangsrecht unter Berücksichtigung der Interessen der Kinder wahrnehmen kann. Einzelne Umgangszeiten wollen wir jedoch nicht festlegen. Die Kinder sollen aber sowohl unter der Woche wie für längere Zeit am Wochenende und über eine Periode in den Ferien beim Vater sein können.

H. Erb- und Pflichtteilsverzicht

Wir

verzichten

hiermit gegenseitig auf unser Erb- und Pflichtteilsrecht.

Den Erb- und Pflichtteilsverzicht nehmen wir hiermit gegenseitig an.

Über das Wesen des Verzichts wurden wir vom Notar eingehend belehrt.

Der vorstehende Pflichtteilsverzicht beinhaltet ausdrücklich keinen Verzicht auf nachehelichen Unterhalt nach § 1586b BGB und § 1933 Satz 3 BGB für den Fall des Vorversterbens des unterhaltspflichtigen Ehegatten.

---

[726] Hier wurde mit den Beträgen der Düsseldorfer Tabelle Stand 01.01.2010 (*https://www.olg-duesseldorf. nrw.de/infos/Duesseldorfer_Tabelle/index.php* oder *www.famrb.de/unterhaltsleitlinien.html*) gerechnet. Für eine dynamisierte Berechnung nach der Unterhaltsreform vgl. den Formulierungsvorschlag Rdn. 205.

J. Schlussbestimmungen

I. Abgeltungsklausel

Wir sind uns darüber einig dass durch diese Vereinbarung und nach Vollzug und Durchführung der enthaltenen Bestimmungen keinerlei gegenseitige Ansprüche, gleich welcher Art, mehr zwischen uns bestehen, den Versorgungsausgleich ausgenommen. Dabei ist es gleich, aus welchem Rechtsgrund etwaige Ansprüche hergeleitet werden mögen. Dies gilt unabhängig davon, ob sie bei Abschluss dieses Vertrages bekannt sind oder nicht. Insbesondere bestehen keine weiter gehenden Ansprüche aus Gesamtschuldnerausgleich. Soweit Ansprüche der Eltern eines Ehegatten gegen den anderen Ehegatten bestehen, stellen wir uns von solchen Ansprüchen wechselseitig frei.

Ferner vereinbaren wir: Soweit heute der Versorgungsausgleich nicht endgültig geregelt wird und Lebensversicherungen aus dem Versorgungsausgleich nachträglich durch Kapitalwahl ausscheiden, dann sind solche Rechte nachträglich auszugleichen. Die Verjährung des Ausgleichsanspruchs wird auf zehn Jahre seit rechtskräftiger Ehescheidung verlängert.

II. Salvatorische Klausel

Sollten einzelne Bestimmungen dieses Vertrages unwirksam sein oder unanwendbar werden oder sollte sich im Vertrag eine Regelungslücke zeigen, so wird die Wirksamkeit der übrigen Bestimmungen hierdurch nicht berührt.

Die Beteiligten sind dann verpflichtet, eine ersetzende Bestimmung zu vereinbaren, die dem wirtschaftlichen Sinn der unwirksamen Bestimmung im Gesamtzusammenhang der getroffenen Regelung in rechtlich zulässiger Weise am nächsten kommt, oder eine neue Bestimmung zu treffen, welche die Regelungslücke des Vertrages so schließt, als hätten sie diesen Punkt von vorneherein bedacht.

Der Notar hat die Beteiligten über die Auswirkungen der Klausel eingehend belehrt und darauf hingewiesen, dass die Klausel nur zu einer Beweislastveränderung führt. Er hat die Vertragsteile befragt, ob Vertragsbestimmungen für sie so miteinander verbunden sind, dass die Unwirksamkeit der einen auch die der Anderen zur Folge haben soll.

Hierauf erklären die Vertragsteile: Wir wünschen keine von der salvatorischen Klausel abweichende Festlegung für bestimmte Vertragsklauseln.

III. Annahme

Die in dieser Urkunde abgegebenen Verpflichtungen und Verzichtserklärungen nehmen wir gegenseitig an.

IV. Amtliche Hinweise des Notars

Wir wurden vom Notar belehrt über

- die Bestimmungen des Erbschaftsteuer- und Grunderwerbsteuergesetzes,
- den Zeitpunkt des Eigentumsübergangs,
- die Notwendigkeit, dass alle Abreden richtig und vollständig beurkundet werden müssen, da sonst diese Urkunde nichtig sein kann,
- die Haftung aller Vertragsteile für Kosten und Steuern sowie die Haftung des jeweiligen Eigentümers für Erschließungsbeiträge, Anliegerleistungen und rückständige öffentliche Lasten und Abgaben,
- die Notwendigkeit vorheriger steuerlicher und/oder anwaltschaftlicher Beratung,
- die Bedeutung und Folgen des partiellen Unterhaltsverzichts.

Im Hinblick auf die Rechtsprechung zur Inhaltskontrolle erklären die Vertragsteile, dass sie nach einer Vorbesprechung und dem Erhalt eines Vertragsentwurfs die rechtlichen Regelungen dieses Vertrages umfassend erörtert haben und diese Regelungen ihrem gemeinsamen Wunsch zur Gestaltung ihrer ehelichen Verhältnisse entsprechen.

K. Kosten und Abschriften

I.

Die Kosten dieser Vereinbarung tragen wir je zur Hälfte.

Die Grundbuchgebühren trage ich, die Ehefrau.

Etwa anfallende Steuern trägt jeder Empfänger für seinen Teil.

Die Kosten des Scheidungsverfahrens trägt jeder von uns für seinen Teil.

Für den Fall, dass im Scheidungsverfahren nur einer von uns anwaltschaftlich vertreten ist, tragen wir die Anwaltskosten, die einem von uns erwachsen, je zur Hälfte.

II.

Von dieser Urkunde sollen erhalten:

a) wir, die Beteiligten, je sofort eine einfache Abschrift,
b) Frau Rechtsanwältin ..... sofort eine Abschrift und eine Ausfertigung zur Weiterleitung an das Familiengericht.
c) auszugsweise

das Finanzamt – Grunderwerbsteuerstelle –,

das Finanzamt – Schenkungsteuerstelle –,

das Grundbuchamt (beglaubigt),

die Finanzierungsbank.

Der Notar benachrichtigt das zentrale Testamentsregister.

Nach grundbuchamtlichem Vollzug erhalten die Beteiligten noch je eine Ausfertigung mit Vollzugsmitteilung.

* Eingestuft in die 4. Stufe der Düsseldorfer Tabelle und damit um eine Stufe herabgestuft, weil der Unterhaltspflichtige drei Unterhaltsberechtigten zum Unterhalt verpflichtet ist.

** Bei Anwendung der unterhaltsrechtlichen Leitlinien der Familiensenate Süddeutschland: 1/10. Nach BGH, NJW 2020, 238 Tz. 23 empfiehlt der BGH künftig generell das 1/10 gegenüber dem 1/7. Die Entwicklung wird hier abzuwarten sein.

*** Aktuelle Fassung FamRB 2020, 42

C. Steuerliche Probleme bei der Vermögensauseinandersetzung in der Ehescheidung

I. Veranlagungswahlrecht

1. Veranlagungsarten

Zentrale Vorschrift für die Veranlagungsarten des Einkommensteuerrechts ist **§ 26 EStG**. Diese erlaubt
- Ehegatten,
- die beide unbeschränkt einkommensteuerpflichtig sind und
- nicht dauernd getrennt leben,[727]

die Wahl zwischen **Einzelveranlagung** (§ 26a EStG) oder **Zusammenveranlagung** (§§ 26, 26b EStG), wenn diese Voraussetzungen zu Beginn des Veranlagungszeitraumes vorliegen oder im Laufe des Veranlagungszeitraumes eingetreten sind. Die frühere getrennte Veranlagung wurde zu Beginn des VZ 2013 abgeschafft.

436

---

[727] Näher hierzu: R 26 Abs. 1 EStR (2012).

▶ Hinweis:

437 Dass die Ehegatten nicht dauernd getrennt leben, ist Voraussetzung sowohl der Zusammenveranlagung wie auch der Einzelveranlagung auf Antrag! Letztere hat gegenüber der Veranlagung als Einzelperson nach § 25 EStG noch den Vorteil, dass auf Antrag nach § 26a Abs. 2 EStG Sonderausgaben, außergewöhnliche Belastungen und Steuerermäßigungen je zur Hälfte abgezogen werden können.

Liegt diese Voraussetzung nicht vor, so ist stattdessen eine **Veranlagung als Einzelperson** durchzuführen.

438 Problematisch ist der **Begriff des dauernden Getrenntlebens**. Ein solches ist anzunehmen, wenn die zum Wesen der Ehe gehörende Lebens- und Wirtschaftsgemeinschaft nach dem Gesamtbild der Verhältnisse auf Dauer nicht mehr besteht. Dabei ist unter Lebensgemeinschaft die räumliche, persönliche und geistige Gemeinschaft der Ehegatten, unter Wirtschaftsgemeinschaft die gemeinsame Erledigung der die Ehegatten gemeinsam berührenden wirtschaftlichen Fragen ihres Zusammenlebens zu verstehen.[728] Ob die Ehegatten dauernd getrennt leben, richtet sich in erster Linie nach den äußeren, erkennbaren Umständen.[729]

439 Der steuerliche Begriff des dauernden Getrenntlebens ist von dem zivilrechtlichen verschieden. Insb. findet die Vorschrift des **§ 1567 Abs. 2 BGB**, nach der ein Versöhnungsversuch das Trennungsjahr nicht unterbricht, im Steuerrecht keine Anwendung, denn diese Bestimmung soll die Ehegatten zu einem Versöhnungsversuch anhalten, ohne dass diese fürchten müssen, dass ein solcher die für eine Scheidung abzuwartende Frist unterbricht. Steuerrechtlich kann ein gescheiterter **Versöhnungsversuch** daher das dauernde Getrenntleben unterbrechen.[730] Die **Erklärung der Ehegatten vor dem FamG** zum dauernden Getrenntleben sind für die steuerrechtliche Würdigung ein Indiz, aber nicht mehr.[731] Entscheidend sind die tatsächlichen Gegebenheiten. Allerdings trifft die Ehegatten die Feststellungslast für das nicht dauernde Getrenntleben.[732]

a) Zusammenveranlagung

440 Bei der **Zusammenveranlagung** nach § 26b EStG werden für jeden Ehegatten die von ihm bezogenen Einkünfte gesondert ermittelt,[733] dann aber zusammengerechnet und die Ehegatten gemeinsam als Steuerpflichtiger behandelt. Die Ehegatten haben eine gemeinsame Steuererklärung abzugeben, § 25 Abs. 2 Satz 2 EStG. Insb. ist für die Ehegatten dann der **Splittingtarif**[734] nach § 32a Abs. 5 EStG anzuwenden, wonach die Steuer das Zweifache des Steuerbetrags beträgt, der sich für die

---

728 OFD Frankfurt, DB 2003, 1476.
729 BFH/NV 2002, 483.
730 BFH, BStBl. 1991 II, S. 806 f.; BFH/NV 1998, 163; Liebelt, NJW 1994, 609; Bergschneider/Engels, Rn. 9.8; strengere Voraussetzungen stellt Arens, FamRB 2004, 124, 126 auf: Erforderlich ist der nachvollziehbare und belegbare Wille, die eheliche Lebens- und Wirtschaftsgemeinschaft endgültig, vorbehaltlos und auf Dauer neu zu begründen. Nach FG Nürnberg, DStRE 2005, 938 genügt ein Versöhnungsversuch von einer Woche nicht für die Zusammenveranlagung, vielmehr ist ein Zusammenleben von mindestens einem Monat erforderlich. Das FG Baden-Württemberg (BeckRS 2005, 147554) hingegen sieht nicht die Zeit als entscheidend an, sondern den Willen, die Trennung rückgängig zu machen. Beweispflichtig sei der Steuerpflichtige.
731 Arens, FamRB 2004, 124, 127.
732 BFH, BStBl. 1991 II, S. 806 f.; dort auch krit. zur Beiziehung von Scheidungsakten; FG Baden-Württemberg, BeckRS 2005, 147554.
733 BFH, BStBl. 1988 II, S. 827.
734 Zum verfassungsrechtlichen Schutz des Ehegattensplittings angesichts der Reformdiskussion: Kirchhof, FPR 2003, 387 ff., der i.Ü. darauf hinweist, dass Ehegatten ein gleiches Ergebnis auch durch den Zusammenschluss zu einer Gesellschaft erreichen könnten; Zuleeg, DÖV 2005, 687 ff. »Ehegattensplitting und Gleichheit«; Jachmann/Liebl, DStR 2010, 2009; Sandweg, DStR 2014, 2097.

Hälfte des gemeinsam zu versteuernden Einkommens ergibt. Hierdurch entstehen ganz erhebliche **Progressionsvorteile**, insb. bei Einverdiener- oder Diskrepanzehen.

Bei Zusammenveranlagung wirkt die Auszahlung einer **Steuerrückerstattung** an einen Ehegatten auch für und gegen den anderen Ehegatten, § 36 Abs. 4 Satz 3 EStG. Für die Einkommensteuern haften beide Ehegatten nach § 44 Abs. 1 Satz 1 AO als **Gesamtschuldner**, wenn sie **zusammenveranlagt** werden. Diese Veranlagung wird meist bis zum Jahr der Trennung fortgeführt. Aus diesem Grund besteht die Gesamtschuld auch noch nach der Trennung fort, insb. wenn man berücksichtigt, dass die entsprechenden Erklärungen häufig erst sehr lange nach Ablauf des Veranlagungszeitraumes abgegeben werden. Erkennt aber das Finanzamt nach Lage der Akten, dass die Ehegatten dauernd getrennt leben oder geschieden sind, so darf es nach BMF nicht mehr an einen Ehegatten erstatten, wenn der andere damit nicht einverstanden ist.[735] Es ist sodann die **materielle Erstattungsberechtigung** zu prüfen, die sich aus **§ 37 Abs. 2 AO** ergibt. Danach steht der Erstattungsanspruch demjenigen zu, »auf dessen Rechnung die Zahlung bewirkt worden ist.« Entscheidend ist demnach, auf wessen Schuld gezahlt worden ist.[736] Somit entscheidet über die Erstattungsberechtigung die **Tilgungsbestimmung** zum Zahlungszeitpunkt. Irrelevant ist hingegen, mit wessen Mitteln die Steuern bezahlt wurden, auf wessen Einkünften die festgesetzten Steuern beruhen oder wer einen Steuerermäßigungstatbestand erfüllt.[737] 441

Da eine ausdrückliche Tilgungsbestimmung zumeist nicht getroffen wird, geht der BFH davon aus, dass bei zusammenveranlagten Ehegatten der zahlende nach §§ 44 Abs. 1 AO i.V.m. § 26b EStG als Gesamtschuldner auch die Schuld des anderen Ehegatten begleicht.[738] Soweit nichts anderes angegeben, werden also Vorauszahlungen hälftig auf die Gesamtschuld geleistet. Daher ist auch eine Erstattung hälftig zu teilen. Diese Vermutung ist jedoch widerleglich.[739] 442

Die Finanzverwaltung sieht folgende Zahlungen als nicht auf gemeinsame Schuld geleistet an: Steuerabzugsbeträge (Lohnsteuer, Kapitalertragsteuer), Zahlungen mit eigener Tilgungsbestimmung, Steuerzahlungen zu einem Zeitpunkt, an dem das Finanzamt die Trennung bereits kennt.[740] 443

▶ Hinweis:

Will ein Ehegatte bei sich abzeichnender Trennung eine Steuerzahlung nur noch zur Tilgung seiner eigenen Schuld erbringen, so muss er dies dem Finanzamt gegenüber offenlegen und ein eigenes Erstattungskonto angeben. 444

Sind Steuern rückständig, so kann jeder zusammenveranlagte Ehegatte nach Maßgabe der §§ 268 ff. AO eine **Aufteilung rückständiger Steuern** beantragen. Die Steuer ist alsdann nach dem Verhältnis der Beträge aufzuteilen, die sich bei getrennter Veranlagung ergeben würden (§ 270 AO).[741] 445

Nach § 278 Abs. 2 AO hat das **Finanzamt** i.R.d. Zusammenveranlagung Zugriff auf zugewendete Vermögenswerte. Dieser Zugriff ist nunmehr nach der Rechtsprechung des BFH analog § 3 Abs. 1 AnfG zeitlich nur noch begrenzt möglich.[742] 446

---

735 BMF, BStBl. 2015 I, 83, Tz. 2.2.1.
736 Ratschow in Klein, AO, § 37, Rn. 61; BFH, NJW 2006, 942.
737 BFH, NJW 2006, 942; BFH, NJW 2011, 2318; BMF, BStBl. 2015 I, 83, Tz. 2.3.
738 BFH, NJW 2011, 2318.
739 BFH, NV 2011, 1661 = BeckRS 2011, 96176.
740 BMF, BStBl. 2015 I, 83, Tz 3.2 f.; dort auch zur Behandlung von Überzahlungen bei mehreren Zahlungen auf verschiedene Steuern.
741 Zur Aufteilung Hagen, NWB, Fach, S. 2, 8761 ff.; zur fortbestehenden gesamtschuldnerischen Haftung: Hessisches FG, EFG 2005, 920 f.
742 BFH, BB 2006, 1611.

b) Einzelveranlagung

447 Bei der **Einzelveranlagung**, die nur auf **Antrag** durchgeführt[743] wird (§ 26 Abs. 3 EStG), sind jedem Ehegatten seine Einkünfte zuzurechnen und jeder Ehegatte versteuert seine eigenen Einkünfte entsprechend seinem Steuersatz. Eine Zusammenrechnung mit hälftiger Teilung erfolgt aber auf Antrag etwa hinsichtlich außergewöhnlicher Belastungen nach § 26a Abs. 2 EStG.

448 Eine Einzelveranlagung wird regelmäßig **nur in Ausnahmefällen** für Ehegatten **vorteilhaft** sein.

449 Auch eine Einzelveranlagung mit der Wirkung des § 26a Abs. 2 EStG ist nur zulässig, wenn die Ehegatten nicht dauernd getrennt leben, ansonsten ist eine **Veranlagung als Einzelperson** durchzuführen.

450 Umstritten ist seit der Änderung 2013, ob die Einzelveranlagung eines Ehegatten die Rückkehr zur Zusammenveranlagung sperrt. Es soll so sein, dass eine bestandskräftige Einzelveranlagung die Zusammenveranlagung nicht sperrt, wohl aber eine Veranlagung als Einzelperson.[744]

2. Zustimmungspflicht zu gemeinsamer Veranlagung

451 Eine **Pflicht der Ehegatten, einer Zusammenveranlagung zuzustimmen**, ergibt sich zum einen aus der **Verpflichtung eines jeden Ehegatten, die finanziellen Lasten des anderen Teils nach Möglichkeit zu vermindern**, soweit dies ohne Verletzung eigener Interessen möglich ist. Diese Verpflichtung, die aus dem Wesen der Ehe abzuleiten ist, bleibt auch nach einer Scheidung als Nachwirkung der Ehe bestehen.[745] Eine Zustimmungspflicht besteht erst dann nicht, wenn eine gemeinsame Veranlagung zweifelsfrei nicht in Betracht kommt. Solange es nur zweifelhaft erscheint, ob die Voraussetzungen einer Wahlmöglichkeit nach § 26 Abs. 1 EStG vorliegen, bleibt die Verpflichtung zur Zustimmung bestehen.[746] Eine Zustimmungspflicht ergibt sich ferner dann, wenn eine Ehegatteninnengesellschaft vorliegt.[747] Die Verletzung einer solchen Zustimmungspflicht kann Erstattungsansprüche nach § 816 Abs. 2 BGB oder auch Schadensersatzansprüche auslösen.[748]

Dieser zivilrechtlichen Mitwirkungsverpflichtung entspricht keine steuerrechtliche Pflicht zur gemeinsamen Veranlagung. Lediglich dann, wenn die Zustimmung willkürlich verweigert würde (Schikane) geht ein Antrag auf Einzelveranlagung ins Leere und ist unwirksam.[749] Die Willkürgrenze ist dann erreicht, wenn der Ehegatte, der Einzelveranlagung beantragt, keinerlei positive oder negative Einkünfte hat oder wenn diese so gering sind, dass sie weder einem Steuerabzug unterlegen haben noch zur Einkommensteuerveranlagung führen können.[750] Ob nach der Änderung des Veranlagungsrechts zum 01.01.2013 ein Antrag auf Einzelveranlagung überhaupt noch geändert werden kann, ist umstritten.[751] Könnte er nicht mehr geändert werden, würde eine zivilrechtliche Klage auf Zustimmung nicht zum Ziel führen.[752] Steuerrechtlich kann eine Zustimmung auch widerrufen werden, selbst wenn sie in einem gerichtlichen Vergleich protokolliert wurde.[753]

---

743 Nach BFH, FR 2006, 90 erstreckt sich die im Urteil ausgesprochene Verpflichtung des FA, einen Ehegatten getrennt zu veranlagen nicht auf den anderen Ehegatten, vielmehr ist dessen Veranlagung gem. den Berichtigungsvorschriften der AO zu ändern.
744 Spieker, NZFam 2018, 1125, 1126.
745 BGH, FPR 2002, 442 = FamRZ 2002, 1024 m. Anm. Bergschneider, FamRZ 2002, 1181; Muster einer Klage auf Zustimmung bei Arens, FamRB 2004, 124, 130.
746 BGH, FamRZ 2005, 182.
747 BGH, DStR 2003, 1805.
748 OLG Celle, DStR 2019, 1364.
749 FG Köln, FamRB 2005, 217.
750 BFH, BStBl. 1992 II, 297 f., vgl. auch FG Köln, EFG 2005, 703.
751 Ettlich in Blümich, EStG, § 26, Rn. 110 ff. einerseits und Schlünder/Geißler, FamRZ 2013, 348 andererseits; Spieker, NZFam 2018, 1125, 1126.
752 Darauf weist Engels, FF 2013, 393, 395 hin.
753 FG Rheinland-Pfalz, Haufe-Index 1971478.

C. Steuerliche Probleme bei der Vermögensauseinandersetzung in der Ehescheidung Kapitel 8

Wird die Verpflichtung zur Mitwirkung bei der Zusammenveranlagung auf diese Anspruchsgrundlage begründet, dann korrespondiert damit **grds.** eine **Pflicht** desjenigen Ehegatten, der hieraus einen Vorteil erzielt, dem anderen Ehegatten die ggü. einer Einzelveranlagung höhere steuerliche **Belastung auszugleichen**. Steuerberatungskosten gehören hierzu nur, wenn sie aufgrund der besonderen Situation ausnahmsweise notwendig sind.[754] Sicherheitsleistung kann nur gefordert werden, wenn ausreichende Anhaltspunkte vorliegen, dass diese zwingend erforderlich ist.[755] Ein Anspruch des zustimmenden Ehegatten auf Beteiligung an der zu erwartenden Steuerersparnis soll hingegen nicht bestehen,[756] jedoch partizipiert der Ehegatte mittelbar über die gesteigerte Leistungsfähigkeit im Unterhaltsrecht.[757] 452

Eine solche Nachteilsausgleichspflicht besteht aber nur, wenn zwischen den Ehegatten nichts anderes vereinbart ist. Das hierfür maßgebliche Innenverhältnis der Ehegatten richtet sich nach **§ 426 Abs. 1 BGB**. Die hälftige Teilung wird regelmäßig nicht anzunehmen sein,[758] sondern Regelfall ist, dass im Verhältnis zueinander **jeder Ehegatte für die Steuer haftet, die auf seine Einkünfte entfällt**.[759] Vorzugswürdig bei der Berechnung dieser Aufteilung ist die Methode, eine fiktive Einzelveranlagung vorzunehmen,[760] die der BGH inzwischen gebilligt hat.[761] Eine bestehende anderweitige Übung kann jedoch Ansprüche ausschließen, jedenfalls bei Zahlungen vor der Trennung.[762] 453

Hat etwa nach ständiger Übung ein Ehegatte die ESt-Vorauszahlungen stets allein geleistet, so hat er nach dem Innenverhältnis für die Begleichung dieser Forderung allein aufzukommen.[763] Dies gilt selbst bei einer größeren Zahlung, die kurz vor der Trennung bezogen auf einen Zeitraum danach geleistet wurde.[764] 454

▶ Hinweis:

Beachten Sie, dass Steuerzahlungen entsprechend einer bisherigen tatsächlichen Übung nicht zurückgefordert werden können, wenn es kurze Zeit später zur Trennung kommt. Ggf. kann der Trennungszeitpunkt so gewählt werden, dass eine Rückforderung möglich wird. 455

Der BFH schließt sich der Meinung des BGH an und legt demjenigen die **Beweislast** auf, der entgegen tatsächlicher Übung einen Ausgleichsanspruch behauptet.[765] 456

Die grundlegenden Entscheidungen des BGH über das Innenverhältnis der Ehegatten bei der Steuerzahlung ergingen für die **Jahre vor der Trennung**.[766] Diese spielen auch nach der Trennung noch eine Rolle, weil die steuerliche Veranlagung häufig erst einige Jahre danach erfolgt.[767] Für diese Zeiträume 457

---

754 BGH, FPR 2002, 442, 443.
755 AG Konstanz, FamRZ 2003, 761.
756 BGH, FamRZ 1977, 38, 40 und 41; OLG Bremen, FamRZ 2005, 800; Wever, Rn. 632, 650. Neuerdings diskutiert der BGH, DStR 2003, 1805 solche Ansprüche bei einer Lösung über die Ehegatteninnengesellschaft.
757 Arens, FamRB 2004, 124, 129.
758 A.A. teilweise Koritz, FPR 2003, 435.
759 BGH, NJW 2002, 1570 f. = FamRZ 2002, 739 m. Anm. Wever; Palandt/Brudermüller, § 1353 Rn. 12 auch mit Nachweis abweichender Ansichten.
760 Hierzu eingehend Kap. 5 Rdn. 164 f.
761 BGH, FamRZ 2006, 1178; OLG Celle, DStR 2019, 1364.
762 BGH, FPR 2002, 442 f.
763 BFH, FamRZ 2003, 757.
764 BGH, NJW 2002, 1570 f. = FamRZ 2002, 739 m. Anm. Wever.
765 BFH, BStBl. 2003 II, S. 267 ff. = DB 2003, 644.
766 Hierauf weist Bergschneider, FamRZ 2002, 1181 zu Recht hin im Hinblick auf das Urteil des BGH, FamRZ 2002, 1024.
767 Erwähnt sei an dieser Stelle noch die Auffassung von Tiedtke, FPR 2003, 400 ff., dass ein Ehegatte dann nicht zur Zusammenveranlagung verpflichtet sei, wenn er verhindern wolle, dass der andere Ehegatte Einblick in seine Einkommens- und Vermögensverhältnisse erhalte. Dies sei trotz der Möglich-

vor der Trennung ist es auch gerechtfertigt, die Ehegatten an ihrer während der Ehe geübten Praxis nach der Trennung festzuhalten.

458 **Ab der Trennung** jedoch – die Auswirkung von Versöhnungsversuchen einmal ausgenommen – wird sich auch im Innenverhältnis nach § 426 BGB eine Änderung ergeben, denn ab diesem Zeitpunkt ist nicht mehr von einem gemeinsamen Wirtschaften auszugehen. Daher wird **ab dem Zeitpunkt der Trennung** von einer Verpflichtung zum Ausgleich auszugehen sein, die nicht mehr von einem anderen Innenverhältnis überlagert wird.[768]

459 Hierzu hat der BGH ein wegweisendes Urteil gesprochen.[769] Dieses befasste sich mit den Steuernachteilen, die der Ehefrau dadurch entstanden waren, dass sie im Interesse einer gesteigerten Liquidität der Gesamtfamilie für ihr Einkommen die Steuerklasse V gewählt hatte, ihr Ehemann dagegen die Steuerklasse III. Die Ehefrau hatte aus diesem Grund getrennte Veranlagung beantragt und eine erhebliche Steuerrückerstattung erhalten. Der Ehemann nahm sie auf Zustimmung zur Zusammenveranlagung in Anspruch. Bei der Frage, welche Nachteile ihr für diese Zustimmung zu ersetzen seien, führte der BGH aus, dass während der Ehe vor der Trennung ein Ausgleichsanspruch familienrechtlich überlagert sei. Man habe die gesteigerte Liquidität gemeinsam genutzt. Ein Erstattungsanspruch hätte gesondert vereinbart sein müssen.

Der BGH hat diese Ansicht nun wiederholt. Er hält einen Ausgleichsanspruch nur dann für begründet, wenn der mit Nachteilen konfrontierte Ehegatte diese im Innenverhältnis nicht zu tragen hat. Insoweit erkannte der BGH für Recht, dass ein Ehegatte mit Verlusten aus der Ehezeit, die aufgrund gemeinsamer Disposition erfolgten, verpflichtet ist, diese Verluste zur Schonung der Gesamtliquidität in die Zusammenveranlagung ohne weiteren Ausgleich einzubringen.[770] Dann besteht insoweit keine Ausgleichspflicht, weil sie familienrechtlich überlagert ist.[771]

460 Anders nach der Trennung. Hier kann grds. nicht mehr von einem gemeinsamen Wirtschaften ausgegangen werden, sodass ab Trennungszeitpunkt (also nicht gesamtjährig) ein Ausgleichsanspruch bestehen kann. Wurde allerdings Trennungsunterhalt auf der Basis der Steuerklassen III und V gezahlt, so ist dieser Nachteil bereits abgegolten. Wurde kein Trennungsunterhalt gezahlt, kann die Ehefrau Erstattung des Nachteils verlangen.

461 Ferner nimmt der BGH eine **Pflicht der Ehegatten zur Zustimmung zur gemeinsamen Veranlagung aus der Ehegatteninnengesellschaft heraus** an.[772] Der BGH leitet diese Pflicht aus der Vorschrift des § 705 BGB her, die es gebiete, den gemeinschaftlichen Gesellschaftszweck zu fördern. Diese Pflicht zur Zusammenveranlagung bejaht der BGH sogar, ohne dass zuvor eine Erklärung zum Ausgleich von Nachteilen abgegeben wurde, da sie eingebettet ist in das Gesamtregime der Ansprüche aus Ehegatteninnengesellschaft. Der BGH erörtert sodann, unter welchen Umständen der der Zusammenveranlagung zustimmende Ehegatte einen Anspruch auf Beteiligung an den steuerlichen Vorteilen habe.[773]

---

keit, bei Zusammenveranlagung getrennte Erklärungen abzugeben, eine reale Gefahr, da der Bescheid die entsprechenden Verhältnisse offenbare.
768 Bergschneider/Engels, Rn. 9.96.
769 BFH, FamRZ 2007, 1230 f. OLG Nürnberg, BeckRS 2014, 02188.
770 BGH, DStR 2010, 266; ebenso OLG Bremen, NJW-RR 2011, 940; OLG Bremen, DStR 2011, 1819; OLG Naumburg, BeckRS 2012, 24095; OLG Celle, DStR 2019, 1364; kritisch Tiedtke/Szczesny, FamRZ 2011, 425 f.
771 Wever, Rn. 641 f.
772 BGH, DStR 2003, 1805.
773 Die Lit. begegnet dem sehr krit., Wever, FamRZ 2003, 1457; Spieker, FamRZ, 2004, 174; Kogel, FF 2004, 260 ff.; Arens, FamRB 2004, 124, 128 mit dem zutreffenden Argument, die eheliche Lebens- und Wirtschaftsgemeinschaft dürfe gerade nicht Inhalt der Ehegatteninnengesellschaft sein.

II. Realsplitting

Während bis zum Jahr der Trennung durch die Zusammenveranlagung noch steuerliche Vorteile erzielt werden können, gerät ab dem folgenden Jahr das sog. **begrenzte Realsplitting nach §§ 10 Abs. 1 Nr. 1 und 22 Nr. 1a EStG** als Möglichkeit in den Blick, i.R.d. Unterhaltszahlung eine steuerlich günstige Vertragsgestaltung zu wählen. Danach kann der Unterhaltspflichtige den Unterhalt bis zu einer im Gesetz jeweils genannten Grenze als Sonderausgabe abziehen. Damit korrespondiert die Pflicht des Unterhaltsberechtigten, den Unterhalt zu versteuern. Der Unterhaltspflichtige hat diese entsprechenden Steuernachteile zu ersetzen und kann dann Zustimmung vom anderen Ehegatten verlangen. Per Saldo kann sich hieraus ein steuerlicher Vorteil ergeben. 462

Das begrenzte Realsplitting wurde i.R.d. Unterhaltsrechts bereits ausführlich dargestellt. Hierauf kann an dieser Stelle verwiesen werden.[774] 463

III. Entgeltliche Veräußerung bei Vermögensauseinandersetzung und -verwertung i.R.d. Ehescheidung

1. Einführung

Wenn die Ehegatten ihr Vermögen i.R.d. Trennung bzw. Scheidung auseinandersetzen, werden zugleich **vielfältige steuerliche Probleme** ausgelöst. 464

Die Vermögensaufteilung kann auf verschiedene Art geschehen. Es können Austauschverträge wie unter fremden Dritten geschlossen werden. Möglich ist aber auch die Erfüllung von Zugewinnausgleichsansprüchen durch Leistung an Erfüllungs statt. Die überwiegende Rechtsprechung, insb. des BFH, und die Steuerverwaltung gehen in diesen Fällen von einer Veräußerung bzw. Aufgabe **ohne eine gesonderte Privilegierung der Scheidungssituation**[775] aus und ziehen die entsprechenden steuerlichen Konsequenzen. 465

Hier sollen zunächst ausgehend von der Rechtsprechung des BFH die Fälle einer **Auseinandersetzung unter Beteiligung von Betriebsvermögen** im Wege der Realteilung Thema sein, bevor später – nach einem Exkurs zum **Grundproblem der Entgeltlichkeit** – die Auswirkungen i.R.d. § 23 EStG Gegenstand der Darstellung sind. 466

2. Realteilung bei »Mischvermögen«

▶ Rechtsprechungsbeispiel:[776]

Ehemann und Ehefrau waren je zur Hälfte an einer GbR und an einem Privatwohnhaus beteiligt. Die GbR erzielte Einkünfte aus Gewerbebetrieb. 467

Im Rahmen einer Scheidungsvereinbarung setzten sich die Ehegatten so auseinander, dass der Ehemann den Gesellschaftsanteil der Ehefrau an der GbR übernahm und diese von allen Verbindlichkeiten der GbR und von persönlichen Verbindlichkeiten der Ehefrau im Hinblick auf ihre früheren Anteilserwerbe an dieser Gesellschaft freistellte. Die Ehefrau übernahm im Gegenzug den hälftigen Anteil des Ehemannes am Privatwohnhaus und stellte diesen von allen Verbindlichkeiten im Hinblick auf dieses Haus frei.

---

774 Kap. 6 Rdn. 688 f.
775 Tiedtke, DB 2003, 1471, 1472.
776 Vereinfachter Sachverhalt der Entscheidung des BFH, BStBl. 2002 II, S. 519 ff. = FamRZ 2002, 1624 (LS).

468 Dieser Fall, der eine **Standardsituation einer Realteilung**[777] im Rahmen einer Ehescheidung beschreibt, führt in Rechtsprechung und Literatur zu einer jeweils unterschiedlichen Bewertung.

469 Grund dafür ist die **Rechtsprechung des Großen Senats des BFH zur Realteilung der Erbengemeinschaft bei einem Mischnachlass.** Mit einem Grundsatzurteil v. 05.07.1990[778] hatte sich das Gericht von der bisher vorherrschenden Einheitsbetrachtung von Erbfall und Erbauseinandersetzung abgewendet und die Miterben als Mitunternehmer eines geerbten Gewerbebetriebes angesehen. Die spätere Erbauseinandersetzung[779] unterstellt der BFH damit den Regeln über die Auseinandersetzung einer Mitunternehmerschaft.[780] In seinem Grundsatzurteil hat der BFH ferner ausgesprochen, dass bei einem Mischnachlass aus Privat- und Betriebsvermögen eine **Realteilung steuerneutral** möglich sei, wenn sie so erfolge, dass der eine Erbe das Betriebsvermögen und der andere Erbe das Privatvermögen erhalte, **ohne** dass eine **Abfindung** gezahlt werde. Die überquotale Übernahme von **Verbindlichkeiten** etwa zur Vermeidung einer Abfindung kann diese Verbindlichkeiten als betriebliche generieren, die zum Schuldzinsenabzug berechtigen. Aufwendungen zur Abfindung von Pflichtteilsberechtigten sollen hingegen nicht zu Anschaffungskosten führen, die abgezogen werden könnten. Werden Abfindungen gezahlt, können sich für das Betriebsvermögen oder auch ein steuerverhaftetes Privatvermögen Einkommensteuerfolgen ergeben. Das BMF hat sich entsprechend in einem grundsätzlichen Schreiben geäußert.[781]

470 Diese Rechtsprechung hat das **FG München** auch auf die **Realteilung des Gesamtguts einer Gütergemeinschaft** mit betrieblichem und privatem Vermögen angewendet.[782] Dies lässt sich nach Ansicht des BFH, der sich somit wohl der Rechtsauffassung des FG München anschließt, ohne dies ausdrücklich zu sagen, damit begründen, dass bei der Auseinandersetzung der Gütergemeinschaft Gesamthandsvermögen auseinander gesetzt werde wie bei der Erbengemeinschaft auch und dass in beiden Fällen die Realteilung auch zivilrechtlich als mögliche Auseinandersetzungsform zugelassen sei (§§ 2042 Abs. 2, 1477 Abs. 1 BGB).[783] In der Literatur wird die Anwendbarkeit dieser Grundsätze auch für die Gütergemeinschaft teilweise verneint.

471 Das **FG Baden-Württemberg**[784] wollte diese Rechtsprechung auch auf die Auseinandersetzung einer Zugewinngemeinschaft in der Ehescheidung anwenden und damit im vorgeschilderten Fall Steuerneutralität gewähren, wenn die Beteiligten nach großzügiger und überschlägiger Berechnung, bei der sie nicht wie bei Kaufleuten Leistung und Gegenleistung gegeneinander abwägen, von einer vorhandenen Wertgleichheit von Betriebs- und Privatvermögen ausgehen dürfen.

472 Dem ist der **BFH** entgegengetreten und hat die **Steuerneutralität** einer solchen Realteilung **verneint**.[785] Hierzu hat der BFH ausgeführt, dass die Grundsätze der steuerneutralen Realteilung bei Erbengemeinschaften sich nicht auf die Vermögensverteilung bei Beendigung der Zugewinngemeinschaft übertragen lassen, da das Vermögen von Ehemann und Ehefrau hier nach § 1363 Abs. 2

---

777 Zum Begriff der Realteilung ausführlich Herrmann/Heuer/Raupach/Kulosa, § 16 Rn. 540, der den vorliegenden Fall aus der Realteilung »herausdefiniert«, gemeint ist wohl der Anschluss an die Auffassung, dass die Realteilung nicht steuerneutral erfolgen kann.
778 BFH, BStBl. 1990 II, S. 837 = FamRZ 1991, 64 ff.
779 Zur Erbauseinandersetzung Hartlich, RNotZ 2018, 285 ff.
780 Ausführlich zu dieser Entscheidung Felix, KÖSDI 1990, 8279 ff.; Märkle, BB 1991, Beilage 5, 1 ff.; Priester, DNotZ 1991, 507 ff.; Söffing, DB 1991, 773, 775 f., 828, 831; zum Einsatz der Realteilung zur Steueroptimierung Meyer, DStR 1994, 153 ff.
781 BFH, BStBl. 1990 II, S. 837 ff. Abschnitt C.II.3; hierzu BMF, 14.03.2006, BStBl. 2006 I, S. 253 Rn. 32 ff.; BMF, 26.02.2007, BStBl. 2007 I, S. 269 (zur Teilentgeltlichkeit); zur Auseinandersetzung der Erbengemeinschaft aktuell Urbach, KÖSDI 2019, 21190.
782 FG München, FR 1993, 812; hierzu Schmidt/Wacker, § 15 Rn. 377, § 16 Rn. 538.
783 BFH, BStBl. 2002 II, S. 519, 521.
784 FG Baden-Württemberg, EFG 2001, 566.
785 BFH, BStBl. 2002 II, S. 519 ff. Dass darin eine fundamentale Rechtsprechungsänderung liegt (so Götz, FR 2003, 127, 130) wird zu Recht bezweifelt (Tiedtke, DB 2003, 1471, 1472).

C. Steuerliche Probleme bei der Vermögensauseinandersetzung in der Ehescheidung Kapitel 8

Satz 1 BGB gerade kein gemeinschaftliches Vermögen werde. Der BFH begründet sein Urteil sehr ausführlich und führt folgende weitere Argumente an:

Die **Differenzierung sei nicht nachvollziehbar**, dass es nur dann zu einer steuerneutralen Aufteilung kommen solle, wenn der das Betriebsvermögen empfangende Ehegatte zugleich **Miteigentümer** an einem privaten Vermögensgegenstand sei, nicht aber, wenn dieser Ehegatte eine Abfindung aus seinem sonstigen privaten Vermögen zahle, das ihm zu **Alleineigentum** zusteht. Der BFH argumentiert, dass dann, wenn die Zugewinngemeinschaft eine Gemeinschaft sein solle, auch dieses Privateigentum, das im Alleineigentum eines Ehegatten stehe, den Ehegatten zur Gemeinschaft zugerechnet und gleich behandelt werden müsse. Dies komme aber nicht in Betracht. 473

Die **Besonderheiten der Ehe als Erwerbs- und Verbrauchsgemeinschaft**[786] bewirken nach dem BFH **kein anderes Ergebnis**. Wenn beide Ehegatten sich an einem gewerblichen Unternehmen beteiligten, so seien auch beide für die Besteuerung der stillen Reserven verantwortlich. Gewähre man bei der Scheidung die steuerneutrale Realteilung, so hätte dies zur Folge, dass der den Betrieb übernehmende Ehegatte später die stillen Reserven allein versteuern müsste, denn die Aufwendungen i.R.d. Scheidungsauseinandersetzung könnte er nicht als Anschaffungskosten geltend machen. Das Niedersächsische FG lässt eine bestehende Unklarheit, wenn eine Praxisgemeinschaft aus privaten Gründen ohne klare Vereinbarung aufgelöst wird, zulasten der Ehegatten gehen und nimmt Entgeltlichkeit an.[787] 474

Soweit die **Gegenleistung** für die Übertragung des Betriebsvermögens auch sonstigen **Zugewinnausgleich** mitumfasst, der als solcher nach dem BFH nicht zu steuerpflichtigen Einkünften führt, muss durch Ermittlung des Teilwerts des Betriebsvermögens der Teil der Ausgleichsleistung bestimmt werden, der als Gegenleistung für die Übernahme des Betriebsvermögens in Betracht kommt. 475

Damit liegt der entscheidende 4. Senat des BFH auf einer Linie mit einer bereits älteren Entscheidung des 9. Senats[788] aus dem Jahr 1992. Hier wollte der Kläger eine Ertragsbeteiligung an den geschiedenen Ehegatten als Werbungskosten bei den Einkünften aus Vermietung und Verpachtung gewertet wissen und hatte dazu auf die Bewertung von Abfindungen an Miterben i.R.d. Erbauseinandersetzung als Anschaffungskosten durch den Großen Senat des BFH verwiesen.[789] Auch hierzu führte der BFH aus, dass sich der **Ausgleich unter Miterben zivilrechtlich maßgebend vom Zugewinnausgleich unterscheide**. Während die Miterben am Nachlass gesamthänderisch verbunden seien und die Abfindung dazu diene, diese dingliche Zuordnung zu ändern, gewähre § 1378 BGB nur einen schuldrechtlichen Anspruch auf Ausgleich des Zugewinns, der die Zuordnung des Eigentums unberührt lasse. 476

Grundlegend[790] ist bereits ein Urteil aus dem Jahr 1977,[791] das der BFH später wieder in Bezug genommen[792] und damit in seiner Geltung bestätigt hat. Dort hatte ein Ehegatte dem anderen zwei Miteigentumsanteile an Eigentumswohnungen »zur Abgeltung des Zugewinnausgleichs« überlassen. Schon dort hatte der BFH ausgeführt, dass die Zugewinngemeinschaft nicht zu gemeinschaftlichem Vermögen führe und an ihrem Ende daher nur ein Geldanspruch auf Ausgleich des Zugewinns stehe. Diesen Geldanspruch erwerbe der Ehegatte kraft Gesetzes und damit unentgeltlich. Die Übertragung des Grundvermögens aber beruhe auf einer sich anschließenden freien Entscheidung der Ehegatten und sei daher entgeltlich, auch wenn der Erwerber i.H.d. Werts auf seinen Zugewinnanspruch verzichte. 477

Derzeit kann also die Rechtsprechung des BFH insoweit als gefestigt betrachtet werden. 478

---

786 Der BFH nimmt hier insb. Bezug auf BVerfG, BStBl. 1982 II, S. 717.
787 FG Niedersachsen, BeckRS 2009, 26027499.
788 BFH, BStBl. 1993 II, S. 434 f.
789 BStBl. 1990 II, S. 837 = FamRZ 1991, 64 ff.
790 So auch Tiedtke, DB 2003, 1471, 1472 f.
791 BFH, BStBl. 1977 II, S. 389 f.
792 BFH, BStBl. 2003 II, S. 282 ff.

> **Hinweis:**

479 Der BFH wertet die Auseinandersetzung über Betriebsvermögen i.R.d. Ehescheidung als Entnahme bzw. Veräußerung[793] und zieht je nach Konstellation die entsprechenden steuerlichen Folgen.

Die steuerlichen Folgen der Entstehung von Anschaffungskosten beim Erwerber und der Steuerpflicht beim Veräußerer sollten daher von den Ehegatten zuvor bei der Bewertung des Vorgangs berücksichtigt werden.

Ferner ist daran zu denken, die vorgesehenen Ausgleichszahlungen so zu differenzieren, damit erkennbar wird, welche Zahlungen Gegenleistung für die Veräußerung von Betriebsvermögen sind und welche dem sonstigen Zugewinnausgleich zuzuordnen sind.

480 Es sei an dieser Stelle nur angemerkt, dass § 16 Abs. 3 EStG seit dem Jahr 2001 (§ 52 Abs. 34 EStG) die Möglichkeit einer steuerneutralen Realteilung von Betriebsvermögen in den Fällen vorsieht, in denen die Besteuerung der stillen Reserven beim Erwerber sichergestellt ist, wenn also die zugeteilten Wirtschaftsgüter dort erneut Betriebsvermögen bilden.[794] Allerdings soll bei der Realteilung eines Landwirtschaftsbetriebes, dessen Eigentümer vom Verpächterwahlrecht nach 139 Abs. 5 EStR Gebrauch gemacht hatte, das Verpächterwahlrecht nicht weitergeführt werden können, sodass eine steuerfreie Realteilung insoweit verneint wird.[795]

481 Die soeben geschilderte Auffassung des BFH wird **Konsequenzen auch für die Realteilung von privatem Vermögen** haben.

3. Grundproblem des entgeltlichen Erwerbs

482 Grundproblem der Realteilung wie auch der sogleich zu behandelnden »Spekulationsfälle« ist somit die Frage, ob die Ehegatten bei einer **Vermögensauseinandersetzung i.R.d. Zugewinnausgleichs entgeltlich oder unentgeltlich** erwerben.

483 Die soeben aufgezeigte **Rechtsprechung des BFH** hat Entgeltlichkeit für sämtliche nachfolgenden Vertragstypen bejaht:
– bei Verträgen, die nur zwischen Ehegatten auf Erwerb und Veräußerung von Vermögensgütern gerichtet waren,[796]
– bei Verträgen, die den Austausch von Vermögensgütern vorsahen und diesen in den Gesamtzusammenhang des Zugewinnausgleichs stellten,[797]
– wie auch bei Verträgen, in denen die Übertragung ausschließlich und allein zur Abgeltung des Zugewinns stattfand.[798]

484 Die **Verwaltungsauffassung** zu § 23 EStG geht davon aus, dass die ausdrücklich als Leistung an Erfüllungs statt bezeichneten Fälle, dass ein Ehegatte eine Immobilie an den anderen überträgt, um

---

[793] Die Einordnung im Einzelnen ist nicht unstreitig, vgl. Schmidt/Wacker, § 16 Rn. 599, der für eine Veräußerung unmittelbar aus dem Betriebsvermögen plädiert, während die von ihm nachgewiesene überwiegende Gegenmeinung von einer Entnahme beim Veräußerer mit einem anschließenden unentgeltlichen Erwerb ausgeht. So etwa BFH, BStBl. 1996 II, S. 60, nach dem ein betriebliches Wirtschaftsgut stets dann entnommen wird, wenn es zur Erlangung eines privaten Wirtschaftsguts oder zur Befreiung von einer privaten Schuld verwendet wird.
[794] Hierzu Paus, NWB, Fach, S. 3, 12629 ff. (44/2003); Winkelmann, BB 2004, 130 ff.
[795] OFD Karlsruhe, DStR 2003, 1880.
[796] BFH/NV 1999, 173 beurteilt den ihm vorliegenden Vertrag jedenfalls so.
[797] BFH, BStBl. 2002 II, S. 519 ff.
[798] BFH, BStBl. 1977 II, S. 389 f.; vgl. Götz, FamRB 2004, 89 f.

damit dessen Zugewinnausgleichsanspruch zu erfüllen, entgeltliche Veräußerungen i.S.d. § 23 EStG darstellen.[799]

▶ Hinweis:
Rechtsprechung und Steuerverwaltung sehen den Erwerb von Grundstücken und Betriebsvermögen im Zusammenhang mit der Scheidung einkommensteuerlich als entgeltlich an, unabhängig davon, ob er sich im Rahmen einer Gesamtauseinandersetzung vollzieht oder durch Leistung an Erfüllungs statt.

485

Die Rechtspraxis wird daher bei der Gestaltung von dieser Auffassung ausgehen müssen. Dies tun auch diese Erläuterungen zur Realteilung und nachfolgend zu § 23 EStG. Gleichwohl sollte die Berechtigung dieser Auffassung zumindest für die Fälle der Leistung an Erfüllungs statt in Zweifel gezogen werden.

486

Bei der **Vermögensauseinandersetzung anlässlich der Scheidung** wie sie im o.g. Rechtsprechungsbeispiel als Realteilungsfall dargestellt wurde, ist die Gestaltung weit vom Zugewinnausgleich entfernt. Denn diesen Ausgleich verwirklicht das BGB nach § 1378 Abs. 1 BGB durch einen Einmalausgleich in Geld, der sich aus dem Saldo des Zugewinns beider Ehegatten errechnet. Dies zwingt nicht zu einer Auseinandersetzung hinsichtlich des gemeinsamen Vermögens oder zu einer Übertragung von Vermögenswerten. Dem BFH ist auch zuzugestehen, dass beim gesetzlichen Güterstand eben gerade kein Sondervermögen vorhanden ist, das real geteilt werden könnte.

487

Bei der **Leistung an Erfüllungs statt** könnte man aber durchaus anderer Auffassung sein[800] und eine Entgeltlichkeit verneinen. Hier wurde der Einmalausgleich errechnet und statt diesen in Geld zu zahlen, überträgt der zahlungspflichtige Ehegatte ein Grundstück. Zum einen ist **nach der zivilrechtlichen Literatur**[801] und **Rechtsprechung**[802] die Leistung an Erfüllungs statt **gerade kein entgeltlicher Austauschvertrag**, bei dem die ursprüngliche Forderung erlassen und stattdessen die Leistung an Erfüllungs statt vereinbart wird, sondern ein Hilfsgeschäft zur Erfüllung der ursprünglichen Schuld; zivilrechtlich sprechen daher die besseren Argumente gegen eine Entgeltlichkeit. Aus zivilrechtlicher Sicht wäre also die Entgeltlichkeit zu verneinen.

488

Dennoch hat der BFH steuerlich nun die Frage für einen Fall, bei welchem die Vertragsteile Pflichtteilsansprüche durch eine Beteiligung an einer Personengesellschaft abgegolten hatten, eindeutig entschieden, dass zwar der originäre Pflichtteilsanspruch unentgeltlich erworben sei, die Abrede der Abgeltung des reinen Geldanspruches durch die Beteiligung an der Gesellschaft sei aber steuerrechtlich als entgeltlich zu werten, und zwar völlig unabhängig von ihrer zivilrechtlichen Einordnung als Leistung an Erfüllungs statt.[803] Auch wenn das Urteil des BFH völlig zu Recht auf Kritik stößt,[804] wird es als für die Praxis maßgeblich zu betrachten sein,[805] sodass die Frage auch für den Bereich des Zuge-

489

---

799 OFD Frankfurt, FR 2001, 322 und gleich lautend OFD München, DB 2001, 1533. Vgl. auch FG Köln, DStRE 2004, 216: entgeltliche Anschaffung i.S.d. EigzulG.
800 So etwa Tiedtke, DB 2003, 1471 ff; für Entgeltlichkeit hingegen: Korn/Carlé, § 23 Rn. 27; Schmidt/Wacker, § 16 Rn. 599, der bei Leistung an Erfüllungs statt mit Wirtschaftsgütern des Betriebsvermögens nicht eine Entnahme mit anschließender unentgeltlicher Zuwendung annehmen will, sondern eine entgeltliche Veräußerung des Wirtschaftsguts unmittelbar aus dem Betrieb heraus – mit der dann angenehmen Folge der Möglichkeit einer § 6b-Rücklage.
801 BRHP/Dennhardt, § 364 Rn. 1; Palandt/Grüneberg, § 364 Rn. 2; Staudinger/Olzen, § 364 Rn. 7 ff. m.w.N. entgegen früherer Rechtsprechung (BGHZ 46, 338, 342), der selbst von einem besonderen Schuldänderungsvertrag spricht.
802 BGHZ 89, 126, 133.
803 BFH, DStRE 2005, 449; dem folgend FG Berlin-Brandenburg, EFG 2008, 1563 = DStRE 2008, 1439 und EFG 2009, 745; zu erbschaft- und grunderwerbsteuerlichen Folgen: Gottwald, ZErb 2005, 317 ff.; zur ertragsteuerlichen Umsetzung: OFD Münster, DB 2006, 1293.
804 Wälzholz, MittBayNot 2005, 465 f.; Tiedtke/Langheim, FR 2007, 368 ff.
805 Vgl. OFD Münster, ZEV 2006, 311.

winnausgleichs nicht anders entschieden werden kann. Die Rechtsprechung des BFH geht daher sowohl für die reine Auseinandersetzung[806] wie auch für die Abgeltung von Zugewinnausgleichsansprüchen von einem entgeltlichen Geschäft aus, dessen einkommensteuerliche Folgen sowohl i.R.d. § 23 EStG bei Privatvermögen wie auch bei Betriebsvermögen bedacht sein müssen.

490 Im Gegensatz zur Abgeltung von Pflichtteilsansprüchen nach dem Tod oder Zugewinnausgleichsansprüchen nach Scheidung oder bei Güterstandswechsel soll eine Vermögensübertragung für einen Pflichtteilsverzicht weiterhin **als unentgeltlich zu werten** sein.[807] Damit ist die Gewährung einer Rente im Gegenzug zu einem Pflichtteilsverzicht nach Auffassung des FG Nürnberg nicht der ESt zu unterwerfen. Es handelt sich um eine nicht steuerbare Unterhaltsrente.[808]

Damit haben die OFD-Erlasse[809] zur Anwendung des § 23 EStG in der Ehescheidung sozusagen den »höchstrichterlichen Segen« erhalten.

491 Entschieden ist mittlerweile auch, dass die **Nutzungsüberlassung eines bebauten Grundstücks** an den geschiedenen Ehegatten zur Erfüllung dessen Zugewinnausgleichsanspruchs entgeltlich ist und zur Erzielung von Mieteinnahmen führt. Der BFH grenzt diese Leistung an Erfüllungs statt ab von der Wohnungsüberlassung zu Unterhaltszwecken, wo die Überlassung selbst geschuldet ist und daher nicht entgeltlich geschieht und nicht zu Mieteinnahmen führt.[810]

▶ Hinweis:

492 Es ist bei der Formulierung in der Urkunde genau zu beachten, aus welchem Rechtsgrund die Überlassung einer Wohnung bei Scheidung erfolgt, denn die steuerlichen Folgen sind unterschiedlich je nachdem, ob sie als Zugewinnausgleich oder als Sachleistung beim Unterhalt überlassen wird. Hierbei kann Entgeltlichkeit zur Erhaltung von AfA sogar gewünscht sein.

4. Ehescheidung und § 23 EStG

a) Anwendungsbereich des § 23 EStG

493 Nach mehreren Gesetzesänderungen[811] ist der Anwendungsbereich des § 23 EStG, der private Veräußerungsgeschäfte unter bestimmten Voraussetzungen der ESt unterwirft, immer weiter ausgedehnt worden. Dementsprechend spricht das Gesetz nun nicht mehr von Spekulationsgeschäften, sondern von privaten Veräußerungsgeschäften.

494 Die bedeutsamste und für die hier zu besprechenden Gestaltungen im Zusammenhang mit der Scheidung wichtigste Änderung war die Erhöhung der **Spekulationsfrist** (nunmehr Veräußerungsfrist) bei Grundstücken und grundstücksgleichen Rechten auf eine **10-Jahres-Frist**. Über die verfassungsrechtliche Zulässigkeit der rückwirkenden Einführung dieser 10-Jahres-Frist wurde erheblich gestritten, nachdem sogar der BFH[812] die verfassungsrechtliche Zulässigkeit der Rückwirkung zunächst für zweifelhaft hielt und in einem ausführlich begründeten Vorlagebeschluss v. 16.12.2003 nach Art. 100 GG von der Verfassungswidrigkeit ausging, weil bei Grundstücksveräußerungen nach dem 31.12.1998, bei denen die alte 2-jährige Spekulationsfrist schon abgelaufen war, übergangslos nach § 23 EStG besteuert werde.[813] Entsprechend hat der BFH die Vollziehung des zugrunde liegen-

---

806 BFH, BStBl. 2002 II, S. 519 ff.
807 BFH, NV 2001, 1113; Wälzholz, MittBayNot 2005, 465, 467.
808 FG Nürnberg, DStRE 2006, 1449.
809 OFD Frankfurt, FR 2001, 322 und gleich lautend OFD München, DB 2001, 1533.
810 BFH/NV 2006, 1280 gegen FG München, DStR 2005, 15.
811 Steuerentlastungsgesetz 1999/2000/2002 (BGBl. 1999 I, S. 402 ff.) und Steuerbereinigungsgesetz 1999 (BGBl. 1999 I, S. 2601 ff.).
812 BFH, BStBl. 2001 II, S. 405 f.; vgl. auch FG Münster, EFG 2009, 1943.
813 BFH, DB 2004, 360 = DStRE 2004, 199 hierzu Beker, DStR 2004, 621.

C. Steuerliche Probleme bei der Vermögensauseinandersetzung in der Ehescheidung Kapitel 8

den Steuerbescheids aufgehoben.[814] Inzwischen hat das BVerfG durch Beschluss vom 07.07.2010[815] festgestellt, dass die Verlängerung der Spekulationsfrist bei Grundstücksveräußerungsgeschäften wegen Verstoßes gegen die verfassungsrechtlichen Grundsätze des Vertrauensschutzes teilweise verfassungswidrig und damit nichtig ist. Dies gilt insoweit, als ein im Zeitpunkt der Verkündung des fristverlängernden Steuerentlastungsgesetzes 1999/2000/2002 (31.03.1999) bereits eingetretener Wertzuwachs der Besteuerung unterworfen wird, der nach der zuvor geltenden Rechtslage bereits steuerfrei realisiert worden ist oder zumindest bis zur Verkündung steuerfrei hätte realisiert werden können, weil die alte Spekulationsfrist (2 Jahre) bereits abgelaufen war. Ein solcher Wertzuwachs muss also steuerfrei bleiben. Umstritten blieb lange, wie bei einem Veräußerungsgewinn zu verfahren ist, der im Wesentlichen auf die Inanspruchnahme hoher Sonderabschreibungen zurückzuführen ist. Während die Finanzverwaltung diese Sonderabschreibungen nicht konkret bestimmten Besitzzeiträumen zuordnen, sondern linear ansetzen wollte,[816] – dies sollte im Übrigen auch für die Veräußerungskosten gelten[817] – hat der BFH[818] nunmehr geurteilt, dass diejenigen Sonderabschreibungen und AfA-Beträge, die vor dem 31.03.1999 in Anspruch genommen worden sind, dem nicht steuerbaren Zeitraum zuzurechnen sind. Die Verwaltungsmeinung entspreche nicht der Ansicht des BVerfG. Damit konnten vor allem hohe Sonderabschreibungen in vielen Fällen steuerfrei realisiert werden. Die Verwaltung hat diese Rechtsprechung in der Zwischenzeit umgesetzt.[819]

Aber auch der Anwendungsbereich des § 23 EStG hat zahlreiche Erweiterungen erfahren etwa im Zusammenhang mit der Errichtung von Gebäuden oder der Einlage von Grundstücken in ein Betriebsvermögen.[820] 495

Für die Höhe eines etwaigen Gewinns aus der Veräußerung ist die für Anschaffungen nach dem 31.07.1995 geltende Regelung[821] ganz entscheidend, dass die Anschaffungskosten sich vermindern um die Absetzungen für Abnutzungen, die erhöhten Absetzungen und die Sonderabschreibungen, die für das Objekt abgezogen worden sind. Mit anderen Worten wird bei einer Veräußerung innerhalb der Veräußerungsfrist der **Gewinn um die Abschreibungen erhöht.** 496

Damit ist aber die **Diskussion um diese Vorschrift** noch nicht beendet. Denn bei jedem neuen Steuerreformgesetz steht diese Vorschrift erneut auf der Agenda. Versuche, die Veräußerungsfrist komplett zu streichen[822] und damit jede Veräußerung der Besteuerung zu unterwerfen, ggf. mit einem Abgeltungssteuersatz, sind bisher gescheitert. Die Unternehmensteuerreform 2008 hat nun zwar die Abgeltungssteuer eingeführt und die Veräußerungsfrist für Kapitalvermögen gestrichen. Die hier interessierende 10-Jahres-Frist für die Veräußerung von Grundstücken wurde jedoch nicht geändert. 497

Nach den diversen Änderungen und Verschärfungen dauerte es einige Zeit, bis bewusst wurde, dass diese Vorschrift nunmehr von **besonderer Bedeutung** für die **Vermögensauseinandersetzung i.R.d. Scheidung** ist. Hierzu waren die gleich lautenden Verfügungen der OFD Frankfurt und OFD München[823] Auslöser. Erst seit einigen Jahren beschäftigt sich die Familienrechtsliteratur verstärkt mit 498

---

814 BFH, DB 2004, 463; erläutert von Treiber, DB 2004, 453 ff.
815 2 BvL 14/02, 2 BvL 2/04 (auf die Vorlage des BFH, DB 2004, 360), 2 BvL 13/05, DStR 2010, 1727.
816 BMF, DStR 2011, 31 und LfSt Bayern, DStR 2011, 817.
817 Vgl. hierzu FG Köln, EFG 2014, 194; FG Thüringen, DStRE 2014, 1105.
818 BFH, DStR 2014, 1756; so schon FG Münster, DStR 2014, 335.
819 BMF v. 18.05.2015, DStR 2015, 1245; hierzu Meinert, DB 2015, 1564.
820 Bei der Einbringung des Grundstücks in eine Personengesellschaft oder Bruchteilsgemeinschaft ohne Betriebsvermögen soll hingegen keine Veräußerung vorliegen, soweit der Einbringende selbst beteiligt ist, BMF, BStBl. 2000 I, S. 1383 ff., Rn. 8; hierzu krit. bzgl. der Personengesellschaft Korn/Carlé, § 23 Rn. 29.2.
821 § 23 Abs. 3 Satz 4 EStG (Berücksichtigung von Abschreibungen) ist auf Veräußerungsgeschäfte anzuwenden, bei denen der Steuerpflichtige das Wirtschaftsgut nach dem 31.07.1995 anschafft und veräußert oder nach dem 31.12.1998 fertig stellt und veräußert, § 52 Abs. 39 EStG.
822 Zuletzt Entwurf eines Steuervergünstigungsabbaugesetzes, BR-Drucks. 866/02.
823 OFD Frankfurt, FR 2001, 322 und gleich lautend OFD München, DB 2001, 1533.

diesem Problem.[824] In der Praxis begegnen dem Notar immer wieder sonst ausgezeichnet vorbereitete Scheidungsvereinbarungen, die diesen Punkt noch nicht angesprochen haben. Hierzu gibt es inzwischen ein erstes Diktum des **BGH**,[825] dass ein **Anwalt**, der eine **Scheidungsvereinbarung** begleitet, für einen **Steuerschaden haftet**, wenn sich die steuerliche Belastung nach § 23 EStG aufdrängt, aber gleichwohl nicht zur Einschaltung eines Steuerberaters geraten wird.

▶ **Gestaltungsempfehlung:**

499 Gestalten Sie keine Scheidungsvereinbarung mit Übertragung oder Abfindung für Grundbesitz, ohne den steuerlichen Berater unter Hinweis auf die Problematik des § 23 EStG hinzuzuziehen! Da – wie oft im Steuerrecht – des einen Leid des anderen Freud ist, wenn der veräußernde Ehegatte steuerpflichtig wird, der erwerbende hingegen für ihn positive Schlussfolgerungen aus dem entgeltlichen Erwerb ziehen kann, empfiehlt sich ggf. sogar die Hinzuziehung je eines steuerlichen Beraters für jeden Vertragsteil.[826]

500 Erscheinen die einkommensteuerlichen Folgerungen inzwischen jedenfalls unter Zugrundelegung der Verwaltungsauffassung geklärt, so besteht für die **familienrechtlichen Folgen** noch erheblicher Diskussionsbedarf. So wurde lange Zeit in der Literatur bereits erörtert, ob die Spekulationssteuer bei der Bemessung des Zugewinns als latente Steuer in Abzug gebracht werden kann.[827] Diese Forderung basierte auf der Rechtsprechung des BGH zur Bewertung von Unternehmen nach Veräußerungsgesichtspunkten, wobei der BGH forderte, dass **latente Ertragsteuern** bei einer fiktiven Veräußerung in Abzug gebracht werden,[828] und zwar unabhängig davon, ob eine Veräußerung beabsichtigt sei, da es sich um unvermeidbare Veräußerungskosten handele. Nunmehr jedoch hat der BGH in einem Nebensatz einer Entscheidung festgestellt, dass die **latente Ertragsteuer** bei der Bewertung **aller Vermögensgegenstände** – somit auch insbesondere bei Grundstücken, Wertpapieren und Lebensversicherungen – abgezogen werden müsse. Die Brisanz dieser beiläufig geäußerten Rechtsansicht wurde erst später erkannt.[829] Es ist nun von einer Katastrophe für die Rechtspraxis die Rede,[830] ja von einem Irrweg juristischer Konstruktionen.[831]

501 Die Steuern sollen ungeachtet einer etwaigen Veräußerungsabsicht – ja sogar unabhängig von einer etwa durch Gesellschaftsvertrag vereinbarten Unveräußerlichkeit – auf die Verhältnisse am Stichtag bezogen sein.[832] Der BGH stellt somit nicht darauf ab, welche Steuern etwa bei einer späteren Veräußerung entstehen könnten, sondern er unterstellt eine **fiktive Veräußerung zum Stichtag**. Dagegen wird eingewandt, dass der BGH eine Abgrenzung zu sonstigen ungewissen Forderungen schuldig geblieben sei.[833] Das Gericht will dann – entgegen seiner früheren Rechtsprechung[834] – auch keinen pauschalen Steuersatz angesetzt wissen, sondern den **individuellen Steuersatz**, der bei einer Veräußerung am Stichtag anfallen würde.[835] Damit spielt die latente Ertragsteuer vor allem bei der **Immo-

---

824 Kath-Zurhorst, FF 2001, 193 f.; Karasek, FamRZ 2002, 590 f.; Schröder, FamRZ 2002, 1010; Tiedtke/Wälzholz, RNotZ 2001, 380 ff.; Wälzholz, FamRB 2002, 382 f.; Kogel, FamRZ 2003, 808; Arens, FPR 2003, 426 ff.
825 BGH, FamRB 2020, 136.
826 Vgl. zur Interessenkollision OLG Düsseldorf, NJOZ 2002, 539.
827 Kogel, FamRZ 2003, 808 f.; Engels, FF 2004. 285, 287.
828 BGH, DB 1999, 477, 480 (Abzug nach dem halben Steuersatz); BGH, FamRZ 1991, 43, 48; zur Problematik Tiedtke, FamRZ 1990, 1188 ff.
829 Borth, FamRZ 2014, 1687 will allerdings diese Handlungsweise schon aus der vorher bestehenden BGH-Rechtsprechung ableiten.
830 Hoppenz, FamRZ 2012, 1618; Piltz NJW 2012, 1111; Klein FPR 2012, 324 f.; Stabenow/Czubayko, FamRZ 2012, 682 f; schon früh warnte Kogel, NJW 2011, 3337 f.
831 Fassnacht, FamRZ 2014, 1681, 1683.
832 BGH, NJW 2011, 2572.
833 Koch, FamRZ 2011, 627, 628.
834 BGH, DStRE 1999, 363 f.; BGH, NJW 2011, 601.
835 Kuckenburg, FuR 2012, 71, 72; Konsequenzen daraus werden aufgezeigt bei Schlimpert, DS 2013, 342.

bilienbewertung wegen der Veräußerungsgewinnbesteuerung eine Rolle. Die neue Rechtsprechung des BGH wird dahin verstanden, dass die latente Steuer immer abgezogen werden müsse, wenn sie bei einer Veräußerung zum Stichtag angefallen wäre, unabhängig davon, dass das Objekt ggf. durch reinen Zeitablauf später aus der Steuerverhaftung herausfällt.[836] Das bedeutet auch, dass für die Ausnahme der Eigennutzung die entsprechenden Fristen bereits abgelaufen sein müssen, wenn die Ausnahme eingreifen soll.[837] Hierzu gibt es jedoch beachtliche Gegenstimmen, die in diesen Fällen entweder eine latente Steuer gar nicht abziehen möchten[838] oder nur im Verhältnis des verbleibenden 10-Jahreszeitraums zum abgelaufenen[839] oder mit einer entsprechenden Abzinsung bzw. einem Rechtsnachteil aus der aufzuschiebenden Veräußerung[840] oder nach Abwarten der Restzeit für die Befreiung.[841]

▶ Hinweis:
Die neue Rechtsprechung bedeutet somit, dass die latente Ertragsteuer bei der Bemessung der Werte in Anfangs- und Endvermögen zu berücksichtigen ist, unabhängig davon, ob ein Verkauf stattfindet oder beabsichtigt ist. 502

Allerdings ist der Vorschlag für Veräußerungen bzw. Auseinandersetzungen zwischen Ehegatten nicht 503 unproblematisch. Denn einerseits ist Gegenleistung häufig die Verrechnung mit der Zugewinnausgleichsforderung, die ihrerseits durch den Abzug der latenten Steuer wieder im Wert geändert wird. Andererseits ist zu beachten, dass mit der Versteuerung des Veräußerungsgewinns durch einen Ehegatten für den erwerbenden Ehegatten der Steuervorteil einer erhöhten Abschreibung korrespondieren kann, sodass allein der Abzug der latenten Ertragsteuern noch kein vollständiges Bild der Gegebenheiten darstellt. Wenn man eine Korrektur befürwortet, müsste diese alle Folgen korrigieren. So sieht es etwa der neue IDW S 13 mit der Berücksichtigung des TAB (Tax Amortisation Benefit) vor.

In jedem Fall ist eine steuerliche Beratung beider Parteien dringend erforderlich.[842]

b) Allgemeine Voraussetzungen für eine Steuerpflicht privater Veräußerungsgewinne nach § 23 EStG

Die hier nur in einer Übersicht mögliche Darstellung der Voraussetzungen und Wirkungen des § 23 504 EStG beschränkt sich auf Veräußerungsgeschäfte bei Grundstücken nach § 23 Abs. 1 Nr. 1 EStG.

§ 23 EStG findet nach seinem Abs. 2 nur **subsidiär** Anwendung, wenn der Vorgang nach keiner 505 anderen Vorschrift steuerbar ist. Damit ist § 23 EStG insb. auch dann nicht anwendbar, wenn die Veräußerungsfälle im Rahmen eines **gewerblichen Grundstückshandels** stattfinden. Da § 23 EStG nur die Veräußerung von Privatvermögen erfasst, unterfällt die Entnahme oder Veräußerung von Betriebsvermögen daher nicht als Veräußerung dem § 23 EStG, sondern den §§ 4 ff. EStG; sie kann aber eine Anschaffung i.S.d. § 23 EStG des dann privaten Wirtschaftsguts darstellen. Umgekehrt wird die Einlage in ein Betriebsvermögen als Veräußerung fingiert, § 23 Abs. 1 Satz 5 EStG.

Anschaffung ist der Erwerb eines Grundstücks gegen Entgelt,[843] wobei der Erwerb auf den Über- 506 gang des wirtschaftlichen Eigentums gerichtet sein muss, sodass die bloße Bestellung von Nutzungs-

---

836 Kogel, Strategien, Rn. 1070; Klein, FPR 2012, 324 f.
837 Schlimpert, DS 2013, 342, 345 f.
838 Hoppenz, FamRZ 2012, 1618 f.
839 Piltz, NJW 2012, 1111, 1115.
840 Fassnacht, FamRZ 2014, 1681, 1683 ff.
841 Engels, Rn. 1322.
842 Schulz, FamRZ 2014, 1684, 1687.
843 Definitorisch herrscht hier z.T. Verwirrung. Herrmann/Heuer/Raupach/Musil, § 23 Rn. 230 meinen, dass inzwischen auch der unentgeltliche Erwerb als Anschaffung anzusehen sei, da nach § 23 Abs. 1 Satz 3 EStG die Anschaffung des Rechtsvorgängers zugerechnet werde. Da aber das Gesetz in diesem

rechten ausscheidet.[844] Der unentgeltliche Erwerb[845] ist keine Anschaffung.[846] Die Überführung eines Grundstücks aus der Landwirtschaft in das Privatvermögen durch Entnahme oder Betriebsaufgabe zählt nicht als Anschaffung, wenn das Grundstück zuvor langfristiges Anlagevermögen dieses Betriebes war.[847]

Der Vorbehalt von Leistungen – etwa im Rahmen einer vorweggenommenen Erbfolge – ist nicht als Entgelt zu sehen.[848] Nach § 23 Abs. 1 Satz 4 EStG gilt die Anschaffung einer unmittelbaren oder mittelbaren **Beteiligung an einer Personengesellschaft** als Anschaffung oder Veräußerung der anteiligen Wirtschaftsgüter. Damit sollen auch **Mischfälle** tatbestandsmäßig sein, also ein Erwerb eines Grundstücks durch die Gesellschaft und Veräußerung des Gesellschaftsanteils innerhalb der Veräußerungsfrist gerechnet vom Erwerb durch die Gesellschaft.[849] Das hat der BFH bekräftigt.[850] Nicht zu einem Veräußerungsgeschäft soll die Kündigung einer stillen Gesellschaft und deren Auflösung führen.[851] Nach der Rechtsprechung des BFH ist auch der entgeltliche Erwerb eines Miterbanteils als Anschaffung i.S.d. § 23 EStG anzusehen.[852] Als Anschaffung gilt auch das **Ausscheiden eines Gesellschafters** aus einer vermögensverwaltenden Personengesellschaft, bei dem der Grundbesitz den **übrigen Gesellschaftern anwächst**.[853]

Nach § 23 Abs. 1 Nr. 1 Satz 2 EStG sind **Gebäude und Außenanlagen** einzubeziehen, wenn sie innerhalb der Veräußerungsfrist errichtet, ausgebaut oder erweitert werden. Damit stellt das Gesetz klar, dass auch in diesem Fall noch Identität zwischen dem angeschafften Wirtschaftsgut »Grundstück« und dem veräußerten Wirtschaftsgut »Grundstück mit Gebäude« besteht. Der Veräußerungsgewinn für das Gebäude ist also einzubeziehen, allerdings liegt kein selbstständiger Veräußerungstatbestand vor, sondern der Veräußerungsgewinn für das Gebäude teilt das Schicksal des Veräußerungsgewinns für den Grund und Boden. Die Herstellung des Gebäudes etwa löst keine eigene Frist mehr aus.[854] Es erfolgt keine Trennung des bebauten Grundstücks in zwei Wirtschaftsgüter.[855] Teilweise Identität jedenfalls bei Erwerb eines Erbbaurechts, Hinzuerwerb des Grundstücks und anschließender Löschung des Erbbaurechtes.[856]

Zusammenhang von »unentgeltlichem Erwerb« und gerade nicht von Anschaffung spricht, sollte man es bei der Definition der Anschaffung als entgeltlichem Erwerb belassen. So auch Korn/Carlé, § 23 Rn. 27; Kirchhof/Kube, § 23 Rn. 11. Im Ergebnis ist dasselbe gemeint. Als unentgeltlicher Erwerb gilt auch der Erwerb gegen Einräumung eines Wohnrechts, wenn die Darlehen des Rechtsvorgängers nicht übernommen werden, BFH, DStR 2020, 33.
844 Herrmann/Heuer/Raupach/Musil, § 23 Rn. 52.
845 Besonderheiten gelten insoweit beim Erwerb i.R.d. vorweggenommenen Erbfolge. Hier führt nicht jede Gegenleistung schon zur Entgeltlichkeit, sondern nur die Schuldübernahme und die Abfindungszahlung; vgl. zu den Einzelheiten BMF, BStBl. 2004 I, 922 ff.
846 Für die Ehegattenfälle vorstehend unter Rdn. 482 ff. näher erläutert. Für die Übertragung von Immobilien zur Abgeltung von Zugewinnausgleichsansprüchen Entgeltlichkeit ausdrücklich bejaht von FG Köln, DStRE 2004, 216 für die Gewährung von Eigenheimzulage.
847 BFH, WKRS 2018, 39890 = BeckRS 2018, 12487.
848 Reich, ZNotP 2000, 375, 377.
849 Kirchhof/Kube, § 23 Rn. 10; hierzu OFD Frankfurt am Main, DStR 2015, 2554.
850 BFH, DStR 2014, 515; hierzu Schießl, DStR 2014, 512.
851 FG Hamburg, DStRE 2004, 1071; ebenso BFH, DStR 2006, 2206.
852 BFH, DStR 2004, 1077.
853 BFH, DStR 2020, 386.
854 BMF, BStBl. 2000 I, S. 1383, Rn. 9 ff. mit Ergänzung v. 07.02.2007, BStBl. 2007 I, 262 und v. 03.09.2019, BStBl. 2019 I, 888 (Aufhebung Rn. 34).
855 Korn/Carlé, § 23 Rn. 1.
856 BFH, DStR 2013, 1937.

C. Steuerliche Probleme bei der Vermögensauseinandersetzung in der Ehescheidung Kapitel 8

▶ **Beispiel:**[857]

Der Steuerpflichtige St. erwarb am 05.01.2010 ein Grundstück für 100.000,00 € und errichtete hierauf 2008 ein Hausanwesen für 300.000,00 €, das er vermietete. Am 15.02.2020 veräußerte er Grundstück mit Gebäude für 500.000,00 €.

Aufgrund der gesetzlichen Neuregelung, dass Gebäude nur einzubeziehen sind, der Fristlauf sich aber nach der Anschaffung und Veräußerung des Grund und Bodens richtet, ist die Veräußerung steuerfrei, da die Veräußerungsfrist bereits abgelaufen ist.

507

Für einen **teilentgeltlichen Erwerb** gilt die **Trennungstheorie**, d.h. der Vorgang wird in einen entgeltlichen und einen unentgeltlichen Teil aufgespalten und getrennt betrachtet.[858]

508

Veräußerung ist die entgeltliche Übertragung eines Grundstücks.[859] Sie liegt nicht nur beim Verkauf vor, sondern auch bei allen Rechtsgeschäften, die tauschähnlichen Charakter haben. Eine Enteignung ist keine Veräußerung i.S.d. § 23 Abs. 1 Satz 1 Nr. 1 EStG.[860] Allerdings hat der BFH entschieden, dass die **Rückabwicklung** eines Anschaffungsgeschäftes wegen irreparabler Vertragsstörung **kein steuerpflichtiges Veräußerungsgeschäft** darstellt.[861] Hieraus lässt sich ggf. Argumentationshilfe gewinnen, wenn es aufgrund einer Scheidung zur Rückabwicklung einer Schenkung kommt. War das Grundstück zeitweise innerhalb des 10-Jahres-Zeitraums in einem Betriebsvermögen, so ist die dort erzielte Wertsteigerung vom Veräußerungsgewinn nach § 23 EStG abzuziehen.[862]

509

Noch **keine Veräußerung** stellen dar:[863]
– ein bindendes Angebot. Zweifelhaft ist, ob dies auch für ein bindendes Angebot des Verkäufers gilt. Grund dafür ist, dass im Schmidt, EStG[864] kommentiert war, dass beim bindenden Verkaufsangebot eine Anschaffung oder Veräußerung vorliege.[865] Allerdings verweist diese Fundstelle dann auf diverse BFH-Urteile, bei denen es gerade nicht um ein bloßes Angebot geht, sondern stets noch weitere Begleitgeschäfte zur wirtschaftlichen Vorwegnahme getätigt wurden. Demgegenüber sagt der BFH[866] ganz klar: »Ist aber ... bei Abgabe des Verkaufsangebots die Gefahr noch nicht übergegangen und hat der Verkäufer dem Käufer noch kein wirtschaftliches Eigentum verschafft, so müssen beide Vertragserklärungen innerhalb der Frist abgegeben werden.« Nach BFH stellt also auch das bindende Verkaufsangebot allein noch keine Veräußerung dar. Dies hat der BFH in mehreren Entscheidungen bekräftigt.[867] Anders kann das dann sein, wenn die Rechte und Risiken im Rahmen einer rechtlich geschützten Position bereits übergangen sind.[868] Allerdings ist der Anbietende davor zu schützen, dass das Angebot innerhalb der Spekulationsfrist angenommen wird, sodass die Praxis solche Angebote so gestaltet, dass sie erst nach Fristablauf angenommen werden können. Auch dies spricht zusätzlich dagegen, dass in dem Angebot bereits eine Veräußerung liegt.[869]

510

---

857 Nach BMF, BStBl. 2000 I, S. 1383, Rn. 9.
858 BMF, BStBl. 2000 I, S. 1383, Rn. 30 f.; Korn, NWB, Fach, S. 3, 11609, 11610; zur modifizierten Trennungstheorie nach BFH s. unten Rdn. 560 f.
859 Für Grundstücke in Spanien OFD Frankfurt am Main, DStR 2012, 1345.
860 BFH, DStR 2019, 2023.
861 BFH, DStR 2006, 1836.
862 BFH, DStR 2011, 2191.
863 Korn/Carlé, § 23 Rn. 28 f.
864 Schmidt/Weber-Grellet, 36. Aufl., § 23 Rn. 37.
865 In neueren Auflagen nur noch Verweis auf 36. Aufl.
866 BFH, BStBl. 2002 II, S. 10, 11.
867 So nunmehr auch ganz deutlich BFH, DStR 2013, 1021 und BFH, DStR 2015, 742: Das unwiderrufliche notarielle Kaufangebot allein steht nicht einem obligatorischen Erwerbsvertrag gleich.
868 BFH, DStR 2006, 2163.
869 BFH, BeckRS 1970, 22000665.

▶ **Rechtsprechung:**

Ein Angebot innerhalb der Spekulationsfrist und eine Annahme außerhalb verwirklichen den Tatbestand des § 23 EStG nicht. Es ist aber darauf zu achten, dass noch kein wirtschaftliches Eigentum übergegangen ist. Daher sollte ein Besitzübergang ebenso vermieden werden wie Zahlungen im Zeitraum bis zur Annahme. Selbst der Gefahrübergang kann schon schädlich sein. Selbst die Eintragung einer Vormerkung wird z.T. schon als Indiz für eine Veräußerung gesehen.[870]

- ein **Vorkaufsrecht**;
- ein **Vertrag**, zu dem noch eine **Genehmigung** zur Wirksamkeit **aussteht**.[871] Im vom BFH entschiedenen Fall fehlte die Genehmigung des Käufers; der BGH hat dies aber allgemein bekräftigt, es komme trotz späterer Rückwirkung der Genehmigung nicht zur Annahme einer Veräußerung, wenn innerhalb der Spekulationsfrist nicht beide Erklärungen vorlagen.[872]
- ein **Vertrag**, der mit einem befristeten **Rücktrittsrecht** für den Käufer versehen ist. Der BFH hat entschieden,[873] dass in einem solchen Fall die Vertragserklärungen nicht verbindlich innerhalb der Spekulationsfrist abgegeben worden sind.
- Für **aufschiebende Bedingungen** gilt hingegen nach Ansicht des BGH etwas anderes. Auch wenn die aufschiebende Bedingung erst nach Ablauf der Spekulationsfrist eintritt, hat eine Veräußerung zuvor schon stattgefunden, da das Rechtsgeschäft voll gültig gewesen sei, nur die Rechtswirkungen seien bis zum Bedingungseintritt in der Schwebe geblieben.[874]

▶ **Gestaltungsempfehlung:**

511 Das Urteil des BFH zum Rücktrittsrecht lässt sich gezielt zur Gestaltung von Verträgen einsetzen, die nicht innerhalb der Spekulationsfrist eingegangen sein sollen.

512 Allerdings gilt dies nur dann, wenn nicht durch weitere Begleitgeschäfte wie Nutzungsüberlassung, Kaufpreisvorauszahlung, Darlehensgewährung mit Kaufpreisverrechnung etc. wirtschaftlich eine Veräußerung bereits vorweggenommen wird. Auch die Auflassungsvormerkung, verbunden mit einer Auflassungsvollmacht, wird in diesem Zusammenhang genannt.[875] Da die **Rechtslage nicht völlig gesichert** ist, sollte man einem Veräußerer, der auf den Ablauf der Veräußerungsfrist warten kann, zuraten, dies zu tun.

▶ **Gestaltungsempfehlung:**

513 Sofern ein Angebot abgegeben werden soll, das die Veräußerungsfrist nicht auslösen soll, ist darauf zu achten, dass es sich um ein bloßes Angebot handelt, ohne dass Zusatzabreden bestehen. Die Eintragung einer Vormerkung allein dürfte unschädlich sein, schon bei der Beurkundung einer Auflassungsvollmacht ist aber Vorsicht geboten.

514 Eine Gestaltung, welche allein aus steuerlichen Gründen die Veräußerung so gestaltet, dass sie erst nach Ablauf der Spekulationsfrist eintritt, ist nicht rechtsmissbräuchlich, sondern stellt eine zulässige Steuervermeidung dar.[876]

Zusammenfassend ist ein Veräußerungsgeschäft erforderlich, bei dem zwischen Anschaffung und Veräußerung nicht mehr als zehn Jahre liegen. Eine **Spekulationsabsicht** ist nicht maßgeblich.

---

870 MBP 2015, 157.
871 BFH, BStBl. 2002 II, S. 10.
872 BFH, DStR 2015, 742.
873 BFH, BB 2006, 814 = BStBl. 2006 II, S. 513.
874 BFH, DStR 2015, 742.
875 Reich, ZNotP 2000, 375, 382 m.w.N.
876 So FG Köln, EFG 2006, 449 zu call oder put options.

Für die Berechnung der **10-Jahres-Frist** entscheidet allein der schuldrechtliche Vertrag, also bei Grundstücken der notarielle Erwerbsvertrag. Besitzübergang oder Geldfluss spielen hier ebenso wenig eine Rolle wie die Grundbucheintragung.[877] Eine noch erforderliche Genehmigung wirkt nicht auf den Zeitpunkt des Vertragsschlusses zurück.[878] Allerdings ist dann, wenn das wirtschaftliche Eigentum bereits vor diesem Abschluss des schuldrechtlichen Vertrages übergegangen ist, dieser vorherige Übergang entscheidend.[879] Vollzugshandlungen haben ferner Bedeutung bei Nichteinhaltung der verabredeten Form. Sie zeigen den Bindungswillen und überwinden so die Nichtigkeit nach § 154 Abs. 2 BGB.[880]

515

Ausgenommen von der Besteuerung ist Grundbesitz, der entweder

516

– zwischen Anschaffung/Herstellung und Veräußerung ausschließlich **zu eigenen Wohnzwecken** genutzt wurde oder
– im Jahr der Veräußerung und in den beiden vorangegangenen Jahren zu eigenen Wohnzwecken genutzt wurde.[881]

Zur Ermittlung des **Veräußerungsgewinns** ist die Differenz aus Veräußerungspreis und Anschaffungskosten bzw. Herstellungskosten (i.S.d. § 255 HGB) ggf. abzgl. Werbungskosten[882] zu bilden. Die Anschaffungs- oder Herstellungskosten mindern sich bei Anschaffung nach dem 31.07.1995 und Herstellungsfällen nach dem 31.12.1998 um die abgezogenen Absetzungen für Abnutzung, soweit sie bei der Einkünfteermittlung nach § 2 Abs. 1 Satz 1 Nr. 4–7 EStG abgezogen wurden.[883] Diese werden also dem Gewinn zugeschlagen. Bei teilentgeltlichem Erwerb sind nur die entsprechenden Anteile an den Anschaffungskosten dem Veräußerungserlös gegenüberzustellen.

517

c) Fallgestaltungen i.R.d. Scheidung

Die **Veräußerungsgewinnbesteuerung** kommt in vielen Fallgestaltungen i.R.d. Scheidung zum Tragen. Die Zusammenstellung relevanter Fälle soll zunächst von den **OFD-Verfügungen** ausgehen.[884]

518

▶ **Beispiel 1 (Übertragung eines Grundstücks an Erfüllungs statt – Zugewinn):**

Ehemann M, der mit seiner Ehefrau F im gesetzlichen Güterstand lebte, erwarb 2014 ein Grundstück für 100.000,00 € zum alleinigen Eigentum und vermietete es. Im Jahr 2020 wird die Ehe von M und F geschieden. F hat einen Zugewinnausgleichsanspruch i.H.v. 250.000,00 €. Zur Abgeltung dieses Anspruchs überträgt ihr M dieses Grundstück, das bei Übertragung ebenfalls 250.000,00 € wert war.[885]

519

Die OFD-Verfügungen stufen diese Übertragung von Grundstücken an Erfüllungs statt zur Abgeltung des Zugewinns **als Veräußerungsgeschäft** des M **i.S.d. § 23 EStG** ein. Entsprechend hat F ein

520

---

877 Büte, FuR 2003, 390; Obermeier, NWB, Fach, S. 3, 11449; Herrmann/Heuer/Raupach/Musil, § 23 Rn. 92; a.A. Korn/Carlé, § 23 Rn. 27: Übergang von Besitz, Nutzen und Lasten sollte entscheidend sein.
878 BFH, BStBl. 2002 II, S. 10 – bei der Veräußerung hatte für den Käufer ein vollmachtloser Vertreter gehandelt; Kirchhof/Kube, § 23 Rn. 17.
879 Reich, ZNotP 2000, 375, 377; Herrmann/Heuer/Raupach/Musil, § 23 Rn. 92.
880 BGH, DStR 2014, 1711.
881 Hierzu nachfolgend Rdn. 546 ff.
882 BFH, BStBl. 1997 II, S. 603 will nur die bei Veräußerung angefallenen Werbungskosten und die Schuldzinsen zum Abzug zulassen, nicht aber die bei der Anschaffung angefallenen; hierzu krit. Korn/Carlé, § 23 Rn. 77. Zum Schuldzinsenabzug auch ohne zwischenzeitliche Einkunftserzielung FG München, EFG 2003, 1612.
883 Schlünder, FamRZ 2015, 372, 374.
884 OFD Frankfurt, FR 2001, 322 und gleich lautend OFD München, DB 2001, 1533.
885 Die Berücksichtigung von Abschreibungen wird in diesem und den folgenden Beispielen zunächst ausgeblendet.

Anschaffungsgeschäft getätigt. Ein Veräußerungserlös für M ist i.H.d. Zugewinnausgleichsanspruchs gegeben, der mit der Grundstücksübertragung abgegolten sein sollte.[886]

Die OFD Frankfurt wertet den Fall daher so, dass M i.H.v. 150.000,00 € einen steuerpflichtigen Veräußerungsgewinn erzielt hat.

▶ **Beispiel 2 (Übertragung eines Grundstücks an Erfüllungs statt – Zugewinn und Unterhalt):**

521 *Ehemann M, der mit seiner Ehefrau F im gesetzlichen Güterstand lebte, erwarb 2014 ein Grundstück für 100.000,00 € zum alleinigen Eigentum und vermietete es. Im Jahr 2020 wird die Ehe von M und F geschieden. F hat einen Zugewinnausgleichsanspruch i.H.v. 250.000,00 €. Zur Abgeltung dieses Anspruchs überträgt ihr M dieses Grundstück, das bei Übertragung bereits 300.000,00 € wert war. Die überschießenden 50.000,00 € sollen mit Unterhaltsansprüchen der F verrechnet werden.*

522 Nach den OFD-Verfügungen erfüllt M damit zwei unterschiedliche Forderungen der F, sodass sein Veräußerungserlös sich auf 300.000,00 € beläuft, er mithin einen Gewinn von 200.000,00 € zu versteuern hat. Gleichzeitig kann M allerdings nur im Jahr der Verrechnung mit dem Unterhalt einmalig den Höchstbetrag als Sonderausgabe nach § 10 Abs. 1 Nr. 1 EStG abziehen.

▶ **Beispiel 3 (Übertragung eines Grundstücks an Erfüllungs statt – teilentgeltlich):**

523 *Ehemann M, der mit seiner Ehefrau F im gesetzlichen Güterstand lebte, erwarb 2009 ein Grundstück für 100.000,00 € zum alleinigen Eigentum und vermietete es. Im Jahr 2017 wird die Ehe von M und F geschieden. F hat einen Zugewinnausgleichsanspruch i.H.v. 250.000,00 €. Zur Abgeltung dieses Anspruchs überträgt ihr M dieses Grundstück, das bei Übertragung bereits 300.000,00 € wert war, ohne dass der höhere Betrag mit anderen Ansprüchen der F verrechnet wurde.*

524 Die Übertragung des Grundstücks geschieht in diesem Fall teilentgeltlich. Von dem Wert, den M veräußert, sind 5/6 (250.000,00 € von 300.000,00 €) entgeltlich veräußert, insoweit entspricht die Wertung dem Beispiel 1. Das restliche 1/6 jedoch ist unentgeltlich veräußert. Demnach errechnet sich die Veräußerungsgewinnbesteuerung nach den OFD-Verfügungen so, dass nur der entgeltliche Teil betrachtet wird. Daher belaufen sich die Anschaffungskosten auf 5/6 von 100.000,00 € = 83.333,00 €. Der Veräußerungserlös wird mit 250.000,00 € angesetzt, sodass ein Gewinn von 166.667,00 € verbleibt.[887]

Um die Auswirkungen dieser Teilentgeltlichkeitsbewertung zu zeigen, sei noch der folgende Fall gebildet:

▶ **Beispiel 4 (Übertragung eines Grundstücks an Erfüllungs statt – zum Erwerbspreis, aber teilentgeltlich):**

525 *Ehemann M, der mit seiner Ehefrau F im gesetzlichen Güterstand lebte, erwarb 2014 ein Grundstück für 100.000,00 € zum alleinigen Eigentum und vermietete es. Im Jahr 2020 wird die Ehe von M und F geschieden. F hat einen Zugewinnausgleichsanspruch i.H.v. exakt ebenfalls 100.000,00 €. Zur Abgeltung dieses Anspruchs überträgt ihr M dieses Grundstück, das bei Übertragung aber schon 150.000,00 € wert war, ohne dass der höhere Betrag mit anderen Ansprüchen der F verrechnet wurde.*

---

886 Dass dies zumindest zivilrechtlich auch anders gesehen werden könnte, wurde unter der vorstehenden Rdn. 482 dargestellt.
887 Zur Frage, ob sich die Bewertung der Teilentgeltlichkeit im Rahmen der modifizierten Trennungstheorie des BFH ändert, s. unten Rdn. 560 f.

C. Steuerliche Probleme bei der Vermögensauseinandersetzung in der Ehescheidung **Kapitel 8**

Auch in diesem Fall wird von Teilentgeltlichkeit auszugehen sein. F hat wie im Beispiel 3 einen Teil entgeltlich erworben, und zwar 2/3 (100.000,00 € von 150.000,00 €). Das restliche 1/3 hat F unentgeltlich erworben. Obwohl somit M nicht mehr erlöst, als er seinerzeit für den Erwerb des Grundstücks bezahlt hat, kommt es zu einem Veräußerungsgewinn. Als Anschaffungskosten i.R.d. § 23 EStG sind dann nämlich nur 2/3 = 66.667,00 € anzusetzen, sodass ein Veräußerungsgewinn von 33.333,00 € verbleibt, den M zu versteuern hat. 526

▶ Hinweis:

Auch wenn Erwerbspreis und Veräußerungserlös gleich sind, kann es i.R.d. § 23 EStG zu einem Veräußerungsgewinn kommen, wenn der Veräußerungserlös nur ein Teilentgelt darstellt. Steuerliche Klärung ist also auch in den Fällen notwendig, in denen nach Meinung der Vertragsteile kein Gewinn anfällt! Um die Frage der Teilentgeltlichkeit klären zu können, ist bei einer Verrechnung gegen den Zugewinnausgleichsanspruch zunächst die Höhe des Ausgleichsanspruchs zu bestimmen.

Gleiches kann auch gezeigt werden unter Beachtung der zwischenzeitlich von M vorgenommenen Abschreibungen:

▶ **Beispiel 5 (Übertragung eines Grundstücks an Erfüllungs statt – zum Erwerbspreis, aber nach Vornahme von Abschreibungen):**

Ehemann M, der mit seiner Ehefrau F im gesetzlichen Güterstand lebte, erwarb 2015 ein Grundstück mit Gebäude für 100.000,00 € zum alleinigen Eigentum und vermietete es. Im Jahr 2018 wird die Ehe von M und F geschieden. F hat einen Zugewinnausgleichsanspruch i.H.v. exakt ebenfalls 100.000,00 €. Zur Abgeltung dieses Anspruchs überträgt ihr M dieses Grundstück, das bei Übertragung auch genau 100.000,00 € wert war. Allerdings hatte M Absetzungen für Abnutzungen[888] nach § 7 EStG i.H.v. 8.000,00 € abgezogen. 527

Nach § 23 Abs. 3 Satz 4 EStG sind bei der Berechnung der Anschaffungskosten die Erwerbskosten um die Absetzungen für Abnutzungen zu vermindern, da die Anschaffung hier nach dem Anwendungsstichtag dieser Regelung erfolgt ist. Somit betragen die Anschaffungskosten i.S.d. § 23 EStG lediglich 92.000,00 €. Die Übertragung erfolgte im Beispielsfall 5 vollentgeltlich mit einem Veräußerungserlös von 100.000,00 €. Es verbleibt somit ein Veräußerungsgewinn von 8.000,00 €. 528

▶ Hinweis:

Auch wenn Erwerbspreis und Veräußerungserlös gleich sind, kann es i.R.d. § 23 EStG zu einem Veräußerungsgewinn kommen, wenn Absetzungen für Abnutzungen abgezogen worden sind! 529

Die soeben geschilderte Wertung der Übernahme des Grundstücks i.R.d. Scheidung hat Bedeutung auch für den Fall des anschließenden Weiterverkaufs durch den übernehmenden Ehegatten:

▶ **Beispiel 6 (Fortsetzung von Beispiel 3 – Weiterübertragung durch F):**[889]

F verkauft das im Jahr 2017 von M teilentgeltlich erworbene Grundstück – es sei ein solches mit Gebäude –, das seinerzeit 300.000,00 € wert gewesen war, im Jahr 2018 (Alternative: 2020) für 360.000,00 € weiter. 530

---

888 Sofern in diesem und den folgenden Beispielen mit Absetzungen für Abnutzung gerechnet wird, dient dies modellhaft der Anschauung. Es erfolgt aber aus Vereinfachungsgründen keine getrennte Berechnung ohne Grund und Boden und auch keine zeitanteilige Erfassung der Absetzungen für Abnutzung.
889 Dieser Fall ist in den OFD-Verfügungen nur angedeutet. Er ist ausgeführt bei Tiedtke/Wälzholz, RNotZ 2001, 380, 381.

Zuvor hatte F Absetzungen für Abnutzungen i.H.v. 10.000,00 € in Bezug auf den 5/6 entgeltlich erworbenen Anteil und von 1.667,00 € in Bezug auf den 1/6 unentgeltlich erworbenen Anteil geltend gemacht.

531 Für die Betrachtung des Weiterverkaufs sind der entgeltlich und der unentgeltlich erworbene Anteil jeweils getrennt zu bewerten.

Für den entgeltlich erworbenen Anteil von 5/6 hatte F 250.000,00 € aufgewendet. Diese Anschaffungskosten hat sie um die 10.000,00 € Absetzungen für Abnutzungen zu mindern, sodass die Anschaffungskosten sich auf 240.000,00 € belaufen. Dem stehen 5/6 des Gesamterlöses von 360.000,00 € ggü., also 300.000,00 €. Auf den entgeltlich i.R.d. Scheidung erworbenen Anteil entfällt somit ein Veräußerungsgewinn i.H.v. 60.000,00 €.

Für den unentgeltlich erworbenen Anteil von 1/6 sind die Anschaffungskosten des ursprünglichen Erwerbers M i.H.v. 1/6 von 100.000,00 € = 16.667,00 € fortzuführen. Da die Anschaffung nach dem 31.07.1995 erfolgte, sind die Absetzungen für Abnutzung für diesen Teil ebenfalls abzuziehen, die Anschaffungskosten belaufen sich also auf 15.000,00 €. Da der Erwerb unentgeltlich war, ist F nach § 23 Abs. 1 Satz 3 EStG die Anschaffung des M im Jahr 2009 zuzurechnen. Bei einer Veräußerung in 2018, also noch innerhalb der 10-jährigen Spekulationsfrist, entfällt somit auf den unentgeltlichen Teil ein Veräußerungsgewinn von 60.000,00 € (= 1/6 von 360.000,00 €) abzgl. 15.000,00 € = 45.000,00 €. Würde F – so die Alternativgestaltung – erst in 2020 veräußern, so wäre für den unentgeltlich erworbenen Anteil die Spekulationsfrist abgelaufen. Es fiele insoweit kein steuerpflichtiger Veräußerungsgewinn an.

▶ **Beispiel 7 (Übernahme und späterer Verkauf):**

532 *Ehemann M und Ehefrau F, die im gesetzlichen Güterstand lebten, erwarben 1991 ein Grundstück mit Gebäude für 100.000,00 € zum Miteigentum je zur Hälfte und vermieteten es. Im Jahr 2018 wird die Ehe von M und F geschieden. Das Haus soll verkauft werden. Man fand jedoch nicht sogleich einen Käufer. Die Bank aber drängte und F wollte ihr Leben zusammen mit ihrem neuen Partner anderenorts neu beginnen. Daher übernahm M in 2018 zunächst die Haushälfte der F zu einem Preis von 125.000,00 €, was dem Verkehrswert des hälftigen Anwesens entsprach. Im Jahr 2020 verkauft M das Anwesen dann für 280.000,00 € weiter.*[890]

533 Hätten M und F im Zuge der Scheidung im Jahr 2018 das Anwesen für 280.000,00 € verkauft, so wäre ein zu versteuernder Gewinn nach § 23 EStG nicht angefallen, denn die Veräußerungsfrist war zu diesem Zeitpunkt schon abgelaufen.

Da nun aber M die Hälfte der F erworben hat, sind die beiden Haushälften getrennt zu betrachten. Für den Erwerb des M von der F wird keine Steuer nach § 23 erhoben, da die Veräußerungsfrist schon abgelaufen war. Diese Hälfte hat M aber nun vollentgeltlich erworben, sodass für diese Hälfte eine neue Veräußerungsfrist in 2018 zu laufen begann. Die Anschaffungskosten für die Hälfte des Anwesens beliefen sich auf 125.000,00 €, der hierauf entfallende Veräußerungserlös auf 140.000,00 €, sodass ein Veräußerungsgewinn von 15.000,00 € zu versteuern ist.

Für die Hälfte, die M von Anfang an gehört hatte, ist kein Veräußerungsgewinn zu versteuern, da diesbezüglich die Veräußerungsfrist abgelaufen war.

▶ **Gestaltungsempfehlung:**

534 Wenn Ehegatten beabsichtigen, ein Haus zu verkaufen, so sollten sie nicht erst eine Übernahme durch einen Ehegatten zwischenschalten, da dies eine neue Veräußerungsfrist in Gang setzt.

---

890 Die Frage der Absetzungen für Abnutzungen soll in diesem Beispielsfall außer Betracht bleiben.

C. Steuerliche Probleme bei der Vermögensauseinandersetzung in der Ehescheidung Kapitel 8

Für die **Höhe des Veräußerungsgewinns** kann es ganz entscheidend sein, wie die Gegenleistung für den Erwerb des Objekts in der Ehescheidung bemessen wird. Dazu der folgende Beispielsfall: 535

▶ **Beispiel 8 (Übernahme zum »Ehegattenpreis«):**[891]

Ehemann M und Ehefrau F, die im gesetzlichen Güterstand lebten, erwarben im Jahr 1991 ein Grundstück für 200.000,00 € zum Miteigentum je zur Hälfte und vermieteten es. Im Jahr 2018 wird die Ehe von M und F geschieden. 536

M übernahm von F ihren 1/2 Miteigentumsanteil am Grundstück »zur Auseinandersetzung über diesen Vermögensgegenstand wegen der bevorstehenden Scheidung« zu einem Preis von 50.000,00 €. Der Verkehrswert des Anteils lag bei 150.000,00 €.[892]

Im Rahmen einer späteren Scheidungsvereinbarung mit vollständiger Vermögensauseinandersetzung übernahm M u.a. Schulden der F i.H.v. 95.000,00 €, ferner verzichteten die Ehegatten gegenseitig auf Zugewinn und trafen weitere Vereinbarungen zu Unterhalt und Versorgungsausgleich.

Im Jahr 2020 verkauft schließlich M das gesamte Grundstück für 320.000,00 €.

Für die Beurteilung des Falls gilt Folgendes: Der Erwerb des M von F ist nicht nach § 23 EStG steuerpflichtig, weil die Veräußerungsfrist bereits abgelaufen war. Gleiches gilt für die Weiterveräußerung des Anteils, den M seit 1991 innegehabt hatte, im Jahr 2020. 537

Steuerpflichtig ist jedoch der Weiterverkauf des M bzgl. des im Jahr 2018 von F erst erworbenen Anteils. Für die Höhe der Steuer ist von entscheidender Bedeutung, wie hoch die Anschaffungskosten des M anzusetzen sind. Im Zusammenhang mit der Übertragung waren lediglich 50.000,00 € vereinbart.

Das **Finanzamt** hatte demzufolge einem Veräußerungserlös von 160.000,00 € für die erworbene Haushälfte die Anschaffungskosten von 50.000,00 € gegenübergestellt und wollte einen Gewinn von 110.000,00 € versteuert haben. Das **FG** als Vorinstanz hatte zu helfen versucht, indem es zugunsten des Steuerpflichtigen auf die Grundsätze des Fremdvergleichs bei nahen Angehörigen abstellte und anstelle des vereinbarten Kaufpreises den tatsächlichen Wert ansetzte.[893] Danach hätte M bei Anschaffungskosten von 150.000,00 € und einem Erlös von 160.000,00 € nur einen Gewinn von 10.000,00 € zu versteuern gehabt. 538

Dem widersprach jedoch der **BFH**. Man könne nicht unter Rückgriff auf diese Grundsätze – deren Anwendung i.Ü. bei getrennt lebenden Ehegatten zweifelhaft sei – den tatsächlich verwirklichten Sachverhalt durch einen fingierten ersetzen. Der BFH verwies zurück, damit festgestellt werden könne, ob – wie von den Parteien vorgetragen – die Schuldübernahme mit dem Erwerb des Hälfteanteils in Zusammenhang steht. Wenn nicht, so sei vom tatsächlichen Kaufpreis auszugehen. Dann aber müsse geprüft werden, ob der Erwerb als teilentgeltlich anzusehen sei. Dies bedeutet für die Lösung des Beispielsfalls 8: 539

War die Schuldübernahme Gegenleistung, dann betragen die Anschaffungskosten 145.000,00 €. Es verbleibt ein Veräußerungsgewinn von 15.000,00 €. War die Schuldübernahme keine Gegenleistung, so liegt beim Erwerb des M von der F zu 1/3 ein vollentgeltlicher Erwerb vor und zu 2/3 ein unentgeltlicher Erwerb. Bei der Weiterveräußerung im Jahr 2020 unterliegt somit auch wiederum nur der 1/3 entgeltlich erworbene Teil des Hälftemiteigentumsanteils der Veräußerungsgewinnbesteue-

---

891 Vereinfachter und abgewandelter Sachverhalt von BFH, BStBl. 2001 II, S. 756 – zurückgewiesen an das FG Münster (11 K 4689/01 E); vgl. auch Wälzholz, FamRB 2002, 382, 383.
892 Die Frage der Absetzungen für Abnutzungen soll in diesem Beispielsfall außer Betracht bleiben.
893 FG Münster, EFG 1998, 1132.

rung,[894] da für den unentgeltlich erworbenen Teil[895] die Veräußerungsfrist unter Hinzurechnung der Zeit des Voreigentümers bereits abgelaufen war. Die Anschaffungskosten für diesen 1/3 Anteil betrugen 50.000,00 €. Der hierauf entfallende Veräußerungserlös beläuft sich auf ein Drittel von 160.000,00 € = 53.333,00 €. Somit verbleibt ein zu versteuernder Veräußerungsgewinn von 3.333,00 €.

▶ Hinweis:

540 Wichtig im Lichte des § 23 EStG ist die Zuordnung der einzelnen Leistungen im Vertrag über die Auseinandersetzung des ehelichen Vermögens, denn von dieser Zuordnung hängt es ab, ob ein Erwerb voll- oder teilentgeltlich ist und wie hoch ein etwaiger Veräußerungsgewinn ausfällt.

Die Zuordnung kann von den Vertragsteilen nicht willkürlich gewählt werden, sondern muss sich an den gerechneten Ansprüchen orientieren. Ansonsten besteht die Gefahr, dass sie von der Finanzverwaltung unter Berufung auf § 42 AO nicht anerkannt wird. Es besteht aber ein Entscheidungsspielraum der Parteien dort, wo in einer Scheidungssituation Gegenleistungen auf mehrere Ansprüche sinnvoll bezogen sein können, den steuergünstigsten Bezug herzustellen.[896] Außerdem besteht ein gewisser Entscheidungsspielraum bei der Aufteilung entgeltlich/unentgeltlich bei Veräußerung mehrerer Wirtschaftsgüter.[897]

541 Die Realteilung wurde bei Vorhandensein von Mischnachlass bereits diskutiert[898] unter Hinweis darauf, dass der BFH eine steuerneutrale Realteilung nach den Grundsätzen der Erbauseinandersetzung im gesetzlichen Güterstand nicht billigt. Fraglich ist nun, wie sich dies auf die Realteilung von Privatvermögen im Lichte des § 23 EStG auswirkt.

▶ Beispiel 9 (Realteilung von Grundbesitz):[899]

542 *Ehemann M und Ehefrau F, die im gesetzlichen Güterstand lebten, erwarben 2014 und 2015 jeweils eine Eigentumswohnung zum Miteigentum je zur Hälfte und vermieteten beide Wohnungen. Die Wohnungen kosteten bei Anschaffung jeweils 300.000,00 €. Im Jahr 2020 wird die Ehe von M und F geschieden. In diesem Zusammenhang schließen M und F einen notariellen Vertrag, in dem sie sich einig werden, dass jeder von ihnen eine Eigentumswohnung zum Alleineigentum übernimmt. Zu diesem Zeitpunkt waren die Wohnungen jeweils 400.000,00 € wert.*

543 In der Literatur wurde dieser Fall teils als Tausch von Miteigentumsanteilen eingestuft, der auf beiden Seiten zum Entstehen eines Veräußerungsgewinns führt,[900] teils wurde die Hoffnung geäußert, dass aufgrund der Verweisung des Anwendungsschreibens zu § 23 EStG[901] auf Tz. 23 des Schreibens zur Erbauseinandersetzung[902] auch Tz. 24 mit in Betracht gezogen werden könne, sodass auch die Auseinandersetzung von Bruchteilen als unentgeltlich eingestuft werden könnte.[903] Diese Hoffnung dürfte durch das **Urteil des BFH zur Realteilung des Mischnachlasses**[904] enttäuscht worden sein. Wenn die Grundsätze der erfolgsneutralen Realteilung auf den Mischnachlass keine Anwendung

---

894 BFH, BStBl. 1988 II, S. 250; auf dieses Urteil nimmt BFH, BStBl. 2001 II, S. 756 Bezug.
895 Beim Blick auf die Gesamtsteuerbelastung ist zu prüfen, ob hier Schenkungsteuer anfallen kann.
896 Vgl. etwa FG Berlin-Brandenburg, EFG 2009, 745, wo die in der notariellen Vereinbarung genannten Werte herangezogen werden, »die den Vorstellungen der Eheleute im Rahmen ihrer familienrechtlichen Auseinandersetzung zu Grunde lagen und die sie den jeweiligen Vermögensgütern beigemessen haben«.
897 BMF, BStBl. 2007 I, S. 269.
898 Rdn. 467 ff.
899 Nach Reich, ZNotP 2000, 375, 377 und Tiedtke/Wälzholz, RNotZ 2001, 380, 385.
900 Obermaier, NWB, Fach, S. 3, 11449 (2001/8); Reich, ZNotP 2000, 375, 377.
901 BMF v. 05.10.2000, BStBl. 2000 I, S. 1383 ff. Tz. 8.
902 BMF, BStBl. 2006 I, S. 253 ff; hierzu OFD Karlsruhe, Haufe-Index 1830866.
903 Tiedtke/Wälzholz, RNotZ 2001, 380, 385.
904 BFH, BStBl. 2002 II, S. 519 ff.

C. Steuerliche Probleme bei der Vermögensauseinandersetzung in der Ehescheidung **Kapitel 8**

finden, dann steht zu befürchten, dass der BFH auch bei der Realteilung von Privatvermögen im vorgenannten Fall zur einer Entgeltlichkeit kommen wird. Dann hätte sowohl M als auch F jeweils einen Veräußerungsgewinn von 50.000,00 € zu versteuern, denn jeder von ihnen hat eine Miteigentumshälfte eingetauscht, deren Anschaffungskosten von 150.000,00 € ein Veräußerungserlös von 200.000,00 € gegenübersteht.

Das Beispiel zeigt, dass der »**Güterstand der Miteigentümergemeinschaft**«[905] durchaus nicht immer der beste ist. Hätte sogleich jeder Ehegatte eine Wohnung zum Alleineigentum erworben, wäre ein Veräußerungsgewinn vermieden worden. 544

Zur Auswirkungen der Hinzurechnung der Absetzungen für Abnutzungen sei noch das folgende Beispiel allgemeiner Art angeführt.[906]

▶ **Beispiel 10 (Abschreibungsfall):**

Im Oktober 1995 erwirbt M ein Gebäude im Beitrittsgebiet für 1 Mio. €, dessen Grundstückswert 200.000,00 € beträgt. Nach Abzug von Sonder-AfA i.H.v. 400.000,00 € wird das Gebäude im Dezember 1999 für 800.000,00 € verkauft. 545

Als Anschaffungskosten kommen in Betracht:

Kaufpreis:	*1 Mio. €*
abzgl. Sonder-AfA	*400.000,00 €*
abzgl. AfA	*68.000,00 €*
Summe:	*532.000,00 €*

Demnach verbleibt ein Gewinn nach § 23 EStG i.H.v. 268.000,00 €.

Bei diesem Fall ist aber nun die Rechtsprechung des BVerfG[907] und des BFH[908] zur rückwirkenden Verlängerung der »Spekulationsfristen« zu beachten, die dazu führt, dass der bis zum 31.03.1999 erzielte Wertzuwachs steuerfrei zu belassen ist und dass die Sonder-AfA dem Jahr der Inanspruchnahme zugeordnet werden muss. Dies mildert die Auswirkungen der AfA erheblich ab.

d) Ausnahme bei Eigennutzung

All die vorgeschilderten Probleme entfallen, wenn der betroffene Grundbesitz nach § 23 Abs. 1 Nr. 1 EStG **zu eigenen Wohnzwecken** genutzt wurde, denn dann unterfällt er nicht der Besteuerung nach § 23 EStG. 546

Ausgenommen von der Besteuerung ist demnach Grundbesitz, der entweder
– zwischen Anschaffung/Herstellung und Veräußerung ausschließlich **zu eigenen Wohnzwecken** genutzt wurde oder
– im Jahr der Veräußerung und in den beiden vorangegangenen Jahren zu eigenen Wohnzwecken genutzt wurde.

Nach der Finanzverwaltung dient ein Gebäude der Nutzung zu eigenen **Wohnzwecken**, wenn das Wirtschaftsgut dazu bestimmt und geeignet ist, Menschen auf Dauer Aufenthalt und Unterkunft zu ermöglichen. Dazu zählen **nicht** häusliche **Arbeitszimmer**, selbst wenn sie vom Steuerabzug ausgenommen sind.[909] D.h. der anteilig auf das häusliche Arbeitszimmer entfallende Teil des Veräuße- 547

---

905 Grziwotz, FamRZ 2002, 1669.
906 Nach Korn/Carlé, § 23 Rn. 81.2.
907 BVerfG, DStR 2010, 1727.
908 BFH, DStR 2014, 1756.
909 BMF, BStBl. 2000 I, S. 1383 ff., Rn. 21; FG Münster, DStRE 2004, 23; krit. hierzu für die Fälle, in denen das Arbeitszimmer nach § 8 EStDV kein eigenes Wirtschaftsgut darstellt, Korn/Carlé, § 23 Rn. 40.

rungsgewinns kann nach § 23 EStG zu versteuern sein.[910] Dies soll jedoch wiederum dann nicht gelten, wenn weit überwiegend eine Eigennutzung der Wohnung im Übrigen vorliegt.[911] Ist das Arbeitszimmer Betriebs- oder Sonderbetriebsvermögen, so entfällt eine Besteuerung nach § 23 EStG, die steuerlichen Konsequenzen richten sich dann nach §§ 4 ff. EStG. Allerdings sollte diese Auffassung angegriffen werden, nachdem der BFH nunmehr für den Bereich des § 13 Abs. 1 Nr. 4a ErbStG das im Wohnbereich gelegene Arbeitszimmer der eigenen Wohnnutzung zugerechnet hat.[912] Nicht privilegiert ist der Verkauf eines Bauplatzes, der bisher im Bereich eines Wohngrundstückes als zusätzlicher Garten genutzt wurde.[913]

548 Dient ein Gebäude **teilweise** eigenen Wohnzwecken, so fällt dieser entsprechende Anteil nicht unter die Besteuerung nach § 23 EStG.[914] Der Grund und Boden ist hierbei nach dem Verhältnis der eigengenutzten Wohnfläche zur Gesamtwohnfläche zu verteilen.[915]

549 Eine Nutzung zu eigenen Wohnzwecken liegt nur dann vor, wenn der Steuerpflichtige die Wohnung selbst tatsächlich und auf Dauer angelegt bewohnt. Eine bloß sporadische Nutzung ist nicht ausreichend.[916] Allerdings sollen auch Zweitwohnungen, nicht zur Vermietung bestimmte Ferienwohnungen und Wohnungen, die im Rahmen einer doppelten Haushaltsführung genutzt werden, von der Begünstigung erfasst werden.[917]

Eine eigene Nutzung liegt auch vor, wenn der Eigentümer das Objekt **gemeinsam mit** Familienangehörigen oder gar **Dritten** nutzt, sofern diese unentgeltlich nutzen. Dem Eigentümer müssen aber jeweils Räume verbleiben, die den Wohnungsbegriff erfüllen.

550 Bei **unentgeltlicher Überlassung** zu Wohnzwecken **an ein Kind**, für das ein Anspruch auf Kindergeld oder der Freibetrag nach § 32 Abs. 6 EStG besteht, soll auch noch eine Nutzung zu eigenen Wohnzwecken vorliegen.[918] Dies soll allerdings schon dann nicht mehr gelten, wenn das Kind die Wohnung nicht alleine nutzt, sondern zusammen etwa mit dem anderen Elternteil.[919]

Bei unentgeltlicher Überlassung **an andere Angehörige** liegt hingegen keine Nutzung zu eigenen Wohnzwecken mehr vor, selbst wenn diese unterhaltsberechtigt sind.[920] Das bedeutet insb., dass bei einer **unentgeltlichen Überlassung** zur Nutzung als Wohnung **an den anderen Ehegatten keine Eigennutzung** mehr vorliegt.

▶ Hinweis:

551 Zieht der Eigentümer-Ehegatte bei der Trennung der Eheleute aus und verbleibt der Nichteigentümer-Ehegatte in der Wohnung, so liegt keine Nutzung zu eigenen Wohnzwecken mehr vor. Dies kann zum Verlust des entsprechenden Steuerprivilegs bei einer späteren Veräußerung führen.

552 Die Finanzverwaltung nimmt nicht dazu Stellung, wie der – häufige – Fall zu betrachten ist, dass der Eigentümer-Ehegatte auszieht und der verbleibende Ehegatte und ein Kind, für das Kindergeld beansprucht werden kann, in dem Gebäude verbleiben. In der Literatur wird auch in diesem Fall die gänzliche Freistellung von der Steuer vertreten.[921]

---

910 FG Münster, DStRE 2004, 23.
911 FG Köln, BeckRS 2018, 9845; FG München, DStRE 2019, 1063.
912 BFH, DStR 2009, 575.
913 BFH, DStR 2011, 1847.
914 BMF, BStBl. 2000 I, S. 1383 ff., Rn. 16.
915 BMF, BStBl. 2000 I, S. 1383 ff., Rn. 18.
916 FG Münster, BeckRS 2007, 26023883; BFH, BeckRS 2018, 14637.
917 BFH, DStR 2017, 2668.
918 FG Baden-Württemberg, DStRK 2018, 114; FG München, MittBayNot 2018, 501.
919 FG Hessen, DStRE 2017, 270.
920 BMF, BStBl. 2000 I, S. 1383 ff., Rn. 22 f.
921 Wälzholz, FamRB 2002, 382, 384; zweifelnd Engels, FF 2004, 285, 286.

Sind **beide Ehegatten Eigentümer** und einer von ihnen zieht aus, so ist die Frage der **Nutzung zu eigenen Wohnzwecken** für jeden der Miteigentümer **getrennt zu beurteilen**. Für den ausziehenden Ehegatten ergeben sich also ggf. Steuernachteile nach § 23 EStG. 553

▶ Hinweis:

Beim Trennungs- oder Scheidungsmandat ist es notwendig, die Folgen des § 23 EStG am Anfang der Beratung zu erörtern. Ggf. ist es aus der Sicht der Steueroptimierung zu raten, eine Trennung im gemeinsamen Anwesen durchzuführen. Mit dem Wegzug jedenfalls werden steuerlich Fakten geschaffen. 554

Hinsichtlich des zeitlichen Umfangs der Nutzung zu eigenen Wohnzwecken sieht das Gesetz zwei Alternativen vor: 555
– **Ausschließliche Nutzung** zu eigenen Wohnzwecken **zwischen Anschaffung/Herstellung und Veräußerung**. Nach den Ausführungsbestimmungen der Finanzverwaltung ist für den Zeitpunkt der Anschaffung bzw. Veräußerung jeweils der **Übergang des wirtschaftlichen Eigentums entscheidend**.[922] Dies meint bei einer Grundstücksveräußerung regelmäßig den Übergang von Besitz, Nutzen und Lasten. Ausschließliche Nutzung bedeutet ununterbrochene Nutzung. **Leerstände sind unschädlich** vor Nutzungsbeginn, wenn sie mit der Aufnahme der Eigennutzung in Zusammenhang stehen (z.B. für Umbauzwecke), und zwischen Nutzungsende und Veräußerung, wenn der Steuerpflichtige die **Veräußerungsabsicht** nachweist. Nach dieser Alternative ist die Veräußerung auch dann steuerfrei, wenn die Eigennutzung nur für einen ganz kurzen Zeitraum erfolgte.[923]
– **Nutzung zu eigenen Wohnzwecken im Jahr der Veräußerung und in den beiden vorangegangenen Kalenderjahren**. Hierzu fordert die Finanzverwaltung[924] die Eigennutzung in einem **zusammenhängenden Zeitraum**[925] innerhalb der letzten drei Kalenderjahre. Der Zeitraum muss aber nicht die vollen drei Kalenderjahre umfassen. Im Extremfall genügt somit zur Erfüllung dieser Voraussetzungen ein Nutzungszeitraum von etwas über 12 Monaten, wenn sich dieser **über drei Kalenderjahre** erstreckt.[926] Das hat der BFH inzwischen bestätigt.[927] Ein **Leerstand** soll nach der Finanzverwaltung unschädlich sein, wenn die **Veräußerung noch im Jahr der Nutzungsbeendigung** erfolgt. Da bei einem scheidungsbedingten Auszug dieser i.d.R. nicht im Hinblick auf eine Veräußerung erfolgt (so die Leerstandsformel der Finanzverwaltung in der ersten Alternative), wird man bei einem Auszug vor Veräußerung auf diese Alternative zurückzugreifen haben. Dabei sei nochmals ins Gedächtnis gerufen, dass die Finanzverwaltung unter Veräußerung den Übergang des wirtschaftlichen Eigentums verstehen will. Das bedeutet, dass **im Jahr des Auszugs bei Veräußerung auch das wirtschaftliche Eigentum übergegangen sein muss**. Dies wird in den einschlägigen Hinweisen selten beachtet.

---

922 BMF, BStBl. 2000 I, S. 1383 ff., Rn. 25. Diese ausdrückliche Bestimmung, die das BMF-Schreiben für den Zeitraum der Eigennutzung trifft, steht im Gegensatz zur herrschenden Auffassung für die Berechnung der Veräußerungsfrist, vgl. Rdn. 504 ff.
923 Gottwald, MittBayNot 2001, 8, 13.
924 BMF, BStBl. 2000 I, S. 1383 ff., Rn. 25.
925 Das Erfordernis des zusammenhängenden Zeitraums ergibt sich m.E. nicht aus dem Gesetzestext, da sich das Wort ausschließlich, aus dem die Finanzverwaltung ununterbrochen liest, eindeutig nur auf die erste Alternative bezieht. Daher zu Recht krit. Gottwald, MittBayNot 2001, 8, 13; Korn/Carlé, § 23 Rn. 33, der auch eine Fremdvermietung als unschädlich ansieht, wenn sich diese nicht über den Zeitraum eines Kalenderjahres erstreckt.
926 Arens, FPR 2003, 426, 427; Karasek, FamRZ 2002, 590, 591.
927 BFH, DStR 2017, 2268; dem folgend FG Hamburg, DStRE 2019, 85.

▶ **Hinweis:**

556 I.R.d. § 23 EStG ist die Trennungsfalle zu beachten. Nach dem Auszug eines Eigentümerehegatten liegt eine Eigennutzung i.d.R. nur vor, wenn noch im Jahr des Auszugs eine Veräußerung unter Übergang von Besitz, Nutzen und Lasten erfolgt.

▶ **Neue Rechtsprechung:**

557 Der BFH hat ganz aktuell entschieden, dass für die zweite Alternative (Nutzung im Jahr der Veräußerung und in den beiden vorangegangenen Kalenderjahren) eine Vermietung nach Auszug unschädlich ist, wenn nur mindestens am 01.01. des Jahres noch eine Eigennutzung vorlag.[928]

558 Hingewiesen sei noch auf eine in diesem Zusammenhang selten kommentierte »Wohltat« der Finanzverwaltung. Diese ist der Auffassung, dass i.R.d. § 23 EStG bei unentgeltlichem Erwerb die Nutzung zu eigenen Wohnzwecken des Rechtsvorgängers dem Rechtsnachfolger zugerechnet wird. Dies soll auch für die unentgeltliche Einzelrechtsnachfolge gelten![929] Überträgt also ein Veräußerer, der die Voraussetzung der Eigennutzung erfüllt, eine Immobilie und verkauft sie der Erwerber im Jahr seines Erwerbs, so kann die Veräußerung steuerfrei erfolgen.

▶ **Beispiel 11 (Eigennutzung):**

559 *M und F erwarben mit Übergang von Besitz, Nutzen und Lasten zum 01.05.2017 ein Einfamilienhaus. Nach Renovierung zogen sie am 01.09.2017 ein. An Weihnachten 2018 erfolgte nach einem Zerwürfnis die Trennung. M zog sofort aus, F zog im Januar 2019 zu ihrer Mutter. Sie hatte bis dahin ohne weitere Absprache das Haus bewohnt. Kinder hatten M und F nicht. Da ein Käufer nicht sofort zu finden war, vermieteten M und F das Haus zunächst befristet. Im Oktober 2019 veräußerten sie schließlich das Anwesen. Besitz, Nutzen und Lasten gingen im Dezember 2019 auf den Käufer über.*

Alternative: Das Anwesen wurde nicht vermietet, sondern stand bis zur Veräußerung leer.

Wenn M und F das Anwesen vor der Veräußerung vermieten, so stand diese Vermietung einer Steuerbefreiung aufgrund Eigennutzung immer entgegen, da die Finanzverwaltung lediglich einen Leerstand vor Veräußerung akzeptierte.[930] Der BFH hat aber nun entschieden, dass eine Vermietung unschädlich ist.[931]

In der Alternative fehlt es an einer ausschließlichen Eigennutzung bis zur Veräußerung für beide Ehegatten. Der Auszug erfolgte trennungsbedingt, der Leerstand ist daher nicht durch die beabsichtigte Veräußerung verursacht. Für M liegen auch die Voraussetzungen der zweiten Alternative nicht vor, denn M nutzt das Anwesen im Jahr der Veräußerung nicht mehr zu eigenen Wohnzwecken. Die Veräußerung seines Anteils unterliegt daher der Veräußerungsgewinnbesteuerung. F hingegen hat das Anwesen noch zu eigenen Wohnzwecken im Jahr der Veräußerung genutzt und auch in den beiden vorangegangenen Jahren 2017 und 2018 ununterbrochen genutzt. Daher ist die Veräußerung ihres Anteils wegen der Eigennutzung nicht nach § 23 EStG zu versteuern.

---

928 BFH, DStR 2019, 2471. Die Reaktion der Finanzverwaltung darauf steht noch nicht fest.
929 BMF, BStBl. 2000 I, S. 1383 ff., Rn. 26.
930 Gottwald, MittBayNot 2001, 8, 13, der darauf hinweist, dass die Vermietung damit ein probates Mittel ist, verrechenbare Veräußerungsverluste zu generieren; BMF, BStBl. 2000 I, S. 1383 ff., Rn. 25. Großzügiger das FG Baden-Württemberg, DStRK 2019, 153, das eine mehrmonatige Zwischenvermietung als unschädlich ansieht.
931 BFH, DStR 2019, 2471.

e) Auswirkungen der vom BFH neuerdings vertretenen modifizierten Trennungstheorie

In den vorstehenden Fällen zu § 23 EStG kam es mehrfach zu teilentgeltlichen Übertragungen, die nach der bisher von der Finanzverwaltung angewendeten Trennungstheorie gelöst wurden. Es erfolgte also eine Aufspaltung in einen entgeltlichen und einen unentgeltlichen Teil nach dem Verhältnis des Veräußerungserlöses zum Wert. 560

Der IV. Senat des **BFH**[932] hat sich jedoch in zwei Urteilen **gegen** diese **Trennungstheorie** ausgesprochen, und zwar im Bereich der teilentgeltlichen Übertragung von **Gegenständen des Sonderbetriebsvermögens** in das Gesamthandsvermögen derselben Mitunternehmerschaft bzw. einer Schwesterpersonengesellschaft. Er hat eine Gewinnrealisierung abgelehnt, solange die Gegenleistung den Gesamtbuchwert nicht übersteigt. Danach erfolgt **keine Aufteilung des Buchwertes mehr** in einen entgeltlichen und einen unentgeltlichen Teil.[933] Zustimmend zu dieser Rechtsprechung hat sich der I. Senat geäußert.[934] Mit dieser Rechtsprechung ist ein Bruch des bisherigen Systems verbunden. Die **Finanzverwaltung** hat daraufhin mit einem **Nichtanwendungserlass** reagiert.[935] 561

Fraglich ist, ob die Rechtsprechung des IV. Senats des BFH auch für die Veräußerung von steuerverstrickten Gegenständen des Privatvermögens und damit im Rahmen des **§ 23 EStG** angewendet werden muss. Richter des dafür zuständigen IX. Senats sehen dies nicht und plädieren für die Beibehaltung der bisherigen strengen Trennungstheorie in diesem Bereich.[936] Andere halten die Rechtsprechung auch auf § 23 EStG für übertragbar.[937] 562

Das BMF wurde nun in einer **Beitrittsaufforderung** des X. Senates vom 19.03.2014[938] **explizit danach gefragt**, welche Folgen die modifizierte Trennungstheorie des IV. Senates für die Beurteilung teilentgeltlicher Übertragungen von Wirtschaftsgütern des Privatvermögens hat.[939] 563

Die Vorlage an den Großen Senat des BFH durch den X. Senat[940] kam jedoch wegen Erledigung leider nicht zur Entscheidung.[941] Nunmehr ist ein neues Verfahren anhängig.[942] Es bleibt zu hoffen, dass die Thematik auf diese Weise einer Klärung zugeführt werden kann. Bis dahin muss man die Lösungen bei teilentgeltlichem Erwerb noch mit einem Fragezeichen betrachten.[943] 564

5. Vermeidungsstrategien

Die dargestellten steuerlichen Probleme einer Vermögensauseinandersetzung in der Ehescheidung lassen die Berater auf Vermeidungsstrategien sinnen.[944] Meist erfolgt diese Überlegung dann, wenn die Scheidung ansteht. 565

Der vorausschauende Berater, der Ehegatten über längere Zeit etwa in der Steuer- aber auch in der Rechtsberatung begleitet, wird als erste Maßnahme zu einer **vernünftigen Organisation der Vermögensverteilung in der Ehe** raten.[945] Für diese Vermögensverteilung gibt es verschiedene Gründe und Gegengründe. Sofern nicht solche Gesichtspunkte – wie etwa Haftungsvermeidung – überwiegen, sollte nicht unüberlegt alles jeweils in Miteigentum erworben werden. Denn wie gezeigt,

---

932 BFH, DStR 2012, 1500; BFH, DStR 2012, 2051.
933 Strahl, KÖSDI 2013, 18528, 18529.
934 BFH, DStR 2013, 2158 Tz. 23.
935 BMF v. 12.09.2013, BStBl. 2013 I, 1164.
936 Heuermann, DB 2013, 1328 f.
937 Demuth, DStR-Beihefter zu Heft 49/2012, 146.
938 BFH, DStRE 2014, 1025.
939 Zu diesem Beschluss Hennigfeld, DB 2014, 2254.
940 BFH, DStR 2015, 2834.
941 BFH, GrS, DStR 2018, BeckRS 2018, 29952.
942 BFH IV R 16/19.
943 Vgl. dazu etwa Graw, FR 2015, 260 f.; Kraft, NWB 2016, 488.
944 Perleberg-Kölbel, FuR 2012, 530 f.; Sagmeister, DStR 2011, 1589 ff.
945 Zur Vermögensstrukturplanung C. Münch, Familiensteuerrecht, § 2 IV.

kann die Auseinandersetzung dieses Miteigentums unangenehme steuerliche Folgen nach sich ziehen. Mit Blick auf eine etwaige künftige Auseinandersetzung sollten die Ehegatten vielmehr Vermögensgüter durchaus **schon so jeweils zu Alleineigentum erwerben, wie** sie diese **später** wieder **auseinandersetzen** würden. Zu denken wäre auch daran, Anlagevermögen in der Rechtsform einer Ehegatten-GbR zu halten. Zwar unterliegt nunmehr auch die Veräußerung der GbR-Anteile der Versteuerung nach § 23 Abs. 1 Satz 4 EStG. In der Rechtsform der GbR können aber die Ehegatten den Grundbesitz ggf. auch nach einer Ehescheidung weiter gemeinsam halten, bis sie die GbR schlussendlich auf Kinder übertragen, sodass eine Veräußerung nicht stattfindet.

566 Auch sonst kann überlegt werden, eine Veräußerung unter Ehegatten gänzlich zu vermeiden, indem eine **Gestaltung der vorweggenommenen Erbfolge auf die Kinder** gewählt wird, die insb. wegen lediglich vorbehaltener Leistungen steuerlich als unentgeltlich einzustufen ist.[946] Allerdings gilt hier wie bei jeder anderen Beratung zur vorweggenommenen Erbfolge auch, dass dies nicht der richtige Weg ist, wenn die Ehegatten nach der Scheidung die betroffenen Vermögenswerte nicht nur zur Nutzung oder als Einnahmequelle bei Vermietung benötigen, sondern ggf. auch in die Notwendigkeit kommen, die Substanz verwerten zu müssen.

567 Jedenfalls sollte die Übertragung der Immobilie **an Erfüllungs statt vermieden** werden. Notfalls sollte der Zugewinn in Geld ausgeglichen und die Immobilie beliehen werden. Es könnte dann später nach Ablauf der Veräußerungsfristen ein Verkauf an den früheren Ehegatten erfolgen. Allerdings ist in diesem Zusammenhang dann auf die Grunderwerbsteuerthematik hinzuweisen.

568 Soll im Zusammenhang mit dem Zugewinnausgleich die Veräußerung eines Miteigentumsanteils oder eines Grundstücks an den anderen Ehegatten erfolgen, so ergeht verschiedentlich der Ratschlag, man solle die **Übertragung** nicht im Zuge einer Scheidungsvereinbarung durchführen, sondern **früher** bei bestehender Ehe. Mit dieser Übertragung solle dann die **Anrechnung** auf die Zugewinnforderung **nach § 1380 BGB** angeordnet werden. Wegen der Unentgeltlichkeit dieser Zuwendung sei dann kein Fall des § 23 EStG gegeben.[947]

Der Erfolg solchen Vorgehens wird indes zu Recht bezweifelt,[948] da in dem Augenblick, wo es später zum Zugewinnausgleich kommt und die Anrechnung greift, das Rechtsgeschäft nach Auffassungen in der Literatur umgestaltet und zu einer antizipierten Leistung an Erfüllungs statt wird.[949] Ganz deutlich wird dieser Wandel durch § 29 Abs. 1 Nr. 3 ErbStG, der anordnet, dass eine bei der unentgeltlichen Zuwendung erhobene Schenkungsteuer bei der späteren Anrechnung zurückzuerstatten ist.[950] Für die Schenkungsteuer steht damit fest, dass der Zuwendung der freigiebige Charakter nunmehr fehlt.[951] Dabei gilt es zu beachten, dass eine **Umqualifizierung in eine entgeltliche Übertragung** auch einkommensteuerliche Folgen haben kann, die bei steuerverstricktem Vermögen zu hohen Belastungen führen können. Nicht zuletzt deshalb wird vertreten, dass eine Anrechnung nach § 1380 BGB nichts an der Unentgeltlichkeit ändert.[952] Die steuerrechtliche Einordnung des § 1380 BGB und der darauf basierenden Anrechnung ist also derzeit offen und es bleibt abzuwarten, wie die

---

946 BMF-Schreiben, BStBl. 1993 I, S. 80 ff.; BStBl. 2010, 227, geändert BStBl. 2016, 476.
947 Hermanns, DStR 2002, 1065, 1067 und Götz, FamRB 2004, 89, 91.
948 Hollender/Schlütter, DStR 2002, 1932 f., aber auch von Arens, FPR 2003, 426, 429.
949 Hollender/Schlütter, DStR 2002, 1932, 1933 m.w.N.
950 Die vorherige Vereinbarung der Gütertrennung mit Ausgleich des Zugewinns kann zwar nach § 5 ErbStG sinnvoll sein, dürfte aber nichts an dem Umstand ändern, dass einkommensteuerlich eine entgeltliche Übertragung zur Erfüllung des Zugewinns vorliegt. Denn hierfür kann es keinen Unterschied machen, ob die Zugewinnausgleichsforderung durch die Scheidung oder einen ehevertraglichen Güterstandswechsel entsteht. Anders die Sachverhaltsgestaltung bei Wälzholz, FamRB 2003, 282, 283, der von einer Gütertrennung mit anschließender Schenkung ausgeht; eine eher seltene und auch dem FA nur schwer zu »verkaufende« Lösung, wenn sie im zeitlichen Zusammenhang einer Scheidung stattfindet.
951 Weidlich, ZEV 2014, 345, 350.
952 Hermanns, DStR 2002, 1065 f.; Stein, DStR 2012, 1734 f.

C. Steuerliche Probleme bei der Vermögensauseinandersetzung in der Ehescheidung Kapitel 8

Rechtsprechung sich äußert.⁹⁵³ Gegen eine Umqualifizierung spricht die Einseitigkeit der Anrechnung. Die Umqualifizierung setzt doch wohl eine vertragliche Vereinbarung voraus. Zu diesem Problemkreis wurde im Kapitel 1 ausführlich und aktuell Stellung bezogen.⁹⁵⁴

Zu bezweifeln ist auch, ob eine solche Vorabübertragung losgelöst von der Scheidungsthematik dem Willen der Vertragsparteien entspricht. 569

▶ Hinweis:

Führt die Anrechnung nach § 1380 BGB zu einer Umqualifizierung in ein entgeltliches Geschäft, so ist bei steuerverstrickten Gegenständen der Zuwendung Vorsicht geboten bei der Verwendung von Anrechnungsklauseln. 570

Die **Übertragung vor der Scheidung** kann jedoch aus einem anderen Grund ggf. vorteilhaft sein. Erhält der eigentlich unterhaltsberechtigte Ehegatte durch die Übertragung eine Einnahmequelle, so kann damit seine **Unterhaltsbedürftigkeit wegfallen**, ohne dass er auf Unterhalt verzichten oder die Veräußerung als Abfindung für den Unterhalt konstruiert sein muss. Im Gegensatz zu Beispiel 2 könnte man dann weiterhin insoweit von einer Unentgeltlichkeit der Zuwendung ausgehen, weil ein Unterhaltsanspruch erst gar nicht entsteht.⁹⁵⁵ Allerdings handelt es sich auch hier um eine Grenzgestaltung. Zu fragen sein wird insb., ob die Ehegatten die unentgeltliche Übertragung des Anwesens im Vorfeld wirklich als solche wollen. Unentgeltlich ist schließlich die Überlassung einer Immobilie ohne Eigentumsänderung als Sachleistung im Unterhaltsrecht.⁹⁵⁶ 571

Zur **Vermeidung der Teilentgeltlichkeit** kann es ratsam sein, etwa eine teilweise eigengenutzte Immobilie so zu veräußern, dass der eigengenutzte Anteil vollentgeltlich veräußert und der andere Teil unentgeltlich übertragen wird. Für die Aufteilung des Wertes bei teils selbst genutzten, teils vermieteten Gebäuden i.R.d. § 23 EStG schreibt die Finanzverwaltung eine Aufteilung nach Flächen vor.⁹⁵⁷ Eine lediglich in die Urkunde aufgenommene Aufteilung muss daher nicht in jedem Fall akzeptiert werden. Ggf. können durch die Bildung von Eigentumswohnungen getrennte Veräußerungsobjekte geschaffen werden.⁹⁵⁸ 572

Ein weiterer Vorschlag geht dahin, die **Zugewinnausgleichsforderung** bis zum Ablauf der Veräußerungsfrist zu **stunden** nach § 1382 BGB.⁹⁵⁹ 573

Sinn machte ein solcher Vorschlag wohl nur, wenn parallel auch die **Übertragung des Eigentums** entsprechend **aufgeschoben** wird. Allerdings erscheint es bedenklich, sofern beides im Zusammenhang eine ausdrückliche Regelung erfährt, denn darin könnte dann eine aufschiebend bedingte Übertragung gesehen werden. Bei gleichzeitiger Nutzungsüberlassung könnte somit der Tatbestand des § 23 EStG bereits verwirklicht sein.⁹⁶⁰ Eine hilfreiche Maßnahme stellt das Hinausschieben der Übertragung jedenfalls dann dar, wenn der Ablauf der Veräußerungsfrist kurz bevorsteht und es bis dahin gar keiner weiteren Regelung bedarf.⁹⁶¹ Wenn gar vorgeschlagen wird, mit der Stundung die Erfüllung der Zugewinnausgleichsforderung durch Übertragung der Immobilie zu vereinbaren,⁹⁶² so ist damit das entgeltliche Geschäft steuerschädlich dokumentiert.

---

953 Jülicher in Troll/Gebel/Jülicher/Gottschalk, ErbStG, § 29, Rn. 93 geht nunmehr davon aus, dass es nicht zu einer Umqualifizierung kommt. Die Berufung auf die dort genannten Entscheidungen wird nicht allseits geteilt.
954 Vgl. Kap. 1 Rdn. 643 f.
955 So Reich, ZNotP 2000, 375, 379.
956 BFH, BFH/NV 2006, 1280.
957 BMF, BStBl. 2000 I, S. 1383 ff., Rn. 32.
958 Reich, ZNotP 2000, 375, 416, 417; hierzu BMF, BStBl. 2007 I, S. 269.
959 Karasek, FamRZ 2002, 590, 592; Arens, FPR 2003, 426, 428.
960 Korn/Carlé, § 23 Rn. 29.
961 Hermanns, DStR 2002, 1065.
962 Kusterer, EStB 2007, 343, 345.

574 Der Vorschlag, eine Zuweisung nach § 1383 BGB könne die Probleme lösen,[963] scheint zum einen deshalb wenig erfolgversprechend, weil die Voraussetzungen eher selten darzulegen sein werden, zum anderen aber deshalb, weil nach Rechtsprechung und Kommentarliteratur zu § 23 EStG sogar die Abgabe eines Meistgebots in der Zwangsversteigerung als Anschaffung i.S.d. § 23 EStG angesehen wird.[964]

575 Am ehesten versprechen daher **Gestaltungen** Erfolg, **welche die kritische Veräußerungsfrist überbrücken**. Hierzu werden die **Bestellung dinglicher Rechte**, wie etwa eines Nießbrauchs oder eines Erbbaurechts, vorgeschlagen.[965] Möglich wäre aber auch ein bindendes **Angebot**, das erst nach Ablauf der Veräußerungsfrist angenommen werden kann. Schädlich dürften hingegen die Kombination von beidem und alle sonstigen Vorwegnahmen der wirtschaftlichen Eigentümerstellung sein, wie etwa die gleichzeitige Vermietung mit Anrechnung der Miete auf den Kaufpreis. Sofern eine Grenzgestaltung vorliegt, ist eine verbindliche Anfrage[966] beim Finanzamt ratsam, die allerdings nunmehr nach § 89 Abs. 2 AO gebührenpflichtig ist.[967]

576 Ein weiterer Vorschlag will den Zugewinnausgleich vertraglich abweichend regeln, sodass der Anspruch statt auf Geld auf die Übertragung einer Immobilie geht.[968] Der vereinbarte Gegenstand wäre dann nicht nur auf eine bleibende Zugewinnforderung anzurechnen, sondern er bildet dann den Zugewinnausgleich. Dies ist sicher so zivilrechtlich zulässig, ist aber bei einer vorsorgenden Vereinbarung für beide Seiten unwägbar, denn sowohl die Entwicklung des Zugewinns wie die Wertentwicklung des Gegenstandes sind nicht absehbar. Wird die Vereinbarung aber scheidungsnah getroffen, so ist doch fraglich, ob hierin nicht eben die vertraglich getroffene Vereinbarung der Leistung an Erfüllungs Statt liegt, zumal der BFH deutlich gemacht hat, dass es ihm nicht auf die zivilrechtliche Konstruktion ankommt, sondern auf das wirtschaftliche Ergebnis.

577 Hält man sich die steuerlichen Folgen der Auseinandersetzung unter Ehegatten für das Familienheim vor Augen, so kommt man nicht umhin, an den **Gesetzgeber zu appellieren**, diesen Fall von der Besteuerung auszunehmen und insoweit ein Ehegattenprivileg zu schaffen ähnlich dem § 13 Abs. 1 Nr. 4a ErbStG und dem § 3 Nr. 5 GrEStG,[969] denn diese Auseinandersetzung ist nicht steuerwürdig. Ihre Besteuerung führt vielfach dazu, dass Eheleute ein Familienwohnheim nicht halten können.

IV. Scheidung und gewerblicher Grundstückshandel

578 Obwohl der Anwendungsbereich des § 23 EStG ausgeweitet wurde, können Veräußerungen anlässlich der Scheidung an Dritte oder auch unter den Ehegatten steuerlich auch und aufgrund der Subsidiarität des § 23 EStG sogar **vorrangig** unter den Begriff des **gewerblichen Grundstückshandels** fallen. In Grenzbereichen wird sich die Rechtsprechung höchstens mit Blick auf § 23 EStG in der Definition des gewerblichen Grundstückshandels zurückhalten,[970] obwohl zwischen beiden Besteuerungsarten etwa mit Blick auf die Gewerbesteuer, die Verlustverrechnung, aber auch die Abschreibung bei Umlaufvermögen, noch erhebliche, wenngleich abnehmende[971] Unterschiede bestehen.[972]

579 Bei den Steuerproblemen der Scheidungsvereinbarung steht § 23 EStG im Vordergrund, weil es sich zumeist um einzelne Objekte handelt, die keinen gewerblichen Grundstückshandel begründen.

---

963 Schröder, FamRZ 2002, 1010; skeptisch Feuersänger, FamRZ 2003, 645 ff.
964 BFH, BStBl. 1989 II, S. 652; Arens, FPR 2003, 426, 428.
965 Wälzholz, FamRB 2002, 382, 384 m.w.N.
966 Zu den Voraussetzungen BMF v. 29.12.2003, BStBl. 2003 I, S. 742; § 89 Abs. 2 AO.
967 Eingefügt durch das Jahressteuergesetz 2007; hierzu BMF v. 08.12.2006, BStBl. 2007 I, S. 66.
968 Stein, DStR 2012, 1063 f.
969 So auch Karasek, FamRZ 2002, 590, 592.
970 So Korn/Carlé, § 23 Rn. 11.
971 Tiedtke/Wälzholz, MittBayNot 2004, 5.
972 Hierzu etwa Tiedtke/Wälzholz, DB 2002, 652 ff.; Vogelsang, DB 2003, 844.

C. Steuerliche Probleme bei der Vermögensauseinandersetzung in der Ehescheidung **Kapitel 8**

Der gewerbliche Grundstückshandel ist ein **richterlich geschaffenes Rechtsinstitut** ohne gesetzliche Definition. Aufgrund der Wandlung und Ausbildung der Rechtsprechung bis in die jüngste Zeit ist es nur schwer möglich, eine allgemeine Definition des gewerblichen Grundstückshandels zu geben.[973] In diesem Themenzusammenhang sollen nur einige Grundaussagen genannt sein. **580**

Die Schwierigkeit liegt in der Abgrenzung des gewerblichen Grundstückshandels von der privaten Vermögensverwaltung.[974] Bei dieser Abgrenzung ist auf das Gesamtbild der Verhältnisse und auf die Verkehrsanschauung abzustellen.[975] Die Rechtsprechung und ihr folgend die Finanzverwaltung finden diese Abgrenzung vorwiegend über die Zahl der verkauften Objekte.[976] Der Grundsatz der sog. »**Drei-Objekt-Grenze**« lautet, dass bei einer Veräußerung von mehr als drei Objekten innerhalb von **fünf Jahren** (»**Veräußerungszeitraum**«) ein gewerblicher Grundstückshandel besteht, wenn der Erwerb der Objekte in bedingter Veräußerungsabsicht geschah. Diese Absicht wird widerleglich vermutet, wenn zwischen Erwerb/Errichtung und Veräußerung ein »**Haltezeitraum**«[977] von weniger als ebenfalls **fünf Jahren** liegt. **581**

Der **Große Senat des BFH** hat in seinem Beschluss v. **10.12.2001** klargestellt, dass die Drei-Objekt-Grenze für alle Arten von Objekten gilt, also nicht nur für Ein- und Zweifamilienhäuser, sondern auch für Eigentumswohnungen, Bauparzellen, Mehrfamilienhäuser und Gewerbebauten. Ferner ist diese Grenze sowohl bei den reinen Fällen des Durchhandelns wie auch in den Bebauungsfällen anzuwenden.[978] Zugleich hat er aber der Drei-Objekt-Grenze den **Charakter einer Freigrenze genommen**,[979] indem er mehrere Fallgruppen nannte, in denen trotz Unterschreitung der Drei-Objekt-Grenze ein gewerblicher Grundstückshandel anzunehmen sei. Dies solle etwa gelten bei Verkauf schon vor oder während der Bebauung sowie bei Bebauung nach Wunsch des Erwerbers. Der zehnte Senat des BFH[980] hat aus dieser Sichtweise noch mehr Fallgestaltungen entwickelt, bei denen auch weniger als drei Verkäufe zur Gewerblichkeit führen, etwa die kurzfristige Finanzierung oder die Übernahme von Gewährleistungen.[981] Beim Verkauf mehrerer Objekte in einem Vertrag soll regelmäßig keine Nachhaltigkeit vorliegen, außer der Vertragsabschluss erfordert eine Vielzahl von Einzeltätigkeiten, die auf Nachhaltigkeit schließen lassen oder der Eigentümer hat zuvor auch versucht, die Objekte an mehrere Erwerber zu verkaufen.[982] Die Drei-Objekt-Grenze hat damit nur mehr indiziellen Charakter.[983] Letztlich entscheidet eine Gesamtwürdigung.[984] **582**

Wenn also **Ehegatten anlässlich der Ehescheidung** in diesem **Umfang Objekte an Dritte veräußern**, so ist auch das Vorliegen eines gewerblichen Grundstückshandels zu untersuchen. Hierbei ist besondere Vorsicht geboten, weil das Überschreiten der Drei-Objekt-Grenze auch Grundstücksverkäufe, **583**

---

973 Carlé, KÖSDI 2003, 13653; Hartrott, BB 2010, 2271; Sommer, DStR 2010, 1405.
974 Die Rspr. – grundlegend BFH, BStBl. 1988 I, S. 244 ff. – stellt der Nutzung von Grundbesitz durch Fruchtziehung aus zu erhaltender Substanz die Ausnutzung substanzieller Vermögenswerte durch Umschichtung ggü. Ausführlich zum gewerblichen Grundstückshandel: Schmidt-Liebig, Gewerbliche und private Grundstücksgeschäfte, 4. Aufl., 2002. Das BMF hat der Abgrenzungsproblematik nunmehr ein ganzes BMF-Schreiben gewidmet, das die bisherige Rspr. zusammenfasst, DStR 2004, 632 ff.; hierzu Söffing, DStR 2004, 793 ff.; Lüdicke/Naujok, DB 2004, 1796; Hornig, DStR 2004, 1719; Sommer, DStR 2010, 1405 ff.; eine aktuelle Zusammenfassung bietet Neufang, Steuerberater 2019, 256.
975 BFH, BStBl. 1995 II, S. 617 f.
976 Detailliert Schmidt/Wacker, EStG, § 15, Rn. 47 ff.
977 Die Begriffe Veräußerungs- und Haltezeitraum stammen wohl von Altfelder, FR 2000, 349, 359 ff.
978 BFH, BStBl. 2002 II, S. 292 = DStR 2002, 489 = MittBayNot 2002, 217. Dieser Beschluss wurde vielfach kommentiert, etwa von Bloehs, BB 2002, 1068 ff.; Kempermann, DStR 2002, 785 ff.; Tiedtke/Wälzholz, DB 2002, 652 f.; Vogelsang, DB 2003, 844 f.
979 Detailliert hierzu: Tiedtke/Wälzholz, MittBayNot 2004, 5 ff.; nun BMF, DStR 2004, 632, 636, Tz. 28.
980 BFH, BStBl. 2003 II, S. 510 f.
981 Zur berechtigten Kritik an diesem Kriterium, das die zivilrechtlichen Vorgaben beim Verkauf neu erstellter Bauwerke außer Acht lässt: Tiedtke/Wälzholz, MittBayNot 2004, 5, 7.
982 BFH, DStR 2005, 21.
983 BFH, BStBl. 2007 II, 375.
984 BFH/NV 2007, 1657.

die bisher nicht gewerblich waren, mit in die Gewerblichkeit hineinzieht. Objekte, die unter Zwischenschaltung eines Ehegatten innerhalb kurzer Frist weiterverkauft werden, sind als Zählobjekte auch beim zunächst übertragenden Ehegatten zu berücksichtigen.[985]

584 Anderes sollte hingegen bei Objekten gelten, welche die **Ehegatten anlässlich der Scheidung untereinander veräußern bzw. über die sie sich auseinandersetzen**. Aus mehreren Gründen sollte hier ein gewerblicher Grundstückshandel verneint werden können. Zum einen ist für den gewerblichen Grundstückshandel eine Teilnahme am **allgemeinen wirtschaftlichen Verkehr** erforderlich. Der Veräußerer muss sich mit seiner Veräußerungsabsicht an den allgemeinen Markt wenden. Zwar ist hierzu nicht erforderlich, dass die Tätigkeit allgemein erkennbar ist, vielmehr genügt Erkennbarkeit »für die beteiligten Kreise«.[986] Bei einer Auseinandersetzung oder einer Übertragung nur unter den Ehegatten in einer **Scheidungsfolgevereinbarung** sind diese Voraussetzungen aber m.E. **nicht gegeben**, sodass schon aus diesem Grund ein gewerblicher Grundstückshandel zu verneinen ist.[987] Außerdem fallen nach der Rechtsprechung Objekte als Zählobjekte für die Drei-Objekt-Grenze aus, die unentgeltlich, teilentgeltlich oder zwar entgeltlich, aber genau zu den Herstellungs- oder Anschaffungskosten ohne Gewinnerzielungsabsicht veräußert werden.[988] Bei einer Scheidungsvereinbarung mit Auseinandersetzung oder Übertragung zur Abgeltung des Zugewinns wird dies regelmäßig vorliegen oder lässt sich zumindest gestalten. Nach der Rechtsprechung sollen ferner selbst genutzte Familienwohnheime keine Zählobjekte sein.[989]

V. Scheidung und Gewinnerzielungsabsicht

585 Dass Vereinbarungen im Zusammenhang mit der Scheidung auch Einfluss auf die steuerliche Beurteilung der Gewinnerzielungsabsicht haben können, belegt ein Urteil des BFH aus dem Jahr 2002.

▶ **Beispiel:**[990]

586 *In einer Scheidungsvereinbarung vereinbaren M und F Gütertrennung. Zum Ausgleich des Zugewinns treffen sie verschiedene Abreden. U.a. verpflichtete sich M, der ein Fitness-Centrum als Einzelunternehmen betrieb, dieses Unternehmen »in ca. fünf bis sieben Jahren, wenn nämlich die betrieblich bedingten Investitionskredite zurückgezahlt sind«, auf F zu übertragen, die es dann weiter betreiben sollte. M verpflichtete sich, »den Geschäftsbetrieb schuldenfrei zu übergeben«. In der Übergangszeit hatte sich F ein Anstellungsverhältnis als Leiterin des Studios ausbedungen.*

So wurde verfahren. M hatte die Betriebsleitung des Studios noch fünf Jahre inne. Während dieser Jahre wurden steuerlich Verluste erwirtschaftet. F übernahm das Studio im darauf folgenden Jahr. Ab diesem Zeitpunkt fielen Gewinne an.

587 In dieser Vereinbarung sah der BFH folgende Problematik: Als Gewerbebetrieb definiert § 15 Abs. 2 EStG eine selbstständige nachhaltige Tätigkeit **in der Absicht, Gewinne zu erzielen**. Ein Steuerpflichtiger, der zwar eine nachhaltige Tätigkeit in diesem Sinne ausübt, dem aber die Absicht fehlt, Gewinne zu erzielen, führt keinen Gewerbebetrieb, sondern geht einer sog. »Liebhaberei«[991] nach. Dies hat zur Folge, dass Verluste aus dieser Tätigkeit steuerlich nicht anerkannt werden können. Denkt man an eine solche steuerliche »Liebhaberei« in erster Linie etwa bei Fällen, in denen die Pferdezucht der Töchter des Hauses als Landwirtschaft steuerlich abgesetzt werden soll, so zeigt das

---

985 BFH, DStR 2018, 180.
986 BFH, BStBl. 2002 II, S. 811 f.
987 Der BFH, BStBl. 2002 II, S. 811 f. hat das Kriterium bei einer Veräußerung an mehrere Kinder und einen Außenstehenden bejaht. Vgl. BMF, DStR 2004, 632, 634, Tz. 11.
988 BFH, BStBl. 2002 II, S. 811 ff.; Vogelsang, DB 2003, 844, 848.
989 FG Niedersachsen, EFG 2002, 1598 und Revisionsentscheidung BFH, DStRE 2004, 1274: »auf Dauer angelegte Eigennutzung«; ebenso BMF, DStR 2004, 632, 634, Tz. 10.
990 BGH, BStBl. 2003 II, S. 282 = DB 2003, 530.
991 Hierzu Fuhrmann, KÖSDI 2003, 1394 ff.

Rechtsprechungsbeispiel, dass auch die **Scheidungsvereinbarung mit Übertragungsverpflichtung** die Gefahr der **Liebhaberei** in sich birgt.

Für die Feststellung der Gewinnerzielungsabsicht ist nämlich der **Prognosezeitraum** ganz entscheidend, für den in einer Gesamtprognose die Erzielung eines sog. **Totalgewinns** festgestellt werden müsste, um eine Gewinnerzielungsabsicht zu bejahen. Bei Betrieben hängt dieser Prognosezeitraum wesentlich von der Art des Betriebes ab. Üblicherweise auftretende Anfangsverluste etwa stellen die Gewinnerzielungsabsicht nicht infrage. Lang anhaltende Verlustperioden ohne Gegenmaßnahmen des Inhabers bei gleichzeitig vorhandenem anderweitigem steuerlich positivem Einkommen und persönlichen Motiven des Steuerpflichtigen für die »Liebhaberei« indizieren dagegen das Fehlen einer Gewinnerzielungsabsicht. 588

Im Grundsatz hat der BFH anerkannt, dass ein Prognosezeitraum bei einer Übertragung im Wege der vorweggenommenen Erbfolge oder einer sonstigen **unentgeltlichen Übertragung** fortgeführt und die Zeiträume der verschiedenen Inhaber **zusammengerechnet** werden können.[992] 589

Anders dagegen bei einer vertraglichen **Verkaufsverpflichtung**: Hier hat der BFH in ständiger Rechtsprechung entschieden, dass der **Prognosezeitraum** sich dann **bis zum Zeitpunkt des Verkaufs verkürzt**. Gewinnerzielungsabsicht liegt daher nur vor, wenn bis zum Verkaufszeitpunkt ein Totalgewinn erzielt werden kann.[993] Gleiches gilt etwa bei einer Vermietung mit anschließender Absicht der Selbstnutzung.[994] 590

Im vorliegenden Rechtsprechungsbeispiel war daher für die Frage der Gewinnerzielungsabsicht entscheidend, ob die Übertragung von M an F als unentgeltlich oder als entgeltlich i.S.d. Rechtsprechung anzusehen war. Der **BFH** sprach sich klar für eine **Entgeltlichkeit** aus, weil eine Auseinandersetzungsvereinbarung als Scheidungsfolgenvereinbarungen **Vermögensübertragungen zumeist zur Abgeltung von Zugewinnausgleichs-** oder Unterhaltsansprüchen vorsehe. Somit hätten die Vermögensübertragungen Entgeltcharakter.

Dies hatte im Beispielsfall zur Folge, dass der Prognosezeitraum bei Abschluss des Scheidungsfolgevertrags nur noch bis zur Übertragung an die Ehefrau lief. Die nachfolgend von der Ehefrau erwirtschafteten Gewinne bezog der BFH ausdrücklich nicht mehr in die Prognose mit ein. Allerdings wäre ein Veräußerungsgewinn, der M aufgrund seiner entgeltlichen Übertragung im Zuge der Scheidung nach § 16 EStG zugerechnet würde, in die Totalprognose einzubeziehen. Damit ist der **steuerliche Abzug der Verluste** während der Entschuldungszeit des M nach Abschluss des Scheidungsfolgevertrags **infrage gestellt**.[995] 591

Die für die Übertragung eines Betriebes ergangene Rechtsprechung dürfte in **gleicher Weise** für die in der Praxis viel häufiger auftretende **Übertragung vermieteter Immobilien** gelten. Denn auch Vermietungsverluste sind nur absetzbar, wenn die Vermietung mit Gewinnerzielungsabsicht erfolgt.[996]

▶ Hinweis:

Verpflichtungen zu späterer Übertragung von Betrieben oder auch vermieteten Grundstücken, die zur Abgeltung von Zugewinnausgleichs- oder Unterhaltsansprüchen vorgenommen werden, verkürzen den Prognosezeitraum zur Ermittlung der Gewinnerzielungsabsicht auf einen Zeitraum bis zur vorgesehenen Übertragung. 592

Sie können daher steuerlich mit erheblichen Nachteilen verbunden sein.

---

992 BFH, BStBl. 2002 II, S. 726; BFH, BStBl. 2003 II, S. 282, 284; BFH, BStBl. 2003 II, S. 804.
993 BFH, BStBl. 2000, II, S. 676.
994 BFH/NV 2002, 1394.
995 Der BFH wies zu Ermittlung der Prognose an das FG zurück. Dabei wies er noch darauf hin, die Gehaltszahlungen an die geschiedene Ehefrau einem Drittvergleich zu unterziehen und zeigte die Möglichkeit auf, die Schuldzinsen als nachträgliche Betriebsausgaben abzuziehen, soweit sie als solche abziehbar gewesen wären, wenn die Veräußerung zeitgleich mit Abschluss des Scheidungsfolgevertrags erfolgt wäre.
996 Hierzu übersichtlich und eingängig: Stein, INF 2003, 902 ff.

▶ Gestaltungsempfehlung:

593 In Fällen dieser Art wird daher eher zu überlegen sein, den Betrieb bzw. die vermietete Immobilie sogleich mit den Verbindlichkeiten zu übertragen oder die Verbindlichkeiten bei der sofortigen Übertragung abzulösen, je nachdem, wie die vertraglichen Möglichkeiten und die steuerlichen Ansätze sowie die Finanzausstattung der Beteiligten dies nahe legen.[997]

VI. Scheidung und Grunderwerbsteuer

594 Der Grundstückserwerb zwischen Ehegatten ist nach § 3 Nr. 4 GrEStG **von der Grunderwerbsteuer befreit**. Nach dieser Vorschrift ist bis zur Rechtskraft der Scheidung zu verfahren. Getrenntleben oder Rechtshängigkeit eines Scheidungsverfahrens haben hierauf keinen Einfluss.[998]

595 **Ab rechtskräftiger Scheidung** kann eine Befreiung nur noch nach § 3 Nr. 5 GrEStG erfolgen für einen Erwerb vom früheren Ehegatten i.R.d. Vermögensauseinandersetzung nach der Scheidung. Das muss auch nach **längerer Zeit** gelten, denn die Auseinandersetzung um die Höhe des Zugewinns ist ein typisches Hindernis für die Vermögensauseinandersetzung.[999] Überhaupt ist eine großzügige Auslegung der Vorschrift im Hinblick auf **jegliche Vermögenstransfers im Rahmen der Scheidung** angebracht.[1000] Ein Abstellen nur auf solche Vermögenserwerbe, die ihre Ursache in der Scheidung haben, ist verfehlt.[1001] Darunter fällt nicht mehr ein Erwerb vom Alleinerben eines Ehegatten, auch wenn mit diesem selbst noch die Verhandlungen angebahnt worden waren.[1002] Begünstigt ist aber aufgrund einer Zusammenschau der §§ 3 Nr. 5 und 5 Abs. 2 GrEStG die Einbringung eines Grundstücks in eine Gesamthandsgemeinschaft anlässlich der Scheidung.[1003]

▶ Hinweis:

596 Hilfreich für die Inanspruchnahme der Steuerbefreiung nach § 3 Nr. 5 GrEStG ist die urkundliche Darstellung der Scheidung als Ursache und ggf. der Gründe für eine längere Zeitdauer seit Scheidung, etwa durch Bewertungsnotwendigkeiten im Rahmen der Zugewinnberechnung.

597 Ferner sind die Ehegatten grunderwerbsteuerlich **dadurch begünstigt**, dass sie für andere Steuerbefreiungen, die eigentlich nur dem Ehepartner zukommen, diesem gleichgestellt wurden. Dies gilt für § 3 Nr. 3 Satz 3 (Erwerb vom Miterben), § 3 Nr. 6 Satz 3 (Erwerb von Verwandten in gerader Linie) und § 3 Nr. 7 Satz 2 (fortgesetzte Gütergemeinschaft) GrEStG.

▶ Hinweis:

598 Durch die Gleichstellung des Ehegatten mit Abkömmlingen ist auch der Verkauf an ein Schwiegerkind von der Grunderwerbsteuer befreit.

---

997 Die an dieser Stelle in den Vorauflagen geschilderte Auswirkung auf die Eigenheimzulage wird nach Abschaffung der Eigenheimzulage durch das Gesetz zur Abschaffung der Eigenheimzulage v. 22.12.2005, BGBl. 2005 I, S. 3680 f. nicht mehr kommentiert. Sofern benötigt, wird auf die 2. Aufl. (2007), Rn. 2989 ff. verwiesen. Zum nachfolgenden Eigenheimrentengesetz (»Wohn-Riester«) vgl. Melchior, DStR 2008, 1405 f.
998 Boruttau, § 3 Rn. 365, 369; Hofmann, § 3 Rn. 37.
999 Kesseler, DStR 2010, 2173, 2174.
1000 Näher dazu Kessler, DStR 2010, 2173 ff.
1001 So aber FG Hessen, DStRE 2013, 550.
1002 FG Köln, EFG 2009, 1485; BFH, DStR 2011, 1314.
1003 FG Nürnberg, DStRE 2011, 696; BFH, NV 2012, 1177.

Die Befreiungsvorschriften des § 3 GrEStG sind nicht auf **Anteilsvereinigungen nach § 1 Abs. 3 Nr. 1 und 2 GrEStG bei einer Kapitalgesellschaft** anwendbar,[1004] da letztlich ein fingierter Erwerb von der GmbH besteuert wird. Der BFH macht davon eine Ausnahme für die Befreiung nach § 3 Nr. 2 GrEStG, soweit die Vereinigung also auf eine schenkweise Anteilsübertragung zurückgeht, um hier nicht zu einer doppelten Besteuerung zu kommen.[1005] Dem schließt sich die Finanzverwaltung an.[1006]

▶ Hinweis:

Halten Ehegatten gemeinsam eine Grundstücks-GmbH, so ist auf die Anteilsvereinigung an dieser GmbH nach § 1 Abs. 3 Nr. 1 oder 2 GrEStG die Privilegierung des § 3 Nr. 4 GrEStG nicht anwendbar!

Für die Tatbestände des § 1 Abs. 3 Nr. 3 und 4 GrEStG (Übertragung bereits vereinigter Anteile) soll die Privilegierung hingegen gelten.[1007]

Bei der Anteilsvereinigung einer **Personengesellschaft** nach § 1 Abs. 3 GrEStG wird vertreten, dass die Steuerbefreiung des § 3 Nr. 4 GrEStG eingreift.[1008] Im Rahmen einer Erbauseinandersetzung stellt der BFH für die Befreiungsvorschrift des § 3 Nr. 3 GrEStG Anteile an einer grundbesitzenden Gesellschaft den Grundstücken nicht gleich.[1009]

§ 3 Nr. 5 GrEStG begrenzt die Steuerbefreiung für frühere Ehegatten bei Erwerben nach der rechtskräftigen Scheidung auf die Fälle der **Vermögensauseinandersetzung nach der Scheidung**. Hierbei gibt es **keine starre zeitliche Grenze**, sondern einen eher weit gespannten Rahmen; ein längerer Zeitraum zwischen Scheidung und Vermögensübertragung kann aber Indiz dafür sein, dass keine scheidungsbedingte Veräußerung mehr vorliegt.[1010] Entscheidend ist vielmehr der **sachliche Zusammenhang mit der Scheidung**. Da es eine echte Vermögensauseinandersetzung nur bei der Gütergemeinschaft oder Eigentums- und Vermögensgemeinschaft der DDR gibt, ist der Begriff weiter zu verstehen. Er umfasst auch die Übertragung von Grundstücken zum Ausgleich des Zugewinns oder zur Abfindung von Unterhalts- und Versorgungsausgleichsansprüchen.[1011] Besteht dieser sachliche Zusammenhang, dann muss richtiger Ansicht nach die Steuerbefreiung auch für Grundstücke gelten, die nicht in Miteigentum, sondern im Alleineigentum eines Ehegatten stehen. Den sachlichen Zusammenhang mit der Scheidung sieht der BGH auch dann noch als gegeben an, wenn Ehegatten nach Scheidung zunächst fortdauerndes Miteigentum vereinbaren, bei dem ein Ehegatte und die Kinder das Objekt nutzen, und dem nutzenden Ehegatten ein Ankaufsrecht einräumen, aufgrund dessen einige Jahre später der Ankauf erfolgt.[1012]

VII. Scheidung und Schenkungsteuer

1. Scheidung und Schenkung

Sofern Ehegatten im Zuge der Trennung und Ehescheidung **Leistungen** im Hinblick auf die gesetzlich bestehenden Ansprüche auf **Zugewinn, Unterhalt oder Versorgungsausgleich** erbringen, fehlt

---

1004 BFH, BStBl. 1988 II, 785; BayStmFin, MittBayNot 2005, 525; Boruttau, § 1 Rn. 932 f.
1005 BFH, DStR 2012, 1444; dem folgend FG Düsseldorf, ZEV 2018, 47.
1006 Gleich lautende Ländererlasse v. 19.09.2018, DStR 2018, 2211, Tz. 1.
1007 Boruttau, § 1 Rn. 936.
1008 Gleich lautende Ländererlasse v. 19.09.2018, DStR 2018, 2211, Tz. 3; Boruttau, § 1 Rn. 935 und § 3, Rn. 52, 359.
1009 BFH, DStRE 2016, 292.
1010 FG Münster, EFG 2000, 233; BFH, DStR 2011, 1314, 1316.
1011 Boruttau, § 3 Rn. 390; Hofmann, § 3 Rn. 38.
1012 BFH, DStR 2011, 1314; zu Unrecht enger Hessisches FG, notar 2012, 249.

es an einer objektiven Bereicherung durch eine freigiebige Zuwendung, denn auf diese Leistungen besteht ein gesetzlicher Anspruch. Eine **unentgeltliche Zuwendung** liegt also insoweit **nicht** vor.

605 Zudem werden im Scheidungsfall eigentlich nur Leistungen auf die gesetzlich bestehenden Ansprüche erbracht. **Man schenkt sich hier i.d.R. nichts.**

606 Dennoch bestehen Abgrenzungsprobleme, die an dieser Stelle gewürdigt werden sollen, da häufig im Rahmen einer Scheidungsvereinbarung Kompromisse geschlossen werden und Leistungen als Abfindung für andere Ansprüche versprochen werden.

607 Auch wenn Ehegatten im Rahmen von Trennungs- oder Scheidungsvereinbarungen **von den gesetzlichen Ausgleichsmodellen abweichen**, liegt **nicht ohne Weiteres eine freigiebige Zuwendung** vor.[1013] Denn grds. muss unterstellt werden, dass im Rahmen einer Trennung oder Scheidung natürliche Interessengegensätze der Ehegatten bestehen, die auch in den abgeschlossenen Vereinbarungen ihren Ausdruck finden, wenn abschließende Regelungen zwischen den sich trennenden Ehegatten getroffen werden. Zudem ist für die Frage der objektiven Bereicherung eine **Gesamtschau** aller getroffenen Vereinbarungen durchzuführen.[1014]

608 Die hohen Freibeträge von 500.000,00 € nach § 16 ErbStG und die Steuerklasse I nach § 15 ErbStG, welche das Schenkungsteuergesetz für Ehegatten bereithält, fallen mit der Rechtskraft der Scheidung weg. Daher ist sehr genau darauf zu achten, dass alle unentgeltlichen Zuwendungen, soweit solche im Zusammenhang mit einer Scheidung infrage stehen, ausgeführt sind i.S.d. § 9 ErbStG. Stellt sich dies als kritisch dar, so ergeht der Rat, auf eine **Forderungsschenkung** auszuweichen.[1015]

2. Das Schenkungssteuerprivileg der eigengenutzten Immobilie

609 Soweit die Ehegatten ein Anwesen ausschließlich selbst bewohnen, fällt die Übertragung eines solchen Anwesens oder eines Miteigentumsanteils hieran unter Lebenden als privilegiert nicht unter die Schenkungsteuer, § 13 Nr. 4a ErbStG. Hierzu ist bereits vertiefend Stellung genommen.[1016]

3. Steuerfreiheit des Zugewinnausgleichs

610 Für die Leistung auf **Zugewinnausgleichsansprüche** enthält § 5 Abs. 2 ErbStG eine ausdrückliche Freistellung der Zugewinnausgleichsleistung von der Schenkungsteuer.

611 Diese Vorschrift hat eigentlich **nur klarstellende Bedeutung**, da der Zugewinn, der im Scheidungsfall zu zahlen ist, eben keine freigiebige Zuwendung i.S.d. §§ 3, 7 ErbStG darstellt.[1017] Sie wurde im Zusammenhang von Zugewinn und Schenkungsteuer eingehend behandelt.[1018] Hierauf kann an dieser Stelle verwiesen werden.

▶ Gestaltungsempfehlung:

612 Wenn im Rahmen einer Trennungs- oder Scheidungsvereinbarung Zugewinn ausgeglichen werden soll, ist darauf zu achten, dass dies im Rahmen eines Güterstandswechsels geschieht, um schenkungsteuerliche Folgen zu vermeiden.

[1013] Viskorf, NWB, Fach, S. 10, 1243, 1250.
[1014] Viskorf, NWB, Fach, S. 10, 1243, 1250.
[1015] Näher Stein, FamRB 2012, 324 ff.
[1016] Siehe Kap. 3 Rdn. 53 ff.
[1017] BFH, BStBl. 1993 II, S. 510 f.; Götz, INF 2001, 417, 421; Meincke/Hannes/Holtz, Erbschafts- und Schenkungsteuergesetz, § 5 Rn. 40; Viskorf, NWB, Fach, S. 10, 1243, 1252.
[1018] Kap. 1 Rdn. 573 ff.

4. Vorsicht bei vorsorgenden Vereinbarungen

Zuweilen wünschen Ehegatten in einer Trennungssituation **nicht, die eingetretene Trennung offenzulegen**, sei es aus steuerlichen Gründen (Ehegattensplitting),[1019] sei es aus persönlichen Gründen oder Empfindlichkeiten oder einfach aufgrund des jedenfalls auf einer Seite vorhandenen Wunsches, die Trennung möge keine endgültige sein. Wenn gleichwohl in einer solchen Situation eine Trennungsvereinbarung geschlossen werden soll, dann erhält diese zuweilen den neutralen Titel »Ehevertrag«, ohne dass auf die Trennungssituation oder gar die Scheidung ein Bezug genommen werden soll.

Hier ist den **schenkungsteuerlichen Aspekten besondere Sorgfalt** zu widmen.

Nachdem es sich widersprechende Finanzgerichtsrechtsprechung gab, hat der **BFH** inzwischen geurteilt, dass der **Verzicht auf eine erst künftig entstehende Zugewinnausgleichsforderung** keinen in Geld bewertbaren Vermögensvorteil darstellt, sondern allenfalls eine bloße Erwerbschance verkörpert, die nicht in Geld veranschlagt werden kann und daher nach § 7 Abs. 3 ErbStG nicht als Gegenleistung anzusehen ist. Ein **Ausgleich** für diesen Verzicht soll daher der **Schenkungsteuer** unterworfen sein.[1020] M.E. widerspricht diese Rechtsprechung der zivilrechtlichen Kompensationspflicht, die der BGH im Rahmen seiner Rechtsprechung zur Inhaltskontrolle von Eheverträgen inzwischen begründet hat. Dies wurde an anderer Stelle bereits ausführlich dargestellt.[1021]

Diese Argumentation hat der **BFH** inzwischen auch auf einen **Unterhaltsverzicht** mit Gegenleistung ausgedehnt.[1022]

Der Abschluss eines Unterhaltsverzichtes oder Zugewinnverzichtes gegen Abfindung ohne Bezugnahme auf Trennung Scheidung ist also schenkungsteuerlich nicht ratsam.

▶ Hinweis:

Vorsicht bei einem Unterhaltsverzicht oder Zugewinnausgleichsverzicht gegen Abfindung in einer Trennungs- oder Scheidungsvereinbarung, die nicht als solche bezeichnet ist. Die Leistung der Abfindung kann der Schenkungsteuer unterfallen.

VIII. Steuerliche Berücksichtigung von Aufwendungen im Zusammenhang mit der Scheidung

1. Entwicklung bis VZ 2012

Seit dem VZ 2013 ist eine gesetzliche Neuregelung für die steuerliche Berücksichtigung von Prozesskosten in Kraft, deren Auswirkungen derzeit aber auch umstritten sind. Gleichwohl muss die Zeit vorher noch kurz betrachtet werden, weil sie für die Auslegung der gesetzlichen Vorschrift von Bedeutung ist.

Im Zusammenhang mit der Ehescheidung hatte der BGH in ständiger Rechtsprechung und schon zu dem vor 1977 geltenden Eherecht entschieden, dass die **Gerichts- und Anwaltskosten für die Scheidung selbst zwangsläufig** sind, da die Scheidung nur durch gerichtliches Urteil erreichbar ist und dieses Urteil eine rechtsgestaltende Wirkung hat[1023] (rechtlicher Grund). Die Zwangsläufigkeit will der BFH bei Scheidungen immer bejahen, ohne Rücksicht auf die Gründe für eine Scheidung.

1019 Dem FA ggü. ist eine korrekte Angabe erforderlich. Hier soll nicht einer fehlerhaften Erklärung das Wort geredet werden, sondern nur auf tatsächliche Phänomene hingewiesen werden.
1020 BFH, ZEV 2007, 500 m. Anm. C. Münch.
1021 C. Münch, DStR 2008, 26 ff.; C. Münch, FPR 2012, 302 ff.
1022 BFH, DStR 2008, 348.
1023 BFH, BStBl. 1958 III, S. 329; BFH, BStBl. 1958 III, S. 419; BFH, BStBl. 1982 II, S. 116; BFH, BStBl. 1992 II, S. 795; BFH, BStBl. 1996 II, S. 596.

Kapitel 8
Trennungs- und Scheidungsvereinbarungen

Bei zerrütteter Ehe könne sich kein Ehegatte dem Scheidungsverfahren entziehen[1024] (tatsächlicher Grund). Die Finanzverwaltung folgt dieser Auffassung des BFH.[1025]

▶ Hinweis:

619 Nach ständiger Rechtsprechung des BFH und Verwaltungsmeinung konnten die Gerichts- und Anwaltskosten des Scheidungsverfahrens als außergewöhnliche Belastung nach § 33 EStG geltend gemacht werden.

620 Nach Einführung des Scheidungsverbundverfahrens gem. § 623 ZPO im Jahr 1977 hatte der **BFH zunächst** entschieden, dass Zwangsläufigkeit auch für solche Scheidungsfolgesachen vorliegt, die zusammen mit der Scheidungssache zu verhandeln und zu entscheiden sind und deshalb mit der Scheidung in einem unlösbaren Zusammenhang stehen.[1026]

621 Die **Finanzverwaltung** war dem gefolgt und hatte die Zwangsläufigkeit für die Kosten des »Scheidungsprozesses einschließlich der Scheidungsfolgeregelungen« bejaht.[1027] V.a. aufgrund der weiten Fassung der EStH war man davon ausgegangen, dass damit alle Kosten innerhalb und außerhalb des Scheidungsverbundes als außergewöhnliche Belastung geltend gemacht werden können, solange sie nur unmittelbar und unvermeidlich mit der Ehescheidung entstehen.[1028]

622 Diese Auffassung hat der **BFH 2005** mit **zwei Urteilen**[1029] zum **Nachteil** der Steuerpflichtigen »präzisiert« und sieht als **zwangsläufig nur** noch solche Folgesachen an, die in den sog. **Zwangsverbund** fallen. Dies ist derzeit nur noch der Versorgungsausgleich nach § 137 FamFG.

623 Von dieser Linie ist der **BFH** im Jahr **2011** wieder abgerückt und hat nunmehr unter Aufgabe seiner früheren Rechtsprechung **sämtliche Zivilprozesskosten** für Kläger und Beklagte bzw. Antragsteller und Antragsgegner als **zwangsläufig** angesehen, wenn nur die beabsichtigte Rechtsverfolgung hinreichende Aussicht auf Erfolg bietet und nicht mutwillig erscheint.[1030]

624 Auf diese Öffnung reagierte die **Finanzverwaltung** mit einem **Nichtanwendungserlass**.[1031]

Ungeachtet dessen erkannten die Finanzgerichte die Abziehbarkeit der Prozesskosten nun zumeist an[1032] oder erweiterten sogar noch die Abziehbarkeit.[1033]

625 Nach der sogleich aufzuzeigenden gesetzlichen Neuregelung ist der BFH dann – etwas überraschend – auch für die Rechtslage in Altfällen von seiner 2011 geäußerten Ansicht einer umfassenden Absetzbarkeit erneut wieder abgerückt und hat – wie nach 2005 – wieder darauf abgestellt, ob die Kosten zwangsläufig sind, was er nur noch für den Zwangsverbund bejaht.[1034]

1024 BFH, BStBl. 1982 II, S. 116.
1025 EStH 33.1. bis 33.4. (2009) »Scheidung«.
1026 BFH, BStBl. 1996 II, S. 596.
1027 H 186–189 EStH bis EStH 2003.
1028 Wälzholz, FamRB 2005, 89, 92.
1029 BFH, DStR 2005, 1767 = FamRZ 2005, 1903 = EStB 2005, 405 und BFH, DStR 2005, 1453 = FamRZ 2005, 1903 = FamRB 2005, 406.
1030 BFH, DStR 2011, 1308 f.; dagegen FG Hamburg, EFG 2013, 41; hierzu Bron/Ruzik, DStR 2011, 2069.
1031 BMF v. 20.12.2011, BStBl. 2011 I, 1286; hierzu Laws, FamRZ 2012, 498 f.
1032 Z.B. FG Niedersachsen, DStRE 2014, 19; FG Köln, DStRE 2014, 16; FG Köln, EFG 2015, 817; FG Thüringen, DStR 2013, 788; FG Düsseldorf, DStRE 2013, 1366; a.A. jedoch FG Düsseldorf, DStRE 2015, 726; zu dieser Rechtslage Laws, FamRZ 2012, 76 f.
1033 FG Düsseldorf, EFG 2013, 933: Vermögensauseinandersetzung; FG Düsseldorf, EFG 2014, 199: Schlichtung.
1034 BFH, DStR 2015, 1862; BFH, NZFam 2016, 1033; BFH, DStRK 2017, 34.

2. Rechtslage ab VZ 2013

Daraufhin hat der **Gesetzgeber** aufgrund der hohen fiskalischen Relevanz des Themas reagiert und mit Wirkung ab VZ 2013 in § 33 Abs. 2 Satz 4 EStG geregelt, dass »Aufwendungen für die Führung eines Rechtsstreites (**Prozesskosten**) **vom Abzug ausgeschlossen** sind, es sei denn es handelt sich um Aufwendungen, ohne die der Steuerpflichtige Gefahr liefe, seine Existenzgrundlage zu verlieren und seine lebensnotwendigen Bedürfnisse in dem üblichen Rahmen nicht mehr befriedigen zu können.« Eine Interpretation dieser Regelung etwa in den EStH fehlt derzeit noch.

Streitig ist zur neuen Rechtslage mit der ausdrücklichen gesetzlichen Regelung, ob der Gesetzgeber damit die Rechtsprechung vor der Meinungsänderung des BFH in 2011 verfestigen wollte[1035] oder sogar eine noch schärfere Regelung hat erlassen wollen.[1036]

Erste Entscheidungen gehen davon aus, dass die alte Rechtslage vor der Meinungsänderung des BFH in 2011 wieder gilt.[1037] Begründet wird dies damit, dass Verlust der Existenzgrundlage nicht nur die biologische, sondern auch die seelische Existenzgrundlage meint, und dass bei Zerrüttung nur die Scheidung diese retten könne, die wiederum nur über das gerichtliche Verfahren zu erreichen sei.[1038] Dafür werden auch verfassungsrechtliche Gründe ins Feld geführt.[1039] Andere Gerichte sehen Ehescheidungskosten gar nicht von der Neuregelung betroffen, da es sich nicht um Prozesskosten handele.[1040] Die Situation war also noch immer ungeklärt[1041] und eine Entscheidung des BFH hierzu wurde erwartet. Der **BFH** liest die **Neuregelung** nun so, dass mit ihr der **Abzug von Scheidungskosten als außergewöhnliche Belastungen generell ausgeschlossen ist**.[1042] Er begründet dies mit einer rein materiellen Betrachtung des Begriffs der Existenzgrundlage und der Nichtzurechnung zu einer Existenzgefährdung und verweist außerdem auf die Gesetzgebungsgeschichte. Gegen diese strikte Auslegung des BFH regte sich alsbald Widerstand, der auch die Einbeziehung immaterieller Gesichtspunkte mit dem Verweis auf das Verfassungsrecht forderte.[1043] Resigniert wurde aber festgestellt, dass eine erneute Meinungsumkehr des BFH nicht zu erwarten sei.[1044]

Dennoch gehen die Finanzgerichte unterschiedlich mit dem Votum des BFH um. Während das FG Sachsen[1045] dem BFH folgt, ist das FG München[1046] der Auffassung, dass die Begriffe Existenzgrundlage und lebensnotwendige Bedürfnisse auch in einem immateriellen Sinne zu deuten sind und daher insoweit die Prozesskosten etwa für einen Umgangsrechtsstreit abzugsfähig sein müssen. Hiergegen ist die Revision beim BFH anhängig.[1047]

3. Außergerichtliche Kosten

Angesichts dieser restriktiven Haltung schon zu den Gerichtskosten des Scheidungsverfahrens ist weiterhin festzustellen:

1035 Paintner, DStR 2013, 1629, 1633.
1036 So wird die Begründung des Gesetzentwurfes verstanden, BT-Drucks. 17/13033, S. 67.
1037 FG Rheinland-Pfalz EFG 2015, 39; FG Münster, BeckRS 2014, 96453.
1038 Nieuwenhuis, DStR 2014, 1701, 1702; zustimmend Engels, Rn. 987.
1039 Spieker, NZFam 2014, 537, 538.
1040 FG Köln, EFG 2016, 645.
1041 Zur Rechtslage in diesem Zeitpunkt Engels, FamRZ 2016, 1989.
1042 BFH, DStR 2017, 1808 = FamRZ 2017, 1627 m. Anm. Engels; so auch Schmidt/Loschelder, § 33 Rn. 67 Rn. 90 »Ehescheidung«.
1043 Nieuwenhuis, DStR 2017, 2373.
1044 Urban, NJW 2017, 3189, 3190.
1045 FG Sachsen, BeckRS 2018, 10096.
1046 FG München, DStRK 2019, 68.
1047 AZ: VI R 27/18.

▶ **Hinweis:**

631 Kosten für außergerichtliche Vereinbarungen erkennen BFH und Finanzverwaltung nicht mehr als außergewöhnliche Belastung an, auch wenn sie der Erledigung von Streitigkeiten dienen, über die sonst i.R.d. Verbundverfahrens das Gericht entscheiden müsste.

632 Allerdings ist zu fragen, ob nicht zumindest bei **Anordnung einer außergerichtlichen Streitbeilegung** nach dem neuen § 135 FamFG[1048] nunmehr eine Zwangsläufigkeit zu bejahen ist, wenn diese außergerichtliche Einigung in einer Regelung der Scheidungsfolgen mündet.

633 Wenn nunmehr die Möglichkeit der Geltendmachung von Aufwendungen als außergewöhnliche Belastung derart eingeschränkt wird, muss verstärkt überlegt werden, ob diese Kosten **anderweitig steuerlich absetzbar** sind. Der BFH selbst hat eine Möglichkeit angedeutet, die ohnehin i.R.d. § 33 EStG vorrangig zu prüfen gewesen wäre.

634 Vereinbarungen über die Übertragung von Grundbesitz entweder zum Ausgleich des Zugewinns oder zur Abgeltung von Unterhaltsansprüchen legen eine **Leistung an Erfüllungs statt** für die eigentlich in Geld zu erfüllenden Ansprüche fest.[1049] Der BFH erblickt in solchen Leistungen völlig unabhängig von ihrer zivilrechtlichen Einstufung steuerrechtlich ein **entgeltliches Geschäft**.[1050] Somit können bei der Übertragung von Immobilien i.R.d. Zugewinnausgleichs oder als Abgeltung des Unterhalts, wenn diese der Erzielung von Einnahmen dienen, die entsprechenden Kosten ggf. als **Anschaffungskosten**[1051] steuerlich berücksichtigungsfähig sein.[1052]

▶ **Kostenanmerkung:**

635 Die Neuordnung des notariellen Kostenrechts im GNotKG hat in § 100 als Geschäftswert für den Ehevertrag nunmehr ein **modifiziertes Reinvermögen** festgelegt. Danach können **Verbindlichkeiten** eines Ehegatten nunmehr **nur noch bis zur Hälfte seines Aktivvermögens abgezogen** werden. Die auf diese Weise ermittelten Vermögenswerte beider Ehegatten sind dann zu addieren.

Zudem ist der Ehevertrag nach § 1408 Abs. 1 BGB gem. **§ 111 Nr. 2 GNotKG** stets als **besonderer Beurkundungsgegenstand** anzusehen. Gegenstandsverschieden sind daher Unterhaltsvereinbarungen, Vereinbarungen zum Versorgungsausgleich, Vereinbarungen über Unterhalt oder Sorgerecht der Kinder sowie Pflichtteilsverzichte oder Übertragungsgeschäfte, auch wenn Letztere zum Ausgleich des Zugewinns stattfinden.

Da in vorstehendem Fall zusätzlich zum Ehevertrag der Zugewinnausgleich durch Übertragung einer Immobilie ausgeglichen wird, ist zu dem Geschäftswert aus dem Ehevertrag nach § 1408 Abs. 1 BGB (modifiziertes Reinvermögen) noch der **Geschäftswert der Übertragung hinzuzuzählen**, und zwar **ohne** dass dieser **auf das modifizierte Reinvermögen beschränkt** wäre.[1053] Das gilt auch dann, wenn die Immobilie zum Ausgleich des Zugewinns übertragen wird. Die zusammengerechneten Geschäftswerte bilden den nunmehr **einheitlichen Wert des Beurkundungsverfahrens**. Aus diesem Wert ist nach KV 21100 eine 2,0 Gebühr zu erheben. Eine Vollzugsgebühr wegen der Immobilienübertragung rechnet sich aus dem Gesamtwert der Urkunde.

1048 Eingeführt mit dem FGG-Reformgesetz, BGBl. 2008 I, S. 2585 f., hat keine Vorgängerregelung, ist aber an das Vorbild des § 278 Abs. 5 ZPO angelehnt.
1049 Detailliert C. Münch, FamRB 2006, 92 ff.; Wälzholz, MittBayNot 2005, 465.
1050 BFH, BStBl. 2005 II, S. 554.
1051 Vgl. BFH, BFH/NV 1991, 383 f.
1052 Zu den Möglichkeiten anderweitiger steuerlicher Berücksichtigung: Urban, NJW 2017, 3189 f.
1053 Notarkasse, Rn. 605 f., 608.

Kapitel 9 Verträge verschiedener Ehekonstellationen

Übersicht

	Rdn.			Rdn.
A. »Ehe ohne alles«	8	C.	Ehe mit Dynastie	41
I. »Double income no kids«	10	D.	Ehe mit Unternehmen	53
II. »Zweiter Frühling«	15	E.	Diskrepanzehen	59
B. »Ehe mit Probezeit«	21	F.	Unterhaltsverstärkung	66
I. »Kommt Zeit kommt Rat«	23	G.	Patchworkehe	71
II. »Kind ändert alles«	26	H.	»Globale Vagabunden«	77
III. »Lange gewartet, doch noch geheiratet«	31			

In diesem Kapital sollen **vorsorgende Eheverträge als Gesamtverträge** vorgestellt werden. In der Ehevertragsgestaltung hat sich – begründet v.a. auf die grundlegenden Darstellungen von Langenfeld[1] – eine Fallgruppenbildung[2] und eine daraus resultierende **Vertragsgestaltung nach Ehevertragstypen**[3] weitgehend durchgesetzt. Diese ist auch vom BGH anerkannt, da die Urteile zur Inhaltskontrolle den **gelebten Ehetyp** als **wesentliches Abwägungskriterium** benennen.[4] 1

Hier soll daher nicht mehr die Darstellung neuen Stoffes im Mittelpunkt stehen, sondern eine Zusammenfassung und **Bündelung der dargestellten Gestaltungsvorschläge** in Gesamtverträgen **nach** den jeweiligen »**Ehekonstellationen**«. Dieses Wort soll gegenüber dem Begriff des »Ehetyps« gerade angesichts der jüngsten Rechtsprechung zur Inhaltskontrolle von Eheverträgen[5] die Wandelbarkeit der Ehe und der Lebensplanung der beteiligten Ehegatten zum Ausdruck bringen. *Griziwotz* spricht in diesem Zusammenhang von »Phasenmodellen«, die sich durch teilweise wechselnde Rollen auszeichnen.[6] 2

Denn die Vertragsgestaltung nach Ehetypen birgt durchaus auch Gefahren; dass nämlich Lebenssachverhalte allzu schnell unter eine bestimmte Kategorie subsumiert werden, ohne dass der Blick noch frei ist für die individuellen Details jeder konkreten Ehe. Insofern unterliegt diese Methode durchaus **Einwänden**.[7] Zu diesem Problem, schon die **Gegebenheiten bei Ehevertragsschluss** richtig zu erfassen und umzusetzen, gesellt sich zunehmend die Überlegung, dass sich **Ehekonstellationen wandeln**, v.a. mit der Geburt von Kindern, aber auch mit der Änderung wirtschaftlicher Daten wie etwa der Berufstätigkeit oder persönlicher Gegebenheiten wie Krankheiten. Im Berufsleben wird heute die stetige Karriere bei einem Arbeitgeber immer seltener. Die gesellschaftlichen Verhältnisse führen also zu einem häufigeren Wechsel der Ehekonstellation. 3

Der Ehevertrag muss diesen Anforderungen gerecht werden, will er mit der gegebenen Ehevertragsfreiheit verantwortlich umgehen. Daher hat die Herausbildung von Ehevertragstypen ihre Verdienste, die darin liegen, typische kautelarjuristische Antworten auf bestimmte immer wieder auftretende Lebenssachverhalte zu geben. Die Verwendung jeden Vertragstyps muss jedoch stets kritisch hinterfragt und um die **individuelle Erarbeitung** aus der vorgestellten Gestaltungsfülle ergänzt werden. Dies schon im Hinblick auf die Inhaltskontrolle von Eheverträgen, die den Vertrag einzelfallbezogen betrachtet. 4

---

1 Langenfeld, Sonderheft, DNotZ 1985, 167, 170 f.; Langenfeld, FamRZ 1987, 9 ff.; Brambring, Rn. 24 ff.
2 Zu dieser Methode Langenfeld, Vertragsgestaltung, Rn. 74 ff.
3 Langenfeld, Vertragsgestaltung, Rn. 74 ff.
4 BGH, NJW 2004, 930 ff.
5 Vgl. detailliert Kap. 2 Rdn. 65 ff.
6 MüHdbFamR/Grziwotz, § 24 Rn. 191.
7 Bergschneider, Rn. 11; MüHdbFamR/Brambring, 4. Aufl., § 23 Rn. 11: Die Darbietung vieler verschiedener Gestaltungsvorschläge zu einem Ehetyp zeige, dass es den einen richtigen Vorschlag nicht gebe.

Kapitel 9

5 Aus diesem Grund steht die Darstellung der Verträge verschiedener Ehekonstellationen am Schluss dieses Buches. Diese Verträge zeigen eine Kombination der besprochenen Einzelklauseln. Diese Zusammenstellung wird kommentiert, für die Einzelklauseln kann jedoch auf die bereits gegebene Darstellung verwiesen werden. Diese Vertragstexte zum Ehevertrag müssen in der Beratung ggf. weiter ergänzt werden, etwa um erbrechtliche Regelungen, die Übertragung von Vermögenswerten oder auch gesellschaftsrechtliche Anpassungen. Themen wie Vorsorgevollmacht und Patientenverfügung sollten gleichfalls angesprochen sein.

6 Die **Verträge verschiedener Ehekonstellationen** können aber unter Beachtung dieser Grundsätze auch **zugleich als Einstieg** dienen, wenn der Vertragsgestalter ohne Lektüre einzelner Abschnitte von dem vorgestellten Gesamtvertrag ausgehen möchte, um sodann die notwendigen Abweichungen einzuarbeiten.

7 Die wichtigsten Gesamtverträge seien daher nachfolgend zusammengefasst. Sie sind als komplette Vertragsmuster aufgeführt, auch wenn sich Urkundseingänge etc. wiederholen mögen, damit der Anwender ohne größere Mühe auf einen verwendungsfähigen Ausgangstext zurückgreifen kann.

A. »Ehe ohne alles«

8 Es gibt Ehekonstellationen, bei denen die Vertragsteile zwar heiraten wollen, aber **keinerlei vermögensrechtliche Verpflichtungen** eingehen möchten, wie sie das Gesetz für Ehegatten eigentlich vorsieht. Es sind dies einmal die Ehegatten, die beide voll berufstätig und wirtschaftlich eigenständig sind. Häufig sind steuerliche Gründe der Anlass für diese Mandanten, überhaupt eine Heirat in Erwägung zu ziehen. Zum anderen fallen unter diese Gruppe die Ehegatten, die in fortgeschrittenem Alter ein zweites Mal heiraten und an ihrer gegebenen Vermögenssituation eigentlich nichts mehr ändern wollen.

9 In beiden Fallgruppen können die Ansprüche aus den Bereichen Zugewinn, Unterhalt und Versorgungsausgleich ausgeschlossen werden. Dem steht auch die neue Rechtsprechung zur Inhaltskontrolle von Eheverträgen nicht entgegen, denn es handelt sich hierbei um gleichberechtigte Partner, die sich eine ehetypengerechte Lösung ausgesucht haben. Der BGH erwähnt ausdrücklich, dass auch Ausschlüsse von Scheidungsfolgen aus dem Kernbereich der gesetzlichen Regelung ihre Rechtfertigung im angestrebten oder gelebten Ehetyp finden können.[8] Der BGH hat zudem bei der Ehe in fortgeschrittenem Alter weitgehende Verzichte gebilligt.[9]

I. »Double income no kids«

10 Wenn Ehegatten beide einer Berufstätigkeit nachgehen, mittels derer sie sich selbst unterhalten können, die Haus- und Familienarbeit entweder gemeinsam erledigen oder durch Dienstleistung erbringen lassen und im Übrigen **keinerlei ehebedingte Nachteile** erleiden, dann empfinden diese Mandanten häufig die gesetzlichen Ansprüche bei Ehescheidung als belastend und unpassend. Daher wünschen sie sehr oft einen völligen Ausschluss. Sie setzten dabei voraus, dass sie keine Kinder möchten und sich die momentane eheliche Konstellation nicht mehr ändert. Hier ist es Aufgabe des Beraters, den Ehegatten zu verdeutlichen, wie einschneidend etwa die Geburt eines Kindes die Sachlage verändert. Der Optimismus der Ehegatten, man werde sein Leben trotzdem genau so weiterführen können, wie dies zuvor geschehen war, geht häufig an der Realität vorbei. Daher sollte das nachstehende Vertragsmuster wirklich nur gebraucht werden, wenn solche Änderungen nicht zu erwarten sind.[10]

11 Wenn die Ehegatten sich jedoch im Todesfall bei bestehender Ehe gegenseitig zu Erben einsetzen möchten, dann empfiehlt es sich, keine Gütertrennung zu vereinbaren, sondern lediglich eine **modi-**

---

8 BGH, NJW 2004, 930 f. = ZNotP 2004, 157 ff.
9 BGH, FamRZ 2005, 691 f.
10 Ansonsten wäre der Formulierungsvorschlag unter Rdn. 26 »Kind ändert alles« überlegenswert.

fizierte Zugewinngemeinschaft, sodass der Zugewinnausgleich im Scheidungsfall ausgeschlossen ist. Damit können die Ehegatten von der Steuerfreiheit des Zugewinns im Todesfall nach § 5 ErbStG profitieren.[11]

Eine **erbrechtliche Regelung** ist für solche Ehegatten empfehlenswert, denn in den Beratungsgesprächen stellt sich sehr oft heraus, dass die Ehegatten nicht wissen, dass das Gesetz ihnen kein gegenseitiges Alleinerbrecht zubilligt. Auch wenn es kein Kostenprivileg mehr für die Zusammenbeurkundung gibt, sollte die gegenseitige Erbeinsetzung in diesen Fällen mitbeurkundet werden, weil die Ehegatten später oft die notwendigen Anordnungen nicht mehr treffen. Ob die Ehegatten auch schon eine Entscheidung für die Schlusserbfolge treffen wollen, ist eine Frage des Einzelfalls.

▶ Kostenanmerkung:

Die Neuordnung des notariellen Kostenrechts im GNotKG hat in § 100 als Geschäftswert für den Ehevertrag nunmehr ein **modifiziertes Reinvermögen** festgelegt. Danach können **Verbindlichkeiten** eines Ehegatten nunmehr **nur noch bis zur Hälfte seines Aktivvermögens abgezogen** werden. Die auf diese Weise ermittelten Vermögenswerte beider Ehegatten sind dann zu addieren und bilden so den Geschäftswert für den Ehevertrag.

Auch eine **Modifizierung des Güterstandes** – wie hier der Ausschluss des Zugewinns bei Scheidung – führt nach neuem Kostenrecht als Ehevertrag nach § 1408 Abs. 1 BGB zum **Ansatz des vollen modifizierten Reinwertes**. Davon ausgenommen sind Vereinbarungen, die lediglich den Ausschluss der Verfügungsbeschränkungen der §§ 1365, 1369 BGB betreffen (Ansatz von 30 % des Aktivvermögens, höchstens modifizierter Reinwert nach § 51 Abs. 2 GNotKG) und Vereinbarungen, die sich auf bestimmte Vermögenswerte beziehen (dann maßgeblich deren Wert, maximal das modifizierte Reinvermögen, § 100 Abs. 1 GNotKG).[12] Trifft allerdings die Verfügungsbeschränkung mit anderen Modifikationen zusammen, so dürfte einheitlich von einer Modifikation auszugehen sein. Ebenso dürften weitere Abreden wie der Ausschluss der Ehegatteninnengesellschaft oder von Rückgewähransprüchen aus ehebedingter Zuwendung nicht nochmals gesondert anzusetzen sein, weil sie letztlich den Zugewinnausschluss absichern.

Zudem ist der Ehevertrag nach § 1408 Abs. 1 BGB gem. § **111 Nr. 2 GNotKG** stets als **besonderer Beurkundungsgegenstand** anzusehen. Gegenstandsverschieden sind daher Unterhaltsvereinbarungen, Vereinbarungen zum Versorgungsausgleich sowie Pflichtteilsverzichte oder Übertragungsgeschäfte, auch wenn Letztere zum Ausgleich des Zugewinns stattfinden, und schließlich Erbverträge.

Der Geschäftswert für den **gegenseitigen Unterhaltsverzicht** (Austauschvertrag) dürfte bei der double income no kids Variante nicht allzu hoch sein, wenn die Ehegatten etwa gleich viel verdienen.

Für den gegenseitigen **Verzicht auf Versorgungsausgleich** wird allerdings eine Saldierung aufgrund des Hin- und Herausgleichs abgelehnt.[13]

Im nachfolgenden Beispielsfall ist zu diesen Geschäftswerten für den Ehevertrag, den Unterhaltsverzicht und den Verzicht auf Versorgungsausgleich noch derjenige für den Erbvertrag mit der gegenseitigen Erbeinsetzung zu addieren, da die Kostenprivilegierung des § 46 Abs. 3 KostO weggefallen ist und der Erbvertrag nunmehr separat zu veranschlagen ist. Der Geschäftswert hierfür bestimmt sich nach § 102 GNotKG ebenfalls nach einem modifizierten Reinvermögen. Die zusammengerechneten Geschäftswerte, § 35 GNotKG, bilden den nunmehr

---

11 Vgl. Kap. 1 Rdn. 573 ff.
12 Notarkasse, Rn. 579.
13 Hierzu Kap. 7 Rdn. 380.

einheitlichen Wert des Beurkundungsverfahrens. Aus diesem Wert ist nach KV 21100 eine 2,0 Gebühr zu erheben.

▶ Formulierungsvorschlag: Ehevertrag mit Ausschluss Zugewinn im Scheidungsfall – Unterhaltsverzicht und Verzicht auf Versorgungsausgleich sowie gegenseitiger Erbeinsetzung

14 URNr. .....

vom .....

Ehe- und Erbvertrag

Heute, den .....

erschienen vor mir,

.....

Notar in .....:

1. Herr ....,

geboren am ..... in ..... StANr.

als Sohn von ....,

letztere eine geborene ....,

2. dessen Ehefrau,

Frau ....., geborene .....

geboren am ..... in ..... StANr.

als Tochter von ....,

letztere eine geborene ....,

beide wohnhaft in ....,

nach Angabe im gesetzlichen Güterstand der Zugewinngemeinschaft verheiratet.

Die Erschienenen wollen einen

Ehe- und Erbvertrag

errichten.

Nach meiner, des Notars, Überzeugung sind sie voll geschäfts- und testierfähig.

Auf Zeugenbeiziehung verzichten die Vertragsteile. Ein gesetzlicher Grund, Zeugen hinzuzuziehen, besteht nicht.

Die Erschienenen erklären bei gleichzeitiger Anwesenheit gemeinsam mündlich mit dem Ersuchen um Beurkundung was folgt:

A. Allgemeines

Wir sind in beiderseits erster Ehe verheiratet.

Unsere Ehe haben wir am ..... vor dem Standesbeamten in ..... geschlossen.

Keiner von uns hat Kinder.

Wir sind beide deutsche Staatsangehörige und haben kein Vermögen im Ausland.

Wir haben bisher keinen Ehevertrag geschlossen und sind insoweit im gesetzlichen Güterstand der Zugewinngemeinschaft verheiratet.

Durch Erbvertrag oder gemeinschaftliches Testament sind wir nicht gebunden.

..... (Angaben zu den Lebens- und Einkommensverhältnissen sowie der beruflichen Tätigkeit bzw. Ausbildung beider Ehegatten) ..... Wir wollen insbesondere beide berufstätig bleiben und erleiden insoweit keine ehebedingten Nachteile.

B. Ehevertragliche Vereinbarungen

Ehevertraglich vereinbaren wir was folgt:

I. Güterstand

1)

Für den Fall der Beendigung der Ehe durch den Tod[14] eines Ehegatten soll es beim Zugewinnausgleich durch Erbteilserhöhung oder güterrechtliche Lösung verbleiben.[15]

2)

Wird jedoch die Ehe auf andere Weise als durch den Tod eines Ehegatten beendet, so findet kein Zugewinnausgleich statt.

Dies gilt auch für den vorzeitigen Zugewinnausgleich.

Auf den Ausgleich eines Zugewinns wird insoweit gegenseitig verzichtet.

Den Verzicht nehmen wir hiermit gegenseitig an.

Dies gilt auch für einen etwa bisher bereits entstandenen Zugewinn.[16]

3)

Durch diese Vereinbarung soll jedoch ausdrücklich keine Gütertrennung eintreten.

4)

Zuwendungen eines Ehegatten an den anderen können bei Scheidung der Ehe nicht zurückgefordert werden, auch nicht wegen Störung der Geschäftsgrundlage, es sei denn, die Rückforderung ist auf gesonderter vertraglicher Grundlage vorbehalten. Dies gilt unabhängig vom Verschulden am Scheitern der Ehe.

Wir stellen ferner klar, dass andere Ausgleichsansprüche nicht bestehen sollen; insbesondere entsteht nicht etwa durch Mitarbeit im Betrieb eines Ehegatten oder durch das gemeinsame Halten von Vermögensgegenständen eine Ehegatteninnengesellschaft, wenn wir dies nicht ausdrücklich vereinbaren.

Wir verpflichten uns, bei etwaigen Gesamthaftungen das Innenverhältnis des Gesamtschuldnerausgleichs ausdrücklich zu regeln.

---

14 Mit der Formulierung »wird jedoch **die Ehe** auf andere Weise als durch den Tod eines Ehegatten beendet« ist der Güterstandswechsel durch Ehevertrag unter Fortbestand der Ehe ausdrücklich nicht vom Ausschluss des Zugewinns erfasst, sodass für diesen Fall der Zugewinn vorbehalten bleibt. Dies ist bei der sich abzeichnenden Relevanz der **Güterstandsschaukel** nun als regelmäßige Formulierung vorgesehen. Wird dagegen die Formulierung »wird jedoch der Güterstand auf andere Weise als durch den Tod eines Ehegatten beendet«, verwendet, so wäre auch ein Zugewinnausgleich beim Wechsel in die Gütertrennung ausgeschlossen, die Güterstandsschaukel also ohne vorherige ehevertragliche Änderung nicht durchführbar.
15 Der Zugewinnausgleich im Todesfall bleibt somit bestehen. Trotz Pflichtteilsverzichts des Ehegatten und anderweitiger Erbeinsetzung bleibt es daher beim güterrechtlichen Zugewinnausgleichsanspruch nach § 1371 Abs. 2 BGB. Soll auch dies nicht sein, so müsste der Zugewinn vollständig ausgeschlossen sein. Sollen auch die Verfügungsbeschränkungen nicht gelten, so ist Gütertrennung zu vereinbaren.
16 Achtung: Wird hier der Zugewinn der Vergangenheit ausgeglichen, kann es zu Schenkungsteuerfolgen kommen (ausführlich Kap. 1 Rdn. 650 f.). Der BGH (NJW 2017, 1883) hat ausdrücklich darauf hingewiesen, dass bei nachträglichen Vereinbarungen der Verzicht auf bereits erworbene Rechte schwer ins Gewicht falle.

Der Verzicht auf Zugewinn stellt nicht selbst eine ehebedingte Zuwendung dar.[17]

5)

Für unsere Ehe schließen wir hiermit ferner die Verfügungsbeschränkungen der §§ 1365 ff. BGB gegenseitig aus.[18]

II. Unterhaltsverzicht[19]

1)

Für Rechtsstreitigkeiten in Bezug auf den Unterhalt vereinbaren wir nach Art. 4 EU-UntVO die ausschließliche Zuständigkeit der deutschen Gerichte.

Ferner wählen wir nach Art. 8 Abs. 1a HUP das deutsche Recht als das auf eine Unterhaltspflicht anzuwendende Recht. Diese Rechtswahl soll ausdrücklich auch dann gelten, wenn wir keinen gewöhnlichen Aufenthalt in Deutschland mehr haben.

2)

Für die Zeit nach einer etwaigen Scheidung unserer Ehe verzichten wir gegenseitig auf Unterhalt, auch für den Fall des Notbedarfes, gleichgültig ob ein Unterhaltsanspruch gegenwärtig bereits erkennbar hervorgetreten ist oder nicht.

3)

Diesen Verzicht nehmen wir hiermit gegenseitig an.

4)

Der Verzicht gilt auch im Fall einer Änderung der einschlägigen gesetzlichen Vorschriften oder der Rechtsprechung weiterhin.[20]

5)[21]

Wir wurden vom Notar über das Wesen des nachehelichen Unterhalts und die Auswirkungen des Verzichts eingehend belehrt. Wir wissen somit, dass jeder von uns für seinen eigenen Unterhalt sorgen muss.

a)

Wir wurden insbesondere darauf hingewiesen, dass ein Unterhaltsverzicht je nach den Umständen des Einzelfalls sittenwidrig sein kann mit der Folge, dass nach einer Ehescheidung Unterhalt nach den gesetzlichen Bestimmungen zu gewähren ist.

b)

Ferner kann die Berufung auf einen Unterhaltsverzicht gegen Treu und Glauben verstoßen. Für diesen Fall vereinbaren wir, soweit gesetzlich zulässig, dass Unterhalt höchstens in folgender Höhe zu leisten ist ..... (ggf. voreheliche Anknüpfung) .....[22]

---

17 Vgl. Kap. 3 Rdn. 15 ff.
18 Das Abbedingen der §§ 1365 ff. BGB ist fakultativ.
19 Zum Unterhaltsverzicht: Kap. 6 Rdn. 810 ff.
20 So die Anregung von Bergschneider, Rn. 434.
21 Bergschneider, Rn. 428 merkt an, dass der Unterhaltsverzicht zwar von großer Tragweite sei, aber deshalb dennoch nicht wortreich formuliert werden müsse. Der Formulierungsvorschlag zeigt, dass ein Großteil der Formulierungen mittlerweile den notariellen Belehrungen geschuldet ist. Diese sollten aber zur Sicherheit festgehalten sein.
22 Die frühere Ansicht des BGH (FamRZ 1997, 873, 874), dass dann, wenn sich der Verpflichtete nach Treu und Glauben nicht auf einen Verzicht berufen darf, lediglich Unterhalt i.H.d. Mindestbedarfes zur Sicherung der Existenz geschuldet wird, lässt sich wohl angesichts der Entscheidungen des BVerfG zur Inhaltskontrolle (FamRZ 2001, 343 und FamRZ 2001, 985) nicht mehr halten (so Wendl/Staudigl/Pauling, 6. Aufl. 2004, § 6 Rn. 609b). Dann sollte auch vertraglich nicht mehr diese niedrige Schwelle angesetzt werden. Der Vorschlag, der hier schon bei der Darstellung der Inhaltskontrolle unterbreitet

A. »Ehe ohne alles«

Wir gehen jedoch übereinstimmend davon aus, dass derzeit Gründe für eine Sittenwidrigkeit nicht erkennbar sind, zumal ein jeder von uns beiden berufstätig ist und es auch bleiben will und ein jeder von uns beiden Rentenanwartschaften hat, sodass die Versorgung eines jeden von uns beiden gesichert ist.

6)

Der Notar hat auf die Rechtsprechung des BVerfG und des BGH zur Inhaltskontrolle[23] von Eheverträgen hingewiesen und erläutert, dass ehevertragliche Regelungen bei einer besonders einseitigen Aufbürdung von vertraglichen Lasten und einer erheblich ungleichen Verhandlungsposition unwirksam oder unanwendbar sein können.

Die Vertragsteile erklären, dass sie nach einer Vorbesprechung und dem Erhalt eines Vertragsentwurfes die rechtlichen Regelungen dieses Vertrages umfassend erörtert haben und diese Regelungen ihrem gemeinsamen Wunsch zur Gestaltung ihrer ehelichen Verhältnisse entsprechen.

Der Notar hat darauf hingewiesen, dass bei einer Änderung der Ehekonstellation – hierher gehören insbesondere die Geburt gemeinsamer Kinder oder gewichtige Änderungen der Erwerbsbiographie – die Regelungen auch nachträglich einer Ausübungskontrolle unterliegen können. Er hat geraten, in diesem Fall den Vertrag der veränderten Situation anzupassen.

Der Notar hat uns darüber belehrt, dass nach Art. 8 Abs. 4 HUP der heutige gewöhnliche Aufenthalt über die Wirksamkeit der Rechtswahl entscheidet. Zudem scheidet die Anwendung des gewählten Rechtes nach Art. 8 Abs. 5 HUP aus, wenn sie offensichtlich unbillige oder unangemessene Folgen hätte, es sei denn, dass die Parteien im Zeitpunkt der Rechtswahl umfassend unterrichtet und sich der Folgen ihrer Wahl vollständig bewusst waren.

III. Verzicht auf Versorgungsausgleich[24]

1)

Wir schließen hiermit nach § 6 VersAusglG gegenseitig den Versorgungsausgleich nach dem VersAusglG vollständig und für die gesamte Ehezeit aus.

2)

Diesen Verzicht nehmen wir hiermit gegenseitig an.

3)

Eine Abänderung dieser Vereinbarung – insbesondere nach § 227 FamFG – wird ausgeschlossen.[25]

4)

Der Notar hat uns über die rechtliche und wirtschaftliche Tragweite dieses Ausschlusses eingehend belehrt. Er hat insbesondere darauf hingewiesen:

a) dass bei einem Ausschluss des Versorgungsausgleichs jeder Ehegatte für seine Altersversorgung selbst sorgen muss und die Altersversorgung des anderen Ehegatten nicht geteilt wird;
b) dass es empfehlenswert ist, die aus dem bisherigen oder auch dem künftig zu erwartenden Versicherungsverlauf resultierenden Anrechte der Ehegatten im Rahmen einer Renten- bzw.

---

wurde, geht dahin, einen Betrag zu wählen, der die fortgeschriebene voreheliche Lebensstellung repräsentiert.
23 Ausführlich behandelt im Kap. 2 Rdn. 65 ff.
24 Zum Verzicht auf Versorgungsausgleich: Kap. 7 Rdn. 372 f.
25 Dies entspricht dem bisherigen Ausschluss der Abänderbarkeit nach § 10a Abs. 9 VAHRG. Nach § 227 Abs. 2 FamFG kann der Ausschluss der Abänderbarkeit vereinbart werden. Der Ausschluss der Abänderbarkeit muss künftig im Einzelfall überdacht werden, da zur Abänderung nur noch rechtliche oder tatsächliche Änderungen berechtigen und keine Totalrevision mehr stattfindet.

Versorgungsberatung zu bestimmen; die Ehegatten wünschen die Beurkundung jedoch ausdrücklich ohne eine solche vorherige Berechnung;[26]

c) dass die Vereinbarung eines Ausschlusses des Versorgungsausgleichs einer Wirksamkeits- und Ausübungskontrolle nach § 8 Abs. 1 VersAusglG und den bereits geschilderten Rechtsprechungsgrundsätzen unterliegt. Der Notar hat ferner darauf hingewiesen, dass der Ausschluss des Versorgungsausgleichs bei einer gewichtigen Änderung der Ehekonstellation, insbesondere bei der Geburt gemeinsamer Kinder auch nachträglich einer Ausübungskontrolle unterliegen kann. Er hat uns Gestaltungsmöglichkeiten aufgezeigt, dem bereits jetzt Rechnung zu tragen. Dies wünschen wir jedoch ausdrücklich nicht Die Vertragsteile sind überzeugt, dass mit den Regelungen dieses Vertrages trotz des hier erklärten Verzichtes alle etwa eintretenden ehebedingten Nachteile ausgeglichen sind.

d) dass ein Ausschluss des Versorgungsausgleichs sittenwidrig sein kann, wenn er sich zu Lasten der Grundsicherung oder anderer Träger sozialer Hilfen auswirkt.

IV.

Die vorstehenden ehevertraglichen Vereinbarungen nehmen wir hiermit gegenseitig an.

C. Erbrechtliche Verfügungen[27]

I.

Zunächst widerrufen wir etwaige widerrufliche Verfügungen von Todes wegen aus früherer Zeit in vollem Umfang.

II.

In erbvertraglicher, also einseitig nicht widerruflicher Weise vereinbaren wir sodann Folgendes:

1)

Wir setzen uns hiermit gegenseitig zum alleinigen und ausschließlichen Erben ein.

2)

..... (Schlusserbfolge, wenn gewünscht) .....

III.

Wir bestimmen ausdrücklich, dass unsere vorstehenden Verfügungen auch dann Bestand haben sollen, wenn bei unserem Tod nicht bedachte Pflichtteilsberechtigte vorhanden sein sollten. Wir verzichten auf ein Anfechtungsrecht nach § 2079 BGB.

IV.

Über die Tragweite unserer vorstehenden erbrechtlichen Erklärungen wurden wir vom Notar eingehend belehrt. Insbesondere wurden wir hingewiesen auf

- das Pflichtteilsrecht,
- die erbvertragliche Bindungswirkung,
- das freie Verfügungsrecht unter Lebenden und seine Grenzen,
- das Anfechtungsrecht,
- die Bestimmungen des Erbschaftsteuer- und Schenkungsteuergesetzes.

Alternative (für den Fall, dass keine Schlusserbeinsetzung getroffen wurde):

Der Notar hat uns insbesondere darauf hingewiesen, dass dann, wenn wir keine Schlusserbeinsetzung treffen, nach dem Letztversterbenden von uns die gesetzliche Erbfolge (Verwandte des Letztversterbenden) eintritt, wenn dieser nicht anders testiert, was er ohne Bindung tun kann.

---

26 Nach Würzburger Notarhandbuch/Mayer/Reetz, 3. Teil, Kap. 1, Rn. 186.
27 Der Erbvrtrag enthält hier nur die wichtigsten Anordnungen. Eine ausführliche Erbvertragsbesprechung würde diesen Rahmen sprengen.

D. Schlussbestimmungen

I.

Sollten einzelne Bestimmungen dieses Vertrages unwirksam sein oder werden oder sollte sich im Vertrag eine Regelungslücke zeigen, so wird die Wirksamkeit der übrigen Bestimmungen hierdurch nicht berührt.

Die Beteiligten sind dann verpflichtet, eine ersetzende Bestimmung zu vereinbaren, die dem wirtschaftlichen Sinn der unwirksamen Bestimmung im Gesamtzusammenhang der getroffenen Regelung in rechtlich zulässiger Weise am nächsten kommt, oder eine neue Bestimmung zu treffen, welche die Regelungslücke des Vertrages so schließt, als hätten sie diesen Punkt von vornherein bedacht.

Der Notar hat die Beteiligten über die Auswirkungen der Klausel eingehend belehrt und darauf hingewiesen, dass die Klausel nur zu einer Beweislastveränderung führt. Er hat die Vertragsteile befragt, ob Vertragsbestimmungen für sie so miteinander verbunden sind, dass die Unwirksamkeit der einen auch die der anderen zur Folge haben soll.

Hierauf erklären die Vertragsteile: Wir wünschen keine von der salvatorischen Klausel abweichende Festlegung für bestimmte Vertragsklauseln.[28] Verbunden und damit voneinander abhängig sind allerdings die gegenseitigen Erbeinsetzungen.

II.

Wir beantragen die Erteilung je einer Ausfertigung dieser Urkunde.

Der Notar benachrichtigt das Zentrale Testamentsregister.

III.

Die besondere amtliche Verwahrung wird nicht gewünscht. Diese Urschrift und eine Ausfertigung sollen unversiegelt in der Urkundensammlung des beurkundenden Notars aufbewahrt werden.

IV.

Die Kosten dieser Urkunde tragen wir gemeinsam.

II. »Zweiter Frühling«

Wenn verwitwete oder geschiedene Eheleute mit erwachsenen Kindern in fortgeschrittenem Alter ein zweites Mal heiraten, dann befinden sie sich häufig in einer Situation, dass die **Familie** sich bereits hinsichtlich des Erbes und der Verteilung des Vermögens **geeinigt** hat und die **zweite Ehe** dieses Gefüge nun durcheinander bringen würde.[29]

Besonders wichtig ist neben den ehevertraglichen Verzichten der **Pflichtteilsverzicht**, der von einem Testament zugunsten der Familie begleitet wird, oder aber der Erbverzicht. Dies hat noch an Bedeutung gewonnen, seit der **BGH** die **Theorie der Doppelberechtigung beim Pflichtteil aufgegeben** hat.[30] Das bedeutet, dass ein Pflichtteilsberechtigter zum Zeitpunkt einer ergänzungspflichtigen Schenkung noch nicht Pflichtteilsberechtigter gewesen sein muss. Mit anderen Worten: Ein zweiter

---

28 Hier wird die Verwendung einer salvatorischen Klausel vorgeschlagen. Hierzu müssen die Ehegatten sorgfältig befragt werden, ob für sie Klauseln des Vertrages so miteinander verbunden sind, dass die Unwirksamkeit der einen auch die der anderen zur Folge hat. Im vorliegenden Fall soll soweit als möglich verzichtet werden. Daher liegt eine solche Verbindung mehrerer Regelungen nicht vor.
29 Wohlgemerkt muss dies nicht so sein! Entscheidend ist der Wille der Ehegatten selbst. In der Praxis erlebt man durchaus auch die Beispiele, dass Ehegatten einen zweiten Start mit der Änderung aller bisherigen Pläne verbinden. Für diese Konstellation sind andere Regelungen vonnöten.
30 BGH, NJW 2012, 2730.

Ehepartner hat auch für solche Zuwendungen einen Pflichtteilsergänzungsanspruch, die schon vor der zweiten Eheschließung erfolgt sind.[31]

17 Ferner ist zu beachten, dass neben den hier vorgestellten Regelungen **zusätzliche Vereinbarungen** erforderlich sind, wenn **ein Ehegatte beim anderen investiert**, etwa weil das Wohnhaus einem Ehegatten gehört und der andere das Geld zur Renovierung hat. Hier nutzt es auch nichts, lediglich die Zugewinngemeinschaft bestehen zu lassen, denn wenn der investierende Partner als erster verstirbt, dann gibt es keinen Zugewinn.[32] Daher ist es wichtig. solche Investitionen zusätzlich schuldrechtlich über ein **Darlehen** zu sichern, das mit dem Tod eines Ehegatten zur Rückzahlung fällig wird, sodass die entsprechenden Investitionsbeträge wieder zurückfallen.

18 Manchmal liegen zusätzlich bindende **erbrechtliche Verfügungen mit dem ersten Ehepartner** vor, sodass nicht nur im Eherecht, sondern auch im Erbrecht gegenseitige Ansprüche nicht begründet werden sollen. Den Ehegatten reicht es aus, wenn durch die Heirat eine Witwen-/Witwer-Rente oder -Pension erlangt wird. Zusätzlich möchten sie regelmäßig erreichen, dass nach dem Tod des ersten Partners der zweite seine gewohnte Umgebung beibehalten kann. Dies gilt insb., wenn beide Ehegatten ihren Wohnsitz im Eigentum eines Ehegatten nehmen, das an dessen Kinder fallen soll. Dementsprechend ist der Ehe- und Erbvertrag zu gestalten.

▶ Kostenanmerkung:

19 Die Neuordnung des notariellen Kostenrechts im GNotKG hat in § 100 als Geschäftswert für den Ehevertrag nunmehr ein **modifiziertes Reinvermögen** festgelegt. Danach können **Verbindlichkeiten** eines Ehegatten nunmehr **nur noch bis zur Hälfte seines Aktivvermögens abgezogen** werden. Die auf diese Weise ermittelten Vermögenswerte beider Ehegatten sind dann zu addieren und bilden so den Geschäftswert für den Ehevertrag.

Die Gütertrennung ist nach dem **vollen modifizierten Reinwert** zu bemessen.

Da der Ehevertrag nach § 1408 Abs. 1 BGB gem. § 111 Nr. 2 GNotKG ein **besonderer Beurkundungsgegenstand** ist, muss der Geschäftswert für den **gegenseitigen Unterhaltsverzicht** (Austauschvertrag) und für den gegenseitigen **Verzicht auf Versorgungsausgleich** hinzuaddiert werden. Dabei ist bei Ehen in fortgeschrittenen Jahren nicht von hohen Werten im Hinblick auf den Versorgungsausgleich auszugehen.

Der Erbverzicht ist mit seinem modifizierten Reinvermögenswert nach § 102 GNotKG zu bemessen nach der Erbquote. Der Wert ist zu den anderen Werten zu addieren. Zu diesem Erbverzicht tritt dann noch der Erbvertrag als nach § 111 Nr. 1 GNotKG gesonderter Beurkundungsgegenstand hinzu, der hier gem. § 102 Abs. 3 GNotKG mit dem Wert der jeweiligen Vermächtnisse zu bemessen ist. Ein Kostenprivileg wie in § 46 Abs. 3 KostO gibt es nicht mehr.

▶ Formulierungsvorschlag: Ehevertrag mit Gütertrennung – Unterhaltsverzicht und Verzicht auf Versorgungsausgleich – Pflichtteilsverzicht und Vermächtnis

20 URNr. .....

vom .....

Ehe- und Erbvertrag

Heute, den .....

erschienen vor mir,

---

31 Hierzu Keim, NJW 2012, 3484.
32 Das wäre beim deutsch-französischen Güterstand anders, aber diesen wird man allein aus dem Grund kaum vereinbaren.

A. »Ehe ohne alles«

.....

Notar in .....:

1. Herr .....,

geboren am ..... in ..... StA.Nr.

als Sohn von .....,

wohnhaft in .....,

letztere eine geborene .....,

nach Angabe verwitwet.

2. Frau ....., geborene .....

geboren am ..... in ..... StA.Nr.

als Tochter von .....,

letztere eine geborene .....,

wohnhaft in .....,

nach Angabe verwitwet.

Die Erschienenen sind verlobt und wollen die Ehe eingehen. Sie wollen einen

Ehe- und Erbvertrag

errichten.

Nach meiner, des Notars, in längeren Gesprächen gewonnenen Überzeugung sind sie voll geschäfts- und testierfähig.

Auf Zeugenbeiziehung verzichten die Vertragsteile. Ein gesetzlicher Grund, Zeugen hinzuzuziehen, besteht nicht.

Die Erschienenen erklären bei gleichzeitiger Anwesenheit gemeinsam mündlich mit dem Ersuchen um Beurkundung was folgt:

A. Allgemeines

Wir sind beide verwitwet.

Aus meiner ersten Ehe habe ich, ... (Erschienener zu 1.), die Kinder .....

Aus meiner ersten Ehe habe ich, ... (Erschienene zu 2.), die Kinder .....

Wir beabsichtigen, demnächst miteinander die Ehe einzugehen, und sind daher verlobt. Wir werden dem beurkundenden Notar zu seiner Urkundensammlung eine Heiratsurkunde einreichen.

Wir sind beide deutsche Staatsangehörige und haben kein Vermögen im Ausland.

Wir haben bisher keinen Ehevertrag geschlossen.

Ich, ... (Erschienener zu 1.), habe mit meiner ersten Ehefrau einen bindenden Erbvertrag geschlossen, kann aber die in Teil C dieser Urkunde getroffenen erbrechtlichen Verfügungen eingehen.[33]

Ich, ... (Erschienene zu 2.) bin durch Erbvertrag oder gemeinschaftliches Testament nicht gebunden.

---

[33] Vor dem Verfassen erbrechtlicher Verfügungen in dieser Konstellation sind sehr genau die früheren bindenden Erbverträge zu studieren, um herauszufinden, welche Verfügungen eine etwaige Bindung noch zulässt.

..... (Angaben zu den Lebens- und Einkommensverhältnissen sowie der beruflichen Tätigkeit bzw. Ausbildung beider Ehegatten) ..... Aufgrund unserer bisherigen Lebensleistung verfügen wir beide über ausreichend Vermögen und Einkünfte, sodass Auskommen und Versorgung eines jeden von uns gesichert ist. Wir erleiden keinerlei ehebedingte Nachteile.

Die in Teil C dieser Urkunde getroffenen erbrechtlichen Verfügungen sollen unabhängig von unserer künftigen Eheschließung gelten. Jedoch[34] behält sich jeder von uns das

bedingungslose Rücktrittsrecht

vom erbrechtlichen Teil dieses Vertrages vor. Dieses Rücktrittsrecht[35] erlischt mit dem Tod des anderen Vertragsschließenden[36] oder mit unserer Eheschließung.[37] Auf die Formvorschriften des Rücktritts nach § 2296 BGB wurde hingewiesen. Für den Rücktritt und seine Folgen verbleibt es bei den gesetzlichen Bestimmungen. Danach wird durch den Rücktritt eines Teiles der gesamte Erbvertrag aufgehoben.

B. Ehevertragliche Vereinbarungen

Ehevertraglich vereinbaren wir was folgt:

I. Güterstand

1)

Als Güterstand für unsere Ehe soll die Gütertrennung[38] nach Maßgabe des Bürgerlichen Gesetzbuches gelten.

Uns ist bekannt, dass durch die Vereinbarung der Gütertrennung

a) keine Haftungsbeschränkung gegenüber Gläubigern eintritt,
b) jeder Ehegatte über sein Vermögen frei verfügen kann,
c) beim Tod eines von uns beiden das Erb- und Pflichtteilsrecht des Überlebenden am Nachlass des Zuerstversterbenden sich vermindern und das Erb- und Pflichtteilsrecht der Kinder oder sonstiger Abkömmlinge sich erhöhen kann,
d) bei Auflösung der Ehe kein Zugewinnausgleich stattfindet,
e) die Privilegierung des § 5 ErbStG keine Anwendung findet.

Die Gütertrennung soll derzeit nicht in das Güterrechtsregister eingetragen werden.

Jeder von uns beiden ist jedoch berechtigt, den Eintragungsantrag jetzt oder künftig alleine zu stellen.

2)[39]

Zuwendungen eines Ehegatten an den anderen können bei Scheidung der Ehe nicht zurückgefordert werden, auch nicht wegen Störung der Geschäftsgrundlage, es sei denn, die Rückfor-

---

34 Solange die Vertragsteile nicht verheiratet sind, greifen bei einer Trennung die Bestimmungen der §§ 2077, 2279 BGB nicht ein. Damit der Erbvertrag nicht trotz Trennung bindend bleiben muss, ist das Rücktrittsrecht vorgesehen.
35 Zum Rücktrittsrecht beim Erbvertrag Nieder/Kössinger, § 16 Rn. 22 ff. Ein Rücktritt vom Erbvertrag führt nicht zu einem automatischen Rücktritt auch von dem in gleicher Urkunde vereinbarten Ehevertrag, OLG Frankfurt am Main, DNotZ 2003, 861.
36 Das Rücktrittsrecht erlischt im Zweifel mit dem Tod des anderen Vertragsschließenden nach § 2298 Abs. 2 Satz 2, Abs. 3 BGB.
37 Nach BayObLG, FamRZ 1993, 362 gilt § 2077 BGB auch dann, wenn der Erbvertrag noch unter Verlobten erfolgte, die später die Ehe schließen, was nach Sachverhalt und Urkundseingang der Fall ist; ebenso MünchKomm-BGB/Leipold, § 2077 Rn. 16. Ansonsten kann man das Rücktrittsrecht nach Eheschließung fortbestehen lassen.
38 Da kein gegenseitiges Erbrecht gewünscht wird, spielt die erbschaftsteuerliche Begründung für eine Modifikation des Zugewinns keine Rolle, zumal die Eheleute schon älter sind und der Zugewinn sich daher in Grenzen halten wird. Aus diesem Grund wurde hier Gütertrennung gewählt.
39 Hierzu Kap. 2 Rdn. 492 ff.

derung ist auf gesonderter vertraglicher Grundlage vorbehalten. Dies gilt unabhängig vom Verschulden am Scheitern der Ehe.[40]

II. Unterhaltsverzicht[41]

1)

Für die Zeit nach einer etwaigen Scheidung unserer Ehe verzichten wir gegenseitig auf Unterhalt, auch für den Fall des Notbedarfes, gleichgültig ob ein Unterhaltsanspruch gegenwärtig bereits erkennbar hervorgetreten ist oder nicht.

2)

Diesen Verzicht nehmen wir hiermit gegenseitig an.

3)

Der Verzicht gilt auch im Fall einer Änderung der einschlägigen gesetzlichen Vorschriften oder der Rechtsprechung weiterhin.[42]

4)[43]

Wir wurden vom Notar über das Wesen des nachehelichen Unterhalts und die Auswirkungen des Verzichts eingehend belehrt. Wir wissen somit, dass jeder von uns für seinen eigenen Unterhalt sorgen muss.

a)

Wir wurden insbesondere darauf hingewiesen, dass ein Unterhaltsverzicht je nach den Umständen des Einzelfalls sittenwidrig sein kann mit der Folge, dass nach einer Ehescheidung Unterhalt nach den gesetzlichen Bestimmungen zu gewähren ist.

b)

Ferner kann die Berufung auf einen Unterhaltsverzicht gegen Treu und Glauben verstoßen. Für diesen Fall vereinbaren wir, soweit gesetzlich zulässig, dass Unterhalt höchstens in folgender Höhe zu leisten ist ..... (ggf. voreheliche Anknüpfung) .....

Wir gehen jedoch übereinstimmend davon aus, dass derzeit Gründe für eine Sittenwidrigkeit nicht erkennbar sind.

5)

Der Notar hat auf die Rechtsprechung des BVerfG und des BGH zur Inhaltskontrolle[44] von Eheverträgen hingewiesen und erläutert, dass ehevertragliche Regelungen bei einer besonders einseitigen Aufbürdung von vertraglichen Lasten und einer erheblich ungleichen Verhandlungsposition unwirksam oder unanwendbar sein können.

Die Vertragsteile erklären, dass sie nach einer Vorbesprechung und dem Erhalt eines Vertragsentwurfes die rechtlichen Regelungen dieses Vertrags umfassend erörtert haben und diese Regelungen ihrem gemeinsamen Wunsch zur Gestaltung ihrer ehelichen Verhältnisse entsprechen. Zudem sind beide Ehegatten aufgrund ihrer bisherigen Lebensleistung ausreichend versorgt und können für ihren Unterhalt selbst Sorge tragen.

---

40 Über den Ausschluss einer Ehegatteninnengesellschaft oder Probleme des Gesamtschuldnerausgleichs wurde keine Regelung vorgeschlagen, da nach der Ehekonstellation davon auszugehen ist, dass dies die Ehegatten nicht mehr trifft.
41 Zum Unterhaltsverzicht: Kap. 6 Rdn. 810 ff. Hier im konkreten Beispiel wurde von einer unterhaltsrechtlichen Rechtswahl abgesehen, wenn die Ehegatten älter sind und ein Umzug ins Ausland ausgeschlossen wird.
42 So die Anregung von Bergschneider, Rn. 434.
43 Je nach den Umständen des Einzelfalls können die nachstehenden Belehrungen sehr verkürzt werden, wenn die Ehegatten beide sehr gut versorgt sind und Gründe für eine Sittenwidrigkeit nicht erkennbar sind.
44 Ausführlich behandelt in Kap. 2 Rdn. 65 ff.

Der Notar hat darauf hingewiesen, dass bei einer Änderung der Ehekonstellation die Regelungen auch nachträglich einer Ausübungskontrolle unterliegen können. Er hat geraten, in diesem Fall den Vertrag der veränderten Situation anzupassen.

Der Notar hat über die Möglichkeiten der Rechtswahl und die Auswirkung fehlender Rechtswahl bei Verlegung des gewöhnlichen Aufenthaltes ins Ausland belehrt. Eine Rechtswahl wird gleichwohl nicht gewünscht.

III. Verzicht auf Versorgungsausgleich[45]

1)

Wir schließen hiermit nach § 6 VersAusglG gegenseitig den Versorgungsausgleich nach dem VersAusglG vollständig und für die gesamte Ehezeit aus.

2)

Diesen Verzicht nehmen wir hiermit gegenseitig an.

3)

Eine Abänderung dieser Vereinbarung – insbesondere nach § 227 FamFG – wird ausgeschlossen.[46]

4)[47]

Der Notar hat uns über die rechtliche und wirtschaftliche Tragweite dieses Ausschlusses eingehend belehrt. Er hat insbesondere darauf hingewiesen:

a) dass bei einem Ausschluss des Versorgungsausgleichs jeder Ehegatte für seine Altersversorgung selbst sorgen muss und die Altersversorgung des anderen Ehegatten nicht geteilt wird;
b) dass es empfehlenswert ist, die aus dem bisherigen oder auch dem künftig zu erwartenden Versicherungsverlauf resultierenden Anrechte der Ehegatten im Rahmen einer Renten- bzw. Versorgungsberatung zu bestimmen; die Ehegatten wünschen die Beurkundung jedoch ausdrücklich ohne eine solche vorherige Berechnung;[48]
c) dass die Vereinbarung eines Ausschlusses des Versorgungsausgleichs einer Wirksamkeits- und Ausübungskontrolle nach § 8 Abs. 1 VersAusglG und den bereits geschilderten Rechtsprechungsgrundsätzen unterliegt. Die Vertragsteile sind überzeugt, dass mit den Regelungen dieses Vertrages trotz des hier erklärten Verzichtes keiner von ihnen ehebedingte Nachteile erleidet;
d) dass ein Ausschluss des Versorgungsausgleichs sittenwidrig sein kann, wenn er sich zu Lasten der Grundsicherung oder anderer Träger sozialer Hilfen auswirkt.

IV.

Die vorstehenden ehevertraglichen Vereinbarungen nehmen wir hiermit gegenseitig an.

---

45 Zum Verzicht auf Versorgungsausgleich: Kap. 7 Rdn. 372 ff. Nach § 1 Abs. 1 VersAusglG unterliegen dem Versorgungsausgleich nur diejenigen Anrechte, die während der Ehezeit erworben (begründet oder aufrechterhalten) worden sind. Ausschließlich vorehelich erworbene Anrechte, die während der Ehezeit nur ihren Wert verändern, unterliegen daher nicht dem Ausgleich (OLG Düsseldorf, FamRZ 1979, 595, 596). An einem ehezeitlichen Erwerb fehlt es aber auch dann, wenn der betreffende Ehegatte erst nach Eintritt des Versorgungsfalls die Ehe eingegangen ist (Johannsen/Henrich/Holzwarth, Vor § 1 VersAusglG, Rn. 11; Gruntkowski, MittRhNotK 1993, 1, 5). Sind beide Ehegatten erst nach Eintritt des Versorgungsfalls die Ehe eingegangen, kommt es ohnehin nicht zu einem Ausgleich.
46 Dies entspricht dem bisherigen Ausschluss der Abänderbarkeit nach § 10a Abs. 9 VAHRG. Nach § 227 Abs. 2 FamFG kann der Ausschluss der Abänderbarkeit vereinbart werden.
47 Die nachfolgenden Belehrungen können erheblich verkürzt werden, wenn die Ehegatten erst nach Eintritt des Versorgungsfalles heiraten.
48 Nach Würzburger Notarhandbuch/Mayer/Reetz, 3. Teil, Kap. 1, Rn. 186.

C. Pflichtteils- und Erbverzicht, Erbrechtliche Verfügungen

I.

Wir verzichten hiermit gegenseitig auf unser gesetzliches Erb- und Pflichtteilsrecht[49] und nehmen den Verzicht wechselseitig an.

II.

1)

Etwaige widerrufliche Verfügungen von Todes wegen aus früherer Zeit widerrufen wir hiermit nur insoweit, als sie den nachfolgenden Verfügungen entgegenstehen. Ansonsten bleiben sie ausdrücklich aufrechterhalten.

In erbvertraglicher, also einseitig nicht widerruflicher Weise vereinbaren wir sodann Folgendes:

2)

Wir nehmen unseren gemeinsamen Wohnsitz im Haus des Erschienenen zu 1. in ..... in der ..... straße. Daher ordne ich, ... (Erschienener zu 1.) für den Fall, dass ich der Erstversterbende von uns beiden bin, folgendes Vermächtnis an, ohne hierfür Ersatzvermächtnisnehmer zu bestimmen:

Frau ..... (Erschienene zu 2.) erhält den unentgeltlichen

Nießbrauch

auf Lebensdauer an meinem vorgenannten Anwesen. Der Grundbesitz ist eingetragen im Grundbuch des Amtsgerichts ..... für ..... Blatt .....

Danach ist Frau ..... berechtigt, sämtliche Nutzungen aus dem betroffenen Grundbesitz zu ziehen und verpflichtet, sämtliche auf dem Grundbesitz ruhenden privaten und öffentlichen Lasten einschließlich der außerordentlichen Lasten zu tragen. Der Nießbraucher hat auch die nach der gesetzlichen Lastenverteilungsregelung dem Eigentümer obliegenden privaten Lasten zu tragen, insbesondere die außergewöhnlichen Ausbesserungen und Erneuerungen.

Im Übrigen gelten für das Nießbrauchsrecht die gesetzlichen Bestimmungen.

Der Nießbrauch ist auf Kosten der Erben dinglich zu sichern, und zwar an erster Rangstelle. Eingetragene Belastungen sind derzeit nicht valutiert.

In gleicher Weise erhält Frau ..... den unentgeltlichen Nießbrauch auf Lebensdauer an allen beweglichen Gegenständen[50] im Hausanwesen ..... in .....

3)

Ferner beschwere ich, ... (Erschienener zu 1.) meine Erben mit folgendem weiterem Vermächtnis für den Fall, dass ich der Erstversterbende von uns beiden bin:

Frau ..... (Erschienene zu 2.) erhält das Guthaben auf dem Konto ..... bei der ..... Bank.

4)

Etwaige Kosten und Steuern der Vermächtniserfüllung sollen die Erben tragen. Die Vermächtnisse fallen mit meinem Tod an. Ersatzvermächtnisnehmer bestimme ich nicht.

---

49 Der Pflichtteilsverzicht ist erforderlich, da ansonsten der neue Ehepartner über das Pflichtteilsrecht die bisher vorgesehene Erbfolge stören könnte. Der Pflichtteilsverzicht kann mit einem völligen Erbverzicht verbunden werden. Dies wird man insb. dann vereinbaren, wenn der Ehegatte ohne weitere testamentarische Verfügungen aus der Erbfolge ausscheiden soll. Durch den Erbverzicht erhöhen sich die Pflichtteile der Kinder. Ein solcher ist daher dann nicht ratsam, wenn der Fall so liegt, dass zumindest ein bestimmtes Kind einen möglichst geringen Pflichtteil erhalten soll.

50 Hier ist nachzufragen, ob eine Einschränkung erfolgen soll, insb. bei wertvollem Schmuck oder bei Aufbewahrung anderer Wertsachen oder von Bargeld im Haus. Ggf. ist der Nießbrauch auf das Inventar oder auf die zur Haushaltsführung benötigten Gegenstände zu beschränken.

5)

Diese erbrechtlichen Verfügungen nehme ich, ... (Erschienene zu 2.) hiermit ausdrücklich an.

III.

Wir bestimmen ausdrücklich, dass unsere vorstehenden Verfügungen auch dann Bestand haben sollen, wenn bei unserem Tod nicht bedachte Pflichtteilsberechtigte vorhanden sein sollten. Wir verzichten auf ein Anfechtungsrecht nach § 2079 BGB.

IV.

Über die Tragweite unserer vorstehenden erbrechtlichen Erklärungen wurden wir vom Notar eingehend belehrt. Insbesondere wurden wir hingewiesen auf

- das Pflichtteilsrecht,
- die erbvertragliche Bindungswirkung,
- das freie Verfügungsrecht unter Lebenden und seine Grenzen,
- das Anfechtungsrecht,
- die Bestimmungen des Erbschaftsteuer- und Schenkungsteuergesetzes.

D. Schlussbestimmungen

I.

Sollten einzelne Bestimmungen dieses Vertrages unwirksam sein oder werden oder sollte sich im Vertrag eine Regelungslücke zeigen, so wird die Wirksamkeit der übrigen Bestimmungen hierdurch nicht berührt.

Die Beteiligten sind dann verpflichtet, eine ersetzende Bestimmung zu vereinbaren, die dem wirtschaftlichen Sinn der unwirksamen Bestimmung im Gesamtzusammenhang der getroffenen Regelung in rechtlich zulässiger Weise am nächsten kommt, oder eine neue Bestimmung zu treffen, welche die Regelungslücke des Vertrages so schließt, als hätten sie diesen Punkt von vornherein bedacht.

Der Notar hat die Beteiligten über die Auswirkungen der Klausel eingehend belehrt und darauf hingewiesen, dass die Klausel nur zu einer Beweislastveränderung führt. Er hat die Vertragsteile befragt, ob Vertragsbestimmungen für sie so miteinander verbunden sind, dass die Unwirksamkeit der einen auch die der anderen zur Folge haben soll.

Hierauf erklären die Vertragsteile: Wir wünschen keine von der salvatorischen Klausel abweichende Festlegung für bestimmte Vertragsklauseln.[51]

II.

Wir beantragen die Erteilung je einer Ausfertigung dieser Urkunde.

Der Notar benachrichtigt das Zentrale Testamentsregister.

III.

Die besondere amtliche Verwahrung wird nicht gewünscht. Diese Urschrift und eine Ausfertigung sollen unversiegelt in der Urkundensammlung des beurkundenden Notars aufbewahrt werden.

IV.

Die Kosten dieser Urkunde tragen wir gemeinsam.

B. »Ehe mit Probezeit«

21 Unter dem Stichwort Ehe mit Probezeit werden Konstellationen zusammengefasst, die nicht von einem festen durch die gesamte Ehezeit hindurch einheitlichen Ehetyp ausgehen, sondern einen **Wechsel der Lebenssachverhalte oder der Beurteilung** durch die Vertragsteile **bereits beinhalten**.

---

51 Zur salvatorischen Klausel: Rdn. 14.

Nach der Unterhaltsreform ist der Zeitraum, in dem Unterhalt zu gewähren ist, stark verkürzt worden. Zudem sind viele Billigkeitserwägungen eingeschaltet, um die konkreten Anspruchshöhen und Unterhaltszahlungszeiträume festzulegen. Die Beweglichkeit der Ehekonstellation wurde also bereits vom Gesetzgeber berücksichtigt.

Nach der Rechtsprechung des BGH zur Inhaltskontrolle von Eheverträgen[52] können die Gerichte bei der **Änderung von Ehekonstellationen** Eheverträge anpassen. Die folgenden Formulierungsvorschläge antizipieren die aus der Sicht der Vertragsteile möglichen Änderungen und wollen für diese Änderungen eine gerichtliche Anpassung vermeiden. 22

I. »Kommt Zeit kommt Rat«

Ehegatten möchten oft zu Beginn ihrer Ehe vermeiden, dass sofort alle Rechtsfolgen des BGB eintreten, wenn die Ehe bereits nach kurzer Zeit wieder geschieden wird. Dabei gehen die Ehegatten davon aus, dass sie sich in dieser **kurzen Zeit noch nicht** so intensiv aufeinander eingelassen und **vermögensrechtliche Abhängigkeiten** geschaffen haben, dass sie sich nicht mehr ohne Ansprüche gegen den jeweils anderen voneinander lösen können. Dieser Gedanke findet sich auch in einigen gesetzlichen Vorschriften wieder, welche die Rechtsfolgen einer Scheidung für die kurze Ehe entweder ausnehmen oder zumindest abmildern. Als Beispiel sei etwa § 1579 Nr. 1 BGB genannt. Allerdings versteht die Rechtsprechung unter einer kurzen Ehe i.S.d. § 1579 Nr. 1 BGB eine solche bis zu zwei Jahren, niemals aber länger als drei Jahre.[53] Als weitere Vorschrift aus dem Unterhaltsrecht kann § 1578b BGB angeführt werden. 23

Aus diesem Grund können die Ehegatten für sich einen **Zeitraum ehevertraglich definieren**, ab dem die vollen Rechtswirkungen der Ehe eintreten sollen. Dieser Zeitraum sollte sich – wie bei den gesetzlichen Vorschriften, die auf eine kurze Ehe Bezug nehmen – von der Eheschließung bis zur Rechtshängigkeit eines Scheidungsantrags verstehen. Sofern aus der Ehe ein Kind hervorgeht, ändert dies ggf. die Betrachtungsweise, sodass für diesen Fall Ansprüche gesondert vorbehalten werden.[54] 24

▸ Formulierungsvorschlag: Ehevertrag mit Ausschluss des Zugewinns – Unterhaltsverzicht und Verzicht auf Versorgungsausgleich jeweils bei kurzer Ehedauer

URNr. 25

vom .....

Ehevertrag

Heute, den .....

erschienen vor mir,

.....

Notar in .....

1. Herr .....,

geboren am ..... in .....

als Sohn von .....,

letztere eine geborene .....,

2. Frau ....., geborene .....

geboren am ..... in .....

als Tochter von .....,

---

52 BGH, NJW 2004, 930 f. = ZNotP 2004, 157 ff. und Folgerechtsprechung, vgl. Kap. 2 Rdn. 65 ff.
53 BGH, FamRZ 1989, 483, 486; BGH, NJW 1999, 1630.
54 Vgl. hierzu auch die nachfolgende Rdn. 26.

letztere eine geborene ….. ,

beide wohnhaft in ….. ,

nach Angabe beide ledig.

Die Erschienenen wollen einen

Ehevertrag

errichten.

Die Erschienenen erklären bei gleichzeitiger Anwesenheit gemeinsam mündlich mit dem Ersuchen um Beurkundung was folgt:

A. Allgemeines

Wir sind beide ledig und beabsichtigen, miteinander die Ehe einzugehen.

Wir werden dem beurkundenden Notar zu seiner Urkundensammlung eine Heiratsurkunde einreichen.

Wir haben bisher keinen Ehevertrag geschlossen.

Keiner von uns hat Kinder.

Wir sind beide deutsche Staatsangehörige und haben kein Vermögen im Ausland.

….. (Angaben zu den Lebens- und Einkommensverhältnissen sowie der beruflichen Tätigkeit bzw. Ausbildung beider Ehegatten) …..

B. Ehevertragliche Vereinbarungen

Ehevertraglich vereinbaren wir was folgt:

I. Güterstand

1)

Dauerte unsere Ehe zwischen Eheschließung und Rechtshängigkeit[55] eines Scheidungsantrags, der zur Scheidung der Ehe führt, nicht länger als fünf Jahre, so findet ein Zugewinnausgleich nicht statt.

Dauerte unsere Ehe dementsprechend länger als fünf Jahre, aber nicht länger als zehn Jahre, so beträgt die Ausgleichsquote abweichend von § 1378 Abs. 1 BGB nur 25 % des Überschusses.[56]

Dauerte unsere Ehe dementsprechend länger als zehn Jahre, so findet der Zugewinnausgleich für die gesamte Ehedauer nach den gesetzlichen Vorschriften statt.

Gleiches gilt, wenn uns ein gemeinsames Kind geboren wird oder wir ein solches annehmen.[57]

2)

Auf den Ausgleich eines Zugewinns wird insoweit im genannten Umfang gegenseitig verzichtet. Dies gilt auch für den vorzeitigen Zugewinnausgleich.

Den Verzicht nehmen wir hiermit gegenseitig an.

---

55 Wegen Missbrauchsgefahr nicht bis zur Scheidung bemessen, Bergschneider, Rn. 103 f.
56 Diese Zwischenstufe kann entfallen, dann greift im nächsten Absatz der gesetzliche Zugewinnanspruch schon nach fünf Jahren.
57 Hier nur in Abhängigkeit von der Geburt eines Kindes. Es könnte auch eine Abhängigkeit dazu hergestellt werden, ob ein Ehegatte wegen des Kindes einen Beruf aufgibt oder einschränkt, vgl. den nachfolgenden Formulierungsvorschlag unter Rdn. 26.

3)

Für unsere Ehe schließen wir hiermit ferner die Verfügungsbeschränkungen der §§ 1365 ff. BGB gegenseitig aus.[58]

4)

Wir stellen klar, dass diese Modifikation des Güterstandes auch dann bestehen bleibt, wenn der nachfolgend vereinbarte Ausschluss des Versorgungsausgleichs oder der nachstehend vereinbarte Unterhaltsverzicht unwirksam oder unanwendbar sein sollten.[59]

II. Unterhaltsverzicht[60]

1)

Für Rechtsstreitigkeiten in Bezug auf den Unterhalt vereinbaren wir nach Art. 4 EU-UntVO die ausschließliche Zuständigkeit der deutschen Gerichte.

Ferner wählen wir nach Art. 8 Abs. 1a HUP das deutsche Recht als das auf eine Unterhaltspflicht anzuwendende Recht. Diese Rechtswahl soll ausdrücklich auch dann gelten, wenn wir keinen gewöhnlichen Aufenthalt in Deutschland mehr haben.

2)

Für die Zeit nach einer etwaigen Scheidung unserer Ehe verzichten wir gegenseitig auf Unterhalt, auch für den Fall des Notbedarfes, gleichgültig ob ein Unterhaltsanspruch gegenwärtig bereits erkennbar hervorgetreten ist oder nicht, soweit nicht nachstehend gesetzliche Unterhaltsansprüche belassen werden.

3)

Dies gilt jedoch in vollem Umfang nur dann, wenn unsere Ehe zwischen Eheschließung und Rechtshängigkeit eines Scheidungsantrags, der zur Scheidung der Ehe führt, nicht länger als fünf Jahre gedauert hat.

4)

Dauerte unsere Ehe dementsprechend länger als fünf Jahre, aber nicht länger als zehn Jahre, so ist der gesetzliche Unterhalt zu zahlen, jedoch längstens auf die Dauer von fünf Jahren ab Rechtskraft der Ehescheidung. Da es sich bei dieser Vereinbarung um eine Höchstgrenze handelt, bleiben § 1578b BGB oder andere Vorschriften, denen eine zeitliche Begrenzung immanent ist, weiter anwendbar und können zu einer zusätzlichen zeitlichen Verkürzung des Unterhalts führen.

5)

Dauerte unsere Ehe dementsprechend länger als zehn Jahre, so ist der gesetzliche Unterhalt zu zahlen.

6)

Soweit und solange ein Unterhaltsanspruch wegen Betreuung eines Kindes nach §§ 1570 Abs. 1 Satz 1 oder Satz 2, Abs. 2 oder 1573 Abs. 2 BGB gegeben ist, wird dieser von etwa kürzeren Fristen nach Absätzen 2) bis 4) nicht betroffen. Endet ein solcher Anspruch, laufen noch bestehende Fristen jedoch weiter. Insofern können nach dem Wegfall auch Anschlusstatbestände in Kraft treten.[61]

---

58 Das Abbedingen der §§ 1365 ff. BGB ist fakultativ.
59 Da die beiden folgenden Verzichte den Kernbereich betreffen, kann die Unabhängigkeit der güterrechtlichen Regelung besonders hervorgehoben werden.
60 Zum Unterhaltsverzicht: Kap. 6 Rdn. 810 ff.
61 Angesichts der Situation, dass Unterhaltsansprüche nur für den Fall der kurzen Ehe eingeschränkt werden, ist der Unterhalt wegen Alters oder Krankheit nicht gesondert ausgenommen.

7)

Diesen Verzicht nehmen wir hiermit gegenseitig an.

8)

Der Verzicht gilt auch im Fall einer Änderung der einschlägigen gesetzlichen Vorschriften oder der Rechtsprechung weiterhin.

9)

Wir wurden vom Notar über das Wesen des nachehelichen Unterhalts und die Auswirkungen des Verzichts eingehend belehrt. Wir wissen somit, dass jeder von uns für seinen eigenen Unterhalt sorgen muss, soweit der Verzicht reicht.

a)

Wir wurden insbesondere darauf hingewiesen, dass ein Unterhaltsverzicht je nach den Umständen des Einzelfalls sittenwidrig sein oder unanwendbar werden kann mit der Folge, dass nach einer Ehescheidung Unterhalt nach den gesetzlichen Bestimmungen zu gewähren ist.

b)

Ferner kann die Berufung auf einen Unterhaltsverzicht gegen Treu und Glauben verstoßen. Für diesen Fall vereinbaren wir, soweit gesetzlich zulässig, dass Unterhalt höchstens in folgender Höhe zu leisten ist: ..... (voreheliche Anknüpfung) .....

Wir gehen jedoch übereinstimmend davon aus, dass derzeit Gründe für eine Sittenwidrigkeit nicht erkennbar sind, zumal ein jeder von uns beiden berufstätig ist und es auch bleiben will und ein jeder von uns beiden Rentenanwartschaften hat, sodass die Versorgung eines jeden von uns beiden gesichert ist.

Der Notar hat uns darüber belehrt, dass nach Art. 8 Abs. 4 HUP der heutige gewöhnliche Aufenthalt über die Wirksamkeit der Rechtswahl entscheidet. Zudem scheidet die Anwendung des gewählten Rechtes nach Art. 8 Abs. 5 HUP aus, wenn sie offensichtlich unbillige oder unangemessene Folgen hätte, es sei denn, dass die Parteien im Zeitpunkt der Rechtswahl umfassend unterrichtet und sich der Folgen ihrer Wahl vollständig bewusst waren.

III. Verzicht auf Versorgungsausgleich[62]

1)

Wir schließen hiermit nach § 6 VersAusglG gegenseitig den Versorgungsausgleich nach dem VersAusglG vollständig und für die gesamte Ehezeit aus.

2)

Diesen Verzicht nehmen wir hiermit gegenseitig an.

3)

Eine Abänderung dieser Vereinbarung – insbesondere nach § 227 FamFG – wird ausgeschlossen.[63]

4)

Der Notar hat uns über die rechtliche und wirtschaftliche Tragweite dieses Ausschlusses eingehend belehrt. Er hat insbesondere darauf hingewiesen:

a) dass bei einem Ausschluss des Versorgungsausgleichs jeder Ehegatte für seine Altersversorgung selbst sorgen muss und die Altersversorgung des anderen Ehegatten nicht geteilt wird;

---

62 Zum Verzicht auf Versorgungsausgleich: Kap. 7 Rdn. 372.
63 Dies entspricht dem bisherigen Ausschluss der Abänderbarkeit nach § 10a Abs. 9 VAHRG. Nach § 227 Abs. 2 FamFG kann der Ausschluss der Abänderbarkeit vereinbart werden. Der Ausschluss der Abänderbarkeit muss künftig im Einzelfall überdacht werden, da zur Abänderung nur noch rechtliche oder tatsächliche Änderungen berechtigen und keine Totalrevision mehr stattfindet.

b) dass es empfehlenswert ist, die aus dem bisherigen oder auch dem künftig zu erwartenden Versicherungsverlauf resultierenden Anrechte der Ehegatten im Rahmen einer Renten- bzw. Versorgungsberatung zu bestimmen; die Ehegatten wünschen die Beurkundung jedoch ausdrücklich ohne eine solche vorherige Berechnung;[64]
c) dass die Vereinbarung eines Ausschlusses des Versorgungsausgleichs einer Wirksamkeits- und Ausübungskontrolle nach § 8 Abs. 1 VersAusglG und den Rechtsprechungsgrundsätzen unterliegt;
d) dass ein Ausschluss des Versorgungsausgleichs sittenwidrig sein kann, wenn er sich zu Lasten der Grundsicherung oder anderer Träger sozialer Hilfen auswirkt.

5)

Der gesamte Ausschluss des Versorgungsausgleichs entfällt jedoch vollständig, wenn unsere Ehe zwischen Eheschließung und Rechtshängigkeit eines Scheidungsantrags, der zur Scheidung der Ehe führt, länger als fünf Jahre gedauert hat. Es gelten in diesem Fall die gesetzlichen Bestimmungen.

IV.

Die vorstehenden ehevertraglichen Vereinbarungen nehmen wir hiermit gegenseitig an. Weitere ehevertragliche, aber auch erbrechtliche Verfügungen wollen wir heute nach Belehrung durch den Notar nicht treffen.

C. Schlussbestimmungen

I.

Der Notar hat uns über den Inhalt und die rechtlichen Folgen aus diesem Vertrag eingehend belehrt.

Der Notar hat insbesondere auf die Rechtsprechung des Bundesverfassungsgerichts und des Bundesgerichtshofs zur Inhaltskontrolle[65] von Eheverträgen hingewiesen und erläutert, dass ehevertragliche Regelungen bei einer besonders einseitigen Aufbürdung von vertraglichen Lasten und einer erheblich ungleichen Verhandlungsposition unwirksam oder unanwendbar sein können.

Die Vertragsteile erklären, dass sie nach einer Vorbesprechung und dem Erhalt eines Vertragsentwurfes die rechtlichen Regelungen dieses Vertrages umfassend erörtert haben und diese Regelungen ihrem gemeinsamen Wunsch zur Gestaltung ihrer ehelichen Verhältnisse entsprechen.

Der Notar hat darauf hingewiesen, dass bei einer Änderung der Ehekonstellation – hierher gehören insbesondere die Geburt gemeinsamer Kinder oder gewichtige Änderungen der Erwerbsbiographie – die Regelungen auch nachträglich einer Ausübungskontrolle unterliegen können. Er hat geraten, in diesem Fall den Vertrag der veränderten Situation anzupassen.

II.

Sollten einzelne Bestimmungen dieses Vertrages unwirksam sein oder werden oder sollte sich im Vertrag eine Regelungslücke zeigen, so wird die Wirksamkeit der übrigen Bestimmungen hierdurch nicht berührt.

Die Beteiligten sind dann verpflichtet, eine ersetzende Bestimmung zu vereinbaren, die dem wirtschaftlichen Sinn der unwirksamen Bestimmung im Gesamtzusammenhang der getroffenen Regelung in rechtlich zulässiger Weise am nächsten kommt, oder eine neue Bestimmung zu treffen, welche die Regelungslücke des Vertrages so schließt, als hätten sie diesen Punkt von vornherein bedacht.

Der Notar hat die Beteiligten über die Auswirkungen der Klausel eingehend belehrt und darauf hingewiesen, dass die Klausel nur zu einer Beweislastveränderung führt. Er hat die Vertrags-

---

[64] Nach Würzburger Notarhandbuch/Mayer/Reetz, 3. Teil, Kap. 1, Rn. 186.
[65] Ausführlich behandelt in Kap. 2 Rdn. 65 ff.

teile befragt, ob Vertragsbestimmungen für sie so miteinander verbunden sind, dass die Unwirksamkeit der einen auch die der anderen zur Folge haben soll.

Hierauf erklären die Vertragsteile: Wir wünschen keine von der salvatorischen Klausel abweichende Festlegung für bestimmte Vertragsklauseln.[66]

III.

Wir beantragen die Erteilung je einer Ausfertigung dieser Urkunde.

IV.

Die Kosten dieser Urkunde tragen wir gemeinsam.

II. »Kind ändert alles«

26 Der einschneidendste Wechsel des Lebenssachverhalts für eine Ehe ist **die Geburt eines gemeinsamen Kindes**. Sie führt zumeist zu einer **Änderung** der Lebensplanung und Lebensführung **auch im beruflichen Bereich** und wirkt insoweit sehr stark auf die Vermögens- und Wirtschaftssituation der Ehegatten ein. Bei der Beratung ist es Aufgabe, eine solche Lebensumstellung auch entgegen der Vorstellung der Parteien darzustellen und ihre Auswirkungen auf die von jungen Berufstätigen geplanten Verzichtserklärungen zu erläutern. Die optimistische Erwartung, durch den Einsatz von Großeltern und Tagesmüttern alles belassen zu können, wie es vor der Geburt des Kindes war, trifft nämlich nur für wenige Familien zu. Aus diesem Grund kann in den Fällen, in denen ein Kinderwunsch besteht oder zumindest ein solcher für später nicht ausgeschlossen wird, eine **Ehevertragsgestaltung** gewählt werden, die **für diesen Fall bereits Vorsorge** trifft und Änderungen der Rechtsfolgen vorsieht.[67] Eine solche Art der Vertragsgestaltung wird sich immer mehr durchsetzen, nachdem der BGH i.R.d. Inhaltskontrolle von Eheverträgen nicht nur nach Unwirksamkeitsgründen bei Vertragsschluss fragt, sondern auch nachträglich eintretenden Ungleichgewichtslagen durch Ausübungskontrolle Rechnung tragen will.[68]

27 Als technisches Mittel für die Anpassung des Vertrages kommt neben der immer möglichen **gemeinsamen Abänderung** des Vertrages insb. die Gestaltung einer **auflösenden Bedingung** in Betracht. Danach stehen die abgegebenen Verzichte unter der auflösenden Bedingung der Geburt oder Annahme eines gemeinsamen Kindes und einer daraus resultierenden beruflichen Einschränkung. Dies setzt keine Mitwirkung des anderen Ehegatten mehr voraus.

28 Da die auflösende Bedingung zwingend eintritt, ohne dass die durch den Eintritt begünstigte Vertragspartei nochmals Einwirkungsmöglichkeiten hat, betrachtet man vielfach ein **Rücktrittsrecht** als vorzugswürdig. Hier kann im Vorfeld eine Klärung herbeigeführt werden oder der durch den Verzicht benachteiligte Ehegatte entscheidet erst in der Situation, die vom Vertragsabschluss einige Jahre entfernt sein kann, ob der Vertrag durch Rücktritt zu Fall gebracht werden soll. Nachteilig ist allenfalls die Tatsache, dass man zu einer erneuten Entscheidung gezwungen wird, auf die der Partner seinerseits Druck auszuüben droht. Bei einem Rücktrittsrecht sollte der Vertrag zugleich eine Aussage über Form und Frist des Rücktritts treffen.

29 Sodann ist zu entscheiden, ob diejenigen Ansprüche, die sich während der laufenden Ehe aufbauen – wie Zugewinn- oder Versorgungsausgleich –, bei einem Rücktritt oder einer auflösenden Bedingung dann von Beginn der Ehe an bestehen sollen oder erst mit dem Zeitpunkt des Bedingungseintritts oder des Rücktritts ihren Anfang nehmen.

---

66 Zur salvatorischen Klausel: Rdn. 14.
67 Zum zweistufigen Ehevertrag: Langenfeld, 5. Aufl., Rn. 910 ff.
68 BGH, NJW 2004, 930 ff. = ZNotP 2004, 157 ff. und Folgerechtsprechung, vgl. Kap. 2 Rdn. 65 ff.

▶ Formulierungsvorschlag: Ehevertrag mit Ausschluss des Zugewinns – Unterhaltsverzicht und Verzicht auf Versorgungsausgleich sowie Rücktrittsrecht bei Elternschaft

URNr. .....

vom .....

30

Ehevertrag

Heute, den .....

erschienen vor mir,

.....

Notar in .....:

1. Herr .....,

geboren am ..... in .....

als Sohn von .....,

letztere eine geborene .....,

2. Frau ....., geborene .....

geboren am ..... in .....

als Tochter von .....,

letztere eine geborene .....,

beide wohnhaft in .....,

nach Angabe beide ledig.

Die Erschienenen wollen einen

Ehevertrag

errichten.

Die Erschienenen erklären bei gleichzeitiger Anwesenheit gemeinsam mündlich mit dem Ersuchen um Beurkundung was folgt:

A. Allgemeines

Wir sind beide ledig und beabsichtigen, miteinander die Ehe einzugehen.

Wir werden dem beurkundenden Notar zu seiner Urkundensammlung eine Heiratsurkunde einreichen.

Wir haben bisher keinen Ehevertrag geschlossen.

Keiner von uns hat Kinder.

Wir sind beide deutsche Staatsangehörige und haben kein Vermögen im Ausland.

..... (Angaben zu den Lebens- und Einkommensverhältnissen sowie der beruflichen Tätigkeit bzw. Ausbildung beider Ehegatten) .....

B. Ehevertragliche Vereinbarungen

Ehevertraglich vereinbaren wir was folgt:

I. Güterstand

1)

Für den Fall der Beendigung der Ehe durch den Tod eines Ehegatten soll es beim Zugewinnausgleich durch Erbteilserhöhung oder güterrechtliche Lösung verbleiben.[69]

2)

Wird jedoch die Ehe auf andere Weise als durch den Tod eines Ehegatten beendet, so findet kein Zugewinnausgleich statt.

Dies gilt auch für den vorzeitigen Zugewinnausgleich.

Auf den Ausgleich eines Zugewinns wird insoweit gegenseitig verzichtet.

Den Verzicht nehmen wir hiermit gegenseitig an.

Dies gilt auch für einen etwa bisher bereits entstandenen Zugewinn.[70]

3)

Durch diese Vereinbarung soll jedoch ausdrücklich keine Gütertrennung eintreten.

4)

Zuwendungen eines Ehegatten an den anderen können bei Scheidung der Ehe nicht zurückgefordert werden, auch nicht wegen Störung der Geschäftsgrundlage, es sei denn, die Rückforderung ist auf gesonderter vertraglicher Grundlage vorbehalten. Dies gilt unabhängig vom Verschulden am Scheitern der Ehe.

Wir stellen ferner klar, dass andere Ausgleichsansprüche nicht bestehen sollen; insbesondere entsteht nicht etwa durch Mitarbeit im Betrieb eines Ehegatten oder durch das gemeinsame Halten von Vermögensgegenständen eine Ehegatteninnengesellschaft, wenn wir dies nicht ausdrücklich vereinbaren.

Wir verpflichten uns, bei etwaigen Gesamthaftungen das Innenverhältnis des Gesamtschuldnerausgleichs ausdrücklich zu regeln.

Der Verzicht auf Zugewinn stellt nicht selbst eine ehebedingte Zuwendung dar.[71]

5)

Für unsere Ehe schließen wir hiermit ferner die Verfügungsbeschränkungen der §§ 1365 ff. BGB gegenseitig aus.[72]

II. Unterhaltsverzicht[73]

1)

Für Rechtsstreitigkeiten in Bezug auf den Unterhalt vereinbaren wir nach Art. 4 EU-UntVO die ausschließliche Zuständigkeit der deutschen Gerichte.

Ferner wählen wir nach Art. 8 Abs. 1a HUP das deutsche Recht als das auf eine Unterhaltspflicht anzuwendende Recht. Diese Rechtswahl soll ausdrücklich auch dann gelten, wenn wir keinen gewöhnlichen Aufenthalt in Deutschland mehr haben.

---

69 Der Zugewinnausgleich im Todesfall bleibt somit bestehen. Trotz Pflichtteilsverzichts des Ehegatten und anderweitiger Erbeinsetzung bleibt es daher beim güterrechtlichen Zugewinnausgleichsanspruch nach § 1371 Abs. 2 BGB. Soll auch dies nicht sein, so müsste der Zugewinn vollständig ausgeschlossen sein. Sollen auch die Verfügungsbeschränkungen nicht gelten, so ist Gütertrennung zu vereinbaren.
70 Achtung: Wird hier der Zugewinn der Vergangenheit ausgeglichen, kann es zu Schenkungsteuerfolgen kommen (ausführlich Kap. 1 Rdn. 650 f.). Der BGH (NJW 2017, 1883) hat ausdrücklich darauf hingewiesen, dass bei nachträglichen Vereinbarungen der Verzicht auf bereits erworbene Rechte schwer ins Gewicht falle.
71 Vgl. Kap. 3 Rdn. 15 ff.
72 Das Abbedingen der §§ 1365 ff. BGB ist fakultativ.
73 Zum Unterhaltsverzicht: Kap. 6 Rdn. 810 f.

2)

Für die Zeit nach einer etwaigen Scheidung unserer Ehe verzichten wir gegenseitig auf Unterhalt, auch für den Fall des Notbedarfes, gleichgültig ob ein Unterhaltsanspruch gegenwärtig bereits erkennbar hervorgetreten ist oder nicht.

3)

Diesen Verzicht nehmen wir hiermit gegenseitig an.

4)

Der Verzicht gilt auch im Fall einer Änderung der einschlägigen gesetzlichen Vorschriften oder der Rechtsprechung weiterhin.

5)

Wir wurden vom Notar über das Wesen des nachehelichen Unterhalts und die Auswirkungen des Verzichts eingehend belehrt. Wir wissen somit, dass jeder von uns für seinen eigenen Unterhalt sorgen muss.

a)

Wir wurden insbesondere darauf hingewiesen, dass ein Unterhaltsverzicht je nach den Umständen des Einzelfalls sittenwidrig sein oder unanwendbar werden kann mit der Folge, dass nach einer Ehescheidung Unterhalt nach den gesetzlichen Bestimmungen zu gewähren ist.

b)

Ferner kann die Berufung auf einen Unterhaltsverzicht gegen Treu und Glauben verstoßen. Für diesen Fall vereinbaren wir, soweit gesetzlich zulässig, dass Unterhalt höchstens in folgender Höhe zu leisten ist: ..... (voreheliche Anknüpfung) .....

Wir gehen jedoch übereinstimmend davon aus, dass derzeit Gründe für eine Sittenwidrigkeit nicht erkennbar sind, zumal ein jeder von uns beiden berufstätig ist und es auch bleiben will und ein jeder von uns beiden Rentenanwartschaften hat, sodass die Versorgung eines jeden von uns beiden gesichert ist.

Der Notar hat uns darüber belehrt, dass nach Art. 8 Abs. 4 HUP der heutige gewöhnliche Aufenthalt über die Wirksamkeit der Rechtswahl entscheidet. Zudem scheidet die Anwendung des gewählten Rechtes nach Art. 8 Abs. 5 HUP aus, wenn sie offensichtlich unbillige oder unangemessene Folgen hätte, es sei denn, dass die Parteien im Zeitpunkt der Rechtswahl umfassend unterrichtet und sich der Folgen ihrer Wahl vollständig bewusst waren.

III. Verzicht auf Versorgungsausgleich[74]

1)

Wir schließen hiermit nach § 6 VersAusglG gegenseitig den Versorgungsausgleich nach dem VersAusglG vollständig und für die gesamte Ehezeit aus.

2)

Diesen Verzicht nehmen wir hiermit gegenseitig an.

3)

Eine Abänderung dieser Vereinbarung – insbesondere nach § 227 FamFG – wird ausgeschlossen.[75]

---

74 Zum Verzicht auf Versorgungsausgleich: Kap. 7 Rdn. 372.
75 Dies entspricht dem bisherigen Ausschluss der Abänderbarkeit nach § 10a Abs. 9 VAHRG. Nach § 227 Abs. 2 FamFG kann der Ausschluss der Abänderbarkeit vereinbart werden. Der Ausschluss der Abänderbarkeit muss künftig im Einzelfall überdacht werden, da zur Abänderung nur noch rechtliche oder tatsächliche Änderungen berechtigen und keine Totalrevision mehr stattfindet.

4)

Der Notar hat uns über die rechtliche und wirtschaftliche Tragweite dieses Ausschlusses eingehend belehrt. Er hat insbesondere darauf hingewiesen:

a) dass bei einem Ausschluss des Versorgungsausgleichs jeder Ehegatte für seine Altersversorgung selbst sorgen muss und die Altersversorgung des anderen Ehegatten nicht geteilt wird;
b) dass es empfehlenswert ist, die aus dem bisherigen oder auch dem künftig zu erwartenden Versicherungsverlauf resultierenden Anrechte der Ehegatten im Rahmen einer Renten- bzw. Versorgungsberatung zu bestimmen; die Ehegatten wünschen die Beurkundung jedoch ausdrücklich ohne eine solche vorherige Berechnung;[76]
c) dass die Vereinbarung eines Ausschlusses des Versorgungsausgleichs einer Wirksamkeits- und Ausübungskontrolle nach § 8 Abs. 1 VersAusglG und den nachfolgend geschilderten Rechtsprechungsgrundsätzen unterliegt;
d) dass ein Ausschluss des Versorgungsausgleichs sittenwidrig sein kann, wenn er sich zu Lasten der Grundsicherung oder anderer Träger sozialer Hilfen auswirkt.

IV. Rücktrittsrecht

Wird ein gemeinsames Kind geboren oder angenommen, so ist die-/derjenige von uns, der für die Pflege und Erziehung dieses Kindes seine Berufstätigkeit ganz oder teilweise aufgibt,[77] zum Rücktritt von den ehevertraglichen Vereinbarungen nach Ziffer I. bis III. berechtigt.[78]

Dies gilt jedoch insoweit nicht, als der betreffende Elternteil Elterngeld oder sonstige Leistungen während der Erziehungszeit zum Ausgleich seines Einkommens erhält. In diesem Fall entsteht das Rücktrittsrecht erst von dem Monatsersten an, ab dem der Ehegatte nach Ablauf etwaiger Schutzfristen oder Kindererziehungszeiten wieder arbeiten müsste, aber kindbedingt nicht mehr oder nicht mehr voll arbeitet.

Der Rücktritt ist zur Urkunde eines Notars zu erklären und dem anderen Vertragsteil zuzustellen. Der Rücktritt muss binnen fünf Jahren nach Geburt oder der Annahme des ersten gemeinsamen Kindes zugestellt sein, ansonsten erlischt das Rücktrittsrecht.

Die vorstehenden Verzichts- und Ausschlusserklärungen entfallen dann für die gesamte Ehezeit, sodass für den Zugewinn, den Unterhalt und den Versorgungsausgleich für die gesamte Ehezeit die gesetzlichen Bestimmungen zur Anwendung kommen.[79]

Alternative 1 (für IV insgesamt):

Wird ein gemeinsames Kind geboren oder angenommen, so ist derjenige von uns, der für die Pflege und Erziehung dieses Kindes seine Berufstätigkeit ganz oder teilweise aufgibt, zum Rücktritt von den vollständigen Verzichten nach Ziffer I. bis III. berechtigt. Der Rücktritt ist zur Urkunde eines Notars zu erklären und dem anderen Vertragsteil zuzustellen. Der Rücktritt muss binnen fünf Jahren[80] nach Geburt oder der Annahme des ersten gemeinsamen Kindes zugestellt sein, ansonsten erlischt das Rücktrittsrecht.

---

76 Nach Würzburger Notarhandbuch/Mayer/Reetz, 3. Teil, Kap. 1, Rn. 186.
77 Hier ist die Zweckbestimmung der beruflichen Einschränkung festgelegt. Nur dann, wenn die Einschränkungen wegen der Pflege oder Erziehung eines gemeinschaftlichen Kindes eintreten, entsteht das Rücktrittsrecht.
78 Möglich und ggf. ratsam ist es auch, hier noch genauer zu definieren, ab welcher zeitlichen Einschränkung es zu einem Rücktrittsrecht kommt. So kann etwa eine Reduzierung auf 50 % oder weniger der regulären Arbeitszeit Bezug genommen werden.
79 Sofern ein Vertrag auch erbrechtliche Teile enthält, sollte zur Klarstellung geregelt werden, dass diese Teile dennoch Bestand behalten.
80 Im Hinblick auf das Elterngeld auf fünf Jahre ausdehnen.

Mit dem Rücktritt von den vollständigen Verzichten gilt Folgendes:

1)

In einem solchen Fall ist der Zugewinnausgleich ausgeschlossen bis zu einem Zeitpunkt der sechs Monate vor der Geburt[81] unseres ersten gemeinsamen Kindes liegt bzw. bei einer Annahme als Kind bis zum Zeitpunkt der Annahme. Für die restliche Ehezeit hingegen findet der Zugewinnausgleich statt. Wir verpflichten uns, zu diesem Zeitpunkt ein Vermögensverzeichnis zu erstellen, das unser dann vorhandenes Vermögen aufweist. Dieses Vermögen gilt als Anfangsvermögen.[82]

2)

Der Unterhaltsverzicht entfällt im Fall des Rücktritts vollständig und ersatzlos.

3)

Der Ausschluss des Versorgungsausgleichs behält bis zu einem Zeitpunkt von sechs Monaten vor der Geburt unseres ersten gemeinsamen Kindes bzw. bis zur Annahme eines gemeinsamen Kindes seine Wirksamkeit. Ab diesem Zeitpunkt soll jedoch der Versorgungsausgleich durchgeführt werden.

Alternative 2 (als Ergänzung zur Grundfassung IV):

Es sind jedoch auch in diesem Fall nur höchstens so viele Versorgungsanrechte zu übertragen, wie sie der Berechtigte in dieser Zeit bei unveränderter Fortsetzung seiner Berufstätigkeit hätte erwerben können,[83] vermindert um die tatsächlich erworbenen.[84]

V.

Die vorstehenden ehevertraglichen Vereinbarungen nehmen wir hiermit gegenseitig an. Weitere ehevertragliche, aber auch erbrechtliche Verfügungen wollen wir heute nach Belehrung durch den Notar nicht treffen.

C. Schlussbestimmungen

I.

Der Notar hat uns über den Inhalt und die rechtlichen Folgen aus diesem Vertrag eingehend belehrt.

Der Notar hat insbesondere auf die Rechtsprechung des Bundesverfassungsgerichts und des Bundesgerichtshofs zur Inhaltskontrolle[85] von Eheverträgen hingewiesen und erläutert, dass ehevertragliche Regelungen bei einer besonders einseitigen Aufbürdung von vertraglichen Lasten und einer erheblich ungleichen Verhandlungsposition unwirksam oder unanwendbar sein können.

Die Vertragsteile erklären, dass sie nach einer Vorbesprechung und dem Erhalt eines Vertragsentwurfes die rechtlichen Regelungen dieses Vertrages umfassend erörtert haben und diese Regelungen ihrem gemeinsamen Wunsch zur Gestaltung ihrer ehelichen Verhältnisse entsprechen.

Der Notar hat darauf hingewiesen, dass bei einer Änderung der Ehekonstellation – hierher gehören insbesondere gewichtige Änderungen der Erwerbsbiographie – die Regelungen auch nachträglich einer Ausübungskontrolle unterliegen können. Er hat geraten, in diesem Fall den Vertrag der veränderten Situation anzupassen.

---

81 Die Formulierungen enthalten eine zeitlich pauschale Grenze, da diese einfacher zu handhaben ist.
82 Es besteht auch die Möglichkeit, bei späterer voller Berufstätigkeit den Verzicht wieder in Kraft zu setzen, vgl. Kap. 2 Rdn. 642 f.
83 Langenfeld, 4. Aufl., Rn. 620.
84 Die tatsächlich erworbenen Anwartschaften werden von den höchstmöglich zu übertragenden in Abzug gebracht, wenn es sich lediglich um eine teilweise Einschränkung der Erwerbstätigkeit handelt.
85 Ausführlich behandelt in Kap. 2 Rdn. 65 ff.

II.

Sollten einzelne Bestimmungen dieses Vertrages unwirksam sein oder werden oder sollte sich im Vertrag eine Regelungslücke zeigen, so wird die Wirksamkeit der übrigen Bestimmungen hierdurch nicht berührt.[86]

Die Beteiligten sind dann verpflichtet, eine ersetzende Bestimmung zu vereinbaren, die dem wirtschaftlichen Sinn der unwirksamen Bestimmung im Gesamtzusammenhang der getroffenen Regelung in rechtlich zulässiger Weise am nächsten kommt, oder eine neue Bestimmung zu treffen, welche die Regelungslücke des Vertrages so schließt, als hätten sie diesen Punkt von vornherein bedacht.

Der Notar hat die Beteiligten über die Auswirkungen der Klausel eingehend belehrt und darauf hingewiesen, dass die Klausel nur zu einer Beweislastveränderung führt. Er hat die Vertragsteile befragt, ob Vertragsbestimmungen für sie so miteinander verbunden sind, dass die Unwirksamkeit der einen auch die der anderen zur Folge haben soll.

Hierauf erklären die Vertragsteile: Wir wünschen keine von der salvatorischen Klausel abweichende Festlegung für bestimmte Vertragsklauseln.

III.

Wir beantragen die Erteilung je einer Ausfertigung dieser Urkunde.

IV.

Die Kosten dieser Urkunde tragen wir gemeinsam.

III. »Lange gewartet, doch noch geheiratet«

31 Die nächste Fallgruppe, die unter der großen Überschrift »Ehe mit Probezeit« zusammengefasst ist, sind diejenigen Eheleute, die **längere Zeit in nichtehelicher Lebensgemeinschaft gelebt** und später dann doch noch geheiratet haben. Diese Ehegatten haben oft lange Jahre hindurch schon eine gemeinsame Vermögensbildung betrieben, insb. soweit sie gemeinsam oder auch auf den Namen eines Ehegatten, aber mit Geldmitteln des anderen Ehepartners ein Wohnhaus erworben oder errichtet haben. Für diese Ehegatten ist der **Tag der Eheschließung**, der für das **Anfangsvermögen** maßgeblich ist, eigentlich nur ein zufälliger Tag inmitten eines längeren Geschehensablaufs. Würde man das Anfangsvermögen nach diesem Tag festlegen, so käme es zu Ungerechtigkeiten, da die Investitionen beider Ehegatten in den vorherigen Zeiten nicht mitberücksichtigt wären.

32 Abhilfen in diesen Fällen wurden bereits aufgezeigt.[87] Der BGH wendete zunächst die **Regeln über unbenannte Zuwendungen** nur an, wenn die (späteren) Ehegatten zum Zeitpunkt der Zuwendung bereits verlobt waren.[88] Bei einer nichtehelichen Lebensgemeinschaft hingegen hatte der BGH die Hürden für Ansprüche etwa aus Gesellschaftsrecht nach §§ 730 ff. BGB sehr hoch angesetzt.[89] Das Gericht hat aber nun seine Rechtsprechung zum Ausgleich von Zuwendungen für die **Zeit eines nichtehelichen Zusammenlebens** grundlegend geändert und entschieden, dass solche Ansprüche nicht auf gesellschaftsrechtliche Ausgleichsansprüche beschränkt sind, sondern auch Ansprüche aus ungerechtfertigter Bereicherung und aus Wegfall der Geschäftsgrundlage in Betracht kommen.[90] Der BGH geht damit den Schritt hin zur »Zusammenlebensrechtsgemeinschaft«.[91]

---

86 Zur salvatorischen Klausel, Rdn. 14.
87 Kap. 2 Rdn. 668 f. und Kap. 3 Rdn. 24 f.
88 BGH, NJW 1992, 427 = DNotZ 1993, 515.
89 BGH, BB 2003, 2139; BGH, FamRZ 2006, 844: mindestens schlüssiger Vertrag, nicht ausreichend die rein faktische Zusammenarbeit.
90 BGH, DNotZ 2009, 52.
91 Grziwotz, FamRZ 2008, 1829; zustimmend Löhnig, DNotZ 2009, 59, 60.

Nach dieser Rechtsprechung kann es Ansprüche aus einer »gemeinschaftsbedingten« Zuwendung geben, wenn der Zweck – das längerfristige Partizipieren – nicht erreicht wird. Auf dieser Basis müssten auch Ansprüche bestehen, wenn zwar die Gemeinschaft wegen der Absicht späterer Eheschließung nicht auf Dauer angelegt war, aber letztlich die gemeinschaftliche Nutzung des Vermögens – zunächst in nichtehelicher und dann in ehelicher Gemeinschaft – auf Dauer angelegt war. Man sollte auf dieser Basis zu den gleichen Rechtsfolgen kommen wie bei der sogleich geschilderten Verlobung. Dies sieht auch der BGH nunmehr so, wenn er Ansprüche aus Wegfall der Geschäftsgrundlage auch bei ehebezogenen Zuwendungen vor und während der Ehe im Gesamtumfang bejaht, ohne dass es ihm auf eine Verlobung ankommt.[92] Insoweit kann man von einer Fortentwicklung der Rechtsprechung ausgehen.[93] Der BGH hat hierzu weiter entschieden, dass ein **Wegfall der Geschäftsgrundlage beim Tod des Zuwendenden nicht vorliegt,** denn dessen Erwartung war, an der Zuwendung zu seinen Lebzeiten partizipieren zu können und dies wurde erreicht. Anders kann es aussehen beim Tod des Zuwendungsempfängers.[94]

Ferner schafft der BGH eine gewisse Schwelle für solche Ansprüche, wenn er entscheidet,[95] dass Ausgleichsansprüche nicht bestehen bei Darlehenszahlungen für den Erwerb und Umbau eines Hauses im Alleineigentum des anderen Partners, die nicht deutlich über eine Miete hinausgehen, die für vergleichbaren Wohnraum aufzuwenden wäre.

Gleichwohl bleibt die Rechtsprechung mit Unsicherheiten behaftet, vor allem weil der X. Senat[96] für eine Schenkung an einen nicht verheirateten Partner eines Kindes erneut andere Parameter setzt, der Erwartungshaltung einer gemeinsamen Nutzung bis zum Tod eine Absage erteilt und einen Wegfall der Geschäftsgrundlage nur annimmt, weil die gemeinsame Nutzung weniger als zwei Jahre bestand. Eine vertragliche Regelung ist daher bei Weitem vorzugswürdig,[97] ebenso verdient die Kettenschenkung den Vorzug,[98] die bei nicht Verheirateten aber auch der schenkungsteuerlichen Prüfung bedarf.

Möglichkeiten der Abhilfe bestehen durch folgende Konstruktionen:
– Darlehenslösung,[99]
– Gesellschaftsvertragslösung,[100]
– aufgeschobenes Miteigentum,[101]
– Zugewinndefinition.

Die Lösung solcher Fallgestaltungen kann zum einen darin bestehen, **einen vor der Ehe liegenden Stichtag für das Anfangsvermögen zu bestimmen.** Zu diesem Stichtag sollten dann auch Vermögensaufstellungen vorhanden sein, welche die Vermögensverhältnisse nachvollziehbar werden lassen.

---

92 BGH, FamRB 2012, 361 = NJW 2012, 3374; BGH, NJW 2014, 2638.
93 Wever, FamRB 2012, 362.
94 BGH, NJW 2010, 998; völlig berechtigt sieht der BGH, dass ein Ausgleichsanspruch des Zuwendenden nur dessen Erben (oder Pflichtteilsberechtigten) zugutekäme, es aber die Intention des Zuwenden gerade war, den zugewendeten Vermögensgegenstand der »Altfamilie« zu entziehen und der neuen Partnerin zuzuwenden.
95 BGH, NZFam 2014, 329.
96 BGH, NZFam 2019, 822.
97 Löhnig, NZFam 2018, 827.
98 Zu dieser Entscheidung und der Auseinandersetzung mit dem Wandel der Rechtsprechung Grziwotz, ZNotP 2019, 449.
99 Ausführlich Kap. 3 Rdn. 30 ff. mit Formulierungsvorschlag.
100 Vgl. etwa N. Mayer, ZEV 1999, 384 ff.; N. Mayer, ZEV 2003, 453 ff.
101 Hierzu Grziwotz, 4. Aufl., S. 105 f.; im Detail Kap. 3 Rdn. 48 mit Formulierungsvorschlag; aufgeschoben wird die Übertragung des Hälftemiteigentumsanteils auf eine Zeit nach der Heirat insb. aus schenkungsteuerlichen Gründen.

37 Zum anderen können bei Eheschließungen die bekannten **Werte** einer solchen Vermögensaufstellung **als Anfangsvermögen definiert** werden, sodass alle späteren Wertentwicklungen dem Zugewinn unterfallen.

38 Im Bereich des **Unterhaltsrechts** wäre ggf. zu überlegen, ob der im Unterhaltsrecht verwendete Terminus der Ehe von kurzer Dauer (§ 1579 Nr. 1 BGB) anders zu definieren ist. Kraft Gesetzes zählt bei der Wertung, ob eine Ehe von kurzer Dauer war, die Zeit vorherigen Zusammenlebens nicht mit.[102] Allenfalls die Billigkeitsabwägung kann diesen Umstand einbeziehen. Man könnte aber ehevertraglich die Anwendung des § 1579 Nr. 1 BGB ausschließen und auch für andere Vorschriften, die auf die Dauer der Ehe abstellen, eine Anordnung treffen, dass die Zeit des Zusammenlebens i.S.e. Wirtschaftsgemeinschaft mit zu berücksichtigen ist.

39 Im Bereich des **Versorgungsausgleichs** ist eine Vorverlegung des Berechnungsstichtags rechtlich nicht möglich, da in den Versorgungsausgleich Anrechte, die außerhalb der Ehezeit erworben wurden, nicht einbezogen werden dürfen (»In-Prinzip«).[103] Hier müsste, wenn ein Ausgleich für Zeiten längeren Zusammenlebens vor der Ehe gewünscht ist, eine Lösung außerhalb des Systems des Versorgungsausgleichs gesucht werden, etwa durch Abschluss von Lebensversicherungen oder durch schuldrechtliche Ausgleichsverpflichtungen.

▶ Formulierungsvorschlag: Ehevertrag mit Einbeziehung von Zeiten des nichtehelichen Zusammenlebens

40 URNr. .....

vom .....

Ehevertrag

Heute, den .....

erschienen vor mir,

.....

Notar in .....:

1. Herr .....,

geboren am ..... in .....

als Sohn von .....,

letztere eine geborene .....,

2. dessen Ehefrau,

Frau ....., geborene .....

geboren am ..... in .....

als Tochter von .....,

letztere eine geborene .....,

beide wohnhaft in .....,

nach Angabe im gesetzlichen Güterstand der Zugewinngemeinschaft verheiratet.

Die Erschienenen wollen einen

Ehevertrag

errichten.

---

102 Palandt/Brudermüller, § 1579 Rn. 6 m.w.N.
103 OLG Koblenz, FamRZ 1986, 273 f.

Die Erschienenen erklären bei gleichzeitiger Anwesenheit gemeinsam mündlich mit dem Ersuchen um Beurkundung was folgt:

A. Allgemeines

Wir sind in beiderseits erster Ehe verheiratet.

Unsere Ehe haben wir am ..... vor dem Standesbeamten in ..... geschlossen. Wir leben jedoch bereits seit dem ..... als nichteheliche Lebenspartner zusammen.

Wir haben die gemeinsamen Kinder .....

Wir sind beide deutsche Staatsangehörige und haben kein Vermögen im Ausland.

Wir haben bisher keinen Ehevertrag geschlossen und sind insoweit im gesetzlichen Güterstand der Zugewinngemeinschaft verheiratet.

..... (Angaben zu den Lebens- und Einkommensverhältnissen sowie der beruflichen Tätigkeit bzw. Ausbildung beider Ehegatten) .....

B. Ehevertragliche Vereinbarungen

Ehevertraglich vereinbaren wir was folgt:

I. Güterstand

1)

Die Parteien sind darüber einig, dass für die Berechnung des Zugewinns nicht der Tag der Eheschließung, sondern der ..... (Datum des Investitionsbeginns) ..... Anfangstermin i.S.d. § 1374 Abs. 1 BGB ist.

Der Notar hat darüber belehrt, dass die Vorverlegung des Anfangstermins nur schuldrechtliche Bedeutung hat, der Güterstand der Zugewinngemeinschaft also dennoch erst bei Eheschließung beginnt.

Alternative:

Wir sind uns darüber einig, dass für Zwecke des Zugewinnausgleichs das Anfangsvermögen des Ehemannes auf 100.000,00 € und das der Ehefrau auf Null festgelegt wird. Das im Eigentum des Ehemannes stehende Familienwohnheim ..... straße ....., das heute einen Wert von 500.000,00 € hat, ist in einem etwaigen Zugewinnausgleich nur noch im Endvermögen anzusetzen, sodass der Gebäudewert in vollem Umfang in den Zugewinn fällt.[104]

2)

Weitere güterrechtliche Vereinbarungen wollen wir heute nicht treffen.

II. Unterhalt

1)

Da wir bereits seit ..... zusammenleben und nun geheiratet haben, vereinbaren wir hiermit ehevertraglich, dass kein Ehegatte sich unterhaltsrechtlich auf eine kurze Ehedauer berufen darf. Soweit die Dauer der Ehe im Unterhaltsrecht eine Rolle spielt, vereinbaren wir – soweit gesetzlich zulässig –, die Zeit des Zusammenlebens als Ehezeit zu werten.

2)

Weitere unterhaltsrechtliche Vereinbarungen wollen wir heute nicht treffen.

---

[104] Langenfeld/Milzer, Rn. 1088 für die Fallgestaltung, dass die Ehegatten auf einem Grundstück im Anfangsvermögen des Ehemannes mit Wert von 100.000,00 € ein Haus bauen mit einem Wert von 400.000,00 €. Dieses Haus soll in vollem Umfang Zugewinn sein.

III. Versorgungsausgleich

1)

Für die Zeit unseres vorehelichen Zusammenlebens können wir keinen Versorgungsausgleich begründen. Da die Ehefrau jedoch in dieser Zeit zwei Kinder erzogen und auf eine eigene berufliche Weiterentwicklung sowie den Aufbau einer eigenen Altersversorgung teilweise verzichtet hat, vereinbaren wir zur Begründung einer eigenen Altersversorgung der Ehefrau Folgendes:

2)

Für die Ehefrau wird auf ihr Leben bei der ..... Versicherungs-AG eine dynamische Rentenversicherung abgeschlossen, nach der sie – beginnend mit dem 65. Lebensjahr – eine Altersrente von zunächst ..... € monatlich erhält. Eingeschlossen ist eine Berufsunfähigkeits-Zusatzversicherung mit laufenden monatlichen Zahlungen bis zum Eintritt der Rentenversicherung i.H.v. ..... €.

Die Versicherung ist in der Weise dynamisch gestaltet, dass die Beiträge und die Versicherungssumme entsprechend den Höchstbeiträgen in der gesetzlichen Rentenversicherung steigen.

Die Beiträge für diese Versicherung belaufen sich derzeit auf ..... € monatlich.

Versicherungsnehmerin und unwiderruflich Begünstigte für alle Leistungen aus dieser Versicherung ist die Ehefrau, bei ihrem vorzeitigen Ableben der Ehemann.

3)

Der Ehemann verpflichtet sich hiermit, die Beiträge für diese Versicherung in der jeweils bestehenden Höhe monatlich im Voraus zu entrichten.

4)

Die Beiträge zu dieser Lebensversicherung sind auch nach einer Scheidung weiterhin zu zahlen und gehören dann zum Unterhalt der Ehefrau.

Alt.: Die so finanzierten Anwartschaften unterfallen ihrerseits nicht dem Versorgungsausgleich.

IV.

Die vorstehenden ehevertraglichen Vereinbarungen nehmen wir hiermit gegenseitig an.

C. Schlussbestimmungen

I.

Wir beantragen die Erteilung je einer Ausfertigung dieser Urkunde.

II.

Die Kosten dieser Urkunde tragen wir gemeinsam.[105]

C. Ehe mit Dynastie

41 Eine weitere Konstellation, die sich in der sog. »Erbengeneration«, welche die nach dem Krieg aufgebauten Vermögenswerte von ihren Eltern geerbt hat oder erbt, immer mehr häuft, sind die Ehen mit Ehegatten, in denen einer oder beide mit **familiärem Erbe ausgestattet** in die Ehe eintreten oder ein solches Erbe demnächst erwarten. Hier möchten viele Ehegatten nicht, dass in einem **Scheidungsfall** die von den (Vor-) Eltern erworbenen Werte auseinandergerissen werden.

42 Entgegen der vielfach verbreiteten Ansicht, mit der Eheleute eine Beratung aufsuchen, hat der Gesetzgeber diesen Fall gesehen und einer (teilweisen) Lösung zugeführt, indem er solche Vermögenswerte, seien sie vor oder in der Ehe erworben, nach § 1374 Abs. 1 und Abs. 2 BGB als **Anfangsvermögen** ansieht, das nicht dem Zugewinnausgleich unterliegt. Jedoch enthält die Regelung des

---

[105] Nach Einführung des negativen Anfangsvermögens mit der Reform des Zugewinns wird der Ehevertrag der »Verlustehe« nicht mehr – wie in den Vorauflagen – als eigenes Modell hier vorgestellt.

BGB eine Lücke, indem sie die **Wertsteigerungen des Anfangsvermögens** nach § 1374 Abs. 1 BGB und auch des privilegierten Erwerbes nach § 1374 Abs. 2 BGB dem Zugewinn unterwirft. Auch die Reform des Zugewinnausgleichsrechts hat daran nichts geändert. Dies wird zumeist als nicht gerechtfertigt angesehen, da die Ehegatten sich unter Zugewinn nur die Teilung des in der ehelichen Lebens- und Wirtschaftsgemeinschaft Erworbenen vorstellen. Hier kann eine Regelung helfen, die **nur das Anfangsvermögen komplett aus dem Zugewinn herausnimmt**. Allerdings muss eine solche Lösung ausgearbeitet sein, da sie – ähnlich der Herausnahme von Betriebsvermögen aus dem Zugewinn – auch eine Regelung für die Beschaffung von Surrogaten sowie für Verwendungen und Verbindlichkeiten enthalten sollte.[106]

In diesen Fällen ist eine **komplette Gütertrennung**, wie sie von Ehegatten oder auch den Eltern, die das Vermögen übertragen wollen, häufig im ersten Gespräch angeregt wird, von der Ehekonstellation her **nicht angezeigt**, denn die Ehegatten haben zumeist neben dem Familienerbe eine ganz normale Erwerbsbiografie, sodass sie für die daraus resultierenden Vermögenszuwächse mit der Zugewinngemeinschaft den richtigen Güterstand haben. 43

Anders mag dies dann sein, wenn es sich bei dem dynastischen Vermögen um größeres Firmenvermögen handelt und der Ehegatte in der Firma tätig ist. Hier kann durchaus die Gütertrennung mit Kompensation angezeigt sein.[107]

Soweit es sich bei dem Familienerbe um »dynastisches« Vermögen handelt, das seit mehreren Generationen im Familienbesitz ist und der Familie erhalten bleiben soll, wird manchmal nicht nur eine Regelung für den Scheidungsfall gewünscht, sondern auch ein **Pflichtteilsverzicht** des anderen Ehegatten, gegenständlich beschränkt auf das auch vom Zugewinn ausgenommene Vermögen, und ein **Ausschluss des Zugewinns für den Todesfall** bzgl. dieses Vermögens. Ansonsten könnte der andere Ehegatte nach § 1371 Abs. 2 BGB einen Zugewinnausgleichsanspruch aus dem Familienvermögen im Todesfall haben. Allein ein Pflichtteilsverzicht und eine andere Erbeinsetzung hindern dies nicht.[108] Der Ehegatte, welcher das Familienvermögen erbt, kann dann eine Erbeinsetzung der Kinder vorsehen oder – falls keine Kinder vorhanden sind – das Familienvermögen wieder an seine Eltern oder Geschwister zurückfallen lassen. Dies wird zumeist ergänzt um Nutzungsrechte für den anderen Ehegatten, etwa indem diesem auf seine Lebenszeit der Nießbrauch an bestimmten Vermögensgegenständen eingeräumt wird, sodass seine Versorgung gesichert ist. 44

In diesem Zusammenhang ist ferner die mehrfach geänderte Rechtsprechung des BGH[109] zu nennen, nach der nunmehr Vorbehaltsrechte der Übergeber zu einem Zugewinn führen können, wenn sie mit sinkender Lebensdauer der Übergeber in ihrem Wert abnehmen, sich dies aber nicht in einer genau gleichen Steigerung des Grundstückswertes niederschlägt. In solchen Fällen wird es daher verstärkt zum Ausschluss des Anfangsvermögens vom Zugewinn kommen,[110] schon um das gutachterliche Rechenwerk zu vermeiden, das zur Feststellung dieser Werte erforderlich wäre. 45

Besondere Aufmerksamkeit mag in diesen Fällen Ehegatten mit negativem Anfangsvermögen gewidmet werden, um nicht durch ehevertragliche Klauseln die gesetzgeberisch gewollte Entschuldung als Zugewinn wegzudefinieren. Hier müsste ggf. klargestellt werden, dass die Entschuldung des Anfangsvermögens als Zugewinn anzusehen ist. 46

---

106 Hierzu detailliert Kap. 2 Rdn. 567 ff. und Kap. 2 Rdn. 631 f.
107 Vgl. nachfolgend Rdn. 53 ff.
108 Eine weitere Gestaltungsmöglichkeit liegt darin, im Todesfall nur den güterrechtlichen Zugewinnausgleich nach § 1371 Abs. 2 BGB auszuschließen und die Erbteilserhöhung nach § 1371 Abs. 1 BGB beizubehalten, vgl. Kap. 2 Rdn. 550.
109 BGH, DNotZ 2007, 849 und BGH, FamRZ 2015, 1268 m. Anm. Münch.
110 Zum Ganzen Kap. 1 Rdn. 79 ff.

▶ **Gestaltungsempfehlung:**

47 Sollen im Erbfall keine Ansprüche des Ehegatten bestehen, auch nicht auf den güterrechtlichen Zugewinn nach § 1371 Abs. 2 BGB, so muss die Herausnahme der betroffenen Vermögensgüter aus dem Zugewinn vollständig erfolgen, auch für den Zugewinn im Todesfall! Eine zusätzliche Enterbung oder ein Pflichtteilsverzicht genügen in diesem Fall nicht.

48 Dementsprechend sieht der nachfolgende Formulierungsvorschlag eine komplette Herausnahme des Anfangsvermögens aus dem Zugewinn vor und ergänzt dies mit einem Pflichtteilsverzicht für das betroffene Vermögen.

▶ **Hinweis:**

49 Bitte denken Sie bei »dynastischem« Vermögen an den begleitenden Pflichtteilsverzicht! In der Praxis werden in solchen Ehekonstellationen oft Gütertrennungen vereinbart, die einen solchen nicht enthalten.

50 Zumeist wird man sich mit dieser güterrechtlichen Regelung begnügen können, zumal diese bei der Inhaltskontrolle von Eheverträgen nicht zum Kernbereich gehört,[111] sodass diese Modifikationen vereinbart werden können. Im **Versorgungsausgleich** wird das Familienvermögen zumeist wenig relevant, wenn es nicht in Versorgungsansprüche umgesetzt wird. Im Bereich des **Unterhaltsrechts** klingt manchmal an, bei den ehelichen Lebensverhältnissen, die nach § 1578 BGB das **Maß des Unterhalts** bestimmen, eine Vereinbarung zu treffen, welche die Einnahmen aus dem **Familienvermögen** hier **ausblendet**, sodass nur die ehelichen Lebensverhältnisse ohne diese Einnahmen für die Unterhaltsberechnung maßgeblich sein sollen. Dies entspricht jedenfalls eher der Ehekonstellation als allgemeine Instrumentarien der Unterhaltsbegrenzung z.B. durch eine Höchstgrenze. Angesichts der Rechtsprechung zur Inhaltskontrolle und angesichts des Umstandes, dass es beim Unterhalt zwar keine Sättigungsgrenze gibt, aber die Unterhaltshöhe bei der konkreten Berechnung des Unterhalts eine Obergrenze findet,[112] die der BGH[113] nun etwa mit dem doppelten Höchstbetrag der obersten Einkommensgruppe der Düsseldorfer Tabelle gleichsetzt, sollte man überlegen, ob Unterhaltsregelungen noch zusätzlich in den Vertrag aufzunehmen sind. Wer eine solche Unterhaltsregelung verwenden will, kann folgendermaßen formulieren:

▶ **Formulierungsvorschlag: Maß des Unterhalts ohne Familienerbe**

51 Es gelten grundsätzlich die gesetzlichen Vorschriften zum Recht des nachehelichen Unterhalts. Allerdings vereinbaren wir für das Maß des Unterhalts, dass bei dessen Bemessung das Familienvermögen des Ehemannes und die daraus resultierenden Einnahmen außer Betracht bleiben. Unter Familienvermögen verstehen wir solches Vermögen, das dem Ehemann von seinen Eltern bereits übertragen wurde, insbesondere ....., wie auch dasjenige Vermögen, das der Ehemann i.S.d. § 1374 Abs. 2 BGB noch erwirbt.

Diese Einschränkung gilt jedoch nicht für den Basisunterhaltsanspruch nach § 1570 Abs. 1 Satz 1 BGB.[114]

---

111 BGH, NJW 2004, 930 ff. = ZNotP 2004, 157 ff.; BGH, FamRZ 2013, 269.
112 Vgl. hierzu Kap. 6 Rdn. 373 f.
113 BGH, FamRZ 2018, 260 = NJW 2018, 468; BGH, NJW 2019, 3570 m. Anm. Born, NJW 2019, 3555.
114 Nach der Schaffung des 3-jährigen Basisunterhaltsanspruchs sollte sich der Vertragsgestalter überlegen, ob er diesen Anspruch auch abändert, denn er bildet nunmehr den wirklichen Kernbereich des Unterhalts. Bedenkt man, dass ohnehin schon ein Jahr Trennungsunterhalt gezahlt werden muss, so wird in den meisten Fällen diese Zeit nicht mehr allzu lange währen. Aus diesem Grund wird hier der Basisunterhaltsanspruch von der Abänderung ausgespart.

Mit Rücksicht auf die Rechtsprechung des BGH zur Inhaltskontrolle ist bei Verwendung solcher Klauseln genau zu prüfen, ob das restliche Einkommen insb. für den Kindesbetreuungsunterhalt ausreichend ist.

Der nachfolgende Formulierungsvorschlag für einen vollständigen Ehevertrag beschränkt sich jedenfalls auf die güterrechtliche Regelung.

▸ Formulierungsvorschlag: Ehevertrag mit Herausnahme des Anfangsvermögens aus dem Zugewinn – Pflichtteilsverzicht und Vermächtnis

URNr. 52

vom .....

Ehe- und Erbvertrag

Heute, den .....

erschienen vor mir,

.....

Notar in .....:

1. Herr .....,

geboren am ..... in ..... StA.Nr.

als Sohn von .....,

wohnhaft in .....,

letztere eine geborene .....,

nach Angabe nicht verheiratet.

2. Frau ....., geborene .....

geboren am ..... in ..... StA.Nr.

als Tochter von .....,

letztere eine geborene .....,

wohnhaft in .....,

nach Angabe ledig.

Die Erschienenen wollen einen

Ehe- und Erbvertrag

errichten.

Nach meiner, des Notars, in längeren Gesprächen gewonnenen Überzeugung sind sie voll geschäfts- und testierfähig.

Auf Zeugenbeiziehung verzichten die Vertragsteile. Ein gesetzlicher Grund, Zeugen hinzuzuziehen, besteht nicht.

Die Erschienenen erklären bei gleichzeitiger Anwesenheit gemeinsam mündlich mit dem Ersuchen um Beurkundung was folgt:

A. Allgemeines

Wir beabsichtigen, demnächst miteinander die Ehe einzugehen und sind daher verlobt.

Für mich, die Ehefrau, ist dies die erste Ehe; für mich, den Ehemann, ist dies die zweite Ehe.

Wir haben beide keine Kinder.

Wir werden dem beurkundenden Notar zu seiner Urkundensammlung eine Heiratsurkunde einreichen.

Wir sind beide deutsche Staatsangehörige und haben kein Vermögen im Ausland.

Wir sind nicht durch Erbvertrag oder gemeinschaftliches Testament Dritten gegenüber gebunden.

..... (Angaben zu den Lebens- und Einkommensverhältnissen sowie der beruflichen Tätigkeit bzw. Ausbildung beider Ehegatten) .....

Jeder[115] von uns behält sich jedoch das

bedingungsloses Rücktrittsrecht

vom erbrechtlichen Teil dieses Vertrages vor. Dieses Rücktrittsrecht[116] erlischt mit dem Tod des anderen Vertragsschließenden[117] oder mit unserer Eheschließung.[118] Auf die Formvorschriften des Rücktritts nach § 2296 BGB wurde hingewiesen. Für den Rücktritt und seine Folgen verbleibt es bei den gesetzlichen Bestimmungen. Danach wird durch den Rücktritt eines Teiles der gesamte Erbvertrag aufgehoben.

B. Ehevertragliche Vereinbarungen

Ehevertraglich vereinbaren wir was folgt:

I. Güterstand

1)

Den gesetzlichen Güterstand der Zugewinngemeinschaft wollen wir für unsere künftige Ehe ausdrücklich aufrechterhalten, ihn allerdings wie folgt modifizieren:

2)

Sämtliche Vermögenswerte, die ein jeder Ehegatte in der Vergangenheit oder zukünftig von Todes wegen oder mit Rücksicht auf ein künftiges Erbrecht, durch Schenkung oder als Ausstattung erwirbt, sowie überhaupt das gesamte Anfangsvermögen i.S.d. § 1374 Abs. 1 BGB, sollen beim Zugewinnausgleich bei Beendigung der Ehe zu Lebzeiten oder im Fall des Todes eines Ehegatten in keiner Weise berücksichtigt werden. Soweit wir solche Vermögenswerte bisher bereits haben, sind sie in der Anlage 1 zu dieser Urkunde niedergelegt.

Alternative (kürzer):

Das Anfangsvermögen eines jeden Ehegatten nach § 1374 BGB soll beim Zugewinnausgleich bei Beendigung der Ehe zu Lebzeiten oder im Fall des Todes eines Ehegatten in keiner Weise berücksichtigt werden.

3)

Solche Vermögenswerte sollen also weder bei der Berechnung des Anfangsvermögens noch bei der Berechnung des Endvermögens des entsprechenden Ehegatten berücksichtigt werden, und zwar auch dann nicht, wenn sich ein negativer Betrag ergibt. Dies gilt insbesondere für Wertsteigerungen oder Verluste dieses Vermögens, etwa durch Absinken des Wertes von Vorbehaltsrechten.

---

115 Solange die Vertragsteile nicht verheiratet sind, greifen bei einer Trennung die Bestimmungen der §§ 2077, 2279 BGB nicht ein. Damit der Erbvertrag nicht trotz Trennung bindend bleiben muss, ist das Rücktrittsrecht vorgesehen.
116 Zum Rücktrittsrecht beim Erbvertrag Nieder/Kössinger, § 16 Rn. 22 ff.
117 Das Rücktrittsrecht erlischt im Zweifel mit dem Tod des anderen Vertragsschließenden nach § 2298 Abs. 2 Satz 2, Abs. 3 BGB.
118 Nach BayObLG, FamRZ 1993, 362 gilt § 2077 BGB auch dann, wenn der Erbvertrag noch unter Verlobten erfolgte, die später die Ehe schließen, was nach Sachverhalt und Urkundeneingang der Fall ist; ebenso MünchKomm-BGB/Leipold, § 2077 Rn. 16. Ansonsten sollte man das Rücktrittsrecht auch nach Eheschließung fortbestehen lassen.

4)

Auch die diese Vermögenswerte betreffenden und ihnen dienenden[119] Verbindlichkeiten sollen im Zugewinnausgleich keine Berücksichtigung finden.

5)

Surrogate der aus dem Zugewinnausgleich herausgenommenen Vermögenswerte sollen nicht ausgleichungspflichtiges Vermögen sein. Sie werden also bei der Berechnung des Endvermögens auch nicht berücksichtigt. Jeder Ehegatte kann verlangen, dass über solche Ersatzvermögenswerte ein Verzeichnis angelegt und fortgeführt wird. Auf Verlangen hat dies in notarieller Form zu geschehen.

6)

Erträge der vom Zugewinn ausgenommenen Vermögenswerte können auf diese Vermögenswerte verwendet werden, ohne dass dadurch für den anderen Ehegatten Ausgleichsansprüche entstehen.

Macht jedoch ein Ehegatte aus seinem sonstigen Vermögen Verwendungen auf die vom Zugewinnausgleich ausgenommenen Vermögenswerte, werden diese Verwendungen mit ihrem Wert zum Zeitpunkt der Verwendung dem Endvermögen des Ehegatten hinzugerechnet, der Eigentümer dieser Vermögenswerte ist.

Derartige Verwendungen unterliegen also, ggf. um den Geldwertverfall berichtigt, dem Zugewinnausgleich.

Ergänzende Alternativen zu Ziffer 6):

Alternative 1:

Dies gilt jedoch nur für solche Verwendungen, die in den letzten beiden Jahren vor der Rechtshängigkeit eines Scheidungsantrags erfolgt sind.

Alternative 2:

Dies gilt jedoch nur für solche Verwendungen, die nach der Trennung erfolgt sind, wenn diese Trennung durch eine Mitteilung per Einschreiben an den anderen Vertragsteil dokumentiert war.

Alternative 3:

Entsprechendes gilt für Verwendungen des anderen Ehegatten auf die vom Zugewinnausgleich ausgenommenen Vermögenswerte.

Alternative 4:

Verwendungen des anderen Ehegatten auf die vom Zugewinnausgleich ausgenommenen Vermögenswerte werden wir durch gesonderten Darlehensvertrag regeln und sichern.

Unter Verwendungen verstehen wir auch die Tilgung von Verbindlichkeiten.

7)

Zur Befriedigung der sich etwa ergebenden Zugewinnausgleichsforderung gilt das vom Zugewinn ausgenommene Vermögen als vorhandenes Vermögen i.S.d. § 1378 Abs. 2 BGB.

Eine Vollstreckung in das vom Zugewinnausgleich ausgeschlossene Vermögen ist erst zulässig, wenn die Vollstreckung in das ausgleichspflichtige Vermögen nicht zum Erfolg geführt hat.

Ein Ehegatte ist nicht verpflichtet, seinen Zugewinn auszugleichen, wenn er unter Berücksichtigung des vom Zugewinn ausgenommenen Vermögens des anderen Ehegatten[120] nicht zur Ausgleichung verpflichtet wäre.

---

119 Vgl. die Anregung bei Plate, MittRhNotK 1999, 257, 264.
120 Vgl. Formularbuch/Bernauer, Formulierungsvorschlag Formular V. 17.

8)

Die güterrechtlichen Verfügungsbeschränkungen sollen bei zu diesem Vermögen gehörenden Gegenständen nicht gelten.

9)

Wir verzichten hiermit im vorstehenden Umfang auf Zugewinnausgleich. Dies gilt auch für den vorzeitigen Zugewinn. Wir nehmen diesen Verzicht wechselseitig an.

II.

Die vorstehenden ehevertraglichen Vereinbarungen nehmen wir hiermit gegenseitig an. Weitere Vereinbarungen wollen wir nach Belehrung durch den Notar nicht treffen, insbesondere keine Regelung zum nachehelichen Unterhalt und zum Versorgungsausgleich.

C. Pflichtteilsverzicht, Erbrechtliche Verfügungen[121]

I.

Wir verzichten hiermit gegenseitig auf unser gesetzliches Pflichtteilsrecht in Bezug auf das nach vorstehender Ziffer B.I. vom Zugewinnausgleich ausgenommene Vermögen und nehmen den Verzicht wechselseitig an.

Über das Wesen des Verzichtes wurden wir vom Notar eingehend belehrt.

Der vorstehende Pflichtteilsverzicht beinhaltet ausdrücklich keinen Verzicht auf nachehelichen Unterhalt nach § 1586b BGB und § 1933 Satz 3 BGB für den Fall des Vorversterbens des unterhaltspflichtigen Ehegatten.

II.

1)

Etwaige widerrufliche Verfügungen von Todes wegen aus früherer Zeit widerrufen wir hiermit nur insoweit, als sie den nachfolgenden Verfügungen entgegenstehen. Ansonsten bleiben sie ausdrücklich aufrechterhalten.

In erbvertraglicher, also einseitig nicht widerruflicher Weise vereinbaren wir sodann Folgendes:

2)

Wir nehmen unseren gemeinsamen Wohnsitz im Haus der Erschienenen zu 2. in ..... in der ..... straße. Dieses Anwesen gehört zu dem nach Ziffer B.I. dieses Vertrages vom Zugewinn ausgenommenen Vermögen. Daher ordne ich, ... (Erschienene zu 2.), für den Fall, dass ich die Erstversterbende von uns beiden bin, folgendes Vermächtnis an, ohne hierfür Ersatzvermächtnisnehmer zu bestimmen:

Herr ..... (Erschienener zu 1.) erhält den unentgeltlichen

Nießbrauch

auf Lebensdauer an meinem vorgenannten Anwesen. Der Grundbesitz ist eingetragen im Grundbuch des Amtsgerichts ..... für ..... Blatt .....

Danach ist Herr ..... berechtigt, sämtliche Nutzungen aus dem betroffenen Grundbesitz zu ziehen und verpflichtet, sämtliche auf dem Grundbesitz ruhenden privaten und öffentlichen Lasten einschließlich der außerordentlichen Lasten zu tragen. Der Nießbraucher hat auch die nach der gesetzlichen Lastenverteilungsregelung dem Eigentümer obliegenden privaten Lasten zu tragen, insbesondere die außergewöhnlichen Ausbesserungen und Erneuerungen.

Im Übrigen gelten für das Nießbrauchsrecht die gesetzlichen Bestimmungen.

---

121 Hier ist nur die notwendige Einräumung eines Nießbrauchs enthalten. Ggf. ist mit den Ehegatten im Detail zu besprechen, ob weitere erbrechtliche Regelungen mitvereinbart werden sollen.

Der Nießbrauch ist auf Kosten der Erben dinglich zu sichern, und zwar an erster Rangstelle. Eingetragene Belastungen sind derzeit nicht valutiert.

In gleicher Weise erhält Herr ..... den unentgeltlichen Nießbrauch auf Lebensdauer an allen beweglichen Gegenständen im Hausanwesen ..... in .....

3)

Etwaige Kosten und Steuern der Vermächtniserfüllung sollen die Erben tragen. Die Vermächtnisse fallen mit meinem Tod an.

III.

Wir bestimmen ausdrücklich, dass unsere vorstehenden Verfügungen auch dann Bestand haben sollen, wenn bei unserem Tod nicht bedachte Pflichtteilsberechtigte vorhanden sein sollten. Wir verzichten auf ein Anfechtungsrecht nach § 2079 BGB.

IV.

Über die Tragweite unserer vorstehenden erbrechtlichen Erklärungen wurden wir vom Notar eingehend belehrt. Insbesondere wurden wir hingewiesen auf

- das Pflichtteilsrecht,
- die erbvertragliche Bindungswirkung,
- das freie Verfügungsrecht unter Lebenden und seine Grenzen,
- das Anfechtungsrecht,
- die Bestimmungen des Erbschaftsteuer- und Schenkungsteuergesetzes.

D. Schlussbestimmungen

I.

Wir beantragen die Erteilung je einer Ausfertigung dieser Urkunde.

Der Notar benachrichtigt das zentrale Testamentsregister.

II.

Die besondere amtliche Verwahrung wird nicht gewünscht. Diese Urschrift und eine Ausfertigung sollen unversiegelt in der Urkundensammlung des beurkundenden Notars aufbewahrt werden.

III.

Die Kosten dieser Urkunde tragen wir gemeinsam.

D. Ehe mit Unternehmen

Die nächste Ehekonstellation, auf welche die gesetzliche Scheidungsfolgenregelung nicht passt, ist diejenige des Unternehmers.[122] Aufgrund der **Bewertungsvorschriften** beim gesetzlichen Güterstand[123] und der **sofortigen Fälligkeit** des Zugewinnausgleichsanspruchs[124] in einer Summe würde die Scheidung für ein in der Ehe aufgebautes Unternehmen einen **Liquiditätsabfluss** bedeuten, den viele Unternehmen nicht überleben könnten. Soweit das Unternehmen nicht in der Ehe aufgebaut, sondern durch Erbfolge erworben wurde, ist es zwar Anfangsvermögen, aber auch hier treten zum einen durch die weitere Unternehmensführung Wertsteigerungen auf und zum anderen greifen hier die zuvor erörterten »dynastischen« Gedanken in gleicher Weise ein. Daher ist es in vielen Fällen der Wunsch der Unternehmer-Ehegatten, dass das Unternehmen aus dem Zugewinn herausgehalten werden soll. Die **Herausnahme von Unternehmen aus dem Zugewinn** als Modifikation des gesetzlichen Güterstandes wurde an anderer Stelle[125] sehr ausführlich und auch kritisch behandelt. Eine

53

---

122 Hierzu C. Münch, Die Unternehmerehe, 2. Aufl., 2019.
123 Hierzu Kap. 1 Rdn. 185 f.
124 Nur in Ausnahmefällen kommt eine Stundung nach § 1382 BGB in Betracht.
125 Kap. 2 Rdn. 574 ff.

Regelung, die auch für den Streitfall vorher alles vorsieht, muss eine gewisse Ausführlichkeit aufweisen. Ob das Unternehmen nur im Scheidungs- oder auch im Todesfall vom Zugewinnausgleich ausgeschlossen sein soll, hängt vom Einzelfall ab.

54 Als Alternative kommt auch die Vereinbarung von **Gütertrennung** in Betracht, die Abgrenzungsschwierigkeiten vermeidet, andererseits aber den Zugewinn aus dem privaten Vermögen auch mit ausschließt. Gleichwohl kann diese Vereinbarung bei einer entsprechenden **Kompensation** und begleitender Sicherheit der Ehekonstellation gut entsprechen.

55 Im Unternehmer-Ehevertrag werden ferner häufig **Modifikationen des Ehegattenunterhalts** vereinbart. Hier muss die Rechtsprechung des BGH zur **Inhaltskontrolle** von Eheverträgen[126] verstärkt Beachtung finden. Danach ist insb. ein Ausschluss im Bereich des Unterhalts wegen Kindesbetreuung kritisch zu sehen. Allerdings müsste eine **Obergrenze** des Unterhalts, sofern sie die ehelichen Lebensverhältnisse noch widerspiegelt, auch weiterhin tragbar sein; das lässt sich insb. aus dem BGH-Urt. v. 25.05.2005 folgern.[127] Dabei ist zu beachten, dass der BGH bei überdurchschnittlichen Einkommensverhältnissen annimmt, dass ein Teil dieser Einkünfte für die Vermögensbildung verwendet wird und daher für den Unterhalt nicht zur Verfügung steht.[128] Daraus leitet der BGH ab, dass der Unterhalt dann nicht nach einer Quote vom Einkommen berechnet wird, sondern nach dem konkreten Bedarf des Unterhaltsberechtigten. Der BGH[129] hat seine Rechtsprechung präzisiert und wendet die Quotenmethode bis zu einem Familieneinkommen in Höhe des doppelten Höchstbetrags der obersten Einkommensgruppe der Düsseldorfer Tabelle an (aktuell 5.500,- € x 2 = 11.000,- €). Darüber hinaus kann nachgewiesen werden, dass auch weitere Beträge für die Lebensführung verwendet werden, dann bleibt es auch insoweit beim Quotenunterhalt. Entscheidend für den konkreten Bedarf, der dann zu bestimmen ist, sollen nicht die tatsächlichen etwa auch verschwenderischen Lebensführungskosten sein, sondern diejenigen, die entsprechend situierte Eheleute regelmäßig haben. Ggf. ist dem Unternehmer-Ehegatten, der eine Begrenzung des Unterhalts wünscht, zu raten, eine ausreichend hohe Obergrenze zu vereinbaren, die eine ehebedingte Benachteiligung des Partners ausschließt, oder aber bei sehr guten Einkommensverhältnissen den konkreten Bedarf gemeinsam zu bestimmen und dadurch eine Unterhaltshöchstgrenze zu ermitteln und zu vereinbaren. Wenn die Unterhaltszahlung den Unternehmer aufgrund eines außerordentlich hohen Einkommens nicht belastet, könnte man auf die Regelung völlig verzichten, um die Zugewinnvereinbarung ungefährdet zu lassen. Ggf. sind in solchen Fällen nur Einschränkungen für die kurze Ehe angezeigt.[130]

56 Der **Versorgungsausgleich** geht in Unternehmerehen regelmäßig zulasten des Nichtunternehmer-Ehegatten aus, da der Unternehmer seine Altersversorgung zumeist nicht durch dem Versorgungsausgleich unterfallende Renten sichert, sondern durch Vermögensaufbau oder Kapitalversicherungen. Dann kann es dazu kommen, dass der abhängig beschäftigte Ehepartner seine Versorgungsanrechte teilen muss, während gegen den Unternehmer Ansprüche auf Versorgungsausgleich nicht bestehen. Hier kann der Versorgungsausgleich auch einseitig nur für den Unternehmer-Ehegatten ausgeschlossen werden. Eine solche Regelung ist freilich nach dem neuen Versorgungsausgleichsrecht kompliziert geworden, weil es keinen Gesamtsaldo mehr gibt, sodass es schwer ist, den insgesamt ausgleichspflichtigen Ehegatten zu bestimmen. Entweder man definiert diesen Begriff ehevertraglich unter Anbindung an den sog. korrespondierenden Kapitalwert oder man löst die Problematik über ein

---

126 Ausführlich Kap. 2 Rdn. 65 ff.
127 BGH, FamRZ 2005, 1444 und 1449.
128 BGH, FamRZ 1994, 1169, 1170; OLG Düsseldorf, FamRZ 1991, 806 ff.; OLG Köln, FamRZ 2002, 326; OLG Karlsruhe, NJW-RR 2000, 1026; OLG Koblenz, FamRZ 2000, 1366 f.; OLG Koblenz, FamRZ 2000, 605 ff.; OLG Frankfurt am Main, FamRZ 1997, 353; OLG Hamm, FamRZ 1992, 1175.
129 BGH, FamRZ 2018, 260 = NJW 2018, 468; BGH, NJW 2019, 3570 m. Anm. Born, NJW 2019, 3555.
130 Eingehend zur Unterhaltshöchstgrenze im Lichte der Rspr. des BGH zur Inhaltskontrolle Kap. 2 Rdn. 65 ff.

einseitiges Rücktrittsrecht des Nichtunternehmer-Ehegatten von seinem Verzicht. Dies stellt der nachfolgende Formulierungsvorschlag dar.

Wenn der **Nichtunternehmer-Ehegatte** zusätzlich noch **keine eigenen Anwartschaften** erwirbt, weil er wegen Kindesbetreuung oder sonst ehebedingt keine berufliche Tätigkeit ausübt, dann genügt ggf. auch diese Regelung noch nicht, sondern dann sollte eine **Kompensation in Form einer Rentenversicherung** für den Nichtunternehmer-Ehegatten erfolgen. Der **BGH**[131] neigt inzwischen in Fällen der **Funktionsäquivalenz** – d.h. wenn der regelmäßig ausgeschlossene Zugewinn auch die Altersversorgung des Unternehmers erfasst – dazu, in Einzelfällen einen richterlich modifizierten Zugewinnausgleich[132] für möglich zu halten, wenn Versorgungsanrechte nicht übertragen werden können. Dem kann durch die Gewährung einer entsprechenden Rentenversicherung vorgebeugt werden.

57

▶ Formulierungsvorschlag: Ehevertrag mit Herausnahme des Betriebsvermögens aus dem Zugewinn, Modifikation des Unterhalts, einseitigem Ausschluss des Versorgungsausgleichs und Pflichtteilsverzicht

URNr. .....

58

vom .....

Ehevertrag und Pflichtteilsverzicht

Heute, den .....

erschienen vor mir,

.....

Notar in .....:

1. Herr .....,

geboren am ..... in .....

als Sohn von .....,

wohnhaft in .....,

letztere eine geborene .....,

nach Angabe ledig.

2. Frau ....., geborene .....

geboren am ..... in .....

als Tochter von .....,

letztere eine geborene .....,

wohnhaft in .....,

nach Angabe ledig.

Die Erschienenen wollen einen

Ehevertrag

errichten.

Die Erschienenen erklären bei gleichzeitiger Anwesenheit gemeinsam mündlich mit dem Ersuchen um Beurkundung was folgt:

---

131 BGH, NJW 2015, 52; hierzu C. Münch, NJW 2015, 288 f.; BGH, NJW 2018, 2871.
132 Dazu schon C. Münch, FamRB 2008, 350 f.

A. Allgemeines

Wir haben beide keine Kinder.

Wir beabsichtigen, demnächst miteinander die Ehe einzugehen. Für uns beide ist dies die erste Ehe.

Wir werden dem beurkundenden Notar zu seiner Urkundensammlung eine Heiratsurkunde einreichen.

Wir sind beide deutsche Staatsangehörige.

..... (Angaben zu den Lebens- und Einkommensverhältnissen sowie der beruflichen Tätigkeit bzw. Ausbildung beider Ehegatten) .....

B. Ehevertragliche Vereinbarungen

Ehevertraglich vereinbaren wir was folgt:

I. Güterstand

1)

Den gesetzlichen Güterstand der Zugewinngemeinschaft wollen wir für unsere künftige Ehe ausdrücklich aufrechterhalten, ihn allerdings wie folgt modifizieren:

2)

Der Ehemann ist Inhaber des folgenden Betriebes:

..... (nähere Bezeichnung) .....

Dieser Betrieb soll beim Zugewinnausgleich bei Beendigung der Ehe[133] aus anderen Gründen als dem Tod eines Ehegatten in keiner Weise berücksichtigt werden.[134]

Alternative 1:

Dieser Betrieb soll beim Zugewinnausgleich in keiner Weise berücksichtigt werden, und zwar weder bei lebzeitiger Beendigung der Ehe noch bei Beendigung der Ehe durch den Tod eines von uns.[135]

Dieses betriebliche Vermögen einschließlich des gewillkürten Betriebsvermögens und etwaigen Sonderbetriebsvermögens soll weder bei der Berechnung des Anfangsvermögens noch bei der Berechnung des Endvermögens des Ehemannes berücksichtigt werden, und zwar auch dann nicht, wenn sich ein negativer Betrag ergibt. Gleiches gilt für Wertsteigerungen oder Verluste dieses Vermögens. Auch die diese Vermögenswerte betreffenden und ihnen dienenden Verbindlichkeiten[136] sollen im Zugewinnausgleich keine Berücksichtigung finden.

Surrogate der aus dem Zugewinnausgleich herausgenommenen Vermögenswerte sollen nicht ausgleichungspflichtiges Vermögen sein. Sie werden also bei der Berechnung des Endvermögens auch nicht berücksichtigt. Jeder Ehegatte kann verlangen, dass über solche Ersatzvermögenswerte ein Verzeichnis angelegt und fortgeführt wird. Auf Verlangen hat dies in notarieller Form zu geschehen.[137]

---

[133] Hier auf Beendigung der Ehe abgestellt Damit soll bei Übergang zur Gütertrennung das Betriebsvermögen weiterhin für eine Güterstandsschaukel zur Verfügung stehen; vgl. Kap. 1 Rdn. 611 ff.

[134] Man beachte, dass trotz der Herausnahme des Betriebsvermögens i.R.d. § 5 Abs. 1 ErbStG die dort gewährten Steuervorteile auch den rechnerischen Zugewinn aus dem Betriebsvermögen erfassen, vgl. Kap. 1 Rdn. 582.

[135] Diese Alternative wäre dann zu empfehlen, wenn der Ehegatte auch nicht Erbe sein soll und daher auch § 1371 Abs. 2 BGB ausgeschlossen sein soll.

[136] Vgl. die Anregung bei Plate, MittRhNotK 1999, 257, 264.

[137] Kann bei Betriebsvermögen ggf. wegfallen, da Surrogate erneut Betriebsvermögen sein werden, wird aber für die Herausnahme anderer Wirtschaftsgüter benötigt. Bei Betriebsvermögen ggf. zu bedenken, ob dies auch für Surrogate gelten soll, die anlässlich der Betriebsaufgabe dann im Privatvermögen anfallen.

3)

Dies gilt in gleicher Weise für jedes Nachfolgeunternehmen oder jede Nachfolgebeteiligung und jedes Tochterunternehmen, unabhängig von der verwendeten Rechtsform, auch bei Aufnahme weiterer Gesellschafter und auch wenn die Nachfolgebeteiligung in Form von Kapitalgesellschaftsanteilen dieses Unternehmens gehalten wird, die ihrerseits zum Privatvermögen gehören.

In gleicher Weise ausgeschlossen ist bei einer etwa bestehenden Betriebsaufspaltung[138] oder auch ohne eine solche dasjenige Vermögen, das an den Betrieb im obigen Sinne langfristig zur Nutzung überlassen und ihm zu dienen bestimmt ist,[139] sofern die entsprechenden Verträge vor mehr als zwei Jahren vor der Rechtshängigkeit eines Scheidungsantrags abgeschlossen wurden.[140]

Alternative zu vorstehend 1) und 2) (Ausschluss jeglichen Betriebsvermögens):

Jegliches Betriebsvermögen eines von uns beiden[141] *soll beim Zugewinnausgleich bei Beendigung der Ehe aus anderen Gründen als dem Tod eines Ehegatten (ggf. auch beim Tod)*[142] *..... in keiner Weise berücksichtigt werden.*

Unter Betriebsvermögen in diesem Sinn verstehen wir auch gewillkürtes Betriebsvermögen und Sonderbetriebsvermögen sowie Vermögen, das dem Betrieb langfristig zur Nutzung überlassen und ihm zu dienen bestimmt ist.

..... Schiedsgutachterklausel, wenn gewünscht .....

4)

Erträge aus diesem vom Zugewinn ausgeschlossenen Vermögen sind gleichfalls vom Zugewinn ausgeschlossen, sofern sie entweder

a) den betrieblichen Bereich noch nicht verlassen haben; insofern sind insbesondere ausgenommen Guthaben auf Kapital-, Darlehens-, Verrechnungs- oder Privatkonten (*streichen, soweit nicht erforderlich*) sowie stehen gelassene Gewinne, Gewinnvorträge oder -rücklagen oder

b) wieder auf die ausgeschlossenen Vermögenswerte verwendet werden, soweit die Verwendungen nicht in den letzten beiden Jahren vor Rechtshängigkeit eines Scheidungsantrages erfolgt sind.[143] Unter Verwendung verstehen wir auch die Tilgung von Verbindlichkeiten sowie Einlagen in das Betriebsvermögen.

Macht jedoch ein Ehegatte aus seinem sonstigen Vermögen Verwendungen auf die vom Zugewinnausgleich ausgenommenen Vermögenswerte, werden diese Verwendungen mit ihrem Wert

---

138 Besondere Regelungsnotwendigkeiten stellen sich beim sog. »Wiesbadener Modell«, wenn also die persönliche Verflechtung der Betriebsaufspaltung gerade dadurch vermieden wird, dass ein Ehegatte am Betriebs- und der andere am Besitzunternehmen beteiligt ist. Hier wird man Übertragungsansprüche für den Scheidungsfall begründen müssen (ggf. auch an Dritte, um die persönliche Verflechtung nicht eintreten zu lassen, z.B. an Kinder, dann aber zumeist auch wieder mit Übertragungsrechten für Vorversterben, Veräußerung etc.) und eine Regelung finden müssen, dass das betroffene Vermögen gleichfalls vom Zugewinn ausgenommen ist. Da das Wiesbadener Modell zumeist mit gezielten Vermögenstransfers bzw. Erwerbsgestaltungen begründet wird, sollten die notwendigen Regelungen in diesem Zusammenhang mitgetroffen werden, vgl. Kap. 3 Rdn. 144 ff.
139 Dieser Satzteil kann gestrichen werden, wenn er nicht benötigt wird.
140 Ggf. noch ergänzende Regelung für Gesellschafterdarlehen.
141 Diese Alternative versucht, dem Wunsch nach Totalausschluss jeglichen Betriebsvermögens Rechnung zu tragen. Sie unterliegt damit der in Kap. 2 Rdn. 604 f. vorgetragenen Kritik. Die beigegebenen Missbrauchsabgrenzungen sind Vorschläge. Man muss sich aber eingestehen, hier nicht alle künftigen Eventualitäten vorhersehen zu können. Vorzugswürdig ist also die Verwendung des Ausschlusses eines konkreten Betriebsvermögens.
142 S.o. Nr. 1, 1. Alt.
143 Wenn die Erträge des Betriebes die einzige Einnahmequelle darstellen, dann kann die Verwendungsklausel dazu führen, dass das Entstehen von Zugewinn komplett verhindert werden kann, indem diese Erträge alle reinvestiert werden. Aus diesem Grunde wurde die bereits dargelegte Zweijahresfrist hier verwendet, um eine Totalverwendung in der Krise auszuschließen.

zum Zeitpunkt der Verwendung dem Endvermögen des Ehegatten hinzugerechnet, der der Eigentümer dieser Vermögenswerte ist.

Derartige Verwendungen unterliegen also – ggf. um den Geldwertverfall berichtigt – dem Zugewinnausgleich.

Alternativ: Dies gilt jedoch nur für solche Verwendungen, die in den letzten beiden Jahren vor Rechtshängigkeit eines Scheidungsantrages erfolgt sind.[144] Der Notar hat über die Auswirkung dieser Klausel für Verwendungen vor einer Ehekrise ausführlich belehrt.

Entsprechendes gilt für Verwendungen des anderen Ehegatten auf die vom Zugewinnausgleich ausgenommenen Vermögenswerte.

Alternativen zu vorstehend 4):

Alternative 1:

Erträge aus diesem vom Zugewinn ausgeschlossenen Vermögen unterliegen dem Zugewinnausgleich.[145]

Alternative 2:

Erträge aus diesem vom Zugewinn ausgeschlossenen Vermögen unterliegen nicht dem Zugewinnausgleich. Der Notar hat darauf hingewiesen, dass damit auch ins Privatvermögen übernommene Erträge nicht zu einem Ausgleich führen.

5)

Zur Befriedigung der sich etwa ergebenden Zugewinnausgleichsforderung gilt das vom Zugewinn ausgenommene Vermögen als vorhandenes Vermögen i.S.d. § 1378 Abs. 2 BGB.

Eine Vollstreckung in das vom Zugewinnausgleich ausgeschlossene Vermögen ist erst zulässig, wenn die Vollstreckung in das ausgleichspflichtige Vermögen nicht zum Erfolg geführt hat.

Ein Ehegatte ist nicht verpflichtet, seinen Zugewinn auszugleichen, wenn er unter Berücksichtigung des vom Zugewinn ausgenommenen Vermögens des anderen Ehegatten[146] nicht zur Ausgleichung verpflichtet wäre.

6)

Die güterrechtlichen Verfügungsbeschränkungen sollen bei zu diesem Vermögen gehörenden Gegenständen nicht gelten.

7)

Wir sind uns darüber einig, dass hinsichtlich des vorgenannten betrieblichen Vermögens auch bei Mitarbeit der Ehefrau keine Ehegatteninnengesellschaft vorliegt, sondern eine rein arbeitsrechtliche Gestaltung. Wir verpflichten uns insoweit, eine erschöpfende vertragliche Regelung zu treffen, über die hinaus keine Ansprüche bestehen sollen, egal aus welchem Rechtsgrund sie hergeleitet werden könnten, insbesondere nicht aus Ehegatteninnengesellschaft und nicht wegen Störung der Geschäftsgrundlage.

8)

Streiten die Ehegatten um die Zugehörigkeit zum betrieblichen Vermögen, so soll ein vom Präsidenten der örtlich zuständigen Industrie- und Handelskammer bestellter Sachverständiger als Schiedsgutachter verbindlich entscheiden.

---

144 Wird verwendet, wenn man akzeptiert, dass auch sonstige Verwendungen aus dem Zugewinn ausscheiden, außer sie sind in einer Ehekrise getätigt worden. Angelehnt an die Formulierung, welche dem BGH-Urteil, MittBayNot 1997, 231 ff. zugrunde lag. Dies ergibt die größte unternehmerische Freiheit, ist jedoch nur bei gesicherter Kompensationsleistung empfehlenswert.
145 Dies soll den »nicht entnehmenden Unternehmer« einem Angestellten vergleichbarer machen. Das ist problematisch, wenn aus wirtschaftlichen Gründen eben nicht entnommen werden konnte.
146 Vgl. Formularbuch/Bernauer, Formular V. 17.

9)

Wir verzichten hiermit im vorstehend bezeichneten Umfang auf Zugewinnausgleich, der Erschienene zu 1. (Unternehmer) verzichtet gegenüber der Erschienenen zu 2. (Nichtunternehmer) sogar völlig auf jedweden Zugewinn. Dies gilt auch für den vorzeitigen Zugewinn. Wir nehmen diesen Verzicht wechselseitig an.

II. Unterhaltsbeschränkung und -verzicht

1)

Für Rechtsstreitigkeiten in Bezug auf den Unterhalt vereinbaren wir nach Art. 4 EU-UntVO die ausschließliche Zuständigkeit der deutschen Gerichte.

Ferner wählen wir nach Art. 8 Abs. 1a HUP das deutsche Recht als das auf eine Unterhaltspflicht anzuwendende Recht. Diese Rechtswahl soll ausdrücklich auch dann gelten, wenn wir keinen gewöhnlichen Aufenthalt in Deutschland mehr haben.

2)

Es gelten grundsätzlich die gesetzlichen Vorschriften zum Recht des nachehelichen Unterhalts. Allerdings vereinbaren wir, dass die Höhe des gesetzlichen nachehelichen Unterhalts (Gesamtunterhalt einschließlich Vorsorgeunterhalt und Sonderbedarf) auf den Betrag von 5.000,00 €

– in Worten fünftausend Euro –

monatlich begrenzt wird. Dies gilt jedoch ausdrücklich nicht für den Basisunterhalt wegen Kindesbetreuung nach § 1570 Abs. 1 Satz 1 BGB.

3)

Dieser Höchstbetrag soll wertbeständig sein.

Er erhöht oder vermindert sich in demselben prozentualen Verhältnis, in dem sich der vom Statistischen Bundesamt in Wiesbaden für jeden Monat festgestellte und veröffentlichte Verbraucherpreisindex für Deutschland gegenüber dem für den Monat, in welchem dieser Vertrag geschlossen wird, festgestellten Index erhöht oder vermindert (Basis 2015 = 100).

Eine Erhöhung oder Verminderung des Höchstbetrages wird erstmals bei Rechtskraft der Scheidung festgelegt und dann jeweils wieder, wenn die Indexveränderung zu einer Erhöhung oder Verminderung des jeweils maßgeblichen Betrages um mindestens 10 % – zehn vom Hundert – gegenüber dem zuletzt festgesetzten Betrag geführt hat.

Der erhöhte Betrag ist erstmals zahlbar in dem Monat, der auf die Veröffentlichung des die oben genannte Grenze überschreitenden Preisindexes folgt.[147]

4)

Klargestellt wird, dass sich die Höhe des nachehelichen Unterhalts nach den gesetzlichen Vorschriften errechnet, die vorstehende Regelung also keinen Anspruch auf Zahlung in dieser Höhe gewährt. Es handelt sich lediglich um eine Kappungsgrenze, wenn sich nach dem Gesetz ein höherer Betrag ergäbe. Auch § 1578b BGB bleibt anwendbar und kann zu einer weiteren Reduzierung der Unterhaltshöhe führen.

5)

Ein Nachteilsausgleich bei Durchführung des begrenzten Realsplittings ist auf den Betrag der Höchstgrenze nicht anzurechnen, sodass es sich um einen Nettobetrag handelt.

---

[147] Genehmigungsvorbehalt nach § 2 Preisangaben- und Preisklauselgesetz ist abgeschafft und durch ein gesetzliches Indexverbot mit gesetzlichen Ausnahmen ersetzt. Die Unwirksamkeit einer Klausel tritt erst mit rechtskräftiger Feststellung ein.

6)

Eigenes Einkommen des Unterhaltsberechtigten wird bei der Unterhaltsberechnung berücksichtigt. Der Höchstbetrag vermindert sich um die Hälfte des eigenen unterhaltsrechtlich relevanten Einkommens des Unterhaltsberechtigten.

Alternative 1:

Eigenes Einkommen des Unterhaltsberechtigten wird ausdrücklich nicht berücksichtigt.[148]

Alternative 2:

Eigenes unterhaltsrelevantes Einkommen des Unterhaltsberechtigten wird bei der Unterhaltsberechnung bis zum Betrag von 450,00 € gar nicht berücksichtigt, der Betrag zwischen 450,00 € und 800,00 € wird zur Hälfte berücksichtigt, darüber hinausgehende Beträge zur Gänze.[149] *In gleicher Weise wirkt sich die Berücksichtigung auf die Höchstgrenze aus.*

7)

Zusätzlich gilt folgende weitere Beschränkung: Wenn unsere Ehe zwischen Eheschließung und Rechtshängigkeit eines Scheidungsantrags nicht länger als fünf Jahre gedauert hat, dann besteht die vorgenannte Unterhaltspflicht nur für einen Zeitraum von zehn Jahren ab Rechtskraft der Ehescheidung. Dies gilt jedoch nicht, wenn wir ein gemeinsames Kind haben.[150]

8)

Wir verzichten hiermit auf weitergehenden Unterhalt, der Erschienene zu 1. (= Unternehmer) verzichtet gegenüber der Erschienenen zu 2. (Nichtunternehmer) sogar völlig auf jedweden Unterhalt. Diese Verzichte gelten auch für den Fall der Not. Wir nehmen diesen Verzicht wechselseitig an.

9)

Der Verzicht gilt auch im Fall einer Änderung der einschlägigen gesetzlichen Vorschriften oder der Rechtsprechung weiterhin.

10)

Wir wurden vom Notar über das Wesen des nachehelichen Unterhalts und die Auswirkungen des Verzichts eingehend belehrt, auch darüber, dass ein Unterhaltsverzicht sittenwidrig sein oder gegen Treu und Glauben verstoßen kann. Wir wissen außerdem, dass der Vertrag einer Inhaltskontrolle unterliegt.

Der Notar hat uns ferner darüber belehrt, dass nach Art. 8 Abs. 4 HUP der heutige gewöhnliche Aufenthalt über die Wirksamkeit der Rechtswahl entscheidet. Zudem scheidet die Anwendung des gewählten Rechtes nach Art. 8 Abs. 5 HUP aus, wenn sie offensichtlich unbillige oder unangemessene Folgen hätte, es sei denn, dass die Parteien im Zeitpunkt der Rechtswahl umfassend unterrichtet und sich der Folgen ihrer Wahl vollständig bewusst waren.

III. Verzicht auf Versorgungsausgleich

Wir gehen davon aus, dass sich der nachfolgende Verzicht auf Versorgungsausgleich nur zugunsten der Ehefrau auswirkt, da ich, der Ehemann, als Unternehmer meine Altersversorgung nicht auf Anrechten aufgebaut habe, die dem Versorgungsausgleich unterfallen.

Sollte dies im Zeitpunkt der Scheidung nach Erstellung der Vorsorgevermögensbilanz anders sein, so soll die Ehefrau durch ein einseitiges Rücktrittsrecht den Verzicht zu Fall bringen können. Wird dies im Scheidungsverfahren vorgetragen, so ist in jedem Fall im Rahmen eines Ver-

---

148 Insb. dann zu verwenden, wenn in der Diskrepanzehe der Höchstbetrag ohne »Hin und Her« bezahlt werden soll.
149 Ein solches Stufenmodell wird etwa von Krenzler, Vereinbarungen bei Trennung und Scheidung, S. 72/73 vorgeschlagen.
150 Entweder kann man die Regelung bei einem gemeinsamen Kind ganz ausschließen oder man kann die Frist auf ein bestimmtes Lebensalter des Kindes begrenzen.

D. Ehe mit Unternehmen

sorgungsausgleichsverfahrens im Wege der Ausübungskontrolle die Prüfung der bei Scheidung vorhandenen Anrechte zu ermöglichen.

1)

Wir schließen hiermit nach § 6 VersAusglG gegenseitig den Versorgungsausgleich nach dem VersAusglG vollständig und für die gesamte Ehezeit aus.

2)

Diesen Verzicht nehmen wir hiermit gegenseitig an.

3)

Eine Abänderung dieser Vereinbarung – insbesondere nach § 227 Abs. 2 FamFG – wird ausgeschlossen.

4)

Der Ehefrau steht einseitig das Recht zu, von diesem Verzicht zurückzutreten. Der Rücktritt ist zu Urkunde des Notars zu erklären und dem anderen Teil zuzustellen. Der Rücktritt kann auch während eines anhängigen Scheidungsverfahrens oder eines anhängigen Verfahrens zum Wertausgleich bei Scheidung noch erklärt werden bis zum Ende der letzten mündlichen Verhandlung, in der über den Versorgungsausgleich verhandelt wird.

Der Rücktritt ist nicht zu begründen und ausdrücklich auch dann zulässig, wenn die eingangs dieses Abschnittes geschilderten Voraussetzungen nicht vorliegen.

Durch den Rücktritt entfällt der Verzicht auf Versorgungsausgleich für beide Ehegatten, sodass dieser in vollem Umfange für beide Vertragsseiten durchzuführen ist.

Die übrigen Vereinbarungen dieses Vertrages werden durch den Rücktritt nicht berührt ...

5)

Der Notar hat uns über die rechtliche und wirtschaftliche Tragweite dieses Ausschlusses eingehend belehrt. Er hat insbesondere darauf hingewiesen:

a) dass bei einem Ausschluss des Versorgungsausgleichs jeder Ehegatte für seine Altersversorgung selbst sorgen muss;
b) dass die Vereinbarung eines Ausschlusses des Versorgungsausgleichs einer Wirksamkeits- und Ausübungskontrolle nach § 8 Abs. 1 VersAusglG und den Rechtsprechungsgrundsätzen unterliegt.
c) dass ein Ausschluss des Versorgungsausgleichs sittenwidrig sein kann, wenn er sich zu Lasten der Grundsicherung oder anderer Träger sozialer Hilfen auswirkt.
d) dass ein Rücktrittsrecht nur für die Ehefrau besteht und dass dieses Rücktrittsrecht den beiderseitigen Verzicht zu Fall bringt. Der Notar hat ferner über die Modalitäten des Rücktrittes belehrt.

IV.

Die vorstehenden ehevertraglichen Vereinbarungen nehmen wir hiermit gegenseitig an.

C. Pflichtteilsverzicht

Ich, die Ehefrau, verzichte hiermit auf mein gesetzliches Pflichtteilsrecht in Bezug auf das nach vorstehender Ziffer B.I. vom Zugewinnausgleich ausgenommene Vermögen und ich, der Ehemann, nehme den Verzicht an.

Der Notar hat uns über die Tragweite des Verzichts belehrt.

Der vorstehende Pflichtteilsverzicht beinhaltet ausdrücklich keinen Verzicht auf nachehelichen Unterhalt nach § 1586b BGB und § 1933 Satz 3 BGB für den Fall des Vorversterbens des unterhaltspflichtigen Ehegatten.

D. Schlussbestimmungen

I.

Der Notar hat uns über den Inhalt und die rechtlichen Folgen aus diesem Vertrag eingehend belehrt.

Der Notar hat insbesondere auf die Rechtsprechung des Bundesverfassungsgerichts und des Bundesgerichtshofs zur Inhaltskontrolle[151] von Eheverträgen hingewiesen und erläutert, dass ehevertragliche Regelungen bei einer besonders einseitigen Aufbürdung von vertraglichen Lasten und einer erheblich ungleichen Verhandlungsposition unwirksam oder unanwendbar sein können.

Die Vertragsteile erklären, dass sie nach einer Vorbesprechung und dem Erhalt eines Vertragsentwurfes die rechtlichen Regelungen dieses Vertrages umfassend erörtert haben und diese Regelungen ihrem gemeinsamen Wunsch zur Gestaltung ihrer ehelichen Verhältnisse entsprechen.

Alternative:

Die Vertragsteile weisen ferner im Hinblick auf die güterrechtlichen Erklärungen und den Pflichtteilsverzicht darauf hin, dass der Ehemann der Ehefrau für den Fall, dass die Ehe zwischen den Beteiligten geschlossen wird und bis zur Rechtshängigkeit eines Scheidungsantrags mindestens zehn Jahre gedauert hat, zur Urkunde des beurkundenden Notars vom ..... ein Angebot auf unentgeltliche Übertragung des Mehrfamilienhauses in ..... FlurNr. ..... abgegeben hat.[152]

Der Notar hat darauf hingewiesen, dass bei einer Änderung der Ehekonstellation – hierher gehören insbesondere die Geburt gemeinsamer Kinder oder gewichtige Änderungen der Erwerbsbiographie – die Regelungen auch nachträglich einer Ausübungskontrolle unterliegen können. Er hat geraten, in diesem Fall den Vertrag der veränderten Situation anzupassen.

II.

Sollten einzelne Bestimmungen dieses Vertrages unwirksam sein oder werden oder sollte sich im Vertrag eine Regelungslücke zeigen, so wird die Wirksamkeit der übrigen Bestimmungen hierdurch nicht berührt.[153]

Die Beteiligten sind dann verpflichtet, eine ersetzende Bestimmung zu vereinbaren, die dem wirtschaftlichen Sinn der unwirksamen Bestimmung im Gesamtzusammenhang der getroffenen Regelung in rechtlich zulässiger Weise am nächsten kommt, oder eine neue Bestimmung zu treffen, welche die Regelungslücke des Vertrages so schließt, als hätten sie diesen Punkt von vornherein bedacht.

Der Notar hat die Beteiligten über die Auswirkungen der Klausel eingehend belehrt und darauf hingewiesen, dass die Klausel nur zu einer Beweislastveränderung führt. Er hat die Vertragsteile befragt, ob Vertragsbestimmungen für sie so miteinander verbunden sind, dass die Unwirksamkeit der einen auch die der anderen zur Folge haben soll.

Hierauf erklären die Vertragsteile: Wir wünschen keine von der salvatorischen Klausel abweichende Festlegung für bestimmte Vertragsklauseln.

III.

Wir beantragen die Erteilung je einer Ausfertigung dieser Urkunde.

IV.

Die Kosten dieser Urkunde tragen wir gemeinsam.

---

151 Ausführlich behandelt in Kap. 2 Rdn. 65 ff.
152 Sofern aufseiten des Betriebsinhabers genügend Vermögen vorhanden ist, kann mit einer solchen Kompensation gearbeitet werden. Die Formulierung bzw. das Angebot ist dann nach den Wünschen der Beteiligten zu gestalten; zu beachten sind in einem solchen Fall etwaige schenkungssteuerlichen Konsequenzen, vgl. hierzu Kap. 2 Rdn. 714.
153 Zu den salvatorischen Klauseln: Rdn. 14.

E. Diskrepanzehen

Für die Fälle der sog. »**Diskrepanzehen**«[154] sieht das BGB keine eigene Lösung vor. Auf sie passt der allgemeine **Halbteilungsgrundsatz** aber nicht unbesehen. Selbst wenn die Zahlung von Zugewinn, Unterhalt und Versorgungsausgleich beibehalten wird, so würde diese Zahlung aufgrund der ganz erheblichen Differenz der Einkommensverhältnisse bei einer völligen Halbteilung weit über das hinausgehen, was der Partner mit dem geringeren **Einkommen** in der Ehezeit **für sich hätte erzielen können**. Selbst wenn die neuerdings durch die Rechtsprechung vorgenommene Bewertung der Familienarbeit[155] berücksichtigt wird – der BGH hat sich zur Frage einer Bewertung i.S.e. Monetarisierung noch nicht entschlossen[156] – so bleiben häufig hypothetisch angesetzte Beträge einer monetarisierten **Familienarbeit** zuzüglich des hypothetisch angenommenen Weiterverdienstes nach der bisherigen beruflichen Lebensstellung noch weit unterhalb der mit Halbteilung gerechneten ehelichen Ansprüche. Hier muss eine Abweichung durch Ehevertrag auch weiterhin möglich bleiben.[157] Strengeren Bewertungen durch die obergerichtliche Rechtsprechung[158] ist auch der BGH[159] nicht gefolgt. Vielmehr stellt auch der BGH in den Mittelpunkt seiner Rechtsprechung den Ausgleich ehebedingter Nachteile. Wenn die ehevertragliche Regelung alle ehebedingten Nachteile ausgleicht, so wird sie nicht sittenwidrig sein. 59

Dem Interesse des Ehepartners mit hohem Einkommen einerseits und desjenigen mit niedrigerem Einkommen andererseits wird gut entsprochen, wenn der Zugewinn durch einen **Höchstbetrag** begrenzt wird. Dieser kann als genereller Höchstbetrag vereinbart sein oder er kann von der Ehedauer abhängen. Möglich wäre auch eine Änderung der Ausgleichsquote beim Zugewinn.[160] Der Höchstbetrag hat gegenüber der Änderung der Zugewinnquote den Vorteil, dass bei einem wider Erwarten niedrigeren Zugewinn – der gut verdienende Ehemann erleidet einen Unfall und kann sein hohes Einkommen nicht mehr realisieren – der Zugewinn wieder geteilt wird, sobald er unter das Doppelte des Höchstbetrags sinkt, während bei der Quotenabänderung die niedrigere Quote auch in solchen Fällen bleibt. Außerdem entfallen bei Zahlung des Höchstbetrages jegliche Ermittlungen und Auskünfte, während die Unterhaltsquote erst am Ende einer vollständigen Zugewinnberechnung ansetzt und daher alle Auskünfte und alle Berechnungen voraussetzt. 60

Bei der **Unterhaltsregelung** kann unter Wahrung der Grundsätze, die der BGH für die Inhaltskontrolle von Eheverträgen aufgestellt hat,[161] in gleicher Weise eine Obergrenze vereinbart werden, welche jedoch für den Basisunterhalt bei Kindesbetreuung nicht gelten sollte. Im Übrigen hängt es von der Höhe dieser Obergrenze ab, ob auch andere Ansprüche auf Kindesbetreuungsunterhalt oder Unterhalt wegen Alters ausgenommen oder jedenfalls mit einer höheren Grenze versehen werden. Es wird auch vorgeschlagen, hier für das Maß des Unterhalts nicht auf die ehelichen Lebensverhältnisse, sondern auf die frühere Lebensstellung des unterhaltsberechtigten Ehegatten Bezug zu nehmen.[162] Dies ist zwar interessengerecht, gleichwohl ist die Vereinbarung eines Höchstbetrags vorzugswürdig, weil über diesen nicht gestritten werden kann. Die frühere Lebensstellung nach 15 Jahren Ehe nachzuvollziehen, dürfte hingegen nicht immer ganz leicht sein. Die frühere Lebensstellung einschließlich der beruflichen Entwicklungsmöglichkeiten wird allerdings beim Ehevertrag, der ja i.d.R. vor Eheschließung unterzeichnet wird, Anhaltspunkt für die Vereinbarung einer Höchstgrenze sein. Eine solche Höchstgrenze könnte alternativ auch etwa an Besoldungsgruppen des öffentlichen Dienstes angelehnt werden.[163] 61

---

154 MüVertHdb/Langenfeld, 6. Aufl., Bd. 6, Form. X. 7.
155 BGH, FamRZ 2001, 896 f.
156 Hierzu detailliert Münch, »Unternehmerehevertrag und Familienarbeit«, FamRB 2018, 247 ff.
157 Ausführlich C. Münch, MittBayNot 2003, 107 ff.
158 OLG München, MittBayNot 2003, 136.
159 BGH, NJW 2004, 930 ff. = ZNotP 2004, 157 ff.; BGH, FamRZ 2013, 269.
160 So der Vorschlag von MüVertHdb/Langenfeld, 6. Aufl., Bd. 6, Form X. 7.
161 BGH, NJW 2004, 930 ff. = ZNotP 2004, 157 ff.
162 MüVertHdb/Langenfeld, 6. Aufl., Bd. 6, Form X. 7.
163 Hierzu Kap. 6 Rdn. 880 f.

62 Für die Frage des **Versorgungsausgleichs** kommt es letztlich auf die Art der Tätigkeit jedes Ehegatten an. Ist der eine Ehegatte selbstständig und der andere angestellt beschäftigt, so kann es sich empfehlen, den Versorgungsausgleich ganz auszuschließen. Ansonsten kann es, wenn der Selbstständige durch Lebensversicherungen vorsorgt, die in die Güterrechtsregelung fallen, dazu kommen, dass der abhängig beschäftigte Ehegatte dem anderen Versorgungsausgleich leisten muss, obwohl dieser finanziell wesentlich bessergestellt ist. Hat auch der wesentlich mehr verdienende Ehegatte eine hohe Altersversorgung, die dem Versorgungsausgleich unterfällt, so könnte überlegt werden, die Ausgleichsquote für jeden einzelnen Ausgleich herabzusetzen, was Rechtsprechung und Literatur zulassen,[164] was aber nach dem neuen Versorgungsausgleich mit den vielen Hin- und Herausgleichen möglicherweise zur Entstehung von Kleinstanrechten führt.

63 Will man zusätzlich vorsorgen, dass bei abweichender Entwicklung (der Selbstständige nimmt nach zehn Ehejahren einen hoch bezahlten Managerjob an und hat nunmehr selbst hohe Versorgungsanrechte) der Ehegatte mit den geringeren Anrechten durch den Verzicht nicht benachteiligt wird, so kann man ihm ein Rücktrittsrecht von diesem Verzicht einräumen. Im neuen Versorgungsausgleichsrecht ist jedenfalls der insgesamt Ausgleichsberechtigte nur schwer zu bestimmen.

64 Dabei geht der nachfolgende Formulierungsvorschlag davon aus, dass die Modifikationen nur im Scheidungsfall Abwandlungen bringen, dass im Todesfall eine Änderung aber nicht vorgenommen wird. Das kann in dynastischen Fällen anders zu sehen sein.

▶ Formulierungsvorschlag: Ehevertrag mit Höchstbetrag des Zugewinns – Modifikation des Unterhalts und Ausschluss des Versorgungsausgleichs mit Rücktrittsrecht

65 URNr. .....

vom .....

Ehevertrag

Heute, den .....

erschienen vor mir,

.....

Notar in .....:

1. Herr .....,

geboren am ..... in .....

als Sohn von .....,

wohnhaft in .....,

letztere eine geborene .....,

nach Angabe nicht verheiratet.

2. Frau .....,

geboren am ..... in .....

als Tochter von .....,

letztere eine geborene .....,

wohnhaft in .....,

nach Angabe ledig.

Die Erschienenen wollen einen

---

164 BGH, FamRZ 1986, 890 f.; Bergschneider, Rn. 922; Brambring, Rn. 123; Langenfeld/Milzer, Rn. 754; Müller, Kap. 3, Rn. 405.

E. Diskrepanzehen   Kapitel 9

Ehevertrag

errichten.

Die Erschienenen erklären bei gleichzeitiger Anwesenheit gemeinsam mündlich mit dem Ersuchen um Beurkundung was folgt:

A. Allgemeines

Wir haben beide keine Kinder.

Wir beabsichtigen, demnächst miteinander die Ehe einzugehen. Für mich, den Ehemann, ist dies die zweite Ehe, für mich, die Ehefrau, ist es die erste Ehe.

Wir werden dem beurkundenden Notar zu seiner Urkundensammlung eine Heiratsurkunde einreichen.

Wir sind beide deutsche Staatsangehörige.

..... (Angaben zu den Lebens- und Einkommensverhältnissen sowie der beruflichen Tätigkeit bzw. Ausbildung beider Ehegatten) .....

B. Ehevertragliche Vereinbarungen

Ehevertraglich vereinbaren wir was folgt:

I. Güterstand

1)

Den gesetzlichen Güterstand der Zugewinngemeinschaft wollen wir für unsere künftige Ehe ausdrücklich aufrechterhalten, ihn allerdings wie folgt modifizieren:

2)

Endet die Ehe[165] auf andere Weise als durch den Tod[166] eines Ehegatten, so wird der Zugewinn nach folgender Maßgabe ausgeglichen:

Dauerte unsere Ehe zwischen Eheschließung und Rechtshängigkeit eines Scheidungsantrags, der zur Scheidung der Ehe führt, nicht länger als drei Jahre, so findet ein Zugewinnausgleich nicht statt.

Dauerte unsere Ehe dementsprechend länger als drei Jahre, aber nicht länger als acht Jahre, so ist als Zugewinn höchstens ein Betrag von 300.000,00 € zu zahlen.

Dauerte unsere Ehe dementsprechend länger als acht Jahre, aber nicht länger als 15 Jahre, so ist als Zugewinn höchstens ein Betrag von 600.000,00 € zu zahlen.

Dauerte unsere Ehe dementsprechend länger als 15 Jahre, so ist als Zugewinn höchstens ein Betrag von 1.000.000,00 € zu zahlen.

3)

Die oben genannten Höchstbeträge sollen wertbeständig sein.

Die Höchstbeträge errechnen sich demnach wie folgt:

Höchstbetrag

vervielfacht

um den Verbraucherpreisindex für Deutschland, wie dieser Index vom Statistischen Bundesamt in Wiesbaden für den Monat festgestellt wird, in dem der Scheidungsantrag rechtshängig wird, der zur Scheidung der Ehe führt,

---

165 Hier wird auf das Ende der Ehe abgestellt, um eine Güterstandsschaukel zu ermöglichen.
166 Wenn die Modifikation nicht für den Todesfall vereinbart wird, gehen die Ehegatten davon aus, dass im Todesfalle auch eine gegenseitige Erbeinsetzung in Betracht kommen kann.

geteilt

durch den Verbraucherpreisindex für Deutschland, wie er im Monat der heutigen Beurkundung bestimmt wird (Basis 2015 = 100).

Alternative:

Endet die Ehe auf andere Weise als durch den Tod eines Ehegatten, so wird der Zugewinn nach folgender Maßgabe ausgeglichen:

Für jedes vollendete Ehejahr – gemessen von der Eheschließung bis zur Rechtshängigkeit eines Scheidungsantrags, der zur Scheidung der Ehe führt, – ist höchstens ein Betrag i.H.v. 50.000,00 € als Zugewinn zu zahlen. Für nicht vollendete Jahre ist der Betrag anteilig zu ermitteln.

4)

Wir verzichten hiermit auf weitergehenden Zugewinnausgleich. Dies gilt auch für den vorzeitigen Zugewinn. Wir nehmen diesen Verzicht wechselseitig an.

II. Unterhaltsbeschränkung und –verzicht

1)

Für Rechtsstreitigkeiten in Bezug auf den Unterhalt vereinbaren wir nach Art. 4 EU-UntVO die ausschließliche Zuständigkeit der deutschen Gerichte.

Ferner wählen wir nach Art. 8 Abs. 1a HUP das deutsche Recht als das auf eine Unterhaltspflicht anzuwendende Recht. Diese Rechtswahl soll ausdrücklich auch dann gelten, wenn wir keinen gewöhnlichen Aufenthalt in Deutschland mehr haben.

2)

Es gelten grundsätzlich die gesetzlichen Vorschriften zum Recht des nachehelichen Unterhalts. Allerdings vereinbaren wir, dass die Höhe des gesetzlichen nachehelichen Unterhalts (Gesamtunterhalt einschließlich Vorsorgeunterhalt und Sonderbedarf) auf den Betrag von 5.000,00 €

– in Worten fünftausend Euro –

monatlich begrenzt wird. Dies gilt jedoch ausdrücklich nicht für den Basisunterhalt wegen Kindesbetreuung nach § 1570 Abs. 1 Satz 1 BGB.

3)

Dieser Höchstbetrag soll wertbeständig sein.

Er erhöht oder vermindert sich in demselben prozentualen Verhältnis, in dem sich der vom Statistischen Bundesamt in Wiesbaden für jeden Monat festgestellte und veröffentlichte Verbraucherpreisindex für Deutschland gegenüber dem für den Monat, in welchem dieser Vertrag geschlossen wird, festgestellten Index erhöht oder vermindert (Basis 2015 = 100).

Eine Erhöhung oder Verminderung des Höchstbetrages wird erstmals bei Rechtskraft der Scheidung festgelegt und dann jeweils wieder, wenn die Indexveränderung zu einer Erhöhung oder Verminderung des jeweils maßgeblichen Betrages um mindestens 10 % – zehn vom Hundert – gegenüber dem zuletzt festgesetzten Betrag geführt hat.

Der erhöhte Betrag ist erstmals zahlbar in dem Monat, der auf die Veröffentlichung des die oben genannte Grenze überschreitenden Preisindexes folgt.[167]

4)

Klargestellt wird, dass sich die Höhe des nachehelichen Unterhalts nach den gesetzlichen Vorschriften errechnet, die vorstehende Regelung also keinen Anspruch auf Zahlung in dieser Höhe gewährt. Es handelt sich lediglich um eine Kappungsgrenze, wenn sich nach dem Gesetz ein

---

167 Genehmigungsvorbehalt nach § 2 Preisangaben- und Preisklauselgesetz ist abgeschafft und durch ein gesetzliches Indexverbot mit gesetzlichen Ausnahmen ersetzt. Die Unwirksamkeit einer Klausel tritt erst mit rechtskräftiger Feststellung ein.

höherer Betrag ergäbe. Auch § 1578b BGB bleibt anwendbar und kann zu einer weiteren Reduzierung der Unterhaltshöhe führen.

5)

Ein Nachteilsausgleich bei Durchführung des begrenzten Realsplittings ist auf den Betrag der Höchstgrenze nicht anzurechnen, sodass es sich um einen Nettobetrag handelt.

6)

Eigenes Einkommen der Unterhaltsberechtigten wird ausdrücklich nicht berücksichtigt.[168]

7)

Zusätzlich gilt folgende weitere Beschränkung: Wenn unsere Ehe zwischen Eheschließung und Rechtshängigkeit eines Scheidungsantrags nicht länger als fünf Jahre gedauert hat, dann besteht die vorgenannte Unterhaltspflicht nur für einen Zeitraum von zehn Jahren ab Rechtskraft der Ehescheidung. Dies gilt jedoch nicht, wenn wir ein gemeinsames Kind haben.[169]

8)

Wir verzichten hiermit auf weitergehenden Unterhalt, der Erschienene zu 1. verzichtet gegenüber der Erschienenen zu 2. sogar völlig auf jedweden Unterhalt. Diese Verzichte gelten auch für den Fall der Not. Wir nehmen diesen Verzicht wechselseitig an.

9)

Der Verzicht gilt auch im Fall einer Änderung der einschlägigen gesetzlichen Vorschriften oder der Rechtsprechung weiterhin.

10)

Wir wurden vom Notar über das Wesen des nachehelichen Unterhalts und die Auswirkungen des Verzichts eingehend belehrt, auch darüber, dass ein Unterhaltsverzicht sittenwidrig sein oder gegen Treu und Glauben verstoßen kann. Wir wissen außerdem, dass der Vertrag einer Inhaltskontrolle unterliegt.

Der Notar hat uns ferner darüber belehrt, dass nach Art. 8 Abs. 4 HUP der heutige gewöhnliche Aufenthalt über die Wirksamkeit der Rechtswahl entscheidet. Zudem scheidet die Anwendung des gewählten Rechtes nach Art. 8 Abs. 5 HUP aus, wenn sie offensichtlich unbillige oder unangemessene Folgen hätte, es sei denn, dass die Parteien im Zeitpunkt der Rechtswahl umfassend unterrichtet und sich der Folgen ihrer Wahl vollständig bewusst waren.

III. Verzicht auf Versorgungsausgleich

Wir gehen davon aus, dass sich der nachfolgende Verzicht auf Versorgungsausgleich nur zugunsten der Ehefrau auswirkt, da ich, der Ehemann, meine Altersversorgung durch Vermögen gesichert und nicht auf Anrechten aufgebaut habe, die dem Versorgungsausgleich unterfallen.

Sollte dies im Zeitpunkt der Scheidung nach Erstellung der Vorsorgevermögensbilanz anders sein, so soll die Ehefrau durch ein einseitiges Rücktrittsrecht den Verzicht zu Fall bringen können. Wird dies im Scheidungsverfahren vorgetragen, so ist in jedem Fall im Rahmen eines Versorgungsausgleichsverfahrens im Wege der Ausübungskontrolle die Prüfung der bei Scheidung vorhandenen Anrechte zu ermöglichen.

1)

Wir schließen hiermit nach § 6 VersAusglG gegenseitig den Versorgungsausgleich nach dem VersAusglG vollständig und für die gesamte Ehezeit aus.

---

[168] Insb. dann zu verwenden, wenn in der Diskrepanzehe der Höchstbetrag ohne »Hin und Her« bezahlt werden soll.
[169] Entweder kann man die Regelung bei einem gemeinsamen Kind ganz ausschließen oder man kann die Frist auf ein bestimmtes Lebensalter des Kindes begrenzen.

2)

Diesen Verzicht nehmen wir hiermit gegenseitig an.

3)

Eine Abänderung dieser Vereinbarung – insbesondere nach § 227 Abs. 2 FamFG – wird ausgeschlossen.

4)

Der Ehefrau steht einseitig das Recht zu, von diesem Verzicht zurückzutreten. Der Rücktritt ist zu Urkunde des Notars zu erklären und dem anderen Teil zuzustellen. Der Rücktritt kann auch während eines anhängigen Scheidungsverfahrens oder eines anhängigen Verfahrens zum Wertausgleich bei Scheidung noch erklärt werden bis zum Ende der letzten mündlichen Verhandlung, in der über den Versorgungsausgleich verhandelt wird.

Der Rücktritt ist nicht zu begründen und ausdrücklich auch dann zulässig, wenn die eingangs dieses Abschnittes geschilderten Voraussetzungen nicht vorliegen.

Durch den Rücktritt entfällt der Verzicht auf Versorgungsausgleich für beide Ehegatten, sodass dieser in vollem Umfange für beide Vertragsseiten durchzuführen ist.

Die übrigen Vereinbarungen dieses Vertrages werden durch den Rücktritt nicht berührt.

5)

Der Notar hat uns über die rechtliche und wirtschaftliche Tragweite dieses Ausschlusses eingehend belehrt. Er hat insbesondere darauf hingewiesen:

a) dass bei einem Ausschluss des Versorgungsausgleichs jeder Ehegatte für seine Altersversorgung selbst sorgen muss;
b) dass die Vereinbarung eines Ausschlusses des Versorgungsausgleichs einer Wirksamkeits- und Ausübungskontrolle nach § 8 Abs. 1 VersAusglG und den Rechtsprechungsgrundsätzen unterliegt;
c) dass ein Ausschluss des Versorgungsausgleichs sittenwidrig sein kann, wenn er sich zu Lasten der Grundsicherung oder anderer Träger sozialer Hilfen auswirkt;
d) dass ein Rücktrittsrecht nur für die Ehefrau besteht und dass dieses Rücktrittsrecht den beiderseitigen Verzicht zu Fall bringt. Der Notar hat ferner über die Modalitäten des Rücktrittes belehrt.

IV.

Die vorstehenden ehevertraglichen Vereinbarungen nehmen wir hiermit gegenseitig an. Weitere Vereinbarungen wollen wir nach Belehrung durch den Notar nicht treffen.

C. Schlussbestimmungen

I.

Der Notar hat uns über den Inhalt und die rechtlichen Folgen aus diesem Vertrag eingehend belehrt.

Der Notar hat insbesondere auf die Rechtsprechung des Bundesverfassungsgerichts und des Bundesgerichtshofs zur Inhaltskontrolle[170] von Eheverträgen hingewiesen und erläutert, dass ehevertragliche Regelungen bei einer besonders einseitigen Aufbürdung von vertraglichen Lasten und einer erheblich ungleichen Verhandlungsposition unwirksam oder unanwendbar sein können.

Die Vertragsteile erklären, dass sie nach einer Vorbesprechung und dem Erhalt eines Vertragsentwurfes die rechtlichen Regelungen dieses Vertrages umfassend erörtert haben und diese Regelungen ihrem gemeinsamen Wunsch zur Gestaltung ihrer ehelichen Verhältnisse entsprechen.

Der Notar hat darauf hingewiesen, dass bei einer Änderung der Ehekonstellation – hierher gehören insbesondere die Geburt gemeinsamer Kinder oder gewichtige Änderungen der Erwerbs-

---

170 Ausführlich behandelt in Kap. 2 Rdn. 65 ff.

biographie – die Regelungen auch nachträglich einer Ausübungskontrolle unterliegen können. Er hat geraten, in diesem Fall den Vertrag der veränderten Situation anzupassen.

II.

Sollten einzelne Bestimmungen dieses Vertrages unwirksam sein oder werden oder sollte sich im Vertrag eine Regelungslücke zeigen, so wird die Wirksamkeit der übrigen Bestimmungen hierdurch nicht berührt.[171]

Die Beteiligten sind dann verpflichtet, eine ersetzende Bestimmung zu vereinbaren, die dem wirtschaftlichen Sinn der unwirksamen Bestimmung im Gesamtzusammenhang der getroffenen Regelung in rechtlich zulässiger Weise am nächsten kommt, oder eine neue Bestimmung zu treffen, welche die Regelungslücke des Vertrages so schließt, als hätten sie diesen Punkt von vornherein bedacht.

Der Notar hat die Beteiligten über die Auswirkungen der Klausel eingehend belehrt und darauf hingewiesen, dass die Klausel nur zu einer Beweislastveränderung führt. Er hat die Vertragsteile befragt, ob Vertragsbestimmungen für sie so miteinander verbunden sind, dass die Unwirksamkeit der einen auch die der anderen zur Folge haben soll.

Hierauf erklären die Vertragsteile: Wir wünschen keine von der salvatorischen Klausel abweichende Festlegung für bestimmte Vertragsklauseln.

III.

Wir beantragen die Erteilung je einer Ausfertigung dieser Urkunde.

IV.

Die Kosten dieser Urkunde tragen wir gemeinsam.

F. Unterhaltsverstärkung

Durch das **novellierte Unterhaltsrecht**, welches das **Altersphasenmodell** ebenso **abgeschafft** hat wie die **Lebensstandsgarantie** werden neue Vertragsgestaltungen gefragt. Die Entscheidung für die Unterbrechung oder gar Aufgabe des Berufes verbindet der insoweit verzichtende Ehegatte mit dem Wunsch nach **Vereinbarung kalkulierbarer Scheidungsfolgen** für den Fall der Trennung. Hierzu gehören insb. Vereinbarungen zur Höhe und Dauer des Unterhaltes, die den gesetzlichen Unterhalt verstärken.[172]   66

Diese Art der Vereinbarung wird in der **Diskrepanzehe**, bei der ein Ehegatte sowohl hohes Vermögen wie auch hohes Einkommen hat, auch später ohne Weiteres **durchsetzbar** sein. **Problematisch** wird die Vereinbarung dann, wenn die erste Ehe, bei der solches vereinbart war, später geschieden wird und der Unterhaltspflichtige neu heiratet und nochmals Kinder bekommt. Hier **treten neue Unterhaltsberechtigte hinzu**, die dann sogar im Rang vor der ersten Ehefrau rangieren, sodass möglicherweise diese den zugesagten Unterhaltsanspruch nicht in voller Höhe erhält. Die Auswirkungen vertraglich zugesagten Unterhaltes in der Erstehe auf die Unterhaltsansprüche in der Zweitehe sind durch die Rechtsprechung noch nicht vollends geklärt. Nach der erzwungenen Abkehr des BGH von der These der wandelbaren ehelichen Lebensverhältnisse suchen neue Urteile die Erklärung der verschiedenen Konstellationen. Der BGH kommt häufig zum selben Ergebnis aufgrund einer Dreiteilung im Rahmen der Leistungsfähigkeit.   67

Eine solche Vereinbarung soll nachfolgend vorgestellt werden. Im **Beispielfall** möchte die Assistenzärztin Dr. F den reichen Unternehmer M. heiraten, Die beiden planen, mehrere Kinder zu haben, um die Chance zu erhöhen, dass sich darunter ein geeigneter Unternehmensnachfolger findet. Frau Dr. F wird deshalb bei Geburt des ersten Kindes aus der Klinik ausscheiden, um sich ganz der Erziehung und Ausbildung der Kinder zu widmen. Dies möchte sie jedoch nicht tun, ohne dass der   68

---

171 Zur salvatorischen Klausel vgl. Rdn. 14.
172 Hierzu im Einzelnen Kap. 6 Rdn. 962 ff.

absehbare Karriereknick im Fall einer Scheidung abgefedert wird. Sie bittet daher M, mit ihr einen Ehevertrag zu schließen, der ihr mindestens einen Zugewinn garantiert, der in etwa der Höhe von 2/3 ihrer Nettoeinkünfte entspricht. Das nennt sie ihre Sparquote. Zudem soll sich M verpflichten, ihr nach heutigem Geldwert einen monatlichen Unterhalt von 7.500,00 € zu zahlen, und zwar je nach Ehedauer und Anzahl der Kinder ggf. lebenslang, damit sie nicht wieder berufstätig sein muss. Damit wäre sogleich ihre Altersversorgung sichergestellt. Sie möchte aber nicht, dass – wenn sie ggf. in Teilzeit arbeitet –, ihr Verdienst in irgendeine Berechnung mit einbezogen wird oder eine verdiente Altersversorgung geteilt werden muss. M ist willens, dies zu versprechen. Ihm ist nur recht, wenn im Übrigen dann auf weitergehende Rechte verzichtet wird, was wiederum Dr. F nichts ausmacht, denn sie sieht sich ausreichend gesichert.

Überlegt werden muss noch, ob die ehevertragliche Vereinbarung durch einen Pflichtteilsverzicht zu ergänzen ist, der möglicherweise eingeschränkt auf ein Unternehmen oder begrenzt durch eine Obergrenze erfolgen kann.

▶ **Kostenanmerkung:**

69 Geschäftswert für die Modifizierung der Zugewinngemeinschaft ist nach § 100 GNotKG das **modifizierte Reinvermögen**. Danach können **Verbindlichkeiten** eines Ehegatten nunmehr **nur noch bis zur Hälfte seines Aktivvermögens abgezogen** werden. Die auf diese Weise ermittelten Vermögenswerte beider Ehegatten sind dann zu addieren und bilden so den Geschäftswert für den Ehevertrag. Die **Mindestzahlungspflicht** dürfte als **Gegenleistung** für den **Verzicht** einzustufen sein, sodass der höhere Wert maßgeblich ist.

Beim **Unterhaltsverzicht** dürfte sich die **Leibrente als Gegenleistung** für den Verzicht darstellen, sodass auch hier der höherwertige Teil zu bewerten ist. Die Leibrente wurde **lebenslang** versprochen. Sie ist daher gem. § 52 Abs. 4 GNotKG abhängig vom Lebensalter der Begünstigten mit 15 Jahren (Lebensalter von 30 bis 50) oder mit 10 Jahren (Lebensalter mit 50 bis 70 Jahren) zu bemessen.

Ferner ist Gegenstand des Vertrages der **Versorgungsausgleich**. Bei diesem sind nicht die Rentenzahlungen zu bewerten, sondern nach §§ 2, 5 VersAusglG die Ehezeitanteile der betreffenden Anrechte, deren Ausgleichswert nach § 5 VersAusglG auch in einer Kapitalsumme mitgeteilt werden muss, §§ 5 Abs. 3, 47 VersAusglG. Für die Bewertung ist somit der **Ausgleichswert als Kapitalsumme maßgeblich**, die Bewertung erfolgt nach §§ **97 Abs. 1 und 3, 36 Abs. 1 und 3 GNotKG**.[173] Somit ist hier der Ausgleichswert der Ansprüche der Ehefrau maßgeblich,

▶ **Formulierungsvorschlag: Ehevertrag mit Höchstbetrag des Zugewinns – novierender Unterhaltsvereinbarung und Ausschluss des Versorgungsausgleichs mit Rücktrittsrecht**

70 URNr. .....

vom .....

Ehevertrag

Heute, den .....

erschienen vor mir,

.....

---

[173] So nunmehr ganz überwiegende Ansicht: Leipziger Kostenspiegel, Rn. 20.55; Reetz/Riss in Leipziger Gerichts- & Notarkosten-Kommentar (GNotKG), § 100, Rn. 68., wo völlig zu Recht betont wird, die Annahme einer laufenden Leistung müsse dazu führen, dass diese erst ab Renteneintritt zu bemessen sei; eine praktisch kaum durchführbare Aufgabe, Reetz, § 9, Rn. 222; Notarkasse, Rn. 619 und Tiedtke in Korintenberg, GNotKG, § 100, Rn. 69a.

F. Unterhaltsverstärkung

Notar in .....:

1. Herr .....,

geboren am ..... in .....

als Sohn von .....,

wohnhaft in .....,

letztere eine geborene .....,

nach Angabe ledig.

2. Frau .....,

geboren am ..... in .....

als Tochter von .....,

letztere eine geborene .....,

wohnhaft in .....,

nach Angabe ledig.

Die Erschienenen wollen einen

Ehevertrag

errichten.

Die Erschienenen erklären bei gleichzeitiger Anwesenheit gemeinsam mündlich mit dem Ersuchen um Beurkundung was folgt:

A. Allgemeines

Wir haben beide keine Kinder.

Wir beabsichtigen, demnächst miteinander die Ehe einzugehen. Dies ist für uns beide die erste Ehe.

Wir werden dem beurkundenden Notar zu seiner Urkundensammlung eine Heiratsurkunde einreichen.

Wir sind beide deutsche Staatsangehörige.

Ich, der Ehemann, bin Inhaber des ..... Unternehmens und finanziell unabhängig und gesichert. Ich, die Ehefrau, bin Assistenzärztin am Klinikum ..... Ich werde bei der Geburt gemeinsamer Kinder deren Betreuung übernehmen. (..... ggf. weitere Angaben zu den Lebens- und Einkommensverhältnissen sowie der beruflichen Tätigkeit bzw. Ausbildung beider Ehegatten). Wir haben versucht, mit den nachfolgenden Regelungen alle etwa eintretenden ehebedingten Nachteile auszugleichen.

B. Ehevertragliche Vereinbarungen

Ehevertraglich vereinbaren wir was folgt:

I. Güterstand

1)

Den gesetzlichen Güterstand der Zugewinngemeinschaft wollen wir für unsere künftige Ehe ausdrücklich aufrechterhalten, ihn allerdings wie folgt modifizieren:

2)

Endet die Ehe durch Tod oder auf andere Weise,[174] so wird der Zugewinn nach folgender Maßgabe ausgeglichen:

a)

Dauerte unsere Ehe zwischen Eheschließung und Rechtshängigkeit eines Scheidungsantrags, der zur Scheidung der Ehe führt, nicht länger als drei Jahre, so findet ein Zugewinnausgleich nicht statt.

Dauerte unsere Ehe dementsprechend länger als drei Jahre, aber nicht länger als acht Jahre, so ist als Zugewinn höchstens ein Betrag von 500.000,00 € zu zahlen.

Dauerte unsere Ehe dementsprechend länger als acht Jahre, aber nicht länger als 15 Jahre, so ist als Zugewinn höchstens ein Betrag von 1.000.000,00 € zu zahlen.

Dauert unsere Ehe dementsprechend länger als 15 Jahre, so ist als Zugewinn höchstens ein Betrag von 1.500.000,00 € zu zahlen.

Haben wir gemeinsame Kinder, so soll im Interesse einer Eigenbetreuung der Kinder bei der Mutter nur die Begrenzung auf 1.500.000,00 € eingreifen.

b)

Im Hinblick auf den nachfolgen erklärten Verzicht auf weitergehenden Zugewinn verpflichte ich, M, mich jedoch im Falle des Endes der Ehe durch Tod oder auf andere Weise mindestens eine Summe von 50.000,00 € pro vollendetem Ehejahr – hier gemessen von der Eheschließung bis zur Rechtskraft der Scheidung[175] – an meine Ehefrau Dr. F, zu zahlen.[176]

3)

Die oben genannten Höchst- und Mindestbeträge sollen wertbeständig sein.

Die Höchst- und Mindestbeträge errechnen sich demnach wie folgt:

Höchst-/Mindestbetrag

vervielfacht

um den Verbraucherpreisindex für Deutschland, wie dieser Index vom Statistischen Bundesamt in Wiesbaden für den Monat festgestellt wird, in dem der Scheidungsantrag rechtshängig wird, der zur Scheidung der Ehe führt,

geteilt

durch den Verbraucherpreisindex für Deutschland, wie er im Monat der heutigen Beurkundung bestimmt wird (Basis 2015 = 100).

---

174 Hier ist ein Höchstwert des Zugewinns sowohl für den Tod, wie für den Scheidungsfall vorgesehen. Bei einem bloßen Güterstandswechsel hingegen, ohne Ende der Ehe, ist eine Beschränkung nicht vorgenommen, sodass die Güterstandsschaukel keinen Beschränkungen unterliegt.
175 Wenn eine Vollstreckungsklausel gewünscht wird, so kann dadurch Bestimmbarkeit hergestellt werden. Allerdings prämiert eine solche Abrede eine Verzögerung des Scheidungsverfahrens.
176 Wenn die genannten Höchstgrenzen des Zugewinns gezahlt werden, so besteht kein weitergehender Anspruch. Es kann keine weitere Auskunft verlangt werden. Erreicht der Zugewinn tatsächlich das Doppelte der genannten Höchstgrenzen nicht, so kann der Zahlungsverpflichtete nachweisen, dass der Zugewinnausgleichsanspruch entsprechend niedriger ist. Die Mindestsumme ist jedoch in jedem Fall zu zahlen, also auch dann, wenn ein Zugewinn nicht i.H.d. Doppelten dieser Mindestbeträge angefallen wäre. Der Sachverhalt geht von einem vermögenden Ehemann aus. Die Zahlungspflicht ist daher fest vereinbart, auch wenn sich später herausstellen sollte, dass das Vermögen weitgehend Anfangsvermögen ist und der Zugewinn nicht allzu hoch zu veranschlagen ist.

F. Unterhaltsverstärkung

4)

Zuwendungen, die ich, M, an meine Ehefrau während der Ehe leiste, werden auf diese Zahlungsverpflichtungen angerechnet, wenn ich dies – einschließlich des Wertes, mit der diese Anrechnung zu erfolgen hat – bei der Zuwendung bestimme. Überschreiten Zuwendungen die Zahlungsverpflichtungen, so ist dies nicht erneut auszugleichen.

5)

Der Ehemann bestellt nunmehr zur Sicherung der vorgenannten Zahlungsforderung nach Ziffer I.2. eine unverzinsliche Sicherungshypothek bis zum Höchstbetrag von 1.000.000,00 € am Grundbesitz ..... und bewilligt und beantragt deren Eintragung. Die Hypothek erhält erste Rangstelle im Gleichrang mit der nachbestellten Reallast. Der Notar ist zur Bestimmung einer abweichenden Rangstelle ermächtigt. Allen zur Rangbeschaffung etwa erforderlichen Erklärungen wird unter Vollzugsantrag zugestimmt.[177] Auf Zwangsvollstreckungsunterwerfung wird nach Belehrung durch den Notar verzichtet.

6)

Wir verzichten hiermit auf weiter gehenden Zugewinnausgleich. Ich, M, verzichte völlig auf jeden Zugewinnausgleich. Dies gilt auch für den vorzeitigen Zugewinn. Wir nehmen diesen Verzicht wechselseitig an.

II. Unterhalt

1)

Für Rechtsstreitigkeiten in Bezug auf den Unterhalt vereinbaren wir nach Art. 4 EU-UntVO die ausschließliche Zuständigkeit der deutschen Gerichte.

Ferner wählen wir nach Art. 8 Abs. 1a HUP das deutsche Recht als das auf eine Unterhaltspflicht anzuwendende Recht. Diese Rechtswahl soll ausdrücklich auch dann gelten, wenn wir keinen gewöhnlichen Aufenthalt in Deutschland mehr haben.

2)

Für die Zeit nach einer etwaigen Scheidung unserer Ehe verzichten wir gegenseitig auf den gesetzlichen nachehelichen Unterhalt, auch für den Fall des Notbedarfes, gleichgültig, ob ein Unterhaltsanspruch gegenwärtig bereits erkennbar hervorgetreten ist oder nicht.[178]

3)

Diesen Verzicht nehmen wir hiermit gegenseitig an.

4)

Der Verzicht gilt auch im Fall einer Änderung der einschlägigen gesetzlichen Vorschriften oder der Rechtsprechung weiterhin.[179]

---

177 Hier ist zur Sicherung der Zugewinnausgleichsforderung eine Höchstbetragshypothek bestellt. Eine Zwangsvollstreckung ins persönliche Vermögen oder bezüglich der Hypothek – bei der Höchstbetragshypothek hinsichtlich eines bereits ziffernmäßig bestimmten Teiles – wird gerade bei vermögenden Mandanten häufig nicht gewünscht, sodass sich die Vereinbarung auch auf die Hypothek ohne Vollstreckungsunterwerfung beschränkt. Eine allzu leichte Vollstreckbarkeit bietet gerade in den Fällen Probleme, wo etwa Gesellschaftsverträge Ausschlussklauseln enthalten, nach denen schon bei einer Vollstreckung in privates Vermögen ein Ausschluss gefordert werden kann. Daher wurde hier die Hypothek als ausreichend Sicherheit erachtet. Sie muss an einem werthaltigen Objekt mit realistischer Rangstelle eingetragen werden.
178 Hier wurde die Novation mit der Leibrente unabhängig von der Geburt gemeinsamer Kinder gewählt, da auch die Höhenbegrenzung des Unterhaltes wichtiges Ziel war und die Ehefrau von jeglichen weiteren Nachweisen eines Unterhaltstatbestandes enthoben sein wollte. Wer die Leibrente nur im Fall der Geburt von Kindern und dem entsprechenden Eintritt ehebedingter Nachteile wünscht, muss die Vereinbarung unter diese Bedingung stellen.
179 So die Anregung von Bergschneider, Rn. 434.

5)

Als Abfindung für den Verzicht auf den gesetzlichen nachehelichen Unterhalt vereinbaren wir folgende Leibrente, die nicht den Vorschriften über den gesetzlichen nachehelichen Unterhalt unterliegt.

a) Ich, M, verpflichte mich an meine Ehefrau

– nachstehend kurz: »die Berechtigte« –

auf deren Lebenszeit als

Leibrente

monatlich einen Betrag i.H.v. 7.500,00 €,

– in Worten siebentausendfünfhundert Euro –

kostenfrei zu zahlen.

Die Leibrente ist im Voraus je bis zum Dritten eines jeden Monats zur Zahlung fällig, erstmals für den auf die Rechtskraft der Scheidung folgenden Monat.

Die Leibrente halbiert sich mit Wiederverehelichung der Berechtigten.[180]

b) Die Leibrente soll wertbeständig sein.

Sie erhöht oder vermindert sich in demselben prozentualen Verhältnis, in dem sich der vom Statistischen Bundesamt in Wiesbaden für jeden Monat festgestellte und veröffentlichte Verbraucherpreisindex für Deutschland gegenüber dem für den Monat, in welchem dieser Vertrag geschlossen wird, festgestellten Index erhöht oder vermindert (Basis 2015 = 100).

Eine Erhöhung oder Verminderung der Leibrente wird erstmals bei Rechtskraft der Scheidung festgelegt[181] und dann jeweils wieder, wenn die Indexveränderung zu einer Erhöhung oder Verminderung des jeweils maßgeblichen Betrages um mindestens 10 % – zehn vom Hundert – gegenüber dem zuletzt festgesetzten Betrag geführt hat.

Der erhöhte Betrag ist erstmals zahlbar in dem Monat, der auf die Veröffentlichung des die oben genannte Grenze überschreitenden Preisindexes folgt.

c) Zur Sicherung aller Ansprüche der Berechtigten auf Zahlung der vorstehend vereinbarten, monatlich wiederkehrend zu entrichtenden Leibrente in der vereinbarten wertgesicherten Form nach vorstehendem Buchstaben b), bestelle ich, M, zugunsten meiner Ehefrau, Frau Dr. F, eine

Reallast

an folgendem Grundbesitz:

…..[182]

Ich bewillige und beantrage die Eintragung der Reallast am Vertragsgrundbesitz in das Grundbuch an erster Rangstelle im Gleichrang mit der zuvor bestellten Hypothek mit dem Vermerk, dass zur Löschung der Nachweis des Todes der Berechtigten genügen soll.

---

180 Da § 1586 BGB nicht anwendbar ist, muss ein Erlöschen oder eine Reduzierung der Leibrente bei Wiederverehelichung ausdrücklich vereinbart werden, um ein ähnliches Ergebnis wie bei § 1586 BGB zu erzielen. Hier wurde im Kindesinteresse eine bloße Reduktion gewählt. Wenn eine bestimmte Mindestdauer der Zahlung vereinbart sein soll, so müsste diese zusätzlich angegeben sein (vgl. Langenfeld/Milzer, Rn. 667 ff.). Wenn die Geburt eines gemeinsamen Kindes Bedingung dafür sein soll, dass die Leibrente bei Wiederverehelichung nicht erlischt, sondern sich nur reduziert, dann müsste dies ausdrücklich vereinbart und ansonsten das Erlöschen angeordnet sein.

181 Diese Anordnung kann entfallen, wenn der Vertrag zeitnah zur rechtskräftigen Scheidung geschlossen wird.

182 Eine grundbuchliche Absicherung an vorderer Rangstelle ist empfehlenswert, wenn dies i.R.d. finanziellen Situation der Eheleute möglich ist.

Die Berechtigte stimmt dieser Löschungserleichterung ausdrücklich zu.

d) Auf Zwangsvollstreckungsunterwerfung wird nach Belehrung verzichtet.

Alternative:

Der Ehemann unterwirft sich wegen der dinglichen und wegen der persönlichen Ansprüche aus der Reallast sowie wegen der persönlichen Verpflichtung auf Zahlung der Leibrente – jeweils i.H.d. genannten Ausgangsbetrages – gemäß vorstehendem Buchstaben a) und der Erhöhungsbeträge aufgrund der vereinbarten Wertsicherung nach Buchstaben b) der sofortigen Zwangsvollstreckung aus dieser Urkunde in sein gesamtes Vermögen.[183]

Der Berechtigte ist befugt, sich jederzeit eine vollstreckbare Ausfertigung dieser Urkunde ohne jeden Nachweis erteilen zu lassen.[184]

e) Die Beteiligten sind sich darüber einig, dass das schuldrechtliche Stammrecht auf die wiederkehrenden Leistungen erst in dreißig Jahren ab dem gesetzlichen Verjährungsbeginn verjährt. Für die Einzelleistungen bleibt es bei der gesetzlichen Verjährung.

6)

Wir wurden vom Notar über das Wesen des nachehelichen Unterhalts, die Auswirkungen des Verzichts und die Vereinbarung eines eigenen von den gesetzlichen Ansprüchen losgelösten vertraglichen Unterhaltsanspruchs eingehend belehrt. Wir wissen somit insbesondere, dass eine Änderung unserer wirtschaftlichen Verhältnisse auf den zugesagten vertraglichen Unterhalt ebenso wenig eine Auswirkung hat wie die Wiederheirat des Berechtigten oder Verpflichteten.

Wir sind darauf hingewiesen worden, dass eine Erweiterung des Ehegattenunterhalts auch im Wege der Novation möglicherweise nicht zulasten vorrangig unterhaltsberechtigter Kinder gehen darf. In einem solchen Fall gilt sie daher nur, soweit und solange diese Unterhaltsansprüche nicht beeinträchtigt werden.[185]

Soweit vor- oder gleichrangige Unterhaltsansprüche Dritter – etwa bei Wiederheirat oder im Fall des § 1615 Abs. 1 BGB –, nach dem Gesetz durch diese Vereinbarung nicht eingeschränkt werden können,[186] bleibt die Vereinbarung im Übrigen gültig.

Der Notar hat uns ferner darüber belehrt, dass nach Art. 8 Abs. 4 HUP der heutige gewöhnliche Aufenthalt über die Wirksamkeit der Rechtswahl entscheidet. Zudem scheidet die Anwendung des gewählten Rechtes nach Art. 8 Abs. 5 HUP aus, wenn sie offensichtlich unbillige oder unangemessene Folgen hätte, es sei denn, dass die Parteien im Zeitpunkt der Rechtswahl umfassend unterrichtet und sich der Folgen ihrer Wahl vollständig bewusst waren.

7)

Der Zahlungsverpflichtete kann jedoch dann eine Abänderung der Zahlungspflicht verlangen, wenn ihm nach der Zahlung nicht mindestens ein ebenso hoher Betrag verbleibt, wie er ihn bezahlt hat. Der Zahlungsbetrag ist dann soweit herabzusetzen, dass Rentenbetrag und Selbstbehalt gleich hoch sind.[187]

---

183 BGH, DNotZ 2004, 644 und BGH, MittBayNot 2005, 329 f. haben die Vollstreckbarkeit auch hinsichtlich der Wertsicherungsklausel bejaht; hierzu Reul, MittBayNot 2005, 265 ff.

184 Alternative verwenden, wenn Zwangsvollstreckungsunterwerfung im Hinblick auf die Eilbedürftigkeit der Erlangung eines Unterhaltstitels gewünscht wird.

185 Beim Formulierungsvorschlag Brambring, Rn. 134, wird darauf hingewiesen, dass diese Verpflichtung die Unterhaltsansprüche weiterer Berechtigter gefährden kann. Nach dem oben Gesagten ist eher darauf zu achten, ob die Verstärkung wirksam vereinbart werden kann.

186 Nach der hier zuvor vertretenen Auffassung sollte eine solche Verlängerung im vorsorgenden Ehevertrag möglich sein.

187 Diese »Notklausel« trägt dem Umstand Rechnung, dass der BGH eine Inhaltskontrolle auch zugunsten des Unterhaltspflichtigen angeordnet hat. Sollte sich dessen Situation wider Erwarten verschlechtern, so soll insgesamt nicht mehr als eine Halbteilung angeordnet sein.

III. Verzicht auf Versorgungsausgleich

Wir gehen davon aus, dass sich der nachfolgende Verzicht auf Versorgungsausgleich nur zugunsten der Ehefrau auswirkt, da ich, der Ehemann, als Unternehmer meine Altersversorgung nicht auf Anrechten aufgebaut habe, die dem Versorgungsausgleich unterfallen.

Sollte dies im Zeitpunkt der Scheidung nach Erstellung der Vorsorgevermögensbilanz anders sein, so soll die Ehefrau durch ein einseitiges Rücktrittsrecht den Verzicht zu Fall bringen können. Wird dies im Scheidungsverfahren vorgetragen, so ist in jedem Fall im Rahmen eines Versorgungsausgleichsverfahrens im Wege der Ausübungskontrolle die Prüfung der bei Scheidung vorhandenen Anrechte zu ermöglichen.

1)

Wir schließen hiermit nach § 6 VersAusglG gegenseitig den Versorgungsausgleich nach dem VersAusglG vollständig und für die gesamte Ehezeit aus.

2)

Diesen Verzicht nehmen wir hiermit gegenseitig an.

3)

Eine Abänderung dieser Vereinbarung – insbesondere nach § 227 Abs. 2 FamFG – wird ausgeschlossen.

4)

Der Ehefrau steht einseitig das Recht zu, von diesem Verzicht zurückzutreten. Der Rücktritt ist zu Urkunde des Notars zu erklären und dem anderen Teil zuzustellen. Der Rücktritt kann auch während eines anhängigen Scheidungsverfahrens oder eines anhängigen Verfahrens zum Wertausgleich bei Scheidung noch erklärt werden bis zum Ende der letzten mündlichen Verhandlung, in der über den Versorgungsausgleich verhandelt wird.

Der Rücktritt ist nicht zu begründen und ausdrücklich auch dann zulässig, wenn die eingangs dieses Abschnittes geschilderten Voraussetzungen nicht vorliegen.

Durch den Rücktritt entfällt der Verzicht auf Versorgungsausgleich für beide Ehegatten, sodass dieser in vollem Umfange für beide Vertragsseiten durchzuführen ist.

Die übrigen Vereinbarungen dieses Vertrages werden durch den Rücktritt nicht berührt.

5)

Der Notar hat uns über die rechtliche und wirtschaftliche Tragweite dieses Ausschlusses eingehend belehrt. Er hat insbesondere darauf hingewiesen:

a) dass bei einem Ausschluss des Versorgungsausgleichs jeder Ehegatte für seine Altersversorgung selbst sorgen muss;
b) dass die Vereinbarung eines Ausschlusses des Versorgungsausgleichs einer Wirksamkeits- und Ausübungskontrolle nach § 8 Abs. 1 VersAusglG und den Rechtsprechungsgrundsätzen unterliegt;
c) dass ein Ausschluss des Versorgungsausgleichs sittenwidrig sein kann, wenn er sich zu Lasten der Grundsicherung oder anderer Träger sozialer Hilfen auswirkt;
d) dass ein Rücktrittsrecht nur für die Ehefrau besteht und dass dieses Rücktrittsrecht den beiderseitigen Verzicht zu Fall bringt. Der Notar hat ferner über die Modalitäten des Rücktrittes belehrt.

IV.

Die vorstehenden ehevertraglichen Vereinbarungen nehmen wir hiermit gegenseitig an. Weitere Vereinbarungen wollen wir nach Belehrung durch den Notar nicht treffen.

C. Schlussbestimmungen

I.

Der Notar hat uns über den Inhalt und die rechtlichen Folgen aus diesem Vertrag eingehend belehrt.

Der Notar hat insbesondere auf die Rechtsprechung des Bundesverfassungsgerichts und des Bundesgerichtshofs zur Inhaltskontrolle[188] von Eheverträgen hingewiesen und erläutert, dass ehevertragliche Regelungen bei einer besonders einseitigen Aufbürdung von vertraglichen Lasten und einer erheblich ungleichen Verhandlungsposition unwirksam oder unanwendbar sein können.

Die Vertragsteile erklären, dass sie nach einer Vorbesprechung und dem Erhalt eines Vertragsentwurfes die rechtlichen Regelungen dieses Vertrages umfassend erörtert haben und diese Regelungen ihrem gemeinsamen Wunsch zur Gestaltung ihrer ehelichen Verhältnisse entsprechen.

Der Notar hat darauf hingewiesen, dass bei einer Änderung der Ehekonstellation – hierher gehören insbesondere die Geburt gemeinsamer Kinder oder gewichtige Änderungen der Erwerbsbiographie – die Regelungen auch nachträglich einer Ausübungskontrolle unterliegen können. Er hat geraten, in diesem Fall den Vertrag der veränderten Situation anzupassen.

II.

Sollten einzelne Bestimmungen dieses Vertrages unwirksam sein oder werden oder sollte sich im Vertrag eine Regelungslücke zeigen, so wird die Wirksamkeit der übrigen Bestimmungen hierdurch nicht berührt.[189]

Die Beteiligten sind dann verpflichtet, eine ersetzende Bestimmung zu vereinbaren, die dem wirtschaftlichen Sinn der unwirksamen Bestimmung im Gesamtzusammenhang der getroffenen Regelung in rechtlich zulässiger Weise am nächsten kommt, oder eine neue Bestimmung zu treffen, welche die Regelungslücke des Vertrages so schließt, als hätten sie diesen Punkt von vornherein bedacht.

Der Notar hat die Beteiligten über die Auswirkungen der Klausel eingehend belehrt und darauf hingewiesen, dass die Klausel nur zu einer Beweislastveränderung führt. Er hat die Vertragsteile befragt, ob Vertragsbestimmungen für sie so miteinander verbunden sind, dass die Unwirksamkeit der einen auch die der anderen zur Folge haben soll.

Hierauf erklären die Vertragsteile: Wir wünschen keine von der salvatorischen Klausel abweichende Festlegung für bestimmte Vertragsklauseln. Wir betonen aber besonders und ausdrücklich, dass die Begrenzung des Zugewinns im Unternehmensinteresse auch dann Bestand haben soll, wenn in anderen Bereichen der Vertrag unwirksam sein oder unanwendbar werden sollte.

Wir wollen durch diesen Ehevertrag alle ehebedingten Nachteile ausgleichen, welche der Ehefrau durch die Berufsaufgabe im Zusammenhang mit der Kindererziehung entstehen. Sollte dies nicht gelungen sein und eine oder mehrere Bestimmungen dieses Vertrages aus diesem Grund unwirksam oder unanwendbar sein, so verpflichten wir uns für diesen Fall, die entsprechende Bestimmung so abzuändern, dass in dem betroffenen Bereich alle nachweislich ehebedingten Nachteile ausgeglichen werden.

III.

Wir beantragen die Erteilung je einer Ausfertigung dieser Urkunde.

IV.

Die Kosten dieser Urkunde trage ich, der Ehemann.

G. Patchworkehe

Die Familie und der **Familienbegriff** – soziologisch[190] oder rechtlich[191] betrachtet – unterliegen einem ständigen Wandel. Die zunehmende Tendenz zur Scheidung, die längere Lebenserwartung und die abnehmende Bindung an die Institution der Ehe führen zu zahlreichen alternativen Lebensformen,

71

---

188 Ausführlich behandelt in Kap. 2 Rdn. 65 ff.
189 Zur salvatorischen Klausel vgl. Rdn. 14.
190 Vgl. Luhmann Sozialsystem Familie, in Luhmann, Soziologische Aufklärung 5, 3. Aufl., 2009, 189 ff.
191 Vgl. Hohmann-Dennhardt, ZKJ 2007, 382 ff.

Kapitel 9   Verträge verschiedener Ehekonstellationen

aber auch zur Zunahme von **Zweit- und Drittehen**.[192] War früher von Stieffamilien die Rede, so hat sich heute der Begriff der **Patchworkfamilie** eingebürgert.[193]

72 Diese Patchworkfamilien kennen ihre eigenen Probleme und Schwierigkeiten. So geht es neben dem soziologischen Problem der Rollenfindung in der neuen Gemeinschaft vor allem um die **Kinder aus den verschiedenen Familienphasen**. Für sie ist zu klären, wer bei wem lebt (**Obhut**), wie die **sorgerechtliche Gestaltung** aussieht, welche **Umgangsrechte** bestehen. Ggf. stellen sich in diesem Zusammenhang auch Probleme des **Kindesunterhaltes**. Überhaupt ist es oft so, dass nach jeweils einer Scheidung und mit der Aufbringung von Umgangskosten und den Mehraufwendungen für größere Familiendomizile das **Geld knapp** ist. Komplex ist neben der familienrechtlichen Situation auch die **Erbrechtslage**. Das ist zumeist der Grund, weshalb die Betreffenden einen Notar aufsuchen.

73 Welche Regelungen in einer solchen Situation sinnvoll sind, soll der nachfolgende Formulierungsvorschlag aufzeigen.

▶ **Beispiel:**

74 *F und M wollen heiraten. Jeder hat ein Kind aus einer gescheiterten ersten Ehe. Diese beiden Kinder sollen bei F und M leben. Ein weiteres eigenes Kind wäre erwünscht. F wird über längere Zeit nicht arbeiten können, um die Kinder zu versorgen. M ist Eigentümer einer Immobilie, in dieser Immobilie sollen alle wohnen. Das Einkommen von M reicht dann gerade so aus, um den Lebensunterhalt für diese Familie zu bestreiten. Der geschiedene Ehemann von F zahlt zwar Kindesunterhalt, aber aufgrund seiner insgesamt prekären finanziellen Situation keinen Ehegattenunterhalt. Da die erste Ehefrau von M aus der früheren Ehe erneut geheiratet hat und zwei kleine Kinder betreut, sodass sie keine Erwerbsobliegenheit trifft, erhalten derzeit weder M noch sein Kind von ihr Unterhalt.[194] Insgesamt sehen F und M ihre neue Familie als eine Einheit, gerade auch wenn weitere gemeinsame Kinder dazukommen sollten. Sie möchten sich daher absichern, aber auch die Kinder gleich behandeln und ihnen unabhängig von der Herkunftsfamilie ein Zuhause geben.*

▶ **Kostenanmerkung:**

75 Zu bewerten ist die **Unterhaltsverstärkung**. Unterhaltszahlungen werden als wiederkehrende Leistungen nach § 52 GNotKG bewertet. Hier sind 3 Jahre Weiterzahlung ohne Erwerbsobliegenheit und 3 weitere Jahre mit 75 % abzgl. halber Eigenverdienst zu bewerten. Diese Mehrleistung ist zu gewichten. Der Multiplikator darf den des § 52 Abs. 4 GNotKG nicht unterschreiten.[195] Von diesem Wert wird hier nach § 52 Abs. 6 GNotKG ein erheblicher Abschlag zu nehmen sein, da weder die Scheidung und damit der Beginn der Unterhaltspflicht noch das Verhältnis zum Alter der Kinder und damit die Höhe feststehen. Der Abschlag kann somit durchaus bis zu 50 % betragen.

Gegenstandsverschieden sind die Zahlungen für die Lebensversicherung zu bewerten. Die Wertbestimmung ist ebenfalls im Rahmen des § 52 GNotKG vorzunehmen. Bei unbedingter Vereinbarung sind die Zahlungen bis zum vereinbarten Alter zu leisten, ist aber auch auf die Lebensdauer beschränkt, sodass die Multiplikatoren die Höchstgrenze bilden.

---

192 Lüscher, ZEV 2004, 2 ff.
193 Zur Entstehungsgeschichte und der vertieften Definition s. Münch in Münch, Familienrecht, § 11 Rn. 8 ff.
194 Es wird hier davon ausgegangen, dass in der Ehe von Ms erster Ehefrau weder ein nicht anzuerkennender Rollentausch vorgenommen wurde, noch dass Ms erste Ehefrau einen Taschengeldanspruch gegen ihren neuen Ehegatten realisieren kann, sodass sie kein Einkommen für eine Unterhaltszahlung hat.
195 Notarkasse, Rn. 641.

Die Aufnahme in den Haushalt und die Bestimmungen zur Sorge sind nach § 36 Abs. 2, 3 GNotKG zu bemessen nach dem Auffangwert von 5.000,- €.

Die interne Verpflichtung zum Kindesunterhalt ist wiederum nach § 52 GNotKG zu bewerten.

Die Bewertung des erbvertraglichen Teils richtet sich nach dem modifizierten Reinvermögen nach § 102 GNotKG. Eine Privilegierung wegen der Zusammenbeurkundung mit dem Ehevertrag gibt es nicht mehr.

Die Rechtswahlen sind nach § 104 GNotKG zu bewerten, diejenige für das Unterhaltsrecht mit 30 % des für den Unterhalt maßgeblichen Geschäftswertes, § 104 Abs. 3 GNotKG, die erbrechtliche Rechtswahl nach § 104 Abs. 2 GNotKG mit 30 % aus dem modifizierten Reinwert des Vermögens nach § 102 GNotKG.

▶ **Formulierungsvorschlag: Ehevertrag Patchworkehe mit Unterhaltsverstärkung, Alterssicherung, Haushaltsaufnahme der Kinder und erbrechtlicher Regelung**

URNr. ...

vom .....

76

Ehe- und Erbvertrag

Heute, den .....

erschienen vor mir,

.....

Notar in .....:

1. Herr ....,

geboren am ..... in .....StA.Nr.

als Sohn von ....,

wohnhaft in ....,

letztere eine geborene ....,

nach Angabe nicht verheiratet.

2. Frau ....,

geboren am ..... in .....StA.Nr.

als Tochter von ....,

letztere eine geborene ....,

wohnhaft in ....,

nach Angabe nicht verheiratet.

Die Erschienenen wollen einen

Ehe- und Erbvertrag

errichten.

Nach meiner, des Notars, in längeren Gesprächen gewonnenen Überzeugung sind sie voll geschäfts- und testierfähig.

Auf Zeugenbeiziehung verzichten die Vertragsteile. Ein gesetzlicher Grund, Zeugen hinzuzuziehen, besteht nicht.

Die Erschienenen erklären bei gleichzeitiger Anwesenheit gemeinsam mündlich mit dem Ersuchen um Beurkundung was folgt:

A. Allgemeines

Wir beabsichtigen, demnächst miteinander die Ehe einzugehen und sind daher verlobt. Dies ist für uns beide die jeweils zweite Ehe.

Jeder von uns hat aus erster Ehe ein Kind. Ich, F, habe eine Tochter namens ...., geboren am ...... Ich, M, habe einen Sohn namens ..... geboren am ..... Die Kinder leben bei uns. Das Sorgerecht für die Kinder steht jeweils beiden leiblichen Elternteilen zu.

Wir werden dem beurkundenden Notar zu seiner Urkundensammlung eine Heiratsurkunde einreichen.

Wir sind beide deutsche Staatsangehörige.

Wir sind beide weder durch einen Erbvertrag noch durch ein gemeinschaftliches Testament mit unseren früheren Ehegatten oder Dritten gebunden. Der Notar hat uns eingehend erläutert, welche Bindungswirkung auch einem handgeschriebenen gemeinschaftlichen Testament zukommt.

..... (Angaben zu den Lebens- und Einkommensverhältnissen sowie der beruflichen Tätigkeit bzw. Ausbildung beider Ehegatten) ..... Ich, M, bin Eigentümer des Hausanwesens .... straße ... (eingetragen beim AG ...., Blatt ...), das derzeit noch mit Hausverbindlichkeiten in Höhe von ..... ,- € belastet ist, die ich mit monatlich ....,- € für Zins und Tilgung bediene. Ich, F, werde mich zunächst der Betreuung der Kinder widmen.

Wir erachten den Zugewinnausgleich als für uns passend und wollen daran nichts ändern. Mit diesem Vertrag soll jedoch der Ehegattenunterhalt gestärkt werden. Ferner sollen Ausfälle in der Alterssicherung behoben werden.

Was unsere Kinder anbelangt, so möchten wir eine Gleichbehandlung aller Kinder durch diesen Vertrag sicherstellen.

Die in Teil C dieser Urkunde getroffenen erbrechtlichen Verfügungen sollen unabhängig von unserer künftigen Eheschließung gelten. Jedoch[196] behält sich jeder von uns das

bedingungslose Rücktrittsrecht

vom erbrechtlichen Teil dieses Vertrages vor. Dieses Rücktrittsrecht[197] erlischt mit dem Tod des anderen Vertragsschließenden[198] oder mit unserer Eheschließung.[199] Auf die Formvorschriften des Rücktritts nach § 2296 BGB wurde hingewiesen. Für den Rücktritt und seine Folgen verbleibt es bei den gesetzlichen Bestimmungen. Danach wird durch den Rücktritt eines Teiles der gesamte Erbvertrag aufgehoben.

B. Ehevertragliche Vereinbarungen

Ehevertraglich vereinbaren wir was folgt:

---

196 Solange die Vertragsteile nicht verheiratet sind, greifen bei einer Trennung die Bestimmungen der §§ 2077, 2279 BGB nicht ein. Damit der Erbvertrag nicht trotz Trennung bindend bleiben muss, ist das Rücktrittsrecht vorgesehen bis zur Verehelichung.

197 Zum Rücktrittsrecht beim Erbvertrag Nieder/Kössinger, § 16 Rn. 22 ff. Ein Rücktritt vom Erbvertrag führt nicht zu einem automatischen Rücktritt auch von dem in gleicher Urkunde vereinbarten Ehevertrag, OLG Frankfurt am Main, DNotZ 2003, 861.

198 Das Rücktrittsrecht erlischt im Zweifel mit dem Tod des anderen Vertragsschließenden nach § 2298 Abs. 2 Satz 2, Abs. 3 BGB.

199 Nach BayObLG, FamRZ 1993, 362 gilt § 2077 BGB auch dann, wenn der Erbvertrag noch unter Verlobten erfolgte, die später die Ehe schließen; ebenso MünchKomm-BGB/Leipold, § 2077 Rn. 16. Hier trifft dies laut Sachverhalt und Urkundseingang zu. Ansonsten kann man das Rücktrittsrecht auch nach Eheschließung fortbestehen lassen.

I. Unterhalt

1)

Für Rechtsstreitigkeiten in Bezug auf den Unterhalt vereinbaren wir nach Art. 4 EU-UntVO die ausschließliche Zuständigkeit der deutschen Gerichte.

Ferner wählen wir nach Art. 8 Abs. 1a HUP das deutsche Recht als das auf eine Unterhaltspflicht anzuwendende Recht. Diese Rechtswahl soll ausdrücklich auch dann gelten, wenn wir keinen gewöhnlichen Aufenthalt in Deutschland mehr haben.

2)

Wir wollen ausdrücklich, dass für die Fragen des Ehegattenunterhalts, sei es Familien-, Trennungs- oder Nachscheidungsunterhalt, die Kinder aus unserer ersten Ehe und die gemeinsamen Kinder in gleicher Weise berücksichtigt werden. Unsere Kinder aus erster Ehe stehen insoweit also gemeinsamen Kindern gleich und werden in den nachfolgenden Regelungen unter der Bezeichnung »unsere Kinder« mit erfasst.

3)

Aufgrund der Tatsache, dass F ihre beruflichen Ambitionen in nächster Zeit aufgeben muss, um unsere Kinder zu versorgen, verpflichte ich, M, mich zur Zahlung des vollen gesetzlich vorgesehenen Ehegattenunterhaltes, bis das jüngste unserer Kinder das 6. Lebensjahr vollendet hat. Eine Erwerbsobliegenheit trifft F bis zu diesem Zeitpunkt nicht.

Alternative Haushalts- und Taschengeld:

Ich, der Ehemann, werde monatlich einen Betrag von .... ,- € auf ein Wirtschaftskonto einzahlen. Meine Frau kann über diesen Betrag zur Bestreitung der Kosten unserer Lebenshaltung verfügen.

Wir sind uns darüber hinaus einig, dass unsere Lebenssituation einen beiderseitigen Konsumverzicht erfordert, so dass ein Taschengeldanspruch der Ehefrau nur bis zu einem Betrag von ....,- € monatlich in Betracht kommt, den sie berechtigt ist, von obigem Konto zu entnehmen.[200]

4)

Bis zur Vollendung des 9. Lebensjahres des jüngsten unserer Kinder, verpflichte ich, M, mich, als Ehegattenunterhalt mindestens 75 % des unter 3) anfallenden Ehegattenunterhaltes zu zahlen. In dieser Zeit trifft die Ehefrau eine Erwerbsobliegenheit mit einer Arbeitszeit von 15 Stunden pro Woche. Das unterhaltsrechtlich relevante Einkommen meiner Ehefrau ist dann zur Hälfte auf meine obige Zahlungspflicht anzurechnen. Ab Vollendung des 9. Lebensjahres gelten die gesetzlichen Regelungen.

5)

Ein weiterer oder höherer Anspruch auf Unterhalt nach dem Gesetz bleibt vorbehalten und wird mit dieser Vereinbarung nicht ausgeschlossen. Eine Herabsetzung oder Befristung der Unterhaltszahlung innerhalb der in Ziffer 3) und 4) geregelten Unterhaltszeiträume wird aber ausgeschlossen, insbesondere soweit eine solche nach § 1578b BGB erfolgen könnte.

6)

Wir wurden vom Notar über das Wesen des nachehelichen Unterhalts eingehend belehrt und auch über die Auswirkungen der vorstehenden Modifikation des gesetzlichen Unterhaltes.

---

[200] Vgl. Horndasch, Unterhaltsrecht, § 2 Rn. 83 f. Ein vollständiger Verzicht auf Taschengeld als Instrument des Familienunterhaltes wird gegen §§ 1360a Abs. 3, 1614 BGB verstoßen. Eine gemeinsame Festlegung im Angesicht der Gesamtkosten des Aufbaus einer neuen Familie, in welcher der Ehemann die Verantwortung auch für das Kind der Ehefrau übernimmt, erscheint hingegen angemessen, ist doch das Taschengeld ohnehin durch die Rechtsprechung entwickelt worden und kommt vor allem bei Pfändungen zu seiner Bedeutung.

Wir sind darauf hingewiesen worden, dass eine Erweiterung des Ehegattenunterhalts möglicherweise nicht zulasten vorrangig unterhaltsberechtigter Kinder gehen darf. In einem solchen Fall gilt sie daher nur, soweit und solange diese Unterhaltsansprüche nicht beeinträchtigt werden.[201]

Soweit vor- oder gleichrangige Unterhaltsansprüche Dritter – etwa bei Wiederheirat oder im Fall des § 1615 Abs. 1 BGB –, nach dem Gesetz durch diese Vereinbarung nicht eingeschränkt werden können,[202] bleibt die Vereinbarung im Übrigen gültig.

Der Notar hat uns ferner darüber belehrt, dass nach Art. 8 Abs. 4 HUP der heutige gewöhnliche Aufenthalt über die Wirksamkeit der Rechtswahl entscheidet. Zudem scheidet die Anwendung des gewählten Rechtes nach Art. 8 Abs. 5 HUP aus, wenn sie offensichtlich unbillige oder unangemessene Folgen hätte, es sei denn, dass die Parteien im Zeitpunkt der Rechtswahl umfassend unterrichtet und sich der Folgen ihrer Wahl vollständig bewusst waren.

7)

Der Zahlungsverpflichtete kann jedoch dann eine Abänderung der Zahlungspflicht verlangen, wenn ihm nach der Zahlung nicht mindestens ein ebenso hoher Betrag verbleibt, wie ihn er bezahlt hat. Der Zahlungsbetrag ist dann soweit herabzusetzen, dass Unterhaltsbetrag und Selbstbehalt gleich hoch sind.[203]

II. Versorgungsausgleich

1)

Wir gehen davon aus, dass die Regelungen des Versorgungsausgleichs sich für unsere Ehe als sinnvoll erweisen, aber die Nachteile in der Altersversorgung von F nicht ausreichend kompensieren. Aus diesem Grund wird folgende zusätzliche Vereinbarung getroffen:

2)

Für die Ehefrau wird auf ihr Leben bei der ..... Versicherungs-AG eine dynamische Rentenversicherung abgeschlossen, nach der sie – beginnend mit dem 65. Lebensjahr – eine Altersrente von zunächst ..... € monatlich erhält. Eingeschlossen ist eine Berufsunfähigkeits-Zusatzversicherung mit laufenden monatlichen Zahlungen bis zum Eintritt der Rentenversicherung i.H.v. ..... €.

Die Versicherung ist in der Weise dynamisch gestaltet, dass die Beiträge und die Versicherungssumme entsprechend den Höchstbeiträgen in der gesetzlichen Rentenversicherung steigen.

Die Beiträge für diese Versicherung belaufen sich derzeit auf ..... € monatlich.

Versicherungsnehmerin und unwiderruflich Begünstigte für alle Leistungen aus dieser Versicherung ist die Ehefrau, bei ihrem vorzeitigen Ableben der Ehemann.

3)

Der Ehemann verpflichtet sich hiermit, die Beiträge für diese Versicherung in der jeweils bestehenden Höhe monatlich im Voraus zu entrichten.

4)

Die Beiträge zu dieser Lebensversicherung sind auch nach einer Scheidung weiterhin zu zahlen und gehören dann zum Unterhalt der Ehefrau.[204]

---

201 Beim Formulierungsvorschlag Brambring, Rn. 134, wird darauf hingewiesen, dass diese Verpflichtung die Unterhaltsansprüche weiterer Berechtigter gefährden kann. Nach dem oben Gesagten ist eher darauf zu achten, ob die Verstärkung wirksam vereinbart werden kann.
202 Nach der hier zuvor vertretenen Auffassung sollte eine solche Verlängerung im vorsorgenden Ehevertrag möglich sein.
203 Diese »Notklausel« trägt dem Umstand Rechnung, dass der BGH eine Inhaltskontrolle auch zugunsten des Unterhaltspflichtigen angeordnet hat. Sollte sich dessen Situation wider Erwarten verschlechtern, so soll insgesamt nicht mehr als eine Halbteilung angeordnet sein.
204 Hier muss im Einzelfall geprüft werden, welche Regelung sinnvoll ist. Wenn die Ehefrau vollständig wieder arbeitet und die Beiträge selbst übernehmen kann, kann die Zahlungspflicht ggf. bis zu diesem Zeitpunkt befristet werden.

5)

Die so finanzierten Anwartschaften unterfallen ihrerseits nicht dem Versorgungsausgleich.

6)

Der Notar hat uns über die rechtliche und wirtschaftliche Tragweite dieser Regelung ausführlich belehrt.

III. Kinder

1)

Unsere beiden vorgenannten Kinder werden in den gemeinsamen Haushalt aufgenommen, ebenso wie etwaige gemeinsame Kinder. Diese Verpflichtung gilt jedenfalls bis zum Abschluss einer Schulausbildung bzw. bei einer nachfolgenden Lehre bis zum Abschluss der Lehre.

2)

Ich, M, werde für die Tochter von F wie für ein eigenes Kind sorgen und übernehme Frau F gegenüber – ohne dass hierdurch Rechtsansprüche des Kindes begründet werden sollen – insofern eine Unterhaltspflicht wie für ein eigenes Kind. Das gilt jedenfalls insoweit, als ein Unterhaltsanspruch gegen den leiblichen Vater nicht besteht oder nicht realisiert werden kann.[205]

3)

Diese Vereinbarung steht unter dem Vorbehalt einer wesentlichen Änderung der Verhältnisse und ist insbesondere bei schwerer Krankheit eines Beteiligten oder dem Verlust einer wesentlichen Einkommensquelle abänderbar.

Alternative: Aufschiebend bedingt mit Volljährigkeit des Kindes steht diesem ein eigener Unterhaltsanspruch zu, was hiermit nach § 328 BGB vereinbart wird.[206]

4)

Die elterliche Sorge für unsere vorgenannten Kinder aus erster Ehe steht uns jeweils gemeinsam mit dem anderen leiblichen Elternteil zu. Beide Kinder leben aber bei uns. Daher sind wir je für unser Kind nach § 1687 BGB befugt, das Sorgerecht in Angelegenheiten des täglichen Lebens alleine auszuüben.

Im Rahmen dieser alleinigen Ausübung der elterlichen Sorge erteilen wir

– nachfolgend kurz: »Vollmachtgeber« –

hiermit dem jeweils anderen Teil,

– nachfolgend kurz: »Bevollmächtigter« –

Vollmacht,

Entscheidungen in Angelegenheiten des täglichen Lebens zu treffen, die unser jeweiliges Kind betreffen.

Entscheidungen in Angelegenheiten des täglichen Lebens sind solche, die häufig vorkommen und keine schwer abzuändernden Auswirkungen auf die Entwicklung des Kindes haben. Hierunter fallen insbesondere:

- Entscheidungen im Rahmen des Kindergarten- und Schulalltages, nicht jedoch die Entscheidung über den Besuch eines bestimmten Kindergartens oder einer bestimmten Schule;
- Entscheidungen im Rahmen der Freizeitgestaltung;
- Entscheidungen im Rahmen der alltäglichen Gesundheitsfürsorge, nicht jedoch Entscheidungen über Operationen oder Impfungen;
- Anschaffungen für das Kind, nicht jedoch Vermögensverwaltung.

---

205 Diese Formulierung begründet nur Ansprüche unter den Ehegatten, nicht jedoch gegenüber dem Kind. Eine Entlastung des mit dem Kindesunterhalt belasteten Kindsvaters soll dadurch nicht eintreten.
206 Nach Kersten/Bühling/Zimmermann/Winnen, § 85 Rn. 8.

Diese Vollmacht beinhaltet ausdrücklich nicht die Befugnis, den Vollmachtgeber zu verpflichten.

Bei Gefahr im Verzug ist der Bevollmächtigte ferner berechtigt, alle Rechtshandlungen vorzunehmen, die zum Wohl des jeweiligen Kindes notwendig sind. Im Innenverhältnis ist die Vollmacht insoweit auf die Fälle beschränkt, in denen kein Sorgeberechtigter rechtzeitig erreicht werden kann. Die Sorgeberechtigten sind hierüber unverzüglich zu informieren.

Die Vollmacht ist jederzeit widerruflich.

Die Sorgevollmacht ist ggf. für jedes Kind gesondert in einem eigenen Schriftstück zu wiederholen.

IV.

Die vorstehenden ehevertraglichen Vereinbarungen nehmen wir hiermit gegenseitig an. Weitere Vereinbarungen wollen wir nach Belehrung durch den Notar nicht treffen.

C. Erbvertrag

I. Rechtswahl

Wir sind beide ausschließlich deutsche Staatsangehörige und haben unseren gewöhnlichen Aufenthalt in Deutschland. Für die Zulässigkeit, die materielle Wirksamkeit und die Bindungswirkung sowie für die Rechtsnachfolge in unser gesamtes Vermögen wählen wir die Anwendung deutschen Rechts, insbesondere auch bei späterem Wegzug.[207]

Wir haben derzeit keine Gesellschaftsanteile und kein Vermögen im Ausland.

Durch Erbvertrag oder gemeinschaftliches Testament sind wir nicht gebunden.

II. Erbrechtliche Verfügungen

Zunächst widerrufen wir etwaige widerrufliche Verfügungen von Todes wegen aus früherer Zeit in vollem Umfange.

In erbvertraglicher, also einseitig nicht widerruflicher Weise

v e r e i n b a r e n

wir sodann Folgendes:

1) Alleinerbeneinsetzung

Wir setzen uns hiermit gegenseitig zum

alleinigen und ausschließlichen (Voll-) E r b e n

ein.

2) Schlusserbeneinsetzung

Schlusserben, also Erben des Letztversterbenden von uns beiden, und Erben von uns beiden im Falle unseres gleichzeitigen Versterbens, werden unsere vorgenannten Kinder .... und alle gemeinschaftlichen Kinder, wozu auch adoptierte Kinder zählen, zu je gleichen Anteilen.

Ersatzschlusserben anstelle eines wegfallenden Erben werden dessen Abkömmlinge zu unter sich gleichen Stammanteilen gemäß den Regeln der gesetzlichen Erbfolge.

Sollte ein wegfallender Erbe keine Abkömmlinge hinterlassen, wächst dessen Erbteil den übrigen Erben nach dem Verhältnis ihrer Erbteile an; beim Vorhandensein nur noch eines weiteren Erben wird dieser alleiniger Erbe.

---

207 Im Einzelfall ist auch unter Abwägung der Kosten abzuklären, ob eine Rechtswahl gewünscht wird und wie intensiv diese formuliert sein muss.

3) Pflichtteilsstrafklausel

Verlangt ein Kind beziehungsweise dessen Abkömmlinge oder sein Erbe beim ersten Todesfall von uns seinen Pflichtteil gegen den Willen des Überlebenden, dann soll dieses Kind beziehungsweise sein Stamm als Schlusserbe und Ersatzschlusserbe entfallen.[208]

Der beim Tode des Erstversterbenden den Pflichtteil fordernde Abkömmling und sein Stamm werden sonach von der Erbfolge ausgeschlossen.[209]

Diese Bestimmung ist vom Überlebenden abänderbar. Der Notar hat darüber belehrt, dass bei Eingreifen der vorstehenden Klausel im Falle einer Verzeihung die Erbeinsetzung wiederholt werden muss.

4) Abänderungsklausel

Der Überlebende von uns beiden ist jederzeit berechtigt, die vorstehende Schluss- und Ersatzschlusserbeneinsetzung innerhalb unserer vorgenannten sowie unserer gemeinschaftlichen Abkömmlinge (= Kinder, Enkelkinder, Urenkel usw.) einseitig beliebig abzuändern und zu ergänzen.

Der Überlebende kann aufgrund dieses Abänderungsrechtes insbesondere

a) anstelle oder neben den als Schlusserben eingesetzten Abkömmlingen andere Abkömmlinge der vorstehend eingesetzten Kinder, also beispielsweise gleich Enkelkinder, als Schlusserben einsetzen,

b) die Erbquoten unter den Schluss- und Ersatzschlusserben ändern,

c) unseren sowie den gemeinschaftlichen Abkömmlingen Vermächtnisse zuwenden,

d) einzelne als Schluss- oder Ersatzschlusserben eingesetzte Abkömmlinge von der Erbfolge ausschließen und auf den Pflichtteil setzen oder – falls die Voraussetzungen vorliegen – den Pflichtteil entziehen.

Der Überlebende von uns beiden darf jedoch, vorbehaltlich der Regelung in nachfolgendem Abschnitt III., Ziffer 1, keine anderen Personen als die vorgenannten oder gemeinschaftliche Abkömmlinge von Todes wegen bedenken.

Der Überlebende von uns beiden soll auch ausdrücklich berechtigt sein, im Vermögen vorhandenen Grundbesitz oder sonstige Vermögenswerte zu Lebzeiten auf einzelne der vorgenannten oder gemeinschaftliche Abkömmlinge zu übertragen.

Der Notar hat darauf hingewiesen, dass eine Wahlmöglichkeit nicht besteht, wenn nach dem Tode des Erstversterbenden nur ein Abkömmling vorhanden ist.

5)

Die unter vorstehenden Ziffern 1) und 2) enthaltenen Verfügungen eines jeden von uns beiden nehmen wir hiermit gegenseitig an.

---

208 Hier ist bei jeweils einem vorehelichen Kind die Interessenlage gleich. Wenn ein Kind nur des Erstversterbenden den Pflichtteil verlangt, dann erhält dieses Kind beim Schlusserbfall nichts mehr. Handelt es sich um ein gemeinschaftliches Kind, das den Pflichtteil nach dem Erstversterbenden verlangt, so ist es für den Schlusserbfall auf den Pflichtteil gesetzt.

209 Die Pflichtteilsstrafklausel kann um Vermächtnisse an die Kinder, die den Pflichtteil nicht fordern, ergänzt werden, um den Nachlass beim Schlusserbfall zu schmälern. Diese werden dann z.T. wieder auflösend bedingt angeordnet. Überhaupt ist bei unterschiedlichen Anzahlen von Kindern vor dieser Ehe eine genauere Abwägung erforderlich. Formulierungsbeispiele für diese Fälle finden sich bei Dickhuth-Harrach, Erbfolge-Gestaltung, § 69.

III. Weitere erbrechtliche Verfügungen

1)

Wir bestimmen ausdrücklich, dass unsere vorstehenden Verfügungen auch dann Bestand haben sollen, wenn bei unserem Tode nicht bedachte Pflichtteilsberechtigte vorhanden sein sollten.

Wir verzichten demgemäß auf das Anfechtungsrecht gemäß § 2079 BGB.

Der Überlebende von uns beiden ist berechtigt, für das ab dem Tode des Erstversterbenden von uns beiden erworbene Vermögen Vermächtnisse beliebiger Art aussprechen zu können.

Ausgenommen bleibt jedoch ein Zuerwerb, der aus dem früheren Vermögen erfolgt oder wirtschaftlich an die Stelle solcher, beim Tod des Erstversterbenden von uns bereits vorhandener Vermögenswerte tritt.

2)

Bei Auflösung der Ehe außer durch Tod oder bei Nichtigkeit derselben sollen die vorstehenden Verfügungen von Todes wegen in vollem Umfang unwirksam sein.

3)

Weitere Bestimmungen wollen wir heute nicht treffen.

Auf die Probleme der Wiederverheiratung des Überlebenden und zusätzliche Anordnungsmöglichkeiten hat der Notar hingewiesen.

IV. Belehrungen, Hinweise

Über die rechtliche Tragweite unserer vorstehenden Erklärungen wurden wir vom Notar eingehend belehrt.

Insbesondere wurden wir hingewiesen auf

a) das Pflichtteilsrecht, insbesondere im Rahmen der Patchwork-Familie,

b) die erbvertragliche Bindungswirkung,

c) das freie Verfügungsrecht unter Lebenden und seine Grenzen,

d) das Anfechtungsrecht,

e) auf das Erbschafts- und Schenkungssteuergesetz.

Verträge zugunsten Dritter auf den Todesfall (z.B. Lebensversicherungen oder Sparkonten) werden von dieser heutigen Urkunde nicht erfasst.

Der Notar hat auch darüber belehrt, dass Rücktrittsrechte vereinbart werden können; hierauf wird jedoch ausdrücklich verzichtet.

D. Schlussbestimmungen

I.

Sollten einzelne Bestimmungen dieses Vertrages unwirksam sein oder werden oder sollte sich im Vertrag eine Regelungslücke zeigen, so wird die Wirksamkeit der übrigen Bestimmungen hierdurch nicht berührt.

Die Beteiligten sind dann verpflichtet, eine ersetzende Bestimmung zu vereinbaren, die dem wirtschaftlichen Sinn der unwirksamen Bestimmung im Gesamtzusammenhang der getroffenen Regelung in rechtlich zulässiger Weise am nächsten kommt, oder eine neue Bestimmung zu treffen, welche die Regelungslücke des Vertrages so schließt, als hätten sie diesen Punkt von vornherein bedacht.

Der Notar hat die Beteiligten über die Auswirkungen der Klausel eingehend belehrt und darauf hingewiesen, dass die Klausel nur zu einer Beweislastveränderung führt. Er hat die Vertragsteile befragt, ob Vertragsbestimmungen für sie so miteinander verbunden sind, dass die Unwirksamkeit der einen auch die der anderen zur Folge haben soll.

Hierauf erklären die Vertragsteile: Wir wünschen keine von der salvatorischen Klausel abweichende Festlegung für bestimmte Vertragsklauseln.[210]

Der Notar hat insbesondere auf die Rechtsprechung des Bundesverfassungsgerichts und des Bundesgerichtshofs zur Inhaltskontrolle[211] von Eheverträgen hingewiesen und erläutert, dass ehevertragliche Regelungen bei einer besonders einseitigen Aufbürdung von vertraglichen Lasten und einer erheblich ungleichen Verhandlungsposition unwirksam oder unanwendbar sein können.

Die Vertragsteile erklären, dass sie nach einer Vorbesprechung und dem Erhalt eines Vertragsentwurfes die rechtlichen Regelungen dieses Vertrages umfassend erörtert haben und diese Regelungen ihrem gemeinsamen Wunsch zur Gestaltung ihrer ehelichen Verhältnisse entsprechen.

Der Notar hat darauf hingewiesen, dass bei einer Änderung der Ehekonstellation – hierher gehören insbesondere die Geburt gemeinsamer Kinder oder gewichtige Änderungen der Erwerbsbiographie – die Regelungen auch nachträglich einer Ausübungskontrolle unterliegen können. Er hat geraten, in diesem Fall den Vertrag der veränderten Situation anzupassen.

II.

Wir beantragen die Erteilung je einer Ausfertigung dieser Urkunde.

Der Notar benachrichtigt das Zentrale Testamentsregister.

III.

Die besondere amtliche Verwahrung wird nicht gewünscht. Diese Urschrift und eine Ausfertigung sollen unversiegelt in der Urkundensammlung des beurkundenden Notars aufbewahrt werden.

IV.

Die Kosten dieser Urkunde tragen wir gemeinsam.

H. »Globale Vagabunden«

Mit der zunehmenden internationalen Verflechtung der Wirtschaftsbeziehungen und der Mobiliät der Einzelnen nehmen Ehen mit internationaler Verflechtung immer mehr zu.

Daher soll im Rahmen der Gesamteheverträge auch ein Formulierungsvorschlag für »Globale Vagabunden« vorgeschlagen werden.

▶ Beispiel:

M und F sind beide gut ausgebildet und vielsprachig gebildet. M ist belgischer Staatsangehöriger, F ist Deutsche. Sie arbeiten für international tätige Unternehmen im gesamten Europäischen Raum. Ihren derzeitigen gewöhnlichen Aufenthalt haben sie in Brüssel. Sie sind beide gut situiert und wirtschaftlich nicht voneinander abhängig. Kinder sind später nicht ausgeschlossen, aber derzeit noch kein Thema. Die Ehegatten hoffen, sich in der Mitte Ihrer Fünfziger aus dem Arbeitsleben zurückziehen zu können und wollen sich dafür die von ihnen so genannte »Bergfestung« ausbauen, ein Refugium in Oberbayern, das F von ihren Eltern geerbt hat. Für den Fall, dass aus der Ehe Kinder hervorgehen, wollen beide, dass F sich bis zum 3. Lebensjahr des jeweiligen Kindes um die Erziehung kümmert. Dann soll dies in die Hände einer zuverlässigen Angestellten übergehen. Bei ihrer Heirat wollen sie den Zugewinn bei Scheidung ausschließen, ergänzt um eine Kompensation, die M an F zu leisten hat, für den Fall, dass Kinder geboren oder angenommen werden. Diese soll die Einkommensverluste der F in diesem Zeitraum ausgleichen. Im Unterhaltsrecht soll eine betragliche Obergrenze sowie eine zeitliche Begrenzung vereinbart sein. Da die Altersversorgung mit

---

210 Zur salvatorischen Klausel: Rdn. 14.
211 Ausführlich behandelt in Kap. 2 Rdn. 65 ff.

Rechten aus vielen Ländern sichergestellt wird, soll es keinen Versorgungsausgleich geben, auch keinen beschränkt auf die deutschen Rechte, weil dies nicht gerecht wäre. Für die Zeit der Kindererziehung soll M eine Kompensation leisten. Eine erbrechtliche Regelung soll nicht zugleich mit dem Ehevertrag erfolgen, zumal es keine kostenrechtliche Privilegierung mehr gibt.

▶ Formulierungsvorschlag: »Globale Vagabunden«

80   URNr. .....

vom .....

Ehevertrag

Heute, den .....

erschienen vor mir,

.....

Notar in .....

1. Herr .....,

geboren am ..... in ..... StA Nr.

als Sohn von .....,

letztere eine geborene .....,

2. dessen Ehefrau,

Frau., geborene .....

geboren am ..... in ..... StA Nr.

als Tochter von .....,

letztere eine geborene .....,

beide wohnhaft in .....

Die Erschienenen wiesen sich durch amtlichen Lichtbildausweis aus. Sie wollen einen

Ehevertrag

mit Rechtswahlen errichten.

Herr ..... ist nach seiner Angabe und nach Überzeugung des beurkundenden Notars der deutschen Sprache nicht hinreichend mächtig. Er spricht Französisch. Ich habe daher als Dolmetscher hinzugezogen

Herrn .....

wohnhaft in .....

ausgewiesen durch .....

Der Dolmetscher ist der deutschen und der französischen Sprache mächtig. Er ist nach seiner Angabe durch den Präsidenten des Landgerichts ..... am ..... allgemein vereidigt und verpflichtet sich unter Berufung auf seinen Eid, treu und gewissenhaft zu übersetzen.

Ausschließungsgründe gegen den Dolmetscher liegen nicht vor.

Der Dolmetscher verständigte sich mit Herrn ..... und gab dessen Erklärungen wie nachstehend niedergelegt zur Niederschrift ab.

Der Notar belehrte Herrn ....., dass er eine schriftliche Übersetzung der Urkunde verlangen könne. Hierauf erklärte Herr ..... eine solche schriftliche Übersetzung zu wünschen. Hierauf erklärte Herr ..... auf eine solche schriftliche Übersetzung zu verzichten.

Der Entwurf lag den Erschienen seit mehreren Wochen vor und wurde nach Besprechungen unter Hinzuziehung des Dolmetschers mehrmals geändert. Die Entwurfsfassungen lagen jeweils in französischer Übersetzung vor.

Nach meiner, des Notars, Überzeugung sind die Erschienen voll geschäfts- und testierfähig.

Auf Zeugenbeiziehung verzichten die Vertragsteile. Ein gesetzlicher Grund, Zeugen hinzuzuziehen, besteht nicht.[212]

Die Erschienenen erklären bei gleichzeitiger Anwesenheit gemeinsam mündlich mit dem Ersuchen um Beurkundung was folgt:

I. Allgemeines, Präambel

Die Erschienenen zu 1. und 2. erklären Folgendes:

a) Wir haben im letzten Monat am ..... vor dem Standesbeamten in ..... geheiratet.
b) Wir hatten bei Eheschließung und haben noch heute unseren gewöhnlichen Aufenthalt in Brüssel, wo wir beide nach Abschluss unseres Studiums arbeiten.[213] Wir sind international tätig, wollen aber nach Abschluss unseres Berufslebens unseren gewöhnlichen Aufenthalt in Deutschland begründen, wo ich, die Ehefrau, von den Eltern ein Anwesen geerbt habe.
c) Ich, die Ehefrau, war im Zeitpunkt der Eheschließung und bin heute ausschließlich deutsche Staatsangehörige. Ich, der Ehemann, war im Zeitpunkt der Eheschließung und bin heute ausschließlich belgischer Staatsangehöriger.
d) Einen Ehevertrag oder eine Rechtswahl haben wir bisher nicht vereinbart.

II. Rechtswahlen

1) Güterrecht

Wir wählen hiermit für die güterrechtlichen Wirkungen unserer Ehe das deutsche Recht als das Recht der Staatsangehörigkeit der Ehefrau nach Art. 22 Abs. 1 b EU-GüVO und die Zuständigkeit deutscher Gerichte nach Art. 7 EU-GüVO, soweit zulässig.

Diese Rechtswahl soll ab dem Tage unserer Verehelichung gelten.[214]

Regelungen über eine Abwicklung bisheriger güterrechtlicher Verhältnisse sind angesichts des kurzen Zeitraums zwischen Eheschließung und heute nicht zu treffen.[215]

2) Unterhaltsrecht

Für Rechtsstreitigkeiten in Bezug auf den Unterhalt vereinbaren wir nach Art. 4 EU-UntVO die ausschließliche Zuständigkeit der deutschen Gerichte.[216]

Ferner wählen wir nach Art. 8 Abs. 1a HUP das deutsche Recht als das auf eine Unterhaltspflicht anzuwendende Recht. Diese Rechtswahl soll ausdrücklich auch dann gelten, wenn wir keinen gewöhnlichen Aufenthalt in Deutschland haben.

Der Notar hat uns darüber belehrt, dass nach Art. 8 Abs. 4 HUP das Recht des Staates, in dem die berechtigte Person im Zeitpunkt der Rechtswahl ihren gewöhnlichen Aufenthalt hat, dafür maßgebend ist, ob die berechtigte Person auf ihren Unterhaltsanspruch verzichten kann, so dass bei einem Unterhaltsverzicht nur eine eingeschränkte Rechtswahlmöglichkeit besteht. Zudem scheidet die Anwendung des gewählten Rechtes nach Art. 8 Abs. 5 HUP aus, wenn sie offensichtlich unbillige oder unangemessene Folgen hätte, es sei denn, dass die Parteien im

---

212 Sofern das ausländische Recht die Hinzuziehung von Zeugen vorsieht, sollte dies auch in der notariellen Urkunde geschehen, um eine Verwendung der Urkunde im Ausland zu ermöglichen.
213 Zu beachten ist, dass diese Rechtswahl zum deutschen Recht auch dann notwendig wäre, wenn beide Ehegatten deutsche Staatsangehörige sind, da die primäre Anknüpfung sich unwandelbar nach dem gewöhnlichen Aufenthalt bei Eheschließung richtet, Art. 26 EU-GüVO.
214 Nach Art. 22 Abs. 2 EU-GÜVO gilt die Rechtswahl ex nunc, wenn die Ehegatten nichts anderes regeln.
215 Zur Abwicklung bei Rückwirkung vgl. Döbereiner in Dutta/Weber, E, Rn. 63 ff.
216 Möglich auch die Vereinbarung eines bestimmten Gerichtes.

Zeitpunkt der Rechtswahl umfassend unterrichtet und sich der Folgen ihrer Wahl vollständig bewusst waren.

3) Scheidung und Versorgungsausgleich

Ferner unterstellen wir nach Art. 5 Abs. 1c) Rom III VO unsere Scheidung dem deutschen Recht. Der Notar hat darauf hingewiesen, dass wir damit mittelbar auch den Versorgungsausgleich dem deutschen Recht unterstellen.

4) Bestimmungen für alle Rechtswahlen

Diese Rechtswahlen sollen nach Möglichkeit nicht nur im Inland gelten, sondern unserem Wunsch nach weltweit, soweit dies möglich ist, insbesondere also auch die Vermögensgegenstände umfassen, die wir jetzt oder künftig in Belgien innehaben.

Die nachfolgende Vereinbarung soll soweit als möglich auch bei Einwirkung fremden Rechts gelten, auch wenn unsere Ehe durch ein ausländisches Gericht geschieden würde.

Wir sind darauf hingewiesen worden, dass bei Zuständigkeit eines ausländischen Gerichts oder bei Anwendung eines ausländischen Rechts die Vereinbarung möglicherweise nicht anerkannt wird. Der Notar hat uns darauf hingewiesen, uns ggf. im Heimatland des Ehemannes beraten zu lassen und eine zusätzliche Vereinbarung zu treffen.

Dies vorausgeschickt, wollen wir – rechtlich unabhängig von den anderen Vereinbarungen – Folgendes vereinbaren:

III. Güterrecht

1)

Für den Fall der Beendigung der Ehe durch den Tod eines Ehegatten soll es beim Zugewinnausgleich durch Erbteilserhöhung oder güterrechtliche Lösung verbleiben.

2)

Wird jedoch die Ehe auf andere Weise als durch den Tod eines Ehegatten beendet, so findet kein Zugewinnausgleich statt.

Dies gilt auch für den vorzeitigen Zugewinnausgleich.

Auf den Ausgleich eines Zugewinns wird insoweit gegenseitig verzichtet.

Den Verzicht nehmen wir hiermit gegenseitig an.

Dies gilt auch für einen etwa bisher bereits entstandenen Zugewinn.[217]

3)

Durch diese Vereinbarung soll jedoch ausdrücklich keine Gütertrennung eintreten.

4)

Zuwendungen eines Ehegatten an den anderen können bei Scheidung der Ehe nicht zurückgefordert werden, auch nicht wegen Störung der Geschäftsgrundlage, es sei denn, die Rückforderung ist auf gesonderter vertraglicher Grundlage vorbehalten. Dies gilt unabhängig vom Verschulden am Scheitern der Ehe.

Wir stellen ferner klar, dass andere Ausgleichsansprüche nicht bestehen sollen; insbesondere entsteht nicht etwa durch Mitarbeit im Betrieb eines Ehegatten oder durch das gemeinsame Halten von Vermögensgegenständen eine Ehegatteninnengesellschaft, wenn wir dies nicht ausdrücklich vereinbaren.

Wir verpflichten uns, bei etwaigen Gesamthaftungen das Innenverhältnis des Gesamtschuldnerausgleichs ausdrücklich zu regeln.

---

217 Achtung: Wird hier der Zugewinn der Vergangenheit ausgeglichen, kann es zu Schenkungsteuerfolgen kommen (ausführlich Kap. 1 Rdn. 650 ff.).

Der Verzicht auf Zugewinn stellt nicht selbst eine ehebedingte Zuwendung dar.

5)

Für unsere Ehe schließen wir hiermit ferner die Verfügungsbeschränkungen der §§ 1365 ff. BGB gegenseitig aus (fakultativ).

6)

Als Ausgleich für den Verzicht auf Zugewinn im Fall der Beendigung der Ehe auf andere Weise als durch den Tod eines Ehegatten verpflichtet sich der Ehemann hiermit aufschiebend bedingt durch

a) die Geburt oder die Annahme gemeinsamer Kinder und

b) die Rechtshängigkeit eines Scheidungsantrages, der später zur Scheidung der Ehe führt, zur Zahlung des folgenden Betrages:[218]

……… €

– in Worten: ………… Euro –

vervielfacht

um den Verbraucherpreisindex für Deutschland, wie dieser Index vom Statistischen Bundesamt in Wiesbaden für den Monat festgestellt wird, in dem der Scheidungsantrag rechtshängig wird, der zur Scheidung der Ehe führt,

geteilt

durch den Verbraucherpreisindex für Deutschland, wie er im Monat der heutigen Beurkundung bestimmt wird (Basis 2015 = 100).

Der entsprechende Geldbetrag ist zahlbar binnen zwei Monaten nach Rechtskraft der Scheidung und ist bis dahin nicht zu verzinsen.

Der Ehemann unterwirft sich wegen des Anspruchs auf Zahlung des entsprechenden Betrags der

sofortigen Zwangsvollstreckung

aus dieser Urkunde in sein gesamtes Vermögen. Vollstreckbare Ausfertigung kann ohne weitere Nachweise erteilt werden, den Nachweis der Rechtskraft der Scheidung allerdings vorausgesetzt.

Zuwendungen des Ehemannes an die Ehefrau während der Ehe werden auf diese Zahlungsverpflichtung angerechnet, wenn dies einschließlich des Wertes, mit dem die Anrechnung zu erfolgen hat, bei der Zuwendung bestimmt wurde. Überschreitet die Zuwendung die Zahlungsverpflichtung, hat durch die Ehefrau kein Ausgleich zu erfolgen, es sei denn, dieser wird vorbehalten.[219]

7)

Wir sind uns einig, dass wir uns – zumindest im Innenverhältnis – so behandeln, als ob wir von Beginn unserer Ehe an in Zugewinngemeinschaft gelebt hätten.[220] Zur Berechnung des Zugewinns sind also die Vermögensverhältnisse am Beginn unserer Ehe zugrunde zu legen.

---

218 Hier ist die Vereinbarung einer festen Kompensation gewünscht, falls es zur Kindererziehung kommt. Diese ist erst im Scheidungsfalle zu leisten. Die Gestellung von Sicherheiten wird nicht vereinbart. Durch die aufschiebenden Bedingungen entsteht noch keine Schenkungsteuer.
219 Letztere Klausel ist zur Sicherheit aufgenommen, denn nach Verzicht auf Zugewinn im Scheidungsfall greift § 1380 BGB wohl nicht mehr ein.
220 Hier ist die Heirat nach Sachverhalt nur einige Wochen her. Daher bietet es sich an, die Zugewinngemeinschaft auf den Ehebeginn zurückzubeziehen. Freilich können Dritten gegenüber Einwendungen etwa aus § 1365 BGB nicht erhoben werden. Es handelt sich also nicht um eine »dingliche« Rückwirkung, so schon Art. 22 Abs. 3 EU-GüVO für die Rückwirkung der Rechtswahl.

8)

Der Notar hat uns über das deutsche Güterrecht ausführlich belehrt. Er hat uns insbesondere auf den Unterschied zwischen einer Modifikation des gesetzlichen Güterstandes und der Gütertrennung hingewiesen und uns steuerliche Beratung dringend empfohlen.

Der Notar hat insbesondere deutlich gemacht, dass es im Scheidungsfalle keinen Zugewinnausgleich gibt. Wir erklären insoweit, dass wir wirtschaftlich unabhängig sind und dass durch die vereinbarte Kompensation alle etwa noch vorliegenden ehebedingten Nachteile in diesem Bereich ausgeglichen sind.

IV. Unterhaltsrecht

1) Höchstbetrag

Es gelten grundsätzlich die gesetzlichen Vorschriften zum Recht des nachehelichen Unterhalts. Allerdings vereinbaren wir, dass die Höhe des gesetzlichen nachehelichen Unterhalts (Gesamtunterhalt einschließlich Vorsorgeunterhalt und Sonderbedarf) auf den Betrag von ..... €

– in Worten ..... Euro –

monatlich begrenzt wird. Dies gilt jedoch ausdrücklich nicht für den Basisunterhalt wegen Kindesbetreuung nach § 1570 Abs. 1 Satz 1 BGB.

a) Dieser Höchstbetrag soll wertbeständig sein.

Er erhöht oder vermindert sich in demselben prozentualen Verhältnis, in dem sich der vom Statistischen Bundesamt in Wiesbaden für jeden Monat festgestellte und veröffentlichte Verbraucherpreisindex für Deutschland gegenüber dem für den Monat, in welchem dieser Vertrag geschlossen wird, festgestellten Index erhöht oder vermindert (Basis 2015 = 100).

b) Eine Erhöhung oder Verminderung des Höchstbetrages wird erstmals bei Rechtskraft der Scheidung festgelegt und dann jeweils wieder, wenn die Indexveränderung zu einer Erhöhung oder Verminderung des jeweils maßgeblichen Betrages um mindestens 10 % – zehn vom Hundert – gegenüber dem zuletzt festgesetzten Betrag geführt hat.

Der erhöhte Betrag ist erstmals zahlbar in dem Monat, der auf die Veröffentlichung des die oben genannte Grenze überschreitenden Preisindexes folgt.

c) Klargestellt wird, dass sich die Höhe des nachehelichen Unterhalts nach den gesetzlichen Vorschriften errechnet, die vorstehende Regelung also keinen Anspruch auf Zahlung in dieser Höhe gewährt. Es handelt sich lediglich um eine Kappungsgrenze, wenn sich nach dem Gesetz ein höherer Betrag ergäbe. Auch § 1578b BGB bleibt hinsichtlich der Unterhaltshöhe anwendbar und kann zu einer weiteren Reduzierung der Unterhaltshöhe führen.

d) Ein Nachteilsausgleich bei Durchführung des begrenzten Realsplittings ist auf den Betrag der Höchstgrenze nicht anzurechnen, sodass es sich um einen Nettobetrag handelt.

e) Eigenes Einkommen des Unterhaltsberechtigten wird bei der Unterhaltsberechnung berücksichtigt. Der Höchstbetrag vermindert sich um die Hälfte des eigenen unterhaltsrechtlich relevanten Einkommens des Unterhaltsberechtigten.

2) Höchstdauer

Wir vereinbaren ferner, dass ein nachehelicher Unterhaltsanspruch nur bis längstens fünf Jahre nach Rechtskraft der Scheidung besteht mit Ausnahme eines Unterhaltsanspruchs wegen Kindesbetreuung nach § 1570 Abs. 1 Satz 1,[221] Satz 2 und Abs. 2 BGB, der zeitlich nicht beschränkt wird.

---

221 Der Basisunterhalt besteht ohnehin nur drei Jahre. Er ist hier dennoch aufgeführt, um deutlich zu machen, dass er nicht eingeschränkt wird.

Da es sich nur um die Vereinbarung einer Höchstgrenze handelt, bleibt eine Berufung auf § 1578b BGB oder andere Vorschriften, denen eine zeitliche Begrenzung immanent ist,[222] weiter zulässig und kann zu einer zusätzlichen zeitlichen Verkürzung des Unterhalts führen.

Alternative:

Damit haben wir die Kürzung der Dauer des Unterhaltsanspruchs nach Billigkeit selbst ehevertraglich festgelegt, sodass für eine weitere Anwendung des § 1578b BGB in Bezug auf die Dauer der Unterhaltspflicht kein Raum bleibt.

3) Verzicht

Wir verzichten hiermit auf weiter gehenden Unterhalt, auch für den Fall der Not und nehmen diesen Verzicht wechselseitig an.

Der Verzicht gilt auch im Fall einer Änderung der einschlägigen gesetzlichen Vorschriften oder der Rechtsprechung weiterhin.

4) Belehrung

Wir wurden vom Notar über das Wesen des nachehelichen Unterhalts und die Auswirkungen des Verzichts eingehend belehrt. Der Notar hat auch darauf hingewiesen, dass ein Verzicht beim Trennungsunterhalt nicht zulässig ist.

5) Ausland

Die vorstehenden Vereinbarungen sollen nach Möglichkeit auch bei einer Anwendung ausländischen Rechts durch ein ausländisches Gericht Gültigkeit haben. Dies gilt für jeden nur denkbaren nachehelichen Unterhalt, aber auch für jedes Rechtsinstitut, das nach deutschem oder irgendeinem anderen Recht gegenwärtig oder künftig besteht oder bestehen wird und das irgendwie einem nachehelichen Unterhalt gleichkommt, diesem entspricht, ähnlich ist oder das Gleiche oder Ähnliches erreichen will, auch für richterliche Vermögens- oder Anspruchszuweisungen, Ausgleichszahlungen oder dergleichen.[223]

V. Versorgungsausgleich

1)

Wir schließen hiermit nach § 6 VersAusglG gegenseitig den Versorgungsausgleich nach dem VersAusglG vollständig aus. Da wir für unsere Altersvorsorge jeweils selbst Sorge tragen und dabei häufig auf im Ausland erworbene Rechte zurückgreifen, ist dies auch hinsichtlich der in Deutschland bestehenden Anrechte gerechtfertigt, deren isolierter Ausgleich allein nicht sachgerecht wäre.

Im Hinblick auf etwaige Erziehungszeiten der Ehefrau soll jedoch eine Leistung in der nachbeschriebenen Weise erfolgen. Die Ehefrau ist daher zum Rücktritt[224] von ihrem Verzicht berechtigt, wenn der Verpflichtete mit den in den nachstehenden Ziffern 3) und 4) vereinbarten Leistungen in zwei aufeinander folgenden Monaten in Verzug gerät.

Durch den Rücktritt werden die übrigen Bestimmungen dieses Vertrages nicht berührt.

Der Rücktritt ist zur Urkunde eines Notars zu erklären und dem anderen Vertragsteil zuzustellen. Der Rücktritt muss binnen eines Jahres nach Eintritt des ihn auslösenden Ereignisses erklärt worden sein, ansonsten erlischt das Rücktrittsrecht.

2)

Diesen Verzicht nehmen wir hiermit gegenseitig an.

---

222 Bspw. § 1570 BGB, wenn man dort i.R.d. Billigkeit zu einer kürzeren Unterhaltsdauer käme.
223 Für die Verzichte gelten die allgemeinen Regeln, insb. ist zu fragen, ob sie einer Inhaltskontrolle standhalten; hierzu Kap. 2 Rdn. 65 ff.
224 In diesem Fall, wo man nicht weiß, zu wessen Lasten ein Versorgungsausgleich geht, ist der Rücktritt gegenüber der auflösenden Bedingung vorzugswürdig.

3)

Für die Ehefrau wird auf das Leben des Ehemannes und mit Ablauf bei Erreichen seines 65. Lebensjahres bei der ..... Versicherungs-AG eine dynamische Lebensversicherung als Kapitalversicherung mit Rentenwahlrecht abgeschlossen, wenn uns ein gemeinsames Kind geboren wird oder wir ein solches annehmen, mit Wirkung ab diesem jeweiligen Zeitraum. Der Kapitalbetrag ist so festzusetzen, dass sich eine monatliche Rente bei Ausübung des Rentenwahlrechts zur Zeit des Vertragsabschlusses von ..... € monatlich ergibt.

Eingeschlossen ist eine Berufsunfähigkeits-Zusatzversicherung mit laufenden monatlichen Zahlungen bis zum Eintritt der Lebensversicherung in Höhe von ..... €.[225]

Die Versicherung ist in der Weise dynamisch gestaltet, dass die Beiträge und die Versicherungssumme entsprechend den Höchstbeiträgen in der gesetzlichen Rentenversicherung steigen.[226]

Versicherungsnehmerin[227] und unwiderruflich Begünstigte für alle Leistungen aus dieser Versicherung ist die Ehefrau, bei ihrem vorzeitigen Ableben der Ehemann.

4)

Der Ehemann verpflichtet sich hiermit, die Beiträge für diese Versicherung in der jeweils bestehenden Höhe monatlich im Voraus zu entrichten. Durch eine Berufsunfähigkeits-Zusatzversicherung auf Beitragsfreiheit ist sicherzustellen, dass die Versicherung bei Berufsunfähigkeit des Ehemannes beitragsfrei wird.

5)

Die Beiträge zu dieser Lebensversicherung sind auf die Dauer zu zahlen, in der nach vorstehender Ziffer III. ein Unterhaltsanspruch besteht. Danach kann die Ehefrau selbst entscheiden, ob die Versicherung von ihr fortgeführt werden soll. Für den Fall des Rücktritts nach Rechtskraft der Entscheidung über den Versorgungsausgleich behalten sich die Ehegatten die Durchführung eines Wertausgleiches nach Scheidung ausdrücklich vor.

6)

Die Abänderung dieser Vereinbarung – insbesondere nach § 227 FamFG – wird ausgeschlossen.

7)

Im Falle der Scheidung unterliegt die vorstehende Versicherung weder dem Wertausgleich noch dem Zugewinnausgleich.[228]

8)

Der Notar hat uns über die rechtliche und wirtschaftliche Tragweite dieses Ausschlusses des Versorgungsausgleichs gegen Begründung einer Lebensversicherung eingehend belehrt. Er hat insbesondere darauf hingewiesen:

a) dass zwischen dem Versorgungsausgleich mit der Übertragung eines eigenen Anrechts und einer privaten Versicherung rechtliche und wirtschaftliche Unterschiede bestehen;

---

[225] Detailliert zu prüfen, wenn der berechtigte Ehegatte nicht berufstätig ist, vgl. Langenfeld, 6. Aufl., Rn. 661.
[226] Sofern nicht mit diesen festen Beträgen gearbeitet wird, sind Berechnungsfaktoren für die Gegenleistung genau aufzunehmen, Goering, FamRB 2004, 64, 95, 98.
[227] Wenn die Ehefrau Versicherungsnehmerin ist, entfällt die Notwendigkeit, festzulegen, dass der Ehemann seine Gestaltungsrechte wie Kündigung oder Beitragsfreistellung nur mit ihrer Zustimmung ausübt, weil die Gestaltungsrechte dem Versicherungsnehmer zustehen (§ 168 VVG), Bergschneider, Rn. 905.
[228] Kann beim vorsorgenden Ehevertrag vorsorglich vereinbart werden. Auch ohne ausdrückliche Vereinbarung ergibt sich dies aber aus dem Gesamtzusammenhang der getroffenen Regelungen, denn man wird annehmen müssen, dass die Kompensation des Versorgungsausgleichs wegen § 2 Abs. 4 VersAusglG nicht dem Güterrecht unterfällt, vgl. Palandt/Brudermüller, § 2 VersAusglG Rn. 15 und umgekehrt Versorgungen, die aus Mitteln etwa des vorzeitigen Zugewinns erworben wurden, nicht dem Versorgungsausgleich unterfallen, Johannsen/Henrich/Holzwarth, § 2 VersAusglG Rn. 41.

b) dass eine exakte Berechnung des ausgeschlossenen Anrechtes und damit ein genauer Vergleich mit der vereinbarten Rentenversicherung nicht erfolgt ist; die Vertragsteile wünschen jedoch gleichwohl die vorstehende Regelung;
c) dass die Vereinbarung eines Ausschlusses des Versorgungsausgleichs einer Wirksamkeits- und Ausübungskontrolle nach § 8 Abs. 1 VersAusglG und den Rechtsprechungsgrundsätzen unterliegt.

9)

Die vorstehenden Vereinbarungen sollen nach Möglichkeit auch bei einer Anwendung ausländischen Rechts durch ein ausländisches Gericht Gültigkeit haben. Dies gilt für den Versorgungsausgleich nach deutschem Recht, aber auch für jedes Rechtsinstitut, das nach deutschem oder ausländischem Recht gegenwärtig oder künftig besteht oder bestehen wird, und das irgendwie einem Versorgungsausgleich gleichkommt, diesem entspricht oder die entsprechenden Nachteile einer Scheidung ausgleichen will, auch für richterliche Vermögens- und Anspruchszuweisungen oder Ausgleichszahlungen oder dergleichen.

VI. Annahme

Die vorstehenden ehevertraglichen Vereinbarungen nehmen wir hiermit gegenseitig an. Weitere ehevertragliche Vereinbarungen wollen wir nach Belehrung durch den Notar nicht treffen. Erbrechtliche Fragen werden wir gesondert regeln.

VII. Belehrungen, Schlussbestimmungen, Güterrechtsregister

1) Ausländisches Recht

Der Notar belehrte darüber, dass er ausländisches Recht nicht kennen muss, über den Inhalt fremder Rechtsordnungen nicht belehren kann und auch nicht belehrt hat. Der Notar hat hierüber auch keinen Beratungs- oder Betreuungsauftrag übernommen. Er hat insbesondere nicht überprüft, ob das ausländische Recht diesen Vertrag anerkennt. Der Notar hat hierüber auch keine Beratung oder Betreuung übernommen. Er hat darauf hingewiesen, dass ausländische Gerichte möglicherweise eine Rechtswahl nicht anerkennen. Soweit vom Notar nachstehend eine Antragstätigkeit erbeten wird, übernimmt er dafür keine Haftung.

Eine Unwirksamkeit der Rechtswahl soll sich auf die Wirksamkeit der übrigen Teile dieses Vertrages nicht auswirken.

Die Rechtswahl geht von den Vertragsteilen aus, diese nehmen auch alle Risiken und Folgen in Kauf, die mit der möglichen Geltung und Einwirkung fremden Rechts zusammenhängen und stellen den Notar insoweit von jeder Haftung frei.

2) Zusammenfassung

Der Notar hat uns über den Inhalt und die rechtlichen Folgen aus diesem Vertrag eingehend belehrt. Dies ist bei den einzelnen Abschnitten gesondert dokumentiert.

3) Inhaltskontrolle

Der Notar hat insbesondere auf die Rechtsprechung des Bundesverfassungsgerichts und des Bundesgerichtshofs zur Inhaltskontrolle[229] von Eheverträgen hingewiesen und erläutert, dass ehevertragliche Regelungen bei einer besonders einseitigen Aufbürdung von vertraglichen Lasten und einer erheblich ungleichen Verhandlungsposition unwirksam oder unanwendbar sein können.

Die Vertragsteile erklären, dass sie nach einer Vorbesprechung und dem Erhalt eines Vertragsentwurfes die rechtlichen Regelungen dieses Vertrages umfassend erörtert haben und diese Regelungen ihrem gemeinsamen Wunsch zur Gestaltung ihrer ehelichen Verhältnisse entsprechen.

Der Notar hat darauf hingewiesen, dass bei einer Änderung der Ehekonstellation – hierher gehören insbesondere die Geburt gemeinsamer Kinder oder gewichtige Änderungen der Erwerbsbiographie – die Regelungen auch nachträglich einer Ausübungskontrolle unterliegen können, soweit sie nicht in diesem Vertrag bereits antizipiert wurden. Er hat geraten, in diesem Fall den Vertrag der veränderten Situation anzupassen.

---

229 Ausführlich behandelt in Kap. 2 Rdn. 65 ff.

4) Salvatorische Klausel

Sollten einzelne Bestimmungen dieses Vertrages unwirksam sein oder werden oder sollte sich im Vertrag eine Regelungslücke zeigen, so wird die Wirksamkeit der übrigen Bestimmungen hierdurch nicht berührt.[230]

Die Beteiligten sind dann verpflichtet, eine ersetzende Bestimmung zu vereinbaren, die dem wirtschaftlichen Sinn der unwirksamen Bestimmung im Gesamtzusammenhang der getroffenen Regelung in rechtlich zulässiger Weise am nächsten kommt, oder eine neue Bestimmung zu treffen, welche die Regelungslücke des Vertrages so schließt, als hätten sie diesen Punkt von vornherein bedacht.

Der Notar hat die Beteiligten über die Auswirkungen der Klausel eingehend belehrt und darauf hingewiesen, dass die Klausel nur zu einer Beweislastveränderung führt. Er hat die Vertragsteile befragt, ob Vertragsbestimmungen für sie so miteinander verbunden sind, dass die Unwirksamkeit der einen auch die der anderen zur Folge haben soll.

Hierauf erklären die Vertragsteile: Wir wünschen keine von der salvatorischen Klausel abweichende Festlegung für bestimmte Vertragsklauseln. Wir betonen aber besonders und ausdrücklich, dass die Begrenzung des Zugewinns im Unternehmensinteresse auch dann Bestand haben soll, wenn in anderen Bereichen der Vertrag unwirksam sein oder unanwendbar werden sollte.

Wir wollen durch diesen Ehevertrag alle ehebedingten Nachteile ausgleichen, welche der Ehefrau durch die Berufsaufgabe im Zusammenhang mit der Kindererziehung entstehen. Sollte dies nicht gelungen sein und eine oder mehrere Bestimmungen dieses Vertrages aus diesem Grund unwirksam oder unanwendbar sein, so verpflichten wir uns für diesen Fall, die entsprechende Bestimmung so abzuändern, dass in dem betroffenen Bereich alle nachweislich ehebedingten Nachteile ausgeglichen werden.

5) Güterrechtsregister

Wir beantragen, dass diese Rechtswahl und der gewählte Güterstand in das Güterrechtsregister eingetragen wird und beauftragen den beurkundenden Notar, die Eintragung durch Übersendung einer beglaubigten Abschrift dieser Urkunde an das zuständige deutsche Güterrechtsregister herbeizuführen. Ferner beauftragen wir den Notar, auch die Eintragung im belgischen Zentralen Register für Eheverträge zu beantragen.[231]

Alternative:

Auch wenn die vorstehenden Rechtswahlen nach Möglichkeit nicht nur im Inland gelten sollen, soll der Notar aber derzeit keine Schritte unternehmen, um eine Gültigkeit der Rechtswahl im Ausland zu erreichen.[232] Die Eintragung im belgischen Zentralen Register für Eheverträge werden wir selbst veranlassen. Es ist uns hierzu eine gesonderte beglaubigte Abschrift zu überlassen.

6) Schlussbestimmungen

Wir beantragen die Erteilung je einer Ausfertigung dieser Urkunde.

Die Kosten tragen wir gemeinsam.

Die Urkunde wurde vom Notar in deutscher Sprache vorgelesen,

vom Dolmetscher in die französische Sprache mündlich übersetzt.

Die Niederschrift wird von allen Erschienenen genehmigt

und von ihnen und dem Dolmetscher eigenhändig unterschrieben.

---

230 Zur salvatorischen Klausel vgl. Rdn. 14.
231 Hierzu Süß/Ring/Hustedt, Rn. 54, 59.
232 Dies insb., wenn alle Vermögenswerte sich im Inland befinden und eine weitere Einwirkung fremden Rechts nicht zu erwarten ist. Wenn eine Anerkennung auch im Ausland erforderlich oder gewünscht ist, sollte man sich hierzu gesondert beauftragen lassen, ggf. unter Einschaltung ausländischer Kollegen. Eine Haftung für diese Anerkennung kann aber i.d.R. nicht übernommen werden.

Kapitel 10 Ehen mit Auslandsberührung

Übersicht

	Rdn.
A. Allgemeines Ehewirkungsstatut, Art. 14 EGBGB	12
I. Anknüpfungspunkte im deutschen IPR	13
1. Staatsangehörigkeit	14
2. Gewöhnlicher Aufenthalt	16
3. Engste Verbindung	18
II. Verweisung auf ausländisches Recht	19
III. Korrektur durch den ordre public	21
IV. Darstellung des Allgemeinen Ehewirkungsstatuts	23
1. Rechtswahl, Art. 14 Abs. 1 EGBGB	29
2. Gesetzliche Anknüpfungsleiter, Art. 14 Abs. 2 EGBGB	35
V. Anwendungsbereich	37
B. Ehegüterrechtsstatut, EU-GüterrechtsVO – Art. 15 EGBGB	42
I. Die EU-GüVO	43
1. Grundprinzipien	43
2. Anwendungsbereich	44
a) Räumlicher Anwendungsbereich	44
b) Zeitlicher Anwendungsbereich	45
c) Sachlicher Anwendungsbereich	46
d) Gleichgeschlechtliche Ehen/ Drittes Geschlecht	50
3. Anwendbares Recht	51
a) Erster gemeinsamer gewöhnlicher Aufenthalt der Eheleute	54
b) Gemeinsame Staatsangehörigkeit der Eheleute	60
c) Engste Verbindung	62
4. Ausweichklausel, Art. 26 Abs. 3 EU-GüVO	63
5. Rechtswahl	68
6. Kaufvertrag mit Einwirkung ausländischen Rechts	81
7. Formfragen	89
a) Mindestform, Art. 23 Abs. 1 EU-GüVO	90
b) Recht des gewöhnlichen Aufenthaltes in einem Mitgliedstaat, Art. 23 Abs. 2 EU-GüVO	92
c) Einigung und materielle Wirksamkeit, Art. 24 EU-GüVO	95
8. Form bei Vereinbarungen über den ehelichen Güterstand, Art. 25 EU-GüVO	96
II. Das Güterrechtsstatut nach Art. 15 EGBGB a.F.	103
1. »Altehen«	103
2. Sonderfälle	112
3. Behandlung von Ehen, geschlossen vor dem 01.09.1986	116
a) Eheschließung vor 01.04.1953	118
b) Eheschließung vom 01.04.1953 bis 08.04.1983	119
c) Eheschließung vom 09.04.1983 bis 31.08.1986	126
d) Eheschließung seit 01.09.1986	127
4. Rechtswahl	128
5. Anwendungsbereich	129
C. Unterhalt	134
I. Anwendbare Rechtsvorschriften	134
II. Unterhaltsstatut	136
III. Rechtswahl	143
1. Möglichkeiten der Rechtswahl, Art. 7, 8 HUP	143
2. Grenzen der Rechtswahl	144
3. Form	149
IV. Gerichtsstand	150
V. Unterhaltsberechtigte im Ausland	153
D. Versorgungsausgleich	155
I. Versorgungsausgleichsstatut	155
1. Gesetzliche Regelung	156
2. Art. 8 Rom III VO	161
II. Indirekte Rechtswahl	164
III. Heimatstaatenklausel	168
IV. Regelwidriger Versorgungsausgleich, Art. 17 Abs. 4 Satz 2 EGBGB	172
V. Ausländische Anrechte im deutschen Versorgungsausgleich	174
VI. Gerichtliche Zuständigkeit	177
E. Scheidungsstatut	178
F. Sonstige Scheidungsfolgen	187
G. Ehevertrag oder Scheidungsvereinbarung mit Auslandsbezug	193
H. Der deutsch-französische Wahlgüterstand	203

Immer häufiger treten **Ehen mit Auslandsberührung** auf. Eine solche kann sich aus unterschiedlicher **Staatsangehörigkeit** der Ehegatten, **Wohnsitz** oder **gewöhnlichem Aufenthalt** im Ausland oder 1 der **Belegenheit** von Grundbesitz im Ausland ergeben[1] oder auch daraus, dass Ehegatten gezielt durch die Flucht in ein ausländisches Recht den Konsequenzen des deutschen Rechts – meist des Steuerrechts und nicht des materiellen Familienrechts – entkommen wollen.[2] Der Vertragsgestalter muss daher auch die Auslandsberührung bewältigen können. Den Rahmen dieses Buches würde es sprengen, hierzu die verschiedenen relevanten ausländischen Rechtsordnungen mit ihrem internationalen Privatrecht und ihrem materiellen Recht vorzustellen. Daher muss in diesem Zusammenhang auf die entsprechende Spezialliteratur verwiesen werden.[3]

2 Soweit auf eine Ehe **islamisches Recht** einwirkt, sind einige Besonderheiten nach islamischem Recht zu beachten, die kurz erwähnt werden.[4] Auch wenn in der islamischen Welt in Einzelfällen ein reformiertes Familienrecht in Kraft gesetzt wurde,[5] so ist doch in vielen islamischen Ländern das traditionelle, religiös geprägte Eheverständnis von dem unsrigen völlig verschieden. Ohne dass damit eine Wertung verbunden sein soll, heißt dies für den deutschen Ehepartner, v.a. für die deutsche Ehefrau, insb. bei Aufenthalt in dem islamischen Land, dass einige **ehevertragliche Vorkehrungen** zu treffen sind, damit **Scheidung, Ausreise oder selbstständige Lebensführung** gewahrt bleiben. Umgekehrt ist nach islamischem Recht die Ehe als Brautkauf ausgestaltet, sodass die Sicherstellung der Frau für den Fall einer vom Ehemann jederzeit einseitig möglichen Scheidung durch die Vereinbarung einer Morgengabe[6] geregelt sein muss. Auch aus der Sicht des islamischen Ehepartners, der möchte, dass die Ehe im Heimatland anerkannt wird, ist daher der Abschluss eines Ehevertrages mit der Vereinbarung dieser **Morgengabe**[7] erforderlich.[8]

3 Über die **Qualifikation** der Morgengabe herrschte lange Zeit Uneinigkeit. Die Morgengabe wurde von der wohl überwiegenden Ansicht dem **Unterhaltsrecht** zugeordnet.[9] Zuweilen wird mit Verweis auf den Sinn der Vermögensbildung eine **güterrechtliche Qualifikation** vertreten.[10] Das OLG Köln hatte sie als **Ehewirkung i.S.d. Art. 14 EGBGB** eingeordnet.[11] Das OLG Stuttgart will auf die Funktion der Vereinbarung **nach der Intention der Brautleute** abstellen.[12] Diesen Streit hat der **BGH** entschieden.[13] Danach unterliegt der Anspruch auf eine nach iranischem Recht[14] vereinbarte Mor-

---

1 Süß/Ring-Ring, Allgemeiner Teil, § 3, Rn. 2.
2 Hierzu etwa Süß, 3. Jahresarbeitstagung des Notariats, 2005, 524 ff. Zur internationalen Dimension von Unternehmereheverträgen: Raue, DNotZ 2015, 20.
3 Etwa Althammer, Brüssel II a, Rom III, Kommentar, 2014; Andrae, Internationales Familienrecht, 4. Aufl., 2019; Bergmann/Ferid/Henrich, Internationales Ehe- und Kindschaftsrecht; Süß/Ring, Eherecht in Europa, 3. Aufl., 2016; eine gute Kurzübersicht für viele Staaten mit einer ersten Orientierung für die Praxis gibt Hertel in Würzburger Notarhandbuch, Teil 7, Kap. 4; Kaiser, BGB Bd. 4, Anhang – Länderberichte; neueste Entwicklungen stellen die Länderberichte der FamRZ zusammen; hilfreich ferner: *https://www.uinl.org/tools*, *http://www.coupleseurope.eu/de/home*.
4 Zur Anwendung türkischen Familienrechts in Deutschland: Elden, NZFam 2014, 245 f.
5 Vgl. zum Familienrecht Marokkos, Die Zeit 2007, Ausgabe 6.
6 Zur begrifflichen Kritik: Koch, FF 2018, 351 ff.
7 Zur Morgengabe: Wurmnest, Die Mär von der mahr, RabelsZ 71(2007), 527 ff.; Finger, FuR 2011, 195 f.; Lentz, FuR 2017, 658 f.; Koch, FF 2018, 351 ff.; zum türkischen Recht der Morgengabe Yarayan, NZFam 2016, 1153; zur islamischen Morgengabe im Verhältnis zum Iran Finger, FuR 2017, 182 und OLG Frankfurt, FamRZ 2017, 357 zum iranischen Recht.
8 Ein solcher Vertrag beinhaltet nach Ansicht des KG, FamRBInt 2013, 57 noch keine schlüssige Wahl des Ehewirkungsstatuts des entsprechenden islamischen Landes.
9 OLG Saarbrücken, NJW-RR 2005, 1306 = FamRZ 2006, 1378; OLG Celle, FamRZ 1998, 374; KG, FamRZ 1988, 296.
10 OLG Bremen, FamRZ 1980, 606; BRHP/Mörsdorf, Art. 14 EGBGB Rn. 20.
11 OLG Köln, FamRZ 2006, 1380.
12 OLG Stuttgart, FamRBInt 2007, 29.
13 BGH, FamRZ 2010, 533 = NJW 2010, 1528 = FamRBInt 2010, 25; kritisch zu dieser Entscheidung und mit Hinweisen zur Anwaltshaftung im Zusammenhang mit der Morgengabe: Iranbomy, FamFR 2011, 123.
14 Zu beachten sind die Voraussetzungen, unter denen die Morgengabe anfällt: Scheidung auf Antrag des Mannes oder auf Antrag der Frau, wenn diese sich auf Bedrängnis oder Verletzung ehelicher Unterhalts-

gengabe als **allgemeine Wirkung der Ehe** dem von **Art. 14 EGBGB** berufenen Sachrecht. Der BGH ist der Ansicht, die Morgengabe weise zwar Berührungspunkte zu verschiedenen Instituten auf, lasse sich aber nicht schwerpunktmäßig einem der genannten Institute zuordnen. Für den BGH standen insb. die Vorteile eines wandelbaren Ehewirkungsstatuts deutlich im Vordergrund. Mit der nicht mehr unterhaltsrechtlichen Anknüpfung setzt die Morgengabe nicht mehr Bedürftigkeit voraus, sie kann nicht nach § 1578b BGB herabgesetzt werden und sie unterliegt nicht direkt der Einschränkung des § 1579 BGB. Umstritten ist, ob eine oft irreal hoch vereinbarte Morgengabe aus anderen Gründen herabgesetzt werden darf.[15] Das OLG Frankfurt[16] will aus einer Gesamtanalogie die Beurkundungsbedürftigkeit des Morgengabeversprechens herleiten.

Mit Inkrafttreten der EU-GüVO wird aber nun vertreten, dass angesichts des weiten Begriffs des Ehegüterrechts nach Art. 3 Abs. 1 a) EU-GüVO die Morgengabe dieser Bestimmung unterfällt und somit nicht mehr nach Art. 14 EGBGB als allgemeine Ehewirkung zu qualifizieren ist.[17] 4

Der BGH-Rechtsprechung folgte eine ganze Reihe von Entscheidungen zur Morgengabe. Das **OLG Köln**[18] folgte der Anknüpfung des BGH und entschied, dass eine Morgengabe in Höhe von 94.000,- € weder **sittenwidrig** sei noch im Rahmen einer **Ausübungskontrolle** angepasst werden müsse, wenn die Verbindlichkeit **beim Zugewinn und Unterhalt berücksichtigt** werde, sodass es nicht zu einer Kumulation kommt. Weder der Umzug nach Deutschland noch eine nicht kurze Ehedauer sollen danach zu einer Änderung führen. 5

Das OLG Hamm[19] ordnet eine »**Abendgabe**«, die erst bei Scheidung zu zahlen ist, wegen des unterhaltsähnlichen Versorgungscharakters **unterhaltsrechtlich** ein und wendet Art. 3 Abs. 1, 5 ff. HUP an. Dabei verstoße die Vereinbarung einer solchen Zahlung nur für den Fall des einseitigen Verstoßes gegen den deutschen ordre public.[20] 6

Brautschmuck, der bei einer Hochzeit in der Türkei der Braut umgehängt wird (»taki«), ist dieser nach Ansicht des OLG Hamm[21] und des OLG Saarbrücken[22] **geschenkt**. Ein Verkauf durch den Ehemann verpflichtet daher zum Schadensersatz. 7

Das **OLG Frankfurt am Main**[23] stemmt sich der herrschenden Rechtsprechung entgegen und sieht bei anzuwendendem deutschen Sachrecht und nicht prägend ausländischem Hintergrund eine gerichtlich **nicht einklagbare Naturalobligation**[24] (im entschiedenen Fall war eine Pilgerreise verein- 8

---

pflicht stützt, nicht jedoch bei der einverständlichen »Loskaufscheidung«, OLG Stuttgart, FamRB-Int 2009, 25. Bei einer Vereinbarung in Deutschland ist zu beachten, ob die Brautleute überhaupt einen Rechtsbindungswillen haben oder ob die »Vereinbarung« nur dem Willen des islamischen Geistlichen geschuldet war, der sonst die Trauungszeremonie nicht durchgeführt hätte, OLG Stuttgart, FamRZ 2008, 1736 f. Rechtsgrundlage für die Anwendung iranischen Rechts in Deutschland ist das Niederlassungsabkommen zwischen dem Deutschen Reich und dem Kaiserreich Persien von 1929 (RGBl. 1930 II, S. 1006), das weiterhin anwendbar ist. Danach ist ein schriftlicher Verzicht auf die Morgengabe nicht wirksam, OLG Zweibrücken, FamRZ 2007, 1555. Vgl. Andrae, NJW 2007, 1730 f. zur Anwendung des islamischen Rechts in Scheidungsverfahren vor deutschen Gerichten.
15 Ablehnend OLG Hamm, FamRBInt 2013, 59 f., zu 800 iranischen Goldmünzen; a.A. OLG Bamberg, FamRBInt 2011, 25: Herabsetzung zur Vermeidung der übermäßigen Einschränkung der verfassungsrechtlich garantierten Wiederverheiratungsfreiheit des Mannes.
16 OLG Frankfurt am Main, NZFam 2020, 266 m.abl.Anm. Obermann.
17 MünchKomm-EU-GüVO/Loschelders, Rn. 97; Dutta, FamRZ 2016, 1973, 1974; Weber, DNotZ 2016, 659, 665; Koch, FF 2018, 351, 353; Dutta, FamRZ 2016, 1973, 1974.
18 OLG Köln, FamRZ 2016, 720.
19 OLG Hamm, FamRZ 2016, 1926.
20 Dazu Althammer, NZFam 2016, 1022 mit einer Einordnung in das Scheidungsstatut.
21 OLG Hamm, FamRB 2016, 331.
22 OLG Saarbrücken, NZFam 2019, 400.
23 OLG Frankfurt am Main v. 26.04.2019 – 8 UF 192/17 –, WKRS 2019, 24767 = BeckRS 2019, 11906; hierzu BRHP/Sutschet, § 241 Rn. 24.
24 AG Baden-Baden, BeckRS 2015, 15690 hält die Morgengabevereinbarung für sittenwidrig.

bart), die nicht mit dem Grundverständnis der Ehe in einer modernen Gesellschaft in Einklang zu bringen sei.[25] Das Gericht hält eine Vereinbarung zudem (wenn man seiner Ansicht nicht folgen will) **nur bei notarieller Beurkundung** für wirksam.[26]

9 Ehevertragliche Vereinbarungen können aus islamischer Sicht nur **vor Eheschließung** getroffen werden.[27] Sie sollten – so deutliche Hinweise auch anlässlich des neuen Urteils des BGH[28] – notariell beurkundet werden.[29]

10 Formulierungsvorschläge für entsprechende Eheverträge hat Langenfeld erarbeitet. Auf diese Vorschläge soll an dieser Stelle verwiesen werden.[30] Langenfeld empfiehlt außerdem die Hinzuziehung zweier männlicher Zeugen muslimischen Glaubens und die Beurkundung durch einen männlichen Notar.

11 Im letzten Kapitel dieses Buches sollen aber das **deutsche IPR** und das **europäische Recht** und die Auswirkungen auf die **Ehevertragsgestaltung** vorgestellt sein, sodass der Vertragsgestalter einen Überblick über die Bewältigung des Auslandsbezugs aus Sicht des deutschen Rechts erhält und die Möglichkeiten und Notwendigkeiten einer **Rechtswahl** einschätzen kann. Für die tägliche Praxis soll hier auch durch Formulierungsvorschläge eine Hilfestellung gegeben werden.

A. Allgemeines Ehewirkungsstatut, Art. 14 EGBGB

12 Das Kollisionsrecht des IPR gibt nicht Auskunft über die materiellen Inhalte des Familienrechts, sondern darüber, welches nationale Recht für einen bestimmten Punkt anwendbar ist. Kriterien, nach denen sich das anwendbare Recht bestimmt, sind die sog. **Anknüpfungspunkte**, die hier einführend kurz vorgestellt seien.

I. Anknüpfungspunkte im deutschen IPR

13 Die gebräuchlichsten Anknüpfungspunkte zur Bestimmung des anwendbaren Rechts sind Staatsangehörigkeit, gewöhnlicher Aufenthalt und engste Verbindung.

1. Staatsangehörigkeit

14 Die Staatsangehörigkeit richtet sich nach dem Recht des Staates, dessen Staatsangehörigkeit infrage steht[31] und wird vom **jeweiligen Staat** autonom geregelt. In Deutschland richtet sich die Staatsangehörigkeit gem. dem neu geregelten **Staatsangehörigkeitsgesetz**[32] zum einen nach der Abstammung von einem deutschen Staatsangehörigen (**ius sanguinis** – § 4 Abs. 1, 2) oder aber auch durch Geburt im Inland bei berechtigtem Aufenthalt des Elternteiles (**ius soli** – § 4 Abs. 3). Durch letztere Neuregelung werden vermehrt mehrfache Staatsangehörigkeiten geschaffen, da i.d.R. nach dem ius sanguinis des Staates, dessen Staatsagenhörigkeit die Eltern haben, auch dessen Staatsangehörigkeit verliehen wird. Die deutsche Staatsangehörigkeit kann ferner durch Adoption und Einbürgerung vermittelt werden, nicht aber allein durch Heirat; diese führt nur zur erleichterten Einbürgerung.

15 Für die **mehrfache Staatsangehörigkeit** enthält Art. 5 Abs. 1 EGBGB eine Regelung. Ist danach der Betroffene auch Deutscher, so ist aus deutscher Sicht ausschließlich diese Staatsangehörigkeit maßgeblich, Art. 5 Abs. 1 Satz 2 EGBGB – **Eigenrechtsvorrang**. Bei Mehrstaatlern ohne deutsche Staats-

---

25 A.A. Koch, FF 2018, 351, 353.
26 So auch AG München, FamRZ 2019, 868 m.abl.Anm. Yassari.
27 Hierzu Langenfeld/Milzer, Rn. 972 ff.; Langenfeld, MüVertHdb, Formular X.11., Anm. 3.
28 Henrich, FamRZ 2010, 537.
29 Mörsdorf-Schulte, FamRBInt 2010, 26. weist darauf hin, dass der BGH sich zur Form nicht geäußert habe.
30 Langenfeld/Milzer, Rn. 1101; Langenfeld, MüVertHdb, 6. Aufl., Formular X.11.
31 BRHP/Lorenz, Art. 5 EGBGB Rn. 2.
32 BGBl. 1999 I, S. 1618 ff.; zuletzt geändert 20.11.2019, BGBl. 2019 I, S. 1626.

angehörigkeit ist das Recht desjenigen Staates maßgeblich, mit dem die Person am engsten verbunden ist, § 5 Abs. 1 Satz 1 EGBGB – sog. **Grundsatz der effektiven Staatsangehörigkeit**. Das Gesetz verweist hierbei in erster Linie auf den gewöhnlichen Aufenthalt, aber auch auf den persönlichen Lebensverlauf. Ist eine solche effektive Staatsangehörigkeit nicht festzustellen, so erfolgt die **Ersatzanknüpfung analog Art. 5 Abs. 2 EGBGB** nach dem gewöhnlichen Aufenthalt.[33]

2. Gewöhnlicher Aufenthalt

Der gewöhnliche Aufenthalt ist im deutschen IPR nicht definiert. So wird z.T. auf § 9 AO zurückgegriffen, der einen gewöhnlichen Aufenthalt da sieht, wo sich jemand unter solchen Umständen aufhält, die erkennen lassen, dass er an diesem Ort oder in diesem Gebiet **nicht nur vorübergehend** verweilt. Dies wird bei einem zusammenhängenden Aufenthalt von mehr als sechs Monaten vermutet. Die Rechtsprechung des BGH geht von einem gewöhnlichen Aufenthalt aus, wenn an diesem Ort der **Schwerpunkt der Bindungen** der betreffenden Person, ihr **Daseinsmittelpunkt** liegt.[34] Zu fordern ist nicht nur, dass der **Aufenthalt auf längere Dauer angelegt** ist,[35] sondern auch das Vorhandensein **weiterer Beziehungen**, insb. in **familiärer, beruflicher oder sozialer Hinsicht**, in denen – im Vergleich zu einem sonst in Betracht kommenden Aufenthaltsort – der Schwerpunkt der Bindungen der betreffenden Person zu sehen ist. Vom Wohnsitz unterscheidet sich der gewöhnliche Aufenthalt dadurch, dass der Wille, den Aufenthaltsort zum Mittelpunkt oder Schwerpunkt der Lebensverhältnisse zu machen, nicht erforderlich ist. Es handelt sich um einen »faktischen« **Wohnsitz**, der ebenso wie der gewillkürte Wohnsitz **Daseinsmittelpunkt** sein muss.[36] Andererseits genügt es auch, wenn ohne tatsächlichen längeren Aufenthalt von vorneherein ein längeres Verweilen und eine Integration in die gesellschaftlichen Beziehungen an diesem Ort beabsichtigt sind.[37] Ein lediglich vorübergehender Aufenthalt ist jedoch nicht ausreichend.[38]

Bedeutsam ist der gewöhnliche Aufenthalt vor allem für die europäischen Regelungen zum anwendbaren Recht. Auch hier wird der Begriff aber nicht gesetzlich definiert. Er ist im europäischen Rahmen aber autonom und homogen auszulegen.[39] Die soeben aufgeführten Kriterien dürften auch für diesen Bereich gelten. Nach Ansicht des EuGHs ist insoweit die Aufenthaltsdauer lediglich als Indiz anzusehen.[40]

3. Engste Verbindung

Zu welchem Staat die Ehegatten die engste Verbindung haben, ist durch eine **Gesamtabwägung** festzustellen. Hier können der **gemeinsame schlichte Aufenthalt** oder gemeinsame **soziale Bindungen** wie Sprache, Kultur oder Beruf der Ehegatten eine Rolle spielen, aber auch die Absicht, eine gemeinsame Staatsangehörigkeit eines Staates zu begründen oder in einem Staat einen **ersten gemeinsamen gewöhnlichen Aufenthalt** zu nehmen.[41] Der **Ort der Eheschließung** tritt dahinter zurück, wenn diese nur zufällig an einem bestimmten Ort stattfindet, ohne dass eine Verbindung zum beabsichtigten weiteren Leben besteht.[42] Es ist eine Abwägung in jedem Einzelfall durchzuführen, um die engste Verbindung festzustellen.[43]

---

33 OLG Frankfurt am Main, FamRZ 1994, 715, 716; BRHP/Lorenz, Art. 5 EGBGB Rn. 9.
34 BGH, NJW 1981, 520; BGH, NJW 1997, 3024.
35 Nicht erforderlich ist, dass der tatsächliche Aufenthalt schon länger besteht, Süß/Ring-Süß, Allgemeiner Teil, § 2 Rn. 51.
36 BGH, NJW 1981, 520; OLG Düsseldorf, MittBayNot 2019, 180.
37 Andrae, § 2, Rn. 65.
38 Österr. OGH, FamRZ 2019, 1010.
39 Andrae, § 2, Rn. 65.
40 EuGH, FamRZ 2011, 617.
41 OLG Köln, FamRZ 1998, 1590; Süß in Münch, Familienrecht, § 20, Rn. 36.
42 BRHP/Mörsdorf, Art. 14 EGBGB Rn. 39.
43 Palandt/Thorn, Art. 14 EGBGB Rn. 13; Rspr. hierzu: BGH, NJW 1993, 2047, 2049; OLG Celle, FamRZ 1998, 686; KG, FamRZ 2002, 840 f.

II. Verweisung auf ausländisches Recht

19 Verweist danach das deutsche IPR auf ein ausländisches Recht, so erschließt sich die Bedeutung dieser Verweisung aus Art. 4 Abs. 1 EGBGB. Danach handelt es sich regelmäßig um eine **Gesamtverweisung** – im Gegensatz zu einer bloßen Sachnormverweisung, Art. 3 Abs. 1 Satz 2 EGBGB –, sodass nicht nur das ausländische Sachrecht (materielles Familienrecht), sondern auch und zuerst das ausländische IPR anzuwenden ist. Wenn nun das ausländische IPR seinerseits aus seiner Sicht die Verweisung nicht annimmt, sondern auf deutsches Recht verweist, so wird diese **Rückverweisung** (»renvoi«) vom deutschen Recht i.d.R. angenommen (»Renvoi-Freundlichkeit« des deutschen IPR)[44] und als Verweisung auf die deutschen Sachnormen angesehen, die dann unmittelbar anzuwenden sind, Art. 4 Abs. 1 Satz 2 EGBGB. Möglich sind auch **Weiterverweisungen** des ausländischen IPR auf ein anderes ausländisches IPR.[45]

20 Von dem Grundsatz der Gesamtverweisung gibt es jedoch **Ausnahmen**:[46]
- die Verweisung bezieht sich als **Sachnormverweisung** ausdrücklich nur auf die ausländischen Sachnormen (z.B.: Art. 12 EGBGB: »... natürliche Person, die nach den Sachvorschriften des Rechts dieses Staates rechts-, geschäfts- und handlungsfähig wäre ...«);
- im Fall einer **Rechtswahl** ist nach Art. 4 Abs. 2 BGB unmittelbar das Sachrecht des gewählten Rechts anwendbar;
- bei einer **begünstigenden alternativen Mehrfachanknüpfung**[47] z.B. hinsichtlich der Formwirksamkeit nach Art. 11 Abs. 1 EGBGB,[48] da mit dieser Verweisung gerade die Zahl anwendbarer Rechte zur Erhaltung der Formwirksamkeit vergrößert werden soll;
- bei einer Anknüpfung nach der **engsten Verbindung** wird ebenfalls vertreten, dass es sich wegen des Sinnvorbehaltes in Art. 4 Abs. 1 EGBGB um eine reine Sachnormverweisung handelt, weil es nicht sinnvoll wäre, erst mühsam die engste Verbindung zum einschlägigen Recht zu suchen, um sich dann zurückverweisen zu lassen.[49] Diese Ansicht ist aber nicht unbestritten, da es nicht einzusehen sei, bei einer Primäranknüpfung den renvoi anzunehmen und bei der hilfsweisen Anknüpfung nach der engsten Verbindung nicht.[50]

III. Korrektur durch den ordre public

21 Wenn das Ergebnis der Anwendung ausländischen Rechts mit **wesentlichen Grundsätzen des deutschen Rechts offensichtlich unvereinbar** ist, so ist die ausländische Rechtsnorm nach Art. 6 EGBGB nicht anzuwenden. Das gilt insb. wenn die Anwendung mit den deutschen Grundrechten unvereinbar ist. Der **ordre public** als die Zusammenfassung der wesentlichen Grundnormen des deutschen Rechts soll somit von der Einwirkung fremden Rechts abgeschirmt werden. Prüfungsgegenstand ist im Bereich des Art. 6 EGBGB stets das **konkrete Anwendungsergebnis** der jeweiligen Rechtsnorm im Einzelfall, es findet also keine Rechtsnormkontrolle statt.[51] Es handelt sich um eine eng auszulegende Ausnahmevorschrift, wie sich schon aus der Formulierung (wesentlich, offensichtlich) ergibt. Die Anwendung des Art. 6 EGBGB erfordert ferner einen **hinreichenden Inlandsbezug**.[52]

22 Gerade im **Familienrecht** gibt es dann einen **Anwendungsbereich** für Art. 6 EGBGB, wenn ausländische Rechtsordnungen sachwidrige Anknüpfungen und Unterscheidungen vorsehen, die sich

---

44 BRHP/Lorenz, Art. 4 EGBGB Rn. 7.
45 Beispiel bei Süß/Ring-Süß, Allgemeiner Teil, § 2 Rn. 97.
46 Süß/Ring-Süß, Allgemeiner Teil, § 2 Rn. 99 ff.
47 MünchKomm-BGB/v. Hein, Art. 4 EGBGB Rn. 31.
48 Detailliert MünchKomm-BGB/Spellenberg, Art. 11 EGBGB Rn. 66 ff.; BRHP/Lorenz, Art. 4 EGBGB Rn. 11 f.
49 Süß/Ring-Süß, Allgemeiner Teil, § 2 Rn. 100 mit Ausnahmen für eine nur mühsam festzustellende engste Verbindung; a.A. Palandt/Thorn, Art. 4 EGBGB Rn. 8 und Art. 14 EGBGB Rn. 3.
50 BRHP/Lorenz, Art. 4 EGBGB Rn. 11 f.; MünchKomm-BGB/v. Hein, Art. 4 EGBGB Rn. 32.
51 BRHP/Lorenz, Art. 6 EGBGB Rn. 10.
52 BVerfG, NJW 1971, 1509; BGH, NJW 1993, 848, 849.

A. Allgemeines Ehewirkungsstatut, Art. 14 EGBGB   Kapitel 10

als Gleichheitsverstoß darstellen,[53] wie etwa Ehehindernisse aus religiösen Gründen, einseitige Verstoßungsrechte, umfassende gesetzliche Vertretung durch einen Ehegatten[54] oder Scheidungsverbote.[55] Teilweise machen vorrangige Spezialnormen den Rückgriff auf die allgemeine Vorschrift des Art. 6 EGBGB entbehrlich, wie z.B. Art. 13 Abs. 2 EGBGB, der ausländische Ehehindernisse ausblendet.

IV. Darstellung des Allgemeinen Ehewirkungsstatuts

Nach Darstellung dieser allgemeinen Regeln kann nunmehr das allgemeine **Ehewirkungsstatut**[56] dargestellt werden. 23

Als **vorrangiger Staatsvertrag** ist i.R.d. Art. 14 EGBGB nur noch das Niederlassungsabkommen zwischen dem Deutschen Reich und dem Kaiserreich Persien von 1929 zu beachten.[57] Das Haager Ehewirkungsabkommen von 1905 ist gekündigt und nur noch in Altfällen einschlägig. 24

Mit dem Inkrafttreten der EU-GüVO am **29.01.2019** wurde auch **Art. 14 EGBGB geändert** und den Europäischen Regelungen des Güterrechts angepasst. Die Überleitungsvorschrift des Art. 229 § 47 Abs. 1 EGBGB regelt, dass die alte Fassung nur bis einschließlich 28.01.2019 anwendbar blieb. Sie gilt weiterhin für Ehewirkungen vor diesem Zeitpunkt.[58] 25

Damit kam es durch die Umstellung auf die Priorität des gemeinschaftlichen gewöhnlichen Aufenthaltes für Deutsche im Ausland zu einem **Statutenwechsel**, auch ohne dass sich Aufenthalt oder Staatsangehörigkeit geändert haben. 26

▶ **Hinweis:**

Zu beachten ist, dass das **Ehewirkungsstatut** nicht auf einen bestimmten Zeitpunkt abstellt und daher **wandelbar** ist. Eine Veränderung der nachgenannten Anknüpfungspunkte kann also auch das Ehewirkungsstatut ändern.[59] Auch deshalb ist die Neuregelung des Art. 14 EGBGB auch für »Altehen« anwendbar, ausgenommen bereits verwirklichte Ehewirkungen zum Zeitpunkt des Inkrafttretens. 27

Entsprechend dem Europäischen System ist nun wie folgt zu prüfen: 28

1. Rechtswahl, Art. 14 Abs. 1 EGBGB

Entsprechend den europäischen Regelungsinstrumenten ist die **Rechtswahl** in Art. 14 Abs. 1 EGBGB n.F. **primär** genannt. Zunächst ist in Abs. 1 der Verweis auf die vorrangige EU-GüVO aufgenommen, der für »Neuehen« ab dem 29.01.2019 greift und für diese den sachlichen Anwendungsbereich des Art. 14 EGBGB n.F. stark einschränkt.[60] 29

Die Möglichkeiten der Rechtswahl wurden gegenüber Art. 14 Abs. 3 EGBGB a.F. sehr erweitert und auch klarer definiert.[61] Es kann nunmehr gewählt werden: 30

---

53 Zusammenstellung bei Palandt/Thorn, Art. 6 EGBGB Rn. 15 ff.
54 Süß/Ring-Süß, Allgemeiner Teil, § 2 Rn. 106.
55 BGH, NJW-RR 2007, 145 = JZ 2007, 738 f. m. Anm. Rauscher – Unscheidbarkeit einer Ehe nach kanonischem Recht kann gegen ordre public verstoßen (Abgrenzung zu älteren Entscheidungen des BGH in BGHZ 42, 7, 11 und BGHZ 41, 136, 147).
56 Zu unterscheiden vom Eheschließungsstatut, das in Art. 13 EGBGB behandelt wird.
57 RGBl. 1930 II, 1006; wieder in Kraft gesetzt, BGBl. 1955 II, S. 829. Der wichtige Art. 8 des Niederlassungsabkommens ist abgedruckt in MünchKomm-BGB/Birk, 4. Aufl. 2006, Art. 25 Rn. 294.
58 Andrae, § 4 Rn. 186 mit dem Beispiel eines Vertragsabschlusses vor diesem Zeitpunkt.
59 Palandt/Thorn, Art. 14 EGBGB Rn. 6; Andrae, § 4 Rn. 186.
60 Hierzu näher unter Rdn. 39 ff.
61 BT-Drucks. 19/4852, 37 (Begründung Regierungsentwurf).

– Recht des Staates, in dem **beide Ehegatten** zum Zeitpunkt der Rechtswahl ihren **gewöhnlichen Aufenthalt** haben:
Es muss sich nicht um einen gemeinsamen gewöhnlichen Aufenthalt am gleichen Ort handeln. Ausreichend ist, dass jeder Ehegatte seinen gewöhnlichen Aufenthalt in dem betreffenden Staat hat, sich also der Daseinsmittelpunkt der Ehegatten in demselben Staat befindet.[62]
– Recht des **letzten gewöhnlichen Aufenthalts in demselben Staat**, den ein Ehegatte zum Zeitpunkt der Rechtswahl noch hat.
– Recht des **Staates, dem ein Ehegatte** zum Zeitpunkt der Rechtswahl **angehört**. Bei mehrfacher Staatsangehörigkeit soll jedes Heimatrecht gewählt werden können.[63]

31 Eine **Rechtswahl** ist auch dann sinnvoll, wenn bereits nach der Anknüpfungsleiter dieses Recht gegeben wäre, denn die Rechtswahl **verstetigt** insoweit das anwendbare Recht und nimmt dem allgemeinen **Ehewirkungsstatut** die Wandelbarkeit.[64]

32 Gleichwohl ist die **Bedeutung** der Rechtswahl für das allgemeine Ehewirkungsstatut **in der Praxis sehr gering**, da der Anwendungsbereich des Art. 14 EGBGB geschrumpft ist.

33 Für die gleichgeschlechtliche Ehe ist die Rechtswahl ebenfalls aufgrund des Verweises in Art. 17b Abs. 5 EGBGB eröffnet.

34 Die Form der Rechtswahl ist in Art. 14 Abs. 1 Satz 3 EGBGB festgelegt. Diese ist **notariell zu beurkunden**, und zwar nach überwiegender Ansicht unter Berufung auf den Folgesatz nach der Bestimmung des § 1410 BGB, also bei gleichzeitiger Anwesenheit beider Ehegatten.[65] Jedenfalls sollte vorsorglich die Form des § 1410 BGB eingehalten werden, wenn es nicht unbestritten ist, ob Art. 14 EGBGB auch auf diese Vorschrift verweisen will.[66] Wird die Rechtswahl im Ausland vorgenommen, genügt die **Ortsform**, ansonsten genügt auch die **Form des gewählten Rechts**.

2. Gesetzliche Anknüpfungsleiter, Art. 14 Abs. 2 EGBGB

35 Mangels einer Rechtswahl greift die gesetzliche Anknüpfungsleiter des Art. 14 Abs. 2 EGBGB. Diese ist nunmehr von der sog. Kegelschen Leiter[67] abgerückt und passt sich dem Regelungskonzept der EU-GüVO und der internationalen rechtspolitischen Entwicklung an.

Maßgeblicher **Zeitpunkt** ist immer die **konkrete Beurteilung**. Das Ehewirkungsstatut ist also **wandelbar**. Das bedeutet, dass **Art. 14 EGBGB n.F.** insbesondere **auch für Ehen** gilt, die **vor dem 29.01.2019** geschlossen wurden.[68] Die bisherigen Anknüpfungen werden in ihrer Reihenfolge geändert. Danach ist in folgender Reihenfolge maßgeblich:
– Recht des Staates, in dem **beide Ehegatten** ihren **gewöhnlichen Aufenthalt** haben:
Es muss sich nicht um einen gemeinsamen gewöhnlichen Aufenthalt am gleichen Ort handeln. Ausreichend ist, dass jeder Ehegatte seinen gewöhnlichen Aufenthalt in dem betreffenden Staat hat, sich also der Daseinsmittelpunkt der Ehegatten in demselben Staat befindet.[69] Diese Ansicht ist umstritten, für sie spricht jedoch die kollisionsrechtliche Irrelevanz des Zusammenlebens.[70]
– Recht des **letzten gewöhnlichen Aufenthalts in demselben Staat**, den ein Ehegatte noch hat, und zwar ununterbrochen.[71]

---

62 Andrae, § 4 Rn. 192.
63 Andrae, § 4 Rn. 188; Süß in Münch, Familienrecht, § 20 Rn. 42.
64 Süß in Münch, Familienrecht, § 20 Rn. 42.
65 BRHP/Mörsdorf, Art. 14 EGBGB Rn. 54; Reithmann/Martiny, Rn. 5891 m.w.N.; wohl auch Palandt/Thorn, Art. 14 EGBGB Rn. 14.
66 So zu Recht Röll, MittBayNot 1989, 1, 2.
67 Von Kegel, Internationales Privatrecht, 5. Aufl., 1985, 478 ff. vor der Reform 1986 entwickelt.
68 Ebarth, NZFam 2019, 417, 420.
69 Andrae, § 4 Rn. 192.
70 Dutta, FamRZ 2019, 1390, 1393.
71 Andrae, § 4 Rn. 193.

A. Allgemeines Ehewirkungsstatut, Art. 14 EGBGB **Kapitel 10**

– Recht der zum Beurteilungszeitpunkt **gemeinsamen Staatsangehörigkeit:**
  Hierbei ist bei Doppel- oder Mehrstaatlern auf die effektive Staatsangehörigkeit abzustellen.[72] Sofern ein Ehegatte auch die deutsche Staatsangehörigkeit hat, kommt es nach Art. 5 Abs. 1 Satz 2 EGBGB nur auf diese an.[73] Wenn erst durch Heirat eine gemeinsame Staatsangehörigkeit erworben wird, so wird dies nicht sofort die effektive Staatsangehörigkeit sein, sodass diese Anknüpfung noch nicht greift.[74]
– **Gemeinsame engste Verbindung zu einer Rechtsordnung:** 36
  Im Rahmen einer Einzelfallabwägung ist zu berücksichtigen: die gemeinsame soziale Bindung der Ehegatten an einen Staat durch Herkunft, Sprache oder berufliche Tätigkeit, der gemeinsame einfache Aufenthalt ... der letzte gewöhnliche Aufenthalt nach Aufgabe bei noch bestehender Staatsangehörigkeit, die geplante gemeinsame Staatsangehörigkeit, der geplante gemeinsame gewöhnliche Aufenthalt,[75] der Hochzeitsort, sofern nicht rein zufällig, möglicherweise auch Geburts- oder Aufenthaltsorte gemeinsamer Kinder.[76] Dabei ist nicht ein Gesichtspunkt allein maßgeblich, sondern ein »grouping of contacts«.[77]

▶ Hinweis:
Auch eine gemeinsame Erklärung der Ehegatten, mit einer bestimmten Rechtsordnung am engsten verbunden zu sein, gilt als Indiz.[78] Es kann sich also empfehlen, eine solche aufzunehmen. Eine gesicherte Rechtswirkung wird man nicht versprechen können, die bloße Erklärung wird aber nicht die Kosten einer Rechtswahl auslösen.

Schwierig ist es, wenn eine solche nicht festgestellt werden kann, da letztlich ein bestimmtes Recht zur Anwendung gebracht werden muss. Bei einem Verfahren vor deutschen Gerichten wird dann häufig vertreten, es sei deutsches Recht als lex fori anzuwenden,[79] sofern nicht der klagende Teil einseitig und isoliert zur Erlangung des Sachrechts diesen Gerichtsort gewählt hat.[80] Nach anderer Auffassung ist eine weitere Stufe nicht vorgesehen, sodass man auf der Stufe der engsten Verbindung die relativ am engsten bestehende Verbindung bestimmen müsse.[81]

V. Anwendungsbereich

Der **Anwendungsbereich des Art. 14 EGBGB** im Rahmen der allgemeinen Ehewirkungen 37 (§§ 1353 ff. BGB für das deutsche Recht) wie etwa den Regeln für die eheliche Lebensgemeinschaft, der Schlüsselgewalt, den Verfügungsbeschränkungen und den Beschränkungen der Vertragsfreiheit,[82] war **schon bisher eher schmal** und erweiterte sich eher aus **Verweisungen** wie in Art. 19 EGBGB (Abstammungsstatut) oder Art. 22 EGBGB (Annahme als Kind).

Diese mittelbare Bedeutung nimmt jedoch zusehends ab, da die Verweisungen durch europäische 38 Rechtsvorschriften ersetzt werden. So etwa
– das Scheidungsstatut, Art. 17 Abs. 1 EGBGB durch Verweis auf die Rom III Verordnung,
– das Versorgungsausgleichsstatut, Art. 17 Abs. 3 EGBGB durch Verweis auf die Rom III Verordnung,

---

72 Süß/Ring-Süß, Allgemeiner Teil, § 2 Rn. 155; BRHP/Mörsdorf, Art. 14 EGBGB Rn. 27.
73 BGH, NJW-RR 1994, 642; OLG Hamm, FamRZ 1990, 54.
74 Palandt/Thorn, Art. 14 EGBGB Rn. 12; Süß/Ring-Süß, Allgemeiner Teil, § 2, Rn. 155 m.w.N.
75 OLG Köln, FamRZ 2015, 1617.
76 Andrae, § 4 Rn. 196.
77 Süß in Münch, Familienrecht, § 20 Rn. 39.
78 MünchKomm-BGB/Siehr, 6. Aufl., Art. 14 EGBGB, Rn. 37; Andrae, § 4 Rn. 196; MünchKomm/BGB/ Looschelders, Art. 14 EGBGB, Rn. 104: schwaches Indiz.
79 BGHZ 69, 387, 394; KG, FamRZ 2002, 840; MünchKomm-BGB/Siehr, 6. Aufl. Art. 14 EGBGB Rn. 38.
80 Krit. zum Rückgriff auf das Sachrecht der lex fori: Süß/Ring-Süß, Allgemeiner Teil, § 2 Rn. 162.
81 MünchKomm-BGB/Looschelders, Art. 14 EGBGB, Rn. 106.
82 Zu den Einzelheiten: Palandt/Thorn, Art. 14 EGBGB Rn. 16.

- das Statut des nachehelichen Unterhalts, Art. 18 Abs. 4 a.F. durch die EU-UntVO,
- die frühere Verweisung des Güterrechts in Art. 15 a.F. EGBGB durch die EU-GüVO.

39 Dieser Anwendungsbereich hat sich nun für **diejenigen Ehen, die unter die EU-GüVO fallen, nochmals reduziert**, weil die EU-GüVO einen sehr weiten Anwendungsbereich hat und nach Art. 3 Abs. 1 a) EU-GüVO jegliche vermögensrechtlichen Ehewirkungen miterfasst. Für diese Ehen bleiben eigentlich nur noch persönliche Ehewirkungen in Art. 14 EGBGB.[83]

40 Für diejenigen **Ehen, die noch nicht unter die EU-GüVO fallen** (Ehen vor dem 29.01.2019 ohne Rechtswahl ab diesem Zeitpunkt, Art. 69 EU-GüVO), **bleibt es aber beim alten Zuschnitt des Anknüpfungsgegenstandes**, weil der Vorrang der EUGüVO nur in ihrem Anwendungsbereich gilt.[84]

▶ Hinweis:

41 »Altehen«, die noch nicht unter die EU-GüVO fallen, behalten den früheren weiten Anwendungsbereich des Art. 14 EGBGB auch unter dem Regime des Art. 14 EGBGB n.F.

B. Ehegüterrechtsstatut, EU-GüterrechtsVO – Art. 15 EGBGB

42 Für die Vertragsgestaltung bedeutsamer ist das Güterrechtsstatut, das in der EU-GüVO nunmehr eine europarechtliche Regelung gefunden hat.[85] Diese findet nach ihrem Art. 69 Abs. 3 Anwendung auf Ehen, die ab dem 29.01.2019 geschlossen wurden oder für die ab diesem Datum eine Rechtswahl getroffen wurde.[86] Art. 15 EGBGB ist zwar in diesem Zusammenhang vom deutschen Gesetzgeber aufgehoben worden, wird aber noch lange zu beachten sein, um die Anknüpfung von »Altehen«[87] ohne Rechtswahl festzustellen.

Wenn die Notare mit Eheverträgen für neu zu schließende Ehen oder anstehende Rechtswahlen befasst sind, so ist die EU-GüVO anzuwenden, sodass diese hier primär erläutert wird. Soweit es – etwa bei einem Kauf – um die Bestimmung des geltenden Güterrechtes einer »Altehe« geht, ist das frühere Recht hingegen weiter anwendbar.

Vorrangig vor dieser Bestimmung ist derzeit das **deutsch-iranische Niederlassungsabkommen** von 1929,[88] wonach die Angehörigen der vertragsschließenden Staaten ihrem Heimatrecht unterworfen bleiben. Dem **Haager Ehegüterrechtsabkommen** ist Deutschland bisher nicht beigetreten.[89]

I. Die EU-GüVO

1. Grundprinzipien

43 Als **Grundprinzipien** sind erkennbar:[90]
- eine einheitliche Anknüpfung ohne Rechtsspaltung,
- die Unwandelbarkeit, außer durch Rechtswahl,
- die erweiterte Möglichkeit der Rechtswahl,

---

83 Dutta, FamRZ 2016, 1973, 1974; Döbereiner, MittBayNot 2018, 405, 407; Mankowski, NJW 2019, 465, 468.
84 BRHP/Mörsdorf, Art. 14 EGBGB, Rn. 17a; Süß in Münch, Familienrecht, § 20 Rn. 28.
85 Europäische Verordnung zur Durchführung einer verstärkten Zusammenarbeit im Bereich der Zuständigkeit, des anzuwendenden Rechts und der Anerkennung und Vollstreckung von Entscheidungen in Fragen des ehelichen Güterstands (EuGüVO) vom 24.06.2016, 2016/1103, ABl. EU 2016 L 183, 1.
86 Vorrangig (Art. 62 Abs. 1 EU-GüVO) ist das Deutsch-Persische Niederlassungsabkommen vom 17.02.1929 (RGBl. 1930 II, 1006), wenn beide Ehegatten iranische Staatsangehörige sind.
87 Hier verwendet für vor dem 29.01.2019 geschlossene Ehen.
88 RGBl. 1930 II, 1006; wieder in Kraft gesetzt, BGBl. 1955 II, S. 829. Der wichtige Art. 8 des Niederlassungsabkommens ist abgedruckt in MünchKomm-BGB/Birk, 4. Aufl. 2006, Art. 25 Rn. 294.
89 Süß/Ring-Ring, Allgemeiner Teil, § 1 Rn. 70.
90 Vgl. schon Coester-Waltjen, FamRZ 2013, 170 f.

- die primäre Anknüpfung an den gewöhnlichen Aufenthalt anstelle des Heimatrechtes und
- die Sachnormverweisung auf das materielle Familienrecht des Staates nach Art. 32 EU-GüVO, sodass eine Rück- oder Weiterverweisung unbeachtet bleibt.

2. Anwendungsbereich

a) Räumlicher Anwendungsbereich

Die EU-GüVO gilt nach Art. 70 in den **Mitgliedstaaten der verstärkten Zusammenarbeit**.[91] Nach Art. 20 EU-GüVO ist das nach dieser **VO anwendbare Recht** aber auch dann anwendbar, wenn es sich nicht um das Recht eines Mitgliedstaates handelt. Man spricht vom Grundsatz der universellen Anwendung (**loi uniforme**).[92]

44

b) Zeitlicher Anwendungsbereich

Die Kollisionsnormen der VO (Art. 20 ff.; Kap. III), um die es hier geht, gelten nach Art. 69 Abs. 3 EU-GüVO nur für **Ehen**, die **ab dem Stichtag 29.01.2019 geschlossen** wurden oder Ehen (auch solche vor diesem Datum), für die ab diesem Datum eine **Rechtswahl** getroffen wird.[93] Für »**Altehen**« richtet sich die Anknüpfung also **weiterhin** nach **Art. 15 EGBGB a.F. i.V.m. Art. 14 EGBGB a.F.**, denn entscheidender Zeitpunkt für die güterrechtliche Anknüpfung nach Art. 15 Abs. 1 EGBGB a.F. ist das zum Zeitpunkt der Eheschließung geltende Recht für die allgemeinen Ehewirkungen. Das ist dann weiterhin die Kegel'sche Leiter des Art. 14 EGBGB a.F.,[94] die somit die Praxis noch für einige Jahrzehnte beschäftigen wird.[95] Auch für »Altehen« ist aber eine Rechtswahl künftig nur noch nach der EU-GüVO möglich und nicht mehr nach Art. 15 Abs. 2 EGBGB a.F. Die Weitergeltung des Art. 15 EGBGB a.F. ist in Art. 229, § 47 Abs. 2 Nr. 2 EGBGB angeordnet.

45

c) Sachlicher Anwendungsbereich

Der **sachliche Anwendungsbereich** ergibt sich aus Art. 3 Abs. 1a) der EU-GüVO. Danach meint »ehelicher Güterstand« »*sämtliche vermögensrechtlichen Regelungen, die zwischen den Ehegatten und in ihren Beziehungen zu Dritten aufgrund der Ehe oder der Auflösung der Ehe gelten.*« Die Erwägungsgründe schränken noch etwas ein, dass die Vermögensbeziehungen »direkt infolge der Ehe« bestehen müssen. Nicht erforderlich ist, dass die Vermögensrechtsverhältnisse speziell und ausschließlich Ehegatten vorbehalten sind. Daraus folgt ein **sehr weiter Anwendungsbereich** für die EU-GüVO, der auch noch eine sehr **weite Auslegung** des Begriffes beinhaltet.[96] Damit unterfallen der EU-GüVO daher insbesondere auch folgende Ansprüche, die bisher im deutschen Recht nicht unter den **Güterstandsbegriff** subsumiert wurden:
- das **Nebengüterrecht** mit seinen Verästelungen wie der unbenannten Zuwendung oder der Ehegatteninnengesellschaft,[97] aber auch der Mitarbeit im Geschäft und Beruf des anderen Ehegatten;[98]

46

---

91 Derzeit keine Geltung in den EU-Mitgliedstaaten Dänemark, Irland, Estland, Lettland, Litauen, Polen, Rumänien, Slowakei und Ungarn und auch nicht in Großbritannien, solange dieses noch Mitglied der EU war.
92 Ring/Olsen-Ring, ZErb 2019, 313, 319; Kohler/Pintens, FamRZ FamRZ 2016, 1509, 1511.
93 Süß in Münch, Familienrecht, § 20 Rn. 100 f., der auf die Notwendigkeit einer teleologischen Reduktion insoweit hinweist, dass die VO bei einer Rechtswahl für eine »Altehe« erstmals für die Wirksamkeit und Wirkung der Rechtswahl anwendbar ist.
94 Süß in Münch, Familienrecht, § 20 Rn. 141.
95 Weber, DNotZ 2016, 659, 663.
96 Andrae, § 4 Rn. 14; Dutta, FamRZ 2019, 1390, 1394 fällt keine vermögensbezogene Wirkung ein, die nicht vom europäischen Güterstandsbegriff erfasst ist.
97 Dutta, FamRZ 2016, 1973, 1975; Weber, DNotZ 2016, 659, 665/666; Andrae, § 4 Rn. 16; Andrae, IPRax 2018, 221, 223.
98 Andrae, IPrax 2018, 221, 223.

- Ehewohnungs- und Haushaltssachen;[99]
- alle vermögensbezogenen Regelungen der §§ 1353 ff. BGB, also auch die Schlüsselgewalt des § 1357 BGB, die Eigentumsvermutung des § 1362 BGB oder allgemein die Pflichten aus der ehelichen Lebensgemeinschaft nach § 1353 BGB, soweit sie vermögensbezogen sind, somit das gesamte **régime primaire**, das bisher unter Art. 14 EGBGB fiel;[100]
- die **Verfügungsbeschränkungen** wie in §§ 1365, 1369 BGB oder Art. 5 WZGA (hierzu auch Art. 27 d) und f) EU-GüVO);[101]
- die **Morgengabe**;[102]
- **Zuwendungen** unter Ehegatten, seien es Schenkungen oder unbenannte Zuwendungen. Die Streichung der **Schenkungen** aus dem Ausnahmekatalog des Art. 1 Abs. 2 gegenüber der Entwurfsfassung von 2011 spricht dafür, dass die Schenkung/Zuwendung als solche komplett unter die EU-GüVO fällt.[103] Die Meinungen hierzu gehen allerdings auseinander, so wird z.T. vertreten, dass nur die vereinbarte Anrechnung auf den Zugewinn, nicht aber die Schenkung als solche dem Güterstatut unterliegt.[104]

47 Nicht in den Anwendungsbereich fallen nach Art. 1 Abs. 2 EU-GüVO insbesondere das **Unterhaltsrecht**, der **Versorgungsausgleich** und das **Erbrecht**. In diesem Zusammenhang dürfte dann auch das erbrechtliche Viertel des § 1371 BGB nicht in den Anwendungsbereich fallen, nachdem der EuGH diese Bestimmung erbrechtlich qualifiziert,[105] insoweit entgegen der Ansicht des BGH, der die Vorschrift – vor Inkrafttreten der EUErbVO – güterrechtlich eingeordnet hatte.[106]

48 Angesichts der vielen **Interdependenzen**, die im deutschen Recht zwischen dem Güterrecht und dem Schuld- und Gesellschaftsrecht bestehen, aber auch zwischen dem Güterrecht und dem Versorgungsausgleich,[107] ist die Abgrenzung **noch nicht befriedigend gelungen**. Hier wird man die weitere Rechtsprechung abwarten müssen, um die Einordnung sicher beurteilen zu können.

49 Ein **weiteres Problemfeld** ergibt sich bei dieser weiten Auslegung für die Formvorschrift des **Art. 25 EUGüVO**, die sogleich besprochen wird.[108]

d) Gleichgeschlechtliche Ehen/Drittes Geschlecht

50 Art. 17b Abs. 4 Satz 2 EGBGB ordnet die Anwendung der EU-GüVO auch auf gleichgeschlechtliche Ehen und Ehen an, bei denen mindestens ein Ehepartner weder als männlich noch als weiblich zu qualifizieren ist.

3. Anwendbares Recht

51 Haben die Ehegatten keine Rechtswahl getroffen – eine solche wäre also vorrangig, Art. 22 EUGüVO –, so findet nach **Art. 26 Abs. 1 EU-GüVO** nach folgender Leiter folgendes Recht Anwendung: Das Recht,
- in dem die Ehegatten nach der Eheschließung ihren **ersten gemeinsamen gewöhnlichen Aufenthalt** haben, oder anderenfalls,
- dessen Staatsangehörigkeit beide Ehegatten zum Zeitpunkt der Eheschließung besitzen, oder anderenfalls

---

99 Hausmann/Odersky, § 9 Rn. 5.
100 Kohler/Pintens, FamRZ 2016, 1509, 1510; Andrae, FamRZ 2016, 1973, 1974.
101 Weber, DNotZ 2016, 659, 665.
102 Andrae, IPRax 2018, 221, 223.
103 Andrae, IPRax 2018, 221, 223; Hausmann/Odersky, § 9 Rn. 7.
104 Weber, DNotZ 2016, 659, 666.
105 EuGH, NJW 2018, 1377; hierzu OLG München, ZEV 2020, 67, wonach die Rechtsprechung des EuGHs nur anzuwenden sei bei Erbfällen, die unter die EUErbVO fallen.
106 BGH, NJW 2015, 2185.
107 Hierzu Borth, FamRZ 2019, 1573 f.
108 Rdn. 96.

– mit dem die Ehegatten unter Berücksichtigung aller Umstände zum Zeitpunkt der Eheschließung gemeinsam am engsten verbunden sind.

▶ **Hinweis:**

Mit Inkrafttreten der EU-GüVO ist es zu einem völligen Paradigmenwechsel[109] im Bereich des anwendbaren Güterrechts gekommen. Anstelle der Staatsangehörigkeit ist nunmehr der gemeinsame gewöhnliche Aufenthalt bei Eheschließung maßgeblich.

Zu den einzelnen Stufen dieser Leiter ist Folgendes wichtig zu wissen:

a) Erster gemeinsamer gewöhnlicher Aufenthalt der Eheleute

Die Begriffe sind für die EU-GüVO **autonom** nach ihren Regelungszielen zu bestimmen.[110] Bisher gibt es dazu noch wenig Vorgaben. Man wird unter dem gewöhnlichen Aufenthalt »*den Lebens- und Daseinsmittelpunkt einer Person im Sinne des Ortes der Integration in ihr soziales und familiäres Umfeld*«[111] verstehen können. Die Feststellung erfolgt im Rahmen einer **Gesamtbeurteilung**, bei der mögliche Indizien die Staatsangehörigkeit und die Belegenheit von Vermögensgütern, Arbeitsort, soziale Einbindung in Vereine, Dauer und Regelmäßigkeit des Aufenthaltes, aber auch der Bleibewille sein können.[112] Eine Mindestverweildauer muss nicht erfüllt sein. Am Ende der Abwägung kann **nur ein einziger gewöhnlicher Aufenthalt** festgestellt werden.

Umstritten ist, wie die **Gemeinsamkeit** des gewöhnlichen Aufenthaltes zu verstehen ist. Es ist hierzu noch ungeklärt, ob Voraussetzung ist, dass die Ehegatten zusammenleben oder ob es ausreicht, dass die Ehegatten ihren jeweiligen gewöhnlichen Aufenthalt in demselben Staat haben. Für ersteres spricht der textliche Unterschied zu der Formulierung in der Stufenleiter des Art. 8 Rom III VO.[113] Überwiegend wird aber das Vorliegen eines gewöhnlichen Aufenthaltes jedes Ehegatten in demselben Staat für ausreichend erachtet,[114] jedoch muss bei einem Staat mit mehreren Teilgebieten unterschiedlichen Rechts nach dem Sinn des Art. 33 EU-GüVO ein gemeinsamer gewöhnlicher Aufenthalt verneint werden.[115]

Was den **Zeitpunkt** des gemeinsamen gewöhnlichen Aufenthaltes anbelangt, so muss dieser **bei der Eheschließung oder kurz danach**[116] vorliegen. Das wird nicht weiter konkretisiert. Vorherrschend ist die Meinung, dieser gemeinsame gewöhnliche Aufenthalt müsse bis **drei Monate** nach der Eheschließung[117] – nach anderer Ansicht bis zu sechs Monaten[118] – begründet sein, ansonsten müsse man zur zweiten Stufe der Anknüpfungsleiter übergehen. Nach anderer Ansicht ist situationsbezogen zu entscheiden, d.h. wenn die Ehegatten alles getan haben und nur etwa durch eine zögerliche Bürokratie die Begründung des Aufenthaltes hinausgezögert wird, soll dies genügen.[119]

Wenn der gemeinsame gewöhnliche Aufenthalt dann innerhalb der Frist begründet ist, soll er **rückwirkend** ab Eheschließung gelten.[120]

---

109 Vgl. generell zum schleichenden Paradigmenwechsel im Europäischen Kollisionsrecht: Weller, IPrax 2011, 429 f.
110 Süß in Münch, Familienrecht, § 20 Rn. 111.
111 Döbereiner/Frank, Rn. 119.
112 Döbereiner/Frank, Rn. 119.
113 So Süß in Münch, Familienrecht, § 20 Rn. 113.
114 Döbereiner/Frank, Rn. 124; Weber, DNotZ 2016, 659, 671; Dutta/Weber/Coester-Waltjen, 52; Palandt/Thorn, Art. 26 EU-GüVO, Rn. 2.
115 Andrae, § 4 Rn. 144; Dutta/Weber/Coester-Waltjen, 52.
116 So Erwägungsgrund 49 EU-GüVO.
117 Weber, DNotZ 2016, 659, 672.
118 Döbereiner/Frank, Rn. 120; Palandt/Thorn, Art. 26 EU-GüVO, Rn. 2.
119 Süß in Münch, Familienrecht, § 20 Rn. 115.
120 Dutta/Weber/Coester-Waltjen, 53; Weber, DNotZ 2016, 659, 672; Dutta, FamRZ 2016, 1973, 1982.

58 Diese dann feststehende Anknüpfung ist grundsätzlich unwandelbar, außer bei einer Rechtswahl oder einer gerichtlichen Entscheidung nach Art. 26 Abs. 3 EU-GüVO.

▶ Hinweis:

59 Gilt für deutsche Ehegatten, die sich bei Heirat im Aushalt aufhielten, dieses ausländische Recht, so bleibt es dabei auch bei Rückzug nach Deutschland. Das ist nicht nur im Ehevertragsbereich zu beachten, sondern etwa auch dann, wenn diese Ehegatten eine Immobilie erwerben wollen.

Es wird also empfehlenswert sein, dieses bei etwaigen einschlägigen Verträgen zu eruieren und bei Unsicherheiten eine Rechtswahl zu empfehlen.

b) Gemeinsame Staatsangehörigkeit der Eheleute

60 Die Ermittlung der **Staatsangehörigkeit** erfolgt nach Erwägungsgrund 50 nach dem jeweiligen nationalen Recht.

61 Bei **Mehrstaatlern** ist daher Art. 5 Abs. 1 Satz 1 EGBGB anwendbar, sodass es auf die **effektive Staatsangehörigkeit** ankommt.[121] Der Vorrang der deutschen Staatsangehörigkeit nach Art. 5 Abs. 1 Satz 2 EGBGB soll aber jedenfalls dann nicht gelten, wenn die andere Staatsangehörigkeit diejenige eines Mitgliedes der EU ist, weil dies dem **Diskriminierungsverbot** des Art. 18 AEUV widerspräche.[122]

c) Engste Verbindung

62 Als letzte Stufe der Leiter ist die **engste Verbindung zu einem Land** zu ermitteln. Dabei müssen **alle Umstände** zum Zeitpunkt der Eheschließung berücksichtigt werden. Dabei kann ein geplanter künftiger gemeinsamer gewöhnlicher Aufenthalt ebenso eine Rolle spielen wie eine gemeinsame Herkunft, Kultur, Religion oder Sprache, aber auch Staatsangehörigkeit oder Belegenheit von Vermögen. Auf den Ort der Eheschließung wird – anders als im Entwurf – nicht mehr abgestellt. Auch hier ist entscheidender **Zeitpunkt** die **Eheschließung**. Allerdings sollen nachfolgende Tatsachenentwicklungen indizielle Bedeutung haben können.[123]

4. Ausweichklausel, Art. 26 Abs. 3 EU-GüVO

63 Da die **unwandelbare Anknüpfung an den gemeinsamen gewöhnlichen Aufenthalt zum Zeitpunkt der Eheschließung** eine **Momentaufnahme** sein kann, die vom späteren Leben überholt ist und eigentlich für die Ehegatten keine Rolle mehr spielt, hat der Gesetzgeber es für notwendig gehalten, dass diese Anknüpfung durch eine **gerichtliche Entscheidung geändert** werden kann (sog. **Ausweichklausel**, Art. 26 Abs. 3 EU-GüVO). Diese Klausel erlaubt einen Statutenwechsel allein auf Antrag eines Ehegatten. Sie hat folgende kumulative Voraussetzungen:[124]
– Bisher **objektive Anknüpfung** nach Art. 26 Abs. 1a) EU-GüVO, d.h. keine Rechtswahl und Anknüpfung an den **gemeinsamen gewöhnlichen Aufenthalt** bei Eheschließung (nicht Staatsangehörigkeit, nicht engste Verbindung).
– **Antrag eines Ehegatten** auf Anwendung eines abweichenden Güterstatuts.
– Vom gewöhnlichen Aufenthalt bei Eheschließung **abweichender letzter gemeinsamer gewöhnlicher Aufenthalt in einem anderen Staat** liegt vor (Antragsteller beweispflichtig).

---

121 Palandt/Thorn, Art. 26 EU-GüVO, Rn. 3.
122 Andrae, § 4 Rn. 149; Döbereiner/Frank, Rn. 148; Weber, DNotZ 2016, 659, 673.
123 BGH, FamRZ 2019, 1535 zu Art. 14 EGBGB a.F.; Looschelders, FamRZ 2019, 1540 sieht dies auch für die EU-GüVO als gültig an.
124 Döbereiner/Frank, Rn. 145; Süß in Münch, Familienrecht, § 20 Rn. 120.

- **Beide Ehegatten** haben **auf das Recht dieses anderen Staates** bei der Regelung oder Planung ihrer vermögensrechtlichen Beziehungen **vertraut** (beweispflichtig Antragsteller).
- Die Ehegatten haben nicht vor der Begründung des letzten gemeinsamen gewöhnlichen Aufenthaltes eine Vereinbarung über den ehelichen Güterstand getroffen.

Das Gericht kann sodann die Anwendung des Güterrechts des anderen Staates mit dem letzten gemeinsamen gewöhnlichen Aufenthalt (nur dieses!) anordnen. Die Anordnung hat **Rückwirkung auf den Zeitpunkt der Eheschließung**, wenn **beide Ehegatten** damit **einverstanden** sind, ansonsten wirkt sie auf die Begründung des letzten gemeinsamen gewöhnlichen Aufenthaltes in dem anderen Staat zurück.[125] Durch die Anordnung werden Rechte Dritter, die sich auf das nach Art. 26 Abs. 1a) EU-GüVO anwendbare Recht gründen, nicht beeinträchtigt. 64

Zuständig ist das für die Güterrechtssache zuständige Gericht (daraus wird als weitere Voraussetzung die Anhängigkeit eines Streites über das Güterrecht gefolgert)[126], und zwar nur ein Gericht eines teilnehmenden Mitgliedstaates.[127] 65

Die Bestimmung des Art. 26 Abs. 3 EU-GüVO wird z.T. sehr kritisch betrachtet.[128] Es wird sich erst erweisen müssen, was die Bestimmung, dass das Gericht »ausnahmsweise« eine solche Anordnung treffen »kann«, in der Praxis bedeutet. Ebenso wird abzuwarten sein, wie es dem Antragsteller gelingen kann, das Vertrauen des anderen Ehegatten als innere Tatsache nachzuweisen. 66

▶ Hinweis:

Nur eine gerichtliche Anordnung führt zu diesem Statutenwechsel. Allein die Möglichkeit einer solchen letztlich unwägbaren Entscheidung spricht dafür, dass die Ehegatten gemäß den nachfolgenden Erläuterungen eine Rechtswahl treffen, auch dann, wenn die objektive Anknüpfung an den Eheschließungsaufenthalt gegeben ist, um die spätere Anwendung der Ausweichklausel rechtssicher auszuschließen.[129] 67

5. Rechtswahl

Primär sieht die EU-GüVO jedoch die Bestimmung des anwendbaren Güterrechts durch **Rechtswahl** vor. Das zeigt die Positionierung des Art. 22 am Beginn der Regelungen zum anwendbaren Recht und die Einleitung des Art. 26 Abs. 1 (»Mangels einer Rechtswahlvereinbarung …«). 68

Die Möglichkeiten der Rechtswahl sind in Art. 22 EU-GüVO abschließend aufgezählt. 69
- Recht des Staates, in dem beide Ehegatten oder einer von ihnen zum Zeitpunkt der Rechtswahl den **gewöhnlichen Aufenthalt** haben.
- Recht des Staates, dessen Staatsangehörigkeit einer der Ehegatten zum Zeitpunkt der Rechtswahl hat.

Hierzu ist Folgendes zu wissen: 70

Besitzt ein Ehegatte **mehrere Staatsangehörigkeiten**, so ist jede davon wählbar.[130] 71

Der »Zeitpunkt der Rechtswahl« kann bei künftigen Ehegatten auch **vor der Eheschließung** liegen.[131] 72

---

125 Döbereiner/Frank, Rn. 145.
126 Süß in Münch, Familienrecht, § 20 Rn. 120.
127 Andrae, § 4 Rn. 151.
128 Palandt/Thorn, Art. 26 EU-GüVO, Rn. 5.
129 Dutta, FamRZ 2016, 1973, 1981.
130 Andrae, § 4 Rn. 121; Weber, DNotZ 2016, 659, 678 unter Berufung auf Erwägungsgrund 50 zur EU-GüVO.
131 Weber, DNotZ 2016, 659, 677.

73 Es kann allerdings nicht eine künftige Staatsangehörigkeit gewählt werden, auch nicht im Wege aufschiebender Bedingung. Vielmehr ist ggf. später eine neue Rechtswahl nötig.[132]

74 Die Rechtswahl wirkt **grundsätzlich ex nunc**. Allerdings lässt Art. 22 Abs. 2 EU-GüVO eine **Rückwirkung** zu, wenn die Ehegatten dies **vereinbaren**. Dabei soll der Rückwirkungszeitraum frei wählbar sein.[133] Rechte Dritter dürfen durch die Rückwirkung allerdings nicht beeinträchtigt werden. Mit der Rückwirkung der Rechtswahl ist noch nichts über eine rückwirkende Güterstandsänderung gesagt, über die das gewählte Statut entscheiden muss.

75 Die Rechtswahl kann **nur einheitlich für das gesamte Vermögen** erfolgen.

76 Eine Rechtswahl kann auch **vorsorglich** empfehlenswert sein, wenn erst später mit Auslandsbezügen zu rechnen ist.[134]

77 Eine **Rechtswahl** nach Art. 15 Abs. 2 EGBGB a.F. ist nicht mehr möglich, auch wenn die Ehe vor dem 29.01.2019 geschlossen worden war. Für eine Rechtswahl gilt seitdem **nur noch Art. 22 EU-GüVO**. Damit scheidet insbesondere die Möglichkeit aus, nur für eine zu erwerbende Immobilie nach Art. 15 Abs. 2 Nr. 3 EGBGB a.F. den deutschen Güterstand zu wählen.[135]

▶ Hinweis:

78 Angesichts der Unsicherheiten im Rahmen der Feststellung des gewöhnlichen Aufenthaltes bei Eheschließung kann sich eine Rechtswahl empfehlen, um Rechtssicherheit zu erreichen.[136]

79 Empfehlungen für eine Rechtswahl sind auch dann auszusprechen, wenn die Feststellung des gewöhnlichen Aufenthaltes bei Eheschließung mit Unwägbarkeiten verbunden ist, wenn international hinkende Rechtsverhältnisse vermieden werden sollen oder wenn Erb- und Güterstatut aufeinander abgestimmt werden sollen.[137]

80 Mit der Rechtswahl kann es zu einem Statutenwechsel kommen, sodass der bisherige Güterstand beendet wird und nun auseinanderzusetzen ist. Für diese Auseinandersetzung gilt nach Art. 27 e) EU-GüVO das bisherige Güterrecht.[138]

6. Kaufvertrag mit Einwirkung ausländischen Rechts

81 Es wird eher **selten ratsam** sein, in einem **Kaufvertrag mit Beteiligung ausländischer Staatsangehöriger** ohne weiteren Anlass nun eine **Rechtswahl insgesamt zum deutschen Güterrecht** zu treffen. Sollte dies gewünscht sein, so wird man wie bei einem Ehevertrag die entsprechende Vorlaufzeit und Aufklärung einplanen müssen. Ggf. müsste dann auch die Abwicklung des bisherigen Güterstandes in den Blick genommen werden. Aber auch die **steuerlichen Folgen** einer umfassenden Rechtswahl bedürften der Aufklärung. So wird nunmehr ausdrücklich darauf hingewiesen welche verheerenden steuerlichen Folgen eine unbedarfte Rechtswahl bei unternehmerisch tätigen ausländischen Staatsangehörigen haben kann.[139]

82 Daher wird in den meisten Fällen der Erwerb **entsprechend dem Gemeinschaftsverhältnis des ausländischen Güterstandes** erfolgen. Dieses ist daher vor Beurkundung nach Möglichkeit aufzuklären.[140]

---

132 Döbereiner, MittBayNot 2018, 405, 414.
133 Döbereiner, MittBayNot 2018, 405, 418.
134 Weber, DNotZ 2016, 659, 677.
135 DNotI-Gutachten, DNotI-Report 2019, 1, 2.
136 Süß in Münch, Familienrecht, § 20 Rn. 128.
137 Süß in Münch, Familienrecht, § 20 Rn. 128.
138 Weber, DNotZ 2016, 659, 681 m.w.N.; str.
139 Stein, DStR 2020, 368 f.; 417 f.
140 Döbereiner/Frank, Rn. 201.

B. Ehegüterrechtsstatut, EU-GüterrechtsVO – Art. 15 EGBGB Kapitel 10

Hierzu sind Länderübersichten hilfreich.[141] Es kann dabei klargestellt werden, dass die Angaben der Beteiligten maßgeblich sind, denn die Ermittlungsmöglichkeiten des Notars in diesen Fällen sind begrenzt. Die Pflichten des Notars beschränken sich darauf, darüber zu belehren, dass ausländisches Recht zur Anwendung kommen kann und die Kollisionsnormen des deutschen Rechts auf den ihm vorgetragenen Sachverhalt korrekt anzuwenden.[142]

Wenn nun **fälschlicherweise** Verkauf und Auflassung an die Erwerber **je zur Hälfte** oder einen Erwerber allein erklärt und im Grundbuch eingetragen wurden, diese jedoch **in Wirklichkeit** in einem **ausländischen Güterstand** der Gütergemeinschaft oder Errungenschaftsgemeinschaft leben, so haben die Ehegatten **gleichwohl entsprechend dem ausländischen Güterstand erworben**.[143] Dies wird im Anschluss an eine Entscheidung des BGH[144] zur deutschen Gütergemeinschaft auch für ausländische Gesamthandsgemeinschaften angenommen.[145] Demnach ist keine Wiederholung der Auflassung erforderlich, sondern nur ein formloser Berichtigungsantrag nach § 30 GBO, wenn das Grundbuchamt die beantragte Eintragung nicht vornehmen will, das jedoch zu einer Beanstandung nur bei sicherer Gewissheit aufgrund nachgewiesener Tatsachen berechtigt ist[146] und auch kein Rechtsgutachten zur Aufklärung verlangen darf.[147] Eine Eintragung als Miteigentümer zur Hälfte muss das Grundbuchamt schon dann vornehmen, wenn der nach seiner Auffassung anwendbare ausländische Güterstand diese Möglichkeit auch nur abstrakt vorsieht.[148] Eine neuere Entscheidung des OLG Oldenburg erkennt, dass bei Vorliegen des niederländischen gesetzlichen Güterstandes Eheleute nicht als Bruchteilseigentümer eingetragen werden können, wohl aber ein Ehegatte als Alleineigentümer mit einem Zusatzeintrag in Abt. I Spalte 2, der verlautbart, dass der eingetragene Eigentümer im gesetzlichen Güterstand niederländischen Rechts lebt.[149] 83

Im **umgekehrten Fall der Auflassung an eine tatsächlich nicht bestehende Gesamthandsgemeinschaft** nach ausländischem Güterrecht soll aber die erklärte **Auflassung unwirksam** sein.[150] Diese Ansicht, die sich auf ältere Rechtsprechung stützt,[151] wird aber zunehmend in Zweifel gezogen, insbesondere soll das Erwerbsverhältnis durch Auslegung ermittelt oder im Wege der Umdeutung erlangt werden können.[152] Gleichwohl kann in diesen Fällen als pragmatische Lösung eine zusätzliche Vollmacht für den Notar helfen, das Erwerbsverhältnis klarzustellen und die Auflassung zu wiederholen. Das erspart jedenfalls den Veräußerern sicher eine nochmalige Mitwirkung. 84

▶ Hinweis:

> Gleichwohl kann in diesen Fällen als pragmatische Lösung eine zusätzliche Vollmacht für den Notar helfen, das Erwerbsverhältnis klarzustellen und die Auflassung zu wiederholen. Das erspart jedenfalls den Veräußerern sicher eine nochmalige Mitwirkung. 85

---

141 Eine gute Kurzübersicht für sehr viele Staaten mit einer ersten Orientierung für die Praxis gibt Hertel in Würzburger Notarhandbuch, Teil 7, Kap. 4; Notar-Handbuch/Süß, § 128 Rn. 168; Kaiser, BGB Bd. 4, Anhang – Länderberichte; neueste Entwicklungen stellen die Länderberichte der FamRZ zusammen; hilfreich ferner *https://www.uinl.org/tools*; *http://www.coupleseurope.eu/de/home*. Süß/Ring geben auf über 1000 Seiten detaillierte Länderberichte.
142 Weber, MittBayNot 2016, 482; MittBayNot 2017, 22, 27.
143 Würzburger Notarhandbuch/Hertel, Teil 7, Kap. 2, Rn. 82.
144 BGH, NJW 1982, 1097.
145 OLG Schleswig, FGPrax 2010, 19; Weber, MittBayNot 2016, 482; MittBayNot 2017, 22, 23.
146 OLG Frankfurt, FGPrax 2017, 60.
147 OLG München, NJW 2016, 1186.
148 OLG München, NJW 2016, 1186, solches bejahend für den gesetzlichen polnischen Güterstand der Errungenschaftsgemeinschaft.
149 OLG Oldenburg, FG Prax 2019, 122.
150 Würzburger Notarhandbuch/Hertel, Teil 7, Kap. 2, Rn. 84 m.w.N., der selbst der Gegenmeinung zuneigt.
151 BayOblG, DNotZ 1959, 200.
152 MünchKomm-BGB/Ruhwinkel, § 925 Rn. 25 m.w.N.; Weber, MittBayNot 2016, 482; MittBayNot 2017, 22, 24 f.; Krauß, Immobilienkaufverträge, Rn. 855.

86 Die Empfehlung, doch stets einen Erwerb zum Miteigentum je zur Hälfte eintragen zu lassen, geht wohl zu weit.[153] Sie wird auch in einigen Fällen auf den Widerstand der Gerichte stoßen, so etwa bei niederländischen Staatsangehörigen.[154]

87 Erwägenswert ist die Empfehlung von *Weber*, die Auflassung zu Miteigentum je zur Hälfte zu erklären, die Eintragung im Grundbuch aber unter Hinweis auf den ausländischen Güterstand zu bewilligen und zu beantragen. Dafür kann folgender Formulierungsvorschlag im Rahmen des Kaufvertrages unterbreitet werden:[155]

▶ Formulierungsvorschlag: Erwerb durch zwei ausländische Erwerber

88

Kaufvertrag

I. ....

Die Erwerber erklären, dass sie ausschließlich ... Staatsangehörige sind und dies bereits im Zeitpunkt ihrer Eheschließung waren. Ihren gewöhnlichen Aufenthalt zum Zeitpunkt der Eheschließung hatten die Erwerber in ..., heute haben sie diesen in ... . Einen Ehevertrag haben sie nach Angaben nicht geschlossen.

Der Notar belehrte darüber, dass er ausländisches Recht nicht kennen muss, über den Inhalt fremder Rechtsordnungen nicht belehren kann und auch nicht belehrt hat. Der Notar hat hierüber auch keinen Beratungs- oder Betreuungsauftrag übernommen. Er hat insbesondere nicht überprüft, ob das ausländische Recht diesen Vertrag anerkennt oder ob ausländisches Recht wieder auf deutsches Recht zurückverweist. Der Notar hat hierüber auch keine Beratung oder Betreuung übernommen. Nach summarischer Prüfung könnten die Ehegatten wohl im Güterstand der Errungenschaftsgemeinschaft nach ... Recht verheiratet sein. Eine Hinzuziehung einer gesonderten Rechtsberatung im Hinblick auf das ausländische Recht oder die Vereinbarung einer güterrechtlichen Rechtswahl wird von den Beteiligten jedoch nicht gewünscht.

.....

III. ....

2) Auflassung

Veräußerer und Erwerber sind sich darüber

einig,

dass das Eigentum am verkauften Vertragsobjekt vom Veräußerer auf die Erwerber zum Miteigentum je zur Hälfte übergeht.

Der Veräußerer bewilligt und die Erwerber

beantragen

die Eintragung der Erwerber im gesetzlichen Güterstand der Errungenschaftsgemeinschaft nach ... Recht im Grundbuch. Auf Zwischeneintragung wird verzichtet.

Klargestellt wird, dass die Ehegatten an den Miteigentumsanteilen kein Vorbehaltsgut begründen.

Um Vollzugsmitteilung an den amtierenden Notar wird gebeten.

.....(Ausfertigungssperre/Bewilligungslösung, dann oben nur Anweisung) ...

.....

Der Notar wird hiermit von den Vertragsparteien ausdrücklich bevollmächtigt, das Erwerbsverhältnis klarzustellen und die Auflassung zu wiederholen.

---

153 Amann zitiert in Würzburger Notarhandbuch/Hertel, Teil 7, Kap. 2, Rn. 86.
154 OLG Oldenburg, FGPrax 2019, 122 auf der Grundlage eines ausführlichen Rechtsgutachtens.
155 Auf der Grundlage des Formulierungsvorschlages von Weber, MittBayNot 2017, 22, 28.

7. Formfragen

Die EU-GüVO hat sich von der früher vertretenen Ortsform verabschiedet. Sie sieht in Art. 23 Abs. 1 eine **Mindestform** vor, die in jedem Fall einer Rechtswahl eingehalten sein muss.

a) Mindestform, Art. 23 Abs. 1 EU-GüVO

Danach sind erforderlich:
- **Schriftform**; der Begriff ist autonom anzuknüpfen ohne Rückgriff auf § 126 BGB. Gleichgestellt ist die elektronische Übermittlung, die eine dauerhafte Aufzeichnung der Vereinbarung ermöglicht. Hierzu wird eine elektronische Signatur verlangt.[156]
- **Datierung**.
- **Unterzeichnung**; als problematisch wird die Beurkundung mit Schreibunfähigen angesehen, da hierfür keine Regeln existieren.[157] Gleiches gilt für den Fall der Vertretung oder Bevollmächtigung, da eine eigenhändige und höchstpersönliche Unterschrift gefordert wird.[158] Nach anderer Auffassung richtet sich die Vertretung nach dem gewählten Recht, soll aber dann als Vollmacht der Mindestform der EU-GüVO bedürfen.[159]

Diese Erfordernisse werden bei der notariellen Beurkundung in Deutschland jeweils eingehalten sein.

▶ **Hinweis:**
Bei der Beurkundung einer Rechtswahl vor einem deutschen Notar sollte die Unterzeichnung durch Bevollmächtigte vermieden werden. In diesen Fällen und bei Schreibunfähigkeit sollte auf bestehende Zweifel im Hinblick auf die Einhaltung der Mindestform hingewiesen werden.[160]

b) Recht des gewöhnlichen Aufenthaltes in einem Mitgliedsstaat, Art. 23 Abs. 2 EU-GüVO

Zusätzlich muss nach Art. 23 Abs. 2 EU-GüVO das Recht des Mitgliedsstaates in Bezug auf Vereinbarungen über den ehelichen Güterstand beachtet werden,
- in dem beide Ehegatten ihren gewöhnlichen Aufenthalt haben;
- bei gewöhnlichem Aufenthalt jedes Ehegatten in einem anderen Mitgliedstaat jedenfalls das Recht eines dieser Mitgliedstaaten.;
- bei gewöhnlichem Aufenthalt eines Ehegatten in einem Mitgliedstaat und eines Ehegatten in einem Drittstaat das Recht des Mitgliedstaates.;
- bei gewöhnlichem Aufenthalt beider Ehegatten in Drittstaaten gibt es keine Besonderheiten. Das heißt es bleibt dann bei der Mindestform.

Soweit nachstehend nicht anders erwähnt, verlangen die Mitgliedstaaten[161] notarielle Beurkundung oder mindestens Beglaubigung (Kroatien). Darüber hinaus besteht in **Finnland** die Notwendigkeit der **Mitwirkung zweier Zeugen und einer öffentlichen Registrierung** bei einfacher Schriftform. In **Schweden** genügt die einfache Schriftform, aber es ist eine **öffentliche Registrierung** erforderlich. In Zypern genügt die einfache Schriftform. Ob die in Italien bestehende Möglichkeit, Gütertrennung durch Eintrag in die Heiratsurkunde zu wählen, als strengere Form zu gelten hat, ist noch unklar.

---

156 Palandt/Thorn, Art. 23 EU-GüVO, Rn. 2; Döbereiner/Frank, Rn. 231.
157 Andrae, § 4 Rn. 128; Süß in Münch, Familienrecht, § 20 Rn. 126.
158 BeckOGK/Gössl, Rom III-VO, Art. 7, Rn. 14 f.
159 DNotI-Gutachten, DNotI-Report 2019, 1, 4.
160 Süß in Münch, Familienrecht, § 20 Rn. 126.
161 Nach Döbereiner/Frank, Rn. 244 f.

> Hinweis:

94 Haben beide Ehegatten ihren gewöhnlichen Aufenthalt nicht in Deutschland und mindestens einer von ihnen in einem Mitgliedstaat, so **kann der deutsche Notar nicht sicher sein, dass die Rechtswahl allein durch die notarielle Beurkundung formwirksam erklärt ist!** Es sind zusätzlich weitere Erfordernisse des Mitgliedstaates mit dem gewöhnlichen Aufenthalt zu prüfen.

c) Einigung und materielle Wirksamkeit, Art. 24 EU-GüVO

95 Art. 24 EU-GüVO ordnet eine Vorwirkung des gewählten Rechtes insoweit an, als dieses etwa darüber entscheidet, ob eine wirksame Einigung vorliegt und welche Auswirkungen Willensmängel haben. In diesem Zusammenhang ist etwa bei der Wahl des deutschen Rechts die Rechtsprechung zur Inhaltskontrolle mit zu berücksichtigen, allerdings wird die isolierte Rechtswahl nur in seltenen Fällen sittenwidrig oder anpassungsbedürftig sein.[162]

8. Form bei Vereinbarungen über den ehelichen Güterstand, Art. 25 EU-GüVO

96 Art. 25 EU-GüVO sieht im Gegensatz zu Art. 11 EGBGB, der sich mit einer alternativen Ortsform zufriedengab und damit das favor-negotii-Prinzip zum Ausdruck brachte,[163] gleich eine **dreischichtige kumulative Formpyramide** vor. Danach muss für die Formgültigkeit der Vereinbarung über den ehelichen Güterstand eingehalten sein:
– die **Mindestform** mit Schriftform, Datierung und Unterzeichnung (Art. 25 Abs. 1 EU-GüVO);
– zusätzlich die **Formvorschriften des gewöhnlichen Aufenthalts** bei einem solchen in einem Mitgliedstaat (Art. 25 Abs. 1 EU-GüVO);
– zusätzlich die **Formvorschriften des auf den ehelichen Güterstand anzuwendenden Rechts** (Art. 25 Abs. 1 EU-GüVO).

97 Diese kumulative Aufhäufung von Formvorschriften, die zuweilen kaum kompatibel zu wahren sind, wird stark kritisiert. Bei Art. 25 EU-GüVO handelt es sich um eine echte Sachnorm und nicht um eine Kollisionsnorm.[164] Es wird sogar bezweifelt, dass für die sachrechtliche Ebene der Form von güterrechtlichen Vereinbarungen überhaupt eine unionsrechtliche Gesetzgebungskompetenz besteht.[165]

98 Besonders **problematisch** wird die Anforderung der **Mindestform** in Art. 25 Abs. 1 EU-GüVO in Kombination mit der weiten Auslegung des Begriffs »ehelicher Güterstand«, der »*sämtliche vermögensrechtlichen Regelungen [erfasst], die zwischen den Ehegatten und in ihren Beziehungen zu Dritten aufgrund der Ehe oder der Auflösung der Ehe gelten.*«[166] Damit wird die **Schriftlichkeit auch für den Bereich des Nebengüterrechtes** gefordert. Da das Nebengüterrecht aber im Wesentlichen Richterrecht darstellt, dass von konkludent geschlossenen Ehegatteninnengesellschaften oder sonstigen Verträgen familienrechtlicher Art ausgeht, von deren Existenz die Ehegatten zumeist überrascht sind, fehlt diesen Verträgen regelmäßig die Schriftlichkeit. Damit wäre dies das Aus für diese Instrumente bei allen Neuehen.[167]

99 Hinzu kommt, dass Art. 25 Abs. 1 EU-GüVO nach verbreiteter Meinung keinen grenzüberschreitenden Sachverhalt voraussetzt.[168] Das wird zwar im Lichte des Telos der EU-GüVO und einer kom-

---

162 Döbereiner/Frank, Rn. 286; Ausnahmen ggf. da, wo bewusst Ansprüche durch Wahl eines Rechts unterlaufen werden sollen.
163 Dutta, FamRZ 2016, 1973, 1984.
164 Döbereiner/Frank, Rn. 344.
165 Weber, DNotZ 2016, 659, 683.
166 Vgl. dazu näher Rdn. 46.
167 Wever, FamRZ 2019, 757, 766.
168 Döbereiner/Frank, Rn. 344; Süß in Münch, Familienrecht, § 20 Rn. 126; DNotI-Gutachten, DNotI-Report 2019, 1, 5: »nicht abschließend geklärt«.

petenzkonformen Auslegung teilweise auch anders gesehen,[169] sodass zumindest ein später auftretender grenzüberschreitender Bezug vorausgesetzt wird. Soll aber die Wirksamkeit nebengüterrechtlicher Verträge von dieser Differenzierung abhängen? Eine kompetenzkonforme Auslegung würde wohl ferner Art. 25 EU-GüVO auf klassische Eheverträge nach § 1408 BGB beschränken.[170] So sieht *Dutta* den Vereinbarungsbegriff des Art. 25 EU-GüVO im Nebengüterrecht nicht gegeben.[171]

Sollten die nebengüterrechtlichen Verträge nicht wirksam sein, wird für diesen Bereich auf die Regeln der fehlerhaften Gesellschaft oder des Bereicherungsrechts auszuweichen sein.[172] 100

Diese **neue Unsicherheit** in der Anwendung nebengüterrechtlicher Rechtsprechung spricht noch mehr dafür, diesen **Bereich neu zu überdenken** und ihn entweder in die Inhaltskontrolle zu integrieren oder eigens zu regeln. 101

▶ Hinweis:

Möglicherweise fordert Art. 25 EU-GüVO für das Nebengüterrecht die Schriftform der familienrechtlichen Verträge! 102

II. Das Güterrechtsstatut nach Art. 15 EGBGB a.F.

1. »Altehen«

Wie beim zeitlichen Anwendungsbereich der EU-GüVO dargestellt, gilt für Ehen, die vor dem 29.01.2019 geschlossen wurden, weiterhin Art. 15 EGBGB a.F. 103

Obwohl diese Vorschrift also für zahlreiche Ehen nach wie vor Gültigkeit hat, wird sie in Kommentaren nicht mehr abgedruckt. Hier soll daher der Wortlaut nochmals abgedruckt sein, mit Ausnahme der nicht mehr anwendbaren Rechtswahl in Abs. 2. 104

> *Artikel 15 EGBGB a.F.* 105
>
> *(1) Die güterrechtlichen Wirkungen der Ehe unterliegen dem bei der Eheschließung für die allgemeinen Wirkungen der Ehe maßgebenden Recht.*
>
> *(2) ………*
>
> *(3) Artikel 14 Absatz 4 gilt entsprechend.*
>
> *(4) Die Vorschriften des Gesetzes über den ehelichen Güterstand von Vertriebenen und Flüchtlingen bleiben unberührt.*

Da die Vorschrift noch verbreitet Anwendung findet, wird auch die nachfolgende Kommentierung hier beibehalten. 106

Art. 15 EGBGB **verweist** zur Bestimmung des auf die güterrechtlichen Beziehungen anwendbaren Rechts auf das allgemeine Ehewirkungsstatut des Art. 14 EGBGB, allerdings statisch für das allgemeine **Ehewirkungsstatut**, das **zum Zeitpunkt der Eheschließung** gilt. Damit ist eine Anknüpfung an die vergangenheitsorientierten Merkmale des Art. 14 EGBGB (frühere gemeinsame Staatsangehörigkeit oder früherer gemeinschaftlicher gewöhnlicher Aufenthalt) nicht möglich.[173] Verwiesen wird damit auf Art. 14 EGBGB a.F. also auf die Fassung vor der mit der EU-GüVO in Kraft getretenen Änderung.[174] 107

---

169 Sanders, FamRZ 2018, 978, 981 f.
170 Wever, FamRZ 2019, 757, 766.
171 Dutta, FamRZ 2019, 1390, 1396.
172 Sanders, FamRZ 2018, 978, 983 f.
173 BRHP/Mörsdorf, Art. 15 EGBGB Rn. 81; Lichtenberger, DNotZ 1986, 644, 656; Süß in Münch, Familienrecht, § 20, Rn. 141.
174 Andrae, § 4 Rn. 212.

108 Somit bestimmt sich das Ehegüterrechtsstatut nach **folgender Stufenleiter** der Art. 15 Abs. 1, 14 Abs. 1 EGBGB a.F.:
- Recht des Staates, dem beide Ehegatten bei Eheschließung angehörten;
- Recht des Staates, in dem beide Ehegatten bei Eheschließung ihren gewöhnlichen Aufenthalt hatten;
- Recht des Staates, mit dem die Ehegatten bei Eheschließung sonst am engsten verbunden waren.

109 Das **Ehegüterrechtsstatut nach Art. 15 EGBGB a.F.** ist also grds. **unwandelbar**. Ausnahmsweise kann es zu einer Veränderung kommen durch Rechtswahl, aufgrund des vorrangigen (Art. 15 Abs. 4 EGBGB) Gesetzes über den ehelichen Güterstand von Vertriebenen und Flüchtlingen oder aufgrund des Art. 220 Abs. 3 EGBGB für Altehen. Eine Veränderung des allgemeinen Ehewirkungsstatuts, auch eine diesbezügliche Rechtswahl beeinflusst das Güterrechtsstatut hingegen nicht mehr. Eine **Rechtswahl** hinsichtlich des **allgemeinen Ehewirkungsstatuts** erlangt daher **nur Bedeutung**, wenn sie **bei Eheschließung wirksam** war.[175] Eine nachträgliche Rechtswahl hinsichtlich des allgemeinen Ehewirkungsstatuts wirkt sich auf das Güterrechtsstatut nicht mehr aus. Wandelt sich allerdings das zugrunde liegende Sachrecht, so ist dies zu berücksichtigen, wenn und soweit es selbst dieser Wandlung Rückwirkung beilegt, sodass grds. das Recht mit seinem jeweiligen Inhalt gilt.[176] Es gilt also das aktuell geltende Recht.[177]

110 Die Verweisung auf das allgemeine Ehewirkungsstatut umfasst das gesamte Vermögen der Ehegatten. Es handelt sich also um ein **Gesamtstatut**, unabhängig davon, wo sich das Vermögen befindet und ob es beweglich oder unbeweglich ist.[178] Diese Einheitlichkeit des Güterrechtsstatuts wird jedoch in **folgenden Fällen durchbrochen:**[179]
- früher mögliche **Rechtswahl** bezogen auf unbewegliches Vermögen nach Art. 15 Abs. 2 Nr. 3 EGBGB;
- nur **teilweise Rückverweisung** durch ausländisches Kollisionsrecht;
- gespaltene Sonderanknüpfung ausländischen Kollisionsrechts insb. für bewegliches und unbewegliches Vermögen kann über Art. 3a Abs. 2 EGBGB[180] a.F. zu einem vorrangigen Einzelstatut führen (**Einzelstatut bricht Gesamtstatut**) im Rahmen des Anwendungsbereiches der Art. 15 EGBGB, also nicht mehr unter Geltung der EU-GüVO. Das gilt insbesondere bei Ländern des common law,[181] die für Grundstücksvermögen die lex rei sitae für maßgeblich erklären.[182]

111 Bei einer solchen **Güterrechtsspaltung** teilt sich das Vermögen der Ehegatten in **zwei selbstständige Vermögensmassen**, die jeweils für sich nach dem anwendbaren Recht zu betrachten sind. So ist z.B. für die Frage eines **Gesamtvermögensgeschäftes** nach § 1365 BGB nur die dem deutschen Güterrecht unterliegende Vermögensmasse zu betrachten. Auch für die **Auseinandersetzung** bei Ende des Güterstandes oder die Frage einer **Gesamthandsgemeinschaft** ist nur das dem jeweiligen Güterstand unterworfene Vermögen zu betrachten.[183]

---

175 Palandt/Thorn, 78. Aufl., Art. 15 EGBGB Rn. 1 und Rn. 20.
176 Reithmann/Martiny, Rn. 5949.
177 OLG Celle, MittBayNot 2014, 470.
178 Palandt/Thorn, 78. Aufl., Art. 15 EGBGB Rn. 4; BRHP/Mörsdorf, Art. 15 EGBGB Rn. 90.
179 Wandel, in: DAI, 3. Jahresarbeitstagung des Notariats, 2005, 453, 462 f.
180 Hierzu OLG Hamm, FamRZ 2014, 947: Bei Eingreifen eines deutschen Güterrechtsstatuts ist das in England belegene Immobilienvermögen nicht nach Art. 3a Abs. 2 EGBGB vom Zugewinn ausgeschlossen.
181 Allgemeine Beratungshinweise zum Ehegüterrecht und zu Eheverträgen im Common Law finden sich bei Scherpe, DNotZ 2016, 644 ff.
182 Süß in Münch, Familienrecht, § 20, Rn. 151.
183 Wandel, in: DAI, 3. Jahresarbeitstagung des Notariats, 2005, 453, 463.

2. Sonderfälle

Neben dem bereits geschilderten vorrangigen deutsch-iranischen Niederlassungsabkommen gelten Besonderheiten aufgrund des **Gesetzes über den ehelichen Güterstand von Vertriebenen und Flüchtlingen**.[184] Dieses Gesetz leitet für Personen deutscher Volkszugehörigkeit, die als Vertriebene, Um-, Aus- oder Spätaussiedler sowie als Flüchtlinge aus der Sowjetzone oder später der DDR in die Bundesrepublik übergesiedelt sind, den Güterstand in das BGB-Güterrecht über und durchbricht somit den Grundsatz der Unwandelbarkeit des Güterrechtsstatuts.

Allerdings ist umstritten, ob auch für die in § 4 Bundesvertriebenengesetz erstmals seit 1993 definierten **Spätaussiedler** das Gesetz zur Überleitung des Güterstandes gilt oder ob dieser Personenkreis auf eine Rechtswahl angewiesen ist.[185]

▶ Hinweis:

Für die notarielle Praxis ergeht daher der Rat, sicherheitshalber eine Rechtswahl zu treffen.

Das OLG Hamm hat sich in einer Entscheidung mit Spätaussiedlern befasst[186] und zunächst ausgesprochen, dass Art. 4 EGBGB die Rückverweisung annimmt, die sich aus Art. 161 Abs. 1 des russischen FGB ergibt (in Kraft seit 01.03.1996). Das Gericht hat sich sodann gegen die früher vertretene Versteinerungstheorie gewandt und die Rückverweisung auch insoweit für beachtlich gehalten, als die geänderte ausländische Kollisionsnorm zu einer nachträglichen Wandelbarkeit des Güterrechtsstatuts nach Wegfall der nach deutschem Kollisionsrecht maßgeblichen Anknüpfungstatsachen führt. Im Ergebnis kommt das Gericht dadurch zur Anwendbarkeit deutschen Ehegüterrechts, auch wenn beide Ehegatten im Zeitpunkt der Eheschließung nicht deutsche Staatsangehörige waren.[187] Dieser Rechtsprechung hat sich das OLG Düsseldorf angeschlossen.[188] Das OLG Nürnberg hingegen hat gegenteilig entschieden;[189] diese Entscheidung ist auf Kritik gestoßen.[190]

3. Behandlung von Ehen, geschlossen vor dem 01.09.1986

Das BVerfG hatte die einseitige güterrechtliche Anknüpfung an das **Heimatrecht des Ehemannes** nach **Art. 15 Abs. 1 EGBGB in der Fassung vor dem 01.09.1986** für **verfassungswidrig** erklärt. Die Entscheidung wurde am 08.04.1983 veröffentlicht und führte dazu, dass Art. 15 Abs. 1 EGBGB mit Inkrafttreten des Gleichheitsgrundsatzes des Art. 3 Abs. 2 GG (Art. 117 Abs. 1 GG) am 01.04.1953 (zunächst unerkannt) außer Kraft trat.

Somit gilt für **Ehen vor dem 01.09.1986** unterschiedliches Recht. **Art. 220 Abs. 3 EGBGB**, der mit Inkrafttreten der EU-GüVO angepasst wurde,[191] enthält hierzu eine Übergangsregelung.[192] Danach gilt Folgendes:

---

184 BGBl. 1969 I, S. 1067; abgedruckt bei Bamberger/Roth-Otte, 1. Aufl. 2003, Art. 15 EGBGB Rn. 89 ff.
185 Hierzu: Wandel, in: DAI, 3. Jahresarbeitstagung des Notariats, 2005, 453, 466 f.; nach Palandt/Thorn, 78. Aufl., Anh. zu Art. 15 EGBGB Rn. 1 gilt das Gesetz nicht für Spätaussiedler, die ihre Heimat erst nach dem 31.12.1992 verlassen haben; die herrschende Lehre hingegen bejaht die Anwendbarkeit auch auf Spätaussiedler, Süß in Münch, Familienrecht, § 20, Rn. 153 m.w.N.
186 OLG Hamm, ZEV 2010, 251 = MittBayNot 2010, 223 m. Anm. Süß.
187 Zu anderen Konstellationen in diesem Zusammenhang: Gutachten des DNotI 997368.
188 OLG Düsseldorf, FamRZ 2011, 1510.
189 OLG Nürnberg, FamRZ 2011, 1509.
190 Hausmann, B Rn. 440.
191 Die Anpassung nimmt ausdrücklich die Rechtswahl nach Art. 15 Abs. 2 und 3 EGBGB a.F. wieder in Bezug, obwohl doch diese nicht mehr möglich sein soll.
192 Es verwundert, dass diese nach wie vor abgedruckt ist, während Art. 15 EGBGB als aufgehoben sich bald schwer finden lassen wird.

a) Eheschließung vor 01.04.1953

118 Für Ehen, die vor dem 01.04.1953 geschlossen wurden, **verbleibt es bei der Anknüpfung an das Heimatrecht des Ehemannes**, das unwandelbar das Güterrechtsstatut bestimmt, Art. 220 Abs. 3 Satz 6 EGBGB. Rück- und Weiterverweisungen sind zu beachten.[193] Den Ehegatten ist es jedoch ausdrücklich freigestellt, eine Rechtswahl nach zu treffen.

b) Eheschließung vom 01.04.1953 bis 08.04.1983

119 Für Ehen, die vom 01.04.1953 bis zum 08.04.1983 geschlossen wurden, enthält Art. 220 Abs. 3 Satz 1 EGBGB eine **Sonderregelung**:[194]

120 Bis zum Stichtag 08.04.1983 gilt der Satz 1 des Art. 220 Abs. 3 EGBGB mit seiner **Anknüpfungsleiter der Nr. 1 bis Nr. 3**. Danach gelten Sätze 2 bis 4. Der BGH führt hierzu unter Berufung auf die Gesetzgebungsgeschichte Folgendes aus:[195]

> »Dabei bezieht sich der **Stichtag** nicht auf den Vermögenserwerb, sondern auf den zu beurteilenden **güterrechtsrelevanten Vorgang**. Eine unterschiedliche Behandlung des vor dem 09.04. und des nach dem 08.04.1983 vorhandenen oder erworbenen Vermögens, d.h. die güterrechtliche Aufspaltung in zwei Vermögensmassen mit der möglichen Folge, dass zwei Güterrechtsordnungen nebeneinander anzuwenden wären, erschiene wenig sachgerecht und wird durch den Gesetzeswortlaut nicht erfordert. Die Vorschrift lässt sich vielmehr zwanglos dahin verstehen, dass für die Beurteilung von bis einschließlich 08.04.1983 abgeschlossenen güterrechtsrelevanten Vorgängen die nach Satz 1 des Art. 220 III EGBGB berufene Güterrechtsordnung, für die Beurteilung von nach dem 08.04.1983 abgeschlossenen oder anfallenden güterrechtsrelevanten Vorgängen dagegen die nach Satz 2 berufene Güterrechtsordnung maßgeblich sein soll.«

121 Die Anknüpfungsleiter des Satzes 1 findet also Anwendung, wenn Scheidung oder Tod vor dem Stichtag lagen. Danach ist **folgende Stufenfolge** zu prüfen:
(1) **gemeinsame Staatsangehörigkeit** bei Eheschließung (Gesamtverweisung);
(2) **Recht des Staates**, dem die Ehegatten sich **unterstellt** haben oder von dessen **Anwendung sie ausgegangen sind**, insb. nach dem sie einen Ehevertrag geschlossen haben (Sachnormverweisung).

Mit der Alternative »**unterstellt**« ist eine formlos gültige Rechtswahl angesprochen, die sich insb. im Abschluss eines Ehevertrages nach dem entsprechenden Recht zeigt. Diese Alternative dürfte ins Leere laufen, da sich Ehepaare nicht zu einer solchen Wahl veranlasst sahen.[196]

Mit der Alternative »von dessen **Anwendung** sie **ausgegangen** sind« wird eine konkludente Rechtswahl fingiert.

Fraglich ist, ob eine solche Rechtswahl auch nach dem Stichtag noch fortwirkt. Hier hat das **BVerfG** entschieden,[197] dass eine gerichtliche Auslegung, wonach die konkludente Rechtswahl des »Ausgehens« von einer Norm über den Stichtag hinaus das anwendbare Recht weiter bestimmt, mit dem Gleichheitssatz des Grundgesetzes nicht vereinbar ist, soweit die Ehegatten davon ausgingen, dass das Heimatrecht des Ehemannes das anwendbare Recht sei. **Mit der Annahme eines Weiterbestehens der konkludenten Rechtswahl würde** die alte **verfassungswidrige Vorschrift** des Art. 15 EGBGB (Bestimmung des anwendbaren Rechts durch das Heimatrecht des Ehemannes) **perpetuiert**. Ansonsten aber soll eine getroffene Rechtswahl unter den Voraussetzungen des Art. 15 Abs. 2 EGBGB[198] fortgelten, auch wenn diese nicht in der Form der Art. 15 Abs. 3, 14 Abs. 4 EGBGB erfolgt ist.[199]

---

193 Hausmann/Odersky, § 9 Rn. 143, dort auch Anwendungsbeispiel.
194 Ausführlich unter Darstellung aller Zweifelsfragen Hausmann/Odersky, § 9 Rn. 144 ff.
195 BGH, DNotZ 1987, 297 ff.
196 Wandel, in: DAI, 3. Jahresarbeitstagung des Notariats, 2005, 453, 471.
197 BVerfG, NJW 2003, 1656 f.
198 Lichtenberger, DNotZ 1987, 300.
199 BGH, FamRZ 1986, 1200, 1202; Palandt/Thorn, 78. Aufl., Art. 15 EGBGB Rn. 11; Hausmann/Odersky, § 9 Rn. 151.

(3) Recht des Staates, dem der Ehemann bei Eheschließung angehörte (Gesamtverweisung).

Lag der güterrechtsrelevante Vorgang nach dem Stichtag, so gilt Art. 15 EGBGB n.F. für das gesamte Vermögen und die gesamte Ehezeit, allerdings mit folgenden Modifikationen: **122**

Art. 220 Abs. 3 Satz 3 EGBGB: Wenn für die Zeit bis zum Stichtag über Art. 220 Abs. 3 Satz 1 Nr. 3 EGBGB das Heimatrecht des Ehemannes maßgeblich war, dann soll bei der nunmehr neuen Anknüpfung über Art. 15 EGBGB a.F. diese Anknüpfung nicht für den Zeitpunkt der Eheschließung vorgenommen werden, sondern gleichsam aktueller für den 09.04.1983; es kommt also darauf an, ob zu diesem Zeitpunkt eine gemeinsame Staatsangehörigkeit oder ein gemeinschaftlicher gewöhnlicher Aufenthalt vorliegt.[200] **123**

Art. 220 Abs. 3 Satz 3 EGBGB: Kommt es am Stichtag zu einem **Statutenwechsel**, so soll dies nicht zu einem gespaltenen Güterstand für das vorher und nachher erworbene Vermögen führen, sondern zu einem einheitlich neu anwendbaren Recht. Ob in der Konsequenz der frühere Güterstand zu liquidieren ist,[201] ist umstritten. Der BGH hat eine solche Abwicklungspflicht verneint.[202] Art. 220 Abs. 3 Satz 4 EGBGB stellt in jedem Fall sicher, dass Ansprüche, die auf ein Datum vor der Neuregelung bezogen sind, bei Inkrafttreten noch nicht verjährt sind. **124**

Erst in letzter Zeit rückt die Entscheidung des BVerfG aus dem Jahr 2002[203] ins allgemeine Bewusstsein. Sie wird inzwischen so interpretiert,[204] dass die in Art. 220 Abs. 3 Satz 1 Nr. 2 und 3 EGBGB getroffenen Bestimmungen verfassungswidrig und daher insgesamt nichtig seien. Der jetzige Art. 15 Abs. 1 EGBGB sei entsprechend anzuwenden. Eheverträge auf der Basis des »falschen Rechts« seien auszulegen und umzudeuten. Soweit Gestaltung gefragt ist, wird zu einer klaren Rechtswahl geraten und nicht zu einer Bestätigung der in Zweifel geratenen fingierten konkludenten Rechtswahl. Die Rechtslage ist nicht unumstritten. Andere raten zur weiteren Anwendung der Anknüpfungsleiter trotz der Einschränkungen des BVerfG.[205] **125**

c) Eheschließung vom 09.04.1983 bis 31.08.1986

Für Ehen, die zwischen dem 09.04.1983 und dem 31.08.1986 geschlossen wurden, ordnet Art. 220 Abs. 3 Satz 5 EGBGB an, dass bereits der (damals) neue Art. 15 EGBGB anzuwenden ist. **126**

d) Eheschließung seit 01.09.1986

Für Ehen, die seit dem 01.09.1986 geschlossen wurden und werden gilt Art. 15 EGBGB a.F. **unmittelbar**, der an diesem Tag in Kraft trat. **127**

4. Rechtswahl

Eine Rechtswahl ist nach **Art. 15 EGBGB a.F.** auch dann **nicht mehr möglich**, wenn die Ehe noch vor dem 29.01.2019 geschlossen war. Sie hat vielmehr nun nach der EU-GüVO zu erfolgen. Wird eine solche Rechtswahl nach der EU-GüVO getroffen, dann gilt diese VO auch für die vor dem 29.01.2019 geschlossene Ehe. Umstritten ist, ob die Rechtswahl dann zur rückwirkenden Anwendung der EU-GüVO führt[206] oder nicht.[207] **128**

---

200 MünchKomm-BGB/Siehr, 5. Aufl., Art. 220 EGBGB Rn. 74 will dies ausdehnend auch in allen anderen Fällen anwenden.
201 MünchKomm-BGB/Siehr, 5. Aufl., Art. 220 EGBGB Rn. 78; Lichtenberger, MittBayNot 1987, 258: Neuer Stichtag für Anfangsvermögen 09.04.1983.
202 BGH, FamRZ 1987, 679, 680; ebenso Palandt/Thorn, 78. Aufl., Art. 15 EGBGB Rn. 13.
203 BVerfG, NJW 2003, 1656.
204 Schotten/Schmellenkamp, DNotZ 2009, 518 ff.
205 Eule, MittBayNot 2003, 335 ff.
206 So Andrae, § 4 Rn. 116.
207 So Süß in Münch, Familienrecht, § 20 Rn. 101.

5. Anwendungsbereich

129 Das nach Art. 15 EGBGB anwendbare oder gewählte Recht entscheidet somit über die **güterrechtlichen Wirkungen** der Ehe. Somit ist dieses gewählte Recht maßgeblich für die **Güterstände**, deren Beginn, Ende und Auseinandersetzung, Eigentumsrechte, **Mitberechtigungen** und Nutzungsrechte sowie **Verfügungsverbote**, ggf. Haftung für Verbindlichkeiten des anderen, güterrechtliche Verbote bestimmter Rechtsgeschäfte und den Abschluss und zulässigen Inhalt von Eheverträgen.[208]

130 Zu unterscheiden von diesen güterrechtlichen Wirkungen sind gerade im deutschen Recht Ansprüche der sog. »**Zweiten Spur**« im Familienrecht. Deren **schuldrechtliche Qualifizierung** führt zu einer Anwendung der Art. 27 ff. EGBGB mit einer sehr weit möglichen Rechtswahl, soweit Art. 15 EGBGB noch anwendbar ist. Im Rahmen der EU-GüVO unterliegen auch diese Ansprüche der EU-GüVO. Der BGH hat dies für die sog. **ehebezogene Zuwendung** ausdrücklich entschieden.[209] Dies gilt auch für alle sonstigen schuldrechtlichen Rechtsverhältnisse unter Ehegatten wie z.B. die Ehegattenmitarbeit.[210] Soweit für solche Ansprüche eine güterrechtliche Einordnung vertreten wird,[211] mag dies angesichts der derzeitigen Rechtszersplitterung im deutschen Familienrecht und mit Blick auf die Einführung des »Großen Familiengerichts« durch § 266 FamFG wünschenswert sein, geht aber doch an der im deutschen Familienrecht vorherrschenden schuldrechtlichen Einordnung vorbei. Auch die Ehegatteninnengesellschaft ist in diesem Sinne nicht güterrechtlich anzuknüpfen, da sie gerade unabhängig vom Güterstand gelten soll.[212]

131 Auch über die **Qualifikation eines Anspruchs** als dem Schuldrecht oder dem Güterrecht zugehörig entscheidet deutsches Recht als lex fori.[213]

132 Bei der güterrechtlichen Einordnung des Zugewinns soll es auch dann verbleiben, wenn der **Zugewinnausgleich** nicht bei Scheidung, sondern beim **Tod** eines Ehegatten im Rahmen der güterrechtlichen Lösung nach **§ 1371 Abs. 2 BGB** konkret berechnet wird. Ob das erbrechtliche Viertel des **§ 1371 Abs. 1 BGB** nun güterrechtlich oder erbrechtlich anzuknüpfen sei, darüber wurde viel gestritten. Der BGH hatte sich noch nicht lange für eine güterrechtliche Anknüpfung ausgesprochen,[214] da entschied der EuGH, dass unter Geltung der **EUErbVO** die Vorschrift unionsrechtlich einheitlich **erbrechtlich anzuknüpfen** sei.[215] Diese erbrechtliche Anknüpfung gilt somit für Todesfälle nach dem 16.08.2015. Dass in Altfällen weiterhin die güterrechtliche Anknüpfung gilt, hat das OLG München bestätigt.[216] Diskutiert wird daraufhin, ob nicht dann, wenn das ausländische Erbrecht kein Äquivalent für den Zugewinnausgleich vorsieht, dieser nach **§ 1371 Abs. 2 BGB** zu berechnen ist, weil mangels Erhöhung im Erbrecht der Zugewinn noch nicht ausgeglichen ist, sodass die Vorschrift **ihrem Sinne nach** einen **Anwendungsbereich** hat.[217]

133 Die Problematik zeigt, dass neben einer Rechtswahl im güterrechtlichen Bereich eine parallele Rechtswahl im Erbrecht hin zum deutschen Recht sehr zu empfehlen ist.[218]

---

208 Vgl. die Zusammenstellung bei BRHP/Mörsdorf, Art. 15 EGBGB Rn. 15 ff.
209 BGH, NJW 1993, 385 ff.
210 Hierzu näher Bergschneider/Mörsdorf, Rn. 12. 260 ff.
211 Vgl. etwa Süß/Ring-Süß, Allgemeiner Teil, § 2 Rn. 295.
212 A.A. Süß/Ring-Süß, Allgemeiner Teil, § 2 Rn. 296.
213 BGH, NJW 1993, 385, 386.
214 BGH, NJW 2015, 2185 = MittBayNot 2015, 507 m. Anm. Süß.
215 EuGH, NJW 2018, 1377 = MittBayNot 2018, 375.
216 OLG München, FamRZ 2020, 197.
217 Dörner, ZEV 2018, 305, 309; Süß, DNotZ 2018, 742, 747 m.w.N.; Weber, NJW 2018, 1356, 1358.
218 Bandel, MittBayNot 2018, 209/210.

C. Unterhalt

I. Anwendbare Rechtsvorschriften

Bis zum 17. Juni 2011 richtete sich das auf die Unterhaltspflichten anwendbare Recht nach Art. 18 EGBGB, der seinerseits die Vorgaben des Haager Übereinkommens über das auf Unterhaltspflichten anwendbare Recht vom 02.10.1973 umsetzte. **134**

Mit dem 18. Juni 2011 trat die Europäische Verordnung (EG) Nr. 4/2009 des Rates vom 18. Dezember 2008 über die Zuständigkeit, das anwendbare Recht, die Anerkennung und Vollstreckung von Entscheidungen und die Zusammenarbeit in Unterhaltssachen[219] – **EU-UntVO** – in Kraft, zu deren Umsetzung in Deutschland das Auslandsunterhaltsgesetz erlassen wurde.[220] Diese Verordnung enthält jedoch nicht das anwendbare Recht selbst, sondern verweist in Art. 15 auf das Haager Unterhaltsprotokoll vom 23.11.2007[221] – **HUP**.[222] Nach Art. 2 HUP gilt dieses universell, auch wenn das darin bezeichnete Recht dasjenige eines Nichtvertragsstaates ist (loi uniforme).[223] Art. 22 HUP bestimmt, dass das HUP keine Anwendung findet auf Unterhalt, der in einem Vertragsstaat für einen Zeitraum vor Inkrafttreten des HUP in diesem Staat verlangt wird.[224] Inzwischen richten sich daher die Unterhaltssachen einheitlich nach der EU-UntVO und dem HUP.[225] **135**

Art. 18 EGBGB wurde inzwischen aufgehoben.[226]

II. Unterhaltsstatut

Nach **Art. 3 Abs. 1 HUP** richtet sich das anwendbare Recht danach, in welchem Staat die berechtigte Person ihren **gewöhnlichen Aufenthalt** hat. Nach Art. 12 HUP ist damit das Sachrecht gemeint, sodass es nicht zu einer Rück- oder Weiterverweisung kommt.[227] **136**

▶ Hinweis:

Das Unterhaltsstatut des HUP ist nach Art. 3 Abs. 2 **wandelbar**. Es ändert sich jeweils dann, wenn der Unterhaltsberechtigte seinen gewöhnlichen Aufenthalt in einen anderen Staat verlegt. **137**

---

219 ABl.EU 2009/L7, 1 ff.
220 BGBl. 2011 I, 898 f.
221 Protokoll über das auf Unterhaltspflichten anzuwendende Recht vom 23.11.2007, ABl.EU 2009/L331, 17 f.
222 Galt das HUP zunächst als sekundäres Gemeinschaftsrecht (Süß in Münch, Familienrecht, § 20, Rn. 49), so ist es inzwischen als völkerrechtlicher Vertrag in Kraft getreten, Andrae, § 10, Rn. 1.
223 Die Effektivität einer solchen Regelung bezweifelt Niethammer-Jürgens FamRB 2014, 193, 197.
224 Erweitert durch Ratsbeschluss auf alle Ansprüche, die nach Inkrafttreten geltend gemacht werden, Palandt/Thorn, EGBGB 18 – HUntProt, Rn. 55.
225 Ausgenommen sind Unterhaltsfälle mit zwei iranischen Staatsangehörigen, für die nach wie vor das Deutsch-Persische Niederlassungsabkommen vom 17.02.1929 gilt (RGBl. 1930 II, 1006). Das frühere Haager Übereinkommen über das auf Unterhaltspflichten anwendbare Recht vom 02.10.1973 gilt noch für Albanien, Japan, die Schweiz, die Türkei und die niederländischen Überseebesitzungen (Palandt/Thorn, EGBGB 18 – HUntProt, Rn. 55). Danach knüpft das Unterhaltsstatut nach Art. 8 unwandelbar an das Recht an, nach dem die Ehe tatsächlich geschieden worden ist. Allerdings ist die Sachlage insoweit mittlerweile umstritten, da eine Gegenmeinung für die Anwendung des HUP auch gegenüber der Schweiz bzw. der Türkei plädiert, da das Haager Abkommen 1973 in Art. 19 eine Öffnungsklausel für eine modernere Fassung enthalte, Gruber, FamRZ 2013, 1374, 1375. Der BGH, NJW 2013, 2662, Rn. 35 f. – dort auch Nachweise des Meinungsstandes – hat die Frage offengelassen; ebenso das OLG Stuttgart, NJW 2015, 1458. Anders das OLG Karlsruhe, FamRZ 2017, 1491, das von der Anwendbarkeit des Haager Abkommens 1973 ausgeht.
226 Art. 12, Ziffer 3 des Gesetzes zur Durchführung der Verordnung (Ehegatteninnengesellschaft) Nr. 4/2009 und zur Neuordnung bestehender Aus- und Durchführungsbestimmungen auf dem Gebiet des Internationalen Unterhaltsverfahrensrechts, BGBl. 2011 I, 898, 917; vgl. DNotI-Report 2011, 57 ff.
227 Rieck, NJW 2014, 257, 259.

138 Allerdings soll trotz der Wandelbarkeit eine unter dem bisherigen Recht getroffene **Unterhaltsvereinbarung** nach herrschender, wenngleich nicht unbestrittener Meinung ihre **Gültigkeit behalten**.[228]

139 Wenn Ehegatten vertragliche Vereinbarungen zum Unterhalt treffen, so werden sie in der Regel wollen, dass auch das Recht, nach dem sie den Vertrag geschlossen haben, weiterhin zur Anwendung kommt. Aus diesem Grunde wird empfohlen, angesichts der starken Wandelbarkeit des Unterhaltsstatuts bei Beurkundung einer **Unterhaltsvereinbarung nach deutschem Recht eine Rechtswahl** mit zu treffen, wonach der **Unterhalt auch künftig** und auch bei Änderung des gewöhnlichen Aufenthaltes des Berechtigten **dem deutschen Recht unterliegen** soll.[229] Auf diese Weise kann auch die Wirksamkeit materiellrechtlicher Vereinbarungen zum Unterhalt abgesichert werden.[230]

▶ Hinweis:

140 Eine Unterhaltsvereinbarung nach deutschem Recht sollte durch eine Rechtswahl hin zum deutschen Unterhaltsrecht ergänzt werden, ggf. auch um eine entsprechende Gerichtsstandsvereinbarung, und zwar auch bei rein deutschen Sachverhalten, wenn nicht eine spätere Auslandsbeziehung ausgeschlossen ist.

141 Allerdings kann sich beim Ehegattenunterhalt ein Ehegatte **nach Art. 5 HUP gegen die Wandelbarkeit wehren** und Art. 3 HUP »aushebeln«, wenn das **Recht eines anderen** als des nach Art. 3 HUP bezeichneten **Staates eine engere Verbindung** zur Ehe aufweist, wobei dies insbesondere den Staat des letzten gemeinsamen gewöhnlichen Aufenthaltes treffen kann.

142 Art. 11 HUP zählt auf, **was alles durch das Unterhaltsstatut bestimmt wird**. Diese Aufzählung ist jedoch nicht erschöpfend, vielmehr richten sich noch viele weiteren Fragen rund um den Unterhalt nach dem Unterhaltsstatut, so etwa die Reihenfolge der Unterhaltsschuldner, Auskunftsansprüche, Anrechnung von Zuwendungen oder die Voraussetzungen von Vereinbarungen.[231] Dabei soll sich das HUP nicht nur auf die gesetzlichen Unterhaltsansprüche, sondern auch auf gesetzlich modifizierte Unterhaltsansprüche beziehen, während sich das anwendbare Recht für **rein vertragliche Unterhaltsansprüche nach der Rom I VO** bestimmen soll.[232]

III. Rechtswahl

1. Möglichkeiten der Rechtswahl, Art. 7, 8 HUP

143 Für den Bereich des Unterhaltsrechts lässt **Art. 8 HUP** eine **Rechtswahl** zu, durch welche das Unterhaltsstatut fixiert werden kann, sodass es keiner weiteren Wandelbarkeit unterliegt. Art. 8 HUP erlaubt die Wahl der folgenden Rechtsordnungen:[233]
 – **Heimatrecht** = Recht eines Staates, dem eine der Parteien im Zeitpunkt der Rechtswahl angehört.
 – **Aufenthaltsrecht** = Recht eines Staates, in dem eine der Parteien im Zeitpunkt der Rechtswahl ihren gewöhnlichen Aufenthalt hat.

---

228 Andrae, § 10 Rn. 113; Palandt/Thorn, EGBGB 18 – HUntProt., Rn. 13; Hausmann, C, Rn. 576; BeckOGK/Yassari, HUP Art. 3, Rn. 37; OLG Hamm, FamRZ 1998, 1352; OLG Jena, NJOZ 2010, 2400; a.A. OLG Karlsruhe, FamRZ 1992, 316; zum Ganzen Schäuble, NZFam 2014, 1071, 1072.
229 Süß in Münch, Familienrecht, § 20, Rn. 58; DNotI-Report 2011, 20, 21, wo zugleich darauf hingewiesen wird, dass es sich bei dem HUP nicht um ausländisches Recht i.S.d. § 17 Abs. 3 Satz 1 BeurkG handele, sodass die notariellen Prüfungs- und Belehrungspflichten sich auch auf das HUP und die EU-UntVO erstreckten, nicht aber auf ein danach etwa anwendbares ausländisches materielles Unterhaltsrecht.
230 Andrae, § 10 Rn. 143.
231 Andrae, § 10 Rn. 175 ff.
232 Süß in Münch, Familienrecht, § 20 Rn. 78.
233 Skeptisch gegenüber den Einschränkungen der freien Rechtswahl Coester-Waltjen/Coester, Liber Amicorum Schurig, 33, 46 f.

- **Güterrechtsstatut** = das Recht, das die Parteien als das auf ihren Güterstand anzuwendende Recht bestimmt haben, oder das tatsächlich darauf angewendet wird.
- **Scheidungsstatut** = das Recht, das die Parteien als das auf ihre Ehescheidung oder Trennung oder Auflösung der Ehe anzuwendende Recht bestimmt haben, oder das tatsächlich auf diese Ehescheidung oder Trennung angewandte Recht.
- **lex fori**: Für ein bestimmtes Unterhaltsverfahren in einem bestimmten Staat kann dessen Recht nach Art. 7 HUP als das auf eine Unterhaltspflicht anzuwendende Recht bestimmt werden. Diese Rechtswahl muss ausdrücklich erfolgen und wird nicht durch eine Wahl des Gerichtsstandes impliziert.[234]

2. Grenzen der Rechtswahl

Ausgeschlossen ist eine Rechtswahl für **Personen, die das 18. Lebensjahr noch nicht vollendet haben** sowie die aufgrund von Beeinträchtigung oder Unzulänglichkeit der persönlichen Fähigkeiten nicht in der Lage sind, ihre eigenen Interessen zu schützen, Art. 8 Abs. 3 HUP. 144

Für Unterhaltsverzichte gilt keine freie Rechtswahl. Für sie bestimmt **Art. 8 Abs. 4 HUP**, dass das Recht desjenigen Staates, in dem die **berechtigte Person** im Zeitpunkt der Rechtswahl ihren **gewöhnlichen Aufenthalt** hat, dafür maßgebend ist, ob die berechtigte Person auf ihren Unterhaltsanspruch verzichten kann.[235] Schon dann, wenn für den Unterhaltsverzicht eine **Kapitalabfindung** vereinbart ist, soll Art. 8 Abs. 4 HUP keine Anwendung mehr finden.[236] Umstritten ist, ob dem Verzicht die Wahl einer Rechtsordnung gleichsteht, die gar keinen Ehegattenunterhalt vorsieht.[237] 145

▶ **Hinweis:**

Achtung: Bei einem Unterhaltsverzicht kann die Rechtsordnung nicht gewählt werden! 146

Das genaue Verständnis des Art. 8 Abs. 4 HUP ist noch immer umstritten.[238] Insbesondere wird zu fragen sein, ob die Regelung für den Fall einer Rechtswahl etwa dem Art. 5 HUP vorgeht. Würde die Regelung hingegen nur die Rechtswahl missbilligen, so führt sie zur Anwendung des allgemeinen Unterhaltsstatuts der Art. 3 ff. HUP zurück. 147

Art. 8 Abs. 5 HUP bestimmt eine **Missbrauchskontrolle**, nach welcher das gewählte Recht dann keine Anwendung findet, wenn seine Anwendung für eine Partei offensichtlich unbillige oder unangemessene Folgen hätte, es sei denn, dass die Parteien im Zeitpunkt ihrer Rechtswahl umfassend unterrichtet und sich der Folgen ihrer Wahl vollständig bewusst waren. Daran werden hohe Anforderungen gestellt. So müssten die Ehegatten aufgeklärt sein, welche Rechtsordnungen durch die Rechtswahl ausgeschlossen werden und welche wesentlichen Unterschiede sich für die Unterhaltspflichten nach den betroffenen Rechtsordnungen ergeben.[239] Eine Orientierung an der Inhaltskontrolle wird insoweit abgelehnt, als die unbillige Rechtsfolge gerade in Kraft bleibt, wenn eine ausreichende Aufklärung erfolgt ist.[240] Zum Teil wird eine unabhängige Beratung getrennt für jede Partei gefordert.[241] 148

---

234 Andrae, § 10 Rn. 148.
235 Nach Finger, FuR 2011, 254, 259, eine Regelung auch im Interesse der öffentlichen Leistungsträger im Staat des gewöhnlichen Aufenthaltes des Berechtigten.
236 Andrae, § 10 Rn. 159 m.w.N.
237 Andrae, § 10 Rn. 161.
238 BRHP/Heiderhoff, HUP Art. 8 Rn. 17.
239 Andrae, § 10 Rn. 157.
240 Rieck, NJW 2014, 257, 260.
241 Rieck, NJW 2014, 257, 260, der sich skeptisch gegenüber einer Rechtswahl zeigt.

3. Form

149 Die Rechtswahl bedarf nach **Art. 8 Abs. 2 HUP** der **Schriftform**. Ob nationales Recht weitergehende Voraussetzungen aufstellen kann, ist umstritten,[242] da das HUP keine Öffnungsklausel enthält.[243] In **Deutschland** jedenfalls bestehen **keine weitergehenden Anforderungen**.[244]

IV. Gerichtsstand

150 Was den Gerichtsstand anbelangt, so eröffnet **Art. 4 EU-UntVO** die Möglichkeit einer **Gerichtsstandswahl**.[245] Diese hat nach Art. 4 Abs. 2 EU-UntVO schriftlich zu erfolgen und kann die Zuständigkeiten folgender Gerichte eines Staates bestimmen:
- **Gericht des gewöhnlichen Aufenthalts** einer der Parteien;
- **Gericht der Staatsangehörigkeit eines Beteiligten**;
- bei Ehegattenunterhalt zusätzlich das Gericht, bei dem eine **Ehesache anhängig** ist oder das Gericht des Staates, in dem beide **mindestens ein Jahr lang ihren letzten gewöhnlichen Aufenthalt** hatten.

Diese Voraussetzungen müssen zum Zeitpunkt des Abschlusses der Gerichtsstandsvereinbarung oder zum Zeitpunkt der Anrufung des Gerichtes erfüllt sein.

Die Vereinbarung kann sich auch auf ein bestimmtes nationales Gericht beziehen und damit die örtliche Zuständigkeit bestimmen.

▶ Hinweis:

151 Insbesondere im Rahmen einer Rechtswahl nach Art. 8 HUP kann es sinnvoll sein, auch eine Gerichtsstandsvereinbarung zu treffen, damit ein mit dem materiell gewählten Recht vertrautes Gericht über den Sachverhalt entscheiden kann.

152 Liegt keine Gerichtsstandsvereinbarung vor, so benennt Art. 3 EU-UntVO vier allgemeine Zuständigkeiten, aus denen der Antragsteller wählen kann, in welchem Staat er die Unterhaltssache anhängig macht, wenn mehrere Zuständigkeiten gegeben sind. Es sind dies im Einzelnen:
- gewöhnlicher Aufenthalt Antragsgegner;
- gewöhnlicher Aufenthalt Unterhaltsberechtigter;
- **Annexzuständigkeit zu Statussache** (z.B. Scheidung);
- **Annexzuständigkeit elterliche Verantwortung** bei Kindesunterhalt.

Des Weiteren kann sich die Gerichtszuständigkeit durch rügelose Einlassung nach Art. 5 EU-UntVO, durch die Auffangzuständigkeit der gemeinsamen Staatsangehörigkeit nach Art. 6 EU-UntVO oder aus der Notzuständigkeit des Art. 7 EU-UntVO ergeben.

V. Unterhaltsberechtigte im Ausland

153 Wenn der Unterhaltsberechtigte im Ausland lebt, so müssen die Lebensverhältnisse im Ausland zu denen in Deutschland in Relation gesetzt werden, um den Unterhaltsbedarf zu bestimmen. Darüber besteht Einigkeit.[246] Uneins ist man sich über die Methode, mit der dies zu geschehen hat.[247] Die früher festgestellten Verbrauchergeldparitäten weist das statistische Bundesamt nicht mehr aus. Die **Ländergruppeneinteilung** des BMF[248] hat die steuerliche Berücksichtigung von Auslandssachver-

---

242 Ablehnend etwa BRHP/Heiderhoff, HUP Art. 8 Rn. 8, 13 m.w.N.
243 Niethammer-Jürgens, FamRB 2014, 193, 197.
244 Süß in Münch, Familienrecht, § 20 Rn. 68.
245 Hierzu Rauscher, FamFR 2013, 25 f.
246 BGH, NJW-RR 1987, 1474; Wendl/Dose, § 9, Rn. 35.
247 Eine gute Übersicht findet sich im Beschluss des OLG Stuttgart, NJW 2014, 1458 und bei Motzer, FamRBInt 2010, 93 f.
248 BeckVerw 333410; vgl. auch FamRBInt 2012, 49.

halten zum Ziel und ist von der Unterhaltsrechtsprechung neuerdings als zu pauschal abgelehnt worden, insbesondere bei Unterhaltsberechtigten, die in einer Großstadt im Ausland leben. Herangezogen werden können noch die Teuerungsziffern,[249] welche das Statistische Bundesamt für Beamte im Auslandseinsatz konkret nach Orten berechnet oder der Index von Eurostat.[250] Hierzu geben *Többens*[251] oder *Breuer*[252] eine konkrete Hilfestellung mit Berechnungsbeispielen und Fundstellen.

Art. 14 HUP gebietet die entsprechende Berücksichtigung unter Geltung des HUP.[253]   154

D. Versorgungsausgleich

I. Versorgungsausgleichsstatut

Neben dem Unterhaltsstatut hat auch das Versorgungsausgleichsstatut eine grundlegende Neuordnung erfahren.   155

1. Gesetzliche Regelung

Nach Inkrafttreten der Rom III VO zum 21.06.2012[254] wurde **Art. 17 Abs. 4 EGBGB**[255] so geändert, dass Art. 17 Abs. 4 EGBGB für den Versorgungsausgleich auf das **Scheidungsstatut** und damit auf die **Rom III VO** verweist.[256] Art. 17b Abs. 1 Satz 2 EGBGB enthält die entsprechende Regelung für gleichgeschlechtliche Ehen. Damit ist ein grundlegender Paradigmenwechsel eingetreten, richtete sich doch das Versorgungsausgleichsstatut früher nach den allgemeinen Ehewirkungen gem. Art. 14 EGBGB.   156

▶ Hinweis:

Das Versorgungsausgleichsstatut richtet sich nunmehr nicht mehr nach den allgemeinen Ehewirkungen, sondern nach dem Scheidungsstatut. Damit ist ein Systemwechsel vom Heimatrecht hin zum Aufenthaltsrecht verbunden.   157

Die Rom III VO[257] regelt den Versorgungsausgleich nicht, der ohnehin nur in wenigen Staaten bekannt ist. Allein der **deutsche Gesetzgeber hat sich an die Rom III VO angehängt**, Allerdings ist – wie sogleich erläutert – die Prüfung nach deutschem Recht umfänglicher und mit der Feststellung des anzuwendenden Scheidungsstatuts noch nicht beendet. Dies vor allem mit Rücksicht darauf, dass nur wenige Staaten eine vergleichbare Ausgleichssystematik kennen und dass die Mitwirkung öffentlichrechtlicher Versorgungsträger erforderlich ist.[258]   158

Erforderlich sind danach kumulativ die Anwendung des deutschen Scheidungsstatuts und ein anwendbares Heimatrecht, das den Versorgungsausgleich kennt.[259]   159

---

249 *Https://www.destatis.de/DE/ZahlenFakten/GesamtwirtschaftUmwelt/Preise/InternationalerVergleich/Tabellen/Teuerungsziffer.pdf?_blob=publicationFile*; hierzu Motzer, FamRBInt 2010, 93 f.
250 BGH, NZFam 2014, 796; OLG Stuttgart, NJW 2014, 1458; OLG Oldenburg, NZFam 2016, 893.
251 Többens, FamRZ 2016, 597.
252 Breuer, FamRB 2015, 273 ff.; 318 ff.
253 Hierzu näher Süß in Münch, Familienrecht, § 20 Rn. 79 f.
254 Art. 21 der Verordnung (EU) Nr. 1259/2010 des Rates vom 20. Dezember 2010 zur Durchführung einer Verstärkten Zusammenarbeit im Bereich des auf die Ehescheidung und Trennung ohne Auflösung des Ehebandes anzuwendenden Rechts (Rom III VO), Abl. EU 2010/L343, S. 10 ff.
255 Ursprünglich fand sich die Regelung in Art. 17 Abs. 3 EGBGB.
256 Gesetz zur Anpassung der Vorschriften des Internationalen Privatrechts an die Verordnung (EU) Nr. 1259/2010 und zur Änderung anderer Vorschriften des Internationalen Privatrechts, BGBl. 2013 I, 101.
257 Vorrangig ist das Deutsch-Persische Niederlassungsabkommen vom 17.02.1929 (RGBl. 1930 II, 1006), wenn beide Ehegatten iranische Staatsangehörige sind.
258 Andrae, § 5 Rn. 16.
259 Andrae, § 5 Rn. 15.

160 Der akzessorische Verweis auf die Rom III VO[260] und das danach anzuwendende Recht schließt eine Rück- oder Weiterverweisung aus, es handelt sich um eine Sachnormverweisung.[261]

2. Art. 8 Rom III VO

161 Die Rom III VO enthält in Art. 8 eine **Anknüpfungsleiter** mit zwingender Rangordnung, die dann eingreift, wenn die Ehegatten keine vorrangige Rechtswahl nach Art. 5 Rom III VO getroffen haben, und die damit auch für den Versorgungsausgleich gilt:
- Recht des Staates, in dem **die Ehegatten** zum Zeitpunkt der Anrufung des Gerichts ihren **gewöhnlichen Aufenthalt** haben, oder anderenfalls
- Recht des Staates, in dem die Ehegatten **zuletzt ihren gewöhnlichen Aufenthalt hatten**, sofern dieser nicht vor mehr als **einem Jahr vor Anrufung des Gerichts** endete und einer der Ehegatten zum Zeitpunkt der Anrufung des Gerichts dort noch seinen gewöhnlichen Aufenthalt hat, oder anderenfalls
- Recht des Staates, dessen **Staatsangehörigkeit** beide Ehegatten zum Zeitpunkt der Anrufung des Gerichts besitzen, oder anderenfalls
- Recht des Staates des **angerufenen Gerichts**.

162 Das bedeutet vor allem, dass auch bei gemischt-nationalen Ehen mit gewöhnlichem Aufenthalt der Beteiligten in Deutschland die Durchführung des Versorgungsausgleichs in Betracht kommt.

163 Im Rahmen der Staatsangehörigkeit ist nur die Staatsangehörigkeit im Zeitpunkt der Anrufung des Gerichts maßgeblich, frühere oder spätere sind nicht entscheidend. Beim Vorliegen **mehrerer Staatsangehörigkeiten** ist die Rechtslage umstritten, überwiegend wird jedoch angenommen, dass die **effektive** Staatsangehörigkeit nach Art. 5 Abs. 1 Satz 1 EGBGB maßgeblich ist.[262] Völlig **strittig** ist, ob die **Bevorzugung der deutschen Staatsangehörigkeit** nach Satz 2 europarechtlich ausgeschlossen sein soll.[263]

II. Indirekte Rechtswahl

164 Art. 17 Abs. 4 EGBGB sieht eine direkte Rechtswahl in Bezug auf den Versorgungsausgleich nicht vor. Jedoch kann nach Art. 5 Rom III VO eine Rechtswahl für das Scheidungsstatut erfolgen, die dann indirekt sich auch auf das Versorgungsausgleichsstatut auswirkt. Allerdings sollte man bei dieser Rechtswahl betonen, dass ihre Auswirkung auf den Versorgungsausgleich bekannt ist und gewünscht wird, denn es ist umstritten, wie genau sich die Rechtswahl auch auf den Versorgungsausgleich auswirkt.[264]

Nach Art. 5 Rom III VO kann das Recht folgender Staaten gewählt werden:
- **Gemeinsames Aufenthaltsrecht** = Recht des Staates, in dem die Ehegatten im Zeitpunkt der Rechtswahl ihren gewöhnlichen Aufenthalt haben.
- **Letztes gemeinsames Aufenthaltsrecht** = Recht des Staates, in dem die Ehegatten zuletzt ihren gewöhnlichen Aufenthalt hatten, wenn einer von ihnen im Zeitpunkt der Rechtswahl dort noch seinen gewöhnlichen Aufenthalt hat.
- **Heimatrecht** = Recht eines Staates, dem eine der Parteien im Zeitpunkt der Rechtswahl angehört.
- **lex fori** = das Recht des Staates des angerufenen Gerichts.

165 Die Aufzählung der verschiedenen Anknüpfungskriterien ist keine zwingende Leiter, sondern es besteht eine **freie Wahlmöglichkeit** innerhalb der verschiedenen Rechte.[265]

---

260 Eine Zusammenfassung bei Althammer, NZFam 2015, 9 ff.
261 Andrae, § 5 Rn. 16 m.w.N.; Reetz, § 2 Rn. 16.
262 Ausführlich Althammer/Tolani, Art. 8 Rom III VO, Rn. 11.
263 So Althammer/Tolani, Art. 8 Rom III VO, Rn. 11; a.A. Reetz, § 2, Rn. 15; Andrae, § 3 Rn. 29.
264 Andrae, § 5 Rn. 19.
265 Althammer/Mayer, Art. 5, Rn. 9.

D. Versorgungsausgleich **Kapitel 10**

Die **Rechtswahl** ist nach **Art. 46 Abs. 1 EGBGB notariell zu beurkunden**. Zudem genügt über Art. 46e Abs. 2 EGBGB i.V.m. § 127a BGB die gerichtliche Protokollierung. 166

▶ Hinweis:

Eine Rechtswahl allein hinsichtlich des Versorgungsausgleichs wirkt nicht, da regelmäßig nicht unterstellt werden kann, es sei damit eine Rechtswahl hinsichtlich des Scheidungsstatuts gewollt.[266] 167

III. Heimatstaatenklausel

Ist auf diese Weise das deutsche Recht berufen, so ist **weitere kumulative Voraussetzung** für die Durchführung des Versorgungsausgleichs, dass **mindestens das Recht eines Staates**, dem die Ehegatten im Zeitpunkt des Eintritts der Rechtshängigkeit des Scheidungsantrages angehören, den **Versorgungsausgleich kennt**. Das Heimatrecht muss den Versorgungsausgleich nur kennen, es spielt danach für die Durchführung des Versorgungsausgleichs keine Rolle mehr. 168

Dieser Einschränkung wird bei der grundsätzlichen Anknüpfung an das Aufenthaltsrecht größere Bedeutung zukommen. An das Kennen des Versorgungsausgleichs werden hohe Anforderungen gestellt. Der BGH[267] sieht diese Voraussetzung als gegeben an, wenn der **Kerngehalt des betreffenden Rechtsinstituts** mit den wesentlichen Strukturmerkmalen des deutschen Versorgungsausgleichs vergleichbar ist. Hierfür ist es grundsätzlich ausreichend, wenn das ausländische Rechtsinstitut einen mit dem **schuldrechtlichen Versorgungsausgleich** (§§ 20 ff. VersAusglG) vergleichbaren Ausgleichsmechanismus vorsieht. Nicht ausreichend sind demnach Regelungen, welche einen Ausgleich von Bedürftigkeit oder Leistungsfähigkeit abhängig machen oder die nur eine Anrechnung in einem anderweitigen Vermögensausgleich vorsehen. 169

Einen solchen Versorgungsausgleich kennen demnach nur die **Schweiz** sowie einige Bundesstaaten der **USA** und einige Provinzen in **Kanada**.[268] Auch **Neuseeland** und **England**[269] werden als Staaten betrachtet, die einen Versorgungsausgleich kennen, nicht jedoch die Niederlande.[270] 170

Angesichts der Tatsache, dass die Durchführung des Versorgungsausgleichs sodann nach deutschem Recht geschieht, wird neuerdings auch für ein Abgehen von der strengen Betrachtungsweise plädiert.[271] Dies sollte insbesondere dann gelten, wenn die Ehegatten während langer Zeit in Deutschland deutsche Versorgungsanrechte erworben haben. 171

IV. Regelwidriger Versorgungsausgleich, Art. 17 Abs. 4 Satz 2 EGBGB

Art. 17 Abs. 4 Satz 2 EGBGB begründet aber noch eine sekundäre Anknüpfung, aufgrund derer der Versorgungsausgleich doch nach deutschem Recht durchgeführt wird unter folgenden Voraussetzungen: 172
– **Antrag** eines Ehegatten; dieser ist an keine Frist gebunden, eine Verjährung ist nach § 194 Abs. 2 BGB ausgeschlossen.[272]
– Die Voraussetzungen für die **Primäranknüpfung** nach Art. 17 Abs. 4 Satz 1 EGBGB liegen **nicht vor**.
– Vorhandensein einer **inländischen Versorgungsanwartschaft** bei mindestens einem Ehegatten.
– Die Durchführung darf der **Billigkeit nicht widersprechen** im Hinblick auf die beiderseitigen wirtschaftlichen Verhältnisse während der gesamten Ehe. Eine Unbilligkeit kann insbesondere

---

266 Hau, FamRZ 2013, 249, 253.
267 BGH, FamRZ 2009, 677.
268 Andrae, § 5 Rn. 22.
269 Süß in Münch, Familienrecht, § 20, Rn. 282; Borth, Versorgungsausgleich, § 10 Rn. 19.
270 BGH, FamRZ 2009, 677; a.A. Andrae, § 5 Rn. 23.
271 Andrae, § 5 Rn. 23; Bergner, FamFR 2011, 3, 4.
272 Götsche, FamRBInt 2012, 82 f.

bei nur geringwertigen deutschen Anrechten vorliegen, oder bei einer Normenhäufung in Bezug auf alle Scheidungsfolgen. Der Billigkeit widerspricht die Durchführung ferner, wenn der begünstigte Ehegatte erhebliches Auslandsvermögen hat, das nicht zur Ausgleichung kommt.[273] Im Rahmen der Billigkeitsprüfung können auch unterschiedliche Kaufpreisparitäten einfließen.[274] Zusätzliche Unterhaltsleistungen oder eine Brautgabe stehen der Billigkeit nicht im Wege.[275]

173 Liegen **Versorgungsausgleichsvereinbarungen** aus dem **Ausland** vor, so ist die materielle Wirksamkeit nach deutschem Recht zu beurteilen, für die Formwirksamkeit ist nach Art. 11 EGBGB zu fragen, ob das Ortsrecht gewahrt ist. Dabei vertritt die herrschende Rechtsprechung, dass das Ortsrecht nicht relevant ist, wenn dieses einen Versorgungsausgleich nicht kennt.[276] Aus Billigkeitsgründen kommt auch eine Verringerung des Ausgleichsbetrages in Betracht.[277]

V. Ausländische Anrechte im deutschen Versorgungsausgleich

174 § 2 Abs. 1 VersAusglG legt ausdrücklich fest, dass **ausländische Anrechte** in den Versorgungsausgleich **einzubeziehen** sind. Für diese kann jedoch der **Ausgleich nicht im öffentlich-rechtlichen Versorgungsausgleich** bei Scheidung erfolgen, weil dies einen unzulässigen Eingriff in die Rechte eines anderen Staates bedeuten würde. Daher sind solche Rechte als **nicht ausgleichsreif nach § 19 Abs. 2 Nr. 4 VersAusglG** anzusehen. Ihr Ausgleich erfolgt daher grundsätzlich erst als schuldrechtlicher Ausgleich nach §§ 20 ff. VersAusglG.[278]

175 Soweit dieses Zurückstellen des Ausgleichs der ausländischen Anrechte bei gleichzeitigem Ausgleich der inländischen des anderen Ehegatten für diesen unbillig wäre, so findet auch ein Ausgleich der inländischen Anrechte des anderen Ehegatten nicht statt (**Ausgleichssperre** nach § 19 Abs. 3 VersAusglG).

176 Aufgrund der Schwierigkeiten der Wertfeststellung und des generellen Hinausschiebens des Versorgungsausgleichs bei Eingreifen der Ausgleichssperre, sollte die Möglichkeit in Betracht gezogen werden, den Ausgleich der auswärtigen Anwartschaften **vertraglich** zu regeln nach §§ 6 ff. VersAusglG.

VI. Gerichtliche Zuständigkeit

177 Die gerichtliche Zuständigkeit für Versorgungsausgleichsverfahren ergibt sich nach wie vor nicht aus internationalen Regeln, sondern ist autonom nach deutschem Recht zu entscheiden. Hierbei bestimmt **§ 102 FamFG** die Zuständigkeit der deutschen Gerichte:
– Antragsteller oder Antragsgegner hat seinen gewöhnlichen Aufenthalt im Inland;
– Entscheidung über inländische Anrechte;
– deutsches Gericht hat die Ehe geschieden.

Nach **§ 98 Abs. 2 FamFG** erstreckt sich die Zuständigkeit der deutschen Gerichte für Ehesachen auch auf die Scheidungsfolgesachen.

---

273 OLG Bremen, FamRZ 2016, 141; Andrae, § 5 Rn. 29.
274 Borth, Versorgungsausgleich, § 10 Rn. 25.
275 OLG Köln, FamRZ 2016, 1592.
276 OLG Schleswig-Holstein, FamRZ 2012, 132; OLG München, BeckRS 2011, 28209.
277 Andrae, § 5 Rn. 29.
278 Zur Behandlung von US-Anwartschaften im Versorgungsausgleich Hanke, FamRB 2014, 226 f.

E. Scheidungsstatut

Das Scheidungsstatut, dem nach Art. 1 Abs. 2 Rom III VO[279] nicht das Scheidungsfolgenrecht unterliegt, bestimmt sich nach der Rom III VO,[280] die in Art. 8 eine **Anknüpfungsleiter** mit zwingender Rangordnung enthält, die dann eingreift, wenn die Ehegatten keine vorrangige Rechtswahl nach Art. 5 Rom III VO getroffen haben. Danach gilt: 178
- Recht des Staates, in dem **die Ehegatten** zum Zeitpunkt der Anrufung des Gerichts ihren **gewöhnlichen Aufenthalt** haben, oder anderenfalls
- Recht des Staates, in dem die Ehegatten **zuletzt ihren gewöhnlichen Aufenthalt hatten**, sofern diese nicht vor mehr als **einem Jahr vor Anrufung des Gerichts** endete und einer der Ehegatten zum Zeitpunkt der Anrufung des Gerichts dort noch seinen gewöhnlichen Aufenthalt hat, oder anderenfalls
- Recht des Staates, dessen **Staatsangehörigkeit** beide Ehegatten zum Zeitpunkt der Anrufung des Gerichts besitzen, oder anderenfalls
- Recht des Staates des **angerufenen Gerichts**.

Nach **Art. 11 Rom III VO** handelt es sich um eine **Sachnormverweisung**, sodass Rück- oder Weiterverweisungen nicht in Betracht kommen. 179

Diese Kollisionsregeln gelten als **loi uniforme** auch gegenüber Drittstaaten. Von den deutschen Gerichten ist also eine wirksame Rechtswahl zu beachten, auch wenn auf das Recht eines Drittstaates verwiesen wird. Allerdings wird zu Recht betont, dass die Beachtung der Rechtswahl durch die Drittstaaten von deren Recht abhängt.[281] Dabei ist insbesondere zu beachten, dass im englischen Rechtskreis die vorherige Beratung beider Ehegatten durch zwei verschiedene Rechtsberater unabdingbare Voraussetzung der Anerkennung der Rechtswahl ist, sodass bei entsprechender Rechtswahl dies dokumentiert sein sollte.[282] 180

Einer Norm kann die Anwendung versagt werden, wenn sie gegen den **ordre public** des Staates des angerufenen Gerichtes verstößt, Art. 12 Rom III VO. Aufgrund der inhaltlichen Begrenzung in diesem Bereich und des Ausschlusses der Rück- und Weiterverweisung kommen die Regeln der Rom III VO einer Bestimmung des anwendbaren Rechts gleich.[283] 181

Nach Art. 10 Rom III VO ist die **lex fori** dann anwendbar, wenn das **anzuwendende Recht eine Ehescheidung nicht vorsieht** oder einem der Ehegatten aufgrund seiner Geschlechtszugehörigkeit keinen gleichberechtigten Zugang zur Ehescheidung gewährt. 182

Das **Scheidungsstatut regelt**, wann und unter welchen Voraussetzungen eine Ehe geschieden werden kann, wann Trennung- oder Scheidungsgründe verfallen und welche Rechtsfolgen die Scheidung oder auch das Verschulden einer Seite hat.[284] 183

Vorrangig vor dieser Anknüpfungsleiter ist jedoch eine von den Beteiligten getroffene Rechtswahl. Nach **Art. 5 Rom III VO** kann das **Recht folgender Staaten gewählt** werden: 184
- **Gemeinsames Aufenthaltsrecht** = Recht des Staates, in dem die Ehegatten im Zeitpunkt der Rechtswahl ihren gewöhnlichen Aufenthalt haben,

---

[279] Verordnung (EU) Nr. 1259/2010 des Rates vom 20. Dezember 2010 zur Durchführung einer Verstärkten Zusammenarbeit im Bereich des auf die Ehescheidung und Trennung ohne Auflösung des Ehebandes anzuwendenden Rechts (Rom III VO), Abl. EU 2010/L343, S. 10 ff.; abgedruckt im Palandt nach Art. 17 EGBGB.
[280] Hierzu Becker, NJW 2011, 1543; Pietsch, NJW 2012, 1768; Kemper, FamRBInt 2012, 63 f.; Dimmler/Bißmaier, FamRBInt 2012, 66 f.; Rauscher, FPR 2013, 257 f.; Finger, FuR 2013, 305; ders. FamFR 2011, 433 f.; ders FamRB 2014, 273 f.
[281] Coester-Waltjen, FF 2013, 49, 52.
[282] Coester-Waltjen, FF 2013, 49, 52.
[283] So Rieck, NJW 2016, 2010, 2011.
[284] BRHP/Heiderhoff, ROM III VO Art. 1 Rn. 50.

- **Letztes gemeinsames Aufenthaltsrecht** = Recht des Staates, in dem die Ehegatten zuletzt ihren gewöhnlichen Aufenthalt hatten, wenn einer von ihnen im Zeitpunkt der Rechtswahl dort noch seinen gewöhnlichen Aufenthalt hat.
- **Heimatrecht** = Recht eines Staates, dem eine der Parteien im Zeitpunkt der Rechtswahl angehört.
- **lex fori** = das Recht des Staates des angerufenen Gerichts.

Die Aufzählung der verschiedenen Anknüpfungskriterien ist keine zwingende Leiter, sondern es besteht eine **freie Wahlmöglichkeit** innerhalb der verschiedenen Rechte.[285]

185 Die **Rechtswahl** ist nach **Art. 46e Abs. 1 EGBGB notariell zu beurkunden**. Zudem genügt über Art. 46e Abs. 2 EGBGB i.V.m. § 127a BGB die gerichtliche Protokollierung. Eine solche Rechtswahl kann bis zum Schluss der mündlichen Verhandlung im ersten Rechtszug noch erklärt werden.

186 Im Ergebnis bedeutet dies vor allem, dass auch bei gemischt-nationalen Ehen mit oder ohne deutsche Beteiligung mit gewöhnlichem Aufenthalt der Beteiligten in Deutschland künftig überwiegend deutsches Recht zur Anwendung gelangt.

F. Sonstige Scheidungsfolgen

187 Übrig bleiben eine Reihe sonstiger Scheidungsfolgen, deren Anknüpfung zu klären ist.

188 **Für Ehen, die nicht der EU-GüVO unterfallen gilt hierbei Folgendes:**

Art. 17a EGBGB a.F. (weiter anwendbar nach Art. 229, § 47 Abs. 2 Nr. 2 EGBGB) enthält eine Sonderregelung, wonach die Nutzungsbefugnis für die im Inland belegene Ehewohnung und die im Inland befindlichen Haushaltsgegenstände sowie damit zusammenhängende Betretungs-, Näherungs- und Kontaktverbote den deutschen Sachvorschriften unterliegen. Damit wird auf das Gewaltschutzgesetz und auf die §§ 1361a und 1361b BGB verwiesen. Nach überwiegender Ansicht[286] ist aber auch die endgültige Verteilung nach §§ 1568a und 1568b BGB mit in Bezug genommen.

189 Eine Ehewohnung oder Haushaltsgegenstände im Ausland hingegen unterfallen im Scheidungszusammenhang der allgemeinen Regelung des Art. 17 Abs. 1 EGBGB.

190 Umstritten ist vor allem die Qualifikation von Ansprüchen der sog. **zweiten Spur** im deutschen Familienrecht. Für den **Anspruch aus ehebedingten Zuwendungen** wird zumeist eine familienrechtliche Überlagerung angenommen, sodass nicht eine schuldvertragsrechtliche Qualifikation erfolgt,[287] sondern eine familienrechtliche. Im Rahmen dieser Qualifikation wird wiederum sowohl das Eingreifen des allgemeinen Ehewirkungsstatuts wie auch die aus dem Gesamtzusammenhang zu bevorzugende Anknüpfung an das Güterrechtsstatut vertreten.[288] Dem hat sich der BGH angeschlossen.[289]

191 Ansprüche aus **Ehegatteninnengesellschaften** sollten aufgrund ihrer funktionalen Nähe zum Güterrecht ebenfalls eine güterrechtliche Anknüpfung haben.[290] **Ehegattenaußengesellschaften** hingegen unterliegen dem Gesellschaftsstatut.

192 Soweit eine Ehe hingegen der **EU-GüVO** mit ihrem weiten Anwendungsbereich **unterfällt**,[291] gilt Folgendes:

---

285 Althammer/Mayer, Art. 5, Rn. 9.
286 Süß in Münch, Familienrecht, 2. Aufl., § 20 Rn. 251 m.w.N.
287 Das hätte die Anwendbarkeit der Art. 27 ff. BGB a.F. auf Zuwendungen bis zum 16.12.2009 und die Anwendung der Rom I VO für Zuwendungen danach zur Folge, Andrae, 3. Aufl., § 3 Rn. 209 f.
288 Andrae, 3. Aufl., § 3 Rn. 214.
289 BGH, DNotZ 2015, 686; a.A. Österr. OGH, FamRZ 2016, 229.
290 BGH, DNotZ 2015, 686; Christandl, FamRZ 2012, 1692 f.; Andrae, 3. Aufl., § 3 Rn. 217.
291 Vgl. Rdn. 46.

Sowohl die Ansprüche auf Nutzung der Ehewohnung und Überlassung von Haushaltsgegenständen als auch die Ansprüche der sog. Zweiten Spur im Familienrecht einschließlich derjenigen aus Ehegatteninnengesellschaften unterliegen der **EU-GüVO**.

G. Ehevertrag oder Scheidungsvereinbarung mit Auslandsbezug

Wollen die Beteiligten vor dem deutschen Notar einen Ehevertrag schließen und liegt **Auslandsbezug** durch gewöhnlichen Aufenthalt, Staatsangehörigkeit oder Vermögensbelegenheit vor, so sollte sich der Notar klar werden, **welches Recht** aus der Sicht des deutschen IPR auf den vorgetragenen Sachverhalt Anwendung findet. Als Nächstes sollte er prüfen, ob eine zulässige **Rechtswahl** nach dem HUP bzw. der EU-UntVO für das Unterhaltsrecht, nach Art. 22 EU-GüVO für das Güterrecht (Art. 15 Abs. 2 EGBGB auch für Altehen nicht mehr anwendbar!) nach der Rom III VO für das Scheidungsstatut und damit mittelbar nach Art. 17 Abs. 3 EGBGB für den Versorgungsausgleich zur Anwendung deutschen Rechts führen kann, denn nur im Bereich des deutschen Ehe- und Familienrechts wird der Notar, der keine speziellen Kenntnisse des ausländischen Rechts besitzt, sinnvollerweise Regelungen treffen.[292] Der Grundsatz des sichersten Weges spricht dafür, es nicht nur bei Erklärungen zu belassen, von der Geltung welchen Rechts die Beteiligten ausgehen, sondern (vorsorglich) eine Rechtswahl auszusprechen.[293]

193

Für die **allgemeinen Ehewirkungen** bestimmt sich die Rechtswahl auch für »Altehen« nach Art. 14 EGBGB n.F. Da sie aber in Reinform fast nicht vorkommt, sondern zumeist zusammen mit einer güterrechtlichen Rechtswahl erfolgt, die wiederum die EU-GüVO zur Anwendung gelangen lässt, die einen so weiten Anwendungsbereich hat, dass für Art. 14 EGBGB **kaum noch Raum** bleibt, soll eine solche Rechtswahl **hier textlich nicht mehr vorgestellt** werden.

194

Wird ausnahmsweise **fremdes Recht** gewählt, trifft den Notar in Bezug auf das fremde Recht keine Belehrungs-, Beratungs- oder Betreuungspflicht, § 17 Abs. 3 BeurkG. Der Notar muss also nur über die rechtliche Tragweite der Wahl des fremden Rechts belehren, nicht über das fremde Recht selbst, sodass die Belehrung des Notars zum Ausdruck bringen sollte, dass er das fremde Recht nicht kennt und die Parteien sich nach eigenem Willen dem fremden Recht überantworten.[294] Dies wäre nur dann anders, wenn der Notar – was ihm nicht zu empfehlen ist – von sich aus ein fremdes Recht vorgeschlagen hätte. Der Notar darf die Beurkundung nicht nur deshalb ablehnen, weil er die fremde Rechtsordnung nicht kennt. Eine Belehrungspflicht trifft den Notar jedoch im Hinblick auf das deutsche Kollisionsrecht, auch wenn sich dieses mehr und mehr als europäisches Recht erweist.

195

Eine **Nachforschungspflicht** besteht jedoch für den Notar ohne eine erkennbare Auslandsbeziehung **nicht**, er hat also nicht die Beteiligten vorsorglich nach einer Verbindung zum ausländischen Recht oder nach der Staatsangehörigkeit zu fragen.[295]

196

Soweit ein Beteiligter Ausländer und der **deutschen Sprache** nicht hinreichend mächtig ist, sind die Bestimmungen des § 16 BeurkG bei der Beurkundung einzuhalten. Nach § 17 Abs. 3 BeurkG soll der Notar die Beteiligten darauf **hinweisen**, wenn **ausländisches Recht** zur Anwendung kommt oder hieran jedenfalls Zweifel bestehen. Der Hinweis soll in der Niederschrift vermerkt sein. Zur **Belehrung** über den Inhalt **ausländischer Rechtsordnungen** ist der **Notar** jedoch **nicht verpflichtet**.

197

Unter Beachtung der in vorstehendem Abschnitt geschilderten Voraussetzungen können **Vereinbarungen zur Rechtswahl** folgendermaßen formuliert werden, wobei je nach Konstellation (Staatsangehörigkeit, gewöhnlicher Aufenthalt, engste Verbindung etc.) Änderungen berücksichtigt werden müssen.

---

292 Lichtenberger, DNotZ 1986, 644, 675; MüVertHdb/Langenfeld, 6. Aufl., Formular X.12, Anm. 1.
293 Lichtenberger, DNotZ 1986, 644, 675; zur kumulativen Rechtswahl Hilbig-Lugani, DNotZ 2017, 739; zur Rechtswahl in der Scheidungsvereinbarung Rieck, NZFam 2016, 1138.
294 Lichtenberger, DNotZ 1986, 644, 676.
295 Vgl. Checkliste für Fälle mit Auslandsberührung in Handbuch für das Notariat, Hrsg. Notarkasse München, 2014, Nr. 227.

▶ **Kostenanmerkung:**

198 Die Rechtswahl ist nach § 111 Nr. 4 GNotKG stets ein besonderer Beurkundungsgegenstand. Nach § 104 Abs. 1 GNotKG ist bei Beurkundung einer Rechtswahl über die güterrechtlichen Wirkungen der Ehe der Geschäftswert mit 30 % des Wertes anzusetzen, der sich nach § 100 GNotKG ergibt (modifizierter Reinwert). Das gilt insbesondere für die Rechtswahl nach Art. 22 EU-GüVO hinsichtlich der güterrechtlichen Wirkungen der Ehe. Für eine unterhaltsrechtliche Rechtswahl nach dem HUP und die Wahl des Scheidungsstatuts nach der Rom III VO ist nach § 104 Abs. 3 GNotKG ebenfalls ein 30 %iger Wertansatz erforderlich. Dient die Rechtswahl nach der Rom III VO indirekt der Bestimmung des Versorgungsausgleichsstatuts, sind 30 % des beim Versorgungsausgleich maßgeblichen Wertes heranzuziehen.

Die Rechtswahl ist zusätzlich zum sonstigen materiellen Vertragsinhalt zu berücksichtigen. Mehrere Rechtswahlen sind jeweils besondere Beurkundungsgegenstände.[296]

Wird die Rechtswahl nur »vorsorglich« getroffen, ändert dies nichts an der kostenmäßigen Behandlung.[297]

▶ **Formulierungsvorschlag: Rechtswahl**

199 URNr. .....

vom .....

Ehevertrag

(Rechtswahl)

Heute, den .....

erschienen vor mir,

.....

Notar in .....

1. Herr .....,

geboren am ..... in ..... StA Nr.

als Sohn von .....,

letztere eine geborene .....,

2. dessen Ehefrau,

Frau., geborene .....

geboren am ..... in ..... StA Nr.

als Tochter von .....,

letztere eine geborene .....,

beide wohnhaft in ......

Die Erschienenen wiesen sich durch amtlichen Lichtbildausweis aus. Sie wollen einen

Ehevertrag

mit einer Rechtswahl errichten.

---

[296] So Wudy demnächst in Rohs/Wedewer/Rohs/Waldner/Wudy, GNotKG in § 111.
[297] Notarkasse, Rn. 2879.

Herr ..... ist nach seiner Angabe und nach Überzeugung des beurkundenden Notars der deutschen Sprache nicht hinreichend mächtig. Er spricht ..... Ich habe daher als Dolmetscher hinzugezogen

Herrn .....

wohnhaft in .....

ausgewiesen durch .....

Der Dolmetscher ist der deutschen und der ..... Sprache mächtig. Er ist nach seiner Angabe durch den Präsidenten des Landgerichts ..... am ..... allgemein vereidigt und verpflichtet sich unter Berufung auf seinen Eid treu und gewissenhaft zu übersetzen.

Ausschließungsgründe gegen den Dolmetscher liegen nicht vor.

Der Dolmetscher verständigte sich mit Herrn ..... und gab dessen Erklärungen wie nachstehend niedergelegt zur Niederschrift ab.

Der Notar belehrte Herrn ....., dass er eine schriftliche Übersetzung der Urkunde verlangen könne. Hierauf erklärte Herr ..... eine solche schriftliche Übersetzung zu wünschen. Der Dolmetscher fertigte daraufhin eine schriftliche Übersetzung, die Herrn ..... zur Durchsicht vorgelegt wurde und die dieser Niederschrift beigefügt ist.

Alternative: Hierauf erklärte Herr ..... auf eine solche schriftliche Übersetzung zu verzichten.

Nach meiner, des Notars, Überzeugung sind die Erschienen voll geschäfts- und testierfähig.

Auf Zeugenbeiziehung verzichten die Vertragsteile. Ein gesetzlicher Grund, Zeugen hinzuzuziehen, besteht nicht.[298]

Die Erschienenen erklären bei gleichzeitiger Anwesenheit gemeinsam mündlich mit dem Ersuchen um Beurkundung was folgt:

I. Allgemeines

Die Erschienenen zu 1. und 2. erklären Folgendes:

a) Wir haben im letzten Monat am ..... vor dem Standesbeamten in ..... geheiratet.
b) Wir hatten bei Eheschließung und haben noch heute unseren gewöhnlichen Aufenthalt in London, wo wir beide nach Abschluss unseres Studiums arbeiten.[299] Wir wollen aber nach einigen Jahren diesen gewöhnlichen Aufenthalt nach Deutschland verlegen, wo ich, die Ehefrau, den elterlichen Betrieb weiterführen werde.
c) Ich, die Ehefrau, war im Zeitpunkt der Eheschließung und bin heute ausschließlich deutsche Staatsangehörige. Ich, der Ehemann, war im Zeitpunkt der Eheschließung und bin heute ausschließlich ..... Staatsangehöriger.
d) Einen Ehevertrag oder eine Rechtswahl haben wir bisher nicht vereinbart.

II. Rechtswahl für die güterrechtlichen Ehewirkungen

1)

Wir wählen hiermit für die güterrechtlichen Wirkungen unserer Ehe das deutsche Recht als das Recht der Staatsangehörigkeit der Ehefrau nach Art. 22 Abs. 1 b EU-GüVO.

2)

Diese Rechtswahl soll ab dem Tage unserer Verehelichung gelten.[300]

---

298 Sofern das ausländische Recht die Hinzuziehung von Zeugen vorsieht, sollte dies auch in der notariellen Urkunde geschehen, um eine Verwendung der Urkunde im Ausland zu ermöglichen.
299 Zu beachten ist, dass diese Rechtswahl zum deutschen Recht auch dann notwendig wäre, wenn beide Ehegatten deutsche Staatsangehörige sind, da die primäre Anknüpfung sich unwandelbar nach dem gewöhnlichen Aufenthalt bei Eheschließung richtet, Art. 26 EU-GüVO.
300 Nach Art. 22 Abs. 2 EU-GÜVO gilt die Rechtswahl ex nunc, wenn die Ehegatten nichts anderes regeln.

3)

Wir leben somit im gesetzlichen Güterstand der Zugewinngemeinschaft nach deutschem Recht.

Wir sind uns einig, dass wir uns – zumindest im Innenverhältnis – so behandeln, als ob wir von Beginn unserer Ehe an in Zugewinngemeinschaft gelebt hätten.[301] Zur Berechnung des Zugewinns sind also die Vermögensverhältnisse am Beginn unserer Ehe zugrunde zu legen.

Regelungen über eine Abwicklung bisheriger güterrechtlicher Verhältnisse sind angesichts des kurzen Zeitraums zwischen Eheschließung und heute nicht zu treffen.[302]

4)

Diese Rechtswahl soll nach Möglichkeit nicht nur im Inland gelten, sondern unserem Wunsch nach weltweit, soweit dies möglich ist, insbesondere also auch die Vermögensgegenstände umfassen, die wir jetzt oder künftig in ..... innehaben.

5)

Der Notar hat über das deutsche Güterrechtbelehrt. Eine weitere güterrechtliche Regelung wird ausdrücklich nicht gewünscht, sodass der gesetzliche Güterstand der Zugewinngemeinschaft eintritt.[303]

Alternative (Wahl eines anderen Güterstandes):

Als Güterstand wählen wir die Gütertrennung nach Maßgabe des Bürgerlichen Gesetzbuches. Uns ist bekannt, dass durch die Vereinbarung der Gütertrennung

– *keine Haftungsbeschränkung gegenüber Gläubigern eintritt,*
– *jeder Ehegatte über sein Vermögen frei verfügen kann,*
– *beim Tod eines von uns das Erb- und Pflichtteilsrecht des Überlebenden am Nachlass des Zuerstversterbenden sich vermindern und das der Kinder sich erhöhen kann,*
– *bei Auflösung der Ehe kein Zugewinnausgleich stattfindet,*
– *die Privilegierung des § 5 ErbStG keine Anwendung findet.*

6)

Eine Auseinandersetzung hinsichtlich des beendeten bisherigen Güterstandes soll in dieser Urkunde nach Hinweis des Notars ausdrücklich nicht stattfinden.

III. Belehrungen, Güterrechtsregister

1)

Der Notar belehrte darüber, dass er ausländisches Recht nicht kennen muss, über den Inhalt fremder Rechtsordnungen nicht belehren kann und auch nicht belehrt hat. Der Notar hat hierüber auch keinen Beratungs- oder Betreuungsauftrag übernommen. Er hat insbesondere nicht überprüft, ob das ausländische Recht diesen Vertrag anerkennt. Der Notar hat hierüber auch keine Beratung oder Betreuung übernommen. Er hat darauf hingewiesen, dass ausländische Gerichte möglicherweise eine Rechtswahl nicht anerkennen.

Eine Unwirksamkeit der Rechtswahl soll sich auf die Wirksamkeit der übrigen Teile dieses Vertrages nicht auswirken.

Die Rechtswahl geht von den Vertragsteilen aus, diese nehmen auch alle Risiken und Folgen in Kauf, die mit der möglichen Geltung und Einwirkung fremden Rechts zusammenhängen und stellen den Notar insoweit von jeder Haftung frei.

---

301 Hier ist die Heirat nach Sachverhalt nur einige Wochen her. Daher bietet es sich an, die Zugewinngemeinschaft auf den Ehebeginn zurückzubeziehen. Freilich können Dritten gegenüber Einwendungen etwa aus § 1365 BGB nicht erhoben werden. Es handelt sich also nicht um eine »dingliche« Rückwirkung, so schon Art. 22 Abs. 3 EU-GüVO für die Rückwirkung der Rechtswahl.
302 Zur Abwicklung bei Rückwirkung vgl. Döbereiner in Dutta/Weber, E, Rn. 63 ff.
303 Ggf. kann als Anlage eine Liste des wesentlichen Anfangsvermögens eines jeden Ehegatten beigefügt werden.

2)

Auch wenn die vorstehenden Rechtswahlen nach Möglichkeit nicht nur im Inland gelten sollen, soll der Notar aber derzeit keine Schritte unternehmen, um eine Gültigkeit der Rechtswahl im Ausland zu erreichen.[304]

3)

Wir beantragen, dass diese Rechtswahl

Alternative:

..... und der gewählte Güterstand .....

in das Güterrechtsregister eingetragen wird und beauftragen den beurkundenden Notar, die Eintragung durch Übersendung einer beglaubigten Abschrift dieser Urkunde an das zuständige Güterrechtsregister herbeizuführen.

Alternative:

Vorstehende Rechtswahl soll in das deutsche Güterrechtsregister derzeit nicht eingetragen werden. Die Eintragung kann jedoch jederzeit einseitig durch einen Ehepartner auf dessen Kosten beantragt werden.

Der Notar benachrichtigt das Zentrale Testamentsregister ..... (weitere urkundliche Vereinbarungen) .....

Die Urkunde wurde vom Notar in deutscher Sprache vorgelesen,

vom Dolmetscher in die ..... Sprache mündlich übersetzt.

Die Niederschrift wird von allen Erschienenen genehmigt

und von ihnen und dem Dolmetscher eigenhändig unterschrieben.

...

Eine Rechtswahl anlässlich eines Kaufvertrages nur für einen bestimmten Kaufgegenstand nach Art. 15 Abs. 2 Nr. 3 EGBGB ist nicht mehr zulässig.

Für den Fall, dass i.R.d. zweiten ehevertraglichen Stufe weitere Verzichte oder Vereinbarungen abgeschlossen werden sollen, empfiehlt sich über die bereits im Detail vorgestellten Vereinbarungen hinaus eine **Erweiterung der Formulierung**, sodass auch etwaige Rechtsinstitute ausländischen Rechts erfasst werden. Darüber hinaus ist zu belehren, dass das Scheidungsstatut wandelbar ist und dass ein nach deutschem Recht ausgesprochener Verzicht möglicherweise bei einer Scheidung nach ausländischem Recht nicht mehr anerkannt wird. Soweit nunmehr durch die Rom III VO oder das HUP weitergehende Rechtswahlmöglichkeiten bestehen, können diese genutzt werden. Aufgrund der Wandelbarkeit des Unterhaltsstatuts war auch bei einer rein deutschen Sachverhaltsgestaltung empfohlen worden, das deutsche Unterhaltsrecht zu wählen, um einem späteren Wechsel bei Umzug vorzubeugen und die vertraglichen Vereinbarungen absichern zu lassen.

▶ **Formulierungsvorschlag: Vereinbarungen über Versorgungsausgleich und Unterhalt mit Bezugnahme auf ausländische Rechtsinstitute**

Für Rechtsstreitigkeiten in Bezug auf den Unterhalt vereinbaren wir nach Art. 4 EU-UntVO die ausschließliche Zuständigkeit der deutschen Gerichte.[305]

---

304 Dies insb., wenn alle Vermögenswerte sich im Inland befinden und eine weitere Einwirkung fremden Rechts nicht zu erwarten ist. Wenn eine Anerkennung auch im Ausland erforderlich oder gewünscht ist, sollte man sich hierzu gesondert beauftragen lassen, ggf. unter Einschaltung ausländischer Kollegen. Eine Haftung für diese Anerkennung kann aber i.d.R. nicht übernommen werden.
305 Möglich auch die Vereinbarung eines bestimmten Gerichtes.

Ferner wählen wir nach Art. 8 Abs. 1a HUP das deutsche Recht als das auf eine Unterhaltspflicht anzuwendende Recht. Diese Rechtswahl soll ausdrücklich auch dann gelten, wenn wir keinen gewöhnlichen Aufenthalt in Deutschland mehr haben.

Der Notar hat uns darüber belehrt, dass nach Art. 8 Abs. 4 HUP das Recht des Staates, in dem die berechtigte Person im Zeitpunkt der Rechtswahl ihren gewöhnlichen Aufenthalt hat, dafür maßgebend ist, ob die berechtigte Person auf ihren Unterhaltsanspruch verzichten kann, so dass bei einem Unterhaltsverzicht nur eine eingeschränkte Rechtswahlmöglichkeit besteht. Zudem scheidet die Anwendung des gewählten Rechtes nach Art. 8 Abs. 5 HUP aus, wenn sie offensichtlich unbillige oder unangemessene Folgen hätte, es sei denn, dass die Parteien im Zeitpunkt der Rechtswahl umfassend unterrichtet und sich der Folgen ihrer Wahl vollständig bewusst waren. Ferner unterstellen wir nach Art. 5 Abs. 1c) Rom III VO unsere Scheidung dem deutschen Recht. Der Notar hat darauf hingewiesen, dass wir damit mittelbar auch den Versorgungsausgleich dem deutschen Recht unterstellen.

Die nachfolgende Vereinbarung soll soweit als möglich auch bei Einwirkung fremden Rechts gelten, auch wenn unsere Ehe durch ein ausländisches Gericht geschieden würde.

Wir sind darauf hingewiesen worden, dass bei Zuständigkeit eines ausländischen Gerichts oder bei Anwendung eines ausländischen Rechts die Vereinbarung möglicherweise nicht anerkannt wird. Der Notar hat uns darauf hingewiesen, uns ggf. im Heimatland des ..... beraten zu lassen und eine zusätzliche Vereinbarung zu treffen.

Dies vorausgeschickt, wollen wir – rechtlich unabhängig von den anderen Vereinbarungen – Folgendes vereinbaren:

1)

Jedweder Versorgungsausgleich ist vollständig ausgeschlossen; dies gilt für den Versorgungsausgleich nach deutschem Recht, aber auch für jedes Rechtsinstitut, das nach deutschem oder ausländischem Recht gegenwärtig oder künftig besteht oder bestehen wird, und das irgendwie einem Versorgungsausgleich gleichkommt, diesem entspricht oder die entsprechenden Nachteile einer Scheidung ausgleichen will, auch für richterliche Vermögens- und Anspruchszuweisungen oder Ausgleichszahlungen oder dergleichen.

2)

Jedweder Unterhalt ist für die Zeit nach der Scheidung der Ehe vollständig ausgeschlossen, und zwar in allen Lebenslagen und unter allen Umständen, auch in Notfällen und auch in unvorhersehbaren oder außergewöhnlichen Fällen oder Umständen; dies gilt für jeden nur denkbaren nachehelichen Unterhalt, aber auch für jedes Rechtsinstitut, das nach deutschem oder irgendeinem anderen Recht gegenwärtig oder künftig besteht oder bestehen wird und das irgendwie einem nachehelichen Unterhalt gleichkommt, diesem entspricht, ähnlich ist oder das Gleiche oder Ähnliches erreichen will, auch für richterliche Vermögens- oder Anspruchszuweisungen, Ausgleichszahlungen oder dergleichen.[306]

..... (weitere Vereinbarungen, Belehrungen etc.)

H. Der deutsch-französische Wahlgüterstand

203 Da der Deutsch-Französische Güterstand inzwischen über § 1519 BGB zum deutschen Recht geworden ist, wird die jetzige Regelung in Kapitel 1 Rdn. 499 ff. ausführlich behandelt.

---

306 Für die Verzichte gelten die allgemeinen Regeln, insb. ist zu fragen, ob sie einer Inhaltskontrolle standhalten; hierzu Kap. 2 Rdn. 65 ff.

Stichwortverzeichnis

Die fetten Ziffern beziehen sich auf das jeweilige Kapitel und die mageren Ziffern auf die dazugehörige Randnummer.

A

Abänderung
– Unterhaltstitel 6 743 ff.
– Urteile 6 743 ff.
– vollstreckbare Urkunden 6 757 ff.

Abfindungsbeschränkungen
– Auswirkungen auf Zugewinnansprüche 1 287

Abfindungsklausel
– IDW S 13 1 243
– Unternehmensbeteiligung 1 279 ff.
– Unternehmensbewertung 1 279 ff.

Abgeltungsklausel 2 44 ff.
– Formulierungsvorschlag 2 47, 50
– Scheidungsvereinbarung 8 423 ff.
  – Formulierungsvorschlag 8 427
  – Wirkung 8 424

Alleinzahlermodell
– Gesamtschuldnerausgleich 5 126

Allgemeines Ehewirkungsstatut
– Anknüpfungspunkte im IPR 10 13 ff.
– Anwendungsbereich 10 37 f.
– bei Auslandsberührung 10 12 ff.
– Ehevertrag, Formulierungsvorschlag 10 199
– engste Verbindung 10 18
– gewöhnlicher Aufenthalt 10 16
– Kegelsche Leiter 10 23 ff.
– ordre public 10 21 ff.
– Rechtswahl 10 20
– Scheidungsvereinbarung, Formulierungsvorschlag 10 199
– Staatsangehörigkeit 10 14 f.
  – Eigenrechtsvorrang 10 15
  – Grundsatz der effektiven 10 15
  – mehrfache 10 15
– Verweisung auf ausländisches Recht 10 19 f.
  – Gesamtverweisung 10 19
  – Rückverweisung 10 19
  – Sachnormverweisung 10 20
  – Weiterverweisung 10 19

Altehe
– Ehegüterrechtsstatut bei Auslandsberührung 10 116 ff.

Altersphasenmodell
– in unterhaltsverstärkender Vereinbarung 6 599 f., 1023 f.; 9 66 ff.
– Formulierungsvorschlag 6 1024

Altersunterhalt
– Ehevertrag 2 420 ff.
– Regelaltersgrenze
  – Anhebung 6 151

Altersversorgungszulage 1 562

Altersvorsorgeunterhalt
– Direktzahlung 6 913 f.

Altverträge
– Sittenwidrigkeit 2 455 ff.

Amtsermittlungspflicht
– Ehevertrag 2 248

Anfangsvermögen
– Altehen 1 67
– Ausschluss, modifizierte Zugewinngemeinschaft 2 631 ff.
– Berechnung 1 66 ff.
– Bewertung 1 115 ff.
  – Forstwirtschaft 1 132 ff.
  – Gebäude 1 121 ff.
  – Grundstücke 1 121 ff.
  – Landwirtschaft 1 132 ff.
  – Lebensversicherung 1 138 ff.
  – Praxen 1 119 f.
  – subjektive Beziehung 1 118
  – Unternehmen 1 119 f.
  – Zweck 1 118
– Indexierung 1 107 ff.
– negatives 1 70 ff.
  – Schuldentilgung 1 71
  – Vermutung des § 1377 Abs. 3 BGB 1 74
– privilegierter Erwerb *s.a. privilegierter Erwerb*; 1 76 ff.
– Stichtag 1 67 f.
  – Altehen 1 67
  – Eintritt des Güterstands 1 67
– Unternehmensbewertung 1 119 ff.
– Vermutung des § 1377 Abs. 3 BGB 1 109 ff.
– Vermögensverzeichnis 1 109 ff.
– Verschiebung aufgrund Hausbau 3 25
– Versorgungsausgleich 7 37

Anfechtung
– Ehegattenzuwendung 3 132 ff.
– unbenannte Zuwendung 3 132 ff.

Anfechtungsgesetz
– Erweiterte Anfechtungsfristen 1 5

Angemaßte Eigengeschäftsführung
– Bruchteilsgemeinschaft
  – Bankkonten 5 263 f.

Anrechnungsmethode
– Versorgungsausgleich
  – Verhältnis zum Unterhaltsrecht 7 74

Anteile
– Bewertung von 1 290

Anwaltskanzlei
– Bewertung 1 261

Stichwortverzeichnis

Anwartschaftsrecht
– Erwerb von Todes wegen 3 72
Arbeitslosengeld II
– Nachehelicher Unterhalt 6 398
Arbeitsverhältnis
– zwischen Ehegatten *s.a. Arbeitsverträge*; 5 450 ff.
Arbeitsverträge
– Betriebsausgaben 5 454
– Direktversicherung 5 462
– Ehegattenarbeitsverhältnis mit geringfügiger Beschäftigung 5 467 f.
– Formulierungsvorschlag 5 468
– Ehegattenarbeitsvertrag
– Formulierungsvorschlag 5 466
– Ehegatteninnengesellschaft 5 450
– Ernsthaftigkeit 5 459
– formale Anforderungen 5 458
– Formulierungsvorschlag 5 466
– Fremdvergleich 5 460
– Gewerbesteuer 5 454
– Gläubigerschutzvorschrift des § 850h Abs. 2 ZPO 5 452
– Gütergemeinschaft 5 451
– Pensionszusage 5 462
– steuerliche Anerkennung 5 456
– steuerliche Gründe 5 453 ff.
– steuerrechtliche Grundlagen 5 450 ff.
– tatsächliche Durchführung 5 461
– versicherungsrechtliche Gründe 5 453 ff.
– Wirksamkeit 5 463 f.
– zivilrechtliche Grundlagen 5 450 ff.
Arztpraxis
– Auskunftsanspruch 1 405
– Bewertung 1 264
Auffangklausel
– Ehevertrag, Formulierungsvorschlag 2 344
– Vermeidung ehebedingter Nachteile 2 341 ff.
Auffanglinie
– Ehevertrag 2 337 ff.
Aufgeschobene Miteigentumslösung
– Familienheim 3 48 ff.
Aufhebung
– der Gütergemeinschaft *s.a. Gütergemeinschaft*; 2 335 ff.
– Formulierungsvorschlag 2 547
Aufstockungsunterhalt
– Ehevertrag 2 238 ff., 424
– Verzicht, Formulierungsvorschlag 6 829
Auftragsrecht 5 344 ff.
– bei der Bestellung von Sicherheiten 5 355 ff.
– Befreiung von Verbindlichkeiten 5 357
– Kündigung 5 357
– Rechtsbindungswille 5 356
– bei treuhänderischer Haftungsübertragung 5 360 ff.
– bei treuhänderischer Übertragung 5 346 ff.
– Formulierungsvorschlag 5 367
– Herausgabeanspruch 5 347

– Innenverhältnis 5 347
– Treuhandabrede 5 365 ff.
– treuhänderisches Zwischenmietverhältnis 5 346
Auseinandersetzung
– der Gütergemeinschaft 1 468 ff.
– Formulierungsvorschlag 2 547
– des Gesamtgutes 1 470 ff.
Auseinandersetzungsvereinbarung 2 543 ff.
– Gütergemeinschaft 2 543 ff.
– Werterstattungsansprüche 2 544
Ausgleich nach Scheidung
– Steuerliche Auswirkung
– Leibrente 7 552
Ausgleichs-/Auseinandersetzungswert 1 239, 260
Ausgleichsanspruch
– Alternativen zum Ausgleich in Geld, Übertragung einer Immobilie 2 703
– Anrechnung von Zuwendungen 3 115 ff.
– Ausgleichsansprüche nach Scheidung, noch nicht ausgleichsreife Ansprüche 7 210
– verfallbare Anrechte 7 211
– Durchführung 1 293 ff.
– Entstehen 1 305 ff.
– Fälligkeit 1 307
– illoyale Vermögensminderungen 1 301 f.
– Pfändung 1 309
– Rechenschritte 1 295
– Stundung *s.a. Stundung*; 1 342 ff.
– Übertragbarkeit 1 308
– unverschuldeter Vermögensverfall 1 300
– Vereinbarung *s.a. Ausgleichsforderung*; 1 317 ff.
– Abtretungsverbot 1 323
– Einbindung Dritter 1 321
– formlose 1 318
– Vererblichkeit 1 308
– Verjährung 1 305 ff.
– Vermögenswertbegrenzung 1 296 ff.
– Gesetzgebungsverfahren *Ausgleichsforderung s.a. Zugewinnausgleichsforderung*; 1 297 ff.
– Verzinsung 1 345
Ausgleichsrecht
– Änderung 1 87
Auskunftsanspruch 1 392 ff.
– Bestand des Endvermögens 1 393
– Form der Auskunft 1 403 ff.
– Arztpraxis 1 405
– Belege 1 406
– Forderung 1 405
– Grundstücke 1 405
– Kfz 1 405
– Lebensversicherung 1 405
– Unternehmen 1 405
– Verbindlichkeiten 1 405
– Verzeichnis 1 403 f.
– Wertangaben 1 405
– Gegenstand 1 393 ff.
– Geltendmachung 1 410 f.
– Leistungsfähigkeit 6 550 ff.

Stichwortverzeichnis

- Mitwirkung am Verzeichnis 1 401
- Scheidungsverbund 1 410
- Stichtag 1 400
- Stufenklage 1 410
  - Verjährung 1 410
  - Verjährung 1 412
- Vermögen bei Trennung 1 395
- Vorlage von Belegen 1 398, 406 ff.
  - Freiberufler 1 406
  - Landwirtschaft 1 406
  - schutzwürdige Interessen Dritter 1 407
  - Unternehmen 1 406
  - Wirtschaftsprüfervorbehalt 1 408
- Wertermittlungsanspruch 1 409
- Zeitpunkt des Auskunftsrechts 1 399
- Zugewinnausgleich 1 392 ff.
- Zurückbehaltungsrecht 1 411

Auslandsberührung 10 1 ff.
- allgemeines Ehewirkungsstatut 10 12 ff.
  - Anwendungsbereich 10 37 f.
- Anknüpfungspunkte im IPR 10 13 ff.
- deutsch-französischer Wahlgüterstand 10 203 ff.
- Ehe 10 1 ff.
- Ehegüterrechtsstatut 10 42 ff.
  - Anwendungsbereich 10 129 ff.
  - Behandlung von Altehen 10 116 ff.
  - Flüchtlinge 10 112
  - Grundsatz 10 107 ff.
  - Rechtswahl 10 109, 128 ff.
  - Spätaussiedler 10 113
  - Stufenleiter 10 108
  - Unwandelbarkeit 10 109
  - Vertriebene 10 112
  - Zeitpunkt der Eheschließung 10 107
- Ehevertrag 10 1 ff., 193 ff.
- engste Verbindung 10 18
- Gerichtliche Zuständigkeit 10 177
- Gerichtsstandwahl 10 150 ff.
- gewöhnlicher Aufenthalt 10 16
- Heimatstaatenklausel 10 168 ff.
- islamisches Recht 10 2
- Kegelsche Leiter 10 23 ff.
- Morgengabe 10 2 f.
- ordre public 10 21 f.
- Rechtswahl 10 11, 20, 143 ff.
  - Ehegüterrechtsstatut 10 109, 128 ff.
  - Form 10 149
  - Grenzen 10 145
  - Indirekte 10 164 ff.
- Scheidungsstatut 10 178 ff.
  - Sachnormverweisung 10 179
  - Verweis auf Ehewirkungsstatut 10 187 ff.
- Scheidungsvereinbarung 10 193 ff.
- Staatsangehörigkeit 10 14 f.
  - Eigenrechtsvorrang 10 15
  - Grundsatz der effektiven 10 15
  - mehrfache 10 15

- Unterhaltsberechtigte
  - Ländergruppeneinteilung des BMF 10 153 f.
- Unterhaltsstatut 10 136 ff.
- Vereinbarung über Versorgungsausgleich, Formulierungsvorschlag 10 202
- Versorgungsausgleich, rechtswidriger 10 172
- Versorgungsausgleichsstatut 10 155 ff.
- Verweisung auf ausländisches Recht 10 19 f.
  - Gesamtverweisung 10 19
  - Rückverweisung 10 19
  - Sachnormverweisung 10 20
  - Weiterverweisung 10 19

Ausschließlichkeitsprinzip 5 1 ff.
- Ausschluss von Ansprüchen bei Gütertrennung, Formulierungsvorschlag 5 41
- Darlehen 5 11
- Durchbrechung
  - Anwendungsfälle 5 29 ff.
  - Auftragsrecht 5 344 ff.
  - bereicherungsrechtlicher Lösungsansatz 5 370
  - Bruchteilsgemeinschaft *s.a. Bruchteilsgemeinschaft*; 5 203 ff.
  - Ehegatteninnengesellschaft *s.a. Auftragsrecht*, *s.a. Ehegatteninnengesellschaft*; 5 62 ff.
  - Einkommensteuer-Erstattungsanspruch 5 182 ff.
  - Güterrecht jenseits des Güterrechts 5 1
  - Inhaltskontrollen, güterrechtliche 5 2
  - schuldrechtliche Ansprüche 5 372 ff.
  - Störung der Geschäftsgrundlage 5 1 ff.
  - Treuhandverhältnis *s.a. Treuhandverhältnis*; 5 344 ff.
  - Vollmacht, bedingte 5 524
  - weitere Anspruchsgrundlagen 5 369 ff.
  - Zuwendung anlässlich der Trennung 5 60 f.
- Ehegatteninnengesellschaft 5 12, 62 ff.
- Mitarbeit 5 1 ff.
- Rechtsprechung Ehegatteninnengesellschaft
  - Ehegatteninnengesellschaft *s.a. Ehegatteninnengesellschaft*; 5 62 ff.
  - Gesamtschuldnerausgleich *s.a. Gesamtschuldnerausgleich*; 5 118 ff.
- Schenkung 5 10
- Störung der Geschäftsgrundlage 5 1 ff.
- Treuhandverhältnis 5 12
- unbenannte Zuwendung 5 5, 9 ff.
- Verzicht auf Zugewinn 5 7
- Verzichte 5 1 ff.
- Vorrang des Güterrechts 5 16 ff.
- Zuwendung 5 1 ff.

Ausschluss
- nachehelicher Unterhalt 6 593 ff.

Ausstattung 1 103

Ausübungskontrolle
- Ehevertrag *s.a. Ehevertrag*; 2 69 ff., 82, 288, 299 ff., 458
  - Prüfungsmethode 2 191 ff.

1301

Stichwortverzeichnis

- Maßstab 2 307
- Scheidungsvereinbarung 2 235 ff.
- unterhaltsverstärkende Vereinbarung 6 989
- Unterhaltsverzicht
  - Nachehelicher Unterhalt 6 577
- Unterhaltsverzicht, Anpassung des 2 224
- vertragliche Risikoübernahme 2 302
- zeitliche Komponente 2 305

Auszugleichende Anrechte
- Versorgungsausgleich 7 25 ff.

Auszugsvereinbarung 8 65

B

Bankkonten
- in Scheidungsvereinbarung 8 372

Barer Spitzenausgleich
- Vereinbarungen zum Versorgungsausgleich 7 489 ff.

Barunterhaltsersatzleistung
- Treuhandverhältnisse 5 371

Barwertverordnung
- Versorgungsausgleich vor der Reform 7 9 ff.

Bedürftigkeit
- Kindesunterhalt
  - Trennungsvereinbarung 8 146
- nachehelicher Unterhalt 6 388 ff., 612 ff.

Begrenztes Realsplitting 8 462
- ehevertragliche Vereinbarung 6 741 ff.
  - Formulierungsvorschlag 6 742
- nachehelicher Unterhalt 6 688 ff.
  - Anspruch auf Zustimmung 6 713 ff.
  - Anspruch des Unterhaltsberechtigten auf Vorteilsausgleich 6 734 f.
  - Antrag des Unterhaltsschuldners 6 697 ff.
  - dauernd getrenntlebend oder geschieden 6 696
  - ehevertragliche Vereinbarung 6 741 f.
  - erhöhte Leistungsfähigkeit 6 734 f.
  - Ersatz der Steuernachteile 6 724 ff.
  - Familienversicherung 6 730 ff.
  - Formulierungsvorschlag 6 1036
  - Gestaltungsempfehlung 6 738 ff.
  - Höchstbetrag 6 709 f.
  - In-Prinzip 6 691
  - keine Geltendmachung als außergewöhnliche Belastung 6 711
  - Nachteilsausgleich 6 721
  - Obliegenheit zur Auskunft 6 736 f.
  - Rückerstattung 6 733
  - sonstige Nachteile 6 729 ff.
  - Steuerberatungskosten 6 728
  - steuerliche Voraussetzungen 6 689 ff.
  - Steuernachteile 6 724 ff.
  - steueroptimale Begrenzung 6 738
  - Steuervorauszahlung 6 726 f.
  - Unabhängigkeit von Einkommen und Vermögen des Berechtigten 6 712

- unbeschränkte Einkommensteuerpflicht 6 695
- Unterhaltsleistung 6 690 ff.
- Unterhaltsleistungen an den Ex- Ehegatten 6 694
- verteilte Unterhaltszahlungen 6 739 ff.
- Zustimmung des Unterhaltsgläubigers 6 703 ff.

Begrenzungsvereinbarung
- unbenannte Zuwendung zur Haftungsvermeidung 3 208 ff.
- Versorgungsausgleich 7 433 ff.
  - geringere Quote 7 434 f.
  - Gewährung einer bestimmten Mindestversorgung 7 437 f.
  - steuerliche Auswirkung 7 547 f.

Belehrung
- Gütertrennungsverträge 2 494

Benachteiligungsabsicht 1 153

Beschränkung
- nachehelicher Unterhalt 6 621 ff.

Besteuerung des Leistungszuflusses
- Versorgungsausgleich 7 542

Besteuerung des Wertausgleichs
- externe Teilung
  - Versorgungsausgleich 7 543
- Versorgungsausgleich 7 541

Betreuungsverfügung 5 597

Betriebsaufspaltung
- Besitzunternehmen 5 476
- Betriebsunternehmen 5 476
- personelle Verflechtung 5 477, 480
- Personengruppentheorie 5 480
- sachliche Verflechtung 5 477
- unter Ehegatten 5 476 ff.
- Wiesbadener Modell 5 475 ff.

Betriebsvermögen
- Ausschluss
  - alternative Gestaltung 2 621 ff.
  - Ausschluss aus dem Zugewinn 2 567 ff.
    - Formulierungsvorschlag 2 610 ff.
  - Ausschluss des Zugewinns, Kompensationsleistung 2 622 f.
    - mit Ausgleichsquote 2 624 f.
  - Beibehaltung 2 626 f.
  - Bewertungsvereinbarung 2 671 ff.
  - Erträge für den Unterhalt, Formulierungsvorschlag 2 618
  - Geschäftsführervergütung, Formulierungsvorschlag 2 619
  - gewillkürtes 2 584
  - Herausnahme aus dem Zugewinn, Formulierungsvorschlag 2 607; 9 58
  - Herausnahme vom unternehmerischen Vermögen 2 574 ff.
  - Herausnahme von Erträgen, Formulierungsvorschlag 2 617
  - kompletter Ausschluss des Zugewinns 2 622 f.

Stichwortverzeichnis

- Mindestzugewinn, Formulierungsvorschlag 2 620
- notwendiges 2 584
- Tantieme, Formulierungsvorschlag 2 619
- unternehmerisches Vermögen *s.a. unternehmerisches Vermögen*; 2 571 ff.

Beurkundung
- allgemeine Urkundsbestandteile
  - Auffangklausel zur Vermeidung ehebedingter Nachteile 2 341 ff.
  - Belehrung 2 345 ff.
  - salvatorische Klausel 2 337 ff.
- Anwesenheit des Kindes 2 153, 320
- Belehrung 2 345 ff.
  - Belehrungsvermerk 2 345
  - Formulierungsvorschlag 2 350
  - Modifizierung des Zugewinnausgleichs 2 348
  - Schlussbelehrung 2 348
  - Unterhaltsmodifikation 2 346
  - Versorgungsausgleichsregelung 2 347
- Ehevertrag 2 312 ff.
  - Vertragsvorlauf 2 314 ff.
- Präambel 2 327 ff.
  - erweiterte 2 332
  - Formulierungsvorschlag 2 335 f.
- Urkundsbestandteile, Auffanglinie 2 337 ff.

Beurkundungsverfahren
- Notar, Bedeutung des 2 313

Beweislast
- Bankkonten bei Bruchteilsgemeinschaft 5 258 ff.
  - angemaßte Eigengeschäftsführung 5 263 f.
  - Anspruch auf Aufteilung 5 265
  - Ausgleichsanspruch nach § 430 BGB 5 266 f.
  - Oder-Depots 5 268
- illoyale Vermögensminderung 1 157, 303 f.
- nachehelicher Unterhalt, Beschränkung 6 645 ff.
- salvatorische Klausel 2 38
- Zustimmungspflicht zur Zusammenveranlagung 8 456

Bewertung
- von KMU 1 225
- von Unternehmen, Bewertungsgesetz, Grundstücksbewertung *s.a. Unternehmensbewertung*; 1 128 f.

Bewertungsvereinbarung 2 652 ff.
- Bewertungsverfahren 2 671 ff.
  - Erbschaftssteuergesetz 2 673
- Bewertungsvermögen 2 671 ff.
- Formulierungsvorschlag 2 656 f.
- Grundbesitz 2 683 f.
  - Formulierungsvorschlag 2 684
- Kapitallebensversicherung 2 680 f.
  - Formulierungsvorschlag 2 681
- Landwirtschaft 2 676 ff.
  - Formulierungsvorschlag 2 679

- modifizierte Zugewinngemeinschaft 2 652 ff.
  - Formulierungsvorschlag 2 656
- nach Fachgutachten IDW, Formulierungsvorschlag 2 675

Bewertungszeitpunkt
- IDW S 13 1 240

Bleiberechtsfall
- Ehevertrag 2 104, 225 ff.

Bodenrichtwerte 1 123

Bodenwertsteigerung
- Ausschluss des Zugewinns 1 543

Bruchteilsgemeinschaft 5 203 ff.
- Auffanggemeinschaft 5 205
- Aufhebung der Gemeinschaft 5 212
- Bankkonten
  - Bankkonten, Prozessstrategie 5 258 ff., 269 f.
  - Beweislast *s.a. Beweislast*; 5 258 ff., 262 ff.
  - Einzeldepot 5 255
  - Gemeinschaftsdepot 5 256 ff.
  - Oder-Depots 5 268
  - Wertpapierdepots 5 253 ff.
  - Zugewinn 5 258 ff.
- Bankkonten der Ehegatten, Kontovollmacht 5 228 ff., 240 ff.
- Einzeldepot 5 255
- Einzelkonten 5 229 ff.
  - Aufteilungsansprüche 5 237 ff.
  - Berechtigung 5 229 ff.
- Familienheim 5 212, 271 ff.
- Forderungsgemeinschaft 5 205
- Gemeinschaftsdepot 5 256 ff.
- Gemeinschaftskonten, Ausgleichsansprüche nach § 430 BGB 5 242 ff.
  - Berechtigung im Außenverhältnis 5 240
  - Berechtigung im Innenverhältnis 5 241
  - steuerliche Folgen 5 246 f.
- konkludente 5 232 f.
- Kontovollmacht 5 249 ff.
  - Abhebung nach Trennung 5 251
  - Abhebung während funktionierender Ehe 5 250
  - Vollmachtsüberschreitung 5 252
- Miteigentum bei funktionierender Ehe 5 210 ff.
  - Nutzungsentgelt 5 211
- Miteigentum nach der Trennung 5 213 ff.
  - Nutzungsentgelt 5 220
  - richterliche Nutzungszuweisung 5 213
  - Scheidungsvereinbarung 5 215
  - Trennungsvereinbarung 5 215
  - Unterhaltsberechnung 5 222
  - Unterhaltsvereinbarung 5 222
- Teilungsversteigerung 5 271 ff.
  - anwaltliche Strategie 5 337 f.
  - Berufung auf § 1353 Abs. 1 Satz 2 BGB 5 309 ff.
  - Drittwiderspruchsklage 5 334 ff.
  - einstweilige Einstellung 5 280 ff.

Stichwortverzeichnis

- einstweilige Einstellung nach § 180 Abs. 2 ZVG 5 282 ff.
- einstweilige Einstellung nach § 180 Abs. 3 ZVG 5 293 ff.
- einstweilige Einstellung nach § 30 ZVG 5 300 ff.
- Formulierungsvorschlag 5 276
- Geltendmachung der Hinderungsgründe 5 334 ff.
- gerichtliches Verbot 5 278 f.
- Gesamtvermögensgeschäft 5 323 ff.
- Rechtsmissbrauch 5 317 ff.
- vertragliche Vereinbarung 5 273 ff.
- Vollstreckungsschutz 5 303 ff.
- Treuhandverhältnisse
  - Anerkennung, steuerliche 5 353 f.
- Verhältnis zum Zugewinn bei Bankkonten 5 258 ff.
- Verteilung des Versteigerungserlös 5 339 ff.
- Wertpapierdepots 5 253 ff.
- Wesen 5 203 ff.

C

Checkliste
- Ehevertrag 2 64

D

Darlegungs- und Beweislast
- Störung der Geschäftsgrundlage 5 50

Darlegungslast
- Düsseldorfer Tabelle 8 175

Darlehenslösung
- Familienheim 3 30 ff.

Darlehensverträge 5 424 ff.
- Ehegattendarlehen mit Hypothekenbestellung, Formulierungsvorschlag 5 448
- einfaches Ehegattendarlehen, Formulierungsvorschlag 5 447
- Einkommensteuerrecht
  - Anlass der Darlehensgewährung 5 444
- Einkommensteuer 5 439 f.
- Erlassvertrag 5 427
- Form 5 427
- Fremdvergleich 5 439
- im Todesfall 5 427
- Schenkungssteuerrecht
  - Bewertung der Nutzung einer Geldsumme 5 437
- Schenkungssteuer 5 430
- steuerrechtliche Grundlagen 5 424 ff.
- Verzicht auf Rückzahlung 5 430
- zivilrechtliche Grundlagen 5 424 ff.
- zuvor geschenkte Gelder 5 439

Deutsch-französischer Wahlgüterstand 10 203 ff.

Differenzmethode
- Versorgungsausgleich
  - Verhältnis zum Unterhaltsrecht 7 74

Discount-Cash-Flow-Verfahren 1 213 ff.

Diskrepanzehe
- Ehevertrag 9 59 ff.
  - Formulierungsvorschlag 9 65
- Familienarbeit 9 59
- Halbteilungsgrundsatz 9 59
- Unterhalt 9 61
- unterhaltsverstärkende Vereinbarung 9 67
- Versorgungsausgleich 9 62

Doppelresidenzmodell 8 396

Doppelte Haushaltsführung 1 564

Doppelter Steuerfreibetrag
- Mindestunterhalt
  - Kindesunterhalt 8 156

Doppelverdienerehe
- Ehevertrag 2 219 ff., 367
- Gesamtschuldnerausgleich unter Ehegatten 5 145
- Vereinbarung über Versorgungsausgleich 7 297, 373

Doppelverwertung
- von Schulden
  - nachehelicher Unterhalt 6 499

Doppelverwertungsverbot 1 51 ff.
- Abfindung 1 52 ff.
- Berücksichtigung von Schulden 1 55 ff.
- Bewertung von Unternehmen 1 58 f.
- Freiberuflerpraxis 1 233
- Goodwill 1 233
- Immobilienbewertung 1 60 f.
- kalkulatorischer Unternehmerlohn 1 233
- Leistungsfähigkeit bei nachehelichem Unterhalt 6 462
- Praxisbewertung, Unternehmerlohn 1 254
- Steuererstattung 1 53
- Unternehmensbewertung 1 232 ff.
- Versorgungsausgleich, Lebensversicherung 7 60
- Wohnvorteil 1 62 ff.

Double income no kids
- Ehevertrag 9 10 ff.
  - Formulierungsvorschlag 9 14
- erbrechtliche Regelung 9 12
- modifizierte Zugewinngemeinschaft 9 11

Drittelmethode
- Mangelfall
  - Nachehelicher Unterhalt 6 538

Drittwiderspruchsklage
- Teilungsversteigerung bei Bruchteilsgemeinschaft 5 334 ff.

Durchgangstheorie
- Gesamtgut 1 444 ff.

Düsseldorfer Tabelle
- Bedarfskontrollbeträge 8 162
- Darlegungslast 8 175
- Grundstruktur 8 173
  - Einkommensgruppen 8 173
- Herabstufung 8 163
- Kindesunterhalt, in Trennungsvereinbarung 8 160 ff.

Stichwortverzeichnis

- Kosten der Kindesbetreuung 8 166
  - Mehrbedarf 8 166
- Rangordnung 8 163
- Regelbedarf 8 164
- Regelbetragsverordnung 8 174

Dynamisierter Unterhalt
- Kindesunterhalt
  - Formulierungsvorschlag 8 205 ff.
- Kindesunterhalt, Formulierungsvorschlag
  - Trennungsvereinbarung 8 205 ff.

E

Ehe mit Auslandsberührung *s.a. Auslandsberührung*; 10 1 ff.
Ehe mit Dynastie 9 41 ff.
Ehe mit Probezeit 9 21 ff.
- Ehevertrag, Formulierungsvorschlag 9 25, 30, 40
- Wechsel der Lebenssachverhalte 9 21

Ehe mit Unternehmen 9 53 ff.
- Ehevertrag, Formulierungsvorschlag 9 58
- Funktionsäquivalenz 9 57
- Gütertrennung 9 54
- Keine Anwartschaften 9 57
- Versorgungsausgleich 9 56

Ehe ohne Alles
- double income no kids 9 10 ff.
- Ehevertrag 9 8 ff.
  - Formulierungsvorschlag 9 20

Ehebedingte Nachteile
- Ehevertrag
  - Inhaltskontrolle 2 274 ff.
- nachehelicher Unterhalt, Beschränkung 6 632 ff.

Ehebedingte Schulden
- Nachehelicher Unterhalt 6 494 ff.

Ehebezogene Zuwendung
- Ehegüterrechtsstatut 10 130
- in Scheidungsvereinbarung, Formulierungsvorschlag 8 377
- Rückabwicklung, Formulierungsvorschlag 8 377

Ehegatte, vermögensrechtliche Ansprüche *s.a. vermögensrechtliche Ansprüche*; 5 1 ff.
- als Mitunternehmer bei Gütergemeinschaft 1 682 ff.
- Anspruchsgrundlagen 5 369 ff.
- Arbeitsverträge *s.a. Arbeitsverträge*; 5 450 ff.
- Aufnahme in Einzelunternehmen *s.a. Einzelunternehmen*; 5 407 ff.
- Auftragsrecht *s.a. Auftragsrecht*; 5 344 ff.
- Ausschließlichkeitsprinzip *s.a. Ausschließlichkeitsprinzip*; 5 1 ff.
- bereicherungsrechtlicher Lösungsansatz 5 370
- Bruchteilsgemeinschaft *s.a. Bruchteilsgemeinschaft*; 5 203
- Darlehensverträge *s.a. Darlehensverträge*; 5 424 ff.
- Ehegattenaußengesellschaft *s.a. Ehegattenaußengesellschaft*; 5 392 ff.
- Ehegatteninnengesellschaft *s.a. Ehegatteninnengesellschaft*; 5 62 ff.
- Gesamtschuldnerausgleich *s.a. Gesamtschuldnerausgleich*; 5 118 ff.
- Gesellschaftsverträge *s.a. Gesellschaftsverträge*; 5 376 ff.
- güterstandsbezogene Ausschlussklauseln *s.a. güterstandsbezogene Ausschlussklauseln*; 5 413 ff.
- Kaufverträge 5 499 f.
- schuldrechtliche Ansprüche 5 372 ff.
- Störung der Geschäftsgrundlage 5 1 ff.
- Treuhandverhältnisse 5 344 ff.
- Verfügungen für Krankheitsfälle *s.a. Treuhandverhältnisse*; 5 501 ff.
- Vermietung und Verpachtung 5 469 ff.
- Vollmacht *s. Vollmacht unter Ehegatten, s.a. Vollmacht*; 5 501 ff.
- Wiesbadener Modell *s.a. Wiesbadener Modell*; 5 475 ff.

Ehegattenarbeitsverhältnis *s.a. Arbeitsverträge*; 5 148 ff.
- Arbeitsvertrag
  - Formulierungsvorschlag 5 466
  - mit geringfügiger Beschäftigung 5 467 ff.

Ehegattenaußengesellschaft
- Bürgerlichen Rechts 5 392 ff.
- Formulierungsvorschlag 5 405
- Gesellschaftsvertrag 5 402
- Identifizierung 5 392
- Übertragung von Anteilen 5 400 f.

Ehegattendarlehen
- einfaches
  - Formulierungsvorschlag 5 447
- mit Hypothekenbestellung
  - Formulierungsvorschlag 5 448

Ehegatteninnengesellschaft 2 185; 5 62 ff.
- Abgrenzung 5 73 ff.
  - Ausschlusskriterien 5 85 f.
  - zum familienrechtlichen Vertrag sui generis 5 74 ff.
  - zur unbenannten Zuwendung 5 74 ff.
- Abreden über Ergebnisverwendung 5 89
- anwaltliche Strategie 5 115
- Arbeitsvertrag 5 450
- Ausgleichsanspruch bei Scheitern der Ehe 5 91 ff.
  - Vermögensbewertung 5 93
- Ausgleichsansprüche, Regelung 5 110 ff.
- Ausschließlichkeitsprinzip 5 12
- bei Mitarbeit 5 113
- bei Trennung der Ehegatten 5 91 ff.
- Beratungs- und Vertragspraxis 5 110 ff.
- bürgerlichen Rechts 5 378 ff.
  - Ausgleichsanspruch 5 384
  - Formulierungsvorschlag 5 390
  - Grundbesitz 5 381 f.

Stichwortverzeichnis

- Schenkung von Anteilen 5 385
- Tod eines Gesellschafters 5 386 ff.
- vertragliche Ausgestaltung 5 378 f.
- Zweck 5 380
- Drittwirkung 5 101
- Durchbrechung des Ausschließlichkeitsprinzip 5 62 ff.
- Entnahmerecht 5 89
- Erbschaftsteuer 5 116
- familienrechtlicher Kooperationsvertrag 5 63
- Gütertrennungsvertrag 5 111
- Halbteilungsgrundsatz 5 101
- Indizien 5 89 f.
- Mitarbeit von Ehegatten 5 62
- planvolles Zusammenwirken 5 89
- Rechtsprechung 5 62 ff., 101 ff.
- Scheidungsvereinbarung 5 112; 8 378
- Schenkungsteuer 5 102
- schuldrechtlicher Ausgleichsanspruch 5 94
- Störung der Geschäftsgrundlage 5 12
- Unabhängigkeit gegenüber Güterrecht 5 77 ff.
- unbenannte Zuwendung 3 11; 5 12
- Verhältnis zum Gesamtschuldnerausgleich 5 133
- vertragliche Ausgestaltung 5 114
- Voraussetzungen 5 87 ff.
  - gleichberechtigte Beteiligung 5 87
  - gleichberechtigte Mitarbeit 5 87
  - Verfolgung eines über die Lebensgemeinschaft hinausgehenden Zwecks 5 87
  - Vorstellung der Ehegatten 5 87
- Vorrang der unbenannten Zuwendung 5 74 ff.
- Vorrang vor familienrechtlichen Vertrag sui generis 5 74 ff.
- Vorschriften über die GbR 5 105
- Zusammenveranlagung 5 68
- Zustimmung zur Zusammenveranlagung 8 461

Ehegattenmitarbeit 5 62
- Ehegatteninnengesellschaft 5 113

Ehegattenselbstbehalt
- Nachehelicher Unterhalt
  - Leistungsfähigkeit 6 502

Ehegattensplitting 1 548 ff.

Ehegattenunterhalt
- Ehe mit Unternehmen
  - Modifikation 9 55
- nachehelicher Unterhalt, Bedürftigkeit 6 388 ff.
- Scheidungsvereinbarung 8 379 ff.
  - Grundsatz der Nichtidentität 8 379
- Unterhaltsrechtsreform
  - »Nachbesserung« 6 50

Ehegattenwohnung
- Übertragung auf einen Ehegatten
  - Formulierungsvorschlag 8 54

Ehegattenzuwendung 3 1 ff.
- Anfechtungsrecht 3 132 f.
- Angebot auf Rückübertragung, Formulierungsvorschlag 3 229

- Anordnung der Nichtanrechenbarkeit 3 106 ff.
  - Formulierungsvorschlag 3 112
- Anrechnung nach § 1380 BGB 3 82 ff.
  - notarielle Beurkundung 3 86
  - überhöhte Vorwegleistung 3 84, 117 f.
  - Umqualifizierung 3 115 ff.
  - zweistufige Prüfung 3 88 ff.
- Anrechnungsklausel 3 96
- Drittwirkung, Anfechtungsrecht 3 132 ff.
  - Erbrecht 3 127 ff.
  - Missbrauchsfälle 3 139
  - Schenkungsanfechtung 3 139
  - Schenkungsteuer 3 135 ff.
  - Vermögensübertragung als Zugewinnausgleich 3 138 ff.
- Erbrecht 3 127 ff.
- ergänzende Ausführung zu § 1374 Abs. 2 BGB, Formulierungsvorschlag 3 104
- Erwerb durch nichthaftenden Ehegatten 3 236 ff.
  - Formulierungsvorschlag 3 237
- Familienheim s.a. *Familienheim*; 3 24 ff.
- keine Anwendung des § 1374 Abs. 2 BGB 3 80 f.
- keine Rückforderung, Formulierungsvorschlag 3 152
- Nichtanrechnungsmodus 3 106 ff.
- Nichtwirkung 3 126 ff.
- Rückerwerb, Formulierungsvorschlag 3 231
- Rückforderungsklausel, Formulierungsvorschlag 3 230
- Rückforderungsrecht 3 145 ff.
  - Formulierungsvorschlag 3 150
- Scheidungsklausel 3 145
- Scheidungsvereinbarung 8 373 ff.
- Schenkung s.a. *Schenkung*; 3 238 ff.
  - Formulierungsvorschlag 3 240
  - Widerruf 3 242
- Schenkungsteuer 3 135 ff.
- unbenannte Zuwendung s.a. *unbenannte Zuwendung*; 3 1 ff.
- vertragliche Regelung, Formulierungsvorschlag 3 144 ff., 150, 152, 154 f.
  - Rückforderungsrecht 3 145 ff.
  - Scheidungsklausel 3 145
  - Zugewinnregelung 3 145 ff.
  - Zuwendung zur Haftungsvermeidung 3 159 ff.
- Verzicht auf Rückforderungsklausel 3 96
  - Formulierungsvorschlag 3 103
- Vorsatzanfechtung 3 140
- Wertung im Rahmen der §§ 1374 Abs. 2, 1380 BGB 3 79 ff.
  - Anordnung der Nichtanrechenbarkeit 3 106 ff.
  - Anrechnungsklausel 3 96
  - Gestaltungsempfehlung 3 96 ff.
  - Verzicht auf Rückforderungsklausel 3 96

- Zugewinnregelung 3 145 ff.
- zur Haftungsvermeidung 3 159 ff.
  - Anfechtbarkeit 3 163 ff., 223 ff.
  - auflösende Bedingung 3 211
  - Ausweichgestaltung 3 208 ff.
  - Belehrung 3 208 ff.
  - Beschlagnahmewirkung 3 203
  - beschränkte Pfändbarkeit 3 199 ff.
  - erweiterte Anfechtungsmöglichkeiten 3 165
  - Folgen für Scheidungsklausel 3 181 ff.
  - gefahrgeneigte Tätigkeit 3 159
  - Heirat eines verschuldeten Ehegatten 3 160
  - Insolvenzverfahren 3 211
  - Pfändbarkeit 3 163, 169 ff., 222
  - Rückforderungsrecht 3 161 ff., 179 f.
  - Rückübertragungspflicht 3 172
  - Scheidungsklausel 3 161
  - Taschengeldanspruch 3 232
  - Vermögensverlagerung auf nichthaftenden Ehegatten 3 232 ff.
  - Verschweigenslösung 3 218
  - Vormerkung 3 204 f., 219 ff.
  - Vorsatzanfechtung 3 164
  - Zuwendung an anderen Ehegatten 3 161 ff.

Ehegüterrecht
- Eheverträge *s.a. Ehevertrag*; 2 1 ff.
- vertragliche Regelungen *s.a. Ehevertrag*; 2 1 ff.

Ehegüterrechtsstatut 10 42 ff.
- allgemeines Ehewirkungsstatut 10 109
- Anwendungsbereich 10 129 ff.
  - ehebezogene Zuwendung 10 130
  - Zugewinnausgleich 10 132
- Behandlung von Altehen 10 116 ff.
- Flüchtlinge 10 112
- Gesamthandsgemeinschaft 10 111
- Gesamtstatut 10 110
- Grundsatz 10 107 ff.
- Güterrechtsspaltung 10 111
- Rechtswahl 10 109, 128 ff.
- Scheidungsvereinbarung, Formulierungsvorschlag 10 128
- Sonderfälle 10 112 ff.
- Spätaussiedler 10 113
- Stufenleiter 10 108
- Unwandelbarkeit 10 109
- Vertriebene 10 112
- Zeitpunkt der Eheschließung 10 107

Ehekonstellation *s.a. Ehetyp*; 8 53 ff.
- Änderung 9 22
- Änderung durch Geburt eines Kindes, Formulierungsvorschlag 9 30
- Begriff der 2 353
- Eheverträge 9 1

Eheliche Lebensverhältnisse
- Festlegung durch Vereinbarung 6 899 ff., 903

Ehescheidung
- gewerblicher Grundstückshandel 8 578 ff.
- Grunderwerbsteuer 8 594 ff.
- Schenkungsteuer 8 604 ff.
  - eigengenutzte Immobilie 8 609 ff.
  - Schenkungsteuerprivileg 8 609 ff.
  - Steuerfreiheit des Zugewinnausgleichs 8 610 ff.
  - vorsorgende Vereinbarung 8 613 ff.
- Steuerzahlung
  - Tilgungsbestimmung 8 442 f.
  - Trennungstheorie, modifizierte 8 560 ff.
- Vermögensauseinandersetzung
  - entgeltliche Veräußerung 8 464 ff.
- Vermögensauseinandersetzung, entgeltliche Veräußerung
  - gewerblicher Grundstückshandel 8 578 ff.
  - Gewinnerzielungsabsicht 8 585 ff.
  - Grunderwerbsteuer 8 594 ff.
  - Realsplitting 8 462 f.
  - Schenkungsteuer 8 604 ff.
  - steuerliche Berücksichtigung von Aufwendungen 8 618 ff.
  - steuerliche Probleme 8 436 ff.
  - Veranlagungswahlrecht *s.a. Veranlagungswahlrecht*; 8 436 ff.
- Vermeidung steuerlicher Probleme 8 565 ff.

Eheschließung
- Änderung 9 22
- Änderung durch Geburt eines Kindes 9 26 ff.
  - Formulierungsvorschlag 9 30
- Diskrepanzehe, Formulierungsvorschlag 9 65
- double income no kids 9 10 ff.
  - Ehe ohne Alles 9 8 ff.
  - Formulierungsvorschlag 9 14
- Ehe mit Dynastie 9 41 ff.
- Ehe mit Probezeit 9 21 ff.
  - Formulierungsvorschlag 9 40
- Ehe mit Unternehmen 9 53 ff.
- Ehevertrag 9 1 ff.
- mit Auslandsberührung *s.a. Auslandsberührung*; 10 1 ff.

Ehevertrag
- »Heilung« 2 479 ff.
- Abänderung der Scheidungsfolgen 2 255
- Abbedingung des § 1375 BGB 1 160
- Abgeltungsklauseln *s.a. Abgeltungsklausel*; 2 44 ff.
- Abgrenzung zur Scheidungsvereinbarung 2 2
- Alkoholkrankheit 2 172
- allgemeine Ehevereinbarung 2 58 ff.
- allgemeine Urkundsbestandteile, erweiterte Präambel 2 332
- allgemeines Ehewirkungsstatut, Formulierungsvorschlag 10 199
- Amtsermittlungspflicht 2 248
- Anordnung alternativer Rechtsfolgen 2 351
- Anpassung an gelebte Ehekonstellation 2 255
- anwaltliche Strategien 2 466
- Auffangklausel zur Vermeidung ehebedingter Nachteile 2 341 ff.

Stichwortverzeichnis

- Formulierungsvorschlag 2 344
- Auffangkontrolle 2 458
- Auffanglinie 2 337 ff.
- Aufhebung 2 30
- Aufspaltung in mehrere Urkunden 2 460
- Aufstockungsunterhalt 2 408 ff., 424
- aus dem Ausland eingereister Ehegatte 2 104
- ausgeschlossener Kinderwunsch 2 88
- Ausschluss Altersunterhalt 2 94
- Ausschluss des Versorgungsausgleichs 2 174 ff., 193, 225
  - Formulierungsvorschlag 9 58, 65, 70
- Ausschluss des Zugewinnausgleichs 2 225
  - Formulierungsvorschlag 9 25, 30
- Ausschluss Krankheitsunterhalt 2 94
- Ausschluss von Verfügungsbeschränkungen 1 367 ff.
  - Formulierungsvorschlag 1 370 ff.
- Ausübungskontrolle s.a. Ausübungskontrolle; 2 69, 82, 191 ff., 288, 299 ff., 458
  - Anpassung der ehevertraglichen Folgen 2 125 f.
  - Maßstab 2 307
  - Prüfungsmethode 2 191 ff.
  - vertragliche Risikoübernahme 2 302
  - zeitliche Komponente 2 305
- beabsichtigte Lebensplanung 2 86
- Beeinträchtigung der Geschäftsfähigkeit 2 284
- begrenztes Realsplitting, Formulierungsvorschlag 6 742
- Begriff 2 1 f.
  - funktional erweiterter 2 2
- bei Auslandsberührung 10 1 ff.
- bei Ehe mit Auslandsberührung 10 193 ff.
  - Formulierungsvorschlag 10 199 f.
  - Nachforschungspflicht 10 196
- bei kurzer Ehedauer, Formulierungsvorschlag 9 25
- Belehrung 2 345 ff.
  - Formulierungsvorschlag 2 350
  - Modifizierung des Zugewinnausgleichs 2 348
  - Unterhaltsmodifikation 2 346
  - Versorgungsausgleichsregelung 2 347
- Belehrungsvermerk 2 345
- Bestätigung 2 485 ff.
- Beteiligung von Ausländern 2 226
- Betreuungsbedürftigkeit des Kindes, niedrige Altersgrenze 2 92
- Betreuungsunterhalt 2 96
- Betriebsvermögen 2 206
- Beurkundung s.a. Beurkundung; 2 312 ff.
  - anwaltliche Beratung 2 315
  - Dokumentation 2 321 ff.
  - Dolmetscher 2 317
  - persönliche Anwesenheit 2 318 f.
  - Übersetzung 2 317
  - Urkundsbestandteile 2 326 ff.
  - Vertragsentwurf 2 314

- Vorbesprechung 2 314
- Beurkundungsverfahren s.a. Beurkundung; 2 312 ff.
- Bleiberechtsfall 2 104, 225 ff.
- Checkliste 2 64
- Diskrepanzehe 9 59 ff.
  - Formulierungsvorschlag 9 65
- Disparität 2 164
- Dispositionsfreiheit 2 252 ff.
- Dokumentation 2 321 ff.
- Dolmetscher 2 317
- Doppelverdienerehe 2 219 ff., 367
- double income no kids, Formulierungsvorschlag 9 14
- Ehe mit Dynastie 9 41 ff.
- Ehe mit Dynastie, Formulierungsvorschlag 9 51 f.
- Ehe mit Probezeit, Formulierungsvorschlag 9 25
- Ehe mit Unternehmen, Formulierungsvorschlag 9 58
  - Inhaltskontrolle 9 55
- Ehe ohne Alles, Formulierungsvorschlag 9 20
- ehebedingte Nachteile 2 86, 99 f., 105, 274 ff.
  - Ausgleich 2 90
- ehebedingte Versorgungsnachteile 2 83
- Ehegatteninnengesellschaft 2 356
- Ehegattenzuwendung 3 144 ff.
- eheliche Rollenverteilung 2 244, 259
- Ehetyp, Änderung durch Geburt eines Kindes 9 26 ff.
  - Diskrepanzehen 9 59 ff.
  - Ehe mit Probezeit 9 21 ff.
  - Ehe mit Unternehmen 9 53 ff.
- Ehevertragsfreiheit 2 67
- einseitige Aufbürdung vertraglicher Lasten 2 69 ff.
- Eintragung ins Güterrechtsregister 2 18
- Erhalt einer Aufenthalts- oder Arbeitserlaubnis 2 105
- Existenzminimum 2 113
- familienrechtlicher Kooperationsvertrag 2 356
- fehlende Indexierung beim Unterhalt 2 99
- Festrente 2 396
- Festsetzung des Anfangsvermögens
  - Formulierungsvorschlag 4 32
- Feststellungsklage 2 244 f.
- Form 2 1 ff., 3
  - Aufhebung 2 30
  - Aufspaltung in mehrere Urkunden 2 460
  - Ausgleich des Zugewinns 2 21
  - Bevollmächtigung 2 14
  - Erwerb von Grundbesitz 2 22
  - Formzwang 2 5 ff.
  - Genehmigung 2 14
  - gleichzeitige Anwesenheit 2 14
  - Grundstücksübertragung 2 28
  - notarielle Beurkundung 2 5 ff.

- Regelung des Versorgungsausgleichs 2 19
- salvatorische Klausel *s.a. salvatorische Klausel*; 2 34 ff.
- Scheidungsvereinbarung 2 29
- Schiedsklausel 2 51 ff.
- Umfang der Formbedürftigkeit 2 26 ff.
- Unterhaltsvereinbarung 2 20
- Unterschrift 2 12
- Veräußerung von Grundbesitz 2 22
- Verbindung mit erbvertraglicher Regelung 2 25
- Vollmacht 2 14
- Vollstreckungsunterwerfung 2 23
- Formerfordernis 2 4 ff.
  - Beschlussvergleich 2 9 f.
- Gerechtigkeitskorrektiv 2 72
- Gesamtabwägung 2 450 ff.
  - Auffangkontrolle 2 458
  - Ausübungskontrolle 2 458
  - Besonderheiten des Ehetyps 2 451
  - Gestaltung des Ehelebens 2 451
  - Kompensation 2 451
  - späteres Wohlverhalten 2 453
  - Umstände des Zustandekommens 2 451
- Gesamtnichtigkeit 2 112
- Gesamtplanrechtsprechung 2 460
- Gesamtschau 2 163 ff.
- Geschäfte zur Deckung des Lebensbedarfs 1 13 f.
  - Ausschluss 1 13 f.
- gestuftes System von Unterhaltshöchstgrenzen 2 98
- Globale Vagabunden, Formulierungsvorschlag 9 80
- Globalverzicht 2 181
- grundgelegte Altersversorgung 2 88
- Gütergemeinschaft 1 477 ff.
- güterrechtliche Regelung 2 354 ff.
- güterrechtlicher Zugewinnausgleich, Versorgungsausgleich 1 46
- Güterrechtsregelung 2 200 ff.
- Gütertrennung *s.a. Gütertrennungsverträge*; 2 164, 167, 194, 200, 205 ff.
  - Formulierungsvorschlag 2 502
- Halbteilung 2 90, 113, 257 ff.
  - keine zwingende 2 257 ff.
- Halbteilungsgrundsatz 2 257 ff.
- Haushaltsgegenstände 8 83
  - Formulierungsvorschlag 8 93 f.
- Heirat im fortgeschrittenen Alter 2 88
- Herausnahme des Anfangsvermögens aus dem Zugewinn, Formulierungsvorschlag 9 52
- Imparität 2 170 ff., 280 ff.
- Imparität, subjektive 2 281
  - BGH-Urteil 2 119
- Inhaltskontrolle 2 15, 65 ff., 113
  - Altersunterhalt 2 420 ff.
  - Anspruch auf gleiche Teilhabe 2 72

- anwaltliche Strategien 2 466
- Aufstockungsunterhalt 2 408 ff., 424
- Auslandsbezug 2 467 f.
- Dispositionsfreiheit 2 252 ff.
- ehebedingte Nachteile 2 274 ff.
- ehebezogene Verlängerung des Unterhalts 2 381 f.
- Gerechtigkeitskorrektiv 2 72
- Gesamtabwägung 2 450 ff.
- Gestaltung des Ehelebens 2 451
- Grundsatzurteil des BGH 2 77 ff.
- Halbteilung 2 113, 257 ff.
- Imparität 2 280 ff.
- Kernbereichslehre *s.a. Kernbereichslehre*; 2 262 ff.
- Kinderbetreuungsunterhalt 2 373 ff.
- Kindeswohl 2 419
- Kompensation 2 413 ff., 451
- Konsequenzen 2 308 ff.
- Krankheitsunterhalt 2 420 ff.
- Maßstäbe 2 15
- Missverhältnis Leistung/Gegenleistung 2 113
- nachträgliche Billigkeitskontrolle 2 76
- Pflichtteilsverzicht 2 440 ff.
- Scheidungsvereinbarung 2 130
- Schwangerschaft der Ehefrau 2 71
- späteres Wohlverhalten 2 453
- subjektive Unterlegenheit 2 115
- Umstände des Zustandekommens 2 451
- ungleiche Verhandlungsposition 2 69
- Unterhaltshöchstgrenze 2 383 ff.
- Unterhaltsregelung 2 366 ff.
- Unterhaltstatbestände 2 424
- Unterlegenheit 2 419
- Verfahren 2 288 ff.
- verschiedene Ehekonstellationen 2 351 ff.
- Versorgungsausgleich 2 428 ff.
- Vertrauensschutzgedanke 2 454
- Verzicht auf Versorgungsausgleich 2 115
- Kernbereichslehre *s.a. Kernbereichslehre*; 2 82, 262 ff.
- Kinderbetreuungsunterhalt 2 91, 373 ff.
  - Altersgrenze 2 109
  - Begrenzung 2 109
- Kompensation bei Unterhaltsregelung 2 413 ff.
- konkrete Bedarfssituation 2 107
- kurze Zeit vor der Hochzeit 2 282
- Maß des Unterhalts ohne Familienerbe, Formulierungsvorschlag 9 51
- Mindestgrenze für Unterhalt 2 396
- Missverhältnis Leistung/Gegenleistung 2 113
- mit Ausschluss Zugewinn im Scheidungsfall, Formulierungsvorschlag 9 14
- mit Einbeziehung von Zeiten des nichtehelichen Zusammenlebens, Formulierungsvorschlag 9 40
- mit gegenseitiger Erbeinsetzung, Formulierungsvorschlag 9 14
- mit Gütertrennung, Formulierungsvorschlag 9 20

Stichwortverzeichnis

- mit Herausnahme des Betriebsvermögens, Formulierungsvorschlag 9 58
- mit Höchstbetrag des Zugewinns, Formulierungsvorschlag 9 65, 70
- mit Rücktrittsrecht, Formulierungsvorschlag 9 65, 70
- mit Vermächtnis, Formulierungsvorschlag 9 20
- mit Verzicht auf Versorgungsausgleich, Formulierungsvorschlag 9 14
- Mittellosigkeit beider Ehegatten 2 101
- Modifikation des Unterhalts, Formulierungsvorschlag 9 58, 65
- Modifikation des Zugewinnausgleichs 2 202
- nachehelicher Unterhalt 2 108
  - auflösend bedingter Unterhaltsverzicht 6 830 ff.
  - Beschränkung 6 658
  - Teilverzicht 6 810 ff.
  - Unterhaltsausschluss abhängig vom Scheidungsverschulden 6 837 f.
  - Unterhaltsverzicht 6 810 ff.
  - Unterhaltsverzicht abhängig von Ehedauer 6 835 f.
  - Unterhaltsverzicht mit Rücktrittsrecht 6 833 f.
  - Vereinbarung des alten Unterhaltsrechts 6 839 ff.
  - Zahlungsvereinbarung 6 782 ff.
- Nichtigkeit
  - Klausel ohne Auswirkung 2 475 ff.
- novierende Unterhaltsvereinbarung, Formulierungsvorschlag 9 70
- Patchworkfamilie
  - Formulierungsvorschlag 9 76
- Pflicht zur Begünstigung des Sozialhilfeträgers 2 103
- Pflichtteilsverzicht 2 210, 231 f., 440 ff.
  - Formulierungsvorschlag 9 20, 51, 58
  - salvatorische Klausel 2 442
- Präambel 2 327 ff.
  - erweiterte 2 332
  - Formulierungsvorschlag 2 335 f.
  - Parteiintention 2 331
- Praxis der Obergerichte 2 162 ff.
- Prozessuales 2 243 ff.
- Qualifikation der Anschlusstatbestände des § 1570 BGB 2 403 ff.
- Rechtswahl, Formulierungsvorschlag 10 199 f.
- Reparatur möglicherweise nichtiger 2 469 ff.
  - Prognoseunsicherheit 2 471
  - Scheidungssituation 2 472
- Rückerstattung der Elternschenkung
  - Formulierungsvorschlag 4 28
- Rücktrittsrecht bei Elternschaft 9 26 ff.
  - Formulierungsvorschlag 9 30
- salvatorische Klausel s.a. salvatorische Klausel; 2 34 ff., 165, 293, 297 f., 337 ff.
- Scheidungsvereinbarung s.a. Scheidungsvereinbarung; 2 235 ff., 461 ff.
- Schiedsgerichtordnung, Festlegung der 2 53
- Schiedsklauseln s.a. Schiedsklauseln; 2 51
  - Beurkundung 2 52
- Schlussbelehrung 2 348
- Schutz der Kinder 2 62
- schwächere Verhandlungsposition 2 105
- Schwangerschaft 2 170 ff., 173 ff., 283
- Sittenwidrigkeit, Folgerung 2 490 f.
  - steuerliches Gestaltungspotenzial 2 491
  - unwirksame Rechtsgeschäfte 2 490 f.
  - verbundener Erbvertrag 2 490
- Sondergut 1 467
- spätere Erkrankung 2 111
- Störung der Geschäftsgrundlage 5 1 ff.
- subjektive Unterlegenheit 2 115
- Teilhabegedanke 2 356
- Teilnichtigkeit 2 90, 95, 163 ff., 293
- Teilunwirksamkeit 2 337 ff.
- Totalverzicht 2 169
- Totalverzicht auf Scheidungsfolgen 2 101 ff.
- Totalverzicht auf Unterhalt 2 210 ff.
  - Doppelverdienerehe 2 367
- Totalverzichtsvereinbarung
  - Kompensationsleistung 2 116
- über Betreuungsbedürftigkeit des Kindes 2 92
- Übersetzung 2 317
- unbenannte Zuwendung 3 20 ff., 144 ff.
- ungleiche Verhandlungsposition 2 182, 283
- Ungleichgewicht 2 171
- Unterhaltsausschluss 2 94
- Unterhaltsbegrenzung 2 172, 210 ff.
- Unterhaltsbeschränkung, Formulierungsvorschlag 2 395, 401
- Unterhaltshöchstgrenze 2 91, 198
- Unterhaltsrechtsreform 2 240 ff.
- Unterhaltsregelung 2 366 ff.
  - Altersunterhalt 2 420 ff.
  - Anschlusstatbestände des § 1570 BGB 2 403 ff.
  - Aufstockungsunterhalt 2 408 ff., 424
  - Betreuungsunterhalt 2 381 f.
  - ehebezogene Verlängerung 2 381 f.
  - Ehegatte im fortgeschrittenen Lebensalter 2 370 ff.
  - Festrente 2 396
  - Formulierungsvorschlag 2 372, 395, 401
  - Kernbereichslehre 2 366 ff.
  - Kinderbetreuungsunterhalt 2 373 ff., 412
  - Kindeswohl 2 419
  - Kompensation 2 413 ff.
  - Krankheitsunterhalt 2 420 ff.
  - Mindestgrenze 2 396
  - Totalverzicht 2 367 ff.
  - Unterhaltshöchstgrenze 2 383 ff.
  - Unterhaltstatbestände 2 424
  - Vorverlegung der Erwerbsobliegenheit 2 400
  - zeitliche Modifikation 2 397 ff.
- unterhaltsverstärkende Vereinbarung 9 66 ff.
  - Formulierungsvorschlag 9 70

Stichwortverzeichnis

- Unterhaltsverzicht 2 164, 192, 220 ff.
  - Formulierungsvorschlag 2 372, 395, 401; 9 14, 20, 25, 30
- unterlegene Verhandlungsposition 2 113
- Unternehmerfall 2 110
- Urkundsbestandteile 2 326 ff.
  - Präambel 2 327 ff.
- Vereinbarung der Gütertrennung *s.a. Gütertrennungsverträge*; 2 110, 492 ff.
- Vereinbarung über die religiöse Erziehung der Kinder 2 61
- Vereinbarung über eheliche Rollenverteilung 2 58 ff.
- Vereinbarung über Erschwerung der Scheidung 2 62
- Vereinbarung über Kinderlosigkeit 2 63
- Vereinbarung über Namen 2 58 ff.
- Vereinbarung über Versorgungsausgleich bei Auslandsberührung, Formulierungsvorschlag 10 202
- Vereinbarung zum Realsplitting 6 741 f.
- Vereinbarungen zu Haushaltsgegenständen 8 91 ff.
- verfolgtes Ziel 2 86
- Verfügungsbeschränkung, Abbedingung 1 367
- Vermächtnis, Formulierungsvorschlag 9 52
- verschiedene Ehekonstellationen *s.a. Ehetyp*; 2 351 ff.; 9 1 ff.
- Versorgungsausgleich 1 46; 2 428 ff.
  - Dispositionsbefugnis 2 428 f.
- Verträge kurz vor der Hochzeit 2 170 ff.
- vertragliche Gestaltung 1 477 ff.
- Vertragsanpassung 2 83
- Vertragsfreiheit 2 65 ff.
  - Grenze 2 82
  - Grundsatzurteil des BGH 2 77 ff.
  - Kernbereichslehre *s.a. Kernbereichslehre*; 2 262 ff.
  - Unterhaltsausschluss 2 94
  - Vertragsanpassung 2 83
  - Verzicht auf gesetzliche Scheidungsfolgenregelung 2 93
- Vertrauensschutzgedanke 2 454
- Verzicht auf gesetzliche Scheidungsfolgenregelung 2 93
- Verzicht auf Trennungsunterhalt 2 168
- Verzicht auf Versorgungsausgleich 2 191, 197, 208
  - Formulierungsvorschlag 9 20, 25, 30
  - Sittenwidrigkeit 2 115
- Verzicht auf Zugewinn 2 180
- völliger Unterhaltsverzicht 2 166
- Vorverlegung der Erwerbsobliegenheit 2 400
- vorzeitiger Zugewinnausgleich 1 382
- Wahl-Zugewinngemeinschaft, deutsch-französische 2 724
- Wegfall der Geschäftsgrundlage 2 90
  - vertragliche Risikoübernahme 2 302

- Wertausgleich bei Scheidung, externe Teilung 7 193 ff.
- Wirksamkeitskontrolle *s.a. Wirksamkeitskontrolle*; 2 69, 82, 288 ff.
  - beabsichtigte Gestaltung des Ehelebens 2 291
  - Gesamtschau 2 291, 295
  - Gründe des Vertragsabschlusses 2 291
  - notarielle Beurkundung 2 291
  - salvatorische Klausel 2 297 f.
  - Sittenwidrigkeit 2 292
  - Teilverzicht 2 290
  - Zustandekommen des Ehevertrags 2 291
  - Zeitpunkt 2 240 ff.
  - Zugewinnausgleichsverzicht, Formulierungsvorschlag 2 502
  - Zwangslage 2 170
  - Zwischenfeststellungsklage 2 246

Ehevertragsform 2 10 f.

Ehewohnung
- § 2 GewSchG 8 6
- Antrag auf Wohnungszuweisung, Formulierungsvorschlag 8 331
- Aufgabe, Formulierungsvorschlag 8 326
- Auszugsvereinbarung, Formulierungsvorschlag 8 66
- Begriff 8 8 ff.
- einvernehmliches Schreiben an Vermieter, Formulierungsvorschlag 8 302
- Folgen der richterlichen Zuweisung 8 28 ff.
- Freistellungsverpflichtung, Formulierungsvorschlag 8 63
- Gewaltanwendung 8 24 ff.
  - Wiederholungsgefahr 8 25 f.
- mehrere 8 9
- Mietwohnung, Übernahme des Mietvertrags 8 61 f.
  - vertragliche Vereinbarung *s.a. Mietwohnung*; 8 60 ff.
- Nutzung bei Miteigentum, Formulierungsvorschlag 8 51
- Nutzungsentschädigung 8 32 ff.
  - Alleineigentümer 8 37
  - bei freiwilligem Auszug 8 33
  - Billigkeit 8 37
  - Finanzierung 8 38
  - Gesamtschuldnerausgleich 8 44 f.
  - gütliche Einigung 8 46
  - Hauslasten 8 38
  - Miteigentum 8 41 ff.
  - Unterhaltsrecht 8 35
  - Zahlungsverlangen 8 34
- Räumungsverpflichtung, Formulierungsvorschlag 8 330
- Regelung in Trennungsvereinbarung 8 3 ff.
- richterliche Zuweisung 8 3
  - dingliche Berechtigung 8 21 ff.
  - Gewaltanwendung 8 24 ff.

Stichwortverzeichnis

- Kindeswohl 8 27
- unbillige Härte 8 17 ff.
- Voraussetzung des Getrenntlebens 8 15 f.
- Scheidungsvereinbarung 8 266 ff., 324 ff.
  - Ausscheiden aus dem Mietverhältnis 8 293 ff.
  - bei Alleineigentum 8 282 ff.
  - bei Miteigentum mit Dritten 8 282
  - Formulierungsvorschlag 8 302, 326 ff., 331 ff.
  - Frist zur Regelung des Mietverhältnisses 8 317 f.
  - Inhalt neuer Mietvertrag 8 312 ff.
  - Neubegründung des Mietverhältnisses 8 308 ff.
  - Nutzungsentschädigung 8 320 ff.
  - Nutzungsverhältnis 8 316 f.
  - Regelung des Mietverhältnisses 8 292 ff.
  - richterliche Schutzanordnung 8 304 ff.
  - richterliche Umgestaltung des Mietverhältnisses 8 303
- Teilungsversteigerung 5 314
- Trennungsvereinbarung, Auszugsvereinbarung 8 65
  - Formulierungsvorschlag 8 51, 54
  - Mietvertrag 8 58
  - Übernahme des Eigentums mit Lastentragung 8 52 f.
  - Verkauf- und Erlösverteilung 8 55 ff.
- Überlassung 8 11 f.
- Übernahme des Eigentums mit Lastentragung, Formulierungsvorschlag 8 54
- Übernahme Mietvertrag, Formulierungsvorschlag 8 63
- Umgestaltung des Mietverhältnisses 8 302, 331
- unbillige Härte 8 17 ff.
  - Begriff 8 17
  - Gesamtabwägung 8 19
  - Kindeswohl 8 27
- Veräußerungsabrede, Formulierungsvorschlag 8 57
- Verfahrensvorschriften 8 6
- Verkauf- und Erlösverteilung, Finanzierung 8 55
  - Formulierungsvorschlag 8 57
- vorläufige Nutzung zu eigenen Wohnzwecken 8 30
- vorläufige Nutzungsregel 8 51
- Weiternutzung durch einen Ehegatten, Formulierungsvorschlag 8 64, 329
- Wohnungsüberlassung 8 3 ff.

Ehezeitanteile
- Versorgungsausgleich 7 18 ff.

Eigenheimzulage
- Nachehelicher Unterhalt 6 408

Eigenrechtsvorrang 10 15

Eigentums- und Vermögensgemeinschaft
- Errungenschaftsgemeinschaft 1 485

- FGB-DDR 1 485 ff.
- Grundbesitz 1 486
- rückübertragende Vermögensgüter 1 496 ff.
- Surrogationsprinzip 1 486
- Überleitung in Zugewinngemeinschaft 1 490 ff.

Einkommensteuer
- bei Aufnahme des Ehegatten in Einzelunternehmen 5 409
- bei Gesamtschuldnerausgleich 5 164 ff.
- Darlehensverträge 5 439 f.
- Folgen der Ehe 1 545 ff.
- nachehelicher Unterhalt 6 682 ff.
  - außergewöhnliche Belastung 6 684 ff.
  - begrenztes Realsplitting s.a. begrenztes Realsplitting; 6 686 ff.
- Zusammenveranlagung 6 686

Einkommensteuerveranlagung
- Zusammenveranlagung, steuerliche
  - Insolvenzverwalter 5 169

Einverdienerehe
- Zugewinngemeinschaft 1 3

Einzelunternehmen
- Aufnahme des Ehegatten 5 407 ff.
  - Betriebsvermögensfreibetrag 5 408
  - Einkommensteuer 5 409
  - Formulierungsvorschlag 5 412
  - Rückerwerbsrecht 5 411
  - Schenkungsteuer 5 407
- Errichtung einer Kommanditgesellschaft, Formulierungsvorschlag 5 412

Elterliche Sorge
- Antrag auf alleinige, Formulierungsvorschlag 8 394, 421
- gemeinsame, Formulierungsvorschlag 8 413
- Scheidungsvereinbarung 8 389 ff.
  - Bevollmächtigung 8 395
  - Doppelresidenzmodell 8 396
  - Formulierungsvorschlag 8 393, 412, 421
  - Kindesbetreuungsmodell 8 396
  - Pendlermodell 8 396
  - Vereinbarung über persönliche Verhältnisse 8 412
  - Wechselmodell 8 396

Elterngeld
- nachehelicher Unterhalt 6 402

Elternzuwendungen
- Erbvertragliche Vorsorge 4 22
- Geldschenkung an das eigene Kind 4 24 ff.
  - Formulierungsvorschlag 4 26
- mit Rückübertragungsklauseln 4 10 ff.
  - bei Ehescheidung 4 10 ff.
  - erbvertragliche Vorsorge 4 22
  - Formulierungsvorschlag 4 13
  - grober Undank 4 23
  - Scheidungsklausel 4 20
  - Übertragung an die Kinder 4 15
  - Vorversterben des eigenen Kindes 4 18
- Rückübertragung auf die Kinder, Formulierungsvorschlag 4 16

– Scheidungsklausel 4 20
Endvermögen 1 145 ff.
– Ansprüche gegen Dritte bei illoyalen Vermögensminderungen 1 162 ff.
– Ausnahme vom § 23 EStG, eigene
    – Eigennutzung 8 546 ff.
    – Nutzung gemeinsam mit Dritten 8 549
    – unentgeltliche Überlassung 8 550
    – Wohnzwecke 8 546 ff.
– bei Ehescheidung 8 464 ff.
    – steuerliche Probleme 8 464 ff.
– Benachteiligungsabsicht 1 153
– Berechnung 1 145 ff.
    – Steuern 1 152
    – Stichtag 1 146 ff.
    – Unterhaltsforderungen 1 150 f.
– Fallgestaltung 8 518 ff.
– Grundproblem des entgeltlichen Erwerbs 8 482 ff.
– Hinzurechnungen nach § 1375 BGB 1 153 ff.
    – Abbedingung 1 160
    – Benachteiligungsabsicht 1 153
    – Ehevertrag 1 160
    – Errichten einer Stiftung 1 154
    – illoyale Vermögensminderungen 1 153
    – unentgeltliche Zuwendung 1 153
    – Unterbleiben 1 158
    – Verschwendung 1 153
– illoyale Vermögensminderung 1 153 ff.
    – Ansprüche gegen Dritte 1 162 ff.
    – Unterbleiben der Hinzurechnung 1 158
– Realteilung 8 467 ff.
    – Alleineigentum 8 473
    – Erwerbs- und Verbrauchsgemeinschaft 8 474
    – Gesamtgut einer Gütergemeinschaft 8 470
    – Miteigentum 8 473
    – Standardsituation 8 468
    – Steuerneutralität 8 472 f.
– Stichtag 1 146 ff.
    – Reform 1 147
– unentgeltliche Zuwendung 1 153
– Vermeidung steuerlicher Probleme 8 565 ff.
– Verschwendung 1 153
– Voraussetzungen des § 23 EStG 8 504 ff.
    – Beteiligung an Personengesellschaft 8 506
    – gewerblicher Grundstückshandel 8 505
    – Spekulationsabsicht 8 514
    – Subsidiarität 8 505
    – teilentgeltlicher Erwerb 8 508
    – Trennungstheorie 8 508
    – Veräußerungsgewinn 8 517
– Wohnzwecke
    – Arbeitszimmer 8 547
    – teilweise eigene Wohnzwecke 8 548
Entgeltliche Veräußerung
– Anwendungsbereich des § 23 EStG 8 493 ff.
    – familienrechtliche Folgen 8 500
    – latente Ertragssteuern 8 500
    – Spekulationsfrist 8 494

– Ausnahme vom § 23 EStG, eigene
    – Eigennutzung 8 546 ff.
    – Nutzung gemeinsam mit Dritten 8 549
    – unentgeltliche Überlassung 8 550
    – Wohnzwecke 8 546 ff.
– bei Ehescheidung 8 464 ff.
    – steuerliche Probleme 8 464 ff.
– Fallgestaltung 8 518 ff.
– Grundproblem des entgeltlichen Erwerbs 8 482 ff.
– Realteilung 8 467 ff.
    – Alleineigentum 8 473
    – Erwerbs- und Verbrauchsgemeinschaft 8 474
    – Gesamtgut einer Gütergemeinschaft 8 470
    – Miteigentum 8 473
    – Standardsituation 8 468
    – Steuerneutralität 8 472 f.
– Vermeidung steuerlicher Probleme 8 565 ff.
– Voraussetzungen des § 23 EStG 8 504 ff.
    – Beteiligung an Personengesellschaft 8 506
    – gewerblicher Grundstückshandel 8 505
    – Spekulationsabsicht 8 514
    – Subsidiarität 8 505
    – teilentgeltlicher Erwerb 8 508
    – Trennungstheorie 8 508
    – Veräußerungsgewinn 8 517
– Wohnzwecke
    – Arbeitszimmer 8 547
    – teilweise eigene Wohnzwecke 8 548
Entgeltlicher Erwerb
– Grundproblem 8 482 ff.
Erbeinsetzung
– Ehevertrag, Formulierungsvorschlag 9 14
Erbrecht
– double income no kids 9 12
– Ehegattenzuwendung 3 127 ff.
– unbenannte Zuwendung 3 127 ff.
Erbschaftsteuer
– Ehegatteninnengesellschaft 5 116
Erbunwürdigkeit 1 335
Erbvermächtnisvertrag
– bei Zuwendung von Schwiegereltern 4 85
Erbvertrag
– Aufhebung in Trennungsvereinbarung, Formulierungsvorschlag 8 254
– Erbverzicht in Trennungsvereinbarung 8 249
– Formulierungsvorschlag 9 14, 20, 52
Erbverzicht
– Auswirkung auf nachehelichen Unterhalt 6 591 f.
– Auswirkung der Scheidung
    – Rechtsprechungsbeispiel 8 226
    – Scheidungsvereinbarung 8 422, 435
    – Trennungsvereinbarung 8 219 ff.
    – Formulierungsvorschlag 8 254
Errungenschaftsgemeinschaft 1 414 ff., 479; 2 527 ff.
– Eigentums- und Vermögensgemeinschaft 1 485

Stichwortverzeichnis

- FGB-DDR 1 485
- Formulierungsvorschlag 2 528

Ersatzleistung
- beim nachehelichen Unterhalt 6 928 ff.

Ertragsteuer, latente
- Doppelberücksichtigung, keine 1 173
- Endvermögen 1 178
- Immobilienbewertung 1 174
- Individualisierung 1 179
- Lebensversicherungen 1 176
- Nettowert des betroffenen Vermögens 1 171
- Steuersatz 1 169
- Veräußerung, fiktive 1 168
- Vermögensgegenstände, Bewertung aller 1 167
- Wertpapiere 1 175

Ertragswertverfahren 1 113 ff., 188 ff.
- Berücksichtigung von Steuern 1 197
- Goodwill 1 193
- Markt 1 206
- modifiziertes 1 257 ff.
- nicht betriebsnotwendiges Vermögen 1 198 ff.
  - IDW-Standard 1 201
- Prognose aus vergangenen Erträgen 1 194 ff.
- Renditeobjekte 1 126
- Unternehmerlohn 1 203
- Veräußerungskosten 1 199
- Verlustvortrag 1 200
- Zukunftserfolgswert 1 189 ff.

Erwerbsobliegenheit
- Formulierungsvorschlag 6 898
- Nachehelicher Unterhalt, Einzelentscheidung 6 419
- Reduzierung
  - Überobligatorische Belastung 6 129 f.
- Trennungsunterhalt, in Trennungsvereinbarung 8 120

EU-GüterrechtsVO 10 43 ff.
- anwendbares Recht 10 51 ff.
- Anwendungsbereich 10 44 ff.
- Form 10 89 ff.
- gleichgeschlechtliche Ehe 10 50
- Grundprinzipien 10 43
- Rechtswahl 10 68 ff.

Externe Teilung
- steuerliche Auswirkung, Besteuerung des Leistungszuflusses 7 547 ff.
- Versorgungsausgleich bei Landesbeamten, Formulierungsvorschlag 7 518
- Versorgungsausgleich, Besteuerung des Wertausgleichs 7 543
  - steuerliche Auswirkung 7 543 ff.
- Versorgungsausgleich, Formulierungsvorschlag 7 503

F

Fahrnisgemeinschaft 1 414 ff., 479
- Gütergemeinschaft, Formulierungsvorschlag 2 534

Fairer Einigungswert 1 239

Familienarbeit 2 146 f., 161, 259

Familienheim
- Anfangsvermögen 3 42 ff.
- aufgeschobene Miteigentumslösung 3 48 ff.
  - Formulierungsvorschlag 3 51
- Baubeginn vor Eheschließung 3 24 ff.
- Bruchteilsgemeinschaft 5 212
- Darlehenslösung, Darlehensersatz 3 38 f.
  - Finanzamt 3 30
  - Formulierungsvorschlag 3 35
  - gegenseitige Erbeinsetzung 3 36
  - Schenkungsteuer 3 37
- Erwerb von Todes wegen 3 70 ff.
- Familienwohnheim
  - Gesellschaftsvertragslösung *s.a. Familienwohnheim*; 3 40
- konkrete Lösung 3 52
- Miteigentumsübertrag, Formulierungsvorschlag 3 51
- Schenkungsteuer
  - Fallbeispiel 3 37
- Selbstnutzung 3 75 ff.
- steuerfreie Übertragung 3 53 ff.
- Teilungsversteigerung
  - Bruchteilsgemeinschaft 5 271 ff.
  - Bruchteilsgemeinschaft, Formulierungsvorschlag 5 276
- Verlöbnis 3 28
- Verschiebung des Anfangsvermögens 3 25
- Verschiebung im Zugewinn 3 24 ff.
- Voraussetzungen 3 57 ff.
- vorzeitiger Baubeginn 3 24 ff.
- Wertfestlegung Anfangsvermögen, Formulierungsvorschlag 3 46
- Zugewinnlösung 3 41 ff.
  - Darlehensmittel bei Dritten 3 47
- Zuwendung von Schwiegereltern 4 84 ff.

Familienheimschaukel 3 54

Familienrechtlicher Kooperationsvertrag 5 63
- Ehevertrag 2 356

Familienrechtlicher Vertrag sui generis 5 74 ff.

Familienwohnheim
- Aufgabe, Formulierungsvorschlag 8 327
- Auszugsvereinbarung 8 66
- Darlehenslösung
  - Familienheim Freistellungsverpflichtung, Formulierungsvorschlag *s.a. Familienwohnheim*; 8 63
- Mietwohnung, Übernahme des Mietvertrags 8 61 f.
  - vertragliche Vereinbarung *s.a. Mietwohnung*; 8 60 ff.
- Nutzung bei Miteigentum, Formulierungsvorschlag 8 51
- Nutzungsverhältnisse, Formulierungsvorschlag 8 334
- Scheidungsvereinbarung 8 324 ff.
  - bei Miteigentum 8 290 ff.

– Nutzungsverhältnisse 8 332 ff.
– Trennungsvereinbarung 8 47 ff.
  – Abschluss eines Mietvertrags 8 47
  – Auszugsvereinbarung 8 65 f.
  – Eigentumsübertragung 8 47
  – Formulierungsvorschlag 8 51, 54, 265
  – Mietvertrag 8 58
  – Miteigentum 8 49 f.
  – Nutzungsregelung 8 49 f.
  – Teilungsausschluss 8 49 f.
  – Übernahme des Eigentums mit Lastentragung 8 52 f.
  – Verkauf- und Erlösverteilung 8 55 ff.
  – Verkaufsabrede 8 47
  – vorläufige Regelung 8 47
– Übernahme des Eigentums mit Lastentragung, Formulierungsvorschlag 8 54
– Übernahme durch Eigentümer, Formulierungsvorschlag 8 328
– Übernahme Mietvertrag, Formulierungsvorschlag 8 63
– Übertragung auf einen Ehegatten, Formulierungsvorschlag 8 54
– unbenannte Zuwendung 3 5
– Veräußerungsabrede, Formulierungsvorschlag 8 57
– Verkauf- und Erlösverteilung, Finanzierung 8 55
  – Formulierungsvorschlag 8 57
– vorläufige Regelung bei Trennung, Formulierungsvorschlag 8 51
– Weiternutzung durch einen Ehegatten, Formulierungsvorschlag 8 64

Feststellungsklage
– Ehevertrag 2 244 f.

FGB-DDR 1 485 ff.
– Errungenschaftsgemeinschaft 1 485
– gesetzlicher Güterstand 1 485 ff.
– Grundbesitz 1 486

Fiktive Zugewinnausgleichsforderung
– rückwirkende Vereinbarung der Zugewinngemeinschaft 1 589 f.
– Steuerfreiheit 1 577 ff.
– steuerliche Auswirkung 1 577 ff.
– Steuervorteile 1 582
– Vermutung des § 1377 Abs. 3 BGB 1 584 f.
– vertragliche Regelung 1 581

Fliegender Zugewinnausgleich 1 325, 650 ff.; 2 21; 3 125

Fondsanteile 7 87 ff.

Forstwirtschaft
– Bewertung 1 132 ff.

Freiberuflerpraxen
– Bewertung s.a. Praxisbewertung; 1 248 ff.

Freibeträge 1 559

Freistellungsvereinbarung
– Kindesunterhalt 8 212 ff.
  – Formulierungsvorschlag 8 213, 384

– Grenzen 8 214 f.
– in Trennungsvereinbarung 8 131
– Innenverhältnis 8 212
– Volljährigenunterhalt, Formulierungsvorschlag 8 217

Funktionsäquivalenz 7 292

G

Gebäudebewertung
– Anfangsvermögen 1 121 ff.
– Verkehrswert 1 121 ff.

Gerechtigkeitskorrektiv
– Ehevertrag 2 72

Gesamtgut
– Auseinandersetzung 1 470 ff.
  – Surrogate 1 471
  – Überschuss 1 473
  – Wertersatz 1 472
  – Zurückbehaltungsrecht 1 473
– Ehegatten als Mitunternehmer 1 684
– Gütergemeinschaft 1 444 ff.

Gesamthandsgemeinschaft 1 450
– Ehegüterrechtsstatut 10 111

Gesamtplanrechtsprechung 2 460

Gesamtschuldnerausgleich 5 118 ff.
– Abgrenzung zur unbenannten Zuwendung 5 134
– Alleinzahlermodell 5 126
– Besonderheiten bei Einkommensteuerveranlagung 5 164 ff.
– Bestimmung über das Innenverhältnis 5 121
  – Formulierungsvorschlag 5 124
– Einkommensteuerveranlagung 5 164 ff.
  – Abzugsbeträge 5 171
  – Ausgleich steuerlicher Nachteile 5 180
  – Schenkungsteuer 5 190
  – Steuerklasse 5 173
  – Tarifermäßigungen 5 171
  – Vorteilsausgleich 5 179
  – Formulierungsvorschlag 5 156
– gemeinsame Darlehensschuld 5 158
– gemeinsame Verbindlichkeiten von Ehegatten 5 118 ff.
– Miteigentum 5 158
– Nachrang zur Ehegatteninnengesellschaft 5 133
– Pflicht zur Zustimmung zur Zusammenveranlagung 5 165
– Scheidungsvereinbarung 8 362 ff.
  – Formulierungsvorschlag 8 369, 371
  – Konkurrenzen 8 364
  – während intakter Ehe 8 365
– tilgungsbedingte Unterhaltsreduzierung, Formulierungsvorschlag 5 156
– unter Ehegatten 5 139 ff.
  – Anspruchsinhalt 5 159 ff.
  – Außenhaftung 5 161
  – Doppelverdienerehe 5 145

Stichwortverzeichnis

– endgültige Trennung 5 149
– familienrechtliche Überlagerung 5 141
– nach Scheitern der Ehe 5 148 ff.
– nachträgliche Geltendmachung 5 152
– Nichtgeltendmachung des Unterhalts 5 153
– während funktionierender Ehe 5 141 ff.
– Unterhaltsvergleich 5 153
– Verfahrensrecht 5 194 ff.
– Verhältnis zum Unterhalt 5 135 ff.
– Vorrang der Zugewinnberechnung 5 125 ff.
– Zustimmung zur gemeinsamen Veranlagung, Formulierungsvorschlag 5 181
– Zwei-Konten-Modell 5 126
Gesamtvermögensgeschäft 1 354 ff.
– Teilungsversteigerung 5 323 ff.
Geschäfte zur Deckung des Lebensbedarfs 1 13
Geschäftswert
– Praxisbewertung 1 119
– Unternehmensbewertung 1 119
Gesellschaftsverträge
– Aufnahme des Ehegatten in Einzelunternehmen s.a. *Einzelunternehmen*; 5 407 ff.
  – Formulierungsvorschlag 5 412
– Ehegattenaußengesellschaft s.a. *Ehegattenaußengesellschaft*; 5 392 ff.
  – Formulierungsvorschlag 5 405
– Ehegatteninnengesellschaft, Formulierungsvorschlag 5 390
– Errichtung einer Kommanditgesellschaft, Formulierungsvorschlag 5 412
– Formulierungsvorschlag 5 390, 405, 412
– güterstandsbezogene Ausschlussklauseln s.a. *güterstandsbezogene Ausschlussklauseln*; 5 413 ff.
  – Formulierungsvorschlag 5 423
– Güterstandsklausel 2 5
– unter Ehegatten 5 376 ff.
  – Ehegatteninnengesellschaft s.a. *Ehegatteninnengesellschaft*; 5 378 ff.
Gesellschaftsvertragslösung
– Familienheim 3 40
Gesetzlicher Güterstand 1 3
Getrennte Veranlagung 8 447 ff.
Gewerblicher Grundstückhandel
– 3-Objekt-Grenze 8 581
– Haltezeitraum 8 581
– in der Scheidung 8 578 ff.
Gewinnerzielungsabsicht
– Scheidung 8 585 ff.
Gewöhnlicher Aufenthalt
– Ehe bei Auslandsberührung 10 16
Goodwill
– Doppelverwertungsverbot 1 233
– Ertragswertverfahren 1 193
– Notarkanzlei 1 262
– Substanzwertmethode 1 219
– Unternehmensbewertung 1 119, 221
Grobe Unbilligkeit
– Abwägung 1 341

– Anwendungsbereich 1 330
– eheliche Untreue 1 334
– Einrede im Zugewinnausgleich 1 328
– Existenzgefährdung 1 336
– Fallgruppenbildung 1 331
– lange Trennung 1 337
– Misswirtschaft 1 332
– Nichterfüllung ehelicher Pflichten 1 332
– Nichterfüllung wirtschaftlicher Pflichten 1 332
– ungleiche Beiträge zum Vermögenserwerb 1 339
– Verhältnis zur Stundung 1 328
Grunderwerbsteuer
– Scheidung 8 594 ff.
Grundsatz der Nichtidentität 8 379
Grundstücksbewertung
– Anfangsvermögen 1 121 ff.
– Bewertungsgesetz 1 128 f.
– Bodenrichtwerte 1 123
– Ertragswertverfahren 1 122 ff.
– Rückfallklausel 1 131
– Sachwertverfahren 1 122 ff.
– Vergleichswertverfahren 1 122 f.
– Verkehrswert 1 121 ff.
– Verordnung über die Ermittlung der Beleihungswerte 1 127
– Wertermittlungsverordnung 1 121 ff.
Grundstückszuwendung
– Anrechnung
  – Schenkungsteuer 3 100
Gütergemeinschaft 1 388 ff.; 2 525 ff.
– Anfangsvermögen als Vorbehaltsgut, Formulierungsvorschlag 2 530
– Arbeitsvertrag 5 451
– Aufhebung 1 468; 2 543 ff.
  – Formulierungsvorschlag 2 547
  – Wahlrecht 1 475
– Auseinandersetzung 1 468 ff.
  – Auseinandersetzungsplan 1 476
  – Beendigung 1 468 f.
  – Formulierungsvorschlag 2 547
  – Gesamtgut 1 470 ff.
  – Hilfsantrag 1 476
  – nach Ehescheidung 1 474
  – Wahlrecht 1 474
– Auseinandersetzungsvereinbarung s.a. *Auseinandersetzungsvereinbarung*; 2 543 ff.
– Ausschluss von Übernahme- und Werterstattungsrechten 2 535 ff.
  – Formulierungsvorschlag 2 537
– Bedeutung 1 435 ff.
– Beendigung 1 468 f.
– Ehegatten als Mitunternehmer 1 682 ff.
  – Arbeitsentgelt 1 686
  – Gesamtgut 1 684
  – Gewerbebetrieb 1 684
  – gewerbliche Einkünfte 1 686
  – Sondergut 1 685
  – Vorbehaltsgut 1 685

- Ehegattenpflichtteil 1 439
- Ehevertrag 1 477 ff.
- Elterngut als Vorbehaltsgut, Formulierungsbeispiel 2 530
- Erwerb zum Gesamtgut, Formulierungsbeispiel 1 447 f.
- Gesamtgut 1 444 ff.
  - Alleinverwaltung 1 453 ff.
  - Durchgangstheorie 1 444 ff.
  - Erwerb zum Gesamtgut 1 447
  - Grundstückserwerb 1 445
  - Unmittelbarkeitstheorie 1 444 ff.
  - Verwaltung 1 451 ff.
- gesamthänderische Bindung 1 440
- Gesamthandsgemeinschaft 1 450
- Gestaltung einer Errungenschaftsgemeinschaft, Formulierungsvorschlag 2 528
- Grundsätze 1 435 ff.
- Haftung 1 439
- Landwirtschaft 1 440
- Mitunternehmerschaft 1 439
- Modifikation von Übernahme- und Werterstattungsrechten 2 535 ff.
  - Formulierungsvorschlag 2 537
- Nachteile 1 439
- Scheidung vor Auseinandersetzung 1 474
- Schenkungsteuer 1 439, 678 ff.
- selbstständiges Erwerbsgeschäft 1 454
- Sondergut s.a. Sondergut; 1 464 f.
- Steuern 1 442
- Unternehmensrechte 1 439
- verbundener Erbvertrag 2 526
- Vereinbarung 2 526 ff.
  - Auseinandersetzung 2 547
  - Ausschluss von Übernahme- und Werterstattungsrechten 2 535 ff.
  - Betrieb als Vorbehaltsgut 2 531 ff.
  - Elterngut als Vorbehaltsgut 2 529 f.
  - Fahrnisgemeinschaft 2 533 f.
  - Formulierungsvorschlag 2 526, 530, 532, 534, 537
  - Gestaltung einer Errungenschaftsgemeinschaft 2 527 f.
  - Modifikation von Übernahme- und Werterstattungsrechten 2 535 ff.
- verschiedene Vermögensmassen 1 444 ff.
- vertragliche Gestaltung, Art der Auseinandersetzung 1 482
  - Aufschub der Auseinandersetzung 1 482
  - der Auseinandersetzung 1 481 ff.
  - der Vermögensmassen 1 479
  - der Verwaltung 1 480
  - Einordnung der Vermögensgüter 1 477
  - Errungenschaftsgemeinschaft 1 479
  - Fahrnisgemeinschaft 1 479
  - Sondergut 1 479
  - Verwaltung 1 477
  - Vorbehaltsgut 1 479
  - vorsorgende 1 481 ff.
- Verwaltung, Vollmacht 1 452
- Vorbehaltsgut s.a. Vorbehaltsgut; 1 457 ff.
- Vorteile 1 440 ff.
- Zuwendung von Schwiegereltern 4 45

Güterrecht
- Lebensversicherung, Abgrenzung zum Versorgungsausgleich 7 60 ff.
- Scheidungsvereinbarung 8 353 ff.
- Verhältnis zu Ehegatteninnengesellschaft 5 77 ff.

Güterrechtliche Lösung 1 22 ff.
- Zugewinngemeinschaft 1 22 ff.

Güterrechtliche Regelung
- Ehevertrag 2 354 ff.

Güterrechtlicher Zugewinnausgleich 1 26 ff.
- Abfindung 1 52 ff.
- Abgrenzung Haushaltsgegenstände 1 28 ff.
- Abgrenzung zum Unterhalt, Abfindung 1 52 ff.
  - Bewertung vom Unternehmen 1 58 f.
  - Doppelverwertungsverbot 1 51 ff.
  - Immobilienbewertung 1 60 f.
  - Mitarbeiterbeteiligung 1 52 ff.
  - Schulden 1 55 ff.
  - Steuererstattung 1 53
  - Wohnvorteil 1 62 ff.
- Anfangsvermögen s.a. Anfangsvermögen; 1 66 ff.
  - Berechnung 1 66 ff.
- Ausgleichsanspruch s.a. Ausgleichsanspruch; 1 293 ff.
- Ausgleichsforderungen, Vereinbarungen 1 317 ff.
- Auskunftsanspruch s.a. Auskunftsanspruch; 1 392 ff.
- Berechnung des Zugewinns 1 27 ff.
- Berücksichtigung von Schulden 1 55 ff.
- Bewertung Forstwirtschaft 1 132 ff.
  - Landwirtschaft 1 132 ff.
  - von Unternehmen 1 58 f.
- Durchführung
  - Endvermögen, Berechnung s.a. Endvermögen; 1 145 ff.
- Gebäudebewertung 1 121 ff.
- grobe Unbilligkeit s.a. grobe Unbilligkeit; 1 328 ff.
- Grundstücksbewertung 1 121 ff.
- Haushaltsgegenstände 1 28 ff.
  - Abgrenzung zum Zugewinn 1 32 ff.
  - Alleineigentum eines Ehegatten 1 29
  - Ausschluss vom Zugewinn 1 28 ff.
  - Definition 1 37
- Haustiere 1 35
- Immobilienbewertung 1 60 f.
- Kapitallebensversicherung 1 44
- Kfz 1 34
- Lebensversicherung 1 38
  - Bewertung 1 138 ff.
- Lebensversicherungsrente 1 48
- Leibrente 1 49

1317

Stichwortverzeichnis

- Mitarbeiterbeteiligung 1 52 ff.
- Motorjacht 1 34
- Praxisbewertung *s.a. Praxisbewertung*; 1 119 f., 185 ff., 248 ff.
- privilegierter Erwerb *s.a. privilegierter Erwerb*; 1 76 ff.
- Sicherung der Ausgleichsforderung 1 388 ff.
- Steuererstattung 1 53
- steuerliche Auswirkung 1 573 ff.
- Stundung *s.a. Stundung*; 1 342 ff.
- Übertragung von Vermögensgegenständen 1 349 ff.
- unbenannte Zuwendung 1 99 ff.
- Unterhalt 1 51 ff.
- Unternehmensbewertung *s.a. Unternehmensbewertung*; 1 119 f., 185 ff., 226 ff.
  - Doppelverwertung 1 229
  - Doppelverwertungsverbot *s.a. Doppelverwertungsverbot*; 1 232 ff.
  - fairer Einigungswert 1 239
  - Liquidation 1 236 ff.
  - nachwirkende eheliche Solidarität 1 236 ff.
  - Realisierungsprinzip 1 231
  - Unternehmensbeteiligung *s.a. Unternehmensbeteiligung*; 1 274 ff.
- Verbindlichkeiten 1 36
- Verfügungsbeschränkung *s.a. Verfügungsbeschränkung*; 1 353 ff.
- Vermögensverzeichnis 1 109 ff.
- Versorgungsausgleich 1 38 ff.
  - Ehevertrag 1 46
  - Kapitallebensversicherung 1 44
  - Lebensversicherung 1 38
  - Lebensversicherungsrente 1 48
  - Leibrente 1 49
  - Zeitwertkonto 1 50
- vorzeitiger *s. vorzeitiger Zugewinnausgleich*; 1 376 ff.
- Wertermittlungsanspruch 1 409
- Wohnvorteil 1 62 ff.
- Zeitwertkonto 1 50
- Zugewinn 1 27 ff.
- Zuwendungen von Schwiegereltern 1 99 ff.

Güterrechtsregelung
- in Ehevertrag 2 200 ff.

Güterrechtsregister
- Eintragung des Ehevertrags 2 18
- Gütertrennungsverträge 2 495

Güterstand
- DDR 1 485 ff.
- Grundsätze 1 1 ff.
- Gütergemeinschaft *s.a. Gütergemeinschaft*; 1 435 ff.; 2 525 ff.
- steuerliche Auswirkung 1 545 ff.
  - Altersversorgungszulage 1 562
  - Anschaffung vom Ehegatten 1 563
  - Arbeitsverhältnis zwischen Ehegatten 1 566
  - Aufteilung rückständiger Steuern 1 552

- Belehrung nach § 5 ErbStG 1 576
- Darlehensvertrag zwischen Ehegatten 1 568
- doppelte Haushaltsführung 1 564
- Ehegatten als Mitunternehmer 1 682 ff.
- Ehegattensplitting 1 548 ff.
- Einkommensteuer 1 545 ff.
- Einzelveranlagung 1 558
- fiktive Zugewinnausgleichsforderung *s.a. fiktive Zugewinnausgleichsforderung*; 1 577 ff.
- Freibeträge 1 559
- Fremdvergleich 1 569
- gesonderte Zulageberechtigung 1 562
- getrennte Veranlagung 1 553 f.
- Kaufverträge zwischen nahen Angehörigen 1 569
- Lohnsteuerklassen 1 560
- Mietvertrag zwischen Ehegatten 1 567
- nichteheliche Lebensgemeinschaft 1 565
- Progressionsvorteil 1 549
- reale Zugewinnausgleichsforderung *s.a. reale Zugewinnausgleichsforderung*; 1 604 ff.
- Rechtsverhältnis zwischen nahen Angehörigen 1 565 ff.
- Schenkungsteuer 1 573 ff., 675 ff.
- Sonderausgaben 1 561
- Splittingtarif 1 549
- Steuerrückerstattung 1 550
- Veranlagungsform 1 548 ff.
- Verlustvortrag 1 552
- Verzicht auf Schenkungsteuer 1 675 ff.
- Verzicht auf Zugewinn 1 675 ff.
- Zugewinnausgleich 1 573 ff.
- Zusammenveranlagung 1 549
- Vereinbarung durch Ehevertrag 2 200 ff.
- Zugewinngemeinschaft 1 3 ff.

Güterstandsänderung
- Scheidungsvereinbarung 8 354 f.
  - Formulierungsvorschlag 8 357

Güterstandsbezogene Ausschlussklauseln 5 413 ff.
- Beurkundungspflicht 5 421
- Formulierungsvorschlag 5 423
- Güterstandsklausel 5 421
- Pflichtteilsverzicht des Ehegatten 5 418
- Rückforderungsrechte 5 417

Güterstandsklausel 2 5
- Güterstandsbezogene Ausschlussklauseln 5 421

Güterstandsschaukel 1 532 ff.; 2 503 ff.
- doppelter Güterstandswechsel 2 503
- Formulierungsvorschlag 2 510
- reale Zugewinnausgleichsforderung 1 661 ff.

Güterstandswechsel
- Trennungsvereinbarung 8 109 ff., 263 f.
  - Formulierungsvorschlag 8 111
- unbenannte Zuwendung 3 23

Gütertrennung 1 413 ff.
- Abgeltungsklausel, Formulierungsvorschlag 2 515
- Aufhebung 2 513 ff.

Stichwortverzeichnis

- Formulierungsvorschlag 2 515, 522, 524
- mit Vereinbarung der Zugewinngemeinschaft 2 513 ff.
- Problematik der Rückwirkung 2 516 ff.
- Zugewinngemeinschaft ab Ehevertragsschluss 2 523 f.
- auflösende Bedingung, Formulierungsvorschlag 2 512
- Ausschluss von Ansprüchen, Formulierungsvorschlag 5 41
- begleitende Abrede, Formulierung 1 432
- Ehe mit Dynastie 9 43
- Ehe mit Unternehmen 9 54
- Ehevertrag 2 110
- Ehevertrag, Formulierungsvorschlag 2 502; 9 20
- Entfallen der Steuerfreistellung 1 414
- Entstehung 1 422 ff.
  - Ausschluss des Versorgungsausgleichs 1 423
- Erbteilserhöhung 1 413
- Grundsätze 1 413 ff.
- Güterstandsschaukel *s.a. Güterstandsschaukel*; 2 503 ff.
  - Formulierungsvorschlag 2 510
- Haftung der Ehegatten 1 418
- Kompensation 1 426
  - Formulierungsvorschlag 1 427
- mit Ausgleich des Zugewinns 2 503 ff.
- mit Bedingung oder Befristung 2 511 f.
  - Formulierungsvorschlag 2 512
- mit Zugewinnausgleich, Formulierungsvorschlag 2 508 f.
- modifizierte Zugewinngemeinschaft 2 513 f.
- Modifizierung 1 426
- Nachteile 1 419 ff.
- richterliche Korrektur 1 428 ff.
- Rückforderungsrecht, Formulierung 1 434
- rückwirkende Vereinbarung der Zugewinngemeinschaft, Formulierungsvorschlag 2 522
- Scheidungsvereinbarung, Formulierungsvorschlag 8 357
- Übereignung einer Wohnung, Formulierungsvorschlag 2 508
- Vereinbarung *s.a. Gütertrennungsverträge*; 2 492 ff.
- Vorrang des Güterrechts 5 19
- Vorteile 1 416 f.
- Wechsel, Formulierungsvorschlag 2 510

Gütertrennungsvereinbarung
- Abgeltungsklausel, Formulierungsvorschlag 2 515
- Aufhebung der Gütertrennung 2 513 ff.
  - Problematik der Rückwirkung 2 516 ff.
- auflösende Bedingung, Formulierungsvorschlag 2 512
- Belehrung 2 494
- Ehegatteninnengesellschaft 5 111
- Formulierungsvorschlag 2 502, 508, 510

- Güterrechtsregister 2 494
- Güterstandsschaukel *s.a. Güterstandsschaukel*; 2 503 ff.
  - Formulierungsvorschlag 2 510
- Gütertrennung mit Zugewinnausgleich, Formulierungsvorschlag 2 508
- Gütertrennungsverträge *s.a. Gütertrennungsverträge*
- im Rahmen des Ehevertrags 2 492 ff.
- mit Ausgleich des Zugewinns 2 503 ff.
- mit Bedingung oder Befristung 2 511 f.
  - Formulierungsvorschlag 2 512
- modifizierte Zugewinngemeinschaft 2 513 f.
- Pflichtteilsverzicht 2 500
- richterlicher Korrektur 2 496
- Rückforderung von Zuwendungen 2 497
- Rückkehr zur Zugewinngemeinschaft, Formulierungsvorschlag 2 524
- rückwirkende Vereinbarung der Zugewinngemeinschaft, Formulierungsvorschlag 2 522
- Übereignung einer Wohnung, Formulierungsvorschlag 2 508
- Wechsel in die Gütertrennung, Formulierungsvorschlag 2 510
- Zugewinngemeinschaft ab Ehevertragsschluss 2 523 f.

H

Haftung
- bei Gütergemeinschaft 1 439
- Gütertrennung 1 418
- Mithaftung 1 10 ff.
- Mithaftung bei Ehegatten 1 418
- Mitschuldner 1 9 ff.
  - finanzielle Überforderung 1 10
  - Sittenwidrigkeit 1 10
- Zugewinngemeinschaft 1 9 ff.
  - Darlehensvertrag 1 12
  - Grundschulden 1 12

Haftung des Ausgezogenen
- Stromliefervertrag 1 15

Haftungsehevertrag 2 663

Halbteilungsgrundsatz
- Diskrepanzehe 9 59
- Ehegatteninnengesellschaft 5 101
- Ehevertrag 2 257 ff.

Handelsvertreter
- Zugewinnwert 1 270

Haushaltsgegenstände
- Abgrenzung 8 67 ff., 335
- Abgrenzung zum Zugewinn 1 32 ff.
- Abgrenzung zum Zugewinnausgleich 8 74 ff.
- Begriff 8 67 ff., 335
- Definition 1 37
  - Formulierungsvorschlag 8 84
- ehevertragliche Regelung 8 83, 91 ff.
- Gebrauchsüberlassung bei Alleineigentum 8 88

Stichwortverzeichnis

- Gegenstände im Alleineigentum 8 69
- gesetzliche Regelung bei Scheidung 8 335 ff.
- güterrechtlicher Zugewinnausgleich 1 28 ff.
- Haustiere 1 35; 8 77
- Herausgabe von eigenem Alleineigentum 8 87
- Kfz 1 34; 8 76
- Motorjacht 1 34; 8 76
- Nutzungsvergütung 8 90
- Scheidungsvereinbarung 8 266 ff., 351 ff.
  - Grundsätze richterlicher Entscheidung 8 270 ff.
  - Hausratsverordnung 1 36; 8 268
- Verbindlichkeiten 8 82
- Vereinbarung über Verteilung, Formulierungsvorschlag 8 95, 352
- Verteilung 8 69
  - außerhalb notarieller Urkunde 8 72
  - bei Miteigentum 8 89
  - bereits erfolgt, Formulierungsvorschlag 8 93
- Zugewinnausgleich 8 68 ff.
- Zuweisung bei Scheidung 8 336 ff.
  - Ausgleichszahlungen 8 344 ff.
  - Kriterien der Überlassung 8 340 ff.
  - Miteigentum 8 337 ff.
- Zuweisung bei Trennung 8 85 ff.

Hausmannrechtsprechung
- Nachehelicher Unterhalt 6 486 ff.

I

IDW-Standard S 1
- Abzug von Steuern 1 208
- Aktienrendite 1 208
- Discount-Cash-Flow-Verfahren 1 213 ff.
- Ertragswertmethode 1 212
- Unternehmensbewertung 1 207 ff.
- Zukunftserfolgswert 1 209
- Zukunftsprognose 1 210 f.
- Zwei-Phasen-Modell 1 210 f.

IDW-Standard S 13 1 181 ff., 239 ff.
- Abfindungsklausel 1 243
- Ausgleichs-/Auseinandersetzungswert 1 239
- Bewertung 1 234
- Bewertungszeitpunkt 1 240
- tax amortisation benefit 1 242
- Unterhaltsberechnung 1 245
- Unterschiede zur Rechtsprechung 1 246

Illoyale Vermögensminderungen 1 301 f.
- Ansprüche gegen Dritte 1 162 ff.
  - Abbedingung 1 166
  - Bereicherungsrecht 1 165
  - Ehevertrag 1 166
- Beweislastregel 1 157, 303 f.
- Endvermögen 1 153 ff.
- hypothetische Entwicklung 1 161
- Neufassung der Vermögenswertbegrenzung 1 155
- Reform des Zugewinnausgleichs 1 301 f.
- Unterbleiben der Hinzurechnung 1 158

Immobilienbewertung 1 60 f.

- Ertragswert 1 60

Indexierung
- Anfangsvermögen 1 107 ff.

Inhabergeprägte Unternehmen
- Bewertung 1 267

Inhaltskontrolle
- Belehrung, Formulierungsvorschlag 2 350
- Ehevertrag s.a. Ehevertrag; 2 65 ff., 113
  - Altersunterhalt 2 420 ff.
  - anwaltliche Strategien 2 466
  - Auffangkontrolle 2 458
  - Aufstockungsunterhalt 2 424
  - Ehe mit Unternehmen 9 55
  - ehebedingte Nachteile 2 274 ff.
  - Folgerungen aus der Sittenwidrigkeit 2 490 f.
  - Gesamtabwägung 2 450 ff.
  - Gestaltung des Ehelebens 2 451
  - Grundsatzurteil des BGH 2 77 ff.
  - Halbteilung 2 113
  - Imparität 2 280 ff.
  - Kindeswohl 2 419
  - Kompensation 2 413 ff., 451
  - Konsequenzen 2 308 ff.
  - Krankheitsunterhalt 2 420 ff.
  - Pflichtteilsverzicht 2 440 ff.
  - späteres Wohlverhalten 2 453
  - subjektive Unterlegenheit 2 115
  - Umstände des Zustandekommens 2 451
  - Unterhaltsregelung 2 366 ff.
  - Unterhaltstatbestände 2 424
  - Unterlegenheit 2 419
  - Verfahren 2 288 ff.
  - Versorgungsausgleich 2 428 ff.
  - Vertrauensschutzgedanke 2 454
  - Verzicht auf Versorgungsausgleich 2 115
- Modifikation der Zugewinngemeinschaft 2 549
- nachehelicher Unterhalt, Vereinbarung 6 782
- Novation 6 949
- salvatorische Klausel 2 41
- Scheidungsvereinbarung s.a. Scheidungsvereinbarung; 2 235 ff., 461 ff.; 8 428 ff.
  - Kernbereichslehre 8 430
- Schiedsklauseln 2 55
- Unterhaltsvereinbarung 6 782
- Unterhaltsverzicht
  - mit Ausnahme Kindesbetreuung 6 822
  - nachehelicher Unterhalt 6 575 ff.
- Vereinbarung zum Versorgungsausgleich 7 227 ff., 280 ff.

In-Prinizip
- Versorgungsausgleich 7 416

Insolvenz
- Rückerwerbsanspruch, Grund für einen 3 212 ff.
- Zugewinnausgleichsforderung 1 310

Interne Teilung
- steuerliche Auswirkungen, Besteuerung des Leistungszuflusses 7 542

- Besteuerung des Wertausgleichs 7 541
- Versorgungsausgleich, Besteuerung des Leistungszuflusses 7 542
  - Besteuerung des Wertausgleichs 7 541 ff.
  - steuerliche Auswirkungen 10 13 ff.

IPR
- bei Auslandsberührung 10 13 ff.
- gewöhnlicher Aufenthalt 10 16
- Rechtswahl 10 20
- Staatsangehörigkeit 10 14 f.
  - Eigenrechtsvorrang 10 15
  - Grundsatz der effektiven 10 15
  - mehrfache 10 15
- Verweisung auf ausländisches Recht, Gesamtverweisung 10 19
  - Rückverweisung 10 19
  - Sachnormverweisung 10 20
  - Weiterverweisung 10 19

Islamisches Recht
- Ehe 10 2

K

Kapitallebensversicherung
- Bewertungsvereinbarung 2 680 f.

Kaufvertrag
- Erwerb durch ausländische Erwerber
  - Formulierungsvorschlag 10 88

Kegelsche Leiter 10 23 ff.

Kernbereichslehre
- Altersunterhalt 2 268
- Altersvorsorgeunterhalt 2 270
- Aufstockungsunterhalt 2 271
- Ausbildungsunterhalt 2 271
- Ehevertrag 2 82, 262 ff.
- einseitige Lastenverteilung 2 263
- erste Stufe, Kindesbetreuungsunterhalt 2 267
- Kindesbetreuungsunterhalt 2 267
- Krankenvorsorgeunterhalt 2 270
- Krankheitsunterhalt 2 268
- Rangfolge der Disponibilität 2 266 ff.
- Scheidungsvereinbarung 8 430
- Stufenfolge der Scheidungsfolgeansprüche 2 266
- Unterhalt wegen Erwerbslosigkeit 2 269
- Unterhaltsregelung 2 366 ff.
- Unterhaltstatbestände 2 269 ff.
- Unterhaltsverzicht bei nachehelichem Unterhalt 6 576
- Unterhaltsverzicht mit Ausnahme Kindesbetreuung 6 823
- Versorgungsausgleich 2 268
- Zugewinnausgleich 2 273
- zweite Stufe, Altersunterhalt 2 268
  - Krankheitsunterhalt 2 268
  - Versorgungsausgleich 2 268

Kettenschenkung
- bei Zuwendung von Schwiegereltern 4 69 f., 86 ff.

Kindergeld
- Kindesunterhalt, in Trennungsvereinbarung 8 176 ff.
- volljähriges Kind, Trennungsvereinbarung 8 194

Kinderpflichtteil 1 18

Kinderschutzklausel
- Nachehelicher Unterhalt, Beschränkung 6 661

Kindesbetreuung
- Erwerbsobliegenheit
  - Urteile der OLG 6 128
  - Wechsel, abrupter 6 126
- Vereinbarkeit mit konkreter Erwerbstätigkeit 6 125 f.

Kindesbetreuungsmodell
- Elterliche Sorge 8 396

Kindesbetreuungsunterhalt
- Anspruchsentstehung 6 109 f.
- Erwerbstätigkeit, Ermöglichung einer
  - Alleinlebende 6 120
  - Betreuungsangebot des anderen Elternteils 6 121 ff.
- Fremdbetreuung 6 114 ff.
  - Altersphasenmodell 6 116
  - Eignungsvermutung für öffentliche Kinderbetreuungseinrichtungen 6 118
  - Trennungsleiden, generelles 6 117 f.
- Leitlinien, unterhaltsrechtliche 6 112
- Teilzeittätigkeit des Betreuenden 6 127
- Verlängerung
  - Darlegungs- und Beweislast 6 124 ff.
  - elternbezogene 6 132 ff.
  - kindbezogene 6 113
- Voraussetzungen, allgemeine 6 108 ff.

Kindesunterhalt
- Dynamisierter Unterhalt, Formulierungsvorschlag 8 206 ff.
  - Trennungsvereinbarung 8 205 ff.
- Freistellungsvereinbarung 8 212 ff.
  - Formulierungsvorschlag 8 213, 384
  - Grenzen 8 214 f., 384
  - Innenverhältnis 8 212
- im Wechselmodell 8 407 ff.
- Scheidungsvereinbarung 8 382 ff.
  - Formulierungsvorschlag 8 384
- statischer Unterhalt, Trennungsvereinbarung 8 202 f.
- Trennungsvereinbarung 8 130 ff.
- Unterhaltspflicht, gesteigerte 8 133
- volljähriges Kind, Formulierungsvorschlag 8 185 ff., 217
- zusätzliche Kosten der Ganztagsbetreuung, Formulierungsvorschlag 8 211

Kindeswohl
- Scheidungsvereinbarung, Ehewohnung 8 278

KMU 1 225

Kommanditgesellschaft
- Errichtung, Formulierungsvorschlag 5 412

Stichwortverzeichnis

Kompensationsvereinbarung
- Befriedungswirkung 2 716 f.
- Formulierungsvorschlag 2 719
- Grenzen 2 715
- Verbot der Perplexität 2 715

Krankheitsunterhalt
- Ehevertrag 2 420 ff.
- Verzicht, Formulierungsvorschlag 6 910

L

Landesbeamte
- Versorgungsausgleich 7 504 ff.
  - Formulierungsvorschlag 7 518
  - Spitzenausgleich 7 513 f.
  - Zustimmung des Versorgungsträgers 7 509

Landwirtschaft
- Bewertung 1 132 ff.
  - Ertragswert 1 134
- Bewertungsvereinbarung 2 676 ff.
  - Formulierungsvorschlag 2 679

Lebensgemeinschaft, verfestigte 6 860 f.

Lebenspartnerschaft 1 2, 547

Lebensstandardgarantie
- Kindesunterhalt, Trennungsvereinbarung 8 148
- unterhaltsverstärkende Vereinbarung 9 66 ff.

Lebensversicherung
- Auskunftsanspruch 1 405
- Bewertung 1 138 ff.
- Bewertung, Zeitwert 1 139 f.
- Ertragssteuer, latente 1 141
- Versorgungsausgleich, Abgrenzung zum Güterrecht 7 60 ff.

Leistungsfähigkeit
- Altersversorgungsbeiträge 6 475
- Auskunftsanspruch 6 550 ff.
- bereinigtes Nettoeinkommen 6 465
- Doppelverwertungsverbot 6 462
- Einkommensverhältnisse 6 462 ff.
  - Doppelverwertungsverbot 6 462
  - reale Einkünfte 6 462
- Familienzuschlag 6 471, 474
  - beamtenrechtlicher 6 473
- hypothetisches Einkommen 6 477 ff.
  - Hausmannrechtsprechung 6 486 ff.
  - Nachweis der Arbeitsplatzsuche 6 480
  - Nebentätigkeit 6 486
  - Taschengeld 6 486
  - Übergang in die Selbstständigkeit 6 485
  - verschuldeter Arbeitsplatzverlust 6 480
- Kindesunterhalt, Trennungsvereinbarung 8 146
- Krankenversicherungsbeiträge 6 475
- Luxusverbindlichkeiten 6 489
- mutwillige Leistungsunfähigkeit 6 477 ff.
- sekundäre Altersversorgung 6 475
- Selbstbehalt 6 502 ff.
  - Ehegattenselbstbehalt 6 502
- Splittingvorteil 6 468, 474

- Steuerklasse 6 467, 470
- tatsächliche Steuerbelastung 6 466
- Unterhaltsberechnung in Mangelfällen *s.a. Mangelfall*; 6 508 ff.
- Verbindlichkeiten 6 489 ff.
  - Doppelverwertungsverbot 6 499
  - ehebedingte Schulden 6 494 ff.
  - nicht ehebedingte Schulden 6 497
  - Obliegenheit zum Verbraucherinsolvenzverfahren 6 489
  - sonstige Unterhaltsverpflichtungen 6 501
  - Tilgungsplan 6 496
- wandelbare eheliche Lebensverhältnisse 6 474

Liquidationswert
- Mindestwert 1 236
- Praxisbewertung 1 119
- Unternehmensbewertung 1 119, 220, 238

M

Mangelfall
- absoluter 6 511
- Berechnung 6 527 ff.
  - Bedarfskontrollbetrag 6 528
  - Drittelmethode 6 538
  - Einsatzbeträge 6 532
  - Gesamtbedarf 6 532
  - Grundsicherung 6 549
  - Verteilungsmasse 6 532, 537
- Definition 6 511 ff.
- Kindesunterhalt, Trennungsvereinbarung 8 179 ff.
- lange Ehedauer 6 520
- notwendiger Selbstbehalt 6 509
- Rangfolge der Unterhaltsberechtigten 6 515 ff.
- Realsplitting 6 523
- relativer 6 512
- Selbstbehalt, notwendiger 6 527
- Unterhalt nach Billigkeit 6 508 ff.
- Unterhaltsberechnung, nachehelicher Unterhalt 6 508 ff.
- unterhaltsverstärkende Vereinbarung 6 974

Mietwohnung
- Auszugsvereinbarung 8 65 ff.
  - Formulierungsvorschlag 8 66
  - Freistellungsverpflichtung, Formulierungsvorschlag 8 63
- Trennungsvereinbarung, Auszugsvereinbarung 8 65 f.
  - Formulierungsvorschlag 8 63
  - Freistellungsverpflichtung 8 61 f.
  - Übernahme des Mietvertrags 8 61 f.
  - Übernahme des Mietvertrages, Formulierungsvorschlag 8 63
- vertragliche Vereinbarung bei Trennung 8 60 ff.
- Weiternutzung durch einen Ehegatten, Formulierungsvorschlag 8 64

Mindestunterhalt
- Internat 8 168

Stichwortverzeichnis

- Kindesunterhalt, doppelter Steuerfreibetrag 8 156
  - sächliches Existenzminimum 8 156
  - Vorschriften zur Berechnung 8 158 f.
- Novation 6 949

Mindestunterhaltsverordnung 6 51

Mindestzugewinn
- Formulierungsvorschlag 2 620

Mischvermögen
- Realteilung 8 467 ff.

Mittelwert 1 223

Mitunternehmer
- Ehegatten bei Gütergemeinschaft 1 682 ff.

Modifikation
- auflösende Bedingung, Formulierungsvorschlag 2 643
- Ausgestaltung der Zugewinnausgleichsforderung 2 685 ff.
- Ausschluss des Anfangsvermögens 2 631 ff.
  - Formulierungsvorschlag 2 635
- Ausschluss des betrieblichen Vermögens 2 567 ff.
  - alternative Gestaltung 2 621 ff.
- Ausschluss von Wertsteigerung 2 632 ff.
  - Formulierungsvorschlag 2 635
- Bedingung 1 154 ff.; 2 638 ff.
  - Formulierungsvorschlag 2 651
- Befristung 2 638 ff.
- Beibehaltung des Betriebsvermögens 2 626 ff.
- Bewertungsvereinbarung *s.a. Bewertungsvereinbarung*; 2 652 ff., 671 f.
  - Formulierungsvorschlag 2 656
- double income no kids 9 11
- Erträge für den Unterhalt, Formulierungsvorschlag 2 618
- Festlegung zum Anfangsvermögen 2 652 ff.
- Festlegung zum Endvermögen 2 652 ff., 670
- Formulierungsvorschlag 2 604 ff.
- Gesellschaftsanteile im Privatvermögen, Formulierungsvorschlag 2 610 f.
- Haftungsehevertrag 2 663
- Heirat mit verschuldetem Partner 2 660 ff.
  - Formulierungsvorschlag 2 667
- Herausnahme des Betriebsvermögens, Formulierungsvorschlag 2 607
- Herausnahme von Erträgen, Formulierungsvorschlag 2 617
- Hinzurechnung eines kalkulatorischen Unternehmerlohnes, Formulierungsvorschlag 2 612 f.
- Kinder als auflösende Bedingung, Formulierungsvorschlag 2 643
- Kompensation für Verzicht, Formulierungsvorschlag 2 719
- Kompensationsvereinbarung *s.a. Kompensationsvereinbarung*; 2 714 ff.
  - Formulierungsvorschlag 2 719
- Mindestzugewinn, Formulierungsvorschlag 2 620
- periodischer Zugewinn 2 721 f.
  - Formulierungsvorschlag 2 722
- Rücktrittsrecht 2 642 ff.
  - Formulierungsvorschlag 2 644 f.
- Surrogate im Privatvermögen, Formulierungsvorschlag 2 614 ff.
- Tantiemen, Formulierungsvorschlag 2 619
- Veränderung der Stichtage 2 638 ff.
- Vereinbarung von Bedingungen 2 642 ff.
- Vereinbarung von Befristungen 2 642 ff.
- Vermögensverteilung bei Haftung, Formulierungsvorschlag 2 667
- Vermögensverzeichnis, Formulierungsvorschlag 2 657
- Verschiebung von zeitlichen Grenzen 2 638 ff.
- Versorgungsausgleich 7 279
- Versorgungssicherheit durch Dritte 2 647 ff.
  - Formulierungsvorschlag 2 648
- Vertrag zugunsten Dritter über Ausgleichsanspruch 2 723
- Verwendung von Erträgen, Formulierungsvorschlag 2 637
- Vorteile 2 513 ff.
- vorzeitiger Hausbau 2 668 f.
- Zugewinn abhängig vom Scheidungsverschulden 2 720
- Zugewinn abhängig von Ehedauer 2 650 f.
  - Formulierungsvorschlag 2 651
- Zugewinnausgleich durch Grundstücksübertragung 2 712
- Zugewinnausgleich durch Einräumung einer stillen Beteiligung 2 713
- Zugewinngemeinschaft *Modifizierte Zugewinngemeinschaft, s. Zugewinngemeinschaft, Modifikation*

Modifizierte Ertragswertmethode 1 257 ff.

Modifizierter Zugewinnausgleich
- Formulierungsvorschlag 2 515

Morgengabe 10 2 f.

N

Nachehelicher Unterhalt
- Abänderung von Unterhaltstiteln 6 743 ff.
  - vollstreckbare Urkunden 6 744
- Abänderung von Urteilen 6 743 ff.
  - Abänderungsantrag 6 743
  - Befristungsmöglichkeiten 6 754
  - Präklusion 6 749 ff.
  - Rechtssprechungswandel als wesentliche Änderung 6 750 ff.
  - wesentliche Änderung 6 745 ff.
- Abänderung von vollstreckbaren Urkunden 6 757 ff.
  - Abrede über Nichtabänderbarkeit 6 770
  - Parteiabreden 6 758
  - Unterwerfungserklärung 6 759
- Abfindungsvereinbarung 6 930

Stichwortverzeichnis

- abschmelzende Höchstbeträge 6 877
- abschmelzende Zahlungspflicht 6 1024
- abweichende Vereinbarung zu §§ 1586, 1586a, 1586b BGB 6 851
- Anrechnung Ertrag aus Vorsorgekapital 6 912
- Arbeitsplatzsuche
  - Keine reale Beschäftigungschance 6 167
- Ausklammerung von Einkommensarten 6 916
- Ausklammerung von Erträgen aus privilegiertem Anfangsvermögen 6 918
- Ausschluss 6 593 ff.
- Ausschluss bestimmter Vermögensteile von der Verwertung 6 908
- Ausschluss wegen grober Unbilligkeit 6 593 ff.
  - ehezerstörende Beziehung 6 603
  - Gesamtabwägung 6 595
  - kurze Ehedauer 6 599 f.
  - mutwillige Herbeiführung der Bedürftigkeit 6 613
  - mutwilliges Hinwegsetzen über Vermögensinteressen 6 614
  - offensichtlich schwerwiegendes Fehlverhalten 6 615
  - schweres vorsätzliches Vergehen 6 612
  - Verbrechen 6 612
  - verfestigte Lebensgemeinschaft 6 601 ff.
  - verletzende Begleitumstände 6 603
  - Verletzung der Familienunterhaltspflicht 6 615
  - Zusammenleben gleichgeschlechtlicher Partner 6 607
  - zweistufige Prüfung 6 594
- Bedarfsberechnung
  - Handhabung der OLGe 6 376
  - Mindestbedarf 6 263
- Bedürftigkeit 6 388 ff.
  - Arbeitslosengeld 6 392
  - Arbeitslosengeld II 6 398 f.
  - Arbeitslosenhilfe 6 395
  - Arbeitslosigkeit des Unterhaltsberechtigten 6 447
  - bei neuer Partnerschaft 6 429
  - bei Zusammenleben mit neuem Partner 6 431 ff.
  - bereinigtes Nettoeinkommen 6 390 ff.
  - Eigenheimzulage 6 408
  - Einkommen aus neuer Erwerbstätigkeit 6 420 ff.
  - Einkommen überobligationsmäßige Tätigkeit 6 411 ff.
  - Einkommen zumutbare Erwerbstätigkeit 6 390 ff.
  - Elterngeld 6 402
  - Erwerbsobliegenheit 6 415 ff.
  - Familienarbeit 6 421, 432
  - fiktive Einkünfte 6 444 ff.
  - fiktives Versorgungsentgelt 6 435
  - Grundsicherung im Alter 6 400
  - hypothetische Einkünfte 6 444 ff.
  - hypothetische Erträge des Vermögens 6 454 f.
  - Kindesbetreuung 6 450
  - Lohnersatz 6 398
  - neuer Partner 6 431 ff.
  - Obliegenheit zur Vermögensumschichtung 6 454
  - Pflegegeld 6 404 f.
  - reale Erträge des Vermögens 6 453
  - Renten und Pensionen 6 392
  - Sozialhilfe 6 395, 401
  - Surrogatslösung für Renteneinkünfte 6 425 ff.
  - Surrogatslösung für Verkaufserlös 6 427 f.
  - tatsächliche Einkünfte 6 390 ff.
  - Vermögen 6 452 ff.
  - Verwertung des Vermögensstamms 6 456 ff.
  - Wohngeld 6 409
  - Wohnvorteil 6 453
  - Zinseinnahmen 6 409
  - Zuwendungen Dritter 6 438 ff.
- Befristung, ehebedingte Nachteile 6 640 ff.
  - Einzelfallentscheidung 6 676 ff.
- begrenztes Realsplitting, Formulierungsvorschlag 6 1036
  - Gestaltungsempfehlung 6 738 ff.
- Behandlung des Einkommens des Berechtigten, Formulierungsvorschlag 6 925
- Beschränkung 6 621 ff.
  - angemessener Lebensbedarf 6 652 ff.
  - Arten 6 627
  - bei Geltendmachung durch Sozialhilfeträger 6 625
  - Darlegungs- und Beweislast 6 645 ff.
  - der Höhe nach 6 627
  - ehebedingte Nachteile 6 632 ff.
  - ehevertragliche Regelungen 6 658
  - Einzelfallentscheidung 6 676 ff.
  - Ersatzmaßstab 6 652 ff.
  - Gesichtspunkte zur Herabsetzung und Befristung 6 672 ff.
  - Kinderschutzklausel 6 661
  - Kriterium der Ehedauer 6 632
  - Kriterium der wirtschaftlichen Entflechtung 6 632
  - nacheheliche Kindesbetreuung 6 636
  - niedriges voreheliches Einkommen 6 656 f.
  - objektive Billigkeitskriterien 6 624
  - Präklusion *s.a. Präklusion*; 6 662 ff.
  - sehr gute Einkommensverhältnisse 6 637
  - Surrogatsrechtsprechung 6 623
  - Übergangsfrist 6 634
  - Verschuldenskriterium 6 638
  - zeitliche Befristung 6 627
- Eheliche Lebensverhältnisse 6 363 ff.
- Ehemodell der Eigenbetreuung 6 1027
- Einkommensteuer *s.a. Einkommensteuer*; 6 682 ff.

Stichwortverzeichnis

- Einkünfte des Berechtigten
  - Abfindung 6 390
  - Betreuungsgeld 6 403
- Erlöschen 6 556 ff.
  - bei Tod des Berechtigten 6 557
  - bei Tod des Verpflichteten 6 586 ff.
  - bei Wiederverheiratung des Berechtigten 6 558 ff.
  - Kapitalabfindung 6 584
- Ersatzleistung, Vereinbarung 6 928 ff.
- Erwerbsobliegenheit, Einzelentscheidung 6 419
- Festlegung der ehelichen Lebensverhältnisse, Formulierungsvorschlag 6 901, 903
- Formulierungsvorschlag 6 853
- freiwillige Leistungen Dritter, Formulierungsvorschlag 6 961
- Grundsatz der Halbteilung 6 384
- Halbteilung
  - Berechnungsbeispiel des BGH 6 386
  - Herabsetzung, Einzelfallentscheidung 6 676 ff.
- Höchstbetrag des Unterhalts wertgesichert 6 869
- Höchstbetrag gestaffelt nach Ehedauer 6 873
- Höchstbetrag gestaffelt nach Einkommen 6 871
- Höchstdauer der Unterhaltspflicht abhängig von Ehedauer 6 849
- Höchstdauer der Unterhaltspflicht, Formulierungsvorschlag 6 847
- Höchstgrenze des Unterhalts als Vielfaches des Selbstbehalts 6 879
- hypothetisches Einkommen, sozialrechtliche Erwerbsunfähigkeit 6 477
- Inflationsanpassung 6 385
- Kranken- und Pflegevorsorgebedarf
  - Bemessungsgrundlage 6 335
  - Krankenversicherung, private 6 336
- Leistungsfähigkeit s.a. *Leistungsfähigkeit*; 6 365 ff., 460 ff.
  - Altersversorgungsbeiträge 6 475
  - bereinigtes Nettoeinkommen 6 465 ff.
  - Doppelverwertungsverbot 6 462
  - Doppelverwertungsverbot von Schulden 6 499
  - Dreiteilung 6 368
  - ehebedingte Schulden 6 494 ff.
  - Einkommensverhältnisse 6 462 ff.
  - Familienzuschlag 6 471 ff.
  - Hausmannrechtsprechung 6 486 ff.
  - hypothetisches Einkommen 6 477 ff.
  - Kindesunterhalt 6 476
  - Krankenversicherungsbeiträge 6 475
  - Luxusverbindlichkeiten 6 489
  - mutwillige Leistungsunfähigkeit 6 477 ff.
  - Nachweis der Arbeitsplatzsuche 6 480
  - Nebentätigkeit 6 486
  - nicht ehebedingte Verbindlichkeiten 6 497
  - Obliegenheit zum Verbraucherinsolvenzverfahren 6 489
  - Schwarzarbeit 6 481
  - sekundäre Altersversorgung 6 475
  - Selbstbehalt 6 502 ff.
  - sonstige Unterhaltsverpflichtungen 6 501
  - sozialrechtliche Erwerbsunfähigkeit 6 479
  - Splittingvorteil 6 468, 474
  - Steuerklasse 6 467, 470
  - Taschengeld 6 486
  - tatsächliche Steuerbelastung 6 466
  - Übergang in die Selbstständigkeit 6 485
  - Unterhaltsberechnung in Mangelfällen s.a. *Mangelfall*; 6 508 ff.
  - Verbindlichkeiten 6 489 ff.
  - verschuldeter Arbeitsplatzverlust 6 480
  - wandelbare eheliche Lebensverhältnisse 6 474
- Modifizierung der Abänderbarkeit, Formulierungsvorschlag 6 893 ff.
- Nichtanrechnung überobligationsmäßigen Einkommens 6 923
- notwendiger 6 502
- notwendiger Eigenbedarf des Pflichtigen 6 927
- Novation s.a. *Novation*; 6 941, 954
  - Formulierungsvorschlag 6 956
- Rente beziehender Ehegatte
  - Versorgungsausgleich 6 189
- Scheidungsvereinbarung 8 381
- Selbstbehalt, angemessener 6 502
  - Ehegattenselbstbehalt 6 502
- Stichtagsprinzip
  - Lebensverhältnissen, wandelbare eheliche 6 357
- Surrogatsgleichstellungsvereinbarung 6 919
  - Formulierungsvorschlag 6 920
- Übergang vom eheangemessenen Unterhalt 6 906
- umfassender Ausschluss der Abänderbarkeit 6 892
- Unterhaltsgewährung durch Naturalleistung 6 940
- Unterhaltshöchstgrenze dynamisiert nach Bundesbesoldungsgesetz 6 887
- Unterhaltshöchstquote 6 890
- unterhaltsverstärkende Vereinbarung s.a. *unterhaltsverstärkende Vereinbarung*; 6 962 ff.
  - Formulierungsvorschlag 6 1024
- Unterhaltsverzicht mit Ausnahme der Not 6 819
- Unterhaltsverzicht mit Ausnahme Kindesbetreuung 6 827
- Unterhaltsverzicht mit Einschränkung § 33 VersAusglG 6 859
- Unterhaltsverzicht, abhängig von Ehedauer 6 835 f.
  - auflösend bedingter 6 830 f.
  - Formulierungsvorschlag 6 832 ff., 859, 935 ff.
  - mit Rücktrittsrecht 6 833 f.

Stichwortverzeichnis

- Verzicht mit Ausnahme der Not 6 818 f.
- Verzicht mit Ausnahme Kindesbetreuung 6 820 ff.
- Vereinbarung s.a. Unterhaltsvereinbarung, s.a. Unterhaltsverzicht; 6 782 ff.
  - abweichende Regeln zu §§ 1586, 1586a, 1586b BGB 6 850 f.
  - auflösend bedingter Verzicht 6 830 f.
  - Ausklammerung verschiedener Einkommensarten 6 915 ff.
  - Behandlung des Einkommens des Berechtigten 6 924 f.
  - Berücksichtigung der Leistung Dritter 6 957 ff.
  - Beschränkung der Unterhaltshöhe 6 862 ff.
  - Besoldungsgruppe 6 880 ff.
  - Checkliste 6 792
  - Diskrepanzehe 6 862
  - Festlegung Höchstquote des Unterhalts 6 888 ff.
  - Festschreibung des notwendigen Eigenbedarfs 6 926 f.
  - Formulierungsvorschlag 6 847 ff.
  - Gestaltung 6 791 ff.
  - Höchstbetrag des Unterhalts angelehnt an Besoldungsgruppe 6 880 ff.
  - Höchstbetrag des Unterhalts wertgesichert 6 862 ff.
  - Höchstdauer der Unterhaltspflicht 6 842 ff.
  - Höchstdauer der Unterhaltspflicht abhängig von Ehedauer 6 848 f.
  - Inhaltskontrolle 6 782
  - kein Wiederaufleben des Unterhalts 6 853
  - mit Rücksicht auf § 33 VersAusglG 6 858 f.
  - Nichtanrechnung überobligatorischer Tätigkeit 6 921 ff.
  - Novation s.a. Novation; 6 941
  - Sachverhaltsaufklärung 6 791 ff.
  - Sicherung der Verwendung von Vorsorgeunterhalt 6 911 f.
  - steuerlicher Bezug 6 1034 ff.
  - Surrogatsgleichstellungsvereinbarung 6 919 f.
  - Teilverzicht 6 810 ff.
  - Unterhaltsausschluss abhängig vom Scheidungsverschulden 6 837 f.
  - Unterhaltsgewährung durch Naturalleistung 6 938 ff.
  - Unterhaltshöchstquote 6 888 ff.
  - unterhaltsverstärkende s.a. unterhaltsverstärkende Vereinbarung; 6 962 ff.
  - Unterhaltsverzicht s.a. Unterhaltsverzicht; 6 810 ff.
  - Unterhaltsverzicht abhängig von Ehedauer 6 835 f.
  - Unterhaltsverzicht gegen Abfindung 6 928 ff.
  - Unterhaltsverzicht mit Rücktrittsrecht 6 833 f.
  - Unterhaltsverzicht unter Bedingung 6 830 ff.
  - Unterhaltsverzicht unter Befristung 6 830 ff.
  - Vereinbarung des alten Unterhaltsrechts 6 839 ff.
  - Verzicht auf einzelne Unterhaltstatbestände 6 828 f.
  - Verzicht auf Kranken- und Vorsorgeunterhalt 6 909 f.
  - vollständiger Unterhaltsverzicht 6 810 ff.
  - von Ersatzleistung 6 928 ff.
  - Wertsicherung 6 865
  - Zahlungsvereinbarung s.a. Zahlungsvereinbarung; 6 782 ff., 800 ff.
  - zu den ehelichen Lebensverhältnissen 6 899 ff.
  - zum Maß des Unterhalts 6 899 ff.
  - zum Realsplitting 6 1034 ff.
  - Zuordnung steuerlicher Kinderentlastung 6 1037 ff.
  - zur Abänderbarkeit 6 891 ff.
  - zur Dauer der Unterhaltspflicht 6 842 ff.
  - zur Verwertung des Vermögensstamms 6 907 f.
- Vereinbarung begrenztes Realsplitting 6 1036
- Vereinbarung mit steuerlichem Bezug 6 1040
- Vereinbarung, unterhaltsverstärkende
  - Schenkungssteuer 6 976
- Verjährung 6 679 ff.
- Verlängerung des Basisunterhalts 6 1022
- Verweis auf § 38 FamFG 6 895
- Verwirkung 6 677 f.
- Verzicht auf Aufstockungsunterhalt, Formulierungsvorschlag 6 829
- Verzicht auf einzelne Unterhaltstatbestände, Formulierungsvorschlag 6 829
- Verzicht auf Kranken- und Vorsorgeunterhalt, Formulierungsvorschlag 6 910
- Wohnvorteil
  - Kind als Mitbewohner 6 325
- Zahlungsvereinbarung 6 782 ff.
  - Formulierungsvorschlag 6 803 ff.
  - Rechtswahl 6 786
  - Wandelbarkeit des Unterhaltsstatuts 6 784
- Zuordnung von steuerlicher Kinderentlastung 6 1040

Nachlassvollmacht
- Formulierungsvorschlag 5 623

Nachteilsausgleich
- beim begrenzten Realsplitting, nachehelicher Unterhalt 6 721 ff.

Naked in-naked out-Klausel 1 286

Negativer Zugewinn 1 74

Negatives Anfangsvermögen 1 70 ff.
- negativer Zugewinn 1 74

Notarielle Beurkundung
- bei Vereinbarung zum Versorgungsausgleich 7 352

Notarkanzlei
- Bewertung 1 262
- Goodwill 1 262

Stichwortverzeichnis

Novation 6 941 ff.
– Diskrepanzfall 6 950
– durch lediglich übergangsweise vorgesehene Zahlung 6 955
– großer Altersunterschied 6 948
– Inhaltskontrolle 6 949
– Leibrente, Formulierungsvorschlag 6 954
– Mindestunterhalt 6 949
– Übergangsregelung, Formulierungsvorschlag 6 956
– unterhaltsverstärkende Vereinbarung, Unterhaltsrente 6 1017

Novierende Unterhaltsvereinbarung
– Formulierungsvorschlag 9 70

Nutzungsentgelt
– Bruchteilsgemeinschaft 5 210

Nutzungsentschädigung
– bei Zuweisung der Ehewohnung 8 32 ff.
– Ehewohnung, Scheidungsvereinbarung 8 320 ff.

Nutzungsvergütung
– Haushaltsgegenstände 8 90

O

Obhutsmodelle 8 397 ff.
– Nestmodell 8 398
– Residenzmodell 8 397
– Wechselmodell 8 399 ff.

Oder-Konto
– Einzahlung, einseitige 1 636 ff.

Ordre public 10 21 f.

P

Patchworkfamilie 9 71 ff.

Patientenverfügung
– ärztliche Aufklärung 5 599
– ärztlicher Dialog 5 599
– Bestätigungspflicht 5 599
– Definition 5 601
– Dialogklausel 5 612
– Einwilligungsfähigkeit 5 599
– Formulierungsvorschlag 5 626
– geforderter Grad an Bestimmtheit 5 602 ff.
– Gleichstellung von Betreuer und Bevollmächtigtem 5 599
– neue Terminologie 5 600
– Patientenautonomie 5 598
– Reichweitenbegrenzung 5 599
– Schriftform 5 599
– Volljährigkeit 5 599
– Vorsorgevollmacht 5 612

Pendlermodell 8 396

Pensionärsprivileg
– Versorgungsausgleich
  – Vereinbarung 7 340

Personengruppentheorie
– Betriebsaufspaltung 5 470

Pflichtteilsberechnung
– IDW S 13 1 184

Pflichtteilsverzicht
– Auswirkungen auf nachehelichen Unterhalt 6 591 f.
– Ehe mit Dynastie 9 44
– Ehevertrag 2 231 f., 440 ff.
  – erhöhte Disponibilität 2 440
  – Formulierungsvorschlag 9 20, 52, 58
  – salvatorische Klausel 2 442
– Gütertrennungsverträge 2 500
  – Trennungsvereinbarung 8 237
– Sittenwidrigkeit 2 449

Präklusion
– bei Abänderung von Unterhaltstiteln 6 749 ff.
– bei Beschränkung des nachehelichen Unterhalts 6 662 ff.
  – anwaltliche Haftungsfalle 6 662 ff.
  – notarielle Urkunde 6 655 ff.
– Versorgungsausgleich, Unbilligkeit 7 226

Praxisbewertung 1 185 ff.
– Anfangsvermögen 1 119 f.
– Freiberufler 1 248 ff.
– Geschäftswert 1 119
– Grundsätze 1 248 f.
– inhabergeprägte Unternehmen 1 267
– Korrekturkriterien 1 260
– latente Ertragsteuern 1 256
– Liquidationswert 1 119
– Marktwert 1 250
– offene Honorarforderung 1 249
– Substanzwert 1 119
– Unternehmerlohn 1 249
  – Doppelverwertung 1 253 ff.
– Wiederbeschaffungswert 1 249

Privatvermögen
– notwendiges 2 584

Privilegierter Erwerb
– Ausstattung 1 103
– Grundstückserwerb 1 78
– Rückübertragungsrechte, bei Wertermittlung 1 88 ff.
  – Rückgewährverpflichtung 1 93
  – Wiederkaufsrecht 1 89
– Schenkungen 1 94 ff.
– Schenkungen nach § 1374 Abs. 2 BGB 1 94 ff.
– Tatbestand des § 1364 Abs. 2 BGB 1 94 ff.
– Übertragungstatbestände 1 76
– unbenannte Zuwendung 1 99 ff.
– Verrechnung 1 106
– Vorbehaltsrechte 1 79 ff.
  – Leibrente 1 83
  – Nutzungsvorbehalte 1 84 ff.
  – Rückübertragungsrecht 1 80
– Wertsteigerung 1 104
– Zeitpunkt der Wertfeststellung 1 78
– Zuwendung von Schwiegereltern 1 99 ff.
– Zuwendungen Dritter 1 101

Stichwortverzeichnis

R

Räumungsverpflichtung
- Ehewohnung, Formulierungsvorschlag 8 330

Reale Zugewinnausgleichsforderung
- Anwendungsbereich des § 5 Abs. 2 ErbStG 1 604 ff.
- doppelte Verkürzung der Pflichtteilsrechte 1 660
- doppelter Güterstandswechsel 1 659
- Erbschaftsteuerrichtlinien 1 609
- fliegender Zugewinnausgleich 1 650 ff.
- Güterstandsschaukel 1 661
- Gütertrennung mit Zugewinnausgleich 1 658 ff.
- i.S.d. § 5 Abs. ErbStG 1 626 f.
- Modifizierung des § 5 Abs. 2 ErbStG 1 612 ff.
- rückwirkende Vereinbarung von Zugewinngemeinschaft 1 620 ff.
- Steuerfreiheit 1 604 ff.
- unbenannte Zuwendung 1 628 ff.
- Vereinbarung 1 607
- vorsorgende Eheverträge 1 611 ff.

Realisierungsprinzip 1 231

Realsplitting 8 462 f.
- nachehelicher Unterhalt, Vereinbarung 6 1034 ff.

Realteilung
- Alleineigentum 8 473
- bei Mischvermögen 8 467 ff.
- Erwerbs- und Verbrauchsgemeinschaft 8 474
- Gesamtgut einer Gütergemeinschaft 8 470
- Miteigentum 8 473
- Standardsituation 8 468
- Steuerneutralität 8 472 f.
- Versorgungsausgleich 7 15 ff.

Rechtswahl
- Altehen 10 45
- bei Auslandsberührung 10 11, 20
  - Ehegüterrechtsstatut 10 109
  - notarielle Beurkundung 10 34
- Ehegüterrechtsstatut 10 128 ff.
- Ehevertrag, Formulierungsvorschlag 10 199
- Form 10 34
- gleichgeschlechtliche Ehe 10 33
- Möglichkeiten 10 30
- Neuehen 10 29
- Scheidungsvereinbarung 10 199
- Vereinbarung 10 197 f.

Reduktionskaskade
- Ehevertrag 2 338

Regelsicherungssystem
- Versorgungsausgleich 7 48 ff.

Rentenprivileg
- Wegfall 7 342

Rentnerprivileg
- Versorgungsausgleich, Vereinbarung 7 340

S

Sächliches Existenzminimum
- Mindestunterhalt, Kindesunterhalt 8 156

Sachnormverweisung 10 20

Sachwertverfahren 1 122 ff.
- Altersabschlag 1 125
- eigengenutztes Einfamilienhaus 1 125

Salvatorische Klausel 1 585 ff.; 2 165
- Änderung BGH-Rechtsprechung 2 38
- Darlegungs- und Beweislast 2 38
- Ehevertrag 2 293, 337 ff.
- Formulierungsvorschlag 2 43
- Inhaltskontrolle 2 41
- Pflichtteilsverzicht 2 442
- Schutz einer Vertragspartei 2 40
- Wirksamkeitskontrolle 2 293

Scheidungsfolgenrecht
- Verbot der Doppelverwertung 1 65

Scheidungsklausel 2 615; 3 161, 181 ff.
- Elternzuwendung 4 20
- Steuern 3 156
- Wiesbadener Modell 5 487 ff.

Scheidungsstatut 10 178 ff.
- bei Ehe mit Auslandsberührung 10 178 ff., 193 ff.
- Verweis auf Ehewirkungsstatut 10 187 ff.

Scheidungsunterhalt
- Versorgungsausgleich 8 387

Scheidungsverbund
- Auskunftsanspruch 1 410

Scheidungsvereinbarung 1 560; 2 461 ff.; 8 266 ff.
- Abgeltungsklausel 8 423 ff.
  - Formulierungsvorschlag 8 427
  - Wirkung 8 424
- allgemeines Ehewirkungsstatut 10 199
- Ansprüche aus Ehegattenzuwendung 8 373 ff.
  - Ehegatteninnengesellschaft 8 374 f.
  - Schenkungsteuer 8 376
- Ausübungskontrolle 2 235 ff.
- Bankkonten 8 372
- bei Bruchteilsgemeinschaft 5 215
- bei Ehe mit Auslandsberührung, Formulierungsvorschlag 10 199 f.
  - Nachforschungspflicht 10 196
- Bilanz der Ehezeit 2 462
- Checkliste 8 433
- ehebezogene Zuwendung, Formulierungsvorschlag 8 377
- Ehegatteninnengesellschaft 5 112; 8 374 ff.
- Ehegattenunterhalt 8 379 ff.
  - Grundsatz der Nichtidentität 8 379
- Ehevertrag 2 235 ff., 461 ff.
- Ehewohnung 8 324 ff.
  - Anspruch auf Überlassung 8 277
  - Ausscheiden aus dem Mietverhältnis 8 293 ff.
  - Formulierungsvorschlag 8 302, 326 ff., 331

– Frist zur Regelung des Mietverhältnisses 8 317 f.
– gesetzliche Regelung bei Scheidung 8 267 ff.
– Grundsätze der richterlichen Entscheidung 8 270 ff.
– im Alleineigentum 8 282 ff.
– Inhalt neubegründeter Mietvertrag 8 312 ff.
– Kindeswohl 8 278
– Miteigentum 8 290 f.
– Miteigentum mit Dritten 8 282 ff.
– Neubegründung des Mietverhältnisses 8 308 ff.
– Nutzungsentschädigung 8 320 ff.
– Nutzungsverhältnis 8 316
– Räumungsverpflichtung 8 330
– Regelung des Mietverhältnisses 8 292 ff.
– richterliche Schutzanordnung 8 304 ff.
– richterliche Umgestaltung des Mietverhältnisses 8 303
– Umgestaltung des Mietverhältnisses 8 267 f.
– elterliche Sorge 8 389 ff.
  – Bevollmächtigung 8 395
  – Doppelresidenzmodell 8 396
  – Formulierungsvorschlag 8 393 f., 413, 421
  – gemeinsame 8 390 f.
  – Kindesbetreuungsmodell 8 396
  – Pendlermodell 8 396
  – Vereinbarung über Verhältnisse des Kindes 8 412
  – Wechselmodell 8 396
– Erbverzicht 8 422
  – Formulierungsvorschlag 8 435
– Erstellung, Checkliste 8 433
– Familienwohnheim, Formulierungsvorschlag 8 327 f., 334
  – Miteigentum 8 290 f.
  – Nutzungsverhältnisse 8 332 ff.
– Form 2 29; 8 428 ff.
  – notarielle Beurkundung 8 428
– Formulierungsvorschläge 8 431 ff.
– Gesamtschuldnerausgleich 8 362 f.
  – Formulierungsvorschlag 8 369, 437
  – Konkurrenzen 8 364
  – während intakter Ehe 8 365
– Güterrecht 8 353 ff.
– Güterstandsänderung 8 354 f.
  – Formulierungsvorschlag 8 357
– Haushaltsgegenstände s.a. Haushaltsgegenstände; 8 351 ff.
  – Anspruchsgrundlagensystem 8 272
  – Ausgleichszahlungen 8 344 ff.
  – Formulierungsvorschlag 8 352
  – gesetzliche Regelung 8 267 ff., 335 ff.
  – Grundsätze richterlicher Entscheidung 8 270 ff.
  – Hausratsverordnung 8 268
  – Kriterien der Übereignung 8 340 ff.
  – Kriterien der Überlassung 8 340 ff.

– Miteigentum 8 337 ff.
– Vermutung 8 337 ff.
– Zuweisung bei Scheidung 8 336 ff.
– Inhaltskontrolle 2 235 ff., 461 ff.; 8 428 ff.
  – Kernbereichslehre 8 430
– Kindesunterhalt 8 130 ff., 382 ff.
  – Formulierungsvorschlag 8 384
– Kompensationsabreden 2 465
– mit Grundstücküberttragung, Formulierungsvorschlag 8 435
– Miteigentum 8 372
– nachehelicher Unterhalt 8 381
– Räumungsverpflichtung, Formulierungsvorschlag 8 330
– Rechtswahl, Formulierungsvorschlag 10 199 f.
– Rückabwicklung ehebezogener Zuwendung 8 377
– Trennungsunterhalt 8 380
– umfassende notarielle, Formulierungsvorschlag 8 435
– Umgangsrecht 8 389 ff., 416 ff.
  – Formulierungsvorschlag 8 421
  – Kosten 8 419
– Umgangsregelung, Formulierungsvorschlag 8 413, 421
– Umgestaltung Mietverhältnis, Formulierungsvorschlag 8 302
– unterhaltsverstärkende Vereinbarung 6 969 f.
– Vermögensrecht 8 353 ff.
– Versorgungsausgleich 8 386
– Zugewinnausgleich 8 358 ff.
  – Formulierungsvorschlag 8 360 f.
– Zuwendung von Schwiegereltern 4 37
Schenkung
– Familienheim, unter Lebenden 3 54 ff.
– Formulierungsvorschlag 3 240
– privilegierter Erwerb 1 94 ff.
– Widerruf 3 242
Schenkungsteuer 1 573 ff.
– Ansprüche aus Ehegattenzuwendung, Scheidungsvereinbarung 8 376
– bei Aufnahme des Ehegatten in Einzelunternehmen 5 407
– bei Zuwendung von Schwiegereltern 4 64 ff.
– Darlehensvertrag 5 430
– Ehegatteninnengesellschaft 5 102
– Ehegattenzuwendung 3 135 ff.
– Ehescheidung 8 604 ff.
  – eigengenutzte Immobilie 8 609 ff.
  – Schenkungsteuerprivileg 8 609 ff.
  – Steuerfreiheit des Zugewinnausgleichs 8 610 ff.
  – vorsorgende Vereinbarung 8 613 ff.
– Folgen der Ehe 1 573 ff.
– Gesamtschuldnerausgleich, Einkommensteuerveranlagung 5 190
– unbenannte Zuwendung 3 135 ff.
– unentgeltliche Zuwendung 3 115 ff.

Stichwortverzeichnis

- unterhaltsverstärkende Vereinbarung 6 1029
- vorsorgende Vereinbarung, bei Ehescheidung 8 613 ff.

Schiedsgutachterklausel 2 56

Schiedsklausel
- Formulierungsvorschlag 2 57
- Grundlagenurkunde 2 52
- Inhaltskontrolle 2 55
- Mitbeurkundung im Ehevertrag 2 52
- nachehelicher Unterhalt 2 51
- Schiedsgutachterklausel 2 56
- Verfahrens- und Vergütungsvereinbarung 2 52
- Zugewinn 2 51

Schlüsselgewalt
- Beauftragung eines Rechtsanwalts 1 14

Selbstbehalt
- nachehelicher Unterhalt 6 502
- notwendiger, im Mangelfall 6 509, 527

Selbstnutzung
- Familienheim 3 75 ff.
- zwingende Hinderungsgründe 3 77

Sittenwidrigkeit
- Altverträge 2 455 ff.
- Pflichtteilsverzicht 2 449
- Unternehmereheventrag 2 140 ff., 160 f.

Sonderausgaben 1 561

Sondergut 1 464 f.
- Ehegatten als Mitunternehmer 1 685
- Ehevertrag 1 467
- Gesellschaft bürgerlichen Rechts 1 465

Sozialhilfe
- nachehelicher Unterhalt 6 395, 401

Spitzenausgleich
- Versorgungsausgleich bei Landesbeamten 7 513 f.

Splittingtarif
- Zusammenveranlagung 8 440

Staatsangehörigkeit
- Ehe mit Auslandsberührung 10 14 f.
- Eigenrechtsvorrang 10 15
- Grundsatz der effektiven 10 15
- mehrfache 10 15

Standard
- IDW S 13 1 181 ff.

Statischer Unterhalt
- Kindesunterhalt, Formulierungsvorschlag 8 204
- Trennungsvereinbarung 8 202 f.

Steuerberaterkanzlei
- Bewertung 1 263

Steuerliche Auswirkungen
- des Versorgungsausgleichs *s.a. Versorgungsausgleich*; 7 539 ff.

Steuerliche Probleme
- bei Vermögensauseinandersetzung in der Ehescheidung, Veranlagungswahlrecht *s.a. Veranlagungswahlrecht*; 7 422 ff.
  - Berücksichtigung von Aufwendungen 8 618 ff.
  - entgeltliche Veräußerung *s.a. entgeltliche Veräußerung*; 8 464 ff.

- gewerblicher Grundstückshandel 8 578 ff.
- Gewinnerzielungsabsicht 8 585 ff.
- Grunderwerbsteuer 8 594 ff.
- Realsplitting 8 462 f.
- Schenkungsteuer 8 604 ff.
- Vermeidungsstrategien 8 565 ff.

Steuern
- Auswirkungen der Güterstände *s.a. Güterstände*; 1 545 ff.
- bei Vermögensauseinandersetzung in der Ehescheidung 8 436 ff.
- unbenannte Zuwendung 3 5, 9 f.

Steuerrecht
- Trennungsvereinbarung 8 114

Stichtage
- Veränderung, bei modifizierte Zugewinngemeinschaft 2 638 ff.

Stichtagsprinzip 1 69

Störung der Geschäftsgrundlage 5 1 ff.
- Anspruchsinhalt 5 45 ff.
  - Anspruch auf Rückabwicklung 5 52
  - Darlegungs- und Beweislast 5 50
  - Ehedauer 5 47
  - Höhe des Ausgleichsbetrags 5 47
- Anwendungsfälle
  - bei Gütertrennung 5 39 ff.
  - bei Modifikation des gesetzlichen Güterstands 5 39 ff.
  - gesetzlicher Güterstand 5 29 ff.
  - noch nicht vollzogene Zuwendungen 5 35
- Ausschluss von Ansprüchen bei Gütertrennung 5 41
- besonderer Zweck der Zuwendung 5 25
- Darlehen 5 11
- Ehegatteninnengesellschaft 5 12
- mehrere Zuwendungen 5 26
- Mitarbeit 5 1 ff.
- Schenkung 5 10
- Treuhandverhältnis 5 12
- unbenannte Zuwendung 3 11; 5 5 ff.
- Verzicht auf Zugewinn 5 7
- Vorrang des Güterrechts 5 16 ff.
  - Gütertrennung 5 19
  - Zugewinngemeinschaft 5 20
- Zuwendung 5 1 ff.
- Zuwendung von Schwiegereltern 4 35

Stufenklage
- Auskunftsanspruch 1 410

Stundung
- Antrag 1 346
- Interessenabwägung 1 344
- Zahlung zur Unzeit 1 342
- Zugewinnausgleich 1 342 ff.
- Zugewinnausgleichsforderung 1 669

Stuttgarter Verfahren 1 224

Substanzwert
- Praxisbewertung 1 119, 249
- Unternehmensbewertung 1 119

Substanzwertmethode
- Goodwill 1 219
- Reproduktions- oder Wiederbeschaffungswert 1 218

Supersplitting
- Verbot, bei Vereinbarung zum Versorgungsausgleich 7 366
- Versorgungsausgleich, Vereinbarung 7 338 f.

Surrogatsgleichstellungsvereinbarung
- nachehelicher Unterhalt 6 919 f.

T

Taschengeldanspruch
- Ehegattenzuwendung, zur Haftungsvermeidung 3 232
- unbenannte Zuwendung zur Haftungsvermeidung 3 232

Tax amortisation benefit 1 181, 242

Teilnichtigkeit
- Ehevertrag 2 90, 95, 163 ff.

Teilungsversteigerung
- bei Bruchteilsgemeinschaft, anwaltliche Strategie s.a. *Bruchteilsgemeinschaft*; 5 337 f.
  - Berufung auf § 1353 Abs. 2 Satz 2 BGB 5 309 f.
  - Drittwiderspruchsklage 5 334 ff.
  - einstweilige Einstellung 5 280 ff.
  - Geltendmachung der Hinderungsgründe 5 334 ff.
  - Gesamtvermögensgeschäft 5 323 ff.
  - Rechtsmissbrauch 5 317 ff.
  - vertragliche Vereinbarung 5 273 ff.
  - Vollstreckungsschutz 5 303 ff.
- Ehewohnung 5 314
- Familienheim, Bruchteilsgemeinschaft 5 271 ff.
- Formulierungsvorschlag 5 276

Tilgungsbedingte Unterhaltsreduzierung
- Formulierungsvorschlag 5 156

Totalrevision, Abänderung
- Versorgungsausgleich 7 241, 246

Totalverzicht
- Unterhalt, Ehevertrag 2 210 ff.

Trennung, langjährige
- Anwendung des § 1381 1 338

Trennungstheorie
- § 23 EStG 8 508

Trennungstheorie, modifizierte 8 560 ff.

Trennungsunterhalt
- als nachehelicher Unterhalt
  - Formulierungsvorschlag 6 89
- Beschränkung 6 672 ff.
- Scheidungsvereinbarung 8 380
- Trennungsvereinbarung 8 115 ff.

Trennungsvereinbarung 8 1 ff.
- anwaltliche Regelung, Formulierungsvorschläge 8 260 ff.
- Aufhebung Erbvertrag, Formulierungsvorschlag 8 254

- bei Bruchteilsgemeinschaft 5 215
- Ehewohnung s.a. *Ehewohnung*; 8 3 ff.
  - § 2 Gewaltschutzgesetz 8 6
  - Alleineigentümer 8 37
  - Auszugsvereinbarung 8 65 f.
  - Begriff 8 8 ff.
  - bei mehreren Wohnungen 8 9
  - dingliche Berechtigung 8 21 ff.
  - endgültiges Verlassen 8 10
  - Familienwohnheim s.a. *Familienwohnheim*; 8 47 ff.
  - Folgen der richterlichen Zuweisung 8 28 ff.
  - Formulierungsvorschlag 8 51, 54, 63 ff.
  - gesetzliche Regelung 8 3 ff.
  - Gewaltanwendung 8 24 ff.
  - Kindeswohl 8 27
  - Mietvertrag 8 58 f.
  - Miteigentum 8 41 ff.
  - Nutzungsentschädigung 8 32 ff.
  - regelmäßige alleinige Überlassung 8 28 f.
  - richterliche Zuweisung 8 3
  - Überlassung 8 11 f.
  - Übernahme des Eigentums mit Lastentragung 8 52 f.
  - unbillige Härte 8 17 ff.
  - Verfahrensvorschriften 8 6
  - Verkauf- und Erlösverteilung 8 55 ff.
  - vertragliche Vereinbarung bei Mietwohnung 8 60 ff.
  - Voraussetzung des Getrenntlebens 8 15 f.
  - vorläufige Nutzung zu eigenen Wohnzwecken 8 30
  - vorläufige Nutzungsregel 8 30
- Erbverzicht 8 219 ff.
  - Aufhebung letztwilliger Verfügung 8 240 ff.
  - Erbvertrag 8 249
  - Form 8 252 ff.
  - Formulierungsvorschlag 8 254
  - Fortgeltungswille 8 240 ff., 249
  - gemeinschaftliches Testament 8 244
  - materielle Beurkundung 8 252 f.
  - Pflichtteilsverzicht 8 237
  - Verfügung zugunsten Dritter 8 237
  - wechselbezügliche Verfügung 8 245
- Familienwohnheim s.a. *Familienwohnheim*; 8 47 ff.
  - Abschluss eines Mietvertrags 8 47
  - Auszugsvereinbarung 8 65 f.
  - Eigentumsübertragung 8 47
  - Formulierungsvorschlag 8 63 ff., 265
  - Mietvertrag 8 58
  - Miteigentum 8 49 f.
  - Nutzungsregelung 8 49 f.
  - Teilungsausschluss 8 49 f.
  - Übernahme des Eigentums mit Lastentragung 8 52 f.
  - Übernahme des Mietvertrags 8 61 f.
  - Verkauf- und Erlösverteilung 8 55 ff.

Stichwortverzeichnis

- Verkaufsabrede 8 47
- vertragliche Vereinbarung bei Mietwohnung 8 60 ff.
- vorläufige Regelung 8 47
- Formulierungsvorschläge 8 260 ff.
- Geltungsbereich 8 255 ff.
  - endgültige Trennung 8 256 ff.
  - Versöhnung 8 259
  - vorläufige Trennung 8 255
- Gesamtvereinbarung, Formulierungsvorschlag 8 260 ff.
- Grundstücksübertragung, Formulierungsvorschlag 8 265
- güterrechtliche Regelung 8 96 ff.
  - Formulierungsvorschlag 8 106, 108, 111, 113
  - Güterstandswechsel 8 109 ff.
  - Stichtag der Endvermögensberechnung 8 107 f.
  - Vermögensversicherung 8 112 f.
- güterrechtliche Vereinbarung 8 103 ff.
  - Verfügungsbeschränkung 8 104 ff.
- Güterstandswechsel 8 109 ff.
  - Formulierungsvorschlag 8 111, 263 f.
- Haushaltsgegenstände *s.a. Haushaltsgegenstände*; 8 67 ff., 91 ff.
  - Abgrenzung 8 67 ff.
  - Begriff 8 67 ff.
  - Formulierungsvorschlag 8 93 f.
  - Gebrauchsüberlassung bei Alleineigentum 8 88
  - Gegenstände im Alleineigentum 8 69
  - Haustiere 8 77
  - Herausgabe von eigenem Alleineigentum 8 87
  - Kfz 8 76
  - Motorjacht 8 76
  - Nutzungsvergütung 8 90
  - Verbindlichkeiten 8 82
  - Verteilung 8 69
  - Verteilung außerhalb notarieller Urkunde 8 72
  - Verteilung bei Miteigentum 8 89
  - Zuweisung bei Trennung 8 85 ff.
- Kindergeld 8 176 ff.
- Kindesunterhalt 8 130 ff.
  - Alttitel 8 199 ff.
  - ausnahmsweise Leistung von Barunterhalt 8 141
  - Bedürftigkeit 8 146
  - Düsseldorfer Tabelle *s.a. Düsseldorfer Tabelle*; 8 154 ff., 160 ff.
  - dynamischer Unterhalt nach altem Recht 8 199
  - dynamisierter Unterhalt 8 205 ff.
  - Formulierungsvorschlag 8 204 ff.
  - Freistellungsvereinbarung 8 131, 212 ff.
  - Herabsetzung 8 150

- Kindergeld 8 176 ff.
- Lebensstandardgarantie 8 148
- Leistungsfähigkeit 8 146
- Mangelfall 8 179 ff.
- Mangelfallberechnung 8 180, 184
- Mindestunterhalt *s.a. Mindestunterhalt*; 8 154 ff.
- nach der Reform 8 199 ff.
- Rang 8 179 ff.
- statischer Unterhalt 8 202 f.
- statischer Unterhalt nach altem Recht 8 200
- Unterhaltsbestimmung 8 136 ff.
- Unterhaltspflicht, gesteigerte 8 133
- Unterhaltsverzicht 8 150
- Versterben eines Elternteils 8 145
- Vertrag zugunsten der Kinder 8 201
- Verwandtenunterhalt 8 146 ff.
- Verzicht 8 130
- volljährige Kinder 8 185 ff., 216 ff.
- Vorausleistung 8 152
- Wechselmodell 8 139
- Zahlbetrag 8 182
- zusätzliche Kosten der Betreuung 8 211
- zusätzliche Krankenversicherung 8 209
- länger dauerndes Getrenntleben, Formulierungsvorschlag 8 265
- Mietwohnung, Formulierungsvorschlag 8 63 f.
  - vertragliche Vereinbarung 8 60 ff.
- Regelung von Schuldverhältnissen 8 97 ff.
- statischer Kindesunterhalt, Formulierungsvorschlag 8 204
- steuerrechtliche Fragen 8 114
- Trennung als Endvermögensstichtag 8 108
- Trennungsunterhalt 8 115 ff.
  - Erwerbsobliegenheit 8 120
  - Formulierungsvorschlag 8 125
  - Grundsatz der Nichtidentität 8 116
  - Verpflichtung zur Zahlung 8 125
  - Versorgung für Alter und Erwerbsunfähigkeit 8 118
  - Verwertung des Vermögensstamms 8 120
  - Verzicht für die Zukunft 8 122
- Übertragung Familienwohnheim 8 265
- Umgangsrecht für Haustiere 8 78
- Veräußerungsabrede bei Ehewohnung 8 57
- Verfügungsbeschränkung 8 104 f.
  - Formulierungsvorschlag 8 106
- Vermögensaufteilung 8 97 ff.
  - Formulierungsvorschlag 8 102
- vermögensrechtliche Regelung 8 96 ff.
  - Formulierungsvorschlag 8 102
- Vermögensversicherung 8 112 f.
  - Formulierungsvorschlag 8 113
- Verpflichtung zur Zahlung von Trennungsunterhalt 8 125
- Versorgungsausgleich 8 126 ff.
  - Stichtag des Ehezeitendes 8 127
- Verwandtenunterhalt, Kindesunterhalt 8 146 ff.

Stichwortverzeichnis

- Volljährigenunterhalt, Formulierungsvorschlag 8 217
- Vollstreckungsunterwerfung, Formulierungsvorschlag 8 263 f.
- vorläufige Trennung, Formulierungsvorschlag 8 260 ff.
- Wohnungsüberlassung
  - Nutzungsvergütung 8 36
  - Schutz- und Unterlassungsanordnungen 8 31
- Wohnungszuweisung nach Kündigung 8 12

Trennungszeitpunkt
- Zwischenfeststellungsklage 1 397

Treuhandabrede 5 365 ff.
- ausdrückliche 5 366
- treuhänderische Übertragung, Formulierungsvorschlag 5 367

Treuhandverhältnis 5 344 ff.
- Auftragsrecht bei treuhänderischer Übertragung 5 346 ff.
- Herausgabeanspruch 5 347
- Innenverhältnis 5 347
- Rechtsgrundlage 5 344
- Rückübertragungsrecht 5 349
- Treuhandabrede 5 365 ff.
- Treuhandabrede, ausdrückliche 5 366
- treuhänderische Haftungsübertragung 5 360 ff.
- treuhänderische Übertragung, Formulierungsvorschlag 5 367
- Zwischenmietverhältnis 5 346

U

Überhöhte Vorwegleistung 1 632
Überlassung der Vermögensverwaltung 5 364
- bei Vollmacht unter Ehegatten 5 584 ff.
  - familienfremder Bevollmächtigter 5 587
  - Haftung auf Vorsatz 5 587
  - Kontrolle des Bevollmächtigten 5 586
  - Vollmachtsurkunde 5 584

Umgangsrecht
- Scheidungsvereinbarung 8 389 ff., 416 ff.
  - Formulierungsvorschlag 8 421
  - Kosten 8 419
- Umgangsregelung, Formulierungsvorschlag 8 413

Umgangsregelung
- Formulierungsvorschlag 8 413
- Scheidungsvereinbarung, Formulierungsvorschlag 8 421

Unbenannte Zuwendung 1 92 ff.; 3 1 ff.
- Abgrenzung zum Darlehen 5 11
- Abgrenzung zum Gesamtschuldnerausgleich 5 134
- Abgrenzung zur Ehegatteninnengesellschaft 5 74 ff.
- Abgrenzung zur Schenkung 3 8; 5 10
- Alterssicherung 3 5
- Anfechtung

- Lebensversicherung 3 168
- Anfechtungsrecht 3 132 ff.
- Angebot auf Rückübertragung 3 229
- Anordnung der Nichtanrechenbarkeit 3 106 ff.
  - Formulierungsvorschlag 3 112
- Anrechnung nach § 1380 BGB 3 82 ff.
  - notarielle Beurkundung 3 86
  - überhöhte Vorwegleistung 3 84
  - zweistufige Prüfung 3 88 f.
- Anrechnungsklausel 3 96
- Ausgleichsanspruch 3 6
- Ausschließlichkeitsprinzip 5 5
- Drittwirkung 3 126 ff.
  - Erbrecht 3 127 ff.
  - Missbrauchsfälle 3 139
  - Schenkungsanfechtung 3 139
  - Schenkungsteuer 3 135 ff.
  - Vermögensübertragung als Zugewinnausgleich 3 138 ff.
  - Vorsatzanfechtung 3 140
- Ehegatteninnengesellschaft 3 11; 5 12
- Ehevertrag 3 20 ff.
- Erbrecht 3 127 ff.
  - Anfechtungsrecht 3 132 ff.
- ergänzende Ausführung zu § 1374 Abs. 2 BGB 3 104
- Erwerb durch nichthaftenden Ehegatten 3 236 ff.
  - Formulierungsvorschlag 3 237
- Fallgruppen 3 1 ff.
- Familienheim s.a. Familienheim; 3 5, 24 ff.
  - aufgeschobene Miteigentumslösung 3 48 ff.
  - Darlehenslösung 3 30 ff.
  - Gesellschaftsvertragslösung 3 40
  - konkrete Lösung 3 52
  - Zugewinnlösung 3 41 ff.
- familienrechtlicher Vertrag eigener Art 3 3 f.
- Güterstandswechsel 3 23
- haftungsmäßig günstige Organisation 3 5
- keine Anwendung des § 1374 Abs. 2 BGB 3 80 f.
- keine Rückforderung, Formulierungsvorschlag 3 152
- mit Erwerbsrecht der Kinder im Scheidungsfall 3 157 f.
  - Formulierungsvorschlag 3 158
- Nichtanrechnungsmodus 3 106 ff.
- reale Zugewinnausgleichsforderung 1 628 ff.
- Rechtsbeziehung der Ehegatten 3 15 ff.
- Rückerwerb, Formulierungsvorschlag 3 231
- Rückforderungsklausel, Formulierungsvorschlag 3 230
- Rückforderungsrecht 3 145 ff.
  - Formulierungsvorschlag 3 150
- Scheidungsklausel 3 145
- Schenkungsteuer 3 135 ff.
- steuerliche Gründe 3 5, 9
- Störung der Geschäftsgrundlage 3 11; 5 5

1333

Stichwortverzeichnis

- übergeleitetes Recht 3 2
- Verlöbnis 3 28
- Vermögensbildung 3 5
- vertragliche Regelung 3 144 ff.
  - Formulierungsvorschlag 3 150 ff.
  - Rückforderungsrecht 3 145 ff.
  - Scheidungsklausel 3 145
  - Zugewinnregelung 3 145 ff.
  - Zuwendung zur Haftungsvermeidung 3 159 ff.
- Verzicht auf Rückforderungsklausel 3 96
  - Formulierungsvorschlag 3 103
- vorsorgende Regelung 3 20 ff.
- Wandel der Rechtsprechung 3 11 ff.
- Wertung im Rahmen der § 1374 Abs. 2, 1380 BGB 3 96 ff.
- Zugewinnregelung 3 145 ff.
- zur Haftungsvermeidung 3 159 ff., 161 ff., 164
  - Anfechtbarkeit 3 163 ff., 223 ff.
  - auflösende Bedingung 3 211
  - Ausweichgestaltung 3 208 ff.
  - Belehrung 3 208 ff.
  - Beschlagnahmewirkung 3 203
  - beschränkte Pfändbarkeit 3 199 ff.
  - erweiterte Anfechtungsmöglichkeit 3 165
  - Folgen für Scheidungsklausel 3 181 ff.
  - gefahrgeneigte Tätigkeit 3 159
  - Heirat eines verschuldeten Ehegatten 3 160
  - Insolvenzverfahren 3 211
  - Pfändbarkeit 3 163 ff., 222
  - Rückforderungsrecht 3 161 ff., 179 f.
  - Rückübertragungspflicht 3 172
  - Scheidungsklausel 3 161
  - Taschengeldanspruch 3 232
  - Vermögensverlagerung auf nichthaftenden Ehegatten 3 232 ff.
  - Verschweigenslösung 3 218
  - Vormerkung 3 204 f.
- Zuwendungsvertrag 3 21 f.

Unentgeltliche Zuwendung
- Endvermögen 1 153
- Schenkungsteuer 3 115 ff.

Unmittelbarkeitstheorie
- Gesamtgut 1 444 ff.

Unterhalt
- Abgrenzung zum güterrechtlichen Zugewinnausgleich 1 51 ff.
- Diskrepanzehe 9 61
- Doppelverwertungsverbot 1 51 ff.
  - Abfindung 1 52 ff.
  - Berücksichtigung von Schulden 1 55 ff.
  - Mitarbeiterbeteiligung 1 52 ff.
- Ehe mit Dynastie 9 50
- Modifikation im Ehevertrag, Formulierungsvorschlag 9 58, 65
- Patchworkfamilie 9 72 ff.
- Regelung im Ehevertrag *s.a. Ehevertrag*; 2 366 ff.
- unterhaltsverstärkende Vereinbarung 9 66 ff.
  - Ehevertrag 9 66 ff.
- Unterhaltsverstärkung, Ehevertrag 9 66 ff.
- Verhältnis zum Gesamtschuldnerausgleich 5 135 ff.

Unterhaltsbegrenzung
- durch Ehevertrag 2 210 ff.

Unterhaltsberechnung
- IDW S 13 1 245

Unterhaltsformen
- Trennungsunterhalt
  - Pactum de non petendo 6 79
  - Zusammenleben, ein erneutes nicht vorübergehendes 6 60

Unterhaltshöchstquote
- Nachehelicher Unterhalt, Formulierungsvorschlag 6 890

Unterhaltsrecht
- Verhältnis zum Versorgungsausgleich 7 70 ff.

Unterhaltsreduzierung
- tilgungsbedingte, Formulierungsvorschlag 5 156

Unterhaltsreform
- Gesetzesänderungen 6 11 ff.
- Initiativstellungnahme des DAV 6 52 f.
- Ziele 6 3 ff.

Unterhaltsregelung
- Ehevertrag, Formulierungsvorschlag 2 401
  - Vorverlegung der Erwerbsobliegenheit 2 400
  - zeitliche Modifikation 2 397 ff.
- Pflichtteilsverzicht
  - des behinderten Sozialleistungsbeziehers 2 441
- Totalverzichtvereinbarung
  - Wirksamkeit 2 368 f.
- Unterhaltsverzichte
  - zu Lasten des Sozialhilfeträgers oder ALG-Leistenden 2 425 ff.

Unterhaltsrente
- in unterhaltsverstärkender Vereinbarung 6 1015 ff.

Unterhaltstitel
- Abänderbarkeit, Vereinbarung 6 891 ff.
- nachehelicher Unterhalt, Abänderung 6 743 ff.

Unterhaltsvereinbarung
- bei Bruchteilsgemeinschaft 5 222
- Gestaltung 6 791 ff.
  - Aufnahme der grundlegenden Annahme 6 797 f.
  - Aufnahmen der Bemessungsgrundlagen 6 799
  - Präambel 6 796
- Inhaltskontrolle 6 782
- nachehelicher Unterhalt *s.a. nachehelicher Unterhalt*; 6 782 ff.
- Sachverhaltsaufklärung 6 791 ff.
  - Checkliste 6 792 f.

- Zahlungsvereinbarung *s.a. Zahlungsvereinbarung*; 6 800 ff.
  - Formulierungsvorschlag 6 805 ff.
- **Unterhaltsvergleich**
- Gesamtschuldnerausgleich 5 153
- **Unterhaltsverstärkende Vereinbarung**
- abschmelzende Zahlungspflicht 6 1024
- Altersphasenmodell 9 66 ff.
- Anerkennung des Unterhalts in der Zweitehe 6 980 ff.
- Ausgangssituation 6 962 ff.
- Ausweichgestaltung 6 1028 ff.
- Benachteiligung des Sozialhilfeträgers 6 978
- Benachteiligung Dritter 6 977 ff.
- Diskrepanzehe 6 973; 9 67
- Ehemodell der Eigenbetreuung 6 1027
- Ehevertrag 9 66 ff.
  - Formulierungsvorschlag 9 70
- Fälle 6 971
- feste Unterhaltsrente 6 1015 ff.
- Formulierungsvorschlag 6 1024
- Gefährdung der eigenen Existenz als Grenze 6 977 ff.
- Gestaltungsempfehlung 6 1019 ff.
- Hinzutreten neuer Unterhaltberechtigter 9 67
- indexierte Unterhaltsrente 6 1025
- individuelles Altersphasenmodell 6 1023 f.
- Lebensstandardgarantie 9 66 ff.
- Mangelfall 6 974
- Scheidungsvereinbarung 6 969 f.
- Schenkungsteuer 6 1029
- Sittenwidrigkeit nach § 138 BGB 6 983 ff.
- Sittenwidrigkeit, Ausübungskontrolle 6 989
  - Notklausel 6 990 f.
  - Verhältnis zum Sozialleistungsträger 6 986
- Übertragung einer sicheren Einkommensquelle 6 1029
- Unterhaltsabfindung 6 1030
- Unterhaltsmodifikation 6 999 ff.
- Unterhaltsrente, Novation 6 1017
  - Wiederheirat 6 1016
- Vereinbarung bestimmtes Ehemodell 6 1026 f.
- Vereinbarung des alten Unterhaltsrechts 6 1012 ff.
- Vereinbarung eines individuellen Altersphasenmodells 6 1010 f.
- Vereinbarung Rang 6 978 ff.
- verlängerter Basisunterhalt 6 1020 ff.
  - Formulierungsvorschlag 6 1022
- Verlängerung des Zahlungszeitraums 6 999 ff.
  - Bedarf 6 999 ff.
  - Leistungsfähigkeit 6 1002 f.
  - Rang 6 1002 ff.
  - Wertung 6 1006 ff.
- Vertrag zulasten Dritter 6 981 f.
- **Unterhaltsverstärkung**
- abhängig vom Scheidungsverschulden 6 837 f.
- abhängig von Ehedauer 6 835 ff.
  - Formulierungsvorschlag 6 836
- auflösend bedingter 6 830 f.
  - Formulierungsvorschlag 6 832
- Ehevertrag, Formulierungsvorschlag 9 14, 20, 25, 30
- gegen Abfindung 6 928 ff.
- gegen Zahlung einer Abfindung 6 935
- Krankenunterhalt 6 910
- mit auflösender Bedingung 6 832
- mit Ausnahme der Not 6 819
- mit Einschränkung § 33 VersAusglG 6 859
- mit Rücktrittsrecht 6 834
- nachehelicher Unterhalt 6 562 ff., 810 ff.
  - Ausübungskontrolle 6 577
  - Beurkundungspflicht 6 563 ff.
  - Grenzen 6 570 ff.
  - Inhaltskontrolle 6 575 ff.
  - Kernbereichslehre 6 576
  - schutzwürdige Interessen gemeinsamer Kinder 6 574
  - Sittenwidrigkeit 6 571 ff.
  - ungleiche Verhandlungsposition 6 575
  - Verstoß gegen Treu und Glauben 6 574
  - Verzicht auf einzelne Unterhaltstatbestände 6 828 f.
  - Verzicht mit Ausnahme der Not 6 818 f.
  - Verzicht mit Ausnahme Kindesbetreuung 6 820 ff.
  - vollständiger 6 810 ff.
  - Wirksamkeitskontrolle 6 577
  - zulasten der Verwandtschaft 6 573
- unter Bedingung/Befristung 6 830 ff.
- Unterhaltsverzicht *s.a. unterhaltsverstärkende Vereinbarung*
- Verzicht auf Aufstockungsunterhalt 6 829
- Verzicht auf einzelne Unterhaltstatbestände 6 829
- Verzicht mit Ausnahme Kindesbetreuung 6 823
  - Inhaltskontrolle 6 822
  - Kernbereichslehre 6 823
- vollständiger 6 810 ff.
  - Formulierungsvorschlag 6 816
- Vorsorgeunterhalt, Formulierungsvorschlag 6 910
- **Unternehmensbeteiligung**
- Abschreibungsgesellschaften 1 291
- direkte Bewertung 1 275
- einheitlicher Unternehmensbegriff 1 292
- gesellschaftsvertragliche Abfindungsklauseln 1 279 ff.
- GmbH-Anteil 1 292
- indirekte Bewertung 1 276
- objektivierter Wert 1 277
- Personengesellschaft 1 279
- subjektiver Wert 1 278
- **Unternehmensbewertung** 1 53 f., 185 ff.
- Anfangsvermögen 1 119 f.
- Auskunftsanspruch 1 405

Stichwortverzeichnis

- Berücksichtigung von Steuern 1 197
- Bewertungsmethode 1 185 ff.
  - Ertragswertverfahren 1 188 ff.
  - Geschäftswert 1 221
  - Goodwill 1 221
  - IDW-Standard *s.a. IDW-Standard*; 1 207 ff.
  - Liquidationswert 1 220
  - Mittelwert 1 223
  - Stuttgarter Verfahren 1 224
  - Substanzwertmethode 1 217 ff.
  - Verkaufswert 1 222
- Ertragswertverfahren *s.a. Ertragswertverfahren*; 1 188 ff.
  - latente Ertragssteuer 1 199
  - nicht betriebsnotwendiges Vermögen 1 198 ff.
  - Prognose aus vergangenen Erträgen 1 194 ff.
  - Unternehmerlohn 1 203
  - Veräußerungskosten 1 199
  - Verlustvortrag 1 200
  - Zukunftserfolgswert 1 189 ff.
- Geschäftswert 1 119, 221
- Goodwill 1 119, 221
- IDW-Standard S 1 *s.a. IDW-Standard*; 1 *207 ff.*
  - Discount-Cash-Flow-Verfahren 1 213 ff.
  - Ertragswertverfahren 1 212
  - Zukunftserfolgswert 1 209
- IDW-Standard S 13 1 241
- im Zugewinnausgleich 1 226 ff.
  - Besonderheiten 1 227 ff.
  - Doppelverwertung 1 229
  - Doppelverwertungsverbot *s.a. Doppelverwertungsverbot*; 1 232 ff.
  - fairer Einigungswert 1 239
  - Liquidation 1 236 ff.
  - Liquidationswert 1 238
  - Mindestwert 1 236
  - nachwirkende eheliche Solidarität 1 236 ff.
  - Realisierungsprinzip 1 231
- latente Ertragssteuer 1 199
- Liquidationswert 1 119, 220
- Mittelwert 1 223
- Stuttgarter Verfahren 1 224
- Substanzwert 1 119
- Substanzwertmethode 1 217 ff.
- Unternehmensbeteiligung *s.a. Unternehmensbeteiligung*; 1 274 ff.
- Unternehmerlohn 1 203
- Veräußerungskosten 1 199
- Vereinbarung über Versorgungsausgleich 7 374
- Verkaufswert 1 222
- Verlustvortrag 1 200
- Wurzeltheorie 1 186

Unternehmerehe
- Vereinbarung zum Versorgungsausgleich 7 297

Unternehmerehevertrag
- Gesamtnichtigkeit 2 140 ff.

Unternehmerisches Vermögen
- Begriff 2 577 ff.

- Erträge 2 595
- Gewinneinkunftsarten 2 583
- Herausnahme aus dem Zugewinn 2 574 ff.
- Manipulationsgefahren 2 588 ff.
- notwendige Regelungsbereiche 2 593 ff.
- Steuerrecht 2 582 f.
- Surrogate 2 596
- Verbindlichkeiten 2 594
- Verwendungen 2 597
- Wert im Zugewinn 2 571 ff.

V

Veranlagungsformen
- Einzelveranlagung, abredewidrige 1 554

Veranlagungswahlrecht 8 436 ff.
- dauerndes Getrenntleben 8 438 f.
  - Versöhnungsversuch 8 439
- gemeinsame Veranlagung, Zustimmungspflicht 8 451 ff.
- getrennte Veranlagung 8 447 ff.
  - außerordentliche Einkünfte 8 448
  - Verlustrücktrag 8 448
- Steuererklärung 1 555
- Veranlagungsarten 8 436 ff.
  - getrennte Veranlagung 8 447 ff.
  - Zusammenveranlagung 8 440 ff.
- Zusammenveranlagung 8 440 ff.
  - Aufteilung rückständiger Steuern 8 445
  - Progressionsvorteil 8 440
  - Splittingtarif 8 440
  - Steuerrückerstattung 8 441
- Zustimmungspflicht zu gemeinsamer Veranlagung 8 451 ff.

Veräußerungsabrede
- Ehewohnung, Formulierungsvorschlag 8 57

Verbraucherinsolvenzverfahren
- Obliegenheit zur Einleitung, nachehelicher Unterhalt 6 489

Vereinbarung mit Billigkeitsausgleich
- Formulierungsvorschlag 7 449

Vereinbarung zum Ausgleichsanspruch nach Scheidung 7 480 ff.
- Formulierungsvorschlag 7 482, 484

Vereinbarungen
- Abschaffung Rentner- oder Pensionärsprivileg 7 340 ff.
- Anforderungen nach neuem Recht 7 352 ff.
- Anlassprüfung 7 303 ff.
- anwaltliche Vertretung 7 362
- Aufgaben 7 269 ff.
- Ausgleichsanspruch nach Scheidung, Formulierungsvorschlag 7 482, 484
- Ausschluss bei kurzer Ehe 7 528 f.
- Ausschluss für bestimmte Ehezeiten 7 405 ff.
- Ausschluss gegen Einzahlung in die gesetzliche Rentenversicherung 7 473 ff.
- Ausschluss gegen Lebensversicherung 7 461 ff.
- Ausschluss gegen Nutzungsrecht 7 457 ff.

Stichwortverzeichnis

- Ausschluss gegen Vermögensübertragung 7 451 ff.
- Ausschluss mit Bedingung 7 419 ff.
- Ausschluss mit Gegenleistung 7 450 ff.
- Ausschluss mit Rücktrittsrecht 7 419 ff.
- Ausschluss nur der Anrechte eines Ehegatten 7 400 ff.
- Ausschluss von Härtegründen 7 537 f.
- Begründung aus dem Ehezuschnitt 7 310
- Doppelverdienerehe 7 297, 373
- Ehe mit großem Altersunterschied 7 297
- Ehezeitende 7 370
- einseitiger Ausschluss 7 384 ff.
- einseitiger Verzicht 7 400 ff.
- erweiterte Auskunftsrechte der Ehegatten 7 360
  - erweiterte Zustimmungspflicht 7 367
- externer Ausgleich einer Betriebsrente, Formulierungsvorschlag 7 524
- Form 7 352 ff.
- Formulierung 7 500
- Formulierungsvorschläge zum Versorgungsausgleich 7 381, 396 ff., 518 ff.
- gerichtliches Protokoll 7 362
- Geringfügigkeit 7 525 ff.
  - Formulierungsvorschlag 7 527
- gleichzeitige Anwesenheit 7 357
- Grenzen 7 280 ff.
- Haftungsgefahren 7 274
- im Zusammenhang mit der Scheidung 7 487 ff.
  - barer Spitzenausgleich 7 487 ff.
  - bei Landesbeamten, Formulierungsvorschlag 7 518
  - Formulierungsvorschlag 7 491, 496, 500, 503, 520, 524
  - korrespondierender Kapitalwert 7 492 ff.
  - Verrechnung aufgrund von Rentenwerten 7 497 ff.
  - Verrechnung bei externer Teilung 7 501
- Inhaltskontrolle 7 280 ff., 285 ff.
- Jahresfrist nicht mehr gültig 7 334
- kein Verbot des Supersplittings nach § 1587o Abs. 1 Satz2 BGB a.F. 7 338 f.
- keine Genehmigungspflicht nach § 1587o BGB a.F. 7 336 f.
- keine Höchstgrenze mehr 7 351
- keine Unterscheidung § 1408 BGB und § 1587o BGB 7 333
- korrespondierender Kapitalwert 7 314 ff., 320 ff.
- Missbrauchsprüfung 7 304, 313
- Modifikationen 7 279
- Möglichkeiten 7 372 ff.
- neue Rolle 7 268 ff.
- Neuregelung 7 268 ff.
- notarielle Beurkundung 7 352
- partieller Ausschluss 7 383 ff.
- Rechtsfolge Gütertrennung aufgehoben 7 335
- Regelung der ehelichen Vermögensverhältnisse 7 278
- Regelung zulasten der Grundsicherung 7 299 ff.
- Regelungsbefugnisse 7 276 ff.
- Rücktrittsrechte 7 429 f.
- Schranken 7 280 ff.
- Supersplittingverbot 7 366
- Totalausschluss 7 372 ff.
- unter Einbeziehung der Versorgungsträger 7 521 ff.
  - Formulierungsvorschlag 7 524
- Unternehmerehe 7 298, 374
- Unternehmerfälle 7 385
- Veränderung außerhalb des VersAusglG 7 333 ff.
- verbleibende Verbote 7 365 ff.
- Vereinbarungsfreiheit 7 305
- Verrechnung aufgrund von Rentenwerten 7 497 ff.
- Verrechnung bei externer Teilung 7 501 ff.
- Verrechnung mit dem Zugewinn 7 519 f.
- Versorgungsausgleich s.a. *Versorgungsausgleich*; 7 372 ff.
- Versorgungsausgleich bei Landesbeamten 7 504 ff.
- Verzicht auf Abänderbarkeit 7 530 ff.
- Verzicht auf Versorgungsausgleich 7 170
- Vollmacht 7 358
- Wertberechnung nach dem VersAusglG 7 314 ff.
- Wiederverheiratung älterer Ehepartner 7 375
- Zweitehe 7 297

Verfügung
- für Krankheitsfälle 5 501 ff.
- für Krankheitsfälle, Betreuungsverfügung 5 597
- Patientenverfügung 5 598 ff.
- Subsidiarität des Betreuungsrechts 5 502

Verfügungsbeschränkung
- Ausschluss 1 367 ff.
- Gegenstände des ehelichen Haushalts 1 375
- Gesamtvermögensgeschäfte 1 354 ff.
  - absolutes Veräußerungsverbot 1 355
  - Anwendungsbereich 1 360
  - Bürgschaften 1 363
  - Ehevertrag 1 367
  - Einzelgegenstand 1 358
  - fehlende Zustimmung 1 365
  - Grundbuchamt 1 366
  - Schuldübernahme 1 363
  - Zahlungspflichten 1 363
- Gesellschaftsrecht 1 360
  - Änderung von Gesellschaftsverträgen 1 361
- Grundstücksbelastung 1 360
- güterrechtliche 1 353 ff.
- Verfügung im Zusammenhang mit der Scheidung 1 364

Vergleichswertverfahren 1 122 ff.
- unbebaute Grundstücke 1 123

Stichwortverzeichnis

Verjährung
- Auskunftsanspruch 1 412
- nachehelicher Unterhalt 6 679 ff.

Verkaufswert 1 222
- Gebäudebewertung 1 121 ff.
- Grundstücksbewertung 1 121 ff.

Verkehrswert
- Ermittlung
  - modifizierte Ertragswertmethode 1 265

Verlöbnis
- Familienheim 3 28
- unbenannte Zuwendung 3 28

Vermächtnis
- Anordnung im Ehevertrag 9 20

Vermietung
- unter Ehegatten 5 469 ff.
  - Betriebsabspaltung 5 475 ff.
  - Fremdvergleich 5 471
  - Gestaltungsmissbrauch 5 472 ff.
  - steuerliche Anerkennung 5 469 ff.
  - Wiesbadener Modell 5 475 ff.

Vermögensaufteilung
- Trennungsvereinbarung, Formulierungsvorschlag 8 102

Vermögensauseinandersetzung in der Ehescheidung
- entgeltliche Veräußerung *s.a. entgeltliche Veräußerung*; 8 464 ff.
- gewerblicher Grundstückshandel 8 578 ff.
- Gewinnerzielungsabsicht 8 585 ff.
- Grunderwerbsteuer 8 594 ff.
- Realsplitting 8 462 f.
- Schenkungsteuer 8 604 ff.
- steuerliche Berücksichtigung von Aufwendungen 8 618 ff.
- steuerliche Probleme 8 436 ff.
- Veranlagungswahlrecht *s.a. Veranlagungswahlrecht*; 8 436 ff.
- Vermeidungsstrategien 8 565 ff.

Vermögensgut
- Wohnrecht, vorbehaltenes 1 360

Vermögensrecht
- Scheidungsvereinbarung 8 353 ff.

Vermögensrechtliche Ansprüche unter Ehegatten 5 1 ff.
- Arbeitsverträge 5 450 ff.
- Aufnahme des Ehegatten in Einzelunternehmen 5 407 ff.
- Aufnahme in Einzelunternehmen 5 407 ff.
- Auftragsrecht *s.a. Auftragsrecht*; 5 344 ff.
- Ausschließlichkeitsprinzip *s.a. Ausschließlichkeitsprinzip*; 5 1 ff.
- Bereicherungsrechtlicher Lösungsansatz 5 370
- Bruchteilsgemeinschaft *s.a. Bruchteilsgemeinschaft*; 5 203 ff.
- Darlehensverträge *s.a. Darlehensverträge*; 5 424 ff.
- Ehegattenaußengesellschaft *s.a. Ehegattenaußengesellschaft*; 5 392 ff.
- Ehegatteninnengesellschaft *s.a Ehegatteninnengesellschaft*; 5 62 ff.
- Gesamtschuldnerausgleich *s.a. Gesamtschuldnerausgleich*; 5 118 ff.
- Gesellschaftsverträge *s.a. Gesellschaftsverträge*; 5 376 ff.
- güterstandsbezogene Ausschlussklauseln *s.a. güterstandsbezogene Ausschlussklauseln*; 5 413 ff.
- Kaufverträge 5 499 f.
- schuldrechtliche Ansprüche 5 372 ff.
- Störung der Geschäftsgrundlage 5 1 ff.
- Treuhandverhältnisse *s.a. Treuhandverhältnisse*; 5 344 ff.
- Verfügungen für Krankheitsfälle 5 501 ff.
- Vermietung *s.a. Vermietung*; 5 469 ff.
- Verpachtung 5 501 ff.
- weitere Anspruchsgrundlage 5 369 ff.
- Wiesbadener Modell *s.a. Wiesbadener Modell*; 5 475 ff.

Vermögenstrennung
- erweiterte Anfechtungsfrist 1 5

Vermögensversicherung
- in Trennungsvereinbarung 8 112 f.

Vermögensverzeichnis
- Auskunftsanspruch *s.a. Auskunftsanspruch*; 1 403 ff.
- Kosten 1 114
- modifizierte Zugewinngemeinschaft, Formulierungsvorschlag 2 657
- Vermutung des § 1377 Abs. BGB 1 109 ff.
  - Kostenvorteil 1 113

Verpachtung unter Ehegatten 5 469 ff.
- Betriebsaufspaltung 5 475 ff.
- Fremdvergleich 5 471
- Gestaltungsmissbrauch 5 472 ff.
- steuerliche Anerkennung 5 469 f.
- Wiesbadener Modell *s.a. Wiesbadener Modell*; 5 475 ff.

Versorgungsanrechte
- Ausschluss bestimmter 7 412 ff.
- Verteilung 7 5

Versorgungsausgleich
- Abänderbarkeit, Verzicht 7 530 ff.
- Abänderung
  - ehevertragliche Vereinbarung 7 255
  - nachträgliche 7 251
  - Wiederaufnahmeverfahren 7 252
- Abänderung, bei Dienstunfähigkeit eines Beamten 7 249
  - nach §§ 225 ff. FamFG 7 241 ff.
  - Rechenfehler 7 248
  - Regelsicherungssystem 7 244
  - Totalrevision 7 241, 246
  - unterschiedliche Wertentwicklung 7 248
  - Vereinbarung 7 250
  - wesentliche Wertänderung 7 245
- Abgrenzung güterrechtlicher Zugewinnausgleich 1 38 ff.

Stichwortverzeichnis

- Anpassung 7 257 ff.
  - § 33 VersAusglG 7 258 ff.
  - Bagatellgrenze 7 261
  - beim Tod des Ausgleichsberechtigten 7 266
  - bisheriges Unterhaltsprivileg 7 257
  - Gesetzlicher Unterhaltsanspruch des Berechtigten 7 259
  - Regelsicherungssystem 7 258
  - Unzumutbare Härte für den Pflichtigen 7 263
  - Vereinbarung 7 264
- Anrechte, abgetretene
  - Güterrechtliche Lösung 7 78
  - interne Teilung 7 78
- Aufbau 7 15 ff.
- Ausgleichsanspruch nach Scheidung 7 210 ff.
  - Abfindung 7 220
  - ausländischer Versorgungsträger 7 211
  - ausländisches Anrecht 7 216
  - Betriebsrentengesetz 7 213
  - Hinterbliebenenversorgung 7 222 f.
  - korrespondierender Kapitalwert 7 322
  - schuldrechtliche Ausgleichsrente 7 220
  - unwirtschaftlicher Wertausgleich 7 215
  - Vermeidung des Vorversterbensrisikos 7 220
- Ausgleichsarten 7 144 ff.
  - Hin- und Herausgleich 7 145
  - interne Teilung als Regelform 7 146
  - Realteilung 7 146
  - Wertausgleich bei Scheidung s.a. Wertausgleich bei Scheidung; 7 148 ff.
- Ausnahmen 7 226 ff.
  - Geringfügigkeit 7 231 ff.
  - kurze Ehedauer 7 226 f.
  - Unbilligkeit 7 226 ff.
- Ausschluss aufschiebend bedingt durch Erbschaft, Formulierungsvorschlag 7 428
- Ausschluss bei kurzer Ehe 7 528 f.
  - Formulierungsvorschlag 7 529
- Ausschluss bestimmter Versorgungsanrechte 7 412 ff.
  - Formulierungsvorschlag 6 245; 7 415, 418
- Ausschluss für bestimmte Ehezeiten 7 405 ff.
  - Formulierungsvorschlag 7 408, 411
  - für Zeiten der Berufsaufgabe 7 406 ff.
  - für Zeiten der Trennung 7 409 ff.
- Ausschluss gegen Einzahlung in die gesetzliche Rentenversicherung 7 473 ff.
  - Formulierungsvorschlag 7 477, 479
- Ausschluss gegen Lebensversicherung, Formulierungsvorschlag 7 470, 472
- Ausschluss gegen Nutzungsrecht 7 457 ff.
  - Formulierungsvorschlag 7 460
- Ausschluss gegen Vermögensübertragung 7 451 ff.
- Ausschluss im Ehevertrag, Formulierungsvorschlag 9 65, 70
- Ausschluss mit auflösender Bedingung, Formulierungsvorschlag 7 422, 425
- Ausschluss mit aufschiebender Bedingung 7 426 ff.
  - Formulierungsvorschlag 7 428
- Ausschluss mit Bedingung 7 419 ff.
  - auflösende Bedingung 7 420 ff.
  - aufschiebende Bedingung 7 426 ff.
  - Berufsaufgabe 7 421 f.
  - Formulierungsvorschlag 7 422, 425
  - Gegenleistung nicht erbracht 7 423 f.
- Ausschluss mit Gegenleistung 7 450 ff.
  - Formulierungsvorschlag 7 456, 460, 470, 472, 477, 479
  - Lebensversicherung 7 461 ff.
  - Nutzungsrecht 7 457 ff.
  - Vermögensübertragung 7 451 ff.
- Ausschluss mit Rücktrittsrecht 7 419 ff., 429 ff.
  - Formulierungsvorschlag 7 430
- Ausschluss von Härtegründen 7 537 f.
  - Formulierungsvorschlag 7 538
- auszugleichende Anrechte 7 25 ff.
  - Abzinsung 7 113
  - Altersvorsorgeunterhalt 7 70
  - Anfangsvermögen 7 37
  - Anrechte durch Vermögen oder Arbeit 7 33 ff.
  - Anwartschaft 7 26
  - Arbeitslosengeld 7 47
  - auf Rente gerichtet 7 45 f.
  - betroffene Versorgungsanrechte 7 25 ff.
  - Bewertung, unmittelbare 7 99
  - Bewertung, zeitratierliche 7 100
  - Bürgerrente 7 47
  - Entschädigungen 7 47
  - Fondsanteile 7 87
  - Herkunft und Erwerbszeitpunkt 7 42
  - in der Ehezeit aufrechterhalten 7 31
  - in der Ehezeit begründet 7 31
  - Kapitalrechte 7 53 ff.
  - korrespondierender Kapitalwert 7 136
  - Lebensversicherung 7 60 ff.
  - Mittel aus dem Zugewinnausgleich 7 40
  - Nach Vereinbarung von Gütertrennung 7 41
  - nichtauszugleichende Versorgung 7 47
  - Problematik des Wertverzehrs 7 124
  - Regelsicherungssysteme 7 48 ff.
  - Überbrückungsgeld 7 47
  - Übergangsgeld 7 47
  - Verhältnis zum Unterhaltsrecht 7 70 ff.
  - Versorgung wegen Invalidität 7 30
  - Verzinsung nach Ehezeitende 7 116
  - Volksrente 7 47
  - Voraussetzungen 7 25 ff.
  - Zweckbestimmung 7 28 ff.
- Begrenzungsvereinbarung 7 433 ff.
  - erhebliches voreheliches Qualifikationsgefälle 7 440
  - Formulierungsvorschlag 7 436, 438, 443, 447

Stichwortverzeichnis

- geringere Quote 7 434 f.
- Gewährung einer bestimmten Mindestversorgung 7 437 f.
- Begrenzungsvereinbarung bis max. zur eigenen Versorgung, Formulierungsvorschlag 7 443
- Begrenzungsvereinbarung durch Gewährung einer bestimmten Mindestversorgung, Formulierungsvorschlag 7 438
  - Formulierungsvorschlag 7 443, 447
- Begrenzungsvereinbarung durch Verringerung der Ausgleichsquote, Formulierungsvorschlag 7 436
- Begrenzungsvereinbarung höhenbegrenzt nach Entgeltpunkten, Formulierungsvorschlag 7 447
- Begrenzungsvereinbarung mit Billigkeitsausgleich, Formulierungsvorschlag 7 449
- bei Landesbeamten 7 504 ff.
  - Formulierungsvorschlag 7 518
  - Spitzenausgleich 7 513 f.
  - Zustimmung des Versorgungsträgers 7 509
- Berufsaufgabe als auflösende Bedingung, Formulierungsvorschlag 7 422
- Diskrepanzehe 9 62
- Ehe mit Dynastie 9 50
- Ehe mit Unternehmen 9 56
- Ehevertrag 1 46; 2 428 ff.
- Ehevertrag, bei Auslandsberührung, Formulierungsvorschlag 10 202
  - Dispositionsbefugnis 2 428 f.
- Ehezeitanteile 7 18 ff.
  - Nachentrichtung von Beiträgen 7 23
- einseitiger Ausschluss 7 384 ff.
  - Auswirkung auf Gesamtsaldo 7 386 ff.
  - einseitiges Rücktrittsrecht 7 397 f.
  - Formulierungsvorschlag 9 58
  - nur der Anrechte eines Ehegatten 7 400 ff.
  - Unternehmerfälle 7 385
- einseitiger Verzicht 7 400 ff.
  - Formulierungsvorschlag 7 396, 404
- einseitiges Rücktrittsrecht 7 397 f.
- externe Teilung, erweiterte Zustimmungspflicht 7 367
  - Vereinbarung 7 501 ff.
- externer Ausgleich von Landesbeamten, Formulierungsvorschlag 7 518
- Form 7 2 ff.
- Gegenleistung nicht erbracht 7 423 f.
- Geringfügigkeit 7 231 ff.
  - Einteilung des Halbteilungsgrundsatzes 7 238
  - Grundsätze 7 234
- Grundprinzipien 7 15 ff.
- in Trennungsvereinbarung 8 126 ff.
- In-Prinzip 7 416
- interne Verrechnung von Ausgleichswerten, Formulierungsvorschlag 7 491, 496
- Kapitallebensversicherung 1 44 f.
- Kapitalrechte

- Lebensversicherungen 7 61
- Kernbereichslehre 2 268
- kompletter Verzicht, Formulierungsvorschlag 7 381
- korrespondierender Kapitalwert 7 314 ff., 320 ff.
  - Ausgleichsansprüche nach Scheidung 7 322
  - externe Teilung 7 321
  - Hilfsgröße 7 323 ff.
  - Vorsorgevermögensbilanz 7 327
  - Wertberechnung nach dem VersAusglG 7 314 ff.
- kurze Ehedauer 7 228 f.
- Lebensversicherung 1 38; 7 60 ff.
  - Abgrenzung zum Güterrecht 7 60 ff.
  - Doppelverwertungsverbot 7 60
- Lebensversicherungsrente 1 48
- Leibrente 1 49
- nichterbrachte Gegenleistung als aufschiebende Bedingung, Formulierungsvorschlag 7 425
- partieller Ausschluss 7 383 ff.
  - Ausschluss bestimmter Versorgungsanrechte 7 412 ff.
  - Ausschluss für bestimmte Ehezeiten 7 405 ff.
  - Ausschluss nur der Anrechte eines Ehegatten 7 400 ff.
  - Auswirkung auf Gesamtsaldo 7 386 ff.
  - bei Verzicht auf Randversorgung, Formulierungsvorschlag 7 413
  - bei Verzicht für die Zeit ab Trennung, Formulierungsvorschlag 7 411
  - einseitig 7 384 ff.
  - einseitiger Verzicht 7 400
  - einseitiges Rücktrittsrecht 7 397 f.
  - Formulierungsvorschlag 7 396, 398, 415, 418
  - für bestimmte Ehezeiten, Formulierungsvorschlag 7 408
  - für Zeiten der Trennung 7 409 ff.
  - mit einseitigem Verzicht, Formulierungsvorschlag 7 404
  - Unternehmerfälle 7 385
- Realteilung 7 15 ff.
- Reformprozess 7 14
- Rücktrittsrechte 7 429 f.
- Scheidungsvereinbarung 8 386
- steuerliche Auswirkungen 7 539 ff.
  - Ausgleich nach Scheidung 7 551
  - externe Teilung *s.a. externe Teilung*; 7 543 ff.
  - interne Teilung *s.a. interne Teilung*; 7 541 ff.
  - Neuregelung 7 539 ff.
  - Wiederauffüllungszahlung 7 559 ff.
- Totalausschluss 7 372 ff.
  - Formulierungsvorschlag 7 381
- Totalverzicht mit einseitigem Rücktrittsrecht, Formulierungsvorschlag 7 398, 430
- Unbilligkeit 7 226 ff.
  - Anzeige wegen sexuelle Nötigung 7 226

Stichwortverzeichnis

- atypische Lebensführung 7 226
- Ausgleichungspflichtiger wird sozialhilfebedürftig 7 226
- Beispiele 7 226
- eheliches Fehlverhalten 7 226
- lange Trennungszeit 7 226
- phasenverschobene Ehe 7 226
- Präklusion 7 226
- risikobehaftete Altersvorsorge 7 226
- Straftat gegen den Ehegatten 7 226
- Unisex-Tarife 7 158
- Vereinbarungen s.a. Vereinbarungen; 7 268 ff., 372 ff.
  - Aus der Zeit vor der Reform 7 275
  - Ausübungskontrolle 7 290
  - Bedingungen, auflösende 7 424
  - Beschlussvergleich 7 363 ff.
  - Verrechnungsvereinbarungen 7 507
  - Verzicht, vollständiger 7 291
- Verhältnis zum Unterhaltsrecht 7 70 ff.
  - Anrechnungsmethode 7 74
  - Differenzmethode 7 70
- Verrechnung einer ausländischen Versorgung, Formulierungsvorschlag 7 500
- Verrechnung mit dem Zugewinn 7 519 f.
  - Formulierungsvorschlag 7 520
- Verrechnungen beim externen Ausgleich, Formulierungsvorschlag 7 503
- Versorgungsanrechte, Verteilung 7 5
- Verzicht auf Abänderbarkeit 7 530 ff.
  - Formulierungsvorschlag 7 535
- Verzicht auf Ausgleich nach der Scheidung, Formulierungsvorschlag 7 484
- Verzicht auf Randversorgung, Formulierungsvorschlag 7 413
- Verzicht beschränkt für bestimmte Ehezeiten, Formulierungsvorschlag 7 408
- Verzicht gegen Einzahlung in die gesetzliche Rentenversicherung, Formulierungsvorschlag 4 73; 7 477
- Verzicht gegen Lebensversicherung, Formulierungsvorschlag 7 470, 472
- Verzicht gegen Nutzungsrecht, Formulierungsvorschlag 7 460
- Verzicht gegen Vermögensübertragung, Formulierungsvorschlag 7 456
- Verzicht im Ehevertrag, Formulierungsvorschlag 9 25, 30
- Verzicht, Formulierungsvorschlag 9 14, 20
- vor der Reform 7 6 ff.
  - Ausgleichsbilanz 7 7
  - Barwertverordnung 7 9
  - einheitliche Dynamisierung 7 7
- Vorsorge Vermögensbilanz, Formulierungsvorschlag 7 396
- Wertausgleich bei Scheidung
  - Tenorierung 7 205
- Wertberechnung nach dem VersAusglG 7 314 ff.
- Wiederauffüllungszahlung 7 559 ff.
- Zeitwertkonto 1 50
- Ziele 7 3 ff.

Versorgungsausgleichsvereinbarung
- Versorgungsausgleichsverzicht s. *Versorgungsausgleich, Verzicht, s. Vereinbarungen*

Verstärkende Unterhaltsvereinbarung
- als prägende Verbindlichkeit 6 994 ff.

Verwandtenunterhalt
- Berufsausbildung, angemessene 8 149

Verwirkung
- nachehelicher Unterhalt 6 677 f.

Volljährigenunterhalt
- dynamisiert 8 216 ff.
- Freistellungsvereinbarung, Formulierungsvorschlag 8 217
- in Trennungsvereinbarung 8 216 ff.

Vollmacht
- bei Gütergemeinschaft 1 452
- bei Vereinbarung zum Versorgungsausgleich 7 358
- Betreuungsverfügung 5 597
- Patientenverfügung s.a. *Patientenverfügung*; 5 598

Vollmacht unter Ehegatten 5 501 ff.
- AG 5 543
- Aufenthaltsbestimmung 5 558
- Auftragsverhältnis 5 584 ff.
- Behandlungsabbruch 5 559
- Erteilung einer notariellen Ausfertigung 5 527
- familienfremder Bevollmächtigter 5 587
- Formulierungsvorschlag 5 623, 626
- Generalvollmacht 5 536
- Gesundheitsfürsorge 5 558
- GmbH 5 543
- Haftung auf Vorsatz 5 587
- Inhalt 5 535 ff.
- Kind als Bevollmächtigter 5 579 ff.
- konkrete Handlungsanweisung 5 557
- Kontrollbevollmächtigter 5 532
- Kontrolle des Bevollmächtigten 5 586
- lebensverlängernde Maßnahmen 5 559
- Person des Bevollmächtigten 5 579 ff.
- Personengesellschaft 5 543
- Sicherung des Vollmachtgebers 5 521 ff.
- Stimmrechtsvollmacht 5 543
- Subsidiarität des Betreuungsrechts 5 502
- Unterlassen einer Behandlung 5 559
- Vermögensbereich 5 536
- Vermögenssorge 5 540
- Vollmachtgeber als Gesellschafter 5 540 ff.
- Vorsorgevollmacht s.a. *Vorsorgevollmacht*; 5 502
- Formulierungsvorschlag 5 623

Vollstreckbare Urkunden
- Abänderung 6 757 ff.

Vollstreckungsunterwerfung 2 23
- in Trennungsvereinbarung, Formulierungsvorschlag 8 263 f.

Stichwortverzeichnis

Vorbehaltsgut 1 457 ff.
- Anfangsvermögen als 2 529 f.
- Betrieb als 2 531 f.
  - Formulierungsvorschlag 2 532
- Dritten gegenüber 1 458
- Ehegatten als Mitunternehmer 1 685
- Elterngut als 2 529 f.
  - Formulierungsvorschlag 2 530
- Errungenschaftsgemeinschaft 1 460 ff.
- Erträge, künftige 1 463
- Fahrnisgemeinschaft 1 460 ff.
- Gesellschaft bürgerlichen Rechts 1 465
- Grundbuch 1 458
- Güterrechtsregister 1 458

Vorsorge Vermögensbilanz
- Formulierungsvorschlag 7 396

Vorsorgeunterhalt
- Sicherung der Verwendung, Formulierungsvorschlag 6 912
  - Vereinbarung 6 911 ff.
- Verzicht, Formulierungsvorschlag 6 910

Vorsorgevollmacht
- Ablieferungspflicht 5 518
- Altvollmacht 5 510
- Bei Kapitalgesellschaften 5 552 ff.
- Bei Personengesellschaften 5 543 ff.
- Einschränkungen 5 538
- Ergänzung 5 510
- Form 5 507 ff.
- Formulierungsvorschlag 5 623
- Genehmigung durch das Betreuungsgericht 5 511
- Generalvollmacht 5 507
- Geschäftsfähigkeit des Vollmachtgebers 5 520
- Haftung 5 589
- Hinterlegung 5 517 ff.
- Im Unternehmensbereich 5 540 ff.
- Nachlassvollmacht 5 563 ff.
- Nachlassvollmacht, Formulierungsvorschlag 5 623
- notarielle Beurkundung 5 513
- Patientenverfügung 5 612
- Rechnungslegung 5 590 ff.
- Regelungsbedürftigkeit 5 503
- Registrierung 5 517 ff.
- Rückwirkung 5 510
- Testamentsvollstreckung, angeordneter 5 574
- unternehmerische 5 554 ff.
- Vergütung 5 595
- Zwangseinziehung 5 541

Vortrag zum Erhalt von Anfangsvermögen
- Anforderungen 1 77

Vorwegleistung
- überhöhte 1 632

Vorzeitiger Zugewinn
- Klage 1 387

Vorzeitiger Zugewinnausgleich
- Anforderung an Voraussetzungen 1 378
- ehevertragliche Regelung 1 382

- Geltendmachung 1 383 ff.
- Gründe 1 383 ff.

W

Wahl-Zugewinngemeinschaft
- Anfangsvermögen 1 528
- Deutsch-französische 1 499 ff.
- Endvermögen 1 529
- Erbschaftsrechtliche Gleichstellung 1 537
- Erbschaftsteuerersparnis 1 542
- Form
  - Güterrechtsstatut 1 509
- Modifikation des Güterstandes 1 511
- Nachlassverbindlichkeit 1 533
- Pflichtteilsreduzierung 1 541
- Rechtswahl 1 509, 514
- Rückwirkung 1 506
- Schenkung 1 528
- Verfügungsbeschränkung 1 517 ff.
  - Familienwohnung, Begriff der 1 518
  - Nachforschungspflicht des Notars 1 524
  - Notarielle Praxis 1 524
  - Verfügungsverbot 1 519
  - Verfügungsverbot, absolutes 1 521
  - Zustimmung 1 520
- Vermögensgüter
  - Inflationsbereinigung 1 528
- Verpflichtungsbefugnis 1 525
- Versorgungsausgleich 1 512
- Voraussetzungen, persönliche 1 502 f.
- Zugewinnausgleich 1 530
- Zugewinnausgleich, steuerfreier 1 674
- Zugewinnschaukel 1 540

Wandelbare eheliche Lebensverhältnisse
- nachehelicher Unterhalt, Leistungsfähigkeit 6 474

Wechselmodell 8 396
- Kindesunterhalt
  - Herabstufung 8 139
- Kindesunterhalt, in Trennungsvereinbarung 8 139

Wegfall der Geschäftsgrundlage
- Ehevertrag 2 90

Wertausgleich bei Scheidung
- externe Teilung 7 177 ff.
  - Auffangversorgungsträger 7 199
  - Direktzusage 7 184
  - ehevertragliche Vereinbarung 7 193 ff.
  - einseitiges Verlangen des Versorgungsträgers 7 181 ff.
  - Landes- und Kommunalbeamte 7 189, 191
  - öffentlich-rechtliches Dienst- oder Amtsverhältnis 7 189 ff.
  - rechtsgestaltende Entscheidung des Familiengerichts 7 201 ff.
  - steuerliche Belange 7 203
  - Unterstützungskasse 7 184

Stichwortverzeichnis

- Vereinbarung Ausgleichsberechtigter/ Versorgungsträger 7 178 ff.
- zertifizierter Altersvorsorgevertrag 7 204
- Zielversorgung 7 197 ff.
- Zielversorgungsträger 7 197 ff.
- interne Teilung 7 150 ff.
  - Ausgleichswert 7 151
  - Betriebsrenten 7 153 f.
  - Definition 7 150 ff.
  - echte Realteilung 7 152
  - fehlende Anwartschaftsdynamik 7 153 f.
  - rechtsgestaltende Entscheidung des Familiengerichts 7 170 f.
  - Teilungskosten 7 167 f.
  - Verrechnung 7 160 ff.
  - Voraussetzungen 7 155 f.

Wertermittlungsanspruch 1 409

Wiederauffüllungszahlung
- steuerliche Auswirkung 7 559 ff.

Wiesbadener Modell 5 481 ff., 491 ff.
- Besitzunternehmen 5 476
- Betriebsaufspaltung 5 475 ff.
- Betriebsunternehmen 5 476
- Erwerbsrecht der Kinder 5 497
- faktische Beherrschung 5 482
- personelle Verflechtung 5 477, 480
- Personengruppentheorie 5 470
- sachliche Verflechtung 5 477
- Scheidungsklausel 5 487 ff., 489
- testamentarische Anordnung 5 498
- Vereinbarung für den Fall der Ehescheidung 5 487
- Vereinbarung für den Todesfall 5 487, 498
- zivilrechtliche Gestaltung 5 487 ff.

Wirksamkeitskontrolle
- Auswirkung auf Ehegatten 2 291
- Auswirkung auf Kinder 2 291
- beabsichtigte Gestaltung des Ehelebens 2 291
- Ehevertrag *s.a. Ehevertrag*; 2 69 ff., 82, 288, 290 ff.
- Gesamtschau 2 291, 295
- Gründe des Vertragsabschlusses 2 291
- notarielle Beurkundung durch Ehevertrag 2 291
- salvatorische Klausel 2 293
- Sittenwidrigkeit 2 292
- Teilnichtigkeit 2 293
- Teilverzicht 2 290
- Unterhaltsverzicht, nachehelicher Unterhalt 6 577
- Zustandekommen des Ehevertrags 2 291

Wohngeld
- nachehelicher Unterhalt 6 409

Wohnungsüberlassung *s.a. Ehewohnung*; 7 16 ff.
- Antrag auf, Formulierungsvorschlag 8 331
- Folgen 8 28 ff.

Wohnvorteil 1 62 ff.
- Mietzins im Unterhalt 6 326

- Nachehelicher Unterhalt, Bedürftigkeit 6 453
- neue Lebenspartner als Mitbewohner 6 324
- Surrogatsgleichstellungsvereinbarung 6 919 f.
  - Formulierungsvorschlag 6 920

Z

Zahlungsvereinbarung
- Familienwohnheim, Mietwohnung
  - Formulierungsvorschlag 6 803 ff., 805, 807, 809
  - nachehelicher Unterhalt *s.a. Mietwohnung*; 6 782 ff., 800 ff.

Zugewinn
- Abgrenzung Haushaltsgegenstände 1 28 ff.
- Abgrenzung Versorgungsausgleich 1 38 ff.
- Abgrenzung zum Unterhalt 1 51 ff.
  - Abfindung 1 52 f.
  - Doppelverwertungsverbot 1 51 ff.
  - Mitarbeiterbeteiligung 1 52
  - Steuererstattung 1 53
  - Wohnvorteil 1 62 ff.
- Abschlagszahlung
  - Verjährung 1 316
- Alternativen zum Ausgleich in Geld 2 703 ff.
- auf Bodenwertsteigerungen, Ausschluss 1 543
- Ausschluss im Ehevertrag, Formulierungsvorschlag 9 14, 25, 30
- Ausschluss, Ehe mit Dynastie 9 44
  - im Scheidungsfall 2 550 ff.
- Berücksichtigung von Schulden 1 55 ff.
- Bruchteilsgemeinschaft, Bankkonten 5 258 ff.
- Einseitiger Ausschluss im Scheidungsfall, Formulierungsvorschlag 2 562
- Herausnahme von unternehmerischen Vermögen 2 574 ff.
- Höchstbetrag im Ehevertrag, Formulierungsvorschlag 8 601; 9 70
- kompletter Ausschluss, mit Ausgleichsquote 2 624 f.
  - mit Kompensationsleistung 2 622 f.
- negativer 1 74
- Unternehmensbewertung 1 58 f.
- unternehmerisches Vermögen *s.a. unternehmerisches Vermögen*; 2 571 ff.
- Verrechnung mit dem Versorgungsausgleich 7 519 f.
- Wert
  - Handelsvertreter 1 270
- Wert des unternehmerischen Vermögens 2 571 ff.

Zugewinnausgleich
- Abgrenzung bei Haushaltsgegenständen 8 74 ff.
- Anfangsvermögen *s.a. Anfangsvermögen*; 1 66 ff.
  - Berechnung 1 66 ff.
- Anrechnung von Zuwendungen 1 630 ff.
- Ausgleichsanspruch *s.a. Ausgleichsanspruch*; 1 293 ff.

Stichwortverzeichnis

- Ausgleichsforderungen, Vereinbarung 1 317 ff.
- Auskunftsanspruch *s.a. Auskunftsanspruch*; 1 392 ff.
- bei Beendigung des Güterstands 1 17
- bei bestehender Ehe 1 5
- Belehrung zu einer Vereinbarung nach § 1378 Abs. 3 BGB
  - Formulierungsvorschlag 1 326
- Besonderheiten 1 327 ff.
- Bewertung Forstwirtschaft 1 132 ff.
- Bewertung Landwirtschaft 1 132 ff.
- durch Einräumung einer stillen Beteiligung, Formulierungsvorschlag 2 713
- durch Grundstücksübertragung, Formulierungsvorschlag 2 712
- Durchführung 1 293 ff.
- Ehegüterrechtsstatut 10 132
- einvernehmlicher 1 5
- Endvermögen, Berechnung 1 145 ff.
- Erfüllung durch Übertragung von Grundbesitz, Formulierungsvorschlag 8 361
- fliegender 1 325, 650 ff.
- Gebäudebewertung 1 121 ff.
- grobe Unbilligkeit *s.a. grobe Unbilligkeit*; 1 328 ff.
- Grundstücksbewertung 1 121 ff.
- güterrechtliche Verfügungsbeschränkung *s.a. Verfügungsbeschränkung*; 1 353 ff.
- güterrechtlicher *s.a. güterrechtlicher Zugewinnausgleich*; 1 26 ff.
  - bei Rechnung 1 27 ff.
- Haushaltsgegenstände 8 68 ff.
- im Todesfall, gesetzlicher Erbteil 1 18
  - großer Pflichtteil 1 19 f.
  - güterrechtliche Lösung 1 22 ff.
  - Kinderpflichtteil 1 18
  - Pflichtteil 1 19 f.
- Immobilienbewertung 1 60 f.
- in Scheidungsvereinbarung 8 358 ff.
  - Formulierungsvorschlag 8 360 f.
- Kernbereichslehre 2 273
- Lebensversicherung, Bewertung 1 138 ff.
- Modifikation durch Ehevertrag 2 202
- modifizierter, Formulierungsvorschlag 2 515
- Praxisbewertung *s.a. Praxisbewertung*; 1 119 f., 185 ff., 248 ff.
  - Anwaltskanzlei 1 261
  - Arztpraxis 1 264
  - inhabergeprägte Unternehmen 1 267
  - Notarkanzlei 1 262
  - Steuerberaterkanzlei 1 263
- privilegierter Erwerb *s.a. privilegierter Erwerb*; 1 76 ff.
- Sicherung der Ausgleichsforderung 1 388 ff.
- Steuerfreiheit bei Vermögensauseinandersetzung in der Scheidung 8 610 ff.
- steuerliche Auswirkung 1 573 ff.
- Stundung *s.a. Stundung*; 1 342 ff.
- Stundung der Sicherheiten, Formulierungsvorschlag 8 360
- Übertragung von Vermögensgegenständen 1 349 ff.
- unbenannte Zuwendung 1 99 ff.
- Unternehmensbewertung *s.a. Unternehmensbewertung*; 1 119 f., 185 ff., 226 ff.
  - Besonderheiten 1 227 ff.
  - Doppelverwertung 1 229 f.
  - Doppelverwertungsverbot *s.a. Doppelverwertungsverbot*; 1 232 ff.
  - fairer Einigungswert 1 239
  - Liquidation 1 236 ff.
  - nachwirkende eheliche Solidarität 1 236 ff.
  - Realisierungsprinzip 1 231
  - Unternehmensbeteiligung *s.a. Unternehmensbeteiligung*; 1 274 ff.
- Vermögensverzeichnis 1 109 ff.
- Versorgungsausgleich 7 40
- von Schwiegereltern, dingliche Rückgewähr 4 41
- vorzeitiger *s. vorzeitiger Zugewinnausgleich*; 1 376 ff.
- Wertermittlungsanspruch 1 409
- Wohnvorteil 1 62 ff.
- Zuwendung von Schwiegereltern 1 99 ff.

Zugewinnausgleich im Todesfall 1 18 ff.

Zugewinnausgleichsforderung
- abweichende Fälligkeit, Formulierungsvorschlag 2 701
- Alternativen zum Ausgleich in Geld 2 703 ff.
  - erbrechtliche Einbindung 2 708
  - Formulierungsvorschlag 2 712 f.
  - stille Beteiligung 2 704
  - Übertragung von Teilbetrieben 2 706
  - Wirtschaftsgut 2 707
- Änderung Ausgleichsquote, Formulierungsvorschlag 2 689
- Ausgestaltung 2 685 ff.
  - abweichende Quote 2 686 ff.
  - Alternativen zum Ausgleich in Geld 2 703 ff.
  - Änderung der Fälligkeit 2 700 f.
  - Begrenzung der Zugewinnforderung 2 691
  - Indexierung 2 694
  - Vereinbarung von Höchstgrenzen 2 691 ff.
- Ehedauer mal Jahresbetrag, Formulierungsvorschlag 2 698
- Höchstbetrag, gestuft nach Ehedauer, Formulierungsvorschlag 2 697
- Höchstbetrag, Zugewinn wertgesichert, Formulierungsvorschlag 2 696
- Insolvenz 1 310
- Sicherung 1 388 ff.
  - nach rechtskräftiger Scheidung 1 389
  - vor Rechtshängigkeit des Scheidungsantrags 1 388
  - während des Scheidungsverfahrens 1 390 f.
- Stundung ohne Verzinsung 2 702

Stichwortverzeichnis

– Vermögensverfall, unverschuldeter 1 148
Zugewinnausgleichsforderung, fiktive
– Anrechnung von Zuwendungen während der Ehe 1 586
– Vereinbarung der Nichtanrechnung 1 587
– Vereinbarungen, rückwirkende 1 601
Zugewinnausgleichsrecht
– Änderung 1 4
Zugewinnausgleichsverzicht
– Formulierungsvorschlag 2 502
Zugewinnberechnung
– Sachverständiger 1 247
Zugewinngemeinschaft 1 3 ff.
– ab Ehevertragsschluss 2 523 ff.
  – Formulierungsvorschlag 2 524
– Ausschluss des Betriebsvermögens, Formulierungsvorschlag 2 604 ff.
– Ausschluss des Zugewinns bei Scheidung, Formulierungsvorschlag 2 557, 561 f., 565
– Darlehensvertrag 1 12
– Ehetyp 1 3
– Einverdienerehe 1 3
– erweiterte Anfechtungsfrist 1 5
– Geschäft zur Deckung des Lebensbedarfs 1 13
– gesetzlicher Güterstand 1 3
– Gestaltungsplanung 1 11
– Grundsatz der Typenbeschränkung 2 548
– Grundsätze 1 3 ff.
– Grundschulden 1 12
– güterrechtliche Lösung 1 22 ff.
– güterrechtlicher Zugewinnausgleich *s.a. Zugewinnausgleich*; 1 26 ff.
– Haftung 1 9 ff.
  – für eigene Verbindlichkeiten 1 9 ff.
– haftungsrechtlicher Beruf 1 5 f.
– Kompensation, sonstige Regelung 2 720
– Mithaftung 1 10
  – finanzielle Überforderung 1 10
  – Sittenwidrigkeit 1 10
– Mitschuldner 1 10
– Mitunterzeichnung 1 10
– Modifikation 2 548 ff.
  – Ausgestaltung der Zugewinnausgleichsforderung 2 685 ff.
  – Ausschluss des Anfangsvermögens 2 631 ff.
  – Ausschluss des betrieblichen Vermögens vom Zugewinn 2 567 ff.
  – Ausschluss des Zugewinns im Scheidungsfall 2 550 ff.
  – Ausschluss von Wertsteigerung 2 631 ff.
  – Bedingung 2 638 ff., 642 ff., 647 ff.
  – Befristung 2 638 ff., 642 ff.
  – bei vorzeitigem Hausbau 2 668 f.
  – Beibehaltung des Betriebsvermögens 2 626 f.
  – Bewertungsvereinbarung *s.a. Bewertungsvereinbarung*; 2 671 ff.
  – Festlegung des Endvermögens 2 670
  – Festlegung zum Anfangsvermögen 2 652 ff.
  – Formulierungsvorschlag 2 604 ff., 607, 610 ff., 617 ff., 635, 643, 645, 648, 667
  – Heirat mit verschuldetem Partner 2 660 ff.
  – Herausnahme von unternehmerischen Vermögen 2 574 ff.
  – Inhaltskontrolle 2 549
  – Kompensation für Verzicht 2 719
  – Kompensationsvereinbarung *s.a. Kompensationsvereinbarung*; 2 714 ff., 719
  – periodischer Zugewinn 2 721 f.
  – Rücktrittsrechte 2 642 ff.
  – unternehmerisches Vermögen *s.a. unternehmerisches Vermögen*; 2 571 ff.
  – Veränderung der Stichtage 2 638 ff.
  – Vermögensverzeichnis 2 657 ff.
  – Verschiebung von zeitlichen Grenzen 2 638 ff.
  – verschuldeter Partner 2 660 ff.
  – Versorgungssicherheit durch Dritte 2 647 ff.
  – Vertrag zugunsten Dritter, Ausgleichsanspruch 2 723
  – Verwendung von Erträgen 2 637
  – Wert des unternehmerischen Vermögens 2 571 ff.
  – Zugewinn abhängig vom Scheidungsverschulden 2 720
  – Zugewinn abhängig von Ehedauer 2 650 f.
– modifizierte 2 209
  – BGH-Urteil 2 127 ff.
– modifizierte, Bewertungsvereinbarung 2 652 ff.
– modifizierte, double income no kids 9 12
– Vorteile 2 513 ff.
– nicht haftender Ehegatte 1 10
– Rückkehr zu, Formulierungsvorschlag 2 524
– rückwirkende Vereinbarung, Formulierungsvorschlag 2 522
– Subsidiarität 1 3
– Überblick 1 3 ff.
– Verfügungsbeschränkungen 1 8
– Vermögenstrennung 1 5 ff.
– Verpflichtungsbefugnis 1 13
– verschuldeter Partner 2 660 ff.
– Vorrang des Güterrechts 5 20
– Zugewinnausgleich bei Beendigung des Güterstands 1 17
– Zugewinnausgleich im Todesfall *s.a. Zugewinnausgleich*; 1 18 ff.
Zugewinnlösung
– Familienheim 3 41
Zukunftserfolgswert 1 189 ff.
– IDW-Standard S 1 1 209
Zurückbehaltungsrecht
– Auskunftsanspruch 1 411
Zusammenveranlagung 8 440 ff.
– Aufteilung rückständiger Steuern 8 445
– Ehegatteninnengesellschaft 5 68
– Zustimmung 8 461

Stichwortverzeichnis

- Pflicht zur Zustimmung, bei Gesamtschuldnerausgleich 5 165 ff.
- Progressionsvorteil 8 440
- Steuerrückerstattung 8 441
- Zustimmung, Ehegatteninnengesellschaft 8 461
- Zustimmungspflicht 8 451 ff.
  - Beweislast 8 456

Zustimmung zur gemeinsamen Veranlagung
- Formulierungsvorschlag 5 181

Zuwendung
- an Schwiegereltern 4 95 ff.
  - Ausbau einer Wohnung 4 95 ff.
- Ausschließlichkeitsprinzip 5 1 ff.
- Dritter 4 1 ff.
  - bei nachehelichem Unterhalt s.a. *Zuwendungen Dritter*; 6 438 ff.
- Gütertrennungsverträge 2 497
- Rückforderung, Gütertrennungsverträge 2 497
- Störung der Geschäftsgrundlage 5 1 ff.
- Stundung der Zugewinnausgleichsforderung 1 669
- unbenannte *s.a. unbenannte Zuwendung*; 3 1 ff.
- unentgeltlich
  - Schenkungsteuer 3 115 ff.
- unter Lebenden
  - Familienheim 3 53 ff.
- von Schwiegereltern 1 99 ff.; 4 33 ff.
  - Beurkundungspraxis 4 71 ff., 90 f.
  - direkte Zuwendung an Schwiegerkinder 4 33 ff.
  - Doppelinanspruchnahme des Schwiegerkindes 4 38
  - Durchgangserwerb 4 69
  - echte Kettenschenkung 4 69
  - Erbeinsetzung des Schwiegerkindes 4 61 ff.
  - erbrechtliche Einbettung 4 93
  - Erbvermächtnisvertrag 4 85
  - Erwerb eines Familienheims 4 84 ff.
  - finanzieller Ausgleichsanspruch 4 40 ff.
  - Formulierungsvorschlag 4 83
  - Führung der Geschäftsgrundlage 4 35
  - Gestaltungsempfehlung 4 82 ff.
  - Gütergemeinschaft 4 45
  - Kettenschenkung 4 33, 70, 86 ff.
  - Probleme 4 33 ff.
- Progressionsvorteil 4 90
- Rückerstattung 4 35
- Rückgewähranspruch 4 40
- Schenkung 4 37
- Schenkungsteuer 4 64 ff.
- Steuerklasse 4 65
- Wegfall der Geschäftsgrundlage 4 37
- zu Lebzeiten 4 33 ff.
- Zuwendung von Todes wegen 4 61 ff.

Zuwendungen an Schwiegerkinder
- Rückforderungsanspruch
  - Abtretbarkeit 4 52
  - Stichtagsprinzip, Verstoß gegen 4 46 ff.
  - Vererblichkeit 4 53
  - Verjährung 4 57

Zuwendungen Dritter 4 1 ff.
- Elternzuwendungen 4 10 ff.
- mit Scheidungsvorsorge 4 1 ff.
- Motive 4 1 ff.
- Motive für Rückübertragungsklauseln 4 1 ff.
- nachehelicher Unterhalt, Bedürftigkeit 6 438 ff.
- Vermögensübergabe gegen Versorgungsleistungen 4 4 ff.
- Steuern 4 4
- Voraussetzungen 4 7
- vertragliche Rückerwerbsklauseln 4 1 ff.

Zuwendungsvertrag 3 21 f.
- unbenannte Zuwendung *s.a. unbenannte Zuwendung*; 3 21 f.

Zwangsversteigerung
- bei Bruchteilsgemeinschaft, einstweilige Einstellung nach § 180 Abs. 3 ZVG 5 293 ff.

Zwei-Konten-Modell
- Gesamtschuldnerausgleich 5 126

Zweiter Frühling
- Ehevertrag 9 15 ff.
  - erbrechtliche Verfügung 9 18
  - Formulierungsvorschlag 9 20
- Investitionen 9 17
- Pflichtteilsverzicht 9 16
  - Versorgungsleistungen 4 9
- Theorie der Doppelberechtigung 9 16

Zwischenfeststellungsklage
- Ehevertrag 2 246